KB057416

개정판

토지 · 건축 · 건설 관련 법규 총서

편저 : 대한건축건설법령연구회

▣ 특별수록 ▣

- 공동계약운용요령
- 공사계약일반조건
- 국가를 당사자로 하는 계약에 관한 법률
- 용역계약일반조건계약특수조건
- 일괄입찰 등의 공사
- 적격심사기준
- 국토계획 및 이용에 관한 법률
- 도시 · 주택 · 도로 등
- 하도급 거래 공정화에 관한 법률
- 계약입찰관계
- 지진 · 화산재해대책법
- 시설물의 안전 및 유지관리에 관한 특

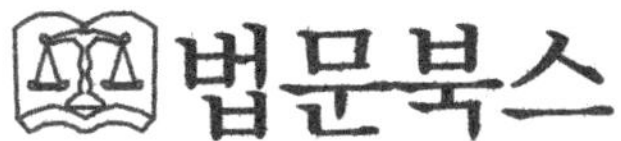

머리말

사람이 살아가는데 있어서 주거환경은 그 중요성이 큰 만큼 그에 따라 이를 규율하는 법령도 그 종류와 법조문의 수 또한 방대합니다. 우리 생활과 밀접한 관련이 있는 만큼, 관련업계에 종사하는 실무자들 뿐 아니라 일반인들도 건설관련 법조문을 찾아보아야 할 경우가 없지 않습니다.

본서는 이러한 경우에 활용할 수 있도록 건설관련 법령을 수록한 책입니다. 본서는 크게 다섯 부분으로 나누어 건설관련 법령들을 정리하였습니다.

제1편은 주택법 · 건축법 · 도시법 관련법, **제2편**은 건설 · 하도급 · 해외건설 관련법, **제3편**은 국토의 계획 및 이용에 관한 법률 등을 포함한 국토계획·토지편, **제4편**은 도로법 등을 포함한 도로편, **제5편**은 하천법을 포함한 수자원·공유수면 편입니다. 그리고 **부록**에는 관련 업무에 종사하는 실무자들에게 도움이 되도록 공동계약운용요령, 공사계약일반조건, 국가를 당사자로 하는 계약에 관한 법률, 용역계약일반조건, 일괄입찰 등의 공사계약특수조건, 적격심사기준 등을 수록하였습니다.

본서는 또한 건설관련 법령에서 타법을 준용하는 경우에 그 준용법령들을 수록하여 일일이 타법을 찾아보는 번거로움을 줄이도록 하였으며, 중요한 관련 **판례들**을 수록하여 법조문이 실제 현실에 어떻게 적용되는가를 이해할 수 있도록 회색박스로 표기하여 편집하였습니다.

가능하면 많은 종류의 관련 법령을 수록하려고 하였으나 지면의 제한 때문에 모두 다 싣지는 못했습니다. 아무쪼록 본서가 독자들에 유용하게 활용될 수 있으면 하는 바람입니다.

2018年 5月

편저자 드림

목 차

제1편 건설업

제2편 도시·주택·건축

제3편 국토계획·토지

제4편 도 로

제5편 부 록

제1편 건 축 업

건설산업기본법

[시행 2018.6.27.]
[법률 제15306호, 2017.12.26., 일부개정]

제1장 총칙

<개정 2011.5.24.>

제1조(목적) 이 법은 건설공사의 조사, 설계, 시공, 감리, 유지관리, 기술관리 등에 관한 기본적인 사항과 건설업의 등록 및 건설공사의 도급 등에 필요한 사항을 정함으로써 건설공사의 적정한 시공과 건설산업의 건전한 발전을 도모함을 목적으로 한다.
[전문개정 2011.5.24.]

▶ 판례 – 건설산업기본법상 '시공' 과 '건설업을 한다' 는 것의 의미 및 도급받은 건설공사 중 일부 또는 전부를 직접 시공하여 완성한 경우뿐만 아니라 하도급 방식으로 시공하여 완성한 경우에도 건설업을 하였다고 보아야 하는지 여부(적극)

건설산업기본법은 "이 법은 건설공사의 조사, 설계, 시공, 감리, 유지관리, 기술관리 등에 관한 기본적인 사항과 건설업의 등록 및 건설공사의 도급 등에 필요한 사항을 정함으로써 건설공사의 적정한 시공과 건설산업의 건전한 발전을 도모함을 목적으로 한다." 라고 하면서(제1조), '건설산업' 은 건설공사를 하는 업인 '건설업' 과 건설공사에 관한 조사, 설계, 감리, 사업관리, 유지관리 등 건설공사와 관련된 용역을 하는 업인 '건설용역업' 을 말한다고 규정하고 있다(제2조 제1호 내지 제3호). 위와 같은 건설산업기본법의 입법 목적과 건설산업 및 건설업과 건설용역업에 관한 정의 규정의 내용 등을 종합하여 보면, '건설업을 한다' 는 것은 '건설공사의 시공분야를 수행하는 것을 업으로 한다' 는 것을 의미한다고 해석할 수 있다. 한편 건설산업기본법 제9조 제1항 본문은 "건설업을 하려는 자는 대통령령으로 정하는 업종별로 국토교통부장관에게 등록을 하여야 한다." 라고 규정하면서, 제96조 제1호에 "제9조 제1항에 따른 등록을 하지 아니하거나 부정한 방법으로 등록을 하고 건설업을 한 자" 에 관한 처벌규정을 두고 있는데, 건설공사의 적정한 시공과 건설산업의 건전한 발전을 도모하려는 건설산업기본법의 입법 목적과 무등록업자에 의한 부실시공을 예방하여 국민의 생명과 재산을 보호하고자 하는 건설업 등록제도의 취지 등에 비추어 보면, '시공'이란 '직접 또는 도급에 의하여 설계에 따라 건설공사를 완성하기 위하여 시행되는 일체의 행위' 를 의미한다고 해석할 수 있다. 따라서 '건설업을 한다' 는 것은 '직접 또는 도급에 의하여 설계에 따라 건설공사를 완성하기 위하여 시행되는 일체의 행위를 수행하는 것을 업으로 한다' 는 의미로 해석하여야 하므로, 도급받은 건설공사 중 일부 또는 전부를 직접 시공하여 완성한 경우뿐만 아니라 하도급의 방식으로 시공하여 완성한 경우에도 건설업을 하였다고 보아야 한다. [대법원 2017.7.11, 선고, 2017도1539, 판결]

제2조(정의) 이 법에서 사용하는 용어의 뜻은 다음과 같다.
1. "건설산업"이란 건설업과 건설용역업을 말한다.
2. "건설업"이란 건설공사를 하는 업(業)을 말한다.
3. "건설용역업"이란 건설공사에 관한 조사, 설계, 감리, 사업관리, 유지관리 등 건설공사와 관련된 용역(이하 "건설용역"이라 한다)을 하는 업(業)을 말한다.
4. "건설공사"란 토목공사, 건축공사, 산업설비공사, 조경공사, 환경시설공사, 그 밖에 명칭에 관계없이 시설물을 설치·유지·보수하는 공사(시설물을 설치하기 위한 부지조성공사를 포함한다) 및 기계설비나 그 밖의 구조물의 설치 및 해체공사 등을 말한다. 다만, 다음 각 목의 어느 하나에 해당하는 공사는 포함하지 아니한다.
   가. 「전기공사업법」에 따른 전기공사
   나. 「정보통신공사업법」에 따른 정보통신공사
   다. 「소방시설공사업법」에 따른 소방시설공사
   라. 「문화재 수리 등에 관한 법률」에 따른 문화재 수리공사
5. "종합공사"란 종합적인 계획, 관리 및 조정을 하면서 시설물을 시공하는 건설공사를 말한다.
6. "전문공사"란 시설물의 일부 또는 전문 분야에 관한 건설공사를 말한다.
7. "건설업자"란 이 법 또는 다른 법률에 따

라 등록 등을 하고 건설업을 하는 자를 말한다.
8. "건설사업관리"란 건설공사에 관한 기획, 타당성 조사, 분석, 설계, 조달, 계약, 시공관리, 감리, 평가 또는 사후관리 등에 관한 관리를 수행하는 것을 말한다.
9. "시공책임형 건설사업관리"란 종합공사를 시공하는 업종을 등록한 건설업자가 건설공사에 대하여 시공 이전 단계에서 건설사업관리 업무를 수행하고 아울러 시공 단계에서 발주자와 시공 및 건설사업관리에 대한 별도의 계약을 통하여 종합적인 계획, 관리 및 조정을 하면서 미리 정한 공사 금액과 공사기간 내에 시설물을 시공하는 것을 말한다.
10. "발주자"란 건설공사를 건설업자에게 도급하는 자를 말한다. 다만, 수급인으로서 도급받은 건설공사를 하도급하는 자는 제외한다.
11. "도급"이란 원도급, 하도급, 위탁 등 명칭에 관계없이 건설공사를 완성할 것을 약정하고, 상대방이 그 공사의 결과에 대하여 대가를 지급할 것을 약정하는 계약을 말한다.
12. "하도급"이란 도급받은 건설공사의 전부 또는 일부를 다시 도급하기 위하여 수급인이 제3자와 체결하는 계약을 말한다.
13. "수급인"이란 발주자로부터 건설공사를 도급받은 건설업자를 말하고, 하도급의 경우 하도급하는 건설업자를 포함한다.
14. "하수급인"이란 수급인으로부터 건설공사를 하도급받은 자를 말한다.
15. "건설기술자"란 관계 법령에 따라 건설공사에 관한 기술이나 기능을 가졌다고 인정된 사람을 말한다.

[전문개정 2011.5.24.]

제3조(기본이념) 이 법은 건설산업이 설계, 감리, 시공, 사업관리, 유지관리 등의 분야에 걸쳐 국제경쟁력을 갖출 수 있도록 이를 균형 있게 발전시킴으로써 국민경제와 국민의 생활안전에 이바지함을 기본이념으로 한다.
[전문개정 2011.5.24.]

제4조(다른 법률과의 관계) 건설산업에 관하여 다른 법률에서 정하고 있는 경우를 제외하고는 이 법을 적용한다. 다만, 건설공사의 범위와 건설업 등록에 관한 사항에 대하여는 다른 법률의 규정에도 불구하고 이 법을 우선 적용하고, 건설용역업에 대하여는 제6조 및 제26조와 제8장(제69조부터 제79조까지, 제79조의2 및 제80조)을 적용한다. <개정 2013.8.6.>
[전문개정 2011.5.24.]

제5조(외국 건설업자에 대한 기준의 설정) 국토교통부장관은 외국인 또는 외국법인의 건설업 등록을 위하여 필요한 경우에는 건설업에 관하여 외국에서 받은 자격, 학력, 경력 등의 인정에 관한 기준을 정할 수 있다. <개정 2013.3.23.>
[전문개정 2011.5.24.]

제6조(건설산업진흥 기본계획의 수립) ① 국토교통부장관은 건설산업의 육성, 건설기술의 개발, 건설공사의 안전 및 품질 확보 등을 위하여 5년마다 건설산업진흥 기본계획을 수립·시행하여야 한다. <개정 2013.3.23.>
② 제1항에 따른 건설산업진흥 기본계획에는 다음 각 호의 사항이 포함되어야 한다.
1.건설산업진흥시책의기본 방향
2. 건설기술의 개발 및 건설기술인력의 육성에 관한 대책
3. 건설산업의 국제화와 해외 진출의 지원
4. 건설공사에 관한 안전·환경보전 및 품질의 확보대책
5. 중소건설업 및 중소건설용역업의 육성대책
6. 건설공사의 생산성 향상 대책 등 그 밖에 대통령령으로 정하는 사항
③ 국토교통부장관은 건설시장의 동향, 건설기술의 개발 등을 고려하여 제1항에 따른 건설산업진흥 기본계획의 범위에서 연차별 계획을 수립·시행할 수 있다. <개정 2013.3.23.>
[전문개정 2011.5.24.]

제7조(건설 관련 주체의 책무) ① 정부는 건설공사의 품질과 안전을 확보하기 위하여 건설공사의 설계, 시공, 감리 및 유지관리에 관한 기준, 건설자재의 품질과 규격에 관한 기준 및 도급계약의 방법 등에 관한 사항을 정하여 보급하여야 하고, 건설업자의 시공능력, 자본금, 경영실태 및 공사실적 등의 정보를 제공하기 위하여 노력하여야 한다.
② 건설공사의 발주자는 시설물이 공공의 안전과 복리에 적합하게 건설되도록 공정한 기준과 절차에 따라 능력있는 건설업자를 선정하여야 하고, 건설공사가 적정하게 시공되도록 노력하여야 한다.
③ 건설업자는 시설물의 품질과 안전이 확보되도록 건설공사 및 건설용역에 관한 법령을 준수하고 설계도서(設計圖書), 시방서(示方書) 및 도급

계약의 내용 등에 따라 성실하게 업무를 수행하여야 하고, 건설공사 실적, 기술자 보유현황, 재무상태, 그 밖에 시공능력과 관련된 정보를 거짓으로 제공하거나 광고하여서는 아니 된다.
[전문개정 2011.5.24.]

제2장 건설업 등록

<개정 2011.5.24.>

제8조(건설업의 종류) ① 건설업의 종류는 종합공사를 시공하는 업종과 전문공사를 시공하는 업종으로 한다.
② 건설업의 구체적인 종류 및 업무범위 등에 관한 사항은 대통령령으로 정한다.
[전문개정 2011.5.24.]

제9조(건설업 등록 등) ① 건설업을 하려는 자는 대통령령으로 정하는 업종별로 국토교통부장관에게 등록을 하여야 한다. 다만, 대통령령으로 정하는 경미한 건설공사를 업으로 하려는 경우에는 등록을 하지 아니하고 건설업을 할 수 있다. <개정 2013.3.23.>
② 제1항에 따라 건설업의 등록을 하려는 자는 국토교통부령으로 정하는 바에 따라 국토교통부장관에게 신청하여야 한다. <개정 2013.3.23.>
③ 국가나 지방자치단체가 자본금의 100분의 50 이상을 출자한 법인이나 영리를 목적으로 하지 아니하는 법인은 다른 법률에 특별한 규정이 있는 경우를 제외하고는 제1항에 따른 건설업 등록을 신청할 수 없다.
④ 제1항에 따라 건설업을 등록한 자는 제10조에 따른 등록기준의 사항별로 3년의 범위에서 대통령령으로 정하는 기간이 지날 때마다 국토교통부장관에게 대통령령으로 정하는 바에 따라 그 사항을 신고하여야 한다. <개정 2013.3.23.>
[전문개정 2011.5.24.]

제9조(건설업 등록 등) ① 건설업을 하려는 자는 대통령령으로 정하는 업종별로 국토교통부장관에게 등록을 하여야 한다. 다만, 대통령령으로 정하는 경미한 건설공사를 업으로 하려는 경우에는 등록을 하지 아니하고 건설업을 할 수 있다. <개정 2013.3.23.>
② 제1항에 따라 건설업의 등록을 하려는 자는 국토교통부령으로 정하는 바에 따라 국토교통부장관에게 신청하여야 한다. <개정 2013.3.23.>
③ 국가나 지방자치단체가 자본금의 100분의 50 이상을 출자한 법인이나 영리를 목적으로 하지 아니하는 법인은 다른 법률에 특별한 규정이 있는 경우를 제외하고는 제1항에 따른 건설업 등록을 신청할 수 없다.
④ 삭제 <2016.2.3.>
[전문개정 2011.5.24.]
[시행일 : 2018.2.4.] 제9조제4항

▶ 판례 – 구 건설산업기본법 제83조에 따라 영업정지처분을 받은 건설업자가 영업정지기간 동안 영위할 수 없는 건설업 영업에 같은 법 제9조 제1항 단서가 정한 경미한 건설공사가 포함되는지 여부(적극)
건설업 등록제도와 영업정지처분을 받은 건설업자의 업무범위 등에 관한 구 건설산업기본법(2011. 5. 24. 법률 제10719호로 개정되기 전의 것, 이하 같다) 제9조 제1항, 제10조, 제14조 제1항, 제83조, 구 건설산업기본법 시행령(2011. 11. 1. 대통령령 제23282호로 개정되기 전의 것) 제13조 제1항의 규정 형식, 내용 및 취지와 함께 구 건설산업기본법 제9조 제1항 단서가 경미한 건설공사를 업으로 하려는 경우 등록의무를 면제하는 이유는 국민의 건강과 생명, 재산에 미치는 영향이 상대적으로 작은 경미한 건설공사만을 업으로 하는 경우에 관해서까지 법으로 엄격한 자격요건을 규정하여 관리할 필요가 없기 때문일 뿐이고, 경미한 건설공사도 여전히 건설업자의 영업 범위나 대상에 속한다고 볼 수 있는 점 등을 종합하여 보면, 건설업의 영업정지처분을 받은 건설업자는 영업정지기간 동안 구 건설산업기본법 제14조 제1항이 정한 예외적인 사유에 해당하지 아니하는 이상 건설업을 영위할 수 없고, 영업정지처분에 의하여 금지되는 건설업 영업에는 경미한 건설공사도 포함된다. [대법원 2015.4.23, 선고, 2013두12386, 판결]

제9조의2(등록증의 발급 등) ① 국토교통부장관은 건설업 등록을 하면 국토교통부령으로 정하는 바에 따라 건설업 등록증 및 건설업 등록수첩을 발급하여야 한다. <개정 2013.3.23.>
② 제1항에 따라 건설업 등록증이나 건설업 등록수첩을 발급받은 자는 그 건설업 등록증 또는 건설업 등록수첩의 기재 사항(記載 事項) 중 대통령령으로 정하는 사항이 변경되면 국토교통부령으로 정하는 바에 따라 30일 이내에 국토교통부장관에게 기재 사항의 변경을 신청하여야 한다.

<개정 2013.3.23.>

③ 제1항에 따른 건설업 등록증이나 건설업 등록수첩을 잃어버리거나 못 쓰게 된 경우에는 국토교통부령으로 정하는 바에 따라 재발급받을 수 있다. <개정 2013.3.23.>

[전문개정 2011.5.24.]

제9조의3(건설업의 교육) ① 제9조제1항에 따라 건설업을 등록한 자(건설업자가 추가로 다른 업종을 등록하는 경우는 제외한다)는 건설업을 등록한 날부터 6개월 이내에 국토교통부장관이 실시하는 건설업 윤리 및 실무 관련 교육을 받아야 한다. 이 경우 교육을 받아야 하는 자가 법인인 경우에는 등기부상 임원 1명 이상(대표이사를 포함한다)이 교육을 받아야 한다.

② 국토교통부장관은 제1항에 따른 교육 대상자 외의 건설업자를 대상으로 하는 건설업 윤리 및 실무 관련 교육을 실시할 수 있으며, 이 경우 교육 이수자에 대하여 제84조에 따라 영업정지의 기간 등을 감경할 수 있다.

③ 제1항 및 제2항에 따른 교육의 방법 · 기준 · 절차 및 교육기관과 그 밖에 필요한 사항은 대통령령으로 정한다.

[본조신설 2015.8.11.]

제10조(건설업의 등록기준) 제9조제1항에 따른 건설업의 등록기준이 되는 다음 각 호의 사항은 대통령령으로 정한다.

1. 기술능력
2. 자본금(개인인 경우에는 자산평가액을 말한다. 이하 같다)
3. 시설 및 장비
4. 그 밖에 필요한 사항

[전문개정 2011.5.24.]

제11조(표시 · 광고의 제한) ① 제9조에 따라 업종별로 건설업 등록을 하지 아니한 자는 사업장, 광고물 등에 해당 업종의 건설업자임을 표시 · 광고하거나 해당 업종의 건설업자로 오인될 우려가 있는 표시 · 광고를 하여서는 아니 된다.

② 국토교통부장관은 소속 공무원으로 하여금 제1항을 위반하여 표시 · 광고한 자에 대하여 광고물의 강제 철거 등 적절한 조치를 하게 할 수 있다. <개정 2013.3.23.>

[전문개정 2011.5.24.]

제12조 삭제 <2007.5.17.>

제13조(건설업 등록의 결격사유) ① 다음 각 호의 어느 하나에 해당하는 자(법인인 경우 다음 각 호의 어느 하나에 해당하는 사람이 임원으로 있는 경우를 포함한다)는 제9조제1항에 따른 건설업 등록을 할 수 없다. 외국인이나 외국법인이 해당 국가에서 다음 각 호의 어느 하나에 해당하는 사유와 같거나 유사한 사유에 해당하는 경우에도 같다. <개정 2011.5.24., 2012.6.1., 2014.5.14., 2017.3.21.>

1. 파산선고를 받고 복권되지 아니한 자
2. 피성년후견인 또는 피한정후견인
3. 제82조의2 또는 제83조에 따라 건설업의 등록이 말소된 자로서 다음 각 목의 어느 하나에 해당하는 자. 이 경우 건설업 등록이 말소된 자가 법인인 경우에는 말소 당시의 원인이 된 행위를 한 사람과 대표자를 포함한다.
   가. 제83조제5호에 해당하는 사유로 건설업의 등록이 말소된 후 10년이 지나지 아니한 자
   나. 제82조의2제3항, 제83조제1호 · 제3호의3 · 제8호 · 제10호 및 제13호에 해당하는 사유로 건설업의 등록이 말소된 후 5년이 지나지 아니한 자
   다. 제83조제2호에 해당하는 사유로 건설업의 등록이 말소된 후 2년 6개월이 지나지 아니한 자
   라. 제82조의2제3항, 제83조제1호 · 제3호의3 · 제4호 · 제5호 · 제8호 · 제10호 및 제13호 외의 사유로 건설업의 등록이 말소된 후 1년 6개월이 지나지 아니한 자
4. 이 법 또는 「주택법」을 위반하여 금고 이상의 실형을 선고받고 그 집행이 종료(집행이 종료된 것으로 보는 경우를 포함한다)되거나 그 집행이 면제된 날부터 3년이 지나지 아니한 자
5. 「형법」 제129조부터 제133조까지의 죄 중 어느 하나에 해당하는 죄를 범하여 금고 이상의 실형을 선고받고 그 집행이 종료(집행이 종료된 것으로 보는 경우를 포함한다)되거나 집행이 면제된 날부터 5년이 지나지 아니한 자
6. 제4호 또는 제5호의 죄를 범하여 형의 집행유예를 선고받고 그 유예기간 중에 있

는 자
② 삭제 <2005.11.8.>
③ 국토교통부장관은 제9조제2항에 따라 등록을 신청한 자 중에서 제1항에 따라 건설업 등록을 할 수 없는 자에게 그 사유를 알려야 한다. <개정 2011.5.24., 2013.3.23.>
[제목개정 1999.4.15., 2011.5.24.]

제14조(영업정지처분 등을 받은 후의 계속 공사) ① 제82조, 제82조의2 또는 제83조에 따른 영업정지처분 또는 등록말소처분을 받은 건설업자와 그 포괄승계인은 그 처분을 받기 전에 도급계약을 체결하였거나 관계 법령에 따라 허가, 인가 등을 받아 착공한 건설공사는 계속 시공할 수 있다. 건설업 등록이 제20조의2에 따른 폐업신고에 따라 말소된 경우에도 같다.
② 제82조, 제82조의2 또는 제83조에 따른 영업정지처분 또는 등록말소처분을 받은 건설업자와 그 포괄승계인은 그 처분의 내용을 지체 없이 그 건설공사의 발주자에게 통지하여야 하고, 건설업자가 하수급인인 경우에는 그 처분의 내용을 발주자 및 수급인에게 알려야 한다. 건설업 등록이 제20조의2에 따른 폐업신고에 따라 말소된 경우에도 같다.
③ 건설업자가 건설업 등록이 말소된 후 제1항에 따라 건설공사를 계속하는 경우에는 그 공사를 완성할 때까지는 건설업자로 본다.
④ 건설공사의 발주자는 특별한 사유가 있는 경우를 제외하고는 해당 건설업자로부터 제2항에 따른 통지를 받은 날 또는 그 사실을 안 날부터 30일이 지나는 날까지 도급계약을 해지할 수 있다.
⑤ 발주자는 건설업자인 하수급인으로부터 제2항에 따른 통지를 받은 경우에는 해당 공사에 대하여 수급인에게 하도급계약의 해지를 요청할 수 있다.
⑥ 수급인은 해당 하수급인으로부터 제2항에 따른 통지를 받은 경우에는 특별한 사유가 있는 경우를 제외하고는 그 통지를 받거나 처분사실을 안 날(제5항에 따른 하도급계약의 해지를 요청받은 경우에는 그 요청을 받은 날)부터 30일이 지나는 날까지 하도급계약을 해지할 수 있다.
[전문개정 2011.5.24.]

제15조 삭제 <1999.4.15.>

제16조(건설공사의 시공자격) ① 종합공사를 도급받으려는 자는 해당 종합공사를 시공하는 업종을 등록하여야 한다. 다만, 다음 각 호의 어느 하나에 해당하는 경우에는 해당 종합공사를 시공하는 업종을 등록하지 아니하고도 도급받을 수 있다. <개정 2013.3.23.>
1. 전문공사를 시공하는 업종을 등록한 건설업자가 전문공사에 해당하는 부분을 시공하는 조건으로 종합공사를 시공하는 업종을 등록한 건설업자가 종합적인 계획, 관리 및 조정을 하는 공사를 공동으로 도급받는 경우
2. 전문공사를 시공하는 업종을 등록한 건설업자가 2개 이상의 전문공사로 구성되나 종합적인 계획, 관리 및 조정 역할이 필요하지 아니한 소규모 공사로서 국토교통부령으로 정하는 공사를 도급받는 경우
3. 전문공사를 시공하는 업종을 등록한 건설업자가 전문공사와 그 부대공사를 함께 도급받는 경우
4. 2개 업종 이상의 전문공사를 시공하는 업종을 등록한 건설업자가 그 업종에 해당하는 전문공사로 구성된 복합공사를 하도급받는 경우
5. 발주자가 공사품질이나 시공상 능률을 높이기 위하여 필요하다고 인정한 경우로서 기술적 난이도, 공사를 구성하는 전문공사 사이의 연계 정도 등을 고려하여 대통령령으로 정하는 경우

② 전문공사를 도급받으려는 자는 해당 전문공사를 시공하는 업종을 등록하여야 한다. 다만, 다음 각 호의 어느 하나에 해당하는 경우에는 해당 전문공사를 시공하는 업종을 등록하지 아니하고도 도급받을 수 있다.
1. 종합공사를 시공하는 업종을 등록한 건설업자가 이미 도급받아 시공하였거나 시공 중인 건설공사의 부대공사로서 전문공사에 해당하는 공사를 도급받는 경우
2. 발주자가 공사의 품질이나 시공의 능률을 높이기 위하여 필요하다고 인정한 경우로서 기술적 난이도, 해당 공사의 내용 등을 고려하여 대통령령으로 정하는 경우

③ 제1항제3호 및 제2항제1호에 따른 부대공사는 주된 공사에 따르는 종된 공사로 그 범위와 기준은 대통령령으로 정한다.
④ 제1항 및 제2항에 따른 도급계약의 방식에 관한 구체적인 사항은 국토교통부령으로 정한다. <개정 2013.3.23.>
[전문개정 2011.5.24.]

제17조(건설업의 양도 등) ① 건설업자는 다음 각 호의 어느 하나에 해당하는 경우에는 국

토교통부령으로 정하는 바에 따라 국토교통부장관에게 신고하여야 한다. <개정 2012.6.1., 2013.3.23.>
1. 건설업자가 건설업을 양도하려는 경우
2. 건설업자인 법인이 다른 법인과 합병하려는 경우. 다만, 건설업자인 법인이 건설업자가 아닌 법인을 흡수합병하려는 경우는 제외한다.

② 제1항제1호에 따라 건설업양도신고를 하려는 자가 「국가를 당사자로 하는 계약에 관한 법률」 또는 「지방자치단체를 당사자로 하는 계약에 관한 법률」에 따라 부정당업자로서 입찰참가자격 제한의 처분을 받고 제한기간 중에 있는 때에는 그 사실을 양수자가 확인하였음을 국토교통부령으로 정하는 바에 따라 증명하여야 한다. <개정 2013.3.23.>

③ 제1항에 따른 건설업 양도가 신고된 때에는 건설업을 양수한 자는 건설업을 양도한 자의 건설업자로서의 지위를 승계하고, 법인 합병이 신고된 경우에는 합병으로 설립되거나 존속하는 법인은 합병으로 소멸되는 법인의 건설업자로서의 지위를 승계한다.

④ 건설업을 상속받는 경우에는 제1항과 제3항을 준용한다. 이 경우 상속인이 제13조제1항 각 호의 어느 하나의 결격사유에 해당하면 3개월 이내에 그 건설업을 다른 사람에게 양도하여야 한다.

[전문개정 2011.5.24.]

제18조(건설업 양도의 공고) 제17조제1항제1호에 따라 건설업을 양도하려는 자는 국토교통부령으로 정하는 바에 따라 30일 이상 공고하여야 한다. <개정 2013.3.23.>

[전문개정 2011.5.24.]

제19조(건설업 양도의 내용 등) ① 제17조제1항제1호에 따라 건설업을 양도할 때에는 양도하려는 업종에 관한 다음 각 호의 권리와 의무를 모두 양도하여야 한다.
1. 시공 중인 공사의 도급계약에 관한 권리와 의무
2. 하자담보책임기간 중에 있는 완성된 공사가 있는 경우에는 그 하자보수에 관한 권리와 의무

② 제1항제1호의 시공 중인 건설공사가 있을 때에는 해당 건설공사 발주자의 동의를 받거나 해당 건설공사의 도급계약을 해지한 경우에만 건설업을 양도할 수 있다.

[전문개정 2011.5.24.]

제20조(건설업 양도의 제한) 건설업자는 다음 각 호의 어느 하나에 해당하면 건설업을 양도할 수 없다. 다만, 제17조제4항 후단에 해당되어 건설업을 양도하여야 하는 경우에는 다음 각 호의 어느 하나에 해당하더라도 양도할 수 있다.
1. 제82조, 제82조의2 또는 제83조에 따른 영업정지 기간 중인 경우
2. 제82조의2 또는 제83조에 따라 건설업의 등록이 말소되었으나 「행정심판법」 또는 「행정소송법」에 따라 그 효력발생이 정지된 경우

[전문개정 2011.5.24.]

제20조의2(건설업의 폐업 등) ① 제9조에 따라 건설업 등록을 한 자가 폐업하려면 국토교통부령으로 정하는 바에 따라 국토교통부장관에게 신고하여야 한다. <개정 2013.3.23.>

② 제1항에 따른 폐업신고가 있으면 국토교통부장관은 건설업 등록을 말소하고 그 사실을 국토교통부령으로 정하는 바에 따라 공고하여야 한다. <개정 2013.3.23.>

[전문개정 2011.5.24.]

제21조(건설업 등록증 등의 대여 및 알선 등 금지) ① 건설업자는 다른 사람에게 자기의 성명이나 상호를 사용하여 건설공사를 수급 또는 시공하게 하거나 건설업 등록증 또는 건설업 등록수첩을 빌려주어서는 아니 된다.

② 누구든지 건설업자로부터 그 성명이나 상호를 빌려 건설공사를 수급 또는 시공하거나 건설업 등록증 또는 건설업 등록수첩을 빌려서는 아니 된다. <신설 2017.3.21.>

③ 누구든지 제1항 및 제2항에서 금지된 행위를 알선하여서는 아니 된다. <개정 2017.3.21.>

④ 건축주는 제1항을 위반한 건설업자 또는 제2항을 위반한 자와 공모(共謀)하여 건설공사를 도급 또는 시공하게 하여서는 아니 된다. <신설 2017.3.21.>

[전문개정 2011.5.24.]
[제목개정 2017.3.21.]

제21조의2(국가기술자격증 등의 대여 금지) 건설업자는 국가기술자격증 또는 건설기술경력증을 다른 자에게 빌리거나 빌려 주어서는 아니 된다.

[본조신설 2009.12.29.]

제3장 도급계약 및 하도급계약
<개정 2011.5.24.>

제22조(건설공사에 관한 도급계약의 원칙) ① 건설공사에 관한 도급계약(하도급계약을 포함한다. 이하 같다)의 당사자는 대등한 입장에서 합의에 따라 공정하게 계약을 체결하고 신의를 지켜 성실하게 계약을 이행하여야 한다.
② 건설공사에 관한 도급계약의 당사자는 계약을 체결할 때 도급금액, 공사기간, 그 밖에 대통령령으로 정하는 사항을 계약서에 분명하게 적어야 하고, 서명 또는 기명날인한 계약서를 서로 주고받아 보관하여야 한다.
③ 국토교통부장관은 계약당사자가 대등한 입장에서 공정하게 계약을 체결하도록 하기 위하여 건설공사의 도급 및 건설사업관리위탁에 관한 표준계약서(하도급의 경우는 「하도급거래 공정화에 관한 법률」에 따라 공정거래위원회가 권장하는 건설공사표준하도급계약서를 포함한다. 이하 "표준계약서"라 한다)의 작성 및 사용을 권장하여야 한다. <신설 2013.8.6.>
④ 건설업자는 국토교통부령으로 정하는 바에 따라 건설공사에 관한 사항을 건설공사대장에 적어야 한다. <개정 2013.3.23., 2013.8.6.>
⑤ 건설공사 도급계약의 내용이 당사자 일방에게 현저하게 불공정한 경우로서 다음 각 호의 어느 하나에 해당하는 경우에는 그 부분에 한정하여 무효로 한다. <신설 2013.8.6.>
1. 계약체결 이후 설계변경, 경제상황의 변동에 따라 발생하는 계약금액의 변경을 상당한 이유 없이 인정하지 아니하거나 그 부담을 상대방에게 전가하는 경우
2. 계약체결 이후 공사내용의 변경에 따른 계약기간의 변경을 상당한 이유 없이 인정하지 아니하거나 그 부담을 상대방에게 전가하는 경우
3. 도급계약의 형태, 건설공사의 내용 등 관련된 모든 사정에 비추어 계약체결 당시 예상하기 어려운 내용에 대하여 상대방에게 책임을 전가하는 경우
4. 계약내용에 대하여 구체적인 정함이 없거나 당사자 간 이견이 있을 경우 계약내용을 일방의 의사에 따라 정함으로써 상대방의 정당한 이익을 침해한 경우
5. 계약불이행에 따른 당사자의 손해배상책임을 과도하게 경감하거나 가중하여 정함으로써 상대방의 정당한 이익을 침해한 경우
6. 「민법」 등 관계 법령에서 인정하고 있는 상대방의 권리를 상당한 이유 없이 배제하거나 제한하는 경우

⑥ 건설업자는 대통령령으로 정하는 바에 따라 제4항에 따른 건설공사대장의 기재 사항을 발주자에게 통보하여야 한다. <개정 2013.8.6., 2016.2.3.>
⑦ 건설공사 도급계약의 당사자는 「고용보험 및 산업재해보상보험의 보험료징수 등에 관한 법률」에 따른 보험료, 「국민연금법」에 따른 국민연금보험료, 「국민건강보험법」에 따른 건강보험료, 「노인장기요양보험법」에 따른 노인장기요양보험료 등 그 건설공사와 관련하여 건설업자가 의무적으로 부담하여야 하는 비용의 금액을 대통령령으로 정하는 바에 따라 그 건설공사의 도급금액 산출내역서(하도급금액 산출내역서를 포함한다. 이하 이 항에서 같다)에 분명하게 적어야 한다. 이 경우 그 건설공사의 도급금액 산출내역서에 적힌 금액이 실제로 지출된 보험료 등보다 많은 경우에 그 정산에 관한 사항은 대통령령으로 정한다. <개정 2013.8.6.>
[전문개정 2011.5.24.]

제22조의2(공사대금지급의 보증 등) ① 수급인이 국가, 지방자치단체 또는 대통령령으로 정하는 공공기관 외의 자가 발주하는 공사를 도급받은 경우로서 수급인이 발주자에게 계약의 이행을 보증하는 때에는 수급인도 발주자에게 공사대금의 지급을 보증 또는 담보를 요구할 수 있다.
② 발주자가 제1항에 따른 수급인의 공사대금 지급보증 또는 담보 요구에 따르지 아니한 때에는 수급인은 상당한 기간을 정하여 발주자에게 그 이행을 최고하고 공사의 시공을 중지할 수 있다. 발주자가 최고한 기간 내에 그 이행을 하지 아니한 때에는 수급인은 도급계약을 해지할 수 있다.
③ 제2항에 따라 발주자의 공사대금 지급보증 또는 담보 미제공으로 인하여 수급인이 공사를 중지하거나 도급계약을 해지한 경우에는 발주자는 수급인에게 공사 중지나 도급계약의 해지에 따라 발생하는 손해배상을 청구하지 못한다.
[본조신설 2013.8.6.]

제22조의3(계약의 추정) ① 발주자가 도급계약을 하면서 제22조제2항의 사항을 적은 계약서를 발급하지 아니한 경우에는 수급인은 도급받

은 건설공사의 내용, 계약금액 등 대통령령으로 정하는 사항을 발주자에게 서면으로 통지하여 도급받은 내용의 확인을 요청할 수 있다.

② 발주자는 제1항의 통지를 받은 날부터 15일 이내에 그 내용에 대한 인정 또는 부인(否認)의 의사를 수급인에게 서면으로 회신을 발송하여야 하며, 이 기간 내에 회신을 발송하지 아니한 경우에는 원래 수급인이 통지한 내용대로 도급이 있었던 것으로 추정한다. 다만, 천재나 그 밖의 사변으로 회신이 불가능한 경우에는 그러하지 아니하다.

③ 제1항의 통지에는 수급인이, 제2항의 회신에는 발주자가 서명 또는 기명날인하여야 한다.

④ 하도급계약의 추정에 대하여는 제1항부터 제3항까지를 준용한다. 이 경우 "발주자"는 "수급인"으로, "수급인"은 "하수급인"으로, "도급"은 "하도급"으로 각각 본다.

⑤ 제1항의 통지 및 제2항의 회신과 관련하여 필요한 사항은 대통령령으로 정한다.

⑥ 발주자, 수급인 및 하수급인은 대통령령으로 정하는 바에 따라 제1항 및 제2항에 따른 서면을 보관하여야 한다.

[본조신설 2016.2.3.]

제23조(시공능력의 평가 및 공시) ① 국토교통부장관은 발주자가 적정한 건설업자를 선정할 수 있도록 하기 위하여 건설업자의 신청이 있는 경우 그 건설업자의 건설공사 실적, 자본금, 건설공사의 안전·환경 및 품질관리 수준 등에 따라 시공능력을 평가하여 공시하여야 한다.
<개정 2011.5.24., 2013.3.23.>

② 삭제 <1999.4.15.>

③ 제1항에 따른 시공능력의 평가 및 공시를 받으려는 건설업자는 국토교통부령으로 정하는 바에 따라 전년도 건설공사 실적, 기술자 보유현황, 재무상태, 그 밖에 국토교통부령으로 정하는 사항을 국토교통부장관에게 제출하여야 한다. <개정 2011.5.24., 2013.3.23.>

④ 제1항과 제3항에 따른 시공능력의 평가방법, 제출 자료의 구체적인 사항 및 공시 절차, 그 밖에 필요한 사항은 국토교통부령으로 정한다. <개정 2011.5.24., 2013.3.23.>

[제목개정 2011.5.24.]

제23조의2(건설사업관리능력의 평가 및 공시) ① 국토교통부장관은 발주자가 제26조제2항에 따른 건설사업관리자를 적정하게 선정할 수 있도록 하기 위하여 건설사업관리자의 신청이 있는 경우 그 건설사업관리자의 건설사업관리 실적 및 재무상태 등에 따라 건설사업관리능력을 평가하여 공시하여야 한다. <개정 2013.3.23.>

② 제1항에 따른 평가 및 공시를 받으려는 건설사업관리자는 전년도 건설사업관리 실적, 건설사업관리 관련 인력 보유현황, 재무상태, 그 밖에 국토교통부령으로 정하는 사항을 국토교통부장관에게 제출하여야 한다. <개정 2013.3.23.>

③ 제1항과 제2항에 따른 건설사업관리능력의 평가방법, 제출 자료의 구체적인 사항 및 공시 절차 등에 필요한 사항은 국토교통부령으로 정한다. <개정 2013.3.23.>

[전문개정 2011.5.24.]

제24조(건설산업정보의 종합관리) ① 국토교통부장관은 건설업자의 자본금, 경영실태, 공사 수행 상황 등 건설업자에 관한 정보와 건설공사에 필요한 자재와 인력의 수급상황, 제56조제1항제1호에 따른 보증 및 행정제재 처분, 그 밖의 건설 관련 정보를 종합적으로 관리하고, 그 정보를 필요로 하는 관련 기관 또는 단체 등에 제공할 수 있다. <개정 2013.3.23.>

② 국토교통부장관은 건설사업관리자의 자본금, 경영실태, 건설사업관리 수행 상황 등 건설사업관리자에 관한 정보와 건설사업관리에 필요한 인력의 수급 상황 등 건설사업관리 관련 정보를 종합적으로 관리하고, 그 정보를 필요로 하는 관련 기관 또는 단체 등에 제공할 수 있다. <개정 2013.3.23.>

③ 국토교통부장관은 제1항과 제2항에 따른 건설산업정보를 체계적으로 관리하기 위하여 대통령령으로 정하는 바에 따라 건설산업정보 종합관리체계를 구축·운영할 수 있다. <개정 2013.3.23.>

④ 국토교통부장관은 제1항과 제2항에 따른 정보의 종합관리를 위하여 건설업자, 건설사업관리자, 건설자재의 생산업자·공급업자, 관계 행정기관, 건설 관련 사업자단체, 건설 관련 공제·보험·보증 업무 수행기관 및 연구기관으로 하여금 공사수행 상황, 건설자재의 생산·판매 상황, 건설인력의 현황 및 건설사업관리 실적 등에 관한 자료를 제출할 것을 요청할 수 있다. 이 경우 요청을 받은 자는 특별한 사유가 없으면 이에 따라야 한다. <개정 2013.3.23.>

⑤ 제4항에 따른 자료 제출의 요청 절차 등에 필요한 사항은 대통령령으로 정한다.

[전문개정 2011.5.24.]

제25조(수급인 등의 자격 제한) ① 발주자는 도급하려는 건설공사의 종합적인 계획·관리·조정의 필요성, 시공기술상의 특성 및 현지여건 등을 고려하여 공사내용에 상응하는 업종을 등록한 건설업자에게 도급하여야 한다. <개정 2016.2.3.>

② 수급인은 공사내용에 상응하는 업종을 등록한 건설업자에게 하도급하여야 한다.

③ 발주자 또는 수급인은 공사특성에 따라 제23조제1항에 따라 공시된 시공능력과 공사실적, 기술능력 등을 기준으로 수급인 또는 하수급인의 자격을 제한할 수 있다.

④ 「시설물의 안전 및 유지관리에 관한 특별법」에 따른 1종시설물 및 2종시설물에 대한 인가, 허가, 승인 등의 처분을 하는 국가기관 또는 지방자치단체의 장은 해당 건설공사의 규모, 구조안전의 필요성 등을 고려하여 시공자의 시공능력이 현저하게 부적합하다고 인정하는 경우에는 발주자에게 시공자의 교체를 권고할 수 있다. <개정 2017.1.17.>

[전문개정 2011.5.24.]

제26조(건설사업관리자의 업무 수행 등) ① 발주자는 필요한 경우 건설사업관리업무의 전부 또는 일부를 건설사업관리에 관한 전문지식과 기술능력을 갖춘 자에게 위탁할 수 있다.

② 발주자로부터 건설사업관리업무를 위탁받아 수행하는 자(이하 "건설사업관리자"라 한다)가 하는 건설사업관리업무의 내용이 이 법이나 관계 법령에 따라 신고·등록 등을 하여야 하는 업무인 경우에는 해당 법령에 따른 신고·등록 등을 한 후가 아니면 건설사업관리업무를 할 수 없다. 다만, 대규모 복합공사로서 공항, 고속철도, 발전소, 댐 또는 플랜트 공사의 건설사업관리자가 건축사·기술사 등 관계 법령에 따른 설계 또는 감리 업무를 할 수 있는 기술인력을 갖춘 경우에는 「건축사법」 제23조제1항 또는 「건설기술 진흥법」 제26조제1항에도 불구하고 설계 또는 감리 업무를 함께 위탁받아 수행할 수 있다. <개정 2013.5.22.>

③ 건설사업관리자는 발주자를 위하여 선량한 관리자의 주의로 위탁받은 업무를 수행하여야 한다.

④ 건설사업관리자는 자기 또는 자기의 계열회사(「독점규제 및 공정거래에 관한 법률」 제2조제3호에 따른 계열회사를 말한다)가 해당 건설공사를 도급받도록 조언하여서는 아니 된다.

⑤ 건설사업관리자는 건설사업관리업무를 할 때 고의나 과실로 발주자에게 재산상의 손해를 발생시킨 경우에는 그 손해를 배상하여야 한다.

⑥ 건설사업관리자의 손해배상에 관하여는 제44조를 준용한다. 이 경우 "건설업자"는 "건설사업관리자"로 본다.

⑦ 제1항부터 제6항까지의 규정은 시공책임형 건설사업관리자가 수행하는 건설사업관리에도 적용한다.

⑧ 시공책임형 건설사업관리를 수행하는 건설업자가 발주자와 시공 단계에서 건설사업관리에 관한 계약을 체결하는 경우 그 계약의 내용은 제2조제4호에 따른 건설공사에 한정하여야 한다.

[전문개정 2011.5.24.]

제27조(견적기간) 발주자는 수의계약으로 도급계약을 체결하는 경우에는 그 체결을 하기 전에, 경쟁계약으로 도급계약을 체결하는 경우에는 입찰에 부치기 전에 건설업자가 해당 건설공사에 관한 견적을 낼 수 있도록 대통령령으로 정하는 일정 기간을 주어야 한다.

[전문개정 2011.5.24.]

제28조(건설공사 수급인 등의 하자담보책임) ① 수급인은 발주자에 대하여 다음 각 호의 범위에서 공사의 종류별로 대통령령으로 정하는 기간에 발생한 하자에 대하여 담보책임이 있다. <개정 2015.8.11.>

1. 건설공사의 목적물이 벽돌쌓기식구조, 철근콘크리트구조, 철골구조, 철골철근콘크리트구조, 그 밖에 이와 유사한 구조로 된 것인 경우: 건설공사의 완공일과 목적물의 관리·사용을 개시한 날 중에서 먼저 도래한 날로부터 10년
2. 제1호 이외의 구조로 된 것인 경우: 건설공사 완공일과 목적물의 관리·사용을 개시한 날 중에서 먼저 도래한 날로부터 5년

② 수급인은 다음 각 호의 어느 하나의 사유로 발생한 하자에 대하여는 제1항에도 불구하고 담보책임이 없다.

1. 발주자가 제공한 재료의 품질이나 규격 등이 기준미달로 인한 경우
2. 발주자의 지시에 따라 시공한 경우
3. 발주자가 건설공사의 목적물을 관계 법령에 따른 내구연한(耐久年限) 또는 설계상의 구조내력(構造耐力)을 초과하여 사용한 경우

③ 건설공사의 하자담보책임기간에 관하여 다른 법령(「민법」 제670조 및 제671조는 제

외한다)에 특별하게 규정되어 있는 경우에는 그 법령에서 정한 바에 따른다. 다만, 공사 목적물의 성능, 특성 등을 고려하여 대통령령으로 정하는 바에 따라 도급계약에서 특별히 따로 정한 경우에는 도급계약에서 정한 바에 따른다. <개정 2015.8.11.>

④ 하수급인의 하자담보책임에 대하여는 제1항부터 제3항까지를 준용한다. 이 경우 "수급인"은 "하수급인"으로, "발주자"는 "수급인"으로, "건설공사의 완공일과 목적물의 관리·사용을 개시한 날 중에서 먼저 도래한 날"은 "하수급인이 시공한 건설공사의 완공일과 목적물의 관리·사용을 개시한 날 중에서 먼저 도래한 날"로 본다. <신설 2014.5.14., 2015.8.11.>

[전문개정 2011.5.24.]

[제목개정 2014.5.14.]

제28조의2(건설공사의 직접 시공) ① 건설업자는 1건 공사의 금액이 100억원 이하로서 대통령령으로 정하는 금액 미만인 건설공사를 도급받은 경우에는 그 공사금액 중 대통령령으로 정하는 비율에 따른 금액 이상에 해당하는 공사를 직접 시공하여야 한다. 다만, 그 건설공사를 직접 시공하기 곤란한 경우로서 대통령령으로 정하는 경우에는 직접 시공하지 아니할 수 있다.

② 제1항에 따라 건설공사를 직접 시공하는 자는 대통령령으로 정하는 바에 따라 직접 시공계획을 발주자에게 통보하여야 한다. 다만, 전문공사를 시공하는 업종을 등록한 건설업자가 전문공사를 도급받은 경우에는 그러하지 아니하다. <개정 2016.2.3.>

③ 발주자는 건설업자가 제2항에 따라 직접 시공계획을 통보하지 아니한 경우나 직접시공계획에 따라 공사를 시공하지 아니한 경우에는 그 건설공사의 도급계약을 해지할 수 있다.

④ 국가, 지방자치단체 또는 대통령령으로 정하는 공공기관이 발주하는 공사의 발주자는 제2항에 따라 직접시공계획을 통보받은 경우 제1항 본문에 따른 직접 시공의 준수 여부를 확인하고 이를 국토교통부장관에게 보고 또는 통보하여야 한다. 다만, 관계 법령에 따른 감리가 있는 건설공사의 경우에는 감리를 수행하는 자로 하여금 그 준수 여부를 확인하게 할 수 있다. <신설 2017.3.21.>

⑤ 제4항에 따른 직접 시공 준수 여부 확인의 방법, 절차 및 그 밖에 필요한 사항은 국토교통부령으로 정한다. <신설 2017.3.21.>

[전문개정 2011.5.24.]

제29조(건설공사의 하도급 제한) ① 건설업자는 도급받은 건설공사의 전부 또는 대통령령으로 정하는 주요 부분의 대부분을 다른 건설업자에게 하도급할 수 없다. 다만, 건설업자가 도급받은 공사를 대통령령으로 정하는 바에 따라 계획, 관리 및 조정하는 경우로서 대통령령으로 정하는 바에 따라 2인 이상에게 분할하여 하도급하는 경우에는 예외로 한다.

② 수급인은 그가 도급받은 건설공사의 일부를 동일한 업종에 해당하는 건설업자에게 하도급할 수 없다. 다만, 발주자가 공사품질이나 시공상 능률을 높이기 위하여 필요하다고 인정하여 서면으로 승낙한 경우에는 예외로 한다.

③ 하수급인은 하도급받은 건설공사를 다른 사람에게 다시 하도급할 수 없다. 다만, 다음 각 호의 어느 하나에 해당하는 경우에는 하도급할 수 있다. <개정 2013.3.23.>

1. 제2항 단서에 따라 종합공사를 시공하는 업종을 등록한 건설업자가 하도급받은 경우로서 그가 하도급받은 건설공사 중 전문공사에 해당하는 건설공사를 그 전문공사를 시공하는 업종을 등록한 건설업자에게 다시 하도급하는 경우
2. 전문공사를 시공하는 업종을 등록한 건설업자가 하도급받은 경우로서 다음 각 목의 요건을 모두 충족하여 하도급받은 전문공사의 일부를 그 전문공사를 시공하는 업종을 등록한 건설업자에게 다시 하도급하는 경우
   가. 공사의 품질이나 시공상의 능률을 높이기 위하여 필요한 경우로서 국토교통부령으로 정하는 요건에 해당할 것
   나. 수급인의 서면 승낙을 받을 것

④ 도급받은 공사의 일부를 하도급(제3항 단서에 따라 다시 하도급하는 것을 포함한다)한 건설업자와 제3항제2호에 따라 다시 하도급하는 것을 승낙한 자는 대통령령으로 정하는 바에 따라 발주자에게 통보를 하여야 한다. 다만, 다음 각 호의 어느 하나에 해당하는 경우에는 그러하지 아니하다. <개정 2012.6.1.>

1. 제2항 단서에 따라 발주자가 하도급을 서면으로 승낙한 경우
2. 하도급을 하려는 부분이 그 공사의 주요 부분에 해당하는 경우로서 발주자가 품질관리상 필요하여 도급계약의 조건으로 사전승인을 받도록 요구한 경우

[전문개정 2011.5.24.]

第29조의2(건설공사의 하도급관리) ① 수급인은 도급받은 건설공사를 하도급하는 경우에는 하수급인이 제29조제3항을 준수하도록 관리하여야 한다.
② 수급인은 하수급인이 제29조제3항을 위반하여 도급계약을 체결하는 경우에는 그 사유를 분명하게 밝혀 그 도급계약 내용의 변경이나 해지를 요구할 수 있다.
③ 수급인은 하수급인이 정당한 사유 없이 제2항에 따른 요구에 따르지 아니하는 경우에는 해당 건설공사에 관한 하수급인과의 계약을 해지할 수 있다.
[전문개정 2011.5.24.]

第30조 삭제 <2004.12.31.>

第31조(하도급계약의 적정성 심사 등) ① 발주자는 하수급인이 건설공사를 시공하기에 현저하게 부적당하다고 인정되거나 하도급계약금액이 대통령령으로 정하는 비율에 따른 금액에 미달하는 경우에는 하수급인의 시공능력, 하도급계약내용의 적정성 등을 심사할 수 있다.
② 국가, 지방자치단체 또는 대통령령으로 정하는 공공기관이 발주자인 경우에는 하수급인이 건설공사를 시공하기에 현저하게 부적당하다고 인정되거나 하도급계약금액이 대통령령으로 정하는 비율에 따른 금액에 미달하는 경우에는 하수급인의 시공능력, 하도급계약내용의 적정성 등을 심사하여야 한다.
③ 발주자는 제1항 및 제2항에 따라 심사한 결과 하수급인의 시공능력 또는 하도급계약내용이 적정하지 아니한 경우에는 그 사유를 분명하게 밝혀 수급인에게 하수급인 또는 하도급계약내용의 변경을 요구할 수 있다. 이 경우 제2항에 따라 심사한 때에는 하수급인 또는 하도급계약내용의 변경을 요구하여야 한다.
④ 발주자는 수급인이 정당한 사유 없이 제3항에 따른 요구에 따르지 아니하여 공사 결과에 중대한 영향을 끼칠 우려가 있는 경우에는 해당 건설공사의 도급계약을 해지할 수 있다.
⑤ 제2항에 따른 발주자는 하수급인의 시공능력, 하도급계약내용의 적정성 등을 심사하기 위하여 하도급계약심사위원회를 두어야 한다.
⑥ 제1항부터 제3항까지에 따른 하도급계약의 적정성 심사기준, 하수급인 또는 하도급계약내용의 변경 요구 절차, 그 밖에 필요한 사항 및 제5항에 따른 하도급계약심사위원회의 설치·구성, 심사방법 등에 관하여 필요한 사항은 대통령령으로 정한다.
[전문개정 2011.5.24.]

第31조(하도급계약의 적정성 심사 등) ① 발주자는 하수급인이 건설공사를 시공하기에 현저하게 부적당하다고 인정되거나 하도급계약금액이 대통령령으로 정하는 비율에 따른 금액에 미달하는 경우에는 하수급인의 시공능력, 하도급계약내용의 적정성 등을 심사할 수 있다.
② 국가, 지방자치단체 또는 대통령령으로 정하는 공공기관이 발주자인 경우에는 하수급인이 건설공사를 시공하기에 현저하게 부적당하다고 인정되거나 하도급계약금액이 대통령령으로 정하는 비율에 따른 금액에 미달하는 경우에는 하수급인의 시공능력, 하도급계약내용의 적정성 등을 심사하여야 한다.
③ 발주자는 제1항 및 제2항에 따라 심사한 결과 하수급인의 시공능력 또는 하도급계약내용이 적정하지 아니한 경우에는 그 사유를 분명하게 밝혀 수급인에게 하수급인 또는 하도급계약내용의 변경을 요구할 수 있다. 이 경우 제2항에 따라 심사한 때에는 하수급인 또는 하도급계약내용의 변경을 요구하여야 하고, 변경 요구를 받은 수급인은 정당한 사유가 있는 경우를 제외하고는 이를 이행하여야 한다. <개정 2017.12.26.>
④ 발주자는 수급인이 정당한 사유 없이 제3항에 따른 요구에 따르지 아니하여 공사 결과에 중대한 영향을 끼칠 우려가 있는 경우에는 해당 건설공사의 도급계약을 해지할 수 있다.
⑤ 제2항에 따른 발주자는 하수급인의 시공능력, 하도급계약내용의 적정성 등을 심사하기 위하여 하도급계약심사위원회를 두어야 한다.
⑥ 제1항부터 제3항까지에 따른 하도급계약의 적정성 심사기준, 하수급인 또는 하도급계약내용의 변경 요구 및 그 이행 절차, 그 밖에 필요한 사항 및 제5항에 따른 하도급계약심사위원회의 설치·구성, 심사방법 등에 필요한 사항은 대통령령으로 정한다. <개정 2017.12.26.>
[전문개정 2011.5.24.]
[시행일 : 2018.6.27.] 제31조

제31조의2(하도급계획의제출) ① 건설업자는 국가, 지방자치단체 또는 대통령령으로 정하는 공공기관이 발주하는 공사로서 대통령령으로 정하는 건설공사를 도급받으려는 경우, 하도급관계의 공정성 확보와 건설공사의 효율적인 수행을 위하여 대통령령으로 정하는 바에 따라 하도급할 공사의 주요 공종 및 물량, 하수급인 선정방식 등 하도급계획을 발주자에게 제출하여야 한다. 이 경우 발주자는 제출받은 하도급계획의 적정성을 검토하여야 하고, 그 이행 여부를 감독하여야 한다. <개정 2016.2.3.>

② 제1항을 적용받지 아니하는 건설공사의 경우에도 발주자가 하도급관계의 공정성과 건설공사의 효율성을 확보하기 위하여 필요하다고 인정하여 하도급계획서를 제출할 것을 요구하면 건설업자는 이에 따라야 한다.

[전문개정 2011.5.24.]

제31조의3(하도급공사 계약자료의 공개) 국가, 지방자치단체 또는 대통령령으로 정하는 공공기관이 발주하는 건설공사를 하도급한 경우 해당 발주기관은 다음 각 호의 사항을 대통령령으로 정하는 바에 따라 누구나 볼 수 있는 방법으로 공개하여야 한다.

1. 공사명
2. 수급인의 도급금액 및 낙찰률
3. 수급인(상호 및 대표자, 영업소 소재지)
4. 하수급인(상호 및 대표자, 업종, 영업소 소재지)
5. 하도급공종
6. 하도급 부분 도급액, 하도급금액, 하도급률

[본조신설 2014.5.14.]

제32조(하수급인 등의 지위) ① 하수급인은 하도급받은 건설공사의 시공에 관하여는 발주자에 대하여 수급인과 같은 의무를 진다.

② 제1항은 수급인과 하수급인의 법률관계에 영향을 미치지 아니한다.

③ 하수급인은 수급인이 제29조제4항에 따른 통보를 게을리하거나 일부를 누락하여 통보한 경우에는 발주자 또는 수급인에게 자신이 시공한 공사의 종류와 공사기간 등을 직접 통보할 수 있다.

④ 건설기계 대여업자 및 국토교통부령으로 정하는 바에 따라 건설공사용 부품을 제작하여 납품하는 자(이하 이 항에서 "제작납품업자"라 한다)에 대한 대금 지급에 관하여는 제34조제1항과 제35조(건설기계대여업자에 대하여는 제35조제2항제6호, 제작납품업자에 대하여는 제35조제2항제5호 및 제6호는 제외한다)를 준용한다. 이 경우"발주자"는"발주자 또는 수급인"으로,"수급인"은"수급인 또는 하수급인"으로,"하수급인"은"건설기계 대여업자 또는 제작납품업자"로,"하도급대금"은"건설기계대여대금 또는 건설공사용 부품대금"으로 본다. 다만, 제35조제2항 · 제3항 · 제5항 및 제6항의 경우에는"발주자"는"건설기계 대여업자 또는 제작납품업자와 계약을 체결한 건설업자에게 건설공사를 도급한 자"로,"수급인"은"건설기계 대여업자 또는 제작납품업자와 계약을 체결한 건설업자"로,"하수급인"은"건설기계 대여업자 또는 제작납품업자"로,"하도급대금"은"건설기계 대여대금 또는 건설공사용 부품대금"으로 본다. <개정 2013.3.23., 2014.5.14.>

[전문개정 2011.5.24.]

제33조(하수급인의 의견 청취) 수급인은 도급받은 건설공사를 시공할 때 하수급인이 있는 경우에는 그 건설공사의 시공에 관한 공법과 공정, 그 밖에 필요하다고 인정되는 사항에 관하여 미리 하수급인의 의견을 들어야 한다.

[전문개정 2011.5.24.]

제34조(하도급대금의 지급 등) ① 수급인은 도급받은 건설공사에 대한 준공금 또는 기성금을 받으면 다음 각 호의 구분에 따라 해당 금액을 그 준공금 또는 기성금을 받은 날(수급인이 발주자로부터 공사대금을 어음으로 받은 경우에는 그 어음만기일을 말한다)부터 15일 이내에 하수급인에게 현금으로 지급하여야 한다.

1. 준공금을 받은 경우: 하도급대금
2. 기성금을 받은 경우: 하수급인이 시공한 부분에 해당하는 금액

② 수급인은 하도급계약을 할 때 하수급인에게 국토교통부령으로 정하는 바에 따라 적정한 하도급대금의 지급을 보증하는 보증서를 주어야 한다. 다만, 국토교통부령으로 정하는 경우에는 하도급대금 지급보증서를 주지 아니할 수 있다. <개정 2013.3.23.>

③ 건설공사의 도급계약 당사자는 제2항에 따른 하도급대금 지급보증서 발급에 드는 금액을 대통령령으로 정하는 바에 따라 해당 건설공사의 도급금액 산출내역서에 분명하게 적어야 한다.

④ 수급인이 발주자로부터 선급금을 받은 때에는 하수급인이 자재를 구입하거나 현장노동자를 고

용하는 등 하도급공사를 시작할 수 있도록 수급인이 받은 선급금의 내용과 비율에 따라 선급금을 받은 날(하도급계약을 체결하기 전에 선급금을 지급받은 경우에는 하도급계약을 체결한 날)부터 15일 이내에 하수급인에게 선급금을 지급하여야 한다. 이 경우 수급인은 하수급인이 선급금을 반환하여야 할 경우에 대비하여 하수급인에게 보증을 요구할 수 있다. <개정 2012.6.1.>

⑤ 제54조에 따라 설립된 공제조합 또는 다른 법령에 따라 보증업무를 담당할 수 있는 기관은 수급인에게 제2항에 따른 하도급대금의 지급을 보증하는 보증계약의 보증서를 발급(변경발급을 포함한다)하거나 보증계약을 해지한 경우에는 국토교통부령으로 정하는 바에 따라 즉시 발주자 및 하수급인에게 그 내용을 통보하여야 한다. <개정 2013.3.23., 2014.5.14.>

⑥ 발주자는 제5항에 따라 통보받은 하도급대금 지급보증내용을 확인하여야 하고, 확인 결과 보증내용이 적정하지 아니할 경우에는 수급인에게 시정을 요구할 수 있다.

⑦ 발주자가 국가, 지방자치단체 또는 대통령령으로 정하는 공공기관인 경우에는 하도급대금이 보호될 수 있도록 수급인이 하수급인에게 제2항에 따른 보증서를 교부하였는지 여부를 확인하여야 한다. <신설 2016.2.3.>

[전문개정 2011.5.24.]

제34조의2(하도급계약 이행보증 등) ① 수급인은 제34조제2항에 따른 하도급대금 지급보증서를 교부하는 경우 하수급인에게 국토교통부령으로 정하는 바에 따라 하도급금액의 100분의 10에 해당하는 금액의 하도급계약 이행보증서의 교부를 요구할 수 있다.

② 수급인이 다음 각 호의 어느 하나에 해당하는 사유로 하도급계약을 일방적으로 해제 또는 해지한 경우 수급인은 제1항에 따른 하도급계약 이행보증서를 발행한 기관에 대하여 하도급계약 이행보증금의 지급을 요청할 수 없다. 다만, 하수급인의 귀책사유가 있는 경우는 제외한다.

1. 수급인이 하도급대금을 도급계약이나 관계 법령에서 정한 기일 내에 지급하지 아니하여 공사기간이 지연된 경우
2. 제36조의2제1항에 따른 추가·변경공사 등의 정산에 관한 합의의 지연으로 인하여 하도급계약 불이행이 발생한 경우

[본조신설 2015.8.11.]

제35조(하도급대금의 직접 지급) ① 발주자는 다음 각 호의 어느 하나에 해당하는 경우에는 하수급인이 시공한 부분에 해당하는 하도급대금을 하수급인에게 직접 지급할 수 있다. 이 경우 발주자의 수급인에 대한 대금 지급채무는 하수급인에게 지급한 한도에서 소멸한 것으로 본다. <개정 2013.3.23.>

1. 국가, 지방자치단체 또는 대통령령으로 정하는 공공기관이 발주한 건설공사가 다음 각 목의 어느 하나에 해당하는 경우로서 발주자가 하수급인을 보호하기 위하여 필요하다고 인정하는 경우
   가. 수급인이 제34조제1항에 따른 하도급대금 지급을 1회 이상 지체한 경우
   나. 공사 예정가격에 대비하여 국토교통부령으로 정하는 비율에 미달하는 금액으로 도급계약을 체결한 경우
2. 수급인의 파산 등 수급인이 하도급대금을 지급할 수 없는 명백한 사유가 있다고 발주자가 인정하는 경우
3. 삭제 <2012.12.18.>

② 발주자는 다음 각 호의 어느 하나에 해당하는 경우에는 하수급인이 시공한 부분에 해당하는 하도급대금을 하수급인에게 직접 지급하여야 한다. <개정 2012.12.18., 2014.5.14.>

1. 발주자가 하도급대금을 직접 하수급인에게 지급하기로 발주자와 수급인 간 또는 발주자·수급인 및 하수급인이 그 뜻과 지급의 방법·절차를 명백하게 하여 합의한 경우
2. 하수급인이 시공한 부분에 대한 하도급 대금지급을 명하는 확정판결을 받은 경우
3. 수급인이 제34조제1항에 따른 하도급대금 지급을 2회 이상 지체한 경우로서 하수급인이 발주자에게 하도급대금의 직접 지급을 요청한 경우
4. 수급인의 지급정지, 파산, 그 밖에 이와 유사한 사유가 있거나 건설업 등록 등이 취소되어 수급인이 하도급대금을 지급할 수 없게 된 경우로서 하수급인이 발주자에게 하도급대금의 직접 지급을 요청한 경우
5. 수급인이 하수급인에게 정당한 사유 없이 제34조제2항에 따른 하도급대금 지급보증서를 주지 아니한 경우로서 발주자가 그 사실을 확인하거나 하수급인이 발주자에게 하도급대금의 직접 지급을 요청한 경우
6. 국가, 지방자치단체 또는 대통령령으로 정하는 공공기관이 발주한 건설공사에 대하여 공사 예정가격에 대비하여 국토교통부령으로 정하는 비율에 미달하는 금액으로 도급계약을 체결한 경우로서 하수급인이 발주자에게

하도급대금의 직접 지급을 요청한 경우

③ 제2항 각 호의 어느 하나에 해당하는 사유가 발생하여 발주자가 하수급인에게 하도급대금을 직접 지급한 경우에는 발주자의 수급인에 대한 대금 지급채무와 수급인의 하수급인에 대한 하도급대금 지급채무는 그 범위에서 소멸한 것으로 본다.

④ 수급인은 제1항제1호 각 목의 어느 하나에 해당하는 경우로서 하수급인에게 책임이 있는 사유로 자신이 피해를 입을 우려가 있다고 인정되는 경우에는 그 사유를 분명하게 밝혀 발주자에게 발주자가 하수급인에게 하도급대금을 직접 지급하는 것을 중지할 것을 요청할 수 있다.

⑤ 발주자는 제2항에도 불구하고 수급인으로부터 하도급계약과 관련하여 하수급인이 임금, 자재대금 등의 지급을 지체한 사실을 증명할 수 있는 서류를 첨부하여 그 하도급대금의 직접 지급을 중지하도록 요청받은 경우에는 하수급인에게 하도급대금을 직접 지급하지 아니할 수 있다.

⑥ 제1항이나 제2항에 따라 하수급인이 발주자로부터 하도급대금을 직접 지급받기 위하여 하수급인이 시공한 부분의 확인 등이 필요한 경우에는 수급인은 지체 없이 이에 필요한 조치를 하여야 한다.

⑦ 제1항 각 호의 어느 하나, 제2항제3호 또는 제4호에 따라 하도급대금을 직접 지급하는 경우에 그 지급 방법 및 절차는 국토교통부령으로 정한다. <개정 2013.3.23.>

[전문개정 2011.5.24.]

제36조(설계변경 등에 따른 하도급대금의 조정 등) ① 수급인은 하도급을 한 후 설계변경 또는 경제 상황의 변동에 따라 발주자로부터 공사금액을 늘려 지급받은 경우에 같은 사유로 목적물의 준공에 비용이 추가될 때에는 그가 금액을 늘려 받은 공사금액의 내용과 비율에 따라 하수급인에게 비용을 늘려 지급하여야 하고, 공사금액을 줄여 지급받은 때에는 이에 준하여 금액을 줄여 지급한다.

② 발주자는 발주한 건설공사의 금액을 설계변경 또는 경제 상황의 변동에 따라 수급인에게 조정하여 지급한 경우에는 대통령령으로 정하는 바에 따라 공사금액의 조정사유와 내용을 하수급인(제29조제3항에 따라 하수급인으로부터 다시 하도급받은 자를 포함한다)에게 통보하여야 한다.

[전문개정 2011.5.24.]

제36조의2(추가 · 변경공사에 대한 서면 확인 등) ① 수급인은 하수급인에게 설계변경 또는 그 밖의 사유로 당초 하도급계약의 산출내역에 포함되어 있지 아니한 공사(이하 "추가 · 변경공사"라 한다)를 요구하는 경우 해당 공사의 하수급인에게 추가 · 변경공사의 내용, 금액 및 기간 등 추가 · 변경공사와 관련하여 필요한 사항을 서면으로 요구하여야 한다. 이 경우 수급인은 필요시 발주자에게 서면으로 확인을 받을 수 있다.

② 제1항에 따른 서면 요구 및 발주자 확인 등에 필요한 사항은 대통령령으로 정한다.

[본조신설 2015.8.11.]

제37조(검사 및 인도) ① 수급인은 하수급인으로부터 하도급공사의 준공 또는 기성부분의 통지를 받으면 그 사실을 확인하기 위한 검사를 하여야 한다. 이 경우 수급인은 하수급인의 통지를 받은 날부터 10일 이내에 검사 결과를 하수급인에게 서면으로 통지하여야 한다. <개정 2012.6.1.>

② 수급인은 제1항에 따른 검사 결과 하도급공사가 설계 내용대로 준공되었을 때에는 지체 없이 이를 인수하여야 한다.

[전문개정 2011.5.24.]

제38조(불공정행위의 금지) ① 수급인은 하수급인에게 하도급공사의 시공과 관련하여 자재구입처의 지정 등으로 하수급인에게 불리하다고 인정되는 행위를 강요하여서는 아니 된다.

② 수급인은 하수급인에게 제22조, 제28조, 제34조, 제36조제1항, 제36조의2제1항, 제44조 또는 관계 법령 등을 위반하여 하수급인의 계약상 이익을 부당하게 제한하는 특약을 요구하여서는 아니 된다. 이 경우 부당한 특약의 유형은 대통령령으로 정한다. <개정 2012.6.1., 2015.8.11.>

③ 발주자가 국가, 지방자치단체 또는 대통령령으로 정하는 공공기관인 경우로서 제29조제4항에 따라 통보받은 하도급계약 등에 제2항에 따른 부당한 특약이 있는 경우 그 사유를 분명하게 밝혀 수급인에게 하도급계약 등의 내용변경을 요구하고, 해당 건설업자의 등록관청에 그 사실을 통보하여야 한다. <신설 2014.5.14.>

[전문개정 2009.12.29.]

제38조의2(부정한 청탁에 의한 재물 등의 취득 및 제공 금지) ① 발주자 · 수급인 · 하수급인(발주자, 수급인 또는 하수급인이 법인인 경우 해당 법인의 임원 또는 직원을 포함한다) 또는 이해관계인은 도급계약의 체결 또는 건설공사의 시공에 관하여 부정한 청탁을 받고 재물 또는

재산상의 이익을 취득하거나 부정한 청탁을 하면서 재물 또는 재산상의 이익을 제공하여서는 아니 된다. <개정 2016.2.3.>

② 국가, 지방자치단체 또는 대통령령으로 정하는 공공기관이 발주한 건설공사의 업체선정에 심사위원으로 참여한 자는 그 직무에 관하여 부정한 청탁을 받고 재물 또는 재산상의 이익을 취득하여서는 아니 된다.

③ 국가, 지방자치단체 또는 대통령령으로 정하는 공공기관이 발주한 건설공사의 업체 선정에 참여한 법인, 해당 법인의 대표자, 상업 사용인, 그 밖의 임원 또는 직원은 그 직무에 관하여 부정한 청탁을 받고 재물 또는 재산상의 이득을 취득하거나 부정한 청탁을 하면서 재물 또는 재산상의 이익을 제공하여서는 아니 된다.

[전문개정 2011.5.24.]

제38조의3(보복조치의 금지) ① 발주자는 수급인이 다음 각 호의 어느 하나에 해당하는 행위를 한 것을 이유로 그 수급인에 대하여 수주기회(受注機會)를 제한하거나 거래의 정지, 그 밖에 불이익을 주는 행위(이하 이 조에서 "불이익행위등"이라 한다)를 하여서는 아니 된다.

1. 발주자가 이 법을 위반하였음을 관계 기관 등에 신고한 행위
2. 제69조에 따른 건설분쟁 조정위원회에 대한 조정신청

② 수급인의 하수급인에 대한 불이익행위등 및 건설업자의 건설기계 대여업자에 대한 불이익행위등에 대하여는 제1항을 준용한다. 이 경우 "발주자"는 "수급인 또는 건설업자"로, "수급인"은 "하수급인 또는 건설기계 대여업자"로 본다.

[본조신설 2016.2.3.]

제4장 시공 및 기술관리

제39조 삭제 <1999.4.15.>

제40조(건설기술자의 배치) ① 건설업자는 건설공사의 시공관리, 그 밖에 기술상의 관리를 위하여 대통령령으로 정하는 바에 따라 건설공사 현장에 건설기술자를 1명 이상 배치하여야 한다. 다만, 시공관리, 품질 및 안전에 지장이 없는 경우로서 일정 기간 해당 공종의 공사가 중단되는 등 국토교통부령으로 정하는 요건에 해당하여 발주자가 서면으로 승낙하는 경우에는 배치하지 아니할 수 있다. <개정 2013.3.23.>

② 제1항에 따라 건설공사 현장에 배치된 건설기술자는 발주자의 승낙을 받지 아니하고는 정당한 사유 없이 그 건설공사 현장을 이탈하여서는 아니 된다.

③ 발주자는 제1항에 따라 건설공사 현장에 배치된 건설기술자가 신체 허약 등의 이유로 업무를 수행할 능력이 없다고 인정하는 경우에는 수급인에게 건설기술자를 교체할 것을 요청할 수 있다. 이 경우 수급인은 정당한 사유가 없으면 이에 따라야 한다.

[전문개정 2011.5.24.]

제41조(건설공사 시공자의 제한) ① 다음 각 호의 어느 하나에 해당하는 건축물의 건축 또는 대수선(大修繕)에 관한 건설공사(제9조제1항 단서에 따른 경미한 건설공사는 제외한다. 이하 이 조에서 같다)는 건설업자가 하여야 한다. 다만, 다음 각 호 외의 건설공사와 농업용, 축산업용 건축물 등 대통령령으로 정하는 건축물의 건설공사는 건축주가 직접 시공하거나 건설업자에게 도급하여야 한다. <개정 2011.8.4., 2016.2.3.>

1. 연면적이 661제곱미터를 초과하는 주거용 건축물
2. 연면적이 661제곱미터 이하인 주거용 건축물로서 다음 각 목의 어느 하나에 해당하는 경우
   가. 「건축법」에 따른 공동주택
   나. 「건축법」에 따른 단독주택 중 대통령령으로 정하는 경우
3. 연면적이 495제곱미터를 초과하는 주거용 외의 건축물
4. 연면적이 495제곱미터 이하인 주거용 외의 건축물로서 많은 사람이 이용하는 건축물 중 학교, 병원 등 대통령령으로 정하는 건축물

② 많은 사람이 이용하는 시설물로서 다음 각 호의 어느 하나에 해당하는 새로운 시설물을 설치하는 건설공사는 건설업자가 하여야 한다.

1. 「체육시설의 설치·이용에 관한 법률」에 따른 체육시설 중 대통령령으로 정하는 체육시설
2. 「도시공원 및 녹지 등에 관한 법률」에 따른 도시공원 또는 도시공원에 설치되는 공원시설로서 대통령령으로 정하는 시설물
3. 「자연공원법」에 따른 자연공원에 설치되는 공원시설 중 대통령령으로 정하는 시설물
4. 「관광진흥법」에 따른 유기시설 중 대통

령령으로 정하는 시설물
[전문개정 2011.5.24.]

제41조(건설공사 시공자의 제한) ① 다음 각 호의 어느 하나에 해당하는 건축물의 건축 또는 대수선(大修繕)에 관한 건설공사(제9조제1항 단서에 따른 경미한 건설공사는 제외한다. 이하 이 조에서 같다)는 건설업자가 하여야 한다. 다만, 다음 각 호 외의 건설공사와 농업용, 축산업용 건축물 등 대통령령으로 정하는 건축물의 건설공사는 건축주가 직접 시공하거나 건설업자에게 도급하여야 한다. <개정 2011.8.4., 2016.2.3., 2017.12.26.>

1. 연면적이 200제곱미터를 초과하는 건축물
2. 연면적이 200제곱미터 이하인 건축물로서 다음 각 목의 어느 하나에 해당하는 경우
   가. 「건축법」에 따른 공동주택
   나. 「건축법」에 따른 단독주택 중 다중주택, 다가구주택, 공관, 그 밖에 대통령령으로 정하는 경우
   다. 주거용 외의 건축물로서 많은 사람이 이용하는 건축물 중 학교, 병원 등 대통령령으로 정하는 건축물
3. 삭제 <2017.12.26.>
4. 삭제 <2017.12.26.>

② 많은 사람이 이용하는 시설물로서 다음 각 호의 어느 하나에 해당하는 새로운 시설물을 설치하는 건설공사는 건설업자가 하여야 한다.

1. 「체육시설의 설치·이용에 관한 법률」에 따른 체육시설 중 대통령령으로 정하는 체육시설
2. 「도시공원 및 녹지 등에 관한 법률」에 따른 도시공원 또는 도시공원에 설치되는 공원시설로서 대통령령으로 정하는 시설물
3. 「자연공원법」에 따른 자연공원에 설치되는 공원시설 중 대통령령으로 정하는 시설물
4. 「관광진흥법」에 따른 유기시설 중 대통령령으로 정하는 시설물

[전문개정 2011.5.24.]
[시행일 : 2018.6.27.] 제41조

제42조(건설공사 표지의 게시) ① 건설업자는 국토교통부령으로 정하는 바에 따라 건설공사의 공사명, 발주자, 시공자, 공사기간 등을 적은 표지를 건설공사 현장 인근의 사람들이 보기 쉬운 곳에 게시하여야 한다. <개정 2013.3.23.>

② 건설업자는 국토교통부령으로 정하는 건설공사를 완공하면 그 공사의 발주자, 설계자, 감리자와 시공한 건설업자의 상호 및 대표자의 성명 등을 적은 표지판을 국토교통부령으로 정하는 바에 따라 사람들이 보기 쉬운 곳에 영구적으로 설치하여야 한다. 다만, 건축공사의 경우 「건축법」 제48조의2에 따른 내진등급 및 같은 법 제48조의3에 따른 내진능력을 표지판에 포함하여야 한다. <개정 2013.3.23., 2017.3.21.>

③ 발주자는 제1항과 제2항에 따른 표지의 게시 비용 및 표지판의 설치 비용을 해당 건설공사의 공사 비용에 계상(計上)하여야 한다.

[전문개정 2011.5.24.]

제43조 삭제 <1999.4.15.>

제44조(건설업자의 손해배상책임) ① 건설업자가 고의 또는 과실로 건설공사를 부실하게 시공하여 타인에게 손해를 입힌 경우에는 그 손해를 배상할 책임이 있다.

② 건설업자는 제1항에 따른 손해가 발주자의 중대한 과실로 발생하였을 때에는 발주자에 대하여 구상권(求償權)을 행사할 수 있다.

③ 수급인은 하수급인이 고의 또는 과실로 하도급받은 건설공사를 부실하게 시공하여 타인에게 손해를 입힌 경우에는 하수급인과 연대하여 그 손해를 배상할 책임이 있다.

④ 수급인은 제3항에 따라 손해를 배상하면 배상 책임이 있는 하수급인에 대하여 구상권을 행사할 수 있다.

[전문개정 2011.5.24.]

제5장 경영합리화와 중소건설업자 지원

제45조(경영합리화 등의 노력) 건설업자는 도급질서의 확립, 건설공사의 적절한 시공, 건전한 재무관리 등 경영합리화와 건설기술의 개발을 위하여 노력하여야 한다.

[전문개정 2011.5.24.]

제46조(중소건설업자에 대한 지원) ① 국토교통부장관은 관계 중앙행정기관의 장과 협의하여

중소건설업자에 대한 지원시책을 수립·시행할 수 있다. <개정 2013.3.23.>
② 관계 행정기관과 대통령령으로 정하는 공공기관의 장은 제1항에 따른 중소건설업자 지원시책의 시행에 적극 협조하여야 한다.
[전문개정 2011.5.24.]

제47조(중소건설업자 지원을 위한 조치) ① 국토교통부장관은 중소건설업자를 지원하기 위하여 필요하면 건설공사를 발주하는 국가기관, 지방자치단체 또는 대통령령으로 정하는 공공기관에 중소건설업자의 참여기회 확대와 그 밖에 필요한 조치를 할 것을 요청할 수 있다. <개정 2013.3.23.>
② 국토교통부장관은 중소건설업자를 지원하기 위하여 필요하다고 인정하면 대통령령으로 정하는 바에 따라 대기업인 건설업자가 도급받을 수 있는 건설공사의 공사금액의 하한을 정할 수 있다. <개정 2013.3.23.>
[전문개정 2011.5.24.]

제48조(건설업자 간의 상생협력 등) ① 국토교통부장관은 건설업의 균형 있는 발전과 건설공사의 효율적인 수행을 위하여 종합공사를 시공하는 업종을 등록한 건설업자와 전문공사를 시공하는 업종을 등록한 건설업자 간의 상생협력 관계 및 대기업인 건설업자와 중소기업인 건설업자 간의 상생협력 관계를 유지·발전하도록 하도급, 공동도급 등에 관한 지도를 할 수 있다. <개정 2013.3.23.>
② 국토교통부장관은 건설업자 간의 상생협력 관계를 유지하도록 하기 위하여 종합공사를 시공하는 업종을 등록한 건설업자로 하여금 시공할 공사와 관련이 있는 업종의 건설업자를 협력업자로 등록받도록 지도할 수 있다. <개정 2013.3.23.>
③ 제2항에 따라 등록을 받은 건설업자와 등록한 협력업자는 다음 각 호의 사항에 관하여 상생협력하여야 한다.
1. 건설공사를 도급받거나 하도급하는 경우 협력업자를 공동수급인이나 하수급인으로 우선 선정
2. 건설공사에 관한 기술 및 정보의 교환
3. 건설공사 수행에 필요한 인력 또는 자금 지원이나 기술 개발에 대한 지원

④ 국토교통부장관은 제1항과 제2항에 따른 지도를 이행한 실적이나 협력업자와의 협력 관계를 평가하여 그 실적이 우수한 종합공사를 시공하는 업종을 등록한 건설업자를 시공능력 평가나 공사 발주 시 우대하도록 관계 기관에 협조를 요청할 수 있다. <개정 2013.3.23.>
⑤ 제1항에 따른 지도, 제2항에 따른 협력업자의 등록 및 건설업체 간의 협력에 필요한 사항은 대통령령으로 정한다.
[전문개정 2011.5.24.]

제49조(건설업자의 실태조사 등) ① 국토교통부장관 또는 지방자치단체의 장(제91조제1항에 따라 위임받은 사무를 처리하기 위하여 필요한 경우에만 해당한다. 이하 이 조에서 같다)은 등록기준에의 적합 여부, 하도급의 적정 여부, 성실시공 여부 등을 판단하기 위하여 필요하다고 인정하면 기간을 정하여 건설업자로부터 그 업무, 재무관리 상태, 시공 상황 등에 관한 보고를 받을 수 있고, 소속 공무원으로 하여금 대통령령으로 정하는 바에 따라 건설업자의 경영실태를 조사하게 하거나 공사 시공에 필요한 자재 또는 시설을 검사하게 할 수 있다. <개정 2013.3.23.>
② 국토교통부장관 또는 지방자치단체의 장은 다음 각 호의 어느 하나에 해당하는 경우로서 필요한 때에는 공인회계사, 세무사 또는 국토교통부령으로 정하는 요건을 갖춘 전문경영진단기관으로 하여금 건설업자의 재무관리상태를 진단하게 할 수 있다. <개정 2012.1.17., 2012.6.1., 2013.3.23.>
1. 제1항에 따른 건설업자의 경영실태를 조사하기 위한 경우
2. 건설업자 또는 제9조에 따른 건설업 등록을 하려는 자가 건설업 등록기준에 적합한지 여부를 확인하기 위한 경우

③ 국토교통부장관 또는 지방자치단체의 장은 제1항에 따라 건설업자의 경영실태를 조사하기 위하여 필요하다고 인정하면 건설공사의 발주자, 「건설기술 진흥법」 제2조제9호에 따른 건설기술용역업자, 그 밖에 건설공사 관계 기관(이하 이 조에서 "건설공사 관계 기관등"이라 한다)에 대하여 건설공사의 시공 상황에 관한 자료를 제출할 것을 요구할 수 있다. 이 경우 건설공사 관계 기관등은 특별한 사유가 없으면 이에 협조하여야 한다. <개정 2013.3.23., 2013.5.22., 2016.2.3.>
④ 국토교통부장관 또는 지방자치단체의 장은 제1항에 따른 조사를 하려면 조사 시작 7일 전까지 조사 일시, 조사 이유 및 조사 내용 등 조사계획을 미리 조사대상자에게 알려야 한다. 다만, 긴급한 경우나 사전에

알리면 증거인멸 등으로 조사 목적을 달성할 수 없다고 인정하는 경우에는 미리 알리지 아니할 수 있다. <개정 2013.3.23.>
⑤ 제1항에 따라 조사 또는 검사를 하는 공무원은 그 권한을 표시하는 증표를 지니고 이를 관계인에게 보여 주어야 하고, 조사 관련 장소에 출입할 때에는 성명, 출입시간, 출입 목적 등이 표시된 문서를 관계인에게 주어야 한다.
⑥ 국토교통부장관은 지방자치단체의 장에게 제1항부터 제3항까지의 규정에 따른 실태조사 등의 조치를 명할 수 있고, 그 조치 결과를 보고할 것을 요구할 수 있다. <개정 2013.3.23.>
⑦ 제1항 및 제6항에도 불구하고 국토교통부장관은 대통령령으로 정하는 바에 따라 연 1회 이상 건설업자의 경영실태 조사를 실시하거나, 지방자치단체의 장에게 조사를 실시하여 그 결과를 보고하도록 요구하여야 한다. <신설 2016.2.3.>
[전문개정 2011.5.24.]

제6장 건설업자의 단체

제50조(협회의 설립) ① 건설업자의 품위 보전, 건설기술의 개발, 그 밖에 건설업의 건전한 발전을 위하여 건설업자는 건설업자단체(이하"협회"라 한다)를 설립할 수 있다.
② 협회는 법인으로 한다.
③ 협회는 주된 사무소의 소재지에서 설립등기를 함으로써 성립한다.
④ 협회 회원의 자격과 임원에 관한 사항 등은 정관으로 정한다.
⑤ 협회 정관의 기재 사항과 협회에 대한 감독에 필요한 사항은 대통령령으로 정한다.
[전문개정 2011.5.24.]

제51조(협회 설립의 인가 절차 등) ① 협회를 설립하려면 회원 자격이 있는 건설업자 5인 이상이 발기하고 회원 자격이 있는 건설업자 중 대통령령으로 정하는 수 이상의 동의를 받아 창립총회에서 정관을 작성한 후 국토교통부장관에게 인가를 신청하여야 한다. <개정 2013.3.23.>
② 국토교통부장관은 제1항에 따른 신청을 인가하면 그 사실을 공고하여야 한다. <개정 2013.3.23.>
③ 협회가 성립되고 임원이 선임될 때까지 필요한 사무는 발기인이 처리한다.
[전문개정 2011.5.24.]

제52조(건의와 자문 등) ① 협회는 건설업에 관한 사항에 대하여 정부에 건의할 수 있고, 건설업에 관한 정부의 자문에 응하여야 한다.
② 협회는 회원 또는 회원 자격을 가진 건설업자가 이 법을 위반한 사실을 발견하면 그 내용을 확인하여 국토교통부장관에게 보고하여야 한다. <개정 2013.3.23.>
[전문개정 2011.5.24.]

제53조(「민법」 의 준용) 협회에 관하여 이 법에 규정된 사항을 제외하고는 「민법」 중 사단법인에 관한 규정을 준용한다.
[전문개정 2011.5.24.]

제7장 건설 관련 공제조합 및 건설보증

<개정 2011.5.24.>

제54조(공제조합의 설립) ① 건설업자 상호간의 협동조직을 통하여 자율적인 경제활동을 도모하고 건설업 운영에 필요한 각종 보증과 자금 융자 등을 위하여 건설업자는 공제조합을 설립할 수 있다.
② 제1항에 따른 공제조합은 법인으로 한다.
③ 공제조합은 주된 사무소의 소재지에서 설립등기를 함으로써 성립한다.
④ 공제조합 조합원의 자격, 임원에 관한 사항, 출자 및 융자에 관한 사항 및 공제조합의 운영에 관한 사항은 정관으로 정한다.
⑤ 공제조합 정관의 기재 사항, 보증대상 및 보증한도는 대통령령으로 정한다.
[전문개정 2011.5.24.]

제54조의2(분리공제조합 설립에 따른 창업비용 및 출자금의 이체 등) ① 기존 공제조합으로부터 분리하여 공제조합(이하 이 조에서 "분리공제조합"이라 한다)을 설립하는 경우 발기인은 국토교통부장관의 승인을 받아 분리공제조합의 설립에 소요되는 창업비용을 기존 공제조합으로부터 차입하여 집행할 수 있으며, 차입신청을 받은 기존 공제조합은 자금의 운용에 관한 정관의 규정에도 불구하고 이를 융자할 수 있다.
② 제55조제2항에 따라 국토교통부장관이 분리

공제조합 설립을 인가하고 기존 공제조합이 출자금 이체를 동의한 경우 기존 공제조합에 납입되어 있는 해당 분리공제조합의 조합원 가입신청서를 제출한 자의 출자금은 신설되는 분리공제조합의 출자금으로 본다. 이 경우 출자지분의 계산기준과 그 이체방법 등에 필요한 사항은 국토교통부장관이 정한다.

③ 기존 공제조합은 제2항에 따라 출자금을 이체함과 동시에 감자정리하여야 한다. 이 경우 기존 공제조합은 별도의 감자절차를 필요로 하지 아니한다.

④ 분리공제조합이 기존 공제조합으로부터 해당 분리공제조합의 조합원이 될 자의 출자금을 이체받은 때에는 지체 없이 국토교통부장관이 정하는 바에 따라 출자증권을 발행하여 교부하여야 한다.

⑤ 기존 공제조합이 분리공제조합의 조합원이 되는 자와의 관계에서 가지는 권리·의무는 분리공제조합의 업무개시일부터 해당 분리공제조합이 이를 승계한다.

[본조신설 2016.2.3.]

제55조(공제조합 설립의 인가 절차 등) ① 공제조합을 설립하려면 조합원 자격이 있는 건설업자 200명 이상이 발기하고 조합원 자격이 있는 건설업자 중 대통령령으로 정하는 수 이상의 동의를 받아 창립 총회에서 정관을 작성한 후 국토교통부장관에게 인가를 신청하여야 한다. <개정 2013.3.23.>

② 국토교통부장관은 제1항에 따른 신청을 인가하면 그 사실을 공고하여야 한다. <개정 2013.3.23.>

③ 공제조합이 성립되고 임원이 선임될 때까지 필요한 사무는 발기인이 처리한다.

[전문개정 2011.5.24.]

제55조의2(운영위원회) ① 공제조합은 제56조에 따른 사업에 관한 사항을 심의·의결하고, 그 업무 집행을 감독하기 위하여 운영위원회를 둔다.

② 운영위원회는 30명 이내의 위원으로 구성한다. <개정 2015.8.11.>

③ 다음 각 호의 어느 하나에 해당하는 사람은 운영위원회의 위원이 될 수 없다. <신설 2014.5.14.>

1. 파산선고를 받고 복권되지 아니한 사람
2. 피성년후견인 또는 피한정후견인
3. 금고 이상의 실형을 선고받고 그 집행이 종료(집행이 종료된 것으로 보는 경우를 포함한다)되거나 그 집행이 면제된 날부터 5년이 지나지 아니한 사람
4. 금고 이상의 형의 집행유예를 선고받고 그 유예기간 중에 있는 사람
5. 이 법, 「국가를 당사자로 하는 계약에 관한 법률」, 그 밖의 법령을 위반하여 건설업의 영업정지처분을 받거나 부정당업자로 입찰참가자격 제한의 처분을 받고 그 기간이 만료된 후 5년이 지나지 아니한 사람

④ 그 밖에 운영위원회의 구성, 기능 및 운영에 필요한 사항은 대통령령으로 정한다. <개정 2014.5.14.>

[전문개정 2011.5.24.]

제56조(공제조합의 사업) ① 공제조합은 다음 각 호의 사업을 한다.

1. 조합원이 건설업을 운영할 때 필요한 입찰보증, 계약보증(공사이행보증을 포함한다), 손해배상보증, 하자보수보증, 선급금보증, 하도급보증과 그 밖에 대통령령으로 정하는 보증
2. 조합원이 건설업을 운영할 때 필요한 자금의 융자
3. 조합원이 건설공사대금으로 받은 어음의 할인
4. 조합원에 대한 공사용 기자재의 구매 알선
5. 조합원에 고용된 사람의 복지 향상과 업무상 재해로 인한 손실을 보상하는 공제사업 및 조합원이 운영하는 사업에 필요한 건설공사 손해공제사업
6. 건설업 경영 및 건설기술의 개선·향상과 관련한 연구 및 교육에 관한 사업
7. 건설 관련 법인에의 출연
8. 조합원이 공동이용하는 시설의 설치, 운영, 그 밖에 조합원의 편익 증진을 위한 사업
9. 조합원의 정보 처리 및 컴퓨터 운용과 관련한 서비스의 제공
10. 조합의 목적 달성에 필요한 관련 사업에의 투자
11. 국가, 지방자치단체 또는 정관으로 정하는 공공단체가 위탁하는 사업
12. 제1호부터 제11호까지의 사업의 부대사업으로서 정관으로 정하는 사업

② 공제조합은 다음 각 호의 사업을 할 수 있다. <개정 2014.5.14.>

1. 조합원이 「사회기반시설에 대한 민간투자법」에 따른 민간투자사업 등을 수행하기 위하여 출연한 법인 등에 대한 보증 및 융자
2. 「부동산투자회사법」에 따른 부동산투자회

사에의 출자 및 융자 또는 「체육시설의 설치 · 이용에 관한 법률」에 따른 체육시설의 설치 · 경영 등 대통령령으로 정하는 수익사업

③ 공제조합은 공제조합 상호간 또는 다른 법률에 따른 공제조합과의 상호협력과 이해 증진을 위하여 정보 교환 등 공동사업을 시행할 수 있다.

[전문개정 2011.5.24.]

▶ 판례 - [1] 건설공제조합의 하도급대금지급보증약관에서 하도급기성금 미수령 등 사유 발생 시 보증채권자가 건설공제조합에 대하여 통지의무를 부담하도록 정한 취지 및 이를 통지하지 않은 경우 '보증의 범위가 하도급공사계약과 보증계약에 의하여 정해진 보증책임' 이 면책될 수 있는지 여부(소극) / 위 약관에서 '보증채권자가 정당한 사유 없이 통지의무를 게을리함으로써 증가된 채무는 지급하지 않는다' 고 정한 것이 보증채권자가 통지의무를 지체 없이 이행하지 않은 경우 건설공제조합이 통지의무 발생일 이후 발생한 보증채무를 면한다는 취지인지 여부(소극)

[2] 하도급인인 甲 주식회사가 하수급인인 乙 주식회사와 '기성고에 따른 공사대금을 월 1회, 목적물 수령일로부터 25일 이내에 지급한다' 는 내용의 하도급계약서를 작성하고 이를 건설공제조합에 제출하여 하도급대금지급보증계약을 체결하였는데, 乙 회사가 甲 회사와의 별도 합의에 따라 하도급대금으로 교부받은 약속어음이 정상적으로 결제되지 않자 건설공제조합을 상대로 보증금 지급을 구한 사안에서, 위 약속어음 금액 중 건설공제조합이 주장하는 통지의무 발생일 이후 乙 회사가 교부받은 약속어음 금액에 해당하는 하도급대금에 관한 건설공제조합의 보증채무는 '보증의 범위가 하도급계약과 보증계약에 의하여 정해진 원래의 보증책임' 에 해당할 뿐이고, 이것이 乙 회사의 통지의무 해태로 건설공제조합이 보증채무의 발생을 방지하기 위한 조치를 취하지 못함으로써 부담하게 된 채무로서 건설공제조합의 하도급대금지급보증약관에서 면책되는 것으로 정한 '증가된 채무' 에 해당하지 않는다고 한 사례 [대법원 2016.7.14, 선고, 2015다217713, 판결]

제57조(공제 규정) ① 공제조합은 제56조제1항제5호에 따른 공제사업을 하려면 공제 규정을 정하여야 한다.

② 제1항의 공제 규정에는 공제사업의 범위, 공제계약의 내용, 공제료, 공제금, 공제금에 충당하기 위한 책임준비금 등 공제사업의 운영에 필요한 사항이 포함되어야 한다.

[전문개정 2011.5.24.]

제57조의2(보증 규정) ① 공제조합이 제56조제1항제1호에 따른 보증사업을 하려면 보증규정을 정하여야 한다.

② 제1항의 보증 규정에는 보증사업 범위, 보증계약 내용, 보증수수료, 보증에 충당하기 위한 책임준비금 등 보증사업의 운영에 필요한 사항이 포함되어야 한다.

[본조신설 2011.5.24.]

제58조(「보험업법」의 적용 배제) 공제조합의 사업 중 제56조제1항제5호에 따른 공제사업에 관하여는 「보험업법」을 적용하지 아니한다.

[전문개정 2011.5.24.]

제59조(지분의 양도 등) ① 조합원이거나 조합원이었던 자는 대통령령으로 정하는 바에 따라 그 지분을 다른 조합원이나 조합원이 되려는 자에게 양도할 수 있다.

② 제1항에 따라 지분을 양수한 자는 그 지분에 관한 양도인의 권리 · 의무를 승계한다.

③ 지분의 양도 및 질권 설정은 「상법」에 따른 주식의 양도 및 질권 설정의 방법으로 한다. <개정 2014.5.20.>

④ 민사집행 절차나 국세 등의 체납처분 절차에 따라 하는 지분의 압류 또는 가압류는 「민사집행법」 제233조에 따른 지시채권의 압류 또는 가압류의 방법으로 한다.

[전문개정 2011.5.24.]

제60조(공제조합의 지분 취득 등) ① 공제조합은 다음 각 호의 어느 하나에 해당하는 사유가 있을 때에는 조합원이거나 조합원이었던 자의 지분을 취득할 수 있다. 다만, 제1호에 해당할 때에는 그 지분을 취득하여야 한다.

1. 출자금을 감소시키려는 경우
2. 조합원에 대하여 가지는 담보권을 실행하기 위하여 필요한 경우
3. 공제조합에 출자한 자가 자기 출자액을 회수하기 위하여 공제조합에 지분의 양수를 요구한 경우
4. 조합원이 탈퇴한 후 2년이 지난 경우
5. 준비금의 출자전입(出資轉入) 시 단좌(端坐)가 발생한 경우

② 공제조합은 제1항제1호에 따라 지분을 취득하였을 때에는 지체 없이 출자금의 감소 절차를 밟아야 하고, 같은 항 제2호부터 제5호까지의 규정에 해당할 때에는 지체 없이 그

지분을 처분하되, 처분되지 아니한 지분은 정관으로 정하는 바에 따라 출자금을 감소시킬 수 있다.
③ 조합원의 지분은 공제조합에 대한 채무를 담보하기 위하여 제공되는 경우를 제외하고는 질권의 대상이 될 수 없다.
④ 공제조합은 제1항에 따라 지분을 취득한 경우 조합원이거나 조합원이었던 자에게 지급하여야 할 금액을 지체 없이 지급하여야 한다.
⑤ 제1항에 따라 공제조합이 지분을 취득한 경우 조합원이거나 조합원이었던 자가 가지는 청산금 청구권은 그 지분을 취득한 날부터 5년간 행사하지 아니하면 시효로 인하여 소멸한다.
[전문개정 2011.5.24.]

제61조(신용에 의한 보증 등) 공제조합은 정관으로 정하는 바에 따라 조합원에 대하여 재산상태 등을 평가하고 해당 공사의 이행능력을 실제 조사한 후 보증 또는 융자를 할 수 있다.
[전문개정 2011.5.24.]

제62조(대리인의 선임) 공제조합은 임원 또는 직원 중에서 그 공제조합의 업무에 관한 재판상 또는 재판 외의 모든 행위를 할 수 있는 대리인을 선임할 수 있다.
[전문개정 2011.5.24.]

제63조(책임준비금 등의 적립) ① 공제조합은 결산기마다 보증 종류에 따라 책임준비금과 비상위험준비금을 계상할 수 있다.
② 제1항의 책임준비금과 비상위험준비금의 계상에 필요한 사항은 대통령령으로 정한다.
[전문개정 2011.5.24.]

제64조(시공 상황의 조사 등) ① 공제조합은 대통령령으로 정하는 바에 따라 그가 보증한 공사 현장에 출입하여 시공 상황을 조사할 수 있고, 그 공사를 시공하는 조합원에게 의견을 진술할 수 있다.
② 공제조합은 제1항에 따른 시공 상황의 조사에 관한 업무를 협회 또는 건설 관계 전문기관으로 하여금 대행하게 할 수 있다.
[전문개정 2011.5.24.]

제65조(조사 및 검사) ① 국토교통부장관은 공제조합의 재무건전성 유지 등을 위하여 필요하다고 인정하면 소속 공무원으로 하여금 공제조합의 업무 상황 또는 회계 상황을 조사하게 하거나 장부 또는 그 밖의 서류를 검사하게 할 수 있다. <개정 2013.3.23.>
② 제56조제1항제5호의 공제사업에 대하여는 대통령령으로 정하는 바에 따라 금융위원회가 제1항에 따른 조사 또는 검사를 할 수 있다.
③ 삭제 <2016.2.3.>
④ 제1항과 제2항에 따라 조사 또는 검사를 하는 공무원 등은 그 권한을 표시하는 증표를 지니고 이를 관계인에게 보여주어야 한다.
[전문개정 2011.5.24.]

제65조의2(공제조합 등 건설보증기관의 재무건전성 유지 등) ① 국토교통부장관은 제56조에 따른 공제조합의 사업을 건전하게 육성하고 계약자를 보호하기 위하여 재무건전성 유지 등을 지도하여야 한다. <개정 2013.3.23., 2016.2.3.>
② 국토교통부장관은 제1항에 따른 재무건전성 유지 등을 지도하기 위하여 공제조합을 감독하는 데 필요한 기준을 정하여 고시하여야 한다. 다만, 공제사업의 감독에 필요한 기준을 정할 때에는 금융위원회 위원장과 협의한 후 이를 고시하여야 한다. <개정 2013.3.23., 2016.2.3.>
③ 국토교통부장관은 공제조합의 자기자본비율, 유동성비율, 지급여력비율 등이 일정 수준에 미달하는 등 재무상태가 제4항에 따른 기준에 미달하거나 거액의 금융사고 또는 부실채권의 발생으로 공제조합의 재무상태가 제4항에 따른 기준에 미달하게 될 것이 명백하다고 판단되면 공제조합의 부실화를 예방하고 건전한 경영을 유도하기 위하여 해당 공제조합이나 그 임원에 대하여 다음 각 호의 사항을 권고·요구 또는 명령하거나 그 이행계획을 제출할 것을 명할 수 있다. <신설 2016.2.3.>
1. 자본증가 또는 자본감소, 보유자산의 처분이나 점포·조직의 축소
2. 임원의 직무정지나 임원의 직무를 대행하는 관리인의 선임
3. 영업의 전부 또는 일부 정지
4. 이익배당의 제한
5. 대손충당금, 대위변제준비금의 추가 설정
6. 보증수수료, 융자이자율의 조정
7. 영업의 양도나 보증사업 및 공제사업 등과 관련된 계약의 이전
8. 그 밖에 제1호부터 제7호까지의 규정에 준하는 조치로서 공제조합의 재무건전성을 높

이기 위하여 필요하다고 인정되는 조치

④ 국토교통부장관은 제3항에 따른 조치를 하려면 미리 그 기준 및 내용을 정하여 고시하여야 한다. <신설 2016.2.3.>

⑤ 국토교통부장관은 제4항에 따른 기준에 일시적으로 미달한 공제조합이 단기간에 그 기준을 충족시킬 수 있다고 판단되거나 이에 준하는 사유가 있다고 인정되는 경우에는 기간을 정하여 제3항에 따른 조치를 유예(猶豫)할 수 있다. <신설 2016.2.3.>

[본조신설 2011.5.24.]

제66조(보증금 징수의 제한) 보증채권자는 공제조합이 조합원의 의무 이행을 보증하면 관계 법령 및 계약서 등의 약정에도 불구하고 그 보증서로서 보증금 또는 공사 이행 보증서를 갈음하여야 하고, 그 조합원으로부터 따로 보증금이나 그 밖의 명목의 금액을 받아내서는 아니 된다.

[전문개정 2011.5.24.]

제67조(공제조합의 책임) ① 공제조합은 보증채권자 및 보증채무자의 권익을 보호하여야 하며, 제57조의2에 따른 보증 규정 및 보증약관을 제정하거나 변경하려는 경우에는 사전에 국토교통부장관에게 보고하여야 한다. <신설 2014.5.14.>

② 국토교통부장관은 제1항에 따라 보고받은 보증 규정 및 보증약관이 보증채권자 또는 보증채무자에게 불리한 내용을 포함하거나 건전한 보증거래질서를 유지하기 위하여 필요한 경우에는 해당 규정의 시정을 명할 수 있다 <신설 2014.5.14.>

③ 공제조합은 보증한 사항에 관하여 법령이나 그 밖의 계약서 등에서 정하는 바에 따라 보증금을 지급할 사유가 발생하였을 때에는 그 보증금을 보증채권자에게 지급하여야 한다. <개정 2014.5.14.>

④ 제3항에 따라 보증채권자가 공제조합에 대하여 가지는 보증금에 관한 권리는 보증기간 만료일부터 2년간 행사하지 아니하면 시효로 인하여 소멸한다. <개정 2014.5.14.>

[전문개정 2011.5.24.]

제68조(다른 법률의 준용) 공제조합에 관하여 이 법에서 규정한 것을 제외하고는 「민법」 중 사단법인에 관한 규정을 준용하고 「상법」 중 주식회사의 계산에 관한 규정을 준용한다.

[전문개정 2011.5.24.]

제68조의2 삭제 <2016.2.3.>

제68조의3(건설기계 대여대금 지급보증) ① 수급인 또는 하수급인은 건설기계 대여업자와 건설기계 대여계약을 체결한 경우 그 대금의 지급을 보증하는 보증서를 건설기계 대여업자에게 주어야 한다. 다만, 발주자가 건설기계 대여대금을 직접 건설기계 대여업자에게 지불하기로 발주자·건설업자·건설기계 대여업자 간에 합의한 경우 등 국토교통부령으로 정하는 경우에는 건설기계 대여대금 지급보증서를 주지 아니할 수 있다. <개정 2013.3.23.>

② 삭제 <2016.2.3.>

③ 건설공사의 도급계약(하도급계약을 포함한다) 당사자는 제1항에 따른 건설기계 대여대금 지급보증서 발급에 드는 금액을 대통령령으로 정하는 바에 따라 해당 건설공사의 도급금액 산출내역서(하도급금액 산출내역서를 포함한다)에 분명하게 적어야 한다.

④ 제54조에 따라 설립된 공제조합 또는 다른 법령에 따라 보증업무를 담당할 수 있는 기관이 제1항에 따른 건설기계 대여대금 지급보증서를 발급(변경발급을 포함한다)하거나 보증계약을 해지한 경우에는 국토교통부령으로 정하는 바에 따라 즉시 발주자, 수급인(하수급인과 건설기계 대여업자 간 계약에 따른 보증에 한한다), 건설기계 대여업자 등에게 그 내용을 통보하여야 한다. <개정 2013.3.23.>

⑤ 제1항에 따른 건설기계 대여대금 지급보증의 보증금액과 보증 관련 당사자 등의 이행사항 및 그 밖의 사항은 국토교통부령으로 정한다. <개정 2013.3.23.>

⑥ 발주자가 국가, 지방자치단체 또는 대통령령으로 정하는 공공기관인 경우에는 건설기계 대여대금이 보호될 수 있도록 건설업자가 건설기계 대여업자에게 제1항에 따른 보증서를 교부하였는지 여부를 확인하여야 한다. <신설 2016.2.3.>

[본조신설 2012.12.18.]

제8장 건설분쟁 조정위원회

<개정 2011.5.24.>

제69조(건설분쟁 조정위원회의 설치) ① 건설업 및 건설용역업에 관한 분쟁을 조정하기 위하여 국토교통부장관 소속으로 건설분쟁 조정위원회(이하"위원회"라 한다)를 둔다. <개정 2013.3.23., 2013.8.6.>
② 삭제 <2013.8.6.>
③ 위원회는 당사자의 어느 한쪽 또는 양쪽의 신청을 받아 다음 각 호의 분쟁을 심사·조정한다. <개정 2013.8.6.>
1. 설계, 시공, 감리 등 건설공사에 관계한 자 사이의 책임에 관한 분쟁
2. 발주자와 수급인 사이의 건설공사에 관한 분쟁. 다만, 「국가를 당사자로 하는 계약에 관한 법률」 및 「지방자치단체를 당사자로 하는 계약에 관한 법률」의 해석과 관련된 분쟁은 제외한다.
3. 수급인과 하수급인 사이의 건설공사 하도급에 관한 분쟁. 다만, 「하도급거래 공정화에 관한 법률」을 적용받는 사항은 제외한다.
4. 수급인과 제3자 사이의 시공상 책임 등에 관한 분쟁
5. 건설공사 도급계약의 당사자와 보증인 사이의 보증책임에 관한 분쟁
6. 그 밖에 대통령령으로 정하는 사항에 관한 분쟁

④ 위원회의 사무를 처리하기 위하여 위원회에 사무국을 두며, 위원회 위원의 조사업무를 보좌하기 위하여 사무국에 전문위원을 둘 수 있다. <신설 2013.8.6.>
[전문개정 2011.5.24.]

제69조의2 삭제 <2013.8.6.>

제70조(위원회의 구성) ① 위원회는 위원장 1명과 부위원장 1명을 포함한 15명 이내의 위원으로 구성한다.
② 위원회의 위원은 대통령령으로 정하는 중앙행정기관 소속 공무원으로서 해당 기관의 장이 지명하는 사람과 다음 각 호의 어느 하나에 해당하는 사람 중 국토교통부장관이 위촉하는 사람이 된다. <개정 2013.3.23., 2013.8.6.>
1. 「고등교육법」에 따른 학교에서 공학이나 법률학을 가르치는 조교수 이상의 직(職)에 있거나 있었던 사람
2. 판사, 검사 또는 변호사의 자격이 있는 사람
3. 건설공사, 건설업 또는 건설용역업에 대한 학식과 경험이 풍부한 사람으로서 국토교통부령으로 정하는 요건에 해당하는 사람

③ 위원회의 위원장은 국토교통부장관이 위원 중에서 임명하고, 부위원장은 위원회가 위원 중에서 선출한다. <개정 2013.8.6.>
④ 공무원이 아닌 위원의 임기는 3년으로 하되, 연임할 수 있다.
⑤ 보궐위원의 임기는 전임자 임기의 남은 기간으로 한다.
[전문개정 2011.5.24.]

제70조의2(위원회 위원의 결격사유) 다음 각 호의 어느 하나에 해당하는 사람은 위원회의 위원이 될 수 없다.
1. 파산선고를 받고 복권되지 아니한 사람
2. 피성년후견인 또는 피한정후견인
3. 법원의 판결 또는 법률에 따라 자격이 정지된 사람
4. 금고 이상의 실형을 선고받고 그 집행이 종료(집행이 종료된 것으로 보는 경우를 포함한다)되거나 그 집행이 면제된 날부터 3년이 지나지 아니한 사람
5. 금고 이상의 형의 집행유예를 선고받고 그 유예기간 중에 있는 사람

[본조신설 2014.5.14.]

제71조(위원회의 회의) ① 위원회의 회의는 위원장이 소집한다.
② 위원회의 회의는 재적위원 과반수의 출석과 출석위원 과반수의 찬성으로 의결한다.
[전문개정 2011.5.24.]

제72조(분쟁조정 신청의 통지 등) 위원회는 당사자 중 어느 한쪽으로부터 분쟁의 조정을 신청받으면 그 신청 내용을 상대방에게 알려야 하며, 상대방은 그 조정에 참여하여야 한다.
[전문개정 2013.8.6.]

제73조(조정의 거부 및 중지) ① 위원회는 분쟁의 성질상 위원회에서 이를 조정하는 것이 부적합하다고 인정하거나 부정한 목적으로 조정이 신청되었다고 인정하면 그 조정을 거부할 수 있다. 이 경우 조정 거부의 사유 등을 신청인에게 통보하여야 한다.
② 삭제 <2013.8.6.>
③ 위원회는 분쟁 당사자 중 어느 한쪽이 소(訴)를 제기하면 조정을 중지하고 소 제기

로 인하여 조정이 중지된 사실을 분쟁 당사자에게 통보하여야 한다.
[전문개정 2011.5.24.]

제74조(처리기간) ① 위원회는 분쟁의 조정 신청을 받은 날부터 60일 이내에 이를 심사하여 조정안을 작성하여야 한다. 다만, 정당한 사유가 있는 경우에는 위원회의 의결을 거쳐 60일의 범위에서 그 기간을 연장할 수 있다. <개정 2017.8.9.>
② 위원회는 제1항 단서에 따라 기간을 연장한 경우에는 기간 연장의 사유와 그 밖에 기간 연장에 관한 사항을 당사자에게 통보하여야 한다.
[전문개정 2011.5.24.]

제75조(조사 및 의견 청취) ① 위원회는 필요하다고 인정하면 위원회의 위원, 전문위원, 국토교통부 소속 공무원으로 하여금 관계 서류를 열람하게 하거나 관계 사업장에 출입하여 조사하게 할 수 있다. <개정 2013.3.23., 2013.8.6.>
② 위원회는 분쟁조정 당사자 또는 분쟁 관련 이해관계인으로 하여금 회의에 출석하여 발언할 수 있게 하여야 하며, 필요한 경우 관계 전문가의 의견을 들을 수 있다. <개정 2013.8.6.>
[전문개정 2011.5.24.]

제76조(조정부) ① 위원회는 조정업무를 효율적으로 처리하기 위하여 필요하다고 인정하면 조정사건의 분야별로 5명 이내의 위원으로 구성되는 조정부(調停部)를 둘 수 있다.
② 제1항에 따른 조정부의 위원은 위원장이 지명한다.
③ 조정부는 미리 조정사건을 심사한 후 조정안을 작성하여 위원회의 회의에 부쳐야 한다.
[전문개정 2011.5.24.]

제77조(합의의 권고) 위원회는 조정신청을 받으면 당사자에게 분쟁해결에 관한 합의를 권고할 수 있다.
[전문개정 2013.8.6.]

제78조(조정의 효력 등) ① 위원회는 조정안을 작성하였을 때에는 지체 없이 이를 각 당사자에게 제시하여야 한다.
② 제1항에 따라 조정안을 받은 당사자는 그 제시를 받은 날부터 15일 이내에 그 수락 여부를 위원회에 통보하여야 한다.
③ 당사자가 제77조에 따라 분쟁해결에 관하여 합의하거나 제1항에 따른 조정안을 수락하면 위원회는 즉시 조정서를 작성하여야 하고, 위원장과 각 당사자는 이에 서명 또는 기명날인하여야 한다. <개정 2013.8.6.>
④ 제3항에 따른 조정서의 내용은 재판상 화해와 동일한 효력이 있다. <개정 2013.8.6.>
[전문개정 2011.5.24.]
[제목개정 2013.8.6.]

제78조의2(시효의 중단) ① 제69조제3항에 따른 조정의 신청은 시효중단의 효력이 있다. 다만, 그 신청이 취하되거나 조정의 거부 또는 조정이 중지된 때에는 그러하지 아니하다.
② 제1항 본문에 따라 중단된 시효는 다음 각 호의 어느 하나에 해당하는 경우 새로 진행한다.
1. 제78조제3항에 따라 조정서를 작성하고, 위원장과 각 당사자가 이에 서명 또는 기명날인한 경우
2. 당사자의 일방 또는 쌍방이 조정결정에 동의하지 아니한다는 의사를 표시한 경우

[본조신설 2013.8.6.]

제78조의3(조정절차의 비공개) 위원회가 수행하는 조정절차는 공개하지 아니한다. 다만, 위원회 위원 과반수의 찬성이 있는 경우 이를 공개할 수 있다.
[본조신설 2013.8.6.]

제79조(비용의 분담) ① 분쟁 조정을 위한 감정, 진단, 시험 등에 사용된 비용은 신청인이 부담한다. 다만, 당사자 간에 이에 대한 약정이 있는 경우에는 그 약정에 따른다.
② 위원회는 필요하다고 인정하면 대통령령으로 정하는 바에 따라 당사자로 하여금 제1항에 따른 비용을 미리 내도록 할 수 있다.
③ 제1항에 따른 비용의 범위에 관하여는 대통령령으로 정한다.
[전문개정 2011.5.24.]

제79조의2(서류의 송달) 분쟁 조정에 따른 서류 송달에 관하여는 「민사소송법」 제174조부터 제197조까지의 규정을 준용한다.
[전문개정 2011.5.24.]

제80조(위원회의 운영 등) 제69조부터 제79

조까지 및 제79조의2에서 정한 것 외에 위원회의 구성, 조직과 운영, 조정 절차 등에 관하여 필요한 사항은 대통령령으로 정한다. <개정 2013.8.6.>
[전문개정 2011.5.24.]

제9장 시정명령 등
<개정 2011.5.24.>

제81조(시정명령 등) 국토교통부장관은 건설업자가 다음 각 호의 어느 하나에 해당하면 기간을 정하여 시정을 명하거나 그 밖에 필요한 지시를 할 수 있다. <개정 2012.12.18., 2013.3.23., 2013.8.6., 2015.8.11., 2016.2.3., 2017.12.26.>
1. 정당한 사유 없이 도급받은 건설공사를 시공하지 아니한 경우
2. 삭제 <2016.2.3.>
3. 제22조제6항을 위반하여 건설공사대장의 기재 사항을 발주자에게 통보하지 아니한 경우
4. 제22조제7항, 제34조, 제34조의2제2항, 제36조제1항, 제36조의2제1항, 제37조, 제38조제1항 또는 제68조의3제1항에 따른 건설업자로서의 의무를 위반한 경우
5. 제28조에 따른 하자담보책임을 이행하지 아니한 경우
5의2. 제31조제3항 후단을 위반하여 하수급인 또는 하도급계약내용의 변경 요구를 이행하지 아니한 경우
6. 제38조제2항을 위반하여 부당한 특약을 강요한 경우
7. 제40조를 위반하여 건설공사의 현장에 건설기술자를 배치하지 아니하거나 배치된 건설기술자가 공사의 시공관리에 부적당하다고 인정되는 경우
8. 제42조제1항 또는 제2항에 따른 표지의 게시 또는 표지판의 설치를 하지 아니한 경우
9. 정당한 사유 없이 제49조제1항에 따른 보고를 하지 아니한 경우
10. 건설공사를 성실하게 수행하지 아니함으로써 부실시공의 우려가 있는 경우
[전문개정 2011.5.24.]

제82조(영업정지 등) ① 국토교통부장관은 건설업자가 다음 각 호의 어느 하나에 해당하면 6개월 이내의 기간을 정하여 그 건설업자의 영업정지를 명하거나 영업정지를 갈음하여 1억원 이하의 과징금을 부과할 수 있다. <개정 2012.6.1., 2012.12.18., 2013.3.23., 2013.5.22., 2013.8.6., 2016.2.3.>
1. 제28조에 따른 하자담보책임기간에 수급인이나 하수급인이 책임질 사유로 국토교통부령으로 정하는 규모 이상의 하자가 3회 이상 발생한 경우. 이 경우 하수급인이 책임질 사유에 대하여는 수급인에게도 같은 책임이 있는 것으로 본다.
2. 제21조의2를 위반하여 국가기술자격증 또는 건설기술경력증을 다른 자에게 빌리거나 빌려 준 경우
3. 제23조제3항에 따른 건설공사 실적, 기술자 보유현황 등을 거짓으로 제출한 경우
4. 제29조제4항에 따른 통보를 거짓으로 한 경우
5. 정당한 사유 없이 제81조(제3호·제4호·제6호 및 제8호는 제외한다)에 따른 시정명령 또는 시정지시에 따르지 아니한 경우
6. 다음 각 목의 어느 하나에 해당하는 경우
   가. 「건설기술 진흥법」 제54조제1항에 따른 시정명령을 이행하지 아니한 경우
   나. 「건설기술 진흥법」 제48조제4항에 따른 시공상세도면의 작성의무를 위반하거나 건설사업관리를 수행하는 건설기술자 또는 공사감독자의 검토와 확인을 받지 아니하고 시공한 경우
   다. 「건설기술 진흥법」 제55조에 따른 품질시험 또는 검사를 성실하게 수행하지 아니한 경우
   라. 「건설기술 진흥법」 제62조제2항에 따른 안전점검을 성실하게 수행하지 아니한 경우
   마. 「건설기술 진흥법」 제80조에 따른 시정명령을 이행하지 아니한 경우
7. 「산업안전보건법」에 따른 중대재해를 발생시킨 건설업자에 대하여 고용노동부장관이 영업정지를 요청한 경우와 그 밖에 다른 법령에 따라 국가 또는 지방자치단체의 기관이 영업정지를 요구한 경우
8. 제22조제7항, 제34조, 제36조제1항, 제37조, 제38조제1항 또는 제68조의3제1항에 따른 건설업자로서의 의무를 위반한 경우
9. 제38조제2항을 위반하여 부당한 특약을

강요한 경우

② 국토교통부장관은 건설업자가 다음 각 호의 어느 하나에 해당하면 1년 이내의 기간을 정하여 그 건설업자(제5호의 경우 중 하도급인 경우에는 그 건설업자와 수급인을, 다시 하도급한 경우에는 그 건설업자와 다시 하도급한 자를 말한다)의 영업정지를 명하거나 영업정지를 갈음하여 그 위반한 공사의 도급금액(제3호의 경우에는 하도급 금액을 말한다)의 100분의 30에 상당하는 금액(제5호의 경우에는 5억원) 이하의 과징금을 부과할 수 있다. <개정 2012.6.1., 2013.3.23.>

1. 제16조를 위반하여 건설공사를 도급 또는 하도급받은 경우
2. 제28조의2제1항을 위반하여 건설공사를 직접 시공하지 아니한 경우
3. 제25조제2항 및 제29조제1항부터 제3항까지의 규정에 따른 하도급 제한을 위반한 경우
4. 제47조제2항에 따른 공사금액의 하한에 미달하는 공사를 도급받은 경우
5. 고의나 과실로 건설공사를 부실하게 시공한 경우

③ 제1항 또는 제2항에 따라 과징금 부과처분을 받은 자가 과징금을 기한까지 내지 아니하면 국세 또는 지방세 체납처분의 예에 따라 징수한다.

[전문개정 2011.5.24.]

제82조의2(부정한 청탁에 의한 재물 등의 취득 및 제공에 대한 영업정지 등) ① 국토교통부장관은 건설업자가 제38조의2를 위반하여 부정한 청탁을 받고 재물 또는 재산상의 이익을 취득하거나 부정한 청탁을 하면서 재물 또는 재산상의 이익을 제공한 경우에는 대통령령으로 정하는 바에 따라 1년의 범위에서 기간을 정하여 영업정지를 명하거나 영업정지에 갈음하여 10억원 이하의 과징금을 부과할 수 있다. <개정 2013.3.23.>

② 건설업자가 제1항에 따른 영업정지처분 또는 과징금 부과처분을 받고 그 처분을 받은 날부터 3년 이내에 다시 동일한 위반행위를 한 경우에는 대통령령으로 정하는 바에 따라 2년의 범위에서 기간을 정하여 영업정지를 명할 수 있다. 다만, 영업정지를 명할 경우 회복할 수 없는 손해가 발생할 우려가 있다고 인정되는 경우에는 영업정지에 갈음하여 대통령령으로 정하는 바에 따라 20억원 이하의 과징금을 부과할 수 있다.

③ 건설업자가 제1항에 따른 영업정지처분 또는 과징금 부과처분을 받고 그 처분을 받은 날부터 3년 이내에 2회 이상 동일한 위반행위를 한 경우에는 건설업 등록을 말소하여야 한다.

④ 제1항부터 제3항까지의 처분은 법인 또는 개인이 그 위반행위를 방지하기 위하여 해당 업무에 관하여 상당한 주의와 감독을 게을리하지 아니한 경우에는 부과하지 아니한다.

⑤ 제1항 및 제2항에 따라 과징금 부과처분을 받은 자가 과징금을 기한까지 내지 아니하면 국세 또는 지방세 체납처분의 예에 따라 징수한다.

[본조신설 2011.5.24.]

제83조(건설업의 등록말소 등) 국토교통부장관은 건설업자가 다음 각 호의 어느 하나에 해당하면 그 건설업자(제10호의 경우 중 하도급인 경우에는 그 건설업자와 수급인을, 다시 하도급한 경우에는 그 건설업자와 다시 하도급한 자를 말한다)의 건설업 등록을 말소하거나 1년 이내의 기간을 정하여 영업정지를 명할 수 있다. 다만, 제1호, 제2호의2, 제3호의2, 제3호의3, 제4호부터 제6호까지, 제8호, 제8호의2, 제12호 또는 제13호에 해당하는 경우에는 건설업 등록을 말소하여야 한다. <개정 2012.6.1., 2013.3.23., 2014.5.14., 2016.2.3., 2017.3.21.>

1. 부정한 방법으로 제9조에 따른 건설업 등록을 한 경우
2. 삭제 <2016.2.3.>

2의2. 제9조에 따른 건설업의 등록을 한 후 1년이 지날 때까지 영업을 개시하지 아니하거나 계속하여 1년 이상 「부가가치세법」 제8조제6항에 따라 관할 세무서장에게 휴업신고를 한 경우로서 제10조에 따른 건설업의 등록기준에 미달한 사실이 있는 경우

3. 제10조에 따른 건설업의 등록기준에 미달한 사실이 있는 경우. 다만, 일시적으로 등록기준에 미달하는 등 대통령령으로 정하는 경우는 예외로 한다.

3의2. 제10조에 따른 건설업의 등록기준에 미달하여 영업정지처분을 받은 후 그 처분의 종료일까지 등록기준 미달사항을 보완하지 아니한 경우

3의3. 제10조에 따른 건설업의 등록기준에

미달하여 영업정지처분을 받은 후 3년 이내에 동일한 등록기준에 미달하게 된 경우
4. 제13조제1항 각 호의 어느 하나에 해당하는 건설업 등록의 결격사유에 해당하게 된 경우. 다만, 건설업으로 등록된 법인의 임원 중 건설업 등록의 결격사유에 해당되는 사람이 있는 경우로서 그 사실을 안 날부터 3개월 이내에 그 임원을 교체한 경우는 제외한다.
5. 제21조를 위반하여 다른 사람에게 자기의 성명이나 상호를 사용하여 건설공사를 수급 또는 시공하게 하거나 이를 알선한 경우 또는 건설업 등록증이나 건설업 등록수첩을 빌려주거나 이를 알선한 경우
6. 제21조의2를 위반하여 국가기술자격증 또는 건설기술경력증을 다른 자에게 빌려 건설업의 등록기준을 충족시키거나 국가기술자격증 또는 건설기술경력증을 다른 자에게 빌려주어 건설업의 등록기준에 미달한 사실이 있는 경우
7. 삭제 <2016.2.3.>
8. 제82조, 제82조의2 또는 이 조에 따른 영업정지처분을 위반한 경우
8의2. 제81조제9호의 위반행위로 인하여 제82조제1항제5호에 따라 영업정지처분을 받고 그 처분의 종료일까지 제49조제1항에 따른 보고를 하지 아니한 경우(건설업 등록기준에의 적합 여부를 판단하기 위하여 보고하도록 한 경우에 한정한다)
9. 건설업 등록을 한 후 1년이 지날 때까지 영업을 시작하지 아니하거나 계속하여 1년 이상 휴업한 경우
10. 고의나 과실로 건설공사를 부실하게 시공하여 시설물의 구조상 주요 부분에 중대한 손괴를 야기(惹起)하여 공중(公衆)의 위험을 발생하게 한 경우
11. 다른 법령에 따라 국가 또는 지방자치단체의 기관이 영업정지 또는 등록말소를 요구한 경우
12. 건설업자가 「부가가치세법」 제8조제6항에 따라 폐업신고를 하였거나, 관할 세무서장이 같은 조 제7항에 따라 사업자등록을 말소한 경우
13. 다음 각 목의 어느 하나에 해당하는 위반행위를 하여 「독점규제 및 공정거래에 관한 법률」 제22조에 따라 과징금 부과처분을 받고 그 처분을 받은 날부터 9년 이내에 다음 각 목의 어느 하나에 해당하는 위반행위를 다시 하여 같은 기간 내에 2회 이상 과징금 부과처분을 받은 경우
가. 「독점규제 및 공정거래에 관한 법률」 제19조제1항제1호
나. 「독점규제 및 공정거래에 관한 법률」 제19조제1항제3호
다. 「독점규제 및 공정거래에 관한 법률」 제19조제1항제8호

[전문개정 2011.5.24.]

제83조의2(시정명령 등의 요구 및 보고) ① 지방자치단체의 장은 건설업자가 관할구역에서 이 법을 위반한 사실을 발견하면 그 건설업자의 등록관청으로 하여금 제81조, 제82조, 제82조의2 및 제83조에 따라 그 건설업자에 대한 시정명령, 영업정지 또는 등록말소 등을 하도록 요구할 수 있다.

② 지방자치단체의 장은 제81조, 제82조, 제82조의2 및 제83조에 따라 시정명령, 영업정지 또는 등록말소 등을 한 경우(제91조제1항에 따라 위임받은 경우만 해당한다)에는 국토교통부령으로 정하는 바에 따라 처분 내용, 처분 사유 등을 국토교통부장관에게 보고하여야 한다. <개정 2013.3.23.>

③ 국가기관, 지방자치단체 또는 대통령령으로 정하는 공공기관은 제38조의2를 위반한 사실을 발견하면 해당 건설업자의 등록관청이 제82조의2에 따른 영업정지나 과징금 부과 또는 등록말소를 할 수 있도록 그 사실을 등록관청에 통보하여야 한다.

[전문개정 2011.5.24.]

제83조의3(폐업 등의 확인) 국토교통부장관 또는 지방자치단체의 장(제91조제1항에 따라 위임받은 사무를 처리하기 위하여 필요한 경우에만 해당한다. 이하 이 조에서 같다)은 제83조제12호에 따른 폐업 또는 사업자등록 말소(이하 이 조에서 "폐업등"이라 한다) 사실을 확인하기 위하여 관할 세무관서의 장에게 해당 사업자의 사업자등록번호를 기재하여 폐업등에 관한 과세정보의 제공을 요청할 수 있다. 이 경우 국토교통부장관 또는 지방자치단체의 장은 폐업등 사실을 확인하기 위하여 필요하면 「전자정부법」 제36조제1항에 따라 행정정보를 공동이용할 수 있다.

[본조신설 2016.2.3.]

제84조(영업정지 등의 세부 처분기준) 제82조, 제82조의2 또는 제83조에 따라 영업정지처분을

하거나 과징금 부과처분을 하는 경우 또는 건설업 등록을 말소하거나 영업정지처분을 하는 경우에 그 위반행위의 종류와 위반 정도에 따른 건설업 등록말소 또는 영업정지의 기준, 영업정지의 기간, 과징금의 금액, 그 밖에 필요한 사항은 대통령령으로 정한다. 이 경우 제9조의3제2항에 따른 교육 이수자에 대하여는 대통령령으로 정하는 바에 따라 영업정지의 기간 등을 감경할 수 있다. <개정 2015.8.11.>
[전문개정 2011.5.24.]

第84조의2(제척기간) 국토교통부장관은 다음 각 호의 기간을 경과한 경우에는 제82조, 제82조의2 또는 제83조에 따른 영업정지를 명하거나 과징금의 부과 또는 건설업 등록의 말소를 할 수 없다. <개정 2013.3.23.>

1. 제82조제1항제1호, 같은 조 제2항제5호 또는 제83조제10호 위반의 경우 해당 공사의 하자담보책임기간 종료일부터 10년
2. 제82조(제1항제1호 · 제8호 · 제9호 및 제2항제5호는 제외한다), 제82조의2 또는 제83조(제10호는 제외한다) 위반의 경우 위반행위 종료일부터 5년
3. 제82조제1항제8호 또는 제9호 위반의 경우 위반행위 종료일부터 3년

[본조신설 2012.12.18.]

第85조(이해관계인에 의한 제재의 요구) 이해관계인은 건설업자가 제81조 각 호의 어느 하나에 해당하면 국토교통부장관에게 그 사유를 분명하게 밝혀 그 건설업자에 대하여 적절한 조치를 할 것을 요구할 수 있다. <개정 2013.3.23.>
[전문개정 2011.5.24.]

第85조의2(건설업자의 지위 승계 등) ① 제20조의2에 따른 폐업신고로 건설업 등록이 말소된 자가 제9조에 따라 6개월 이내에 다시 건설업자로 등록한 경우로서 다음 각 호의 어느 하나에 해당하는 경우에는 그 건설업자는 폐업신고 전의 건설업자의 지위를 승계한다. <개정 2012.6.1., 2016.2.3.>

1. 말소 당시에 등록한 업종과 동일한 업종의 건설업을 다시 등록하는 경우
2. 말소 당시의 업종과 업무내용이 전부 또는 일부 중복되는 다른 업종의 건설업을 등록하는 경우로서 대통령령으로 정하는 경우

② 제1항에 따라 건설업자의 지위를 승계한 자에 대하여는 폐업신고 전의 건설업자에 대한 행정처분의 효과가 승계된다.
③ 국토교통부장관은 제1항에 따라 폐업신고 전의 건설업자의 지위를 승계한 자에 대하여 폐업신고 전의 위반행위를 사유로 제81조, 제82조, 제82조의2 및 제83조에 따른 시정명령, 영업정지 또는 등록말소 등을 할 수 있다. <개정 2013.3.23.>
[전문개정 2011.5.24.]

第85조의3(등록말소 등의 공고) ① 국토교통부장관은 제81조, 제82조, 제82조의2, 제83조 및 제101조에 따라 건설업자에 대하여 시정명령, 영업정지, 등록말소 또는 과태료 부과처분 등을 하면 국토교통부령으로 정하는 바에 따라 그 내용을 공고하고, 공고 사실을 본인에게 알려야 한다. <개정 2013.3.23.>
② 국토교통부장관은 제1항에 따라 공고한 내용을 대통령령으로 정하는 금융기관, 신용정보기관에 제공할 수 있다. 이 경우 국토교통부장관은 그 제공 사실을 본인에게 알려야 한다. <개정 2013.3.23.>
[전문개정 2011.5.24.]

第86조(청문) 국토교통부장관은 제82조, 제82조의2 또는 제83조에 따라 영업정지, 과징금 부과 또는 등록말소를 하려면 청문을 하여야 한다. 다만, 건설업자의 폐업으로 제83조제12호에 해당하여 등록말소를 하려는 경우에는 청문을 하지 아니한다.
<개정 2013.3.23.>
[전문개정 2011.5.24.]

第86조의2(발주자에 대한 점검 등) 국토교통부장관은 국가, 지방자치단체 또는 대통령령으로 정하는 공공기관이 발주자인 경우에는 발주능력과 건설공사 관리능력을 높이기 위하여 제7조제2항에 따른 발주자의 책무를 점검 · 확인할 수 있다. <개정 2013.3.23.>
[전문개정 2011.5.24.]

第86조의3(건설행정의 지도 · 감독 등) 국토교통부장관은 건설업 등록 등 관련 사무의 집행, 건설공사 감독의 실태 등 건설행정의 건실한 운영을 지도 · 점검하기 위하여 국토교통부령으로 정하는 바에 따라 지도 · 점검계획을 수립 · 시행할 수 있다. <개정 2013.3.23.>

[전문개정 2011.5.24.]

제86조의4(상습체불건설업자 명단 공표 등) ① 국토교통부장관은 직전연도부터 과거 3년간 제34조제1항(제32조제4항에서 준용하는 경우를 포함한다)을 위반하여 제81조 또는 제82조에 따른 처분(불복절차가 진행 중인 처분은 제외하며, 동일한 위반행위로 인하여 2회 이상의 처분을 받은 경우에는 그 처분 횟수를 1회로 본다)을 2회 이상 받은 건설업자 중 하도급대금, 건설기계 대여대금 및 건설공사용 부품대금의 체불 총액이 3천만원 이상인 자(이하"상습체불건설업자"라 한다)의 명단을 공표하여야 한다. 다만, 상습체불건설업자의 사망, 실종선고로 명단공표의 실효성이 없는 경우 등 대통령령으로 정하는 사유가 있는 경우에는 그러하지 아니하다.

② 제1항에 따른 상습체불건설업자 명단의 공표 여부를 심의하기 위하여 국토교통부에 상습체불건설업자명단 공표심의위원회(이하 이 조에서 "심의위원회"라 한다)를 둔다.

③ 국토교통부장관은 심의위원회의 심의를 거친 공표 대상 건설업자에게 명단 공표 대상자임을 통지하고 3개월 이상의 기간을 정하여 소명 기회를 주어야 한다.

④ 국토교통부장관은 제23조에 따른 시공능력 평가 시 상습체불건설업자의 체불 이력을 국토교통부령으로 정하는 바에 따라 반영할 수 있다.

⑤ 제1항 및 제2항에 따른 상습체불건설업자 명단 공표 방법, 심의위원회의 구성 및 운영 등에 필요한 사항은 대통령령으로 정한다.

[본조신설 2014.5.14.]

제10장 보칙

<개정 2011.5.24.>

제87조(건설근로자 퇴직공제제도의 시행) ① 대통령령으로 정하는 건설공사를 하는 건설업자는 「건설근로자의 고용개선 등에 관한 법률」에 따른 건설근로자 퇴직공제제도에 가입하여야 한다.

② 제1항에 따라 건설근로자 퇴직공제제도에 가입하여야 하는 건설공사 도급계약의 당사자는 대통령령으로 정하는 바에 따라 그 건설공사의 도급금액 산출명세서에 건설근로자 퇴직공제제도의 가입에 드는 금액을 분명하게 적어야 한다.

③ 국토교통부장관은 제23조에 따른 시공능력의 평가나 그 밖의 건설시책을 시행할 때 제2항에 따라 건설근로자 퇴직공제제도에 가입한 건설업자를 우대할 수 있다. <개정 2013.3.23.>

[전문개정 2011.5.24.]

제87조의2(건설전문인력의 육성 및 관리) ① 국토교통부장관은 건설 분야의 전문적인 기술 또는 기능을 보유한 인력(이하"건설전문인력"이라 한다)의 육성 및 관리 등에 관한 시책을 수립 · 추진할 수 있다. <개정 2013.3.23.>

② 국토교통부장관이 제1항에 따라 수립하는 시책에는 다음 각 호의 사항이 포함되어야 한다. <개정 2013.3.23.>

1. 건설전문인력의 수급 및 활용에 관한 사항
2. 건설전문인력의 육성 및 교육훈련에 관한 사항
3. 건설전문인력의 경력관리와 경력인증에 관한 사항
4. 그 밖에 건설전문인력의 육성 및 관리에 필요한 사항으로서 대통령령으로 정하는 사항

③ 국토교통부장관은 건설전문인력의 육성 및 관리 등에 관한 시책을 추진할 때 필요하면 건설전문인력 관련 단체, 협회, 공제조합 및 건설업자를 지원할 수 있다. <개정 2013.3.23.>

④ 제1항부터 제3항까지의 규정에 따른 건설전문인력의 육성 및 관리와 지원 등에 필요한 사항은 대통령령으로 정한다.

⑤ 국토교통부장관은 대통령령으로 정하는 바에 따라 관련 중앙행정기관의 장, 제87조에 따른 건설근로자 퇴직공제제도 운영기관 등 건설전문인력 관련 단체, 협회, 공제조합 및 건설업자 등에 대하여 건설전문인력의 육성 및 관리 등에 필요한 자료를 제출할 것을 요청할 수 있다. 이 경우 요청을 받은 자는 특별한 사유가 없으면 이에 따라야 한다. <개정 2013.3.23.>

[전문개정 2011.5.24.]

제88조(임금에 대한 압류의 금지) ① 건설업자가 도급받은 건설공사의 도급금액 중 그 공사(하도급한 공사를 포함한다)의 근로자에게 지급하여야 할 임금에 상당하는 금액은 압류할 수 없다.

② 제1항의 임금에 상당하는 금액의 범위와 산정방법은 대통령령으로 정한다.

[전문개정 2011.5.24.]

▶ 판례 – [1] 채권자가 채권양도통지서에 공증인가 합

동법률사무소의 확정일자 인증을 받아 채무자에게 통지한 것이 확정일자 있는 증서에 의한 채권양도의 통지인지 여부(적극)
[2] 건설공사계약이 중도 해지되어 공사대금 정산합의가 이루어졌고 정산 시까지 기성금으로 수령한 공사대금이 있는 경우, 정산합의에 따른 잔여 공사대금 중 구 건설산업기본법 제88조, 건설산업기본법 시행령 제84조 제1항에 따라 압류가 금지되는 노임채권액을 산정하는 방법
[3] 지명채권에 대한 가압류의 효력이 발생하는 시기(=결정 정본 송달 시) 및 그 효과
[4] 공사도급계약에서 수수되는 선급금의 성질(=공사대금)
[5] 甲 주식회사의 신청에 따라 乙 주식회사의 丙 주식회사에 대한 공사대금채권에 관하여 가압류결정이 내려져 결정 정본이 丙 회사에 송달된 후 丙 회사가 乙 회사에 선급금을 지급한 사안에서, 가압류된 채권은 '공사대금채권' 이고 선급금의 성질은 선급한 '공사대금' 이어서, 결국 丙 회사는 가압류결정을 송달받은 후 乙 회사에 선급 공사대금을 지급한 셈이므로, 甲 회사에 선급금의 지급 및 그로 인한 정산 또는 충당의 효력을 주장할 수 없다고 한 사례 [대법원 2016.10.13, 선고, 2014다2723, 판결]

제89조(직무상 알게 된 사실의 누설 금지) 다음 각 호의 사람은 특별한 사유가 없으면 직무상 알게 된 건설업자의 재산 및 업무 상황을 누설하여서는 아니 된다. <개정 2013.8.6.>
1. 이 법에 따른 등록, 신고 또는 감독 사무에 종사하는 공무원이거나 공무원이었던 사람
2. 위원회의 위원, 전문위원 등 분쟁조정 업무를 수행하거나 수행하였던 사람
3. 제91조제3항에 따른 위탁사무에 종사하거나 종사하였던 사람

[전문개정 2011.5.24.]

제90조(벌칙 적용 시의 공무원 의제) 위원회의 위원과 제86조의4제2항에 따른 상습체불건설업자명단 공표심의위원회의 위원 중 공무원이 아닌 사람 또는 제91조제3항에 따른 위탁사무에 종사하는 자는 「형법」 제127조와 제129조부터 제132조까지의 규정을 적용할 때에는 공무원으로 본다. <개정 2016.2.3.>
[전문개정 2011.5.24.]

제91조(권한의 위임·위탁) ① 이 법에 따른 국토교통부장관의 권한은 대통령령으로 정하는 바에 따라 그 일부를 소속 기관의 장, 시·도지사 또는 시장·군수·구청장(자치구의 구청장을 말한다)에게 위임할 수 있다. <개정 2011.5.24., 2013.3.23.>
② 삭제 <1999.4.15.>
③ 이 법에 따른 국토교통부장관의 권한 중 다음 각 호의 권한은 대통령령으로 정하는 바에 따라 국토교통부장관이 지정하는 기관에 위탁할 수 있다. <개정 2011.5.24., 2013.3.23., 2015.8.11., 2016.2.3.>
1. 제9조에 따른 건설업 등록 신청의 접수 및 신청 내용의 확인
2. 제9조의2에 따른 건설업 등록증 또는 건설업 등록수첩의 기재 사항 변경신청의 접수 및 신청 내용의 확인

2의2. 제9조의3에 따른 건설업 윤리 및 실무 관련 교육의 실시

3. 제17조에 따른 건설업의 양도, 법인 합병 및 상속에 대한 신고의 접수 및 신고 내용의 확인
4. 제23조에 따른 건설업자의 시공능력 평가 및 건설공사 실적 등의 접수 및 내용의 확인
5. 제23조의2에 따른 건설사업관리자의 건설사업관리능력 평가 및 건설사업관리 실적 등의 접수 및 내용의 확인
6. 제24조에 따른 건설산업정보 종합관리체계의 구축·운영
7. 제47조제2항에 따른 공사금액 하한의 결정에 따른 업무
8. 제48조에 따른 건설업자 간의 협력 지도
9. 제49조에 따른 건설업자에 대한 실태조사 중 등록기준에 적합한지를 판단하기 위한 자료의 제출 요청, 그 내용의 확인 및 그 밖에 국토교통부장관이 필요하다고 인정한 사항의 확인
10. 제87조의2에 따른 건설전문인력의 육성 및 관리 업무

[제목개정 2011.5.24.]

제92조(수수료) 다음 각 호의 어느 하나에 해당하는 자는 국토교통부령으로 정하는 바에 따라 수수료를 내야 한다. <개정 2013.3.23.>
1. 제9조제1항 및 제2항에 따라 건설업 등록을 신청하는 자
2. 제9조의2제3항에 따라 건설업 등록증 또는 건설업 등록수첩의 재발급을 신청하는 자
3. 제23조제1항에 따른 시공능력의 평가 및 공시를 받기 위하여 신청하는 자

4. 제23조의2제1항에 따라 건설사업관리능력의 평가 및 공시를 받기 위하여 신청하는 자
5. 제24조제1항에 따라 건설산업정보를 제공받는 자
6. 제69조제3항에 따라 분쟁 조정을 신청하는 자

[전문개정 2011.5.24.]

제11장 벌칙

<개정 2011.5.24.>

제93조(벌칙) ① 건설업자 또는 제40조제1항에 따라 건설 현장에 배치된 건설기술자로서 건설공사의 안전에 관한 법령을 위반하여 건설공사를 시공함으로써 그 착공 후 제28조에 따른 하자담보책임기간에 교량, 터널, 철도, 그 밖에 대통령령으로 정하는 시설물의 구조상 주요 부분에 중대한 파손을 발생시켜 공중의 위험을 발생하게 한 자는 10년 이하의 징역에 처한다.

② 제1항의 죄를 범하여 사람을 죽거나 다치게 한 자는 무기 또는 3년 이상의 징역에 처한다.

[전문개정 2011.5.24.]

제94조(벌칙) ① 업무상 과실로 제93조제1항의 죄를 범한 자는 5년 이하의 징역이나 금고 또는 5천만원 이하의 벌금에 처한다.

② 업무상 과실로 제93조제1항의 죄를 범하여 사람을 죽거나 다치게 한 자는 10년 이하의 징역이나 금고 또는 1억원 이하의 벌금에 처한다.

[전문개정 2011.5.24.]

제95조(벌칙) 건설공사의 입찰에서 다음 각 호의 어느 하나에 해당하는 행위를 한 자는 5년 이하의 징역 또는 2억원 이하의 벌금에 처한다. <개정 2016.2.3.>

1. 부당한 이익을 취득하거나 공정한 가격 결정을 방해할 목적으로 입찰자가 서로 공모하여 미리 조작한 가격으로 입찰한 자
2. 다른 건설업자의 견적을 제출한 자
3. 위계 또는 위력, 그 밖의 방법으로 다른 건설업자의 입찰행위를 방해한 자

[전문개정 2011.5.24.]

▶ 판례 - [1] 건설산업기본법 제95조 제1호에서 '부당한 이득' 과 '공정한 가격' 의 의미
[2] 건설산업기본법 제95조 제3호에서 정한 '입찰행위' 의 의미(=형법상 입찰방해죄의 '입찰' 과 동일한 개념) 및 위 규정에서 정한 '다른 건설업자의 입찰행위를 방해한 자' 에 입찰에 참가할 가능성이 있는 다른 건설업자의 입찰 참가 여부 결정 등에 영향을 미침으로써 입찰행위를 방해한 자가 포함되는지 여부(적극)
[3] 건설산업기본법 제95조 제3호 위반죄가 위태범인지 여부(적극) 및 위 죄가 성립하기 위하여 현실적으로 다른 건설업자의 입찰행위가 방해되는 결과가 발생하여야 하는지 여부(소극)
[4] 합병으로 소멸한 법인이 종업원 등의 위법행위에 대하여 양벌규정에 따라 부담하던 형사책임이 합병으로 존속하는 법인에 승계되는지 여부(소극) [대법원 2015.12.24, 선고, 2015도13946, 판결]

제95조의2(벌칙) 다음 각 호의 어느 하나에 해당하는 자는 5년 이하의 징역 또는 5천만원 이하의 벌금에 처한다. <개정 2017.3.21.>

1. 제9조제1항에 따른 등록을 하지 아니하거나 부정한 방법으로 등록을 하고 건설업을 한 자
2. 제21조제1항 또는 제2항을 위반하여 다른 사람에게 자기의 성명이나 상호를 사용하여 건설공사를 수급 또는 시공하게 한 건설업자와 그 상대방, 건설업 등록증이나 건설업 등록수첩을 빌려준 건설업자와 그 상대방
3. 제21조제3항을 위반하여 다른 사람의 성명이나 상호를 사용한 건설공사 수급 또는 시공을 알선하거나 건설업 등록증 또는 건설업 등록수첩 대여를 알선한 자
4. 제21조제4항을 위반하여 건설공사를 도급 또는 시공하게 한 건축주
5. 제38조의2를 위반하여 부정한 청탁을 받고 재물 또는 재산상의 이익을 취득하거나 부정한 청탁을 하면서 재물 또는 재산상의 이익을 제공한 자

[전문개정 2011.5.24.]

제96조(벌칙) 다음 각 호의 어느 하나에 해당하는 자는 3년 이하의 징역 또는 3천만원 이하의 벌금에 처한다. <개정 2014.5.14., 2016.2.3.>

1. 삭제 <2017.3.21.>
2. 제17조에 따른 신고를 하지 아니하거나 부정한 방법으로 신고하고 건설업을 한 자

3. 삭제 <2017.3.21.>
4. 제25조제2항 및 제29조제1항부터 제3항까지의 규정을 위반하여 하도급한 자

4의2. 제38조의3을 위반하여 불이익을 주는 행위를 한 자

5. 제41조를 위반하여 시공한 자
6. 정당한 사유 없이 제82조, 제82조의2 또는 제83조에 따른 영업정지처분을 위반한 자

[전문개정 2011.5.24.]

제97조(벌칙) 다음 각 호의 어느 하나에 해당하는 자는 1년 이하의 징역 또는 1천만원 이하의 벌금에 처한다. <개정 2014.5.14.>

1. 제11조에 따른 표시·광고의 제한을 위반한 자
2. 제23조제3항에 따른 건설공사 실적, 기술자 보유현황, 재무상태를 거짓으로 제출한 자
3. 제23조의2제2항에 따른 건설사업관리 실적, 인력 보유현황, 재무상태를 거짓으로 제출한 자
4. 제40조제1항에 따른 건설기술자의 현장배치를 하지 아니한 자

[전문개정 2011.5.24.]

제98조(양벌규정) ① 법인의 대표자나 법인 또는 개인의 대리인, 사용인, 그 밖의 종업원이 그 법인 또는 개인의 업무에 관하여 제93조의 위반행위를 하면 그 행위자를 벌하는 외에 그 법인 또는 개인에게도 10억원 이하의 벌금형을 과(科)한다. 다만, 법인 또는 개인이 그 위반행위를 방지하기 위하여 해당 업무에 관하여 상당한 주의와 감독을 게을리하지 아니한 경우에는 그러하지 아니하다.

② 법인의 대표자나 법인 또는 개인의 대리인, 사용인, 그 밖의 종업원이 그 법인 또는 개인의 업무에 관하여 제94조, 제95조, 제95조의2, 제96조 또는 제97조제1호·제2호·제3호의 위반행위를 하면 그 행위자를 벌하는 외에 그 법인 또는 개인에게도 해당 조문의 벌금형을 과(科)한다. 다만, 법인 또는 개인이 그 위반행위를 방지하기 위하여 해당 업무에 관하여 상당한 주의와 감독을 게을리하지 아니한 경우에는 그러하지 아니하다.

[전문개정 2011.5.24.]

[2011.5.24. 법률 제10719호에 의하여 2009.7.30. 헌법재판소에서 위헌 결정된 이 조를 개정함.]

제98조의2(과태료) 제65조의2제3항에 따른 명령을 이행하지 아니한 자에게는 2천만원 이하의 과태료를 부과한다.

[본조신설 2016.2.3.]

제99조(과태료) 다음 각 호의 어느 하나에 해당하는 자에게는 500만원 이하의 과태료를 부과한다. <개정 2012.6.1., 2013.8.6., 2015.8.11.>

1. 제14조제2항을 위반하여 처분의 내용을 발주자 등에게 통지하지 아니한 건설업자 및 그 포괄승계인
2. 제22조제2항을 위반하여 도급계약을 계약서로 체결하지 아니하거나 계약서를 교부하지 아니한 건설업자(하도급인 경우에는 하도급받은 건설업자는 제외한다)
3. 제22조제6항에 따른 건설공사대장의 기재사항을 해당 공사 완료일까지 발주자에게 통보하지 아니하거나 거짓으로 통보한 자
4. 제28조의2제2항에 따른 통보를 하지 아니한 자
5. 제29조제4항에 따른 통보를 하지 아니한 자
6. 제29조의2제1항에 따른 하수급인에 대한 관리의무를 이행하지 아니한 자(하수급인이 제82조제2항제3호에 따른 영업정지 등의 처분을 받은 경우로서 그 위반행위를 지시하거나 묵인한 사실이 확인된 경우만 해당한다)
7. 제31조의2에 따라 제출한 하도급계획(건설공사를 도급받은 경우 제출한 하도급계획만 해당한다)을 정당한 사유 없이 이행하지 아니한 자
8. 제34조제1항에 따른 하도급대금 등을 지급기일까지 지급하지 아니하여 제81조제4호에 따라 시정명령을 받고 이에 따르지 아니한 자
9. 제49조제1항에 따른 조사 또는 검사를 거부, 기피, 방해하거나 거짓으로 보고한 자
10. 제72조에 따라 위원회로부터 분쟁조정 신청 내용을 통보받고 그 조정에 참여하지 아니한 자
11. 제81조제3호의 사유로 인한 시정명령이나 지시에 따르지 아니한 자
12. 제9조의3제1항에 따른 교육을 이수하지 아니한 자
13. 제36조의2제1항에 따른 추가·변경공사 대하여 서면으로 요구하지 아니한 건설업자

[전문개정 2011.5.24.]

제99조(과태료) 다음 각 호의 어느 하나에 해당하는 자에게는 500만원 이하의 과태료를 부과한다. <개정 2012.6.1., 2013.8.6.,

2015.8.11., 2017.12.26.>
1. 제14조제2항을 위반하여 처분의 내용을 발주자 등에게 통지하지 아니한 건설업자 및 그 포괄승계인
2. 제22조제2항을 위반하여 도급계약을 계약서로 체결하지 아니하거나 계약서를 교부하지 아니한 건설업자(하도급인 경우에는 하도급받은 건설업자는 제외한다)
3. 제22조제6항에 따른 건설공사대장의 기재사항을 해당 공사 완료일까지 발주자에게 통보하지 아니하거나 거짓으로 통보한 자
4. 제28조의2제2항에 따른 통보를 하지 아니한 자
5. 제29조제4항에 따른 통보를 하지 아니한 자
6. 제29조의2제1항에 따른 하수급인에 대한 관리의무를 이행하지 아니한 자(하수급인이 제82조제2항제3호에 따른 영업정지 등의 처분을 받은 경우로서 그 위반행위를 지시하거나 묵인한 사실이 확인된 경우만 해당한다)
7. 제31조의2에 따라 제출한 하도급계획(건설공사를 도급받은 경우 제출한 하도급계획만 해당한다)을 정당한 사유 없이 이행하지 아니한 자
8. 제34조제1항에 따른 하도급대금 등을 지급기일까지 지급하지 아니하여 제81조제4호에 따라 시정명령을 받고 이에 따르지 아니한 자
9. 제49조제1항에 따른 조사 또는 검사를 거부, 기피, 방해하거나 거짓으로 보고한 자
10. 제72조에 따라 위원회로부터 분쟁조정 신청 내용을 통보받고 그 조정에 참여하지 아니한 자
11. 제81조제3호 또는 제5호의2의 사유로 인한 시정명령이나 지시에 따르지 아니한 자
12. 제9조의3제1항에 따른 교육을 이수하지 아니한 자
13. 제36조의2제1항에 따른 추가·변경공사 대하여 서면으로 요구하지 아니한 건설업자

[전문개정 2011.5.24.]
[시행일 : 2018.6.27.] 제99조

제100조(과태료) 다음 각 호의 어느 하나에 해당하는 자에게는 50만원 이하의 과태료를 부과한다.
1. 제9조의2제2항에 따른 기재 사항 변경신청을 정하여진 기간에 하지 아니한 자
2. 제40조제2항을 위반하여 건설공사의 현장을 이탈한 건설기술자
3. 제49조제1항에 따른 보고를 게을리한 자
4. 제81조제8호의 사유로 인한 시정명령이나 지시에 따르지 아니한 자

[전문개정 2011.5.24.]

제100조의2(과태료 규정 적용에 관한 특례) 제82조제1항제5호에 따라 영업정지를 명하거나 영업정지에 갈음하여 과징금을 부과한 행위에 대하여는 제99조제8호를 적용하지 아니한다. <개정 2012.6.1.>
[전문개정 2011.5.24.]

제101조(과태료의 부과·징수절차) 제98조의2, 제99조 및 제100조에 따른 과태료는 대통령령으로 정하는 바에 따라 국토교통부장관이 부과·징수한다. <개정 2013.3.23., 2016.2.3.>
[전문개정 2009.12.29.]

부칙

<제15306호, 2017.12.26.>

제1조(시행일) 이 법은 공포 후 6개월이 경과한 날부터 시행한다.

제2조(하도급계약의 적정성 심사 등에 관한 적용례) 제31조제3항 후단 및 같은 조 제6항의 개정규정은 이 법 시행 후 최초로 제31조제3항 후단에 따라 하수급인 또는 하도급계약내용의 변경을 요구하는 경우부터 적용한다.

제3조(건설공사 시공자의 제한에 관한 적용례) 제41조제1항의 개정규정은 이 법 시행 후 최초로 「건축법」에 따른 건축허가를 신청(건축신고를 하는 경우를 포함한다)하거나 「주택법」에 따른 주택건설사업계획의 승인을 신청하는 경우부터 적용한다.

건설산업기본법 시행령

[시행 2018.1.1.]
[대통령령 제28471호, 2017.12.12., 타법개정]

제1장 총칙

제1조(목적) 이 영은 건설산업기본법에서 위임된 사항과 그 시행에 관하여 필요한 사항을 규정함을 목적으로 한다.

제2조(건설산업진흥기본계획의 수립) ① 국토교통부장관은 「건설산업기본법」(이하"법"이라 한다) 제6조제1항의 규정에 의하여 건설산업진흥기본계획(이하"기본계획"이라 한다)을 수립하고자 하는 때에는 관계중앙행정기관의 장의 의견을 들어야 한다. 다만, 법 제6조제2항제2호의 사항에 관하여는「건설기술 진흥법」제3조제1항에 따라 수립되는 건설기술진흥 기본계획에 따른다. <개정 2001.8.25., 2005.5.7., 2008.2.29., 2013.3.23., 2014.5.22.>

②국토교통부장관은 제1항의 규정에 의하여 기본계획을 수립한 때에는 관보에 그 내용을 고시하고 관계중앙행정기관의 장에게 통보하여야 한다. <개정 2008.6.5., 2013.3.23.>

③법 제6조제2항제6호에서"대통령령으로 정하는 사항"이란 다음 각 호의 사항을 말한다. <개정 1999.8.6., 2011.11.1.>

1. 건설공사의 생산성 향상대책
2. 건설자재의 품질향상 및 규격표준화 대책
3. 건설사업관리제도의 발전대책

제3조 삭제 <2010.5.27.>
제4조 삭제 <2010.5.27.>
제5조 삭제 <2010.5.27.>
제6조 삭제 <2001.8.25.>

제2장 건설업의 등록

<개정 1999.8.6.>

제7조(건설업의 업종 및 업무내용 등) 법 제8조에 따른 건설업의 업종과 업종별 업무내용은 별표 1과 같다. <개정 2007.12.28.>

제8조(경미한 건설공사등) ①법 제9조제1항 단서에서 "대통령령으로 정하는 경미한 건설공사"란 다음 각 호의 어느 하나에 해당하는 공사를 말한다. <개정 1998.12.31., 2007.12.28., 2011.11.1., 2012.10.29.>

1. 별표 1에 따른 종합공사를 시공하는 업종과 그 업종별 업무내용에 해당하는 건설공사로서 1건 공사의 공사예정금액[동일한 공사를 2이상의 계약으로 분할하여 발주하는 경우에는 각각의 공사예정금액을 합산한 금액으로 하고, 발주자(하도급의 경우에는 수급인을 포함한다)가 재료를 제공하는 경우에는 그 재료의 시장가격 및 운임을 포함한 금액으로 하며, 이하 "공사예정금액"이라 한다]이 5천만원미만인 건설공사
2. 별표 1에 따른 전문공사를 시공하는 업종과 그 업종별 업무내용에 해당하는 건설공사로서 공사예정금액이 1천5백만원미만인 건설공사. 다만, 다음 각 목의 어느 하나에 해당하는 공사를 제외한다.
   가. 가스시설공사
   나. 삭제 <1998.12.31.>
   다. 철강재설치공사 및 강구조물공사
   라. 삭도설치공사
   마. 승강기설치공사
   바. 철도·궤도공사
   사. 난방공사
3. 조립·해체하여 이동이 용이한 기계설비 등의 설치공사(당해 기계설비 등을 제작하거나 공급하는 자가 직접 설치하는 경우에 한한다)

② 삭제 <1998.12.31.>

제9조(건설업등록신청서의 심사) ① 국토교통부장관은 법 제9조제2항에 따른 등록신청이 다음 각 호의 어느 하나에 해당하는 경우를 제외하고는 등록을 해 주어야 한다. <신설 2011.11.1., 2013.3.23.>

1. 제13조제1항 및 제2항에 따른 등록기준에 미달하는 경우
2. 등록을 신청한 자가 법 제13조제1항 각 호의 어느 하나에 해당하는 경우
3. 그 밖에 법, 이 영 또는 다른 법령에 따른 제한에 위반되는 경우

② 국토교통부장관은 법 제9조제2항에 따라 건설업등록신청서를 제출한 자에 대한 등록적격여부를 심사하기 위하여 필요한 경우에는 자본금, 시설 및 장비의 보유상황을 실제 확인하거나 재무관리상태의 진단결과를 제출하게 할 수 있다.

<개정 1999.8.6., 2007.12.28., 2008.2.29., 2011.11.1., 2013.3.23.>
[제목개정 1999.8.6.]

제10조(건설업등록 등의 정보관리) 국토교통부장관은 다음 각 호의 어느 하나에 해당하는 업무를 수행한 때에는 3일 이내에 이를 법 제24조제3항에 따라 건설산업정보의 체계적 관리를 위하여 구축·운영되는 건설산업정보종합관리체계의 정보통신망(이하"건설산업종합정보망"이라 한다)에 입력하여야 한다. <개정 2005.6.30., 2007.12.28., 2008.2.29., 2013.3.23.>
1. 법 제9조제1항의 규정에 의한 건설업의 등록
2. 법 제9조제4항의 규정에 의한 등록기준에 관한 사항의 신고수리
3. 법 제9조의2제2항의 규정에 의한 기재사항의 변경
4. 법 제17조의 규정에 의한 건설업의 양도·합병·상속의 신고수리
4의2. 법 제20조의2제2항의 규정에 의한 건설업 등록말소
5. 법 제81조 내지 제83조의 규정에 의한 시정명령·시정지시·영업정지·과징금부과·등록말소
6. 법 제101조의 규정에 의한 과태료부과
[본조신설 2003.8.21.]

제11조(건설업등록의 공고) 국토교통부장관은 법 제9조제1항에 따라 건설업의 등록을 한 때에는 국토교통부령이 정하는 바에 의하여 이를 공고하여야 한다. <개정 1999.8.6., 2007.12.28., 2008.2.29., 2013.3.23.>
[제목개정 1999.8.6.]

제12조(건설업등록대장) ① 국토교통부장관은 법 제9조제1항에 따라 건설업의 등록을 한 때에는 등록대장을 건설산업종합정보망을 이용하여 작성·관리하여야 한다. <개정 2007.12.28., 2008.2.29., 2013.3.23.>
② 삭제 <2007.12.28.>
③ 삭제 <2008.6.5.>
[전문개정 1999.8.6.]

제12조의2(건설업등록기준에 관한 사항의 신고) ①법 제9조제4항에서"대통령령으로 정하는 기간"이란 건설업등록을 한 날 또는 건설업등록기준에 관한 사항의 신고가 수리된 날부터 3년(제13조제1항제1호의2의 규정에 의한 보증가능금액확인서를 제출하는 경우는 1년)을 말한다. <개정 2011.11.1.>
②법 제9조제4항의 규정에 의하여 건설업등록기준에 관한 사항을 신고하고자 하는 자는 제1항의 규정에 의한 기간이 경과한 날부터 30일 이내에 국토교통부령이 정하는 신고서와 첨부서류를 국토교통부장관에게 제출하여야 한다. <개정 2007.12.28., 2008.2.29., 2013.3.23.>
③보증가능금액확인서의 발급기관이 제2항의 규정에 의한 기간 이내에 그 발급내용을 국토교통부장관에게 통보(건설산업종합정보망을 이용한 통보를 포함한다)한 경우에는 보증가능금액확인서를 제출한 것으로 본다. <개정 2007.12.28., 2008.2.29., 2013.3.23.>
④제9조의 규정은 건설업등록기준에 관한 사항의 신고에 관하여 이를 준용한다.
[본조신설 2002.9.18.]

제12조의2 삭제 <2016.8.4.>

제12조의3(건설업등록증 또는 건설업등록수첩 기재사항중 변경신청대상) 법 제9조의2제2항에서"대통령령으로 정하는 사항"이란 다음 각호의 1에 해당하는 사항을 말한다. 다만, 법 제17조제1항 또는 제4항에 따라 신고한 사항을 제외한다. <개정 2010.5.27., 2011.11.1.>
1. 상호
2. 대표자
3. 영업소소재지
4. 법인(주민)등록번호
5. 국적 또는 소속국가명
[본조신설 2002.9.18.]

제12조의4(건설업 교육의 내용 및 방법 등) ① 법 제9조의3제1항 및 제2항에 따른 건설업 교육(이하"건설업 교육"이라 한다)의 내용은 다음 각 호와 같다.
1. 건설업자의 윤리경영
2. 건설산업 관련 법규
3. 건설공사의 품질, 안전 및 환경관리
4. 그 밖에 건전한 건설산업 발전을 위하여 필요한 사항
② 건설업 교육은 강의·시청각교육 등의 방법으로 하고, 교육시간은 8시간 이상으로 한다.
[본조신설 2016.2.11.]

제12조의5(건설업 교육기관) ① 국토교통부장관은 법 제9조의3제3항에 따라 다음 각 호의 기관 중에서 건설업 교육을 실시할 기관(이하"교육기관"이라 한다)을 지정할 수 있다.

1. 법 제50조에 따라 설립된 협회 또는 법 제54조에 따른 공제조합
2. 「민법」 제32조에 따라 설립된 비영리법인(건설업과 관련된 교육과정이 개설된 경우만 해당한다)
3. 「에너지이용 합리화법」 제41조에 따라 설립된 시공업자단체
4. 「고압가스 안전관리법」 제28조에 따라 설립된 한국가스안전공사

② 국토교통부장관은 제1항 각 호의 기관 중에서 신청을 받아 교육기관을 지정하여야 한다.

③ 교육기관의 지정요건은 별표 1의2와 같다.

④ 국토교통부장관은 교육기관을 지정하였을 때에는 해당 교육기관에 지정서를 발급하고, 그 교육기관의 명칭·대표자 및 소재지 등을 인터넷 홈페이지 등에 공고하여야 한다.

⑤ 교육기관은 교육을 받은 건설업자에게 국토교통부령으로 정하는 바에 따라 교육수료증을 발급하여야 한다.

⑥ 제1항부터 제5항까지에서 규정한 사항 외에 건설업 교육에 필요한 사항은 국토교통부령으로 정한다.

[본조신설 2016.2.11.]

제13조(건설업의 등록기준) ①법 제10조에 따른 건설업의 등록기준은 다음 각 호와 같다. <개정 1999.8.6., 2001.8.25., 2002.9.18., 2005.5.7., 2005.11.25., 2007.12.28., 2008.2.29., 2011.11.1., 2013.3.23., 2014.11.14.>

1. 별표 2의 규정에 의한 기술능력·자본금(개인인 경우에는 건설업에 제공되는 자산의 평가액을 말한다. 이하 같다)·시설 및 장비를 갖출 것

1의2. 국토교통부장관이 지정하는 금융기관 등(이하 "금융기관등"이라 한다)이 다음 각 목의 기준에 따라 발급하는 보증가능금액확인서[제1호의 규정에 의한 자본금의 기준금액 이상의 금액에 대하여 법 제56조제1항제1호에 규정된 보증(입찰보증을 제외한다)을 할 수 있음을 확인한 것을 말한다. 이하 같다]를 제출할 것. 이 경우 금융기관등은 국토교통부장관이 정하여 고시하는 재무상태, 신용상태 등의 평가 및 담보제공, 현금예치 등 보증가능금액확인서의 발급 및 해지에 관한 기준에 따라 그에 관한 세부기준을 정하여 공시하여야 한다.

가. 금융기관등은 보증가능금액확인서의 발급을 신청하는 자의 재무상태·신용상태 등을 평가하여야 하며, 그 평가결과에 따라 제1호의 규정에 의한 업종별 자본금의 100분의 20 내지 100분의 50의 범위안에서 담보를 제공받거나 현금을 예치받을 것

나. 삭제 <2007.12.28.>

다. 금융기관등은 보증가능금액확인서의 발급을 받는 자의 제1호의 규정에 의한 자본금의 기준금액 이상의 금액에 대한 보증의무를 부담한다는 내용을 보증가능금액확인서에 기재할 것

2. 삭제 <2008.6.5.>
3. 국가를 당사자로 하는 계약에 관한 법령, 지방자치단체를 당사자로 하는 계약에 관한 법령, 공공기관의 운영에 관한 법령 또는 지방공기업법령에 따라 부정당업자로 입찰참가자격이 제한된 경우에는 그 기간이 경과되었을 것
4. 삭제 <2014.11.14.>
5. 건설업영업정지처분을 받은 경우에는 그 기간이 경과되었을 것
6. 삭제 <2003.8.21.>

②외국에 주된 영업소를 두고 있는 외국인 또는 외국법인이 건설업등록을 신청하는 경우 당해 신청인은 건설업등록기준중 다음 각 호의 요건을 충족하여야 한다. 다만, 국토교통부장관은 당해신청인이 건설업의 등록을 한 후 최초로 도급계약을 체결하기 전까지 제1호 또는 제3호의 요건을 충족할 것을 조건으로 하여 건설업의 등록을 할 수 있다. <개정 1999.8.6., 2005.5.7., 2007.12.28., 2008.2.29., 2013.3.23.>

1. 별표 2의 규정에 의한 기술능력요건에 해당하는 자가 외국인인 경우 당해 외국인은 「출입국관리법 시행령」 별표 1의 규정에 의한 상사주재·기업투자 또는 무역경영의 체류자격을 갖춘 자일 것
2. 법인인 경우에는 주된 영업소의 자본금이, 개인인 경우에는 자산(외국에서 보유하고 있는 자산을 포함한다)의 평가액이 각각 별표 2의 규정에 의한 기준이상일 것
3. 「상법」 제614조의 규정에 의하여 영업소를 설치하고 등기를 할 것

[제목개정 1999.8.6.]

[시행일 : 2012.5.25.] 제13조(법 제82조의2제3항, 제83조제8호 및 제13호의 개정규정에 관한 부분으로 한정한다)

제14조 삭제 <1999.8.6.>

제15조 삭제 <2007.12.28.>

제16조(건설업 등록기준의 특례) ① 건설업자가 다른 업종의 건설업 등록을 추가로 신청하는 경우에는 다음 각 호의 구분에 따라 별표 2에 따른 등록기준을 이미 갖춘 것으로 인정받을 수 있다. <개정 2013.3.23., 2016.2.11.>

1. 자본금: 보유하고 있는 업종의 별표 2에 따른 최저 자본금기준(보유하고 있는 업종이 둘 이상인 경우 최저 자본금기준이 최대인 업종의 최저 자본금기준을 말한다)의 2분의 1을 한도로 1회에 한정하여 등록하려는 업종의 최저 자본금기준의 2분의 1에 해당하는 자본금을 이미 갖춘 것으로 인정
2. 기술능력: 보유하고 있는 업종의 별표 2에 따른 기술능력과 추가로 등록하려는 업종의 기술능력이 같은 종류·등급으로서 공동으로 활용할 수 있는 경우에는 1회에 한정하여 1명(공동으로 활용할 수 있는 기술인력이 5명 이상인 경우에는 2명)의 기술능력을 이미 갖춘 것으로 인정. 다만, 건설업자가 가스시설시공업(제2종 및 제3종에 한정한다) 또는 난방시공업(제2종 및 제3종에 한정한다)의 등록을 추가로 신청하는 경우에는 공동으로 활용할 수 있는 기술인력은 이미 갖춘 것으로 인정받을 수 있다.

② 제1항제1호에 따른 등록기준의 특례를 인정받은 건설업자 중 다음 각 호의 요건을 모두 갖춘 건설업자가 다른 업종의 건설업 등록을 추가로 신청하는 경우에는 보유하고 있는 업종의 별표 2에 따른 최저 자본금기준(보유하고 있는 업종이 둘 이상인 경우 최저 자본금기준이 최대인 업종의 최저 자본금기준을 말한다)의 2분의 1을 한도로 1회에 한정하여 등록하려는 업종의 최저 자본금기준의 2분의 1에 해당하는 자본금을 이미 갖춘 것으로 인정받을 수 있다. 다만, 최저 자본금기준의 2분의 1에 해당하는 자본금을 이미 갖춘 것으로 인정받아 등록한 이후 제2호에 따른 처분이나 벌칙을 받은 경우에는 해당 처분 또는 벌칙을 받은 날부터 60일 이내에 추가로 등록한 업종의 최저 자본금기준을 갖추어야 한다. <신설 2014.11.14.>

1. 15년 이상 건설업을 영위한 건설업자일 것
2. 최근 10년간 법 제82조, 제82조의2 또는 제83조에 따른 영업정지 등의 처분이나 이 법 위반에 따른 벌칙을 받지 아니하였을 것

③ 제2항 각 호의 요건을 모두 갖춘 건설업자가 둘 이상의 건설업종을 동시에 추가로 등록 신청하는 경우에는 제1항 및 제2항을 각각 적용받을 수 있다. <신설 2014.11.14.>

④ 건설업자가 아닌 자가 최초로 둘 이상의 건설업종을 동시에 신청하려는 경우에 관하여는 제1항을 준용한다. <개정 2014.11.14.>

[전문개정 2009.11.10.]

제17조(산림조합 등에 대한 건설업등록증등의 교부) 특별시장·광역시장·특별자치시장·도지사 또는 특별자치도지사(이하"시·도지사"라 한다)는 「산림조합법」 제11조제4항에 따라 신고를 받은 경우에는 건설업등록증 및 건설업등록수첩을 교부하여야 한다. <개정 1999.8.6., 2000.5.1., 2005.5.7., 2014.2.5.>

[제목개정 1999.8.6., 2000.5.1.]

제18조(표지의 게시) 건설업자는 국토교통부령이 정하는 바에 따라 영업소안의 보기 쉬운 곳에 건설업의 등록내용을 기재한 표지를 내걸어야 한다. <개정 1999.8.6., 2008.2.29., 2013.3.23.>

제19조(종합공사 시공자격의 예외) 법 제16조제1항제5호에서"대통령령으로 정하는 경우"란 다음 각 호의 어느 하나에 해당하는 경우를 말한다. <개정 2012.6.21., 2014.5.22.>

1. 다음 각 목의 어느 하나에 해당하는 자가 그 신기술 또는 공법이 적용되는 종합공사(해당 신기술 또는 특허권이 설정등록된 공법이 적용되는 공사의 공사예정금액이 전체 공사예정금액의 100분의 70 이상인 경우로 한정한다)를 도급받는 경우
   가. 「건설기술 진흥법」 제14조에 따른 신기술을 개발한 건설업자
   나. 특정 공법에 대하여 「특허법」 제87조에 따른 특허권 설정등록을 한 건설업자
   다. 특정 공법에 대하여 「특허법」 제100조에 따라 특허권자로부터 전용실시권을 설정받은 건설업자
   라. 특정 공법에 대하여 「특허법」 제102조에 따라 특허권자로부터 통상실시권을 허락받은 건설업자
2. 종합공사를 시공하는 업종을 등록한 건설업자가 해당 종합공사의 부대공사(법 제16조제3항에 따른 부대공사를 말한다. 이하 이 조 및 제20조에서 같다)로서 다른 종합공사를 함께

도급받는 경우
[본조신설 2011.11.1.]

제20조(전문공사 시공자격의 예외) 법 제16조제2항제2호에서 "대통령령으로 정하는 경우"란 다음 각 호의 어느 하나에 해당하는 경우를 말한다. <개정 2012.6.21., 2014.5.22.>
1. 다음 각 목의 어느 하나에 해당하는 자가 그 신기술 또는 공법이 적용되는 전문공사(해당 신기술 또는 특허권이 설정등록된 공법이 적용되는 공사의 공사예정금액이 전체 공사예정금액의 100분의 70 이상인 경우로 한정한다)를 도급받는 경우
   가. 「건설기술 진흥법」 제14조에 따른 신기술을 개발한 건설업자
   나. 특정 공법에 대하여 「특허법」 제87조에 따른 특허권 설정등록을 한 건설업자
   다. 특정 공법에 대하여 「특허법」 제100조에 따라 특허권자로부터 전용실시권을 설정받은 건설업자
   라. 특정 공법에 대하여 「특허법」 제102조에 따라 특허권자로부터 통상실시권을 허락받은 건설업자
2. 전문공사를 시공하는 업종을 등록한 건설업자가 이미 도급받아 시공하였거나 시공 중인 전문공사의 부대공사로서 다른 전문공사를 도급받는 경우

[본조신설 2011.11.1.]

제21조(부대공사의 범위등) ①법 제16조제3항에 따른 부대공사의 범위는 다음 각 호의 어느 하나에 해당하는 공사와 같다. <개정 1999.8.6., 2005.6.30., 2007.12.28., 2011.11.1.>
1. 주된 공사를 시공하기 위하여 또는 시공함으로 인하여 필요하게 되는 종된 공사
2. 2종이상의 전문공사가 복합된 공사로서 공사예정금액이 3억원 미만이고, 주된 전문공사의 공사예정금액이 전체 공사예정금액의 2분의 1이상인 경우 그 나머지 부분의 공사
3. 별표 1의 규정에 의한 건설업종중 기계설비공사업 및 가스시설시공업에 속한 공사간의 복합된 공사를 그 중 주된 공사에 관한 업종의 건설업자가 도급받는 경우 나머지 업종에 속한 공사

② 삭제 <1999.8.6.>

제22조 삭제 <1999.8.6.>

제23조 삭제 <1999.8.6.>

제24조 삭제 <1999.8.6.>

제3장 도급 및 하도급계약

제25조(공사도급계약의 내용) ①법 제22조제2항에 따라 공사의 도급계약에 명시하여야 할 사항은 다음 각 호와 같다. <개정 2005.5.7., 2007.12.28., 2008.12.31.>
1. 공사내용
2. 도급금액과 도급금액중 노임에 해당하는 금액
3. 공사착수의 시기와 공사완성의 시기
4. 도급금액의 선급금이나 기성금의 지급에 관하여 약정을 한 경우에는 각각 그 지급의 시기·방법 및 금액
5. 공사의 중지, 계약의 해제나 천재·지변의 경우 발생하는 손해의 부담에 관한 사항
6. 설계변경·물가변동 등에 기인한 도급금액 또는 공사내용의 변경에 관한 사항
7. 법 제34조제2항의 규정에 의한 하도급대금지급보증서의 교부에 관한 사항(하도급계약의 경우에 한한다)
8. 법 제35조제1항의 규정에 의한 하도급대금의 직접지급사유와 그 절차
9. 「산업안전보건법」 제30조에 따른 산업안전보건관리비의 지급에 관한 사항
10. 법 제87조제1항의 규정에 의하여 건설근로자퇴직공제에 가입하여야 하는 건설공사인 경우에는 건설근로자퇴직공제가입에 소요되는 금액과 부담방법에 관한 사항
11. 「산업재해보상보험법」에 의한 산업재해보상보험료, 「고용보험법」에 의한 고용보험료 기타 당해 공사와 관련하여 법령에 의하여 부담하는 각종 부담금의 금액과 부담방법에 관한 사항
12. 당해 공사에서 발생된 폐기물의 처리방법과 재활용에 관한 사항
13. 인도를 위한 검사 및 그 시기
14. 공사완성후의 도급금액의 지급시기
15. 계약이행지체의 경우 위약금·지연이자의 지급 등 손해배상에 관한 사항
16. 하자담보책임기간 및 담보방법
17. 분쟁발생시 분쟁의 해결방법에 관한 사항
18. 「건설근로자의 고용개선 등에 관한 법률」 제7조의2에 따른 고용 관련 편의시

설의 설치 등에 관한 사항
② 삭제 <2014.2.5.>

제26조(건설공사대장의 기재사항 통보) ①도급금액이 1억원 이상인 건설공사를 도급받은 건설업자는 법 제22조제6항에 따라 건설공사대장의 기재사항을 건설산업종합정보망을 이용하여 도급계약을 체결한 날부터 30일 이내에 발주자에게 통보하여야 한다. <개정 2007.12.28., 2014.2.5.>
② 제1항의 적용을 받는 건설업자로부터 4천만원 이상의 건설공사를 하도급받은 건설업자는 하도급계약을 체결한 날부터 30일 이내에 건설공사대장의 기재사항을 건설산업종합정보망을 이용하여 발주자에게 통보하여야 한다. <신설 2007.12.28.>
③제1항 및 제2항에 따른 건설업자는 통보한 사항에 변경이 발생하거나 새로이 기재하여야 할 사항이 발생한 경우에는 발생한 날부터 30일 이내에 건설산업종합정보망을 이용하여 발주자에게 통보하여야 한다. <개정 2007.12.28.>
[본조신설 2002.9.18.]

제26조의2(보험료 등의 비용 명시 및 정산) ① 건설공사의 도급계약 당사자는 법 제22조제7항에 따른 보험료 등의 비용(이하 이 조에서 "보험료등"이라 한다)을 국토교통부장관이 정하여 고시하는 기준에 따라 도급금액산출내역서(하도급금액산출내역서를 포함한다. 이하 제3항에서 같다)에 명시하여야 한다. <개정 2008.2.29., 2010.5.27., 2013.3.23., 2014.2.5.>
② 발주자(하도급의 경우에는 수급인을 포함한다. 이하 이 조에서 같다)는 그 건설공사를 도급받은 건설업자가 보험료등을 부담하였는지 여부에 관하여 확인할 수 있다. 이 경우 발주자가 필요하다고 인정하는 경우에는 그 건설업자에게 보험료등을 납부한 확인서의 제출을 요구할 수 있다.
③ 발주자는 건설업자가 보험료등을 납부한 내역을 확인한 결과, 도급금액산출내역서에 명시된 「국민연금법」에 따른 국민연금보험료, 「국민건강보험법」에 따른 건강보험료 및 「노인장기요양보험법」에 따른 노인장기요양보험료가 실제로 지출된 보험료보다 많은 경우에는 그 초과하는 금액을 정산할 수 있다. <개정 2010.5.27.>
[전문개정 2007.12.28.]

제26조의3(공공기관의 범위) 법 제22조의2제1항에서 "대통령령으로 정하는 공공기관"이란 다음 각 호의 공공기관을 말한다.
1. 「공공기관의 운영에 관한 법률」 제5조에 따른 공기업 및 준정부기관
2. 「지방공기업법」에 따른 지방공사 및 지방공단
[본조신설 2014.2.5.]
[종전 제26조의3은 제26조의4로 이동 <2014.2.5.>]

제26조의4(계약 추정의 통지 내용) 법 제22조의3제1항에서 "도급받은 건설공사의 내용, 계약금액 등 대통령령으로 정하는 사항"이란 다음 각 호의 사항을 말한다.
1. 제25조제1항 각 호의 사항
2. 그 밖에 발주자(하도급의 경우에는 수급인을 포함한다)가 도급한 사항
[본조신설 2016.8.4.]
[종전 제26조의4는 제26조의7로 이동 <2016.8.4.>]

제26조의5(계약 추정의 통지 및 회신 방법) ① 법 제22조의3제1항 및 제2항에 따른 통지 및 회신은 다음 각 호의 어느 하나에 해당하는 방법으로 한다.
1. 내용증명우편
2. 「전자문서 및 전자거래 기본법」 제2조제1호에 따른 전자문서로서 다음 각 목의 어느 하나에 해당하는 요건을 갖춘 것
  가. 「전자서명법」 제2조제3호에 따른 공인전자서명이 있을 것
  나. 「전자문서 및 전자거래 기본법」 제2조제8호에 따른 공인전자주소를 이용할 것
3. 그 밖에 통지와 회신의 내용 및 수신 여부를 객관적으로 확인할 수 있는 방법
② 제1항에 따른 통지 및 회신은 발주자, 수급인 및 하수급인의 주소(전자우편주소 또는 제1항제2호나목에 따른 공인전자주소를 포함한다)로 하여야 한다.
[본조신설 2016.8.4.]

제26조의6(서면의 보관) 법 제22조의3제6항에 따라 발주자, 수급인 및 하수급인은 같은 조 제1항 및 제2항에 따른 서면을 해당 도급공사 또는 하도급공사가 완공된 날부터 3년간 보관하여야 한다.
[본조신설 2016.8.4.]

제26조의7(건설산업정보종합관리체계의 구축·운영) ① 국토교통부장관은 법 제24조제3항의 규정에 의한 건설산업정보종합관리체계의 효율적인 구축과 활용촉진을 위하여 다음 각 호의 업무를 수행할 수 있다. <개정 2008.2.29., 2013.3.23.>

1. 건설산업정보종합관리체계의 구축·운영에 관한 각종 연구개발 및 기술지원
2. 건설산업정보종합관리체계의 구축을 위한 공동사업의 시행
3. 건설산업정보종합관리체계의 표준화
4. 건설산업정보종합관리체계를 이용한 정보의 공동활용 촉진
5. 그 밖에 건설산업정보종합관리체계의 구축·운영을 위하여 필요한 사항

② 국토교통부장관은 건설산업정보종합관리체계의 효율적인 구축과 운영을 위하여 건설과 관련된 사업체·기관 또는 단체와의 협의체를 구성·운영할 수 있다. <개정 2008.2.29., 2013.3.23.>
[본조신설 2005.6.30.]
[제26조의4에서 이동 <2016.8.4.>]

제27조(건설산업정보의 종합관리를 위한 자료제출의 요청절차 등) 국토교통부장관이 법 제24조제4항의 규정에 의하여 자료제출을 요청하는 경우에는 제출기한의 15일전에 다음 각 호의 사항을 서면으로 통보하여야 한다. <개정 2005.6.30., 2008.2.29., 2013.3.23.>

1. 제출요청사유
2. 제출기한
3. 제출자료의 구체적인 사항
4. 제출자료의 방식 및 형태
5. 제출자료의 활용방법

[본조신설 2002.9.18.]

제28조 삭제 <1999.8.6.>

제29조(견적기간) 법 제27조에서"대통령령으로 정하는 일정 기간"이란 다음 각호의 기간을 말한다. <개정 2011.11.1.>

1. 공사예정금액 30억원이상의 공사인 경우 : 공사현장을 설명한 날부터 20일이상
2. 공사예정금액 10억원이상의 공사인 경우 : 공사현장을 설명한 날부터 15일이상
3. 공사예정금액 1억원이상의 공사인 경우 : 공사현장을 설명한 날부터 10일이상
4. 공사예정금액 1억원미만의 공사인 경우 : 공사현장을 설명한 날부터 5일이상

제30조(하자담보책임기간) ①법 제28조제1항의 규정에 의한 공사의 종류별 하자담보책임기간은 별표 4와 같다. <개정 2016.2.11.>
② 법 제28조제3항 단서에 따라 건설공사의 하자담보책임기간을 도급계약에서 특별히 따로 정할 경우에는 도급계약서에 다음 각 호의 사항을 알 수 있도록 명시하여야 한다. <신설 2016.2.11.>

1. 따로 정한 하자담보책임기간과 그 사유
2. 따로 정한 하자담보책임기간으로 인하여 추가로 발생하는 하자보수보증 수수료

제30조의2(건설공사의 직접시공) ①법 제28조의2제1항 본문에서"대통령령으로 정하는 금액 미만인 건설공사"란 도급금액이 50억원 미만인 건설공사를 말한다. <개정 2011.11.1.>
② 법 제28조의2제1항 본문에서"대통령령으로 정하는 비율"이란 다음 각 호의 구분에 따른 비율을 말한다. <개정 2011.11.1.>

1. 도급금액이 3억원 미만인 경우: 100분의 50
2. 도급금액이 3억원 이상 10억원 미만인 경우: 100분의 30
3. 도급금액이 10억원 이상 30억원 미만인 경우: 100분의 20
4. 도급금액이 30억원 이상 50억원 미만인 경우: 100분의 10

③법 제28조의2제1항 단서에서"대통령령으로 정하는 경우"란 다음 각 호의 어느 하나에 해당하는 경우를 말한다. <개정 2011.11.1., 2012.6.21.>

1. 발주자가 공사의 품질이나 시공상 능률을 높이기 위하여 필요하다고 인정하여 서면으로 승낙한 경우
2. 수급인이 도급받은 건설공사 중 특허 또는 신기술이 사용되는 부분을 그 특허 또는 신기술을 사용할 수 있는 건설업자에게 하도급하는 경우

④법 제28조의2제2항에 따른 직접시공계획의 통보는 국토교통부령으로 정하는 바에 따라 도급계약을 체결한 날부터 30일 이내에 하여야 한다. 다만, 법 제28조의2제1항에 따라 직접 시공하는 건설공사가 다음 각 호의 요건을 모두 갖춘 경우에는 해당 공사의 직접시공계획을 통보하지 아니할 수 있다. <개정 2007.12.28., 2008.2.29., 2011.11.1., 2013.3.23.>

1. 1건 공사의 도급금액이 4천만원 미만일 것

2. 공사기간이 30일 이내일 것

⑤감리자가 있는 건설공사로서 도급계약을 체결한 자가 제4항의 규정에 의한 기한내에 감리자에게 직접시공계획을 통보한 경우에는 이를 발주자에게 통보한 것으로 본다.

[본조신설 2005.6.30.]

제31조(일괄하도급의 범위) ①법 제29조제1항 본문의 규정에 의하여 건설공사의 주요부분의 대부분을 다른 건설업자에게 하도급하는 경우는 도급받은 공사(도급받은 공사가 여러 동의 건축공사인 경우에는 각 동의 건축공사를 말한다)를 제21조제1항의 규정에 의한 부대공사에 해당하는 부분을 제외한 주된 공사의 전부를 하도급하는 경우로 한다.

②법 제29조제1항 단서에서"건설업자가 도급받은 공사를 대통령령으로 정하는 바에 따라 계획, 관리 및 조정하는 경우"란 건설업자가 국토교통부장관이 정하는 바에 따라 공사현장에서 인력·자재·장비·자금 등의 관리, 시공관리·품질관리·안전관리 등을 수행하고 이를 위한 조직체계 등을 갖추고 있는 경우를 말한다. <신설 2005.6.30., 2008.2.29., 2011.11.1., 2013.3.23.>

③법 제29조제1항 단서에 따라 2인 이상에게 분할하여 하도급할 수 있는 경우는 다음 각 호의 어느 하나에 해당하는 경우로 한다. <개정 1999.8.6., 2007.12.28., 2011.11.1., 2012.11.27.>

1. 도급받은 공사를 전문공사를 시공하는 업종별로 분할하여 각각 해당 전문공사를 시공하는 업종을 등록한 건설업자에게 하도급하는 경우
2. 도서지역 또는 산간벽지에서 행하여지는 공사를 당해 도서지역 또는 산간벽지가 속하는 특별시·광역시·특별자치시·도 또는 특별자치도(이하 "시·도"라 한다)에 있는 중소건설업자 또는 법제48조의 규정에 의하여 등록한 협력업자에게 하도급하는 경우

제32조(하도급등의 통보) ①법 제29조제4항 본문에 따른 통보는 국토교통부령으로 정하는 바에 따라 하도급계약을 체결하거나 다시 하도급하는 것을 승낙한 날부터 30일 이내에 하여야 한다. 하도급계약등을 변경 또는 해제한 때에도 또한 같다. <개정 1999.8.6., 2008.2.29., 2008.6.5., 2011.11.1., 2013.3.23.>

②감리자가 있는 건설공사로서 하도급등을 한 자가 제1항의 규정에 의한 기한내에 감리자에게 통보한 경우는 이를 발주자에게 통보한 것으로 본다. <개정 1999.8.6.>

③ 삭제 <1999.8.6.>

[제목개정 1999.8.6.]

제33조 삭제 <2005.6.30.>

제34조(하도급계약의 적정성 심사 등) ① 법 제31조제1항 및 제2항에서 "하도급계약금액이 대통령령으로 정하는 비율에 따른 금액에 미달하는 경우"란 다음 각 호의 어느 하나에 해당되는 경우를 말한다. <개정 2012.11.27.>

1. 하도급계약금액이 도급금액 중 하도급부분에 상당하는 금액[하도급하려는 공사 부분에 대하여 수급인의 도급금액 산출내역서의 계약단가(직접·간접 노무비, 재료비 및 경비를 포함한다)를 기준으로 산출한 금액에 일반관리비, 이윤 및 부가가치세를 포함한 금액을 말하며, 수급인이 하수급인에게 직접 지급하는 자재의 비용과 법 제34조제3항에 따른 하도급대금 지급보증서 발급에 드는 금액 등 관계 법령에 따라 수급인이 부담하는 금액은 제외한다]의 100분의 82에 미달하는 경우
2. 하도급계약금액이 하도급부분에 대한 발주자의 예정가격의 100분의 60에 미달하는 경우

② 법 제31조제2항에서 "대통령령으로 정하는 공공기관"이란 국가 또는 지방자치단체가 출자 또는 출연한 법인을 말한다.

③ 발주자는 법 제31조제3항에 따라 하수급인 또는 하도급계약내용의 변경을 요구하려는 때에는 법 제29조제4항에 따라 하도급의 통보를 받은 날 또는 그 사유가 있음을 안 날부터 30일 이내에 서면으로 하여야 한다.

④ 국토교통부장관은 법 제31조제1항 및 제2항에 따라 하수급인의 시공능력, 하도급계약내용의 적정성 등을 심사하는 경우에 활용할 수 있는 기준을 정하여 고시하여야 한다. <개정 2013.3.23.>

⑤ 법 제31조제5항에 따른 하도급계약심사위원회(이하 이 조에서 "위원회"라 한다)는 위원장 1명과 부위원장 1명을 포함하여 10명 이내의 위원으로 구성한다.

⑥ 위원회의 위원장은 발주기관의 장(시·도의 경우에는 해당 기관 소속 2급 또는 3급 공무원 중에서, 제2항에 따른 공공기관의 경우에는 1급 이상 임직원 중에서 발주

기관의 장이 지명하는 사람을 각각 말한다)이 되고, 부위원장과 위원은 다음 각 호의 어느 하나에 해당하는 사람 중에서 위원장이 임명하거나 위촉한다.

1. 해당 발주기관의 과장급 이상 공무원(제3항에 따른 공공기관의 경우에는 2급 이상의 임직원을 말한다)
2. 건설 분야 연구기관의 연구위원급 이상인 사람
3. 건설 분야의 박사학위를 취득하고 그 분야에서 3년 이상 연구 또는 실무경험이 있는 사람
4. 대학(건설 분야로 한정한다)의 조교수 이상인 사람
5. 「국가기술자격법」에 따른 건설 분야의 기술사 이상 자격을 취득한 사람

⑦ 제6항제2호부터 제5호까지의 규정에 해당하는 위원의 임기는 3년으로 하며, 한 차례만 연임할 수 있다.

⑧ 위원회의 회의는 재적위원 과반수의 출석으로 개의(開議)하고, 출석의원 과반수의 찬성으로 의결한다.

⑨ 위원의 제척·기피·회피에 관하여는 제68조의2를 준용한다. <신설 2012.7.4.>

⑩ 이 영에서 규정한 사항 외에 위원회의 운영에 필요한 사항은 위원회의 의결을 거쳐 위원장이 정한다. <개정 2012.7.4.>

[전문개정 2011.11.1.]

제34조의2(하도급계획의 제출) ① 법 제31조의2제1항 전단에서 "대통령령으로 정하는 공공기관"이란 다음 각 호의 어느 하나에 해당하는 기관을 말한다. <개정 2011.11.1.>

1. 「공공기관의 운영에 관한 법률」 제5조에 따른 공기업 및 준정부기관
2. 「지방공기업법」에 따른 지방공사 및 지방공단

② 법 제31조의2제1항 전단에서 "대통령령으로 정하는 건설공사"란 다음 각 호의 어느 하나에 해당하는 공사를 말한다. <개정 2011.11.1., 2013.3.23., 2014.11.19., 2017.7.26.>

1. 「국가를 당사자로 하는 계약에 관한 법률 시행령」 제42조제4항(「공공기관의 운영에 관한 법률」 제39조제3항에 따라 정한 기획재정부령에서 준용되는 경우를 포함한다)에 따라 낙찰자를 결정하는 공사
2. 「지방자치단체를 당사자로 하는 계약에 관한 법률 시행령」 제42조제1항제1호[「지방공기업법」 제64조의2제5항(같은 법 제76조제2항에 따라 준용되는 경우를 포함한다)에 따라 정한 행정안전부령에서 준용되는 경우를 포함한다]에 따라 낙찰자를 결정하는 공사

③ 건설업자는 법 제31조의2에 따라 건설공사를 도급받으려는 경우에는 국토교통부령으로 정하는 바에 따라 다음 각 호의 사항이 포함된 하도급계획서를 발주자에게 제출하여야 한다. <개정 2008.2.29., 2010.7.26., 2011.11.1., 2013.3.23., 2014.11.19., 2016.8.4., 2017.7.26.>

1. 하도급할 공사의 주요 공종{「국가를 당사자로 하는 계약에 관한 법률 시행령」 제14조제6항(「공공기관의 운영에 관한 법률」 제39조제3항에 따라 정한 기획재정부령에서 준용되는 경우를 포함한다) 및 「지방자치단체를 당사자로 하는 계약에 관한 법률 시행령」 제15조제6항[「지방공기업법」 제64조의2제5항(같은 법 제76조제2항에 따라 준용되는 경우를 포함한다)에 따라 정한 행정안전부령에서 준용되는 경우를 포함한다]에 따라 입찰서에 첨부한 입찰금액 산출내역서에 기재된 공종을 기준으로 국토교통부장관이 정하여 고시하는 공종을 말한다} 및 물량
2. 제1호에 따른 주요 공종 및 물량에 대한 다음 각 목의 사항
   가. 하도급자 선정방식과 선정기준
   나. 하도급예정금액(하도급 대상자가 하도급받으려는 공사의 하도급 금액이 국토교통부장관이 정하여 고시하는 금액 이상인 경우로 한정한다)

④ 삭제 <2016.8.4.>

⑤ 건설업자는 다음 각 호의 어느 하나에 해당하는 경우에는 제3항에 따라 제출된 하도급계획서를 변경할 수 있다. <개정 2016.8.4.>

1. 제3항제2호나목에 따른 하도급예정금액과 달라진 하도급금액을 단순히 반영하는 경우
2. 발주자가 공사의 품질이나 시공상 능률을 높이기 위하여 필요하다고 인정하여 서면으로 승낙한 경우

[본조신설 2007.12.28.]

[종전 제34조의2는 제34조의3으로 이동 <2007.12.28.>]

제34조의3(하도급공사 계약자료의 공개) ① 법 제31조의3에서 "대통령령으로 정하는 공공기관"이란 다음 각 호의 어느 하나에 해당하는 기관을 말한다.
1. 「공공기관의 운영에 관한 법률」 제5조에 따른 공기업 및 준정부기관
2. 「지방공기업법」에 따른 지방공사 및 지방공단
② 법 제31조의3에 따른 하도급공사 계약자료의 공개는 법 제29조제4항 각 호 외의 부분 본문에 따라 하도급 등의 통보를 받은 날부터 30일 이내에 해당 공사를 발주한 기관의 인터넷 홈페이지에 게재하는 방법으로 하여야 한다.
[본조신설 2014.11.14.]
[종전 제34조의3은 제34조의4로 이동 <2014.11.14.>]

제34조의4(하도급대금지급보증서 발급금액의 명시) ① 삭제 <2010.5.27.>
②건설공사의 도급계약 당사자는 법 제34조제3항의 규정에 의하여 하도급대금지급보증서 발급에 소요되는 금액을 국토교통부장관이 정하여 고시하는 기준에 따라 도급금액산출내역서에 명시하여야 한다. <개정 2007.12.28., 2008.2.29., 2013.3.23.>
③발주자는 건설공사를 시공하는 수급인이 법 제34조제3항의 규정에 의한 금액을 사용하였는지 여부에 관하여 확인할 수 있다. 이 경우 발주자는 필요하다고 인정하는 때에는 당해 수급인에게 소요비용 지출내역에 대한 증빙서류의 제출을 요구할 수 있다. <개정 2007.12.28.>
④발주자는 제3항에 따라 건설업자의 소요비용 지출내역을 확인하여 법 제34조제3항의 규정에 의한 건설공사의 도급금액산출내역서에 명시된 금액이 건설업자가 지출한 금액을 초과하는 경우에는 그 초과하는 금액을 정산할 수 있다. <개정 2007.12.28.>
⑤ 법 제34조제7항에서 "대통령령으로 정하는 공공기관"이란 다음 각 호의 어느 하나에 해당하는 기관을 말한다. <신설 2016.8.4.>
1. 「공공기관의 운영에 관한 법률」 제5조에 따른 공기업 및 준정부기관
2. 「지방공기업법」에 따른 지방공사 및 지방공단
[본조신설 2005.6.30.]
[제34조의3에서 이동, 종전 제34조의4는 제34조의5로 이동 <2014.11.14.>]

제34조의5(공공기관의 범위) 법 제35조제1항제1호 각 목 외의 부분, 제35조제2항제6호, 제38조제3항, 제38조의2제2항·제3항 및 제46조제2항에서 "대통령령으로 정하는 공공기관"이란 다음 각 호의 어느 하나에 해당하는 공공기관을 말한다. <개정 2011.11.1., 2014.11.14.>
1. 「공공기관의 운영에 관한 법률」 제5조에 따른 공기업 및 준정부기관
2. 삭제 <2014.11.14.>
3. 삭제 <2014.11.14.>
4. 「지방공기업법」에 따른 지방공사 및 지방공단
[본조신설 2010.5.27.]
[제34조의4에서 이동, 종전 제34조의5는 제34조의6으로 이동 <2014.11.14.>]

제34조의6(공사금액 조정사유 등)
① 삭제 <2010.5.27.>
② 법 제36조제2항의 규정에 의한 통보는 발주자가 설계변경 등에 따라 수급인에게 공사금액을 조정하여 지급한 날부터 15일 이내에 하여야 한다.
③ 제2항에 따른 통보의 내용 및 방법 등에 관한 구체적인 사항은 국토교통부령으로 정한다. <신설 2008.12.31., 2013.3.23.>
[본조신설 2005.6.30.]
[제34조의5에서 이동, 종전 제34조의6은 제34조의7로 이동 <2014.11.14.>]

제34조의7(추가·변경공사에 대한 서면 요구 방법) ① 수급인은 법 제36조의2제1항에 따라 같은 항에 따른 추가·변경 공사(이하 "추가·변경공사"라 한다)에 관하여 하수급인에게 필요한 사항을 요구하거나 발주자에게 확인을 받으려는 경우에는 다음 각 호의 어느 하나에 해당하는 방법으로 하여야 한다.
1. 내용증명우편
2. 「전자문서 및 전자거래 기본법」 제2조제1호에 따른 전자문서로서 다음 각 목의 어느 하나에 해당하는 요건을 갖춘 것
가. 「전자서명법」 제2조제3호에 따른 공인전자서명이 있을 것
나. 「전자문서 및 전자거래 기본법」 제2조제8호에 따른 공인전자주소를 이용할 것
3. 그 밖에 서면 요구와 확인의 내용 및 수신 여부를 객관적으로 확인할 수 있는 방법
② 제1항에 따른 요구와 확인은 하수급인과 발주자의 주소(전자우편주소 또는 제1항제2

호나목에 따른 공인전자주소를 포함한다)로 하여야 한다.
[본조신설 2016.2.11.]
[종전 제34조의7은 제34조의8로 이동 <2016.2.11.>]

제34조의8(부당특약의 유형) 법 제38조제2항 후단에 따른 부당한 특약의 유형은 다음 각 호와 같다. <개정 2011.11.1., 2012.11.27.>
1. 법 제22조에 따라 하도급금액산출내역서에 명시된 보험료를 하수급인에게 지급하지 아니하기로 하는 특약
2. 법 제22조제1항을 위반하여 수급인이 부당하게 하수급인에게 각종 민원처리, 임시 시설물 설치, 추가 공사 또는 현장관리 등에 드는 비용을 전가하거나 부담시키는 특약
3. 법 제28조에 따라 수급인이 부담하여야 할 하자담보책임을 하수급인에게 전가·부담시키거나 도급계약으로 정한 기간을 초과하여 하자담보책임을 부담시키는 특약
4. 법 제34조제1항에 따라 하수급인에게 지급하여야 하는 하도급대금을 현금으로 지급하거나 지급기한 전에 지급하는 것을 이유로 지나치게 감액하기로 하는 특약
5. 법 제34조제4항에 따라 하수급인에게 지급하여야 하는 선급금을 지급하지 아니하기로 하는 특약 또는 선급금 지급을 이유로 기성금을 지급하지 아니하거나 하도급대금을 감액하기로 하는 특약
6. 법 제36조제1항에 따라 수급인이 발주자로부터 설계변경 또는 경제상황 변동에 따라 공사금액을 조정받은 경우에 하도급대금을 조정하지 아니하기로 한 특약
7. 법 제44조제1항에 따라 수급인이 부담하여야 할 손해배상책임을 하수급인에게 전가하거나 부담시키는 특약

[본조신설 2010.5.27.]
[제34조의7에서 이동 <2016.2.11.>]

제4장 시공 및 기술관리

제35조(건설기술자의 현장배치기준등) ①법 제40조제1항의 규정에 의하여 건설공사의 현장에 배치하여야 하는 건설기술자는 당해 공사의 공종에 상응하는 건설기술자이어야 하며, 당해 건설공사의 착수와 동시에 배치하여야 한다. <개정 2002.9.18.>
②법 제40조제1항의 규정에 의한 건설기술자의 배치는 별표 5의 공사예정금액의 규모별 건설기술자 배치기준에 의하여야 한다. 다만, 건설공사의 시공기술상 특성을 감안하여 도급계약당사자간의 합의에 의하여 공사현장에 배치하여야 할 건설기술자의 자격종목·등급 또는 인원수를 따로 정한 때에는 그에 의한다.
③건설업자는 다음 각 호의 어느 하나에 해당하는 공사에 대하여는 공사품질 및 안전에 지장이 없는 범위에서 발주자의 승낙을 받아 1인의 건설기술자를 3개의 건설공사현장에 배치할 수 있다. <개정 1998.12.31., 2008.12.31., 2012.11.27.>
1. 공사예정금액 5억원미만의 동일한 종류의 공사로서 다음 각목의 1에 해당하는 공사
 가. 동일한 시(특별시, 광역시 및 특별자치시를 포함한다)·군과 제주도의 지역에서 행하여지는 공사
 나. 시(특별시, 광역시 및 특별자치시를 포함한다)·군을 달리하는 인접한 지역에서 행하여지는 공사로서 발주자가 시공관리 기타 기술상 관리에 지장이 없다고 인정하는 공사
2. 이미 시공중에 있는 공사의 현장에서 새로이 행하여지는 동일한 종류의 공사

④ 삭제 <1998.12.31.>
⑤건설업자는 법 제40조제1항의 규정에 의하여 건설기술자를 건설공사의 현장에 배치한 때에는 당해 건설기술자로 하여금 국토교통부령으로 정하는 바에 따라 그 사실에 대하여 발주자의 확인을 받도록 하여야 한다. <개정 2008.2.29., 2011.11.1., 2013.3.23.>

제36조(시공자의 제한을 받는 건축물) ① 법 제41조제1항제2호나목에서 "대통령령으로 정하는 경우"란 「건축법 시행령」 별표 1 제1호 가목, 나목 및 다목의 단독주택의 형태를 갖춘 가정어린이집·공동생활가정·지역아동센터·노인복지시설(노인복지주택은 제외한다) 및 같은 호 라목에 따른 공관(公館)을 말한다. <신설 2012.2.2.>
② 법 제41조제1항제4호에서 "대통령령으로 정하는 건축물"이란 건축물의 전부 또는 일부가 다음 각 호의 어느 하나에 해당하는 용도로 사용되는 건축물을 말한다. <개정 2001.7.7., 2005.5.7., 2005.11.25., 2007.12.28., 2011.11.1., 2011.12.8., 2012.2.2., 2014.3.24.>
1. 「초·중등교육법」, 「고등교육법」 또는 「사립학교법」에 의한 학교

1의2. 「영유아보육법」에 따른 어린이집
1의3. 「유아교육법」에 따른 유치원
1의4. 「장애인 등에 대한 특수교육법」에 따른 특수교육기관 및 장애인평생교육시설
1의5. 「평생교육법」에 따른 평생교육시설
2. 「학원의 설립·운영 및 과외교습에 관한 법률」에 의한 학원
3. 「식품위생법」에 의한 식품접객업중 유흥주점
4. 「공중위생관리법」에 의한 숙박시설
5. 「의료법」에 의한 병원(종합병원·한방병원 및 요양병원을 포함한다)
6. 「관광진흥법」에 의한 관광숙박시설 또는 관광객 이용 시설중 전문휴양시설·종합휴양시설 및 관광공연장
7. 「건축법 시행령」 별표 1 제4호거목에 따른 다중생활시설
8. 「건축법 시행령」 별표 1 제14호에 따른 업무시설

[본조신설 2000.4.18.]
[제목개정 2012.2.2.]

제37조(시공자의 제한을 받지 아니하는 건축물) 법 제41조제1항 각 호 외의 부분 단서에서 "대통령령으로 정하는 건축물"이란 다음 각 호의 어느 하나에 해당하는 건축물을 말한다. <개정 2003.11.29., 2005.5.7., 2005.11.25., 2007.12.28., 2008.10.29., 2011.11.1., 2016.8.11.>

1. 농업·임업·축산업 또는 어업용으로 설치하는 창고·저장고·작업장·퇴비사·축사·양어장 기타 이와 유사한 용도의 건축물
2. 삭제 <2012.2.2.>
3. 「주택법」 제4조에 따라 등록을 한 주택건설사업자가 같은 법 시행령 제17조제1항에 따른 자본금·기술능력 및 주택건설실적을 갖추고 같은 법 제15조에 따른 주택건설사업계획의 승인 또는 「건축법」 제11조에 따른 건축허가를 받아 건설하는 주거용건축물

[본조신설 2000.4.18.]

제38조(많은 사람이 이용하는 시설물) ① 법 제41조제2항제1호에서"대통령령으로 정하는 체육시설"이란 「체육시설의 설치·이용에 관한 법률 시행령」 별표 1에 따른 골프장(9홀 이상에 한정한다), 스키장 및 자동차경주장을 말한다. <개정 2011.11.1.>

② 법 제41조제2항제2호에서 "대통령령으로 정하는 시설물"이란 「도시공원 및 녹지 등에 관한 법률」 제2조에 따른 공원시설 중 다음 각 호의 어느 하나에 해당하는 시설물을 말한다. <개정 2008.5.26., 2011.11.1.>

1. 공연장(「공연법」 제9조에 따라 등록하여야 하는 공연장에 한정한다)
2. 봉안시설(면적이 10만 제곱미터 이상인 경우에 한정한다)
3. 묘지(면적이 10만 제곱미터 이상인 경우에 한정한다)

③ 법 제41조제2항제3호에서"대통령령으로 정하는 시설물"이란 「자연공원법 시행령」 제2조에 따른 공원시설 중 다음 각 호의 어느 하나에 해당하는 시설물을 말한다. <개정 2011.11.1.>

1. 산지 또는 해안에 설치되는 사방시설(산지 또는 해안모래언덕의 면적이 1만 제곱미터 이상인 경우에 한정한다)
2. 길이가 1킬로미터 이상인 호안시설

④ 법 제41조제2항제4호에서"대통령령으로 정하는 시설물"이란 「관광진흥법 시행령」 제2조에 따른 종합유원시설업에 이용되는 유기시설 중 미로를 말한다. <개정 2011.11.1.>

[본조신설 2007.12.28.]
[제목개정 2011.11.1.]

제5장 경영합리화와 중소건설업자 지원

제39조(공사금액의 하한의 결정등) ① 법 제47조제1항에서"대통령령으로 정하는 공공기관"이란 국가 또는 지방자치단체가 출자 또는 출연한 법인을 말한다. <신설 2007.12.28., 2011.11.1.>

②국토교통부장관이 법 제47조제2항의 규정에 의하여 공사금액의 하한을 정할 수 있는 건설업자는 법 제23조제1항의 규정에 의하여 공시한 시공능력이 종합공사를 시공하는 업종을 등록한 건설업자 중 100분의 3 이내에 해당하는 건설업자로 한다. <개정 2007.12.28., 2008.2.29., 2013.3.23.>

③제2항에 따른 공사금액의 하한은 종합공사를 시공하는 업종을 등록한 건설업자가 도급받아서는 아니되는 1건 공사의 공사예정금액으로 한다. <개정 2007.12.28.>

④국토교통부장관은 공사금액의 하한을 결정한 때에는 하한금액 및 하한금액이 적용되는 건설업자와 대상공사를 관보에 고시하고 해당 건설업자의 건설업등록수첩에 공사하한금액을 기재

하여야 한다. <개정 1999.8.6., 2007.12.28., 2008.2.29., 2008.12.31., 2013.3.23.>

제40조(공동도급 등에 관한 지도) 국토교통부장관은 법 제48조제1항에 따라 건설업자간의 상생협력관계를 유지하도록 하기 위하여 필요하다고 인정하는 경우에는 공동도급 등에 관하여 다음 각호의 사항을 정하여 고시하고 그에 따른 지도를 할 수 있다. <개정 1999.8.6., 2008.2.29., 2010.5.27., 2013.3.23.>

1. 발주자와 공동수급체간 또는 공동수급체의 구성원 상호간의 시공상 책임한계와 공사실적의 인정 등 공동도급의 유형과 그 운영에 관한 기준
2. 건설업자간의 상생협력에 관한 권장사항
3. 건설업자간의 상생협력의 평가에 관한 기준

제41조(협력업자의 등록) ①국토교통부장관은 법 제48조제2항에 따라 종합공사를 시공하는 업종을 등록한 건설업자로 하여금 협력업자를 등록 받게 하고자 하는 경우에는 등록업종 및 등록범위 기타 등록에 필요한 사항을 정할 수 있다. <개정 2007.12.28., 2008.2.29., 2013.3.23.>

②종합공사를 시공하는 업종을 등록한 건설업자는 법 제48조제2항에 따라 협력업자로 등록하고자 하는 건설업자에 대하여 공사경험·공사실적·재무구조 등을 심사할 수 있다. <개정 2007.12.28.>

③법 제48조제2항의 규정에 의하여 등록을 하는 경우 그 등록의 유효기간은 1년으로 하되, 당사자간의 합의에 의하여 1년씩 연장할 수 있다.

제42조(준수사항) ①법 제48조제2항의 규정에 의하여 협력업자로 등록을 하는 경우 그 등록을 받는 종합공사를 시공하는 업종을 등록한 건설업자와 등록을 하는 건설업자는 합의에 의하여 상호준수사항을 정하여야 하며, 각각 대등한 입장에서 신의에 따라 성실히 준수사항을 이행하여야 한다. <개정 2007.12.28.>

②법 제48조제2항에 따라 등록을 받는 종합공사를 시공하는 업종을 등록한 건설업자는 등록을 한 협력업자와 합의하여 공사수행을 위한 자금 또는 기술등을 지원할 수 있다. 이 경우 종합공사를 시공하는 업종을 등록한 건설업자는 지원을 이유로 협력업자의 경영이나 업무에 간섭하여서는 아니된다. <개정 2007.12.28.>

제43조(하도급계약의 특례) 법 제48조제2항의 규정에 의하여 등록을 받은 종합공사를 시공하는 업종을 등록한 건설업자와 등록을 한 협력업자가 제25조제1항 각호의 사항이 포함된 하도급계약내용을 일괄하여 약정하는 경우에는 등록사항으로 명시된 사항은 하도급계약서에 기재하지 아니할 수 있다. <개정 2007.12.28.>

제44조(협력업자등록의 해지) 법 제48조제2항의 규정에 의하여 등록을 받은 종합공사를 시공하는 업종을 등록한 건설업자 또는 등록한 협력업자는 상대방이 제42조의 규정에 의한 준수사항을 이행하지 아니하는 경우에는 등록관계를 해소할 수 있다. <개정 2007.12.28.>

제45조(건설업자의 실태조사 등) ①국토교통부장관 또는 지방자치단체의 장(제86조제1항에 따라 위임받은 사무의 처리를 위하여 필요한 경우에 한정한다)은 법 제49조제1항에 따라 소속 공무원으로 하여금 경영실태를 조사하게 하거나 자재·시설을 검사하게 하는 때에는 그 사유를 미리 건설업자에게 통보하여야 한다. <개정 2007.12.28., 2008.2.29., 2013.3.23.>

②법 제49조제1항의 규정에 의한 조사 또는 검사를 하는 공무원이 준수하여야 할 사항에 관하여 필요한 사항은 국토교통부령으로 정할 수 있다. <개정 2008.2.29., 2013.3.23.>

[본조신설 2005.6.30.]

제45조(건설업자의 실태조사 등) ①국토교통부장관 또는 지방자치단체의 장(제86조제1항에 따라 위임받은 사무의 처리를 위하여 필요한 경우에 한정한다)은 법 제49조제1항에 따라 소속 공무원으로 하여금 경영실태를 조사하게 하거나 자재·시설을 검사하게 하는 때에는 그 사유를 미리 건설업자에게 통보하여야 한다. <개정 2007.12.28., 2008.2.29., 2013.3.23.>

②법 제49조제1항의 규정에 의한 조사 또는 검사를 하는 공무원이 준수하여야 할 사항에 관하여 필요한 사항은 국토교통부령으로 정할 수 있다. <개정 2008.2.29., 2013.3.23.>

③ 법 제49조제7항에 따른 경영실태의 조사는 법 제10조에 따른 건설업 등록기준에의 적합 여부에 관한 조사를 그 내용으로 한다. <신설 2016.8.4.>

④ 국토교통부장관 또는 지방자치단체의 장은 법 제49조제7항에 따라 경영실태의 조사를 할

때에는 조사의 기간, 내용 및 사유를 해당 건설업자에게 통보하여야 한다. <신설 2016.8.4.>
⑤ 국토교통부장관은 제3항 및 제4항에서 규정한 사항 외에 경영실태의 조사에 필요한 사항을 정하여 고시할 수 있다. <신설 2016.8.4.>
[본조신설 2005.6.30.]
[시행일 : 2018.2.4.] 제45조제3항, 제45조제4항, 제45조제5항

제6장 건설업자의 단체

제46조(협회상호간의 협력관계) 법 제50조제1항의 규정에 의하여 설립된 건설업자단체(이하"협회"라 한다)는 상호간에 사업을 이용하거나 공동으로 사업을 수행할 수 있다.
[전문개정 1999.8.6.]

제47조(협회의 정관기재사항) 법 제50조제5항의 규정에 의한 협회의 정관의 기재사항은 다음 각호와 같다. <개정 1999.8.6.>
1. 목적
2. 명칭
3. 주된 사무소의 소재지
4. 사업의 내용
5. 회원의 자격
6. 임원의 정수·임기 및 선출방법
7. 총회의 구성 및 의결사항
8. 이사회의 구성 및 의결사항
9. 자산 및 회계에 관한 사항
10. 정관의 변경절차

제48조(협회의 감독) 협회는 매 회계연도 개시전까지 사업계획과 수지예산서를 국토교통부장관에게 제출하여야 한다. <개정 1999.8.6., 2008.2.29., 2013.3.23.>

제49조(협회설립시 동의를 얻어야 하는 건설업자의 수) 법 제51조제1항에서"대통령령으로 정하는 수"란 10분의 1을 말한다. <개정 1999.8.6., 2011.11.1.>

제7장 건설관련 공제조합

제50조(정관의 기재사항) 법 제54조제5항의 규정에 의한 공제조합(이하"공제조합"이라 한다)의 정관의 기재사항은 다음 각호와 같다. <개정 1999.8.6.>
1. 목적
2. 명칭
3. 사무소의 소재지
4. 출자 1좌의 금액과 그 납입방법 및 지분계산에 관한 사항
5. 조합원의 자격과 가입·탈퇴에 관한 사항
6. 자산 및 회계에 관한 사항
7. 총회에 관한 사항
8. 운영위원회에 관한 사항
9. 임원 및 직원에 관한 사항
10. 융자에 관한 사항
11. 업무와 그 집행에 관한 사항
12. 정관의 변경에 관한 사항
13. 해산과 잔여재산의 처리에 관한 사항
14. 공고의 방법에 관한 사항

제51조(운영위원회) ①공제조합에는 운영위원회를 둔다. <개정 1999.8.6.>
②운영위원회는 다음 각 호의 위원으로 구성하되, 조합원인 운영위원의 수는 전체위원 수의 2분의 1 미만으로 한다. <개정 1999.8.6., 2002.9.18., 2003.8.21., 2007.12.28., 2008.2.29., 2011.11.1., 2013.3.23., 2016.2.11.>
1. 총회가 조합원 중에서 선임하는 7명 이상 13명 이하의 위원
2. 기획재정부장관이 그 소속공무원중에서 지명하는 사람 1명
3. 국토교통부장관이 그 소속공무원중에서 지명하는 사람 1명
4. 당해공제조합에 회원의 출자액이 가장 많은 협회의 회장
5. 당해공제조합의 이사장
6. 다음 각 목의 어느 하나에 해당하는 자로서 국토교통부장관이 위촉하는 8명 이상 13명 이하의 위원
가. 대학 또는 정부출연연구기관에서 부교수 또는 책임연구원이상으로 재직하고 있거나 재직하였던 자로서 건설산업분야 또는 금융분야를 전공한 자
나. 변호사 또는 공인회계사의 자격이 있는 자
다. 금융감독원 또는 금융기관에서 임원이상의 직에 있거나 있었던 자
라. 공제조합 관련 업무에 관한 학식과 경

험이 풍부한 자로서 해당 업무에 2년 이상 종사한 자

③제2항제1호 및 제6호의 위원의 임기는 3년으로 하되 연임될 수 있으며, 보궐위원의 임기는 전임자의 잔임기간으로 한다. <개정 1998.12.31., 1999.8.6.>

④운영위원회에 위원장 1명과 부위원장 2명을 두되, 위원장 및 부위원장은 위원중에서 각각 호선한다. <개정 2016.2.11.>

⑤위원장은 운영위원회를 소집하며 그 의장이 된다.

⑥운영위원회는 다음 사항을 심의·의결하며 공제조합의 업무집행을 감독할 수 있다. <개정 1999.8.6.>

1. 사업계획 기타 업무운영 및 관리에 관한 기본방침
2. 예산안에 관한 사항
3. 차입금에 관한 사항
4. 임원의 임면에 관한 사항
5. 기타 정관이 정하는 사항

제52조 삭제 <2014.11.14.>

제53조(공제조합설립시 동의를 얻어야 하는 건설업자의 수) 법 제55조제1항에서"대통령령으로 정하는 수"란 3분의 1을 말한다. <개정 1999.8.6., 2011.11.1.>

제54조(등기) ①공제조합은 설립인가를 받은 때에는 주사무소의 소재지에서 다음 각호의 사항을 등기하여야 한다. <개정 1999.8.6.>

1. 목적
2. 명칭
3. 사업
4. 사무소의 소재지
5. 설립인가의 연월일
6. 출자금의 총액
7. 출자 1좌의 금액
8. 출자의 방법
9. 출자증권양도의 제한에 관한 사항
10. 임원의 성명 및 주민등록번호(이사장인 경우에는 주소를 포함한다)
11. 대표권의 제한에 관한 사항
12. 대리인에 관한 사항
13. 공고의 방법

②공제조합은 지점 또는 분사무소 등(이하"지점"이라 한다)을 설치한 때에는 3주이내에 다음 각 호의 사항을 등기하여야 한다. <개정 1999.8.6., 2007.12.28.>

1. 주사무소의 소재지에서는 그 설치된 지점의 명칭 및 소재지
2. 새로 설치된 지점의 소재지에서는 제1항 제1호·제2호·제4호 및 제10호 내지 제13호의 사항
3. 이미 설치된 지점의 소재지에서는 새로 설치된 지점의 명칭 및 소재지

③공제조합이 주사무소나 지점을 이전한 때에는 3주이내에 다음 각호의 사항을 등기하여야 한다. <개정 1998.12.31., 1999.8.6.>

1. 주사무소를 다른 등기소의 관할구역으로 이전한 때에는 주사무소의 구소재지와 지점의 소재지에서는 이전한 뜻, 주사무소의 신소재지에서는 제1항 각호의 사항
2. 지점을 다른 등기소의 관할구역으로 이전한 때에는 주사무소의 소재지, 그 지점의 구소재지 및 다른 지점의 소재지에서는 이전한 뜻, 그 지점의 신소재지에서는 제2항제2호의 사항
3. 주사무소 또는 지점을 관할 등기소의 관할구역안에서 이전한 때에는 주사무소 및 지점의 소재지에서 이전한 뜻

④제1항 각호의 등기사항(사무소의 소재지를 제외한다)에 변경이 있는 경우에는 그 변경이 있는 날부터 3주이내에 이를 등기하여야 한다. 다만, 제1항제6호의 규정에 의한 출자금의 총액의 변경등기는 매회계연도말 현재를 기준으로 하여 회계연도 종료후 3월이내에 등기할 수 있다.

⑤공제조합은 지점을 폐지한 때에는 3주이내에 주사무소 및 지점의 소재지에서 그 폐지한 뜻을 각각 등기하여야 한다. <개정 1999.8.6.>

제55조(출자 및 조합원의 책임) ①공제조합의 총출자금은 그 조합원이 출자한 출자좌의 액면총액으로 한다. <개정 1999.8.6.>

②출자 1좌의 금액은 균일하여야 한다.

③공제조합은 정관이 정하는 바에 의하여 조합원에게 그의 출자를 나타내는 출자증권을 발행하여 교부하여야 한다. <개정 1999.8.6.>

④조합원의 책임은 그 출자지분액을 한도로 한다.

제56조(공제조합의 보증대상 및 내용) ①법 제54조제5항의 규정에 의하여 공제조합이 행할 수 있는 보증대상은 조합원이 다음 각호의 사업을 영위하는 과정에서 부담하는 의무 또는 채무를 말한다. <개정 1997.12.31., 1999.8.6.,

2005.5.7.>
1. 법 제2조제1호의 규정에 의한 건설산업
2. 「해외건설촉진법」에 의한 해외건설업
3. 「전기공사업법」에 의한 전기공사업
4. 「정보통신공사업법」에 의한 정보통신공사업
5. 「소방법」에 의한 소방설비공사업
6. 「문화재보호법」에 의한 문화재수리업

②법 제56조제1항제1호의 규정에 의한 각 보증의 내용은 다음 각호와 같다. <개정 2007.12.28.>
1. 입찰보증 : 공사 등의 입찰에 참가하는 조합원이 입찰참가자로서 부담하는 입찰보증금의 납부에 관한 의무이행을 보증하는 것
2. 계약보증 : 조합원이 도급받은 공사등의 계약이행과 관련하여 부담하는 계약보증금의 납부에 관한 의무이행을 보증하는 것
3. 공사이행보증 : 조합원이 도급받은 공사의 계약상 의무를 이행하지 못하는 경우 조합원을 대신하여 계약이행의무를 부담하거나 의무이행을 하지 아니할 경우 일정금액을 납부할 것을 보증하는 것
4. 손해배상보증 : 조합원이 도급받은 공사등의 계약이행중 발생한 제3자의 피해에 대한 배상금의 지급채무를 보증하는 것
5. 하자보수보증 : 조합원의 건설공사 등 사업의 영위와 관련하여 발생된 하자의 보수에 관한 의무이행을 보증하는 것
6. 선급금보증 : 조합원이 도급받은 공사등과 관련하여 수령하는 선급금의 반환채무를 보증하는 것
7. 하도급보증 : 조합원이 하도급받고자 하거나 하도급받은 공사등과 관련하여 부담하는 제1호 내지 제6호와 같은 채무를 보증하는 것

③법 제56조제1항제1호에서 "대통령령으로 정하는 보증"이란 다음 각 호의 보증을 말한다. <개정 2011.11.1., 2013.6.17.>
1. 인·허가보증
2. 자재구입보증
3. 대출보증
4. 납세보증
5. 하도급대금지급보증
6. 삭제 <2016.8.4.>
7. 법 제68조의3제1항에 따른 건설기계 대여대금 지급보증
8. 그 밖에 조합원이 경영하는 건설업과 관련하여 그가 부담하게 되는 재산상의 의무이행을 보증하는 것으로서 정관으로 정하는 보증

④공제조합은 그가 행하는 각종 보증의 구체적인 내용·범위 및 조건 등에 관하여 약관을 정하여 시행할 수 있다. <개정 1999.8.6.>

제56조의2(공제조합의 수익사업) 법 제56조제2항제2호에서 "대통령령으로 정하는 수익사업"이란 다음 각 호의 사업을 말한다. <개정 2008.7.29., 2011.11.1.>
1. 「부동산투자회사법」에 따른 부동산투자회사에 출자
2. 「체육시설의 설치·이용에 관한 법률」에 따른 체육시설의 설치·경영
3. 「부동산개발업의 관리 및 육성에 관한 법률」에 따른 부동산개발업
4. 「자본시장과 금융투자업에 관한 법률」에 따른 집합투자업자 및 집합투자기구 등에 출자 또는 투자

[본조신설 2007.12.28.]

제57조(보증한도) ①법 제54조제5항에 따라 공제조합이 보증할 수 있는 총보증한도는 출자금과 준비금을 합산한 금액의 35배까지로 하되, 국토교통부장관은 개별 공제조합의 재무건전성 및 보증위험을 고려하여 해당 공제조합의 보증한도를 고시할 수 있다. 다만, 금융기관·보험회사 또는 이와 유사한 기관의 보증이나 보험에 의하여 보장을 받거나 그 밖에 담보물을 받고 보증하는 경우에는 공제조합의 보증한도에 이를 포함하지 아니한다. <개정 1999.8.6., 2005.11.25., 2010.5.27., 2013.3.23.>

②제1항의 규정에 의하여 보증한도를 정하는 경우 그 출자금과 준비금은 각 사업연도의 전년도말 결산액을 기준으로 한다. 다만, 사업연도중에 증자를 하였거나 「자산재평가법」에 의하여 자산을 재평가한 경우에는 증자 또는 자산재평가를 마친 때의 출자금과 준비금을 기준으로 한다. <개정 2005.5.7.>

③공제조합이 조합원(법 제56조제2항의 법인 등을 포함한다)에 대하여 보증할 수 있는 보증종류별 한도는 보증종류별 사고율과 조합원에 대한 신용평가 등을 감안하여 정한다. <개정 1999.8.6., 2005.11.25.>

④공제조합은 제3항의 규정에 의하여 보증종류별 한도를 정한 때에는 국토교통부장관에게 이를 통보하여야 한다. <개정 1999.8.6., 2008.2.29., 2013.3.23.>

제58조(신용정보의 제공 및 이용) ①공제조합은 수행하는 사업과 관련하여 필요한 때에는 조합원 및 관련채무자의 신용정보에 관한 자료를 「신용정보의 이용 및 보호에 관한 법률」에 따라 허가받은 신용정보집중기관 또는 동법에 의하여 허가받은 신용정보회사에 제공하거나 이들의 자료를 이용할 수 있다. <개정 1998.12.31., 1999.8.6., 2005.5.7., 2009.10.1., 2015.9.11.>
②공제조합은 제1항의 규정에 의한 신용정보자료를 업무목적외에 사용하거나 누설하여서는 아니된다. <개정 1999.8.6.>

제59조(출자증권의 명의개서) ①법 제59조제1항의 규정에 의하여 조합원 또는 조합원이었던 자가 그의 지분을 양도하고자 하는 때에는 정관이 정하는 바에 따라 공제조합으로부터 출자증권에 명의개서를 받아야 한다. <개정 1999.8.6.>
②공제조합이 법 제60조제1항제2호 내지 제5호의 사유로 취득한 지분을 처분하는 때에는 당해 출자증권을 공제조합의 명의로 개서한 뒤 이를 처분하여야 한다. <개정 1999.8.6., 2002.9.18.>

제60조(책임준비금등의 계상) ①법 제63조제1항의 규정에 의하여 공제조합은 보증책임의 이행을 위한 대위변제금에 충당하기 위하여 매 사업연도말 현재의 보증잔액에 대하여 보증의 종류별로 책임준비금을 계상한다. <개정 1999.8.6.>
② 법 제63조제1항에 따라 공제조합은 위기 시 재무안전성 확보를 위하여 매 사업연도 말에 비상위험준비금을 계상한다. <개정 2011.11.1.>
③ 삭제 <2011.11.1.>
④ 삭제 <2011.11.1.>

제61조(보증금지급 대비자금) 공제조합은 법 제67조제3항에 따른 보증금의 지급에 대비하기 위하여 출자금과 준비금 합계액의 100분의 5에 해당하는 금액이상의 보증금지급 대비자금을 현금 또는 즉시 현금화할 수 있는 예금등으로 보유하여야 한다. <개정 1999.8.6., 2014.11.14.>

제62조(수수료·이자 등) ①공제조합은 조합원(법 제56조제2항의 법인 등을 포함한다)으로부터 보증수수료, 융자금의 이자, 어음할인료와 사용료를 받을 수 있다. <개정 1999.8.6., 2005.11.25.>
②제1항의 규정에 의한 보증수수료의 요율, 융자금의 이자율과 어음할인료율에 관하여는 국토교통부장관의 승인을 얻어야 한다. <개정 2008.2.29., 2013.3.23.>

제63조(시공상황의 조사등) ①공제조합은 법 제64조제1항의 규정에 의한 시공상황의 조사를 위하여 필요한 때에는 당해 공사의 감리자 또는 보증채권자에게 시공방법·공정 및 자재 등에 관한 자료의 제공을 요청할 수 있다. <개정 1999.8.6.>
②공제조합이 법 제64조제1항의 규정에 의하여 조합원에게 의견을 진술하고자 하는 때에는 이를 서면으로 하여야 한다. 다만, 긴급히 잘못을 바로잡을 사항이 있는 때에는 먼저 구두로 의견을 진술할 수 있다. <개정 1999.8.6.>

제63조의2(조사 및 검사) ① 법 제65조제2항에 따른 금융위원회의 조사 또는 검사는 국토교통부장관이 조사 또는 검사가 필요한 사유를 명시하여 금융위원회에 요청한 경우에 한정한다. <개정 2008.2.29., 2008.12.31., 2013.3.23.>
② 금융위원회는 제1항에 따라 조사 또는 검사를 한 경우 그 결과를 지체 없이 국토교통부장관에게 통보하여야 한다. 이 경우 시정하여야 할 사항이 있는 경우에는 시정을 요구할 수 있다. <개정 2008.2.29., 2008.12.31., 2013.3.23.>
[본조신설 2007.12.28.]

제64조 삭제 <2016.2.11.>

제64조의2 삭제 <2016.8.4.>

제64조의3(건설기계 대여대금 지급보증서 발급금액의 명시) ① 법 제68조의3제3항에 따른 건설기계 대여대금 지급보증서 발급에 드는 금액은 도급금액 산출내역서(하도급금액 산출내역서를 포함한다)에 기재된 재료비, 직접노무비 및 경비 등을 고려하여 산출한다. 이 경우 구체적인 산출방법은 국토교통부장관이 정하여 고시하는 기준에 따른다.
② 발주자는 건설공사를 시공하는 수급인 또는 하수급인이 법 제68조의3제3항에 따른 금액을 해당 용도에 맞게 사용하였는지를 확인할 수 있다. 이 경우 발주자는 필요하면 해당 수급인 또는 하수급인에게 소요비용 지출내역에 대한 증빙서류의 제출을 요구할 수 있다.
③ 발주자는 제2항에 따라 해당 수급인 또는 하수급인이 제출한 소요비용 지출내역을 확인하여 법 제68조의3제3항에 따른 건설공사의

도급금액 산출내역서에 명시된 금액이 수급인 또는 하수급인이 지출한 금액보다 많은 경우에는 그 초과하는 금액을 정산할 수 있다.
④ 법 제68조의3제6항에서 "대통령령으로 정하는 공공기관"이란 다음 각 호의 어느 하나에 해당하는 기관을 말한다. <신설 2016.8.4.>
1. 「공공기관의 운영에 관한 법률」 제5조에 따른 공기업 및 준정부기관
2. 「지방공기업법」에 따른 지방공사 및 지방공단
[본조신설 2013.6.17.]

제8장 건설분쟁조정위원회

제65조(위원회의 기능) 법 제69조제3항제6호에서 "대통령령으로 정하는 사항에 관한 분쟁"이란 다음 각호의 분쟁을 말한다. <개정 2010.5.27., 2011.11.1.>
1. 수급인 또는 하수급인과 제3자간의 자재의 대금 및 건설기계사용대금에 관한 분쟁
2. 건설업의 양도에 관한 분쟁
3. 법 제28조의 규정에 의한 수급인의 하자담보책임에 관한 분쟁
4. 법 제44조의 규정에 의한 건설업자의 손해배상책임에 관한 분쟁

제66조(조정신청) 법 제69조제3항 각 호의 분쟁을 조정받고자 하는 자는 국토교통부령으로 정하는 바에 따라 그 신청취지와 신청사건의 내용을 명확히 하여 서면(전자문서를 포함한다)으로 법 제69조제1항에 따른 건설분쟁 조정위원회(이하"위원회"라 한다)에 신청하여야 한다. <개정 2004.3.17., 2008.2.29., 2010.5.27., 2011.11.1., 2012.7.4., 2013.3.23., 2014.2.5.>

제66조의2 삭제 <2014.11.14.>

제67조(위원장의 직무) ①위원장은 위원회의 업무를 총괄하고 위원회를 대표한다.
②위원장이 부득이한 사유로 직무를 수행할 수 없는 때에는 부위원장이, 위원장과 부위원장이 사고가 있을 때에는 위원장이 지명하는 위원이 위원장의 직무를 대행한다.

제68조(위원회의 위원) ①법 제70조제2항에 따라 위원회의 위원이 되는 공무원은 다음 각 호의 자로서 당해 기관의 장이 지명하는 자로 한다. <개정 1998.12.31, 2006.6.12., 2007.12.28., 2008.2.29., 2008.6.5., 2013.3.23., 2014.2.5.>
1. 국토교통부의 3급공무원 또는 고위공무원단에 속하는 일반직공무원 1명
2. 기획재정부·법제처 및 공정거래위원회의 3급공무원 또는 고위공무원단에 속하는 일반직공무원 각 1명
② 삭제 <2014.2.5.>
③ 삭제 <2014.11.14.>

제68조의2(위원의 제척·기피·회피) ① 위원회의 위원이 다음 각 호의 어느 하나에 해당하는 경우에는 그 직무집행에서 제척된다.
1. 위원 또는 그 배우자나 배우자이었던 자가 해당 분쟁의 당사자가 되거나 해당 분쟁에 관하여 당사자와 공동권리자 또는 의무자의 관계에 있는 경우
2. 위원이 해당 분쟁의 당사자와 친족관계에 있거나 있었던 경우
3. 위원이 해당 분쟁에 관하여 진술이나 감정을 한 경우
4. 위원이 해당 분쟁에 관하여 당사자의 대리인으로서 관여하였거나 관여한 경우
5. 위원이 해당 분쟁의 원인이 된 처분 또는 부작위에 관여한 경우
② 위원회는 제척의 원인이 있는 경우에는 직권 또는 당사자의 신청에 따라 제척의 결정을 하여야 한다.
③ 당사자는 위원에게 공정한 직무집행을 기대하기 어려운 사정이 있는 경우에는 위원회에 기피신청을 할 수 있으며, 위원회는 기피신청이 타당하다고 인정하는 때에는 기피의 결정을 하여야 한다.
④ 위원은 제1항 또는 제3항의 사유에 해당하는 경우에는 스스로 그 사건의 직무집행에서 회피(回避)하여야 한다. <개정 2012.7.4.>
[본조신설 2007.12.28.]
[제목개정 2012.7.4.]

제68조의3(위원의 해촉 등) ① 국토교통부장관은 법 제70조제2항에 따른 위원회의 위원이 다음 각 호의 어느 하나에 해당하는 경우에는 해당 위원을 해촉(解囑)할 수 있다.
1. 심신장애로 인하여 직무를 수행할 수 없게 된 경우

2. 직무와 관련된 비위사실이 있는 경우
3. 직무태만, 품위손상이나 그 밖의 사유로 인하여 위원으로 적합하지 아니하다고 인정되는 경우
4. 제68조의2제1항 각 호의 어느 하나에 해당하는 데에도 불구하고 회피하지 아니한 경우
5. 위원 스스로 직무를 수행하는 것이 곤란하다고 의사를 밝히는 경우

② 제68조제1항에 따라 위원을 지명한 자는 해당 위원이 제1항 각 호의 어느 하나에 해당하는 경우에는 그 지명을 철회할 수 있다.
[본조신설 2015.12.31.]

제69조(감정등의 의뢰) ①위원장은 분쟁조정신청사건을 심사하기 위하여 필요하다고 인정되는 때에는 관계전문기관에 감정·진단·시험 등을 의뢰할 수 있다.
②제1항의 규정에 의하여 감정·진단·시험 등을 의뢰받은 기관은 의뢰받은 날부터 20일이내에 그 결과를 제출하여야 한다. 이 경우 20일이내에 결과를 제출할 수 없는 부득이한 사유가 있는 때에는 그 사유와 제출기한을 정하여 위원회에 통지하여야 한다.

제69조의2 삭제 <2014.11.14.>

제70조(의견청취의 절차) ①법 제75조제2항에 따라 분쟁조정 당사자, 분쟁 관련 이해관계인 또는 관계 전문가로 하여금 위원회의 회의에 출석하여 발언할 수 있게 하거나 그 의견을 듣고자 하는 때에는 회의개최 7일전에 서면으로 통지하여야 한다. <개정 2014.2.5.>
②제1항의 통지를 받은 분쟁조정 당사자, 분쟁 관련 이해관계인 또는 관계 전문가는 위원회의 회의에 출석할 수 없는 부득이한 사유가 있는 경우에는 미리 서면(전자문서를 포함한다)으로 의견을 제출할 수 있다. <개정 2004.3.17., 2014.2.5.>
③제1항의 통지를 받은 분쟁조정 당사자, 분쟁 관련 이해관계인 또는 관계 전문가가 정당한 사유없이 출석하지 아니하고 서면(전자문서를 포함한다)으로도 의견을 제출하지 아니한 때에는 의견진술의 기회를 포기한 것으로 본다. <개정 2004.3.17., 2014.2.5.>

제71조(조정부) ①위원장은 제66조의 규정에 의하여 조정신청을 받은 경우에 필요하다고 인정하는 때에는 법 제76조제1항의 규정에 의한 조정부에 분쟁조정신청사건을 회부할 수 있다.
②제69조 및 제70조의 규정은 제1항의 조정부의 조정업무에 관하여 이를 준용한다.

제72조(비용의 예납 및 정산) ①위원회는 법 제79조제2항의 규정에 의하여 분쟁조정을 위한 소요비용을 예납하게 하고자 하는 때에는 그 소요비용·내역·예납장소 및 예납기간을 정하여 서면으로 이를 부담할 자에게 통지하여야 한다.
②위원회는 제1항의 규정에 의하여 비용예납을 통지한 경우에 비용을 부담할 자가 기한내에 예납하지 아니한 때에는 당해 분쟁에 대한 조정을 보류할 수 있다.
③위원회는 법 제79조제2항의 규정에 의하여 비용을 예납받은 경우에는 당해 분쟁에 대한 조정안을 작성하여 당사자에게 제시한 날 또는 조정의 거부·중지를 통보한 날부터 5일이내에 예납받은 금액과 제1항의 규정에 의한 비용에 대한 정산서를 작성하여 신청인에게 통지하여야 한다.

제73조(비용의 범위) 법 제79조제1항의 규정에 의하여 분쟁의 신청인 또는 당사자가 부담할 비용의 범위는 다음 각호와 같다.
1. 감정·진단·시험에 소요된 비용
2. 증인·증거채택에 소요된 비용
3. 검사·조사에 소요된 비용
4. 녹음·속기록·통역 등 기타 조정에 소요된 비용

제74조 삭제 <2007.12.28.>

제75조 삭제 <2007.12.28.>

제76조(간사 및 서기) ①위원회의 사무를 처리하기 위하여 위원회에 간사 및 서기를 둔다.
② 위원회의 간사 및 서기는 국토교통부 소속 공무원 중에서 국토교통부장관이 임명한다. <개정 2014.2.5.>

제77조(수당) 위원회의 회의에 출석한 위원 및 관계전문가에 대하여는 예산의 범위안에서 수당을 지급할 수 있다. 다만, 공무원인 위원이 그 소관업무와 직접 관련하여 회의에 출석한

경우에는 그러하지 아니하다.

제78조(운영세칙) 이 영에 규정한 것 외에 위원회의 운영에 관하여 필요한 사항은 위원회의 의결을 거쳐 위원장이 정한다.

제9장 시정명령등

제79조 삭제 <2011.11.1.>

제79조의2(일시적인 등록기준미달) 법 제83조제3호 단서에서"대통령령으로 정하는 경우"란 다음 각 호의 어느 하나에 해당하는 경우를 말한다. <개정 2003.8.21., 2005.5.7., 2006.3.29., 2011.11.1., 2016.2.11., 2016.4.29., 2016.6.30.>

1. 별표 2에 따른 기술능력에 해당하는 자의 사망·실종 또는 퇴직으로 인하여 등록기준에 미달되는 기간이 50일 이내인 경우

1의2. 별표 2에 따른 기술능력에 해당하는 자의 육아휴직(「남녀고용평등과 일·가정 양립 지원에 관한 법률」 제19조에 따른 육아휴직을 말한다)으로 인하여 등록기준에 미달하는 경우. 다만, 기술능력 기준이 3명 이상인 업종에 한정하며, 1명에 대해서만 인정한다.

2. 「상법」 제542조의8제1항 단서의 적용대상법인이 최근 사업연도말 현재의 자산총액의 감소로 인하여 등록기준에 미달하는 기간이 50일 이내인 경우

3. 제13조제1항제1호에 따른 자본금기준에 미달한 경우 중 다음 각 목의 어느 하나에 해당하는 경우
   가. 「채무자 회생 및 파산에 관한 법률」에 따라 법원이 회생절차의 개시의 결정을 하고 그 절차가 진행 중인 경우
   나. 회생계획의 수행에 지장이 없다고 인정되는 경우로서 해당 건설업체가 법원으로부터 회생절차의 종결 결정을 받고 회생계획을 수행 중인 경우
   다. 「기업구조조정 촉진법」에 따라 금융채권자협의회가 금융채권자협의회에 의한 공동관리절차의 개시의 의결을 하고 그 절차가 진행중인 경우
   라. 법 제9조제1항에 따라 건설업을 등록한 날부터 1년 이내에 자본금기준에 미달하는 기간이 50일 이내인 경우. 다만, 건설업자가 추가로 다른 업종을 등록하는 경우는 제외한다.

[본조신설 2002.9.18.]

제79조의3(위반사실 통보대상 공공기관) 법 제83조의2제3항에서"대통령령으로 정하는 공공기관"이란 국가 또는 지방자치단체가 출자 또는 출연한 법인을 말한다. <개정 2011.11.1.>
[본조신설 2007.12.28.]

제80조(영업정지 또는 과징금부과기준등) ①법 제84조의 규정에 의한 위반행위의 종별과 정도에 따른 영업정지의 기간 또는과징금의 금액은 별표 6과 같다.

② 국토교통부장관은 위반행위의 동기·내용 및 횟수, 위반행위와 관련된 공사의 특성 및 입찰방식 등을 고려하여 제1항에 따른 영업정지의 기간 또는 과징금의 금액의 2분의 1의 범위에서 이를 가중 또는 감경할 수 있다. 다만, 법 제82조제1항제3호, 제82조의2제1항 및 제2항에 해당하는 경우에는 감경하지 아니한다. <개정 2007.12.28., 2008.2.29., 2011.11.1., 2013.3.23.>

③ 제2항에 따라 영업정지의 기간 또는 과징금의 금액을 가중하는 경우 영업정지의 총 기간 또는 과징금의 총액은 법 제82조, 제82조의2 및 제83조에 따른 기간 및 금액을 초과할 수 없다. <신설 2007.12.28., 2011.11.1.>

[시행일 : 2012.5.25.] 제80조(법 제82조의2의 개정규정에 관한 부분으로 한정한다)

제81조(과징금의 부과 및 납부) ①국토교통부장관은 법 제82조 및 제82조의2에 따라 과징금을 부과하려는 때에는 그 위반행위의 종별과 해당과징금의 금액을 명시하여 이를 납부할 것을 서면으로 통지하여야 한다. <개정 2007.12.28., 2008.2.29., 2011.11.1., 2013.3.23.>

②제1항의 규정에 의하여 통지를 받은 자는 통지를 받은 날부터 20일이내에 과징금을 국토교통부장관이 정하는 수납기관에 납부하여야 한다. 다만, 천재·지변 기타 부득이한 사유로 인하여 그 기간내에 과징금을 납부할 수 없는 때에는 그 사유가 해소된 날부터 7일이내에 납부하여야 한다. <개정 2007.12.28., 2008.2.29., 2013.3.23.>

③제2항의 규정에 의하여 과징금의 납부를 받은 수납기관은 그 납부자에게 영수증을 교부하여야 한다.

④과징금의 수납기관은 제2항의 규정에 의하여 과징금을 수납한 때에는 지체없이 그 사실을 국토교통부장관에게 통보하여야 한다. <개

정 2007.12.28., 2008.2.29., 2013.3.23.>
⑤과징금은 이를 분할하여 납부할 수 없다.
[본조신설 1999.8.6.]

제81조의2(건설업자의 지위 승계 업종) 법 제85조의2제1항제2호에서 "대통령령으로 정하는 경우"란 다음 각 호의 어느 하나에 해당하는 경우를 말한다.
1. 토목공사업 또는 건축공사업의 등록을 말소하고 토목건축공사업의 등록을 하는 경우
2. 토목건축공사업의 등록을 말소하고 토목공사업 또는 건축공사업의등록을 하는 경우
[본조신설 2012.11.27.]

제82조(정보공유 대상기관) 법 제85조의3제2항 전단에서"대통령령으로 정하는 금융기관, 신용정보기관"이란 다음 각 호의 어느 하나에 해당하는 기관을 말한다. <개정 2009.10.1., 2010.11.15., 2011.11.1.>
1. 공제조합
2. 「은행법」에 따른 은행
3. 「보험업법」에 따른 보험회사
4. 「신용정보의 이용 및 보호에 관한 법률」에 따른 신용정보회사
[본조신설 2007.12.28.]

제10장 보칙

제82조의2(점검 · 확인대상 공공기관) 법 제86조의2에서"대통령령이 정하는 공공기관"이란 국가 또는 지방자치단체가 출자 또는 출연한 법인을 말한다. <개정 2011.11.1.>
[본조신설 2005.6.30.]

제82조의3(상습체불건설업자의 명단 공표 제외 대상) 법 제86조의4제1항 단서에서 "상습체불건설업자의 사망, 실종선고로 명단공표의 실효성이 없는 경우 등 대통령령으로 정하는 사유가 있는 경우"란 다음 각 호의 어느 하나에 해당하는 경우를 말한다.
1. 법 제86조의4제1항에 따른 상습체불건설업자(이하 "상습체불건설업자"라 한다)가 사망한 경우
2. 상습체불건설업자가 「민법」 제27조에 따라 실종선고를 받은 경우
3. 상습체불건설업자가 법 제86조의4제3항에 따른 소명 기간 종료 전까지 체불 대금을 전액 지급한 경우
4. 상습체불건설업자가 법 제86조의4제3항에 따른 소명 기간 종료 전까지 체불 대금의 일부를 지급하고 나머지 체불 대금에 대한 구체적인 지급 계획 및 자금 조달 방안을 법 제86조의4제2항에 따른 상습체불건설업자 명단공표심의위원회(이하"심의위원회"라 한다)에 소명한 경우로서 국토교통부장관이 제82조의6에 따라 해당 심의위원회의 재심의를 거쳐 명단 공표 대상에서 제외할 필요가 있다고 인정하는 경우
5. 그 밖에 국토교통부장관이 심의위원회의 심의를 거쳐 상습체불건설업자의 명단을 공표할 실효성이 없다고 인정하는 경우
[본조신설 2014.11.14.]

제82조의4(상습체불건설업자의 명단 공표 방법 등) ① 법 제86조의4제1항에 따른 명단공표는 관보에 싣거나 국토교통부 인터넷 홈페이지 또는 건설산업종합정보망에 3년간 게재하는 방법으로 한다.
② 법 제86조의4제1항에 따른 명단 공표에는 다음 각 호의 내용이 포함되어야 한다.
1. 상습체불건설업자의 성명 · 나이 · 상호 · 주소(법인인 경우에는 그 대표자의 성명 · 나이 · 주소 및 법인의 명칭 · 주소를 말한다)
2. 명단 공표 직전연도부터 과거 3년간 상습체불건설업자의 처분 이력 및 체불 대금 내역
[본조신설 2014.11.14.]

제82조의5(심의위원회의 구성 및 운영) ① 심의위원회는 위원장 1명을 포함한 9명 이내의 위원으로 구성한다.
② 심의위원회의 위원장은 국토교통부차관이 되고, 위원은 다음 각 호의 사람이 된다.
1. 국토교통부의 고위공무원단에 속하는 일반직공무원 중에서 국토교통부장관이 임명하는 사람 3명 이내
2. 다음 각 목의 어느 하나에 해당하는 사람으로서 국토교통부장관이 위촉하는 사람 5명 이내
   가. 대학 또는 정부출연연구기관에서 부교수 또는 책임연구원 이상으로 재직하고 있거나 재직하였던 사람으로서 건설산업 또는 금융 분야를 전공한 사람
   나. 변호사 자격이 있는 사람

다. 그 밖에 건설산업 또는 금융 분야에 관한 학식과 경험이 풍부한 사람으로서 해당 분야의 업무에 2년 이상 종사한 사람

③ 제2항제2호에 따라 국토교통부장관이 위촉하는 위원의 임기는 3년으로 한다. 다만, 보궐위원의 임기는 전임자의 잔임기간으로 한다.

④ 심의위원회의 위원장은 심의위원회의 업무를 총괄한다.

⑤ 심의위원회의 위원장이 부득이한 사유로 직무를 수행할 수 없을 때에는 위원장이 지명하는 위원이 그 직무를 대행한다.

⑥ 심의위원회의 회의는 재적위원 과반수의 출석으로 개의하고, 출석위원 과반수의 찬성으로 의결한다.

⑦ 제1항부터 제6항까지에서 규정한 사항 외에 심의위원회의 구성 및 운영에 필요한 사항은 심의위원회의 의결을 거쳐 국토교통부장관이 정한다.

[본조신설 2014.11.14.]

第82조의6(상습체불건설업자 명단 공표 재심의) 국토교통부장관은 법 제86조의4제3항에 따라 상습체불건설업자가 소명을 요청하는 경우 심의위원회에 명단의 공표 여부를 재심의하게 하여야 한다.

[본조신설 2014.11.14.]

第82조의7(위원의 제척·기피·회피 등) ① 심의위원회의 위원은 다음 각 호의 어느 하나에 해당하는 경우 심의에서 제척(除斥)된다.

1. 위원 또는 그 배우자나 배우자였던 사람이 해당 안건의 당사자(당사자가 법인·단체 등인 경우에는 그 임원을 포함한다. 이하 이 조에서 같다)가 되거나 그 안건의 당사자와 공동권리자 또는 공동의무자인 경우
2. 위원이 해당 안건의 당사자와 친족이거나 친족이었던 경우
3. 위원이나 위원이 속한 법인·단체 등이 해당 안건의 당사자의 대리인이거나 대리인이었던 경우

② 해당 안건의 당사자는 심의위원회의 위원에게 공정한 심의·의결을 기대하기 어려운 사정이 있는 경우에는 심의위원회에 기피 신청을 할 수 있고, 심의위원회는 의결로 이를 결정한다. 이 경우 기피 신청의 대상인 위원은 그 의결에 참여하지 못한다.

③ 심의위원회의 위원 본인이 제1항 각 호에 따른 제척 사유에 해당하는 경우에는 스스로 해당 안건의 심의·의결에서 회피(回避)하여야 한다.

④ 국토교통부장관은 심의위원회의 위원이 제1항 각 호의 어느 하나에 해당하는 데에도 불구하고 회피하지 아니한 경우에는 해당 위원을 해촉(解囑)할 수 있다.

[본조신설 2014.11.14.]

第83조(건설근로자퇴직공제 가입대상공사) ① 법 제87조제1항에서 "대통령령으로 정하는 건설공사"란 다음 각 호의 어느 하나에 해당하는 공사를 말한다. <개정 1999.8.6., 2001.8.25., 2003.8.21., 2003.11.29., 2005.3.8., 2005.5.7., 2007.12.28., 2010.5.27., 2011.11.1., 2016.8.11.>

1. 국가 또는 지방자치단체가 발주하는 공사로서 공사예정금액(「국가를 당사자로 하는 계약에 관한 법률」 제21조에 따른 장기계속계약에 따라 연차별로 계약을 체결하는 공사의 경우에는 해당 공사의 예정금액을 말한다. 이하 제2호에서 같다)이 3억원 이상인 공사
2. 국가 또는 지방자치단체가 출자 또는 출연한 법인이 발주하는 공사로서 공사예정금액이 3억원 이상인 공사

2의2. 제2호에 따른 법인이 납입자본금의 50퍼센트 이상을 출자한 법인이 발주하는 공사로서 공사예정금액이 3억원 이상인 공사

3. 「주택법」 제15조제1항에 따른 사업계획의 승인을 얻어 건설하는 200호이상인 공동주택의 건설공사
4. 「사회기반시설에 대한 민간투자법」에 따른 민간투자사업으로 시행되는 공사로서 공사예정금액이 3억원 이상인 공사
5. 200호 이상의 공동주택(「건축법 시행령」에 따른 공동주택을 말한다)과 주거용 외의 용도가 복합된 건축물(다수의 건축물이 연결된 하나의 건축물을 포함한다)의 건설공사(「주택법」 제15조에 따라 사업계획의 승인을 받은 경우를 포함한다)
6. 「건축법 시행령」에 따른 일반업무시설 중 200실 이상인 오피스텔의 건설공사
7. 공사예정금액이 100억원 이상인 건설공사

② 법 제87조제2항에 따른 건설공사도급계약의 당사자는 국토교통부장관이 정하여 고시하는 기준에 따라 건설근로자퇴직공제에 가입하는데 소요되는 금액을 산정하여 도급금액산출내역서에 명시하여야 한다. <신설 2007.12.28., 2008.2.29., 2013.3.23.>

③제1항의 규정에 의한 건설공사를 하도급하는

경우 수급인은 당해 하도급부분에 해당하는 건설공사의 하도급금액산출내역서에 건설근로자퇴직공제에 가입하는데 소요되는 금액을 명시하여야 한다. 다만, 수급인이 「건설근로자의 고용개선 등에 관한 법률」 제10조제1항 전단의 규정에 의하여 하수급인이 고용하는 건설근로자를 피공제자로 하는 공제계약을 체결한 때에는 그러하지 아니하다. <개정 2003.8.21., 2005.5.7., 2007.12.28.>

④제1항제1호ㆍ제2호ㆍ제2호의2ㆍ제4호ㆍ제5호ㆍ제6호 및 제7호에 따른 발주자나 같은 항 제3호ㆍ제5호 및 제7호에 따른 사업계획의 승인을 한 자(이하 이 조에서"발주자등"이라 한다)는 당해 건설공사를 시공하는 건설업자가 법 제87조제1항의 규정에 의하여 건설근로자퇴직공제에 가입하였는지의 여부에 관하여 확인을 할 수 있다. <개정 1998.12.31., 2003.8.21., 2007.12.28., 2010.5.27.>

⑤ 발주자등은 제4항에 따른 확인을 위하여 필요하다고 인정하는 경우에는 해당 건설업자에게 건설근로자공제회에 공제부금을 납부한 확인서의 제출을 요구할 수 있다. 다만, 발주자등이 건설산업종합정보망을 통하여 공제부금을 납부한 확인서의 확인이 가능한 경우에는 그 확인으로 대신할 수 있다. <신설 2007.12.28.>

⑥발주자등은 건설업자의 공제부금납부내역을 확인하여 법 제87조제2항의 규정에 의한 건설공사의 도급금액 산출내역서에 명시된 금액이 건설업자가 납부한 공제부금을 초과하는 경우에는 그 초과하는 금액을 정산하여야 한다. <신설 1998.12.31., 1999.8.6., 2002.9.18., 2007.12.28>

제83조의2(건설전문인력의 육성 및 관리) ① 국토교통부장관은 법 제87조의2제1항에 따라 건설전문인력의 육성 및 관리 등에 관한 시책을 수립하려는 때에는 관계 중앙행정기관의 장의 의견을 들어야 한다. <개정 2008.2.29., 2013.3.23.>

② 법 제87조의2제2항제4호에서"대통령령으로 정하는 사항"이란 건설전문인력의 육성 및 관리를 위한 소요재원의 확보, 건설전문인력 양성기관의 설립 및 지정에 관한 사항을 말한다.

③ 법 제87조의2제5항에 따라 국토교통부장관이 건설전문인력의 육성 및 관리 등에 필요한 자료를 요청하는 경우에는 그 목적, 용도 및 제출기한 등을 명시하여야 한다. <개정 2008.2.29., 2013.3.23.>

[본조신설 2007.12.28.]

제84조(압류대상에서 제외되는 노임의 산정방법등) ①법 제88조제2항의 규정에 의한 노임에 상당하는 금액은 당해 건설공사의 도급금액중 산출내역서에 기재된 노임을 합산하여 이를 산정한다. <개정 1999.8.6.>

②건설공사의 발주자(하도급의 경우에는 수급인을 포함한다)는 제1항의 규정에 의한 노임을 도급계약서 또는 하도급계약서에 명시하여야 한다.

제85조(기술자격취득자에 대한 우대) 기술자격직종에 해당하는 근로자를 사용하는 건설업자는 「국가기술자격법」 제14조제2항 및 같은 법 시행령 제27조제3항에 따라 기술자격취득자를 우대하여야 한다. <개정 2005.5.7., 2007.12.28.>

제86조(권한의 위임 등) ①국토교통부장관은 법 제91조제1항에 따라 건설업자 등에 관한 다음 각 호의 권한을 시ㆍ도지사에게 위임한다. <개정 1998.12.31., 1999.8.6., 2002.9.18., 2005.6.30., 2007.12.28., 2008.2.29., 2011.11.1., 2013.3.23., 2014.11.14., 2016.2.11.>

1. 전문공사를 시공하는 업종(국토교통부장관이 정하여 고시하는 업종은 제외한다)에 관한 다음 각 목의 확인
   가. 법 제9조에 따른 건설업 등록 신청의 접수 및 신청내용의 확인과 건설업 등록기준에 관한 사항의 신고의 접수 및 신고내용의 확인
   나. 법 제9조의2에 따른 건설업등록증 또는 건설업등록수첩의 기재사항의 변경신청의 접수 및 신청 내용의 확인
   다. 법 제17조에 따른 건설업의 양도ㆍ법인합병 및 상속에 대한 신고의 접수 및 신고 내용의 확인
2. 법 제9조의 규정에 의한 건설업의 등록 및 건설업등록기준에 관한 사항의 신고의 수리(受理)
3. 법 제9조의2의 규정에 의한 건설업등록증 및 건설업등록수첩의 교부ㆍ재교부

3의2. 법 제11조에 따른 표시제한을 위반한 자에 대한 광고물의 강제철거 등의 조치

4. 법 제17조의 규정에 의한 건설업의 양도ㆍ법인합병 및 상속에 대한 신고의 수리
5. 법 제20조의2의 규정에 의한 건설업 폐업신고의 수리 및 건설업 등록말소
6. 삭제 <2007.12.28.>
7. 삭제 <1999.8.6.>

8. 법 제81조의 규정에 의한 시정명령·지시(제2항제2호에 따른 시정명령·지시는 제외한다)
9. 법 제82조의 규정에 의한 영업의 정지 또는 과징금의 부과
9의2. 법 제82조의2에 따른 영업정지, 과징금의 부과 또는 건설업 등록말소
10. 법 제83조의 규정에 의한 건설업등록말소 또는 영업정지
10의2. 법 제85조의3에 따른 건설업등록말소 등의 공고 및 통지
11. 법 제86조의 규정에 의한 청문
12. 법 제101조의 규정에 의한 과태료의 부과·징수(이 조 제2항제3호 및 법 제99조제10호에 따른 과태료의 부과·징수는 제외한다)
12의2. 제10조 및 제11조에 따른 건설업등록 등 건설행정에 관한 사항의 건설산업종합정보망에 입력 및 공고
13. 제12조제1항의 규정에 의한 건설업등록대장의 작성·보관
14. 삭제 <2008.6.5.>

② 국토교통부장관은 법 제91조제1항에 따라 건설업자에 대한 다음 각 호의 권한을 지방국토관리청장에게 위임한다. <신설 2014.11.14.>
1. 법 제49조제1항에 따른 하도급의 적정 여부 또는 성실시공 여부를 판단하기 위한 보고, 조사 및 검사
2. 법 제81조제9호에 따른 시정명령·지시(제1호에 따라 위임받은 사무를 처리하기 위하여 필요한 경우로 한정한다)
3. 법 제101조에 따른 과태료의 부과·징수(제1호에 따라 위임받은 사무를 처리하기 위하여 필요한 경우로서 법 제99조제9호 및 제100조제3호에 따른 과태료의 부과·징수로 한정한다)

③ 삭제 <2007.12.28.>

제86조(권한의 위임 등) ①국토교통부장관은 법 제91조제1항에 따라 건설업자 등에 관한 다음 각 호의 권한을 시·도지사에게 위임한다. <개정 1998.12.31., 1999.8.6., 2002.9.18., 2005.6.30., 2007.12.28., 2008.2.29., 2011.11.1., 2013.3.23., 2014.11.14., 2016.2.11., 2016.8.4.>
1. 전문공사를 시공하는 업종(국토교통부장관이 정하여 고시하는 업종은 제외한다)에 관한 다음 각 목의 확인
   가. 법 제9조에 따른 건설업 등록 신청의 접수 및 신청내용의 확인
   나. 법 제9조의2에 따른 건설업등록증 또는 건설업등록수첩의 기재사항의 변경 신청의 접수 및 신청 내용의 확인
   다. 법 제17조에 따른 건설업의 양도·법인합병 및 상속에 대한 신고의 접수 및 신고 내용의 확인
2. 법 제9조의 규정에 의한 건설업의 등록 및 건설업등록기준에 관한 사항의 신고의 수리(受理)
3. 법 제9조의2의 규정에 의한 건설업등록증 및 건설업등록수첩의 교부·재교부
3의2. 법 제11조에 따른 표시제한을 위반한 자에 대한 광고물의 강제철거 등의 조치
4. 법 제17조의 규정에 의한 건설업의 양도·법인합병 및 상속에 대한 신고의 수리
5. 법 제20조의2의 규정에 의한 건설업 폐업신고의 수리 및 건설업 등록말소
6. 삭제 <2007.12.28.>
7. 삭제 <1999.8.6.>
8. 법 제81조의 규정에 의한 시정명령·지시(제2항제2호에 따른 시정명령·지시는 제외한다)
9. 법 제82조의 규정에 의한 영업의 정지 또는 과징금의 부과
9의2. 법 제82조의2에 따른 영업정지, 과징금의 부과 또는 건설업 등록말소
10. 법 제83조의 규정에 의한 건설업등록말소 또는 영업정지
10의2. 법 제85조의3에 따른 건설업등록말소 등의 공고 및 통지
11. 법 제86조의 규정에 의한 청문
12. 법 제101조의 규정에 의한 과태료의 부과·징수(이 조 제2항제3호 및 법 제99조제10호에 따른 과태료의 부과·징수는 제외한다)
12의2. 제10조 및 제11조에 따른 건설업등록 등 건설행정에 관한 사항의 건설산업종합정보망에 입력 및 공고
13. 제12조제1항의 규정에 의한 건설업등록대장의 작성·보관
14. 삭제 <2008.6.5.>

② 국토교통부장관은 법 제91조제1항에 따라 건설업자에 대한 다음 각 호의 권한을 지방국토관리청장에게 위임한다. <신설 2014.11.14.>
1. 법 제49조제1항에 따른 하도급의 적정 여부 또는 성실시공 여부를 판단하기 위한 보고, 조사 및 검사
2. 법 제81조제9호에 따른 시정명령·지시(제1호에 따라 위임받은 사무를 처리하기 위하여 필요한 경우로 한정한다)

3. 법 제101조에 따른 과태료의 부과·징수(제1호에 따라 위임받은 사무를 처리하기 위하여 필요한 경우로서 법 제99조제9호 및 제100조제3호에 따른 과태료의 부과·징수로 한정한다)

③ 삭제 <2007.12.28.>

[시행일 : 2018.2.4.] 제86조제1항제1호가목

제87조(권한의 위탁 등) ①국토교통부장관은 법 제91조제3항에 따라 다음 각 호의 권한을 국토교통부장관이 제2항에 따라 지정하여 고시하는 기관에 위탁한다. <개정 2002.9.18., 2005.6.30., 2007.12.28., 2008.2.29., 2008.6.5., 2011.11.1., 2013.3.23.>

1. 종합공사 및 국토교통부장관이 정하여 고시하는 전문공사를 시공하는 업종에 관한 다음 각 목의 확인
   가. 법 제9조에 따른 건설업 등록 신청의 접수 및 신청내용의 확인과 건설업 등록기준에 관한 사항의 신고의 접수 및 신고 내용의 확인
   나. 법 제9조의2에 따른 건설업등록증 또는 건설업등록수첩의 기재사항의 변경 신청의 접수 및 신청 내용의 확인
   다. 법 제17조에 따른 건설업의 양도·법인합병 및 상속에 대한 신고의 접수 및 신고 내용의 확인
2. 법 제23조에 따른 건설업자의 시공능력평가·공시 및 건설공사 실적등의 신고의 처리 및 신고 내용의 확인
3. 법 제23조의2의 규정에 의한 건설사업관리자의 건설사업관리능력의 평가·공시 및 건설사업관리실적 등의 접수
4. 법 제24조의 규정에 의한 건설산업정보종합관리체계의 구축·운영과 이의 수행에 필요한 자료제출의 요청
5. 법 제48조제4항의 규정에 의한 건설업자간의 협력관계의 평가에 관한 업무
6. 법 제49조에 따른 건설업자에 대한 실태조사 중 등록기준에의 적합 여부를 판단하기 위하여 국토교통부장관이 필요하다고 인정하여 지시한 사항의 확인
7. 법 제87조의2에 따른 건설전문인력의 육성 및 관리 업무
8. 제39조제4항에 따른 공사하한금액의 건설업등록수첩에의 기재

②국토교통부장관이 제1항에 따라 지정하는 위탁기관은 다음 각 호의 어느 하나에 해당하는 기관으로서 위탁업무를 수행할 수 있는 인력과 장비를 갖춘 기관으로 한다. <개정 2002.9.18., 2005.5.7., 2005.6.30., 2007.12.28., 2008.2.29., 2008.8.26., 2011.11.1., 2013.3.23.>

1. 법 또는 「에너지이용 합리화법」 제41조제1항의 규정에 의하여 설립된 협회
2. 공제조합
3. 「정부출연연구기관 등의 설립·운영 및 육성에 관한 법률」에 의하여 설립된 정부출연연구기관으로서 건설산업에 관한 연구를 수행하는 기관
4. 건설사업관리의 활성화를 위하여 「민법」 제32조에 따라 국토교통부장관의 허가를 받아 설립된 법인
5. 삭제 <2011.11.1.>
6. 건설산업정보종합관리체계의 구축·운영을 위하여 「민법」 제32조의 규정에 의하여 국토교통부장관의 허가를 얻어 설립된 법인
7. 건설 관련 단체 간의 협력 증진 등을 위하여 「민법」 제32조에 따라 국토교통부장관의 허가를 받아 설립된 법인

③국토교통부장관은 제1항 및 제2항의 규정에 의하여 위탁기관을 지정하는 경우에는 위탁한 업무의 내용 및 처리방법 기타 필요한 사항을 정하여 관보에 고시하여야 한다. <개정 2002.9.18., 2008.2.29., 2013.3.23.>

④제1항제1호의 규정에 의한 시공능력평가·공시에 관한 권한을 위탁받은 기관 및 제1항제1호의2의 규정에 의한 건설사업관리능력의 평가·공시에 관한 권한을 위탁 받은 기관은 위탁업무의 처리결과를 공시일부터 5일이내에 국토교통부장관에게 통보하여야 한다. <개정 2002.9.18., 2008.2.29., 2013.3.23.>

⑤국토교통부장관은 제1항 및 제2항의 규정에 의하여 위탁한 업무의 원활한 수행을 위하여 특히 필요하다고 인정하는 때에는 예산의 범위안에서 그에 소요되는 비용의 일부를 보조할 수 있다. <개정 2002.9.18., 2008.2.29., 2013.3.23.>

[전문개정 1999.8.6.]

[제목개정 2016.8.4.]

제87조(권한의 위탁 등) ①국토교통부장관은 법 제91조제3항에 따라 다음 각 호의 권한을 국토교통부장관이 제2항에 따라 지정하여 고시하는 기관에 위탁한다. <개정 2002.9.18., 2005.6.30., 2007.12.28., 2008.2.29., 2008.6.5., 2011.11.1., 2013.3.23., 2016.8.4.>

1. 종합공사 및 국토교통부장관이 정하여 고

시하는 전문공사를 시공하는 업종에 관한 다음 각 목의 확인
가. 법 제9조에 따른 건설업 등록 신청의 접수 및 신청내용의 확인
나. 법 제9조의2에 따른 건설업등록증 또는 건설업등록수첩의 기재사항의 변경 신청의 접수 및 신청 내용의 확인
다. 법 제17조에 따른 건설업의 양도·법인합병 및 상속에 대한 신고의 접수 및 신고 내용의 확인
2. 법 제23조에 따른 건설업자의 시공능력평가·공시 및 건설공사 실적등의 신고의 처리 및 신고 내용의 확인
3. 법 제23조의2의 규정에 의한 건설사업관리자의 건설사업관리능력의 평가·공시 및 건설사업관리실적 등의 접수
4. 법 제24조의 규정에 의한 건설산업정보종합관리체계의 구축·운영과 이의 수행에 필요한 자료제출의 요청
5. 법 제48조제4항의 규정에 의한 건설업자간의 협력관계의 평가에 관한 업무
6. 법 제49조에 따른 건설업자에 대한 실태조사 중 등록기준에 적합한지를 판단하기 위한 자료의 제출 요청, 그 내용의 확인 및 그 밖에 국토교통부장관이 필요하다고 인정한 사항의 확인
7. 법 제87조의2에 따른 건설전문인력의 육성 및 관리 업무
8. 제39조제4항에 따른 공사하한금액의 건설업등록수첩에의 기재

②국토교통부장관이 제1항에 따라 지정하는 위탁기관은 다음 각 호의 어느 하나에 해당하는 기관으로서 위탁업무를 수행할 수 있는 인력과 장비를 갖춘 기관으로 한다. <개정 2002.9.18., 2005.5.7., 2005.6.30., 2007.12.28., 2008.2.29., 2008.8.26., 2011.11.1., 2013.3.23.>
1. 법 또는 「에너지이용 합리화법」 제41조제1항의 규정에 의하여 설립된 협회
2. 공제조합
3. 「정부출연연구기관 등의 설립·운영 및 육성에 관한 법률」에 의하여 설립된 정부출연연구기관으로서 건설산업에 관한 연구를 수행하는 기관
4. 건설사업관리의 활성화를 위하여 「민법」 제32조에 따라 국토교통부장관의 허가를 받아 설립된 법인
5. 삭제 <2011.11.1.>
6. 건설산업정보종합관리체계의 구축·운영을 위하여 「민법」 제32조의 규정에 의하여 국토교통부장관의 허가를 얻어 설립된 법인
7. 건설 관련 단체 간의 협력 증진 등을 위하여 「민법」 제32조에 따라 국토교통부장관의 허가를 받아 설립된 법인

③국토교통부장관은 제1항 및 제2항의 규정에 의하여 위탁기관을 지정하는 경우에는 위탁한 업무의 내용 및 처리방법 기타 필요한 사항을 정하여 관보에 고시하여야 한다. <개정 2002.9.18., 2008.2.29., 2013.3.23.>

④제1항제1호의 규정에 의한 시공능력평가·공시에 관한 권한을 위탁받은 기관 및 제1항제1호의2의 규정에 의한 건설사업관리능력의 평가·공시에 관한 권한을 위탁 받은 기관은 위탁업무의 처리결과를 공시일부터 5일이내에 국토교통부장관에게 통보하여야 한다. <개정 2002.9.18., 2008.2.29., 2013.3.23.>

⑤국토교통부장관은 제1항 및 제2항의 규정에 의하여 위탁한 업무의 원활한 수행을 위하여 특히 필요하다고 인정하는 때에는 예산의 범위안에서 그에 소요되는 비용의 일부를 보조할 수 있다. <개정 2002.9.18., 2008.2.29., 2013.3.23.>

[전문개정 1999.8.6.]
[제목개정 2016.8.4.]
[시행일 : 2018.2.4.] 제87조제1항제1호가목, 제87조제1항제6호

제87조의2(고유식별정보의 처리) ① 국토교통부장관(법 제91조제1항 및 제3항에 따라 국토교통부장관의 권한을 위임·위탁받은 자를 포함한다)은 다음 각 호의 사무를 수행하기 위하여 불가피한 경우 「개인정보 보호법 시행령」 제19조에 따른 주민등록번호 또는 외국인등록번호가 포함된 자료를 처리할 수 있다. <개정 2017.3.27.>
1. 법 제9조제2항 및 제4항에 따른 건설업 등록 신청의 접수·확인 및 등록사항 신고의 수리에 관한 사무
2. 법 제9조의2에 따른 다음 각 목의 업무를 위한 법 제13조제1항에 따른 결격사유 확인에 관한 사무
가. 법 제9조의2제2항에 따른 건설업 등록증 또는 건설업 등록수첩의 기재사항 변경 신청의 접수 및 신청 내용의 확인
나. 법 제9조의2제3항에 따른 건설업 등록증 또는 건설업 등록수첩의 재발급
2의2. 법 제9조의3에 따른 건설업 윤리 및 실무 관련 교육에 관한 사무

3. 법 제17조에 따른 건설업의 양도·법인합병 또는 상속에 대한 신고의 수리에 관한 사무
4. 법 제20조의2에 따른 건설업 폐업신고의 수리 및 건설업 등록말소에 관한 사무
4의2. 법 제23조에 따른 건설업자의 시공능력평가 및 공시
4의3. 법 제23조의2에 따른 건설사업관리자의 건설사업관리능력의 평가 및 공시
5. 법 제24조에 따른 건설산업정보의 종합관리에 관한 사무
5의2. 법 제48조제4항에 따른 건설업자 간의 협력 관계의 평가에 관한 사무
6. 법 제49조제1항부터 제3항까지의 규정에 따른 경영실태조사, 재무관리상태진단 등에 관한 사무
7. 법 제87조의2에 따른 건설전문인력의 육성 및 관리 등에 관한시책 수립 및 필요한 자료의 제출 요청에 관한 사무

② 금융기관등은 법 제10조제4호 및 이 영 제13조제1항제1호의2에 따른 보증가능금액확인서의 발급에 관한 사무를 수행하기 위하여 불가피한 경우 「개인정보 보호법 시행령」 제19조에 따른 주민등록번호 또는 외국인등록번호가 포함된 자료를 처리할 수 있다. <개정 2017.3.27.>

③ 공제조합이 법 제56조에 따른 보증, 융자 및 공제사업 등에 관한 사무를 수행하기 위하여 불가피한 경우 「개인정보 보호법 시행령」 제19조에 따른 주민등록번호 또는 외국인등록번호가 포함된 자료를 처리할 수 있다. <신설 2017.3.27.>

[본조신설 2014.8.6.]

[종전 제87조의2는 제87조의3으로 이동 <2014.8.6.>]

제87조의3(규제의 재검토) 국토교통부장관은 다음 각 호의 사항에 대하여 다음 각 호의 기준일을 기준으로 3년마다(매 3년이 되는 해의 기준일과 같은 날 전까지를 말한다) 그 타당성을 검토하여 개선 등의 조치를 하여야 한다. <개정 2014.11.14.>

1. 제13조 및 별표 2에 따른 건설업의 등록기준: 2014년 1월 1일
2. 삭제 <2016.12.30.>
2의2. 삭제 <2017.12.12.>
2의3. 제29조에 따른 견적기간: 2015년 1월 1일
3. 제30조 및 별표 4에 따른 공사의 종류별 하자담보책임기간: 2014년 1월 1일
4. 제30조의2에 따른 건설공사의 직접시공: 2014년 1월 1일
5. 제31조에 따른 일괄하도급의 범위: 2014년 1월 1일
5의2. 제32조에 따른 하도급등의 통보: 2015년 1월 1일
6. 제34조에 따른 하도급계약의 적정성 심사 등: 2014년 1월 1일
6의2. 제34조의7에 따른 부당특약의 유형: 2015년 1월 1일
7. 제36조에 따른 시공자의 제한을 받는 건축물: 2014년 1월 1일
8. 제37조에 따른 시공자의 제한을 받지 아니하는 건축물: 2014년 1월 1일
9. 제38조에 따른 많은 사람이 이용하는 시설물: 2014년 1월 1일

[전문개정 2013.12.30.]

[제87조의2에서 이동 <2014.8.6.>]

제11장 벌칙

제88조(주요시설물의 범위) 법 제93조제1항에서"대통령령으로 정하는 시설물"이란 다음 각 호의 어느 하나에 해당하는 시설물을 말한다. <개정 2003.11.29., 2011.11.1., 2016.8.11.>

1. 고가도로·지하도·활주로·삭도·댐 및 항만시설중 외곽시설·임항교통시설·계류시설
2. 연면적 5천제곱미터이상인 공항청사·철도역사·여객자동차터미널·종합여객시설·종합병원·판매시설·관광숙박시설 및 관람집회시설
3. 16층이상인 건축물. 다만, 「주택법」 제2조제3호에 따른 공동주택을 제외한다.

제89조(과태료의 부과기준) 법 제99조 및 제100조에 따른 과태료의 부과기준은 별표 7과 같다.

[전문개정 2011.4.14.]

부칙

<제28471호, 2017.12.12.>

(규제 재검토기한 설정 등을 위한 가맹사업거래의 공정화에 관한 법률 시행령 등 33개 대통령령 일부개정령)

제1조(시행일) 이 영은 2018년 1월 1일부터 시행한다.

제2조 생략

건설기술 진흥법

[시행 2017.11.28.]
[법률 제15112호, 2017.11.28., 일부개정]

제1장 총칙

제1조(목적) 이 법은 건설기술의 연구·개발을 촉진하여 건설기술 수준을 향상시키고 이를 바탕으로 관련 산업을 진흥하여 건설공사가 적정하게 시행되도록 함과 아울러 건설공사의 품질을 높이고 안전을 확보함으로써 공공복리의 증진과 국민경제의 발전에 이바지함을 목적으로 한다.

제2조(정의) 이 법에서 사용하는 용어의 뜻은 다음과 같다. <개정 2015.5.18., 2015.7.24.>
1."건설공사"란「건설산업기본법」제2조제4호에 따른 건설공사를 말한다.
2."건설기술"이란 다음 각 목의 사항에 관한 기술을 말한다. 다만,「산업안전보건법」에서 근로자의 안전에 관하여 따로 정하고 있는 사항은 제외한다.
가. 건설공사에 관한 계획·조사(지반조사를 포함한다. 이하 같다)·설계(「건축사법」제2조제3호에 따른 설계는 제외한다. 이하 같다)·시공·감리·시험·평가·측량(수로조사를 포함한다. 이하 같다)·자문·지도·품질관리·안전점검 및 안전성 검토
나. 시설물의 운영·검사·안전점검·정밀안전진단·유지·관리·보수·보강 및 철거
다. 건설공사에 필요한 물자의 구매와 조달
라. 건설장비의 시운전(試運轉)
마. 건설사업관리
바. 그 밖에 건설공사에 관한 사항으로서 대통령령으로 정하는 사항
3."건설기술용역"이란 다른 사람의 위탁을 받아 건설기술에 관한 업무를 수행하는 것을 말한다. 다만, 건설공사의 시공 및 시설물의 보수·철거 업무는 제외한다.
4."건설사업관리"란「건설산업기본법」제2조제8호에 따른 건설사업관리를 말한다.
5."감리"란 건설공사가 관계 법령이나 기준, 설계도서 또는 그 밖의 관계 서류 등에 따라 적정하게 시행될 수 있도록 관리하거나 시공관리·품질관리·안전관리 등에 대한 기술지도를 하는 건설사업관리 업무를 말한다.
6."발주청"이란 건설공사 또는 건설기술용역을 발주(發注)하는 국가, 지방자치단체,「공공기관의 운영에 관한 법률」제5조에 따른 공기업·준정부기관,「지방공기업법」에 따른 지방공사·지방공단, 그 밖에 대통령령으로 정하는 기관의 장을 말한다.
7."건설업자"란「건설산업기본법」제2조제7호에 따른 건설업자를 말한다.
8."건설기술자"란「국가기술자격법」등 관계 법률에 따른 건설공사 또는 건설기술용역에 관한 자격, 학력 또는 경력을 가진 사람으로서 대통령령으로 정하는 사람을 말한다.
9."건설기술용역업자"란 건설기술용역을 영업의 수단으로 하려는 자로서 제26조에 따라 등록한 자를 말한다.
10."건설사고"란 건설공사를 시행하면서 대통령령으로 정하는 규모 이상의 인명피해나 재산피해가 발생한 사고를 말한다.
11."지반조사"란 건설공사 대상 지역의 지질구조 및 지반상태, 토질 등에 관한 정보를 획득할 목적으로 수행하는 일련의 행위를 말한다.

제3조(건설기술진흥 기본계획) ① 국토교통부장관은 건설기술의 연구·개발을 촉진하고 그 성과를 효율적으로 이용하며 관련 산업의 진흥을 도모하기 위하여 건설기술진흥 기본계획(이하"기본계획"이라 한다)을 5년마다 수립하여야 한다.
② 기본계획에는 다음 각 호의 사항이 포함되어야 한다. <개정 2015.5.18.>
1. 건설기술 진흥의 기본목표 및 추진방향
2. 건설기술의 개발 촉진 및 활용을 위한 시책
3. 건설기술에 관한 정보 관리
4. 건설기술인력의 수급(需給)·활용 및 기술능력의 향상
5. 건설기술연구기관의 육성
6. 건설기술용역 산업구조의 고도화
7. 건설기술용역의 해외진출 및 국제교류 등의 지원에 관한 사항
8. 건설기술용역업자의 지원에 관한 사항
9. 건설공사의 환경관리에 관한 사항
10. 건설공사의 안전관리 및 품질관리에 관한 사항
11. 그 밖에 건설기술 진흥에 관한 중요 사항
③ 국토교통부장관은 기본계획을 수립할 때에

는 관계 중앙행정기관의 장과 미리 협의한 후 제5조에 따라 국토교통부에 두는 중앙건설기술심의위원회의 심의를 받아야 한다. 기본계획 중 대통령령으로 정하는 내용을 변경하려는 경우에도 같다.

④ 관계 행정기관의 장은 기본계획의 연차별 시행계획(이하"시행계획"이라 한다)을 수립하여 국토교통부장관에게 통보하고 시행하여야 한다.

⑤ 제1항부터 제4항까지에서 규정한 사항 외에 기본계획과 시행계획의 수립·시행에 필요한 사항은 대통령령으로 정한다.

⑥ 국토교통부장관은 건설기술의 진흥을 위하여 필요한 경우 건설기술에 관한 정보관리, 건설기술인력 관리, 건설공사의 환경관리·안전관리·품질관리 등 건설기술의 각 분야별 기본계획을 수립할 수 있다. <신설 2015.5.18.>

제4조(건설기술과 관련된 중요 정책 등의 조정) 국토교통부장관은 관계 행정기관의 장이 수행하는 건설기술과 관련된 중요 정책사업 및 처분 등이 기본계획의 시행에 지장을 줄 우려가 있다고 인정하면 그 행정기관의 장에게 이를 조정할 것을 요청할 수 있다.

제5조(건설기술심의위원회) ① 건설기술의 진흥·개발·활용 등 건설기술에 관한 사항을 심의하기 위하여 국토교통부에 중앙건설기술심의위원회(이하"중앙심의위원회"라 한다)를 두고, 특별시·광역시·특별자치시·도 및 특별자치도(이하"시·도"라 한다)에 지방건설기술심의위원회(이하"지방심의위원회"라 한다)를 둔다.

② 제1항에도 불구하고 국방·군사시설 건설공사에 관한 설계 사항을 심의하기 위하여 국방부에 특별건설기술심의위원회(이하"특별심의위원회"라 한다)를 둘 수 있다.

③ 중앙심의위원회의 구성·기능 및 운영 등에 필요한 사항은 대통령령으로 정하는 기준에 따라 국토교통부장관이 관계 중앙행정기관의 장과 협의하여 정하고, 지방심의위원회의 구성·기능 및 운영 등에 필요한 사항은 대통령령으로 정하는 기준에 따라 해당 시·도의 조례로 정하며, 특별심의위원회를 두는 경우 그 구성·기능 및 운영 등에 필요한 사항은 대통령령으로 정하는 기준에 따라 국방부장관이 정한다.

제6조(기술자문위원회) ① 건설공사의 설계 및 시공 등의 적정성에 관한 발주청의 자문에 응하게 하기 위하여 발주청에 기술자문위원회를 둘 수 있다.

② 제1항에 따른 기술자문위원회의 구성·기능 및 운영 등에 필요한 사항은 대통령령으로 정하는 기준에 따라 발주청이 정한다.

제2장 건설기술의 연구·개발 지원 등

제7조(건설기술 연구·개발 사업) ① 국토교통부장관은 건설기술을 향상시키고 기본계획을 효율적으로 추진하기 위하여 대통령령으로 정하는 기관 또는 단체와 협약을 체결하여 건설기술 발전에 필요한 건설기술 연구·개발 사업을 할 수 있다.

② 제1항에 따른 건설기술 연구·개발 사업에 필요한 경비는 정부 또는 정부 외의 자의 출연금이나 그 밖에 기업의 기술개발비로 충당한다.

③ 제1항에 따른 협약의 체결방법과 제2항에 따른 출연금의 지급·사용 및 관리에 필요한 사항은 대통령령으로 정한다.

제8조(건설기술의 연구·개발 등의 권고) 국토교통부장관은 새로운 건설기술의 도입·연구·개발을 위하여 다음 각 호의 어느 하나에 해당하는 자에게 대통령령으로 정하는 바에 따라 부설연구소의 설치·운영이나 공동연구 및 정보교환 등과 기술개발을 위한 투자를 권고할 수 있다.

1. 「공공기관의 운영에 관한 법률」에 따른 공공기관 중 국토교통부장관이 주무기관의 장이 되는 기관
2. 건설업자
3. 건설기술용역업자

제9조(공동 연구·개발 등) 국토교통부장관은 건설기술의 연구·개발과 관련된 공공기관·법인·단체·대학(이들의 부설연구소 등을 포함한다. 이하"건설기술연구기관"이라 한다)의 인력·자금·시험시설 및 기술정보의 효율적 활용과 선진 건설기술 획득을 위하여 관계 중앙행정기관의 장과 공동연구를 추진하거나 건설기술연구기관의 건설기술 연구·개발을 지원할 수 있다.

제10조(연구시설 및 장비의 지원 등) 국토교통부장관은 건설기술의 연구기반을 확충하기

위하여 건설기술연구기관의 연구시설 및 장비의 확보·관리·공동사용 등을 지원하거나 필요한 시책을 수립·추진할 수 있다.

제11조(기술평가기관) ① 정부는 건설기술 연구·개발 사업을 효율적으로 지원하기 위하여 기술평가기관을 설립할 수 있다.
② 기술평가기관은 법인으로 한다.
③ 기술평가기관은 주된 사무소의 소재지에서 설립등기를 함으로써 성립한다.
④ 기술평가기관은 다음 각 호의 사업을 한다.
1. 건설기술 연구·개발 사업에 대한 평가·관리
2. 건설기술 연구·개발 사업에 대한 수요조사, 기획 및 기술 예측
3. 건설 분야의 새로운 기술의 심사·관리
4. 다른 법령에 따라 기술평가기관의 업무로 지정된 사업
5. 그 밖에 건설기술의 개발·활용에 관한 사업으로서 대통령령으로 정하는 사업
⑤ 기술평가기관은 제1항에 따른 목적 달성에 필요한 경비를 조달하기 위하여 대통령령으로 정하는 바에 따라 수익사업을 할 수 있다.
⑥ 국토교통부장관은 예산의 범위에서 기술평가기관이 제4항에 따른 사업을 하는 데에 필요한 경비의 전부 또는 일부를 출연하거나 보조할 수 있다.
⑦ 이 법에서 규정한 사항 외에 기술평가기관에 관하여는 「민법」의 재단법인에 관한 규정을 준용한다.

제12조(시범사업의 실시) ① 국토교통부장관은 제7조에 따른 건설기술 연구·개발 사업으로 개발된 건설기술의 이용·보급을 촉진하기 위하여 필요하다고 인정하는 경우에는 그 건설기술을 적용하는 시범사업을 할 수 있다.
② 국토교통부장관은 제1항에 따른 시범사업에 참여하는 발주청, 건설기술연구기관 등에 재정적·행정적·기술적 지원을 할 수 있다.
③ 제1항에 따른 시범사업을 위한 계획의 수립 및 추진 절차 등은 대통령령으로 정한다.

제13조(개발기술의 활용 권고) 국토교통부장관은 발주청이 시행하는 건설공사에 제12조에 따라 건설기술의 시범사업을 한 결과 성능이 우수하다고 인정되는 건설기술을 우선 활용하도록 권고할 수 있다.

제14조(신기술의 지정·활용 등) ① 국토교통부장관은 국내에서 최초로 특정 건설기술을 개발하거나 기존 건설기술을 개량한 자의 신청을 받아 그 기술을 평가하여 신규성·진보성 및 현장 적용성이 있을 경우 그 기술을 새로운 건설기술(이하"신기술"이라 한다)로 지정·고시할 수 있다.
② 국토교통부장관은 신기술을 개발한 자(이하"기술개발자"라 한다)를 보호하기 위하여 필요한 경우에는 보호기간을 정하여 기술개발자가 기술사용료를 받을 수 있게 하거나 그 밖의 방법으로 보호할 수 있다.
③ 기술개발자는 신기술의 활용실적을 첨부하여 국토교통부장관에게 제2항에 따른 보호기간의 연장을 신청할 수 있고, 국토교통부장관은 그 신기술의 활용실적 등을 검증하여 보호기간을 연장할 수 있다. 이 경우 신기술 활용실적의 제출, 검증 및 보호기간의 연장 등에 필요한 사항은 대통령령으로 정한다.
④ 국토교통부장관은 발주청에 신기술과 관련된 신기술장비 등의 성능시험이나 시공방법 등의 시험시공을 권고할 수 있으며, 성능시험 및 시험시공의 결과가 우수하면 신기술의 활용·촉진을 위하여 발주청이 시행하는 건설공사에 신기술을 우선 적용하게 할 수 있다.
⑤ 발주청은 신기술이 기존 건설기술에 비하여 시공성 및 경제성 등의 측면에서 우수하다고 인정되는 경우 해당 신기술을 그가 시행하는 건설공사에 우선 적용하여야 한다. <신설 2015.12.29.>
⑥ 신기술을 적용하는 건설공사의 발주청 소속 계약사무담당자 및 설계 등 신기술 적용 관련 공사업무 담당자는 고의 또는 중대한 과실이 증명되지 아니하면 신기술 적용으로 인하여 발생한 해당 기관의 손실에 대하여는 책임을 지지 아니한다. <신설 2015.12.29.>
⑦ 국토교통부장관은 제2항에 따라 보호를 받는 기술개발자에게 신기술의 성능 또는 품질의 향상을 위하여 필요한 경우에는 신기술의 개선을 권고할 수 있다. <개정 2015.12.29.>
⑧ 제1항에 따른 신기술 평가방법 및 지정절차 등과 제2항에 따른 신기술의 보호내용, 기술사용료, 보호기간 및 활용방법 등에 관하여 필요한 사항은 대통령령으로 정한다. <개정 2015.12.29.>

▶ **판례 - [1] 신기술을 건설공사의 설계에 반**

영하는 것에 관하여 정한 구 건설기술관리법 시행령 제34조 제4항의 법적 성질(=행정청에 대한 직무상 훈시규정)
[2] 공무원의 직무상 의무가 순전히 행정기관 내부의 질서를 유지하기 위한 것이거나 전체적으로 공공 일반의 이익을 도모하기 위한 것인 경우, 그 의무를 위반하여 국민에게 가한 손해에 대하여 국가 또는 지방자치단체가 배상책임을 부담하는지 여부(소극) 및 공무원의 직무상 의무가 오로지 공공 일반의 전체적인 이익을 도모하기 위한 것에 불과한지 판단하는 기준
[3] 공공기관이 구 산업기술혁신 촉진법령에서 정한 인증신제품 구매의무를 위반한 경우, 신제품 인증을 받은 자에 대하여 국가배상법 제2조가 정한 배상책임이나 불법행위를 이유로 한 손해배상책임을 지는지 여부(소극) [대법원 2015.5.28, 선고, 2013다85448, 판결]

제15조(신기술 지정의 취소) 국토교통부장관은 신기술이 다음 각 호의 어느 하나에 해당하면 그 지정을 취소하여야 한다.
1. 거짓이나 그 밖의 부정한 방법으로 지정받은 경우
2. 해당 신기술의 내용에 중대한 결함이 있어 건설공사에 적용하는 것이 불가능한 경우

제16조(외국 도입 건설기술의 관리) ① 국토교통부장관은 「외국인투자 촉진법」에 따라 외국에서 도입된 건설기술을 효율적으로 이용하기 위하여 대통령령으로 정하는 바에 따라 관리하여야 한다.
② 발주청은 건설공사 또는 건설기술용역사업을 국제경쟁입찰방식으로 발주하는 경우에는 국내에서 필요한 새로운 건설기술을 보다 많이 제공할 수 있는 자를 우대하여 발주할 수 있다. 이 경우 국내에서 필요한 새로운 건설기술인지 여부는 중앙심의위원회의 심의를 거쳐 결정한다.
③ 제2항에 따른 우대 발주에 관하여 필요한 사항은 대통령령으로 정한다.

제17조(국제 교류 및 협력) 국토교통부장관은 건설기술 개발의 국제협력 및 해외진출을 촉진하기 위하여 필요한 경우에는 다음 각 호의 사업을 추진할 수 있다.
1. 건설기술 개발의 국제협력을 위한 조사·연구
2. 건설기술 개발을 위한 인력·정보의 국제교류
3. 외국의 대학·연구기관 및 단체와 건설기술 공동개발
4. 개발된 건설기술을 이용한 해외시장 개척
5. 그 밖에 건설기술 개발을 위한 국제 교류·협력을 촉진하기 위하여 국토교통부령으로 정하는 사항

제18조(건설기술정보체계의 구축) ① 국토교통부장관은 다음 각 호의 건설기술에 관한 자료 및 정보의 종합적인 유통체계를 갖추고 그 보급과 확산을 위하여 대통령령으로 정하는 바에 따라 건설기술정보체계를 구축·운영하여야 한다.
1. 발주청이 발행하거나 제작한 건설기술 관련 자료
2. 제14조에 따른 신기술의 지정·활용 등에 관한 자료
3. 제21조에 따른 건설기술자의 근무처 및 경력 등에 관한 자료
4. 제26조에 따른 건설기술용역업의 등록 등에 관한 자료
5. 제30조에 따른 건설기술용역의 실적 관리에 관한 자료
6. 제50조에 따른 건설기술용역 및 시공 평가 등에 관한 자료
7. 제52조에 따른 건설공사의 사후평가에 관한 자료
8. 제53조에 따른 건설공사 등의 부실 측정 등에 관한 자료
② 국토교통부장관은 제1항에 따른 건설기술정보체계의 구축을 위하여 중앙행정기관, 지방자치단체 및 공기업·준정부기관의 장이 대통령령으로 정하는 건설기술 관련 자료를 발행하거나 제작하였을 때에 그 자료의 제공을 요청할 수 있다. 이 경우 자료의 제공을 요청받은 기관의 장은 특별한 사유가 없으면 요청에 따라야 한다.
③ 제2항에 따른 건설기술 관련 자료의 송부 방법 및 절차 등에 관하여 필요한 사항은 국토교통부령으로 정한다.

제19조(건설공사 지원 통합정보체계의 구축) ① 국토교통부장관은 건설공사 과정의 정보화를 촉진하고 그 성과를 효율적으로 이용하도록 하기 위하여 건설공사 지원 통합정보체계의 구축에 관한 기본계획(이하"통합정보체계 구축계획"이라 한다)을 수립하여야 한다.
② 통합정보체계 구축계획에는 다음 각 호의

사항이 포함되어야 한다.

1. 건설공사 정보화의 기본목표 및 추진방향
2. 건설공사 과정의 정보화를 촉진하기 위한 시책
3. 건설공사 지원 통합정보체계 구축을 위한 공동사업의 시행 및 표준화
4. 건설공사 지원 통합정보체계 구축에 관한 각종 연구·개발 및 기술 지원
5. 건설공사 지원 통합정보체계를 이용한 정보의 공동활용 촉진
6. 그 밖에 건설공사의 정보화 촉진을 위하여 필요한 사항

③ 국토교통부장관은 통합정보체계 구축계획을 수립할 때에는 관계 중앙행정기관의 장과 협의한 후에 중앙심의위원회의 심의를 받아야 한다. 통합정보체계 구축계획 중 제2항제1호부터 제3호까지의 사항이나 그 밖에 대통령령으로 정하는 내용을 변경하려는 경우에도 같다.

④ 국토교통부장관은 통합정보체계 구축계획을 수립할 때에는 「국가정보화 기본법」 제6조에 따른 국가정보화 기본계획 및 같은 법 제7조에 따른 국가정보화 시행계획과 연계되도록 하여야 한다.

⑤ 국토교통부장관은 관계 중앙행정기관, 지방자치단체 및 「공공기관의 운영에 관한 법률」 에 따른 공공기관 등 관계 기관의 장에게 건설공사 지원 통합정보체계의 구축·운영에 필요한 자료 또는 정보의 제공을 요청할 수 있다. 이 경우 자료 또는 정보의 제공을 요청받은 기관의 장은 특별한 사유가 없으면 요청에 따라야 한다.

⑥ 국토교통부장관은 국토교통부장관이 정하여 고시하는 전담기관으로 하여금 건설공사 지원 통합정보체계를 구축·운영하게 할 수 있다. 이 경우 국토교통부장관은 전담기관의 장에게 필요한 사업비에 충당하도록 출연할 수 있다.

⑦ 제6항에 따른 전담기관의 관리, 그 밖에 건설공사 지원 통합정보체계의 구축·운영 등에 필요한 사항은 대통령령으로 정한다.

제3장 건설기술자의 육성 등

제20조(건설기술자의 육성) ① 국토교통부장관은 건설기술자의 효율적 활용과 기술능력 향상을 위하여 필요한 경우에는 건설기술자의 육성과 교육·훈련 등에 관한 시책을 수립·추진할 수 있다.

② 대통령령으로 정하는 건설기술자는 업무 수행에 필요한 소양과 지식을 습득하기 위하여 대통령령으로 정하는 바에 따라 국토교통부장관이 실시하는 교육·훈련을 받아야 한다.

③ 제2항에 따라 교육·훈련을 받아야 할 사람을 고용하고 있는 사용자는 건설기술자가 제2항에 따른 교육·훈련을 받는 데에 필요한 경비를 부담하여야 하며, 이를 이유로 그 건설기술자에게 불이익을 주어서는 아니 된다.

④ 국토교통부장관은 건설기술자를 육성하기 위하여 국토교통부장관이 정하여 고시하는 「공공기관의 운영에 관한 법률」 에 따른 공공기관이나 건설기술과 관련된 기관 또는 단체로 하여금 제2항에 따른 교육·훈련을 대행하도록 할 수 있다. 이 경우 국토교통부장관은 교육·훈련에 필요한 비용의 일부를 지원할 수 있다.

⑤ 그 밖에 건설기술자의 육성에 관한 사항과 제2항에 따른 교육·훈련의 내용 및 기간 등에 관하여 필요한 사항은 대통령령으로 정한다.

제21조(건설기술자의 신고) ① 건설공사 또는 건설기술용역 업무에 종사하는 사람으로서 건설기술자로 인정받으려는 사람은 근무처·경력·학력 및 자격 등(이하"근무처 및 경력등"이라 한다)의 관리에 필요한 사항을 국토교통부장관에게 신고하여야 한다. 신고사항이 변경된 경우에도 같다.

② 국토교통부장관은 제1항에 따라 신고를 받은 경우에는 건설기술자의 근무처 및 경력등에 관한 기록을 유지·관리하여야 하며, 건설기술자가 신청하면 건설기술자의 근무처 및 경력등에 관한 증명서(이하"건설기술경력증"이라 한다)를 발급할 수 있다.

③ 국토교통부장관은 제1항에 따라 신고받은 내용을 확인하기 위하여 필요한 경우에는 중앙행정기관, 지방자치단체, 「초·중등교육법」 제2조 및 「고등교육법」 제2조에 따른 학교, 발주청, 신고한 건설기술자가 소속된 건설 관련 업체 등 관계 기관의 장에게 관계 자료를 제출하여 줄 것을 요청할 수 있다. 이 경우 요청을 받은 기관의 장은 특별한 사유가 없으면 요청에 따라야 한다.

④ 「건설산업기본법」 등 관계 법률에 따라 인가, 허가, 등록, 면허 등을 하려는 행정기관의 장은 건설기술자의 근무처 및 경력등의 확인이 필요한 경우에는 국토교통부장관의 확인을 받아야 한다.

⑤ 제1항부터 제4항까지의 규정에 따른 건설기술자의 신고, 건설기술경력증의 발급·관리,

건설기술자의 현황 통보 등에 필요한 사항은 국토교통부령으로 정한다.

제22조(건설기술자의 국가 간 상호 인정) 국가는 외국 건설기술자의 요건 또는 국제적으로 통용되는 건설기술자의 요건이 이 법에 따른 건설기술자의 요건과 동등한 수준으로 업무 교류 등이 가능하다고 판단되는 경우에는 외국과의 국가 간 협약 등에 따라 상호(相互) 건설기술자로 인정할 수 있다.

제23조(건설기술자의 명의 대여 금지 등) ① 건설기술자는 자기의 성명을 사용하여 다른 사람에게 건설공사 또는 건설기술용역 업무를 수행하게 하거나 건설기술경력증을 빌려주어서는 아니 된다.

② 누구든지 다른 사람의 성명을 사용하여 건설공사 또는 건설기술용역 업무를 수행하거나 다른 사람의 건설기술경력증을 빌려서는 아니 된다.

③ 누구든지 제1항이나 제2항에서 금지된 행위를 알선하여서는 아니 된다.

제24조(건설기술자의 업무정지 등) ① 국토교통부장관은 건설기술자가 다음 각 호의 어느 하나에 해당하면 2년 이내의 기간을 정하여 건설공사 또는 건설기술용역 업무의 수행을 정지하게 할 수 있다.

1. 제21조제1항에 따라 신고 또는 변경신고를 하면서 근무처 및 경력등을 거짓으로 신고하거나 변경신고한 경우
2. 제23조제1항을 위반하여 자기의 성명을 사용하여 다른 사람에게 건설공사 또는 건설기술용역 업무를 수행하게 하거나 건설기술경력증을 빌려 준 경우
3. 제2항에 따른 시정지시 등을 3회 이상 받은 경우
4. 공사 관리 등과 관련하여 발주자 또는 건설사업관리를 수행하는 건설기술자의 정당한 시정명령에 따르지 아니한 경우
5. 정당한 사유 없이 공사현장을 무단 이탈하여 공사 시행에 차질이 생기게 한 경우
6. 고의 또는 중대한 과실로 발주청에 재산상의 손해를 발생하게 한 경우
7. 다른 행정기관이 법령에 따라 업무정지를 요청한 경우

② 발주청은 건설기술자가 업무를 성실하게 수행하지 아니함으로써 건설공사가 부실하게 될 우려가 있으면 국토교통부령으로 정하는 바에 따라 그 건설기술자에게 시정지시 등 필요한 조치를 하고, 그 결과를 국토교통부장관에게 제출하여야 한다.

③ 발주청과 건설공사의 허가·인가·승인 등을 한 행정기관(이하"인·허가기관"이라 한다)의 장은 건설기술자가 제1항 각 호의 어느 하나에 해당하는 경우에는 그 사실을 국토교통부장관에게 통보하여야 하며, 국토교통부장관은 건설기술자에 대하여 제1항에 따라 업무의 수행을 정지하게 한 경우 해당 발주청 및 인·허가기관의 장에게 그 내용을 통보하여야 한다.

④ 제1항에 따라 업무정지처분을 받은 건설기술자는 지체 없이 건설기술경력증을 국토교통부장관에게 반납하여야 하며, 국토교통부장관은 근무처 및 경력등에 관한 기록의 수정 또는 말소 등 필요한 조치를 하여야 한다.

⑤ 제1항에 따른 업무정지의 기준과 그 밖에 필요한 사항은 국토교통부령으로 정한다.

제4장 건설기술용역 등

제1절 건설기술용역업

제25조(건설기술용역업의 육성) ① 국토교통부장관은 건설기술용역에 관한 기술 수준의 향상과 건설기술용역업의 건전한 발전 및 고도화를 도모하기 위하여 필요한 경우에는 산업통상자원부장관 및 관계 중앙행정기관의 장과 협의하여 건설산업의 특성에 맞게 건설기술용역업의 육성 및 지원을 위한 시책을 수립하여 시행할 수 있다.

② 국토교통부장관은 건설기술용역업의 육성을 위하여 건설기술용역업자에게 다음 각 호의 사항을 지원할 수 있다.

1. 제7조에 따른 건설기술 연구·개발 사업으로 개발된 건설기술의 활용
2. 제18조에 따른 건설기술정보체계를 통한 건설기술에 관한 자료 및 정보 제공
3. 국내외 건설기술인력의 정보 제공
4. 건설기술자에 대한 전문교육
5. 그 밖에 건설기술용역업의 건전한 발전 및 고도화를 위하여 필요하다고 인정하는 사항

제26조(건설기술용역업의 등록 등) ① 발주청이 발주하는 건설기술용역사업을 수행하려는 자는 전문분야별 요건을 갖추어 특별시장·광역시

장·특별자치시장·도지사 또는 특별자치도지사(이하"시·도지사"라 한다)에게 등록하여야 한다. 다만, 발주청이 발주하는 건설기술용역 중 건설공사의 계획·조사·설계를 수행하기 위하여 시·도지사에게 등록하려는 자는 「엔지니어링산업 진흥법」 제2조제4호에 따른 엔지니어링사업자 또는 「기술사법」 제6조제1항에 따른 사무소를 등록한 기술사이어야 한다.

② 시·도지사는 건설기술용역업자에게 국토교통부령으로 정하는 바에 따라 등록증을 발급하여야 한다.

③ 건설기술용역업자는 제1항에 따라 등록한 사항이 변경된 경우에는 국토교통부령으로 정하는 기간 이내에 변경등록을 하여야 한다. 다만, 국토교통부령으로 정하는 경미한 등록사항의 변경은 그러하지 아니하다.

④ 건설기술용역업자는 휴업하거나 폐업하는 경우에는 국토교통부령으로 정하는 바에 따라 시·도지사에게 신고하여야 한다. 이 경우 폐업신고를 받은 시·도지사는 그 등록을 말소하여야 한다.

⑤ 시·도지사는 제1항부터 제4항까지의 규정에 따라 건설기술용역업자가 등록 또는 변경등록을 하거나 건설기술용역업자로부터 휴업 또는 폐업 신고를 받은 경우에는 그 사실을 국토교통부장관에게 통보하여야 한다.

⑥ 제1항 본문에 따른 건설기술용역업의 전문분야 구분, 전문분야별 등록요건 및 업무범위 등은 대통령령으로 정한다.

⑦ 건설기술용역업의 등록 및 변경등록, 휴업·폐업의 절차 등에 관하여 필요한 사항은 국토교통부령으로 정한다.

제27조(결격사유) 다음 각 호의 어느 하나에 해당하는 자는 제26조제1항에 따른 등록을 할 수 없다. <개정 2015.12.29.>

1. 피성년후견인
2. 파산선고를 받고 복권되지 아니한 자
3. 제31조제1항에 따라 등록취소 처분을 받고, 그 처분을 받은 날부터 1년이 지나지 아니한 자. 다만, 이 조 제1호·제2호 또는 제4호에 해당하여 건설기술용역업의 등록이 취소된 경우는 제외한다.
4. 대표자가 제1호 또는 제2호의 어느 하나에 해당하는 법인

제28조(건설기술용역업자 등의 의무) ① 건설기술용역업자와 그 건설기술용역 업무를 수행하는 건설기술자는 관계 법령에 따라 성실하고 정당하게 업무를 수행하여야 한다.

② 건설기술용역업자는 타인에게 자기의 성명 또는 상호를 사용하여 건설기술용역을 하게 하거나 등록증을 빌려 주어서는 아니 된다.

제29조(건설기술용역업자의 영업 양도 등) ① 건설기술용역업자는 다음 각 호의 어느 하나에 해당하는 경우에는 국토교통부령으로 정하는 바에 따라 시·도지사에게 신고하여야 한다.

1. 건설기술용역업자가 영업을 양도하려는 경우
2. 법인인 건설기술용역업자 간 합병을 하려는 경우

② 다음 각 호의 어느 하나에 해당하는 자는 제26조제1항에 따른 등록요건을 갖춘 경우 건설기술용역업의 등록에 관한 권리·의무를 승계한다.

1. 건설기술용역업자가 그 영업을 양도한 경우 그 양수인
2. 법인인 건설기술용역업자가 합병한 경우 합병 후 존속하는 법인이나 합병으로 설립되는 법인

③ 제2항에 따라 종전의 건설기술용역업의 등록에 관한 권리·의무를 승계한 자는 국토교통부령으로 정하는 바에 따라 종전의 건설기술용역 실적을 승계한다.

제30조(건설기술용역의 실적 관리) ① 발주청은 그가 발주하는 건설기술용역의 계약을 체결하거나 변경한 경우와 건설기술용역을 준공한 경우에는 10일 이내에 그 사실을 국토교통부장관에게 통보하여야 한다.

② 국토교통부장관은 건설기술용역업을 체계적으로 육성하기 위하여 건설기술용역업자의 현황과 제1항에 따라 통보된 건설기술용역 실적을 관리하여야 한다.

③ 국토교통부장관은 발주자가 적절한 건설기술용역업자를 선정할 수 있도록 하기 위하여 제2항에 따른 건설기술용역업자의 현황과 건설기술용역 실적을 공개할 수 있다.

④ 제1항과 제3항에 따른 건설기술용역의 실적 통보 및 공개 등에 필요한 사항은 대통령령으로 정한다.

▶ 판례 – [1] 구 건설기술관리법 제30조 제1항 제8호에서 감리전문회사에 대한 제재사유로 정한

'당해 시설물이 조잡하게 시공된 때'의 의미
[2] 구 건설기술관리법 제30조 제1항 제8호에서 감리전문회사의 제재를 규정한 취지 및 주요구조부가 '조잡하게 시공되었는지' 판단하는 기준

[1] 구 건설기술관리법(2009. 12. 29. 법률 제9848호로 개정되기 전의 것) 제30조 제1항 제8호는 감리전문회사에 대한 제재사유로 '책임감리 등을 성실하게 수행하지 아니함으로써 공중에 위해를 끼치거나 당해 시설물의 주요구조부가 조잡하게 시공된 때'를 규정하고 있다. 여기서 '당해 시설물이 조잡하게 시공된 때'란, 건축법 등 각종 법령·설계도서·건설관행·건설업자로서 일반 상식 등에 반하여 시공됨으로써 건축물 자체의 안전성 등이 훼손된 것을 뜻한다.

[2] 구 건설기술관리법(2009. 12. 29. 법률 제9848호로 개정되기 전의 것, 이하 같다)의 입법취지, 책임감리제도의 도입 목적, 감리전문회사 및 감리원의 권한과 역할 등에 비추어 구 건설기술관리법 제30조 제1항 제8호에서 책임감리 불성실로 인한 시공결과에 대한 감리전문회사의 제재를 규정한 취지는, 감리전문회사에 대하여 그 소속 감리원을 통하여 공사의 모든 단계에 걸쳐 광범위하고 즉각적인 감독권한을 행사하도록 한 만큼, 그러한 권한의 행사를 게을리 하여 야기된 결과에 대하여는 그에 상응하는 엄격한 책임을 묻고자 함에 있다. 따라서 위 조항에서 주요구조부가 '조잡하게 시공되었는지'는, 당초의 잘못된 시공 상태를 기준으로 하여 그러한 상태가 건축법 등 각종 법령·설계도서·건설관행·건설업자로서 일반 상식 등에 어긋나는지, 그로 말미암아 건축물 자체의 안전성 등이 훼손되었는지 여부로 판단해야 한다. 다만, 이미 시공된 부분에 대한 보완공사가 진행되었거나 예정된 때에는 과도한 비용이나 시간을 들이지 않고 원래 설계내용대로 보완이 가능하다는 등의 특별한 사정이 있는 경우 그러한 사정을 위 판단에 고려할 수 있다. [대법원 2014.1.29, 선고, 2011두29069, 판결]

제31조(건설기술용역업자의 등록취소 등) ① 시·도지사는 건설기술용역업자가 다음 각 호의 어느 하나에 해당하면 그 등록을 취소하거나 1년 이내의 기간을 정하여 영업의 전부 또는 일부의 정지를 명할 수 있다. 다만, 제1호부터 제5호까지의 어느 하나에 해당하면 등록을 취소하여야 한다.

1. 거짓이나 그 밖의 부정한 방법으로 제26조제1항에 따라 등록을 한 경우
2. 최근 5년간 3회 이상 영업정지 또는 제32조에 따른 과징금 부과처분을 받은 경우
3. 영업정지기간에 건설기술용역 업무를 수행한 경우. 다만, 제33조에 따라 건설기술용역을 수행한 경우는 제외한다.
4. 건설기술용역업자로 등록한 후 제27조에 따른 결격사유 중 어느 하나에 해당하게 된 경우
5. 제28조제2항을 위반하여 타인에게 자기의 성명 또는 상호를 사용하여 건설기술용역을 하게 하거나 등록증을 빌려 준 경우
6. 제35조제2항에 따른 사업수행능력 평가에 관한 서류를 위조하거나 변조하는 등 거짓이나 그 밖의 부정한 방법으로 입찰에 참여한 경우
7. 건설기술용역업자로 등록한 후 제26조제1항에 따른 등록기준을 충족하지 못하게 된 경우에 그 날부터 50일 이내에 미달된 사항을 보완하지 아니한 경우
8. 고의 또는 과실로 「산업안전보건법」 제2조제7호에 따른 중대재해가 발생하거나 건설공사의 발주청에 재산상의 손해를 발생하게 하거나 사람에게 위해(危害)를 끼치거나 부실공사를 초래한 경우
9. 다른 행정기관이 관계 법령에 따라 등록취소 또는 영업정지를 요구한 경우

② 시·도지사는 건설기술용역업자가 다음 각 호의 어느 하나에 해당하면 6개월 이내의 기간을 정하여 영업정지를 명할 수 있다. <개정 2016.1.19.>

1. 제34조제2항에 따른 보험 또는 공제에 가입하지 아니한 경우
2. 제35조제4항에 따른 발주청의 승인을 받지 아니하고 하도급을 한 경우
3. 제38조제2항에 따른 보고 또는 관계 자료의 제출 명령을 이행하지 아니한 경우
4. 제38조제3항에 따른 검사를 거부·방해·기피한 경우
5. 건설사업관리를 수행하는 건설기술용역업자가 다음 각 목의 어느 하나에 해당하는 경우
   가. 제39조제4항에 따른 건설사업관리 보고서를 제출하지 아니하거나 거짓으로 작성하거나 건설사업관리 보고서에 해당 건설공사의 주요 구조부에 대한 시공·검사·시험 등의 내용을 빠뜨린 경우
   나. 건설업자에게 재시공·공사중지 명령 등 조치를 하고 제40조제3항에 따라 발주청에 보고하지 아니한 경우
   다. 제48조제2항에 따른 설계도서 검토 결

과 보고를 하지 아니한 경우
라. 건설공사의 품질관리 지도·감독을 성실하게 수행하지 아니한 경우[건설업자 또는 「주택법」 제4조에 따라 주택건설사업의 등록을 한 자(이하"주택건설등록업자"라 한다)가 제55조제1항에 따른 건설공사의 품질관리계획 또는 품질시험계획(그 계획에 따른 품질시험 또는 검사를 포함한다)을 이행하지 아니하거나 품질시험의 성과를 조작한 경우로 한정한다]
마. 건설기술자로서 자격이 없는 사람이나 소속 건설기술자가 아닌 사람에게 건설사업관리를 수행하게 한 경우(건설기술자가 아닌 사람으로서 발주청이 사전에 승인한 사람은 제외한다)
바. 다른 건설기술용역업자에게 소속된 건설기술자로 하여금 건설사업관리를 수행하게 한 경우
사. 건설사업관리를 수행하는 건설기술자를 부정한 방법으로 교체하거나 배치한 경우
6. 제54조제1항에 따른 시정명령을 이행하지 아니한 경우
7. 품질시험 또는 검사 업무를 수행하는 건설기술용역업자가 다음 각 목의 어느 하나에 해당하는 경우
가. 품질시험 또는 검사의 결함으로 인하여 건설공사 또는 건설공사에 사용되는 자재(資材)·부재(部材)(이하 "건설자재·부재"라 한다)의 품질을 현저하게 떨어뜨린 경우
나. 품질시험 또는 검사의 성적서를 거짓으로 발급한 경우
다. 정당한 사유 없이 3개월 이상 품질시험 또는 검사의 대행을 거부한 경우
라. 제60조제2항에 따른 시정명령 등의 조치를 따르지 아니한 경우

③ 건설기술용역업자는 제1항과 제2항에 따른 영업정지기간에는 상호를 바꾸어 건설기술용역의 입찰에 참가하거나 건설기술용역을 수주(受注)할 수 없다.

④ 발주청과 인·허가기관의 장은 건설기술용역업자가 제1항 각 호 또는 제2항 각 호의 어느 하나에 해당하는 경우에는 그 사실을 시·도지사에게 통보하여야 하며, 시·도지사는 건설기술용역업자에 대하여 제1항·제2항 또는 제32조제1항에 따라 등록취소, 영업정지 또는 과징금 부과 등의 조치를 하는 경우 국토교통부장관, 해당 발주청 및 인·허가기관의 장에게 그 내용을 통보하여야 한다.

⑤ 제1항과 제2항에 따른 처분의 세부 기준은 대통령령으로 정한다.

제31조(건설기술용역업자의 등록취소 등) ① 시·도지사는 건설기술용역업자가 다음 각 호의 어느 하나에 해당하면 그 등록을 취소하거나 1년 이내의 기간을 정하여 영업의 전부 또는 일부의 정지를 명할 수 있다. 다만, 제1호부터 제5호까지의 어느 하나에 해당하면 등록을 취소하여야 한다.
1. 거짓이나 그 밖의 부정한 방법으로 제26조제1항에 따라 등록을 한 경우
2. 최근 5년간 3회 이상 영업정지 또는 제32조에 따른 과징금 부과처분을 받은 경우
3. 영업정지기간에 건설기술용역 업무를 수행한 경우. 다만, 제33조에 따라 건설기술용역을 수행한 경우는 제외한다.
4. 건설기술용역업자로 등록한 후 제27조에 따른 결격사유 중 어느 하나에 해당하게 된 경우
5. 제28조제2항을 위반하여 타인에게 자기의 성명 또는 상호를 사용하여 건설기술용역을 하게 하거나 등록증을 빌려 준 경우
6. 제35조제2항에 따른 사업수행능력 평가에 관한 서류를 위조하거나 변조하는 등 거짓이나 그 밖의 부정한 방법으로 입찰에 참여한 경우
7. 건설기술용역업자로 등록한 후 제26조제1항에 따른 등록기준을 충족하지 못하게 된 경우에 그 날부터 50일 이내에 미달된 사항을 보완하지 아니한 경우
8. 고의 또는 과실로 「산업안전보건법」 제2조제7호에 따른 중대재해가 발생하거나 건설공사의 발주청에 재산상의 손해를 발생하게 하거나 사람에게 위해(危害)를 끼치거나 부실공사를 초래한 경우
9. 다른 행정기관이 관계 법령에 따라 등록취소 또는 영업정지를 요구한 경우

② 시·도지사는 건설기술용역업자가 다음 각 호의 어느 하나에 해당하면 6개월 이내의 기간을 정하여 영업정지를 명할 수 있다. <개정 2016.1.19., 2017.8.9.>
1. 제34조제2항에 따른 보험 또는 공제에 가입하지 아니한 경우
2. 제35조제4항에 따른 발주청의 승인을 받지 아니하고 하도급을 한 경우
3. 제38조제2항에 따른 보고 또는 관계 자료의 제출 명령을 이행하지 아니한 경우
4. 제38조제3항에 따른 검사를 거부·방해·기피한 경우
5. 건설사업관리를 수행하는 건설기술용역업

자가 다음 각 목의 어느 하나에 해당하는 경우
가. 제39조제4항에 따른 건설사업관리 보고서를 제출하지 아니하거나 거짓으로 작성하거나 건설사업관리 보고서에 해당 건설공사의 주요 구조부에 대한 시공·검사·시험 등의 내용을 빠뜨린 경우
나. 건설업자에게 재시공·공사중지 명령 등 조치를 하고 제40조제3항에 따라 발주청에 보고하지 아니한 경우
다. 제48조제2항에 따른 설계도서 검토 결과 보고를 하지 아니한 경우
라. 건설공사의 품질관리 지도·감독을 성실하게 수행하지 아니한 경우[건설업자 또는 「주택법」 제4조에 따라 주택건설사업의 등록을 한 자(이하"주택건설등록업자"라 한다)가 제55조제1항에 따른 건설공사의 품질관리계획 또는 품질시험계획(그 계획에 따른 품질시험 또는 검사를 포함한다)을 이행하지 아니하거나 품질시험의 성과를 조작한 경우로 한정한다]
마. 건설기술자로서 자격이 없는 사람이나 소속 건설기술자가 아닌 사람에게 건설사업관리를 수행하게 한 경우(건설기술자가 아닌 사람으로서 발주청이 사전에 승인한 사람은 제외한다)
바. 다른 건설기술용역업자에게 소속된 건설기술자로 하여금 건설사업관리를 수행하게 한 경우
사. 건설사업관리를 수행하는 건설기술자를 부정한 방법으로 교체하거나 배치한 경우
6. 제54조제1항에 따른 시정명령을 이행하지 아니한 경우
7. 품질시험 또는 검사 업무를 수행하는 건설기술용역업자가 다음 각 목의 어느 하나에 해당하는 경우
가. 품질시험 또는 검사의 결함으로 인하여 건설공사 또는 건설공사에 사용되는 자재(資材)·부재(部材)(이하"건설자재·부재"라 한다)의 품질을 현저하게 떨어뜨린 경우
나. 품질시험 또는 검사의 성적서를 거짓으로 발급한 경우
다. 정당한 사유 없이 3개월 이상 품질시험 또는 검사의 대행을 거부한 경우
라. 건설기술자로서 자격이 없는 사람이나 소속 건설기술자가 아닌 사람으로 하여금 품질검사를 실시하게 한 경우
마. 제60조제2항을 위반하여 발주자 또는 건설사업관리를 수행하는 건설기술용역업자의 봉인 또는 확인을 거친 재료로 품질검사를 하지 아니한 경우
바. 제60조제3항을 위반하여 품질검사 성적서 및 품질검사 내용을 제19조에 따른 건설공사 지원 통합정보체계에 입력하지 아니한 경우
사. 제60조제4항에 따른 시정명령 등의 조치를 따르지 아니한 경우

③ 건설기술용역업자는 제1항과 제2항에 따른 영업정지기간에는 상호를 바꾸어 건설기술용역의 입찰에 참가하거나 건설기술용역을 수주(受注)할 수 없다.

④ 발주청과 인·허가기관의 장은 건설기술용역업자가 제1항 각 호 또는 제2항 각 호의 어느 하나에 해당하는 경우에는 그 사실을 시·도지사에게 통보하여야 하며, 시·도지사는 건설기술용역업자에 대하여 제1항·제2항 또는 제32조제1항에 따라 등록취소, 영업정지 또는 과징금 부과 등의 조치를 하는 경우 국토교통부장관, 해당 발주청 및 인·허가기관의 장에게 그 내용을 통보하여야 한다.

⑤ 제1항과 제2항에 따른 처분의 세부 기준은 대통령령으로 정한다.

[시행일 : 2018.2.10.] 제31조

제32조(과징금) ① 시·도지사는 제31조제1항에 따라 영업정지를 명하여야 하는 경우에는 영업정지를 갈음하여 2억원 이하의 과징금을, 같은 조 제2항에 따라 영업정지를 명하여야 하는 경우에는 영업정지를 갈음하여 6천만원 이하의 과징금을 부과할 수 있다.

② 제1항에 따라 과징금 부과처분을 받은 자가 과징금을 기한까지 내지 아니하면 「지방세외수입금의 징수 등에 관한 법률」에 따라 징수한다. <개정 2013.8.6.>

③ 제1항에 따라 과징금을 부과하는 위반행위의 종류 및 위반 정도 등에 따른 과징금의 금액과 그 밖에 필요한 사항은 대통령령으로 정한다.

제33조(등록취소처분 등을 받은 건설기술용역업자의 업무 계속) ① 제31조제1항 또는 제2항에 따라 등록취소 또는 영업정지의 처분을 받은 건설기술용역업자는 그 처분을 받기 전에 체결한 건설기술용역계약에 따른 업무는 계속할 수 있다. 이 경우 건설기술용역업자는 그 처분을 받은 내용을 대통령령으로 정하는 기간 이내에 해당 건설기술용역의 발주자에게 통지하여야 한다.

② 건설기술용역의 발주자는 건설기술용역업자로부터 제1항에 따른 통지를 받거나 그 사실을 안 경우에는 그 날부터 30일 이내에만 해당 건설기술용역 계약을 해지할 수 있다.

제34조(건설기술용역업자의 손해배상 및 하자보증) ① 건설기술용역업자는 건설기술용역계약을 이행할 때 고의 또는 과실로 해당 건설기술용역 목적물 또는 제3자에게 손해를 발생하게 한 경우에는 그 손해를 배상하여야 한다. <개정 2015.7.24.>

② 제1항에 따른 배상을 담보하기 위하여 대통령령으로 정하는 건설기술용역업자는 보험 또는 공제에 가입하여야 한다. 이 경우 발주청은 보험 또는 공제 가입에 따른 비용을 건설기술용역 비용에 계상(計上)하여야 한다.

③ 발주청은 건설사업관리 계약을 체결할 때 건설기술용역업자로 하여금 하자책임을 보증하게 하기 위하여 하자보증금을 예치하게 하여야 한다.

④ 제2항에 따른 보험 또는 공제의 기간, 종류, 대상 및 방법 등에 관하여 필요한 사항은 대통령령으로 정한다.

⑤ 제3항에 따른 하자책임의 범위, 하자보증금의 산정(算定) 및 예치방법 등에 관하여 필요한 사항은 대통령령으로 정한다.

제35조(발주청이 시행하는 건설기술용역사업) ① 발주청은 건설기술용역사업 또는 「건축사법」 제2조제3호에 따른 설계(이하"건축설계"라 한다) 중 대통령령으로 정하는 규모 이상의 사업을 시행할 때에는 대통령령으로 정하는 바에 따라 집행계획을 작성하여 공고하여야 한다.

② 제1항에 따라 공고된 사업은 대통령령으로 정하는 사업수행능력 평가에 의한 선정기준 및 선정절차에 따라 선정된 건설기술용역업자(건축설계에 대하여는 「건축사법」 제23조에 따라 건축사사무소개설신고를 한 자를 말한다. 이하 이 조에서 같다)에게 맡겨 시행하여야 한다. 다만, 제36조에 따라 건설기술을 공모(公募)하는 경우에는 그러하지 아니하다.

③ 발주청은 제39조제2항에 따라 건설사업관리를 시행할 건설기술용역업자를 선정할 때에는 다음 각 호에 모두 해당하는 건설기술용역업자(각 호에 해당하는 자와 공동수급체를 구성한 건설기술용역업자를 포함한다)를 우대할 수 있다.

1. 「소방시설공사업법」 제4조제1항에 따라 소방시설감리업 수행을 위하여 소방시설업의 등록을 한 자
2. 「전력기술관리법」 제14조제1항제2호에 따라 전력시설물의 공사감리업의 등록을 한 자
3. 「정보통신공사업법」 제2조제7호에 따른 용역업자로서 같은 법 제8조에 따른 감리원을 보유한 자

④ 건설기술용역업자는 제2항에 따라 발주청이 발주하는 건설기술용역을 도급받은 경우 발주청의 승인을 받아 그 일부를 다른 건설기술용역업자에게 하도급할 수 있다.

⑤ 제4항에 따른 승인 절차 등에 관하여 필요한 사항은 국토교통부령으로 정한다.

제36조(건설기술의 공모) ① 발주청이 발주하는 건설공사 또는 건설기술용역사업은 건설기술을 공모하여 발주할 수 있다.

② 제1항에 따른 건설기술 공모의 대상, 절차 및 방법 등에 관하여 필요한 사항은 대통령령으로 정한다.

제37조(건설기술용역 대가) ① 발주청은 건설기술용역을 건설기술용역업자에게 수행하게 한 경우에는 다른 법령이나 국토교통부장관이 정하여 고시하는 건설기술용역비 산정기준에 따라 산정한 건설기술용역비를 지급하여야 한다.

② 제1항에 따라 국토교통부장관이 건설기술용역비 산정기준을 정할 때에는 미리 기획재정부장관 또는 산업통상자원부장관 등 관계 행정기관의 장과 협의하여야 한다.

제38조(건설기술용역업자의 지도·감독 등) ① 국토교통부장관 또는 시·도지사는 건설기술용역업자의 업무 수행에 관한 사항을 지도·감독하여야 한다.

② 국토교통부장관 또는 시·도지사는 제1항에 따른 지도·감독을 위하여 필요하다고 인정하는 경우에는 건설기술용역업자에게 그 업무에 관한 보고 또는 관계 자료의 제출을 명할 수 있다.

③ 국토교통부장관 또는 시·도지사는 제1항에 따른 지도·감독을 위하여 필요하다고 인정하는 경우에는 소속 공무원으로 하여금 사무실 및 공사현장 등에 출입하여 검사하게 할 수 있다.

④ 제3항에 따른 검사를 하는 사람은 그 권한을 표시하는 증표를 지니고 이를 관계인에게 보여주어야 한다.

제2절 건설사업관리

제39조(건설사업관리 등의 시행) ① 발주청은 건설공사를 효율적으로 수행하기 위하여 필요한 경우에는 다음 각 호의 어느 하나에 해당하는 건설공사에 대하여 건설기술용역업자로 하여금 건설사업관리를 하게 할 수 있다.

1. 설계·시공 관리의 난이도가 높아 특별한 관리가 필요한 건설공사
2. 발주청의 기술인력이 부족하여 원활한 공사 관리가 어려운 건설공사
3. 제1호 및 제2호 외의 건설공사로서 그 건설공사의 원활한 수행을 위하여 발주청이 필요하다고 인정하는 건설공사

② 발주청은 건설공사의 품질 확보 및 향상을 위하여 대통령령으로 정하는 건설공사에 대하여는 법인인 건설기술용역업자로 하여금 건설사업관리(시공단계에서 품질 및 안전관리 실태의 확인, 설계변경에 관한 사항의 확인, 준공검사 등 발주청의 감독 권한대행 업무를 포함한다)를 하게 하여야 한다.

③ 발주청은 대통령령으로 정하는 설계용역에 대하여 건설기술용역업자로 하여금 건설사업관리를 하게 하여야 한다.

④ 제1항부터 제3항까지의 규정에 따른 건설사업관리 업무를 수행한 건설기술용역업자는 건설공사의 주요 구조부에 대한 시공, 검사 및 시험 등 세부적인 업무내용을 포함한 보고서를 국토교통부령으로 정하는 바에 따라 작성하여 발주청에 제출하여야 한다.

⑤ 건설기술용역업자는 다음 각 호의 어느 하나에 해당하는 건설기술자로 하여금 제1항부터 제3항까지의 규정에 따른 건설사업관리 업무를 수행하게 할 수 없다.

1. 피성년후견인
2. 파산선고를 받고 복권되지 아니한 사람
3. 이 법 또는 「건축법」, 「건축사법」 또는 「주택법」을 위반하거나 「국가기술자격법」 제26조제2항의 죄를 범하여 금고 이상의 실형을 선고받고 그 집행이 끝나거나(끝난 것으로 보는 경우를 포함한다) 면제된 날부터 3년이 지나지 아니한 사람
4. 「형법」 제129조부터 제132조까지의 죄를 범하여 금고 이상의 실형을 선고받고 그 집행이 끝나거나(끝난 것으로 보는 경우를 포함한다) 면제된 날부터 5년이 지나지 아니한 사람
5. 제3호 또는 제4호에 규정된 죄를 범하여 형의 집행유예를 선고받고 그 유예기간 중에 있는 사람

⑥ 건설사업관리의 세부 업무 내용 및 업무 범위 등 제1항부터 제3항까지의 규정에 따라 건설사업관리를 수행하는 데 필요한 사항은 대통령령으로 정한다.

제40조(건설사업관리 중 공사중지 명령 등) ① 제39조제2항에 따라 건설사업관리를 수행하는 건설기술용역업자는 건설업자가 건설공사의 설계도서·시방서(示方書), 그 밖의 관계 서류의 내용과 맞지 아니하게 그 건설공사를 시공하는 경우에는 재시공·공사중지 명령이나 그 밖에 필요한 조치를 할 수 있다.

② 제1항에 따라 건설기술용역업자로부터 재시공·공사중지 명령이나 그 밖에 필요한 조치에 관한 지시를 받은 건설업자는 특별한 사유가 없으면 이에 따라야 한다.

③ 건설기술용역업자는 제1항에 따라 건설업자에게 재시공·공사중지 명령이나 그 밖에 필요한 조치를 한 경우에는 지체 없이 이에 관한 사항을 해당 건설공사의 발주청에 보고하여야 한다.

④ 건설공사의 발주청은 건설기술용역업자로부터 제3항에 따른 재시공·공사중지 명령이나 그 밖에 필요한 조치에 관한 보고를 받은 경우에는 지체 없이 이에 필요한 조치를 하여야 한다.

⑤ 건설사업관리를 수행하는 건설기술용역업자는 소속 건설기술자 중에서 해당 건설사업관리의 책임건설기술자를 지명하여 제1항에 따른 재시공·공사중지 명령이나 그 밖에 필요한 조치의 권한을 위임할 수 있다.

⑥ 제1항에 따른 재시공·공사중지 명령이나 그 밖에 필요한 조치의 요건, 절차 및 방법 등에 관하여 필요한 사항은 대통령령으로 정한다.

제41조(총괄관리자의 선정 등) ① 발주청은 건설공사와 그 건설공사에 딸리는 전기·소방 등의 설비공사(이하"설비공사"라 한다)에 대한 건설사업관리 및 감리를 다음 각 호의 어느 하나에 해당하는 자로 하여금 하게 하는 경우에는 해당 건설사업관리를 수행하는 자와 감리를 수행하는 자 중에서 그 건설공사와 설비공사에 대한 건설사업관리 및 감리 업무를 총괄하여 관리할 자(이하 "총괄관리자"라 한다)를 선정할 수 있다.

1. 건설기술용역업자
2. 「소방시설공사업법」 제4조제1항에 따른 소방시설업의 등록을 한 자
3. 「전력기술관리법」 제14조제1항제2호에 따라 전력시설물의 공사감리업의 등록을 한 자
4. 「정보통신공사업법」 제2조제7호에 따른 용역업자

② 총괄관리자는 건설공사 및 설비공사의 품질·안전 관리와 효율적인 건설사업관리 및 감리 업무의 수행을 위하여 필요하다고 인정하는 경우에는 다른 건설사업관리를 수행하는 자와 감리를 수행하는 자에게 시정지시 등 필요한 조치를 할 수 있으며, 정당한 사유 없이 조치에 따르지 아니하는 경우에는 그 사실을 발주청에 보고하여야 한다.

③ 총괄관리자의 권한, 업무 범위, 그 밖에 필요한 사항은 대통령령으로 정한다.

제42조(다른 법률과의 관계) 제39조제2항에 따른 건설사업관리를 시행하거나 건설사업관리 중 대통령령으로 정하는 업무를 수행한 경우에는 「건축법」 제25조에 따른 공사감리 또는 「주택법」 제43조 및 제44조에 따른 감리를 한 것으로 본다. <개정 2016.1.19.>

제5장 건설공사의 관리

제1절 건설공사의 표준화 등

제43조(설계 등의 표준화) ① 국토교통부장관은 건설공사에 드는 비용을 줄이고 시설물의 품질을 향상시키기 위하여 건설자재·부재의 치수 및 시공방법을 표준화하도록 노력하여야 한다.

② 국토교통부장관은 제1항에 따른 표준화를 촉진하기 위하여 다음 각 호의 자에게 대통령령으로 정하는 바에 따라 설계·생산 또는 시공 과정에서 시험생산·시험시공 등을 하도록 권고할 수 있다.

1. 시설물의 설계자
2. 건설자재·부재의 생산업자
3. 건설업자 또는 주택건설등록업자

③ 국토교통부장관은 관계 기관의 장에게 제1항에 따른 표준화와 관련된 「산업표준화법」 제12조에 따른 한국산업표준 등 기준의 정비 및 자금 지원 등 필요한 사항을 요청할 수 있다.

제44조(설계 및 시공 기준) ① 국토교통부장관이나 그 밖에 대통령령으로 정하는 자는 건설공사의 기술성·환경성 향상 및 품질 확보와 적정한 공사 관리를 위하여 다음 각 호에 관한 기준(이하"건설기준"이라 한다)을 정할 수 있다. <개정 2014.5.14.>

1. 건설공사 설계기준
2. 건설공사 시공기준 및 표준시방서 등
3. 그 밖에 건설공사의 관리에 필요한 사항

② 제1항에 따라 대통령령으로 정하는 자가 건설기준을 정하려면 국토교통부장관의 승인을 받아야 한다. <개정 2014.5.14.>

③ 건설기준 설정의 절차 등에 관하여 필요한 사항은 국토교통부령으로 정한다. <개정 2014.5.14.>

제44조의2(건설기준의 관리) ① 국토교통부장관은 건설기준의 개발 촉진과 그 활용을 위한 시책을 마련하여야 한다.

② 국토교통부장관은 건설기준을 효율적으로 관리하기 위하여 국가건설기준센터를 설치·운영할 수 있다.

③ 국가건설기준센터는 다음 각 호의 업무를 수행한다.

1. 건설기준의 연구·개발 및 보급
2. 건설기준의 관리·운영
3. 건설기준의 검증 및 평가
4. 건설기준의 정보화체계 구축
5. 건설기준에 대한 교육 및 홍보
6. 주요 국가 건설기준의 제도·정책 동향 조사·분석
7. 건설기준 발전을 위한 국제협력의 추진
8. 그 밖에 건설기준 발전을 위하여 대통령령으로 정하는 사항

④ 국토교통부장관은 국가건설기준센터의 운영을 대통령령으로 정하는 전문기관에 위탁할 수 있다.

⑤ 국토교통부장관은 국가건설기준센터의 운영에 필요한 비용을 예산의 범위에서 출연할 수 있다.

⑥ 국가건설기준센터의 설치·운영과 제5항에 따른 출연금의 지급범위·사용 및 관리에 필요한 사항은 대통령령으로 정한다.

[본조신설 2014.5.14.]

제45조(건설공사 공사비 산정기준) ① 국토교

통부장관은 건설공사의 적정한 공사비 산정을 위하여 건설공사의 실적을 토대로 산정한 공사비 및 표준품셈 등 공사비 산정기준을 정할 수 있다.

② 국토교통부장관은 제1항에 따른 공사비 산정기준의 관리를 위하여 국토교통부장관이 정하여 고시하는 관리기관으로 하여금 공사비 산정기준에 관한 조사·연구 등 업무를 수행하게 할 수 있다. 이 경우 국토교통부장관은 필요한 사업비에 충당하도록 출연할 수 있다.

③ 제2항 후단에 따른 출연금의 지급기준, 사용 및 관리에 필요한 사항은 대통령령으로 정한다.

제46조(건설공사의 시행과정) ① 발주청은 건설공사를 경제적·능률적으로 시행하기 위하여 건설공사의 계획·조사·설계·시공·감리·유지·관리 등(이하 이 조에서 "건설공사의 시행과정"이라 한다)을 대통령령으로 정하는 절차 및 기준에 따라 수행하여야 한다. <개정 2015.7.24.>

② 국토교통부장관은 건설공사의 시행과정이 제1항에 따라 수행되지 아니하는 경우에는 발주청에 시정을 요구할 수 있다.

제47조(건설공사의 타당성 조사) ① 발주청은 시행하려는 건설공사에 대하여 계획 수립 이전에 경제, 기술, 사회 및 환경 등 종합적인 측면에서 적정성을 검토하기 위하여 타당성 조사를 하여야 한다.

② 발주청이 발주한 타당성 조사 용역을 수행한 건설기술용역업자는 수요예측 자료 등 국토교통부령으로 정하는 자료를 용역 완료 후 지체 없이 발주청에 보고하여야 한다. <신설 2013.7.16.>

③ 발주청은 제2항에 따라 보고받은 자료를 해당 건설공사의 완료 후 10년 동안 보관하여야 한다. <신설 2013.7.16.>

④ 발주청은 타당성을 조사하는 과정에서 작성한 수요예측과 실제 이용실적의 차이가 100분의 30 이상인 경우에는 제3항에 따른 자료를 근거로 건설기술용역업자의 고의 또는 중과실 여부를 조사하여야 한다. <신설 2013.7.16.>

⑤ 발주청은 제4항의 조사 결과에 따라 고의 또는 중과실로 발주청에 손해를 끼친 건설기술용역업자에 대하여 제31조제1항에 따른 영업정지처분 등 조치를 시·도지사에게 요청할 수 있다. <신설 2013.7.16.>

⑥ 제1항에 따른 타당성 조사 대상 건설공사의 범위, 타당성 조사의 방법 및 절차, 제4항에 따른 수요예측과 이용실적 차이의 평가시점 및 방법 등에 관한 사항은 대통령령으로 정한다. <개정 2013.7.16.>

제48조(설계도서의 작성 등) ① 설계 업무를 수행하는 건설기술용역업자는 설계도서를 작성하여 해당 건설공사에 대한 건설사업관리 업무를 수행하는 건설기술용역업자, 건설업자 또는 주택건설등록업자에게 제출하여야 한다.

② 제1항에 따라 설계도서를 제출받은 건설기술용역업자, 건설업자 또는 주택건설등록업자는 해당 건설공사를 시공하기 전에 설계도서를 검토하고 그 결과를 발주청에 보고하여야 한다.

③ 제2항에 따른 설계도서의 검토 결과를 보고받은 발주청은 필요하면 설계도서를 작성한 건설기술용역업자에게 시정·보완 등 필요한 조치를 요구하여야 한다.

④ 건설업자와 주택건설등록업자는 건설공사의 품질 향상과 정확한 시공 및 안전을 위하여 다음 각 호의 사항을 발주자가 선정한 건설사업관리를 수행하는 건설기술자 또는 제49조에 따른 공사감독자의 검토·확인을 받은 후 단계별로 시공하여야 한다.

1. 건설공사의 진행 단계별로 요구되는 시공 상태
2. 건설업자와 주택건설등록업자가 작성하여야 하는 시공상세도면

⑤ 건설기술용역업자는 설계도서를 작성할 때에는 구조물(가설구조물을 포함한다)에 대한 구조검토를 하여야 하며 그 설계도서의 작성에 참여한 건설기술자의 업무 수행내용을 국토교통부장관이 정하는 바에 따라 적어야 한다. 설계도서의 일부를 변경할 때에도 같다. <개정 2015.1.6.>

⑥ 제1항부터 제5항까지의 규정에 따른 설계도서의 작성, 검토 및 확인에 필요한 사항은 국토교통부령으로 정한다.

제49조(건설공사감독자의 감독 의무) ① 발주청은 건설공사가 설계도서, 계약서, 그 밖의 관계 서류의 내용대로 시공되도록 하고 건설공사의 품질 및 현장의 안전 등 건설공사를 관리하기 위하여 공사감독자를 선임하여야 한다. 다만, 발주청이 제39조제2항에 따라 건설사업관리를 하게 하는 경우는 제외한다.

② 국토교통부장관은 공사감독자의 업무 내용을 정하여 고시하여야 하며, 공사감독자는 이에 따른 감독 업무를 성실히 수행하여야 한다.

제50조(건설기술용역 및 시공 평가 등) ① 발주청(「사회기반시설에 대한 민간투자법」에 따른 민간투자사업인 경우에는 같은 법 제2조제4호에 따른 주무관청을 말한다. 이하 이 조에서 같다)은 그가 발주하는 대통령령으로 정하는 규모 이상의 건설기술용역사업(건축설계에 관한 용역사업을 포함한다. 이하 이 조에서 같다)에 대하여 그 업무 수행에 대한 평가를 하여야 한다.
② 발주청은 그가 발주하는 대통령령으로 정하는 규모 이상의 건설공사에 대하여 그 시공의 적정성에 대한 평가를 하여야 한다.
③ 발주청은 제1항 및 제2항에 따라 평가를 한 경우에는 국토교통부령으로 정하는 바에 따라 국토교통부장관에게 통보하여야 한다.
④ 국토교통부장관은 제1항 및 제2항에 따른 평가 결과를 건설기술용역업자(「건축사법」 제23조제2항에 따른 건축사사무소개설자를 포함한다. 이하 이 조에서 같다) 및 건설업자별로 종합하여 건설기술용역 종합평가 및 시공종합평가(이하 "종합평가"라 한다)를 하고 그 결과를 공개할 수 있다.
⑤ 국토교통부장관은 종합평가를 하기 위하여 필요한 경우에는 건설공사현장 등을 직접 점검하거나 건설기술용역업자 또는 건설업자에게 종합평가에 필요한 자료 제출을 요구할 수 있다.
⑥ 제1항부터 제5항까지의 규정에 따른 건설기술용역 평가, 시공평가 또는 종합평가의 기준, 절차, 항목, 그 밖에 필요한 사항은 대통령령으로 정한다.

제51조(우수 건설기술용역업자 등의 선정) ① 국토교통부장관은 종합평가 결과에 따라 우수건설기술용역업자, 우수건설업자 또는 우수건설기술자를 선정할 수 있다.
② 발주청은 건설기술용역사업 또는 건설공사를 발주할 때 제1항에 따른 우수건설기술용역업자, 우수건설업자 또는 우수건설기술자를 우대할 수 있다.
③ 국토교통부장관은 제1항에 따른 우수건설기술용역업자, 우수건설업자 또는 우수건설기술자가 다음 각 호의 어느 하나에 해당하면 대통령령으로 정하는 바에 따라 그 선정을 취소하여야 한다.

1. 거짓이나 그 밖의 부정한 방법으로 선정된 경우
2. 부실공사 등으로 인하여 「건설산업기본법」 제82조에 따른 영업정지 처분 또는 과징금 부과처분을 받은 경우
3. 그 밖에 이 법 또는 이 법에 따른 명령이나 처분을 위반한 경우

제52조(건설공사의 사후평가) ① 발주청은 대통령령으로 정하는 건설공사가 완료되었을 때에는 공사 내용 및 효과를 조사·분석하여 사후평가를 하고 사후평가서를 작성하여야 한다.
② 사후평가서의 적절성에 대한 발주청의 자문에 응하게 하기 위하여 발주청에 사후평가위원회를 둔다.
③ 발주청은 사후평가위원회에 자문하여 의견을 받은 결과 그 내용이 타당하면 사후평가서에 반영하는 등 필요한 조치를 하여야 한다.
④ 발주청은 사후평가서를 공개하여야 하며, 공개의 방법과 절차 등은 국토교통부령으로 정한다.
⑤ 국토교통부장관은 발주청의 사후평가서가 유사한 건설공사의 효율적 수행을 위한 자료로 활용될 수 있도록 방안을 마련하여야 한다.
⑥ 제1항에 따른 건설공사 사후평가의 내용·방법, 사후평가위원회의 구성 및 운영 등에 필요한 사항은 대통령령으로 정한다.

제2절 건설공사의 품질 및 안전 관리 등

제53조(건설공사 등의 부실 측정) ① 국토교통부장관, 발주청(「사회기반시설에 대한 민간투자법」에 따른 민간투자사업인 경우에는 같은 법 제2조제4호에 따른 주무관청을 말한다. 이하 이 조에서 같다)과 인·허가기관의 장은 다음 각 호의 어느 하나에 해당하는 자가 건설기술용역, 건축설계, 「건축사법」 제2조제4호에 따른 공사감리 또는 건설공사를 성실하게 수행하지 아니함으로써 부실공사가 발생하였거나 발생할 우려가 있는 경우 및 제47조에 따른 건설공사의 타당성 조사(이하"타당성 조사"라 한다)에서 건설공사에 대한 수요 예측을 고의 또는 과실로 부실하게 하여 발주청에 손해를 끼친 경우에는 부실의 정도를 측정하여 벌점을 주어야 한다.

1. 건설업자
2. 주택건설등록업자
3. 건설기술용역업자(「건축사법」 제23조제2항에 따른 건축사사무소개설자를 포함한다)
4. 제1호부터 제3호까지의 어느 하나에 해

당하는 자에게 고용된 건설기술자 또는 건축사

② 발주청은 제1항에 따라 벌점을 받은 자에게 건설기술용역 또는 건설공사 등을 위하여 발주청이 실시하는 입찰 시 그 벌점에 따라 불이익을 주어야 한다.

③ 발주청과 인·허가기관의 장은 제1항에 따라 벌점을 준 경우 그 내용을 국토교통부장관에게 통보하여야 하며, 국토교통부장관은 그 벌점을 종합관리하고, 제1항제1호부터 제3호까지의 자에게 준 벌점을 공개하여야 한다.

④ 제1항부터 제3항까지의 규정에 따른 부실 정도의 측정기준, 불이익 내용, 벌점의 관리 및 공개 등에 필요한 사항은 대통령령으로 정한다.

제54조(건설공사현장 등의 점검) ① 국토교통부장관 또는 특별자치시장, 특별자치도지사, 시장·군수·구청장(자치구의 구청장을 말한다), 발주청은 대통령령으로 정하는 건설공사에 대하여는 현장 등을 점검할 수 있으며, 점검 결과 필요한 경우에는 대통령령으로 정하는 바에 따라 제53조제1항 각 호의 자에게 시정명령 등의 조치를 하거나 관계 기관에 대하여 관계 법률에 따른 영업정지 등의 요청을 할 수 있다. <개정 2015.5.18.>

② 제1항에 따라 건설공사현장을 점검하는 자는 점검의 중복 등으로 인하여 그 건설공사에 지장을 주는 일이 없도록 하여야 한다.

③ 제1항에 따른 건설공사현장 점검 등에 관하여 필요한 사항은 국토교통부령으로 정한다.

제55조(건설공사의 품질관리) ① 건설업자와 주택건설등록업자는 대통령령으로 정하는 건설공사에 대하여는 그 종류에 따라 품질 및 공정 관리 등 건설공사의 품질관리계획(이하"품질관리계획"이라 한다) 또는 시험 시설 및 인력의 확보 등 건설공사의 품질시험계획(이하"품질시험계획"이라 한다)을 수립하고, 이를 발주자에게 제출하여 승인을 받아야 한다. 이 경우 발주청이 아닌 발주자는 미리 품질관리계획 또는 품질시험계획의 사본을 인·허가기관의 장에게 제출하여야 한다.

② 건설업자와 주택건설등록업자는 품질관리계획 또는 품질시험계획에 따라 품질시험 및 검사를 하여야 한다. 이 경우 건설업자나 주택건설등록업자에게 고용되어 품질관리 업무를 수행하는 건설기술자는 품질관리계획 또는 품질시험계획에 따라 그 업무를 수행하여야 한다.

③ 발주청, 인·허가기관의 장 및 대통령령으로 정하는 기관의 장은 품질관리계획을 수립하여야 하는 건설공사에 대하여 건설업자와 주택건설등록업자가 제2항에 따라 품질관리계획에 따른 품질관리를 적절하게 하는지를 확인할 수 있다.

④ 품질관리계획 또는 품질시험계획의 수립 기준·승인 절차, 제3항에 따른 품질관리의 확인 방법·절차와 그 밖에 확인에 필요한 사항은 대통령령으로 정한다.

제56조(품질관리 비용의 계상 및 집행) ① 건설공사의 발주자는 건설공사 계약을 체결할 때에는 건설공사의 품질관리에 필요한 비용(이하"품질관리비"라 한다)을 국토교통부령으로 정하는 바에 따라 공사금액에 계상하여야 한다.

② 건설공사의 규모 및 종류에 따른 품질관리비의 사용 방법 등에 관한 기준은 국토교통부령으로 정한다.

제57조(건설자재·부재의 품질 확보 등) ① 국토교통부장관은 대통령령으로 정하는 건설자재·부재의 품질 확보를 위하여 필요한 경우에는 관계 중앙행정기관의 장과 협의하여 건설자재·부재의 생산, 공급 및 보관 등에 필요한 사항을 정하여 고시할 수 있다.

② 제1항에 따른 건설자재·부재를 생산(채취를 포함한다) 또는 수입·판매하는 자와 대통령령으로 정하는 공사에 이를 사용하는 건설업자 또는 주택건설등록업자와 레디믹스트콘크리트(시멘트, 골재 및 물 등을 배합한 굳지 아니한 상태의 콘크리트를 말한다) 또는 아스팔트콘크리트 제조업자는 다음 각 호의 어느 하나에 적합한 건설자재·부재를 공급하거나 사용하여야 한다. <개정 2013.7.16.>

1. 「산업표준화법」 제12조에 따른 한국산업표준에 적합하다는 인증을 받은 건설자재·부재
2. 그 밖에 대통령령으로 정하는 바에 따라 국토교통부장관이 적합하다고 인정한 건설자재·부재

③ 레디믹스트콘크리트 제조업자가 반품된 레디믹스트콘크리트를 재사용하려는 경우에는 제2항 각 호의 어느 하나에 적합하여야 한다. <신설 2013.7.16.>

④ 국토교통부장관은 건설자재·부재의 품질이 적절한지 확인할 수 있으며, 확인 결과 건설공사에 사용하는 것이 적합하지 아니하다고 인정되는 경우에는 관계 중앙행정기관의 장에게 시정명령 등 필요한 조치를 하도록 요청할 수 있다. <개정 2013.7.16.>

제58조(철강구조물공장의 공장인증) ① 국토교통부장관은 건설공사에 사용되는 철강구조물을 제작하는 자의 신청을 받아 그 능력에 따라 철강구조물의 제작공장(이하"철강구조물공장"이라 한다)을 등급별로 인증(이하"공장인증"이라 한다)할 수 있다.
② 국토교통부장관은 공장인증을 받은 철강구조물공장의 운영 실태와 사후관리 상태에 대한 조사(이하 이 조에서"실태조사"라 한다)를 실시하고 그 결과를 공표할 수 있다. <개정 2015.12.29.>
③ 국토교통부장관은 실태조사 결과 공장인증의 기준에 맞지 아니하다고 인정하면 시정에 필요한 조치를 명할 수 있다. <개정 2015.12.29.>
④ 국토교통부장관은 실태조사를 위하여 관계 행정기관 및 철강구조물공장을 운영하는 자 등 국토교통부령으로 정하는 자(이하 "철강구조물공장운영자등"이라 한다)에 대하여 필요한 자료의 제출을 요청할 수 있다. 이 경우 철강구조물공장운영자등은 정당한 사유가 없으면 이에 협조하여야 한다. <신설 2015.12.29.>
⑤ 제1항 및 제2항에 따른 공장인증의 대상, 기준, 절차 및 실태조사, 실태조사 결과의 공표 등에 필요한 사항은 대통령령으로 정한다. <신설 2015.12.29.>

제59조(공장인증의 취소 등) ① 국토교통부장관은 공장인증을 받은 철강구조물공장이 다음 각 호의 어느 하나에 해당하면 그 공장인증을 취소할 수 있다. 다만, 제1호에 해당하는 경우에는 그 공장인증을 취소하여야 한다. <개정 2015.12.29.>
1. 거짓이나 그 밖의 부정한 방법으로 공장인증을 받은 경우
2. 제58조제3항에 따른 시정명령을 이행하지 아니한 경우
3. 철강구조물이 규격에 맞지 아니하거나 부적합하게 제작되어 일반인에게 위해를 끼친 경우

② 제1항에 따른 공장인증 취소 절차 등에 관하여 필요한 사항은 국토교통부령으로 정한다.

제60조(품질검사의 대행 등) ① 건설공사의 발주자, 건설업자 또는 주택건설등록업자는 대통령령으로 정하는 국립·공립 시험기관 또는 건설기술용역업자로 하여금 건설공사의 품질관리를 위한 시험·검사(이하"품질검사"라 한다) 등을 대행하게 할 수 있다.
② 국토교통부장관은 품질검사를 대행하는 건설기술용역업자가 제1항에 따라 품질검사를 정확하게 하는지 조사하고, 필요한 경우에는 시정을 명하는 등의 조치를 할 수 있다. 이 경우 국토교통부장관이 필요하다고 인정하면 조사 결과를 공표할 수 있다. <개정 2015.12.29.>
③ 제1항에 따른 품질검사의 대행, 제2항에 따른 조사 및 조사 결과의 공표 등에 필요한 사항은 국토교통부령으로 정한다. <개정 2015.12.29.>

제60조(품질검사의 대행 등) ① 건설공사의 발주자, 건설업자 또는 주택건설등록업자는 대통령령으로 정하는 국립·공립 시험기관 또는 건설기술용역업자로 하여금 건설공사의 품질관리를 위한 시험·검사(이하"품질검사"라 한다) 등을 대행하게 할 수 있다.
② 제1항에 따라 품질검사의 대행을 의뢰받은 자는 발주자 또는 건설사업관리를 수행하는 건설기술용역업자의 봉인 또는 확인을 거친 재료로 품질검사를 하여야 한다. <신설 2017.8.9.>
③ 제1항에 따라 품질검사의 대행을 의뢰받은 자는 건설공사에 사용되는 재료 등에 대한 품질검사를 하여 품질검사 성적서를 발급한 경우에는 발급한 날부터 7일 이내에 품질검사 성적서 및 품질검사 내용을 열람이 가능하도록 제19조에 따른 건설공사 지원 통합정보체계에 입력하여야 한다. <신설 2017.8.9.>
④ 국토교통부장관은 품질검사를 대행하는 건설기술용역업자가 제1항에 따라 품질검사를 정확하게 하는지 조사하고, 필요한 경우에는 시정을 명하는 등의 조치를 할 수 있다. 이 경우 국토교통부장관이 필요하다고 인정하면 조사 결과를 공표할 수 있다. <개정 2015.12.29., 2017.8.9.>
⑤ 그 밖에 제1항에 따른 품질검사의 대행, 제3항에 따른 건설공사 지원 통합정보체계 입력방법, 제4항에 따른 조사 및 조사 결과의 공표 등에 필요한 사항은 국토교통부령으로 정한다. <개정 2015.12.29., 2017.8.9.>
[시행일 : 2018.2.10.] 제60조

제61조(품질검사의 대행에 대한 평가기관) ① 국토교통부장관은 품질검사를 대행하는 건설기술용역업자가 제26조제1항에 따른 등록기준을 갖추었는지와 품질검사를 정확하게 하는지에 관하여 전문적이고 기술적으로 조사·평가하기 위하여 「공공기관의 운영에 관한 법률」에 따른 공공기관 중에서 평가기관(이하 이 조에서"

평가기관"이라 한다)을 지정할 수 있다.
② 정부는 평가기관에 대하여 예산의 범위에서 필요한 경비를 지원할 수 있다.
③ 국토교통부장관은 평가기관의 운영 실태를 조사할 수 있으며, 조사 결과 필요하다고 인정하는 경우에는 시정을 명할 수 있다. 이 경우 국토교통부장관이 필요하다고 인정하면 운영 실태조사의 결과를 공표할 수 있다. <개정 2015.12.29.>
④ 국토교통부장관은 평가기관이 부정한 방법으로 조사·평가를 한 경우에는 그 지정을 취소하여야 하며, 시정명령에 따르지 아니한 경우에는 그 지정을 취소할 수 있다.
⑤ 국토교통부장관은 제3항에 따른 운영 실태조사를 위하여 평가기관에 대하여 필요한 자료의 제출을 요청할 수 있다. 이 경우 요청을 받은 평가기관은 정당한 사유가 없으면 이에 협조하여야 한다. <개정 2015.12.29.>
⑥ 제1항부터 제4항까지에 따른 평가기관의 지정, 지정취소, 관리 및 운영 실태조사, 운영 실태조사의 결과 공표 등에 필요한 사항은 국토교통부령으로 정한다. <신설 2015.12.29.>

第62條(건설공사의 안전관리) ① 건설업자와 주택건설등록업자는 안전점검 및 안전관리조직 등 건설공사의 안전관리계획(이하"안전관리계획"이라 한다)을 수립하고, 이를 발주자에게 제출하여 승인을 받아야 한다. 이 경우 발주청이 아닌 발주자는 미리 안전관리계획의 사본을 인·허가기관의 장에게 제출하여야 한다.
② 건설업자와 주택건설등록업자는 안전관리계획에 따라 안전점검을 하여야 한다. 이 경우 건설업자나 주택건설등록업자에게 고용되어 안전점검 업무를 수행하는 건설기술자는 안전관리계획에 따라 그 업무를 수행하여야 한다.
③ 안전관리계획을 수립하여야 할 건설공사의 범위, 안전관리계획의 수립 기준 및 승인 절차, 안전점검의 시기·방법 및 안전점검을 수행하는 건설기술자에 대한 대가(代價) 등에 필요한 사항은 대통령령으로 정한다.
④ 건설업자나 주택건설등록업자는 안전관리계획을 수립하였던 건설공사를 준공하였을 때에는 대통령령으로 정하는 방법 및 절차에 따라 안전점검에 관한 종합보고서(이하"종합보고서"라 한다)를 작성하여 발주청(발주자가 발주청이 아닌 경우에는 인·허가기관의 장을 말한다)에게 제출하여야 한다.
⑤ 제4항에 따라 종합보고서를 받은 발주청 또는 인·허가기관의 장은 대통령령으로 정하는 바에 따라 종합보고서를 국토교통부장관에게 제출하여야 한다.
⑥ 국토교통부장관, 발주청 및 인·허가기관의 장은 제4항 및 제5항에 따라 받은 종합보고서를 대통령령으로 정하는 바에 따라 보존·관리하여야 한다.
⑦ 건설업자 또는 주택건설등록업자는 동바리, 거푸집, 비계 등 가설구조물 설치를 위한 공사를 할 때 대통령령으로 정하는 바에 따라 가설구조물의 구조적 안전성을 확인하기에 적합한 분야의 「국가기술자격법」 에 따른 기술사(이하"관계전문가"라 한다)에게 확인을 받아야 한다. <신설 2015.1.6.>
⑧ 관계전문가는 가설구조물이 안전에 지장이 없도록 가설구조물의 구조적 안전성을 확인하여야 한다. <신설 2015.1.6.>
⑨ 국토교통부장관은 건설공사의 안전을 확보하기 위하여 건설공사에 참여하는 다음 각 호의 자(이하 "건설공사 참여자"라 한다)가 갖추어야 하는 안전관리체계와 수행하여야 하는 안전관리 업무 등을 정하여 고시하여야 한다. <신설 2015.5.18.>
1. 발주자(발주청이 아닌 경우에는 인·허가기관의 장을 말한다)
2. 건설기술용역업자
3. 건설업자 및 주택건설등록업자
⑩ 국토교통부장관은 건설공사의 안전을 확보하기 위하여 건설공사 참여자의 안전관리 수준을 대통령령으로 정하는 절차 및 기준에 따라 평가하고 그 결과를 공개할 수 있다. <신설 2015.5.18.>
⑪ 국토교통부장관은 건설사고 통계 등 건설안전에 필요한 자료를 효율적으로 관리하고 공동활용을 촉진하기 위하여 건설공사 안전관리 종합정보망(이하"정보망"이라 한다)을 구축·운영할 수 있다. <신설 2015.5.18.>
⑫ 국토교통부장관은 건설공사 참여자의 안전관리 수준을 평가하고, 정보망을 구축·운영하기 위하여 건설공사 참여자, 관련 협회, 중앙행정기관 또는 지방자치단체의 장에게 필요한 자료를 요청할 수 있다. 이 경우 요청을 받은 자는 특별한 사유가 없으면 그 요청에 따라야 한다. <신설 2015.5.18.>
⑬ 정보망의 구축 및 운영 등에 필요한 사항은 대통령령으로 정한다. <신설 2015.5.18.>

第63條(안전관리비용) ① 건설공사의 발주자는 건설공사 계약을 체결할 때에 건설공사의 안전관리에 필요한 비용(이하"안전관리비"라 한다)을 국토교통부령으로 정하는 바에 따라 공사금

액에 계상하여야 한다.
② 건설공사의 규모 및 종류에 따른 안전관리비의 사용방법 등에 관한 기준은 국토교통부령으로 정한다.

제64조(건설공사의 안전관리조직) ① 안전관리계획을 수립하는 건설업자 및 주택건설등록업자는 다음 각 호의 사람으로 구성된 안전관리조직을 두어야 한다.
1. 해당 건설공사의 시공 및 안전에 관한 업무를 총괄하여 관리하는 안전총괄책임자
2. 토목, 건축, 전기, 기계, 설비 등 건설공사의 각 분야별 시공 및 안전관리를 지휘하는 분야별 안전관리책임자
3. 건설공사 현장에서 직접 시공 및 안전관리를 담당하는 안전관리담당자
4. 수급인(受給人)과 하수급인(下受給人)으로 구성된 협의체의 구성원

② 제1항에 따른 안전관리조직의 구성, 직무, 그 밖에 필요한 사항은 대통령령으로 정한다.

제65조(건설공사의 안전교육) ① 안전관리계획을 수립하는 건설업자 및 주택건설등록업자는 건설공사의 안전관리를 위하여 건설공사에 참여하는 공사작업자 등에게 안전교육을 실시하여야 한다.
② 제1항에 따른 안전교육의 시기 및 방법과 그 밖에 필요한 사항은 대통령령으로 정한다.

제66조(건설공사의 환경관리) ① 국토교통부장관은 건설공사가 환경과 조화되게 시행될 수 있도록 관련 기술을 개발·보급하고, 다음 각 호의 사항을 관계 중앙행정기관의 장과 협의하여 마련하여야 한다.
1. 건설폐자재의 재활용
2. 친환경 건설기술의 보급을 위한 시범사업의 추진
3. 그 밖에 대통령령으로 정하는 환경친화적인 건설공사에 필요한 시책

② 건설공사의 발주자, 건설업자 및 주택건설등록업자는 건설공사로 인한 환경피해를 최소한으로 줄일 수 있도록 건설공사의 환경관리를 위하여 노력하여야 한다.
③ 건설공사의 발주자는 건설공사 계약을 체결할 때에는 환경 훼손 및 오염 방지 등 건설공사의 환경관리에 필요한 비용(이하"환경관리비"라 한다)을 국토교통부령으로 정하는 바에 따라 공사금액에 계상하여야 한다.
④ 환경관리비의 사용방법 등에 관한 기준은 국토교통부령으로 정한다.

제67조(건설공사 현장의 사고조사 등) ① 건설사고가 발생한 것을 알게 된 건설공사 참여자(발주자는 제외한다)는 지체 없이 그 사실을 발주청 및 인·허가기관의 장에게 통보하여야 한다. <신설 2015.5.18.>
② 발주청 및 인·허가기관의 장은 대통령령으로 정하는 중대한 건설사고(이하"중대건설현장사고"라 한다)가 발생한 때에는 다음 각 호의 사항을 즉시 국토교통부장관에게 제출하여야 한다. <신설 2015.5.18.>
1. 사고발생 일시 및 장소
2. 사고발생 경위
3. 조치사항
4. 향후 조치계획

③ 국토교통부장관, 발주청 및 인·허가기관의 장은 중대건설현장사고가 발생하면 그 원인 규명과 사고 예방을 위하여 건설공사 현장에서 사고 경위 및 사고 원인 등을 조사할 수 있다. <개정 2015.5.18.>
④ 제3항에 따라 사고 경위 및 사고 원인 등을 조사한 발주청과 인·허가기관의 장은 그 결과를 국토교통부장관에게 제출하여야 한다. <개정 2015.5.18.>
⑤ 국토교통부장관, 발주청 및 인·허가기관의 장은 필요한 경우 제68조에 따른 건설사고조사위원회로 하여금 중대건설현장사고의 경위 및 원인을 조사하게 할 수 있다. <개정 2015.5.18.>
⑥ 제1항에 따른 건설사고에 대한 통보방법 및 절차 등과 제2항에 따른 중대건설현장사고의 조사에 필요한 사항은 대통령령으로 정한다. <개정 2015.5.18.>
[제목개정 2015.5.18.]

제68조(건설사고조사위원회) ① 국토교통부장관, 발주청 및 인·허가기관의 장은 중대건설현장사고의 조사를 위하여 필요하다고 인정하는 경우에는 건설사고조사위원회를 구성·운영할 수 있다.
② 건설사고조사위원회는 중대건설현장사고의 조사를 마쳤을 때에는 유사한 건설사고의 재발 방지를 위한 대책을 국토교통부장관, 발주청, 인·허가기관의 장, 그 밖의 관계 행정기관의 장에게 권고하거나 건의할 수 있다.
③ 국토교통부장관, 발주청, 인·허가기관의

장, 그 밖의 관계 행정기관의 장은 특별한 사유가 없으면 제2항에 따른 건설사고조사위원회의 권고 또는 건의에 따라야 한다.
④ 국토교통부장관이 제82조제2항에 따라 건설사고조사위원회의 운영에 관한 사무를 「공공기관의 운영에 관한 법률」에 따른 공공기관에 위탁한 경우에는 그 사무 처리에 필요한 경비를 해당 공공기관에 출연하거나 보조할 수 있다.
⑤ 건설사고조사위원회의 구성 및 운영에 필요한 사항은 대통령령으로 정한다.

제6장 건설기술용역업자 등의 단체 및 공제조합

제1절 건설기술용역업자 등의 단체

제69조(협회의 설립) ① 건설기술자 또는 건설기술용역업자는 품위 유지, 복리 증진 및 건설기술 개발 등을 위하여 건설기술자단체 또는 건설기술용역업자단체를 설립할 수 있다.
② 제1항에 따른 건설기술자단체 및 건설기술용역업자단체(이하 이 장에서"협회"라 한다)는 각각 법인으로 한다.
③ 협회는 주된 사무소의 소재지에서 설립등기를 함으로써 성립한다.

제70조(협회의 설립인가 등) ① 협회를 설립하려면 협회 회원이 될 자격이 있는 자의 10분의 1 이상 또는 50명 이상이 발기인이 되어 정관을 작성하여 발기인총회의 의결을 마친 후 국토교통부장관의 인가를 받아야 한다.
② 협회 회원의 자격과 임원에 관한 사항, 협회의 업무 등은 정관으로 정하며, 그 밖에 정관에 포함하여야 할 사항은 대통령령으로 정한다.
③ 국토교통부장관은 제1항에 따른 인가를 하였을 때에는 그 사실을 공고하여야 한다.

제71조(보고 등) 국토교통부장관은 협회에 대하여 건설기술용역에 대한 조사·연구를 하게 하거나 국토교통부의 업무에 필요한 보고를 하게 할 수 있다.

제72조(지도·감독 등) 국토교통부장관은 협회에 대하여 감독상 필요한 경우에는 그 업무에 관한 사항을 보고하게 하거나 자료의 제출을 명할 수 있으며, 소속 공무원으로 하여금 그 업무를 검사하게 할 수 있다.

제73조(다른 법률의 준용) 이 법에서 규정한 사항 외에 협회에 관하여는 「민법」 중 사단법인에 관한 규정을 준용한다.

제2절 공제조합

제74조(공제조합의 설립 등) ① 건설사업관리(「건설산업기본법」 제26조제2항 단서에 따라 건설사업관리와 설계업무를 함께 수행하는 경우는 제외한다. 이하 이 조에서 같다)를 수행하는 건설기술용역업자는 건설사업관리에 필요한 각종 보증과 융자 등을 위하여 국토교통부장관의 인가를 받아 공제조합을 설립할 수 있다.
② 공제조합은 법인으로 하며, 주된 사무소의 소재지에서 설립등기를 함으로써 성립한다.
③ 공제조합의 조합원 자격, 임원, 출자 및 운영 등에 필요한 사항은 정관으로 정한다.
④ 공제조합의 설립인가 기준·절차, 정관 기재 사항 및 감독 등에 필요한 사항은 대통령령으로 정한다.

제75조(공제조합의 사업) ① 공제조합은 다음 각 호의 사업을 한다.
1. 조합원의 업무 수행에 따른 입찰, 계약, 선급금 지급 및 하자보수 등의 모든 보증
2. 조합원에 대한 자금의 융자
3. 조합원의 업무 수행에 따른 손해배상책임을 보장하는 공제사업 및 조합원에게 고용된 사람의 복지 향상과 업무상 재해로 인한 손실을 보상하는 공제사업
4. 건설기술의 개선·향상과 관련된 연구 및 교육에 관한 사업
5. 조합원을 위한 공동이용시설의 설치·운영 및 조합원의 편익 증진을 위한 사업
6. 조합원의 업무 수행에 필요한 기자재의 구매 알선
7. 조합의 목적 달성에 필요한 수익 사업
8. 제1호부터 제7호까지의 사업의 부대사업으로서 정관으로 정하는 사업

② 공제조합은 제1항제1호에 따른 보증사업 및 같은 항 제3호에 따른 공제사업을 하려면 사업에 필요한 보증규정 및 공제규정을 정하여 국토교통부장관의 인가를 받아야 한다.

③ 제2항의 보증규정 및 공제규정에 포함하여야 할 사항은 대통령령으로 정한다.

제76조(조사 및 검사 등) ① 국토교통부장관은 공제조합의 재무건전성 유지 등을 위하여 필요한 경우에는 소속 공무원으로 하여금 공제조합의 업무 상황 또는 회계 상황을 조사하게 하거나 장부 또는 그 밖의 서류를 검사하게 할 수 있다.
② 제75조제1항제3호의 공제사업에 대하여는 대통령령으로 정하는 바에 따라 금융위원회가 제1항에 따른 조사 또는 검사를 할 수 있다.
③ 국토교통부장관은 제75조제1항제1호의 보증사업에 따른 재무건전성 유지 등을 지도·감독하기 위하여 필요한 기준을 정하여 고시하여야 한다.
④ 국토교통부장관은 제75조제1항제3호에 따른 공제사업을 건전하게 육성하고 계약자를 보호하기 위하여 금융위원회 위원장과 협의하여 감독에 필요한 기준을 정한 후 고시하여야 한다.

제77조(지도·감독 등) 국토교통부장관은 공제조합의 감독을 위하여 필요한 경우에는 공제조합에 그 업무에 관한 사항의 보고 또는 자료 제출을 명할 수 있다.

제78조(다른 법률의 준용) 이 법에서 규정한 사항 외에 공제조합에 관하여는 「민법」 중 사단법인에 관한 규정과 「상법」 중 주식회사의 회계에 관한 규정을 준용한다.

제7장 보칙

제79조(수수료) 다음 각 호의 어느 하나에 해당하는 자는 국토교통부령 또는 조례로 정하는 바에 따라 수수료를 내야 한다. 다만, 제1호에 해당하는 자에 대하여는 조례로 정하는 바에 따라 수수료를 면제할 수 있다.
1. 지방심의위원회에 건설기술의 심의를 요청하는 자
2. 제14조제1항에 따라 신기술의 지정을 신청하는 자
3. 제14조제3항에 따라 신기술 보호기간의 연장을 신청하는 자
4. 제58조제1항에 따라 공장인증을 신청하는 자

제80조(시정명령) 국토교통부장관은 다음 각 호의 어느 하나에 해당하는 건설업자 또는 주택건설등록업자에 대하여는 기간을 정하여 시정을 명하거나 그 밖에 필요한 지시를 할 수 있다.
1. 제48조제2항에 따른 보고 의무를 이행하지 아니한 경우
2. 제55조제1항 및 제2항에 따른 품질관리계획 또는 품질시험계획을 성실히 이행하지 아니하거나 품질시험 또는 검사를 성실하게 수행하지 아니한 경우
3. 제62조제1항 및 제2항에 따른 안전관리계획을 성실히 이행하지 아니하거나 안전점검을 성실하게 수행하지 아니한 경우

제81조(비밀의 누설 등 금지) 이 법에 따른 건설사업관리의 업무나 신기술 또는 외국 도입 건설기술 및 건설기술자의 관리에 종사하는 사람은 직무상 알게 된 비밀을 다른 사람에게 누설하거나 도용(盜用)하여서는 아니 된다.

제82조(권한 등의 위임·위탁) ① 국토교통부장관은 이 법에 따른 권한의 일부를 대통령령으로 정하는 바에 따라 중앙행정기관의 장에게 위탁하거나 시·도지사 또는 대통령령으로 정하는 국토교통부 소속 기관의 장에게 위임할 수 있다.
② 국토교통부장관 또는 시·도지사는 이 법에 따른 업무의 일부를 대통령령으로 정하는 바에 따라 「공공기관의 운영에 관한 법률」에 따른 공공기관, 협회, 그 밖에 건설기술 또는 시설안전과 관련된 기관 또는 단체에 위탁할 수 있다.

제83조(청문) 국토교통부장관 또는 시·도지사는 이 법에 따른 지정 또는 등록을 취소하려면 청문을 하여야 한다.

제84조(벌칙 적용 시의 공무원 의제) 다음 각 호의 어느 하나에 해당하는 사람은 「형법」 제129조부터 제132조까지의 규정을 적용할 때에는 공무원으로 본다. <개정 2015.5.18., 2017.11.28.>
1. 중앙심의위원회, 지방심의위원회 또는 특별심의위원회의 위원 중 공무원이 아닌 위원
2. 제6조에 따른 기술자문위원회의 위원 중

공무원이 아닌 위원
3. 제39조에 따른 건설사업관리 업무 중 대통령령으로 정하는 업무를 수행하는 건설기술자
4. 제68조에 따른 건설사고조사위원회의 위원 중 공무원이 아닌 위원

제8장 벌칙

제85조(벌칙) ① 제28조제1항을 위반하여 「건설산업기본법」 제28조에 따른 하자담보책임기간에 다리, 터널, 철도, 그 밖에 대통령령으로 정하는 시설물의 구조에서 주요 부분에 중대한 손괴(損壞)를 일으켜 사람을 다치거나 죽음에 이르게 한 자는 무기 또는 3년 이상의 징역에 처한다.
② 제1항의 죄를 범하여 사람을 위험하게 한 자는 10년 이하의 징역 또는 1억원 이하의 벌금에 처한다.

제86조(벌칙) ① 업무상 과실로 제85조제1항의 죄를 범하여 사람을 다치거나 죽음에 이르게 한 자는 10년 이하의 징역이나 금고 또는 1억원 이하의 벌금에 처한다.
② 업무상 과실로 제85조제2항의 죄를 범한 자는 5년 이하의 징역이나 금고 또는 5천만원 이하의 벌금에 처한다.

제87조(벌칙) ① 제47조제1항에 따른 타당성 조사를 할 때 고의로 수요 예측을 부실하게 하여 발주청에 손해를 끼친 건설기술용역업자는 5년 이하의 징역 또는 5천만원 이하의 벌금에 처한다.
② 제47조제1항에 따른 타당성 조사를 할 때 중대한 과실로 수요 예측을 부실하게 하여 발주청에 손해를 끼친 건설기술용역업자는 3년 이하의 금고 또는 3천만원 이하의 벌금에 처한다.

제88조(벌칙) 다음 각 호의 어느 하나에 해당하는 자는 2년 이하의 징역 또는 2천만원 이하의 벌금에 처한다. <개정 2013.7.16., 2015.1.6.>
1. 제26조제1항에 따른 등록을 하지 아니하고 건설기술용역 업무를 수행한 자
2. 제40조제1항에 따른 건설기술용역업자의 재시공·공사중지 명령이나 그 밖에 필요한 조치를 이행하지 아니한 자
3. 제48조제5항에 따른 구조검토를 하지 아니한 건설기술용역업자
4. 제55조제1항 및 제2항에 따른 품질관리계획 또는 품질시험계획을 수립·이행하지 아니하거나 품질시험 및 검사를 하지 아니한 건설업자 또는 주택건설등록업자
5. 제57조제2항을 위반하여 품질이 확보되지 아니한 건설자재·부재를 공급하거나 사용한 자
6. 제57조제3항을 위반하여 반품된 레디믹스트 콘크리트를 품질인증을 받지 아니하고 재사용한 자
7. 제62조제1항 및 제2항에 따른 안전관리계획을 수립·이행하지 아니하거나 안전점검을 하지 아니한 건설업자 또는 주택건설등록업자
8. 제62조제7항에 따른 관계전문가의 확인 없이 가설구조물 설치공사를 한 건설업자 또는 주택건설등록업자
9. 제62조제8항에 따라 가설구조물의 구조적 안전성 확인 업무를 성실하게 수행하지 아니함으로써 가설구조물이 붕괴되어 사람을 죽거나 다치게 한 관계전문가
10. 제81조를 위반하여 직무상 알게 된 비밀을 누설하거나 도용한 사람

제89조(벌칙) 다음 각 호의 어느 하나에 해당하는 자는 1년 이하의 징역 또는 1천만원 이하의 벌금에 처한다. <개정 2014.5.14., 2015.5.18.>
1. 제14조제3항에 따른 신기술 활용실적을 거짓으로 제출한 자
2. 제21조제1항에 따른 신고·변경신고를 하면서 근무처 및 경력등을 거짓으로 신고하여 건설기술자가 된 자
3. 제23조를 위반한 다음 각 목의 어느 하나에 해당하는 사람
   가. 다른 사람에게 자기의 성명을 사용하여 건설공사 또는 건설기술용역 업무를 수행하게 하거나 자신의 건설기술경력증을 빌려 준 사람
   나. 다른 사람의 성명을 사용하여 건설공사 또는 건설기술용역 업무를 수행하거나 다른 사람의 건설기술경력증을 빌린 사람
   다. 가목 및 나목의 행위를 알선한 사람
4. 제38조제3항에 따른 검사를 거부·방해

또는 기피한 자
5. 제53조제1항에 따른 부실 측정 또는 제54조제1항에 따른 건설공사현장 등의 점검을 거부·방해 또는 기피한 자
6. 제67조제3항 및 제5항에 따른 국토교통부장관, 발주청, 인·허가기관 및 건설사고조사위원회의 중대건설현장사고 조사를 거부·방해 또는 기피한 자

제90조(양벌규정) ① 법인의 대표자나 법인 또는 개인의 대리인, 사용인, 그 밖의 종업원이 그 법인 또는 개인의 업무에 관하여 제85조의 위반행위를 하면 그 행위자를 벌하는 외에 그 법인 또는 개인에게도 10억원 이하의 벌금에 처한다. 다만, 법인 또는 개인이 그 위반행위를 방지하기 위하여 해당 업무에 관하여 상당한 주의와 감독을 게을리하지 아니한 경우에는 그러하지 아니하다.
② 법인의 대표자나 법인 또는 개인의 대리인, 사용인, 그 밖의 종업원이 그 법인 또는 개인의 업무에 관하여 제86조, 제88조 또는 제89조의 위반행위를 하면 그 행위자를 벌하는 외에 그 법인 또는 개인에게도 해당 조문의 벌금형을 과(科)한다. 다만, 법인 또는 개인이 그 위반행위를 방지하기 위하여 해당 업무에 관하여 상당한 주의와 감독을 게을리하지 아니한 경우에는 그러하지 아니하다.

제91조(과태료) ① 다음 각 호의 어느 하나에 해당하는 자에게는 1천만원 이하의 과태료를 부과한다.
1. 제56조제1항에 따른 품질관리비를 공사금액에 계상하지 아니한 자 또는 같은 조 제2항을 위반하여 품질관리비를 사용한 자
2. 제62조제4항에 따른 종합보고서를 제출하지 아니하거나 거짓으로 작성하여 제출한 자
3. 제63조제1항에 따른 안전관리비를 공사금액에 계상하지 아니한 자 또는 같은 조 제2항을 위반하여 안전관리비를 사용한 자
4. 제66조제3항에 따른 환경관리비를 공사금액에 계상하지 아니한 자 또는 같은 조 제4항을 위반하여 환경관리비를 사용한 자

② 다음 각 호의 어느 하나에 해당하는 자에게는 300만원 이하의 과태료를 부과한다. <개정 2015.5.18.>
1. 제20조제2항에 따른 교육·훈련을 정당한 사유 없이 받지 아니한 건설기술자
2. 제20조제3항에 따른 경비를 부담하지 아니하거나 경비부담을 이유로 건설기술자에게 불이익을 준 사용자
3. 제21조제3항에 따른 자료를 제출하지 아니하거나 거짓으로 자료를 제출한 자
4. 제24조제4항을 위반하여 건설기술경력증을 반납하지 아니한 건설기술자
5. 제26조제3항 본문에 따른 변경등록을 하지 아니하거나 거짓으로 변경등록을 한 자
6. 제26조제4항에 따라 휴업 또는 폐업 신고를 하지 아니한 자
7. 제29조제1항에 따라 영업 양도 또는 합병 신고를 하지 아니한 자
8. 제31조제1항·제2항에 따른 영업정지명령을 받고 영업정지기간에 건설기술용역업무를 수행한 자(제33조에 따라 건설기술용역 업무를 수행한 경우는 제외한다)
9. 제31조제3항을 위반하여 영업정지기간에 상호를 바꾸어 건설기술용역을 수주한 자
10. 제33조제1항 후단에 따라 등록취소처분 등을 받은 사실과 그 내용을 해당 건설기술용역의 발주자에게 통지하지 아니한 자
11. 제38조제2항에 따른 업무에 관한 보고를 하지 아니하거나 관계 자료를 제출하지 아니한 자
12. 제67조제1항에 따른 건설사고 발생사실을 발주청 및 인·허가기관에 통보하지 아니한 건설공사 참여자(발주자는 제외한다)

③ 제1항과 제2항에 따른 과태료는 대통령령으로 정하는 바에 따라 국토교통부장관 또는 시·도지사가 부과·징수한다.

부칙

<제15112호, 2017.11.28.>

이 법은 공포한 날부터 시행한다.

하도급거래 공정화에 관한 법률

(약칭: 하도급법)

[시행 2018.7.17.]

[법률 제15362호, 2018.1.16., 일부개정]

제1조(목적) 이 법은 공정한 하도급거래질서를 확립하여 원사업자(原事業者)와 수급사업자(受給事業者)가 대등한 지위에서 상호보완하며 균형 있게 발전할 수 있도록 함으로써 국민경제의 건전한 발전에 이바지함을 목적으로 한다.

[전문개정 2009.4.1.]

제2조(정의) ① 이 법에서"하도급거래"란 원사업자가 수급사업자에게 제조위탁(가공위탁을 포함한다. 이하 같다)·수리위탁·건설위탁 또는 용역위탁을 하거나 원사업자가 다른 사업자로부터 제조위탁·수리위탁·건설위탁 또는 용역위탁을 받은 것을 수급사업자에게 다시 위탁한 경우, 그 위탁(이하"제조등의 위탁"이라 한다)을 받은 수급사업자가 위탁받은 것(이하"목적물등"이라 한다)을 제조·수리·시공하거나 용역수행하여 원사업자에게 납품·인도 또는 제공(이하"납품등"이라 한다)하고 그 대가(이하"하도급대금"이라 한다)를 받는 행위를 말한다.

② 이 법에서"원사업자"란 다음 각 호의 어느 하나에 해당하는 자를 말한다. <개정 2011.3.29., 2014.5.28., 2015.7.24.>

1. 중소기업자(「중소기업기본법」 제2조제1항 또는 제3항에 따른 자를 말하며, 「중소기업협동조합법」에 따른 중소기업협동조합을 포함한다. 이하 같다)가 아닌 사업자로서 중소기업자에게 제조등의 위탁을 한 자
2. 중소기업자 중 직전 사업연도의 연간매출액[관계 법률에 따라 시공능력평가액을 적용받는 거래의 경우에는 하도급계약 체결 당시 공시된 시공능력평가액의 합계액(가장 최근에 공시된 것을 말한다)을 말하고, 연간매출액이나 시공능력평가액이 없는 경우에는 자산총액을 말한다. 이하 이 호에서 같다]이 제조등의 위탁을 받은 다른 중소기업자의 연간매출액보다 많은 중소기업자로서 그 다른 중소기업자에게 제조등의 위탁을 한 자. 다만, 대통령령으로 정하는 연간매출액에 해당하는 중소기업자는 제외한다.

③ 이 법에서"수급사업자"란 제2항 각 호에 따른 원사업자로부터 제조등의 위탁을 받은 중소기업자를 말한다.

④ 사업자가 「독점규제 및 공정거래에 관한 법률」 제2조제3호에 따른 계열회사에 제조등의 위탁을 하고 그 계열회사가 위탁받은 제조·수리·시공 또는 용역수행행위의 전부 또는 상당 부분을 제3자에게 다시 위탁한 경우, 그 계열회사가 제2항 각 호의 어느 하나에 해당하지 아니하더라도 제3자가 그 계열회사에 위탁을 한 사업자로부터 직접 제조등의 위탁을 받는 것으로 하면 제3항에 해당하는 경우에는 그 계열회사와 제3자를 각각 이 법에 따른 원사업자와 수급사업자로 본다.

⑤ 「독점규제 및 공정거래에 관한 법률」 제9조제1항에 따른 상호출자제한기업집단에 속하는 회사가 제조등의 위탁을 하거나 받는 경우에는 다음 각 호에 따른다.

1. 제조등의 위탁을 한 회사가 제2항 각 호의 어느 하나에 해당하지 아니하더라도 이 법에 따른 원사업자로 본다.
2. 제조등의 위탁을 받은 회사가 제3항에 해당하더라도 이 법에 따른 수급사업자로 보지 아니한다.

⑥ 이 법에서"제조위탁"이란 다음 각 호의 어느 하나에 해당하는 행위를 업(業)으로 하는 사업자가 그 업에 따른 물품의 제조를 다른 사업자에게 위탁하는 것을 말한다. 이 경우 그 업에 따른 물품의 범위는 공정거래위원회가 정하여 고시한다.

1. 물품의 제조
2. 물품의 판매
3. 물품의 수리
4. 건설

⑦ 제6항에도 불구하고 대통령령으로 정하는 물품에 대하여는 대통령령으로 정하는 특별시, 광역시 등의 지역에 한하여 제6항을 적용한다.

⑧ 이 법에서"수리위탁"이란 사업자가 주문을 받아 물품을 수리하는 것을 업으로 하거나 자기가 사용하는 물품을 수리하는 것을 업으로 하는 경우에 그 수리행위의 전부 또는 일부를 다른 사업자에게 위탁하는 것을 말한다.

⑨ 이 법에서"건설위탁"이란 다음 각 호의 어느 하나에 해당하는 사업자(이하"건설업자"라 한다)가 그 업에 따른 건설공사의 전부 또는 일부를 다른 건설업자에게 위탁하거나 건설업자가 대통령령으로 정하는 건설공사를 다른 사업자에게 위탁하는 것을 말한다. <개정 2011.5.24.>

1. 「건설산업기본법」 제2조제7호에 따른 건설업자

2. 「전기공사업법」 제2조제3호에 따른 공사업자
3. 「정보통신공사업법」 제2조제4호에 따른 정보통신공사업자
4. 「소방시설공사업법」 제4조제1항에 따라 소방시설공사업의 등록을 한 자
5. 그 밖에 대통령령으로 정하는 사업자

⑩ 이 법에서 "발주자"란 제조·수리·시공 또는 용역수행을 원사업자에게 도급하는 자를 말한다. 다만, 재하도급(再下都給)의 경우에는 원사업자를 말한다.

⑪ 이 법에서 "용역위탁"이란 지식·정보성과물의 작성 또는 역무(役務)의 공급(이하 "용역"이라 한다)을 업으로 하는 사업자(이하 "용역업자"라 한다)가 그 업에 따른 용역수행행위의 전부 또는 일부를 다른 용역업자에게 위탁하는 것을 말한다.

⑫ 이 법에서 "지식·정보성과물"이란 다음 각 호의 어느 하나에 해당하는 것을 말한다. <개정 2010.4.12.>

1. 정보프로그램(「소프트웨어산업 진흥법」 제2조제1호에 따른 소프트웨어, 특정한 결과를 얻기 위하여 컴퓨터·전자계산기 등 정보처리능력을 가진 장치에 내재된 일련의 지시·명령으로 조합된 것을 말한다)
2. 영화, 방송프로그램, 그 밖에 영상·음성 또는 음향으로 구성되는 성과물
3. 문자·도형·기호의 결합 또는 문자·도형·기호와 색채의 결합으로 구성되는 성과물(「건축사법」 제2조제3호에 따른 설계 및 「엔지니어링산업 진흥법」 제2조제1호에 따른 엔지니어링활동 중 설계를 포함한다)
4. 그 밖에 제1호부터 제3호까지의 규정에 준하는 것으로서 공정거래위원회가 정하여 고시하는 것

⑬ 이 법에서 "역무"란 다음 각 호의 어느 하나에 해당하는 활동을 말한다. <개정 2010.4.12.>

1. 「엔지니어링산업 진흥법」 제2조제1호에 따른 엔지니어링활동(설계는 제외한다)
2. 「화물자동차 운수사업법」에 따라 화물자동차를 이용하여 화물을 운송 또는 주선하는 활동
3. 「건축법」에 따라 건축물을 유지·관리하는 활동
4. 「경비업법」에 따라 시설·장소·물건 등에 대한 위험발생 등을 방지하거나 사람의 생명 또는 신체에 대한 위해(危害)의 발생을 방지하고 그 신변을 보호하기 위하여 하는 활동
5. 그 밖에 원사업자로부터 위탁받은 사무를 완성하기 위하여 노무를 제공하는 활동으로서 공정거래위원회가 정하여 고시하는 활동

⑭ 이 법에서"어음대체결제수단"이란 원사업자가 하도급대금을 지급할 때 어음을 대체하여 사용하는 결제수단으로서 다음 각 호의 어느 하나에 해당하는 것을 말한다.

1. 기업구매전용카드: 원사업자가 하도급대금을 지급하기 위하여 「여신전문금융업법」에 따른 신용카드업자로부터 발급받는 신용카드 또는 직불카드로서 일반적인 신용카드가맹점에서는 사용할 수 없고, 원사업자·수급사업자 및 신용카드업자 간의 계약에 따라 해당 수급사업자에 대한 하도급대금의 지급만을 목적으로 발급하는 것
2. 외상매출채권 담보대출: 수급사업자가 하도급대금을 받기 위하여 원사업자에 대한 외상매출채권을 담보로 금융기관에서 대출을 받고, 원사업자가 하도급대금으로 수급사업자에 대한 금융기관의 대출금을 상환하는 것으로서 한국은행총재가 정한 조건에 따라 대출이 이루어지는 것
3. 구매론: 원사업자가 금융기관과 대출한도를 약정하여 대출받은 금액으로 정보처리시스템을 이용하여 수급사업자에게 하도급대금을 결제하고 만기일에 대출금을 금융기관에 상환하는 것
4. 그 밖에 하도급대금을 지급할 때 어음을 대체하여 사용되는 결제수단으로서 공정거래위원회가 정하여 고시하는 것

⑮ 이 법에서 "기술자료"란 합리적인 노력에 의하여 비밀로 유지된 제조·수리·시공 또는 용역수행 방법에 관한 자료, 그 밖에 영업활동에 유용하고 독립된 경제적 가치를 가지는 것으로서 대통령령으로 정하는 자료를 말한다. <신설 2010.1.25., 2018.1.16.>
[전문개정 2009.4.1.]

▶ 판례 - 원사업자가 수급사업자에게 소프트웨어의 유지·보수 업무를 위탁한 것이 구 하도급거래 공정화에 관한 법률이 정한 '용역위탁'에 해당하는지 여부(소극) 및 원사업자가 수급사업자에게 위와 같은 업무를 위탁하면서 수급사업자가 사무를 개시하기 전에 법령이 정한 서면을 교부하지 않은 경우, 같은 법률에 따라 시정조치를 하거나 과징금을 부과할 수 있는지 여부(소극) [대법원 2016.9.30, 선고, 2015두53961, 판결]

제3조(서면의 발급 및 서류의 보존) ① 원사업자가 수급사업자에게 제조등의 위탁을 하는 경우 및 제조등의 위탁을 한 이후에 해당 계약내역에 없는 제조등의 위탁 또는 계약내역을 변경하는 위탁(이하 이 항에서 "추가·변경위탁"이라 한다)을 하는 경우에는 제2항의 사항을 적은 서면(「전자문서 및 전자거래 기본법」 제2조제1호에 따른 전자문서를 포함한다. 이하 이 조에서 같다)을 다음 각 호의 구분에 따른 기한까지 수급사업자에게 발급하여야 한다. <개정 2016.3.29.>

1. 제조위탁의 경우: 수급사업자가 제조등의 위탁 및 추가·변경위탁에 따른 물품 납품을 위한 작업을 시작하기 전
2. 수리위탁의 경우: 수급사업자가 제조등의 위탁 및 추가·변경위탁에 따른 수리행위를 시작하기 전
3. 건설위탁의 경우: 수급사업자가 제조등의 위탁 및 추가·변경위탁에 따른 계약공사를 착공하기 전
4. 용역위탁의 경우: 수급사업자가 제조등의 위탁 및 추가·변경위탁에 따른 용역수행행위를 시작하기 전

② 제1항의 서면에는 하도급대금과 그 지급방법 등 하도급계약의 내용 및 제16조의2제1항에 따른 목적물등의 공급원가 변동 시 하도급대금의 조정요건, 방법 및 절차 등 대통령령으로 정하는 사항을 적고 원사업자와 수급사업자가 서명(「전자서명법」 제2조제3호에 따른 공인전자서명을 포함한다. 이하 이 조에서 같다) 또는 기명날인하여야 한다. <개정 2010.1.25., 2018.1.16.>

③ 원사업자는 제2항에도 불구하고 위탁시점에 확정하기 곤란한 사항에 대하여는 재해·사고로 인한 긴급복구공사를 하는 경우 등 정당한 사유가 있는 경우에는 해당 사항을 적지 아니한 서면을 발급할 수 있다. 이 경우 해당 사항이 정하여지지 아니한 이유와 그 사항을 정하게 되는 예정기일을 서면에 적어야 한다. <신설 2010.1.25.>

④ 원사업자는 제3항에 따라 일부 사항을 적지 아니한 서면을 발급한 경우에는 해당 사항이 확정되는 때에 지체 없이 그 사항을 적은 새로운 서면을 발급하여야 한다. <신설 2010.1.25.>

⑤ 원사업자가 제조등의 위탁을 하면서 제2항의 사항을 적은 서면(제3항에 따라 일부 사항을 적지 아니한 서면을 포함한다)을 발급하지 아니한 경우에는 수급사업자는 위탁받은 작업의 내용, 하도급대금 등 대통령령으로 정하는 사항을 원사업자에게 서면으로 통지하여 위탁내용의 확인을 요청할 수 있다. <신설 2010.1.25.>

⑥ 원사업자는 제5항의 통지를 받은 날부터 15일 이내에 그 내용에 대한 인정 또는 부인(否認)의 의사를 수급사업자에게 서면으로 회신을 발송하여야 하며, 이 기간 내에 회신을 발송하지 아니한 경우에는 원래 수급사업자가 통지한 내용대로 위탁이 있었던 것으로 추정한다. 다만, 천재나 그 밖의 사변으로 회신이 불가능한 경우에는 그러하지 아니하다. <신설 2010.1.25.>

⑦ 제5항의 통지에는 수급사업자가, 제6항의 회신에는 원사업자가 서명 또는 기명날인하여야 한다. <신설 2010.1.25.>

⑧ 제5항의 통지 및 제6항의 회신과 관련하여 필요한 사항은 대통령령으로 정한다. <신설 2010.1.25.>

⑨ 원사업자와 수급사업자는 대통령령으로 정하는 바에 따라 하도급거래에 관한 서류를 보존하여야 한다. <개정 2010.1.25.>

[전문개정 2009.4.1.]

제3조의2(표준하도급계약서의 작성 및 사용) 공정거래위원회는 이 법의 적용 대상이 되는 사업자 또는 사업자단체에 표준하도급계약서의 작성 및 사용을 권장할 수 있다.

[전문개정 2009.4.1.]

제3조의3(원사업자와 수급사업자 간 협약체결)

① 공정거래위원회는 원사업자와 수급사업자가 하도급 관련 법령의 준수 및 상호 지원·협력을 약속하는 협약을 체결하도록 권장할 수 있다.

② 공정거래위원회는 원사업자와 수급사업자가 제1항의 협약을 체결하는 경우 그 이행을 독려하기 위하여 포상 등 지원시책을 마련하여 시행한다.

③ 공정거래위원회는 제1항에 따른 협약의 내용·체결절차·이행실적평가 및 지원시책 등에 필요한 사항을 정한다.

[본조신설 2011.3.29.]

제3조의4(부당한 특약의 금지) ① 원사업자는 수급사업자의 이익을 부당하게 침해하거나 제한하는 계약조건(이하 "부당한 특약"이라 한다)을 설정하여서는 아니 된다.

② 다음 각 호의 어느 하나에 해당하는 약

정은 부당한 특약으로 본다.
1. 원사업자가 제3조제1항의 서면에 기재되지 아니한 사항을 요구함에 따라 발생된 비용을 수급사업자에게 부담시키는 약정
2. 원사업자가 부담하여야 할 민원처리, 산업재해 등과 관련된 비용을 수급사업자에게 부담시키는 약정
3. 원사업자가 입찰내역에 없는 사항을 요구함에 따라 발생된 비용을 수급사업자에게 부담시키는 약정
4. 그 밖에 이 법에서 보호하는 수급사업자의 이익을 제한하거나 원사업자에게 부과된 의무를 수급사업자에게 전가하는 등 대통령령으로 정하는 약정

[본조신설 2013.8.13.]

제4조(부당한 하도급대금의 결정 금지) ① 원사업자는 수급사업자에게 제조등의 위탁을 하는 경우 부당하게 목적물등과 같거나 유사한 것에 대하여 일반적으로 지급되는 대가보다 낮은 수준으로 하도급대금을 결정(이하"부당한 하도급대금의 결정"이라 한다)하거나 하도급받도록 강요하여서는 아니 된다. <개정 2013.5.28.>

② 다음 각 호의 어느 하나에 해당하는 원사업자의 행위는 부당한 하도급대금의 결정으로 본다. <개정 2013.5.28.>
1. 정당한 사유 없이 일률적인 비율로 단가를 인하하여 하도급대금을 결정하는 행위
2. 협조요청 등 어떠한 명목으로든 일방적으로 일정 금액을 할당한 후 그 금액을 빼고 하도급대금을 결정하는 행위
3. 정당한 사유 없이 특정 수급사업자를 차별 취급하여 하도급대금을 결정하는 행위
4. 수급사업자에게 발주량 등 거래조건에 대하여 착오를 일으키게 하거나 다른 사업자의 견적 또는 거짓 견적을 내보이는 등의 방법으로 수급사업자를 속이고 이를 이용하여 하도급대금을 결정하는 행위
5. 원사업자가 일방적으로 낮은 단가에 의하여 하도급대금을 결정하는 행위
6. 수의계약(隨意契約)으로 하도급계약을 체결할 때 정당한 사유 없이 대통령령으로 정하는 바에 따른 직접공사비 항목의 값을 합한 금액보다 낮은 금액으로 하도급대금을 결정하는 행위
7. 경쟁입찰에 의하여 하도급계약을 체결할 때 정당한 사유 없이 최저가로 입찰한 금액보다 낮은 금액으로 하도급대금을 결정하는 행위
8. 계속적 거래계약에서 원사업자의 경영적자, 판매가격 인하 등 수급사업자의 책임으로 돌릴 수 없는 사유로 수급사업자에게 불리하게 하도급대금을 결정하는 행위

[전문개정 2009.4.1.]

제5조(물품 등의 구매강제 금지) 원사업자는 수급사업자에게 제조등의 위탁을 하는 경우에 그 목적물등에 대한 품질의 유지·개선 등 정당한 사유가 있는 경우 외에는 그가 지정하는 물품·장비 또는 역무의 공급 등을 수급사업자에게 매입 또는 사용(이용을 포함한다. 이하 같다) 하도록 강요하여서는 아니 된다.

[전문개정 2009.4.1.]

제6조(선급금의 지급) ① 수급사업자에게 제조등의 위탁을 한 원사업자가 발주자로부터 선급금을 받은 경우에는 수급사업자가 제조·수리·시공 또는 용역수행을 시작할 수 있도록 그가 받은 선급금의 내용과 비율에 따라 선급금을 받은 날(제조등의 위탁을 하기 전에 선급금을 받은 경우에는 제조등의 위탁을 한 날)부터 15일 이내에 선급금을 수급사업자에게 지급하여야 한다.

② 원사업자가 발주자로부터 받은 선급금을 제1항에 따른 기한이 지난 후에 지급하는 경우에는 그 초과기간에 대하여 연 100분의 40 이내에서 「은행법」에 따른 은행이 적용하는 연체금리 등 경제사정을 고려하여 공정거래위원회가 정하여 고시하는 이율에 따른 이자를 지급하여야 한다. <개정 2010.5.17.>

③ 원사업자가 제1항에 따른 선급금을 어음 또는 어음대체결제수단을 이용하여 지급하는 경우의 어음할인료·수수료의 지급 및 어음할인율·수수료율에 관하여는 제13조제6항·제7항·제9항 및 제10항을 준용한다. 이 경우 "목적물등의 수령일부터 60일"은 "원사업자가 발주자로부터 선급금을 받은 날부터 15일"로 본다.

[전문개정 2009.4.1.]

제7조(내국신용장의 개설) ① 원사업자는 수출할 물품을 수급사업자에게 제조위탁 또는 용역위탁한 경우에 정당한 사유가 있는 경우 외에는 위탁한 날부터 15일 이내에 내국신용장(內國信用狀)을 수급사업자에게 개설하여 주어야 한다. 다만, 신용장에 의한 수출의 경우 원사업자가 원신용장(原信用狀)을 받기 전에 제조위탁 또는 용역위탁을 하는 경우에는 원신용장을 받은 날부터 15일 이내에 내국신용장을 개설하

여 주어야 한다. <개정 2017.10.31.>

② 원사업자는 수출할 물품·용역을 수급사업자에게 제조위탁 또는 용역위탁한 경우 다음 각 호의 요건을 모두 갖춘 때에는 사전 또는 사후 구매확인서를 수급사업자에게 발급하여 주어야 한다. <신설 2017.10.31.>

1. 원사업자가 개설한도 부족 등 정당한 사유로 인하여 내국신용장 발급이 어려운 경우
2. 수급사업자의 구매확인서 발급 요청이 있는 경우

[전문개정 2009.4.1.]

제8조(부당한 위탁취소의 금지 등) ① 원사업자는 제조등의 위탁을 한 후 수급사업자의 책임으로 돌릴 사유가 없는 경우에는 다음 각 호의 어느 하나에 해당하는 행위를 하여서는 아니 된다. 다만, 용역위탁 가운데 역무의 공급을 위탁한 경우에는 제2호를 적용하지 아니한다.

1. 제조등의 위탁을 임의로 취소하거나 변경하는 행위
2. 목적물등의 납품등에 대한 수령 또는 인수를 거부하거나 지연하는 행위

② 원사업자는 목적물등의 납품등이 있는 때에는 역무의 공급을 위탁한 경우 외에는 그 목적물등에 대한 검사 전이라도 즉시(제7조에 따라 내국신용장을 개설한 경우에는 검사 완료 즉시) 수령증명서를 수급사업자에게 발급하여야 한다. 다만, 건설위탁의 경우에는 검사가 끝나는 즉시 그 목적물을 인수하여야 한다.

③ 제1항제2호에서 "수령"이란 수급사업자가 납품등을 한 목적물등을 받아 원사업자의 사실상 지배하에 두게 되는 것을 말한다. 다만, 이전(移轉)하기 곤란한 목적물등의 경우에는 검사를 시작한 때를 수령한 때로 본다.

[전문개정 2009.4.1.]

제9조(검사의 기준·방법 및 시기) ① 수급사업자가 납품등을 한 목적물등에 대한 검사의 기준 및 방법은 원사업자와 수급사업자가 협의하여 객관적이고 공정·타당하게 정하여야 한다.

② 원사업자는 정당한 사유가 있는 경우 외에는 수급사업자로부터 목적물등을 수령한 날[제조위탁의 경우에는 기성부분(旣成部分)을 통지받은 날을 포함하고, 건설위탁의 경우에는 수급사업자로부터 공사의 준공 또는 기성부분을 통지받은 날을 말한다]부터 10일 이내에 검사 결과를 수급사업자에게 서면으로 통지하여야 하며, 이 기간 내에 통지하지 아니한 경우에는 검사에 합격한 것으로 본다. 다만, 용역위탁 가운데 역무의 공급을 위탁하는 경우에는 이를 적용하지 아니한다.

[전문개정 2009.4.1.]

제10조(부당반품의 금지) ① 원사업자는 수급사업자로부터 목적물등의 납품등을 받은 경우 수급사업자에게 책임을 돌릴 사유가 없으면 그 목적물등을 수급사업자에게 반품(이하 "부당반품"이라 한다)하여서는 아니 된다. 다만, 용역위탁 가운데 역무의 공급을 위탁하는 경우에는 이를 적용하지 아니한다.

② 다음 각 호의 어느 하나에 해당하는 원사업자의 행위는 부당반품으로 본다.

1. 거래 상대방으로부터의 발주취소 또는 경제상황의 변동 등을 이유로 목적물등을 반품하는 행위
2. 검사의 기준 및 방법을 불명확하게 정함으로써 목적물등을 부당하게 불합격으로 판정하여 이를 반품하는 행위
3. 원사업자가 공급한 원재료의 품질불량으로 인하여 목적물등이 불합격품으로 판정되었음에도 불구하고 이를 반품하는 행위
4. 원사업자의 원재료 공급 지연으로 인하여 납기가 지연되었음에도 불구하고 이를 이유로 목적물등을 반품하는 행위

[전문개정 2009.4.1.]

제11조(감액금지) ① 원사업자는 제조등의 위탁을 할 때 정한 하도급대금을 감액하여서는 아니 된다. 다만, 원사업자가 정당한 사유를 입증한 경우에는 하도급대금을 감액할 수 있다. <개정 2011.3.29.>

② 다음 각 호의 어느 하나에 해당하는 원사업자의 행위는 정당한 사유에 의한 행위로 보지 아니한다. <개정 2011.3.29., 2013.5.28.>

1. 위탁할 때 하도급대금을 감액할 조건 등을 명시하지 아니하고 위탁 후 협조요청 또는 거래 상대방으로부터의 발주취소, 경제상황의 변동 등 불합리한 이유를 들어 하도급대금을 감액하는 행위
2. 수급사업자와 단가 인하에 관한 합의가 성립된 경우 그 합의 성립 전에 위탁한 부분에 대하여도 합의 내용을 소급하여 적용하는 방법으로 하도급대금을 감액하는 행위
3. 하도급대금을 현금으로 지급하거나 지급기일 전에 지급하는 것을 이유로 하도급대금을 지나치게 감액하는 행위

4. 원사업자에 대한 손해발생에 실질적 영향을 미치지 아니하는 수급사업자의 과오를 이유로 하도급대금을 감액하는 행위
5. 목적물등의 제조·수리·시공 또는 용역수행에 필요한 물품 등을 자기로부터 사게 하거나 자기의 장비 등을 사용하게 한 경우에 적정한 구매대금 또는 적정한 사용대가 이상의 금액을 하도급대금에서 공제하는 행위
6. 하도급대금 지급 시점의 물가나 자재가격 등이 납품등의 시점에 비하여 떨어진 것을 이유로 하도급대금을 감액하는 행위
7. 경영적자 또는 판매가격 인하 등 불합리한 이유로 부당하게 하도급대금을 감액하는 행위
8. 「고용보험 및 산업재해보상보험의 보험료징수 등에 관한 법률」, 「산업안전보건법」 등에 따라 원사업자가 부담하여야 하는 고용보험료, 산업안전보건관리비, 그 밖의 경비 등을 수급사업자에게 부담시키는 행위
9. 그 밖에 제1호부터 제8호까지의 규정에 준하는 것으로서 대통령령으로 정하는 행위

③ 원사업자가 제1항 단서에 따라 하도급대금을 감액할 경우에는 감액사유와 기준 등 대통령령으로 정하는 사항을 적은 서면을 해당 수급사업자에게 미리 주어야 한다. <신설 2011.3.29.>

④ 원사업자가 정당한 사유 없이 감액한 금액을 목적물등의 수령일부터 60일이 지난 후에 지급하는 경우에는 그 초과기간에 대하여 연 100분의 40 이내에서 「은행법」에 따른 은행이 적용하는 연체금리 등 경제사정을 고려하여 공정거래위원회가 정하여 고시하는 이율에 따른 이자를 지급하여야 한다. <개정 2010.5.17., 2011.3.29.>

[전문개정 2009.4.1.]
[제목개정 2011.3.29.]

제12조(물품구매대금 등의 부당결제 청구의 금지) 원사업자는 수급사업자에게 목적물등의 제조·수리·시공 또는 용역수행에 필요한 물품 등을 자기로부터 사게 하거나 자기의 장비 등을 사용하게 한 경우 정당한 사유 없이 다음 각 호의 어느 하나에 해당하는 행위를 하여서는 아니 된다.

1. 해당 목적물등에 대한 하도급대금의 지급기일 전에 구매대금이나 사용대가의 전부 또는 일부를 지급하게 하는 행위
2. 자기가 구입·사용하거나 제3자에게 공급하는 조건보다 현저하게 불리한 조건으로 구매대금이나 사용대가를 지급하게 하는 행위

[전문개정 2009.4.1.]

제12조의2(경제적 이익의 부당요구 금지) 원사업자는 정당한 사유 없이 수급사업자에게 자기 또는 제3자를 위하여 금전, 물품, 용역, 그 밖의 경제적 이익을 제공하도록 하는 행위를 하여서는 아니 된다.

[전문개정 2009.4.1.]

제12조의3(기술자료 제공 요구 금지 등) ① 원사업자는 수급사업자의 기술자료를 본인 또는 제3자에게 제공하도록 요구하여서는 아니 된다. 다만, 원사업자가 정당한 사유를 입증한 경우에는 요구할 수 있다. <개정 2011.3.29.>

② 원사업자는 제1항 단서에 따라 수급사업자에게 기술자료를 요구할 경우에는 요구목적, 비밀유지에 관한 사항, 권리귀속 관계, 대가 등 대통령령으로 정하는 사항을 해당 수급사업자와 미리 협의하여 정한 후 그 내용을 적은 서면을 해당 수급사업자에게 주어야 한다. <신설 2011.3.29.>

③ 원사업자는 취득한 기술자료를 자기 또는 제3자를 위하여 유용하여서는 아니 된다. <개정 2011.3.29.>

[본조신설 2010.1.25.]
[제목개정 2011.3.29.]

제13조(하도급대금의 지급 등) ① 원사업자가 수급사업자에게 제조등의 위탁을 하는 경우에는 목적물등의 수령일(건설위탁의 경우에는 인수일을, 용역위탁의 경우에는 수급사업자가 위탁받은 용역의 수행을 마친 날을, 납품등이 잦아 원사업자와 수급사업자가 월 1회 이상 세금계산서의 발행일을 정한 경우에는 그 정한 날을 말한다. 이하 같다)부터 60일 이내의 가능한 짧은 기한으로 정한 지급기일까지 하도급대금을 지급하여야 한다. 다만, 다음 각 호의 어느 하나에 해당하는 경우에는 그러하지 아니하다.

1. 원사업자와 수급사업자가 대등한 지위에서 지급기일을 정한 것으로 인정되는 경우
2. 해당 업종의 특수성과 경제여건에 비추어 그 지급기일이 정당한 것으로 인정되는 경우

② 하도급대금의 지급기일이 정하여져 있지 아니한 경우에는 목적물등의 수령일을 하도급대금의 지급기일로 보고, 목적물등의 수령일부터

60일이 지난 후에 하도급대금의 지급기일을 정한 경우(제1항 단서에 해당되는 경우는 제외한다)에는 목적물등의 수령일부터 60일이 되는 날을 하도급대금의 지급기일로 본다.

③ 원사업자는 수급사업자에게 제조등의 위탁을 한 경우 원사업자가 발주자로부터 제조·수리·시공 또는 용역수행행위의 완료에 따라 준공금 등을 받았을 때에는 하도급대금을, 제조·수리·시공 또는 용역수행행위의 진척에 따라 기성금 등을 받았을 때에는 수급사업자가 제조·수리·시공 또는 용역수행한 부분에 상당하는 금액을 그 준공금이나 기성금 등을 지급받은 날부터 15일(하도급대금의 지급기일이 그 전에 도래하는 경우에는 그 지급기일) 이내에 수급사업자에게 지급하여야 한다.

④ 원사업자가 수급사업자에게 하도급대금을 지급할 때에는 원사업자가 발주자로부터 해당 제조등의 위탁과 관련하여 받은 현금비율 미만으로 지급하여서는 아니 된다.

⑤ 원사업자가 하도급대금을 어음으로 지급하는 경우에는 해당 제조등의 위탁과 관련하여 발주자로부터 원사업자가 받은 어음의 지급기간(발행일부터 만기일까지)을 초과하는 어음을 지급하여서는 아니 된다.

⑥ 원사업자가 하도급대금을 어음으로 지급하는 경우에 그 어음은 법률에 근거하여 설립된 금융기관에서 할인이 가능한 것이어야 하며, 어음을 교부한 날부터 어음의 만기일까지의 기간에 대한 할인료를 어음을 교부하는 날에 수급사업자에게 지급하여야 한다. 다만, 목적물등의 수령일부터 60일(제1항 단서에 따라 지급기일이 정하여진 경우에는 그 지급기일을, 발주자로부터 준공금이나 기성금 등을 받은 경우에는 제3항에서 정한 기일을 말한다. 이하 이 조에서 같다) 이내에 어음을 교부하는 경우에는 목적물등의 수령일부터 60일이 지난 날 이후부터 어음의 만기일까지의 기간에 대한 할인료를 목적물등의 수령일부터 60일 이내에 수급사업자에게 지급하여야 한다.

⑦ 원사업자는 하도급대금을 어음대체결제수단을 이용하여 지급하는 경우에는 지급일(기업구매전용카드의 경우는 카드결제 승인일을, 외상매출채권 담보대출의 경우는 납품등의 명세 전송일을, 구매론의 경우는 구매자금 결제일을 말한다. 이하 같다)부터 하도급대금 상환기일까지의 기간에 대한 수수료(대출이자를 포함한다. 이하 같다)를 지급일에 수급사업자에게 지급하여야 한다. 다만, 목적물등의 수령일부터 60일 이내에 어음대체결제수단을 이용하여 지급하는 경우에는 목적물등의 수령일부터 60일이 지난 날 이후부터 하도급대금 상환기일까지의 기간에 대한 수수료를 목적물등의 수령일부터 60일 이내에 수급사업자에게 지급하여야 한다.

⑧ 원사업자가 하도급대금을 목적물등의 수령일부터 60일이 지난 후에 지급하는 경우에는 그 초과기간에 대하여 연 100분의 40 이내에서 「은행법」에 따른 은행이 적용하는 연체금리 등 경제사정을 고려하여 공정거래위원회가 정하여 고시하는 이율에 따른 이자를 지급하여야 한다. <개정 2010.5.17.>

⑨ 제6항에서 적용하는 할인율은 연 100분의 40 이내에서 법률에 근거하여 설립된 금융기관에서 적용되는 상업어음할인율을 고려하여 공정거래위원회가 정하여 고시한다.

⑩ 제7항에서 적용하는 수수료율은 원사업자가 금융기관(「여신전문금융업법」 제2조제2호의2에 따른 신용카드업자를 포함한다)과 체결한 어음대체결제수단의 약정상 수수료율로 한다. <개정 2015.7.24.>

⑪ 제1항부터 제10항까지의 규정은 「중견기업 성장촉진 및 경쟁력 강화에 관한 특별법」 제2조제1호에 따른 중견기업으로 연간매출액이 대통령령으로 정하는 금액(제1호의 회사와 거래하는 경우에는 3천억원으로 한다) 미만인 중견기업이 다음 각 호의 어느 하나에 해당하는 자로부터 제조등의 위탁을 받은 경우에도 적용한다. 이 경우 제조등의 위탁을 한 자는 제1항부터 제10항까지, 제19조, 제20조, 제23조제2항, 제24조의4제1항, 제24조의5제6항, 제25조제1항 및 제3항, 제25조의2, 제25조의3제1항, 제25조의5제1항, 제26조제2항, 제30조제1항, 제33조, 제35조제1항을 적용할 때에는 원사업자로 보고, 제조등의 위탁을 받은 중견기업은 제1항부터 제10항까지, 제19조, 제21조, 제23조제2항, 제24조의4제1항, 제25조의2, 제33조를 적용할 때에는 수급사업자로 본다. <신설 2015.7.24., 2016.3.29., 2018.1.16.>

1. 「독점규제 및 공정거래에 관한 법률」 제9조제1항에 따른 상호출자제한기업집단에 속하는 회사
2. 제1호에 따른 회사가 아닌 사업자로서 연간매출액이 대통령령으로 정하는 금액을 초과하는 사업자

[전문개정 2009.4.1.]

▶ 판례 – [1] 구 하도급거래 공정화에 관한 법률 제13조 제8항에 따라 공정거래위원회가 정하여 고

시한 고시이율에 의한 지연손해금의 지급을 명하는 공정거래위원회의 시정명령 이후에 수급사업자의 원사업자에 대한 하도급대금 청구소송에서 법정이율에 의한 지연손해금의 지급을 명하는 판결이 확정된 경우, 시정명령 중 고시이율과 법정이율의 차액에 해당하는 지연손해금의 지급을 명하는 부분이 위법하게 되는지 여부(원칙적 소극) 및 이는 법정이율에 의한 지연손해금의 지급을 명하는 판결이 확정된 후에 공정거래위원회가 시정명령을 하는 경우에도 마찬가지인지 여부(적극)
[2] 구 하도급거래 공정화에 관한 법률 제13조 등의 위반행위가 있었으나 위반행위의 결과가 더 이상 존재하지 않는 경우, 같은 법 제25조 제1항에 의한 시정명령을 할 수 있는지 여부(소극) [대법원 2015.12.10, 선고, 2013두35013, 판결]

제13조의2(건설하도급 계약이행 및 대금지급 보증) ① 건설위탁의 경우 원사업자는 계약체결일부터 30일 이내에 수급사업자에게 다음 각 호의 구분에 따라 해당 금액의 공사대금 지급을 보증(지급수단이 어음인 경우에는 만기일까지를, 어음대체결제수단인 경우에는 하도급대금 상환기일까지를 보증기간으로 한다)하고, 수급사업자는 원사업자에게 계약금액의 100분의 10에 해당하는 금액의 계약이행을 보증하여야 한다. 다만, 원사업자의 재무구조와 공사의 규모 등을 고려하여 보증이 필요하지 아니하거나 보증이 적합하지 아니하다고 인정되는 경우로서 대통령령으로 정하는 경우에는 그러하지 아니하다. <개정 2014.5.28.>

1. 공사기간이 4개월 이하인 경우: 계약금액에서 선급금을 뺀 금액
2. 공사기간이 4개월을 초과하는 경우로서 기성부분에 대한 대가의 지급 주기가 2개월 이내인 경우: 다음의 계산식에 따라 산출한 금액

$$\text{보증금액} = \frac{\text{하도급계약금액} - \text{계약상 선급금}}{\text{공사기간(개월 수)}} \times 4$$

3. 공사기간이 4개월을 초과하는 경우로서 기성부분에 대한 대가의 지급 주기가 2개월을 초과하는 경우: 다음의 계산식에 따라 산출한 금액

$$\text{보증금액} = \frac{\text{하도급계약금액} - \text{계약상 선급금}}{\text{공사기간(개월 수)}} \times \text{기성부분에 대한 대가의 지급주기(개월수)} \times 2$$

② 원사업자는 제1항 각 호 외의 부분 단서에 따른 공사대금 지급의 보증이 필요하지 아니하거나 적합하지 아니하다고 인정된 사유가 소멸한 경우에는 그 사유가 소멸한 날부터 30일 이내에 제1항에 따른 공사대금 지급보증을 하여야 한다. 다만, 계약의 잔여기간, 위탁사무의 기성률, 잔여대금의 금액 등을 고려하여 보증이 필요하지 아니하다고 인정되는 경우로서 대통령령으로 정하는 경우에는 그러하지 아니하다. <신설 2014.5.28.>

③ 다음 각 호의 어느 하나에 해당하는 자와 건설공사에 관하여 장기계속계약(총액으로 입찰하여 각 회계연도 예산의 범위에서 낙찰된 금액의 일부에 대하여 연차별로 계약을 체결하는 계약으로서 「국가를 당사자로 하는 계약에 관한 법률」 제21조 또는 「지방자치단체를 당사자로 하는 계약에 관한 법률」 제24조에 따른 장기계속계약을 말한다. 이하 이 조에서 "장기계속건설계약"이라 한다)을 체결한 원사업자가 해당 건설공사를 장기계속건설하도급계약을 통하여 건설위탁하는 경우 원사업자는 최초의 장기계속건설하도급계약 체결일부터 30일 이내에 수급사업자에게 제1항 각 호 외의 부분 본문에 따라 공사대금 지급을 보증하고, 수급사업자는 원사업자에게 최초 장기계속건설하도급계약 시 약정한 총 공사금액의 100분의 10에 해당하는 금액으로 계약이행을 보증하여야 한다. <신설 2016.12.20.>

1. 국가 또는 지방자치단체
2. 「공공기관의 운영에 관한 법률」에 따른 공기업, 준정부기관 또는 「지방공기업법」에 따른 지방공사, 지방공단

④ 제3항에 따라 수급사업자로부터 계약이행 보증을 받은 원사업자는 장기계속건설계약의 연차별 계약의 이행이 완료되어 이에 해당하는 계약보증금을 같은 항 각 호의 어느 하나에 해당하는 자로부터 반환받을 수 있는 날부터 30일 이내에 수급사업자에게 해당 수급사업자가 이행을 완료한 연차별 장기계속건설하도급계약에 해당하는 하도급 계약이행보증금을 반환하여야 한다. 이 경우 이행이 완료된 부분에 해당하는 계약이행 보증의 효력은 상실되는 것으로 본다. <신설 2016.12.20.>

⑤ 제1항부터 제3항까지의 규정에 따른 원사업자와 수급사업자 간의 보증은 현금(체신관서 또는 「은행법」에 따른 은행이 발행한 자기앞수표를 포함한다)의 지급 또는 다음 각 호의 어느 하나의 기관이 발행하는 보증서의 교부에 의하여 한다. <개정 2010.5.17., 2014.5.28., 2016.12.20.>

1. 「건설산업기본법」에 따른 각 공제조합
2. 「보험업법」에 따른 보험회사

3. 「신용보증기금법」에 따른 신용보증기금
4. 「은행법」에 따른 금융기관
5. 그 밖에 대통령령으로 정하는 보증기관

⑥ 제5항에 따른 기관은 다음 각 호의 어느 하나에 해당하는 사유로 수급사업자가 보증약관상 필요한 청구서류를 갖추어 보증금 지급을 요청한 경우 30일 이내에 제1항의 보증금액을 수급사업자에게 지급하여야 한다. 다만, 보증금 지급요건 충족 여부, 지급액에 대한 이견 등 대통령령으로 정하는 불가피한 사유가 있는 경우 보증기관은 수급사업자에게 통지하고 대통령령으로 정하는 기간 동안 보증금 지급을 보류할 수 있다. <신설 2013.8.13., 2014.5.28., 2016.12.20.>

1. 원사업자가 당좌거래정지 또는 금융거래정지로 하도급대금을 지급할 수 없는 경우
2. 원사업자의 부도·파산·폐업 또는 회사회생절차 개시 신청 등으로 하도급대금을 지급할 수 없는 경우
3. 원사업자의 해당 사업에 관한 면허·등록 등이 취소·말소되거나 영업정지 등으로 하도급대금을 지급할 수 없는 경우
4. 원사업자가 제13조에 따라 지급하여야 할 하도급대금을 2회 이상 수급사업자에게 지급하지 아니한 경우
5. 그 밖에 원사업자가 제1호부터 제4호까지에 준하는 지급불능 등 대통령령으로 정하는 사유로 인하여 하도급대금을 지급할 수 없는 경우

⑦ 원사업자는 제5항에 따라 지급보증서를 교부할 때 그 공사기간 중에 건설위탁하는 모든 공사에 대한 공사대금의 지급보증이나 1회계연도에 건설위탁하는 모든 공사에 대한 공사대금의 지급보증을 하나의 지급보증서의 교부에 의하여 할 수 있다. <개정 2013.8.13., 2014.5.28., 2016.12.20.>

⑧ 제1항부터 제7항까지에서 규정한 것 외에 하도급계약 이행보증 및 하도급대금 지급보증에 관하여 필요한 사항은 대통령령으로 정한다. <개정 2013.8.13., 2014.5.28., 2016.12.20.>

⑨ 원사업자가 제1항 각 호 외의 부분 본문, 제2항 본문 또는 제3항 각 호 외의 부분에 따른 공사대금 지급보증을 하지 아니하는 경우에는 수급사업자는 계약이행을 보증하지 아니할 수 있다. <개정 2013.8.13., 2014.5.28., 2016.12.20.>

⑩ 제1항 또는 제3항에 따른 수급사업자의 계약이행 보증에 대한 원사업자의 청구권은 해당 원사업자가 제1항부터 제3항까지의 규정에 따른 공사대금 지급을 보증한 후가 아니면 이를 행사할 수 없다. 다만, 제1항 각 호 외의 부분 단서 또는 제2항 단서에 따라 공사대금 지급을 보증하지 아니하는 경우에는 그러하지 아니하다. <신설 2014.5.28., 2016.12.20.>

[전문개정 2009.4.1.]

제14조(하도급대금의 직접 지급) ① 발주자는 다음 각 호의 어느 하나에 해당하는 사유가 발생한 때에는 수급사업자가 제조·수리·시공 또는 용역수행을 한 부분에 상당하는 하도급대금을 그 수급사업자에게 직접 지급하여야 한다. <개정 2014.5.28.>

1. 원사업자의 지급정지·파산, 그 밖에 이와 유사한 사유가 있거나 사업에 관한 허가·인가·면허·등록 등이 취소되어 원사업자가 하도급대금을 지급할 수 없게 된 경우로서 수급사업자가 하도급대금의 직접 지급을 요청한 때
2. 발주자가 하도급대금을 직접 수급사업자에게 지급하기로 발주자·원사업자 및 수급사업자 간에 합의한 때
3. 원사업자가 제13조제1항 또는 제3항에 따라 지급하여야 하는 하도급대금의 2회분 이상을 해당 수급사업자에게 지급하지 아니한 경우로서 수급사업자가 하도급대금의 직접 지급을 요청한 때
4. 원사업자가 제13조의2제1항 또는 제2항에 따른 하도급대금 지급보증 의무를 이행하지 아니한 경우로서 수급사업자가 하도급대금의 직접 지급을 요청한 때

② 제1항에 따른 사유가 발생한 경우 원사업자에 대한 발주자의 대금지급채무와 수급사업자에 대한 원사업자의 하도급대금 지급채무는 그 범위에서 소멸한 것으로 본다.

③ 원사업자가 발주자에게 해당 하도급 계약과 관련된 수급사업자의 임금, 자재대금 등의 지급 지체 사실을 입증할 수 있는 서류를 첨부하여 해당 하도급대금의 직접 지급 중지를 요청한 경우, 발주자는 제1항에도 불구하고 그 하도급대금을 직접 지급하지 아니할 수 있다.

④ 제1항에 따라 발주자가 해당 수급사업자에게 하도급대금을 직접 지급할 때에 발주자가 원사업자에게 이미 지급한 하도급금액은 빼고 지급한다.

⑤ 제1항에 따라 수급사업자가 발주자로부터 하도급대금을 직접 받기 위하여 기성부분의 확인 등이 필요한 경우 원사업자는 지체 없이

이에 필요한 조치를 이행하여야 한다.
⑥ 제1항에 따라 하도급대금을 직접 지급하는 경우의 지급 방법 및 절차 등에 관하여 필요한 사항은 대통령령으로 정한다.
[전문개정 2009.4.1.]

▶ 판례 - [1] 하수급인이 직접지급청구권의 발생요건으로서 구 하도급거래 공정화에 관한 법률 제14조 제1항에서 말하는 하도급대금의 직접지급을 요청하였는지 판단하는 기준
[2] 도급인인 甲 주식회사, 수급인인 乙 주식회사, 하수급업체 대표인 丙 주식회사 등이 乙 회사의 워크아웃 신청으로 중단되었던 공사를 재개하기 위한 사업약정을 체결하면서 甲 회사가 하수급업자 등에게 하도급대금 등을 직접 지급하기로 하였고, 이에 따라 하수급인인 丁 주식회사와 甲 회사, 乙 회사가 직접지급 합의서를 작성하였는데, 丁 회사가 甲 회사 등을 상대로 하도급대금의 지급을 청구하는 전소를 제기하면서 직접지급 합의서에는 기재되어 있지 않은 乙 회사와 변경계약한 증액대금도 함께 지급할 것을 청구하였으나, 법원이 甲 회사가 직접지급 합의서에 따른 최초의 하도급대금만을 지급할 의무가 있음을 전제로 증액대금의 지급약정 등에 관한 丁 회사의 주장을 배척하자, 丁 회사가 乙 회사를 흡수합병한 戊 주식회사를 상대로 증액대금의 지급을 구하는 소를 제기한 사안에서, 丁 회사는 전소에서 사업약정과 지급합의에 기하여 하도급대금을 청구한 것이고, 그것이 구 하도급거래 공정화에 관한 법률 제14조 제1항 제3호에 따른 직접지급의 요청에 해당한다고 보기는 어렵다고 한 사례 [대법원 2017.4.26, 선고, 2014다38678, 판결]

제15조(관세 등 환급액의 지급) ① 원사업자가 수출할 물품을 수급사업자에게 제조위탁하거나 용역위탁한 경우 「수출용원재료에 대한 관세 등 환급에 관한 특례법」에 따라 관세 등을 환급받은 경우에는 환급받은 날부터 15일 이내에 그 받은 내용에 따라 이를 수급사업자에게 지급하여야 한다.
② 제1항에도 불구하고 수급사업자에게 책임을 돌릴 사유가 없으면 목적물등의 수령일부터 60일 이내에 수급사업자에게 관세 등 환급상당액을 지급하여야 한다.
③ 원사업자가 관세 등 환급상당액을 제1항과 제2항에서 정한 기한이 지난 후에 지급하는 경우에는 그 초과기간에 대하여 연 100분의 40 이내에서 「은행법」에 따른 은행이 적용하는 연체금리 등 경제사정을 고려하여 공정거래위원회가 정하여 고시하는 이율에 따른 이자를 지급하여야 한다. <개정 2010.5.17.>
[전문개정 2009.4.1.]

제16조(설계변경 등에 따른 하도급대금의 조정) ① 원사업자는 제조등의 위탁을 한 후에 다음 각 호의 경우에 모두 해당하는 때에는 그가 발주자로부터 증액받은 계약금액의 내용과 비율에 따라 하도급대금을 증액하여야 한다. 다만, 원사업자가 발주자로부터 계약금액을 감액받은 경우에는 그 내용과 비율에 따라 하도급대금을 감액할 수 있다. <개정 2010.1.25.>
1. 설계변경 또는 경제상황의 변동 등을 이유로 계약금액이 증액되는 경우
2. 제1호와 같은 이유로 목적물등의 완성 또는 완료에 추가비용이 들 경우
② 제1항에 따라 하도급대금을 증액 또는 감액할 경우, 원사업자는 발주자로부터 계약금액을 증액 또는 감액받은 날부터 15일 이내에 발주자로부터 증액 또는 감액받은 사유와 내용을 해당 수급사업자에게 통지하여야 한다. 다만, 발주자가 그 사유와 내용을 해당 수급사업자에게 직접 통지한 경우에는 그러하지 아니하다. <신설 2010.1.25.>
③ 제1항에 따른 하도급대금의 증액 또는 감액은 원사업자가 발주자로부터 계약금액을 증액 또는 감액받은 날부터 30일 이내에 하여야 한다. <개정 2010.1.25.>
④ 원사업자가 제1항의 계약금액 증액에 따라 발주자로부터 추가금액을 지급받은 날부터 15일이 지난 후에 추가 하도급대금을 지급하는 경우의 이자에 관하여는 제13조제8항을 준용하고, 추가 하도급대금을 어음 또는 어음대체결제수단을 이용하여 지급하는 경우의 어음할인료·수수료의 지급 및 어음할인율·수수료율에 관하여는 제13조제6항·제7항·제9항 및 제10항을 준용한다. 이 경우 "목적물등의 수령일부터 60일"은 "추가금액을 받은 날부터 15일"로 본다. <개정 2010.1.25.>
[전문개정 2009.4.1.]

제16조의2(공급원가 변동에 따른 하도급대금의 조정) ① 수급사업자는 제조등의 위탁을 받은 후 목적물등의 공급원가가 변동되어 하도급대금의 조정(調整)이 불가피한 경우에는 원사업자에게 하도급대금의 조정을 신청할 수 있다. <개정 2018.1.16.>
② 「중소기업협동조합법」 제3조제1항제1호 또는 제2호에 따른 중소기업협동조합(이하 "

조합"이라 한다)은 목적물등의 공급원가가 대통령령으로 정하는 기준 이상으로 변동되어 조합원인 수급사업자의 하도급대금의 조정이 불가피한 사유가 발생한 경우에는 해당 수급사업자의 신청을 받아 대통령령으로 정하는 원사업자와 하도급대금의 조정을 위한 협의를 할 수 있다. 다만, 원사업자와 수급사업자가 같은 조합의 조합원인 경우에는 그러하지 아니하다. <개정 2013.5.28., 2018.1.16.>

③ 제2항 본문에 따른 신청을 받은 조합은 신청받은 날부터 20일 이내에 원사업자에게 하도급대금의 조정을 신청하여야 한다. <개정 2013.5.28., 2016.3.29.>

④ 제1항에 따라 하도급대금 조정을 신청한 수급사업자가 제2항에 따른 협의를 신청한 경우 제1항에 따른 신청은 중단된 것으로 보며, 제1항 또는 제3항에 따른 조정협의가 완료된 경우 수급사업자 또는 조합은 사정변경이 없는 한 동일한 사유를 들어 제1항부터 제3항까지의 조정협의를 신청할 수 없다. <개정 2013.5.28.>

⑤ 제2항에 따른 신청을 받은 조합은 납품 중단을 결의하는 등 부당하게 경쟁을 제한하거나 부당하게 사업자의 사업내용 또는 활동을 제한하는 행위를 하여서는 아니 된다 <개정 2013.5.28.>

⑥ 제2항 본문에 따른 불가피한 사유, 수급사업자의 신청 및 조합의 협의권한 행사의 요건·절차·방법 등에 관하여 필요한 사항은 대통령령으로 정한다. <신설 2013.5.28.>

⑦ 원사업자는 제1항 또는 제3항의 신청이 있은 날부터 10일 안에 조정을 신청한 수급사업자 또는 조합과 하도급대금 조정을 위한 협의를 개시하여야 하며, 정당한 사유 없이 협의를 거부하거나 게을리하여서는 아니 된다. <신설 2013.5.28.>

⑧ 원사업자 또는 수급사업자(제3항에 따른 조정협의의 경우 조합을 포함한다. 이하 이 조에서 같다)는 다음 각 호의 어느 하나에 해당하는 경우 제24조에 따른 하도급분쟁조정협의회에 조정을 신청할 수 있다. 다만, 제3항에 따른 조합은 「중소기업협동조합법」에 따른 중소기업중앙회에 설치된 하도급분쟁조정협의회에 조정을 신청할 수 없다. <신설 2013.5.28.>

1. 제1항 또는 제3항에 따른 신청이 있은 날부터 10일이 지난 후에도 원사업자가 하도급대금의 조정을 위한 협의를 개시하지 아니한 경우
2. 제1항 또는 제3항에 따른 신청이 있은 날부터 30일 안에 하도급대금의 조정에 관한 합의에 도달하지 아니한 경우
3. 제1항 또는 제3항에 따른 신청으로 인한 협의개시 후 원사업자 또는 수급사업자가 협의 중단의 의사를 밝힌 경우 등 대통령령으로 정하는 사유로 합의에 도달하지 못할 것이 명백히 예상되는 경우

[본조신설 2009.4.1.]
[제목개정 2018.1.16.]

제17조(부당한 대물변제의 금지) ① 원사업자는 하도급대금을 물품으로 지급하여서는 아니 된다. 다만, 다음 각 호의 어느 하나에 해당하는 사유가 있는 경우에는 그러하지 아니하다. <개정 2013.8.13., 2017.4.18.>

1. 원사업자가 발행한 어음 또는 수표가 부도로 되거나 은행과의 당좌거래가 정지 또는 금지된 경우
2. 원사업자에 대한 「채무자 회생 및 파산에 관한 법률」에 따른 파산신청, 회생절차개시 또는 간이회생절차개시의 신청이 있은 경우
3. 그 밖에 원사업자가 하도급대금을 물품으로 지급할 수밖에 없다고 인정되는 대통령령으로 정하는 사유가 발생하고, 수급사업자의 요청이 있는 경우

② 원사업자는 제1항 단서에 따른 대물변제를 하기 전에 소유권, 담보제공 등 물품의 권리·의무 관계를 확인할 수 있는 자료를 수급사업자에게 제시하여야 한다. <신설 2013.8.13., 2017.4.18.>

③ 물품의 종류에 따라 제시하여야 할 자료, 자료제시의 방법 및 절차 등 그 밖에 필요한 사항은 대통령령으로 정한다. <신설 2013.8.13.>

[전문개정 2009.4.1.]

제18조(부당한 경영간섭의 금지) ① 원사업자는 하도급거래량을 조절하는 방법 등을 이용하여 수급사업자의 경영에 간섭하여서는 아니 된다. <개정 2018.1.16.>

② 다음 각 호의 어느 하나에 해당하는 원사업자의 행위는 부당한 경영간섭으로 본다. <신설 2018.1.16.>

1. 정당한 사유 없이 수급사업자가 기술자료를 해외에 수출하는 행위를 제한하거나 기술자료의 수출을 이유로 거래를 제한하는 행위
2. 정당한 사유 없이 수급사업자로 하여금 자기 또는 자기가 지정하는 사업자와 거래하도록 구속하는 행위

3. 정당한 사유 없이 수급사업자에게 원가자료 등 공정거래위원회가 고시하는 경영상의 정보를 요구하는 행위

[전문개정 2009.4.1.]

제19조(보복조치의 금지) 원사업자는 수급사업자 또는 조합이 다음 각 호의 어느 하나에 해당하는 행위를 한 것을 이유로 그 수급사업자에 대하여 수주기회(受注機會)를 제한하거나 거래의 정지, 그 밖에 불이익을 주는 행위를 하여서는 아니 된다. <개정 2011.3.29., 2013.5.28., 2015.7.24., 2018.1.16.>

1. 원사업자가 이 법을 위반하였음을 관계 기관 등에 신고한 행위
2. 제16조의2제1항 또는 제2항의 원사업자에 대한 하도급대금의 조정신청 또는 같은 조 제8항의 하도급분쟁조정협의회에 대한 조정신청

2의2. 관계 기관의 조사에 협조한 행위

3. 제22조의2제2항에 따라 하도급거래 서면실태조사를 위하여 공정거래위원회가 요구한 자료를 제출한 행위

[전문개정 2009.4.1.]

제20조(탈법행위의 금지) 원사업자는 하도급거래(제13조제11항이 적용되는 거래를 포함한다)와 관련하여 우회적인 방법에 의하여 실질적으로 이 법의 적용을 피하려는 행위를 하여서는 아니 된다. <개정 2015.7.24.>

[전문개정 2009.4.1.]

제21조(수급사업자의 준수 사항) ① 수급사업자는 원사업자로부터 제조등의 위탁을 받은 경우에는 그 위탁의 내용을 신의(信義)에 따라 성실하게 이행하여야 한다.

② 수급사업자는 원사업자가 이 법을 위반하는 행위를 하는 데에 협조하여서는 아니 된다.

③ 수급사업자는 이 법에 따른 신고를 한 경우에는 증거서류 등을 공정거래위원회에 지체 없이 제출하여야 한다.

[전문개정 2009.4.1.]

제22조(위반행위의 신고 등) ① 누구든지 이 법에 위반되는 사실이 있다고 인정할 때에는 그 사실을 공정거래위원회에 신고할 수 있다. 이 경우 공정거래위원회는 대통령령으로 정하는 바에 따라 신고자가 동의한 경우에는 원사업자에게 신고가 접수된 사실을 통지하여야 한다. <개정 2016.3.29.>

② 공정거래위원회는 제1항 전단에 따른 신고가 있거나 이 법에 위반되는 사실이 있다고 인정할 때에는 필요한 조사를 할 수 있다. <개정 2016.3.29.>

③ 제1항 후단에 따라 공정거래위원회가 원사업자에게 통지한 때에는 「민법」 제174조에 따른 최고(催告)가 있은 것으로 본다. 다만, 신고된 사실이 이 법의 적용대상이 아니거나 제23조제1항 본문에 따른 조사대상 거래의 제한 기한을 경과하여 공정거래위원회가 심의절차를 진행하지 아니하기로 한 경우, 신고된 사실에 대하여 공정거래위원회가 무혐의로 조치한 경우 또는 신고인이 신고를 취하한 경우에는 그러하지 아니하다. <개정 2016.3.29.>

④ 공정거래위원회는 다음 각 호의 구분에 따른 기간이 경과한 경우에는 이 법 위반행위에 대하여 제25조제1항에 따른 시정조치를 명하거나 제25조의3에 따른 과징금을 부과하지 아니한다. 다만, 법원의 판결에 따라 시정조치 또는 과징금 부과처분이 취소된 경우로서 그 판결이유에 따라 새로운 처분을 하는 경우에는 그러하지 아니하다. <신설 2015.7.24., 2016.3.29.>

1. 공정거래위원회가 이 법 위반행위에 대하여 제1항 전단에 따른 신고를 받고 제2항에 따라 조사를 개시한 경우: 신고일부터 3년
2. 제1호 외의 경우로서 공정거래위원회가 이 법 위반행위에 대하여제2항에 따라 조사를 개시한 경우: 조사개시일부터 3년

⑤ 공정거래위원회는 제4조, 제8조제1항, 제10조, 제11조제1항·제2항 또는 제12조의3제3항을 위반한 행위를 신고하거나 제보하고 그 위반행위를 입증할 수 있는 증거자료를 제출한 자에게 예산의 범위에서 포상금을 지급할 수 있다. <신설 2015.7.24.>

⑥ 제5항에 따른 포상금 지급대상자의 범위 및 포상금 지급의 기준·절차 등에 필요한 사항은 대통령령으로 정한다. <신설 2015.7.24.>

⑦ 공정거래위원회는 제5항에 따라 포상금을 지급한 후 다음 각 호의 어느 하나에 해당하는 사실이 발견된 경우에는 해당 포상금을 지급받은 자에게 반환할 금액을 통지하여야 하고, 해당 포상금을 지급받은 자는 그 통지를 받은 날부터 30일 이내에 이를 납부하여야 한다. <신설 2015.7.24.>

1. 위법 또는 부당한 방법의 증거수집, 거짓신고, 거짓진술, 증거위조 등 부정한 방법으로 포상금을 지급받은 경우
2. 동일한 원인으로 다른 법령에 따라 포

상금 등을 지급받은 경우
3. 그 밖에 착오 등의 사유로 포상금이 잘못 지급된 경우
⑧ 공정거래위원회는 제7항에 따라 포상금을 반환하여야 할 자가 납부 기한까지 그 금액을 납부하지 아니한 때에는 국세 체납처분의 예에 따라 징수할 수 있다. <신설 2015.7.24.>
[전문개정 2009.4.1.]

제22조의2(하도급거래 서면실태조사) ① 공정거래위원회는 공정한 하도급거래질서 확립을 위하여 하도급거래에 관한 서면실태조사를 실시하여 그 조사결과를 공표하여야 한다. <개정 2011.3.29.>
② 공정거래위원회는 제1항에 따른 서면실태조사를 실시하려는 경우에는 조사대상자의 범위, 조사기간, 조사내용, 조사방법 및 조사절차, 조사결과 공표범위 등에 관한 계획을 수립하여야 하고, 조사대상자에게 하도급거래 실태 등 조사에 필요한 자료의 제출을 요구할 수 있다. <개정 2011.3.29.>
③ 공정거래위원회는 제2항에 따라 자료의 제출을 요구하는 경우에는 조사대상자에게 자료의 범위와 내용, 요구사유, 제출기한 등을 명시하여 서면으로 통지하여야 한다.
[본조신설 2010.1.25.]

제23조(조사대상 거래의 제한) ① 제22조제2항에 따라 공정거래위원회의 조사개시 대상이 되는 하도급거래(제13조제11항이 적용되는 거래를 포함한다. 이하 이 조에서 같다)는 그 거래가 끝난 날부터 3년이 지나지 아니한 것으로 한정한다. 다만, 거래가 끝난 날부터 3년 이내에 제22조제1항 전단에 따라 신고되거나 제24조의4제1항제1호 또는 제2호의 분쟁당사자가 분쟁조정을 신청한 하도급거래의 경우에는 거래가 끝난 날부터 3년이 지난 경우에도 조사를 개시할 수 있다. <개정 2010.1.25., 2015.7.24., 2018.1.16.>
② 제1항에서 "거래가 끝난 날"이란 제조위탁·수리위탁 및 용역위탁 중 지식·정보성과물의 작성위탁의 경우에는 수급사업자가 원사업자에게 위탁받은 목적물을 납품 또는 인도한 날을, 용역위탁 중 역무의 공급위탁의 경우에는 원사업자가 수급사업자에게 위탁한 역무공급을 완료한 날을 말하며, 건설위탁의 경우에는 원사업자가 수급사업자에게 건설위탁한 공사가 완공된 날을 말한다. 다만, 하도급계약이 중도에 해지되거나 하도급거래가 중지된 경우에는 해지 또는 중지된 날을 말한다. <신설 2010.1.25.>
[전문개정 2009.4.1.]

제24조(하도급분쟁조정협의회의 설치 및 구성 등) ①「독점규제 및 공정거래에 관한 법률」제48조의2에 따른 한국공정거래조정원(이하"조정원"이라 한다)은 하도급분쟁조정협의회(이하"협의회"라 한다)를 설치하여야 한다. <개정 2011.3.29., 2015.7.24.>
② 사업자단체는 공정거래위원회의 승인을 받아 협의회를 설치할 수 있다. <신설 2015.7.24.>
③ 조정원에 설치하는 협의회는 위원장 1명을 포함하여 9명 이내의 위원으로 구성하되 공익을 대표하는 위원, 원사업자를 대표하는 위원과 수급사업자를 대표하는 위원이 각각 같은 수가 되도록 하고, 사업자단체에 설치하는 협의회의 위원의 수는 공정거래위원회의 승인을 받아 해당 협의회가 정한다. <개정 2015.7.24.>
④ 조정원에 설치하는 협의회의 위원장은 공익을 대표하는 위원 중에서 협의회가 선출하고, 사업자단체에 설치하는 협의회의 위원장은 위원 중에서 협의회가 선출한다. 협의회에서 선출된 위원장은 해당 협의회를 대표한다. <개정 2015.7.24.>
⑤ 조정원에 설치하는 협의회의 위원의 임기는 2년으로 하고, 사업자단체에 설치하는 협의회의 위원의 임기는 공정거래위원회의 승인을 받아 해당 협의회가 정한다. <개정 2015.7.24.>
⑥ 조정원에 설치하는 협의회의 위원은 조정원의 장이 추천하는 사람과 다음 각 호의 어느 하나에 해당하는 사람 중 공정거래위원회 위원장이 위촉하는 사람이 된다. <신설 2011.3.29., 2015.7.24.>
1. 대학에서 법률학·경제학 또는 경영학을 전공한 사람으로서「고등교육법」제2조제1호·제2호 또는 제5호에 따른 학교나 공인된 연구기관에서 부교수 이상의 직 또는 이에 상당하는 직에 있거나 있었던 사람
2. 판사·검사 직에 있거나 있었던 사람 또는 변호사의 자격이 있는 사람
3. 독점금지 및 공정거래 업무에 관한 경험이 있는 4급 이상 공무원(고위공무원단에 속하는 일반직공무원을 포함한다)의 직에 있거나 있었던 사람
⑦ 사업자단체에 설치하는 협의회의 위원은 협의회를 설치한 각 사업자단체의 장이 위촉하되 미리 공정거래위원회에 보고하여야 한다. 다만, 사

업자단체가 공동으로 협의회를 설치하려는 경우에는 해당 사업자단체의 장들이 공동으로 위촉한다. <개정 2011.3.29., 2015.7.24.>
⑧ 공익을 대표하는 위원은 하도급거래에 관한 학식과 경험이 풍부한 사람 중에서 위촉하되 분쟁조정의 대상이 되는 업종에 속하는 사업을 영위하는 사람이나 해당 업종에 속하는 사업체의 임직원은 공익을 대표하는 위원이 될 수 없다. <개정 2011.3.29., 2015.7.24.>
⑨ 공정거래위원회 위원장은 공익을 대표하는 위원으로 위촉받은 자가 분쟁조정의 대상이 되는 업종에 속하는 사업을 영위하는 사람이나 해당 업종에 속하는 사업체의 임직원으로 된 때에는 즉시 해촉하여야 한다. <개정 2011.3.29., 2015.7.24.>
⑩ 국가는 협의회의 운영에 필요한 경비의 전부 또는 일부를 예산의 범위에서 보조할 수 있다. <신설 2014.5.28., 2015.7.24.>
[전문개정 2010.1.25.]
[제목개정 2014.5.28.]

제24조의2(위원의 제척·기피·회피) ① 위원은 다음 각 호의 어느 하나에 해당하는 경우에는 해당 조정사항의 조정에서 제척된다.
1. 위원 또는 그 배우자나 배우자이었던 자가 해당 조정사항의 분쟁당사자가 되거나 공동권리자 또는 의무자의 관계에 있는 경우
2. 위원이 해당 조정사항의 분쟁당사자와 친족관계에 있거나 있었던 경우
3. 위원 또는 위원이 속한 법인이 분쟁당사자의 법률·경영 등에 대하여 자문이나 고문의 역할을 하고 있는 경우
4. 위원 또는 위원이 속한 법인이 해당 조정사항에 대하여 분쟁당사자의 대리인으로 관여하거나 관여하였던 경우 및 증언 또는 감정을 한 경우

② 분쟁당사자는 위원에게 협의회의 조정에 공정을 기하기 어려운 사정이 있는 때에 협의회에 해당 위원에 대한 기피신청을 할 수 있다.
③ 위원이 제1항 또는 제2항의 사유에 해당하는 경우에는 스스로 해당 조정사항의 조정에서 회피할 수 있다.
[본조신설 2010.1.25.]

제24조의3(협의회의 회의) ① 협의회의 회의는 위원 전원으로 구성되는 회의(이하 "전체회의"라 한다)와 공익을 대표하는 위원, 원사업자를 대표하는 위원, 수급사업자를 대표하는 위원 각 1인으로 구성되는 회의(이하 "소회의"라 한다)로 구분한다. 다만, 사업자단체에 설치하는 협의회는 소회의를 구성하지 아니할 수 있다.
② 소회의는 전체회의로부터 위임받은 사항에 관하여 심의·의결한다.
③ 협의회의 전체회의는 위원장이 주재하며, 재적위원 과반수의 출석으로 개의하고, 출석위원 과반수의 찬성으로 의결한다.
④ 협의회의 소회의는 공익을 대표하는 위원이 주재하며, 구성위원 전원의 출석과 출석위원 전원의 찬성으로 의결한다. 이 경우 소회의의 의결은 협의회의 의결로 보되, 회의의 결과를 전체회의에 보고하여야 한다.
⑤ 위원장이 사고로 직무를 수행할 수 없을 때에는 공익을 대표하는 위원 중에서 공정거래위원회 위원장이 지명하는 위원이 그 직무를 대행한다.
[전문개정 2016.3.29.]

제24조의4(분쟁조정의 신청 등) ① 다음 각 호의 어느 하나에 해당하는 분쟁당사자는 원사업자와 수급사업자 간의 하도급거래의 분쟁에 대하여 협의회에 조정을 신청할 수 있다. 이 경우 분쟁당사자가 각각 다른 협의회에 분쟁조정을 신청한 때에는 수급사업자 또는 제3호에 따른 조합이 분쟁조정을 신청한 협의회가 이를 담당한다.
1. 원사업자
2. 수급사업자
3. 제16조의2제8항에 따른 조합

② 공정거래위원회는 원사업자와 수급사업자 간의 하도급거래의 분쟁에 대하여 협의회에 그 조정을 의뢰할 수 있다.
③ 협의회는 제1항에 따라 분쟁당사자로부터 분쟁조정을 신청받은 때에는 지체 없이 그 내용을 공정거래위원회에 보고하여야 한다.
④ 제1항에 따른 분쟁조정의 신청은 시효중단의 효력이 있다. 다만, 신청이 취하되거나 제24조의5제3항에 따라 각하된 경우에는 그러하지 아니하다.
⑤ 제4항 본문에 따라 중단된 시효는 다음 각 호의 어느 하나에 해당하는 때부터 새로 진행한다.
1. 분쟁조정이 성립되어 조정조서를 작성한 때
2. 분쟁조정이 성립되지 아니하고 조정절차가 종료된 때

⑥ 제4항 단서의 경우에 6개월 내에 재판상의 청구, 파산절차참가, 압류 또는 가압류, 가처분을 한 때에는 시효는 최초의 분쟁조

정의 신청으로 인하여 중단된 것으로 본다.
[전문개정 2018.1.16.]

제24조의5(조정 등) ① 협의회는 분쟁당사자에게 분쟁조정사항에 대하여 스스로 합의하도록 권고하거나 조정안을 작성하여 제시할 수 있다.
② 협의회는 해당 분쟁조정사항에 관한 사실을 확인하기 위하여 필요한 경우 조사를 하거나 분쟁당사자에게 관련 자료의 제출이나 출석을 요구할 수 있다.
③ 협의회는 다음 각 호의 어느 하나에 해당되는 경우에는 조정신청을 각하하여야 한다.
1. 조정신청의 내용과 직접적인 이해관계가 없는 자가 조정신청을 한 경우
2. 이 법의 적용대상이 아닌 사안에 관하여 조정신청을 한 경우
3. 조정신청이 있기 전에 공정거래위원회가 제22조제2항에 따라 조사를 개시한 사건에 대하여 조정신청을 한 경우
④ 협의회는 다음 각 호의 어느 하나에 해당되는 경우에는 조정절차를 종료하여야 한다.
1. 분쟁당사자가 협의회의 권고 또는 조정안을 수락하거나 스스로 조정하는 등 조정이 성립된 경우
2. 제24조의4제1항에 따른 조정의 신청을 받은 날 또는 같은 조 제2항에 따른 의뢰를 받은 날부터 60일(분쟁당사자 쌍방이 기간연장에 동의한 경우에는 90일)이 경과하여도 조정이 성립되지 아니한 경우
3. 분쟁당사자의 일방이 조정을 거부하거나 해당 분쟁조정사항에 대하여 법원에 소(訴)를 제기하는 등 조정절차를 진행할 실익이 없는 경우
⑤ 협의회는 조정신청을 각하하거나 조정절차를 종료한 경우에는 대통령령으로 정하는 바에 따라 공정거래위원회에 조정의 경위, 조정신청 각하 또는 조정절차 종료의 사유 등을 관계 서류와 함께 지체 없이 서면으로 보고하여야 하고, 분쟁당사자에게 그 사실을 통보하여야 한다.
⑥ 공정거래위원회는 분쟁조정사항에 관하여 조정절차가 종료될 때까지는 해당 분쟁의 당사자인 원사업자에게 제25조제1항에 따른 시정조치를 명하거나 제25조의5제1항에 따른 시정권고를 해서는 아니 된다. 다만, 공정거래위원회가 제22조제2항에 따라 조사 중인 사건에 대해서는 그러하지 아니하다.
[본조신설 2018.1.16.]
[종전 제24조의5는 제24조의6으로 이동 <2018.1.16.>]

제24조의6(조정조서의 작성과 그 효력) ① 협의회는 조정사항에 대하여 조정이 성립된 경우 조정에 참가한 위원과 분쟁당사자가 서명 또는 기명날인한 조정조서를 작성한다. <개정 2018.1.16.>
② 협의회는 분쟁당사자가 조정절차를 개시하기 전에 조정사항을 스스로 조정하고 조정조서의 작성을 요구하는 경우에는 그 조정조서를 작성하여야 한다. <개정 2018.1.16.>
③ 분쟁당사자는 제1항 또는 제2항에 따라 작성된 조정조서의 내용을 이행하여야 하고, 이행결과를 공정거래위원회에 제출하여야 한다. <신설 2016.3.29., 2018.1.16.>
④ 공정거래위원회는 제1항 또는 제2항에 따라 조정조서가 작성되고, 분쟁당사자가 조정조서에 기재된 사항을 이행한 경우에는 제25조제1항에 따른 시정조치 및 제25조의5제1항에 따른 시정권고를 하지 아니한다. <신설 2016.3.29., 2018.1.16.>
⑤ 제1항 또는 제2항에 따라 조정조서가 작성된 경우 조정조서는 재판상 화해와 동일한 효력을 갖는다. <신설 2018.1.16.>
[본조신설 2010.1.25.]
[제24조의5에서 이동, 종전 제24조의6은 제24조의7로 이동 <2018.1.16.>]

제24조의7(협의회의 운영세칙) 이 법에서 규정한 사항 외에 협의회의 운영과 조직에 관하여 필요한 사항은 공정거래위원회의 승인을 받아 협의회가 정한다.
[본조신설 2010.1.25.]
[제24조의6에서 이동 <2018.1.16.>]

제25조(시정조치) ① 공정거래위원회는 제3조제1항부터 제4항까지 및 제9항, 제3조의4, 제4조부터 제12조까지, 제12조의2, 제12조의3, 제13조, 제13조의2, 제14조부터 제16조까지, 제16조의2제7항 및 제17조부터 제20조까지의 규정을 위반한 발주자와 원사업자에 대하여 하도급대금 등의 지급, 법 위반행위의 중지, 특약의 삭제나 수정, 향후 재발방지, 그 밖에 시정에 필요한 조치를 명할 수 있다. <개정 2010.1.25., 2011.3.29., 2013.5.28., 2013.8.13., 2016.3.29.>
② 삭제 <2016.3.29.>

③ 공정거래위원회는 제1항에 따라 시정조치를 한 경우에는 시정조치를 받은 원사업자에 대하여 시정조치를 받았다는 사실을 공표할 것을 명할 수 있다. <개정 2016.3.29.>
[전문개정 2009.4.1.]

제25조의2(공탁) 제25조제1항에 따른 시정명령을 받거나 제25조의5제1항에 따른 시정권고를 수락한 발주자와 원사업자는 수급사업자가 변제를 받지 아니하거나 변제를 받을 수 없는 경우에는 수급사업자를 위하여 변제의 목적물을 공탁(供託)하여 그 시정조치 또는 시정권고의 이행 의무를 면할 수 있다. 발주자와 원사업자가 과실이 없이 수급사업자를 알 수 없는 경우에도 또한 같다. <개정 2016.3.29.>
[전문개정 2009.4.1.]

제25조의3(과징금) ① 공정거래위원회는 다음 각 호의 어느 하나에 해당하는 발주자·원사업자 또는 수급사업자에 대하여 수급사업자에게 제조등의 위탁을 한 하도급대금이나 발주자·원사업자로부터 제조등의 위탁을 받은 하도급대금의 2배를 초과하지 아니하는 범위에서 과징금을 부과할 수 있다. <개정 2010.1.25., 2011.3.29., 2013.5.28., 2013.8.13.>
1. 제3조제1항부터 제4항까지의 규정을 위반한 원사업자
2. 제3조제9항을 위반하여 서류를 보존하지 아니한 자 또는 하도급거래에 관한 서류를 거짓으로 작성·발급한 원사업자나 수급사업자
3. 제3조의4, 제4조부터 제12조까지, 제12조의2, 제12조의3, 제13조 및 제13조의2를 위반한 원사업자
4. 제14조제1항을 위반한 발주자
5. 제14조제5항을 위반한 원사업자
6. 제15조, 제16조, 제16조의2제7항 및 제17조부터 제20조까지의 규정을 위반한 원사업자

② 제1항의 과징금에 관하여는 「독점규제 및 공정거래에 관한 법률」 제55조의3부터 제55조의7까지의 규정을 준용한다.
[전문개정 2009.4.1.]

제25조의4(상습법위반사업자 명단공표) ① 공정거래위원회 위원장은 제27조제3항에 따라 준용되는 「독점규제 및 공정거래에 관한 법률」 제62조에도 불구하고 직전연도부터 과거 3년간 이 법 위반을 이유로 공정거래위원회로부터 경고, 제25조제1항에 따른 시정조치 또는 제25조의5제1항에 따른 시정권고를 3회 이상 받은 사업자 중 제26조제2항에 따른 벌점이 대통령령으로 정하는 기준을 초과하는 사업자(이하 이 조에서"상습법위반사업자"라 한다)의 명단을 공표하여야 한다. 다만, 이의신청 등 불복절차가 진행 중인 조치는 제외한다. <개정 2016.3.29.>
② 공정거래위원회 위원장은 제1항 단서의 불복절차가 종료된 경우, 다음 각 호에 모두 해당하는 자의 명단을 추가로 공개하여야 한다.
1. 경고 또는 시정조치가 취소되지 아니한 자
2. 경고 또는 시정조치에 불복하지 아니하였으면 상습법위반사업자에 해당하는 자

③ 제1항 및 제2항에 따른 상습법위반사업자 명단의 공표 여부를 심의하기 위하여 공정거래위원회에 공무원인 위원과 공무원이 아닌 위원으로 구성되는 상습법위반사업자명단공표심의위원회(이하 이 조에서 "심의위원회"라 한다)를 둔다. <개정 2018.1.16.>
④ 공정거래위원회는 심의위원회의 심의를 거친 공표대상 사업자에게 명단공표대상자임을 통지하여 소명기회를 부여하여야 하며, 통지일부터 1개월이 지난 후 심의위원회로 하여금 명단공표 여부를 재심의하게 하여 공표대상자를 선정한다.
⑤ 제1항 및 제2항에 따른 공표는 관보 또는 공정거래위원회 인터넷 홈페이지에 게시하는 방법에 의한다.
⑥ 심의위원회의 구성, 그 밖에 상습법위반사업자 명단공표와 관련하여 필요한 사항은 대통령령으로 정한다. <개정 2018.1.16.>
[본조신설 2010.1.25.]

제25조의5(시정권고) ① 공정거래위원회는 이 법을 위반한 발주자와 원사업자에 대하여 시정방안을 정하여 이에 따를 것을 권고할 수 있다. 이 경우 발주자와 원사업자가 해당 권고를 수락한 때에는 공정거래위원회가 시정조치를 한 것으로 본다는 뜻을 함께 알려야 한다.
② 제1항에 따른 권고를 받은 발주자와 원사업자는 그 권고를 통지받은 날부터 10일 이내에 그 수락 여부를 공정거래위원회에 알려야 한다.
③ 제1항에 따른 권고를 받은 발주자와 원사

업자가 그 권고를 수락하였을 때에는 제25조제1항에 따른 시정조치를 받은 것으로 본다.
[본조신설 2016.3.29.]

제26조(관계 행정기관의 장의 협조) ① 공정거래위원회는 이 법을 시행하기 위하여 필요하다고 인정할 때에는 관계 행정기관의 장의 의견을 듣거나 관계 행정기관의 장에게 조사를 위한 인원의 지원이나 그 밖에 필요한 협조를 요청할 수 있다.
② 공정거래위원회는 제3조제1항부터 제4항까지 및 제9항, 제3조의4, 제4조부터 제12조까지, 제12조의2, 제12조의3, 제13조, 제13조의2, 제14조부터 제16조까지, 제16조의2제7항 및 제17조부터 제20조까지의 규정을 위반한 원사업자 또는 수급사업자에 대하여 그 위반 및 피해의 정도를 고려하여 대통령령으로 정하는 벌점을 부과하고, 그 벌점이 대통령령으로 정하는 기준을 초과하는 경우에는 관계 행정기관의 장에게 입찰참가자격의 제한, 「건설산업기본법」 제82조제1항제7호에 따른 영업정지, 그 밖에 하도급거래의 공정화를 위하여 필요한 조치를 취할 것을 요청하여야 한다. <개정 2010.1.25., 2011.3.29., 2011.5.24., 2013.5.28., 2013.8.13.>
[전문개정 2009.4.1.]

제27조(「독점규제 및 공정거래에 관한 법률」의 준용) ① 이 법에 따른 공정거래위원회의 심의·의결에 관하여는 「독점규제 및 공정거래에 관한 법률」 제42조, 제43조, 제43조의2, 제44조, 제45조 및 제52조를 준용하고, 이 법에 따른 공정거래위원회의 처분에 대한 이의신청, 소송의 제기 및 불복의 소송의 전속관할에 관하여는 같은 법 제53조, 제53조의2, 제53조의3, 제54조, 제55조 및 제55조의2를 준용한다.
② 이 법을 시행하기 위하여 필요한 공정거래위원회의 조사, 의견청취 등에 관하여는 「독점규제 및 공정거래에 관한 법률」 제50조, 제50조의2 및 제53조의3을 준용한다. <개정 2016.3.29.>
③ 다음 각 호의 자에 대하여는 「독점규제 및 공정거래에 관한 법률」 제62조를 준용한다.
1. 이 법에 따른 직무에 종사하거나 종사하였던 공정거래위원회의 위원 또는 공무원
2. 협의회에서 하도급거래에 관한 분쟁의 조정 업무를 담당하거나 담당하였던 사람
[전문개정 2009.4.1.]

제28조(「독점규제 및 공정거래에 관한 법률」과의 관계) 하도급거래에 관하여 이 법의 적용을 받는 사항에 대하여는 「독점규제 및 공정거래에 관한 법률」 제23조제1항제4호를 적용하지 아니한다.
[전문개정 2009.4.1.]

제29조(벌칙) 제27조제3항에 따라 준용되는 「독점규제 및 공정거래에 관한 법률」 제62조를 위반한 자는 2년 이하의 징역 또는 1천만원 이하의 벌금에 처한다. <개정 2013.5.28.>
[전문개정 2009.4.1.]

제30조(벌칙) ① 다음 각 호의 어느 하나에 해당하는 원사업자는 수급사업자에게 제조등의 위탁을 한 하도급대금의 2배에 상당하는 금액 이하의 벌금에 처한다. <개정 2010.1.25., 2011.3.29., 2013.5.28., 2013.8.13., 2014.5.28., 2016.12.20.>
1. 제3조제1항부터 제4항까지 및 제9항, 제3조의4, 제4조부터 제12조까지, 제12조의2, 제12조의3 및 제13조를 위반한 자
2. 제13조의2제1항부터 제3항까지의 규정을 위반하여 공사대금 지급을 보증하지 아니한 자
3. 제15조, 제16조제1항·제3항·제4항 및 제17조를 위반한 자
4. 제16조의2제7항을 위반하여 정당한 사유 없이 협의를 거부한 자
② 다음 각 호 중 제1호에 해당하는 자는 3억원 이하, 제2호 및 제3호에 해당하는 자는 1억 5천만원 이하의 벌금에 처한다. <개정 2013.5.28.>
1. 제19조를 위반하여 불이익을 주는 행위를 한 자
2. 제18조 및 제20조를 위반한 자
3. 제25조에 따른 명령에 따르지 아니한 자
③ 제27조제2항에 따라 준용되는 「독점규제 및 공정거래에 관한 법률」 제50조제1항제2호에 따른 감정을 거짓으로 한 자는 3천만원 이하의 벌금에 처한다.
[전문개정 2009.4.1.]

제30조의2(과태료) ① 다음 각 호의 어느 하나에 해당하는 자에게는 사업자 또는 사업자단체의 경우 1억원 이하, 사업자 또는 사

업자단체의 임원, 종업원과 그 밖의 이해관계인의 경우 1천만원 이하의 과태료를 부과한다. <개정 2010.1.25.>

1. 제27조제2항에 따라 준용되는 「독점규제 및 공정거래에 관한 법률」 제50조제1항제1호에 따른 출석처분을 위반하여 정당한 사유 없이 출석하지 아니한 자
2. 제27조제2항에 따라 준용되는 「독점규제 및 공정거래에 관한 법률」 제50조제1항제3호 또는 같은 조 제3항에 따른 보고 또는 필요한 자료나 물건의 제출을 하지 아니하거나 거짓으로 보고 또는 자료나 물건을 제출한 자
3. 삭제 <2010.1.25.>

② 제27조제2항에 따라 준용되는 「독점규제 및 공정거래에 관한 법률」 제50조제2항에 따른 조사를 거부·방해·기피한 자에게는 사업자 또는 사업자단체의 경우 2억원 이하, 사업자 또는 사업자단체의 임원, 종업원과 그 밖의 이해관계인의 경우 5천만원 이하의 과태료를 부과한다. <신설 2010.1.25.>

③ 제22조의2제2항에 따른 자료를 제출하지 아니하거나 거짓으로 자료를 제출한 원사업자에게는 500만원 이하의 과태료를 부과한다. <신설 2010.1.25.>

④ 제27조제1항에 따라 준용되는 「독점규제 및 공정거래에 관한 법률」 제43조의2에 따른 질서유지의 명령을 따르지 아니한 자에게는 100만원 이하의 과태료를 부과한다. <개정 2010.1.25.>

⑤ 제1항부터 제4항까지의 규정에 따른 과태료는 공정거래위원회가 부과·징수한다. <개정 2010.1.25., 2017.10.31.>

[전문개정 2009.4.1.]

제31조(양벌규정) 법인의 대표자나 법인 또는 개인의 대리인, 사용인, 그 밖의 종업원이 그 법인 또는 개인의 업무에 관하여 제30조의 위반행위를 하면 그 행위자를 벌하는 외에 그 법인 또는 개인에게도 해당 조문의 벌금형을 과(科)한다. 다만, 법인 또는 개인이 그 위반행위를 방지하기 위하여 해당 업무에 관하여 상당한 주의와 감독을 게을리하지 아니한 경우에는 그러하지 아니하다.

[전문개정 2009.4.1.]

제32조(고발) ①제30조의 죄는 공정거래위원회의 고발이 있어야 공소를 제기할 수 있다. <개정 2011.3.29.>

② 공정거래위원회는 제30조의 죄 중 위반정도가 객관적으로 명백하고 중대하여 하도급거래 질서를 현저히 저해한다고 인정하는 경우에는 검찰총장에게 고발하여야 한다. <신설 2011.3.29.>

③ 검찰총장은 제2항에 따른 고발요건에 해당하는 사실이 있음을 공정거래위원회에 통보하여 고발을 요청할 수 있다. <신설 2011.3.29.>

④ 공정거래위원회가 제2항에 따른 고발요건에 해당하지 아니한다고 결정하더라도 감사원장, 중소벤처기업부장관은 사회적 파급효과, 수급사업자에게 미친 피해 정도 등 다른 사정을 이유로 공정거래위원회에 고발을 요청할 수 있다. <신설 2013.7.16., 2017.7.26.>

⑤ 제3항 또는 제4항에 따른 고발요청이 있는 때에는 공정거래위원회 위원장은 검찰총장에게 고발하여야 한다. <신설 2013.7.16.>

⑥ 공정거래위원회는 공소가 제기된 후에는 고발을 취소할 수 없다. <신설 2011.3.29., 2013.7.16.>

[전문개정 2009.4.1.]

제33조(과실상계) 원사업자의 이 법 위반행위에 관하여 수급사업자에게 책임이 있는 경우에는 이 법에 따른 시정조치·고발 또는 벌칙 적용을 할 때 이를 고려할 수 있다.

[전문개정 2009.4.1.]

제34조(다른 법률과의 관계) 「대·중소기업 상생협력 촉진에 관한 법률」, 「전기공사업법」, 「건설산업기본법」, 「정보통신공사업법」이 이 법에 어긋나는 경우에는 이 법에 따른다.

[전문개정 2009.4.1.]

제35조(손해배상 책임) ① 원사업자가 이 법의 규정을 위반함으로써 손해를 입은 자가 있는 경우에는 그 자에게 발생한 손해에 대하여 배상책임을 진다. 다만, 원사업자가 고의 또는 과실이 없음을 입증한 경우에는 그러하지 아니하다. <개정 2013.5.28.>

② 원사업자가 제4조, 제8조제1항, 제10조, 제11조제1항·제2항, 제12조의3제3항 및 제19조를 위반함으로써 손해를 입은 자가 있는 경우에는 그 자에게 발생한 손해의 3배를 넘지 아니하는 범위에서 배상책임을 진다. 다만, 원사업자가 고의 또는 과실이 없음을 입증한 경우에는 그러하지 아니하다. <개정 2013.5.28., 2018.1.16.>

③ 법원은 제2항의 배상액을 정할 때에는 다음 각 호의 사항을 고려하여야 한다. <신

설 2013.5.28.>
1. 고의 또는 손해 발생의 우려를 인식한 정도
2. 위반행위로 인하여 수급사업자와 다른 사람이 입은 피해규모
3. 위법행위로 인하여 원사업자가 취득한 경제적 이익
4. 위반행위에 따른 벌금 및 과징금
5. 위반행위의 기간·횟수 등
6. 원사업자의 재산상태
7. 원사업자의 피해구제 노력의 정도

④ 제1항 또는 제2항에 따라 손해배상청구의 소가 제기된 경우 「독점규제 및 공정거래에 관한 법률」 제56조의2 및 제57조를 준용한다. <개정 2013.5.28.>
[본조신설 2011.3.29.]

제36조(벌칙 적용에서 공무원 의제) 제25조의4제3항에 따른 심의위원회 위원 중 공무원이 아닌 위원은 「형법」 제127조 및 제129조부터 제132조까지의 규정을 적용할 때에는 공무원으로 본다.
[본조신설 2018.1.16.]

부칙

<제15362호, 2018.1.16.>

제1조(시행일) 이 법은 공포 후 6개월이 경과한 날부터 시행한다. 다만, 제25조의4 및 제36조의 개정규정은 공포한 날부터 시행한다.

제2조(목적물등의 공급원가 변동에 따른 하도급대금 조정 신청 등에 관한 적용례) 제3조 및 제16조의2의 개정규정은 이 법 시행 이후 최초로 체결·변경·갱신되는 하도급계약부터 적용한다.

제3조(분쟁조정 신청 등에 관한 적용례) 제24조의4부터 제24조의6까지의 개정규정은 이 법 시행 이후 최초로 원사업자, 수급사업자 및 제16조의2제8항에 따른 조합이 협의회에 분쟁조정을 신청하는 경우부터 적용한다.

제4조(손해배상책임에 관한 적용례) 제35조의 개정규정은 이 법 시행 후 최초로 발생하는 위반행위부터 적용한다.

하도급거래 공정화에 관한 법률 시행령

(약칭: 하도급법 시행령)

[시행 2018.1.1.]
[대통령령 제28471호, 2017.12.12., 타법개정]

제1조(목적) 이 영은 「하도급거래 공정화에 관한 법률」에서 위임한 사항과 그 시행에 필요한 사항을 규정함을 목적으로 한다.

제2조(중소기업자의 범위 등) ① 「하도급거래 공정화에 관한 법률」(이하 "법"이라 한다) 제2조제2항제2호 본문에 따른 연간매출액은 하도급계약을 체결하는 사업연도의 직전 사업연도의 손익계산서에 표시된 매출액으로 한다. 다만, 직전 사업연도 중에 사업을 시작한 경우에는 직전 사업연도의 매출액을 1년으로 환산한 금액으로 하며, 해당 사업연도에 사업을 시작한 경우에는 사업 시작일부터 하도급계약 체결일까지의 매출액을 1년으로 환산한 금액으로 한다.

② 법 제2조제2항제2호 본문에 따른 자산총액은 하도급계약을 체결하는 사업연도의 직전 사업연도 종료일 현재의 대차대조표에 표시된 자산총액으로 한다. 다만, 해당 사업연도에 사업을 시작한 경우에는 사업 시작일 현재의 대차대조표에 표시된 자산총액으로 한다.

③ 삭제 <2016.1.22.>

④ 법 제2조제2항제2호 단서에서 "대통령령으로 정하는 연간매출액에 해당하는 중소기업자"란 다음 각 호에 해당하는 자를 말한다.

1. 제조위탁·수리위탁의 경우: 연간매출액이 20억원 미만인 중소기업자
2. 건설위탁의 경우: 시공능력평가액이 30억원 미만인 중소기업자
3. 용역위탁의 경우: 연간매출액이 10억원 미만인 중소기업자

⑤ 법 제2조제7항에서 "대통령령으로 정하는 물품"이란 레미콘을 말하며, "대통령령으로 정하는 특별시, 광역시 등의 지역"이란 수급사업자(受給事業者)의 사업장 소재지를 기준으로 하여 대구광역시, 광주광역시, 대전광역시, 세종특별자치시, 강원도, 충청북도, 충청남도, 전라북도, 전라남도, 경상북도, 경상남도 및 제주특별자치도를 말한다. <개정 2013.7.22.>

⑥ 법 제2조제9항 각 호 외의 부분에서 "대통령령으로 정하는 건설공사"란 다음 각 호의 어느 하나에 해당하는 공사를 말한다.

1. 「건설산업기본법 시행령」 제8조에 따른 경미한 공사
2. 「전기공사업법 시행령」 제5조에 따른 경미한 공사

⑦ 법 제2조제9항제5호에서 "대통령령으로 정하는 사업자"란 다음 각 호의 어느 하나에 해당하는 사업자를 말한다. <개정 2011.10.28., 2015.7.24., 2016.8.11.>

1. 「주택법」 제4조에 따른 등록사업자
2. 「환경기술 및 환경산업 지원법」 제15조에 따른 등록업자
3. 「하수도법」 제51조 및 「가축분뇨의 관리 및 이용에 관한 법률」 제34조에 따른 등록업자
4. 「에너지이용 합리화법」 제37조에 따른 등록업자
5. 「도시가스사업법」 제12조에 따른 시공자
6. 「액화석유가스의 안전관리 및 사업법」 제35조에 따른 시공자

⑧ 법 제2조제15항에서 "대통령령으로 정하는 자료"란 다음 각 호의 어느 하나에 해당하는 것을 말한다. <개정 2016.12.27.>

1. 특허권, 실용신안권, 디자인권, 저작권 등의 지식재산권과 관련된 정보
2. 시공 또는 제품개발 등을 위한 연구자료, 연구개발보고서 등 수급사업자의 생산·영업활동에 기술적으로 유용하고 독립된 경제적 가치가 있는 정보

제3조(서면 기재사항) 법 제3조제2항에서 "하도급대금의 조정요건, 방법 및 절차 등 대통령령으로 정하는 사항"이란 다음 각 호의 사항을 말한다.

1. 위탁일과 수급사업자가 위탁받은 것(이하 "목적물등"이라 한다)의 내용
2. 목적물등을 원사업자(原事業者)에게 납품·인도 또는 제공하는 시기 및 장소
3. 목적물등의 검사의 방법 및 시기
4. 하도급대금(선급금, 기성금 및 법 제16조에 따라 하도급대금을 조정한 경우에는 그 조정된 금액을 포함한다. 이하 같다)과 그 지급방법 및 지급기일
5. 원사업자가 수급사업자에게 목적물등의 제조·수리·시공 또는 용역수행행위에 필요

한 원재료 등을 제공하려는 경우에는 그 원재료 등의 품명·수량·제공일·대가 및 대가의 지급방법과 지급기일
6. 목적물등의 제조·수리·시공 또는 용역수행행위를 위탁한 후 원재료 등의 가격 변동 등에 따른 하도급대금 조정의 요건, 방법 및 절차

제4조(위탁내용의 확인) 법 제3조제5항에서 "위탁받은 작업의 내용, 하도급대금 등 대통령령으로 정하는 사항"이란 다음 각 호의 사항을 말한다.
1. 원사업자로부터 위탁받은 작업의 내용
2. 하도급대금
3. 원사업자로부터 위탁받은 일시
4. 원사업자와 수급사업자의 사업자명과 주소(법인 등기사항증명서상 주소, 사업장 주소를 포함한다. 이하 같다)
5. 그 밖에 원사업자가 위탁한 내용

제5조(통지 및 회신의 방법 등) ① 법 제3조제5항 및 제6항에 따른 통지 및 회신은 다음 각 호의 어느 하나에 해당하는 방법으로 한다. <개정 2013.7.22.>
1. 내용증명우편
2. 「전자문서 및 전자거래 기본법」 제2조제1호에 따른 전자문서로서 다음 각 목의 어느 하나에 해당하는 요건을 갖춘 것
   가. 「전자서명법」 제2조제3호에 따른 공인전자서명이 있을 것
   나. 「전자문서 및 전자거래 기본법」 제2조제8호에 따른 공인전자주소를 이용할 것
3. 그 밖에 통지와 회신의 내용 및 수신 여부를 객관적으로 확인할 수 있는 방법

② 제1항에 따른 통지와 회신은 원사업자와 수급사업자의 주소(전자우편주소 또는 제1항제2호나목에 따른 공인전자주소를 포함한다)로 한다. <개정 2013.7.22.>

③ 공정거래위원회는 제1항에 따른 통지와 회신에 필요한 양식을 정하여 보급할 수 있다.

제6조(서류의 보존) ① 법 제3조제9항에 따라 보존하여야 하는 하도급거래에 관한 서류는 법 제3조제1항의 서면과 다음 각 호의 서류 또는 다음 각 호의 사항이 기재된 서류(컴퓨터 등 정보처리능력을 가진 장치에 의하여 전자적인 형태로 작성, 송수신 또는 저장된 것을 포함한다. 이하 이 조에서 같다)를 말한다. <개정 2013.7.22.>
1. 법 제8조제2항에 따른 수령증명서
2. 법 제9조에 따른 목적물등의 검사 결과, 검사 종료일
3. 하도급대금의 지급일·지급금액 및 지급수단(어음으로 하도급대금을 지급하는 경우에는 어음의 교부일·금액 및 만기일을 포함한다)
4. 법 제6조에 따른 선급금 및 지연이자, 법 제13조제6항부터 제8항까지의 규정에 따른 어음할인료, 수수료 및 지연이자, 법 제15조에 따른 관세 등 환급액 및 지연이자를 지급한 경우에는 그 지급일과 지급금액
5. 원사업자가 수급사업자에게 목적물등의 제조·수리·시공 또는 용역수행행위에 필요한 원재료 등을 제공하고 그 대가를 하도급대금에서 공제한 경우에는 그 원재료 등의 내용과 공제일·공제금액 및 공제사유

5의2. 법 제11조제1항 단서에 따라 하도급대금을 감액한 경우에는 제7조의2 각 호의 사항을 적은 서면의 사본

5의3. 법 제12조의3제1항 단서에 따라 기술자료의 제공을 요구한 경우에는 제7조의3 각 호의 사항을 적은 서면의 사본

6. 법 제16조에 따라 하도급대금을 조정한 경우에는 그 조정한 금액 및 사유
7. 법 제16조의2에 따라 다음 각 목의 어느 하나에 해당하는 자가 원재료 등의 가격변동 등에 따라 하도급대금 조정을 신청한 경우에는 신청 내용 및 협의 내용, 그 조정금액 및 조정사유
   가. 수급사업자
   나. 「중소기업협동조합법」 제3조제1항제1호 또는 제2호에 따른 중소기업협동조합(이하 "조합"이라 한다)
8. 입찰명세서, 낙찰자결정품의서, 견적서, 현장설명서, 설계설명서 등 하도급대금 결정과 관련된 서류. 다만, 현장설명서 및 설계설명서는 건설위탁의 경우에만 해당한다.

② 제1항에 따른 서류는 법 제23조제2항에 따른 거래가 끝난 날부터 3년간 보존하여야 한다.

제6조의2(부당한 특약으로 보는 약정) 법 제3조의4제2항제4호에서 "이 법에서 보호하는 수급사업자의 이익을 제한하거나 원사업자에게 부과된 의무를 수급사업자에게 전가하는 등 대통령령으로 정하는 약정"이란 다음 각 호의 어

는 하나에 해당하는 약정을 말한다.

1. 다음 각 목의 어느 하나에 해당하는 비용이나 책임을 수급사업자에게 부담시키는 약정
   가. 관련 법령에 따라 원사업자의 의무사항으로 되어 있는 인·허가, 환경관리 또는 품질관리 등과 관련하여 발생하는 비용
   나. 원사업자(발주자를 포함한다)가 설계나 작업내용을 변경함에 따라 발생하는 비용
   다. 원사업자의 지시(요구, 요청 등 명칭과 관계없이 재작업, 추가작업 또는 보수작업에 대한 원사업자의 의사표시를 말한다)에 따른 재작업, 추가작업 또는 보수작업으로 인하여 발생한 비용 중 수급사업자의 책임 없는 사유로 발생한 비용
   라. 관련 법령, 발주자와 원사업자 사이의 계약 등에 따라 원사업자가 부담하여야 할 하자담보책임 또는 손해배상책임
2. 천재지변, 매장문화재의 발견, 해킹·컴퓨터바이러스 발생 등으로 인한 작업기간 연장 등 위탁시점에 원사업자와 수급사업자가 예측할 수 없는 사항과 관련하여 수급사업자에게 불합리하게 책임을 부담시키는 약정
3. 해당 하도급거래의 특성을 고려하지 아니한 채 간접비(하도급대금 중 재료비, 직접노무비 및 경비를 제외한 금액을 말한다)의 인정범위를 일률적으로 제한하는 약정. 다만, 발주자와 원사업자 사이의 계약에서 정한 간접비의 인정범위와 동일하게 정한 약정은 제외한다.
4. 계약기간 중 수급사업자가 법 제16조의2에 따라 하도급대금 조정을 신청할 수 있는 권리를 제한하는 약정
5. 그 밖에 제1호부터 제4호까지의 규정에 준하는 약정으로서 법에 따라 인정되거나 법에서 보호하는 수급사업자의 권리·이익을 부당하게 제한하거나 박탈한다고 공정거래위원회가 정하여 고시하는 약정

[본조신설 2014.2.11.]

제7조(부당한 하도급대금 결정 금지) ① 법 제4조제2항제6호에서 "대통령령으로 정하는 바에 따른 직접공사비 항목의 값을 합한 금액"이란 원사업자의 도급내역상의 재료비, 직접노무비 및 경비의 합계를 말한다. 다만, 경비 중 원사업자와 수급사업자가 합의하여 원사업자가 부담하기로 한 비목(費目) 및 원사업자가 부담하여야 하는 법정경비는 제외한다.

② 법 제4조제2항제6호에 따른 정당한 사유는 공사현장여건, 수급사업자의 시공능력 등을 고려하여 판단하되, 다음 각 호의 어느 하나에 해당되는 경우에는 하도급대금의 결정에 정당한 사유가 있는 것으로 추정한다.

1. 수급사업자가 특허공법 등 지식재산권을 보유하여 기술력이 우수한 경우
2. 「건설산업기본법」 제31조에 따라 발주자가 하도급 계약의 적정성을 심사하여 그 계약의 내용 등이 적정한 것으로 인정한 경우

제7조의2(하도급대금 감액 시 서면 기재사항) 법 제11조제3항에서 "감액사유와 기준 등 대통령령으로 정하는 사항"이란 다음 각 호의 사항을 말한다.

1. 감액 시 그 사유와 기준
2. 감액의 대상이 되는 목적물등의 물량
3. 감액금액
4. 공제 등 감액방법
5. 그 밖에 원사업자의 감액이 정당함을 입증할 수 있는 사항

[본조신설 2011.6.27.]

제7조의3(기술자료 요구 시 서면 기재사항) 법 제12조의3제2항에서 "요구목적, 비밀유지에 관한 사항, 권리귀속 관계, 대가 등 대통령령으로 정하는 사항"이란 다음 각 호의 사항을 말한다.

1. 기술자료 제공 요구목적
2. 비밀유지방법 등 요구대상 기술자료의 비밀유지에 관한 사항
3. 요구대상 기술자료와 관련된 권리귀속 관계
4. 요구대상 기술자료의 대가 및 대가의 지급방법
5. 요구대상 기술자료의 명칭 및 범위
6. 요구일, 제공일 및 제공방법
7. 그 밖에 원사업자의 기술자료 제공 요구가 정당함을 입증할 수 있는 사항

[본조신설 2011.6.27.]

제7조의4(수급사업자로 보는 중견기업의 연간 매출액 기준) 법 제13조제11항 각 호 외의 부분 전단에서 "대통령령으로 정하는 금액"이란 해당 중견기업의 주된 업종별로 별표 1의 구분에 따른 연간매출액을 말한다.

[본조신설 2016.1.22.]

제7조의5(원사업자로 보는 사업자의 매출액 기준) 법 제13조제11항제2호에서 "대통령령으로 정하는 금액"이란 2조원을 말한다.
[본조신설 2016.1.22.]

제8조(건설하도급 계약이행 및 대금지급 보증) ① 법 제13조의2제1항 각 호 외의 부분 단서에서 "대통령령으로 정하는 경우"란 다음 각 호의 어느 하나에 해당하는 경우를 말한다. <개정 2013.8.27., 2013.11.27., 2016.12.27.>
1. 원사업자가 수급사업자에게 건설위탁을 하는 경우로서 1건 공사의 공사금액이 1천만원 이하인 경우
2. 원사업자가 「자본시장과 금융투자업에 관한 법률」 제335조의3에 따라 신용평가업인가를 받은 신용평가회사가 실시한 신용평가에서 공정거래위원회가 정하여 고시하는 기준 이상의 등급을 받은 경우
3. 법 제14조제1항제2호에 따라 발주자가 하도급대금을 직접 지급하여야 하는 경우
4. 하도급대금의 지급을 전자적으로 관리하기 위하여 운영되고 있는 시스템(이하 "하도급대금지급관리시스템"이라 한다)을 활용하여 발주자가 원사업자 명의의 계좌를 거치지 아니하고 수급사업자에게 하도급대금을 지급하는 경우

② 법 제13조의2제3항제5호에서 "대통령령으로 정하는 보증기관"이란 「전기공사공제조합법」에 따른 전기공사공제조합, 「정보통신공사업법」에 따른 정보통신공제조합, 「주택도시기금법」에 따른 주택도시보증공사 및 「소방산업의 진흥에 관한 법률」에 따른 소방산업공제조합을 말한다. <개정 2015.6.30., 2016.1.22.>

③ 법 제13조의2제4항 각 호 외의 부분 단서에서 "보증금 지급요건 충족 여부, 지급액에 대한 이견 등 대통령령으로 정하는 불가피한 사유가 있는 경우"란 다음 각 호의 어느 하나에 해당하는 경우를 말한다. <신설 2014.2.11., 2016.1.22.>
1. 보증기간 동안의 원사업자 및 수급사업자의 계약이행 여부가 불명확하여 자료보완이 필요하다고 인정하는 경우
2. 지급하여야 할 기성금(명칭을 불문하고 계약이행에 따른 대가로 지급되는 것을 말한다)에 대하여 원사업자와 수급사업자 사이에 이견이 있는 경우

④ 법 제13조의2제4항 각 호 외의 부분 단서에서 "대통령령으로 정하는 기간"이란 30일을 말한다. 다만, 수급사업자와 합의한 경우 15일의 범위에서 한 차례만 그 기간을 연장할 수 있다. <신설 2014.2.11., 2016.1.22.>

⑤ 법 제13조의2제4항제5호에서 "제1호부터 제4호까지에 준하는 지급불능 등 대통령령으로 정하는 사유로 인하여 하도급대금을 지급할 수 없는 경우"란 다음 각 호의 어느 하나에 해당하여 하도급대금을 지급할 수 없는 경우를 말한다. <신설 2014.2.11., 2016.1.22., 2016.4.29.>
1. 원사업자가 「기업구조조정 촉진법」 제5조제2항에 따라 관리절차의 개시를 신청한 경우
2. 발주자에 대한 원사업자의 공사대금채권에 대하여 제3채권자가 압류·가압류를 하였거나 원사업자가 해당 공사대금채권을 제3자에게 양도한 경우
3. 법 제2조제14항에 따른 신용카드업자 또는 금융기관이 수급사업자에게 상환청구를 할 수 있는 어음대체결제수단으로 하도급대금을 지급한 후 원사업자가 해당 신용카드업자 또는 금융기관에 하도급대금을 결제하지 아니한 경우
4. 원사업자가 수급사업자에게 하도급대금으로 지급한 어음이 부도로 처리된 경우
5. 원사업자가 수급사업자로부터 지급기일 이후 2회 이상 하도급대금 지급에 관한 최고를 받고도 이를 이행하지 아니한 경우

⑥ 제1항제4호에 따라 대금지급 보증의무 면제 대상이 되는 하도급대금지급관리시스템의 종류는 공정거래위원회가 정하여 고시한다. <신설 2016.12.27.>
[제목개정 2013.11.27.]

제9조(하도급대금의 직접 지급) ① 법 제14조제1항에 따른 수급사업자의 직접지급 요청은 그 의사표시가 발주자에게 도달한 때부터 효력이 발생하며, 그 의사표시가 도달되었다는 사실은 수급사업자가 증명하여야 한다.

② 발주자는 하도급대금을 직접 지급할 때에 「민사집행법」 제248조제1항 등의 공탁사유가 있는 경우에는 해당 법령에 따라 공탁(供託)할 수 있다.

③ 발주자는 원사업자에 대한 대금지급의무의 범위에서 하도급대금 직접 지급 의무를 부담한다.

④ 하도급대금의 직접 지급 요건을 갖추고, 그 수급사업자가 제조·수리·시공한 분(分)

에 대한 하도급대금이 확정된 경우, 발주자는 도급계약의 내용에 따라 수급사업자에게 하도급대금을 지급하여야 한다.

제9조의2(조합의 하도급대금 조정협의 등) ① 법 제16조의2제2항 본문에서 "대통령령으로 정하는 원사업자"란 원사업자 중 다음 각 호의 어느 하나에 해당하는 자를 말한다. <신설 2013.11.27., 2014.7.21., 2016.1.22.>

1. 「독점규제 및 공정거래에 관한 법률」 제9조제1항에 따른 상호출자제한기업집단에 속하는 회사
2. 「중견기업 성장촉진 및 경쟁력 강화에 관한 특별법」 제2조제1호에 따른 중견기업으로서 직전 사업연도의 연간매출액(관계 법률에 따라 시공능력평가액을 적용받는 거래의 경우에는 하도급계약 체결 당시 가장 최근에 공시된 시공능력평가액의 합계액을 말하고, 연간매출액이나 시공능력평가액이 없는 경우에는 자산총액을 말한다)이 3천억원 이상인 자

② 법 제16조의2제2항에 따라 조합은 조합원인 수급사업자가 하도급계약을 체결한 날(하도급계약 체결 후에 계약금액을 조정한 경우에는 직전 조정한 날을 말하고, 경쟁입찰에 따라 하도급계약을 체결한 경우에는 입찰한 날을 말한다. 이하 이 조에서 같다)부터 60일 이상 경과하고 다음 각 호의 어느 하나에 해당하는 사유가 발생한 경우에는 해당 수급사업자의 신청을 받아 원사업자와 하도급대금의 조정을 위한 협의를 할 수 있다. <개정 2013.7.22., 2013.11.27.>

1. 하도급 계약금액의 10퍼센트 이상을 차지하는 원재료의 가격이 하도급계약을 체결한 날을 기준으로 10퍼센트 이상 상승한 경우
2. 하도급계약을 체결한 날을 기준으로 원재료의 가격 상승에 따른 변동금액이 나머지 목적물등에 해당하는 하도급대금의 3 퍼센트 이상인 경우

③ 제2항에도 불구하고 다음 각 호의 어느 하나에 해당하는 경우에는 하도급계약을 체결한 날부터 60일이 경과하지 아니하여도 조합은 해당 수급사업자의 신청을 받아 원사업자와 하도급대금의 조정을 위한 협의를 할 수 있다. <신설 2013.11.27.>

1. 수급사업자의 하도급 계약기간이 60일 이내이고, 제2항 각 호의 어느 하나에 해당하는 사유가 발생한 경우
2. 하도급계약을 체결한 날을 기준으로 원재료의 가격상승에 따른 변동금액이 하도급 계약금액의 5퍼센트 이상인 경우

④ 법 제16조의2제2항 본문에 따른 신청을 하는 수급사업자는 신청서에 다음 각 호의 서류를 첨부하여 자신이 조합원으로 소속되어 있는 조합에 제출하여야 한다. <신설 2013.11.27.>

1. 제2항 또는 제3항의 요건을 충족하였음을 확인할 수 있는 서류
2. 하도급계약서 사본(계약금액이 조정된 경우에는 이를 확인할 수 있는 서류를 포함한다)
3. 경쟁입찰에 따라 하도급계약을 체결한 경우에는 이를 확인할 수 있는 서류
4. 그 밖에 원사업자와의 하도급대금 조정에 필요한 서류

⑤ 제2항 또는 제3항에 따라 조합이 원사업자와 하도급대금의 조정을 위한 협의를 하려는 때에는 총회 또는 이사회의 의결을 거쳐야 하며, 다음 각 호의 서류를 첨부하여 원사업자에게 제출하여야 한다. <개정 2013.11.27.>

1. 제4항제1호부터 제4호까지의 서류
2. 총회 또는 이사회의 의사록 사본
3. 조합원 중 제2항 또는 제3항의 요건을 충족하는 수급사업자 목록
4. 삭제 <2013.11.27.>
5. 삭제 <2013.11.27.>
6. 삭제 <2013.11.27.>

[본조신설 2011.6.27.]
[제목개정 2013.7.22., 2013.11.27.]

제9조의3(하도급분쟁조정협의회에의 조정신청 사유) 법 제16조의2제8항제3호에서 "원사업자 또는 수급사업자가 협의 중단의 의사를 밝힌 경우 등 대통령령으로 정하는 사유"란 다음 각 호의 어느 하나에 해당하는 경우를 말한다. <개정 2013.11.27.>

1. 원사업자 또는 수급사업자(법 제16조의2제3항에 따른 조정협의의 경우 조합을 포함한다)가 협의 중단의 의사를 밝힌 경우
2. 원사업자 및 수급사업자(법 제16조의2제3항에 따른 조정협의의 경우 조합을 포함한다)가 제시한 조정금액이 상호 간에 2배 이상 차이가 나는 경우
3. 합의가 지연되면 영업활동이 심각하게 곤란하게 되는 등 원사업자 또는 수급사업자에게 중대한 손해가 예상되는 경우

4. 그 밖에 이에 준하는 사유가 있는 경우

[본조신설 2011.6.27.]

제9조의4(대물변제 인정사유) 법 제17조제1항제3호에서 "그 밖에 원사업자가 하도급대금을 물품으로 지급할 수밖에 없다고 인정되는 대통령령으로 정하는 사유"란 「기업구조조정 촉진법」에 따라 금융채권자협의회가 원사업자에 대하여 공동관리절차 개시의 의결을 하고 그 절차가 진행중인 경우를 말한다.

[본조신설 2017.9.29.]

[종전 제9조의4는 제9조의5로 이동 <2017.9.29.>]

제9조의5(대물변제 전에 제시하여야 하는 자료 및 제시방법 등) ① 원사업자가 법 제17조제3항에 따라 수급사업자에게 제시하여야 할 자료는 다음 각 호의 구분에 따른 자료로 한다.

1. 대물변제의 용도로 지급하려는 물품이 관련 법령에 따라 권리·의무 관계에 관한 사항을 등기 등 공부(公簿)에 등록하여야 하는 물품인 경우: 해당 공부의 등본(사본을 포함한다)
2. 대물변제의 용도로 지급하려는 물품이 제1호 외의 물품인 경우: 해당 물품에 대한 권리·의무 관계를 적은 공정증서(「공증인법」에 따라 작성된 것을 말한다)

② 제1항에 따른 자료를 제시하는 방법은 다음 각 호의 어느 하나에 해당하는 방법으로 한다. 이 경우 문서로 인쇄되지 아니한 형태로 자료를 제시하는 경우에는 문서의 형태로 인쇄가 가능하도록 하는 조치를 하여야 한다.

1. 문서로 인쇄된 자료 또는 그 자료를 전자적 파일 형태로 담은 자기디스크(자기테이프, 그 밖에 이와 비슷한 방법으로 그 내용을 기록·보관·출력할 수 있는 것을 포함한다)를 직접 또는 우편으로 전달하는 방법
2. 수급사업자의 전자우편 주소로 제1항에 따른 자료가 포함된 전자적 파일을 보내는 방법. 다만, 원사업자가 전자우편의 발송·도달 시간의 확인이 가능한 자동수신사실 통보장치를 갖춘 컴퓨터 등을 이용한 경우로 한정한다.

③ 원사업자는 제1항에 따른 자료를 제시한 후 대물변제를 하기 전에 법 제17조제2항에 따른 물품의 권리·의무 관계가 변경된 경우에는 그 변경된 내용이 반영된 제1항에 따른 자료를 제2항에 따른 방법으로 수급사업자에게 지체 없이 다시 제시하여야 한다.

④ 원사업자는 제2항 및 제3항에 따라 자료를 제시한 후 지체 없이 다음 각 호의 사항을 적은 서면을 작성하여 수급사업자에게 내주고 원사업자와 수급사업자는 해당 서면을 보관하여야 한다.

1. 원사업자가 자료를 제시한 날
2. 자료의 주요 목차
3. 수급사업자가 자료를 제시받았다는 사실
4. 원사업자와 수급사업자의 상호명, 사업장 소재지 및 전화번호
5. 원사업자와 수급사업자의 서명 또는 기명날인

[본조신설 2014.2.11.]

[제9조의4에서 이동 <2017.9.29.>]

제10조(위반행위의 신고 및 통지) ① 법 제22조제1항 전단에 따라 신고를 하려는 자는 다음 각 호의 사항을 분명히 밝혀야 한다. <개정 2016.7.19.>

1. 신고자의 성명·주소
2. 피신고자의 성명 또는 명칭(법인인 경우에는 그 대표자의 성명을 포함한다)
3. 위반행위의 내용과 이를 입증할 수 있는 자료

② 공정거래위원회는 법 제22조제1항 전단에 따른 신고를 접수한 날부터 15일 이내에 신고자가 다음 각 호의 동의를 하는지 여부를 확인하기 위한 서면을 신고자에게 직접 발급하거나 우편(전자우편을 포함한다)을 통하여 송부하여야 한다. <개정 2016.1.22., 2016.7.19.>

1. 신고가 접수된 사실을 공정거래위원회가 원사업자에게 통지하는 것에 대한 동의
2. 제1호의 통지를 하는 경우 신고자 및 신고내용도 함께 통지하는 것에 대한 동의

③ 신고자가 제2항 각 호 외의 부분에 따른 공정거래위원회의 서면을 발급받거나 우편(전자우편을 포함한다)을 통하여 송부받은 날부터 15일 이내에 공정거래위원회에 동의한다는 사실을 서면으로 통지하지 아니한 경우에는 제2항에 따른 동의를 하지 아니한 것으로 본다. <개정 2016.7.19.>

④ 공정거래위원회는 제3항에 따른 통지를 받은 경우에는 그날부터 7일 이내에 신고접수

사실, 신고자, 신고내용을 기재한 서면을 원사업자에게 직접 발급하거나 우편(전자우편을 포함한다)을 통하여 송부하여야 한다. <신설 2016.7.19.>

제10조의2(포상금의 지급) ① 법 제22조제5항에 따른 포상금 지급대상자는 같은 항에서 규정한 법 위반행위(이하 이 조에서 "법 위반행위"라 한다)를 신고하거나 제보하고 법 위반행위를 입증할 수 있는 증거자료를 최초로 제출한 자로 한다.

② 제1항에도 불구하고 다음 각 호의 어느 하나에 해당하는 자는 포상금 지급대상자에서 제외한다.

1. 해당 법 위반행위를 한 원사업자
2. 삭제 <2017.9.29.>
3. 해당 법 위반행위에 따라 피해를 입은 수급사업자
4. 삭제 <2017.9.29.>

③ 공정거래위원회는 특별한 사정이 있는 경우를 제외하고 신고 또는 제보된 행위가 법 위반행위에 해당한다고 인정하여 해당 행위를 한 원사업자에게 시정조치 등의 처분을 하기로 의결한 날(처분에 대한 이의신청이 있는 경우에는 이의신청에 대한 재결이 있은 날을 말한다)부터 3개월 이내에 포상금을 지급한다.

④ 제3항에 따라 지급되는 포상금에 관하여 법 위반행위의 유형별 구체적인 지급기준은 법 위반행위의 중대성 및 증거의 수준 등을 고려하여 공정거래위원회가 정하여 고시한다.

⑤ 제3항에 따른 포상금의 지급에 관한 사항을 심의하기 위하여 공정거래위원회에 신고포상금심의위원회를 둘 수 있다.

⑥ 제5항에 따른 신고포상금심의위원회의 설치·운영에 관한 사항, 그 밖에 포상금 지급의 기준·절차 등에 관한 세부사항은 공정거래위원회가 정하여 고시한다.

[본조신설 2016.1.22.]

제11조 삭제 <2016.1.22.>

제12조(공탁사실의 보고) 법 제25조의2에 따라 공탁을 한 발주자 또는 원사업자는 지체없이 공정거래위원회에 공탁한 사실을 서면으로 보고하여야 한다. <개정 2016.7.19.>

제13조(과징금 부과기준) ① 법 제25조의3에 따른 과징금의 금액은 별표 2의 기준을 적용하여 산정한다.

② 삭제 <2016.1.22.>

③ 이 영에서 규정한 사항 외에 과징금의 부과에 필요한 사항은 공정거래위원회가 정한다.

제14조(준용) 법 제25조의3에 따른 과징금의 부과·납부·징수·체납처분 및 환급가산금 등에 관하여는 「독점규제 및 공정거래에 관한 법률 시행령」 제61조의2, 제62조부터 제64조까지 및 제64조의2부터 제64조의5까지의 규정을 준용한다. <개정 2012.6.19.>

제15조(상습법위반사업자 명단공표 기준 등) ① 법 제25조의4제1항 본문에서 "대통령령으로 정하는 기준"이란 별표 3 제1호라목에 따른 누산점수 4점을 말한다. <개정 2016.12.27.>

② 상습법위반사업자 명단공표 시 공표할 사항은 사업자명(법인의 명칭을 포함한다), 대표자 및 사업장 주소로 한다.

③ 법 제25조의4제5항에 따라 공정거래위원회 인터넷 홈페이지에 게시하는 경우 그 게시 기간은 1년으로 한다.

제16조(상습법위반사업자명단공표심의위원회의 구성 및 운영) ① 법 제25조의4제3항에 따른 상습법위반사업자명단공표심의위원회(이하 "심의위원회"라 한다)는 위원장 1명을 포함하여 7명의 위원으로 구성한다.

② 심의위원회의 위원장(이하 이 조에서 "위원장"이라 한다)은 공정거래위원회 사무처장이 되고, 위원은 다음 각 호의 사람이 된다.

1. 공정거래위원회의 고위공무원단에 속하는 일반직공무원 중에서 공정거래위원회 위원장이 임명하는 사람 3명
2. 하도급거래에 관한 학식과 경험이 풍부한 사람 중에서 공정거래위원회 위원장이 위촉하는 사람 3명

③ 제2항제2호에 따른 위촉위원의 임기는 3년으로 한다.

④ 공정거래위원장은 제2항제2호에 따라 위촉된 위원이 다음 각 호의 어느 하나에 해당하면 해촉할 수 있다. <신설 2016.1.22.>

1. 심신장애로 인하여 직무를 수행할 수 없게 된 경우
2. 직무와 관련된 비위사실이 있는 경우
3. 직무 태만, 품위 손상, 그 밖의 사유로 인하여 위원으로 적합하지 아니하다고 인정

되는 경우
4. 위원 스스로 직무를 수행하는 것이 곤란하다고 의사를 밝히는 경우

⑤ 위원장은 심의위원회의 업무를 총괄하되, 위원장이 부득이한 사유로 직무를 수행할 수 없을 때에는 위원장이 지명하는 위원이 그 직무를 대행한다. <개정 2016.1.22.>

⑥ 심의위원회의 회의는 재적위원 과반수의 출석으로 개의(開議)하고, 출석위원 과반수 찬성으로 의결한다. <개정 2016.1.22.>

⑦ 제1항부터 제6항까지에서 규정한 사항 외에 심의위원회의 구성 및 운영에 필요한 사항은 심의위원회의 의결을 거쳐 공정거래위원회 위원장이 정한다. <개정 2016.1.22.>

제17조(벌점 부과기준 등) ① 법 제26조제2항에 따라 공정거래위원회가 부과하는 벌점의 부과기준은 별표 3과 같다.

② 법 제26조제2항에서 "대통령령으로 정하는 기준을 초과하는 경우"란 별표 3 제1호라목에 따른 누산점수가 다음 각 호의 구분에 따른 점수를 초과하는 경우를 말한다. <개정 2011.11.1., 2013.11.27., 2016.1.22.>
1. 입찰참가자격의 제한 요청: 5점
2. 「건설산업기본법」 제82조제1항제7호의 사유에 따른 영업정지 요청: 10점

③ 별표 3에 따른 벌점의 부과와 감경에 필요한 세부 사항은 공정거래위원회가 정하여 고시한다.

제17조의2(규제의 재검토) ① 공정거래위원회는 제6조에 따른 보존하여야 하는 하도급거래에 관한 서류의 범위 등에 대하여 2014년 1월 1일을 기준으로 5년마다(매 5년이 되는 해의 1월 1일 전까지를 말한다) 그 타당성을 검토하여 개선 등의 조치를 하여야 한다. <개정 2014.2.11.>

② 공정거래위원회는 다음 각 호의 사항에 대하여 다음 각 호의 기준일을 기준으로 3년마다(매 3년이 되는 해의 기준일과 같은 날 전까지를 말한다) 그 타당성을 검토하여 개선 등의 조치를 하여야 한다. <신설 2017.12.12.>
1. 제2조제5항에 따른 제조위탁이 적용되는 물품 및 지역의 범위: 2017년 1월 1일
2. 제3조에 따른 서면 기재사항: 2017년 1월 1일
3. 제8조제1항제1호에 따른 건설하도급 계약이행 및 대금지급 보증 제외 기준: 2017년 1월 1일
4. 제15조에 따른 상습법위반사업자 명단공표 기준 등: 2017년 1월 1일

③ 삭제 <2017.12.12.>

[본조신설 2013.12.30.]

제18조(과태료의 부과기준) 법 제30조의2제1항제2호 및 같은 조 제3항에 따른 과태료의 부과기준은 별표 4와 같다.

[본조신설 2011.3.29.]

부칙

<제28471호, 2017.12.12.>
(규제 재검토기한 설정 등을 위한 가맹사업거래의 공정화에 관한 법률 시행령 등 33개 대통령령 일부개정령)

제1조(시행일) 이 영은 2018년 1월 1일부터 시행한다.

제2조 생략

시설물의 안전 및 유지관리에 관한 특별법

(약칭: 시설물안전법)

[시행 2018.1.18.]

[법률 제14545호, 2017.1.17., 전부개정]

제1장 총칙

제1조(목적) 이 법은 시설물의 안전점검과 적정한 유지관리를 통하여 재해와 재난을 예방하고 시설물의 효용을 증진시킴으로써 공중(公衆)의 안전을 확보하고 나아가 국민의 복리증진에 기여함을 목적으로 한다.

제2조(정의) 이 법에서 사용하는 용어의 뜻은 다음과 같다.

1. "시설물"이란 건설공사를 통하여 만들어진 교량·터널·항만·댐·건축물 등 구조물과 그 부대시설로서 제7조 각 호에 따른 제1종시설물, 제2종시설물 및 제3종시설물을 말한다.
2. "관리주체"란 관계 법령에 따라 해당 시설물의 관리자로 규정된 자나 해당 시설물의 소유자를 말한다. 이 경우 해당 시설물의 소유자와의 관리계약 등에 따라 시설물의 관리책임을 진 자는 관리주체로 보며, 관리주체는 공공관리주체(公共管理主體)와 민간관리주체(民間管理主體)로 구분한다.
3. "공공관리주체"란 다음 각 목의 어느 하나에 해당하는 관리주체를 말한다.
   가. 국가·지방자치단체
   나.「공공기관의 운영에 관한 법률」제4조에 따른 공공기관
   다.「지방공기업법」에 따른 지방공기업
4. "민간관리주체"란 공공관리주체 외의 관리주체를 말한다.
5. "안전점검"이란 경험과 기술을 갖춘 자가 육안이나 점검기구 등으로 검사하여 시설물에 내재(內在)되어 있는 위험요인을 조사하는 행위를 말하며, 점검목적 및 점검수준을 고려하여 국토교통부령으로 정하는 바에 따라 정기안전점검 및 정밀안전점검으로 구분한다.
6. "정밀안전진단"이란 시설물의 물리적·기능적 결함을 발견하고 그에 대한 신속하고 적절한 조치를 하기 위하여 구조적 안전성과 결함의 원인 등을 조사·측정·평가하여 보수·보강 등의 방법을 제시하는 행위를 말한다.
7. "긴급안전점검"이란 시설물의 붕괴·전도 등으로 인한 재난 또는 재해가 발생할 우려가 있는 경우에 시설물의 물리적·기능적 결함을 신속하게 발견하기 위하여 실시하는 점검을 말한다.
8. "내진성능평가(耐震性能評價)"란 지진으로부터 시설물의 안전성을 확보하고 기능을 유지하기 위하여「지진·화산재해대책법」제14조제1항에 따라 시설물별로 정하는 내진설계기준(耐震設計基準)에 따라 시설물이 지진에 견딜 수 있는 능력을 평가하는 것을 말한다.
9. "도급(都給)"이란 원도급·하도급·위탁, 그 밖에 명칭 여하에도 불구하고 안전점검·정밀안전진단이나 긴급안전점검, 유지관리 또는 성능평가를 완료하기로 약정하고, 상대방이 그 일의 결과에 대하여 대가를 지급하기로 한 계약을 말한다.
10. "하도급"이란 도급받은 안전점검·정밀안전진단이나 긴급안전점검, 유지관리 또는 성능평가 용역의 전부 또는 일부를 도급하기 위하여 수급인(受給人)이 제3자와 체결하는 계약을 말한다.
11. "유지관리"란 완공된 시설물의 기능을 보전하고 시설물이용자의 편의와 안전을 높이기 위하여 시설물을 일상적으로 점검·정비하고 손상된 부분을 원상복구하며 경과시간에 따라 요구되는 시설물의 개량·보수·보강에 필요한 활동을 하는 것을 말한다.
12. "성능평가"란 시설물의 기능을 유지하기 위하여 요구되는 시설물의 구조적 안전성, 내구성, 사용성 등의 성능을 종합적으로 평가하는 것을 말한다.
13. "하자담보책임기간"이란「건설산업기본법」과「공동주택관리법」등 관계 법령에 따른 하자담보책임기간 또는 하자보수기간 등을 말한다.

제3조(국가 등의 책무) ① 국가 및 지방자치단체는 국민의 생명·신체 및 재산을 보호하기 위하여 시설물의 안전 및 유지관

리에 관한 종합적인 시책을 수립 · 시행하여야 한다.

② 관리주체는 시설물의 안전을 확보하고 지속적인 이용을 도모하기 위하여 필요한 조치를 하여야 한다.

③ 모든 국민은 국가 및 지방자치단체, 관리주체가 수행하는 시설물의 안전 및 유지관리 활동에 적극 협조하여야 한다.

제4조(다른 법률과의 관계) 이 법은 시설물의 안전과 유지관리에 관하여 다른 법률에 우선하여 적용한다.

제2장 기본계획 등

제5조(시설물의 안전 및 유지관리 기본계획의 수립 · 시행) ① 국토교통부장관은 시설물이 안전하게 유지관리될 수 있도록 하기 위하여 5년마다 시설물의 안전 및 유지관리에 관한 기본계획(이하"기본계획"이라 한다)을 수립 · 시행하여야 한다.

② 기본계획에는 다음 각 호의 사항이 포함되어야 한다.

1. 시설물의 안전 및 유지관리에 관한 기본목표 및 추진방향에 관한 사항
2. 시설물의 안전 및 유지관리체계의 개발, 구축 및 운영에 관한 사항
3. 시설물의 안전 및 유지관리에 관한 정보체계의 구축 · 운영에 관한 사항
4. 시설물의 안전 및 유지관리에 필요한 기술의 연구 · 개발에 관한 사항
5. 시설물의 안전 및 유지관리에 필요한 인력의 양성에 관한 사항
6. 그 밖에 시설물의 안전 및 유지관리에 관하여 대통령령으로 정하는 사항

③ 국토교통부장관은 기본계획을 수립할 때에는 미리 관계 중앙행정기관의 장과 협의하여야 하며, 기본계획을 수립하기 위하여 필요하다고 인정되면 관계 중앙행정기관의 장 및 지방자치단체의 장에게 관련 자료를 제출하도록 요구할 수 있다. 기본계획을 변경할 때에도 또한 같다.

④ 국토교통부장관은 기본계획을 수립 또는 변경한 때에는 이를 관보에 고시하여야 한다.

제6조(시설물의 안전 및 유지관리계획의 수립 · 시행) ① 관리주체는 기본계획에 따라 소관 시설물에 대한 안전 및 유지관리계획(이하"시설물관리계획"이라 한다)을 수립 · 시행하여야 한다. 다만, 제7조에 따른 제3종시설물 중「공동주택관리법」제2조제2호에 따른 의무관리대상 공동주택이 아닌 공동주택 등 민간관리주체 소관 시설물 중 대통령령으로 정하는 시설물의 경우에는 특별자치시장 · 특별자치도지사 · 시장 · 군수 또는 구청장(구청장은 자치구의 구청장을 말하며, 이하 "시장 · 군수 · 구청장"이라 한다)이 수립하여야 한다.

② 시설물관리계획에는 다음 각 호의 사항이 포함되어야 한다. 다만, 제1항 단서에 해당하여 시장 · 군수 · 구청장이 시설물관리계획을 수립하는 경우에는 제5호의 사항을 생략할 수 있다.

1. 시설물의 적정한 안전과 유지관리를 위한 조직 · 인원 및 장비의 확보에 관한 사항
2. 긴급상황 발생 시 조치체계에 관한 사항
3. 시설물의 설계 · 시공 · 감리 및 유지관리 등에 관련된 설계도서의 수집 및 보존에 관한 사항
4. 안전점검 또는 정밀안전진단의 실시에 관한 사항
5. 보수 · 보강 등 유지관리 및 그에 필요한 비용에 관한 사항

③ 제1항 단서에 따라 시장 · 군수 · 구청장이 시설물관리계획을 수립하는 경우에는 이를 해당 관리주체에게 통보하여야 한다.

④ 공공관리주체는 시설물관리계획을 수립한 경우 다음 각 호에 해당하는 관계 행정기관의 장에게 보고하여야 한다.

1. 공공관리주체가 중앙행정기관의 소속 기관이거나 감독을 받는 기관인 경우에는 소속 중앙행정기관의 장
2. 제1호 외의 공공관리주체는 특별시장 · 광역시장 · 도지사 · 특별자치시장 또는 특별자치도지사(이하"시 · 도지사"라 한다)

⑤ 민간관리주체는 시설물관리계획을 수립한 경우 관할 시장 · 군수 · 구청장에게 제출하여야 한다.

⑥ 제5항에 따라 시설물관리계획을 제출받은 시장 · 군수 · 구청장은 국토교통부령으로 정하는 바에 따라 그 제출 자료를 관할 시 · 도지사(특별자치시장 · 특별자치도지사는 제외한다)에게 보고하여야 한다.

⑦ 제4항부터 제6항까지에 따라 시설물관리계획을 보고받거나 제출 받은 중앙행정기관의 장과 시·도지사는 그 현황을 확인한 후 시설물관리계획에 관한 자료를 국토교통부장관에게 제출하여야 한다.
⑧ 국토교통부장관 또는 관계 행정기관의 장은 제4항부터 제7항까지에 따라 보고받거나 제출받은 시설물관리계획의 타당성을 검토하여 필요한 경우 관리주체 또는 시장·군수·구청장(제1항 단서의 경우에 한정한다)에게 수정 또는 보완을 요구할 수 있다. 이 경우 수정 또는 보완을 요구받은 자는 특별한 사유가 없으면 이에 따라야 한다.
⑨ 그 밖에 시설물관리계획의 관리주체별 수립시기·내용 등 시설물관리계획의 수립·시행에 필요한 사항은 대통령령으로 정한다.

제7조(시설물의 종류) 시설물의 종류는 다음 각 호와 같다.
1. 제1종시설물: 공중의 이용편의와 안전을 도모하기 위하여 특별히 관리할 필요가 있거나 구조상 안전 및 유지관리에 고도의 기술이 필요한 대규모 시설물로서 다음 각 목의 어느 하나에 해당하는 시설물 등 대통령령으로 정하는 시설물
   가. 고속철도 교량, 연장 500미터 이상의 도로 및 철도 교량
   나. 고속철도 및 도시철도 터널, 연장 1000미터 이상의 도로 및 철도 터널
   다. 갑문시설 및 연장 1000미터 이상의 방파제
   라. 다목적댐, 발전용댐, 홍수전용댐 및 총저수용량 1천만톤 이상의 용수전용댐
   마. 21층 이상 또는 연면적 5만제곱미터 이상의 건축물
   바. 하구둑, 포용저수량 8천만톤 이상의 방조제
   사. 광역상수도, 공업용수도, 1일 공급능력 3만톤 이상의 지방상수도
2. 제2종시설물: 제1종시설물 외에 사회기반시설 등 재난이 발생할 위험이 높거나 재난을 예방하기 위하여 계속적으로 관리할 필요가 있는 시설물로서 다음 각 목의 어느 하나에 해당하는 시설물 등 대통령령으로 정하는 시설물
   가. 연장 100미터 이상의 도로 및 철도 교량
   나. 고속국도, 일반국도, 특별시도 및 광역시도 도로터널 및 특별시 또는 광역시에 있는 철도터널
   다. 연장 500미터 이상의 방파제
   라. 지방상수도 전용댐 및 총저수용량 1백만톤 이상의 용수전용댐
   마. 16층 이상 또는 연면적 3만제곱미터 이상의 건축물
   바. 포용저수량 1천만톤 이상의 방조제
   사. 1일 공급능력 3만톤 미만의 지방상수도
3. 제3종시설물: 제1종시설물 및 제2종시설물 외에 안전관리가 필요한 소규모 시설물로서 제8조에 따라 지정·고시된 시설물

제8조(제3종시설물의 지정 등) ① 중앙행정기관의 장 또는 지방자치단체의 장은 다중이용시설 등 재난이 발생할 위험이 높거나 재난을 예방하기 위하여 계속적으로 관리할 필요가 있다고 인정되는 제1종시설물 및 제2종시설물 외의 시설물을 대통령령으로 정하는 바에 따라 제3종시설물로 지정·고시하여야 한다.
② 중앙행정기관의 장 또는 지방자치단체의 장은 제3종시설물이 보수·보강의 시행 등으로 재난 발생 위험이 해소되거나 재난을 예방하기 위하여 계속적으로 관리할 필요성이 없는 경우에는 대통령령으로 정하는 바에 따라 그 지정을 해제하여야 한다.
③ 중앙행정기관의 장 또는 지방자치단체의 장은 제1항 및 제2항에 따라 제3종시설물을 지정·고시 또는 해제할 때에는 국토교통부령으로 정하는 바에 따라 그 사실을 해당 관리주체에게 통보하여야 한다.

제9조(설계도서 등의 제출 등) ① 제1종시설물 및 제2종시설물을 건설·공급하는 사업주체는 설계도서, 시설물관리대장 등 대통령령으로 정하는 서류를 관리주체와 국토교통부장관에게 제출하여야 한다.
② 제3종시설물의 관리주체는 제8조제1항에 따라 제3종시설물로 지정·고시된 경우에는 제1항에 따른 서류를 1개월 이내에 국토교통부장관에게 제출하여야 한다.
③ 제1항에도 불구하고 제1종시설물 및 제2종시설물을 건설·공급하는 사업주체는 국방이나 그 밖의 보안상 비밀유지가 필요한 시설물에 대하여 관계 중앙행정기관의 장의 요

구가 있을 경우에는 그 시설물과 관련된 제1항에 따른 서류를 제출하지 아니할 수 있다. 이 경우 관계 중앙행정기관의 장은 그 사유를 국토교통부장관에게 통보하여야 한다.
④ 관리주체는 대통령령으로 정하는 중요한 보수·보강을 실시한 경우 제1항에 따른 서류를 국토교통부장관에게 제출하여야 한다.
⑤ 관리주체는 제1항·제2항 및 제4항에 따른 서류를 해당 시설물의 존속시기까지 보존하여야 한다.
⑥ 제1종시설물 및 제2종시설물에 대한 준공 또는 사용승인을 하는 관계 행정기관의 장(「공공기관의 운영에 관한 법률」 제4조에 따른 공공기관이 관계법령에 따라 준공인가 또는 사용승인에 관한 권한을 위탁받은 경우에는 해당 공공기관의 장을 말한다)은 제1종시설물 및 제2종시설물을 건설·공급하는 사업주체가 제1항에 따른 서류를 제출한 것을 확인한 후 준공 또는 사용승인을 하여야 한다.
⑦ 제6항에 따라 시설물의 준공 또는 사용승인을 한 관계 행정기관의 장은 준공 또는 사용승인을 한 날부터 1개월 이내에 국토교통부령으로 정하는 바에 따라 준공 또는 사용승인 사실을 국토교통부장관에게 통보하여야 한다.
⑧ 제1항부터 제4항까지에 따른 서류의 제출방법 등에 필요한 사항은 국토교통부령으로 정한다.

제10조(설계도서 등의 열람) ① 제28조에 따라 등록한 안전진단전문기관(이하"안전진단전문기관"이라 한다), 제45조에 따른 한국시설안전공단(이하"한국시설안전공단"이라 한다) 또는 「건설산업기본법」 제9조에 따라 등록한 유지관리업자(이하"유지관리업자"라 한다)는 안전점검·정밀안전진단 또는 긴급안전점검(이하"안전점검등"이라 한다)이나 유지관리 업무를 수행하기 위하여 필요한 경우 관리주체에게 해당 시설물의 설계·시공 및 감리와 관련된 서류의 열람이나 그 사본의 교부를 요청할 수 있다. 다만, 국방이나 그 밖의 보안상 비밀유지가 필요한 시설물은 관리주체나 관련 기관의 동의를 받아 이를 열람할 수 있다.
② 다음 각 호에 해당하는 자는 시설물의 안전 및 유지관리를 위하여 필요한 경우 국토교통부장관에게 설계도서 및 시설물관리대장 등 관련 서류의 열람을 요청할 수 있다.
1. 관계 행정기관의 장
2. 안전진단전문기관·한국시설안전공단 또는 유지관리업자
3. 제58조제4항 및 제5항에 따른 중앙시설물사고조사위원회 또는 시설물사고조사위원회
③ 제1항 및 제2항에 따라 서류의 열람이나 그 사본의 교부를 요청받은 관리주체 및 국토교통부장관은 특별한 사유가 없으면 이에 따라야 한다.
④ 제1항과 제2항에 따른 관련 서류의 열람 범위·절차 및 방법 등에 필요한 사항은 국토교통부령으로 정한다.

제3장 시설물의 안전관리

제1절 안전점검 등

제11조(안전점검의 실시) ① 관리주체는 소관 시설물의 안전과 기능을 유지하기 위하여 정기적으로 안전점검을 실시하여야 한다. 다만, 제6조제1항 단서에 해당하는 시설물의 경우에는 시장·군수·구청장이 안전점검을 실시하여야 한다.
② 관리주체는 시설물의 하자담보책임기간(동일한 시설물의 각 부분별 하자담보책임기간이 다른 경우에는 시설물의 부분 중 대통령령으로 정하는 주요 부분의 하자담보책임기간을 말한다)이 끝나기 전에 마지막으로 실시하는 정밀안전점검의 경우에는 안전진단전문기관이나 한국시설안전공단에 의뢰하여 실시하여야 한다.
③ 민간관리주체가 어음·수표의 지급불능으로 인한 부도(不渡) 등 부득이한 사유로 인하여 안전점검을 실시하지 못하게 될 때에는 관할 시장·군수·구청장이 민간관리주체를 대신하여 안전점검을 실시할 수 있다. 이 경우 안전점검에 드는 비용은 그 민간관리주체에게 부담하게 할 수 있다.
④ 제3항에 따라 시장·군수·구청장이 안전점검을 대신 실시한 후 민간관리주체에게 비용을 청구하는 경우에 해당 민간관리주체가 그에 따르지 아니하면 시장·군수·구청장은 지방세 체납처분의 예에 따라 징수할 수 있다.

⑤ 시설물의 종류에 따른 안전점검의 수준, 안전점검의 실시시기, 안전점검의 실시 절차 및 방법, 안전점검을 실시할 수 있는 자의 자격 등 안전점검 실시에 필요한 사항은 대통령령으로 정한다.

제12조(정밀안전진단의 실시) ① 관리주체는 제1종시설물에 대하여 정기적으로 정밀안전진단을 실시하여야 한다.
② 관리주체는 제11조에 따른 안전점검 또는 제13조에 따른 긴급안전점검을 실시한 결과 재해 및 재난을 예방하기 위하여 필요하다고 인정되는 경우에는 정밀안전진단을 실시하여야 한다. 이 경우 제13조제7항 및 제17조제4항에 따른 결과보고서 제출일부터 1년 이내에 정밀안전진단을 착수하여야 한다.
③ 관리주체는 「지진·화산재해대책법」 제14조제1항에 따른 내진설계 대상 시설물 중 내진성능평가를 받지 않은 시설물에 대하여 정밀안전진단을 실시하는 경우에는 해당 시설물에 대한 내진성능평가를 포함하여 실시하여야 한다.
④ 국토교통부장관은 내진성능평가가 포함된 정밀안전진단의 실시결과를 제18조에 따라 평가한 결과 내진성능의 보강이 필요하다고 인정되면 내진성능을 보강하도록 권고할 수 있다.
⑤ 정밀안전진단의 실시시기, 정밀안전진단의 실시 절차 및 방법, 정밀안전진단을 실시할 수 있는 자의 자격 등 정밀안전진단 실시에 필요한 사항은 대통령령으로 정한다.

제13조(긴급안전점검의 실시) ① 관리주체는 시설물의 붕괴·전도 등이 발생할 위험이 있다고 판단하는 경우 긴급안전점검을 실시하여야 한다.
② 국토교통부장관 및 관계 행정기관의 장은 시설물의 구조상 공중의 안전한 이용에 중대한 영향을 미칠 우려가 있다고 판단되는 경우에는 소속 공무원으로 하여금 긴급안전점검을 하게 하거나 해당 관리주체 또는 시장·군수·구청장(제6조제1항 단서에 해당하는 시설물의 경우에 한정한다)에게 긴급안전점검을 실시할 것을 요구할 수 있다. 이 경우 요구를 받은 자는 특별한 사유가 없으면 이에 응하여야 한다.
③ 국토교통부장관 또는 관계 행정기관의 장이 제2항에 따른 긴급안전점검을 실시하는 경우 점검의 효율성을 높이기 위하여 관계 기관 또는 전문가와 합동으로 긴급안전점검을 실시할 수 있다.
④ 제2항에 따라 긴급안전점검을 실시하는 공무원은 관계인에게 필요한 질문을 하거나 관계 서류 등을 열람할 수 있다.
⑤ 제2항에 따라 긴급안전점검을 실시하는 공무원은 그 권한을 나타내는 증표를 지니고 이를 관계인에게 보여주어야 한다.
⑥ 국토교통부장관 또는 관계 행정기관의 장은 제2항에 따라 긴급안전점검을 실시한 경우 그 결과를 해당 관리주체에게 통보하여야 하며, 시설물의 안전 확보를 위하여 필요하다고 인정하는 경우에는 정밀안전진단의 실시, 보수·보강 등 필요한 조치를 취할 것을 명할 수 있다.
⑦ 제1항 및 제2항에 따라 관리주체 또는 관계 행정기관의 장이 긴급안전점검을 실시한 경우 그 결과보고서를 국토교통부장관에게 제출하여야 한다. 관리주체가 제출하는 경우에는 제6조제4항부터 제7항까지를 준용한다.
⑧ 긴급안전점검의 절차 및 방법, 긴급안전점검을 실시할 수 있는 자의 자격 등 긴급안전점검 실시에 필요한 사항은 대통령령으로 정한다.

제14조(사법경찰권) 제13조제2항에 따라 긴급안전점검을 하는 공무원은 정당한 사유 없이 긴급안전점검을 거부 또는 기피하거나 방해하는 경우 등 긴급안전점검과 관련된 범죄에 관하여는 「사법경찰관리의 직무를 수행할 자와 그 직무범위에 관한 법률」에서 정하는 바에 따라 사법경찰관리의 직무를 수행한다.

제15조(지방자치단체에 대한 지원) 국가는 제3종시설물의 지정과 안전점검등에 필요한 지원을 할 수 있다.

제16조(시설물의 안전등급 지정 등) ① 안전점검등을 실시하는 자는 안전점검등의 실시결과에 따라 대통령령으로 정하는 기준에 적합하게 해당 시설물의 안전등급을 지정하여야 한다.
② 제1항에도 불구하고 국토교통부장관은 다음 각 호에 해당하는 경우에는 해당 시

설물의 안전등급을 변경할 수 있다. 이 경우 해당 시설물의 관리주체에게 그 변경 사실을 통보하여야 한다.

1. 제18조에 따라 정밀안전점검 또는 정밀안전진단 실시결과를 평가한 결과 안전등급의 변경이 필요하다고 인정되는 경우
2. 제41조에 따라 제출된 유지관리 결과보고서의 확인 등 시설물의 보수·보강이 완료되어 등급조정이 필요하다고 인정되는 경우
3. 그 밖에 사고나 재해 등으로 인한 시설물의 상태변화 등 안전등급 조정이 필요한 것으로 국토교통부장관이 인정하는 경우

③ 제1항 및 제2항에 따른 안전등급의 지정 및 변경 방법·절차 등에 필요한 사항은 국토교통부령으로 정한다.

제17조(안전점검 및 정밀안전진단 결과보고 등) ① 제11조에 따른 안전점검 및 제12조에 따른 정밀안전진단을 실시한 자는 대통령령으로 정하는 바에 따라 그 결과보고서를 작성하고, 이를 관리주체 및 시장·군수·구청장(제11조제1항 단서 및 같은 조 제3항의 경우에 한정한다. 이하 이 조 및 제18조에서 같다)에게 통보하여야 한다.

② 안전점검 및 정밀안전진단을 실시한 자가 제1항에 따른 결과보고서를 작성할 때에는 다음 각 호의 사항을 지켜야 한다.

1. 다른 안전점검 및 정밀안전진단 결과보고서의 내용을 복제하여 안전점검 및 정밀안전진단 결과보고서를 작성하지 아니할 것
2. 안전점검 및 정밀안전진단 결과보고서와 그 작성의 기초가 되는 자료를 거짓으로 또는 부실하게 작성하지 아니할 것
3. 안전점검 및 정밀안전진단 결과보고서와 그 작성의 기초가 되는 자료를 국토교통부령으로 정하는 기간 동안 보존할 것

③ 제2항제1호 및 제2호에 따른 복제, 거짓 또는 부실 작성의 구체적인 판단기준은 국토교통부령으로 정한다.

④ 관리주체 및 시장·군수·구청장은 제1항에 따른 안전점검 및 정밀안전진단 결과보고서를 국토교통부장관에게 제출하여야 한다. 이 경우 제출 절차에 관하여는 제6조제4항부터 제7항까지를 준용한다.

⑤ 제1항에 따른 통보방법 및 제4항에 따른 제출 시기·방법 등에 필요한 사항은 대통령령으로 정한다.

제18조(정밀안전점검 또는 정밀안전진단 실시결과에 대한 평가) ① 국토교통부장관은 제17조제4항에 따라 정밀안전점검이나 정밀안전진단의 결과보고서를 받은 때에는 정밀안전점검 또는 정밀안전진단의 기술수준을 향상시키고 부실 점검 및 진단을 방지하기 위하여 정밀안전점검이나 정밀안전진단의 실시결과를 평가할 수 있다.

② 국토교통부장관은 관리주체, 시장·군수·구청장, 한국시설안전공단, 안전진단전문기관 또는 유지관리업자에게 제1항에 따른 평가에 필요한 자료를 제출하도록 요구할 수 있다. 이 경우 자료의 제출을 요구받은 자는 특별한 사유가 없으면 이에 따라야 한다.

③ 국토교통부장관은 제1항에 따라 정밀안전점검이나 정밀안전진단의 실시결과를 평가한 결과 필요한 경우 관리주체 또는 시장·군수·구청장에게 해당 결과보고서의 수정이나 보완을 요구할 수 있다.

④ 제1항에 따른 평가의 대상·방법·절차 등에 필요한 사항은 대통령령으로 정한다.

제19조(소규모 취약시설의 안전점검 등) ① 국토교통부장관은 제7조 각 호의 시설물이 아닌 시설 중에서 안전에 취약하거나 재난의 위험이 있다고 판단되는 사회복지시설 등 대통령령으로 정하는 시설(이하 "소규모 취약시설"이라 한다)에 대하여 해당 시설의 관리자, 소유자 또는 관계 행정기관의 장이 요청하는 경우 안전점검 등을 실시할 수 있다.

② 국토교통부장관은 제1항의 요청을 받은 경우 해당 소규모 취약시설에 대한 안전점검 등을 실시하고, 그 결과와 안전조치에 필요한 사항을 소규모 취약시설의 관리자, 소유자 또는 관계 행정기관의 장에게 통보하여야 한다.

③ 소규모 취약시설의 관리자, 소유자 또는 관계 행정기관의 장은 제2항에 따라 통보를 받은 경우 보수·보강 등의 조치가 필요한 사항에 대하여는 이를 성실히 이행하도록 노력하여야 한다.

④ 국토교통부장관 및 관계 행정기관의 장은 소규모 취약시설의 관리자, 소유자 등에 대하여 국토교통부령으로 정하는 바에

따라 소규모 취약시설의 안전 및 유지관리에 관한 교육을 실시할 수 있다.
⑤ 제1항부터 제3항까지에 따른 안전점검 등의 방법과 절차 등에 필요한 사항은 국토교통부령으로 정한다.

제20조(안전점검등을 하는 자의 의무 등) ① 안전점검등을 하는 자는 제21조에 따른 안전점검등에 관한 지침에서 정하는 안전점검등의 실시 방법 및 절차 등에 따라 성실하게 업무를 수행하여야 한다.
② 안전점검등을 하는 자는 보유 기술인력 또는 등록분야에 따라 대통령령으로 정하는 실시범위에서 안전점검등을 실시하여야 한다.

제21조(안전점검등에 관한 지침) ① 국토교통부장관은 대통령령으로 정하는 바에 따라 안전점검 · 정밀안전진단 및 긴급안전점검의 실시 시기 · 방법 · 절차 등의 안전점검등에 관한 지침을 작성하여 관보에 고시하여야 한다.
② 국토교통부장관은 제1항에 따른 지침을 작성할 때에는 미리 관계 행정기관의 장과 협의하여야 하며, 필요한 경우 관계 행정기관의 장에게 관련 자료의 제출을 요구할 수 있다.

제2절 재난예방을 위한 안전조치 등

제22조(시설물의 중대한 결함 통보) ① 안전점검등을 실시하는 자는 해당 시설물에서 시설물기초의 세굴(洗掘), 부등침하(不等沈下) 등 대통령령으로 정하는 중대한 결함을 발견하는 경우에는 지체 없이 대통령령으로 정하는 바에 따라 그 사실을 관리주체 및 관할 시장 · 군수 · 구청장에게 통보하여야 한다.
② 관리주체는 제1항에 따라 통보받은 내용을 해당 시설물을 관리하거나 감독하는 관계 행정기관의 장 및 국토교통부장관에게 즉시 통보하여야 한다.

제23조(긴급안전조치) ① 관리주체는 제22조제1항에 따라 시설물의 중대한 결함을 통보받는 등 시설물의 구조상 공중의 안전한 이용에 미치는 영향이 중대하여 긴급한 조치가 필요하다고 인정되는 경우에는 시설물의 사용제한 · 사용금지 · 철거, 주민대피 등의 안전조치를 하여야 한다.
② 시장 · 군수 · 구청장은 제22조제1항에 따라 시설물의 중대한 결함을 통보받는 등 시설물의 구조상 공중의 안전한 이용에 미치는 영향이 중대하여 긴급한 조치가 필요하다고 인정되는 경우에는 관리주체에게 시설물의 사용제한 · 사용금지 · 철거, 주민대피 등의 안전조치를 명할 수 있다. 이 경우 관리주체는 신속하게 안전조치명령을 이행하여야 한다.
③ 관리주체는 제1항 또는 제2항에 따른 사용제한 등을 하는 경우에는 즉시 그 사실을 관계 행정기관의 장 및 국토교통부장관에게 통보하여야 하며, 통보를 받은 관계 행정기관의 장은 이를 공고하여야 한다.
④ 시장 · 군수 · 구청장은 제2항에 따른 안전조치명령을 받은 자가 그 명령을 이행하지 아니하는 경우에는 그에 대신하여 필요한 안전조치를 할 수 있다. 이 경우 「행정대집행법」을 준용한다.
⑤ 시장 · 군수 · 구청장은 제4항에 따른 안전조치를 할 때에는 미리 해당 관리주체에게 서면으로 그 사실을 알려주어야 한다. 다만, 긴급한 경우이거나 알리는 것이 불가능한 경우에는 안전조치를 한 후 그 사실을 통보할 수 있다.

제24조(시설물의 보수 · 보강 등) ① 관리주체는 제13조제6항에 따른 조치명령을 받거나 제23조제1항에 따라 시설물의 중대한 결함에 대한 통보를 받은 경우 대통령령으로 정하는 바에 따라 시설물의 보수 · 보강 등 필요한 조치를 하여야 한다.
② 국토교통부장관 및 관계 행정기관의 장은 관리주체가 제1항에 따른 시설물의 보수 · 보강 등 필요한 조치를 하지 아니한 경우 이에 대하여 이행 및 시정을 명할 수 있다.
③ 제1항에 따라 시설물의 보수 · 보강 등 필요한 조치를 끝낸 관리주체는 그 결과를 국토교통부장관 및 관계 행정기관의 장에게 통보하여야 한다.
④ 제3항에 따른 통보의 시기 · 방법 · 절차 등에 필요한 사항은 국토교통부령으로 정한다.

제25조(위험표지의 설치 등) ① 관리주체는 안전점검등을 실시한 결과 해당 시설물에 대통령령으로 정하는 중대한 결함이 있거나 제16조에 따라 안전등급을 지정한 결과 해당 시설물이 긴급한 보수·보강이 필요하다고 판단되는 경우에는 해당 시설물에 위험을 알리는 표지를 설치하고, 방송·인터넷 등의 매체를 통하여 주민에게 알려야 한다.
② 제1항에 따라 설치하는 위험표지의 크기·기재사항 등에 관한 세부사항은 국토교통부령으로 정한다.
③ 누구든지 관리주체의 허락 없이 위험표지를 이전하거나 훼손하여서는 아니 된다.

제4장 안전점검등의 대행

제26조(안전점검등의 대행) ① 관리주체는 안전점검 및 긴급안전점검을 한국시설안전공단, 안전진단전문기관 또는 유지관리업자에게 대행하게 할 수 있다.
② 관리주체는 정밀안전진단을 실시하려는 경우 이를 직접 수행할 수 없고 한국시설안전공단 또는 안전진단전문기관에 대행하게 하여야 한다. 다만, 대통령령으로 정하는 시설물의 경우에는 한국시설안전공단에만 대행하게 하여야 한다.
③ 제2항에 따라 한국시설안전공단이나 안전진단전문기관이 정밀안전진단을 실시할 때에는 관리주체의 승인을 받아 다른 안전진단전문기관과 공동으로 정밀안전진단을 실시할 수 있다.

제27조(하도급 제한 등) ① 안전진단전문기관, 유지관리업자 또는 한국시설안전공단은 관리주체로부터 안전점검등의 실시에 관한 도급을 받은 경우에는 이를 하도급할 수 없다. 다만, 총 도급금액의 100분의 50 이하의 범위에서 전문기술이 필요한 경우 등 대통령령으로 정하는 경우에는 분야별로 한 차례만 하도급할 수 있다.
② 제1항 단서에 따라 하도급을 한 자는 대통령령으로 정하는 바에 따라 관리주체에게 통보하여야 한다.
③ 관리주체는 안전진단전문기관, 유지관리업자 또는 한국시설안전공단이 제1항을 위반하여 하도급을 하였다고 의심할 만한 상당한 사유가 있는 경우에는 다음 각 호의 구분에 따른 자에게 사실조사를 요청할 수 있다.
1. 안전진단전문기관의 경우: 시·도지사
2. 유지관리업자의 경우: 국토교통부장관 또는 시·도지사
3. 한국시설안전공단의 경우: 국토교통부장관
④ 국토교통부장관 또는 시·도지사는 제3항에 따른 요청을 받으면 필요한 사실조사를 하고 그 결과를 관리주체에게 통보하여야 한다.
⑤ 국토교통부장관 또는 시·도지사는 제4항에 따른 조사의 결과 도급을 받은 자가 제1항을 위반하여 하도급을 한 사실을 확인한 경우에는 제31조에 따른 처분 또는 처분의 요청 등 필요한 조치를 하여야 한다.
⑥ 국토교통부장관 또는 시·도지사는 제4항에 따른 사실조사를 위하여 필요한 경우에는 안전진단전문기관, 유지관리업자 또는 한국시설안전공단과 그 밖의 관계인에게 필요한 자료의 제출을 요구할 수 있으며, 소속 공무원으로 하여금 그 사무실이나 사업장에 출입하여 장부·서류나 그 밖의 자료 또는 물건을 조사하게 할 수 있다.

제28조(안전진단전문기관의 등록 등) ① 시설물의 안전점검등 또는 성능평가를 대행하려는 자는 기술인력 및 장비 등 대통령령으로 정하는 분야별 등록기준을 갖추어 시·도지사에게 안전진단전문기관으로 등록을 하여야 한다.
② 시·도지사는 제1항에 따라 안전진단전문기관으로 등록을 한 때에는 등록증을 발급하여야 한다.
③ 안전진단전문기관은 대통령령으로 정하는 등록사항이 변경된 때에는 그 날부터 30일 이내에 시·도지사에게 신고하여야 한다.
④ 안전진단전문기관은 제2항에 따라 받은 등록증을 잃어버리거나 못쓰게 된 때에는 다시 등록증을 교부받을 수 있다.
⑤ 안전진단전문기관은 계속하여 1년 이상 휴업하거나 재개업 또는 폐업하려는 경우에는 시·도지사에게 신고하여야 한다.
⑥ 시·도지사는 제5항에 따라 폐업신고를 받은 때에는 그 등록을 말소하여야 한다.
⑦ 시·도지사는 제1항·제3항 및 제5항에

따라 안전진단전문기관의 등록을 하거나 안전진단전문기관으로부터 등록사항의 변경신고, 휴업, 재개업 또는 폐업신고를 받은 때에는 그 사실을 국토교통부장관에게 통보하여야 한다.

⑧ 제1항부터 제4항까지에 따른 안전진단전문기관의 등록 및 등록증의 발급, 등록사항의 변경신고, 등록증의 교부, 제5항에 따른 신고의 방법 및 절차 등에 필요한 사항은 국토교통부령으로 정한다.

제29조(결격사유) 다음 각 호의 어느 하나에 해당하는 자는 안전진단전문기관으로 등록할 수 없다.

1. 피성년후견인 또는 피한정후견인
2. 파산선고를 받고 복권되지 아니한 자
3. 제31조에 따라 등록이 취소된 날부터 2년이 지나지 아니한 자. 다만, 같은 조 제1항제10호에 해당하여 취소된 경우는 제외한다.
4. 이 법을 위반하여 징역 이상의 실형을 선고받고 그 형의 집행이 끝나거나(집행이 끝난 것으로 보는 경우를 포함한다) 집행을 받지 아니하기로 확정된 날부터 2년이 지나지 아니한 자
5. 이 법을 위반하여 징역형의 집행유예를 선고받고 그 유예기간 중에 있는 자
6. 임원 중에 제1호부터 제5호까지의 어느 하나에 해당하는 자가 있는 법인

제30조(명의대여의 금지 등) 안전진단전문기관은 타인에게 자기의 명칭이나 상호(商號)를 사용하여 안전점검등 또는 성능평가의 업무를 하게 하거나 안전진단전문기관 등록증을 대여(貸與)하여서는 아니 된다.

제31조(등록의 취소 등) ① 시·도지사는 안전진단전문기관이 다음 각 호의 어느 하나에 해당하면 그 등록을 취소하거나 1년 이내의 기간을 정하여 영업정지를 명할 수 있다. 다만, 제1호부터 제3호까지, 제10호, 제11호 또는 제17호의 어느 하나에 해당하는 경우에는 그 등록을 취소하여야 한다.

1. 거짓이나 그 밖의 부정한 방법으로 등록한 경우
2. 최근 2년 이내에 두 번의 영업정지처분을 받고 다시 영업정지처분에 해당하는 행위를 한 경우
3. 영업정지처분을 받고 그 영업정지기간 중 안전점검등 또는 성능평가의 대행계약을 새로 체결한 경우
4. 최근 3년(기간 계산 시 제28조제5항에 따라 신고한 휴업기간은 제외한다) 이상의 기간 동안 정당한 사유 없이 안전점검등 또는 성능평가의 대행실적이 없는 경우
5. 국토교통부장관이 제18조에 따라 안전진단전문기관의 정밀안전점검과 정밀안전진단 실시결과를 평가한 결과 고의 또는 과실로 안전상태를 사실과 다르게 진단하는 등 업무를 부실하게 수행한 것으로 평가한 경우
6. 제20조제1항을 위반하여 안전점검등의 업무를 성실하게 수행하지 아니함으로써 시설물의 손괴(損壞)나 구조상의 중대한 결함을 발생시킨 경우
7. 제20조제2항에 따른 안전점검등의 실시범위를 위반한 경우
8. 제27조를 위반하여 안전점검등을 하도급한 경우
9. 제28조제1항에 따른 등록기준에 못 미치게 된 경우. 다만, 일시적으로 등록기준에 못 미치는 등 대통령령으로 정하는 경우에는 그러하지 아니하다.
10. 제29조 각 호의 어느 하나에 해당하는 경우. 다만, 제29조제6호에 해당하는 법인이 6개월 이내에 그 임원을 바꾸어 임명한 경우에는 그러하지 아니하다.
11. 제30조를 위반하여 타인에게 자기의 명칭 또는 상호를 사용하게 하거나 그 안전진단전문기관 등록증을 대여한 경우
12. 최근 2년간 제35조에 따른 시정명령을 두 차례 받고 새로 시정명령에 해당하는 사유가 발생한 경우
13. 제42조제1항을 위반하여 성능평가 업무를 성실하게 수행하지 아니함으로써 시설물의 손괴(損壞)나 구조상의 중대한 결함을 발생시킨 경우
14. 제11조에 따른 안전점검, 제12조에 따른 정밀안전진단, 제13조에 따른 긴급안전점검 또는 제40조에 따른 성능평가를 수행할 자격이 있는 자(이하 이 조에서" 기술자"라 한다)가 아닌 자에게 안전점검등 또는 성능평가 업무를 수행하게 한 경우
15. 소속 임직원인 기술자가 수행하여야 할 안전점검등 또는 성능평가 업무를 소속

임직원이 아닌 기술자에게 수행하게 한 경우
16. 다른 행정기관으로부터 법령에 따라 영업정지 등의 요청이 있는 경우
17. 국토교통부장관, 주무부처의 장 또는 지방자치단체의 장이 폐업사실을 확인한 때

② 국토교통부장관 또는 시·도지사는 유지관리업자가 다음 각 호의 어느 하나에 해당하는 경우에는 「건설산업기본법」 제83조제11호에 따라 영업정지 또는 등록말소를 요청할 수 있다.
1. 영업정지처분을 받고 그 영업정지기간 중에 안전점검, 긴급안전점검 또는 유지관리의 대행계약을 새로 체결한 경우
2. 국토교통부장관이 제18조에 따라 정밀안전점검의 실시결과를 평가한 결과 고의 또는 과실로 안전상태를 사실과 다르게 진단하는 등 업무를 부실하게 수행한 것으로 평가한 경우
3. 제20조제1항을 위반하여 안전점검 또는 긴급안전점검 업무를 성실하게 수행하지 아니함으로써 시설물의 손괴(損壞)나 구조상의 중대한 결함을 발생시킨 경우
4. 제20조제2항에 따른 안전점검 또는 긴급안전점검의 실시범위를 위반한 경우
5. 제27조를 위반하여 안전점검 또는 긴급안전점검을 하도급한 경우
6. 최근 2년간 제35조에 따른 시정명령을 두 차례 받고 새로 시정명령에 해당하는 사유가 발생한 경우
7. 제42조제1항을 위반하여 유지관리 업무를 성실하게 수행하지 아니함으로써 시설물에 중대한 손괴를 발생시킨 경우
8. 기술자가 아닌 자에게 안전점검 또는 긴급안전점검 업무를 수행하게 한 경우
9. 소속 임직원인 기술자가 수행하여야 할 안전점검 또는 긴급안전점검 업무를 소속 임직원이 아닌 기술자에게 수행하게 한 경우

③ 제2항에 따른 영업정지 또는 등록말소의 요청을 받은 관계 행정기관의 장은 그 조치결과를 국토교통부장관 또는 해당 시·도지사에게 통보하여야 한다.

④ 제1항에 따른 행정처분의 세부적인 기준은 그 처분의 사유와 위반의 정도 등을 고려하여 대통령령으로 정한다.

제32조(청문) 시·도지사는 제31조에 따라 안전진단전문기관의 등록을 취소하거나 영업정지를 하려는 경우에는 청문을 하여야 한다.

제33조(행정처분 후의 업무수행) ① 제31조에 따라 등록의 취소 또는 영업정지처분을 받은 안전진단전문기관 또는 같은 조 제2항의 요청에 의하여 등록말소 또는 영업정지처분을 받은 유지관리업자는 그 처분 전에 체결한 안전점검등 또는 성능평가의 대행계약에 한정하여 해당 업무를 계속할 수 있다. 이 경우 안전진단전문기관이나 유지관리업자는 그 처분받은 내용을 지체 없이 안전점검등 또는 성능평가의 대행계약을 체결한 관리주체에게 문서로 알려야 한다.

② 관리주체는 제1항에 따른 통지를 받거나 그 사실을 안 때에는 그 날부터 30일 이내에 해당 계약을 해지할 수 있다.

③ 제1항에 따라 업무를 계속하는 자는 그 업무를 끝낼 때까지 그 업무에 관하여는 안전진단전문기관 또는 유지관리업자로 본다.

제34조(보고·조사) ① 국토교통부장관 또는 시·도지사는 안전진단전문기관이나 유지관리업자의 안전점검등의 실시현황 등 그 업무에 관한 사항을 파악하기 위하여 필요하면 안전진단전문기관이나 유지관리업자에게 필요한 보고를 하도록 명하거나 관련 자료를 제출하게 할 수 있으며, 소속 공무원으로 하여금 관련 서류 등을 조사하게 할 수 있다.

② 제1항에 따른 조사를 하는 경우에는 조사 7일 전까지 조사의 일시·이유 및 내용 등에 대한 조사계획을 조사 대상자에게 알려야 한다. 다만, 긴급히 처리할 필요가 있거나 사전에 알릴 경우 증거인멸 등으로 조사의 목적을 달성할 수 없다고 인정하는 경우에는 그러하지 아니하다.

③ 제1항에 따른 조사를 하는 공무원은 그 권한을 표시하는 증표를 지니고 이를 관계인에게 내보여야 한다.

제35조(시정명령) 국토교통부장관 또는 시·도지사는 안전진단전문기관이나 유지관리업자가 제20조제1항 및 제42조제1항을 위반하여 안전점검등, 유지관리 또는 성능평가 업무를 성실하게 수행하지 아니하여 공중에 대한 위험이 발생될 우려가 있는 경우에는

기간을 정하여 그 시정을 명할 수 있다.

제36조(안전점검등 및 성능평가 실적의 관리 등) ① 안전진단전문기관 및 유지관리업자는 안전점검등 또는 성능평가를 대행한 경우 관리주체 등에게 그 실시결과에 대한 확인을 받은 후 그 대행실적을 다음 각 호에 해당하는 관계 행정기관의 장을 거쳐 국토교통부장관에게 제출하여야 한다.

1. 관리주체가 중앙행정기관의 소속 기관이거나 감독을 받는 공공관리주체인 경우에는 소속 중앙행정기관의 장
2. 제1호 외의 공공관리주체는 시 · 도지사
3. 민간관리주체는 관할 시장 · 군수 · 구청장 및 시 · 도지사

② 시 · 도지사는 매년 안전진단전문기관에 대한 영업정지 등 행정처분 현황을 국토교통부장관에게 보고하여야 한다.

③ 국토교통부장관은 제1항에 따라 제출받은 안전점검등 및 성능평가의 대행실적을 관리하여야 하며, 안전진단전문기관이나 유지관리업자가 신청을 하는 경우에는 안전점검등 및 성능평가 실적확인서를 발급할 수 있다.

④ 국토교통부장관은 관리주체가 적절한 안전점검등 및 성능평가 대행자를 선정할 수 있도록 하기 위하여 안전진단전문기관 및 유지관리업자의 현황과 제1항에 따른 대행실적을 공개할 수 있다.

⑤ 제1항부터 제4항까지에 따른 대행실적의 제출, 행정처분 현황의 보고, 실적확인서의 발급, 대행실적 등의 공개 범위 · 방법 및 절차 등에 필요한 사항은 국토교통부령으로 정한다.

제37조(안전점검등 비용의 산정기준) 국토교통부장관은 안전점검등의 대행에 필요한 비용의 산정기준을 정하여 고시하여야 한다.

제38조(안전진단전문기관의 영업 양도 등) ① 안전진단전문기관이 영업의 양도나 합병을 하려는 경우에는 국토교통부령으로 정하는 바에 따라 시 · 도지사에게 신고하여야 한다.

② 영업의 양수인이나 합병으로 설립 또는 존속하는 법인은 제1항에 따른 신고를 함으로써 안전진단전문기관으로서의 지위를 승계한다.

③ 제2항에 따라 종전의 안전진단전문기관의 지위를 승계한 자는 국토교통부령으로 정하는 바에 따라 제36조제1항에 따른 종전의 안전진단전문기관의 실적을 승계한다.

④ 안전진단전문기관의 영업을 상속받는 경우에 대하여는 제1항부터 제3항까지의 규정을 준용한다.

제5장 시설물의 유지관리

제39조(시설물의 유지관리) ① 관리주체는 시설물의 기능을 보전하고 편의와 안전을 높이기 위하여 소관 시설물을 유지관리하여야 한다. 다만, 대통령령으로 정하는 시설물로서 다른 법령에 따라 유지관리하는 경우에는 그러하지 아니하다.

② 관리주체는 유지관리업자 또는 그 시설물을 시공한 자[하자담보책임기간(동일한 시설물의 각 부분별 하자담보책임기간이 다른 경우에는 가장 긴 하자담보책임기간을 말한다) 내인 경우에 한정한다]로 하여금 시설물의 유지관리를 대행하게 할 수 있다.

③ 시설물의 유지관리에 드는 비용은 관리주체가 부담한다.

제40조(시설물의 성능평가) ① 도로, 철도, 항만, 댐 등 대통령령으로 정하는 시설물의 관리주체는 시설물의 성능을 유지하기 위하여 시설물에 대한 성능평가를 실시하여야 한다.

② 제1항에 따른 관리주체는 성능평가를 한국시설안전공단과 안전진단전문기관에게 대행하게 할 수 있다.

③ 성능평가를 실시한 자는 대통령령으로 정하는 바에 따라 그 결과보고서를 작성하고, 이를 관리주체에게 통보하여야 한다.

④ 관리주체는 제3항에 따른 성능평가 결과보고서를 국토교통부장관에게 제출하여야 한다. 이 경우 제출 절차에 관하여는 제6조제4항부터 제7항까지를 준용한다.

⑤ 제3항에 따른 결과보고서의 작성에 관하여는 제17조제2항 및 제3항을 준용한다. 이 경우 "안전점검 및 정밀안전진단"은 "성능평가"로 본다.

⑥ 성능평가를 실시한 자는 실시결과에 따라 대통령령으로 정하는 기준에 적합하게 해당 시설물의 성능등급을 지정하여야 한다.

⑦ 제1항에 따른 성능평가의 실시시기, 실시자의 자격, 성능평가의 방법 · 절차 등에 필요한 사항은 대통령령으로 정한다.

제41조(유지관리의 결과보고 등) ① 관리주체는 제39조에 따라 대통령령으로 정하는 유지관리를 시행한 경우에는 대통령령으로 정하는 바에 따라 그 결과보고서를 작성하고 이를 국토교통부장관에게 제출하여야 한다. 이 경우 제출 절차에 관하여는 제6조제4항부터 제7항까지를 준용한다.
② 제1항에 따른 결과보고서의 작성에 관하여는 제17조제2항 및 제3항을 준용한다. 이 경우 "안전점검 및 정밀안전진단"은 "유지관리"로 본다.

제42조(시설물을 유지관리 또는 성능평가를 하는 자의 의무 등) ① 시설물의 유지관리 또는 성능평가를 하는 자는 제43조에 따른 유지관리·성능평가지침에서 정하는 유지관리 또는 성능평가의 실시 방법 및 절차 등에 따라 성실하게 그 업무를 수행하여야 한다.
② 관리주체는 소관 시설물을 과학적으로 유지관리하도록 노력하여야 한다.

제43조(유지관리·성능평가지침) ① 국토교통부장관은 대통령령으로 정하는 바에 따라 유지관리 및 성능평가의 실시 방법·절차 등에 관한 유지관리·성능평가지침을 작성하여 관보에 고시하여야 한다.
② 국토교통부장관이 제1항에 따른 지침을 작성하는 경우에는 미리 관계 행정기관의 장과 협의하여야 하며, 이 경우 필요하다고 인정되면 관계 중앙행정기관의 장 및 지방자치단체의 장에게 관련 자료를 제출하도록 요구할 수 있다.

제44조(성능평가 비용의 산정기준) 국토교통부장관은 성능평가의 대행에 필요한 비용의 산정기준을 정하여 고시하여야 한다.

제6장 한국시설안전공단

제45조(한국시설안전공단의 설립) ① 시설물의 안전 및 유지관리, 그와 관련된 기술의 연구·개발·보급 등의 업무를 담당하게 하기 위하여 한국시설안전공단을 설립한다.
② 한국시설안전공단은 법인으로 한다.
③ 한국시설안전공단은 그 주된 사무소의 소재지에서 설립등기를 함으로써 성립한다.
④ 한국시설안전공단은 정관으로 정하는 바에 따라 필요한 곳에 분사무소를 둘 수 있다.

제46조(정관) ① 한국시설안전공단의 정관(定款)에는 「공공기관의 운영에 관한 법률」 제16조제1항에 따른 사항을 기재하여야 한다.
② 한국시설안전공단은 정관을 작성하여 국토교통부장관의 인가를 받아야 한다. 인가받은 정관을 변경할 때에도 또한 같다.

제47조(임원의 결격사유) 다음 각 호의 어느 하나에 해당하는 사람은 한국시설안전공단의 임원이 될 수 없다.
1. 대한민국의 국민이 아닌 사람
2. 피성년후견인 또는 피한정후견인
3. 파산선고를 받고 복권되지 아니한 사람
4. 금고 이상의 형을 선고받고 그 집행이 끝나거나 집행을 받지 아니하기로 확정된 후 2년이 지나지 아니한 사람
5. 이 법을 위반하여 벌금 이상의 형을 선고받고 2년이 지나지 아니한 사람

제48조(재원) ① 한국시설안전공단의 설치와 운영에 드는 자금은 다음 각 호의 재원(財源)으로 충당한다.
1. 정부의 출연금(出捐金)
2. 정부 외의 자(「공공기관의 운영에 관한 법률」 제5조제3항제1호의 공기업을 포함한다)로부터의 출연금 및 기부금
3. 「건설산업기본법」에 따른 각 공제조합, 그 밖에 대통령령으로 정하는 단체의 출연금
4. 차관(借款) 및 차입금(借入金)
5. 그 밖에 대통령령으로 정하는 수익금

② 출연금의 출연과 관리 등에 필요한 사항은 대통령령으로 정한다.

제49조(사업) 한국시설안전공단은 다음 각 호의 사업을 한다.
1. 안전점검·정밀안전진단·긴급안전점검 및 성능평가
2. 시설물의 안전점검·정밀안전진단·긴급안전점검·유지관리 및 성능평가에 관한 기술의 연구·개발·지도 및 보급
3. 시설물의 과학적 유지관리체계의 개발

4. 시설물의 설계·시공·감리 및 유지관리에 대한 정보체계의 구축 및 자료의 발간·제공
5. 시설물의 안전 및 유지관리와 관련되는 자문 등의 기술용역사업
6. 시설물의 안전 및 유지관리에 관한 교육 및 홍보
7. 시설물의 안전 및 유지관리의 효율적 지원을 위한 지원센터의 운영
8. 다른 법령에 따라 한국시설안전공단이 수행할 수 있도록 규정된 사업
9. 제1호부터 제8호까지의 사업 외에 국토교통부장관이 위탁하는 시설물의 안전 및 유지관리와 관련되는 사업

제50조(국유재산의 무상대부 등) 국가는 한국시설안전공단의 운영을 위하여 필요하면 국유재산을 무상(無償)으로 대부(貸付)하거나 사용하게 할 수 있다.

제51조(손익금의 처리) ① 한국시설안전공단은 매 사업연도의 결산 결과 이익이 생긴 때에는 다음 각 호의 순으로 처리한다.
1. 이월손실금의 보전
2. 이익금의 100분의 50 이상의 이익준비금에의 적립
3. 제2호에 따른 이익준비금 외의 준비금에의 적립
4. 국고에의 납입

② 한국시설안전공단은 매 사업연도의 결산 결과 손실이 생긴 때에는 제1항제3호에 따른 적립금으로 보전하고, 그 적립금으로도 부족할 때에는 제1항제2호에 따른 이익준비금으로 보전하되, 그 미달액은 다음 사업연도로 이월한다.

제52조(지도·감독) ① 국토교통부장관은 한국시설안전공단을 지도·감독하기 위하여 필요하다고 인정하면 그 업무·회계 및 재산에 관한 사항 중 대통령령으로 정하는 업무에 대하여 보고하게 하거나 소속 공무원으로 하여금 한국시설안전공단의 장부·서류·시설, 그 밖의 물건을 검사하게 할 수 있다.

② 국토교통부장관은 제1항에 따른 검사 결과 위법 또는 부당한 행위가 있음을 발견한 경우에는 한국시설안전공단에 그 시정을 명할 수 있다.

제53조(유사명칭의 사용금지) 한국시설안전공단이 아닌 자는 한국시설안전공단이나 이와 유사한 명칭을 사용하지 못한다.

제54조(「민법」의 준용) 한국시설안전공단에 관하여 이 법과 「공공기관의 운영에 관한 법률」에 규정한 것 외에는 「민법」 중 재단법인에 관한 규정을 준용한다.

제7장 보칙

제55조(시설물통합정보관리체계의 구축·운영 등) ① 국토교통부장관은 시설물의 안전 및 유지관리에 관한 정보를 체계적으로 관리하기 위하여 다음 각 호의 사항이 포함된 시설물통합정보관리체계를 구축·운영하여야 한다.
1. 제5조 및 제6조에 따른 기본계획과 시설물관리계획
2. 제9조에 따른 설계도서 및 시설물관리대장 등 관련 서류
3. 제9조제7항에 따른 시설물의 준공 또는 사용승인 통보 내용
4. 제17조에 따른 안전점검 및 정밀안전진단 결과보고서
5. 제18조에 따른 정밀안전점검 또는 정밀안전진단 실시결과에 대한 평가
6. 제23조에 따른 사용제한 등 긴급안전조치에 관한 사항
7. 제24조에 따른 시설물의 보수·보강 등에 관한 사항
8. 제28조, 제31조제1항 및 제67조에 따른 안전진단전문기관의 등록, 등록사항의 변경신고, 휴업·재개업 또는 폐업 신고, 등록취소, 영업정지 또는 과태료 등에 관한 사항
9. 제31조제2항, 제35조 및 제67조에 따른 유지관리업자의 영업정지, 등록말소, 시정명령 또는 과태료 등에 관한 사항
10. 제36조에 따른 안전점검등 및 성능평가의 실적
11. 제40조에 따른 성능평가 결과보고서
12. 제41조에 따른 유지관리 결과보고서
13. 그 밖에 시설물의 안전 및 유지관리에 관한 사항으로서 국토교통부령으로 정하는 사항

② 제1항에 따른 시설물통합정보관리체계의 구축·운영에 필요한 사항은 대통령령으로 정한다.
③ 관리주체는 소관 시설물의 안전 및 유지관리에 관한 정보를 체계적으로 관리하기 위하여 정보화시스템을 구축·운영할 수 있다. 이 경우 제1항에 따른 시설물통합정보관리체계와 연계하여 운영할 수 있다.

제56조(비용의 부담) 안전점검등과 성능평가에 드는 비용은 관리주체가 부담한다. 다만, 하자담보책임기간 내에 시공자가 책임져야 할 사유로 정밀안전진단을 실시하여야 하는 경우 그에 드는 비용은 시공자가 부담한다.

제57조(시설물의 안전 및 유지관리 예산의 확보) 공공관리주체는 대통령령으로 정하는 바에 따라 매년 소관 시설물의 안전 및 유지관리에 필요한 예산을 확보하여야 한다.

제58조(사고조사 등) ① 관리주체는 소관 시설물에 사고가 발생한 경우에는 지체 없이 응급 안전조치를 하여야 하며, 대통령령으로 정하는 규모 이상의 사고가 발생한 경우에는 공공관리주체는 주무부처의 장 또는 관할 시·도지사 및 시장·군수·구청장에게, 민간관리주체는 관할 시장·군수·구청장에게 사고 발생 사실을 알려야 한다.
② 제1항에 따라 사고 발생 사실을 통보받은 주무부처의 장, 관할 시·도지사 또는 시장·군수·구청장은 사고 발생 사실을 국토교통부장관에게 알려야 한다.
③ 국토교통부장관, 중앙행정기관의 장 또는 지방자치단체의 장은 제1항 및 제2항에 따라 사고 발생 사실을 통보받은 경우 그 사고 원인 등에 대한 조사를 할 수 있다.
④ 국토교통부장관은 대통령령으로 정하는 규모 이상의 피해가 발생한 시설물의 사고조사 등을 위하여 필요하다고 인정되는 때에는 중앙시설물사고조사위원회를 구성·운영할 수 있다.
⑤ 중앙행정기관의 장이나 지방자치단체의 장은 해당 기관이 지도·감독하는 관리주체의 시설물에 대한 붕괴·파손 등의 사고조사 등을 위하여 필요하다고 인정되는 때에는 시설물사고조사위원회를 구성·운영할 수 있다.
⑥ 관리주체는 제3항 및 제4항에 따른 중앙시설물사고조사위원회 및 시설물사고조사위원회의 사고조사에 필요한 현장보존, 자료제출, 관련 장비의 제공 및 관련자 의견청취 등에 적극 협조하여야 한다.
⑦ 중앙행정기관의 장이나 지방자치단체의 장은 제4항에 따라 사고조사를 실시한 경우 그 결과를 지체 없이 국토교통부장관에게 통보하여야 한다.
⑧ 국토교통부장관, 중앙행정기관의 장 또는 지방자치단체의 장은 제3항에 따른 중앙시설물사고조사위원회 또는 제4항에 따른 시설물 사고조사위원회의 사고조사 결과를 공표하여야 한다.
⑨ 제4항 및 제5항에 따른 중앙시설물사고조사위원회 및 시설물사고조사위원회의 구성과 운영, 제7항에 따른 사고조사의 통보내용 및 제8항에 따른 결과공표 등에 필요한 사항은 대통령령으로 정한다.

제59조(실태점검) ① 국토교통부장관, 주무부처의 장 또는 지방자치단체의 장은 시설물의 안전 및 유지관리 실태를 점검할 수 있다.
② 시장·군수·구청장은 민간관리주체 소관 시설물에 대하여 시설물관리계획의 이행 여부 확인 등 안전 및 유지관리 실태를 연 1회 이상 점검하여야 한다.
③ 국토교통부장관, 주무부처의 장 또는 지방자치단체의 장은 제1항에 따른 실태점검 결과 필요한 사항을 관계 행정기관의 장, 관리주체 또는 그 밖의 관계인에게 권고하거나 시정하도록 요청할 수 있다. 이 경우 요청을 받은 자는 특별한 사유가 없으면 이에 따라야 한다.
④ 국토교통부장관, 주무부처의 장 또는 지방자치단체의 장은 제1항에 따른 실태점검을 실시하기 위하여 필요한 경우 관계 행정기관의 장, 관리주체 또는 그 밖의 관계인에게 관련 자료를 제출할 것을 요구할 수 있다. 이 경우 요구를 받은 자는 특별한 사유가 없으면 이에 따라야 한다.
⑤ 국토교통부장관, 주무부처의 장 또는 지방자치단체의 장은 제1항에 따른 실태점검의 효율성을 높이기 위하여 필요한 경우 관계 기관 및 전문가와 합동하여 현장조사를 실시할 수 있다.
⑥ 국토교통부장관, 주무부처의 장 또는 지방자치단체의 장은 필요한 경우 실태점검

결과를 공표할 수 있다.
⑦ 제1항에 따라 국토교통부장관, 주무부처의 장 또는 지방자치단체의 장이 실태점검할 수 있는 구체적인 시설물의 범위 등 실태점검의 실시와 제6항에 따른 결과공표 등에 필요한 사항은 대통령령으로 정한다.

제60조(권한의 위임·위탁) ① 이 법에 따른 국토교통부장관의 권한은 그 일부를 대통령령으로 정하는 바에 따라 시·도지사 또는 소속기관의 장에게 위임할 수 있다.
② 이 법에 따른 국토교통부장관의 권한 중 다음 각 호의 권한은 대통령령으로 정하는 바에 따라 한국시설안전공단 또는 대통령령으로 정하는 위탁업무를 수행하는 데에 필요한 인력과 장비를 갖춘 기관에 위탁할 수 있다.
1. 제12조제4항에 따른 시설물의 내진성능평가 결과검토 및 내진 보강의 권고
2. 제18조제1항 및 제2항에 따른 정밀안전점검 및 정밀안전진단 실시결과의 평가와 그 평가에 필요한 관련 자료의 제출요구
3. 제19조제1항·제2항·제4항에 따른 안전점검 등의 실시, 그 결과와 안전조치에 필요한 사항의 통보 및 안전 및 유지관리에 관한 교육
4. 제36조제3항에 따른 실적관리 및 실적확인서의 발급
5. 제55조에 따른 시설물통합정보관리체계의 구축·운영

③ 제2항제2호에 따른 정밀안전점검 또는 정밀안전진단 실시결과의 평가에 관한 권한을 위탁받은 기관은 평가의 공정성과 전문성을 확보하기 위하여 대통령령으로 정하는 바에 따라 정밀안전점검·정밀안전진단평가위원회를 설치하고 그 심의를 거쳐야 한다.
④ 제2항제4호에 따른 실적확인서의 발급에 관한 권한을 위탁받은 기관은 제36조제3항에 따른 실적확인서를 발급할 때에는 그 신청인으로부터 실비(實費)의 범위에서 수수료를 받을 수 있다.

제61조(비밀 유지의 의무) 안전점검·정밀안전진단·긴급안전점검·유지관리 및 성능평가 업무를 수행하는 자는 업무상 알게 된 비밀을 누설하거나 도용하여서는 아니 된다. 다만, 시설물의 안전과 유지관리를 위하여 국토교통부장관이 필요하다고 인정할 때에는 그러하지 아니하다.

제62조(벌칙 적용에서 공무원 의제) 다음 각 호의 어느 하나에 해당하는 사람은 「형법」 제129조부터 제132조까지의 규정에 따른 벌칙을 적용할 때에는 공무원으로 본다.
1. 한국시설안전공단의 임직원, 안전점검·정밀안전진단·긴급안전점검·유지관리 및 성능평가 업무를 하는 사람
2. 제58조제4항에 따른 중앙시설물사고조사위원회, 제58조제5항에 따른 시설물사고조사위원회 및 제60조제3항에 따른 정밀안전점검·정밀안전진단평가위원회 위원 중 공무원이 아닌 위원

제8장 벌칙

제63조(벌칙) ① 다음 각 호의 어느 하나에 해당하는 자는 1년 이상 10년 이하의 징역에 처한다.
1. 제11조제1항에 따른 안전점검, 제12조제1항 및 제2항에 따른 정밀안전진단 또는 제13조제1항에 따른 긴급안전점검을 실시하지 아니하거나 성실하게 실시하지 아니함으로써 시설물에 중대한 손괴를 야기하여 공공의 위험을 발생하게 한 자
2. 제13조제2항 또는 제6항을 위반하여 정당한 사유 없이 긴급안전점검을 실시하지 아니하거나 필요한 조치명령을 이행하지 아니함으로써 시설물에 중대한 손괴를 야기하여 공공의 위험을 발생하게 한 자
3. 제20조제1항을 위반하여 안전점검등의 업무를 성실하게 수행하지 아니함으로써 시설물에 중대한 손괴를 야기하여 공공의 위험을 발생하게 한 자
4. 제23조제1항 또는 제2항을 위반하여 안전조치를 하지 아니하거나 안전조치명령을 이행하지 아니함으로써 시설물에 중대한 손괴를 야기하여 공공의 위험을 발생하게 한 자
5. 제24조제1항 또는 제2항을 위반하여 보수·보강 등 필요한 조치를 하지 아니하거나 필요한 조치의 이행 및 시정 명령을 이행하지 아니함으로써 시설물에 중대한 손괴를 야기하여 공공의 위험을 발생하게

한 자

6. 제42조제1항을 위반하여 유지관리 또는 성능평가를 성실하게 수행하지 아니함으로써 시설물에 중대한 손괴를 야기하여 공공의 위험을 발생하게 한 자

② 제1항 각 호의 죄를 범하여 사람을 사상(死傷)에 이르게 한 자는 무기 또는 5년 이상의 징역에 처한다.

제64조(벌칙) ① 업무상 과실로 제63조제1항 각 호의 죄를 범한 자는 5년 이하의 징역이나 금고 또는 5천만원 이하의 벌금에 처한다.

② 업무상 과실로 제63조제2항의 죄를 범한 자는 10년 이하의 징역이나 금고 또는 1억원 이하의 벌금에 처한다.

제65조(벌칙) ① 다음 각 호의 어느 하나에 해당하는 자는 2년 이하의 징역 또는 2천만원 이하의 벌금에 처한다.

1. 제9조제5항에 따른 서류를 보존하지 아니한 자
2. 제17조제2항제1호(제40조제5항 및 제41조제2항에서 준용하는 경우를 포함한다)를 위반하여 다른 안전점검 및 정밀안전진단 결과보고서의 내용을 복제하여 안전점검 및 정밀안전진단 결과보고서를 작성한 자
3. 제17조제2항제2호(제40조제5항 및 제41조제2항에서 준용하는 경우를 포함한다)를 위반하여 안전점검 및 정밀안전진단 결과보고서와 그 작성의 기초가 되는 자료를 거짓으로 작성한 자
4. 제23조제1항 또는 제2항을 위반하여 안전조치를 하지 아니하거나 안전조치명령을 이행하지 아니한 자
5. 제24조제1항 또는 제2항을 위반하여 보수·보강 등 필요한 조치를 하지 아니하거나 필요한 조치의 이행 및 시정 명령을 이행하지 아니한 자(제6조제1항 단서에 해당하는 시설물의 관리주체는 제외한다)
6. 제27조제1항을 위반하여 하도급을 한 자
7. 제28조제1항에 따른 안전진단전문기관으로 등록하지 아니하고 안전점검등 또는 성능평가 업무를 수행한 자
8. 속임수나 그 밖의 부정한 방법으로 제28조제1항에 따른 안전진단전문기관으로 등록한 자
9. 제30조를 위반하여 명의대여 등을 한 자와 명의대여 등을 받은 자
10. 제31조에 따른 영업정지처분을 받고 그 영업정지기간 중에 새로 안전점검등 또는 성능평가를 실시한 자
11. 제61조를 위반하여 업무상 알게 된 비밀을 누설하거나 도용한 자

② 다음 각 호의 어느 하나에 해당하는 자는 1년 이하의 징역 또는 1천만원 이하의 벌금에 처한다.

1. 제13조제2항에 따른 긴급안전점검을 거부·방해 또는 기피한 자
2. 제27조제6항을 위반하여 자료 제출을 하지 아니하거나 거짓으로 자료를 제출한 자 또는 정당한 사유 없이 조사를 거부·방해 또는 기피한 자
3. 제34조에 따른 자료 제출 또는 보고를 거부하거나 정당한 사유 없이 조사를 거부·방해 또는 기피한 자
4. 제35조에 따른 시정명령을 이행하지 아니한 자
5. 제58조에 따른 사고조사를 거부·방해 또는 기피한 자
6. 제59조제1항에 따른 실태점검을 거부·방해 또는 기피한 자
7. 제59조제4항을 위반하여 정당한 사유 없이 자료 제출을 하지 아니하거나 거짓으로 자료를 제출한 자

제66조(양벌규정) ① 법인의 대표자나 법인 또는 개인의 대리인, 사용인, 그 밖의 종업원이 그 법인 또는 개인의 업무에 관하여 제63조의 위반행위를 하면 그 행위자를 벌하는 외에 그 법인 또는 개인에게도 10억원 이하의 벌금형을 과(科)한다. 다만, 법인 또는 개인이 그 위반행위를 방지하기 위하여 해당 업무에 관하여 상당한 주의와 감독을 게을리 하지 아니한 때에는 그러하지 아니하다.

② 법인의 대표자나 법인 또는 개인의 대리인, 사용인, 그 밖의 종업원이 그 법인 또는 개인의 업무에 관하여 제64조와 제65조의 위반행위를 하면 그 행위자를 벌하는 외에 그 법인 또는 개인에게도 해당 조문의 벌금형을 과(科)한다. 다만, 법인 또는 개인이 그 위반행위를 방지하기 위하여 해당 업무에 관하여 상당한 주의와 감독을 게을리 하지 아니한 때에는 그러하지 아니하다.

제67조(과태료) ① 다음 각 호의 어느 하나에 해당하는 자에게는 2천만원 이하의 과태료를 부과한다.
1. 제12조제1항 및 제2항에 따른 정밀안전진단을 실시하지 아니한 자
2. 제13조제1항에 따른 긴급안전점검을 실시하지 아니한 자

② 다음 각 호의 어느 하나에 해당하는 자에게는 1천만원 이하의 과태료를 부과한다.
1. 제11조제1항에 따른 안전점검을 실시하지 아니한 자(제6조제1항 단서에 따라 시장·군수·구청장이 실시하여야 하는 경우는 제외한다)
2. 제12조제3항에 따라 내진성능평가를 실시하지 아니한 자
3. 제17조제2항제2호(제40조제5항 및 제41조제2항에서 준용하는 경우를 포함한다)를 위반하여 안전점검 및 정밀안전진단 결과보고서와 그 작성의 기초가 되는 자료를 부실하게 작성한 자
4. 제22조제1항 또는 제2항에 따른 통보를 하지 아니한 자
5. 제25조제1항에 따라 위험표지를 설치하지 아니하거나 긴급한 보수·보강 등이 필요한 사실을 주민에게 알리지 아니한 자
6. 제25조제3항을 위반하여 위험표지를 이전하거나 훼손한 자
7. 제40조제1항에 따른 성능평가를 실시하지 아니한 자

③ 다음 각 호의 어느 하나에 해당하는 자에게는 500만원 이하의 과태료를 부과한다.
1. 제6조제1항·제4항·제5항에 따라 시설물관리계획을 수립하지 아니하거나 시설물관리계획을 보고 또는 제출하지 아니한 자
2. 제9조제1항·제2항 또는 제4항에 따른 서류를 제출하지 아니한 자
3. 제10조제3항을 위반하여 서류의 열람 또는 그 사본의 교부 요청에 정당한 사유 없이 따르지 아니한 자
4. 제13조제7항에 따라 긴급안전점검 결과보고서를 제출하지 아니한 자
5. 제17조제1항 또는 제4항에 따라 안전점검 또는 정밀안전진단 결과보고서를 통보하지 아니하거나 제출하지 아니한 자
6. 제17조제2항제3호(제40조제5항 및 제41조제2항에서 준용하는 경우를 포함한다)를 위반하여 안전점검 및 정밀안전진단 결과보고서와 그 작성의 기초가 되는 자료를 보존하지 아니한 자
7. 제18조제2항에 따른 정밀안전점검 또는 정밀안전진단 실시결과에 대한 평가에 필요한 관련 자료를 정당한 사유 없이 제출하지 아니한 자
8. 제23조제3항을 위반하여 사용제한 등을 하는 사실을 통보하지 아니한 자
9. 제24조제3항을 위반하여 보수·보강 등의 조치결과를 통보하지 아니한 자
10. 제27조제2항을 위반하여 하도급한 사실을 통보하지 아니한 자
11. 제28조제3항에 따른 변경신고를 하지 아니한 자
12. 제28조제5항에 따른 휴업·재개업 또는 폐업 신고를 하지 아니한 자
13. 제33조제1항 후단을 위반하여 등록의 취소 또는 영업정지처분을 받은 사실을 안전점검등 또는 성능평가의 대행계약을 체결한 관리주체에게 알리지 아니한 자
14. 제36조제1항을 위반하여 안전점검등 또는 성능평가의 대행실적을 제출하지 아니하거나 거짓으로 제출한 자
15. 제38조에 따른 영업의 양도나 합병 또는 상속의 신고를 하지 아니한 자
16. 제40조제4항에 따른 성능평가 결과보고서를 제출하지 아니한 자
17. 제41조제1항에 따라 유지관리 결과보고서를 제출하지 아니한 자
18. 제53조를 위반하여 한국시설안전공단이나 이와 유사한 명칭을 사용한 자
19. 제59조제3항을 위반하여 정당한 사유 없이 시정 요청에 따르지 아니한 자

④ 제1항부터 제3항까지에 따른 과태료는 대통령령으로 정하는 바에 따라 국토교통부장관, 시·도지사 또는 시장·군수·구청장이 부과·징수한다.

부칙

<제14545호, 2017.1.17.>

제1조(시행일) 이 법은 공포 후 1년이 경과한 날부터 시행한다.

제2조(시설물의 안전과 유지관리에 관한 기본계획에 관한 경과조치) 이 법 시행 당시 종전의 규정에 따라 수립된 시설물의 안전과

유지관리에 관한 기본계획은 제5조제1항의 개정규정에 따른 기본계획으로 본다.

제3조(시설물의 안전 및 유지관리계획에 관한 경과조치) 이 법 시행 당시 종전의 규정에 따라 수립된 시설물에 대한 안전 및 유지관리계획은 제6조제1항의 개정규정에 따른 시설물관리계획으로 본다.

제4조(안전점검등의 실시에 관한 경과조치) 이 법 시행 당시 종전의 규정에 따라 실시한 정기점검 및 정밀점검은 제11조의 개정규정에 따른 정기안전점검 및 정밀안전점검을, 정밀안전진단은 제12조의 개정규정에 따른 정밀안전진단을, 긴급점검은 제13조의 개정규정에 따른 긴급안전점검을 실시한 것으로 본다.

제5조(내진성능평가에 관한 경과조치) 이 법 시행 당시 종전의 규정에 따라 실시한 내진성능평가는 제12조제3항의 개정규정에 따른 내진성능평가를 실시한 것으로 본다.

제6조(시설물의 안전등급에 관한 경과조치) 이 법 시행 당시 종전의 규정에 따라 지정된 시설물의 안전등급은 제16조제1항의 개정규정에 따른 안전등급이 지정된 것으로 본다.

제7조(안전진단전문기관의 등록에 관한 경과조치) 이 법 시행 당시 종전의 제9조제1항에 따라 등록을 한 안전진단전문기관은 제28조제1항의 개정규정에 따른 안전진단전문기관의 등록을 한 것으로 본다.

제8조(금치산자 등의 결격사유에 관한 경과조치) 제29조제1호의 개정규정에도 불구하고 같은 개정규정에 따른 피성년후견인 또는 피한정후견인에는 법률 제10429호 민법 일부개정법률 부칙 제2조에 따라 금치산 또는 한정치산 선고의 효력이 유지되는 사람을 포함하는 것으로 본다.

제9조(처분 등에 관한 일반적 경과조치) 이 법 시행 전에 종전의 규정에 따라 행한 처분절차나 그 밖의 행정기관의 행위와 행정기관에 대한 행위는 그에 해당하는 이 법에 따른 처분절차나 행정기관의 행위 또는 행정기관에 대한 행위로 본다.

제10조(안전진단전문기관에 대한 등록취소 또는 영업정지처분에 관한 경과조치) 이 법 시행 전의 행위에 대한 안전진단전문기관에 대한 등록취소 또는 업무정지처분은 종전의 규정에 따른다.

제11조(유지관리업자에 대한 등록말소 또는 영업정지처분 요청에 관한 경과조치) 이 법 시행 전의 행위에 대한 유지관리업자에 대한 등록말소 또는 업무정지처분 요청은 종전의 규정에 따른다.

제12조(한국시설안전공단에 대한 경과조치) 이 법 시행 전에 종전의 규정에 따라 설립된 한국시설안전공단은 제45조의 개정규정에 따라 설립된 것으로 본다.

제13조(벌칙 등에 관한 경과조치) 이 법 시행 전의 행위에 대한 벌칙 및 과태료의 적용에 있어서는 종전의 규정에 따른다.

제14조(다른 법률의 개정) ① 건설산업기본법 일부를 다음과 같이 개정한다.

제25조제4항 중 "「시설물의 안전관리에 관한 특별법」"을 "「시설물의 안전 및 유지관리에 관한 특별법」"으로 한다.

② 건축법 일부를 다음과 같이 개정한다.

제103조제1항 중 "「시설물의 안전관리에 관한 특별법」 제25조"를 "「시설물의 안전 및 유지관리에 관한 특별법」 제45조"로 한다.

③ 공동주택관리법 일부를 다음과 같이 개정한다.

제33조제1항 본문 중 "「시설물의 안전관리에 관한 특별법」 제13조제1항"을 "「시설물의 안전 및 유지관리에 관한 특별법」 제21조"로 한다.

제49조제1항 전단 중 "「시설물의 안전관리에 관한 특별법」 제25조"를 "「시설물의 안전 및 유지관리에 관한 특별법」 제45조"로 한다.

④ 국토교통과학기술 육성법 일부를 다음과 같이 개정한다.

제2조제1호 중 "「시설물의 안전관리에 관한 특별법」"을 "「시설물의 안전 및 유지관리에 관한 특별법」"으로 한다.

⑤ 급경사지 재해예방에 관한 법률 일부를 다음과 같이 개정한다.

제3조 중 "「시설물의 안전관리에 관한 특별법」 제2조제2호 및 제3호"를 "「시설물의 안전 및 유지관리에 관한 특별법」 제2조제1호"로 한다.

⑥ 도시 및 주거환경정비법 일부를 다음과

같이 개정한다.
제8조제4항제1호 중 "「시설물의 안전관리에 관한 특별법」 제14조"를 "「시설물의 안전 및 유지관리에 관한 특별법」 제23조"로 한다.
제12조제1항제6호나목 중 "「시설물의 안전관리에 관한 특별법」 제7조제2항"을 "「시설물의 안전 및 유지관리에 관한 특별법」 제12조제2항"으로 한다.
⑦ 마리나항만의 조성 및 관리 등에 관한 법률 일부를 다음과 같이 개정한다.
제24조의2제1항 단서 중 "「시설물의 안전관리에 관한 특별법」"을 "「시설물의 안전 및 유지관리에 관한 특별법」"으로 한다.
⑧ 산림보호법 일부를 다음과 같이 개정한다.
제2조제13호 단서 중 "「시설물의 안전관리에 관한 특별법」 제2조제2호 및 제3호"를 "「시설물의 안전 및 유지관리에 관한 특별법」 제2조제1호"로 한다.
⑨ 자연재해대책법 일부를 다음과 같이 개정한다.
제17조제2항제2호나목 중 "「시설물의 안전관리에 관한 특별법」"을 "「시설물의 안전 및 유지관리에 관한 특별법」"으로 한다.
⑩ 법률 제13752호 재난 및 안전관리 기본법 일부개정법률 일부를 다음과 같이 개정한다.
제76조제2항제1호 중 "「시설물의 안전관리에 관한 특별법」"을 "「시설물의 안전 및 유지관리에 관한 특별법」"으로 한다.
⑪ 저수지·댐의 안전관리 및 재해예방에 관한 법률 일부를 다음과 같이 개정한다.
제2조제7호 중 "「시설물의 안전관리에 관한 특별법」"을 "「시설물의 안전 및 유지관리에 관한 특별법」"으로 한다.
제7조제1항 중 "「시설물의 안전관리에 관한 특별법」"을 "「시설물의 안전 및 유지관리에 관한 특별법」"으로 한다.
제7조제2항 중 "「시설물의 안전관리에 관한 특별법」 제7조"를 "「시설물의 안전 및 유지관리에 관한 특별법」 제12조"로 한다.
제9조제2항 중 "「시설물의 안전관리에 관한 특별법」 제7조"를 "「시설물의 안전 및 유지관리에 관한 특별법」 제12조"로 한다.
⑫ 전통시장 및 상점가 육성을 위한 특별법 일부를 다음과 같이 개정한다.
제20조의2제2항 중 "「시설물의 안전관리에 관한 특별법」 제25조"를 "「시설물의 안전 및 유지관리에 관한 특별법」 제45조"로 한다.
⑬ 제주특별자치도 설치 및 국제자유도시 조성을 위한 특별법 일부를 다음과 같이 개정한다.
제411조제1항 중 "「시설물의 안전관리에 관한 특별법」 제9조의4제2항·제3항 및 제9조의7"을 "「시설물의 안전 및 유지관리에 관한 특별법」 제31조제2항·제3항 및 제35조"로 한다.
⑭ 법률 제13749호 지하안전관리에 관한 특별법 일부를 다음과 같이 개정한다.
제16조제2항제1호 중 "「시설물의 안전관리에 관한 특별법」 제25조"를 "「시설물의 안전 및 유지관리에 관한 특별법」 제45조"로 한다.
⑮ 항만법 일부를 다음과 같이 개정한다.
제27조제1항제2호 중 "「시설물의 안전관리에 관한 특별법」 제6조"를 "「시설물의 안전 및 유지관리에 관한 특별법」 제11조"로, "제7조"를 "제12조"로 한다.
제29조의2제1항제1호 중 "「시설물의 안전관리에 관한 특별법」에 따른 정기점검·정밀점검·긴급점검·정밀안전진단"을 "「시설물의 안전 및 유지관리에 관한 특별법」에 따른 정기안전점검·정밀안전점검·긴급안전점검·정밀안전진단"으로 한다.

제15조(다른 법령과의 관계) 이 법 시행 당시 다른 법령에서 종전의 규정을 인용하고 있는 경우에 이 법 가운데 그에 해당하는 규정이 있을 때에는 종전의 규정을 갈음하여 이 법의 해당 규정을 인용한 것으로 본다.

지진 · 화산재해대책법

[시행 2018.6.27.]
[법률 제15297호, 2017.12.26., 일부개정]

제1장 총칙

제1조(목적) 이 법은 지진 · 지진해일 및 화산활동으로 인한 재해로부터 국민의 생명과 재산 및 주요 기간시설(基幹施設)을 보호하기 위하여 지진 · 지진해일 및 화산활동의 관측 · 예방 · 대비 및 대응, 내진대책(耐震對策), 지진재해 및 화산재해를 줄이기 위한 연구 및 기술개발 등에 필요한 사항을 규정함을 목적으로 한다. <개정 2015.7.24.>

제2조(정의) 이 법에서 사용하는 용어의 정의는 다음과 같다. <개정 2015.7.24.>

1. "지진재해"는「재난 및 안전 관리기본법」 제3조제1호가목에 따른 지진 또는 지진해일로 인하여 발생하는 피해로서 지진동(地震動 : 지진으로 일어나는 지면의 진동)에 의한 직접 피해 및 화재, 폭발, 그 밖의 현상에 따라 발생되는 재해를 말한다.
2. "화산재해"는 「재난 및 안전관리 기본법」 제3조제1호가목에 따른 화산활동으로 인하여 발생하는 피해로서 화산재, 화쇄류, 화산이류, 화산가스, 용암, 화산성 지진 · 홍수 등에 의한 직접 피해 및 그로 인한 화재, 폭발, 그 밖의 현상에 따라 발생하는 재해를 말한다.
3. "지진방재"는 지진재해의 발생을 방지하고 지진재해가 발생한 경우 피해를 줄이기 위하여 조치하는 것을 말한다.
4. "화산방재"는 화산재해의 발생을 방지하고 화산재해가 발생한 경우 피해를 줄이기 위하여 조치하는 것을 말한다.
5. "지진위험도(地震危險度)"는 내진설계(耐震設計)의 기초가 되는 지진구역을 설정하기 위하여 과거의 지진기록과 지질 및 지반특성 등을 종합적으로 분석하여 산정한 지진의 위험정도를 말한다.
6. "지진가속도계측"은 지진가속도계를 이용하여 각종 구조물과 기기 등(이하 "시설물"이라 한다)을 설치하거나 관리하는 자가 시설물이 지진으로 인한 외부적인 힘에 반응하여 움직이는 특성[이하 "지진거동특성(地震擧動特性)"이라 한다]을 감지하는 행위를 말한다.
7. "내진보강"은 지진으로부터 각종 시설물이 견딜 수 있는 성능을 향상시키는 일체의 행위를 말한다.

제3조(국가와 재난관리책임기관의 책무) ① 국가와 지방자치단체는「재난 및 안전관리 기본법」 및 이 법의 목적에 따라 지진재해 및 화산재해(이하 "지진 · 화산재해"라 한다)로부터 국민의 생명과 재산, 주요 기간시설을 보호하기 위하여 지진 · 지진해일 및 화산활동의 관측 · 예방 · 대비 및 대응, 내진대책, 지진 · 화산재해를 줄이기 위한 연구 및 기술개발 등에 대한 계획을 수립하여 시행할 책무를 지며, 그 시행을 위하여 재정적 · 기술적 지원을 하여야 한다. <개정 2013.8.6., 2015.7.24.>

② 국가와 지방자치단체는 지진 · 화산재해의 예방 및 피해경감을 위한 국제적 공조, 지진 · 화산재해와 관련된 기술과 정보의 공유, 공동조사 및 연구개발 등 국제기구 및 관련 국가와의 협력을 강화하도록 노력하여야 하며, 이에 필요한 지원을 하여야 한다. <신설 2015.7.24.>

③ 「재난 및 안전관리 기본법」 제3조제5호에 따른 재난관리책임기관(이하 "재난관리책임기관"이라 한다)의 장은 지진 · 화산재해를 줄이기 위하여 다음 각 호의 업무 중 소관 사항에 대하여 필요한 조치를 취하여야 한다. <개정 2015.7.24.>

1. 지진 · 화산재해의 예방 및 대비
   가. 지진 · 화산재해 경감대책의 강구
   나. 소관 시설에 대한 비상대처계획의 수립 · 시행
   다. 지진해일로 인한 해안지역의 해안침수 예상도와 침수흔적도 등의 제작과 활용
   라. 지진방재와 화산방재에 관한 교육 · 훈련 및 홍보
2. 내진대책
   가. 국가 내진성능의 목표 및 시설물별 허용피해의 목표 설정
   나. 내진등급 분류 기준의 제정과 지진위험도를 나타내는 지도(이하 "지진위험지도"라 한다)의 제작 · 활용
   다. 내진설계기준 설정 · 운영 및 적용실태 확인
   라. 기존 시설물의 내진성능에 대한 평가 및 보강대책 수립

마. 공공시설과 저층 건물 등의 내진대책 강구
3. 지진·지진해일 및 화산활동의 관측·분석·통보·경보전파 및 대응
가. 지진·지진해일 및 화산활동 관측시설·장비의 설치와 관리
나. 지진·지진해일 및 화산활동의 관측·통보
다. 지진·화산재해 대응 및 긴급지원체계의 구축
라. 지진·지진해일 및 화산활동 대처요령 작성·활용
마. 지진·화산재해를 줄이기 위한 연구와 기술개발
바. 지진·화산재해의 원인 조사·분석 및 피해시설물의 위험도 평가
4. 그 밖에 재난관리책임기관의 장이 필요하다고 인정하는 사항

④ 특별시장·광역시장·특별자치시장·도지사·특별자치도지사(이하 "시·도지사"라 한다) 및 시장(「제주특별자치도 설치 및 국제자유도시 조성을 위한 특별법」 제11조 제1항에 따른 행정시의 시장을 포함한다. 이하 같다)·군수·구청장(자치구의 구청장을 말한다. 이하 같다)은 지진·화산재해와 지역 특성을 고려한 구체적인 대처요령을 정하여 주민과 관계 공무원 교육 및 홍보자료 등으로 적극 활용하여야 한다. <개정 2013.8.6., 2015.7.24., 2017.3.21.>

제4조(다른 법률과의 관계) 지진·화산재해의 복구 등 이 법으로 특별히 규정하지 아니한 사항은 「재난 및 안전관리 기본법」 및 「자연재해대책법」에서 정하는 바에 따른다. <개정 2015.7.24., 2017.3.21.>

제2장 지진·지진해일 및 화산활동 관측

<개정 2015.7.24.>

제5조(지진·지진해일 또는 화산활동의 관측시설 설치 등) ① 기상청장은 지진·지진해일 및 화산활동 관측망 종합계획을 수립하여 추진하여야 한다. 다만, 지진해일 관측망 종합계획에 관하여는 해양수산부장관과 공동으로 수립하여 추진하여야 한다. <개정 2013.3.23., 2015.7.24.>

② 다음 각 호의 어느 하나에 해당하는 기관(이하 "관측기관"이라 한다)의 장은 지진·지진해일 또는 화산활동의 관측시설 및 관측장비를 설치하려면 지진·지진해일 또는 화산활동 관측계획서를 작성하여야 한다. 이 경우 기상청장을 제외한 기관의 장은 기상청장과 미리 협의하여야 한다. <개정 2013.3.23., 2015.7.24.>
1. 기상청
2. 「과학기술분야 정부출연연구기관 등의 설립·운영 및 육성에 관한 법률」 제8조에 따라 설립된 한국지질자원연구원
3. 「한국원자력안전기술원법」에 따른 한국원자력안전기술원
4. 「한국전력공사법」에 따른 한국전력공사 소속의 전력 관련 연구를 수행하는 기관
5. 해양수산부 소속의 해양 관련 조사·연구를 수행하는 기관
6. 그 밖에 지진·지진해일 또는 화산활동의 관측시설 및 관측장비를 설치하여 지진·지진해일 또는 화산활동을 관측하는 기관과 단체 등으로서 대통령령으로 정하는 기관

③ 제2항의 지진·지진해일 또는 화산활동 관측계획서에는 다음 각 호의 사항이 포함되어야 한다. <개정 2015.7.24.>
1. 지진·지진해일 또는 화산활동 관측의 목적과 관측장비의 설치사유
2. 지진·지진해일 또는 화산활동 관측장비의 설치 위치 및 성능·규격
3. 지진·지진해일 또는 화산활동 관측자료의 획득 및 전송·저장방법
4. 지진·지진해일 또는 화산활동 관측결과의 활용방안 등

④ 제2항에 따라 설치하는 지진·지진해일 또는 화산활동의 관측시설 및 관측장비의 설치기준은 대통령령으로 정한다. <개정 2015.7.24.>
[제목개정 2015.7.24.]

제6조(주요 시설물의 지진가속도 계측 등) ① 지진으로 인한 피해가 우려되는 주요 시설물을 설치하거나 관리하는 자는 그 시설물의 지진가속도계측을 하여야 한다.

② 제1항에 따라 지진가속도계측을 할 대상 시설과 규모 등에 대한 기준은 제14조에 따라 내진설계기준이 정하여진 시설 중 대통령령으로 정한다.

③ 제1항에 따라 지진가속도계측을 실시한 자는 다음 각 호의 사항을 포함한 계측 자료를 행정안전부장관에게 제출하여야 한다. 이 경

우 자료제출 시기와 방법 등에 관한 기준은 행정안전부령으로 정한다. <개정 2013.3.23., 2014.11.19., 2017.7.26.>
1. 자료 획득 일자와 시간
2. 자료를 획득한 지진가속도계측 장비의 제조회사, 일련번호 및 위치
3. 자료 획득 시의 특이사항
4. 지반조건에 대한 정보
5. 계측위치에 대한 정보
6. 시설물에 대한 정보 등

④ 행정안전부장관은 제3항에 따라 제출된 자료를 관계 중앙행정기관에서 필요로 할 경우 제공하여야 한다. <개정 2014.11.19., 2017.7.26.>

제7조(지진가속도계측과 관리) ① 제6조제1항에 따라 지진가속도계측을 하는 자는 지진가속도계측기가 항상 정상적으로 작동할 수 있도록 관리하여야 한다.

② 제1항에 따른 지진가속도계측과 관리 등에 대한 기준은 행정안전부령으로 정한다. <개정 2013.3.23., 2014.11.19., 2017.7.26.>

제8조(지진·지진해일 및 화산활동 관측결과 등의 통보) ① 기상청장은 국내외의 지진·지진해일과 화산활동에 대한 예측 및 관측결과(이하 "관측결과등"이라 한다)를 행정안전부장관에게 통보하여야 한다. <개정 2013.8.6., 2015.7.24., 2017.3.21., 2017.7.26.>

② 삭제 <2015.7.24.>

③ 관측결과등의 통보에 필요한 사항은 대통령령으로 정한다. <개정 2015.7.24.>

[제목개정 2015.7.24.]

제9조(지진·지진해일 및 화산활동 관측기관협의회의 구성 등) ① 기상청장은 지진·지진해일 및 화산활동 관측망 운영, 관측기관 간의 협력 강화, 제5조에 따른 지진·지진해일 또는 화산활동의 관측시설 및 관측장비 설치, 관측결과등의 공유와 통보 등에 필요한 업무협조를 위하여 관측기관이 참여하는 지진·지진해일 및 화산활동 관측기관협의회(이하 "관측기관협의회"라 한다)를 설치할 수 있다. <개정 2015.7.24.>

② 관측기관협의회의 구성·기능 및 운영에 필요한 사항은 대통령령으로 정한다. <개정 2015.7.24.>

③ 기상청장이 관측기관협의회를 설치할 때에는 행정안전부장관에게 그 내용을 통보하여야 한다. <개정 2013.8.6., 2015.7.24., 2017.3.21., 2017.7.26.>

[제목개정 2015.7.24.]

제3장 예방과 대비

제9조의2(지진방재종합계획의 수립·추진 등) ① 행정안전부장관은 지진재해로부터 국민의 생명과 재산, 주요 기간시설을 보호하고 지진방재업무의 지속적인 발전을 위하여 5년마다 다음 각 호의 사항이 포함된 지진방재종합계획(이하 "종합계획"이라 한다)을 수립하여 「재난 및 안전관리 기본법」 제9조에 따른 중앙안전관리위원회에 보고하여야 한다. <개정 2017.3.21., 2017.7.26.>
1. 지진방재정책의 기본방향에 관한 사항
2. 지진방재업무의 체계적 발전방안에 관한 사항
3. 지진방재 연구개발의 촉진에 관한 사항
4. 지진방재업무의 국내외 관계 기관 간 협력에 관한 사항
5. 그 밖에 행정안전부장관이 지진방재정책에 필요하다고 인정하는 사항

② 행정안전부장관은 종합계획을 수립하려면 미리 특별시장·광역시장·특별자치시장·도지사·특별자치도지사 및 시장·군수·구청장(이하 "시·도지사등"이라 한다) 및 관계 중앙행정기관의 장과 협의하여야 하며, 종합계획을 수립한 경우에는 이를 지체 없이 관계 중앙행정기관의 장과 시·도지사등에게 알려야 한다. <개정 2017.3.21., 2017.7.26.>

③ 행정안전부장관은 종합계획을 수립하기 위하여 필요하다고 인정하는 경우에는 관계 중앙행정기관의 장과 시·도지사등에게 관련 자료를 제출하도록 요구할 수 있다. 이 경우 요구를 받은 관계 중앙행정기관의 장과 시·도지사등은 특별한 사유가 없으면 요구에 따라야 한다. <개정 2017.3.21., 2017.7.26.>

④ 관계 중앙행정기관의 장과 시·도지사등은 종합계획에 따라 필요한 시행계획을 수립·추진하고 그 추진상황을 행정안전부장관에게 보고하거나 통보하여야 한다. <개정 2017.3.21., 2017.7.26.>

⑤ 그 밖에 종합계획 및 시행계획의 수립·추진 등에 필요한 사항은 대통령령으로 정한다.

[본조신설 2013.8.6.]

제9조의3(지진 · 화산방재정책심의회) ① 지진 · 화산방재정책에 대한 다음 각 호의 사항을 심의하기 위하여 행정안전부장관 소속으로 지진 · 화산방재정책심의회(이하 이 조에서 "심의회"라 한다)를 둔다. <개정 2015.7.24., 2017.3.21., 2017.7.26.>

1. 종합계획
2. 제14조제4항의 국가 내진성능의 목표와 내진설계기준 공통적용사항
3. 제15조의 기존시설물 내진보강기본계획
4. 그 밖에 지진 · 화산방재정책과 관련된 사항으로서 대통령령으로 정하는 사항

② 삭제 <2017.3.21.>

③ 심의회는 위원장 및 부위원장 각 1명을 포함하여 대통령령으로 정하는 20인 이내의 위원으로 구성한다. <개정 2015.7.24.>

④ 그 밖에 심의회의 구성 및 운영 등에 필요한 사항은 대통령령으로 정한다.

[본조신설 2013.8.6.]

[제목개정 2015.7.24.]

제9조의3(지진 · 화산방재정책위원회 및 전문위원회) ① 지진 · 화산방재정책에 대한 다음 각 호의 사항을 심의하기 위하여 행정안전부장관 소속으로 지진 · 화산방재정책위원회(이하 이 조에서 "위원회"라 한다)를 둔다. <개정 2015.7.24., 2017.3.21., 2017.7.26., 2017.10.24.>

1. 종합계획
2. 제14조제4항의 국가 내진성능의 목표와 내진설계기준 공통적용사항
3. 제15조의 기존시설물 내진보강기본계획
4. 그 밖에 지진 · 화산방재정책과 관련된 사항으로서 대통령령으로 정하는 사항

② 삭제 <2017.3.21.>

③ 위원회는 위원장 및 부위원장 각 1명을 포함하여 대통령령으로 정하는 20명 이내의 위원으로 구성한다. <개정 2015.7.24., 2017.10.24.>

④ 위원회의 업무를 효율적으로 수행하기 위하여 위원회의 위원과 외부 전문가로 구성되는 분야별 전문위원회를 둘 수 있다. <신설 2017.10.24.>

⑤ 그 밖에 위원회 및 전문위원회의 구성 및 운영 등에 필요한 사항은 대통령령으로 정한다. <개정 2017.10.24.>

[본조신설 2013.8.6.]

[제목개정 2017.10.24.]

[시행일 : 2018.10.25.] 제9조의3

제10조(해안침수예상도의 제작 · 활용 등) ① 행정안전부장관과 시 · 도지사등은 지진재해를 줄이고 신속한 주민대피 등을 위하여 지진해일로 인한 해안지역의 침수범위를 예측한 침수예상도(이하 "해안침수예상도"라 한다)를 제작 · 활용하여야 한다. <개정 2013.8.6., 2017.3.21., 2017.7.26.>

② 제1항에 따른 해안침수예상도 제작을 위하여 육상의 지형도와 해상의 해도 등을 제작 · 관리하는 기관에 관련 도면 등의 제공을 요청할 수 있다. 이 경우 요청받은 기관에서는 특별한 사유가 없으면 관련 도면 등을 제공하여야 한다.

③ 시 · 도지사등은 지진해일로 인하여 해안지역에 침수피해가 발생한 경우 그 피해흔적(이하 "침수흔적"이라 한다)을 조사하여 침수흔적도를 작성 · 보존하고 현장에 침수흔적을 표시 · 관리하여야 한다. <개정 2013.8.6., 2017.3.21.>

④ 관계 행정기관의 장은 「자연재해대책법」 제4조에 따른 사전재해영향성검토협의, 같은 법 제12조에 따른 자연재해위험개선지구의 지정, 같은 법 제13조에 따른 자연재해위험개선지구 정비계획의 수립, 같은 법 제14조에 따른 자연재해위험개선지구 정비사업계획의 수립, 같은 법 제16조에 따른 풍수해저감종합계획의 수립 등에 제1항에 따른 해안침수예상도 및 제3항에 따른 침수흔적도를 활용하여야 한다. <개정 2012.10.22.>

⑤ 그 밖에 제1항에 따른 해안침수예상도 및 제3항에 따른 침수흔적도의 작성 · 보존 · 활용, 침수흔적의 설치장소 · 표시방법 및 유지관리 등에 관한 세부적인 사항은 대통령령으로 정한다.

제10조(해안침수예상도의 제작 · 활용 등) ① 행정안전부장관과 시 · 도지사등은 지진재해를 줄이고 신속한 주민대피 등을 위하여 지진해일로 인한 해안지역의 침수범위를 예측한 침수예상도(이하 "해안침수예상도"라 한다)를 제작 · 활용하여야 한다. <개정 2013.8.6., 2017.3.21., 2017.7.26.>

② 제1항에 따른 해안침수예상도 제작을 위하여 육상의 지형도와 해상의 해도 등을 제작 · 관리하는 기관에 관련 도면 등의 제공을 요청할 수 있다. 이 경우 요청받은 기관에서는 특별한 사유가 없으면 관련 도면 등을 제공하여야 한다.

③ 시 · 도지사등은 지진해일로 인하여 해안지역에 침수피해가 발생한 경우 그 피해흔적(이하

"침수흔적"이라 한다)을 조사하여 침수흔적도를 작성·보존하고 현장에 침수흔적을 표시·관리하여야 한다. <개정 2013.8.6., 2017.3.21.>

④ 관계 행정기관의 장은 「자연재해대책법」 제4조에 따른 재해영향평가등의 협의, 같은 법 제12조에 따른 자연재해위험개선지구의 지정, 같은 법 제13조에 따른 자연재해위험개선지구 정비계획의 수립, 같은 법 제14조에 따른 자연재해위험개선지구 정비사업계획의 수립, 같은 법 제16조에 따른 자연재해저감 종합계획의 수립 등에 제1항에 따른 해안침수예상도 및 제3항에 따른 침수흔적도를 활용하여야 한다. <개정 2012.10.22., 2017.10.24.>

⑤ 그 밖에 제1항에 따른 해안침수예상도 및 제3항에 따른 침수흔적도의 작성·보존·활용, 침수흔적의 설치장소·표시방법 및 유지관리 등에 관한 세부적인 사항은 대통령령으로 정한다.

[시행일 : 2018.10.25.] 제10조

제10조의2(지진해일 대비 주민대피계획 수립 등) ① 시·도지사등은 지진해일로 인한 주민의 인명피해를 최소화하기 위하여 주민대피지구의 지정, 대피소 및 대피로의 정비 등 지진해일 대비 주민대피계획(이하 "지진해일 대피계획"이라 한다)을 수립·추진하여야 한다. <개정 2017.3.21.>

② 시·도지사등은 지진해일 대피계획을 수립한 경우 이를 행정안전부장관에게 제출하여야 한다. <개정 2017.3.21., 2017.7.26.>

③ 행정안전부장관은 제2항에 따라 제출받은 지진해일 대피계획의 내용 중 보완이 필요하다고 판단되는 사항에 대하여는 보완을 요청할 수 있다. 이 경우 보완요청을 받은 시·도지사등은 특별한 사유가 없으면 이에 따라야 한다. <개정 2017.3.21., 2017.7.26.>

④ 행정안전부장관은 지진해일 대피계획의 효율적 추진을 위하여 작성지침의 배포, 관련 시설 및 준비태세의 평가·점검·포상 등 행정적·재정적으로 필요한 조치를 취할 수 있다. <개정 2017.3.21., 2017.7.26.>

⑤ 그 밖에 지진해일 대피계획의 효율적 추진을 위하여 필요한 사항은 대통령령으로 정한다.

[본조신설 2013.8.6.]

제11조(지진·화산방재 교육·훈련 및 홍보) ① 중앙행정기관의 장 및 시·도지사등은 소속 교육기관으로 하여금 지진·화산재해로부터 개인의 생명과 재산을 보호하고 자신이 근무하는 직장의 시설·설비 등을 보호하기 위하여 가정과 직장에서 필요한 행동요령 등에 대한 지진·화산방재 교육을 실시하도록 하여야 한다. <개정 2013.8.6., 2015.7.24., 2017.3.21.>

② 행정안전부장관과 시·도지사등은 지진현상 및 화산현상을 체험하고, 지진 및 화산활동 발생 시 행동요령 등에 대한 교육 및 훈련 등을 위하여 지진·화산체험교육장을 설치할 수 있고, 지진·화산방재 기술의 발전을 위한 관련 행사를 개최하거나 관련 행사의 개최에 대하여 행정적·재정적 지원을 할 수 있다. <개정 2013.8.6., 2015.7.24., 2017.3.21., 2017.7.26.>

③ 시·도지사등은 관할 구역의 주민들에 대한 지진·화산방재 교육과 홍보를 실시하여야 한다. <개정 2013.8.6., 2015.7.24., 2017.3.21.>

④ 재난관리책임기관의 장은 지진·화산재해 관련 업무종사자에 대한 지진·화산방재 교육을 실시하여야 한다. <개정 2015.7.24.>

[제목개정 2015.7.24.]

제11조의2(화산재 피해경감 종합대책) ① 재난관리책임기관의 장은 화산재로 인한 피해발생에 대비하여 소관 사항에 대한 다음 각 호의 화산재 피해경감 대책을 수립하고 그 이행에 필요한 조치를 취하여야 한다.

1. 항공, 철도, 도로 등 교통대책
2. 화산재 수거 및 처리대책
3. 상수원 및 하천의 수질오염 방지대책
4. 전력·통신시설의 화산재 피해경감 대책
5. 농·축·수산물 및 해당 시설의 화산재 피해경감 대책
6. 그 밖에 화산재 피해경감을 위하여 대통령령으로 정하는 사항

② 재난관리책임기관의 장은 소관 사항에 대한 화산재 피해경감 대책 추진을 위하여 필요하면 다른 재난관리책임기관의 장에게 협조를 요청할 수 있다. 이 경우 협조 요청을 받은 재난관리책임기관의 장은 특별한 사유가 없으면 요청에 따라야 한다.

③ 재난관리책임기관의 장은 소관 사항에 대한 화산재 피해경감 대책을 수립하거나 변경한 경우에는 이를 행정안전부장관에게 제출하여야 한다. <개정 2017.3.21., 2017.7.26.>

④ 행정안전부장관은 필요하면 재난관리책임기관의 장에게 제3항에 따라 제출받은 화산재 피해경감 대책의 보완을 요청할 수

있다. <개정 2017.3.21., 2017.7.26.>
⑤ 행정안전부장관은 재난관리책임기관의 장으로부터 제출받은 화산재 피해경감 대책을 취합하여 화산재 피해경감 종합대책을 수립할 수 있다. <개정 2017.3.21., 2017.7.26.>
⑥ 행정안전부장관은 화산재 피해경감 종합대책 등에 활용하기 위하여 환경, 산업 등 분야별 화산재 관리기준을 관계 중앙행정기관의 장과 협의하여 정할 수 있다. <개정 2017.3.21., 2017.7.26.>
[본조신설 2015.7.24.]

제4장 내진대책

제12조(국가지진위험지도의 제작·활용 등) ① 행정안전부장관은 내진설계 등에 활용하기 위하여 전국적인 지진구역을 정한 지진위험지도(이하 "국가지진위험지도"라 한다)를 제작하여 공표할 수 있다. <개정 2013.8.6., 2017.3.21., 2017.7.26.>
② 행정안전부장관은 국가지진위험지도를 공표한 날부터 5년마다 그 타당성을 검토하여 필요한 경우에는 이를 변경할 수 있다. <개정 2013.8.6., 2017.3.21., 2017.7.26.>
③ 제1항 및 제2항에 따라 국가지진위험지도를 제작하거나 변경하려면 관계 중앙행정기관의 장과 협의하여야 하며, 국가지진위험지도가 제작되거나 변경된 경우에는 이를 관계 중앙행정기관의 장에게 통지하여야 한다.
④ 관계 중앙행정기관의 장은 제1항에 따른 국가지진위험지도를 내진설계 등 지진재해를 줄이는 데에 활용하여야 한다.
⑤ 시·도지사등은 관할 구역에 대한 지역지진위험지도를 제작·활용할 수 있다. <개정 2013.8.6., 2017.3.21.>

제13조(지질·지반조사 자료 축적·관리 등) ① 행정안전부장관은 제12조에 따른 지진위험지도 작성과 제18조에 따른 지진·화산재해대응체계의 구축 등에 활용하기 위하여 지질 및 지반조사(시추조사 및 물리탐사, 지표지질조사, 기초터파기조사 등을 포함한다) 자료를 통합·관리할 수 있다. <개정 2013.8.6., 2015.7.24., 2017.3.21., 2017.7.26.>
② 재난관리책임기관의 장이 추진한 조사·연구 및 각종 계획수립, 사업시행 등과 관련하여 조사한 지질 및 지반 자료는 행정안전부장관이 정하는 기관에 제출하여야 하며, 다음 각 호의 사항이 포함되어야 한다. <개정 2014.11.19., 2017.7.26.>
1. 지질 및 지반조사의 위치, 목적, 일자
2. 조사자와 조사방법
3. 지질 및 지반조사 자료
4. 그 밖에 행정안전부장관이 정하여 고시하는 사항
③ 제2항에 따라 행정안전부장관이 정한 기관은 지질 및 지반조사 자료를 성실히 관리하여야 하며, 관계 중앙행정기관 또는 관련 연구기관 및 단체, 학교 등에서 관련 자료를 요구할 경우 특별한 사유가 없으면 제공하여야 한다. <개정 2014.11.19., 2017.7.26.>

제14조(내진설계기준의 설정) ① 관계 중앙행정기관의 장은 지진이 발생할 경우 재해를 입을 우려가 있는 다음 각 호의 시설 중 대통령령으로 정하는 시설에 대하여 관계 법령 등에 내진설계기준을 정하고 그 이행에 필요한 조치를 취하여야 한다. <개정 2009.4.22., 2011.5.30., 2011.7.25., 2013.8.6., 2016.1.27., 2016.3.29.>
1. 「건축법」에 따른 건축물
2. 「공유수면 관리 및 매립에 관한 법률」과 「방조제관리법」 등 관계 법령에 따라 설치·관리하고 있는 배수갑문(排水閘門)
3. 「공항시설법」에 따른 공항시설
4. 「하천법」에 따른 국가하천의 수문
5. 「농어촌정비법」에 따른 농업생산기반시설
6. 「댐건설 및 주변지역 지원 등에 관한 법률」에 따른 다목적댐
7. 「댐건설 및 주변지역 지원 등에 관한 법률」 외의 다른 법률에 따른 댐
8. 「도로법」에 따른 도로시설물
9. 「도시가스사업법」, 「고압가스 안전관리법」 및 「액화석유가스의 안전관리 및 사업법」에 따른 가스공급시설, 고압가스저장소 및 액화석유가스의 저장시설
10. 「도시철도법」에 따른 도시철도
11. 「산업안전보건법」에 따른 압력용기·크레인 및 리프트
12. 「석유 및 석유대체연료 사업법」에 따른 석유정제시설·석유비축시설 및 석유저장시설
13. 「송유관안전관리법」에 따른 송유관
14. 「수질 및 수생태계 보전에 관한 법률」에 따른 공공폐수처리시설 중 산업단지 공공폐수처리시설
15. 「수도법」에 따른 수도시설
16. 「어촌·어항법」에 따른 어항시설

17. 「원자력안전법」에 따른 원자로 및 관계시설
18. 「전기사업법」에 따른 발전용 수력설비 및 화력설비, 송전설비, 배전설비, 변전설비
19. 「철도산업발전 기본법」에 따른 철도시설
20. 「폐기물관리법」에 따른 매립시설
21. 「하수도법」에 따른 공공하수처리시설
22. 「철도건설법」에 따른 고속철도
23. 「항만법」에 따른 항만시설
24. 「국토의 계획 및 이용에 관한 법률」에 따른 공동구(共同溝)
25. 「학교시설사업 촉진법」에 따른 학교시설
26. 「궤도운송법」에 따른 궤도
27. 「관광진흥법」에 따른 유기시설(遊技施設)
28. 「의료법」에 따른 종합병원·병원 및 요양병원
29. 「전기통신기본법」에 따른 전기통신설비
30. 그 밖에 대통령령으로 정하는 시설

② 관계 중앙행정기관의 장은 제1항에 따른 내진설계기준을 정하거나 변경하려는 경우에는 행정안전부장관과 미리 협의하여야 한다. 이 경우 행정안전부장관은 필요한 사항에 대하여 보완을 요구할 수 있다. <개정 2017.3.21., 2017.7.26.>

③ 시·도지사등은 제1항에 따른 내진설계 대상 시설물에 대하여 허가 등을 하는 경우 내진설계 여부를 확인하여야 한다. <개정 2017.3.21.>

④ 행정안전부장관은 제1항의 내진설계기준 등에 활용하기 위하여 국가 내진성능의 목표와 내진설계기준별로 공통적으로 적용되는 설계지반운동 등 대통령령으로 정하는 사항에 대하여 관계 중앙행정기관의 장과 협의하여 정할 수 있다. <신설 2013.8.6., 2017.3.21., 2017.7.26.>

⑤ 관계 중앙행정기관의 장은 해당 시설물의 특수성 등으로 인하여 필요한 경우 제4항에서 정한 내진설계기준 공통적용사항에도 불구하고 행정안전부장관과 협의하여 별도의 기준을 정할 수 있다. <신설 2013.8.6., 2017.3.21., 2017.7.26.>

제14조(내진설계기준의 설정) ① 관계 중앙행정기관의 장은 지진이 발생할 경우 재해를 입을 우려가 있는 다음 각 호의 시설 중 대통령령으로 정하는 시설에 대하여 관계 법령 등에 내진설계기준을 정하고 그 이행에 필요한 조치를 취하여야 한다. <개정 2009.4.22., 2011.5.30., 2011.7.25., 2013.8.6., 2016.1.27., 2016.3.29., 2017.1.17.>

1. 「건축법」에 따른 건축물
2. 「공유수면 관리 및 매립에 관한 법률」과 「방조제관리법」 등 관계 법령에 따라 설치·관리하고 있는 배수갑문(排水閘門)
3. 「공항시설법」에 따른 공항시설
4. 「하천법」에 따른 국가하천의 수문
5. 「농어촌정비법」에 따른 농업생산기반시설
6. 「댐건설 및 주변지역 지원 등에 관한 법률」에 따른 다목적댐
7. 「댐건설 및 주변지역 지원 등에 관한 법률」 외의 다른 법률에 따른 댐
8. 「도로법」에 따른 도로시설물
9. 「도시가스사업법」, 「고압가스 안전관리법」 및 「액화석유가스의 안전관리 및 사업법」에 따른 가스공급시설, 고압가스저장소 및 액화석유가스의 저장시설
10. 「도시철도법」에 따른 도시철도
11. 「산업안전보건법」에 따른 압력용기·크레인 및 리프트
12. 「석유 및 석유대체연료 사업법」에 따른 석유정제시설·석유비축시설 및 석유저장시설
13. 「송유관안전관리법」에 따른 송유관
14. 「물환경보전법」에 따른 공공폐수처리시설 중 산업단지공공폐수처리시설
15. 「수도법」에 따른 수도시설
16. 「어촌·어항법」에 따른 어항시설
17. 「원자력안전법」에 따른 원자로 및 관계시설
18. 「전기사업법」에 따른 발전용 수력설비 및 화력설비, 송전설비, 배전설비, 변전설비
19. 「철도산업발전 기본법」에 따른 철도시설
20. 「폐기물관리법」에 따른 매립시설
21. 「하수도법」에 따른 공공하수처리시설
22. 「철도건설법」에 따른 고속철도
23. 「항만법」에 따른 항만시설
24. 「국토의 계획 및 이용에 관한 법률」에 따른 공동구(共同溝)
25. 「학교시설사업 촉진법」에 따른 학교시설
26. 「궤도운송법」에 따른 궤도
27. 「관광진흥법」에 따른 유기시설(遊技施設)
28. 「의료법」에 따른 종합병원·병원 및 요양병원
29. 「전기통신기본법」에 따른 전기통신설비
30. 그 밖에 대통령령으로 정하는 시설
31. 「집단에너지사업법」에 따른 공급시설
32. 그 밖에 대통령령으로 정하는 시설

② 관계 중앙행정기관의 장은 제1항에 따른 내진설계기준을 정하거나 변경하려는 경우

에는 행정안전부장관과 미리 협의하여야 한다. 이 경우 행정안전부장관은 필요한 사항에 대하여 보완을 요구할 수 있다. <개정 2017.3.21., 2017.7.26.>

③ 시·도지사등은 제1항에 따른 내진설계 대상시설물에 대하여 허가 등을 하는 경우 내진설계 여부를 확인하여야 한다. <개정 2017.3.21.>

④ 행정안전부장관은 제1항의 내진설계기준 등에 활용하기 위하여 국가 내진성능의 목표와 내진설계기준별로 공통적으로 적용되는 설계지반운동 등 대통령령으로 정하는 사항에 대하여 관계 중앙행정기관의 장과 협의하여 정할 수 있다. <신설 2013.8.6., 2017.3.21., 2017.7.26.>

⑤ 관계 중앙행정기관의 장은 해당 시설물의 특수성 등으로 인하여 필요한 경우 제4항에서 정한 내진설계기준 공통적용사항에도 불구하고 행정안전부장관과 협의하여 별도의 기준을 정할 수 있다. <신설 2013.8.6., 2017.3.21., 2017.7.26.>

[시행일 : 2018.1.18.] 제14조

제15조(기존 시설물의 내진보강기본계획 수립 등) ① 행정안전부장관은 제14조에 따른 내진설계 대상 시설물 중 관련 법령이 제정되기 전에 설치된 공공시설물이나 관계 법령의 제정 이후 내진설계기준이 강화된 공공시설물(이하 "기존시설물"이라 한다)의 내진성능 향상을 위하여 5년마다 기존시설물 내진보강기본계획(이하 "기본계획"이라 한다)을 수립하여 「재난 및 안전 관리기본법」 제9조에 따른 중앙안전관리위원회에 보고하여야 한다. <개정 2013.8.6., 2017.3.21., 2017.7.26.>

② 기본계획에는 다음 각 호의 사항이 포함되어야 한다.

1. 내진보강대책에 관한 기본방향
2. 내진성능평가에 관한 사항
3. 내진보강 중·장기계획에 관한 사항
4. 내진보강사업 추진에 관한 사항
5. 내진보강대책에 필요한 기술의 연구·개발
6. 그 밖에 내진보강대책에 관하여 대통령령으로 정하는 사항

③ 행정안전부장관은 기본계획을 수립하려면 미리 관계 중앙행정기관의 장과 협의하여야 하며, 기본계획을 수립한 경우에는 이를 관계 중앙행정기관의 장과 시·도지사등에게 알려야 한다. <개정 2013.8.6., 2017.3.21., 2017.7.26.>

④ 행정안전부장관은 기본계획을 수립하기 위하여 필요하다고 인정되는 경우에는 관계 중앙행정기관의 장과 시·도지사등에게 관련 자료를 제출하도록 요구할 수 있다. <개정 2013.8.6., 2017.3.21., 2017.7.26.>

⑤ 제1항부터 제4항까지의 규정은 기본계획을 변경하는 경우에 준용한다.

제16조(기존 시설물의 내진보강 추진 등) ① 관계 중앙행정기관의 장과 시·도지사등은 기본계획에 따라 소관 시설물에 대한 내진보강대책을 수립하여 추진하고, 그 추진상황 등을 행정안전부장관에게 통보하거나 보고하여야 한다. <개정 2013.8.6., 2017.3.21., 2017.7.26.>

② 관계 중앙행정기관의 장은 제1항에 따라 수립한 내진보강대책을 소관 시설물을 관리하는 재난관리책임기관의 장에게 지시하고 그 이행에 필요한 조치를 취하여야 한다.

③ 재난관리책임기관의 장은 제2항에 따라 지시받은 내진보강대책에 따라 내진보강 등을 추진하여야 한다. <개정 2017.3.21.>

④ 행정안전부장관은 제1항부터 제3항까지의 규정에 따른 내진보강대책 추진상황을 점검하거나 평가할 수 있다. <개정 2013.8.6., 2017.3.21., 2017.7.26.>

⑤ 제1항에 따른 내진보강대책을 수립하여야 할 대상 시설과 방법 등에 관하여 필요한 사항은 대통령령으로 정한다.

⑥ 행정안전부장관은 내진보강대책에 따른 추진결과를 대통령령으로 정하는 바에 따라 공시하여야 한다. <신설 2011.5.30., 2013.8.6., 2017.3.21., 2017.7.26.>

제16조(기존 시설물의 내진보강 추진 등) ① 관계 중앙행정기관의 장과 시·도지사등은 기본계획에 따라 소관 시설물에 대한 내진보강대책을 수립하여 추진하고, 그 추진상황 등을 행정안전부장관에게 통보하거나 보고하여야 한다. <개정 2013.8.6., 2017.3.21., 2017.7.26.>

② 관계 중앙행정기관의 장은 제1항에 따라 수립한 내진보강대책을 소관 시설물을 관리하는 재난관리책임기관의 장에게 지시하고 그 이행에 필요한 조치를 취하여야 한다.

③ 재난관리책임기관의 장은 제2항에 따라 지시받은 내진보강대책에 따라 내진보강 등을 추진하여야 한다. <개정 2017.3.21.>

④ 행정안전부장관은 제1항부터 제3항까지의

규정에 따른 내진보강대책 추진상황을 점검하거나 평가할 수 있다. <개정 2013.8.6., 2017.3.21., 2017.7.26.>

⑤ 제1항에 따른 내진보강대책을 수립하여야 할 대상 시설과 방법 및 제4항에 따른 점검·평가의 절차·방법 등에 필요한 사항은 대통령령으로 정한다. <개정 2017.10.24.>

⑥ 행정안전부장관은 내진보강대책에 따른 추진결과를 대통령령으로 정하는 바에 따라 공시하여야 한다. <신설 2011.5.30., 2013.8.6., 2017.3.21., 2017.7.26.>

[시행일 : 2018.10.25.] 제16조

제16조의2(민간소유 건축물의 내진보강 지원) ① 내진설계가 적용되지 아니한 기존의 민간소유 건축물에 대한 내진보강을 권장하기 위하여 시·도지사등은 「지방세특례제한법」에서 정하는 바에 따라 조세를 감면할 수 있고, 대통령령으로 정하는 보험 관련 단체나 기관 등은 지진재해 관련 보험료율을 차등 적용할 수 있다. <개정 2017.3.21.>

② 제1항에 따른 내진보강 지원 절차 등은 행정안전부령으로 정한다. <개정 2013.3.23., 2014.11.19., 2017.7.26.>

③ 「건축법」에 따른 건축물 중 제14조제1항에 따른 내진설계기준이 적용되지 아니하는 건축물로서 신축 시 내진설계를 적용한 민간소유 건축물에 대하여도 제1항의 지원사항을 적용할 수 있다.

[본조신설 2011.5.30.]

제16조의3(지진안전 시설물의 인증 및 인증의 취소) ① 행정안전부장관은 지진으로부터 시설물의 안전을 증진하고, 국민이 시설물의 안전성을 확인할 수 있도록 하기 위하여 내진보강이 이루어진 시설물에 대하여 지진안전 시설물의 인증을 할 수 있다.

② 제1항에 따른 지진안전 시설물의 인증을 받으려는 자는 대통령령으로 정하는 바에 따라 행정안전부장관에게 인증을 신청하여야 한다.

③ 제1항에 따른 지진안전 시설물의 인증을 받은 시설물(이하 "지진안전인증시설물"이라 한다)에 대하여는 대통령령으로 정하는 바에 따라 인증의 표시를 할 수 있다.

④ 누구든지 지진안전인증시설물이 아닌 시설물에 인증표시 또는 이와 유사한 표시를 하여서는 아니 된다.

⑤ 행정안전부장관은 지진안전인증시설물이 다음 각 호의 어느 하나에 해당하는 경우에는 그 인증을 취소할 수 있다. 다만, 제1호에 해당하는 경우에는 그 인증을 취소하여야 한다.

1. 거짓이나 그 밖의 부정한 방법으로 지진안전 시설물의 인증을 받은 경우
2. 지진안전 시설물의 인증을 받을 때 근거나 전제가 되었던 주요한 사실이 변경된 경우
3. 지진안전인증시설물의 건축주·소유자 및 관리자 등이 인증의 취소를 요청한 경우

⑥ 제1항에 따른 지진안전 시설물의 인증과 관련하여 인증 대상·기준 및 절차 등에 필요한 사항은 대통령령으로 정한다.

[본조신설 2017.10.24.]

[시행일 : 2018.10.25.] 제16조의3

제16조의4(지진안전 시설물의 인증기관의 지정 및 지정취소) ① 행정안전부장관은 제16조의3제1항에 따른 지진안전 시설물의 인증에 관한 업무를 수행하기 위하여 대통령령으로 정하는 시설과 전문인력 등을 갖춘 기관이나 단체를 인증기관으로 지정할 수 있다.

② 행정안전부장관은 제1항에 따라 지정된 인증기관이 다음 각 호의 어느 하나에 해당하는 경우에는 대통령령으로 정하는 바에 따라 인증기관의 지정을 취소하거나 1년의 범위에서 기간을 정하여 지진안전 시설물의 인증에 관한 업무의 전부 또는 일부의 정지를 명할 수 있다. 다만, 제1호 또는 제2호에 해당하는 경우에는 그 지정을 취소하여야 한다.

1. 거짓이나 그 밖의 부정한 방법으로 인증기관의 지정을 받은 경우
2. 업무정지의 기간 중 지진안전 시설물의 인증에 관한 업무를 수행한 경우
3. 정당한 사유 없이 2년 이상 계속하여 지진안전 시설물의 인증에 관한 업무를 수행하지 아니한 경우
4. 제16조의3제6항에 따른 인증의 기준 및 절차를 위반하여 지진안전 시설물의 인증에 관한 업무를 수행한 경우
5. 정당한 사유 없이 지진안전 시설물의 인증에 관한 업무를 거부한 경우
6. 제1항에 따른 인증기관의 지정 자격기준에 적합하지 아니하게 된 경우

③ 제1항에 따른 인증기관의 지정 절차, 제2항에 따른 지정취소 및 업무정지의 절차 등에 필요한 사항은 대통령령으로 정한다.

[본조신설 2017.10.24.]

[시행일 : 2018.10.25.] 제16조의4

제17조(지역재난안전대책본부와 종합상황실 내진대책) ① 시·도지사등은 「재난 및 안전관리기본법」 제16조에 따른 지역재난안전대책본부(이하 "지역대책본부"라 한다)와 같은 법 제18조에 따른 재난안전상황실을 제14조에 따라 내진설계가 되거나 제16조에 따라 내진보강이 끝난 시설물에 설치하여야 한다. <개정 2013.8.6., 2017.3.21.>

② 시·도지사등은 지역대책본부와 종합상황실의 기능유지를 위하여 전력과 통신 등 관련 설비에 대한 내진대책을 함께 강구하여 지진 등에 대비하여야 한다. <개정 2017.3.21.>

제17조(재난안전상황실과 지역재난안전대책본부의 내진대책) ① 다음 각 호의 시설을 관장하는 기관의 장은 소관 시설(그 기능을 유지하기 위하여 필요한 전력 및 통신 등의 관련 시설을 포함한다)을 제16조에 따라 내진보강이 끝난 시설물에 설치하여야 한다. <개정 2017.10.24.>

1. 「재난 및 안전관리 기본법」 제3조제5호에 따른 재난관리책임기관 중 같은 법 제26조의 국가기반시설을 관리하는 기관에 설치되는 재난안전상황실
2. 「재난 및 안전관리 기본법」 제3조제5호의2에 따른 재난관리주관기관에 설치되는 재난안전상황실
3. 「재난 및 안전관리 기본법」 제16조에 따른 지역재난안전대책본부(이하 "지역대책본부"라 한다)
4. 「재난 및 안전관리 기본법」 제18조제1항제2호에 따른 재난안전상황실

② 제1항 각 호의 시설을 관장하는 기관의 장은 재난안전상황실과 지역대책본부의 기능유지를 위하여 전력과 통신 등 관련 설비에 대한 내진대책을 함께 강구하여 지진 등에 대비하여야 한다. <개정 2017.3.21., 2017.10.24.>

[제목개정 2017.10.24.]

[시행일 : 2018.10.25.] 제17조

제5장 대응

제18조(지진·화산재해대응체계의 구축) ① 「재난 및 안전관리 기본법」 제14조에 따른 중앙재난안전대책본부의 본부장(이하 "중앙대책본부장"이라 한다)과 같은 법 제16조에 따른 시·도재난안전대책본부의 본부장 또는 시·군·구재난안전대책본부의 본부장(이하 "지역대책본부장"이라 한다)은 지진·화산재해 발생 시 피해를 줄이기 위하여 신속한 지진정보 및 화산정보의 수집과 분석을 통하여 피해지역과 피해정도 등을 예측하고, 응급구조 및 구호, 화재진압 등 신속한 초기대응을 위한 대응체계(이하 "지진·화산재해대응체계"라 한다)를 구축·운영하여야 한다. <개정 2013.8.6., 2015.7.24., 2017.3.21.>

② 관측기관협의회는 지진·화산활동의 관측자료를 실시간으로 공유하기 위한 체계를 구축하여 제1항에 따른 중앙대책본부장과 지역대책본부장에게 제공하여야 한다. <개정 2013.8.6., 2015.7.24.>

③ 중앙대책본부장과 지역대책본부장은 제1항에 따라 지진·화산재해대응체계를 구축·운영하는 경우에 해당 사업을 민간부문에 맡길 수 없거나 행정기관이 직접 개발하거나 운영하는 것이 경제성·효과성 또는 보안성 측면에서 현저하게 우수하다고 판단되는 경우 외에는 민간부문에 그 개발과 운영을 의뢰할 수 있다. <개정 2013.8.6., 2015.7.24.>

④ 지진·화산재해대응체계의 구축범위·운영절차 및 활용계획 등 세부적인 사항은 행정안전부령으로 정한다. <개정 2013.3.23., 2014.11.19., 2015.7.24., 2017.7.26.>

[제목개정 2015.7.24.]

제19조(긴급지원체계의 구축) 다음 각 호의 어느 하나에 해당하는 자는 「자연재해대책법」 제35조와 제36조에 따라 긴급지원계획을 수립할 경우 지진·화산재해대응체계를 활용하여 긴급지원계획을 수립하여야 한다. <개정 2013.8.6., 2015.7.24., 2017.3.21.>

1. 중앙행정기관의 장
2. 지역대책본부장
3. 특별시·광역시·특별자치시·도·특별자치도(이하 "시·도"라 한다)의 전부 또는 일부를 관할 구역으로 하는 재난관리책임기관의 장
4. 시(「제주특별자치도 설치 및 국제자유도시 조성을 위한 특별법」 제10조제2항에 따른 행정시를 포함한다. 이하 같다)·군·구(자치구를 포함하며, 이하 "시·군·구"라 한다)의 전부 또는 일부를 관할 구역으로 하는 재난관리책임기관의 장

제20조(지진·화산재해 원인조사·분석 및 재해원인조사단 구성·운영 등) ① 중앙대책본부장과 지역대책본부장은 필요하면 지진·화산재해 발생지역에 대하여 지진·화산재해 원

인과 대응과정에 관한 조사·분석 및 평가를 할 수 있다. <개정 2013.8.6., 2015.7.24.>
② 중앙대책본부장은 지진·화산재해에 대한 전문적인 조사·분석 및 평가를 위하여 지진·화산 관련 분야 전문가들을 포함하는 중앙지진재해원인조사단 및 중앙화산재해원인조사단을 구성·운영할 수 있다. <개정 2013.8.6., 2015.7.24.>
③ 행정안전부장관은 국외에서 대규모의 지진·화산재해가 발생하면 지진·화산 관련 분야 전문가들로 구성된 국외지진재해원인조사단 및 국외화산재해원인조사단을 현지에 파견할 수 있다. <개정 2013.8.6., 2015.7.24., 2017.3.21., 2017.7.26.>
④ 제2항과 제3항에 따른 중앙지진재해원인조사단, 중앙화산재해원인조사단, 국외지진재해원인조사단 및 국외화산재해원인조사단의 구성·운영에 필요한 세부적인 사항은 대통령령으로 정한다. <개정 2015.7.24.>
⑤ 시·도 지역대책본부장은 제1항에 따라 관할 구역의 지진재해원인의 조사·분석 및 평가를 위하여 지역지진재해원인조사단을 구성·운영할 수 있고, 이에 필요한 세부적인 사항은 조례로 정한다. <개정 2013.8.6., 2015.7.24.>
[제목개정 2015.7.24.]

제21조(피해시설물 위험도 평가) ① 지역대책본부장은 지진으로 인한 피해가 발생한 경우 시설물의 사용가능 여부 등에 대한 위험도를 평가(이하 "위험도 평가"라 한다)하여야 한다. <개정 2013.8.6.>
② 제1항에 따라 신속한 위험도 평가를 하기 위하여 관할 구역에 거주하는 관련 분야 전문가들로 구성된 피해시설물 위험도 평가단을 운영하여야 한다. 다만, 관할 지역에 거주하는 관련 분야 전문가가 부족한 경우 인근 시·도 또는 시·군·구 거주자를 포함하여 구성할 수 있다.
③ 제2항에 따른 지역 피해시설물 위험도 평가단의 구성·운영 등에 필요한 세부적인 사항은 조례로 정한다.

제6장 지진·화산재해경감을 위한 연구와 기술개발

<개정 2015.7.24.>

제22조(지진·화산재해경감 연구 및 기술개발) ① 행정안전부장관과 대통령령으로 정하는 재난관리책임기관의 장은 지진 및 화산활동에 관한 연구를 수행하고 지진·화산재해를 줄이기 위하여 제3조제3항에 따른 소관 사항에 대한 조사·기술개발 및 연구를 하여야 하며, 지진·화산방재 기술 및 제도 등에 관한 국제공동연구 사업을 추진할 수 있다. <개정 2013.8.6., 2015.7.24., 2017.3.21., 2017.7.26.>
② 행정안전부장관은 국가차원의 내진성능목표 설정 및 내진등급 분류 등에 대한 연구와 기술개발을 하여야 한다. <개정 2013.8.6., 2017.3.21., 2017.7.26.>
③ 행정안전부장관과 관계 중앙행정기관의 장은 지진·화산방재대책을 연구하고 지진·화산재해를 줄이기 위하여 필요하면 관계 행정기관의 장이나 관측기관의 장에게 관련 자료의 제공을 요구하는 등 필요한 사항에 대한 협조를 요청할 수 있다. 이 경우 관계 행정기관의 장이나 관측기관의 장은 특별한 사유가 없으면 요청에 따라야 한다. <개정 2013.8.6., 2015.7.24., 2017.3.21., 2017.7.26.>
④ 행정안전부장관과 관계 중앙행정기관의 장은 제1항에 따른 재난관리책임기관의 장의 연구 및 기술개발을 위하여 행정·재정적인 지원(「기초연구진흥 및 기술개발지원에 관한 법률」 제14조제1항에 따라 연구를 수행하는 기관이나 단체에 대하여 출연하는 것을 포함한다)을 할 수 있다. <개정 2011.3.9., 2013.8.6., 2017.3.21., 2017.7.26.>
⑤ 제4항에 따른 행정적·재정적 지원에 관하여 필요한 사항은 대통령령으로 정한다.
[제목개정 2015.7.24.]

제23조(활성단층 조사·연구 및 활성단층 지도 작성 등) ① 행정안전부장관은 도시, 「산업입지 및 개발에 관한 법률」 제2조제8호에 따른 산업단지, 「사회기반시설에 대한 민간투자법」 제2조제1호에 따른 사회기반시설, 「원자력안전법」 제2조제8호 및 제10호에 따른 원자로 및 관계시설 등에 대한 지반 안전을 위하여 한반도 전역의 단층에 대한 조사와 연구를 하여야 한다. <개정 2011.8.4., 2013.8.6., 2017.3.21., 2017.7.26., 2017.12.26.>
② 행정안전부장관은 제1항에 따른 조사·연구 결과 지진이 일어날 가능성이 있는 단층(이하 "활성단층"이라 한다)에 대한 데이터베이스를

구축·관리하여야 하며, 활성단층 지도를 작성하여 공표할 수 있다. <개정 2013.8.6., 2017.3.21., 2017.7.26., 2017.12.26.>
③ 행정안전부장관은 관계 중앙행정기관의 장과 협의하여 제2항에 따른 활성단층 지역의 기존 시설물을 보완하거나 보강하도록 권고할 수 있으며, 새로 시설물을 설치할 경우에는 활성단층이 고려된 내진기준에 맞게 설치하도록 권고할 수 있다. <개정 2013.8.6., 2017.3.21., 2017.7.26.>
④ 행정안전부장관은 관계 중앙행정기관의 장과 공동으로 단층 관련 조사·연구를 실시할 수 있다. 이 경우 행정안전부장관 및 관계 중앙행정기관의 장은 조사·연구에 소요되는 비용을 공동으로 부담하여야 한다. <신설 2017.12.26.>
[제목개정 2017.12.26.]

제7장 보칙

제24조(토지에의 출입 등) ① 다음 각 호의 어느 하나에 해당하는 자는 해안침수예상도 및 침수흔적도 제작·활용, 지진위험지도 제작·활용, 지질·지반조사 자료 축적·관리, 지진·화산재해 원인 조사·분석, 피해시설물 등 위험도 평가, 활성단층 조사·연구 및 활성단층 지도 작성을 위하여 필요하면 타인의 토지에 출입하거나 타인의 토지를 일시 사용할 수 있으며, 특히 필요한 경우에는 나무·흙·돌 또는 그 밖의 장애물을 변경하거나 제거할 수 있다. <개정 2013.8.6., 2015.7.24., 2017.3.21., 2017.7.26.>
1. 행정안전부장관, 시·도지사등, 중앙대책본부장 또는 지역대책본부장
2. 제1호에 해당하는 사람으로부터 명령이나 위임·위탁을 받은 자

② 제1항에 따라 타인의 토지에 출입하거나 토지를 일시 사용하거나 나무·흙·돌 또는 그 밖의 장애물을 변경하거나 제거하려는 자는 미리 해당 토지나 장애물의 소유자·점유자 또는 관리인(이하 이 조에서 "관계인"이라 한다)의 동의를 받아야 한다. 다만, 해당 관계인이 현장에 없거나 주소나 거소가 분명하지 아니하여 그 동의를 받을 수 없을 때에는 관할 특별자치시장·특별자치도지사·시장(「제주특별자치도 설치 및 국제자유도시 조성을 위한 특별법」 제11조제1항에 따른 행정시의 시장은 제외한다. 이하 제25조제2항 및 제29조제2항에서 같다)·군수·구청장의 허가를 받아야 한다. <개정 2017.3.21.>
③ 제1항에 따른 행위를 하려는 자는 그 권한을 표시하는 증표를 지니고 이를 관계인에게 내보여야 한다.

제25조(손실보상) ① 국가나 지방자치단체는 제24조제1항에 따른 조치로 인하여 손실이 발생한 경우에는 보상하여야 한다.
② 제1항에 따른 손실의 보상에 관하여는 손실을 받은 자와 그 조치를 행한 중앙행정기관의 장, 시·도지사, 시장·군수·구청장이 협의하여야 한다.
③ 제2항에 따른 협의가 성립되지 아니한 경우에는 대통령령으로 정하는 바에 따라 「공익사업을 위한 토지 등의 취득 및 보상에 관한 법률」 제51조에 따른 관할 토지수용위원회에 재결을 신청할 수 있다.
④ 제3항에 따른 재결에 관하여는 「공익사업을 위한 토지 등의 취득 및 보상에 관한 법률」 제83조와 제86조를 준용한다.

제26조(국고보조 등) 국가는 지진·화산재해의 예방과 대비·대응·복구 등을 원활히 추진하기 위하여 필요하면 그 비용(제16조에 따른 내진보강대책의 수립·추진 비용과 제25조에 따른 손실보상금을 포함한다)의 전부 또는 일부를 부담하거나 지방자치단체 등의 재난관리책임기관에 보조할 수 있다. <개정 2013.8.6., 2015.7.24.>

제26조의2(청문) 행정안전부장관은 다음 각 호의 어느 하나에 해당하는 처분을 하려는 경우에는 청문을 하여야 한다.
1. 제16조의3제5항에 따른 인증의 취소
2. 제16조의4제2항에 따른 인증기관의 지정취소 또는 업무정지

[본조신설 2017.10.24.]
[시행일 : 2018.10.25.] 제26조의2

제27조(권한의 위임과 위탁) ① 행정안전부장관, 시·도지사등, 중앙대책본부장 및 지역대책본부장은 제24조제1항에 따른 시설물 등의 점검, 지진·화산재해 원인조사·분석 및 피해시설물 위험도 평가 등의 업무를 대통령령으로 정하는 바에 따라 그 소속기관의 장이나 지방자치단체의 장에게 위임할 수 있다. <개정 2013.8.6., 2015.7.24., 2017.3.21., 2017.7.26.>

② 행정안전부장관, 시·도지사등, 중앙대책본부장 및 지역대책본부장은 제24조제1항에 관한 업무를 대통령령으로 정하는 바에 따라 전문가나 전문기관 등에 위탁할 수 있다. <개정 2013.8.6., 2017.3.21., 2017.7.26.>

제8장 벌칙

제28조(벌칙) 정당한 사유 없이 제24조에 따른 토지에의 출입, 일시 사용 또는 장애물의 변경이나 제거를 거부하거나 방해한 자는 200만원 이하의 벌금에 처한다.

제29조(과태료) ① 다음 각 호의 어느 하나에 해당하는 자에게는 300만원 이하의 과태료를 부과한다.

1. 제6조제1항을 위반하여 주요 시설물에 대하여 지진가속도계측을 실시하지 아니한 자
2. 제10조제3항에 따른 침수흔적 등의 조사를 방해하거나 무단으로 침수흔적표지를 훼손한 자
3. 제13조제2항에 따른 지질·지반조사 자료의 제출을 거부하거나 거짓된 자료를 제출한 자

② 제1항에 따른 과태료는 대통령령으로 정하는 바에 따라 행정안전부장관, 시·도지사, 시장·군수 또는 구청장(이하 "부과권자"라 한다)이 부과·징수한다. <개정 2014.11.19., 2017.7.26.>

③ 제2항에 따른 과태료 처분에 불복하는 자는 그 처분을 고지받은 날부터 30일 이내에 부과권자에게 이의를 제기할 수 있다.

④ 제2항에 따른 과태료 처분을 받은 자가 제3항에 따라 이의를 제기하면 부과권자는 지체 없이 관할 법원에 그 사실을 통보하여야 하고, 그 통보를 받은 관할 법원은 「비송사건절차법」에 따른 과태료 재판을 한다.

⑤ 제3항에 따른 기간 이내에 이의를 제기하지 아니하고 과태료를 내지 아니하면 국세 또는 지방세 체납처분의 예에 따라 징수한다.

제29조(과태료) ① 다음 각 호의 어느 하나에 해당하는 자에게는 500만원 이하의 과태료를 부과한다. <신설 2017.10.24.>

1. 거짓이나 그 밖의 부정한 방법으로 제16조의3제1항에 따른 지진안전 시설물의 인증을 받은 자
2. 제16조의3제4항을 위반하여 지진안전인증시설물이 아닌 시설물에 인증표시 또는 이와 유사한 표시를 한 자
3. 거짓이나 그 밖의 부정한 방법으로 제16조의4제1항에 따른 인증기관의 지정을 받은 자
4. 제16조의4제2항에 따른 업무정지의 기간 중 지진안전 시설물의 인증에 관한 업무를 수행한 자

② 다음 각 호의 어느 하나에 해당하는 자에게는 300만원 이하의 과태료를 부과한다. <개정 2017.10.24.>

1. 제6조제1항을 위반하여 주요 시설물에 대하여 지진가속도계측을 실시하지 아니한 자
2. 제10조제3항에 따른 침수흔적 등의 조사를 방해하거나 무단으로 침수흔적표지를 훼손한 자
3. 제13조제2항에 따른 지질·지반조사 자료의 제출을 거부하거나 거짓된 자료를 제출한 자

③ 제1항 및 제2항에 따른 과태료는 대통령령으로 정하는 바에 따라 행정안전부장관, 시·도지사, 시장·군수 또는 구청장이 부과·징수한다. <개정 2014.11.19., 2017.7.26., 2017.10.24., 2017.12.26.>

④ 삭제 <2017.12.26.>

⑤ 삭제 <2017.12.26.>

⑥ 삭제 <2017.12.26.>

[시행일 : 2018.10.25.] 제29조

부칙

<제15297호, 2017.12.26.>

이 법은 공포 후 6개월이 경과한 날부터 시행한다. 다만, 제23조의 개정규정은 공포한 날부터 시행하고, 법률 제14920호 지진·화산재해대책법 일부개정법률 제29조의 개정규정은 2018년 10월 25일부터 시행한다.

해외건설 촉진법

[시행 2018.4.25.]
[법률 제14956호, 2017.10.24., 일부개정]

제1장 총칙

<개정 2011.8.4.>

제1조(목적) 이 법은 해외건설업의 신고와 해외공사에 대한 지원 등 해외건설을 촉진하는 데에 필요한 사항을 정함으로써 해외건설업의 진흥과 국제수지의 향상에 이바지함을 목적으로 한다.
[전문개정 2011.8.4.]

제2조(정의) 이 법에서 사용하는 용어의 뜻은 다음과 같다. <개정 2015.8.11., 2017.10.24.>

1. "해외공사"란 해외건설공사, 해외건설 엔지니어링활동 및 해외인프라·도시개발사업을 말한다.
2. "해외건설공사"란 해외에서 시행되는 토목공사·건축공사·산업설비공사·조경공사와 전기공사·정보통신공사 또는 그 밖에 이와 유사한 것으로서 대통령령으로 정하는 공사를 말한다.
3. "해외건설 엔지니어링활동"이란 해외건설공사에 관한 기획·타당성조사·설계·분석·구매·조달(調達)·시험·감리·시운전(試運轉)·평가·자문·지도 또는 그 밖에 이와 유사한 것으로서 대통령령으로 정하는 활동을 말한다.

3의2. "해외인프라·도시개발사업"이란 해외에서 시행되는 다음 각 목의 사업을 말한다.
  가. 「사회기반시설에 대한 민간투자법」 제2조제1호의 사회기반시설 개발, 「도시개발법」 제2조제1항제2호의 도시개발사업
  나. 그 밖에 가목과 관련된 사업으로 국토교통부장관이 정하는 사업

4. "해외건설업"이란 해외건설공사나 해외건설 엔지니어링활동을 수행하는 사업을 말한다.
5. "해외건설업자"란 해외건설업의 신고를 하고, 직접 또는 현지법인을 통하여 해외건설업을 영위하는 개인 또는 법인을 말한다.
6. "현지법인"이란 해외건설업자가 해외건설업을 영위하기 위하여 「외국환거래법」 제3조제18호에 따른 해외직접투자를 한 법인을 말한다.
7. "해외파견 건설근로자"란 「건설근로자의 고용개선 등에 관한 법률」 제2조에 따른 건설근로자로서 해외건설업자가 해외건설공사에 근로시키기 위하여 파견하는 자를 말한다.

[전문개정 2011.8.4.]

제3조(다른 법률과의 관계) ① 해외건설업에 관하여 이 법에서 규정한 사항을 제외하고는 「건설산업기본법」을 적용한다. 다만, 전기공사에 관하여는 「전기공사업법」을 적용하고, 정보통신공사에 관하여는 「정보통신공사업법」을 적용한다. <개정 2015.8.11.>
② 제6조에 따른 신고를 한 자가 그 해외건설업을 수행하기 위하여 「외국환거래법」의 적용을 받는 행위 등을 하고자 하는 경우에는 「외국환거래법」에 따른다. <신설 2015.8.11.>
③ 제19조제3항에 따른 해외건설집합투자기구 및 해외건설집합투자기구의 집합투자업자·신탁업자 및 일반사무관리회사는 이 법에서 특별히 정하는 경우를 제외하고는 「자본시장과 금융투자업에 관한 법률」의 적용을 받는다. 다만, 「자본시장과 금융투자업에 관한 법률」 제249조의12제4항부터 제6항까지와 제249조의13제1항은 해외건설 경영참여형 사모집합투자기구에 적용하지 아니한다. <신설 2015.8.11.>
④ 제19조제1항에 따른 해외건설투자회사 및 같은 조 제2항에 따른 해외건설 경영참여형 사모집합투자기구가 「독점규제 및 공정거래에 관한 법률」 제2조제1호의2에 따른 지주회사에 해당하는 때에는 같은 법 제8조의2제2항제2호를 적용하지 아니한다. <신설 2015.8.11.>
[전문개정 2011.8.4.]

제4조(해외건설업자에 대한 지원) 해외건설업자에 대한 정부의 지원에 관하여는 해외건설업자를 「대외무역법」, 「신용보증기금법」 등 관계 법률의 규정에 따른 무역거래자로 본다.
[전문개정 2011.8.4.]

제5조(해외건설진흥기본계획 등의 수립) ①국토교통부장관은 해외건설시장의 동향과 해외건설정책에 관한 해외건설업자의 의견을 조사하여 장기 해외건설진흥기본계획 및 연도별 해외건설추진계획을 수립하여야 한다. <개

정 2012.1.17., 2013.3.23.>
② 국토교통부장관은 해외건설산업 진흥을 위하여 필요한 경우 산업설비, 엔지니어링, 도시개발, 교통 관련 사회기반시설, 물 관련 건설·엔지니어링 등 해외건설 각 분야별 진흥계획을 수립할 수 있다. <신설 2012.1.17., 2013.3.23.>
[전문개정 2011.8.4.]
[제목개정 2012.1.17.]

제2장 해외건설업의 신고
<개정 2011.8.4.>

제6조(해외건설업의 신고) ① 해외건설업을 영위하려는 자는 대통령령으로 정하는 영업의 종류별로 국토교통부장관에게 신고하여야 한다. 신고사항 중 대통령령으로 정하는 사항을 변경한 경우에도 또한 같다. <개정 2011.8.4., 2013.3.23.>
② 제1항에 따른 해외건설업의 신고를 할 수 있는 자는 다음 각 호와 같다. <개정 2011.8.4.>
1. 「건설산업기본법」에 따라 건설업의 등록을 한 자
2. 「전기공사업법」에 따라 공사업(工事業)의 등록을 한 자
3. 「정보통신공사업법」에 따라 정보통신공사업의 등록을 한 자
4. 「엔지니어링산업 진흥법」에 따라 엔지니어링사업자로 신고한 자
5. 「건축사법」에 따라 건축사사무소개설신고를 한 자
6. 「기술사법」에 따라 건설 분야의 기술사사무소 등록을 한 자
7. 「환경기술 및 환경산업 지원법」에 따라 환경전문공사업의 등록을 한 자
8. 해외공사의 수주(공사의 시공은 제외한다) 업무를 수행하기 위하여 해외건설업자가 공동으로 출자하여 설립한 법인
9. 무역업자, 그 밖에 제1호부터 제7호까지의 규정에 따른 사업과 유사한 사업을 하는 자로서 대통령령으로 정하는 자

③ 제2항에 규정된 자가 신고할 수 있는 영업의 종류는 대통령령으로 정한다. <개정 2011.8.4.>
④ 국토교통부장관은 제1항에 따라 신고를 한 자에게 해외건설업 신고확인증을 발급하여야 한다. <개정 2011.8.4., 2013.3.23.>
⑤ 삭제 <1999.2.8.>
⑥ 「공공기관의 운영에 관한 법률」에 따른 공공기관으로서 대통령령으로 정하는 공공기관(이하 "공공기관"이라 한다) 및 「지방공기업법」에 따른 지방공기업으로서 대통령령으로 정하는 지방공기업(이하 이 항에서 "지방공기업"이라 한다)은 제1항에도 불구하고 신고를 하지 아니하고 해외건설업을 할 수 있다. 이 경우 공공기관 및 지방공기업은 이 법을 적용할 때에 해외건설업자로 본다. <개정 2011.8.4.>
⑦ 제1항에 따른 신고의 내용 및 절차 등에 관하여 필요한 사항은 대통령령으로 정한다. <개정 2011.8.4.>
[제목개정 2011.8.4.]

제7조 삭제 <1999.2.8.>

제8조 삭제 <1999.2.8.>

제9조 삭제 <1999.2.8.>

제3장 현지법인 설립 등의 신고 및 보고
<개정 2011.8.4.>

제10조(현지법인 설립 등의 신고) 해외건설업자는 해외건설업을 영위하기 위하여 현지법인을 설립하거나 인수하는 경우에는 대통령령으로 정하는 바에 따라 그 현황을 국토교통부장관 또는 재외공관의 장에게 신고하여야 한다. 이 경우 신고를 받은 재외공관의 장은 지체 없이 국토교통부장관에게 그 내용을 통보하여야 한다. <개정 2013.3.23.>
[전문개정 2011.8.4.]

제11조 삭제 <1999.2.8.>

제12조 삭제 <1999.2.8.>

제13조(해외공사 상황 보고) 해외건설업자는 해외공사를 수행하는 경우에는 그 수주활동 및 시공 상황에 관하여 대통령령으로 정하는 바에 따라 국토교통부장관에게 보고하여야 한다. <개정 2013.3.23.>
[전문개정 2011.8.4.]

제4장 해외공사의 지원 등
<개정 2011.8.4.>

제14조 삭제 <1999.2.5.>

제15조 삭제 <1999.2.5.>

제15조의2(해외 중소건설업자 지원) ① 국토교통부장관은 해외건설시장을 개척하려는 중소건설업자를 육성하기 위하여 필요한 경우에는 다음 각 호의 사항을 지원할 수 있다. <개정 2013.3.23.>
1. 해외 진출 관련 정보제공
2. 해외 수주에 관한 상담 및 지도
3. 해외건설 교육훈련
4. 그 밖에 중소건설업자의 해외건설시장 개척을 위하여 필요하다고 인정하는 사항으로서 대통령령으로 정하는 사항

② 국토교통부장관은 제1항에 따른 업무를 수행하기 위하여 중소기업 수주지원센터를 설치·운영할 수 있다. <개정 2013.3.23.>
③ 제2항에 따른 중소기업 수주지원센터의 설치·운영에 필요한 사항은 국토교통부장관이 정한다. <개정 2013.3.23.>
④ 국토교통부장관은 제2항에 따른 중소기업 수주지원센터의 운영을 대통령령으로 정하는 기관 또는 단체에 위탁할 수 있다. 이 경우 국토교통부장관은 필요한 행정적·재정적 지원을 할 수 있다. <개정 2013.3.23.>
[전문개정 2011.8.4.]

제15조의3 삭제 <2017.10.24.>

제15조의4(해외건설 정책 및 연구개발 등 지원) ① 국토교통부장관은 해외건설의 진흥을 위하여 다음 각 호의 사항을 지원할 수 있다.
1. 해외건설시장 동향 조사·분석 및 시장 전망
2. 주요 국가 해외건설 제도·정책 동향 조사·분석
3. 해외건설 진흥을 위한 국제협력의 추진
4. 해외건설 진흥을 위한 정책개발 및 제도개선 지원
5. 해외건설 시장개척을 위한 연구·조사사업
6. 해외건설 진출에 따른 사업성 분석 및 리스크 관리 컨설팅
7. 그 밖에 해외건설 진흥을 위하여 대통령령으로 정하는 사항

② 국토교통부장관은 제1항 각 호의 업무를 수행하기 위하여 해외건설정책지원센터를 설치·운영할 수 있다. 이 경우 국토교통부장관은 업무의 효율적 집행을 위하여 제15조의2에 따른 중소기업 수주지원센터의 업무와 상호 연계·통합될 수 있도록 하여야 한다. <개정 2017.10.24.>
③ 해외건설정책지원센터의 설치·운영 및 그 밖에 필요한 사항은 국토교통부장관이 정한다.
④ 국토교통부장관은 해외건설정책지원센터의 운영을 대통령령으로 정하는 기관 또는 단체에 위탁할 수 있다. 이 경우 국토교통부장관은 필요한 행정적·재정적 지원을 할 수 있다.
[본조신설 2013.8.13.]

제15조의5(해외공사 관련 국제협력 지원 등) 국토교통부장관은 해외건설업을 촉진하기 위하여 필요한 경우에는 집행계획과 지급기준, 공고절차 등에 관한 것으로서 대통령령으로 정하는 바에 따라 다음 각 호의 어느 하나에 해당하는 비용을 지원할 수 있다.
1. 해외공사에 따른 외국과의 국제협력 및 기술교류에 소요되는 비용
2. 투자가 수반되는 해외공사의 타당성조사에 소요되는 비용
3. 그 밖에 해외공사정보 수집·분석 등 해외건설업의 촉진을 위하여 필요한 비용으로서 대통령령으로 정하는 비용

[본조신설 2015.8.11.]

제15조의6(금융자문) 해외건설업의 원활한 추진을 위하여 해외건설업자, 제19조제1항 및 제2항에 따른 해외건설집합투자기구는 「금융산업의 구조개선에 관한 법률」 제2조제1호에 따른 금융기관으로부터 해외건설과 관련하여 필요한 금융업무에 대한 금융자문, 금융주선 또는 집합투자기구 설립 업무에 대한 자문 등을 받을 수 있다.
[본조신설 2015.8.11.]

제15조의7(정보체계의 구축 등) ① 국토교통부장관은 해외공사에 대한 전략적 지원을 위하여 다음 각 호의 정보를 관리할 수 있는 정보체계를 구축·운영할 수 있다.
1. 해외건설업자에 대한 지원에 관한 사항

2. 해외공사 관련 현지 정보 및 자료
3. 해외공사 관련 외국과의 국제협력 및 기술교류
4. 해외공사 관련 인력 육성·관리
5. 그 밖에 국토교통부장관이 해외건설업자의 해외진출 확대를 위하여 필요하다고 인정한 정보로서 대통령령으로 정한 정보 및 자료

② 국토교통부장관은 제1항에 따른 정보체계를 구축·운영하기 위하여 필요한 사항에 대하여 중앙행정기관, 지방자치단체, 공공기관 및 관련 협회·단체 등(이하 "중앙행정기관등"이라 한다)에 자료를 요청할 수 있다. 이 경우 요청을 받은 중앙행정기관의 장 등은 특별한 사유가 없으면 그 요청에 따라야 한다.

③ 중앙행정기관등은 해외공사를 수행하는 자를 지원하기 위하여 제1항에 따른 정보체계를 활용할 수 있다.

④ 제1항부터 제3항까지의 정보체계 구축·운영 등에 필요한 사항은 대통령령으로 정한다.

[본조신설 2017.10.24.]

제16조(우수 해외건설업자 지정 등) ① 국토교통부장관은 다음 각 호의 어느 하나에 해당하는 해외건설업자를 우수 해외건설업자(이하 "우수업자"라 한다)로 지정할 수 있다. <개정 2013.3.23.>

1. 해외시장을 개척하거나 해외건설 수주 실적 등이 우수한 해외건설업자
2. 해외시장에 진출하려는 우수 중소건설업자

② 국토교통부장관은 새로운 해외건설시장의 개척이 필요하다고 인정하는 경우에는 그 시장을 지정하여 해외건설업자로 하여금 개척하도록 권고할 수 있다. <개정 2013.3.23.>

③ 우수업자의 선정 기준 및 절차 등에 관하여 필요한 사항은 대통령령으로 정한다.

④ 우수업자 또는 제2항에 따라 새로운 해외건설시장을 개척하는 해외건설업자에게는 필요한 지원을 할 수 있다.

[전문개정 2011.8.4.]

제17조(합작 수주·시공의 권고 등) ① 국토교통부장관은 해외건설업자의 국제경쟁력 강화와 대규모 공사의 수주 및 시공을 위하여 필요하다고 인정하는 경우에는 해외건설업자 2인 이상의 합작 수주 및 시공을 권고할 수 있다. <개정 2013.3.23.>

② 제1항에 따른 합작 수주 및 시공을 하는 해외건설업자에게는 제16조제4항에 준하여 지원할 수 있다.

[전문개정 2011.8.4.]

제17조의2(공공기관의 해외공사 투자) ① 제6조제6항에 따라 해외건설업자로 인정되는 공공기관은 해외건설의 활성화를 위하여 다음 각 호의 어느 하나에 해당하는 투자를 목적으로 하는 제19조제3항에 따른 해외건설집합투자기구에 출자하거나 투자할 수 있다. 이 경우 공공기관의 출자 또는 투자 규모의 최대한도에 관한 사항은 대통령령으로 정한다. <개정 2015.8.11.>

1. 사회기반시설(「사회기반시설에 대한 민간투자법」 제2조제1호에 따른 사회기반시설을 말한다. 이하 이 조에서 같다)의 신설·증설·개량 또는 운영에 관한 해외공사에 대한 투자
2. 사회기반시설에 준하는 시설의 건설사업(「사회기반시설에 대한 민간투자법」 제21조제1항 각 호의 사업을 말한다)인 해외공사에 대한 투자
3. 제1호 및 제2호에 따라 해당 건설사업에 참여한 사회기반시설을 운영하는 법인의 지분 인수

② 공공기관이 제1항에 따라 출자하거나 투자하려는 경우에는 미리 해당 공공기관의 업무를 관장하는 중앙행정기관의 장에게 보고하여야 한다.

③ 정부는 제1항에 따른 공공기관의 출자 또는 투자를 촉진하고 대상 사업을 발굴하기 위하여 필요한 지원을 할 수 있다.

④ 삭제 <2012.1.17.>

[전문개정 2011.8.4.]

제17조의3(해외건설진흥위원회) ① 국토교통부장관은 해외건설 진흥을 위한 다음 각 호의 사항을 심의하기 위하여 해외건설진흥위원회를 설치·운영할 수 있다. <개정 2013.3.23.>

1. 제5조에 따른 장기 해외건설진흥기본계획, 연도별 해외건설추진계획 및 각 분야별 진흥계획의 수립
2. 제6조제6항에 따라 해외건설업자로 인정되는 공공기관의 해외건설시장 진출 전략 및 사업계획
3. 제17조의2제1항에 따른 공공기관의 출자 또는 투자와 같은 조 제3항에 따른 사업 발굴

을 위하여 필요한 지원
4. 그 밖에 해외건설에 관한 중요 정책으로 대통령령으로 정하는 사항
② 해외건설진흥위원회의 구성·운영 등에 관하여 필요한 사항은 대통령령으로 정한다.
[본조신설 2012.1.17.]

제18조(기술개발) ① 국토교통부장관은 대통령령으로 정하는 바에 따라 일정 금액 이상의 해외공사를 수주한 해외건설업자에게 그 수주액의 일부를 건설기술의 선진화를 위한 기술개발에 투자하도록 권고할 수 있다. <개정 2013.3.23.>
② 제1항에 따라 기술개발에 투자하는 해외건설업자에게는 제16조제4항에 준하여 지원할 수 있다.
[전문개정 2011.8.4.]

제18조의2(해외건설전문인력의 육성 및 관리) ① 국토교통부장관은 해외건설 분야의 전문적인 기술 또는 기능을 보유한 인력(이하 "해외건설전문인력"이라 한다)의 육성 및 관리 등을 위하여 해외건설전문인력의 육성 및 관리 등에 관한 시책을 수립·추진할 수 있다. <개정 2013.3.23.>
② 국토교통부장관이 제1항에 따라 수립하는 시책에는 다음 각 호의 사항을 포함할 수 있다. <개정 2013.3.23.>
1. 해외건설전문인력의 수급(需給) 및 활용에 관한 사항
2. 해외건설전문인력의 육성 및 교육훈련에 관한 사항
3. 해외건설전문인력의 경력 관리와 경력 인증에 관한 사항
4. 그 밖에 해외건설전문인력의 육성 및 관리에 필요한 사항으로서 대통령령으로 정하는 사항
③ 국토교통부장관은 해외건설전문인력의 육성 및 관리 등에 관한 시책을 추진하는 데에 필요한 경우에는 건설전문인력의 육성 및 관리 업무를 수행하는 관계 단체·협회·공제조합 및 건설업자를 지원할 수 있다. <개정 2013.3.23.>
④ 제1항부터 제3항까지의 규정에 따른 해외건설전문인력의 육성 및 관리와 지원 등에 필요한 사항은 대통령령으로 정한다.
⑤ 국토교통부장관은 대통령령으로 정하는 바에 따라 관련 중앙행정기관의 장, 「건설산업기본법」 제87조에 따른 건설근로자 퇴직공제제도 운영기관과 건설전문인력의 육성 및 관리 업무를 수행하는 관계 단체·협회·공제조합 및 건설업자 등에게 해외건설전문인력의 육성 및 관리 등에 필요한 자료를 요청할 수 있다. 이 경우 요청을 받은 자는 특별한 사유가 없으면 이에 따라야 한다. <개정 2013.3.23.>
[전문개정 2011.8.4.]

제18조의3(응급의료시설의 설치 등) ① 해외건설업자는 해외건설 수주신고액 등을 고려하여 대통령령으로 정하는 규모 이상의 해외건설공사가 시행되는 현장에 해외파견 건설근로자가 질병에 걸리거나 부상을 입은 경우 적절한 치료를 받을 수 있도록 응급의료시설과 의료진을 갖추어야 한다. 다만, 현장으로부터 대통령령으로 정하는 거리 이내의 지역에 의료시설이 소재하고 있는 경우에는 그러하지 아니하다.
② 제1항에 따른 응급의료시설의 설치기준·의료진의 구성 및 자격 등에 필요한 사항은 대통령령으로 정한다.
[본조신설 2015.8.11.]

제5장 해외건설집합투자기구

<신설 2015.8.11.>

제19조(해외건설집합투자기구의 설립목적 등) ① 제19조의6에 따른 방법으로 해외공사에 자산을 투자하여 그 수익을 주주에게 배분하는 것을 목적으로 하는 해외건설투자회사(이하 "해외건설투자회사"라 한다)를 설립하거나 그 수익을 수익자에게 배분하는 것을 목적으로 하는 해외건설투자신탁(이하 "해외건설투자신탁"이라 한다)을 설정할 수 있다.
② 제19조의6에 따른 방법으로 해외공사에 자산을 투자하여 그 수익을 사원에게 배분하는 것을 목적으로 하는 경영참여형 사모집합투자기구(이하 "해외건설 경영참여형 사모집합투자기구"라 한다)를 설립할 수 있다.
③ 해외건설투자회사, 해외건설 경영참여형 사모집합투자기구 및 해외건설투자신탁(이하 "해외건설집합투자기구"라 한다)은 각각 「자본시장과 금융투자업에 관한 법률」에 따른 투자회사, 경영참여형 사모집합투자기구 및 투자신탁으로 본다.
④ 해외건설투자회사 및 해외건설투자신탁

은 「자본시장과 금융투자업에 관한 법률」 제230조제1항에 따른 환매금지형집합투자기구로 하여야 한다.
[본조신설 2015.8.11.]

제19조의2(해외건설집합투자기구의 등록 등에 관한 협의) ① 금융위원회는 해외건설집합투자기구의 「자본시장과 금융투자업에 관한 법률」 제182조, 제249조의6 또는 제249조의10에 따른 등록 또는 보고에 관하여 미리 국토교통부장관과 협의하여야 한다.
② 해외건설집합투자기구는 영업보고서의 작성 및 제출 등 대통령령으로 정하는 바에 따라 그 재산에 관한 영업보고서를 국토교통부장관과 금융위원회에 제출하여야 한다.
[본조신설 2015.8.11.]

제19조의3(존립기간) ① 해외건설집합투자기구의 존립기간은 「자본시장과 금융투자업에 관한 법률」 제182조, 제249조의6 또는 제249조의10에 따라 해외건설집합투자기구로 등록 또는 보고된 날부터 30년 이내에서 해외건설집합투자기구의 신탁계약 또는 정관으로 정한다. 다만, 해외건설집합투자기구는 해외건설업의 계속 등으로 존립기간의 연장이 필요한 경우에는 금융위원회의 승인을 받아 당초 존립기간 만료일부터 기산하여 30년 이내에서 존립기간을 한 차례만 연장할 수 있다.
② 금융위원회는 제1항 단서에 따라 존립기간의 연장을 승인하는 경우 미리 국토교통부장관과 협의하여야 한다.
[본조신설 2015.8.11.]

제19조의4(해외건설집합투자기구에 대한 감독·검사 등) ① 국토교통부장관 및 금융위원회는 다음 각 호의 자에게 해외건설집합투자기구의 업무와 재산에 관한 자료의 제출이나 보고를 요구할 수 있다.
1. 해외건설투자회사 및 해외건설투자신탁
2. 해외건설투자회사 및 해외건설투자신탁의 집합투자업자·신탁업자 및 일반사무관리회사
3. 해외건설 경영참여형 사모집합투자기구
② 국토교통부장관은 필요한 경우 금융위원회에 제1항 각 호의 자의 업무와 재산(제1항제2호의 경우에는 해외건설투자회사 및 해외건설투자신탁과 관련된 업무와 재산에 한정한다. 이하 이 항에서 같다)에 관한 검사를 요청할 수 있다. 금융위원회는 금융감독과 관련하여 필요하다고 인정하는 때에는 그 소속 직원 또는 「금융위원회의 설치 등에 관한 법률」 제24조에 따른 금융감독원의 원장으로 하여금 해외건설집합투자기구 및 해당 해외건설집합투자기구의 집합투자업자·신탁업자 및 일반사무관리회사의 업무를 검사하게 할 수 있다.
③ 금융위원회는 제2항에 따른 검사 결과를 국토교통부장관에게 지체 없이 알려야 한다.
[본조신설 2015.8.11.]

제19조의5(집합투자업에 대한 특례 등) ① 해외건설투자회사 또는 해외건설투자신탁의 자산만을 운용하기 위하여 「자본시장과 금융투자업에 관한 법률」에 따른 집합투자업 인가를 받고자 하는 자(이하 이 조에서 "전문집합투자업자"라 한다)는 같은 법 제12조제2항제2호에도 불구하고 자본금 요건을 10억원 이상으로 하며, 같은 법 제12조제2항제4호에도 불구하고 자격요건 등 대통령령으로 정하는 해외건설업에 관한 투자운용인력을 확보하여야 한다.
② 「자본시장과 금융투자업에 관한 법률」에 따라 설립된 집합투자업자(이하 이 조에서 "일반집합투자업자"라 한다)는 해외건설투자회사 또는 해외건설투자신탁의 자산을 운용할 수 있다. 이 경우 일반집합투자업자는 「자본시장과 금융투자업에 관한 법률」 제12조제2항제4호에 따른 투자운용인력 외에 대통령령으로 정하는 해외건설업에 관한 투자운용인력을 추가로 확보하여야 한다.
③ 일반집합투자업자는 「자본시장과 금융투자업에 관한 법률」 제42조제4항에도 불구하고 투자대상자산의 매입, 운영, 관리 및 매각 등과 관련한 업무로서 대통령령으로 정하는 바에 따라 해외건설투자회사 또는 해외건설투자신탁의 투자자와 이해가 상충되지 아니하는 범위에서 해외건설업에 관한 해외건설투자회사 또는 해외건설투자신탁의 자산운용업무 중 일부를 해외건설업에 전문성이 있는 자에게 위탁계약을 체결하고 위탁할 수 있다.
④ 전문집합투자업자 및 일반집합투자업자는 해외건설투자회사 및 해외건설투자신탁의 자산을 운용하는 경우 운용보수의 산정 방식 등 대통령령으로 정하는 바에 따라 운용실적에 따른 보수나 수수료를 받을 수 있다.

[본조신설 2015.8.11.]

제19조의6(자산운용의 범위) ① 해외건설투자신탁의 집합투자업자 또는 해외건설투자회사 및 해외건설 경영참여형 사모집합투자기구는 투자신탁 자산총액 또는 자본금의 100분의 50을 초과하는 금액을 다음 각 호에 사용하여야 한다.

1. 해외건설업의 시행을 목적으로 하는 법인의 주식, 지분 및 채권의 취득
2. 해외건설업의 시행을 목적으로 하는 법인에 대한 금전의 대여 또는 대출채권의 취득
3. 하나의 해외건설업의 시행을 목적으로 하는 법인에 대하여 제1호 또는 제2호의 방식으로 투자하는 것을 목적으로 하는 법인(해외건설투자회사 및 해외건설 경영참여형 사모집합투자기구는 제외한다)에 대한 제1호 또는 제2호의 방식에 따른 투자
4. 그 밖에 금융위원회가 제1호부터 제3호까지의 목적을 달성하기 위하여 필요한 것으로 승인한 투자

② 해외건설 경영참여형 사모집합투자기구는 사원이 출자한 날부터 6개월 이상의 기간으로서 대통령령으로 정하는 기간 이내에 자본금의 100분의 10 이상으로서 대통령령으로 정하는 비율 이상의 금액을 제1항 각 호에 사용하여야 한다.

③ 해외건설집합투자기구는 제1항 각 호의 업무를 영위하기 위하여 필요한 때에는 그 자산을 담보로 제공하거나 보증할 수 있다.

④ 해외건설집합투자기구는 여유자금을 다음 각 호의 방법으로 운용할 수 있다.

1. 금융기관에의 예치
2. 국채·공채의 매입
3. 여유자금의 100분의 30을 초과하지 아니하는 범위에서 대통령령으로 정하는 한도에 따른 국채·공채와 동일한 신용등급의 채권 및 기업어음의 매입

[본조신설 2015.8.11.]

제19조의7(자금의 차입) ① 해외건설투자회사 또는 해외건설투자신탁은 운용자금이나 투자목적자금의 조달 등을 위하여 자본금 또는 수익증권 총액의 100분의 30을 초과하지 아니하는 범위에서 대통령령으로 정하는 비율을 한도로 자금을 차입할 수 있다. 다만, 해외건설투자회사 또는 해외건설투자신탁이 운용자금의 조달을 위하여 차입하는 때에는 주주총회 또는 수익자총회의 승인을 받아야 한다.

② 해외건설 경영참여형 사모집합투자기구는 운용자금이나 투자목적자금의 조달 등을 위하여 자본금 또는 수익증권 총액의 100분의 30을 초과하지 아니하는 범위에서 대통령령으로 정하는 비율을 한도로 차입할 수 있다.

[본조신설 2015.8.11.]

제20조 삭제 <1999.2.8.>

제21조 삭제 <1999.2.8.>

제22조 삭제 <1999.2.8.>

제6장 해외건설협회
<개정 2011.8.4.>

제23조(해외건설협회의 설립 등) ① 해외건설업자는 그 권익 보호와 해외건설업의 건전한 발전 및 해외공사의 효율적인 수행을 위하여 국토교통부장관의 인가를 받아 해외건설협회(이하 "협회"라 한다)를 설립할 수 있다. <개정 2013.3.23.>

② 협회는 법인으로 한다.

③ 협회는 그 주된 사무소의 소재지에서 설립등기를 함으로써 성립한다.

④ 해외건설업의 신고를 한 자는 협회에 가입할 수 있다.

[전문개정 2011.8.4.]

제23조의2(협회의 설립인가 등) ① 협회를 설립하려면 협회의 회원이 될 자격이 있는 자의 5분의 1 이상이 발기(發起)하고, 협회의 회원이 될 자격이 있는 자의 3분의 1 이상의 동의를 받아 창립총회에서 정관을 작성한 후 국토교통부장관에게 인가를 받아야 한다. <개정 2013.3.23.>

② 국토교통부장관은 제1항에 따른 인가를 하였을 때에는 그 사실을 공고하여야 한다. <개정 2013.3.23.>

[전문개정 2011.8.4.]

제24조(협회의 업무) 협회는 다음 각 호의 업무를 한다. <개정 2012.1.17., 2013.3.23.>

1. 해외공사에 관한 자료 및 정보의 수집

·분석
2. 해외건설 진흥을 위한 국제 민간협력의 추진
3. 해외건설업에 관련된 제도의 연구 및 개선 건의
4. 회원의 품위 유지
5. 해외건설업에 관련된 자에 대한 교육훈련 및 복지사업
6. 해외건설의 홍보 및 간행물의 발간
7. 해외공사 기자재의 공동구입과 융자·차관 및 보증의 알선
8. 해외공사에 대한 수주 질서의 유지를 위한 협의
9. 해외공사 수주를 위한 국내공사 실적확인 지원에 관한 업무
10. 국토교통부장관으로부터 위탁받은 업무
[전문개정 2011.8.4.]

제25조(총회) ① 협회에 총회를 둔다.
② 총회는 회원 전원으로 구성한다.
③ 총회의 운영·의결 등에 필요한 사항은 정관으로 정한다.
[전문개정 2011.8.4.]

제26조(협회의 임원 등) ① 협회에 회장 1명을 두되, 총회에서 선출하여 국토교통부장관의 승인을 받아야 한다. <개정 2013.3.23.>
② 협회 임원의 수, 임기 및 선임방법과 그 밖에 필요한 사항은 대통령령으로 정한다.
[전문개정 2011.8.4.]

제27조(지도·감독) 국토교통부장관은 협회에 대하여 지도·감독상 필요한 경우에는 그 업무에 관한 사항을 보고하게 하거나 자료의 제출 또는 그 밖에 필요한 사항을 명할 수 있다. <개정 2013.3.23.>
[전문개정 2011.8.4.]

제28조(「민법」의 준용) 협회에 관하여는 이 법에서 규정한 사항을 제외하고는 「민법」 중 사단법인에 관한 규정을 준용한다.
[전문개정 2011.8.4.]

제7장 한국해외인프라·도시개발지원공사

<신설 2017.10.24.>

제28조의2(설립 등) ① 국토교통부장관은 해외인프라·도시개발사업을 지원하기 위하여 한국해외인프라·도시개발지원공사(이하 "지원공사"라 한다)를 설립할 수 있다.
② 지원공사는 법인으로 한다.
③ 지원공사에 관하여 이 법에서 규정한 것을 제외하고는 「상법」 중 주식회사에 관한 규정을 준용한다.
④ 정부는 지원공사의 해외인프라·도시개발사업 수행 등을 위하여 필요한 경우 행정적·재정적 지원을 할 수 있다.
[본조신설 2017.10.24.]

제28조의3(사무소) ① 지원공사의 주된 사무소의 소재지는 정관으로 정한다.
② 지원공사는 그 업무수행을 위하여 필요한 경우에는 정관으로 정하는 바에 따라 지사(支社) 또는 출장소를 둘 수 있다.
[본조신설 2017.10.24.]

제28조의4(자본금 등) ① 지원공사의 자본금은 5천억원으로 한다.
② 지원공사의 자본금은 다음 각 호의 자가 출자할 수 있다.
1. 정부
2. 공공기관
3. 「금융산업의 구조개선에 관한 법률」 제2조제1호에 따른 금융기관(이하"금융기관"이라 한다)
4. 그 밖에 대통령령으로 정하는 자
③ 제2항에 따른 자본금의 납입과 관련된 사항은 대통령령으로 정한다.
[본조신설 2017.10.24.]

제28조의5(설립등기 및 정관) ① 지원공사는 정관으로 정하는 바에 따라 주된 사무소의 소재지에서 설립등기를 함으로써 성립한다.
② 지원공사의 설립등기 및 그 밖에 지원공사의 등기에 관하여 필요한 사항은 대통령령으로 정한다.
③ 지원공사의 정관에는 다음 각 호의 사항을 기재하여야 한다.
1. 목적
2. 명칭
3. 주된 사무소·지사 및 출장소에 관한 사항
4. 자본금에 관한 사항

5. 운영위원회에 관한 사항
6. 이사회에 관한 사항
7. 임원 및 직원에 관한 사항
8. 업무와 그 집행에 관한 사항
9. 예산과 회계에 관한 사항
10. 정관의 변경에 관한 사항
11. 그 밖에 국토교통부장관이 정하는 사항

④ 지원공사가 정관을 변경하려는 경우에는 미리 국토교통부장관의 인가를 받아야 한다.
[본조신설 2017.10.24.]

제28조의6(유사명칭의 사용 금지) 이 법에 따른 지원공사가 아닌 자는 한국해외인프라·도시개발지원공사 또는 이와 유사한 명칭을 사용하지 못한다.
[본조신설 2017.10.24.]

제28조의7(운영위원회) ① 지원공사에 운영위원회를 둔다.
② 운영위원회는 다음 각 호의 사항을 심의·의결한다.
1. 지원공사의 업무운영에 관한 기본방침과 업무계획의 수립 및 변경
2. 예산의 편성·변경 및 결산
3. 제28조의18에 따른 자금의 차입 또는 제28조의19에 따른 해외인프라·도시개발채권의 발행
4. 그 밖에 지원공사의 운영에 관한 사항으로서 정관으로 정하는 사항

[본조신설 2017.10.24.]

제28조의8(운영위원회의 구성) ① 제28조의7에 따른 운영위원회(이하 "운영위원회"라 한다)는 다음 각 호의 위원 7명으로 구성한다.
1. 지원공사의 사장
2. 국토교통부장관이 소속 공무원 중에서 지정하는 사람 1명
3. 기획재정부장관이 소속 공무원 중에서 지정하는 사람 1명
4. 대통령령으로 정하는 관련 부처의 장이 소속 공무원 중에서 지정하는 사람 1명
5. 해외건설에 관한 학식과 경험이 풍부한 사람으로서 국회의 소관 상임위원회가 추천하여 국토교통부장관이 위촉하는 사람 1명
6. 해외인프라·도시개발과 관련하여 학식과 경험이 풍부한 사람 중 다음 각 목의 어느 하나에 해당하는 사람으로서 지원공사의 사장이 추천하여 국토교통부장관이 위촉하는 사람 2명
   가. 해외건설 또는 해외건설 엔지니어링과 관련된 업무에 5년 이상 종사한 경력을 가진 사람
   나. 금융기관에서 해외건설금융업무에 10년 이상 종사한 경력을 가진 사람
   다. 건축학, 토목공학, 조경학, 도시공학 등 해외건설과 관련된 분야를 전공한 대학의 전임 교원 이상인 사람
   라. 변호사 또는 공인회계사의 자격이 있는 사람으로서 해외인프라·도시개발분야에 5년 이상 종사한 경력을 가진 사람

② 제1항제6호에 따른 위원의 자격에 관하여는 대통령령으로 정한다.
③ 제1항제5호 및 제6호에 따른 위원의 임기는 2년으로 하며, 연임할 수 있다.
[본조신설 2017.10.24.]

제28조의9(운영위원회의 운영) ① 운영위원회의 위원장은 지원공사의 사장이 된다.
② 위원장은 운영위원회를 대표하고, 운영위원회의 업무를 총괄한다.
③ 위원장이 부득이한 사유로 직무를 수행할 수 없을 때에는 운영위원회가 미리 정한 위원이 그 직무를 대행한다.
④ 운영위원회의 회의는 정관으로 정하는 바에 따라 위원장이 필요하다고 인정하거나 재적위원 3분의 1 이상의 요구가 있는 경우에 위원장이 소집한다.
⑤ 운영위원회는 재적위원 과반수의 출석으로 개의하고 출석위원 과반수의 찬성으로 의결한다.
⑥ 그 밖에 운영위원회의 운영에 필요한 사항은 대통령령으로 정한다.
[본조신설 2017.10.24.]

제28조의10(임원 및 직원) ① 지원공사에는 임원으로 사장 1명, 상임이사 3명 이내, 비상임이사 3명 이상 및 감사 1명을 둔다.
② 임원의 임기는 3년으로 한다. 다만, 임원에 결원이 있을 때에는 새로 임명하고, 그 임기는 임명된 날부터 계산한다.
③ 지원공사의 임원의 임면(任免)은 「상법」 제382조제1항, 제389조제1항 및 제409조제1항을 준용하고, 지원공사의 직원은 정관으로 정하는 바에 따라 사장이 임면한다.
[본조신설 2017.10.24.]

제28조의11(이사회) ① 운영위원회의 회의에 부의할 사항과 그 밖에 정관으로 정하는 지원공사의 업무에 관한 중요 사항을 심의·의결하기 위하여 지원공사에 이사회를 둔다.
② 이사회는 사장과 상임이사와 비상임이사로 구성한다.
③ 사장은 이사회를 소집하고 그 의장이 된다.
④ 이사회는 구성원 과반수의 출석으로 개의하고, 출석한 구성원 과반수의 찬성으로 의결한다.
⑤ 감사는 이사회에 출석하여 의견을 진술할 수 있다.
[본조신설 2017.10.24.]

제28조의12(임직원 등의 결격사유) ① 다음 각 호의 어느 하나에 해당하는 사람은 지원공사의 임원이 될 수 없으며, 제2호에 해당하는 사람은 운영위원회의 위원 또는 지원공사의 직원이 될 수 없다.
1. 「공공기관의 운영에 관한 법률」 제34조 제1항제2호에 해당하는 사람
2. 「국가공무원법」 제33조 각 호의 어느 하나에 해당하는 사람

② 임원이 제1항 각 호의 어느 하나에 해당하게 되거나 임명 당시 그에 해당하는 사람으로 밝혀졌을 때에는 당연히 퇴직한다.
③ 제2항의 규정에 따라 퇴직한 임원이 퇴직 전에 관여한 행위는 그 효력을 잃지 아니한다.
[본조신설 2017.10.24.]

제28조의13(공무원 등의 파견 등) ① 사장은 그 업무를 수행하기 위하여 필요하다고 인정하면 중앙행정기관등에 그 소속 공무원 또는 임직원(이하 이 조에서 "파견직원"이라 한다)의 파견을 요청할 수 있다. 이 경우 국토교통부장관과 미리 협의하여야 한다.
② 사장은 제1항 후단에 따라 협의를 요청할 때에는 파견인원, 파견기간, 파견요청 사유 및 자격요건을 적은 서류를 국토교통부장관에게 제출하여야 한다.
③ 제1항에 따라 파견요청을 받은 경우 해당 기관의 장은 그 소속 공무원 또는 임직원을 지원공사에 파견할 수 있다.
④ 파견직원이 제28조의16에 따른 업무를 수행할 때에는 지원공사의 직원으로 본다.
[본조신설 2017.10.24.]

제28조의14(대리인의 선임) ① 지원공사의 사장은 정관으로 정하는 바에 따라 임직원 중에서 지원공사의 업무에 관한 재판상 또는 재판 외의 모든 행위를 할 수 있는 권한을 가진 대리인을 선임할 수 있다.
② 제1항에 따라 재판상 대리인으로 선임될 수 있는 임직원의 범위는 대통령령으로 정한다.
[본조신설 2017.10.24.]

제28조의15(비밀누설 등의 금지) 지원공사의 임직원(제28조의8에 따른 위원을 포함한다) 및 그 직에 있었던 사람은 직무상 알게 된 비밀을 누설하거나 직무 외의 용도로 사용해서는 아니 된다.
[본조신설 2017.10.24.]

제28조의16(업무) ① 지원공사는 제28조의2 제1항의 목적을 달성하기 위하여 다음 각 호의 업무를 수행한다.
1. 해외인프라·도시개발사업의 발굴 및 추진
2. 해외인프라·도시개발사업에 대한 투자, 출자 및 금융자문
3. 제1호와 관련된 외국정부·발주자와의 협상 지원
4. 해외인프라·도시개발사업 관련 국제협력
5. 정부로부터 위탁받은 업무
6. 해외인프라·도시개발사업 전문가 육성을 위한 교육
7. 그 밖에 해외인프라·도시개발사업에 관련된 업무로서 대통령령으로 정하는 업무

② 지원공사는 운영위원회의 심의를 거쳐 업무 수행에 관한 규정을 제정할 수 있다.
[본조신설 2017.10.24.]

제28조의17(재무 및 회계) ① 지원공사의 회계연도는 정부의 회계연도에 따른다.
② 지원공사의 예산과 결산은 운영위원회의 의결을 거쳐 국토교통부장관의 승인을 받아야 한다.
[본조신설 2017.10.24.]

제28조의18(차입) ① 지원공사는 해외인프라·도시개발사업 업무를 수행하기 위하여 필요한 경우 운영위원회의 의결을 거쳐 금융기관 또는 그 밖에 대통령령으로 정하는 자로부터 납입자본금과 적립금 합계액의 5배를 초과하지 아니하는 범위에서 자금을 차

입할 수 있다.
② 정부는 제1항에 따라 지원공사가 차입한 자금의 원리금 상환을 보증할 수 있다.
[본조신설 2017.10.24.]

제28조의19(해외인프라·도시개발채권의 발행 등) ① 지원공사는 업무 수행에 필요한 자금을 조달하기 위하여 운영위원회의 의결을 거쳐 납입자본금과 적립금 합계액의 5배를 초과하지 아니하는 범위에서 해외인프라·도시개발채권을 발행할 수 있다.
② 지원공사는 해외인프라·도시개발채권을 발행할 때마다 그 금액, 조건, 발행방법 및 상환방법을 정하여 국토교통부장관에게 신고하여야 한다.
③ 해외인프라·도시개발채권의 발행에 필요한 사항은 운영위원회가 정한다.
④ 해외인프라·도시개발채권의 소멸시효는 원금은 5년, 이자는 2년으로 완성된다.
⑤ 정부는 해외인프라·도시개발채권의 원리금 상환을 보증할 수 있다.
⑥ 해외인프라·도시개발채권은 「자본시장과 금융투자업에 관한 법률」 제4조제3항에 따른 특수채증권으로 본다.
[본조신설 2017.10.24.]

제28조의20(지도·감독) 국토교통부장관은 지원공사에 대하여 지도·감독상 필요한 경우에는 그 업무에 관한 사항을 보고하게 하거나 자료의 제출 또는 그 밖에 필요한 사항을 명할 수 있다.
[본조신설 2017.10.24.]

제28조의21(보고·검사 등) ① 국토교통부장관은 필요하다고 인정하면 지원공사에 대하여 그 업무·회계 및 재산에 관한 사항 등을 보고하게 하거나 소속 공무원에게 지원공사의 업무 상황 또는 장부, 서류, 시설, 그 밖에 필요한 물건을 검사하게 할 수 있다.
② 제1항에 따라 소속 공무원이 검사를 할 때에는 그 권한을 표시하는 증표를 지니고 관계인에게 보여 주어야 한다.
[본조신설 2017.10.24.]

제28조의22(업무계획의 국회 제출) 지원공사는 사업연도마다 운영위원회의 심의·의결을 거친 업무계획을 지체 없이 국회 소관 상임위원회에 제출하여야 한다. 이를 변경하는 경우에도 또한 같다.
[본조신설 2017.10.24.]

제8장 감독

<개정 2017.10.24.>

제29조 삭제 <1999.2.8.>

제30조 삭제 <1999.2.8.>

제31조 삭제 <1999.2.8.>

제32조 삭제 <1999.2.8.>

제33조(대리시공) ① 국토교통부장관은 해외건설업자의 부실시공으로 인하여 대외적인 공신력을 떨어뜨릴 우려가 있고 발주자의 의사에 반하지 아니한다고 인정하는 경우에는 대통령령으로 정하는 바에 따라 다른 해외건설업자(이하 "대리시공자"라 한다)에게 그 공사를 대리(代理)하여 시공하게 할 수 있다. <개정 2013.3.23.>
② 제1항에 따른 대리시공자와 기존 시공자는 하도급계약 또는 대체계약의 형식으로 공사 시공에 관한 권리·의무를 지체 없이 인계·인수하여야 한다.
③ 국토교통부장관은 제1항에 따른 대리시공으로 손실이 발생하였을 때에는 이를 보전(補塡)할 수 있도록 대리시공자에게 대통령령으로 정하는 바에 따라 필요한 협조와 지원을 하여야 한다. <개정 2013.3.23.>
④ 국토교통부장관은 제3항에 따른 지원을 위하여 필요하다고 인정하는 경우에는 관계 행정기관의 장에게 필요한 협조와 지원을 요청할 수 있다. <개정 2013.3.23.>
[전문개정 2011.8.4.]

제9장 보칙

<개정 2017.10.24.>

제34조(권한의 위탁) 이 법에 따른 국토교통부장관의 권한은 그 일부를 대통령령으로 정하는 바에 따라 협회에 위탁할 수 있다. <개정 2013.3.23.>
[전문개정 2011.8.4.]

제34조의2(벌칙 적용에서 공무원 의제) 지원공사의 임직원(제28조의8에 따른 위원 및 제28조의13에 따른 파견직원을 포함한다)은 「형법」 제129조부터 제132조까지의 규정을 적용할 때에는 공무원으로 본다.
[본조신설 2017.10.24.]

제35조 삭제 <1999.2.8.>

제36조 삭제 <1999.2.8.>

제10장 벌칙

<개정 2017.10.24.>

제37조(벌칙) 해외공사를 부실하게 시공하여 그 준공 전에 공사가 중단되어 다음 각 호의 어느 하나에 해당하게 된 해외건설업자는 7년 이하의 징역 또는 7천만원 이하의 벌금에 처한다. <개정 2015.1.6.>
1. 제33조제1항에 따른 대리시공의 원인을 제공한 자
2. 해외공사의 지급보증인에게 재산상 손실을 가한 자

[전문개정 2011.8.4.]

제38조(벌칙) 해외건설업자가 해외공사를 조잡하게 하여 공사의 준공 또는 완성 후 그 공사의 하자보수 의무기간 내에 목적물에 중대한 손괴(損壞)가 생기게 한 경우에는 5년 이하의 징역 또는 3천만원 이하의 벌금에 처한다.
[전문개정 2011.8.4.]

제39조(벌칙) 다음 각 호의 어느 하나에 해당하는 자는 1년 이하의 징역 또는 1천만원 이하의 벌금에 처한다. <개정 2017.10.24.>
1. 거짓이나 그 밖의 부정한 방법으로 제6조제1항에 따른 신고를 한 자
2. 제6조제1항에 따른 신고를 하지 아니하고 해외건설업을 영위한 자
3. 제28조의15를 위반하여 직무상 알게 된 비밀을 누설하거나 직무 외의 용도로 사용한 사람

[전문개정 2011.8.4.]

제40조(양벌규정) 법인의 대표자나 법인 또는 개인의 대리인, 사용인, 그 밖의 종업원이 그 법인 또는 개인의 업무에 관하여 제37조부터 제39조까지의 어느 하나에 해당하는 위반행위를 하면 그 행위자를 벌하는 외에 그 법인 또는 개인에게도 해당 조문의 벌금형을 과(科)한다. 다만, 법인 또는 개인이 그 위반행위를 방지하기 위하여 해당 업무에 관하여 상당한 주의와 감독을 게을리하지 아니한 경우에는 그러하지 아니하다.
[전문개정 2010.3.17.]

제41조(과태료) ① 제18조의3에 따른 응급의료시설과 의료진을 갖추지 아니한 자에게는 1천만원 이하의 과태료를 부과한다. <신설 2015.8.11.>
② 다음 각 호의 어느 하나에 해당하는 자에게는 300만원 이하의 과태료를 부과한다. <개정 2015.8.11., 2017.10.24.>
1. 제6조제1항에 따른 변경 신고를 하지 아니한 자
2. 제10조에 따른 신고를 하지 아니하거나 거짓으로 신고한 자
3. 제13조에 따른 보고를 하지 아니하거나 거짓으로 보고한 자
4. 제28조의6을 위반하여 한국해외인프라·도시개발지원공사 또는 이와 유사한 명칭을 사용한 자

③ 제1항 및 제2항에 따른 과태료는 대통령령으로 정하는 바에 따라 국토교통부장관이 부과·징수한다. <개정 2013.3.23., 2015.8.11.>
[전문개정 2011.8.4.]

부칙

<제14956호, 2017.10.24.>

제1조(시행일) 이 법은 공포 후 6개월이 경과한 날부터 시행한다.

제2조(지원공사의 설립에 따른 경과조치) ① 해외도시개발지원센터의 모든 소관 업무, 권리·의무 및 재산은 지원공사의 설립과 동시에 지원공사가 포괄 승계한다.
② 제1항에 따라 지원공사에 승계될 재산의 가액은 승계되는 날 전일의 장부가액으로 한다.
③ 해외도시개발지원센터의 명의로 된 등기

부나 그 밖의 공부에 표시된 명의는 지원공사의 명의로 본다.

④ 지원공사의 설립 이전에 해외도시개발지원센터가 행한 행위 또는 해외도시개발지원센터에 대하여 행하여진 행위는 지원공사가 행한 행위 또는 지원공사에 대하여 행하여진 행위로 본다.

해외건설 촉진법 시행령

[시행 2016.8.12.]
[대통령령 제27444호, 2016.8.11., 타법개정]

제1장 총칙

제1조(목적) 이 영은 「해외건설 촉진법」에서 위임된 사항과 그 시행에 필요한 사항을 규정함을 목적으로 한다.
[전문개정 2014.4.1.]

제2조(해외건설공사의 종류) 「해외건설 촉진법」(이하"법"이라 한다) 제2조제2호에서 "대통령령으로 정하는 공사"란 다음 각 호의 공사를 말한다.
1. 「건설산업기본법」 제2조제4호에 따른 건설공사
2. 「전기공사업법」 제2조제1호에 따른 전기공사
3. 「정보통신공사업법」 제2조제2호에 따른 정보통신공사

[전문개정 2014.4.1.]

제3조(해외건설 엔지니어링활동의 범위) 법 제2조제3호에서"대통령령으로 정하는 활동"이란 다음 각 호의 활동을 말한다.
1. 도시 및 지역계획의 수립
2. 공간정보체계 구축을 위한 측량 · 지적 · 지도제작 및 수로조사 등의 활동

[전문개정 2014.4.1.]

제4조(장기 해외건설진흥기본계획 등의 내용) ① 법 제5조제1항에 따른 장기 해외건설진흥기본계획에는 다음 각 호의 사항이 포함되어야 한다.
1. 중장기 해외건설시장 동향분석 및 수주전망
2. 지역별 · 국가별 해외건설 진출전략
3. 해외건설업자의 국제경쟁력 제고방안
4. 해외건설 정책 및 지원방안

② 법 제5조제1항에 따른 연도별 해외건설추진계획에는 다음 각 호의 사항이 포함되어야 한다.
1. 해외건설산업 진흥을 위한 정책방향
2. 전년도 해외건설 추진실적
3. 주요 사업별 추진계획 및 투자계획
4. 그 밖에 해외건설산업의 진흥에 필요한 사항

③ 법 제5조제2항에 따른 분야별 진흥계획에는 다음 각 호의 사항이 포함되어야 한다.
1. 분야별 해외건설시장 동향분석
2. 분야별 해외건설시장 진출현황
3. 분야별 해외건설시장 진출을 위한 정부의 전략 및 지원대책
4. 그 밖에 해외건설업자의 분야별 해외진출을 지원하기 위하여 필요한 사항

④ 국토교통부장관은 제3항에 따른 분야별 진흥계획을 제2항에 따른 연도별 해외건설추진계획에 포함하여 수립할 수 있다.
⑤ 국토교통부장관은 제1항부터 제4항까지의 규정에 따른 장기 해외건설진흥기본계획, 연도별 해외건설추진계획, 분야별 진흥계획(이하 "해외건설진흥기본계획등"이라 한다)을 수립하려면 관계 중앙행정기관의 장의 의견을 들은 후 법 제17조의3제1항에 따른 해외건설진흥위원회의 심의를 거쳐야 한다.
⑥ 국토교통부장관은 해외건설진흥기본계획등을 수립하였을 때에는 그 내용을 관계 중앙행정기관의 장에게 통보하여야 한다.
[전문개정 2014.4.1.]

제2장 해외건설업의 신고

제5조(해외건설업의 업종 및 자격) ① 법 제6조제1항에 따른 해외건설업의 영업의 종류(이하"업종"이라 한다) 및 내용은 별표 1과 같다.
② 업종별로 신고할 수 있는 자격은 별표 2와 같다.
[전문개정 2014.4.1.]

제6조(해외건설업의 신고 등) ① 해외건설업의 신고를 하려는 자는 다음 각 호의 사항을 적은 해외건설업 신고서에 국토교통부령으로 정하는 서류를 첨부하여 국토교통부장관에게 제출하여야 한다.
1. 업종
2. 상호 또는 명칭
3. 성명(법인인 경우에는 대표자 성명)

4. 주된 사무소 소재지
5. 법 제6조제2항에 해당하는 자격

② 국토교통부장관은 해외건설업 신고대장을 작성하여 보관하여야 한다.

③ 해외건설업자가 해외건설업 신고확인증을 분실 또는 훼손하였을 때에는 국토교통부령으로 정하는 바에 따라 재발급 받을 수 있다.

④ 제2항에 따른 해외건설업 신고대장은 전자적 처리가 불가능한 특별한 사유가 없으면 전자적 처리가 가능한 방법으로 작성·보관하여야 한다.

[전문개정 2014.4.1.]

제7조(신고사항의 변경신고) ① 법 제6조제1항 후단에 따라 변경신고를 하여야 하는 사항은 제6조제1항제2호부터 제4호까지의 사항으로 한다.

② 제1항에 따라 신고사항의 변경신고를 하려는 자는 그 사유가 발생한 날부터 30일 이내에 해외건설업 변경신고서를 국토교통부장관에게 제출하여야 한다.

[전문개정 2014.4.1.]

제8조(해외건설업의 신고를 할 수 있는 자) 법 제6조제2항제9호에서 "대통령령으로 정하는 자"란 다음 각 호의 자를 말한다. <개정 2009.6.25., 2011.1.4., 2014.2.11., 2014.4.1., 2015.6.1., 2016.8.11.>

1. 「대외무역법 시행령」 제21조제1항에 따라 무역거래자별 고유번호를 받은 자
2. 해외공사의 개발(공사의 시공은 제외한다) 사업을 하기 위하여 해외건설업자가 공동으로 출자하여 설립한 법인
3. 「건설기술 진흥법」 제26조에 따라 등록한 건설기술용역업자
4. 「공간정보의 구축 및 관리 등에 관한 법률」 제44조에 따라 등록한 측량업자 또는 같은 법 제54조에 따라 등록한 수로사업자
5. 「주택법」 제4조에 따라 등록한 주택건설사업자 또는 대지조성사업자

[제목개정 2014.4.1.]
[시행일:2014.5.23.] 제8조제3호

제9조 삭제 <1999.3.17.>

제10조(해외건설업 신고면제대상 공공기관 및 지방공기업) ① 법 제6조제6항 전단에서 "대통령령으로 정하는 공공기관"이란 별표 3의 공공기관을 말한다.

② 법 제6조제6항 전단에서 "대통령령으로 정하는 지방공기업"이란 「지방공기업법」에 따라 설립된 지방공사 중 국토교통부장관이 정하여 고시하는 지방공사를 말한다. <개정 2013.3.23.>

[전문개정 2011.1.4.]

제11조 삭제 <1999.3.17.>

제12조 삭제 <1999.3.17.>

제3장 현지법인 설립 등의 신고 및 보고

<개정 2014.4.1.>

제13조(현지법인 현황의 신고) 해외건설업자가 법 제10조에 따라 현지법인의 설립 또는 인수 현황에 관한 신고를 하려는 경우에는 그 설립일 또는 인수일부터 60일 이내에 현지법인설립(인수) 신고서를 국토교통부장관 또는 재외공관의 장에게 제출하여야 한다.

[전문개정 2014.4.1.]

제14조 삭제 <1999.3.17.>

제15조 삭제 <1999.3.17.>

제16조 삭제 <1999.3.17.>

제17조(해외공사 상황 보고) ① 해외건설업자는 법 제13조에 따라 해외공사의 수주활동 및 시공 상황에 관한 다음 각 호의 사항을 국토교통부장관에게 보고하여야 한다. 다만, 「대외무역법」 제32조제3항에 따라 국토교통부장관의 동의를 받아 일괄수주방식으로 수출하는 경우에는 제2호가목의 사항을 보고하여야 한다.

1. 수주활동 보고
   가. 수주활동 상황
   나. 계약 체결 결과
   다. 해외공사 실적
2. 시공 상황 보고
   가. 시공 상황
   나. 준공
   다. 공사내용 변경
   라. 해외공사에 따른 각종 사고

② 제1항에 따른 보고는 다음 각 호의 구분에 따라야 한다. 다만, 국토교통부장관은 해외공사 상황을 신속하게 파악할 필요가 있는 경우에는 수시로 보고하게 할 수 있다.
1. 제1항제1호가목의 보고: 도급공사인 경우에는 입찰예정일 10일 전까지, 도급공사 외의 공사인 경우에는 그 공사의 시행개시일 20일 전까지
2. 제1항제1호나목 및 제2호나목·다목·라목의 보고: 사유가 발생한 날부터 15일 이내
3. 제1항제1호다목의 보고: 매년 12월 31일을 기준으로 작성하여 다음 해 2월 15일까지
4. 제1항제2호가목의 보고: 매 반기 종료 후 30일 이내

[전문개정 2014.4.1.]

제4장 해외공사의 지원 등

제18조 삭제 <1999.3.17.>

제19조(중소기업 수주지원센터의 설치·운영) ① 법 제15조의2제1항제4호에서 "대통령령으로 정하는 사항"이란 다음 각 호의 어느 하나에 해당하는 사항을 말한다.
1. 해외건설시장 진출을 위한 자금, 인력 및 기자재 확보 등의 지원
2. 해외공사에 필요한 수출보증, 무역보험, 수출금융 및 환율변동 대응 등의 금융활동 지원
3. 해외건설시장 진출 기업과의 정보 공유 및 협력 기회 제공
4. 그 밖에 중소건설업자의 해외건설시장 진출을 지원하기 위하여 국토교통부장관이 필요하다고 인정하는 사항

② 법 제15조의2제4항 전단에서 "대통령령으로 정하는 기관 또는 단체"란 다음 각 호의 기관 또는 단체를 말한다.
1. 법 제23조에 따라 설립된 해외건설협회
2. 「건설산업기본법」 제50조에 따라 설립된 건설업자단체
3. 「건설산업기본법」 제54조에 따라 설립된 공제조합

[전문개정 2014.4.1.]

제19조의2(해외도시개발사업 지원) ① 법 제15조의3제1항제4호에서 "대통령령으로 정하는 사항"이란 다음 각 호의 어느 하나에 해당하는 사항을 말한다.
1. 법 제15조의3제1항에 따른 해외도시개발사업(이하 "해외도시개발사업"이라 한다)에 진출하는 기업 및 기관 등과의 정보 공유 및 협력
2. 국내 도시개발·주택건설(주택금융, 지적 및 토지측량사업을 포함한다) 관련 정책 및 기술의 제공
3. 해외도시개발사업 동향에 관한 국제 세미나 개최 및 참가
4. 해외도시개발사업 진출 전략 및 참여방안 연구
5. 그 밖에 해외도시개발사업 활성화를 지원하기 위하여 국토교통부장관이 필요하다고 인정하는 사항

② 법 제15조의3제4항 전단에서 "대통령령으로 정하는 기관 또는 단체"란 「한국토지주택공사법」에 따른 한국토지주택공사를 말한다.

[전문개정 2014.4.1.]

제19조의3(해외건설 정책 및 연구개발 지원 등) ① 법 제15조의4제1항제7호에서 "대통령령으로 정하는 사항"이란 다음 각 호의 사항을 말한다.
1. 해외건설 진출시장 및 공종 다변화 전략개발
2. 해외건설 투자개발 및 해외건설 엔지니어링 진출 확대 방안 연구
3. 해외건설 금융지원 방안 및 기법 연구
4. 해외건설 관계기관 간 추진체계 강화 방안 연구
5. 해외건설 관련 정보체계의 연계·통합 및 활용 방안 연구
6. 그 밖에 해외건설 진흥을 위하여 국토교통부장관이 필요하다고 인정하는 사항

② 법 제15조의4제4항 전단에서 "대통령령으로 정하는 기관 또는 단체"란 다음 각 호의 어느 하나에 해당하는 기관 또는 단체를 말한다.
1. 법 제23조에 따라 설립된 해외건설협회
2. 「건설산업기본법」 제50조에 따라 설립된 건설업자단체
3. 「정부출연연구기관 등의 설립·운영 및 육성에 관한 법률」 제8조에 따라 설립된 정부출연연구기관

[본조신설 2014.2.11.]

제19조의4(해외공사 관련 국제협력 지원 등) ① 법 제15조의5제3호에서 "대통령령으로 정하는 비용"이란 다음 각 호의 업무에 드는 비용을 말한다.

1. 해외공사정보의 수집 · 조사와 자료 발간
2. 해외공사 관련 정보시스템의 개발 · 구축 및 유지 · 관리
3. 정보통신망을 통한 해외공사정보의 제공

② 국토교통부장관은 법 제15조의5에 따라 비용을 지원할 때에는 미리 다음 각 호의 내용을 공고하여야 한다.

1. 다음 각 목의 사항이 포함된 집행계획
   가. 지원대상사업의 종류
   나. 지원금액
   다. 지원대상사업 모집 기간 및 일정
   라. 신청방법
2. 비용지급조건 등이 포함된 지급기준
3. 지원대상사업 선정평가기준 등 비용 지원에 필요한 그 밖의 사항

[본조신설 2016.2.11.]

제20조(우수 해외건설업자 지정 등) ① 국토교통부장관은 법 제16조제1항에 따라 우수 해외건설업자를 지정할 때에는 다음 각 호의 사항을 고려하여야 한다. 다만, 제1호 · 제3호 · 제4호 및 제7호는 법 제16조제1항제2호에 해당하는 해외건설업자를 우수 해외건설업자로 지정하는 경우에는 적용하지 아니한다.

1. 해외건설업자의 최근 3년간 해외공사계약 실적
2. 해외건설업자의 재무 상태 건실도
3. 해외건설업자의 신규시장 개척 실적
4. 해외건설업자가 시행한 해외공사의 외화가득률(外貨稼得率)
5. 제21조에 따른 해외건설업자의 기술개발비 사용 실적
6. 해외건설업자의 국산기자재 및 국내인력 활용 실적
7. 해외건설업자가 시행한 해외공사의 공사기간 단축 등 공사 수행의 우수성

② 우수 해외건설업자로 지정받으려는 자는 제1항 각 호의 사항 중 해당 사항에 관한 자료를 갖추어 국토교통부장관에게 신청하여야 한다.

③ 우수 해외건설업자 지정의 유효기간은 3년으로 한다.

[전문개정 2014.4.1.]

제20조의2(공공기관의 투자한도) 법 제17조의2제1항에 따라 공공기관이 출자하거나 투자할 수 있는 최대한도는 해당 집합투자기구 자산 총액의 100분의 30 이내로 한다.

[전문개정 2014.4.1.]

제20조의3(해외건설진흥위원회의 구성 · 운영 등) ① 법 제17조의3제1항제4호에서 "대통령령으로 정하는 사항"이란 다음 각 호의 사항을 말한다.

1. 제19조의2에 따른 해외도시개발사업 지원에 관한 사항
2. 그 밖에 해외건설 정책에 관한 사항으로서 법 제17조의3제1항에 따른 해외건설진흥위원회(이하 "위원회"라 한다)의 위원장이 심의에 부치는 사항

② 위원회는 위원장 1명을 포함한 30명 이내의 위원으로 구성한다.

③ 위원장은 국토교통부 제1차관이 되고, 위원은 다음 각 호의 사람이 된다.

1. 기획재정부, 교육부, 외교부, 농림축산식품부, 산업통상자원부, 환경부, 고용노동부, 국토교통부, 해양수산부, 금융위원회 및 법제처의 고위공무원단에 속하는 일반직공무원 중 그 소속 기관의 장이 지명하는 사람 각 1명
2. 해외건설에 관한 전문성과 경험이 풍부한 사람 중에서 위원장이 위촉하는 사람

④ 국토교통부장관은 위원회의 위원(이하 "위원"이라 한다) 명단을 인터넷 홈페이지 등을 통하여 공개하여야 한다.

⑤ 제3항제2호에 따른 위원의 임기는 2년으로 한다.

⑥ 위원장은 위원회의 회의를 소집하고, 그 의장이 된다.

⑦ 위원회의 회의는 재적위원 과반수의 출석으로 개의(開議)하고, 출석위원 과반수의 찬성으로 의결한다.

⑧ 위원회에 간사 1명을 두되, 국토교통부장관이 국토교통부 소속 공무원 중에서 지명한다.

⑨ 법 제17조의2에 따라 출자하거나 투자하는 공공기관은 위원회에 출석하여 발언할 수 있다.

⑩ 제1항부터 제9항까지에서 규정한 사항 외에 위원회의 구성 · 운영에 필요한 사항은 위원회의 의결을 거쳐 위원장이 정한다.

[전문개정 2014.4.1.]

제20조의4(위원의 제척·기피·회피) ① 위원이 다음 각 호의 어느 하나에 해당하는 경우에는 해당 안건의 심의·의결에서 제척(除斥)된다.

1. 위원이나 그 배우자 또는 배우자였던 사람이 해당 안건의 당사자가 되거나 그 안건의 당사자와 공동권리자 또는 공동의무자인 경우
2. 위원이 해당 안건의 당사자와 친족이거나 친족이었던 경우
3. 위원이 해당 안건에 대하여 자문, 연구, 용역(하도급을 포함한다), 감정 또는 조사를 한 경우
4. 위원이나 위원이 속한 법인·단체 등이 해당 안건의 당사자의 대리인이거나 대리인이었던 경우
5. 위원이 임원 또는 직원으로 재직하고 있거나 최근 3년 내에 재직하였던 기업 등이 해당 안건에 관하여 자문, 연구, 용역(하도급을 포함한다), 감정 또는 조사를 한 경우

② 해당 안건의 당사자는 위원에게 공정한 심의·의결을 기대하기 어려운 사정이 있는 경우에는 위원회에 기피 신청을 할 수 있고, 위원회는 의결로 이를 결정한다. 이 경우 기피 신청의 대상인 위원은 그 의결에 참여하지 못한다.

③ 위원이 제1항 각 호에 따른 제척 사유에 해당하는 경우에는 스스로 해당 안건의 심의·의결에서 회피(回避)하여야 한다.

[전문개정 2014.4.1.]

제20조의5(위원의 해촉 등) ① 국토교통부장관은 제20조의3제3항제2호에 따른 위원회의 위원이 다음 각 호의 어느 하나에 해당하는 경우에는 해당 위원을 해촉(解嘱)할 수 있다.

1. 심신장애로 인하여 직무를 수행할 수 없게 된 경우
2. 직무와 관련된 비위사실이 있는 경우
3. 직무태만, 품위손상이나 그 밖의 사유로 인하여 위원으로 적합하지 아니하다고 인정되는 경우
4. 제20조의4제1항 각 호의 어느 하나에 해당하는 데에도 불구하고 회피하지 아니한 경우
5. 위원 스스로 직무를 수행하는 것이 곤란하다고 의사를 밝히는 경우

② 제20조의3제3항제1호에 따라 위원을 지명한 자는 해당 위원이 제1항 각 호의 어느 하나에 해당하는 경우에는 그 지명을 철회할 수 있다.

[본조신설 2015.12.31.]

제21조(기술개발비 사용 권고) ① 법 제18조제1항에 따른 기술개발 투자 권고의 기준이 되는 금액은 전년도 계약 실적을 고려하여 국토교통부장관이 정한다.

② 국토교통부장관은 법 제18조제1항에 따라 해외건설업자에게 수주액의 일부를 기술개발비에 투자하도록 권고할 때에는 연간 해외공사계약 금액의 1천분의 2를 초과하지 아니하는 범위에서 하여야 한다.

[전문개정 2014.4.1.]

제21조의2(응급의료시설의 설치 등) ① 법 제18조의3제1항 본문에서 "대통령령으로 정하는 규모"란 미화 5억불을 말한다.

② 법 제18조의3제1항 본문에서 "대통령령으로 정하는 거리"란 50킬로미터를 말한다.

③ 법 제18조의3제1항 본문에 따라 갖추어야 하는 응급의료시설 및 의료진의 기준은 다음 각 호와 같다.

1. 응급의료시설: 응급환자의 진료를 위한 20제곱미터 이상의 별도 공간을 확보하고, 간단한 처치 및 시술을 위한 병상을 구비할 것
2. 의료진: 「의료법」 또는 「응급의료에 관한 법률」에 따라 면허 또는 자격을 취득한 의사, 간호사, 응급의료종사자 또는 해당 현장이 속한 국가의 법령에 따라 그에 상응하는 면허 또는 자격을 취득한 사람 1명 이상이 상주할 것

[본조신설 2016.2.11.]

제5장 해외건설집합투자기구

<신설 2016.2.11.>

제22조(영업보고서의 작성·제출) 법 제19조제3항에 따른 해외건설집합투자기구는 법 제19조의2제2항에 따라 「자본시장과 금융투자업에 관한 법률 시행령」 제94조제1항에서 정하는 방법으로 매 분기의 영업보고서를 작성하여 매 분기 종료 후 2개월 이내에 국토교통부장관 및 금융위원회에 제출하여야 한다.

[본조신설 2016.2.11.]

제23조(집합투자업자의 투자운용인력) ① 법 제19조의5제1항에서 "자격요건 등 대통령령으로 정하는 해외건설업에 관한 투자운용인력"이란 상근하는 다음 각 호의 투자운용인력을 말한다.

1. 다음 각 목의 어느 하나에 해당하는 사람(이하 제2항에서 "해외건설전문 투자운용인력"이라 한다) 2명 이상
   가. 「자본시장과 금융투자업에 관한 법률」 제286조제1항제3호다목에 따른 투자운용인력 자격을 갖춘 후 건설공사 또는 엔지니어링활동과 관련된 분야의 투자운용업무에 3년 이상 종사한 경력이 있는 사람
   나. 「금융산업의 구조개선에 관한 법률」 제2조제1호에 따른 금융기관에서 건설공사 또는 엔지니어링활동과 관련된 분야의 투자운용업무에 3년 이상 종사한 경력이 있는 사람
   다. 다음의 어느 하나에 해당하는 자격을 갖춘 후 국토교통부장관이 실시하는 자산운용에 관한 사전교육을 이수한 사람
      1) 건설공사 또는 엔지니어링활동과 관련된 업무에 5년 이상 종사한 경력이 있는 사람
      2) 「국가기술자격법」에 따른 건설 직무분야의 산업기사 이상의 자격이 있는 사람
      3) 「부동산투자회사법」 제22조제1항 각 호의 어느 하나에 해당하는 자격을 갖춘 후 같은 조 제2항에 따른 사전교육을 이수한 사람
      4) 변호사의 자격이 있는 사람
      5) 공인회계사의 자격이 있는 사람
2. 「자본시장과 금융투자업에 관한 법률」 제286조제1항제3호다목에 따른 투자운용인력 1명 이상

② 법 제19조의5제2항에서 "대통령령으로 정하는 해외건설업에 관한 투자운용인력"이란 상근하는 2명 이상의 해외건설전문 투자운용인력을 말한다.

[본조신설 2016.2.11.]

제24조(일반집합투자업자의 업무위탁 등) 일반집합투자업자가 법 제19조의5제3항에 따라 위탁할 수 있는 업무는 다음 각 호와 같다.

1. 해외건설공사에 따른 기술·법 제도·경제성 분석 등 타당성조사에 대한 업무
2. 해외건설업 또는 해외건설업 관련 투자를 목적으로 설립된 법인 및 그 관계법인(투자시설의 관리·운영법인, 투자시설을 통하여 생산된 재화·용역의 판매법인, 그 밖에 해외건설업 또는 해외건설업 관련 투자를 목적으로 설립된 법인의 목적 달성을 위하여 설립된 법인을 말한다)의 매입·매각의 실행 및 운영·관리 업무

[본조신설 2016.2.11.]

제25조(성과보수) 법 제19조의5제4항에 따른 보수나 수수료에 관하여는 「자본시장과 금융투자업에 관한 법률」 제86조제2항을 준용한다.
[본조신설 2016.2.11.]

제26조(자산운용의 범위) ① 법 제19조의6제2항에서 "대통령령으로 정하는 기간"이란 2년을 말한다.
② 법 제19조의6제2항에서 "대통령령으로 정하는 비율"이란 100분의 50을 말한다.
③ 법 제19조의6제4항제3호에서 "대통령령으로 정하는 한도"란 100분의 30을 말한다.
[본조신설 2016.2.11.]

제26조의2(자금 차입의 한도) ① 법 제19조의7제1항 본문에서 "대통령령으로 정하는 비율"이란 100분의 30을 말한다.
② 법 제19조의7제2항에서 "대통령령으로 정하는 비율"이란 100분의 30을 말한다.
[본조신설 2016.2.11.]

제6장 해외건설협회

제27조(해외공사 수주협의회의 운영) ① 법 제23조제1항에 따라 설립된 해외건설협회(이하 "협회"라 한다)는 법 제24조제8호의 업무를 수행하기 위하여 필요한 경우에는 해당 해외공사에 대한 수주 활동을 하고 있는 해외건설업자가 참여하는 해외공사 수주협의회(이하 "수주협의회"라 한다)를 운영할 수 있다.
② 수주협의회의 구성과 운영에 관한 사항은 협회 이사회의 의결을 거쳐 협회 회장이 정한다.
[전문개정 2014.4.1.]

제28조(감독) ① 국토교통부장관은 협회의 운영에 관하여 지도 · 감독한다.

② 국토교통부장관은 필요하다고 인정할 때에는 협회로 하여금 총회와 이사회가 끝난 날부터 5일 이내에 그 결과를 제출하게 할 수 있다.

③ 국토교통부장관은 제2항에 따라 보고된 총회와 이사회 결과가 다음 각 호의 어느 하나에 해당하는 경우에는 그 결과에 대한 시정이나 변경을 명할 수 있다.

1. 법령을 위반하는 경우
2. 해외공사의 수주 질서를 어지럽히는 경우
3. 회원에게 지나친 부담을 주는 등 협회의 설립 목적에 어긋나는 경우

④ 협회는 법 또는 이 영의 규정을 위반하거나 부당한 방법으로 해외공사를 수행하는 자를 발견하였을 때에는 국토교통부장관에게 보고하여야 한다.

[전문개정 2014.4.1.]

제29조 삭제 <1999.3.17.>

제7장 감독

제30조 삭제 <1999.3.17.>

제31조 삭제 <1999.3.17.>

제32조 삭제 <1999.3.17.>

제33조(대리시공) 국토교통부장관은 법 제33조제1항에 따라 다른 해외건설업자로 하여금 대리시공을 하게 하려는 경우에는 다음 각 호의 자의 의견을 들어야 한다.

1. 대리시공을 할 해외건설업자
2. 해당 지역을 관할하는 재외공관의 장
3. 기존 시공자의 지정 거래은행장
4. 협회 회장

[전문개정 2014.4.1.]

제34조 삭제 <1999.3.17.>

제35조(권한의 위탁) ① 국토교통부장관은 법 제34조에 따라 다음 각 호의 권한을 협회에 위탁할 수 있다.

1. 법 제6조에 따른 해외건설업 신고 수리(受理)
2. 법 제10조에 따른 현지법인 설립 등의 신고 수리
3. 법 제13조에 따른 해외공사 상황 보고 접수

② 협회는 제1항 각 호의 업무를 처리하였을 때에는 그 날부터 7일 이내에 국토교통부장관에게 그 결과를 보고하여야 한다.

[전문개정 2014.4.1.]

제35조의2(규제의 재검토) 국토교통부장관은 다음 각 호의 사항에 대하여 다음 각 호의 기준일을 기준으로 3년마다(매 3년이 되는 해의 기준일과 같은 날 전까지를 말한다) 그 타당성을 검토하여 개선 등의 조치를 하여야 한다.

1. 제6조에 따른 해외건설업의 신고 등: 2014년 1월 1일
2. 제13조에 따른 현지법인현황의 신고: 2014년 1월 1일
3. 제17조에 따른 해외공사상황보고: 2014년 1월 1일

[본조신설 2013.12.30.]

제36조(과태료의 부과기준) 법 제41조제1항에 따른 과태료의 부과기준은 별표 4와 같다.

[전문개정 2014.4.1.]

부칙

<제27444호, 2016.8.11.>

(주택법 시행령)

제1조(시행일) 이 영은 2016년 8월 12일부터 시행한다.

제2조부터 제6조까지 생략

제7조 (다른 법령의 개정) ①부터 <72>까지 생략

<73> 해외건설 촉진법 시행령 일부를 다음과 같이 개정한다.

제8조제5호 중 "「주택법」 제9조"를 "「주택법」 제4조"로 한다.

<74> 및 <75> 생략

제8조 생략

골재채취법

[시행 2018.6.20.]
[법률 제15275호, 2017.12.19., 일부개정]

제1장 총칙

<개정 2011.8.4.>

제1조(목적) 이 법은 골재(骨材)의 원활한 수급(需給)과 골재채취에 따른 재해(災害)를 예방하기 위하여 골재의 수급계획, 골재채취업의 등록 등 골재채취에 관한 기본적인 사항을 정함으로써 골재자원의 효율적인 이용과 국민경제 발전에 이바지함을 목적으로 한다.
[전문개정 2011.8.4.]

제2조(정의) ① 이 법에서 사용하는 용어의 뜻은 다음과 같다. <개정 2012.2.22.>
1. "골재"란 하천, 산림, 공유수면이나 그 밖의 지상·지하 등 자연상태에 부존(賦存)하는 암석[쇄석용(碎石用)에 한정한다], 모래 또는 자갈로서 콘크리트 및 아스팔트콘크리트의 재료 또는 그 밖에 건설공사의 기초재료로 쓰이는 것을 말한다.
2. "채취"란 골재를 캐거나 들어내는 등 자연상태로부터 분리하여 내는 것을 말한다.
3. "골재채취업"이란 영리를 목적으로 골재를 채취·선별·세척 또는 파쇄(破碎)하는 사업을 말한다.
4. "골재자원조사"란 지질조사, 물리탐사, 시추탐사 등을 통한 골재자원의 부존위치·부존량·심도(深度)·표토량(表土量)·부존구조 등에 관한 조사와 골재채취 대상지역의 토지이용 상태, 수송 여건 등 입지 및 개발 여건에 관한 조사를 말한다.

② 골재채취업은 대통령령으로 정하는 바에 따라 그 업종을 세분할 수 있다.
[전문개정 2011.8.4.]

제3조(산지에 대한 적용 범위) 「산지관리법」에 따른 산지에 대하여는 제4장을 적용하지 아니한다. 다만, 제22조의3 및 제22조의4는 제외한다. <개정 2012.2.22.>
[전문개정 2011.8.4.]

제2장 골재의 조사 및 수급계획

<개정 2011.8.4.>

제4조(골재자원조사) ① 국토교통부장관은 대통령령으로 정하는 바에 따라 전국의 골재자원조사를 하고 그 결과를 관계 행정기관의 장에게 알려야 한다. <개정 2011.8.4., 2013.3.23.>
② 삭제 <2004.12.31.>
③ 삭제 <2004.12.31.>
④ 국토교통부장관은 골재자원조사를 위하여 필요할 때에는 관계 기관에 자료를 요구하거나 협조를 요청할 수 있다. <개정 2011.8.4., 2013.3.23.>
⑤ 국토교통부장관은 대통령령으로 정하는 바에 따라 골재자원 조사에 관한 업무를 관계 전문기관으로 하여금 대행하게 할 수 있다. <개정 2011.8.4., 2013.3.23.>
⑥ 국토교통부장관은 골재자원조사 결과를 국토교통부령으로 정하는 바에 따라 관계 기관 및 일반인이 이용할 수 있도록 하여야 한다. <신설 2012.2.22., 2013.3.23.>
[제목개정 2011.8.4.]

제4조의2(골재자원정보관리시스템의 구축·운영) ① 국토교통부장관은 제4조에 따른 골재자원조사 결과와 그 밖에 골재자원의 보전·관리에 필요한 자료를 효율적으로 활용하기 위하여 골재자원정보관리시스템을 구축하여 운영할 수 있다. <개정 2013.3.23.>
② 제1항에 따른 골재자원정보관리시스템의 구축범위 및 운영절차 등에 관하여 필요한 사항은 국토교통부령으로 정한다. <개정 2013.3.23.>
③ 국토교통부장관은 제1항에 따른 골재자원정보관리시스템의 구축·운영에 관한 업무를 대통령령으로 정하는 바에 따라 제4조제5항에 따른 관계 전문기관 또는 제38조에 따른 골재협회로 하여금 대행하게 할 수 있다. <개정 2013.3.23.>
[본조신설 2012.2.22.]

제5조(골재수급 기본계획) ① 국토교통부장관은 5년마다 다음 각 호의 사항이 포함된 골재수급 기본계획을 수립·시행하여야 한다. <개정 2013.3.23.>
1. 골재의 장기(長期) 수요 전망
2. 골재의 장기 공급 대책

3. 골재원별(骨材源別) 개발 방향
4. 그 밖에 골재수급에 관한 사항

② 국토교통부장관은 제1항에 따른 골재수급 기본계획을 수립하려면 관계 중앙행정기관의 장과 협의하여야 한다. <개정 2013.3.23.>

③ 국토교통부장관은 제1항과 제2항에 따라 수립된 골재수급 기본계획을 관계 중앙행정기관의 장 및 관계 특별시장·광역시장·특별자치시장·도지사·특별자치도지사(이하 "시·도지사"라 한다)에게 알려야 한다. <개정 2012.2.22., 2013.3.23.>

[전문개정 2011.8.4.]

제6조(연도별 골재수급계획) ① 시·도지사는 매년 10월 31일까지 다음 연도의 골재수급계획을 작성하여 국토교통부장관에게 제출하여야 한다. 다만, 둘 이상의 특별시·광역시·특별자치시·도·특별자치도에 걸쳐 골재수급계획이 필요한 경우에는 해당 시·도지사는 대통령령으로 정하는 바에 따라 서로 협의하여 광역 단위의 골재수급계획을 수립하여야 한다. <개정 2012.2.22., 2013.3.23.>

② 국토교통부장관은 제1항에 따른 골재수급계획을 총괄·조정한 후 매년 12월 31일까지 다음 연도의 골재수급계획을 수립하고 관계 중앙행정기관의 장 및 시·도지사에게 알려야 한다. <개정 2013.3.23.>

③ 각 중앙행정기관의 장은 소관 사업 중 골재가 필요한 사업에 대하여는 그 사업계획을 대통령령으로 정하는 바에 따라 국토교통부장관에게 알려야 한다. <개정 2013.3.23.>

④ 제1항 및 제2항에 따른 골재수급계획의 내용과 그 밖에 골재수급계획의 수립에 필요한 사항은 대통령령으로 정한다.

⑤ 국토교통부장관은 제2항에 따른 연도별 골재수급계획을 수립하려면 관계 행정기관의 장과 협의하여야 한다. <신설 2015.12.29.>

[전문개정 2011.8.4.]

제7조 삭제 <2004.12.31.>

제8조 삭제 <1999.4.15.>

제9조(기술개발의 권고 등) ① 산업통상자원부장관은 골재채취업자에게 새로운 기술의 도입이나 연구·개발 등을 권고할 수 있으며 필요한 경우에는 기술정보를 제공하거나 기술지도를 할 수 있다. <개정 2013.3.23.>

② 산업통상자원부장관은 제1항에 따른 기술지도를 관계 전문기관으로 하여금 대행하게 할 수 있다. <개정 2013.3.23.>

[전문개정 2011.8.4.]

제10조(골재채취의 지원) ① 산업통상자원부장관은 골재자원의 합리적 개발을 위하여 골재채취업자나 골재자원의 개발과 관련된 기관 및 단체에 다음 각 호의 지원을 할 수 있다. <개정 2013.3.23.>

1. 골재자원조사에 필요한 자금의 보조 또는 융자
2. 골재채취기술 개발에 필요한 자금의 보조 또는 융자
3. 골재채취 시설투자에 필요한 자금의 융자
4. 골재채취에 따른 공해(公害) 및 재해 방지시설 자금의 융자
5. 그 밖에 대통령령으로 정하는 자금의 보조 또는 융자

② 산업통상자원부장관은 제1항에 따른 지원에 관한 업무를 대통령령으로 정하는 전문기관으로 하여금 대행하게 할 수 있다. <개정 2013.3.23.>

③ 국토교통부장관은 골재수급에 영향을 주는 「공익사업을 위한 토지 등의 취득 및 보상에 관한 법률」 제4조에 따른 공익사업의 시행 또는 그 밖의 골재수급상황의 급변으로 인하여 골재채취업의 경영 개선이 필요하다고 인정하는 때에는 국토교통부령으로 정하는 바에 따라 골재채취업의 구조조정 등에 필요한 지원 대책을 수립하여 시행할 수 있다. <신설 2012.2.22., 2013.3.23.>

[전문개정 2011.8.4.]

제11조 삭제 <2015.12.29.>

제12조 삭제 <1999.4.15.>

제13조 삭제 <1999.4.15.>

제3장 골재채취업의 등록
<개정 2011.8.4.>

제14조(등록) ① 골재채취업을 경영하려는 자는 주된 사무소의 소재지를 관할하는 특별자치시장·특별자치도지사·시장·군수·구청장(자치구의 구청장을 말한다. 이하 "시장·군수 또는 구

청장"이라 한다)에게 등록하여야 한다. 다만, 국가 또는 지방자치단체가 골재채취업을 운영하려는 경우에는 그러하지 아니하다. <개정 2012.2.22.>
② 제1항에 따른 등록을 하려는 자는 대통령령으로 정하는 기준에 따른 자본금 또는 자산(資産), 시설·장비 및 기술인력을 갖추어야 한다.
③ 제1항에 따라 골재채취업의 등록을 한 자는 제2항에 따른 등록기준에 관한 사항을 3년 이내의 범위에서 대통령령으로 정하는 기간이 지날 때마다 국토교통부령으로 정하는 신고기간 내에 시장·군수 또는 구청장에게 신고하여야 한다. <개정 2012.2.22., 2013.3.23.>
[전문개정 2011.8.4.]

제15조(결격사유) 다음 각 호의 어느 하나에 해당하는 자는 골재채취업의 등록을 할 수 없다. 법인의 경우 그 임원 중 다음 각 호의 어느 하나에 해당하는 사람이 있을 때에도 또한 같다. <개정 2015.12.29.>
1. 피성년후견인 또는 피한정후견인
2. 삭제 <2015.12.29.>
3. 제19조제1항제1호, 제2호, 제4호부터 제10호까지 및 제13호의 사유로 골재채취업의 등록이 취소된 후 2년이 지나지 아니한 자
4. 이 법을 위반하여 징역형의 실형을 선고받고 그 집행이 끝나거나(끝난 것으로 보는 경우를 포함한다) 집행이 면제된 날부터 2년이 지나지 아니한 사람
5. 이 법을 위반하여 징역형의 집행유예를 선고받고 그 유예기간 중에 있는 사람

[전문개정 2011.8.4.]

제16조(등록사항 변경 등의 신고) 골재채취업자는 그 상호·명칭 또는 사무소의 소재지나 그 밖에 대통령령으로 정하는 사항이 변경되었을 때에는 시장·군수 또는 구청장에게 신고하여야 한다.
[전문개정 2011.8.4.]

제17조(골재채취업의 양도) ① 골재채취업자가 골재채취업을 양도하거나 합병하려는 경우(골재채취업자인 법인이 골재채취업자가 아닌 법인을 흡수합병하는 경우는 제외한다)에는 대통령령으로 정하는 바에 따라 시장·군수 또는 구청장에게 신고하여야 한다.
② 제1항에 따른 신고를 한 경우의 양수인 및 합병으로 설립되거나 존속(存續)하는 법인은 각각 양도인 및 합병 전 법인의 골재채취업자로서의 지위를 승계한다.
③ 골재채취업자가 사망한 경우 그 상속인이 골재채취업자의 지위를 승계하여 골재채취업을 경영하려면 상속일부터 3개월 이내에 그 상속 사실을 시장·군수 또는 구청장에게 신고하여야 한다.
④ 제1항 및 제3항의 경우에는 제15조를 준용한다.
[전문개정 2011.8.4.]

제17조의2(골재채취업의 폐업) ① 골재채취업자는 그 업을 폐업하려면 국토교통부령으로 정하는 바에 따라 시장·군수 또는 구청장에게 신고하여야 한다. <개정 2013.3.23.>
② 제1항에 따른 폐업신고가 있는 경우에는 시장·군수 또는 구청장은 해당 골재채취업의 등록을 말소하여야 한다.
③ 제2항에 따라 골재채취업의 등록이 말소된 자가 제14조에 따라 다시 골재채취업자로 등록한 경우에는 폐업신고 전에 제19조에 따라 행한 행정처분의 효과는 그 처분일부터 1년간 다시 등록한 골재채취업자(이하 이 조에서 "재등록 골재채취업자"라 한다)에게 승계된다.
④ 시장·군수 또는 구청장은 재등록 골재채취업자에 대하여 폐업신고 전의 위반행위를 사유로 제19조에 따른 등록취소처분 또는 영업정지처분을 할 수 있다. 다만, 다음 각 호의 어느 하나에 해당하는 경우에는 그러하지 아니하다.
1. 폐업신고를 한 날부터 다시 골재채취업자로 등록을 한 날까지의 기간이 2년을 초과하는 경우
2. 폐업신고 전의 위반행위에 대한 행정처분이 영업정지에 해당하는 경우로서 폐업신고를 한 날부터 다시 골재채취업자로 등록을 한 날까지의 기간이 1년을 초과하는 경우

[본조신설 2012.2.22.]

제18조(등록명의 대여의 금지 등) 골재채취업자는 다른 사람에게 자기의 상호 또는 명칭을 사용하여 골재채취업을 경영하게 하거나 그 등록증을 빌려 주어서는 아니 된다.
[전문개정 2011.8.4.]

제19조(등록의 취소 등) ① 시장·군수 또는 구청장은 골재채취업자가 다음 각 호의 어느 하나에 해당하는 경우에는 골재채취업의 등록을 취소하거나 6개월 이내의 기간을 정하여 영업의 정지를 명할 수 있다. 다만, 제1호부터 제3호까지 및 제13호의 어느 하나에 해당하는 경우에는 골재채취업의 등록을 취소하여야 한다. <개정 2012.2.22., 2015.12.29.>

1. 거짓이나 그 밖의 부정한 방법으로 제14조에 따른 등록을 한 경우
2. 제14조제3항에 따라 등록기준에 관한 사항을 신고기간 내에 신고하지 아니하고 3개월이 경과한 경우
3. 제15조 각 호의 어느 하나에 해당하게 된 경우
4. 골재채취업의 등록기준에 미치지 못하게 된 경우. 다만, 일시적으로 등록기준에 미달하는 등 대통령령으로 정하는 경우는 예외로 한다.
5. 제16조에 따른 신고를 하지 아니한 경우
6. 제18조를 위반한 경우
7. 정당한 사유 없이 제21조제3항에 따른 보고를 하지 아니하거나 검사를 거부·방해 또는 기피한 경우
8. 제22조를 위반하여 골재채취 허가를 받지 아니하고 골재를 채취한 경우

8의2. 제22조의4를 위반하여 인증을 받지 아니하거나 품질시험을 거치지 아니한 골재를 공급한 경우

9. 제28조에 따른 예방조치를 게을리하여 공중(公衆)에 위해(危害)를 끼친 경우
10. 제31조제1항 각 호의 어느 하나에 해당하는 경우
11. 제32조제1항 또는 제2항을 위반하여 신고나 변경신고를 하지 아니하고 골재를 선별·세척 또는 파쇄한 경우
12. 다른 법령을 위반하여 국가나 지방자치단체가 요구한 경우
13. 영업정지기간에 영업을 한 경우

② 법인의 임원이 제15조 각 호의 어느 하나에 해당하는 경우에 해당 사실이 판명된 날부터 3개월 이내에 그 임원을 교체 임명한 경우와 골재채취업자의 상속인이 상속개시일 당시 제15조 각 호의 어느 하나에 해당하는 경우로서 상속개시일부터 6개월이 지나지 아니한 경우에는 제1항을 적용하지 아니한다.

③ 제1항에 따른 등록취소 등의 세부적인 기준은 그 사유와 위반 정도 등을 고려하여 대통령령으로 정한다.

④ 시장·군수 또는 구청장은 「산지관리법」 제25조 또는 제30조에 따라 골재용으로 토석채취허가를 받거나 채석신고를 한 골재채취업자에 대하여 제1항에 따른 등록취소처분 또는 영업정지처분을 한 경우에는 그 토석채취허가를 하거나 채석신고를 받은 시·도지사 또는 시장·군수·구청장에게 처분사실을 통지하여야 한다. <신설 2012.2.22.>

⑤ 제4항에 따라 처분사실을 통지받은 시·도지사 또는 시장·군수·구청장은 「산지관리법」 제31조에 따라 허가를 취소하거나 토석채취 또는 채석의 중지, 그 밖에 필요한 조치를 하고 그 결과를 해당 시장·군수 또는 구청장에게 알려야 한다. <신설 2012.2.22., 2016.12.2.>

[전문개정 2011.8.4.]

제20조(행정처분 시의 골재채취업의 계속 등) ①골재채취업자가 제19조에 따라 영업정지처분을 받은 경우에는 그 영업정지처분을 받은 날부터 처분이 종료되는 날까지 골재채취업을 할 수 없다. 다만, 영업정지처분을 받기 전에 제22조에 따른 골재채취 허가를 받거나 제32조에 따른 골재의 선별·세척 또는 파쇄 신고를 한 사업으로서 그 허가채취량 또는 신고생산량의 30퍼센트 미만이 남은 경우에는 허가받은 골재채취나 신고한 골재의 선별·세척 또는 파쇄를 계속할 수 있다. <개정 2012.2.22.>

② 골재채취업자가 제19조에 따라 골재채취업의 등록취소처분을 받은 경우에는 그 취소처분을 받은 날부터 골재채취업을 할 수 없다. 다만, 등록취소처분을 받기 전에 제22조에 따른 골재채취 허가를 받거나 제32조에 따른 골재의 선별·세척 또는 파쇄 신고를 한 사업으로서 그 허가채취량 또는 신고생산량의 20퍼센트 미만이 남은 경우에는 허가받은 골재채취나 신고한 골재의 선별·세척 또는 파쇄를 계속할 수 있다. <개정 2012.2.22.>

③ 시장·군수 또는 구청장은 골재채취업자가 제19조에 따라 등록취소처분 또는 영업정지처분을 받은 경우에 제1항 및 제2항에 따라 골재채취를 계속할 수 있는 경우를 제외하고는 대통령령으로 정하는 바에 따라 국가·지방자치단체 또는 다른 골재채취업자로 하여금 골재를 채취하게 할 수 있다. <개정 2012.2.22.>

[전문개정 2011.8.4.]

제21조(지도·감독) ① 골재채취업자는 국토

교통부령으로 정하는 바에 따라 골재채취구역마다 골재의 종류·채취량 등을 명확하게 적은 장부를 갖추어 두어야 한다. <개정 2013.3.23.>

② 국토교통부장관은 제22조의4제1항에 따른 골재 품질기준에의 적합 여부에 대한 확인이 필요한 경우 제4항에 따라 시장·군수 또는 구청장이 골재 품질을 조사한 결과를 보고하게 하거나 골재채취업자 및 골재를 판매하는 자에 대하여 조사할 수 있다. 이 경우 국토교통부장관은 골재 품질의 조사 결과(시장·군수 또는 구청장이 보고한 결과를 포함한다)를 국토교통부령으로 정하는 바에 따라 공표하여야 한다. <개정 2015.12.29.>

③ 시장·군수 또는 구청장은 골재채취업 등록기준의 충족 여부나 환경영향 저감(低減) 대책 및 골재채취 현황 등 골재채취 관련 사항에 대한 확인이 필요하다고 인정될 때에는 골재채취업자에 대하여 시설·장비·골재채취 현황 등 그 업무에 관한 사항을 보고하게 하거나 소속 공무원으로 하여금 시설·장비·서류 등을 검사하게 할 수 있다. <개정 2012.2.22.>

④ 시장·군수 또는 구청장은 제14조에 따라 등록한 골재채취업자가 관할 지역에서 채취·선별·세척 또는 파쇄하는 골재에 대하여 국토교통부령으로 정하는 바에 따라 매년 1회 이상 제22조의4에 따른 골재 품질기준에의 적합 여부를 확인하기 위하여 골재채취업자 및 골재를 판매하는 자에게 관련 자료의 제출을 요구하거나, 사무소 등에 출입하여 골재의 품질을 조사하여야 한다. <신설 2015.12.29., 2017.8.9.>

⑤ 제2항부터 제4항까지에 따라 조사 및 검사를 하는 경우에는 조사 및 검사 7일 전까지 그 일시·이유 및 내용을 골재채취업자에게 알려야 한다. 다만, 사전통지의 경우 증거인멸 등으로 조사 및 검사 목적을 달성할 수 없다고 인정되는 경우에는 그러하지 아니하다. <개정 2012.2.22., 2015.12.29.>

⑥ 제2항부터 제4항까지에 따른 조사 및 검사를 하는 공무원은 그 권한을 표시하는 증표를 지니고 이를 관계인에게 보여주어야 한다. <개정 2012.2.22., 2015.12.29.>

[전문개정 2011.8.4.]

제4장 골재의 채취 등

<개정 2011.8.4.>

제21조의2(골재채취 예정지의 지정 등) ① 시·도지사는 제6조제1항에 따른 연도별 골재수급계획에서 정하는 바에 따라 「하천법」에 따른 하천구역·홍수관리구역 또는 「공유수면 관리 및 매립에 관한 법률」에 따른 공유수면 중 골재채취가 필요한 일정지역을 대통령령으로 정하는 바에 따라 골재채취 예정지로 지정하여야 한다. 이 경우 골재채취 예정기간은 10년을 초과할 수 없다. <개정 2012.2.22.>

② 시·도지사는 골재채취 예정지 면적의 조정 등 지정의 변경이 필요하다고 인정할 때 또는 골재채취 예정지의 지정 사유가 없어졌거나 목적을 달성할 수 없는 등 지정의 해제가 필요하다고 인정할 때에는 대통령령으로 정하는 바에 따라 그 지정을 변경하거나 해제할 수 있다.

③ 시·도지사는 제1항 및 제2항에 따라 골재채취 예정지를 지정·변경 또는 해제하였을 때에는 대통령령으로 정하는 바에 따라 그 내용을 고시하여야 한다.

[전문개정 2011.8.4.]

제22조(골재채취의 허가) ① 골재를 채취하려는 자는 대통령령으로 정하는 바에 따라 관할 시장·군수 또는 구청장{「배타적 경제수역 및 대륙붕에 관한 법률」 제2조에 따른 배타적 경제수역(이하 "배타적 경제수역"이라 한다)에서의 골재채취의 경우에는 국토교통부장관을 말하며, 제34조에 따른 골재채취단지(배타적 경제수역에서 지정된 골재채취단지를 제외한다)에서의 골재채취의 경우에는 시·도지사를 말한다. 이하 이 조, 제23조부터 제25조까지, 제29조부터 제31조까지, 제33조 및 제47조의2에서 같다}의 허가를 받아야 한다. 다만, 다음 각 호의 어느 하나에 해당하는 경우에는 그러하지 아니하다. <개정 2012.2.22., 2013.3.23., 2015.12.29., 2017.3.21.>

1. 다른 법령에 따라 시행하는 사업에서 발생하는 암석(쇄석용에 한정한다), 모래 또는 자갈을 선별·세척 또는 파쇄하기 위하여 제32조에 따라 골재의 선별·세척 등의 신고를 하는 경우
2. 긴급히 조치하여야 하는 재해복구와 군사시설, 마을 단위의 공익사업 및 이에 준하는 경우로서 대통령령으로 정하는 범위에서 골재를 채취하는 경우

② 골재를 채취하려는 구역이 광업권 설정구역과 중복되는 경우 골재채취의 허가를 받으려는 자는 광업권자(鑛業權者)나 조광권자(粗鑛權者)의 동의를 받아야 한다. 다만, 산업통상자원부장관이 인정하는 전문조사기관의 조사 결과, 광물의 채굴(採掘)이 경제적 가치기준에 미치지 못하거나 광물채굴과 골재채취가 작업상 서로 지장을 주지 아니한다고 판명되어 산업통상자원부장관의 승인을 받은 경우에는 그러하지 아니하다. <개정 2013.3.23.>
③ 시장·군수 또는 구청장은 골재채취의 허가를 받고자 하는 구역이 다른 법령에 따라 골재채취가 금지된 구역에 해당하는 경우 허가를 하여서는 아니 된다. <개정 2012.2.22.>
④ 시장·군수 또는 구청장은 동일한 구역에 대하여 둘 이상의 골재채취 허가신청을 받은 경우에는 대통령령으로 정하는 바에 따라 재해복구용·군사시설용 등 공용(公用) 또는 공공용(公共用)으로 채취하려는 것을 우선적으로 허가하여야 한다.
⑤ 제2항 단서에 따라 승인을 받은 후 골재채취 허가를 받아 골재를 채취하는 자는 그 골재채취로 인하여 광업권자나 조광권자가 받은 손실을 보상하여야 한다.
⑥ 시장·군수 또는 구청장은 제1항에 따라 골재채취 허가를 할 때에는 다음 각 호의 사항을 검토하여야 한다. <개정 2012.2.22.>
1. 제6조에 따른 연도별 골재수급계획과의 부합 여부
2. 골재의 수요·공급 상황
3. 골재의 부존량
4. 부존골재의 품질이 제22조의4제1항에 따른 골재 품질기준에 적합한지 여부
5. 골재채취로 인한 환경영향예측과 저감대책의 적절성
6. 재해와 안전에 대한 예방조치계획의 적절성
7. 제22조의3에 따른 골재채취 능력

[전문개정 2011.8.4.]

제22조의2 삭제 <2012.2.22.>

제22조의3(골재채취 능력의 평가 및 공시) ① 국토교통부장관은 시장·군수 또는 구청장이 적정한 골재채취업자를 선정할 수 있도록 하기 위하여 골재채취업자의 골재채취 실적, 자본금, 골재채취의 안전·환경 및 품질관리 수준 등에 따라 골재채취 능력을 평가하여 공시하여야 한다. <개정 2012.2.22., 2013.3.23.>
② 제1항에 따른 골재채취 능력의 평가 및 공시를 받으려는 골재채취업자는 골재채취 허가증 사본, 골재채취 현황 보고서, 재무상태, 그 밖에 국토교통부령으로 정하는 사항을 국토교통부장관에게 제출하여야 한다. <개정 2013.3.23.>
③ 제1항에 따른 골재채취 능력의 평가방법, 공시절차 및 그 밖에 필요한 사항은 국토교통부령으로 정한다. <개정 2013.3.23.>

[전문개정 2011.8.4.]

제22조의4(골재의 품질기준) ① 골재채취업자 또는 골재를 판매하는 자는 다음 각 호의 어느 하나에 해당하는 골재를 공급하거나 판매하여야 한다.
1. 「산업표준화법」에 따른 한국산업표준에 적합하다는 인증을 받은 골재
2. 대통령령으로 정하는 골재의 용도별 품질기준에 적합한 골재
② 골재채취업자는 제1항제2호의 골재를 공급하는 경우에는 그 품질을 확보하기 위하여 국토교통부령으로 정하는 시험 시기·절차 및 방법 등에 따라 품질시험을 실시하거나 「건설기술 진흥법」 제26조제1항에 따른 건설기술용역업자로 하여금 품질시험을 대행하게 하여야 한다. <개정 2013.3.23., 2013.5.22.>
③ 골재채취업자는 골재의 한국산업표준 적합 인증 또는 품질시험 결과에 관한 서류를 국토교통부령으로 정하는 바에 따라 골재채취구역마다 비치하고 관계인에게 제공하여야 한다. <개정 2013.3.23.>

[본조신설 2012.2.22.]

제23조(다른 법률과의 관계) ① 골재채취의 허가를 받은 경우에는 다음 각 호의 허가나 승인을 받은 것으로 본다. <개정 2014.6.3., 2015.1.6.>
1. 「국토의 계획 및 이용에 관한 법률」 제56조제1항제2호 및 제3호에 따른 토지의 형질변경 및 토석의 채취허가
2. 「수도법」 제7조제4항에 따른 상수원보호구역에서의 토지형질변경허가
3. 「하천법」 제33조에 따른 하천의 점용허가 및 같은 법 제50조에 따른 하천수의 사용허가
4. 「공유수면 관리 및 매립에 관한 법률」 제8조에 따른 공유수면의 점용·사용허가
5. 「사도법」 제4조에 따른 사도 개설허가

6. 「지역 개발 및 지원에 관한 법률」 제17조제1항에 따른 토석 채취 등의 허가
7. 「농지법」 제34조제1항에 따른 농지의 전용허가 및 같은 법 제36조제1항에 따른 농지의 타용도 일시사용허가
8. 「수산자원관리법」 제47조에 따른 보호수면 안에서의 공사 등의 승인
9. 「산업입지 및 개발에 관한 법률」 제12조에 따른 산업단지 안에서의 토석채취 허가
10. 「택지개발촉진법」 제6조에 따른 택지개발지구 안에서의 토석채취허가

② 시장·군수 또는 구청장은 골재채취의 허가를 하려는 경우에 제1항 각 호의 어느 하나에 해당하는 사항이 포함되어 있으면 관계 기관의 장과 협의하여야 한다. 이 경우 협의 요청을 받은 관계 기관의 장은 그 요청을 받은 날부터 대통령령으로 정하는 기간 내에 의견을 제출하여야 한다.
[전문개정 2011.8.4.]

제24조(채취기간) 시장·군수 또는 구청장은 골재채취의 허가를 할 때에는 대통령령으로 정하는 기준에 따라 골재의 부존량, 해당 구역의 토지이용 전망, 주변환경 등 제반(諸般) 사정을 고려하여 채취기간을 정하여 허가하여야 한다.
[전문개정 2011.8.4.]

제25조(허가내용의 변경승인) 골재채취의 허가를 받은 자가 허가받은 내용을 변경하려면 시장·군수 또는 구청장의 승인을 받아야 한다. 다만, 대통령령으로 정하는 경미한 사항의 변경인 경우에는 시장·군수 또는 구청장에게 신고하여야 한다.
[전문개정 2011.8.4.]

제26조(골재채취 등) 골재채취의 허가를 받은 자는 허가받은 채취구역, 채취기간 등 허가받은 내용에 따라 골재를 채취하여야 한다.
[전문개정 2011.8.4.]

제27조 삭제 <1999.4.15.>

제28조(재해에 대한 예방조치 등) 골재채취의 허가를 받아 골재를 채취하는 자는 골재채취로 인한 자연환경 훼손, 수질오염, 그 밖의 재해에 대한 예방조치를 하여야 한다.
[전문개정 2011.8.4.]

제29조(골재채취구역의 복구) ① 골재채취의 허가를 받아 골재를 채취하는 자 중 골재채취구역을 복구하여야 하는 자는 시장·군수 또는 구청장이 지정하는 기간 내에 골재채취구역의 복구 등에 필요한 조치를 하여야 한다. <개정 2015.12.29.>

② 시장·군수 또는 구청장은 제1항에 해당하는 자로 하여금 국토교통부령으로 정하는 바에 따라 골재채취구역의 복구 등에 필요한 비용을 예치하게 하여야 한다. 다만, 다음 각 호의 어느 하나에 해당하는 경우에는 그러하지 아니하다. <개정 2013.3.23., 2015.12.29.>
1. 국가·지방자치단체
2. 다른 법령에 따라 복구비 등을 예치한 경우
3. 그 밖에 대통령령으로 정하는 경우

③ 제2항에 따른 예치금을 예치한 자가 제1항에 따른 필요한 조치를 하지 아니할 때에는 시장·군수 또는 구청장은 그가 지정하는 자로 하여금 골재채취구역의 복구 등에 필요한 조치를 대행하게 하고 그 비용은 제2항에 따른 예치금으로 충당하게 할 수 있다.

④ 시장·군수 또는 구청장은 제1항이나 제3항에 따라 복구 등이 완료되었을 때에는 복구준공검사를 하여야 한다.

⑤ 제4항에 따라 복구준공검사를 받은 자는 준공검사 완료일부터 국토교통부령으로 정하는 기간에 복구 등에 하자(瑕疵)가 발생하는 경우에는 시장·군수 또는 구청장이 지정하는 기간에 하자복구 등에 필요한 조치를 하여야 한다. <개정 2013.3.23.>

⑥ 시장·군수 또는 구청장은 제4항에 따른 복구준공검사를 받으려는 자에게 복구준공검사 후에 발생하는 하자의 보수를 위하여 제2항에 따른 복구 등의 공사비 총액의 10퍼센트 이내의 하자보수보증금을 5년의 범위에서 미리 예치하게 하여야 한다. 다만, 제2항제1호 또는 제3호에 해당하거나 같은 항 제2호의 복구비 등이 하자보수보증금으로 활용될 수 있는 경우에는 그러하지 아니하다.

⑦ 제5항에 따른 하자복구 등에 필요한 조치의 대행 및 하자복구 등에 대한 복구준공검사에 관하여는 제3항과 제4항을 준용한다.

⑧ 제2항에 따른 예치금과 제6항에 따른 하자보수보증금의 예치방법·예치기간 등에 관하여 필요한 사항은 국토교통부령으로 정한

다. <개정 2013.3.23.>
[전문개정 2011.8.4.]

제30조(골재채취구역 변경 등의 명령) 시장·군수 또는 구청장은 다음 각 호의 어느 하나에 해당하는 경우에는 골재채취 허가를 받은 자에게 골재채취구역 변경, 채취 중지, 시설물 이전, 그 밖에 필요한 조치를 명할 수 있다. <개정 2017.1.17.>
1. 자연환경 훼손, 하천이나 해양환경의 변화 등으로 인하여 골재채취를 계속하면 재해가 발생하는 등 공중에게 위해가 발생할 우려가 있는 경우
2. 「물환경보전법」과 「해양환경관리법」 등 관계 법령에 따른 배출허용기준을 초과하여 오염물질을 배출하는 경우
3. 골재채취 허가 시 부여한 허가조건을 지키지 아니하는 경우

[전문개정 2011.8.4.]

제31조(골재채취 허가의 취소 등) ① 시장·군수 또는 구청장은 골재채취 허가를 받은 자가 다음 각 호의 어느 하나에 해당하는 경우에는 그 허가를 취소하거나 6개월 이내의 기간을 정하여 골재채취를 중지시킬 수 있다. 다만, 제1호 및 제6호에 해당하는 경우에는 골재채취 허가를 취소하여야 한다.
1. 거짓이나 그 밖의 부정한 방법으로 골재채취 허가를 받은 경우
2. 제25조를 위반하여 승인을 받지 아니하고 허가받은 내용을 변경하여 골재를 채취한 경우
3. 제26조를 위반하여 허가받은 내용과 달리 골재를 채취한 경우
4. 제29조제1항 또는 제5항을 위반한 경우
5. 제30조에 따른 명령을 위반한 경우. 다만, 제6호에 해당하는 경우는 제외한다.
6. 제30조 및 이 조에 따라 채취중지명령을 받은 자가 채취중지 기간에 골재를 채취한 경우

② 제1항에 따른 허가취소 등의 세부적인 기준은 그 사유와 위반 정도 등을 고려하여 대통령령으로 정한다.
[전문개정 2011.8.4.]

제32조(골재의 선별·세척 등의 신고 등) ① 골재를 선별·세척 또는 파쇄하려는 자는 야적장 및 부대시설 설치 등에 필요한 대통령령으로 정하는 규모 이상의 부지를 갖추어 국토교통부령으로 정하는 바에 따라 관할 시장·군수 또는 구청장에게 신고하여야 한다. 다만, 제22조제1항 본문에 따라 골재채취의 허가를 받은 자가 골재의 선별·세척 또는 파쇄를 하고자 하는 경우에는 그러하지 아니하다. <개정 2012.2.22., 2013.3.23., 2015.1.6., 2015.12.29., 2017.12.19.>
1. 삭제 <2015.12.29.>
2. 삭제 <2015.12.29.>
3. 삭제 <2015.12.29.>
4. 삭제 <2015.12.29.>
5. 삭제 <2015.12.29.>

② 골재채취 신고를 한 자가 신고한 내용을 변경하려면 시장·군수 또는 구청장에게 변경신고를 하여야 한다. 다만, 대통령령으로 정하는 경미한 사항을 변경하려는 경우에는 그러하지 아니하다.
③ 골재의 선별·세척 또는 파쇄의 신고를 한 자에 대하여는 제22조제6항, 제24조, 제29조 및 제30조를 준용하고, 제1항에 따른 신고를 하지 아니하고 골재의 선별·세척 또는 파쇄를 한 자에 대하여는 제33조를 준용한다. <개정 2012.2.22., 2015.1.6.>
[전문개정 2011.8.4.]

제32조의2(골재 사용자의 의무) 「건설산업기본법」 제2조제7호에 따른 건설업자와 레디믹스트콘크리트(시멘트, 골재 및 물 등을 배합한 굳지 아니한 상태의 콘크리트를 말한다) 또는 아스팔트콘크리트의 제조업자는 다음 각 호의 어느 하나에 해당하는 자가 공급하는 골재 중 제22조의4제1항에 따른 품질기준에 적합한 골재를 사용하여야 한다.
1. 제22조에 따라 골재채취 허가를 받은 자
2. 제32조에 따라 골재의 선별·세척 등의 신고를 한 자
3. 「산지관리법」 제25조에 따라 토석채취허가를 받은 자
4. 「산지관리법」 제30조에 따라 채석신고를 한 자

[본조신설 2017.12.19.]

제33조(원상복구 명령 등) ① 시장·군수 또는 구청장은 골재채취 허가를 받아야 할 자가

허가를 받지 아니하고 골재를 채취한 경우에는 골재채취구역의 원상복구 또는 시설의 철거 등을 명하거나 이에 필요한 조치를 할 수 있다.

② 시장·군수 또는 구청장은 제1항에 따른 명령을 받은 자가 그 명령을 이행하지 아니할 때에는 「행정대집행법」에 따라 대집행을 할 수 있다.

[전문개정 2011.8.4.]

제5장 골재의 수급 안정 조치 등

<개정 2011.8.4.>

제33조의2(골재수급 안정을 위한 조치) ① 국토교통부장관은 골재의 수급 불균형으로 인하여 국민경제 운영에 중대한 지장을 줄 우려가 있다고 인정할 때에는 다음 각 호의 조치를 할 수 있다. <개정 2012.2.22., 2013.3.23.>

1. 골재의 집중개발을 위한 제34조에 따른 골재채취단지(배타적 경제수역의 골재채취단지에 한정한다)의 지정·변경 또는 해제
2. 골재의 비축
3. 골재의 수출입 조정
4. 그 밖에 골재의 수급 안정을 위하여 필요한 조치로서 대통령령으로 정하는 조치

② 국토교통부장관은 제1항 각 호의 조치를 하려면 미리 관계 행정기관의 장과 협의하여야 한다. <개정 2013.3.23.>

[전문개정 2011.8.4.]

제34조(골재채취단지의 지정 등) ① 시·도지사(배타적 경제수역에서의 골재채취단지 지정의 경우에는 국토교통부장관을 말한다. 이하 이 조 제2항부터 제6항까지 및 제34조의2에서 같다)는 골재자원의 효율적인 이용과 골재수급 안정을 위하여 필요하다고 인정할 때에는 직접 또는 다음 각 호에 해당하는 자의 신청에 의하여 양질의 골재가 부존되어 있어 집중적으로 개발하기 쉬운 지역(「산지관리법」에 따른 산지는 제외한다)을 골재채취단지로 지정할 수 있다. <개정 2012.2.22., 2013.3.23., 2015.12.29.>

1. 시·도지사(배타적 경제수역에서 골재채취단지 지정을 신청하는 경우로 한정한다)
2. 시장·군수 또는 구청장
3. 「한국수자원공사법」에 따른 한국수자원공사 또는 그 밖에 대통령령으로 정하는 공공기관
4. 5개 이상의 골재채취업체로 구성된 공동체

② 시·도지사는 제1항에 따라 골재채취단지를 지정하려면 미리 「해양환경관리법」에 따른 해역이용영향평가(해역이용협의를 포함한다), 「환경영향평가법」에 따른 전략환경영향평가 협의 및 환경영향평가 협의를 하여야 한다. 이 경우 시·도지사가 골재채취단지에서 제22조에 따른 골재채취 허가를 할 때에는 해역이용영향평가협의, 전략환경영향평가 협의, 환경영향평가 협의가 된 것으로 본다. <개정 2011.7.21., 2012.2.22.>

③ 시·도지사는 제1항에 따라 지정된 골재채취단지 면적의 조정 등 그 지정의 변경이 필요하다고 인정할 때 또는 골재채취단지의 지정 사유가 없어졌거나 목적을 달성할 수 없는 등 그 지정의 해제가 필요하다고 인정할 때에는 직접 또는 제1항 각 호에 해당하는 자의 신청에 의하여 대통령령으로 정하는 바에 따라 골재채취단지의 지정을 변경하거나 해제할 수 있다. <개정 2012.2.22.>

④ 시·도지사는 제1항에 따라 골재채취단지를 지정하거나 제3항에 따라 골재채취단지를 변경하려면 관계 행정기관의 장과 협의하여야 한다. 다만, 대통령령으로 정하는 기준 미만의 단지면적 변경 등 경미한 변경의 경우에는 그러하지 아니하다. 이 경우 관계 행정기관의 장은 해당 법률에서 골재채취를 금지하고 있는 경우 외에는 골재채취를 할 때 준수하여야 할 사항 등 필요한 사항 등을 명기하여 통보하여야 한다. <개정 2012.2.22.>

⑤ 시·도지사는 제1항에 따라 골재채취단지를 지정하였을 때 또는 제3항에 따라 지정을 해제하거나 변경하였을 때에는 지체 없이 대통령령으로 정하는 바에 따라 그 내용을 고시하여야 한다. <개정 2012.2.22.>

⑥ 제1항에 따라 골재채취단지로 지정된 지역에 있는 국유지의 중앙관서의 장 또는 공유지의 관할 지방자치단체의 장이 「국유재산법」이나 「공유재산 및 물품 관리법」에 따라 공작물의 설치 또는 토지의 형질변경 등 대통령령으로 정하는 행위를 목적으로 하는 사용허가나 사용·수익허가 또는 대부(貸付)를 하려는 경우에는 미리 시·도지사와 협의하여야 한다. <개정 2012.2.22.>

⑦ 골재채취단지의 지정기간·입지·면적·채취량 및 채취시기 등에 대한 기준과 절차 등 필요한 사항은 대통령령으로 정한다.

[전문개정 2011.8.4.]

제34조의2(골재채취단지의 관리 등) ① 골재채취단지는 제34조제1항제1호부터 제3호까지에 해당하는 자 중에서 대통령령으로 정하는 선정 기준 및 절차에 따라 시·도지사가 지정하는 자(이하 "단지관리자"라 한다)가 관리한다. <개정 2012.2.22., 2015.12.29.>

② 제1항에 따라 단지관리자로 지정된 경우에는 6개월 이내에 골재채취단지의 위치 및 면적, 골재채취단지의 관리기간, 그 밖에 대통령령으로 정하는 사항을 포함한 골재채취단지관리계획(이하 "단지관리계획"이라 한다)을 수립하여 시·도지사의 승인을 받아야 한다. <개정 2012.2.22.>

③ 제34조제1항제1호부터 제3호까지에 해당하는 자가 골재채취단지의 지정을 신청하는 경우에 제2항에 따른 단지관리계획의 승인을 함께 신청할 수 있다. <개정 2015.12.29.>

④ 삭제 <2012.2.22.>

⑤ 시·도지사는 단지관리계획을 승인하였을 때에는 대통령령으로 정하는 바에 따라 그 내용을 고시하고 관계 행정기관의 장과 단지관리자에게 알려야 한다. <개정 2012.2.22.>

⑥ 단지관리계획의 변경에 관하여는 제2항·제3항 및 제5항을 준용한다. 다만, 대통령령으로 정하는 기준 미만의 채취예정물량·단지면적 변경 등 경미한 변경의 경우에는 그러하지 아니하다. <개정 2012.2.22.>

⑦ 제1항에 따라 지정된 단지관리자가 단지관리계획에서 정한 단지관리업무를 수행하지 아니하거나 단지관리업무를 수행하기 어려운 경우에 시·도지사는 단지관리자의 지정을 취소하거나 단지관리자를 변경할 수 있다. <개정 2012.2.22.>

⑧ 단지관리자의 단지관리계획 수립 등에 필요한 사항은 국토교통부령으로 정한다. <신설 2012.2.22., 2013.3.23.>

[전문개정 2011.8.4.]

제34조의3(단지관리비의 징수 등) ① 단지관리자는 골재채취단지에서 골재를 채취하는 자로부터 골재채취단지의 조사·환경보전 또는 행정절차 이행 등 단지관리업무에 드는 비용(이하 "단지관리비"라 한다)을 징수할 수 있다.

② 단지관리비는 다음 각 호의 용도에 사용하여야 한다. <개정 2012.2.22.>

1. 골재채취단지의 관리
2. 하천점용료 등 또는 공유수면 점용료·사용료의 납부
3. 대통령령으로 정하는 범위에서의 주변지역 환경보호, 어업보호 등 지원사업. 다만, 「공유수면 관리 및 매립에 관한 법률」에 따른 공유수면 점용료·사용료를 사용하여 어업보호 등 지원사업을 하는 경우는 그러하지 아니하다.
4. 그 밖에 골재채취단지의 조사·지정 등을 위하여 필요한 경비

③ 단지관리자는 단지관리비를 내지 아니한 자에게는 국세 체납처분 또는 지방세 체납처분의 예에 따라 징수한다.

④ 단지관리비의 징수·산정기준 및 분할납부 방법 등에 관하여 필요한 사항은 대통령령으로 정한다.

[전문개정 2011.8.4.]

제34조의4(하천점용료 등의 징수 및 감면에 관한 특례) 골재채취단지의 경우 「하천법」 제37조에 따른 하천점용료 등의 징수 및 감면이나 「공유수면 관리 및 매립에 관한 법률」 제13조에 따른 공유수면 점용료·사용료의 징수 및 감면에 관한 사항은 제23조제1항제3호 또는 제4호에도 불구하고 제22조에 따른 골재채취 허가를 받은 때부터 적용한다.

[전문개정 2011.8.4.]

제35조 삭제 <2004.12.31.>

제36조 삭제 <2015.12.29.>

제37조 삭제 <2015.12.29.>

제6장 골재협회

<개정 2011.8.4.>

제38조(협회의 설립) ① 골재채취업자는 골재채취기술의 향상과 골재채취업의 건전한 발전을 도모하기 위하여 골재협회(이하 "협회"라 한다)를 설립할 수 있다.

② 협회는 법인으로 한다.

③ 협회는 그 주된 사무소의 소재지에서 설립등기를 함으로써 성립한다.

④ 골재채취업자는 협회의 정관(定款)으로 정하는 바에 따라 회원으로 가입할 수 있다.

[전문개정 2011.8.4.]

제39조(설립인가 등) ① 협회를 설립할 때에는 골재채취업자 50인 이상이 발기인이 되어 정관을 작성하여 창립총회의 의결을 거친 후 국토교통부장관의 인가를 받아야 한다. <개정 2013.3.23.>

② 국토교통부장관은 제1항에 따른 인가를 하였을 때에는 공고하여야 한다. <개정 2013.3.23.>

[전문개정 2011.8.4.]

제40조(공제사업) ① 협회는 대통령령으로 정하는 바에 따라 국토교통부장관의 허가를 받아 공제사업을 할 수 있다. <개정 2013.3.23.>

② 제1항에 따른 공제사업의 내용 및 운영에 필요한 사항은 협회의 정관으로 정하여 국토교통부장관의 인가를 받아야 한다. <개정 2013.3.23.>

③ 국토교통부장관은 제1항에 따라 공제사업을 허가하려면 그 공제사업이 「보험업법」 제4조에 따른 보험회사에 의하여 경영되기 곤란한지 여부 등 공제사업의 허가 필요성에 대하여 미리 금융위원회와 협의하여야 한다. <개정 2013.3.23.>

④ 국토교통부장관은 제2항에 따라 정관을 인가하거나 공제사업의 감독에 관한 기준을 정할 때에는 미리 금융위원회와 협의하여야 한다. <개정 2013.3.23.>

⑤ 국토교통부장관은 제1항에 따른 공제사업에 대하여 「금융위원회의 설치 등에 관한 법률」에 따른 금융감독원의 원장에게 검사를 요청할 수 있다. <개정 2013.3.23.>

[전문개정 2011.8.4.]

제41조 삭제 <1999.4.15.>

제42조 삭제 <1999.4.15.>

제43조(지도 · 감독) 국토교통부장관은 협회의 지도·감독상 필요할 때에는 그 업무에 관한 사항을 보고하게 하거나 자료 제출이나 그 밖에 필요한 사항을 명할 수 있다. <개정 2013.3.23.>

[전문개정 2011.8.4.]

제44조(「민법」의 준용) 협회에 관하여 이 법에 규정된 사항 외에는 「민법」 중 사단법인에 관한 규정을 준용한다.

[전문개정 2011.8.4.]

제7장 보칙
<개정 2011.8.4.>

제45조(처분 등의 효력의 승계) 이 법 또는 이 법에 따른 명령에 따라 골재채취업자에게 한 처분과 그 밖의 행위는 그 승계인에게도 효력이 있다.

[전문개정 2011.8.4.]

제46조(보고) 국토교통부장관은 시·도지사로 하여금 골재채취업자의 등록 현황, 골재채취 현황 등에 관한 사항을 보고하게 할 수 있다. <개정 2013.3.23.>

[전문개정 2011.8.4.]

제47조(다른 사람의 토지에의 출입 등) ① 이 법에 따라 골재자원조사를 하는 자는 조사·측량을 위하여 필요할 때에는 다른 사람의 토지에 출입하거나 다른 사람의 토지를 재료 적치장 또는 임시도로로 일시적으로 사용할 수 있으며, 특히 필요한 경우에는 나무, 흙, 돌, 그 밖의 장애물을 변경하거나 제거할 수 있다.

② 제1항에 따라 다른 사람의 토지에 출입하려면 출입하려는 날의 7일 전까지 그 토지의 소유자·점유자 또는 관리인에게 그 일시와 장소를 알려주어야 한다.

③ 제1항에 따라 다른 사람의 토지를 재료 적치장이나 임시도로로 일시적으로 사용하거나 나무, 흙, 돌, 그 밖의 장애물을 변경 또는 제거하여야 하는 경우에는 토지의 소유자·점유자 또는 관리인의 동의를 받아야 한다. 다만, 토지 소유자·점유자 또는 관리인의 주소나 거소가 불분명하여 그 동의를 받을 수 없어 시장·군수 또는 구청장의 허가를 받은 경우에는 그러하지 아니하다.

④ 일출 전 및 일몰 후에는 그 토지의 점유자 또는 관리인의 승낙 없이 담장이나 울타리로 둘러싸인 토지에 출입할 수 없다.

⑤ 제1항에 따른 행위를 하려는 자는 그 신분을 표시하는 증표 또는 제3항 단서에 따른 허가증을 지니고 이를 관계인에게 보여주어야 한다.

⑥ 제1항에 따른 행위로 인하여 손실을 입

은 자가 있으면 그 행위자는 그 손실을 보상하여야 한다.
[전문개정 2011.8.4.]

제47조의2(청문) 시장·군수 또는 구청장은 다음 각 호의 어느 하나에 해당하는 처분을 하려면 청문(聽聞)을 하여야 한다.
1. 제19조제1항에 따른 골재채취업의 등록 취소
2. 제31조에 따른 골재채취 허가의 취소
[전문개정 2011.8.4.]

제47조의3(벌칙 적용에서 공무원 의제) 제48조제2항에 따른 위탁업무 중 제22조의3에 해당하는 업무에 종사하는 자는 「형법」 제129조부터 제132조까지를 적용할 때에는 공무원으로 본다.
[본조신설 2015.12.29.]

제48조(권한의 위임 및 위탁) ① 이 법에 따른 국토교통부장관의 권한은 대통령령으로 정하는 바에 따라 그 일부를 시·도지사, 시장·군수 또는 구청장, 소속 기관의 장에게 위임할 수 있다. <개정 2013.3.23.>
② 이 법에 따른 국토교통부장관, 시·도지사, 시장·군수 또는 구청장의 업무는 대통령령으로 정하는 바에 따라 그 일부를 협회, 제34조제1항제3호에 해당하는 단지관리자, 그 밖의 관계 기관에 위탁할 수 있다. <개정 2012.2.22., 2013.3.23.>
[전문개정 2011.8.4.]

제48조의2(수수료) 다음 각 호의 어느 하나에 해당하는 자는 국토교통부령으로 정하는 바에 따라 수수료를 납부하여야 한다. <개정 2013.3.23.>
1. 제14조제1항에 따라 골재채취업을 등록하려는 자
2. 제14조제3항에 따라 골재채취업 등록기준에 관한 사항을 신고하려는 자
3. 제22조의3에 따라 골재채취 능력의 평가 및 공시를 받으려는 자
[본조신설 2012.2.22.]

제8장 벌칙

<개정 2011.8.4.>

제49조(벌칙) 다음 각 호의 어느 하나에 해당하는 자는 3년 이하의 징역 또는 3천만원 이하의 벌금에 처한다. <개정 2012.2.22., 2015.1.6., 2015.12.29., 2017.12.19.>
1. 제14조제1항을 위반하여 등록을 하지 아니하고 골재채취업을 경영한 자
2. 거짓이나 그 밖의 부정한 방법으로 제14조제1항에 따른 골재채취업의 등록을 한 자
3. 제22조제1항을 위반하여 허가를 받지 아니하고 골재를 채취한 자
4. 거짓이나 그 밖의 부정한 방법으로 제22조제1항에 따른 골재채취 허가를 받은 자

4의2. 제22조의4제1항을 위반하여 인증을 받지 아니하거나 품질기준에 적합하지 아니한 골재를 공급하거나 판매한 자

5. 제25조 본문을 위반하여 승인을 받지 아니하고 허가받은 내용을 변경하여 골재를 채취한 자
6. 제26조를 위반하여 허가받은 내용과 달리 골재를 채취한 자
7. 제32조제1항에 따른 신고를 하지 아니하고 골재를 선별·세척 또는 파쇄한 자
8. 제32조의2를 위반하여 적합하지 아니한 골재를 사용한 자

[전문개정 2011.8.4.]

제50조(벌칙) 다음 각 호의 어느 하나에 해당하는 자는 1년 이하의 징역 또는 1천만원 이하의 벌금에 처한다. <개정 2012.2.22., 2015.1.6., 2015.12.29.>
1. 제18조를 위반하여 다른 사람에게 자기의 상호 또는 명칭을 사용하여 골재채취업을 경영하게 하거나 그 등록증을 빌려준 자
2. 제20조제1항 단서를 위반하여 허가채취량 또는 신고생산량의 30퍼센트 이상이 남은 골재채취구역의 골재를 채취하거나 선별·세척 또는 파쇄한 자
3. 제20조제2항 단서를 위반하여 허가채취량 또는 신고생산량의 20퍼센트 이상이 남은 골재채취구역의 골재를 채취하거나 선별·세척 또는 파쇄한 자
4. 제30조에 따른 명령을 위반한 자
5. 제32조제2항에 따른 변경신고를 하지 아니하고 골재를 선별·세척 또는 파쇄한 자

[전문개정 2011.8.4.]

제51조(양벌규정) 법인의 대표자나 법인 또는 개인의 대리인, 사용인, 그 밖의 종업원이 그 법인 또는 개인의 업무에 관하여 제49조 또는 제50조의 위반행위를 하면 그 행위자를 벌하는 외에 그 법인 또는 개인에게도 해당 조문의 벌금형을 과(科)한다. 다만, 법인 또는 개인이 그 위반행위를 방지하기 위하여 해당 업무에 관하여 상당한 주의와 감독을 게을리하지 아니한 경우에는 그러하지 아니하다.
[전문개정 2011.8.4.]

제52조(과태료) ① 다음 각 호의 어느 하나에 해당하는 자에게는 대통령령으로 정하는 바에 따라 500만원 이하의 과태료를 부과한다. <개정 2015.12.29.>
1. 제14조제3항을 위반하여 신고기간 내에 등록기준에 관한 사항을 신고하지 아니한 자
2. 제17조제1항을 위반하여 양도 및 합병 신고를 하지 아니한 자
3. 정당한 사유 없이 제21조제2항 및 제4항에 따른 자료제출을 하지 아니하거나 조사를 거부·방해 또는 기피한 자

② 제1항에 따른 과태료는 대통령령으로 정하는 바에 따라 다음 각 호의 자가 부과·징수한다. <개정 2013.3.23.>
1. 국토교통부장관: 제1항제3호에 따른 과태료
2. 시장·군수 또는 구청장: 제1항제1호 및 제2호에 따른 과태료

[본조신설 2012.2.22.]

부칙

<법률 제15275호, 2017.12.19.>

이 법은 공포 후 6개월이 경과한 날부터 시행한다.

집합건물의 소유 및 관리에 관한 법률

(약칭: 집합건물법)

[시행 2016.8.12.]

[법률 제13805호, 2016.1.19., 타법개정]

제1장 건물의 구분소유

<개정 2010.3.31.>

제1절 총칙

<개정 2010.3.31.>

제1조(건물의 구분소유) 1동의 건물 중 구조상 구분된 여러 개의 부분이 독립한 건물로서 사용될 수 있을 때에는 그 각 부분은 이 법에서 정하는 바에 따라 각각 소유권의 목적으로 할 수 있다.

[전문개정 2010.3.31.]

▶ 판례 - 1동의 건물에 대하여 구분소유가 성립하기 위한 요건 및 집합건물이 아닌 일반건물로 등기된 기존의 건물이 구분건물로 변경등기되기 전이라도 그와 같은 요건을 갖추면 구분소유권이 성립하는지 여부(적극) / 일반건물로 등기되었던 기존의 건물에 관하여 실제로 건축물대장의 전환등록절차를 거쳐 구분건물로 변경등기까지 마쳐진 경우, 전환등록 시점에는 구분행위가 있었던 것으로 볼 수 있는지 여부(원칙적 적극)

1동의 건물에 대하여 구분소유가 성립하기 위해서는 객관적·물리적인 측면에서 1동의 건물이 존재하고, 구분된 건물부분이 구조상·이용상 독립성을 갖추어야 할 뿐 아니라, 1동의 건물 중 물리적으로 구획된 건물부분을 각각 구분소유권의 객체로 하려는 구분행위가 있어야 한다. 여기서 구분행위는 건물의 물리적 형질에 변경을 가함이 없이 법률관념상 건물의 특정 부분을 구분하여 별개의 소유권의 객체로 하려는 일종의 법률행위로서, 시기나 방식에 특별한 제한이 있는 것은 아니고 처분권자의 구분의사가 객관적으로 외부에 표시되면 인정된다. 따라서 집합건물이 아닌 일반건물로 등기된 기존의 건물이 구분건물로 변경등기되기 전이라도, 구분된 건물부분이 구조상·이용상 독립성을 갖추고 건물을 구분건물로 하겠다는 처분권자의 구분의사가 객관적으로 외부에 표시되는 구분행위가 있으면 구분소유권이 성립한다. 그리고 일반건물로 등기되었던 기존의 건물에 관하여 실제로 건축물대장의 전환등록절차를 거쳐 구분건물로 변경등기까지 마쳐진 경우라면 특별한 사정이 없는 한 전환등록 시점에는 구분행위가 있었던 것으로 봄이 타당하다. [대법원 2016.6.28, 선고, 2013다70569, 판결]

제1조의2(상가건물의 구분소유) ① 1동의 건물이 다음 각 호에 해당하는 방식으로 여러 개의 건물부분으로 이용상 구분된 경우에 그 건물부분(이하"구분점포"라 한다)은 이 법에서 정하는 바에 따라 각각 소유권의 목적으로 할 수 있다.

1. 구분점포의 용도가 「건축법」 제2조제2항 제7호의 판매시설 및 같은 항 제8호의 운수시설(집배송시설은 제외한다)일 것
2. 1동의 건물 중 구분점포를 포함하여 제1호의 판매시설 및 운수시설(이하"판매시설등"이라 한다)의 용도에 해당하는 바닥면적의 합계가 1천제곱미터 이상일 것
3. 경계를 명확하게 알아볼 수 있는 표지를 바닥에 견고하게 설치할 것
4. 구분점포별로 부여된 건물번호표지를 견고하게 붙일 것

② 제1항에 따른 경계표지 및 건물번호표지에 관하여 필요한 사항은 대통령령으로 정한다.

[전문개정 2010.3.31.]

제2조(정의) 이 법에서 사용하는 용어의 뜻은 다음과 같다.

1. "구분소유권"이란 제1조 또는 제1조의2에 규정된 건물부분[제3조제2항 및 제3항에 따라 공용부분(共用部分)으로 된 것은 제외한다]을 목적으로 하는 소유권을 말한다.
2. "구분소유자"란 구분소유권을 가지는 자를 말한다.
3. "전유부분"(專有部分)이란 구분소유권의 목적인 건물부분을 말한다.
4. "공용부분"이란 전유부분 외의 건물부분, 전유부분에 속하지 아니하는 건물의 부속물 및 제3조제2항 및 제3항에 따라 공용부분으로 된 부속의 건물을 말한다.
5. "건물의 대지"란 전유부분이 속하는 1동의 건물이 있는 토지 및 제4조에 따라 건물의 대지로 된 토지를 말한다.
6. "대지사용권"이란 구분소유자가 전유부분을

소유하기 위하여 건물의 대지에 대하여 가지는 권리를 말한다.
[전문개정 2010.3.31.]

▶ 판례 - 구분소유권이 이미 성립한 집합건물이 증축되어 새로운 전유부분이 생긴 경우, 새로운 전유부분을 위한 대지사용권이 인정되는지 여부(원칙적 소극)

집합건물의 소유 및 관리에 관한 법률(이하 '집합건물법' 이라고 한다)은 제20조에서, 구분소유자의 대지사용권은 그가 가지는 전유부분의 처분에 따르고(제1항), 구분소유자는 규약 또는 공정증서로써 달리 정하지 않는 한 그가 가지는 전유부분과 분리하여 대지사용권을 처분할 수 없다(제2항, 제4항)고 규정하고 있다. 집합건물의 건축자가 그 소유인 대지 위에 집합건물을 건축하고 전유부분에 관하여 건축자 명의로 소유권보존등기를 마친 경우, 건축자의 대지소유권은 집합건물법 제2조 제6호에서 정한 구분소유자가 전유부분을 소유하기 위하여 건물의 대지에 대하여 가지는 권리인 대지사용권에 해당한다. 따라서 전유부분에 대한 대지사용권을 분리처분할 수 있도록 정한 규약이 존재한다는 등의 특별한 사정이 인정되지 않는 한 전유부분과 분리하여 대지사용권을 처분할 수 없고, 이를 위반한 대지지분의 처분행위는 효력이 없다. 그러므로 구분소유권이 이미 성립한 집합건물이 증축되어 새로운 전유부분이 생긴 경우에는, 건축자의 대지소유권은 기존 전유부분을 소유하기 위한 대지사용권으로 이미 성립하여 기존 전유부분과 일체불가분성을 가지게 되었으므로 규약 또는 공정증서로써 달리 정하는 등의 특별한 사정이 없는 한 새로운 전유부분을 위한 대지사용권이 될 수 없다. [대법원 2017.5.31, 선고, 2014다236809, 판결]

제2조의2(다른 법률과의 관계) 집합주택의 관리 방법과 기준, 하자담보책임에 관한 「주택법」 및 「공동주택관리법」의 특별한 규정은 이 법에 저촉되어 구분소유자의 기본적인 권리를 해치지 아니하는 범위에서 효력이 있다. <개정 2015.8.11.>
[본조신설 2012.12.18.]
[제목개정 2015.8.11.]

제3조(공용부분) ① 여러 개의 전유부분으로 통하는 복도, 계단, 그 밖에 구조상 구분소유자 전원 또는 일부의 공용(共用)에 제공되는 건물부분은 구분소유권의 목적으로 할 수 없다.
② 제1조 또는 제1조의2에 규정된 건물부분과 부속의 건물은 규약으로써 공용부분으로 정할 수 있다.
③ 제1조 또는 제1조의2에 규정된 건물부분의 전부 또는 부속건물을 소유하는 자는 공정증서(公正證書)로써 제2항의 규약에 상응하는 것을 정할 수 있다.
④ 제2항과 제3항의 경우에는 공용부분이라는 취지를 등기하여야 한다.
[전문개정 2010.3.31.]

▶ 판례 - [1] 1동의 건물에 대하여 구분소유가 성립하기 위한 요건
[2] 1동의 건물에 관하여 임의경매개시결정을 한 집행법원의 촉탁으로 14세대의 다세대주택을 각 전유부분으로 하는 甲 명의의 소유권보존등기가 마쳐지면서 1동의 건물의 표시에서 1층은 '1층 19.62㎡(계단실)' 로만 표시되었는데, 甲이 원래 주차장 용도로 건축허가와 건축변경허가를 받았던 1층 계단실 양쪽으로 제101호와 제102호를 추가로 신축하여 원시취득하였다고 주장하는 사안에서, 제반 사정에 비추어 소유권보존등기가 마쳐질 당시 제101호, 제102호가 구조상·이용상 독립성을 갖추었다거나 소유권보존등기 이전에 甲의 구분행위가 있었다고 보기 어려운데도, 이와 달리 본 원심판결에 법리오해 등의 위법이 있다고 한 사례 [대법원 2014.9.4, 선고, 2013다98420,99447, 판결]

제4조(규약에 따른 건물의 대지) ① 통로, 주차장, 정원, 부속건물의 대지, 그 밖에 전유부분이 속하는 1동의 건물 및 그 건물이 있는 토지와 하나로 관리되거나 사용되는 토지는 규약으로써 건물의 대지로 할 수 있다.
② 제1항의 경우에는 제3조제3항을 준용한다.
③ 건물이 있는 토지가 건물이 일부 멸실함에 따라 건물이 있는 토지가 아닌 토지로 된 경우에는 그 토지는 제1항에 따라 규약으로써 건물의 대지로 정한 것으로 본다. 건물이 있는 토지의 일부가 분할로 인하여 건물이 있는 토지가 아닌 토지로 된 경우에도 같다.
[전문개정 2010.3.31.]

▶ 판례 - [1] 집합건물의 각 구분소유자가 건물의 대지 전부를 용도에 따라 사용할 수 있는지 여부(원칙적 적극) 및 이때 '건물의 대지' 는 집합건물이 소재하고 있는 1필의 토지 전부를 포함하는지 여부(원칙적 적극)
[2] 집합건물의 소유 및 관리에 관한 법률 제

20조를 위반한 대지사용권의 처분이 법원의 강제경매절차에 의한 경우 그 효력(무효) [대법원 2015.1.15, 선고, 2012다74175,74182,74199, 판결]

제5조(구분소유자의 권리 · 의무 등) ① 구분소유자는 건물의 보존에 해로운 행위나 그 밖에 건물의 관리 및 사용에 관하여 구분소유자 공동의 이익에 어긋나는 행위를 하여서는 아니 된다.
② 전유부분이 주거의 용도로 분양된 것인 경우에는 구분소유자는 정당한 사유 없이 그 부분을 주거 외의 용도로 사용하거나 그 내부 벽을 철거하거나 파손하여 증축 · 개축하는 행위를 하여서는 아니 된다.
③ 구분소유자는 그 전유부분이나 공용부분을 보존하거나 개량하기 위하여 필요한 범위에서 다른 구분소유자의 전유부분 또는 자기의 공유(共有)에 속하지 아니하는 공용부분의 사용을 청구할 수 있다. 이 경우 다른 구분소유자가 손해를 입었을 때에는 보상하여야 한다.
④ 전유부분을 점유하는 자로서 구분소유자가 아닌 자(이하"점유자"라 한다)에 대하여는 제1항부터 제3항까지의 규정을 준용한다.
[전문개정 2010.3.31.]

제6조(건물의 설치 · 보존상의 흠 추정) 전유부분이 속하는 1동의 건물의 설치 또는 보존의 흠으로 인하여 다른 자에게 손해를 입힌 경우에는 그 흠은 공용부분에 존재하는 것으로 추정한다.
[전문개정 2010.3.31.]

제7조(구분소유권 매도청구권) 대지사용권을 가지지 아니한 구분소유자가 있을 때에는 그 전유부분의 철거를 청구할 권리를 가진 자는 그 구분소유자에 대하여 구분소유권을 시가(時價)로 매도할 것을 청구할 수 있다.
[전문개정 2010.3.31.]

제8조(대지공유자의 분할청구 금지) 대지 위에 구분소유권의 목적인 건물이 속하는 1동의 건물이 있을 때에는 그 대지의 공유자는 그 건물 사용에 필요한 범위의 대지에 대하여는 분할을 청구하지 못한다.
[전문개정 2010.3.31.]

제9조(담보책임) ① 제1조 또는 제1조의2의 건물을 건축하여 분양한 자(이하 "분양자"라 한다)와 분양자와의 계약에 따라 건물을 건축한 자로서 대통령령으로 정하는 자(이하" 시공자"라 한다)는 구분소유자에 대하여 담보책임을 진다. 이 경우 그 담보책임에 관하여는 「민법」 제667조 및 제668조를 준용한다. <개정 2012.12.18.>
② 제1항에도 불구하고 시공자가 분양자에게 부담하는 담보책임에 관하여 다른 법률에 특별한 규정이 있으면 시공자는 그 법률에서 정하는 담보책임의 범위에서 구분소유자에게 제1항의 담보책임을 진다. <신설 2012.12.18.>
③ 제1항 및 제2항에 따른 시공자의 담보책임 중 「민법」 제667조제2항에 따른 손해배상책임은 분양자에게 회생절차개시 신청, 파산신청, 해산, 무자력(無資力) 또는 그 밖에 이에 준하는 사유가 있는 경우에만 지며, 시공자가 이미 분양자에게 손해배상을 한 경우에는 그 범위에서 구분소유자에 대한 책임을 면(免)한다. <신설 2012.12.18.>
④ 분양자와 시공자의 담보책임에 관하여 이 법과 「민법」에 규정된 것보다 매수인에게 불리한 특약은 효력이 없다. <개정 2012.12.18.>
[전문개정 2010.3.31.]

▶ 판례 – [1] 집합건물의 수분양자가 집합건물을 양도한 경우, 집합건물의 소유 및 관리에 관한 법률 제9조에 따른 하자담보추급권이 현재의 구분소유자에게 귀속하는지 여부(원칙적 적극)
[2] 집합건물의 종전 소유자인 甲 등이 집합건물의 소유 및 관리에 관한 법률 제9조에 따른 하자담보추급권을 행사하는 소를 제기한 후 乙 등에게 전유부분에 관하여 매매 등을 원인으로 소유권을 이전한 사안에서, 甲 등이 소 제기를 통하여 하자담보추급권을 행사하였다는 사정만으로 양도 당시 하자담보추급권을 행사하기 위하여 유보하였다고 보기 어렵다고 한 사례
[1] 집합건물의 소유 및 관리에 관한 법률 제9조에 따른 하자담보추급권은 집합건물의 수분양자가 집합건물을 양도한 경우 양도 당시 양도인이 이를 행사하기 위하여 유보하였다는 등의 특별한 사정이 없는 한 현재의 집합건물의 구분소유자에게 귀속한다.
[2] 집합건물의 종전 소유자인 甲 등이 집합건물의 소유 및 관리에 관한 법률(이하 '집합건물법' 이라고 한다) 제9조에 따른 하자담

보추급권을 행사하는 소를 제기한 후 乙 등에게 전유부분에 관하여 매매 등을 원인으로 소유권을 이전한 사안에서, 甲 등이 소 제기를 통하여 하자담보추급권을 행사하였다는 사정만으로 양도 당시 하자담보추급권을 행사하기 위하여 유보하였다고 보기 어려운데도, 甲 등에게 권리가 귀속된다고 본 원심판단에 법리오해의 잘못이 있다고 한 사례. [대법원 2016.7.22, 선고, 2013다95070, 판결]

제9조의2(담보책임의 존속기간) ① 제9조에 따른 담보책임에 관한 구분소유자의 권리는 다음 각 호의 기간 내에 행사하여야 한다.

1. 「건축법」 제2조제1항제7호에 따른 건물의 주요구조부 및 지반공사의 하자: 10년
2. 제1호에 규정된 하자 외의 하자: 하자의 중대성, 내구연한, 교체가능성 등을 고려하여 5년의 범위에서 대통령령으로 정하는 기간

② 제1항의 기간은 다음 각 호의 날부터 기산한다. <개정 2016.1.19.>

1. 전유부분: 구분소유자에게 인도한 날
2. 공용부분: 「주택법」 제49조에 따른 사용검사일(집합건물 전부에 대하여 임시 사용승인을 받은 경우에는 그 임시 사용승인일을 말하고, 「주택법」 제49조제1항 단서에 따라 분할 사용검사나 동별 사용검사를 받은 경우에는 분할 사용검사일 또는 동별 사용검사일을 말한다) 또는 「건축법」 제22조에 따른 사용승인일

③ 제1항 및 제2항에도 불구하고 제1항 각 호의 하자로 인하여 건물이 멸실되거나 훼손된 경우에는 그 멸실되거나 훼손된 날부터 1년 이내에 권리를 행사하여야 한다.

[본조신설 2012.12.18.]

제9조의3(분양자의 관리의무 등) ① 분양자는 제23조제1항에 따른 관리단이 관리를 개시(開始)할 때까지 선량한 관리자의 주의로 건물과 대지 및 부속시설을 관리하여야 한다.

② 분양자는 제28조제4항에 따른 표준규약을 참고하여 공정증서로써 규약에 상응하는 것을 정하여 분양계약을 체결하기 전에 분양을 받을 자에게 주어야 한다.

③ 분양자는 예정된 매수인의 2분의 1 이상이 이전등기를 한 날부터 3개월 이내에 구분소유자가 규약 설정 및 관리인 선임(選任)(제24조제1항의 경우에만 해당한다)을 하기 위한 관리단집회를 소집하지 아니하는 경우에는 지체 없이 이를 위한 관리단집회를 소집하여야 한다.

[본조신설 2012.12.18.]

제2절 공용부분

<개정 2010.3.31.>

제10조(공용부분의 귀속 등) ① 공용부분은 구분소유자 전원의 공유에 속한다. 다만, 일부의 구분소유자만이 공용하도록 제공되는 것임이 명백한 공용부분(이하 "일부공용부분"이라 한다)은 그들 구분소유자의 공유에 속한다.

② 제1항의 공유에 관하여는 제11조부터 제18조까지의 규정에 따른다. 다만, 제12조, 제17조에 규정한 사항에 관하여는 규약으로써 달리 정할 수 있다.

[전문개정 2010.3.31.]

▶ 판례 – 집합건물의 구분소유자 중 일부가 아무런 권원 없이 복도, 계단 등 공용부분을 점유·사용한 경우, 다른 구분소유자에게 임료 상당의 이익을 상실하는 손해가 발생하는지 여부(원칙적 소극) [대법원 2014.7.24, 선고, 2014다202608, 판결]

제11조(공유자의 사용권) 각 공유자는 공용부분을 그 용도에 따라 사용할 수 있다.

[전문개정 2010.3.31.]

제12조(공유자의 지분권) ① 각 공유자의 지분은 그가 가지는 전유부분의 면적 비율에 따른다.

② 제1항의 경우 일부공용부분으로서 면적이 있는 것은 그 공용부분을 공용하는 구분소유자의 전유부분의 면적 비율에 따라 배분하여 그 면적을 각 구분소유자의 전유부분 면적에 포함한다.

[전문개정 2010.3.31.]

제13조(전유부분과 공용부분에 대한 지분의 일체성) ① 공용부분에 대한 공유자의 지분은 그가 가지는 전유부분의 처분에 따른다.

② 공유자는 그가 가지는 전유부분과 분리하여 공용부분에 대한 지분을 처분할 수 없다.

③ 공용부분에 관한 물권의 득실변경(得失變

更)은 등기가 필요하지 아니하다.
[전문개정 2010.3.31.]

제14조(일부공용부분의 관리) 일부공용부분의 관리에 관한 사항 중 구분소유자 전원에게 이해관계가 있는 사항과 제29조제2항의 규약으로써 정한 사항은 구분소유자 전원의 집회결의로써 결정하고, 그 밖의 사항은 그것을 공용하는 구분소유자만의 집회결의로써 결정한다.
[전문개정 2010.3.31.]

제15조(공용부분의 변경) ① 공용부분의 변경에 관한 사항은 관리단집회에서 구분소유자의 4분의 3 이상 및 의결권의 4분의 3 이상의 결의로써 결정한다. 다만, 다음 각 호의 어느 하나에 해당하는 경우에는 제38조제1항에 따른 통상의 집회결의로써 결정할 수 있다.

1. 공용부분의 개량을 위한 것으로서 지나치게 많은 비용이 드는 것이 아닐 경우
2. 「관광진흥법」 제3조제1항제2호나목에 따른 휴양 콘도미니엄업의 운영을 위한 휴양 콘도미니엄의 공용부분 변경에 관한 사항인 경우

② 제1항의 경우에 공용부분의 변경이 다른 구분소유자의 권리에 특별한 영향을 미칠 때에는 그 구분소유자의 승낙을 받아야 한다.
[전문개정 2010.3.31.]

제16조(공용부분의 관리) ① 공용부분의 관리에 관한 사항은 제15조제1항 본문의 경우를 제외하고는 제38조제1항에 따른 통상의 집회결의로써 결정한다. 다만, 보존행위는 각 공유자가 할 수 있다.
② 구분소유자의 승낙을 받아 전유부분을 점유하는 자는 제1항 본문에 따른 집회에 참석하여 그 구분소유자의 의결권을 행사할 수 있다. 다만, 구분소유자와 점유자가 달리 정하여 관리단에 통지한 경우에는 그러하지 아니하며, 구분소유자의 권리·의무에 특별한 영향을 미치는 사항을 결정하기 위한 집회인 경우에는 점유자는 사전에 구분소유자에게 의결권 행사에 대한 동의를 받아야 한다. <신설 2012.12.18.>
③ 제1항 및 제2항에 규정된 사항은 규약으로써 달리 정할 수 있다. <개정 2012.12.18.>
④ 제1항 본문의 경우에는 제15조제2항을 준용한다. <개정 2012.12.18.>
[전문개정 2010.3.31.]

제17조(공용부분의 부담·수익) 각 공유자는 규약에 달리 정한 바가 없으면 그 지분의 비율에 따라 공용부분의 관리비용과 그 밖의 의무를 부담하며 공용부분에서 생기는 이익을 취득한다.
[전문개정 2010.3.31.]

제18조(공용부분에 관하여 발생한 채권의 효력) 공유자가 공용부분에 관하여 다른 공유자에 대하여 가지는 채권은 그 특별승계인에 대하여도 행사할 수 있다.
[전문개정 2010.3.31.]

▶ 판례 – 집합건물의 관리를 위임받은 甲 주식회사가 구분소유자 乙을 상대로 관리비 지급을 구하는 소를 제기하여 승소판결을 받음으로써 乙의 체납관리비 납부의무의 소멸시효가 중단되었는데, 그 후 丙이 임의경매절차에서 위 구분소유권을 취득한 사안에서, 시효중단의 효력이 丙에게도 미친다고 한 사례
집합건물의 관리를 위임받은 甲 주식회사가 구분소유자 乙을 상대로 관리비 지급을 구하는 소를 제기하여 승소판결을 받음으로써 乙의 체납관리비 납부의무의 소멸시효가 중단되었는데, 그 후 丙이 임의경매절차에서 위 구분소유권을 취득한 사안에서, 丙은 乙에게서 시효중단의 효과를 받는 체납관리비 납부의무를 중단 효과 발생 이후에 승계한 자에 해당하므로 시효중단의 효력이 丙에게도 미친다고 한 사례. [대법원 2015.5.28, 선고, 2014다81474, 판결]

제19조(공용부분에 관한 규정의 준용) 건물의 대지 또는 공용부분 외의 부속시설(이들에 대한 권리를 포함한다)을 구분소유자가 공유하는 경우에는 그 대지 및 부속시설에 관하여 제15조부터 제17조까지의 규정을 준용한다.
[전문개정 2010.3.31.]

제3절 대지사용권
<개정 2010.3.31.>

제20조(전유부분과 대지사용권의 일체성) ① 구

분소유자의 대지사용권은 그가 가지는 전유부분의 처분에 따른다.
② 구분소유자는 그가 가지는 전유부분과 분리하여 대지사용권을 처분할 수 없다. 다만, 규약으로써 달리 정한 경우에는 그러하지 아니하다.
③ 제2항 본문의 분리처분금지는 그 취지를 등기하지 아니하면 선의(善意)로 물권을 취득한 제3자에게 대항하지 못한다.
④ 제2항 단서의 경우에는 제3조제3항을 준용한다.
[전문개정 2010.3.31.]

제21조(전유부분의 처분에 따르는 대지사용권의 비율) ① 구분소유자가 둘 이상의 전유부분을 소유한 경우에는 각 전유부분의 처분에 따르는 대지사용권은 제12조에 규정된 비율에 따른다. 다만, 규약으로써 달리 정할 수 있다.
② 제1항 단서의 경우에는 제3조제3항을 준용한다.
[전문개정 2010.3.31.]

제22조(「민법」 제267조의 적용 배제) 제20조제2항 본문의 경우 대지사용권에 대하여는 「민법」 제267조(같은 법 제278조에서 준용하는 경우를 포함한다)를 적용하지 아니한다.
[전문개정 2010.3.31.]

제4절 관리단 및 관리단의 기관

<개정 2012.12.18.>

제23조(관리단의 당연 설립 등) ① 건물에 대하여 구분소유 관계가 성립되면 구분소유자 전원을 구성원으로 하여 건물과 그 대지 및 부속시설의 관리에 관한 사업의 시행을 목적으로 하는 관리단이 설립된다.
② 일부공용부분이 있는 경우 그 일부의 구분소유자는 제28조제2항의 규약에 따라 그 공용부분의 관리에 관한 사업의 시행을 목적으로 하는 관리단을 구성할 수 있다.
[전문개정 2010.3.31.]

제23조의2(관리단의 의무) 관리단은 건물의 관리 및 사용에 관한 공동이익을 위하여 필요한 구분소유자의 권리와 의무를 선량한 관리자의 주의로 행사하거나 이행하여야 한다.
[본조신설 2012.12.18.]

제24조(관리인의 선임 등) ① 구분소유자가 10인 이상일 때에는 관리단을 대표하고 관리단의 사무를 집행할 관리인을 선임하여야 한다. <개정 2012.12.18.>
② 관리인은 구분소유자일 필요가 없으며, 그 임기는 2년의 범위에서 규약으로 정한다. <신설 2012.12.18.>
③ 관리인은 관리단집회의 결의로 선임되거나 해임된다. 다만, 규약으로 제26조의2에 따른 관리위원회의 결의로 선임되거나 해임되도록 정한 경우에는 그에 따른다. <개정 2012.12.18.>
④ 구분소유자의 승낙을 받아 전유부분을 점유하는 자는 제3항 본문에 따른 관리단집회에 참석하여 그 구분소유자의 의결권을 행사할 수 있다. 다만, 구분소유자와 점유자가 달리 정하여 관리단에 통지하거나 구분소유자가 집회 이전에 직접 의결권을 행사할 것을 관리단에 통지한 경우에는 그러하지 아니하다. <신설 2012.12.18.>
⑤ 관리인에게 부정한 행위나 그 밖에 그 직무를 수행하기에 적합하지 아니한 사정이 있을 때에는 각 구분소유자는 관리인의 해임을 법원에 청구할 수 있다. <개정 2012.12.18.>
[전문개정 2010.3.31.]

**▶ 판례 – [1] 관리인 선임을 위한 관리단집회의 의결권자인 '구분소유자'의 의미(=등기부상 구분소유권자로 등기되어 있는 사람)
[2] 관리인 선임을 위한 구분소유자의 의결권 행사를 대리인에 의하여 하는 경우, 의결권 위임이나 대리권 수여가 반드시 개별적·구체적으로 이루어져야 하는지 여부(소극) 및 묵시적으로도 가능한지 여부(적극) [대법원 2015.10.15, 선고, 2013다207255, 판결]**

제25조(관리인의 권한과 의무) ① 관리인은 다음 각 호의 행위를 할 권한과 의무를 가진다.
1. 공용부분의 보존·관리 및 변경을 위한 행위
2. 관리단의 사무 집행을 위한 분담금액과 비용을 각 구분소유자에게 청구·수령하는 행위 및 그 금원을 관리하는 행위
3. 관리단의 사업 시행과 관련하여 관리단을 대표하여 하는 재판상 또는 재판 외의 행위

4. 그 밖에 규약에 정하여진 행위
② 관리인의 대표권은 제한할 수 있다. 다만, 이로써 선의의 제3자에게 대항할 수 없다.
[전문개정 2010.3.31.]

第26條(관리인의 보고의무 등) ① 관리인은 대통령령으로 정하는 바에 따라 매년 1회 이상 구분소유자에게 그 사무에 관한 보고를 하여야 한다. <개정 2012.12.18.>
② 이해관계인은 관리인에게 제1항에 따른 보고 자료의 열람을 청구하거나 자기 비용으로 등본의 교부를 청구할 수 있다. <신설 2012.12.18.>
③ 이 법 또는 규약에서 규정하지 아니한 관리인의 권리의무에 관하여는 「민법」의 위임에 관한 규정을 준용한다. <개정 2012.12.18.>
[전문개정 2010.3.31.]

第26條의2(관리위원회의 설치 및 기능) ① 관리단에는 규약으로 정하는 바에 따라 관리위원회를 둘 수 있다.
② 관리위원회는 이 법 또는 규약으로 정한 관리인의 사무 집행을 감독한다.
③ 제1항에 따라 관리위원회를 둔 경우 관리인은 제25조제1항 각 호의 행위를 하려면 관리위원회의 결의를 거쳐야 한다. 다만, 규약으로 달리 정한 사항은 그러하지 아니하다.
[본조신설 2012.12.18.]

第26條의3(관리위원회의 구성 및 운영) ① 관리위원회의 위원은 구분소유자 중에서 관리단집회의 결의에 의하여 선출한다. 다만, 규약으로 관리단집회의 결의에 관하여 달리 정한 경우에는 그에 따른다.
② 관리위원회 위원의 임기 및 점유자의 의결권 행사에 관하여는 제24조제2항 및 제4항을 준용한다.
③ 제1항 및 제2항에서 규정한 사항 외에 관리위원회의 구성 및 운영에 필요한 사항은 대통령령으로 정한다.
[본조신설 2012.12.18.]

第27條(관리단의 채무에 대한 구분소유자의 책임) ① 관리단이 그의 재산으로 채무를 전부 변제할 수 없는 경우에는 구분소유자는 제12조의 지분비율에 따라 관리단의 채무를 변제할 책임을 진다. 다만, 규약으로써 그 부담비율을 달리 정할 수 있다.
② 구분소유자의 특별승계인은 승계 전에 발생한 관리단의 채무에 관하여도 책임을 진다.
[전문개정 2010.3.31.]

第5節 규약 및 집회

<개정 2010.3.31.>

第28條(규약) ① 건물과 대지 또는 부속시설의 관리 또는 사용에 관한 구분소유자들 사이의 사항 중 이 법에서 규정하지 아니한 사항은 규약으로써 정할 수 있다.
② 일부공용부분에 관한 사항으로써 구분소유자 전원에게 이해관계가 있지 아니한 사항은 구분소유자 전원의 규약에 따로 정하지 아니하면 일부공용부분을 공용하는 구분소유자의 규약으로써 정할 수 있다.
③ 제1항과 제2항의 경우에 구분소유자 외의 자의 권리를 침해하지 못한다.
④ 특별시장·광역시장·특별자치시장·도지사 및 특별자치도지사(이하 "시·도지사"라 한다)는 이 법을 적용받는 건물과 대지 및 부속시설의 효율적이고 공정한 관리를 위하여 대통령령으로 정하는 바에 따라 표준규약을 마련하여 보급하여야 한다. <신설 2012.12.18.>
[전문개정 2010.3.31.]

第29條(규약의 설정·변경·폐지) ① 규약의 설정·변경 및 폐지는 관리단집회에서 구분소유자의 4분의 3 이상 및 의결권의 4분의 3 이상의 찬성을 얻어서 한다. 이 경우 규약의 설정·변경 및 폐지가 일부 구분소유자의 권리에 특별한 영향을 미칠 때에는 그 구분소유자의 승낙을 받아야 한다.
② 제28조제2항에 규정한 사항에 관한 구분소유자 전원의 규약의 설정·변경 또는 폐지는 그 일부공용부분을 공용하는 구분소유자의 4분의 1을 초과하는 자 또는 의결권의 4분의 1을 초과하는 의결권을 가진 자가 반대할 때에는 할 수 없다.
[전문개정 2010.3.31.]

第30條(규약의 보관 및 열람) ① 규약은 관리인 또는 구분소유자나 그 대리인으로서 건물을 사용하고 있는 자 중 1인이 보관하

여야 한다.
② 제1항에 따라 규약을 보관할 구분소유자나 그 대리인은 규약에 다른 규정이 없으면 관리단집회의 결의로써 정한다.
③ 이해관계인은 제1항에 따라 규약을 보관하는 자에게 규약의 열람을 청구하거나 자기 비용으로 등본의 발급을 청구할 수 있다.
[전문개정 2010.3.31.]

제31조(집회의 권한) 관리단의 사무는 이 법 또는 규약으로 관리인에게 위임한 사항 외에는 관리단집회의 결의에 따라 수행한다.
[전문개정 2010.3.31.]

제32조(정기 관리단집회) 관리인은 매년 회계연도 종료 후 3개월 이내에 정기 관리단집회를 소집하여야 한다. <개정 2012.12.18.>
[전문개정 2010.3.31.]

제33조(임시 관리단집회) ① 관리인은 필요하다고 인정할 때에는 관리단집회를 소집할 수 있다.
② 구분소유자의 5분의 1 이상이 회의의 목적사항을 구체적으로 밝혀 관리단집회의 소집을 청구하면 관리인은 관리단집회를 소집하여야 한다. 이 정수(定數)는 규약으로 감경할 수 있다. <개정 2012.12.18.>
③ 제2항의 청구가 있은 후 1주일 내에 관리인이 청구일부터 2주일 이내의 날을 관리단집회일로 하는 소집통지 절차를 밟지 아니하면 소집을 청구한 구분소유자는 법원의 허가를 받아 관리단집회를 소집할 수 있다. <개정 2012.12.18.>
④ 관리인이 없는 경우에는 구분소유자의 5분의 1 이상은 관리단집회를 소집할 수 있다. 이 정수는 규약으로 감경할 수 있다. <개정 2012.12.18.>
[전문개정 2010.3.31.]

▶ 판례 - 집합건물의 소유 및 관리에 관한 법률 제33조 제4항에서 정한 임시 관리단집회를 소집할 수 있는 구분소유자의 수를 계산할 때 한 사람이 집합건물 내에 수 개의 구분건물을 소유한 경우, 1인의 구분소유자로 보아야 하는지 여부(적극) [대법원 2016.9.23, 선고, 2016다26860, 판결]

제34조(집회소집통지) ① 관리단집회를 소집하려면 관리단집회일 1주일 전에 회의의 목적사항을 구체적으로 밝혀 각 구분소유자에게 통지하여야 한다. 다만, 이 기간은 규약으로 달리 정할 수 있다.
② 전유부분을 여럿이 공유하는 경우에 제1항의 통지는 제37조제2항에 따라 정하여진 의결권을 행사할 자(그가 없을 때에는 공유자 중 1인)에게 통지하여야 한다.
③ 제1항의 통지는 구분소유자가 관리인에게 따로 통지장소를 제출하였으면 그 장소로 발송하고, 제출하지 아니하였으면 구분소유자가 소유하는 전유부분이 있는 장소로 발송한다. 이 경우 제1항의 통지는 통상적으로 도달할 시기에 도달한 것으로 본다.
④ 건물 내에 주소를 가지는 구분소유자 또는 제3항의 통지장소를 제출하지 아니한 구분소유자에 대한 제1항의 통지는 건물 내의 적당한 장소에 게시함으로써 소집통지를 갈음할 수 있음을 규약으로 정할 수 있다. 이 경우 제1항의 통지는 게시한 때에 도달한 것으로 본다.
⑤ 회의의 목적사항이 제15조제1항, 제29조제1항, 제47조제1항 및 제50조제4항인 경우에는 그 통지에 그 의안 및 계획의 내용을 적어야 한다.
[전문개정 2010.3.31.]

제35조(소집절차의 생략) 관리단집회는 구분소유자 전원이 동의하면 소집절차를 거치지 아니하고 소집할 수 있다.
[전문개정 2010.3.31.]

제36조(결의사항) ① 관리단집회는 제34조에 따라 통지한 사항에 관하여만 결의할 수 있다.
② 제1항의 규정은 이 법에 관리단집회의 결의에 관하여 특별한 정수가 규정된 사항을 제외하고는 규약으로 달리 정할 수 있다.
③ 제1항과 제2항은 제35조에 따른 관리단집회에 관하여는 적용하지 아니한다.
[전문개정 2010.3.31.]

제37조(의결권) ① 각 구분소유자의 의결권은 규약에 특별한 규정이 없으면 제12조에 규정된 지분비율에 따른다.
② 전유부분을 여럿이 공유하는 경우에는 공유자는 관리단집회에서 의결권을 행사할 1인을 정한다.
③ 구분소유자의 승낙을 받아 동일한 전유부

분을 점유하는 자가 여럿인 경우에는 제16조제2항, 제24조제4항 또는 제26조의3제2항에 따라 해당 구분소유자의 의결권을 행사할 1인을 정하여야 한다. <신설 2012.12.18.>
[전문개정 2010.3.31.]

제38조(의결 방법) ① 관리단집회의 의사는 이 법 또는 규약에 특별한 규정이 없으면 구분소유자의 과반수 및 의결권의 과반수로써 의결한다.
② 의결권은 서면이나 전자적 방법(전자정보처리조직을 사용하거나 그 밖에 정보통신기술을 이용하는 방법으로서 대통령령으로 정하는 방법을 말한다. 이하 같다)으로 또는 대리인을 통하여 행사할 수 있다. <개정 2012.12.18.>
③ 제34조에 따른 관리단집회의 소집통지나 소집통지를 갈음하는 게시를 할 때에는 제2항에 따라 의결권을 행사할 수 있다는 내용과 구체적인 의결권 행사 방법을 명확히 밝혀야 한다. <신설 2012.12.18.>
④ 제1항부터 제3항까지에서 규정한 사항 외에 의결권 행사를 위하여 필요한 사항은 대통령령으로 정한다. <신설 2012.12.18.>
[전문개정 2010.3.31.]

제39조(집회의 의장과 의사록) ① 관리단집회의 의장은 관리인 또는 집회를 소집한 구분소유자 중 연장자가 된다. 다만, 규약에 특별한 규정이 있거나 관리단집회에서 다른 결의를 한 경우에는 그러하지 아니하다.
② 관리단집회의 의사에 관하여는 의사록을 작성하여야 한다.
③ 의사록에는 의사의 경과와 그 결과를 적고 의장과 구분소유자 2인 이상이 서명날인하여야 한다.
④ 의사록에 관하여는 제30조를 준용한다.
[전문개정 2010.3.31.]

제40조(점유자의 의견진술권) ① 구분소유자의 승낙을 받아 전유부분을 점유하는 자는 집회의 목적사항에 관하여 이해관계가 있는 경우에는 집회에 출석하여 의견을 진술할 수 있다.
② 제1항의 경우 집회를 소집하는 자는 제34조에 따라 소집통지를 한 후 지체 없이 집회의 일시, 장소 및 목적사항을 건물 내의 적당한 장소에 게시하여야 한다.
[전문개정 2010.3.31.]

제41조(서면 또는 전자적 방법에 의한 결의 등) ① 이 법 또는 규약에 따라 관리단집회에서 결의할 것으로 정한 사항에 관하여 구분소유자의 5분의 4 이상 및 의결권의 5분의 4 이상이 서면이나 전자적 방법 또는 서면과 전자적 방법으로 합의하면 관리단집회에서 결의한 것으로 본다. 다만, 제15조제1항제2호의 경우에는 구분소유자의 과반수 및 의결권의 과반수가 서면이나 전자적 방법 또는 서면과 전자적 방법으로 합의하면 관리단집회에서 결의한 것으로 본다. <개정 2012.12.18.>
② 구분소유자들은 미리 그들 중 1인을 대리인으로 정하여 관리단에 신고한 경우에는 그 대리인은 그 구분소유자들을 대리하여 관리단집회에 참석하거나 서면 또는 전자적 방법으로 의결권을 행사할 수 있다. <개정 2012.12.18.>
③ 제1항의 서면 또는 전자적 방법으로 기록된 정보에 관하여는 제30조를 준용한다. <개정 2012.12.18.>
[전문개정 2010.3.31.]
[제목개정 2012.12.18.]

제42조(규약 및 집회의 결의의 효력) ① 규약 및 관리단집회의 결의는 구분소유자의 특별승계인에 대하여도 효력이 있다.
② 점유자는 구분소유자가 건물이나 대지 또는 부속시설의 사용과 관련하여 규약 또는 관리단집회의 결의에 따라 부담하는 의무와 동일한 의무를 진다.
[전문개정 2010.3.31.]

제42조의2(결의취소의 소) 구분소유자는 다음 각 호의 어느 하나에 해당하는 경우에는 집회 결의 사실을 안 날부터 6개월 이내에, 결의한 날부터 1년 이내에 결의취소의 소를 제기할 수 있다.
1. 집회의 소집 절차나 결의 방법이 법령 또는 규약에 위반되거나 현저하게 불공정한 경우
2. 결의 내용이 법령 또는 규약에 위배되는 경우
[본조신설 2012.12.18.]

제6절 의무위반자에 대한 조치
<개정 2010.3.31.>

제43조(공동의 이익에 어긋나는 행위의 정지 청구 등) ① 구분소유자가 제5조제1항의 행위를 한 경우 또는 그 행위를 할 우려가 있는 경우에는 관리인 또는 관리단집회의 결의로 지정된 구분소유자는 구분소유자 공동의 이익을 위하여 그 행위를 정지하거나 그 행위의 결과를 제거하거나 그 행위의 예방에 필요한 조치를 할 것을 청구할 수 있다.
② 제1항에 따른 소송의 제기는 관리단집회의 결의가 있어야 한다.
③ 점유자가 제5조제4항에서 준용하는 같은 조 제1항에 규정된 행위를 한 경우 또는 그 행위를 할 우려가 있는 경우에도 제1항과 제2항을 준용한다.
[전문개정 2010.3.31.]

제44조(사용금지의 청구) ① 제43조제1항의 경우에 제5조제1항에 규정된 행위로 구분소유자의 공동생활상의 장해가 현저하여 제43조제1항에 규정된 청구로는 그 장해를 제거하여 공용부분의 이용 확보나 구분소유자의 공동생활 유지를 도모함이 매우 곤란할 때에는 관리인 또는 관리단집회의 결의로 지정된 구분소유자는 관리단집회의 결의에 근거하여 소(訴)로써 적당한 기간 동안 해당 구분소유자의 전유부분 사용금지를 청구할 수 있다.
② 제1항의 결의는 구분소유자의 4분의 3 이상 및 의결권의 4분의 3 이상으로 결정한다.
③ 제1항의 결의를 할 때에는 미리 해당 구분소유자에게 변명할 기회를 주어야 한다.
[전문개정 2010.3.31.]

제45조(구분소유권의 경매) ① 구분소유자가 제5조제1항 및 제2항을 위반하거나 규약에서 정한 의무를 현저히 위반한 결과 공동생활을 유지하기 매우 곤란하게 된 경우에는 관리인 또는 관리단집회의 결의로 지정된 구분소유자는 해당 구분소유자의 전유부분 및 대지사용권의 경매를 명할 것을 법원에 청구할 수 있다.
② 제1항의 청구는 구분소유자의 4분의 3 이상 및 의결권의 4분의 3 이상의 관리단집회 결의가 있어야 한다.
③ 제2항의 결의를 할 때에는 미리 해당 구분소유자에게 변명할 기회를 주어야 한다.
④ 제1항의 청구에 따라 경매를 명한 재판이 확정되었을 때에는 그 청구를 한 자는 경매를 신청할 수 있다. 다만, 그 재판확정일부터 6개월이 지나면 그러하지 아니하다.
⑤ 제1항의 해당 구분소유자는 제4항 본문의 신청에 의한 경매에서 경락인이 되지 못한다.
[전문개정 2010.3.31.]

제46조(전유부분의 점유자에 대한 인도청구) ① 점유자가 제45조제1항에 따른 의무위반을 한 결과 공동생활을 유지하기 매우 곤란하게 된 경우에는 관리인 또는 관리단집회의 결의로 지정된 구분소유자는 그 전유부분을 목적으로 하는 계약의 해제 및 그 전유부분의 인도를 청구할 수 있다.
② 제1항의 경우에는 제44조제2항 및 제3항을 준용한다.
③ 제1항에 따라 전유부분을 인도받은 자는 지체 없이 그 전유부분을 점유할 권원(權原)이 있는 자에게 인도하여야 한다.
[전문개정 2010.3.31.]

제7절 재건축 및 복구
<개정 2010.3.31.>

제47조(재건축 결의) ① 건물 건축 후 상당한 기간이 지나 건물이 훼손되거나 일부 멸실되거나 그 밖의 사정으로 건물 가격에 비하여 지나치게 많은 수리비·복구비나 관리비용이 드는 경우 또는 부근 토지의 이용 상황의 변화나 그 밖의 사정으로 건물을 재건축하면 재건축에 드는 비용에 비하여 현저하게 효용이 증가하게 되는 경우에 관리단집회는 그 건물을 철거하여 그 대지를 구분소유권의 목적이 될 새 건물의 대지로 이용할 것을 결의할 수 있다. 다만, 재건축의 내용이 단지 내 다른 건물의 구분소유자에게 특별한 영향을 미칠 때에는 그 구분소유자의 승낙을 받아야 한다.
② 제1항의 결의는 구분소유자의 5분의 4 이상 및 의결권의 5분의 4 이상의 결의에 따른다.

③ 재건축을 결의할 때에는 다음 각 호의 사항을 정하여야 한다.
1. 새 건물의 설계 개요
2. 건물의 철거 및 새 건물의 건축에 드는 비용을 개략적으로 산정한 금액
3. 제2호에 규정된 비용의 분담에 관한 사항
4. 새 건물의 구분소유권 귀속에 관한 사항
④ 제3항제3호 및 제4호의 사항은 각 구분소유자 사이에 형평이 유지되도록 정하여야 한다.
⑤ 제1항의 결의를 위한 관리단집회의 의사록에는 결의에 대한 각 구분소유자의 찬반 의사를 적어야 한다.
[전문개정 2010.3.31.]

제48조(구분소유권 등의 매도청구 등) ① 재건축의 결의가 있으면 집회를 소집한 자는 지체 없이 그 결의에 찬성하지 아니한 구분소유자(그의 승계인을 포함한다)에 대하여 그 결의 내용에 따른 재건축에 참가할 것인지 여부를 회답할 것을 서면으로 촉구하여야 한다.
② 제1항의 촉구를 받은 구분소유자는 촉구를 받은 날부터 2개월 이내에 회답하여야 한다.
③ 제2항의 기간 내에 회답하지 아니한 경우 그 구분소유자는 재건축에 참가하지 아니하겠다는 뜻을 회답한 것으로 본다.
④ 제2항의 기간이 지나면 재건축 결의에 찬성한 각 구분소유자, 재건축 결의 내용에 따른 재건축에 참가할 뜻을 회답한 각 구분소유자(그의 승계인을 포함한다) 또는 이들 전원의 합의에 따라 구분소유권과 대지사용권을 매수하도록 지정된 자(이하 "매수지정자"라 한다)는 제2항의 기간 만료일부터 2개월 이내에 재건축에 참가하지 아니하겠다는 뜻을 회답한 구분소유자(그의 승계인을 포함한다)에게 구분소유권과 대지사용권을 시가로 매도할 것을 청구할 수 있다. 재건축 결의가 있은 후에 이 구분소유자로부터 대지사용권만을 취득한 자의 대지사용권에 대하여도 또한 같다.
⑤ 제4항에 따른 청구가 있는 경우에 재건축에 참가하지 아니하겠다는 뜻을 회답한 구분소유자가 건물을 명도(明渡)하면 생활에 현저한 어려움을 겪을 우려가 있고 재건축의 수행에 큰 영향이 없을 때에는 법원은 그 구분소유자의 청구에 의하여 대금 지급일 또는 제공일부터 1년을 초과하지 아니하는 범위에서 건물 명도에 대하여 적당한 기간을 허락할 수 있다.
⑥ 재건축 결의일부터 2년 이내에 건물 철거공사가 착수되지 아니한 경우에는 제4항에 따라 구분소유권이나 대지사용권을 매도한 자는 이 기간이 만료된 날부터 6개월 이내에 매수인이 지급한 대금에 상당하는 금액을 그 구분소유권이나 대지사용권을 가지고 있는 자에게 제공하고 이들의 권리를 매도할 것을 청구할 수 있다. 다만, 건물 철거공사가 착수되지 아니한 타당한 이유가 있을 경우에는 그러하지 아니하다.
⑦ 제6항 단서에 따른 건물 철거공사가 착수되지 아니한 타당한 이유가 없어진 날부터 6개월 이내에 공사에 착수하지 아니하는 경우에는 제6항 본문을 준용한다. 이 경우 같은 항 본문 중 "이 기간이 만료된 날부터 6개월 이내에"는 "건물 철거공사가 착수되지 아니한 타당한 이유가 없어진 것을 안 날부터 6개월 또는 그 이유가 없어진 날부터 2년 중 빠른 날까지"로 본다.
[전문개정 2010.3.31.]

▶ 판례 – [1] 도시 및 주거환경정비법 제39조에 의하여 준용되는 집합건물의 소유 및 관리에 관한 법률 제48조 제4항에서 매도청구권의 행사기간을 규정한 취지 및 행사기간 내에 매도청구권을 행사하지 아니한 경우, 효력을 상실하는지 여부(적극)
[2] 매도청구권의 행사기간이 도과한 후 조합이 새로이 조합설립인가처분을 받는 것과 동일한 요건과 절차를 거쳐 조합설립변경인가처분을 받은 경우, 새로운 조합설립인가처분의 요건을 갖춘 조합설립변경인가처분에 터 잡아 새로이 매도청구권을 행사할 수 있는지 여부(적극)
[3] 甲 주택재건축정비사업조합이 정기총회에서 조합설립변경을 결의하고 정비구역 내 토지 등 소유자들로부터 조합설립변경에 대한 동의서를 받은 후 乙에게 조합설립변경에 대한 동의 여부를 최고하여 회답이 없자 乙 소유의 부동산에 관하여 매도청구를 한 사안에서, 甲 조합이 매도청구 당시 토지 등 소유자들로부터 조합설립변경에 대한 동의만을 받았을 뿐 관할청으로부터 조합설립변경인가처분을 받지 아니하였으므로 조합설립변경에 기한 매도청구권이 발생하지 않았다고 본 원심판단이 정당하다고 한 사례 [대법원 2016.12.29, 선고, 2015다202162, 판결]

제49조(재건축에 관한 합의) 재건축 결의에 찬성한 각 구분소유자, 재건축 결의 내용에 따른 재건축에 참가할 뜻을 회답한 각 구분

소유자 및 구분소유권 또는 대지사용권을 매수한 각 매수지정자(이들의 승계인을 포함한다)는 재건축 결의 내용에 따른 재건축에 합의한 것으로 본다.
[전문개정 2010.3.31.]

제50조(건물이 일부 멸실된 경우의 복구) ① 건물가격의 2분의 1 이하에 상당하는 건물 부분이 멸실되었을 때에는 각 구분소유자는 멸실한 공용부분과 자기의 전유부분을 복구할 수 있다. 다만, 공용부분의 복구에 착수하기 전에 제47조제1항의 결의나 공용부분의 복구에 대한 결의가 있는 경우에는 그러하지 아니하다.
② 제1항에 따라 공용부분을 복구한 자는 다른 구분소유자에게 제12조의 지분비율에 따라 복구에 든 비용의 상환을 청구할 수 있다.
③ 제1항 및 제2항의 규정은 규약으로 달리 정할 수 있다.
④ 건물이 일부 멸실된 경우로서 제1항 본문의 경우를 제외한 경우에 관리단집회는 구분소유자의 5분의 4 이상 및 의결권의 5분의 4 이상으로 멸실한 공용부분을 복구할 것을 결의할 수 있다.
⑤ 제4항의 결의가 있는 경우에는 제47조 제5항을 준용한다.
⑥ 제4항의 결의가 있을 때에는 그 결의에 찬성한 구분소유자(그의 승계인을 포함한다) 외의 구분소유자는 결의에 찬성한 구분소유자(그의 승계인을 포함한다)에게 건물 및 그 대지에 관한 권리를 시가로 매수할 것을 청구할 수 있다.
⑦ 제4항의 경우에 건물 일부가 멸실한 날부터 6개월 이내에 같은 항 또는 제47조제1항의 결의가 없을 때에는 각 구분소유자는 다른 구분소유자에게 건물 및 그 대지에 관한 권리를 시가로 매수할 것을 청구할 수 있다.
⑧ 법원은 제2항, 제6항 및 제7항의 경우에 상환 또는 매수청구를 받은 구분소유자의 청구에 의하여 상환금 또는 대금의 지급에 관하여 적당한 기간을 허락할 수 있다.
[전문개정 2010.3.31.]

제2장 단지

<개정 2010.3.31.>

제51조(단지관리단) ① 한 단지에 여러 동의 건물이 있고 그 단지 내의 토지 또는 부속시설(이들에 관한 권리를 포함한다)이 그 건물 소유자(전유부분이 있는 건물에서는 구분소유자를 말한다)의 공동소유에 속하는 경우에는 이들 소유자는 그 단지 내의 토지 또는 부속시설을 관리하기 위한 단체를 구성하여 이 법에서 정하는 바에 따라 집회를 개최하고 규약을 정하며 관리인을 둘 수 있다.
② 한 단지에 여러 동의 건물이 있고 단지 내의 토지 또는 부속시설(이들에 관한 권리를 포함한다)이 그 건물 소유자(전유부분이 있는 건물에서는 구분소유자를 말한다) 중 일부의 공동소유에 속하는 경우에는 이들 소유자는 그 단지 내의 토지 또는 부속시설을 관리하기 위한 단체를 구성하여 이 법에서 정하는 바에 따라 집회를 개최하고 규약을 정하며 관리인을 둘 수 있다.
③ 제1항의 단지관리단은 단지관리단의 구성원이 속하는 각 관리단의 사업의 전부 또는 일부를 그 사업 목적으로 할 수 있다. 이 경우 각 관리단의 구성원의 4분의 3 이상 및 의결권의 4분의 3 이상에 의한 관리단집회의 결의가 있어야 한다.
[전문개정 2010.3.31.]

제52조(단지에 대한 준용) 제51조의 경우에는 제3조, 제23조의2, 제24조부터 제26조까지, 제26조의2, 제26조의3, 제27조부터 제42조까지 및 제42조의2를 준용한다. <개정 2012.12.18.>
[전문개정 2010.3.31.]

제2장의2 집합건물분쟁조정위원회

<신설 2012.12.18.>

제52조의2(집합건물분쟁조정위원회) ① 이 법을 적용받는 건물과 관련된 분쟁을 심의·조정하기 위하여 특별시·광역시·특별자치시·도 또는 특별자치도(이하 "시·도"라 한다)에 집합건물분쟁조정위원회(이하 "조정위원회"라 한다)를 둔다.
② 조정위원회는 분쟁 당사자의 신청에 따라 다음 각 호의 분쟁(이하 "집합건물분쟁"이라 한다)을 심의·조정한다. <개정 2015.8.11.>
1. 이 법을 적용받는 건물의 하자에 관한 분쟁.

다만, 「공동주택관리법」 제36조 및 제37조에 따른 공동주택의 담보책임 및 하자보수 등과 관련된 분쟁은 제외한다.
2. 관리인 · 관리위원의 선임 · 해임 또는 관리단 · 관리위원회의 구성 · 운영에 관한 분쟁
3. 공용부분의 보존 · 관리 또는 변경에 관한 분쟁
4. 관리비의 징수 · 관리 및 사용에 관한 분쟁
5. 규약의 제정 · 개정에 관한 분쟁
6. 재건축과 관련된 철거, 비용분담 및 구분소유권 귀속에 관한 분쟁
7. 그 밖에 이 법을 적용받는 건물과 관련된 분쟁으로서 대통령령으로 정한 분쟁

[본조신설 2012.12.18.]

제52조의3(조정위원회의 구성과 운영) ① 조정위원회는 위원장 1명과 부위원장 1명을 포함한 10명 이내의 위원으로 구성한다.

② 조정위원회의 위원은 집합건물분쟁에 관한 법률지식과 경험이 풍부한 사람으로서 다음 각 호의 어느 하나에 해당하는 사람 중에서 시 · 도지사가 임명하거나 위촉한다. 이 경우 제1호 및 제2호에 해당하는 사람이 각각 2명 이상 포함되어야 한다.
1. 법학 또는 조정 · 중재 등의 분쟁조정 관련 학문을 전공한 사람으로서 대학에서 조교수 이상으로 3년 이상 재직한 사람
2. 변호사 자격이 있는 사람으로서 3년 이상 법률에 관한 사무에 종사한 사람
3. 건설공사, 하자감정 또는 공동주택관리에 관한 전문적 지식을 갖춘 사람으로서 해당 업무에 3년 이상 종사한 사람
4. 해당 시 · 도 소속 5급 이상 공무원으로서 관련 업무에 3년 이상 종사한 사람

③ 조정위원회의 위원장은 해당 시 · 도지사가 위원 중에서 임명하거나 위촉한다.

④ 조정위원회에는 분쟁을 효율적으로 심의 · 조정하기 위하여 3명 이내의 위원으로 구성되는 소위원회를 둘 수 있다. 이 경우 소위원회에는 제2항제1호 및 제2호에 해당하는 사람이 각각 1명 이상 포함되어야 한다.

⑤ 조정위원회는 재적위원 과반수의 출석과 출석위원 과반수의 찬성으로 의결하며, 소위원회는 재적위원 전원 출석과 출석위원 과반수의 찬성으로 의결한다.

⑥ 제1항부터 제5항까지에서 규정한 사항 외에 조정위원회와 소위원회의 구성 및 운영에 필요한 사항과 조정 절차에 관한 사항은 대통령령으로 정한다.

[본조신설 2012.12.18.]

제52조의4(위원의 제척 등) ① 조정위원회의 위원이 다음 각 호의 어느 하나에 해당하는 경우에는 그 사건의 심의 · 조정에서 제척(除斥)된다.
1. 위원 또는 그 배우자나 배우자이었던 사람이 해당 집합건물분쟁의 당사자가 되거나 그 집합건물분쟁에 관하여 당사자와 공동권리자 또는 공동의무자의 관계에 있는 경우
2. 위원이 해당 집합건물분쟁의 당사자와 친족이거나 친족이었던 경우
3. 위원이 해당 집합건물분쟁에 관하여 진술이나 감정을 한 경우
4. 위원이 해당 집합건물분쟁에 당사자의 대리인으로서 관여한 경우
5. 위원이 해당 집합건물분쟁의 원인이 된 처분이나 부작위에 관여한 경우

② 조정위원회는 위원에게 제1항의 제척 원인이 있는 경우에는 직권이나 당사자의 신청에 따라 제척의 결정을 한다.

③ 당사자는 위원에게 공정한 직무집행을 기대하기 어려운 사정이 있으면 조정위원회에 해당 위원에 대한 기피신청을 할 수 있다.

④ 위원은 제1항 또는 제3항의 사유에 해당하면 스스로 그 집합건물분쟁의 심의 · 조정을 회피할 수 있다.

[본조신설 2012.12.18.]

제52조의5(분쟁조정신청과 통지 등) ① 조정위원회는 당사자 일방으로부터 분쟁의 조정신청을 받은 경우에는 지체 없이 그 신청내용을 상대방에게 통지하여야 한다.

② 제1항에 따라 통지를 받은 상대방은 그 통지를 받은 날부터 7일 이내에 조정에 응할 것인지에 관한 의사를 조정위원회에 통지하여야 한다.

③ 제1항에 따라 분쟁의 조정신청을 받은 조정위원회는 분쟁의 성질 등 조정에 적합하지 아니한 사유가 있다고 인정하는 경우에는 해당 조정의 불개시(不開始) 결정을 할 수 있다. 이 경우 조정의 불개시 결정 사실과 그 사유를 당사자에게 통보하여야 한다.

[본조신설 2012.12.18.]

제52조의6(조정의 절차) ① 조정위원회는 제

52조의5제1항에 따른 조정신청을 받으면 같은 조 제2항에 따른 조정 불응 또는 같은 조 제3항에 따른 조정의 불개시 결정이 있는 경우를 제외하고는 지체 없이 조정 절차를 개시하여야 하며, 신청을 받은 날부터 60일 이내에 그 절차를 마쳐야 한다.
② 조정위원회는 제1항의 기간 내에 조정을 마칠 수 없는 경우에는 조정위원회의 의결로 그 기간을 30일의 범위에서 한 차례만 연장할 수 있다. 이 경우 그 사유와 기한을 분명히 밝혀 당사자에게 서면으로 통지하여야 한다.
③ 조정위원회는 제1항에 따른 조정의 절차를 개시하기 전에 이해관계인 등의 의견을 들을 수 있다.
④ 조정위원회는 제1항에 따른 절차를 마쳤을 때에는 조정안을 작성하여 지체 없이 각 당사자에게 제시하여야 한다.
⑤ 제4항에 따른 조정안을 제시받은 당사자는 제시받은 날부터 14일 이내에 조정안의 수락 여부를 조정위원회에 통보하여야 한다. 이 경우 당사자가 그 기간 내에 조정안에 대한 수락 여부를 통보하지 아니한 경우에는 조정안을 수락한 것으로 본다.
[본조신설 2012.12.18.]

제52조의7(조정의 중지 등) ① 조정위원회는 당사자가 제52조의5제2항에 따라 조정에 응하지 아니할 의사를 통지하거나 제52조의6제5항에 따라 조정안을 거부한 경우에는 조정을 중지하고 그 사실을 상대방에게 서면으로 통보하여야 한다.
② 조정위원회는 당사자 중 일방이 소를 제기한 경우에는 조정을 중지하고 그 사실을 상대방에게 통보하여야 한다.
③ 조정위원회는 법원에 소송계속 중인 당사자 중 일방이 조정을 신청한 때에는 해당 조정 신청을 결정으로 각하하여야 한다.
[본조신설 2012.12.18.]

제52조의8(조정의 효력) ① 당사자가 제52조의6제5항에 따라 조정안을 수락하면 조정위원회는 지체 없이 조정서 3부를 작성하여 위원장 및 각 당사자로 하여금 조정서에 서명날인하게 하여야 한다.
② 제1항의 경우 당사자 간에 조정서와 같은 내용의 합의가 성립된 것으로 본다.
[본조신설 2012.12.18.]

제52조의9(하자 등의 감정) ① 조정위원회는 당사자의 신청으로 또는 당사자와 협의하여 대통령령으로 정하는 안전진단기관, 하자감정전문기관 등에 하자진단 또는 하자감정 등을 요청할 수 있다.
② 조정위원회는 당사자의 신청으로 또는 당사자와 협의하여 「공동주택관리법」 제39조에 따른 하자심사·분쟁조정위원회에 하자판정을 요청할 수 있다. <개정 2015.8.11.>
③ 제1항 및 제2항에 따른 비용은 대통령령으로 정하는 바에 따라 당사자가 부담한다.
[본조신설 2012.12.18.]

제3장 구분건물의 건축물대장
<개정 2010.3.31.>

제53조(건축물대장의 편성) ① 특별자치도지사, 시장, 군수 또는 자치구의 구청장(이하 "소관청"이라 한다)은 이 법을 적용받는 건물에 대하여는 이 법에서 정하는 건축물대장과 건물의 도면 및 각 층의 평면도를 갖추어 두어야 한다.
② 대장은 1동의 건물을 표시할 용지와 그 1동의 건물에 속하는 전유부분의 건물을 표시할 용지로 편성한다.
③ 1동의 건물에 대하여는 각 1용지를 사용하고 전유부분의 건물에 대하여는 구분한 건물마다 1용지를 사용한다.
④ 1동의 건물에 속하는 구분한 건물의 대장은 1책에 편철하고 1동의 건물을 표시할 용지 다음에 구분한 건물을 표시할 용지를 편철한다.
⑤ 제4항의 경우에 편철한 용지가 너무 많을 때에는 여러 책으로 나누어 편철할 수 있다.
[전문개정 2010.3.31.]

제54조(건축물대장의 등록사항) ① 1동의 건물을 표시할 용지에는 다음 각 호의 사항을 등록하여야 한다. <개정 2013.3.23.>
1. 1동의 건물의 소재지와 지번(地番)
2. 1동의 건물에 번호가 있을 때에는 그 번호
3. 1동의 건물의 구조와 면적(구분점포가 있는 건물인 경우에는 판매시설 등의 용도에

해당하는 바닥면적의 합계를 포함한다)
4. 1동의 건물에 속하는 전유부분의 번호
5. 그 밖에 국토교통부령으로 정하는 사항

② 전유부분을 표시할 용지에는 다음 각 호의 사항을 등록하여야 한다. <개정 2013.3.23.>

1. 전유부분의 번호
2. 전유부분이 속하는 1동의 건물의 번호
3. 전유부분의 종류, 구조와 면적
4. 부속건물이 있을 때에는 부속건물의 종류, 구조, 면적
5. 소유자의 성명 또는 명칭과 주소 또는 사무소. 이 경우 소유자가 둘 이상일 때에는 그 지분
6. 그 밖에 국토교통부령으로 정하는 사항

③ 제2항제4호의 경우에 부속건물이 그 전유부분과 다른 별채의 건물이거나 별채인 1동의 건물을 구분한 것일 때에는 그 1동의 건물의 소재지, 지번, 번호, 종류, 구조 및 면적을 등록하여야 한다.

④ 제3항의 경우에 건물의 표시 및 소유자의 표시에 관한 사항을 등록할 때에는 원인 및 그 연월일과 등록연월일을 적어야 한다.

⑤ 제3조제2항 및 제3항에 따른 공용부분의 등록에 관하여는 제2항과 제4항을 준용한다. 이 경우 그 건물의 표시란에 공용부분이라는 취지를 등록한다.

⑥ 구분점포의 경우에는 전유부분 용지의 구조란에 경계벽이 없다는 뜻을 적어야 한다.

[전문개정 2010.3.31.]

▶ 판례 – 1동의 건물에 대하여 구분소유가 성립하기 위한 요건 / 집합건물의 공용부분을 구분소유권의 목적으로 할 수 있는지 여부(소극) 및 건물의 어느 부분이 공용부분인지 결정하는 기준 / 구분건물에 관하여 구분소유가 성립될 당시 객관적인 용도가 공용부분인 건물부분을 나중에 임의로 개조하는 등으로 이용 상황을 변경하거나 집합건축물대장에 전유부분으로 등록하고 소유권보존등기를 한 경우, 공용부분이 전유부분이 되는지 여부(소극)

1동의 건물에 대하여 구분소유가 성립하기 위해서는 객관적·물리적인 측면에서 1동의 건물이 존재하고 구분된 건물부분이 구조상·이용상 독립성을 갖추어야 할 뿐 아니라 1동의 건물 중 물리적으로 구획된 건물부분을 각각 구분소유권의 객체로 하려는 구분행위가 있어야 한다. 여기서 구분행위는 건물의 물리적 형질에 변경을 가함이 없이 법률 관념상 건물의 특정부분을 구분하여 별개의 소유권의 객체로 하려는 일종의 법률행위로서, 시기나 방식에 특별한 제한이 있는 것은 아니고 처분권자의 구분의사가 객관적으로 외부에 표시되면 인정된다. 따라서 구분건물이 물리적으로 완성되기 전에도 건축허가신청이나 분양계약 등을 통하여 장래 신축되는 건물을 구분건물로 하겠다는 구분의사가 객관적으로 표시되면 구분행위의 존재를 인정할 수 있고, 이후 1동의 건물 및 구분행위에 상응하는 구분건물이 객관적·물리적으로 완성되면 아직 건물이 집합건축물대장에 등록되거나 구분건물로서 등기부에 등기되지 않았더라도 그 시점에서 구분소유가 성립한다. 한편 집합건물 중 여러 개의 전유부분으로 통하는 복도, 계단, 그 밖에 구조상 구분소유자의 전원 또는 일부의 공용에 제공되는 건물부분은 공용부분으로서 구분소유권의 목적으로 할 수 없다. 이때 건물의 어느 부분이 구분소유자의 전원 또는 일부의 공용에 제공되는지는 소유자들 사이에 특단의 합의가 없는 한 건물의 구조에 따른 객관적인 용도에 의하여 결정된다. 따라서 구분건물에 관하여 구분소유가 성립될 당시 객관적인 용도가 공용부분인 건물부분을 나중에 임의로 개조하는 등으로 이용 상황을 변경하거나 집합건축물대장에 전유부분으로 등록하고 소유권보존등기를 하였더라도 그로써 공용부분이 전유부분이 되어 어느 구분소유자의 전속적인 소유권의 객체가 되지는 않는다. [대법원 2016.5.27, 선고, 2015다77212, 판결]

第55條(건축물대장의 등록절차) 건축물대장의 등록은 소유자 등의 신청이나 소관청의 조사결정에 의한다.

[전문개정 2010.3.31.]

第56條(건축물대장의 신규 등록신청) ① 이 법을 적용받는 건물을 신축한 자는 1개월 이내에 1동의 건물에 속하는 전유부분 전부에 대하여 동시에 건축물대장 등록신청을 하여야 한다.

② 제1항의 신청서에는 제54조에 규정된 사항을 적고 건물의 도면, 각 층의 평면도(구분점포의 경우에는 「건축사법」 제23조에 따라 신고한 건축사 또는 「공간정보의 구축 및 관리 등에 관한 법률」 제39조제2항에서 정한 측량기술자가 구분점포의 경계표지에 관한 측량성과를 적어 작성한 평면도를 말한다)와 신청인의 소유임을 증명하는 서면을 첨부하여야 하며, 신청서에 적은 사항 중 규약이나 규약에

상당하는 공정증서로써 정한 것이 있는 경우에는 그 규약이나 공정증서를 첨부하여야 한다. <개정 2014.6.3.>
③ 이 법을 적용받지 아니하던 건물이 구분, 신축 등으로 인하여 이 법을 적용받게 된 경우에는 제1항과 제2항을 준용한다.
④ 제3항의 경우에 건물 소유자는 다른 건물의 소유자를 대위(代位)하여 제1항의 신청을 할 수 있다.
[전문개정 2010.3.31.]

제57조(건축물대장의 변경등록신청) ① 건축물대장에 등록한 사항이 변경된 경우에는 소유자는 1개월 이내에 변경등록신청을 하여야 한다.
② 1동의 건물을 표시할 사항과 공용부분의 표시에 관한 사항의 변경등록은 전유부분 소유자 중 1인 또는 여럿이 제1항의 기간까지 신청할 수 있다.
③ 제1항 및 제2항의 신청서에는 변경된 사항과 1동의 건물을 표시하기에 충분한 사항을 적고 그 변경을 증명하는 서면을 첨부하여야 하며 건물의 소재지, 구조, 면적이 변경되거나 부속건물을 신축한 경우에는 건물도면 또는 각 층의 평면도도 첨부하여야 한다.
④ 구분점포는 제1조의2제1항제1호의 용도 외의 다른 용도로 변경할 수 없다.
[전문개정 2010.3.31.]

제58조(신청의무의 승계) 소유자가 변경된 경우에는 전 소유자가 하여야 할 제56조와 제57조제1항의 등록신청은 소유자가 변경된 날부터 1개월 이내에 새로운 소유자가 하여야 한다.
[전문개정 2010.3.31.]

제59조(소관청의 직권조사) ① 소관청은 제56조 또는 제57조의 신청을 받아 또는 직권으로 건축물대장에 등록할 때에는 소속 공무원에게 건물의 표시에 관한 사항을 조사하게 할 수 있다.
② 소관청은 구분점포에 관하여 제56조 또는 제57조의 신청을 받으면 신청 내용이 제1조의2제1항 각 호의 요건을 충족하는지와 건축물의 실제 현황과 일치하는지를 조사하여야 한다.
③ 제1항 및 제2항의 조사를 하는 경우 해당 공무원은 일출 후 일몰 전까지 그 건물에 출입할 수 있으며, 점유자나 그 밖의 이해관계인에게 질문하거나 문서의 제시를 요구할 수 있다. 이 경우 관계인에게 그 신분을 증명하는 증표를 보여주어야 한다.
[전문개정 2010.3.31.]

제60조(조사 후 처리) ① 제56조의 경우에 소관청은 관계 공무원의 조사 결과 그 신고 내용이 부당하다고 인정할 때에는 그 취지를 적어 정정할 것을 명하고, 그 신고 내용을 정정하여도 그 건물의 상황이 제1조 또는 제1조의2의 규정에 맞지 아니하다고 인정할 때에는 그 등록을 거부하고 그 건물 전체를 하나의 건물로 하여 일반건축물대장에 등록하여야 한다.
② 제1항의 경우에는 일반건축물대장에 등록한 날부터 7일 이내에 신고인에게 그 등록 거부 사유를 서면으로 통지하여야 한다.
[전문개정 2010.3.31.]

제61조 삭제 <2011.4.12.>

제62조 삭제 <2011.4.12.>

제63조 삭제 <2011.4.12.>

제64조 삭제 <2011.4.12.>

제4장 벌칙

<개정 2010.3.31.>

제65조(벌금) ① 제1조의2제1항에서 정한 경계표지 또는 건물번호표지를 파손, 이동 또는 제거하거나 그 밖의 방법으로 경계를 알아볼 수 없게 한 사람은 3년 이하의 징역 또는 1천만원 이하의 벌금에 처한다.
② 건축사 또는 측량기술자가 제56조제2항에서 정한 평면도에 측량성과를 사실과 다르게 적었을 때에는 2년 이하의 징역 또는 500만원 이하의 벌금에 처한다.
[전문개정 2010.3.31.]

제66조(과태료) ① 제59조에 따른 조사를 거부·방해하거나 기피한 사람에게는 200만원 이하의 과태료를 부과한다. 이 경우 문서를 제시하지 아니하거나 거짓 문서를 제시한 사람 또는 질문에 대하여 진술하지 아니하거나 거짓으로 진술한 사람도 또한 같다.
② 다음 각 호의 어느 하나에 해당하는 경우

그 행위를 한 관리인, 의장, 규약 · 의사록 · 서면을 보관할 사람에게는 100만원 이하의 과태료를 부과한다. <개정 2012.12.18.>

1. 제26조제1항(제52조에서 준용하는 경우를 포함한다)을 위반하여 보고를 하지 아니하거나 거짓 보고를 한 경우
2. 제30조제1항, 제39조제4항, 제41조제3항(이들 규정을 제52조에서 준용하는 경우를 포함한다)을 위반하여 규약, 의사록 또는 서면(전자적 방법으로 기록된 정보를 포함한다)을 보관하지 아니한 경우
3. 제30조제3항, 제39조제4항, 제41조제3항(이들 규정을 제52조에서 준용하는 경우를 포함한다)을 위반하여 정당한 사유 없이 제2호에 규정된 서류(전자적 방법으로 기록된 정보를 포함한다)의 열람이나 등본의 발급청구를 거부한 경우
4. 제39조제2항 및 제3항(이들 규정을 제52조에서 준용하는 경우를 포함한다)을 위반하여 의사록을 작성하지 아니하거나 의사록에 적어야 할 사항을 적지 아니하거나 거짓으로 적은 경우
5. 제56조제1항, 제57조제1항, 제58조에 따른 신청의무자가 그 등록신청을 게을리한 경우

③ 제1항과 제2항에 따른 과태료는 소관청이 부과 · 징수한다.

[전문개정 2010.3.31.]

부칙

<제13805호, 2016.1.19.>
(주택법)

제1조(시행일) 이 법은 2016년 8월 12일부터 시행한다.

제2조부터 제20조까지 생략

제21조(다른 법률의 개정) ①부터 <75>까지 생략

<76> 집합건물의 소유 및 관리에 관한 법률 일부를 다음과 같이 개정한다.

제9조의2제2항제2호 중 "「주택법」 제29조"를 각각 "「주택법」 제49조"로 한다.

<77>부터 <86>까지 생략

제22조 생략

제2편 도시·주택·건축

건축법

[시행 2018.6.27.]
[법률 제15307호, 2017.12.26., 일부개정]

제1장 총칙

제1조(목적) 이 법은 건축물의 대지·구조·설비 기준 및 용도 등을 정하여 건축물의 안전·기능·환경 및 미관을 향상시킴으로써 공공복리의 증진에 이바지하는 것을 목적으로 한다.

제2조(정의) ① 이 법에서 사용하는 용어의 뜻은 다음과 같다. <개정 2009.6.9., 2011.9.16., 2012.1.17., 2013.3.23., 2014.1.14., 2014.5.28., 2014.6.3., 2016.1.19., 2016.2.3., 2017.12.26.>

1. "대지(垈地)"란 「공간정보의 구축 및 관리 등에 관한 법률」에 따라 각 필지(筆地)로 나눈 토지를 말한다. 다만, 대통령령으로 정하는 토지는 둘 이상의 필지를 하나의 대지로 하거나 하나 이상의 필지의 일부를 하나의 대지로 할 수 있다.
2. "건축물"이란 토지에 정착(定着)하는 공작물 중 지붕과 기둥 또는 벽이 있는 것과 이에 딸린 시설물, 지하나 고가(高架)의 공작물에 설치하는 사무소·공연장·점포·차고·창고, 그 밖에 대통령령으로 정하는 것을 말한다.
3. "건축물의 용도"란 건축물의 종류를 유사한 구조, 이용 목적 및 형태별로 묶어 분류한 것을 말한다.
4. "건축설비"란 건축물에 설치하는 전기·전화 설비, 초고속 정보통신 설비, 지능형 홈네트워크 설비, 가스·급수·배수(配水)·배수(排水)·환기·난방·냉방·소화(消火)·배연(排煙) 및 오물처리의 설비, 굴뚝, 승강기, 피뢰침, 국기 게양대, 공동시청 안테나, 유선방송 수신시설, 우편함, 저수조(貯水槽), 방범시설, 그 밖에 국토교통부령으로 정하는 설비를 말한다.
5. "지하층"이란 건축물의 바닥이 지표면 아래에 있는 층으로서 바닥에서 지표면까지 평균높이가 해당 층 높이의 2분의 1 이상인 것을 말한다.
6. "거실"이란 건축물 안에서 거주, 집무, 작업, 집회, 오락, 그 밖에 이와 유사한 목적을 위하여 사용되는 방을 말한다.
7. "주요구조부"란 내력벽(耐力壁), 기둥, 바닥, 보, 지붕틀 및 주계단(主階段)을 말한다. 다만, 사이 기둥, 최하층 바닥, 작은 보, 차양, 옥외 계단, 그 밖에 이와 유사한 것으로 건축물의 구조상 중요하지 아니한 부분은 제외한다.
8. "건축"이란 건축물을 신축·증축·개축·재축(再築)하거나 건축물을 이전하는 것을 말한다.
9. "대수선"이란 건축물의 기둥, 보, 내력벽, 주계단 등의 구조나 외부 형태를 수선·변경하거나 증설하는 것으로서 대통령령으로 정하는 것을 말한다.
10. "리모델링"이란 건축물의 노후화를 억제하거나 기능 향상 등을 위하여 대수선하거나 건축물의 일부를 증축 또는 개축하는 행위를 말한다.
11. "도로"란 보행과 자동차 통행이 가능한 너비 4미터 이상의 도로(지형적으로 자동차 통행이 불가능한 경우와 막다른 도로의 경우에는 대통령령으로 정하는 구조와 너비의 도로)로서 다음 각 목의 어느 하나에 해당하는 도로나 그 예정도로를 말한다.
   가. 「국토의 계획 및 이용에 관한 법률」, 「도로법」, 「사도법」, 그 밖의 관계 법령에 따라 신설 또는 변경에 관한 고시가 된 도로
   나. 건축허가 또는 신고 시에 특별시장·광역시장·특별자치시장·도지사·특별자치도지사(이하 "시·도지사"라 한다) 또는 시장·군수·구청장(자치구의 구청장을 말한다. 이하 같다)이 위치를 지정하여 공고한 도로
12. "건축주"란 건축물의 건축·대수선·용도변경, 건축설비의 설치 또는 공작물의 축조(이하 "건축물의 건축등"이라 한다)에 관한 공사를 발주하거나 현장 관리인을 두어 스스로 그 공사를 하는 자를 말한다.

12의2. "제조업자"란 건축물의 건축·대수선·용도변경, 건축설비의 설치 또는 공작물의 축조 등에 필요한 건축자재를 제조하는 사람을 말한다.

12의3. "유통업자"란 건축물의 건축·대수선·용도변경, 건축설비의 설치 또는 공작물의 축조에 필요한 건축자재를 판매

하거나 공사현장에 납품하는 사람을 말한다.

13. "설계자"란 자기의 책임(보조자의 도움을 받는 경우를 포함한다)으로 설계도서를 작성하고 그 설계도서에서 의도하는 바를 해설하며, 지도하고 자문에 응하는 자를 말한다.
14. "설계도서"란 건축물의 건축등에 관한 공사용 도면, 구조 계산서, 시방서(示方書), 그 밖에 국토교통부령으로 정하는 공사에 필요한 서류를 말한다.
15. "공사감리자"란 자기의 책임(보조자의 도움을 받는 경우를 포함한다)으로 이 법으로 정하는 바에 따라 건축물, 건축설비 또는 공작물이 설계도서의 내용대로 시공되는지를 확인하고, 품질관리·공사관리·안전관리 등에 대하여 지도·감독하는 자를 말한다.
16. "공사시공자"란 「건설산업기본법」 제2조제4호에 따른 건설공사를 하는 자를 말한다.

16의2. "건축물의 유지·관리"란 건축물의 소유자나 관리자가 사용 승인된 건축물의 대지·구조·설비 및 용도 등을 지속적으로 유지하기 위하여 건축물이 멸실될 때까지 관리하는 행위를 말한다.

17. "관계전문기술자"란 건축물의 구조·설비 등 건축물과 관련된 전문기술자격을 보유하고 설계와 공사감리에 참여하여 설계자 및 공사감리자와 협력하는 자를 말한다.
18. "특별건축구역"이란 조화롭고 창의적인 건축물의 건축을 통하여 도시경관의 창출, 건설기술 수준향상 및 건축 관련 제도개선을 도모하기 위하여 이 법 또는 관계 법령에 따라 일부 규정을 적용하지 아니하거나 완화 또는 통합하여 적용할 수 있도록 특별히 지정하는 구역을 말한다.
19. "고층건축물"이란 층수가 30층 이상이거나 높이가 120미터 이상인 건축물을 말한다.
20. "실내건축"이란 건축물의 실내를 안전하고 쾌적하며 효율적으로 사용하기 위하여 내부 공간을 칸막이로 구획하거나 벽지, 천장재, 바닥재, 유리 등 대통령령으로 정하는 재료 또는 장식물을 설치하는 것을 말한다.
21. "부속구조물"이란 건축물의 안전·기능·환경 등을 향상시키기 위하여 건축물에 추가적으로 설치하는 환기시설물 등 대통령령으로 정하는 구조물을 말한다.

② 건축물의 용도는 다음과 같이 구분하되, 각 용도에 속하는 건축물의 세부 용도는 대통령령으로 정한다. <개정 2013.7.16.>

1. 단독주택
2. 공동주택
3. 제1종 근린생활시설
4. 제2종 근린생활시설
5. 문화 및 집회시설
6. 종교시설
7. 판매시설
8. 운수시설
9. 의료시설
10. 교육연구시설
11. 노유자(老幼者: 노인 및 어린이)시설
12. 수련시설
13. 운동시설
14. 업무시설
15. 숙박시설
16. 위락(慰樂)시설
17. 공장
18. 창고시설
19. 위험물 저장 및 처리 시설
20. 자동차 관련 시설
21. 동물 및 식물 관련 시설
22. 자원순환 관련 시설
23. 교정(矯正) 및 군사 시설
24. 방송통신시설
25. 발전시설
26. 묘지 관련 시설
27. 관광 휴게시설
28. 그 밖에 대통령령으로 정하는 시설

▶ 판례 – 건축법령이 건축물을 수선·변경하는 행위 중 일정한 행위를 '대수선'으로 정의하고 규율 대상으로 삼는 취지 / 건축법 시행령에서 말하는 내력벽의 '해체'에 내력벽을 완전히 없애는 경우에 이르지 않더라도 위험상황이 변동될 가능성이 있는 정도로 내력벽의 일부만을 제거하는 경우가 포함되는지 여부(적극)

건축법상 허가 또는 신고 대상행위인 '대수선'이란 건축물의 기둥, 보, 내력벽, 주계단 등의 구조나 외부 형태를 수선·변경하거나 증설하는 것으로서 대통령령으로 정하는 것을 말한다(건축법 제2조 제1항 제9호). 내력벽을 증설 또는 해체하거나 그 벽면적을 30㎡ 이상 수선 또는 변경하는 것으로서 증축·개축 또는 재축에 해당하지 않는 것은 대수선에 포함된다(건축법 시행령 제3조의2 제1호). 여기에서 '내력벽'이란 일반적으로 건축물의 하중을 견디거나 전달하기 위한 벽체를 의미한다. 한편 구 건축법 시행령(2006. 5. 8. 대통령령 제19466호로 개정되기 전의 것) 제3조의2 제1호는 '내력벽의 벽면적을 30㎡ 이상 해체하여 수선 또는 변경하는 것' 을 대수선으로 규정하고 있었다. 2006. 5. 8. 대통령령 제19466호로 개정된 건축법 시행령에서 대수선의 정의를 '내력벽을 증설·해체하거나 내력벽의 벽면적을 30㎡ 이상 수선 또는 변경하는 것' 으로 개정하여, '내력벽의 증설' 을 추가하고 '내력벽의 해체' 에 벽면적을 30㎡ 이상으로 제한한 내용을 삭제하였다. 그 후 2008. 10. 29. 대통령령 제21098호로 개정된 건축법 시행령에서 '증설·해체하거나' 가 '증설 또는 해체하거나' 로 표현만 수정되어 현재에 이르고 있다. '해체(解體)' 란 사전적 의미에서 여러 가지 부속으로 맞추어진 기계 따위를 뜯어서 헤치거나 구조물 따위를 헐어 무너뜨리는 것을 뜻하는데, 해체 대상물의 일부만을 제거하는 것도 포함될 수 있다. 건축법령이 건축물을 수선·변경하는 행위 중 일정한 행위를 대수선으로 정의하고 규율 대상으로 삼는 취지는 건축물의 위험상황이 변동될 수 있는 행위의 범주를 설정하고 구조안전 등을 해치지 않는 경우에 제한적으로 대수선을 허용함으로써 건축물로부터 발생하는 위험을 방지하고자 하는 데 있다. 건축법 시행령은 대수선의 범위를 확대하여 내력벽의 해체에 관해서는 벽면적의 제한을 삭제하고, 내력벽의 해체를 수반하지 않는 수선·변경행위도 대수선에 포함시키는 내용으로 개정되었다. 위와 같은 법령의 문언과 목적, 개정의 연혁과 취지 등을 고려하면, 건축법 시행령에서 말하는 내력벽의 '해체' 에는 내력벽을 완전히 없애는 경우는 물론이고 그에 이르지 않더라도 위험상황이 변동될 가능성이 있는 정도로 내력벽의 일부만을 제거하는 경우도 포함된다. [대법원 2016.12.15, 선고, 2015도10671, 판결]

제3조(적용 제외) ① 다음 각 호의 어느 하나에 해당하는 건축물에는 이 법을 적용하지 아니한다. <개정 2016.1.19.>

1. 「문화재보호법」에 따른 지정문화재나 가지정(假指定) 문화재
2. 철도나 궤도의 선로 부지(敷地)에 있는 다음 각 목의 시설
   가. 운전보안시설
   나. 철도 선로의 위나 아래를 가로지르는 보행시설
   다. 플랫폼
   라. 해당 철도 또는 궤도사업용 급수(給水)·급탄(給炭) 및 급유(給油) 시설
3. 고속도로 통행료 징수시설
4. 컨테이너를 이용한 간이창고(「산업집적활성화 및 공장설립에 관한 법률」 제2조제1호에 따른 공장의 용도로만 사용되는 건축물의 대지에 설치하는 것으로서 이동이 쉬운 것만 해당된다)
5. 「하천법」에 따른 하천구역 내의 수문조작실

② 「국토의 계획 및 이용에 관한 법률」에 따른 도시지역 및 같은 법 제51조제3항에 따른 지구단위계획구역(이하 "지구단위계획구역"이라 한다) 외의 지역으로서 동이나 읍(동이나 읍에 속하는 섬의 경우에는 인구가 500명 이상인 경우만 해당된다)이 아닌 지역은 제44조부터 제47조까지, 제51조 및 제57조를 적용하지 아니한다. <개정 2011.4.14., 2014.1.14.>

③ 「국토의 계획 및 이용에 관한 법률」 제47조제7항에 따른 건축물이나 공작물을 도시·군계획시설로 결정된 도로의 예정지에 건축하는 경우에는 제45조부터 제47조까지의 규정을 적용하지 아니한다. <개정 2011.4.14.>

제4조(건축위원회) ① 국토교통부장관, 시·도지사 및 시장·군수·구청장은 다음 각 호의 사항을 조사·심의·조정 또는 재정(이하 이 조에서 "심의등"이라 한다)하기 위하여 각각 건축위원회를 두어야 한다. <개정 2009.4.1., 2013.3.23., 2014.5.28.>

1. 이 법과 조례의 제정·개정 및 시행에 관한 중요 사항
2. 건축물의 건축등과 관련된 분쟁의 조정 또는 재정에 관한 사항. 다만, 시·도지사 및 시장·군수·구청장이 두는 건축위원회는 제외한다.
3. 건축물의 건축등과 관련된 민원에 관한 사항. 다만, 국토교통부장관이 두는 건축위원회는 제외한다.
4. 건축물의 건축 또는 대수선에 관한 사항
5. 다른 법령에서 건축위원회의 심의를 받도록 규정한 사항

② 국토교통부장관, 시·도지사 및 시장·군수·구청장은 건축위원회의 심의등을 효율적으로 수행하기 위하여 필요하면 자신이 설치하는 건축위원회에 다음 각 호의 전문위원회를 두어 운영할 수 있다. <개정 2009.4.1., 2013.3.23., 2014.5.28.>

1. 건축분쟁전문위원회(국토교통부에 설치하는 건축위원회에 한정한다)

2. 건축민원전문위원회(시 · 도 및 시 · 군 · 구에 설치하는 건축위원회에 한정한다)
3. 건축계획 · 건축구조 · 건축설비 등 분야별 전문위원회

③ 제2항에 따른 전문위원회는 건축위원회가 정하는 사항에 대하여 심의등을 한다. <개정 2009.4.1., 2014.5.28.>

④ 제3항에 따라 전문위원회의 심의등을 거친 사항은 건축위원회의 심의등을 거친 것으로 본다. <개정 2009.4.1., 2014.5.28.>

⑤ 제1항에 따른 각 건축위원회의 조직 · 운영, 그 밖에 필요한 사항은 대통령령으로 정하는 바에 따라 국토교통부령이나 해당 지방자치단체의 조례(자치구의 경우에는 특별시나 광역시의 조례를 말한다. 이하 같다)로 정한다. <개정 2013.3.23.>

제4조의2(건축위원회의 건축 심의 등) ① 대통령령으로 정하는 건축물을 건축하거나 대수선하려는 자는 국토교통부령으로 정하는 바에 따라 시 · 도지사 또는 시장 · 군수 · 구청장에게 제4조에 따른 건축위원회(이하 "건축위원회"라 한다)의 심의를 신청하여야 한다. <개정 2017.1.17.>

② 제1항에 따라 심의 신청을 받은 시 · 도지사 또는 시장 · 군수 · 구청장은 대통령령으로 정하는 바에 따라 건축위원회에 심의 안건을 상정하고, 심의 결과를 국토교통부령으로 정하는 바에 따라 심의를 신청한 자에게 통보하여야 한다.

③ 제2항에 따른 건축위원회의 심의 결과에 이의가 있는 자는 심의 결과를 통보받은 날부터 1개월 이내에 시 · 도지사 또는 시장 · 군수 · 구청장에게 건축위원회의 재심의를 신청할 수 있다.

④ 제3항에 따른 재심의 신청을 받은 시 · 도지사 또는 시장 · 군수 · 구청장은 그 신청을 받은 날부터 15일 이내에 대통령령으로 정하는 바에 따라 건축위원회에 재심의 안건을 상정하고, 재심의 결과를 국토교통부령으로 정하는 바에 따라 재심의를 신청한 자에게 통보하여야 한다.

[본조신설 2014.5.28.]

제4조의3(건축위원회 회의록의 공개) 시 · 도지사 또는 시장 · 군수 · 구청장은 제4조의2제1항에 따른 심의(같은 조 제3항에 따른 재심의를 포함한다. 이하 이 조에서 같다)를 신청한 자가 요청하는 경우에는 대통령령으로 정하는 바에 따라 건축위원회 심의의 일시 · 장소 · 안건 · 내용 · 결과 등이 기록된 회의록을 공개하여야 한다. 다만, 심의의 공정성을 침해할 우려가 있다고 인정되는 이름, 주민등록번호 등 대통령령으로 정하는 개인 식별 정보에 관한 부분의 경우에는 그러하지 아니하다.

[본조신설 2014.5.28.]

제4조의4(건축민원전문위원회) ① 제4조제2항에 따른 건축민원전문위원회는 건축물의 건축등과 관련된 다음 각 호의 민원[특별시장 · 광역시장 · 특별자치시장 · 특별자치도지사 또는 시장 · 군수 · 구청장(이하 "허가권자"라 한다)의 처분이 완료되기 전의 것으로 한정하며, 이하 "질의민원"이라 한다]을 심의하며, 시 · 도지사가 설치하는 건축민원전문위원회(이하 "광역지방건축민원전문위원회"라 한다)와 시장 · 군수 · 구청장이 설치하는 건축민원전문위원회(이하 "기초지방건축민원전문위원회"라 한다)로 구분한다.

1. 건축법령의 운영 및 집행에 관한 민원
2. 건축물의 건축등과 복합된 사항으로서 제11조제5항 각 호에 해당하는 법률 규정의 운영 및 집행에 관한 민원
3. 그 밖에 대통령령으로 정하는 민원

② 광역지방건축민원전문위원회는 허가권자나 도지사(이하 "허가권자등"이라 한다)의 제11조에 따른 건축허가나 사전승인에 대한 질의민원을 심의하고, 기초지방건축민원전문위원회는 시장(행정시의 시장을 포함한다) · 군수 · 구청장의 제11조 및 제14조에 따른 건축허가 또는 건축신고와 관련한 질의민원을 심의한다.

③ 건축민원전문위원회의 구성 · 회의 · 운영, 그 밖에 필요한 사항은 해당 지방자치단체의 조례로 정한다.

[본조신설 2014.5.28.]

제4조의5(질의민원 심의의 신청) ① 건축물의 건축등과 관련된 질의민원의 심의를 신청하려는 자는 제4조의4제2항에 따른 관할 건축민원전문위원회에 심의 신청서를 제출하여야 한다.

② 제1항에 따른 심의를 신청하고자 하는 자는 다음 각 호의 사항을 기재하여 문서로 신청하여야 한다. 다만, 문서에 의할 수 없는 특별한 사정이 있는 경우에는 구술로 신청할 수 있다.

1. 신청인의 이름과 주소
2. 신청의 취지 · 이유와 민원신청의 원인이 된 사실내용
3. 그 밖에 행정기관의 명칭 등 대통령령으로 정하는 사항

③ 건축민원전문위원회는 신청인의 질의민원을 받으면 15일 이내에 심의절차를 마쳐야 한다. 다만, 사정이 있으면 건축민원전문위원회의 의결로 15일 이내의 범위에서 기간을 연장할 수 있다.
[본조신설 2014.5.28.]

제4조의6(심의를 위한 조사 및 의견 청취) ① 건축민원전문위원회는 심의에 필요하다고 인정하면 위원 또는 사무국의 소속 공무원에게 관계 서류를 열람하게 하거나 관계 사업장에 출입하여 조사하게 할 수 있다.
② 건축민원전문위원회는 필요하다고 인정하면 신청인, 허가권자의 업무담당자, 이해관계자 또는 참고인을 위원회에 출석하게 하여 의견을 들을 수 있다.
③ 민원의 심의신청을 받은 건축민원전문위원회는 심의기간 내에 심의하여 심의결정서를 작성하여야 한다.
[본조신설 2014.5.28.]

제4조의7(의견의 제시 등) ① 건축민원전문위원회는 질의민원에 대하여 관계 법령, 관계 행정기관의 유권해석, 유사판례와 현장여건 등을 충분히 검토하여 심의의견을 제시할 수 있다.
② 건축민원전문위원회는 민원심의의 결정내용을 지체 없이 신청인 및 해당 허가권자등에게 통지하여야 한다.
③ 제2항에 따라 심의 결정내용을 통지받은 허가권자등은 이를 존중하여야 하며, 통지받은 날부터 10일 이내에 그 처리결과를 해당 건축민원전문위원회에 통보하여야 한다.
④ 제2항에 따른 심의 결정내용을 시장 · 군수 · 구청장이 이행하지 아니하는 경우에는 제4조의4 제2항에도 불구하고 해당 민원인은 시장 · 군수 · 구청장이 통보한 처리결과를 첨부하여 광역지방건축민원전문위원회에 심의를 신청할 수 있다.
⑤ 제3항에 따라 처리결과를 통보받은 건축민원전문위원회는 신청인에게 그 내용을 지체 없이 통보하여야 한다.
[본조신설 2014.5.28.]

제4조의8(사무국) ① 건축민원전문위원회의 사무를 처리하기 위하여 위원회에 사무국을 두어야 한다.
② 건축민원전문위원회에는 다음 각 호의 사무를 나누어 맡도록 심사관을 둔다.
1. 건축민원전문위원회의 심의 · 운영에 관한 사항
2. 건축물의 건축등과 관련된 민원처리에 관한 업무지원 사항
3. 그 밖에 위원장이 지정하는 사항

③ 건축민원전문위원회의 위원장은 특정 사건에 관한 전문적인 사항을 처리하기 위하여 관계 전문가를 위촉하여 제2항 각 호의 사무를 하게 할 수 있다.
[본조신설 2014.5.28.]

제5조(적용의 완화) ① 건축주, 설계자, 공사시공자 또는 공사감리자(이하 "건축관계자"라 한다)는 업무를 수행할 때 이 법을 적용하는 것이 매우 불합리하다고 인정되는 대지나 건축물로서 대통령령으로 정하는 것에 대하여는 이 법의 기준을 완화하여 적용할 것을 허가권자에게 요청할 수 있다. <개정 2014.1.14., 2014.5.28.>
② 제1항에 따른 요청을 받은 허가권자는 건축위원회의 심의를 거쳐 완화 여부와 적용 범위를 결정하고 그 결과를 신청인에게 알려야 한다. <개정 2014.5.28.>
③ 제1항과 제2항에 따른 요청 및 결정의 절차와 그 밖에 필요한 사항은 해당 지방자치단체의 조례로 정한다.

제6조(기존의 건축물 등에 관한 특례) 허가권자는 법령의 제정 · 개정이나 그 밖에 대통령령으로 정하는 사유로 대지나 건축물이 이 법에 맞지 아니하게 된 경우에는 대통령령으로 정하는 범위에서 해당 지방자치단체의 조례로 정하는 바에 따라 건축을 허가할 수 있다.

제6조의2(특수구조 건축물의 특례) 건축물의 구조, 재료, 형식, 공법 등이 특수한 대통령령으로 정하는 건축물(이하 "특수구조 건축물"이라 한다)은 제4조, 제4조의2부터 제4조의8까지, 제5조부터 제9조까지, 제11조, 제14조, 제19조, 제21조부터 제25조까지, 제35조, 제40조, 제41조, 제48조, 제48조의2, 제49조, 제50조, 제50조의2, 제51조, 제52조, 제52조의2, 제

52조의3, 제53조, 제62조부터 제64조까지, 제65조의2, 제67조, 제68조 및 제84조를 적용할 때 대통령령으로 정하는 바에 따라 강화 또는 변경하여 적용할 수 있다.
[본조신설 2015.1.6.]

제6조의3(부유식 건축물의 특례) ① 「공유수면 관리 및 매립에 관한 법률」 제8조에 따른 공유수면 위에 고정된 인공대지(제2조제1항제1호의 "대지"로 본다)를 설치하고 그 위에 설치한 건축물(이하 "부유식 건축물"이라 한다)은 제40조부터 제44조까지, 제46조 및 제47조를 적용할 때 대통령령으로 정하는 바에 따라 달리 적용할 수 있다.
② 부유식 건축물의 설계, 시공 및 유지관리 등에 대하여 이 법을 적용하기 어려운 경우에는 대통령령으로 정하는 바에 따라 변경하여 적용할 수 있다.
[본조신설 2016.1.19.]

제7조(통일성을 유지하기 위한 도의 조례) 도(道) 단위로 통일성을 유지할 필요가 있으면 제5조제3항, 제6조, 제17조제2항, 제20조제2항제3호, 제27조제3항, 제42조, 제57조제1항, 제58조 및 제61조에 따라 시·군의 조례로 정하여야 할 사항을 도의 조례로 정할 수 있다. <개정 2014.1.14., 2015.5.18.>

제8조(리모델링에 대비한 특례 등) 리모델링이 쉬운 구조의 공동주택의 건축을 촉진하기 위하여 공동주택을 대통령령으로 정하는 구조로 하여 건축허가를 신청하면 제56조, 제60조 및 제61조에 따른 기준을 100분의 120의 범위에서 대통령령으로 정하는 비율로 완화하여 적용할 수 있다.

제9조(다른 법령의 배제) ① 건축물의 건축등을 위하여 지하를 굴착하는 경우에는 「민법」 제244조제1항을 적용하지 아니한다. 다만, 필요한 안전조치를 하여 위해(危害)를 방지하여야 한다.
② 건축물에 딸린 개인하수처리시설에 관한 설계의 경우에는 「하수도법」 제38조를 적용하지 아니한다.

제2장 건축물의 건축

제10조(건축 관련 입지와 규모의 사전결정) ① 제11조에 따른 건축허가 대상 건축물을 건축하려는 자는 건축허가를 신청하기 전에 허가권자에게 그 건축물의 건축에 관한 다음 각 호의 사항에 대한 사전결정을 신청할 수 있다. <개정 2015.5.18.>
1. 해당 대지에 건축하는 것이 이 법이나 관계 법령에서 허용되는지 여부
2. 이 법 또는 관계 법령에 따른 건축기준 및 건축제한, 그 완화에 관한 사항 등을 고려하여 해당 대지에 건축 가능한 건축물의 규모
3. 건축허가를 받기 위하여 신청자가 고려하여야 할 사항

② 제1항에 따른 사전결정을 신청하는 자(이하 "사전결정신청자"라 한다)는 건축위원회 심의와 「도시교통정비 촉진법」에 따른 교통영향평가서의 검토를 동시에 신청할 수 있다. <개정 2008.3.28., 2015.7.24.>
③ 허가권자는 제1항에 따라 사전결정이 신청된 건축물의 대지면적이 「환경영향평가법」 제43조에 따른 소규모 환경영향평가 대상사업인 경우 환경부장관이나 지방환경관서의 장과 소규모 환경영향평가에 관한 협의를 하여야 한다. <개정 2011.7.21.>
④ 허가권자는 제1항과 제2항에 따른 신청을 받으면 입지, 건축물의 규모, 용도 등을 사전결정한 후 사전결정 신청자에게 알려야 한다.
⑤ 제1항과 제2항에 따른 신청 절차, 신청서류, 통지 등에 필요한 사항은 국토교통부령으로 정한다. <개정 2013.3.23.>
⑥ 제4항에 따른 사전결정 통지를 받은 경우에는 다음 각 호의 허가를 받거나 신고 또는 협의를 한 것으로 본다. <개정 2010.5.31.>
1. 「국토의 계획 및 이용에 관한 법률」 제56조에 따른 개발행위허가
2. 「산지관리법」 제14조와 제15조에 따른 산지전용허가와 산지전용신고, 같은 법 제15조의2에 따른 산지일시사용허가·신고. 다만, 보전산지인 경우에는 도시지역만 해당된다.
3. 「농지법」 제34조, 제35조 및 제43조에 따른 농지전용허가·신고 및 협의
4. 「하천법」 제33조에 따른 하천점용허가

⑦ 허가권자는 제6항 각 호의 어느 하나에 해당되는 내용이 포함된 사전결정을 하려면 미리 관계 행정기관의 장과 협의하여야 하

며, 협의를 요청받은 관계 행정기관의 장은 요청받은 날부터 15일 이내에 의견을 제출하여야 한다.
⑧ 사전결정신청자는 제4항에 따른 사전결정을 통지받은 날부터 2년 이내에 제11조에 따른 건축허가를 신청하여야 하며, 이 기간에 건축허가를 신청하지 아니하면 사전결정의 효력이 상실된다.

제11조(건축허가) ① 건축물을 건축하거나 대수선하려는 자는 특별자치시장·특별자치도지사 또는 시장·군수·구청장의 허가를 받아야 한다. 다만, 21층 이상의 건축물 등 대통령령으로 정하는 용도 및 규모의 건축물을 특별시나 광역시에 건축하려면 특별시장이나 광역시장의 허가를 받아야 한다. <개정 2014.1.14.>
② 시장·군수는 제1항에 따라 다음 각 호의 어느 하나에 해당하는 건축물의 건축을 허가하려면 미리 건축계획서와 국토교통부령으로 정하는 건축물의 용도, 규모 및 형태가 표시된 기본설계도서를 첨부하여 도지사의 승인을 받아야 한다. <개정 2013.3.23., 2014.5.28.>
1. 제1항 단서에 해당하는 건축물. 다만, 도시환경, 광역교통 등을 고려하여 해당 도의 조례로 정하는 건축물은 제외한다.
2. 자연환경이나 수질을 보호하기 위하여 도지사가 지정·공고한 구역에 건축하는 3층 이상 또는 연면적의 합계가 1천제곱미터 이상인 건축물로서 위락시설과 숙박시설 등 대통령령으로 정하는 용도에 해당하는 건축물
3. 주거환경이나 교육환경 등 주변 환경을 보호하기 위하여 필요하다고 인정하여 도지사가 지정·공고한 구역에 건축하는 위락시설 및 숙박시설에 해당하는 건축물

③ 제1항에 따라 허가를 받으려는 자는 허가신청서에 국토교통부령으로 정하는 설계도서와 제5항 각 호에 따른 허가 등을 받거나 신고를 하기 위하여 관계 법령에서 제출하도록 의무화하고 있는 신청서 및 구비서류를 첨부하여 허가권자에게 제출하여야 한다. 다만, 국토교통부장관이 관계 행정기관의 장과 협의하여 국토교통부령으로 정하는 신청서 및 구비서류는 제21조에 따른 착공신고 전까지 제출할 수 있다. <개정 2013.3.23., 2015.5.18.>
④ 허가권자는 제1항에 따른 건축허가를 하고자 하는 때에 「건축기본법」 제25조에 따른 한국건축규정의 준수 여부를 확인하여야 한다. 다만, 다음 각 호의 어느 하나에 해당하는 경우에는 이 법이나 다른 법률에도 불구하고 건축위원회의 심의를 거쳐 건축허가를 하지 아니할 수 있다. <개정 2012.1.17., 2012.10.22., 2014.1.14., 2015.5.18., 2015.8.11., 2017.4.18.>
1. 위락시설이나 숙박시설에 해당하는 건축물의 건축을 허가하는 경우 해당 대지에 건축하려는 건축물의 용도·규모 또는 형태가 주거환경이나 교육환경 등 주변 환경을 고려할 때 부적합하다고 인정되는 경우
2. 「국토의 계획 및 이용에 관한 법률」 제37조제1항제4호에 따른 방재지구(이하 "방재지구"라 한다) 및 「자연재해대책법」 제12조제1항에 따른 자연재해위험개선지구 등 상습적으로 침수되거나 침수가 우려되는 지역에 건축하려는 건축물에 대하여 지하층 등 일부 공간을 주거용으로 사용하거나 거실을 설치하는 것이 부적합하다고 인정되는 경우

⑤ 제1항에 따른 건축허가를 받으면 다음 각 호의 허가 등을 받거나 신고를 한 것으로 보며, 공장건축물의 경우에는 「산업집적활성화 및 공장설립에 관한 법률」 제13조의2와 제14조에 따라 관련 법률의 인·허가등이나 허가등을 받은 것으로 본다. <개정 2009.6.9., 2010.5.31., 2011.5.30., 2014.1.14., 2017.1.17.>
1. 제20조제3항에 따른 공사용 가설건축물의 축조신고
2. 제83조에 따른 공작물의 축조신고
3. 「국토의 계획 및 이용에 관한 법률」 제56조에 따른 개발행위허가
4. 「국토의 계획 및 이용에 관한 법률」 제86조제5항에 따른 시행자의 지정과 같은 법 제88조제2항에 따른 실시계획의 인가
5. 「산지관리법」 제14조와 제15조에 따른 산지전용허가와 산지전용신고, 같은 법 제15조의2에 따른 산지일시사용허가·신고. 다만, 보전산지인 경우에는 도시지역만 해당된다.
6. 「사도법」 제4조에 따른 사도(私道)개설허가
7. 「농지법」 제34조, 제35조 및 제43조에 따른 농지전용허가·신고 및 협의
8. 「도로법」 제36조에 따른 도로관리청이 아닌 자에 대한 도로공사 시행의 허가, 같은 법 제52조제1항에 따른 도로와 다른 시설의 연결 허가

9. 「도로법」 제61조에 따른 도로의 점용 허가
10. 「하천법」 제33조에 따른 하천점용 등의 허가
11. 「하수도법」 제27조에 따른 배수설비(配水設備)의 설치신고
12. 「하수도법」 제34조제2항에 따른 개인하수처리시설의 설치신고
13. 「수도법」 제38조에 따라 수도사업자가 지방자치단체인 경우 그 지방자치단체가 정한 조례에 따른 상수도 공급신청
14. 「전기사업법」 제62조에 따른 자가용전기설비 공사계획의 인가 또는 신고
15. 「물환경보전법」 제33조에 따른 수질오염물질 배출시설 설치의 허가나 신고
16. 「대기환경보전법」 제23조에 따른 대기오염물질 배출시설설치의 허가나 신고
17. 「소음·진동관리법」 제8조에 따른 소음·진동 배출시설 설치의 허가나 신고
18. 「가축분뇨의 관리 및 이용에 관한 법률」 제11조에 따른 배출시설 설치허가나 신고
19. 「자연공원법 제23조에 따른 행위허가
20. 「도시공원 및 녹지 등에 관한 법률」 제24조에 따른 도시공원의 점용허가
21. 「토양환경보전법」 제12조에 따른 특정토양오염관리대상시설의 신고
22. 「수산자원관리법」 제52조제2항에 따른 행위의 허가
23. 「초지법」 제23조에 따른 초지전용의 허가 및 신고

⑥ 허가권자는 제5항 각 호의 어느 하나에 해당하는 사항이 다른 행정기관의 권한에 속하면 그 행정기관의 장과 미리 협의하여야 하며, 협의 요청을 받은 관계 행정기관의 장은 요청을 받은 날부터 15일 이내에 의견을 제출하여야 한다. 이 경우 관계 행정기관의 장은 제8항에 따른 처리기준이 아닌 사유를 이유로 협의를 거부할 수 없고, 협의 요청을 받은 날부터 15일 이내에 의견을 제출하지 아니하면 협의가 이루어진 것으로 본다. <개정 2017.1.17.>

⑦ 허가권자는 제1항에 따른 허가를 받은 자가 다음 각 호의 어느 하나에 해당하면 허가를 취소하여야 한다. 다만, 제1호에 해당하는 경우로서 정당한 사유가 있다고 인정되면 1년의 범위에서 공사의 착수기간을 연장할 수 있다. <개정 2014.1.14., 2017.1.17.>

1. 허가를 받은 날부터 2년(「산업집적활성화 및 공장설립에 관한 법률」 제13조에 따라 공장의 신설·증설 또는 업종변경의 승인을 받은 공장은 3년) 이내에 공사에 착수하지 아니한 경우
2. 제1호의 기간 이내에 공사에 착수하였으나 공사의 완료가 불가능하다고 인정되는 경우
3. 제21조에 따른 착공신고 전에 경매 또는 공매 등으로 건축주가 대지의 소유권을 상실한 때부터 6개월이 경과한 이후 공사의 착수가 불가능하다고 판단되는 경우

⑧ 제5항 각 호의 어느 하나에 해당하는 사항과 제12조제1항의 관계 법령을 관장하는 중앙행정기관의 장은 그 처리기준을 국토교통부장관에게 통보하여야 한다. 처리기준을 변경한 경우에도 또한 같다. <개정 2013.3.23.>

⑨ 국토교통부장관은 제8항에 따라 처리기준을 통보받은 때에는 이를 통합하여 고시하여야 한다. <개정 2013.3.23.>

⑩ 제4조제1항에 따른 건축위원회의 심의를 받은 자가 심의 결과를 통지 받은 날부터 2년 이내에 건축허가를 신청하지 아니하면 건축위원회 심의의 효력이 상실된다. <신설 2011.5.30.>

⑪ 제1항에 따라 건축허가를 받으려는 자는 해당 대지의 소유권을 확보하여야 한다. 다만, 다음 각 호의 어느 하나에 해당하는 경우에는 그러하지 아니하다. <신설 2016.1.19., 2017.1.17.>

1. 건축주가 대지의 소유권을 확보하지 못하였으나 그 대지를 사용할 수 있는 권원을 확보한 경우. 다만, 분양을 목적으로 하는 공동주택은 제외한다.
2. 건축주가 건축물의 노후화 또는 구조안전 문제 등 대통령령으로 정하는 사유로 건축물을 신축·개축·재축 및 리모델링을 하기 위하여 건축물 및 해당 대지의 공유자 수의 100분의 80 이상의 동의를 얻고 동의한 공유자의 지분 합계가 전체 지분의 100분의 80 이상인 경우
3. 건축주가 제1항에 따른 건축허가를 받아 주택과 주택 외의 시설을 동일 건축물로 건축하기 위하여 「주택법」 제21조를 준용한 대지 소유 등의 권리 관계를 증명한 경우. 다만, 「주택법」 제15조제1항 각 호 외의 부분 본문에 따른 대통령령으로 정하는 호수 이상으로 건설·공급하는 경우에 한정한다.
4. 건축하려는 대지에 포함된 국유지 또는 공유지에 대하여 허가권자가 해당 토지의 관리청이 해당 토지를 건축주에게 매각하거나 양여할 것을 확인한 경우

5. 건축주가 집합건물의 공용부분을 변경하기 위하여 「집합건물의 소유 및 관리에 관한 법률」 제15조제1항에 따른 결의가 있었음을 증명한 경우

▶ 판례 - [1] 건축허가를 받은 자가 건축허가가 취소되기 전에 공사에 착수한 경우, 착수기간이 지났다는 이유로 허가권자가 구 건축법 제11조 제7항에 따라 건축허가를 취소할 수 있는지 여부(원칙적 소극) 및 이는 건축허가를 받은 자가 건축허가가 취소되기 전에 공사에 착수하려 하였으나 허가권자의 위법한 공사중단명령으로 공사에 착수하지 못한 경우에도 마찬가지인지 여부(적극)
[2] 기존 건물이나 시설 등의 철거, 벌목이나 수목 식재, 신축 건물의 부지 조성, 울타리 가설이나 진입로 개설 등 건물 신축을 위한 준비행위에 해당하는 작업이나 공사를 개시한 것만으로 건물의 신축 공사에 착수하였다고 볼 수 있는지 여부(소극)

[1] 구 건축법(2014. 1. 14. 법률 제12246호로 개정되기 전의 것) 제11조 제7항은 건축허가를 받은 자가 허가를 받은 날부터 1년 이내에 공사에 착수하지 아니한 경우에 허가권자는 허가를 취소하여야 한다고 규정하면서도, 정당한 사유가 있다고 인정되면 1년의 범위에서 공사의 착수기간을 연장할 수 있다고 규정하고 있을 뿐이며, 건축허가를 받은 자가 착수기간이 지난 후 공사에 착수하는 것 자체를 금지하고 있지 아니하다. 이러한 법 규정에는 건축허가의 행정목적이 신속하게 달성될 것을 추구하면서도 건축허가를 받은 자의 이익을 함께 보호하려는 취지가 포함되어 있으므로, 건축허가를 받은 자가 건축허가가 취소되기 전에 공사에 착수하였다면 허가권자는 그 착수기간이 지났다고 하더라도 건축허가를 취소하여야 할 특별한 공익상 필요가 인정되지 않는 한 건축허가를 취소할 수 없다. 이는 건축허가를 받은 자가 건축허가가 취소되기 전에 공사에 착수하려 하였으나 허가권자의 위법한 공사중단명령으로 공사에 착수하지 못한 경우에도 마찬가지이다.
[2] 건물의 신축 공사에 착수하였다고 보려면 특별한 사정이 없는 한 신축하려는 건물 부지의 굴착이나 건물의 축조와 같은 공사를 개시하여야 하므로, 기존 건물이나 시설 등의 철거, 벌목이나 수목 식재, 신축 건물의 부지 조성, 울타리 가설이나 진입로 개설 등 건물 신축을 위한 준비행위에 해당하는 작업이나 공사를 개시한 것만으로는 공사 착수가 있었다고 할 수 없다. [대법원 2017.7.11, 선고, 2012두22973, 판결]

제12조(건축복합민원 일괄협의회) ① 허가권자는 제11조에 따라 허가를 하려면 해당 용도·규모 또는 형태의 건축물을 건축하려는 대지에 건축하는 것이 「국토의 계획 및 이용에 관한 법률」 제54조, 제56조부터 제62조까지 및 제76조부터 제82조까지의 규정과 그 밖에 대통령령으로 정하는 관계 법령의 규정에 맞는지를 확인하고, 제10조제6항 각 호와 같은 조 제7항 또는 제11조제5항 각 호와 같은 조 제6항의 사항을 처리하기 위하여 대통령령으로 정하는 바에 따라 건축복합민원 일괄협의회를 개최하여야 한다.
② 제1항에 따라 확인이 요구되는 법령의 관계 행정기관의 장과 제10조제7항 및 제11조제6항에 따른 관계 행정기관의 장은 소속 공무원을 제1항에 따른 건축복합민원 일괄협의회에 참석하게 하여야 한다.

▶ 판례 - 국토의 계획 및 이용에 관한 법률상 건축물의 건축에 관한 개발행위허가가 의제되는 건축허가신청이 국토의 계획 및 이용에 관한 법령이 정한 개발행위허가기준에 부합하지 아니하는 경우, 허가권자가 이를 거부할 수 있는지 여부(적극) 및 이는 건축법 제16조 제3항에 의하여 개발행위허가의 변경이 의제되는 건축허가사항의 변경허가에서도 마찬가지인지 여부(적극)

국토의 계획 및 이용에 관한 법률(이하 '국토계획법' 이라고 한다) 제56조 제1항, 제57조 제1항, 제58조 제1항 제4호, 국토의 계획 및 이용에 관한 법률 시행령(이하 '국토계획법 시행령' 이라고 한다) 제51조 제1항 제1호, 제56조 제1항 [별표 1의2] 제1호 (라)목, 제2호 (가)목, 건축법 제11조 제1항, 제5항 제3호, 제12조 제1항의 규정 체제 및 내용 등을 종합해 보면, 건축물의 건축이 국토계획법상 개발행위에 해당할 경우 그에 대한 건축허가를 하는 허가권자는 건축허가에 배치·저촉되는 관계 법령상 제한 사유의 하나로 국토계획법령의 개발행위허가기준을 확인하여야 하므로, 국토계획법상 건축물의 건축에 관한 개발행위허가가 의제되는 건축허가신청이 국토계획법령이 정한 개발행위허가기준에 부합하지 아니하면 허가권자로서는 이를 거부할 수 있고, 이는 건축법 제16조 제3항에 의하여 개발행위허가의 변경이 의

제되는 건축허가사항의 변경허가에서도 마찬가지이다. [대법원 2016.8.24, 선고, 2016두35762, 판결]

제13조(건축 공사현장 안전관리 예치금 등) ① 제11조에 따라 건축허가를 받은 자는 건축물의 건축공사를 중단하고 장기간 공사현장을 방치할 경우 공사현장의 미관 개선과 안전관리 등 필요한 조치를 하여야 한다.

② 허가권자는 연면적이 1천제곱미터 이상인 건축물(「주택도시기금법」에 따른 주택도시보증공사가 분양보증을 한 건축물, 「건축물의 분양에 관한 법률」 제4조제1항제1호에 따른 분양보증이나 신탁계약을 체결한 건축물은 제외한다)로서 해당 지방자치단체의 조례로 정하는 건축물에 대하여는 제21조에 따른 착공신고를 하는 건축주(「한국토지주택공사법」에 따른 한국토지주택공사 또는「지방공기업법」에 따라 건축사업을 수행하기 위하여 설립된 지방공사는 제외한다)에게 장기간 건축물의 공사현장이 방치되는 것에 대비하여 미리 미관 개선과 안전관리에 필요한 비용(대통령령으로 정하는 보증서를 포함하며, 이하 "예치금"이라 한다)을 건축공사비의 1퍼센트의 범위에서 예치하게 할 수 있다. <개정 2012.12.18., 2014.5.28., 2015.1.6.>

③ 허가권자가 예치금을 반환할 때에는 대통령령으로 정하는 이율로 산정한 이자를 포함하여 반환하여야 한다. 다만, 보증서를 예치한 경우에는 그러하지 아니하다.

④ 제2항에 따른 예치금의 산정 · 예치 방법, 반환 등에 관하여 필요한 사항은 해당 지방자치단체의 조례로 정한다.

⑤ 허가권자는 공사현장이 방치되어 도시미관을 저해하고 안전을 위해한다고 판단되면 건축허가를 받은 자에게 건축물 공사현장의 미관과 안전관리를 위한 다음 각 호의 개선을 명할 수 있다. <개정 2014.5.28.>

1. 안전펜스 설치 등 안전조치
2. 공사재개 또는 철거 등 정비

⑥ 허가권자는 제5항에 따른 개선명령을 받은 자가 개선을 하지 아니하면 「행정대집행법」으로 정하는 바에 따라 대집행을 할 수 있다. 이 경우 제2항에 따라 건축주가 예치한 예치금을 행정대집행에 필요한 비용에 사용할 수 있으며, 행정대집행에 필요한 비용이 이미 납부한 예치금보다 많을 때에는 「행정대집행법」 제6조에 따라 그 차액을 추가로 징수할 수 있다.

⑦ 허가권자는 방치되는 공사현장의 안전관리를 위하여 긴급한 필요가 있다고 인정하는 경우에는 대통령령으로 정하는 바에 따라 건축주에게 고지한 후 제2항에 따라 건축주가 예치한 예치금을 사용하여 제5항제1호 중 대통령령으로 정하는 조치를 할 수 있다. <신설 2014.5.28.>

제13조의2(건축물 안전영향평가) ① 허가권자는 초고층 건축물 등 대통령령으로 정하는 주요 건축물에 대하여 제11조에 따른 건축허가를 하기 전에 건축물의 구조안전과 인접 대지의 안전에 미치는 영향 등을 평가하는 건축물 안전영향평가(이하 "안전영향평가"라 한다)를 안전영향평가기관에 의뢰하여 실시하여야 한다.

② 안전영향평가기관은 국토교통부장관이「공공기관의 운영에 관한 법률」제4조에 따른 공공기관으로서 건축 관련 업무를 수행하는 기관 중에서 지정하여 고시한다.

③ 안전영향평가 결과는 건축위원회의 심의를 거쳐 확정한다. 이 경우 제4조의2에 따라 건축위원회의 심의를 받아야 하는 건축물은 건축위원회 심의에 안전영향평가 결과를 포함하여 심의할 수 있다.

④ 안전영향평가 대상 건축물의 건축주는 건축허가 신청 시 제출하여야 하는 도서에 안전영향평가 결과를 반영하여야 하며, 건축물의 계획상 반영이 곤란하다고 판단되는 경우에는 그 근거 자료를 첨부하여 허가권자에게 건축위원회의 재심의를 요청할 수 있다.

⑤ 안전영향평가의 검토 항목과 건축주의 안전영향평가 의뢰, 평가 비용 납부 및 처리 절차 등 그 밖에 필요한 사항은 대통령령으로 정한다.

⑥ 허가권자는 제3항 및 제4항의 심의 결과 및 안전영향평가 내용을 국토교통부령으로 정하는 방법에 따라 즉시 공개하여야 한다.

⑦ 안전영향평가를 실시하여야 하는 건축물이 다른 법률에 따라 구조안전과 인접 대지의 안전에 미치는 영향 등을 평가 받은 경우에는 안전영향평가의 해당 항목을 평가 받은 것으로 본다.

[본조신설 2016.2.3.]

제14조(건축신고) ① 제11조에 해당하는 허가 대상 건축물이라 하더라도 다음 각 호의 어느 하나에 해당하는 경우에는 미리 특별자치시장 · 특별자치도지사 또는 시장 · 군수 · 구

청장에게 국토교통부령으로 정하는 바에 따라 신고를 하면 건축허가를 받은 것으로 본다. <개정 2009.2.6., 2011.4.14., 2013.3.23., 2014.1.14., 2014.5.28.>

1. 바닥면적의 합계가 85제곱미터 이내의 증축·개축 또는 재축. 다만, 3층 이상 건축물인 경우에는 증축·개축 또는 재축하려는 부분의 바닥면적의 합계가 건축물 연면적의 10분의 1 이내인 경우로 한정한다.
2. 「국토의 계획 및 이용에 관한 법률」에 따른 관리지역, 농림지역 또는 자연환경보전지역에서 연면적이 200제곱미터 미만이고 3층 미만인 건축물의 건축. 다만, 다음 각 목의 어느 하나에 해당하는 구역에서의 건축은 제외한다.
   가. 지구단위계획구역
   나. 방재지구 등 재해취약지역으로서 대통령령으로 정하는 구역
3. 연면적이 200제곱미터 미만이고 3층 미만인 건축물의 대수선
4. 주요구조부의 해체가 없는 등 대통령령으로 정하는 대수선
5. 그 밖에 소규모 건축물로서 대통령령으로 정하는 건축물의 건축

② 제1항에 따른 건축신고에 관하여는 제11조제5항 및 제6항을 준용한다. <개정 2014.5.28.>

③ 특별자치시장·특별자치도지사 또는 시장·군수·구청장은 제1항에 따른 신고를 받은 날부터 5일 이내에 신고수리 여부 또는 민원 처리 관련 법령에 따른 처리기간의 연장 여부를 신고인에게 통지하여야 한다. 다만, 이 법 또는 다른 법령에 따라 심의, 동의, 협의, 확인 등이 필요한 경우에는 20일 이내에 통지하여야 한다. <신설 2017.4.18.>

④ 특별자치시장·특별자치도지사 또는 시장·군수·구청장은 제1항에 따른 신고가 제3항 단서에 해당하는 경우에는 신고를 받은 날부터 5일 이내에 신고인에게 그 내용을 통지하여야 한다. <신설 2017.4.18.>

⑤ 제1항에 따라 신고를 한 자가 신고일부터 1년 이내에 공사에 착수하지 아니하면 그 신고의 효력은 없어진다. 다만, 건축주의 요청에 따라 허가권자가 정당한 사유가 있다고 인정하면 1년의 범위에서 착수기한을 연장할 수 있다. <개정 2016.1.19., 2017.4.18.>

제15조(건축주와의 계약 등) ① 건축관계자는 건축물이 설계도서에 따라 이 법과 이 법에 따른 명령이나 처분, 그 밖의 관계 법령에 맞게 건축되도록 업무를 성실히 수행하여야 하며, 서로 위법하거나 부당한 일을 하도록 강요하거나 이와 관련하여 어떠한 불이익도 주어서는 아니 된다.

② 건축관계자 간의 책임에 관한 내용과 그 범위는 이 법에서 규정한 것 외에는 건축주와 설계자, 건축주와 공사시공자, 건축주와 공사감리자 간의 계약으로 정한다.

③ 국토교통부장관은 제2항에 따른 계약의 체결에 필요한 표준계약서를 작성하여 보급하고 활용하게 하거나 「건축사법」 제31조에 따른 건축사협회(이하 "건축사협회"라 한다), 「건설산업기본법」 제50조에 따른 건설업자단체로 하여금 표준계약서를 작성하여 보급하고 활용하게 할 수 있다. <개정 2013.3.23., 2014.1.14.>

제16조(허가와 신고사항의 변경) ① 건축주가 제11조나 제14조에 따라 허가를 받았거나 신고한 사항을 변경하려면 변경하기 전에 대통령령으로 정하는 바에 따라 허가권자의 허가를 받거나 특별자치시장·특별자치도지사 또는 시장·군수·구청장에게 신고하여야 한다. 다만, 대통령령으로 정하는 경미한 사항의 변경은 그러하지 아니하다. <개정 2014.1.14.>

② 제1항 본문에 따른 허가나 신고사항 중 대통령령으로 정하는 사항의 변경은 제22조에 따른 사용승인을 신청할 때 허가권자에게 일괄하여 신고할 수 있다.

③ 제1항에 따른 허가 사항의 변경허가에 관하여는 제11조제5항 및 제6항을 준용한다. <개정 2017.4.18.>

④ 제1항에 따른 신고 사항의 변경신고에 관하여는 제11조제5항·제6항 및 제14조제3항·제4항을 준용한다. <신설 2017.4.18.>

제17조(건축허가 등의 수수료) ① 제11조, 제14조, 제16조, 제19조, 제20조 및 제83조에 따라 허가를 신청하거나 신고를 하는 자는 허가권자나 신고수리자에게 수수료를 납부하여야 한다.

② 제1항에 따른 수수료는 국토교통부령으로 정하는 범위에서 해당 지방자치단체의 조례로 정한다. <개정 2013.3.23.>

제17조의2(매도청구 등) ① 제11조제11항제2호에 따라 건축허가를 받은 건축주는 해당

건축물 또는 대지의 공유자 중 동의하지 아니한 공유자에게 그 공유지분을 시가(市價)로 매도할 것을 청구할 수 있다. 이 경우 매도청구를 하기 전에 매도청구 대상이 되는 공유자와 3개월 이상 협의를 하여야 한다.
② 제1항에 따른 매도청구에 관하여는 「집합건물의 소유 및 관리에 관한 법률」 제48조를 준용한다. 이 경우 구분소유권 및 대지사용권은 매도청구의 대상이 되는 대지 또는 건축물의 공유지분으로 본다.
[본조신설 2016.1.19.]

제17조의3(소유자를 확인하기 곤란한 공유지분 등에 대한 처분) ① 제11조제11항제2호에 따라 건축허가를 받은 건축주는 해당 건축물 또는 대지의 공유자가 거주하는 곳을 확인하기가 현저히 곤란한 경우에는 전국적으로 배포되는 둘 이상의 일간신문에 두 차례 이상 공고하고, 공고한 날부터 30일 이상이 지났을 때에는 제17조의2에 따른 매도청구 대상이 되는 건축물 또는 대지로 본다.
② 건축주는 제1항에 따른 매도청구 대상 공유지분의 감정평가액에 해당하는 금액을 법원에 공탁(供託)하고 착공할 수 있다.
③ 제2항에 따른 공유지분의 감정평가액은 허가권자가 추천하는 「감정평가 및 감정평가사에 관한 법률」에 따른 감정평가업자 2명 이상이 평가한 금액을 산술평균하여 산정한다. <개정 2016.1.19.>
[본조신설 2016.1.19.]

제18조(건축허가 제한 등) ① 국토교통부장관은 국토관리를 위하여 특히 필요하다고 인정하거나 주무부장관이 국방, 문화재보존, 환경보전 또는 국민경제를 위하여 특히 필요하다고 인정하여 요청하면 허가권자의 건축허가나 허가를 받은 건축물의 착공을 제한할 수 있다. <개정 2013.3.23.>
② 특별시장 · 광역시장 · 도지사는 지역계획이나 도시 · 군계획에 특히 필요하다고 인정하면 시장 · 군수 · 구청장의 건축허가나 허가를 받은 건축물의 착공을 제한할 수 있다. <개정 2011.4.14., 2014.1.14.>
③ 국토교통부장관이나 시 · 도지사는 제1항이나 제2항에 따라 건축허가나 건축허가를 받은 건축물의 착공을 제한하려는 경우에는 「토지이용규제 기본법」 제8조에 따라 주민의견을 청취한 후 건축위원회의 심의를 거쳐야 한다. <신설 2014.5.28.>
④ 제1항이나 제2항에 따라 건축허가나 건축물의 착공을 제한하는 경우 제한기간은 2년 이내로 한다. 다만, 1회에 한하여 1년 이내의 범위에서 제한기간을 연장할 수 있다. <개정 2014.5.28.>
⑤ 국토교통부장관이나 특별시장 · 광역시장 · 도지사는 제1항이나 제2항에 따라 건축허가나 건축물의 착공을 제한하는 경우 제한 목적 · 기간, 대상 건축물의 용도와 대상 구역의 위치 · 면적 · 경계 등을 상세하게 정하여 허가권자에게 통보하여야 하며, 통보를 받은 허가권자는 지체 없이 이를 공고하여야 한다. <개정 2013.3.23., 2014.1.14., 2014.5.28.>
⑥ 특별시장 · 광역시장 · 도지사는 제2항에 따라 시장 · 군수 · 구청장의 건축허가나 건축물의 착공을 제한한 경우 즉시 국토교통부장관에게 보고하여야 하며, 보고를 받은 국토교통부장관은 제한 내용이 지나치다고 인정하면 해제를 명할 수 있다. <개정 2013.3.23., 2014.1.14., 2014.5.28.>

제19조(용도변경) ① 건축물의 용도변경은 변경하려는 용도의 건축기준에 맞게 하여야 한다.
② 제22조에 따라 사용승인을 받은 건축물의 용도를 변경하려는 자는 다음 각 호의 구분에 따라 국토교통부령으로 정하는 바에 따라 특별자치시장 · 특별자치도지사 또는 시장 · 군수 · 구청장의 허가를 받거나 신고를 하여야 한다. <개정 2013.3.23., 2014.1.14.>
1. 허가 대상: 제4항 각 호의 어느 하나에 해당하는 시설군(施設群)에 속하는 건축물의 용도를 상위군(제4항 각 호의 번호가 용도변경하려는 건축물이 속하는 시설군보다 작은 시설군을 말한다)에 해당하는 용도로 변경하는 경우
2. 신고 대상: 제4항 각 호의 어느 하나에 해당하는 시설군에 속하는 건축물의 용도를 하위군(제4항 각 호의 번호가 용도변경하려는 건축물이 속하는 시설군보다 큰 시설군을 말한다)에 해당하는 용도로 변경하는 경우

③ 제4항에 따른 시설군 중 같은 시설군 안에서 용도를 변경하려는 자는 국토교통부령으로 정하는 바에 따라 특별자치시장 · 특별자치도지사 또는 시장 · 군수 · 구청장에게 건축물대장 기재내용의 변경을 신청하여야 한다. 다만, 대통령령으로 정하는 변경의 경우

에는 그러하지 아니하다. <개정 2013.3.23., 2014.1.14.>

④ 시설군은 다음 각 호와 같고 각 시설군에 속하는 건축물의 세부 용도는 대통령령으로 정한다.

1. 자동차 관련 시설군
2. 산업 등의 시설군
3. 전기통신시설군
4. 문화 및 집회시설군
5. 영업시설군
6. 교육 및 복지시설군
7. 근린생활시설군
8. 주거업무시설군
9. 그 밖의 시설군

⑤ 제2항에 따른 허가나 신고 대상인 경우로서 용도변경하려는 부분의 바닥면적의 합계가 100제곱미터 이상인 경우의 사용승인에 관하여는 제22조를 준용한다. 다만, 용도변경하려는 부분의 바닥면적의 합계가 500제곱미터 미만으로서 대수선에 해당되는 공사를 수반하지 아니하는 경우에는 그러하지 아니하다. <개정 2016.1.19.>

⑥ 제2항에 따른 허가 대상인 경우로서 용도변경하려는 부분의 바닥면적의 합계가 500제곱미터 이상인 용도변경(대통령령으로 정하는 경우는 제외한다)의 설계에 관하여는 제23조를 준용한다.

⑦ 제1항과 제2항에 따른 건축물의 용도변경에 관하여는 제3조, 제5조, 제6조, 제7조, 제11조제2항부터 제9항까지, 제12조, 제14조부터 제16조까지, 제18조, 제20조, 제27조, 제29조, 제35조, 제38조, 제42조부터 제44조까지, 제48조부터 제50조까지, 제50조의2, 제51조부터 제56조까지, 제58조, 제60조부터 제64조까지, 제67조, 제68조, 제78조부터 제87조까지의 규정과 「녹색건축물 조성 지원법」 제15조 및 「국토의 계획 및 이용에 관한 법률」 제54조를 준용한다. <개정 2011.5.30., 2014.1.14., 2014.5.28.>

▶ 판례 – [1] 용도변경된 건축물을 사용하는 행위가 건축법상의 용도변경행위에 포함되는지 여부(적극) 및 적법한 용도변경절차를 마치지 아니한 위법상태의 법적 성격을 판단하는 기준이 되는 법령
[2] 건축법 제80조 제1항 제2호, 지방세법 제4조 제2항, 지방세법 시행령 제4조 제1항 제1호의 위임에 따라 행정자치부장관이 정한 '2014년도 건물 및 기타물건 시가표준액 조정기준'이 법규명령으로서의 효력을 가지는지 여부(적극) 및 그 중 '증·개축 건물 등에 대한 시가표준액 산출요령' 의 규정들도 마찬가지인지 여부(적극) / 무단 대수선 건물에 대하여 부과하는 이행강제금의 액수를 산정할 때 기준이 되는 시가표준액은 '2014년도 건물 및 기타물건 시가표준액 조정기준' 및 '증·개축 건물 등에 대한 시가표준액 산출요령' 규정의 문언대로 대수선 산출비율을 적용하여야 하는지 여부(적극)

[1] 건축법상의 용도변경행위에는 유형적인 용도변경행위뿐만 아니라 용도변경된 건축물을 사용하는 행위도 포함된다. 따라서 적법한 용도변경절차를 마치지 아니한 건축물은 원상회복되거나 적법한 용도변경절차를 마치기 전까지는 그 위법상태가 계속되고, 그 위법상태의 법적 성격은 특별한 사정이 없는 한 그 법적 성격 여하가 문제 되는 시점 당시에 시행되는 건축법령에 의하여 판단되어야 한다.

[2] 건축법 제80조 제1항 제2호, 지방세법 제4조 제2항, 지방세법 시행령 제4조 제1항 제1호의 내용, 형식 및 취지 등을 종합하면, '2014년도 건물 및 기타물건 시가표준액 조정기준' 의 각 규정들은 일정한 유형의 위반 건축물에 대한 이행강제금의 산정기준이 되는 시가표준액에 관하여 행정자치부장관으로 하여금 정하도록 한 위 건축법 및 지방세법령의 위임에 따른 것으로서 그 법령 규정의 내용을 보충하고 있으므로, 그 법령 규정과 결합하여 대외적인 구속력이 있는 법규명령으로서의 효력을 가지고, 그중 증·개축 건물과 대수선 건물에 관한 특례를 정한 '증·개축 건물 등에 대한 시가표준액 산출요령' 의 규정들도 마찬가지라고 보아야 한다. 이처럼 헌법상 요구되는 명확성의 원칙에 따라 엄격하게 해석·적용하여야 할 뿐만 아니라 법령 규정과 결합하여 대외적인 구속력을 가지는 '2014년도 건물 및 기타물건 시가표준액 조정기준' 및 '증·개축 건물 등에 대한 시가표준액 산출요령' 은 대수선건물에 대한 시가표준액을 정하면서 대수선 행위가 적법한지 여부에 따라 대수선 산출비율의 적용 여부를 구별하고 있지 아니하다. 따라서 무단 대수선 건물에 대하여 부과하는 이행강제금의 액수를 산정할 때에도 그 기준이 되는 시가표준액은 위 조정기준 및 산출요령 규정의 문언대로 대수선 산출비율을 적용하여야 하고, 합리적 이유 없이 그 적용을 배제하는 것은 허용되지 아니한다. [대법원

2017.5.31, 선고, 2017두30764, 판결]

제19조의2(복수 용도의 인정) ① 건축주는 건축물의 용도를 복수로 하여 제11조에 따른 건축허가, 제14조에 따른 건축신고 및 제19조에 따른 용도변경 허가·신고 또는 건축물대장 기재내용의 변경 신청을 할 수 있다.
② 허가권자는 제1항에 따라 신청한 복수의 용도가 이 법 및 관계 법령에 정한 건축기준과 입지기준 등에 모두 적합한 경우에 한정하여 국토교통부령으로 정하는 바에 따라 복수 용도를 허용할 수 있다.
[본조신설 2016.1.19.]

제20조(가설건축물) ① 도시·군계획시설 및 도시·군계획시설예정지에서 가설건축물을 건축하려는 자는 특별자치시장·특별자치도지사 또는 시장·군수·구청장의 허가를 받아야 한다. <개정 2011.4.14., 2014.1.14.>
② 특별자치시장·특별자치도지사 또는 시장·군수·구청장은 해당 가설건축물의 건축이 다음 각 호의 어느 하나에 해당하는 경우가 아니면 제1항에 따른 허가를 하여야 한다. <신설 2014.1.14.>
1. 「국토의 계획 및 이용에 관한 법률」 제64조에 위배되는 경우
2. 4층 이상인 경우
3. 구조, 존치기간, 설치목적 및 다른 시설 설치 필요성 등에 관하여 대통령령으로 정하는 기준의 범위에서 조례로 정하는 바에 따르지 아니한 경우
4. 그 밖에 이 법 또는 다른 법령에 따른 제한규정을 위반하는 경우

③ 제1항에도 불구하고 재해복구, 흥행, 전람회, 공사용 가설건축물 등 대통령령으로 정하는 용도의 가설건축물을 축조하려는 자는 대통령령으로 정하는 존치 기간, 설치 기준 및 절차에 따라 특별자치시장·특별자치도지사 또는 시장·군수·구청장에게 신고한 후 착공하여야 한다. <개정 2014.1.14.>
④ 제3항에 따른 신고에 관하여는 제14조제3항 및 제4항을 준용한다. <신설 2017.4.18.>
⑤ 제1항과 제3항에 따른 가설건축물을 건축하거나 축조할 때에는 대통령령으로 정하는 바에 따라 제25조, 제38조부터 제42조까지, 제44조부터 제50조까지, 제50조의2, 제51조부터 제64조까지, 제67조, 제68조와 「녹색건축물 조성 지원법」 제15조 및 「국토의 계획 및 이용에 관한 법률」 제76조 중 일부 규정을 적용하지 아니한다. <개정 2014.1.14., 2017.4.18.>
⑥ 특별자치시장·특별자치도지사 또는 시장·군수·구청장은 제1항부터 제3항까지의 규정에 따라 가설건축물의 건축을 허가하거나 축조신고를 받은 경우 국토교통부령으로 정하는 바에 따라 가설건축물대장에 이를 기재하여 관리하여야 한다. <개정 2013.3.23., 2014.1.14., 2017.4.18.>
⑦ 제2항 또는 제3항에 따라 가설건축물의 건축허가 신청 또는 축조신고를 받은 때에는 다른 법령에 따른 제한 규정에 대하여 확인이 필요한 경우 관계 행정기관의 장과 미리 협의하여야 하고, 협의 요청을 받은 관계 행정기관의 장은 요청을 받은 날부터 15일 이내에 의견을 제출하여야 한다. 이 경우 관계 행정기관의 장이 협의 요청을 받은 날부터 15일 이내에 의견을 제출하지 아니하면 협의가 이루어진 것으로 본다. <신설 2017.1.17., 2017.4.18.>

제21조(착공신고 등) ① 제11조·제14조 또는 제20조제1항에 따라 허가를 받거나 신고를 한 건축물의 공사를 착수하려는 건축주는 국토교통부령으로 정하는 바에 따라 허가권자에게 공사계획을 신고하여야 한다. 다만, 제36조에 따라 건축물의 철거를 신고할 때 착공 예정일을 기재한 경우에는 그러하지 아니하다. <개정 2013.3.23.>
② 제1항에 따라 공사계획을 신고하거나 변경신고를 하는 경우 해당 공사감리자(제25조제1항에 따른 공사감리자를 지정한 경우만 해당된다)와 공사시공자가 신고서에 함께 서명하여야 한다.
③ 허가권자는 제1항 본문에 따른 신고를 받은 날부터 3일 이내에 신고수리 여부 또는 민원 처리 관련 법령에 따른 처리기간의 연장 여부를 신고인에게 통지하여야 한다. <신설 2017.4.18.>
④ 허가권자가 제3항에서 정한 기간 내에 신고수리 여부 또는 민원 처리 관련 법령에 따른 처리기간의 연장 여부를 신고인에게 통지하지 아니하면 그 기간이 끝난 날의 다음 날에 신고를 수리한 것으로 본다. <신설 2017.4.18.>
⑤ 건축주는 「건설산업기본법」 제41조를 위반하여 건축물의 공사를 하거나 하게 할 수 없다. <개정 2017.4.18.>
⑥ 제11조에 따라 허가를 받은 건축물의

건축주는 제1항에 따른 신고를 할 때에는 제15조제2항에 따른 각 계약서의 사본을 첨부하여야 한다. <개정 2017.4.18.>

제22조(건축물의 사용승인) ① 건축주가 제11조·제14조 또는 제20조제1항에 따라 허가를 받았거나 신고를 한 건축물의 건축공사를 완료[하나의 대지에 둘 이상의 건축물을 건축하는 경우 동(棟)별 공사를 완료한 경우를 포함한다]한 후 그 건축물을 사용하려면 제25조제6항에 따라 공사감리자가 작성한 감리완료보고서(같은 조 제1항에 따른 공사감리자를 지정한 경우만 해당된다)와 국토교통부령으로 정하는 공사완료도서를 첨부하여 허가권자에게 사용승인을 신청하여야 한다. <개정 2013.3.23., 2016.2.3.>

② 허가권자는 제1항에 따른 사용승인신청을 받은 경우 국토교통부령으로 정하는 기간에 다음 각 호의 사항에 대한 검사를 실시하고, 검사에 합격된 건축물에 대하여는 사용승인서를 내주어야 한다. 다만, 해당 지방자치단체의 조례로 정하는 건축물은 사용승인을 위한 검사를 실시하지 아니하고 사용승인서를 내줄 수 있다. <개정 2013.3.23.>

1. 사용승인을 신청한 건축물이 이 법에 따라 허가 또는 신고한 설계도서대로 시공되었는지의 여부
2. 감리완료보고서, 공사완료도서 등의 서류 및 도서가 적합하게 작성되었는지의 여부

③ 건축주는 제2항에 따라 사용승인을 받은 후가 아니면 건축물을 사용하거나 사용하게 할 수 없다. 다만, 다음 각 호의 어느 하나에 해당하는 경우에는 그러하지 아니하다. <개정 2013.3.23.>

1. 허가권자가 제2항에 따른 기간 내에 사용승인서를 교부하지 아니한 경우
2. 사용승인서를 교부받기 전에 공사가 완료된 부분이 건폐율, 용적률, 설비, 피난·방화 등 국토교통부령으로 정하는 기준에 적합한 경우로서 기간을 정하여 대통령령으로 정하는 바에 따라 임시로 사용의 승인을 한 경우

④ 건축주가 제2항에 따른 사용승인을 받은 경우에는 다음 각 호에 따른 사용승인·준공검사 또는 등록신청 등을 받거나 한 것으로 보며, 공장건축물의 경우에는 「산업집적활성화 및 공장설립에 관한 법률」 제14조의2에 따라 관련 법률의 검사 등을 받은 것으로 본다. <개정 2009.1.30., 2009.6.9., 2011.4.14., 2011.5.30., 2014.1.14., 2014.6.3., 2017.1.17.>

1. 「하수도법」 제27조에 따른 배수설비(排水設備)의 준공검사 및 같은 법 제37조에 따른 개인하수처리시설의 준공검사
2. 「공간정보의 구축 및 관리 등에 관한 법률」 제64조에 따른 지적공부(地籍公簿)의 변동사항 등록신청
3. 「승강기시설 안전관리법」 제13조에 따른 승강기 완성검사
4. 「에너지이용 합리화법」 제39조에 따른 보일러 설치검사
5. 「전기사업법」 제63조에 따른 전기설비의 사용전검사
6. 「정보통신공사업법」 제36조에 따른 정보통신공사의 사용전검사
7. 「도로법」 제62조제2항에 따른 도로점용 공사의 준공확인
8. 「국토의 계획 및 이용에 관한 법률」 제62조에 따른 개발 행위의 준공검사
9. 「국토의 계획 및 이용에 관한 법률」 제98조에 따른 도시·군계획시설사업의 준공검사
10. 「물환경보전법」 제37조에 따른 수질오염물질 배출시설의 가동개시의 신고
11. 「대기환경보전법」 제30조에 따른 대기오염물질 배출시설의 가동개시의 신고
12. 삭제 <2009.6.9.>

⑤ 허가권자는 제2항에 따른 사용승인을 하는 경우 제4항 각 호의 어느 하나에 해당하는 내용이 포함되어 있으면 관계 행정기관의 장과 미리 협의하여야 한다.

⑥ 특별시장 또는 광역시장은 제2항에 따라 사용승인을 한 경우 지체 없이 그 사실을 군수 또는 구청장에게 알려서 건축물대장에 적게 하여야 한다. 이 경우 건축물대장에는 설계자, 대통령령으로 정하는 주요 공사의 시공자, 공사감리자를 적어야 한다.

제23조(건축물의 설계) ① 제11조제1항에 따라 건축허가를 받아야 하거나 제14조제1항에 따라 건축신고를 하여야 하는 건축물 또는 「주택법」 제66조제1항 또는 제2항에 따른 리모델링을 하는 건축물의 건축등을 위한 설계는 건축사가 아니면 할 수 없다. 다만, 다음 각 호의 어느 하나에 해당하는 경우에는 그러하지 아니하다. <개정 2014.5.28., 2016.1.19.>

1. 바닥면적의 합계가 85제곱미터 미만인

증축 · 개축 또는 재축
2. 연면적이 200제곱미터 미만이고 층수가 3층 미만인 건축물의 대수선
3. 그 밖에 건축물의 특수성과 용도 등을 고려하여 대통령령으로 정하는 건축물의 건축등

② 설계자는 건축물이 이 법과 이 법에 따른 명령이나 처분, 그 밖의 관계 법령에 맞고 안전 · 기능 및 미관에 지장이 없도록 설계하여야 하며, 국토교통부장관이 정하여 고시하는 설계도서 작성기준에 따라 설계도서를 작성하여야 한다. 다만, 해당 건축물의 공법(工法) 등이 특수한 경우로서 국토교통부령으로 정하는 바에 따라 건축위원회의 심의를 거친 때에는 그러하지 아니하다. <개정 2013.3.23.>

③ 제2항에 따라 설계도서를 작성한 설계자는 설계가 이 법과 이 법에 따른 명령이나 처분, 그 밖의 관계 법령에 맞게 작성되었는지를 확인한 후 설계도서에 서명날인하여야 한다.

④ 국토교통부장관이 국토교통부령으로 정하는 바에 따라 작성하거나 인정하는 표준설계도서나 특수한 공법을 적용한 설계도서에 따라 건축물을 건축하는 경우에는 제1항을 적용하지 아니한다. <개정 2013.3.23.>

제24조(건축시공) ① 공사시공자는 제15조제2항에 따른 계약대로 성실하게 공사를 수행하여야 하며, 이 법과 이 법에 따른 명령이나 처분, 그 밖의 관계 법령에 맞게 건축물을 건축하여 건축주에게 인도하여야 한다.

② 공사시공자는 건축물(건축허가나 용도변경허가 대상인 것만 해당된다)의 공사현장에 설계도서를 갖추어 두어야 한다.

③ 공사시공자는 설계도서가 이 법과 이 법에 따른 명령이나 처분, 그 밖의 관계 법령에 맞지 아니하거나 공사의 여건상 불합리하다고 인정되면 건축주와 공사감리자의 동의를 받아 서면으로 설계자에게 설계를 변경하도록 요청할 수 있다. 이 경우 설계자는 정당한 사유가 없으면 요청에 따라야 한다.

④ 공사시공자는 공사를 하는 데에 필요하다고 인정하거나 제25조제5항에 따라 공사감리자로부터 상세시공도면을 작성하도록 요청을 받으면 상세시공도면을 작성하여 공사감리자의 확인을 받아야 하며, 이에 따라 공사를 하여야 한다. <개정 2016.2.3.>

⑤ 공사시공자는 건축허가나 용도변경허가가 필요한 건축물의 건축공사를 착수한 경우에는 해당 건축공사의 현장에 국토교통부령으로 정하는 바에 따라 건축허가 표지판을 설치하여야 한다. <개정 2013.3.23.>

⑥ 「건설산업기본법」 제41조제1항 각 호에 해당하지 아니하는 건축물의 건축주는 공사 현장의 공정을 관리하기 위하여 같은 법 제2조제15호에 따른 건설기술자 1명을 현장관리인으로 지정하여야 한다. 이 경우 현장관리인은 건축주의 승낙을 받지 아니하고는 정당한 사유 없이 그 공사 현장을 이탈하여서는 아니 된다. <신설 2016.2.3.>

⑦ 공동주택, 종합병원, 관광숙박시설 등 대통령령으로 정하는 용도 및 규모의 건축물의 공사시공자는 건축주, 공사감리자 및 허가권자가 설계도서에 따라 적정하게 공사되었는지를 확인할 수 있도록 공사의 공정이 대통령령으로 정하는 진도에 다다른 때마다 사진 및 동영상을 촬영하고 보관하여야 한다. 이 경우 촬영 및 보관 등 그 밖에 필요한 사항은 국토교통부령으로 정한다. <신설 2016.2.3.>

제24조의2(건축자재의 제조 및 유통 관리) ① 제조업자 및 유통업자는 건축물의 안전과 기능 등에 지장을 주지 아니하도록 건축자재를 제조 · 보관 및 유통하여야 한다.

② 국토교통부장관, 시 · 도지사 및 시장 · 군수 · 구청장은 건축물의 구조 및 재료의 기준 등이 공사현장에서 준수되고 있는지를 확인하기 위하여 제조업자 및 유통업자에게 필요한 자료의 제출을 요구하거나 건축공사장, 제조업자의 제조현장 및 유통업자의 유통장소 등을 점검할 수 있으며 필요한 경우에는 시료를 채취하여 성능 확인을 위한 시험을 할 수 있다.

③ 국토교통부장관, 시 · 도지사 및 시장 · 군수 · 구청장은 제2항의 점검을 통하여 위법 사실을 확인한 경우 대통령령으로 정하는 바에 따라 공사 중단, 사용 중단 등의 조치를 하거나 관계 기관에 대하여 관계 법률에 따른 영업정지 등의 요청을 할 수 있다.

④ 국토교통부장관, 시 · 도지사, 시장 · 군수 · 구청장은 제2항의 점검업무를 대통령령으로 정하는 전문기관으로 하여금 대행하게 할 수 있다.

⑤ 제2항에 따른 점검에 관한 절차 등에 관하여 필요한 사항은 국토교통부령으로 정한다.
[본조신설 2016.2.3.]

제25조(건축물의 공사감리) ① 건축주는 대통령령으로 정하는 용도·규모 및 구조의 건축물을 건축하는 경우 건축사나 대통령령으로 정하는 자를 공사감리자(공사시공자 본인 및 「독점규제 및 공정거래에 관한 법률」 제2조에 따른 계열회사는 제외한다)로 지정하여 공사감리를 하게 하여야 한다. <개정 2016.2.3.>

② 제1항에도 불구하고 「건설산업기본법」 제41조제1항 각 호에 해당하지 아니하는 소규모 건축물로서 건축주가 직접 시공하는 건축물 및 분양을 목적으로 하는 건축물 중 대통령령으로 정하는 건축물의 경우에는 대통령령으로 정하는 바에 따라 허가권자가 해당 건축물의 설계에 참여하지 아니한 자 중에서 공사감리자를 지정하여야 한다. 다만, 다음 각 호의 어느 하나에 해당하는 건축물의 건축주가 국토교통부령으로 정하는 바에 따라 허가권자에게 신청하는 경우에는 해당 건축물을 설계한 자를 공사감리자로 지정할 수 있다. <신설 2016.2.3.>

1. 「건설기술 진흥법」 제14조에 따른 신기술을 적용하여 설계한 건축물
2. 「건축서비스산업 진흥법」 제13조제4항에 따른 역량 있는 건축사가 설계한 건축물
3. 설계공모를 통하여 설계한 건축물

③ 공사감리자는 공사감리를 할 때 이 법과 이 법에 따른 명령이나 처분, 그 밖의 관계 법령에 위반된 사항을 발견하거나 공사시공자가 설계도서대로 공사를 하지 아니하면 이를 건축주에게 알린 후 공사시공자에게 시정하거나 재시공하도록 요청하여야 하며, 공사시공자가 시정이나 재시공 요청에 따르지 아니하면 서면으로 그 건축공사를 중지하도록 요청할 수 있다. 이 경우 공사중지를 요청받은 공사시공자는 정당한 사유가 없으면 즉시 공사를 중지하여야 한다. <개정 2016.2.3.>

④ 공사감리자는 제3항에 따라 공사시공자가 시정이나 재시공 요청을 받은 후 이에 따르지 아니하거나 공사중지 요청을 받고도 공사를 계속하면 국토교통부령으로 정하는 바에 따라 이를 허가권자에게 보고하여야 한다. <개정 2013.3.23., 2016.2.3.>

⑤ 대통령령으로 정하는 용도 또는 규모의 공사의 공사감리자는 필요하다고 인정하면 공사시공자에게 상세시공도면을 작성하도록 요청할 수 있다. <개정 2016.2.3.>

⑥ 공사감리자는 국토교통부령으로 정하는 바에 따라 감리일지를 기록·유지하여야 하고, 공사의 공정(工程)이 대통령령으로 정하는 진도에 다다른 경우에는 감리중간보고서를, 공사를 완료한 경우에는 감리완료보고서를 국토교통부령으로 정하는 바에 따라 각각 작성하여 건축주에게 제출하여야 하며, 건축주는 제22조에 따른 건축물의 사용승인을 신청할 때 중간감리보고서와 감리완료보고서를 첨부하여 허가권자에게 제출하여야 한다. <개정 2013.3.23., 2016.2.3.>

⑦ 건축주나 공사시공자는 제3항과 제4항에 따라 위반사항에 대한 시정이나 재시공을 요청하거나 위반사항을 허가권자에게 보고한 공사감리자에게 이를 이유로 공사감리자의 지정을 취소하거나 보수의 지급을 거부하거나 지연시키는 등 불이익을 주어서는 아니 된다. <개정 2016.2.3.>

⑧ 제1항에 따른 공사감리의 방법 및 범위 등은 건축물의 용도·규모 등에 따라 대통령령으로 정하되, 이에 따른 세부기준이 필요한 경우에는 국토교통부장관이 정하거나 건축사협회로 하여금 국토교통부장관의 승인을 받아 정하도록 할 수 있다. <개정 2013.3.23., 2016.2.3.>

⑨ 국토교통부장관은 제8항에 따라 세부기준을 정하거나 승인을 한 경우 이를 고시하여야 한다. <개정 2013.3.23., 2016.2.3.>

⑩ 「주택법」 제15조에 따른 사업계획 승인 대상과 「건설기술 진흥법」 제39조제2항에 따라 건설사업관리를 하게 하는 건축물의 공사감리는 제1항부터 제9항까지, 제11항 및 제12항의 규정에도 불구하고 각각 해당 법령으로 정하는 바에 따른다. <개정 2013.5.22., 2016.1.19., 2016.2.3.>

⑪ 제2항에 따라 허가권자가 공사감리자를 지정하는 건축물의 건축주는 제21조에 따른 착공신고를 하는 때에 감리비용이 명시된 감리계약서를 허가권자에게 제출하여야 하고, 제22조에 따른 사용승인을 신청하는 때에는 감리용역 계약내용에 따라 감리비용을 지불하여야 한다. 이 경우 허가권자는 감리 계약서에 따라 감리비용이 지불되었는지를 확인한 후 사용승인을 하여야 한다. <신설 2016.2.3.>

⑫ 허가권자는 제11항의 감리비용에 관한 기준을 해당 지방자치단체의 조례로 정할 수 있다. <신설 2016.2.3.>

제25조의2(건축관계자등에 대한 업무제한) ① 허가권자는 설계자, 공사시공자, 공사감리자 및 관계전문기술자(이하 "건축관계자등"이라 한다)가 대통령령으로 정하는 주요 건축물에 대하여

제21조에 따른 착공신고 시부터 「건설산업기본법」 제28조에 따른 하자담보책임 기간에 제40조, 제41조, 제48조, 제50조 및 제51조를 위반하거나 중대한 과실로 건축물의 기초 및 주요구조부에 중대한 손괴를 일으켜 사람을 사망하게 한 경우에는 1년 이내의 기간을 정하여 이 법에 의한 업무를 수행할 수 없도록 업무정지를 명할 수 있다.

② 허가권자는 건축관계자등이 제40조, 제41조, 제48조, 제49조, 제50조, 제50조의2, 제51조, 제52조 및 제52조의3을 위반하여 건축물의 기초 및 주요구조부에 중대한 손괴를 일으켜 대통령령으로 정하는 규모 이상의 재산상의 피해가 발생한 경우(제1항에 해당하는 위반행위는 제외한다)에는 다음 각 호에서 정하는 기간 이내의 범위에서 다중이용건축물 등 대통령령으로 정하는 주요 건축물에 대하여 이 법에 의한 업무를 수행할 수 없도록 업무정지를 명할 수 있다.

1. 최초로 위반행위가 발생한 경우: 업무정지일부터 6개월
2. 2년 이내에 동일한 현장에서 위반행위가 다시 발생한 경우: 다시 업무정지를 받는 날부터 1년

③ 허가권자는 건축관계자등이 제40조, 제41조, 제48조, 제49조, 제50조, 제50조의2, 제51조, 제52조 및 제52조의3을 위반한 경우(제1항 및 제2항에 해당하는 위반행위는 제외한다)와 제28조를 위반하여 가설시설물이 붕괴된 경우에는 기간을 정하여 시정을 명하거나 필요한 지시를 할 수 있다.

④ 허가권자는 제3항에 따른 시정명령 등에도 불구하고 특별한 이유 없이 이를 이행하지 아니한 경우에는 다음 각 호에서 정하는 기간 이내의 범위에서 이 법에 의한 업무를 수행할 수 없도록 업무정지를 명할 수 있다.

1. 최초의 위반행위가 발생하여 허가권자가 지정한 시정기간 동안 특별한 사유 없이 시정하지 아니하는 경우: 업무정지일부터 3개월
2. 2년 이내에 제3항에 따른 위반행위가 동일한 현장에서 2차례 발생한 경우: 업무정지일부터 3개월
3. 2년 이내에 제3항에 따른 위반행위가 동일한 현장에서 3차례 발생한 경우: 업무정지일부터 1년

⑤ 허가권자는 제4항에 따른 업무정지처분을 갈음하여 다음 각 호의 구분에 따라 건축관계자등에게 과징금을 부과할 수 있다.

1. 제4항제1호 또는 제2호에 해당하는 경우: 3억원 이하
2. 제4항제3호에 해당하는 경우: 10억원 이하

⑥ 건축관계자등은 제1항, 제2항 또는 제4항에 따른 업무정지처분에도 불구하고 그 처분을 받기 전에 계약을 체결하였거나 관계 법령에 따라 허가, 인가 등을 받아 착수한 업무는 제22조에 따른 사용승인을 받은 때까지 계속 수행할 수 있다.

⑦ 제1항부터 제5항까지에 해당하는 조치는 그 소속 법인 또는 단체에게도 동일하게 적용한다. 다만, 소속 법인 또는 단체가 위반행위를 방지하기 위하여 해당 업무에 관하여 상당한 주의와 감독을 게을리하지 아니한 경우에는 그러하지 아니하다.

⑧ 제1항부터 제5항까지의 조치는 관계 법률에 따라 건축허가를 의제하는 경우의 건축관계자등에게 동일하게 적용한다.

⑨ 허가권자는 제1항부터 제5항까지의 조치를 한 경우 그 내용을 국토교통부장관에게 통보하여야 한다.

⑩ 국토교통부장관은 제9항에 따라 통보된 사항을 종합관리하고, 허가권자가 해당 건축관계자등과 그 소속 법인 또는 단체를 알 수 있도록 국토교통부령으로 정하는 바에 따라 공개하여야 한다.

⑪ 건축관계자등, 소속 법인 또는 단체에 대한 업무정지처분을 하려는 경우에는 청문을 하여야 한다.

[본조신설 2016.2.3.]

第26조(허용 오차) 대지의 측량(「공간정보의 구축 및 관리 등에 관한 법률」에 따른 지적측량은 제외한다)이나 건축물의 건축 과정에서 부득이하게 발생하는 오차는 이 법을 적용할 때 국토교통부령으로 정하는 범위에서 허용한다. <개정 2009.6.9., 2013.3.23., 2014.6.3.>

第27조(현장조사 · 검사 및 확인업무의 대행) ① 허가권자는 이 법에 따른 현장조사 · 검사 및 확인업무를 대통령령으로 정하는 바에 따라 「건축사법」 제23조에 따라 건축사사무소개설신고를 한 자에게 대행하게 할 수 있다. <개정 2014.1.14., 2014.5.28.>

② 제1항에 따라 업무를 대행하는 자는 현장조사 · 검사 또는 확인결과를 국토교통부령으로 정하는 바에 따라 허가권자에게 서면으로 보고하여야 한다. <개정 2013.3.23.>

③ 허가권자는 제1항에 따른 자에게 업무를 대행하게 한 경우 국토교통부령으로 정하는 범위에서 해당 지방자치단체의 조례로 정하는 수수료를 지급하여야 한다. <개정 2013.3.23.>

제28조(공사현장의 위해 방지 등) ① 건축물의 공사시공자는 대통령령으로 정하는 바에 따라 공사현장의 위해를 방지하기 위하여 필요한 조치를 하여야 한다.
② 허가권자는 건축물의 공사와 관련하여 건축관계자간 분쟁상담 등의 필요한 조치를 하여야 한다.

제29조(공용건축물에 대한 특례) ① 국가나 지방자치단체는 제11조, 제14조, 제19조, 제20조 및 제83조에 따른 건축물을 건축·대수선·용도변경하거나 가설건축물을 건축하거나 공작물을 축조하려는 경우에는 대통령령으로 정하는 바에 따라 미리 건축물의 소재지를 관할하는 허가권자와 협의하여야 한다. <개정 2011.5.30.>
② 국가나 지방자치단체가 제1항에 따라 건축물의 소재지를 관할하는 허가권자와 협의한 경우에는 제11조, 제14조, 제19조, 제20조 및 제83조에 따른 허가를 받았거나 신고한 것으로 본다. <개정 2011.5.30.>
③ 제1항에 따라 협의한 건축물에는 제22조제1항부터 제3항까지의 규정을 적용하지 아니한다. 다만, 건축물의 공사가 끝난 경우에는 지체 없이 허가권자에게 통보하여야 한다.
④ 국가나 지방자치단체가 소유한 대지의 지상 또는 지하 여유공간에 구분지상권을 설정하여 주민편의시설 등 대통령령으로 정하는 시설을 설치하고자 하는 경우 허가권자는 구분지상권자를 건축주로 보고 구분지상권이 설정된 부분을 제2조제1항제1호의 대지로 보아 건축허가를 할 수 있다. 이 경우 구분지상권 설정의 대상 및 범위, 기간 등은 「국유재산법」 및 「공유재산 및 물품 관리법」에 적합하여야 한다. <신설 2016.1.19.>

▶ 판례 - [1] 구 건축법 제29조 제1항에서 정한 건축협의의 취소가 처분에 해당하는지 여부(적극) 및 지방자치단체 등이 건축물 소재지 관할 허가권자인 지방자치단체의 장을 상대로 건축협의취소의 취소를 구할 수 있는지 여부(적극)
[2] 구 자연공원법 시행령 제2조 제7호에서 말하는 '숙박시설'의 의미

[1] 구 건축법(2011. 5. 30. 법률 제10755호로 개정되기 전의 것) 제29조 제1항, 제2항, 제11조 제1항 등의 규정 내용에 의하면, 건축협의의 실질은 지방자치단체 등에 대한 건축허가와 다르지 않으므로, 지방자치단체 등이 건축물을 건축하려는 경우 등에는 미리 건축물의 소재지를 관할하는 허가권자인 지방자치단체의 장과 건축협의를 하지 않으면, 지방자치단체라 하더라도 건축물을 건축할 수 없다. 그리고 구 지방자치법 등 관련 법령을 살펴보아도 지방자치단체의 장이 다른 지방자치단체를 상대로 한 건축협의 취소에 관하여 다툼이 있는 경우에 법적 분쟁을 실효적으로 해결할 구제수단을 찾기도 어렵다. 따라서 건축협의 취소는 상대방이 다른 지방자치단체 등 행정주체라 하더라도 '행정청이 행하는 구체적 사실에 관한 법집행으로서의 공권력 행사' (행정소송법 제2조 제1항 제1호)로서 처분에 해당한다고 볼 수 있고, 지방자치단체인 원고가 이를 다툴 실효적 해결 수단이 없는 이상, 원고는 건축물 소재지 관할 허가권자인 지방자치단체의 장을 상대로 항고소송을 통해 건축협의 취소의 취소를 구할 수 있다.
[2] 구 자연공원법(2011. 4. 5. 법률 제10548호로 개정되기 전의 것, 이하 같다) 제2조 제10호, 제18조 제2항 제5호 (가)목, 제20조 제1항, 구 자연공원법 시행령(2011. 9. 30. 대통령령 제23194호로 개정되기 전의 것, 이하 같다) 제2조 제7호, 제15조 제1항 제3호에서 정한 공원시설에 관한 규정 형식, 내용 및 입법 취지와 구 건축법(2011. 5. 30. 법률 제10755호로 개정되기 전의 것) 제2조 제2항 제15호, 구 건축법 시행령(2011. 12. 8. 대통령령 제23356호로 개정되기 전의 것, 이하 같다) 제3조의4 [별표 1] 제15호의 규정 내용을 종합하면, 구 자연공원법 시행령 제2조 제7호에서 말하는 '숙박시설'은 구 건축법 시행령 제3조의4 [별표 1] 제15호에서 정한 '숙박시설'로서 구 자연공원법의 입법 취지에 부합하는 시설을 의미한다. [대법원 2014.2.27, 선고, 2012두22980, 판결]

제30조(건축통계 등) ① 허가권자는 다음 각 호의 사항(이하 "건축통계"라 한다)을 국토교통부령으로 정하는 바에 따라 국토교통부장관이나 시·도지사에게 보고하여야 한다. <개정 2013.3.23.>
1. 제11조에 따른 건축허가 현황
2. 제14조에 따른 건축신고 현황

3. 제19조에 따른 용도변경허가 및 신고 현황
4. 제21조에 따른 착공신고 현황
5. 제22조에 따른 사용승인 현황
6. 그 밖에 대통령령으로 정하는 사항

② 건축통계의 작성 등에 필요한 사항은 국토교통부령으로 정한다. <개정 2013.3.23.>

제31조(건축행정 전산화) ① 국토교통부장관은 이 법에 따른 건축행정 관련 업무를 전산처리하기 위하여 종합적인 계획을 수립·시행할 수 있다. <개정 2013.3.23.>

② 허가권자는 제10조, 제11조, 제14조, 제16조, 제19조부터 제22조까지, 제25조, 제29조, 제30조, 제35조, 제36조, 제38조, 제83조 및 제92조에 따른 신청서, 신고서, 첨부서류, 통지, 보고 등을 디스켓, 디스크 또는 정보통신망 등으로 제출하게 할 수 있다.

제32조(건축허가 업무 등의 전산처리 등) ① 허가권자는 건축허가 업무 등의 효율적인 처리를 위하여 국토교통부령으로 정하는 바에 따라 전자정보처리 시스템을 이용하여 이 법에 규정된 업무를 처리할 수 있다. <개정 2013.3.23.>

② 제1항에 따른 전자정보처리 시스템에 따라 처리된 자료(이하 "전산자료"라 한다)를 이용하려는 자는 대통령령으로 정하는 바에 따라 관계 중앙행정기관의 장의 심사를 거쳐 다음 각 호의 구분에 따라 국토교통부장관, 시·도지사 또는 시장·군수·구청장의 승인을 받아야 한다. 다만, 지방자치단체의 장이 승인을 신청하는 경우에는 관계 중앙행정기관의 장의 심사를 받지 아니한다. <개정 2013.3.23., 2014.1.14.>

1. 전국 단위의 전산자료: 국토교통부장관
2. 특별시·광역시·특별자치시·도·특별자치도(이하 "시·도"라 한다) 단위의 전산자료: 시·도지사
3. 시·군 또는 구(자치구를 말한다) 단위의 전산자료: 시장·군수·구청장

③ 국토교통부장관, 시·도지사 또는 시장·군수·구청장이 제2항에 따른 승인신청을 받은 경우에는 건축허가 업무 등의 효율적인 처리에 지장이 없고 대통령령으로 정하는 건축주 등의 개인정보 보호기준을 위반하지 아니한다고 인정되는 경우에만 승인할 수 있다. 이 경우 용도를 한정하여 승인할 수 있다. <개정 2013.3.23.>

④ 제2항에 따른 승인을 받아 전산자료를 이용하려는 자는 사용료를 내야 한다.

⑤ 제1항부터 제4항까지의 규정에 따른 전자정보처리 시스템의 운영에 관한 사항, 전산자료의 이용 대상 범위와 심사기준, 승인 절차, 사용료 등에 관하여 필요한 사항은 대통령령으로 정한다.

제32조(건축허가 업무 등의 전산처리 등) ① 허가권자는 건축허가 업무 등의 효율적인 처리를 위하여 국토교통부령으로 정하는 바에 따라 전자정보처리 시스템을 이용하여 이 법에 규정된 업무를 처리할 수 있다. <개정 2013.3.23.>

② 제1항에 따른 전자정보처리 시스템에 따라 처리된 자료(이하 "전산자료"라 한다)를 이용하려는 자는 대통령령으로 정하는 바에 따라 관계 중앙행정기관의 장의 심사를 거쳐 다음 각 호의 구분에 따라 국토교통부장관, 시·도지사 또는 시장·군수·구청장의 승인을 받아야 한다. 다만, 지방자치단체의 장이 승인을 신청하는 경우에는 관계 중앙행정기관의 장의 심사를 받지 아니한다. <개정 2013.3.23., 2014.1.14.>

1. 전국 단위의 전산자료: 국토교통부장관
2. 특별시·광역시·특별자치시·도·특별자치도(이하 "시·도"라 한다) 단위의 전산자료: 시·도지사
3. 시·군 또는 구(자치구를 말한다) 단위의 전산자료: 시장·군수·구청장

③ 국토교통부장관, 시·도지사 또는 시장·군수·구청장이 제2항에 따른 승인신청을 받은 경우에는 건축허가 업무 등의 효율적인 처리에 지장이 없고 대통령령으로 정하는 건축주 등의 개인정보 보호기준을 위반하지 아니한다고 인정되는 경우에만 승인할 수 있다. 이 경우 용도를 한정하여 승인할 수 있다. <개정 2013.3.23.>

④ 제2항 및 제3항에도 불구하고 건축물의 소유자가 본인 소유의 건축물에 대한 소유 정보를 신청하거나 건축물의 소유자가 사망하여 그 상속인이 피상속인의 건축물에 대한 소유 정보를 신청하는 경우에는 승인 및 심사를 받지 아니할 수 있다. <신설 2017.10.24.>

⑤ 제2항에 따른 승인을 받아 전산자료를 이용하려는 자는 사용료를 내야 한다. <개정 2017.10.24.>

⑥ 제1항부터 제5항까지의 규정에 따른 전

자정보처리 시스템의 운영에 관한 사항, 전산자료의 이용 대상 범위와 심사기준, 승인 절차, 사용료 등에 관하여 필요한 사항은 대통령령으로 정한다. <개정 2017.10.24.>
[시행일 : 2018.9.1.] 제32조제4항, 제32조제5항, 제32조제6항

제33조(전산자료의 이용자에 대한 지도·감독) ① 국토교통부장관, 시·도지사 또는 시장·군수·구청장은 필요하다고 인정되면 전산자료의 보유 또는 관리 등에 관한 사항에 관하여 제32조에 따라 전산자료를 이용하는 자를 지도·감독할 수 있다. <개정 2013.3.23.>
② 제1항에 따른 지도·감독의 대상 및 절차 등에 관하여 필요한 사항은 대통령령으로 정한다.

제34조(건축종합민원실의 설치) 특별자치시장·특별자치도지사 또는 시장·군수·구청장은 대통령령으로 정하는 바에 따라 건축허가, 건축신고, 사용승인 등 건축과 관련된 민원을 종합적으로 접수하여 처리할 수 있는 민원실을 설치·운영하여야 한다. <개정 2014.1.14.>

제3장 건축물의 유지와 관리

제35조(건축물의 유지·관리) ① 건축물의 소유자나 관리자는 건축물, 대지 및 건축설비를 제40조부터 제50조까지, 제50조의2, 제51조부터 제58조까지, 제60조부터 제64조까지, 제65조의2, 제67조 및 제68조와 「녹색건축물 조성 지원법」 제15조부터 제17조까지의 규정에 적합하도록 유지·관리하여야 한다. 이 경우 제65조의2 및 「녹색건축물 조성 지원법」 제16조·제17조는 인증을 받은 경우로 한정한다. <개정 2011.5.30., 2014.1.14., 2014.5.28.>
② 건축물의 소유자나 관리자는 건축물의 유지·관리를 위하여 대통령령으로 정하는 바에 따라 정기점검 및 수시점검을 실시하고, 그 결과를 허가권자에게 보고하여야 한다. <신설 2012.1.17.>
③ 허가권자는 제2항에 따른 점검 대상이 아닌 건축물 중에서 안전에 취약하거나 재난의 위험이 있다고 판단되는 소규모 노후 건축물 등 대통령령으로 정하는 건축물에 대하여 직권으로 안전점검을 할 수 있고, 해당 건축물의 소유자나 관리자에게 안전점검을 요구할 수 있으며, 이 경우 신속한 안전점검이 필요한 때에는 안전점검에 드는 비용을 지원할 수 있다. <신설 2016.2.3.>
④ 제1항부터 제3항까지에 따른 건축물 유지·관리의 기준 및 절차 등에 관하여 필요한 사항은 대통령령으로 정한다. <개정 2012.1.17., 2016.2.3.>

제35조의2(주택의 유지·관리 지원) ① 시·도지사 및 시장·군수·구청장은 단독주택 및 공동주택(「공동주택관리법」 제2조제1항제2호에 따른 의무관리대상 공동주택은 제외한다)의 소유자나 관리자가 제35조제1항에 따라 효율적으로 건축물을 유지·관리할 수 있도록 건축물의 점검 및 개량·보수에 대한 기술지원, 정보제공, 융자 및 보조 등을 할 수 있다. 다만, 융자 및 보조에 대하여는 사용승인 후 20년 이상 된 단독주택으로서 해당 지방자치단체의 조례로 정하는 건축물에 한정한다. <개정 2015.8.11., 2017.1.17., 2017.4.18.>
② 삭제 <2017.4.18.>
③ 삭제 <2017.4.18.>
[본조신설 2014.5.28.]

제36조(건축물의 철거 등의 신고) ① 건축물의 소유자나 관리자는 건축물을 철거하려면 철거를 하기 전에 특별자치시장·특별자치도지사 또는 시장·군수·구청장에게 신고하여야 한다. <개정 2014.1.14.>
② 건축물의 소유자나 관리자는 건축물이 재해로 멸실된 경우 멸실 후 30일 이내에 신고하여야 한다.
③ 제1항과 제2항에 따른 신고의 대상이 되는 건축물과 신고 절차 등에 관하여는 국토교통부령으로 정한다. <개정 2013.3.23.>

제37조(건축지도원) ① 특별자치시장·특별자치도지사 또는 시장·군수·구청장은 이 법 또는 이 법에 따른 명령이나 처분에 위반되는 건축물의 발생을 예방하고 건축물을 적법하게 유지·관리하도록 지도하기 위하여 대통령령으로 정하는 바에 따라 건축지도원을 지정할 수 있다. <개정 2014.1.14.>
② 제1항에 따른 건축지도원의 자격과 업무 범위 등은 대통령령으로 정한다.

제38조(건축물대장) ① 특별자치시장·특별자치도지사 또는 시장·군수·구청장은 건축물의 소유·이용 및 유지·관리 상태를 확인하거나 건축정책의 기초 자료로 활용하기 위하여 다음 각 호의 어느 하나에 해당하면 건축물대장에 건축물과 그 대지의 현황 및 국토교통부령으로 정하는 건축물의 구조내력(構造耐力)에 관한 정보를 적어서 보관하여야 한다. <개정 2012.1.17., 2014.1.14., 2015.1.6.>

1. 제22조제2항에 따라 사용승인서를 내준 경우
2. 제11조에 따른 건축허가 대상 건축물(제14조에 따른 신고 대상 건축물을 포함한다) 외의 건축물의 공사를 끝낸 후 기재를 요청한 경우
3. 제35조에 따른 건축물의 유지·관리에 관한 사항
4. 그 밖에 대통령령으로 정하는 경우

② 제1항에 따른 건축물대장의 서식, 기재 내용, 기재 절차, 그 밖에 필요한 사항은 국토교통부령으로 정한다. <개정 2013.3.23.>

▶ 판례 - 건축물대장에 건축물 대지로 잘못 기재된 지번의 토지 소유자라고 주장하는 자가 지번의 정정신청을 거부하는 건축물 소유자를 상대로 건축물대장 지번정정신청절차의 이행을 구할 소의 이익이 있는지 여부(적극)

건축법 제38조, 제39조와 건축법 시행령 제25조의 위임에 따른 국토교통부령인 '건축물대장의 기재 및 관리 등에 관한 규칙' (이하 '건축물대장규칙' 이라 한다) 제21조에 의하면, 건축물대장의 지번에 관한 사항에 잘못이 있는 경우 건축물대장 소관청은 직권에 의한 정정을 제외하고는 건축물 소유자의 신청에 의해서만 잘못된 부분을 정정할 수 있다. 따라서 건축물대장에 건축물 대지가 아닌 토지가 건축물지번으로 잘못 기재되어 있음을 이유로 잘못 기재된 지번의 토지 소유자가 건축물대장 소관청에 대하여 지번의 정정을 신청하더라도, 소관청으로서는 건축물 소유자의 정정신청이 없다면 지번을 정정할 수 없다. 또한 동일 대지에 기존 건축물대장이 존재하는 경우 대장을 말소하거나 폐쇄하기 전에는 새로운 건축물대장을 작성할 수 없다는 건축물대장규칙 제6조에 비추어, 건축물대장에 건축물 대지가 아님에도 건축물지번으로 잘못 기재된 토지가 있는 경우에 건축물 소유자가 지번의 정정신청을 거부하고 있다면, 잘못 기재된 지번의 토지 소유자는 사실상 토지 위에 건축물을 신축할 수 없고 그에 따른 소유권보존등기를 마칠 수도 없는 불이익을 받고 있다고 볼 수밖에 없다. 이러한 결과는 건축물대장에 건축물 대지로 잘못 기재된 지번의 토지 소유자가 가지는 토지의 사용·수익이라는 소유권에 대한 건축물 소유자의 방해 행위로 평가할 수 있다. 사정이 이러하다면, 건축물대장에 건축물 대지로 잘못 기재된 지번의 토지 소유자라고 주장하는 자가 지번의 정정신청을 거부하는 건축물 소유자를 상대로 건축물대장 지번의 정정을 신청하라는 의사의 진술을 구하는 소는 토지 소유권의 방해배제를 위한 유효하고도 적절한 수단으로서 소의 이익이 있다. [대법원 2014.11.27, 선고, 2014다206075, 판결]

제39조(등기촉탁) ① 특별자치시장·특별자치도지사 또는 시장·군수·구청장은 다음 각 호의 어느 하나에 해당하는 사유로 건축물대장의 기재 내용이 변경되는 경우(제2호의 경우 신규 등록은 제외한다) 관할 등기소에 그 등기를 촉탁하여야 한다. 이 경우 제1호와 제4호의 등기촉탁은 지방자치단체가 자기를 위하여 하는 등기로 본다. <개정 2014.1.14., 2017.1.17.>

1. 지번이나 행정구역의 명칭이 변경된 경우
2. 제22조에 따른 사용승인을 받은 건축물로서 사용승인 내용 중 건축물의 면적·구조·용도 및 층수가 변경된 경우
3. 제36조제1항에 따른 건축물의 철거신고에 따라 철거한 경우
4. 제36조제2항에 따른 건축물의 멸실 후 멸실신고를 한 경우

② 제1항에 따른 등기촉탁의 절차에 관하여 필요한 사항은 국토교통부령으로 정한다. <개정 2013.3.23.>

제4장 건축물의 대지와 도로

제40조(대지의 안전 등) ① 대지는 인접한 도로면보다 낮아서는 아니 된다. 다만, 대지의 배수에 지장이 없거나 건축물의 용도상 방습(防濕)의 필요가 없는 경우에는 인접한 도로면보다 낮아도 된다.

② 습한 토지, 물이 나올 우려가 많은 토지, 쓰레기, 그 밖에 이와 유사한 것으로 매립된 토

지에 건축물을 건축하는 경우에는 성토(盛土), 지반 개량 등 필요한 조치를 하여야 한다.
③ 대지에는 빗물과 오수를 배출하거나 처리하기 위하여 필요한 하수관, 하수구, 저수탱크, 그 밖에 이와 유사한 시설을 하여야 한다.
④ 손궤(損潰: 무너져 내림)의 우려가 있는 토지에 대지를 조성하려면 국토교통부령으로 정하는 바에 따라 옹벽을 설치하거나 그 밖에 필요한 조치를 하여야 한다. <개정 2013.3.23.>

▶ 판례 – 구 주택건설기준 등에 관한 규정 제9조 제1항이 대지조성사업자에게 적용되는지 여부(원칙적 소극)

구 주택건설촉진법(2003. 5. 29. 법률 제6916호 주택법으로 전부 개정되기 전의 것) 제3조 제5호가 '사업주체'를 주택건설사업자와 대지조성사업자로 구별하고 있고, 구 주택건설기준 등에 관한 규정(2007. 7. 24. 대통령령 제20189호로 개정되기 전의 것, 이하 '구 주택건설기준'이라 한다) 제1조, 제3조도 주택건설사업계획의 승인대상인 주택, 부대시설 및 복리시설의 설치기준과 대지조성사업계획의 승인대상인 대지의 조성기준을 구별하고 있는 점, 구 주택건설기준은 주택·부대시설·복리시설의 설치기준에 관하여는 제2장 내지 제5장(제9조 내지 제55조)에서, 대지의 조성기준에 관하여는 제6장(제56조, 제57조)에서 나누어 규정하고 있는데, 공동주택 건설지점의 소음 기준에 관한 제9조 제1항은 제2장에 속해 있고 내용도 소음발생시설로부터 50m 이상 떨어진 곳에 공동주택의 건설지점을 두거나(공동주택을 배치하거나) 방음시설을 설치하여 공동주택을 건설하는 지점의 소음도가 65dB(A) 미만이 되도록 하라는 것이므로, 이는 공동주택을 건설하는 자의 의무를 규정한 것임이 문언상 명백한 점, 2007. 7. 24 대통령령 제20189호로 개정된 주택건설기준 제9조 제1항은 환기설비와 방음창을 갖추어 실내소음도가 45dB(A) 이하인 공동주택을 건설하는 경우에는 위 기준의 적용을 받지 않도록 단서규정을 신설하였는데, 이는 구 주택건설기준 제9조 제1항이 주택건설사업자에 대한 의무를 규정한 조항임을 당연한 전제로 주택건설사업자가 도로에 근접해서도 공동주택을 건설할 수 있게 해주기 위한 것인 점, 대지를 조성하여 주택건설사업자에게 매각하였으나 대지의 어느 부분에 언제 어떠한 형태와 구조로 공동주택이 건설될 것인지를 알 수 없는 대지조성사업자에게 구 주택건설기준 제9조 제1항에 따라 장래 대지 지상에 건설될 수 있는 공동주택의 전 세대에 대해 소음도가 65dB(A) 미만이 되도록 할 소음방지의무를 부담시키는 것은 대지조성사업자에게 과도하고 불합리한 부담을 지우는 점, 한편 구 주택건설기준 제56조 제2항에 의해 준용되는 구 건축법(2008. 3. 21. 법률 제8974호로 전부 개정되기 전의 것) 제30조, 제31조는 대지의 조성 및 토지굴착 시의 의무들을 상세히 규정하고 있는데, 그중 장래 대지 지상에 건설될 건물 또는 거주자에 관한 의무는 포함되어 있지 않은 점 등을 종합하면, 구 주택건설기준 제9조 제1항은 주택건설사업자를 적용대상으로 한 규정으로서 특별한 사정이 없는 한 대지조성사업자에게는 적용되지 않는다. [대법원 2015.10.29, 선고, 2008다47558, 판결]

제41조(토지 굴착 부분에 대한 조치 등) ① 공사시공자는 대지를 조성하거나 건축공사를 하기 위하여 토지를 굴착·절토(切土)·매립(埋立) 또는 성토 등을 하는 경우 그 변경 부분에는 국토교통부령으로 정하는 바에 따라 공사 중 비탈면 붕괴, 토사 유출 등 위험 발생의 방지, 환경 보존, 그 밖에 필요한 조치를 한 후 해당 공사현장에 그 사실을 게시하여야 한다. <개정 2013.3.23., 2014.5.28.>
② 허가권자는 제1항을 위반한 자에게 의무이행에 필요한 조치를 명할 수 있다.

제42조(대지의 조경) ① 면적이 200제곱미터 이상인 대지에 건축을 하는 건축주는 용도지역 및 건축물의 규모에 따라 해당 지방자치단체의 조례로 정하는 기준에 따라 대지에 조경이나 그 밖에 필요한 조치를 하여야 한다. 다만, 조경이 필요하지 아니한 건축물로서 대통령령으로 정하는 건축물에 대하여는 조경 등의 조치를 하지 아니할 수 있으며, 옥상 조경 등 대통령령으로 따로 기준을 정하는 경우에는 그 기준에 따른다.
② 국토교통부장관은 식재(植栽) 기준, 조경 시설물의 종류 및 설치방법, 옥상 조경의 방법 등 조경에 필요한 사항을 정하여 고시할 수 있다. <개정 2013.3.23.>

제43조(공개 공지 등의 확보) ① 다음 각 호의 어느 하나에 해당하는 지역의 환경을

쾌적하게 조성하기 위하여 대통령령으로 정하는 용도와 규모의 건축물은 일반이 사용할 수 있도록 대통령령으로 정하는 기준에 따라 소규모 휴식시설 등의 공개 공지(空地: 공터) 또는 공개 공간을 설치하여야 한다. <개정 2014.1.14.>

1. 일반주거지역, 준주거지역
2. 상업지역
3. 준공업지역
4. 특별자치시장·특별자치도지사 또는 시장·군수·구청장이 도시화의 가능성이 크다고 인정하여 지정·공고하는 지역

② 제1항에 따라 공개 공지나 공개 공간을 설치하는 경우에는 제55조, 제56조와 제60조를 대통령령으로 정하는 바에 따라 완화하여 적용할 수 있다.

제44조(대지와 도로의 관계) ① 건축물의 대지는 2미터 이상이 도로(자동차만의 통행에 사용되는 도로는 제외한다)에 접하여야 한다. 다만, 다음 각 호의 어느 하나에 해당하면 그러하지 아니하다. <개정 2016.1.19.>

1. 해당 건축물의 출입에 지장이 없다고 인정되는 경우
2. 건축물의 주변에 대통령령으로 정하는 공지가 있는 경우
3. 「농지법」 제2조제1호나목에 따른 농막을 건축하는 경우

② 건축물의 대지가 접하는 도로의 너비, 대지가 도로에 접하는 부분의 길이, 그 밖에 대지와 도로의 관계에 관하여 필요한 사항은 대통령령으로 정하는 바에 따른다.

▶ 판례 - 택지를 조성한 후 분할하여 분양하는 사업을 하는 경우, 명시적 약정이 없더라도 분양사업자가 수분양자에게 주택 건축 및 통행이 가능하도록 인접 부지에 도로를 개설하여 제공하고 수분양자에 대하여 도로를 이용할 수 있는 권한을 부여하는 것을 전제로 분양계약이 이루어졌다고 추정되는지 여부(원칙적 적극)

택지를 조성한 후 분할하여 분양하는 사업을 하는 경우에, 그 택지를 맹지로 분양하기로 약정하였다는 등의 특별한 사정이 없다면, 분양계약에 명시적인 약정이 없더라도 분양사업자로서는 수분양 택지에서의 주택 건축 및 수분양자의 통행이 가능하도록 조성·분양된 택지들의 현황에 적합하게 인접 부지에 건축법 등 관계 법령의 기준에 맞는 도로를 개설하여 제공하고 수분양자에 대하여 도로를 이용할 수 있는 권한을 부여하는 것을 전제로 하여 분양계약이 이루어졌다고 추정하는 것이 거래상 관념에 부합되고 분양계약 당사자의 의사에도 합치된다. [대법원 2014.3.27. 선고, 2011다107184, 판결]

제45조(도로의 지정·폐지 또는 변경) ① 허가권자는 제2조제1항제11호나목에 따라 도로의 위치를 지정·공고하려면 국토교통부령으로 정하는 바에 따라 그 도로에 대한 이해관계인의 동의를 받아야 한다. 다만, 다음 각 호의 어느 하나에 해당하면 이해관계인의 동의를 받지 아니하고 건축위원회의 심의를 거쳐 도로를 지정할 수 있다. <개정 2013.3.23.>

1. 허가권자가 이해관계인이 해외에 거주하는 등의 사유로 이해관계인의 동의를 받기가 곤란하다고 인정하는 경우
2. 주민이 오랫 동안 통행로로 이용하고 있는 사실상의 통로로서 해당 지방자치단체의 조례로 정하는 것인 경우

② 허가권자는 제1항에 따라 지정한 도로를 폐지하거나 변경하려면 그 도로에 대한 이해관계인의 동의를 받아야 한다. 그 도로에 편입된 토지의 소유자, 건축주 등이 허가권자에게 제1항에 따라 지정된 도로의 폐지나 변경을 신청하는 경우에도 또한 같다.

③ 허가권자는 제1항과 제2항에 따라 도로를 지정하거나 변경하면 국토교통부령으로 정하는 바에 따라 도로관리대장에 이를 적어서 관리하여야 한다. <개정 2011.5.30., 2013.3.23.>

제46조(건축선의 지정) ① 도로와 접한 부분에 건축물을 건축할 수 있는 선[이하 "건축선(建築線)"이라 한다]은 대지와 도로의 경계선으로 한다. 다만, 제2조제1항제11호에 따른 소요 너비에 못 미치는 너비의 도로인 경우에는 그 중심선으로부터 그 소요 너비의 2분의 1의 수평거리만큼 물러난 선을 건축선으로 하되, 그 도로의 반대쪽에 경사지, 하천, 철도, 선로부지, 그 밖에 이와 유사한 것이 있는 경우에는 그 경사지 등이 있는 쪽의 도로경계선에서 소요 너비에 해당하는 수평거리의 선을 건축선으로 하며, 도로의 모퉁이에서는 대통령령으로 정하는 선을 건축선으로 한다.

② 특별자치시장·특별자치도지사 또는 시장·군수·구청장은 시가지 안에서 건축물의 위치나 환경을 정비하기 위하여 필요하

다고 인정하면 제1항에도 불구하고 대통령령으로 정하는 범위에서 건축선을 따로 지정할 수 있다. <개정 2014.1.14.>

③ 특별자치시장·특별자치도지사 또는 시장·군수·구청장은 제2항에 따라 건축선을 지정하면 지체 없이 이를 고시하여야 한다. <개정 2014.1.14.>

제47조(건축선에 따른 건축제한) ① 건축물과 담장은 건축선의 수직면(垂直面)을 넘어서는 아니 된다. 다만, 지표(地表) 아래 부분은 그러하지 아니하다.

② 도로면으로부터 높이 4.5미터 이하에 있는 출입구, 창문, 그 밖에 이와 유사한 구조물은 열고 닫을 때 건축선의 수직면을 넘지 아니하는 구조로 하여야 한다.

▶ 판례 - 건축법 제47조 제1항을 위반하여 설치된 담장이 '건물에 딸린 시설물'에 해당하는 경우, 같은 법 제79조 제1항에 의한 시정조치의 대상이 되는지 여부(적극) 및 이에 해당하지 아니하는 담장이 시정조치의 대상이 되는 경우

건축법(이하 '법' 이라 한다) 제2조 제1항 제2호, 제47조 제1항, 제79조 제1항, 제83조 제1항, 건축법 시행령 제118조 제1항 제5호, 제3항의 내용 및 체계 등을 종합하면, 법 제79조 제1항에서 정한 시정조치의 대상이 되는 '건축물'이란 법 제2조 제1항 제2호가 정의한 건축물만을 의미하므로, 법 제47조 제1항을 위반하여 설치된 담장이라도, 담장이 '토지에 정착하는 공작물 중 지붕과 기둥 또는 벽이 있는 것' (이하 '건물' 이라 한다)과 물리적 또는 기능적으로 일체가 되어 독립성을 상실한 것으로서 '건물에 딸린 시설물'에 해당하는 경우에는 건축법 제2조 제1항 제2호가 정한 '건축물'에 해당하므로 법 제79조 제1항에 의한 시정조치의 대상이 되나, 이에 해당하지 아니하는 담장은 법 제83조 제1항에 따라 축조신고 대상이 되는 공작물에 해당하는 경우에만 법 제83조 제3항의 준용규정에 따라 법 제79조 제1항에 의한 시정조치의 대상이 될 수 있다. [대법원 2016.10.27, 선고, 2016두43640, 판결]

제5장 건축물의 구조 및 재료 등
<개정 2014.5.28.>

제48조(구조내력 등) ① 건축물은 고정하중, 적재하중(積載荷重), 적설하중(積雪荷重), 풍압(風壓), 지진, 그 밖의 진동 및 충격 등에 대하여 안전한 구조를 가져야 한다.

② 제11조제1항에 따른 건축물을 건축하거나 대수선하는 경우에는 대통령령으로 정하는 바에 따라 구조의 안전을 확인하여야 한다.

③ 지방자치단체의 장은 제2항에 따른 구조 안전 확인 대상 건축물에 대하여 허가 등을 하는 경우 내진(耐震)성능 확보 여부를 확인하여야 한다. <신설 2011.9.16.>

④ 제1항에 따른 구조내력의 기준과 구조 계산의 방법 등에 관하여 필요한 사항은 국토교통부령으로 정한다. <개정 2011.9.16., 2013.3.23., 2015.1.6.>

제48조의2(건축물 내진등급의 설정) ① 국토교통부장관은 지진으로부터 건축물의 구조 안전을 확보하기 위하여 건축물의 용도, 규모 및 설계구조의 중요도에 따라 내진등급(耐震等級)을 설정하여야 한다.

② 제1항에 따른 내진등급을 설정하기 위한 내진등급기준 등 필요한 사항은 국토교통부령으로 정한다.

[본조신설 2013.7.16.]

제48조의3(건축물의 내진능력 공개) ① 다음 각 호의 어느 하나에 해당하는 건축물을 건축하고자 하는 자는 제22조에 따른 사용승인을 받는 즉시 건축물이 지진 발생 시에 견딜 수 있는 능력(이하 "내진능력"이라 한다)을 공개하여야 한다. 다만, 제48조제2항에 따른 구조안전 확인 대상 건축물이 아니거나 내진능력 산정이 곤란한 건축물로서 대통령령으로 정하는 건축물은 공개하지 아니한다. <개정 2017.12.26.>

1. 층수가 2층[주요구조부인 기둥과 보를 설치하는 건축물로서 그 기둥과 보가 목재인 목구조 건축물(이하 "목구조 건축물"이라 한다)의 경우에는 3층] 이상인 건축물
2. 연면적이 200제곱미터(목구조 건축물의 경우에는 500제곱미터) 이상인 건축물
3. 그 밖에 건축물의 규모와 중요도를 고려하여 대통령령으로 정하는 건축물

② 제1항의 내진능력의 산정 기준과 공개 방

법 등 세부사항은 국토교통부령으로 정한다.
[본조신설 2016.1.19.]

제48조의4(부속구조물의 설치 및 관리) 건축관계자, 소유자 및 관리자는 건축물의 부속구조물을 설계·시공 및 유지·관리 등을 고려하여 국토교통부령으로 정하는 기준에 따라 설치·관리하여야 한다.
[본조신설 2016.2.3.]

제49조(건축물의 피난시설 및 용도제한 등) ① 대통령령으로 정하는 용도 및 규모의 건축물과 그 대지에는 국토교통부령으로 정하는 바에 따라 복도, 계단, 출입구, 그 밖의 피난시설과 소화전(消火栓), 저수조(貯水槽), 그 밖의 소화설비 및 대지 안의 피난과 소화에 필요한 통로를 설치하여야 한다. <개정 2013.3.23.>
② 대통령령으로 정하는 용도 및 규모의 건축물의 안전·위생 및 방화(防火) 등을 위하여 필요한 용도 및 구조의 제한, 방화구획(防火區劃), 화장실의 구조, 계단·출입구, 거실의 반자 높이, 거실의 채광·환기와 바닥의 방습 등에 관하여 필요한 사항은 국토교통부령으로 정한다. <개정 2013.3.23.>
③ 대통령령으로 정하는 용도 및 규모의 건축물에 대하여 가구·세대 등 간 소음 방지를 위하여 국토교통부령으로 정하는 바에 따라 경계벽 및 바닥을 설치하여야 한다. <신설 2014.5.28.>
④「자연재해대책법」제12조제1항에 따른 자연재해위험개선지구 중 침수위험지구에 국가·지방자치단체 또는「공공기관의 운영에 관한 법률」제4조제1항에 따른 공공기관이 건축하는 건축물은 침수 방지 및 방수를 위하여 다음 각 호의 기준에 따라야 한다. <신설 2015.1.6.>
1. 건축물의 1층 전체를 필로티(건축물을 사용하기 위한 경비실, 계단실, 승강기실, 그 밖에 이와 비슷한 것을 포함한다) 구조로 할 것
2. 국토교통부령으로 정하는 침수 방지시설을 설치할 것

제50조(건축물의 내화구조와 방화벽) ① 문화 및 집회시설, 의료시설, 공동주택 등 대통령령으로 정하는 건축물은 국토교통부령으로 정하는 기준에 따라 주요구조부를 내화(耐火)구조로 하여야 한다. <개정 2013.3.23.>
② 대통령령으로 정하는 용도 및 규모의 건축물은 국토교통부령으로 정하는 기준에 따라 방화벽으로 구획하여야 한다. <개정 2013.3.23.>

제50조의2(고층건축물의 피난 및 안전관리) ① 고층건축물에는 대통령령으로 정하는 바에 따라 피난안전구역을 설치하거나 대피공간을 확보한 계단을 설치하여야 한다. 이 경우 피난안전구역의 설치 기준, 계단의 설치기준과 구조 등에 관하여 필요한 사항은 국토교통부령으로 정한다. <개정 2013.3.23.>
② 고층건축물에 설치된 피난안전구역·피난시설 또는 대피공간에는 국토교통부령으로 정하는 바에 따라 화재 등의 경우에 피난 용도로 사용되는 것임을 표시하여야 한다. <신설 2015.1.6.>
③ 고층건축물의 화재예방 및 피해경감을 위하여 국토교통부령으로 정하는 바에 따라 제48조부터 제50조까지 및 제64조의 기준을 강화하여 적용할 수 있다. <개정 2013.3.23., 2015.1.6.>
[본조신설 2011.9.16.]

제51조(방화지구 안의 건축물) ①「국토의 계획 및 이용에 관한 법률」제37조제1항제3호에 따른 방화지구(이하 "방화지구"라 한다) 안에서는 건축물의 주요구조부와 외벽을 내화구조로 하여야 한다. 다만, 대통령령으로 정하는 경우에는 그러하지 아니하다. <개정 2014.1.14., 2017.4.18.>
② 방화지구 안의 공작물로서 간판, 광고탑, 그 밖에 대통령령으로 정하는 공작물 중 건축물의 지붕 위에 설치하는 공작물이나 높이 3미터 이상의 공작물은 주요부를 불연(不燃)재료로 하여야 한다.
③ 방화지구 안의 지붕·방화문 및 인접 대지 경계선에 접하는 외벽은 국토교통부령으로 정하는 구조 및 재료로 하여야 한다. <개정 2013.3.23.>

제52조(건축물의 마감재료) ① 대통령령으로 정하는 용도 및 규모의 건축물의 벽, 반자, 지붕(반자가 없는 경우에 한정한다) 등 내부의 마감재료는 방화에 지장이 없는 재료로 하되,「실내공기질 관리법」제5조 및 제6조에 따른 실내공기질 유지기준 및 권고기준을 고려하고 관계 중앙행정기관의 장과 협의하여 국토교통부령으로 정하는 기준에 따른 것이어야 한다. <개정

2009.12.29., 2013.3.23., 2015.1.6., 2015.12.22.>
② 대통령령으로 정하는 건축물의 외벽에 사용하는 마감재료는 방화에 지장이 없는 재료로 하여야 한다. 이 경우 마감재료의 기준은 국토교통부령으로 정한다. <신설 2009.12.29., 2013.3.23.>
③ 욕실, 화장실, 목욕장 등의 바닥 마감재료는 미끄럼을 방지할 수 있도록 국토교통부령으로 정하는 기준에 적합하여야 한다. <신설 2013.7.16.>
[제목개정 2009.12.29.]

第52조의2(실내건축) ① 대통령령으로 정하는 용도 및 규모에 해당하는 건축물의 실내건축은 방화에 지장이 없고 사용자의 안전에 문제가 없는 구조 및 재료로 시공하여야 한다.
② 실내건축의 구조·시공방법 등에 관한 기준은 국토교통부령으로 정한다.
③ 특별자치시장·특별자치도지사 또는 시장·군수·구청장은 제1항 및 제2항에 따라 실내건축이 적정하게 설치 및 시공되었는지를 검사하여야 한다. 이 경우 검사하는 대상 건축물과 주기(週期)는 건축조례로 정한다.
[본조신설 2014.5.28.]

第52조의3(복합자재의 품질관리 등) ① 건축물에 제52조에 따른 마감재료 중 복합자재[불연성 재료인 양면 철판 또는 이와 유사한 재료와 불연성이 아닌 재료인 심재(心材)로 구성된 것을 말한다]를 공급하는 자(이하 "공급업자"라 한다), 공사시공자 및 공사감리자는 국토교통부령으로 정하는 사항을 기재한 복합자재품질관리서(이하 "복합자재품질관리서"라 한다)를 대통령령으로 정하는 바에 따라 허가권자에게 제출하여야 한다.
② 허가권자는 대통령령으로 정하는 건축물에 사용하는 복합자재에 대하여 공사시공자로 하여금 「과학기술분야 정부출연연구기관 등의 설립·운영 및 육성에 관한 법률」에 따른 한국건설기술연구원에 난연(難燃)성분 분석시험을 의뢰하여 난연성능을 확인하도록 할 수 있다.
③ 복합자재에 대한 난연성분 분석시험, 난연성능기준, 시험수수료 등 필요한 사항은 국토교통부령으로 정한다.
[본조신설 2015.1.6.]

第53조(지하층) 건축물에 설치하는 지하층의 구조 및 설비는 국토교통부령으로 정하는 기준에 맞게 하여야 한다. <개정 2013.3.23.>

第53조의2(건축물의 범죄예방) ① 국토교통부장관은 범죄를 예방하고 안전한 생활환경을 조성하기 위하여 건축물, 건축설비 및 대지에 관한 범죄예방 기준을 정하여 고시할 수 있다.
② 대통령령으로 정하는 건축물은 제1항의 범죄예방 기준에 따라 건축하여야 한다.
[본조신설 2014.5.28.]

제6장 지역 및 지구의 건축물

第54조(건축물의 대지가 지역·지구 또는 구역에 걸치는 경우의 조치) ① 대지가 이 법이나 다른 법률에 따른 지역·지구(녹지지역과 방화지구는 제외한다. 이하 이 조에서 같다) 또는 구역에 걸치는 경우에는 대통령령으로 정하는 바에 따라 그 건축물과 대지의 전부에 대하여 대지의 과반(過半)이 속하는 지역·지구 또는 구역 안의 건축물 및 대지 등에 관한 이 법의 규정을 적용한다. <개정 2014.1.14., 2017.4.18.>
② 하나의 건축물이 방화지구와 그 밖의 구역에 걸치는 경우에는 그 전부에 대하여 방화지구 안의 건축물에 관한 이 법의 규정을 적용한다. 다만, 건축물의 방화지구에 속한 부분과 그 밖의 구역에 속한 부분의 경계가 방화벽으로 구획되는 경우 그 밖의 구역에 있는 부분에 대하여는 그러하지 아니하다.
③ 대지가 녹지지역과 그 밖의 지역·지구 또는 구역에 걸치는 경우에는 각 지역·지구 또는 구역 안의 건축물과 대지에 관한 이 법의 규정을 적용한다. 다만, 녹지지역 안의 건축물이 방화지구에 걸치는 경우에는 제2항에 따른다. <개정 2017.4.18.>
④ 제1항에도 불구하고 해당 대지의 규모와 그 대지가 속한 용도지역·지구 또는 구역의 성격 등 그 대지에 관한 주변여건상 필요하다고 인정하여 해당 지방자치단체의 조례로 적용방법을 따로 정하는 경우에는 그에 따른다.

第55조(건축물의 건폐율) 대지면적에 대한 건축면적(대지에 건축물이 둘 이상 있는 경우에는 이들 건축면적의 합계로 한다)의 비율(이하 "건폐율"이라 한다)의 최대한도는 「국토의 계획 및 이용에 관한 법률」 제77조에 따른 건폐율의 기준에 따른다. 다만, 이 법에서 기준을 완화하거나 강화하여 적용하도록 규정한 경우에는 그에 따른다.

第56條(건축물의 용적률) 대지면적에 대한 연면적(대지에 건축물이 둘 이상 있는 경우에는 이들 연면적의 합계로 한다)의 비율(이하 "용적률"이라 한다)의 최대한도는 「국토의 계획 및 이용에 관한 법률」 제78조에 따른 용적률의 기준에 따른다. 다만, 이 법에서 기준을 완화하거나 강화하여 적용하도록 규정한 경우에는 그에 따른다.

第57條(대지의 분할 제한) ① 건축물이 있는 대지는 대통령령으로 정하는 범위에서 해당 지방자치단체의 조례로 정하는 면적에 못 미치게 분할할 수 없다.
② 건축물이 있는 대지는 제44조, 제55조, 제56조, 제58조, 제60조 및 제61조에 따른 기준에 못 미치게 분할할 수 없다.
③ 제1항과 제2항에도 불구하고 제77조의6에 따라 건축협정이 인가된 경우 그 건축협정의 대상이 되는 대지는 분할할 수 있다. <신설 2014.1.14.>

第58條(대지 안의 공지) 건축물을 건축하는 경우에는 「국토의 계획 및 이용에 관한 법률」에 따른 용도지역·용도지구, 건축물의 용도 및 규모 등에 따라 건축선 및 인접 대지경계선으로부터 6미터 이내의 범위에서 대통령령으로 정하는 바에 따라 해당 지방자치단체의 조례로 정하는 거리 이상을 띄워야 한다. <개정 2011.5.30.>

第59條(맞벽 건축과 연결복도) ① 다음 각 호의 어느 하나에 해당하는 경우에는 제58조, 제61조 및 「민법」 제242조를 적용하지 아니한다.
1. 대통령령으로 정하는 지역에서 도시미관 등을 위하여 둘 이상의 건축물 벽을 맞벽(대지경계선으로부터 50센티미터 이내인 경우를 말한다. 이하 같다)으로 하여 건축하는 경우
2. 대통령령으로 정하는 기준에 따라 인근 건축물과 이어지는 연결복도나 연결통로를 설치하는 경우

② 제1항 각 호에 따른 맞벽, 연결복도, 연결통로의 구조·크기 등에 관하여 필요한 사항은 대통령령으로 정한다.

第60條(건축물의 높이 제한) ① 허가권자는 가로구역[(街路區域): 도로로 둘러싸인 일단(一團)의 지역을 말한다. 이하 같다]을 단위로 하여 대통령령으로 정하는 기준과 절차에 따라 건축물의 높이를 지정·공고할 수 있다. 다만, 특별자치시장·특별자치도지사 또는 시장·군수·구청장은 가로구역의 높이를 완화하여 적용할 필요가 있다고 판단되는 대지에 대하여는 대통령령으로 정하는 바에 따라 건축위원회의 심의를 거쳐 높이를 완화하여 적용할 수 있다. <개정 2014.1.14.>
② 특별시장이나 광역시장은 도시의 관리를 위하여 필요하면 제1항에 따른 가로구역별 건축물의 높이를 특별시나 광역시의 조례로 정할 수 있다. <개정 2014.1.14.>
③ 삭제 <2015.5.18.>

第61條(일조 등의 확보를 위한 건축물의 높이 제한) ① 전용주거지역과 일반주거지역 안에서 건축하는 건축물의 높이는 일조(日照) 등의 확보를 위하여 정북방향(正北方向)의 인접 대지경계선으로부터의 거리에 따라 대통령령으로 정하는 높이 이하로 하여야 한다.
② 다음 각 호의 어느 하나에 해당하는 공동주택(일반상업지역과 중심상업지역에 건축하는 것은 제외한다)은 채광(採光) 등의 확보를 위하여 대통령령으로 정하는 높이 이하로 하여야 한다. <개정 2013.5.10.>
1. 인접 대지경계선 등의 방향으로 채광을 위한 창문 등을 두는 경우
2. 하나의 대지에 두 동(棟) 이상을 건축하는 경우

③ 다음 각 호의 어느 하나에 해당하면 제1항에도 불구하고 건축물의 높이를 정남(正南)방향의 인접 대지경계선으로부터의 거리에 따라 대통령령으로 정하는 높이 이하로 할 수 있다. <개정 2011.5.30., 2014.1.14., 2014.6.3., 2016.1.19., 2017.2.8.>
1. 「택지개발촉진법」 제3조에 따른 택지개발지구인 경우
2. 「주택법」 제15조에 따른 대지조성사업지구인 경우
3. 「지역 개발 및 지원에 관한 법률」 제11

조에 따른 지역개발사업구역인 경우
4. 「산업입지 및 개발에 관한 법률」 제6조, 제7조, 제7조의2 및 제8조에 따른 국가산업단지, 일반산업단지, 도시첨단산업단지 및 농공단지인 경우
5. 「도시개발법」 제2조제1항제1호에 따른 도시개발구역인 경우
6. 「도시 및 주거환경정비법」 제8조에 따른 정비구역인 경우
7. 정북방향으로 도로, 공원, 하천 등 건축이 금지된 공지에 접하는 대지인 경우
8. 정북방향으로 접하고 있는 대지의 소유자와 합의한 경우나 그 밖에 대통령령으로 정하는 경우

④ 2층 이하로서 높이가 8미터 이하인 건축물에는 해당 지방자치단체의 조례로 정하는 바에 따라 제1항부터 제3항까지의 규정을 적용하지 아니할 수 있다.

제7장 건축설비

제62조(건축설비기준 등) 건축설비의 설치 및 구조에 관한 기준과 설계 및 공사감리에 관하여 필요한 사항은 대통령령으로 정한다.

제63조 삭제 <2015.5.18.>

제64조(승강기) ① 건축주는 6층 이상으로서 연면적이 2천제곱미터 이상인 건축물(대통령령으로 정하는 건축물은 제외한다)을 건축하려면 승강기를 설치하여야 한다. 이 경우 승강기의 규모 및 구조는 국토교통부령으로 정한다. <개정 2013.3.23.>

② 높이 31미터를 초과하는 건축물에는 대통령령으로 정하는 바에 따라 제1항에 따른 승강기뿐만 아니라 비상용승강기를 추가로 설치하여야 한다. 다만, 국토교통부령으로 정하는 건축물의 경우에는 그러하지 아니하다. <개정 2013.3.23.>

제64조의2 삭제 <2014.5.28.>

제65조 삭제 <2012.2.22.>

제65조의2(지능형건축물의 인증) ① 국토교통부장관은 지능형건축물[Intelligent Building]의 건축을 활성화하기 위하여 지능형건축물 인증제도를 실시한다. <개정 2013.3.23.>

② 국토교통부장관은 제1항에 따른 지능형건축물의 인증을 위하여 인증기관을 지정할 수 있다. <개정 2013.3.23.>

③ 지능형건축물의 인증을 받으려는 자는 제2항에 따른 인증기관에 인증을 신청하여야 한다.

④ 국토교통부장관은 건축물을 구성하는 설비 및 각종 기술을 최적으로 통합하여 건축물의 생산성과 설비 운영의 효율성을 극대화할 수 있도록 다음 각 호의 사항을 포함하여 지능형건축물 인증기준을 고시한다. <개정 2013.3.23.>
1. 인증기준 및 절차
2. 인증표시 홍보기준
3. 유효기간
4. 수수료
5. 인증 등급 및 심사기준 등

⑤ 제2항과 제3항에 따른 인증기관의 지정 기준, 지정 절차 및 인증 신청 절차 등에 필요한 사항은 국토교통부령으로 정한다. <개정 2013.3.23.>

⑥ 허가권자는 지능형건축물로 인증을 받은 건축물에 대하여 제42조에 따른 조경설치 면적을 100분의 85까지 완화하여 적용할 수 있으며, 제56조 및 제60조에 따른 용적률 및 건축물의 높이를 100분의 115의 범위에서 완화하여 적용할 수 있다.
[본조신설 2011.5.30.]

제66조 삭제 <2012.2.22.>

제66조의2 삭제 <2012.2.22.>

제67조(관계전문기술자) ① 설계자와 공사감리자는 제40조, 제41조, 제48조부터 제50조까지, 제50조의2, 제51조, 제52조, 제62조 및 제64조와 「녹색건축물 조성 지원법」 제15조에 따른 대지의 안전, 건축물의 구조상 안전, 부속구조물 및 건축설비의 설치 등을 위한 설계 및 공사감리를 할 때 대통령령으로 정하는 바에 따라 다음 각 호의 어느 하나의 자격을 갖춘 관계전문기술자(「기술사법」 제21조제2호에 따라 벌칙을 받은 후 대통령령으로 정하는 기간이 경과되지 아니한 자는 제외한다)의 협력을 받아야 한다. <개정 2016.2.3.>
1. 「기술사법」 제6조에 따라 기술사사무소

를 개설등록한 자
2. 「건설기술 진흥법」 제26조에 따라 건설기술용역업자로 등록한 자
3. 「엔지니어링산업 진흥법」 제21조에 따라 엔지니어링사업자의 신고를 한 자
4. 「전력기술관리법」 제14조에 따라 설계업 및 감리업으로 등록한 자

② 관계전문기술자는 건축물이 이 법 및 이 법에 따른 명령이나 처분, 그 밖의 관계 법령에 맞고 안전·기능 및 미관에 지장이 없도록 업무를 수행하여야 한다.

제68조(기술적 기준) ① 제40조, 제41조, 제48조부터 제50조까지, 제50조의2, 제51조, 제52조, 제52조의2, 제62조 및 제64조에 따른 대지의 안전, 건축물의 구조상의 안전, 건축설비 등에 관한 기술적 기준은 이 법에서 특별히 규정한 경우 외에는 국토교통부령으로 정하되, 이에 따른 세부기준이 필요하면 국토교통부장관이 세부기준을 정하거나 국토교통부장관이 지정하는 연구기관(시험기관·검사기관을 포함한다), 학술단체, 그 밖의 관련 전문기관 또는 단체가 국토교통부장관의 승인을 받아 정할 수 있다. <개정 2013.3.23., 2014.1.14., 2014.5.28.>

② 국토교통부장관은 제1항에 따라 세부기준을 정하거나 승인을 하려면 미리 건축위원회의 심의를 거쳐야 한다. <개정 2013.3.23.>

③ 국토교통부장관은 제1항에 따라 세부기준을 정하거나 승인을 한 경우 이를 고시하여야 한다. <개정 2013.3.23.>

제68조의2 삭제 <2015.8.11.>

제68조의3(건축물의 구조 및 재료 등에 관한 기준의 관리) ① 국토교통부장관은 기후변화나 건축기술의 변화 등에 따라 제48조, 제48조의2, 제49조, 제50조, 제50조의2, 제51조, 제52조, 제52조의2, 제52조의3, 제53조의 건축물의 구조 및 재료 등에 관한 기준이 적정한지를 검토하는 모니터링(이하 이 조에서 "건축모니터링"이라 한다)을 대통령령으로 정하는 기간마다 실시하여야 한다.

② 국토교통부장관은 대통령령으로 정하는 전문기관을 지정하여 건축모니터링을 하게 할 수 있다.

[본조신설 2015.1.6.]

제8장 특별건축구역 등

<개정 2014.1.14.>

제69조(특별건축구역의 지정) ① 국토교통부장관 또는 시·도지사는 다음 각 호의 구분에 따라 도시나 지역의 일부가 특별건축구역으로 특례 적용이 필요하다고 인정하는 경우에는 특별건축구역을 지정할 수 있다. <개정 2013.3.23., 2014.1.14.>
1. 국토교통부장관이 지정하는 경우
   가. 국가가 국제행사 등을 개최하는 도시 또는 지역의 사업구역
   나. 관계법령에 따른 국가정책사업으로서 대통령령으로 정하는 사업구역
2. 시·도지사가 지정하는 경우
   가. 지방자치단체가 국제행사 등을 개최하는 도시 또는 지역의 사업구역
   나. 관계법령에 따른 도시개발·도시재정비 및 건축문화 진흥사업으로서 건축물 또는 공간환경을 조성하기 위하여 대통령령으로 정하는 사업구역
   다. 그 밖에 대통령령으로 정하는 도시 또는 지역의 사업구역

② 다음 각 호의 어느 하나에 해당하는 지역·구역 등에 대하여는 제1항에도 불구하고 특별건축구역으로 지정할 수 없다.
1. 「개발제한구역의 지정 및 관리에 관한 특별조치법」에 따른 개발제한구역
2. 「자연공원법」에 따른 자연공원
3. 「도로법」에 따른 접도구역
4. 「산지관리법」에 따른 보전산지
5. 삭제 <2016.2.3.>

③ 국토교통부장관 또는 시·도지사는 특별건축구역으로 지정하고자 하는 지역이 「군사기지 및 군사시설 보호법」에 따른 군사기지 및 군사시설 보호구역에 해당하는 경우에는 국방부장관과 사전에 협의하여야 한다. <신설 2016.2.3.>

제70조(특별건축구역의 건축물) 특별건축구역에서 제73조에 따라 건축기준 등의 특례사항을 적용하여 건축할 수 있는 건축물은 다음 각 호의 어느 하나에 해당되어야 한다.
1. 국가 또는 지방자치단체가 건축하는 건축물
2. 「공공기관의 운영에 관한 법률」 제4조에

따른 공공기관 중 대통령령으로 정하는 공공기관이 건축하는 건축물
3. 그 밖에 대통령령으로 정하는 용도·규모의 건축물로서 도시경관의 창출, 건설기술 수준향상 및 건축 관련 제도개선을 위하여 특례 적용이 필요하다고 허가권자가 인정하는 건축물

제71조(특별건축구역의 지정절차 등) ① 중앙행정기관의 장, 제69조제1항 각 호의 사업구역을 관할하는 시·도지사 또는 시장·군수·구청장(이하 이 장에서"지정신청기관"이라 한다)은 특별건축구역의 지정이 필요한 경우에는 다음 각 호의 자료를 갖추어 중앙행정기관의 장 또는 시·도지사는 국토교통부장관에게, 시장·군수·구청장은 특별시장·광역시장·도지사에게 각각 특별건축구역의 지정을 신청할 수 있다. <개정 2011.4.14., 2013.3.23., 2014.1.14.>
1. 특별건축구역의 위치·범위 및 면적 등에 관한 사항
2. 특별건축구역의 지정 목적 및 필요성
3. 특별건축구역 내 건축물의 규모 및 용도 등에 관한 사항
4. 특별건축구역의 도시·군관리계획에 관한 사항. 이 경우 도시·군관리계획의 세부 내용은 대통령령으로 정한다.
5. 건축물의 설계, 공사감리 및 건축시공 등의 발주방법 등에 관한 사항
6. 제74조에 따라 특별건축구역 전부 또는 일부를 대상으로 통합하여 적용하는 미술작품, 부설주차장, 공원 등의 시설에 대한 운영관리 계획서. 이 경우 운영관리 계획서의 작성방법, 서식, 내용 등에 관한 사항은 국토교통부령으로 정한다.
7. 그 밖에 특별건축구역의 지정에 필요한 대통령령으로 정하는 사항

② 국토교통부장관 또는 특별시장·광역시장·도지사는 제1항에 따라 지정신청이 접수된 경우에는 특별건축구역 지정의 필요성, 타당성 및 공공성 등과 피난·방재 등의 사항을 검토하고, 지정 여부를 결정하기 위하여 지정신청을 받은 날부터 30일 이내에 국토교통부장관이 지정신청을 받은 경우에는 국토교통부장관이 두는 건축위원회(이하"중앙건축위원회"라 한다), 특별시장·광역시장·도지사가 지정신청을 받은 경우에는 각각 특별시장·광역시장·도지사가 두는 건축위원회의 심의를 거쳐야 한다. <개정 2009.4.1., 2013.3.23., 2014.1.14.>

③ 국토교통부장관 또는 특별시장·광역시장·도지사는 각각 중앙건축위원회 또는 특별시장·광역시장·도지사가 두는 건축위원회의 심의 결과를 고려하여 필요한 경우 특별건축구역의 범위, 도시·군관리계획 등에 관한 사항을 조정할 수 있다. <개정 2011.4.14., 2013.3.23., 2014.1.14.>

④ 국토교통부장관 또는 시·도지사는 필요한 경우 직권으로 특별건축구역을 지정할 수 있다. 이 경우 제1항 각 호의 자료에 따라 특별건축구역 지정의 필요성, 타당성 및 공공성 등과 피난·방재 등의 사항을 검토하고 각각 중앙건축위원회 또는 시·도지사가 두는 건축위원회의 심의를 거쳐야 한다. <개정 2014.1.14.>

⑤ 국토교통부장관 또는 시·도지사는 특별건축구역을 지정하거나 변경·해제하는 경우에는 대통령령으로 정하는 바에 따라 주요 내용을 관보(시·도지사는 공보)에 고시하고, 국토교통부장관 또는 특별시장·광역시장·도지사는 지정신청기관에 관계 서류의 사본을 송부하여야 한다. <개정 2013.3.23., 2014.1.14.>

⑥ 제5항에 따라 관계 서류의 사본을 받은 지정신청기관은 관계 서류에 도시·군관리계획의 결정사항이 포함되어 있는 경우에는 「국토의 계획 및 이용에 관한 법률」 제32조에 따라 지형도면의 승인신청 등 필요한 조치를 취하여야 한다. <개정 2011.4.14.>

⑦ 지정신청기관은 특별건축구역 지정 이후 변경이 있는 경우 변경지정을 받아야 한다. 이 경우 변경지정을 받아야 하는 변경의 범위, 변경지정의 절차 등 필요한 사항은 대통령령으로 정한다.

⑧ 국토교통부장관 또는 시·도지사는 다음 각 호의 어느 하나에 해당하는 경우에는 특별건축구역의 전부 또는 일부에 대하여 지정을 해제할 수 있다. 이 경우 국토교통부장관 또는 특별시장·광역시장·도지사는 지정신청기관의 의견을 청취하여야 한다. <개정 2013.3.23., 2014.1.14.>
1. 지정신청기관의 요청이 있는 경우
2. 거짓이나 그 밖의 부정한 방법으로 지정을 받은 경우
3. 특별건축구역 지정일부터 5년 이내에 특별건축구역 지정목적에 부합하는 건축물의 착공이 이루어지지 아니하는 경우
4. 특별건축구역 지정요건 등을 위반하였으나 시정이 불가능한 경우

⑨ 특별건축구역을 지정하거나 변경한 경우에는 「국토의 계획 및 이용에 관한 법률」 제30조에 따른 도시·군관리계획의 결정(용도지역·지구·구역의 지정 및 변경을 제외한다)이 있는 것으로 본다. <개정 2011.4.14.>

제72조(특별건축구역 내 건축물의 심의 등) ① 특별건축구역에서 제73조에 따라 건축기준 등의 특례사항을 적용하여 건축허가를 신청하고자 하는 자(이하 이 조에서 "허가신청자"라 한다)는 다음 각 호의 사항이 포함된 특례적용계획서를 첨부하여 제11조에 따라 해당 허가권자에게 건축허가를 신청하여야 한다. 이 경우 특례적용계획서의 작성방법 및 제출서류 등은 국토교통부령으로 정한다. <개정 2013.3.23.>

1. 제5조에 따라 기준을 완화하여 적용할 것을 요청하는 사항
2. 제71조에 따른 특별건축구역의 지정요건에 관한 사항
3. 제73조제1항의 적용배제 특례를 적용한 사유 및 예상효과 등
4. 제73조제2항의 완화적용 특례의 동등 이상의 성능에 대한 증빙내용
5. 건축물의 공사 및 유지·관리 등에 관한 계획

② 제1항에 따른 건축허가는 해당 건축물이 특별건축구역의 지정 목적에 적합한지의 여부와 특례적용계획서 등 해당 사항에 대하여 제4조제1항에 따라 시·도지사 및 시장·군수·구청장이 설치하는 건축위원회(이하"지방건축위원회"라 한다)의 심의를 거쳐야 한다.

③ 허가신청자는 제1항에 따른 건축허가 시 「도시교통정비 촉진법」 제16조에 따른 교통영향평가서의 검토를 동시에 진행하고자 하는 경우에는 같은 법 제16조에 따른 교통영향평가서에 관한 서류를 첨부하여 허가권자에게 심의를 신청할 수 있다. <개정 2008.3.28., 2015.7.24.>

④ 제3항에 따라 교통영향평가서에 대하여 지방건축위원회에서 통합심의한 경우에는 「도시교통정비 촉진법」 제17조에 따른 교통영향평가서의 심의를 한 것으로 본다. <개정 2008.3.28., 2015.7.24.>

⑤ 제1항 및 제2항에 따라 심의된 내용에 대하여 대통령령으로 정하는 변경사항이 발생한 경우에는 지방건축위원회의 변경심의를 받아야 한다. 이 경우 변경심의는 제1항에서 제3항까지의 규정을 준용한다.

⑥ 국토교통부장관 또는 특별시장·광역시장·도지사는 건축제도의 개선 및 건설기술의 향상을 위하여 허가권자의 의견을 들어 특별건축구역 내에서 제1항 및 제2항에 따라 건축허가를 받은 건축물에 대하여 모니터링(특례를 적용한 건축물에 대하여 해당 건축물의 건축시공, 공사감리, 유지·관리 등의 과정을 검토하고 실제로 건축물에 구현된 기능·미관·환경 등을 분석하여 평가하는 것을 말한다. 이하 이 장에서 같다)을 실시할 수 있다. <개정 2016.2.3.>

⑦ 허가권자는 제1항 및 제2항에 따라 건축허가를 받은 건축물의 특례적용계획서를 심의하는 데에 필요한 국토교통부령으로 정하는 자료를 특별시장·광역시장·특별자치시장·도지사·특별자치도지사는 국토교통부장관에게, 시장·군수·구청장은 특별시장·광역시장·도지사에게 각각 제출하여야 한다. <개정 2013.3.23., 2014.1.14., 2016.2.3.>

⑧ 제1항 및 제2항에 따라 건축허가를 받은 「건설기술 진흥법」 제2조제6호에 따른 발주청은 설계의도의 구현, 건축시공 및 공사감리의 모니터링, 그 밖에 발주청이 위탁하는 업무의 수행 등을 위하여 필요한 경우 설계자를 건축허가 이후에도 해당 건축물의 건축에 참여하게 할 수 있다. 이 경우 설계자의 업무내용 및 보수 등에 관하여는 대통령령으로 정한다. <개정 2013.5.22.>

제73조(관계 법령의 적용 특례) ① 특별건축구역에 건축하는 건축물에 대하여는 다음 각 호를 적용하지 아니할 수 있다. <개정 2016.1.19., 2016.2.3.>

1. 제42조, 제55조, 제56조, 제58조, 제60조 및 제61조
2. 「주택법」 제35조 중 대통령령으로 정하는 규정

② 특별건축구역에 건축하는 건축물이 제49조, 제50조, 제50조의2, 제51조부터 제53조까지, 제62조 및 제64조와 「녹색건축물 조성 지원법」 제15조에 해당할 때에는 해당 규정에서 요구하는 기준 또는 성능 등을 다른 방법으로 대신할 수 있는 것으로 지방건축위원회가 인정하는 경우에만 해당 규정의 전부 또는 일부를 완화하여 적용할 수 있다. <개정 2014.1.14.>

③ 「소방시설 설치·유지 및 안전관리에 관

한 법률」 제9조와 제11조에서 요구하는 기준 또는 성능 등을 대통령령으로 정하는 절차·심의방법 등에 따라 다른 방법으로 대신할 수 있는 경우 전부 또는 일부를 완화하여 적용할 수 있다. <개정 2011.8.4.>

제74조(통합적용계획의 수립 및 시행) ① 특별건축구역에서는 다음 각 호의 관계 법령의 규정에 대하여는 개별 건축물마다 적용하지 아니하고 특별건축구역 전부 또는 일부를 대상으로 통합하여 적용할 수 있다. <개정 2014.1.14.>

1. 「문화예술진흥법」 제9조에 따른 건축물에 대한 미술작품의 설치
2. 「주차장법」 제19조에 따른 부설주차장의 설치
3. 「도시공원 및 녹지 등에 관한 법률」에 따른 공원의 설치

② 지정신청기관은 제1항에 따라 관계 법령의 규정을 통합하여 적용하려는 경우에는 특별건축구역 전부 또는 일부에 대하여 미술작품, 부설주차장, 공원 등에 대한 수요를 개별법으로 정한 기준 이상으로 산정하여 파악하고 이용자의 편의성, 쾌적성 및 안전 등을 고려한 통합적용계획을 수립하여야 한다. <개정 2014.1.14.>

③ 지정신청기관이 제2항에 따라 통합적용계획을 수립하는 때에는 해당 구역을 관할하는 허가권자와 협의하여야 하며, 협의요청을 받은 허가권자는 요청받은 날부터 20일 이내에 지정신청기관에게 의견을 제출하여야 한다.

④ 지정신청기관은 도시·군관리계획의 변경을 수반하는 통합적용계획이 수립된 때에는 관련 서류를 「국토의 계획 및 이용에 관한 법률」 제30조에 따른 도시·군관리계획 결정권자에게 송부하여야 하며, 이 경우 해당 도시·군관리계획 결정권자는 특별한 사유가 없는 한 도시·군관리계획의 변경에 필요한 조치를 취하여야 한다. <개정 2011.4.14.>

제75조(건축주 등의 의무) ① 특별건축구역에서 제73조에 따라 건축기준 등의 적용 특례사항을 적용하여 건축허가를 받은 건축물의 공사감리자, 시공자, 건축주, 소유자 및 관리자는 시공 중이거나 건축물의 사용승인 이후에도 당초 허가를 받은 건축물의 형태, 재료, 색채 등이 원형을 유지하도록 필요한 조치를 하여야 한다. <개정 2012.1.17.>

② 삭제 <2016.2.3.>

제76조(허가권자 등의 의무) ① 허가권자는 특별건축구역의 건축물에 대하여 설계자의 창의성·심미성 등의 발휘와 제도개선·기술발전 등이 유도될 수 있도록 노력하여야 한다.

② 허가권자는 제77조제2항에 따른 모니터링 결과를 국토교통부장관 또는 특별시장·광역시장·도지사에게 제출하여야 하며, 국토교통부장관 또는 특별시장·광역시장·도지사는 제77조에 따른 검사 및 모니터링 결과 등을 분석하여 필요한 경우 이 법 또는 관계 법령의 제도개선을 위하여 노력하여야 한다. <개정 2013.3.23., 2014.1.14., 2016.2.3.>

제77조(특별건축구역 건축물의 검사 등) ① 국토교통부장관 및 허가권자는 특별건축구역의 건축물에 대하여 제87조에 따라 검사를 할 수 있으며, 필요한 경우 제79조에 따라 시정명령 등 필요한 조치를 할 수 있다. <개정 2013.3.23., 2014.1.14.>

② 국토교통부장관 및 허가권자는 제72조제6항에 따라 모니터링을 실시하는 건축물에 대하여 직접 모니터링을 하거나 분야별 전문가 또는 전문기관에 용역을 의뢰할 수 있다. 이 경우 해당 건축물의 건축주, 소유자 또는 관리자는 특별한 사유가 없으면 모니터링에 필요한 사항에 대하여 협조하여야 한다. <개정 2013.3.23., 2014.1.14., 2016.2.3.>

제77조의2(특별가로구역의 지정) ① 국토교통부장관 및 허가권자는 도로에 인접한 건축물의 건축을 통한 조화로운 도시경관의 창출을 위하여 이 법 및 관계 법령에 따라 일부 규정을 적용하지 아니하거나 완화하여 적용할 수 있도록 다음 각 호의 어느 하나에 해당하는 지구 또는 구역에서 대통령령으로 정하는 도로에 접한 대지의 일정 구역을 특별가로구역으로 지정할 수 있다. <개정 2017.1.17.>

1. 미관지구
2. 경관지구
3. 지구단위계획구역 중 미관유지를 위하여 필요하다고 인정하는 구역

② 국토교통부장관 및 허가권자는 제1항에 따라 특별가로구역을 지정하려는 경우에는 다음 각 호의 자료를 갖추어 국토교통부장관 또는 허가권자가 두는 건축위원회의 심

의를 거쳐야 한다.
1. 특별가로구역의 위치 · 범위 및 면적 등에 관한 사항
2. 특별가로구역의 지정 목적 및 필요성
3. 특별가로구역 내 건축물의 규모 및 용도 등에 관한 사항
4. 그 밖에 특별가로구역의 지정에 필요한 사항으로서 대통령령으로 정하는 사항

③ 국토교통부장관 및 허가권자는 특별가로구역을 지정하거나 변경 · 해제하는 경우에는 국토교통부령으로 정하는 바에 따라 이를 지역 주민에게 알려야 한다.
[본조신설 2014.1.14.]

제77조의2(특별가로구역의 지정) ① 국토교통부장관 및 허가권자는 도로에 인접한 건축물의 건축을 통한 조화로운 도시경관의 창출을 위하여 이 법 및 관계 법령에 따라 일부 규정을 적용하지 아니하거나 완화하여 적용할 수 있도록 다음 각 호의 어느 하나에 해당하는 지구 또는 구역에서 대통령령으로 정하는 도로에 접한 대지의 일정 구역을 특별가로구역으로 지정할 수 있다. <개정 2017.1.17.>
1. 삭제 <2017.4.18.>
2. 경관지구
3. 지구단위계획구역 중 미관유지를 위하여 필요하다고 인정하는 구역

② 국토교통부장관 및 허가권자는 제1항에 따라 특별가로구역을 지정하려는 경우에는 다음 각 호의 자료를 갖추어 국토교통부장관 또는 허가권자가 두는 건축위원회의 심의를 거쳐야 한다.
1. 특별가로구역의 위치 · 범위 및 면적 등에 관한 사항
2. 특별가로구역의 지정 목적 및 필요성
3. 특별가로구역 내 건축물의 규모 및 용도 등에 관한 사항
4. 그 밖에 특별가로구역의 지정에 필요한 사항으로서 대통령령으로 정하는 사항

③ 국토교통부장관 및 허가권자는 특별가로구역을 지정하거나 변경 · 해제하는 경우에는 국토교통부령으로 정하는 바에 따라 이를 지역 주민에게 알려야 한다.
[본조신설 2014.1.14.]
[시행일 : 2018.4.19.] 제77조의2

제77조의3(특별가로구역의 관리 및 건축물의 건축기준 적용 특례 등) ① 국토교통부장관 및 허가권자는 특별가로구역을 효율적으로 관리하기 위하여 국토교통부령으로 정하는 바에 따라 제77조의2제2항 각 호의 지정 내용을 작성하여 관리하여야 한다.
② 특별가로구역의 변경절차 및 해제, 특별가로구역 내 건축물에 관한 건축기준의 적용 등에 관하여는 제71조제7항 · 제8항(각 호 외의 부분 후단은 제외한다), 제72조제1항부터 제5항까지, 제73조제1항(제77조의2제1항제3호에 해당하는 경우에는 제55조 및 제56조는 제외한다) · 제2항, 제75조제1항 및 제77조제1항을 준용한다. 이 경우 "특별건축구역"은 각각 "특별가로구역"으로, "지정신청기관", "국토교통부장관 또는 시 · 도지사" 및 "국토교통부장관, 시 · 도지사 및 허가권자"는 각각 "국토교통부장관 및 허가권자"로 본다. <개정 2017.1.17.>
③ 특별가로구역 안의 건축물에 대하여 국토교통부장관 또는 허가권자가 배치기준을 따로 정하는 경우에는 제46조 및 「민법」 제242조를 적용하지 아니한다. <신설 2016.1.19.>
[본조신설 2014.1.14.]

제8장의2 건축협정
<신설 2014.1.14.>

제77조의4(건축협정의 체결) ① 토지 또는 건축물의 소유자, 지상권자 등 대통령령으로 정하는 자(이하 "소유자등"이라 한다)는 전원의 합의로 다음 각 호의 어느 하나에 해당하는 지역 또는 구역에서 건축물의 건축 · 대수선 또는 리모델링에 관한 협정(이하 "건축협정"이라 한다)을 체결할 수 있다. <개정 2016.2.3., 2017.2.8., 2017.4.18.>
1. 「국토의 계획 및 이용에 관한 법률」 제51조에 따라 지정된 지구단위계획구역
2. 「도시 및 주거환경정비법」 제2조제2호가목에 따른 주거환경개선사업을 시행하기 위하여 같은 법 제8조에 따라 지정 · 고시된 정비구역
3. 「도시재정비 촉진을 위한 특별법」 제2조제6호에 따른 존치지역
4. 「도시재생 활성화 및 지원에 관한 특별법」 제2조제1항제5호에 따른 도시재생활성화지역
5. 그 밖에 시 · 도지사 및 시장 · 군수 · 구청장(이하 "건축협정인가권자"라 한다)이

도시 및 주거환경개선이 필요하다고 인정하여 해당 지방자치단체의 조례로 정하는 구역

② 제1항 각 호의 지역 또는 구역에서 둘 이상의 토지를 소유한 자가 1인인 경우에도 그 토지 소유자는 해당 토지의 구역을 건축협정 대상 지역으로 하는 건축협정을 정할 수 있다. 이 경우 그 토지 소유자 1인을 건축협정 체결자로 본다.

③ 소유자등은 제1항에 따라 건축협정을 체결(제2항에 따라 토지 소유자 1인이 건축협정을 정하는 경우를 포함한다. 이하 같다)하는 경우에는 다음 각 호의 사항을 준수하여야 한다.

1. 이 법 및 관계 법령을 위반하지 아니할 것
2. 「국토의 계획 및 이용에 관한 법률」 제30조에 따른 도시·군관리계획 및 이 법 제77조의11제1항에 따른 건축물의 건축·대수선 또는 리모델링에 관한 계획을 위반하지 아니할 것

④ 건축협정은 다음 각 호의 사항을 포함하여야 한다.

1. 건축물의 건축·대수선 또는 리모델링에 관한 사항
2. 건축물의 위치·용도·형태 및 부대시설에 관하여 대통령령으로 정하는 사항

⑤ 소유자등이 건축협정을 체결하는 경우에는 건축협정서를 작성하여야 하며, 건축협정서에는 다음 각 호의 사항이 명시되어야 한다.

1. 건축협정의 명칭
2. 건축협정 대상 지역의 위치 및 범위
3. 건축협정의 목적
4. 건축협정의 내용
5. 제1항 및 제2항에 따라 건축협정을 체결하는 자(이하 "협정체결자"라 한다)의 성명, 주소 및 생년월일(법인, 법인 아닌 사단이나 재단 및 외국인의 경우에는 「부동산등기법」 제49조에 따라 부여된 등록번호를 말한다. 이하 제6호에서 같다)
6. 제77조의5제1항에 따른 건축협정운영회가 구성되어 있는 경우에는 그 명칭, 대표자 성명, 주소 및 생년월일
7. 건축협정의 유효기간
8. 건축협정 위반 시 제재에 관한 사항
9. 그 밖에 건축협정에 필요한 사항으로서 해당 지방자치단체의 조례로 정하는 사항

⑥ 제1항제4호에 따라 시·도지사가 필요하다고 인정하여 조례로 구역을 정하려는 때에는 해당 시장·군수·구청장의 의견을 들어야 한다. <신설 2016.2.3.>

[본조신설 2014.1.14.]

제77조의5(건축협정운영회의 설립) ① 협정체결자는 건축협정서 작성 및 건축협정 관리 등을 위하여 필요한 경우 협정체결자 간의 자율적 기구로서 운영회(이하 "건축협정운영회"라 한다)를 설립할 수 있다.

② 제1항에 따라 건축협정운영회를 설립하려면 협정체결자 과반수의 동의를 받아 건축협정운영회의 대표자를 선임하고, 국토교통부령으로 정하는 바에 따라 건축협정인가권자에게 신고하여야 한다. 다만, 제77조의6에 따른 건축협정 인가 신청 시 건축협정운영회에 관한 사항을 포함한 경우에는 그러하지 아니하다.

[본조신설 2014.1.14.]

제77조의6(건축협정의 인가) ① 협정체결자 또는 건축협정운영회의 대표자는 건축협정서를 작성하여 국토교통부령으로 정하는 바에 따라 해당 건축협정인가권자의 인가를 받아야 한다. 이 경우 인가신청을 받은 건축협정인가권자는 인가를 하기 전에 건축협정인가권자가 두는 건축위원회의 심의를 거쳐야 한다.

② 제1항에 따른 건축협정 체결 대상 토지가 둘 이상의 특별자치시 또는 시·군·구에 걸치는 경우 건축협정 체결 대상 토지면적의 과반(過半)이 속하는 건축협정인가권자에게 인가를 신청할 수 있다. 이 경우 인가 신청을 받은 건축협정인가권자는 건축협정을 인가하기 전에 다른 특별자치시장 또는 시장·군수·구청장과 협의하여야 한다.

③ 건축협정인가권자는 제1항에 따라 건축협정을 인가하였을 때에는 국토교통부령으로 정하는 바에 따라 그 내용을 공고하여야 한다.

[본조신설 2014.1.14.]

제77조의7(건축협정의 변경) ① 협정체결자 또는 건축협정운영회의 대표자는 제77조의6제1항에 따라 인가받은 사항을 변경하려면 국토교통부령으로 정하는 바에 따라 변경인가를 받아야 한다. 다만, 대통령령으로 정하는 경미한 사항을 변경하는 경우에는 그러하지 아니하다.

② 제1항에 따른 변경인가에 관하여는 제77조의6을 준용한다.

[본조신설 2014.1.14.]

제77조의8(건축협정의 관리) 건축협정인가권자는 제77조의6 및 제77조의7에 따라 건축협정을 인가하거나 변경인가하였을 때에는 국토교통부령으로 정하는 바에 따라 건축협정 관리대장을 작성하여 관리하여야 한다.
[본조신설 2014.1.14.]

제77조의9(건축협정의 폐지) ① 협정체결자 또는 건축협정운영회의 대표자는 건축협정을 폐지하려는 경우에는 협정체결자 과반수의 동의를 받아 국토교통부령으로 정하는 바에 따라 건축협정인가권자의 인가를 받아야 한다. 다만, 제77조의13에 따른 특례를 적용하여 제21조에 따른 착공신고를 한 경우에는 대통령령으로 정하는 기간이 경과한 후에 건축협정의 폐지 인가를 신청할 수 있다. <개정 2015.5.18.>
② 제1항에 따른 건축협정의 폐지에 관하여는 제77조의6제3항을 준용한다.
[본조신설 2014.1.14.]

제77조의10(건축협정의 효력 및 승계) ① 건축협정이 체결된 지역 또는 구역(이하 "건축협정구역"이라 한다)에서 건축물의 건축·대수선 또는 리모델링을 하거나 그 밖에 대통령령으로 정하는 행위를 하려는 소유자등은 제77조의6 및 제77조의7에 따라 인가·변경인가된 건축협정에 따라야 한다.
② 제77조의6제3항에 따라 건축협정이 공고된 후 건축협정구역에 있는 토지나 건축물등에 관한 권리를 협정체결자인 소유자등으로부터 이전받거나 설정받은 자는 협정체결자로서의 지위를 승계한다. 다만, 건축협정에서 달리 정한 경우에는 그에 따른다.
[본조신설 2014.1.14.]

제77조의11(건축협정에 관한 계획 수립 및 지원) ① 건축협정인가권자는 소유자등이 건축협정을 효율적으로 체결할 수 있도록 건축협정구역에서 건축물의 건축·대수선 또는 리모델링에 관한 계획을 수립할 수 있다.
② 건축협정인가권자는 대통령령으로 정하는 바에 따라 도로 개설 및 정비 등 건축협정구역 안의 주거환경개선을 위한 사업비용의 일부를 지원할 수 있다.
[본조신설 2014.1.14.]

제77조의12(경관협정과의 관계) ① 소유자등은 제77조의4에 따라 건축협정을 체결할 때「경관법」제19조에 따른 경관협정을 함께 체결하려는 경우에는「경관법」제19조제3항·제4항 및 제20조에 관한 사항을 반영하여 건축협정인가권자에게 인가를 신청할 수 있다.
② 제1항에 따른 인가 신청을 받은 건축협정인가권자는 건축협정에 대한 인가를 하기 전에 건축위원회의 심의를 하는 때에「경관법」제29조제3항에 따라 경관위원회와 공동으로 하는 심의를 거쳐야 한다.
③ 제2항에 따른 절차를 거쳐 건축협정을 인가받은 경우에는「경관법」제21조에 따른 경관협정의 인가를 받은 것으로 본다.
[본조신설 2014.1.14.]

제77조의13(건축협정에 따른 특례) ① 제77조의4제1항에 따라 건축협정을 체결하여 제59조제1항제1호에 따라 둘 이상의 건축물 벽을 맞벽으로 하여 건축하려는 경우 맞벽으로 건축하려는 자는 공동으로 제11조에 따른 건축허가를 신청할 수 있다.
② 제1항의 경우에 제17조, 제21조, 제22조 및 제25조에 관하여는 개별 건축물마다 적용하지 아니하고 허가를 신청한 건축물 전부 또는 일부를 대상으로 통합하여 적용할 수 있다.
③ 건축협정의 인가를 받은 건축협정구역에서 연접한 대지에 대하여는 다음 각 호의 관계 법령의 규정을 개별 건축물마다 적용하지 아니하고 건축협정구역의 전부 또는 일부를 대상으로 통합하여 적용할 수 있다. <개정 2015.5.18., 2016.1.19.>
1. 제42조에 따른 대지의 조경
2. 제44조에 따른 대지와 도로와의 관계
3. 삭제 <2016.1.19.>
4. 제53조에 따른 지하층의 설치
5. 제55조에 따른 건폐율
6. 「주차장법」 제19조에 따른 부설주차장의 설치
7. 삭제 <2016.1.19.>
8. 「하수도법」제34조에 따른 개인하수처리시설의 설치

④ 제3항에 따라 관계 법령의 규정을 적용하려는 경우에는 건축협정구역 전부 또는 일부에 대하여 조경 및 부설주차장에 대한 기

준을 이 법 및 「주차장법」에서 정한 기준 이상으로 산정하여 적용하여야 한다.
⑤ 건축협정을 체결하여 둘 이상 건축물의 경계벽을 전체 또는 일부를 공유하여 건축하는 경우에는 제1항부터 제4항까지의 특례를 적용하며, 해당 대지를 하나의 대지로 보아 이 법의 기준을 개별 건축물마다 적용하지 아니하고 허가를 신청한 건축물의 전부 또는 일부를 대상으로 통합하여 적용할 수 있다. <신설 2016.1.19.>
⑥ 건축협정구역에 건축하는 건축물에 대하여는 제42조, 제55조, 제56조, 제58조, 제60조 및 제61조와 「주택법」 제35조를 대통령령으로 정하는 바에 따라 완화하여 적용할 수 있다. 다만, 제56조를 완화하여 적용하는 경우에는 제4조에 따른 건축위원회의 심의와 「국토의 계획 및 이용에 관한 법률」 제113조에 따른 지방도시계획위원회의 심의를 통합하여 거쳐야 한다. <신설 2016.2.3.>
⑦ 제6항 단서에 따라 통합 심의를 하는 경우 통합 심의의 방법 및 절차 등에 관한 구체적인 사항은 대통령령으로 정한다. <신설 2016.2.3.>
⑧ 제6항 본문에 따른 건축협정구역 내의 건축물에 대한 건축기준의 적용에 관하여는 제72조제1항(제2호 및 제4호는 제외한다)부터 제5항까지를 준용한다. 이 경우 "특별건축구역"은 "건축협정구역"으로 본다. <신설 2016.2.3.>
[본조신설 2014.1.14.]

제77조의14(건축협정 집중구역 지정 등) ① 건축협정인가권자는 건축협정의 효율적인 체결을 통한 도시의 기능 및 미관의 증진을 위하여 제77조의4제1항 각 호의 어느 하나에 해당하는 지역 및 구역의 전체 또는 일부를 건축협정 집중구역으로 지정할 수 있다.
② 건축협정인가권자는 제1항에 따라 건축협정 집중구역을 지정하는 경우에는 미리 다음 각 호의 사항에 대하여 건축협정인가권자가 두는 건축위원회의 심의를 거쳐야 한다.
1. 건축협정 집중구역의 위치, 범위 및 면적 등에 관한 사항
2. 건축협정 집중구역의 지정 목적 및 필요성
3. 건축협정 집중구역에서 제77조의4제4항 각 호의 사항 중 건축협정인가권자가 도시의 기능 및 미관 증진을 위하여 세부적으로 규정하는 사항
4. 건축협정 집중구역에서 제77조의13에 따른 건축협정의 특례 적용에 관하여 세부적으로 규정하는 사항

③ 제1항에 따른 건축협정 집중구역의 지정 또는 변경ㆍ해제에 관하여는 제77조의6제3항을 준용한다.
④ 건축협정 집중구역 내의 건축협정이 제2항 각 호에 관한 심의내용에 부합하는 경우에는 제77조의6제1항에 따른 건축위원회의 심의를 생략할 수 있다.
[본조신설 2017.4.18.]
[종전 제77조의14는 제77조의15로 이동 <2017.4.18.>]

제8장의3 결합건축

<신설 2016.1.19.>

제77조의15(결합건축 대상지) ① 다음 각 호의 어느 하나에 해당하는 지역에서 대지간의 최단거리가 100미터 이내의 범위에서 대통령령으로 정하는 범위에 있는 2개의 대지의 건축주가 서로 합의한 경우 제56조에 따른 용적률을 개별 대지마다 적용하지 아니하고, 2개의 대지를 대상으로 통합적용하여 건축물을 건축(이하 "결합건축"이라 한다)할 수 있다. 다만, 도시경관의 형성, 기반시설 부족 등의 사유로 해당 지방자치단체의 조례로 정하는 지역 안에서는 결합건축을 할 수 없다. <개정 2017.2.8., 2017.4.18.>
1. 「국토의 계획 및 이용에 관한 법률」 제36조에 따라 지정된 상업지역
2. 「역세권의 개발 및 이용에 관한 법률」 제4조에 따라 지정된 역세권개발구역
3. 「도시 및 주거환경정비법」 제2조에 따른 정비구역 중 주거환경개선사업의 시행을 위한 구역
4. 그 밖에 도시 및 주거환경 개선과 효율적인 토지이용이 필요하다고 대통령령으로 정하는 지역

② 제1항 각 호의 지역에서 2개의 대지를 소유한 자가 1명인 경우는 제77조의4제2항을 준용한다.
[본조신설 2016.1.19.]
[제77조의14에서 이동, 종전 제77조의15는 제77조의16으로 이동 <2017.4.18.>]

제77조의16(결합건축의 절차) ① 결합건축을 하고자 하는 건축주는 제11조에 따라 건축허가를 신청하는 때에는 다음 각 호의 사항을 명시한 결합건축협정서를 첨부하여야 하며 국토교통부령으로 정하는 도서를 제출하여야 한다.

1. 결합건축 대상 대지의 위치 및 용도지역
2. 결합건축협정서를 체결하는 자(이하 "결합건축협정체결자"라 한다)의 성명, 주소 및 생년월일(법인, 법인 아닌 사단이나 재단 및 외국인의 경우에는 「부동산등기법」 제49조에 따라 부여된 등록번호를 말한다)
3. 「국토의 계획 및 이용에 관한 법률」 제78조에 따라 조례로 정한 용적률과 결합건축으로 조정되어 적용되는 대지별 용적률
4. 결합건축 대상 대지별 건축계획서

② 허가권자는 「국토의 계획 및 이용에 관한 법률」 제2조제11호에 따른 도시·군계획사업에 편입된 대지가 있는 경우에는 결합건축을 포함한 건축허가를 아니할 수 있다.

③ 허가권자는 제1항에 따른 건축허가를 하기 전에 건축위원회의 심의를 거쳐야 한다. 다만, 결합건축으로 조정되어 적용되는 대지별 용적률이 「국토의 계획 및 이용에 관한 법률」 제78조에 따라 해당 대지에 적용되는 도시계획조례의 용적률의 100분의 20을 초과하는 경우에는 대통령령으로 정하는 바에 따라 건축위원회 심의와 도시계획위원회 심의를 공동으로 하여 거쳐야 한다.

④ 제1항에 따른 결합건축 대상 대지가 둘 이상의 특별자치시, 특별자치도 및 시·군·구에 걸치는 경우 제77조의6제2항을 준용한다.

[본조신설 2016.1.19.]

[제77조의15에서 이동, 종전 제77조의16은 제77조의17로 이동 <2017.4.18.>]

제77조의17(결합건축의 관리) ① 허가권자는 결합건축을 포함하여 건축허가를 한 경우 국토교통부령으로 정하는 바에 따라 그 내용을 공고하고, 결합건축 관리대장을 작성하여 관리하여야 한다.

② 허가권자는 결합건축과 관련된 건축물의 사용승인 신청이 있는 경우 해당 결합건축협정서상의 다른 대지에서 착공신고 또는 대통령령으로 정하는 조치가 이행되었는지를 확인한 후 사용승인을 하여야 한다.

③ 허가권자는 결합건축을 허용한 경우 건축물대장에 국토교통부령으로 정하는 바에 따라 결합건축에 관한 내용을 명시하여야 한다.

④ 결합건축협정서에 따른 협정체결 유지기간은 최소 30년으로 한다. 다만, 결합건축협정서의 용적률 기준을 종전대로 환원하여 신축·개축·재축하는 경우에는 그러하지 아니한다.

⑤ 결합건축협정서를 폐지하려는 경우에는 결합건축협정체결자 전원이 동의하여 허가권자에게 신고하여야 하며, 허가권자는 용적률을 이전받은 건축물이 멸실된 것을 확인한 후 결합건축의 폐지를 수리하여야 한다. 이 경우 결합건축 폐지에 관하여는 제1항 및 제3항을 준용한다.

⑥ 결합건축협정의 준수 여부, 효력 및 승계에 대하여는 제77조의4제3항 및 제77조의10을 준용한다. 이 경우 "건축협정"은 각각 "결합건축협정"으로 본다.

[본조신설 2016.1.19.]

[제77조의16에서 이동 <2017.4.18.>]

제9장 보칙

제78조(감독) ① 국토교통부장관은 시·도지사 또는 시장·군수·구청장이 한 명령이나 처분이 이 법이나 이 법에 따른 명령이나 처분 또는 조례에 위반되거나 부당하다고 인정하면 그 명령 또는 처분의 취소·변경, 그 밖에 필요한 조치를 명할 수 있다. <개정 2013.3.23.>

② 특별시장·광역시장·도지사는 시장·군수·구청장이 한 명령이나 처분이 이 법 또는 이 법에 따른 명령이나 처분 또는 조례에 위반되거나 부당하다고 인정하면 그 명령이나 처분의 취소·변경, 그 밖에 필요한 조치를 명할 수 있다. <개정 2014.1.14.>

③ 시·도지사 또는 시장·군수·구청장이 제1항에 따라 필요한 조치명령을 받으면 그 시정 결과를 국토교통부장관에게 지체 없이 보고하여야 하며, 시장·군수·구청장이 제2항에 따라 필요한 조치명령을 받으면 그 시정 결과를 특별시장·광역시장·도지사에게 지체 없이 보고하여야 한다. <개정 2013.3.23., 2014.1.14.>

④ 국토교통부장관 및 시·도지사는 건축허가의 적법한 운영, 위법 건축물의 관리 실태 등 건축행정의 건실한 운영을 지도·점검하기 위하여 국토교통부령으로 정하는 바에 따라 매년 지도·점검 계획을 수립·시행하여야 한다. <개정 2013.3.23.>

⑤ 국토교통부장관 및 시·도지사는 제4조의2에 따른 건축위원회의 심의 방법 또는 결과가 이 법 또는 이 법에 따른 명령이나 처분 또는 조례에 위반되거나 부당하다고 인정하면 그 심의 방법 또는 결과의 취소·변경, 그 밖에 필요한 조치를 할 수 있다. 이 경우 심의에 관한 조사·시정명령 및 변경절차 등에 관하여는 대통령령으로 정한다. <신설 2016.1.19.>

제79조(위반 건축물 등에 대한 조치 등) ① 허가권자는 대지나 건축물이 이 법 또는 이 법에 따른 명령이나 처분에 위반되면 이 법에 따른 허가 또는 승인을 취소하거나 그 건축물의 건축주·공사시공자·현장관리인·소유자·관리자 또는 점유자(이하 "건축주등"이라 한다)에게 공사의 중지를 명하거나 상당한 기간을 정하여 그 건축물의 철거·개축·증축·수선·용도변경·사용금지·사용제한, 그 밖에 필요한 조치를 명할 수 있다.

② 허가권자는 제1항에 따라 허가나 승인이 취소된 건축물 또는 제1항에 따른 시정명령을 받고 이행하지 아니한 건축물에 대하여는 다른 법령에 따른 영업이나 그 밖의 행위를 허가·면허·인가·등록·지정 등을 하지 아니하도록 요청할 수 있다. 다만, 허가권자가 기간을 정하여 그 사용 또는 영업, 그 밖의 행위를 허용한 주택과 대통령령으로 정하는 경우에는 그러하지 아니하다. <개정 2014.5.28.>

③ 제2항에 따른 요청을 받은 자는 특별한 이유가 없으면 요청에 따라야 한다.

④ 허가권자는 제1항에 따른 시정명령을 하는 경우 국토교통부령으로 정하는 바에 따라 건축물대장에 위반내용을 적어야 한다. <개정 2013.3.23., 2016.1.19.>

⑤ 삭제 <2016.1.19.>

▶ 판례 - 건축법 제47조 제1항을 위반하여 설치된 담장이 '건물에 딸린 시설물'에 해당하는 경우, 같은 법 제79조 제1항에 의한 시정조치의 대상이 되는지 여부(적극) 및 이에 해당하지 아니하는 담장이 시정조치의 대상이 되는 경우

건축법(이하 '법'이라 한다) 제2조 제1항 제2호, 제47조 제1항, 제79조 제1항, 제83조 제1항, 건축법 시행령 제118조 제1항 제5호, 제3항의 내용 및 체계 등을 종합하면, 법 제79조 제1항에서 정한 시정조치의 대상이 되는 '건축물'이란 법 제2조 제1항 제2호가 정의한 건축물만을 의미하므로, 법 제47조 제1항을 위반하여 설치된 담장이라도, 담장이 '토지에 정착하는 공작물 중 지붕과 기둥 또는 벽이 있는 것' (이하 '건물'이라 한다)과 물리적 또는 기능적으로 일체가 되어 독립성을 상실한 것으로서 '건물에 딸린 시설물'에 해당하는 경우에는 건축법 제2조 제1항 제2호가 정한 '건축물'에 해당하므로 법 제79조 제1항에 의한 시정조치의 대상이 되나, 이에 해당하지 아니하는 담장은 법 제83조 제1항에 따라 축조신고 대상이 되는 공작물에 해당하는 경우에만 법 제83조 제3항의 준용규정에 따라 법 제79조 제1항에 의한 시정조치의 대상이 될 수 있다. [대법원 2016.10.27, 선고, 2016두43640, 판결]

제80조(이행강제금) ① 허가권자는 제79조제1항에 따라 시정명령을 받은 후 시정기간 내에 시정명령을 이행하지 아니한 건축주등에 대하여는 그 시정명령의 이행에 필요한 상당한 이행기한을 정하여 그 기한까지 시정명령을 이행하지 아니하면 다음 각 호의 이행강제금을 부과한다. 다만, 연면적(공동주택의 경우에는 세대 면적을 기준으로 한다)이 85제곱미터 이하인 주거용 건축물과 제2호 중 주거용 건축물로서 대통령령으로 정하는 경우에는 다음 각 호의 어느 하나에 해당하는 금액의 2분의 1의 범위에서 해당 지방자치단체의 조례로 정하는 금액을 부과한다. <개정 2011.5.30., 2015.8.11.>

1. 건축물이 제55조와 제56조에 따른 건폐율이나 용적률을 초과하여 건축된 경우 또는 허가를 받지 아니하거나 신고를 하지 아니하고 건축된 경우에는 「지방세법」에 따라 해당 건축물에 적용되는 1제곱미터의 시가표준액의 100분의 50에 해당하는 금액에 위반면적을 곱한 금액 이하의 범위에서 위반 내용에 따라 대통령령으로 정하는 비율을 곱한 금액
2. 건축물이 제1호 외의 위반 건축물에 해당하는 경우에는 「지방세법」에 따라 그 건축물에 적용되는 시가표준액에 해당하는 금액의 100분의 10의 범위에서 위반내용에 따라 대통령령으로 정하는 금액

② 허가권자는 영리목적을 위한 위반이나 상습적 위반 등 대통령령으로 정하는 경우에 제1항에 따른 금액을 100분의 50의 범위에서 가중할 수 있다. <신설 2015.8.11.>

③ 허가권자는 제1항 및 제2항에 따른 이행

강제금을 부과하기 전에 제1항 및 제2항에 따른 이행강제금을 부과·징수한다는 뜻을 미리 문서로써 계고(戒告)하여야 한다. <개정 2015.8.11.>

④ 허가권자는 제1항 및 제2항에 따른 이행강제금을 부과하는 경우 금액, 부과 사유, 납부기한, 수납기관, 이의제기 방법 및 이의제기 기관 등을 구체적으로 밝힌 문서로 하여야 한다. <개정 2015.8.11.>

⑤ 허가권자는 최초의 시정명령이 있었던 날을 기준으로 하여 1년에 2회 이내의 범위에서 해당 지방자치단체의 조례로 정하는 횟수만큼 그 시정명령이 이행될 때까지 반복하여 제1항 및 제2항에 따른 이행강제금을 부과·징수할 수 있다. 다만, 제1항 각 호 외의 부분 단서에 해당하면 총 부과 횟수가 5회를 넘지 아니하는 범위에서 해당 지방자치단체의 조례로 부과 횟수를 따로 정할 수 있다. <개정 2014.5.28., 2015.8.11.>

⑥ 허가권자는 제79조제1항에 따라 시정명령을 받은 자가 이를 이행하면 새로운 이행강제금의 부과를 즉시 중지하되, 이미 부과된 이행강제금은 징수하여야 한다. <개정 2015.8.11.>

⑦ 허가권자는 제4항에 따라 이행강제금 부과처분을 받은 자가 이행강제금을 납부기한까지 내지 아니하면 「지방세외수입금의 징수 등에 관한 법률」에 따라 징수한다. <개정 2013.8.6., 2015.8.11.>

▶ 판례 - [1] 용도변경된 건축물을 사용하는 행위가 건축법상의 용도변경행위에 포함되는지 여부(적극) 및 적법한 용도변경절차를 마치지 아니한 위법상태의 법적 성격을 판단하는 기준이 되는 법령
[2] 건축법 제80조 제1항 제2호, 지방세법 제4조 제2항, 지방세법 시행령 제4조 제1항 제1호의 위임에 따라 행정자치부장관이 정한 '2014년도 건물 및 기타물건 시가표준액 조정기준'이 법규명령으로서의 효력을 가지는지 여부(적극) 및 그중 '증·개축 건물 등에 대한 시가표준액 산출요령'의 규정들도 마찬가지인지 여부(적극) / 무단 대수선 건물에 대하여 부과하는 이행강제금의 액수를 산정할 때 기준이 되는 시가표준액은 '2014년도 건물 및 기타물건 시가표준액 조정기준' 및 '증·개축 건물 등에 대한 시가표준액 산출요령' 규정의 문언대로 대수선 산출비율을 적용하여야 하는지 여부(적극)

[1] 건축법상의 용도변경행위에는 유형적인 용도변경행위뿐만 아니라 용도변경된 건축물을 사용하는 행위도 포함된다. 따라서 적법한 용도변경절차를 마치지 아니한 건축물은 원상회복되거나 적법한 용도변경절차를 마치기 전까지는 그 위법상태가 계속되고, 그 위법상태의 법적 성격은 특별한 사정이 없는 한 그 법적 성격 여하가 문제되는 시점 당시에 시행되는 건축법령에 의하여 판단되어야 한다.

[2] 건축법 제80조 제1항 제2호, 지방세법 제4조 제2항, 지방세법 시행령 제4조 제1항 제1호의 내용, 형식 및 취지 등을 종합하면, '2014년도 건물 및 기타물건 시가표준액 조정기준'의 각 규정들은 일정한 유형의 위반 건축물에 대한 이행강제금의 산정기준이 되는 시가표준액에 관하여 행정자치부장관으로 하여금 정하도록 한 위 건축법 및 지방세법령의 위임에 따른 것으로서 그 법령 규정의 내용을 보충하고 있으므로, 그 법령 규정과 결합하여 대외적인 구속력이 있는 법규명령으로서의 효력을 가지고, 그중 증·개축 건물과 대수선 건물에 관한 특례를 정한 '증·개축 건물 등에 대한 시가표준액 산출요령'의 규정들도 마찬가지라고 보아야 한다. 이처럼 헌법상 요구되는 명확성의 원칙에 따라 엄격하게 해석·적용하여야 할 뿐만 아니라 법령 규정과 결합하여 대외적인 구속력을 가지는 '2014년도 건물 및 기타물건 시가표준액 조정기준' 및 '증·개축 건물 등에 대한 시가표준액 산출요령'은 대수선건물에 대한 시가표준액을 정하면서 대수선 행위가 적법한지 여부에 따라 대수선 산출비율의 적용 여부를 구별하고 있지 아니하다. 따라서 무단 대수선 건물에 대하여 부과하는 이행강제금의 액수를 산정할 때에도 그 기준이 되는 시가표준액은 위 조정기준 및 산출요령 규정의 문언대로 대수선 산출비율을 적용하여야 하고, 합리적 이유 없이 그 적용을 배제하는 것은 허용되지 아니한다. [대법원 2017.5.31, 선고, 2017두30764, 판결]

제80조의2(이행강제금 부과에 관한 특례) ① 허가권자는 제80조에 따른 이행강제금을 다음 각 호에서 정하는 바에 따라 감경할 수 있다. 다만, 지방자치단체의 조례로 정하는 기간까지 위반내용을 시정하지 아니한 경우는 제외한다.

1. 축사 등 농업용·어업용 시설로서 500제곱미터(「수도권정비계획법」 제2조제1호

에 따른 수도권 외의 지역에서는 1천제곱미터) 이하인 경우는 5분의 1을 감경
2. 그 밖에 위반 동기, 위반 범위 및 위반 시기 등을 고려하여 대통령령으로 정하는 경우(제80조제2항에 해당하는 경우는 제외한다)에는 2분의 1의 범위에서 대통령령으로 정하는 비율을 감경

② 허가권자는 법률 제4381호 건축법개정법률의 시행일(1992년 6월 1일을 말한다) 이전에 이 법 또는 이 법에 따른 명령이나 처분을 위반한 주거용 건축물에 관하여는 대통령령으로 정하는 바에 따라 제80조에 따른 이행강제금을 감경할 수 있다.
[본조신설 2015.8.11.]

第81조(기존의 건축물에 대한 안전점검 및 시정명령 등) ① 특별자치시장·특별자치도지사 또는 시장·군수·구청장은 기존 건축물이 국가보안상 이유가 있거나 제4장(제40조부터 제47조까지)을 위반하여 대통령령으로 정하는 기준에 해당하면 해당 건축물의 철거·개축·증축·수선·용도변경·사용금지·사용제한, 그 밖에 필요한 조치를 명할 수 있다. <개정 2014.1.14.>
② 특별자치시장·특별자치도지사 또는 시장·군수·구청장은 미관지구 또는 「국토의 계획 및 이용에 관한 법률」 제37조제1항제1호에 따른 경관지구 안의 건축물로서 도시미관이나 주거환경상 현저히 장애가 된다고 인정하면 건축위원회의 의견을 들어 개축이나 수선을 하게 할 수 있다. <개정 2014.1.14.>
③ 특별자치시장·특별자치도지사 또는 시장·군수·구청장은 제1항에 따라 필요한 조치를 명하면 대통령령으로 정하는 바에 따라 정당한 보상을 하여야 한다. <개정 2014.1.14.>
④ 특별자치시장·특별자치도지사 또는 시장·군수·구청장이 위해의 우려가 있다고 인정하여 지정하는 건축물과 특수구조 건축물 중 국토교통부장관이 고시하는 건축물의 건축주등은 대통령령으로 정하는 바에 따라 건축사협회나 그 밖에 국토교통부장관이 인정하는 전문 인력을 갖춘 법인 또는 단체로 하여금 건축물의 구조 안전 여부를 조사하게 하고, 그 결과를 특별자치시장·특별자치도지사 또는 시장·군수·구청장에게 보고하여야 한다. <개정 2013.3.23., 2014.1.14., 2015.1.6.>
⑤ 특별자치시장·특별자치도지사 또는 시장·군수·구청장은 제4항에 따른 조사결과에 따라 필요하다고 인정하면 해당 건축물의 철거·개축·수선·용도변경·사용금지·사용제한, 그 밖에 필요한 조치를 명할 수 있다. <개정 2014.1.14.>

第81조(기존의 건축물에 대한 안전점검 및 시정명령 등) ① 특별자치시장·특별자치도지사 또는 시장·군수·구청장은 기존 건축물이 국가보안상 이유가 있거나 제4장(제40조부터 제47조까지)을 위반하여 대통령령으로 정하는 기준에 해당하면 해당 건축물의 철거·개축·증축·수선·용도변경·사용금지·사용제한, 그 밖에 필요한 조치를 명할 수 있다. <개정 2014.1.14.>
② 특별자치시장·특별자치도지사 또는 시장·군수·구청장은 「국토의 계획 및 이용에 관한 법률」 제37조제1항제1호에 따른 경관지구 안의 건축물로서 도시미관이나 주거환경상 현저히 장애가 된다고 인정하면 건축위원회의 의견을 들어 개축이나 수선을 하게 할 수 있다. <개정 2014.1.14., 2017.4.18.>
③ 특별자치시장·특별자치도지사 또는 시장·군수·구청장은 제1항에 따라 필요한 조치를 명하면 대통령령으로 정하는 바에 따라 정당한 보상을 하여야 한다. <개정 2014.1.14.>
④ 특별자치시장·특별자치도지사 또는 시장·군수·구청장이 위해의 우려가 있다고 인정하여 지정하는 건축물과 특수구조 건축물 중 국토교통부장관이 고시하는 건축물의 건축주등은 대통령령으로 정하는 바에 따라 건축사협회나 그 밖에 국토교통부장관이 인정하는 전문 인력을 갖춘 법인 또는 단체로 하여금 건축물의 구조 안전 여부를 조사하게 하고, 그 결과를 특별자치시장·특별자치도지사 또는 시장·군수·구청장에게 보고하여야 한다. <개정 2013.3.23., 2014.1.14., 2015.1.6.>
⑤ 특별자치시장·특별자치도지사 또는 시장·군수·구청장은 제4항에 따른 조사결과에 따라 필요하다고 인정하면 해당 건축물의 철거·개축·수선·용도변경·사용금지·사용제한, 그 밖에 필요한 조치를 명할 수 있다. <개정 2014.1.14.>
[시행일 : 2018.4.19.] 제81조

第81조의2(빈집 정비) 특별자치시장·특별자치도지사 또는 시장·군수·구청장은 거주 또는 사용 여부를 확인한 날부터 1년 이상 아무도 거주하지 아니하거나 사용하지 아니하는 주택

이나 건축물(「농어촌정비법」 제2조제10호에 따른 빈집은 제외하며, 이하 "빈집"이라 한다) 이 다음 각 호의 어느 하나에 해당하면 건축위원회의 심의를 거쳐 그 빈집의 소유자에게 철거 등 필요한 조치를 명할 수 있다. 이 경우 빈집의 소유자는 특별한 사유가 없으면 60일 이내에 조치를 이행하여야 한다.

1. 공익상 유해하거나 도시미관 또는 주거환경에 현저한 장해가 된다고 인정하는 경우
2. 주거환경이나 도시환경 개선을 위하여 「도시 및 주거환경정비법」 제2조에 따른 정비기반시설과 공동이용시설의 확충에 필요한 경우

[본조신설 2016.1.19.]

제81조의3(빈집 정비 절차 등) ① 특별자치시장·특별자치도지사 또는 시장·군수·구청장이 제81조의2에 따라 빈집의 철거를 명한 경우 그 빈집의 소유자가 특별한 사유 없이 이에 따르지 아니하면 대통령령으로 정하는 바에 따라 직권으로 그 빈집을 철거할 수 있다.

② 제1항에 따라 철거할 빈집 소유자의 소재를 알 수 없는 경우에는 그 빈집에 대한 철거명령과 이를 이행하지 아니하면 직권으로 철거한다는 내용을 일간신문에 1회 이상 공고하고, 공고한 날부터 60일이 지난 날까지 빈집의 소유자가 빈집을 철거하지 아니하면 직권으로 철거할 수 있다.

③ 제1항과 제2항의 경우 특별자치시장·특별자치도지사 또는 시장·군수·구청장은 대통령령으로 정하는 바에 따라 정당한 보상비를 빈집의 소유자에게 지급하여야 한다. 이 경우 빈집의 소유자가 보상비의 수령을 거부하거나 빈집 소유자의 소재불명(所在不明)으로 보상비를 지급할 수 없을 때에는 이를 공탁하여야 한다.

④ 특별자치시장·특별자치도지사 또는 시장·군수·구청장이 제1항 또는 제2항에 따라 빈집을 철거하였을 때에는 지체 없이 건축물대장을 정리하여야 하며, 건축물대장을 정리한 경우에는 지체 없이 관할 등기소에 해당 빈집이 이 법에 따라 철거되었다는 취지의 통지를 하고 말소등기를 촉탁하여야 한다.

[본조신설 2016.1.19.]

제82조(권한의 위임과 위탁) ① 국토교통부장관은 이 법에 따른 권한의 일부를 대통령령으로 정하는 바에 따라 시·도지사에게 위임할 수 있다. <개정 2013.3.23.>

② 시·도지사는 이 법에 따른 권한의 일부를 대통령령으로 정하는 바에 따라 시장(행정시의 시장을 포함하며, 이하 이 조에서 같다)·군수·구청장에게 위임할 수 있다.

③ 시장·군수·구청장은 이 법에 따른 권한의 일부를 대통령령으로 정하는 바에 따라 구청장(자치구가 아닌 구의 구청장을 말한다)·동장·읍장 또는 면장에게 위임할 수 있다.

④ 국토교통부장관은 제31조제1항과 제32조제1항에 따라 건축허가 업무 등을 효율적으로 처리하기 위하여 구축하는 전자정보처리 시스템의 운영을 대통령령으로 정하는 기관 또는 단체에 위탁할 수 있다. <개정 2013.3.23.>

제83조(옹벽 등의 공작물에의 준용) ① 대지를 조성하기 위한 옹벽, 굴뚝, 광고탑, 고가수조(高架水槽), 지하 대피호, 그 밖에 이와 유사한 것으로서 대통령령으로 정하는 공작물을 축조하려는 자는 대통령령으로 정하는 바에 따라 특별자치시장·특별자치도지사 또는 시장·군수·구청장에게 신고하여야 한다. <개정 2014.1.14.>

② 제1항에 따른 공작물의 소유자나 관리자는 국토교통부령으로 정하는 바에 따라 공작물의 유지·관리 상태를 점검하고 그 결과를 특별자치시장·특별자치도지사 또는 시장·군수·구청장에게 보고하여야 한다. <신설 2014.5.28.>

③ 제14조, 제21조제5항, 제29조, 제35조제1항, 제40조제4항, 제41조, 제47조, 제48조, 제55조, 제58조, 제60조, 제61조, 제79조, 제81조, 제84조, 제85조, 제87조와 「국토의 계획 및 이용에 관한 법률」 제76조는 대통령령으로 정하는 바에 따라 제1항의 경우에 준용한다. <개정 2014.5.28., 2017.4.18.>

▶ 판례 – 건축법 제47조 제1항을 위반하여 설치된 담장이 '건물에 딸린 시설물' 에 해당하는 경우, 같은 법 제79조 제1항에 의한 시정조치의 대상이 되는지 여부(적극) 및 이에 해당하지 아니하는 담장이 시정조치의 대상이 되는 경우

건축법(이하 '법' 이라 한다) 제2조 제1항 제2호, 제47조 제1항, 제79조 제1항, 제83조 제1항, 건축법 시행령 제118조 제1항 제5호,

제3항의 내용 및 체계 등을 종합하면, 법 제79조 제1항에서 정한 시정조치의 대상이 되는 '건축물' 이란 법 제2조 제1항 제2호가 정의한 건축물만을 의미하므로, 법 제47조 제1항을 위반하여 설치된 담장이라도, 담장이 '토지에 정착하는 공작물 중 지붕과 기둥 또는 벽이 있는 것' (이하 '건물' 이라 한다)과 물리적 또는 기능적으로 일체가 되어 독립성을 상실한 것으로서 '건물에 딸린 시설물' 에 해당하는 경우에는 건축법 제2조 제1항 제2호가 정한 '건축물' 에 해당하므로 법 제79조 제1항에 의한 시정조치의 대상이 되나, 이에 해당하지 아니하는 담장은 법 제83조 제1항에 따라 축조신고 대상이 되는 공작물에 해당하는 경우에만 법 제83조 제3항의 준용규정에 따라 법 제79조 제1항에 의한 시정조치의 대상이 될 수 있다. [대법원 2016.10.27, 선고, 2016두43640, 판결]

제84조(면적 · 높이 및 층수의 산정) 건축물의 대지면적, 연면적, 바닥면적, 높이, 처마, 천장, 바닥 및 층수의 산정방법은 대통령령으로 정한다.

제85조(「행정대집행법」 적용의 특례) ① 허가권자는 제11조, 제14조, 제41조와 제79조제1항에 따라 필요한 조치를 할 때 다음 각 호의 어느 하나에 해당하는 경우로서 「행정대집행법」 제3조제1항과 제2항에 따른 절차에 의하면 그 목적을 달성하기 곤란한 때에는 해당 절차를 거치지 아니하고 대집행할 수 있다.
1. 재해가 발생할 위험이 절박한 경우
2. 건축물의 구조 안전상 심각한 문제가 있어 붕괴 등 손괴의 위험이 예상되는 경우
3. 허가권자의 공사중지명령을 받고도 불응하여 공사를 강행하는 경우
4. 도로통행에 현저하게 지장을 주는 불법건축물인 경우
5. 그 밖에 공공의 안전 및 공익에 심히 저해되어 신속하게 실시할 필요가 있다고 인정되는 경우로서 대통령령으로 정하는 경우

② 제1항에 따른 대집행은 건축물의 관리를 위하여 필요한 최소한도에 그쳐야 한다.
[전문개정 2009.4.1.]

제86조(청문) 허가권자는 제79조에 따라 허가나 승인을 취소하려면 청문을 실시하여야 한다.

제87조(보고와 검사 등) ① 국토교통부장관, 시·도지사, 시장·군수·구청장, 그 소속 공무원, 제27조에 따른 업무대행자 또는 제37조에 따른 건축지도원은 건축물의 건축주등, 공사감리자, 공사시공자 또는 관계전문기술자에게 필요한 자료의 제출이나 보고를 요구할 수 있으며, 건축물·대지 또는 건축공사장에 출입하여 그 건축물, 건축설비, 그 밖에 건축공사에 관련되는 물건을 검사하거나 필요한 시험을 할 수 있다. <개정 2013.3.23., 2016.2.3.>

② 제1항에 따라 검사나 시험을 하는 자는 그 권한을 표시하는 증표를 지니고 이를 관계인에게 내보여야 한다.

③ 허가권자는 건축관계자등과의 계약 내용을 검토할 수 있으며, 검토결과 불공정 또는 불합리한 사항이 있어 부실설계·시공·감리가 될 우려가 있는 경우에는 해당 건축주에게 그 사실을 통보하고 해당 건축물의 건축공사 현장을 특별히 지도·감독하여야 한다. <신설 2016.2.3.>

제87조의2(지역건축안전센터 설립) ① 시·도지사 및 시장·군수·구청장은 다음 각 호의 업무를 수행하기 위하여 관할 구역에 지역건축안전센터를 둘 수 있다.
1. 제11조, 제14조, 제16조, 제21조, 제22조, 제27조, 제35조제3항, 제81조 및 제87조에 따른 기술적인 사항에 대한 보고·확인·검토·심사 및 점검
2. 제25조에 따른 공사감리에 대한 관리·감독
3. 제35조의2에 따른 기술지원 및 정보제공
4. 그 밖에 대통령령으로 정하는 사항

② 체계적이고 전문적인 업무 수행을 위하여 지역건축안전센터에 「건축사법」 제23조제1항에 따라 신고한 건축사 또는 「기술사법」 제6조제1항에 따라 등록한 기술사 등 전문인력을 배치하여야 한다.

③ 제1항 및 제2항에 따른 지역건축안전센터의 설치·운영 및 전문인력의 자격과 배치기준 등에 필요한 사항은 국토교통부령으로 정한다.
[본조신설 2017.4.18.]
[시행일 : 2018.4.19.] 제87조의2

제87조의3(건축안전특별회계의 설치) ① 시·

도지사 또는 시장·군수·구청장은 관할 구역의 지역건축안전센터 설치·운영 등을 지원하기 위하여 건축안전특별회계(이하 "특별회계"라 한다)를 설치할 수 있다.
② 특별회계는 다음 각 호의 재원으로 조성한다.
1. 일반회계로부터의 전입금
2. 제80조에 따라 부과·징수되는 이행강제금 중 해당 지방자치단체의 조례로 정하는 비율의 금액
3. 그 밖의 수입금
③ 특별회계는 다음 각 호의 용도로 사용한다.
1. 지역건축안전센터의 설치·운영에 필요한 경비
2. 지역건축안전센터의 전문인력 배치에 필요한 인건비
3. 제87조의2제1항 각 호의 업무 수행을 위한 조사·연구비
4. 특별회계의 조성·운용 및 관리를 위하여 필요한 경비
5. 그 밖에 건축물 안전에 관한 기술지원 및 정보제공을 위하여 해당 지방자치단체의 조례로 정하는 사업의 수행에 필요한 비용
[본조신설 2017.4.18.]
[시행일 : 2018.4.19.] 제87조의3

第88條(건축분쟁전문위원회) ① 건축등과 관련된 다음 각 호의 분쟁(「건설산업기본법」 제69조에 따른 조정의 대상이 되는 분쟁은 제외한다. 이하 같다)의 조정(調停) 및 재정(裁定)을 하기 위하여 국토교통부에 건축분쟁전문위원회(이하 "분쟁위원회"라 한다)를 둔다. <개정 2009.4.1., 2014.5.28.>
1. 건축관계자와 해당 건축물의 건축등으로 피해를 입은 인근주민(이하 "인근주민"이라 한다) 간의 분쟁
2. 관계전문기술자와 인근주민 간의 분쟁
3. 건축관계자와 관계전문기술자 간의 분쟁
4. 건축관계자 간의 분쟁
5. 인근주민 간의 분쟁
6. 관계전문기술자 간의 분쟁
7. 그 밖에 대통령령으로 정하는 사항
② 삭제 <2014.5.28.>
③ 삭제 <2014.5.28.>
[제목개정 2009.4.1.]

第89條(분쟁위원회의 구성) ① 분쟁위원회는 위원장과 부위원장 각 1명을 포함한 15명 이내의 위원으로 구성한다. <개정 2009.4.1., 2014.5.28.>
② 분쟁위원회의 위원은 건축이나 법률에 관한 학식과 경험이 풍부한 자로서 다음 각 호의 어느 하나에 해당하는 자 중에서 국토교통부장관이 임명하거나 위촉한다. 이 경우 제4호에 해당하는 자가 2명 이상 포함되어야 한다. <개정 2009.4.1., 2013.3.23., 2014.1.14., 2014.5.28.>
1. 3급 상당 이상의 공무원으로 1년 이상 재직한 자
2. 삭제 <2014.5.28.>
3. 「고등교육법」에 따른 대학에서 건축공학이나 법률학을 가르치는 조교수 이상의 직(職)에 3년 이상 재직한 자
4. 판사, 검사 또는 변호사의 직에 6년 이상 재직한 자
5. 「국가기술자격법」에 따른 건축분야 기술사 또는 「건축사법」 제23조에 따라 건축사사무소개설신고를 하고 건축사로 6년 이상 종사한 자
6. 건설공사나 건설업에 대한 학식과 경험이 풍부한 자로서 그 분야에 15년 이상 종사한 자
③ 삭제 <2014.5.28.>
④ 분쟁위원회의 위원장과 부위원장은 위원 중에서 국토교통부장관이 위촉한다. <개정 2009.4.1., 2014.5.28.>
⑤ 공무원이 아닌 위원의 임기는 3년으로 하되, 연임할 수 있으며, 보궐위원의 임기는 전임자의 남은 임기로 한다.
⑥ 분쟁위원회의 회의는 재적위원 과반수의 출석으로 열고 출석위원 과반수의 찬성으로 의결한다. <개정 2009.4.1., 2014.5.28.>
⑦ 다음 각 호의 어느 하나에 해당하는 자는 분쟁위원회의 위원이 될 수 없다. <개정 2009.4.1., 2014.5.28.>
1. 피성년후견인, 피한정후견인 또는 파산선고를 받고 복권되지 아니한 자
2. 금고 이상의 실형을 선고받고 그 집행이 끝나거나(집행이 끝난 것으로 보는 경우를 포함한다)되거나 집행이 면제된 날부터 2년이 지나지 아니한 자
3. 법원의 판결이나 법률에 따라 자격이 정지된 자
⑧ 위원의 제척·기피·회피 및 위원회의

운영, 조정 등의 거부와 중지 등 그 밖에 필요한 사항은 대통령령으로 정한다. <신설 2014.5.28.>
[제목개정 2014.5.28.]

제90조 삭제 <2014.5.28.>

제91조(대리인) ① 당사자는 다음 각 호에 해당하는 자를 대리인으로 선임할 수 있다.
1. 당사자의 배우자, 직계존·비속 또는 형제자매
2. 당사자인 법인의 임직원
3. 변호사

② 삭제 <2014.5.28.>
③ 대리인의 권한은 서면으로 소명하여야 한다.
④ 대리인은 다음 각 호의 행위를 하기 위하여는 당사자의 위임을 받아야 한다.
1. 신청의 철회
2. 조정안의 수락
3. 복대리인의 선임

제92조(조정등의 신청) ① 건축물의 건축등과 관련된 분쟁의 조정 또는 재정(이하 "조정등"이라 한다)을 신청하려는 자는 분쟁위원회에 조정등의 신청서를 제출하여야 한다. <개정 2009.4.1., 2014.5.28.>
② 제1항에 따른 조정신청은 해당 사건의 당사자 중 1명 이상이 하며, 재정신청은 해당 사건 당사자 간의 합의로 한다. 다만, 분쟁위원회는 조정신청을 받으면 해당 사건의 모든 당사자에게 조정신청이 접수된 사실을 알려야 한다. <개정 2009.4.1., 2014.5.28.>
③ 분쟁위원회는 당사자의 조정신청을 받으면 60일 이내에, 재정신청을 받으면 120일 이내에 절차를 마쳐야 한다. 다만, 부득이한 사정이 있으면 분쟁위원회의 의결로 기간을 연장할 수 있다. <개정 2009.4.1., 2014.5.28.>

제93조(조정등의 신청에 따른 공사중지) ① 삭제 <2014.5.28.>
② 삭제 <2014.5.28.>
③ 시·도지사 또는 시장·군수·구청장은 위해 방지를 위하여 긴급한 상황이거나 그 밖에 특별한 사유가 없으면 조정등의 신청이 있다는 이유만으로 해당 공사를 중지하게 하여서는 아니 된다.
[제목개정 2014.5.28.]

제94조(조정위원회와 재정위원회) ① 조정은 3명의 위원으로 구성되는 조정위원회에서 하고, 재정은 5명의 위원으로 구성되는 재정위원회에서 한다.
② 조정위원회의 위원(이하"조정위원"이라 한다)과 재정위원회의 위원(이하"재정위원"이라 한다)은 사건마다 분쟁위원회의 위원 중에서 위원장이 지명한다. 이 경우 재정위원회에는 제89조제2항제4호에 해당하는 위원이 1명 이상 포함되어야 한다. <개정 2009.4.1., 2014.5.28.>
③ 조정위원회와 재정위원회의 회의는 구성원 전원의 출석으로 열고 과반수의 찬성으로 의결한다.

제95조(조정을 위한 조사 및 의견 청취) ① 조정위원회는 조정에 필요하다고 인정하면 조정위원 또는 사무국의 소속 직원에게 관계 서류를 열람하게 하거나 관계 사업장에 출입하여 조사하게 할 수 있다. <개정 2014.5.28.>
② 조정위원회는 필요하다고 인정하면 당사자나 참고인을 조정위원회에 출석하게 하여 의견을 들을 수 있다.
③ 분쟁의 조정신청을 받은 조정위원회는 조정기간 내에 심사하여 조정안을 작성하여야 한다. <개정 2014.5.28.>

제96조(조정의 효력) ① 조정위원회는 제95조제3항에 따라 조정안을 작성하면 지체 없이 각 당사자에게 조정안을 제시하여야 한다.
② 제1항에 따라 조정안을 제시받은 당사자는 제시를 받은 날부터 15일 이내에 수락 여부를 조정위원회에 알려야 한다.
③ 조정위원회는 당사자가 조정안을 수락하면 즉시 조정서를 작성하여야 하며, 조정위원과 각 당사자는 이에 기명날인하여야 한다.
④ 당사자가 제3항에 따라 조정안을 수락하고 조정서에 기명날인하면 당사자 간에 조정서와 동일한 내용의 합의가 성립된 것으로 본다.

제97조(분쟁의 재정) ① 재정은 문서로써 하여야 하며, 재정 문서에는 다음 각 호의 사항을 적고 재정위원이 이에 기명날인하여야 한다.

1. 사건번호와 사건명
2. 당사자, 선정대표자, 대표당사자 및 대리인의 주소 · 성명
3. 주문(主文)
4. 신청 취지
5. 이유
6. 재정 날짜

② 제1항제5호에 따른 이유를 적을 때에는 주문의 내용이 정당하다는 것을 인정할 수 있는 한도에서 당사자의 주장 등을 표시하여야 한다.

③ 재정위원회는 재정을 하면 지체 없이 재정 문서의 정본(正本)을 당사자나 대리인에게 송달하여야 한다.

제98조(재정을 위한 조사권 등) ① 재정위원회는 분쟁의 재정을 위하여 필요하다고 인정하면 당사자의 신청이나 직권으로 재정위원 또는 소속 공무원에게 다음 각 호의 행위를 하게 할 수 있다.

1. 당사자나 참고인에 대한 출석 요구, 자문 및 진술 청취
2. 감정인의 출석 및 감정 요구
3. 사건과 관계있는 문서나 물건의 열람 · 복사 · 제출 요구 및 유치
4. 사건과 관계있는 장소의 출입 · 조사

② 당사자는 제1항에 따른 조사 등에 참여할 수 있다.

③ 재정위원회가 직권으로 제1항에 따른 조사 등을 한 경우에는 그 결과에 대하여 당사자의 의견을 들어야 한다.

④ 재정위원회는 제1항에 따라 당사자나 참고인에게 진술하게 하거나 감정인에게 감정하게 할 때에는 당사자나 참고인 또는 감정인에게 선서를 하도록 하여야 한다.

⑤ 제1항제4호의 경우에 재정위원 또는 소속 공무원은 그 권한을 나타내는 증표를 지니고 이를 관계인에게 내보여야 한다.

제99조(재정의 효력 등) 재정위원회가 재정을 한 경우 재정 문서의 정본이 당사자에게 송달된 날부터 60일 이내에 당사자 양쪽이나 어느 한쪽으로부터 그 재정의 대상인 건축물의 건축등의 분쟁을 원인으로 하는 소송이 제기되지 아니하거나 그 소송이 철회되면 당사자 간에 재정 내용과 동일한 합의가 성립된 것으로 본다.

제100조(시효의 중단) 당사자가 재정에 불복하여 소송을 제기한 경우 시효의 중단과 제소기간의 산정에 있어서는 재정신청을 재판상의 청구로 본다.

제101조(조정 회부) 분쟁위원회는 재정신청이 된 사건을 조정에 회부하는 것이 적합하다고 인정하면 직권으로 직접 조정할 수 있다. <개정 2009.4.1., 2014.5.28.>

제102조(비용부담) ① 분쟁의 조정등을 위한 감정 · 진단 · 시험 등에 드는 비용은 당사자 간의 합의로 정하는 비율에 따라 당사자가 부담하여야 한다. 다만, 당사자 간에 비용부담에 대하여 합의가 되지 아니하면 조정위원회나 재정위원회에서 부담비율을 정한다.

② 조정위원회나 재정위원회는 필요하다고 인정하면 대통령령으로 정하는 바에 따라 당사자에게 제1항에 따른 비용을 예치하게 할 수 있다.

③ 제1항에 따른 비용의 범위에 관하여는 국토교통부령으로 정한다. <개정 2009.4.1., 2013.3.23., 2014.5.28.>

제103조(분쟁위원회의 운영 및 사무처리 위탁) ① 국토교통부장관은 분쟁위원회의 운영 및 사무처리를 「시설물의 안전 및 유지관리에 관한 특별법」 제45조에 따른 한국시설안전공단에 위탁할 수 있다. <개정 2014.5.28., 2017.1.17.>

② 분쟁위원회의 운영 및 사무처리를 위한 조직 및 인력 등은 대통령령으로 정한다. <개정 2014.5.28.>

③ 국토교통부장관은 예산의 범위에서 분쟁위원회의 운영 및 사무처리에 필요한 경비를 한국시설안전공단에 출연 또는 보조할 수 있다. <개정 2014.5.28.>

[제목개정 2014.5.28.]

제104조(조정등의 절차) 제88조부터 제103조까지의 규정에서 정한 것 외에 분쟁의 조정등의 방법 · 절차 등에 관하여 필요한 사항은 대통령령으로 정한다.

제104조의2(건축위원회의 사무의 정보보호) 건축위원회 또는 관계 행정기관 등은 제4

조의5의 민원심의 및 제92조의 분쟁조정 신청과 관련된 정보의 유출로 인하여 신청인과 이해관계인의 이익이 침해되지 아니하도록 노력하여야 한다.
[본조신설 2014.5.28.]

제105조(벌칙 적용 시 공무원 의제) 다음 각 호의 어느 하나에 해당하는 사람은 공무원이 아니더라도 「형법」 제129조부터 제132조까지의 규정과 「특정범죄가중처벌 등에 관한 법률」 제2조와 제3조에 따른 벌칙을 적용할 때에는 공무원으로 본다. <개정 2009.4.1., 2014.1.14., 2016.2.3.>
1. 제4조에 따른 건축위원회의 위원
1의2. 제13조의2제2항에 따라 안전영향평가를 하는 자
1의3. 제24조의2제4항에 따라 건축자재를 점검하는 자
2. 제27조에 따라 현장조사·검사 및 확인업무를 대행하는 사람
3. 제37조에 따른 건축지도원
4. 제82조제4항에 따른 기관 및 단체의 임직원
5. 삭제 <2014.5.28.>

[시행일 : 2016.8.4.] 제105조제1호의3

제105조(벌칙 적용 시 공무원 의제) 다음 각 호의 어느 하나에 해당하는 사람은 공무원이 아니더라도 「형법」 제129조부터 제132조까지의 규정과 「특정범죄가중처벌 등에 관한 법률」 제2조와 제3조에 따른 벌칙을 적용할 때에는 공무원으로 본다. <개정 2009.4.1., 2014.1.14., 2014.5.28., 2016.2.3., 2017.4.18.>
1. 제4조에 따른 건축위원회의 위원
1의2. 제13조의2제2항에 따라 안전영향평가를 하는 자
1의3. 제24조의2제4항에 따라 건축자재를 점검하는 자
2. 제27조에 따라 현장조사·검사 및 확인업무를 대행하는 사람
3. 제37조에 따른 건축지도원
4. 제82조제4항에 따른 기관 및 단체의 임직원
5. 제87조의2제2항에 따라 지역건축안전센터에 배치된 전문인력

[시행일 : 2016.8.4.] 제105조제1호의3
[시행일 : 2018.4.19.] 제105조제5호

제10장 벌칙

제106조(벌칙) ① 제23조, 제24조제1항, 제24조의2제1항, 제25조제3항 및 제35조를 위반하여 설계·시공·공사감리 및 유지·관리와 건축자재의 제조 및 유통을 함으로써 건축물이 부실하게 되어 착공 후 「건설산업기본법」 제28조에 따른 하자담보책임 기간에 건축물의 기초와 주요구조부에 중대한 손괴를 일으켜 일반인을 위험에 처하게 한 설계자·감리자·시공자·제조업자·유통업자·관계전문기술자 및 건축주는 10년 이하의 징역에 처한다. <개정 2015.1.6., 2016.2.3.>
② 제1항의 죄를 범하여 사람을 죽거나 다치게 한 자는 무기징역이나 3년 이상의 징역에 처한다.

제107조(벌칙) ① 업무상 과실로 제106조제1항의 죄를 범한 자는 5년 이하의 징역이나 금고 또는 5억원 이하의 벌금에 처한다. <개정 2016.2.3.>
② 업무상 과실로 제106조제2항의 죄를 범한 자는 10년 이하의 징역이나 금고 또는 10억원 이하의 벌금에 처한다. <개정 2016.2.3.>

제108조(벌칙) ① 도시지역에서 제11조제1항, 제19조제1항 및 제2항, 제47조, 제55조, 제56조, 제58조, 제60조, 제61조 또는 제77조의10을 위반하여 건축물을 건축하거나 대수선 또는 용도변경을 한 건축주 및 공사시공자는 3년 이하의 징역이나 5억원 이하의 벌금에 처한다. <개정 2014.5.28., 2016.1.19., 2016.2.3.>
② 제1항의 경우 징역과 벌금은 병과(倂科)할 수 있다.

제109조(벌칙) 다음 각 호의 어느 하나에 해당하는 자는 2년 이하의 징역이나 2억원 이하의 벌금에 처한다. <개정 2016.2.3., 2017.4.18.>
1. 제27조제2항에 따른 보고를 거짓으로 한 자
2. 제87조의2제1항제1호에 따른 보고·확인·검토·심사 및 점검을 거짓으로 한 자

[시행일 : 2017.10.19.] 제109조
[시행일 : 2018.4.19.] 제109조제2호

제110조(벌칙) 다음 각 호의 어느 하나에 해당하는 자는 2년 이하의 징역 또는 1억원 이하의 벌금에 처한다. <개정 2008.3.28., 2008.6.5., 2011.9.16., 2014.5.28., 2015.1.6., 2016.1.19., 2016.2.3., 2017.4.18.>

1. 도시지역 밖에서 제11조제1항, 제19조제1항 및 제2항, 제47조, 제55조, 제56조, 제58조, 제60조, 제61조, 제77조의10을 위반하여 건축물을 건축하거나 대수선 또는 용도변경을 한 건축주 및 공사시공자

1의2. 제13조제5항을 위반한 건축주 및 공사시공자

2. 제16조(변경허가 사항만 해당한다), 제21조제5항, 제22조제3항 또는 제25조제7항을 위반한 건축주 및 공사시공자
3. 제20조제1항에 따른 허가를 받지 아니하거나 제83조에 따른 신고를 하지 아니하고 가설건축물을 건축하거나 공작물을 축조한 건축주 및 공사시공자
4. 다음 각 목의 어느 하나에 해당하는 자
   가. 제25조제1항을 위반하여 공사감리자를 지정하지 아니하고 공사를 하게 한 자
   나. 제25조제1항을 위반하여 공사시공자 본인 및 계열회사를 공사감리자로 지정한 자
5. 제25조제3항을 위반하여 공사감리자로부터 시정 요청이나 재시공 요청을 받고 이에 따르지 아니하거나 공사 중지의 요청을 받고도 공사를 계속한 공사시공자
6. 제25조제6항을 위반하여 정당한 사유 없이 감리중간보고서나 감리완료보고서를 제출하지 아니하거나 거짓으로 작성하여 제출한 자

6의2. 제27조제2항을 위반하여 현장조사·검사 및 확인 대행 업무를 한 자

7. 제35조(제3항은 제외한다)를 위반한 건축물의 소유자 또는 관리자
8. 제40조제4항을 위반한 건축주 및 공사시공자

8의2. 제43조제1항, 제49조, 제50조, 제51조, 제53조, 제58조, 제61조제1항·제2항 또는 제64조를 위반한 건축주, 설계자, 공사시공자 또는 공사감리자

9. 제48조를 위반한 설계자, 공사감리자, 공사시공자 및 제67조에 따른 관계전문기술자

9의2. 제50조의2제1항을 위반한 설계자, 공사감리자 및 공사시공자

9의3. 제48조의4를 위반한 건축주, 설계자, 공사감리자, 공사시공자 및 제67조에 따른 관계전문기술자

10. 제52조에 따른 방화(防火)에 지장이 없는 재료를 사용하지 아니한 공사시공자 또는 그 재료 사용에 책임이 있는 설계자나 공사감리자
11. 제52조의3제1항을 위반하여 복합자재품질관리서를 제출하지 아니하거나 거짓으로 제출한 공급업자, 공사시공자 및 공사감리자
12. 제62조를 위반한 설계자, 공사감리자, 공사시공자 및 제67조에 따른 관계전문기술자

제111조(벌칙) 다음 각 호의 어느 하나에 해당하는 자는 5천만원 이하의 벌금에 처한다. <개정 2009.2.6., 2014.1.14., 2014.5.28., 2016.2.3.>

1. 제14조, 제16조(변경신고 사항만 해당한다), 제20조제3항, 제21조제1항, 제22조제1항 또는 제83조제1항에 따른 신고 또는 신청을 하지 아니하거나 거짓으로 신고하거나 신청한 자
2. 제24조제3항을 위반하여 설계 변경을 요청받고도 정당한 사유 없이 따르지 아니한 설계자
3. 제24조제4항을 위반하여 공사감리자로부터 상세시공도면을 작성하도록 요청받고도 이를 작성하지 아니하거나 시공도면에 따라 공사하지 아니한 자

3의2. 제24조제6항을 위반하여 현장관리인을 지정하지 아니하거나 착공신고서에 이를 거짓으로 기재한 자

3의3. 제24조의2제1항을 위반한 건축자재의 제조업자 및 유통업자

4. 제28조제1항을 위반한 공사시공자
5. 제41조나 제42조를 위반한 건축주 및 공사시공자
6. 제52조의2를 위반하여 실내건축을 한 건축주 및 공사시공자
7. 제81조제1항 및 제5항에 따른 명령을 위반하거나 같은 조 제4항을 위반한 자
8. 삭제 <2009.2.6.>

[시행일 : 2016.8.4.] 제111조

제112조(양벌규정) ① 법인의 대표자, 대리인, 사용인, 그 밖의 종업원이 그 법인의 업무에 관하여 제106조의 위반행위를 하면 행위자

를 벌할 뿐만 아니라 그 법인에도 10억원 이하의 벌금에 처한다. 다만, 법인이 그 위반행위를 방지하기 위하여 해당 업무에 관하여 상당한 주의와 감독을 게을리하지 아니한 때에는 그러하지 아니하다.

② 개인의 대리인, 사용인, 그 밖의 종업원이 그 개인의 업무에 관하여 제106조의 위반행위를 하면 행위자를 벌할 뿐만 아니라 그 개인에게도 10억원 이하의 벌금에 처한다. 다만, 개인이 그 위반행위를 방지하기 위하여 해당 업무에 관하여 상당한 주의와 감독을 게을리하지 아니한 때에는 그러하지 아니하다.

③ 법인의 대표자, 대리인, 사용인, 그 밖의 종업원이 그 법인의 업무에 관하여 제107조부터 제111조까지의 규정에 따른 위반행위를 하면 행위자를 벌할 뿐만 아니라 그 법인에도 해당 조문의 벌금형을 과(科)한다. 다만, 법인이 그 위반행위를 방지하기 위하여 해당 업무에 관하여 상당한 주의와 감독을 게을리하지 아니한 때에는 그러하지 아니하다.

④ 개인의 대리인, 사용인, 그 밖의 종업원이 그 개인의 업무에 관하여 제107조부터 제111조까지의 규정에 따른 위반행위를 하면 행위자를 벌할 뿐만 아니라 그 개인에게도 해당 조문의 벌금형을 과한다. 다만, 개인이 그 위반행위를 방지하기 위하여 해당 업무에 관하여 상당한 주의와 감독을 게을리하지 아니한 때에는 그러하지 아니하다

제113조(과태료) ① 다음 각 호의 어느 하나에 해당하는 자에게는 200만원 이하의 과태료를 부과한다. <개정 2009.2.6., 2014.5.28., 2016.1.19., 2016.2.3., 2017.12.26.>

1. 제19조제3항에 따른 건축물대장 기재내용의 변경을 신청하지 아니한 자
2. 제24조제2항을 위반하여 공사현장에 설계도서를 갖추어 두지 아니한 자
3. 제24조제5항을 위반하여 건축허가 표지판을 설치하지 아니한 자
4. 제24조의2제2항에 따른 점검을 거부·방해 또는 기피한 자
5. 제48조의3제1항 본문에 따른 공개를 하지 아니한 자

② 다음 각 호의 어느 하나에 해당하는 자에게는 100만원 이하의 과태료를 부과한다. <신설 2009.2.6., 2012.1.17., 2014.5.28., 2016.2.3.>

1. 제25조제4항을 위반하여 보고를 하지 아니한 공사감리자
2. 제27조제2항에 따른 보고를 하지 아니한 자
3. 제35조제2항에 따른 보고를 하지 아니한 자
4. 제36조제1항에 따른 신고를 하지 아니한 자
5. 삭제 <2016.2.3.>
6. 제77조제2항을 위반하여 모니터링에 필요한 사항에 협조하지 아니한 건축주, 소유자 또는 관리자
7. 삭제 <2016.1.19.>
8. 제83조제2항에 따른 보고를 하지 아니한 자
9. 제87조제1항에 따른 자료의 제출 또는 보고를 하지 아니하거나 거짓 자료를 제출하거나 거짓 보고를 한 자

③ 제24조제6항을 위반하여 공사 현장을 이탈한 현장관리인에게는 50만원 이하의 과태료를 부과한다. <신설 2016.2.3.>

④ 제1항부터 제3항까지에 따른 과태료는 대통령령으로 정하는 바에 따라 국토교통부장관, 시·도지사 또는 시장·군수·구청장이 부과·징수한다. <개정 2009.2.6., 2013.3.23., 2016.2.3.>

⑤ 삭제 <2009.2.6.>

부칙

<제15307호, 2017.12.26.>

제1조(시행일) 이 법은 공포 후 6개월이 경과한 날부터 시행한다.

제2조(리모델링에 관한 적용례) 제2조제1항제10호의 개정규정은 이 법 시행 후 건축허가를 신청(건축허가를 신청하기 위하여 제4조의2에 따라 건축위원회에 심의를 신청한 경우 및 건축신고를 한 경우를 포함한다)하는 경우부터 적용한다.

제3조(내진능력 공개에 관한 적용례) 제48조의3제1항의 개정규정은 이 법 시행 후 건축허가를 신청(건축허가를 신청하기 위하여 제4조의2에 따라 건축위원회에 심의를 신청한 경우 및 건축신고를 한 경우를 포함한다)하거나 용도변경 허가를 신청(용도변경 신고를 포함한다)하는 경우부터 적용한다.

건축법 시행령

[시행 2018.1.18.]
[대통령령 제28586호, 2018.1.16., 타법개정]

제1장 총칙

제1조(목적) 이 영은 「건축법」에서 위임된 사항과 그 시행에 필요한 사항을 규정함을 목적으로 한다.
[전문개정 2008.10.29.]

제2조(정의) 이 영에서 사용하는 용어의 뜻은 다음과 같다. <개정 2009.7.16., 2010.2.18., 2011.12.8., 2011.12.30., 2013.3.23., 2014.11.11., 2014.11.28., 2015.9.22., 2016.1.19., 2016.5.17., 2016.6.30., 2016.7.19., 2017.2.3.>

1. "신축"이란 건축물이 없는 대지(기존 건축물이 철거되거나 멸실된 대지를 포함한다)에 새로 건축물을 축조(築造)하는 것[부속건축물만 있는 대지에 새로 주된 건축물을 축조하는 것을 포함하되, 개축(改築) 또는 재축(再築)하는 것은 제외한다]을 말한다.
2. "증축"이란 기존 건축물이 있는 대지에서 건축물의 건축면적, 연면적, 층수 또는 높이를 늘리는 것을 말한다.
3. "개축"이란 기존 건축물의 전부 또는 일부[내력벽·기둥·보·지붕틀(제16호에 따른 한옥의 경우에는 지붕틀의 범위에서 서까래는 제외한다) 중 셋 이상이 포함되는 경우를 말한다]를 철거하고 그 대지에 종전과 같은 규모의 범위에서 건축물을 다시 축조하는 것을 말한다.
4. "재축"이란 건축물이 천재지변이나 그 밖의 재해(災害)로 멸실된 경우 그 대지에 다음 각 목의 요건을 모두 갖추어 다시 축조하는 것을 말한다.
   가. 연면적 합계는 종전 규모 이하로 할 것
   나. 동(棟)수, 층수 및 높이는 다음의 어느 하나에 해당할 것
      1) 동수, 층수 및 높이가 모두 종전 규모 이하일 것
      2) 동수, 층수 또는 높이의 어느 하나가 종전 규모를 초과하는 경우에는 해당 동수, 층수 및 높이가 「건축법」(이하 "법"이라 한다), 이 영 또는 건축조례(이하 "법령등"이라 한다)에 모두 적합할 것
5. "이전"이란 건축물의 주요구조부를 해체하지 아니하고 같은 대지의 다른 위치로 옮기는 것을 말한다.
6. "내수재료(耐水材料)"란 인조석·콘크리트 등 내수성을 가진 재료로서 국토교통부령으로 정하는 재료를 말한다.
7. "내화구조(耐火構造)"란 화재에 견딜 수 있는 성능을 가진 구조로서 국토교통부령으로 정하는 기준에 적합한 구조를 말한다.
8. "방화구조(防火構造)"란 화염의 확산을 막을 수 있는 성능을 가진 구조로서 국토교통부령으로 정하는 기준에 적합한 구조를 말한다.
9. "난연재료(難燃材料)"란 불에 잘 타지 아니하는 성능을 가진 재료로서 국토교통부령으로 정하는 기준에 적합한 재료를 말한다.
10. "불연재료(不燃材料)"란 불에 타지 아니하는 성질을 가진 재료로서 국토교통부령으로 정하는 기준에 적합한 재료를 말한다.
11. "준불연재료"란 불연재료에 준하는 성질을 가진 재료로서 국토교통부령으로 정하는 기준에 적합한 재료를 말한다.
12. "부속건축물"이란 같은 대지에서 주된 건축물과 분리된 부속용도의 건축물로서 주된 건축물을 이용 또는 관리하는 데에 필요한 건축물을 말한다.
13. "부속용도"란 건축물의 주된 용도의 기능에 필수적인 용도로서 다음 각 목의 어느 하나에 해당하는 용도를 말한다.
   가. 건축물의 설비, 대피, 위생, 그 밖에 이와 비슷한 시설의 용도
   나. 사무, 작업, 집회, 물품저장, 주차, 그 밖에 이와 비슷한 시설의 용도
   다. 구내식당·직장어린이집·구내운동시설 등 종업원 후생복리시설, 구내소각시설, 그 밖에 이와 비슷한 시설의 용도. 이 경우 다음의 요건을 모두 갖춘 휴게음식점(별표 1 제3호의 제1종 근린생활시설 중 같은 호 나목에 따른 휴게음식점을 말한다)은 구내식당에 포함되는 것으로 본다.
      1) 구내식당 내부에 설치할 것
      2) 설치면적이 구내식당 전체 면적의 3분의 1 이하로서 50제곱미터 이하일 것
      3) 다류(茶類)를 조리·판매하는 휴게음식점일 것

라. 관계 법령에서 주된 용도의 부수시설로 설치할 수 있게 규정하고 있는 시설, 그 밖에 국토교통부장관이 이와 유사하다고 인정하여 고시하는 시설의 용도
14. "발코니"란 건축물의 내부와 외부를 연결하는 완충공간으로서 전망이나 휴식 등의 목적으로 건축물 외벽에 접하여 부가적(附加的)으로 설치되는 공간을 말한다. 이 경우 주택에 설치되는 발코니로서 국토교통부장관이 정하는 기준에 적합한 발코니는 필요에 따라 거실·침실·창고 등의 용도로 사용할 수 있다.
15. "초고층 건축물"이란 층수가 50층 이상이거나 높이가 200미터 이상인 건축물을 말한다.
15의2. "준초고층 건축물"이란 고층건축물 중 초고층 건축물이 아닌 것을 말한다.
16. "한옥"이란 「한옥 등 건축자산의 진흥에 관한 법률」 제2조제2호에 따른 한옥을 말한다.
17. "다중이용 건축물"이란 불특정한 다수의 사람들이 이용하는 건축물로서 다음 각 목의 어느 하나에 해당하는 건축물을 말한다.
가. 다음의 어느 하나에 해당하는 용도로 쓰는 바닥면적의 합계가 5천제곱미터 이상인 건축물
1) 문화 및 집회시설(동물원 및 식물원은 제외한다)
2) 종교시설
3) 판매시설
4) 운수시설 중 여객용 시설
5) 의료시설 중 종합병원
6) 숙박시설 중 관광숙박시설
나. 16층 이상인 건축물
17의2. "준다중이용 건축물"이란 다중이용 건축물 외의 건축물로서 다음 각 목의 어느 하나에 해당하는 용도로 쓰는 바닥면적의 합계가 1천제곱미터 이상인 건축물을 말한다.
가. 문화 및 집회시설(동물원 및 식물원은 제외한다)
나. 종교시설
다. 판매시설
라. 운수시설 중 여객용 시설
마. 의료시설 중 종합병원
바. 교육연구시설
사. 노유자시설
아. 운동시설
자. 숙박시설 중 관광숙박시설
차. 위락시설
카. 관광 휴게시설
타. 장례시설
18. "특수구조 건축물"이란 다음 각 목의 어느 하나에 해당하는 건축물을 말한다.
가. 한쪽 끝은 고정되고 다른 끝은 지지(支持)되지 아니한 구조로 된 보·차양 등이 외벽의 중심선으로부터 3미터 이상 돌출된 건축물
나. 기둥과 기둥 사이의 거리(기둥의 중심선 사이의 거리를 말하며, 기둥이 없는 경우에는 내력벽과 내력벽의 중심선 사이의 거리를 말한다. 이하 같다)가 20미터 이상인 건축물
다. 특수한 설계·시공·공법 등이 필요한 건축물로서 국토교통부장관이 정하여 고시하는 구조로 된 건축물
19. 법 제2조제1항제21호에서 "환기시설물 등 대통령령으로 정하는 구조물"이란 급기(給氣) 및 배기(排氣)를 위한 건축 구조물의 개구부(開口部)인 환기구를 말한다.
[전문개정 2008.10.29.]

제3조(대지의 범위) ① 법 제2조제1항제1호 단서에 따라 둘 이상의 필지를 하나의 대지로 할 수 있는 토지는 다음 각 호와 같다. <개정 2009.12.14., 2011.6.29., 2012.4.10., 2013.11.20., 2014.10.14., 2015.6.1., 2016.5.17., 2016.8.11.>
1. 하나의 건축물을 두 필지 이상에 걸쳐 건축하는 경우: 그 건축물이 건축되는 각 필지의 토지를 합한 토지
2. 「공간정보의 구축 및 관리 등에 관한 법률」 제80조제3항에 따라 합병이 불가능한 경우 중 다음 각 목의 어느 하나에 해당하는 경우: 그 합병이 불가능한 필지의 토지를 합한 토지. 다만, 토지의 소유자가 서로 다르거나 소유권 외의 권리관계가 서로 다른 경우는 제외한다.
가. 각 필지의 지번부여지역(地番附與地域)이 서로 다른 경우
나. 각 필지의 도면의 축척이 다른 경우
다. 서로 인접하고 있는 필지로서 각 필지의 지반(地盤)이 연속되지 아니한 경우
3. 「국토의 계획 및 이용에 관한 법률」 제2조제7호에 따른 도시·군계획시설에 해당하는 건축물을 건축하는 경우: 그 도시·군계획시설이 설치되는 일단(一團)의 토지
4. 「주택법」 제15조에 따른 사업계획승인을 받아 주택과 그 부대시설 및 복리시설을

건축하는 경우: 같은 법 제2조제12호에 따른 주택단지
5. 도로의 지표 아래에 건축하는 건축물의 경우: 특별시장·광역시장·특별자치시장·특별자치도지사·시장·군수 또는 구청장(자치구의 구청장을 말한다. 이하 같다)이 그 건축물이 건축되는 토지로 정하는 토지
6. 법 제22조에 따른 사용승인을 신청할 때 둘 이상의 필지를 하나의 필지로 합칠 것을 조건으로 건축허가를 하는 경우: 그 필지가 합쳐지는 토지. 다만, 토지의 소유자가 서로 다른 경우는 제외한다.

② 법 제2조제1항제1호 단서에 따라 하나 이상의 필지의 일부를 하나의 대지로 할 수 있는 토지는 다음 각 호와 같다. <개정 2012.4.10.>
1. 하나 이상의 필지의 일부에 대하여 도시·군계획시설이 결정·고시된 경우: 그 결정·고시된 부분의 토지
2. 하나 이상의 필지의 일부에 대하여 「농지법」 제34조에 따른 농지전용허가를 받은 경우: 그 허가받은 부분의 토지
3. 하나 이상의 필지의 일부에 대하여 「산지관리법」 제14조에 따른 산지전용허가를 받은 경우: 그 허가받은 부분의 토지
4. 하나 이상의 필지의 일부에 대하여 「국토의 계획 및 이용에 관한 법률」 제56조에 따른 개발행위허가를 받은 경우: 그 허가받은 부분의 토지
5. 법 제22조에 따른 사용승인을 신청할 때 필지를 나눌 것을 조건으로 건축허가를 하는 경우: 그 필지가 나누어지는 토지

[전문개정 2008.10.29.]

제3조의2(대수선의 범위) 법 제2조제1항제9호에서 "대통령령으로 정하는 것"이란 다음 각 호의 어느 하나에 해당하는 것으로서 증축·개축 또는 재축에 해당하지 아니하는 것을 말한다. <개정 2010.2.18., 2014.11.28.>
1. 내력벽을 증설 또는 해체하거나 그 벽면적을 30제곱미터 이상 수선 또는 변경하는 것
2. 기둥을 증설 또는 해체하거나 세 개 이상 수선 또는 변경하는 것
3. 보를 증설 또는 해체하거나 세 개 이상 수선 또는 변경하는 것
4. 지붕틀(한옥의 경우에는 지붕틀의 범위에서 서까래는 제외한다)을 증설 또는 해체하거나 세 개 이상 수선 또는 변경하는 것
5. 방화벽 또는 방화구획을 위한 바닥 또는 벽을 증설 또는 해체하거나 수선 또는 변경하는 것
6. 주계단·피난계단 또는 특별피난계단을 증설 또는 해체하거나 수선 또는 변경하는 것
7. 미관지구에서 건축물의 외부형태(담장을 포함한다)를 변경하는 것
8. 다가구주택의 가구 간 경계벽 또는 다세대주택의 세대 간 경계벽을 증설 또는 해체하거나 수선 또는 변경하는 것
9. 건축물의 외벽에 사용하는 마감재료(법 제52조제2항에 따른 마감재료를 말한다)를 증설 또는 해체하거나 벽면적 30제곱미터 이상 수선 또는 변경하는 것

[전문개정 2008.10.29.]

제3조의3(지형적 조건 등에 따른 도로의 구조와 너비) 법 제2조제1항제11호 각 목 외의 부분에서 "대통령령으로 정하는 구조와 너비의 도로"란 다음 각 호의 어느 하나에 해당하는 도로를 말한다. <개정 2014.10.14.>
1. 특별자치시장·특별자치도지사 또는 시장·군수·구청장이 지형적 조건으로 인하여 차량 통행을 위한 도로의 설치가 곤란하다고 인정하여 그 위치를 지정·공고하는 구간의 너비 3미터 이상(길이가 10미터 미만인 막다른 도로인 경우에는 너비 2미터 이상)인 도로
2. 제1호에 해당하지 아니하는 막다른 도로로서 그 도로의 너비가 그 길이에 따라 각각 다음 표에 정하는 기준 이상인 도로

막다른 도로의 길이	도로의 너비
10미터 미만	2미터
10미터 이상 35미터 미만	3미터
35미터 이상	6미터(도시지역이 아닌 읍·면지역은 4미터)

[전문개정 2008.10.29.]

제3조의4(실내건축의 재료 등) 법 제2조제1항제20호에서 "벽지, 천장재, 바닥재, 유리 등 대통령령으로 정하는 재료 또는 장식물"이란 다음 각 호의 재료를 말한다.
1. 벽, 천장, 바닥 및 반자틀의 재료
2. 실내에 설치하는 난간, 창호 및 출입문의 재료
3. 실내에 설치하는 전기·가스·급수(給水), 배수(排水)·환기시설의 재료
4. 실내에 설치하는 충돌·끼임 등 사용자의 안전사고 방지를 위한 시설의 재료

[본조신설 2014.11.28.]
[종전 제3조의4는 제3조의5로 이동 <2014.11.28.>]

제3조의5(용도별 건축물의 종류) 법 제2조제2항 각 호의 용도에 속하는 건축물의 종류는 별표 1과 같다.
[전문개정 2008.10.29.]
[제3조의4에서 이동 <2014.11.28.>]

제4조 삭제 <2005.7.18.>

제5조(중앙건축위원회의 설치 등) ① 법 제4조제1항에 따라 국토교통부에 두는 건축위원회(이하 "중앙건축위원회"라 한다)는 다음 각 호의 사항을 조사·심의·조정 또는 재정(이하 "심의등"이라 한다)한다. <개정 2013.3.23., 2014.11.28.>
1. 법 제23조제4항에 따른 표준설계도서의 인정에 관한 사항
2. 건축물의 건축·대수선·용도변경, 건축설비의 설치 또는 공작물의 축조(이하 "건축물의 건축등"이라 한다)와 관련된 분쟁의 조정 또는 재정에 관한 사항
3. 법과 이 영의 제정·개정 및 시행에 관한 중요 사항
4. 다른 법령에서 중앙건축위원회의 심의를 받도록 한 경우 해당 법령에서 규정한 심의사항
5. 그 밖에 국토교통부장관이 중앙건축위원회의 심의가 필요하다고 인정하여 회의에 부치는 사항

② 제1항에 따라 심의등을 받은 건축물이 다음 각 호의 어느 하나에 해당하는 경우에는 해당 건축물의 건축등에 관한 중앙건축위원회의 심의등을 생략할 수 있다.
1. 건축물의 규모를 변경하는 것으로서 다음 각 목의 요건을 모두 갖춘 경우
   가. 건축위원회의 심의등의 결과에 위반되지 아니할 것
   나. 심의등을 받은 건축물의 건축면적, 연면적, 층수 또는 높이 중 어느 하나도 10분의 1을 넘지 아니하는 범위에서 변경할 것
2. 중앙건축위원회의 심의등의 결과를 반영하기 위하여 건축물의 건축등에 관한 사항을 변경하는 경우

③ 중앙건축위원회는 위원장 및 부위원장 각 1명을 포함하여 70명 이내의 위원으로 구성한다.
④ 중앙건축위원회의 위원은 관계 공무원과 건축에 관한 학식 또는 경험이 풍부한 사람 중에서 국토교통부장관이 임명하거나 위촉한다. <개정 2013.3.23.>
⑤ 중앙건축위원회의 위원장과 부위원장은 제4항에 따라 임명 또는 위촉된 위원 중에서 국토교통부장관이 임명하거나 위촉한다. <개정 2013.3.23.>
⑥ 공무원이 아닌 위원의 임기는 2년으로 하며, 한 차례만 연임할 수 있다.
[전문개정 2012.12.12.]

제5조의2(위원의 제척·기피·회피) ① 중앙건축위원회의 위원(이하 이 조 및 제5조의3에서 "위원"이라 한다)이 다음 각 호의 어느 하나에 해당하는 경우에는 중앙건축위원회의 심의·의결에서 제척(除斥)된다.
1. 위원 또는 그 배우자나 배우자이었던 사람이 해당 안건의 당사자(당사자가 법인·단체 등인 경우에는 그 임원을 포함한다. 이하 이 호 및 제2호에서 같다)가 되거나 그 안건의 당사자와 공동권리자 또는 공동의무자인 경우
2. 위원이 해당 안건의 당사자와 친족이거나 친족이었던 경우
3. 위원이 해당 안건에 대하여 자문, 연구, 용역(하도급을 포함한다), 감정 또는 조사를 한 경우
4. 위원이나 위원이 속한 법인·단체 등이 해당 안건의 당사자의 대리인이거나 대리인이었던 경우
5. 위원이 임원 또는 직원으로 재직하고 있거나 최근 3년 내에 재직하였던 기업 등이 해당 안건에 관하여 자문, 연구, 용역(하도급을 포함한다), 감정 또는 조사를 한 경우

② 해당 안건의 당사자는 위원에게 공정한 심의·의결을 기대하기 어려운 사정이 있는 경우에는 중앙건축위원회에 기피 신청을 할 수 있고, 중앙건축위원회는 의결로 이를 결정한다. 이 경우 기피 신청의 대상인 위원은 그 의결에 참여하지 못한다.
③ 위원이 제1항 각 호에 따른 제척 사유에 해당하는 경우에는 스스로 해당 안건의 심의·의결에서 회피(回避)하여야 한다.
[본조신설 2012.12.12.]

제5조의3(위원의 해임·해촉) 국토교통부장관

은 위원이 다음 각 호의 어느 하나에 해당하는 경우에는 해당 위원을 해임하거나 해촉(解囑)할 수 있다. <개정 2013.3.23.>

1. 심신장애로 인하여 직무를 수행할 수 없게 된 경우
2. 직무태만, 품위손상이나 그 밖의 사유로 인하여 위원으로 적합하지 아니하다고 인정되는 경우
3. 제5조의2제1항 각 호의 어느 하나에 해당하는 데에도 불구하고 회피하지 아니한 경우

[본조신설 2012.12.12.]

제5조의4(운영세칙) 제5조, 제5조의2 및 제5조의3에서 규정한 사항 외에 중앙건축위원회의 운영에 관한 사항, 수당 및 여비의 지급에 관한 사항은 국토교통부령으로 정한다. <개정 2013.3.23.>

[본조신설 2012.12.12.]

제5조의5(지방건축위원회) ① 법 제4조제1항에 따라 특별시·광역시·특별자치시·도·특별자치도(이하 "시·도"라 한다) 및 시·군·구(자치구를 말한다. 이하 같다)에 두는 건축위원회(이하 "지방건축위원회"라 한다)는 다음 각 호의 사항에 대한 심의등을 한다. <개정 2013.11.20., 2014.10.14., 2014.11.11., 2014.11.28.>

1. 법 제46조제2항에 따른 건축선(建築線)의 지정에 관한 사항
2. 법 또는 이 영에 따른 조례(해당 지방자치단체의 장이 발의하는 조례만 해당한다)의 제정·개정 및 시행에 관한 중요 사항
3. 삭제 <2014.11.11.>
4. 다중이용 건축물 및 특수구조 건축물의 구조안전에 관한 사항
5. 삭제 <2016.1.19.>
6. 분양을 목적으로 하는 건축물로서 건축조례로 정하는 용도 및 규모에 해당하는 건축물의 건축에 관한 사항
7. 다른 법령에서 지방건축위원회의 심의를 받도록 한 경우 해당 법령에서 규정한 심의사항
8. 건축조례로 정하는 건축물의 건축등에 관한 것으로서 특별시장·광역시장·특별자치시장·도지사 또는 특별자치도지사(이하 "시·도지사"라 한다) 및 시장·군수·구청장이 지방건축위원회의 심의가 필요하다고 인정한 사항

② 제1항에 따라 심의등을 받은 건축물이 제5조제2항 각 호의 어느 하나에 해당하는 경우에는 해당 건축물의 건축등에 관한 지방건축위원회의 심의등을 생략할 수 있다.

③ 제1항에 따른 지방건축위원회는 위원장 및 부위원장 각 1명을 포함하여 25명 이상 150명 이하의 위원으로 성별을 고려하여 구성한다. <개정 2016.1.19.>

④ 지방건축위원회의 위원은 다음 각 호의 어느 하나에 해당하는 사람 중에서 시·도지사 및 시장·군수·구청장이 임명하거나 위촉한다.

1. 도시계획 및 건축 관계 공무원
2. 도시계획 및 건축 등에서 학식과 경험이 풍부한 사람

⑤ 지방건축위원회의 위원장과 부위원장은 제4항에 따라 임명 또는 위촉된 위원 중에서 시·도지사 및 시장·군수·구청장이 임명하거나 위촉한다.

⑥ 지방건축위원회 위원의 임명·위촉·제척·기피·회피·해촉·임기 등에 관한 사항, 회의 및 소위원회의 구성·운영 및 심의등에 관한 사항, 위원의 수당 및 여비 등에 관한 사항은 조례로 정하되, 다음 각 호의 기준에 따라야 한다. <개정 2014.11.11., 2014.11.28.>

1. 위원의 임명·위촉 기준 및 제척·기피·회피·해촉·임기
   가. 공무원을 위원으로 임명하는 경우에는 그 수를 전체 위원 수의 4분의 1 이하로 할 것
   나. 공무원이 아닌 위원은 건축 관련 학회 및 협회 등 관련 단체나 기관의 추천 또는 공모절차를 거쳐 위촉할 것
   다. 다른 법령에 따라 지방건축위원회의 심의를 하는 경우에는 해당 분야의 관계 전문가가 그 심의에 위원으로 참석하는 심의위원 수의 4분의 1 이상이 되게 할 것. 이 경우 필요하면 해당 심의에만 위원으로 참석하는 관계 전문가를 임명하거나 위촉할 수 있다.
   라. 위원의 제척·기피·회피·해촉에 관하여는 제5조의2 및 제5조의3을 준용할 것
   마. 공무원이 아닌 위원의 임기는 3년 이내로 하며, 필요한 경우에는 한 차례만 연임할 수 있게 할 것
2. 심의등에 관한 기준
   가. 「국토의 계획 및 이용에 관한 법률」 제30조제3항 단서에 따라 건축위원회와 도시

계획위원회가 공동으로 심의한 사항에 대해서는 심의를 생략할 것
나. 삭제 <2014.11.11.>
다. 지방건축위원회의 위원장은 회의 개최 10일 전까지 회의 안건과 심의에 참여할 위원을 확정하고, 회의 개최 7일 전까지 회의에 부치는 안건을 각 위원에게 알릴 것. 다만, 대외적으로 기밀 유지가 필요한 사항이나 그 밖에 부득이한 사유가 있는 경우에는 그러하지 아니하다.
라. 지방건축위원회의 위원장은 다목에 따라 심의에 참여할 위원을 확정하면 심의등을 신청한 자에게 위원 명단을 알릴 것
마. 삭제 <2014.11.28.>
바. 지방건축위원회의 회의는 구성위원(위원장과 위원장이 다목에 따라 회의 참여를 확정한 위원을 말한다) 과반수의 출석으로 개의(開議)하고, 출석위원 과반수 찬성으로 심의등을 의결하며, 심의등을 신청한 자에게 심의등의 결과를 알릴 것
사. 지방건축위원회의 위원장은 업무 수행을 위하여 필요하다고 인정하는 경우에는 관계 전문가를 지방건축위원회의 회의에 출석하게 하여 발언하게 하거나 관계 기관·단체에 자료를 요구할 것
아. 건축주·설계자 및 심의등을 신청한 자가 희망하는 경우에는 회의에 참여하여 해당 안건 등에 대하여 설명할 수 있도록 할 것
자. 제1항제5호부터 제8호까지의 규정에 따른 사항을 심의하는 경우 심의등을 신청한 자에게 지방건축위원회에 간략설계도서(배치도·평면도·입면도·주단면도 및 국토교통부장관이 정하여 고시하는 도서로 한정하며, 전자문서로 된 도서를 포함한다)를 제출하도록 할 것
차. 건축구조 분야 등 전문분야에 대해서는 분야별 해당 전문위원회에서 심의하도록 할 것(제5조의6제1항에 따라 분야별 전문위원회를 구성한 경우만 해당한다)
카. 지방건축위원회 심의 절차 및 방법 등에 관하여 국토교통부장관이 정하여 고시하는 기준에 따를 것
[본조신설 2012.12.12.]

제5조의6(전문위원회의 구성 등) ① 국토교통부장관, 시·도지사 또는 시장·군수·구청장은 법 제4조제2항에 따라 다음 각 호의 분야별로 전문위원회를 구성·운영할 수 있다. <개정 2013.3.23.>
1. 건축계획 분야
2. 건축구조 분야
3. 건축설비 분야
4. 건축방재 분야
5. 에너지관리 등 건축환경 분야
6. 건축물 경관(景觀) 분야(공간환경 분야를 포함한다)
7. 조경 분야
8. 도시계획 및 단지계획 분야
9. 교통 및 정보기술 분야
10. 사회 및 경제 분야
11. 그 밖의 분야
② 제1항에 따른 전문위원회의 구성·운영에 관한 사항, 수당 및 여비 지급에 관한 사항은 국토교통부령 또는 건축조례로 정한다. <개정 2013.3.23.>
[본조신설 2012.12.12.]

제5조의7(지방건축위원회의 심의) ① 법 제4조의2제1항에서 "대통령령으로 정하는 건축물"이란 제5조의5제1항제5호부터 제8호까지의 규정에 따른 심의 대상 건축물을 말한다.
② 시·도지사 또는 시장·군수·구청장은 법 제4조의2제1항에 따라 건축물을 건축하거나 대수선하려는 자가 지방건축위원회의 심의를 신청한 경우에는 법 제4조의2제2항에 따라 심의 신청 접수일부터 30일 이내에 해당 지방건축위원회에 심의 안건을 상정하여야 한다.
③ 법 제4조의2제3항에 따라 재심의 신청을 받은 시·도지사 또는 시장·군수·구청장은 지방건축위원회의 심의에 참여할 위원을 다시 확정하여 법 제4조의2제4항에 따라 해당 지방건축위원회에 재심의 안건을 상정하여야 한다.
[본조신설 2014.11.28.]

제5조의8(지방건축위원회 회의록의 공개) ① 시·도지사 또는 시장·군수·구청장은 법 제4조의3 본문에 따라 법 제4조의2제1항에 따른 심의(같은 조 제3항에 따른 재심의를 포함한다. 이하 이 조에서 같다)를 신청한 자가 지방건축위원회의 회의록 공개를 요청하는 경우에는 지방건축위원회의 심의 결과를 통보한 날부터 6개월까지 공개를 요청한 자에게 열람 또는 사본을 제공하는 방법으로 공개하여야 한다.
② 법 제4조의3 단서에서 "이름, 주민등록번호 등 대통령령으로 정하는 개인 식별 정보"란 이름, 주민등록번호, 직위 및 주소 등 특

정인임을 식별할 수 있는 정보를 말한다.
[본조신설 2014.11.28.]

제5조의9(건축민원전문위원회의 심의 대상) 법 제4조의4제1항제3호에서 "대통령령으로 정하는 민원"이란 다음 각 호의 어느 하나에 해당하는 민원을 말한다.
1. 건축조례의 운영 및 집행에 관한 민원
2. 그 밖에 관계 건축법령에 따른 처분기준 외의 사항을 요구하는 등 허가권자의 부당한 요구에 따른 민원

[본조신설 2014.11.28.]

제5조의10(질의민원 심의의 신청) ① 법 제4조의5제2항 각 호 외의 부분 단서에 따라 구술로 신청한 질의민원 심의 신청을 접수한 담당 공무원은 신청인이 심의 신청서를 작성할 수 있도록 협조하여야 한다.
② 법 제4조의5제2항제3호에서 "행정기관의 명칭 등 대통령령으로 정하는 사항"이란 다음 각 호의 사항을 말한다.
1. 민원 대상 행정기관의 명칭
2. 대리인 또는 대표자의 이름과 주소(법 제4조의6제2항 및 제4조의7제2항·제5항에 따른 위원회 출석, 의견 제시, 결정내용 통지 수령 및 처리결과 통보 수령 등을 위임한 경우만 해당한다)

[본조신설 2014.11.28.]

제6조(적용의 완화) ① 법 제5조제1항에 따라 완화하여 적용하는 건축물 및 기준은 다음 각 호와 같다. <개정 2009.6.30., 2009.7.16., 2010.2.18., 2010.8.17., 2010.12.13., 2012.4.10., 2012.12.12., 2013.3.23., 2013.5.31., 2014.4.29., 2014.10.14., 2015.12.28., 2016.7.19., 2016.8.11., 2017.2.3.>
1. 수면 위에 건축하는 건축물 등 대지의 범위를 설정하기 곤란한 경우: 법 제40조부터 제47조까지, 법 제55조부터 제57조까지, 법 제60조 및 법 제61조에 따른 기준
2. 거실이 없는 통신시설 및 기계·설비시설인 경우: 법 제44조부터 법 제46조까지의 규정에 따른 기준
3. 31층 이상인 건축물(건축물 전부가 공동주택의 용도로 쓰이는 경우는 제외한다)과 발전소, 제철소, 「산업집적활성화 및 공장설립에 관한 법률 시행령」 별표 1 제2호마목에 따라 산업통상자원부령으로 정하는 업종의 제조시설, 운동시설 등 특수 용도의 건축물인 경우: 법 제43조, 제49조부터 제52조까지, 제62조, 제64조, 제67조 및 제68조에 따른 기준
4. 전통사찰, 전통한옥 등 전통문화의 보존을 위하여 시·도의 건축조례로 정하는 지역의 건축물인 경우: 법 제2조제1항제11호, 제44조, 제46조 및 제60조제3항에 따른 기준
5. 경사진 대지에 계단식으로 건축하는 공동주택으로서 지면에서 직접 각 세대가 있는 층으로의 출입이 가능하고, 위층 세대가 아래층 세대의 지붕을 정원 등으로 활용하는 것이 가능한 형태의 건축물과 초고층 건축물인 경우: 법 제55조에 따른 기준
6. 다음 각 목의 어느 하나에 해당하는 건축물인 경우: 법 제42조, 제43조, 제46조, 제55조, 제56조, 제58조, 제60조, 제61조제2항에 따른 기준
   가. 허가권자가 리모델링 활성화가 필요하다고 인정하여 지정·공고한 구역(이하 "리모델링 활성화 구역"이라 한다) 안의 건축물
   나. 사용승인을 받은 후 15년 이상이 되어 리모델링이 필요한 건축물
   다. 기존 건축물을 건축(증축, 일부 개축 또는 일부 재축으로 한정한다. 이하 이 목 및 제32조제3항에서 같다)하거나 대수선하는 경우로서 다음의 요건을 모두 갖춘 건축물
      1) 기존 건축물이 건축 또는 대수선 당시의 법령상 건축물 전체에 대하여 다음의 구분에 따른 확인 또는 확인 서류 제출을 하여야 하는 건축물에 해당하지 아니할 것
         가) 2009년 7월 16일 대통령령 제21629호 건축법 시행령 일부개정령으로 개정되기 전의 제32조에 따른 지진에 대한 안전여부의 확인
         나) 2009년 7월 16일 대통령령 제21629호 건축법 시행령 일부개정령으로 개정된 이후부터 2014년 11월 28일 대통령령 제25786호 건축법 시행령 일부개정령으로 개정되기 전까지의 제32조에 따른 구조 안전의 확인
         다) 2014년 11월 28일 대통령령 제25786호 건축법 시행령 일부개정령으로 개정된 이후의 제32조에 따른 구조 안전의 확인 서류 제출

2) 제32조제3항에 따라 기존 건축물을 건축 또는 대수선하기 전과 후의 건축물 전체에 대한 구조 안전의 확인 서류를 제출할 것. 다만, 기존 건축물을 일부 재축하는 경우에는 재축 후의 건축물에 대한 구조 안전의 확인 서류만 제출한다.

7. 기존 건축물에 「장애인·노인·임산부 등의 편의증진 보장에 관한 법률」 제8조에 따른 편의시설을 설치하면 법 제55조 또는 법 제56조에 따른 기준에 적합하지 아니하게 되는 경우: 법 제55조 및 법 제56조에 따른 기준

7의2. 「국토의 계획 및 이용에 관한 법률」에 따른 도시지역 및 지구단위계획구역 외의 지역 중 동이나 읍에 해당하는 지역에 건축하는 건축물로서 건축조례로 정하는 건축물인 경우: 법 제2조제1항제11호 및 제44조에 따른 기준

8. 다음 각 목의 어느 하나에 해당하는 대지에 건축하는 건축물로서 재해예방을 위한 조치가 필요한 경우: 법 제55조, 법 제56조, 법 제60조 및 법 제61조에 따른 기준

가. 「국토의 계획 및 이용에 관한 법률」 제37조에 따라 지정된 방재지구(防災地區)

나. 「급경사지 재해예방에 관한 법률」 제6조에 따라 지정된 붕괴위험지역

9. 조화롭고 창의적인 건축을 통하여 아름다운 도시경관을 창출한다고 법 제11조에 따른 특별시장·광역시장·특별자치시장·특별자치도지사 또는 시장·군수·구청장(이하 "허가권자"라 한다)가 인정하는 건축물과 「주택법 시행령」 제10조제1항에 따른 도시형 생활주택(아파트는 제외한다)인 경우: 법 제60조 및 제61조에 따른 기준

10. 「공공주택 특별법」 제2조제1호에 따른 공공주택인 경우: 법 제61조제2항에 따른 기준

11. 다음 각 목의 어느 하나에 해당하는 공동주택에 「주택건설 기준 등에 관한 규정」 제2조제3호에 따른 주민공동시설(주택소유자가 공유하는 시설로서 영리를 목적으로 하지 아니하고 주택의 부속용도로 사용하는 시설만 해당하며, 이하 "주민공동시설"이라 한다)을 설치하는 경우: 법 제56조에 따른 기준

가. 「주택법」 제15조에 따라 사업계획 승인을 받아 건축하는 공동주택

나. 상업지역 또는 준주거지역에서 법 제11조에 따라 건축허가를 받아 건축하는 200세대 이상 300세대 미만인 공동주택

다. 법 제11조에 따라 건축허가를 받아 건축하는 「주택법 시행령」 제10조에 따른 도시형 생활주택

12. 법 제77조의4제1항에 따라 건축협정을 체결하여 건축물의 건축·대수선 또는 리모델링을 하려는 경우: 법 제55조 및 제56조에 따른 기준

② 허가권자는 법 제5조제2항에 따라 완화 여부 및 적용 범위를 결정할 때에는 다음 각 호의 기준을 지켜야 한다. <개정 2009.7.16., 2010.2.18., 2010.7.6., 2010.12.13., 2012.12.12., 2013.3.23., 2013.5.31., 2014.10.14., 2016.8.11.>

1. 제1항제1호부터 제5호까지, 제7호·제7호의2 및 제9호의 경우

가. 공공의 이익을 해치지 아니하고, 주변의 대지 및 건축물에 지나친 불이익을 주지 아니할 것

나. 도시의 미관이나 환경을 지나치게 해치지 아니할 것

2. 제1항제6호의 경우

가. 제1호 각 목의 기준에 적합할 것

나. 증축은 기능향상 등을 고려하여 국토교통부령으로 정하는 규모와 범위에서 할 것

다. 「주택법」 제15조에 따른 사업계획승인 대상인 공동주택의 리모델링은 복리시설을 분양하기 위한 것이 아닐 것

3. 제1항제8호의 경우

가. 제1호 각 목의 기준에 적합할 것

나. 해당 지역에 적용되는 법 제55조, 법 제56조, 법 제60조 및 법 제61조에 따른 기준을 100분의 140 이하의 범위에서 건축조례로 정하는 비율을 적용할 것

4. 제1항제10호의 경우

가. 제1호 각 목의 기준에 적합할 것

나. 기준이 완화되는 범위는 외벽의 중심선에서 발코니 끝부분까지의 길이 중 1.5미터를 초과하는 발코니 부분에 한정될 것. 이 경우 완화되는 범위는 최대 1미터로 제한하며, 완화되는 부분에 창호를 설치해서는 아니 된다.

5. 제1항제11호의 경우

가. 제1호 각 목의 기준에 적합할 것

나. 법 제56조에 따른 용적률의 기준은 해

당 지역에 적용되는 용적률에 주민공동 시설에 해당하는 용적률을 가산한 범위에서 건축조례로 정하는 용적률을 적용할 것
6. 제1항제12호의 경우
 가. 제1호 각 목의 기준에 적합할 것
 나. 법 제55조 및 제56조에 따른 건폐율 또는 용적률의 기준은 법 제77조의4제1항에 따라 건축협정이 체결된 지역 또는 구역(이하 "건축협정구역"이라 한다) 안에서 연접한 둘 이상의 대지에서 건축허가를 동시에 신청하는 경우 둘 이상의 대지를 하나의 대지로 보아 적용할 것

[전문개정 2008.10.29.]

제6조의2(기존의 건축물 등에 대한 특례) ① 법 제6조에서 "그 밖에 대통령령으로 정하는 사유"란 다음 각 호의 어느 하나에 해당하는 경우를 말한다. <개정 2012.4.10., 2013.3.23.>
1. 도시·군관리계획의 결정·변경 또는 행정구역의 변경이 있는 경우
2. 도시·군계획시설의 설치, 도시개발사업의 시행 또는「도로법」에 따른 도로의 설치가 있는 경우
3. 그 밖에 제1호 및 제2호와 비슷한 경우로서 국토교통부령으로 정하는 경우

② 허가권자는 기존 건축물 및 대지가 법령의 제정·개정이나 제1항 각 호의 사유로 법령등에 부적합하더라도 다음 각 호의 어느 하나에 해당하는 경우에는 건축을 허가할 수 있다. <개정 2010.2.18., 2012.4.10., 2014.10.14., 2016.1.19., 2016.5.17.>
1. 기존 건축물을 재축하는 경우
2. 증축하거나 개축하려는 부분이 법령등에 적합한 경우
3. 기존 건축물의 대지가 도시·군계획시설의 설치 또는「도로법」에 따른 도로의 설치로 법 제57조에 따라 해당 지방자치단체가 정하는 면적에 미달되는 경우로서 그 기존 건축물을 연면적 합계의 범위에서 증축하거나 개축하는 경우
4. 기존 건축물이 도시·군계획시설 또는「도로법」에 따른 도로의 설치로 법 제55조 또는 법 제56조에 부적합하게 된 경우로서 화장실·계단·승강기의 설치 등 그 건축물의 기능을 유지하기 위하여 그 기존 건축물의 연면적 합계의 범위에서 증축하는 경우
5. 법률 제7696호 건축법 일부개정법률 제50조의 개정규정에 따라 최초로 개정한 해당 지방자치단체의 조례 시행일 이전에 건축된 기존 건축물의 건축선 및 인접 대지경계선으로부터의 거리가 그 조례로 정하는 거리에 미달되는 경우로서 그 기존 건축물을 건축 당시의 법령에 위반하지 아니하는 범위에서 증축하는 경우
6. 기존 한옥을 개축하는 경우
7. 건축물 대지의 전부 또는 일부가 「자연재해대책법」 제12조에 따른 자연재해위험개선지구에 포함되고 법 제22조에 따른 사용승인 후 20년이 지난 기존 건축물을 재해로 인한 피해 예방을 위하여 연면적의 합계 범위에서 개축하는 경우

③ 허가권자는「국토의 계획 및 이용에 관한 법률 시행령」제84조의2 또는 제93조의2에 따라 기존 공장을 증축하는 경우에는 다음 각 호의 기준을 적용하여 해당 공장(이하 "기존 공장"이라 한다)의 증축을 허가할 수 있다. <신설 2016.1.19.>
1. 제3조의3제2호에도 불구하고 도시지역에서의 길이 35미터 이상인 막다른 도로의 너비기준은 4미터 이상으로 한다.
2. 제28조제2항에도 불구하고 연면적 합계가 3천제곱미터 미만인 기존 공장이 증축으로 3천제곱미터 이상이 되는 경우 해당 대지가 접하여야 하는 도로의 너비는 4미터 이상으로 하고, 해당 대지가 도로에 접하여야 하는 길이는 2미터 이상으로 한다.

[전문개정 2008.10.29.]

제6조의3(특수구조 건축물 구조 안전의 확인에 관한 특례) ① 법 제6조의2에서 "대통령령으로 정하는 건축물"이란 제2조제18호에 따른 특수구조 건축물을 말한다.

② 특수구조 건축물을 건축하거나 대수선하려는 건축주는 법 제21조에 따른 착공신고를 하기 전에 국토교통부령으로 정하는 바에 따라 허가권자에게 해당 건축물의 구조 안전에 관하여 지방건축위원회의 심의를 신청하여야 한다. 이 경우 건축주는 설계자로부터 미리 법 제48조제2항에 따른 구조 안전 확인을 받아야 한다.

③ 제2항에 따른 신청을 받은 허가권자는 심의 신청 접수일부터 15일 이내에 제5조의6 제1항제2호에 따른 건축구조 분야 전문위원회에 심의 안건을 상정하고, 심의 결과를 심의를 신청한 자에게 통보하여야 한다.

④ 제3항에 따른 심의 결과에 이의가 있는 자는 심의 결과를 통보받은 날부터 1개월 이내에 허가권자에게 재심의를 신청할 수 있다.
⑤ 제3항에 따른 심의 결과 또는 제4항에 따른 재심의 결과를 통보받은 건축주는 법 제21조에 따른 착공신고를 할 때 그 결과를 반영하여야 한다.
⑥ 제3항에 따른 심의 결과의 통보, 제4항에 따른 재심의의 방법 및 결과 통보에 관하여는 법 제4조의2제2항 및 제4항을 준용한다.
[본조신설 2015.7.6.]
[종전 제6조의3은 제6조의4로 이동 <2015.7.6.>]

제6조의4(부유식 건축물의 특례) ① 법 제6조의3제1항에 따라 같은 항에 따른 부유식 건축물(이하 "부유식 건축물"이라 한다)에 대해서는 다음 각 호의 구분기준에 따라 법 제40조부터 제44조까지, 제46조 및 제47조를 적용한다.
1. 법 제40조에 따른 대지의 안전 기준의 경우: 같은 조 제3항에 따른 오수의 배출 및 처리에 관한 부분만 적용
2. 법 제41조부터 제44조까지, 제46조 및 제47조의 경우: 미적용. 다만, 법 제44조는 부유식 건축물의 출입에 지장이 없다고 인정하는 경우에만 적용하지 아니한다.

② 제1항에도 불구하고 건축조례에서 지역별 특성 등을 고려하여 그 기준을 달리 정한 경우에는 그 기준에 따른다. 이 경우 그 기준은 법 제40조부터 제44조까지, 제46조 및 제47조에 따른 기준의 범위에서 정하여야 한다.
[본조신설 2016.7.19.]
[종전 제6조의4는 제6조의5로 이동 <2016.7.19.>]

제6조의5(리모델링이 쉬운 구조 등) ① 법 제8조에서 "대통령령으로 정하는 구조"란 다음 각 호의 요건에 적합한 구조를 말한다. 이 경우 다음 각 호의 요건에 적합한지에 관한 세부적인 판단 기준은 국토교통부장관이 정하여 고시한다. <개정 2009.7.16., 2013.3.23.>
1. 각 세대는 인접한 세대와 수직 또는 수평 방향으로 통합하거나 분할할 수 있을 것
2. 구조체에서 건축설비, 내부 마감재료 및 외부 마감재료를 분리할 수 있을 것
3. 개별 세대 안에서 구획된 실(室)의 크기, 개수 또는 위치 등을 변경할 수 있을 것

② 법 제8조에서 "대통령령으로 정하는 비율"이란 100분의 120을 말한다. 다만, 건축조례에서 지역별 특성 등을 고려하여 그 비율을 강화한 경우에는 건축조례로 정하는 기준에 따른다.
[전문개정 2008.10.29.]
[제6조의4에서 이동 <2016.7.19.>]

제2장 건축물의 건축

제7조 삭제 <1995.12.30.>

제8조(건축허가) ① 법 제11조제1항 단서에 따라 특별시장 또는 광역시장의 허가를 받아야 하는 건축물의 건축은 층수가 21층 이상이거나 연면적의 합계가 10만 제곱미터 이상인 건축물의 건축(연면적의 10분의 3 이상을 증축하여 층수가 21층 이상으로 되거나 연면적의 합계가 10만 제곱미터 이상으로 되는 경우를 포함한다)을 말한다. 다만, 다음 각 호의 어느 하나에 해당하는 건축물의 건축은 제외한다. <개정 2008.10.29., 2009.7.16., 2010.12.13., 2012.12.12., 2014.11.11., 2014.11.28.>
1. 공장
2. 창고
3. 지방건축위원회의 심의를 거친 건축물(특별시 또는 광역시의 건축조례로 정하는 바에 따라 해당 지방건축위원회의 심의사항으로 할 수 있는 건축물에 한정하며, 초고층 건축물은 제외한다)

② 삭제 <2006.5.8.>
③ 법 제11조제2항제2호에서 "위락시설과 숙박시설 등 대통령령으로 정하는 용도에 해당하는 건축물"이란 다음 각 호의 건축물을 말한다. <개정 2008.10.29.>
1. 공동주택
2. 제2종 근린생활시설(일반음식점만 해당한다)
3. 업무시설(일반업무시설만 해당한다)
4. 숙박시설
5. 위락시설

④ 삭제 <2006.5.8.>
⑤ 삭제 <2006.5.8.>
⑥ 법 제11조제2항에 따른 승인신청에 필요한 신청서류 및 절차 등에 관하여 필요한 사항은 국토교통부령으로 정한다. <개정 2008.10.29., 2013.3.23.>

[전문개정 1999.4.30.]

제9조(건축허가 등의 신청) ① 법 제11조제1항에 따라 건축물의 건축허가를 받으려는 자는 국토교통부령으로 정하는 바에 따라 건축허가신청서에 관계 서류를 첨부하여 허가권자에게 제출하여야 한다. 다만, 「방위사업법」에 따른 방위산업시설의 건축허가를 받으려는 경우에는 건축 관계 법령에 적합한지 여부에 관한 설계자의 확인으로 관계 서류를 갈음할 수 있다. <개정 2013.3.23.>

② 허가권자는 법 제11조제1항에 따라 건축허가를 하였으면 국토교통부령으로 정하는 바에 따라 건축허가서를 신청인에게 발급하여야 한다. <개정 2013.3.23.>

[전문개정 2008.10.29.]

제9조의2(건축허가 신청 시 소유권 확보 예외 사유) ① 법 제11조제11항제2호에서 "건축물의 노후화 또는 구조안전 문제 등 대통령령으로 정하는 사유"란 건축물이 다음 각 호의 어느 하나에 해당하는 경우를 말한다.

1. 급수·배수·오수 설비 등의 설비 또는 지붕·벽 등의 노후화나 손상으로 그 기능 유지가 곤란할 것으로 우려되는 경우
2. 건축물의 노후화로 내구성에 영향을 주는 기능적 결함이나 구조적 결함이 있는 경우
3. 건축물이 훼손되거나 일부가 멸실되어 붕괴 등 그 밖의 안전사고가 우려되는 경우
4. 천재지변이나 그 밖의 재해로 붕괴되어 다시 신축하거나 재축하려는 경우

② 허가권자는 건축주가 제1항제1호부터 제3호까지의 어느 하나에 해당하는 사유로 법 제11조제11항제2호의 동의요건을 갖추어 같은 조 제1항에 따른 건축허가를 신청한 경우에는 그 사유 해당 여부를 확인하기 위하여 현지조사를 하여야 한다. 이 경우 필요한 경우에는 건축주에게 다음 각 호의 어느 하나에 해당하는 자로부터 안전진단을 받고 그 결과를 제출하도록 할 수 있다. <개정 2018.1.16.>

1. 건축사
2. 「기술사법」 제5조의7에 따라 등록한 건축구조기술사(이하 "건축구조기술사"라 한다)
3. 「시설물의 안전 및 유지관리에 관한 특별법」 제28조제1항에 따라 등록한 건축 분야 안전진단전문기관

[본조신설 2016.7.19.]

제10조(건축복합민원 일괄협의회) ① 법 제12조제1항에서 "대통령령으로 정하는 관계 법령의 규정"이란 다음 각 호의 규정을 말한다. <개정 2009.6.9., 2009.7.16., 2010.2.18., 2010.3.9., 2010.12.29., 2012.7.26., 2012.12.12., 2014.7.14., 2016.5.17., 2017.1.26., 2017.2.3., 2017.3.29.>

1. 「군사기지 및 군사시설보호법」 제13조
2. 「자연공원법」 제23조
3. 「수도권정비계획법」 제7조부터 제9조까지
4. 「택지개발촉진법」 제6조
5. 「도시공원 및 녹지 등에 관한 법률」 제24조 및 제38조
6. 「공항시설법」 제34조
7. 「교육환경 보호에 관한 법률」 제9조
8. 「산지관리법」 제8조, 제10조, 제12조, 제14조 및 제18조
9. 「산림자원의 조성 및 관리에 관한 법률」 제36조 및 「산림보호법」 제9조
10. 「도로법」 제40조 및 제61조
11. 「주차장법」 제19조, 제19조의2 및 제19조의4
12. 「환경정책기본법」 제22조
13. 「자연환경보전법」 제15조
14. 「수도법」 제7조 및 제15조
15. 「도시교통정비 촉진법」 제34조 및 제36조
16. 「문화재보호법」 제35조
17. 「전통사찰의 보존 및 지원에 관한 법률」 제10조
18. 「개발제한구역의 지정 및 관리에 관한 특별조치법」 제12조제1항, 제13조 및 제15조
19. 「농지법」 제32조 및 제34조
20. 「고도 보존 및 육성에 관한 특별법」 제11조
21. 「화재예방, 소방시설 설치·유지 및 안전관리에 관한 법률」 제7조

② 허가권자는 법 제12조에 따른 건축복합민원 일괄협의회(이하 "협의회"라 한다)의 회의를 법 제10조제1항에 따른 사전결정 신청일 또는 법 제11조제1항에 따른 건축허가 신청일부터 10일 이내에 개최하여야 한다.

③ 허가권자는 협의회의 회의를 개최하기 3일 전까지 회의 개최 사실을 관계 행정기관 및 관계 부서에 통보하여야 한다.

④ 협의회의 회의에 참석하는 관계 공무원

은 회의에서 관계 법령에 관한 의견을 발표하여야 한다.
⑤ 사전결정 또는 건축허가를 하는 관계 행정기관 및 관계 부서는 그 협의회의 회의를 개최한 날부터 5일 이내에 동의 또는 부동의 의견을 허가권자에게 제출하여야 한다.
⑥ 이 영에서 규정한 사항 외에 협의회의 운영 등에 필요한 사항은 건축조례로 정한다.
[전문개정 2008.10.29.]

제10조의2(건축 공사현장 안전관리 예치금)
① 법 제13조제2항에서 "대통령령으로 정하는 보증서"란 다음 각 호의 어느 하나에 해당하는 보증서를 말한다. <개정 2010.11.15., 2012.12.12., 2013.3.23.>
1. 「보험업법」에 따른 보험회사가 발행한 보증보험증권
2. 「은행법」에 따른 은행이 발행한 지급보증서
3. 「건설산업기본법」에 따른 공제조합이 발행한 채무액 등의 지급을 보증하는 보증서
4. 「자본시장과 금융투자업에 관한 법률 시행령」 제192조제2항에 따른 상장증권
5. 그 밖에 국토교통부령으로 정하는 보증서
② 법 제13조제3항 본문에서 "대통령령으로 정하는 이율"이란 법 제13조제2항에 따른 안전관리 예치금을 「국고금관리법 시행령」 제11조에서 정한 금융기관에 예치한 경우의 안전관리 예치금에 대하여 적용하는 이자율을 말한다.
③ 법 제13조제7항에 따라 허가권자는 착공신고 이후 건축 중에 공사가 중단된 건축물로서 공사 중단 기간이 2년을 경과한 경우에는 건축주에게 서면으로 고지한 후 법 제13조제2항에 따른 예치금을 사용하여 공사현장의 미관과 안전관리 개선을 위한 다음 각 호의 조치를 할 수 있다. <신설 2014.11.28.>
1. 공사현장 안전펜스의 설치
2. 대지 및 건축물의 붕괴 방지 조치
3. 공사현장의 미관 개선을 위한 조경 또는 시설물 등의 설치
4. 그 밖에 공사현장의 미관 개선 또는 대지 및 건축물에 대한 안전관리 개선 조치가 필요하여 건축조례로 정하는 사항
[전문개정 2008.10.29.]

제10조의3(건축물 안전영향평가) ① 법 제13조의2제1항에서 "초고층 건축물 등 대통령령으로 정하는 주요 건축물"이란 다음 각 호의 어느 하나에 해당하는 건축물을 말한다.
1. 초고층 건축물
2. 연면적(하나의 대지에 둘 이상의 건축물을 건축하는 경우에는 각각의 건축물의 연면적을 말한다)이 10만 제곱미터 이상인 건축물
② 제1항 각 호의 건축물을 건축하려는 자는 법 제11조에 따른 건축허가를 신청하기 전에 다음 각 호의 자료를 첨부하여 허가권자에게 법 제13조의2제1항에 따른 건축물 안전영향평가(이하 "안전영향평가"라 한다)를 의뢰하여야 한다.
1. 건축계획서 및 기본설계도서 등 국토교통부령으로 정하는 도서
2. 인접 대지에 설치된 상수도·하수도 등 국토교통부장관이 정하여 고시하는 지하시설물의 현황도
3. 그 밖에 국토교통부장관이 정하여 고시하는 자료
③ 법 제13조의2제1항에 따라 허가권자로부터 안전영향평가를 의뢰받은 기관(같은 조 제2항에 따라 지정·고시된 기관을 말하며, 이하 "안전영향평가기관"이라 한다)은 다음 각 호의 항목을 검토하여야 한다.
1. 해당 건축물에 적용된 설계 기준 및 하중의 적정성
2. 해당 건축물의 하중저항시스템의 해석 및 설계의 적정성
3. 지반조사 방법 및 지내력(地耐力) 산정결과의 적정성
4. 굴착공사에 따른 지하수위 변화 및 지반 안전성에 관한 사항
5. 그 밖에 건축물의 안전영향평가를 위하여 국토교통부장관이 필요하다고 인정하는 사항
④ 안전영향평가기관은 안전영향평가를 의뢰받은 날부터 30일 이내에 안전영향평가 결과를 허가권자에게 제출하여야 한다. 다만, 부득이한 경우에는 20일의 범위에서 그 기간을 한 차례만 연장할 수 있다.
⑤ 제2항에 따라 안전영향평가를 의뢰한 자가 보완하는 기간 및 공휴일·토요일은 제4항에 따른 기간의 산정에서 제외한다.
⑥ 허가권자는 제4항에 따라 안전영향평가 결과를 제출받은 경우에는 지체 없이 제2항에 따라 안전영향평가를 의뢰한 자에게 그 내용을 통보하여야 한다.
⑦ 안전영향평가에 드는 비용은 제2항에 따라 안전영향평가를 의뢰한 자가 부담한다.
⑧ 제1항부터 제7항까지에서 규정한 사항 외

에 안전영향평가에 관하여 필요한 사항은 국토교통부장관이 정하여 고시한다.
[본조신설 2017.2.3.]

제11조(건축신고) ① 법 제14조제1항제2호나목에서 "방재지구 등 재해취약지역으로서 대통령령으로 정하는 구역"이란 다음 각 호의 어느 하나에 해당하는 지구 또는 지역을 말한다. <신설 2014.10.14.>
1. 「국토의 계획 및 이용에 관한 법률」 제37조에 따라 지정된 방재지구(防災地區)
2. 「급경사지 재해예방에 관한 법률」 제6조에 따라 지정된 붕괴위험지역

② 법 제14조제1항제4호에서 "주요구조부의 해체가 없는 등 대통령령으로 정하는 대수선"이란 다음 각 호의 어느 하나에 해당하는 대수선을 말한다. <신설 2009.8.5., 2014.10.14.>
1. 내력벽의 면적을 30제곱미터 이상 수선하는 것
2. 기둥을 세 개 이상 수선하는 것
3. 보를 세 개 이상 수선하는 것
4. 지붕틀을 세 개 이상 수선하는 것
5. 방화벽 또는 방화구획을 위한 바닥 또는 벽을 수선하는 것
6. 주계단·피난계단 또는 특별피난계단을 수선하는 것

③ 법 제14조제1항제5호에서 "대통령령으로 정하는 건축물"이란 다음 각 호의 어느 하나에 해당하는 건축물을 말한다. <개정 2008.10.29., 2009.8.5., 2012.4.10., 2014.10.14., 2014.11.11., 2016.6.30.>
1. 연면적의 합계가 100제곱미터 이하인 건축물
2. 건축물의 높이를 3미터 이하의 범위에서 증축하는 건축물
3. 법 제23조제4항에 따른 표준설계도서(이하 "표준설계도서"라 한다)에 따라 건축하는 건축물로서 그 용도 및 규모가 주위환경이나 미관에 지장이 없다고 인정하여 건축조례로 정하는 건축물
4. 「국토의 계획 및 이용에 관한 법률」 제36조제1항제1호다목에 따른 공업지역, 같은 법 제51조제3항에 따른 지구단위계획구역(같은 법 시행령 제48조제10호에 따른 산업·유통형만 해당한다) 및 「산업입지 및 개발에 관한 법률」에 따른 산업단지에서 건축하는 2층 이하인 건축물로서 연면적 합계 500제곱미터 이하인 공장(별표 1 제4호너목에 따른 제조업소 등 물품의 제조·가공을 위한 시설을 포함한다)
5. 농업이나 수산업을 경영하기 위하여 읍·면지역(특별자치시장·특별자치도지사·시장·군수가 지역계획 또는 도시·군계획에 지장이 있다고 지정·공고한 구역은 제외한다)에서 건축하는 연면적 200제곱미터 이하의 창고 및 연면적 400제곱미터 이하의 축사, 작물재배사(作物栽培舍), 종묘배양시설, 화초 및 분재 등의 온실

④ 법 제14조에 따른 건축신고에 관하여는 제9조제1항을 준용한다. <개정 2008.10.29., 2014.10.14.>

제12조(허가·신고사항의 변경 등) ① 법 제16조제1항에 따라 허가를 받았거나 신고한 사항을 변경하려면 다음 각 호의 구분에 따라 허가권자의 허가를 받거나 특별자치시장·특별자치도지사 또는 시장·군수·구청장에게 신고하여야 한다. <개정 2009.8.5., 2012.12.12., 2014.10.14., 2017.1.20.>
1. 바닥면적의 합계가 85제곱미터를 초과하는 부분에 대한 증축·개축에 해당하는 변경인 경우에는 허가를 받고, 그 밖의 경우에는 신고할 것
2. 법 제14조제1항제2호 또는 제5호에 따라 신고로써 허가를 갈음하는 건축물에 대하여는 변경 후 건축물의 연면적을 각각 신고로써 허가를 갈음할 수 있는 규모에서 변경하는 경우에는 제1호에도 불구하고 신고할 것
3. 건축주·설계자·공사시공자 또는 공사감리자(이하 "건축관계자"라 한다)를 변경하는 경우에는 신고할 것

② 법 제16조제1항 단서에서 "대통령령으로 정하는 경미한 사항의 변경"이란 신축·증축·개축·재축·이전·대수선 또는 용도변경에 해당하지 아니하는 변경을 말한다. <개정 2012.12.12.>

③ 법 제16조제2항에서 "대통령령으로 정하는 사항"이란 다음 각 호의 어느 하나에 해당하는 사항을 말한다. <개정 2016.1.19.>
1. 건축물의 동수나 층수를 변경하지 아니하면서 변경되는 부분의 바닥면적의 합계가 50제곱미터 이하인 경우로서 다음 각 목의 요건을 모두 갖춘 경우
   가. 변경되는 부분의 높이가 1미터 이하이거나 전체 높이의 10분의 1 이하일 것
   나. 허가를 받거나 신고를 하고 건축 중인

부분의 위치 변경범위가 1미터 이내일 것
다. 법 제14조제1항에 따라 신고를 하면 법 제11조에 따른 건축허가를 받은 것으로 보는 규모에서 건축허가를 받아야 하는 규모로의 변경이 아닐 것
2. 건축물의 동수나 층수를 변경하지 아니하면서 변경되는 부분이 연면적 합계의 10분의 1 이하인 경우(연면적이 5천 제곱미터 이상인 건축물은 각 층의 바닥면적이 50제곱미터 이하의 범위에서 변경되는 경우만 해당한다). 다만, 제4호 본문 및 제5호 본문에 따른 범위의 변경인 경우만 해당한다.
3. 대수선에 해당하는 경우
4. 건축물의 층수를 변경하지 아니하면서 변경되는 부분의 높이가 1미터 이하이거나 전체 높이의 10분의 1 이하인 경우. 다만, 변경되는 부분이 제1호 본문, 제2호 본문 및 제5호 본문에 따른 범위의 변경인 경우만 해당한다.
5. 허가를 받거나 신고를 하고 건축 중인 부분의 위치가 1미터 이내에서 변경되는 경우. 다만, 변경되는 부분이 제1호 본문, 제2호 본문 및 제4호 본문에 따른 범위의 변경인 경우만 해당한다.

④ 제1항에 따른 허가나 신고사항의 변경에 관하여는 제9조제1항을 준용한다.
[전문개정 2008.10.29.]

제13조 삭제 <2005.7.18.>

제14조(용도변경) ① 삭제 <2006.5.8.>
② 삭제 <2006.5.8.>
③ 국토교통부장관은 법 제19조제1항에 따른 용도변경을 할 때 적용되는 건축기준을 고시할 수 있다. 이 경우 다른 행정기관의 권한에 속하는 건축기준에 대하여는 미리 관계 행정기관의 장과 협의하여야 한다. <개정 2008.10.29., 2013.3.23.>
④ 법 제19조제3항 단서에서 "대통령령으로 정하는 변경"이란 다음 각 호의 어느 하나에 해당하는 건축물 상호 간의 용도변경을 말한다. <개정 2009.6.30., 2009.7.16., 2011.6.29., 2012.12.12., 2014.3.24.>
1. 별표 1의 같은 호에 속하는 건축물 상호 간의 용도변경
2. 「국토의 계획 및 이용에 관한 법률」이나 그 밖의 관계 법령에서 정하는 용도제한에 적합한 범위에서 제1종 근린생활시설과 제2종 근린생활시설 상호 간의 용도변경

⑤ 법 제19조제4항 각 호의 시설군에 속하는 건축물의 용도는 다음 각 호와 같다. <개정 2008.10.29., 2010.12.13., 2011.6.29., 2014.3.24., 2016.2.11., 2017.2.3.>
1. 자동차 관련 시설군
자동차 관련 시설
2. 산업 등 시설군
가. 운수시설
나. 창고시설
다. 공장
라. 위험물저장 및 처리시설
마. 자원순환 관련 시설
바. 묘지 관련 시설
사. 장례시설
3. 전기통신시설군
가. 방송통신시설
나. 발전시설
4. 문화집회시설군
가. 문화 및 집회시설
나. 종교시설
다. 위락시설
라. 관광휴게시설
5. 영업시설군
가. 판매시설
나. 운동시설
다. 숙박시설
라. 제2종 근린생활시설 중 다중생활시설
6. 교육 및 복지시설군
가. 의료시설
나. 교육연구시설
다. 노유자시설(老幼者施設)
라. 수련시설
마. 야영장 시설
7. 근린생활시설군
가. 제1종 근린생활시설
나. 제2종 근린생활시설(다중생활시설은 제외한다)
8. 주거업무시설군
가. 단독주택
나. 공동주택
다. 업무시설
라. 교정 및 군사시설
9. 그 밖의 시설군
가. 동물 및 식물 관련 시설
나. 삭제 <2010.12.13.>

⑥ 기존의 건축물 또는 대지가 법령의 제정·개정이나 제6조의2제1항 각 호의 사유로 법

령 등에 부적합하게 된 경우에는 건축조례로 정하는 바에 따라 용도변경을 할 수 있다. <개정 2008.10.29.>

⑦ 법 제19조제6항에서 "대통령령으로 정하는 경우"란 1층인 축사를 공장으로 용도변경하는 경우로서 증축·개축 또는 대수선이 수반되지 아니하고 구조 안전이나 피난 등에 지장이 없는 경우를 말한다. <개정 2008.10.29.>

[전문개정 1999.4.30.]

제15조(가설건축물) ① 법 제20조제2항제3호에서 "대통령령으로 정하는 기준"이란 다음 각 호의 기준을 말한다. <개정 2012.4.10., 2014.10.14.>

1. 철근콘크리트조 또는 철골철근콘크리트조가 아닐 것
2. 존치기간은 3년 이내일 것. 다만, 도시·군계획사업이 시행될 때까지 그 기간을 연장할 수 있다.
3. 전기·수도·가스 등 새로운 간선 공급설비의 설치를 필요로 하지 아니할 것
4. 공동주택·판매시설·운수시설 등으로서 분양을 목적으로 건축하는 건축물이 아닐 것

② 제1항에 따른 가설건축물에 대하여는 법 제38조를 적용하지 아니한다.

③ 제1항에 따른 가설건축물 중 시장의 공지 또는 도로에 설치하는 차양시설에 대하여는 법 제46조 및 법 제55조를 적용하지 아니한다.

④ 제1항에 따른 가설건축물을 도시·군계획예정 도로에 건축하는 경우에는 법 제45조부터 제47조를 적용하지 아니한다. <개정 2012.4.10.>

⑤ 법 제20조제3항에서 "재해복구, 흥행, 전람회, 공사용 가설건축물 등 대통령령으로 정하는 용도의 가설건축물"이란 다음 각 호의 어느 하나에 해당하는 것을 말한다. <개정 2009.6.30., 2009.7.16., 2010.2.18., 2011.6.29., 2013.5.31., 2014.10.14., 2014.11.11., 2015.4.24., 2016.1.19., 2016.6.30.>

1. 재해가 발생한 구역 또는 그 인접구역으로서 특별자치시장·특별자치도지사 또는 시장·군수·구청장이 지정하는 구역에서 일시사용을 위하여 건축하는 것
2. 특별자치시장·특별자치도지사 또는 시장·군수·구청장이 도시미관이나 교통소통에 지장이 없다고 인정하는 가설흥행장, 가설전람회장, 농·수·축산물 직거래용 가설점포, 그 밖에 이와 비슷한 것
3. 공사에 필요한 규모의 공사용 가설건축물 및 공작물
4. 전시를 위한 견본주택이나 그 밖에 이와 비슷한 것
5. 특별자치시장·특별자치도지사 또는 시장·군수·구청장이 도로변 등의 미관정비를 위하여 지정·공고하는 구역에서 축조하는 가설점포(물건 등의 판매를 목적으로 하는 것을 말한다)로서 안전·방화 및 위생에 지장이 없는 것
6. 조립식 구조로 된 경비용으로 쓰는 가설건축물로서 연면적이 10제곱미터 이하인 것
7. 조립식 경량구조로 된 외벽이 없는 임시 자동차 차고
8. 컨테이너 또는 이와 비슷한 것으로 된 가설건축물로서 임시사무실·임시창고 또는 임시숙소로 사용되는 것(건축물의 옥상에 축조하는 것은 제외한다. 다만, 2009년 7월 1일부터 2015년 6월 30일까지 및 2016년 7월 1일부터 2019년 6월 30일까지 공장의 옥상에 축조하는 것은 포함한다)
9. 도시지역 중 주거지역·상업지역 또는 공업지역에 설치하는 농업·어업용 비닐하우스로서 연면적이 100제곱미터 이상인 것
10. 연면적이 100제곱미터 이상인 간이축사용, 가축분뇨처리용, 가축운동용, 가축의 비가림용 비닐하우스 또는 천막(벽 또는 지붕이 합성수지 재질로 된 것과 지붕 면적의 2분의 1 이하가 합성강판으로 된 것을 포함한다)구조 건축물
11. 농업·어업용 고정식 온실 및 간이작업장, 가축양육실
12. 물품저장용, 간이포장용, 간이수선작업용 등으로 쓰기 위하여 공장 또는 창고시설에 설치하거나 인접 대지에 설치하는 천막(벽 또는 지붕이 합성수지 재질로 된 것을 포함한다), 그 밖에 이와 비슷한 것
13. 유원지, 종합휴양업 사업지역 등에서 한시적인 관광·문화행사 등을 목적으로 천막 또는 경량구조로 설치하는 것
14. 야외전시시설 및 촬영시설
15. 야외흡연실 용도로 쓰는 가설건축물로서 연면적이 50제곱미터 이하인 것
16. 그 밖에 제1호부터 제14호까지의 규정에 해당하는 것과 비슷한 것으로서 건축조례로 정하는 건축물

⑥ 법 제20조제4항에 따라 가설건축물을 축조

하는 경우에는 다음 각 호의 구분에 따라 관련 규정을 적용하지 아니한다. <개정 2015.9.22.>
1. 제5항 각 호(제4호는 제외한다)의 가설건축물을 축조하는 경우에는 법 제25조, 제38조부터 제42조까지, 제44조부터 제47조까지, 제48조, 제48조의2, 제49조, 제50조, 제50조의2, 제51조, 제52조, 제52조의2, 제52조의3, 제53조, 제53조의2, 제54조부터 제58조까지, 제60조부터 제62조까지, 제64조, 제67조 및 제68조와 「국토의 계획 및 이용에 관한 법률」 제76조를 적용하지 아니한다. 다만, 법 제48조, 제49조 및 제61조는 다음 각 목에 따른 경우에만 적용하지 아니한다.
  가. 법 제48조 및 제49조를 적용하지 아니하는 경우: 3층 이상의 가설건축물을 건축하는 경우로서 지방건축위원회의 심의 결과 구조 및 피난에 관한 안전성이 인정된 경우
  나. 법 제61조를 적용하지 아니하는 경우: 정북방향으로 접하고 있는 대지의 소유자와 합의한 경우
2. 제5항제4호의 가설건축물을 축조하는 경우에는 법 제25조, 제38조, 제39조, 제42조, 제45조, 제50조의2, 제53조, 제54조부터 제57조까지, 제60조, 제61조 및 제68조와 「국토의 계획 및 이용에 관한 법률」 제76조만을 적용하지 아니한다.

⑦ 법 제20조제3항에 따라 신고하여야 하는 가설건축물의 존치기간은 3년 이내로 한다. 다만, 제5항제3호의 공사용 가설건축물 및 공작물의 경우에는 해당 공사의 완료일까지의 기간을 말한다. <개정 2014.10.14., 2014.11.11.>

⑧ 법 제20조제3항에 따라 신고하여야 하는 가설건축물을 축조하려는 자는 국토교통부령으로 정하는 가설건축물 축조신고서에 관계 서류를 첨부하여 특별자치시장·특별자치도지사 또는 시장·군수·구청장에게 제출하여야 한다. 다만, 건축물의 건축허가를 신청할 때 건축물의 건축에 관한 사항과 함께 공사용 가설건축물의 건축에 관한 사항을 제출한 경우에는 가설건축물 축조신고서의 제출을 생략한다. <개정 2013.3.23., 2014.10.14.>

⑨ 특별자치시장·특별자치도지사 또는 시장·군수·구청장은 제8항에 따른 가설건축물 축조신고서를 제출받았으면 그 내용을 확인한 후 국토교통부령으로 정하는 가설건축물 축조신고증명서를 신고인에게 발급하여야 한다. <개정 2013.3.23., 2014.10.14.>

⑩ 삭제 <2010.2.18.>

[전문개정 2008.10.29.]

제15조의2(가설건축물의 존치기간 연장) ① 특별자치시장·특별자치도지사 또는 시장·군수·구청장은 법 제20조에 따른 가설건축물의 존치기간 만료일 30일 전까지 해당 가설건축물의 건축주에게 다음 각 호의 사항을 알려야 한다. <개정 2014.10.14., 2016.6.30.>
1. 존치기간 만료일
2. 존치기간 연장 가능 여부
3. 제15조의3에 따라 존치기간이 연장될 수 있다는 사실(같은 조 제1호 각 목의 어느 하나에 해당하는 가설건축물에 한정한다)

② 존치기간을 연장하려는 가설건축물의 건축주는 다음 각 호의 구분에 따라 특별자치시장·특별자치도지사 또는 시장·군수·구청장에게 허가를 신청하거나 신고하여야 한다. <개정 2014.10.14.>
1. 허가 대상 가설건축물: 존치기간 만료일 14일 전까지 허가 신청
2. 신고 대상 가설건축물: 존치기간 만료일 7일 전까지 신고

[본조신설 2010.2.18.]

제15조의3(공장에 설치한 가설건축물 등의 존치기간 연장) 제15조의2제2항에도 불구하고 다음 각 호의 요건을 모두 충족하는 가설건축물로서 건축주가 제15조의2제2항의 구분에 따른 기간까지 특별자치시장·특별자치도지사 또는 시장·군수·구청장에게 그 존치기간의 연장을 원하지 않는다는 사실을 통지하지 아니하는 경우에는 기존 가설건축물과 동일한 기간으로 존치기간을 연장한 것으로 본다. <개정 2014.10.14., 2016.6.30.>
1. 다음 각 목의 어느 하나에 해당하는 가설건축물일 것
  가. 공장에 설치한 가설건축물
  나. 제15조제5항제11호에 따른 가설건축물(「국토의 계획 및 이용에 관한 법률」 제36조제1항제3호에 따른 농림지역에 설치한 것만 해당한다)
2. 존치기간 연장이 가능한 가설건축물일 것

[본조신설 2010.2.18.]
[제목개정 2016.6.30.]

제16조 삭제 <1995.12.30.>

제17조(건축물의 사용승인) ① 삭제 <2006.5.8.>

② 건축주는 법 제22조제3항제2호에 따라 사용승인서를 받기 전에 공사가 완료된 부분에 대한 임시사용의 승인을 받으려는 경우에는 국토교통부령으로 정하는 바에 따라 임시사용승인신청서를 허가권자에게 제출(전자문서에 의한 제출을 포함한다)하여야 한다. <개정 2008.10.29., 2013.3.23.>

③ 허가권자는 제2항의 신청서를 접수한 경우에는 공사가 완료된 부분이 법 제22조제3항제2호에 따른 기준에 적합한 경우에만 임시사용을 승인할 수 있으며, 식수 등 조경에 필요한 조치를 하기에 부적합한 시기에 건축공사가 완료된 건축물은 허가권자가 지정하는 시기까지 식수(植樹) 등 조경에 필요한 조치를 할 것을 조건으로 임시사용을 승인할 수 있다. <개정 2008.10.29.>

④ 임시사용승인의 기간은 2년 이내로 한다. 다만, 허가권자는 대형 건축물 또는 암반공사 등으로 인하여 공사기간이 긴 건축물에 대하여는 그 기간을 연장할 수 있다. <개정 2008.10.29.>

⑤ 법 제22조제6항 후단에서 "대통령령으로 정하는 주요 공사의 시공자"란 다음 각 호의 어느 하나에 해당하는 자를 말한다. <개정 2008.10.29.>

1. 「건설산업기본법」 제9조에 따라 종합공사를 시공하는 업종을 등록한 자로서 발주자로부터 건설공사를 도급받은 건설업자
2. 「전기공사업법」 · 「소방시설공사업법」 또는 「정보통신공사업법」 에 따라 공사를 수행하는 시공자

제18조(설계도서의 작성) 법 제23조제1항제3호에서 "대통령령으로 정하는 건축물"이란 다음 각 호의 어느 하나에 해당하는 건축물을 말한다. <개정 2009.7.16., 2010.2.18., 2012.4.10., 2016.6.30.>

1. 읍·면지역(시장 또는 군수가 지역계획 또는 도시·군계획에 지장이 있다고 인정하여 지정·공고한 구역은 제외한다)에서 건축하는 건축물 중 연면적이 200제곱미터 이하인 창고 및 농막(「농지법」 에 따른 농막을 말한다)과 연면적 400제곱미터 이하인 축사, 작물재배사, 종묘배양시설, 화초 및 분재 등의 온실
2. 제15조제5항 각 호의 어느 하나에 해당하는 가설건축물로서 건축조례로 정하는 가설건축물

[전문개정 2008.10.29.]

제18조의2(사진 및 동영상 촬영 대상 건축물 등) ① 법 제24조제7항 전단에서 "공동주택, 종합병원, 관광숙박시설 등 대통령령으로 정하는 용도 및 규모의 건축물"이란 다중이용 건축물을 말한다.

② 법 제24조제7항 전단에서 "대통령령으로 정하는 진도에 다다른 때"란 제19조제3항 각 호의 구분에 따른 단계에 다다른 경우를 말한다.

[본조신설 2017.2.3.]

[종전 제18조의2는 제18조의3으로 이동 <2017.2.3.>]

제18조의3(건축자재 제조 및 유통에 관한 위법 사실의 점검 및 조치) ① 국토교통부장관, 시·도지사 및 시장·군수·구청장은 법 제24조의2제2항에 따른 점검을 통하여 위법 사실을 확인한 경우에는 같은 조 제3항에 따라 해당 건축관계자 및 제조업자·유통업자에게 위법 사실을 통보하여야 하며, 해당 건축관계자 및 제조업자·유통업자에 대하여 다음 각 호의 구분에 따른 조치를 할 수 있다. <개정 2017.1.20.>

1. 건축관계자에 대한 조치
   가. 해당 건축자재를 사용하여 시공한 부분이 있는 경우: 시공부분의 시정, 해당 공정에 대한 공사 중단 및 해당 건축자재의 사용 중단 명령
   나. 해당 건축자재가 공사현장에 반입 및 보관되어 있는 경우: 해당 건축자재의 사용 중단 명령
2. 제조업자 및 유통업자에 대한 조치: 관계 행정기관의 장에게 관계 법률에 따른 해당 제조업자 및 유통업자에 대한 영업정지 등의 요청

② 건축관계자 및 제조업자·유통업자는 제1항에 따라 위법 사실을 통보받거나 같은 항 제1호의 명령을 받은 경우에는 그 날부터 7일 이내에 조치계획을 수립하여 국토교통부장관, 시·도지사 및 시장·군수·구청장에게 제출하여야 한다.

③ 국토교통부장관, 시·도지사 및 시장·군수·구청장은 제2항에 따른 조치계획(제1항제1호가목의 명령에 따른 조치계획만 해당한다)에 따른 개선조치가 이루어졌다고 인정되

면 공사 중단 명령을 해제하여야 한다.
[본조신설 2016.7.19.]
[제18조의2에서 이동, 종전 제18조의3은 제18조의4로 이동 <2017.2.3.>]

제18조의4(위법 사실의 점검업무 대행 전문기관) ① 법 제24조의2제4항에서 "대통령령으로 정하는 전문기관"이란 다음 각 호의 기관을 말한다. <개정 2018.1.16.>

1. 「과학기술분야 정부출연연구기관 등의 설립·운영 및 육성에 관한 법률」 제8조에 따라 설립된 한국건설기술연구원
2. 「시설물의 안전 및 유지관리에 관한 특별법」 제45조에 따른 한국시설안전공단(이하 "한국시설안전공단"이라 한다)
3. 「한국토지주택공사법」에 따른 한국토지주택공사
4. 그 밖에 점검업무를 수행할 수 있다고 인정하여 국토교통부장관이 지정하여 고시하는 기관

② 법 제24조의2제4항에 따라 위법 사실의 점검업무를 대행하는 기관의 직원은 그 권한을 나타내는 증표를 지니고 관계인에게 내보여야 한다.
[본조신설 2016.7.19.]
[제18조의3에서 이동 <2017.2.3.>]

제19조(공사감리) ① 법 제25조제1항에 따라 공사감리자를 지정하여 공사감리를 하게 하는 경우에는 다음 각 호의 구분에 따른 자를 공사감리자로 지정하여야 한다. <개정 2009.7.16., 2010.12.13., 2014.5.22.>

1. 다음 각 목의 어느 하나에 해당하는 경우: 건축사
   가. 법 제11조에 따라 건축허가를 받아야 하는 건축물(법 제14조에 따른 건축신고 대상 건축물은 제외한다)을 건축하는 경우
   나. 제6조제1항제6호에 따른 건축물을 리모델링하는 경우
2. 다중이용 건축물을 건축하는 경우: 「건설기술 진흥법」에 따른 건설기술용역업자(공사시공자 본인이거나 「독점규제 및 공정거래에 관한 법률」 제2조에 따른 계열회사인 건설기술용역업자는 제외한다) 또는 건축사(「건설기술 진흥법 시행령」 제60조에 따라 건설사업관리기술자를 배치하는 경우만 해당한다)

② 제1항에 따라 다중이용 건축물의 공사감리자를 지정하는 경우 감리원의 배치기준 및 감리대가는 「건설기술 진흥법」에서 정하는 바에 따른다. <개정 2014.5.22.>

③ 법 제25조제6항에서 "공사의 공정이 대통령령으로 정하는 진도에 다다른 경우"란 공사(하나의 대지에 둘 이상의 건축물을 건축하는 경우에는 각각의 건축물에 대한 공사를 말한다)의 공정이 다음 각 호의 어느 하나에 다다른 경우를 말한다. <개정 2014.11.28., 2016.5.17., 2017.2.3.>

1. 해당 건축물의 구조가 철근콘크리트조·철골철근콘크리트조·조적조 또는 보강콘크리트블럭조인 경우에는 다음 각 목의 어느 하나에 해당하게 된 경우
   가. 기초공사 시 철근배치를 완료한 경우
   나. 지붕슬래브배근을 완료한 경우
   다. 지상 5개 층마다 상부 슬래브배근을 완료한 경우
2. 해당 건축물의 구조가 철골조인 경우에는 다음 각 목의 어느 하나에 해당하게 된 경우
   가. 기초공사 시 철근배치를 완료한 경우
   나. 지붕철골 조립을 완료한 경우
   다. 지상 3개 층마다 또는 높이 20미터마다 주요구조부의 조립을 완료한 경우
3. 해당 건축물의 구조가 제1호 또는 제2호 외의 구조인 경우에는 기초공사에서 거푸집 또는 주춧돌의 설치를 완료한 경우

④ 법 제25조제5항에서 "대통령령으로 정하는 용도 또는 규모의 공사"란 연면적의 합계가 5천 제곱미터 이상인 건축공사를 말한다. <개정 2017.2.3.>

⑤ 공사감리자는 수시로 또는 필요할 때 공사현장에서 감리업무를 수행하여야 하며, 다음 각 호의 건축공사를 감리하는 경우에는 「건축사법」 제2조제2호에 따른 건축사보(「기술사법」 제6조에 따른 기술사사무소 또는 「건축사법」 제23조제8항 각 호의 감리전문회사 등에 소속되어 있는 자로서 「국가기술자격법」에 따른 해당 분야 기술계 자격을 취득한 자와 「건설기술 진흥법 시행령」 제4조에 따른 건설사업관리를 수행할 자격이 있는 자를 포함한다) 중 건축 분야의 건축사보 한 명 이상을 전체 공사기간 동안, 토목·전기 또는 기계 분야의 건축사보 한 명 이상을 각 분야별 해당 공사기간 동안 각각 공사현장에서 감리업무를 수행하게 하여야 한다. 이 경우 건축사보는 해당 분야의 건축공사의 설계·시공·시험·검사·공사감독 또는 감리업무 등에 2년 이상 종사한 경력이 있는 자이어야 한다.

<개정 2009.7.16., 2010.12.13., 2014.5.22., 2015.9.22.>

1. 바닥면적의 합계가 5천 제곱미터 이상인 건축공사. 다만, 축사 또는 작물 재배사의 건축공사는 제외한다.
2. 연속된 5개 층(지하층을 포함한다) 이상으로서 바닥면적의 합계가 3천 제곱미터 이상인 건축공사
3. 아파트 건축공사
4. 준다중이용 건축물 건축공사

⑥ 공사감리자가 수행하여야 하는 감리업무는 다음과 같다. <개정 2013.3.23.>

1. 공사시공자가 설계도서에 따라 적합하게 시공하는지 여부의 확인
2. 공사시공자가 사용하는 건축자재가 관계 법령에 따른 기준에 적합한 건축자재인지 여부의 확인
3. 그 밖에 공사감리에 관한 사항으로서 국토교통부령으로 정하는 사항

⑦ 제5항에 따라 공사현장에 건축사보를 두는 공사감리자는 다음 각 호의 구분에 따른 기간에 국토교통부령으로 정하는 바에 따라 건축사보의 배치현황을 허가권자에게 제출하여야 한다. <개정 2013.3.23., 2014.11.28.>

1. 최초로 건축사보를 배치하는 경우에는 착공 예정일부터 7일
2. 건축사보의 배치가 변경된 경우에는 변경된 날부터 7일
3. 건축사보가 철수한 경우에는 철수한 날부터 7일

⑧ 허가권자는 제7항에 따라 공사감리자로부터 건축사보의 배치현황을 받으면 지체 없이 그 배치현황을 「건축사법」에 따른 건축사협회 중에서 국토교통부장관이 지정하는 건축사협회에 보내야 한다. <개정 2013.3.23.>

⑨ 제8항에 따라 건축사보의 배치현황을 받은 건축사협회는 이를 관리하여야 하며, 건축사보가 이중으로 배치된 사실 등을 발견한 경우에는 지체 없이 그 사실 등을 관계 시·도지사에게 알려야 한다. <개정 2012.12.12.>

[전문개정 2008.10.29.]

제19조의2(허가권자가 공사감리자를 지정하는 건축물 등) ① 법 제25조제2항 각 호 외의 부분 본문에서 "대통령령으로 정하는 건축물"이란 다음 각 호의 건축물을 말한다.

1. 「건설산업기본법」 제41조제1항 각 호에 해당하지 아니하는 건축물(별표 1 제1호가목의 단독주택은 제외한다)
2. 분양을 목적으로 하는 다음 각 목의 어느 하나에 해당하는 건축물(30세대 미만인 경우만 해당한다)
   가. 아파트
   나. 연립주택
   다. 다세대주택
3. 제1호의 건축물과 제2호의 건축물이 복합된 건축물

② 시·도지사는 법 제25조제2항 본문에 따라 공사감리자를 지정하기 위하여 모집공고를 거쳐 「건축사법」 제23조제1항에 따라 건축사사무소의 개설신고를 한 건축사의 명부를 작성하고 관리하여야 한다. 이 경우 시·도지사는 미리 관할 시장·군수·구청장과 협의하여야 한다. <개정 2017.2.3.>

③ 제1항 각 호의 어느 하나에 해당하는 건축물의 건축주는 법 제21조에 따른 착공신고를 하기 전에 국토교통부령으로 정하는 바에 따라 허가권자에게 공사감리자의 지정을 신청하여야 한다.

④ 허가권자는 제2항에 따른 명부에서 공사감리자를 지정하여야 한다.

⑤ 제3항 및 제4항에서 규정한 사항 외에 공사감리자 모집공고, 명부작성 방법 및 공사감리자 지정 방법 등에 관한 세부적인 사항은 시·도의 조례로 정한다.

[본조신설 2016.7.19.]

제19조의3(업무제한 대상 건축물 등) ① 법 제25조의2제1항에서 "대통령령으로 정하는 주요 건축물"이란 다음 각 호의 건축물을 말한다.

1. 다중이용 건축물
2. 준다중이용 건축물

② 법 제25조의2제2항 각 호 외의 부분에서 "대통령령으로 정하는 규모 이상의 재산상의 피해"란 도급 또는 하도급받은 금액의 100분의 10 이상으로서 그 금액이 1억원 이상인 재산상의 피해를 말한다.

③ 법 제25조의2제2항 각 호 외의 부분에서 "다중이용건축물 등 대통령령으로 정하는 주요 건축물"이란 다음 각 호의 건축물을 말한다.

1. 다중이용 건축물
2. 준다중이용 건축물

[본조신설 2017.2.3.]

제20조(현장조사·검사 및 확인업무의 대행)

① 허가권자는 법 제27조제1항에 따라 건축조례로 정하는 건축물의 건축허가, 건축신고, 사용승인 및 임시사용승인과 관련되는 현장조사·검사 및 확인업무를 건축사로 하여금 대행하게 할 수 있다. 이 경우 허가권자는 건축물의 사용승인 및 임시사용승인과 관련된 현장조사·검사 및 확인업무를 대행할 건축사를 다음 각 호의 기준에 따라 선정하여야 한다. <개정 2014.11.28.>

1. 해당 건축물의 설계자 또는 공사감리자가 아닐 것
2. 건축주의 추천을 받지 아니하고 직접 선정할 것

② 제1항에 따른 업무대행자의 업무범위와 업무대행절차 등에 관하여 필요한 사항은 건축조례로 정한다.

[전문개정 2008.10.29.]

제21조(공사현장의 위해 방지) 건축물의 시공 또는 철거에 따른 유해·위험의 방지에 관한 사항은 산업안전보건에 관한 법령에서 정하는 바에 따른다.

[전문개정 2008.10.29.]

제22조(공용건축물에 대한 특례) ① 국가 또는 지방자치단체가 법 제29조에 따라 건축물을 건축하려면 해당 건축공사를 시행하는 행정기관의 장 또는 그 위임을 받은 자는 건축공사에 착수하기 전에 그 공사에 관한 설계도서와 국토교통부령으로 정하는 관계 서류를 허가권자에게 제출(전자문서에 의한 제출을 포함한다)하여야 한다. 다만, 국가안보상 중요하거나 국가기밀에 속하는 건축물을 건축하는 경우에는 설계도서의 제출을 생략할 수 있다. <개정 2013.3.23.>

② 허가권자는 제1항 본문에 따라 제출된 설계도서와 관계 서류를 심사한 후 그 결과를 해당 행정기관의 장 또는 그 위임을 받은 자에게 통지(해당 행정기관의 장 또는 그 위임을 받은 자가 원하거나 전자문서로 제1항에 따른 설계도서 등을 제출한 경우에는 전자문서로 알리는 것을 포함한다)하여야 한다.

③ 국가 또는 지방자치단체는 법 제29조제3항 단서에 따라 건축물의 공사가 완료되었음을 허가권자에게 통보하는 경우에는 국토교통부령으로 정하는 관계 서류를 첨부하여야 한다. <개정 2013.3.23.>

④ 법 제29조제4항 전단에서 "주민편의시설 등 대통령령으로 정하는 시설"이란 다음 각 호의 시설을 말한다. <신설 2016.7.19.>

1. 제1종 근린생활시설
2. 제2종 근린생활시설(총포판매소, 장의사, 다중생활시설, 제조업소, 단란주점, 안마시술소 및 노래연습장은 제외한다)
3. 문화 및 집회시설(공연장 및 전시장으로 한정한다)
4. 의료시설
5. 교육연구시설
6. 노유자시설
7. 운동시설
8. 업무시설(오피스텔은 제외한다)

[전문개정 2008.10.29.]

제22조의2(건축 허가업무 등의 전산처리 등) ① 법 제32조제2항 각 호 외의 부분 본문에 따라 같은 조 제1항에 따른 전자정보처리 시스템으로 처리된 자료(이하 "전산자료"라 한다)를 이용하려는 자는 관계 중앙행정기관의 장의 심사를 받기 위하여 다음 각 호의 사항을 적은 신청서를 관계 중앙행정기관의 장에게 제출하여야 한다.

1. 전산자료의 이용 목적 및 근거
2. 전산자료의 범위 및 내용
3. 전산자료를 제공받는 방식
4. 전산자료의 보관방법 및 안전관리대책 등

② 제1항에 따라 전산자료를 이용하려는 자는 전산자료의 이용목적에 맞는 최소한의 범위에서 신청하여야 한다.

③ 제1항에 따른 신청을 받은 관계 중앙행정기관의 장은 다음 각 호의 사항을 심사한 후 신청받은 날부터 15일 이내에 그 심사결과를 신청인에게 알려야 한다.

1. 제1항 각 호의 사항에 대한 타당성·적합성 및 공익성
2. 법 제32조제3항에 따른 개인정보 보호기준에의 적합 여부
3. 전산자료의 이용목적 외 사용방지 대책의 수립 여부

④ 법 제32조제2항에 따라 전산자료 이용의 승인을 받으려는 자는 국토교통부령으로 정하는 건축행정 전산자료 이용승인 신청서에 제3항에 따른 심사결과를 첨부하여 국토교통부장관, 시·도지사 또는 시장·군수·구청장에게 제출하여야 한다. 다만, 중앙행정기관의 장 또는 지방자치단체의 장이 전산자료를 이용하려는 경우에는 전산자료 이용의 근거·목적 및 안전관리대책 등을 적은 문서로 승인을 신청할 수

있다. <개정 2013.3.23.>

⑤ 법 제32조제3항 전단에서 "대통령령으로 정하는 건축주 등의 개인정보 보호기준"이란 다음 각 호의 기준을 말한다.

1. 신청한 전산자료는 그 자료에 포함되어 있는 성명·주민등록번호 등의 사항에 따라 특정 개인임을 알 수 있는 정보(해당 정보만으로는 특정개인을 식별할 수 없더라도 다른 정보와 쉽게 결합하여 식별할 수 있는 정보를 포함한다), 그 밖에 개인의 사생활을 침해할 우려가 있는 정보가 아닐 것. 다만, 개인의 동의가 있거나 다른 법률에 근거가 있는 경우에는 이용하게 할 수 있다.
2. 제1호 단서에 따라 개인정보가 포함된 전산자료를 이용하는 경우에는 전산자료의 이용목적 외의 사용 또는 외부로의 누출·분실·도난 등을 방지할 수 있는 안전관리대책이 마련되어 있을 것

⑥국토교통부장관, 시·도지사 또는 시장·군수·구청장은 법 제32조제3항에 따라 전산자료의 이용을 승인하였으면 그 승인한 내용을 기록·관리하여야 한다. <개정 2013.3.23.>

[전문개정 2008.10.29.]

제22조의3(전산자료의 이용자에 대한 지도·감독의 대상 등) ① 법 제33조제1항에 따라 전산자료를 이용하는 자에 대하여 그 보유 또는 관리 등에 관한 사항을 지도·감독하는 대상은 다음 각 호의 구분에 따른 전산자료(다른 법령에 따라 제공받은 전산자료를 포함한다)를 이용하는 자로 한다. 다만, 국가 및 지방자치단체는 제외한다. <개정 2013.3.23.>

1. 국토교통부장관: 연간 50만 건 이상 전국 단위의 전산자료를 이용하는 자
2. 시·도지사: 연간 10만 건 이상 시·도 단위의 전산자료를 이용하는 자
3. 시장·군수·구청장: 연간 5만 건 이상 시·군·구 단위의 전산자료를 이용하는 자

② 국토교통부장관, 시·도지사 또는 시장·군수·구청장은 법 제33조제1항에 따른 지도·감독을 위하여 필요한 경우에는 제1항에 따른 지도·감독 대상에 해당하는 자에 대하여 다음 각 호의 자료를 제출하도록 요구할 수 있다. <개정 2013.3.23.>

1. 전산자료의 이용실태에 관한 자료
2. 전산자료의 이용에 따른 안전관리대책에 관한 자료

③ 제2항에 따라 자료제출을 요구받은 자는 정당한 사유가 있는 경우를 제외하고는 15일 이내에 관련 자료를 제출하여야 한다.

④ 국토교통부장관, 시·도지사 또는 시장·군수·구청장은 법 제33조제1항에 따라 전산자료의 이용실태에 관한 현지조사를 하려면 조사대상자에게 조사 목적·내용, 조사자의 인적사항, 조사 일시 등을 3일 전까지 알려야 한다. <개정 2013.3.23.>

⑤ 국토교통부장관, 시·도지사 또는 시장·군수·구청장은 제4항에 따른 현지조사 결과를 조사대상자에게 알려야 하며, 조사 결과 필요한 경우에는 시정을 요구할 수 있다. <개정 2013.3.23.>

[전문개정 2008.10.29.]

제22조의4(건축에 관한 종합민원실) ① 법 제34조에 따라 특별자치시·특별자치도 또는 시·군·구에 설치하는 민원실은 다음 각 호의 업무를 처리한다. <개정 2014.10.14.>

1. 법 제22조에 따른 사용승인에 관한 업무
2. 법 제27조제1항에 따라 건축사가 현장조사·검사 및 확인업무를 대행하는 건축물의 건축허가와 사용승인 및 임시사용승인에 관한 업무
3. 건축물대장의 작성 및 관리에 관한 업무
4. 복합민원의 처리에 관한 업무
5. 건축허가·건축신고 또는 용도변경에 관한 상담 업무
6. 건축관계자 사이의 분쟁에 대한 상담
7. 그 밖에 특별자치시장·특별자치도지사 또는 시장·군수·구청장이 주민의 편익을 위하여 필요하다고 인정하는 업무

② 제1항에 따른 민원실은 민원인의 이용에 편리한 곳에 설치하고, 그 조직 및 기능에 관하여는 특별자치시·특별자치도 또는 시·군·구의 규칙으로 정한다. <개정 2014.10.14.>

[전문개정 2008.10.29.]

제3장 건축물의 유지와 관리

<개정 2008.10.29.>

제23조(건축물의 유지ㆍ관리) ①건축물의 소유자나 관리자는 건축물, 대지 및 건축설비를 법 제35조제1항에 따라 유지ㆍ관리하여야 한다. <개정 2014.11.28.>

② 특수구조 건축물 및 고층건축물의 소유자나 관리자는 제1항에 따라 유지ㆍ관리하는 경우 건축물의 제설(除雪), 홈통 청소 등에 관한 사항이 포함된 유지관리계획을 마련하여야 한다. <신설 2014.11.28.>

[전문개정 2012.7.19.]

제23조의2(정기점검 및 수시점검 실시) ① 법 제35조제2항에 따라 다음 각 호의 어느 하나에 해당하는 건축물의 소유자나 관리자는 해당 건축물의 사용승인일을 기준으로 10년이 지난 날(사용승인일을 기준으로 10년이 지난 날 이후 정기점검과 같은 항목과 기준으로 제5항에 따른 수시점검을 실시한 경우에는 그 수시점검을 완료한 날을 말하며, 이하 이 조 및 제120조제6호에서 "기준일"이라 한다)부터 2년마다 한 번 정기점검을 실시하여야 한다. 다만,「주택법」제43조의3제2호에 따라 안전점검을 실시한 경우에는 해당 주기의 정기점검을 생략할 수 있다. <개정 2013.11.20., 2013.12.30., 2015.9.22., 2016.5.17., 2016.8.11.>

1. 다중이용 건축물
2. 「집합건물의 소유 및 관리에 관한 법률」의 적용을 받는 집합건축물로서 연면적의 합계가 3천제곱미터 이상인 건축물. 다만, 「공동주택관리법」제2조제1항제2호에 따른 관리주체 등이 관리하는 공동주택은 제외한다.
3. 「다중이용업소의 안전관리에 관한 특별법」제2조제1항제1호에 따른 다중이용업의 용도로 쓰는 건축물로서 해당 지방자치단체의 건축조례로 정하는 건축물
4. 준다중이용 건축물 중 특수구조 건축물

② 특별자치시장ㆍ특별자치도지사 또는 시장ㆍ군수ㆍ구청장은 제1항에 따른 정기점검(이하 "정기점검"이라 한다)을 실시하여야 하는 건축물의 소유자나 관리자에게 정기점검 대상 건축물이라는 사실과 정기점검 실시 절차를 기준일부터 2년이 되는 날의 3개월 전까지 미리 알려야 한다. <개정 2014.10.14.>

③ 제2항에 따른 통지는 문서, 팩스, 전자우편, 휴대전화에 의한 문자메시지 등으로 할 수 있다.

④ 특별자치시장ㆍ특별자치도지사 또는 시장ㆍ군수ㆍ구청장은 정기점검 결과 위법사항이 없고, 제23조의3제1항제2호부터 제4호까지 및 제6호에 따른 항목의 점검 결과가 제23조의6제1항에 따른 건축물의 유지ㆍ관리의 세부기준에 따라 우수하다고 인정되는 건축물에 대해서는 정기점검을 다음 한 차례에 한정하여 면제할 수 있다. <개정 2014.10.14.>

⑤ 법 제35조제2항에 따라 제1항 각 호의 어느 하나에 해당하는 건축물의 소유자나 관리자는 화재, 침수 등 재해나 재난으로부터 건축물의 안전을 확보하기 위하여 필요한 경우에는 해당 지방자치단체의 건축조례로 정하는 바에 따라 수시점검을 실시하여야 한다. <개정 2013.11.20.>

⑥ 건축물의 소유자나 관리자가 정기점검이나 제5항에 따른 수시점검(이하 "수시점검"이라 한다)을 실시하는 경우에는 다음 각 호의 어느 하나에 해당하는 자(이하 "유지ㆍ관리 점검자"라 한다)로 하여금 정기점검 또는 수시점검 업무를 수행하도록 하여야 한다. <개정 2014.5.22., 2018.1.16.>

1. 「건축사법」제23조제1항에 따라 건축사사무소개설신고를 한 자
2. 「건설기술 진흥법」제26조제1항에 따라 등록한 건설기술용역업자
3. 「시설물의 안전 및 유지관리에 관한 특별법」제28조제1항에 따라 등록한 건축 분야 안전진단전문기관

[본조신설 2012.7.19.]

제23조의3(정기점검 및 수시점검 사항) ① 정기점검 및 수시점검의 항목은 다음 각 호와 같다. 다만,「시설물의 안전 및 유지관리에 관한 특별법」제7조제1호 및 제2호에 따른 1종시설물 또는 2종시설물인 건축물에 대해서는 제3호에 따른 구조안전 항목의 점검을 생략하여야 한다. <개정 2013.2.20., 2014.11.28., 2018.1.16.>

1. 대지: 법 제40조, 제42조부터 제44조까지 및 제47조에 적합한지 여부
2. 높이 및 형태: 법 제55조, 제56조, 제58조, 제60조 및 제61조에 적합한지 여부

3. 구조안전: 법 제48조에 적합한지 여부
4. 화재안전: 법 제49조, 제50조, 제50조의2, 제51조, 제52조, 제52조의2 및 제53조에 적합한지 여부
5. 건축설비: 법 제62조부터 제64조까지의 규정에 적합한지 여부
6. 에너지 및 친환경 관리 등: 법 제65조의2와 「녹색건축물 조성 지원법」 제15조제1항, 제16조 및 제17조에 적합한지 여부

② 유지·관리 점검자는 정기점검 및 수시점검 업무를 수행하는 경우 제1항 각 호의 항목 외에 건축물의 안전 강화 방안 및 에너지 절감 방안 등에 관한 의견을 제시하여야 한다.
[본조신설 2012.7.19.]

제23조의4(건축물 점검 관련 정보의 제공) 건축물의 소유자나 관리자는 정기점검이나 수시점검을 실시하는 데 필요한 경우에는 특별자치시장·특별자치도지사 또는 시장·군수·구청장에게 해당 건축물의 설계도서 등 관련 정보의 제공을 요청할 수 있다. 이 경우 해당 특별자치시장·특별자치도지사 또는 시장·군수·구청장은 특별한 사유가 없으면 관련 정보를 제공하여야 한다. <개정 2014.10.14.>
[본조신설 2012.7.19.]

제23조의5(건축물의 점검 결과 보고) ① 건축물의 소유자나 관리자는 정기점검이나 수시점검을 실시하였을 때에는 그 점검을 마친 날부터 30일 이내에 해당 특별자치시장·특별자치도지사 또는 시장·군수·구청장에게 결과를 보고하여야 한다. <개정 2014.10.14.>
② 삭제 <2013.11.20.>
[본조신설 2012.7.19.]
[제목개정 2013.11.20.]

제23조의6(유지·관리의 세부기준 등) ① 국토교통부장관은 다음 각 호의 사항을 포함한 건축물의 유지·관리와 정기점검·수시점검 및 제23조의7에 따른 안전점검(이하 이 조에서 "정기점검등"이라 한다) 실시에 관한 세부기준을 정하여 고시하여야 한다. <개정 2013.3.23., 2016.7.19.>
1. 유지·관리 점검자의 선정
2. 정기점검등 대가(代價)의 기준
3. 정기점검등의 항목별 점검방법
4. 정기점검등에 필요한 설계도서 등 점검 관련 자료의 수집 범위 및 검토 방법
5. 그 밖에 건축물의 유지·관리 등과 관련하여 국토교통부장관이 필요하다고 인정하는 사항

② 국토교통부장관은 건축물의 소유자나 관리자와 유지·관리 점검자가 공정하게 계약을 체결하도록 하기 위하여 정기점검등에 관한 표준계약서를 정하여 보급할 수 있다. <개정 2013.3.23., 2016.7.19.>
[본조신설 2012.7.19.]

제23조의7(소규모 노후 건축물에 대한 안전점검) ① 법 제35조제3항에서 "소규모 노후 건축물 등 대통령령으로 정하는 건축물"이란 다음 각 호의 요건을 모두 갖춘 건축물을 말한다.
1. 사용승인 후 20년 이상이 지났을 것
2. 제23조의2제1항 각 호의 어느 하나에 해당하지 아니할 것

② 허가권자는 법 제35조제3항에 따라 직권으로 안전점검을 하는 경우에는 해당 건축물의 소유자나 관리자에게 안전점검 대상 건축물이라는 사실과 안전점검 실시 절차를 미리 알려야 한다. 이 경우 통지는 문서, 팩스, 전자우편, 휴대전화에 의한 문자메시지 등으로 할 수 있다.
③ 법 제35조제3항에 따른 안전점검을 요구받은 건축물의 소유자나 관리자는 제23조의2제6항 각 호의 어느 하나에 해당하는 자로 하여금 안전점검 업무를 수행하도록 하여야 한다.
④ 제3항에 따라 안전점검을 실시한 건축물의 소유자나 관리자는 안전점검을 마친 날부터 20일 이내에 허가권자에게 그 결과를 보고하여야 한다.
[본조신설 2016.7.19.]
[종전 제23조의7은 제23조의8로 이동 <2016.7.19.>]

제23조의8(주택관리지원센터의 설치 및 운영) ① 특별자치시장·특별자치도지사 및 시장·군수·구청장이 법 제35조의2제2항에 따라 건축물의 점검 및 개량·보수에 대한 기술지원 및 정보제공 등을 위하여 설치하는 주택관리지원센터는 건축조례로 정하는 바에 따라 소속 공무원과 건축사 등 건축 관련 전문가로 구성한다.
② 제1항에 따른 주택관리지원센터는 다음 각 호에 관한 기술지원 및 정보제공 등의 업무를 수행한다.
1. 건축물의 에너지효율 및 성능 개선 방법

2. 누전(漏電) 및 누수(漏水) 점검 방법
3. 간단한 보수 및 수리 지원
4. 건축물의 유지·관리에 대한 법률 상담
5. 건축물의 개량·보수에 관한 교육 및 홍보
6. 그 밖에 건축물의 점검 및 개량·보수에 관하여 건축조례로 정하는 사항

③ 특별자치시장·특별자치도지사 또는 시장·군수·구청장은 주택의 소유자나 관리자가 법 제35조제1항에 따라 효율적으로 건축물을 유지·관리할 수 있도록 제1항에 따른 건축물의 점검 및 개량·보수에 대한 기술지원 및 정보제공 등에 필요한 제2항 각 호의 사항을 해당 지방자치단체의 홈페이지에 게시하여야 한다.

[본조신설 2014.11.28.]

[제23조의7에서 이동 <2016.7.19.>]

제24조(건축지도원) ① 법 제37조에 따른 건축지도원(이하 "건축지도원"이라 한다)은 특별자치시장·특별자치도지사 또는 시장·군수·구청장이 특별자치시·특별자치도 또는 시·군·구에 근무하는 건축직렬의 공무원과 건축에 관한 학식이 풍부한 자로서 건축조례로 정하는 자격을 갖춘 자 중에서 지정한다. <개정 2012.7.19., 2014.10.14.>

② 건축지도원의 업무는 다음 각 호와 같다.
1. 건축신고를 하고 건축 중에 있는 건축물의 시공 지도와 위법 시공 여부의 확인·지도 및 단속
2. 건축물의 대지, 높이 및 형태, 구조 안전 및 화재 안전, 건축설비 등이 법령등에 적합하게 유지·관리되고 있는지의 확인·지도 및 단속
3. 허가를 받지 아니하거나 신고를 하지 아니하고 건축하거나 용도변경한 건축물의 단속

③ 건축지도원은 제2항의 업무를 수행할 때에는 권한을 나타내는 증표를 지니고 관계인에게 내보여야 한다.

④ 건축지도원의 지정 절차, 보수 기준 등에 관하여 필요한 사항은 건축조례로 정한다.

[전문개정 2008.10.29.]

제25조(건축물대장) 법 제38조제1항제4호에서 "대통령령으로 정하는 경우"란 다음 각 호의 어느 하나에 해당하는 경우를 말한다. <개정 2012.7.19., 2013.3.23.>
1. 「집합건물의 소유 및 관리에 관한 법률」 제56조 및 제57조에 따른 건축물대장의 신규등록 및 변경등록의 신청이 있는 경우
2. 법 시행일 전에 법령등에 적합하게 건축되고 유지·관리된 건축물의 소유자가 그 건축물의 건축물관리대장이나 그 밖에 이와 비슷한 공부(公簿)를 법 제38조에 따른 건축물대장에 옮겨 적을 것을 신청한 경우
3. 그 밖에 기재내용의 변경 등이 필요한 경우로서 국토교통부령으로 정하는 경우

[전문개정 2008.10.29.]

제4장 건축물의 대지 및 도로

제26조 삭제 <1999.4.30.>

제27조(대지의 조경) ① 법 제42조제1항 단서에 따라 다음 각 호의 어느 하나에 해당하는 건축물에 대하여는 조경 등의 조치를 하지 아니할 수 있다. <개정 2009.7.16., 2010.12.13., 2012.4.10., 2012.12.12., 2013.3.23.>
1. 녹지지역에 건축하는 건축물
2. 면적 5천 제곱미터 미만인 대지에 건축하는 공장
3. 연면적의 합계가 1천500제곱미터 미만인 공장
4. 「산업집적활성화 및 공장설립에 관한 법률」 제2조제14호에 따른 산업단지의 공장
5. 대지에 염분이 함유되어 있는 경우 또는 건축물 용도의 특성상 조경 등의 조치를 하기가 곤란하거나 조경 등의 조치를 하는 것이 불합리한 경우로서 건축조례로 정하는 건축물
6. 축사
7. 법 제20조제1항에 따른 가설건축물
8. 연면적의 합계가 1천500제곱미터 미만인 물류시설(주거지역 또는 상업지역에 건축하는 것은 제외한다)로서 국토교통부령으로 정하는 것
9. 「국토의 계획 및 이용에 관한 법률」에 따라 지정된 자연환경보전지역·농림지역 또는 관리지역(지구단위계획구역으로 지정된 지역은 제외한다)의 건축물
10. 다음 각 목의 어느 하나에 해당하는 건축물 중 건축조례로 정하는 건축물
   가. 「관광진흥법」 제2조제6호에 따른 관광지 또는 같은 조 제7호에 따른 관광단지에 설치하는 관광시설

나. 「관광진흥법 시행령」 제2조제1항제3호가목에 따른 전문휴양업의 시설 또는 같은 호 나목에 따른 종합휴양업의 시설
다. 「국토의 계획 및 이용에 관한 법률 시행령」 제48조제10호에 따른 관광·휴양형 지구단위계획구역에 설치하는 관광시설
라. 「체육시설의 설치·이용에 관한 법률 시행령」 별표 1에 따른 골프장

② 법 제42조제1항 단서에 따른 조경 등의 조치에 관한 기준은 다음 각 호와 같다. 다만, 건축조례로 다음 각 호의 기준보다 더 완화된 기준을 정한 경우에는 그 기준에 따른다. <개정 2009.9.9., 2017.3.29.>

1. 공장(제1항제2호부터 제4호까지의 규정에 해당하는 공장은 제외한다) 및 물류시설(제1항제8호에 해당하는 물류시설과 주거지역 또는 상업지역에 건축하는 물류시설은 제외한다)
   가. 연면적의 합계가 2천 제곱미터 이상인 경우: 대지면적의 10퍼센트 이상
   나. 연면적의 합계가 1천500 제곱미터 이상 2천 제곱미터 미만인 경우: 대지면적의 5퍼센트 이상
2. 「공항시설법」 제2조제7호에 따른 공항시설: 대지면적(활주로·유도로·계류장·착륙대 등 항공기의 이륙 및 착륙시설로 쓰는 면적은 제외한다)의 10퍼센트 이상
3. 「철도건설법」 제2조제1호에 따른 철도 중 역시설: 대지면적(선로·승강장 등 철도운행에 이용되는 시설의 면적은 제외한다)의 10퍼센트 이상
4. 그 밖에 면적 200제곱미터 이상 300제곱미터 미만인 대지에 건축하는 건축물: 대지면적의 10퍼센트 이상

③ 건축물의 옥상에 법 제42조제2항에 따라 국토교통부장관이 고시하는 기준에 따라 조경이나 그 밖에 필요한 조치를 하는 경우에는 옥상부분 조경면적의 3분의 2에 해당하는 면적을 법 제42조제1항에 따른 대지의 조경면적으로 산정할 수 있다. 이 경우 조경면적으로 산정하는 면적은 법 제42조제1항에 따른 조경면적의 100분의 50을 초과할 수 없다. <개정 2013.3.23.>

[전문개정 2008.10.29.]

제27조의2(공개 공지 등의 확보) ① 법 제43조제1항에 따라 다음 각 호의 어느 하나에 해당하는 건축물의 대지에는 공개 공지 또는 공개 공간(이하 이 조에서 "공개공지등"이라 한다)을 확보하여야 한다. <개정 2009.7.16., 2013.11.20.>

1. 문화 및 집회시설, 종교시설, 판매시설(「농수산물 유통 및 가격안정에 관한 법률」에 따른 농수산물유통시설은 제외한다), 운수시설(여객용 시설만 해당한다), 업무시설 및 숙박시설로서 해당 용도로 쓰는 바닥면적의 합계가 5천 제곱미터 이상인 건축물
2. 그 밖에 다중이 이용하는 시설로서 건축조례로 정하는 건축물

② 공개공지등의 면적은 대지면적의 100분의 10 이하의 범위에서 건축조례로 정한다. 이 경우 법 제42조에 따른 조경면적과 「매장문화재 보호 및 조사에 관한 법률」 제14조제1항제1호에 따른 매장문화재의 현지보존 조치 면적을 공개공지등의 면적으로 할 수 있다. <개정 2014.11.11., 2015.8.3., 2017.6.27.>

③ 제1항에 따라 공개공지등을 확보할 때에는 공중(公衆)이 이용할 수 있도록 다음 각 호의 사항을 준수하여야 한다. 이 경우 공개 공지는 필로티의 구조로 설치할 수 있다. <개정 2009.7.16., 2013.3.23.>

1. 삭제 <2014.10.14.>
2. 공개공지등에는 물건을 쌓아 놓거나 출입을 차단하는 시설을 설치하지 아니할 것
3. 환경친화적으로 편리하게 이용할 수 있도록 긴 의자 또는 파고라 등 건축조례로 정하는 시설을 설치할 것

④ 제1항에 따른 건축물(제1항에 따른 건축물과 제1항에 해당되지 아니하는 건축물이 하나의 건축물로 복합된 경우를 포함한다)에 공개공지등을 설치하는 경우에는 법 제43조제2항에 따라 다음 각 호의 범위에서 대지면적에 대한 공개공지등 면적 비율에 따라 법 제56조 및 제60조를 완화하여 적용한다. 다만, 다음 각 호의 범위에서 건축조례로 정한 기준이 완화 비율보다 큰 경우에는 해당 건축조례로 정하는 바에 따른다. <개정 2014.11.11.>

1. 법 제56조에 따른 용적률은 해당 지역에 적용하는 용적률의 1.2배 이하
2. 법 제60조에 따른 높이 제한은 해당 건축물에 적용하는 높이기준의 1.2배 이하

⑤ 제1항에 따른 공개공지등의 설치대상이 아닌 건축물(「주택법」 제15조제1항에 따른 사업계획승인 대상인 공동주택 중 주택 외의 시설과 주택을 동일 건축물로 건축하

는 것 외의 공동주택은 제외한다)의 대지에 제2항 및 제3항에 적합한 공개 공지를 설치하는 경우에는 제4항을 준용한다. <개정 2014.11.11., 2016.8.11., 2017.1.20.>

⑥ 공개공지등에는 연간 60일 이내의 기간 동안 건축조례로 정하는 바에 따라 주민들을 위한 문화행사를 열거나 판촉활동을 할 수 있다. 다만, 울타리를 설치하는 등 공중이 해당 공개공지등을 이용하는데 지장을 주는 행위를 해서는 아니 된다. <신설 2009.6.30.>

[전문개정 2008.10.29.]

제28조(대지와 도로의 관계) ① 법 제44조제1항제2호에서 "대통령령으로 정하는 공지"란 광장, 공원, 유원지, 그 밖에 관계 법령에 따라 건축이 금지되고 공중의 통행에 지장이 없는 공지로서 허가권자가 인정한 것을 말한다.

② 법 제44조제2항에 따라 연면적의 합계가 2천 제곱미터(공장인 경우에는 3천 제곱미터) 이상인 건축물(축사, 작물 재배사, 그 밖에 이와 비슷한 건축물로서 건축조례로 정하는 규모의 건축물은 제외한다)의 대지는 너비 6미터 이상의 도로에 4미터 이상 접하여야 한다. <개정 2009.6.30., 2009.7.16.>

[전문개정 2008.10.29.]

제29조 삭제 <1999.4.30.>

제30조 삭제 <1999.4.30.>

제31조(건축선) ①법 제46조제1항에 따라 너비 8미터 미만인 도로의 모퉁이에 위치한 대지의 도로모퉁이 부분의 건축선은 그 대지에 접한 도로경계선의 교차점으로부터 도로경계선에 따라 다음의 표에 따른 거리를 각각 후퇴한 두 점을 연결한 선으로 한다.

(단위: 미터)

도로의 교차각	해당 도로의 너비		교차되는 도로의 너비
	6 이상 8 미만	4이상 6미만	
90° 미만	4	3	6 이상 8 미만
	3	2	4 이상 6 미만
90° 이상 120° 미만	3	2	6 이상 8 미만
	2	2	4 이상 6 미만

② 특별자치시장·특별자치도지사 또는 시장·군수·구청장은 법 제46조제2항에 따라 「국토의 계획 및 이용에 관한 법률」 제36조제1항제1호에 따른 도시지역에는 4미터 이하의 범위에서 건축선을 따로 지정할 수 있다. <개정 2014.10.14.>

③ 특별자치시장·특별자치도지사 또는 시장·군수·구청장은 제2항에 따라 건축선을 지정하려면 미리 그 내용을 해당 지방자치단체의 공보(公報), 일간신문 또는 인터넷 홈페이지 등에 30일 이상 공고하여야 하며, 공고한 내용에 대하여 의견이 있는 자는 공고기간에 특별자치시장·특별자치도지사 또는 시장·군수·구청장에게 의견을 제출(전자문서에 의한 제출을 포함한다)할 수 있다. <개정 2014.10.14.>

[전문개정 2008.10.29.]

제5장 건축물의 구조 및 재료 등

<개정 2014.11.28.>

제32조(구조 안전의 확인) ① 법 제48조제2항에 따라 법 제11조제1항에 따른 건축물을 건축하거나 대수선하는 경우 해당 건축물의 설계자는 국토교통부령으로 정하는 구조기준 등에 따라 그 구조의 안전을 확인하여야 한다. <개정 2009.7.16., 2013.3.23., 2013.5.31., 2014.11.28.>

1. 삭제 <2014.11.28.>
2. 삭제 <2014.11.28.>
3. 삭제 <2014.11.28.>
4. 삭제 <2014.11.28.>
5. 삭제 <2014.11.28.>
6. 삭제 <2014.11.28.>
7. 삭제 <2014.11.28.>

② 제1항에 따라 구조 안전을 확인한 건축물 중 다음 각 호의 어느 하나에 해당하는 건축물의 건축주는 해당 건축물의 설계자로부터 구조 안전의 확인 서류를 받아 법 제21조에 따른 착공신고를 하는 때에 그 확인 서류를 허가권자에게 제출하여야 한다. <개정 2014.11.28., 2015.9.22., 2017.2.3.>

1. 층수가 2층(주요구조부인 기둥과 보를 설치하는 건축물로서 그 기둥과 보가 목재인 목구조 건축물의 경우에는 3층) 이상인 건축물
2. 연면적이 500제곱미터 이상인 건축물. 다만, 창고, 축사, 작물 재배사 및 표준설계도서에 따라 건축하는 건축물은 제외한다.
3. 높이가 13미터 이상인 건축물
4. 처마높이가 9미터 이상인 건축물
5. 기둥과 기둥 사이의 거리가 10미터 이상인 건축물
6. 국토교통부령으로 정하는 지진구역 안의 건축물
7. 국가적 문화유산으로 보존할 가치가 있는 건축물로서 국토교통부령으로 정하는 것

8. 제2조제18호가목 및 다목의 건축물

③ 제6조제1항제6호다목에 따라 기존 건축물을 건축 또는 대수선하려는 건축주는 법 제5조제1항에 따라 적용의 완화를 요청할 때 구조 안전의 확인 서류를 허가권자에게 제출하여야 한다. <신설 2017.2.3.>

[전문개정 2008.10.29.]

제33조 삭제 <1999.4.30.>

제34조(직통계단의 설치) ① 건축물의 피난층(직접 지상으로 통하는 출입구가 있는 층 및 제3항과 제4항에 따른 피난안전구역을 말한다. 이하 같다) 외의 층에서는 피난층 또는 지상으로 통하는 직통계단(경사로를 포함한다. 이하 같다)을 거실의 각 부분으로부터 계단(거실로부터 가장 가까운 거리에 있는 계단을 말한다)에 이르는 보행거리가 30미터 이하가 되도록 설치하여야 한다. 다만, 건축물(지하층에 설치하는 것으로서 바닥면적의 합계가 300제곱미터 이상인 공연장·집회장·관람장 및 전시장은 제외한다)의 주요구조부가 내화구조 또는 불연재료로 된 건축물은 그 보행거리가 50미터(층수가 16층 이상인 공동주택은 40미터) 이하가 되도록 설치할 수 있으며, 자동화 생산시설에 스프링클러 등 자동식 소화설비를 설치한 공장으로서 국토교통부령으로 정하는 공장인 경우에는 그 보행거리가 75미터(무인화 공장인 경우에는 100미터) 이하가 되도록 설치할 수 있다. <개정 2009.7.16., 2010.2.18., 2011.12.30., 2013.3.23.>

② 법 제49조제1항에 따라 피난층 외의 층이 다음 각 호의 어느 하나에 해당하는 용도 및 규모의 건축물에는 국토교통부령으로 정하는 기준에 따라 피난층 또는 지상으로 통하는 직통계단을 2개소 이상 설치하여야 한다. <개정 2009.7.16., 2013.3.23., 2014.3.24., 2015.9.22., 2017.2.3.>

1. 제2종 근린생활시설 중 공연장·종교집회장, 문화 및 집회시설(전시장 및 동·식물원은 제외한다), 종교시설, 위락시설 중 주점영업 또는 장례시설의 용도로 쓰는 층으로서 그 층에서 해당 용도로 쓰는 바닥면적의 합계가 200제곱미터(제2종 근린생활시설 중 공연장·종교집회장은 각각 300제곱미터) 이상인 것
2. 단독주택 중 다중주택·다가구주택, 제1종 근린생활시설 중 정신과의원(입원실이 있는 경우로 한정한다), 제2종 근린생활시설 중 인터넷컴퓨터게임시설제공업소(해당 용도로 쓰는 바닥면적의 합계가 300제곱미터 이상인 경우만 해당한다)·학원·독서실, 판매시설, 운수시설(여객용 시설만 해당한다), 의료시설(입원실이 없는 치과병원은 제외한다), 교육연구시설 중 학원, 노유자시설 중 아동 관련 시설·노인복지시설·장애인 거주시설(「장애인복지법」 제58조제1항제1호에 따른 장애인 거주시설 중 국토교통부령으로 정하는 시설을 말한다. 이하 같다) 및 「장애인복지법」 제58조제1항제4호에 따른 장애인 의료재활시설(이하 "장애인 의료재활시설"이라 한다), 수련시설 중 유스호스텔 또는 숙박시설의 용도로 쓰는 3층 이상의 층으로서 그 층의 해당 용도로 쓰는 거실의 바닥면적의 합계가 200제곱미터 이상인 것
3. 공동주택(층당 4세대 이하인 것은 제외한다) 또는 업무시설 중 오피스텔의 용도로 쓰는 층으로서 그 층의 해당 용도로 쓰는 거실의 바닥면적의 합계가 300제곱미터 이상인 것
4. 제1호부터 제3호까지의 용도로 쓰지 아니하는 3층 이상의 층으로서 그 층 거실의 바닥면적의 합계가 400제곱미터 이상인 것
5. 지하층으로서 그 층 거실의 바닥면적의 합계가 200제곱미터 이상인 것

③ 초고층 건축물에는 피난층 또는 지상으로 통하는 직통계단과 직접 연결되는 피난안전구역(건축물의 피난·안전을 위하여 건축물 중간층에 설치하는 대피공간을 말한다. 이하 같다)을 지상층으로부터 최대 30개 층마다 1개소 이상 설치하여야 한다. <신설 2009.7.16., 2011.12.30.>

④ 준초고층 건축물에는 피난층 또는 지상으로 통하는 직통계단과 직접 연결되는 피난안전구역을 해당 건축물 전체 층수의 2분의 1에 해당하는 층으로부터 상하 5개층 이내에 1개소 이상 설치하여야 한다. 다만, 국토교통부령으로 정하는 기준에 따라 피난층 또는 지상으로 통하는 직통계단을 설치하는 경우에는 그러하지 아니하다. <신설 2011.12.30., 2013.3.23.>

⑤ 제3항 및 제4항에 따른 피난안전구역의 규모와 설치기준은 국토교통부령으로 정한다. <신설 2009.7.16., 2011.12.30., 2013.3.23.>

[전문개정 2008.10.29.]

제35조(피난계단의 설치) ① 법 제49조제1항에 따라 5층 이상 또는 지하 2층 이하인 층에 설

치하는 직통계단은 국토교통부령으로 정하는 기준에 따라 피난계단 또는 특별피난계단으로 설치하여야 한다. 다만, 건축물의 주요구조부가 내화구조 또는 불연재료로 되어 있는 경우로서 다음 각 호의 어느 하나에 해당하는 경우에는 그러하지 아니하다. <개정 2008.10.29., 2013.3.23.>

1. 5층 이상인 층의 바닥면적의 합계가 200제곱미터 이하인 경우
2. 5층 이상인 층의 바닥면적 200제곱미터 이내마다 방화구획이 되어 있는 경우

② 건축물(갓복도식 공동주택은 제외한다)의 11층(공동주택의 경우에는 16층) 이상인 층(바닥면적이 400제곱미터 미만인 층은 제외한다) 또는 지하 3층 이하인 층(바닥면적이 400제곱미터미만인 층은 제외한다)으로부터 피난층 또는 지상으로 통하는 직통계단은 제1항에도 불구하고 특별피난계단으로 설치하여야 한다. <개정 2008.10.29.>

③ 제1항에서 판매시설의 용도로 쓰는 층으로부터의 직통계단은 그 중 1개소 이상을 특별피난계단으로 설치하여야 한다. <개정 2008.10.29.>

④ 삭제 <1995.12.30.>

⑤ 건축물의 5층 이상인 층으로서 문화 및 집회시설 중 전시장 또는 동·식물원, 판매시설, 운수시설(여객용 시설만 해당한다), 운동시설, 위락시설, 관광휴게시설(다중이 이용하는 시설만 해당한다) 또는 수련시설 중 생활권 수련시설의 용도로 쓰는 층에는 제34조에 따른 직통계단 외에 그 층의 해당 용도로 쓰는 바닥면적의 합계가 2천 제곱미터를 넘는 경우에는 그 넘는 2천 제곱미터 이내마다 1개소의 피난계단 또는 특별피난계단(4층 이하의 층에는 쓰지 아니하는 피난계단 또는 특별피난계단만 해당한다)을 설치하여야 한다. <개정 2008.10.29., 2009.7.16.>

⑥ 삭제 <1999.4.30.>

[제목개정 1999.4.30.]

제36조(옥외 피난계단의 설치) 건축물의 3층 이상인 층(피난층은 제외한다)으로서 다음 각 호의 어느 하나에 해당하는 용도로 쓰는 층에는 제34조에 따른 직통계단 외에 그 층으로부터 지상으로 통하는 옥외피난계단을 따로 설치하여야 한다. <개정 2014.3.24.>

1. 제2종 근린생활시설 중 공연장(해당 용도로 쓰는 바닥면적의 합계가 300제곱미터 이상인 경우만 해당한다), 문화 및 집회시설 중 공연장이나 위락시설 중 주점영업의 용도로 쓰는 층으로서 그 층 거실의 바닥면적의 합계가 300제곱미터 이상인 것
2. 문화 및 집회시설 중 집회장의 용도로 쓰는 층으로서 그 층 거실의 바닥면적의 합계가 1천 제곱미터 이상인 것

[전문개정 2008.10.29.]

제37조(지하층과 피난층 사이의 개방공간 설치) 바닥면적의 합계가 3천 제곱미터 이상인 공연장·집회장·관람장 또는 전시장을 지하층에 설치하는 경우에는 각 실에 있는 자가 지하층 각 층에서 건축물 밖으로 피난하여 옥외 계단 또는 경사로 등을 이용하여 피난층으로 대피할 수 있도록 천장이 개방된 외부 공간을 설치하여야 한다.

[전문개정 2008.10.29.]

제38조(관람석 등으로부터의 출구 설치) 법 제49조제1항에 따라 다음 각 호의 어느 하나에 해당하는 건축물에는 국토교통부령으로 정하는 기준에 따라 관람석 또는 집회실로부터의 출구를 설치하여야 한다. <개정 2013.3.23., 2014.3.24., 2017.2.3.>

1. 제2종 근린생활시설 중 공연장·종교집회장(해당 용도로 쓰는 바닥면적의 합계가 각각 300제곱미터 이상인 경우만 해당한다)
2. 문화 및 집회시설(전시장 및 동·식물원은 제외한다)
3. 종교시설
4. 위락시설
5. 장례시설

[전문개정 2008.10.29.]

제39조(건축물 바깥쪽으로의 출구 설치) ① 법 제49조제1항에 따라 다음 각 호의 어느 하나에 해당하는 건축물에는 국토교통부령으로 정하는 기준에 따라 그 건축물로부터 바깥쪽으로 나가는 출구를 설치하여야 한다. <개정 2013.3.23., 2014.3.24., 2017.2.3.>

1. 제2종 근린생활시설 중 공연장·종교집회장·인터넷컴퓨터게임시설제공업소(해당 용도로 쓰는 바닥면적의 합계가 각각 300제곱미터 이상인 경우만 해당한다)
2. 문화 및 집회시설(전시장 및 동·식물원은 제외한다)
3. 종교시설
4. 판매시설

5. 업무시설 중 국가 또는 지방자치단체의 청사
6. 위락시설
7. 연면적이 5천 제곱미터 이상인 창고시설
8. 교육연구시설 중 학교
9. 장례시설
10. 승강기를 설치하여야 하는 건축물

② 법 제49조제1항에 따라 건축물의 출입구에 설치하는 회전문은 국토교통부령으로 정하는 기준에 적합하여야 한다. <개정 2013.3.23.>

[전문개정 2008.10.29.]

제40조(옥상광장 등의 설치) ① 옥상광장 또는 2층 이상인 층에 있는 노대(露臺)나 그 밖에 이와 비슷한 것의 주위에는 높이 1.2미터 이상의 난간을 설치하여야 한다. 다만, 그 노대 등에 출입할 수 없는 구조인 경우에는 그러하지 아니하다.

② 5층 이상인 층이 제2종 근린생활시설 중 공연장·종교집회장·인터넷컴퓨터게임시설제공업소(해당 용도로 쓰는 바닥면적의 합계가 각각 300제곱미터 이상인 경우만 해당한다), 문화 및 집회시설(전시장 및 동·식물원은 제외한다), 종교시설, 판매시설, 위락시설 중 주점영업 또는 장례시설의 용도로 쓰는 경우에는 피난 용도로 쓸 수 있는 광장을 옥상에 설치하여야 한다. <개정 2014.3.24., 2017.2.3.>

③ 층수가 11층 이상인 건축물로서 11층 이상인 층의 바닥면적의 합계가 1만 제곱미터 이상인 건축물의 옥상에는 다음 각 호의 구분에 따른 공간을 확보하여야 한다. <개정 2009.7.16., 2011.12.30.>

1. 건축물의 지붕을 평지붕으로 하는 경우: 헬리포트를 설치하거나 헬리콥터를 통하여 인명 등을 구조할 수 있는 공간
2. 건축물의 지붕을 경사지붕으로 하는 경우: 경사지붕 아래에 설치하는 대피공간

④ 제3항에 따른 헬리포트를 설치하거나 헬리콥터를 통하여 인명 등을 구조할 수 있는 공간 및 경사지붕 아래에 설치하는 대피공간의 설치기준은 국토교통부령으로 정한다. <신설 2011.12.30., 2013.3.23.>

[전문개정 2008.10.29.]

제41조(대지 안의 피난 및 소화에 필요한 통로 설치) ① 건축물의 대지 안에는 그 건축물 바깥쪽으로 통하는 주된 출구와 지상으로 통하는 피난계단 및 특별피난계단으로부터 도로 또는 공지(공원, 광장, 그 밖에 이와 비슷한 것으로서 피난 및 소화를 위하여 해당 대지의 출입에 지장이 없는 것을 말한다. 이하 이 조에서 같다)로 통하는 통로를 다음 각 호의 기준에 따라 설치하여야 한다. <개정 2010.12.13., 2015.9.22., 2016.5.17., 2017.2.3.>

1. 통로의 너비는 다음 각 목의 구분에 따른 기준에 따라 확보할 것
   가. 단독주택: 유효 너비 0.9미터 이상
   나. 바닥면적의 합계가 500제곱미터 이상인 문화 및 집회시설, 종교시설, 의료시설, 위락시설 또는 장례시설: 유효 너비 3미터 이상
   다. 그 밖의 용도로 쓰는 건축물: 유효 너비 1.5미터 이상
2. 필로티 내 통로의 길이가 2미터 이상인 경우에는 피난 및 소화활동에 장애가 발생하지 아니하도록 자동차 진입억제용 말뚝 등 통로 보호시설을 설치하거나 통로에 단차(段差)를 둘 것

② 제1항에도 불구하고 다중이용 건축물, 준다중이용 건축물 또는 층수가 11층 이상인 건축물이 건축되는 대지에는 그 안의 모든 다중이용 건축물, 준다중이용 건축물 또는 층수가 11층 이상인 건축물에 「소방기본법」 제21조에 따른 소방자동차(이하 "소방자동차"라 한다)의 접근이 가능한 통로를 설치하여야 한다. 다만, 모든 다중이용 건축물, 준다중이용 건축물 또는 층수가 11층 이상인 건축물이 소방자동차의 접근이 가능한 도로 또는 공지에 직접 접하여 건축되는 경우로서 소방자동차가 도로 또는 공지에서 직접 소방활동이 가능한 경우에는 그러하지 아니하다. <신설 2010.12.13., 2011.12.30., 2015.9.22.>

[전문개정 2008.10.29.]

제42조 삭제 <1999.4.30.>

제43조 삭제 <1999.4.30.>

제44조(피난 규정의 적용례) 건축물이 창문, 출입구, 그 밖의 개구부(開口部)(이하 "창문등"이라 한다)가 없는 내화구조의 바닥 또는 벽으로 구획되어 있는 경우에는 그 구획된 각 부분을 각각 별개의 건축물로 보아 제34조부터 제41조까지를 적용한다.

[전문개정 2008.10.29.]

제45조 삭제 <1999.4.30.>

제46조(방화구획 등의 설치) ① 법 제49조제2항에 따라 주요구조부가 내화구조 또는 불연재료로 된 건축물로서 연면적이 1천 제곱미터를 넘는 것은 국토교통부령으로 정하는 기준에 따라 내화구조로 된 바닥·벽 및 제64조에 따른 갑종 방화문(국토교통부장관이 정하는 기준에 적합한 자동방화셔터를 포함한다. 이하 이 조에서 같다)으로 구획(이하 "방화구획"이라 한다)하여야 한다. 다만, 「원자력안전법」 제2조에 따른 원자로 및 관계시설은 「원자력안전법」에서 정하는 바에 따른다. <개정 2011.10.25., 2013.3.23.>

② 다음 각 호의 어느 하나에 해당하는 건축물의 부분에는 제1항을 적용하지 아니하거나 그 사용에 지장이 없는 범위에서 제1항을 완화하여 적용할 수 있다. <개정 2010.2.18., 2017.2.3.>

1. 문화 및 집회시설(동·식물원은 제외한다), 종교시설, 운동시설 또는 장례시설의 용도로 쓰는 거실로서 시선 및 활동공간의 확보를 위하여 불가피한 부분
2. 물품의 제조·가공·보관 및 운반 등에 필요한 고정식 대형기기 설비의 설치를 위하여 불가피한 부분. 다만, 지하층인 경우에는 지하층의 외벽 한쪽 면(지하층의 바닥면에서 지상층 바닥 아래면까지의 외벽 면적 중 4분의 1 이상이 되는 면을 말한다) 전체가 건물 밖으로 개방되어 보행과 자동차의 진입·출입이 가능한 경우에 한정한다.
3. 계단실부분·복도 또는 승강기의 승강로 부분(해당 승강기의 승강을 위한 승강로비 부분을 포함한다)으로서 그 건축물의 다른 부분과 방화구획으로 구획된 부분
4. 건축물의 최상층 또는 피난층으로서 대규모 회의장·강당·스카이라운지·로비 또는 피난안전구역 등의 용도로 쓰는 부분으로서 그 용도로 사용하기 위하여 불가피한 부분
5. 복층형 공동주택의 세대별 층간 바닥 부분
6. 주요구조부가 내화구조 또는 불연재료로 된 주차장
7. 단독주택, 동물 및 식물 관련 시설 또는 교정 및 군사시설 중 군사시설(집회, 체육, 창고 등의 용도로 사용되는 시설만 해당한다)로 쓰는 건축물

③ 건축물의 일부가 법 제50조제1항에 따른 건축물에 해당하는 경우에는 그 부분과 다른 부분을 방화구획으로 구획하여야 한다.

④ 공동주택 중 아파트로서 4층 이상인 층의 각 세대가 2개 이상의 직통계단을 사용할 수 없는 경우에는 발코니에 인접 세대와 공동으로 또는 각 세대별로 다음 각 호의 요건을 모두 갖춘 대피공간을 하나 이상 설치하여야 한다. 이 경우 인접 세대와 공동으로 설치하는 대피공간은 인접 세대를 통하여 2개 이상의 직통계단을 쓸 수 있는 위치에 우선 설치되어야 한다. <개정 2013.3.23.>

1. 대피공간은 바깥의 공기와 접할 것
2. 대피공간은 실내의 다른 부분과 방화구획으로 구획될 것
3. 대피공간의 바닥면적은 인접 세대와 공동으로 설치하는 경우에는 3제곱미터 이상, 각 세대별로 설치하는 경우에는 2제곱미터 이상일 것
4. 국토교통부장관이 정하는 기준에 적합할 것

⑤ 제4항에도 불구하고 아파트의 4층 이상인 층에서 발코니에 다음 각 호의 어느 하나에 해당하는 구조 또는 시설을 설치한 경우에는 대피공간을 설치하지 아니할 수 있다. <개정 2010.2.18., 2013.3.23., 2014.8.27.>

1. 인접 세대와의 경계벽이 파괴하기 쉬운 경량구조 등인 경우
2. 경계벽에 피난구를 설치한 경우
3. 발코니의 바닥에 국토교통부령으로 정하는 하향식 피난구를 설치한 경우
4. 국토교통부장관이 중앙건축위원회의 심의를 거쳐 제4항에 따른 대피공간과 동일하거나 그 이상의 성능이 있다고 인정하여 고시하는 구조 또는 시설을 설치한 경우

⑥ 요양병원, 정신병원, 「노인복지법」 제34조제1항제1호에 따른 노인요양시설(이하 "노인요양시설"이라 한다), 장애인 거주시설 및 장애인 의료재활시설의 피난층 외의 층에는 다음 각 호의 어느 하나에 해당하는 시설을 설치하여야 한다. <신설 2015.9.22.>

1. 각 층마다 별도로 방화구획된 대피공간
2. 거실에 직접 접속하여 바깥 공기에 개방된 피난용 발코니
3. 계단을 이용하지 아니하고 건물 외부 지표면 또는 인접 건물로 수평으로 피난할 수 있도록 설치하는 구름다리 형태의 구조물

[전문개정 2008.10.29.]
[제목개정 2015.9.22.]

제47조(방화에 장애가 되는 용도의 제한) ① 법 제49조제2항에 따라 의료시설, 노유자시설(아동 관련 시설 및 노인복지시설만 해당한다), 공동주택, 장례시설 또는 제1종 근린생활시설(산후조리원만 해당한다)과 위락시설, 위험물저장 및 처리시설, 공장 또는 자동차 관련 시설(정비공장만 해당한다)은 같은 건축물에 함께 설치할 수 없다. 다만, 다음 각 호의 어느 하나에 해당하는 경우로서 국토교통부령으로 정하는 경우에는 그러하지 아니하다. <개정 2009.7.16., 2013.3.23., 2016.1.19., 2016.7.19., 2017.2.3.>

1. 공동주택(기숙사만 해당한다)과 공장이 같은 건축물에 있는 경우
2. 중심상업지역·일반상업지역 또는 근린상업지역에서 「도시 및 주거환경정비법」에 따른 도시환경정비사업을 시행하는 경우
3. 공동주택과 위락시설이 같은 초고층 건축물에 있는 경우. 다만, 사생활을 보호하고 방범·방화 등 주거 안전을 보장하며 소음·악취 등으로부터 주거환경을 보호할 수 있도록 주택의 출입구·계단 및 승강기 등을 주택 외의 시설과 분리된 구조로 하여야 한다.
4. 「산업집적활성화 및 공장설립에 관한 법률」 제2조제13호에 따른 지식산업센터와 「영유아보육법」 제10조제4호에 따른 직장어린이집이 같은 건축물에 있는 경우

② 법 제49조제2항에 따라 다음 각 호의 어느 하나에 해당하는 용도의 시설은 같은 건축물에 함께 설치할 수 없다. <개정 2009.7.16., 2010.8.17., 2012.12.12., 2014.3.24.>

1. 노유자시설 중 아동 관련 시설 또는 노인복지시설과 판매시설 중 도매시장 또는 소매시장
2. 단독주택(다중주택, 다가구주택에 한정한다), 공동주택, 제1종 근린생활시설 중 조산원 또는 산후조리원과 제2종 근린생활시설 중 다중생활시설

[전문개정 2008.10.29.]

제48조(계단·복도 및 출입구의 설치) ① 법 제49조제2항에 따라 연면적 200제곱미터를 초과하는 건축물에 설치하는 계단 및 복도는 국토교통부령으로 정하는 기준에 적합하여야 한다. <개정 2013.3.23.>

② 법 제49조제2항에 따라 제39조제1항 각 호의 어느 하나에 해당하는 건축물의 출입구는 국토교통부령으로 정하는 기준에 적합하여야 한다. <개정 2013.3.23.>

[전문개정 2008.10.29.]

제49조 삭제 <1995.12.30.>

제50조(거실반자의 설치) 법 제49조제2항에 따라 공장, 창고시설, 위험물저장 및 처리시설, 동물 및 식물 관련 시설, 자원순환 관련 시설 또는 묘지 관련시설 외의 용도로 쓰는 건축물 거실의 반자(반자가 없는 경우에는 보 또는 바로 위층의 바닥판의 밑면, 그 밖에 이와 비슷한 것을 말한다)는 국토교통부령으로 정하는 기준에 적합하여야 한다. <개정 2013.3.23., 2014.3.24.>

[전문개정 2008.10.29.]

제51조(거실의 채광 등) ① 법 제49조제2항에 따라 단독주택 및 공동주택의 거실, 교육연구시설 중 학교의 교실, 의료시설의 병실 및 숙박시설의 객실에는 국토교통부령으로 정하는 기준에 따라 채광 및 환기를 위한 창문등이나 설비를 설치하여야 한다. <개정 2013.3.23.>

② 법 제49조제2항에 따라 다음 각 호의 건축물의 거실(피난층의 거실은 제외한다)에는 국토교통부령으로 정하는 기준에 따라 배연설비(排煙設備)를 하여야 한다. <개정 2015.9.22., 2017.2.3.>

1. 6층 이상인 건축물로서 다음 각 목의 어느 하나에 해당하는 용도로 쓰는 건축물
   가. 제2종 근린생활시설 중 공연장, 종교집회장, 인터넷컴퓨터게임시설제공업소 및 다중생활시설(공연장, 종교집회장 및 인터넷컴퓨터게임시설제공업소는 해당 용도로 쓰는 바닥면적의 합계가 각각 300제곱미터 이상인 경우만 해당한다)
   나. 문화 및 집회시설
   다. 종교시설
   라. 판매시설
   마. 운수시설
   바. 의료시설(요양병원 및 정신병원은 제외한다)
   사. 교육연구시설 중 연구소
   아. 노유자시설 중 아동 관련 시설, 노인복지시설(노인요양시설은 제외한다)
   자. 수련시설 중 유스호스텔
   차. 운동시설

카. 업무시설
타. 숙박시설
파. 위락시설
하. 관광휴게시설
거. 장례시설
2. 다음 각 목의 어느 하나에 해당하는 용도로 쓰는 건축물
가. 의료시설 중 요양병원 및 정신병원
나. 노유자시설 중 노인요양시설·장애인 거주시설 및 장애인 의료재활시설

③ 법 제49조제2항에 따라 오피스텔에 거실 바닥으로부터 높이 1.2미터 이하 부분에 여닫을 수 있는 창문을 설치하는 경우에는 국토교통부령으로 정하는 기준에 따라 추락방지를 위한 안전시설을 설치하여야 한다. <신설 2009.7.16., 2013.3.23.>

④ 법 제49조제2항에 따라 11층 이하의 건축물에는 국토교통부령으로 정하는 기준에 따라 소방관이 진입할 수 있는 곳을 정하여 외부에서 주·야간 식별할 수 있는 표시를 하여야 한다. <신설 2011.12.30., 2013.3.23.>

[전문개정 2008.10.29.]

제52조(거실 등의 방습) 법 제49조제2항에 따라 다음 각 호의 어느 하나에 해당하는 거실·욕실 또는 조리장의 바닥 부분에는 국토교통부령으로 정하는 기준에 따라 방습을 위한 조치를 하여야 한다. <개정 2013.3.23.>
1. 건축물의 최하층에 있는 거실(바닥이 목조인 경우만 해당한다)
2. 제1종 근린생활시설 중 목욕장의 욕실과 휴게음식점 및 제과점의 조리장
3. 제2종 근린생활시설 중 일반음식점, 휴게음식점 및 제과점의 조리장과 숙박시설의 욕실

[전문개정 2008.10.29.]

제53조(경계벽 등의 설치) ① 법 제49조제3항에 따라 다음 각 호의 어느 하나에 해당하는 건축물의 경계벽은 국토교통부령으로 정하는 기준에 따라 설치하여야 한다. <개정 2010.8.17., 2013.3.23., 2014.3.24., 2014.11.28., 2015.9.22.>
1. 단독주택 중 다가구주택의 각 가구 간 또는 공동주택(기숙사는 제외한다)의 각 세대 간 경계벽(제2조제14호 후단에 따라 거실·침실 등의 용도로 쓰지 아니하는 발코니 부분은 제외한다)
2. 공동주택 중 기숙사의 침실, 의료시설의 병실, 교육연구시설 중 학교의 교실 또는 숙박시설의 객실 간 경계벽
3. 제2종 근린생활시설 중 다중생활시설의 호실 간 경계벽
4. 노유자시설 중 「노인복지법」 제32조제1항제3호에 따른 노인복지주택(이하 "노인복지주택"이라 한다)의 각 세대 간 경계벽
5. 노유자시설 중 노인요양시설의 호실 간 경계벽

② 법 제49조제3항에 따라 다음 각 호의 어느 하나에 해당하는 건축물의 층간바닥(화장실의 바닥은 제외한다)은 국토교통부령으로 정하는 기준에 따라 설치하여야 한다. <신설 2014.11.28., 2016.8.11.>
1. 단독주택 중 다가구주택
2. 공동주택(「주택법」 제15조에 따른 주택건설사업계획승인 대상은 제외한다)
3. 업무시설 중 오피스텔
4. 제2종 근린생활시설 중 다중생활시설
5. 숙박시설 중 다중생활시설

[전문개정 2008.10.29.]
[제목개정 2014.11.28.]

제54조(건축물에 설치하는 굴뚝) 건축물에 설치하는 굴뚝은 국토교통부령으로 정하는 기준에 따라 설치하여야 한다. <개정 2013.3.23.>

[전문개정 2008.10.29.]

제55조(창문 등의 차면시설) 인접 대지경계선으로부터 직선거리 2미터 이내에 이웃 주택의 내부가 보이는 창문 등을 설치하는 경우에는 차면시설(遮面施設)을 설치하여야 한다.

[전문개정 2008.10.29.]

제56조(건축물의 내화구조) ① 법 제50조제1항에 따라 다음 각 호의 어느 하나에 해당하는 건축물(제5호에 해당하는 건축물로서 2층 이하인 건축물은 지하층 부분만 해당한다)의 주요구조부는 내화구조로 하여야 한다. 다만, 연면적이 50제곱미터 이하인 단층의 부속건축물로서 외벽 및 처마 밑면을 방화구조로 한 것과 무대의 바닥은 그러하지 아니하다. <개정 2009.6.30., 2010.2.18., 2010.8.17., 2013.3.23., 2014.3.24., 2017.2.3.>
1. 제2종 근린생활시설 중 공연장·종교집회장(해당 용도로 쓰는 바닥면적의 합계가 각각 300제곱미터 이상인 경우만 해당한다), 문화 및 집회시설(전시장 및 동·식

물원은 제외한다), 종교시설, 위락시설 중 주점영업 및 장례시설의 용도로 쓰는 건축물로서 관람석 또는 집회실의 바닥면적의 합계가 200제곱미터(옥외관람석의 경우에는 1천 제곱미터) 이상인 건축물

2. 문화 및 집회시설 중 전시장 또는 동·식물원, 판매시설, 운수시설, 교육연구시설에 설치하는 체육관·강당, 수련시설, 운동시설 중 체육관·운동장, 위락시설(주점영업의 용도로 쓰는 것은 제외한다), 창고시설, 위험물저장 및 처리시설, 자동차 관련 시설, 방송통신시설 중 방송국·전신전화국·촬영소, 묘지 관련 시설 중 화장시설·동물화장시설 또는 관광휴게시설의 용도로 쓰는 건축물로서 그 용도로 쓰는 바닥면적의 합계가 500제곱미터 이상인 건축물
3. 공장의 용도로 쓰는 건축물로서 그 용도로 쓰는 바닥면적의 합계가 2천 제곱미터 이상인 건축물. 다만, 화재의 위험이 적은 공장으로서 국토교통부령으로 정하는 공장은 제외한다.
4. 건축물의 2층이 단독주택 중 다중주택 및 다가구주택, 공동주택, 제1종 근린생활시설(의료의 용도로 쓰는 시설만 해당한다), 제2종 근린생활시설 중 다중생활시설, 의료시설, 노유자시설 중 아동 관련 시설 및 노인복지시설, 수련시설 중 유스호스텔, 업무시설 중 오피스텔, 숙박시설 또는 장례시설의 용도로 쓰는 건축물로서 그 용도로 쓰는 바닥면적의 합계가 400제곱미터 이상인 건축물
5. 3층 이상인 건축물 및 지하층이 있는 건축물. 다만, 단독주택(다중주택 및 다가구주택은 제외한다), 동물 및 식물 관련 시설, 발전시설(발전소의 부속용도로 쓰는 시설은 제외한다), 교도소·감화원 또는 묘지 관련 시설(화장시설 및 동물화장시설은 제외한다)의 용도로 쓰는 건축물과 철강 관련 업종의 공장 중 제어실로 사용하기 위하여 연면적 50제곱미터 이하로 증축하는 부분은 제외한다.

② 제1항제1호 및 제2호에 해당하는 용도로 쓰지 아니하는 건축물로서 그 지붕틀을 불연재료로 한 경우에는 그 지붕틀을 내화구조로 아니할 수 있다.
[전문개정 2008.10.29.]

제57조(대규모 건축물의 방화벽 등) ① 법 제50조제2항에 따라 연면적 1천 제곱미터 이상인 건축물은 방화벽으로 구획하되, 각 구획된 바닥면적의 합계는 1천 제곱미터 미만이어야 한다. 다만, 주요구조부가 내화구조이거나 불연재료인 건축물과 제56조제1항제5호 단서에 따른 건축물 또는 내부설비의 구조상 방화벽으로 구획할 수 없는 창고시설의 경우에는 그러하지 아니하다.
② 제1항에 따른 방화벽의 구조에 관하여 필요한 사항은 국토교통부령으로 정한다. <개정 2013.3.23.>
③ 연면적 1천 제곱미터 이상인 목조 건축물의 구조는 국토교통부령으로 정하는 바에 따라 방화구조로 하거나 불연재료로 하여야 한다. <개정 2013.3.23.>
[전문개정 2008.10.29.]

제58조(방화지구의 건축물) 법 제51조제1항에 따라 그 주요구조부 및 외벽을 내화구조로 하지 아니할 수 있는 건축물은 다음 각 호와 같다.
1. 연면적 30제곱미터 미만인 단층 부속건축물로서 외벽 및 처마면이 내화구조 또는 불연재료로 된 것
2. 도매시장의 용도로 쓰는 건축물로서 그 주요구조부가 불연재료로 된 것

[전문개정 2008.10.29.]

제59조 삭제 <1999.4.30.>

제60조 삭제 <1999.4.30.>

제61조(건축물의 마감재료) ① 법 제52조제1항에서 "대통령령으로 정하는 용도 및 규모의 건축물"이란 다음 각 호의 어느 하나에 해당하는 건축물을 말한다. 다만, 그 주요구조부가 내화구조 또는 불연재료로 되어 있고 그 거실의 바닥면적(스프링클러나 그 밖에 이와 비슷한 자동식 소화설비를 설치한 바닥면적을 뺀 면적으로 한다. 이하 이 조에서 같다) 200제곱미터 이내마다 방화구획이 되어 있는 건축물은 제외한다. <개정 2009.7.16., 2010.2.18., 2010.12.13., 2013.3.23., 2014.3.24., 2014.8.27., 2014.10.14., 2015.9.22., 2017.2.3.>
1. 단독주택 중 다중주택·다가구주택

1의2. 공동주택

2. 제2종 근린생활시설 중 공연장·종교집회장·인터넷컴퓨터게임시설제공업소·학원·독서실·당구장·다중생활시설의 용도로 쓰는 건축물

3. 위험물저장 및 처리시설(자가난방과 자가발전 등의 용도로 쓰는 시설을 포함한다), 자동차 관련 시설, 방송통신시설 중 방송국·촬영소 또는 발전시설의 용도로 쓰는 건축물
4. 공장의 용도로 쓰는 건축물. 다만, 건축물이 1층 이하이고, 연면적 1천 제곱미터 미만으로서 다음 각 목의 요건을 모두 갖춘 경우는 제외한다.
   가. 국토교통부령으로 정하는 화재위험이 적은 공장용도로 쓸 것
   나. 화재 시 대피가 가능한 국토교통부령으로 정하는 출구를 갖출 것
   다. 복합자재[불연성인 재료와 불연성이 아닌 재료가 복합된 자재로서 외부의 양면(철판, 알루미늄, 콘크리트박판, 그 밖에 이와 유사한 재료로 이루어진 것을 말한다)과 심재(心材)로 구성된 것을 말한다]를 내부 마감재료로 사용하는 경우에는 국토교통부령으로 정하는 품질기준에 적합할 것
5. 5층 이상인 층 거실의 바닥면적의 합계가 500제곱미터 이상인 건축물
6. 문화 및 집회시설, 종교시설, 판매시설, 운수시설, 의료시설, 교육연구시설 중 학교(초등학교만 해당한다)·학원, 노유자시설, 수련시설, 업무시설 중 오피스텔, 숙박시설, 위락시설(단란주점 및 유흥주점은 제외한다), 장례시설, 「다중이용업소의 안전관리에 관한 특별법 시행령」 제2조에 따른 다중이용업(단란주점영업 및 유흥주점영업은 제외한다)의 용도로 쓰는 건축물
7. 창고로 쓰이는 바닥면적 600제곱미터(스프링클러나 그 밖에 이와 비슷한 자동식 소화설비를 설치한 경우에는 1천200제곱미터) 이상인 건축물. 다만, 벽 및 지붕을 국토교통부장관이 정하여 고시하는 화재 확산 방지구조 기준에 적합하게 설치한 건축물은 제외한다.

② 법 제52조제2항에서 "대통령령으로 정하는 건축물"이란 다음 각 호의 어느 하나에 해당하는 것을 말한다. <신설 2010.12.13., 2011.12.30., 2013.3.23., 2015.9.22.>

1. 상업지역(근린상업지역은 제외한다)의 건축물로서 다음 각 목의 어느 하나에 해당하는 것
   가. 제1종 근린생활시설, 제2종 근린생활시설, 문화 및 집회시설, 종교시설, 판매시설, 의료시설, 교육연구시설, 노유자시설, 운동시설 및 위락시설의 용도로 쓰는 건축물로서 그 용도로 쓰는 바닥면적의 합계가 2천제곱미터 이상인 건축물
   나. 공장(국토교통부령으로 정하는 화재 위험이 적은 공장은 제외한다)의 용도로 쓰는 건축물로부터 6미터 이내에 위치한 건축물
2. 6층 이상 또는 높이 22미터 이상인 건축물

[전문개정 2008.10.29.]
[제목개정 2010.12.13.]

제61조의2(실내건축) 법 제52조의2제1항에서 "대통령령으로 정하는 용도 및 규모에 해당하는 건축물"이란 다음 각 호의 어느 하나에 해당하는 건축물을 말한다.
1. 다중이용 건축물
2. 「건축물의 분양에 관한 법률」 제3조에 따른 건축물

[본조신설 2014.11.28.]

제61조의3(건축물의 범죄예방) 법 제53조의2제2항에서 "대통령령으로 정하는 건축물"이란 다음 각 호의 어느 하나에 해당하는 건축물을 말한다.
1. 공동주택 중 세대수가 500세대 이상인 아파트
2. 제1종 근린생활시설 중 일용품을 판매하는 소매점
3. 제2종 근린생활시설 중 다중생활시설
4. 문화 및 집회시설(동·식물원은 제외한다)
5. 교육연구시설(연구소 및 도서관은 제외한다)
6. 노유자시설
7. 수련시설
8. 업무시설 중 오피스텔
9. 숙박시설 중 다중생활시설

[본조신설 2014.11.28.]

제61조의4(복합자재의 품질관리 등) ① 법 제52조의3제1항에 따른 복합자재(이하 "복합자재"라 한다)를 공급하는 자는 같은 항에 따른 복합자재품질관리서(이하 "복합자재품질관리서"라 한다)를 공사시공자에게 제출하여야 하며, 공사시공자는 제출받은 복합자재품질관리서와 공급받은 제품의 일치 여부를 확인한 후 해당 복합자재품질관리서를 공사감리자에게 제출하여야 한다.
② 공사감리자는 제1항에 따라 제출받은 복합자재품질관리서를 공사감리완료보고서에 첨부하여 법 제25조제5항에 따라 건축주에게 제출

하여야 하며, 건축주는 법 제22조에 따른 건축물의 사용승인을 신청할 때에 이를 허가권자에게 제출하여야 한다.

③ 법 제52조의3제2항에서 "대통령으로 정하는 건축물"이란 제61조제1항에 따른 건축물을 말한다.

[본조신설 2015.9.22.]

제62조 삭제 <1999.4.30.>

제63조 삭제 <1999.4.30.>

제64조(방화문의 구조) 방화문은 갑종 방화문 및 을종 방화문으로 구분하되, 그 기준은 국토교통부령으로 정한다. <개정 2013.3.23.>

[전문개정 2008.10.29.]

제6장 지역 및 지구의 건축물

<개정 2008.10.29.>

제65조 삭제 <2000.6.27.>

제66조 삭제 <1999.4.30.>

제67조 삭제 <1999.4.30.>

제68조 삭제 <2000.6.27.>

제69조 삭제 <1999.4.30.>

제70조 삭제 <1999.4.30.>

제71조 삭제 <1999.4.30.>

제72조 삭제 <1999.4.30.>

제73조 삭제 <2000.6.27.>

제74조 삭제 <1999.4.30.>

제75조 삭제 <1999.4.30.>

제76조 삭제 <2000.6.27.>

제77조(건축물의 대지가 지역·지구 또는 구역에 걸치는 경우) 법 제54조제1항에 따라 대지가 지역·지구 또는 구역에 걸치는 경우 그 대지의 과반이 속하는 지역·지구 또는 구역의 건축물 및 대지 등에 관한 규정을 그 대지의 전부에 대하여 적용 받으려는 자는 해당 대지의 지역·지구 또는 구역별 면적과 적용 받으려는 지역·지구 또는 구역에 관한 사항을 허가권자에게 제출(전자문서에 의한 제출을 포함한다)하여야 한다.

[전문개정 2008.10.29.]

제78조 삭제 <2002.12.26.>

제79조 삭제 <2002.12.26.>

제80조(건축물이 있는 대지의 분할제한) 법 제57조제1항에서 "대통령령으로 정하는 범위"란 다음 각 호의 어느 하나에 해당하는 규모 이상을 말한다.

1. 주거지역: 60제곱미터
2. 상업지역: 150제곱미터
3. 공업지역: 150제곱미터
4. 녹지지역: 200제곱미터
5. 제1호부터 제4호까지의 규정에 해당하지 아니하는 지역: 60제곱미터

[전문개정 2008.10.29.]

제80조의2(대지 안의 공지) 법 제58조에 따라 건축선(법 제46조제1항에 따른 건축선을 말한다. 이하 같다) 및 인접 대지경계선(대지와 대지 사이에 공원, 철도, 하천, 광장, 공공공지, 녹지, 그 밖에 건축이 허용되지 아니하는 공지가 있는 경우에는 그 반대편의 경계선을 말한다)으로부터 건축물의 각 부분까지 띄어야 하는 거리의 기준은 별표 2와 같다. <개정 2014.10.14.>

[전문개정 2008.10.29.]

제81조(맞벽건축 및 연결복도) ① 법 제59조제1항제1호에서 "대통령령으로 정하는 지역"이란 다음 각 호의 어느 하나에 해당하는 지역을 말한다. <개정 2008.10.29., 2012.12.12., 2014.10.14., 2015.9.22.>

1. 상업지역(다중이용 건축물 및 공동주택은 스프링클러나 그 밖에 이와 비슷한 자동식 소화설비를 설치한 경우로 한정한다)
2. 주거지역(건축물 및 토지의 소유자 간 맞벽건축을 합의한 경우에 한정한다)
3. 허가권자가 도시미관 또는 한옥 보전·진흥을 위하여 건축조례로 정하는 구역
4. 건축협정구역

② 삭제 <2006.5.8.>

③ 법 제59조제1항제1호에 따른 맞벽은 다

음 각 호의 기준에 적합하여야 한다. <개정 2008.10.29., 2014.10.14.>
1. 주요구조부가 내화구조일 것
2. 마감재료가 불연재료일 것
④ 제1항에 따른 지역(건축협정구역은 제외한다)에서 맞벽건축을 할 때 맞벽 대상 건축물의 용도, 맞벽 건축물의 수 및 층수 등 맞벽에 필요한 사항은 건축조례로 정한다. <개정 2008.10.29., 2014.10.14.>
⑤ 법 제59조제1항제2호에서 "대통령령으로 정하는 기준"이란 다음 각 호의 기준을 말한다. <개정 2008.10.29.>
1. 주요구조부가 내화구조일 것
2. 마감재료가 불연재료일 것
3. 밀폐된 구조인 경우 벽면적의 10분의 1 이상에 해당하는 면적의 창문을 설치할 것. 다만, 지하층으로서 환기설비를 설치하는 경우에는 그러하지 아니하다.
4. 너비 및 높이가 각각 5미터 이하일 것. 다만, 허가권자가 건축물의 용도나 규모 등을 고려할 때 원활한 통행을 위하여 필요하다고 인정하면 지방건축위원회의 심의를 거쳐 그 기준을 완화하여 적용할 수 있다.
5. 건축물과 복도 또는 통로의 연결부분에 방화셔터 또는 방화문을 설치할 것
6. 연결복도가 설치된 대지 면적의 합계가 「국토의 계획 및 이용에 관한 법률 시행령」 제55조에 따른 개발행위의 최대규모 이하일 것. 다만, 지구단위계획구역에서는 그러하지 아니하다.
⑥ 법 제59조제1항제2호에 따른 연결복도나 연결통로는 건축사 또는 건축구조기술사로부터 안전에 관한 확인을 받아야 한다. <개정 2008.10.29., 2009.7.16., 2016.5.17., 2016.7.19.>
[전문개정 1999.4.30.]

제82조(건축물의 높이 제한) ① 허가권자는 법 제60조제1항에 따라 가로구역별로 건축물의 높이를 지정·공고할 때에는 다음 각 호의 사항을 고려하여야 한다. <개정 2012.4.10., 2014.10.14.>
1. 도시·군관리계획 등의 토지이용계획
2. 해당 가로구역이 접하는 도로의 너비
3. 해당 가로구역의 상·하수도 등 간선시설의 수용능력
4. 도시미관 및 경관계획
5. 해당 도시의 장래 발전계획
② 허가권자는 제1항에 따라 가로구역별 건축물의 높이를 지정하려면 지방건축위원회의 심의를 거쳐야 한다. 이 경우 주민의 의견청취 절차 등은 「토지이용규제 기본법」 제8조에 따른다. <개정 2011.6.29., 2014.10.14.>
③ 허가권자는 같은 가로구역에서 건축물의 용도 및 형태에 따라 건축물의 높이를 다르게 정할 수 있다.
④ 법 제60조제1항 단서에 따라 가로구역의 높이를 완화하여 적용하는 경우에 대한 구체적인 완화기준은 제1항 각 호의 사항을 고려하여 건축조례로 정한다. <개정 2010.2.18., 2014.10.14.>
[전문개정 2008.10.29.]

제83조 삭제 <1999.4.30.>

제84조 삭제 <1999.4.30.>

제85조 삭제 <1999.4.30.>

제86조(일조 등의 확보를 위한 건축물의 높이 제한) ① 전용주거지역이나 일반주거지역에서 건축물을 건축하는 경우에는 법 제61조제1항에 따라 건축물의 각 부분을 정북(正北) 방향으로의 인접 대지경계선으로부터 다음 각 호의 범위에서 건축조례로 정하는 거리 이상을 띄어 건축하여야 한다. <개정 2015.7.6.>
1. 높이 9미터 이하인 부분: 인접 대지경계선으로부터 1.5미터 이상
2. 높이 9미터를 초과하는 부분: 인접 대지경계선으로부터 해당 건축물 각 부분 높이의 2분의 1 이상
② 다음 각 호의 어느 하나에 해당하는 경우에는 제1항을 적용하지 아니한다. <신설 2015.7.6., 2016.5.17., 2016.7.19.>
1. 다음 각 목의 어느 하나에 해당하는 구역 안의 대지 상호간에 건축하는 건축물로서 해당 대지가 너비 20미터 이상의 도로(자동차·보행자·자전거 전용도로를 포함하며, 도로에 공공공지, 녹지, 광장, 그 밖에 건축미관에 지장이 없는 도시·군계획시설이 접한 경우 해당 시설을 포함한다)에 접한 경우
가. 「국토의 계획 및 이용에 관한 법률」 제51조에 따른 지구단위계획구역, 갈

은 법 제37조제1항제1호에 따른 경관지구 및 같은 항 제2호에 따른 미관지구
나. 「경관법」 제9조제1항제4호에 따른 중점경관관리구역
다. 법 제77조의2제1항에 따른 특별가로구역
라. 도시미관 향상을 위하여 허가권자가 지정·공고하는 구역
2. 건축협정구역 안에서 대지 상호간에 건축하는 건축물(법 제77조의4제1항에 따른 건축협정에 일정 거리 이상을 띄어 건축하는 내용이 포함된 경우만 해당한다)의 경우
3. 건축물의 정북 방향의 인접 대지가 전용주거지역이나 일반주거지역이 아닌 용도지역에 해당하는 경우

③ 법 제61조제2항에 따라 공동주택은 다음 각 호의 기준에 적합하여야 한다. 다만, 채광을 위한 창문 등이 있는 벽면에서 직각 방향으로 인접 대지경계선까지의 수평거리가 1미터 이상으로서 건축조례로 정하는 거리 이상인 다세대주택은 제1호를 적용하지 아니한다. <개정 2009.7.16., 2013.5.31., 2015.7.6.>
1. 건축물(기숙사는 제외한다)의 각 부분의 높이는 그 부분으로부터 채광을 위한 창문 등이 있는 벽면에서 직각 방향으로 인접 대지경계선까지의 수평거리의 2배(근린상업지역 또는 준주거지역의 건축물은 4배) 이하로 할 것
2. 같은 대지에서 두 동(棟) 이상의 건축물이 서로 마주보고 있는 경우(한 동의 건축물 각 부분이 서로 마주보고 있는 경우를 포함한다)에 건축물 각 부분 사이의 거리는 다음 각 목의 거리 이상을 띄어 건축할 것. 다만, 그 대지의 모든 세대가 동지(冬至)를 기준으로 9시에서 15시 사이에 2시간 이상을 계속하여 일조(日照)를 확보할 수 있는 거리 이상으로 할 수 있다.
가. 채광을 위한 창문 등이 있는 벽면으로부터 직각방향으로 건축물 각 부분 높이의 0.5배(도시형 생활주택의 경우에는 0.25배) 이상의 범위에서 건축조례로 정하는 거리 이상
나. 가목에도 불구하고 서로 마주보는 건축물 중 남쪽 방향(마주보는 두 동의 축이 남동에서 남서 방향인 경우만 해당한다)의 건축물 높이가 낮고, 주된 개구부(거실과 주된 침실이 있는 부분의 개구부를 말한다)의 방향이 남쪽을 향하는 경우에는 높은 건축물 각 부분의 높이의 0.4배(도시형 생활주택의 경우에는 0.2배) 이상의 범위에서 건축조례로 정하는 거리 이상이고 낮은 건축물 각 부분의 높이의 0.5배(도시형 생활주택의 경우에는 0.25배) 이상의 범위에서 건축조례로 정하는 거리 이상
다. 가목에도 불구하고 건축물과 부대시설 또는 복리시설이 서로 마주보고 있는 경우에는 부대시설 또는 복리시설 각 부분 높이의 1배 이상
라. 채광창(창넓이가 0.5제곱미터 이상인 창을 말한다)이 없는 벽면과 측벽이 마주보는 경우에는 8미터 이상
마. 측벽과 측벽이 마주보는 경우[마주보는 측벽 중 하나의 측벽에 채광을 위한 창문 등이 설치되어 있지 아니한 바닥면적 3제곱미터 이하의 발코니(출입을 위한 개구부를 포함한다)를 설치하는 경우를 포함한다]에는 4미터 이상
3. 제3조제1항제4호에 따른 주택단지에 두 동 이상의 건축물이 법 제2조제1항제11호에 따른 도로를 사이에 두고 서로 마주보고 있는 경우에는 제2호가목부터 다목까지의 규정을 적용하지 아니하되, 해당 도로의 중심선을 인접 대지경계선으로 보아 제1호를 적용한다.

④ 법 제61조제3항 각 호 외의 부분에서 "대통령령으로 정하는 높이"란 제1항에 따른 높이의 범위에서 특별자치시장·특별자치도지사 또는 시장·군수·구청장이 정하여 고시하는 높이를 말한다. <개정 2014.10.14., 2015.7.6.>

⑤ 특별자치시장·특별자치도지사 또는 시장·군수·구청장은 제4항에 따라 건축물의 높이를 고시하려면 국토교통부령으로 정하는 바에 따라 미리 해당 지역주민의 의견을 들어야 한다. 다만, 법 제61조제3항제1호부터 제6호까지의 어느 하나에 해당하는 지역인 경우로서 건축위원회의 심의를 거친 경우에는 그러하지 아니하다. <개정 2013.3.23., 2014.10.14., 2015.7.6., 2016.5.17.>

⑥ 제1항부터 제5항까지를 적용할 때 건축물을 건축하려는 대지와 다른 대지 사이에 다음 각 호의 시설 또는 부지가 있는 경우에는 그 반대편의 대지경계선(공동주택은 인접 대지경계선과 그 반대편 대지경계선의 중심선)을 인접 대지경계선으로 한다. <개정 2009.7.16., 2014.11.11., 2015.7.6., 2016.5.17.>

1. 공원(「도시공원 및 녹지 등에 관한 법률」 제2조제3호에 따른 도시공원 중 지방건축위원회의 심의를 거쳐 허가권자가 공원의 일조 등을 확보할 필요가 있다고 인정하는 공원은 제외한다), 도로, 철도, 하천, 광장, 공공공지, 녹지, 유수지, 자동차 전용도로, 유원지
2. 다음 각 목에 해당하는 대지
   가. 너비(대지경계선에서 가장 가까운 거리를 말한다)가 2미터 이하인 대지
   나. 면적이 제80조 각 호에 따른 분할제한 기준 이하인 대지
3. 제1호 및 제2호 외에 건축이 허용되지 아니하는 공지

[전문개정 2008.10.29.]

제86조(일조 등의 확보를 위한 건축물의 높이 제한) ① 전용주거지역이나 일반주거지역에서 건축물을 건축하는 경우에는 법 제61조제1항에 따라 건축물의 각 부분을 정북(正北) 방향으로의 인접 대지경계선으로부터 다음 각 호의 범위에서 건축조례로 정하는 거리 이상을 띄어 건축하여야 한다. <개정 2015.7.6.>

1. 높이 9미터 이하인 부분: 인접 대지경계선으로부터 1.5미터 이상
2. 높이 9미터를 초과하는 부분: 인접 대지경계선으로부터 해당 건축물 각 부분 높이의 2분의 1 이상

② 다음 각 호의 어느 하나에 해당하는 경우에는 제1항을 적용하지 아니한다. <신설 2015.7.6., 2016.5.17., 2016.7.19., 2017.12.29.>

1. 다음 각 목의 어느 하나에 해당하는 구역 안의 대지 상호간에 건축하는 건축물로서 해당 대지가 너비 20미터 이상의 도로(자동차·보행자·자전거 전용도로를 포함하며, 도로에 공공공지, 녹지, 광장, 그 밖에 건축미관에 지장이 없는 도시·군계획시설이 접한 경우 해당 시설을 포함한다)에 접한 경우
   가. 「국토의 계획 및 이용에 관한 법률」 제51조에 따른 지구단위계획구역, 같은 법 제37조제1항제1호에 따른 경관지구
   나. 「경관법」 제9조제1항제4호에 따른 중점경관관리구역
   다. 법 제77조의2제1항에 따른 특별가로구역
   라. 도시미관 향상을 위하여 허가권자가 지정·공고하는 구역
2. 건축협정구역 안에서 대지 상호간에 건축하는 건축물(법 제77조의4제1항에 따른 건축협정에 일정 거리 이상을 띄어 건축하는 내용이 포함된 경우만 해당한다)의 경우
3. 건축물의 정북 방향의 인접 대지가 전용주거지역이나 일반주거지역이 아닌 용도지역에 해당하는 경우

③ 법 제61조제2항에 따라 공동주택은 다음 각 호의 기준에 적합하여야 한다. 다만, 채광을 위한 창문 등이 있는 벽면에서 직각 방향으로 인접 대지경계선까지의 수평거리가 1미터 이상으로서 건축조례로 정하는 거리 이상인 다세대주택은 제1호를 적용하지 아니한다. <개정 2009.7.16., 2013.5.31., 2015.7.6.>

1. 건축물(기숙사는 제외한다)의 각 부분의 높이는 그 부분으로부터 채광을 위한 창문 등이 있는 벽면에서 직각 방향으로 인접 대지경계선까지의 수평거리의 2배(근린상업지역 또는 준주거지역의 건축물은 4배) 이하로 할 것
2. 같은 대지에서 두 동(棟) 이상의 건축물이 서로 마주보고 있는 경우(한 동의 건축물 각 부분이 서로 마주보고 있는 경우를 포함한다)에 건축물 각 부분 사이의 거리는 다음 각 목의 거리 이상을 띄어 건축할 것. 다만, 그 대지의 모든 세대가 동지(冬至)를 기준으로 9시에서 15시 사이에 2시간 이상을 계속하여 일조(日照)를 확보할 수 있는 거리 이상으로 할 수 있다.
   가. 채광을 위한 창문 등이 있는 벽면으로부터 직각방향으로 건축물 각 부분 높이의 0.5배(도시형 생활주택의 경우에는 0.25배) 이상의 범위에서 건축조례로 정하는 거리 이상
   나. 가목에도 불구하고 서로 마주보는 건축물 중 남쪽 방향(마주보는 두 동의 축이 남동에서 남서 방향인 경우만 해당한다)의 건축물 높이가 낮고, 주된 개구부(거실과 주된 침실이 있는 부분의 개구부를 말한다)의 방향이 남쪽을 향하는 경우에는 높은 건축물 각 부분의 높이의 0.4배(도시형 생활주택의 경우에는 0.2배) 이상의 범위에서 건축조례로 정하는 거리 이상이고 낮은 건축물 각 부분의 높이의 0.5배(도시형 생활주택의 경우에는 0.25배) 이상의 범위에서 건축조례로 정하는 거리 이상
   다. 가목에도 불구하고 건축물과 부대시설

또는 복리시설이 서로 마주보고 있는 경우에는 부대시설 또는 복리시설 각 부분 높이의 1배 이상
라. 채광창(창넓이가 0.5제곱미터 이상인 창을 말한다)이 없는 벽면과 측벽이 마주보는 경우에는 8미터 이상
마. 측벽과 측벽이 마주보는 경우[마주보는 측벽 중 하나의 측벽에 채광을 위한 창문 등이 설치되어 있지 아니한 바닥면적 3제곱미터 이하의 발코니(출입을 위한 개구부를 포함한다)를 설치하는 경우를 포함한다]에는 4미터 이상
3. 제3조제1항제4호에 따른 주택단지에 두 동 이상의 건축물이 법 제2조제1항제11호에 따른 도로를 사이에 두고 서로 마주보고 있는 경우에는 제2호가목부터 다목까지의 규정을 적용하지 아니하되, 해당 도로의 중심선을 인접 대지경계선으로 보아 제1호를 적용한다.

④ 법 제61조제3항 각 호 외의 부분에서 "대통령령으로 정하는 높이"란 제1항에 따른 높이의 범위에서 특별자치시장·특별자치도지사 또는 시장·군수·구청장이 정하여 고시하는 높이를 말한다. <개정 2014.10.14., 2015.7.6.>

⑤ 특별자치시장·특별자치도지사 또는 시장·군수·구청장은 제4항에 따라 건축물의 높이를 고시하려면 국토교통부령으로 정하는 바에 따라 미리 해당 지역주민의 의견을 들어야 한다. 다만, 법 제61조제3항제1호부터 제6호까지의 어느 하나에 해당하는 지역인 경우로서 건축위원회의 심의를 거친 경우에는 그러하지 아니하다. <개정 2013.3.23., 2014.10.14., 2015.7.6., 2016.5.17.>

⑥ 제1항부터 제5항까지를 적용할 때 건축물을 건축하려는 대지와 다른 대지 사이에 다음 각 호의 시설 또는 부지가 있는 경우에는 그 반대편의 대지경계선(공동주택은 인접 대지경계선과 그 반대편 대지경계선의 중심선)을 인접 대지경계선으로 한다. <개정 2009.7.16., 2014.11.11., 2015.7.6., 2016.5.17.>
1. 공원(「도시공원 및 녹지 등에 관한 법률」 제2조제3호에 따른 도시공원 중 지방건축위원회의 심의를 거쳐 허가권자가 공원의 일조 등을 확보할 필요가 있다고 인정하는 공원은 제외한다), 도로, 철도, 하천, 광장, 공공공지, 녹지, 유수지, 자동차 전용도로, 유원지
2. 다음 각 목에 해당하는 대지
가. 너비(대지경계선에서 가장 가까운 거리를 말한다)가 2미터 이하인 대지
나. 면적이 제80조 각 호에 따른 분할제한 기준 이하인 대지
3. 제1호 및 제2호 외에 건축이 허용되지 아니하는 공지

[전문개정 2008.10.29.]
[시행일 : 2018.4.19.] 제86조

제86조의2 삭제 <2006.5.8.>

제7장 건축물의 설비등

제87조(건축설비 설치의 원칙) ① 건축설비는 건축물의 안전·방화, 위생, 에너지 및 정보통신의 합리적 이용에 지장이 없도록 설치하여야 하고, 배관피트 및 닥트의 단면적과 수선구의 크기를 해당 설비의 수선에 지장이 없도록 하는 등 설비의 유지·관리가 쉽게 설치하여야 한다.

② 건축물에 설치하는 급수·배수·냉방·난방·환기·피뢰 등 건축설비의 설치에 관한 기술적 기준은 국토교통부령으로 정하되, 에너지 이용 합리화와 관련한 건축설비의 기술적 기준에 관하여는 산업통상자원부장관과 협의하여 정한다. <개정 2013.3.23.>

③ 건축물에 설치하여야 하는 장애인 관련 시설 및 설비는 「장애인·노인·임산부 등의 편의증진보장에 관한 법률」 제14조에 따라 작성하여 보급하는 편의시설 상세표준도에 따른다. <개정 2012.12.12.>

④ 건축물에는 방송수신에 지장이 없도록 공동시청 안테나, 유선방송 수신시설, 위성방송 수신설비, 에프엠(FM)라디오방송 수신설비 또는 방송 공동수신설비를 설치할 수 있다. 다만, 다음 각 호의 건축물에는 방송 공동수신설비를 설치하여야 한다. <개정 2009.7.16., 2012.12.12.>
1. 공동주택
2. 바닥면적의 합계가 5천제곱미터 이상으로서 업무시설이나 숙박시설의 용도로 쓰는 건축물

⑤ 제4항에 따른 방송 수신설비의 설치기준은 과학기술정보통신부장관이 정하여 고시하는 바에 따른다. <신설 2009.7.16., 2013.3.23., 2017.7.26.>

⑥ 연면적이 500제곱미터 이상인 건축물의 대지에는 국토교통부령으로 정하는 바에 따라 「전기사업법」 제2조제2호에 따른 전기사업자가 전기를 배전(配電)하는 데 필요한 전기설비를 설치할 수 있는 공간을 확보하여야 한다. <신설 2009.7.16., 2013.3.23.>

⑦ 해풍이나 염분 등으로 인하여 건축물의 재료 및 기계설비 등에 조기 부식과 같은 피해 발생이 우려되는 지역에서는 해당 지방자치단체는 이를 방지하기 위하여 다음 각 호의 사항을 조례로 정할 수 있다. <신설 2010.2.18.>

1. 해풍이나 염분 등에 대한 내구성 설계기준
2. 해풍이나 염분 등에 대한 내구성 허용기준
3. 그 밖에 해풍이나 염분 등에 따른 피해를 막기 위하여 필요한 사항

⑧ 건축물에 설치하여야 하는 우편수취함은 「우편법」 제37조의2의 기준에 따른다. <신설 2014.10.14.>

[전문개정 2008.10.29.]

제88조 삭제 <1995.12.30.>

제89조(승용 승강기의 설치) 법 제64조제1항 전단에서 "대통령령으로 정하는 건축물"이란 층수가 6층인 건축물로서 각 층 거실의 바닥면적 300제곱미터 이내마다 1개소 이상의 직통계단을 설치한 건축물을 말한다.

[전문개정 2008.10.29.]

제90조(비상용 승강기의 설치) ① 법 제64조제2항에 따라 높이 31미터를 넘는 건축물에는 다음 각 호의 기준에 따른 대수 이상의 비상용 승강기(비상용 승강기의 승강장 및 승강로를 포함한다. 이하 이 조에서 같다)를 설치하여야 한다. 다만, 법 제64조제1항에 따라 설치되는 승강기를 비상용 승강기의 구조로 하는 경우에는 그러하지 아니하다.

1. 높이 31미터를 넘는 각 층의 바닥면적 중 최대 바닥면적이 1천500제곱미터 이하인 건축물: 1대 이상
2. 높이 31미터를 넘는 각 층의 바닥면적 중 최대 바닥면적이 1천500제곱미터를 넘는 건축물: 1대에 1천500제곱미터를 넘는 3천 제곱미터 이내마다 1대씩 더한 대수 이상

② 제1항에 따라 2대 이상의 비상용 승강기를 설치하는 경우에는 화재가 났을 때 소화에 지장이 없도록 일정한 간격을 두고 설치하여야 한다.

③ 건축물에 설치하는 비상용 승강기의 구조 등에 관하여 필요한 사항은 국토교통부령으로 정한다. <개정 2013.3.23.>

[전문개정 2008.10.29.]

제91조 삭제 <2013.2.20.>

제91조의2 삭제 <2013.2.20.>

제91조의3(관계전문기술자와의 협력) ① 다음 각 호의 어느 하나에 해당하는 건축물의 설계자는 제32조제1항에 따라 해당 건축물에 대한 구조의 안전을 확인하는 경우에는 건축구조기술사의 협력을 받아야 한다. <개정 2009.7.16., 2013.3.23., 2013.5.31., 2014.11.28., 2015.9.22.>

1. 6층 이상인 건축물
2. 특수구조 건축물
3. 다중이용 건축물
4. 준다중이용 건축물
5. 제32조제2항제6호에 해당하는 건축물 중 국토교통부령으로 정하는 건축물

② 연면적 1만제곱미터 이상인 건축물(창고시설은 제외한다) 또는 에너지를 대량으로 소비하는 건축물로서 국토교통부령으로 정하는 건축물에 건축설비를 설치하는 경우에는 국토교통부령으로 정하는 바에 따라 다음 각 호의 구분에 따른 관계전문기술자의 협력을 받아야 한다. <개정 2009.7.16., 2013.3.23., 2016.5.17., 2017.5.2.>

1. 전기, 승강기(전기 분야만 해당한다) 및 피뢰침: 「기술사법」에 따라 등록한 건축전기설비기술사 또는 발송배전기술사
2. 급수・배수(配水)・배수(排水)・환기・난방・소화・배연・오물처리 설비 및 승강기(기계 분야만 해당한다): 「기술사법」에 따라 등록한 건축기계설비기술사 또는 공조냉동기계기술사
3. 가스설비: 「기술사법」에 따라 등록한 건축기계설비기술사, 공조냉동기계기술사 또는 가스기술사

③ 깊이 10미터 이상의 토지 굴착공사 또는 높이 5미터 이상의 옹벽 등의 공사를 수반하는 건축물의 설계자 및 공사감리자는 토지 굴착 등에 관하여 국토교통부령으로 정하는

바에 따라 「기술사법」에 따라 등록한 토목분야 기술사 또는 국토개발 분야의 지질 및 기반 기술사의 협력을 받아야 한다. <개정 2009.7.16., 2010.12.13., 2013.3.23., 2016.5.17.>

④ 설계자 및 공사감리자는 안전상 필요하다고 인정하는 경우, 관계 법령에서 정하는 경우 및 설계계약 또는 감리계약에 따라 건축주가 요청하는 경우에는 관계전문기술자의 협력을 받아야 한다.

⑤ 특수구조 건축물 및 고층건축물의 공사감리자는 제19조제3항제1호 각 목 및 제2호 각 목에 해당하는 공정에 다다를 때 건축구조기술사의 협력을 받아야 한다. <개정 2014.11.28., 2016.5.17.>

⑥ 제1항부터 제5항까지의 규정에 따라 설계자 또는 공사감리자에게 협력한 관계전문기술자는 공사 현장을 확인하고, 그가 작성한 설계도서 또는 감리중간보고서 및 감리완료보고서에 설계자 또는 공사감리자와 함께 서명날인하여야 한다. <개정 2009.7.16., 2013.5.31., 2014.11.28.>

⑦ 제32조제1항에 따른 구조 안전의 확인에 관하여 설계자에게 협력한 건축구조기술사는 구조의 안전을 확인한 건축물의 구조도 등 구조 관련 서류에 설계자와 함께 서명날인하여야 한다. <신설 2009.7.16., 2013.5.31., 2014.11.28.>

⑧ 법 제67조제1항 각 호 외의 부분에서 "대통령령으로 정하는 기간"이란 2년을 말한다. <신설 2016.7.19.>

[전문개정 2008.10.29.]

제92조(건축모니터링의 운영) ① 법 제68조의3제1항에서 "대통령령으로 정하는 기간"이란 3년을 말한다.

② 국토교통부장관은 법 제68조의3제2항에 따라 다음 각 호의 인력 및 조직을 갖춘 자를 건축모니터링 전문기관으로 지정할 수 있다.

1. 인력: 「국가기술자격법」에 따른 건축분야 기사 이상의 자격을 갖춘 인력 5명 이상
2. 조직: 건축모니터링을 수행할 수 있는 전담조직

[본조신설 2015.7.6.]

제93조 삭제 <1999.4.30.>

제94조 삭제 <1999.4.30.>

제95조 삭제 <1999.4.30.>

제96조 삭제 <1999.4.30.>

제97조 삭제 <1997.9.9.>

제98조 삭제 <1999.4.30.>

제99조 삭제 <1999.4.30.>

제100조 삭제 <1999.4.30.>

제101조 삭제 <1999.4.30.>

제102조 삭제 <1999.4.30.>

제103조 삭제 <1999.4.30.>

제104조 삭제 <1995.12.30.>

제8장 특별건축구역 등
<개정 2014.10.14.>

제105조(특별건축구역의 지정) ① 법 제69조제1항제1호나목에서 "대통령령으로 정하는 사업구역"이란 다음 각 호의 어느 하나에 해당하는 구역을 말한다. <개정 2009.4.21., 2009.7.30., 2012.12.12., 2014.4.29., 2014.7.28., 2014.10.14., 2015.12.28.>

1. 「신행정수도 후속대책을 위한 연기·공주지역 행정중심복합도시 건설을 위한 특별법」에 따른 행정중심복합도시의 사업구역
2. 「공공기관 지방이전에 따른 혁신도시 건설 및 지원에 관한 특별법」에 따른 혁신도시의 사업구역
3. 「경제자유구역의 지정 및 운영에 관한 특별법」 제4조에 따라 지정된 경제자유구역
4. 「택지개발촉진법」에 따른 택지개발사업구역
5. 「공공주택 특별법」 제2조제2호에 따른 공공주택지구
6. 삭제 <2014.10.14.>
7. 「도시개발법」에 따른 도시개발구역
8. 삭제 <2014.10.14.>
9. 삭제 <2014.10.14.>
10. 「아시아문화중심도시 조성에 관한 특별법」에 따른 국립아시아문화전당 건설사업구역
11. 「국토의 계획 및 이용에 관한 법률」 제51조에 따른 지구단위계획구역 중 현상

설계(懸賞設計) 등에 따른 창의적 개발을 위한 특별계획구역
12. 삭제 <2014.10.14.>
13. 삭제 <2014.10.14.>

② 법 제69조제1항제2호나목에서 "대통령령으로 정하는 사업구역"이란 다음 각 호의 어느 하나에 해당하는 구역을 말한다. <신설 2014.10.14.>
1. 「경제자유구역의 지정 및 운영에 관한 특별법」 제4조에 따라 지정된 경제자유구역
2. 「택지개발촉진법」에 따른 택지개발사업구역
3. 「도시 및 주거환경정비법」에 따른 정비구역
4. 「도시개발법」에 따른 도시개발구역
5. 「도시재정비 촉진을 위한 특별법」에 따른 재정비촉진구역
6. 「제주특별자치도 설치 및 국제자유도시 조성을 위한 특별법」에 따른 국제자유도시의 사업구역
7. 「국토의 계획 및 이용에 관한 법률」 제51조에 따른 지구단위계획구역 중 현상설계(懸賞設計) 등에 따른 창의적 개발을 위한 특별계획구역
8. 「관광진흥법」 제52조 및 제70조에 따른 관광지, 관광단지 또는 관광특구
9. 「지역문화진흥법」 제18조에 따른 문화지구

③ 법 제69조제1항제2호다목에서 "대통령령으로 정하는 도시 또는 지역"이란 다음 각 호의 어느 하나에 해당하는 도시 또는 지역을 말한다. <개정 2010.12.13., 2011.6.29., 2013.3.23., 2014.10.14.>
1. 삭제 <2014.10.14.>
2. 건축문화 진흥을 위하여 국토교통부령으로 정하는 건축물 또는 공간환경을 조성하는 지역

2의2. 주거, 상업, 업무 등 다양한 기능을 결합하는 복합적인 토지 이용을 증진시킬 필요가 있는 지역으로서 다음 각 목의 요건을 모두 갖춘 지역
   가. 도시지역일 것
   나. 「국토의 계획 및 이용에 관한 법률 시행령」 제71조에 따른 용도지역 안에서의 건축제한 적용을 배제할 필요가 있을 것

3. 그 밖에 도시경관의 창출, 건설기술 수준향상 및 건축 관련 제도개선을 도모하기 위하여 특별건축구역으로 지정할 필요가 있다고 시·도지사가 인정하는 도시 또는 지역

[전문개정 2008.10.29.]

제106조(특별건축구역의 건축물) ① 법 제70조제2호에서 "대통령령으로 정하는 공공기관"이란 다음 각 호의 공공기관을 말한다. <개정 2009.6.26., 2009.9.21.>
1. 「한국토지주택공사법」에 따른 한국토지주택공사
2. 「한국수자원공사법」에 따른 한국수자원공사
3. 「한국도로공사법」에 따른 한국도로공사
4. 삭제 <2009.9.21.>
5. 「한국철도공사법」에 따른 한국철도공사
6. 「한국철도시설공단법」에 따른 한국철도시설공단
7. 「한국관광공사법」에 따른 한국관광공사
8. 「한국농어촌공사 및 농지관리기금법」에 따른 한국농어촌공사

② 법 제70조제3호에서 "대통령령으로 정하는 용도·규모의 건축물"이란 별표 3과 같다.

[전문개정 2008.10.29.]

제107조(특별건축구역의 지정 절차 등) ① 법 제71조제1항제4호에 따른 도시·군관리계획의 세부 내용은 다음 각 호와 같다. <개정 2012.4.10.>
1. 「국토의 계획 및 이용에 관한 법률」 제36조부터 제38조까지, 제38조의2, 제39조, 제40조 및 같은 법 시행령 제30조부터 제32조까지의 규정에 따른 용도지역, 용도지구 및 용도구역에 관한 사항
2. 「국토의 계획 및 이용에 관한 법률」 제43조에 따라 도시·군관리계획으로 결정되었거나 설치된 도시·군계획시설의 현황 및 도시·군계획시설의 신설·변경 등에 관한 사항
3. 「국토의 계획 및 이용에 관한 법률」 제50조부터 제52조까지 및 같은 법 시행령 제43조부터 제47조까지의 규정에 따른 지구단위계획구역의 지정, 지구단위계획의 내용 및 지구단위계획의 수립·변경 등에 관한 사항

② 법 제71조제1항제7호에서 "대통령령으로 정하는 사항"이란 다음 각 호의 사항을 말한다. <개정 2010.12.13., 2012.4.10., 2014.10.14.>
1. 특별건축구역의 주변지역에 「국토의 계

획 및 이용에 관한 법률」 제43조에 따라 도시·군관리계획으로 결정되었거나 설치된 도시·군계획시설에 관한 사항
2. 특별건축구역의 주변지역에 대한 지구단위계획구역의 지정 및 지구단위계획의 내용 등에 관한 사항
2의2. 「건축기본법」 제21조에 따른 건축디자인 기준의 반영에 관한 사항
3. 「건축기본법」 제23조에 따라 민간전문가를 위촉한 경우 그에 관한 사항
4. 제105조제3항제2호의2에 따른 복합적인 토지 이용에 관한 사항(제105조제3항제2호의2에 해당하는 지역을 지정하기 위한 신청의 경우로 한정한다)

③ 국토교통부장관 또는 시·도지사는 법 제71조제5항에 따라 특별건축구역을 지정하거나 변경·해제하는 경우에는 다음 각 호의 사항을 즉시 관보(시·도지사의 경우에는 공보)에 고시하여야 한다. <개정 2012.4.10., 2013.3.23., 2014.10.14.>
1. 지정·변경 또는 해제의 목적
2. 특별건축구역의 위치, 범위 및 면적
3. 특별건축구역 내 건축물의 규모 및 용도 등에 관한 주요 사항
4. 건축물의 설계, 공사감리 및 건축시공 등 발주방법에 관한 사항
5. 도시·군계획시설의 신설·변경 및 지구단위계획의 수립·변경 등에 관한 사항
6. 그 밖에 국토교통부장관 또는 시·도지사가 필요하다고 인정하는 사항

④ 특별건축구역의 지정신청기관이 다음 각 호의 어느 하나에 해당하여 법 제71조제7항에 따라 특별건축구역의 변경지정을 받으려는 경우에는 국토교통부령으로 정하는 자료를 갖추어 국토교통부장관 또는 특별시장·광역시장·도지사에게 변경지정 신청을 하여야 한다. 이 경우 특별건축구역의 변경지정에 관하여는 법 제71조제2항 및 제3항을 준용한다. <개정 2012.4.10., 2013.3.23., 2014.10.14.>
1. 특별건축구역의 범위가 10분의 1(특별건축구역의 면적이 10만 제곱미터 미만인 경우에는 20분의 1) 이상 증가하거나 감소하는 경우
2. 특별건축구역의 도시·군관리계획에 관한 사항이 변경되는 경우
3. 건축물의 설계, 공사감리 및 건축시공 등 발주방법이 변경되는 경우
4. 그 밖에 특별건축구역의 지정 목적이 변경되는 등 국토교통부령으로 정하는 경우

⑤ 제1항부터 제4항까지에서 규정한 사항 외에 특별건축구역의 지정에 필요한 세부 사항은 국토교통부장관이 정하여 고시한다. <개정 2013.3.23.>
[전문개정 2008.10.29.]

제108조(특별건축구역 내 건축물의 심의 등) ① 법 제72조제5항에 따라 지방건축위원회의 변경심의를 받아야 하는 경우는 다음 각 호와 같다. <개정 2013.3.23.>
1. 법 제16조에 따라 변경허가를 받아야 하는 경우
2. 법 제19조제2항에 따라 변경허가를 받거나 변경신고를 하여야 하는 경우
3. 건축물 외부의 디자인, 형태 또는 색채를 변경하는 경우
4. 그 밖에 법 제72조제1항 각 호의 사항 중 국토교통부령으로 정하는 사항을 변경하는 경우

② 법 제72조제8항 전단에 따라 설계자가 해당 건축물의 건축에 참여하는 경우 공사시공자 및 공사감리자는 특별한 사유가 있는 경우를 제외하고는 설계자의 자문 의견을 반영하도록 하여야 한다.

③ 법 제72조제8항 후단에 따른 설계자의 업무내용은 다음 각 호와 같다.
1. 법 제72조제6항에 따른 모니터링
2. 설계변경에 대한 자문
3. 건축디자인 및 도시경관 등에 관한 설계의도의 구현을 위한 자문
4. 그 밖에 발주청이 위탁하는 업무

④ 제3항에 따른 설계자의 업무내용에 대한 보수는 「엔지니어링산업 진흥법」 제31조에 따른 엔지니어링사업대가의 기준의 범위에서 국토교통부장관이 정하여 고시한다. <개정 2011.1.17., 2013.3.23.>

⑤ 제1항부터 제4항까지에서 규정한 사항 외에 특별건축구역 내 건축물의 심의 및 건축허가 이후 해당 건축물의 건축에 대한 설계자의 참여에 관한 세부 사항은 국토교통부장관이 정하여 고시한다. <개정 2013.3.23.>
[전문개정 2008.10.29.]

제109조(관계 법령의 적용 특례) ① 법 제73조제1항제2호에서 "대통령령으로 정하는 규정"이란 「주택건설기준 등에 관한 규정」 제10조, 제13조, 제29조, 제35조, 제37조, 제50조 및 제52조를 말한다. <개정 2013.6.17.>

② 허가권자가 법 제73조제3항에 따라 「화재예방, 소방시설 설치·유지 및 안전관리에 관한 법률」 제9조 및 제11조에 따른 기준 또는 성능 등을 완화하여 적용하려면 「소방시설공사업법」 제30조제2항에 따른 지방소방기술심의위원회의 심의를 거치거나 소방본부장 또는 소방서장과 협의를 하여야 한다. <개정 2017.1.26.>
[전문개정 2008.10.29.]

제110조 삭제 <2016.7.19.>

제110조의2(특별가로구역의 지정) ① 법 제77조의2제1항에서 "대통령령으로 정하는 도로"란 다음 각 호의 어느 하나에 해당하는 도로를 말한다.
1. 건축선을 후퇴한 대지에 접한 도로로서 허가권자(허가권자가 구청장인 경우에는 특별시장이나 광역시장을 말한다. 이하 이 조에서 같다)가 건축조례로 정하는 도로
2. 허가권자가 리모델링 활성화가 필요하다고 인정하여 지정·공고한 지역 안의 도로
3. 보행자전용도로로서 도시미관 개선을 위하여 허가권자가 건축조례로 정하는 도로
4. 「지역문화진흥법」 제18조에 따른 문화지구 안의 도로
5. 그 밖에 조화로운 도시경관 창출을 위하여 필요하다고 인정하여 국토교통부장관이 고시하거나 허가권자가 건축조례로 정하는 도로

② 법 제77조의2제2항제4호에서 "대통령령으로 정하는 사항"이란 다음 각 호의 사항을 말한다.
1. 특별가로구역에서 이 법 또는 관계 법령의 규정을 적용하지 아니하거나 완화하여 적용하는 경우에 해당 규정과 완화 등의 범위에 관한 사항
2. 건축물의 지붕 및 외벽의 형태나 색채 등에 관한 사항
3. 건축물의 배치, 대지의 출입구 및 조경의 위치에 관한 사항
4. 건축선 후퇴 공간 및 공개공지등의 관리에 관한 사항
5. 그 밖에 특별가로구역의 지정에 필요하다고 인정하여 국토교통부장관이 고시하거나 허가권자가 건축조례로 정하는 사항

[본조신설 2014.10.14.]

제8장의2 건축협정

<신설 2014.10.14.>

제110조의3(건축협정의 체결) ① 법 제77조의4제1항 각 호 외의 부분에서 "토지 또는 건축물의 소유자, 지상권자 등 대통령령으로 정하는 자"란 다음 각 호의 자를 말한다.
1. 토지 또는 건축물의 소유자(공유자를 포함한다. 이하 이 항에서 같다)
2. 토지 또는 건축물의 지상권자
3. 그 밖에 해당 토지 또는 건축물에 이해관계가 있는 자로서 건축조례로 정하는 자 중 그 토지 또는 건축물 소유자의 동의를 받은 자

② 법 제77조의4제4항제2호에서 "대통령령으로 정하는 사항"이란 다음 각 호의 사항을 말한다.
1. 건축선
2. 건축물 및 건축설비의 위치
3. 건축물의 용도, 높이 및 층수
4. 건축물의 지붕 및 외벽의 형태
5. 건폐율 및 용적률
6. 담장, 대문, 조경, 주차장 등 부대시설의 위치 및 형태
7. 차양시설, 차면시설 등 건축물에 부착하는 시설물의 형태
8. 법 제59조제1항제1호에 따른 맞벽 건축의 구조 및 형태
9. 그 밖에 건축물의 위치, 용도, 형태 또는 부대시설에 관하여 건축조례로 정하는 사항

[본조신설 2014.10.14.]

제110조의4(건축협정의 폐지 제한 기간) ① 법 제77조의9제1항 단서에서 "대통령령으로 정하는 기간"이란 착공신고를 한 날부터 20년을 말한다.

② 제1항에도 불구하고 다음 각 호의 요건을 모두 갖춘 경우에는 제1항에 따른 기간이 지난 것으로 본다.
1. 법 제57조제3항에 따라 분할된 대지를 같은 조 제1항 및 제2항의 기준에 적합하게 할 것
2. 법 제77조의13에 따른 특례를 적용받지 아니하는 내용으로 건축협정 변경인가를 받고 그에 따라 건축허가를 받을 것. 다

만, 법 제77조의13에 따른 특례적용을 받은 내용대로 사용승인을 받은 경우에는 특례를 적용받지 아니하는 내용으로 건축협정 변경인가를 받고 그에 따라 건축허가를 받은 후 해당 건축물의 사용승인을 받아야 한다.

3. 법 제77조의11제2항에 따라 지원받은 사업비용을 반환할 것

[본조신설 2016.5.17.]

[종전 제110조의4는 제110조의5로 이동 <2016.5.17.>]

제110조의5(건축협정에 따라야 하는 행위) 법 제77조의10제1항에서 "대통령령으로 정하는 행위"란 제110조의3제2항 각 호의 사항에 관한 행위를 말한다.

[본조신설 2014.10.14.]

[제110조의4에서 이동, 종전 제110조의5는 제110조의6으로 이동 <2016.5.17.>]

제110조의6(건축협정에 관한 지원) 법 제77조의4제1항제4호에 따른 건축협정인가권자가 법 제77조의11제2항에 따라 건축협정구역 안의 주거환경개선을 위한 사업비용을 지원하려는 경우에는 법 제77조의4제1항 및 제2항에 따라 건축협정을 체결한 자(이하 "협정체결자"라 한다) 또는 법 제77조의5제1항에 따른 건축협정운영회(이하 "건축협정운영회"라 한다)의 대표자에게 다음 각 호의 사항이 포함된 사업계획서를 요구할 수 있다.

1. 주거환경개선사업의 목표
2. 협정체결자 또는 건축협정운영회 대표자의 성명
3. 주거환경개선사업의 내용 및 추진방법
4. 주거환경개선사업의 비용
5. 그 밖에 건축조례로 정하는 사항

[본조신설 2014.10.14.]

[제110조의5에서 이동 <2016.5.17.>]

제110조의7(건축협정에 따른 특례) ① 건축협정구역에서 건축하는 건축물에 대해서는 법 제77조의13제6항에 따라 법 제42조, 제55조, 제56조, 제60조 및 제61조를 다음 각 호의 구분에 따라 완화하여 적용할 수 있다.

1. 법 제42조에 따른 대지의 조경 면적: 대지의 조경을 도로에 면하여 통합적으로 조성하는 건축협정구역에 한정하여 해당 지역에 적용하는 조경 면적기준의 100분의 20의 범위에서 완화
2. 법 제55조에 따른 건폐율: 해당 지역에 적용하는 건폐율의 100분의 20의 범위에서 완화. 이 경우 「국토의 계획 및 이용에 관한 법률」 제77조에 따른 건폐율의 최대한도를 초과할 수 없다.
3. 법 제56조에 따른 용적률: 해당 지역에 적용하는 용적률의 100분의 20의 범위에서 완화. 이 경우 「국토의 계획 및 이용에 관한 법률」 제78조에 따른 용적률의 최대한도를 초과할 수 없다.
4. 법 제60조에 따른 높이 제한: 너비 6미터 이상의 도로에 접한 건축협정구역에 한정하여 해당 건축물에 적용하는 높이 기준의 100분의 20의 범위에서 완화
5. 법 제61조에 따른 일조 등의 확보를 위한 건축물의 높이 제한: 건축협정구역 안에서 대지 상호간에 건축하는 공동주택에 한정하여 제86조제3항제1호에 따른 기준의 100분의 20의 범위에서 완화

② 허가권자는 법 제77조의13제6항 단서에 따라 법 제4조에 따른 건축위원회의 심의와 「국토의 계획 및 이용에 관한 법률」 제113조에 따른 지방도시계획위원회의 심의를 통합하여 하려는 경우에는 다음 각 호의 기준에 따라 통합심의위원회(이하 "통합심의위원회"라 한다)를 구성하여야 한다.

1. 통합심의위원회 위원은 법 제4조에 따른 건축위원회 및 「국토의 계획 및 이용에 관한 법률」 제113조에 따른 지방도시계획위원회의 위원 중에서 시·도지사 또는 시장·군수·구청장이 임명 또는 위촉할 것
2. 통합심의위원회의 위원 수는 15명 이내로 할 것
3. 통합심의위원회의 위원 중 법 제4조에 따른 건축위원회의 위원이 2분의 1 이상이 되도록 할 것
4. 통합심의위원회의 위원장은 위원 중에서 시·도지사 또는 시장·군수·구청장이 임명 또는 위촉할 것

③ 제2항에 따른 통합심의위원회는 다음 각 호의 사항을 검토한다.

1. 해당 대지의 토지이용 현황 및 용적률 완화 범위의 적정성
2. 건축협정으로 완화되는 용적률이 주변 경관 및 환경에 미치는 영향

[본조신설 2016.7.19.]

제8장의3 결합건축

<신설 2016.7.19.>

제111조(결합건축 대상지) ① 법 제77조의14제1항 각 호 외의 부분 본문에서 "대통령령으로 정하는 범위에 있는 2개의 대지"란 다음 각 호의 요건을 모두 충족하는 2개의 대지를 말한다.

1. 2개의 대지 모두가 법 제77조의14제1항 각 호의 지역 중 동일한 지역에 속할 것
2. 2개의 대지 모두가 너비 12미터 이상인 도로로 둘러싸인 하나의 구역 안에 있을 것. 이 경우 그 구역 안에 너비 12미터 이상인 도로로 둘러싸인 더 작은 구역이 있어서는 아니 된다.

② 법 제77조의14제1항제4호에서 "대통령령으로 정하는 지역"이란 다음 각 호의 지역을 말한다.

1. 건축협정구역
2. 특별건축구역
3. 리모델링 활성화 구역
4. 「도시재생 활성화 및 지원에 관한 특별법」 제2조제1항제5호에 따른 도시재생활성화지역
5. 「한옥 등 건축자산의 진흥에 관한 법률」 제17조제1항에 따른 건축자산 진흥구역

[본조신설 2016.7.19.]

제111조의2(건축위원회 및 도시계획위원회의 공동 심의) 허가권자는 법 제77조의15제3항 단서에 따라 건축위원회의 심의와 도시계획위원회의 심의를 공동으로 하려는 경우에는 제110조의7제2항 각 호의 기준에 따라 공동위원회를 구성하여야 한다.

[본조신설 2016.7.19.]

제111조의3(결합건축 건축물의 사용승인) 법 제77조의16제2항에서 "대통령령으로 정하는 조치"란 다음 각 호의 어느 하나에 해당하는 조치를 말한다.

1. 법 제11조제7항 각 호 외의 부분 단서에 따른 공사의 착수기간 연장 신청. 다만, 착공이 지연된 것에 건축주의 귀책사유가 없고 착공 지연에 따른 건축허가 취소의 가능성이 없다고 인정하는 경우로 한정한다.
2. 「국토의 계획 및 이용에 관한 법률」에 따른 도시·군계획시설의 결정

[본조신설 2016.7.19.]

제9장 보칙

<개정 2008.10.29.>

제112조(건축위원회 심의 방법 및 결과 조사 등) ① 국토교통부장관은 법 제78조제5항에 따라 지방건축위원회 심의 방법 또는 결과에 대한 조사가 필요하다고 인정하면 시·도지사 또는 시장·군수·구청장에게 관련 서류를 요구하거나 직접 방문하여 조사를 할 수 있다.

② 시·도지사는 법 제78조제5항에 따라 시장·군수·구청장이 설치하는 지방건축위원회의 심의 방법 또는 결과에 대한 조사가 필요하다고 인정하면 시장·군수·구청장에게 관련 서류를 요구하거나 직접 방문하여 조사를 할 수 있다.

③ 국토교통부장관 및 시·도지사는 제1항 또는 제2항에 따른 조사 과정에서 필요하면 법 제4조의2에 따른 심의의 신청인 및 건축관계자 등의 의견을 들을 수 있다.

[본조신설 2016.7.19.]

제113조(위법·부당한 건축위원회의 심의에 대한 조치) ① 국토교통부장관 및 시·도지사는 제112조에 따른 조사 및 의견청취 후 건축위원회의 심의 방법 또는 결과가 법 또는 법에 따른 명령이나 처분 또는 조례(이하 이 조에서 "건축법규등"이라 한다)에 위반되거나 부당하다고 인정하면 다음 각 호의 구분에 따라 시·도지사 또는 시장·군수·구청장에게 시정명령을 할 수 있다.

1. 심의대상이 아닌 건축물을 심의하거나 심의내용이 건축법규등에 위반된 경우: 심의결과 취소
2. 건축법규등의 위반은 아니나 심의현황 및 건축여건을 고려하여 특별히 과도한 기준을 적용하거나 이행이 어려운 조건을 제시한 것으로 인정되는 경우: 심의결과 조정 또는 재심의
3. 심의 절차에 문제가 있다고 인정되는 경우: 재심의
4. 건축관계자에게 심의개최 통지를 하지 아니하고 심의를 하거나 건축법규등에서 정한 범위를 넘어 과도한 도서의 제출을 요구한 것으로 인정되는 경우: 심의절차 및 기준의 개선 권고

② 제1항에 따른 시정명령을 받은 시·도지사 또는 시장·군수·구청장은 특별한 사유가 없으면 이에 따라야 한다. 이 경우 제1항 제2호 또는 제3호에 따라 재심의 명령을 받은 경우에는 해당 명령을 받은 날부터 15일 이내에 건축위원회의 심의를 하여야 한다.
③ 시·도지사 또는 시장·군수·구청장은 제1항에 따른 시정명령에 이의가 있는 경우에는 해당 심의에 참여한 위원으로 구성된 지방건축위원회의 심의를 거쳐 국토교통부장관 또는 시·도지사에게 이의신청을 할 수 있다.
④ 제3항에 따라 이의신청을 받은 국토교통부장관 및 시·도지사는 제112조에 따른 조사를 다시 실시한 후 그 결과를 시·도지사 또는 시장·군수·구청장에게 통지하여야 한다.
[본조신설 2016.7.19.]

제114조(위반 건축물에 대한 사용 및 영업행위의 허용 등) 법 제79조제2항 단서에서 "대통령령으로 정하는 경우"란 바닥면적의 합계가 400제곱미터 미만인 축사와 바닥면적의 합계가 400제곱미터 미만인 농업용·임업용·축산업용 및 수산업용 창고를 말한다. <개정 2016.1.19.>
[전문개정 2008.10.29.]

제115조(위반건축물에 대한 조사 및 정비) ① 특별자치시장·특별자치도지사 또는 시장·군수·구청장은 매년 정기적으로 법령등에 적합하지 아니한 건축물에 대하여 실태조사를 한 후 법 제79조에 따른 시정조치를 위한 정비계획을 수립·시행하여야 하며, 그 결과를 시·도지사(특별자치시장·특별자치도지사는 제외한다)에게 보고하여야 한다. <개정 2014.10.14.>
② 특별자치시장·특별자치도지사 또는 시장·군수·구청장은 제1항에 따른 위반 건축물의 체계적인 사후 관리와 정비를 위하여 국토교통부령으로 정하는 바에 따라 위반 건축물 관리대장을 작성하고 비치하여야 한다. <개정 2013.3.23., 2014.10.14.>
③ 제2항에 따른 위반 건축물 관리대장은 전자적 처리가 불가능한 특별한 사유가 없으면 전자적 처리가 가능한 방법으로 작성·관리하여야 한다.
[전문개정 2008.10.29.]

제115조의2(이행강제금의 부과 및 징수) ① 법 제80조제1항 각 호 외의 부분 단서에서 "대통령령으로 정하는 경우"란 다음 각 호의 경우를 말한다. <개정 2011.12.30.>
1. 법 제22조에 따른 사용승인을 받지 아니하고 건축물을 사용한 경우
2. 법 제42조에 따른 대지의 조경에 관한 사항을 위반한 경우
3. 법 제60조에 따른 건축물의 높이 제한을 위반한 경우
4. 법 제61조에 따른 일조 등의 확보를 위한 건축물의 높이 제한을 위반한 경우
5. 그 밖에 법 또는 법에 따른 명령이나 처분을 위반한 경우(별표 15 위반 건축물란의 제1호의2, 제4호부터 제9호까지 및 제13호에 해당하는 경우는 제외한다)로서 건축조례로 정하는 경우

② 법 제80조제1항제2호에 따른 이행강제금의 산정기준은 별표 15와 같다.
③ 이행강제금의 부과 및 징수 절차는 국토교통부령으로 정한다. <개정 2013.3.23.>
[전문개정 2008.10.29.]

제115조의3(이행강제금의 탄력적 운영) ① 법 제80조제1항제1호에서 "대통령령으로 정하는 비율"이란 다음 각 호의 구분에 따른 비율을 말한다. 다만, 건축조례로 다음 각 호의 비율을 낮추어 정할 수 있되, 낮추는 경우에도 그 비율은 100분의 60 이상이어야 한다.
1. 건폐율을 초과하여 건축한 경우: 100분의 80
2. 용적률을 초과하여 건축한 경우: 100분의 90
3. 허가를 받지 아니하고 건축한 경우: 100분의 100
4. 신고를 하지 아니하고 건축한 경우: 100분의 70

② 법 제80조제2항에서 "영리목적을 위한 위반이나 상습적 위반 등 대통령령으로 정하는 경우"란 다음 각 호의 어느 하나에 해당하는 경우를 말한다. 다만, 위반행위 후 소유권이 변경된 경우는 제외한다.
1. 임대 등 영리를 목적으로 법 제19조를 위반하여 용도변경을 한 경우(위반면적이 50제곱미터를 초과하는 경우로 한정한다)
2. 임대 등 영리를 목적으로 허가나 신고 없이 신축 또는 증축한 경우(위반면적이 50제곱미터를 초과하는 경우로 한정한다)
3. 임대 등 영리를 목적으로 허가나 신고 없이 다세대주택의 세대수 또는 다가구주택의 가구수를 증가시킨 경우(5세대 또는 5가구 이상 증가시킨 경우로 한정한다)

4. 동일인이 최근 3년 내에 2회 이상 법 또는 법에 따른 명령이나 처분을 위반한 경우
5. 제1호부터 제4호까지의 규정과 비슷한 경우로서 건축조례로 정하는 경우

[본조신설 2016.2.11.]
[종전 제115조의3은 제115조의5로 이동 <2016.2.11.>]

제115조의4(이행강제금의 감경) ① 법 제80조의2제1항제2호에서 "대통령령으로 정하는 경우"란 다음 각 호의 어느 하나에 해당하는 경우를 말한다. 다만, 법 제80조제1항 각 호 외의 부분 단서에 해당하는 경우는 제외한다.
1. 위반행위 후 소유권이 변경된 경우
2. 임차인이 있어 현실적으로 임대기간 중에 위반내용을 시정하기 어려운 경우(법 제79조제1항에 따른 최초의 시정명령 전에 이미 임대차계약을 체결한 경우로서 해당 계약이 종료되거나 갱신되는 경우는 제외한다) 등 상황의 특수성이 인정되는 경우
3. 위반면적이 30제곱미터 이하인 경우(별표 1 제1호부터 제4호까지의 규정에 따른 건축물로 한정하며, 「집합건물의 소유 및 관리에 관한 법률」의 적용을 받는 집합건축물은 제외한다)
4. 「집합건물의 소유 및 관리에 관한 법률」의 적용을 받는 집합건축물의 구분소유자가 위반한 면적이 5제곱미터 이하인 경우(별표 1 제2호부터 제4호까지의 규정에 따른 건축물로 한정한다)
5. 법 제22조에 따른 사용승인 당시 존재하던 위반사항으로서 사용승인 이후 확인된 경우
6. 법률 제12516호 가축분뇨의 관리 및 이용에 관한 법률 일부개정법률 부칙 제9조에 따라 같은 조 제1항 각 호에 따른 기간 내에 「가축분뇨의 관리 및 이용에 관한 법률」 제11조에 따른 허가 또는 변경허가를 받거나 신고 또는 변경신고를 하려는 배출시설(처리시설을 포함한다)의 경우
7. 그 밖에 위반행위의 정도와 위반 동기 및 공중에 미치는 영향 등을 고려하여 감경이 필요한 경우로서 건축조례로 정하는 경우

② 법 제80조의2제1항제2호에서 "대통령령으로 정하는 비율"이란 다음 각 호의 구분에 따른 비율을 말한다.
1. 제1항제1호부터 제6호까지의 경우: 100분의 50
2. 제1항제7호의 경우: 건축조례로 정하는 비율

③ 법 제80조의2제2항에 따른 이행강제금의 감경 비율은 다음 각 호와 같다.
1. 연면적 85제곱미터 이하 주거용 건축물의 경우: 100분의 80
2. 연면적 85제곱미터 초과 주거용 건축물의 경우: 100분의 60

[본조신설 2016.2.11.]

제115조의5(기존 건축물에 대한 시정명령) 법 제81조제1항에서 "대통령령으로 정하는 기준"이란 다음 각 호의 어느 하나에 해당하는 경우를 말한다.
1. 지방건축위원회의 심의 결과 도로 등 공공시설의 설치에 장애가 된다고 판정된 건축물인 경우
2. 허가권자가 지방건축위원회의 심의를 거쳐 붕괴되거나 쓰러질 우려가 있어 다중에게 위해를 줄 우려가 크다고 인정하는 건축물인 경우
3. 군사작전구역에 있는 건축물로서 국가안보상 필요하여 국방부장관이 요청하는 건축물인 경우

[전문개정 2008.10.29.]
[제115조의3에서 이동 <2016.2.11.>]

제116조(손실보상) ① 법 제81조제3항에 따라 특별자치시장·특별자치도지사 또는 시장·군수·구청장이 보상하는 경우에는 법 제81조제1항에 따른 처분으로 생길 수 있는 손실을 시가(時價)로 보상하여야 한다. <개정 2014.10.14.>

② 제1항에 따른 보상금액에 관하여 협의가 성립되지 아니한 경우 특별자치시장·특별자치도지사 또는 시장·군수·구청장은 그 보상금액을 지급하거나 공탁하고 그 사실을 해당 건축물의 건축주에게 알려야 한다. 이 경우 그 건축주가 원하면 전자문서로 알릴 수 있다. <개정 2014.10.14.>

③ 제2항에 따른 보상금의 지급 또는 공탁에 불복하는 자는 지급 또는 공탁의 통지를 받은 날부터 20일 이내에 관할 토지수용위원회에 재결(裁決)을 신청(전자문서로 신청하는 것을 포함한다)할 수 있다.

④ 법 제81조제4항에 따라 특별자치시장·특별자치도지사 또는 시장·군수·구청장이 위해의 우려가 있다고 인정하여 지정하는 건축물의 구조 안전 여부에 관한 검사의 실시 방

법, 결과 통보, 비용 부담 등에 관하여는 「시설물의 안전 및 유지관리에 관한 특별법」 제11조, 제12조, 제16조부터 제18조까지, 제20조, 제26조 및 제56조를 준용한다. <개정 2014.10.14., 2018.1.16.>
[전문개정 2008.10.29.]

제116조의2(빈집 철거 통지) 특별자치시장·특별자치도지사 또는 시장·군수·구청장은 법 제81조의3제1항에 따라 직권으로 빈집을 철거하는 경우에는 철거사유 및 철거예정일을 명시한 철거통지서를 철거예정일 7일전까지 그 빈집의 소유자에게 알려야 한다.
[본조신설 2016.7.19.]

제116조의3(철거보상비 지급) 법 제81조의3제3항에 따른 보상비는 「감정평가 및 감정평가사에 관한 법률」에 따른 감정평가업자의 감정평가액으로 한다. <개정 2016.8.31.>
[본조신설 2016.7.19.]

제117조(권한의 위임·위탁) ① 국토교통부장관은 법 제82조제1항에 따라 법 제69조 및 제71조(제4항은 제외한다)에 따른 특별건축구역의 지정, 변경 및 해제에 관한 권한을 시·도지사에게 위임한다. <신설 2010.12.30., 2013.3.23.>
② 삭제 <1999.4.30.>
③ 법 제82조제3항에 따라 구청장(자치구가 아닌 구의 구청장을 말한다) 또는 동장·읍장·면장(「지방자치단체의 행정기구와 정원기준 등에 관한 규정」 별표 3 제2호 비고 제2호에 따라 행정안전부장관이 시장·군수·구청장과 협의하여 정하는 동장·읍장·면장으로 한정한다)에게 위임할 수 있는 권한은 다음 각 호와 같다. <개정 2009.7.16., 2016.2.11., 2017.7.26.>
1. 6층 이하로서 연면적 2천제곱미터 이하인 건축물의 건축·대수선 및 용도변경에 관한 권한
2. 기존 건축물 연면적의 10분의 3 미만의 범위에서 하는 증축에 관한 권한

④ 법 제82조제3항에 따라 동장·읍장 또는 면장에게 위임할 수 있는 권한은 다음 각 호와 같다. <신설 2009.7.16., 2014.10.14.>
1. 법 제14조에 따른 건축신고에 관한 권한
2. 법 제20조제3항에 따른 가설건축물의 축조 신고에 관한 권한
3. 법 제22조에 따른 사용승인에 관한 권한(법 제14조에 따른 신고 대상 건축물인 경우만 해당한다)
4. 법 제83조에 따른 옹벽 등의 공작물 축조 신고에 관한 권한

⑤ 법 제82조제4항에서 "대통령령으로 정하는 기관 또는 단체"란 다음 각 호의 기관 또는 단체 중 국토교통부장관이 정하여 고시하는 기관 또는 단체를 말한다. <개정 2008.10.29., 2009.7.16., 2013.11.20.>
1. 「공공기관의 운영에 관한 법률」 제5조에 따른 공기업
2. 「정부출연연구기관 등의 설립·운영 및 육성에 관한 법률」 및 「과학기술분야 정부출연연구기관 등의 설립·운영 및 육성에 관한 법률」에 따른 연구기관

[제목개정 2006.5.8.]

제118조(옹벽 등의 공작물에의 준용) ① 법 제83조제1항에 따라 공작물을 축조(건축물과 분리하여 축조하는 것을 말한다. 이하 이 조에서 같다)할 때 특별자치시장·특별자치도지사 또는 시장·군수·구청장에게 신고를 하여야 하는 공작물은 다음 각 호와 같다. <개정 2014.10.14., 2016.1.19.>
1. 높이 6미터를 넘는 굴뚝
2. 높이 6미터를 넘는 장식탑, 기념탑, 그 밖에 이와 비슷한 것
3. 높이 4미터를 넘는 광고탑, 광고판, 그 밖에 이와 비슷한 것
4. 높이 8미터를 넘는 고가수조나 그 밖에 이와 비슷한 것
5. 높이 2미터를 넘는 옹벽 또는 담장
6. 바닥면적 30제곱미터를 넘는 지하대피호
7. 높이 6미터를 넘는 골프연습장 등의 운동시설을 위한 철탑, 주거지역·상업지역에 설치하는 통신용 철탑, 그 밖에 이와 비슷한 것
8. 높이 8미터(위험을 방지하기 위한 난간의 높이는 제외한다) 이하의 기계식 주차장 및 철골 조립식 주차장(바닥면이 조립식이 아닌 것을 포함한다)으로서 외벽이 없는 것
9. 건축조례로 정하는 제조시설, 저장시설(시멘트사일로를 포함한다), 유희시설, 그 밖에 이와 비슷한 것
10. 건축물의 구조에 심대한 영향을 줄 수 있는 중량물로서 건축조례로 정하는 것
11. 높이 5미터를 넘는 「신에너지 및 재생에너지 개발·이용·보급 촉진법」 제2조

제2호가목에 따른 태양에너지를 이용하는 발전설비와 그 밖에 이와 비슷한 것

② 제1항 각 호의 어느 하나에 해당하는 공작물을 축조하려는 자는 공작물 축조신고서와 국토교통부령으로 정하는 설계도서를 특별자치시장·특별자치도지사 또는 시장·군수·구청장에게 제출(전자문서에 의한 제출을 포함한다)하여야 한다. <개정 2013.3.23., 2014.10.14.>

③ 제1항 각 호의 공작물에 대하여는 법 제83조제3항에 따라 법 제14조, 제21조제3항, 제29조, 제35조제1항, 제40조제4항, 제41조, 제47조, 제48조, 제55조, 제58조, 제60조, 제61조, 제79조, 제81조, 제84조, 제85조, 제87조 및 「국토의 계획 및 이용에 관한 법률」 제76조를 준용한다. 다만, 제1항제3호의 공작물로서 「옥외광고물 등의 관리와 옥외광고산업 진흥에 관한 법률」에 따라 허가를 받거나 신고를 한 공작물에 대해서는 법 제14조를 준용하지 아니하고, 제1항제5호의 공작물에 대해서는 법 제58조를 준용하지 아니하며, 제1항제8호의 공작물에 대해서는 법 제55조를 준용하지 아니하고, 제1항제3호·제8호의 공작물에 대해서만 법 제61조를 준용한다. <개정 2011.6.29., 2014.11.28., 2016.7.6.>

④ 제3항 본문에 따라 법 제48조를 준용하는 경우 해당 공작물에 대한 구조 안전 확인의 내용 및 방법 등은 국토교통부령으로 정한다. <신설 2013.11.20.>

⑤ 특별자치시장·특별자치도지사 또는 시장·군수·구청장은 제1항에 따라 공작물 축조신고를 받았으면 국토교통부령으로 정하는 바에 따라 공작물 관리대장에 그 내용을 작성하고 관리하여야 한다. <개정 2013.3.23., 2013.11.20., 2014.10.14.>

⑥ 제5항에 따른 공작물 관리대장은 전자적 처리가 불가능한 특별한 사유가 없으면 전자적 처리가 가능한 방법으로 작성하고 관리하여야 한다. <개정 2013.11.20.>

[전문개정 2008.10.29.]

제119조(면적 등의 산정방법) ① 법 제84조에 따라 건축물의 면적·높이 및 층수 등은 다음 각 호의 방법에 따라 산정한다. <개정 2009.6.30., 2009.7.16., 2010.2.18., 2011.4.4., 2011.6.29., 2011.12.8., 2011.12.30., 2012.4.10., 2012.12.12., 2013.3.23., 2013.11.20., 2014.11.28., 2015.4.24., 2016.1.19., 2016.7.19., 2016.8.11., 2017.5.2., 2017.6.27.>

1. 대지면적: 대지의 수평투영면적으로 한다. 다만, 다음 각 목의 어느 하나에 해당하는 면적은 제외한다.
   가. 법 제46조제1항 단서에 따라 대지에 건축선이 정하여진 경우: 그 건축선과 도로 사이의 대지면적
   나. 대지에 도시·군계획시설인 도로·공원 등이 있는 경우: 그 도시·군계획시설에 포함되는 대지(「국토의 계획 및 이용에 관한 법률」 제47조제7항에 따라 건축물 또는 공작물을 설치하는 도시·군계획시설의 부지는 제외한다)면적
2. 건축면적: 건축물의 외벽(외벽이 없는 경우에는 외곽 부분의 기둥을 말한다. 이하 이 호에서 같다)의 중심선으로 둘러싸인 부분의 수평투영면적으로 한다. 다만, 다음 각 목의 어느 하나에 해당하는 경우에는 해당 각 목에서 정하는 기준에 따라 산정한다.
   가. 처마, 차양, 부연(附椽), 그 밖에 이와 비슷한 것으로서 그 외벽의 중심선으로부터 수평거리 1미터 이상 돌출된 부분이 있는 건축물의 건축면적은 그 돌출된 끝부분으로부터 다음의 구분에 따른 수평거리를 후퇴한 선으로 둘러싸인 부분의 수평투영면적으로 한다.
      1) 「전통사찰의 보존 및 지원에 관한 법률」 제2조제1호에 따른 전통사찰: 4미터 이하의 범위에서 외벽의 중심선까지의 거리
      2) 사료 투여, 가축 이동 및 가축 분뇨 유출 방지 등을 위하여 상부에 한쪽 끝은 고정되고 다른 쪽 끝은 지지되지 아니한 구조로 된 돌출차양이 설치된 축사: 3미터 이하의 범위에서 외벽의 중심선까지의 거리(두 동의 축사가 하나의 차양으로 연결된 경우에는 6미터 이하의 범위에서 축사 양 외벽의 중심선까지의 거리를 말한다)
      3) 한옥: 2미터 이하의 범위에서 외벽의 중심선까지의 거리
      4) 「환경친화적자동차의 개발 및 보급 촉진에 관한 법률 시행령」 제18조의5에 따른 충전시설(그에 딸린 충전 전용 주차구획을 포함한다)의 설치를 목적으로 처마, 차양, 부연, 그 밖에 이와 비슷한 것이 설치된 공동주택(「주택법」 제15조에 따른 사업계획승인 대

상으로 한정한다): 2미터 이하의 범위에서 외벽의 중심선까지의 거리
5) 그 밖의 건축물: 1미터
나. 다음의 건축물의 건축면적은 국토교통부령으로 정하는 바에 따라 산정한다.
1) 태양열을 주된 에너지원으로 이용하는 주택
2) 창고 중 물품을 입출고하는 부위의 상부에 한쪽 끝은 고정되고 다른 쪽 끝은 지지되지 아니한 구조로 설치된 돌출차양
3) 단열재를 구조체의 외기측에 설치하는 단열공법으로 건축된 건축물
다. 다음의 경우에는 건축면적에 산입하지 아니한다.
1) 지표면으로부터 1미터 이하에 있는 부분(창고 중 물품을 입출고하기 위하여 차량을 접안시키는 부분의 경우에는 지표면으로부터 1.5미터 이하에 있는 부분)
2) 「다중이용업소의 안전관리에 관한 특별법 시행령」 제9조에 따라 기존의 다중이용업소(2004년 5월 29일 이전의 것만 해당한다)의 비상구에 연결하여 설치하는 폭 2미터 이하의 옥외 피난계단(기존 건축물에 옥외 피난계단을 설치함으로써 법 제55조에 따른 건폐율의 기준에 적합하지 아니하게 된 경우만 해당한다)
3) 건축물 지상층에 일반인이나 차량이 통행할 수 있도록 설치한 보행통로나 차량통로
4) 지하주차장의 경사로
5) 건축물 지하층의 출입구 상부(출입구 너비에 상당하는 규모의 부분을 말한다)
6) 생활폐기물 보관함(음식물쓰레기, 의류 등의 수거함을 말한다. 이하 같다)
7) 「영유아보육법」 제15조에 따른 어린이집(2005년 1월 29일 이전에 설치된 것만 해당한다)의 비상구에 연결하여 설치하는 폭 2미터 이하의 영유아용 대피용 미끄럼대 또는 비상계단(기존 건축물에 영유아용 대피용 미끄럼대 또는 비상계단을 설치함으로써 법 제55조에 따른 건폐율 기준에 적합하지 아니하게 된 경우만 해당한다)
8) 「장애인·노인·임산부 등의 편의증진 보장에 관한 법률 시행령」 별표 2의 기준에 따라 설치하는 장애인용 승강기, 장애인용 에스컬레이터, 휠체어리프트 또는 경사로
9) 「가축전염병 예방법」 제17조제1항제1호에 따른 소독설비를 갖추기 위하여 같은 호에 따른 가축사육시설(2015년 4월 27일 전에 건축되거나 설치된 가축사육시설로 한정한다)에서 설치하는 시설
10) 「매장문화재 보호 및 조사에 관한 법률」 제14조제1항제1호 및 제2호에 따른 현지보존 및 이전보존을 위하여 매장문화재 보호 및 전시에 전용되는 부분
11) 「가축분뇨의 관리 및 이용에 관한 법률」 제12조제1항에 따른 처리시설(법률 제12516호 가축분뇨의 관리 및 이용에 관한 법률 일부개정법률 부칙 제9조에 해당하는 배출시설의 처리시설로 한정한다)

3. 바닥면적: 건축물의 각 층 또는 그 일부로서 벽, 기둥, 그 밖에 이와 비슷한 구획의 중심선으로 둘러싸인 부분의 수평투영면적으로 한다. 다만, 다음 각 목의 어느 하나에 해당하는 경우에는 각 목에서 정하는 바에 따른다.
가. 벽·기둥의 구획이 없는 건축물은 그 지붕 끝부분으로부터 수평거리 1미터를 후퇴한 선으로 둘러싸인 수평투영면적으로 한다.
나. 주택의 발코니 등 건축물의 노대나 그 밖에 이와 비슷한 것(이하 "노대등"이라 한다)의 바닥은 난간 등의 설치 여부에 관계없이 노대등의 면적(외벽의 중심선으로부터 노대등의 끝부분까지의 면적을 말한다)에서 노대등이 접한 가장 긴 외벽에 접한 길이에 1.5미터를 곱한 값을 뺀 면적을 바닥면적에 산입한다.
다. 필로티나 그 밖에 이와 비슷한 구조(벽면적의 2분의 1 이상이 그 층의 바닥면에서 위층 바닥 아래면까지 공간으로 된 것만 해당한다)의 부분은 그 부분이 공중의 통행이나 차량의 통행 또는 주차에 전용되는 경우와 공동주택의 경우에는 바닥면적에 산입하지 아니한다.
라. 승강기탑(옥상 출입용 승강장을 포함한다), 계단탑, 장식탑, 다락[층고(層高)가

1.5미터(경사진 형태의 지붕인 경우에는 1.8미터) 이하인 것만 해당한다], 건축물의 외부 또는 내부에 설치하는 굴뚝, 더스트슈트, 설비덕트, 그 밖에 이와 비슷한 것과 옥상·옥외 또는 지하에 설치하는 물탱크, 기름탱크, 냉각탑, 정화조, 도시가스 정압기, 그 밖에 이와 비슷한 것을 설치하기 위한 구조물과 건축물 간에 화물의 이동에 이용되는 컨베이어벨트만을 설치하기 위한 구조물은 바닥면적에 산입하지 아니한다.

마. 공동주택으로서 지상층에 설치한 기계실, 전기실, 어린이놀이터, 조경시설 및 생활폐기물 보관함의 면적은 바닥면적에 산입하지 아니한다.

바. 「다중이용업소의 안전관리에 관한 특별법 시행령」 제9조에 따라 기존의 다중이용업소(2004년 5월 29일 이전의 것만 해당한다)의 비상구에 연결하여 설치하는 폭 1.5미터 이하의 옥외 피난계단(기존 건축물에 옥외 피난계단을 설치함으로써 법 제56조에 따른 용적률에 적합하지 아니하게 된 경우만 해당한다)은 바닥면적에 산입하지 아니한다.

사. 제6조제1항제6호에 따른 건축물을 리모델링하는 경우로서 미관 향상, 열의 손실 방지 등을 위하여 외벽에 부가하여 마감재 등을 설치하는 부분은 바닥면적에 산입하지 아니한다.

아. 제1항제2호나목3)의 건축물의 경우에는 단열재가 설치된 외벽 중 내측 내력벽의 중심선을 기준으로 산정한 면적을 바닥면적으로 한다.

자. 「영유아보육법」 제15조에 따른 어린이집(2005년 1월 29일 이전에 설치된 것만 해당한다)의 비상구에 연결하여 설치하는 폭 2미터 이하의 영유아용 대피용 미끄럼대 또는 비상계단의 면적은 바닥면적(기존 건축물에 영유아용 대피용 미끄럼대 또는 비상계단을 설치함으로써 법 제56조에 따른 용적률 기준에 적합하지 아니하게 된 경우만 해당한다)에 산입하지 아니한다.

차. 「장애인·노인·임산부 등의 편의증진 보장에 관한 법률 시행령」 별표 2의 기준에 따라 설치하는 장애인용 승강기, 장애인용 에스컬레이터, 휠체어리프트 또는 경사로는 바닥면적에 산입하지 아니한다.

카. 「가축전염병 예방법」 제17조제1항제1호에 따른 소독설비를 갖추기 위하여 같은 호에 따른 가축사육시설(2015년 4월 27일 전에 건축되거나 설치된 가축사육시설로 한정한다)에서 설치하는 시설은 바닥면적에 산입하지 아니한다.

타. 「매장문화재 보호 및 조사에 관한 법률」 제14조제1항제1호 및 제2호에 따른 현지보존 및 이전보존을 위하여 매장문화재 보호 및 전시에 전용되는 부분은 바닥면적에 산입하지 아니한다.

4. 연면적: 하나의 건축물 각 층의 바닥면적의 합계로 하되, 용적률을 산정할 때에는 다음 각 목에 해당하는 면적은 제외한다.
  가. 지하층의 면적
  나. 지상층의 주차용(해당 건축물의 부속용도인 경우만 해당한다)으로 쓰는 면적
  다. 삭제 <2012.12.12.>
  라. 삭제 <2012.12.12.>
  마. 제34조제3항 및 제4항에 따라 초고층 건축물과 준초고층 건축물에 설치하는 피난안전구역의 면적
  바. 제40조제3항제2호에 따라 건축물의 경사지붕 아래에 설치하는 대피공간의 면적

5. 건축물의 높이: 지표면으로부터 그 건축물의 상단까지의 높이[건축물의 1층 전체에 필로티(건축물을 사용하기 위한 경비실, 계단실, 승강기실, 그 밖에 이와 비슷한 것을 포함한다)가 설치되어 있는 경우에는 법 제60조 및 법 제61조제2항을 적용할 때 필로티의 층고를 제외한 높이]로 한다. 다만, 다음 각 목의 어느 하나에 해당하는 경우에는 각 목에서 정하는 바에 따른다.
  가. 법 제60조에 따른 건축물의 높이는 전면도로의 중심선으로부터의 높이로 산정한다. 다만, 전면도로가 다음의 어느 하나에 해당하는 경우에는 그에 따라 산정한다.
    1) 건축물의 대지에 접하는 전면도로의 노면에 고저차가 있는 경우에는 그 건축물이 접하는 범위의 전면도로부분의 수평거리에 따라 가중평균한 높이의 수평면을 전면도로면으로 본다.
    2) 건축물의 대지의 지표면이 전면도로보다 높은 경우에는 그 고저차의 2분의 1의 높이만큼 올라온 위치에 그 전면도로의 면이 있는 것으로 본다.
  나. 법 제61조에 따른 건축물 높이를 산정할 때 건축물 대지의 지표면과 인접 대지의 지표면 간에 고저차가 있는 경우

에는 그 지표면의 평균 수평면을 지표면으로 본다. 다만, 법 제61조제2항에 따른 높이를 산정할 때 해당 대지가 인접 대지의 높이보다 낮은 경우에는 해당 대지의 지표면을 지표면으로 보고, 공동주택을 다른 용도와 복합하여 건축하는 경우에는 공동주택의 가장 낮은 부분을 그 건축물의 지표면으로 본다.

다. 건축물의 옥상에 설치되는 승강기탑·계단탑·망루·장식탑·옥탑 등으로서 그 수평투영면적의 합계가 해당 건축물 건축면적의 8분의 1(「주택법」 제15조제1항에 따른 사업계획승인 대상인 공동주택 중 세대별 전용면적이 85제곱미터 이하인 경우에는 6분의 1) 이하인 경우로서 그 부분의 높이가 12미터를 넘는 경우에는 그 넘는 부분만 해당 건축물의 높이에 산입한다.

라. 지붕마루장식·굴뚝·방화벽의 옥상돌출부나 그 밖에 이와 비슷한 옥상돌출물과 난간벽(그 벽면적의 2분의 1 이상이 공간으로 되어 있는 것만 해당한다)은 그 건축물의 높이에 산입하지 아니한다.

6. 처마높이: 지표면으로부터 건축물의 지붕틀 또는 이와 비슷한 수평재를 지지하는 벽·깔도리 또는 기둥의 상단까지의 높이로 한다.
7. 반자높이: 방의 바닥면으로부터 반자까지의 높이로 한다. 다만, 한 방에서 반자높이가 다른 부분이 있는 경우에는 그 각 부분의 반자면적에 따라 가중평균한 높이로 한다.
8. 층고: 방의 바닥구조체 윗면으로부터 위층 바닥구조체의 윗면까지의 높이로 한다. 다만, 한 방에서 층의 높이가 다른 부분이 있는 경우에는 그 각 부분 높이에 따른 면적에 따라 가중평균한 높이로 한다.
9. 층수: 승강기탑(옥상 출입용 승강장을 포함한다), 계단탑, 망루, 장식탑, 옥탑, 그 밖에 이와 비슷한 건축물의 옥상 부분으로서 그 수평투영면적의 합계가 해당 건축물 건축면적의 8분의 1(「주택법」 제15조제1항에 따른 사업계획승인 대상인 공동주택 중 세대별 전용면적이 85제곱미터 이하인 경우에는 6분의 1) 이하인 것과 지하층은 건축물의 층수에 산입하지 아니하고, 층의 구분이 명확하지 아니한 건축물은 그 건축물의 높이 4미터마다 하나의 층으로 보고 그 층수를 산정하며, 건축물이 부분에 따라 그 층수가 다른 경우에는 그 중 가장 많은 층수를 그 건축물의 층수로 본다.
10. 지하층의 지표면: 법 제2조제1항제5호에 따른 지하층의 지표면은 각 층의 주위가 접하는 각 지표면 부분의 높이를 그 지표면 부분의 수평거리에 따라 가중평균한 높이의 수평면을 지표면으로 산정한다.

② 제1항 각 호(제10호는 제외한다)에 따른 기준에 따라 건축물의 면적·높이 및 층수 등을 산정할 때 지표면에 고저차가 있는 경우에는 건축물의 주위가 접하는 각 지표면 부분의 높이를 그 지표면 부분의 수평거리에 따라 가중평균한 높이의 수평면을 지표면으로 본다. 이 경우 그 고저차가 3미터를 넘는 경우에는 그 고저차 3미터 이내의 부분마다 그 지표면을 정한다.

③ 제1항제5호다목 또는 제1항제9호에 따른 수평투영면적의 산정은 제1항제2호에 따른 건축면적의 산정방법에 따른다.

[전문개정 2008.10.29.]

제119조의2(「행정대집행법」 적용의 특례) 법 제85조제1항제5호에서 "대통령령으로 정하는 경우"란 「대기환경보전법」에 따른 대기오염물질 또는 「수질 및 수생태계 보전에 관한 법률」에 따른 수질오염물질을 배출하는 건축물로서 주변 환경을 심각하게 오염시킬 우려가 있는 경우를 말한다.

[본조신설 2009.8.5.]

[종전 제119조의2는 제119조의3으로 이동 <2009.8.5.>]

제119조의3(분쟁조정) ① 법 제88조에 따라 분쟁의 조정 또는 재정(이하 "조정등"이라 한다)을 받으려는 자는 국토교통부령으로 정하는 바에 따라 신청 취지와 신청사건의 내용을 분명하게 밝힌 조정등의 신청서를 국토교통부에 설치된 건축분쟁전문위원회(이하 "분쟁위원회"라 한다)에 제출(전자문서에 의한 제출을 포함한다)하여야 한다. <개정 2009.8.5., 2013.3.23., 2014.11.28.>

② 조정위원회는 법 제95조제2항에 따라 당사자나 참고인을 조정위원회에 출석하게 하여 의견을 들으려면 회의 개최 5일 전에 서면(당사자 또는 참고인이 원하는 경우에는 전자문서를 포함한다)으로 출석을 요청하여야 하며, 출석을 요청받은 당사자 또는 참고인은 조정위원회의 회의에 출석할 수 없는

부득이한 사유가 있는 경우에는 미리 서면 또는 전자문서로 의견을 제출할 수 있다.
③ 법 제88조, 제89조 및 제91조부터 제104조까지의 규정에 따른 분쟁의 조정등을 할 때 서류의 송달에 관하여는 「민사소송법」 제174조부터 제197조까지를 준용한다. <개정 2014.11.28.>
④ 조정위원회 또는 재정위원회는 법 제102조제1항에 따라 당사자가 분쟁의 조정등을 위한 감정·진단·시험 등에 드는 비용을 내지 아니한 경우에는 그 분쟁에 대한 조정등을 보류할 수 있다. <개정 2009.8.5.>
⑤ 삭제 <2014.11.28.>
[전문개정 2008.10.29.]
[제119조의2에서 이동, 종전 제119조의3은 제119조의4로 이동 <2009.8.5.>]

제119조의4(선정대표자) ① 여러 사람이 공동으로 조정등의 당사자가 될 때에는 그 중에서 3명 이하의 대표자를 선정할 수 있다.
② 분쟁위원회는 당사자가 제1항에 따라 대표자를 선정하지 아니한 경우 필요하다고 인정하면 당사자에게 대표자를 선정할 것을 권고할 수 있다. <개정 2009.8.5., 2014.11.28.>
③ 제1항 또는 제2항에 따라 선정된 대표자(이하 "선정대표자"라 한다)는 다른 신청인 또는 피신청인을 위하여 그 사건의 조정등에 관한 모든 행위를 할 수 있다. 다만, 신청을 철회하거나 조정안을 수락하려는 경우에는 서면으로 다른 신청인 또는 피신청인의 동의를 받아야 한다.
④ 대표자가 선정된 경우에는 다른 신청인 또는 피신청인은 그 선정대표자를 통해서만 그 사건에 관한 행위를 할 수 있다.
⑤ 대표자를 선정한 당사자는 필요하다고 인정하면 선정대표자를 해임하거나 변경할 수 있다. 이 경우 당사자는 그 사실을 지체 없이 분쟁위원회에 통지하여야 한다. <개정 2009.8.5., 2014.11.28.>
[전문개정 2008.10.29.]
[제119조의3에서 이동, 종전 제119조의4는 제119조의5로 이동 <2009.8.5.>]

제119조의5(절차의 비공개) 분쟁위원회가 행하는 조정등의 절차는 법 또는 이 영에 특별한 규정이 있는 경우를 제외하고는 공개하지 아니한다. <개정 2009.8.5., 2014.11.28.>
[본조신설 2006.5.8.]
[제119조의4에서 이동 <2009.8.5.>]

제119조의6(위원의 제척 등) ① 법 제89조제8항에 따라 분쟁위원회의 위원이 다음 각 호의 어느 하나에 해당하면 그 직무의 집행에서 제외된다.
1. 위원 또는 그 배우자나 배우자였던 자가 해당 분쟁사건(이하 "사건"이라 한다)의 당사자가 되거나 그 사건에 관하여 당사자와 공동권리자 또는 의무자의 관계에 있는 경우
2. 위원이 해당 사건의 당사자와 친족이거나 친족이었던 경우
3. 위원이 해당 사건에 관하여 진술이나 감정을 한 경우
4. 위원이 해당 사건에 당사자의 대리인으로서 관여하였거나 관여한 경우
5. 위원이 해당 사건의 원인이 된 처분이나 부작위에 관여한 경우

② 분쟁위원회는 제척 원인이 있는 경우 직권이나 당사자의 신청에 따라 제척의 결정을 한다.
③ 당사자는 위원에게 공정한 직무집행을 기대하기 어려운 사정이 있으면 분쟁위원회에 기피신청을 할 수 있으며, 분쟁위원회는 기피신청이 타당하다고 인정하면 기피의 결정을 하여야 한다.
④ 위원은 제1항이나 제3항의 사유에 해당하면 스스로 그 사건의 직무집행을 회피할 수 있다.
[본조신설 2014.11.28.]

제119조의7(조정등의 거부와 중지) ① 법 제89조제8항에 따라 분쟁위원회는 분쟁의 성질상 분쟁위원회에서 조정등을 하는 것이 맞지 아니하다고 인정하거나 부정한 목적으로 신청하였다고 인정되면 그 조정등을 거부할 수 있다. 이 경우 조정등의 거부 사유를 신청인에게 알려야 한다.
② 분쟁위원회는 신청된 사건의 처리 절차가 진행되는 도중에 한쪽 당사자가 소(訴)를 제기한 경우에는 조정등의 처리를 중지하고 이를 당사자에게 알려야 한다.
[본조신설 2014.11.28.]

제119조의8(조정등의 비용 예치) 법 제102조제2항에 따라 조정위원회 또는 재정위원회는 조정등을 위한 비용을 예치할 금융기관을 지정하고 예치기간을 정하여 당사자

로 하여금 비용을 예치하게 할 수 있다.
[본조신설 2014.11.28.]

제119조의9(분쟁위원회의 운영 및 사무처리) ① 국토교통부장관은 법 제103조제1항에 따라 분쟁위원회의 운영 및 사무처리를 한국시설안전공단에 위탁한다. <개정 2016.7.19.>
② 제1항에 따라 위탁을 받은 한국시설안전공단은 그 소속으로 분쟁위원회 사무국을 두어야 한다.
[본조신설 2014.11.28.]

제119조의10(고유식별정보의 처리) 국토교통부장관(법 제82조에 따라 국토교통부장관의 권한을 위임받거나 업무를 위탁받은 자를 포함한다), 시·도지사, 시장, 군수, 구청장(해당 권한이 위임·위탁된 경우에는 그 권한을 위임·위탁받은 자를 포함한다)은 다음 각 호의 사무를 수행하기 위하여 불가피한 경우 「개인정보 보호법 시행령」 제19조에 따른 주민등록번호 또는 외국인등록번호가 포함된 자료를 처리할 수 있다.
1. 법 제11조에 따른 건축허가에 관한 사무
2. 법 제14조에 따른 건축신고에 관한 사무
3. 법 제16조에 따른 허가와 신고사항의 변경에 관한 사무
4. 법 제19조에 따른 용도변경에 관한 사무
5. 법 제20조에 따른 가설건축물의 건축허가 또는 축조신고에 관한 사무
6. 법 제21조에 따른 착공신고에 관한 사무
7. 법 제22조에 따른 건축물의 사용승인에 관한 사무
8. 법 제31조에 따른 건축행정 전산화에 관한 사무
9. 법 제32조에 따른 건축허가 업무 등의 전산처리에 관한 사무
10. 법 제33조에 따른 전산자료의 이용자에 대한 지도·감독에 관한 사무
11. 법 제38조에 따른 건축물대장의 작성·보관에 관한 사무
12. 법 제39조에 따른 등기촉탁에 관한 사무
[본조신설 2017.3.27.]

제120조(규제의 재검토) ① 국토교통부장관은 다음 각 호의 사항에 대하여 2017년 1월 1일을 기준으로 3년마다(매 3년이 되는 해의 1월 1일 전까지를 말한다) 그 타당성을 검토하여 개선 등의 조치를 하여야 한다. <개정 2014.11.11., 2014.12.9., 2016.12.30.>
1. 제5조의5제1항제1호에 따른 지방건축위원회의 심의사항
2. 제8조제1항에 따라 특별시장이나 광역시장의 허가를 받아야 하는 건축물의 건축 및 같은 조 제3항에 따라 도지사의 승인을 받아야 하는 건축물의 건축
3. 제12조제1항제3호에 따른 신고 대상의 적절성
4. 제14조에 따른 용도변경
5. 제27조에 따른 대지의 조경
6. 제27조의2에 따른 공개 공지 등의 확보
7. 제28조에 따른 대지와 도로의 관계
8. 제31조에 따른 건축선
9. 제32조제2항에 따른 구조안전의 확인 서류 제출 대상 건축물
10. 제80조에 따른 건축물이 있는 대지의 분할제한 규모
11. 제80조의2 및 별표 2에 따라 건축선 및 인접 대지경계선으로부터 건축물까지 띄어야 하는 거리
12. 제82조에 따른 건축물의 높이 제한
13. 제86조에 따른 일조 등의 확보를 위한 건축물의 높이 제한
14. 제91조의3에 따른 관계전문기술자와의 협력
15. 제114조에 따른 위반 건축물에 대한 사용 및 영업행위의 허용 등
16. 제115조의2제1항에 따른 이행강제금의 감경 대상 건축물
17. 제115조의2제2항 및 별표 15에 따른 이행강제금의 산정기준
18. 제118조제1항에 따른 축조 신고 대상 공작물

② 삭제 <2016.12.30.>
③ 삭제 <2017.12.12.>
[전문개정 2013.12.30.]

제10장 벌칙
<신설 2013.5.31.>

제121조(과태료의 부과기준) 법 제113조제1항부터 제3항까지의 규정에 따른 과태료의 부과기준은 별표 16과 같다. <개정 2017.2.3.>
[본조신설 2013.5.31.]

부칙

<제28586호, 2018.1.16.>
(시설물의 안전 및 유지관리에 관한 특별법 시행령)

제1조(시행일) 이 영은 2018년 1월 18일부터 시행한다. <단서 생략>

제2조부터 **제6조**까지 생략

제7조(다른 법령의 개정) ① 생략

② 건축법 시행령 일부를 다음과 같이 개정한다.

제9조의2제2항제3호 중 "「시설물의 안전관리에 관한 특별법」 제9조제1항"을 "「시설물의 안전 및 유지관리에 관한 특별법」 제28조제1항"으로 한다.

제18조의4제1항제2호 중 "「시설물의 안전관리에 관한 특별법」 제25조"를 "「시설물의 안전 및 유지관리에 관한 특별법」 제45조"로 한다.

제23조의2제6항제3호 중 "「시설물의 안전관리에 관한 특별법」 제9조제1항"을 "「시설물의 안전 및 유지관리에 관한 특별법」 제28조제1항"으로 한다.

제23조의3제1항 각 호 외의 부분 단서 중 "「시설물의 안전관리에 관한 특별법」 제2조제2호 및 제3호"를 "「시설물의 안전 및 유지관리에 관한 특별법」 제7조제1호 및 제2호"로 한다.

제116조제4항 중 "「시설물의 안전관리에 관한 특별법」 제6조부터 제8조까지 및 같은 법 제10조부터 제12조까지"를 "「시설물의 안전 및 유지관리에 관한 특별법」 제11조, 제12조, 제16조부터 제18조까지, 제20조, 제26조 및 제56조"로 한다.

③부터 ㉔까지 생략

제8조 생략

건축법 시행규칙

[시행 2017.2.4.]
[국토교통부령 제393호, 2017.2.3., 일부개정]

제1조(목적) 이 규칙은 「건축법」 및 「건축법 시행령」에서 위임된 사항과 그 시행에 필요한 사항을 규정함을 목적으로 한다. <개정 2005.7.18., 2012.12.12.>

제1조의2(설계도서의 범위) 「건축법」(이하 "법"이라 한다) 제2조제14호에서 "그 밖에 국토교통부령으로 정하는 공사에 필요한 서류"란 다음 각 호의 서류를 말한다. <개정 2005.7.18., 2008.3.14., 2008.12.11., 2013.3.23.>

1. 건축설비계산 관계서류
2. 토질 및 지질 관계서류
3. 기타 공사에 필요한 서류

[본조신설 1996.1.18.]

제2조(중앙건축위원회의 운영 등) ① 법 제4조제1항 및 「건축법 시행령」(이하 "영"이라 한다) 제5조의4에 따라 국토교통부에 두는 건축위원회(이하 "중앙건축위원회"라 한다)의 회의는 다음 각 호에 따라 운영한다. <개정 2013.3.23., 2016.1.13.>

1. 중앙건축위원회의 위원장은 중앙건축위원회의 회의를 소집하고, 그 의장이 된다.
2. 중앙건축위원회의 회의는 구성위원(위원장과 위원장이 회의 시마다 확정하는 위원을 말한다) 과반수의 출석으로 개의(開議)하고, 출석위원 과반수의 찬성으로 조사·심의·조정 또는 재정(이하 "심의등"이라 한다)을 의결한다.
3. 중앙건축위원회의 위원장은 업무수행을 위하여 필요하다고 인정하는 경우에는 관계 전문가를 중앙건축위원회의 회의에 출석하게 하여 발언하게 하거나 관계 기관·단체에 대하여 자료를 요구할 수 있다.
4. 중앙건축위원회는 심의신청 접수일부터 30일 이내에 심의를 마쳐야 한다. 다만, 심의요청서 보완 등 부득이한 사정이 있는 경우에는 20일의 범위에서 연장할 수 있다.

② 중앙건축위원회의 회의에 출석한 위원에 대하여는 예산의 범위에서 수당 및 여비를 지급할 수 있다. 다만, 공무원인 위원이 그의 소관 업무와 직접적으로 관련하여 출석하는 경우에는 그러하지 아니하다.
③ 중앙건축위원회의 심의등 관련 서류는 심의등의 완료 후 2년간 보존하여야 한다. <신설 2016.1.13.>
④ 중앙건축위원회에 회의록 작성 등 중앙건축위원회의 사무를 처리하기 위하여 간사를 두되, 간사는 국토교통부의 건축정책업무 담당 과장이 된다. <신설 2016.1.13.>
⑤ 이 규칙에서 규정한 사항 외에 중앙건축위원회의 운영에 필요한 사항은 중앙건축위원회의 의결을 거쳐 위원장이 정한다. <개정 2016.1.13.>
[전문개정 2012.12.12.]

제2조의2(중앙건축위원회의 심의등의 결과 통보) 국토교통부장관은 중앙건축위원회가 심의등을 의결한 날부터 7일 이내에 심의등을 신청한 자에게 그 심의등의 결과를 서면으로 알려야 한다. <개정 2013.3.23.>
[본조신설 2012.12.12.]
[종전 제2조의2는 제2조의3으로 이동 <2012.12.12.>]

제2조의3(전문위원회의 구성등) ① 삭제 <1999.5.11.>
②법 제4조제2항에 따라 중앙건축위원회에 구성되는 전문위원회(이하 이 조에서 "전문위원회"라 한다)는 중앙건축위원회의 위원 중 5인 이상 15인 이하의 위원으로 구성한다. <개정 1999.5.11., 2006.5.12.>
③전문위원회의 위원장은 전문위원회의 위원중에서 국토교통부장관이 임명 또는 위촉하는 자가 된다. <개정 1999.5.11., 2008.3.14., 2013.3.23.>
④ 전문위원회의 운영에 관하여는 제2조제1항 및 제2항을 준용한다. 이 경우 "중앙건축위원회"는 각각 "전문위원회"로 본다. <개정 2012.12.12.>
[본조신설 1998.9.29.]
[제목개정 1999.5.11.]
[제2조의2에서 이동, 종전 제2조의3은 삭제]

제2조의4(지방건축위원회의 심의 신청 등) ① 법 제4조의2제1항 및 제3항에 따라 건축물을 건축하거나 대수선하려는 자는 특별시·광역

시·특별자치시·도·특별자치도 및 시·군·구(자치구를 말한다. 이하 같다)에 두는 건축위원회(이하 "지방건축위원회"라 한다)의 심의 또는 재심의를 신청하려는 경우에는 별지 제1호서식의 건축위원회 심의(재심의)신청서에 영 제5조의5제6항제2호자목에 따른 간략설계도서를 첨부(심의를 신청하는 경우에 한정한다)하여 제출하여야 한다.

② 영 제6조의3제2항 및 제4항에 따라 구조 안전에 관한 지방건축위원회의 심의 또는 재심의를 신청할 때에는 별지 제1호의5서식의 건축위원회 구조 안전 심의(재심의) 신청서에 별표 1의2에 따른 서류를 첨부(재심의를 신청하는 경우는 제외한다)하여 제출하여야 한다. <신설 2015.7.7.>

③ 법 제4조의2제2항 및 제4항에 따라 특별시장·광역시장·특별자치시장·도지사·특별자치도지사(이하 "시·도지사"라 한다) 또는 시장·군수·구청장(자치구의 구청장을 말한다. 이하 같다)은 지방건축위원회의 심의 또는 재심의를 완료한 날부터 14일 이내에 그 심의 또는 재심의 결과를 심의 또는 재심의를 신청한 자에게 통보하여야 한다. <개정 2015.7.7.>

[본조신설 2014.11.28.]

[종전 제2조의4는 제2조의5로 이동 <2014.11.28.>]

제2조의5(적용의 완화) 영 제6조제2항제2호나목에서 "국토교통부령으로 정하는 규모 및 범위"란 다음 각 호의 구분에 따른 증축을 말한다. <개정 2012.12.12., 2013.3.23., 2013.11.28., 2014.4.25., 2014.11.28., 2016.7.20., 2016.8.12.>

1. 증축의 규모는 다음 각 목의 기준에 따라야 한다.
   가. 연면적의 증가
      1) 공동주택이 아닌 건축물로서 「주택법 시행령」 제10조제1항제1호에 따른 원룸형 주택으로의 용도변경을 위하여 증축되는 건축물 및 공동주택: 건축위원회의 심의에서 정한 범위 이내일 것.
      2) 그 외의 건축물: 기존 건축물 연면적 합계의 10분의 1의 범위에서 건축위원회의 심의에서 정한 범위 이내일 것. 다만, 영 제6조제1항제6호가목에 따른 리모델링 활성화 구역은 기존 건축물의 연면적 합계의 10분의 3의 범위에서 건축위원회 심의에서 정한 범위 이내일 것.
   나. 건축물의 층수 및 높이의 증가: 건축위원회 심의에서 정한 범위 이내일 것.
   다. 「주택법」 제15조에 따른 사업계획승인 대상인 공동주택 세대수의 증가: 가목에 따라 증축 가능한 연면적의 범위에서 기존 세대수의 100분의 15를 상한으로 건축위원회 심의에서 정한 범위 이내일 것
2. 증축할 수 있는 범위는 다음 각 목의 구분에 따른다.
   가. 공동주택
      1) 승강기·계단 및 복도
      2) 각 세대 내의 노대·화장실·창고 및 거실
      3) 「주택법」에 따른 부대시설
      4) 「주택법」에 따른 복리시설
      5) 기존 공동주택의 높이·층수 또는 세대수
   나. 가목 외의 건축물
      1) 승강기·계단 및 주차시설
      2) 노인 및 장애인 등을 위한 편의시설
      3) 외부벽체
      4) 통신시설·기계설비·화장실·정화조 및 오수처리시설
      5) 기존 건축물의 높이 및 층수
      6) 법 제2조제1항제6호에 따른 거실

[전문개정 2010.8.5.]

[제2조의4에서 이동 <2014.11.28.>]

제3조(기존건축물에 대한 특례) 영 제6조의2제1항제3호에서 "국토교통부령으로 정하는 경우"란 다음 각 호의 어느 하나에 해당하는 경우를 말한다. <개정 2003.7.1., 2005.7.18., 2006.5.12., 2008.3.14., 2010.8.5., 2012.3.16., 2013.3.23., 2014.10.15.>

1. 법률 제3259호 「준공미필건축물 정리에 관한 특별조치법」, 법률 제3533호 「특정건축물 정리에 관한 특별조치법」, 법률 제6253호 「특정건축물 정리에 관한 특별조치법」, 법률 제7698호 「특정건축물 정리에 관한 특별조치법」 및 법률 제11930호 「특정건축물 정리에 관한 특별조치법」에 따라 준공검사필증 또는 사용승인서를 교부받은 사실이 건축물대장에 기재된 경우
2. 「도시 및 주거환경정비법」에 의한 주거환경개선사업의 준공인가증을 교부받은 경우

3. 「공유토지분할에 관한 특례법」에 의하여 분할된 경우
4. 대지의 일부 토지소유권에 대하여 「민법」 제245조에 따라 소유권이전등기가 완료된 경우
5. 「지적재조사에 관한 특별법」에 따른 지적재조사사업으로 새로운 지적공부가 작성된 경우

[전문개정 1996.1.18.]

제4조(건축에 관한 입지 및 규모의 사전결정 신청시 제출서류) 법 제10조제1항 및 제2항에 따른 사전결정을 신청하는 자는 별지 제1호의2서식의 사전결정신청서에 다음 각 호의 도서를 첨부하여 법 제11조제1항에 따른 허가권자(이하 "허가권자"라 한다)에게 제출하여야 한다. <개정 2008.12.11., 2008.12.31., 2012.12.12., 2014.11.28., 2016.1.13., 2016.1.27.>

1. 영 제5조의5제6항제2호자목에 따라 제출되어야 하는 간략설계도서(법 제10조제2항에 따라 사전결정신청과 동시에 건축위원회의 심의를 신청하는 경우만 해당한다)
2. 「도시교통정비 촉진법」에 따른 교통영향평가서의 검토를 위하여 같은 법에서 제출하도록 한 서류(법 제10조제2항에 따라 사전결정신청과 동시에 교통영향평가서의 검토를 신청하는 경우만 해당됩니다)
3. 「환경정책기본법」에 따른 사전환경성검토를 위하여 같은 법에서 제출하도록 한 서류(법 제10조제1항에 따라 사전결정이 신청된 건축물의 대지면적 등이 「환경정책기본법」에 따른 사전환경성검토 협의대상인 경우만 해당한다)
4. 법 제10조제6항 각 호의 허가를 받거나 신고 또는 협의를 하기 위하여 해당법령에서 제출하도록 한 서류(해당사항이 있는 경우만 해당한다)
5. 별표 2 중 건축계획서(에너지절약계획서, 노인 및 장애인을 위한 편의시설 설치계획서는 제외한다) 및 배치도(조경계획은 제외한다)

[본조신설 2006.5.12.]

제5조(건축에 관한 입지 및 규모의 사전결정서 등) ①허가권자는 법 제10조제4항에 따라 사전결정을 한 후 별지 제1호의3서식의 사전결정서를 사전결정일부터 7일 이내에 사전결정을 신청한 자에게 송부하여야 한다. <개정 2012.12.12., 2014.11.28.>

②제1항에 따른 사전결정서에는 법·영 또는 해당지방자치단체의 건축에 관한 조례(이하 "건축조례"라 한다) 등(이하 "법령등"이라 한다)에의 적합 여부와 법 제10조제6항에 따른 관계법률의 허가·신고 또는 협의 여부를 표시하여야 한다. <개정 2012.12.12.>

[본조신설 2006.5.12.]

제6조(건축허가신청등) ①법 제11조제1항·제3항 및 영 제9조제1항에 따라 건축물(법 제20조제1항에 따른 가설건축물을 포함한다)의 건축허가를 받으려는 자는 별지 제1호의4서식의 건축·대수선·용도변경허가신청서에 다음 각 호의 도서를 첨부하여 허가권자에게 제출(전자문서로 제출하는 것을 포함한다)하여야 한다. 다만, 제1호의2의 서류 중 토지 등기사항증명서는 제출하지 아니하며, 이 경우 허가권자는 「전자정부법」 제36조제1항에 따른 행정정보의 공동이용을 통하여 해당 토지 등기사항증명서를 확인하여야 한다. <개정 1996.1.18., 1999.5.11., 2005.7.18., 2006.5.12., 2007.12.13., 2008.12.11., 2011.1.6., 2011.6.29., 2012.12.12., 2014.11.28., 2015.10.5., 2016.7.20., 2016.8.12., 2017.1.19.>

1. 건축할 대지의 범위에 관한 서류

1의2. 건축할 대지의 소유에 관한 권리를 증명하는 서류. 다만, 다음 각 목의 경우에는 그에 따른 서류로 갈음할 수 있다.
  가. 건축할 대지에 포함된 국유지 또는 공유지에 대해서는 허가권자가 해당 토지의 관리청과 협의하여 그 관리청이 해당 토지를 건축주에게 매각하거나 양여할 것을 확인한 서류
  나. 집합건물의 공용부분을 변경하는 경우에는 「집합건물의 소유 및 관리에 관한 법률」 제15조제1항에 따른 결의가 있었음을 증명하는 서류
  다. 분양을 목적으로 하는 공동주택을 건축하는 경우에는 그 대지의 소유에 관한 권리를 증명하는 서류. 다만, 법 제11조에 따라 주택과 주택 외의 시설을 동일 건축물로 건축하는 건축허가를 받아 「주택법 시행령」 제27조제1항에 따른 호수 또는 세대수 이상으로 건설·공급하는 경우 대지의 소유권에 관한 사항은 「주택법」 제21조를 준용한다.

1의3. 법 제11조제11항제1호에 해당하는 경

우에는 건축할 대지를 사용할 수 있는 권원을 확보하였음을 증명하는 서류

1의4. 법 제11조제11항제2호 및 영 제9조의2제1항 각 호의 사유에 해당하는 경우에는 다음 각 목의 서류

가. 건축물 및 해당 대지의 공유자 수의 100분의 80 이상의 서면동의서: 공유자가 지장(指章)을 날인하고 자필로 서명하는 서면동의의 방법으로 하며, 주민등록증, 여권 등 신원을 확인할 수 있는 신분증명서의 사본을 첨부하여야 한다. 다만, 공유자가 해외에 장기체류하거나 법인인 경우 등 불가피한 사유가 있다고 허가권자가 인정하는 경우에는 공유자의 인감도장을 날인한 서면동의서에 해당 인감증명서를 첨부하는 방법으로 할 수 있다.

나. 가목에 따라 동의한 공유자의 지분 합계가 전체 지분의 100분의 80 이상임을 증명하는 서류

다. 영 제9조의2제1항 각 호의 어느 하나에 해당함을 증명하는 서류

라. 해당 건축물의 개요

1의5. 제5조에 따른 사전결정서(법 제10조에 따라 건축에 관한 입지 및 규모의 사전결정서를 받은 경우만 해당한다)

2. 별표 2의 설계도서(실내마감도는 제외하고, 법 제10조에 따른 사전결정을 받은 경우에는 건축계획서 및 배치도를 제외한다). 다만, 법 제23조제4항에 따른 표준설계도서에 따라 건축하는 경우에는 건축계획서 및 배치도만 해당한다.

3. 법 제11조제5항 각 호에 따른 허가등을 받거나 신고를 하기 위하여 해당 법령에서 제출하도록 의무화하고 있는 신청서 및 구비서류(해당 사항이 있는 경우로 한정한다)

② 삭제 <1996.1.18.>

③ 삭제 <1999.5.11.>

④ 삭제 <1999.5.11.>

제7조(건축허가의 사전승인) ①법 제11조제2항에 따라 건축허가사전승인 대상건축물의 건축허가에 관한 승인을 받으려는 시장·군수는 허가 신청일부터 15일 이내에 다음 각 호의 구분에 따른 도서를 도지사에게 제출(전자문서로 제출하는 것을 포함한다)하여야 한다. <개정 1999.5.11., 2001.9.28., 2007.12.13., 2008.12.11., 2016.7.20.>

1. 법 제11조제2항제1호의 경우 : 별표 3의 도서
2. 법 제11조제2항제2호 및 제3호의 경우 : 별표 3의2의 도서

②제1항의 규정에 의하여 사전승인의 신청을 받은 도지사는 승인요청을 받은 날부터 50일 이내에 승인여부를 시장·군수에게 통보(전자문서에 의한 통보를 포함한다)하여야 한다. 다만, 건축물의 규모가 큰 경우등 불가피한 경우에는 30일의 범위내에서 그 기간을 연장할 수 있다. <개정 1996.1.18., 1999.5.11., 2007.12.13.>

[제목개정 1999.5.11.]

제8조(건축허가서) ① 법 제11조에 따른 건축허가서는 별지 제2호서식과 같다. <개정 2008.12.11.>

②허가권자는 제1항의 규정에 의하여 건축허가서를 교부하는 때에는 별지 제3호서식의 건축허가(신고)대장을 건축물의 용도별 및 월별로 작성·관리하여야 한다.

③ 제2항의 건축허가(신고)대장은 전자적 처리가 불가능한 특별한 사유가 없으면 전자적 처리가 가능한 방법으로 작성·관리하여야 한다. <신설 2007.12.13.>

[전문개정 1999.5.11.]

제9조(건축공사현장 안전관리예치금) 영 제10조의2제1항제5호에서 "국토교통부령으로 정하는 보증서"란 「주택도시기금법」 제16조에 따른 주택도시보증공사가 발행하는 보증서를 말한다. <개정 2008.3.14., 2010.8.5., 2013.3.23., 2015.7.1.>

[본조신설 2006.5.12.]

제9조의2(건축물 안전영향평가) ① 영 제10조의3제2항제1호에서 "건축계획서 및 기본설계도서 등 국토교통부령으로 정하는 도서"란 별표 3의 도서를 말한다.

② 법 제13조의2제6항에서 "국토교통부령으로 정하는 방법"이란 해당 지방자치단체의 공보에 게시하는 방법을 말한다. 이 경우 게시 내용에 「개인정보 보호법」 제2조제1호에 따른 개인정보를 포함하여서는 아니된다.

[본조신설 2017.2.3.]

제10조(건축허가 등의 수수료) ①법 제11조·제14조·제16조·제19조·제20조 및 제83

조에 따라 건축허가를 신청하거나 건축신고를 하는 자는 법 제17조제2항에 따라 별표 4에 따른 금액의 범위에서 건축조례로 정하는 수수료를 납부하여야 한다. 다만, 재해복구를 위한 건축물의 건축 또는 대수선에 있어서는 그러하지 아니하다. <개정 1996.1.18., 2006.5.12., 2008.12.11.>

② 제1항 본문에도 불구하고 건축물을 대수선하거나 바닥면적을 산정할 수 없는 공작물을 축조하기 위하여 허가 신청 또는 신고를 하는 경우의 수수료는 대수선의 범위 또는 공작물의 높이 등을 고려하여 건축조례로 따로 정한다. <신설 2008.12.11.>

③제1항의 규정에 의한 수수료는 당해 지방자치단체의 수입증지 또는 전자결제나 전자화폐로 납부하여야 하며, 납부한 수수료는 반환하지 아니한다. <개정 1999.5.11., 2007.12.13.>

[제목개정 1999.5.11., 2006.5.12.]

제11조(건축 관계자 변경신고) ①법 제11조 및 제14조에 따라 건축 또는 대수선에 관한 허가를 받거나 신고를 한 자가 다음 각 호의 어느 하나에 해당하게 된 경우에는 그 양수인·상속인 또는 합병후 존속하거나 합병에 의하여 설립되는 법인은 그 사실이 발생한 날부터 7일 이내에 별지 제4호서식의 건축관계자변경신고서에 변경 전 건축주의 명의변경동의서 또는 권리관계의 변경사실을 증명할 수 있는 서류를 첨부하여 허가권자에게 제출(전자문서로 제출하는 것을 포함한다)하여야 한다. <개정 2006.5.12., 2007.12.13., 2008.12.11., 2012.12.12.>

1. 허가를 받거나 신고를 한 건축주가 허가 또는 신고 대상 건축물을 양도한 경우
2. 허가를 받거나 신고를 한 건축주가 사망한 경우
3. 허가를 받거나 신고를 한 법인이 다른 법인과 합병을 한 경우

②건축주는 설계자, 공사시공자 또는 공사감리자를 변경한 때에는 그 변경한 날부터 7일 이내에 별지 제4호서식의 건축관계자변경신고서를 허가권자에게 제출(전자문서에 의한 제출을 포함한다)하여야 한다. <개정 2007.12.13., 2017.1.20.>

③허가권자는 제1항 및 제2항의 규정에 의한 건축관계자변경신고서를 받은 때에는 그 기재내용을 확인한 후 별지 제5호서식의 건축관계자변경신고필증을 신고인에게 교부하여야 한다.

[전문개정 1999.5.11.]

[제목개정 2006.5.12.]

제12조(건축신고) ①법 제14조제1항 및 제16조제1항에 따라 건축물의 건축·대수선 또는 설계변경의 신고를 하려는 자는 별지 제6호서식의 건축·대수선·용도변경신고서에 다음 각 호의 서류를 첨부하여 특별자치시장·특별자치도지사 또는 시장·군수·구청장에게 제출(전자문서로 제출하는 것을 포함한다)하여야 한다. 다만, 제4호의 서류 중 토지 등기사항증명서는 제출하지 아니할 수 있으며, 이 경우 특별자치시장·특별자치도지사 또는 시장·군수·구청장은 「전자정부법」 제36조제1항에 따른 행정정보의 공동이용을 통하여 해당 토지 등기사항증명서를 확인하여야 한다. <개정 2006.5.12., 2007.12.13., 2008.12.11., 2011.1.6., 2011.6.29., 2012.12.12., 2014.10.15., 2016.1.13.>

1. 별표 2 중 배치도·평면도(층별로 작성된 것만 해당한다)·입면도 및 단면도. 다만, 다음 각 목의 경우에는 각 목의 구분에 따른 도서를 말한다.
   가. 연면적의 합계가 100제곱미터를 초과하는 영 별표 1 제1호의 단독주택을 건축하는 경우 : 별표 2의 설계도서 중 건축계획서·배치도·평면도·입면도·단면도 및 구조도(구조내력상 주요한 부분의 평면 및 단면을 표시한 것만 해당한다)
   나. 법 제23조제4항에 따른 표준설계도서에 따라 건축하는 경우 : 건축계획서 및 배치도
   다. 법 제10조에 따른 사전결정을 받은 경우 : 평면도
2. 법 제11조제5항 각 호에 따른 허가 등을 받거나 신고를 하기 위하여 해당법령에서 제출하도록 의무화하고 있는 신청서 및 구비서류(해당사항이 있는 경우로 한정한다)
3. 건축할 대지의 범위에 관한 서류
4. 건축할 대지의 소유 또는 사용에 관한 권리를 증명하는 서류. 다만, 건축할 대지에 포함된 국유지·공유지에 대해서는 특별자치시장·특별자치도지사 또는 시장·군수·구청장이 해당 토지의 관리청과 협의하여 그 관리청이 해당 토지를 건축주에게 매각하거나 양여할 것을 확인한 서류로 그 토지의 소유에 관한 권리를 증명하는 서류를 갈음할 수 있

으며, 집합건물의 공용부분을 변경하는 경우에는 「집합건물의 소유 및 관리에 관한 법률」 제15조제1항에 따른 결의가 있었음을 증명하는 서류로 한다.

② 법 제14조제1항에 따른 신고를 받은 특별자치시장·특별자치도지사 또는 시장·군수·구청장은 해당 건축물을 건축하려는 대지에 재해의 위험이 있다고 인정하는 경우에는 지방건축위원회의 심의를 거쳐 별표 2의 서류 중 이미 제출된 서류를 제외한 나머지 서류를 추가로 제출하도록 요구할 수 있다. <신설 2011.1.6., 2014.10.15.>

③특별자치시장·특별자치도지사 또는 시장·군수·구청장은 제1항에 따른 건축·대수선·용도변경신고서를 받은 때에는 그 기재내용을 확인한 후 그 신고의 내용에 따라 별지 제7호서식의 건축·대수선·용도변경신고필증을 신고인에게 교부하여야 한다. <개정 2011.1.6., 2014.10.15.>

④ 제3항에 따라 건축·대수선·용도변경신고필증을 발급하는 경우에 관하여는 제8조제2항 및 제3항을 준용한다. <개정 2008.12.11., 2011.1.6.>

⑤ 특별자치시장·특별자치도지사·시장·군수 또는 구청장은 제1항에 따른 신고를 하려는 자에게 같은 항 각 호의 서류를 제출하는데 도움을 줄 수 있는 건축사사무소, 건축지도원 및 건축기술자 등에 대한 정보를 충분히 제공하여야 한다. <신설 2008.12.11., 2011.1.6., 2014.10.15.>

[전문개정 1999.5.11.]

제12조의2(용도변경) ①법 제19조제2항에 따라 용도변경의 허가를 받으려는 자는 별지 제1호의4서식의 건축·대수선·용도변경허가신청서에, 용도변경의 신고를 하려는 자는 별지 제6호서식의 건축·대수선·용도변경신고서에 다음 각 호의 서류를 첨부하여 특별자치시장·특별자치도지사 또는 시장·군수·구청장에게 제출(전자문서로 제출하는 것을 포함한다)하여야 한다. <개정 2006.5.12., 2007.12.13., 2008.12.11., 2011.6.29., 2014.10.15., 2014.11.28., 2016.1.13.>

1. 용도를 변경하고자 하는 층의 변경 전·후의 평면도(허가권자가 건축물대장이나 법 제32조제1항에 따른 전산자료를 통하여 평면도 확인이 가능한 경우에는 변경 전 평면도는 제외한다)
2. 용도변경에 따라 변경되는 내화·방화·피난 또는 건축설비에 관한 사항을 표시한 도서

②특별자치시장·특별자치도지사 또는 시장·군수·구청장은 제1항에 따른 건축·대수선·용도변경허가신청서를 받은 경우에는 법 제12조제1항 및 영 제10조제1항에 따른 관계법령에 적합한지를 확인한 후 별지 제2호서식의 건축·대수선·용도변경허가서를 용도변경의 허가를 신청한 자에게 발급하여야 한다. <신설 2006.5.12., 2008.12.11., 2011.6.29., 2014.10.15.>

③특별자치시장·특별자치도지사 또는 시장·군수·구청장은 제1항의 규정에 의한 건축·대수선·용도변경신고서를 받은 때에는 그 기재내용을 확인한 후 별지 제7호서식의 건축·대수선·용도변경신고필증을 신고인에게 발급하여야 한다. <개정 2006.5.12., 2011.6.29., 2014.10.15.>

④제8조제2항은 제2항 및 제3항에 따라 건축·대수선·용도변경허가서 또는 건축·대수선·용도변경신고필증을 교부하는 경우에 준용한다. <개정 2006.5.12.>

[본조신설 1999.5.11.]

제12조의3(복수 용도의 인정) ① 법 제19조의2제2항에 따른 복수 용도는 영 제14조제5항 각 호의 같은 시설군 내에서 허용할 수 있다.

② 제1항에도 불구하고 허가권자는 지방건축위원회의 심의를 거쳐 다른 시설군의 용도간의 복수 용도를 허용할 수 있다.

[본조신설 2016.7.20.]

제13조(가설건축물) ①법 제20조제3항에 따라 신고하여야 하는 가설건축물을 축조하려는 자는 영 제15조제8항에 따라 별지 제8호서식의 가설건축물축조신고서(전자문서로 된 신고서를 포함한다)에 배치도·평면도 및 대지사용승낙서(다른 사람이 소유한 대지인 경우만 해당한다)를 첨부하여 특별자치시장·특별자치도지사 또는 시장·군수·구청장에게 제출하여야 한다. <개정 1996.1.18., 1999.5.11., 2004.11.29., 2005.7.18., 2006.5.12., 2008.12.11., 2011.6.29., 2014.10.15.>

②영 제15조제9항에 따른 가설건축물축조신고필증은 별지 제9호서식에 따른다. <개정 2006.5.12.>

③특별자치시장·특별자치도지사 또는 시장·군수·구청장은 법 제20조제1항 또는 제3항

에 따라 가설건축물의 건축허가신청 또는 축조신고를 접수한 경우에는 별지 제10호서식의 가설건축물관리대장에 이를 기재하고 관리하여야 한다. <개정 1996.1.18., 1999.5.11., 2006.5.12., 2008.12.11., 2011.6.29., 2014.10.15.>
④가설건축물의 소유자나 가설건축물에 대한 이해관계자는 제3항의 규정에 의한 가설건축물관리대장을 열람할 수 있다. <신설 1998.9.29., 1999.5.11.>
⑤영 제15조제7항의 규정에 의하여 가설건축물의 존치기간을 연장하고자 하는 자는 별지 제11호서식의 가설건축물존치기간연장신고서(전자문서로 된 신고서를 포함한다)를 특별자치시장·특별자치도지사 또는 시장·군수·구청장에게 제출하여야 한다. <신설 1999.5.11., 2004.11.29., 2005.7.18., 2011.6.29., 2014.10.15.>
⑥특별자치시장·특별자치도지사 또는 시장·군수·구청장은 제5항의 규정에 의한 가설건축물존치기간 연장신고서를 받은 때에는 그 기재내용을 확인한 후 별지 제12호서식의 가설건축물존치기간연장신고필증을 신고인에게 발급하여야 한다. <신설 1999.5.11., 2011.6.29., 2014.10.15.>
⑦ 특별자치시장·특별자치도지사 또는 시장·군수·구청장은 가설건축물이 법령에 적합하지 아니하게 된 경우에는 제3항에 따른 가설건축물관리대장의 기타 사항란에 다음 각 호의 사항을 표시하고, 제2호의 위반내용이 시정된 경우에는 그 내용을 적어야 한다. <신설 2011.4.7., 2011.6.29., 2014.10.15.>
1. 위반일자
2. 위반내용

제14조(착공신고등) ①법 제21조제1항에 따른 건축공사의 착공신고를 하려는 자는 별지 제13호서식의 착공신고서(전자문서로 된 신고서를 포함한다)에 다음 각 호의 서류 및 도서를 첨부하여 허가권자에게 제출하여야 한다. <개정 2006.5.12., 2008.12.11., 2015.10.5., 2016.7.20.>
1. 법 제15조에 따른 건축관계자 상호간의 계약서 사본(해당사항이 있는 경우로 한정한다)
2. 별표 4의2의 설계도서
3. 법 제25조제11항에 따른 감리 계약서(해당 사항이 있는 경우로 한정한다)

②건축주는 법 제11조제7항 각 호 외의 부분 단서에 따라 공사착수시기를 연기하려는 경우에는 별지 제14호서식의 착공연기신청서(전자문서로 된 신청서를 포함한다)를 허가권자에게 제출하여야 한다. <개정 1996.1.18., 1999.5.11., 2004.11.29., 2008.12.11.>
③허가권자는 토지굴착공사를 수반하는 건축물로서 가스, 전기·통신, 상·하수도등 지하매설물에 영향을 줄 우려가 있는 건축물의 착공신고가 있는 경우에는 당해 지하매설물의 관리기관에 토지굴착공사에 관한 사항을 통보하여야 한다. <신설 1996.1.18., 1999.5.11.>
④허가권자는 제1항 및 제2항의 규정에 의한 착공신고서 또는 착공연기신청서를 받은 때에는 별지 제15호서식의 착공신고필증 또는 별지 제16호서식의 착공연기확인서를 신고인 또는 신청인에게 교부하여야 한다. <신설 1999.5.11.>
⑤ 법 제21조제1항에 따른 착공신고 대상 건축물 중 「산업안전보건법」 제38조의2제2항에 따른 기관석면조사 대상 건축물의 경우에는 제1항 각 호에 따른 서류 이외에 「산업안전보건법」 제38조의2제2항에 따른 기관석면조사결과 사본을 첨부하여야 한다. 이 경우, 특별자치시장·특별자치도지사 또는 시장·군수·구청장은 제출된 서류를 검토하여 석면이 함유된 것으로 확인된 때에는 지체 없이 「산업안전보건법」 제38조의2제4항에 따른 권한을 같은 법 시행령 제46조제1항에 따라 위임받은 지방고용노동관서의 장 및 「폐기물관리법」 제17조제3항에 따른 권한을 같은 법 시행령 제37조에 따라 위임받은 특별시장·광역시장·도지사 또는 유역환경청장·지방환경청장에게 해당 사실을 통보하여야 한다. <개정 2010.8.5., 2011.6.29., 2012.12.12., 2014.10.15.>
⑥ 건축주는 법 제21조제1항에 따른 착공신고를 할 때에 해당 건축공사가 「산업안전보건법」 제30조의2에 따른 재해예방 전문기관의 지도대상에 해당하는 경우에는 제1항 각 호에 따른 서류 외에 같은 법 시행규칙 별표 6의5 제2호가목 및 나목에 따른 기술지도계약서 사본을 첨부하여야 한다. <신설 2016.5.30.>

제15조 삭제 <1996.1.18.>

제16조(사용승인신청) ①법 제22조제1항(법 제19조제5항에 따라 준용되는 경우를 포함한다)에 따라 건축물의 사용승인을 받으려는 자는 별지 제17호서식의 (임시)사용승인 신청서에 다음 각 호의 구분에 따른 도서를 첨부하여 허가권자

에게 제출하여야 한다. <개정 2006.5.12., 2008.12.11., 2010.8.5., 2012.5.23., 2016.7.20., 2017.1.20.>

1. 법 제25조제1항에 따른 공사감리자를 지정한 경우 : 공사감리완료보고서
2. 법 제11조제1항에 따라 허가를 받아 건축한 건축물의 건축허가도서에 변경이 있는 경우 : 설계변경사항이 반영된 최종 공사완료도서
3. 법 제14조제1항에 따른 신고를 하여 건축한 건축물 : 배치 및 평면이 표시된 현황도면
4. 「액화석유가스의 안전관리 및 사업법」 제27조제2항 본문에 따라 액화석유가스의 사용시설에 대한 완성검사를 받아야 할 건축물인 경우 : 액화석유가스 완성검사 증명서
5. 법 제22조제4항 각 호에 따른 사용승인·준공검사 또는 등록신청 등을 받거나 하기 위하여 해당 법령에서 제출하도록 의무화하고 있는 신청서 및 첨부서류(해당 사항이 있는 경우로 한정한다)
6. 법 제25조제11항에 따라 감리비용을 지불하였음을 증명하는 서류(해당 사항이 있는 경우로 한정한다)
7. 법 제48조의3제1항에 따라 내진능력을 공개하여야 하는 건축물인 경우: 건축구조기술사가 날인한 근거자료(「건축물의 구조기준 등에 관한 규칙」 제60조의2제2항 후단에 해당하는 경우로 한정한다)

②허가권자는 제1항에 따른 사용승인신청을 받은 경우에는 법 제22조제2항에 따라 그 신청서를 받은 날부터 7일 이내에 사용승인을 위한 현장검사를 실시하여야 하며, 현장검사에 합격된 건축물에 대하여는 별지 제18호서식의 사용승인서를 신청인에게 발급하여야 한다. <개정 2006.5.12., 2008.12.11.>

[전문개정 1999.5.11.]

제17조(임시사용승인신청등) ①영 제17조제2항의 규정에 의한 임시사용승인신청서는 별지 제17호서식에 의한다. <개정 1996.1.18., 1999.5.11.>

②영 제17조제3항에 따라 허가권자는 건축물 및 대지의 일부가 법 제40조부터 제50조까지, 제50조의2, 제51조부터 제58조까지, 제60조부터 제62조까지, 제64조, 제67조, 제68조 및 제77조를 위반하여 건축된 경우에는 해당 건축물의 임시사용을 승인하여서는 아니된다. <개정 1996.1.18., 1999.5.11., 2000.7.4., 2006.5.12., 2008.12.11., 2012.12.12.>

③허가권자는 제1항의 규정에 의한 임시사용승인신청을 받은 경우에는 당해신청서를 받은 날부터 7일이내에 별지 제19호서식의 임시사용승인서를 신청인에게 교부하여야 한다. <신설 1999.5.11.>

제17조의2 삭제 <2006.5.12.>

제18조(건축허가표지판) 법 제24조제5항에 따라 공사시공자는 건축물의 규모·용도·설계자·시공자 및 감리자 등을 표시한 건축허가표지판을 주민이 보기 쉽도록 해당건축공사 현장의 주요 출입구에 설치하여야 한다. <개정 2008.12.11.>

[본조신설 2006.5.12.]

제18조의2(사진·동영상 촬영 및 보관 등) ① 법 제24조제7항 전단에 따라 사진 및 동영상을 촬영·보관하여야 하는 공사시공자는 영 제18조의2제2항에서 정하는 진도에 다다른 때마다 촬영한 사진 및 동영상을 디지털파일 형태로 가공·처리하여 보관하여야 하며, 해당 사진 및 동영상을 디스크 등 전자저장매체 또는 정보통신망을 통하여 공사감리자에게 제출하여야 한다.

② 제1항에 따라 사진 및 동영상을 제출받은 공사감리자는 그 내용의 적정성을 검토한 후 법 제25조제6항에 따라 건축주에게 감리중간보고서 및 감리완료보고서를 제출할 때 해당 사진 및 동영상을 함께 제출하여야 한다.

③ 제2항에 따라 사진 및 동영상을 제출받은 건축주는 법 제25조제6항에 따라 허가권자에게 감리중간보고서 및 감리완료보고서를 제출할 때 해당 사진 및 동영상을 함께 제출하여야 한다.

④ 제1항부터 제3항까지에서 규정한 사항 외에 사진 및 동영상의 촬영 및 보관 등에 필요한 사항은 국토교통부장관이 정하여 고시한다.

[본조신설 2017.2.3.]

[종전 제18조의2는 제18조의3으로 이동 <2017.2.3.>]

제18조의3(건축자재 제조 및 유통에 관한 위법 사실의 점검 절차 등) ① 국토교통부장관, 시·도지사 및 시장·군수·구청장은 법

제24조의2제2항에 따른 점검을 하려는 경우에는 다음 각 호의 사항이 포함된 점검계획을 수립하여야 한다.
1. 점검 대상
2. 점검 항목
  가. 건축물의 설계도서와의 적합성
  나. 건축자재 제조현장에서의 자재의 품질과 기준의 적합성
  다. 건축자재 유통장소에서의 자재의 품질과 기준의 적합성
  라. 건축공사장에 반입 또는 사용된 건축자재의 품질과 기준의 적합성
  마. 건축자재의 제조현장, 유통장소, 건축공사장에서 시료를 채취하는 경우 채취된 시료의 품질과 기준의 적합성
3. 그 밖에 점검을 위하여 필요하다고 인정하는 사항

② 국토교통부장관, 시·도지사 및 시장·군수·구청장은 법 제24조의2제2항에 따라 점검 대상자에게 다음 각 호의 자료를 제출하도록 요구할 수 있다. 다만, 제2호의 서류는 해당 건축물의 허가권자가 아닌 자만 요구할 수 있다.
1. 건축자재의 시험성적서 및 납품확인서 등 건축자재의 품질을 확인할 수 있는 서류
2. 해당 건축물의 설계도서
3. 그 밖에 해당 건축자재의 점검을 위하여 필요하다고 인정하는 자료

③ 법 제24조의2제4항에 따라 점검업무를 대행하는 전문기관은 점검을 완료한 후 해당 결과를 14일 이내에 점검을 대행하게 한 국토교통부장관, 시·도지사 또는 시장·군수·구청장에게 보고하여야 한다.

④ 시·도지사 또는 시장·군수·구청장은 영 제18조의2제1항에 따른 조치를 한 경우에는 그 사실을 국토교통부장관에게 통보하여야 한다.

⑤ 국토교통부장관은 제1항제2호 각 목에 따른 점검 항목 및 제2항 각 호에 따른 자료제출에 관한 세부적인 사항을 정하여 고시할 수 있다.

[본조신설 2016.7.20.]
[제18조의2에서 이동 <2017.2.3.>]

제19조(감리보고서등) ①법 제25조제3항에 따라 공사감리자는 건축공사기간중 발견한 위법사항에 관하여 시정·재시공 또는 공사중지의 요청을 하였음에도 불구하고 공사시공자가 이에 따르지 아니하는 경우에는 시정등을 요청할 때에 명시한 기간이 만료되는 날부터 7일 이내에 별지 제20호서식의 위법건축공사보고서를 허가권자에게 제출(전자문서로 제출하는 것을 포함한다)하여야 한다. <개정 1999.5.11., 2007.12.13., 2008.12.11.>

② 삭제 <1999.5.11.>

③법 제25조제5항에 따른 감리중간보고서·감리완료보고서 및 공사감리일지는 각각 별지 제21호서식 및 별지 제22호서식에 의한다. <개정 1999.5.11., 2008.12.11.>

[전문개정 1996.1.18.]

제19조의2(공사감리업무 등) ①영 제19조제6항제3호의 규정에 의하여 공사감리자는 다음 각호의 업무를 수행한다.
1. 건축물 및 대지가 관계법령에 적합하도록 공사시공자 및 건축주를 지도
2. 시공계획 및 공사관리의 적정여부의 확인
3. 공사현장에서의 안전관리의 지도
4. 공정표의 검토
5. 상세시공도면의 검토·확인
6. 구조물의 위치와 규격의 적정여부의 검토·확인
7. 품질시험의 실시여부 및 시험성과의 검토·확인
8. 설계변경의 적정여부의 검토·확인
9. 기타 공사감리계약으로 정하는 사항

②영 제19조제7항의 규정에 의하여 공사감리자의 건축사보 배치현황의 제출은 별지 제22호의2서식에 의한다. <신설 2005.7.18.>

[본조신설 1996.1.18.]
[제목개정 2005.7.18.]

제19조의3(공사감리자 지정 신청 등) ① 법 제25조제2항 각 호 외의 부분 본문에 따라 허가권자가 공사감리자를 지정하는 건축물의 건축주는 영 제19조의2제3항에 따라 별지 제22호의3서식의 지정신청서를 허가권자에게 제출하여야 한다.

② 허가권자는 제1항에 따른 신청서를 받은 날부터 7일 이내에 공사감리자를 지정한 후 별지 제22호의4서식의 지정통보서를 건축주에게 송부하여야 한다.

③ 건축주는 제2항에 따라 지정통보서를 받으면 해당 공사감리자와 감리 계약을 체결하여야 하며, 공사감리자의 귀책사유로 감리 계약이 체결되지 아니하는 경우를 제외하고는 지

정된 공사감리자를 변경할 수 없다.
[본조신설 2016.7.20.]

제19조의4(허가권자의 공사감리자 지정 제외 신청 절차 등) ① 법 제25조제2항 단서에 따라 해당 건축물을 설계한 자를 공사감리자로 지정하여 줄 것을 신청하려는 건축주는 별지 제22호의5서식의 신청서에 다음 각 호의 어느 하나에 해당하는 서류를 첨부하여 허가권자에게 제출하여야 한다.

1. 「건설기술 진흥법」 제14조에 따른 신기술을 적용하여 설계하였음을 증명하는 서류
2. 「건축서비스산업 진흥법 시행령」 제11조제1항에 따른 건축사임을 증명하는 서류
3. 설계공모를 통하여 설계한 건축물임을 증명하는 서류로서 다음 각 목의 내용이 포함된 서류
   가. 설계공모 방법
   나. 설계공모 등의 시행공고일 및 공고 매체
   다. 설계지침서
   라. 심사위원의 구성 및 운영
   마. 공모안 제출 설계자 명단 및 공모안별 설계 개요

② 허가권자는 제1항에 따라 신청서를 받으면 제출한 서류에 대하여 관계 기관에 사실을 조회할 수 있다.
③ 허가권자는 제2항에 따른 사실 조회 결과 제출서류가 거짓으로 판명된 경우에는 건축주에게 그 사실을 알려야 한다. 이 경우 건축주는 통보받은 날부터 3일 이내에 이의를 제기할 수 있다.
④ 허가권자는 제1항에 따른 신청서를 받은 날부터 7일 이내에 건축주에게 그 결과를 서면으로 알려야 한다.
[본조신설 2016.7.20.]

제19조의5(업무제한 대상 건축물 등의 공개) 국토교통부장관은 법 제25조의2제10항에 따라 같은 조 제9항에 따른 통보사항 중 다음 각 호의 사항을 국토교통부 홈페이지 또는 법 제32조제1항에 따른 전자정보처리 시스템에 게시하는 방법으로 공개하여야 한다.

1. 법 제25조의2제1항부터 제5항까지의 조치를 받은 설계자, 공사시공자, 공사감리자 및 관계전문기술자(같은 조 제7항에 따라 소속 법인 또는 단체에 동일한 조치를 한 경우에는 해당 법인 또는 단체를 포함하며, 이하 이 조에서 "조치대상자"라 한다)의 이름, 주소 및 자격번호(법인 또는 단체는 그 명칭, 사무소 또는 사업소의 소재지, 대표자의 이름 및 법인등록번호)
2. 조치대상자에 대한 조치의 사유
3. 조치대상자에 대한 조치 내용 및 일시
4. 그 밖에 국토교통부장관이 필요하다고 인정하는 사항

[본조신설 2017.2.3.]

제20조(허용오차) 법 제26조에 따른 허용오차의 범위는 별표 5와 같다. <개정 2008.12.11.>

제21조(현장조사·검사업무의 대행) ① 법 제27조제2항에 따라 현장조사·검사 또는 확인업무를 대행하는 자는 허가권자에게 별지 제23호서식의 건축허가조사 및 검사조서 또는 별지 제24호서식의 사용승인조사 및 검사조서를 제출하여야 한다. <개정 2006.5.12., 2008.12.11.>
② 허가권자는 제1항에 따라 건축허가 또는 사용승인을 하는 것이 적합한 것으로 표시된 건축허가조사 및 검사조서 또는 사용승인조사 및 검사조서를 받은 때에는 지체없이 건축허가서 또는 사용승인서를 교부하여야 한다. 다만, 법 제11조제2항에 따라 건축허가를 할 때 도지사의 승인이 필요한 건축물인 경우에는 미리 도지사의 승인을 받아 건축허가서를 발급하여야 한다. <개정 2006.5.12., 2008.12.11.>
③허가권자는 법 제27조제3항에 따라 현장조사·검사 및 확인업무를 대행하는 자에게 「엔지니어링산업 진흥법」 제31조에 따라 산업통상자원부장관이 고시하는 엔지니어링사업 대가기준에 따라 산정한 대가 이상의 범위에서 건축조례로 정하는 수수료를 지급하여야 한다. <개정 1996.1.18., 2000.7.4., 2005.7.18., 2006.5.12., 2008.12.11., 2010.8.5., 2012.12.12., 2013.3.23., 2014.10.15.>

제22조(공용건축물의 건축에 있어서의 제출서류) ① 영 제22조제1항에서 "국토교통부령으로 정하는 관계 서류"란 제6조·제12조·제12조의2의 규정에 의한 관계도서 및 서류(전자문서를 포함한다)를 말한다. <개정 1996.1.18., 1999.5.11., 2006.5.12., 2007.12.13., 2008.3.14., 2010.8.5., 2013.3.23.>
② 영 제22조제3항에서 "국토교통부령으로 정하는 관계 서류"란 다음 각 호의 서류(전자문

서를 포함한다)를 말한다. <신설 2006.5.12., 2007.12.13., 2008.3.14., 2010.8.5., 2013.3.23.>
1. 별지 제17호서식의 사용승인신청서. 이 경우 구비서류는 현황도면에 한한다.
2. 별지 제24호서식의 사용승인조사 및 검사조서

제22조의2(전자정보처리시스템의 이용) ① 법 제32조제1항에 따라 허가권자는 정보통신망 이용환경의 미비, 전산장애 등 불가피한 경우를 제외하고는 전자정보시스템을 이용하여 건축허가 등의 업무를 처리하여야 한다.
② 제1항에 따른 전자정보처리시스템의 구축, 운영 및 관리에 관한 세부적인 사항은 국토교통부장관이 정한다. <개정 2013.3.23.>
[본조신설 2010.8.5.]
[종전 제22조의2는 제22조의3으로 이동 <2010.8.5.>]

제22조의3(건축 허가업무 등의 전산처리 등) 영 제22조의2제4항에 따라 전산자료 이용의 승인을 얻으려는 자는 별지 제24호의2서식의 건축행정전산자료 이용승인신청서를 국토교통부장관, 특별시장·광역시장·특별자치시장·도지사 또는 특별자치도지사(이하 "시·도지사"라 한다)나 시장·군수·구청장에게 제출하여야 한다. <개정 2008.3.14., 2011.6.29., 2013.3.23., 2014.10.15.>
[본조신설 2006.5.12.]
[제22조의2에서 이동 <2010.8.5.>]

제23조(건축물의 유지·관리 점검 등) ① 영 제23조의2제6항 각 호의 어느 하나에 해당하는 자는 영 제23조의2제1항에 따른 정기점검(이하 "정기점검"이라 한다) 또는 영 제23조의2제5항에 따른 수시점검(이하 "수시점검"이라 한다) 업무를 수행한 후 건축물의 소유자나 관리자에게 별지 제24호의3서식의 건축물 유지·관리 정기(수시) 점검표를 제출하여야 한다.
② 영 제23조의5제1항에 따라 건축물의 소유자나 관리자가 정기점검 또는 수시점검의 결과를 보고하는 경우에는 특별자치시장·특별자치도지사 또는 시장·군수·구청장에게 별지 제24호의4서식의 건축물 유지·관리 정기(수시) 점검보고서에 별지 제24호의3서식의 건축물 유지·관리 정기(수시) 점검표를 첨부하여 제출하여야 한다. <개정 2014.10.15.>
[전문개정 2012.7.19.]

제24조(건축물 철거·멸실의 신고) ①법 제36조제1항에 따라 법 제11조 및 제14조에 따른 허가를 받았거나 신고를 한 건축물을 철거하려는 자는 철거예정일 3일 전까지 별지 제25호서식의 건축물철거·멸실신고서(전자문서로 된 신고서를 포함한다. 이하 이 조에서 같다)에 다음 각 호의 사항을 규정한 해체공사계획서를 첨부하여 특별자치시장·특별자치도지사 또는 시장·군수·구청장에게 제출하여야 한다. 이 경우 철거 대상 건축물이 「산업안전보건법」 제38조의2제2항에 따른 기관석면조사 대상 건축물에 해당하는 때에는 「산업안전보건법」 제38조의2제2항에 따른 기관석면조사결과 사본을 추가로 첨부하여야 한다. <개정 1994.7.21., 1996.1.18., 2004.11.29., 2008.12.11., 2010.8.5., 2012.12.12., 2014.10.15., 2016.1.13.>
1. 층별·위치별 해체작업의 방법 및 순서
2. 건설폐기물의 적치 및 반출 계획
3. 공사현장 안전조치 계획
②법 제11조에 따른 허가대상 건축물이 멸실된 경우에는 법 제36조제2항에 따라 별지 제25호서식의 건축물 철거·멸실신고서를 특별자치시장·특별자치도지사 또는 시장·군수·구청장에게 제출(전자문서로 제출하는 것을 포함한다)하여야 한다. <개정 1996.1.18., 1999.5.11., 2007.12.13., 2008.12.11., 2010.8.5., 2014.10.15.>
③특별자치시장·특별자치도지사 또는 시장·군수·구청장은 제1항에 따라 제출된 건축물철거·멸실신고서를 검토하여 석면이 함유된 것으로 확인된 경우에는 지체 없이 「산업안전보건법」 제38조의2제4항에 따른 권한을 같은 법 시행령 제46조제1항에 따라 위임받은 지방고용노동관서의 장 및 「폐기물관리법」 제17조제3항에 따른 권한을 같은 법 시행령 제37조에 따라 위임받은 특별시장·광역시장·도지사 또는 유역환경청장·지방환경청장에게 해당 사실을 통보하여야 한다. <신설 2005.10.20., 2006.5.12., 2010.8.5., 2011.6.29., 2012.12.12., 2014.10.15.>
④특별자치시장·특별자치도지사 또는 시장·군수·구청장은 제1항 및 제2항에 따라 건축물철거·멸실신고서를 제출받은 때에는 별지 제25호의2 서식의 건축물철거·멸실신고필증을 신고인에게 교부하여야 하며, 건축물의 철거·멸실 여부를 확인한 후 건축물대장에서 철거·멸실된 건축물의 내용을 말소하여야 한다. <신설

2006.5.12., 2010.8.5., 2014.10.15.>

제24조의2(건축물 석면의 제거·처리) 제14조제5항에 따라 석면이 함유된 건축물을 증축·개축·대수선하거나 제24조제1항 및 제3항에 따라 석면이 함유된 건축물을 철거하는 경우에는 「산업안전보건법」 등 관계 법령에 적합하게 석면을 먼저 제거·처리한 후 건축물을 증축·개축·대수선 또는 철거하여야 한다.
[본조신설 2010.8.5.]

제25조(대지의 조성) 법 제40조제4항에 따라 손궤의 우려가 있는 토지에 대지를 조성하는 경우에는 다음 각 호의 조치를 하여야 한다. 다만, 건축사 또는 「기술사법」에 따라 등록한 건축구조기술사에 의하여 해당 토지의 구조안전이 확인된 경우는 그러하지 아니하다. <개정 2000.7.4., 2005.7.18., 2008.12.11., 2012.12.12., 2014.10.15., 2016.5.30.>
1. 성토 또는 절토하는 부분의 경사도가 1:1.5 이상으로서 높이가 1미터이상인 부분에는 옹벽을 설치할 것
2. 옹벽의 높이가 2미터이상인 경우에는 이를 콘크리트구조로 할 것. 다만, 별표 6의 옹벽에 관한 기술적 기준에 적합한 경우에는 그러하지 아니하다.
3. 옹벽의 외벽면에는 이의 지지 또는 배수를 위한 시설외의 구조물이 밖으로 튀어나오지 아니하게 할 것
4. 옹벽의 윗가장자리로부터 안쪽으로 2미터 이내에 묻는 배수관은 주철관, 강관 또는 흡관으로 하고, 이음부분은 물이 새지 아니하도록 할 것
5. 옹벽에는 3제곱미터마다 하나 이상의 배수구멍을 설치하여야 하고, 옹벽의 윗가장자리로부터 안쪽으로 2미터 이내에서의 지표수는 지상으로 또는 배수관으로 배수하여 옹벽의 구조상 지장이 없도록 할 것
6. 성토부분의 높이는 법 제40조에 따른 대지의 안전 등에 지장이 없는 한 인접대지의 지표면보다 0.5미터 이상 높게 하지 아니할 것. 다만, 절토에 의하여 조성된 대지 등 허가권자가 지형조건상 부득이하다고 인정하는 경우에는 그러하지 아니하다.

[전문개정 1999.5.11.]

제26조(토지의 굴착부분에 대한 조치) ①법 제41조제1항에 따라 대지를 조성하거나 건축공사에 수반하는 토지를 굴착하는 경우에는 다음 각 호에 따른 위험발생의 방지조치를 하여야 한다. <개정 2008.12.11.>
1. 지하에 묻은 수도관·하수도관·가스관 또는 케이블등이 토지굴착으로 인하여 파손되지 아니하도록 할 것
2. 건축물 및 공작물에 근접하여 토지를 굴착하는 경우에는 그 건축물 및 공작물의 기초 또는 지반의 구조내력의 약화를 방지하고 급격한 배수를 피하는 등 토지의 붕괴에 의한 위해를 방지하도록 할 것
3. 토지를 깊이 1.5미터 이상 굴착하는 경우에는 그 경사도가 별표 7에 의한 비율이하이거나 주변상황에 비추어 위해방지에 지장이 없다고 인정되는 경우를 제외하고는 토압에 대하여 안전한 구조의 흙막이를 설치할 것
4. 굴착공사 및 흙막이 공사의 시공중에는 항상 점검을 하여 흙막이의 보강, 적절한 배수조치등 안전상태를 유지하도록 하고, 흙막이판을 제거하는 경우에는 주변지반의 내려앉음을 방지하도록 할 것

②성토부분·절토부분 또는 되메우기를 하지 아니하는 굴착부분의 비탈면으로서 제25조에 따른 옹벽을 설치하지 아니하는 부분에 대하여는 법 제41조제1항에 따라 다음 각 호에 따른 환경의 보전을 위한 조치를 하여야 한다. <개정 1996.1.18., 1999.5.11., 2008.12.11.>
1. 배수를 위한 수로는 돌 또는 콘크리트를 사용하여 토양의 유실을 막을 수 있도록 할 것
2. 높이가 3미터를 넘는 경우에는 높이 3미터 이내마다 그 비탈면적의 5분의 1 이상에 해당하는 면적의 단을 만들 것. 다만, 허가권자가 그 비탈면의 토질·경사도등을 고려하여 붕괴의 우려가 없다고 인정하는 경우에는 그러하지 아니하다.
3. 비탈면에는 토양의 유실방지와 미관의 유지를 위하여 나무 또는 잔디를 심을 것. 다만, 나무 또는 잔디를 심는 것으로는 비탈면의 안전을 유지할 수 없는 경우에는 돌붙이기를 하거나 콘크리트블록격자등의 구조물을 설치하여야 한다.

제26조의2(대지안의 조경) 영 제27조제1항제8호에서 "국토교통부령으로 정하는 것"이란 「물류정책기본법」 제2조제4호에 따른 물류시설을 말한다. <개정 2005.7.18., 2008.3.14.,

2010.8.5., 2012.12.12., 2013.3.23.>
[전문개정 1999.5.11.]

제26조의3 삭제 <2014.10.15.>

제26조의4(도로관리대장 등) 법 제45조제2항 및 제3항에 따른 도로의 폐지·변경신청서 및 도로관리대장은 각각 별지 제26호서식 및 별지 제27호서식과 같다. <개정 2008.12.11., 2012.12.12.>
[전문개정 1999.5.11.]
[제목개정 2012.12.12.]
[제26조의3에서 이동 <2010.8.5.>]

제26조의5(실내건축의 구조·시공방법 등의 기준) ① 법 제52조의2제2항에 따른 실내건축의 구조·시공방법 등은 다음 각 호의 기준에 따른다. <개정 2015.1.29.>
1. 실내에 설치하는 칸막이는 피난에 지장이 없고, 구조적으로 안전할 것
2. 실내에 설치하는 벽, 천장, 바닥 및 반자틀(노출된 경우에 한정한다)은 방화에 지장이 없는 재료를 사용할 것
3. 바닥 마감재료는 미끄럼을 방지할 수 있는 재료를 사용할 것
4. 실내에 설치하는 난간, 창호 및 출입문은 방화에 지장이 없고, 구조적으로 안전할 것
5. 실내에 설치하는 전기·가스·급수(給水)·배수(排水)·환기시설은 누수·누전 등 안전사고가 없는 재료를 사용하고, 구조적으로 안전할 것
6. 실내의 돌출부 등에는 충돌, 끼임 등 안전사고를 방지할 수 있는 완충재료를 사용할 것

② 제1항에 따른 실내건축의 구조·시공방법 등에 관한 세부 사항은 국토교통부장관이 정하여 고시한다.
[본조신설 2014.11.28.]

제27조 삭제 <1999.5.11.>

제28조 삭제 <1999.5.11.>

제28조의2 삭제 <1999.5.11.>

제29조 삭제 <1999.5.11.>

제30조 삭제 <1999.5.11.>

제31조 삭제 <1999.5.11.>

제31조의2 삭제 <1999.5.11.>

제31조의3 삭제 <1999.5.11.>

제31조의4 삭제 <1999.5.11.>

제32조 삭제 <1999.5.11.>

제33조 삭제 <1999.5.11.>

제33조의2 삭제 <1999.5.11.>

제34조 삭제 <2000.7.4.>

제35조 삭제 <2000.7.4.>

제36조(일조등의 확보를 위한 건축물의 높이제한) 특별자치시장·특별자치도지사 또는 시장·군수·구청장은 영 제86조제5항에 따라 건축물의 높이를 고시하기 위하여 주민의 의견을 듣고자 할 때에는 그 내용을 30일간 주민에게 공람시켜야 한다. <개정 2011.6.29., 2014.10.15., 2016.5.30.>
[전문개정 1999.5.11.]

제36조의2(관계전문기술자) ① 삭제 <2010.8.5.>
②영 제91조의3제3항에 따라 건축물의 설계자 및 공사감리자는 다음 각 호의 어느 하나에 해당하는 사항에 대하여 「기술사법」에 따라 등록한 토목 분야 기술사 또는 국토개발 분야의 지질 및 기반 기술사의 협력을 받아야 한다. <개정 2005.10.20., 2011.1.6., 2016.5.30.>
1. 지질조사
2. 토공사의 설계 및 감리
3. 흙막이벽·옹벽설치등에 관한 위해방지 및 기타 필요한 사항

[본조신설 1996.1.18.]

제37조 삭제 <2000.7.4.>

제38조 삭제 <2013.2.22.>

제38조의2(특별건축구역의 지정) 영 제105조제2항제2호에서 "국토교통부령으로 정하는 건축물 또는 공간환경"이란 도시·군계획 또는 건축 관련 박물관, 박람회장, 문화예술회관, 그 밖에 이와 비슷한 문화예술공간을 말

한다. <개정 2012.4.13., 2013.3.23.>
[본조신설 2008.12.11.]

제38조의3(특별건축구역의 지정 절차 등) ① 법 제71조제1항제6호에 따른 운영관리 계획서는 별지 제27호의2서식과 같다.
② 제1항에 따른 운영관리 계획서에는 다음 각 호의 서류를 첨부하여야 한다.
1. 삭제 <2011.1.6.>
2. 법 제74조에 따른 통합적용 대상시설(이하 "통합적용 대상시설"이라 한다)의 배치도
3. 통합적용 대상시설의 유지·관리 및 비용분담계획서

③ 영 제107조제4항 각 호 외의 부분에서 "국토교통부령으로 정하는 자료"란 법 제72조제1항에 따라 특별건축구역의 지정을 신청할 때 제출한 자료 중 변경된 내용에 따라 수정한 자료를 말한다. <개정 2013.3.23.>
④ 영 제107조제4항제4호에서 "지정 목적이 변경되는 등 국토교통부령으로 정하는 경우"란 다음 각 호의 어느 하나에 해당하는 경우를 말한다. <개정 2010.8.5., 2011.1.6., 2013.3.23.>
1. 특별건축구역의 지정 목적 및 필요성이 변경되는 경우
2. 특별건축구역 내 건축물의 규모 및 용도 등이 변경되는 경우(건축물의 규모변경이 연면적 및 높이의 10분의 1 범위 이내에 해당하는 경우 또는 영 제12조제3항 각 호에 해당하는 경우는 제외한다)
3. 통합적용 대상시설의 규모가 10분의 1이상 변경되거나 또는 위치가 변경되는 경우

[본조신설 2008.12.11.]

제38조의4(특별건축구역 내 건축물의 심의 등) ① 법 제72조제1항 전단에 따른 특례적용계획서는 별지 제27호의3서식과 같다.
② 제1항에 따른 특례적용계획서에는 다음 각 호의 서류를 첨부하여야 한다.
1. 특례적용 대상건축물의 개략설계도서
2. 특례적용 대상건축물의 배치도
3. 특례적용 대상건축물의 내화·방화·피난 또는 건축설비도
4. 특례적용 신기술의 세부 설명자료

③ 영 제108조제1항제4호에서 "법 제72조제1항 각 호의 사항 중 국토교통부령으로 정하는 사항을 변경하는 경우"란 법 제73조제1항의 적용배제 특례사항 또는 같은 조 제2항의 완화적용 특례사항을 변경하는 경우를 말한다. <개정 2013.3.23.>
④ 법 제72조제7항에서 "국토교통부령으로 정하는 자료"란 제2항 각 호의 서류를 말한다. <개정 2013.3.23.>
[본조신설 2008.12.11.]

제38조의5 삭제 <2016.7.20.>

제38조의6(특별가로구역의 지정 등의 공고) ① 국토교통부장관 및 허가권자는 법 제77조의2제1항 및 제3항에 따라 특별가로구역을 지정하거나 변경 또는 해제하는 경우에는 이를 관보(허가권자의 경우에는 공보)에 공고하여야 한다.
② 국토교통부장관 및 허가권자는 제1항에 따라 특별가로구역을 지정, 변경 또는 해제한 경우에는 해당 내용을 관보 또는 공보에 공고한 날부터 30일 이상 일반이 열람할 수 있도록 하여야 한다. 이 경우 국토교통부장관, 특별시장 또는 광역시장은 관계 서류를 특별자치시장·특별자치도 또는 시장·군수·구청장에게 송부하여 일반이 열람할 수 있도록 하여야 한다.
[본조신설 2014.10.15.]

제38조의7(특별가로구역의 관리) ① 국토교통부장관 및 허가권자는 법 제77의3제1항에 따라 특별가로구역의 지정 내용을 별지 제27호의6서식의 특별가로구역 관리대장에 작성하여 관리하여야 한다.
② 제1항에 따른 특별가로구역 관리대장은 전자적 처리가 불가능한 특별한 사유가 없으면 전자적 처리가 가능한 방법으로 작성하여 관리하여야 한다.
[본조신설 2014.10.15.]

제38조의8(건축협정운영회의 설립 신고) 법 제77조의5제1항에 따른 건축협정운영회(이하 "건축협정운영회"라 한다)의 대표자는 같은 조 제2항에 따라 건축협정운영회를 설립한 날부터 15일 이내에 법 제77조의4제1항제4호에 따른 건축협정인가권자(이하 "건축협정인가권자"라 한다)에게 별지 제27호의7서식에 따라 신고하여야 한다.
[본조신설 2014.10.15.]

제38조의9(건축협정의 인가 등) ① 법 제77조의4제1항 및 제2항에 따라 건축협정을 체결하는 자(이하 "협정체결자"라 한다) 또는 건축협

정운영회의 대표자가 법 제77조의6제1항에 따라 건축협정의 인가를 받으려는 경우에는 별지 제27호의8서식의 건축협정 인가신청서를 건축협정인가권자에게 제출하여야 한다.
② 협정체결자 또는 건축협정운영회의 대표자가 법 제77조의7제1항 본문에 따라 건축협정을 변경하려는 경우에는 별지 제27호의8서식의 건축협정 변경인가신청서를 건축협정인가권자에게 제출하여야 한다.
③ 건축협정인가권자는 법 제77조의6 및 제77조의7에 따라 건축협정을 인가하거나 변경인가한 때에는 해당 지방자치단체의 공보에 공고하여야 하며, 건축협정서 등 관계 서류를 건축협정 유효기간 만료일까지 해당 특별자치시·특별자치도 또는 시·군·구에 비치하여 열람할 수 있도록 하여야 한다.
[본조신설 2014.10.15.]

제38조의10(건축협정의 관리) ① 건축협정인가권자는 법 제77조의6 및 제77조의7에 따라 건축협정을 인가하거나 변경인가한 경우에는 별지 제27호의9서식의 건축협정관리대장에 작성하여 관리하여야 한다.
② 제1항에 따른 건축협정관리대장은 전자적 처리가 불가능한 특별한 사유가 없으면 전자적 처리가 가능한 방법으로 작성하여 관리하여야 한다.
[본조신설 2014.10.15.]

제38조의11(건축협정의 폐지) ① 협정체결자 또는 건축협정운영회의 대표자가 법 제77조의9에 따라 건축협정을 폐지하려는 경우에는 별지 제27호의10서식의 건축협정 폐지인가신청서를 건축협정인가권자에게 제출하여야 한다.
② 건축협정인가권자는 법 제77조의9에 따라 건축협정의 폐지를 인가한 때에는 해당 지방자치단체의 공보에 공고하여야 한다.
[본조신설 2014.10.15.]

제38조의12(결합건축협정서) 법 제77조의15제1항에 따른 결합건축협정서는 별지 제27호의11서식에 따른다.
[본조신설 2016.7.20.]

제38조의13(결합건축의 관리) ① 허가권자는 법 제77조의14제1항에 따른 결합건축(이하 "결합건축"이라 한다)을 포함하여 건축허가를 한 경우에는 법 제77조의16제1항에 따라 그 내용을 30일 이내에 해당 지방자치단체의 공보에 공고하고, 별지 제27호의12서식의 결합건축 관리대장을 작성하여 관리하여야 한다.
② 제1항에 따른 결합건축 관리대장은 전자적 처리가 불가능한 특별한 사유가 없으면 전자적 처리가 가능한 방법으로 작성하여 관리하여야 한다.
[본조신설 2016.7.20.]

제39조(건축행정의 지도·감독) 법 제78조제4항에 따라 국토교통부장관 또는 시·도지사는 연 1회 이상 건축행정의 건실한 운영을 지도·감독하기 위하여 다음 각 호의 내용이 포함된 지도·점검계획을 수립하여야 한다. <개정 2005.10.20., 2008.3.14., 2008.12.11., 2013.3.23.>
1. 건축허가 등 건축민원 처리실태
2. 건축통계의 작성에 관한 사항
3. 건축부조리 근절대책
4. 위반건축물의 정비계획 및 실적
5. 기타 건축행정과 관련하여 필요한 사항
[전문개정 1999.5.11.]

제40조(위반건축물의 표지 및 관리대장) ①법 제79조제4항에 따른 위반건축물의 표지는 별지 제28호서식에 따르며, 일반이 보기쉬운 건축물의 출입구마다 설치하여야 한다. <개정 1999.5.11., 2008.12.11.>
②영 제115조제2항에 따라 특별자치시장·특별자치도지사 또는 시장·군수·구청장은 별지 제29호서식의 위반건축물관리대장을 작성·관리하고, 영 제115조제1항에 따른 실태조사결과와 시정 조치등 필요한 사항을 기록·관리하여야 한다. <개정 1999.5.11., 2007.12.13., 2011.6.29., 2014.10.15.>
③ 제2항의 위반건축물관리대장은 전자적 처리가 불가능한 특별한 사유가 없으면 전자적 처리가 가능한 방법으로 작성·관리하여야 한다. <신설 2007.12.13.>
[전문개정 1996.1.18.]

제40조의2(이행강제금의 부과 및 징수절차) 영 제115조의2제3항에 따른 이행강제금의 부과 및 징수절차는 「국고금관리법 시행규칙」을 준용한다. 이 경우 납입고지서에는 이의신청방법 및 이의신청기간을 함께 기재하여야 한다.
[본조신설 2006.5.12.]

제41조(공작물축조신고) ①법 제83조 및 영 제118조에 따라 옹벽 등 공작물의 축조신고를 하려는 자는 별지 제30호서식의 공작물축조신고서에 다음 각 호의 서류 및 도서를 첨부하여 특별자치시장·특별자치도지사 또는 시장·군수·구청장에게 제출(전자문서로 제출하는 것을 포함한다)하여야 한다. 다만, 제6조제1항에 따라 건축허가를 신청할 때 건축물의 건축에 관한 사항과 함께 공작물의 축조신고에 관한 사항을 제출한 경우에는 공작물축조신고서의 제출을 생략한다. <개정 2007.12.13., 2008.12.11., 2011.6.29., 2014.10.15., 2014.11.28.>

1. 공작물의 배치도
2. 공작물의 구조도

②특별자치시장·특별자치도지사 또는 시장·군수·구청장은 제1항에 따른 공작물축조신고서를 받은 때에는 영 제118조제4항에 따라 별지 제30호의2서식의 공작물의 구조 안전 점검표를 작성·검토한 후 별지 제31호서식의 공작물축조신고필증을 신고인에게 발급하여야 한다. <개정 2011.6.29., 2012.12.12., 2014.10.15., 2014.11.28.>

③ 법 제83조제2항에 따라 공작물의 소유자나 관리자는 제2항에 따라 공작물축조신고필증을 발급받은 날부터 3년마다 별지 제31호의2서식에 따라 공작물의 유지·관리 상태를 점검하고, 그 결과를 특별자치시장·특별자치도지사 또는 시장·군수·구청장에게 제출하여야 한다. <신설 2014.11.28.>

④영 제118조제5항의 규정에 의한 공작물관리대장은 별지 제32호서식에 의한다. <개정 2014.11.28.>

[전문개정 1999.5.11.]

제42조(출입검사원증) 법 제87조제2항에 따른 검사나 시험을 하는 자의 권한을 표시하는 증표는 별지 제33호서식과 같다. <개정 1999.5.11., 2008.12.11.>

제43조(태양열을 이용하는 주택 등의 건축면적 산정방법 등) ①영 제119조제1항제2호나목에 따라 태양열을 주된 에너지원으로 이용하는 주택의 건축면적과 단열재를 구조체의 외기측에 설치하는 단열공법으로 건축된 건축물의 건축면적은 건축물의 외벽중 내측 내력벽의 중심선을 기준으로 한다. 이 경우 태양열을 주된 에너지원으로 이용하는 주택의 범위는 국토교통부장관이 정하여 고시하는 바에 의한다. <개정 1996.1.18., 2008.3.14., 2011.6.29., 2013.3.23.>

②영 제119조제1항제2호나목에 따라 창고 중 물품을 입출고하는 부위의 상부에 설치하는 한쪽 끝은 고정되고 다른 끝은 지지되지 아니한 구조로 된 돌출차양의 면적 중 건축면적에 산입하는 면적은 다음 각 호에 따라 산정한 면적 중 작은 값으로 한다. <신설 2005.10.20., 2008.12.11., 2011.6.29., 2017.1.19.>

1. 해당 돌출차양을 제외한 창고의 건축면적의 10퍼센트를 초과하는 면적
2. 해당 돌출차양의 끝부분으로부터 수평거리 6미터를 후퇴한 선으로 둘러싸인 부분의 수평투영면적

[제목개정 2005.10.20.]

제43조의2(분쟁조정의 신청) ①영 제119조의3제1항에 따라 분쟁의 조정 또는 재정(이하 "조정등"이라 한다)을 받으려는 자는 다음 각 호의 사항을 기재하고 서명·날인한 분쟁조정등신청서에 참고자료 또는 서류를 첨부하여 국토교통부에 설치된 건축분쟁전문위원회(이하 "분쟁위원회"라 한다)에 제출(전자문서에 의한 제출을 포함한다)하여야 한다. <개정 2006.5.12., 2007.12.13., 2010.8.5., 2014.11.28.>

1. 신청인의 성명(법인의 경우에는 명칭) 및 주소
2. 당사자의 성명(법인의 경우에는 명칭) 및 주소
3. 대리인을 선임한 경우에는 대리인의 성명 및 주소
4. 분쟁의 조정등을 받고자 하는 사항
5. 분쟁이 발생하게 된 사유와 당사자간의 교섭경과
6. 신청연월일

②제1항의 경우에 증거자료 또는 서류가 있는 경우에는 그 원본 또는 사본을 분쟁조정등신청서에 첨부하여 제출할 수 있다. <개정 2006.5.12.>

[본조신설 1996.1.18.]

제43조의3(분쟁위원회의 회의·운영 등) ①법 제88조에 따른 분쟁위원회의 위원장은 분쟁위원회를 대표하고 분쟁위원회의 업무를 통할한다. <개정 2008.12.11., 2010.8.5., 2014.11.28.>

②분쟁위원회의 위원장은 분쟁위원회의 회의를 소집하고 그 의장이 된다. <개정 2010.8.5., 2014.11.28.>

③분쟁위원회의 위원장이 부득이한 사유로 직무를 수행할 수 없는 때에는 부위원장이 그 직무를 대행한다. <개정 2010.8.5., 2014.11.28.>

④분쟁위원회의 사무를 처리하기 위하여 간사를 두되, 간사는 국토교통부 소속 공무원 중에서 분쟁위원회의 위원장이 지정한 자가 된다. <개정 2008.3.14., 2010.8.5., 2013.3.23., 2014.11.28.>

⑤분쟁위원회의 회의에 출석한 위원 및 관계 전문가에 대하여는 예산의 범위 안에서 수당을 지급할 수 있다. 다만, 공무원인 위원이 그 소관 업무와 직접적으로 관련되어 출석하는 경우에는 그러하지 아니 하다. <개정 2010.8.5., 2014.11.28.>

[본조신설 2006.5.12.]

[제목개정 2014.11.28.]

제43조의4(비용부담) 법 제102조제3항에 따라 조정등의 당사자가 부담할 비용의 범위는 다음 각 호와 같다. <개정 2008.3.14., 2008.12.11., 2010.8.5., 2013.3.23., 2014.11.28.>

1. 감정·진단·시험에 소요되는 비용
2. 검사·조사에 소요되는 비용
3. 녹음·속기록·참고인 출석에 소요되는 비용, 그 밖에 조정등에 소요되는 비용. 다만, 다음 각 목의 어느 하나에 해당하는 비용을 제외한다.
   가. 분쟁위원회의 위원 또는 영 제119조의9제2항에 따른 사무국(이하 "사무국"이라 한다) 소속 직원이 분쟁위원회의 회의에 출석하는데 소요되는 비용
   나. 분쟁위원회의 위원 또는 사무국 소속 직원의 출장에 소요되는 비용
   다. 우편료 및 전신료

[본조신설 2006.5.12.]

제44조 삭제 <2016.12.30.>

부칙

<제393호, 2017.2.3.>

이 규칙은 2017년 2월 4일부터 시행한다.

주택법

[시행 2017.11.10.]
[법률 제14866호, 2017.8.9., 일부개정]

제1장 총칙

제1조(목적) 이 법은 쾌적하고 살기 좋은 주거환경 조성에 필요한 주택의 건설·공급 및 주택시장의 관리 등에 관한 사항을 정함으로써 국민의 주거안정과 주거수준의 향상에 이바지함을 목적으로 한다.

제2조(정의) 이 법에서 사용하는 용어의 뜻은 다음과 같다.

1. "주택"이란 세대(世帶)의 구성원이 장기간 독립된 주거생활을 할 수 있는 구조로 된 건축물의 전부 또는 일부 및 그 부속토지를 말하며, 단독주택과 공동주택으로 구분한다.
2. "단독주택"이란 1세대가 하나의 건축물 안에서 독립된 주거생활을 할 수 있는 구조로 된 주택을 말하며, 그 종류와 범위는 대통령령으로 정한다.
3. "공동주택"이란 건축물의 벽·복도·계단이나 그 밖의 설비 등의 전부 또는 일부를 공동으로 사용하는 각 세대가 하나의 건축물 안에서 각각 독립된 주거생활을 할 수 있는 구조로 된 주택을 말하며, 그 종류와 범위는 대통령령으로 정한다.
4. "준주택"이란 주택 외의 건축물과 그 부속토지로서 주거시설로 이용가능한 시설 등을 말하며, 그 범위와 종류는 대통령령으로 정한다.
5. "국민주택"이란 다음 각 목의 어느 하나에 해당하는 주택으로서 국민주택규모 이하인 주택을 말한다.
   가. 국가·지방자치단체, 「한국토지주택공사법」에 따른 한국토지주택공사(이하 "한국토지주택공사"라 한다) 또는 「지방공기업법」 제49조에 따라 주택사업을 목적으로 설립된 지방공사(이하"지방공사"라 한다)가 건설하는 주택
   나. 국가·지방자치단체의 재정 또는 「주택도시기금법」에 따른 주택도시기금(이하"주택도시기금"이라 한다)으로부터 자금을 지원받아 건설되거나 개량되는 주택
6. "국민주택규모"란 주거의 용도로만 쓰이는 면적(이하"주거전용면적"이라 한다)이 1호(戶) 또는 1세대당 85제곱미터 이하인 주택(「수도권정비계획법」 제2조제1호에 따른 수도권을 제외한 도시지역이 아닌 읍 또는 면 지역은 1호 또는 1세대당 주거전용면적이 100제곱미터 이하인 주택을 말한다)을 말한다. 이 경우 주거전용면적의 산정방법은 국토교통부령으로 정한다.
7. "민영주택"이란 국민주택을 제외한 주택을 말한다.
8. "임대주택"이란 임대를 목적으로 하는 주택으로서, 「공공주택 특별법」 제2조제1호가목에 따른 공공임대주택과 「민간임대주택에 관한 특별법」 제2조제1호에 따른 민간임대주택으로 구분한다.
9. "토지임대부 분양주택"이란 토지의 소유권은 제15조에 따른 사업계획의 승인을 받아 토지임대부 분양주택 건설사업을 시행하는 자가 가지고, 건축물 및 복리시설(福利施設) 등에 대한 소유권[건축물의 전유부분(專有部分)에 대한 구분소유권은 이를 분양받은 자가 가지고, 건축물의 공용부분·부속건물 및 복리시설은 분양받은 자들이 공유한다]은 주택을 분양받은 자가 가지는 주택을 말한다.
10. "사업주체"란 제15조에 따른 주택건설사업계획 또는 대지조성사업계획의 승인을 받아 그 사업을 시행하는 다음 각 목의 자를 말한다.
    가. 국가·지방자치단체
    나. 한국토지주택공사 또는 지방공사
    다. 제4조에 따라 등록한 주택건설사업자 또는 대지조성사업자
    라. 그 밖에 이 법에 따라 주택건설사업 또는 대지조성사업을 시행하는 자
11. "주택조합"이란 많은 수의 구성원이 제15조에 따른 사업계획의 승인을 받아 주택을 마련하거나 제66조에 따라 리모델링하기 위하여 결성하는 다음 각 목의 조합을 말한다.
    가. 지역주택조합: 다음 구분에 따른 지역에 거주하는 주민이 주택을 마련하기 위하여 설립한 조합
    1) 서울특별시·인천광역시 및 경기도
    2) 대전광역시·충청남도 및 세종특별자치시
    3) 충청북도
    4) 광주광역시 및 전라남도
    5) 전라북도

6) 대구광역시 및 경상북도
7) 부산광역시·울산광역시 및 경상남도
8) 강원도
9) 제주특별자치도

나. 직장주택조합: 같은 직장의 근로자가 주택을 마련하기 위하여 설립한 조합
다. 리모델링주택조합: 공동주택의 소유자가 그 주택을 리모델링하기 위하여 설립한 조합

12. "주택단지"란 제15조에 따른 주택건설사업계획 또는 대지조성사업계획의 승인을 받아 주택과 그 부대시설 및 복리시설을 건설하거나 대지를 조성하는 데 사용되는 일단(一團)의 토지를 말한다. 다만, 다음 각 목의 시설로 분리된 토지는 각각 별개의 주택단지로 본다.
가. 철도·고속도로·자동차전용도로
나. 폭 20미터 이상인 일반도로
다. 폭 8미터 이상인 도시계획예정도로
라. 가목부터 다목까지의 시설에 준하는 것으로서 대통령령으로 정하는 시설

13."부대시설"이란 주택에 딸린 다음 각 목의 시설 또는 설비를 말한다.
가. 주차장, 관리사무소, 담장 및 주택단지 안의 도로
나.「건축법」제2조제1항제4호에 따른 건축설비
다. 가목 및 나목의 시설·설비에 준하는 것으로서 대통령령으로 정하는 시설 또는 설비

14."복리시설"이란 주택단지의 입주자 등의 생활복리를 위한 다음 각 목의 공동시설을 말한다.
가. 어린이놀이터, 근린생활시설, 유치원, 주민운동시설 및 경로당
나. 그 밖에 입주자 등의 생활복리를 위하여 대통령령으로 정하는 공동시설

15."기반시설"이란「국토의 계획 및 이용에 관한 법률」제2조제6호에 따른 기반시설을 말한다.

16."기간시설"(基幹施設)이란 도로·상하수도·전기시설·가스시설·통신시설·지역난방시설 등을 말한다.

17."간선시설"(幹線施設)이란 도로·상하수도·전기시설·가스시설·통신시설 및 지역난방시설 등 주택단지(둘 이상의 주택단지를 동시에 개발하는 경우에는 각각의 주택단지를 말한다) 안의 기간시설을 그 주택단지 밖에 있는 같은 종류의 기간시설에 연결시키는 시설을 말한다. 다만, 가스시설·통신시설 및 지역난방시설의 경우에는 주택단지 안의 기간시설을 포함한다.

18. "공구"란 하나의 주택단지에서 대통령령으로 정하는 기준에 따라 둘 이상으로 구분되는 일단의 구역으로, 착공신고 및 사용검사를 별도로 수행할 수 있는 구역을 말한다.

19. "세대구분형 공동주택"이란 공동주택의 주택 내부 공간의 일부를 세대별로 구분하여 생활이 가능한 구조로 하되, 그 구분된 공간의 일부를 구분소유 할 수 없는 주택으로서 대통령령으로 정하는 건설기준, 면적기준 등에 적합하게 건설된 주택을 말한다.

20. "도시형 생활주택"이란 300세대 미만의 국민주택규모에 해당하는 주택으로서 대통령령으로 정하는 주택을 말한다.

21. "에너지절약형 친환경주택"이란 저에너지 건물 조성기술 등 대통령령으로 정하는 기술을 이용하여 에너지 사용량을 절감하거나 이산화탄소 배출량을 저감할 수 있도록 건설된 주택을 말하며, 그 종류와 범위는 대통령령으로 정한다.

22."건강친화형 주택"이란 건강하고 쾌적한 실내환경의 조성을 위하여 실내공기의 오염물질 등을 최소화할 수 있도록 대통령령으로 정하는 기준에 따라 건설된 주택을 말한다.

23."장수명 주택"이란 구조적으로 오랫동안 유지·관리될 수 있는 내구성을 갖추고, 입주자의 필요에 따라 내부 구조를 쉽게 변경할 수 있는 가변성과 수리 용이성 등이 우수한 주택을 말한다.

24."공공택지"란 다음 각 목의 어느 하나에 해당하는 공공사업에 의하여 개발·조성되는 공동주택이 건설되는 용지를 말한다.
가. 제24조제2항에 따른 국민주택건설사업 또는 대지조성사업
나.「택지개발촉진법」에 따른 택지개발사업. 다만, 같은 법 제7조제1항제4호에 따른 주택건설등 사업자가 같은 법 제12조제5항에 따라 활용하는 택지는 제외한다.
다.「산업입지 및 개발에 관한 법률」에 따른 산업단지개발사업
라.「공공주택 특별법」에 따른 공공주택지구조성사업
마.「민간임대주택에 관한 특별법」에 따른 기업형임대주택 공급촉진지구 조성사업(같은 법 제23조제1항제2호에 해당하는 시행자가 같은 법 제34조에 따른 수용 또는 사

용의 방식으로 시행하는 사업만 해당한다)
바. 「도시개발법」에 따른 도시개발사업(같은 법 제11조제1항제1호부터 제4호까지의 시행자가 같은 법 제21조에 따른 수용 또는 사용의 방식으로 시행하는 사업과 혼용방식 중 수용 또는 사용의 방식이 적용되는 구역에서 시행하는 사업만 해당한다)
사. 「경제자유구역의 지정 및 운영에 관한 특별법」에 따른 경제자유구역개발사업(수용 또는 사용의 방식으로 시행하는 사업과 혼용방식 중 수용 또는 사용의 방식이 적용되는 구역에서 시행하는 사업만 해당한다)
아. 「공공기관 지방이전에 따른 혁신도시 건설 및 지원에 관한 특별법」에 따른 혁신도시개발사업
자. 「신행정수도 후속대책을 위한 연기·공주지역 행정중심복합도시 건설을 위한 특별법」에 따른 행정중심복합도시건설사업
차. 「공익사업을 위한 토지 등의 취득 및 보상에 관한 법률」 제4조에 따른 공익사업으로서 대통령령으로 정하는 사업

25. "리모델링"이란 제66조제1항 및 제2항에 따라 건축물의 노후화 억제 또는 기능 향상 등을 위한 다음 각 목의 어느 하나에 해당하는 행위를 말한다.
가. 대수선(大修繕)
나. 제49조에 따른 사용검사일(주택단지 안의 공동주택 전부에 대하여 임시사용승인을 받은 경우에는 그 임시사용승인일을 말한다) 또는 「건축법」 제22조에 따른 사용승인일부터 15년[15년 이상 20년 미만의 연수 중 특별시·광역시·특별자치시·도 또는 특별자치도(이하"시·도"라 한다)의 조례로 정하는 경우에는 그 연수로 한다]이 경과된 공동주택을 각 세대의 주거전용면적(「건축법」 제38조에 따른 건축물대장 중 집합건축물대장의 전유부분의 면적을 말한다)의 30퍼센트 이내(세대의 주거전용면적이 85제곱미터 미만인 경우에는 40퍼센트 이내)에서 증축하는 행위. 이 경우 공동주택의 기능 향상 등을 위하여 공용부분에 대하여도 별도로 증축할 수 있다.
다. 나목에 따른 각 세대의 증축 가능 면적을 합산한 면적의 범위에서 기존 세대수의 15퍼센트 이내에서 세대수를 증가하는 증축 행위(이하 "세대수 증가형 리모델링"이라 한다). 다만, 수직으로 증축하는 행위(이하 "수직증축형 리모델링"이라 한다)는 다음 요건을 모두 충족하는 경우로 한정한다.
1) 최대 3개층 이하로서 대통령령으로 정하는 범위에서 증축할 것
2) 리모델링 대상 건축물의 구조도 보유 등 대통령령으로 정하는 요건을 갖출 것

26. "리모델링 기본계획"이란 세대수 증가형 리모델링으로 인한 도시과밀, 이주수요 집중 등을 체계적으로 관리하기 위하여 수립하는 계획을 말한다.
27. "입주자"란 다음 각 목의 구분에 따른 자를 말한다.
가. 제8조·제54조·제88조·제91조 및 제104조의 경우: 주택을 공급받는 자
나. 제66조의 경우: 주택의 소유자 또는 그 소유자를 대리하는 배우자 및 직계존비속
28. "사용자"란 「공동주택관리법」 제2조제6호에 따른 사용자를 말한다.
29. "관리주체"란 「공동주택관리법」 제2조제10호에 따른 관리주체를 말한다.

제3조(다른 법률과의 관계) 주택의 건설 및 공급에 관하여 다른 법률에 특별한 규정이 있는 경우를 제외하고는 이 법에서 정하는 바에 따른다.

제2장 주택의 건설 등

제1절 주택건설사업자 등

제4조(주택건설사업 등의 등록) ① 연간 대통령령으로 정하는 호수(戶數) 이상의 주택건설사업을 시행하려는 자 또는 연간 대통령령으로 정하는 면적 이상의 대지조성사업을 시행하려는 자는 국토교통부장관에게 등록하여야 한다. 다만, 다음 각 호의 사업주체의 경우에는 그러하지 아니하다.
1. 국가·지방자치단체
2. 한국토지주택공사
3. 지방공사
4. 「공익법인의 설립·운영에 관한 법률」 제4조에 따라 주택건설사업을 목적으로 설립된 공익법인
5. 제11조에 따라 설립된 주택조합(제5조제2항에 따라 등록사업자와 공동으로 주택건설사업을 하는 주택조합만 해당한다)

6. 근로자를 고용하는 자(제5조제3항에 따라 등록사업자와 공동으로 주택건설사업을 시행하는 고용자만 해당하며, 이하"고용자"라 한다)

② 제1항에 따라 등록하여야 할 사업자의 자본금과 기술인력 및 사무실면적에 관한 등록의 기준·절차·방법 등에 필요한 사항은 대통령령으로 정한다.

제5조(공동사업주체) ① 토지소유자가 주택을 건설하는 경우에는 제4조제1항에도 불구하고 대통령령으로 정하는 바에 따라 제4조에 따라 등록을 한 자(이하"등록사업자"라 한다)와 공동으로 사업을 시행할 수 있다. 이 경우 토지소유자와 등록사업자를 공동사업주체로 본다.

② 제11조에 따라 설립된 주택조합(세대수를 증가하지 아니하는 리모델링주택조합은 제외한다)이 그 구성원의 주택을 건설하는 경우에는 대통령령으로 정하는 바에 따라 등록사업자(지방자치단체·한국토지주택공사 및 지방공사를 포함한다)와 공동으로 사업을 시행할 수 있다. 이 경우 주택조합과 등록사업자를 공동사업주체로 본다.

③ 고용자가 그 근로자의 주택을 건설하는 경우에는 대통령령으로 정하는 바에 따라 등록사업자와 공동으로 사업을 시행하여야 한다. 이 경우 고용자와 등록사업자를 공동사업주체로 본다.

④ 제1항부터 제3항까지에 따른 공동사업주체 간의 구체적인 업무·비용 및 책임의 분담 등에 관하여는 대통령령으로 정하는 범위에서 당사자 간의 협약에 따른다.

제6조(등록사업자의 결격사유) 다음 각 호의 어느 하나에 해당하는 자는 제4조에 따른 주택건설사업 등의 등록을 할 수 없다.

1. 미성년자·피성년후견인 또는 피한정후견인
2. 파산선고를 받은 자로서 복권되지 아니한 자
3. 「부정수표 단속법」 또는 이 법을 위반하여 금고 이상의 실형을 선고받고 그 집행이 끝나거나(집행이 끝난 것으로 보는 경우를 포함한다) 집행이 면제된 날부터 2년이 지나지 아니한 자
4. 「부정수표 단속법」 또는 이 법을 위반하여 금고 이상의 형의 집행유예를 선고받고 그 유예기간 중에 있는 자
5. 제8조에 따라 등록이 말소(제6조제1호 및 제2호에 해당하여 말소된 경우는 제외한다)된 후 2년이 지나지 아니한 자
6. 임원 중에 제1호부터 제5호까지의 규정 중 어느 하나에 해당하는 자가 있는 법인

제7조(등록사업자의 시공) ① 등록사업자가 제15조에 따른 사업계획승인(「건축법」에 따른 공동주택건축허가를 포함한다)을 받아 분양 또는 임대를 목적으로 주택을 건설하는 경우로서 그 기술능력, 주택건설 실적 및 주택규모 등이 대통령령으로 정하는 기준에 해당하는 경우에는 그 등록사업자를 「건설산업기본법」 제9조에 따른 건설업자로 보며 주택건설공사를 시공할 수 있다.

② 제1항에 따라 등록사업자가 주택을 건설하는 경우에는 「건설산업기본법」 제40조·제44조·제93조·제94조, 제98조부터 제100조까지, 제100조의2 및 제101조를 준용한다. 이 경우 "건설업자"는"등록사업자"로 본다.

제8조(주택건설사업의 등록말소 등) ① 국토교통부장관은 등록사업자가 다음 각 호의 어느 하나에 해당하면 그 등록을 말소하거나 1년 이내의 기간을 정하여 영업의 정지를 명할 수 있다. 다만, 제1호 또는 제5호에 해당하는 경우에는 그 등록을 말소하여야 한다.

1. 거짓이나 그 밖의 부정한 방법으로 등록한 경우
2. 제4조제2항에 따른 등록기준에 미달하게 된 경우. 다만, 「채무자 회생 및 파산에 관한 법률」에 따라 법원이 회생절차개시의 결정을 하고 그 절차가 진행 중이거나 일시적으로 등록기준에 미달하는 등 대통령령으로 정하는 경우는 예외로 한다.
3. 고의 또는 과실로 공사를 잘못 시공하여 공중(公衆)에게 위해(危害)를 끼치거나 입주자에게 재산상 손해를 입힌 경우
4. 제6조제1호부터 제4호까지 또는 제6호 중 어느 하나에 해당하게 된 경우. 다만, 법인의 임원 중 제6조제6호에 해당하는 사람이 있는 경우 6개월 이내에 그 임원을 다른 사람으로 임명한 경우에는 그러하지 아니하다.
5. 제90조를 위반하여 등록증의 대여 등을 한 경우
6. 다음 각 목의 어느 하나에 해당하는 경우

가. 「건설기술 진흥법」 제48조제4항에 따른 시공상세도면의 작성 의무를 위반하거나 건설사업관리를 수행하는 건설기술자 또는 공사감독자의 검토·확인을 받지 아니하고 시공한 경우
나. 「건설기술 진흥법」 제54조제1항 또는 제80조에 따른 시정명령을 이행하지 아니한 경우
다. 「건설기술 진흥법」 제55조에 따른 품질시험 및 검사를 하지 아니한 경우
라. 「건설기술 진흥법」 제62조에 따른 안전점검을 하지 아니한 경우
7. 「택지개발촉진법」 제19조의2제1항을 위반하여 택지를 전매(轉賣)한 경우
8. 「표시·광고의 공정화에 관한 법률」 제17조제1호에 따른 처벌을 받은 경우
9. 「약관의 규제에 관한 법률」 제34조제2항에 따른 처분을 받은 경우
10. 그 밖에 이 법 또는 이 법에 따른 명령이나 처분을 위반한 경우
② 제1항에 따른 등록말소 및 영업정지 처분에 관한 기준은 대통령령으로 정한다.

제9조(등록말소 처분 등을 받은 자의 사업 수행) 제8조에 따라 등록말소 또는 영업정지 처분을 받은 등록사업자는 그 처분 전에 제15조에 따른 사업계획승인을 받은 사업은 계속 수행할 수 있다. 다만, 등록말소 처분을 받은 등록사업자가 그 사업을 계속 수행할 수 없는 중대하고 명백한 사유가 있을 경우에는 그러하지 아니하다.

제10조(영업실적 등의 제출) ① 등록사업자는 국토교통부령으로 정하는 바에 따라 매년 영업실적(개인인 사업자가 해당 사업에 1년 이상 사용한 사업용 자산을 현물출자하여 법인을 설립한 경우에는 그 개인인 사업자의 영업실적을 포함한 실적을 말하며, 등록말소 후 다시 등록한 경우에는 다시 등록한 이후의 실적을 말한다)과 영업계획 및 기술인력 보유 현황을 국토교통부장관에게 제출하여야 한다.
② 등록사업자는 국토교통부령으로 정하는 바에 따라 월별 주택분양계획 및 분양 실적을 국토교통부장관에게 제출하여야 한다.

▶ 판례 – [1] 상품의 허위·과장 광고가 기망행위가 되는 경우
[2] 지역주택조합이 설립인가를 받기 전 단계에서 시공사와 공사도급가계약 등을 체결한 경우, 지역주택조합과 시공사가 민법상 조합관계에 의한 공동책임을 지는지 여부(소극)
[3] 사정변경을 근거로 한 계약해제가 인정되는 경우 및 채무 이행불능의 의미 [대법원 2014.6.12, 선고, 2013다75892, 판결]

제2절 주택조합

제11조(주택조합의 설립 등) ① 많은 수의 구성원이 주택을 마련하거나 리모델링하기 위하여 주택조합을 설립하려는 경우(제5항에 따른 직장주택조합의 경우는 제외한다)에는 관할 특별자치시장, 특별자치도지사, 시장, 군수 또는 구청장(구청장은 자치구의 구청장을 말하며, 이하"시장·군수·구청장"이라 한다)의 인가를 받아야 한다. 인가받은 내용을 변경하거나 주택조합을 해산하려는 경우에도 또한 같다.
② 제1항에 따라 주택을 마련하기 위하여 주택조합설립인가를 받으려는 자는 해당 주택건설대지의 80퍼센트 이상에 해당하는 토지의 사용권원을 확보하여야 한다. 다만, 제1항 후단의 경우에는 그러하지 아니하다.
③ 제1항에 따라 주택을 리모델링하기 위하여 주택조합을 설립하려는 경우에는 다음 각 호의 구분에 따른 구분소유자(「집합건물의 소유 및 관리에 관한 법률」 제2조제2호에 따른 구분소유자를 말한다. 이하 같다)와 의결권(「집합건물의 소유 및 관리에 관한 법률」 제37조에 따른 의결권을 말한다. 이하 같다)의 결의를 증명하는 서류를 첨부하여 관할 시장·군수·구청장의 인가를 받아야 한다.
1. 주택단지 전체를 리모델링하고자 하는 경우에는 주택단지 전체의 구분소유자와 의결권의 각 3분의 2 이상의 결의 및 각 동의 구분소유자와 의결권의 각 과반수의 결의
2. 동을 리모델링하고자 하는 경우에는 그 동의 구분소유자 및 의결권의 각 3분의 2 이상의 결의
④ 제5조제2항에 따라 주택조합과 등록사업자가 공동으로 사업을 시행하면서 시공할 경우 등록사업자는 시공자로서의 책임뿐만 아니라 자신의 귀책사유로 사업 추진이 불가능하게 되거나 지연됨으로 인하여 조합원에게 입힌 손해를 배상할 책임이 있다.
⑤ 국민주택을 공급받기 위하여 직장주택조합을 설립하려는 자는 관할 시장·군수

·구청장에게 신고하여야 한다. 신고한 내용을 변경하거나 직장주택조합을 해산하려는 경우에도 또한 같다.

⑥ 주택조합(리모델링주택조합은 제외한다)은 그 구성원을 위하여 건설하는 주택을 그 조합원에게 우선 공급할 수 있으며, 제5항에 따른 직장주택조합에 대하여는 사업주체가 국민주택을 그 직장주택조합원에게 우선 공급할 수 있다.

⑦ 제1항에 따라 인가를 받는 주택조합의 설립방법·설립절차, 주택조합 구성원의 자격기준·제명·탈퇴 및 주택조합의 운영·관리 등에 필요한 사항과 제5항에 따른 직장주택조합의 설립요건 및 신고절차 등에 필요한 사항은 대통령령으로 정한다. <개정 2016.12.2.>

⑧ 제7항에도 불구하고 조합원은 조합규약으로 정하는 바에 따라 조합에 탈퇴 의사를 알리고 탈퇴할 수 있다. <개정 2016.12.2.>

⑨ 탈퇴한 조합원(제명된 조합원을 포함한다)은 조합규약으로 정하는 바에 따라 부담한 비용의 환급을 청구할 수 있다. <개정 2016.12.2.>

제11조의2(주택조합업무의 대행 등) ① 주택조합(리모델링주택조합은 제외한다) 및 그 조합의 구성원(주택조합의 발기인을 포함한다)은 조합원 가입 알선 등 주택조합의 업무를 제5조제2항에 따른 공동사업주체인 등록사업자 또는 다음 각 호의 어느 하나에 해당하는 자에게만 대행하도록 하여야 한다.

1. 등록사업자
2. 「공인중개사법」 제9조에 따른 중개업자
3. 「도시 및 주거환경정비법」 제69조에 따른 정비사업전문관리업자
4. 「부동산개발업의 관리 및 육성에 관한 법률」 제4조에 따른 등록사업자
5. 「자본시장과 금융투자업에 관한 법률」에 따른 신탁업자
6. 그 밖에 다른 법률에 따라 등록한 자로서 대통령령으로 정하는 자

② 제1항에 따른 업무대행자의 업무범위는 다음 각 호와 같다.

1. 조합원 모집, 토지 확보, 조합설립인가 신청 등 조합설립을 위한 업무의 대행
2. 사업성 검토 및 사업계획서 작성업무의 대행
3. 설계자 및 시공자 선정에 관한 업무의 지원
4. 제15조에 따른 사업계획승인 신청 등 사업계획승인을 위한 업무의 대행
5. 그 밖에 총회의 운영업무 지원 등 국토교통부령으로 정하는 사항

③ 제1항 및 제2항에 따라 주택조합의 업무를 대행하는 자는 신의에 따라 성실하게 업무를 수행하여야 하고, 거짓 또는 과장 등의 방법으로 주택조합의 가입을 알선하여서는 아니 되며, 자신의 귀책사유로 조합 또는 조합원에게 손해를 입힌 경우에는 그 손해를 배상할 책임이 있다.

④ 국토교통부장관은 주택조합의 원활한 사업추진 및 조합원의 권리 보호를 위하여 공정거래위원회 위원장과 협의를 거쳐 표준업무대행계약서를 작성·보급할 수 있다.

[본조신설 2016.12.2.]

제11조의2(주택조합업무의 대행 등) ① 주택조합(리모델링주택조합은 제외한다) 및 그 조합의 구성원(주택조합의 발기인을 포함한다)은 조합원 가입 알선 등 주택조합의 업무를 제5조제2항에 따른 공동사업주체인 등록사업자 또는 다음 각 호의 어느 하나에 해당하는 자에게만 대행하도록 하여야 한다. <개정 2017.2.8.>

1. 등록사업자
2. 「공인중개사법」 제9조에 따른 중개업자
3. 「도시 및 주거환경정비법」 제102조에 따른 정비사업전문관리업자
4. 「부동산개발업의 관리 및 육성에 관한 법률」 제4조에 따른 등록사업자
5. 「자본시장과 금융투자업에 관한 법률」에 따른 신탁업자
6. 그 밖에 다른 법률에 따라 등록한 자로서 대통령령으로 정하는 자

② 제1항에 따른 업무대행자의 업무범위는 다음 각 호와 같다.

1. 조합원 모집, 토지 확보, 조합설립인가 신청 등 조합설립을 위한 업무의 대행
2. 사업성 검토 및 사업계획서 작성업무의 대행
3. 설계자 및 시공자 선정에 관한 업무의 지원
4. 제15조에 따른 사업계획승인 신청 등 사업계획승인을 위한 업무의 대행
5. 그 밖에 총회의 운영업무 지원 등 국토교통부령으로 정하는 사항

③ 제1항 및 제2항에 따라 주택조합의 업무를 대행하는 자는 신의에 따라 성실하게 업무를 수행하여야 하고, 거짓 또는 과장 등의 방법으로 주택조합의 가입을 알선하여서는

아니 되며, 자신의 귀책사유로 조합 또는 조합원에게 손해를 입힌 경우에는 그 손해를 배상할 책임이 있다.
④ 국토교통부장관은 주택조합의 원활한 사업추진 및 조합원의 권리 보호를 위하여 공정거래위원회 위원장과 협의를 거쳐 표준업무대행계약서를 작성·보급할 수 있다.
[본조신설 2016.12.2.]
[시행일 : 2018.2.9.] 제11조의2

제11조의3(조합원 모집 신고 및 공개모집) ① 제11조제1항에 따라 지역주택조합 또는 직장주택조합의 설립인가를 받거나 인가받은 내용을 변경하기 위하여 조합원을 모집하려는 자는 관할 시장·군수·구청장에게 신고하고, 공개모집의 방법으로 조합원을 모집하여야 한다. 조합 설립인가를 받기 전에 신고한 내용을 변경하는 경우에도 또한 같다.
② 제1항에도 불구하고 공개모집 이후 조합원의 사망·자격상실·탈퇴 등으로 인한 결원을 충원하거나 미달된 조합원을 재모집하는 경우에는 신고하지 아니하고 선착순의 방법으로 조합원을 모집할 수 있다.
③ 제1항에 따른 모집 시기, 모집 방법 및 모집 절차 등 조합원 모집의 신고, 공개모집 및 조합 가입 신청자에 대한 정보 공개 등에 필요한 사항은 국토교통부령으로 정한다.
④ 제1항에 따라 신고를 받은 시장·군수·구청장은 신고내용이 이 법에 적합한 경우에는 신고를 수리하고 그 사실을 신고인에게 통보하여야 한다.
⑤ 시장·군수·구청장은 다음 각 호의 어느 하나에 해당하는 경우에는 조합원 모집 신고를 수리할 수 없다.
1. 이미 신고된 사업대지와 전부 또는 일부가 중복되는 경우
2. 이미 수립되었거나 수립 예정인 도시·군계획, 이미 수립된 토지이용계획 또는 이 법이나 관계 법령에 따른 건축기준 및 건축제한 등에 따라 해당 주택건설대지에 조합주택을 건설할 수 없는 경우
3. 제11조의2제1항에 따라 조합업무를 대행할 수 있는 자가 아닌 자와 업무대행계약을 체결한 경우 등 신고내용이 법령에 위반되는 경우
4. 신고한 내용이 사실과 다른 경우

[본조신설 2016.12.2.]

제12조(관련 자료의 공개) ① 주택조합의 발기인 또는 임원은 주택조합사업의 시행에 관한 다음 각 호의 서류 및 관련 자료가 작성되거나 변경된 후 15일 이내에 이를 조합원이 알 수 있도록 인터넷과 그 밖의 방법을 병행하여 공개하여야 한다.
1. 조합규약
2. 공동사업주체의 선정 및 주택조합이 공동사업주체인 등록사업자와 체결한 협약서
3. 설계자 등 용역업체 선정 계약서
4. 조합총회 및 이사회, 대의원회 등의 의사록
5. 사업시행계획서
6. 해당 주택조합사업의 시행에 관한 공문서
7. 회계감사보고서
8. 그 밖에 주택조합사업 시행에 관하여 대통령령으로 정하는 서류 및 관련 자료

② 제1항에 따른 서류 및 다음 각 호를 포함하여 주택조합사업의 시행에 관한 서류와 관련 자료를 조합의 구성원이 열람·복사 요청을 한 경우 주택조합의 발기인 또는 임원은 15일 이내에 그 요청에 따라야 한다. 이 경우 복사에 필요한 비용은 실비의 범위에서 청구인이 부담한다.
1. 조합 구성원 명부
2. 토지사용승낙서 등 토지 확보 관련 자료
3. 그 밖에 대통령령으로 정하는 서류 및 관련 자료

③ 제1항 및 제2항에 따라 공개 및 열람·복사 등을 하는 경우에는 「개인정보 보호법」에 의하여야 하며, 그 밖의 공개 절차 등 필요한 사항은 국토교통부령으로 정한다.

제13조(조합임원의 결격사유) ① 다음 각 호의 어느 하나에 해당하는 사람은 조합의 임원이 될 수 없다.
1. 미성년자·피성년후견인 또는 피한정후견인
2. 파산선고를 받은 사람으로서 복권되지 아니한 사람
3. 금고 이상의 실형을 선고받고 그 집행이 종료(종료된 것으로 보는 경우를 포함한다)되거나 집행이 면제된 날부터 2년이 경과되지 아니한 사람
4. 금고 이상의 형의 집행유예를 선고받고 그 유예기간 중에 있는 사람
5. 금고 이상의 형의 선고유예를 받고 그 선고유예기간 중에 있는 사람

6. 법원의 판결 또는 다른 법률에 따라 자격이 상실 또는 정지된 사람
7. 해당 주택조합의 공동사업주체인 등록사업자 또는 업무대행사의 임직원

② 제1항 각 호의 사유가 발생하면 해당 임원은 당연히 퇴직된다.

③ 제2항에 따라 퇴직된 임원이 퇴직 전에 관여한 행위는 그 효력을 상실하지 아니한다.

제14조(주택조합에 대한 감독 등) ① 국토교통부장관 또는 시장·군수·구청장은 주택공급에 관한 질서를 유지하기 위하여 특히 필요하다고 인정되는 경우에는 국가가 관리하고 있는 행정전산망 등을 이용하여 주택조합 구성원의 자격 등에 관하여 필요한 사항을 확인할 수 있다.

② 시장·군수·구청장은 주택조합 또는 주택조합의 구성원이 다음 각 호의 어느 하나에 해당하는 경우에는 주택조합의 설립인가를 취소할 수 있다.

1. 거짓이나 그 밖의 부정한 방법으로 설립인가를 받은 경우
2. 제94조에 따른 명령이나 처분을 위반한 경우

③ 주택조합은 대통령령으로 정하는 바에 따라 회계감사를 받아야 하며, 그 감사결과를 관할 시장·군수·구청장에게 보고하고, 인터넷에 게재하는 등 해당 조합원이 열람할 수 있도록 하여야 한다.

제14조의2(주택조합사업의 시공보증) ① 주택조합이 공동사업주체인 시공자를 선정한 경우 그 시공자는 공사의 시공보증(시공자가 공사의 계약상 의무를 이행하지 못하거나 의무이행을 하지 아니할 경우 보증기관에서 시공자를 대신하여 계약이행의무를 부담하거나 총 공사금액의 50퍼센트 이하에서 대통령령으로 정하는 비율 이상의 범위에서 주택조합이 정하는 금액을 납부할 것을 보증하는 것을 말한다)을 위하여 국토교통부령으로 정하는 기관의 시공보증서를 조합에 제출하여야 한다.

② 제15조에 따른 사업계획승인권자는 제16조제2항에 따른 착공신고를 받는 경우에는 제1항에 따른 시공보증서 제출 여부를 확인하여야 한다.

[본조신설 2016.12.2.]

제3절 사업계획의 승인 등

제15조(사업계획의 승인) ① 대통령령으로 정하는 호수 이상의 주택건설사업을 시행하려는 자 또는 대통령령으로 정하는 면적 이상의 대지조성사업을 시행하려는 자는 다음 각 호의 사업계획승인권자(이하 "사업계획승인권자"라 한다. 국가 및 한국토지주택공사가 시행하는 경우와 대통령령으로 정하는 경우에는 국토교통부장관을 말하며, 이하 이 조, 제16조부터 제19조까지 및 제21조에서 같다)에게 사업계획승인을 받아야 한다. 다만, 주택 외의 시설과 주택을 동일 건축물로 건축하는 경우 등 대통령령으로 정하는 경우에는 그러하지 아니하다.

1. 주택건설사업 또는 대지조성사업으로서 해당 대지면적이 10만제곱미터 이상인 경우: 특별시장·광역시장·특별자치시장·도지사 또는 특별자치도지사(이하 "시·도지사"라 한다) 또는 「지방자치법」 제175조에 따라 서울특별시·광역시 및 특별자치시를 제외한 인구 50만 이상의 대도시(이하 "대도시"라 한다)의 시장
2. 주택건설사업 또는 대지조성사업으로서 해당 대지면적이 10만제곱미터 미만인 경우: 특별시장·광역시장·특별자치시장·특별자치도지사 또는 시장·군수

② 제1항에 따라 사업계획승인을 받으려는 자는 사업계획승인신청서에 주택과 그 부대시설 및 복리시설의 배치도, 대지조성공사 설계도서 등 대통령령으로 정하는 서류를 첨부하여 사업계획승인권자에게 제출하여야 한다.

③ 주택건설사업을 시행하려는 자는 대통령령으로 정하는 호수 이상의 주택단지를 공구별로 분할하여 주택을 건설·공급할 수 있다. 이 경우 제2항에 따른 서류와 함께 다음 각 호의 서류를 첨부하여 사업계획승인권자에게 제출하고 사업계획승인을 받아야 한다.

1. 공구별 공사계획서
2. 입주자모집계획서
3. 사용검사계획서

④ 제1항 또는 제3항에 따라 승인받은 사업계획을 변경하려면 사업계획승인권자로부터 변경승인을 받아야 한다. 다만, 국토교통부령으로 정하는 경미한 사항을 변경하는 경우에는 그러하지 아니하다.

⑤ 제1항 또는 제3항의 사업계획은 쾌적하고

문화적인 주거생활을 하는 데에 적합하도록 수립되어야 하며, 그 사업계획에는 부대시설 및 복리시설의 설치에 관한 계획 등이 포함되어야 한다.
⑥ 사업계획승인권자는 제1항 또는 제3항에 따라 사업계획을 승인하였을 때에는 이에 관한 사항을 고시하여야 한다. 이 경우 국토교통부장관은 관할 시장·군수·구청장에게, 특별시장, 광역시장 또는 도지사는 관할 시장, 군수 또는 구청장에게 각각 사업계획승인서 및 관계 서류의 사본을 지체 없이 송부하여야 한다.

제16조(사업계획의 이행 및 취소 등) ① 사업주체는 제15조제1항 또는 제3항에 따라 승인받은 사업계획대로 사업을 시행하여야 하고, 다음 각 호의 구분에 따라 공사를 시작하여야 한다. 다만, 사업계획승인권자는 대통령령으로 정하는 정당한 사유가 있다고 인정하는 경우에는 사업주체의 신청을 받아 그 사유가 없어진 날부터 1년의 범위에서 제1호 또는 제2호가목에 따른 공사의 착수기간을 연장할 수 있다.
1. 제15조제1항에 따라 승인을 받은 경우: 승인받은 날부터 5년 이내
2. 제15조제3항에 따라 승인을 받은 경우
 가. 최초로 공사를 진행하는 공구: 승인받은 날부터 5년 이내
 나. 최초로 공사를 진행하는 공구 외의 공구: 해당 주택단지에 대한 최초 착공신고일부터 2년 이내

② 사업주체가 제1항에 따라 공사를 시작하려는 경우에는 국토교통부령으로 정하는 바에 따라 사업계획승인권자에게 신고하여야 한다.
③ 사업계획승인권자는 다음 각 호의 어느 하나에 해당하는 경우 그 사업계획의 승인을 취소(제2호 또는 제3호에 해당하는 경우 「주택도시기금법」 제26조에 따라 주택분양보증이 된 사업은 제외한다)할 수 있다.
1. 사업주체가 제1항(제2호나목은 제외한다)을 위반하여 공사를 시작하지 아니한 경우
2. 사업주체가 경매·공매 등으로 인하여 대지소유권을 상실한 경우
3. 사업주체의 부도·파산 등으로 공사의 완료가 불가능한 경우

④ 사업계획승인권자는 제3항제2호 또는 제3호의 사유로 사업계획승인을 취소하고자 하는 경우에는 사업주체에게 사업계획 이행, 사업비 조달 계획 등 대통령령으로 정하는 내용이 포함된 사업 정상화 계획을 제출받아 계획의 타당성을 심사한 후 취소 여부를 결정하여야 한다.
⑤ 제3항에도 불구하고 사업계획승인권자는 해당 사업의 시공자 등이 제21조제1항에 따른 해당 주택건설대지의 소유권 등을 확보하고 사업주체 변경을 위하여 제15조제4항에 따른 사업계획의 변경승인을 요청하는 경우에 이를 승인할 수 있다.

▶ 판례 – 구 개발이익 환수에 관한 법률 시행령 제4조 제1항 [별표 1] 제1호에 정한 '대지조성사업 또는 주택건설사업'의 의미 및 대지조성공사가 필요 없는 토지에 주택건설사업만을 하는 경우 개발부담금 부과대상 사업에 해당하는지 여부(소극) [대법원 2015.11.26, 선고, 2014두43349, 판결]

제17조(기반시설의 기부채납) ① 사업계획승인권자는 제15조제1항 또는 제3항에 따라 사업계획을 승인할 때 사업주체가 제출하는 사업계획에 해당 주택건설사업 또는 대지조성사업과 직접적으로 관련이 없거나 과도한 기반시설의 기부채납(寄附採納)을 요구하여서는 아니 된다.
② 국토교통부장관은 기부채납 등과 관련하여 다음 각 호의 사항이 포함된 운영기준을 작성하여 고시할 수 있다.
1. 주택건설사업의 기반시설 기부채납 부담의 원칙 및 수준에 관한 사항
2. 주택건설사업의 기반시설의 설치기준 등에 관한 사항

③ 사업계획승인권자는 제2항에 따른 운영기준의 범위에서 지역여건 및 사업의 특성 등을 고려하여 자체 실정에 맞는 별도의 기준을 마련하여 운영할 수 있으며, 이 경우 미리 국토교통부장관에게 보고하여야 한다.

▶ 판례 – [1] 법률에서 주된 인·허가가 있으면 다른 법률에 의한 인·허가를 받은 것으로 의제한다는 규정을 둔 경우, 주된 인·허가가 있으면 다른 법률에 의하여 인·허가를 받았음을 전제로 한 다른 법률의 모든 규정들이 적용되는지 여부(소극)
[2] 구 주택법 제17조 제1항 제5호에 따라 허가가 의제되는 행위의 범위 [대법원 2015.4.23, 선고, 2014두2409, 판결]

제18조(사업계획의 통합심의 등) ① 사업계

획승인권자는 필요하다고 인정하는 경우에 도시계획·건축·교통 등 사업계획승인과 관련된 다음 각 호의 사항을 통합하여 검토 및 심의(이하 "통합심의"라 한다)할 수 있다.
1. 「건축법」에 따른 건축심의
2. 「국토의 계획 및 이용에 관한 법률」에 따른 도시·군관리계획 및 개발행위 관련 사항
3. 「대도시권 광역교통 관리에 관한 특별법」에 따른 광역교통 개선대책
4. 「도시교통정비 촉진법」에 따른 교통영향평가
5. 「경관법」에 따른 경관심의
6. 그 밖에 사업계획승인권자가 필요하다고 인정하여 통합심의에 부치는 사항

② 제15조제1항 또는 제3항에 따라 사업계획승인을 받으려는 자가 통합심의를 신청하는 경우 제1항 각 호와 관련된 서류를 첨부하여야 한다. 이 경우 사업계획승인권자는 통합심의를 효율적으로 처리하기 위하여 필요한 경우 제출기한을 정하여 제출하도록 할 수 있다.

③ 사업계획승인권자가 통합심의를 하는 경우에는 다음 각 호의 어느 하나에 해당하는 위원회에 속하고 해당 위원회의 위원장의 추천을 받은 위원들과 사업계획승인권자가 속한 지방자치단체 소속 공무원으로 소집된 공동위원회를 구성하여 통합심의를 하여야 한다. 이 경우 공동위원회의 구성, 통합심의의 방법 및 절차에 관한 사항은 대통령령으로 정한다.
1. 「건축법」에 따른 중앙건축위원회 및 지방건축위원회
2. 「국토의 계획 및 이용에 관한 법률」에 따라 해당 주택단지가 속한 시·도에 설치된 지방도시계획위원회
3. 「대도시권 광역교통 관리에 관한 특별법」에 따라 광역교통 개선대책에 대하여 심의권한을 가진 국가교통위원회
4. 「도시교통정비 촉진법」에 따른 교통영향평가심의위원회
5. 「경관법」에 따른 경관위원회
6. 제1항제6호에 대하여 심의권한을 가진 관련 위원회

④ 사업계획승인권자는 통합심의를 한 경우 특별한 사유가 없으면 심의 결과를 반영하여 사업계획을 승인하여야 한다.

⑤ 통합심의를 거친 경우에는 제1항 각 호에 대한 검토·심의·조사·협의·조정 또는 재정을 거친 것으로 본다.

제19조(다른 법률에 따른 인가·허가 등의 의제 등) ① 사업계획승인권자가 제15조에 따라 사업계획을 승인 또는 변경 승인할 때 다음 각 호의 허가·인가·결정·승인 또는 신고 등(이하 "인·허가등"이라 한다)에 관하여 제3항에 따른 관계 행정기관의 장과 협의한 사항에 대하여는 해당 인·허가등을 받은 것으로 보며, 사업계획의 승인고시가 있은 때에는 다음 각 호의 관계 법률에 따른 고시가 있은 것으로 본다. <개정 2016.1.19., 2016.12.27.>
1. 「건축법」 제11조에 따른 건축허가, 같은 법 제14조에 따른 건축신고, 같은 법 제16조에 따른 허가·신고사항의 변경 및 같은 법 제20조에 따른 가설건축물의 건축허가 또는 신고
2. 「공간정보의 구축 및 관리 등에 관한 법률」 제15조제3항에 따른 지도등의 간행 심사
3. 「공유수면 관리 및 매립에 관한 법률」 제8조에 따른 공유수면의 점용·사용허가, 같은 법 제10조에 따른 협의 또는 승인, 같은 법 제17조에 따른 점용·사용 실시계획의 승인 또는 신고, 같은 법 제28조에 따른 공유수면의 매립면허, 같은 법 제35조에 따른 국가 등이 시행하는 매립의 협의 또는 승인 및 같은 법 제38조에 따른 공유수면매립실시계획의 승인
4. 「광업법」 제42조에 따른 채굴계획의 인가
5. 「국토의 계획 및 이용에 관한 법률」 제30조에 따른 도시·군관리계획(같은 법 제2조제4호다목의 계획 및 같은 호 마목의 계획 중 같은 법 제51조제1항에 따른 지구단위계획구역 및 지구단위계획만 해당한다)의 결정, 같은 법 제56조에 따른 개발행위의 허가, 같은 법 제86조에 따른 도시·군계획시설사업시행자의 지정, 같은 법 제88조에 따른 실시계획의 인가 및 같은 법 제130조제2항에 따른 타인의 토지에의 출입허가
6. 「농어촌정비법」 제23조에 따른 농업생산기반시설의 사용허가
7. 「농지법」 제34조에 따른 농지전용(農地轉用)의 허가 또는 협의
8. 「도로법」 제36조에 따른 도로공사 시행의 허가, 같은 법 제61조에 따른 도로점용의 허가
9. 「도시개발법」 제3조에 따른 도시개발구역의 지정, 같은 법 제11조에 따른 시행자의 지정, 같은 법 제17조에 따른 실시계획의 인가 및 같은 법 제64조제2항에 따

른 타인의 토지에의 출입허가
10. 「사도법」 제4조에 따른 사도(私道)의 개설허가
11. 「사방사업법」 제14조에 따른 토지의 형질변경 등의 허가, 같은 법 제20조에 따른 사방지(砂防地) 지정의 해제
12. 「산림보호법」 제9조제1항 및 같은 조 제2항제1호·제2호에 따른 산림보호구역에서의 행위의 허가·신고. 다만, 「산림자원의 조성 및 관리에 관한 법률」에 따른 채종림 및 시험림과 「산림보호법」에 따른 산림유전자원보호구역의 경우는 제외한다.
13. 「산림자원의 조성 및 관리에 관한 법률」 제36조제1항·제4항에 따른 입목벌채등의 허가·신고. 다만, 같은 법에 따른 채종림 및 시험림과 「산림보호법」에 따른 산림유전자원보호구역의 경우는 제외한다.
14. 「산지관리법」 제14조·제15조에 따른 산지전용허가 및 산지전용신고, 같은 법 제15조의2에 따른 산지일시사용허가·신고
15. 「소하천정비법」 제10조에 따른 소하천공사 시행의 허가, 같은 법 제14조에 따른 소하천 점용 등의 허가 또는 신고
16. 「수도법」 제17조 또는 제49조에 따른 수도사업의 인가, 같은 법 제52조에 따른 전용상수도 설치의 인가
17. 「연안관리법」 제25조에 따른 연안정비사업실시계획의 승인
18. 「유통산업발전법」 제8조에 따른 대규모점포의 등록
19. 「장사 등에 관한 법률」 제27조제1항에 따른 무연분묘의 개장허가
20. 「지하수법」 제7조 또는 제8조에 따른 지하수 개발·이용의 허가 또는 신고
21. 「초지법」 제23조에 따른 초지전용의 허가
22. 「택지개발촉진법」 제6조에 따른 행위의 허가
23. 「하수도법」 제16조에 따른 공공하수도에 관한 공사 시행의 허가, 같은 법 제34조제2항에 따른 개인하수처리시설의 설치신고
24. 「하천법」 제30조에 따른 하천공사 시행의 허가 및 하천공사실시계획의 인가, 같은 법 제33조에 따른 하천의 점용허가 및 같은 법 제50조에 따른 하천수의 사용허가
25. 「부동산 거래신고 등에 관한 법률」 제11조에 따른 토지거래계약에 관한 허가

② 인·허가등의 의제를 받으려는 자는 제15조에 따른 사업계획승인을 신청할 때에 해당 법률에서 정하는 관계 서류를 함께 제출하여야 한다.
③ 사업계획승인권자는 제15조에 따라 사업계획을 승인하려는 경우 그 사업계획에 제1항 각 호의 어느 하나에 해당하는 사항이 포함되어 있는 경우에는 해당 법률에서 정하는 관계 서류를 미리 관계 행정기관의 장에게 제출한 후 협의하여야 한다. 이 경우 협의 요청을 받은 관계 행정기관의 장은 사업계획승인권자의 협의 요청을 받은 날부터 20일 이내에 의견을 제출하여야 하며, 그 기간 내에 의견을 제출하지 아니한 경우에는 협의가 완료된 것으로 본다.
④ 제3항에 따라 사업계획승인권자의 협의 요청을 받은 관계 행정기관의 장은 해당 법률에서 규정한 인·허가등의 기준을 위반하여 협의에 응하여서는 아니 된다.
⑤ 대통령령으로 정하는 비율 이상의 국민주택을 건설하는 사업주체가 제1항에 따라 다른 법률에 따른 인·허가등을 받은 것으로 보는 경우에는 관계 법률에 따라 부과되는 수수료 등을 면제한다.

제20조(주택건설사업 등에 의한 임대주택의 건설 등) ① 사업주체(리모델링을 시행하는 자는 제외한다)가 다음 각 호의 사항을 포함한 사업계획승인신청서(「건축법」 제11조제3항의 허가신청서를 포함한다. 이하 이 조에서 같다)를 제출하는 경우 사업계획승인권자(건축허가권자를 포함한다)는 「국토의 계획 및 이용에 관한 법률」 제78조의 용도지역별 용적률 범위에서 특별시·광역시·특별자치시·특별자치도·시 또는 군의 조례로 정하는 기준에 따라 용적률을 완화하여 적용할 수 있다.
1. 제15조제1항에 따른 호수 이상의 주택과 주택 외의 시설을 동일 건축물로 건축하는 계획
2. 임대주택의 건설·공급에 관한 사항

② 제1항에 따라 용적률을 완화하여 적용하는 경우 사업주체는 완화된 용적률의 60퍼센트 이하의 범위에서 대통령령으로 정하는 비율 이상에 해당하는 면적을 임대주택으로 공급하여야 한다. 이 경우 사업주체는 임대주택을 국토교통부장관, 시·도지사, 한국토지주택공사 또는 지방공사(이하 "인수자"라 한다)에 공급하여야 하며 시·도지사가 우선 인수할 수 있다. 다만, 시·도지사가 임대주택을 인수하지 아니하는 경우 다음 각

호의 구분에 따라 국토교통부장관에게 인수자 지정을 요청하여야 한다.
1. 특별시장, 광역시장 또는 도지사가 인수하지 아니하는 경우: 관할 시장, 군수 또는 구청장이 제1항의 사업계획승인(「건축법」 제11조의 건축허가를 포함한다. 이하 이 조에서 같다)신청 사실을 특별시장, 광역시장 또는 도지사에게 통보한 후 국토교통부장관에게 인수자 지정 요청
2. 특별자치시장 또는 특별자치도지사가 인수하지 아니하는 경우: 특별자치시장 또는 특별자치도지사가 직접 국토교통부장관에게 인수자 지정 요청

③ 제2항에 따라 공급되는 임대주택의 공급가격은 「공공주택 특별법」 제50조의3제1항에 따른 공공건설임대주택의 분양전환가격 산정기준에서 정하는 건축비로 하고, 그 부속토지는 인수자에게 기부채납한 것으로 본다.
④ 사업주체는 제15조에 따른 사업계획승인을 신청하기 전에 미리 용적률의 완화로 건설되는 임대주택의 규모 등에 관하여 인수자와 협의하여 사업계획승인신청서에 반영하여야 한다.
⑤ 사업주체는 공급되는 주택의 전부(제11조의 주택조합이 설립된 경우에는 조합원에게 공급하고 남은 주택을 말한다)를 대상으로 공개추첨의 방법에 의하여 인수자에게 공급하는 임대주택을 선정하여야 하며, 그 선정 결과를 지체없이 인수자에게 통보하여야 한다.
⑥ 사업주체는 임대주택의 준공인가(「건축법」 제22조의 사용승인을 포함한다)를 받은 후 지체 없이 인수자에게 등기를 촉탁 또는 신청하여야 한다. 이 경우 사업주체가 거부 또는 지체하는 경우에는 인수자가 등기를 촉탁 또는 신청할 수 있다.

제21조(대지의 소유권 확보 등) ① 제15조제1항 또는 제3항에 따라 주택건설사업계획의 승인을 받으려는 자는 해당 주택건설대지의 소유권을 확보하여야 한다. 다만, 다음 각 호의 어느 하나에 해당하는 경우에는 그러하지 아니하다.
1. 「국토의 계획 및 이용에 관한 법률」 제49조에 따른 지구단위계획(이하 "지구단위계획"이라 한다)의 결정(제19조제1항제5호에 따라 의제되는 경우를 포함한다)이 필요한 주택건설사업의 해당 대지면적의 80퍼센트 이상을 사용할 수 있는 권원(權原)[제5조제2항에 따라 등록사업자와 공동으로 사업을 시행하는 주택조합(리모델링주택조합은 제외한다)의 경우에는 95퍼센트 이상의 소유권을 말한다. 이하 이 조, 제22조 및 제23조에서 같다]을 확보하고(국공유지가 포함된 경우에는 해당 토지의 관리청이 해당 토지를 사업주체에게 매각하거나 양여할 것을 확인한 서류를 사업계획승인권자에게 제출하는 경우에는 확보한 것으로 본다), 확보하지 못한 대지가 제22조 및 제23조에 따른 매도청구 대상이 되는 대지에 해당하는 경우
2. 사업주체가 주택건설대지의 소유권을 확보하지 못하였으나 그 대지를 사용할 수 있는 권원을 확보한 경우
3. 국가・지방자치단체・한국토지주택공사 또는 지방공사가 주택건설사업을 하는 경우

② 사업주체가 제16조제2항에 따라 신고한 후 공사를 시작하려는 경우 사업계획승인을 받은 해당 주택건설대지에 제22조 및 제23조에 따른 매도청구 대상이 되는 대지가 포함되어 있으면 해당 매도청구 대상 대지에 대하여는 그 대지의 소유자가 매도에 대하여 합의를 하거나 매도청구에 관한 법원의 승소판결(판결이 확정될 것을 요하지 아니한다)을 받은 경우에만 공사를 시작할 수 있다.

제22조(매도청구 등) ① 제21조제1항제1호에 따라 사업계획승인을 받은 사업주체는 다음 각 호에 따라 해당 주택건설대지 중 사용할 수 있는 권원을 확보하지 못한 대지(건축물을 포함한다. 이하 이 조 및 제23조에서 같다)의 소유자에게 그 대지를 시가(市價)로 매도할 것을 청구할 수 있다. 이 경우 매도청구 대상이 되는 대지의 소유자와 매도청구를 하기 전에 3개월 이상 협의를 하여야 한다.
1. 주택건설대지면적의 95퍼센트 이상의 사용권원을 확보한 경우: 사용권원을 확보하지 못한 대지의 모든 소유자에게 매도청구 가능
2. 제1호 외의 경우: 사용권원을 확보하지 못한 대지의 소유자 중 지구단위계획구역 결정고시일 10년 이전에 해당 대지의 소유권을 취득하여 계속 보유하고 있는 자(대지의 소유기간을 산정할 때 대지소유자가 직계존속・직계비속 및 배우자로부터 상속받아 소유권을 취득한 경우에는 피상속인의 소유기간을 합산한다)를 제외한 소유자에게 매도청구 가능

② 제11조제1항에 따라 인가를 받아 설립된

리모델링주택조합은 그 리모델링 결의에 찬성하지 아니하는 자의 주택 및 토지에 대하여 매도청구를 할 수 있다.
③ 제1항 및 제2항에 따른 매도청구에 관하여는 「집합건물의 소유 및 관리에 관한 법률」 제48조를 준용한다. 이 경우 구분소유권 및 대지사용권은 주택건설사업 또는 리모델링사업의 매도청구의 대상이 되는 건축물 또는 토지의 소유권과 그 밖의 권리로 본다.

제23조(소유자를 확인하기 곤란한 대지 등에 대한 처분) ① 제21조제1항제1호에 따라 사업계획승인을 받은 사업주체는 해당 주택건설대지 중 사용할 수 있는 권원을 확보하지 못한 대지의 소유자가 있는 곳을 확인하기가 현저히 곤란한 경우에는 전국적으로 배포되는 둘 이상의 일간신문에 두 차례 이상 공고하고, 공고한 날부터 30일 이상이 지났을 때에는 제22조에 따른 매도청구 대상의 대지로 본다.
② 사업주체는 제1항에 따른 매도청구 대상 대지의 감정평가액에 해당하는 금액을 법원에 공탁(供託)하고 주택건설사업을 시행할 수 있다.
③ 제2항에 따른 대지의 감정평가액은 사업계획승인권자가 추천하는 「감정평가 및 감정평가사에 관한 법률」에 따른 감정평가업자 2명 이상이 평가한 금액을 산술평균하여 산정한다. <개정 2016.1.19.>

제24조(토지에의 출입 등) ① 국가·지방자치단체·한국토지주택공사 및 지방공사인 사업주체가 사업계획의 수립을 위한 조사 또는 측량을 하려는 경우와 국민주택사업을 시행하기 위하여 필요한 경우에는 다음 각 호의 행위를 할 수 있다.
1. 타인의 토지에 출입하는 행위
2. 특별한 용도로 이용되지 아니하고 있는 타인의 토지를 재료적치장 또는 임시도로로 일시 사용하는 행위
3. 특히 필요한 경우 죽목(竹木)·토석이나 그 밖의 장애물을 변경하거나 제거하는 행위

② 제1항에 따른 사업주체가 국민주택을 건설하거나 국민주택을 건설하기 위한 대지를 조성하는 경우에는 토지나 토지에 정착한 물건 및 그 토지나 물건에 관한 소유권 외의 권리(이하"토지등"이라 한다)를 수용하거나 사용할 수 있다.
③ 제1항의 경우에는 「국토의 계획 및 이용에 관한 법률」 제130조제2항부터 제9항까지 및 같은 법 제144조제1항제2호·제3호를 준용한다. 이 경우 "도시·군계획시설사업의 시행자"는 "사업주체"로,"제130조제1항"은 "이 법 제24조제1항"으로 본다.

제25조(토지에의 출입 등에 따른 손실보상) ① 제24조제1항에 따른 행위로 인하여 손실을 입은 자가 있는 경우에는 그 행위를 한 사업주체가 그 손실을 보상하여야 한다.
② 제1항에 따른 손실보상에 관하여는 그 손실을 보상할 자와 손실을 입은 자가 협의하여야 한다.
③ 손실을 보상할 자 또는 손실을 입은 자는 제2항에 따른 협의가 성립되지 아니하거나 협의를 할 수 없는 경우에는 「공익사업을 위한 토지 등의 취득 및 보상에 관한 법률」에 따른 관할 토지수용위원회에 재결(裁決)을 신청할 수 있다.
④ 제3항에 따른 관할 토지수용위원회의 재결에 관하여는 「공익사업을 위한 토지 등의 취득 및 보상에 관한 법률」 제83조부터 제87조까지의 규정을 준용한다.

제26조(토지매수 업무 등의 위탁) ① 국가 또는 한국토지주택공사인 사업주체는 주택건설사업 또는 대지조성사업을 위한 토지매수 업무와 손실보상 업무를 대통령령으로 정하는 바에 따라 관할 지방자치단체의 장에게 위탁할 수 있다.
② 사업주체가 제1항에 따라 토지매수 업무와 손실보상 업무를 위탁할 때에는 그 토지매수 금액과 손실보상 금액의 2퍼센트의 범위에서 대통령령으로 정하는 요율의 위탁수수료를 해당 지방자치단체에 지급하여야 한다.

제27조(「공익사업을 위한 토지 등의 취득 및 보상에 관한 법률」의 준용) ① 제24조제2항에 따라 토지등을 수용하거나 사용하는 경우 이 법에 규정된 것 외에는 「공익사업을 위한 토지 등의 취득 및 보상에 관한 법률」을 준용한다.
② 제1항에 따라 「공익사업을 위한 토지 등의 취득 및 보상에 관한 법률」을 준용하는 경우에는 "「공익사업을 위한 토지 등의 취득 및 보상에 관한 법률」 제20조제1항에 따른 사업인정"을 "제15조에 따른 사업계획승인"으로 본다. 다만, 재결신청은 「공익사업을 위

한 토지 등의 취득 및 보상에 관한 법률」 제23조제1항 및 제28조제1항에도 불구하고 사업계획승인을 받은 주택건설사업 기간 이내에 할 수 있다.

제28조(간선시설의 설치 및 비용의 상환) ① 사업주체가 대통령령으로 정하는 호수 이상의 주택건설사업을 시행하는 경우 또는 대통령령으로 정하는 면적 이상의 대지조성사업을 시행하는 경우 다음 각 호에 해당하는 자는 각각 해당 간선시설을 설치하여야 한다. 다만, 제1호에 해당하는 시설로서 사업주체가 제15조제1항 또는 제3항에 따른 주택건설사업계획 또는 대지조성사업계획에 포함하여 설치하려는 경우에는 그러하지 아니하다.

1. 지방자치단체: 도로 및 상하수도시설
2. 해당 지역에 전기·통신·가스 또는 난방을 공급하는 자: 전기시설·통신시설·가스시설 또는 지역난방시설
3. 국가: 우체통

② 제1항 각 호에 따른 간선시설은 특별한 사유가 없으면 제49조제1항에 따른 사용검사일까지 설치를 완료하여야 한다.

③ 제1항에 따른 간선시설의 설치 비용은 설치의무자가 부담한다. 이 경우 제1항제1호에 따른 간선시설의 설치 비용은 그 비용의 50퍼센트의 범위에서 국가가 보조할 수 있다.

④ 제3항에도 불구하고 제1항의 전기간선시설을 지중선로(地中線路)로 설치하는 경우에는 전기를 공급하는 자와 지중에 설치할 것을 요청하는 자가 각각 50퍼센트의 비율로 그 설치 비용을 부담한다. 다만, 사업지구 밖의 기간시설로부터 그 사업지구 안의 가장 가까운 주택단지(사업지구 안에 1개의 주택단지가 있는 경우에는 그 주택단지를 말한다)의 경계선까지 전기간선시설을 설치하는 경우에는 전기를 공급하는 자가 부담한다.

⑤ 지방자치단체는 사업주체가 자신의 부담으로 제1항제1호에 해당하지 아니하는 도로 또는 상하수도시설(해당 주택건설사업 또는 대지조성사업과 직접적으로 관련이 있는 경우로 한정한다)의 설치를 요청할 경우에는 이에 따를 수 있다.

⑥ 제1항에 따른 간선시설의 종류별 설치 범위는 대통령령으로 정한다.

⑦ 간선시설 설치의무자가 제2항의 기간까지 간선시설의 설치를 완료하지 못할 특별한 사유가 있는 경우에는 사업주체가 그 간선시설을 자기부담으로 설치하고 간선시설 설치의무자에게 그 비용의 상환을 요구할 수 있다.

⑧ 제7항에 따른 간선시설 설치 비용의 상환 방법 및 절차 등에 필요한 사항은 대통령령으로 정한다.

제29조(공공시설의 귀속 등) ① 사업주체가 제15조제1항 또는 제3항에 따라 사업계획승인을 받은 사업지구의 토지에 새로 공공시설을 설치하거나 기존의 공공시설에 대체되는 공공시설을 설치하는 경우 그 공공시설의 귀속에 관하여는 「국토의 계획 및 이용에 관한 법률」 제65조 및 제99조를 준용한다. 이 경우 "개발행위허가를 받은 자"는 "사업주체"로, "개발행위허가"는 "사업계획승인"으로, "행정청인 시행자"는 "한국토지주택공사 및 지방공사"로 본다.

② 제1항 후단에 따라 행정청인 시행자로 보는 한국토지주택공사 및 지방공사는 해당 공사에 귀속되는 공공시설을 해당 국민주택사업을 시행하는 목적 외로는 사용하거나 처분할 수 없다.

▶ 판례 – 구 주택법상 입주자나 입주예정자가 사용검사처분의 무효확인 또는 취소를 구할 법률상 이익이 있는지 여부(소극)

건물의 사용검사처분은 건축허가를 받아 건축된 건물이 건축허가 사항 대로 건축행정 목적에 적합한지 여부를 확인하고 사용검사필증을 교부하여 줌으로써 허가받은 사람으로 하여금 건축한 건물을 사용·수익할 수 있게 하는 법률효과를 발생시키는 것이다. 이러한 사용검사처분은 건축물을 사용·수익할 수 있게 하는 데 그치므로 건축물에 대하여 사용검사처분이 이루어졌다고 하더라도 그 사정만으로는 건축물에 있는 하자나 건축법 등 관계 법령에 위배되는 사실이 정당화되지는 아니하며, 또한 건축물에 대한 사용검사처분의 무효확인을 받거나 처분이 취소된다고 하더라도 사용검사 전의 상태로 돌아가 건축물을 사용할 수 없게 되는 것에 그칠 뿐 곧바로 건축물의 하자 상태 등이 제거되거나 보완되는 것도 아니다. 그리고 입주자나 입주예정자들은 사용검사처분의 무효확인을 받거나 처분을 취소하지 않고도 민사소송 등을 통하여 분양계약에 따른 법률관계 및 하자 등을 주장·증명함으로써 사업주체 등으로부터 하자의 제거·보완 등에 관한 권리구제를 받을 수 있으므로, 사용검사

처분의 무효확인 또는 취소 여부에 의하여 법률적인 지위가 달라진다고 할 수 없으며, 구 주택공급에 관한 규칙(2012. 3. 30. 국토해양부령 제452호로 개정되기 전의 것)에서 주택공급계약에 관하여 사용검사와 관련된 규정을 두고 있다고 하더라도 달리 볼 것은 아니다. 오히려 주택에 대한 사용검사처분이 있으면, 그에 따라 입주예정자들이 주택에 입주하여 이를 사용할 수 있게 되므로 일반적으로 입주예정자들에게 이익이 되고, 다수의 입주자들이 사용검사권자의 사용검사처분을 신뢰하여 입주를 마치고 제3자에게 주택을 매매 내지 임대하거나 담보로 제공하는 등 사용검사처분을 기초로 다수의 법률관계가 형성되는데, 일부 입주자나 입주예정자가 사업주체와의 개별적 분쟁 등을 이유로 사용검사처분의 무효확인 또는 취소를 구하게 되면, 처분을 신뢰한 다수의 이익에 반하게 되는 상황이 발생할 수 있다. 위와 같은 사정들을 종합하여 볼 때, 구 주택법(2012. 1. 26. 법률 제11243호로 개정되기 전의 것)상 입주자나 입주예정자는 사용검사처분의 무효확인 또는 취소를 구할 법률상 이익이 없다. [대법원 2015.1.29, 선고, 2013두24976, 판결]

제30조(국공유지 등의 우선 매각 및 임대) ① 국가 또는 지방자치단체는 그가 소유하는 토지를 매각하거나 임대하는 경우에는 다음 각 호의 어느 하나의 목적으로 그 토지의 매수 또는 임차를 원하는 자가 있으면 그에게 우선적으로 그 토지를 매각하거나 임대할 수 있다.

1. 국민주택규모의 주택을 대통령령으로 정하는 비율 이상으로 건설하는 주택의 건설
2. 주택조합이 건설하는 주택(이하 "조합주택"이라 한다)의 건설
3. 제1호 또는 제2호의 주택을 건설하기 위한 대지의 조성

② 국가 또는 지방자치단체는 제1항에 따라 국가 또는 지방자치단체로부터 토지를 매수하거나 임차한 자가 그 매수일 또는 임차일부터 2년 이내에 국민주택규모의 주택 또는 조합주택을 건설하지 아니하거나 그 주택을 건설하기 위한 대지조성사업을 시행하지 아니한 경우에는 환매(還買)하거나 임대계약을 취소할 수 있다.

▶ 판례 – [1] 주택법 제30조에 따라 주택건설사업에 준용되는 국토의 계획 및 이용에 관한 법률 제65조 제2항 후단의, 용도가 폐지되는 공공시설은 개발행위허가를 받은 자에게 '무상으로 양도할 수 있다'는 규정이 재량규정인지 여부(적극)
[2] 도시 및 주거환경정비법 제65조 제2항 후단의, 용도가 폐지되는 정비기반시설은 사업시행자에게 '무상으로 양도된다'는 규정이 강행규정인지 여부(적극)
[3] 용도가 폐지되는 도로·공원·수도 등 시설에 대해, 주택법에 따른 주택건설사업의 경우에는 무상양도를 행정청이 재량으로 정할 수 있다고 보는 데 반해 도시 및 주거환경정비법에 따른 정비사업의 경우에는 반드시 무상양도를 하여야 하는 것으로 해석하는 것이 주택건설사업자를 불합리하게 차별하거나 헌법의 재산권보장조항에 배치되는지 여부(소극) [대법원 2014.1.29, 선고, 2013다200483, 판결]

제31조(환지 방식에 의한 도시개발사업으로 조성된 대지의 활용) ① 사업주체가 국민주택용지로 사용하기 위하여 도시개발사업시행자[「도시개발법」에 따른 환지(換地) 방식에 의하여 사업을 시행하는 도시개발사업의 시행자를 말한다. 이하 이 조에서 같다]에게 체비지(替費地)의 매각을 요구한 경우 그 도시개발사업시행자는 대통령령으로 정하는 바에 따라 체비지의 총면적의 50퍼센트의 범위에서 이를 우선적으로 사업주체에게 매각할 수 있다.

② 제1항의 경우 사업주체가 「도시개발법」 제28조에 따른 환지 계획의 수립 전에 체비지의 매각을 요구하면 도시개발사업시행자는 사업주체에게 매각할 체비지를 그 환지 계획에서 하나의 단지로 정하여야 한다.

③ 제1항에 따른 체비지의 양도가격은 국토교통부령으로 정하는 바에 따라 「감정평가 및 감정평가사에 관한 법률」에 따른 감정평가업자가 감정평가한 감정가격을 기준으로 한다. 다만, 임대주택을 건설하는 경우 등 국토교통부령으로 정하는 경우에는 국토교통부령으로 정하는 조성원가를 기준으로 할 수 있다. <개정 2016.1.19.>

제32조(서류의 열람) 국민주택을 건설·공급하는 사업주체는 주택건설사업 또는 대지조성사업을 시행할 때 필요한 경우에는 등기소나 그 밖의 관계 행정기관의 장에게 필요한 서류의 열람·등사나 그 등본 또는 초본의 발급을 무료로 청구할 수 있다.

▶ 판례 – [1] 상품의 허위·과장 광고가 기망행위가 되는 경우

[2] 지역주택조합이 설립인가를 받기 전 단계에서 시공사와 공사도급가계약 등을 체결한 경우, 지역주택조합과 시공사가 민법상 조합관계에 의한 공동책임을 지는지 여부(소극)
[3] 사정변경을 근거로 한 계약해제가 인정되는 경우 및 채무 이행불능의 의미 [대법원 2014.6.12, 선고, 2013다75892, 판결]

제4절 주택의 건설

제33조(주택의 설계 및 시공) ① 제15조에 따른 사업계획승인을 받아 건설되는 주택(부대시설과 복리시설을 포함한다. 이하 이 조, 제49조, 제54조 및 제61조에서 같다)을 설계하는 자는 대통령령으로 정하는 설계도서 작성기준에 맞게 설계하여야 한다.
② 제1항에 따른 주택을 시공하는 자(이하 "시공자"라 한다)와 사업주체는 설계도서에 맞게 시공하여야 한다.

제34조(주택건설공사의 시공 제한 등) ① 제15조에 따른 사업계획승인을 받은 주택의 건설공사는 「건설산업기본법」 제9조에 따른 건설업자로서 대통령령으로 정하는 자 또는 제7조에 따라 건설업자로 간주하는 등록사업자가 아니면 이를 시공할 수 없다.
② 공동주택의 방수·위생 및 냉난방 설비공사는 「건설산업기본법」 제9조에 따른 건설업자로서 대통령령으로 정하는 자(특정열사용기자재를 설치·시공하는 경우에는 「에너지이용 합리화법」에 따른 시공업자를 말한다)가 아니면 이를 시공할 수 없다.
③ 국가 또는 지방자치단체인 사업주체는 제15조에 따른 사업계획승인을 받은 주택건설공사의 설계와 시공을 분리하여 발주하여야 한다. 다만, 주택건설공사 중 대통령령으로 정하는 대형공사로서 기술관리상 설계와 시공을 분리하여 발주할 수 없는 공사의 경우에는 대통령령으로 정하는 입찰방법으로 시행할 수 있다.

제35조(주택건설기준 등) ① 사업주체가 건설·공급하는 주택의 건설 등에 관한 다음 각 호의 기준(이하 "주택건설기준등"이라 한다)은 대통령령으로 정한다.
1. 주택 및 시설의 배치, 주택과의 복합건축 등에 관한 주택건설기준
2. 세대 간의 경계벽, 바닥충격음 차단구조, 구조내력(構造耐力) 등 주택의 구조·설비기준
3. 부대시설의 설치기준
4. 복리시설의 설치기준
5. 대지조성기준
6. 주택의 규모 및 규모별 건설비율

② 지방자치단체는 그 지역의 특성, 주택의 규모 등을 고려하여 주택건설기준등의 범위에서 조례로 구체적인 기준을 정할 수 있다.
③ 사업주체는 제1항의 주택건설기준등 및 제2항의 기준에 따라 주택건설사업 또는 대지조성사업을 시행하여야 한다.

제36조(도시형 생활주택의 건설기준) ① 사업주체(「건축법」 제2조제12호에 따른 건축주를 포함한다)가 도시형 생활주택을 건설하려는 경우에는 「국토의 계획 및 이용에 관한 법률」에 따른 도시지역에 대통령령으로 정하는 유형과 규모 등에 적합하게 건설하여야 한다.
② 하나의 건축물에는 도시형 생활주택과 그 밖의 주택을 복합하여 건축할 수 없다. 다만, 대통령령으로 정하는 요건을 갖춘 경우에는 그러하지 아니하다.

제37조(에너지절약형 친환경주택 등의 건설기준) ① 사업주체가 제15조에 따른 사업계획승인을 받아 주택을 건설하려는 경우에는 에너지 고효율 설비기술 및 자재 적용 등 대통령령으로 정하는 바에 따라 에너지절약형 친환경주택으로 건설하여야 한다. 이 경우 사업주체는 제15조에 따른 서류에 에너지절약형 친환경주택 건설기준 적용 현황 등 대통령령으로 정하는 서류를 첨부하여야 한다.
② 사업주체가 대통령령으로 정하는 호수 이상의 주택을 건설하려는 경우에는 친환경 건축자재 사용 등 대통령령으로 정하는 바에 따라 건강친화형 주택으로 건설하여야 한다.

제38조(장수명 주택의 건설기준 및 인증제도 등)
① 국토교통부장관은 장수명 주택의 건설기준을 정하여 고시할 수 있다.
② 국토교통부장관은 장수명 주택의 공급 활성화를 유도하기 위하여 제1항의 건설기준에 따라 장수명 주택 인증제도를 시행할 수 있다.
③ 사업주체가 대통령령으로 정하는 호수 이

상의 주택을 공급하고자 하는 때에는 제2항의 인증제도에 따라 대통령령으로 정하는 기준 이상의 등급을 인정받아야 한다.

④ 국가, 지방자치단체 및 공공기관의 장은 장수명 주택을 공급하는 사업주체 및 장수명 주택 취득자에게 법률 등에서 정하는 바에 따라 행정상·세제상의 지원을 할 수 있다.

⑤ 국토교통부장관은 제2항의 인증제도를 시행하기 위하여 인증기관을 지정하고 관련 업무를 위탁할 수 있다.

⑥ 제2항의 인증제도의 운영과 관련하여 인증기준, 인증절차, 수수료 등은 국토교통부령으로 정한다.

⑦ 제2항의 인증제도에 따라 국토교통부령으로 정하는 기준 이상의 등급을 인정받은 경우 「국토의 계획 및 이용에 관한 법률」에도 불구하고 대통령령으로 정하는 범위에서 건폐율·용적률·높이제한을 완화할 수 있다.

제39조(공동주택성능등급의 표시) 사업주체가 대통령령으로 정하는 호수 이상의 공동주택을 공급할 때에는 주택의 성능 및 품질을 입주자가 알 수 있도록 「녹색건축물 조성 지원법」에 따라 다음 각 호의 공동주택성능에 대한 등급을 발급받아 국토교통부령으로 정하는 방법으로 입주자 모집공고에 표시하여야 한다.

1. 경량충격음·중량충격음·화장실소음·경계소음 등 소음 관련 등급
2. 리모델링 등에 대비한 가변성 및 수리 용이성 등 구조 관련 등급
3. 조경·일조확보율·실내공기질·에너지절약 등 환경 관련 등급
4. 커뮤니티시설, 사회적 약자 배려, 홈네트워크, 방범안전 등 생활환경 관련 등급
5. 화재·소방·피난안전 등 화재·소방 관련 등급

제40조(환기시설의 설치 등) 사업주체는 공동주택의 실내 공기의 원활한 환기를 위하여 대통령령으로 정하는 기준에 따라 환기시설을 설치하여야 한다.

▶ 판례 - 임대주택법 제18조에서 정한 금지사항 부기등기가 말소된 경우, 임차인이 임대사업자를 상대로 말소된 금지사항 부기등기의 회복을 청구할 수 있는지 여부(소극)

임대주택법은 금지사항 부기등기의 말소에 관하여 명문의 규정을 두지 않고 있으나, 제3조에서 임대주택의 건설·공급 및 관리에 관하여 이 법으로 정하지 아니한 사항에는 주택법과 주택임대차보호법을 적용한다고 규정하고 있고, 주택법 제40조 제3항 후단과 제4항 후단의 위임에 따른 주택법 시행령 제45조의 규정 내용 등에 비추어 보면, 임대주택법상 금지사항 부기등기는 말소사유에 따라 임대사업자의 신청에 의하여 말소하거나 등기관이 직권 또는 법원의 촉탁에 의하여 말소하는 것으로 해석된다. 위와 같이 임대주택법 제18조에 의한 금지사항 부기등기나 말소는 임대사업자 단독의 신청이나 등기관의 직권 또는 법원의 촉탁에 의하여 이루어지도록 되어 있으므로 말소된 금지사항 부기등기의 회복과 관련하여 임차인과 임대사업자를 등기 절차상의 등기권리자나 등기의무자라고 보기 어렵다. 그런데 말소등기회복청구의 소는 어떤 등기의 전부 또는 일부가 부적법하게 말소된 경우에 말소된 등기를 회복하기 위하여 제기하는 소로서 등기권리자가 등기의무자를 상대로 제기하여야 하는 것이므로, 등기권리자가 아닌 임차인이 등기의무자가 아닌 임대사업자를 상대로 말소된 금지사항 부기등기의 회복을 청구하는 것은 부적법하여 허용될 수 없다. [대법원 2015.8.27, 선고, 2013다204737, 판결]

제41조(바닥충격음 성능등급 인정 등) ① 국토교통부장관은 제35조제1항제2호에 따른 주택건설기준 중 공동주택 바닥충격음 차단구조의 성능등급을 대통령령으로 정하는 기준에 따라 인정하는 기관(이하 "바닥충격음 성능등급 인정기관"이라 한다)을 지정할 수 있다.

② 바닥충격음 성능등급 인정기관은 성능등급을 인정받은 제품(이하 "인정제품"이라 한다)이 다음 각 호의 어느 하나에 해당하면 그 인정을 취소할 수 있다. 다만, 제1호에 해당하는 경우에는 그 인정을 취소하여야 한다.

1. 거짓이나 그 밖의 부정한 방법으로 인정받은 경우
2. 인정받은 내용과 다르게 판매·시공한 경우
3. 인정제품이 국토교통부령으로 정한 품질관리기준을 준수하지 아니한 경우
4. 인정의 유효기간을 연장하기 위한 시험결과를 제출하지 아니한 경우

③ 제1항에 따른 바닥충격음 차단구조의 성능등급 인정의 유효기간 및 성능등급 인정

에 드는 수수료 등 바닥충격음 차단구조의 성능등급 인정에 필요한 사항은 대통령령으로 정한다.
④ 바닥충격음 성능등급 인정기관의 지정 요건 및 절차 등은 대통령령으로 정한다.
⑤ 국토교통부장관은 바닥충격음 성능등급 인정기관이 다음 각 호의 어느 하나에 해당하는 경우 그 지정을 취소할 수 있다. 다만, 제1호에 해당하는 경우에는 그 지정을 취소하여야 한다.
1. 거짓이나 그 밖의 부정한 방법으로 바닥충격음 성능등급 인정기관으로 지정을 받은 경우
2. 제1항에 따른 바닥충격음 차단구조의 성능등급의 인정기준을 위반하여 업무를 수행한 경우
3. 제4항에 따른 바닥충격음 성능등급 인정기관의 지정 요건에 맞지 아니한 경우
4. 정당한 사유 없이 2년 이상 계속하여 인정업무를 수행하지 아니한 경우

⑥ 국토교통부장관은 바닥충격음 성능등급 인정기관에 대하여 성능등급의 인정현황 등 업무에 관한 자료를 제출하게 하거나 소속 공무원에게 관련 서류 등을 검사하게 할 수 있다.
⑦ 제6항에 따라 검사를 하는 공무원은 그 권한을 나타내는 증표를 지니고 이를 관계인에게 내보여야 한다.

제42조(소음방지대책의 수립) ① 사업계획승인권자는 주택의 건설에 따른 소음의 피해를 방지하고 주택건설 지역 주민의 평온한 생활을 유지하기 위하여 주택건설사업을 시행하려는 사업주체에게 대통령령으로 정하는 바에 따라 소음방지대책을 수립하도록 하여야 한다.
② 사업계획승인권자는 대통령령으로 정하는 주택건설 지역이 도로와 인접한 경우에는 해당 도로의 관리청과 소음방지대책을 미리 협의하여야 한다. 이 경우 해당 도로의 관리청은 소음 관계 법률에서 정하는 소음기준 범위에서 필요한 의견을 제시할 수 있다.
③ 제1항에 따른 소음방지대책 수립에 필요한 실외소음도와 실외소음도를 측정하는 기준은 대통령령으로 정한다.
④ 국토교통부장관은 제3항에 따른 실외소음도를 측정할 수 있는 측정기관(이하 "실외소음도 측정기관"이라 한다)을 지정할 수 있다.
⑤ 국토교통부장관은 실외소음도 측정기관이 다음 각 호의 어느 하나에 해당하는 경우에는 그 지정을 취소할 수 있다. 다만, 제1호에 해당하는 경우 그 지정을 취소하여야 한다.
1. 거짓이나 그 밖의 부정한 방법으로 실외소음도 측정기관으로 지정을 받은 경우
2. 제3항에 따른 실외소음도 측정기준을 위반하여 업무를 수행한 경우
3. 제6항에 따른 실외소음도 측정기관의 지정 요건에 미달하게 된 경우

⑥ 실외소음도 측정기관의 지정 요건, 측정에 소요되는 수수료 등 실외소음도 측정에 필요한 사항은 대통령령으로 정한다.

제5절 주택의 감리 및 사용검사

제43조(주택의 감리자 지정 등) ① 사업계획승인권자가 제15조제1항 또는 제3항에 따른 주택건설사업계획을 승인하였을 때와 시장·군수·구청장이 제66조제1항에 따른 리모델링의 허가를 하였을 때에는 「건축사법」 또는 「건설기술 진흥법」에 따른 감리자격이 있는 자를 대통령령으로 정하는 바에 따라 해당 주택건설공사의 감리자로 지정하여야 한다. 다만, 사업주체가 국가·지방자치단체·한국토지주택공사·지방공사 또는 대통령령으로 정하는 자인 경우와 「건축법」 제25조에 따라 공사감리를 하는 도시형 생활주택의 경우에는 그러하지 아니하다.
② 사업계획승인권자는 감리자가 감리자의 지정에 관한 서류를 부정 또는 거짓으로 제출하거나, 업무 수행 중 위반 사항이 있음을 알고도 묵인하는 등 대통령령으로 정하는 사유에 해당하는 경우에는 감리자를 교체하고, 그 감리자에 대하여는 1년의 범위에서 감리업무의 지정을 제한할 수 있다.
③ 사업주체와 감리자 간의 책임 내용 및 범위는 이 법에서 규정한 것 외에는 당사자 간의 계약으로 정한다.
④ 국토교통부장관은 제3항에 따른 계약을 체결할 때 사업주체와 감리자 간에 공정하게 계약이 체결되도록 하기 위하여 감리용역표준계약서를 정하여 보급할 수 있다.

▶ 판례 - 구 주택법 제43조 제6항 본문이 입주자대표회의에 대하여 사업주체가 공동주택의 관리와 관련하여 제3자와 체결한 계약에 따른 권리·의무 등을 승계할 의무를 부과하는 규정인지 여부(소극)

구 주택법(2011. 9. 16. 법률 제11061호로 개정되기 전의 것, 이하 같다) 제43조 제6항 본문은 사업주체와 새로운 관리주체 사이에서 관리업무를 사실상 이전하여야 함을 규정하는 것이고, 구 주택법 제2조 제14호가 정하는 관리주체에도 해당하지 아니하는 입주자대표회의에 대하여 사업주체가 공동주택의 관리와 관련하여 제3자와 체결한 계약에 따른 권리·의무 등을 승계할 의무를 부과하는 규정이라고 볼 수 없다. [대법원 2016.2.18, 선고, 2012다119450,119467, 판결]

제44조(감리자의 업무 등) ① 감리자는 자기에게 소속된 자를 대통령령으로 정하는 바에 따라 감리원으로 배치하고, 다음 각 호의 업무를 수행하여야 한다.
1. 시공자가 설계도서에 맞게 시공하는지 여부의 확인
2. 시공자가 사용하는 건축자재가 관계 법령에 따른 기준에 맞는 건축자재인지 여부의 확인
3. 주택건설공사에 대하여 「건설기술 진흥법」 제55조에 따른 품질시험을 하였는지 여부의 확인
4. 시공자가 사용하는 마감자재 및 제품이 제54조제3항에 따라 사업주체가 시장·군수·구청장에게 제출한 마감자재 목록표 및 영상물 등과 동일한지 여부의 확인
5. 그 밖에 주택건설공사의 시공감리에 관한 사항으로서 대통령령으로 정하는 사항

② 감리자는 제1항 각 호에 따른 업무의 수행 상황을 국토교통부령으로 정하는 바에 따라 사업계획승인권자(제66조제1항에 따른 리모델링의 허가만 받은 경우는 허가권자를 말한다. 이하 이 조, 제45조, 제47조 및 제48조에서 같다) 및 사업주체에게 보고하여야 한다.
③ 감리자는 제1항 각 호의 업무를 수행하면서 위반 사항을 발견하였을 때에는 지체 없이 시공자 및 사업주체에게 위반 사항을 시정할 것을 통지하고, 7일 이내에 사업계획승인권자에게 그 내용을 보고하여야 한다.
④ 시공자 및 사업주체는 제3항에 따른 시정 통지를 받은 경우에는 즉시 해당 공사를 중지하고 위반 사항을 시정한 후 감리자의 확인을 받아야 한다. 이 경우 감리자의 시정 통지에 이의가 있을 때에는 즉시 그 공사를 중지하고 사업계획승인권자에게 서면으로 이의신청을 할 수 있다.
⑤ 제43조제1항에 따른 감리자의 지정 방법 및 절차와 제4항에 따른 이의신청의 처리 등에 필요한 사항은 대통령령으로 정한다.
⑥ 사업주체는 감리자에게 국토교통부령으로 정하는 절차 등에 따라 공사감리비를 지급하여야 한다.

제45조(감리자의 업무 협조) ① 감리자는 「전력기술관리법」 제14조의2, 「정보통신공사업법」 제8조, 「소방시설공사업법」 제17조에 따라 감리업무를 수행하는 자(이하 "다른 법률에 따른 감리자"라 한다)와 서로 협력하여 감리업무를 수행하여야 한다.
② 다른 법률에 따른 감리자는 공정별 감리계획서 등 대통령령으로 정하는 자료를 감리자에게 제출하여야 하며, 감리자는 제출된 자료를 근거로 다른 법률에 따른 감리자와 협의하여 전체 주택건설공사에 대한 감리계획서를 작성하여 감리업무를 착수하기 전에 사업계획승인권자에게 보고하여야 한다.
③ 감리자는 주택건설공사의 품질·안전 관리 및 원활한 공사 진행을 위하여 다른 법률에 따른 감리자에게 공정 보고 및 시정을 요구할 수 있으며, 다른 법률에 따른 감리자는 요청에 따라야 한다.

제46조(건축구조기술사와의 협력) ① 수직증축형 리모델링(세대수가 증가되지 아니하는 리모델링을 포함한다. 이하 같다)의 감리자는 감리업무 수행 중에 다음 각 호의 어느 하나에 해당하는 사항이 확인된 경우에는 「국가기술자격법」에 따른 건축구조기술사(해당 건축물의 리모델링 구조설계를 담당한 자를 말하며, 이하 "건축구조기술사"라 한다)의 협력을 받아야 한다. 다만, 구조설계를 담당한 건축구조기술사가 사망하는 등 대통령령으로 정하는 사유로 감리자가 협력을 받을 수 없는 경우에는 대통령령으로 정하는 건축구조기술사의 협력을 받아야 한다.
1. 수직증축형 리모델링 허가 시 제출한 구조도 또는 구조계산서와 다르게 시공하고자 하는 경우
2. 내력벽(耐力壁), 기둥, 바닥, 보 등 건축물의 주요 구조부에 대하여 수직증축형 리모델링 허가 시 제출한 도면보다 상세한 도면 작성이 필요한 경우
3. 내력벽, 기둥, 바닥, 보 등 건축물의 주요 구조부의 철거 또는 보강 공사를 하는 경우로서 국토교통부령으로 정하는 경우
4. 그 밖에 건축물의 구조에 영향을 미치는

사항으로서 국토교통부령으로 정하는 경우
② 제1항에 따라 감리자에게 협력한 건축구조기술사는 분기별 감리보고서 및 최종 감리보고서에 감리자와 함께 서명날인하여야 한다.
③ 제1항에 따라 협력을 요청받은 건축구조기술사는 독립되고 공정한 입장에서 성실하게 업무를 수행하여야 한다.
④ 수직증축형 리모델링을 하려는 자는 제1항에 따라 감리자에게 협력한 건축구조기술사에게 적정한 대가를 지급하여야 한다.

제47조(부실감리자 등에 대한 조치) 사업계획승인권자는 제43조 및 제44조에 따라 지정·배치된 감리자 또는 감리원(다른 법률에 따른 감리자 또는 그에게 소속된 감리원을 포함한다)이 그 업무를 수행할 때 고의 또는 중대한 과실로 감리를 부실하게 하거나 관계 법령을 위반하여 감리를 함으로써 해당 사업주체 또는 입주자 등에게 피해를 입히는 등 주택건설공사가 부실하게 된 경우에는 그 감리자의 등록 또는 감리원의 면허나 그 밖의 자격인정 등을 한 행정기관의 장에게 등록말소·면허취소·자격정지·영업정지나 그 밖에 필요한 조치를 하도록 요청할 수 있다.

▶ 판례 - 구 주택법 제43조 제6항 본문이 입주자대표회의에 대하여 사업주체가 공동주택의 관리와 관련하여 제3자와 체결한 계약에 따른 권리·의무 등을 승계할 의무를 부과하는 규정인지 여부(소극)

구 주택법(2011. 9. 16. 법률 제11061호로 개정되기 전의 것, 이하 같다) 제43조 제6항 본문은 사업주체와 새로운 관리주체 사이에서 관리업무를 사실상 이전하여야 함을 규정하는 것이고, 구 주택법 제2조 제14호가 정하는 관리주체에도 해당하지 아니하는 입주자대표회의에 대하여 사업주체가 공동주택의 관리와 관련하여 제3자와 체결한 계약에 따른 권리·의무 등을 승계할 의무를 부과하는 규정이라고 볼 수 없다. [대법원 2016.2.18, 선고, 2012다119450,119467, 판결]

제48조(감리자에 대한 실태점검 등) ① 사업계획승인권자는 주택건설공사의 부실방지, 품질 및 안전 확보를 위하여 해당 주택건설공사의 감리자를 대상으로 각종 시험 및 자재확인 업무에 대한 이행 실태 등 대통령령으로 정하는 사항에 대하여 실태점검(이하 "실태점검"이라 한다)을 실시할 수 있다.
② 사업계획승인권자는 실태점검 결과 제44조제1항에 따른 감리업무의 소홀이 확인된 경우에는 시정명령을 하거나, 제43조제2항에 따라 감리자 교체를 하여야 한다.
③ 사업계획승인권자는 실태점검에 따른 감리자에 대한 시정명령 또는 교체지시 사실을 국토교통부령으로 정하는 바에 따라 국토교통부장관에게 보고하여야 하며, 국토교통부장관은 해당 내용을 종합관리하여 제43조제1항에 따른 감리자 지정에 관한 기준에 반영할 수 있다.

제49조(사용검사 등) ① 사업주체는 제15조에 따른 사업계획승인을 받아 시행하는 주택건설사업 또는 대지조성사업을 완료한 경우에는 주택 또는 대지에 대하여 국토교통부령으로 정하는 바에 따라 시장·군수·구청장(국가 또는 한국토지주택공사가 사업주체인 경우와 대통령령으로 정하는 경우에는 국토교통부장관을 말한다. 이하 이 조에서 같다)의 사용검사를 받아야 한다. 다만, 제15조제3항에 따라 사업계획을 승인받은 경우에는 완공된 주택에 대하여 공구별로 사용검사(이하 "분할 사용검사"라 한다)를 받을 수 있고, 사업계획승인 조건의 미이행 등 대통령령으로 정하는 사유가 있는 경우에는 공사가 완료된 주택에 대하여 동별로 사용검사(이하 "동별 사용검사"라 한다)를 받을 수 있다.
② 사업주체가 제1항에 따른 사용검사를 받았을 때에는 제19조제1항에 따라 의제되는 인·허가등에 따른 해당 사업의 사용승인·준공검사 또는 준공인가 등을 받은 것으로 본다. 이 경우 제1항에 따른 사용검사를 하는 시장·군수·구청장(이하 "사용검사권자"라 한다)은 미리 관계 행정기관의 장과 협의하여야 한다.
③ 제1항에도 불구하고 다음 각 호의 구분에 따라 해당 주택의 시공을 보증한 자, 해당 주택의 시공자 또는 입주예정자는 대통령령으로 정하는 바에 따라 사용검사를 받을 수 있다.
1. 사업주체가 파산 등으로 사용검사를 받을 수 없는 경우에는 해당 주택의 시공을 보증한 자 또는 입주예정자
2. 사업주체가 정당한 이유 없이 사용검사를 위한 절차를 이행하지 아니하는 경우에는 해당 주택의 시공을 보증한 자, 해당 주택의 시공자 또는 입주예정자. 이 경우 사용검사권자는 사업주체가 사용검사를 받지 아니하는 정당한 이유를 밝히지 못하면 사용검사

를 거부하거나 지연할 수 없다.
④ 사업주체 또는 입주예정자는 제1항에 따른 사용검사를 받은 후가 아니면 주택 또는 대지를 사용하게 하거나 이를 사용할 수 없다. 다만, 대통령령으로 정하는 경우로서 사용검사권자의 임시 사용승인을 받은 경우에는 그러하지 아니하다.

제50조(사용검사 등의 특례에 따른 하자보수보증금 면제) ① 제49조제3항에 따라 사업주체의 파산 등으로 입주예정자가 사용검사를 받을 때에는 「공동주택관리법」 제38조제1항에도 불구하고 입주예정자의 대표회의가 사용검사권자에게 사용검사를 신청할 때 하자보수보증금을 예치하여야 한다.
② 제1항에 따라 입주예정자의 대표회의가 하자보수보증금을 예치할 경우 제49조제4항에도 불구하고 2015년 12월 31일 당시 제15조에 따른 사업계획승인을 받아 사실상 완공된 주택에 사업주체의 파산 등으로 제49조제1항 또는 제3항에 따른 사용검사를 받지 아니하고 무단으로 점유하여 거주(이하 이 조에서 "무단거주"라 한다)하는 입주예정자가 2016년 12월 31일까지 사용검사권자에게 사용검사를 신청할 때에는 다음 각 호의 구분에 따라 「공동주택관리법」 제38조제1항에 따른 하자보수보증금을 면제하여야 한다.
1. 무단거주한 날부터 1년이 경과한 때: 10퍼센트
2. 무단거주한 날부터 2년이 경과한 때: 35퍼센트
3. 무단거주한 날부터 3년이 경과한 때: 55퍼센트
4. 무단거주한 날부터 4년이 경과한 때: 70퍼센트
5. 무단거주한 날부터 5년이 경과한 때: 85퍼센트
6. 무단거주한 날부터 10년이 경과한 때: 100퍼센트

③ 제2항 각 호의 무단거주한 날은 주택에 최초로 입주예정자가 입주한 날을 기산일로 한다. 이 경우 입주예정자가 입주한 날은 주민등록 신고일이나 전기, 수도요금 영수증 등으로 확인한다.
④ 제1항에 따라 무단거주하는 입주예정자가 사용검사를 받았을 때에는 제49조제2항을 준용한다. 이 경우 "사업주체"를 "무단거주하는 입주예정자"로 본다.
⑤ 제1항에 따라 입주예정자의 대표회의가 하자보수보증금을 예치한 경우 「공동주택관리법」 제36조제3항에 따른 담보책임기간은 제2항에 따라 면제받은 기간만큼 줄어드는 것으로 본다. <개정 2017.4.18.>

제6절 공업화주택의 인정 등

제51조(공업화주택의 인정 등) ① 국토교통부장관은 다음 각 호의 어느 하나에 해당하는 부분을 국토교통부령으로 정하는 성능기준 및 생산기준에 따라 맞춤식 등 공업화공법으로 건설하는 주택을 공업화주택(이하 "공업화주택"이라 한다)으로 인정할 수 있다.
1. 주요 구조부의 전부 또는 일부
2. 세대별 주거 공간의 전부 또는 일부[거실(「건축법」 제2조제6호에 따른다)·화장실·욕조 등 일부로서의 기능이 가능한 단위 공간을 말한다]

② 국토교통부장관, 시·도지사 또는 시장·군수는 다음 각 호의 구분에 따라 주택을 건설하려는 자에 대하여 「건설산업기본법」 제9조제1항에도 불구하고 대통령령으로 정하는 바에 따라 해당 주택을 건설하게 할 수 있다.
1. 국토교통부장관: 「건설기술 진흥법」 제14조에 따라 국토교통부장관이 고시한 새로운 건설기술을 적용하여 건설하는 공업화주택
2. 시·도지사 또는 시장·군수: 공업화주택

③ 공업화주택의 인정에 필요한 사항은 대통령령으로 정한다.

▶ 판례 – [1] 임대사업자는 특별수선충당금을 실제로 적립하였는지와 상관없이 임대주택법령에서 정한 기준에 따라 산정된 금액을 분양 전환 후 입주자대표회의에 인계하여야 하는지 여부(적극)
[2] 임대주택의 일부 또는 전부가 분양 전환된 경우, 임대사업자가 구 주택건설촉진법에 의한 관리주체로서 분양 세대에게서 특별수선충당금을 징수·적립할 의무를 부담하는지 여부(적극) 및 이 경우 임대사업자가 특별수선충당금을 실제로 적립하지 않았더라도 이를 인계할 의무를 부담하는지 여부(소극)
[대법원 2014.9.4, 선고, 2013다216150, 판결]

제52조(공업화주택의 인정취소) 국토교통부장관은 제51조제1항에 따라 공업화주택을 인정받은 자가 다음 각 호의 어느 하나에 해당하는

경우에는 공업화주택의 인정을 취소할 수 있다. 다만, 제1호에 해당하는 경우에는 그 인정을 취소하여야 한다.

1. 거짓이나 그 밖의 부정한 방법으로 인정을 받은 경우
2. 인정을 받은 기준보다 낮은 성능으로 공업화주택을 건설한 경우

제53조(공업화주택의 건설 촉진) ① 국토교통부장관, 시·도지사 또는 시장·군수는 사업주체가 건설할 주택을 공업화주택으로 건설하도록 사업주체에게 권고할 수 있다.

② 공업화주택의 건설 및 품질 향상과 관련하여 국토교통부령으로 정하는 기술능력을 갖추고 있는 자가 공업화주택을 건설하는 경우에는 제33조·제43조·제44조 및 「건축사법」 제4조를 적용하지 아니한다.

제3장 주택의 공급 등

제54조(주택의 공급) ① 사업주체(「건축법」 제11조에 따른 건축허가를 받아 주택 외의 시설과 주택을 동일 건축물로 하여 제15조제1항에 따른 호수 이상으로 건설·공급하는 건축주와 제49조에 따라 사용검사를 받은 주택을 사업주체로부터 일괄하여 양수받은 자를 포함한다. 이하 이 장에서 같다)는 다음 각 호에서 정하는 바에 따라 주택을 건설·공급하여야 한다. 이 경우 국가유공자, 보훈보상대상자, 장애인, 철거주택의 소유자, 그 밖에 국토교통부령으로 정하는 대상자에게는 국토교통부령으로 정하는 바에 따라 입주자 모집조건 등을 달리 정하여 별도로 공급할 수 있다.

1. 사업주체(공공주택사업자는 제외한다)가 입주자를 모집하려는 경우: 국토교통부령으로 정하는 바에 따라 시장·군수·구청장의 승인(복리시설의 경우에는 신고를 말한다)을 받을 것
2. 사업주체가 건설하는 주택을 공급하려는 경우
   가. 국토교통부령으로 정하는 입주자모집의 조건·방법·절차, 입주금(입주예정자가 사업주체에게 납입하는 주택가격을 말한다. 이하 같다)의 납부 방법·시기·절차, 주택공급계약의 방법·절차 등에 적합할 것
   나. 국토교통부령으로 정하는 바에 따라 벽지·바닥재·주방용구·조명기구 등을 제외한 부분의 가격을 따로 제시하고, 이를 입주자가 선택할 수 있도록 할 것

② 주택을 공급받으려는 자는 국토교통부령으로 정하는 입주자자격, 재당첨 제한 및 공급 순위 등에 맞게 주택을 공급받아야 한다. 이 경우 제63조제1항에 따른 투기과열지구 및 제63조의2제1항에 따른 조정대상지역에서 건설·공급되는 주택을 공급받으려는 자의 입주자자격, 재당첨 제한 및 공급 순위 등은 주택의 수급 상황 및 투기 우려 등을 고려하여 국토교통부령으로 지역별로 달리 정할 수 있다. <개정 2017.8.9.>

③ 사업주체가 제1항제1호에 따라 시장·군수·구청장의 승인을 받으려는 경우(사업주체가 국가·지방자치단체·한국토지주택공사 및 지방공사인 경우에는 견본주택을 건설하는 경우를 말한다)에는 제60조에 따라 건설하는 견본주택에 사용되는 마감자재의 규격·성능 및 재질을 적은 목록표(이하 "마감자재 목록표"라 한다)와 견본주택의 각 실의 내부를 촬영한 영상물 등을 제작하여 승인권자에게 제출하여야 한다.

④ 사업주체는 주택공급계약을 체결할 때 입주예정자에게 다음 각 호의 자료 또는 정보를 제공하여야 한다. 다만, 입주자 모집공고에 이를 표시(인터넷에 게재하는 경우를 포함한다)한 경우에는 그러하지 아니하다.

1. 제3항에 따른 견본주택에 사용된 마감자재 목록표
2. 공동주택 발코니의 세대 간 경계벽에 피난구를 설치하거나 경계벽을 경량구조로 건설한 경우 그에 관한 정보

⑤ 시장·군수·구청장은 제3항에 따라 받은 마감자재 목록표와 영상물 등을 제49조제1항에 따른 사용검사가 있은 날부터 2년 이상 보관하여야 하며, 입주자가 열람을 요구하는 경우에는 이를 공개하여야 한다.

⑥ 사업주체가 마감자재 생산업체의 부도 등으로 인한 제품의 품귀 등 부득이한 사유로 인하여 제15조에 따른 사업계획승인 또는 마감자재 목록표의 마감자재와 다르게 마감자재를 시공·설치하려는 경우에는 당초의 마감자재와 같은 질 이상으로 설치하여야 한다.

⑦ 사업주체가 제6항에 따라 마감자재 목록표의 자재와 다른 마감자재를 시공·설치하려는 경우에는 그 사실을 입주예정자에게 알려야 한다.

제55조(자료제공의 요청) ① 국토교통부장관은 제54조제2항에 따라 주택을 공급받으려는 자의 입주자자격을 확인하기 위하여 필요하다고 인정하는 경우에는 주민등록 전산정보(주민등록번호·외국인등록번호 등 고유식별번호를 포함한다), 가족관계 등록사항, 국세, 지방세, 금융, 토지, 건물(건물등기부·건축물대장을 포함한다), 자동차, 건강보험, 국민연금, 고용보험 및 산업재해보상보험 등의 자료 또는 정보의 제공을 관계 기관의 장에게 요청할 수 있다. 이 경우 관계 기관의 장은 특별한 사유가 없으면 이에 따라야 한다.

② 국토교통부장관은 「금융실명거래 및 비밀보장에 관한 법률」 제4조제1항과 「신용정보의 이용 및 보호에 관한 법률」 제32조제2항에도 불구하고 제54조제2항에 따라 주택을 공급받으려는 자의 입주자자격을 확인하기 위하여 본인, 배우자, 본인 또는 배우자와 세대를 같이하는 세대원이 제출한 동의서면을 전자적 형태로 바꾼 문서에 의하여 금융기관 등(「금융실명거래 및 비밀보장에 관한 법률」 제2조제1호에 따른 금융회사등 및 「신용정보의 이용 및 보호에 관한 법률」 제25조에 따른 신용정보집중기관을 말한다. 이하 같다)의 장에게 다음 각 호의 자료 또는 정보의 제공을 요청할 수 있다.

1. 「금융실명거래 및 비밀보장에 관한 법률」 제2조제2호·제3호에 따른 금융자산 및 금융거래의 내용에 대한 자료 또는 정보 중 예금의 평균잔액과 그 밖에 국토교통부장관이 정하는 자료 또는 정보(이하 "금융정보"라 한다)
2. 「신용정보의 이용 및 보호에 관한 법률」 제2조제1호에 따른 신용정보 중 채무액과 그 밖에 국토교통부장관이 정하는 자료 또는 정보(이하 "신용정보"라 한다)
3. 「보험업법」 제4조제1항 각 호에 따른 보험에 가입하여 납부한 보험료와 그 밖에 국토교통부장관이 정하는 자료 또는 정보(이하 "보험정보"라 한다)

③ 국토교통부장관이 제2항에 따라 금융정보·신용정보 또는 보험정보(이하 "금융정보등"이라 한다)의 제공을 요청하는 경우 해당 금융정보등 명의인의 정보제공에 대한 동의서면을 함께 제출하여야 한다. 이 경우 동의서면은 전자적 형태로 바꾸어 제출할 수 있으며, 금융정보등을 제공한 금융기관 등의 장은 「금융실명거래 및 비밀보장에 관한 법률」 제4조의2제1항과 「신용정보의 이용 및 보호에 관한 법률」 제35조에도 불구하고 금융정보등의 제공사실을 명의인에게 통보하지 아니할 수 있다.

④ 국토교통부장관 및 사업주체(국가, 지방자치단체, 한국토지주택공사 및 지방공사로 한정한다)는 제1항 및 제2항에 따른 자료를 확인하기 위하여 「사회복지사업법」 제6조의2제2항에 따른 정보시스템을 연계하여 사용할 수 있다.

⑤ 국토교통부 소속 공무원 또는 소속 공무원이었던 사람과 제4항에 따른 사업주체의 소속 임직원은 제1항과 제2항에 따라 얻은 정보와 자료를 이 법에서 정한 목적 외의 다른 용도로 사용하거나 다른 사람 또는 기관에 제공하거나 누설하여서는 아니 된다.

▶ 판례 – 구 주택법에 따라 자치관리로 공동주택의 관리방법을 정한 아파트에서 자치관리기구 및 관리주체인 관리사무소장의 법적 지위(=입주자대표회의의 업무집행기관) 및 자치관리기구의 대표자 내지 관리주체인 관리사무소장이 구 주택법령 등에서 정한 공동주택 관리업무를 집행하면서 계약을 체결한 경우, 계약에 기한 권리·의무의 귀속주체와 계약의 당사자(=입주자대표회의)

구 주택법(2009. 12. 29. 법률 제9865호로 개정되기 전의 것, 이하 같다) 제2조 제14호 (가)목, 제43조 제4항, 제55조 제1항, 제2항, 구 주택법 시행령(2010. 3. 15. 대통령령 제22075호로 개정되기 전의 것) 제51조 제1항 제4호, 제53조 제1항 [별표 4], 제2항, 제3항, 제4항, 제55조 제1항, 제72조, 구 주택법 시행규칙(2010. 7. 6. 국토해양부령 제260호로 개정되기 전의 것) 제25조, 제32조의 체계 및 내용과 더불어, 자치관리기구의 대표자인 관리사무소장을 비롯한 직원들은 입주자대표회의와 관계에서 피용자의 지위에 있음을 감안할 때 자치관리기구가 일정한 인적 조직과 물적 시설을 갖추고 있다는 것만으로 단체로서의 실체를 갖춘 비법인사단으로 볼 수 없는 점, 구 주택법령과 그에 따른 관리규약에서 관리주체인 관리사무소장으로 하여금 그 명의로 공동주택의 관리업무에 관한 계약을 체결하도록 하는 등 일정 부분 관리업무의 독자성을 부여한 것은, 주택관리사 또는 주택관리사보의 자격을 가진 전문가인 관리사무소장에 의한 업무집행을 통하여 입주자대표회의 내부의 난맥상을 극복하고 공동주택의 적정한 관리를 도모하기 위한 취지일 뿐, 그러한 사정만으로 관리주체인 관리사무소장이라는 지위 자체에 사법상의 권리능력을 인정하기는 어려운 점 등을 종합하면, 구 주택법에 따라 자치관리로 공동주택의 관리방법을 정한 아파트에서 자치관리기구 및 관리주체인 관리사무소장은 비법인사단인 입주자대표회의의 업무집행기관에 해당할 뿐 권리·의무의 귀속주체로 볼 수 없다. 따라서 자치관리기구의 대표자 내지 관리주체인 관리사무소장이 구 주택법령과 그에 따른 관리규약에서 정한 공동주택의 관리업무를 집행하면서 체결한 계약에 기한 권리·의무는 비법인사단인 입주자대표회의에게 귀속되고, 그러한 계약의 당사자는 비법인사단인 입주자대표회의이다. [대법원 2015.1.29, 선고, 2014다62657, 판결]

제56조(입주자저축) ① 이 법에 따라 주택을 공급받으려는 자에게는 미리 입주금의 전부 또는 일부를 저축(이하 "입주자저축"이라 한다)하게 할 수 있다.
② 제1항에서 "입주자저축"이란 국민주택과 민영주택을 공급받기 위하여 가입하는 주택청약종합저축을 말한다.
③ 그 밖에 입주자저축의 납입방식·금액 및 조건 등에 필요한 사항은 국토교통부령으로 정한다.

제57조(주택의 분양가격 제한 등) ① 사업주체가 제54조에 따라 일반인에게 공급하는 공동주택 중 다음 각 호의 어느 하나에 해당하는 지역에서 공급하는 주택의 경우에는 이 조에서 정하는 기준에 따라 산정되는 분양가격 이하로 공급(이에 따라 공급되는 주택을"분양가상한제 적용주택"이라 한다. 이하 같다)하여야 한다.
1. 공공택지
2. 공공택지 외의 택지에서 주택가격 상승 우려가 있어 제58조에 따라 국토교통부장관이 「주거기본법」 제8조에 따른 주거정책심의위원회(이하 "주거정책심의위원회"라 한다) 심의를 거쳐 지정하는 지역

② 제1항에도 불구하고 다음 각 호의 어느 하나에 해당하는 경우에는 제1항을 적용하지 아니한다.
1. 도시형 생활주택
2. 「경제자유구역의 지정 및 운영에 관한 특별법」 제4조에 따라 지정·고시된 경제자유구역에서 건설·공급하는 공동주택으로서 같은 법 제25조에 따른 경제자유구역위원회에서 외자유치 촉진과 관련이 있다고 인정하여 이 조에 따른 분양가격 제한을 적용하지 아니하기로 심의·의결한 경우
3. 「관광진흥법」 제70조제1항에 따라 지정된 관광특구에서 건설·공급하는 공동주택으로서 해당 건축물의 층수가 50층 이상이거나 높이가 150미터 이상인 경우

③ 제1항의 분양가격은 택지비와 건축비로 구성(토지임대부 분양주택의 경우에는 건축비만 해당한다)되며, 구체적인 명세, 산정방식, 감정평가기관 선정방법 등은 국토교통부령으로 정한다. 이 경우 택지비는 다음 각 호에 따라 산정한 금액으로 한다. <개정 2016.1.19., 2016.12.27.>
1. 공공택지에서 주택을 공급하는 경우에는 해당 택지의 공급가격에 국토교통부령으로 정하는 택지와 관련된 비용을 가산한 금액
2. 공공택지 외의 택지에서 분양가상한제 적용주택을 공급하는 경우에는 「감정평가 및 감정평가사에 관한 법률」에 따라 감정평가한 가액에 국토교통부령으로 정하는 택지와 관련된 비용을 가산한 금액. 다만, 택지 매입가격이 다음 각 목의 어느 하나에 해당하는 경우에는 해당 매입가격(대통령령으로 정하는 범위로 한정한다)에 국토교통부령으로 정하는 택지와 관련된 비용을 가산한 금액을 택지비로 볼 수 있다. 이 경우 택지비는 주택단지 전체에 동일하게 적용하여야 한다.
   가. 「민사집행법」, 「국세징수법」 또는 「지방세징수법」에 따른 경매·공매 낙찰가격
   나. 국가·지방자치단체 등 공공기관으로부터 매입한 가격
   다. 그 밖에 실제 매매가격을 확인할 수 있는 경우로서 대통령령으로 정하는 경우

④ 제3항의 분양가격 구성항목 중 건축비는 국토교통부장관이 정하여 고시하는 건축비(이하 "기본형건축비"라 한다)에 국토교통부령으로 정하는 금액을 더한 금액으로 한다. 이 경우 기본형건축비는 시장·군수·구청장이 해당 지역의 특성을 고려하여 국토교통부령으로 정하는 범위에서 따로 정하여 고시할 수 있다.
⑤ 사업주체는 분양가상한제 적용주택으로서 공공택지에서 공급하는 주택에 대하여 입주자 모집 승인을 받았을 때에는 입주자 모집공고에 다음 각 호[국토교통부령으로 정하는 세분류(細分類)를 포함한다]에 대하여 분양가격을 공시하여야 한다.
1. 택지비

2. 공사비
3. 간접비
4. 그 밖에 국토교통부령으로 정하는 비용

⑥ 시장·군수·구청장이 제54조에 따라 공공택지 외의 택지에서 공급되는 분양가상한제 적용주택 중 분양가 상승 우려가 큰 지역으로서 대통령령으로 정하는 기준에 해당되는 지역에서 공급되는 주택의 입주자모집 승인을 하는 경우에는 다음 각 호의 구분에 따라 분양가격을 공시하여야 한다. 이 경우 제2호부터 제6호까지의 금액은 기본형건축비[특별자치시·특별자치도·시·군·구(구는 자치구의 구를 말하며, 이하 "시·군·구"라 한다)별 기본형건축비가 따로 있는 경우에는 시·군·구별 기본형건축비]의 항목별 가액으로 한다.

1. 택지비
2. 직접공사비
3. 간접공사비
4. 설계비
5. 감리비
6. 부대비
7. 그 밖에 국토교통부령으로 정하는 비용

⑦ 제5항 및 제6항에 따른 공시를 할 때 국토교통부령으로 정하는 택지비 및 건축비에 가산되는 비용의 공시에는 제59조에 따른 분양가심사위원회 심사를 받은 내용과 산출근거를 포함하여야 한다.

제58조(분양가상한제 적용 지역의 지정 및 해제) ① 국토교통부장관은 제57조제1항제2호에 따라 주택가격상승률이 물가상승률보다 현저히 높은 지역으로서 그 지역의 주택가격·주택거래 등과 지역 주택시장 여건 등을 고려하였을 때 주택가격이 급등하거나 급등할 우려가 있는 지역 중 대통령령으로 정하는 기준을 충족하는 지역은 주거정책심의위원회 심의를 거쳐 분양가상한제 적용 지역으로 지정할 수 있다.

② 국토교통부장관이 제1항에 따라 분양가상한제 적용 지역을 지정하는 경우에는 미리 시·도지사의 의견을 들어야 한다.

③ 국토교통부장관은 제1항에 따른 분양가상한제 적용 지역을 지정하였을 때에는 지체 없이 이를 공고하고, 그 지정 지역을 관할하는 시장·군수·구청장에게 공고 내용을 통보하여야 한다. 이 경우 시장·군수·구청장은 사업주체로 하여금 입주자 모집공고 시 해당 지역에서 공급하는 주택이 분양가상한제 적용주택이라는 사실을 공고하게 하여야 한다.

④ 국토교통부장관은 제1항에 따른 분양가상한제 적용 지역으로 계속 지정할 필요가 없다고 인정하는 경우에는 주거정책심의위원회 심의를 거쳐 분양가상한제 적용 지역의 지정을 해제하여야 한다.

⑤ 분양가상한제 적용 지역의 지정을 해제하는 경우에는 제2항 및 제3항 전단을 준용한다. 이 경우 "지정"은 "지정 해제"로 본다.

⑥ 분양가상한제 적용 지역으로 지정된 지역의 시·도지사, 시장, 군수 또는 구청장은 분양가상한제 적용 지역의 지정 후 해당 지역의 주택가격이 안정되는 등 분양가상한제 적용 지역으로 계속 지정할 필요가 없다고 인정하는 경우에는 국토교통부장관에게 그 지정의 해제를 요청할 수 있다.

⑦ 제6항에 따라 분양가상한제 적용 지역 지정의 해제를 요청하는 경우의 절차 등 필요한 사항은 대통령령으로 정한다.

제59조(분양가심사위원회의 운영 등) ① 시장·군수·구청장은 제57조에 관한 사항을 심의하기 위하여 분양가심사위원회를 설치·운영하여야 한다.

② 시장·군수·구청장은 제54조제1항제1호에 따라 입주자모집 승인을 할 때에는 분양가심사위원회의 심사결과에 따라 승인 여부를 결정하여야 한다.

③ 분양가심사위원회는 주택 관련 분야 교수, 주택건설 또는 주택관리 분야 전문직 종사자, 관계 공무원 또는 변호사·회계사·감정평가사 등 관련 전문가 10명 이내로 구성하되, 구성 절차 및 운영에 관한 사항은 대통령령으로 정한다.

④ 분양가심사위원회의 위원은 제1항부터 제3항까지의 업무를 수행할 때에는 신의와 성실로써 공정하게 심사를 하여야 한다.

제60조(견본주택의 건축기준) ① 사업주체가 주택의 판매촉진을 위하여 견본주택을 건설하려는 경우 견본주택의 내부에 사용하는 마감자재 및 가구는 제15조에 따른 사업계획승인의 내용과 같은 것으로 시공·설치하여야 한다.

② 사업주체는 견본주택의 내부에 사용하는 마감자재를 제15조에 따른 사업계획승인 또는 마감자재 목록표와 다른 마감자재로 설치하는 경우로서 다음 각 호의 어느 하나에 해당하는 경우에는 일반인이 그 해당 사항을

알 수 있도록 국토교통부령으로 정하는 바에 따라 그 공급가격을 표시하여야 한다.
1. 분양가격에 포함되지 아니하는 품목을 견본주택에 전시하는 경우
2. 마감자재 생산업체의 부도 등으로 인한 제품의 품귀 등 부득이한 경우
③ 견본주택에는 마감자재 목록표와 제15조에 따라 사업계획승인을 받은 서류 중 평면도와 시방서(示方書)를 갖춰 두어야 하며, 견본주택의 배치·구조 및 유지관리 등은 국토교통부령으로 정하는 기준에 맞아야 한다.

제61조(저당권설정 등의 제한) ① 사업주체는 주택건설사업에 의하여 건설된 주택 및 대지에 대하여는 입주자 모집공고 승인 신청일(주택조합의 경우에는 사업계획승인 신청일을 말한다) 이후부터 입주예정자가 그 주택 및 대지의 소유권이전등기를 신청할 수 있는 날 이후 60일까지의 기간 동안 입주예정자의 동의 없이 다음 각 호의 어느 하나에 해당하는 행위를 하여서는 아니 된다. 다만, 그 주택의 건설을 촉진하기 위하여 대통령령으로 정하는 경우에는 그러하지 아니하다.
1. 해당 주택 및 대지에 저당권 또는 가등기담보권 등 담보물권을 설정하는 행위
2. 해당 주택 및 대지에 전세권·지상권(地上權) 또는 등기되는 부동산임차권을 설정하는 행위
3. 해당 주택 및 대지를 매매 또는 증여 등의 방법으로 처분하는 행위
② 제1항에서 "소유권이전등기를 신청할 수 있는 날"이란 사업주체가 입주예정자에게 통보한 입주가능일을 말한다.
③ 제1항에 따른 저당권설정 등의 제한을 할 때 사업주체는 해당 주택 또는 대지가 입주예정자의 동의 없이는 양도하거나 제한물권을 설정하거나 압류·가압류·가처분 등의 목적물이 될 수 없는 재산임을 소유권등기에 부기등기(附記登記)하여야 한다. 다만, 사업주체가 국가·지방자치단체 및 한국토지주택공사 등 공공기관이거나 해당 대지가 사업주체의 소유가 아닌 경우 등 대통령령으로 정하는 경우에는 그러하지 아니하다.
④ 제3항에 따른 부기등기는 주택건설대지에 대하여는 입주자 모집공고 승인 신청(주택건설대지 중 주택조합이 사업계획승인 신청일까지 소유권을 확보하지 못한 부분이 있는 경우에는 그 부분에 대한 소유권이전등기를 말한다)과 동시에 하여야 하고, 건설된 주택에 대하여는 소유권보존등기와 동시에 하여야 한다. 이 경우 부기등기의 내용 및 말소에 관한 사항은 대통령령으로 정한다.
⑤ 제4항에 따른 부기등기일 이후에 해당 대지 또는 주택을 양수하거나 제한물권을 설정받은 경우 또는 압류·가압류·가처분 등의 목적물로 한 경우에는 그 효력을 무효로 한다. 다만, 사업주체의 경영부실로 입주예정자가 그 대지를 양수받는 경우 등 대통령령으로 정하는 경우에는 그러하지 아니하다.
⑥ 사업주체의 재무 상황 및 금융거래 상황이 극히 불량한 경우 등 대통령령으로 정하는 사유에 해당되어 「주택도시기금법」에 따른 주택도시보증공사(이하 "주택도시보증공사"라 한다)가 분양보증을 하면서 주택건설대지를 주택도시보증공사에 신탁하게 할 경우에는 제1항과 제3항에도 불구하고 사업주체는 그 주택건설대지를 신탁할 수 있다.
⑦ 제6항에 따라 사업주체가 주택건설대지를 신탁하는 경우 신탁등기일 이후부터 입주예정자가 해당 주택건설대지의 소유권이전등기를 신청할 수 있는 날 이후 60일까지의 기간 동안 해당 신탁의 종료를 원인으로 하는 사업주체의 소유권이전등기청구권에 대한 압류·가압류·가처분 등은 효력이 없음을 신탁계약조항에 포함하여야 한다.
⑧ 제6항에 따른 신탁등기일 이후부터 입주예정자가 해당 주택건설대지의 소유권이전등기를 신청할 수 있는 날 이후 60일까지의 기간 동안 해당 신탁의 종료를 원인으로 하는 사업주체의 소유권이전등기청구권을 압류·가압류·가처분 등의 목적물로 한 경우에는 그 효력을 무효로 한다.

제62조(사용검사 후 매도청구 등) ① 주택(복리시설을 포함한다. 이하 이 조에서 같다)의 소유자들은 주택단지 전체 대지에 속하는 일부의 토지에 대한 소유권이전등기 말소소송 등에 따라 제49조의 사용검사(동별 사용검사를 포함한다. 이하 이 조에서 같다)를 받은 이후에 해당 토지의 소유권을 회복한 자(이하 이 조에서 "실소유자"라 한다)에게 해당 토지를 시가로 매도할 것을 청구할 수 있다.
② 주택의 소유자들은 대표자를 선정하여 제1항에 따른 매도청구에 관한 소송을 제기할 수 있다. 이 경우 대표자는 주택의 소유자 전체의 4분의 3 이상의 동의를 받아 선정한다.

③ 제2항에 따른 매도청구에 관한 소송에 대한 판결은 주택의 소유자 전체에 대하여 효력이 있다.
④ 제1항에 따라 매도청구를 하려는 경우에는 해당 토지의 면적이 주택단지 전체 대지 면적의 5퍼센트 미만이어야 한다.
⑤ 제1항에 따른 매도청구의 의사표시는 실소유자가 해당 토지 소유권을 회복한 날부터 2년 이내에 해당 실소유자에게 송달되어야 한다.
⑥ 주택의 소유자들은 제1항에 따른 매도청구로 인하여 발생한 비용의 전부를 사업주체에게 구상(求償)할 수 있다.

제63조(투기과열지구의 지정 및 해제) ① 국토교통부장관 또는 시·도지사는 주택가격의 안정을 위하여 필요한 경우에는 주거정책심의위원회(시·도지사의 경우에는 「주거기본법」 제9조에 따른 시·도 주거정책심의위원회를 말한다. 이하 이 조에서 같다)의 심의를 거쳐 일정한 지역을 투기과열지구로 지정하거나 이를 해제할 수 있다. 이 경우 투기과열지구의 지정은 그 지정 목적을 달성할 수 있는 최소한의 범위로 한다.
② 제1항에 따른 투기과열지구는 해당 지역의 주택가격상승률이 물가상승률보다 현저히 높은 지역으로서 그 지역의 청약경쟁률·주택가격·주택보급률 및 주택공급계획 등과 지역 주택시장 여건 등을 고려하였을 때 주택에 대한 투기가 성행하고 있거나 성행할 우려가 있는 지역 중 국토교통부령으로 정하는 기준을 충족하는 곳이어야 한다.
③ 국토교통부장관 또는 시·도지사는 제1항에 따라 투기과열지구를 지정하였을 때에는 지체 없이 이를 공고하고, 국토교통부장관은 그 투기과열지구를 관할하는 시장·군수·구청장에게, 특별시장, 광역시장 또는 도지사는 그 투기과열지구를 관할하는 시장, 군수 또는 구청장에게 각각 공고 내용을 통보하여야 한다. 이 경우 시장·군수·구청장은 사업주체로 하여금 입주자 모집공고 시 해당 주택건설 지역이 투기과열지구에 포함된 사실을 공고하게 하여야 한다. 투기과열지구 지정을 해제하는 경우에도 또한 같다.
④ 국토교통부장관 또는 시·도지사는 투기과열지구에서 제2항에 따른 지정 사유가 없어졌다고 인정하는 경우에는 지체 없이 투기과열지구 지정을 해제하여야 한다.
⑤ 제1항에 따라 국토교통부장관이 투기과열지구를 지정하거나 해제할 경우에는 시·도지사의 의견을 들어야 하며, 시·도지사가 투기과열지구를 지정하거나 해제할 경우에는 국토교통부장관과 협의하여야 한다.
⑥ 국토교통부장관은 1년마다 주거정책심의위원회의 회의를 소집하여 투기과열지구로 지정된 지역별로 해당 지역의 주택가격 안정 여건의 변화 등을 고려하여 투기과열지구 지정의 유지 여부를 재검토하여야 한다. 이 경우 재검토 결과 투기과열지구 지정의 해제가 필요하다고 인정되는 경우에는 지체 없이 투기과열지구 지정을 해제하고 이를 공고하여야 한다.
⑦ 투기과열지구로 지정된 지역의 시·도지사, 시장, 군수 또는 구청장은 투기과열지구 지정 후 해당 지역의 주택가격이 안정되는 등 지정 사유가 없어졌다고 인정되는 경우에는 국토교통부장관 또는 시·도지사에게 투기과열지구 지정의 해제를 요청할 수 있다.
⑧ 제7항에 따라 투기과열지구 지정의 해제를 요청받은 국토교통부장관 또는 시·도지사는 요청받은 날부터 40일 이내에 주거정책심의위원회의 심의를 거쳐 투기과열지구 지정의 해제 여부를 결정하여 그 투기과열지구를 관할하는 지방자치단체의 장에게 심의결과를 통보하여야 한다.
⑨ 국토교통부장관 또는 시·도지사는 제8항에 따른 심의결과 투기과열지구에서 그 지정 사유가 없어졌다고 인정될 때에는 지체 없이 투기과열지구 지정을 해제하고 이를 공고하여야 한다.

제63조의2(조정대상지역의 지정 및 해제) ① 국토교통부장관은 다음 각 호의 어느 하나에 해당하는 지역으로서 국토교통부령으로 정하는 기준을 충족하는 지역을 주거정책심의위원회의 심의를 거쳐 조정대상지역(이하 "조정대상지역"이라 한다)으로 지정할 수 있다. 이 경우 제1호에 해당하는 조정대상지역의 지정은 그 지정 목적을 달성할 수 있는 최소한의 범위로 한다.
1. 주택가격, 청약경쟁률, 분양권 전매량 및 주택보급률 등을 고려하였을 때 주택 분양 등이 과열되어 있거나 과열될 우려가 있는 지역
2. 주택가격, 주택거래량, 미분양주택의 수 및 주택보급률 등을 고려하여 주택의 분양·매매 등 거래가 위축되어 있거나 위축될 우려가 있는 지역

② 국토교통부장관은 제1항에 따라 조정대상지역을 지정하는 경우 다음 각 호의 사항을 미리 관계 기관과 협의할 수 있다.

1. 「주택도시기금법」에 따른 주택도시보증공사의 보증업무 및 주택도시기금의 지원 등에 관한 사항
2. 주택 분양 및 거래 등과 관련된 금융·세제 조치 등에 관한 사항
3. 그 밖에 주택시장의 안정 또는 실수요자의 주택거래 활성화를 위하여 대통령령으로 정하는 사항

③ 국토교통부장관은 제1항에 따라 조정대상지역을 지정하는 경우에는 미리 시·도지사의 의견을 들어야 한다.

④ 국토교통부장관은 조정대상지역을 지정하였을 때에는 지체 없이 이를 공고하고, 그 조정대상지역을 관할하는 시장·군수·구청장에게 공고 내용을 통보하여야 한다. 이 경우 시장·군수·구청장은 사업주체로 하여금 입주자 모집공고 시 해당 주택건설 지역이 조정대상지역에 포함된 사실을 공고하게 하여야 한다.

⑤ 국토교통부장관은 조정대상지역으로 유지할 필요가 없다고 판단되는 경우에는 주거정책심의위원회의 심의를 거쳐 조정대상지역의 지정을 해제하여야 한다.

⑥ 제5항에 따라 조정대상지역의 지정을 해제하는 경우에는 제3항 및 제4항 전단을 준용한다. 이 경우 "지정"은 "해제"로 본다.

⑦ 조정대상지역으로 지정된 지역의 시·도지사 또는 시장·군수·구청장은 조정대상지역 지정 후 해당 지역의 주택가격이 안정되는 등 조정대상지역으로 유지할 필요가 없다고 판단되는 경우에는 국토교통부장관에게 그 지정의 해제를 요청할 수 있다.

⑧ 제7항에 따라 조정대상지역의 지정의 해제를 요청하는 경우의 절차 등 필요한 사항은 국토교통부령으로 정한다.

[본조신설 2017.8.9.]

제64조(주택의 전매행위 제한 등) ① 사업주체가 건설·공급하는 주택 또는 주택의 입주자로 선정된 지위(입주자로 선정되어 그 주택에 입주할 수 있는 권리·자격·지위 등을 말한다. 이하 같다)로서 다음 각 호의 어느 하나에 해당하는 경우에는 10년 이내의 범위에서 대통령령으로 정하는 기간이 지나기 전에는 그 주택 또는 지위를 전매(매매·증여나 그 밖에 권리의 변동을 수반하는 모든 행위를 포함하되, 상속의 경우는 제외한다. 이하 같다)하거나 이의 전매를 알선할 수 없다. 이 경우 전매제한기간은 주택의 수급 상황 및 투기 우려 등을 고려하여 대통령령으로 지역별로 달리 정할 수 있다. <개정 2017.8.9.>

1. 투기과열지구에서 건설·공급되는 주택의 입주자로 선정된 지위
2. 조정대상지역에서 건설·공급되는 주택의 입주자로 선정된 지위. 다만, 제63조의2제1항제2호에 해당하는 조정대상지역 중 주택의 수급 상황 등을 고려하여 대통령령으로 정하는 지역에서 건설·공급되는 주택의 입주자로 선정된 지위는 제외한다.
3. 분양가상한제 적용주택 및 그 주택의 입주자로 선정된 지위. 다만, 「수도권정비계획법」 제2조제1호에 따른 수도권(이하 이 조에서 "수도권"이라 한다) 외의 지역 중 주택의 수급 상황 및 투기 우려 등을 고려하여 대통령령으로 정하는 지역으로서 투기과열지구가 지정되지 아니하거나 제63조에 따라 지정 해제된 지역 중 공공택지 외의 택지에서 건설·공급되는 분양가상한제 적용주택 및 그 주택의 입주자로 선정된 지위는 제외한다.
4. 공공택지 외의 택지에서 건설·공급되는 주택 또는 그 주택의 입주자로 선정된 지위. 다만, 제57조제2항 각 호의 주택 또는 그 주택의 입주자로 선정된 지위 및 수도권 외의 지역 중 주택의 수급 상황 및 투기 우려 등을 고려하여 대통령령으로 정하는 지역으로서 공공택지 외의 택지에서 건설·공급되는 주택 및 그 주택의 입주자로 선정된 지위는 제외한다.

② 제1항 각 호의 어느 하나에 해당하여 입주자로 선정된 자 또는 제1항제3호 및 제4호에 해당하는 주택을 공급받은 자의 생업상의 사정 등으로 전매가 불가피하다고 인정되는 경우로서 대통령령으로 정하는 경우에는 제1항을 적용하지 아니한다. 다만, 제1항제3호 및 제4호에 해당하는 주택을 공급받은 자가 전매하는 경우에는 한국토지주택공사(사업주체가 지방공사인 경우에는 지방공사를 말한다. 이하 이 조에서 같다)가 그 주택을 우선 매입할 수 있다. <개정 2017.8.9.>

③ 제1항을 위반하여 주택의 입주자로 선정된 지위의 전매가 이루어진 경우, 사업주체가 이미 납부된 입주금에 대하여 「은행법」에 따른 은행의 1년 만기 정기예금 평균이자율을 합산한 금액(이하 "매입비용"이라 한다. 이 조에서 같다)을 그 매수인에게 지급한 경

우에는 그 지급한 날에 사업주체가 해당 입주자로 선정된 지위를 취득한 것으로 보며, 제2항 단서에 따라 한국토지주택공사가 분양가상한제 적용주택을 우선 매입하는 경우의 매입비용에 관하여도 이를 준용한다.

④ 사업주체가 제1항제3호 및 제4호에 해당하는 주택을 공급하는 경우에는 그 주택의 소유권을 제3자에게 이전할 수 없음을 소유권에 관한 등기에 부기등기하여야 한다. <개정 2017.8.9.>

⑤ 제4항에 따른 부기등기는 주택의 소유권보존등기와 동시에 하여야 하며, 부기등기에는 "이 주택은 최초로 소유권이전등기가 된 후에는 「주택법」 제64조제1항에서 정한 기간이 지나기 전에 한국토지주택공사(제64조제2항 단서에 따라 한국토지주택공사가 우선 매입한 주택을 공급받는 자를 포함한다) 외의 자에게 소유권을 이전하는 어떠한 행위도 할 수 없음"을 명시하여야 한다.

⑥ 한국토지주택공사가 제2항 단서에 따라 우선 매입한 주택을 공급하는 경우에는 제4항을 준용한다.

제65조(공급질서 교란 금지) ① 누구든지 이 법에 따라 건설·공급되는 주택을 공급받거나 공급받게 하기 위하여 다음 각 호의 어느 하나에 해당하는 증서 또는 지위를 양도·양수(매매·증여나 그 밖에 권리 변동을 수반하는 모든 행위를 포함하되, 상속·저당의 경우는 제외한다. 이하 이 조에서 같다) 또는 이를 알선하거나 양도·양수 또는 이를 알선할 목적으로 하는 광고(각종 간행물·유인물·전화·인터넷, 그 밖의 매체를 통한 행위를 포함한다)를 하여서는 아니 되며, 누구든지 거짓이나 그 밖의 부정한 방법으로 이 법에 따라 건설·공급되는 증서나 지위 또는 주택을 공급받거나 공급받게 하여서는 아니 된다.

1. 제11조에 따라 주택을 공급받을 수 있는 지위
2. 제56조에 따른 입주자저축 증서
3. 제80조에 따른 주택상환사채
4. 그 밖에 주택을 공급받을 수 있는 증서 또는 지위로서 대통령령으로 정하는 것

② 국토교통부장관 또는 사업주체는 다음 각 호의 어느 하나에 해당하는 자에 대하여는 그 주택 공급을 신청할 수 있는 지위를 무효로 하거나 이미 체결된 주택의 공급계약을 취소할 수 있다.

1. 제1항을 위반하여 증서 또는 지위를 양도하거나 양수한 자
2. 제1항을 위반하여 거짓이나 그 밖의 부정한 방법으로 증서나 지위 또는 주택을 공급받은 자

③ 사업주체가 제1항을 위반한 자에게 대통령령으로 정하는 바에 따라 산정한 주택가격에 해당하는 금액을 지급한 경우에는 그 지급한 날에 그 주택을 취득한 것으로 본다.

④ 제3항의 경우 사업주체가 매수인에게 주택가격을 지급하거나, 매수인을 알 수 없어 주택가격의 수령 통지를 할 수 없는 경우 등 대통령령으로 정하는 사유에 해당하는 경우로서 주택가격을 그 주택이 있는 지역을 관할하는 법원에 공탁한 경우에는 그 주택에 입주한 자에게 기간을 정하여 퇴거를 명할 수 있다.

⑤ 국토교통부장관은 제1항을 위반한 자에 대하여 10년의 범위에서 국토교통부령으로 정하는 바에 따라 주택의 입주자자격을 제한할 수 있다.

제4장 리모델링

제66조(리모델링의 허가 등) ① 공동주택(부대시설과 복리시설을 포함한다)의 입주자·사용자 또는 관리주체가 공동주택을 리모델링하려고 하는 경우에는 허가와 관련된 면적, 세대수 또는 입주자 등의 동의 비율에 관하여 대통령령으로 정하는 기준 및 절차 등에 따라 시장·군수·구청장의 허가를 받아야 한다.

② 제1항에도 불구하고 대통령령으로 정하는 경우에는 리모델링주택조합이나 소유자 전원의 동의를 받은 입주자대표회의(「공동주택관리법」 제2조제1항제8호에 따른 입주자대표회의를 말하며, 이하 "입주자대표회의"라 한다)가 시장·군수·구청장의 허가를 받아 리모델링을 할 수 있다.

③ 제2항에 따라 리모델링을 하는 경우 제11조제1항에 따라 설립인가를 받은 리모델링주택조합의 총회 또는 소유자 전원의 동의를 받은 입주자대표회의에서 「건설산업기본법」 제9조에 따른 건설업자 또는 제7조제1항에 따라 건설업자로 보는 등록사업자를 시공자로 선정하여야 한다.

④ 제3항에 따른 시공자를 선정하는 경우에는 국토교통부장관이 정하는 경쟁입찰의 방

법으로 하여야 한다. 다만, 경쟁입찰의 방법으로 시공자를 선정하는 것이 곤란하다고 인정되는 경우 등 대통령령으로 정하는 경우에는 그러하지 아니하다.

⑤ 제1항 또는 제2항에 따른 리모델링에 관하여 시장·군수·구청장이 관계 행정기관의 장과 협의하여 허가받은 사항에 관하여는 제19조를 준용한다.

⑥ 제1항에 따라 시장·군수·구청장이 세대수 증가형 리모델링(대통령령으로 정하는 세대수 이상으로 세대수가 증가하는 경우로 한정한다. 이하 이 조에서 같다)을 허가하려는 경우에는 기반시설에의 영향이나 도시·군관리계획과의 부합 여부 등에 대하여 「국토의 계획 및 이용에 관한 법률」 제113조제2항에 따라 설치된 시·군·구도시계획위원회(이하 "시·군·구도시계획위원회"라 한다)의 심의를 거쳐야 한다.

⑦ 공동주택의 입주자·사용자·관리주체·입주자대표회의 또는 리모델링주택조합이 제1항 또는 제2항에 따른 리모델링에 관하여 시장·군수·구청장의 허가를 받은 후 그 공사를 완료하였을 때에는 시장·군수·구청장의 사용검사를 받아야 하며, 사용검사에 관하여는 제49조를 준용한다.

⑧ 시장·군수·구청장은 제7항에 해당하는 자가 거짓이나 그 밖의 부정한 방법으로 제1항·제2항 및 제5항에 따른 허가를 받은 경우에는 행위허가를 취소할 수 있다.

⑨ 제71조에 따른 리모델링 기본계획 수립 대상지역에서 세대수 증가형 리모델링을 허가하려는 시장·군수·구청장은 해당 리모델링 기본계획에 부합하는 범위에서 허가하여야 한다.

제67조(권리변동계획의 수립) 세대수가 증가되는 리모델링을 하는 경우에는 기존 주택의 권리변동, 비용분담 등 대통령령으로 정하는 사항에 대한 계획(이하 "권리변동계획"이라 한다)을 수립하여 사업계획승인 또는 행위허가를 받아야 한다.

제68조(증축형 리모델링의 안전진단) ① 제2조제25호나목 및 다목에 따라 증축하는 리모델링(이하 "증축형 리모델링"이라 한다)을 하려는 자는 시장·군수·구청장에게 안전진단을 요청하여야 하며, 안전진단을 요청받은 시장·군수·구청장은 해당 건축물의 증축 가능 여부의 확인 등을 위하여 안전진단을 실시하여야 한다.

② 시장·군수·구청장은 제1항에 따라 안전진단을 실시하는 경우에는 대통령령으로 정하는 기관에 안전진단을 의뢰하여야 하며, 안전진단을 의뢰받은 기관은 리모델링을 하려는 자가 추천한 건축구조기술사(구조설계를 담당할 자를 말한다)와 함께 안전진단을 실시하여야 한다.

③ 시장·군수·구청장이 제1항에 따른 안전진단으로 건축물 구조의 안전에 위험이 있다고 평가하여 「도시 및 주거환경정비법」 제2조제2호다목에 따른 주택재건축사업의 시행이 필요하다고 결정한 건축물은 증축형 리모델링을 하여서는 아니 된다.

④ 시장·군수·구청장은 제66조제1항에 따라 수직증축형 리모델링을 허가한 후에 해당 건축물의 구조안전성 등에 대한 상세 확인을 위하여 안전진단을 실시하여야 한다. 이 경우 안전진단을 의뢰받은 기관은 제2항에 따른 건축구조기술사와 함께 안전진단을 실시하여야 하며, 리모델링을 하려는 자는 안전진단 후 구조설계의 변경 등이 필요한 경우에는 건축구조기술사로 하여금 이를 보완하도록 하여야 한다.

⑤ 제2항 및 제4항에 따라 안전진단을 의뢰받은 기관은 국토교통부장관이 정하여 고시하는 기준에 따라 안전진단을 실시하고, 국토교통부령으로 정하는 방법 및 절차에 따라 안전진단 결과보고서를 작성하여 안전진단을 요청한 자와 시장·군수·구청장에게 제출하여야 한다.

⑥ 시장·군수·구청장은 제1항 및 제4항에 따라 안전진단을 실시하는 비용의 전부 또는 일부를 리모델링을 하려는 자에게 부담하게 할 수 있다.

⑦ 그 밖에 안전진단에 관하여 필요한 사항은 대통령령으로 정한다.

제68조(증축형 리모델링의 안전진단) ① 제2조제25호나목 및 다목에 따라 증축하는 리모델링(이하 "증축형 리모델링"이라 한다)을 하려는 자는 시장·군수·구청장에게 안전진단을 요청하여야 하며, 안전진단을 요청받은 시장·군수·구청장은 해당 건축물의 증축 가능 여부의 확인 등을 위하여 안전진단을 실시하여야 한다.

② 시장·군수·구청장은 제1항에 따라 안전진단을 실시하는 경우에는 대통령령으로 정하는 기관에 안전진단을 의뢰하여야 하며, 안전진단을 의뢰받은 기관은 리모델링을 하려는 자가 추천한 건축구조기술사(구조설계를 담당할 자를

말한다)와 함께 안전진단을 실시하여야 한다.
③ 시장·군수·구청장이 제1항에 따른 안전진단으로 건축물 구조의 안전에 위험이 있다고 평가하여 「도시 및 주거환경정비법」 제2조제2호다목에 따른 재건축사업 및 「빈집 및 소규모주택 정비에 관한 특례법」 제2조제1항제3호다목에 따른 소규모재건축사업의 시행이 필요하다고 결정한 건축물은 증축형 리모델링을 하여서는 아니 된다. <개정 2017.2.8.>
④ 시장·군수·구청장은 제66조제1항에 따라 수직증축형 리모델링을 허가한 후에 해당 건축물의 구조안전성 등에 대한 상세 확인을 위하여 안전진단을 실시하여야 한다. 이 경우 안전진단을 의뢰받은 기관은 제2항에 따른 건축구조기술사와 함께 안전진단을 실시하여야 하며, 리모델링을 하려는 자는 안전진단 후 구조설계의 변경 등이 필요한 경우에는 건축구조기술사로 하여금 이를 보완하도록 하여야 한다.
⑤ 제2항 및 제4항에 따라 안전진단을 의뢰받은 기관은 국토교통부장관이 정하여 고시하는 기준에 따라 안전진단을 실시하고, 국토교통부령으로 정하는 방법 및 절차에 따라 안전진단 결과보고서를 작성하여 안전진단을 요청한 자와 시장·군수·구청장에게 제출하여야 한다.
⑥ 시장·군수·구청장은 제1항 및 제4항에 따라 안전진단을 실시하는 비용의 전부 또는 일부를 리모델링을 하려는 자에게 부담하게 할 수 있다.
⑦ 그 밖에 안전진단에 관하여 필요한 사항은 대통령령으로 정한다.
[시행일 : 2018.2.9.] 제68조

제69조(전문기관의 안전성 검토 등) ① 시장·군수·구청장은 수직증축형 리모델링을 하려는 자가 「건축법」에 따른 건축위원회의 심의를 요청하는 경우 구조계획상 증축범위의 적정성 등에 대하여 대통령령으로 정하는 전문기관에 안전성 검토를 의뢰하여야 한다.
② 시장·군수·구청장은 제66조제1항에 따라 수직증축형 리모델링을 하려는 자의 허가신청이 있거나 제68조제4항에 따른 안전진단 결과 국토교통부장관이 정하여 고시하는 설계도서의 변경이 있는 경우 제출된 설계도서상 구조안전의 적정성 여부 등에 대하여 제1항에 따라 검토를 수행한 전문기관에 안전성 검토를 의뢰하여야 한다.
③ 제1항 및 제2항에 따라 검토의뢰를 받은 전문기관은 국토교통부장관이 정하여 고시하는 검토기준에 따라 검토한 결과를 대통령령으로 정하는 기간 이내에 시장·군수·구청장에게 제출하여야 하며, 시장·군수·구청장은 특별한 사유가 없는 경우 이 법 및 관계 법률에 따른 위원회의 심의 또는 허가 시 제출받은 안전성 검토결과를 반영하여야 한다.
④ 시장·군수·구청장은 제1항 및 제2항에 따른 전문기관의 안전성 검토비용의 전부 또는 일부를 리모델링을 하려는 자에게 부담하게 할 수 있다.
⑤ 국토교통부장관은 시장·군수·구청장에게 제3항에 따라 제출받은 자료의 제출을 요청할 수 있으며, 필요한 경우 시장·군수·구청장으로 하여금 안전성 검토결과의 적정성 여부에 대하여 「건축법」에 따른 중앙건축위원회의 심의를 받도록 요청할 수 있다.
⑥ 시장·군수·구청장은 특별한 사유가 없으면 제5항에 따른 심의결과를 반영하여야 한다.
⑦ 그 밖에 전문기관 검토 등에 관하여 필요한 사항은 대통령령으로 정한다.

제70조(수직증축형 리모델링의 구조기준) 수직증축형 리모델링의 설계자는 국토교통부장관이 정하여 고시하는 구조기준에 맞게 구조설계도서를 작성하여야 한다.

제71조(리모델링 기본계획의 수립권자 및 대상지역 등) ① 특별시장·광역시장 및 대도시의 시장은 관할구역에 대하여 다음 각 호의 사항을 포함한 리모델링 기본계획을 10년 단위로 수립하여야 한다. 다만, 세대수 증가형 리모델링에 따른 도시과밀의 우려가 적은 경우 등 대통령령으로 정하는 경우에는 리모델링 기본계획을 수립하지 아니할 수 있다.
1. 계획의 목표 및 기본방향
2. 도시기본계획 등 관련 계획 검토
3. 리모델링 대상 공동주택 현황 및 세대수 증가형 리모델링 수요 예측
4. 세대수 증가에 따른 기반시설의 영향 검토
5. 일시집중 방지 등을 위한 단계별 리모델링 시행방안
6. 그 밖에 대통령령으로 정하는 사항
② 대도시가 아닌 시의 시장은 세대수 증가형 리모델링에 따른 도시과밀이나 일시집중 등이 우려되어 도지사가 리모델링 기본계획의 수립이 필요하다고 인정한 경우 리모델

링 기본계획을 수립하여야 한다.

③ 리모델링 기본계획의 작성기준 및 작성방법 등은 국토교통부장관이 정한다.

제72조(리모델링 기본계획 수립절차) ① 특별시장·광역시장 및 대도시의 시장(제71조제2항에 따른 대도시가 아닌 시의 시장을 포함한다. 이하 이 조부터 제74조까지에서 같다)은 리모델링 기본계획을 수립하거나 변경하려면 14일 이상 주민에게 공람하고, 지방의회의 의견을 들어야 한다. 이 경우 지방의회는 의견제시를 요청받은 날부터 30일 이내에 의견을 제시하여야 하며, 30일 이내에 의견을 제시하지 아니하는 경우에는 이의가 없는 것으로 본다. 다만, 대통령령으로 정하는 경미한 변경인 경우에는 주민공람 및 지방의회 의견청취 절차를 거치지 아니할 수 있다.

② 특별시장·광역시장 및 대도시의 시장은 리모델링 기본계획을 수립하거나 변경하려면 관계 행정기관의 장과 협의한 후 「국토의 계획 및 이용에 관한 법률」 제113조제1항에 따라 설치된 시·도도시계획위원회(이하"시·도도시계획위원회"라 한다) 또는 시·군·구도시계획위원회의 심의를 거쳐야 한다.

③ 제2항에 따라 협의를 요청받은 관계 행정기관의 장은 특별한 사유가 없으면 그 요청을 받은 날부터 30일 이내에 의견을 제시하여야 한다.

④ 대도시의 시장은 리모델링 기본계획을 수립하거나 변경하려면 도지사의 승인을 받아야 하며, 도지사는 리모델링 기본계획을 승인하려면 시·도도시계획위원회의 심의를 거쳐야 한다.

제73조(리모델링 기본계획의 고시 등) ① 특별시장·광역시장 및 대도시의 시장은 리모델링 기본계획을 수립하거나 변경한 때에는 이를 지체 없이 해당 지방자치단체의 공보에 고시하여야 한다.

② 특별시장·광역시장 및 대도시의 시장은 5년마다 리모델링 기본계획의 타당성 여부를 검토하여 그 결과를 리모델링 기본계획에 반영하여야 한다.

③ 그 밖에 주민공람 절차 등 리모델링 기본계획 수립에 필요한 사항은 대통령령으로 정한다.

제74조(세대수 증가형 리모델링의 시기 조정) ① 국토교통부장관은 세대수 증가형 리모델링의 시행으로 주변 지역에 현저한 주택부족이나 주택시장의 불안정 등이 발생될 우려가 있는 때에는 주거정책심의위원회의 심의를 거쳐 특별시장, 광역시장, 대도시의 시장에게 리모델링 기본계획을 변경하도록 요청하거나, 시장·군수·구청장에게 세대수 증가형 리모델링의 사업계획 승인 또는 허가의 시기를 조정하도록 요청할 수 있으며, 요청을 받은 특별시장, 광역시장, 대도시의 시장 또는 시장·군수·구청장은 특별한 사유가 없으면 그 요청에 따라야 한다.

② 시·도지사는 세대수 증가형 리모델링의 시행으로 주변 지역에 현저한 주택부족이나 주택시장의 불안정 등이 발생될 우려가 있는 때에는 「주거기본법」 제9조에 따른 시·도 주거정책심의위원회의 심의를 거쳐 대도시의 시장에게 리모델링 기본계획을 변경하도록 요청하거나, 시장·군수·구청장에게 세대수 증가형 리모델링의 사업계획 승인 또는 허가의 시기를 조정하도록 요청할 수 있으며, 요청을 받은 대도시의 시장 또는 시장·군수·구청장은 특별한 사유가 없으면 그 요청에 따라야 한다.

③ 제1항 및 제2항에 따른 시기조정에 관한 방법 및 절차 등에 관하여 필요한 사항은 국토교통부령 또는 시·도의 조례로 정한다.

제75조(리모델링 지원센터의 설치·운영) ① 시장·군수·구청장은 리모델링의 원활한 추진을 지원하기 위하여 리모델링 지원센터를 설치하여 운영할 수 있다.

② 리모델링 지원센터는 다음 각 호의 업무를 수행할 수 있다.

1. 리모델링주택조합 설립을 위한 업무 지원
2. 설계자 및 시공자 선정 등에 대한 지원
3. 권리변동계획 수립에 관한 지원
4. 그 밖에 지방자치단체의 조례로 정하는 사항

③ 리모델링 지원센터의 조직, 인원 등 리모델링 지원센터의 설치·운영에 필요한 사항은 지방자치단체의 조례로 정한다.

제76조(공동주택 리모델링에 따른 특례) ① 공동주택의 소유자가 리모델링에 의하여 전유부분(「집합건물의 소유 및 관리에 관한 법률」 제2조제3호에 따른 전유부분을 말한다. 이하 이 조에서 같다)의 면적이 늘거나 줄어드는 경우에는 「집합건물의 소유 및 관리에

관한 법률」 제12조 및 제20조제1항에도 불구하고 대지사용권은 변하지 아니하는 것으로 본다. 다만, 세대수 증가를 수반하는 리모델링의 경우에는 권리변동계획에 따른다.

② 공동주택의 소유자가 리모델링에 의하여 일부 공용부분(「집합건물의 소유 및 관리에 관한 법률」 제2조제4호에 따른 공용부분을 말한다. 이하 이 조에서 같다)의 면적을 전유부분의 면적으로 변경한 경우에는 「집합건물의 소유 및 관리에 관한 법률」 제12조에도 불구하고 그 소유자의 나머지 공용부분의 면적은 변하지 아니하는 것으로 본다.

③ 제1항의 대지사용권 및 제2항의 공용부분의 면적에 관하여는 제1항과 제2항에도 불구하고 소유자가 「집합건물의 소유 및 관리에 관한 법률」 제28조에 따른 규약으로 달리 정한 경우에는 그 규약에 따른다.

④ 임대차계약 당시 다음 각 호의 어느 하나에 해당하여 그 사실을 임차인에게 고지한 경우로서 제66조제1항 및 제2항에 따라 리모델링 허가를 받은 경우에는 해당 리모델링 건축물에 관한 임대차계약에 대하여 「주택임대차보호법」 제4조제1항 및 「상가건물 임대차보호법」 제9조제1항을 적용하지 아니한다.

1. 임대차계약 당시 해당 건축물의 소유자들(입주자대표회의를 포함한다)이 제11조제1항에 따른 리모델링주택조합 설립인가를 받은 경우
2. 임대차계약 당시 해당 건축물의 입주자대표회의가 직접 리모델링을 실시하기 위하여 제68조제1항에 따라 관할 시장·군수·구청장에게 안전진단을 요청한 경우

제77조(부정행위 금지) 공동주택의 리모델링과 관련하여 다음 각 호의 어느 하나에 해당하는 자는 부정하게 재물 또는 재산상의 이익을 취득하거나 제공하여서는 아니 된다.

1. 입주자
2. 사용자
3. 관리주체
4. 입주자대표회의 또는 그 구성원
5. 리모델링주택조합 또는 그 구성원

제5장 보칙

제78조(토지임대부 분양주택의 토지에 관한 임대차 관계) ① 토지임대부 분양주택의 토지에 대한 임대차기간은 40년 이내로 한다. 이 경우 토지임대부 분양주택 소유자의 75퍼센트 이상이 계약갱신을 청구하는 경우 40년의 범위에서 이를 갱신할 수 있다.

② 토지임대부 분양주택을 공급받은 자가 토지소유자와 임대차계약을 체결한 경우 해당 주택의 구분소유권을 목적으로 그 토지 위에 제1항에 따른 임대차기간 동안 지상권이 설정된 것으로 본다.

③ 토지임대부 분양주택의 토지에 대한 임대차계약을 체결하고자 하는 자는 국토교통부령으로 정하는 표준임대차계약서를 사용하여야 한다.

④ 토지임대부 분양주택을 양수한 자 또는 상속받은 자는 제1항에 따른 임대차계약을 승계한다.

⑤ 토지임대부 분양주택의 토지임대료는 해당 토지의 조성원가 또는 감정가격 등을 기준으로 산정하되, 구체적인 토지임대료의 책정 및 변경기준, 납부 절차 등에 관한 사항은 대통령령으로 정한다.

⑥ 제5항의 토지임대료는 월별 임대료를 원칙으로 하되, 토지소유자와 주택을 공급받은 자가 합의한 경우 대통령령으로 정하는 바에 따라 임대료를 보증금으로 전환하여 납부할 수 있다.

⑦ 제1항부터 제6항까지에서 정한 사항 외에 토지임대부 분양주택 토지의 임대차 관계는 토지소유자와 주택을 공급받은 자 간의 임대차계약에 따른다.

⑧ 토지임대부 분양주택에 관하여 이 법에서 정하지 아니한 사항은 「집합건물의 소유 및 관리에 관한 법률」, 「민법」 순으로 적용한다.

제79조(토지임대부 분양주택의 재건축) ① 토지임대부 분양주택의 소유자가 제78조제1항에 따른 임대차기간이 만료되기 전에 「도시 및 주거환경정비법」 등 도시개발 관련 법률에 따라 해당 주택을 철거하고 재건축을 하고자 하는 경우 「집합건물의 소유 및 관리에 관한 법률」 제47조부터 제49조까지에 따라 토지소유자의 동의를 받아 재건축할 수 있다. 이 경우 토지소유자는 정당한 사유 없이 이를 거부할 수 없다.

② 제1항에 따라 토지임대부 분양주택을 재건축하는 경우 해당 주택의 소유자를 「도시

및 주거환경정비법」 제2조제9호나목에 따른 토지등소유자로 본다.
③ 제1항에 따라 재건축한 주택은 토지임대부 분양주택으로 한다. 이 경우 재건축한 주택의 준공인가일부터 제78조제1항에 따른 임대차기간 동안 토지소유자와 재건축한 주택의 조합원 사이에 토지의 임대차기간에 관한 계약이 성립된 것으로 본다.
④ 제3항에도 불구하고 토지소유자와 주택소유자가 합의한 경우에는 토지임대부 분양주택이 아닌 주택으로 전환할 수 있다.

第80조(주택상환사채의 발행) ① 한국토지주택공사와 등록사업자는 대통령령으로 정하는 바에 따라 주택으로 상환하는 사채(이하 "주택상환사채"라 한다)를 발행할 수 있다. 이 경우 등록사업자는 자본금·자산평가액 및 기술인력 등이 대통령령으로 정하는 기준에 맞고 금융기관 또는 주택도시보증공사의 보증을 받은 경우에만 주택상환사채를 발행할 수 있다.
② 주택상환사채를 발행하려는 자는 대통령령으로 정하는 바에 따라 주택상환사채발행계획을 수립하여 국토교통부장관의 승인을 받아야 한다.
③ 주택상환사채의 발행요건 및 상환기간 등은 대통령령으로 정한다.

第81조(발행책임과 조건 등) ① 제80조에 따라 주택상환사채를 발행한 자는 발행조건에 따라 주택을 건설하여 사채권자에게 상환하여야 한다.
② 주택상환사채는 기명증권(記名證券)으로 하고, 사채권자의 명의변경은 취득자의 성명과 주소를 사채원부에 기록하는 방법으로 하며, 취득자의 성명을 채권에 기록하지 아니하면 사채발행자 및 제3자에게 대항할 수 없다.
③ 국토교통부장관은 사채의 납입금이 택지의 구입 등 사채발행 목적에 맞게 사용될 수 있도록 그 사용 방법·절차 등에 관하여 대통령령으로 정하는 바에 따라 필요한 조치를 하여야 한다.

第82조(주택상환사채의 효력) 제8조에 따라 등록사업자의 등록이 말소된 경우에도 등록사업자가 발행한 주택상환사채의 효력에는 영향을 미치지 아니한다.

第83조(「상법」의 적용) 주택상환사채의 발행에 관하여 이 법에서 규정한 것 외에는 「상법」 중 사채발행에 관한 규정을 적용한다. 다만, 한국토지주택공사가 발행하는 경우와 금융기관 등이 상환을 보증하여 등록사업자가 발행하는 경우에는 「상법」 제478조제1항을 적용하지 아니한다.

第84조(국민주택사업특별회계의 설치 등) ① 지방자치단체는 국민주택사업을 시행하기 위하여 국민주택사업특별회계를 설치·운용하여야 한다.
② 제1항의 국민주택사업특별회계의 자금은 다음 각 호의 재원으로 조성한다.
1. 자체 부담금
2. 주택도시기금으로부터의 차입금
3. 정부로부터의 보조금
4. 농협은행으로부터의 차입금
5. 외국으로부터의 차입금
6. 국민주택사업특별회계에 속하는 재산의 매각 대금
7. 국민주택사업특별회계자금의 회수금·이자수입금 및 그 밖의 수익
8. 「재건축초과이익 환수에 관한 법률」에 따른 재건축부담금 중 지방자치단체 귀속분
③ 지방자치단체는 대통령령으로 정하는 바에 따라 국민주택사업특별회계의 운용 상황을 국토교통부장관에게 보고하여야 한다.

第85조(협회의 설립 등) ① 등록사업자는 주택건설사업 및 대지조성사업의 전문화와 주택산업의 건전한 발전을 도모하기 위하여 주택사업자단체를 설립할 수 있다.
② 제1항에 따른 단체(이하 "협회"라 한다)는 법인으로 한다.
③ 협회는 그 주된 사무소의 소재지에서 설립등기를 함으로써 성립한다.
④ 이 법에 따라 국토교통부장관, 시·도지사 또는 대도시의 시장으로부터 영업의 정지처분을 받은 협회 회원의 권리·의무는 그 영업의 정지기간 중에는 정지되며, 등록사업자의 등록이 말소되거나 취소된 때에는 협회의 회원자격을 상실한다.

第86조(협회의 설립인가 등) ① 협회를 설립하려면 회원자격을 가진 자 50인 이상을 발

기인으로 하여 정관을 마련한 후 창립총회의 의결을 거쳐 국토교통부장관의 인가를 받아야 한다. 협회가 정관을 변경하려는 경우에도 또한 같다.

② 국토교통부장관은 제1항에 따른 인가를 하였을 때에는 이를 지체 없이 공고하여야 한다.

제87조(「민법」의 준용) 협회에 관하여 이 법에서 규정한 것 외에는 「민법」 중 사단법인에 관한 규정을 준용한다.

제88조(주택정책 관련 자료 등의 종합관리) ① 국토교통부장관 또는 시·도지사는 적절한 주택정책의 수립 및 시행을 위하여 주택(준주택을 포함한다. 이하 이 조에서 같다)의 건설·공급·관리 및 이와 관련된 자금의 조달, 주택가격 동향 등 이 법에 규정된 주택과 관련된 사항에 관한 정보를 종합적으로 관리하고 이를 관련 기관·단체 등에 제공할 수 있다.

② 국토교통부장관 또는 시·도지사는 제1항에 따른 주택 관련 정보를 종합관리하기 위하여 필요한 자료를 관련 기관·단체 등에 요청할 수 있다. 이 경우 관계 행정기관 등은 특별한 사유가 없으면 요청에 따라야 한다.

③ 사업주체 또는 관리주체는 주택을 건설·공급·관리할 때 이 법과 이 법에 따른 명령에 따라 필요한 주택의 소유 여부 확인, 입주자의 자격 확인 등 대통령령으로 정하는 사항에 대하여 관련 기관·단체 등에 자료 제공 또는 확인을 요청할 수 있다.

제89조(권한의 위임·위탁) ① 이 법에 따른 국토교통부장관의 권한은 대통령령으로 정하는 바에 따라 그 일부를 시·도지사 또는 국토교통부 소속 기관의 장에게 위임할 수 있다.

② 국토교통부장관 또는 지방자치단체의 장은 이 법에 따른 권한 중 다음 각 호의 권한을 대통령령으로 정하는 바에 따라 주택산업 육성과 주택관리의 전문화, 시설물의 안전관리 및 자격검정 등을 목적으로 설립된 법인 또는 「주택도시기금법」 제10조제2항 및 제3항에 따라 주택도시기금 운용·관리에 관한 사무를 위탁받은 자 중 국토교통부장관 또는 지방자치단체의 장이 인정하는 자에게 위탁할 수 있다.

1. 제4조에 따른 주택건설사업 등의 등록
2. 제10조에 따른 영업실적 등의 접수
3. 제48조제3항에 따른 부실감리자 현황에 대한 종합관리
4. 제88조에 따른 주택정책 관련 자료의 종합관리

③ 국토교통부장관은 제55조제1항 및 제2항에 따른 관계 기관의 장에 대한 자료제공 요청에 관한 사무를 보건복지부장관 또는 지방자치단체의 장에게 위탁할 수 있다.

제90조(등록증의 대여 등 금지) 등록사업자는 다른 사람에게 자기의 성명 또는 상호를 사용하여 이 법에서 정한 사업이나 업무를 수행 또는 시공하게 하거나 그 등록증을 대여하여서는 아니 된다.

제91조(체납된 분양대금 등의 강제징수) ① 국가 또는 지방자치단체인 사업주체가 건설한 국민주택의 분양대금·임대보증금 및 임대료가 체납된 경우에는 국가 또는 지방자치단체가 국세 또는 지방세 체납처분의 예에 따라 강제징수할 수 있다. 다만, 입주자가 장기간의 질병이나 그 밖의 부득이한 사유로 분양대금·임대보증금 및 임대료를 체납한 경우에는 강제징수하지 아니할 수 있다.

② 한국토지주택공사 또는 지방공사는 그가 건설한 국민주택의 분양대금·임대보증금 및 임대료가 체납된 경우에는 주택의 소재지를 관할하는 시장·군수·구청장에게 그 징수를 위탁할 수 있다.

③ 제2항에 따라 징수를 위탁받은 시장·군수·구청장은 지방세 체납처분의 예에 따라 이를 징수하여야 한다. 이 경우 한국토지주택공사 또는 지방공사는 시장·군수·구청장이 징수한 금액의 2퍼센트에 해당하는 금액을 해당 시·군·구에 위탁수수료로 지급하여야 한다.

제92조(분양권 전매 등에 대한 신고포상금) 시·도지사는 제64조를 위반하여 분양권 등을 전매하거나 알선하는 자를 주무관청에 신고한 자에게 대통령령으로 정하는 바에 따라 포상금을 지급할 수 있다.

제93조(보고·검사 등) ① 국토교통부장관 또는 지방자치단체의 장은 필요하다고 인정할 때에는 이 법에 따른 인가·승인 또는 등록을 한 자에게 필요한 보고를 하게 하거나, 관계 공무원으로 하여금 사업장에 출입하여 필요한 검사를 하게 할 수 있다.

② 제1항에 따른 검사를 할 때에는 검사 7일 전까지 검사 일시, 검사 이유 및 검사 내용 등 검사계획을 검사를 받을 자에게 알려야 한다. 다만, 긴급한 경우나 사전에 통지하면 증거인멸 등으로 검사 목적을 달성할 수 없다고 인정하는 경우에는 그러하지 아니하다.
③ 제1항에 따라 검사를 하는 공무원은 그 권한을 나타내는 증표를 지니고 이를 관계인에게 내보여야 한다.

제94조(사업주체 등에 대한 지도·감독) 국토교통부장관 또는 지방자치단체의 장은 사업주체 및 공동주택의 입주자·사용자·관리주체·입주자대표회의나 그 구성원 또는 리모델링주택조합이 이 법 또는 이 법에 따른 명령이나 처분을 위반한 경우에는 공사의 중지, 원상복구 또는 그 밖에 필요한 조치를 명할 수 있다.

▶ 판례 - [1] 구 주택법 시행령 제46조 제4항에 정한 '건축법 제11조에 따른 건축허가를 받아 주택 외의 시설과 주택을 동일건축물로 건축한 건축물'의 용도변경에 대하여 적용되는 법령
[2] 구 주택법 제91조에 정한 '공동주택의 사용자'의 의미 및 같은 법상 부대시설이나 복리시설을 임차하여 사용하는 자가 이에 포함되는지 여부(소극)
[3] 구 주택법 제98조 제12호 위반죄가 성립하기 위해서는 같은 법 제91조에 의한 조치명령이 적법하여야 하는지 여부(적극)

[1] 구 주택법(2013. 12. 24. 법률 제12115호로 개정되기 전의 것) 제42조 제2항 제1호(현행 공동주택관리법 제35조 제1항 제1호 참조), 구 주택법 시행령(2016. 8. 11. 대통령령 제27444호로 전부 개정되기 전의 것) 제46조 제1항(현행 공동주택관리법 시행령 제2조 제4호, 제3조 참조), 제4항 제1호(현행 공동주택관리법 시행령 제2조 제4호, 제3조 참조), 제47조 제1항 [별표 3](현행 공동주택관리법 시행령 제35조 제1항 [별표 3] 참조), 건축법 제11조
[2] 헌법 제12조 제1항, 형법 제1조 제1항, 구 주택법(2013. 12. 24. 법률 제12115호로 개정되기 전의 것) 제2조 제12호(현행 제2조 제27호 참조), 제13호(현행 제2조 제28호 참조), 제42조 제1항(현행 공동주택관리법 제35조 제1항 참조), 제2항 제1호(현행 공동주택관리법 제35조 제1항 제1호 참조), 제44조(현행 공동주택관리법 제18조 참조), 제45조(현행 공동주택관리법 제23조 참조), 제55조(현행 공동주택관리법 제64조 참조), 제59조(현행 공동주택관리법 제93조 참조), 제91조(현행 제94조 참조), 제98조 제12호(현행 제104조 제13호 참조)
[3] 구 주택법(2013. 12. 24. 법률 제12115호로 개정되기 전의 것) 제91조(현행 제94조 참조), 제98조 제12호(현행 제104조 제13호 참조) [대법원 2016.10.13, 선고, 2015도734, 판결]

제95조(협회 등에 대한 지도·감독) 국토교통부장관은 협회를 지도·감독한다.

제96조(청문) 국토교통부장관 또는 지방자치단체의 장은 다음 각 호의 어느 하나에 해당하는 처분을 하려면 청문을 하여야 한다.
1. 제8조제1항에 따른 주택건설사업 등의 등록말소
2. 제14조제2항에 따른 주택조합의 설립인가취소
3. 제16조제3항에 따른 사업계획승인의 취소
4. 제66조제8항에 따른 행위허가의 취소

제97조(벌칙 적용에서 공무원 의제) 다음 각 호의 어느 하나에 해당하는 자는 「형법」 제129조부터 제132조까지의 규정을 적용할 때에는 공무원으로 본다.
1. 제44조 및 제45조에 따라 감리업무를 수행하는 자
2. 제59조에 따른 분양가심사위원회의 위원 중 공무원이 아닌 자

제6장 벌칙

제98조(벌칙) ① 제33조, 제43조, 제44조, 제46조 또는 제70조를 위반하여 설계·시공 또는 감리를 함으로써 「공동주택관리법」 제36조제3항에 따른 담보책임기간에 공동주택의 내력구조부에 중대한 하자를 발생시켜 일반인을 위험에 처하게 한 설계자·시공자·감리자·건축구조기술사 또는 사업주체는 10년 이하의 징역에 처한다. <개정 2017.4.18.>
② 제1항의 죄를 범하여 사람을 죽음에 이르

게 하거나 다치게 한 자는 무기징역 또는 3년 이상의 징역에 처한다.

第99条(벌칙) ① 업무상 과실로 제98조제1항의 죄를 범한 자는 5년 이하의 징역이나 금고 또는 5천만원 이하의 벌금에 처한다.
② 업무상 과실로 제98조제2항의 죄를 범한 자는 10년 이하의 징역이나 금고 또는 1억원 이하의 벌금에 처한다.

第100条(벌칙) 제55조제5항을 위반한 사람은 5년 이하의 징역 또는 3천만원 이하의 벌금에 처한다.

第101条(벌칙) 다음 각 호의 어느 하나에 해당하는 자는 3년 이하의 징역 또는 3천만원 이하의 벌금에 처한다. <개정 2016.12.2.>
1. 제11조의2제1항을 위반하여 조합업무를 대행하게 한 주택조합, 주택조합의 구성원 및 조합업무를 대행한 자
2. 제64조제1항을 위반하여 입주자로 선정된 지위 또는 주택을 전매하거나 이의 전매를 알선한 자
3. 제65조제1항을 위반한 자
4. 제66조제3항을 위반하여 리모델링주택조합이 설립인가를 받기 전에 또는 입주자대표회의가 소유자 전원의 동의를 받기 전에 시공자를 선정한 자 및 시공자로 선정된 자
5. 제66조제4항을 위반하여 경쟁입찰의 방법에 의하지 아니하고 시공자를 선정한 자 및 시공자로 선정된 자

第102条(벌칙) 다음 각 호의 어느 하나에 해당하는 자는 2년 이하의 징역 또는 2천만원 이하의 벌금에 처한다. 다만, 제5호 또는 제18호에 해당하는 자로서 그 위반행위로 얻은 이익의 50퍼센트에 해당하는 금액이 2천만원을 초과하는 자는 2년 이하의 징역 또는 그 이익의 2배에 해당하는 금액 이하의 벌금에 처한다. <개정 2016.12.2.>
1. 제4조에 따른 등록을 하지 아니하거나, 거짓이나 그 밖의 부정한 방법으로 등록을 하고 같은 조의 사업을 한 자
2. 제11조의3제1항을 위반하여 신고하지 아니하고 조합원을 모집하거나 조합원을 공개로 모집하지 아니한 자
3. 제12조제1항에 따른 서류 및 관련 자료를 거짓으로 공개한 주택조합의 발기인 또는 임원
4. 제12조제2항에 따른 열람·복사 요청에 대하여 거짓의 사실이 포함된 자료를 열람·복사하여 준 주택조합의 발기인 또는 임원
5. 제15조제1항·제3항 또는 제4항에 따른 사업계획의 승인 또는 변경승인을 받지 아니하고 사업을 시행하는 자
6. 고의로 제33조를 위반하여 설계하거나 시공함으로써 사업주체 또는 입주자에게 손해를 입힌 자
7. 제34조제1항 또는 제2항을 위반하여 주택건설공사를 시행하거나 시행하게 한 자
8. 제35조에 따른 주택건설기준등을 위반하여 사업을 시행한 자
9. 제39조를 위반하여 공동주택성능에 대한 등급을 표시하지 아니하거나 거짓으로 표시한 자
10. 제40조에 따른 환기시설을 설치하지 아니한 자
11. 고의로 제44조제1항에 따른 감리업무를 게을리하여 위법한 주택건설공사를 시공함으로써 사업주체 또는 입주자에게 손해를 입힌 자
12. 제49조제4항을 위반하여 주택 또는 대지를 사용하게 하거나 사용한 자(제66조제7항에 따라 준용되는 경우를 포함한다)
13. 제54조제1항을 위반하여 주택을 건설·공급한 자
14. 제54조제3항을 위반하여 건축물을 건설·공급한 자
15. 제57조제1항 또는 제5항을 위반하여 주택을 공급한 자
16. 제60조제1항 또는 제3항을 위반하여 견본주택을 건설하거나 유지관리한 자
17. 제61조제1항을 위반하여 같은 항 각 호의 어느 하나에 해당하는 행위를 한 자
18. 제77조를 위반하여 부정하게 재물 또는 재산상의 이익을 취득하거나 제공한 자
19. 제81조제3항에 따른 조치를 위반한 자

第103条(벌칙) 제59조제4항을 위반하여 고의로 잘못된 심사를 한 자는 2년 이하의 징역 또는 1천만원 이하의 벌금에 처한다.

第104条(벌칙) 다음 각 호의 어느 하나에

해당하는 자는 1년 이하의 징역 또는 1천만원 이하의 벌금에 처한다.
1. 제8조에 따른 영업정지기간에 영업을 한 자
2. 제12조제1항을 위반하여 주택조합사업의 시행에 관련한 서류 및 자료를 공개하지 아니한 자
3. 제12조제2항을 위반하여 조합 구성원의 열람·복사 요청에 응하지 아니한 자
4. 제14조제3항에 따른 회계감사를 받지 아니한 자
5. 과실로 제33조를 위반하여 설계하거나 시공함으로써 사업주체 또는 입주자에게 손해를 입힌 자
6. 과실로 제44조제1항에 따른 감리업무를 게을리하여 위법한 주택건설공사를 시공함으로써 사업주체 또는 입주자에게 손해를 입힌 자
7. 제44조제4항을 위반하여 시정 통지를 받고도 계속하여 주택건설공사를 시공한 시공자 및 사업주체
8. 제46조제1항에 따른 건축구조기술사의 협력, 제68조제5항에 따른 안전진단기준, 제69조제3항에 따른 검토기준 또는 제70조에 따른 구조기준을 위반하여 사업주체, 입주자 또는 사용자에게 손해를 입힌 자
9. 제48조제2항에 따른 시정명령에도 불구하고 필요한 조치를 하지 아니하고 감리를 한 자
10. 제66조제1항 및 제2항을 위반한 자
11. 제90조를 위반하여 등록증의 대여 등을 한 자
12. 제93조제1항에 따른 검사 등을 거부·방해 또는 기피한 자
13. 제94조에 따른 공사 중지 등의 명령을 위반한 자

▶ 판례 - [1] 구 주택법 시행령 제46조 제4항에 정한 '건축법 제11조에 따른 건축허가를 받아 주택 외의 시설과 주택을 동일건축물로 건축한 건축물'의 용도변경에 대하여 적용되는 법령
[2] 구 주택법 제91조에 정한 '공동주택의 사용자'의 의미 및 같은 법상 부대시설이나 복리시설을 임차하여 사용하는 자가 이에 포함되는지 여부(소극)
[3] 구 주택법 제98조 제12호 위반죄가 성립하기 위해서는 같은 법 제91조에 의한 조치명령이 적법하여야 하는지 여부(적극)

[1] 구 주택법(2013. 12. 24. 법률 제12115호로 개정되기 전의 것) 제42조 제2항 제1호(현행 공동주택관리법 제35조 제1항 제1호 참조), 구 주택법 시행령(2016. 8. 11. 대통령령 제27444호로 전부 개정되기 전의 것) 제46조 제1항(현행 공동주택관리법 시행령 제2조 제4호, 제3조 참조), 제4항 제1호(현행 공동주택관리법 시행령 제2조 제4호, 제3조 참조), 제47조 제1항 [별표 3](현행 공동주택관리법 시행령 제35조 제1항 [별표 3] 참조), 건축법 제11조
[2] 헌법 제12조 제1항, 형법 제1조 제1항, 구 주택법(2013. 12. 24. 법률 제12115호로 개정되기 전의 것) 제2조 제12호(현행 제2조 제27호 참조), 제13호(현행 제2조 제28호 참조), 제42조 제1항(현행 공동주택관리법 제35조 제1항 참조), 제2항 제1호(현행 공동주택관리법 제35조 제1항 제1호 참조), 제44조(현행 공동주택관리법 제18조 참조), 제45조(현행 공동주택관리법 제23조 참조), 제55조(현행 공동주택관리법 제64조 참조), 제59조(현행 공동주택관리법 제93조 참조), 제91조(현행 제94조 참조), 제98조 제12호(현행 제104조 제13호 참조)
[3] 구 주택법(2013. 12. 24. 법률 제12115호로 개정되기 전의 것) 제91조(현행 제94조 참조), 제98조 제12호(현행 제104조 제13호 참조) [대법원 2016.10.13, 선고, 2015도734, 판결]

제105조(양벌규정) ① 법인의 대표자나 법인 또는 개인의 대리인, 사용인, 그 밖의 종업원이 그 법인 또는 개인의 업무에 관하여 제98조의 위반행위를 하면 그 행위자를 벌하는 외에 그 법인 또는 개인에게도 10억원 이하의 벌금에 처한다. 다만, 법인 또는 개인이 그 위반행위를 방지하기 위하여 해당 업무에 관하여 상당한 주의와 감독을 게을리하지 아니한 경우에는 그러하지 아니하다.
② 법인의 대표자나 법인 또는 개인의 대리인, 사용인, 그 밖의 종업원이 그 법인 또는 개인의 업무에 관하여 제99조, 제101조, 제102조 및 제104조의 어느 하나에 해당하는 위반행위를 하면 그 행위자를 벌하는 외에 그 법인 또는 개인에게도 해당 조문의 벌금형을 과(科)한다. 다만, 법인 또는 개인이 그 위반행위를 방지하기 위하여 해당 업무에 관하여 상당한 주의와 감독을 게을리하지 아니한 경우에는 그러하지 아니하다.

제106조(과태료) ① 다음 각 호의 어느 하나

에 해당하는 자에게는 2천만원 이하의 과태료를 부과한다.
1. 제78조제3항에 따른 표준임대차계약서를 사용하지 아니하거나 표준임대차계약서의 내용을 이행하지 아니한 자
2. 제78조제5항에 따른 임대료에 관한 기준을 위반하여 토지를 임대한 자

② 다음 각 호의 어느 하나에 해당하는 자에게는 1천만원 이하의 과태료를 부과한다. <개정 2016.12.2.>
1. 제11조의2제3항을 위반하여 거짓 또는 과장 등의 방법으로 주택조합의 가입을 알선한 업무대행자
2. 제46조제1항을 위반하여 건축구조기술사의 협력을 받지 아니한 자

③ 다음 각 호의 어느 하나에 해당하는 자에게는 500만원 이하의 과태료를 부과한다.
1. 제16조제2항에 따른 신고를 하지 아니한 자
2. 제44조제2항에 따른 보고를 하지 아니하거나 거짓으로 보고를 한 감리자
3. 제45조제2항에 따른 보고를 하지 아니하거나 거짓으로 보고를 한 감리자
4. 제54조제2항을 위반하여 주택을 공급받은 자
5. 제93조제1항에 따른 보고 또는 검사의 명령을 위반한 자

④ 제1항부터 제3항까지에 따른 과태료는 대통령령으로 정하는 바에 따라 국토교통부장관 또는 지방자치단체의 장이 부과한다.

부칙

<제14866호, 2017.8.9.>

제1조(시행일) 이 법은 공포 후 3개월이 경과한 날부터 시행한다.

제2조(조정대상지역 지정에 관한 준비행위) ① 국토교통부장관은 이 법 시행 전에 제63조의2의 개정규정의 시행을 위하여 주거정책심의위원회의 심의를 거쳐 조정대상지역 예정지를 지정할 수 있다.
② 국토교통부장관이 제1항에 따라 조정대상지역 예정지를 지정하였을 때에는 지체 없이 이를 공고하고, 해당 지역을 관할하는 시장·군수·구청장에게 해당 공고 내용을 통보하여야 한다.
③ 제1항에 따라 지정된 조정대상지역 예정지는 이 법 시행일에 제63조의2의 개정규정에 따른 조정대상지역으로 지정된 것으로 본다.

제3조(전매제한기간 등에 관한 적용례) 제64조의 개정규정에 따른 전매제한기간은 이 법 시행 후 최초로 입주자 모집승인을 신청(제2조제10호가목 및 나목에 해당하는 사업주체의 경우에는 입주자 모집공고를 말한다)하는 경우부터 적용한다.

주택법 시행령

[시행 2018.1.18.]
[대통령령 제28586호, 2018.1.16., 타법개정]

제1장 총칙

제1조(목적) 이 영은 「주택법」에서 위임된 사항과 그 시행에 필요한 사항을 규정함을 목적으로 한다.

제2조(단독주택의 종류와 범위) 「주택법」(이하 "법"이라 한다) 제2조제2호에 따른 단독주택의 종류와 범위는 다음 각 호와 같다.
1. 「건축법 시행령」 별표 1 제1호가목에 따른 단독주택
2. 「건축법 시행령」 별표 1 제1호나목에 따른 다중주택
3. 「건축법 시행령」 별표 1 제1호다목에 따른 다가구주택

제3조(공동주택의 종류와 범위) ① 법 제2조제3호에 따른 공동주택의 종류와 범위는 다음 각 호와 같다.
1. 「건축법 시행령」 별표 1 제2호가목에 따른 아파트(이하 "아파트"라 한다)
2. 「건축법 시행령」 별표 1 제2호나목에 따른 연립주택(이하 "연립주택"이라 한다)
3. 「건축법 시행령」 별표 1 제2호다목에 따른 다세대주택(이하 "다세대주택"이라 한다)

② 제1항 각 호의 공동주택은 그 공급기준 및 건설기준 등을 고려하여 국토교통부령으로 종류를 세분할 수 있다.

제4조(준주택의 종류와 범위) 법 제2조제4호에 따른 준주택의 종류와 범위는 다음 각 호와 같다.
1. 「건축법 시행령」 별표 1 제2호라목에 따른 기숙사
2. 「건축법 시행령」 별표 1 제4호거목 및 제15호다목에 따른 다중생활시설
3. 「건축법 시행령」 별표 1 제11호나목에 따른 노인복지시설 중 「노인복지법」 제32조제1항제3호의 노인복지주택
4. 「건축법 시행령」 별표 1 제14호나목2)에 따른 오피스텔

제5조(주택단지의 구분기준이 되는 도로) 법 제2조제12호라목에서 "대통령령으로 정하는 시설"이란 보행자 및 자동차의 통행이 가능한 도로로서 다음 각 호의 어느 하나에 해당하는 도로를 말한다.
1. 「국토의 계획 및 이용에 관한 법률」 제2조제7호에 따른 도시·군계획시설(이하 "도시·군계획시설"이라 한다)인 도로로서 국토교통부령으로 정하는 도로
2. 「도로법」 제10조에 따른 일반국도·특별시도·광역시도 또는 지방도
3. 그 밖에 관계 법령에 따라 설치된 도로로서 제1호 및 제2호에 준하는 도로

제6조(부대시설의 범위) 법 제2조제13호다목에서 "대통령령으로 정하는 시설 또는 설비"란 다음 각 호의 시설 또는 설비를 말한다.
1. 보안등, 대문, 경비실 및 자전거보관소
2. 조경시설, 옹벽 및 축대
3. 안내표지판 및 공중화장실
4. 저수시설, 지하양수시설 및 대피시설
5. 쓰레기 수거 및 처리시설, 오수처리시설, 정화조
6. 소방시설, 냉난방공급시설(지역난방공급시설은 제외한다) 및 방범설비
7. 「환경친화적 자동차의 개발 및 보급 촉진에 관한 법률」 제2조제3호에 따른 전기자동차에 전기를 충전하여 공급하는 시설
8. 그 밖에 제1호부터 제7호까지의 시설 또는 설비와 비슷한 것으로서 국토교통부령으로 정하는 시설 또는 설비

제7조(복리시설의 범위) 법 제2조제14호나목에서 "대통령령으로 정하는 공동시설"이란 다음 각 호의 시설을 말한다.
1. 「건축법 시행령」 별표 1 제3호에 따른 제1종 근린생활시설
2. 「건축법 시행령」 별표 1 제4호에 따른 제2종 근린생활시설(총포판매소, 장의사, 다중생활시설, 단란주점 및 안마시술소는 제외한다)
3. 「건축법 시행령」 별표 1 제6호에 따른 종교시설
4. 「건축법 시행령」 별표 1 제7호에 따른 판매시설 중 소매시장 및 상점

5. 「건축법 시행령」 별표 1 제10호에 따른 교육연구시설
6. 「건축법 시행령」 별표 1 제11호에 따른 노유자시설
7. 「건축법 시행령」 별표 1 제12호에 따른 수련시설
8. 「건축법 시행령」 별표 1 제14호에 따른 업무시설 중 금융업소
9. 「산업집적활성화 및 공장설립에 관한 법률」 제2조제13호에 따른 지식산업센터
10. 「사회복지사업법」 제2조제5호에 따른 사회복지관
11. 공동작업장
12. 주민공동시설
13. 도시·군계획시설인 시장
14. 그 밖에 제1호부터 제13호까지의 시설과 비슷한 시설로서 국토교통부령으로 정하는 공동시설 또는 사업계획승인권자(법 제15조제1항에 따른 사업계획승인권자를 말한다. 이하 같다)가 거주자의 생활복리 또는 편익을 위하여 필요하다고 인정하는 시설

제8조(공구의 구분기준) 법 제2조제18호에서 "대통령령으로 정하는 기준"이란 다음 각 호의 요건을 모두 충족하는 것을 말한다.

1. 다음 각 목의 어느 하나에 해당하는 시설을 설치하거나 공간을 조성하여 6미터 이상의 너비로 공구 간 경계를 설정할 것
   가. 「주택건설기준 등에 관한 규정」 제26조에 따른 주택단지 안의 도로
   나. 주택단지 안의 지상에 설치되는 부설주차장
   다. 주택단지 안의 옹벽 또는 축대
   라. 식재·조경이 된 녹지
   마. 그 밖에 어린이놀이터 등 부대시설이나 복리시설로서 사업계획 승인권자가 적합하다고 인정하는 시설
2. 공구별 세대수는 300세대 이상으로 할 것

제9조(세대구분형 공동주택) ① 법 제2조제19호에서 "대통령령으로 정하는 건설기준, 면적기준 등에 적합하게 건설된 주택"이란 다음 각 호의 요건을 모두 갖추어 건설된 공동주택을 말한다.

1. 세대별로 구분된 각각의 공간마다 별도의 욕실, 부엌과 현관을 설치할 것
2. 하나의 세대가 통합하여 사용할 수 있도록 세대 간에 연결문 또는 경량구조의 경계벽 등을 설치할 것
3. 세대구분형 공동주택의 세대수가 해당 주택단지 안의 공동주택 전체 세대수의 3분의 1을 넘지 아니할 것
4. 세대별로 구분된 각각의 공간의 주거전용면적(주거의 용도로만 쓰이는 면적으로서 법 제2조제6호 후단에 따른 방법으로 산정된 것을 말한다. 이하 같다) 합계가 해당 주택단지 전체 주거전용면적 합계의 3분의 1을 넘지 아니하는 등 국토교통부장관이 정하여 고시하는 주거전용면적의 비율에 관한 기준을 충족할 것

② 세대구분형 공동주택의 건설과 관련하여 법 제35조에 따른 주택건설기준 등을 적용하는 경우 세대구분형 공동주택의 세대수는 그 구분된 공간의 세대수에 관계없이 하나의 세대로 산정한다.

제10조(도시형 생활주택) ① 법 제2조제20호에서"대통령령으로 정하는 주택"이란 「국토의 계획 및 이용에 관한 법률」 제36조제1항제1호에 따른 도시지역에 건설하는 다음 각 호의 주택을 말한다.

1. 원룸형 주택: 다음 각 목의 요건을 모두 갖춘 공동주택
   가. 세대별 주거전용면적은 50제곱미터 이하일 것
   나. 세대별로 독립된 주거가 가능하도록 욕실 및 부엌을 설치할 것
   다. 욕실 및 보일러실을 제외한 부분을 하나의 공간으로 구성할 것. 다만, 주거전용면적이 30제곱미터 이상인 경우에는 두 개의 공간으로 구성할 수 있다.
   라. 지하층에는 세대를 설치하지 아니할 것
2. 단지형 연립주택: 원룸형 주택이 아닌 연립주택. 다만, 「건축법」 제5조제2항에 따라 같은 법 제4조에 따른 건축위원회의 심의를 받은 경우에는 주택으로 쓰는 층수를 5개층까지 건축할 수 있다.
3. 단지형 다세대주택: 원룸형 주택이 아닌 다세대주택. 다만, 「건축법」 제5조제2항에 따라 같은 법 제4조에 따른 건축위원회의 심의를 받은 경우에는 주택으로 쓰는 층수를 5개층까지 건축할 수 있다.

② 하나의 건축물에는 도시형 생활주택과 그 밖의 주택을 함께 건축할 수 없다. 다만, 다음 각 호의 어느 하나에 해당하는 경우는 예

외로 한다.
1. 원룸형 주택과 주거전용면적이 85제곱미터를 초과하는 주택 1세대를 함께 건축하는 경우
2. 「국토의 계획 및 이용에 관한 법률 시행령」 제30조제1호다목에 따른 준주거지역 또는 같은 조 제2호에 따른 상업지역에서 원룸형 주택과 도시형 생활주택 외의 주택을 함께 건축하는 경우

③ 하나의 건축물에는 단지형 연립주택 또는 단지형 다세대주택과 원룸형 주택을 함께 건축할 수 없다.

제11조(에너지절약형 친환경주택의 건설기준 및 종류·범위) 법 제2조제21호에 따른 에너지절약형 친환경주택의 종류·범위 및 건설기준은 「주택건설기준 등에 관한 규정」으로 정한다.

제12조(건강친화형 주택의 건설기준) 법 제2조제22호에 따른 건강친화형 주택의 건설기준은 「주택건설기준 등에 관한 규정」으로 정한다.

제13조(수직증축형 리모델링의 허용 요건) ① 법 제2조제25호다목1)에서 "대통령령으로 정하는 범위"란 다음 각 호의 구분에 따른 범위를 말한다.
1. 수직으로 증축하는 행위(이하 "수직증축형 리모델링"이라 한다)의 대상이 되는 기존 건축물의 층수가 15층 이상인 경우: 3개층
2. 수직증축형 리모델링의 대상이 되는 기존 건축물의 층수가 14층 이하인 경우: 2개층

② 법 제2조제25호다목2)에서 "리모델링 대상 건축물의 구조도 보유 등 대통령령으로 정하는 요건"이란 수직증축형 리모델링의 대상이 되는 기존 건축물의 신축 당시 구조도를 보유하고 있는 것을 말한다.

제2장 주택의 건설 등

제1절 주택건설사업자 등

제14조(주택건설사업자 등의 범위 및 등록기준 등) ① 법 제4조제1항 각 호 외의 부분 본문에서 "대통령령으로 정하는 호수"란 다음 각 호의 구분에 따른 호수(戶數) 또는 세대수를 말한다.
1. 단독주택의 경우: 20호
2. 공동주택의 경우: 20세대. 다만, 도시형 생활주택(제10조제2항제1호의 경우를 포함한다)은 30세대로 한다.

② 법 제4조제1항 각 호 외의 부분 본문에서 "대통령령으로 정하는 면적"이란 1만제곱미터를 말한다.

③ 법 제4조에 따라 주택건설사업 또는 대지조성사업의 등록을 하려는 자는 다음 각 호의 요건을 모두 갖추어야 한다. 이 경우 하나의 사업자가 주택건설사업과 대지조성사업을 함께 할 때에는 제1호 및 제3호의 기준은 중복하여 적용하지 아니한다. <개정 2017.6.2.>
1. 자본금: 3억원(개인인 경우에는 자산평가액 6억원) 이상
2. 다음 각 목의 구분에 따른 기술인력
   가. 주택건설사업: 「건설기술 진흥법시행령」 별표 1에 따른 건축 분야 기술자 1명 이상
   나. 대지조성사업: 「건설기술 진흥법 시행령」 별표 1에 따른 토목 분야 기술자 1명 이상
3. 사무실면적: 사업의 수행에 필요한 사무장비를 갖출 수 있는 면적

④ 다음 각 호의 어느 하나에 해당하는 경우에는 해당 각 호의 자본금, 기술인력 또는 사무실면적을 제3항 각 호의 기준에 포함하여 산정한다.
1. 「건설산업기본법」 제9조에 따라 건설업(건축공사업 또는 토목건축공사업만 해당한다)의 등록을 한 자가 주택건설사업 또는 대지조성사업의 등록을 하려는 경우: 이미 보유하고 있는 자본금, 기술인력 및 사무실면적
2. 위탁관리 부동산투자회사(「부동산투자회사법」 제2조제1호나목에 따른 위탁관리 부동산투자회사를 말한다. 이하 같다)가 주택건설사업의 등록을 하려는 경우: 같은 법 제22조의2제1항에 따라 해당 부동산투자회사가 자산의 투자·운용업무를 위탁한 자산관리회사(같은 법 제2조제5호에 따른 자산관리회사를 말한다. 이하 같다)가 보유하고 있는 기술인력 및 사무실면적

제15조(주택건설사업 등의 등록 절차) ① 법 제4조에 따라 주택건설사업 또는 대지조성사업의 등록을 하려는 자는 신청서에 국토교통부령으로 정하는 서류를 첨부하여 국

토교통부장관에게 제출하여야 한다.

② 국토교통부장관은 법 제4조에 따라 주택건설사업 또는 대지조성사업의 등록을 한 자(이하"등록사업자"라 한다)를 등록부에 등재하고 등록증을 발급하여야 한다.

③ 등록사업자는 등록사항에 변경이 있으면 국토교통부령으로 정하는 바에 따라 변경사유가 발생한 날부터 30일 이내에 국토교통부장관에게 신고하여야 한다. 다만, 국토교통부령으로 정하는 경미한 변경에 대해서는 그러하지 아니하다.

제16조(공동사업주체의 사업시행) ① 법 제5조제1항에 따라 공동으로 주택을 건설하려는 토지소유자와 등록사업자는 다음 각 호의 요건을 모두 갖추어 법 제15조에 따른 사업계획승인을 신청하여야 한다.

1. 등록사업자가 다음 각 목의 어느 하나에 해당하는 자일 것
   가. 제17조제1항 각 호의 요건을 모두 갖춘 자
   나. 「건설산업기본법」 제9조에 따른 건설업(건축공사업 또는 토목건축공사업만 해당한다)의 등록을 한 자
2. 주택건설대지가 저당권·가등기담보권·가압류·전세권·지상권 등(이하"저당권등"이라 한다)의 목적으로 되어 있는 경우에는 그 저당권등을 말소할 것. 다만, 저당권등의 권리자로부터 해당 사업의 시행에 대한 동의를 받은 경우는 예외로 한다.
3. 토지소유자와 등록사업자 간에 다음 각 목의 사항에 대하여 법 및 이 영이 정하는 범위에서 협약이 체결되어 있을 것
   가. 대지 및 주택(부대시설 및 복리시설을 포함한다)의 사용·처분
   나. 사업비의 부담
   다. 공사기간
   라. 그 밖에 사업 추진에 따르는 각종 책임 등 사업 추진에 필요한 사항

② 법 제5조제2항에 따라 공동으로 주택을 건설하려는 주택조합(세대수를 늘리지 아니하는 리모델링주택조합은 제외한다)과 등록사업자, 지방자치단체, 한국토지주택공사(「한국토지주택공사법」에 따른 한국토지주택공사를 말한다. 이하 같다) 또는 지방공사(「지방공기업법」 제49조에 따라 주택건설사업을 목적으로 설립된 지방공사를 말한다. 이하 같다)는 다음 각 호의 요건을 모두 갖추어 법 제15조에 따른 사업계획승인을 신청하여야 한다.

1. 등록사업자와 공동으로 사업을 시행하는 경우에는 해당 등록사업자가 제1항제1호의 요건을 갖출 것
2. 주택조합이 주택건설대지의 소유권을 확보하고 있을 것. 다만, 지역주택조합 또는 직장주택조합이 등록사업자와 공동으로 사업을 시행하는 경우로서 법 제21조제1항제1호에 따라 「국토의 계획 및 이용에 관한 법률」 제49조에 따른 지구단위계획의 결정이 필요한 사업인 경우에는 95퍼센트 이상의 소유권을 확보하여야 한다.
3. 제1항제2호 및 제3호의 요건을 갖출 것. 이 경우 제1항제2호의 요건은 소유권을 확보한 대지에 대해서만 적용한다.

③ 법 제5조제3항에 따라 고용자가 등록사업자와 공동으로 주택을 건설하려는 경우에는 다음 각 호의 요건을 모두 갖추어 법 제15조에 따른 사업계획승인을 신청하여야 한다.

1. 제1항 각 호의 요건을 모두 갖추고 있을 것
2. 고용자가 해당 주택건설대지의 소유권을 확보하고 있을 것

제17조(등록사업자의 주택건설공사 시공기준) ① 법 제7조에 따라 주택건설공사를 시공하려는 등록사업자는 다음 각 호의 요건을 모두 갖추어야 한다.

1. 자본금이 5억원(개인인 경우에는 자산평가액 10억원) 이상일 것
2. 「건설기술 진흥법 시행령」 별표 1에 따른 건축 분야 및 토목 분야기술자 3명 이상을 보유하고 있을 것. 이 경우 같은 표에 따른 건축기사 및 토목 분야 기술자 각 1명이 포함되어야 한다.
3. 최근 5년간의 주택건설 실적이 100호 또는 100세대 이상일 것

② 법 제7조에 따라 등록사업자가 건설할 수 있는 주택은 주택으로 쓰는 층수가 5개층 이하인 주택으로 한다. 다만, 각층 거실의 바닥면적 300제곱미터 이내마다 1개소 이상의 직통계단을 설치한 경우에는 주택으로 쓰는 층수가 6개층인 주택을 건설할 수 있다.

③ 제2항에도 불구하고 다음 각 호의 어느 하나에 해당하는 등록사업자는 주택으로 쓰는 층수가 6개층 이상인 주택을 건설할 수 있다.

1. 주택으로 쓰는 층수가 6개층 이상인 아파트를 건설한 실적이 있는 자

2. 최근 3년간 300세대 이상의 공동주택을 건설한 실적이 있는 자

④ 법 제7조에 따라 주택건설공사를 시공하는 등록사업자는 건설공사비(총공사비에서 대지구입비를 제외한 금액을 말한다)가 자본금과 자본준비금·이익준비금을 합한 금액의 10배(개인인 경우에는 자산평가액의 5배)를 초과하는 건설공사는 시공할 수 없다.

제18조(등록사업자의 등록말소 및 영업정지 처분 기준) ① 법 제8조에 따른 등록사업자의 등록말소 및 영업정지 처분에 관한 기준은 별표 1과 같다.

② 국토교통부장관은 법 제8조에 따라 등록말소 또는 영업정지의 처분을 하였을 때에는 지체 없이 관보에 고시하여야 한다. 그 처분을 취소하였을 때에도 또한 같다.

제19조(일시적인 등록기준 미달) 법 제8조제1항제2호 단서에서 "「채무자 회생 및 파산에 관한 법률」에 따라 법원이 회생절차개시의 결정을 하고 그 절차가 진행 중이거나 일시적으로 등록기준에 미달하는 등 대통령령으로 정하는 경우"란 다음 각 호의 어느 하나에 해당하는 경우를 말한다.

1. 제14조제3항제1호에 따른 자본금 또는 자산평가액 기준에 미달한 경우 중 다음 각 목의 어느 하나에 해당하는 경우
   가. 「채무자 회생 및 파산에 관한 법률」 제49조에 따라 법원이 회생절차개시의 결정을 하고 그 절차가 진행 중인 경우
   나. 회생계획의 수행에 지장이 없다고 인정되는 경우로서 해당 등록사업자가 「채무자 회생 및 파산에 관한 법률」 제283조에 따라 법원으로부터 회생절차종결의 결정을 받고 회생계획을 수행 중인 경우
   다. 「기업구조조정 촉진법」 제5조에 따라 채권금융기관이 채권금융기관협의회의 의결을 거쳐 채권금융기관 공동관리절차를 개시하고 그 절차가 진행 중인 경우
2. 「상법」 제542조의8제1항 단서의 적용대상법인이 등록기준 미달 당시 직전의 사업연도말을 기준으로 자산총액의 감소로 인하여 제14조제3항제1호에 따른 자본금 기준에 미달하게 된 기간이 50일 이내인 경우
3. 기술인력의 사망·실종 또는 퇴직으로 인하여 제14조제3항제2호에 따른 기술인력 기준에 미달하게 된 기간이 50일 이내인 경우

제2절 주택조합

제20조(주택조합의 설립인가 등) ① 법 제11조제1항에 따라 주택조합의 설립·변경 또는 해산의 인가를 받으려는 자는 신청서에 다음 각 호의 구분에 따른 서류를 첨부하여 주택건설대지(리모델링주택조합의 경우에는 해당 주택의 소재지를 말한다. 이하 같다)를 관할하는 특별자치시장, 특별자치도지사, 시장, 군수 또는 구청장(구청장은 자치구의 구청장을 말하며, 이하 "시장·군수·구청장"이라 한다)에게 제출하여야 한다.

1. 설립인가신청: 다음 각 목의 구분에 따른 서류
   가. 지역주택조합 또는 직장주택조합의 경우
   1) 창립총회 회의록
   2) 조합장선출동의서
   3) 조합원 전원이 자필로 연명(連名)한 조합규약
   4) 조합원 명부
   5) 사업계획서
   6) 해당 주택건설대지의 80퍼센트 이상에 해당하는 토지의 사용권원을 확보하였음을 증명하는 서류
   7) 그 밖에 국토교통부령으로 정하는 서류
   나. 리모델링주택조합의 경우
   1) 가목1)부터 5)까지의 서류
   2) 법 제11조제3항 각 호의 결의를 증명하는 서류. 이 경우 결의서에는 별표 4 제1호나목1)부터 3)까지의 사항이 기재되어야 한다.
   3) 「건축법」 제5조에 따라 건축기준의 완화 적용이 결정된 경우에는 그 증명서류
   4) 해당 주택이 법 제49조에 따른 사용검사일(주택단지 안의 공동주택 전부에 대하여 같은 조에 따라 임시 사용승인을 받은 경우에는 그 임시 사용승인일을 말한다) 또는 「건축법」 제22조에 따른 사용승인일부터 다음의 구분에 따른 기간이 지났음을 증명하는 서류
   가) 대수선인 리모델링: 10년
   나) 증축인 리모델링: 법 제2조제25호나목에 따른 기간
2. 변경인가신청: 변경의 내용을 증명하는 서류
3. 해산인가신청: 조합원의 동의를 받은 정산서

② 제1항제1호가목3)의 조합규약에는 다

음 각 호의 사항이 포함되어야 한다. <개정 2017.6.2.>
1. 조합의 명칭 및 소재지
2. 조합원의 자격에 관한 사항
3. 주택건설대지의 위치 및 면적
4. 조합원의 제명·탈퇴 및 교체에 관한 사항
5. 조합임원의 수, 업무범위(권리·의무를 포함한다), 보수, 선임방법, 변경 및 해임에 관한 사항
6. 조합원의 비용부담 시기·절차 및 조합의 회계
6의2. 조합원의 제명·탈퇴에 따른 환급금의 산정방식, 지급시기 및 절차에 관한 사항
7. 사업의 시행시기 및 시행방법
8. 총회의 소집절차·소집시기 및 조합원의 총회소집요구에 관한 사항
9. 총회의 의결을 필요로 하는 사항과 그 의결정족수 및 의결절차
10. 사업이 종결되었을 때의 청산절차, 청산금의 징수·지급방법 및 지급절차
11. 조합비의 사용 명세와 총회 의결사항의 공개 및 조합원에 대한 통지방법
12. 조합규약의 변경 절차
13. 그 밖에 조합의 사업추진 및 조합 운영을 위하여 필요한 사항

③ 제2항제9호에도 불구하고 국토교통부령으로 정하는 사항은 반드시 총회의 의결을 거쳐야 한다.

④ 총회의 의결을 하는 경우에는 조합원의 100분의 10 이상이 직접 출석하여야 한다. 다만, 창립총회 또는 제3항에 따라 국토교통부령으로 정하는 사항을 의결하는 총회의 경우에는 조합원의 100분의 20 이상이 직접 출석하여야 한다. <신설 2017.6.2.>

⑤ 주택조합(리모델링주택조합은 제외한다)은 주택건설 예정 세대수(설립인가 당시의 사업계획서상 주택건설 예정 세대수를 말하되, 법 제20조에 따라 임대주택으로 건설·공급하는 세대수는 제외한다. 이하 같다)의 50퍼센트 이상의 조합원으로 구성하되, 조합원은 20명 이상이어야 한다. 다만, 법 제15조에 따른 사업계획승인 등의 과정에서 세대수가 변경된 경우에는 변경된 세대수를 기준으로 한다. <개정 2017.6.2.>

⑥ 리모델링주택조합 설립에 동의한 자로부터 건축물을 취득한 자는 리모델링주택조합 설립에 동의한 것으로 본다. <개정 2017.6.2.>

⑦ 시장·군수·구청장은 해당 주택건설대지에 대한 다음 각 호의 사항을 종합적으로 검토하여 주택조합의 설립인가 여부를 결정하여야 한다. 이 경우 그 주택건설대지가 이미 인가를 받은 다른 주택조합의 주택건설대지와 중복되지 아니하도록 하여야 한다. <개정 2017.6.2.>
1. 법 또는 관계 법령에 따른 건축기준 및 건축제한 등을 고려하여 해당 주택건설대지에 주택건설이 가능한지 여부
2. 「국토의 계획 및 이용에 관한 법률」에 따라 수립되었거나 해당 주택건설사업기간에 수립될 예정인 도시·군계획(같은 법 제2조제2호에 따른 도시·군계획을 말한다)에 부합하는지 여부
3. 이미 수립되어 있는 토지이용계획
4. 주택건설대지 중 토지 사용에 관한 권원을 확보하지 못한 토지가 있는 경우 해당 토지의 위치가 사업계획서상의 사업시행에 지장을 줄 우려가 있는지 여부

⑧ 주택조합의 설립·변경 또는 해산 인가에 필요한 세부적인 사항은 국토교통부령으로 정한다. <개정 2017.6.2.>

제21조(조합원의 자격) ① 법 제11조에 따른 주택조합의 조합원이 될 수 있는 사람은 다음 각 호의 구분에 따른 사람으로 한다. 다만, 조합원의 사망으로 그 지위를 상속받는 자는 다음 각 호의 요건에도 불구하고 조합원이 될 수 있다.
1. 지역주택조합 조합원: 다음 각 목의 요건을 모두 갖춘 사람
   가. 조합설립인가 신청일(해당 주택건설대지가 법 제63조에 따른 투기과열지구 안에 있는 경우에는 조합설립인가 신청일 1년 전의 날을 말한다. 이하 같다)부터 해당 조합주택의 입주 가능일까지 주택을 소유(주택의 유형, 입주자 선정방법 등을 고려하여 국토교통부령으로 정하는 지위에 있는 경우를 포함한다. 이하 이 호에서 같다)하는지에 대하여 다음의 어느 하나에 해당할 것

1) 국토교통부령으로 정하는 기준에 따라 세대주를 포함한 세대원[세대주와 동일한 세대별 주민등록표에 등재되어 있지 아니한 세대주의 배우자 및 그 배우자와 동일한 세대를 이루고 있는 사람을 포함한다. 이하 2)에서 같다] 전원이 주택을 소유하고 있지 아니한 세대의 세대주일 것

2) 국토교통부령으로 정하는 기준에 따라

세대주를 포함한 세대원 중 1명에 한정하여 주거전용면적 85제곱미터 이하의 주택 1채를 소유한 세대의 세대주일 것
  나. 조합설립인가 신청일 현재 법 제2조제11호가목의 구분에 따른 지역에 6개월 이상 계속하여 거주하여 온 사람일 것
2. 직장주택조합 조합원: 다음 각 목의 요건을 모두 갖춘 사람
  가. 제1호가목에 해당하는 사람일 것. 다만, 국민주택을 공급받기 위한 직장주택조합의 경우에는 제1호가목1)에 해당하는 세대주로 한정한다.
  나. 조합설립인가 신청일 현재 동일한 특별시·광역시·특별자치시·특별자치도·시 또는 군(광역시의 관할구역에 있는 군은 제외한다) 안에 소재하는 동일한 국가기관·지방자치단체·법인에 근무하는 사람일 것
3. 리모델링주택조합 조합원: 다음 각 목의 어느 하나에 해당하는 사람. 이 경우 해당 공동주택, 복리시설 또는 다목에 따른 공동주택 외의 시설의 소유권이 여러 명의 공유(共有)에 속할 때에는 그 여러 명을 대표하는 1명을 조합원으로 본다.
  가. 법 제15조에 따른 사업계획승인을 받아 건설한 공동주택의 소유자
  나. 복리시설을 함께 리모델링하는 경우에는 해당 복리시설의 소유자
  다. 「건축법」 제11조에 따른 건축허가를 받아 분양을 목적으로 건설한 공동주택의 소유자(해당 건축물에 공동주택 외의 시설이 있는 경우에는 해당 시설의 소유자를 포함한다)

② 주택조합의 조합원이 근무·질병치료·유학·결혼 등 부득이한 사유로 세대주 자격을 일시적으로 상실한 경우로서 시장·군수·구청장이 인정하는 경우에는 제1항에 따른 조합원 자격이 있는 것으로 본다.
③ 제1항에 따른 조합원 자격의 확인 절차는 국토교통부령으로 정한다.

제22조(지역·직장주택조합 조합원의 교체·신규가입 등) ① 지역주택조합 또는 직장주택조합은 설립인가를 받은 후에는 해당 조합원을 교체하거나 신규로 가입하게 할 수 없다. 다만, 다음 각 호의 어느 하나에 해당하는 경우에는 예외로 한다.
1. 조합원 수가 주택건설 예정 세대수를 초과하지 아니하는 범위에서 시장·군수·구청장으로부터 국토교통부령으로 정하는 바에 따라 조합원 추가모집의 승인을 받은 경우
2. 다음 각 목의 어느 하나에 해당하는 사유로 결원이 발생한 범위에서 충원하는 경우
  가. 조합원의 사망
  나. 법 제15조에 따른 사업계획승인 이후[지역주택조합 또는 직장주택조합이 제16조제2항제2호 단서에 따라 해당 주택건설대지 전부의 소유권을 확보하지 아니하고 법 제15조에 따른 사업계획승인을 받은 경우에는 해당 주택건설대지 전부의 소유권(해당 주택건설대지가 저당권등의 목적으로 되어 있는 경우에는 그 저당권등의 말소를 포함한다)을 확보한 이후를 말한다]에 입주자로 선정된 지위(해당 주택에 입주할 수 있는 권리·자격 또는 지위 등을 말한다)가 양도·증여 또는 판결 등으로 변경된 경우. 다만, 법 제64조에 따라 전매가 금지되는 경우는 제외한다.
  다. 조합원의 탈퇴 등으로 조합원 수가 주택건설 예정 세대수의 50퍼센트 미만이 되는 경우
  라. 조합원이 무자격자로 판명되어 자격을 상실하는 경우
  마. 법 제15조에 따른 사업계획승인 등의 과정에서 주택건설 예정 세대수가 변경되어 조합원 수가 변경된 세대수의 50퍼센트 미만이 되는 경우

② 제1항 각 호에 따라 조합원으로 추가모집되거나 충원되는 자가 제21조제1항제1호 및 제2호에 따른 조합원 자격 요건을 갖추었는지를 판단할 때에는 해당 조합설립인가 신청일을 기준으로 한다.
③ 제1항 각 호에 따른 조합원 추가모집의 승인과 조합원 추가모집에 따른 주택조합의 변경인가 신청은 법 제15조에 따른 사업계획승인신청일까지 하여야 한다.

제23조(주택조합의 사업계획승인 신청 등) ① 주택조합은 설립인가를 받은 날부터 2년 이내에 법 제15조에 따른 사업계획승인(제27조제1항제2호에 따른 사업계획승인 대상이 아닌 리모델링인 경우에는 법 제66조제2항에 따른 허가를 말한다)을 신청하여야 한다.
② 주택조합은 등록사업자가 소유하는 공공택지를 주택건설대지로 사용해서는 아니

된다. 다만, 경매 또는 공매를 통하여 취득한 공공택지는 예외로 한다.

제24조(직장주택조합의 설립신고) ① 법 제11조제5항에 따라 국민주택을 공급받기 위한 직장주택조합을 설립하려는 자는 신고서에 다음 각 호의 서류를 첨부하여 관할 시장·군수·구청장에게 제출하여야 한다. 이 경우 시장·군수·구청장은 「전자정부법」 제36조제1항에 따른 행정정보의 공동이용을 통하여 주민등록표 등본을 확인하여야 하며, 신고인이 확인에 동의하지 아니하면 직접 제출하도록 하여야 한다.

1. 조합원 명부
2. 조합원이 될 사람이 해당 직장에 근무하는 사람임을 증명할 수 있는 서류(그 직장의 장이 확인한 서류여야 한다)
3. 무주택자임을 증명하는 서류

② 제1항에서 정한 사항 외에 국민주택을 공급받기 위한 직장주택조합의 신고절차 및 주택의 공급방법 등은 국토교통부령으로 정한다.

제25조(자료의 공개) 법 제12조제1항제8호에서 "대통령령으로 정하는 서류 및 관련 자료"란 다음 각 호의 서류 및 자료를 말한다.

1. 연간 자금운용 계획서
2. 월별 자금 입출금 명세서
3. 월별 공사진행 상황에 관한 서류
4. 주택조합이 사업주체가 되어 법 제54조제1항에 따라 공급하는 주택의 분양신청에 관한 서류 및 관련 자료

제26조(주택조합의 회계감사) ① 법 제14조제3항에 따라 주택조합은 다음 각 호의 어느 하나에 해당하는 날부터 30일 이내에 「주식회사의 외부감사에 관한 법률」 제3조에 따른 감사인의 회계감사를 받아야 한다.

1. 법 제11조에 따른 주택조합 설립인가를 받은 날부터 3개월이 지난 날
2. 법 제15조에 따른 사업계획승인(제27조제1항제2호에 따른 사업계획승인 대상이 아닌 리모델링인 경우에는 법 제66조제2항에 따른 허가를 말한다)을 받은 날부터 3개월이 지난 날
3. 법 제49조에 따른 사용검사 또는 임시사용승인을 신청한 날

② 제1항에 따른 회계감사에 대해서는 「주식회사의 외부감사에 관한 법률」 제5조에 따른 회계감사기준을 적용한다.

③ 제1항에 따른 회계감사를 한 자는 회계감사 종료일부터 15일 이내에 회계감사 결과를 관할 시장·군수·구청장과 해당 주택조합에 각각 통보하여야 한다.

④ 시장·군수·구청장은 제3항에 따라 통보받은 회계감사 결과의 내용을 검토하여 위법 또는 부당한 사항이 있다고 인정되는 경우에는 그 내용을 해당 주택조합에 통보하고 시정을 요구할 수 있다.

제26조의2(시공보증) 법 제14조의2제1항에서"대통령령으로 정하는 비율 이상"이란 총 공사금액의 30퍼센트 이상을 말한다.
[본조신설 2017.6.2.]

제3절 사업계획의 승인 등

제27조(사업계획의 승인) ① 법 제15조제1항 각 호 외의 부분 본문에서 "대통령령으로 정하는 호수"란 다음 각 호의 구분에 따른 호수 및 세대수를 말한다.

1. 단독주택: 30호. 다만, 다음 각 목의 어느 하나에 해당하는 단독주택의 경우에는 50호로 한다.
   가. 법 제2조제24호 각 목의 어느 하나에 해당하는 공공사업에 따라 조성된 용지를 개별 필지로 구분하지 아니하고 일단(一團)의 토지로 공급받아 해당 토지에 건설하는 단독주택
   나. 「건축법 시행령」 제2조제16호에 따른 한옥
2. 공동주택: 30세대(리모델링의 경우에는 증가하는 세대수를 기준으로 한다). 다만, 다음 각 목의 어느 하나에 해당하는 공동주택을 건설(리모델링의 경우는 제외한다)하는 경우에는 50세대로 한다.
   가. 다음의 요건을 모두 갖춘 단지형 연립주택 또는 단지형 다세대주택

1) 세대별 주거전용면적이 30제곱미터 이상일 것

2) 해당 주택단지 진입도로의 폭이 6미터 이상일 것. 다만, 해당 주택단지의 진입도로가 두 개 이상인 경우에는 다음의 요건을 모두 갖추면 진입도로의 폭을 4미터 이상 6미터 미만으로 할 수 있다.

가) 두 개의 진입도로 폭의 합계가 10

미터 이상일 것

나) 폭 4미터 이상 6미터 미만인 진입도로는 제5조에 따른 도로와 통행거리가 200미터 이내일 것

나. 「도시 및 주거환경정비법」 제2조제1호에 따른 정비구역에서 다음의 어느 하나에 해당하는 정비사업을 시행하기 위하여 건설하는 공동주택. 다만, 같은 법 시행령 제13조제1항제4호에 따른 정비기반시설의 설치계획대로 정비기반시설 설치가 이루어지지 아니한 지역으로서 시장·군수·구청장이 지정·고시하는 지역에서 건설하는 공동주택은 제외한다.

1) 「도시 및 주거환경정비법」 제2조제2호가목에 따른 주거환경개선사업(같은 법 제6조제1항제1호에 해당하는 방법으로 시행하는 경우만 해당한다)

2) 「도시 및 주거환경정비법」 제2조제2호마목에 따른 주거환경관리사업

② 법 제15조제1항 각 호 외의 부분 본문에서 "대통령령으로 정하는 면적"이란 1만제곱미터를 말한다.

③ 법 제15조제1항 각 호 외의 부분 본문에서 "대통령령으로 정하는 경우"란 다음 각 호의 어느 하나에 해당하는 경우를 말한다.

1. 330만제곱미터 이상의 규모로 「택지개발촉진법」에 따른 택지개발사업 또는 「도시개발법」에 따른 도시개발사업을 추진하는 지역 중 국토교통부장관이 지정·고시하는 지역에서 주택건설사업을 시행하는 경우
2. 수도권(「수도권정비계획법」 제2조제1호에 따른 수도권을 말한다. 이하 같다) 또는 광역시 지역의 긴급한 주택난 해소가 필요하거나 지역균형개발 또는 광역적 차원의 조정이 필요하여 국토교통부장관이 지정·고시하는 지역에서 주택건설사업을 시행하는 경우
3. 다음 각 목의 자가 단독 또는 공동으로 총지분의 50퍼센트를 초과하여 출자한 위탁관리 부동산투자회사(해당 부동산투자회사의 자산관리회사가 한국토지주택공사인 경우만 해당한다)가 주택건설사업을 시행하는 경우

가. 국가

나. 지방자치단체

다. 한국토지주택공사

라. 지방공사

④ 법 제15조제1항 각 호 외의 부분 단서에서 "주택 외의 시설과 주택을 동일 건축물로 건축하는 경우 등 대통령령으로 정하는 경우"란 다음 각 호의 어느 하나에 해당하는 경우를 말한다.

1. 다음 각 목의 요건을 모두 갖춘 사업의 경우

가. 「국토의 계획 및 이용에 관한 법률 시행령」 제30조제1호다목에 따른 준주거지역 또는 같은 조 제2호에 따른 상업지역(유통상업지역은 제외한다)에서 300세대 미만의 주택과 주택 외의 시설을 동일 건축물로 건축하는 경우일 것

나. 해당 건축물의 연면적에서 주택의 연면적이 차지하는 비율이 90퍼센트 미만일 것

2. 「농어촌정비법」 제2조제10호에 따른 생활환경정비사업 중 「농업협동조합법」 제2조제4호에 따른 농업협동조합중앙회가 조달하는 자금으로 시행하는 사업인 경우

⑤ 제1항 및 제4항에 따른 주택건설규모를 산정할 때 다음 각 호의 구분에 따른 동일 사업주체(「건축법」 제2조제1항제12호에 따른 건축주를 포함한다)가 일단의 주택단지를 여러 개의 구역으로 분할하여 주택을 건설하려는 경우에는 전체 구역의 주택건설호수 또는 세대수의 규모를 주택건설규모로 산정한다. 이 경우 주택의 건설기준, 부대시설 및 복리시설의 설치기준과 대지의 조성기준을 적용할 때에는 전체 구역을 하나의 대지로 본다.

1. 사업주체가 개인인 경우: 개인인 사업주체와 그의 배우자 또는 직계존비속
2. 사업주체가 법인인 경우: 법인인 사업주체와 그 법인의 임원

⑥ 법 제15조제2항에서"주택과 그 부대시설 및 복리시설의 배치도, 대지조성공사 설계도서 등 대통령령으로 정하는 서류"란 다음 각 호의 구분에 따른 서류를 말한다.

1. 주택건설사업계획 승인신청의 경우: 다음 각 목의 서류. 다만, 제29조에 따른 표본설계도서에 따라 사업계획승인을 신청하는 경우에는 라목의 서류는 제외한다.

가. 신청서

나. 사업계획서

다. 주택과 그 부대시설 및 복리시설의 배치도

라. 공사설계도서. 다만, 대지조성공사를 우선 시행하는 경우만 해당하며, 사업주체가 국가, 지방자치단체, 한국토지주택공사 또는 지방공사인 경우에는 국토교통부령으로 정하는 도서로 한다.

마. 「국토의 계획 및 이용에 관한 법률 시

행령」 제96조제1항제3호 및 제97조제6항제3호의 사항을 적은 서류(법 제24조제2항에 따라 토지를 수용하거나 사용하려는 경우만 해당한다)

바. 제16조 각 호의 사실을 증명하는 서류(공동사업시행의 경우만 해당하며, 법 제11조제1항에 따른 주택조합이 단독으로 사업을 시행하는 경우에는 제16조제1항제2호 및 제3호의 사실을 증명하는 서류를 말한다)

사. 법 제19조제3항에 따른 협의에 필요한 서류

아. 법 제29조제1항에 따른 공공시설의 귀속에 관한 사항을 기재한 서류

자. 주택조합설립인가서(주택조합만 해당한다)

차. 법 제51조제2항 각 호의 어느 하나의 사실 또는 이 영 제17조제1항 각 호의 사실을 증명하는 서류(「건설산업기본법」 제9조에 따른 건설업 등록을 한 자가 아닌 경우만 해당한다)

카. 그 밖에 국토교통부령으로 정하는 서류

2. 대지조성사업계획 승인신청의 경우: 다음 각 목의 서류

가. 신청서

나. 사업계획서

다. 공사설계도서. 다만, 사업주체가 국가, 지방자치단체, 한국토지주택공사 또는 지방공사인 경우에는 국토교통부령으로 정하는 도서로 한다.

라. 제1호마목·사목 및 아목의 서류

마. 조성한 대지의 공급계획서

바. 그 밖에 국토교통부령으로 정하는 서류

제28조(주택단지의 분할 건설·공급) ① 법 제15조제3항 각 호 외의 부분 전단에서 "대통령령으로 정하는 호수 이상의 주택단지"란 전체 세대수가 600세대 이상인 주택단지를 말한다.
② 법 제15조제3항에 따른 주택단지의 공구별 분할 건설·공급의 절차와 방법에 관한 세부기준은 국토교통부장관이 정하여 고시한다.

제29조(표본설계도서의 승인) ① 한국토지주택공사, 지방공사 또는 등록사업자는 동일한 규모의 주택을 대량으로 건설하려는 경우에는 국토교통부령으로 정하는 바에 따라 국토교통부장관에게 주택의 형별(型別)로 표본설계도서를 작성·제출하여 승인을 받을 수 있다.
② 국토교통부장관은 제1항에 따른 승인을 하려는 경우에는 관계 행정기관의 장과 협의하여야 하며, 협의 요청을 받은 기관은 정당한 사유가 없으면 요청받은 날부터 15일 이내에 국토교통부장관에게 의견을 통보하여야 한다.
③ 국토교통부장관은 제1항에 따라 표본설계도서의 승인을 하였을 때에는 그 내용을 특별시장·광역시장·특별자치시장·도지사 또는 특별자치도지사(이하"시·도지사"라 한다)에게 통보하여야 한다.

제30조(사업계획의 승인절차 등) ① 사업계획승인권자는 법 제15조에 따른 사업계획승인의 신청을 받았을 때에는 정당한 사유가 없으면 신청받은 날부터 60일 이내에 사업주체에게 승인 여부를 통보하여야 한다.
② 국토교통부장관은 제27조제3항 각 호에 해당하는 주택건설사업계획의 승인을 하였을 때에는 지체 없이 관할 시·도지사에게 그 내용을 통보하여야 한다.
③ 사업계획승인권자는 「주택도시기금법」에 따른 주택도시기금(이하 "주택도시기금"이라 한다)을 지원받은 사업주체에게 법 제15조제4항 본문에 따른 사업계획의 변경승인을 하였을 때에는 그 내용을 해당 사업에 대한 융자를 취급한 기금수탁자에게 통지하여야 한다.
④ 주택도시기금을 지원받은 사업주체가 사업주체를 변경하기 위하여 법 제15조제4항 본문에 따른 사업계획의 변경승인을 신청하는 경우에는 기금수탁자로부터 사업주체 변경에 관한 동의서를 받아 첨부하여야 한다.
⑤ 사업계획승인권자는 법 제15조제6항 전단에 따라 사업계획승인의 고시를 할 때에는 다음 각 호의 사항을 포함하여야 한다.

1. 사업의 명칭
2. 사업주체의 성명·주소(법인인 경우에는 법인의 명칭·소재지와 대표자의 성명·주소를 말한다)
3. 사업시행지의 위치·면적 및 건설주택의 규모
4. 사업시행기간
5. 법 제19조제1항에 따라 고시가 의제되는 사항

제31조(공사 착수기간의 연장) 법 제16조제1항 각 호 외의 부분 단서에서 "대통령령으로 정하는 정당한 사유가 있다고 인정하는

경우"란 다음 각 호의 어느 하나에 해당하는 경우를 말한다.
1. 「매장문화재 보호 및 조사에 관한 법률」 제11조에 따라 문화재청장의 매장문화재 발굴허가를 받은 경우
2. 해당 사업시행지에 대한 소유권 분쟁(소송절차가 진행 중인 경우만 해당한다)으로 인하여 공사 착수가 지연되는 경우
3. 법 제15조에 따른 사업계획승인의 조건으로 부과된 사항을 이행함에 따라 공사 착수가 지연되는 경우
4. 천재지변 또는 사업주체에게 책임이 없는 불가항력적인 사유로 인하여 공사 착수가 지연되는 경우
5. 공공택지의 개발·조성을 위한 계획에 포함된 기반시설의 설치 지연으로 공사 착수가 지연되는 경우
6. 해당 지역의 미분양주택 증가 등으로 사업성이 악화될 우려가 있거나 주택건설경기가 침체되는 등 공사에 착수하지 못할 부득이한 사유가 있다고 사업계획승인권자가 인정하는 경우

제32조(사업계획승인의 취소) 법 제16조제4항에서"사업계획 이행, 사업비 조달 계획 등 대통령령으로 정하는 내용"이란 다음 각 호의 내용을 말한다.
1. 공사일정, 준공예정일 등 사업계획의 이행에 관한 계획
2. 사업비 확보 현황 및 방법 등이 포함된 사업비 조달 계획
3. 해당 사업과 관련된 소송 등 분쟁사항의 처리 계획

제33조(공동위원회의 구성) ① 법 제18조제3항에 따른 공동위원회(이하"공동위원회"라 한다)는 위원장 및 부위원장 1명씩을 포함하여 25명 이상 30명 이하의 위원으로 구성한다.
② 공동위원회 위원장은 법 제18조제3항 각 호의 어느 하나에 해당하는 위원회 위원장의 추천을 받은 위원 중에서 호선(互選)한다.
③ 공동위원회 부위원장은 사업계획승인권자가 속한 지방자치단체 소속 공무원 중에서 위원장이 지명한다.
④ 공동위원회 위원은 법 제18조제3항 각 호의 위원회의 위원이 각각 5명 이상이 되어야 한다.

제34조(위원의 제척·기피·회피) ① 공동위원회 위원(이하 이 조 및 제35조에서"위원"이라 한다)이 다음 각 호의 어느 하나에 해당하는 경우에는 공동위원회의 심의·의결에서 제척(除斥)된다.
1. 위원 또는 그 배우자나 배우자였던 사람이 해당 안건의 당사자(당사자가 법인·단체 등인 경우에는 그 임원을 포함한다. 이하 이 호 및 제2호에서 같다)가 되거나 그 안건의 당사자와 공동권리자 또는 공동의무자인 경우
2. 위원이 해당 안건 당사자의 친족이거나 친족이었던 경우
3. 위원이 해당 안건에 대하여 자문, 연구, 용역(하도급을 포함한다), 감정 또는 조사를 한 경우
4. 위원이나 위원이 속한 법인·단체 등이 해당 안건 당사자의 대리인이거나 대리인이었던 경우
5. 위원이 임원 또는 직원으로 재직하고 있거나 최근 3년 내에 재직하였던 기업 등이 해당 안건에 대하여 자문, 연구, 용역(하도급을 포함한다), 감정 또는 조사를 한 경우
② 해당 안건의 당사자는 위원에게 공정한 심의·의결을 기대하기 어려운 사정이 있는 경우에는 공동위원회에 기피 신청을 할 수 있고, 공동위원회는 의결로 기피 여부를 결정한다. 이 경우 기피 신청의 대상인 위원은 그 의결에 참여할 수 없다.
③ 위원이 제1항 각 호의 제척 사유에 해당하는 경우에는 스스로 해당 안건의 심의·의결에서 회피(回避)하여야 한다.

제35조(통합심의의 방법과 절차) ① 법 제18조제3항에 따라 사업계획을 통합심의하는 경우 사업계획승인권자는 공동위원회를 개최하기 7일 전까지 회의 일시, 장소 및 상정 안건 등 회의 내용을 위원에게 알려야 한다.
② 공동위원회의 회의는 재적위원 과반수의 출석으로 개의(開議)하고, 출석위원 과반수의 찬성으로 의결한다.
③ 공동위원회 위원장은 통합심의와 관련하여 필요하다고 인정하거나 사업계획승인권자가 요청한 경우에는 당사자 또는 관계자를 출석하게 하여 의견을 듣거나 설명하게 할 수 있다.
④ 공동위원회는 사업계획승인과 관련된 사항, 당사자 또는 관계자의 의견 및 설명, 관

계 기관의 의견 등을 종합적으로 검토하여 심의하여야 한다.

⑤ 공동위원회는 회의시 회의내용을 녹취하고, 다음 각 호의 사항을 회의록으로 작성하여 「공공기록물 관리에 관한 법률」에 따라 보존하여야 한다.

1. 회의일시・장소 및 공개여부
2. 출석위원 서명부
3. 상정된 의안 및 심의결과
4. 그 밖에 주요 논의사항 등

⑥ 공동위원회의 회의에 참석한 위원에게는 예산의 범위에서 수당 및 여비를 지급할 수 있다. 다만, 공무원인 위원이 소관 업무와 직접 관련되어 위원회에 출석하는 경우에는 그러하지 아니하다.

⑦ 이 영에서 규정한 사항 외에 공동위원회 운영에 필요한 사항은 위원회의 의결을 거쳐 위원장이 정한다.

제36조(수수료 등의 면제 기준) 법 제19조제5항에서 "대통령령으로 정하는 비율"이란 50퍼센트를 말한다.

제37조(주택건설사업 등에 따른 임대주택의 비율 등) ① 법 제20조제2항 각 호 외의 부분에서 "대통령령으로 정하는 비율"이란 30퍼센트 이상 60퍼센트 이하의 범위에서 특별시・광역시・특별자치시・도 또는 특별자치도(이하"시・도"라 한다)의 조례로 정하는 비율을 말한다.

② 국토교통부장관은 법 제20조제2항에 따라 시장・군수・구청장으로부터 인수자를 지정하여 줄 것을 요청받은 경우에는 30일 이내에 인수자를 지정하여 시・도지사에게 통보하여야 한다.

③ 시・도지사는 제2항에 따른 통보를 받은 경우에는 지체 없이 국토교통부장관이 지정한 인수자와 임대주택의 인수에 관하여 협의하여야 한다.

제38조(토지매수업무 등의 위탁) ① 사업주체(국가 또는 한국토지주택공사인 경우로 한정한다)는 법 제26조제1항에 따라 토지매수업무와 손실보상업무를 지방자치단체의 장에게 위탁하는 경우에는 매수할 토지 및 위탁조건을 명시하여야 한다.

② 법 제26조제2항에서 "대통령령으로 정하는 요율의 위탁수수료"란 「공익사업을 위한 토지 등의 취득 및 보상에 관한 법률 시행령」 별표 1에 따른 위탁수수료를 말한다.

제39조(간선시설의 설치 등) ① 법 제28조제1항 각 호 외의 부분 본문에서 "대통령령으로 정하는 호수"란 다음 각 호의 구분에 따른 호수 또는 세대수를 말한다.

1. 단독주택인 경우: 100호
2. 공동주택인 경우: 100세대(리모델링의 경우에는 늘어나는 세대수를 기준으로 한다)

② 법 제28조제1항 각 호 외의 부분 본문에서 "대통령령으로 정하는 면적"이란 1만6천500제곱미터를 말한다.

③ 사업계획승인권자는 제1항 또는 제2항에 따른 규모 이상의 주택건설 또는 대지조성에 관한 사업계획을 승인하였을 때에는 그 사실을 지체 없이 법 제28조제1항 각 호의 간선시설 설치의무자(이하 "간선시설 설치의무자"라 한다)에게 통지하여야 한다.

④ 간선시설 설치의무자는 사업계획에서 정한 사용검사 예정일까지 해당 간선시설을 설치하지 못할 특별한 사유가 있을 때에는 제3항에 따른 통지를 받은 날부터 1개월 이내에 그 사유와 설치 가능 시기를 명시하여 해당 사업주체에게 통보하여야 한다.

⑤ 법 제28조제6항에 따른 간선시설의 종류별 설치범위는 별표 2와 같다.

제40조(간선시설 설치비의 상환) ① 법 제28조제7항에 따라 사업주체가 간선시설을 자기부담으로 설치하려는 경우 간선시설 설치의무자는 사업주체와 간선시설의 설치비 상환계약을 체결하여야 한다.

② 제1항에 따른 상환계약에서 정하는 설치비의 상환기한은 해당 사업의 사용검사일부터 3년 이내로 하여야 한다.

③ 간선시설 설치의무자가 제1항에 따른 상환계약에 따라 상환하여야 하는 금액은 다음 각 호의 금액을 합산한 금액으로 한다.

1. 설치비용
2. 상환 완료 시까지의 설치비용에 대한 이자. 이 경우 이자율은 설치비 상환계약 체결일 당시의 정기예금 금리(「은행법」에 따라 설립된 은행 중 수신고를 기준으로 한 전국 상위 6개 시중은행의 1년 만기 정기예금 금리의 산술평균을 말한다)로 하되, 상환계약에서 달리 정한 경우에는 그에 따른다.

제41조(국·공유지 등의 우선 매각 등) 법 제30조제1항제1호에서 "대통령령으로 정하는 비율"이란 50퍼센트를 말한다.

제42조(체비지의 우선매각) 법 제31조에 따라 도시개발사업시행자[「도시개발법」에 따른 환지(換地) 방식에 의하여 사업을 시행하는 도시개발사업의 시행자를 말한다]는 체비지(替費地)를 사업주체에게 국민주택용지로 매각하는 경우에는 경쟁입찰로 하여야 한다. 다만, 매각을 요구하는 사업주체가 하나일 때에는 수의계약으로 매각할 수 있다.

제4절 주택의 건설

제43조(주택의 설계 및 시공) ① 법 제33조제1항에서 "대통령령으로 정하는 설계도서 작성기준"이란 다음 각 호의 요건을 말한다.

1. 설계도서는 설계도·시방서(示方書)·구조계산서·수량산출서·품질관리계획서 등으로 구분하여 작성할 것
2. 설계도 및 시방서에는 건축물의 규모와 설비·재료·공사방법 등을 적을 것
3. 설계도·시방서·구조계산서는 상호 보완관계를 유지할 수 있도록 작성할 것
4. 품질관리계획서에는 설계도 및 시방서에 따른 품질 확보를 위하여 필요한 사항을 정할 것

② 국토교통부장관은 제1항 각 호의 요건에 관한 세부기준을 정하여 고시할 수 있다.

제44조(주택건설공사의 시공 제한 등) ① 법 제34조제1항에서 "대통령령으로 정하는 자"란 「건설산업기본법」 제9조에 따라 건설업(건축공사업 또는 토목건축공사업만 해당한다)의 등록을 한 자를 말한다.

② 법 제34조제2항에서 "대통령령으로 정하는 자"란 「건설산업기본법」 제9조에 따라 다음 각 호의 어느 하나에 해당하는 건설업의 등록을 한 자를 말한다.

1. 방수설비공사: 미장·방수·조적공사업
2. 위생설비공사: 기계설비공사업
3. 냉·난방설비공사: 기계설비공사업 또는 난방시공업(난방설비공사로 한정한다)

③ 법 제34조제3항 단서에서 "대통령령으로 정하는 대형공사"란 대지구입비를 제외한 총공사비가 500억원 이상인 공사를 말한다.

④ 법 제34조제3항 단서에서 "대통령령으로 정하는 입찰방법"이란 「국가를 당사자로 하는 계약에 관한 법률 시행령」 제79조제1항제5호에 따른 일괄입찰을 말한다.

제45조(주택건설기준 등에 관한 규정) 다음 각 호의 사항은 「주택건설기준 등에 관한 규정」으로 정한다.

1. 법 제35조제1항제1호에 따른 주택 및 시설의 배치, 주택과의 복합건축 등에 관한 주택건설기준
2. 법 제35조제1항제2호에 따른 주택의 구조·설비기준
3. 법 제35조제1항제3호에 따른 부대시설의 설치기준
4. 법 제35조제1항제4호에 따른 복리시설의 설치기준
5. 법 제35조제1항제5호에 따른 대지조성기준
6. 법 제36조에 따른 도시형 생활주택의 건설기준
7. 법 제37조에 따른 에너지절약형 친환경주택 등의 건설기준
8. 법 제38조에 따른 장수명 주택의 건설기준 및 인증제도
9. 법 제39조에 따른 공동주택성능등급의 표시
10. 법 제40조에 따른 환기시설 설치기준
11. 법 제41조에 따른 바닥충격음 성능등급 인정
12. 법 제42조에 따른 소음방지대책 수립에 필요한 실외소음도와 실외소음도를 측정하는 기준, 실외소음도 측정기관의 지정요건 및 측정에 소요되는 수수료 등 실외소음도 측정에 필요한 사항

제46조(주택의 규모별 건설 비율) ① 국토교통부장관은 적정한 주택수급을 위하여 필요하다고 인정하는 경우에는 법 제35조제1항제6호에 따라 사업주체가 건설하는 주택의 75퍼센트(법 제5조제2항 및 제3항에 따른 주택조합이나 고용자가 건설하는 주택은 100퍼센트) 이하의 범위에서 일정 비율 이상을 국민주택규모로 건설하게 할 수 있다.

② 제1항에 따른 국민주택규모 주택의 건설

비율은 주택단지별 사업계획에 적용한다.

제5절 주택의 감리 및 사용검사

제47조(감리자의 지정 및 감리원의 배치 등) ① 법 제43조제1항 본문에 따라 사업계획승인권자는 다음 각 호의 구분에 따른 자를 주택건설공사의 감리자로 지정하여야 한다. 이 경우 인접한 둘 이상의 주택단지에 대해서는 감리자를 공동으로 지정할 수 있다.
1. 300세대 미만의 주택건설공사: 다음 각 목의 어느 하나에 해당하는 자[해당 주택건설공사를 시공하는 자의 계열회사(「독점규제 및 공정거래에 관한 법률」 제2조제3호에 따른 계열회사를 말한다)는 제외한다. 이하 제2호에서 같다]
   가. 「건축사법」 제23조제1항에 따라 건축사사무소개설신고를 한 자
   나. 「건설기술 진흥법」 제26조제1항에 따라 등록한 건설기술용역업자
2. 300세대 이상의 주택건설공사: 「건설기술 진흥법」 제26조제1항에 따라 등록한 건설기술용역업자

② 국토교통부장관은 제1항에 따른 지정에 필요한 다음 각 호의 사항에 관한 세부적인 기준을 정하여 고시할 수 있다.
1. 지정 신청에 필요한 제출서류
2. 다른 신청인에 대한 제출서류 공개 및 그 제출서류 내용의 타당성에 대한 이의신청 절차
3. 그 밖에 지정에 필요한 사항

③ 사업계획승인권자는 제2항제1호에 따른 제출서류의 내용을 확인하기 위하여 필요하면 관계 기관의 장에게 사실 조회를 요청할 수 있다.

④ 제1항에 따라 지정된 감리자는 다음 각 호의 기준에 따라 감리원을 배치하여 감리를 하여야 한다.
1. 국토교통부령으로 정하는 감리자격이 있는 자를 공사현장에 상주시켜 감리할 것
2. 국토교통부장관이 정하여 고시하는 바에 따라 공사에 대한 감리업무를 총괄하는 총괄감리원 1명과 공사분야별 감리원을 각각 배치할 것
3. 총괄감리원은 주택건설공사 전기간(全期間)에 걸쳐 배치하고, 공사분야별 감리원은 해당 공사의 기간 동안 배치할 것
4. 감리원을 다른 주택건설공사에 중복하여 배치하지 아니할 것

⑤ 감리자는 법 제16조제2항에 따라 착공신고를 하거나 감리업무의 범위에 속하는 각종 시험 및 자재확인 등을 하는 경우에는 서명 또는 날인을 하여야 한다.

⑥ 주택건설공사에 대한 감리는 법 또는 이 영에서 정하는 사항 외에는 「건축사법」 또는 「건설기술 진흥법」에서 정하는 바에 따른다.

⑦ 법 제43조제1항 단서에서 "대통령령으로 정하는 자"란 다음 각 호의 요건을 모두 갖춘 위탁관리 부동산투자회사를 말한다.
1. 다음 각 목의 자가 단독 또는 공동으로 총지분의 50퍼센트를 초과하여 출자한 부동산투자회사일 것
   가. 국가
   나. 지방자치단체
   다. 한국토지주택공사
   라. 지방공사
2. 해당 부동산투자회사의 자산관리회사가 한국토지주택공사일 것

⑧ 제7항제2호에 따른 자산관리회사인 한국토지주택공사는 법 제44조제1항 및 이 조 제4항에 따라 감리를 수행하여야 한다.

제48조(감리자의 교체) ① 법 제43조제2항에서 "업무 수행 중 위반 사항이 있음을 알고도 묵인하는 등 대통령령으로 정하는 사유에 해당하는 경우"란 다음 각 호의 어느 하나에 해당하는 경우를 말한다.
1. 감리업무 수행 중 발견한 위반 사항을 묵인한 경우
2. 법 제44조제4항 후단에 따른 이의신청 결과 같은 조 제3항에 따른 시정 통지가 3회 이상 잘못된 것으로 판정된 경우
3. 공사기간 중 공사현장에 1개월 이상 감리원을 상주시키지 아니한 경우. 이 경우 기간 계산은 제47조제4항에 따라 감리원별로 상주시켜야 할 기간에 각 감리원이 상주하지 아니한 기간을 합산한다.
4. 감리자 지정에 관한 서류를 거짓이나 그 밖의 부정한 방법으로 작성·제출한 경우
5. 감리자 스스로 감리업무 수행의 포기 의사를 밝힌 경우

② 사업계획승인권자는 법 제43조제2항에 따라 감리자를 교체하려는 경우에는 해당 감리자 및 시공자·사업주체의 의견을 들어야 한다.

③ 사업계획승인권자는 제1항제5호에도 불구하고 감리자가 다음 각 호의 사유로 감리업무 수행을 포기한 경우에는 그 감리자에 대하여 법 제43조제2항에 따른 감리업무 지정제한을 하여서는 아니 된다.
1. 사업주체의 부도·파산 등으로 인한 공사 중단
2. 1년 이상의 착공 지연
3. 그 밖에 천재지변 등 부득이한 사유

제49조(감리자의 업무) ① 법 제44조제1항제5호에서 "대통령령으로 정하는 사항"이란 다음 각 호의 업무를 말한다.
1. 설계도서가 해당 지형 등에 적합한지에 대한 확인
2. 설계변경에 관한 적정성 확인
3. 시공계획·예정공정표 및 시공도면 등의 검토·확인
4. 방수·방음·단열시공의 적정성 확보, 재해의 예방, 시공상의 안전관리 및 그 밖에 건축공사의 질적 향상을 위하여 국토교통부장관이 정하여 고시하는 사항에 대한 검토·확인

② 국토교통부장관은 주택건설공사의 시공감리에 관한 세부적인 기준을 정하여 고시할 수 있다.

제50조(이의신청의 처리) 사업계획승인권자는 법 제44조제4항 후단에 따른 이의신청을 받은 경우에는 이의신청을 받은 날부터 10일 이내에 처리 결과를 회신하여야 한다. 이 경우 감리자에게도 그 결과를 통보하여야 한다.

제51조(다른 법률에 따른 감리자의 자료제출) 법 제45조제2항에서 "공정별 감리계획서 등 대통령령으로 정하는 자료"란 다음 각 호의 자료를 말한다.
1. 공정별 감리계획서
2. 공정보고서
3. 공사분야별로 필요한 부분에 대한 상세 시공도면

제52조(건축구조기술사와의 협력) ① 법 제46조제1항 각 호 외의 부분 단서에서 "구조설계를 담당한 건축구조기술사가 사망하는 등 대통령령으로 정하는 사유로 감리자가 협력을 받을 수 없는 경우"란 다음 각 호의 어느 하나에 해당하는 경우를 말한다.
1. 구조설계를 담당한 건축구조기술사(「국가기술자격법」에 따른 건축구조기술사로서 해당 건축물의 리모델링을 담당한 자를 말한다. 이하 같다)의 사망 또는 실종으로 감리자가 협력을 받을 수 없는 경우
2. 구조설계를 담당한 건축구조기술사의 해외 체류, 장기 입원 등으로 감리자가 즉시 협력을 받을 수 없는 경우
3. 구조설계를 담당한 건축구조기술사가 「국가기술자격법」에 따라 국가기술자격이 취소되거나 정지되어 감리자가 협력을 받을 수 없는 경우

② 법 제46조제1항 각 호 외의 부분 단서에서"대통령령으로 정하는 건축구조기술사"란 리모델링주택조합 등 리모델링을 하는 자(이하 이 조에서 "리모델링주택조합등"이라 한다)가 추천하는 건축구조기술사를 말한다.

③ 수직증축형 리모델링(세대수가 증가하지 아니하는 리모델링을 포함한다)의 감리자는 구조설계를 담당한 건축구조기술사가 제1항 각 호의 어느 하나에 해당하게 된 경우에는 지체 없이 리모델링주택조합등에 건축구조기술사 추천을 의뢰하여야 한다. 이 경우 추천의뢰를 받은 리모델링주택조합등은 지체 없이 건축구조기술사를 추천하여야 한다.

제53조(감리자에 대한 실태점검 항목) 법 제48조제1항에서 "각종 시험 및 자재확인 업무에 대한 이행 실태 등 대통령령으로 정하는 사항"이란 다음 각 호의 사항을 말한다.
1. 감리원의 적정자격 보유 여부 및 상주이행 상태 등 감리원 구성 및 운영에 관한 사항
2. 시공 상태 확인 등 시공관리에 관한 사항
3. 각종 시험 및 자재품질 확인 등 품질관리에 관한 사항
4. 안전관리 등 현장관리에 관한 사항
5. 그 밖에 사업계획승인권자가 실태점검이 필요하다고 인정하는 사항

제54조(사용검사 등) ① 법 제49조제1항 본문에서 "대통령령으로 정하는 경우"란 제27조제3항 각 호에 해당하여 국토교통부장관으로부터 법 제15조에 따른 사업계획의 승인을 받은 경우를 말한다.

② 법 제49조제1항 단서에서 "사업계획승인 조건의 미이행 등 대통령령으로 정하는 사유가 있는 경우"란 다음 각 호의 어느 하나에

해당하는 경우를 말한다.
1. 법 제15조에 따른 사업계획승인의 조건으로 부과된 사항의 미이행
2. 하나의 주택단지의 입주자를 분할 모집하여 전체 단지의 사용검사를 마치기 전에 입주가 필요한 경우
3. 그 밖에 사업계획승인권자가 동별로 사용검사를 받을 필요가 있다고 인정하는 경우

③ 법 제49조에 따른 사용검사권자(이하 "사용검사권자"라 한다)는 사용검사의 대상인 주택 또는 대지가 사업계획의 내용에 적합한지를 확인하여야 한다.
④ 제3항에 따른 사용검사는 신청일부터 15일 이내에 하여야 한다.
⑤ 법 제49조제2항 후단에 따라 협의 요청을 받은 관계 행정기관의 장은 정당한 사유가 없으면 그 요청을 받은 날부터 10일 이내에 의견을 제시하여야 한다.

제55조(시공보증자 등의 사용검사) ① 사업주체가 파산 등으로 주택건설사업을 계속할 수 없는 경우에는 법 제49조제3항제1호에 따라 해당 주택의 시공을 보증한 자(이하 "시공보증자"라 한다)가 잔여공사를 시공하고 사용검사를 받아야 한다. 다만, 시공보증자가 없거나 파산 등으로 시공을 할 수 없는 경우에는 입주예정자의 대표회의(이하 "입주예정자대표회의"라 한다)가 시공자를 정하여 잔여공사를 시공하고 사용검사를 받아야 한다.
② 제1항에 따라 사용검사를 받은 경우에는 사용검사를 받은 자의 구분에 따라 시공보증자 또는 세대별 입주자의 명의로 건축물관리대장 등재 및 소유권보존등기를 할 수 있다.
③ 입주예정자대표회의의 구성·운영 등에 필요한 사항은 국토교통부령으로 정한다.
④ 법 제49조제3항제2호에 따라 시공보증자, 해당 주택의 시공자 또는 입주예정자가 사용검사를 신청하는 경우 사용검사권자는 사업주체에게 사용검사를 받지 아니하는 정당한 이유를 제출할 것을 요청하여야 한다. 이 경우 사업주체는 요청받은 날부터 7일 이내에 의견을 통지하여야 한다.

제56조(임시 사용승인) ① 법 제49조제4항 단서에서 "대통령령으로 정하는 경우"란 다음 각 호의 구분에 따른 경우를 말한다.
1. 주택건설사업의 경우: 건축물의 동별로 공사가 완료된 경우
2. 대지조성사업의 경우: 구획별로 공사가 완료된 경우

② 법 제49조제4항 단서에 따른 임시 사용승인을 받으려는 자는 국토교통부령으로 정하는 바에 따라 사용검사권자에게 임시 사용승인을 신청하여야 한다.
③ 사용검사권자는 제2항에 따른 신청을 받은 때에는 임시 사용승인대상인 주택 또는 대지가 사업계획의 내용에 적합하고 사용에 지장이 없는 경우에만 임시사용을 승인할 수 있다. 이 경우 임시 사용승인의 대상이 공동주택인 경우에는 세대별로 임시 사용승인을 할 수 있다.

제57조(공업화주택의 인정 등) 법 제51조에 따른 공업화주택의 인정 등에 관한 사항은「주택건설기준 등에 관한 규정」으로 정한다.

제3장 주택의 공급

제58조(입주자저축) 국토교통부장관은 법 제56조제3항에 따라 입주자저축에 관한 국토교통부령을 제정하거나 개정할 때에는 기획재정부장관과 미리 협의하여야 한다.

제59조(택지 매입가격의 범위 및 분양가격 공시지역) ① 법 제57조제3항제2호 각 목 외의 부분에서"대통령령으로 정하는 범위"란「감정평가 및 감정평가사에 관한 법률」에 따라 감정평가한 가액의 120퍼센트에 상당하는 금액 또는「부동산 가격공시에 관한 법률」제10조에 따른 개별공시지가의 150퍼센트에 상당하는 금액을 말한다. <개정 2016.8.31.>
② 사업주체는 제1항에 따른 감정평가 가액을 기준으로 택지비를 산정하려는 경우에는 시장·군수·구청장에게「감정평가 및 감정평가사에 관한 법률」에 따른 감정평가를 요청하여야 한다. 이 경우 감정평가의 실시와 관련된 구체적인 사항은 법 제57조제3항의 감정평가의 예에 따른다. <개정 2016.8.31.>
③ 법 제57조제3항제2호나목에 따른 공공기관은 다음 각 호의 어느 하나에 해당하는 기관으로 한다.

1. 국가기관
2. 지방자치단체
3. 「공공기관의 운영에 관한 법률」 제5조에 따라 공기업, 준정부기관 또는 기타공공기관으로 지정된 기관
4. 「지방공기업법」에 따른 지방직영기업, 지방공사 또는 지방공단

④ 법 제57조제3항제2호다목에서 "대통령령으로 정하는 경우"란 「부동산등기법」에 따른 부동산등기부 또는 「지방세법 시행령」 제18조제3항제2호에 따른 법인장부에 해당 택지의 거래가액이 기록되어 있는 경우를 말한다.

⑤ 법 제57조제6항 각 호 외의 부분 전단에서 "대통령령으로 정하는 기준에 해당되는 지역"이란 다음 각 호의 어느 하나에 해당하는 지역을 말한다.

1. 수도권 안의 투기과열지구(법 제63조에 따른 투기과열지구를 말한다. 이하 같다)
2. 다음 각 목의 어느 하나에 해당하는 지역으로서 「주거기본법」 제8조에 따른 주거정책심의위원회(이하"주거정책심의위원회"라 한다)의 심의를 거쳐 국토교통부장관이 지정하는 지역
   가. 수도권 밖의 투기과열지구 중 그 지역의 주택가격의 상승률 및 주택의 청약경쟁률 등을 고려하여 국토교통부장관이 정하여 고시하는 기준에 해당하는 지역
   나. 해당 지역을 관할하는 시장·군수·구청장이 주택가격의 상승률 및 주택의 청약경쟁률이 지나치게 상승할 우려가 크다고 판단하여 국토교통부장관에게 지정을 요청하는 지역

第60조(주의문구의 명시) 사업주체는 입주자모집을 하는 경우에는 입주자모집공고안에 "분양가격의 항목별 공시 내용은 사업에 실제 소요된 비용과 다를 수 있다"는 문구를 명시하여야 한다.

第61조(분양가상한제 적용 지역의 지정기준 등) ① 법 제58조제1항에서"대통령령으로 정하는 기준을 충족하는 지역"이란 같은 항에 따라 분양가상한제 적용 지역으로 지정하는 날이 속하는 달의 바로 전 달(이하"직전월"이라 한다)부터 소급하여 3개월간의 해당 지역 주택가격상승률이 해당 지역이 포함된 시·도 소비자물가상승률(이하 이 조에서"물가상승률"이라 한다)의 2배를 초과한 지역으로서 다음 각 호의 어느 하나에 해당하는 지역을 말한다. <개정 2017.11.7.>

1. 직전월부터 소급하여 12개월간의 아파트 분양가격상승률이 물가상승률의 2배를 초과한 지역
2. 직전월부터 소급하여 3개월간의 주택매매거래량이 전년 동기 대비 20퍼센트 이상 증가한 지역
3. 직전월부터 소급하여 주택공급이 있었던 2개월 동안 해당 지역에서 공급되는 주택의 월평균 청약경쟁률이 모두 5대 1을 초과하였거나 해당 지역에서 공급되는 국민주택규모 주택의 월평균 청약경쟁률이 모두 10대 1을 초과한 지역

② 국토교통부장관이 제1항에 따른 지정기준을 충족하는 지역 중에서 법 제58조제1항에 따라 분양가상한제 적용 지역을 지정하는 경우 해당 지역에서 공급되는 주택의 분양가격 제한 등에 관한 법 제57조의 규정은 법 제58조제3항 전단에 따른 공고일 이후 최초로 입주자모집승인[법 제11조에 따라 설립된 주택조합(리모델링주택조합은 제외한다)이 공급하는 주택의 경우에는 법 제15조에 따른 사업계획의 승인을 말하고, 「도시 및 주거환경정비법」 제2조제2호나목 및 다목의 정비사업에 따라 공급되는 주택의 경우에는 같은 법 제48조에 따른 관리처분계획의 인가를 말한다]을 신청하는 분부터 적용한다. <신설 2017.11.7.>

③ 법 제58조제6항에 따라 국토교통부장관은 분양가상한제 적용 지역 지정의 해제를 요청받은 경우에는 주거정책심의위원회의 심의를 거쳐 요청받은 날부터 40일 이내에 해제 여부를 결정하고, 그 결과를 시·도지사, 시장, 군수 또는 구청장에게 통보하여야 한다. <개정 2017.11.7.>

第62조(위원회의 설치·운영) ① 시장·군수·구청장은 법 제15조에 따른 사업계획승인 신청(「도시 및 주거환경정비법」 제28조에 따른 사업시행인가 및 「건축법」 제11조에 따른 건축허가를 포함한다)이 있는 날부터 20일 이내에 법 제59조제1항에 따른 분양가심사위원회(이하 이 장에서 "위원회"라 한다)를 설치·운영하여야 한다.

② 사업주체가 국가, 지방자치단체, 한국토지주택공사 또는 지방공사인 경우에는 해당 기관의 장이 위원회를 설치·운영하여야 한

다. 이 경우 제63조부터 제70조까지의 규정을 준용한다.

제63조(기능) 위원회는 다음 각 호의 사항을 심의한다.
1. 법 제57조제1항에 따른 분양가격 및 발코니 확장비용 산정의 적정성 여부
2. 법 제57조제4항 후단에 따른 특별자치시·특별자치도·시·군·구(구는 자치구를 말하며, 이하 "시·군·구"라 한다)별 기본형건축비 산정의 적정성 여부
3. 법 제57조제5항 및 제6항에 따른 분양가격 공시내용의 적정성 여부
4. 분양가상한제 적용주택과 관련된 「주택도시기금법 시행령」 제5조제1항제2호에 따른 제2종국민주택채권 매입예정상한액 산정의 적정성 여부
5. 분양가상한제 적용주택의 전매행위 제한과 관련된 인근지역 주택매매가격 산정의 적정성 여부

제64조(구성) ① 시장·군수·구청장은 주택건설 또는 주택관리 분야에 관한 학식과 경험이 풍부한 사람으로서 다음 각 호의 어느 하나에 해당하는 사람 6명 이상을 위원회 위원으로 위촉하여야 한다. 이 경우 다음 각 호에 해당하는 위원을 각각 1명 이상 위촉하여야 한다.
1. 법학·경제학·부동산학 등 주택분야와 관련된 학문을 전공하고 「고등교육법」에 따른 대학에서 조교수 이상으로 1년 이상 재직한 사람
2. 변호사·회계사·감정평가사 또는 세무사의 자격을 취득 한 후 해당 직(職)에 1년 이상 근무한 사람
3. 토목·건축 또는 주택 분야 업무에 5년 이상 종사한 사람
4. 주택관리사 자격을 취득한 후 공동주택 관리사무소장의 직에 5년 이상 근무한 사람

② 시장·군수·구청장은 다음 각 호의 어느 하나에 해당하는 사람을 위원으로 임명하거나 위촉하여야 한다. 이 경우 다음 각 호에 해당하는 위원을 각각 1명 이상 임명 또는 위촉하여야 한다.
1. 국가 또는 지방자치단체에서 주택사업 인·허가 등 관련 업무를 하는 5급 이상 공무원으로서 해당 기관의 장으로부터 추천을 받은 사람. 다만, 해당 시·군·구에 소속된 공무원은 추천을 필요로 하지 아니한다.
2. 한국토지주택공사 또는 지방공사에서 주택사업 관련 업무에 종사하고 있는 임직원으로서 해당 기관의 장으로부터 추천을 받은 사람

③ 제1항에 따른 위원(이하"민간위원"이라 한다)의 임기는 2년으로 하며, 연임할 수 있다.

④ 위원회의 위원장은 시장·군수·구청장이 민간위원 중에서 지명하는 자가 된다.

제65조(회의) ① 위원회의 회의는 시장·군수·구청장이나 위원장이 필요하다고 인정하는 경우에 시장·군수·구청장이 소집한다.

② 시장·군수·구청장은 회의 개최일 2일 전까지 회의와 관련된 사항을 위원에게 알려야 한다.

③ 위원회의 회의는 재적위원 과반수의 출석으로 개의하고 출석위원 과반수의 찬성으로 의결한다.

④ 위원장은 위원회의 의장이 된다. 다만, 위원장이 부득이한 사유로 그 직무를 수행할 수 없을 때에는 위원장이 미리 지명한 위원이 그 직무를 대행한다.

⑤ 위원회에 위원회의 사무를 처리할 간사 1명을 두며, 간사는 해당 시·군·구의 주택업무 관련 직원 중에서 시장·군수·구청장이 지명한다.

⑥ 위원회의 회의는 공개하지 아니한다. 다만, 위원회의 의결로 공개할 수 있다.

제66조(위원이 아닌 사람의 참석 등) ① 위원장은 제63조 각 호의 사항을 심의하기 위하여 필요하다고 인정하는 경우에는 해당 사업장의 사업주체·관계인 또는 참고인을 위원회의 회의에 출석하게 하여 의견을 듣거나 관련 자료의 제출 등 필요한 협조를 요청할 수 있다.

② 위원회의 회의사항과 관련하여 시장·군수·구청장 및 사업주체는 위원장의 승인을 받아 회의에 출석하여 발언할 수 있다.

③ 위원장은 위원회에서 심의·의결된 결과를 지체 없이 시장·군수·구청장에게 제출하여야 한다.

제67조(위원의 대리 출석) 제64조제2항에 따른 위원(이하 "공공위원"이라 한다)은 부득이한 사유가 있을 때에는 해당 직위에 상

당하는 공무원 또는 공사의 임직원을 지명하여 대리 출석하게 할 수 있다.

제68조(위원의 의무 등) ① 위원은 회의과정에서 또는 그 밖에 직무를 수행하면서 알게 된 사항으로서 공개하지 아니하기로 한 사항을 누설해서는 아니 되며, 위원회의 품위를 손상하는 행위를 해서는 아니 된다.

② 다음 각 호의 어느 하나에 해당하는 위원은 해당 심의대상 안건의 심의·의결에서 제척된다.

1. 해당 심의안건에 관하여 용역이나 그 밖의 방법에 따라 직접 또는 상당한 정도로 관여한 경우
2. 해당 심의안건에 관하여 직접 또는 상당한 이해관계가 있는 경우

③ 제2항 각 호의 어느 하나에 해당하는 위원은 스스로 해당 안건의 심의에서 회피하여야 하며, 회의 개최일 전까지 이를 간사에게 통보하여야 한다.

④ 시장·군수·구청장은 다음 각 호의 어느 하나에 해당하는 민간위원이 있는 경우에는 그 위원을 해촉할 수 있으며, 해촉된 위원의 후임으로 위촉된 위원의 임기는 전임자의 잔여기간으로 한다.

1. 심신장애로 인하여 직무를 수행할 수 없게 된 경우
2. 직무와 관련된 비위사실이 있는 경우
3. 직무태만, 품위손상이나 그 밖의 사유로 인하여 위원으로 적합하지 아니하다고 인정되는 경우
4. 위원 스스로 직무를 수행하는 것이 곤란하다고 의사를 밝히는 경우
5. 법 제59조제4항을 위반한 경우
6. 제1항을 위반한 경우
7. 제2항 각 호의 어느 하나에 해당하는 데에도 불구하고 회피하지 아니한 경우
8. 해외출장, 질병 또는 사고 등으로 6개월 이상 위원회의 직무를 수행할 수 없는 경우

⑤ 시장·군수·구청장은 공공위원이 제4항 각 호의 어느 하나에 해당하는 경우에는 해당 공공위원을 해임하거나 해촉할 수 있다.

⑥ 시장·군수·구청장은 제5항에 따라 공공위원을 해임하거나 해촉한 경우에는 해당 기관의 장으로부터 제64조제2항 각 호에 해당하는 다른 사람을 추천받아 위원으로 임명하거나 위촉할 수 있다.

제69조(회의록 등) ① 간사는 위원회의 회의시 다음 각 호의 사항을 회의록으로 작성하여 「공공기록물 관리에 관한 법률」에 따라 보존하여야 한다.

1. 회의일시·장소 및 공개 여부
2. 출석위원 서명부
3. 상정된 의안 및 심의 결과
4. 그 밖에 주요 논의사항 등

② 위원회의 회의에 참석한 위원에게는 예산의 범위에서 수당 및 여비를 지급할 수 있다. 다만, 공무원인 위원이 그 소관업무와 직접적으로 관련되어 출석한 경우에는 그러하지 아니하다.

제70조(운영세칙) 이 영에 규정된 사항 외에 위원회 운영에 필요한 사항은 시장·군수·구청장이 정한다.

제71조(입주자의 동의 없이 저당권설정 등을 할 수 있는 경우 등) 법 제61조제1항 각 호 외의 부분 단서에서 "대통령령으로 정하는 경우"란 다음 각 호의 어느 하나에 해당하는 경우를 말한다.

1. 해당 주택의 입주자에게 주택구입자금의 일부를 융자해 줄 목적으로 주택도시기금이나 다음 각 목의 금융기관으로부터 주택건설자금의 융자를 받는 경우
   가. 「은행법」에 따른 은행
   나. 「중소기업은행법」에 따른 중소기업은행
   다. 「상호저축은행법」에 따른 상호저축은행
   라. 「보험업법」에 따른 보험회사
   마. 그 밖의 법률에 따라 금융업무를 수행하는 기관으로서 국토교통부령으로 정하는 기관
2. 해당 주택의 입주자에게 주택구입자금의 일부를 융자해 줄 목적으로 제1호 각 목의 금융기관으로부터 주택구입자금의 융자를 받는 경우
3. 사업주체가 파산(「채무자 회생 및 파산에 관한 법률」 등에 따른 법원의 결정·인가를 포함한다. 이하 같다), 합병, 분할, 등록말소 또는 영업정지 등의 사유로 사업을 시행할 수 없게 되어 사업주체가 변경되는 경우

제72조(부기등기 등) ① 법 제61조제3항 본문에 따른 부기등기(附記登記)에는 같은 조 제4항 후단에 따라 다음 각 호의 구분에 따른 내용을 명시하여야 한다.

1. 대지의 경우: "이 토지는 「주택법」에 따라 입주자를 모집한 토지(주택조합의 경우에는 주택건설사업계획승인이 신청된 토지를 말한다)로서 입주예정자의 동의 없이는 양도하거나 제한물권을 설정하거나 압류·가압류·가처분 등 소유권에 제한을 가하는 일체의 행위를 할 수 없음"이라는 내용
2. 주택의 경우: "이 주택은 「부동산등기법」에 따라 소유권보존등기를 마친 주택으로서 입주예정자의 동의 없이는 양도하거나 제한물권을 설정하거나 압류·가압류·가처분 등 소유권에 제한을 가하는 일체의 행위를 할 수 없음"이라는 내용

② 법 제61조제3항 단서에서 "사업주체가 국가·지방자치단체 및 한국토지주택공사 등 공공기관이거나 해당 대지가 사업주체의 소유가 아닌 경우 등 대통령령으로 정하는 경우"란 다음 각 호의 구분에 따른 경우를 말한다.

1. 대지의 경우: 다음 각 목의 어느 하나에 해당하는 경우. 이 경우 라목 또는 마목에 해당하는 경우로서 법원의 판결이 확정되어 소유권을 확보하거나 권리가 말소되었을 때에는 지체 없이 제1항에 따른 부기등기를 하여야 한다.
   가. 사업주체가 국가·지방자치단체·한국토지주택공사 또는 지방공사인 경우
   나. 사업주체가 「택지개발촉진법」 등 관계 법령에 따라 조성된 택지를 공급받아 주택을 건설하는 경우로서 해당 대지의 지적정리가 되지 아니하여 소유권을 확보할 수 없는 경우. 이 경우 대지의 지적정리가 완료된 때에는 지체 없이 제1항에 따른 부기등기를 하여야 한다.
   다. 조합원이 주택조합에 대지를 신탁한 경우
   라. 해당 대지가 다음의 어느 하나에 해당하는 경우. 다만, 2) 및 3)의 경우에는 법 제23조제2항 및 제3항에 따른 감정평가액을 공탁하여야 한다.
   1) 법 제22조 또는 제23조에 따른 매도청구소송(이하 이 항에서 "매도청구소송"이라 한다)을 제기하여 법원의 승소판결(판결이 확정될 것을 요구하지 아니한다)을 받은 경우
   2) 해당 대지의 소유권 확인이 곤란하여 매도청구소송을 제기한 경우
   3) 사업주체가 소유권을 확보하지 못한 대지로서 법 제15조에 따라 최초로 주택건설사업계획승인을 받은 날 이후 소유권이 제3자에게 이전된 대지에 대하여 매도청구소송을 제기한 경우
   마. 사업주체가 소유권을 확보한 대지에 저당권, 가등기담보권, 전세권, 지상권 및 등기되는 부동산임차권이 설정된 경우로서 이들 권리의 말소소송을 제기하여 승소판결(판결이 확정될 것을 요구하지 아니한다)을 받은 경우
2. 주택의 경우: 해당 주택의 입주자로 선정된 지위를 취득한 자가 없는 경우. 다만, 소유권보존등기 이후 입주자모집공고의 승인을 신청하는 경우는 제외한다.

③ 사업주체는 법 제61조제4항 후단에 따라 법 제15조에 따른 사업계획승인이 취소되거나 입주예정자가 소유권이전등기를 신청한 경우를 제외하고는 제1항에 따른 부기등기를 말소할 수 없다. 다만, 소유권이전등기를 신청할 수 있는 날부터 60일이 지나면 부기등기를 말소할 수 있다.

④ 법 제61조제5항 단서에서 "사업주체의 경영부실로 입주예정자가 그 대지를 양수받는 경우 등 대통령령으로 정하는 경우"란 다음 각 호의 어느 하나에 해당하는 경우를 말한다.

1. 제71조제1호 또는 제2호에 해당하여 해당 대지에 저당권, 가등기담보권, 전세권, 지상권 및 등기되는 부동산임차권을 설정하는 경우
2. 제71조제3호에 해당하여 다른 사업주체가 해당 대지를 양수하거나 시공보증자 또는 입주예정자가 해당 대지의 소유권을 확보하거나 압류·가압류·가처분 등을 하는 경우

⑤ 법 제61조제6항에서 "사업주체의 재무 상황 및 금융거래 상황이 극히 불량한 경우 등 대통령령으로 정하는 사유"란 다음 각 호의 어느 하나에 해당하는 경우를 말한다.

1. 최근 2년간 연속된 경상손실로 인하여 자기자본이 잠식된 경우
2. 자산에 대한 부채의 비율이 500퍼센트를 초과하는 경우
3. 사업주체가 법 제61조제3항에 따른 부기등기를 하지 아니하고 「주택도시기금법」에 따른 주택도시보증공사(이하 "주택도시보증공사"라 한다)에 해당 대지를 신탁

하려는 경우

제73조(전매행위 제한기간 및 전매가 불가피한 경우) ① 법 제64조제1항 각 호 외의 부분 전단에서"대통령령으로 정하는 기간"이란 별표 3에 따른 기간을 말한다. <개정 2016.11.22.>

② 법 제64조제1항제2호 단서에서"대통령령으로 정하는 지역에서 건설·공급되는 주택"이란 공공택지 외의 택지에서 건설·공급되는 주택을 말한다. <신설 2017.11.7.>

③ 법 제64조제1항제3호 단서 및 같은 항 제4호 단서에서 "대통령령으로 정하는 지역"이란 각각 광역시가 아닌 지역을 말한다. <신설 2017.11.7.>

④ 법 제64조제2항 본문에서"대통령령으로 정하는 경우"란 다음 각 호의 어느 하나에 해당하여 사업주체(법 제64조제1항제3호 및 제4호에 해당하는 주택의 경우에는 한국토지주택공사를 말하되, 사업주체가 지방공사인 경우에는 지방공사를 말한다)의 동의를 받은 경우를 말한다. <개정 2017.11.7.>

1. 세대원(세대주가 포함된 세대의 구성원을 말한다. 이하 이 조에서 같다)이 근무 또는 생업상의 사정이나 질병치료·취학·결혼으로 인하여 세대원 전원이 다른 광역시, 특별자치시, 특별자치도, 시 또는 군(광역시의 관할구역에 있는 군은 제외한다)으로 이전하는 경우. 다만, 수도권으로 이전하는 경우는 제외한다.
2. 상속에 따라 취득한 주택으로 세대원 전원이 이전하는 경우
3. 세대원 전원이 해외로 이주하거나 2년 이상의 기간 동안 해외에 체류하려는 경우
4. 이혼으로 인하여 입주자로 선정된 지위 또는 주택을 배우자에게 이전하는 경우
5. 「공익사업을 위한 토지 등의 취득 및 보상에 관한 법률」 제78조제1항에 따라 공익사업의 시행으로 주거용 건축물을 제공한 자가 사업시행자로부터 이주대책용 주택을 공급받은 경우(사업시행자의 알선으로 공급받은 경우를 포함한다)로서 시장·군수·구청장이 확인하는 경우
6. 법 제64조제1항제3호 및 제4호에 해당하는 주택의 소유자가 국가·지방자치단체 및 금융기관(제71조제1호 각 목의 금융기관을 말한다)에 대한 채무를 이행하지 못하여 경매 또는 공매가 시행되는 경우
7. 입주자로 선정된 지위 또는 주택의 일부를 배우자에게 증여하는 경우

제74조(양도가 금지되는 증서 등) ① 법 제65조제1항제4호에서 "대통령령으로 정하는 것"이란 다음 각 호의 어느 하나에 해당하는 것을 말한다.

1. 시장·군수·구청장이 발행한 무허가건물 확인서, 건물철거예정 증명서 또는 건물철거 확인서
2. 공공사업의 시행으로 인한 이주대책에 따라 주택을 공급받을 수 있는 지위 또는 이주대책대상자 확인서

② 법 제65조제3항에 따라 사업주체가 같은 조 제1항을 위반한 자에게 다음 각 호의 금액을 합산한 금액에서 감가상각비(「법인세법 시행령」 제26조제2항제1호에 따른 정액법에 준하는 방법으로 계산한 금액을 말한다)를 공제한 금액을 지급하였을 때에는 그 지급한 날에 해당 주택을 취득한 것으로 본다.

1. 입주금
2. 융자금의 상환 원금
3. 제1호 및 제2호의 금액을 합산한 금액에 생산자물가상승률을 곱한 금액

③ 법 제65조제4항에서 "매수인을 알 수 없어 주택가격의 수령 통지를 할 수 없는 경우 등 대통령령으로 정하는 사유에 해당하는 경우"란 다음 각 호의 어느 하나에 해당하는 경우를 말한다.

1. 매수인을 알 수 없어 주택가격의 수령 통지를 할 수 없는 경우
2. 매수인에게 주택가격의 수령을 3회 이상 통지하였으나 매수인이 수령을 거부한 경우. 이 경우 각 통지일 간에는 1개월 이상의 간격이 있어야 한다.
3. 매수인이 주소지에 3개월 이상 살지 아니하여 주택가격의 수령이 불가능한 경우
4. 주택의 압류 또는 가압류로 인하여 매수인에게 주택가격을 지급할 수 없는 경우

제4장 리모델링

제75조(리모델링의 허가 기준 등) ① 법 제66조제1항 및 제2항에 따른 리모델링 허가기준은 별표 4와 같다.

② 법 제66조제1항 및 제2항에 따른 리모델

링 허가를 받으려는 자는 허가신청서에 국토교통부령으로 정하는 서류를 첨부하여 시장·군수·구청장에게 제출하여야 한다.

③ 법 제66조제2항에 따라 리모델링에 동의한 소유자는 리모델링주택조합 또는 입주자대표회의가 제2항에 따라 시장·군수·구청장에게 허가신청서를 제출하기 전까지 서면으로 동의를 철회할 수 있다.

제76조(리모델링의 시공자 선정 등) ① 법 제66조제4항 단서에서 "경쟁입찰의 방법으로 시공자를 선정하는 것이 곤란하다고 인정되는 경우 등 대통령령으로 정하는 경우"란 시공자 선정을 위하여 같은 항 본문에 따라 국토교통부장관이 정하는 경쟁입찰의 방법으로 2회 이상 경쟁입찰을 하였으나 입찰자의 수가 해당 경쟁입찰의 방법에서 정하는 최저 입찰자 수에 미달하여 경쟁입찰의 방법으로 시공자를 선정할 수 없게 된 경우를 말한다. <개정 2017.2.13.>

② 법 제66조제6항에서 "대통령령으로 정하는 세대수"란 50세대를 말한다.

제77조(권리변동계획의 내용) ① 법 제67조에서 "기존 주택의 권리변동, 비용분담 등 대통령령으로 정하는 사항"이란 다음 각 호의 사항을 말한다.

1. 리모델링 전후의 대지 및 건축물의 권리변동 명세
2. 조합원의 비용분담
3. 사업비
4. 조합원 외의 자에 대한 분양계획
5. 그 밖에 리모델링과 관련된 권리 등에 대하여 해당 시·도 또는 시·군의 조례로 정하는 사항

② 제1항제1호 및 제2호에 따라 대지 및 건축물의 권리변동 명세를 작성하거나 조합원의 비용분담 금액을 산정하는 경우에는 「감정평가 및 감정평가사에 관한 법률」에 따른 감정평가업자가 리모델링 전후의 재산 또는 권리에 대하여 평가한 금액을 기준으로 할 수 있다. <개정 2016.8.31.>

제78조(증축형 리모델링의 안전진단) ① 법 제68조제2항에서 "대통령령으로 정하는 기관"이란 다음 각 호의 어느 하나에 해당하는 기관을 말한다. <개정 2018.1.16.>

1. 「시설물의 안전 및 유지관리에 관한 특별법」 제28조에 따라 등록한 안전진단전문기관(이하 "안전진단전문기관"이라 한다)
2. 「시설물의 안전 및 유지관리에 관한 특별법」 제45조에 따른 한국시설안전공단(이하 "한국시설안전공단"이라 한다)
3. 「과학기술분야 정부출연연구기관 등의 설립·운영 및 육성에 관한 법률」 제8조에 따른 한국건설기술연구원(이하 "한국건설기술연구원"이라 한다)

② 시장·군수·구청장은 법 제68조제2항에 따른 안전진단을 실시한 기관에 같은 조 제4항에 따른 안전진단을 의뢰해서는 아니 된다. 다만, 다음 각 호의 어느 하나에 해당하는 경우에는 그러하지 아니하다.

1. 법 제68조제2항에 따라 안전진단을 실시한 기관이 한국시설안전공단 또는 한국건설기술연구원인 경우
2. 법 제68조제4항에 따른 안전진단 의뢰(2회 이상 「지방자치단체를 당사자로 하는 계약에 관한 법률」 제9조제1항 또는 제2항에 따라 입찰에 부치거나 수의계약을 시도하는 경우로 한정한다)에 응하는 기관이 없는 경우

③ 법 제68조제5항에 따라 안전진단전문기관으로부터 안전진단 결과보고서를 제출받은 시장·군수·구청장은 필요하다고 인정하는 경우에는 제출받은 날부터 7일 이내에 한국시설안전공단 또는 한국건설기술연구원에 안전진단 결과보고서의 적정성에 대한 검토를 의뢰할 수 있다.

④ 시장·군수·구청장은 법 제68조제1항에 따른 안전진단을 한 경우에는 법 제68조제5항에 따라 제출받은 안전진단 결과보고서, 제3항에 따른 적정성 검토 결과 및 법 제71조에 따른 리모델링 기본계획(이하 "리모델링 기본계획"이라 한다)을 고려하여 안전진단을 요청한 자에게 증축 가능 여부를 통보하여야 한다.

제79조(전문기관의 안전성 검토 등) ① 법 제69조제1항에서 "대통령령으로 정하는 전문기관"이란 한국시설안전공단 또는 한국건설기술연구원을 말한다.

② 법 제69조제3항에서 "대통령령으로 정하는 기간"이란 같은 조 제1항 또는 제2항에 따라 안전성 검토를 의뢰받은 날부터 30일을 말한다.

제80조(리모델링 기본계획의 수립 등) ① 법

제71조제1항 각 호 외의 부분 단서에서 "세대수 증가형 리모델링에 따른 도시과밀의 우려가 적은 경우 등 대통령령으로 정하는 경우"란 다음 각 호의 구분에 따른 경우를 말한다.

1. 특별시·광역시의 경우: 세대수 증가형 리모델링(세대수를 증가하는 증축행위를 말한다. 이하 같다)에 따른 도시과밀이나 이주수요의 일시집중 우려가 적은 경우로서 특별시장·광역시장이 「국토의 계획 및 이용에 관한 법률」 제113조제1항에 따른 시·도도시계획위원회(이하 이 조에서 "시·도도시계획위원회"라 한다)의 심의를 거쳐 리모델링 기본계획을 수립할 필요가 없다고 인정하는 경우
2. 대도시(「지방자치법」 제175조에 따른 대도시를 말한다. 이하 이 조에서 같다): 세대수 증가형 리모델링에 따른 도시과밀이나 이주수요의 일시집중 우려가 적은 경우로서 대도시 시장의 요청으로 도지사가 시·도도시계획위원회의 심의를 거쳐 리모델링 기본계획을 수립할 필요가 없다고 인정하는 경우

② 법 제71조제1항제6호에서"대통령령으로 정하는 사항"이란 도시과밀 방지 등을 위한 계획적 관리와 리모델링의 원활한 추진을 지원하기 위한 사항으로서 특별시·광역시 또는 대도시의 조례로 정하는 사항을 말한다.

③ 법 제72조제1항에서 "대통령령으로 정하는 경미한 변경인 경우"란 다음 각 호의 어느 하나에 해당하는 경우를 말한다.

1. 세대수 증가형 리모델링 수요 예측 결과에 따른 세대수 증가형 리모델링 수요(세대수 증가형 리모델링을 하려는 주택의 총 세대수를 말한다. 이하 이 항에서 같다)가 감소하거나 10퍼센트 범위에서 증가하는 경우
2. 세대수 증가형 리모델링 수요의 변동으로 기반시설의 영향 검토나 단계별 리모델링 시행 방안이 변경되는 경우
3. 「국토의 계획 및 이용에 관한 법률」 제2조제3호에 따른 도시·군기본계획 등 관련 계획의 변경에 따라 리모델링 기본계획이 변경되는 경우

④ 특별시장·광역시장 및 대도시의 시장(법 제71조제2항에 따른 대도시가 아닌 시의 시장을 포함한다)은 법 제72조제1항 및 제73조제3항에 따라 주민공람을 실시할 때에는 미리 공람의 요지 및 장소를 해당 지방자치단체의 공보 및 인터넷 홈페이지에 공고하고, 공람장소에 관계 서류를 갖추어 두어야 한다.

제5장 보칙

제81조(토지임대료 결정 등) ① 법 제78조제5항에 따른 토지임대부 분양주택의 월별 토지임대료는 다음 각 호의 구분에 따라 산정한 금액을 12개월로 분할한 금액 이하로 한다. <개정 2016.8.31.>

1. 공공택지에 토지임대주택을 건설하는 경우: 해당 공공택지의 조성원가에 입주자모집공고일이 속하는 달의 전전달의 「은행법」에 따른 은행의 3년 만기 정기예금 평균이자율을 적용하여 산정한 금액
2. 공공택지 외의 택지에 토지임대주택을 건설하는 경우: 「감정평가 및 감정평가사에 관한 법률」에 따라 감정평가한 가액에 입주자모집공고일이 속하는 달의 전전달의 「은행법」에 따른 은행의 3년 만기 정기예금 평균이자율을 적용하여 산정한 금액. 이 경우 감정평가액의 산정시기와 산정방법 등은 국토교통부령으로 정한다.

② 토지소유자는 제1항의 기준에 따라 토지임대주택을 분양받은 자와 토지임대료에 관한 약정(이하 "토지임대료약정"이라 한다)을 체결한 후 2년이 지나기 전에는 토지임대료의 증액을 청구할 수 없다.

③ 토지소유자는 토지임대료약정 체결 후 2년이 지나 토지임대료의 증액을 청구하는 경우에는 시·군·구의 평균지가상승률을 고려하여 증액률을 산정하되, 「주택임대차보호법 시행령」 제8조제1항에 따른 차임 등의 증액청구 한도 비율을 초과해서는 아니 된다.

④ 토지소유자는 제1항에 따라 산정한 월별 토지임대료의 납부기한을 정하여 토지임대주택 소유자에게 고지하되, 구체적인 납부 방법, 연체료율 등에 관한 사항은 법 제78조제3항에 따른 표준임대차계약서에서 정하는 바에 따른다.

제82조(토지임대료의 보증금 전환) 법 제78조제6항에 따라 토지임대료를 보증금으로 전환하려는 경우 그 보증금을 산정할 때 적용되는 이자율은 「은행법」에 따른 은행의 3년 만기 정기예금 평균이자율 이상이어야 한다.

제83조(주택상환사채의 발행) ① 법 제80조제1항에 따른 주택상환사채(이하 "주택상환사채"라 한다)는 액면 또는 할인의 방법으로 발행한다.
② 주택상환사채권에는 기호와 번호를 붙이고 국토교통부령으로 정하는 사항을 적어야 한다.
③ 주택상환사채의 발행자는 주택상환사채대장을 갖추어 두고 주택상환사채권의 발행 및 상환에 관한 사항을 적어야 한다.

제84조(등록사업자의 주택상환사채 발행) ① 법 제80조제1항 후단에서 "대통령령으로 정하는 기준"이란 다음 각 호의 기준 모두를 말한다.
1. 법인으로서 자본금이 5억원 이상일 것
2. 「건설산업기본법」 제9조에 따라 건설업 등록을 한 자일 것
3. 최근 3년간 연평균 주택건설 실적이 300호 이상일 것
② 등록사업자가 발행할 수 있는 주택상환사채의 규모는 최근 3년간의 연평균 주택건설 호수 이내로 한다.

제85조(주택상환사채의 발행 요건 등) ① 법 제80조제2항에 따라 주택상환사채발행계획의 승인을 받으려는 자는 주택상환사채발행계획서에 다음 각 호의 서류를 첨부하여 국토교통부장관에게 제출하여야 한다. 다만, 제3호의 서류는 주택상환사채 모집공고 전까지 제출할 수 있다.
1. 주택상환사채 상환용 주택의 건설을 위한 택지에 대한 소유권 또는 그 밖에 사용할 수 있는 권리를 증명할 수 있는 서류
2. 주택상환사채에 대한 금융기관 또는 주택도시보증공사의 보증서
3. 금융기관과의 발행대행계약서 및 납입금 관리계약서
② 제1항에 따른 주택상환사채발행계획서에는 다음 각 호의 사항이 기재되어야 한다.
1. 발행자의 명칭
2. 회사의 자본금 총액
3. 발행할 주택상환사채의 총액
4. 여러 종류의 주택상환사채를 발행하는 경우에는 각 주택상환사채의 권종별 금액 및 권종별 발행가액
5. 발행조건과 방법
6. 분납발행일 때에는 분납금액과 시기
7. 상환 절차와 시기
8. 주택의 건설위치·형별·단위규모·총세대수·착공예정일·준공예정일 및 입주예정일
9. 주택가격의 추산방법
10. 할인발행일 때에는 그 이자율과 산정 명세
11. 중도상환에 필요한 사항
12. 보증부 발행일 때에는 보증기관과 보증의 내용
13. 납입금의 사용계획
14. 그 밖에 국토교통부장관이 정하여 고시하는 사항
③ 국토교통부장관은 주택상환사채발행계획을 승인하였을 때에는 주택상환사채발행 대상지역을 관할하는 시·도지사에게 그 내용을 통보하여야 한다.
④ 주택상환사채발행계획을 승인받은 자는 주택상환사채를 모집하기 전에 국토교통부령으로 정하는 바에 따라 주택상환사채 모집공고안을 작성하여 국토교통부장관에게 제출하여야 한다.

제86조(주택상환사채의 상환 등) ① 주택상환사채의 상환기간은 3년을 초과할 수 없다.
② 제1항의 상환기간은 주택상환사채 발행일부터 주택의 공급계약체결일까지의 기간으로 한다.
③ 주택상환사채는 양도하거나 중도에 해약할 수 없다. 다만, 해외이주 등 국토교통부령으로 정하는 부득이한 사유가 있는 경우는 예외로 한다.

제87조(납입금의 사용) ① 주택상환사채의 납입금은 다음 각 호의 용도로만 사용할 수 있다.
1. 택지의 구입 및 조성
2. 주택건설자재의 구입
3. 건설공사비에의 충당
4. 그 밖에 주택상환을 위하여 필요한 비용으로서 국토교통부장관의 승인을 받은 비용에의 충당
② 주택상환사채의 납입금은 해당 보증기관과 주택상환사채발행자가 협의하여 정하는 금융기관에서 관리한다.
③ 제2항에 따라 납입금을 관리하는 금융기관은 국토교통부장관이 요청하는 경우에는 납입금 관리상황을 보고하여야 한다.

제88조(국민주택사업특별회계의 편성·운용 등)

① 법 제84조제1항에 따라 지방자치단체에 설치하는 국민주택사업특별회계의 편성 및 운용에 필요한 사항은 해당 지방자치단체의 조례로 정할 수 있다.

② 국민주택을 건설·공급하는 지방자치단체의 장은 법 제84조제3항에 따라 국민주택사업특별회계의 분기별 운용 상황을 그 분기가 끝나는 달의 다음 달 20일까지 국토교통부장관에게 보고하여야 한다. 이 경우 시장·군수·구청장의 경우에는 시·도지사를 거쳐(특별자치시장 또는 특별자치도지사가 보고하는 경우는 제외한다) 보고하여야 한다.

제89조(주택행정정보화 및 자료의 관리 등) ① 국토교통부장관은 법 제88조제1항에 따른 주택(준주택을 포함한다. 이하 이 조에서 같다) 정보의 종합적 관리 및 제공업무를 효율적이고 체계적으로 관리하기 위하여 국토교통부령으로 정하는 바에 따라 주택정보체계를 구축·운영할 수 있다.

② 법 제88조제3항에서 "주택의 소유 여부 확인, 입주자의 자격 확인 등 대통령령으로 정하는 사항"이란 다음 각 호의 사항을 말한다.

1. 주택의 소유 여부 확인
2. 입주자의 자격 확인
3. 지방자치단체·한국토지주택공사 등 공공기관이 법, 「택지개발촉진법」 및 그 밖의 법률에 따라 개발·공급하는 택지의 현황, 공급계획 및 공급일정
4. 주택이 건설되는 해당 지역과 인근지역에 대한 입주자저축의 가입자현황
5. 주택이 건설되는 해당 지역과 인근지역에 대한 주택건설사업계획승인현황
6. 주택관리업자 등록현황

제90조(권한의 위임) 국토교통부장관은 법 제89조제1항에 따라 다음 각 호의 권한을 시·도지사에게 위임한다.

1. 법 제8조에 따른 주택건설사업자 및 대지조성사업자의 등록말소 및 영업의 정지
2. 법 제15조 및 제16조에 따른 사업계획의 승인·변경승인·승인취소 및 착공신고의 접수. 다만, 다음 각 목의 어느 하나에 해당하는 경우는 제외한다.
   가. 제27조제3항제1호의 경우 중 택지개발사업을 추진하는 지역 안에서 주택건설사업을 시행하는 경우
   나. 제27조제3항제3호에 따른 주택건설사업을 시행하는 경우. 다만, 착공신고의 접수는 시·도지사에게 위임한다.
3. 법 제49조에 따른 사용검사 및 임시사용승인
4. 법 제51조제2항제1호에 따른 새로운 건설기술을 적용하여 건설하는 공업화주택에 관한 권한
5. 법 제93조에 따른 보고·검사
6. 법 제96조제1호 및 제2호에 따른 청문

제91조(업무의 위탁) ① 국토교통부장관은 법 제89조제2항에 따라 다음 각 호의 업무를 법 제85조제1항에 따른 주택사업자단체(이하"협회"라 한다)에 위탁한다.

1. 법 제4조에 따른 주택건설사업 및 대지조성사업의 등록
2. 법 제10조에 따른 영업실적 등의 접수

② 국토교통부장관은 법 제89조제2항에 따라 법 제88조제1항에 따른 주택관련 정보의 종합관리업무를 다음 각 호의 구분에 따른 기관에 위탁한다. <개정 2016.8.31.>

1. 주택거래 관련 정보체계의 구축·운용: 「한국감정원법」에 따른 한국감정원(이하"한국감정원"이라 한다)
2. 주택공급 관련 정보체계의 구축·운용: 한국토지주택공사
3. 주택가격의 동향 조사: 한국감정원

제92조(분양권 전매 등에 대한 신고포상금) ① 법 제92조에 따라 법 제64조를 위반하여 분양권 등을 전매하거나 알선하는 행위(이하"부정행위"라 한다)를 하는 자를 신고하려는 자는 신고서에 부정행위를 입증할 수 있는 자료를 첨부하여 시·도지사에게 신고하여야 한다.

② 시·도지사는 제1항에 따른 신고를 받은 경우에는 관할 수사기관에 수사를 의뢰하여야 하며, 수사기관은 해당 수사결과(법 제101조제2호에 따른 벌칙 부과 등 확정판결의 결과를 포함한다. 이하 같다)를 시·도지사에게 통보하여야 한다.

③ 시·도지사는 제2항에 따른 수사결과를 신고자에게 통지하여야 한다.

④ 제3항에 따른 통지를 받은 신고자는 신청서에 다음 각 호의 서류를 첨부하여 시·도지사에게 포상금 지급을 신청할 수 있다. 이 경우 시·도지사는 신청일부터 30일 이내에 국토교통부령으로 정하는 지급기준에

따라 포상금을 지급하여야 한다.
1. 제3항에 따른 수사결과통지서 사본 1부
2. 통장 사본 1부

제93조(사업주체 등에 대한 감독) 지방자치단체의 장은 법 제94조에 따라 사업주체 등에게 공사의 중지, 원상복구 또는 그 밖에 필요한 조치를 명하였을 때에는 즉시 국토교통부장관에게 그 사실을 보고하여야 한다.

제94조(협회에 대한 감독) 국토교통부장관은 법 제95조에 따라 감독상 필요한 경우에는 협회로 하여금 다음 각 호의 사항을 보고하게 할 수 있다.
1. 총회 또는 이사회의 의결사항
2. 회원의 실태파악을 위하여 필요한 사항
3. 협회의 운영계획 등 업무와 관련된 중요사항
4. 그 밖에 주택정책 및 주택관리와 관련하여 필요한 사항

제95조(고유식별정보의 처리) 국토교통부장관(제90조 및 제91조에 따라 국토교통부장관의 권한을 위임받거나 업무를 위탁받은 자를 포함한다), 시·도지사, 시장, 군수, 구청장(해당 권한이 위임·위탁된 경우에는 그 권한을 위임·위탁받은 자를 포함한다) 또는 사업주체(법 제11조의2제1항에 따른 주택조합 업무대행자, 주택 청약접수 및 입주자 선정 업무를 위탁받은 자를 포함한다)는 다음 각 호의 사무를 수행하기 위하여 불가피한 경우 「개인정보 보호법 시행령」 제19조제1호, 제2호 또는 제4호에 따른 주민등록번호, 여권번호 또는 외국인등록번호가 포함된 자료를 처리할 수 있다. <개정 2017.6.2.>
1. 법 제4조제1항에 따른 주택건설사업 또는 대지조성사업의 등록에 관한 사무
2. 법 제6조에 따른 등록사업자의 결격사유 확인에 관한 사무
3. 법 제13조제1항에 따른 조합임원의 결격사유 확인에 관한 사무
4. 법 제49조에 따른 사용검사 또는 임시사용승인에 관한 사무
5. 법 제54조에 주택 공급에 관한 사무
6. 법 제65조제5항에 따른 입주자자격 제한에 관한 사무
7. 제21조제1항에 따른 조합원의 자격 확인에 관한 사무

제96조(규제의 재검토) ① 국토교통부장관은 다음 각 호의 사항에 대하여 다음 각 호의 기준일을 기준으로 3년마다(매 3년이 되는 해의 기준일과 같은 날 전까지를 말한다) 그 타당성을 검토하여 개선 등의 조치를 하여야 한다. <개정 2017.6.2.>
1. 제17조에 따른 등록사업자의 주택건설공사 시공기준: 2017년 1월 1일
2. 제44조에 따른 주택건설공사의 시공 제한 등: 2017년 1월 1일
3. 제47조에 따른 감리자의 지정 및 감리원의 배치 등: 2017년 1월 1일
4. 제71조에 따른 입주자의 동의 없이 저당권 설정 등을 할 수 있는 경우 등: 2017년 1월 1일
5. 제72조에 따른 부기등기 등: 2017년 1월 1일
6. 제83조부터 제85조까지에 따른 주택상환사채의 발행 등: 2017년 1월 1일

② 국토교통부장관은 제20조제4항에 따른 총회 의결을 위한 조합원의 직접 출석 기준에 대하여 2017년 1월 1일을 기준으로 5년마다(매 5년이 되는 해의 기준일과 같은 날 전까지를 말한다) 그 타당성을 검토하여 개선 등의 조치를 하여야 한다. <신설 2017.6.2.>

제97조(과태료의 부과) 법 제106조에 따른 과태료의 부과기준은 별표 5와 같다.

부칙

<제28586호, 2018.1.16.>
(시설물의 안전 및 유지관리에 관한 특별법 시행령)

제1조(시행일) 이 영은 2018년 1월 18일부터 시행한다. <단서 생략>

제2조부터 **제6조**까지 생략

제7조(다른 법령의 개정) ①부터 ⑯까지 생략

⑰ 주택법 시행령 일부를 다음과 같이 개정한다.

제78조제1항제1호 중 "「시설물의 안전관리에 관한 특별법」 제9조"를 "「시설물의 안전 및 유지관리에 관한 특별법」 제28조"로

하고, 같은 항 제2호 중 "「시설물의 안전관리에 관한 특별법」 제25조"를 "「시설물의 안전 및 유지관리에 관한 특별법」 제45조"로 한다.

⑱부터 ㉔까지 생략

제8조 생략

주택법 시행규칙

[시행 2017.11.10.]
[국토교통부령 제463호, 2017.11.8., 일부개정]

제1장 총칙

제1조(목적) 이 규칙은 「주택법」 및 같은 법 시행령에서 위임된 사항과 그 시행에 필요한 사항을 규정함을 목적으로 한다.

제2조(주거전용면적의 산정방법) 「주택법」(이하 "법"이라 한다) 제2조제6호 후단에 따른 주거전용면적(주거의 용도로만 쓰이는 면적을 말한다. 이하 같다)의 산정방법은 다음 각 호의 기준에 따른다.

1. 단독주택의 경우: 그 바닥면적(「건축법 시행령」 제119조제1항제3호에 따른 바닥면적을 말한다. 이하 같다)에서 지하실(거실로 사용되는 면적은 제외한다), 본 건축물과 분리된 창고·차고 및 화장실의 면적을 제외한 면적
2. 공동주택의 경우: 외벽의 내부선을 기준으로 산정한 면적. 다만, 2세대 이상이 공동으로 사용하는 부분으로서 다음 각 목의 어느 하나에 해당하는 공용면적은 제외하며, 이 경우 바닥면적에서 주거전용면적을 제외하고 남는 외벽면적은 공용면적에 가산한다.
   가. 복도, 계단, 현관 등 공동주택의 지상층에 있는 공용면적
   나. 가목의 공용면적을 제외한 지하층, 관리사무소 등 그 밖의 공용면적

제3조(주택단지의 구분기준이 되는 도로) 「주택법 시행령」(이하 "영"이라 한다) 제5조제1호에서 "국토교통부령으로 정하는 도로"란 「도시·군계획시설의 결정·구조 및 설치기준에 관한 규칙」 제9조제3호에 따른 주간선도로, 보조간선도로, 집산도로(集散道路) 및 폭 8미터 이상인 국지도로를 말한다.

제2장 주택의 건설 등

제1절 주택건설사업자 등

제4조(주택건설사업 등의 등록신청) ① 법 제4조 및 영 제15조제1항에 따라 주택건설사업 또는 대지조성사업 등록을 하려는 자는 별지 제1호서식의 등록신청서(전자문서로 된 신청서를 포함한다)에 다음 각 호의 서류(전자문서를 포함한다)를 첨부하여 법 제85조제1항에 따른 주택사업자단체(이하 "협회"라 한다)에 제출하여야 한다. <개정 2017.6.2.>

1. 등록기준에 따른 자본금을 보유하고 있음을 증명하는 다음 각 목의 구분에 따른 서류
   가. 법인: 납입자본금에 관한 증명서류
   나. 개인: 자산평가서와 그 증명서류
2. 등록기준에 따른 기술인력의 보유를 증명하는 다음 각 목의 서류
   가. 「건설기술진흥법 시행규칙」 제18조제6항에 따른 건설기술자 경력증명서 또는 건설기술자 보유증명서
   나. 고용계약서 사본
3. 건물등기사항증명서, 건물사용계약서 등 사무실의 보유를 증명하는 서류
4. 향후 1년간의 주택건설사업계획서 또는 대지조성사업계획서
5. 신청인이 재외국민(「재외국민등록법」 제2조에 따른 등록대상자를 말한다)인 경우에는 「재외국민등록법」 제7조에 따른 재외국민등록부 등본

② 제1항에 따라 등록신청서를 제출받은 협회는 「전자정부법」 제36조제2항에 따른 행정정보의 공동이용을 통하여 다음 각 호의 서류를 확인하여야 한다. 다만, 신청인이 제2호 및 제3호의 서류 확인에 동의하지 아니하는 경우에는 해당 서류를 첨부하도록 하여야 한다. <신설 2017.6.2.>

1. 신청인이 법인(대표자 또는 임원이 외국인인 법인은 제외한다)인 경우: 법인등기사항증명서
2. 신청인이 개인인 경우: 주민등록표 초본. 다만, 신청인이 직접 신청서를 제출하는 경우에는 주민등록증 등 신분증명서의 제시로 갈음한다.
3. 신청인이 외국인이거나 대표자 또는 임원이 외국인인 법인인 경우: 「출입국관리법」 제88조제2항에 따른 외국인등록 사실증명. 다만, 신청인이 다음 각 목의 어

는 하나에 해당하는 서류를 등록신청서에 첨부하여 제출하는 경우에는 외국인등록 사실증명을 확인하지 아니한다.

가. 「외국공문서에 대한 인증의 요구를 폐지하는 협약」을 체결한 국가의 경우: 해당 국가의 정부 그 밖에 권한 있는 기관이 발행한 서류 또는 공증인이 공증한 해당 외국인의 진술서로서 해당 국가의 아포스티유(Apostille)확인서 발급 권한이 있는 기관이 그 확인서를 발급한 서류

나. 「외국공문서에 대한 인증의 요구를 폐지하는 협약」을 체결하지 아니한 국가의 경우: 해당 국가의 정부 그 밖에 권한 있는 기관이 발행한 서류 또는 공증인이 공증한 해당 외국인의 진술서로서 해당 국가에 주재하는 우리나라 영사가 확인한 서류

③ 영 제15조제2항에 따른 주택건설사업자등록부 및 대지조성사업자등록부는 별지 제2호서식에 따르고, 등록증은 별지 제3호서식에 따른다. <개정 2017.6.2.>

④ 협회는 법 제4조에 따라 주택건설사업 또는 대지조성사업의 등록을 한 자(이하 "등록사업자"라 한다)별로 별지 제4호서식의 등록사업자대장을 작성하여 관리하여야 한다. <개정 2017.6.2.>

⑤ 등록사업자는 영 제15조제3항 본문에 따라 등록사항 변경신고를 하려는 경우에는 별지 제5호서식의 변경신고서에 변경내용을 증명하는 서류를 첨부하여 협회에 제출하여야 한다. 다만, 등록사업자가 개인인 경우에는 상속의 경우에만 등록한 사업자명의의 변경을 신고할 수 있다. <개정 2017.6.2.>

⑥ 협회는 등록사업자에 대하여 등록증을 발급하거나 등록사항의 변경신고를 받은 때에는 그 내용을 관할 특별시장·광역시장·특별자치시장·도지사 또는 특별자치도지사(이하 "시·도지사"라 한다)에게 통보하고, 분기별로 국토교통부장관에게 보고하여야 한다. <개정 2017.6.2.>

⑦ 영 제15조제3항 단서에서 "국토교통부령으로 정하는 경미한 변경"이란 자본금, 기술자의 수 또는 사무실 면적이 증가하거나 등록기준에 미달하지 아니하는 범위에서 감소한 경우를 말한다. <개정 2017.6.2.>

⑧ 제4항에 따른 등록사업자대장은 전자적 처리가 불가능한 특별한 사유가 없으면 전자적 처리가 가능한 방법으로 작성·관리하여야 한다. <개정 2017.6.2.>

제5조(등록사업자에 대한 처분결과의 통지 등) 시·도지사는 법 제8조제1항에 따라 등록사업자에 대하여 등록말소 또는 영업정지의 처분을 하였을 때에는 지체 없이 협회에 그 내용을 통보(전자문서에 따른 통보를 포함한다)하여야 하며, 통보받은 협회는 등록사업자대장에 그 내용을 적고 관리하여야 한다.

제6조(영업실적 등의 제출 및 확인) ① 등록사업자는 법 제10조제1항에 따라 전년도의 영업실적과 해당 연도의 영업계획 및 기술인력 보유현황을 별지 제6호서식에 따라 매년 1월 10일까지 협회에 제출(전자문서에 따른 제출을 포함한다)하여야 한다. 이 경우 보유기술인력의 명세서를 첨부하여야 한다.

② 협회는 제1항에 따라 제출받은 영업실적 등을 별지 제7호서식에 따라 종합한 후 매년 1월 31일까지 국토교통부장관에게 제출(전자문서에 따른 제출을 포함한다)하여야 한다.

③ 협회는 제출받은 영업실적의 내용 중 주택건설사업 실적에 대하여 등록사업자가 확인을 요청하는 경우에는 별표 1의 기준에 따라 확인한 후 별지 제8호서식의 확인서를 발급(전자문서에 따른 발급을 포함한다)할 수 있다.

④ 등록사업자는 법 제10조제2항에 따라 월별 주택분양계획 및 분양실적을 매월 5일까지 협회에 제출(전자문서에 따른 제출을 포함한다)하여야 하며, 협회는 그 내용을 특별시·광역시·특별자치시·도 또는 특별자치도(이하 "시·도"라 한다)별로 종합하여 매월 15일까지 시·도지사에게 통보(전자문서에 따른 통보를 포함한다)하고 국토교통부장관에게 보고(전자문서에 따른 보고를 포함한다)하여야 한다.

제2절 주택조합

제7조(주택조합의 설립인가신청 등) ① 영 제20조제1항 각 호 외의 부분에 따른 신청서는 별지 제9호서식에 따른다.

② 영 제20조제1항제1호가목5)에 따른 사업계획서에는 다음 각 호의 사항을 적어야 한다.

1. 조합주택건설예정세대수

2. 조합주택건설예정지의 지번 · 지목 · 등기명의자
3. 도시 · 군관리계획(「국토의 계획 및 이용에 관한 법률」 제2조제4호에 따른 도시 · 군관리계획을 말한다. 이하 같다)상의 용도
4. 대지 및 주변 현황

③ 영 제20조제1항제1호가목7)에서 "국토교통부령으로 정하는 서류"란 다음 각 호의 서류를 말한다.
1. 고용자가 확인하는 근무확인서(직장주택조합의 경우만 해당한다)
2. 조합원 자격이 있는 자임을 확인하는 서류

④ 법 제11조제1항에 따라 지역 · 직장주택조합의 설립인가신청을 받은 특별자치시장, 특별자치도지사, 시장, 군수 또는 구청장(구청장은 자치구의 구청장을 말하며, 이하 "시장 · 군수 · 구청장"이라 한다)은 「전자정부법」 제36조제1항에 따른 행정정보의 공동이용을 통하여 조합원의 주민등록표등본을 확인하여야 하며, 신청인이 확인에 동의하지 아니하는 경우에는 해당 서류를 직접 제출하도록 하여야 한다.

⑤ 영 제20조제3항에서 "국토교통부령으로 정하는 사항"이란 다음 각 호의 사항을 말한다. <개정 2017.6.2.>
1. 조합규약(영 제20조제2항 각 호의 사항만 해당한다)의 변경
2. 자금의 차입과 그 방법 · 이자율 및 상환방법
3. 예산으로 정한 사항 외에 조합원에게 부담이 될 계약의 체결

3의2. 법 제11조의2제1항에 따른 업무대행자(이하"업무대행자"라 한다)의 선정 · 변경 및 업무대행계약의 체결

4. 시공자의 선정 · 변경 및 공사계약의 체결
5. 조합임원의 선임 및 해임
6. 사업비의 조합원별 분담 명세
7. 조합해산의 결의 및 해산시의 회계 보고

⑥ 국토교통부장관은 주택조합의 원활한 사업추진 및 조합원의 권리보호를 위하여 표준조합규약 및 표준공사계약서를 작성 · 보급할 수 있다.

⑦ 시장 · 군수 · 구청장은 법 제11조제1항에 따라 주택조합의 설립 또는 변경을 인가하였을 때에는 별지 제10호서식의 주택조합설립인가대장에 적고, 별지 제11호서식의 인가필증을 신청인에게 발급하여야 한다.

⑧ 시장 · 군수 · 구청장은 법 제11조제1항에 따라 주택조합의 해산인가를 하거나 법 제14조제2항에 따라 주택조합의 설립인가를 취소하였을 때에는 주택조합설립인가대장에 그 내용을 적고, 인가필증을 회수하여야 한다.

⑨ 제7항에 따른 주택조합설립인가대장은 전자적 처리가 불가능한 특별한 사유가 없으면 전자적 처리가 가능한 방법으로 작성 · 관리하여야 한다.

제7조의2(업무대행자의 업무범위) 법 제11조의2제2항제5호에서 "국토교통부령으로 정하는 사항"이란 다음 각 호의 업무를 말한다.
1. 총회 일시 · 장소 및 안건의 통지 등 총회 운영업무 지원
2. 조합 임원 선거 관리업무 지원

[본조신설 2017.6.2.]

제7조의3(조합원 모집 신고) ① 법 제11조의3제1항에 따라 조합원 모집 신고를 하려는 자는 별지 제11호의2서식의 신고서에 다음 각 호의 서류를 첨부하여 관할 시장 · 군수 · 구청장에게 제출하여야 한다.
1. 조합 발기인 명단 등 조합원 모집 주체에 관한 자료
2. 주택건설예정지의 지번 · 지목 · 등기명의자 및 도시 · 군관리계획상의 용도
3. 다음 각 목의 사항이 모두 포함된 조합원 모집공고안
   가. 주택 건설 · 공급 계획 등이 포함된 사업의 개요
   나. 토지확보 현황(확보면적, 확보비율 등을 말한다) 및 계획과 이를 증명할 수 있는 토지사용승낙서 등의 자료
   다. 조합 자금관리의 주체 및 계획
4. 조합가입 신청서 및 계약서의 서식
5. 법 제11조의2제1항에 따른 업무대행자를 선정한 경우에는 업무대행계약서

② 시장 · 군수 · 구청장은 제1항에 따른 신고서가 접수된 날부터 15일 이내에 신고의 수리 여부를 결정 · 통지하여야 한다.

③ 제1항에 따른 신고를 수리하는 경우에는 별지 제11호의3서식의 신고대장에 관련 내용을 적고, 신고인에게 별지 제11호의4서식의 신고필증을 발급하여야 한다.

[본조신설 2017.6.2.]

제7조의4(조합원 공개모집) ① 법 제11조의3제1항에 따라 조합원을 모집하려는 자는

제7조의3에 따른 조합원 모집 신고가 수리된 이후 다음 각 호의 구분에 따른 방법으로 모집공고를 하여야 한다.

1. 지역주택조합: 법 제2조제11호가목의 구분에 따른 조합원 모집 대상 지역의 주민이 널리 볼 수 있는 일간신문 및 관할 시·군·자치구의 인터넷 홈페이지에 게시
2. 직장주택조합: 조합원 모집 대상 직장의 인터넷 홈페이지에 게시

② 조합원 모집공고에는 다음 각 호의 사항이 포함되어야 한다.

1. 조합 발기인 등 조합원 모집 주체의 성명 및 주소(법인의 경우에는 법인명, 대표자의 성명, 법인의 주소 및 법인등록번호를 말한다)
2. 법 제11조의2제1항에 따른 업무대행자를 선정한 경우에는 업무대행자의 성명 및 주소(법인의 경우에는 법인명, 대표자의 성명, 법인의 주소 및 법인등록번호를 말한다)
3. 주택건설예정지의 지번·지목 및 면적
4. 토지확보 현황(확보면적, 확보비율 등을 말한다) 및 계획
5. 주택건설 예정세대수 및 주택건설 예정기간
6. 조합원 모집세대수 및 모집기간
7. 조합원을 분할하여 모집하는 경우에는 분할 모집시기별 모집세대수 등 조합원 모집에 관한 정보
8. 호당 또는 세대당 주택공급면적 및 대지면적
9. 조합가입 신청자격, 신청시의 구비서류, 신청일시 및 장소
10. 계약금·분담금의 납부시기 및 납부방법 등 조합원의 비용부담에 관한 사항
11. 조합 자금관리의 주체 및 계획
12. 조합원 당첨자 발표의 일시·장소 및 방법
13. 부적격자의 처리 및 계약 취소에 관한 사항
14. 조합가입 계약일·계약장소 등의 계약사항
15. 동·호수의 배정 시기 및 방법 등에 관한 사항
16. 조합설립인가 신청일(또는 신청예정일), 사업계획승인 신청예정일, 착공예정일 및 입주예정일
17. 조합원의 권리·의무에 관한 사항
18. 그 밖에 추가분담금 등 조합가입 시 유의할 사항으로서 시장·군수·구청장이 필요하다고 인정하는 사항

③ 조합원을 모집하려는 자는 제2항 각 호의 사항 외에 조합가입 신청자가 알아야 할 사항 그 밖의 필요한 사항을 조합가입 신청장소에 게시한 후 별도의 안내서를 작성하여 조합가입 신청자에게 교부하여야 한다.

[본조신설 2017.6.2.]

제8조(조합원의 자격확인 등) ① 영 제21조제1항제1호가목 1)·2) 외의 부분에서 "국토교통부령으로 정하는 지위"란 「주택공급에 관한 규칙」 제2조제7호에 따른 당첨자(당첨자의 지위를 승계한 자를 포함한다)의 지위를 말한다.

② 영 제21조제1항제1호가목1) 및 2)에서 "국토교통부령으로 정하는 기준"이란 각각 다음 각 호와 같다.

1. 상속·유증 또는 주택소유자와의 혼인으로 주택을 취득하였을 때에는 사업주체로부터 「주택공급에 관한 규칙」 제52조제3항에 따라 부적격자로 통보받은 날부터 3개월 이내에 해당 주택을 처분하면 주택을 소유하지 아니한 것으로 볼 것
2. 제1호 외의 경우에는 「주택공급에 관한 규칙」 제53조를 준용할 것

③ 시장·군수·구청장은 지역주택조합 또는 직장주택조합에 대하여 다음 각 호의 행위를 하려는 경우에는 국토교통부장관에게 「정보통신망 이용촉진 및 정보보호 등에 관한 법률」에 따라 구성된 주택전산망을 이용한 전산검색을 의뢰하여 영 제21조제1항제1호 및 같은 항 제2호에 따른 조합원 자격에 해당하는지를 확인하여야 한다.

1. 법 제11조에 따라 주택조합 설립인가를 하려는 경우
2. 해당 주택조합에 대하여 법 제15조에 따른 사업계획승인을 하려는 경우
3. 해당 조합주택에 대하여 법 제49조에 따른 사용검사 또는 임시 사용승인을 하려는 경우

제9조(지역·직장주택조합 조합원의 추가모집 등) 지역주택조합 또는 직장주택조합은 영 제22조제1항제1호에 따라 조합원 추가모집의 승인을 받으려는 경우에는 다음 각 호의 사항이 포함된 추가모집안을 작성하여 시장·군수·구청장에게 제출하여야 한다.

1. 주택조합의 명칭 · 소재지 및 대표자의 성명
2. 설립인가번호 · 인가일자 및 조합원수
3. 법 제5조제2항에 따라 등록사업자와 공동으로 사업을 시행하는 경우에는 그 등록사업자의 명칭 · 소재지 및 대표자의 성명
4. 조합주택건설 대지의 위치 및 대지면적
5. 조합주택건설 예정세대수 및 건설 예정기간
6. 추가모집 세대수 및 모집기간
7. 호당 또는 세대당 주택공급면적
8. 부대시설 · 복리시설 등을 포함한 사업개요
9. 사업계획승인신청예정일, 착공예정일 및 입주예정일
10. 가입신청자격, 신청시의 구비서류, 신청일시 및 장소
11. 조합원 분담금의 납부시기 및 납부방법 등 조합원의 비용부담에 관한 사항
12. 당첨자의 발표일시 · 장소 및 방법
13. 이중당첨자 또는 부적격당첨자의 처리 및 계약취소에 관한 사항
14. 그 밖에 시장 · 군수 · 구청장이 필요하다고 인정하여 요구하는 사항

제10조(직장주택조합의 설립신고서 등) ① 영 제24조제1항에 따른 설립신고서는 별지 제12호서식에 따른다.

② 시장 · 군수 · 구청장은 제1항에 따른 설립신고서를 접수한 경우에는 그 신고내용을 확인한 후 별지 제13호서식의 직장주택조합 설립신고대장에 적고, 별지 제14호서식의 신고필증을 신고인에게 발급하여야 한다.

③ 시장 · 군수 · 구청장은 법 제11조제5항 후단에 따라 직장주택조합 해산신고를 받은 경우에는 직장주택조합설립신고대장에 그 내용을 적고 신고필증을 회수하여야 한다.

④ 제2항에 따른 직장주택조합설립신고대장은 전자적 처리가 불가능한 특별한 사유가 없으면 전자적 처리가 가능한 방법으로 작성 · 관리하여야 한다.

⑤ 영 제24조제2항에 따른 주택의 공급방법은 「주택공급에 관한 규칙」으로 정한다.

제11조(자료의 공개) ① 주택조합의 임원 또는 발기인은 법 제12조제1항제5호에 관한 사항을 인터넷으로 공개할 때에는 조합원의 50퍼센트 이상의 동의를 얻어 그 개략적인 내용만 공개할 수 있다.

② 법 제12조제2항에 따른 주택조합 구성원의 열람 · 복사 요청은 사용목적 등을 적은 서면 또는 전자문서로 하여야 한다.

제11조의2(시공보증) 법 제14조의2제1항에서 "국토교통부령으로 정하는 기관의 시공보증서"란 조합원에게 공급되는 주택에 대한 다음 각 호의 어느 하나의 보증서를 말한다.

1. 「건설산업기본법」에 따른 공제조합이 발행한 보증서
2. 「주택도시기금법」에 따른 주택도시보증공사가 발행한 보증서
3. 「은행법」 제2조제2호에 따른 금융기관, 「한국산업은행법」에 따른 한국산업은행, 「한국수출입은행법」에 따른 한국수출입은행, 「중소기업은행법」에 따른 중소기업은행 또는 「장기신용은행법」에 따른 장기신용은행이 발행한 지급보증서
4. 「보험업법」에 따른 보험회사가 발행한 보증보험증권

[본조신설 2017.6.2.]

제3절 사업계획의 승인 등

제12조(사업계획의 승인신청 등) ① 영 제27조제6항제1호가목 및 나목에 따른 신청서 및 사업계획서는 별지 제15호서식에 따른다.

② 영 제27조제6항제1호라목 본문 및 같은 항 제2호다목 본문에 따른 공사설계도서는 각각 별표 2와 같다.

③ 영 제27조제6항제1호라목 단서 및 같은 항 제2호다목 단서에서"국토교통부령으로 정하는 도서"란 각각 별표 2에 따른 도서 중 위치도, 지형도 및 평면도를 말한다.

④ 영 제27조제6항제1호카목에서"국토교통부령으로 정하는 서류"란 다음 각 호의 서류를 말한다.

1. 간선시설 설치계획도(축척 1만분의 1부터 5만분의 1까지)
2. 사업주체가 토지의 소유권을 확보하지 못한 경우에는 토지사용 승낙서(「택지개발촉진법」 등 관계 법령에 따라 택지로 개발 · 분양하기로 예정된 토지에 대하여 해당 토지를 사용할 수 있는 권원을 확보한 경우에는 그 권원을 증명할 수 있는 서류를 말한다). 다만,

사업주체가 다음 각 목의 어느 하나에 해당하는 경우에는 제외한다.
가. 국가
나. 지방자치단체
다. 「한국토지주택공사법」에 따른 한국토지주택공사(이하 "한국토지주택공사"라 한다)
라. 「지방공기업법」 제49조에 따라 주택건설사업을 목적으로 설립된 지방공사(이하 "지방공사"라 한다)
마. 「민간임대주택에 관한 특별법」 제20조제1항에 따라 지정을 받은 임대사업자
3. 영 제43조제1항에 따라 작성하는 설계도서 중 국토교통부장관이 정하여 고시하는 도서
4. 별표 3에 따른 서류(국가, 지방자치단체 또는 한국토지주택공사가 사업계획승인을 신청하는 경우만 해당한다)
5. 협회에서 발급받은 등록사업자의 행정처분 사실을 확인하는 서류(협회가 관리하는 전산정보자료를 포함한다)
6. 「민간임대주택에 관한 특별법」 제20조제1항에 따라 지정을 받았음을 증명하는 서류(같은 항에 따라 지정을 받은 임대사업자만 해당한다)
7. 제28조제2항 각 호의 서류(리모델링의 경우만 해당한다)

⑤ 영 제27조제6항제2호가목 및 나목에 따른 신청서 및 사업계획서는 별지 제15호서식에 따른다.

⑥ 영 제27조제6항제2호마목에 따른 공급계획서에는 다음 각 호의 사항을 포함하여야 하며, 대지의 용도별·공급대상자별 분할도면을 첨부하여야 한다.
1. 대지의 위치 및 면적
2. 공급대상자
3. 대지의 용도
4. 공급시기·방법 및 조건

⑦ 영 제27조제6항제2호바목에서 "국토교통부령으로 정하는 서류"란 제4항제1호·제2호 및 제5호의 서류를 말한다.

⑧ 법 제15조제1항 또는 제3항에 따라 승인을 신청받은 사업계획승인권자(법 제15조 및 영 제90조에 따라 주택건설사업계획 및 대지조성사업계획의 승인을 하는 국토교통부장관, 시·도지사 또는 시장·군수를 말한다. 이하 같다)는 「전자정부법」 제36조제1항에 따른 행정정보의 공동이용을 통하여 토지등기사항증명서(사업주체가 국가, 지방자치단체, 한국토지주택공사 또는 지방공사인 경우는 제외한다)와 토지이용계획확인서를 확인하여야 한다.

⑨ 사업계획승인권자는 법 제15조제1항 또는 제3항에 따라 사업계획의 승인을 하였을 때에는 별지 제16호서식의 승인서를 신청인에게 발급하여야 한다.

⑩ 시·도지사는 매월 말일을 기준으로 별지 제17호서식에 따른 주택건설사업계획승인 결과보고서 및 별지 제18호서식에 따른 주택건설실적보고서를 작성하여 다음 달 15일까지 국토교통부장관에게 송부(전자문서에 따른 송부를 포함한다)하여야 한다. 다만, 「공동주택관리법」 제88조에 따른 공동주택관리정보시스템에 관련 정보를 입력하는 경우에는 송부한 것으로 본다.

제13조(사업계획의 변경승인신청 등) ① 사업주체는 법 제15조제4항 본문에 따라 사업계획의 변경승인을 받으려는 경우에는 별지 제15호서식의 신청서에 사업계획 변경내용 및 그 증명서류를 첨부하여 사업계획승인권자에게 제출(전자문서에 따른 제출을 포함한다)하여야 한다.

② 사업계획승인권자는 법 제15조제4항 본문에 따라 사업계획변경승인을 하였을 때에는 별지 제16호서식의 승인서를 신청인에게 발급하여야 한다.

③ 사업계획승인권자는 사업주체가 입주자 모집공고(법 제5조제2항 및 제3항에 따른 사업주체가 주택을 건설하는 경우에는 법 제15조제1항 또는 제3항에 따른 사업계획 승인을 말한다. 이하 이 조에서 같다)를 한 후에는 다음 각 호의 어느 하나에 해당하는 사업계획의 변경을 승인해서는 아니 된다. 다만, 사업주체가 미리 입주예정자(법 제15조제3항에 따라 주택단지를 공구별로 건설·공급하여 기존 공구에 입주자가 있는 경우 제2호에 대해서는 그 입주자를 포함한다. 이하 이 항 및 제4항에서 같다)에게 사업계획의 변경에 관한 사항을 통보하여 입주예정자 80퍼센트 이상의 동의를 받은 경우에는 예외로 한다.
1. 주택(공급계약이 체결된 주택만 해당한다)의 공급가격에 변경을 초래하는 사업비의 증액
2. 호당 또는 세대당 주택공급면적(바닥면적에 산입되는 면적으로서 사업주체가 공급하는 주택의 면적을 말한다. 이하 같다) 및

대지지분의 변경. 다만, 다음 각 목의 어느 하나에 해당하는 경우는 제외한다.

가. 호당 또는 세대당 공용면적(제2조제2항제2호가목에 따른 공용면적을 말한다) 또는 대지지분의 2퍼센트 이내의 증감. 이 경우 대지지분의 감소는 「공간정보의 구축 및 관리 등에 관한 법률」 제2조제4호의2에 따른 지적확정측량에 따라 대지지분의 감소가 부득이하다고 사업계획승인권자가 인정하는 경우로서 사업주체가 입주예정자에게 대지지분의 감소 내용과 사유를 통보한 경우로 한정한다.

나. 입주예정자가 없는 동 단위 공동주택의 세대당 주택공급면적의 변경

④ 사업주체는 입주자 모집공고를 한 후 제2항에 따른 사업계획변경승인을 받은 경우에는 14일 이내에 문서로 입주예정자에게 그 내용을 통보하여야 한다.

⑤ 법 제15조제4항 단서에서 "국토교통부령으로 정하는 경미한 사항을 변경하는 경우"란 다음 각 호의 어느 하나에 해당하는 경우를 말한다. 다만, 제1호 · 제3호 및 제7호는 사업주체가 국가, 지방자치단체, 한국토지주택공사 또는 지방공사인 경우로 한정한다.

1. 총사업비의 20퍼센트의 범위에서의 사업비 증감. 다만, 국민주택을 건설하는 경우로서 지원받는 주택도시기금(「주택도시기금법」에 따른 주택도시기금을 말한다)이 증가되는 경우는 제외한다.
2. 건축물이 아닌 부대시설 및 복리시설의 설치기준 변경으로서 다음 각 목의 요건을 모두 갖춘 변경
   가. 해당 부대시설 및 복리시설 설치기준 이상으로의 변경일 것
   나. 위치변경(「건축법」 제2조제1항제4호에 따른 건축설비의 위치변경은 제외한다)이 발생하지 아니하는 변경일 것
3. 대지면적의 20퍼센트의 범위에서의 면적 증감. 다만, 지구경계의 변경을 수반하거나 토지 또는 토지에 정착된 물건 및 그 토지나 물건에 관한 소유권 외의 권리를 수용할 필요를 발생시키는 경우는 제외한다.
4. 세대수 또는 세대당 주택공급면적을 변경하지 아니하는 범위에서의 내부구조의 위치나 면적 변경(법 제15조에 따른 사업계획승인을 받은 면적의 10퍼센트 범위에서의 변경으로 한정한다)
5. 내장 재료 및 외장 재료의 변경(재료의 품질이 법 제15조에 따른 사업계획승인을 받을 당시의 재료와 같거나 그 이상인 경우로 한정한다)
6. 사업계획승인의 조건으로 부과된 사항을 이행함에 따라 발생되는 변경. 다만, 공공시설 설치계획의 변경이 필요한 경우는 제외한다.
7. 건축물의 설계와 용도별 위치를 변경하지 아니하는 범위에서의 건축물의 배치조정 및 주택단지 안 도로의 선형변경
8. 「건축법 시행령」 제12조제3항 각 호의 어느 하나에 해당하는 사항의 변경

⑥ 사업주체는 제5항 각 호의 사항을 변경하였을 때에는 지체 없이 그 변경내용을 사업계획승인권자에게 통보(전자문서에 따른 통보를 포함한다)하여야 한다. 이 경우 사업계획승인권자는 사업주체로부터 통보받은 변경내용이 제5항 각 호의 범위에 해당하는지를 확인하여야 한다.

제14조(표본설계도서의 승인신청) 영 제29조제1항에 따른 표본설계도서 승인을 받으려는 자는 표본설계도서에 다음 각 호의 도서를 첨부하여 국토교통부장관에게 제출(전자문서에 따른 제출을 포함한다)하여야 한다.

1. 마감표
2. 각 층(지하층을 포함한다) 평면도 및 단위평면도
3. 입면도(전후면 및 측면)
4. 단면도(계단부분을 포함한다)
5. 구조도(기둥, 보, 슬라브 및 기초)
6. 구조계산서
7. 설비도(급수, 위생, 전기 및 소방)
8. 창호도

제15조(공사착수 연기 및 착공신고) ① 사업주체는 법 제16조제1항 각 호 외의 부분 단서에 따라 공사착수기간을 연장하려는 경우에는 별지 제19호서식의 착공연기신청서를 사업계획승인권자에게 제출(전자문서에 따른 제출을 포함한다)하여야 한다.

② 사업주체는 법 제16조제2항에 따라 공사착수(법 제15조제3항에 따라 사업계획승인을 받은 경우에는 공구별 공사착수를 말한다)를 신고하려는 경우에는 별지 제20호서식의 착공신고서에 다음 각 호의 서류를 첨부하여 사업계획승인권자에게 제출(전자문서에 따른 제출을 포함한다)하여야 한다. 다만, 제2호부터 제4호까지의 서류는 주택건

설사업의 경우만 해당한다.
1. 사업관계자 상호간 계약서 사본
2. 흙막이 구조도면(지하 2층 이상의 지하층을 설치하는 경우만 해당한다)
3. 영 제43조제1항에 따라 작성하는 설계도서 중 국토교통부장관이 정하여 고시하는 도서
4. 감리자(법 제43조제1항에 따라 주택건설공사 감리자로 지정받은 자를 말한다. 이하 같다)의 감리계획서 및 감리의견서

③ 사업계획승인권자는 제1항 및 제2항에 따른 착공연기신청서 또는 착공신고서를 제출받은 경우에는 별지 제21호서식의 착공연기확인서 또는 별지 제22호서식의 착공신고필증을 신청인 또는 신고인에게 발급하여야 한다.

제16조(체비지의 양도가격) ① 법 제31조제3항에 따른 체비지(替費地)의 양도가격은 「감정평가 및 감정평가사에 관한 법률」 제2조제4호에 따른 감정평가업자(이하 "감정평가업자"라 한다) 2인 이상의 감정평가가격을 산술평균한 가격을 기준으로 산정한다. <개정 2016.8.31.>

② 법 제31조제3항 단서에서 "임대주택을 건설하는 경우 등 국토교통부령으로 정하는 경우"란 주거전용면적 85제곱미터 이하의 임대주택을 건설하거나 주거전용면적 60제곱미터 이하의 국민주택을 건설하는 경우를 말한다.

③ 법 제31조제3항 단서에서 "국토교통부령으로 정하는 조성원가"란 「택지개발촉진법 시행규칙」 별표에 따라 산정한 원가를 말한다.

제4절 주택의 건설

제17조(주택건설기준 등에 관한 규정) 다음 각 호의 사항은 「주택건설기준 등에 관한 규칙」으로 정한다.
1. 법 제38조에 따른 장수명 주택의 인증기준·인증절차 및 수수료 등
2. 법 제41조제2항제3호에 따른 바닥충격음 성능등급 인정제품의 품질관리기준
3. 법 제51조에 따른 공업화주택의 성능기준·생산기준 및 인정절차
4. 법 제53조제2항에 따른 기술능력을 갖추고 있는 자

제5절 주택의 감리 및 사용검사

제18조(감리원의 배치기준 등) ① 영 제47조제4항제1호에서"국토교통부령으로 정하는 감리자격이 있는 자"란 다음 각 호의 구분에 따른 사람을 말한다.
1. 감리업무를 총괄하는 총괄감리원의 경우
   가. 1천세대 미만의 주택건설공사: 「건설기술 진흥법 시행령」 별표 1 제2호에 따른 건설사업관리 업무를 수행하는 특급기술자 또는 고급기술자. 다만, 300세대 미만의 주택건설공사인 경우에는 다음의 요건을 모두 갖춘 사람을 포함한다.
      1) 「건축사법」에 따른 건축사 또는 건축사보일 것
      2) 「건설기술 진흥법 시행령」 별표 1 제2호에 따른 건설기술자 역량지수에 따라 등급을 산정한 결과 건설사업관리 업무를 수행하는 특급기술자 또는 고급기술자에 준하는 등급에 해당할 것
      3) 「건설기술 진흥법 시행령」 별표 3 제2호나목에 따른 기본교육 및 전문교육을 받았을 것
   나. 1천세대 이상의 주택건설공사: 「건설기술 진흥법 시행령」 별표 1 제2호에 따른 건설사업관리 업무를 수행하는 특급기술자
2. 공사분야별 감리원의 경우: 「건설기술 진흥법 시행령」 별표 1 제2호에 따른 건설사업관리 업무를 수행하는 건설기술자. 다만, 300세대 미만의 주택건설공사인 경우에는 다음 각 목의 요건을 모두 갖춘 사람을 포함한다.
   가. 「건축사법」에 따른 건축사 또는 건축사보일 것
   나. 「건설기술 진흥법 시행령」 별표 1 제2호에 따른 건설기술자 역량지수에 따라 등급을 산정한 결과 건설사업관리 업무를 수행하는 초급 이상의 건설기술자에 준하는 등급에 해당할 것
   다. 「건설기술 진흥법 시행령」 별표 3 제2호나목에 따른 기본교육 및 전문교육을 받았을 것

② 감리자는 사업주체와 협의하여 감리원의 배치계획을 작성한 후 사업계획승인권자 및 사업주체에게 각각 보고(전자문서에 의한 보고를 포함한다)하여야 한다. 배치계획을 변경하

는 경우에도 또한 같다. <개정 2016.12.30.>

③ 감리자는 법 제44조제2항에 따라 사업계획승인권자(법 제66조제1항에 따른 리모델링의 허가만 받은 경우는 허가권자를 말한다. 이하 이 조 및 제20조에서 같다) 및 사업주체에게 분기별로 감리업무 수행 상황을 보고(전자문서에 따른 보고를 포함한다)하여야 하며, 감리업무를 완료하였을 때에는 최종보고서를 제출(전자문서에 따른 제출을 포함한다)하여야 한다.

제19조(건축구조기술사와의 협력) ① 법 제46조제1항제3호에서 "국토교통부령으로 정하는 경우"란 다음 각 호의 어느 하나에 해당하는 경우를 말한다.

1. 내력벽(耐力壁), 기둥, 바닥, 보 등 건축물의 주요 구조부의 철거 공사를 하는 경우로서 철거 범위나 공법의 변경이 필요한 경우
2. 내력벽, 기둥, 바닥, 보 등 건축물의 주요 구조부의 보강 공사를 하는 경우로서 공법이나 재료의 변경이 필요한 경우

② 법 제46조제1항제4호에서 "국토교통부령으로 정하는 경우"란 다음 각 호의 어느 하나에 해당하는 경우를 말한다.

1. 수직·수평 증축에 따른 골조 공사시 기존 부위와 증축 부위의 접합부에 대한 공법이나 재료의 변경이 필요한 경우
2. 건축물 주변의 굴착공사로 구조안전에 영향을 주는 경우

제20조(감리자에 대한 시정명령 또는 교체지시의 보고) 사업계획승인권자는 법 제48조제2항에 따라 감리자에 대하여 시정명령을 하거나 교체지시를 한 경우에는 같은 조 제3항에 따라 시정명령 또는 교체지시를 한 날부터 7일 이내에 국토교통부장관에게 보고하여야 한다.

제21조(사용검사 등) ① 법 제49조 및 영 제56조제2항에 따라 사용검사를 받거나 임시 사용승인을 받으려는 자는 별지 제23호서식의 신청서에 다음 각 호의 서류를 첨부하여 사용검사권자(법 제49조 및 영 제90조에 따라 사용검사 또는 임시 사용승인을 하는 시·도지사 또는 시장·군수·구청장을 말한다. 이하 같다)에게 제출(전자문서에 따른 제출을 포함한다)하여야 한다.

1. 감리자의 감리의견서(주택건설사업인 경우만 해당한다)
2. 시공자의 공사확인서(영 제55조제1항 단서에 따라 입주예정자대표회의가 사용검사 또는 임시 사용승인을 신청하는 경우만 해당한다)

② 사용검사권자는 영 제54조제3항 또는 영 제56조제3항에 따른 확인 결과 적합한 경우에는 사용검사 또는 임시 사용승인을 신청한 자에게 별지 제24호서식의 사용검사확인증 또는 별지 제25호서식의 임시사용승인서를 발급하여야 한다.

제22조(입주예정자대표회의의 구성) 사용검사권자는 영 제55조제1항 단서에 따라 입주예정자대표회의가 사용검사를 받아야 하는 경우에는 입주예정자로 구성된 대책회의를 소집하여 그 내용을 통보하고, 건축공사현장에 10일 이상 그 사실을 공고하여야 한다. 이 경우 입주예정자는 그 과반수의 동의로 10명 이내의 입주예정자로 구성된 입주예정자대표회의를 구성하여야 한다.

제3장 주택의 공급

제23조(주택의 공급 등) ① 다음 각 호의 사항은 「주택공급에 관한 규칙」으로 정한다.

1. 법 제54조에 따른 주택의 공급
2. 법 제56조에 따른 입주자저축
3. 법 제60조에 따른 견본주택의 건축기준
4. 법 제65조제5항에 따른 입주자자격 제한

② 법 제57조에 따른 분양가격 산정방식 등은 「공동주택 분양가격의 산정 등에 관한 규칙」으로 정한다.

제24조(입주자의 동의 없이 저당권 설정 등을 할 수 있는 금융기관의 범위) 영 제71조제1호마목에서 "국토교통부령으로 정하는 기관"이란 다음 각 호의 기관을 말한다.

1. 「농업협동조합법」에 따른 조합, 농업협동조합중앙회 및 농협은행
2. 「수산업협동조합법」에 따른 수산업협동조합 및 수산업협동조합중앙회
3. 「신용협동조합법」에 따른 신용협동조합 및 신용협동조합중앙회
4. 「새마을금고법」에 따른 새마을금고 및

새마을금고중앙회
5. 「산림조합법」에 따른 산림조합 및 산림조합중앙회
6. 「한국주택금융공사법」에 따른 한국주택금융공사
7. 「우체국예금 · 보험에 관한 법률」에 따른 체신관서

제25조(투기과열지구의 지정 기준) 법 제63조제2항에서"국토교통부령이 정하는 기준을 충족하는 곳"이란 다음 각 호의 어느 하나에 해당하는 곳을 말한다. <개정 2017.11.8.>
1. 직전월(투기과열지구로 지정하는 날이 속하는 달의 바로 전 달을 말한다. 이하 이 조에서 같다)부터 소급하여 주택공급이 있었던 2개월 동안 해당 지역에서 공급되는 주택의 월평균 청약경쟁률이 모두 5대 1을 초과하였거나 국민주택규모 주택의 월평균 청약경쟁률이 모두 10대 1을 초과한 곳
2. 다음 각 목의 어느 하나에 해당하여 주택공급이 위축될 우려가 있는 곳

가. 주택의 분양계획이 직전월보다 30퍼센트 이상 감소한 곳

나. 법 제15조에 따른 주택건설사업계획의 승인이나 「건축법」 제11조에 따른 건축허가 실적이 직전년도보다 급격하게 감소한 곳

3. 신도시 개발이나 주택의 전매행위 성행 등으로 투기 및 주거불안의 우려가 있는 곳으로서 다음 각 목의 어느 하나에 해당하는 곳

가. 시 · 도별 주택보급률이 전국 평균 이하인 경우

나. 시 · 도별 자가주택비율이 전국 평균 이하인 경우

다. 해당 지역의 주택공급물량이 법 제56조에 따른 입주자저축 가입자 중 「주택공급에 관한 규칙」 제27조제1항제1호 및 제28조제1항제1호에 따른 주택청약 제1순위자에 비하여 현저하게 적은 경우

제25조의2(조정대상지역의 지정기준) 법 제63조의2제1항 각 호 외의 부분 전단에서 "국토교통부령으로 정하는 기준을 충족하는 지역"이란 다음 각 호의 구분에 따른 지역을 말한다.
1. 과열지역(법 제63조의2제1항제1호에 해당하는 조정대상지역을 말한다): 직전월(조정대상지역으로 지정하는 날이 속하는 달의 바로 전 달을 말한다. 이하 이 조에서 같다)부터 소급하여 3개월간의 해당 지역 주택가격상승률이 해당 지역이 포함된 시 · 도 소비자물가상승률의 1.3배를 초과한 지역으로서 다음 각 목의 어느 하나에 해당하는 지역을 말한다.

가. 직전월부터 소급하여 주택공급이 있었던 2개월 동안 해당 지역에서 공급되는 주택의 월평균 청약경쟁률이 모두 5대1을 초과하였거나 국민주택규모 주택의 월평균 청약경쟁률이 모두 10대 1을 초과한 지역

나. 직전월부터 소급하여 3개월간의 분양권(주택의 입주자로 선정된 지위를 말한다. 이하 같다) 전매거래량이 전년 동기 대비 30퍼센트 이상 증가한 지역

다. 시 · 도별 주택보급률 또는 자가주택비율이 전국 평균 이하인 지역

2. 위축지역(법 제63조의2제1항제2호에 해당하는 조정대상지역을 말한다): 직전월부터 소급하여 6개월간의 평균 주택가격상승률이 마이너스 1.0퍼센트 이하인 지역으로서 다음 각 목의 어느 하나에 해당하는 지역을 말한다.

가. 직전월부터 소급하여 3개월 연속 주택매매거래량이 전년 동기 대비 20퍼센트 이상 감소한 지역

나. 직전월부터 소급하여 3개월간의 평균 미분양주택(법 제15조제1항에 따른 사업계획승인을 받아 입주자를 모집을 하였으나 입주자가 선정되지 아니한 주택을 말한다)의 수가 전년 동기 대비 2배 이상인 지역

다. 시 · 도별 주택보급률 또는 자가주택비율이 전국 평균을 초과하는 지역

[본조신설 2017.11.8.]

제25조의3(조정대상지역 지정의 해제 절차) 법 제63조의2제8항에 따라 국토교통부장관은 조정대상지역 지정의 해제를 요청받은 경우에는 「주거기본법」 제8조에 따른 주거정책심의위원회의 심의를 거쳐 요청받은 날부터 40일 이내에 해제 여부를 결정하고, 그 결과를 해당 지역을 관할하는 시 · 도지사 또는 시장 · 군수 · 구청장에게 통보하여야 한다.

[본조신설 2017.11.8.]

제26조(이전공공기관 종사자 등) 영 별표 3

제2호 공공택지에서 공급되는 주택의 비투기과열지구란 단서에서 "국토교통부령으로 정하는 사람"이란 「주택공급에 관한 규칙」 제47조제1항부터 제3항까지의 규정에 따른 특별공급 대상자를 말한다.

제27조(분양가상한제 적용주택 등의 부기등기 말소 신청) 법 제64조제4항에 따라 같은 조 제1항제3호 또는 제4호에 해당하는 주택에 대한 부기등기를 한 경우에는 해당 주택의 소유자가 영 제73조에 따른 전매행위 제한기간이 지났을 때에 그 부기등기의 말소를 신청할 수 있다. <개정 2017.11.8>

제4장 리모델링

제28조(리모델링의 신청 등) ① 영 제75조제2항에 따른 허가신청서는 별지 제26호서식과 같다.

② 영 제75조제2항에서 "국토교통부령으로 정하는 서류"란 다음 각 호의 서류를 말한다.

1. 리모델링하려는 건축물의 종별에 따른 「건축법 시행규칙」 제6조제1항 각 호의 서류 및 도서. 다만, 증축을 포함하는 리모델링의 경우에는 「건축법 시행규칙」 별표 3 제1호에 따른 건축계획서 중 구조계획서(기존 내력벽, 기둥, 보 등 골조의 존치계획서를 포함한다), 지질조사서 및 시방서를 포함한다.
2. 영 별표 4 제1호에 따른 입주자의 동의서 및 법 제22조에 따른 매도청구권 행사를 입증할 수 있는 서류
3. 세대를 합치거나 분할하는 등 세대수를 증감시키는 행위를 하는 경우에는 그 동의 변경전과 변경후의 평면도
4. 법 제2조제25호다목에 따른 세대수 증가형 리모델링(이하"세대수 증가형 리모델링"이라 한다)을 하는 경우에는 법 제67조에 따른 권리변동계획서
5. 법 제68조제1항에 따른 증축형 리모델링을 하는 경우에는 같은 조 제5항에 따른 안전진단결과서
6. 리모델링주택조합의 경우에는 주택조합 설립인가서 사본

③ 영 제75조제2항에 따른 리모델링 허가신청을 받은 시장·군수·구청장은 그 신청이 영 별표 4에 따른 기준에 적합한 경우에는 별지 제27호서식의 리모델링 허가증명서를 발급하여야 한다.

④ 법 제66조제7항에 따라 리모델링에 관한 사용검사를 받으려는 자는 별지 제28호서식의 신청서에 다음 각 호의 서류를 첨부하여 시장·군수·구청장에게 제출하여야 한다.

1. 감리자의 감리의견서(「건축법」에 따른 감리대상인 경우만 해당한다)
2. 시공자의 공사확인서

⑤ 시장·군수·구청장은 제4항에 따른 신청서를 받은 경우에는 사용검사 대상이 허가한 내용에 적합한지를 확인한 후 별지 제29호서식의 사용검사필증을 발급하여야 한다.

제29조(안전진단 결과보고서) 법 제68조제5항에 따른 안전진단 결과보고서에는 다음 각 호의 사항이 포함되어야 한다.

1. 리모델링 대상 건축물의 증축 가능 여부 및 「도시 및 주거환경정비법」 제2조제2호다목에 따른 주택재건축사업의 시행 여부에 관한 의견
2. 건축물의 구조안전성에 관한 상세 확인 결과 및 구조설계의 변경 필요성(법 제68조제4항에 따른 안전진단으로 한정한다)

제30조(세대수 증가형 리모델링의 시기 조정) 법 제74조제1항에 따라 국토교통부장관의 요청을 받은 특별시장, 광역시장, 대도시(「지방자치법」 제175조에 따른 대도시를 말한다)의 시장 또는 시장·군수·구청장은 그 요청을 받은 날부터 30일 이내에 리모델링 기본계획의 변경 또는 세대수 증가형 리모델링의 사업계획 승인·허가의 시기 조정에 관한 조치계획을 국토교통부장관에게 보고하여야 한다. 이 경우 그 요청에 따를 수 없는 특별한 사유가 있는 경우에는 그 사유를 통보하여야 한다.

제5장 보칙

제31조(표준임대차계약서) 법 제78조제3항에서 "국토교통부령으로 정하는 표준임대차계약서"란 별지 제30호서식에 따른 토지임대부 분양주택의 토지임대차 표준계약서를 말한다.

제32조(감정평가한 가액의 산정 시기 및 산정 방법) ① 영 제81조제1항제2호 후단에 따른 감정평가는 「부동산 가격공시에 관한 법률」에 따른 공시지가로서 평가 의뢰일 당시 해당 토지의 공시지가 중 평가 의뢰일에 가장 가까운 시점에 공시된 공시지가를 기준으로 하여 평가한다. <개정 2016.8.31.>

② 제1항에 따라 감정평가 가액을 산정하는 경우에는 감정평가업자 2인 이상이 감정평가한 가액을 산술평균한 가액으로 산정하여야 한다.

③ 제2항에 따라 감정평가업자가 감정평가를 할 때에는 택지조성이 완료되지 아니한 토지는 택지조성이 완료된 상태를 상정하고 그 이용 상황은 대지를 기준으로 하여 평가하여야 한다.

제33조(주택상환사채 기재사항 등) ① 영 제83조제2항에서"국토교통부령으로 정하는 사항"이란 다음 각 호의 사항을 말한다.

1. 발행 기관
2. 발행 금액
3. 발행 조건
4. 상환의 시기와 절차

② 영 제83조제3항에 따른 주택상환사채 대장은 별지 제31호서식과 같다.

제34조(주택상환사채 모집공고) ① 영 제85조제4항에 따른 주택상환사채 모집공고안에는 다음 각 호의 사항이 포함되어야 한다.

1. 주택상환사채의 명칭
2. 상환대상주택의 건설위치
3. 상환대상주택의 호당 또는 세대당 공급면적, 세대수 및 세대별 주택상환사채의 금액
4. 주택상환사채 신청자격 · 순위 및 모집방법에 관한 사항
5. 주택상환사채의 이자율 · 이자지급방법 · 대금납부방법 등 발행조건에 관한 사항
6. 상환예정일
7. 주택상환사채의 상환방법에 관한 사항
8. 영 제86조제3항 및 이 규칙 제35조제1항 각 호의 내용

② 제1항제4호에 따른 주택상환사채의 신청자격 및 순위에 관하여는 「주택공급에 관한 규칙」 제28조 및 제29조부터 제32조까지에 따른 민영주택의 입주자격 및 순위를 준용한다.

③ 주택상환사채의 발행자는 주택상환사채를 모집하려는 경우에는 모집 7일전까지 일간신문에 제1항 각 호의 사항을 1회 이상 공고하여야 한다.

제35조(주택상환사채의 양도 등) ① 영 제86조제3항 단서에서 "해외이주 등 국토교통부령으로 정하는 부득이한 사유가 있는 경우"란 다음 각 호의 어느 하나에 해당하는 경우를 말한다.

1. 세대원(세대주가 포함된 세대의 구성원을 말한다. 이하 이 조에서 같다)의 근무 또는 생업상의 사정이나 질병치료, 취학 또는 결혼으로 세대원 전원이 다른 행정구역으로 이전하는 경우
2. 세대원 전원이 상속으로 취득한 주택으로 이전하는 경우
3. 세대원 전원이 해외로 이주하거나 2년 이상 해외에 체류하려는 경우

② 주택상환사채를 양도 또는 중도해약하거나 상속받으려는 자는 제1항 각 호의 어느 하나에 해당함을 증명하는 서류 또는 상속인임을 증명하는 서류를 주택상환사채 발행자에게 제출하여야 한다. 이 경우 주택상환사채 발행자는 지체 없이 주택상환사채권자의 명의를 변경하고, 주택상환사채원부 및 주택상환사채권에 적어야 한다.

③ 주택상환사채를 상환할 때에는 주택상환사채권자가 원하면 주택상환사채의 원리금을 현금으로 상환할 수 있다.

제36조(국민주택사업특별회계 운용 상황의 보고) 영 제88조제2항에 따른 국민주택사업특별회계의 분기별 운용 상황 보고는 별지 제32호서식에 따른다.

제37조(주택정보체계 구축 · 운영) 국토교통부장관은 영 제89조제1항에 따라 다음 각 호의 사항을 데이터베이스로 구축하여 운영할 수 있다.

1. 법 제15조제1항 또는 제3항에 따른 사업계획 승인
2. 법 제16조제1항에 따른 착공승인
3. 법 제49조제1항에 따른 사용검사 및 임시 사용승인
4. 법 제54조제1항에 따른 주택공급 승인

제38조(포상금의 지급기준 등) ① 영 제92조제1항에 따른 신고서는 별지 제33호서식에 따른다.

② 영 제92조제4항에 따른 신청서는 별지 제34호서식에 따른다.

③ 영 제92조제4항에 따른 포상금은 1천만 원 이하의 범위에서 지급하되, 구체적인 지급 기준 및 지급 기준액은 별표 4와 같다.

④ 시 · 도지사는 다음 각 호의 어느 하나에 해당하는 경우에는 포상금을 지급하지 아니할 수 있다.

1. 신고받은 전매행위 또는 알선행위(이하 "부정행위"라 한다)가 언론매체 등에 이미 공개된 내용이거나 이미 수사 중인 경우
2. 관계 행정기관이 사실조사 등을 통하여 신고받은 부정행위를 이미 알게 된 경우

⑤ 시 · 도지사는 제3항에 따라 포상금을 지급하지 아니하는 경우에는 그 사유를 신고한 자에게 통지하여야 한다.

제39조(검사공무원의 증표) 법 제93조제3항에 따른 증표는 별지 제35호서식과 같다.

제40조(규제의 재검토) 국토교통부장관은 다음 각 호의 사항에 대하여 2017년 1월 1일을 기준으로 3년마다(매 3년이 되는 해의 기준일과 같은 날 전까지를 말한다) 그 타당성을 검토하여 개선 등의 조치를 하여야 한다.

1. 제6조에 따른 영업실적 등의 제출 및 확인
2. 제13조에 따른 사업계획의 변경승인신청 등
3. 제18조에 따른 감리원의 배치기준 등
4. 제27조에 따른 분양가상한제 적용주택 등의 부기등기 말소 신청

[전문개정 2016.12.30.]

부칙

<국토교통부령 제463호, 2017.11.8.>

이 규칙은 2017년 11월 10일부터 시행한다.

주차장법

[시행 2018.10.25.]
[법률 제14952호, 2017.10.24., 일부개정]

제1장 총칙

<개정 2010.3.22.>

제1조(목적) 이 법은 주차장의 설치·정비 및 관리에 필요한 사항을 규정함으로써 자동차 교통을 원활하게 하여 공중(公衆)의 편의를 도모함을 목적으로 한다.
[전문개정 2010.3.22.]

▶ 판례 - 도시공원 및 녹지 등에 관한 법률과 같은 법 시행령에 의하여 녹지점용허가를 받을 수 있는 '노외주차장'이 주차장법에서 정한 노외주차장과 동일한 의미인지 여부(적극) / 도시공원 및 녹지 등에 관한 법률상 녹지점용허가 대상인 '노외주차장과 유사한 기능을 갖는 시설'의 의미와 그에 해당하는지 판단하는 기준 [대법원 2016.1.28, 선고, 2015두51668, 판결]

제2조(정의) 이 법에서 사용하는 용어의 뜻은 다음과 같다. <개정 2011.6.8., 2012.1.17., 2016.1.19.>

1. "주차장"이란 자동차의 주차를 위한 시설로서 다음 각 목의 어느 하나에 해당하는 종류의 것을 말한다.
   가. 노상주차장(路上駐車場): 도로의 노면 또는 교통광장(교차점광장만 해당한다. 이하 같다)의 일정한 구역에 설치된 주차장으로서 일반(一般)의 이용에 제공되는 것
   나. 노외주차장(路外駐車場): 도로의 노면 및 교통광장 외의 장소에 설치된 주차장으로서 일반의 이용에 제공되는 것
   다. 부설주차장: 제19조에 따라 건축물, 골프연습장, 그 밖에 주차수요를 유발하는 시설에 부대(附帶)하여 설치된 주차장으로서 해당 건축물·시설의 이용자 또는 일반의 이용에 제공되는 것
2. "기계식주차장치"란 노외주차장 및 부설주차장에 설치하는 주차설비로서 기계장치에 의하여 자동차를 주차할 장소로 이동시키는 설비를 말한다.
3. "기계식주차장"이란 기계식주차장치를 설치한 노외주차장 및 부설주차장을 말한다.
4. "도로"란 「건축법」 제2조제1항제11호에 따른 도로로서 자동차가 통행할 수 있는 도로를 말한다.
5. "자동차"란 「도로교통법」 제2조제18호에 따른 자동차 및 같은 법 제2조제19호에 따른 원동기장치자전거를 말한다.
6. "주차"란 「도로교통법」 제2조제24호에 따른 주차를 말한다.
7. "주차단위구획"이란 자동차 1대를 주차할 수 있는 구획을 말한다.
8. "주차구획"이란 하나 이상의 주차단위구획으로 이루어진 구획 전체를 말한다.
9. "전용주차구획"이란 제6조제1항에 따른 경형자동차(輕型自動車) 등 일정한 자동차에 한정하여 주차가 허용되는 주차구획을 말한다.
10. "건축물"이란 「건축법」 제2조제1항제2호에 따른 건축물을 말한다.
11. "주차전용건축물"이란 건축물의 연면적 중 대통령령으로 정하는 비율 이상이 주차장으로 사용되는 건축물을 말한다.
12. "건축"이란 「건축법」 제2조제1항제8호 및 제9호에 따른 건축 및 대수선(같은 법 제19조에 따른 용도변경을 포함한다)을 말한다.
13. "기계식주차장치 보수업"이란 기계식주차장치의 고장을 수리하거나 고장을 예방하기 위하여 정비를 하는 사업을 말한다.

[전문개정 2010.3.22.]

▶ 판례 - 도시공원 및 녹지 등에 관한 법률과 같은 법 시행령에 의하여 녹지점용허가를 받을 수 있는 '노외주차장'이 주차장법에서 정한 노외주차장과 동일한 의미인지 여부(적극) / 도시공원 및 녹지 등에 관한 법률상 녹지점용허가 대상인 '노외주차장과 유사한 기능을 갖는 시설'의 의미와 그에 해당하는지 판단하는 기준 [대법원 2016.1.28, 선고, 2015두51668, 판결]

제3조(주차장 수급 실태의 조사) ① 특별자치도지사·시장·군수 또는 구청장(구청장은 자치구의 구청장을 말한다. 이하 "시장·군수 또는 구청장"이라 한다)은 주차장의 설치 및 관리를 위한 기초자료로 활용하기 위하여 행정구역·용도지역·용도지구 등을 종합적으로 고려한 조사구역(이하 "조사구역"이라 한다)을 정하여 정기적으로 조사구역별 주차장 수

급(需給) 실태를 조사(이하 "실태조사"라 한다)하여야 한다.
② 실태조사의 방법·주기 및 조사구역 설정방법 등에 관하여 필요한 사항은 국토교통부령으로 정한다. <개정 2013.3.23.>
[전문개정 2010.3.22.]

제4조(주차환경개선지구의 지정) ① 시장·군수 또는 구청장은 다음 각 호의 지역에 있는 조사구역으로서 실태조사 결과 주차장 확보율(주차단위구획의 수를 자동차의 등록대수로 나눈 비율을 말한다. 이 경우 다른 법령에서 일정한 자동차에 대하여 따로 차고를 확보하도록 하고 있는 경우 그 자동차의 등록대수 및 차고의 수는 비율을 계산할 때 산입하지 아니한다)이 해당 지방자치단체의 조례로 정하는 비율 이하인 조사구역은 주차난 완화와 교통의 원활한 소통을 위하여 주차환경개선지구로 지정할 수 있다.
1. 「국토의 계획 및 이용에 관한 법률」 제36조제1항제1호가목에 따른 주거지역
2. 제1호에 따른 주거지역과 인접한 지역으로서 해당 지방자치단체의 조례로 정하는 지역

② 제1항에 따라 주차환경개선지구를 지정할 때에는 시장·군수 또는 구청장이 주차환경개선지구 지정·관리계획을 수립하여 결정한다.
③ 시장·군수 또는 구청장은 제2항에 따라 주차환경개선지구를 지정하였을 때에는 그 관리에 관한 연차별 목표를 정하고, 매년 주차장 수급 실태의 개선 효과를 분석하여야 한다.
[전문개정 2010.3.22.]

제4조의2(주차환경개선지구 지정·관리계획) ① 제4조제2항에 따른 주차환경개선지구 지정·관리계획에는 다음 각 호의 사항이 포함되어야 한다.
1. 주차환경개선지구의 지정구역 및 지정의 필요성
2. 주차환경개선지구의 관리 목표 및 방법
3. 주차장의 수급 실태 및 이용 특성
4. 장기·단기 주차수요에 대한 예측
5. 연차별 주차장 확충 및 재원 조달계획
6. 노외주차장 우선 공급 등 주차환경개선지구의 지정 목적을 달성하기 위하여 필요한 조치

② 시장·군수 또는 구청장은 제4조제2항에 따른 주차환경개선지구 지정·관리계획을 수립할 때에는 미리 공청회를 열어 지역 주민, 관계 전문가 등의 의견을 들어야 한다. 대통령령으로 정하는 중요한 사항을 변경하려는 경우에도 또한 같다.
③ 시장·군수 또는 구청장은 제2항에 따라 주차환경개선지구 지정·관리계획을 수립하거나 변경한 때에는 그 사실을 고시하여야 한다.
[전문개정 2010.3.22.]

제4조의3(주차환경개선지구 지정의 해제) 시장·군수 또는 구청장은 제4조제1항에 따른 주차환경개선지구의 지정 목적을 달성하였다고 인정하는 경우에는 그 지정을 해제하고, 그 사실을 고시하여야 한다.
[전문개정 2010.3.22.]

제5조(권한의 위임) 이 법에 따른 국토교통부장관의 권한은 그 일부를 대통령령으로 정하는 바에 따라 특별시장·광역시장·도지사 또는 특별자치도지사에게 위임할 수 있다. <개정 2013.3.23.>
[전문개정 2010.3.22.]

제6조(주차장설비기준 등) ① 주차장의 구조·설비기준 등에 관하여 필요한 사항은 국토교통부령으로 정한다. 이 경우 「자동차관리법」에 따른 배기량 1천시시 미만의 자동차(이하 "경형자동차"라 한다) 및 「환경친화적 자동차의 개발 및 보급 촉진에 관한 법률」 제2조제2호에 따른 환경친화적 자동차(이하 "환경친화적 자동차"라 한다)에 대하여는 전용주차구획(환경친화적 자동차의 경우에는 충전시설을 포함한다)을 일정 비율 이상 정할 수 있다. <개정 2013.3.23., 2016.1.19., 2017.10.24.>
② 특별시·광역시·특별자치도·시·군 또는 자치구는 해당 지역의 주차장 실태 등을 고려하여 필요하다고 인정하는 경우에는 제1항 전단에도 불구하고 주차장의 구조·설비기준 등에 관하여 필요한 사항을 해당 지방자치단체의 조례로 달리 정할 수 있다.
③ 특별시장·광역시장, 시장·군수 또는 구청장은 노상주차장 또는 노외주차장을 설치하는 경우에는 도시·군관리계획과 「도시교통정비 촉진법」에 따른 도시교통정비 기본계획에 따라야 하며, 노상주차장을 설치하는 경우에는

미리 관할 경찰서장과 소방서장의 의견을 들어야 한다. <개정 2011.4.14., 2017.10.24.>
[전문개정 2010.3.22.]

제6조의2(이륜자동차 주차관리대상구역 지정 등) ① 특별시장·광역시장·시장·군수 또는 구청장은 이륜자동차(「도로교통법」 제2조제18호가목에 따른 이륜자동차 및 같은 법 제2조제19호에 따른 원동기장치자전거를 말한다. 이하 이 조에서 같다)의 주차 관리가 필요한 지역을 이륜자동차 주차관리대상구역으로 지정할 수 있다.
② 특별시장·광역시장·시장·군수 또는 구청장은 제1항에 따라 이륜자동차 주차관리대상구역을 지정할 때 해당 지역 주차장의 이륜자동차 전용주차구획을 일정 비율 이상 정하여야 한다.
③ 특별시장·광역시장·시장·군수 또는 구청장은 제1항에 따라 주차관리대상구역을 지정한 때에는 그 사실을 고시하여야 한다.
[본조신설 2012.1.17.]

제6조의3(협회의 설립) ① 주차장 사업을 경영하거나 이와 관련된 업무에 종사하는 자는 관련 제도의 개선 및 사업의 건전한 발전을 위하여 주차장 사업자단체(이하 "협회"라 한다)를 설립할 수 있다.
② 협회는 법인으로 한다.
③ 협회는 국토교통부장관의 인가를 받아 주된 사무소의 소재지에서 설립등기를 함으로써 성립한다.
④ 협회 회원의 자격과 임원에 관한 사항, 협회의 업무 등은 정관으로 정한다.
⑤ 협회에 관하여 이 법에 규정된 사항 외에는 「민법」 중 사단법인에 관한 규정을 준용한다.
[본조신설 2016.1.19.]

제2장 삭제
<1995.12.29.>

제3장 노상주차장
<개정 2010.3.22.>

제7조(노상주차장의 설치 및 폐지) ① 노상주차장은 특별시장·광역시장, 시장·군수 또는 구청장이 설치한다. 이 경우 「국토의 계획 및 이용에 관한 법률」 제43조제1항은 적용하지 아니한다. <개정 2010.3.22.>
② 삭제 <1995.12.29.>
③ 특별시장·광역시장, 시장·군수 또는 구청장은 다음 각 호의 어느 하나에 해당하는 경우에는 지체 없이 해당 노상주차장을 폐지하여야 한다. <개정 2010.3.22.>
1. 노상주차장에의 주차로 인하여 대중교통수단의 운행이나 그 밖의 교통소통에 장애를 주는 경우
2. 노상주차장을 대신하는 노외주차장의 설치 등으로 인하여 노상주차장이 필요 없게 된 경우
④ 특별시장·광역시장, 시장·군수 또는 구청장은 노상주차장 중 해당 지역의 교통 여건을 고려하여 화물의 하역(荷役)을 위한 주차구획(이하"하역주차구획"이라 한다)을 지정할 수 있다. 이 경우 특별시장·광역시장, 시장·군수 또는 구청장은 해당 지방자치단체의 조례로 정하는 바에 따라 하역주차구획에 화물자동차 외의 자동차(「도로교통법」 제2조제22호에 따른 긴급자동차는 제외한다)의 주차를 금지할 수 있다. <개정 2010.3.22., 2011.6.8.>
[전문개정 1990.4.7.]
[제목개정 2010.3.22.]

제8조(노상주차장의 관리) ① 노상주차장은 제7조제1항에 따라 해당 주차장을 설치한 특별시장·광역시장, 시장·군수 또는 구청장이 관리하거나 특별시장·광역시장, 시장·군수 또는 구청장으로부터 그 관리를 위탁받은 자(이하"노상주차장관리 수탁자"라 한다)가 관리한다.
② 노상주차장관리 수탁자의 자격과 그 밖에 노상주차장의 관리에 관하여 필요한 사항은 해당 지방자치단체의 조례로 정한다.
③ 노상주차장관리 수탁자와 그 관리를 직접 담당하는 사람은 「형법」 제129조부터 제132조까지의 규정을 적용할 때에는 공무원으로 본다.
[전문개정 2010.3.22.]

제8조의2(노상주차장에서의 주차행위 제한 등) ① 특별시장·광역시장, 시장·군수 또는 구청장은 다음 각 호의 어느 하나에 해당하는 경

우에는 해당 자동차의 운전자 또는 관리책임이 있는 자에게 주차방법을 변경하거나 자동차를 그 곳으로부터 다른 장소로 이동시킬 것을 명할 수 있다. 다만, 「도로교통법」 제2조제22호에 따른 긴급자동차의 경우에는 그러하지 아니하다. <개정 2011.6.8.>

1. 제7조제4항에 따른 하역주차구획에 화물자동차가 아닌 자동차를 주차하는 경우
2. 정당한 사유 없이 제9조제1항에 따른 주차요금을 내지 아니하고 주차하는 경우
3. 제10조제1항 각 호의 제한조치를 위반하여 주차하는 경우
4. 주차장의 지정된 주차구획 외의 곳에 주차하는 경우
5. 주차장을 주차장 외의 목적으로 이용하는 경우

② 특별시장·광역시장, 시장·군수 또는 구청장은 제1항 각 호의 어느 하나에 해당하는 경우 해당 자동차의 운전자 또는 관리책임이 있는 자가 현장에 없을 때에는 주차장의 효율적인 이용과 도로의 원활한 소통을 위하여 필요한 범위에서 스스로 그 자동차의 주차방법을 변경하거나 변경에 필요한 조치를 할 수 있으며, 부득이한 경우에는 미리 지정한 다른 장소로 그 자동차를 이동시키거나 그 자동차에 이동을 제한하는 장치를 설치할 수 있다.

③ 제2항에 따라 자동차를 이동시키는 경우에는 「도로교통법」 제35조제3항부터 제7항까지 및 제36조를 준용한다.

[전문개정 2010.3.22.]

제9조(노상주차장의 주차요금 징수 등) ① 제8조제1항에 따라 노상주차장을 관리하는 특별시장·광역시장, 시장·군수 또는 구청장이나 노상주차장관리 수탁자(이하 이들을 합하여 "노상주차장관리자"라 한다)는 주차장에 자동차를 주차하는 사람으로부터 주차요금을 받을 수 있다. 다만, 「도로교통법」 제2조제22호에 따른 긴급자동차에 대하여는 주차요금을 받지 아니하고, 경형자동차 및 환경친화적 자동차에 대하여는 주차요금의 100분의 50 이상을 감면한다. <개정 2011.6.8., 2016.1.19.>

② 제1항에 따른 주차요금의 요율 및 징수방법 등은 해당 지방자치단체의 조례로 정한다. 이 경우 노상주차장의 효율적인 이용을 위하여 필요한 경우에는 주차요금을 그 이용시간 등에 따라 달리 정할 수 있다.

③ 노상주차장관리자는 제8조의2제1항 각 호의 어느 하나에 해당하는 경우 해당 자동차의 운전자 또는 관리책임이 있는 자로부터 제1항에 따른 주차요금 외에 해당 지방자치단체의 조례로 정하는 바에 따라 그 주차요금의 4배 이내의 금액에 해당하는 가산금을 받을 수 있다.

④ 특별시장·광역시장, 시장·군수 또는 구청장인 노상주차장관리자는 제1항에 따른 주차요금이나 제3항에 따른 가산금(이하 "주차요금등"이라 한다)을 내지 아니한 자에 대하여는 지방세 체납처분의 예에 따라 그 주차요금등을 징수할 수 있다.

⑤ 노상주차장관리 수탁자인 노상주차장관리자는 주차요금등을 내지 아니한 자에 대한 주차요금등의 징수를 특별시장·광역시장, 시장·군수 또는 구청장에게 위탁할 수 있으며, 특별시장·광역시장, 시장·군수 또는 구청장은 그 징수를 위탁받은 경우에는 제4항에 준하여 그 주차요금등을 징수할 수 있다.

[전문개정 2010.3.22.]

제10조(노상주차장의 사용 제한 등) ① 특별시장·광역시장, 시장·군수 또는 구청장은 교통의 원활한 소통과 노상주차장의 효율적인 이용을 위하여 필요한 경우에는 다음 각 호의 제한조치를 할 수 있다. 다만, 「도로교통법」 제2조제22호에 따른 긴급자동차는 제한조치에 관계없이 주차할 수 있다. <개정 2011.6.8., 2013.3.23., 2016.1.19.>

1. 노상주차장의 전부나 일부에 대한 일시적인 사용 제한
2. 자동차별 주차시간의 제한
3. 노상주차장의 일부에 대하여 국토교통부령으로 정하는 자동차와 경형자동차, 환경친화적 자동차를 위한 전용주차구획의 설치

② 제1항에 따른 제한조치를 하려는 경우에는 그 내용을 미리 공고하거나 게시하여야 한다.

[전문개정 2010.3.22.]

제10조의2(노상주차장관리자의 책임) ① 노상주차장관리자는 해당 지방자치단체의 조례로 정하는 바에 따라 주차장을 성실히 관리·운영하여야 한다.

② 노상주차장관리자는 해당 주차장에 주차하는 자동차에 대하여 선량한 관리자의 주의

의무를 게을리하지 아니하였음을 증명한 경우를 제외하고는 그 자동차의 멸실 또는 훼손으로 인한 손해배상의 책임을 면하지 못한다. 다만, 노상주차장관리자가 상주(常駐)하지 아니하는 노상주차장의 경우는 그러하지 아니하다.
[전문개정 2010.3.22.]

제11조(노상주차장의 표지) ① 노상주차장관리자는 노상주차장에 주차장 표지(전용주차구획의 표지를 포함한다)와 구획선을 설치하여야 한다.
② 노상주차장관리자는 제1항에 따른 표지 외에 해당 지방자치단체의 조례로 정하는 바에 따라 주차요금과 그 밖에 노상주차장의 이용에 관한 표지를 설치하여야 한다.
[전문개정 2010.3.22.]

제4장 노외주차장

<개정 2010.3.22.>

제12조(노외주차장의 설치 등) ① 노외주차장을 설치 또는 폐지한 자는 국토교통부령으로 정하는 바에 따라 시장·군수 또는 구청장에게 통보하여야 한다. 설치 통보한 사항이 변경된 경우에도 또한 같다. <개정 2010.3.22., 2013.3.23.>
② 특별시장·광역시장, 시장·군수 또는 구청장은 노외주차장을 설치한 경우, 해당 노외주차장에 화물자동차의 주차공간이 필요하다고 인정하면 지방자치단체의 조례로 정하는 바에 따라 화물자동차의 주차를 위한 구역을 지정할 수 있다. 이 경우 그 지정구역의 규모, 지정의 방법 및 절차 등은 해당 지방자치단체의 조례로 정한다. <개정 2010.3.22.>
③ 삭제 <1999.2.8.>
④ 삭제 <1999.2.8.>
⑤ 삭제 <1999.2.8.>
⑥ 특별시장·광역시장·특별자치도지사 또는 시장은 노외주차장을 설치하면 교통 혼잡이 가중될 우려가 있는 지역에 대하여는 노외주차장의 설치를 제한할 수 있다. 이 경우 제한지역의 지정 및 설치 제한의 기준은 국토교통부령으로 정하는 바에 따라 해당 지방자치단체의 조례로 정한다. <개정 2010.3.22., 2013.3.23.>
[전문개정 1990.4.7.]
[제목개정 2010.3.22.]

제12조의2(다른 법률과의 관계) 노외주차장인 주차전용건축물의 건폐율, 용적률, 대지면적의 최소한도 및 높이 제한 등 건축 제한에 대하여는 「국토의 계획 및 이용에 관한 법률」 제76조부터 제78조까지, 「건축법」 제57조 및 제60조에도 불구하고 다음 각 호의 기준에 따른다.
1. 건폐율: 100분의 90 이하
2. 용적률: 1천500퍼센트 이하
3. 대지면적의 최소한도: 45제곱미터 이상
4. 높이 제한: 다음 각 목의 배율 이하
 가. 대지가 너비 12미터 미만의 도로에 접하는 경우: 건축물의 각 부분의 높이는 그 부분으로부터 대지에 접한 도로(대지가 둘 이상의 도로에 접하는 경우에는 가장 넓은 도로를 말한다. 이하 이 호에서 같다)의 반대쪽 경계선까지의 수평거리의 3배
 나. 대지가 너비 12미터 이상의 도로에 접하는 경우: 건축물의 각 부분의 높이는 그 부분으로부터 대지에 접한 도로의 반대쪽 경계선까지의 수평거리의 36/도로의 너비(미터를 단위로한다)배. 다만, 배율이 1.8배 미만인 경우에는 1.8배로 한다.
[전문개정 2010.3.22.]

제12조의3(단지조성사업등에 따른 노외주차장) ① 택지개발사업, 산업단지개발사업, 도시재개발사업, 도시철도건설사업, 그 밖에 단지 조성 등을 목적으로 하는 사업(이하 "단지조성사업등"이라 한다)을 시행할 때에는 일정 규모 이상의 노외주차장을 설치하여야 한다.
② 단지조성사업등의 종류와 규모, 노외주차장의 규모와 관리방법은 해당 지방자치단체의 조례로 정한다.
③ 제1항에 따라 단지조성사업등으로 설치되는 노외주차장에는 경형자동차 및 환경친화적 자동차를 위한 전용주차구획을 대통령령으로 정하는 비율 이상 설치하여야 한다. <개정 2016.1.19.>
[전문개정 2010.3.22.]

제13조(노외주차장의 관리) ① 노외주차장은 그 노외주차장을 설치한 자가 관리한다.
② 특별시장·광역시장, 시장·군수 또는 구

청장은 노외주차장을 설치한 경우 그 관리를 특별시장 · 광역시장, 시장 · 군수 또는 구청장 외의 자에게 위탁할 수 있다.
③ 제2항에 따라 특별시장 · 광역시장, 시장 · 군수 또는 구청장의 위탁을 받아 노외주차장을 관리할 수 있는 자의 자격은 해당 지방자치단체의 조례로 정한다.
④ 제2항에 따라 노외주차장관리를 위탁받은 자에 대하여는 제8조제3항을 준용한다. 이 경우 "노상주차장관리 수탁자"는 "노외주차장관리를 위탁받은 자"로 본다.
[전문개정 2010.3.22.]

제14조(노외주차장의 주차요금 징수 등) ① 제13조에 따라 노외주차장을 관리하는 자(이하 "노외주차장관리자"라 한다)는 주차장에 자동차를 주차하는 사람으로부터 주차요금을 받을 수 있다.
② 특별시장 · 광역시장, 시장 · 군수 또는 구청장이 설치한 노외주차장의 주차요금의 요율과 징수방법에 관하여 필요한 사항은 해당 지방자치단체의 조례로 정한다. 다만, 경형자동차 및 환경친화적 자동차에 대하여는 주차요금의 100분의 50 이상을 감면한다. <개정 2016.1.19.>
③ 특별시장 · 광역시장, 시장 · 군수 또는 구청장인 노외주차장관리자는 제15조제2항 각 호의 경우에 주차요금등을 강제징수할 수 있다. 이 경우 제9조제3항 및 제4항을 준용한다. <신설 2016.1.19.>
[전문개정 2010.3.22.]

제15조(관리방법) ① 특별시장 · 광역시장, 시장 · 군수 또는 구청장이 설치한 노외주차장의 관리 · 운영에 필요한 사항은 해당 지방자치단체의 조례로 정한다.
② 다음 각 호의 경우에는 제8조의2제2항 및 제3항을 준용한다. <개정 2016.1.19.>
1. 정당한 사유 없이 제14조제1항에 따른 주차요금을 내지 아니하고 주차하는 경우
2. 노외주차장을 주차장 외의 목적으로 이용하는 경우
3. 노외주차장의 지정된 주차구획 외의 곳에 주차하는 경우

[전문개정 2010.3.22.]

제16조 삭제 <1999.2.8.>

제17조(노외주차장관리자의 책임 등) ① 노외주차장관리자는 조례로 정하는 바에 따라 주차장을 성실히 관리 · 운영하여야 하며, 시설의 적정한 유지관리에 노력하여야 한다.
② 노외주차장관리자는 주차장의 공용기간(供用期間)에 정당한 사유 없이 그 이용을 거절할 수 없다.
③ 노외주차장관리자는 주차장에 주차하는 자동차의 보관에 관하여 선량한 관리자의 주의의무를 게을리하지 아니하였음을 증명한 경우를 제외하고는 그 자동차의 멸실 또는 훼손으로 인한 손해배상의 책임을 면하지 못한다.
[전문개정 2010.3.22.]

제18조(노외주차장의 표지) ① 노외주차장관리자는 주차장 이용자의 편의를 도모하기 위하여 필요한 표지(전용주차구획의 표지를 포함한다)를 설치하여야 한다. <개정 2016.12.2.>
② 제1항에 따른 표지의 종류 · 서식과 그 밖에 표지의 설치에 필요한 사항은 해당 지방자치단체의 조례로 정한다.
[전문개정 2010.3.22.]

제5장 부설주차장

<개정 2010.3.22.>

제19조(부설주차장의 설치) ① 「국토의 계획 및 이용에 관한 법률」에 따른 도시지역, 같은 법 제51조제3항에 따른 지구단위계획구역 및 지방자치단체의 조례로 정하는 관리지역에서 건축물, 골프연습장, 그 밖에 주차수요를 유발하는 시설(이하 "시설물"이라 한다)을 건축하거나 설치하려는 자는 그 시설물의 내부 또는 그 부지에 부설주차장(화물의 하역과 그 밖의 사업 수행을 위한 주차장을 포함한다. 이하 같다)을 설치하여야 한다. <개정 2011.4.14.>
② 부설주차장은 해당 시설물의 이용자 또는 일반의 이용에 제공할 수 있다.
③ 제1항에 따른 시설물의 종류와 부설주차장의 설치기준은 대통령령으로 정한다.
④ 제1항의 경우에 부설주차장이 대통령령으로 정하는 규모 이하이면 같은 항에도 불구하고 시설물의 부지 인근에 단독 또는 공동

으로 부설주차장을 설치할 수 있다. 이 경우 시설물의 부지 인근의 범위는 대통령령으로 정하는 범위에서 지방자치단체의 조례로 정한다.
⑤ 제1항의 경우에 시설물의 위치ㆍ용도ㆍ규모 및 부설주차장의 규모 등이 대통령령으로 정하는 기준에 해당할 때에는 해당 주차장의 설치에 드는 비용을 시장ㆍ군수 또는 구청장에게 납부하는 것으로 부설주차장의 설치를 갈음할 수 있다. 이 경우 부설주차장의 설치를 갈음하여 납부된 비용은 노외주차장의 설치 외의 목적으로 사용할 수 없다.
⑥ 시장ㆍ군수 또는 구청장은 제5항에 따라 주차장의 설치비용을 납부한 자에게 대통령령으로 정하는 바에 따라 납부한 설치비용에 상응하는 범위에서 노외주차장(특별시장ㆍ광역시장, 시장ㆍ군수 또는 구청장이 설치한 노외주차장만 해당한다)을 무상으로 사용할 수 있는 권리(이하 이 조에서 "노외주차장 무상사용권"이라 한다)를 주어야 한다. 다만, 시설물의 부지로부터 제4항 후단에 따른 범위에 노외주차장 무상사용권을 줄 수 있는 노외주차장이 없는 경우에는 그러하지 아니하다.
⑦ 시장ㆍ군수 또는 구청장은 제6항 단서에 따라 노외주차장 무상사용권을 줄 수 없는 경우에는 제5항에 따른 주차장 설치비용을 줄여 줄 수 있다.
⑧ 시설물의 소유자가 변경되는 경우에는 노외주차장 무상사용권은 새로운 소유자가 승계한다.
⑨ 제5항과 제7항에 따른 설치비용의 산정기준 및 감액기준 등에 관하여 필요한 사항은 해당 지방자치단체의 조례로 정한다.
⑩ 특별시장ㆍ광역시장ㆍ특별자치도지사 또는 시장은 부설주차장을 설치하면 교통 혼잡이 가중될 우려가 있는 지역에 대하여는 제1항 및 제3항에도 불구하고 부설주차장의 설치를 제한할 수 있다. 이 경우 제한지역의 지정 및 설치제한의 기준은 국토교통부령으로 정하는 바에 따라 해당 지방자치단체의 조례로 정한다. <개정 2013.3.23.>
⑪ 시장ㆍ군수 또는 구청장은 설치기준에 적합한 부설주차장이 제3항에 따른 부설주차장 설치기준의 개정으로 인하여 설치기준에 미달하게 된 기존 시설물 중 대통령령으로 정하는 시설물에 대하여는 그 소유자에게 개정된 설치기준에 맞게 부설주차장을 설치하도록 권고할 수 있다.
⑫ 시장ㆍ군수 또는 구청장은 제11항에 따라 부설주차장의 설치권고를 받은 자가 부설주차장을 설치하려는 경우 제21조의2제6항에 따라 부설주차장의 설치비용을 우선적으로 보조할 수 있다.
[전문개정 2010.3.22.]

제19조의2(부설주차장 설치계획서) 부설주차장을 설치하는 자는 시설물의 건축 또는 설치에 관한 허가를 신청하거나 신고를 할 때에는 국토교통부령으로 정하는 바에 따라 부설주차장 설치계획서를 제출하여야 한다. 다만, 시설물의 용도변경으로 인하여 부설주차장을 설치하여야 하는 경우에는 용도변경을 신고하는 때(용도변경 신고의 대상이 아닌 경우에는 그 용도변경을 하기 전을 말한다)에 부설주차장 설치계획서를 제출하여야 한다. <개정 2013.3.23.>
[전문개정 2010.3.22.]

제19조의3(부설주차장의 주차요금 징수 등)
① 부설주차장을 관리하는 자는 주차장에 자동차를 주차하는 사람으로부터 주차요금을 받을 수 있다.
② 제1항에 따른 부설주차장의 관리자에 대하여는 제17조를 준용한다.
[전문개정 2010.3.22.]

제19조의4(부설주차장의 용도변경 금지 등)
① 부설주차장은 주차장 외의 용도로 사용할 수 없다. 다만, 다음 각 호의 어느 하나에 해당하는 경우에는 그러하지 아니하다. <개정 2014.3.18.>
1. 시설물의 내부 또는 그 부지(제19조제4항에 따라 해당 시설물의 부지 인근에 부설주차장을 설치하는 경우에는 그 인근 부지를 말한다) 안에서 주차장의 위치를 변경하는 경우로서 시장ㆍ군수 또는 구청장이 주차장의 이용에 지장이 없다고 인정하는 경우
2. 시설물의 내부에 설치된 주차장을 추후 확보된 인근 부지로 위치를 변경하는 경우로서 시장ㆍ군수 또는 구청장이 주차장의 이용에 지장이 없다고 인정하는 경우
3. 그 밖에 대통령령으로 정하는 기준에 해당하는 경우

② 시설물의 소유자 또는 부설주차장의 관리책임이 있는 자는 해당 시설물의 이용자

가 부설주차장을 이용하는 데에 지장이 없도록 부설주차장 본래의 기능을 유지하여야 한다. 다만, 대통령령으로 정하는 기준에 해당하는 경우에는 그러하지 아니하다.
③ 시장·군수 또는 구청장은 제1항 또는 제2항을 위반하여 부설주차장을 다른 용도로 사용하거나 부설주차장 본래의 기능을 유지하지 아니하는 경우에는 해당 시설물의 소유자 또는 부설주차장의 관리책임이 있는 자에게 지체 없이 원상회복을 명하여야 한다. 이 경우 시설물의 소유자 또는 부설주차장의 관리책임이 있는 자가 그 명령에 따르지 아니할 때에는 「행정대집행법」에 따라 원상회복을 대집행(代執行)할 수 있다.
④ 제1항 및 제2항을 위반하여 부설주차장을 다른 용도로 사용하거나 부설주차장 본래의 기능을 유지하지 아니하는 경우에는 해당 시설물을 「건축법」 제79조제1항에 따른 위반건축물로 보아 같은 조 제2항 본문을 적용한다.
[전문개정 2010.3.22.]

제5장의2 기계식주차장

<개정 2010.3.22.>

제19조의5(기계식주차장의 설치기준) 기계식주차장의 설치기준은 국토교통부령으로 정한다. <개정 2013.3.23.>
[전문개정 2010.3.22.]

제19조의6(기계식주차장치의 안전도인증) ① 기계식주차장치를 제작·조립 또는 수입하여 양도·대여 또는 설치하려는 자(이하 "제작자등"이라 한다)는 대통령령으로 정하는 바에 따라 그 기계식주차장치의 안전도(安全度)에 관하여 시장·군수 또는 구청장의 인증(이하 "안전도인증"이라 한다)을 받아야 한다. 이를 변경하려는 경우(대통령령으로 정하는 경미한 사항을 변경하는 경우는 제외한다)에도 또한 같다.
② 제1항에 따라 안전도인증을 받으려는 자는 미리 해당 기계식주차장치의 조립도(組立圖), 안전장치의 도면(圖面), 그 밖에 국토교통부령으로 정하는 서류를 국토교통부장관이 지정하는 검사기관에 제출하여 안전도에 대한 심사를 받아야 한다. <개정 2013.3.23.>
[전문개정 2010.3.22.]

제19조의7(안전도인증서의 발급) 시장·군수 또는 구청장은 기계식주차장치가 국토교통부령으로 정하는 안전기준에 적합하다고 인정되는 경우에는 제작자등에게 국토교통부령으로 정하는 바에 따라 기계식주차장치의 안전도인증서를 발급하여야 한다. <개정 2013.3.23.>
[전문개정 2010.3.22.]

제19조의8(안전도인증의 취소) ① 시장·군수 또는 구청장은 제작자등이 다음 각 호의 어느 하나에 해당하는 경우에는 안전도인증을 취소할 수 있다.
1. 거짓이나 그 밖의 부정한 방법으로 안전도인증을 받은 경우
2. 안전도인증을 받은 내용과 다른 기계식주차장치를 제작·조립 또는 수입하여 양도·대여 또는 설치한 경우
3. 제19조의7에 따른 안전기준에 적합하지 아니하게 된 경우

② 제작자등은 안전도인증이 취소된 경우에는 제19조의7에 따른 안전도인증서를 반납하여야 한다.
[전문개정 2010.3.22.]

제19조의9(기계식주차장의 사용검사 등) ① 기계식주차장을 설치하려는 경우에는 안전도인증을 받은 기계식주차장치를 사용하여야 한다.
② 제1항에 따라 기계식주차장을 설치한 자 또는 해당 기계식주차장의 관리자(이하 "기계식주차장관리자등"이라 한다)는 그 기계식주차장에 대하여 국토교통부령으로 정하는 바에 따라 시장·군수 또는 구청장이 실시하는 다음 각 호의 검사를 받아야 한다. 다만, 시장·군수 또는 구청장은 대통령령으로 정하는 부득이한 사유가 있을 때에는 검사를 연기할 수 있다. <개정 2013.3.23.>
1. 사용검사: 기계식주차장의 설치를 마치고 이를 사용하기 전에 실시하는 검사
2. 정기검사: 사용검사의 유효기간이 지난 후 계속하여 사용하려는 경우에 주기적으로 실시하는 검사

③ 사용검사 및 정기검사의 유효기간, 연기 절차, 검사시기 등 검사에 필요한 사항은 대통령령으로 정한다.
[전문개정 2010.3.22.]

제19조의10(검사확인증의 발급 등) ① 시장·군수 또는 구청장은 제19조의9제2항에 따른 검사에 합격한 자에게는 검사확인증을 발급하고, 불합격한 자에게는 사용을 금지하는 표지를 내주어야 한다.
② 기계식주차장관리자등은 제1항에 따라 받은 검사확인증이나 기계식주차장의 사용을 금지하는 표지를 국토교통부령으로 정하는 바에 따라 기계식주차장에 부착하여야 한다. <개정 2013.3.23.>
③ 제19조의9제2항에 따른 검사에 불합격한 기계식주차장은 사용할 수 없다.
[전문개정 2010.3.22.]

제19조의11(검사비용 등의 납부) 제19조의6에 따른 안전도인증 또는 제19조의9제2항 각 호에 따른 검사를 받으려는 자는 국토교통부령으로 정하는 바에 따라 안전도인증 또는 검사에 드는 비용을 내야 한다. <개정 2013.3.23.>
[전문개정 2010.3.22.]

제19조의12(검사업무의 대행) 시장·군수 또는 구청장은 제19조의9 및 제19조의10에 따른 기계식주차장의 검사에 관한 업무를 대통령령으로 정하는 바에 따라 국토교통부장관이 지정하는 전문검사기관으로 하여금 대행하게 할 수 있다. <개정 2013.3.23.>
[전문개정 2010.3.22.]

제19조의13(기계식주차장치의 철거) ① 기계식주차장관리자등은 부설주차장에 설치된 기계식주차장치가 다음 각 호의 어느 하나에 해당하면 철거할 수 있다.
1. 기계식주차장치가 노후(老朽)·고장 등의 이유로 작동이 불가능한 경우(기계식주차장치를 설치한 날부터 5년 이상으로서 대통령령으로 정하는 기간이 지난 경우로 한정한다)
2. 시설물의 구조상 또는 안전상 철거가 불가피한 경우

② 부설주차장을 설치하여야 할 시설물의 소유자는 제1항에 따라 기계식주차장치를 철거함으로써 제19조제3항에 따른 부설주차장의 설치기준에 미달하게 되는 경우에는 같은 조 제4항에 따라 시설물의 부지 인근에 부설주차장을 설치하거나, 같은 조 제5항에 따라 주차장의 설치에 드는 비용을 내야 한다. 이 경우 기계식주차장치가 설치되었던 바닥면적에 해당하는 주차장을 해당 시설물 또는 그 부지에 확보하여야 한다.
③ 제1항에 따라 기계식주차장치를 철거하려는 자는 국토교통부령으로 정하는 바에 따라 시장·군수 또는 구청장에게 신고하여야 한다. <개정 2013.3.23.>
④ 특별시·광역시·특별자치도·시·군 또는 자치구는 기계식주차장치의 철거를 위하여 필요한 경우 제19조제3항에 따른 부설주차장 설치기준을 2분의 1의 범위에서 대통령령으로 정하는 바에 따라 해당 지방자치단체의 조례로 완화할 수 있다. <신설 2016.1.19.>
[전문개정 2010.3.22.]

제19조의14(기계식주차장치 보수업의 등록) ① 기계식주차장치 보수업(이하 "보수업"이라 한다)을 하려는 자는 국토교통부령으로 정하는 바에 따라 시장·군수 또는 구청장에게 등록하여야 한다. <개정 2013.3.23.>
② 제1항에 따라 보수업의 등록을 하려는 자는 대통령령으로 정하는 기술인력과 설비를 갖추어야 한다.
[전문개정 2010.3.22.]

제19조의15(결격사유) 다음 각 호의 어느 하나에 해당하는 자는 보수업의 등록을 할 수 없다. <개정 2014.3.18., 2016.1.19.>
1. 피성년후견인
2. 파산선고를 받고 복권되지 아니한 자
3. 이 법을 위반하여 징역 이상의 실형을 선고받고 그 집행이 끝나거나(집행이 끝난 것으로 보는 경우를 포함한다) 집행이 면제된 날부터 2년이 지나지 아니한 사람
4. 이 법을 위반하여 징역 이상의 형의 집행유예를 선고받고 그 유예기간이 지나지 아니한 사람
5. 제19조의19에 따라 등록이 취소된 후 2년이 지나지 아니한 자(제19조의15제1호 및 제2호에 해당하여 등록이 취소된 경우는 제외한다)
6. 임원 중에 제1호부터 제5호까지의 어느 하나에 해당하는 사람이 있는 법인

[전문개정 2010.3.22.]

제19조의16(보험 가입) ① 제19조의14제1항에 따라 보수업의 등록을 한 자(이하 "보수업자"라 한다)는 그 업무를 수행하면서 고

의 또는 과실로 타인에게 손해를 입힐 경우 그 손해에 대한 배상을 보장하기 위하여 보험에 가입하여야 한다.
② 제1항에 따른 보험의 종류, 가입 절차, 그 밖에 필요한 사항은 대통령령으로 정한다.
[전문개정 2010.3.22.]

제19조의17(등록사항의 변경 등의 신고) 보수업자는 그 영업을 휴업·폐업 또는 재개업(再開業)한 경우에는 국토교통부령으로 정하는 바에 따라 시장·군수 또는 구청장에게 신고하여야 한다. <개정 2013.3.23., 2015.8.11.>
1. 삭제 <2015.8.11.>
2. 삭제 <2015.8.11.>

[전문개정 2010.3.22.]

제19조의18(시정명령) 시장·군수 또는 구청장은 보수업자가 다음 각 호의 어느 하나에 해당하는 경우에는 기간을 정하여 그 시정을 명할 수 있다.
1. 제19조의14제2항에 따른 보수업의 등록기준에 미달하게 된 경우
2. 제19조의16에 따른 보험에 가입하지 아니한 경우

[전문개정 2010.3.22.]

제19조의19(등록의 취소 등) ① 시장·군수 또는 구청장은 보수업자가 다음 각 호의 어느 하나에 해당하는 경우에는 보수업의 등록을 취소하거나 6개월 이내의 기간을 정하여 그 영업의 정지를 명할 수 있다. 다만, 제1호·제2호·제4호 및 제6호에 해당하는 경우에는 그 등록을 취소하여야 한다.
1. 거짓이나 그 밖의 부정한 방법으로 보수업의 등록을 한 경우
2. 제19조의15 각 호의 어느 하나에 해당하는 경우(같은 조 제6호에 해당하는 법인이 그에 해당하게 된 날부터 3개월 이내에 해당 임원을 바꾸어 임명한 경우는 제외한다)
3. 제19조의17에 따른 신고를 하지 아니한 경우
4. 제19조의18에 따른 시정명령을 이행하지 아니한 경우
5. 보수의 흠으로 인하여 기계식주차장치의 이용자를 사망하게 하거나 다치게 한 경우 또는 자동차를 파손시킨 경우
6. 영업정지명령을 위반하여 그 영업정지기간에 영업을 한 경우

② 제1항에 따른 등록취소 및 영업정지의 기준은 대통령령으로 정한다.
[전문개정 2010.3.22.]

제19조의20(기계식주차장치 관리인의 배치 등)
① 기계식주차장관리자등은 대통령령으로 정하는 일정 규모 이상의 기계식주차장치가 설치된 때에는 주차장 이용자의 안전을 위하여 기계식주차장치 관리인을 두어야 한다.
② 기계식주차장관리자등은 주차장 이용자가 확인하기 쉬운 위치에 기계식주차장의 이용방법을 설명하는 안내문을 부착하여야 한다.
③ 기계식주차장관리자등은 주차장 관련 법령, 사고 시 응급처치 방법 등 국토교통부령으로 정하는 기계식주차장치의 관리에 필요한 교육(이하 "기계식주차장치 관리인 교육"이라 한다)을 받은 사람을 제1항에 따른 기계식주차장치 관리인으로 선임하여야 한다. 이 경우 기계식주차장관리자등은 선임된 기계식주차장치 관리인으로 하여금 국토교통부령으로 정하는 보수교육을 받도록 하여야 한다. <신설 2017.3.21.>
④ 제1항 및 제2항에 따른 기계식주차장치 관리인의 임무, 안내문의 부착 위치와 세부내용 등에 필요한 사항은 국토교통부령으로 정한다. <개정 2017.3.21.>
[본조신설 2015.8.11.]
[종전 제19조의20은 제19조의21로 이동 <2015.8.11.>]

제19조의21(기계식주차장 정보망 구축·운영)
① 국토교통부장관은 기계식주차장의 안전과 관련된 다음 각 호의 정보를 종합적으로 관리하기 위한 기계식주차장 정보망을 구축·운영할 수 있다. <개정 2017.3.21., 2017.10.24.>
1. 제19조의9에 따른 검사의 이력정보
2. 제19조의14부터 제19조의19까지에 따른 보수업에 관한 사항

2의2. 제19조의22제1항에 따른 중대한 사고에 관한 정보
2의3. 제19조의23에 따른 정밀안전검사의 결과에 관한 정보

3. 제25조에 따른 보고, 자료의 제출 및 검사에 관한 정보
4. 그 밖에 기계식주차장의 안전과 관련되는 사항으로서 국토교통부령으로 정하는 정보

② 국토교통부장관은 제1항에 따라 수집된 정보를 제19조의12에 따른 전문검사기관, 제19조의14에 따른 보수업등록업자, 제25조에 따른 행정기관에 제공하거나 필요시 정보의 일부를 일반에게 공개할 수 있다. <개정 2017.10.24.>
③ 국토교통부장관은 제1항에 따른 기계식주차장 정보망의 구축·운영에 관한 업무를 대통령령으로 정하는 기관에 위탁할 수 있다. 이 경우 그에 필요한 경비의 전부 또는 일부를 지원할 수 있다.
[본조신설 2016.1.19.]
[종전 제19조의21은 제19조의22로 이동 <2016.1.19.>]

제19조의22(사고 보고 의무 및 사고 조사)
① 기계식주차장관리자등은 그가 관리하는 기계식주차장으로 인하여 이용자가 사망하거나 다치는 사고, 자동차 추락 등 국토교통부령으로 정하는 중대한 사고가 발생한 경우에는 즉시 국토교통부령으로 정하는 바에 따라 관할 시장·군수 또는 구청장과 「한국교통안전공단법」에 따른 한국교통안전공단의 장에게 통보하여야 한다. 이 경우 「한국교통안전공단법」에 따른 한국교통안전공단의 장은 통보받은 사항 중 중대한 사고에 관한 내용을 국토교통부장관, 제5항에 따른 사고조사판정위원회에 보고하여야 한다.
② 기계식주차장관리자등은 제1항 전단에 따른 중대한 사고가 발생한 경우에는 사고현장 또는 중대한 사고와 관련되는 물건을 이동시키거나 변경 또는 훼손하여서는 아니 된다. 다만, 인명구조 등 긴급한 사유가 있는 경우에는 그러하지 아니하다.
③ 제1항에 따라 통보받은 「한국교통안전공단법」에 따른 한국교통안전공단의 장은 기계식주차장 사고의 재발 방지 및 예방을 위하여 필요하다고 인정하면 기계식주차장 사고의 원인 및 경위 등에 관한 조사를 할 수 있다.
④ 「한국교통안전공단법」에 따른 한국교통안전공단의 장은 기계식주차장 사고의 효율적인 조사를 위하여 사고조사반을 둘 수 있으며, 사고조사반의 구성 및 운영 등에 관한 사항은 국토교통부령으로 정한다.
⑤ 국토교통부장관은 제3항에 따라 「한국교통안전공단법」에 따른 한국교통안전공단이 조사한 기계식주차장 사고의 원인 등을 판정하기 위하여 사고조사판정위원회를 둘 수 있다.
⑥ 사고조사판정위원회는 기계식주차장 사고의 원인 등을 조사하여 원인과 판정한 결과를 국토교통부에 보고하여야 한다.
⑦ 국토교통부는 기계식주차장 사고의 원인 등을 판정한 결과 필요하다고 인정되는 경우 기계식주차장 사고의 재발 방지를 위한 대책을 마련하고 이를 관할 시장·군수 또는 구청장 및 제작자등에게 권고할 수 있다.
⑧ 사고조사판정위원회의 구성 및 운영과 그 밖에 필요한 사항은 대통령령으로 정한다.
[본조신설 2017.10.24.]
[종전 제19조의22는 제19조의23으로 이동 <2017.10.24.>]

제19조의23(기계식주차장의 정밀안전검사) ① 기계식주차장관리자등은 해당 기계식주차장이 다음 각 호의 어느 하나에 해당하는 경우에는 시장·군수 또는 구청장이 실시하는 정밀안전검사를 받아야 한다. 이 경우 제3호에 해당하는 때에는 정밀안전검사를 받은 날부터 4년마다 정기적으로 정밀안전검사를 받아야 한다.
1. 제19조의9제2항에 따른 검사 결과 결함 원인이 불명확하여 사고예방과 안전성 확보를 위하여 정밀안전검사가 필요하다고 인정된 경우
2. 기계식주차장의 이용자가 죽거나 다치는 등 국토교통부령으로 정하는 중대한 사고가 발생한 경우
3. 기계식주차장이 설치된 날부터 10년이 지난 경우
4. 그 밖에 기계식주차장치의 성능 저하로 인하여 이용자의 안전을 침해할 우려가 있는 것으로 국토교통부장관이 정한 경우

② 기계식주차장관리자등은 제1항에 따른 정밀안전검사에 불합격한 기계식주차장을 운영할 수 없으며, 다시 운영하기 위해서는 정밀안전검사를 다시 받아야 한다.
③ 제1항에 따라 정밀안전검사를 받은 경우 또는 정밀안전검사를 받아야 하는 경우에는 제19조의9제2항제2호에 따른 해당 연도의 정기검사를 면제한다.
④ 시장·군수 또는 구청장은 제1항에 따른 정밀안전검사에 관한 업무를 「한국교통안전공단법」에 따라 설립된 한국교통안전공단에 대행하게 할 수 있다. <개정 2017.10.24.>
⑤ 정밀안전검사에 관해서는 제19조의10제1항·제2항 및 제19조의11을 준용한다. 이

경우 "제19조의9제2항에 따른 검사", "제19조의9제2항 각 호에 따른 검사"는 "제19조의23제1항에 따른 정밀안전검사"로 본다. <개정 2017.10.24.>

⑥ 제1항에 따른 정밀안전검사의 기준 · 항목 · 방법 및 실시시기 등에 필요한 사항은 대통령령으로 정한다.

[본조신설 2017.3.21.]

[제19조의22에서 이동, 종전 제19조의23은 제19조의24로 이동 <2017.10.24.>]

제6장 보칙

<신설 2017.10.24.>

제19조의24(부기등기) ① 제19조제4항에 따라 시설물 부지 인근에 설치된 부설주차장 및 제19조의4제1항에 따라 위치 변경된 부설주차장은 「부동산등기법」에 따라 시설물과 그에 부대하여 설치된 부설주차장 관계임을 표시하는 내용을 각각 부기등기하여야 한다.

② 제19조제4항에 따라 시설물 부지 인근에 설치된 부설주차장은 제19조의4제1항에 따라 용도변경이 인정되어 부설주차장으로서 의무가 면제되지 아니한 경우에는 부기등기를 말소할 수 없다.

③ 제1항에 따른 부기등기의 내용 및 말소에 관한 사항은 대통령령으로 정한다.

[본조신설 2014.3.18.]

[제19조의23에서 이동 <2017.10.24.>]

제20조(국유재산 · 공유재산의 처분 제한) ① 국가 또는 지방자치단체 소유의 토지로서 노외주차장 설치계획에 따라 노외주차장을 설치하는 데에 필요한 토지는 다른 목적으로 매각(賣却)하거나 양도할 수 없으며, 관계 행정청은 노외주차장의 설치에 적극 협조하여야 한다.

② 도로, 광장, 공원, 그 밖에 대통령령으로 정하는 학교 등 공공시설의 지하에 노외주차장을 설치하기 위하여 「국토의 계획 및 이용에 관한 법률」 제88조에 따른 도시 · 군계획시설사업의 실시계획인가를 받은 경우에는 「도로법」, 「도시공원 및 녹지 등에 관한 법률」, 「학교시설사업 촉진법」, 그 밖에 대통령령으로 정하는 관계 법령에 따른 점용허가를 받거나 토지형질변경에 대한 협의 등을 한 것으로 보며, 노외주차장으로 사용되는 토지 및 시설물에 대하여는 대통령령으로 정하는 바에 따라 그 점용료 및 사용료를 감면할 수 있다. <개정 2011.4.14.>

③ 대통령령으로 정하는 공공시설의 지상에 노외주차장을 설치하는 경우에도 제2항을 준용한다.

[전문개정 2010.3.22.]

제21조(보조 또는 융자) ① 국가 또는 지방자치단체는 노외주차장의 설치를 촉진하기 위하여 특히 필요하다고 인정하는 경우에는 대통령령으로 정하는 바에 따라 노외주차장의 설치에 관한 비용의 전부 또는 일부를 보조할 수 있다.

② 국가 또는 지방자치단체는 노외주차장 또는 부설주차장의 설치를 위하여 필요한 경우에는 노외주차장 또는 부설주차장의 설치에 필요한 자금의 융자를 알선할 수 있다.

[전문개정 2010.3.22.]

제21조의2(주차장특별회계의 설치 등) ① 특별시장 · 광역시장, 시장 · 군수 또는 구청장은 주차장을 효율적으로 설치 및 관리 · 운영하기 위하여 주차장특별회계를 설치할 수 있다.

② 제1항에 따라 특별시장 · 광역시장 · 특별자치도지사 · 시장 또는 군수가 설치하는 주차장특별회계는 다음 각 호의 재원(財源)으로 조성한다. <개정 2010.3.31., 2012.1.17.>

1. 제9조제1항 및 제3항, 제14조제1항에 따른 주차요금 등의 수입금과 제19조제5항에 따른 노외주차장 설치를 위한 비용의 납부금
2. 제24조의2에 따른 과징금의 징수금
3. 해당 지방자치단체의 일반회계로부터의 전입금
4. 정부의 보조금
5. 「지방세법」 제112조(같은 조 제1항제1호는 제외한다)에 따른 재산세 징수액 중 대통령령으로 정하는 일정 비율에 해당하는 금액
6. 「도로교통법」 제161조제1항제2호 및 제3호에 따라 제주특별자치도지사 또는 시장등이 부과 · 징수한 과태료

7. 제32조에 따른 이행강제금의 징수금
8. 「지방세기본법」 제8조제1항제1호에 따른 보통세 징수액의 100분의 1의 범위에서 광역시의 조례로 정하는 비율에 해당하는 금액(광역시에 한한다)

③ 제1항에 따라 구청장이 설치하는 주차장특별회계는 다음 각 호의 재원으로 조성한다.

1. 제2항제1호의 수입금 및 납부금 중 해당 구청장이 설치·관리하는 노상주차장 및 노외주차장의 주차요금과 대통령령으로 정하는 납부금
2. 제24조의2에 따른 과징금의 징수금
3. 해당 지방자치단체의 일반회계로부터의 전입금
4. 특별시 또는 광역시의 보조금
5. 「도로교통법」 제161조제1항제3호에 따라 시장등이 부과·징수한 과태료
6. 제32조에 따른 이행강제금의 징수금

④ 제1항에 따른 주차장특별회계의 설치 및 운용·관리에 필요한 사항은 해당 지방자치단체의 조례로 정한다.

⑤ 특별시장·광역시장, 시장·군수 또는 구청장은 노상주차장 또는 노외주차장의 관리를 위탁한 경우 그 위탁을 받은 자에게 위탁수수료 외에 노상주차장 또는 노외주차장의 관리·운영비용의 일부를 보조할 수 있다. 다만, 주차장특별회계가 설치된 경우에는 그 회계로부터 보조할 수 있다.

⑥ 특별시장·광역시장, 시장·군수 또는 구청장은 노외주차장 또는 부설주차장의 설치자에게 주차장특별회계로부터 노외주차장 또는 부설주차장의 설치비용의 일부를 보조하거나 융자할 수 있다. 이 경우 보조 또는 융자의 대상·방법 및 융자금의 상환 등에 관하여 필요한 사항은 해당 지방자치단체의 조례로 정한다.

⑦ 특별시장·광역시장·특별자치도지사 또는 시장은 해당 지방자치단체에 「도시교통정비 촉진법」에 따른 지방도시교통사업특별회계가 설치되어 있는 경우에는 그 회계에 이 법에 따른 주차장특별회계를 통합하여 운용할 수 있다. 이 경우 계정(計定)은 분리하여야 한다.

[전문개정 2010.3.22.]

제21조의3(주차관리 전담기구의 설치) 특별시장·광역시장, 시장·군수 또는 구청장은 주차장의 설치 및 효율적인 관리·운영을 위하여 필요한 경우에는 「지방공기업법」에 따른 지방공기업을 설치·경영할 수 있다.

[전문개정 2010.3.22.]

제22조(주차요금 등의 사용 제한) 특별시장·광역시장, 시장·군수 또는 구청장이 제9조제1항 및 제3항과 제14조제1항에 따라 받는 주차요금 등은 주차장의 설치·관리 및 운영 외의 용도에 사용할 수 없다.

[전문개정 2010.3.22.]

제22조의2(자료의 요청) ① 국토교통부장관은 주차장의 구조·설치기준 등의 제정, 기계식주차장의 안전기준의 제정, 그 밖에 주차장의 설치·정비 및 관리에 관한 정책의 수립을 위하여 필요한 경우에는 노상주차장관리자·노외주차장관리자·기계식주차장관리자 등에게 노상주차장·노외주차장·부설주차장의 설치 현황 및 운영 실태 등에 관한 자료를 요청할 수 있다. <개정 2013.3.23.>

② 제1항에 따른 자료 요청을 받은 자는 특별한 사유가 없으면 이에 따라야 한다.

[전문개정 2010.3.22.]

제23조(감독) ① 삭제 <2009.1.7.>

② 특별시장·광역시장 또는 도지사는 주차장이 공익상 현저히 유해하거나 자동차교통에 현저한 지장을 준다고 인정할 때에는 시장·군수 또는 구청장(특별자치도지사는 제외한다. 이하 이 항에서 같다)에게 해당 주차장에 대한 시설의 개선, 공용의 제한 등 필요한 조치를 할 것을 명할 수 있으며, 그 명령을 받은 시장·군수 또는 구청장은 필요한 조치를 하여야 한다. <개정 2010.3.22.>

③ 시장·군수 또는 구청장은 노외주차장이 공익상 현저히 유해하거나 자동차교통에 현저한 지장을 준다고 인정할 때에는 해당 노외주차장관리자에게 대통령령으로 정하는 바에 따라 시설의 개선, 공용의 제한 등 필요한 조치를 할 것을 명할 수 있다. <개정 2010.3.22.>

[제목개정 2010.3.22.]

제24조(영업정지 등) 시장·군수 또는 구청장은 노외주차장관리자 또는 제19조의3에 따른 부설주차장의 관리자가 다음 각 호의 어느 하나에 해당하는 경우에는 6개월 이내의 기간을

정하여 해당 주차장을 일반의 이용에 제공하는 것을 금지하거나 300만원 이하의 과징금을 부과할 수 있다. <개정 2012.1.17.>
1. 제6조제1항ㆍ제2항 또는 제6조의2제2항에 따른 주차장의 구조ㆍ설비기준 등을 위반한 경우
2. 제17조제2항(제19조의3에서 준용되는 경우를 포함한다)을 위반하여 주차장에 대한 일반의 이용을 거절한 경우
3. 제23조제3항에 따른 시장ㆍ군수 또는 구청장의 명령에 따르지 아니한 경우(노외주차장관리자만 해당한다)
4. 제25조제1항에 따른 검사를 거부ㆍ기피 또는 방해한 경우(노외주차장관리자만 해당한다)

[전문개정 2010.3.22.]

제24조의2(과징금처분) ① 제24조에 따른 과징금을 부과하는 위반행위의 종류 및 위반 정도에 따른 과징금의 금액과 그 밖에 필요한 사항은 대통령령으로 정한다.

② 제24조에 따른 과징금은 시장ㆍ군수 또는 구청장이 조례로 정하는 바에 따라 지방세 징수의 예에 따라 징수한다.

[전문개정 2010.3.22.]

제24조의3(청문) 시장ㆍ군수 또는 구청장은 다음 각 호의 어느 하나에 해당하는 처분을 하려면 청문을 하여야 한다.
1. 제19조의8제1항에 따른 안전도인증의 취소
2. 제19조의19에 따른 보수업 등록의 취소

[전문개정 2010.3.22.]

제25조(보고 및 검사) ① 특별시장ㆍ광역시장, 시장ㆍ군수 또는 구청장은 필요하다고 인정하는 경우에는 노외주차장관리자 또는 제19조의12에 따른 전문검사기관에 대하여 감독상 필요한 보고를 하게 하거나 자료의 제출을 명할 수 있으며, 소속 공무원으로 하여금 주차장ㆍ검사장 또는 그 업무와 관계있는 장소에서 주차시설ㆍ검사시설 또는 그 업무에 관하여 검사를 하게 할 수 있다.

② 제1항에 따라 검사를 하는 공무원은 그 권한을 표시하는 증표를 지니고 이를 관계인에게 보여주어야 한다.

③ 제2항에 따른 증표에 관하여 필요한 사항은 국토교통부령으로 정한다. <개정 2013.3.23.>

[전문개정 2010.3.22.]

제26조(수수료) 제19조의14제1항에 따른 등록신청을 하는 자는 국토교통부령으로 정하는 바에 따라 수수료를 관할 시장ㆍ군수 또는 구청장에게 내야 한다. <개정 2013.3.23.>

[전문개정 2010.3.22.]

제27조 삭제 <1995.12.29.>

제28조 삭제 <2010.3.22.>

제7장 벌칙
<개정 2010.3.22.>

제29조(벌칙) ① 다음 각 호의 어느 하나에 해당하는 자는 3년 이하의 징역 또는 5천만원 이하의 벌금에 처한다. <개정 2017.3.21., 2017.10.24.>
1. 제19조제1항 및 제3항을 위반하여 부설주차장을 설치하지 아니하고 시설물을 건축하거나 설치한 자
2. 제19조의4제1항을 위반하여 부설주차장을 주차장 외의 용도로 사용한 자
3. 제19조의23제2항을 위반하여 정밀안전검사에 불합격한 기계식주차장을 사용에 제공한 자

② 다음 각 호의 어느 하나에 해당하는 자는 1년 이하의 징역 또는 1천만원 이하의 벌금에 처한다. <개정 2015.8.11., 2017.3.21., 2017.10.24.>
1. 노외주차장인 주차전용건축물을 제2조제11호에 따른 주차장 사용 비율을 위반하여 사용한 자
2. 제19조의4제2항을 위반하여 정당한 사유 없이 부설주차장 본래의 기능을 유지하지 아니한 자
3. 거짓이나 그 밖의 부정한 방법으로 제19조의6제1항에 따른 안전도인증을 받은 자
4. 제19조의6제1항에 따른 안전도인증을 받지 아니하고 기계식주차장치를 제작ㆍ조립 또는 수입하여 양도ㆍ대여 또는 설치한 자
5. 제19조의6제2항에 따라 기계식주차장치의 안전도에 대한 심사를 하는 자로서 부정한 심사를 한 자
6. 거짓이나 그 밖의 부정한 방법으로 제19조의9제2항 각 호 또는 제19조의23제1

항의 검사를 받은 자
7. 제19조의9제2항 각 호에 따른 검사를 받지 아니하고 기계식주차장을 사용에 제공한 자
8. 제19조의10제3항을 위반하여 검사에 불합격한 기계식주차장을 사용에 제공한 자
9. 제19조의12 또는 제19조의23제4항에 따라 기계식주차장의 검사대행을 지정받은 자 또는 그 종사원으로서 부정한 검사를 한 자
10. 제19조의14제1항을 위반하여 등록을 하지 아니하고 보수업을 한 자
11. 거짓이나 그 밖의 부정한 방법으로 제19조의14제1항에 따른 보수업의 등록을 한 자
11의2. 제19조의20제1항을 위반하여 기계식주차장치 관리인을 두지 아니한 자
11의3. 제19조의23제1항에 따른 정밀안전검사를 받지 아니하고 기계식주차장을 사용에 제공한 자
12. 제24조에 따른 금지기간에 주차장을 일반의 이용에 제공한 자

[전문개정 2010.3.22.]

제30조(과태료) ① 다음 각 호의 어느 하나에 해당하는 자에게는 500만원 이하의 과태료를 부과한다. <신설 2017.10.24.>
1. 제19조의22제1항을 위반하여 통보를 하지 아니하거나 거짓으로 통보한 자
2. 제19조의22제2항을 위반하여 중대한 사고의 현장 또는 중대한 사고와 관련되는 물건을 이동시키거나 변경 또는 훼손한 자

② 다음 각 호의 어느 하나에 해당하는 자에게는 50만원 이하의 과태료를 부과한다. <개정 2010.3.22., 2015.8.11., 2016.1.19., 2017.3.21., 2017.10.24.>
1. 제17조제2항(제19조의3에서 준용되는 경우를 포함한다)을 위반하여 주차장에 대한 일반의 이용을 거절한 자
2. 제19조의9제3항에 따른 사용검사 또는 정기검사의 유효기간이 지난 후 검사를 받지 아니한 자(제29조제2항제7호에 따라 벌칙을 부과받은 경우는 제외한다)
3. 제19조의10제2항(제19조의23제5항에서 준용되는 경우를 포함한다)을 위반하여 검사확인증이나 기계식주차장의 사용을 금지하는 표지를 부착하지 아니한 자
4. 제19조의17을 위반하여 신고를 하지 아니한 자
5. 제19조의20제2항을 위반하여 안내문을 부착하지 아니한 자

5의2. 제19조의23제1항 후단에 따른 정기적 정밀안전검사를 받지 아니한 자(제29조제2항제11호의3에 따라 벌칙을 부과받은 경우는 제외한다)
6. 제19조의20제3항을 위반하여 기계식주차장치 관리인 교육을 받지 아니한 사람을 기계식주차장치 관리인으로 선임하거나 보수교육을 받게 하지 아니한 자
7. 제25조제1항에 따른 검사를 거부·기피 또는 방해한 자

③ 제1항 및 제2항에 따른 과태료는 대통령령으로 정하는 바에 따라 시장·군수 또는 구청장이 부과·징수한다. <개정 2010.3.22., 2017.10.24.>

④ 삭제 <2009.1.7.>

⑤ 삭제 <2009.1.7.>

⑥ 삭제 <2009.1.7.>

[전문개정 1983.12.31.]

[제목개정 2010.3.22.]

제31조(양벌규정) 법인의 대표자나 법인 또는 개인의 대리인, 사용인, 그 밖의 종업원이 그 법인 또는 개인의 업무에 관하여 제29조의 위반행위를 하면 그 행위자를 벌하는 외에 그 법인 또는 개인에게도 해당 조문의 벌금형을 과(科)한다. 다만, 법인 또는 개인이 그 위반행위를 방지하기 위하여 해당 업무에 관하여 상당한 주의와 감독을 게을리하지 아니한 경우에는 그러하지 아니하다.

[전문개정 2009.1.7.]

제32조(이행강제금) ① 시장·군수 또는 구청장은 제19조의4제3항 전단에 따른 원상회복명령을 받은 후 그 시정기간 이내에 그 원상회복명령을 이행하지 아니한 시설물의 소유자 또는 부설주차장의 관리책임이 있는 자에게 다음 각 호의 한도에서 이행강제금을 부과할 수 있다.
1. 제19조의4제1항을 위반하여 부설주차장을 주차장 외의 용도로 사용하는 경우: 제19조제9항에 따라 산정된 위반 주차구획의 설치비용의 20퍼센트
2. 제19조의4제2항을 위반하여 부설주차장 본래의 기능을 유지하지 아니하는 경우: 제19조제9항에 따라 산정된 위반 주차구획의 설치비용의 10퍼센트

② 시장 · 군수 또는 구청장은 제1항에 따른 이행강제금을 부과하기 전에 상당한 이행기간을 정하여 해당 명령이 그 기한까지 이행되지 아니한 경우에는 이행강제금을 부과 · 징수한다는 뜻을 미리 문서로 계고(戒告)하여야 한다.
③ 시장 · 군수 또는 구청장은 제1항에 따른 이행강제금을 부과할 때에는 이행강제금의 금액, 부과 사유, 납부기한, 수납기관, 이의제기방법 및 이의제기기관 등을 명확하게 적은 문서로 하여야 한다.
④ 시장 · 군수 또는 구청장은 최초의 원상회복명령이 있었던 날을 기준으로 하여 1년에 2회 이내의 범위에서 원상회복명령이 이행될 때까지 반복하여 제1항에 따른 이행강제금을 부과 · 징수할 수 있다. 다만, 이행강제금의 총 부과 횟수는 해당 시설물의 소유자 또는 부설주차장의 관리책임이 있는 자의 변경 여부와 관계없이 5회를 초과할 수 없다.
⑤ 시장 · 군수 또는 구청장은 제19조의4제3항 전단에 따른 원상회복명령을 받은 자가 그 명령을 이행하는 경우에는 새로운 이행강제금의 부과를 중지하되, 이미 부과된 이행강제금은 징수하여야 한다.
⑥ 시장 · 군수 또는 구청장은 제3항에 따라 이행강제금 부과처분을 받은 자가 이행강제금을 기한까지 내지 아니하면 「지방세외수입금의 징수 등에 관한 법률」에 따라 징수한다. <개정 2013.8.6.>
⑦ 이행강제금의 징수금은 주차장의 설치 · 관리 및 운영 외의 용도에 사용할 수 없다.
[전문개정 2010.3.22.]

부칙

<제14952호, 2017.10.24.>

이 법은 공포 후 1년이 경과한 날부터 시행한다. 다만, 제6조의 개정규정은 공포 후 6개월이 경과한 날부터 시행한다.

주차장법 시행령

[시행 2016.7.20.]
[대통령령 제27359호, 2016.7.19., 일부개정]

제1조(목적) 이 영은 「주차장법」에서 위임된 사항과 그 시행에 필요한 사항을 규정함을 목적으로 한다.
[전문개정 2010.10.21.]

제1조의2(주차전용건축물의 주차면적비율) ① 「주차장법」(이하 "법"이라 한다) 제2조제11호에서 "대통령령으로 정하는 비율 이상이 주차장으로 사용되는 건축물"이란 건축물의 연면적 중 주차장으로 사용되는 부분의 비율이 95퍼센트 이상인 것을 말한다. 다만, 주차장 외의 용도로 사용되는 부분이 「건축법 시행령」 별표 1에 따른 단독주택, 공동주택, 제1종 근린생활시설, 제2종 근린생활시설, 문화 및 집회시설, 종교시설, 판매시설, 운수시설, 운동시설, 업무시설, 창고시설 또는 자동차 관련 시설인 경우에는 주차장으로 사용되는 부분의 비율이 70퍼센트 이상인 것을 말한다. <개정 2014.12.30., 2016.1.19.>
1. 삭제 <1996.6.4.>
2. 삭제 <1996.6.4.>

② 제1항에 따른 건축물의 연면적의 산정방법은 「건축법」에 따른다. 다만, 기계식주차장의 연면적은 기계식주차장치에 의하여 자동차를 주차할 수 있는 면적과 기계실, 관리사무소 등의 면적을 합하여 계산한다.
③ 특별시장·광역시장·특별자치도지사 또는 시장은 법 제12조제6항 또는 제19조제10항에 따라 노외주차장 또는 부설주차장의 설치를 제한하는 지역의 주차전용건축물의 경우에는 제1항 단서에도 불구하고 해당 지방자치단체의 조례로 정하는 바에 따라 주차장 외의 용도로 사용되는 부분에 설치할 수 있는 시설의 종류를 해당 지역의 구역별로 제한할 수 있다.
[전문개정 2010.10.21.]

제2조(중요 사항의 변경) 법 제4조의2제2항 후단에서 "대통령령으로 정하는 중요한 사항을 변경하려는 경우"란 다음 각 호의 어느 하나에 해당하는 경우를 말한다.
1. 주차환경개선지구의 지정구역의 10퍼센트 이상을 변경하는 경우
2. 예측된 주차수요를 30퍼센트 이상 변경하는 경우

[전문개정 2010.10.21.]

제2조의2 삭제 <1996.6.4.>

제3조 삭제 <1999.3.17.>

제3조의2 삭제 <2009.7.7.>

제4조(경형자동차 및 환경친화적 자동차 전용주차구획의 설치비율) 법 제12조의3제3항에 따라 노외주차장에는 경형자동차를 위한 전용주차구획과 환경친화적 자동차를 위한 전용주차구획을 합한 주차구획이 노외주차장 총주차대수의 100분의 10 이상이 되도록 설치하여야 한다.
[전문개정 2016.7.19.]

제5조 삭제 <1999.3.17.>

제5조의2 삭제 <2000.7.27.>

제6조(부설주차장의 설치기준) ① 법 제19조제3항에 따라 부설주차장을 설치하여야 할 시설물의 종류와 부설주차장의 설치기준은 별표 1과 같다. 다만, 다음 각 호의 경우에는 특별시·광역시·특별자치도·시 또는 군(광역시의 군은 제외한다. 이하 이 조에서 같다)의 조례로 시설물의 종류를 세분하거나 부설주차장의 설치기준을 따로 정할 수 있다. <개정 2016.7.19.>
1. 오지·벽지·섬 지역, 도심지의 간선도로변이나 그 밖에 해당 지역의 특수성으로 인하여 별표 1의 기준을 적용하는 것이 현저히 부적합한 경우
2. 「국토의 계획 및 이용에 관한 법률」 제6조제2호에 따른 관리지역으로서 주차난이 발생할 우려가 없는 경우
3. 단독주택·공동주택의 부설주차장 설치기준을 세대별로 정하거나 숙박시설 또는 업무시설 중 오피스텔의 부설주차장 설치기준을 호실별로 정하려는 경우
4. 기계식주차장을 설치하는 경우로서 해당 지역의 주차장 확보율, 주차장 이용 실태, 교통 여건 등을 고려하여 별표 1의 부설

주차장 설치기준과 다르게 정하려는 경우
5. 대한민국 주재 외국공관 안의 외교관 또는 그 가족이 거주하는 구역 등 일반인의 출입이 통제되는 구역에 주택 등의 시설물을 건축하는 경우
6. 시설면적이 1만제곱미터 이상인 공장을 건축하는 경우
7. 판매시설, 문화 및 집회시설 등 「자동차관리법」 제3조제1항제2호에 따른 승합자동차(중형 또는 대형 승합자동차만 해당한다)의 출입이 빈번하게 발생하는 시설물을 건축하는 경우

② 특별시·광역시·특별자치도·시 또는 군은 주차수요의 특성 또는 증감에 효율적으로 대처하기 위하여 필요하다고 인정하는 경우에는 별표 1의 부설주차장 설치기준의 2분의 1의 범위에서 그 설치기준을 해당 지방자치단체의 조례로 강화하거나 완화할 수 있다. 이 경우 별표 1의 시설물의 종류·규모를 세분하여 각 시설물의 종류·규모별로 강화 또는 완화의 정도를 다르게 정할 수 있다.

③ 제1항 단서 및 제2항에 따라 부설주차장의 설치기준을 조례로 정하는 경우 해당 지방자치단체는 해당 지역의 구역별로 부설주차장 설치기준을 각각 다르게 정할 수 있다.

④ 건축물의 용도를 변경하는 경우에는 용도변경 시점의 주차장 설치기준에 따라 변경 후 용도의 주차대수와 변경 전 용도의 주차대수를 산정하여 그 차이에 해당하는 부설주차장을 추가로 확보하여야 한다. 다만, 다음 각 호의 어느 하나에 해당하는 경우에는 부설주차장을 추가로 확보하지 아니하고 건축물의 용도를 변경할 수 있다.
1. 사용승인 후 5년이 지난 연면적 1천제곱미터 미만의 건축물의 용도를 변경하는 경우. 다만, 문화 및 집회시설 중 공연장·집회장·관람장, 위락시설 및 주택 중 다세대주택·다가구주택의 용도로 변경하는 경우는 제외한다.
2. 해당 건축물 안에서 용도 상호간의 변경을 하는 경우. 다만, 부설주차장 설치기준이 높은 용도의 면적이 증가하는 경우는 제외한다.

[전문개정 2010.10.21.]

제7조(부설주차장의 인근 설치) ① 법 제19조제4항 전단에서 "대통령령으로 정하는 규모"란 주차대수 300대의 규모를 말한다. 다만, 다음 각 호의 어느 하나에 해당하는 경우에는 별표 1의 부설주차장 설치기준에 따라 산정한 주차대수에 상당하는 규모를 말한다. <개정 2016.1.19.>
1. 「도로교통법」 제6조에 따라 차량통행이 금지된 장소의 시설물인 경우
2. 시설물의 부지에 접한 대지나 시설물의 부지와 통로로 연결된 대지에 부설주차장을 설치하는 경우
3. 시설물의 부지가 너비 12미터 이하인 도로에 접해 있는 경우 도로의 맞은편 토지(시설물의 부지에 접한 도로의 건너편에 있는 시설물 정면의 필지와 그 좌우에 위치한 필지를 말한다)에 부설주차장을 그 도로에 접하도록 설치하는 경우
4. 「산업입지 및 개발에 관한 법률」 제2조제8호에 따른 산업단지 안에 있는 공장인 경우

② 법 제19조제4항 후단에 따른 시설물의 부지 인근의 범위는 다음 각 호의 어느 하나의 범위에서 특별자치도·시·군 또는 자치구(이하 "시·군 또는 구"라 한다)의 조례로 정한다.
1. 해당 부지의 경계선으로부터 부설주차장의 경계선까지의 직선거리 300미터 이내 또는 도보거리 600미터 이내
2. 해당 시설물이 있는 동·리(행정동·리를 말한다. 이하 이 호에서 같다) 및 그 시설물과의 통행 여건이 편리하다고 인정되는 인접 동·리

[전문개정 2010.10.21.]

제8조(부설주차장 설치의무 면제 등) ① 법 제19조제5항에 따라 부설주차장의 설치의무가 면제되는 시설물의 위치·용도·규모 및 부설주차장의 규모는 다음 각 호와 같다.
1. 시설물의 위치
가. 「도로교통법」 제6조에 따른 차량통행의 금지 또는 주변의 토지이용 상황으로 인하여 제6조 및 제7조에 따른 부설주차장의 설치가 곤란하다고 특별자치도지사·시장·군수 또는 자치구의 구청장(이하 "시장·군수 또는 구청장"이라 한다)이 인정하는 장소
나. 부설주차장의 출입구가 도심지 등의 간선도로변에 위치하게 되어 자동차교통의 혼잡을 가중시킬 우려가 있다고

시장·군수 또는 구청장이 인정하는 장소
2. 시설물의 용도 및 규모: 연면적 1만제곱미터 이상의 판매시설 및 운수시설에 해당하지 아니하거나 연면적 1만 5천제곱미터 이상의 문화 및 집회시설(공연장·집회장 및 관람장만을 말한다), 위락시설, 숙박시설 또는 업무시설에 해당하지 아니하는 시설물(「도로교통법」 제6조에 따라 차량통행이 금지된 장소의 시설물인 경우에는 「건축법」에서 정하는 용도별 건축허용 연면적의 범위에서 설치하는 시설물을 말한다)
3. 부설주차장의 규모: 주차대수 300대 이하의 규모(「도로교통법」 제6조에 따라 차량통행이 금지된 장소의 경우에는 별표 1의 부설주차장 설치기준에 따라 산정한 주차대수에 상당하는 규모를 말한다)

② 법 제19조제5항에 따라 부설주차장의 설치의무를 면제받으려는 자는 다음 각 호의 사항을 적은 주차장 설치의무 면제신청서를 시장·군수 또는 구청장에게 제출하여야 한다.
1. 시설물의 위치·용도 및 규모
2. 설치하여야 할 부설주차장의 규모
3. 부설주차장의 설치에 필요한 비용 및 주차장 설치의무가 면제되는 경우의 해당 비용의 납부에 관한 사항
4. 신청인의 성명(법인인 경우에는 명칭 및 대표자의 성명) 및 주소

③ 제1항제1호나목의 장소에 있는 시설물의 경우에는 화물의 하역과 그 밖에 해당 시설물의 기능 유지에 필요한 부설주차장은 설치하고 이를 제외한 규모의 부설주차장에 대해서만 설치의무 면제 신청을 할 수 있다. 이 경우 시설물의 기능 유지에 필요한 부설주차장의 규모는 시·군 또는 구의 조례로 정한다.
[전문개정 2010.10.21.]

제9조(주차장 설치비용의 납부 등) 법 제19조제5항에 따라 부설주차장의 설치의무를 면제받으려는 자는 해당 지방자치단체의 조례로 정하는 바에 따라 부설주차장의 설치에 필요한 비용을 다음 각 호의 구분에 따라 시장·군수 또는 구청장에게 내야 한다.
1. 해당 시설물의 건축 또는 설치에 대한 허가·인가 등을 받기 전까지: 그 설치에 필요한 비용의 50퍼센트
2. 해당 시설물의 준공검사(건축물인 경우에는 「건축법」 제22조에 따른 사용승인 또는 임시사용승인을 말한다) 신청 전까지: 그 설치에 필요한 비용의 50퍼센트

[전문개정 2012.10.29.]

제10조(주차장 설치비용 납부자의 주차장 무상사용 등) ① 시장·군수 또는 구청장은 제9조에 따라 시설물의 소유자로부터 부설주차장의 설치에 필요한 비용을 받은 경우에는 시설물 준공검사확인증(건축물인 경우에는 「건축법」 제22조에 따른 사용승인서 또는 임시사용승인서를 말한다. 이하 같다)을 발급할 때에 특별시장·광역시장, 시장·군수 또는 구청장이 설치한 노외주차장 중 해당 시설물의 소유자가 무상으로 사용할 수 있는 주차장을 지정하여야 한다. 다만, 제7조제2항에 따른 범위에 해당하는 시설물의 부지 인근에 사용할 수 있는 노외주차장이 없는 경우에는 그러하지 아니하다.

② 제1항 본문에 따라 주차장을 무상으로 사용할 수 있는 기간은 납부된 주차장 설치비용을 해당 지방자치단체의 조례로 정하는 방법에 따라 시설물 준공검사확인증을 발급할 때의 해당 주차장의 주차요금 징수기준에 따른 징수요금으로 나누어 산정한다.

③ 시장·군수 또는 구청장은 제1항 본문에 따라 시설물의 소유자가 무상으로 사용할 수 있는 노외주차장을 지정할 때에는 해당 시설물로부터 가장 가까운 거리에 있는 주차장을 지정하여야 한다. 다만, 그 주차장의 주차난이 심하거나 그 밖에 그 주차장을 이용하게 하기 곤란한 사정이 있는 경우에는 시설물 소유자의 동의를 받아 그 주차장 외의 다른 주차장을 지정할 수 있다.

④ 구청장은 제1항 본문에 따라 무상사용 주차장으로 지정하려는 노외주차장이 특별시장 또는 광역시장이 설치한 노외주차장인 경우에는 미리 해당 특별시장 또는 광역시장과 협의하여야 한다.
[전문개정 2010.10.21.]

제11조(기존 시설물) ① 법 제19조제11항에서 "대통령령으로 정하는 시설물"이란 단독주택, 공동주택 또는 오피스텔로서 해당 시설물의 내부 또는 그 부지 안에 부설주차장을 추가로 설치할 수 있는 면적이 10제곱미터 이상인 시설물을 말한다.

② 제1항에 따른 시설물에 추가로 설치되는 부설주차장의 설치방법 등에 관하여 필요한

세부적인 사항은 지방자치단체의 조례로 정할 수 있다.
[전문개정 2010.10.21.]

제12조(부설주차장의 용도변경 등) ① 법 제19조의4제1항제3호에서"대통령령으로 정하는 기준에 해당하는 경우"란 다음 각 호의 어느 하나에 해당하는 경우를 말한다. <개정 2012.4.10., 2012.10.29., 2014.9.11., 2016.7.19.>

1. 「도로교통법」 제6조에 따른 차량통행의 금지 또는 주변의 토지이용 상황 등으로 인하여 시장·군수 또는 구청장이 해당 주차장의 이용이 사실상 불가능하다고 인정한 경우. 이 경우 변경 후의 용도는 주차장으로 이용할 수 없는 사유가 소멸되었을 때에 즉시 주차장으로 환원하는 데에 지장이 없는 경우로 한정하고, 변경된 용도로의 사용기간은 주차장으로 이용이 불가능한 기간으로 한정한다.
2. 직거래 장터 개설 등 지역경제 활성화를 위하여 시장·군수 또는 구청장이 정하여 고시하는 바에 따라 주차장을 일시적으로 이용하려는 경우로서 시장·군수 또는 구청장이 해당 주차장의 이용에 지장이 없다고 인정하는 경우
3. 제6조 또는 법 제19조제10항에 따른 해당 시설물의 부설주차장의 설치기준 또는 설치제한기준(시설물을 설치한 후 법령·조례의 개정 등으로 설치기준 또는 설치제한기준이 변경된 경우에는 그 변경된 설치기준 또는 설치제한기준을 말한다)을 초과하는 주차장으로서 그 초과 부분에 대하여 시장·군수 또는 구청장의 확인을 받은 경우
4. 「국토의 계획 및 이용에 관한 법률」 제2조제10호에 따른 도시·군계획시설사업으로 인하여 그 전부 또는 일부를 사용할 수 없게 된 주차장으로서 시장·군수 또는 구청장의 확인을 받은 경우
5. 법 제19조제4항에 따라 시설물의 부지 인근에 설치한 부설주차장 또는 법 제19조의4제1항제2호 및 이 항 제6호에 따라 시설물 내부 또는 그 부지에서 인근 부지로 위치 변경된 부설주차장을 그 부지 인근의 범위에서 위치 변경하여 설치하는 경우
6. 「산업입지 및 개발에 관한 법률」 제2조제8호에 따른 산업단지 안에 있는 공장의 부설주차장을 법 제19조제4항 후단에 따른 시설물 부지 인근의 범위에서 위치 변경하여 설치하는 경우
7. 「도시교통정비 촉진법 시행령」 제13조의2제1항 각 호에 따른 건축물(「주택건설기준 등에 관한 규정」이 적용되는 공동주택은 제외한다)의 주차장이 「도시교통정비 촉진법」 제33조제1항제4호에 따른 승용차공동이용 지원(승용차공동이용을 위한 전용주차구획을 설치하고 공동이용을 위한 승용자동차를 상시 배치하는 것을 말한다. 이하 같다)을 위하여 사용되는 경우로서 다음 각 목의 모든 요건을 충족하는지 여부에 대하여 시장·군수 또는 구청장의 확인을 받은 경우
   가. 주차장 외의 용도로 사용하는 주차장의 면적이 승용차공동이용 지원을 위하여 설치한 전용주차구획 면적의 2배를 초과하지 아니할 것
   나. 주차장 외의 용도로 사용하는 주차장의 면적이 해당 주차장의 전체 주차구획 면적의 100분의 10을 초과하지 아니할 것
   다. 해당 주차장이 승용차공동이용 지원에 사용되지 아니하는 경우에는 주차장 외의 용도로 사용하는 부분을 즉시 주차장으로 환원하는 데에 지장이 없을 것

② 법 제19조의4제1항제1호·제2호 및 이 조 제1항제5호·제6호의 경우에 종전의 부설주차장은 새로운 부설주차장의 사용이 시작된 후에 용도변경하여야 한다. 다만, 기존 주차장 부지에 증축되는 건축물 안에 주차장을 설치하는 경우에는 그러하지 아니하다. <개정 2012.10.29., 2014.9.11.>
③ 법 제19조의4제2항 단서에 따라 부설주차장 본래의 기능을 유지하지 아니하여도 되는 경우는 제1항제1호·제3호 또는 제4호에 해당하는 경우와 기존 주차장을 보수 또는 증축하는 경우(보수 또는 증축하는 기간으로 한정한다)로 한다.
[전문개정 2010.10.21.]

제12조의2(기계식주차장치의 안전도인증 신청 등) ① 법 제19조의6제1항에 따라 기계식주차장치의 안전도에 관한 인증(이하 "안전도인증"이라 한다)을 받거나 안전도인증을 받은 내용의 변경에 관한 인증을 받으려는 제작자등(기계식주차장치를 제작·조립 또는 수입하여

양도·대여 또는 설치하려는 자를 말한다. 이하 같다)은 국토교통부령으로 정하는 바에 따라 법 제19조의6제2항에 따른 검사기관이 발행한 안전도 심사결과를 첨부하여 시장·군수 또는 구청장에게 안전도인증 또는 그 변경인증을 신청하여야 한다. <개정 2013.3.23.>

② 법 제19조의6제1항 후단에서 "대통령령으로 정하는 경미한 사항을 변경하는 경우"란 다음 각 호의 경우를 말한다.

1. 기계식주차장치가 수용할 수 있는 자동차대수를 안전도인증을 받은 대수 미만으로 변경하는 경우
2. 기계식주차장치의 출입구, 통로, 주차구획의 크기 및 안전장치를 법 제19조의7에 따른 안전기준의 범위에서 변경하는 경우

[전문개정 2010.10.21.]

제12조의3(기계식주차장의 사용검사 등) ① 법 제19조의9제2항에 따른 사용검사의 유효기간은 3년으로 하고, 정기검사의 유효기간은 2년으로 한다. <개정 2016.1.19.>

② 제1항에 따른 정기검사의 검사기간은 사용검사 또는 정기검사의 유효기간 만료일 전후 각각 31일 이내로 한다. 이 경우 해당 검사기간 이내에 적합판정을 받은 경우에는 사용검사 또는 정기검사의 유효기간 만료일에 정기검사를 받은 것으로 본다. <신설 2016.1.19.>

③ 법 제19조의9제2항 단서에서 "대통령령으로 정하는 부득이한 사유"란 다음 각 호의 경우를 말한다. <개정 2016.1.19.>

1. 기계식주차장이 설치된 건축물의 흠으로 인하여 그 건축물과 기계식주차장의 사용이 불가능하게 된 경우
2. 기계식주차장(법 제19조에 따라 설치가 의무화된 부설주차장의 경우는 제외한다)의 사용을 중지한 경우
3. 천재지변이나 그 밖에 정기검사를 받지 못할 부득이한 사유가 발생한 경우

④ 제2항 각 호에 따른 사유로 정기검사를 연기받으려는 자는 국토교통부령으로 정하는 바에 따라 사용검사 또는 정기검사의 유효기간이 만료되기 전에 연기신청을 하여야 한다. <개정 2013.3.23., 2016.1.19.>

⑤ 제3항에 따라 정기검사를 연기받은 자는 해당 사유가 없어졌을 때에는 그때부터 2개월 이내에 정기검사를 받아야 한다. 이 경우 정기검사가 끝날 때까지 사용검사 또는 정기검사의 유효기간이 연장된 것으로 본다. <개정 2016.1.19.>

[전문개정 2010.10.21.]

제12조의4(검사대행자의 지정 및 취소) ① 법 제19조의12에 따라 검사업무를 대행할 수 있는 전문검사기관으로 지정받으려는 자는 국토교통부령으로 정하는 바에 따라 국토교통부장관에게 지정을 신청하여야 한다. <개정 2013.3.23.>

② 제1항에 따라 전문검사기관으로 지정받으려는 자가 갖추어야 할 지정요건은 별표 2와 같다.

③ 국토교통부장관은 전문검사기관이 다음 각 호의 어느 하나에 해당하는 경우에는 그 지정을 취소할 수 있다. <개정 2013.3.23.>

1. 별표 2의 지정요건을 갖추지 못하게 된 경우
2. 부정한 방법으로 지정을 받은 경우
3. 검사업무를 현저히 게을리한 경우

④ 국토교통부장관은 제1항 또는 제3항에 따라 전문검사기관을 지정하거나 그 지정을 취소하였을 때에는 이를 고시하여야 한다. <개정 2013.3.23.>

[전문개정 2010.10.21.]

제12조의5(기계식주차장치의 철거) ①법 제19조의13제1항제1호에서 "대통령령으로 정하는 기간"이란 5년을 말한다. <개정 2016.7.19.>

② 특별시장·광역시장·특별자치도지사·시장·군수 또는 구청장은 법 제19조의13제4항에 따라 기계식주차장의 수급 실태 및 이용 특성 등을 고려하여 기계식주차장치의 철거가 필요하다고 인정하는 경우에는 해당 지방자치단체의 조례로 정하는 바에 따라 별표 1에 따른 부설주차장 설치기준을 철거되는 기계식주차장치의 종류별로 2분의 1의 범위에서 완화할 수 있다. <신설 2016.7.19.>

③ 제2항에 따라 완화된 부설주차장 설치기준에 따라 설치한 주차장의 경우 해당 시설물이 증축되거나 부설주차장 설치기준이 강화되는 용도로 변경될 때에는 그 증축 또는 용도변경하는 부분에 대해서는 제2항에도 불구하고 별표 1에 따른 부설주차장 설치기준을 적용한다. <신설 2016.7.19.>

[전문개정 2010.10.21.]

제12조의6(보수업의 등록기준 등) ①법 제19조의14제1항에 따라 기계식주차장치 보수업

(이하"보수업"이라 한다)을 등록하려는 자가 갖추어야 할 기술인력 및 설비는 별표 3과 같다. <개정 2011.12.28.>

② 시장·군수 또는 구청장은 법 제19조의14제1항에 따른 등록 신청이 다음 각 호의 어느 하나에 해당하는 경우를 제외하고는 등록을 해 주어야 한다. <신설 2011.12.28.>

1. 등록을 신청한 자가 법 제19조의15 각 호의 어느 하나에 해당하는 경우
2. 별표 3에 따른 보수업의 등록기준을 갖추지 못한 경우
3. 그 밖에 법 또는 다른 법령에 따른 제한에 위반되는 경우

[전문개정 2010.10.21.]
[제목개정 2011.12.28.]

제12조의7(보험) ① 법 제19조의14제1항에 따라 보수업의 등록을 한 자(이하"보수업자"라 한다)가 법 제19조의16제1항에 따라 가입하여야 하는 보험은 보험금액이 다음 각 호의 기준을 모두 충족하는 것이어야 한다.

1. 사고당 배상한도액이 1억원 이상일 것
2. 피해자 1인당 배상한도액이 1억원 이상일 것

② 보수업자는 보수업을 시작하여 최초로 보수계약을 체결하는 날 이전에 제1항에 따른 보험에 가입하여야 한다.

③ 보수업자는 보험계약을 체결하였을 때에는 보험계약 체결일부터 30일 이내에 보험계약의 체결을 증명하는 서류를 관할 시장·군수 또는 구청장에게 제출하여야 한다. 보험계약이 변경된 경우에도 또한 같다.

[전문개정 2010.10.21.]

제12조의8 삭제 <2016.2.11.>

제12조의9(등록취소 등의 기준) ① 법 제19조의19제2항에 따른 등록취소 및 영업정지의 기준은 별표 4와 같다.

② 시장·군수 또는 구청장은 제1항에 따라 등록취소 및 영업정지 처분을 할 때 위반행위의 정도 및 횟수 등을 고려하여 그 처분을 가중하거나 감경할 수 있다. 이 경우 등록취소의 경우에는 영업정지 6개월로 감경할 수 있고, 영업정지의 경우에는 해당 영업정지기간의 2분의 1의 범위에서 가중하거나 감경할 수 있다.

[전문개정 2010.10.21.]

제12조의10(기계식주차장치 관리인의 배치) 법 제19조의20제1항에서"대통령령으로 정하는 일정 규모 이상의 기계식주차장치"란 수용할 수 있는 자동차대수가 20대 이상인 기계식주차장치를 말한다.

[본조신설 2016.2.11.]
[종전 제12조의10은 제12조의11로 이동 <2016.2.11.>]

제12조의11(기계식주차장 정보망의 구축·운영 업무의 위탁) 국토교통부장관은 법 제19조의21제3항에 따라 기계식주차장 정보망의 구축·운영에 관한 업무를 「교통안전공단법」에 따른 교통안전공단에 위탁한다.

[본조신설 2016.7.19.]
[종전 제12조의11은 제12조의12로 이동 <2016.7.19.>]

제12조의12(부기등기의 절차 등) ① 법 제19조제4항에 따라 시설물의 부지 인근에 부설주차장을 설치한 경우와 법 제19조의4제1항제2호 및 이 영 제12조제1항제6호에 따라 시설물의 내부 또는 그 부지에 설치된 주차장을 인근 부지로 위치를 변경한 경우에 시설물의 소유자는 법 제19조의22제1항에 따라 다음 각 호의 부기등기를 동시에 하여야 한다. <개정 2016.2.11., 2016.7.19.>

1. 부설주차장이 시설물의 부지 인근에 설치되었음을 시설물의 소유권등기에 부기등기(이하"시설물의 부기등기"라 한다)
2. 부설주차장의 용도변경이 금지됨을 부설주차장의 소유권등기에 부기등기(이하 "부설주차장의 부기등기"라 한다)

② 제12조제1항제5호에 따라 부설주차장을 그 부지 인근의 범위에서 위치 변경하여 설치한 경우에 시설물의 소유자는 다음 각 호의 등기를 동시에 하여야 한다.

1. 시설물의 부기등기에 명시된 부설주차장 소재지의 변경등기
2. 새로 이전된 부설주차장의 부기등기

③ 제1항 및 제2항에도 불구하고 시설물의 소유권보존등기를 할 수 없는 시설물인 경우에는 부설주차장의 부기등기만을 하여야 한다.

[본조신설 2014.9.11.]
[제12조의11에서 이동, 종전 제12조의12는 제12조의13으로 이동 <2016.7.19.>]

제12조의13(부기등기의 내용) ① 시설물의 부기등기에는 "「주차장법」에 따른 부설주차장이 시설물의 부지 인근에 별도로 설치되어 있음"이라는 내용과 그 부설주차장의 소재지를 명시하여야 한다.

② 부설주차장의 부기등기에는 "이 토지(또는 건물)는「주차장법」에 따라 시설물의 부지 인근에 설치된 부설주차장으로서 같은 법 시행령 제12조제1항 각 호의 어느 하나에 해당하여 용도변경이 인정되기 전에는 주차장 외의 용도로 사용할 수 없음"이라는 내용과 그 시설물의 소재지를 명시하여야 한다.

[본조신설 2014.9.11.]

[제12조의12에서 이동, 종전 제12조의13은 제12조의14로 이동 <2016.7.19.>]

제12조의14(부기등기의 말소 신청) ① 법 제19조의22제1항에 따라 부기등기한 부설주차장으로서 제12조제1항 각 호의 어느 하나에 해당하여 용도변경이 인정된 경우에 시설물의 소유자는 다음 각 호의 구분에 따라 부기등기의 말소를 신청하여야 한다. <개정 2016.2.11., 2016.7.19.>

1. 제12조제1항제1호·제3호 또는 제4호 중 어느 하나에 해당하여 해당 부설주차장 전부에 대한 용도변경이 인정된 경우: 시설물의 부기등기 및 부설주차장의 부기등기의 말소 동시 신청
2. 제12조제1항제5호에 해당하여 용도변경이 인정된 경우: 종전 부설주차장의 부기등기의 말소 신청

② 제1항에도 불구하고 다음 각 호의 어느 하나에 해당하는 경우에는 해당 구분에 따라 시설물의 부기등기 또는 부설주차장의 부기등기의 말소를 신청하여야 한다.

1. 시설물의 부기등기가 되어 있지 아니한 경우: 부설주차장의 부기등기만을 말소 신청
2. 시설물의 소유자와 부설주차장이 설치된 토지·건물의 소유자가 다른 경우: 해당 소유자가 시설물의 부기등기 및 부설주차장의 부기등기의 말소를 각자 신청

[본조신설 2014.9.11.]

[제12조의13에서 이동 <2016.7.19.>]

제13조(점용료 및 사용료의 감면) ① 법 제20조제2항에서 "대통령령으로 정하는 학교 등 공공시설"이란 초등학교·중학교·고등학교·공용의 청사·주차장 및 운동장을 말한다.

② 법 제20조제2항에 따라 노외주차장을 도로·광장·공원 및 제1항의 공공시설의 지하에 설치하는 경우에는 노외주차장의 최초 사용기간 동안 그 부지에 대한 점용료와 그 시설물에 대한 사용료를 면제한다.

③ 법 제20조제3항에서 "대통령령으로 정하는 공공시설"이란 공용의 청사·하천·유수지(遊水池)·주차장 및 운동장을 말한다.

[전문개정 2010.10.21.]

제14조(보조) 국가나 지방자치단체는 법 제21조제1항에 따라 노외주차장을 설치하는 자에 대하여 다음 각 호의 구분에 따른 범위에서 그 설치비용을 보조할 수 있다.

1. 특별시장·광역시장, 시장·군수 또는 구청장이 설치하는 노외주차장의 경우: 설치비용의 전부 또는 일부
2. 특별시장·광역시장, 시장·군수 또는 구청장이 아닌 자가 설치하는 노외주차장으로서 주차 용도에 제공하는 면적이 2천제곱미터 이상인 노외주차장의 경우: 설치비용(토지매입비는 제외한다. 이하 같다)의 2분의 1. 다만, 국유지·공유지의 점용허가를 받아 설치하는 경우에는 설치비용의 3분의 1을 보조할 수 있다.
3. 특별시장·광역시장, 시장·군수 또는 구청장이 아닌 자가 설치하는 노외주차장으로서 주차 용도에 제공하는 면적이 1천제곱미터 이상 2천제곱미터 미만인 노외주차장의 경우: 설치비용의 3분의 1. 다만, 국유지·공유지의 점용허가를 받아 설치하는 경우에는 설치비용의 5분의 1을 보조할 수 있다.

[전문개정 2010.10.21.]

제15조(주차장특별회계의 재원) ① 법 제21조의2제2항제5호에서 "대통령령으로 정하는 일정 비율"이란「지방세법」제112조(같은 조 제1항제1호는 제외한다)에 따른 재산세 징수액의 10퍼센트를 말한다.

② 법 제21조의2제3항제1호에서"대통령령으로 정하는 납부금"이란 법 제19조제5항에 따른 노외주차장 설치를 위한 비용의 납부금 중 구청장이 설치한 노외주차장을 무상으로 사용하게 하는 경우의 납부금을 말한다.

[전문개정 2010.10.21.]

제16조(감독) 법 제23조제3항에 따라 시장·군

수 또는 구청장이 노외주차장관리자에게 감독상 필요한 명령을 할 때에는 다음 각 호의 사항을 적은 서면으로 하여야 한다.

1. 노외주차장의 위치 및 명칭
2. 노외주차장관리자의 성명(법인인 경우에는 법인의 명칭 및 대표자의 성명) 및 주소
3. 명령을 내리는 이유
4. 조치가 필요한 사항의 내용
5. 조치기간
6. 명령 불이행에 대한 조치 내용

[전문개정 2010.10.21.]

제16조의2 삭제 <1997.12.31.>

제17조(과징금을 부과할 위반행위와 과징금의 금액 등) ① 법 제24조의2제1항에 따라 과징금을 부과하는 위반행위의 종류와 과징금의 금액은 별표 5와 같다.

② 시장·군수 또는 구청장은 노외주차장의 규모, 노외주차장 설치지역의 특수성, 위반행위의 정도 및 횟수나, 그 밖에 특별한 사유 등을 고려하여 제1항에 따른 과징금의 금액을 그 5분의 1의 범위에서 해당 지방자치단체의 규칙으로 늘리거나 줄일 수 있다.

[전문개정 2010.10.21.]

제18조(과태료의 부과기준) 법 제30조제2항에 따른 과태료의 부과기준은 별표 6과 같다.

[전문개정 2016.7.19.]

제19조 삭제 <2008.7.31.>

부칙

<제27359호, 2016.7.19.>

제1조(시행일) 이 영은 2016년 7월 20일부터 시행한다.

제2조(경형자동차 및 환경친화적 자동차 전용주차구획 설치에 관한 경과조치) 이 영 시행 전에 법 제12조의3제1항에 따른 단지조성사업등의 시행을 위한 실시계획 또는 사업계획등의 승인(변경승인을 포함한다) 등을 신청한 경우에는 제4조의 개정규정에도 불구하고 종전의 규정에 따른다.

재건축초과이익 환수에 관한 법률

(약칭: 재건축이익환수법)

[시행 2017.9.22.]

[법률 제14719호, 2017.3.21., 일부개정]

제1조(목적) 이 법은 「도시 및 주거환경정비법」에 의한 주택재건축사업(이하"재건축사업"이라 한다)에서 발생되는 초과이익을 환수함으로써 주택가격의 안정과 사회적 형평을 기하여 국민경제의 건전한 발전과 사회통합에 이바지함을 목적으로 한다.

제1조(목적) 이 법은 「도시 및 주거환경정비법」에 의한 재건축사업 및 「빈집 및 소규모주택 정비에 관한 특례법」에 따른 소규모재건축사업에서 발생되는 초과이익을 환수함으로써 주택가격의 안정과 사회적 형평을 기하여 국민경제의 건전한 발전과 사회통합에 이바지함을 목적으로 한다. <개정 2017.2.8., 2017.3.21.>

[시행일 : 2018.2.9.] 제1조

제2조(정의) 이 법에서 사용하는 용어의 정의는 다음과 같다. <개정 2008.2.29., 2013.3.23., 2017.3.21.>

1."재건축초과이익"이라 함은 재건축사업으로 인하여 정상주택가격상승분을 초과하여 다음 각 목의 어느 하나에 귀속되는 주택가액의 증가분으로서 제7조의 규정에 의하여 산정된 금액을 말한다.
 가. 「도시 및 주거환경정비법」 제16조에 따라 설립된 재건축조합(같은 법 제8조제4항제8호에 따라 지정된 신탁업자를 포함한다. 이하 "조합"이라 한다)
 나. 조합원(사업시행자가 신탁업자인 경우 위탁자를 말한다. 이하 같다)

2."정상주택가격상승분"이라 함은 제10조의 규정에 의하여 산정된 금액을 말한다.

3."재건축부담금"이라 함은 재건축초과이익 중 이 법에 따라 국토교통부장관이 부과·징수하는 금액을 말한다.

4."개시시점 부과대상 주택"이라 함은 제8조의 규정에 의한 부과개시시점의 「도시 및 주거환경정비법」 제2조제2호 다목의 규정에 의한 주택재건축사업의 대상이 되는 주택을 말한다. 다만, 국가 또는 공공기관 등이 보유하는 주택으로서 대통령령이 정하는 주택을 제외할 수 있다.

5."종료시점 부과대상 주택"이라 함은 제8조의 규정에 의한 부과종료시점의 「도시 및 주거환경정비법」 제2조제2호 다목의 규정에 의한 주택재건축사업으로 건축된 주택을 말한다. 다만, 국가 또는 공공기관 등이 보유하는 주택으로서 대통령령이 정하는 주택을 제외할 수 있다.

제2조(정의) 이 법에서 사용하는 용어의 정의는 다음과 같다. <개정 2008.2.29., 2013.3.23., 2017.2.8., 2017.3.21.>

1."재건축초과이익"이라 함은 재건축사업으로 인하여 정상주택가격상승분을 초과하여 다음 각 목의 어느 하나에 귀속되는 주택가액의 증가분으로서 제7조의 규정에 의하여 산정된 금액을 말한다.
 가. 「도시 및 주거환경정비법」 제35조에 따라 설립된 재건축조합(같은 법 제27조제1항제3호에 따라 지정된 신탁업자를 포함한다) 및 「빈집 및 소규모주택 정비에 관한 특례법」 제23조에 따라 설립된 조합(이하 "조합"이라 한다)
 나. 조합원(사업시행자가 신탁업자인 경우 위탁자를 말한다. 이하 같다)

2."정상주택가격상승분"이라 함은 제10조의 규정에 의하여 산정된 금액을 말한다.

3."재건축부담금"이라 함은 재건축초과이익 중 이 법에 따라 국토교통부장관이 부과·징수하는 금액을 말한다.

4."개시시점 부과대상 주택"이라 함은 제8조의 규정에 의한 부과개시시점의 「도시 및 주거환경정비법」 제2조제2호 다목의 규정에 의한 재건축사업 및 「빈집 및 소규모주택 정비에 관한 특례법」 제2조제1항제3호 다목에 따른 소규모재건축사업(이하 "재건축사업"이라 한다)의 대상이 되는 주택을 말한다. 다만, 국가 또는 공공기관 등이 보유하는 주택으로서 대통령령이 정하는 주택을 제외할 수 있다.

5."종료시점 부과대상 주택"이라 함은 제8조의 규정에 의한 부과종료시점의 「도시 및 주거환경정비법」 제2조제2호 다목의 규정에 의한 재건축사업 및 「빈집 및 소규모주택 정비에 관한 특례법」 제2조제1항제3호다목에 따른 소규모재건축사업(이하"재건축사업"이라 한다)으로 건축된 주택을 말한다.

다만, 국가 또는 공공기관 등이 보유하는 주택으로서 대통령령이 정하는 주택을 제외할 수 있다.
[시행일 : 2018.2.9.] 제2조

제3조(재건축초과이익의 환수) 국토교통부장관은 재건축사업에서 발생되는 재건축초과이익을 이 법에서 정하는 바에 의하여 재건축부담금으로 징수하여야 한다. <개정 2008.2.29., 2013.3.23.>

제3조의2(재건축부담금 면제를 위한 임시 특례) 제3조에도 불구하고 제5조에 따른 재건축부담금 부과대상 사업으로서 2017년 12월 31일까지 「도시 및 주거환경정비법」 제48조제1항에 따른 관리처분계획의 인가를 신청한 재건축사업에 대하여는 재건축부담금을 면제한다. <개정 2014.12.31.>
[본조신설 2012.12.18.]

제3조의2(재건축부담금 면제를 위한 임시 특례) 제3조에도 불구하고 제5조에 따른 재건축부담금 부과대상 사업으로서 2017년 12월 31일까지 「도시 및 주거환경정비법」 제74조제1항에 따른 관리처분계획의 인가 및 「빈집 및 소규모주택 정비에 관한 특례법」 제29조제1항에 따른 사업시행계획인가를 신청한 재건축사업에 대하여는 재건축부담금을 면제한다. <개정 2014.12.31., 2017.2.8., 2017.3.21.>
[본조신설 2012.12.18.]
[시행일 : 2018.2.9.] 제3조의2

제4조(징수금의 배분) ① 제3조의 규정에 의하여 징수된 재건축부담금은 국가에 100분의 50이, 해당 특별시·광역시·도에 100분의 20이, 해당 특별자치시·특별자치도에 100분의 50이, 해당 시·군·구(자치구를 말한다. 이하 같다)에 100분의 30이 각각 귀속된다. <개정 2012.12.18.>
② 제1항의 규정에 의한 재건축부담금의 국가 귀속분은 「주택도시기금법」에 따른 주택도시기금(이하 "주택도시기금"이라 한다)의 재원으로 귀속된다. <개정 2015.1.6.>
③ 제1항의 규정에 의한 재건축부담금의 지방자치단체 귀속분은 「도시 및 주거환경정비법」 제82조에 따라 설치되는 도시·주거환경정비기금(이하"도시·주거환경정비기금"이라 한다) 또는 「도시재정비 촉진을 위한 특별법」 제24조에 따라 설치되는 재정비촉진특별회계(이하"재정비촉진특별회계"라 한다) 또는 「주택법」 제84조에 따라 설치되는 국민주택사업특별회계(이하"국민주택사업특별회계"라 한다)의 재원으로 귀속된다. <개정 2016.1.19.>
④ 국토교통부장관은 제2항의 규정에 의하여 주택도시기금에 귀속되는 재원을 다음 각 호의 사항을 고려하여 지방자치단체가 운용하는 도시·주거환경정비기금 또는 재정비촉진특별회계 또는 국민주택사업특별회계의 재원으로 특별시·광역시·특별자치시·도·특별자치도와 시·군·구에 각각 100분의 50을 지원하여야 하며, 구체적인 지원기준·절차 그 밖에 필요한 사항은 대통령령으로 정한다. <개정 2008.2.29., 2012.12.18., 2013.3.23., 2015.1.6.>
1. 지방자치단체별 주거기반시설의 설치 수준
2. 지방자치단체별 주거복지실태 평가결과 및 주거복지 증진 노력 등
3. 그 밖에 대통령령이 정하는 사항
⑤국토교통부장관은 필요한 경우 특별시장·광역시장·특별자치시장·도지사·특별자치도지사(이하"시·도지사"라 한다) 또는 시장·군수·구청장(자치구의 구청장을 말한다. 이하 같다)으로 하여금 도시·주거환경정비기금, 재정비촉진특별회계 및 국민주택사업특별회계의 운용계획 및 운용상황을 보고하게 할 수 있다. <개정 2008.2.29., 2012.12.18., 2013.3.23.>

제4조(징수금의 배분) ① 제3조의 규정에 의하여 징수된 재건축부담금은 국가에 100분의 50이, 해당 특별시·광역시·도에 100분의 20이, 해당 특별자치시·특별자치도에 100분의 50이, 해당 시·군·구(자치구를 말한다. 이하 같다)에 100분의 30이 각각 귀속된다. <개정 2012.12.18.>
② 제1항의 규정에 의한 재건축부담금의 국가 귀속분은 「주택도시기금법」에 따른 주택도시기금(이하 "주택도시기금"이라 한다)의 재원으로 귀속된다. <개정 2015.1.6.>
③ 제1항의 규정에 의한 재건축부담금의 지방자치단체 귀속분은 「도시 및 주거환경정비법」 제126조에 따라 설치되는 도시·주거환경정비기금(이하"도시·주거환경정비기금"이라 한다) 또는 「도시재정비 촉진을 위한 특별법」 제24조에 따라 설치되는 재정비촉진특별회계(이하 "재정비촉진특별회계"라 한다) 또는 「주택법」

제84조에 따라 설치되는 국민주택사업특별회계(이하"국민주택사업특별회계"라 한다)의 재원으로 귀속된다. <개정 2016.1.19., 2017.2.8.>

④ 국토교통부장관은 제2항의 규정에 의하여 주택도시기금에 귀속되는 재원을 다음 각 호의 사항을 고려하여 지방자치단체가 운용하는 도시·주거환경정비기금 또는 재정비촉진특별회계 또는 국민주택사업특별회계의 재원으로 특별시·광역시·특별자치시·도·특별자치도와 시·군·구에 각각 100분의 50을 지원하여야 하며, 구체적인 지원기준·절차 그 밖에 필요한 사항은 대통령령으로 정한다. <개정 2008.2.29., 2012.12.18., 2013.3.23., 2015.1.6.>

1. 지방자치단체별 주거기반시설의 설치 수준
2. 지방자치단체별 주거복지실태 평가결과 및 주거복지 증진 노력 등
3. 그 밖에 대통령령이 정하는 사항

⑤ 국토교통부장관은 필요한 경우 특별시장·광역시장·특별자치시장·도지사·특별자치도지사(이하"시·도지사"라 한다) 또는 시장·군수·구청장(자치구의 구청장을 말한다. 이하 같다)으로 하여금 도시·주거환경정비기금, 재정비촉진특별회계 및 국민주택사업특별회계의 운용계획 및 운용상황을 보고하게 할 수 있다. <개정 2008.2.29., 2012.12.18., 2013.3.23.>

[시행일 : 2018.2.9.] 제4조

제5조(대상사업) 재건축부담금의 부과대상인 행위는 「도시 및 주거환경정비법」 제2조제2호 다목의 규정에 의한 주택재건축사업으로 한다.

제5조(대상사업) 재건축부담금의 부과대상인 행위는 「도시 및 주거환경정비법」 제2조제2호 다목의 규정에 의한 재건축사업으로 한다. <개정 2017.2.8., 2017.3.21.>

[시행일 : 2018.2.9.] 제5조

제6조(납부의무자) ①재건축사업을 시행하기 위하여 조합은 이 법이 정하는 바에 따라 재건축부담금을 납부할 의무가 있다. 다만, 종료시점 부과대상 주택을 공급받은 조합원(조합이 해산된 경우 또는 신탁이 종료된 경우는 부과종료 시점 당시의 조합원 또는 위탁자를 말한다)이 다음 각 호에 해당하는 경우에는 제2항에 따른 재건축부담금을 납부하여야 한다. <개정 2017.3.21.>

1. 조합이 해산된 경우
2. 조합의 재산으로 그 조합에 부과되거나 그 조합이 납부할 재건축부담금·가산금 등에 충당하여도 부족한 경우
3. 신탁이 종료된 경우
4. 신탁업자가 해당 재건축사업의 신탁재산으로 납부할 재건축부담금·가산금 등에 충당하여도 부족한 경우

② 신탁업자가 제1항에 따라 재건축부담금을 납부하는 경우에는 해당 재건축사업의 신탁재산 범위에서 납부할 의무가 있다. <신설 2017.3.21.>

③제1항의 규정에 의하여 재건축부담금을 납부하여야 할 의무가 있는 조합은 조합원별로 종전자산을 평가한 가액 등 대통령령이 정하는 사항을 고려하여 제14조의 규정에 의한 재건축부담금 예정액의 조합원별 납부액과 제15조의 규정에 의하여 결정 및 부과하는 재건축부담금의 조합원별 분담기준 및 비율을 결정하여 이를 관리처분계획에 명시하여야 한다. <개정 2017.3.21.>

④제1항 단서 규정에 의한 조합원의 2차 납부의무는 제12조의 규정에 의하여 산정된 재건축부담금 중 제2항의 규정에 의한 관리처분계획상 분담비율을 적용하여 산정한 금액에 한한다. <개정 2017.3.21.>

⑤재건축부담금의 납부의무의 승계, 연대납부의무에 관하여는 「국세기본법」 제23조 내지 제25조의2와 동법 제38조 내지 제41조의 규정을 준용한다. <개정 2017.3.21.>

제7조(부과기준) 재건축부담금의 부과기준은 종료시점 부과대상 주택의 가격 총액(다만, 부과대상 주택 중 일반분양분의 종료시점 주택가액은 분양시점 분양가격의 총액으로 하며, 이하 "종료시점 주택가액"이라 한다)에서 다음 각 호의 모든 금액을 공제한 금액으로 한다.

1. 개시시점 부과대상 주택의 가격 총액(이하 "개시시점 주택가액"이라 한다)
2. 부과기간 동안의 개시시점 부과대상 주택의 정상주택가격상승분 총액
3. 제11조의 규정에 의한 개발비용 등

제8조(기준시점 등) ①부과개시시점은 「도시 및 주거환경정비법」에 의한 당해 주택재건축사업을 위하여 최초로 구성된 조합설립추진위원회(이하"추진위원회"라 한다)가 승인된 날로 한다. 다만, 부과대상이 되는 주택재건축사업의 전부 또는 일부가 다음 각 호의 어느 하나에 해당하는 경우에

는 다음 각 호의 어느 하나에 해당하는 날을 부과개시시점으로 한다. <개정 2017.3.21.>

1. 2003년 7월 1일 이전에 조합설립인가를 받은 주택재건축사업은 최초로 조합설립인가를 받은 날
2. 추진위원회 또는 재건축조합이 합병된 경우는 각각의 최초 추진위원회 승인일 또는 재건축조합인가일
3. 「도시 및 주거환경정비법」 제8조제4항제8호에 따라 신탁업자가 사업시행자로 최초 지정 승인된 날(추진위원회의 구성 승인이 없는 경우에 한정한다)
4. 그 밖에 대통령령이 정하는 날

②제1항의 규정에도 불구하고 부과개시시점부터 부과종료시점까지의 기간이 10년을 초과하는 경우에는 부과종료시점으로부터 역산하여 10년이 되는 날을 부과개시시점으로 한다.

③부과종료시점은 당해 주택재건축사업의 준공인가일로 한다. 다만, 부과대상이 되는 주택재건축사업의 전부 또는 일부가 다음 각 호의 어느 하나에 해당하는 경우에는 다음 각 호의 어느 하나에 해당하게 된 날을 부과종료시점으로 한다.

1. 관계법령에 의하여 주택재건축사업의 일부가 준공인가된 날
2. 관계행정청의 인가 등을 받아 건축물의 사용을 개시한 날
3. 그 밖에 대통령령이 정한 날

제8조(기준시점 등) ①부과개시시점은 재건축사업을 위하여 최초로 구성된 조합설립추진위원회(이하 "추진위원회"라 한다)가 승인된 날로 한다. 다만, 부과대상이 되는 재건축사업의 전부 또는 일부가 다음 각 호의 어느 하나에 해당하는 경우에는 다음 각 호의 어느 하나에 해당하는 날을 부과개시시점으로 한다. <개정 2017.2.8., 2017.3.21.>

1. 2003년 7월 1일 이전에 조합설립인가를 받은 재건축사업은 최초로 조합설립인가를 받은 날
2. 추진위원회 또는 재건축조합이 합병된 경우는 각각의 최초 추진위원회 승인일 또는 재건축조합인가일
3. 「도시 및 주거환경정비법」 제27조제1항제3호에 따라 신탁업자가 사업시행자로 최초 지정 승인된 날(추진위원회의 구성 승인이 없는 경우에 한정한다)
4. 그 밖에 대통령령이 정하는 날

②제1항의 규정에도 불구하고 부과개시시점부터 부과종료시점까지의 기간이 10년을 초과하는 경우에는 부과종료시점으로부터 역산하여 10년이 되는 날을 부과개시시점으로 한다.

③부과종료시점은 당해 재건축사업의 준공인가일로 한다. 다만, 부과대상이 되는 재건축사업의 전부 또는 일부가 다음 각 호의 어느 하나에 해당하는 경우에는 다음 각 호의 어느 하나에 해당하게 된 날을 부과종료시점으로 한다. <개정 2017.2.8., 2017.3.21.>

1. 관계법령에 의하여 재건축사업의 일부가 준공인가된 날
2. 관계행정청의 인가 등을 받아 건축물의 사용을 개시한 날
3. 그 밖에 대통령령이 정한 날

[시행일 : 2018.2.9.] 제8조

제9조(주택가액의 산정) ①제7조의 규정에 의한 개시시점 주택가액은 「부동산 가격공시에 관한 법률」에 따라 공시된 부과대상 주택가격(공시된 주택가격이 없는 경우는 제2항에서 규정한 절차에 따라 국토교통부장관이 산정한 부과개시시점 현재의 주택가격)총액에 공시기준일부터 개시시점까지의 정상주택가격상승분을 반영한 가액으로 한다. <개정 2008.2.29., 2013.3.23., 2016.1.19.>

②제7조의 규정에 의한 종료시점 주택가액은 대통령령이 정하는 바에 따라 국토교통부장관이 대통령령이 정하는 부동산 가격의 조사·산정에 관하여 전문성이 있는 기관(이하"부동산가격조사전문기관"이라 한다)에 의뢰하여 종료시점 현재의 주택가격 총액을 조사·산정하고 이를 「부동산 가격공시에 관한 법률」에 따른 부동산가격공시위원회(이하"부동산가격공시위원회"라 한다)의 심의를 거쳐 결정한 가액으로 한다. 이 경우 본문 규정에 의하여 산정된 종료시점 현재의 주택가격은 「부동산 가격공시에 관한 법률」 제16조, 제17조 및 제18조에 따라 공시된 주택가격으로 본다. <개정 2008.2.29., 2013.3.23., 2016.1.19.>

제10조(정상주택가격상승분의 산정) ①제7조제2호의 규정에 의한 정상주택가격상승분은 제9조의 규정에 의한 개시시점 주택가액에 국토교통부장관이 대통령령이 정하는 바에 따라 고시하는 정기예금이자율과 종료시점까지의 해당 재건축 사업장이 소재하는 특별자치시·특별자치도·시·군·구의 평균주택가격상승률 중 높은 비율을 곱하여 산정한다. <개정 2008.2.29., 2012.12.18., 2013.3.23.>

②제1항의 규정에 의한 평균주택가격상승률은 「주택법」 제89조의 규정에 따라 국토교통부장관의 위탁을 받아 기금수탁자가 통계청 승인을 받아서 작성한 주택가격 통계를 이용하여 산정한다. 다만, 특별자치시·특별자치도·시·군·구의 주택가격 통계가 생산되기 이전 기간의 평균주택가격상승률은 국토교통부장관이 대통령령이 정하는 바에 따라 부동산가격조사 전문기관에 의뢰하여 해당 특별자치시·특별자치도·시·군·구의 기준시가 변동률, 통계청 승인을 받은 해당 특별자치시·특별자치도·시·군·구가 소재하는 광역지방자치단체의 주택가격 상승률 등을 감안하여 조사·산정하고 이를 부동산가격공시위원회의 심의를 거쳐 결정한다. <개정 2008.2.29., 2012.12.18., 2013.3.23., 2016.1.19.>

제11조(개발비용 등의 산정) ①제7조제3호의 규정에 의한 개발비용은 해당 주택재건축사업의 시행과 관련하여 지출된 다음 각 호의 금액을 합하여 산출한다. <개정 2012.12.18.>

1. 공사비, 설계감리비, 부대비용 및 그 밖의 경비
2. 관계법령의 규정 또는 인가 등의 조건에 의하여 납부의무자가 국가 또는 지방자치단체에 납부한 제세공과금
3. 관계법령의 규정 또는 인가 등의 조건에 의하여 납부의무자가 공공시설 또는 토지 등을 국가 또는 지방자치단체에 제공하거나 기부한 경우에는 그 가액. 다만, 그 대가로 「국토의 계획 및 이용에 관한 법률」 및 「도시 및 주거환경정비법」에 따라 용적률 등이 완화된 경우에는 그러하지 아니하다.
4. 삭제 <2012.12.18.>
5. 그 밖에 대통령령이 정하는 사항

②제1항 각 호의 산정방법 등에 관하여 필요한 사항은 대통령령으로 정한다.

제11조(개발비용 등의 산정) ①제7조제3호의 규정에 의한 개발비용은 해당 재건축사업의 시행과 관련하여 지출된 다음 각 호의 금액을 합하여 산출한다. <개정 2012.12.18., 2017.2.8., 2017.3.21.>

1. 공사비, 설계감리비, 부대비용 및 그 밖의 경비
2. 관계법령의 규정 또는 인가 등의 조건에 의하여 납부의무자가 국가 또는 지방자치단체에 납부한 제세공과금
3. 관계법령의 규정 또는 인가 등의 조건에 의하여 납부의무자가 공공시설 또는 토지 등을 국가 또는 지방자치단체에 제공하거나 기부한 경우에는 그 가액. 다만, 그 대가로 「국토의 계획 및 이용에 관한 법률」, 「도시 및 주거환경정비법」 및 「빈집 및 소규모주택 정비에 관한 특례법」에 따라 용적률 등이 완화된 경우에는 그러하지 아니하다.
4. 삭제 <2012.12.18.>
5. 그 밖에 대통령령이 정하는 사항

②제1항 각 호의 산정방법 등에 관하여 필요한 사항은 대통령령으로 정한다.

[시행일 : 2018.2.9.] 제11조

제12조(부과율) 납부의무자가 납부하여야 할 재건축부담금은 제7조의 규정에 의하여 산정된 재건축초과이익을 당해 조합원 수로 나눈 금액에 다음의 부과율을 적용하여 계산한 금액을 그 부담금액으로 한다.

1. 조합원 1인당 평균이익이 3천만원 이하 : 면제
2. 조합원 1인당 평균이익이 3천만원 초과 5천만원 이하 : 3천만원을 초과하는 금액의 100분의 10 × 조합원수
3. 조합원 1인당 평균이익이 5천만원 초과 7천만원 이하 : 200만원 × 조합원수 + 5천만원을 초과하는 금액의 100분의 20 × 조합원수
4. 조합원 1인당 평균이익이 7천만원 초과 9천만원 이하 : 600만원 × 조합원수 + 7천만원을 초과하는 금액의 100분의 30 × 조합원수
5. 조합원 1인당 평균이익이 9천만원 초과 1억1천만원 이하 : 1천200만원 × 조합원수 + 9천만원을 초과하는 금액의 100분의 40 × 조합원수
6. 조합원 1인당 평균이익이 1억1천만원 초과 : 2천만원 × 조합원수 + 1억1천만원을 초과하는 금액의 100분의 50 × 조합원수

제13조(양도소득세액의 개발비용 인정) ① 이 법 시행일 전에 제8조제1항의 규정에 의한 부과개시시점 이후 개시시점 부과대상 주택(대지분을 포함한다. 이하 같다)의 양도로 인하여 발생한 소득에 대하여 양도소득세가 부과된 경

우에는 제11조의 규정에 불구하고 당해 양도세액 중 부과개시시점부터 양도시점까지에 상당하는 세액을 같은 조의 규정에 의한 개발비용에 계상할 수 있다. 이 경우 납부의무자는 제20조의 규정에 의하여 제출하는 부담금액공제산출내역서에 공제받고자 하는 양도소득세액 및 그 산출근거를 포함하여야 한다.
② 제1항의 규정에 의하여 개발비용으로 계상되는 양도세액의 산정방법 등은 대통령령으로 정한다.

제14조(재건축부담금의 예정액 통지 등) ① 납부의무자는 사업시행인가 고시일로부터 3월 이내에 국토교통부령이 정하는 바에 따라 이 법에 의한 재건축부담금 산정에 필요한 자료를 국토교통부장관에게 제출하여야 한다. 다만, 사업시행인가 고시일로부터 3월 이내에 시공사가 선정되지 아니한 경우는 자료제출 기한을 시공사와의 계약 체결일로부터 1월 이내로 연장할 수 있다. <개정 2008.2.29., 2013.3.23.>
② 국토교통부장관은 제1항의 규정에 의하여 자료를 제출받은 날로부터 30일 이내에 납부의무자에게 재건축부담금의 부과기준 및 예정액을 통지하여야 한다. <개정 2008.2.29., 2013.3.23.>

제15조(재건축부담금의 결정 및 부과) ① 국토교통부장관은 부과종료시점부터 4월 이내에 재건축부담금을 결정·부과하여야 한다. 다만, 납부의무자가 제16조제1항의 규정에 따라 고지전 심사를 청구한 경우에는 그 결과의 서면통지일로부터 1월 이내에 재건축부담금을 결정·부과하여야 한다. <개정 2008.2.29., 2013.3.23.>
② 국토교통부장관은 제1항의 규정에 의하여 재건축부담금을 결정·부과하고자 하는 경우에는 대통령령이 정하는 바에 따라 미리 납부의무자에게 그 부과기준 및 재건축부담금을 통지하여야 한다. <개정 2008.2.29., 2013.3.23.>

제16조(고지 전 심사 청구 등) ① 제15조의 규정에 의하여 재건축부담금을 통지받은 납부의무자는 부담금에 대하여 이의가 있는 경우 사전통지를 받은 날로부터 50일 이내에 국토교통부장관에게 심사(이하"고지 전 심사"라 한다)를 청구할 수 있다. <개정 2008.2.29., 2013.3.23.>
② 고지 전 심사를 청구하고자 할 때에는 대통령령이 정하는 사항을 기재한 고지 전 심사청구서를 국토교통부장관에게 제출하여야 한다. <개정 2008.2.29., 2013.3.23.>
③ 제1항의 규정에 의하여 고지 전 심사의 청구를 받은 국토교통부장관은 그 청구일로부터 30일 이내에 이를 심사하여 대통령령이 정하는 사항을 기재하여 그 결과를 서면으로 통지하여야 한다. <개정 2008.2.29., 2013.3.23.>
④ 제1항의 규정에 의한 고지 전 심사 청구의 내용이 제9조 및 제10조와 관련된 사항일 경우 국토교통부장관은 부동산가격조사 전문기관의 검증과 부동산가격공시위원회의 심의를 거쳐 재건축부담금을 재산정하여 부과하여야 하며, 이 경우 제3항의 규정에 불구하고 심사기간을 최장 60일까지 연장할 수 있다. <개정 2008.2.29., 2013.3.23., 2016.1.19.>

제17조(재건축부담금의 납부) ①재건축부담금의 납부의무자는 부과일부터 6월 이내에 재건축부담금을 납부하여야 한다.
② 재건축부담금은 현금에 의한 납부를 원칙으로 한다. 다만, 대통령령으로 정하는 납부대행기관을 통하여 신용카드·직불카드 등(이하"신용카드등"이라 한다)으로 납부하거나 해당 주택재건축사업으로 건설·공급되는 주택으로 납부(이하"물납"이라 한다)할 수 있다. <개정 2017.3.21.>
③ 제2항 단서에 따라 재건축부담금을 신용카드등으로 납부하는 경우에는 납부대행기관의 승인일을 납부일로 본다. 이 경우 납부대행기관의 지정, 지정 취소, 납부대행 수수료 및 운영 등에 필요한 사항은 대통령령으로 정한다. <신설 2017.3.21.>
④제2항의 규정에 따라 물납한 주택의 가액은 제9조의 규정을 준용하여 산정하되, 구체적인 물납의 기준·절차 그 밖에 필요한 사항은 대통령령으로 정한다. <개정 2017.3.21.>
⑤제2항의 규정에 따라 물납된 주택은 제4조의 규정에 불구하고 주택도시기금으로 귀속되며, 국토교통부장관은 물납된 주택을 국민 주거안정과 주택시장 안정에 기여할 수 있도록 운용하여야 한다. <개정 2008.2.29., 2013.3.23., 2015.1.6., 2017.3.21.>

제17조(재건축부담금의 납부) ①재건축부담금의 납부의무자는 부과일부터 6월 이내에 재건축부담금을 납부하여야 한다.
② 재건축부담금은 현금에 의한 납부를 원칙

으로 한다. 다만, 대통령령으로 정하는 납부대행기관을 통하여 신용카드·직불카드 등(이하 "신용카드등"이라 한다)으로 납부하거나 해당 재건축사업으로 건설·공급되는 주택으로 납부(이하"물납"이라 한다)할 수 있다. <개정 2017.2.8., 2017.3.21.>

③ 제2항 단서에 따라 재건축부담금을 신용카드등으로 납부하는 경우에는 납부대행기관의 승인일을 납부일로 본다. 이 경우 납부대행기관의 지정, 지정 취소, 납부대행 수수료 및 운영 등에 필요한 사항은 대통령령으로 정한다. <신설 2017.3.21.>

④ 제2항의 규정에 따라 물납한 주택의 가액은 제9조의 규정을 준용하여 산정하되, 구체적인 물납의 기준·절차 그 밖에 필요한 사항은 대통령령으로 정한다. <개정 2017.3.21.>

⑤ 제2항의 규정에 따라 물납된 주택은 제4조의 규정에 불구하고 주택도시기금으로 귀속되며, 국토교통부장관은 물납된 주택을 국민 주거안정과 주택시장 안정에 기여할 수 있도록 운용하여야 한다. <개정 2008.2.29., 2013.3.23., 2015.1.6., 2017.3.21.>

[시행일 : 2018.2.9.] 제17조

제18조(재건축부담금의 징수 등) 재건축부담금의 납부의 고지, 납부의 연기 및 분할납부, 징수방법, 행정심판의 특례 등 재건축부담금의 납부·징수에 관하여 이 법에 규정되어 있는 것을 제외하고는 「개발이익환수에 관한 법률」 제15조부터 제17조까지, 제19조부터 제23조까지와 제26조의 규정을 준용한다. 다만, 2차 납부의무 조합원에 대한 납부고지는 「국세징수법」 제12조를 준용한다. <개정 2008.3.28.>

제19조(부담금의 사전징수 및 예치) ①납부의무자는 관리처분계획에 따라 제14조의 규정에 의한 재건축부담금 예정액의 전부 또는 일부를 조합원으로부터 사전에 징수할 수 있다.

②납부의무자는 국토교통부장관이 지정하는 계좌를 통해서만 제1항의 규정에 따라 재건축부담금을 사전에 징수하여 예치할 수 있으며, 계좌의 개설, 관리 등과 관련하여 필요한 사항은 대통령령으로 정한다. <개정 2008.2.29., 2013.3.23.>

③제1항의 규정에 의하여 재건축부담금을 사전에 징수·예치하고자 하는 경우 납부의무자는 조합원별 부담금 배분기준, 부담금 예정액, 계좌번호 등 대통령령이 정하는 사항을 명기한 납부고지서를 조합원에게 통지하여야 한다.

④국토교통부장관은 제15조의 규정에 의하여 결정된 재건축부담금에서 제2항의 규정에 의하여 부과시점 이전에 예치받은 금액에 제10조의 규정에 의하여 고시된 정기예금이자율의 2배에 해당하는 이자를 합한 금액을 차감한 후 재건축부담금을 부과할 수 있으며, 이자의 계산방식 등 구체적인 사항은 대통령령으로 정한다. <개정 2008.2.29., 2013.3.23.>

제20조(자료제출의무) 납부의무자는 부과종료시점으로부터 1월 이내에 다음 각 호의 구분에 따라 국토교통부령이 정하는 바에 따라 제11조의 규정에 의한 개발비용 등의 산정 및 제13조의 규정에 의한 부담금액 공제에 필요한 내역서를 국토교통부장관에게 제출하여야 한다. <개정 2008.2.29., 2013.3.23., 2017.3.21.>

1. 「도시 및 주거환경정비법」에 의한 준공인가를 받은 경우
2. 제8조제3항 각 호에 해당하는 경우

제21조(자료의 통보) ①주택재건축사업에 관하여 인가 등을 한 행정청은 인가 등을 한 날부터 15일 이내에 그 사실을 국토교통부장관에게 통보하여야 한다. <개정 2008.2.29., 2013.3.23.>

②국토교통부장관이 재건축부담금을 부과한 경우에는 국토교통부령이 정하는 바에 의하여 대상사업·납부의무자·부과금액·사업기간 및 부과일 등에 관한 사항을 부과일부터 15일 이내에 국세청장에게 통보하여야 한다. <개정 2008.2.29., 2013.3.23.>

제21조(자료의 통보) ①재건축사업에 관하여 인가 등을 한 행정청은 인가 등을 한 날부터 15일 이내에 그 사실을 국토교통부장관에게 통보하여야 한다. <개정 2008.2.29., 2013.3.23., 2017.2.8., 2017.3.21.>

②국토교통부장관이 재건축부담금을 부과한 경우에는 국토교통부령이 정하는 바에 의하여 대상사업·납부의무자·부과금액·사업기간 및 부과일 등에 관한 사항을 부과일부터 15일 이내에 국세청장에게 통보하여야 한다. <개정 2008.2.29., 2013.3.23.>

[시행일 : 2018.2.9.] 제21조

제22조(권한의 위임 등) ①국토교통부장관은 이

법에 의한 재건축부담금의 결정·부과 및 징수에 관한 권한을 대통령령이 정하는 바에 따라 시·도지사 또는 시장·군수·구청장에게 위임할 수 있다. <개정 2008.2.29., 2013.3.23.>

② 시·도지사 또는 시장·군수·구청장은 제1항의 규정에 의하여 재건축부담금의 결정·부과 및 징수와 관련하여 발생한 비용을 제4조의 규정에 의하여 해당지방자치단체에 귀속되는 재건축부담금으로 충당할 수 있다.

제23조(벌칙) ①재건축부담금을 면탈·감경할 목적 또는 면탈·감경하게 할 목적으로 다음 각 호의 어느 하나에 해당하는 행위를 한 자는 3년 이하의 징역 또는 면탈·감경하였거나 면탈·감경하고자 한 재건축부담금의 3배 이하에 상당하는 벌금에 처한다. <개정 2009.4.1.>

1. 허위의 계약을 체결한 자
2. 제20조에 따른 내역서를 허위로 제출한 자

② 법인의 대표자나 법인 또는 개인의 대리인, 사용인, 그 밖의 종업원이 그 법인 또는 개인의 업무에 관하여 제1항의 위반행위를 하면 그 행위자를 벌하는 외에 그 법인 또는 개인에게도 제1항의 벌금형을 과(科)한다. 다만, 법인 또는 개인이 그 위반행위를 방지하기 위하여 해당 업무에 관하여 상당한 주의와 감독을 게을리하지 아니한 경우에는 그러하지 아니하다. <개정 2009.4.1.>

제24조(과태료) ①제20조에 따른 내역서를 제출하지 아니하거나 게을리한 자에게는 다음 각 호의 어느 하나에 의한 과태료를 부과한다. <개정 2009.4.1.>

1. 제출하지 아니하거나 게을리한 기간(이하 이 항에서 "해태기간"이라 한다)이 기간 만료일부터 1월 이상 2월 미만인 때 : 재건축부담금의 100분의 1에 상당하는 금액 이하
2. 해태기간이 2월 이상 6월 미만인 때 : 재건축부담금의 100분의 2에 상당하는 금액 이하
3. 해태기간이 6월 이상 12월 미만인 때 : 재건축부담금의 100분의 4에 상당하는 금액 이하
4. 해태기간이 12월 이상인 때 : 재건축부담금의 100분의 8에 상당하는 금액 이하

②제1항에 따른 과태료는 대통령령으로 정하는 바에 따라 국토교통부장관이 부과·징수한다. <개정 2008.2.29., 2009.4.1., 2013.3.23.>

③ 삭제 <2009.4.1.>
④ 삭제 <2009.4.1.>
⑤ 삭제 <2009.4.1.>

부칙

<제14719호, 2017.3.21.>

제1조(시행일) 이 법은 공포 후 6개월이 경과한 날부터 시행한다. 다만, 부칙 제3조는 2018년 2월 9일부터 시행한다.

제2조(신탁업자 등의 재건축부담금 부과에 관한 적용례) ① 제6조제1항의 개정규정은 이 법 시행 후 관리처분계획인가를 신청하는 재건축사업부터 적용한다.

② 제1항에 따른 재건축부담금은 이 법 시행일 전의 사업시행기간을 포함하여 산정하되, 이 법 시행일을 기준으로 안분계산(按分計算)하여 이 법 시행일 이후의 사업시행기간에 해당하는 금액을 부과한다.

제3조(다른 법률의 개정) 법률 제14569호 빈집 및 소규모주택 정비에 관한 특례법 일부를 다음과 같이 개정한다.

법률 제14569호 빈집 및 소규모주택 정비에 관한 특례법 부칙 제8조제14항을 다음과 같이 한다.

⑭ 재건축초과이익 환수에 관한 법률 일부를 다음과 같이 개정한다.

제1조 중 "주택재건축사업(이하 "재건축사업"이라 한다)"을 "재건축사업 및「빈집 및 소규모주택 정비에 관한 특례법」에 따른 소규모재건축사업"으로 한다.

제2조제1호가목을 다음과 같이 하고, 같은 조 제4호 본문 및 제5호 본문 중 "주택재건축사업"을 각각 "재건축사업 및「빈집 및 소규모주택 정비에 관한 특례법」제2조제1항제3호다목에 따른 소규모재건축사업(이하 "재건축사업"이라 한다)"으로 한다.

가.「도시 및 주거환경정비법」제35조에 따라 설립된 재건축조합(같은 법 제27조제1항제3호에 따라 지정된 신탁업자를 포함한다) 및「빈집 및 소규모주택 정비에 관한 특례법」제23조에 따라 설립된 조합(이하 "조합"이라 한다)

제3조의2 중 "「도시 및 주거환경정비법」 제48조제1항에 따른 관리처분계획의 인가"를 "「도시 및 주거환경정비법」 제74조제1

항에 따른 관리처분계획의 인가 및 「빈집 및 소규모주택 정비에 관한 특례법」 제29조 제1항에 따른 사업시행계획인가"로 한다.
제5조 중 "주택재건축사업"을 "재건축사업"으로 한다.
제8조제1항 각 호 외의 부분 본문 중 "「도시 및 주거환경정비법」에 의한 당해 주택재건축사업"을 "재건축사업"으로 하고, 같은 항 각 호 외의 부분 단서 및 같은 항 제1호 중 "주택재건축사업"을 각각 "재건축사업"으로 하며, 같은 항 제3호 중 "「도시 및 주거환경정비법」 제8조제4항제8호"를 "「도시 및 주거환경정비법」 제27조제1항제3호"로 한다.
제8조제3항 각 호 외의 부분 본문 및 단서, 같은 항 제1호 중 "주택재건축사업"을 각각 "재건축사업"으로 한다.
제11조제1항 각 호 외의 부분 중 "주택재건축사업"을 "재건축사업"으로 하고, 같은 항 제3호 단서 중 "「국토의 계획 및 이용에 관한 법률」 및 「도시 및 주거환경정비법」"을 "「국토의 계획 및 이용에 관한 법률」, 「도시 및 주거환경정비법」 및 「빈집 및 소규모주택 정비에 관한 특례법」"으로 한다.
제17조제2항 중 "주택재건축사업"을 "재건축사업"으로 한다.
제21조제1항 중 "주택재건축사업"을 "재건축사업"으로 한다.

재건축초과이익 환수에 관한 법률 시행령

(약칭: 재건축이익환수법 시행령)

[시행 2017.9.22.]
[대통령령 제28280호, 2017.9.5., 일부개정]

제1조(목적) 이 영은 「재건축초과이익 환수에 관한 법률」에서 위임된 사항과 그 시행에 관하여 필요한 사항을 규정함을 목적으로 한다.

제2조(부과대상에서 제외되는 주택) 「재건축초과이익 환수에 관한 법률」(이하 "법"이라 한다) 제2조제4호 단서 및 제5호 단서에서 "국가 또는 공공기관 등이 보유하는 주택으로서 대통령령이 정하는 주택"이라 함은 다음 각 호의 주택을 말한다. <개정 2017.9.5.>

1. 국가 또는 지방자치단체가 보유하는 주택
2. 「정부투자기관 관리기본법」 제2조에 따라 동법의 적용을 받는 정부투자기관(이하"정부투자기관"이라 한다) 또는 「지방공기업법」 제49조에 따라 주택사업을 수행하기 위하여 설립된 지방공사(이하 "지방공사"라 한다)가 임대목적으로 보유하는 주택
3. 관계법령에 따라 주택을 건설·공급하는 때에 국가 또는 지방자치단체로 보는 기관이 임대목적으로 보유하는 주택

제3조(징수금의 지원을 위한 평가기준 및 지원절차 등) ①재건축부담금 부과대상이 되는 재건축 사업장이 소재한 지방자치단체의 장은 법 제4조제1항에 따라 재건축부담금이 귀속되는 기금 또는 회계와 동 재원의 운용계획을 부과종료시점까지 국토교통부장관에게 보고하여야 한다. <개정 2008.2.29., 2013.3.23.>

②법 제4조제4항제3호에서 "그 밖에 대통령령이 정하는 사항"이라 함은 다음 각 호의 사항을 말한다. <개정 2009.4.21., 2014.4.29., 2015.12.28.>

1. 「공공주택 특별법」 제2조제1호에 따른 공공주택(이하"공공주택"이라 한다) 등 지방자치단체별 주택사업의 실적
2. 재건축부담금의 활용 실적 및 운용계획

③국토교통부장관은 「주택도시기금법」에 따른 주택도시기금(이하"주택도시기금"이라 한다)에 귀속되는 재건축부담금을 법 제4조제4항에 따라 지방자치단체에 지원하려는 경우에는 다음 각 호의 사항을 다음 각 호의 구분에 따른 가중치를 적용하여 평가한 결과를 기준으로 하여 지원액을 정한다. 다만, 국토교통부장관은 재건축부담금을 보다 효율적으로 배분하기 위하여 필요하다고 인정하는 경우에는 다음 각 호의 사항을 다음 각 호의 구분에 따른 가중치의 100분의 10 범위 안에서 조정한 가중치를 적용하여 평가할 수 있다. <개정 2008.2.29., 2009.4.21., 2013.3.23., 2014.4.29., 2015.6.30.>

1. 지방자치단체별 주거기반시설의 설치 수준 : 20퍼센트
2. 지방자치단체별 주거복지실태 평가 결과 : 20퍼센트
3. 지방자치단체별 주거복지 증진 노력 : 20퍼센트
4. 공공주택 등 지방자치단체별 주택사업의 실적 : 30퍼센트
5. 재건축부담금의 활용 실적 및 운용계획 : 10퍼센트

④국토교통부장관은 제3항에 따른 가중치에 관하여 보다 세부적인 기준을 정하여 고시한다. <개정 2008.2.29., 2013.3.23.>

⑤국토교통부장관은 지방자치단체별로 제3항 각 호의 사항을 제3항 및 제4항에 따른 가중치를 적용하여 평가하는 경우에는 관계전문가의 의견을 들어야 한다. <개정 2008.2.29., 2013.3.23.>

⑥국토교통부장관은 필요한 경우 제5항에 따른 평가를 전문기관에 의뢰할 수 있다. <개정 2008.2.29., 2013.3.23.>

⑦법 제4조제4항에 따라 재건축부담금을 배분받으려는 지방자치단체의 장은 국토교통부령이 정하는 바에 따라 1월말까지 재건축부담금 사용계획서를 국토교통부장관에게 제출하여야 한다. <개정 2008.2.29., 2013.3.23.>

⑧국토교통부장관은 제7항에 따라 제출된 재건축부담금 사용계획서에 대한 심의결과를 3월말까지 관계지방자치단체의 장에게 통보하여야 한다. <개정 2008.2.29., 2013.3.23.>

⑨법 제4조제4항에 따라 재건축부담금을 배분받은 지방자치단체의 장은 해당자금의 집행명세 등 결산명세서를 다음 연도 1월말까지 국토교통부장관에게 제출하여야 한다. <개정 2008.2.29.,

2013.3.23.>

제4조(조합원별 재건축부담금 분담의 기준) ① 법 제6조제3항에서 "대통령령이 정하는 사항"이라 함은 다음 각 호의 사항을 말한다. <개정 2017.9.5.>

1. 조합원별 개시시점 부과대상 주택의 가격. 다만, 법 제8조에 따른 부과개시시점이 2006년 9월 24일 이전인 경우에는 개시시점 부과대상 주택의 가격에 제2호에 따른 종료시점 부과대상 주택의 가격 추정액에서 개시시점 부과대상 주택의 가격을 뺀 금액을 일 단위로 안분하여 개시시점부터 2006년 9월 24일까지 산정한 주택가격 변동분을 합한 주택의 가격을 말한다.
2. 조합원별 종료시점 부과대상 주택의 가격 추정액
3. 「도시 및 주거환경정비법」 제57조에 따른 조합원별 관리처분계획상 청산금

② 「도시 및 주거환경정비법」 제16조에 따라 설립된 재건축조합(같은 법 제8조제4항제8호에 따라 사업시행자로 지정된 신탁업자를 포함한다. 이하"조합"이라 한다)은 제1항 각 호의 사항을 고려하여 산정된 조합원별 순이익을 모두 합산한 총액에서 조합원별 순이익이 차지하는 비율에 기초하여 조합원별 재건축부담금의 분담비율을 결정하여야 한다. <개정 2017.9.5.>

제5조(부과개시시점) 법 제8조제1항제4호에서 "그 밖에 대통령령이 정하는 날"이라 함은 「도시 및 주거환경정비법」에 따른 주택재건축사업을 위하여 구성된 조합설립추진위원회(이하"추진위원회"라 한다)가 분할된 경우에는 분할 이전에 최초로 해당추진위원회의 승인을 받은 날을 말한다. 다만, 법 제8조제1항제1호에 해당하는 조합이 분할된 경우에는 분할 이전에 최초로 해당 조합의 인가를 받은 날을 말한다. <개정 2017.9.5.>

제6조(주택가액의 산정) ①국토교통부장관은 법 제9조제1항에 따라 공시된 부과대상 주택가격이 없는 경우에 개시시점 주택가액을 산정하는 때 또는 법 제9조제2항에 따라 종료시점 주택가액을 산정하는 때에는 「부동산 가격공시에 관한 법률」 제16조제5항, 제18조제5항 및 같은 법 시행령 제31조, 제45조를 준용한다. <개정 2008.2.29., 2013.3.23., 2017.9.5.>

②국토교통부장관은 「도시 및 주거환경정비법」 제30조의3제2항에 따라 건설된 재건축소형주택에 대하여 법 제9조제2항에 따라 종료시점 주택가격을 산정하는 경우에는 「도시 및 주거환경정비법」 제30조의3제3항에 따라 국토교통부장관, 특별시장·광역시장·특별자치시장·도지사·특별자치도지사, 「한국토지주택공사법」에 따른 한국토지주택공사 또는 지방공사가 해당 재건축소형주택을 인수한 가격을 그 주택의 종료시점 주택가액으로 산정한다. <개정 2008.2.29., 2009.9.21., 2010.3.4., 2013.3.23., 2017.9.5.>

③국토교통부장관은 법 제9조제1항에 따라 공시된 부과대상 주택가격이 없는 경우에 개시시점 주택가액을 산정하는 때 또는 법 제9조제2항에 따라 종료시점 주택가액을 산정하는 때에는 국토교통부령이 정하는 바에 따라 해당 조합의 의견을 들어야 한다. <개정 2008.2.29., 2013.3.23., 2017.9.5.>

④법 제9조제2항에 따른 부동산가격공시위원회는 「부동산 가격공시에 관한 법률」 제24조에 따른 중앙부동산가격공시위원회(이하"중앙부동산가격공시위원회"라 한다)를 말한다. 다만, 법 제9조에 따른 주택가액의 산정 권한이 특별자치시장·특별자치도지사·시장·군수 또는 자치구의 구청장(이하"시장·군수·구청장"이라 한다)에게 위임된 경우에는 「부동산 가격공시에 관한 법률」 제25조에 따른 시·군·구(자치구인 구를 말한다. 이하 같다)부동산가격공시위원회(이하"시·군·구부동산가격공시위원회"라 한다)를 말한다. <개정 2016.8.31., 2017.9.5.>

⑤국토교통부장관은 법 제9조제1항 및 제2항에 따라 산정한 주택가액에 계산이 틀렸거나 잘못 기록한 것, 그 밖에 국토교통부령이 정하는 명백한 오류가 있음을 발견한 때에는 지체 없이 정정(訂正)하여야 한다. <개정 2008.2.29., 2013.3.23.>

제7조(부동산가격조사 전문기관의 선정 등) ①법 제9조제2항에서"대통령령이 정하는 부동산가격의 조사·산정에 관한 전문성이 있는 기관"이라 함은 「한국감정원법」에 따른 한국감정원(이하"한국감정원"이라 한다)을 말한다. <개정 2008.2.29., 2009.7.27., 2013.3.23., 2016.8.31., 2017.9.5.>

②국토교통부장관은 법 제9조제2항 및 이 조 제1항에 따라 종료시점 주택가액의 조사·산정을 한국감정원에 의뢰하여야 한다. <개정 2008.2.29., 2013.3.23., 2017.9.5.>
③ 삭제 <2017.9.5.>
④ 삭제 <2017.9.5.>
⑤국토교통부장관은 제2항에 따라 종료시점 주택가액의 조사·산정을 한국감정원에 의뢰하는 경우 국토교통부장관이 정한 수수료를 지급할 수 있다. <개정 2008.2.29., 2013.3.23., 2017.9.5.>
⑥한국감정원은 제2항에 따라 종료시점 주택가액의 조사·산정을 의뢰받은 경우 국토교통부령이 정하는 바에 따라 주택가액 조사·산정보고서를 국토교통부장관에게 제출하여야 한다. <개정 2008.2.29., 2013.3.23., 2017.9.5.>
⑦국토교통부장관은 한국감정원이 수행한 주택가액의 조사·산정이 부당하다고 인정되는 경우에는 그 사유를 구체적으로 밝혀 다시 조사·산정을 의뢰할 수 있다. 이 경우 그 주택의 가액은 다시 조사·산정한 가액으로 한다. <개정 2008.2.29., 2013.3.23., 2017.9.5.>

제8조(정상주택가격상승분의 산정) ①국토교통부장관은 법 제10조제1항에 따라 금융기관의 1년 만기 정기예금 평균이자율을 고려하여 정기예금 이자율을 산정·고시한다. <개정 2008.2.29., 2013.3.23.>
②법 제10조제2항 단서에 따라 특별자치시·특별자치도·시·군·자치구(이하"시·군·구"라 한다)의 주택가격 통계가 생산되기 이전 기간의 평균주택가격상승률은 국토교통부장관이 한국감정원에 의뢰하여 조사·산정한 내용을 기초로 중앙부동산가격공시위원회의 심의를 거쳐 결정한다. <개정 2008.2.29., 2009.7.27., 2013.3.23., 2016.8.31., 2017.9.5.>
③국토교통부장관은 제2항에 따라 평균주택가격상승률을 결정한 때에는 그 내용을 고시하여야 한다. <개정 2008.2.29., 2013.3.23.>
④법 제10조제1항에 따른 정상주택가격상승분은 그 산정기간이 1월 미만인 월에 대하여는 정기예금 이자율 또는 해당 시·군·구의 평균주택가격상승률을 일 단위로 안분적용하여 산정한다. <개정 2017.9.5.>

제9조(개발비용의 산정) ①법 제11조제1항제5호에서 "대통령령이 정하는 사항"이란 다음 각 호의 사항을 말한다. <개정 2010.3.4., 2017.9.5.>
1. 조합(추진위원회를 포함한다)의 운영과 관련된 경비
2. 「도시 및 주거환경정비법」 제30조의3에 따른 재건축소형주택 건설과 관련된 비용
②법 제11조제1항 각 호의 금액에 대한 구체적인 구성항목은 별표와 같다.
③법 제11조제1항 각 호에 따른 개발비용은 납부의무자가 해당주택재건축사업의 시행과 관련하여 지출한 비용으로서 「주식회사의 외부감사에 관한 법률」 제3조에 따른 감사인의 회계감사를 받은 후 계약서, 금융 및 세금 납부 자료 등 그 증명서류를 갖추어 제시한 금액에 한한다.
④제3항에 따라 납부의무자가 제시하는 금액 중 법 제11조제1항제1호·제2호 및 제5호에서 정하는 개발비용을 합한 금액이 「주택법」 제57조제6항제2호부터 제7호까지의 규정에 따른 금액 등에 비추어 적정범위를 초과하는 경우 국토교통부장관은 외부전문기관에 회계감사를 의뢰하는 등의 방법으로 해당개발비용의 적정성을 확인하여야 하며, 그 적정성을 확인할 수 없는 비용은 해당개발비용에 계상하지 아니한다. <개정 2008.2.29., 2013.3.23., 2016.8.11.>
⑤국토교통부장관은 제4항에 따라 개발비용의 적정성을 확인하기 전에 이에 관한 의견을 듣기 위하여 자문위원회를 구성·운영할 수 있다. 다만, 법 제9조에 따른 주택가액의 산정 권한이 시장·군수·구청장에게 위임된 경우에는 시장·군수·구청장이 자문위원회를 구성·운영하거나 유사한 기능을 수행하는 위원회 등에 의견을 들을 수 있다. <개정 2008.2.29., 2013.3.23., 2017.9.5.>

제10조(양도소득세의 개발비용 인정) 법 제13조에 따라 개발비용으로 계상되는 양도소득세액을 산정하는 경우에는 양도소득세를 일 단위로 안분하여 산정한다.

제11조(재건축부담금의 사전통지) ①국토교통부장관은 법 제15조제2항에 따라 재건축부담금을 결정·부과하기 전에 부과종료시점부터 3월 이내에 그 부과기준 및 재건축부담금을 납부의무자에게 미리 서면으로 통지하여야 한다.

<개정 2008.2.29., 2013.3.23.>

②제1항에 따른 재건축부담금의 사전통지의 구체적인 방법은 국토교통부령으로 정한다. <개정 2008.2.29., 2013.3.23.>

제12조(고지 전 심사) ①법 제16조제2항에서"대통령령이 정하는 사항"이라 함은 다음 각 호의 사항을 말한다.

1. 청구인의 성명(청구인이 법인인 경우에는 법인의 명칭 및 대표자의 성명을 말한다)
2. 청구인의 주소 또는 거소(청구인이 법인인 경우에는 법인의 주소 및 대표자의 주소 또는 거소를 말한다)
3. 재건축부담금 부과대상 주택에 관한 자세한 내용
4. 법 제15조제2항에 따라 사전통지된 부과기준과 재건축부담금
5. 고지 전 심사의 청구 이유

②납부의무자가 제1항 각 호의 사항에 대하여 관계증명서류 등이 있는 경우에는 이를 고지 전 심사청구서에 첨부하여야 한다.

③법 제16조제3항에서 "대통령령이 정하는 사항"이라 함은 다음 각 호의 사항을 말한다.

1. 청구인의 성명(청구인이 법인인 경우에는 법인의 명칭 및 대표자의 성명을 말한다)
2. 청구인의 주소 또는 거소(청구인이 법인인 경우에는 법인의 주소 및 대표자의 주소 또는 거소를 말한다)
3. 재건축부담금 부과대상 주택의 자세한 내용
4. 부과기준과 납부할 재건축부담금
5. 고지 전 심사의 결과 및 그 이유

④법 제16조제4항에 따른 부동산가격공시위원회는 중앙부동산가격공시위원회를 말한다. 다만, 고지 전 심사에 관한 권한이 시장 · 군수 · 구청장에게 위임된 경우에는 시 · 군 · 구부동산가격공시위원회를 말한다. <개정 2016.8.31., 2017.9.5.>

⑤법 제16조제4항에 따른 고지 전 심사의 구체적인 절차는 국토교통부령으로 정한다. <개정 2008.2.29., 2013.3.23.>

제12조의2(납부대행기관의 지정 등) ① 법 제17조제2항 단서에서 "대통령령으로 정하는 납부대행기관"이란 다음 각 호의 기관을 말한다.

1. 「민법」 제32조에 따라 금융위원회의 허가를 받아 설립된 금융결제원
2. 정보통신망을 이용하여 신용카드 · 직불카드 등(이하 이 조에서 "신용카드등"이라 한다)에 의한 결제를 수행하는 기관 중 시설, 업무수행능력, 자본금 규모 등을 고려하여 국토교통부장관이 납부대행기관으로 지정하여 고시한 기관

② 국토교통부장관은 제1항제2호에 따른 납부대행기관이 다음 각 호의 어느 하나에 해당하는 경우에는 납부대행기관의 지정을 취소할 수 있다. 이 경우 국토교통부장관은 그 지정 취소 사실을 관보에 고시하여야 한다.

1. 제1항제2호에 따른 시설 축소, 자본금 규모 감소 등으로 인하여 재건축부담금 납부 업무를 정상적으로 수행하기 어렵다고 인정되는 경우
2. 신용카드등에 의한 재건축부담금 납부 업무를 정상적으로 운영하지 못하는 등 업무수행능력에 문제가 있다고 판단되는 경우

③ 납부대행기관은 신용카드등에 의한 납부대행 용역의 대가로 납부금액의 1천분의 10을 초과하지 아니하는 범위에서 납부의무자로부터 납부대행 수수료를 받을 수 있다.

④ 납부대행기관은 제3항에 따른 납부대행 수수료에 대하여 국토교통부장관의 승인을 받아야 한다. 이 경우 국토교통부장관은 납부대행기관의 운영경비 등을 종합적으로 고려하여 납부대행 수수료를 승인하여야 한다.

⑤ 제1항부터 제4항까지에서 규정한 사항 외에 신용카드등에 의한 재건축부담금의 납부에 필요한 사항은 국토교통부장관이 정할 수 있다.

[본조신설 2017.9.5.]

제13조(물납의 신청 등) ①법 제17조제4항에 따라 물납을 신청하려는 자는 재건축부담금의 금액, 물납하려는 주택의 소재지, 물납 대상 주택의 면적 · 위치 · 가격 등을 적은 물납신청서를 국토교통부장관에게 제출하여야 한다. <개정 2008.2.29., 2013.3.23., 2017.9.5.>

②국토교통부장관은 제1항에 따른 물납신청서를 받은 날부터 30일 이내에 신청인에게 수납여부를 서면으로 통지하여야 한다. <개정 2008.2.29., 2013.3.23.>

③물납을 신청할 수 있는 주택의 가액은 해당재건축부담금의 부과액을 초과할 수 없으며, 납부의무자는 부과된 재건축부담금과 물납주택의 가액과의 차액을 현금으로 납부하

여야 한다.

④물납에 충당할 주택의 가액 산정은 법 제9조에 따라 산정된 부과종료시점의 주택가액에 부과종료시점부터 제2항에 따라 서면으로 통지한 날까지의 정상주택가격상승분을 합한 금액으로 한다.

제14조(재건축부담금의 사전징수 및 예치를 위한 계좌의 개설 등) ①납부의무자가 법 제19조제2항에 따라 재건축부담금을 사전에 징수하여 예치하기 위한 계좌를 개설하려는 경우 납부의무자는 국토교통부장관에게 재건축부담금의 사전징수를 위한 계좌의 개설을 신청할 수 있다. <개정 2008.2.29., 2013.3.23.>

②제1항에 따라 계좌의 개설을 신청받은 국토교통부장관은 신청일부터 7일 이내에 「주택도시기금법」 제10조제2항 및 제3항에 따라 주택도시기금 운용·관리에 관한 사무를 위탁받거나 재위탁받은 자로서 해당주택재건축사업이 시행되는 지역에 있는 금융기관에 해당 조합과 국토교통부장관의 공동명의로 계좌를 개설하여야 한다. 다만, 재건축부담금의 결정 및 부과 권한이 시장·군수·구청장에게 위임된 경우에는 조합과 시장·군수·구청장의 공동명의로 개설하여야 한다. <개정 2008.2.29., 2013.3.23., 2015.6.30., 2017.9.5.>

③법 제19조제1항 및 제2항에 따라 사전징수하여 예치된 재건축부담금은 주택도시기금으로 귀속된다. <개정 2015.6.30.>

④법 제19조제3항에서 "대통령령이 정하는 사항"이라 함은 다음 각 호의 사항을 말한다.

1. 재건축부담금의 부과기준 및 재건축부담금의 예정액 총액
2. 조합원별 재건축부담금의 배분기준 및 조합원별 재건축부담금의 예정액
3. 납부할 계좌번호

⑤법 제19조제4항에 따른 이자는 일 단위로 안분하여 산정한다.

⑥제1항에 따른 계좌의 개설 신청에 관한 구체적인 방법은 국토교통부령으로 정한다. <개정 2008.2.29., 2013.3.23.>

제15조(주택재건축사업의 조사) 국토교통부장관은 재건축부담금의 부과대상인 주택재건축사업의 누락을 방지하기 위하여 주택재건축사업에 대한 현지조사 또는 관계행정청에 대한 사실조회 등 필요한 조치를 할 수 있다. <개정 2008.2.29., 2013.3.23.>

제16조(재건축부담금 부과대상 사업의 고지) 국토교통부장관은 법 제21조에 따라 관계행정청의 통보를 받은 때에는 납부의무자에게 국토교통부령이 정하는 사항을 미리 고지하여야 한다. <개정 2008.2.29., 2013.3.23.>

제17조(권한의 위임) ①국토교통부장관은 법 제22조제1항에 따라 다음의 권한을 시장·군수·구청장에게 위임한다. <개정 2008.2.29., 2013.3.23., 2017.9.5.>

1. 법 제9조에 따른 주택가액의 산정
2. 법 제14조에 따른 재건축부담금 산정에 필요한 자료 제출의 접수 및 재건축부담금의 부과기준·예정액의 통지
3. 법 제15조에 따른 재건축부담금의 결정·부과 및 재건축부담금의 사전통지
4. 법 제16조에 따른 고지 전 심사청구의 접수, 심사 및 심사결과의 통지
5. 법 제17조제2항·제4항 및 이 영 제13조에 따른 물납신청서의 접수 및 수납여부의 통지
6. 법 제18조에 따른 재건축부담금 납부의 고지, 추징, 납부기일 전 징수, 납부의 연기, 분할납부, 납부의 독촉, 체납처분, 결손처분
7. 법 제19조 및 이 영 제14조에 따른 재건축부담금의 사전 징수금의 예치를 위한 계좌의 개설 신청의 접수, 계좌의 개설
8. 법 제20조에 따라 제출된 자료의 접수
9. 법 제21조제1항 및 이 영 제16조에 따라 관계행정청으로부터 통보된 자료의 접수 및 납부의무자에의 고지, 법 제21조제2항에 따른 국세청장에 대한 자료의 통보
10. 법 제24조에 따른 과태료의 부과·징수
11. 제9조제4항에 따른 개발비용의 확인
12. 제15조에 따른 주택재건축사업의 조사

②시장·군수·구청장은 제1항에 따라 징수한 재건축부담금 중 국가 귀속분은 주택도시기금에, 지방자치단체 귀속분은 「도시 및 주거환경정비법」 제82조에 따라 설치되는 도시·주거환경정비기금, 「도시재정비 촉진을 위한 특별법」 제24조에 따라 설치되는 재정비촉진특별회계 또는 「주택법」 제84조에 따라 설치되는 국민주택사업특별회계에 지체 없이 납입하여야 한다. <개정 2015.6.30., 2016.8.11., 2017.9.5.>

③시장·군수·구청장은 제1항에 따라 물납을 받은 때에는 지체 없이 해당주택을 주택도시기금 소관 국유재산으로 하기 위한 등기 이전, 그 밖의 필요한 조치를 하여야 한다. <개정 2015.6.30., 2017.9.5.>

④시장·군수·구청장은 제1항에 따라 징수한 분기별 재건축부담금의 부과실적, 징수실적, 납입실적, 물납실적을 작성하여 다음 분기 첫째 달 10일까지 국토교통부장관에게 제출하여야 한다. <개정 2008.2.29., 2013.3.23., 2017.9.5.>

제17조의2(규제의 재검토) 국토교통부장관은 제4조에 따른 조합원별 재건축부담금 분담의 기준에 대하여 2014년 1월 1일을 기준으로 3년마다(매 3년이 되는 해의 1월 1일 전까지를 말한다) 그 타당성을 검토하여 개선 등의 조치를 하여야 한다.

[본조신설 2013.12.30.]

제18조(과태료의 부과·징수) ① 삭제 <2010.3.4.>

② 삭제 <2010.3.4.>

③국토교통부장관은 위반행위의 동기·결과 및 횟수 등을 고려하여 법 제24조제1항 각 호에 따른 과태료 상한액의 2분의 1 범위 안에서 과태료를 경감할 수 있다. <개정 2008.2.29., 2013.3.23.>

④ 삭제 <2010.3.4.>

부칙

<제28280호, 2017.9.5.>

이 영은 2017년 9월 22일부터 시행한다.

개발제한구역의 지정 및 관리에 관한 특별조치법

(약칭: 개발제한구역법)

[시행 2018.2.10.]

[법률 제14846호, 2017.8.9., 일부개정]

제1조(목적) 이 법은 「국토의 계획 및 이용에 관한 법률」 제38조에 따른 개발제한구역의 지정과 개발제한구역에서의 행위 제한, 주민에 대한 지원, 토지 매수, 그 밖에 개발제한구역을 효율적으로 관리하는 데에 필요한 사항을 정함으로써 도시의 무질서한 확산을 방지하고 도시 주변의 자연환경을 보전하여 도시민의 건전한 생활환경을 확보하는 것을 목적으로 한다.

제2조(국가 등의 책무) ① 국가와 지방자치단체는 개발제한구역을 지정하는 목적이 달성되도록 성실히 관리하여야 한다.

② 국민은 국가와 지방자치단체가 개발제한구역을 관리하기 위하여 수행하는 업무에 협력하여야 하며, 개발제한구역이 훼손되지 아니하도록 노력하여야 한다.

제3조(개발제한구역의 지정 등) ① 국토교통부장관은 도시의 무질서한 확산을 방지하고 도시 주변의 자연환경을 보전하여 도시민의 건전한 생활환경을 확보하기 위하여 도시의 개발을 제한할 필요가 있거나 국방부장관의 요청으로 보안상 도시의 개발을 제한할 필요가 있다고 인정되면 개발제한구역의 지정 및 해제를 도시·군관리계획으로 결정할 수 있다. <개정 2011.4.14., 2013.3.23.>

② 개발제한구역의 지정 및 해제의 기준은 대상 도시의 인구·산업·교통 및 토지이용 등 경제적·사회적 여건과 도시 확산 추세, 그 밖의 지형 등 자연환경 여건을 종합적으로 고려하여 대통령령으로 정한다.

제4조(개발제한구역의 지정 등에 관한 도시·군관리계획의 입안) ① 개발제한구역의 지정 및 해제에 관한 도시·군관리계획(이하"도시·군관리계획"이라 한다)은 해당 도시지역을 관할하는 특별시장·광역시장·특별자치시장·특별자치도지사·시장 또는 군수(이하 이 조에서 "입안권자"라 한다)가 입안(立案)한다. 다만, 국가계획과 관련된 경우에는 국토교통부장관이 직접 도시·군관리계획을 입안하거나 관계 중앙행정기관의 장의 요청에 따라 관할 특별시장·광역시장·특별자치시장·도지사·특별자치도지사(이하 "시·도지사"라 한다), 시장 및 군수의 의견을 들은 후 도시·군관리계획을 입안할 수 있으며, 「국토의 계획 및 이용에 관한 법률」 제2조제1호에 따른 광역도시계획과 관련된 경우에는 도지사가 직접 도시·군관리계획을 입안하거나 관계 시장 또는 군수의 요청에 따라 관할 시장이나 군수의 의견을 들은 후 도시·군관리계획을 입안할 수 있다. <개정 2009.2.6., 2011.4.14., 2013.3.23., 2013.5.28.>

② 도시·군관리계획은 「국토의 계획 및 이용에 관한 법률」 제2조제1호에 따른 광역도시계획이나 같은 조 제3호에 따른 도시·군기본계획에 부합되도록 입안하여야 한다. <개정 2011.4.14.>

③ 개발제한구역에 관하여 작성되는 도시·군관리계획도서와 계획설명서의 작성 기준 및 작성 방법에 관하여는 「국토의 계획 및 이용에 관한 법률」 제25조제2항부터 제4항까지의 규정을 준용한다. <개정 2011.4.14.>

④ 입안권자는 제1항에 따라 개발제한구역의 해제에 관한 도시·군관리계획을 입안하는 경우에는 개발제한구역 중 해제하고자 하는 지역(이하 "해제대상지역"이라 한다)에 대한 개발계획 등 구체적인 활용방안과 해제지역이 아닌 지역으로서 개발제한구역 안의 훼손된 지역(건축물 또는 공작물 등 각종 시설물이 밀집되어 있거나 다수 산재되어 녹지로서의 기능을 충분히 발휘하기 곤란한 곳을 말하며 이 경우 각종 시설물의 적법 또는 불법여부는 고려하지 아니한다. 이하 "훼손지"라 한다)의 복구계획 등 주변 개발제한구역에 대한 관리방안을 포함하여야 한다. 이 경우 복구하고자 하는 훼손지의 범위는 해제대상지역 면적의 100분의 10부터 100분의 20까지에 상당하는 범위 안에서 「국토의 계획 및 이용에 관한 법률」 제106조에 따른 중앙도시계획위원회의 심의를 거쳐 국토교통부장관이 입안권자와 협의하여 결정한다. <신설 2009.2.6., 2011.4.14., 2013.3.23.>

⑤ 제4항 후단에 따라 복구하기로 한 훼손지는 해제대상지역의 개발사업에 관한 계획의 결정(「국토의 계획 및 이용에 관한 법률」 제49조제1호에 따른 지구단위계획 결정을 말하며, 다른 법령에 따라 지구단위계획 결정이 의제되는 협의를 거친 경우를 포함한다. 이하 "개발계획의 결정"이라 한다)을 받은 개발사업자(이하 "개발사업자"라 한다)가 복구하여야 한다. 이 경우 훼손지 복구에 소요되는 비용은 개발사업자가 부담한다. <신설 2009.2.6.>

⑥ 입안권자 또는 개발사업자는 제4항 및 제5항의 규정에도 불구하고 국토교통부장관이 「국토의 계획 및 이용에 관한 법률」 제106조에 따른 중앙도시계획위원회의 심의를 거쳐 해당 시·군·구 및 인접 시·군·구에 훼손지가 없는 등 부득이 한 사유가 있다고 인정하는 경우에는 제4항에 따른 훼손지의 복구계획을 제시하지 아니하거나 제5항에 따른 훼손지의 복구를 하지 아니할 수 있다. <신설 2009.2.6., 2013.3.23.>

⑦ 제4항 및 제5항에 따른 훼손지 복구에 관한 시행방법, 비용 등 필요한 사항은 대통령령으로 정한다. <신설 2009.2.6.>

[제목개정 2011.4.14.]

제4조의2(토지소유자 등의 훼손지 정비사업) ① 다음 각 호의 어느 하나에 해당하는 자는 대통령령으로 정하는 바에 따라 축사 등 동물·식물 관련 시설이 밀집된 훼손지의 정비사업(이하 "정비사업"이라 한다)을 시행할 수 있다. 이 경우 정비사업 구역 면적의 100분의 30 이상을 「도시공원 및 녹지 등에 관한 법률」 제2조에 따른 도시공원 또는 녹지로 조성하여 같은 법 제20조에 따른 공원관리청에 기부채납(寄附採納)하여야 한다.

1. 국유지·공유지를 제외한 해당 훼손지의 토지소유자
2. 제1호에 따른 토지소유자가 정비사업을 위하여 설립하는 조합

② 제1항에 따라 정비사업을 시행하려는 자는 대통령령으로 정하는 서류를 갖추어 관할 시장·군수·구청장(자치구의 구청장을 말한다)을 거쳐 시·도지사에게 제11조에 따른 개발제한구역관리계획의 수립 또는 변경을 요청하여야 한다.

③ 정비사업의 내용·방법, 제1항에 따른 훼손지의 구체적인 범위, 같은 항 제2호에 따른 조합의 설립요건·절차 등 필요한 사항은 대통령령으로 정한다.

[본조신설 2015.12.29.]

[법률 제13670호(2015.12.29.) 부칙 제2조의 규정에 의하여 이 조는 2020년 12월 31일까지 유효함]

제5조(해제된 개발제한구역의 재지정 등에 관한 특례) ① 국토교통부장관은 개발제한구역이 해제된 지역에 대하여 해제 후 최초로 결정되는 도시·군관리계획(「국토의 계획 및 이용에 관한 법률」 제2조제4호에 따른 도시·군관리계획을 말한다. 이하 이 조에서 같다)의 내용이 해제의 목적이나 용도 등에 부합하지 아니하는 경우에는 그 도시·군관리계획이 결정·고시된 날부터 3개월 이내에 해제지역을 관할하는 특별시장·광역시장·특별자치시장·특별자치도지사·시장 또는 군수에게 상당한 기한을 정하여 도시·군관리계획을 조정하도록 요구할 수 있다. 이 경우 특별시장·광역시장·특별자치시장·특별자치도지사·시장 또는 군수는 도시·군관리계획을 다시 검토하여 정비하여야 한다. <개정 2011.4.14., 2013.3.23., 2013.5.28.>

② 제1항에 따른 조정 요구를 받은 특별시장·광역시장·특별자치시장·특별자치도지사·시장 또는 군수가 제1항에 따른 기한까지 국토교통부장관의 조정 요구대로 도시·군관리계획을 정비하지 아니하면 국토교통부장관은 제4조제1항에도 불구하고 그 해제지역을 다시 개발제한구역으로 지정하는 도시·군관리계획을 직접 입안할 수 있다. 이 경우 제6조 및 제7조는 적용하지 아니한다. <개정 2011.4.14., 2013.3.23., 2013.5.28.>

③ 도시용지의 적절한 공급, 기반시설의 설치 등 대통령령으로 정하는 사유로 개발제한구역에서 해제된 지역이 다음 각 호의 어느 하나에 해당하는 경우에는 그 다음 날에 개발제한구역으로 환원된 것으로 본다. <신설 2015.12.29.>

1. 개발제한구역의 해제에 관한 도시·군관리계획이 결정·고시된 날부터 2년이 되는 날까지 관련 개발사업이 착공되지 아니한 경우
2. 관련 개발사업을 위한 사업구역 등의 지정이 효력을 잃게 된 경우

④ 제3항에 따라 개발제한구역으로 환원된 경우 그 개발제한구역에 대한 「국토의 계획 및 이용에 관한 법률」에 따른 용도지역은 개발제한구역이 해제되기 전의 용도지역으로 환원된 것으로 본다. <신설 2015.12.29.>

⑤ 제3항에 따라 개발제한구역으로 환원된 경우 국토교통부장관은 대통령령으로 정하는 바에 따라 그 내용을 관보에 고시하고, 관계 서류의 사본을 관할 시·도지사에게 송부하여야 하며, 관계 서류의 사본을 받은 시·도지사는 그 내용을 일반인이 열람할 수 있도록 하여야 한다. <신설 2015.12.29.>

[제목개정 2015.12.29.]

제6조(기초조사 등) ① 특별시장·광역시장·특별자치시장·특별자치도지사·시장 또는 군수는 도시·군관리계획을 수립하려고 할 때에는 인구·경제·사회·문화·교통·환경·토지이용, 그 밖에 대통령령으로 정하는 사항 중 도시·군관리계획의 수립에 필요한 사항을 대통령령으로 정하는 바에 따라 미리 조사하거나 측량하여야 한다. <개정 2011.4.14., 2013.5.28.>

② 국토교통부장관은 개발제한구역에 관한 정책의 수립, 개발제한구역의 효율적인 관리 등을 위하여 건축물, 토지의 소유 및 이용 등에 관한 실태를 조사할 수 있다. <신설 2013.5.28.>

③ 국토교통부장관은 제2항에 따른 실태조사를 위하여 필요한 경우 관계 중앙행정기관의 장 또는 지방자치단체의 장에게 자료의 제출을 요청할 수 있다. 이 경우 자료의 제출을 요청받은 관계 중앙행정기관의 장 또는 지방자치단체의 장은 특별한 사유가 없으면 해당 자료를 제출하여야 한다. <신설 2013.5.28.>

④ 국토교통부장관은 제2항에 따른 실태조사를 대통령령으로 정하는 공공기관에 위탁할 수 있다. <신설 2013.5.28.>

⑤ 제1항 및 제2항에 따른 조사나 측량 등을 위하여 타인의 토지에 출입하거나 그에 따른 손실을 보상하는 경우에는 「국토의 계획 및 이용에 관한 법률 제130조와 제131조를 준용한다. <개정 2013.5.28.>

[제목개정 2013.5.28.]

제7조(주민과 지방의회의 의견청취) ① 국토교통부장관, 시·도지사, 시장 또는 군수는 제4조에 따라 도시·군관리계획을 입안할 때 주민의 의견을 들어야 하며, 그 의견이 타당하다고 인정되면 그 도시·군관리계획안에 반영하여야 한다. 다만, 국방상 기밀을 요하는 사항(국방부장관의 요청이 있는 것만 해당한다)이거나 대통령령으로 정하는 경미한 사항은 그러하지 아니하다. <개정 2011.4.14., 2013.3.23.>

② 국토교통부장관이나 도지사가 제4조제1항 단서에 따라 도시·군관리계획을 입안하려면 주민의 의견청취 기한을 표시한 도시·군관리계획안을 관계 특별시장·광역시장·특별자치시장·특별자치도지사·시장 또는 군수에게 보내야 한다. <개정 2011.4.14., 2013.3.23., 2013.5.28.>

③ 제2항에 따라 도시·군관리계획안을 송부받은 특별시장·광역시장·특별자치시장·특별자치도지사·시장 또는 군수는 표시된 기한까지 그 도시·군관리계획안에 대하여 주민의 의견을 들은 후 그 결과를 국토교통부장관이나 도지사에게 제출하여야 한다. <개정 2011.4.14., 2013.3.23., 2013.5.28.>

④ 제1항에 따른 주민의 의견청취에 필요한 사항은 대통령령으로 정하는 기준에 따라 해당 지방자치단체의 조례로 정한다.

⑤ 국토교통부장관, 시·도지사, 시장 또는 군수가 도시·군관리계획을 입안하려는 때에는 대통령령으로 정하는 사항에 대하여 해당 지방의회의 의견을 들어야 한다. <개정 2011.4.14., 2013.3.23.>

⑥ 국토교통부장관이나 도지사가 제5항에 따라 지방의회의 의견을 듣는 경우에는 제2항 및 제3항을 준용한다. 이 경우 "주민"은 "지방의회"로 본다. <개정 2013.3.23.>

제8조(도시·군관리계획의 결정) ① 도시·군관리계획은 국토교통부장관이 결정한다. <개정 2011.4.14., 2013.3.23.>

② 국토교통부장관은 도시·군관리계획을 결정하려는 때에는 관계 중앙행정기관의 장과 미리 협의하여야 한다. 이 경우 협의를 요청받은 기관의 장은 그 요청을 받은 날부터 30일 이내에 의견을 제시하여야 한다. <개정 2011.4.14., 2013.3.23.>

③ 국토교통부장관은 도시·군관리계획을 결정하려는 때에는 「국토의 계획 및 이용에 관한 법률」 제106조에 따른 중앙도시계획위원회의 심의를 거쳐야 한다. <개정 2011.4.14.,

2013.3.23.>

④ 국토교통부장관은 국방상 기밀을 요한다고 인정되는 경우(국방부장관의 요청이 있는 때에만 해당한다)에는 그 도시·군관리계획의 전부 또는 일부에 대하여 제2항과 제3항에 따른 절차를 생략할 수 있다. <개정 2011.4.14., 2013.3.23.>

⑤ 결정된 도시·군관리계획을 변경하려는 경우에는 제2항부터 제4항까지의 규정을 준용한다. 다만, 대통령령으로 정하는 경미한 사항을 변경하는 경우에는 그러하지 아니하다. <개정 2011.4.14.>

⑥ 국토교통부장관은 도시·군관리계획을 결정하면 대통령령으로 정하는 바에 따라 고시하고 관계 서류를 일반인에게 공람시켜야 한다. 이 경우 국토교통부장관은 자신이 결정한 도시·군관리계획에 대하여 관계 특별시장·광역시장·특별자치시장·특별자치도지사·시장 또는 군수에게 관계 서류를 보내어 이를 일반인이 공람할 수 있도록 하여야 한다. <개정 2011.4.14., 2013.3.23., 2013.5.28.>

⑦ 도시·군관리계획 결정은 제6항에 따른 고시를 한 날부터 그 효력이 발생한다. <개정 2011.4.14., 2013.5.28.>

[제목개정 2011.4.14.]

제9조(도시·군관리계획에 관한 지형도면의 고시) 국토교통부장관은 제8조제6항에 따라 도시·군관리계획 결정을 고시하는 경우에는 대통령령으로 정하는 바에 따라 해당 도시지역의 토지에 관하여 지적(地籍)이 표시된 지형도에 도시·군관리계획 사항을 명시한 도면(이하 "지형도면"이라 한다)을 작성하여 함께 고시하여야 한다. 이 경우 지형도면의 작성·고시 등에 관하여는 「토지이용규제 기본법」 제8조에 따른다.

[전문개정 2013.5.28.]

제10조 삭제 <2013.5.28.>

제11조(개발제한구역관리계획의 수립 등) ① 개발제한구역을 관할하는 시·도지사는 개발제한구역을 종합적으로 관리하기 위하여 5년 단위로 다음 각 호의 사항이 포함된 개발제한구역관리계획(이하 "관리계획"이라 한다)을 수립하여 국토교통부장관의 승인을 받아야 한다. <개정 2010.4.15., 2011.4.14., 2013.3.23., 2013.5.28., 2014.1.28., 2015.12.29.>

1. 개발제한구역 관리의 목표와 기본방향
2. 개발제한구역의 현황 및 실태에 대한 조사
3. 개발제한구역의 토지이용 및 보전
4. 개발제한구역에서 「국토의 계획 및 이용에 관한 법률」 제2조제7호에 따른 도시·군계획시설(이하 "도시·군계획시설"이라 한다)의 설치. 다만, 제12조제1항제1호가목 및 나목의 시설 등으로서 국토교통부장관이 정하는 도시·군계획시설은 관리계획을 수립하지 아니할 수 있다.
5. 개발제한구역에서 대통령령으로 정하는 규모 이상인 건축물의 건축 및 토지의 형질변경. 다만, 다음 각 목의 어느 하나에 해당하는 경우에는 제외한다.
   가. 제12조제1항제1호라목의 건축물로서 국토교통부장관이 정하는 건축물을 건축하는 경우
   나. 제13조에 따른 건축물의 건축으로서 개발제한구역 지정 이전에 조성된 기존 부지 안에서의 증축인 경우

5의2. 정비사업에 관한 사항

6. 제15조에 따른 취락지구의 지정 및 정비
7. 제16조에 따른 주민지원사업(이하 "주민지원사업"이라 한다)
8. 개발제한구역의 관리와 주민지원사업에 필요한 재원의 조달 및 운용
9. 그 밖에 개발제한구역의 합리적인 관리를 위하여 대통령령으로 정하는 사항

② 시·도지사가 관리계획을 변경하려면 국토교통부장관의 승인을 받아야 한다. 다만, 대통령령으로 정하는 경미한 사항을 변경하는 경우에는 승인을 받지 아니하여도 된다. <개정 2013.3.23.>

③ 개발제한구역이 둘 이상의 특별시·광역시·특별자치시·도에 걸쳐 있으면 관계 시·도지사가 공동으로 관리계획을 수립하거나 협의하여 관리계획을 수립할 자를 정한다. 관계 시·도지사가 협의를 하였으나 협의가 성립되지 아니하면 국토교통부장관이 관리계획을 수립할 자를 지정한다. <개정 2013.3.23., 2013.5.28.>

④ 제1항 및 제3항에도 불구하고 제1항제4호 및 제5호에 관한 사항이 「국토의 계획 및 이용에 관한 법률」 제2조제14호에 따른 국가계획에 해당하는 경우에는

국토교통부장관이 직접 관할 시·도지사 및 시장·군수·구청장(자치구의 구청장을 말한다. 이하 같다)의 의견을 듣고 관리계획을 수립 또는 변경할 수 있다. <신설 2013.5.28.>

⑤ 시·도지사가 관리계획을 수립 또는 변경하려면 미리 관계 시장·군수 또는 구청장의 의견을 듣고 「국토의 계획 및 이용에 관한 법률」 제113조에 따른 지방도시계획위원회의 심의를 거쳐야 한다. 다만, 대통령령으로 정하는 경미한 사항을 변경하는 경우에는 그러하지 아니하다. <개정 2010.4.15., 2013.5.28.>

⑥ 특별자치시장·특별자치도지사나 제4항 또는 제5항에 따라 관리계획에 대한 의견을 제시하려는 관계 시·도지사, 시장·군수 또는 구청장은 대통령령으로 정하는 바에 따라 미리 주민의 의견을 들어야 한다. 다만, 국방상 기밀을 요하는 경우에는 주민의 의견을 듣지 아니하여도 된다. <개정 2013.5.28.>

⑦ 국토교통부장관이 제1항이나 제2항에 따라 관리계획의 수립 또는 변경에 대한 승인을 하거나 제4항에 따라 직접 관리계획을 수립 또는 변경하려면 관계 중앙행정기관의 장과 협의한 후 「국토의 계획 및 이용에 관한 법률」 제106조에 따른 중앙도시계획위원회의 심의를 거쳐야 한다. <개정 2013.3.23., 2013.5.28.>

⑧ 시·도지사가 제1항이나 제2항에 따라 관리계획의 수립 또는 변경에 대한 승인을 받으면 대통령령으로 정하는 바에 따라 그 내용을 공고한 후 일반인이 열람할 수 있도록 하여야 한다. <개정 2013.5.28.>

⑨ 국토교통부장관이 제4항에 따라 직접 수립 또는 변경한 관리계획을 확정한 경우에는 그 내용을 관보에 고시하고, 관계 서류의 사본을 관할 시·도지사에게 송부하여야 하며, 관계 서류의 사본을 받은 시·도지사는 그 내용을 일반인이 열람할 수 있도록 하여야 한다. <신설 2013.5.28.>

⑩ 시·도지사 및 시장·군수·구청장은 건축물·공작물의 설치 허가, 토지의 형질변경 허가, 제15조에 따른 취락지구의 지정 및 주민지원사업의 시행 등 개발제한구역을 관리할 때 관리계획을 위반하여서는 아니 된다. <개정 2013.5.28.>

⑪ 관리계획의 수립에 관한 기본원칙, 개발제한구역의 관리에 관한 계획서 및 도면의 작성기준, 그 밖에 관리계획의 수립에 필요한 사항은 국토교통부장관이 정한다. <개정 2013.3.23., 2013.5.28.>

[법률 제13670호(2015.12.29.) 부칙 제2조의 규정에 의하여 이 조 제1항제5호의2는 2020년 12월 31일까지 유효함]

제12조(개발제한구역에서의 행위제한) ① 개발제한구역에서는 건축물의 건축 및 용도변경, 공작물의 설치, 토지의 형질변경, 죽목(竹木)의 벌채, 토지의 분할, 물건을 쌓아놓는 행위 또는 「국토의 계획 및 이용에 관한 법률」 제2조제11호에 따른 도시·군계획사업(이하 "도시·군계획사업"이라 한다)의 시행을 할 수 없다. 다만, 다음 각 호의 어느 하나에 해당하는 행위를 하려는 자는 특별자치시장·특별자치도지사·시장·군수 또는 구청장(이하 "시장·군수·구청장"이라 한다)의 허가를 받아 그 행위를 할 수 있다. <개정 2009.2.6., 2010.4.15., 2011.4.14., 2011.9.16., 2013.5.28., 2014.1.28., 2015.12.29.>

1. 다음 각 목의 어느 하나에 해당하는 건축물이나 공작물로서 대통령령으로 정하는 건축물의 건축 또는 공작물의 설치와 이에 따르는 토지의 형질변경
   가. 공원, 녹지, 실외체육시설, 시장·군수·구청장이 설치하는 노인의 여가활용을 위한 소규모 실내 생활체육시설 등 개발제한구역의 존치 및 보전관리에 도움이 될 수 있는 시설
   나. 도로, 철도 등 개발제한구역을 통과하는 선형(線形)시설과 이에 필수적으로 수반되는 시설
   다. 개발제한구역이 아닌 지역에 입지가 곤란하여 개발제한구역 내에 입지하여야만 그 기능과 목적이 달성되는 시설
   라. 국방·군사에 관한 시설 및 교정시설
   마. 개발제한구역 주민의 주거·생활편익·생업을 위한 시설

1의2. 도시공원, 물류창고 등 정비사업을 위하여 필요한 시설로서 대통령령으로 정하는 시설을 정비사업 구역에 설치하는 행위와 이에 따르는 토지의 형질변경

2. 개발제한구역의 건축물로서 제15조에 따라 지정된 취락지구로의 이축(移築)

3. 「공익사업을 위한 토지 등의 취득 및

보상에 관한 법률」 제4조에 따른 공익사업(개발제한구역에서 시행하는 공익사업만 해당한다. 이하 이 항에서 같다)의 시행에 따라 철거된 건축물을 이축하기 위한 이주단지의 조성

3의2. 「공익사업을 위한 토지 등의 취득 및 보상에 관한 법률」 제4조에 따른 공익사업의 시행에 따라 철거되는 건축물 중 취락지구로 이축이 곤란한 건축물로서 개발제한구역 지정 당시부터 있던 주택, 공장 또는 종교시설을 취락지구가 아닌 지역으로 이축하는 행위

4. 건축물의 건축을 수반하지 아니하는 토지의 형질변경으로서 영농을 위한 경우 등 대통령령으로 정하는 토지의 형질변경

5. 벌채 면적 및 수량(樹量), 그 밖에 대통령령으로 정하는 규모 이상의 죽목(竹木) 벌채

6. 대통령령으로 정하는 범위의 토지 분할

7. 모래·자갈·토석 등 대통령령으로 정하는 물건을 대통령령으로 정하는 기간까지 쌓아 놓는 행위

8. 제1호 또는 제13조에 따른 건축물 중 대통령령으로 정하는 건축물을 근린생활시설 등 대통령령으로 정하는 용도로 용도변경하는 행위

9. 개발제한구역 지정 당시 지목(地目)이 대(垈)인 토지가 개발제한구역 지정 이후 지목이 변경된 경우로서 제1호마목의 시설 중 대통령령으로 정하는 건축물의 건축과 이에 따르는 토지의 형질변경

② 시장·군수·구청장은 제1항 단서에 따라 허가를 하는 경우 허가 대상 행위가 제11조에 따라 관리계획을 수립하여야만 할 수 있는 행위인 경우에는 미리 관리계획이 수립되어 있는 경우에만 그 행위를 허가할 수 있다. <신설 2013.5.28.>

③ 제1항 단서에도 불구하고 주택 및 근린생활시설의 대수선 등 대통령령으로 정하는 행위는 시장·군수·구청장에게 신고하고 할 수 있다. <개정 2013.5.28.>

④ 제1항 단서와 제3항에도 불구하고 국토교통부령으로 정하는 경미한 행위는 허가를 받지 아니하거나 신고를 하지 아니하고 할 수 있다. <개정 2013.3.23., 2013.5.28.>

⑤ 시장·군수·구청장이 제1항 각 호의 행위 중 대통령령으로 정하는 규모 이상으로 건축물을 건축하거나 토지의 형질을 변경하는 행위 등을 허가하려면 대통령령으로 정하는 바에 따라 주민의 의견을 듣고 관계 행정기관의 장과 협의한 후 특별자치시·특별자치도·시·군·구 도시계획위원회의 심의를 거쳐야 한다. 다만, 도시·군계획시설 또는 제1항제1호라목의 시설 중 국방·군사에 관한 시설의 설치와 그 시설의 설치를 위하여 토지의 형질을 변경하는 경우에는 그러하지 아니하다. <개정 2011.4.14., 2011.9.16., 2013.5.28.>

⑥ 제1항 단서에 따라 허가를 하는 경우에는 「국토의 계획 및 이용에 관한 법률」 제60조, 제64조제3항 및 제4항의 이행보증금·원상회복에 관한 규정과 같은 법 제62조의 준공검사에 관한 규정을 준용한다. <개정 2013.5.28.>

⑦ 제1항 각 호와 제3항에 따른 행위에 대하여 개발제한구역 지정 당시 이미 관계 법령에 따라 허가 등(관계 법령에 따라 허가 등을 받을 필요가 없는 경우를 포함한다)을 받아 공사나 사업에 착수한 자는 대통령령으로 정하는 바에 따라 이를 계속 시행할 수 있다. <개정 2013.5.28.>

⑧ 제1항 단서에 따른 허가 또는 신고의 대상이 되는 건축물이나 공작물의 규모·높이·입지기준, 대지 안의 조경, 건폐율, 용적률, 토지의 분할, 토지의 형질변경의 범위 등 허가나 신고의 세부 기준은 대통령령으로 정한다. <개정 2013.5.28.>

⑨ 국토교통부장관이나 시·도지사가 제1항제1호 각 목의 시설 중 「국토의 계획 및 이용에 관한 법률」 제2조제13호에 따른 공공시설을 설치하기 위하여 같은 법 제91조에 따라 실시계획을 고시하면 그 도시·군계획시설사업은 제1항 단서에 따른 허가를 받은 것으로 본다. <개정 2011.4.14., 2011.9.16., 2013.3.23., 2013.5.28.>

⑩ 제9항에 따라 허가를 의제받으려는 자는 실시계획 인가를 신청하는 때에 허가에 필요한 관련 서류를 함께 제출하여야 하며, 국토교통부장관이나 시·도지사가 실시계획을 작성하거나 인가할 때에는 미리 관할 시장·군수·구청장과 협의하여야 한다. <개정 2013.3.23., 2013.5.28.>

[법률 제12372호(2014.1.28.) 부칙 제2조의 규정에 의하여 이 조 제1항제9호는 2015년 12월 31일까지 유효함]

[법률 제13670호(2015.12.29.) 부칙 제2조의 규정에 의하여 이 조 제1항제1호의

2는 2020년 12월 31일까지 유효함]

제12조의2(시·도지사의 행위허가 제한 등) ① 시·도지사는 개발제한구역의 보전 및 관리를 위하여 특히 필요하다고 인정되는 경우에는 제12조제1항 단서 및 같은 항 각 호에 따른 시장·군수·구청장의 행위허가를 제한할 수 있다.

② 시·도지사는 제1항에 따라 행위허가를 제한하는 경우에는 제7조에 따라 주민의견을 청취한 후 「국토의 계획 및 이용에 관한 법률」 제113조제1항에 따른 시·도도시계획위원회의 심의를 거쳐야 한다. ③ 제1항에 따른 제한기간은 2년 이내로 한다. 다만, 한 차례만 1년의 범위에서 제한기간을 연장할 수 있다.

④ 시·도지사는 제1항에 따라 행위허가를 제한하는 경우에는 제한 목적·기간·대상과 행위허가 제한구역의 위치·면적·경계 등을 상세하게 정하여 관할 시장·군수·구청장에게 통보하여야 하며, 시장·군수·구청장은 지체 없이 이를 공고하여야 한다.

⑤ 시·도지사는 제1항에 따라 행위허가를 제한하는 경우에는 지체 없이 국토교통부장관에게 보고하여야 하며, 국토교통부장관은 제한 내용이 지나치다고 인정하면 해제를 명할 수 있다.

[본조신설 2017.8.9.]

제13조(존속 중인 건축물 등에 대한 특례) 시장·군수·구청장은 법령의 개정·폐지나 그 밖에 대통령령으로 정하는 사유로 인하여 그 사유가 발생할 당시에 이미 존재하고 있던 대지·건축물 또는 공작물이 이 법에 적합하지 아니하게 된 경우에는 대통령령으로 정하는 바에 따라 건축물의 건축이나 공작물의 설치를 허가할 수 있다.

제13조의2(허가 또는 신고 등의 통보) 시장·군수·구청장(다른 법령에 따라 제12조제1항 및 제3항 또는 제13조에 따른 허가나 신고가 의제되는 협의를 거친 경우에는 해당 허가권자 또는 신고를 받은 자를 말한다)은 제12조제1항 단서 및 제3항 또는 제13조에 따른 허가를 하거나 신고를 받으면 지체 없이 그 내용을 국토교통부장관에게 알려야 한다. <개정 2013.3.23., 2013.5.28.>

[본조신설 2009.2.6.]

제13조의3(개발제한구역 관리전산망의 구성·운영 등) ① 국토교통부장관은 개발제한구역을 효율적으로 지정·관리하고 제16조에 따른 사업을 효율적으로 시행하기 위하여 개발제한구역 관리전산망(이하 "관리전산망"이라 한다)을 구성하여 운영할 수 있다. <개정 2011.9.16., 2013.3.23.>

② 국토교통부장관은 지방자치단체의 장에게 관리전산망을 구성·운영하기 위하여 필요한 자료의 제출 또는 정보의 제공을 요청할 수 있으며, 그 요청을 받은 지방자치단체의 장은 특별한 사정이 없는 한 이에 따라야 한다. <개정 2013.3.23.>

③ 지방자치단체의 장이 제2항에 따라 자료를 제출하거나 정보를 제공한 때에는 제13조의2 및 제22조제2항에 따른 통보와 제30조제5항에 따른 자료의 제출이나 정보를 제공한 것으로 본다.

④ 관리전산망은 「사회복지사업법」 제6조의2에 따른 정보시스템과 연계하여 자료 또는 정보를 활용할 수 있다. <신설 2011.9.16., 2013.5.28.>

⑤ 관리전산망의 구성·운영에 관하여 필요한 사항은 국토교통부장관이 정하는 바에 따른다. <개정 2011.9.16., 2013.3.23.>

[본조신설 2009.2.6.]

제13조의4(개발제한구역 내의 공무원의 배치 등) ① 국토교통부장관, 시·도지사 또는 시장·군수·구청장은 대통령령으로 정하는 바에 따라 개발제한구역의 관리, 개발제한구역 내 불법행위의 예방 및 단속에 관한 업무를 담당하는 국가공무원, 지방공무원 및 해당 지방자치단체에 소속된 청원경찰(이하 "관리공무원등"이라 한다)을 배치하여야 한다.

② 제1항에 따라 배치된 관리공무원등은 관할 구역의 순찰 등을 통하여 불법행위를 적발하는 경우 지체 없이 소속 기관의 장에게 보고하여야 한다.

[본조신설 2017.8.9.]

제14조(다른 법률과의 관계) ① 제12조제1항 단서 또는 제13조에 따라 허가를 받은 경우로서 제2항에 따라 시장·군수·구청장이 관계 행정기관의 장과 협의한 사항에 대

하여는 다음 각 호의 허가·협의·신고를 받은 것으로 본다. <개정 2010.5.31.>

1. 「산지관리법」 제14조와 제15조에 따른 산지전용허가 및 산지전용신고, 같은 법 제15조의2에 따른 산지일시사용허가·신고와 「산림자원의 조성 및 관리에 관한 법률」 제36조제1항 및 제4항에 따른 입목벌채등의 허가 및 신고
2. 「수도법」 제7조제4항에 따른 행위허가 또는 신고
3. 「도시공원 및 녹지 등에 관한 법률」 제24조제1항에 따른 도시공원의 점용허가와 같은 법 제27조제1항 단서에 따른 도시자연공원구역에서의 행위허가
4. 「하천법」 제33조에 따른 하천의 점용허가 및 같은 법 제50조에 따른 하천수의 사용허가

② 시장·군수·구청장이 제12조제1항 단서 또는 제13조에 따라 허가를 하는 경우와 제12조제3항에 따라 시장·군수·구청장에게 신고가 이루어진 경우에 제1항에 따른 사항이 포함되어 있으면 관계 행정기관의 장과 미리 협의하여야 한다. <개정 2013.5.28.>

제15조(취락지구에 대한 특례) ① 시·도지사는 개발제한구역에서 주민이 집단적으로 거주하는 취락(제12조제1항제3호에 따른 이주단지를 포함한다)을 「국토의 계획 및 이용에 관한 법률」 제37조제1항제8호에 따른 취락지구(이하 "취락지구"라 한다)로 지정할 수 있다.

② 취락을 구성하는 주택의 수, 단위면적당 주택의 수, 취락지구의 경계설정 기준 등 취락지구의 지정기준 및 정비에 관한 사항은 대통령령으로 정한다.

③ 취락지구에서의 건축물의 용도·높이·연면적 및 건폐율에 관하여는 제12조제8항에도 불구하고 따로 대통령령으로 정한다. <개정 2013.5.28.>

제16조(주민지원사업 등) ① 시·도지사 및 시장·군수·구청장은 관리계획에 따라 다음 각 호의 사업을 시행할 수 있다. <개정 2009.2.6., 2014.1.28.>

1. 개발제한구역 주민의 생활편익과 복지의 증진 및 생활비용의 보조 등을 위한 지원사업
2. 개발제한구역 보전과 관리 등을 위한 훼손지 복구사업

② 국토교통부장관은 「국가균형발전 특별법」에 따른 지역발전특별회계에서 제1항 각 호의 사업에 드는 비용을 지원할 수 있다. 이 경우 지원기준·금액 등은 제30조의시정명령에 관한 업무, 제30조의2의 이행강제금의 부과·징수에 관한 업무, 제34조의 과태료의 부과·징수에 관한 업무의 처리실적과 개발제한구역 관리실태 등을 종합적으로 고려하여 국토교통부장관이 정한다. <개정 2009.2.6., 2009.4.22., 2013.3.23., 2014.1.7.>

③ 국토교통부장관은 제15조제1항에 따라 지정된 취락지구에 건설하는 주택에 대하여는 「주택도시기금법」에 따른 주택도시기금을 우선적으로 지원할 수 있다. <개정 2013.3.23., 2015.1.6.>

④ 제1항에 따른 사업의 세부내용과 시행에 필요한 사항은 대통령령으로 정한다. <개정 2009.2.6.>

[제목개정 2009.2.6.]

제16조의2(생활비용 보조의 신청) ① 개발제한구역 주민 중 대통령령으로 정하는 자는 제16조제1항제1호에 따른 생활비용의 보조를 신청할 수 있다.

② 제1항에 따른 신청을 할 때에는 다음 각 호의 자료 또는 정보의 제공에 대한 신청자 및 그 가구원의 동의 서면을 제출하여야 한다.

1. 「금융실명거래 및 비밀보장에 관한 법률」 제2조제2호 및 제3호에 따른 금융자산 및 금융거래의 내용에 대한 자료 또는 정보 중 예금의 평균잔액과 그 밖에 대통령령으로 정하는 자료 또는 정보(이하 "금융정보"라 한다)
2. 「신용정보의 이용 및 보호에 관한 법률」 제2조제1호에 따른 신용정보 중 채무액과 그 밖에 대통령령으로 정하는 자료 또는 정보(이하 "신용정보"라 한다)
3. 「보험업법」 제4조제1항 각 호에 따른 보험에 가입하여 납부한 보험료와 그 밖에 대통령령으로 정하는 보험 관련 자료 또는 정보(이하 "보험정보"라 한다)

③ 제1항에 따른 비용 지원 신청의 방법과 절차 및 제2항에 따른 동의의 방법과 절차 등에 필요한 사항은 국토교통부령으로 정한다. <개정 2013.3.23.>

[본조신설 2011.9.16.]

제16조의3(금융정보등의 제공) ① 국토교통부장관 또는 시장·군수·구청장은 제16조제1항제1호 및 제2항에 따라 생활비용을 보조할 때에는 제16조의2에 따른 비용 지원을 신청한 자(이하 "비용 지원 신청자"라 한다) 및 그 가구원의 재산을 평가하기 위하여 「금융실명거래 및 비밀보장에 관한 법률」 제4조제1항과 「신용정보의 이용 및 보호에 관한 법률」 제32조제2항에도 불구하고 비용 지원 신청자 및 그 가구원이 제16조의2제2항에 따라 제출한 동의 서면을 전자적 형태로 바꾼 문서로 금융기관등(「금융실명거래 및 비밀보장에 관한 법률」 제2조제1호에 따른 금융회사등, 「신용정보의 이용 및 보호에 관한 법률」 제2조제6호에 따른 신용정보집중기관을 말한다. 이하 같다)의 장에게 금융정보·신용정보 또는 보험정보(이하 "금융정보등"이라 한다)의 제공을 요청할 수 있다. <개정 2013.3.23.>

② 제1항에 따라 금융정보등의 제공을 요청받은 금융기관등의 장은 「금융실명거래 및 비밀보장에 관한 법률」 제4조제1항과 「신용정보의 이용 및 보호에 관한 법률」 제32조제1항 및 제3항에도 불구하고 명의인의 금융정보등을 제공하여야 한다.

③ 제2항에 따라 금융정보등을 제공한 금융기관등의 장은 금융정보등의 제공사실을 명의인에게 통보하여야 한다. 다만, 명의인의 동의가 있는 경우에는 「금융실명거래 및 비밀보장에 관한 법률」 제4조의2제1항과 「신용정보의 이용 및 보호에 관한 법률」 제32조제7항에도 불구하고 통보하지 아니할 수 있다. <개정 2015.3.11.>

④ 제1항 및 제2항에 따른 금융정보등의 제공요청 및 제공은 「정보통신망 이용촉진 및 정보보호 등에 관한 법률」 제2조제1항제1호에 따른 정보통신망을 이용하여야 한다. 다만, 정보통신망의 손상 등 불가피한 경우에는 예외로 한다.

⑤ 제1항 및 제2항에 따른 업무에 종사하거나 종사하였던 자와 제29조에 따라 권한을 위임 또는 위탁받거나 받았던 자는 업무를 수행하면서 취득한 금융정보등을 이 법에서 정한 목적 외의 다른 용도로 사용하거나 다른 사람 또는 기관에 제공하거나 누설하여서는 아니 된다.

⑥ 제1항, 제2항 및 제4항에 따른 금융정보등의 제공요청 및 제공 등에 필요한 사항은 대통령령으로 정한다.

[본조신설 2011.9.16.]

제16조의4(자료제출 요구 등) ① 국토교통부장관 또는 시장·군수·구청장은 비용 지원 신청자 또는 지원이 확정된 자에게 비용 지원대상 자격 확인을 위하여 필요한 서류나 그 밖의 소득 및 재산 등에 관한 자료의 제출을 요구할 수 있으며, 지원대상 자격 확인을 위하여 필요한 자료 확보가 곤란하거나 제출한 자료가 거짓이라고 판단하는 경우 소속 공무원으로 하여금 관계인에게 필요한 질문을 하게 하거나비용 지원 신청자 및 지원이 확정된 자의 동의를 받아 주거 또는 그 밖의 필요한 장소에 출입하여 서류 등을 조사하게 할 수 있다. <개정 2013.3.23.>

② 국토교통부장관 또는 시장·군수·구청장은 제1항에 따른 조사 또는 비용 지원 업무를 수행하기 위하여 필요하면 비용 지원 신청자의 가족관계, 국세·지방세, 토지·건물 또는 건강보험·국민연금 등에 관한 자료의 제공을 관계 기관의 장에게 요청할 수 있다. 이 경우 자료의 제공을 요청받은 관계 기관의 장은 특별한 사유가 없으면 이에 따라야 한다. <개정 2013.3.23.>

③ 제1항에 따라 출입·조사 또는 질문을 하는 자는 그 권한을 표시하는 증표를 지니고 이를 관계인에게 내보여야 한다.

④ 국토교통부장관 또는 시장·군수·구청장은 비용 지원 신청자 또는 지원이 확정된 자가 제1항에 따른 서류 또는 자료의 제출을 거부하거나 조사 또는 질문을 거부·방해 또는 기피하는 경우에는 제16조의2에 따른 비용 지원을 하지 아니하기로 결정하거나 지원결정을 취소 또는 변경할 수 있다. <개정 2013.3.23.>

⑤ 제1항에 따른 출입·조사 또는 질문의 범위·내용 및 시기 등은 대통령령으로 정한다.

[본조신설 2011.9.16.]

제17조(토지매수의 청구) ① 개발제한구역의 지정에 따라 개발제한구역의 토지를 종래

의 용도로 사용할 수 없어 그 효용이 현저히 감소된 토지나 그 토지의 사용 및 수익이 사실상 불가능하게 된 토지(이하 "매수대상토지"라 한다)의 소유자로서 다음 각 호의 어느 하나에 해당하는 자는 국토교통부장관에게 그 토지의 매수를 청구할 수 있다. <개정 2013.3.23.>

1. 개발제한구역으로 지정될 당시부터 계속하여 해당 토지를 소유한 자
2. 토지의 사용·수익이 사실상 불가능하게 되기 전에 해당 토지를 취득하여 계속 소유한 자
3. 제1호나 제2호에 해당하는 자로부터 해당 토지를 상속받아 계속하여 소유한 자

② 국토교통부장관은 제1항에 따라 매수청구를 받은 토지가 제3항에 따른 기준에 해당되면 그 토지를 매수하여야 한다. <개정 2013.3.23.>

③ 매수대상토지의 구체적인 판정기준은 대통령령으로 정한다.

제18조(매수청구의 절차 등) ① 국토교통부장관은 토지의 매수를 청구받은 날부터 2개월 이내에 매수대상 여부와 매수예상가격 등을 매수청구인에게 알려주어야 한다. <개정 2013.3.23.>

② 국토교통부장관은 제1항에 따라 매수대상토지임을 알린 경우에는 5년의 범위에서 대통령령으로 정하는 기간에 매수계획을 수립하여 그 매수대상토지를 매수하여야 한다. <개정 2013.3.23.>

③ 매수대상토지를 매수하는 가격(이하 "매수가격"이라 한다)은 「부동산 가격공시에 관한 법률」에 따른 공시지가를 기준으로 해당 토지의 위치·형상·환경 및 이용상황 등을 고려하여 평가한 금액으로 한다. 이 경우 매수가격의 산정시기와 산정방법 등은 대통령령으로 정한다. <개정 2016.1.19.>

④ 제1항부터 제3항까지의 규정에 따라 매수한 토지는 「국가균형발전 특별법」에 따른 지역발전특별회계의 재산으로 귀속된다. <개정 2009.4.22., 2014.1.7.>

⑤ 제1항부터 제3항까지의 규정에 따라 토지를 매수하는 경우에 그 매수절차와 그 밖에 필요한 사항은 대통령령으로 정한다.

제19조(비용의 부담) ① 국토교통부장관은 매수가격의 산정을 위한 감정평가 등에 드는 비용을 부담한다. <개정 2013.3.23.>

② 국토교통부장관은 제1항에도 불구하고 매수청구인이 정당한 사유 없이 매수청구를 철회하면 대통령령으로 정하는 바에 따라 감정평가에 따르는 비용의 전부 또는 일부를 매수청구인에게 부담시킬 수 있다. 다만, 다음 각 호의 어느 하나에 해당하면 그러하지 아니하다. <개정 2013.3.23.>

1. 매수예상가격에 비하여 매수가격이 대통령령으로 정하는 비율 이상으로 하락한 경우
2. 법령의 개정·폐지나 오염원의 소멸 등 대통령령으로 정하는 원인으로 제17조제1항에 따른 토지매수청구의 사유가 소멸된 경우

③ 매수청구인이 제2항 각 호 외의 부분 본문에 따라 부담하여야 하는 비용을 내지 아니하면 국세 체납처분의 예에 따라 징수한다.

제20조(협의에 의한 토지 등의 매수) ① 국토교통부장관은 개발제한구역을 지정한 목적을 달성하기 위하여 필요하면 소유자와 협의하여 개발제한구역의 토지와 그 토지의 정착물(이하 "토지등"이라 한다)을 매수할 수 있다. 이 경우 매수한 토지등의 귀속에 관하여는 제18조제4항을 준용한다. <개정 2013.3.23.>

② 제1항에 따라 개발제한구역의 토지등을 협의매수하는 경우에 그 가격의 산정시기·방법 및 기준에 관하여는 「공익사업을 위한 토지 등의 취득 및 보상에 관한 법률」 제67조제1항, 제70조, 제71조, 제74조, 제75조, 제76조, 제77조, 제78조제5항·제6항·제9항을 준용한다.

제21조(개발제한구역 보전 부담금) ① 국토교통부장관은 개발제한구역의 보전과 관리를 위한 재원을 확보하기 위하여 다음 각 호의 어느 하나에 해당하는 자에게 개발제한구역 보전부담금(이하 "부담금"이라 한다)을 부과·징수한다. <개정 2009.2.6., 2013.3.23.>

1. 해제대상지역 개발사업자 중 제4조제6항에 따라 복구계획을 제시하지 아니하거나 복구를 하지 아니하기로 한 자
2. 제12조제1항 단서 또는 제13조에 따른

허가(토지의 형질변경 허가나 건축물의 건축 허가에 해당하며, 다른 법령에 따라 제12조제1항 단서 또는 제13조에 따른 허가가 의제되는 협의를 거친 경우를 포함한다)를 받은 자

② 부담금을 내야 할 자(이하 "납부의무자"라 한다)가 대통령령으로 정하는 조합으로서 다음 각 호의 어느 하나에 해당하면 그 조합원(조합이 해산된 경우에는 해산 당시의 조합원을 말한다)이 부담금을 내야 한다.

1. 조합이 해산된 경우
2. 조합의 재산으로 그 조합에 부과되거나 그 조합이 내야 할 부담금·가산금 등을 충당하여도 부족한 경우

[제목개정 2009.2.6.]

제22조(부담금 부과를 위한 자료의 통보) ① 제4조제5항에 따른 해제대상지역 개발계획의 결정권자는 개발계획을 결정하면 지체 없이 그 내용을 국토교통부장관에게 알려야 한다. <개정 2013.3.23.>

② 시장·군수·구청장(다른 법령에 따라 제12조제1항 단서 또는 제13조에 따른 허가가 의제되는 협의를 거친 경우에는 해당 허가권자를 말한다)은 제12조제1항 단서 또는 제13조에 따라 허가를 하면 지체 없이 그 내용을 국토교통부장관에게 알려야 한다. <개정 2013.3.23.>

[전문개정 2009.2.6.]

제23조 삭제 <2009.2.6.>

제24조(부담금의 산정 기준) ① 제21조제1항제1호에 따른 부담금은 해제대상지역의 제곱미터당 개별공시지가 평균치의 100분의 15에 해당 지역의 면적을 곱하여 산정한다. 이 경우 바다·하천·도랑·제방(堤防) 및 도로 등 개발사업의 목적에 이용되지 아니하고 존치되는 경우로서 대통령령으로 정하는 것의 면적을 제외한다. <개정 2013.8.6., 2015.12.29.>

② 제21조제1항제2호에 따른 부담금은 다음의 계산식에 따른 금액으로 한다. <개정 2013.5.28.>

부담금 = (개발제한구역이 있는 특별자치시·특별자치도·시·군 또는 자치구의 개발제한구역 외의 지역에 위치하는 같은 지목에 대한 개별공시지가의 평균치 − 허가 대상 토지의 개별공시지가) × 허가 받은 토지형질변경 면적과 건축물 바닥면적의 2배 면적 × 100분의 150의 범위에서 별표에서 규정하는 시설별 부과율

③ 제1항 및 제2항에 따른 개별공시지가는 제4조제5항에 따른 해제대상지역 개발계획의 결정과 제12조제1항 단서 또는 제13조에 따른 허가 당시 그 직전에 공시된 개별공시지가를 기준으로 한다.

④ 그 밖에 부담금 산정에 관하여 필요한 사항은 대통령령으로 정한다.

[전문개정 2009.2.6.]

제25조(부담금의 부과·징수 및 납부 등)

① 국토교통부장관은 제22조에 따른 내용을 통보받으면 지체 없이 부담금을 부과하여야 하며 제4조제4항에 따른 복구를 하지 아니한 자에 대하여는 제21조제1항제1호에 따른 부담금을 지체 없이 부과하여야 한다. <개정 2009.2.6., 2013.3.23.>

② 부담금의 납부기한은 이를 부과한 날부터 6개월로 한다. 다만, 부득이한 사유가 인정되는 경우에는 국토교통부장관의 허가를 받아 1년 이내의 범위에서 납부기한을 연장하거나 분할납부하게 할 수 있다. <개정 2016.3.22.>

③ 국토교통부장관은 제2항 단서에 따라 부담금의 납부기한을 연장하거나 부담금을 분할납부하게 하는 경우 납부기한이 연장되거나 분할납부하는 부담금 부분에 대하여 대통령령으로 정하는 이자율에 해당하는 금액을 더하여 징수하여야 한다. <신설 2013.5.28.>

④ 부담금은 대통령령으로 정하는 납부대행기관을 통하여 현금 또는 신용카드·직불카드 등(이하 "신용카드등"이라 한다)으로 낼 수 있다. 다만, 국토교통부장관은 대통령령으로 정하는 바에 따라 납부의무자의 신청이 있으면 부과 대상 토지나 그와 유사한 토지로 대신 내는 것을 허가할 수 있다. <개정 2013.3.23., 2013.5.28., 2016.3.22.>

⑤ 제4항 본문에 따라 부담금을 신용카드등으로 내는 경우 납부대행기관의 승인일을 부

담금의 납부일로 본다. <신설 2016.3.22.>

⑥ 국토교통부장관은 납부의무자가 부담금을 납부기한까지 내지 아니하면 납부기한이 지난 후 10일 이내에 독촉장을 발부하여야 한다. 이 경우 납부기한은 독촉장을 발부한 날부터 15일로 한다. <개정 2013.3.23., 2013.5.28., 2016.3.22.>

⑦ 국토교통부장관은 납부의무자가 제2항에 따른 납부기한까지 부담금을 내지 아니하면 부담금의 100분의 3에 해당하는 가산금을 부과할 수 있다. <개정 2013.3.23., 2013.5.28., 2016.3.22.>

⑧ 국토교통부장관은 납부의무자가 독촉장을 받고 지정된 기한까지 부담금과 가산금을 내지 아니하면 해당 결정이나 허가를 취소하게 하거나 국세 체납처분의 예에 따라 부담금과 가산금을 징수할 수 있다. <개정 2009.2.6., 2013.3.23., 2013.5.28., 2016.3.22.>

⑨ 국토교통부장관은 제4조제5항에 따른 해제대상지역 개발계획의 결정 및 제30조에 따른 허가가 취소되거나 사업계획의 변경, 그 밖에 이에 준하는 사유로 대상면적이 감소하면 대통령령으로 정하는 바에 따라 부담금을 낸 자에게 그에 상당하는 부담금을 돌려주어야 한다. <개정 2009.2.6., 2013.3.23., 2013.5.28., 2016.3.22.>

⑩ 부담금의 부과·징수, 납부 및 환급의 방법과 절차, 납부대행기관의 지정, 지정 취소, 운영 및 납부대행 수수료 등에 필요한 사항은 대통령령으로 정한다. <개정 2013.5.28., 2016.3.22.>

第26条(부담금의 귀속 및 용도) ① 징수된 부담금은 「국가균형발전 특별법」에 따른 지역발전특별회계에 귀속된다. <개정 2009.4.22., 2014.1.7.>

② 부담금은 다음 각 호의 용도로 사용하여야 한다. <개정 2009.2.6., 2013.5.28.>

1. 제16조제1항에 따른 주민지원사업
2. 제17조와 제20조에 따른 토지등의 매수
3. 개발제한구역 내 훼손지 복구, 공원화 사업, 인공조림 조성, 여가체육공간조성 등
4. 개발제한구역의 지정 또는 해제에 관한 조사·연구
5. 개발제한구역 내 불법행위의 예방 및 단속
6. 개발제한구역의 실태조사

第27条(이의신청) ① 다음 각 호의 어느 하나에 해당하는 자는 「공익사업을 위한 토지 등의 취득 및 보상에 관한 법률」에 따른 중앙토지수용위원회에 이의신청을 할 수 있다.

1. 제18조에 따라 통보받은 매수 여부에 관한 결정 또는 매수가격에 이의가 있는 자
2. 제21조에 따른 부담금의 부과·징수에 대하여 이의가 있는 자

② 제1항에 따른 이의신청에 대하여는 「행정심판법」 제6조에도 불구하고 중앙토지수용위원회가 심리·의결하여 재결한다. <개정 2009.2.6., 2010.1.25.>

第28条(공공시설의 귀속) 제12조제1항 단서에 따른 허가를 받아 설치한 시설로서 「국토의 계획 및 이용에 관한 법률」 제2조제13호에 해당하는 공공시설의 귀속에 관하여는 같은 법 제65조를 준용한다.

第29条(권한 등의 위임 및 위탁) ① 이 법에 따른 국토교통부장관의 권한은 대통령령으로 정하는 바에 따라 그 일부를 시·도지사, 시장, 군수 또는 구청장에게 위임할 수 있다. <개정 2013.3.23., 2013.5.28.>

② 시·도지사, 시장, 군수 또는 구청장은 제1항에 따라 권한이 위임된 사무 중 대통령령으로 정하는 사무를 처리하는 경우에는 공익성, 환경훼손 가능성 및 「국토의 계획 및 이용에 관한 법률」 제106조에 따른 중앙도시계획위원회의 심의 필요성 등에 관하여 국토교통부장관과 미리 협의하여야 한다. 이 경우 시·도지사, 시장, 군수 또는 구청장은 특별한 사정이 없으면 국토교통부장관의 협의 의견에 따라야 한다. <신설 2015.12.29.>

③ 이 법에 따른 국토교통부장관 또는 시장·군수·구청장의 업무는 대통령령으로 정하는 바에 따라 그 일부를 보건복지부장관에게 위탁할 수 있다. <신설 2011.9.16., 2013.3.23., 2015.12.29.>

④ 국토교통부장관은 제17조부터 제20조까지의 규정에 따른 토지등의 매수에 관한 사무를 대통령령으로 정하는 바에 따라 토지등의 취득·관리 등의 업무를 수행하는 기관이나 단체에 위탁할 수 있다. <개정

2011.9.16., 2013.3.23., 2015.12.29.>
[제목개정 2011.9.16.]

제30조(법령 등의 위반자에 대한 행정처분) ① 시장·군수·구청장은 다음 각 호의 어느 하나에 해당하는 행위를 적발한 경우에는 그 허가를 취소할 수 있으며, 해당 행위자(위반행위에 이용된 건축물·공작물·토지의 소유자·관리자 또는 점유자를 포함한다. 이하 "위반행위자등"이라 한다)에 대하여 공사의 중지 또는 상당한 기간을 정하여 건축물·공작물 등의 철거·폐쇄·개축 또는 이전, 그 밖에 필요한 조치를 명(이하 "시정명령"이라 한다)할 수 있다. <개정 2009.2.6., 2011.4.14., 2013.5.28.>

1. 제12조제1항 단서 또는 제13조에 따른 허가를 받지 아니하거나 허가의 내용을 위반하여 건축물의 건축 또는 용도변경, 공작물의 설치, 토지의 형질변경, 토지분할, 물건을 쌓아놓는 행위, 죽목(竹木) 벌채 또는 도시·군계획사업의 시행을 한 경우
2. 거짓이나 그 밖의 부정한 방법으로 제12조제1항 단서 또는 제13조에 따른 허가를 받은 경우
3. 제12조제3항에 따른 신고를 하지 아니하거나 신고한 내용에 위반하여 건축물의 건축 또는 용도변경, 공작물의 설치, 토지의 형질변경, 죽목 벌채, 토지분할, 물건을 쌓아놓는 행위 또는 도시·군계획사업의 시행을 한 경우

② 시장·군수·구청장이 시정명령에관한 업무의 집행을 게을리하는 때에는 국토교통부장관 또는 시·도지사는 해당 시장·군수·구청장에게 기간을 정하여 그 집행을 철저히 할 것을 명령할 수 있다. 이 경우 명령이 이행되지 아니한 때에는 제1항의 규정에도 불구하고 국토교통부장관 또는 시·도지사가 직접 시정명령을 할 수 있으며, 국토교통부장관은 해당 지역을 관할하는 특별시장·광역시장·도지사 또는 지방국토관리청의 장으로 하여금 집행하게 할 수 있다. <신설 2009.2.6., 2013.3.23., 2013.5.28., 2017.8.9.>

③ 국토교통부장관 또는 시·도지사(제2항에 따라 국토교통부장관 또는 시·도지사가 직접 시정명령을 하거나 국토교통부장관이 해당 지역을 관할하는 특별시장·광역시장·도지사 또는 지방국토관리청의 장으로 하여금 집행하게 하는 경우에 한정한다. 이하 제4항부터 제6항까지에서 같다)는 제1항에 따른 위반행위자등 가운데 영리 목적 또는 상습적 위반행위자등에 대하여는 해당 시장·군수·구청장에게 허가취소를 요구할 수 있다. <신설 2009.2.6., 2013.3.23., 2013.5.28., 2017.8.9.>

④ 제3항에 따라 허가취소 요구를 받은 시장·군수·구청장은 특별한 사유가 없는 한 허가를 취소하여야 하고, 그 결과를 국토교통부장관 또는 시·도지사에게 알려야 한다. <신설 2009.2.6., 2013.3.23., 2017.8.9.>

⑤ 국토교통부장관 또는 시·도지사는 제2항에 따른 명령과 관련하여 시장·군수·구청장에게 필요한 자료 또는 정보를 요청할 수 있으며 그 요청을 받은 자는 특별한 사정이 없는 한 이에 따라야 한다. <신설 2009.2.6., 2013.3.23., 2017.8.9.>

⑥ 국토교통부장관 또는 시·도지사가 제2항에 따라 위반행위자등에 대하여 시정명령을 한 경우 이를 해당 시장·군수·구청장에게 알려야 한다. <신설 2009.2.6., 2013.3.23., 2017.8.9.>

⑦ 제1항 및 제4항에 따라 허가를 취소하려면 청문을 하여야 한다. <개정 2009.2.6.>

제30조의2(이행강제금) ① 시장·군수·구청장은 제30조제1항에 따른 시정명령을 받은 후 그 시정기간 내에 그 시정명령의 이행을 하지 아니한 자에 대하여 다음 각 호의 어느 하나에 해당하는 금액의 범위에서 이행강제금을 부과한다. <개정 2014.12.31., 2016.1.19.>

1. 허가 또는 신고의무 위반행위가 건축물의 건축 또는 용도변경인 경우: 해당 건축물에 적용되는「지방세법」에 따른 건축물 시가표준액의 100분의 50의 범위에서 대통령령으로 정하는 금액에 위반행위에 이용된 건축물의 연면적을 곱한 금액
2. 제1호 외의 위반행위인 경우: 해당 토지에 적용되는「부동산 가격공시에 관한 법률」에 따른 개별공시지가의 100분의 50의 범위에서 대통령령으로 정하는 금액에 위반행위에 이용된 토지의 면적을 곱한 금액

② 시장·군수·구청장은 제1항에 따른 이행

강제금을 부과하기 전에 상당한 기간을 정하여 그 기한까지 이행되지 아니할 때에는 이행강제금을 부과·징수한다는 뜻을 미리 문서로 계고하여야 한다.

③ 시장·군수·구청장은 제1항에 따른 이행강제금을 부과하는 때에는 이행강제금의 금액·부과사유·납부기한·수납기관·불복방법 등을 적은 문서로 하여야 한다.

④ 시장·군수·구청장은 최초의 시정명령이 있은 날을 기준으로 하여 1년에 2회의 범위 안에서 그 시정명령이 이행될 때까지 반복하여 제1항에 따른 이행강제금을 부과·징수할 수 있다.

⑤ 시장·군수·구청장은 제30조제1항에 따른 시정명령을 받은 자가 그 명령을 이행하는 경우에는 새로운 이행강제금의 부과를 중지하되, 이미 부과된 이행강제금은 징수하여야 한다.

⑥ 제3항에 따른 납부기한 내에 이행강제금을 납부하지 아니하는 경우에는 국세 체납처분의 예 또는 「지방세외수입금의 징수 등에 관한 법률」에 따라 징수한다. <개정 2013.8.6.>

⑦ 이행강제금의 부과에 관하여는 제30조제2항을 준용한다. 이 경우 "시정명령"은 "이행강제금 부과·징수"로 본다. <신설 2013.5.28.>

⑧ 국토교통부장관 또는 시·도지사가 제7항에 따라 이행강제금을 부과, 징수하면 이를 관할 시장·군수·구청장에게 알려야 한다. <개정 2013.3.23., 2013.5.28., 2017.8.9.>

⑨ 제1항에 따른 이행강제금의 부과기준이나 그 밖에 필요한 사항은 대통령령으로 정한다. <개정 2013.5.28.>

[본조신설 2009.2.6.]

제30조의3(이행강제금 징수 유예 특례) ① 시장·군수·구청장은 제30조의2에도 불구하고 2014년 12월 31일 이전에 제30조제1항 중 건축물의 용도변경과 관련된 위반행위를 한 자가 다음 각 호의 요건을 모두 갖춘 경우에는 2020년 12월 31일까지 이행강제금의 징수를 유예할 수 있다. <개정 2017.12.30.>

1. 동물·식물 관련 시설로서 다음 각 목의 어느 하나에 해당하는 시설을 허가의 내용을 위반하여 용도변경한 경우에 해당할 것
   가. 축사, 콩나물 재배사, 버섯 재배사, 온실
   나. 그 밖에 대통령령으로 정하는 시설
2. 유예 기간 이내에 이행강제금 부과의 원인이 되는 제30조제1항에 따른 시정명령을 이행하겠다는 동의서를 불가피한 사유가 없으면 6개월 이내에 제출할 것

② 시장·군수·구청장은 이행강제금의 징수를 유예받은 위반행위자가 다음 각 호의 어느 하나에 해당하면 유예 기간 이내라도 이행강제금을 징수하여야 한다.

1. 유예 기간 이내에 이행하기로 한 제1항제2호의 동의서 내용을 이행하지 아니한 경우
2. 유예 기간 이내에 다시 이 법에 따른 위반행위를 한 경우

[본조신설 2014.12.31.]

제30조의4(벌칙 적용에서 공무원 의제) 제29조제4항에 따라 위탁받은 업무에 종사하는 기관 또는 단체의 임직원은 「형법」 제129조부터 제132조까지의 규정에 따른 벌칙을 적용할 때에는 공무원으로 본다.
[본조신설 2017.8.9.]

제31조(벌칙) ① 제16조의3제5항을 위반하여 금융정보등을 이 법에서 정한 목적 외의 다른 용도로 사용하거나 다른 사람 또는 기관에 제공하거나 누설한 자는 5년 이하의 징역 또는 3천만원 이하의 벌금에 처한다.

② 다음 각 호의 어느 하나에 해당하는 자는 3년 이하의 징역 또는 3천만원 이하의 벌금에 처한다. <개정 2011.4.14.>

1. 영리를 목적으로 또는 상습으로 제12조제1항 단서 또는 제13조에 따른 허가를 받지 아니하거나 허가의 내용을 위반하여 건축물의 건축 또는 용도변경, 공작물의 설치, 토지의 형질변경, 죽목 벌채, 토지분할, 물건을 쌓아놓는 행위 또는 도시·군계획사업의 시행을 한 자
2. 상습으로 제30조제1항에 따른 시정명령을 이행하지 아니한 자
3. 거짓이나 그 밖의 부정한 방법으로 제12조제1항 단서 또는 제13조에 따른 허가를 받은 자

[전문개정 2011.9.16.]

제32조(벌칙) 다음 각 호의 어느 하나에 해당하는 자는 1년 이하의 징역 또는 1천만원

이하의 벌금에 처한다. <개정 2011.4.14.>

1. 제12조제1항 단서 또는 제13조에 따른 허가를 받지 아니하거나 허가의 내용을 위반하여 건축물의 건축 또는 용도변경, 공작물의 설치, 토지의 형질변경, 죽목 벌채, 토지분할, 물건을 쌓아놓는 행위 또는 도시·군계획사업의 시행을 한 자
2. 제30조제1항에 따른 시정명령을 이행하지 아니한 자

[전문개정 2009.2.6.]

제33조(양벌규정) 법인의 대표자나 법인 또는 개인의 대리인, 사용인, 그 밖의 종업원이 그 법인 또는 개인의 업무에 관하여 제31조 또는 제32조의 위반행위를 하면 그 행위자를 벌하는 외에 그 법인 또는 개인에게도 해당 조문의 벌금형을 과(科)한다. 다만, 법인 또는 개인이 그 위반행위를 방지하기 위하여 해당 업무에 관하여 상당한 주의와 감독을 게을리하지 아니한 경우에는 그러하지 아니하다.

[전문개정 2009.2.6.]

제34조(과태료) ① 제12조제3항에 따라 신고하지 아니하고 대통령령으로 정하는 경미한 행위를 한 자에게는 500만원 이하의 과태료를 부과한다. <개정 2013.5.28.>

② 제1항에 따른 과태료는 대통령령으로 정하는 바에 따라 시장·군수·구청장이 부과·징수한다.

③ 과태료의 부과에 관하여는 제30조제2항을 준용한다. 이 경우 "시정명령"은 "과태료 부과·징수"로 본다. <신설 2013.5.28.>

④ 국토교통부장관 또는 시·도지사가 제3항에 따라 과태료를 부과, 징수하면 이를 관할 시장·군수·구청장에게 알려야 한다. <개정 2009.2.6., 2013.3.23., 2013.5.28., 2017.8.9.>

⑤ 삭제 <2009.2.6.>

부칙

<제14846호, 2017.8.9.>

제1조(시행일) 이 법은 공포 후 6개월이 경과한 날부터 시행한다. 다만, 제30조의4, 별표 제3호 및 제5호의 개정규정은 공포한 날부터 시행한다.

제2조(행위허가 제한에 관한 적용례) 제12조의2의 개정규정은 이 법 시행 후 제12조제1항 단서에 따라 같은 항 각 호에 따른 행위를 위하여 허가 신청을 하는 경우부터 적용한다.

제3조(부담금 부과율에 관한 적용례) 별표 제3호 및 제5호의 개정규정은 같은 개정규정 시행 후 제12조제1항 단서에 따라 허가를 받는 경우부터 적용한다.

개발제한구역의 지정 및 관리에 관한 특별조치법 시행령

(약칭: 개발제한구역법 시행령)

[시행 2018.1.18.]

[대통령령 제28583호, 2018.1.16., 타법개정]

제1조(목적) 이 영은 「개발제한구역의 지정 및 관리에 관한 특별조치법」에서 위임된 사항과 그 시행에 필요한 사항을 규정함을 목적으로 한다.

제2조(개발제한구역의 지정 및 해제의 기준)

① 국토교통부장관이 「개발제한구역의 지정 및 관리에 관한 특별조치법」(이하"법"이라 한다) 제3조제1항에 따라 개발제한구역을 지정할 때에는 다음 각 호의 어느 하나에 해당하는 지역을 대상으로 한다. <개정 2013.3.23.>

1. 도시가 무질서하게 확산되는 것 또는 서로 인접한 도시가 시가지로 연결되는 것을 방지하기 위하여 개발을 제한할 필요가 있는 지역
2. 도시주변의 자연환경 및 생태계를 보전하고 도시민의 건전한 생활환경을 확보하기 위하여 개발을 제한할 필요가 있는 지역
3. 국가보안상 개발을 제한할 필요가 있는 지역
4. 도시의 정체성 확보 및 적정한 성장 관리를 위하여 개발을 제한할 필요가 있는 지역

② 개발제한구역은 법 제3조제1항에 따른 지정 목적을 달성하기 위하여 공간적으로 연속성을 갖도록 지정하되, 도시의 자족성 확보, 합리적인 토지이용 및 적정한 성장 관리 등을 고려하여야 한다.

③ 법 제3조제2항에 따라 개발제한구역이 다음 각 호의 어느 하나에 해당하는 경우에는 국토교통부장관이 정하는 바에 따라 개발제한구역을 조정하거나 해제할 수 있다. <개정 2009.8.5., 2012.5.14., 2012.11.12., 2013.3.23., 2013.10.30., 2015.6.1., 2015.9.8., 2016.3.29.>

1. 개발제한구역에 대한 환경평가 결과 보존가치가 낮게 나타나는 곳으로서 도시용지의 적절한 공급을 위하여 필요한 지역. 이 경우 도시의 기능이 쇠퇴하여 활성화할 필요가 있는 지역과 연계하여 개발할 수 있는 지역을 우선적으로 고려하여야 한다.
2. 주민이 집단적으로 거주하는 취락으로서 주거환경 개선 및 취락 정비가 필요한 지역
3. 도시의 균형적 성장을 위하여 기반시설의 설치 및 시가화(市街化) 면적의 조정 등 토지이용의 합리화를 위하여 필요한 지역
4. 지정 목적이 달성되어 개발제한구역으로 유지할 필요가 없게 된 지역
5. 도로(국토교통부장관이 정하는 규모의 도로만 해당한다)·철도 또는 하천 개수로(開水路)로 인하여 단절된 3만제곱미터 미만의 토지. 다만, 개발제한구역의 조정 또는 해제로 인하여 그 지역과 주변지역에 무질서한 개발 또는 부동산 투기행위가 발생하거나 그 밖에 도시의 적정한 관리에 지장을 줄 우려가 큰 때에는 그러하지 아니하다.
6. 개발제한구역 경계선이 관통하는 대지(垈地: 「공간정보의 구축 및 관리 등에 관한 법률」에 따라 각 필지로 구획된 토지를 말한다)로서 다음 각 목의 요건을 모두 갖춘 지역
   가. 개발제한구역의 지정 당시 또는 해제 당시부터 대지의 면적이 1천제곱미터 이하로서 개발제한구역 경계선이 그 대지를 관통하도록 설정되었을 것
   나. 대지 중 개발제한구역인 부분의 면적이 기준 면적 이하일 것. 이 경우 기준 면적은 특별시·광역시·특별자치시·도 또는 특별자치도(이하"시·도"라 한다)의 관할구역 중 개발제한구역 경계선이 관통하는 대지의 수, 그 대지 중 개발제한구역인 부분의 규모와 그 분포 상황, 토지이용 실태 및 지형·지세 등 지역 특성을 고려하여 시·도의 조례로 정한다.
7. 제6호의 지역이 개발제한구역에서 해제되는 경우 개발제한구역의 공간적 연속성이 상실되는 1천제곱미터 미만의 소규모 토지

④ 제3항제2호 또는 제5호에 해당하는 지역을 개발제한구역에서 해제하려는 경우에는 「국토의 계획 및 이용에 관한 법률」 제51조에 따라 지구단위계획구역으로 지정하고 지구단위계획을 수립하여야 한다. 다만, 제3항제5호에 해당하는 지역은 그 면적이 1만제곱미터를 초과하는 경우만 해당한다. <신설 2009.8.5., 2012.4.10., 2016.3.29.>

⑤ 제3항제5호에 해당되어 개발제한구역에

서 해제하는 토지에 대하여 「국토의 계획 및 이용에 관한 법률」 제36조에 따라 용도지역을 지정할 경우에는 같은 법 시행령 제30조제4호에 따른 녹지지역으로 지정하여야 한다. 다만, 다음 각 호의 요건을 모두 갖춘 경우에는 다른 용도지역으로 지정할 수 있다. <신설 2009.8.5., 2012.4.10.>

1. 도시발전을 위하여 다른 용도지역으로 지정할 필요가 있고 「국토의 계획 및 이용에 관한 법률」 제2조제1호에 따른 광역도시계획 및 같은 조 제3호에 따른 도시·군기본계획에 부합할 것
2. 제3항제2호에 따라 개발제한구역에서 해제된 인근의 집단 취락 또는 인근의 개발제한구역이 아닌 지역의 용도지역과 조화되게 정할 필요가 있을 것
3. 다른 용도지역으로 지정되더라도 기반시설을 추가적으로 설치할 필요가 없을 것

⑥ 중앙행정기관의 장, 특별시장, 광역시장, 특별자치시장, 특별자치도지사, 시장, 군수 또는 구청장은 개발제한구역에 법 제11조제1항제4호에 따른 도시·군계획시설을 설치하는 계획을 수립하거나 이를 설치하려는 경우에는 제3항제5호의 소규모 단절 토지가 발생되지 않도록 하여야 하며, 부득이 소규모 단절 토지의 발생을 피할 수 없는 경우에는 그 사유·규모와 발생시기 등에 관하여 국토교통부장관 및 해당 지역을 관할하는 시장, 군수 또는 구청장(자치구의 구청장을 말한다. 이하 같다)과 미리 협의하여야 한다. <신설 2009.8.5., 2012.4.10., 2013.3.23., 2013.10.30.>

제2조의2(훼손지 복구계획등) ① 법 제4조제4항에 따라 같은 조 제1항에 따른 개발제한구역의 해제에 관한 도시·군관리계획에 포함하여야 하는 같은 조 제4항에 따른 개발제한구역 안의 훼손된 지역(이하 "훼손지"라 한다)의 복구계획 등 주변 개발제한구역에 대한 관리방안(이하 "훼손지 복구계획등"이라 한다)은 개발제한구역으로 존치되는 훼손지와 주변지역을 개발제한구역의 지정 목적에 부합하도록 복구하여 녹지로서의 기능을 회복하도록 하여야 한다. 이 경우 제2조제3항제1호 또는 제3호에 따라 개발제한구역이 조정 또는 해제되는 경우의 훼손지 복구계획등은 개발제한구역으로 존치되는 훼손지와 주변지역의 일부는 지역 주민과 도시민의 여가활용을 위한 휴식공간으로 제공하는 것을 내용으로 하여야 한다. <개정 2012.4.10.>

② 법 제4조제4항 후단에 따라 복구를 하려는 훼손지(이하 "복구사업지역"이라 한다)는 다음 각 호의 요건을 갖춘 지역 중에서 법 제4조제1항에 따른 도시·군관리계획의 입안권자(이하 "입안권자"라 한다)가 국토교통부장관 및 시장, 군수 또는 구청장과 협의하여 선정하여야 한다. <개정 2012.4.10., 2013.3.23., 2016.6.30.>

1. 그 지역이 법 제4조제4항에 따른 개발제한구역 중 해제하려는 지역(이하 "해제대상지역"이라 한다)이 속한 해당 개발제한구역 내에 있을 것. 이 경우 훼손지가 여러 곳에 있는 경우에는 인접지를 우선하여 선정한다.
2. 복구함으로써 개발제한구역의 지정목적을 달성하는 효과가 클 것
3. 도시민의 여가활용을 위한 휴식공간으로서 접근성이 좋을 것

③ 국토교통부장관이 입안권자로부터 훼손지 복구계획등을 포함한 도시·군관리계획을 제출받아 법 제8조에 따라 도시·군관리계획을 결정한 때에는 지체 없이 그 도시·군관리계획을 해당 지역에 대한 법 제11조제1항에 따른 개발제한구역관리계획의 수립권자인 특별시장·광역시장·특별자치시장·도지사 또는 특별자치도지사(이하 "시·도지사"라 한다)에게 통보하여야 한다. <개정 2012.4.10., 2013.3.23., 2013.10.30.>

④ 제3항에 따라 도시·군관리계획을 통보받은 시·도지사는 도시·군관리계획에 포함된 훼손지 복구계획등을 법 제11조제1항에 따른 개발제한구역관리계획(이하 "관리계획"이라 한다)에 반영하여 관리하여야 한다. <개정 2012.4.10.>

⑤ 중앙행정기관의 장, 특별시장, 광역시장, 특별자치시장, 도지사, 특별자치도지사, 시장 또는 군수는 개발사업자가 법 제4조제4항 및 제5항에 따라 훼손지 복구사업을 효율적으로 시행하기 위하여 복구사업지역에 대하여 「국토의 계획 및 이용에 관한 법률」 제86조에 따라 도시·군계획시설사업을 시행하려는 경우에는 같은 법 제30조에 따른 도시·군관리계획의 결정 및 같은 법 제88조에 따른 실시계획의 작성·인가, 그 밖의 관계 법령에 따른 조치를 신속히 취하는 등 복구사업의 시행에 협조하여야 한다. <개정 2012.4.10., 2013.10.30.>

[본조신설 2009.8.5.]

제2조의3(훼손지 복구계획등의 내용 등) ① 훼손지 복구계획등에는 다음 각 호의 사항이 포함되어야 한다.

1. 복구사업지역의 위치 및 범위
2. 복구사업의 구체적인 내용
3. 복구사업의 시행자 또는 시행 예정자
4. 복구사업지역의 지장물(支障物) 등 훼손지 현황 및 실태
5. 복구사업의 시행시기
6. 복구사업에 드는 재원 및 투입계획
7. 건축물 등의 철거 등에 따른 이주대책
8. 복구사업지역 이외의 개발제한구역으로 존치되는 주변 지역에 대한 관리방안
9. 관계기관 및 이해관계인의 의견 등

② 국토교통부장관은 제1항에 따른 훼손지 복구계획등의 내용이 제2조의2제1항에서 정한 목표의 실현 가능성이 적거나 복구의 실질적 효과가 낮은 것으로 판단되는 경우에는 그 훼손지 복구계획등의 전부 또는 일부를 보완하거나 수정할 것을 입안권자에게 요구할 수 있다. 이 경우 미리 입안권자의 의견을 충분히 들어야 한다. <개정 2013.3.23.>

[본조신설 2009.8.5.]

제2조의4 삭제 <2012.6.25.>

제2조의5(훼손지 복구사업에 필요한 세부사항 등) 훼손지 복구사업의 내용·절차 등에 관하여 필요한 세부사항은 국토교통부장관이 따로 정한다. <개정 2012.6.25., 2013.3.23.>

[본조신설 2009.8.5.]

제2조의6(정비사업 구역의 요건 등) ① 법 제4조의2제1항에 따른 동물·식물 관련 시설이 밀집된 훼손지(이하"밀집훼손지"라 한다)의 정비사업(이하 "정비사업"이라 한다) 구역은 다음 각 호의 요건을 모두 갖추어야 한다.

1. 밀집훼손지는 다음 각 목의 요건을 모두 갖출 것
   가. 밀집훼손지의 규모는 1만제곱미터 이상일 것
   나. 해당 동물·식물 관련 시설은 2016년 3월 30일 전에 설치된 것일 것
   다. 밀집훼손지에서 동물·식물 관련 시설이 설치된 토지(해당 필지의 면적에서 동물·식물 관련 시설의 건축면적이 차지하는 비율이 100분의 20 이상인 토지를 말한다. 이하 같다)가 차지하는 면적이 100분의 70 이상일 것
   라. 동물·식물 관련 시설이 설치된 토지 외의 밀집훼손지 내 토지에는 임야가 포함되지 아니할 것
2. 제1호 각 목의 요건을 갖춘 밀집훼손지 주변에 흩어져 있는 개발제한구역 내의 토지로서 동물·식물 관련 시설이 설치된 토지(2016년 3월 30일 전에 동물·식물 관련 시설이 설치된 토지로 한정한다)는 해당 토지를 「도시공원 및 녹지 등에 관한 법률」 제2조에 따른 도시공원 또는 녹지로 조성하는 경우에만 정비사업 구역에 포함할 것
3. 다음 각 목의 시기에 해당 동물·식물 관련 시설에 대한 이행강제금의 체납이 없을 것
   가. 법 제4조의2제2항에 따라 개발제한구역관리계획의 수립 또는 변경을 요청할 때
   나. 정비사업의 시행을 위하여 법 제12조에 따른 행위허가를 신청할 때

② 법 제4조의2제2항에서 "대통령령으로 정하는 서류"란 다음 각 호의 사항이 포함된 서류를 말한다.

1. 정비사업 구역의 위치 및 면적
2. 제2조의7에 따른 정비사업의 내용 및 방법에 관한 사항
3. 토지이용계획
4. 정비사업 구역 밖에 기반시설을 설치하여야 할 경우 시설 설치비용의 부담계획
5. 「국토의 계획 및 이용에 관한 법률」에 따른 도시·군관리계획(이하"도시·군관리계획"이라 한다)의 수립 또는 변경에 관한 사항
6. 그 밖에 국토교통부령으로 정하는 사항

[본조신설 2016.3.29.]

제2조의7(정비사업의 내용 및 방법) ① 정비사업의 내용은 다음 각 호와 같다.

1. 제13조제3항 각 호의 시설의 설치
2. 정비사업구역 내 기존 건축물의 철거 후 신축
3. 도로 등 기반시설의 설치 또는 정비

② 정비사업은 다음 각 호의 어느 하나에 해당하는 방법으로 시행할 수 있다.

1. 「도시개발법」에 따른 환지방식의 도시개발사업
2. 법 제12조에 따른 행위허가

[본조신설 2016.3.29.]

제2조의8(조합의 설립 등) 정비사업을 위한 조합의 설립절차, 조합원의 자격, 조합원의 경비 부담 등에 관하여는 「도시개발법」 제13조(제3항 및 제4항은 제외한다)부터 제16조까지의 규정을 준용한다. 이 경우 "지정권자"는 "시장·군수·구청장"으로, "도시개발구역"은 "정비사업 구역"으로 본다.
[본조신설 2016.3.29.]

제2조의9(개발제한구역으로의 환원 대상 및 환원 고시) ① 법 제5조제3항 각 호 외의 부분에서 "도시용지의 적절한 공급, 기반시설의 설치 등 대통령령으로 정하는 사유로 개발제한구역에서 해제된 지역"이란 제2조제3항제1호 또는 제3호에 따라 개발제한구역에서 해제된 지역을 말한다.
② 국토교통부장관은 법 제5조제3항에 따라 개발제한구역으로 환원된 경우에는 같은 조 제5항에 따라 다음 각 호의 사항을 관보에 고시하여야 한다.
1. 개발제한구역으로 환원된 구역의 명칭, 위치 및 면적
2. 개발제한구역으로의 환원 사유
3. 「국토의 계획 및 이용에 관한 법률」에 따른 용도지역의 환원에 관한 사항
[본조신설 2016.3.29.]

제3조(도시·군관리계획의 수립을 위한 기초조사 등) ① 법 제6조제1항에서 "그 밖에 대통령령으로 정하는 사항"이란 다음 각 호의 사항을 말한다. <개정 2012.4.10.>
1. 기후·지형·자원 및 생태 등 자연적 여건
2. 「국토의 계획 및 이용에 관한 법률」 제2조제6호에 따른 기반시설(이하 "기반시설"이라 한다) 및 주거 수준의 현황과 전망
3. 풍수해, 지진, 그 밖의 재해의 발생 현황 및 추이
4. 도시·군관리계획과 관련된 다른 계획 및 사업의 내용
5. 그 밖에 도시·군관리계획의 수립에 필요한 사항
② 법 제6조제4항에서 "대통령령으로 정하는 공공기관"이란 다음 각 호의 기관을 말한다. <신설 2013.10.30., 2015.6.1.>
1. 「한국토지주택공사법」에 따른 한국토지주택공사
2. 「국가공간정보 기본법」에 따른 한국국토정보공사
③ 법 제6조제1항에 따른 기초조사와 법 제6조제2항에 따른 실태조사를 할 때 조사할 사항에 관하여 다른 법령에 따라 조사·측량한 자료가 있는 경우에는 그 자료를 활용할 수 있다. <개정 2013.10.30.>
[제목개정 2012.4.10., 2013.10.30.]

제4조(도시·군관리계획의 입안 시 주민의 의견청취) ① 국토교통부장관·특별시장·광역시장·특별자치시장·특별자치도지사·시장 또는 군수는 법 제7조제1항 본문에 따라 도시·군관리계획의 입안에 관하여 주민의 의견을 들으려는 경우에는 도시·군관리계획안의 주요 내용을 해당 특별시·광역시·특별자치시·특별자치도·시 또는 군의 지역을 주된 보급지역으로 하는 둘 이상의 일간신문에 공고하고 도시·군관리계획안을 14일 이상 일반인이 공람할 수 있게 하여야 한다. <개정 2012.4.10., 2013.3.23., 2013.10.30.>
② 제1항에 따라 공고·공람된 도시·군관리계획안의 내용에 대하여 의견이 있는 자는 공람기간에 특별시장·광역시장·특별자치시장·특별자치도지사·시장 또는 군수에게 의견서를 제출할 수 있다. <개정 2012.4.10., 2013.10.30.>
③ 국토교통부장관·특별시장·광역시장·특별자치시장·특별자치도지사·시장 또는 군수는 공람 기일이 끝난 날부터 60일 이내에 제2항에 따라 제출된 의견을 도시·군관리계획안에 반영할 것인지 검토하여 그 결과를 그 의견을 제출한 자에게 알려야 한다. <개정 2012.4.10., 2013.3.23., 2013.10.30.>
④ 국토교통부장관·특별시장·광역시장·특별자치시장·특별자치도지사·시장 또는 군수는 제2항에 따라 제출된 의견을 도시·군관리계획안에 반영할 때 그 내용이 해당 지방자치단체의 도시·군관리계획에 관한 조례로 정하는 중요한 사항인 경우에는 그 내용을 다시 공고·공람하여 주민의 의견을 들어야 한다. <개정 2012.4.10., 2013.3.23., 2013.10.30.>
⑤ 제4항에 따른 재공고·공람에 관하여는 제1항부터 제3항까지를 준용한다.
⑥ 법 제7조제1항 단서에서"대통령령으로 정하는 경미한 사항"이란 도시·군관리계획 결정의 내용 중 잘못 산정한 면적을 정정하기

위한 변경 결정을 말한다. <개정 2012.4.10.>
[제목개정 2012.4.10.]

제5조(도시·군관리계획의 수립을 위한 지방의회의 의견청취) 법 제7조제5항에서 "대통령령으로 정하는 사항"이란 개발제한구역의 지정 및 해제에 관한 사항을 말한다. 다만, 제4조제6항에 따른 경미한 사항은 제외한다.
[제목개정 2012.4.10.]

제6조(경미한 도시·군관리계획의 변경 결정) 법 제8조제5항 단서에서 "대통령령으로 정하는 경미한 사항"이란 도시·군관리계획 결정의 내용 중 잘못 산정한 면적을 정정하기 위한 변경 결정을 말한다. <개정 2012.4.10.>
[제목개정 2012.4.10.]

제7조(도시·군관리계획 결정의 고시) 법 제8조제6항 전단에 따른 도시·군관리계획 결정의 고시는 다음 각 호의 사항을 관보에 게재하는 방법으로 한다. <개정 2012.4.10., 2013.3.23.>

1. 개발제한구역의 지정 또는 해제
2. 위치
3. 면적 또는 규모
4. 그 밖에 국토교통부령으로 정하는 사항

[제목개정 2012.4.10.]

제8조 삭제 <2013.10.30.>

제9조 삭제 <2013.10.30.>

제10조(개발제한구역관리계획의 내용 등) ① 법 제11조제1항제5호 본문에서"대통령령으로 정하는 규모 이상인 건축물의 건축 또는 토지의 형질변경"이란 다음 각 호의 건축물의 건축 또는 토지의 형질변경(토석의 채취를 포함한다. 이하 같다)을 말한다. <개정 2013.10.30.>

1. 연면적 3천 제곱미터 이상(같은 목적으로 여러 번에 걸쳐 부분적으로 건축하거나 연접하여 건축하는 경우에는 그 전체면적을 말한다)인 건축물의 건축
2. 1만 제곱미터 이상(같은 목적으로 여러 번에 걸쳐 부분적으로 형질변경을 하거나 연접하여 형질변경을 하는 경우에는 그 전체면적을 말한다)의 토지의 형질변경

② 법 제11조제1항제9호에서 "대통령령으로 정하는 사항"이란 다음 각 호의 사항을 말한다. <개정 2009.8.5., 2012.4.10., 2013.3.23.>

1. 「국토의 계획 및 이용에 관한 법률」에 따른 도시·군기본계획 또는 광역도시계획에 따라 개발제한구역 해제 대상으로 설정된 지역의 관리
2. 방치된 폐기물의 수거, 훼손된 환경의 복구 등 환경 정비

2의2. 훼손지 복구가 필요한 지역의 현황 및 그 복구계획

3. 개발제한구역 관리의 전산화
4. 개발제한구역의 경계선을 표시하기 위하여 국토교통부령으로 정하는 표석(標石)의 설치 및 관리
5. 그 밖에 개발제한구역을 합리적으로 관리하기 위하여 국토교통부장관이 정하는 사항

③ 관리계획을 수립할 때 관리계획에 포함되어야 할 사항에 관하여 다른 법령의 규정에 관련 내용이 있는 경우에는 그 관련 내용을 활용할 수 있다. <개정 2009.8.5.>

④ 법 제11조제2항 단서 및 같은 조 제5항 단서에서 "대통령령으로 정하는 경미한 사항"이란 다음 각 호의 사항을 말한다. <개정 2010.10.14., 2012.4.10., 2012.5.14., 2013.3.23., 2013.10.30., 2016.6.30.>

1. 개발제한구역의 현황 및 실태에 관한 조사계획의 변경
2. 법 제11조제1항제4호에 따른 도시·군계획시설(이하"도시·군계획시설"이라 한다) 또는 같은 항 제5호 본문에 따른 사항 중 다음 각 목의 어느 하나에 해당하는 경우
   가. 건축물의 건축 연면적 또는 토지의 형질변경 면적의 감소
   나. 건축물의 건축 연면적의 최초 대비 10분의 2 이하 또는 토지의 형질변경 면적의 최초 대비 10분의 1 이하의 증가(같은 목적으로 여러 번에 걸쳐 증가하는 경우에는 그 누적된 면적을 말한다). 다만, 증가되는 면적이 제1항 각 호의 어느 하나의 규모에 해당하는 경우는 제외한다.
   다. 삭제 <2012.5.14.>
3. 도시·군계획시설 중 도로·철도·궤도·공동구(共同溝)·급배수관로(給排水

管路)·송전선로·가스관로 등 선형(線形) 시설의 경과지 및 폭의 변경
4. 삭제 <2012.5.14.>
5. 그 밖에 제1호부터 제3호까지의 사항과 비슷한 것으로서 국토교통부장관이 정하는 사항

⑤ 시·도지사는 제4항에 따른 관리계획의 경미한 사항의 변경이 있는 경우에는 지체 없이 국토교통부장관에게 그 사실을 알려야 한다. <개정 2009.8.5., 2013.3.23.>

제11조(관리계획 수립 시 주민의 의견청취) ① 특별자치시장·특별자치도지사·시장·군수 또는 구청장은 법 제11조제6항 본문에 따라 관리계획의 수립에 관하여 주민의 의견을 들으려면 관리계획안의 주요 내용을 해당 특별자치시·특별자치도·시·군 또는 구(자치구를 말한다. 이하 같다)의 지역을 주된 보급지역으로 하는 둘 이상의 일간신문에 공고하고 관리계획안을 14일 이상 일반인이 공람할 수 있게 하여야 한다. <개정 2009.8.5., 2013.10.30.>

② 제1항에 따라 공고·공람된 관리계획안의 내용에 대하여 의견이 있는 자는 공람 기간에 특별자치시장·특별자치도지사·시장·군수 또는 구청장에게 의견서를 제출할 수 있다. <개정 2013.10.30.>

③ 시장·군수 또는 구청장이 관리계획안에 대한 주민의 의견을 시·도지사에게 제출할 때에는 그 의견의 요지를 함께 제출하여야 한다.

제12조(관리계획의 공고 등) ① 시·도지사는 법 제11조제8항에 따라 관리계획 승인을 공고할 때에는 다음 각 호의 사항을 해당 지방자치단체의 공보에 게재하고, 관할 특별자치시·특별자치도·시·군 또는 구와 읍·면·동의 게시판에 게시하여야 한다. <개정 2013.10.30.>
1. 승인 일자
2. 관리계획의 주요 내용
3. 열람 장소
4. 열람 기간

② 시·도지사는 관리계획 승인서류 사본과 관리계획 도서 및 도면을 일반인이 열람할 수 있도록 시·군 또는 구에 보내야 한다.

③ 시장·군수 또는 구청장은 제2항에 따라 송부된 서류 등을 받았으면 14일 이상 일반인이 열람할 수 있게 하여야 한다.

제13조(허가 대상 건축물 또는 공작물의 종류 등) ① 법 제12조제1항제1호에 따른 건축물 또는 공작물의 종류, 건축 또는 설치의 범위는 별표 1과 같다.

② 개발제한구역의 토지가 다음 각 호의 어느 하나에 해당하는 경우에는 인접한 용도지역에서 허용되는 건축물 또는 공작물을 건축하거나 설치할 수 있다. <개정 2013.10.30., 2016.3.29.>
1. 개발제한구역 지정 당시부터 개발제한구역의 경계선이 건축물 또는 공작물(법 제12조제7항에 따라 개발제한구역 지정 당시 이미 관계 법령에 따라 허가 등을 받아 공사 또는 사업에 착수한 건축물 또는 공작물을 포함한다)을 관통하는 경우 그 건축물 또는 공작물의 부지(개발제한구역 지정 당시부터 담장 등으로 구획되어 있어 기능상 일체가 되는 토지를 말한다)
2. 개발제한구역 지정 당시부터 해당 필지의 2분의 1 미만이 개발제한구역에 편입된 토지로서 지목(地目)이 대(垈)인 토지(개발제한구역 지정 후에 개발제한구역 경계선을 기준으로 분할된 토지를 포함한다)

③ 법 제12조제1항제1호의2에서 "대통령령으로 정하는 시설"이란 다음 각 호의 시설을 말한다. <신설 2016.3.29.>
1. 「도시공원 및 녹지 등에 관한 법률」 제2조에 따른 도시공원 또는 녹지
2. 다음 각 목의 요건을 모두 갖춘 물류창고(「물류시설의 개발 및 운영에 관한 법률」 제2조제5호의2에 따른 물류창고를 말한다)
   가. 저장물질이 「고압가스 안전관리법」에 따른 고압가스, 「위험물안전관리법」 제2조제1호에 따른 위험물 또는 「화학물질관리법」 제2조제2호에 따른 유독물질이 아닐 것
   나. 높이가 8미터 이하일 것
   다. 용적률이 120퍼센트 이하일 것
3. 정비사업 구역 내의 법 제13조에 따른 건축물을 철거하고 종전과 같은 용도로 신축하는 건축물

제14조(건축물의 건축을 수반하지 아니하는 토지의 형질변경의 범위) 법 제12조제1항제4호에서"영농을 위한 경우 등 대통령령으

로 정하는 토지의 형질변경"이란 다음 각 호를 말한다. <개정 2009.8.5., 2013.3.23., 2014.11.24., 2016.2.11., 2017.7.11.>

1. 농림수산업을 위한 개간 또는 초지 조성. 이 경우 개간 예정지는 경사도가 21도 이하, 초지 조성 예정지는 경사도가 36도 이하이어야 한다.
2. 경작 중인 논·밭을 환토(換土)하거나 객토(客土)하기 위한 토석의 채취, 논·밭의 환토·개답(開畓)·개간(개간의 경우에는 경사도가 5도 이하로서 나무가 없는 토지만 해당한다)에 수반되는 골재의 채취
3. 농로(農路), 임도(林道), 사도(私道)를 설치하기 위한 토지의 형질변경
4. 삭제 <2009.8.5.>
5. 「공익사업을 위한 토지 등의 취득 및 보상에 관한 법률」 제2조제2호에 따른 공익사업의 시행이나 재해로 인하여 인접지보다 지면이 낮아진 논밭의 영농을 위하여 50센티미터 이상 성토(盛土)하는 행위
6. 삭제 <2010.10.14.>
7. 기존의 공동묘지를 그 묘역의 범위에서 공설묘지로 정비하기 위한 토지의 형질변경
8. 농업용 늪지와 농업용수 공급시설을 설치하기 위한 토지의 형질변경
9. 다음 각 목의 어느 하나에 해당하는 시설의 진입로 설치를 위한 토지의 형질변경
   가. 주택 또는 근린생활시설[개발제한구역 지정 당시 건축되었거나 별표 1 제5호다목가) 또는 같은 호 라목나)에 따라 신축하려는 것만 해당한다]
   나. 별표 1 제5호마목에 따른 주민 공동이용시설 중 개발제한구역 지정 당시 건축되었거나 설치된 마을공동작업장·마을공동회관·공동구판장·공판장 또는 목욕장

9의2. 「전통사찰의 보존 및 지원에 관한 법률」에 따른 전통사찰의 진입로 설치를 위한 토지의 형질변경. 이 경우 그 진입로의 너비는 4미터 이내로 하되, 차량의 교행(交行)이나 대피 등 안전확보를 위한 곳에서는 그 너비를 8미터까지로 할 수 있다.

10. 개발제한구역의 지정 이전부터 방치된 광업폐기물·폐석(廢石) 및 광물찌꺼기를 제거하기 위한 토지의 형질변경
11. 법 제15조제1항에 따라 지정된 취락지구를 정비하기 위한 사업의 시행에 필요한 토지의 형질변경
12. 건축물이 철거된 토지 및 그 인접 토지를 녹지 등으로 조성하기 위한 토지의 형질변경
13. 「공익사업을 위한 토지 등의 취득 및 보상에 관한 법률」 제4조제1호 및 제2호에 따른 공익사업을 시행하기 위한 토석의 채취
14. 하천구역에서의 토석 및 모래·자갈의 채취와 저수지 및 수원지의 준설(浚渫)에 따른 골재의 채취
15. 국토교통부령으로 정하는 지하자원의 조사 및 개발(이를 위한 공작물의 설치를 포함한다)
16. 대지화되어 있는 토지(관계 법령에 따른 허가 등 적법한 절차에 따라 조성된 토지의 지목이 대·공장용지·철도용지·도로용지·학교용지·수도용지·잡종지로서 건축물이나 공작물이 건축 또는 설치되어 있지 아니한 나무가 없는 토지를 말한다. 이하 같다)에 노외주차장을 설치(주차 관리를 위한 연면적 20제곱미터 이하의 가설건축물의 설치를 포함한다)하기 위한 토지의 형질변경
17. 「주차장법」에 따른 건축물 부설주차장을 설치하기 위한 토지의 형질변경(기존의 대지에 설치할 수 없는 경우만 해당한다)
18. 「농어촌정비법」에 따른 주말농원에 노외주차장을 설치하기 위한 토지의 형질변경(노외주차장의 면적이 600제곱미터 이하인 경우만 해당한다)

제15조(죽목의 벌채 면적 및 수량) 법 제12조제1항제5호에서 "대통령령으로 정하는 규모"란 벌채 면적 500제곱미터 또는 벌채 수량 5세제곱미터를 말한다.

제16조(토지의 분할) 법 제12조제1항제6호에서 "대통령령으로 정하는 범위"란 분할된 후 각 필지의 면적이 200제곱미터 이상(지목이 대인 토지를 주택 또는 근린생활시설을 건축하기 위하여 분할하는 경우에는 330제곱미터 이상)인 경우를 말한다. 다만, 다음 각 호의 어느 하나에 해당하는 경우에는 그 미만으로도 분할할 수 있다.

1. 「공익사업을 위한 토지 등의 취득 및 보

상에 관한 법률」 제4조제1호 및 제2호에 따른 공익사업을 시행하기 위한 경우
2. 인접 토지와 합병하기 위한 경우
3. 「사도법」에 따른 사도(私道), 농로, 임도, 그 밖에 건축물 부지의 진입로를 설치하기 위한 경우
4. 별표 2 제3호가목에 따른 토지의 형질변경을 위한 경우. 다만, 분할 후 형질변경을 하지 아니하는 다른 필지의 면적이 60제곱미터 미만인 경우는 제외한다.

제17조(물건의 적치) ① 법 제12조제1항제7호에서 "대통령령으로 정하는 물건"이란 모래, 자갈, 토석, 석재, 목재, 철재, 폴리비닐클로라이드(PVC), 컨테이너, 콘크리트제품, 드럼통, 병, 그 밖에 「폐기물관리법」 제2조제1호에 따른 폐기물이 아닌 물건으로서 물건의 중량이 50톤을 초과하거나 부피가 50세제곱미터를 초과하는 것을 말한다.
② 법 제12조제1항제7호에서 "대통령령으로 정하는 기간"이란 1개월 이상 12개월 이하를 말한다. <개정 2009.8.5.>

제18조(용도변경) ① 법 제12조제1항제8호에서 "대통령령으로 정하는 건축물을 근린생활시설 등 대통령령으로 정하는 용도로 용도변경하는 행위"란 다음 각 호의 행위를 말한다. <개정 2009.8.5., 2011.9.16., 2011.12.8., 2012.5.14., 2013.3.23., 2014.11.24., 2014.12.9., 2015.9.8., 2016.3.29., 2017.3.29.>
1. 주택을 다음 각 목의 시설로 용도변경하는 행위. 다만, 「수도법」 제3조제2호에 따른 상수원의 상류 하천(「하천법」에 따른 국가하천 및 지방하천을 말한다)의 양안(兩岸) 중 그 하천의 경계로부터 직선거리 1킬로미터 이내의 지역(「하수도법」 제2조제15호에 따른 하수처리구역은 제외한다)에서 1999년 6월 24일 이후에 신축된 주택을 근린생활시설로 용도변경하는 경우에는 「한강수계 상수원수질개선 및 주민지원 등에 관한 법률」 제5조에 따라 설치할 수 없는 시설을 제외한 근린생활시설만 해당한다.
   가. 「건축법 시행령」 별표 1 제3호에 따른 제1종 근린생활시설(안마원은 제외한다)
   나. 「건축법 시행령」 별표 1 제4호에 따른 제2종 근린생활시설(단란주점, 안마시술소, 노래연습장은 제외한다)
   다. 「건축법 시행령」 별표 1 제6호에 따른 종교시설
   라. 「건축법 시행령」 별표 1 제11호에 따른 노유자시설
   마. 「박물관 및 미술관 진흥법」 제2조에 따른 박물관 및 미술관
2. 별표 1 제5호라목에 따른 근린생활시설(주택에서 용도변경되었거나 1999년 6월 24일 이후에 신축된 경우만 해당한다)을 다음 각 목의 시설로 용도변경하는 행위
   가. 주택
   나. 「건축법 시행령」 별표 1 제3호에 따른 제1종 근린생활시설(안마원은 제외한다)
   다. 「건축법 시행령」 별표 1 제4호에 따른 제2종 근린생활시설(단란주점, 안마시술소, 노래연습장은 제외한다)
   라. 「건축법 시행령」 별표 1 제6호에 따른 종교시설
   마. 「건축법 시행령」 별표 1 제11호에 따른 노유자시설
   바. 「박물관 및 미술관 진흥법」 제2조에 따른 박물관 및 미술관
3. 주택을 다른 용도로 변경한 건축물을 다시 주택으로 용도변경하는 행위
4. 개발제한구역에서 공장 등 신축이 금지된 건축물을 다음 각 목의 시설로 용도변경(용도변경된 건축물을 다시 다음 각 목의 시설로 용도변경하는 경우를 포함한다)하는 행위. 다만, 라목 및 사목의 시설로의 용도변경은 공장을 용도변경하는 경우로 한정한다.
   가. 「건축법 시행령」 별표 1 제3호에 따른 제1종 근린생활시설(안마원은 제외한다)
   나. 「건축법 시행령」 별표 1 제4호에 따른 제2종 근린생활시설(단란주점, 안마시술소, 노래연습장은 제외한다)
   다. 「건축법 시행령」 별표 1 제6호에 따른 종교시설
   라. 「건축법 시행령」 별표 1 제10호나목 및 마목에 따른 교육원 및 연구소
   마. 「건축법 시행령」 별표 1 제11호에 따른 노유자시설
   바. 「박물관 및 미술관 진흥법」 제2조에 따른 박물관 및 미술관
   사. 「물류시설의 개발 및 운영에 관한 법률」 제2조제5호의2에 따른 물류창고(「고압가스 안전관리법」에 따른 고압가스, 「위험

물안전관리법」 제2조제1호에 따른 위험물 및 「화학물질관리법」 제2조제2호에 따른 유독물질이 아닌 물품을 저장하는 창고를 말한다)
5. 삭제 <2015.9.8.>
6. 폐교된 학교시설을 기존 시설의 연면적의 범위에서 자연학습시설, 청소년수련시설(청소년수련관·청소년수련원 및 청소년야영장만 해당한다), 연구소, 교육원, 연수원, 도서관, 박물관, 미술관 또는 종교시설로 용도변경하는 행위
7. 「가축분뇨의 관리 및 이용에 관한 법률」 제8조에 따라 가축의 사육이 제한된 지역에 있는 기존 축사를 기존 시설의 연면적의 범위에서 그 지역에서 생산되는 농수산물보관용 창고로 용도변경하는 행위
8. 기존 공항·비행장의 여유시설을 활용하기 위하여 「공항시설법」 제7조제1항에 따른 개발사업 실시계획에 따라 기존 건축물을 연면적의 범위에서 용도변경하는 행위
9. 삭제 <2009.8.5.>
10. 별표 1에 따른 건축 또는 설치의 범위에서 시설 상호 간에 용도변경을 하는 행위. 이 경우 기존 건축물의 규모·위치 등이 새로운 용도에 적합하여 기존 시설의 확장이 필요하지 아니하여야 하며, 주택이나 근린생활시설로 용도변경하는 것은 개발제한구역 지정 당시부터 지목이 대인 토지에 개발제한구역 지정 이후에 건축물이 건축되거나 공작물이 설치된 경우만 해당한다.
11. 기존 공공업무시설[「공공기관 지방이전에 따른 혁신도시 건설 및 지원에 관한 특별법」에 따라 이전하는 중앙행정기관(소속기관을 포함한다)의 청사를 말한다. 이하 이 호에서 같다]을 일반업무시설[「공공기관의 운영에 관한 법률」에 따른 공공기관(「민법」 제32조 또는 다른 법률에 따라 설립한 비영리법인으로서 「수도권정비계획법」 제21조에 따른 수도권정비위원회의 심의를 거쳐 기존 공공업무시설 대지의 이용이 허용된 법인을 포함한다)의 업무용 시설을 말한다]로 용도변경하는 행위

② 제1항제1호, 제2호 및 제4호에 따라 휴게음식점, 제과점 또는 일반음식점으로 용도변경을 할 수 있는 자는 다음 각 호의 어느 하나에 해당하는 자이어야 하며, 용도변경하려는 건축물의 연면적은 300제곱미터 이하이어야 한다. <개정 2016.3.29.>
1. 허가신청일 현재 해당 개발제한구역에서 5년 이상 계속 거주하고 있는 자(이하 "5년이상거주자"라 한다)
2. 허가신청일 현재 해당 개발제한구역에서 해당 시설을 5년 이상 계속 직접 소유하면서 경영하고 있는 자
3. 개발제한구역 지정 당시부터 해당 개발제한구역에 거주하고 있는자(개발제한구역 지정 당시 해당 개발제한구역에 거주하고 있던 자로서 개발제한구역에 주택이나 토지를 소유하고, 생업을 위하여 3년 이하의 기간 동안 개발제한구역 밖에 거주하였던 자를 포함하되, 세대주 또는 직계비속 등의 취학을 위하여 개발제한구역 밖에 거주한 기간은 개발제한구역에 거주한 기간으로 본다. 이하 "지정당시거주자"라 한다)

③ 제2항에 따라 용도변경을 하는 휴게음식점, 제과점 또는 일반음식점에는 인접한 토지를 이용하여 300제곱미터 이내의 주차장을 설치할 수 있으며, 주차장을 다른 용도로 변경하는 경우에는 주차장 부지를 원래의 지목으로 되돌려야 한다. <개정 2013.10.30.>

제18조의2(지목 변경된 토지에 건축할 수 있는 건축물의 종류) 법 제12조제1항제9호에서"대통령령으로 정하는 건축물"이란 별표 1 제5호다목 및 라목에 따른 주택 및 근린생활시설을 말한다.
[본조신설 2014.4.28.]
[대통령령 제25325호(2014.4.28.) 부칙 제2조의 규정에 의하여 이 조는 2015년 12월 31일까지 유효함]

제19조(신고의 대상) 법 제12조제3항에 따른 신고의 대상은 다음 각 호와 같다. <개정 2009.8.5., 2010.10.14., 2011.1.28., 2012.5.14., 2013.10.30., 2014.1.28., 2015.9.8., 2016.6.30.>
1. 주택 및 근린생활시설로서 다음 각 목의 어느 하나에 해당하는 증축·개축 및 대수선(大修繕)
   가. 기존 면적을 포함한 연면적의 합계가 100제곱미터 이하인 경우
   나. 증축·개축 및 대수선되는 연면적의 합계가 85제곱미터 이하인 경우
2. 농림수산업용 건축물(관리용 건축물은 제외한다) 또는 공작물로서 다음 각 목의 어느 하나에 해당하는 경우의 증축·개축 및 대수선
   가. 증축·개축 및 대수선되는 건축면적

또는 바닥면적의 합계가 50제곱미터 이하인 경우
나. 축사, 동물 사육장, 작물 재배사(栽培舍), 퇴비사(발효퇴비장을 포함한다) 및 온실의 기존 면적을 포함한 연면적의 합계가 200제곱미터 미만인 경우
다. 창고의 기존 면적을 포함한 연면적의 합계가 100제곱미터 미만인 경우

2의2. 「농어촌정비법」 제2조제16호다목에 따른 주말농원사업 중 주말영농을 위하여 토지를 임대하는 이용객이 50명 이상인 주말농원사업에 이용되는 10제곱미터 초과 20제곱미터 이하의 농업용 원두막(벽이 없고 지붕과 기둥으로 설치한 것을 말한다)을 설치하는 행위. 다만, 주말농원을 운영하지 아니하는 경우에는 지체 없이 철거하고 원상복구하여야 한다.
3. 근린생활시설 상호 간의 용도변경. 다만, 휴게음식점·제과점 또는 일반음식점으로 용도변경하는 경우는 제외한다.
4. 벌채 면적이 500제곱미터 미만이거나 벌채 수량이 5세제곱미터 미만인 죽목의 벌채
5. 다음 각 목의 어느 하나에 해당하는 물건을 쌓아두는 행위
가. 제17조제1항에 따른 물건을 1개월 미만 동안 쌓아두는 행위
나. 중량이 50톤 이하이거나 부피가 50세제곱미터 이하로서 제17조제1항에 따른 물건을 15일 이상 쌓아두는 행위
6. 「매장문화재 보호 및 조사에 관한 법률」에 따른 문화재의 조사·발굴을 위한 토지의 형질변경
7. 생산품의 보관을 위한 임시 가설 천막(벽 또는 지붕이 합성수지 재질로 된 것을 포함한다)의 설치(기존의 공장 및 제조업소의 부지에 설치하는 경우만 해당한다)
8. 지반의 붕괴 또는 그 밖의 재해를 예방하거나 복구하기 위한 축대·옹벽·사방시설 등의 설치
9. 삭제 <2016.6.30.>
10. 논을 밭으로 변경하기 위한 토지의 형질변경
11. 논이나 밭을 과수원으로 변경하기 위한 토지의 형질변경
12. 대지화되어 있는 토지를 논·밭·과수원 또는 초지로 변경하기 위한 토지의 형질변경
13. 개발제한구역 지정 당시부터 있던 기존 주택 대지 안에서의 지하수의 개발·이용시설의 설치(상수도가 설치되어 있지 아니한 경우로 한정한다)

[제목개정 2012.5.14.]

제20조(주민의 의견청취 등의 대상 및 절차) ① 법 제12조제5항 본문에서 "대통령령으로 정하는 규모 이상으로 건축물을 건축하거나 토지의 형질을 변경하는 행위"란 다음 각 호의 건축 또는 형질변경을 말한다. 다만, 법 제11조제1항제5호 본문에 따른 건축물의 건축 또는 토지의 형질변경은 제외한다. <개정 2009.8.5., 2011.4.4., 2013.10.30.>
1. 연면적(하나의 필지를 분할하여 각각의 필지에 건축물을 건축하는 경우에는 각 필지에 건축하는 건축물의 연면적을 합한 총면적을 말한다)이 1천500제곱미터 이상인 건축물의 건축
2. 면적(하나의 필지를 분할하여 토지의 형질을 변경하는 경우에는 각 필지의 형질변경면적을 합한 총면적을 말한다)이 5천제곱미터 이상인 토지의 형질변경. 다만 경작을 위한 경우에는 1만제곱미터 이상으로 한다.

② 특별자치시장·특별자치도지사·시장·군수 또는 구청장(이하"시장·군수·구청장"이라 한다)이 법 제12조제5항 본문에 따라 주민의 의견을 들으려면 다음 각 호의 사항을 특별자치시·특별자치도·시·군 또는 구(이하"시·군·구"라 한다)와 읍·면·동의 게시판에 14일 이상 게시하고, 일반인이 열람할 수 있게 하여야 한다. <개정 2013.10.30.>
1. 사업 목적
2. 사업규모(건축물의 높이, 건축 면적, 건축 연면적 및 토지의 형질변경 면적)
3. 사업시행자
4. 열람 장소
5. 그 밖에 주민이 알아야 할 사항으로서 시장·군수·구청장이 필요하다고 인정하는 사항

③ 제2항에 따라 게시된 내용에 관하여 의견이 있는 자는 제2항에 따른 열람 기간에 시장·군수·구청장에게 의견서를 제출할 수 있다.

④ 시장·군수·구청장은 제3항에 따라 제출된 의견이 타당하다고 인정되는 경우에는 그 의견을 반영하여야 한다.

제21조(시행중인 공사에 관한 특례) ① 법 제

12조제7항에 따라 공사 또는 사업을 계속 시행하려는 자는 그 공사 또는 사업의 설계 내용을 관할 시장·군수·구청장에게 제출하여야 한다. <개정 2013.10.30.>

② 제1항에 따라 받은 내용이 토지의 형질변경으로서 건축물의 건축을 목적으로 하는 경우에는 해당 공사에 대한 준공검사가 끝난 후 건축허가를 신청하여야 한다.

③ 시장·군수·구청장은 제1항에 따라 설계 내용을 받거나 제2항에 따라 허가신청을 받은 경우로서 공사의 추진 상황, 주변토지의 이용 상황, 환경, 그 밖의 사정을 종합적으로 고려하여 개발제한구역의 지정 목적 달성에 필요하다고 인정하는 경우에는 사업규모의 축소 및 사업계획의 변경(해당 공사 또는 사업과 직접 관련된 기반시설의 설치 등을 포함한다) 등의 조정을 할 수 있다.

제22조(허가 또는 신고의 기준) 법 제12조제8항에 따른 허가 또는 신고의 세부 기준은 별표 2와 같다. <개정 2012.5.14., 2013.10.30.>
[제목개정 2012.5.14.]

제23조(존속 중인 건축물 등에 관한 특례) ① 법 제13조에서 "그 밖에 대통령령으로 정하는 사유"란 다음 각 호의 어느 하나에 해당하는 경우를 말한다. <개정 2012.4.10.>

1. 도시·군관리계획을 결정 또는 변경하거나 행정구역을 변경하는 경우
2. 도시·군계획시설을 설치하거나 「도시개발법」에 따른 도시개발사업을 시행하는 경우
3. 「특정건축물 정리에 관한 특별조치법」(법률 제3719호 및 법률 제6253호를 말한다)에 따라 준공검사필증을 받았거나 사용승인서를 받은 경우
4. 「도시저소득주민의 주거환경개선을 위한 임시조치법」(법률 제4115호로 제정되어 2004년 12월 31일까지 시행되던 것을 말한다)에 따라 준공검사필증·사용검사필증 또는 사용승인서를 발급받은 경우
5. 종전의 「공유토지분할에 관한 특례법」(법률 제3811호로 제정되어 1991년 12월 31일까지 시행되던 것, 법률 제4875호로 제정되어 2000년 12월 31일까지 시행되던 것 및 법률 제7037호로 제정되어 2006년 12월 31일까지 시행되던 것을 말한다)에 따라 대지가 분할된 경우

② 시장·군수·구청장은 존속 중인 대지·건축물 또는 공작물이 법령의 제정·개정이나 제1항 각 호의 사유로 법 또는 이 영의 규정에 부적합하더라도 법 제13조에 따라 다음 각 호의 어느 하나에 해당하는 건축을 허가할 수 있다.

1. 건축물의 재축·개축 또는 대수선
2. 증축하려는 부분이 건폐율·용적률 등 법 또는 이 영의 규정에 적합한 경우의 증축. 이 경우 토지의 형질변경을 수반하는 증축은 별표 3에 따른 시설만 해당한다.

제24조(개발제한구역 건축물관리대장) ① 시장·군수·구청장은 개발제한구역의 건축물의 소유 및 이용상태를 확인하거나 건축허가 등 개발제한구역 관리를 위한 기초자료로 활용하기 위하여 개발제한구역 건축물관리대장에 건축물 및 그 대지에 관한 현황을 기록하고 유지·관리하여야 한다.

② 제1항에 따른 개발제한구역 건축물관리대장의 서식, 기재 내용, 기재 절차, 그 밖에 필요한 사항은 국토교통부령으로 정한다. <개정 2013.3.23.>

③ 제1항에 따른 개발제한구역 건축물관리대장은 전자적 처리가 불가능한 특별한 사유가 없으면 전자적 처리가 가능한 방법으로 기록하고 유지·관리하여야 한다.

제25조(취락지구의 지정기준 및 정비) ① 법 제15조제2항에 따른 취락지구(이하 "취락지구"라 한다)의 지정기준은 다음 각 호와 같다. <개정 2009.8.5., 2012.4.10., 2013.3.23.>

1. 취락을 구성하는 주택의 수가 10호 이상일 것
2. 취락지구 1만 제곱미터당 주택의 수(이하 "호수밀도"라 한다)가 10호 이상일 것. 다만, 시·도지사는 해당 지역이 상수원보호구역에 해당하거나 이축(移築) 수요를 수용할 필요가 있는 등 지역의 특성상 필요한 경우에는 취락지구의 지정 면적, 취락지구의 경계선 설정 및 제4항에 따른 취락지구정비계획의 내용에 대하여 국토교통부장관과 협의한 후, 해당 시·도의 도시·군계획에 관한 조례로 정하는 바에 따라 호수밀도를 5호 이상으로 할 수 있다.
3. 취락지구의 경계 설정은 도시·군관리계획 경계선, 다른 법률에 따른 지역·지구

및 구역의 경계선, 도로, 하천, 임야, 지적 경계선, 그 밖의 자연적 또는 인공적 지형지물을 이용하여 설정하되, 지목이 대인 경우에는 가능한 한 필지가 분할되지 아니하도록 할 것

② 제1항에 따른 주택의 수는 국토교통부령으로 정하는 기준에 따라 산정한다. <개정 2013.3.23.>

③ 시·도지사, 시장·군수 또는 구청장은 취락지구에서 주거환경을 개선하고 기반시설을 정비하기 위한 사업(이하 "취락지구정비사업"이라 한다)을 시행할 수 있다.

④ 제3항에 따라 취락지구정비사업을 시행할 때에는 「국토의 계획 및 이용에 관한 법률」 제51조에 따라 취락지구를 지구단위계획구역으로 지정하고 취락지구의 정비를 위한 지구단위계획(이하 "취락지구정비계획"이라 한다)을 수립하여야 한다. <개정 2012.4.10.>

⑤ 취락지구의 지정, 취락지구정비사업의 시행 및 취락지구정비계획의 수립에 필요한 세부사항은 국토교통부령으로 정한다. <개정 2013.3.23.>

제26조(취락지구 건축물의 용도 및 규모 등에 관한 특례) ① 취락지구 건축물의 용도·높이·연면적 및 건폐율은 다음 각 호의 경우를 제외하고는 취락지구 밖의 개발제한구역에 적용되는 기준에 따른다. <개정 2009.8.5.>

1. 주택 또는 공장 등 신축이 금지된 건축물을 「건축법 시행령」 별표 1의 제1종 및 제2종 근린생활시설(단란주점, 안마시술소 및 안마원은 제외한다), 액화가스 판매소, 세차장, 병원, 치과병원 또는 한방병원으로 용도변경하는 경우
2. 별표 1 제5호다목에 따른 주택 또는 같은 표 제5호라목에 따른 근린생활시설을 다음 각 목의 기준에 따라 건축하는 경우
   가. 건폐율 100분의 60 이내로 건축하는 경우: 높이 3층 이하, 용적률 300퍼센트 이하로서 기존 면적을 포함하여 연면적 300제곱미터 이하
   나. 건폐율 100분의 40 이내로 건축하는 경우: 높이 3층 이하, 용적률 100퍼센트 이하

② 취락지구정비사업을 시행하는 경우에는 제1항에 따른 범위에서 국토교통부령으로 정하는 바에 따라 주거 및 생활편익시설 등을 설치할 수 있다. <개정 2013.3.23.>

제27조(주민지원사업) ① 법 제16조에 따른 주민지원사업의 세부 내용은 다음 각 호와 같다. <개정 2009.8.5., 2011.9.16., 2012.11.12., 2013.3.23., 2014.1.28., 2014.11.24.>

1. 생활편익사업: 도로, 주차장, 공원, 상·하수도, 소하천·구거(溝渠: 도랑), 오수처리시설, 초고속정보통신망 등 기반시설의 설치·정비와 이와 관련된 부대사업
2. 복지증진사업: 마을회관, 어린이놀이터, 어린이집, 유치원, 경로당, 노인복지관 등의 설치·정비와 이와 관련된 부대사업

2의2. 생활비용보조사업: 개발제한구역 주민 중 저소득 취약계층 세대를 대상으로 학자금·장학금, 전기료, 건강보험료, 정보·통신비 등 주민의 생활에 필요한 비용을 지원하는 사업. 이 경우 해당 연도의 주민지원사업에 드는 비용 중 100분의 50 범위에서 시행할 수 있으며, 이에 따른 지원금액은 국토교통부장관이 기획재정부장관과 협의한 금액으로 한다.

3. 소득증대사업: 공동작업장, 공동창고, 자연생태 및 화훼마을, 주말농장 등 소득증대시설의 설치·정비와 이와 관련된 부대사업

3의2. 주택개량보조사업: 관리계획에 따라 다음 각 목의 어느 하나의 행위를 하는 데 드는 비용의 일부를 지원하는 사업
   가. 노후주택(「도시 및 주거환경정비법」 제2조제3호에 해당하는 주택을 말한다)의 개축 행위
   나. 주거용 한옥의 신축 행위

4. 연구·조사사업: 지역적 특성을 고려한 주민지원사업의 발굴 및 지원계획 수립 또는 개발제한구역에서 해제되는 지역의 계획적 개발을 유도하기 위한 지구단위계획 수립사업

② 시장·군수·구청장이 법 제16조제2항에 따라 「국가균형발전 특별법」에 따른 지역발전특별회계(이하 "지역발전특별회계"라 한다)의 지원이 필요한 주민지원사업을 시행하려면 다음 각 호의 사항이 포함된 주민지원사업계획을 수립하여 시·도지사를 거쳐(특별자치시장 및 특별자치도지사의 경우는 제외한다) 해당 사업을 시행하려는 연도의 직전 연도 3월 말일까지 국토교통부장관에게 제출하여야 한다. <개정 2009.5.29., 2013.3.23., 2013.10.30., 2014.3.11.>

1. 사업 목적
2. 사업 개요

3. 지원 대상지역 및 그 주변지역의 일반 현황과 특성
4. 사업별 추진계획 및 필요성
5. 재원 조달 및 투자계획
6. 그 밖에 사업의 추진에 필요한 사항

③ 국토교통부장관은 제2항에 따른 주민지원사업계획을 받으면 그 사업계획의 내용과 국고보조금 등에 관하여 관계 중앙행정기관의 장과 협의한 후 그 결과를 시장·군수·구청장에게 알려야 한다. <개정 2013.3.23.>

④ 국토교통부장관은 주민지원사업에 필요한 비용을 해당 지방자치단체의 재정자립도를 감안하여 100분의 90의 범위에서 다음 각 호와 같이 지원할 수 있다. <개정 2009.8.5., 2013.3.23.>

1. 재정자립도가 40퍼센트를 초과하는 경우: 100분의 70 이내
2. 재정자립도가 30퍼센트를 초과하고 40퍼센트 이하인 경우: 100분의 80 이내
3. 재정자립도가 30퍼센트 이하인 경우: 100분의 90 이내

⑤ 제1항부터 제4항까지에서 규정한 사항 외에 주민지원사업계획의 수립 및 집행에 필요한 사항은 국토교통부장관이 정한다. <개정 2013.3.23.>

제27조의2(생활비용 보조의 신청자 범위 및 기준) ① 법 제16조의2제1항에서 "대통령령으로 정하는 자"란 다음 각 호의 어느 하나에 해당하는 사람으로서 해당 가구의 월평균 소득금액(소득과 국토교통부령으로 정하는 바에 따라 재산을 소득으로 환산한 금액을 합한 금액을 말한다. 이하 같다)이 「통계법」 제27조에 따라 통계청장이 공표한 전년도 통계자료를 기준으로 도시지역 가구당 월평균 소득 이하인 세대의 세대주를 말한다. 다만, 신청 당시 최근 3년간 3회 이상 법과 이 영에 따라 불법행위로 형사 처벌을 받은 사람과 불법행위에 대한 시정명령을 받고 이를 이행하지 아니한 사람은 제외한다. <개정 2017.7.11.>

1. 지정당시거주자
2. 지정당시거주자의 자녀 또는 배우자로서 출생 또는 혼인 이후 그와 함께 개발제한구역에서 계속하여 거주한 사람(지정당시거주자인 세대주가 사망한 경우에 한정한다). 다만, 자녀 또는 배우자가 다음 각 목에 해당하는 경우에는 개발제한구역에서 계속하여 거주한 것으로 본다.
   가. 생업을 목적으로 3년 이하의 기간 동안 개발제한구역 밖에 거주한 경우
   나. 학업을 목적으로 개발제한구역 밖에 거주한 경우

② 제1항에 따른 소득금액에 포함되는 소득의 범위는 다음 각 호와 같다. <개정 2012.4.17., 2012.12.21., 2013.3.23., 2016.6.21.>

1. 근로소득: 근로의 제공으로 얻는 소득. 다만, 「소득세법」에 따라 비과세되는 근로소득은 제외하되, 다음 각 목의 급여는 근로소득에 포함한다.
   가. 「소득세법」 제12조제3호더목에 따라 비과세되는 급여
   나. 「소득세법 시행령」 제16조제1항제1호에 따라 비과세되는 급여
2. 사업소득: 다음 각 목에 해당하는 소득
   가. 농업소득: 경종업(耕種業), 과수·원예업, 양잠업, 종묘업, 특수작물생산업, 가축의 사육업, 종축업 또는 부화업과 이에 부수하는 업무에서 얻는 소득
   나. 임업소득: 영림업·임산물생산업 또는 야생조수사육업과 이에 부수하는 업무에서 얻는 소득
   다. 어업소득: 어업과 이에 부수하는 업무에서 얻는 소득
   라. 그 밖의 사업소득: 도매업·소매업·제조업이나 그 밖의 사업에서 얻는 소득
3. 재산소득: 다음 각 목에 해당하는 소득
   가. 임대소득: 부동산·동산·권리나 그 밖의 재산의 대여로 발생하는 소득
   나. 이자소득: 예금·주식·채권의 이자와 배당 또는 할인에 의하여 발생하는 소득 중 국토교통부장관이 정하는 금액 이상의 소득
   다. 연금소득: 「소득세법」 제20조의3제1항제3호부터 제5호까지의 규정에 따라 발생하는 연금 또는 소득과 「보험업법」 제4조제1항제1호나목에 따라 발생하는 소득
4. 공적이전소득: 「국민연금법」, 「공무원연금법」, 「군인연금법」, 「별정우체국법」, 「사립학교교직원 연금법」, 「고용보험법」, 「산업재해보상보험법」, 「독립유공자예우에 관한 법률」, 「국가유공자 등 예우 및 지원에 관한 법률」, 「고엽제후유의증 등 환자지원 및 단체설립에 관한 법률」, 「자동차손해배상 보장법」, 「참전유공자 예우 및 단체설

립에 관한 법률」 등 법률에 따라 정기적으로 지급되는 각종 수당·연금·급여나 그 밖의 금품. 다만, 다음 각 목의 금품은 제외한다.

가. 「독립유공자예우에 관한 법률」 제14조 및 「국가유공자 등 예우 및 지원에 관한 법률」 제14조에 따른 생활조정수당

나. 「참전유공자 예우 및 단체설립에 관한 법률」 제6조에 따른 참전명예수당

다. 「자동차손해배상 보장법」 제30조제2항 및 같은 법 시행령 제21조·제22조에 따른 지원금

③ 제1항에 따른 소득금액에 포함되는 재산의 범위는 다음 각 호와 같다. <개정 2013.3.23.>

1. 일반재산: 다음 각 목에 해당하는 재산

가. 「지방세법」 제104조제1호부터 제3호까지의 규정에 따른 토지, 건축물 및 주택

나. 「지방세법」 제104조제4호 및 제5호에 따른 항공기 및 선박

다. 주택·상가 등에 대한 임차보증금(전세금을 포함한다)

라. 100만원 이상의 가축, 종묘(種苗) 등 동산(장애인 재활보조기구 등 국토교통부장관이 정하는 동산은 제외한다) 및 「지방세법」 제6조제11호에 따른 입목

마. 「지방세법」 제6조제13호에 따른 어업권

바. 「지방세법」 제6조제14호부터 제17호까지의 규정에 따른 회원권

사. 「소득세법」 제89조제2항에 따른 조합원입주권

아. 건물이 완성되는 때에 그 건물과 이에 부수되는 토지를 취득할 수 있는 권리(사목에 따른 조합원입주권은 제외한다)

2. 금융재산: 다음 각 목에 해당하는 재산

가. 「금융실명거래 및 비밀보장에 관한 법률」 제2조제2호에 따른 금융자산

나. 「보험업법」 제4조제1항에 따른 각종 보험상품

3. 「지방세법」 제124조에 따른 자동차. 다만, 「장애인복지법」 제39조에 따라 장애인이 사용하는 자동차와 그 밖의 자동차 중 국토교통부장관이 정하는 자동차는 제외하되, 화물자동차 등 국토교통부장관이 정하는 자동차는 제1호에 따른 일반재산으로 본다.

④ 제3항의 재산 가액은 법 제16조의4에 따른 조사일(이하 "조사일"이라 한다)을 기준으로 다음 각 호의 구분에 따른 방법에 따라 산정한 가액으로 한다. 다만, 재산의 가액을 산정하기 어려운 경우에는 해당 재산의 종류 및 거래상황 등을 고려하여 국토교통부장관이 정하는 바에 따라 산정한 가액으로 한다. <개정 2013.3.23., 2014.11.24.>

1. 제3항제1호가목: 「지방세법」 제4조에 따른 시가표준액 등을 고려하여 국토교통부장관이 정하는 가액
2. 제3항제1호나목: 「지방세법」 제4조에 따른 시가표준액 등을 고려하여 국토교통부장관이 정하는 가액
3. 제3항제1호다목: 임대차 계약서상의 보증금 및 전세금
4. 제3항제1호라목: 동산은 조사일 현재의 시가, 입목은 「지방세법 시행령」 제4조제1항제5호에 따른 시가표준액
5. 제3항제1호마목: 「지방세법 시행령」 제4조제1항제8호에 따른 시가표준액
6. 제3항제1호바목: 「지방세법 시행령」 제4조제1항제9호에 따른 시가표준액
7. 제3항제1호사목: 다음 각 목의 구분에 따른 금액

가. 청산금을 납부한 경우: 「도시 및 주거환경정비법」 제48조에 따른 관리처분계획에 따라 정해진 가격(이하 "기존건물평가액"이라 한다)과 납부한 청산금을 합한 금액

나. 청산금을 지급받은 경우: 기존건물평가액에서 지급받은 청산금을 뺀 금액

8. 제3항제1호아목: 조사일 현재까지 납입한 금액
9. 제3항제2호: 제27조의3제1항 및 제3항의 자료 또는 정보에 따른 금융재산별 가액
10. 제3항제3호: 차의 종류, 정원, 적재정량, 제조연도별 제조가격(수입하는 경우는 수입가격을 말한다) 및 거래가격 등을 고려하여 국토교통부장관이 정하는 가액

[본조신설 2011.9.16.]

제27조의3(금융정보 등의 범위) ① 법 제16조의2제2항제1호에서 "예금의 평균잔액과 그 밖에 대통령령으로 정하는 자료 또는 정보"란 다음 각 호의 자료 또는 정보를 말한다. <개정 2014.11.24.>

1. 보통예금, 저축예금, 자유저축예금 등 요구불예금: 최근 3개월 이내의 평균잔액
2. 정기예금, 정기적금, 정기저축 등 저축성예금: 예금의 잔액 또는 총납입액

3. 주식, 수익증권, 출자금, 출자지분: 최종 시세가액(時勢價額). 이 경우 비상장주식의 가액평가에 관하여는 「상속세 및 증여세법 시행령」 제54조제1항을 준용한다.
4. 채권, 어음, 수표, 채무증서, 신주인수권증서: 액면가액
5. 연금저축: 정기적으로 지급된 금액

② 법 제16조의2제2항제2호에서 "채무액과 그 밖에 대통령령으로 정하는 자료 또는 정보"란 다음 각 호의 자료 또는 정보를 말한다.
1. 대출 현황 및 연체 내용
2. 신용카드 미결제금액

③ 법 제16조의2제2항제3호에서 "보험료와 그 밖에 대통령령으로 정하는 보험 관련 자료 또는 정보"란 다음 각 호의 자료 또는 정보를 말한다.
1. 보험증권: 해약하는 경우 지급받게 될 환급금
2. 연금보험: 정기적으로 지급되는 금액

[본조신설 2011.9.16.]

제27조의4(금융정보등의 요청 및 제공) ① 국토교통부장관 또는 시장·군수·구청장은 법 제16조의3에 따라 금융회사 등(「금융실명거래 및 비밀보장에 관한 법률」 제2조제1호에 따른 금융회사등, 「신용정보의 이용 및 보호에 관한 법률」 제2조제6호에 따른 신용정보집중기관을 말한다. 이하 같다)의 장에게 법 제16조의2에 따라 비용 지원을 신청한 자(이하 "비용 지원 신청자"라 한다) 및 그 가구원(家口員)에 대한 법 제16조의2제2항제1호부터 제3호까지의 금융정보, 신용정보 및 보험정보(이하 "금융정보등"이라 한다)를 요청하는 경우에는 요청 내용에 다음 각 호의 사항을 포함하여야 한다. <개정 2013.3.23.>
1. 비용 지원 신청자와 그 가구원의 성명과 주민등록번호
2. 제공을 요청하는 금융정보등의 범위와 조회기준일 및 조회기간

② 제1항에 따라 요청을 받은 금융회사 등의 장이 국토교통부장관 또는 시장·군수·구청장에게 해당 금융정보등을 제공할 때에는 제공 내용에 다음 각 호의 사항을 포함하여야 한다. <개정 2013.3.23.>
1. 비용 지원 신청자와 그 가구원의 성명과 주민등록번호
2. 금융정보등을 제공하는 금융회사 등의 명칭
3. 제공대상 금융상품명과 계좌번호
4. 금융정보등의 내용

③ 국토교통부장관 또는 시장·군수·구청장은 금융회사 등이 가입한 협회, 연합회 또는 중앙회의 정보통신망을 이용하여 해당 금융회사 등의 장에게 제1항에 따른 금융정보등을 제공하도록 요청할 수 있다. <개정 2013.3.23.>

[본조신설 2011.9.16.]

제27조의5(행정정보의 공동이용) 국토교통부장관 또는 시장·군수·구청장(제41조제1항에 따라 비용 보조 업무를 위탁받은 기관을 포함한다)은 법 제16조제1항제1호에 따른 생활비용의 보조를 위하여 필요하면 「전자정부법」 제36조제1항에 따라 행정정보를 공동이용할 수 있다. <개정 2013.3.23.>

[본조신설 2011.9.16.]

제27조의6(출입·조사 등) ① 법 제16조의4제1항에 따른 질문·출입 및 조사는 법 제16조의2제1항 및 제2항에 따라 신청자가 제출한 서류의 사실 여부 확인 등 비용 보조 대상에 해당하는지를 확인하기 위하여 필요한 최소한의 범위에서 하여야 한다.

② 제1항에 따른 조사를 하는 경우에는 조사 7일 전까지 조사일시, 조사이유 및 조사내용 등에 대한 조사계획을 피조사자에게 통지하여야 한다. 다만, 긴급하거나 미리 통지하면 증거인멸 등으로 조사의 목적을 달성할 수 없다고 인정하는 경우에는 그러하지 아니하다.

[본조신설 2011.9.16.]

제27조의7(고유식별정보의 처리) 시장·군수·구청장은 법 제16조의2제1항에 따라 개발제한구역 주민의 생활비용 보조사업을 시행하기 위하여 불가피한 경우 「개인정보 보호법 시행령」 제19조제1호에 따른 주민등록번호가 포함된 자료를 처리할 수 있다.

[본조신설 2012.1.6.]

제28조(매수대상토지의 판정기준) 법 제17조제3항에 따른 매수대상토지(이하 "매수대상토지"라 한다)의 판정기준은 다음 각 호와 같다. 이 경우 토지의 효용 감소, 사용·수익의 불가능 등에 대하여 본인의 귀책사유가 없어야 한다. <개정 2016.8.31.>
1. 종래의 용도대로 사용할 수 없어 그 효용

이 현저히 감소된 토지: 매수를 청구할 당시 매수대상토지를 개발제한구역 지정 이전의 지목(매수청구인이 개발제한구역 지정 이전에 적법하게 지적공부상의 지목과 다르게 이용하고 있었음을 공적자료로서 증명하는 경우에는 개발제한구역 지정 이전의 실제 용도를 지목으로 본다)대로 사용할 수 없어 매수청구일 현재 해당 토지의 개별공시지가(「부동산 가격공시에 관한 법률」 제10조에 따른 개별공시지가를 말한다. 이하 같다)가 그 토지가 있는 읍·면·동에 지정된 개발제한구역의 같은 지목의 개별공시지가 평균치의 50퍼센트 미만일 것

2. 사용 또는 수익이 사실상 불가능한 토지: 법 제12조 및 제13조에 따른 행위제한으로 해당 토지의 사용 또는 수익이 불가능할 것

제29조(매수 기한) 법 제18조제2항에서 "대통령령으로 정하는 기간"이란 매수청구인에게 매수대상토지로 알린 날부터 3년 이내를 말한다.

제30조(매수가격의 산정시기·방법) ① 법 제18조제3항 전단에 따른 매수가격은 매수청구 당시의 표준지공시지가(「부동산 가격공시에 관한 법률」 제3조에 따른 표준지공시지가를 말한다. 이하 이 조에서 같다)를 기준으로 그 공시기준일부터 매수청구인에게 매수금액을 지급하려는 날까지의 기간 동안 다음 각 호의 변동사항을 고려하여 산정한 가격으로 한다. <개정 2013.3.23., 2016.8.31.>

1. 해당 토지의 위치·형상·환경 및 이용상황
2. 「국토의 계획 및 이용에 관한 법률 시행령」 제125조제1항에 따라 국토교통부장관이 조사한 지가변동률과 생산자물가상승률

② 제1항에 따른 매수가격은 표준지공시지가를 기준으로 「감정평가 및 감정평가사에 관한 법률」 제2조제4호에 따른 감정평가업자(이하 "감정평가업자"라 한다) 2명 이상이 평가한 금액의 산술평균치로 한다. <개정 2016.8.31.>

제31조(매수절차) ① 토지의 매수를 청구하려는 자는 법 제18조제5항에 따라 다음 각 호의 사항을 적은 토지매수청구서 등 국토교통부령으로 정하는 서류를 국토교통부장관에게 제출하여야 한다. <개정 2013.3.23.>

1. 토지소유자의 성명(법인의 경우에는 그 명칭과 대표자의 성명)과 주소
2. 토지의 지번(地番), 지목 및 이용 현황
3. 해당 토지에 소유권 외의 권리가 설정된 경우에는 그 종류 및 내용과 권리자의 성명(법인인 경우에는 그 명칭과 대표자의 성명) 및 주소
4. 매수청구 사유

② 국토교통부장관은 제1항에 따라 매수청구를 받은 경우에는 매수대상토지가 제28조에 따른 기준에 해당되는지 판단하여 매수대상 여부와 매수예상가격을 매수청구인에게 알려야 한다. <개정 2013.3.23.>

③ 제2항의 매수예상가격은 매수청구 당시의 개별공시지가로 한다.

④ 국토교통부장관은 제2항에 따라 매수예상가격을 통보하였으면 감정평가업자에게 대상토지에 대한 감정평가를 의뢰하여 매수가격을 결정하고, 이를 매수청구인에게 알려야 한다. 이 경우 국토교통부장관은 감정평가를 의뢰하기 1개월 전까지 매수청구인에게 감정평가 의뢰 사실을 알려야 한다. <개정 2013.3.23.>

제32조(감정평가비용의 납부고지 등) ① 국토교통부장관은 제31조제4항에 따른 감정평가 의뢰 후 매수청구인이 법 제19조제2항 각 호의 어느 하나에 해당하는 사유 없이 매수청구의 철회를 통보하는 경우에는 해당 토지에 대한 감정평가비용의 전부를 매수청구인이 부담하게 하여야 한다. <개정 2013.3.23.>

② 국토교통부장관은 제1항에 따른 매수청구의 철회를 통보받은 날부터 5일 이내에 다음 각 호의 사항이 포함된 감정평가비용의 납부고지서를 매수청구인에게 발급하여야 한다. <개정 2013.3.23., 2016.12.30.>

1. 토지소유자의 성명(법인인 경우에는 그 명칭 및 대표자의 성명) 및 주소
2. 매수대상토지의 필지 수 및 면적
3. 납부통지 금액
4. 납부기한
5. 감정평가비용의 산출명세서

③ 제2항에 따라 감정평가비용의 납부 고지를 받은 매수청구인은 그 고지를 받은 날부터 1개월 이내에 고지된 감정평가비용을 국토교통부장관에게 내야 한다. <개정 2013.3.23.>

제33조(철회의 정당한 사유) ① 법 제19조제2항제1호에서 "대통령령으로 정하는 비율"이란 매수예상가격의 30퍼센트를 말한다.

② 법 제19조제2항제2호에서 "법령의 개정·폐지나 오염원의 소멸 등 대통령령으로 정하는 원인"이란 법령의 개정·폐지, 오염원의 소멸, 농업용수로 또는 통행로의 신설, 그 밖에 이와 비슷한 것으로서 시장·군수·구청장이 인정하는 것을 말한다.

제34조 삭제 <2009.8.5.>

제35조 삭제 <2009.8.5.>

제36조(부담금의 산정기준) ①법 제24조제1항 및 제2항에 따른 개발제한구역 보전부담금(이하 "부담금"이라 한다) 산정에 관한 세부기준은 다음 각 호와 같다. <개정 2009.8.5., 2012.5.14., 2013.3.23., 2014.1.28., 2016.6.30., 2016.8.31.>

1. 법 제24조제2항에 따른 허가 받은 토지 형질변경 면적에 다음 각 목의 토지의 면적은 포함하지 아니할 것
   가. 터널 굴착 시 터널출입구를 제외한 터널 내부의 부지
   나. 이미 토지의 형질변경 허가를 받은 부지에서 다시 형질변경하는 토지(이미 부담금이 부과되어 납부된 토지 또는 2000년 7월 1일 전에 허가를 받아 형질변경한 토지에서 허가된 사업 외의 사업을 위하여 허가를 받아 형질변경하는 경우를 포함한다)
   다. 별표 1 제3호하목에 따른 공사용 임시가설건축물과 임시시설의 부지로서 그 공사의 사업부지에 있는 토지
2. 부담금 산정 시 개별공시지가가 없는 경우에는 「부동산 가격공시에 관한 법률」 제3조제7항에 따른 토지가격비준표를 사용하여 지가를 산정할 것
3. 부담금 산정 시 해당 시·군·구에 개발제한구역 외에는 같은 지목이 존재하지 아니하여 비교 기준이 되는 개별공시지가의 평균치를 산정할 수 없는 경우에는 해당 시·도의 개발제한구역 외의 같은 지목에 대한 개별공시지가의 평균치로 시·군·구의 같은 지목에 대한 개별공시지가의 평균치를 갈음할 것
4. 개발제한구역을 관할하는 시장·군수·구청장은 「부동산 가격공시에 관한 법률」 제10조에 따라 매년 개별공시지가를 결정·공시하였으면 공시한 날부터 60일 이내에 개발제한구역을 제외한 관할 구역의 개별공시지가의 지목별 평균치를 고시할 것
5. 제1호부터 제4호까지에서 규정한 사항 외에 부담금의 산정에 관하여는 국토교통부령으로 정하는 기준에 따를 것

② 법 제24조제1항 후단에서 "개발사업의 목적에 이용되지 아니하고 존치되는 경우로서 대통령령으로 정하는 것"이란 다음 각 호의 것을 말한다. <신설 2014.1.28.>

1. 바다·하천·도랑·제방(堤防)
2. 도로(「도로법」에 따른 고속국도, 일반국도, 특별시도·광역시도 및 지방도에 한정한다)
3. 철도

제36조의2(부담금의 납부기한 연장 등) ① 납부 의무자가 법 제25조제2항 단서에 따라 부담금의 납부 기한의 연장 또는 분할 납부의 허가를 신청하려는 때에는 그 사유 등을 적은 납부 기한 연장신청서 또는 분할 납부 신청서를 국토교통부장관에게 제출하여야 한다. <개정 2013.3.23.>

② 국토교통부장관은 제1항에 따른 납부 기한 연장 신청서 또는 분할 납부 신청서를 받은 날부터 30일 이내에 신청인에게 납부 기일 연기 또는 분할 납부의 허가 여부를 서면으로 알려야 한다. <개정 2013.3.23.>

③ 법 제25조제3항에서 "대통령령으로 정하는 이자율에 해당하는 금액"이란 연 1천분의 34의 비율로 산정된 금액을 말한다. <개정 2013.10.30.>

[본조신설 2009.8.5.]

제37조(부담금의 부과·징수 등) ① 국토교통부장관은 시장·군수·구청장으로부터 법 제22조에 따른 통보를 받았으면 부담금을 내야 하는 자(이하 "납부의무자"라 한다)에게 부담금의 납부를 알려야 한다. <개정 2013.3.23.>

② 국토교통부장관이 제1항에 따라 부담금의 납부를 알릴 때에는 납부금액, 산출 근거, 납부기한 및 납부 장소를 명시하여야 한다. <개정 2013.3.23.>

③ 국토교통부장관은 제1항에 따라 부담금의 납부를 알린 후 그 통지 내용에 누락이나 흠이 있

는 것을 발견한 경우에는 지체 없이 부담금의 납부를 다시 알려야 한다. <개정 2013.3.23.>

제37조의2(납부대행기관의 지정 등) ① 법 제25조제4항 본문에서 "대통령령으로 정하는 납부대행기관"이란 다음 각 호의 기관을 말한다.
1. 「민법」 제32조에 따라 금융위원회의 허가를 받아 설립된 금융결제원
2. 정보통신망을 이용하여 신용카드·직불카드 등(이하 이 조에서 "신용카드등"이라 한다)에 의한 결제를 수행하는 기관 중 시설, 업무수행능력, 자본금 규모 등을 고려하여 국토교통부장관이 납부대행기관으로 지정하여 고시한 기관

② 국토교통부장관은 제1항제2호에 따른 납부대행기관이 다음 각 호의 어느 하나에 해당하는 경우에는 납부대행기관의 지정을 취소할 수 있다. 이 경우 국토교통부장관은 그 지정 취소 사실을 관보에 고시하여야 한다.
1. 제1항제2호에 따른 시설 축소, 자본금 규모 감소 등으로 인하여 부담금 납부 업무를 정상적으로 수행하기 어렵다고 인정되는 경우
2. 신용카드등에 의한 부담금 납부 업무를 정상적으로 운영하지 못하는 등 업무수행능력에 문제가 있다고 판단되는 경우

③ 납부대행기관은 신용카드등에 의한 납부대행 용역의 대가로 납부금액의 1천분의 10을 초과하지 아니하는 범위에서 납부의무자로부터 납부대행 수수료를 받을 수 있다.

④ 납부대행기관은 제3항에 따른 납부대행 수수료에 대하여 국토교통부장관의 승인을 받아야 한다. 이 경우 국토교통부장관은 납부대행기관의 운영경비 등을 종합적으로 고려하여 납부대행 수수료를 승인하여야 한다.

⑤ 제1항부터 제4항까지에서 규정한 사항 외에 신용카드등에 의한 부담금의 납부에 필요한 사항은 국토교통부장관이 정할 수 있다.

[본조신설 2016.9.22.]

제38조(부담금의 물납) ① 법 제25조제4항 단서에 따른 물납(物納)을 신청하려는 자는 국토교통부령으로 정하는 물납신청서를 부담금납부통지서를 받은 날부터 15일 이내에 국토교통부장관에게 제출(전자문서로 제출하는 것을 포함한다)하여야 한다. <개정 2013.3.23., 2013.10.30.>

② 국토교통부장관은 제1항에 따른 물납신청서를 받은 날부터 10일 이내에 신청인에게 물납의 허가 여부를 서면(신청인이 원하거나 전자문서로 물납신청서를 제출한 경우에는 전자문서를 포함한다)으로 알려야 한다. <개정 2013.3.23.>

③ 물납을 청구할 수 있는 토지의 가액은 해당 부담금 부과액을 초과할 수 없으며, 납부의무자는 부과된 부담금과 물납토지의 가액과의 차액을 현금으로 내야 한다.

④ 물납에 충당할 토지의 가액은 물납 신청 당시의 개별공시지가로 한다.

제39조(부담금의 환급) ① 국토교통부장관은 납부의무자가 부담금으로 낸 금액 중 과오납부한 금액이 있거나 법 제25조제9항에 따라 환급하여야 할 금액이 있으면 지체 없이 그 과오납 금액 또는 환급하여야 할 금액을 부담금환급금으로 결정하고 부담금납부자에게 알려야 한다. <개정 2013.3.23., 2013.10.30., 2016.9.22.>

② 국토교통부장관은 제1항에 따라 부담금환급금을 알릴 때에는 부담금환급금에 다음 각 호의 어느 하나에 해당하는 날의 다음 날부터 환급 결정을 하는 날까지의 기간에 대하여 국토교통부령으로 정하는 이율에 따라 계산한 금액을 환급가산금으로 결정하고 이를 부담금환급금과 함께 알려야 한다. <개정 2013.3.23.>
1. 착오 납부, 이중 납부 또는 납부 후 그 부과를 취소 또는 정정한 경우: 착오 등 납부일
2. 납부자에게 책임이 있는 사유로 부담금을 발생시킨 허가가 취소된 경우: 허가 취소일
3. 납부자가 사업계획을 변경하거나 그 밖에 이와 비슷한 사유로 인한 경우: 사업계획 변경허가 또는 그 밖에 이와 비슷한 행정처분의 결정일

③ 제1항에 따른 부담금환급금과 제2항에 따른 환급가산금은 지역발전특별회계에서 지급한다. 다만, 국토교통부장관은 허가의 취소, 사업면적의 축소 등으로 사업시행자에게 원상회복의 책임이 있는 경우에는 원상회복이 끝날 때까지 원상회복에 드는 비용에 해당하는 금액의 지급을 미룰 수 있다. <개정 2009.5.29., 2013.3.23., 2014.3.11.>

제39조의2(부담금의 용도) 법 제26조제2항에 따른 부담금의 사용용도와 사용용도별 배분비율은 다음 각 호와 같다. 다만, 예산편성금

액, 예산 집행실적, 자금 배정 등을 감안하여 배분비율의 일부를 조정하여 사용할 수 있다. <개정 2013.10.30.>

1. 법 제26조제2항제1호에 따른 주민지원사업: 100분의 45
2. 법 제26조제2항제2호에 따른 토지등의 매수 및 같은 항 제3호에 따른 훼손지 복구, 공원화 사업, 인공조림 조성, 여가체육공간조성 등: 100분의 45
3. 법 제26조제2항제4호에 따른 개발제한구역의 지정 또는 해제에 관한 조사·연구, 같은 항 제5호에 따른 개발제한구역 내 불법행위의 예방과 단속 및 같은 항 제6호에 따른 실태조사: 배분액의 100분의 10

[본조신설 2009.8.5.]

제40조(권한의 위임) ① 국토교통부장관은 개발제한구역을 해제하려는 지역이 제2조제3항제1호 또는 제3호에 따른 지역으로서 면적이 30만제곱미터 이하이거나 제2조제3항제2호에 따른 취락 또는 같은 항 제5호에 따른 토지, 제6호에 따른 개발제한구역 경계선의 관통 대지 및 제7호에 따른 소규모 토지에 해당하는 경우에는 법 제29조제1항에 따라 다음 각 호의 권한을 시·도지사에게 위임한다. 다만, 법 제4조제1항 단서에 따라 국가계획과 관련하여 국토교통부장관이 직접 개발제한구역의 해제에 관한 도시·군관리계획을 입안하는 경우는 제외한다. <개정 2009.8.5., 2012.4.10., 2013.3.23., 2013.10.30., 2016.3.29.>

1. 법 제8조에 따른 도시·군관리계획의 결정
2. 법 제9조에 따른 도시·군관리계획에 관한 지형도면의 고시

② 시·도지사는 제1항제1호에 따라 위임된 사항을 처리한 경우에는 그 처리 결과를 국토교통부장관에게 제출하여야 한다. <신설 2016.3.29.>

③ 시·도지사가 제1항제1호에 따라 도시·군관리계획 결정을 할 때 중앙도시계획위원회의 심의에 관하여는 「국토의 계획 및 이용에 관한 법률」 제113조제1항제2호를 적용한다. <개정 2012.4.10., 2016.3.29.>

④ 국토교통부장관은 법 제29조제1항에 따라 다음 각 호의 권한을 시장·군수·구청장에게 위임한다. 다만, 법 제21조제1항제1호에 따른 부담금(법 제4조제1항 단서에 따라 국가계획과 관련하여 국토교통부장관이 직접 도시·군관리계획을 입안하여 개발제한구역을 해제한 경우로 한정한다)에 관한 권한은 위임하지 아니한다. <개정 2009.8.5., 2012.4.10., 2013.3.23., 2013.10.30., 2016.3.29., 2016.9.22.>

1. 법 제21조제1항 및 제25조에 따른 부담금의 부과·징수
2. 법 제25조제2항 단서에 따른 부담금의 납부기한 연장 또는 분할납부 허가
3. 법 제25조제8항에 따른 허가의 취소 또는 부담금과 가산금의 징수
4. 법 제25조제9항에 따른 부담금의 환급

⑤ 시장·군수·구청장은 제4항에 따라 징수한 부담금을 한국은행(국고대리점을 포함한다. 이하 같다) 또는 체신관서에 지체 없이 납입하여야 한다. <개정 2016.3.29., 2016.9.22.>

⑥ 시장·군수·구청장은 제38조에 따른 물납을 받았으면 지체 없이 해당 토지를 지역발전특별회계 소속 국유재산으로 하기 위한 등기이전과 그 밖에 필요한 조치를 하여야 한다. <개정 2009.5.29., 2014.3.11., 2016.3.29.>

⑦ 시장·군수·구청장은 제4항에 따라 징수한 월별 부담금의 부과·징수 실적 및 납입·물납 실적을 다음 달 10일까지 국토교통부장관에게 제출하여야 한다. <개정 2013.3.23., 2016.3.29., 2016.9.22.>

⑧ 국토교통부장관은 제7항에 따라 제출된 부담금의 부과·징수 실적과 납입·물납 실적을 근거로 하여 납입금액(시장·군수·구청장이 제5항에 따라 한국은행 또는 체신관서에 납입한 금액과 물납받은 토지의 가액을 말한다)의 일부를 다음 각 호에 따라 시장·군수·구청장에게 위임수수료로 지급하여야 한다. <개정 2009.8.5., 2013.3.23., 2016.3.29., 2016.9.22.>

1. 법 제21조제1항제1호에 따른 부담금: 징수금액의 100분의 1을 다음 회계연도 1분기 말까지 지급
2. 법 제21조제1항제2호에 따른 부담금: 징수금액의 100분의 3을 분기별로 해당 분기가 끝난 다음 달 15일까지 지급

⑨ 법 제29조제2항 전단에서 "대통령령으로 정하는 사무"란 제2조제3항제1호, 제3호 또는 제5호에 따른 개발제한구역 해제에 관한 도시·군관리계획 결정에 관한 사무를 말한다. 다만, 제2조제3항제5호의 경우에는 해제하는 면적이 1만제곱미터를 초과하는 경우로 한정한다. <신설 2016.3.29.>

제41조(위탁) ① 국토교통부장관 및 시장·군수·구청장은 법 제29조제3항에 따라 다음 각

호의 업무를 보건복지부장관에게 위탁한다. <신설 2011.9.16., 2013.3.23., 2016.3.29.>

1. 법 제16조의3제1항에 따른 금융정보등의 제공 요청에 관한 업무
2. 법 제16조의4제2항에 따른 가족관계·소득·재산 자료 등의 제공 요청에 관한 업무

② 국토교통부장관은 법 제29조제4항에 따라 다음 각 호의 업무를 「한국토지주택공사법」에 따른 한국토지주택공사에 위탁한다. <개정 2009.9.21., 2011.9.16., 2013.3.23., 2016.3.29.>

1. 법 제17조제2항 및 제20조제1항에 따른 토지와 그 토지의 정착물의 매수
2. 법 제18조제1항에 따른 매수대상 여부와 매수예상가격 등의 통보
3. 법 제19조제2항에 따른 매수청구인에 대한 감정평가비용의 부과
4. 제31조제1항에 따른 토지매수청구서의 접수
5. 제31조제4항에 따른 감정평가 의뢰 및 매수가격의 통보

③ 「한국토지주택공사법」에 따른 한국토지주택공사의 사장은 제2항에 따라 위탁받은 업무를 처리하였으면 분기별로 분기 종료 다음 달 10일까지 그 실적을 국토교통부장관에게 보고하여야 한다. <개정 2009.9.21., 2011.9.16., 2013.3.23.>

④ 국토교통부장관은 제2항에 따라 「한국토지주택공사법」에 따른 한국토지주택공사에 업무를 위탁한 경우에는 매입대금의 1천분의 5와 감정수수료·등기수수료 등 토지를 매입하기 위하여 지출되는 비용을 위탁수수료로 지급하여야 한다. <개정 2009.9.21., 2011.9.16., 2013.3.23.>

제41조의2(이행강제금의 산정·부과) ① 법 제30조의2제1항에 따른 이행강제금의 산정기준은 별표 5와 같다.

② 제1항에 따른 이행강제금 부과·징수 대상자 중 법 제4조제4항에 따른 해제대상지역으로 이전할 자에 대하여는 입주시기 등을 감안하여 그 이전이 가능한 시기까지 이행강제금의 부과를 유예하거나 별표 5에 따른 이행강제금의 금액을 가중하지 아니할 수 있다.

③ 제1항 및 제2항에도 불구하고 별표 1 제5호가목의 동식물 관련 시설의 소유자가 법 제30조에 따른 위반행위를 한 경우에는 다음 각 호의 요건을 모두 갖춘 경우에 2년의 범위에서 이행강제금의 부과를 유예할 수 있다. 이 경우 이행강제금을 부과하지 않을 수 있는 기산 시점은 해당 시설을 자진하여 철거할 것을 서약한 후 행정대집행 비용 전액을 납부한 날(제1호 후단에 따라 분할납부가 인정된 경우는 최초 1회 납부한 날)로 한다.

1. 해당 시설을 2년의 범위에서 자진하여 철거할 것을 서약하고, 「행정대집행법」에 따라 집행에 필요한 비용(이하 "대집행 비용"이라 한다)을 시장·군수·구청장에게 미리 납부할 것. 이 경우 시장·군수·구청장은 1년 이내의 범위에서 3회 이내의 분할납부를 인정할 수 있다.
2. 해당 시·군·구의 개발제한구역에 최근 1년 이상 거주하였을 것
3. 해당 시·군·구의 개발제한구역에서 영농에 종사하는 자로서 1만제곱미터 이상의 농지(전·답 및 과수원을 말한다)를 소유하지 아니할 것

④ 시장·군수·구청장은 제3항에 따라 이행강제금의 부과를 유예받은 자가 같은 항 제1호에 따라 서약한 기간 내에 자진하여 철거한 때에는 이미 납부한 대집행 비용을 환급하여야 한다.

⑤ 시장·군수·구청장은 제1항부터 제3항까지의 규정에도 불구하고 별표 1 제5호가목1)의 축사의 소유자 또는 점유자가 법 제30조에 따른 위반행위(건축물의 용도변경과 관련된 위반행위로 한정한다)를 한 경우로서 다음 각 호의 요건을 모두 갖춘 경우에는 2014년 12월 31일까지 이행강제금의 부과를 유예할 수 있다. <신설 2014.1.28.>

1. 적법하게 건축된 축사로서 축산업의 경쟁력 저하 등 경제 여건의 변화에 따라 본래의 용도로 사용하는 것이 현저히 곤란하다고 인정될 것
2. 축사를 본래의 용도로 사용함으로써 주변 환경의 오염 등 주민생활의 불편을 야기하거나 야기할 가능성이 높을 것

⑥ 제1항부터 제5항까지에서 규정된 사항 이외에 이행강제금의 부과 및 징수절차에 필요한 사항은 국토교통부령으로 정한다. <개정 2013.3.23., 2014.1.28.>

[본조신설 2009.8.5.]

제41조의3(이행강제금 부과 기준에 관한 특례) ① 제41조의2제1항 및 별표 5에도 불구하고 시장·군수·구청장은 2013년 12

월 31일 이전에 법 제30조제1항에 따른 위반행위(건축물의 건축 또는 용도변경, 공작물의 설치와 관련된 위반행위로 한정한다)를 한 자로서 다음 각 호의 요건을 모두 갖춘 자(제41조의2제2항·제3항 또는 제5항에 따라 이행강제금 부과를 유예받은 자는 제외한다)에 대해서는 2014년 12월 31일까지 별표 5에 따른 이행강제금 금액의 100분의 50을 감경할 수 있다.

1. 2014년 6월 30일 이내에 시장·군수·구청장에게 이행강제금 감경신청을 할 것
2. 해당 건축물 또는 공작물을 2014년 12월 31일까지 자진하여 철거할 것을 서약하고 대집행 비용을 시장·군수·구청장에게 미리 납부할 것. 이 경우 시장·군수·구청장은 1년 이내의 범위에서 3회 이내의 분할 납부를 인정할 수 있다.

② 시장·군수·구청장은 제1항에 따라 이행강제금의 감경을 받은 자가 같은 항 제2호에 따라 서약한 기간 내에 자진하여 철거한 때에는 이미 납부한 대집행 비용을 환급하여야 한다.

③ 시장·군수·구청장은 2015년 2월 28일까지 제2항에 따른 자진 철거 현황 및 대집행 결과를 국토교통부장관에게 제출하여야 한다.

[전문개정 2014.1.28.]

제41조의4(이행강제금 징수 유예 특례) 법 제30조의3제1항제1호나목에서 "대통령령으로 정하는 시설"이란 별표 1 제5호가목에 따른 동식물 관련 시설 중 잠실(蠶室), 저장창고, 양어장, 사육장, 퇴비사 및 발효퇴비장, 육묘 및 종묘배양장을 말한다.

[본조신설 2015.3.30.]

[종전 제41조의4는 제41조의5로 이동 <2015.3.30.>]

제41조의5(규제의 재검토) 국토교통부장관은 다음 각 호의 사항에 대하여 2017년 1월 1일을 기준으로 3년마다(매 3년이 되는 해의 1월 1일 전까지를 말한다) 그 타당성을 검토하여 개선 등의 조치를 하여야 한다.

1. 제13조에 따른 허가 대상 건축물 또는 공작물의 종류 등
2. 제21조에 따른 시행 중인 공사에 관한 특례 기준
3. 제25조에 따른 취락지구의 지정기준
4. 제36조에 따른 부담금의 산정기준

[전문개정 2016.12.30.]

제42조(과태료) ①법 제34조제1항에서 "대통령령으로 정하는 경미한 행위"란 제19조 각 호의 신고사항을 말한다. <개정 2012.5.14.>

② 법 제34조제1항 및 제2항에 따른 과태료의 부과기준은 별표 6과 같다. <신설 2012.5.14.>

부칙

<제28583호, 2018.1.16.>

(물환경보전법 시행령)

제1조(시행일) 이 영은 2018년 1월 18일부터 시행한다.

제2조(다른 법령의 개정) ① 생략

② 개발제한구역의 지정 및 관리에 관한 특별조치법 시행령 일부를 다음과 같이 개정한다.

별표 1 제5호나목4)나) 중 "「수질 및 수생태계 보전에 관한 법률」"을 "「물환경보전법」"으로 한다.

별표 3 제27호나목 단서 및 같은 호 다목 2) 중 "「수질 및 수생태계 보전에 관한 법률」"을 각각 "「물환경보전법」"으로 한다.

③부터 ㊻까지 생략

도시개발법

[시행 2017.7.26.]
[법률 제14839호, 2017.7.26., 타법개정]

제1장 총칙

제1조(목적) 이 법은 도시개발에 필요한 사항을 규정하여 계획적이고 체계적인 도시개발을 도모하고 쾌적한 도시환경의 조성과 공공복리의 증진에 이바지함을 목적으로 한다.

제2조(정의) ① 이 법에서 사용하는 용어의 뜻은 다음과 같다.
1. "도시개발구역"이란 도시개발사업을 시행하기 위하여 제3조와 제9조에 따라 지정·고시된 구역을 말한다.
2. "도시개발사업"이란 도시개발구역에서 주거, 상업, 산업, 유통, 정보통신, 생태, 문화, 보건 및 복지 등의 기능이 있는 단지 또는 시가지를 조성하기 위하여 시행하는 사업을 말한다.

②「국토의 계획 및 이용에 관한 법률」에서 사용하는 용어는 이 법으로 특별히 정하는 경우 외에는 이 법에서 이를 적용한다.

▶ 판례 – 토지구획정리사업을 위한 환지계획에서 초등학교 및 중고등학교 교육에 필요한 학교용지로 지정된 토지의 소유권을 국가 또는 지방자치단체가 원시취득하는지 여부(적극) / 이때 국가 또는 지방자치단체가 사업시행자에게 대가를 지급하여야 하는지 여부(적극) 및 학교용지 취득대금을 산정하는 기준 [대법원 2017.2.15, 선고, 2016다261632, 판결]

제2장 도시개발구역의 지정 등

제3조(도시개발구역의 지정 등) ① 다음 각 호의 어느 하나에 해당하는 자는 계획적인 도시개발이 필요하다고 인정되는 때에는 도시개발구역을 지정할 수 있다. <개정 2008.3.28., 2009.12.29.>
1. 특별시장·광역시장·도지사·특별자치도지사(이하 "시·도지사"라 한다)
2.「지방자치법」제175조에 따른 서울특별시와 광역시를 제외한 인구 50만 이상의 대도시의 시장(이하 "대도시 시장"이라 한다)

② 도시개발사업이 필요하다고 인정되는 지역이 둘 이상의 특별시·광역시·도·특별자치도(이하"시·도"라 한다) 또는「지방자치법」제175조에 따른 서울특별시와 광역시를 제외한 인구 50만 이상의 대도시(이하 이 조 및 제8조에서"대도시"라 한다)의 행정구역에 걸치는 경우에는 관계 시·도지사 또는 대도시 시장이 협의하여 도시개발구역을 지정할 자를 정한다. <개정 2008.3.28., 2009.12.29.>

③ 국토교통부장관은 다음 각 호의 어느 하나에 해당하면 제1항과 제2항에도 불구하고 도시개발구역을 지정할 수 있다. <개정 2009.12.29., 2013.3.23.>
1. 국가가 도시개발사업을 실시할 필요가 있는 경우
2. 관계 중앙행정기관의 장이 요청하는 경우
3. 제11조제1항제2호에 따른 공공기관의 장 또는 같은 항 제3호에 따른 정부출연기관의 장이 대통령령으로 정하는 규모 이상으로서 국가계획과 밀접한 관련이 있는 도시개발구역의 지정을 제안하는 경우
4. 제2항에 따른 협의가 성립되지 아니하는 경우
5. 그 밖에 대통령령으로 정하는 경우

④ 시장(대도시 시장을 제외한다)·군수 또는 구청장(자치구의 구청장을 말한다. 이하 같다)은 대통령령으로 정하는 바에 따라 시·도지사에게 도시개발구역의 지정을 요청할 수 있다. <개정 2008.3.28.>

⑤ 제1항에 따라 도시개발구역을 지정하거나 그 지정을 요청하는 경우 도시개발구역의 지정대상 지역 및 규모, 요청 절차, 제출 서류 등에 필요한 사항은 대통령령으로 정한다.

▶ 판례 – 구 도시개발법에서 정한 환지방식에 의한 도시개발사업을 시행할 목적으로 조직된 비법인 사단인 甲 도시개발사업 지주조합이 사유지 소유자들에게서 도시개발사업 시행에 대한 동의서를 받은 후 도시개발구역 내 국공유지 관리청인 乙 구청장에게 동의를 요청하였으나 乙 구청장이 동의서 발급이 불가하다고 회신 및 통지를 한 사안에서, 甲 조합의 동의 요청에 대한 乙 구청장의 회신은 행정소송법상 취소소송의 대상이 되는 처분에 해당하지 않는다고 본 원심판단이

정당하다고 한 사례 [대법원 2015.12.23, 선고, 2013두8806, 판결]

제3조의2(도시개발구역의 분할 및 결합) ① 제3조에 따라 도시개발구역을 지정하는 자(이하 "지정권자"라 한다)는 도시개발사업의 효율적인 추진과 도시의 경관 보호 등을 위하여 필요하다고 인정하는 경우에는 도시개발구역을 둘 이상의 사업시행지구로 분할하거나 서로 떨어진 둘 이상의 지역을 결합하여 하나의 도시개발구역으로 지정할 수 있다.

② 제1항에 따라 도시개발구역을 분할 또는 결합하여 지정하는 요건과 절차 등에 필요한 사항은 대통령령으로 정한다.

[본조신설 2011.9.30.]

제4조(개발계획의 수립 및 변경) ① 지정권자는 도시개발구역을 지정하려면 해당 도시개발구역에 대한 도시개발사업의 계획(이하 "개발계획"이라 한다)을 수립하여야 한다. 다만, 제2항에 따라 개발계획을 공모하거나 대통령령으로 정하는 지역에 도시개발구역을 지정할 때에는 도시개발구역을 지정한 후에 개발계획을 수립할 수 있다. <개정 2011.9.30., 2012.1.17.>

② 지정권자는 창의적이고 효율적인 도시개발사업을 추진하기 위하여 필요한 경우에는 대통령령으로 정하는 바에 따라 개발계획안을 공모하여 선정된 안을 개발계획에 반영할 수 있다. 이 경우 선정된 개발계획안의 응모자가 제11조제1항에 따른 자격 요건을 갖춘 자인 경우에는 해당 응모자를 우선하여 시행자로 지정할 수 있다. <신설 2012.1.17.>

③ 지정권자는 직접 또는 제3조제3항제2호 및 같은 조 제4항에 따른 관계 중앙행정기관의 장 또는 시장(대도시 시장을 제외한다)·군수·구청장 또는 제11조제1항에 따른 도시개발사업의 시행자의 요청을 받아 개발계획을 변경할 수 있다. <개정 2008.3.28., 2012.1.17.>

④ 지정권자는 환지(換地) 방식의 도시개발사업에 대한 개발계획을 수립하려면 환지 방식이 적용되는 지역의 토지면적의 3분의 2 이상에 해당하는 토지 소유자와 그 지역의 토지 소유자 총수의 2분의 1 이상의 동의를 받아야 한다. 환지 방식으로 시행하기 위하여 개발계획을 변경(대통령령으로 정하는 경미한 사항의 변경은 제외한다)하려는 경우에도 또한 같다. <개정 2012.1.17.>

⑤ 지정권자는 도시개발사업을 환지 방식으로 시행하려고 개발계획을 수립하거나 변경할 때에 도시개발사업의 시행자가 제11조제1항제1호에 해당하는 자이면 제4항에도 불구하고 토지 소유자의 동의를 받을 필요가 없다. <개정 2012.1.17.>

⑥ 지정권자가 도시개발사업의 전부를 환지 방식으로 시행하려고 개발계획을 수립하거나 변경할 때에 도시개발사업의 시행자가 제11조제1항제6호의 조합에 해당하는 경우로서 조합이 성립된 후 총회에서 도시개발구역의 토지면적의 3분의 2 이상에 해당하는 조합원과 그 지역의 조합원 총수의 2분의 1 이상의 찬성으로 수립 또는 변경을 의결한 개발계획을 지정권자에게 제출한 경우에는 제4항에도 불구하고 토지 소유자의 동의를 받은 것으로 본다. <개정 2012.1.17.>

⑦ 제4항에 따른 동의자 수의 산정방법, 동의절차, 그 밖에 필요한 사항은 대통령령으로 정한다. <개정 2012.1.17.>

제5조(개발계획의 내용) ① 개발계획에는 다음 각 호의 사항이 포함되어야 한다. 다만, 제13호부터 제16호까지의 규정에 해당하는 사항은 도시개발구역을 지정한 후에 개발계획에 포함시킬 수 있다. <개정 2011.9.30., 2015.8.28.>

1. 도시개발구역의 명칭·위치 및 면적
2. 도시개발구역의 지정 목적과 도시개발사업의 시행기간
3. 제3조의2에 따라 도시개발구역을 둘 이상의 사업시행지구로 분할하거나 서로 떨어진 둘 이상의 지역을 하나의 구역으로 결합하여 도시개발사업을 시행하는 경우에는 그 분할이나 결합에 관한 사항
4. 도시개발사업의 시행자에 관한 사항
5. 도시개발사업의 시행방식
6. 인구수용계획
7. 토지이용계획

7의2. 제25조의2에 따라 원형지로 공급될 대상 토지 및 개발 방향

8. 교통처리계획
9. 환경보전계획
10. 보건의료시설 및 복지시설의 설치계획
11. 도로, 상하수도 등 주요 기반시설의 설치계획
12. 재원조달계획
13. 도시개발구역 밖의 지역에 기반시설을 설치하여야 하는 경우에는 그 시설의 설

치에 필요한 비용의 부담 계획
14. 수용(收用) 또는 사용의 대상이 되는 토지·건축물 또는 토지에 정착한 물건과 이에 관한 소유권 외의 권리, 광업권, 어업권, 물의 사용에 관한 권리(이하 "토지등"이라 한다)가 있는 경우에는 그 세부목록
15. 임대주택(「민간임대주택에 관한 특별법」에 따른 민간임대주택 및「공공주택 특별법」에 따른 공공임대주택을 말한다. 이하 같다)건설계획 등 세입자 등의 주거 및 생활 안정 대책
16. 제21조의2에 따른 순환개발 등 단계적 사업추진이 필요한 경우 사업추진 계획 등에 관한 사항
17. 그 밖에 대통령령으로 정하는 사항

②「국토의 계획 및 이용에 관한 법률」에 따른 광역도시계획이나 도시·군기본계획이 수립되어 있는 지역에 대하여 개발계획을 수립하려면 개발계획의 내용이 해당 광역도시계획이나 도시·군기본계획에 들어맞도록 하여야 한다. <개정 2011.4.14.>

③ 제4조제1항 단서에 따라 도시개발구역을 지정한 후에 개발계획을 수립하는 경우에는 도시개발구역을 지정할 때에 지정 목적, 시행 방식 및 인구수용계획 등 대통령령으로 정하는 사항에 관한 계획을 수립하여야 한다.

④ 대통령령으로 정하는 규모 이상인 도시개발구역에 관한 개발계획을 수립할 때에는 해당 구역에서 주거, 생산, 교육, 유통, 위락 등의 기능이 서로 조화를 이루도록 노력하여야 한다.

⑤ 개발계획의 작성 기준 및 방법은 국토교통부장관이 정한다. <개정 2013.3.23.>

▶ 판례 - [1] 토지구획정리사업의 환지계획에서 초등학교 및 중고등학교 교육에 필요한 학교용지로 지정된 토지의 소유권을 국가 또는 지방자치단체가 원시취득하는지 여부(적극) 및 국가 또는 지방자치단체가 사업시행자에게 학교용지의 취득에 대한 대가를 지급할 의무를 부담하는지 여부(적극)
[2] 구 토지구획정리사업법 제63조 단서에 따라 국가 또는 지방자치단체가 사업시행자에게 지급할 의무가 있는 학교용지 취득대금의 산정 기준

[1] 구 토지구획정리사업법(2000. 1. 28. 법률 제6252호로 폐지, 이하 '법' 이라고 한다) 제2조 제1항 제1호, 제2호, 제63조에 의하면, 토지구획정리사업의 환지계획에서 초등학교 및 중고등학교 교육에 필요한 학교용지로 지정된 토지는 환지처분의 공고 다음 날에 법 제63조 본문에 따라 토지를 관리할 국가 또는 지방자치단체(이하 '국가 등' 이라고 한다)에 귀속되어 국가 등이 소유권을 원시취득하고, 다만 국가 등은 법 제63조 단서에 따라 사업시행자에게 학교용지의 취득에 대한 대가를 지급할 의무를 부담하게 된다.
[2] 구 토지구획정리사업법(2000. 1. 28. 법률 제6252호로 폐지, 이하 '법' 이라고 한다) 제2조 제1항 제2호, 제63조에 의하면, 환지처분의 공고 다음 날에 국가 또는 지방자치단체는 환지계획에서 학교용지로 지정된 토지의 소유권을 원시취득하는 대신, 사업시행자에게 취득에 대한 대가를 지급할 의무를 부담하게 된다. 그런데 법 제63조 단서는 '학교교지 등은 유상으로 한다' 고만 규정할 뿐 대가 산정의 기준 등에 관하여는 아무것도 정하고 있지 않다. 따라서 법률의 입법 취지와 목적, 제·개정 연혁, 법질서 전체와의 조화, 다른 법령과의 관계 등을 고려하여 '유상' 의 의미를 해석하여야 하는데, 학교용지의 취득대금은 개발이익을 배제한 토지가격에 학교용지의 조성·개발에 소요된 원가를 더한 금액, 즉 조성원가로 산정하는 것이 타당하다. [대법원 2016.12.15, 선고, 2015다256312, 판결]

제6조(기초조사 등) ① 도시개발사업의 시행자나 시행자가 되려는 자는 도시개발구역을 지정하거나 도시개발구역의 지정을 요청 또는 제안하려고 할 때에는 도시개발구역으로 지정될 구역의 토지, 건축물, 공작물, 주거 및 생활실태, 주택수요, 그 밖에 필요한 사항에 관하여 대통령령으로 정하는 바에 따라 조사하거나 측량할 수 있다. <개정 2011.9.30.>

② 제1항에 따라 조사나 측량을 하려는 자는 관계 행정기관, 지방자치단체,「공공기관의 운영에 관한 법률」에 따른 공공기관(이하 "공공기관"이라 한다), 정부출연기관, 그 밖의 관계 기관의 장에게 필요한 자료의 제출을 요청할 수 있다. 이 경우 자료 제출을 요청받은 기관의 장은 특별한 사유가 없으면 요청에 따라야 한다.

제7조(주민 등의 의견청취) ① 제3조에 따라 국토교통부장관, 시·도지사 또는 대도시 시장이 도시개발구역을 지정(대도시 시장이 아닌

시장·군수 또는 구청장의 요청에 의하여 지정하는 경우를 제외한다)하고자 하거나 대도시 시장이 아닌 시장·군수 또는 구청장이 도시개발구역의 지정을 요청하려고 하는 경우에는 공람이나 공청회를 통하여 주민이나 관계 전문가 등으로부터 의견을 들어야 하며, 공람이나 공청회에서 제시된 의견이 타당하다고 인정되면 이를 반영하여야 한다. 도시개발구역을 변경(대통령령으로 정하는 경미한 사항은 제외한다)하려는 경우에도 또한 같다. <개정 2008.3.28., 2013.3.23.>

② 제1항에 따른 공람의 대상 또는 공청회의 개최 대상 및 주민의 의견청취 방법 등에 필요한 사항은 대통령령으로 정한다.

제8조(도시계획위원회의 심의 등) ① 지정권자는 도시개발구역을 지정하거나 제4조제1항 단서에 따라 개발계획을 수립하려면 관계 행정기관의 장과 협의한 후 「국토의 계획 및 이용에 관한 법률」 제106조에 따른 중앙도시계획위원회 또는 같은 법 제113조에 따른 시·도도시계획위원회나 대도시에 두는 대도시도시계획위원회의 심의를 거쳐야 한다. 변경하는 경우에도 또한 같다. 다만, 대통령령으로 정하는 경미한 사항을 변경하는 경우에는 그러하지 아니하다. <개정 2008.3.28.>

② 「국토의 계획 및 이용에 관한 법률」 제49조에 따른 지구단위계획에 따라 도시개발사업을 시행하기 위하여 도시개발구역을 지정하는 경우에는 제1항에 따른 중앙도시계획위원회 또는 시·도도시계획위원회나 대도시에 두는 대도시도시계획위원회의 심의를 거치지 아니한다. <개정 2008.3.28.>

③ 지정권자는 제1항에 따라 관계 행정기관의 장과 협의하는 경우 지정하려는 도시개발구역이 일정 규모 이상 또는 국가계획과 관련되는 등 대통령령으로 정하는 경우에 해당하면 국토교통부장관과 협의하여야 한다. <신설 2009.12.29., 2013.3.23.>

제9조(도시개발구역지정의 고시 등) ① 지정권자는 도시개발구역을 지정하거나 제4조제1항 단서에 따라 개발계획을 수립한 경우에는 대통령령으로 정하는 바에 따라 이를 관보나 공보에 고시하고, 대도시 시장인 지정권자는 관계 서류를 일반에게 공람시켜야 하며, 대도시 시장이 아닌 지정권자는 해당 도시개발구역을 관할하는 시장(대도시 시장을 제외한다)·군수 또는 구청장에게 관계 서류의 사본을 보내야 하며, 지정권자인 특별자치도지사와 관계 서류를 송부받은 시장(대도시 시장을 제외한다)·군수 또는 구청장은 해당 관계 서류를 일반인에게 공람시켜야 한다. 변경하는 경우에도 또한 같다. <개정 2008.3.28.>

② 도시개발구역이 지정·고시된 경우 해당 도시개발구역은 「국토의 계획 및 이용에 관한 법률」에 따른 도시지역과 대통령령으로 정하는 지구단위계획구역으로 결정되어 고시된 것으로 본다. 다만, 「국토의 계획 및 이용에 관한 법률」 제51조제3항에 따른 지구단위계획구역 및 같은 법 제37조제1항제8호에 따른 취락지구로 지정된 지역인 경우에는 그러하지 아니하다. <개정 2011.4.14.>

③ 시·도지사 또는 대도시 시장이 도시개발구역을 지정·고시한 경우에는 국토교통부장관에게 그 내용을 통보하여야 한다. <개정 2008.3.28., 2013.3.23.>

④ 제2항에 따라 결정·고시된 것으로 보는 사항에 대하여 「국토의 계획 및 이용에 관한 법률」 제32조에 따른 도시·군관리계획에 관한 지형도면의 고시는 같은 법 제33조에도 불구하고 제5조제1항제2호의 도시개발사업의 시행기간에 할 수 있다. <개정 2011.4.14.>

⑤ 제7조제1항에 따라 도시개발구역지정에 관한 주민 등의 의견청취를 위한 공고가 있는 지역 및 도시개발구역에서 건축물의 건축, 공작물의 설치, 토지의 형질 변경, 토석의 채취, 토지 분할, 물건을 쌓아놓는 행위, 죽목의 벌채 및 식재 등 대통령령으로 정하는 행위를 하려는 자는 특별시장·광역시장·특별자치도지사·시장 또는 군수의 허가를 받아야 한다. 허가받은 사항을 변경하려는 경우에도 또한 같다.

⑥ 다음 각 호의 어느 하나에 해당하는 행위는 제5항에도 불구하고 허가를 받지 아니하고 할 수 있다.

1. 재해 복구 또는 재난 수습에 필요한 응급조치를 위하여 하는 행위
2. 그 밖에 대통령령으로 정하는 행위

⑦ 제5항에 따라 허가를 받아야 하는 행위로서 도시개발구역의 지정 및 고시 당시 이미 관계 법령에 따라 행위 허가를 받았거나 허가를 받을 필요가 없는 행위에 관하여 그 공사나 사업에 착수한 자는 대통령령으로 정하는 바에 따라 특별시장·광역시장·특별자치도지사·시장 또는 군수에게 신고한 후 이를 계속 시행할 수 있다.

⑧ 특별시장·광역시장·특별자치도지사·시장

또는 군수는 제5항을 위반한 자에게 원상회복을 명할 수 있다. 이 경우 명령을 받은 자가 그 의무를 이행하지 아니하는 경우에는 특별시장·광역시장·특별자치도지사·시장 또는 군수는 「행정대집행법」에 따라 이를 대집행할 수 있다.

⑨ 제5항에 따른 허가에 관하여 이 법으로 규정한 것 외에는 「국토의 계획 및 이용에 관한 법률」 제57조부터 제60조까지 및 제62조를 준용한다.

⑩ 제5항에 따라 허가를 받으면 「국토의 계획 및 이용에 관한 법률」 제56조에 따라 허가를 받은 것으로 본다.

제9조(도시개발구역지정의 고시 등) ① 지정권자는 도시개발구역을 지정하거나 제4조제1항 단서에 따라 개발계획을 수립한 경우에는 대통령령으로 정하는 바에 따라 이를 관보나 공보에 고시하고, 대도시 시장인 지정권자는 관계 서류를 일반에게 공람시켜야 하며, 대도시 시장이 아닌 지정권자는 해당 도시개발구역을 관할하는 시장(대도시 시장을 제외한다)·군수 또는 구청장에게 관계 서류의 사본을 보내야 하며, 지정권자인 특별자치도지사와 관계 서류를 송부받은 시장(대도시 시장을 제외한다)·군수 또는 구청장은 해당 관계 서류를 일반인에게 공람시켜야 한다. 변경하는 경우에도 또한 같다. <개정 2008.3.28.>

② 도시개발구역이 지정·고시된 경우 해당 도시개발구역은 「국토의 계획 및 이용에 관한 법률」에 따른 도시지역과 대통령령으로 정하는 지구단위계획구역으로 결정되어 고시된 것으로 본다. 다만, 「국토의 계획 및 이용에 관한 법률」 제51조제3항에 따른 지구단위계획구역 및 같은 법 제37조제1항제6호에 따른 취락지구로 지정된 지역인 경우에는 그러하지 아니하다. <개정 2011.4.14., 2017.4.18.>

③ 시·도지사 또는 대도시 시장이 도시개발구역을 지정·고시한 경우에는 국토교통부장관에게 그 내용을 통보하여야 한다. <개정 2008.3.28., 2013.3.23.>

④ 제2항에 따라 결정·고시된 것으로 보는 사항에 대하여 「국토의 계획 및 이용에 관한 법률」 제32조에 따른 도시·군관리계획에 관한 지형도면의 고시는 같은 법 제33조에도 불구하고 제5조제1항제2호의 도시개발사업의 시행기간에 할 수 있다. <개정 2011.4.14.>

⑤ 제7조제1항에 따라 도시개발구역지정에 관한 주민 등의 의견청취를 위한 공고가 있는 지역 및 도시개발구역에서 건축물의 건축, 공작물의 설치, 토지의 형질 변경, 토석의 채취, 토지 분할, 물건을 쌓아놓는 행위, 죽목의 벌채 및 식재 등 대통령령으로 정하는 행위를 하려는 자는 특별시장·광역시장·특별자치도지사·시장 또는 군수의 허가를 받아야 한다. 허가받은 사항을 변경하려는 경우에도 또한 같다.

⑥ 다음 각 호의 어느 하나에 해당하는 행위는 제5항에도 불구하고 허가를 받지 아니하고 할 수 있다.

1. 재해 복구 또는 재난 수습에 필요한 응급조치를 위하여 하는 행위
2. 그 밖에 대통령령으로 정하는 행위

⑦ 제5항에 따라 허가를 받아야 하는 행위로서 도시개발구역의 지정 및 고시 당시 이미 관계 법령에 따라 행위 허가를 받았거나 허가를 받을 필요가 없는 행위에 관하여 그 공사나 사업에 착수한 자는 대통령령으로 정하는 바에 따라 특별시장·광역시장·특별자치도지사·시장 또는 군수에게 신고한 후 이를 계속 시행할 수 있다.

⑧ 특별시장·광역시장·특별자치도지사·시장 또는 군수는 제5항을 위반한 자에게 원상회복을 명할 수 있다. 이 경우 명령을 받은 자가 그 의무를 이행하지 아니하는 경우에는 특별시장·광역시장·특별자치도지사·시장 또는 군수는 「행정대집행법」에 따라 이를 대집행할 수 있다.

⑨ 제5항에 따른 허가에 관하여 이 법으로 규정한 것 외에는 「국토의 계획 및 이용에 관한 법률」 제57조부터 제60조까지 및 제62조를 준용한다.

⑩ 제5항에 따라 허가를 받으면 「국토의 계획 및 이용에 관한 법률」 제56조에 따라 허가를 받은 것으로 본다.

[시행일 : 2018.4.19.] 제9조

▶ 판례 – 도시개발법 제10조 제1항 제1호의 입법 취지 및 도시개발구역이 지정·고시된 날부터 3년이 되는 날까지 실시계획의 인가 신청이 없는 경우, 그 사이에 도시개발사업 시행자가 지정되지 아니하였더라도 위 조항에 따라 도시개발구역 지정이 해제된 것으로 간주되는지 여부(적극) [대법원 2016.2.18, 선고, 2015두3362, 판결]

제10조(도시개발구역 지정의 해제) ① 도시개발구역의 지정은 다음 각 호의 어느 하나에 규정된 날의 다음 날에 해제된 것으

로 본다.

1. 도시개발구역이 지정·고시된 날부터 3년이 되는 날까지 제17조에 따른 실시계획의 인가를 신청하지 아니하는 경우에는 그 3년이 되는 날
2. 도시개발사업의 공사 완료(환지 방식에 따른 사업인 경우에는 그 환지처분)의 공고일

② 제1항에도 불구하고 제4조제1항 단서에 따라 도시개발구역을 지정한 후 개발계획을 수립하는 경우에는 다음 각 호의 어느 하나에 규정된 날의 다음 날에 도시개발구역의 지정이 해제된 것으로 본다.

1. 도시개발구역이 지정·고시된 날부터 2년이 되는 날까지 개발계획을 수립·고시하지 아니하는 경우에는 그 2년이 되는 날. 다만, 도시개발구역의 면적이 대통령령으로 정하는 규모 이상인 경우에는 5년으로 한다.
2. 개발계획을 수립·고시한 날부터 3년이 되는 날까지 제17조에 따른 실시계획 인가를 신청하지 아니하는 경우에는 그 3년이 되는 날. 다만, 도시개발구역의 면적이 대통령령으로 정하는 규모 이상인 경우에는 5년으로 한다.

③ 제1항이나 제2항에 따라 도시개발구역의 지정이 해제의제(解除擬制)된 경우에는 그 도시개발구역에 대한 「국토의 계획 및 이용에 관한 법률」에 따른 용도지역 및 지구단위계획구역은 해당 도시개발구역 지정 전의 용도지역 및 지구단위계획구역으로 각각 환원되거나 폐지된 것으로 본다. 다만, 제1항제2호에 따라 도시개발구역의 지정이 해제의제된 경우에는 환원되거나 폐지된 것으로 보지 아니한다.

④ 제1항에 따라 도시개발구역의 지정이 해제의제되는 경우 지정권자는 대통령령으로 정하는 바에 따라 이를 관보나 공보에 고시하고, 대도시 시장인 지정권자는 관계 행정기관의 장에게 통보하여야 하며 관계 서류를 일반에게 공람시켜야 하고, 대도시 시장이 아닌 지정권자는 관계 행정기관의 장과 도시개발구역을 관할하는 시장(대도시 시장을 제외한다)·군수 또는 구청장에게 통보하여야 한다. 이 경우 지정권자인 특별자치도지사와 본문에 따라 통보를 받은 시장(대도시 시장을 제외한다)·군수 또는 구청장은 관계 서류를 일반인에게 공람시켜야 한다. <개정 2008.3.28.>

제3장 도시개발사업의 시행

제1절 시행자 및 실시계획 등

제11조(시행자 등) ① 도시개발사업의 시행자(이하 "시행자"라 한다)는 다음 각 호의 자 중에서 지정권자가 지정한다. 다만, 도시개발구역의 전부를 환지 방식으로 시행하는 경우에는 제5호의 토지 소유자나 제6호의 조합을 시행자로 지정한다. <개정 2010.4.15., 2011.9.30., 2012.1.17., 2016.1.19.>

1. 국가나 지방자치단체
2. 대통령령으로 정하는 공공기관
3. 대통령령으로 정하는 정부출연기관
4. 「지방공기업법」에 따라 설립된 지방공사
5. 도시개발구역의 토지 소유자(「공유수면 관리 및 매립에 관한 법률」제28조에 따라 면허를 받은 자를 해당 공유수면을 소유한 자로 보고 그 공유수면을 토지로 보며, 제21조에 따른 수용 또는 사용 방식의 경우에는 도시개발구역의 국공유지를 제외한 토지면적의 3분의 2 이상을 소유한 자를 말한다)
6. 도시개발구역의 토지 소유자(「공유수면 관리 및 매립에 관한 법률」제28조에 따라 면허를 받은 자를 해당 공유수면을 소유한 자로 보고 그 공유수면을 토지로 본다)가 도시개발을 위하여 설립한 조합(도시개발사업의 전부를 환지 방식으로 시행하는 경우에만 해당하며, 이하 "조합"이라 한다)
7. 「수도권정비계획법」에 따른 과밀억제권역에서 수도권 외의 지역으로 이전하는 법인 중 과밀억제권역의 사업 기간 등 대통령령으로 정하는 요건에 해당하는 법인
8. 「주택법」제4조에 따라 등록한 자 중 도시개발사업을 시행할 능력이 있다고 인정되는 자로서 대통령령으로 정하는 요건에 해당하는 자(「주택법」제2조제12호에 따른 주택단지와 그에 수반되는 기반시설을 조성하는 경우에만 해당한다)
9. 「건설산업기본법」에 따른 토목공사업 또는 토목건축공사업의 면허를 받는 등 개발계획에 맞게 도시개발사업을 시행할 능력이 있다고 인정되는 자로서 대통령령으로 정하는 요건에 해당하는 자

9의2. 「부동산개발업의 관리 및 육성에 관한 법률」 제4조제1항에 따라 등록한 부동산개발업자로서 대통령령으로 정하는 요건에 해당하는 자
10. 「부동산투자회사법」 에 따라 설립된 자기관리부동산투자회사 또는 위탁관리부동산투자회사로서 대통령령으로 정하는 요건에 해당하는 자
11. 제1호부터 제9호까지, 제9호의2 및 제10호에 해당하는 자(제6호에 따른 조합은 제외한다)가 도시개발사업을 시행할 목적으로 출자에 참여하여 설립한 법인으로서 대통령령으로 정하는 요건에 해당하는 법인

② 지정권자는 제1항 단서에도 불구하고 다음 각 호의 어느 하나에 해당하는 사유가 있으면 지방자치단체나 대통령령으로 정하는 자(이하 "지방자치단체등"이라 한다)를 시행자로 지정할 수 있다. 이 경우 도시개발사업을 시행하는 자가 시·도지사 또는 대도시 시장인 경우 국토교통부장관이 지정한다. <개정 2008.3.28., 2013.3.23.>

1. 토지 소유자나 조합이 대통령령으로 정하는 기간에 시행자 지정을 신청하지 아니한 경우 또는 지정권자가 신청된 내용이 위법하거나 부당하다고 인정한 경우
2. 지방자치단체의 장이 집행하는 공공시설에 관한 사업과 병행하여 시행할 필요가 있다고 인정한 경우
3. 도시개발구역의 국공유지를 제외한 토지면적의 2분의 1 이상에 해당하는 토지 소유자 및 토지 소유자 총수의 2분의 1 이상이 지방자치단체등의 시행에 동의한 경우

③ 지정권자는 제1항제5호에 따른 토지 소유자 2인 이상이 도시개발사업을 시행하려고 할 때 또는 같은 호에 따른 토지 소유자가 같은 항 제7호부터 제10호까지의 규정에 해당하는 자와 공동으로 도시개발사업을 시행하려고 할 때에는 대통령령으로 정하는 바에 따라 도시개발사업에 관한 규약을 정하게 할 수 있다.

④ 제2항에 따라 지방자치단체등이 도시개발사업의 전부를 환지 방식으로 시행하려고 할 때와 제1항제1호부터 제4호까지 또는 제11호(제1항제1호부터 제4호까지의 규정에 해당하는 자가 대통령령으로 정하는 비율을 초과하여 출자한 경우로 한정한다)에 해당하는 자가 도시개발사업의 일부를 환지 방식으로 시행하려고 할 때에는 대통령령으로 정하는 바에 따라 시행규정을 작성하여야 한다. 이 경우 제1항제2호부터 제4호까지의 시행자는 대통령령으로 정하는 기준에 따라 사업관리에 필요한 비용의 책정에 관한 사항을 시행규정에 포함할 수 있다. <개정 2011.9.30.>

⑤ 제1항제2호부터 제4호까지의 규정에 해당하는 자, 도시개발구역의 토지 소유자(수용 또는 사용의 방식으로 제안하는 경우에는 도시개발구역의 국공유지를 제외한 토지면적의 3분의 2 이상을 사용할 수 있는 대통령령으로 정하는 권원을 가지고 2분의 1 이상을 소유한 자를 말한다) 또는 제1항제7호부터 제11호까지의 규정에 해당하는 자는 대통령령으로 정하는 바에 따라 특별자치도지사·시장·군수 또는 구청장에게 도시개발구역의 지정을 제안할 수 있다. 다만, 제3조제3항에 해당하는 자는 국토교통부장관에게 직접 제안할 수 있다. <개정 2013.3.23.>

⑥ 토지 소유자 또는 제1항제7호부터 제11호까지(제1항제1호부터 제4호까지의 규정에 해당하는 자가 대통령령으로 정하는 비율을 초과하여 출자한 경우는 제외한다)의 규정에 해당하는 자가 제5항에 따라 도시개발구역의 지정을 제안하려는 경우에는 대상 구역 토지면적의 3분의 2 이상에 해당하는 토지 소유자(지상권자를 포함한다)의 동의를 받아야 한다.

⑦ 특별자치도지사·시장·군수 또는 구청장은 제안자와 협의하여 도시개발구역의 지정을 위하여 필요한 비용의 전부 또는 일부를 제안자에게 부담시킬 수 있다.

⑧ 지정권자는 다음 각 호의 어느 하나에 해당하는 경우에는 시행자를 변경할 수 있다.

1. 도시개발사업에 관한 실시계획의 인가를 받은 후 2년 이내에 사업을 착수하지 아니하는 경우
2. 행정처분으로 시행자의 지정이나 실시계획의 인가가 취소된 경우
3. 시행자의 부도·파산, 그 밖에 이와 유사한 사유로 도시개발사업의 목적을 달성하기 어렵다고 인정되는 경우
4. 제1항 단서에 따라 시행자로 지정된 자가 대통령령으로 정하는 기간에 도시개발사업에 관한 실시계획의 인가를 신청하지 아니하는 경우

⑨ 제5항에 따라 도시개발구역의 지정을 제안하는 경우 도시개발구역의 규모, 제안 절차, 제출 서류, 기초조사 등에 관하여 필요

한 사항은 제3조제5항과 제6조를 준용한다.
⑩ 제2항제3호 및 제6항에 따른 동의자 수의 산정방법, 동의절차, 그 밖에 필요한 사항은 대통령령으로 정한다.
⑪ 제1항제1호부터 제4호까지의 규정에 해당하는 자는 도시개발사업을 효율적으로 시행하기 위하여 필요한 경우에는 대통령령으로 정하는 바에 따라 설계·분양 등 도시개발사업의 일부를 「주택법」 제4조에 따른 주택건설사업자 등으로 하여금 대행하게 할 수 있다. <신설 2015.8.11., 2016.1.19.>

제12조(도시개발사업시행의 위탁 등) ① 시행자는 항만·철도, 그 밖에 대통령령으로 정하는 공공시설의 건설과 공유수면의 매립에 관한 업무를 대통령령으로 정하는 바에 따라 국가, 지방자치단체, 대통령령으로 정하는 공공기관·정부출연기관 또는 지방공사에 위탁하여 시행할 수 있다.
② 시행자는 도시개발사업을 위한 기초조사, 토지 매수 업무, 손실보상 업무, 주민 이주대책 사업 등을 대통령령으로 정하는 바에 따라 관할 지방자치단체, 대통령령으로 정하는 공공기관·정부출연기관·정부출자기관 또는 지방공사에 위탁할 수 있다. 다만, 정부출자기관에 주민 이주대책 사업을 위탁하는 경우에는 이주대책의 수립·실시 또는 이주정착금의 지급, 그 밖에 보상과 관련된 부대업무만을 위탁할 수 있다.
③ 시행자가 제1항과 제2항에 따라 업무를 위탁하여 시행하는 경우에는 국토교통부령으로 정하는 요율의 위탁 수수료를 그 업무를 위탁받아 시행하는 자에게 지급하여야 한다. <개정 2013.3.23.>
④ 제11조제1항제5호부터 제9호까지의 규정에 따른 시행자는 지정권자의 승인을 받아 「자본시장과 금융투자업에 관한 법률」에 따른 신탁업자와 대통령령으로 정하는 바에 따라 신탁계약을 체결하여 도시개발사업을 시행할 수 있다.

제13조(조합 설립의 인가) ① 조합을 설립하려면 도시개발구역의 토지 소유자 7명 이상이 대통령령으로 정하는 사항을 포함한 정관을 작성하여 지정권자에게 조합 설립의 인가를 받아야 한다.
② 조합이 제1항에 따라 인가를 받은 사항을 변경하려면 지정권자로부터 변경인가를 받아야 한다. 다만, 대통령령으로 정하는 경미한 사항을 변경하려는 경우에는 신고하여야 한다.
③ 제1항에 따라 조합 설립의 인가를 신청하려면 해당 도시개발구역의 토지면적의 3분의 2 이상에 해당하는 토지 소유자와 그 구역의 토지 소유자 총수의 2분의 1 이상의 동의를 받아야 한다.
④ 제3항에 따른 동의자 수의 산정방법 및 동의절차, 그 밖에 필요한 사항은 대통령령으로 정한다.

제14조(조합원 등) ① 조합의 조합원은 도시개발구역의 토지 소유자로 한다.
② 조합의 임원은 그 조합의 다른 임원이나 직원을 겸할 수 없다.
③ 다음 각 호의 어느 하나에 해당하는 자는 조합의 임원이 될 수 없다.
1. 금치산자, 한정치산자 또는 미성년자
2. 파산선고를 받은 자로서 복권되지 아니한 자
3. 금고 이상의 형을 선고받고 그 집행이 끝나거나 집행을 받지 아니하기로 확정된 후 2년이 지나지 아니한 자 또는 그 형의 집행유예 기간 중에 있는 자
④ 조합의 임원으로 선임된 자가 제3항 각 호의 어느 하나에 해당하게 된 경우에는 그 다음 날부터 임원의 자격을 상실한다.

제15조(조합의 법인격 등) ① 조합은 법인으로 한다.
② 조합은 그 주된 사무소의 소재지에서 등기를 하면 성립한다.
③ 조합의 설립, 조합원의 권리·의무, 조합의 임원의 직무, 총회의 의결 사항, 대의원회의 구성, 조합의 해산 또는 합병 등에 필요한 사항은 대통령령으로 정한다.
④ 조합에 관하여 이 법으로 규정한 것 외에는 「민법」 중 사단법인에 관한 규정을 준용한다.

제16조(조합원의 경비 부담 등) ① 조합은 그 사업에 필요한 비용을 조성하기 위하여 정관으로 정하는 바에 따라 조합원에게 경비를 부과·징수할 수 있다.
② 제1항에 따른 부과금의 금액은 도시개발구역의 토지의 위치, 지목(地目), 면적, 이용상황, 환경, 그 밖의 사항을 종합적으로 고려하여 정하여야 한다.
③ 조합은 그 조합원이 제1항에 따른 부과금의 납부를 게을리한 경우에는 정관으로 정

하는 바에 따라 연체료를 부담시킬 수 있다.

④ 조합은 제1항에 따른 부과금이나 제3항에 따른 연체료를 체납하는 자가 있으면 대통령령으로 정하는 바에 따라 특별자치도지사·시장·군수 또는 구청장에게 그 징수를 위탁할 수 있다.

⑤ 특별자치도지사·시장·군수 또는 구청장이 제4항에 따라 부과금이나 연체료의 징수를 위탁받으면 지방세 체납처분의 예에 따라 징수할 수 있다. 이 경우 조합은 특별자치도지사·시장·군수 또는 구청장이 징수한 금액의 100분의 4에 해당하는 금액을 해당 특별자치도·시·군 또는 구(자치구의 구를 말한다. 이하 같다)에 지급하여야 한다.

▶ 판례 - 도시개발사업조합이 직접 공법상 당사자소송으로 도시개발법에 따른 청산금의 지급을 구할 수 있는지 여부(한정 적극)

도시개발법 제46조 제3항에 따라 도시개발사업조합이 관할 지방자치단체의 장에게 도시개발법에 따른 청산금의 징수를 위탁할 수 있다 하더라도, 지방자치단체의 장이 징수위탁에 응하지 아니하는 등의 특별한 사정이 있는 때에는 도시개발사업조합은 직접 공법상 당사자소송으로 청산금의 지급을 구할 수 있다. [대법원 2017.4.28, 선고, 2013다1211, 판결]

제17조(실시계획의 작성 및 인가 등) ① 시행자는 대통령령으로 정하는 바에 따라 도시개발사업에 관한 실시계획(이하 "실시계획"이라 한다)을 작성하여야 한다. 이 경우 실시계획에는 지구단위계획이 포함되어야 한다.

② 시행자(지정권자가 시행자인 경우는 제외한다)는 제1항에 따라 작성된 실시계획에 관하여 지정권자의 인가를 받아야 한다.

③ 지정권자가 실시계획을 작성하거나 인가하는 경우 국토교통부장관이 지정권자이면 시·도지사 또는 대도시 시장의 의견을, 시·도지사가 지정권자이면 시장(대도시 시장을 제외한다)·군수 또는 구청장의 의견을 미리 들어야 한다. <개정 2008.3.28., 2013.3.23.>

④ 제2항과 제3항은 인가를 받은 실시계획을 변경하거나 폐지하는 경우에 준용한다. 다만, 국토교통부령으로 정하는 경미한 사항을 변경하는 경우에는 그러하지 아니하다. <개정 2013.3.23.>

⑤ 실시계획에는 사업 시행에 필요한 설계 도서, 자금 계획, 시행 기간, 그 밖에 대통령령으로 정하는 사항과 서류를 명시하거나 첨부하여야 한다.

제18조(실시계획의 고시) ① 지정권자가 실시계획을 작성하거나 인가한 경우에는 대통령령으로 정하는 바에 따라 이를 관보나 공보에 고시하고 시행자에게 관계 서류의 사본을 송부하며, 대도시 시장인 지정권자는 일반에게 관계 서류를 공람시켜야 하고, 대도시 시장이 아닌 지정권자는 해당 도시개발구역을 관할하는 시장(대도시 시장을 제외한다)·군수 또는 구청장에게 관계 서류의 사본을 보내야 한다. 이 경우 지정권자인 특별자치도지사와 본문에 따라 관계 서류를 받은 시장(대도시 시장을 제외한다)·군수 또는 구청장은 이를 일반인에게 공람시켜야 한다. <개정 2008.3.28.>

② 제1항에 따라 실시계획을 고시한 경우 그 고시된 내용 중 「국토의 계획 및 이용에 관한 법률」에 따라 도시·군관리계획(지구단위계획을 포함한다. 이하 같다)으로 결정하여야 하는 사항은 같은 법에 따른 도시·군관리계획이 결정되어 고시된 것으로 본다. 이 경우 종전에 도시·군관리계획으로 결정된 사항 중 고시 내용에 저촉되는 사항은 고시된 내용으로 변경된 것으로 본다. <개정 2011.4.14.>

③ 제2항에 따라 도시·군관리계획으로 결정·고시된 사항에 대한 「국토의 계획 및 이용에 관한 법률」 제32조의 도시·군관리계획에 관한 지형도면의 고시에 관하여는 제9조제4항을 준용한다. <개정 2011.4.14.>

제19조(관련 인·허가등의 의제) ① 제17조에 따라 실시계획을 작성하거나 인가할 때 지정권자가 해당 실시계획에 대한 다음 각 호의 허가·승인·심사·인가·신고·면허·등록·협의·지정·해제 또는 처분 등(이하 "인·허가등"이라 한다)에 관하여 제3항에 따라 관계 행정기관의 장과 협의한 사항에 대하여는 해당 인·허가등을 받은 것으로 보며, 제18조제1항에 따라 실시계획을 고시한 경우에는 관계 법률에 따른 인·허가등의 고시나 공고를 한 것으로 본다. <개정 2009.1.30., 2009.6.9., 2010.4.15., 2010.5.31., 2011.9.30., 2014.1.14., 2014.6.3., 2016.1.19., 2016.12.27.>

1. 「수도법」 제17조와 제49조에 따른 수도사업의 인가, 같은 법 제52조와 제54조에 따른 전용상수도설치의 인가
2. 「하수도법」 제16조에 따른 공공하수도

공사시행의 허가
3. 「공유수면 관리 및 매립에 관한 법률」 제8조에 따른 공유수면의 점용·사용허가, 같은 법 제28조에 따른 공유수면의 매립면허, 같은 법 제35조에 따른 국가 등이 시행하는 매립의 협의 또는 승인 및 같은 법 제38조에 따른 공유수면매립실시계획의 승인
4. 삭제 <2010.4.15.>
5. 「하천법」 제30조에 따른 하천공사 시행의 허가, 같은 법 제33조에 따른 하천의 점용허가 및 같은 법 제50조에 따른 하천수의 사용허가
6. 「도로법」 제36조에 따른 도로공사 시행의 허가, 같은 법 제61조에 따른 도로점용의 허가
7. 「농어촌정비법」 제23조에 따른 농업생산기반시설의 사용허가
8. 「농지법」 제34조에 따른 농지전용의 허가 또는 협의, 같은 법 제35조에 따른 농지의 전용신고, 같은 법 제36조에 따른 농지의 타용도 일시사용허가·협의 및 같은 법 제40조에 따른 용도변경의 승인
9. 「산지관리법」 제14조·제15조에 따른 산지전용허가 및 산지전용신고, 같은 법 제15조의2에 따른 산지일시사용허가·신고, 같은 법 제25조에 따른 토석채취허가 및 「산림자원의 조성 및 관리에 관한 법률」 제36조제1항·제4항과 제45조제1항·제2항에 따른 입목벌채 등의 허가·신고
10. 「초지법」 제23조에 따른 초지(草地) 전용의 허가
11. 「사방사업법」 제14조에 따른 벌채 등의 허가, 같은 법 제20조에 따른 사방지(砂防地) 지정의 해제
12. 「공간정보의 구축 및 관리 등에 관한 법률」 제15조제3항에 따른 지도등의 간행심사
13. 「광업법」 제24조에 따른 불허가처분, 같은 법 제34조에 따른 광구감소처분 또는 광업권취소처분
14. 「장사 등에 관한 법률」 제27조제1항에 따른 연고자가 없는 분묘의 개장(改葬) 허가
15. 「건축법」 제11조에 따른 허가, 같은 법 제14조에 따른 신고, 같은 법 제16조에 따른 허가·신고 사항의 변경, 같은 법 제20조에 따른 가설건축물의 허가 또는 신고
16. 「주택법」 제15조에 따른 사업계획의 승인
17. 「항만법」 제9조 제2항에 따른 항만공사 시행의 허가, 같은 법 제10조 제2항에 따른 실시계획의 승인
18. 「사도법」 제4조에 따른 사도(私道)개설의 허가
19. 「국유재산법」 제30조에 따른 사용허가
20. 「공유재산 및 물품 관리법」 제20조제1항에 따른 사용·수익의 허가
21. 「관광진흥법」 제52조에 따른 관광지의 지정(도시개발사업의 일부로 관광지를 개발하는 경우만 해당한다), 같은 법 제54조에 따른 조성계획의 승인, 같은 법 제55조에 따른 조성사업시행의 허가
22. 「체육시설의 설치·이용에 관한 법률」 제12조에 따른 사업계획의 승인
23. 「유통산업발전법」 제8조에 따른 대규모 점포의 개설등록
24. 「산업집적활성화 및 공장설립에 관한 법률」 제13조에 따른 공장설립 등의 승인
25. 「물류시설의 개발 및 운영에 관한 법률」 제22조에 따른 물류단지의 지정(도시개발사업의 일부로 물류단지를 개발하는 경우만 해당한다) 및 같은 법 제28조에 따른 물류단지개발실시계획의 승인
26. 「산업입지 및 개발에 관한 법률」 제6조, 제7조 및 제7조의2에 따른 산업단지의 지정(도시개발사업의 일부로 산업단지를 개발하는 경우만 해당한다), 같은 법 제17조, 제18조 및 제18조의2에 따른 실시계획의 승인
27. 「공간정보의 구축 및 관리 등에 관한 법률」 제86조제1항에 따른 사업의 착수·변경 또는 완료의 신고
28. 「에너지이용 합리화법」 제10조에 따른 에너지사용계획의 협의
29. 「집단에너지사업법」 제4조에 따른 집단에너지의 공급 타당성에 관한 협의
30. 「소하천정비법」 제10조에 따른 소하천(小河川)공사시행의 허가, 같은 법 제14조에 따른 소하천 점용의 허가
31. 「하수도법」 제34조제2항에 따른 개인하수처리시설의 설치신고

② 제1항에 따른 인·허가등의 의제를 받으려는 자는 실시계획의 인가를 신청하는 때에 해당 법률로 정하는 관계 서류를 함께 제출하여야 한다.

③ 지정권자는 실시계획을 작성하거나 인가할 때 그 내용에 제1항 각 호의 어느 하나

에 해당하는 사항이 있으면 미리 관계 행정기관의 장과 협의하여야 한다. 이 경우 관계 행정기관의 장은 협의 요청을 받은 날부터 대통령령으로 정하는 기간에 의견을 제출하여야 하며, 그 기간 내에 의견을 제출하지 아니하면 협의한 것으로 본다. <개정 2012.1.17.>

④ 지정권자는 제3항에 따른 협의 과정에서 관계 행정기관 간에 이견이 있는 경우에 이를 조정하거나 협의를 신속하게 진행하기 위하여 필요하다고 인정하는 때에는 대통령령으로 정하는 바에 따라 관계 행정기관과 협의회를 구성하여 운영할 수 있다. 이 경우 관계 행정기관의 장은 소속 공무원을 이 협의회에 참석하게 하여야 한다. <신설 2012.1.17.>

⑤ 도시개발구역의 지정을 제안하는 자가 제1항에도 불구하고 도시개발구역의 지정과 동시에 제1항제8호에 따른 농지전용 허가의 의제를 받고자 하는 경우에는 제11조제5항에 따라 시장·군수·구청장 또는 국토교통부장관에게 도시개발구역의 지정을 제안할 때에 「농지법」으로 정하는 관계 서류를 함께 제출하여야 한다. <개정 2012.1.17., 2013.3.23.>

⑥ 지정권자가 도시개발구역을 지정할 때 제1항제8호에 따른 농지전용 허가에 관하여 관계 행정기관의 장과 협의한 경우에는 제4항에 따른 제안자가 제11조제1항에 따라 시행자로 지정된 때에 해당 허가를 받은 것으로 본다. <개정 2012.1.17.>

⑦ 제21조의2에 따른 순환용주택, 제21조의3에 따른 임대주택의 건설·공급 및 제32조에 따른 입체 환지를 시행하는 경우로서 시행자가 실시계획의 인가를 받은 경우에는 「주택법」 제4조에 따라 주택건설사업 등의 등록을 한 것으로 본다. <신설 2011.9.30., 2012.1.17., 2016.1.19.>

제20조(도시개발사업에 관한 공사의 감리) ① 지정권자는 제17조에 따라 실시계획을 인가하였을 때에는 「건설기술 진흥법」에 따른 건설기술용역업자를 도시개발사업의 공사에 대한 감리를 할 자로 지정하고 지도·감독하여야 한다. 다만, 시행자가 「건설기술 진흥법」 제2조제6호에 해당하는 자인 경우에는 그러하지 아니하다. <개정 2013.5.22.>

② 제1항에 따라 감리할 자로 지정받은 자(이하 "감리자"라 한다)는 그에게 소속된 자를 대통령령으로 정하는 바에 따라 감리원으로 배치하고 다음 각 호의 업무를 수행하여야 한다. <개정 2013.5.22., 2013.7.16.>

1. 시공자가 설계도면과 시방서의 내용에 맞게 시공하는지의 확인
2. 시공자가 사용하는 자재가 관계 법령의 기준에 맞는 자재인지의 확인
3. 「건설기술 진흥법」 제55조에 따른 품질시험 실시 여부의 확인
4. 설계도서가 해당 지형 등에 적합한지의 확인
5. 설계변경에 관한 적정성의 확인
6. 시공계획·예정공정표 및 시공도면 등의 검토·확인
7. 품질관리의 적정성 확보, 재해의 예방, 시공상의 안전관리, 그 밖에 공사의 질적 향상을 위하여 필요한 사항의 확인

③ 감리자는 업무를 수행할 때 위반사항을 발견하면 지체 없이 시공자와 시행자에게 위반사항을 시정할 것을 알리고 7일 이내에 지정권자에게 그 내용을 보고하여야 한다.

④ 시공자와 시행자는 제3항에 따른 시정통지를 받은 경우 특별한 사유가 없으면 해당 공사를 중지하고 위반사항을 시정한 후 감리자의 확인을 받아야 한다. 이 경우 감리자의 시정통지에 이의가 있으면 즉시 공사를 중지하고 지정권자에게 서면으로 이의신청을 할 수 있다.

⑤ 시행자는 감리자에게 국토교통부령으로 정하는 절차 등에 따라 공사감리비를 지급하여야 한다. <개정 2013.3.23.>

⑥ 지정권자는 제1항과 제2항에 따라 지정·배치된 감리자나 감리원(다른 법률에 따른 감리자나 그에게 소속된 감리원을 포함한다)이 그 업무를 수행하면서 고의나 중대한 과실로 감리를 부실하게 하거나 관계 법령을 위반하여 감리를 함으로써 해당 시행자 또는 도시개발사업으로 조성된 토지·건축물 또는 공작물 등(이하 "조성토지등"이라 한다)의 공급을 받은 자 등에게 피해를 입히는 등 도시개발사업의 공사가 부실하게 된 경우에는 해당 감리자의 등록 또는 감리원의 면허, 그 밖에 자격인정 등을 한 행정기관의 장에게 등록말소·면허취소·자격정지·영업정지, 그 밖에 필요한 조치를 하도록 요청할 수 있다.

⑦ 시행자와 감리자 간의 책임내용과 책임범위는 이 법으로 규정한 것 외에는 당사자 간의 계약으로 정한다.

⑧ 감리를 하여야 하는 도시개발사업에 관

한 공사의 대상, 감리방법, 감리절차, 감리계약, 제4항에 따른 이의신청의 처리 등 감리에 관하여 필요한 사항은 대통령령으로 정한다. <개정 2013.5.22.>

⑨ 제1항과 제2항에 따른 감리에 관하여는 「건설기술 진흥법」 제24조, 제28조, 제31조, 제32조, 제33조, 제37조, 제38조 및 제41조를 준용한다. <개정 2013.5.22.>

⑩ 「건축법」 제25조에 따른 건축물의 공사감리대상 및 「주택법」 제43조에 따른 감리대상에 해당하는 도시개발사업에 관한 공사의 감리에 대하여는 제1항부터 제9항까지의 규정에도 불구하고 각각 해당 법령으로 정하는 바에 따른다. <개정 2016.1.19.>

제21조(도시개발사업의 시행 방식) ① 도시개발사업은 시행자가 도시개발구역의 토지등을 수용 또는 사용하는 방식이나 환지 방식 또는 이를 혼용하는 방식으로 시행할 수 있다.

② 지정권자는 도시개발구역지정 이후 다음 각 호의 어느 하나에 해당하는 경우에는 도시개발사업의 시행방식을 변경할 수 있다.

1. 제11조제1항제1호부터 제4호까지의 시행자가 대통령령으로 정하는 기준에 따라 제1항에 따른 도시개발사업의 시행방식을 수용 또는 사용방식에서 전부 환지 방식으로 변경하는 경우
2. 제11조제1항제1호부터 제4호까지의 시행자가 대통령령으로 정하는 기준에 따라 제1항에 따른 도시개발사업의 시행방식을 혼용방식에서 전부 환지 방식으로 변경하는 경우
3. 제11조제1항제1호부터 제5호까지 및 제7호부터 제11호까지의 시행자가 대통령령으로 정하는 기준에 따라 제1항에 따른 도시개발사업의 시행방식을 수용 또는 사용 방식에서 혼용방식으로 변경하는 경우

③ 제1항에 따른 수용 또는 사용의 방식이나 환지 방식 또는 이를 혼용할 수 있는 도시개발구역의 요건, 그 밖에 필요한 사항은 대통령령으로 정한다.

제21조의2(순환개발방식의 개발사업) ① 시행자는 도시개발사업을 원활하게 시행하기 위하여 도시개발구역의 내외에 새로 건설하는 주택 또는 이미 건설되어 있는 주택에 그 도시개발사업의 시행으로 철거되는 주택의 세입자 또는 소유자(제7조에 따라 주민 등의 의견을 듣기 위하여 공람한 날 또는 공청회의 개최에 관한 사항을 공고한 날 이전부터 도시개발구역의 주택에 실제로 거주하는 자에 한정한다. 이하 "세입자등"이라 한다)를 임시로 거주하게 하는 등의 방식으로 그 도시개발구역을 순차적으로 개발할 수 있다.

② 시행자는 제1항에 따른 방식으로 도시개발사업을 시행하는 경우에는 「주택법」 제54조에도 불구하고 임시로 거주하는 주택(이하 "순환용주택"이라 한다)을 임시거주시설로 사용하거나 임대할 수 있다. <개정 2016.1.19.>

③ 순환용주택에 거주하는 자가 도시개발사업이 완료된 후에도 순환용주택에 계속 거주하기를 희망하는 때에는 대통령령으로 정하는 바에 따라 이를 분양하거나 계속 임대할 수 있다. 이 경우 계속 거주하는 자가 환지 대상자이거나 이주대책 대상자인 경우에는 대통령령으로 정하는 바에 따라 환지 대상에서 제외하거나 이주대책을 수립한 것으로 본다.

[본조신설 2011.9.30.]

제21조의3(세입자등을 위한 임대주택 건설용지의 공급 등) ① 시행자는 도시개발사업에 따른 세입자등의 주거안정 등을 위하여 제6조에 따른 주거 및 생활실태 조사와 주택수요 조사 결과를 고려하여 대통령령으로 정하는 바에 따라 임대주택 건설용지를 조성·공급하거나 임대주택을 건설·공급하여야 한다.

② 제11조제1항제1호부터 제4호까지의 규정에 해당하는 자 중 주택의 건설, 공급, 임대를 할 수 있는 자는 시행자가 요청하는 경우 도시개발사업의 시행으로 공급되는 임대주택 건설용지나 임대주택을 인수하여야 한다.

③ 제2항에 따른 임대주택 건설용지 또는 임대주택 인수의 절차와 방법 및 인수가격 결정의 기준 등은 대통령령으로 정한다.

④ 시행자(제1항에 따라 임대주택 건설용지를 공급하는 경우에는 공급받은 자를 말하고, 제2항에 따라 인수한 경우에는 그 인수자를 말한다. 이하 이 항에서 같다)가 도시개발구역에서 임대주택을 건설·공급하는 경우에 임차인의 자격, 선정방법, 임대보증금, 임대료 등에 관하여는 「민간임대주택에 관한 특별법」 제42조 및 제44조, 「공공주택 특별법」 제48조, 제49조 및 제50조의3에도 불구하고 대통령령으로 정하는 범위에서 그 기준

을 따로 정할 수 있다. 이 경우 행정청이 아닌 시행자는 미리 시장·군수·구청장의 승인을 받아야 한다. <개정 2015.8.28.>
[본조신설 2011.9.30.]

제21조의4(도시개발사업분쟁조정위원회의 구성 등) ① 도시개발사업으로 인한 분쟁을 조정하기 위하여 도시개발구역이 지정된 특별자치도 또는 시·군·구에 도시개발사업분쟁조정위원회(이하 "분쟁조정위원회"라 한다)를 둘 수 있다. 다만, 해당 지방자치단체에 「도시 및 주거환경정비법」 제77조의2에 따른 도시분쟁조정위원회가 이미 설치되어 있는 경우에는 대통령령으로 정하는 바에 따라 분쟁조정위원회의 기능을 대신하도록 할 수 있다.
② 제1항에 따른 분쟁조정위원회의 구성, 운영, 분쟁조정의 절차 등에 관한 사항은 「도시 및 주거환경정비법」 제77조의2 및 제77조의3을 준용한다. 이 경우 "정비사업"은 "도시개발사업"으로 본다.
[본조신설 2011.9.30.]

제21조의4(도시개발사업분쟁조정위원회의 구성 등) ① 도시개발사업으로 인한 분쟁을 조정하기 위하여 도시개발구역이 지정된 특별자치도 또는 시·군·구에 도시개발사업분쟁조정위원회(이하"분쟁조정위원회"라 한다)를 둘 수 있다. 다만, 해당 지방자치단체에 「도시 및 주거환경정비법」 제116조에 따른 도시분쟁조정위원회가 이미 설치되어 있는 경우에는 대통령령으로 정하는 바에 따라 분쟁조정위원회의 기능을 대신하도록 할 수 있다. <개정 2017.2.8.>
② 제1항에 따른 분쟁조정위원회의 구성, 운영, 분쟁조정의 절차 등에 관한 사항은 「도시 및 주거환경정비법」 제116조 및 제117조를 준용한다. 이 경우 "정비사업"은 "도시개발사업"으로 본다. <개정 2017.2.8.>
[본조신설 2011.9.30.]
[시행일 : 2018.2.9.] 제21조의4

제2절 수용 또는 사용의 방식에 따른 사업 시행

제22조(토지등의 수용 또는 사용) ① 시행자는 도시개발사업에 필요한 토지등을 수용하거나 사용할 수 있다. 다만, 제11조제1항제5호 및 제7호부터 제11호까지의 규정(같은 항 제1호부터 제4호까지의 규정에 해당하는 자가 100분의 50 비율을 초과하여 출자한 경우는 제외한다)에 해당하는 시행자는 사업대상 토지면적의 3분의 2 이상에 해당하는 토지를 소유하고 토지 소유자 총수의 2분의 1 이상에 해당하는 자의 동의를 받아야 한다. 이 경우 토지 소유자의 동의요건 산정기준일은 도시개발구역지정 고시일을 기준으로 하며, 그 기준일 이후 시행자가 취득한 토지에 대하여는 동의 요건에 필요한 토지 소유자의 총수에 포함하고 이를 동의한 자의 수로 산정한다.
② 제1항에 따른 토지등의 수용 또는 사용에 관하여 이 법에 특별한 규정이 있는 경우 외에는 「공익사업을 위한 토지 등의 취득 및 보상에 관한 법률」을 준용한다.
③ 제2항에 따라 「공익사업을 위한 토지 등의 취득 및 보상에 관한 법률」을 준용할 때 제5조제1항제14호에 따른 수용 또는 사용의 대상이 되는 토지의 세부목록을 고시한 경우에는 「공익사업을 위한 토지 등의 취득 및 보상에 관한 법률」 제20조제1항과 제22조에 따른 사업인정 및 그 고시가 있었던 것으로 본다. 다만, 재결신청은 같은 법 제23조제1항과 제28조제1항에도 불구하고 개발계획에서 정한 도시개발사업의 시행 기간 종료일까지 하여야 한다.
④ 제1항에 따른 동의자 수의 산정방법 및 동의절차, 그 밖에 필요한 사항은 대통령령으로 정한다.

제23조(토지상환채권의 발행) ① 시행자는 토지 소유자가 원하면 토지등의 매수 대금의 일부를 지급하기 위하여 대통령령으로 정하는 바에 따라 사업 시행으로 조성된 토지·건축물로 상환하는 채권(이하 "토지상환채권"이라 한다)을 발행할 수 있다. 다만, 제11조제1항제5호부터 제11호까지의 규정에 해당하는 자는 대통령령으로 정하는 금융기관 등으로부터 지급보증을 받은 경우에만 이를 발행할 수 있다.
② 시행자(지정권자가 시행자인 경우는 제외한다)는 제1항에 따라 토지상환채권을 발행하려면 대통령령으로 정하는 바에 따라 토지상환채권의 발행계획을 작성하여 미리 지정권자의 승인을 받아야 한다.

③ 토지상환채권 발행의 방법·절차·조건, 그 밖에 필요한 사항은 대통령령으로 정한다.

제24조(이주대책 등) 시행자는 「공익사업을 위한 토지 등의 취득 및 보상에 관한 법률」로 정하는 바에 따라 도시개발사업의 시행에 필요한 토지등의 제공으로 생활의 근거를 상실하게 되는 자에 관한 이주대책 등을 수립·시행하여야 한다.

제25조(선수금) ① 시행자는 조성토지등과 도시개발사업으로 조성되지 아니한 상태의 토지(이하 "원형지"라 한다)를 공급받거나 이용하려는 자로부터 대통령령으로 정하는 바에 따라 해당 대금의 전부 또는 일부를 미리 받을 수 있다. <개정 2011.9.30.>

② 시행자(지정권자가 시행자인 경우는 제외한다)는 제1항에 따라 해당 대금의 전부 또는 일부를 미리 받으려면 지정권자의 승인을 받아야 한다.

제25조의2(원형지의 공급과 개발) ① 시행자는 도시를 자연친화적으로 개발하거나 복합적·입체적으로 개발하기 위하여 필요한 경우에는 대통령령으로 정하는 절차에 따라 미리 지정권자의 승인을 받아 다음 각 호의 어느 하나에 해당하는 자에게 원형지를 공급하여 개발하게 할 수 있다. 이 경우 공급될 수 있는 원형지의 면적은 도시개발구역 전체 토지 면적의 3분의 1 이내로 한정한다. <개정 2015.8.11.>

1. 국가 또는 지방자치단체
2. 「공공기관의 운영에 관한 법률」 제4조에 따른 공공기관
3. 「지방공기업법」에 따라 설립된 지방공사
4. 제11조제1항제1호 또는 제2호에 따른 시행자가 복합개발 등을 위하여 실시한 공모에서 선정된 자
5. 원형지를 학교나 공장 등의 부지로 직접 사용하는 자

② 시행자는 제1항에 따라 원형지를 공급하기 위하여 지정권자에게 승인 신청을 할 때에는 원형지의 공급 계획을 작성하여 함께 제출하여야 한다. 작성된 공급 계획을 변경하는 경우에도 같다.

③ 제2항에 따른 원형지 공급 계획에는 원형지를 공급받아 개발하는 자(이하 "원형지개발자"라 한다)에 관한 사항과 원형지의 공급내용 등이 포함되어야 한다.

④ 시행자는 제5조제1항제7호의2에 따른 개발 방향과 제1항 및 제2항에 따른 승인내용 및 공급 계획에 따라 원형지개발자와 공급계약을 체결한 후 원형지개발자로부터 세부계획을 제출받아 이를 제17조에 따른 실시계획의 내용에 반영하여야 한다.

⑤ 지정권자는 제1항에 따라 승인을 할 때에는 용적률 등 개발밀도, 토지용도별 면적 및 배치, 교통처리계획 및 기반시설의 설치 등에 관한 이행조건을 붙일 수 있다.

⑥ 원형지개발자(국가 및 지방자치단체는 제외한다)는 10년의 범위에서 대통령령으로 정하는 기간 안에는 원형지를 매각할 수 없다. 다만, 이주용 주택이나 공공·문화 시설 등 대통령령으로 정하는 경우로서 미리 지정권자의 승인을 받은 경우에는 예외로 한다.

⑦ 지정권자는 다음 각 호의 어느 하나에 해당하는 경우에는 원형지 공급 승인을 취소하거나 시행자로 하여금 그 이행의 촉구, 원상회복 또는 손해배상의 청구, 원형지 공급계약의 해제 등 필요한 조치를 취할 것을 요구할 수 있다.

1. 시행자가 제2항에 따른 원형지의 공급 계획대로 토지를 이용하지 아니하는 경우
2. 원형지개발자가 제4항에 따른 세부계획의 내용대로 사업을 시행하지 아니하는 경우
3. 시행자 또는 원형지개발자가 제5항에 따른 이행조건을 이행하지 아니하는 경우

⑧ 시행자는 다음 각 호의 어느 하나에 해당하는 경우 대통령령으로 정하는 바에 따라 원형지 공급계약을 해제할 수 있다.

1. 원형지개발자가 세부계획에서 정한 착수 기한 안에 공사에 착수하지 아니하는 경우
2. 원형지개발자가 공사 착수 후 세부계획에서 정한 사업 기간을 넘겨 사업 시행을 지연하는 경우
3. 공급받은 토지의 전부나 일부를 시행자의 동의 없이 제3자에게 매각하는 경우
4. 그 밖에 공급받은 토지를 세부계획에서 정한 목적대로 사용하지 아니하는 등 제4항에 따른 공급계약의 내용을 위반한 경우

⑨ 원형지개발자의 선정기준, 원형지 공급의 절차와 기준 및 공급가격, 시행자와 원형지개발자의 업무범위 및 계약방법 등에 필요한 사항은 대통령령으로 정한다.

[본조신설 2011.9.30.]

제26조(조성토지등의 공급 계획) ① 시행자(지정권자가 시행자인 경우는 제외한다)는 조성토지등을 공급하려고 할 때에는 조성토지등의 공급 계획을 작성하거나 변경하여 지정권자에게 제출하여야 한다. 이 경우 행정청이 아닌 시행자는 시장(대도시 시장을 제외한다)·군수 또는 구청장을 거쳐 제출하여야 한다. <개정 2008.3.28.>

② 조성토지등의 공급 계획의 내용, 공급의 절차·기준, 조성토지등의 가격의 평가, 그 밖에 필요한 사항은 대통령령으로 정한다.

제27조(학교 용지 등의 공급 가격) ①시행자는 학교, 폐기물처리시설, 그 밖에 대통령령으로 정하는 시설을 설치하기 위한 조성토지등과 이주단지의 조성을 위한 토지를 공급하는 경우에는 해당 토지의 가격을 「감정평가 및 감정평가사에 관한 법률」에 따른 감정평가업자가 감정평가한 가격 이하로 정할 수 있다. <개정 2011.9.30., 2016.1.19.>

② 제11조제1항제1호부터 제4호까지의 시행자는 제1항에서 정한 토지 외에 지역특성화 사업 유치 등 도시개발사업의 활성화를 위하여 필요한 경우에는 대통령령으로 정하는 바에 따라 감정평가한 가격 이하로 공급할 수 있다. <신설 2011.9.30.>

제3절 환지 방식에 의한 사업 시행

제28조(환지 계획의 작성) ① 시행자는 도시개발사업의 전부 또는 일부를 환지 방식으로 시행하려면 다음 각 호의 사항이 포함된 환지 계획을 작성하여야 한다. <개정 2011.9.30., 2013.3.23.>

1. 환지 설계
2. 필지별로 된 환지 명세
3. 필지별과 권리별로 된 청산 대상 토지 명세
4. 제34조에 따른 체비지(替費地) 또는 보류지(保留地)의 명세
5. 제32조에 따른 입체 환지를 계획하는 경우에는 입체 환지용 건축물의 명세와 제32조의3에 따른 공급 방법·규모에 관한 사항
6. 그 밖에 국토교통부령으로 정하는 사항

② 환지 계획은 종전의 토지와 환지의 위치·지목·면적·토질·수리(水利)·이용 상황·환경, 그 밖의 사항을 종합적으로 고려하여 합리적으로 정하여야 한다.

③ 시행자는 환지 방식이 적용되는 도시개발구역에 있는 조성토지등의 가격을 평가할 때에는 토지평가협의회의 심의를 거쳐 결정하되, 그에 앞서 대통령령으로 정하는 공인평가기관이 평가하게 하여야 한다.

④ 제3항에 따른 토지평가협의회의 구성 및 운영 등에 필요한 사항은 해당 규약·정관 또는 시행규정으로 정한다.

⑤ 제1항의 환지 계획의 작성에 따른 환지 계획의 기준, 보류지(체비지·공공시설 용지)의 책정 기준 등에 관하여 필요한 사항은 국토교통부령으로 정할 수 있다. <개정 2013.3.23.>

제29조(환지 계획의 인가 등) ① 행정청이 아닌 시행자가 제28조에 따라 환지 계획을 작성한 경우에는 특별자치도지사·시장·군수 또는 구청장의 인가를 받아야 한다.

② 제1항은 인가받은 내용을 변경하려는 경우에 준용한다. 다만, 대통령령으로 정하는 경미한 사항을 변경하는 경우에는 그러하지 아니하다.

③ 행정청이 아닌 시행자가 제1항에 따라 환지 계획의 인가를 신청하려고 하거나 행정청인 시행자가 환지 계획을 정하려고 하는 경우에는 토지 소유자와 해당 토지에 대하여 임차권, 지상권, 그 밖에 사용하거나 수익할 권리(이하 "임차권등"이라 한다)를 가진 자(이하 "임차권자등"이라 한다)에게 환지 계획의 기준 및 내용 등을 알리고 대통령령으로 정하는 바에 따라 관계 서류의 사본을 일반인에게 공람시켜야 한다. 다만, 대통령령으로 정하는 경미한 사항을 변경하는 경우에는 그러하지 아니하다. <개정 2011.9.30.>

④ 토지 소유자나 임차권자등은 제3항의 공람 기간에 시행자에게 의견서를 제출할 수 있으며, 시행자는 그 의견이 타당하다고 인정하면 환지 계획에 이를 반영하여야 한다.

⑤ 행정청이 아닌 시행자가 제1항에 따라 환지 계획 인가를 신청할 때에는 제4항에 따라 제출된 의견서를 첨부하여야 한다.

⑥ 시행자는 제4항에 따라 제출된 의견에 대하여 공람 기일이 종료된 날부터 60일 이내에 그 의견을 제출한 자에게 환지 계획에의 반영

여부에 관한 검토 결과를 통보하여야 한다.

제30조(동의 등에 따른 환지의 제외) ①토지 소유자가 신청하거나 동의하면 해당 토지의 전부 또는 일부에 대하여 환지를 정하지 아니할 수 있다. 다만, 해당 토지에 관하여 임차권자등이 있는 경우에는 그 동의를 받아야 한다. <개정 2011.9.30.>

② 제1항에도 불구하고 시행자는 다음 각 호의 어느 하나에 해당하는 토지는 규약·정관 또는 시행규정으로 정하는 방법과 절차에 따라 환지를 정하지 아니할 토지에서 제외할 수 있다. <신설 2011.9.30.>

1. 제36조의2에 따라 환지 예정지를 지정하기 전에 사용하는 토지
2. 제29조에 따른 환지 계획 인가에 따라 환지를 지정받기로 결정된 토지
3. 종전과 같은 위치에 종전과 같은 용도로 제28조에 따라 환지를 계획하는 토지
4. 토지 소유자가 환지 제외를 신청한 토지의 면적 또는 평가액(제28조제3항에 따른 토지평가협의회에서 정한 종전 토지의 평가액을 말한다. 이하 같다)이 모두 합하여 구역 전체의 토지(국유지·공유지를 제외한다) 면적 또는 평가액의 100분의 15 이상이 되는 경우로서 환지를 정하지 아니할 경우 사업시행이 곤란하다고 판단되는 토지
5. 제7조에 따라 공람한 날 또는 공고한 날 이후에 토지의 양수계약을 체결한 토지. 다만, 양수일부터 3년이 지난 경우는 제외한다.

제31조(토지면적을 고려한 환지) ① 시행자는 토지 면적의 규모를 조정할 특별한 필요가 있으면 면적이 작은 토지는 과소(過小) 토지가 되지 아니하도록 면적을 늘려 환지를 정하거나 환지 대상에서 제외할 수 있고, 면적이 넓은 토지는 그 면적을 줄여서 환지를 정할 수 있다.

② 제1항의 과소 토지의 기준이 되는 면적은 대통령령으로 정하는 범위에서 시행자가 규약·정관 또는 시행규정으로 정한다.

제32조(입체 환지) ① 시행자는 도시개발사업을 원활히 시행하기 위하여 특히 필요한 경우에는 토지 또는 건축물 소유자의 신청을 받아 건축물의 일부와 그 건축물이 있는 토지의 공유지분을 부여할 수 있다. 다만, 토지 또는 건축물이 대통령령으로 정하는 기준 이하인 경우에는 시행자가 규약·정관 또는 시행규정으로 신청대상에서 제외할 수 있다. <개정 2011.9.30.>

② 삭제 <2011.9.30.>

③ 제1항에 따른 입체 환지의 경우 시행자는 제28조에 따른 환지 계획 작성 전에 실시계획의 내용, 환지 계획 기준, 환지 대상 필지 및 건축물의 명세, 환지신청 기간 등 대통령령으로 정하는 사항을 토지 소유자(건축물 소유자를 포함한다. 이하 제4항, 제32조의3 및 제35조부터 제45조까지에서 입체 환지 방식으로 사업을 시행하는 경우에서 같다)에게 통지하고 해당 지역에서 발행되는 일간신문에 공고하여야 한다. <신설 2011.9.30.>

④ 제1항에 따른 입체 환지의 신청 기간은 제3항에 따라 통지한 날부터 30일 이상 60일 이하로 하여야 한다. 다만, 시행자는 제28조제1항에 따른 환지 계획의 작성에 지장이 없다고 판단하는 경우에는 20일의 범위에서 그 신청기간을 연장할 수 있다. <신설 2011.9.30.>

⑤ 입체 환지를 받으려는 토지 소유자는 제3항에 따른 환지신청 기간 이내에 대통령령으로 정하는 방법 및 절차에 따라 시행자에게 환지신청을 하여야 한다. <신설 2011.9.30.>

⑥ 입체 환지 계획의 작성에 관하여 필요한 사항은 국토교통부장관이 정할 수 있다. <개정 2011.9.30., 2013.3.23.>

▶ 판례 – [1] 도시 및 주거환경정비법에 따른 이전고시의 법적 성격
[2] 도시개발법 제32조에서 정한 입체환지의 의미 / 도시 및 주거환경정비법상 토지 등 소유자가 분양받은 대지 또는 건축물에 관하여 도시개발법상 입체환지에 관한 규정이 준용되는지 여부(원칙적 적극)
[3] 도시 및 주거환경정비법상 정비구역에 포함된 종전의 여러 토지 또는 건축물에 대하여 정비사업으로 조성된 하나의 대지 또는 건축물의 소유권을 분양받을 자에게 이전할 때 종전의 여러 토지 또는 건축물 중 일부에 근저당권이 설정되어 있는 경우, 소유권이 이전되는 대지 또는 건축물에 설정된 것으로 보게 되는 근저당권의 목적물 범위(=근저당권이 설정되어 있던 종전의 토지 또는 건축물의 지분)

[1] 도시 및 주거환경정비법에 따른 이전고시는 준공인가의 고시로 사업시행이 완료된 이후에 관리처분계획에서 정한 바에 따라 종전의 토지 또는 건축물에 대하여 정비사업으로

조성된 대지 또는 건축물의 위치 및 범위 등을 정하여 소유권을 분양받을 자에게 이전하고 가격의 차액에 상당하는 금액을 청산하거나 대지 또는 건축물을 정하지 않고 금전적으로 청산하는 공법상 처분이다.

[2] 도시개발법 제32조에서 규정하는 입체환지는 시행자가 도시개발사업을 원활히 시행하기 위하여 환지의 목적인 토지에 갈음하여 토지 또는 건축물 소유자의 신청을 받아 건축물의 일부와 건축물이 있는 토지의 공유지분을 부여하는 것을 말하는데, 도시 및 주거환경정비법(이하 '도시정비법' 이라 한다)상 이전고시는 종전 부동산과 새로운 부동산 사이에 형태상 일치가 존재하지 않는 점, 새로 취득하는 부동산이 건물과 부지의 지분이라는 점, 그리고 그것이 토지 등 소유자의 신청에 기초한다는 점에서 도시개발법상 입체환지와 유사하므로, 도시정비법상 토지 등 소유자가 분양받은 대지 또는 건축물에 관하여는 도시정비법에서 특별히 규정하는 내용을 제외하고는 원칙적으로 도시개발법상 환지에 관한 법리, 그중에서도 특히 입체환지에 관한 규정이 준용될 수 있다.

[3] 도시 및 주거환경정비법(이하 '도시정비법' 이라 한다)상 이전고시의 법적 성격 및 도시정비법 제54조 제2항, 제55조, 도시개발법 제32조, 환지등기절차 등에 관한 업무처리지침(대법원 등기예규 제1430호) 제6의 가.항을 종합하면, 도시정비법상 정비구역에 포함된 종전의 여러 토지 또는 건축물에 대하여 정비사업으로 조성된 하나의 대지 또는 건축물의 소유권을 분양받을 자에게 이전할 때 종전의 여러 토지 또는 건축물 중 일부의 토지 또는 건축물에 근저당권이 설정되어 있는 경우에는 환지등기절차 등에 관한 업무처리지침상 합필환지의 규정을 준용하여, 도시정비법 제55조 제1항에 의하여 소유권이 이전되는 대지 또는 건축물에 설정된 것으로 보게 되는 근저당권의 목적물 범위는 대지 또는 건축물 중 근저당권이 설정되어 있던 종전의 토지 또는 건축물의 지분에 한정된다. [대법원 2016.12.29, 선고, 2013다73551, 판결]

제32조의2(환지 지정 등의 제한) ① 시행자는 제7조에 따른 주민 등의 의견청취를 위하여 공람 또는 공청회의 개최에 관한 사항을 공고한 날 또는 투기억제를 위하여 시행예정자(제3조제3항제2호 및 제4항에 따른 요청자 또는 제11조제5항에 따른 제안자를 말한다)의 요청에 따라 지정권자가 따로 정하는 날(이하 이 조에서 "기준일"이라 한다)의 다음 날부터 다음 각 호의 어느 하나에 해당하는 경우에는 국토교통부령으로 정하는 바에 따라 해당 토지 또는 건축물에 대하여 금전으로 청산(건축물은 제65조에 따라 보상한다)하거나 환지 지정을 제한할 수 있다. <개정 2013.3.23.>

1. 1필지의 토지가 여러 개의 필지로 분할되는 경우
2. 단독주택 또는 다가구주택이 다세대주택으로 전환되는 경우
3. 하나의 대지범위 안에 속하는 동일인 소유의 토지와 주택 등 건축물을 토지와 주택 등 건축물로 각각 분리하여 소유하는 경우
4. 나대지에 건축물을 새로 건축하거나 기존 건축물을 철거하고 다세대주택이나 그 밖의「집합건물의 소유 및 관리에 관한 법률」에 따른 구분소유권의 대상이 되는 건물을 건축하여 토지 또는 건축물의 소유자가 증가되는 경우

② 지정권자는 제1항에 따라 기준일을 따로 정하는 경우에는 기준일과 그 지정사유 등을 관보 또는 공보에 고시하여야 한다.

[본조신설 2011.9.30.]

제32조의3(입체 환지에 따른 주택 공급 등) ① 시행자는 입체 환지로 건설된 주택 등 건축물을 제29조에 따라 인가된 환지 계획에 따라 환지신청자에게 공급하여야 한다. 이 경우 주택을 공급하는 경우에는「주택법」제54조에 따른 주택의 공급에 관한 기준을 적용하지 아니한다. <개정 2016.1.19.>

② 입체 환지로 주택을 공급하는 경우 제1항에 따른 환지 계획의 내용은 다음 각 호의 기준에 따른다. 이 경우 주택의 수를 산정하기 위한 구체적인 기준은 대통령령으로 정한다.

1. 1세대 또는 1명이 하나 이상의 주택 또는 토지를 소유한 경우 1주택을 공급할 것
2. 같은 세대에 속하지 아니하는 2명 이상이 1주택 또는 1토지를 공유한 경우에는 1주택만 공급할 것

③ 시행자는 제2항에도 불구하고 다음 각 호의 어느 하나에 해당하는 토지 소유자에 대하여는 소유한 주택의 수만큼 공급할 수 있다.

1.「수도권정비계획법」제6조제1항제1호에 따른 과밀억제권역에 위치하지 아니

하는 도시개발구역의 토지 소유자
2. 근로자(공무원인 근로자를 포함한다) 숙소나 기숙사의 용도로 주택을 소유하고 있는 토지 소유자
3. 제11조제1항제1호부터 제4호까지의 시행자

④ 입체 환지로 주택을 공급하는 경우 주택을 소유하지 아니한 토지 소유자에 대하여는 제32조의2에 따른 기준일 현재 다음 각 호의 어느 하나에 해당하는 경우에만 주택을 공급할 수 있다. <개정 2013.3.23.>
1. 토지 면적이 국토교통부장관이 정하는 규모 이상인 경우
2. 종전 토지의 총 권리가액(주택 외의 건축물이 있는 경우 그 건축물의 총 권리가액을 포함한다)이 입체 환지로 공급하는 공동주택 중 가장 작은 규모의 공동주택 공급예정가격 이상인 경우

⑤ 시행자는 입체 환지의 대상이 되는 용지에 건설된 건축물 중 제1항 및 제2항에 따라 공급대상자에게 공급하고 남은 건축물의 공급에 대하여는 규약·정관 또는 시행규정으로 정하는 목적을 위하여 체비지(건축물을 포함한다)로 정하거나 토지 소유자 외의 자에게 분양할 수 있다.

⑥ 제1항에 따라 주택 등 건축물을 공급하는 경우 공급의 방법 및 절차 등과 제5항에 따른 분양의 공고와 신청 절차 등에 필요한 사항은 대통령령으로 정한다.

[본조신설 2011.9.30.]

제33조(공공시설의 용지 등에 관한 조치) ① 「공익사업을 위한 토지 등의 취득 및 보상에 관한 법률」 제4조 각 호의 어느 하나에 해당하는 공공시설의 용지에 대하여는 환지 계획을 정할 때 그 위치·면적 등에 관하여 제28조제2항에 따른 기준을 적용하지 아니할 수 있다.

② 시행자가 도시개발사업의 시행으로 국가 또는 지방자치단체가 소유한 공공시설과 대체되는 공공시설을 설치하는 경우 종전의 공공시설의 전부 또는 일부의 용도가 폐지되거나 변경되어 사용하지 못하게 될 토지는 제66조제1항 및 제2항에도 불구하고 환지를 정하지 아니하며, 이를 다른 토지에 대한 환지의 대상으로 하여야 한다.

제34조(체비지 등) ① 시행자는 도시개발사업에 필요한 경비에 충당하거나 규약·정관·시행규정 또는 실시계획으로 정하는 목적을 위하여 일정한 토지를 환지로 정하지 아니하고 보류지로 정할 수 있으며, 그 중 일부를 체비지로 정하여 도시개발사업에 필요한 경비에 충당할 수 있다.

② 특별자치도지사·시장·군수 또는 구청장은 「주택법」에 따른 공동주택의 건설을 촉진하기 위하여 필요하다고 인정하면 제1항에 따른 체비지 중 일부를 같은 지역에 집단으로 정하게 할 수 있다.

▶ 판례 – [1] 토지구획정리사업의 환지계획에서 초등학교 및 중고등학교 교육에 필요한 학교용지로 지정된 토지의 소유권을 국가 또는 지방자치단체가 원시취득하는지 여부(적극) 및 국가 또는 지방자치단체가 사업시행자에게 학교용지의 취득에 대한 대가를 지급할 의무를 부담하는지 여부(적극)
[2] 구 토지구획정리사업법 제63조 단서에 따라 국가 또는 지방자치단체가 사업시행자에게 지급할 의무가 있는 학교용지 취득대금의 산정 기준

[1] 구 토지구획정리사업법(2000. 1. 28. 법률 제6252호로 폐지, 이하 '법' 이라고 한다) 제2조 제1항 제1호, 제2호, 제63조에 의하면, 토지구획정리사업의 환지계획에서 초등학교 및 중고등학교 교육에 필요한 학교용지로 지정된 토지는 환지처분의 공고 다음 날에 법 제63조 본문에 따라 토지를 관리할 국가 또는 지방자치단체(이하 '국가 등' 이라고 한다)에 귀속되어 국가 등이 소유권을 원시취득하고, 다만 국가 등은 법 제63조 단서에 따라 사업시행자에게 학교용지의 취득에 대한 대가를 지급할 의무를 부담하게 된다.

[2] 구 토지구획정리사업법(2000. 1. 28. 법률 제6252호로 폐지, 이하 '법' 이라고 한다) 제2조 제1항 제2호, 제63조에 의하면, 환지처분의 공고 다음 날에 국가 또는 지방자치단체는 환지계획에서 학교용지로 지정된 토지의 소유권을 원시취득하는 대신, 사업시행자에게 취득에 대한 대가를 지급할 의무를 부담하게 된다. 그런데 법 제63조 단서는 '학교교지 등은 유상으로 한다' 고만 규정할 뿐 대가 산정의 기준 등에 관하여는 아무것도 정하고 있지 않다. 따라서 법률의 입법 취지와 목적, 제·개정 연혁, 법질서 전체와의 조화, 다른 법령과의 관계 등을 고려하여 '유상' 의 의미를 해석하여야 하는데, 학교용지의 취득대금은 개발이익을 배제한 토지가격에 학교용지의 조성·개발에 소요된 원가를 더한 금액, 즉 조성원

가로 산정하는 것이 타당하다. [대법원 2016.12.15, 선고, 2015다256312, 판결]

제35조(환지 예정지의 지정) ① 시행자는 도시개발사업의 시행을 위하여 필요하면 도시개발구역의 토지에 대하여 환지 예정지를 지정할 수 있다. 이 경우 종전의 토지에 대한 임차권자등이 있으면 해당 환지 예정지에 대하여 해당 권리의 목적인 토지 또는 그 부분을 아울러 지정하여야 한다.

② 제29조제3항 및 제4항은 제11조제1항제5호부터 제11호까지의 규정에 따른 시행자가 제1항에 따라 환지 예정지를 지정하려고 할 때에 준용한다.

③ 시행자가 제1항에 따라 환지 예정지를 지정하려면 관계 토지 소유자와 임차권자등에게 환지 예정지의 위치·면적과 환지 예정지 지정의 효력발생 시기를 알려야 한다.

제36조(환지 예정지 지정의 효과) ① 환지 예정지가 지정되면 종전의 토지의 소유자와 임차권자등은 환지 예정지 지정의 효력발생일부터 환지처분이 공고되는 날까지 환지 예정지나 해당 부분에 대하여 종전과 같은 내용의 권리를 행사할 수 있으며 종전의 토지는 사용하거나 수익할 수 없다.

② 시행자는 제35조제1항에 따라 환지 예정지를 지정한 경우에 해당 토지를 사용하거나 수익하는 데에 장애가 될 물건이 그 토지에 있거나 그 밖에 특별한 사유가 있으면 그 토지의 사용 또는 수익을 시작할 날을 따로 정할 수 있다.

③ 환지 예정지 지정의 효력이 발생하거나 제2항에 따라 그 토지의 사용 또는 수익을 시작하는 경우에 해당 환지 예정지의 종전의 소유자 또는 임차권자등은 제1항 또는 제2항에서 규정하는 기간에 이를 사용하거나 수익할 수 없으며 제1항에 따른 권리의 행사를 방해할 수 없다.

④ 시행자는 제34조에 따른 체비지의 용도로 환지 예정지가 지정된 경우에는 도시개발사업에 드는 비용을 충당하기 위하여 이를 사용 또는 수익하게 하거나 처분할 수 있다.

⑤ 임차권등의 목적인 토지에 관하여 환지 예정지가 지정된 경우 임대료·지료(地料), 그 밖의 사용료 등의 증감(增減)이나 권리의 포기 등에 관하여는 제48조와 제49조를 준용한다.

제36조의2(환지 예정지 지정 전 토지 사용) ① 제11조제1항제1호부터 제4호까지의 시행자는 다음 각 호의 어느 하나에 해당하는 경우에는 제35조에 따라 환지 예정지를 지정하기 전이라도 제17조제2항에 따른 실시계획 인가 사항의 범위에서 토지 사용을 하게 할 수 있다. <개정 2016.1.19.>

1. 순환개발을 위한 순환용주택을 건설하려는 경우
2. 「국방·군사시설 사업에 관한 법률」에 따른 국방·군사시설을 설치하려는 경우
3. 제7조제1항에 따른 주민 등의 의견청취를 위한 공고일 이전부터 「주택법」 제4조에 따라 등록한 주택건설사업자가 주택건설을 목적으로 토지를 소유하고 있는 경우
4. 그 밖에 기반시설의 설치나 개발사업의 촉진에 필요한 경우 등 대통령령으로 정하는 경우

② 제1항제3호 또는 제4호의 경우에는 다음 각 호 모두에 해당하는 경우에만 환지 예정지를 지정하기 전에 토지를 사용할 수 있다.

1. 사용하려는 토지의 면적이 구역 면적의 100분의 5 이상(최소 1만제곱미터 이상)이고 소유자가 동일할 것. 이 경우 국유지·공유지는 관리청과 상관없이 같은 소유자로 본다.
2. 사용하려는 종전 토지가 제17조제2항에 따른 실시계획 인가로 정한 하나 이상의 획지(劃地) 또는 가구(街區)의 경계를 모두 포함할 것
3. 사용하려는 토지의 면적 또는 평가액이 구역 내 동일소유자가 소유하고 있는 전체 토지의 면적 또는 평가액의 100분의 60 이하이거나 대통령령으로 정하는 바에 따라 보증금을 예치할 것
4. 사용하려는 토지에 임차권자 등이 있는 경우 임차권자 등의 동의가 있을 것

③ 제1항에 따라 토지를 사용하는 자는 환지 예정지를 지정하기 전까지 새로 조성되는 토지 또는 그 위에 건축되는 건축물을 공급 또는 분양하여서는 아니 된다.

④ 제1항에 따라 토지를 사용하는 자는 제28조에 따른 환지 계획에 따라야 한다.

⑤ 제1항부터 제4항까지의 규정의 시행에 필

요한 구체적인 절차, 방법 및 세부기준 등은 대통령령으로 정할 수 있다.
[본조신설 2011.9.30.]

제37조(사용ㆍ수익의 정지) ① 시행자는 환지를 정하지 아니하기로 결정된 토지 소유자나 임차권자등에게 날짜를 정하여 그날부터 해당 토지 또는 해당 부분의 사용 또는 수익을 정지시킬 수 있다.
② 시행자가 제1항에 따라 사용 또는 수익을 정지하게 하려면 30일 이상의 기간을 두고 미리 해당 토지 소유자 또는 임차권자등에게 알려야 한다.

제38조(장애물 등의 이전과 제거) ① 시행자는 제35조제1항에 따라 환지 예정지를 지정하거나 제37조제1항에 따라 종전의 토지에 관한 사용 또는 수익을 정지시키는 경우나 대통령령으로 정하는 시설의 변경ㆍ폐지에 관한 공사를 시행하는 경우 필요하면 도시개발구역에 있는 건축물과 그 밖의 공작물이나 물건(이하 "건축물등"이라 한다) 및 죽목(竹木), 토석, 울타리 등의 장애물(이하 "장애물등"이라 한다)을 이전하거나 제거할 수 있다. 이 경우 시행자(행정청이 아닌 시행자만 해당한다)는 미리 관할 특별자치도지사ㆍ시장ㆍ군수 또는 구청장의 허가를 받아야 한다.
② 특별자치도지사ㆍ시장ㆍ군수 또는 구청장은 제1항 후단에 따른 허가를 하는 경우에는 동절기 등 대통령령으로 정하는 시기에 점유자가 퇴거하지 아니한 주거용 건축물을 철거할 수 없도록 그 시기를 제한하거나 임시거주시설을 마련하는 등 점유자의 보호에 필요한 조치를 할 것을 조건으로 허가를 할 수 있다. <신설 2009.12.29.>
③ 시행자가 제1항에 따라 건축물등과 장애물등을 이전하거나 제거하려고 하는 경우에는 그 소유자나 점유자에게 미리 알려야 한다. 다만, 소유자나 점유자를 알 수 없으면 대통령령으로 정하는 바에 따라 이를 공고하여야 한다. <개정 2009.12.29.>
④ 주거용으로 사용하고 있는 건축물을 이전하거나 철거하려고 하는 경우에는 이전하거나 철거하려는 날부터 늦어도 2개월 전에 제2항에 따른 통지를 하여야 한다. 다만, 건축물의 일부에 대하여 대통령령으로 정하는 경미한 이전 또는 철거를 하는 경우나 「국토의 계획 및 이용에 관한 법률」 제56조제1항을 위반한 건축물의 경우에는 그러하지 아니하다. <개정 2009.12.29.>
⑤ 시행자는 제1항에 따라 건축물등과 장애물등을 이전 또는 제거하려고 할 경우 「공익사업을 위한 토지 등의 취득 및 보상에 관한 법률」 제50조에 따른 토지수용위원회의 손실보상금에 대한 재결이 있은 후 다음 각 호의 어느 하나에 해당하는 사유가 있으면 이전하거나 제거할 때까지 토지 소재지의 공탁소에 보상금을 공탁할 수 있다. <개정 2009.12.29., 2012.1.17.>
1. 보상금을 받을 자가 받기를 거부하거나 받을 수 없을 때
2. 시행자의 과실 없이 보상금을 받을 자를 알 수 없을 때
3. 시행자가 관할 토지수용위원회에서 재결한 보상 금액에 불복할 때
4. 압류나 가압류에 의하여 보상금의 지급이 금지되었을 때

⑥ 제5항제3호의 경우 시행자는 보상금을 받을 자에게 자기가 산정한 보상금을 지급하고 그 금액과 토지수용위원회가 재결한 보상 금액과의 차액을 공탁하여야 한다. 이 경우 보상금을 받을 자는 그 불복 절차가 끝날 때까지 공탁된 보상금을 받을 수 없다. <개정 2009.12.29., 2013.3.22.>

▶ 판례 – 도시개발사업의 시행자가 사업시행에 방해되는 건축물 등에 관하여 구 공익사업을 위한 토지 등의 취득 및 보상에 관한 법률 제75조 제1항 단서 제2호에 따라 물건의 가격으로 보상한 경우, 보상만으로 해당 물건의 소유권을 취득하는지 여부(소극) 및 시행자가 해당 물건의 소유권을 취득하지 못한 경우 도시개발법 제38조 제1항에 따라 건축물 등을 이전하거나 제거할 수 있는지 여부(적극)

도시개발법 제65조 제5항에 의하여 준용되는 구 공익사업을 위한 토지 등의 취득 및 보상에 관한 법률(2013. 3. 23. 법률 제11690호로 개정되기 전의 것, 이하 '공익사업법' 이라 한다) 제75조 제1항 단서 제2호, 제6항, 공익사업을 위한 토지 등의 취득 및 보상에 관한 법률 시행규칙 제33조 제4항, 제36조 제1항 등 관계 법령의 내용을 정당한 보상의 원칙에 비추어 보면, 도시개발사업의 시행자가 사업시행에 방해가 되는 건축물 등에 관하여 공익사업법 제75조 제1항 단서 제2호에 따라 물건의 가격으로 보상한 경우라도, 시행자가 해당 물건을 취득하는 수용의 절차를 거치지 아니한 이상 그 보상

만으로 해당 물건의 소유권까지 취득한다고 보기는 어렵다. 도시개발사업의 시행자는 도시개발법 제38조 제1항에 따라 필요한 경우 도시개발구역에 있는 건축물 등을 이전하거나 제거할 수 있고, 건축물 등을 점유하는 사람이 있어 그 이전이나 제거가 방해당하고 있다면 원만한 실현을 위하여 점유자에 대하여 퇴거를 청구할 수 있다고 보아야 하므로, 시행자가 위와 같이 해당 물건의 소유권을 취득하지 못한다고 보더라도 건축물 등을 이전하거나 제거하는 데에 지장이 초래되지는 않는다. [대법원 2014.9.4, 선고, 2013다89549, 판결]

제39조(토지의 관리 등) ① 환지 예정지의 지정이나 사용 또는 수익의 정지처분으로 이를 사용하거나 수익할 수 있는 자가 없게 된 토지 또는 해당 부분은 환지 예정지의 지정일이나 사용 또는 수익의 정지처분이 있은 날부터 환지처분을 공고한 날까지 시행자가 관리한다.

② 시행자는 환지 예정지 또는 환지의 위치를 나타내려고 하는 경우에는 국토교통부령으로 정하는 표지를 설치할 수 있다. <개정 2013.3.23.>

③ 누구든지 환지처분이 공고된 날까지는 시행자의 승낙 없이 제2항에 따라 설치된 표지를 이전하거나 훼손하여서는 아니 된다.

제40조(환지처분) ① 시행자는 환지 방식으로 도시개발사업에 관한 공사를 끝낸 경우에는 지체 없이 대통령령으로 정하는 바에 따라 이를 공고하고 공사 관계 서류를 일반인에게 공람시켜야 한다.

② 도시개발구역의 토지 소유자나 이해관계인은 제1항의 공람 기간에 시행자에게 의견서를 제출할 수 있으며, 의견서를 받은 시행자는 공사 결과와 실시계획 내용에 맞는지를 확인하여 필요한 조치를 하여야 한다.

③ 시행자는 제1항의 공람 기간에 제2항에 따른 의견서의 제출이 없거나 제출된 의견서에 따라 필요한 조치를 한 경우에는 지정권자에 의한 준공검사를 신청하거나 도시개발사업의 공사를 끝내야 한다.

④ 시행자는 지정권자에 의한 준공검사를 받은 경우(지정권자가 시행자인 경우에는 제51조에 따른 공사 완료 공고가 있는 때)에는 대통령령으로 정하는 기간에 환지처분을 하여야 한다.

⑤ 시행자는 환지처분을 하려는 경우에는 환지 계획에서 정한 사항을 토지 소유자에게 알리고 대통령령으로 정하는 바에 따라 이를 공고하여야 한다.

제41조(청산금) ① 환지를 정하거나 그 대상에서 제외한 경우 그 과부족분(過不足分)은 종전의 토지(제32조에 따라 입체 환지 방식으로 사업을 시행하는 경우에는 환지 대상 건축물을 포함한다. 이하 제42조 및 제45조에서 같다) 및 환지의 위치·지목·면적·토질·수리·이용 상황·환경, 그 밖의 사항을 종합적으로 고려하여 금전으로 청산하여야 한다. <개정 2011.9.30.>

② 제1항에 따른 청산금은 환지처분을 하는 때에 결정하여야 한다. 다만, 제30조나 제31조에 따라 환지 대상에서 제외한 토지등에 대하여는 청산금을 교부하는 때에 청산금을 결정할 수 있다.

제42조(환지처분의 효과) ① 환지 계획에서 정하여진 환지는 그 환지처분이 공고된 날의 다음 날부터 종전의 토지로 보며, 환지 계획에서 환지를 정하지 아니한 종전의 토지에 있던 권리는 그 환지처분이 공고된 날이 끝나는 때에 소멸한다.

② 제1항은 행정상 처분이나 재판상의 처분으로서 종전의 토지에 전속(專屬)하는 것에 관하여는 영향을 미치지 아니한다.

③ 도시개발구역의 토지에 대한 지역권(地役權)은 제1항에도 불구하고 종전의 토지에 존속한다. 다만, 도시개발사업의 시행으로 행사할 이익이 없어진 지역권은 환지처분이 공고된 날이 끝나는 때에 소멸한다.

④ 제28조에 따른 환지 계획에 따라 환지처분을 받은 자는 환지처분이 공고된 날의 다음 날에 환지 계획으로 정하는 바에 따라 건축물의 일부와 해당 건축물이 있는 토지의 공유지분을 취득한다. 이 경우 종전의 토지에 대한 저당권은 환지처분이 공고된 날의 다음 날부터 해당 건축물의 일부와 해당 건축물이 있는 토지의 공유지분에 존재하는 것으로 본다.

⑤ 제34조에 따른 체비지는 시행자가, 보류지는 환지 계획에서 정한 자가 각각 환지처분이 공고된 날의 다음 날에 해당 소유권을 취득한다. 다만, 제36조제4항에 따라 이미 처분된 체비지는 그 체비지를 매입한 자가 소유권 이전 등기를 마친 때에 소유권을 취

득한다.

⑥ 제41조에 따른 청산금은 환지처분이 공고된 날의 다음 날에 확정된다.

▶ 판례 - [1] 토지구획정리사업의 환지계획에서 초등학교 및 중고등학교 교육에 필요한 학교용지로 지정된 토지의 소유권을 국가 또는 지방자치단체가 원시취득하는지 여부(적극) 및 국가 또는 지방자치단체가 사업시행자에게 학교용지의 취득에 대한 대가를 지급할 의무를 부담하는지 여부(적극)

[2] 구 토지구획정리사업법 제63조 단서에 따라 국가 또는 지방자치단체가 사업시행자에게 지급할 의무가 있는 학교용지 취득대금의 산정 기준

[1] 구 토지구획정리사업법(2000. 1. 28. 법률 제6252호로 폐지, 이하 '법' 이라고 한다) 제2조 제1항 제1호, 제2호, 제63조에 의하면, 토지구획정리사업의 환지계획에서 초등학교 및 중고등학교 교육에 필요한 학교용지로 지정된 토지는 환지처분의 공고 다음 날에 법 제63조 본문에 따라 토지를 관리할 국가 또는 지방자치단체(이하 '국가 등' 이라고 한다)에 귀속되어 국가 등이 소유권을 원시취득하고, 다만 국가 등은 법 제63조 단서에 따라 사업시행자에게 학교용지의 취득에 대한 대가를 지급할 의무를 부담하게 된다.

[2] 구 토지구획정리사업법(2000. 1. 28. 법률 제6252호로 폐지, 이하 '법' 이라고 한다) 제2조 제1항 제2호, 제63조에 의하면, 환지처분의 공고 다음 날에 국가 또는 지방자치단체는 환지계획에서 학교용지로 지정된 토지의 소유권을 원시취득하는 대신, 사업시행자에게 취득에 대한 대가를 지급할 의무를 부담하게 된다. 그런데 법 제63조 단서는 '학교교지 등은 유상으로 한다' 고만 규정할 뿐 대가 산정의 기준 등에 관하여는 아무것도 정하고 있지 않다. 따라서 법률의 입법 취지와 목적, 제·개정 연혁, 법질서 전체와의 조화, 다른 법령과의 관계 등을 고려하여 '유상' 의 의미를 해석하여야 하는데, 학교용지의 취득대금은 개발이익을 배제한 토지가격에 학교용지의 조성·개발에 소요된 원가를 더한 금액, 즉 조성원가로 산정하는 것이 타당하다. [대법원 2016.12.15, 선고, 2015다256312, 판결]

제43조(등기) ① 시행자는 제40조제5항에 따라 환지처분이 공고되면 공고 후 14일 이내에 관할 등기소에 이를 알리고 토지와 건축물에 관한 등기를 촉탁하거나 신청하여야 한다.

② 제1항의 등기에 관하여는 대법원규칙으로 정하는 바에 따른다.

③ 제40조제5항에 따라 환지처분이 공고된 날부터 제1항에 따른 등기가 있는 때까지는 다른 등기를 할 수 없다. 다만, 등기신청인이 확정일자가 있는 서류로 환지처분의 공고일 전에 등기원인(登記原因)이 생긴 것임을 증명하면 다른 등기를 할 수 있다.

제44조(체비지의 처분 등) ① 시행자는 제34조에 따른 체비지나 보류지를 규약·정관·시행규정 또는 실시계획으로 정하는 목적 및 방법에 따라 합리적으로 처분하거나 관리하여야 한다.

② 행정청인 시행자가 제1항에 따라 체비지 또는 보류지를 관리하거나 처분(제36조제4항에 따라 체비지를 관리하거나 처분하는 경우를 포함한다)하는 경우에는 국가나 지방자치단체의 재산처분에 관한 법률을 적용하지 아니한다. 다만, 신탁계약에 따라 체비지를 처분하려는 경우에는 「공유재산 및 물품 관리법」 제29조 및 제43조를 준용한다.

③ 학교, 폐기물처리시설, 그 밖에 대통령령으로 정하는 시설을 설치하기 위하여 조성토지등을 공급하는 경우 그 조성토지등의 공급 가격에 관하여는 제27조제1항을 준용한다. <개정 2011.9.30.>

④ 제11조제1항제1호부터 제4호까지의 시행자가 지역특성화 사업 유치 등 도시개발사업의 활성화를 위하여 필요한 경우에 공급하는 토지 중 제3항 외의 토지에 대하여는 제27조제2항을 준용한다. <신설 2011.9.30.>

제45조(감가보상금) 행정청인 시행자는 도시개발사업의 시행으로 사업 시행 후의 토지 가액(價額)의 총액이 사업 시행 전의 토지 가액의 총액보다 줄어든 경우에는 그 차액에 해당하는 감가보상금을 대통령령으로 정하는 기준에 따라 종전의 토지 소유자나 임차권자등에게 지급하여야 한다.

제46조(청산금의 징수·교부 등) ① 시행자는 환지처분이 공고된 후에 확정된 청산금을 징수하거나 교부하여야 한다. 다만, 제30조와 제31조에 따라 환지를 정하지 아니하는

토지에 대하여는 환지처분 전이라도 청산금을 교부할 수 있다.
② 청산금은 대통령령으로 정하는 바에 따라 이자를 붙여 분할징수하거나 분할교부할 수 있다.
③ 행정청인 시행자는 청산금을 내야 할 자가 이를 내지 아니하면 국세 또는 지방세 체납처분의 예에 따라 징수할 수 있으며, 행정청이 아닌 시행자는 특별자치도지사·시장·군수 또는 구청장에게 청산금의 징수를 위탁할 수 있다. 이 경우 제16조제5항을 준용한다.
④ 청산금을 받을 자가 주소 불분명 등의 이유로 청산금을 받을 수 없거나 받기를 거부하면 그 청산금을 공탁할 수 있다.

▶ 판례 – 도시개발사업조합이 직접 공법상 당사자소송으로 도시개발법에 따른 청산금의 지급을 구할 수 있는지 여부(한정 적극)
도시개발법 제46조 제3항에 따라 도시개발사업조합이 관할 지방자치단체의 장에게 도시개발법에 따른 청산금의 징수를 위탁할 수 있다 하더라도, 지방자치단체의 장이 징수위탁에 응하지 아니하는 등의 특별한 사정이 있는 때에는 도시개발사업조합은 직접 공법상 당사자소송으로 청산금의 지급을 구할 수 있다. [대법원 2017.4.28, 선고, 2013다1211, 판결]

제47조(청산금의 소멸시효) 청산금을 받을 권리나 징수할 권리를 5년간 행사하지 아니하면 시효로 소멸한다.

제48조(임대료 등의 증감청구) ① 도시개발사업으로 임차권등의 목적인 토지 또는 지역권에 관한 승역지(承役地)의 이용이 증진되거나 방해를 받아 종전의 임대료·지료, 그 밖의 사용료 등이 불합리하게 되면 당사자는 계약 조건에도 불구하고 장래에 관하여 그 증감을 청구할 수 있다. 도시개발사업으로 건축물이 이전된 경우 그 임대료에 관하여도 또한 같다.
② 제1항의 경우 당사자는 해당 권리를 포기하거나 계약을 해지하여 그 의무를 지지 아니할 수 있다.
③ 제40조제5항에 따라 환지처분이 공고된 날부터 60일이 지나면 임대료·지료, 그 밖의 사용료 등의 증감을 청구할 수 없다.

제49조(권리의 포기 등) ① 도시개발사업의 시행으로 지역권 또는 임차권등을 설정한 목적을 달성할 수 없게 되면 당사자는 해당 권리를 포기하거나 계약을 해지할 수 있다. 도시개발사업으로 건축물이 이전되어 그 임대의 목적을 달성할 수 없게 된 경우에도 또한 같다.
② 제1항에 따라 권리를 포기하거나 계약을 해지한 자는 그로 인한 손실을 보상하여 줄 것을 시행자에게 청구할 수 있다.
③ 제2항에 따라 손실을 보상한 시행자는 해당 토지 또는 건축물의 소유자 또는 그로 인하여 이익을 얻는 자에게 이를 구상(求償)할 수 있다.
④ 제40조제5항에 따라 환지처분이 공고된 날부터 60일이 지나면 제1항에 따른 권리를 포기하거나 계약을 해지할 수 없다.
⑤ 제2항에 따른 손실보상에 관하여는 타인 토지의 출입 등에 관한 손실보상의 방법 및 절차 등에 관한 규정을 준용한다.
⑥ 제3항에 따른 손실보상금의 구상에 관하여는 제16조제4항 및 제5항을 준용한다.

제4절 준공검사 등

제50조(준공검사) ① 시행자(지정권자가 시행자인 경우는 제외한다)가 도시개발사업의 공사를 끝낸 때에는 국토교통부령으로 정하는 바에 따라 공사완료 보고서를 작성하여 지정권자의 준공검사를 받아야 한다. <개정 2013.3.23.>
② 지정권자는 제1항에 따른 공사완료 보고서를 받으면 지체 없이 준공검사를 하여야 한다. 이 경우 지정권자는 효율적인 준공검사를 위하여 필요하면 관계 행정기관·공공기관·연구기관, 그 밖의 전문기관 등에 의뢰하여 준공검사를 할 수 있다.
③ 지정권자는 공사완료 보고서의 내용에 포함된 공공시설을 인수하거나 관리하게 될 국가기관·지방자치단체 또는 공공기관의 장 등에게 준공검사에 참여할 것을 요청할 수 있으며, 이를 요청받은 자는 특별한 사유가 없으면 요청에 따라야 한다.
④ 시행자는 도시개발사업을 효율적으로 시행하기 위하여 필요하면 해당 도시개발사업에 관한 공사가 전부 끝나기 전이라도 공사가 끝난 부분에 관하여 제1항에 따른 준공

검사(지정권자가 시행자인 경우에는 시행자에 의한 공사 완료 공고를 말한다)를 받을 수 있다.

제51조(공사 완료의 공고) ① 지정권자는 제50조제2항에 따른 준공검사를 한 결과 도시개발사업이 실시계획대로 끝났다고 인정되면 시행자에게 준공검사 증명서를 내어주고 공사 완료 공고를 하여야 하며, 실시계획대로 끝나지 아니하였으면 지체 없이 보완 시공 등 필요한 조치를 하도록 명하여야 한다.
② 지정권자가 시행자인 경우 그 시행자는 도시개발사업의 공사를 완료한 때에는 공사 완료 공고를 하여야 한다.

제52조(공사 완료에 따른 관련 인·허가등의 의제) ① 제50조제2항에 따라 준공검사를 하거나 제51조제2항에 따라 공사 완료 공고를 할 때 지정권자가 제19조에 따라 의제되는 인·허가등(제19조제1항제4호에 따른 면허·협의 또는 승인은 제외한다. 이하 이 조에서 같다)에 따른 준공검사·준공인가 등에 대하여 제3항에 따라 관계 행정기관의 장과 협의한 사항에 대하여는 그 준공검사·준공인가 등을 받은 것으로 본다.
② 시행자(지정권자인 시행자는 제외한다)가 제1항에 따른 준공검사·준공인가 등의 의제를 받으려면 제50조제1항에 따른 준공검사를 신청할 때 해당 법률로 정하는 관계 서류를 함께 제출하여야 한다.
③ 지정권자는 제50조제2항에 따른 준공검사를 하거나 제51조제2항에 따라 공사 완료 공고를 할 때 그 내용에 제19조에 따라 의제되는 인·허가등에 따른 준공검사·준공인가 등에 해당하는 사항이 있으면 미리 관계 행정기관의 장과 협의하여야 한다.

제53조(조성토지등의 준공 전 사용) 제50조나 제51조에 따른 준공검사 전 또는 공사 완료 공고 전에는 조성토지등(체비지는 제외한다)을 사용할 수 없다. 다만, 사업 시행의 지장 여부를 확인받는 등 대통령령으로 정하는 바에 따라 지정권자로부터 사용허가를 받은 경우에는 그러하지 아니하다.

제4장 비용 부담 등

제54조(비용 부담의 원칙) 도시개발사업에 필요한 비용은 이 법이나 다른 법률에 특별한 규정이 있는 경우 외에는 시행자가 부담한다.

▶ 판례 - [1] 부담금부과에 관한 명확한 법률 규정이 존재하는 경우 부담금관리 기본법 별표에 부담금이 포함되어야만 부담금 부과가 유효하게 되는지 여부(소극)
[2] 집단에너지사업법 제18조 제1항의 공급시설 건설비용의 부담금에 관한 사항을 정하고 있는 甲 난방공사의 열공급규정의 효력이 문제 된 사안에서, 제반 사정을 종합하여 甲 난방공사의 열공급규정을 무효라고 할 수 없다고 한 사례
[3] 甲 난방공사와 乙 도시가스 주식회사가 丙 주식회사에 부담시킨 공사비부담금과 시설부담금 등이 주택법 제23조, 도시개발법 제55조 등 강행규정에 위배되는지 문제 된 사안에서, 위 각 강행규정에 위배되지 않는다고 한 사례

[1] 부담금관리 기본법의 제정 목적, 부담금관리 기본법 제3조의 조문 형식 및 개정 경과 등에 비추어 볼 때, 부담금관리 기본법은 법 제정 당시 시행되고 있던 부담금을 별표에 열거하여 정당화 근거를 마련하는 한편 시행 후 기본권 침해의 소지가 있는 부담금을 신설하는 경우 자의적인 부과를 견제하기 위하여 위 법률에 의하여 이를 규율하고자 한 것이나, 그러한 점만으로 부담금부과에 관한 명확한 법률 규정이 존재하더라도 법률 규정과는 별도로 반드시 부담금관리 기본법 별표에 부담금이 포함되어야만 부담금 부과가 유효하게 된다고 해석할 수는 없다.
[2] 집단에너지사업법 제18조 제1항의 공급시설 건설비용의 부담금에 관한 사항을 정하고 있는 甲 난방공사의 열공급규정의 효력이 문제 된 사안에서, 집단에너지사업법의 전반적인 체계와 취지·목적, 당해 위임조항의 내용, 관련 법규의 유기적 관계 등에 비추어 위임입법의 범위를 일탈한 것으로 볼 수는 없으며, 집단에너지사업법 제18조 제2항이 구체적으로 범위를 정하지 아니하고 공사비부담금의 산정기준 및 부과·징수방법에 관하여 필요한 사항을 대통령령으로 정하도록 함으로써 부담금관리 기본법 제4조에서 정한 바와 달리 위임되었다는 이유만으로 甲 난방공사의 열공급

규정을 위임입법의 한계를 넘어선 것으로 무효라고 할 수는 없다고 한 사례.

[3] 甲 난방공사와 乙 도시가스 주식회사가 丙 주식회사에 부담시킨 공사비부담금과 시설부담금 등이 주택법 제23조, 도시개발법 제55조 등 강행규정에 위배되는지 문제 된 사안에서, 위 각 강행규정은 집단에너지공급시설이나 가스공급시설에 대한 설치의무를 지는 공급자가 설치비용을 부담한다는 것이고, 집단에너지사업법 제18조 제1항과 도시가스사업법 제19조의2 제1항은 그와 같이 부담한 설치비용을 수익자부담금의 형태로 사용자에게 분담시키는 것으로서 집단에너지사업법 제18조 제1항 및 도시가스사업법 제19조의2 제1항은 위 각 강행규정과는 입법 취지와 규율대상이 다르고, 丙 회사가 甲 난방공사와 乙 도시가스에 지급한 공사비부담금과 시설부담금 등은 집단에너지사업법 제18조 제1항 및 도시가스사업법 제19조의2 제1항에 근거하여 부담시킨 것이므로 위 각 강행규정에 위배되지 않는다고 한 사례. [대법원 2014.1.29, 선고, 2013다25927,25934, 판결]

제55조(도시개발구역의 시설 설치 및 비용부담 등) ① 도시개발구역의 시설의 설치는 다음 각 호의 구분에 따른다.

1. 도로와 상하수도시설의 설치는 지방자치단체
2. 전기시설·가스공급시설 또는 지역 난방시설의 설치는 해당 지역에 전기·가스 또는 난방을 공급하는 자
3. 통신시설의 설치는 해당 지역에 통신서비스를 제공하는 자

② 제1항에 따른 시설의 설치비용은 그 설치의무자가 이를 부담한다. 다만, 제1항제2호의 시설 중 도시개발구역 안의 전기시설을 사업시행자가 지중선로로 설치할 것을 요청하는 경우에는 전기를 공급하는 자와 지중에 설치할 것을 요청하는 자가 각각 2분의 1의 비율로 그 설치비용을 부담(전부 환지 방식으로 도시개발사업을 시행하는 경우에는 전기시설을 공급하는 자가 3분의 2, 지중에 설치할 것을 요청하는 자가 3분의 1의 비율로 부담한다)한다. <신설 2008.3.28.>

③ 제1항에 따른 시설의 설치는 특별한 사유가 없으면 제50조에 따른 준공검사 신청일(지정권자가 시행자인 경우에는 도시개발사업의 공사를 끝내는 날을 말한다)까지 끝내야 한다. <개정 2008.3.28.>

④ 제1항에 따른 시설의 종류별 설치 범위는 대통령령으로 정한다. <개정 2008.3.28.>

⑤ 제4항에 따라 대통령령으로 정하는 시설의 종류별 설치 범위 중 지방자치단체의 설치 의무 범위에 속하지 아니하는 도로 또는 상하수도시설로서 시행자가 그 설치비용을 부담하려는 경우에는 시행자의 요청에 따라 지방자치단체가 그 도로 설치 사업이나 상하수도 설치 사업을 대행할 수 있다. <개정 2008.3.28.>

제56조(지방자치단체의 비용 부담) ① 지정권자가 시행자인 경우 그 시행자는 그가 시행한 도시개발사업으로 이익을 얻는 시·도 또는 시·군·구가 있으면 대통령령으로 정하는 바에 따라 그 도시개발사업에 든 비용의 일부를 그 이익을 얻는 시·도 또는 시·군·구에 부담시킬 수 있다. 이 경우 국토교통부장관은 행정안전부장관과 협의하여야 하고, 시·도지사 또는 대도시 시장은 관할 외의 시·군·구에 비용을 부담시키려면 그 시·군·구를 관할하는 시·도지사와 협의하여야 하며, 시·도지사간 또는 대도시 시장과 시도지사간의 협의가 성립되지 아니하는 경우에는 행정안전부장관의 결정에 따른다. <개정 2008.3.28., 2013.3.23., 2014.11.19., 2017.7.26.>

② 시장(대도시 시장을 제외한다)·군수 또는 구청장은 그가 시행한 도시개발사업으로 이익을 얻는 다른 지방자치단체가 있으면 대통령령으로 정하는 바에 따라 그 도시개발사업에 든 비용의 일부를 그 이익을 얻는 다른 지방자치단체와 협의하여 그 지방자치단체에 부담시킬 수 있다. 이 경우 협의가 성립되지 아니하면 관할 시·도지사의 결정에 따르며, 그 시·군·구를 관할하는 시·도지사가 서로 다른 경우에는 제1항 후단을 준용한다. <개정 2008.3.28.>

제57조(공공시설 관리자의 비용 부담) ① 삭제 <2014.5.21.>

② 시행자는 공동구(共同溝)를 설치하는 경우에는 다른 법률에 따라 그 공동구에 수용될 시설을 설치할 의무가 있는 자에게 공동구의 설치에 드는 비용을 부담시킬 수 있다. 이 경우 공동구의 설치 방법·기준 및 절차와 비용의 부담 등에 관한 사항은 「국토의 계획 및 이용에 관한 법률」 제44조

를 준용한다. <개정 2012.1.17.>

제58조(도시개발구역 밖의 기반시설의 설치 비용) ① 도시개발구역의 이용에 제공하기 위하여 대통령령으로 정하는 기반시설을 도시개발구역 밖의 지역에 설치하는 경우 지정권자는 제5조제1항제13호에 따른 비용 부담 계획이 포함된 개발계획에 따라 시행자에게 이를 설치하게 하거나 그 설치 비용을 부담하게 할 수 있다.

② 국가나 지방자치단체는 제1항에 따라 시행자가 부담하는 비용을 제외한 나머지 설치 비용을 지원할 수 있다. 이 경우 지원 규모나 지원 방법 등은 국토교통부장관이 관계 중앙행정기관의 장과 협의하여 정한다. <개정 2013.3.23.>

③ 지정권자는 제5조제1항제13호에 따른 비용 부담 계획에 포함되지 아니하는 기반시설을 실시계획의 변경 등으로 인하여 도시개발구역 밖에 추가로 설치하여야 하는 경우에는 그 비용을 대통령령으로 정하는 바에 따라 실시계획의 변경 등 기반시설의 추가 설치를 필요하게 한 자에게 부담시킬 수 있다.

④ 지정권자는 시행자의 부담으로 도시개발구역 밖의 지역에 설치하는 기반시설로 이익을 얻는 지방자치단체 또는 공공시설의 관리자가 있으면 대통령령으로 정하는 바에 따라 그 기반시설의 설치에 드는 비용의 일부를 이익을 얻는 지방자치단체 또는 공공시설의 관리자에게 부담시킬 수 있다. 이 경우 지정권자는 해당 지방자치단체나 공공시설의 관리자 및 시행자와 협의하여야 한다.

⑤ 제1항 및 제3항에 따라 지정권자로부터 기반시설의 설치 비용을 부담하도록 통지를 받은 자(이하 이 조에서 "납부의무자"라 한다)가 비용의 부담에 대하여 이견이 있는 경우에는 그 통지를 받은 날부터 20일 이내에 지정권자에게 이를 증명할 수 있는 자료를 첨부하여 조정을 신청할 수 있다. 이 경우 지정권자는 그 신청을 받은 날부터 15일 이내에 이를 심사하여 그 결과를 신청인에게 통지하여야 한다. <신설 2012.1.17., 2014.5.21.>

⑥ 지정권자는 납부의무자가 제1항 및 제3항에 따른 기반시설의 설치 비용을 납부기한까지 내지 아니하면 가산금을 징수한다. 이 경우 가산금에 관하여는 「국세징수법」 제21조를 준용한다. <신설 2014.5.21.>

⑦ 지정권자는 납부의무자가 제1항 및 제3항에 따른 기반시설의 설치 비용과 가산금을 납부기한까지 내지 아니하면 국세 또는 지방세 체납처분의 예에 따라 징수한다. <신설 2014.5.21.>

⑧ 지정권자는 납부의무자가 납부한 금액에서 과오납(過誤納)한 부분이 있으면 이를 조사하여 그 차액(差額)을 추징하거나 환급하여야 한다. 이 경우 과오납한 날의 다음 날부터 추징 또는 환급 결정을 하는 날까지의 기간에 대하여 「국세기본법」 제52조에서 정한 이자율에 따라 계산한 금액을 추징금 또는 환급금에 더하여야 한다. <신설 2014.5.21.>

제59조(보조 또는 융자) 도시개발사업의 시행에 드는 비용은 대통령령으로 정하는 바에 따라 그 비용의 전부 또는 일부를 국고에서 보조하거나 융자할 수 있다. 다만, 시행자가 행정청이면 전부를 보조하거나 융자할 수 있다.

제60조(도시개발특별회계의 설치 등) ① 시·도지사 또는 시장·군수(광역시에 있는 군의 군수는 제외한다)는 도시개발사업을 촉진하고 도시·군계획시설사업의 설치지원 등을 위하여 지방자치단체에 도시개발특별회계(이하 "특별회계"라 한다)를 설치할 수 있다. <개정 2011.4.14.>

② 특별회계는 다음 각 호의 재원으로 조성된다. <개정 2010.3.31.>

1. 일반회계에서 전입된 금액
2. 정부의 보조금
3. 제62조에 따른 도시개발채권의 발행으로 조성된 자금
4. 제70조에 따른 수익금 및 집행 잔액
5. 제85조에 따라 부과·징수된 과태료
6. 「수도권정비계획법」 제16조에 따라 시·도에 귀속되는 과밀부담금 중 해당 시·도의 조례로 정하는 비율의 금액
7. 「개발이익환수에 관한 법률」 제4조제1항에 따라 지방자치단체에 귀속되는 개발부담금 중 해당 지방자치단체의 조례로 정하는 비율의 금액
8. 「국토의 계획 및 이용에 관한 법률」 제65조제8항에 따른 수익금
9. 「지방세법」 제112조(같은 조 제1항제1호는 제외한다)에 따라 부과·징수되는 재산세의 징수액 중 대통령령으로 정하는 비율의 금액
10. 차입금
11. 해당 특별회계자금의 융자회수금·이자

수입금 및 그 밖의 수익금

③ 국가나 지방자치단체등이 도시개발사업을 환지 방식으로 시행하는 경우에는 회계의 구분을 위하여 사업별로 특별회계를 설치하여야 한다.

제61조(특별회계의 운용) ① 특별회계는 다음 각 호의 용도로 사용한다. <개정 2011.4.14., 2013.3.22.>

1. 도시개발사업의 시행자에 대한 공사비의 보조 및 융자
2. 도시·군계획시설사업에 관한 보조 및 융자
3. 지방자치단체가 시행하는 대통령령으로 정하는 도시·군계획시설사업에 드는 비용
4. 제62조에 따른 도시개발채권의 원리금 상환
5. 도시개발구역의 지정, 계획수립 및 제도발전을 위한 조사·연구비
6. 차입금의 원리금 상환
7. 특별회계의 조성·운용 및 관리를 위한 경비
8. 그 밖에 대통령령으로 정하는 사항

② 국토교통부장관은 필요한 경우에는 지방자치단체의 장에게 특별회계의 운용 상황을 보고하게 할 수 있다. <개정 2013.3.23.>

③ 특별회계의 설치·운용 및 관리에 필요한 사항은 대통령령으로 정하는 기준에 따라 해당 지방자치단체의 조례로 정한다.

제62조(도시개발채권의 발행) ① 지방자치단체의 장은 도시개발사업 또는 도시·군계획시설사업에 필요한 자금을 조달하기 위하여 도시개발채권을 발행할 수 있다. <개정 2011.4.14.>

② 삭제 <2009.12.29.>

③ 도시개발채권의 소멸시효는 상환일부터 기산(起算)하여 원금은 5년, 이자는 2년으로 한다.

④ 도시개발채권의 이율, 발행 방법, 발행 절차, 상환, 발행 사무 취급, 그 밖에 필요한 사항은 대통령령으로 정한다.

제63조(도시개발채권의 매입) ① 다음 각 호의 어느 하나에 해당하는 자는 도시개발채권을 매입하여야 한다.

1. 수용 또는 사용방식으로 시행하는 도시개발사업의 경우 제11조제1항제1호부터 제4호까지의 규정에 해당하는 자와 공사의 도급계약을 체결하는 자
2. 제1호에 해당하는 시행자 외에 도시개발사업을 시행하는 자
3. 「국토의 계획 및 이용에 관한 법률」 제56조제1항에 따른 허가를 받은 자 중 대통령령으로 정하는 자

② 제1항을 적용할 때에는 다른 법률에 따라 제17조의 실시계획 인가 또는 「국토의 계획 및 이용에 관한 법률」 제56조의 개발행위허가가 의제되는 협의를 거친 자를 포함한다.

③ 도시개발채권의 매입 대상·금액 및 절차 등에 필요한 사항은 대통령령으로 정한다.

▶ 판례 – 토지구획정리사업을 위한 환지계획에서 초등학교 및 중고등학교 교육에 필요한 학교용지로 지정된 토지의 소유권을 국가 또는 지방자치단체가 원시취득하는지 여부(적극) / 이때 국가 또는 지방자치단체가 사업시행자에게 대가를 지급하여야 하는지 여부(적극) 및 학교용지 취득대금을 산정하는 기준 [대법원 2017.2.15, 선고, 2016다261632, 판결]

제5장 보칙

제64조(타인 토지의 출입) ① 제11조제1항 각 호의 어느 하나에 해당하는 자는 도시개발구역의 지정, 도시개발사업에 관한 조사·측량 또는 사업의 시행을 위하여 필요하면 타인이 점유하는 토지에 출입하거나 타인의 토지를 재료를 쌓아두는 장소 또는 임시도로로 일시 사용할 수 있으며, 특히 필요하면 장애물등을 변경하거나 제거할 수 있다.

② 제1항에 따라 타인의 토지에 출입하려는 자는 특별자치도지사·시장·군수 또는 구청장의 허가를 받아야 하며(행정청이 아닌 도시개발사업의 시행자만 해당한다), 출입하려는 날의 3일 전에 그 토지의 소유자·점유자 또는 관리인에게 그 일시와 장소를 알려야 한다.

③ 제1항에 따라 타인의 토지를 재료를 쌓아두는 장소 또는 임시도로로 일시 사용하거나 장애물등을 변경하거나 제거하려는 자는 미리 그 토지의 소유자·점유자 또는 관리인의 동의를 받아야 한다.

④ 제3항의 경우 토지나 장애물등의 소유자·점유자 또는 관리인이 현장에 없거나 주소

또는 거소(居所)를 알 수 없어 그 동의를 받을 수 없으면 관할 특별자치도지사·시장·군수 또는 구청장에게 알려야 한다. 다만, 행정청이 아닌 도시개발사업의 시행자는 관할 특별자치도지사·시장·군수 또는 구청장의 허가를 받아야 한다.

⑤ 제3항과 제4항에 따라 토지를 일시 사용하거나 장애물등을 변경하거나 제거하려는 자는 토지를 사용하려는 날이나 장애물등을 변경하거나 제거하려는 날의 3일 전까지 해당 토지나 장애물등의 소유자·점유자 또는 관리인에게 토지의 일시 사용이나 장애물등의 변경 또는 제거에 관한 사항을 알려야 한다.

⑥ 일출 전이나 일몰 후에는 해당 토지의 점유자의 승낙 없이 택지 또는 담장과 울타리로 둘러싸인 타인의 토지에 출입할 수 없다.

⑦ 토지의 점유자는 정당한 사유 없이 제1항에 따른 시행자의 행위를 방해하거나 거절하지 못한다.

⑧ 제1항에 따른 행위를 하려는 자는 그 권한을 표시하는 증표와 허가증을 지니고 이를 관계인에게 내보여야 하며, 증표와 허가증에 필요한 사항은 국토교통부령으로 정한다. <개정 2013.3.23.>

제65조(손실보상) ① 제38조제1항(「국토의 계획 및 이용에 관한 법률」제56조제1항을 위반한 건축물에 대하여는 그러하지 아니하다)이나 제64조제1항에 따른 행위로 손실을 입은 자가 있으면 시행자가 그 손실을 보상하여야 한다.

② 제1항에 따른 손실보상에 관하여는 그 손실을 보상할 자와 손실을 입은 자가 협의하여야 한다.

③ 손실을 보상할 자나 손실을 입은 자는 제2항에 따른 협의가 성립되지 아니하거나 협의를 할 수 없으면 관할 토지수용위원회에 재결을 신청할 수 있다.

④ 제3항에 따른 관할 토지수용위원회의 재결에 관하여는「공익사업을 위한 토지 등의 취득 및 보상에 관한 법률」제83조부터 제87조까지의 규정을 준용한다.

⑤ 제1항에 따른 보상의 기준에 관하여는「공익사업을 위한 토지 등의 취득 및 보상에 관한 법률」제14조, 제18조, 제61조, 제63조부터 제65조까지, 제67조, 제68조, 제71조부터 제73조까지, 제75조, 제75조의2, 제76조, 제77조 및 제78조제5항·제6항·제9항을 준용한다.

제66조(공공시설의 귀속 등) ① 제11조제1항제1호부터 제4호까지의 규정에 따른 시행자가 새로 공공시설을 설치하거나 기존의 공공시설에 대체되는 공공시설을 설치한 경우에는「국유재산법」과「공유재산 및 물품 관리법」등에도 불구하고 종전의 공공시설은 시행자에게 무상으로 귀속되고, 새로 설치된 공공시설은 그 시설을 관리할 행정청(이하 이 조 및 제67조에서 "관리청"이라 한다)에 무상으로 귀속된다.

② 제11조제1항제5호부터 제11호까지의 규정에 따른 시행자가 새로 설치한 공공시설은 그 관리청에 무상으로 귀속되며, 도시개발사업의 시행으로 용도가 폐지되는 행정청의 공공시설은「국유재산법」과「공유재산 및 물품 관리법」등에도 불구하고 새로 설치한 공공시설의 설치비용에 상당하는 범위에서 시행자에게 무상으로 귀속시킬 수 있다.

③ 지정권자는 제1항과 제2항에 따른 공공시설의 귀속에 관한 사항이 포함된 실시계획을 작성하거나 인가하려면 미리 그 공공시설의 관리청의 의견을 들어야 한다. 다만, 관리청이 지정되지 아니한 경우에는 관리청이 지정된 후 준공검사(지정권자가 시행자인 경우에는 제51조에 따른 공사 완료 공고를 말한다)를 마치기 전에 관리청의 의견을 들어야 한다.

④ 지정권자가 제3항에 따라 관리청의 의견을 들어 실시계획을 작성하거나 인가한 경우 시행자는 실시계획에 포함된 공공시설의 점용 및 사용에 관하여 관계 법률에 따른 승인·허가 등을 받은 것으로 보아 도시개발사업을 할 수 있다. 이 경우 해당 공공시설의 점용 또는 사용에 따른 점용료 및 사용료는 면제된 것으로 본다.

⑤ 제11조제1항제1호부터 제4호까지의 규정에 따른 시행자는 도시개발사업이 끝나 준공검사(지정권자가 시행자인 경우에는 제51조에 따른 공사 완료 공고를 말한다)를 마친 경우에는 해당 공공시설의 관리청에 공공시설의 종류와 토지의 세부목록을 알려야 한다. 이 경우 공공시설은 그 통지한 날에 해당 공공시설을 관리할 관리청과 시행자에 각각 귀속된 것으로 본다.

⑥ 제11조제1항제5호부터 제11호까지의 규정에 따른 시행자는 제2항에 따라 그에게 양도되거나 관리청에 귀속될 공공시설에 대하

여 도시개발사업의 준공검사를 마치기 전에 해당 공공시설의 관리청에 그 종류와 토지의 세부목록을 알려야 하고, 준공검사를 한 지정권자는 그 내용을 해당 공공시설의 관리청에 통보하여야 한다. 이 경우 공공시설은 지정권자가 준공검사증명서를 내어준 때에 해당 공공시설을 관리할 관리청과 시행자에게 각각 귀속되거나 양도된 것으로 본다.

⑦ 제1항부터 제6항까지의 규정에 따른 공공시설을 등기할 때 「부동산등기법」에 따른 등기원인을 증명하는 서면은 제51조제1항에 따른 준공검사 증명서(시행자가 지정권자인 경우에는 같은 조 제2항에 따른 공사 완료 공고문)로 갈음한다. <개정 2011.4.12.>

▶ 판례 - 토지구획정리사업을 위한 환지계획에서 초등학교 및 중고등학교 교육에 필요한 학교용지로 지정된 토지의 소유권을 국가 또는 지방자치단체가 원시취득하는지 여부(적극) / 이때 국가 또는 지방자치단체가 사업시행자에게 대가를 지급하여야 하는지 여부(적극) 및 학교용지 취득대금을 산정하는 기준 [대법원 2017.2.15, 선고, 2016다261632, 판결]

제67조(공공시설의 관리) 도시개발사업으로 도시개발구역에 설치된 공공시설은 준공 후 해당 공공시설의 관리청에 귀속될 때까지 이 법이나 다른 법률에 특별한 규정이 있는 경우 외에는 특별자치도지사·시장·군수 또는 구청장이 관리한다.

제68조(국공유지의 처분 제한 등) ① 도시개발구역에 있는 국가나 지방자치단체 소유의 토지로서 도시개발사업에 필요한 토지는 해당 개발계획으로 정하여진 목적 외의 목적으로 처분할 수 없다.

② 도시개발구역에 있는 국가나 지방자치단체 소유의 재산으로서 도시개발사업에 필요한 재산은 「국유재산법」과 「공유재산 및 물품 관리법」에도 불구하고 시행자에게 수의계약의 방법으로 처분할 수 있다. 이 경우 그 재산의 용도폐지(행정재산인 경우만 해당한다)나 처분에 관하여는 지정권자가 미리 관계 행정기관의 장과 협의하여야 한다.

③ 관계 행정기관의 장은 제2항 후단에 따른 협의요청을 받으면 그 요청을 받은 날부터 30일 이내에 협의에 필요한 조치를 하여야 한다.

제69조(국공유지 등의 임대) ① 제11조제1항제7호에 해당하는 시행자의 경우 기획재정부장관, 국유재산의 관리청 또는 지방자치단체의 장은 「국유재산법」과 「공유재산 및 물품 관리법」에도 불구하고 도시개발구역에 있는 국가나 지방자치단체의 소유인 토지·공장, 그 밖의 국공유지를 수의계약으로 사용·수익 또는 대부(이하 "임대"라 한다)할 수 있다.

② 제1항에 따라 국가나 지방자치단체가 소유하는 토지등을 임대하는 경우의 임대 기간은 「국유재산법」과 「공유재산 및 물품 관리법」에도 불구하고 20년의 범위 이내로 할 수 있다.

③ 제1항에 따라 국가나 지방자치단체가 소유하는 토지를 임대하는 경우에는 「국유재산법」과 「공유재산 및 물품 관리법」에도 불구하고 그 토지 위에 공장이나 그 밖의 영구시설물을 축조하게 할 수 있다. 이 경우 그 시설물의 종류 등을 고려하여 임대 기간이 끝나는 때에 이를 국가나 지방자치단체에 기부하거나 원상으로 회복하여 반환하는 것을 조건으로 토지를 임대할 수 있다.

④ 제1항에 따라 임대하는 토지 등의 임대료는 「국유재산법」과 「공유재산 및 물품 관리법」에도 불구하고 대통령령으로 정하는 바에 따른다.

⑤ 제2항의 임대 기간은 갱신할 수 있다. 이 경우 갱신 기간은 갱신할 때마다 제2항에 따른 기간을 초과할 수 없다.

제70조(수익금 등의 사용 제한 등) ① 제66조제1항에 따라 제11조제1항제1호부터 제4호까지의 시행자에게 귀속되는 토지로서 용도가 폐지된 토지를 처분하여 생긴 수익금은 해당 개발계획으로 정하여진 목적 외의 목적으로 사용할 수 없다.

② 시행자는 제44조에 따른 체비지의 매각대금과 제46조에 따른 청산금의 징수금, 제56조·제57조 및 제59조에 따른 부담금과 보조금 등을 해당 도시개발사업의 목적이 아닌 다른 목적으로 사용할 수 없다.

③ 제1항과 제2항에 따라 수익금 등을 도시개발사업의 목적으로 사용한 후 집행 잔액이 있으면 그 집행 잔액과, 지방자치단체가 제21조에 따른 수용 또는 사용 방식으로 도시개발사업을 시행하여 발생한 수익금은 해당

지방자치단체에 설치된 특별회계에 귀속된다.

제71조(조세와 부담금 등의 감면 등) 국가나 지방자치단체는 도시개발사업을 원활히 시행하기 위하여 「지방세특례제한법」, 「농지법」, 「산지관리법」 등으로 정하는 바에 따라 지방세, 농지보전부담금, 대체산림자원조성비 등을 감면할 수 있다. <개정 2010.3.31.>

제71조의2(결합개발 등에 관한 적용 기준 완화의 특례) ① 지정권자는 다음 각 호의 어느 하나에 해당하는 경우에는 제3조에 따른 도시개발구역의 지정 대상 및 규모, 제5조에 따른 개발계획의 내용, 제11조에 따라 시행자를 지정하는 요건 및 제63조에 따른 도시개발채권의 매입에 관한 기준을 일부 완화하여 적용할 수 있다. <개정 2014.1.14., 2015.8.28.>

1. 제3조의2에 따라 서로 떨어진 둘 이상의 지역을 결합하여 하나의 도시개발사업으로 시행하는 경우로서 대통령령으로 정하는 사업
2. 제5조에 따라 개발계획을 수립할 때에 대통령령으로 정하는 바에 따라 저탄소 녹색도시계획을 같이 수립하여 시행하는 경우
3. 제21조의3에 따른 임대주택 건설용지나 임대주택의 공급 기준을 초과하여 공급하거나 영세한 세입자, 토지 소유자 등 사회적 약자를 위하여 대통령령으로 정하는 바에 따라 사업계획을 수립하는 경우
4. 환지 방식으로 시행되는 지역에서 영세한 토지 소유자 등의 원활한 재정착을 위하여 대통령령으로 정하는 바에 따라 환지계획을 수립하여 시행하는 경우
5. 「공공주택 특별법」에 따른 공공주택 건설을 위한 용지 등을 감정가격 이하로 공급하는 경우
6. 역세권 등 대중교통 이용이 용이한 지역(「국토의 계획 및 이용에 관한 법률」 제36조에 따른 주거지역, 상업지역, 공업지역의 면적이 도시개발구역 전체면적의 100분의 70 이상인 경우에 한정한다)에 도시개발구역을 지정하는 경우로서 도심 내 소형주택의 공급 확대, 토지의 고도이용과 건축물의 복합개발을 촉진할 필요가 있는 경우
7. 그 밖에 주거 등 생활환경의 개선과 낙후지역의 도시기능 회복 등을 위하여 민간기업의 투자유치가 필요한 사업으로서 대통령령으로 정하는 사업을 시행하는 경우

② 지정권자는 제1항 각 호의 어느 하나에 해당하는 사항이 포함된 사업을 효율적으로 시행하기 위하여 필요한 경우에는 해당 법률의 규정에도 불구하고 대통령령으로 정하는 범위에서 다음 각 호의 사항에 대하여 완화된 기준을 정하여 시행할 수 있다. 이 경우 지정권자가 시·도지사나 대도시 시장인 경우에는 대통령령으로 정하는 범위에서 해당 지방자치단체의 조례로 완화된 기준을 정하여 시행할 수 있다. <개정 2015.1.6., 2016.1.19.>

1. 「국토의 계획 및 이용에 관한 법률」 제76조부터 제78조까지의 규정에 따른 건축물의 건축, 건폐율 및 용적률의 제한
2. 「건축법」 제4조, 제42조, 제60조 및 제61조에 따른 건축 심의, 대지의 조경, 건축물의 높이 등 건축 제한
3. 「도시공원 및 녹지 등에 관한 법률」 제14조에 따른 도시공원 또는 녹지 확보 기준
4. 「주차장법」 제6조 및 제19조에 따른 주차장설비기준 및 부설주차장의 설치기준
5. 「주택법」 제35조, 제54조 및 「주택도시기금법」 제8조에 따른 주택 건설 및 공급 기준과 국민주택채권의 매입

③ 제1항 및 제2항에 따른 구체적인 적용 범위와 기준 등은 대통령령으로 정한다.
[본조신설 2011.9.30.]

제72조(관계 서류의 열람 및 보관 등) ① 시행자는 도시개발사업의 시행을 위하여 필요하면 등기소나 그 밖의 관계 행정기관의 장에게 무료로 필요한 서류를 열람·복사하거나 그 등본 또는 초본을 교부하여 줄 것을 청구할 수 있다.
② 시행자는 토지 소유자와 그 밖의 이해관계인이 알 수 있도록 관보·공보·일간신문 또는 인터넷에 게시하는 등의 방법으로 다음 각 호에 관한 사항을 공개하여야 한다. <개정 2011.9.30.>

1. 규약·정관 등을 정하는 경우 그 내용
2. 시행자가 공람, 공고 및 통지하여야 하는 사항
3. 도시개발구역 지정 및 개발계획, 실시계획 수립·인가 내용
4. 환지 계획 인가 내용
5. 그 밖에 도시개발사업의 시행에 관하여

대통령령으로 정하는 사항

③ 시행자는 제2항 각 호에 관한 서류나 도면 등을 도시개발사업이 시행되는 지역에 있는 주된 사무소에 갖추어 두어야 하고, 도시개발구역의 토지등에 대하여 권리자가 열람이나 복사를 요청하는 경우에는 개인의 신상정보를 제외하고 열람이나 복사를 할 수 있도록 하여야 한다. 이 경우 복사에 필요한 비용은 실비의 범위에서 청구인의 부담으로 할 수 있다. <신설 2011.9.30.>

④ 행정청이 아닌 시행자가 도시개발사업을 끝내거나 폐지한 경우에는 국토교통부령으로 정하는 바에 따라 관계 서류나 도면을 특별자치도지사·시장·군수 또는 구청장에게 넘겨야 한다. <개정 2011.9.30., 2013.3.23.>

⑤ 행정청인 시행자, 제4항에 따라 관계 서류를 넘겨받은 특별자치도지사·시장·군수 또는 구청장은 그 도시개발사업의 관계 서류를 국토교통부령으로 정하는 기간 동안 보관하여야 한다. <개정 2011.9.30., 2013.3.23.>

제73조(권리의무의 승계) 시행자나 도시개발구역의 토지등에 대하여 권리를 가진 자(이하 "이해관계인등"이라 한다)가 변경된 경우에 이 법 또는 이 법에 따른 명령이나 규약·정관 또는 시행규정에 따라 종전의 이해관계인등이 행하거나 이해관계인등에 대하여 행한 처분, 절차, 그 밖의 행위는 새로 이해관계인등이 된 자가 행하거나 새로 이해관계인등이 된 자에 대하여 행한 것으로 본다.

제74조(보고 및 검사 등) ① 지정권자나 특별자치도지사·시장(대도시 시장을 제외한다)·군수 또는 구청장은 도시개발사업의 시행과 관련하여 필요하다고 인정하면 시행자(지정권자가 시행자인 경우는 제외한다)에게 필요한 보고를 하게 하거나 자료를 제출하도록 명할 수 있으며, 소속 공무원에게 도시개발사업에 관한 업무와 회계에 관한 사항을 검사하게 할 수 있다. <개정 2008.3.28.>

② 제1항에 따라 업무나 회계를 검사하는 공무원은 그 권한을 표시하는 증표를 지니고 이를 관계인에게 내보여야 한다.

③ 제2항에 따른 증표에 필요한 사항은 국토교통부령으로 정한다. <개정 2013.3.23.>

제75조(법률 등의 위반자에 대한 행정처분) 지정권자나 시장(대도시 시장을 제외한다)·군수 또는 구청장은 다음 각 호의 어느 하나에 해당하는 자에 대하여 이 법에 따른 시행자 지정 또는 실시계획 인가 등을 취소하거나 공사의 중지, 건축물등이나 장애물등의 개축 또는 이전, 그 밖에 필요한 처분을 하거나 조치를 명할 수 있다. <개정 2008.3.28., 2009.12.29., 2011.9.30.>

1. 지정권자가 제4조·제11조·제13조·제17조 또는 제29조에 따른 수립·지정·인가 또는 승인 시 부과한 조건을 지키지 아니하거나 개발계획·실시계획대로 도시개발사업을 시행하지 아니한 자
2. 제9조제5항에 따른 허가를 받지 아니하고 행위를 한 자
3. 거짓이나 그 밖의 부정한 방법으로 제11조·제13조·제17조·제22조·제23조 또는 제29조에 따른 시행자 지정, 조합 설립 인가, 실시계획 인가, 토지등의 수용재결 또는 사용재결, 토지상환채권발행의 승인 또는 환지계획의 인가를 받은 자
4. 제11조제3항·제4항 또는 제13조제1항에 따라 정한 규약·시행규정 또는 정관을 위반한 자
5. 제13조제2항 단서, 제35조, 제37조제2항, 제38조제2항, 제40조, 제43조, 제66조제6항, 제70조제2항 또는 제72조를 위반한 자

5의2. 제21조의3제1항을 위반하여 세입자등에게 임대주택 건설용지를 조성·공급하지 아니하거나 임대주택을 건설·공급하지 아니한 자

6. 제23조에 따른 승인을 받지 아니하고 토지상환채권을 발행한 자
7. 제24조에 따른 이주대책 등을 수립하지 아니하거나 수립된 대책을 시행하지 아니한 자
8. 제25조를 위반하여 선수금을 받은 자

8의2. 제25조의2제5항에 따른 승인 조건을 위반하거나 같은 조 제7항에 따른 조치를 이행하지 아니한 자

9. 제26조제1항에 따른 조성토지등의 공급계획을 제출하지 아니하거나 공급계획과 다르게 조성토지등을 공급한 자
10. 제38조제1항에 따른 허가를 받지 아니하고 장애물을 이전하거나 제거한 자

10의2. 제38조제2항에 따른 건축물의 이전·제거 허가의 조건을 이행하지 아니한 자

11. 제50조제1항에 따른 준공검사를 받지 아니한 자

12. 제53조 단서에 따른 사용허가 없이 조성토지등을 사용한 자
13. 삭제 <2009.12.29.>
14. 삭제 <2009.12.29.>

제76조(청문) 지정권자나 특별자치도지사·시장(대도시 시장을 제외한다)·군수 또는 구청장은 제75조에 따라 이 법에 따른 허가·지정·인가 또는 승인을 취소하려면 청문을 하여야 한다. <개정 2008.3.28.>

제77조(행정심판) 이 법에 따라 시행자가 행한 처분에 불복하는 자는 「행정심판법」에 따라 행정심판을 제기할 수 있다. 다만, 행정청이 아닌 시행자가 한 처분에 관하여는 다른 법률에 특별한 규정이 있는 경우 외에는 지정권자에게 행정심판을 제기하여야 한다.

제78조(도시개발구역 밖의 시설에 대한 준용) 도시개발구역 밖의 지역에서 도시개발구역을 이용하는 데에 제공되는 기반시설을 설치하는 등 도시개발사업에 직접 관련되는 사업의 시행에 필요한 경우에는 제3조부터 제53조까지 및 제64조부터 제77조까지의 규정을 준용한다.

제79조(위임 등) ① 이 법에 따른 국토교통부장관의 권한은 그 일부를 대통령령으로 정하는 바에 따라 시·도지사나 그 소속 기관의 장에게 위임할 수 있으며, 시·도지사는 국토교통부장관의 승인을 받아 위임받은 권한의 일부를 시장·군수 또는 구청장에게 재위임할 수 있다. <개정 2013.3.23.>
② 이 법에 따른 시·도지사의 권한은 그 일부를 시·도의 조례로 정하는 바에 따라 시장·군수 또는 구청장에게 위임할 수 있다.
③ 제1항과 제2항에 따라 권한이 위임되거나 재위임된 경우에 위임되거나 재위임된 사항 중 「국토의 계획 및 이용에 관한 법률」 제106조에 따른 중앙도시계획위원회 또는 같은 법 제113조제1항에 따른 지방도시계획위원회의 의결을 거쳐야 하는 사항은 그 권한을 위임받거나 재위임받은 지방자치단체에 설치된 지방도시계획위원회의 의결을 거쳐야 한다.

제6장 벌칙

제80조(벌칙) 다음 각 호의 어느 하나에 해당하는 자는 3년 이하의 징역이나 3천만원 이하의 벌금에 처한다. <개정 2011.9.30.>
1. 제9조제5항에 따른 허가를 받지 아니하고 행위를 한 자
2. 부정한 방법으로 제11조제1항에 따른 시행자의 지정을 받은 자
3. 부정한 방법으로 제17조제2항에 따른 실시계획의 인가를 받은 자
4. 제25조의2제1항 및 제2항에 따라 원형지 공급 계획을 승인받지 아니하고 원형지를 공급하거나 부정한 방법으로 공급 계획을 승인받은 자
5. 제25조의2제6항을 위반하여 원형지를 매각한 자

제81조(벌칙) 다음 각 호의 어느 하나에 해당하는 자는 2년 이하의 징역이나 2천만원 이하의 벌금에 처한다.
1. 제17조제2항에 따라 실시계획의 인가를 받지 아니하고 사업을 시행한 자
2. 제26조제1항에 따른 조성토지등의 공급 계획을 제출하지 아니하고 조성토지등을 공급한 자
3. 제53조 단서에 따른 사용허가 없이 조성토지등을 사용한 자

제82조(벌칙) 다음 각 호의 어느 하나에 해당하는 자는 1년 이하의 징역 또는 1천만원 이하의 벌금에 처한다. <개정 2009.12.29.>
1. 고의나 과실로 제20조제2항에 따른 감리업무를 게을리하여 위법한 도시개발사업의 공사를 시공함으로써 시행자 또는 조성토지등을 분양받은 자에게 손해를 입힌 자
2. 제20조제4항을 위반하여 시정통지를 받고도 계속하여 도시개발사업의 공사를 시공한 시공자 및 시행자
3. 제75조에 따른 시행자 지정 또는 실시계획의 인가 등의 취소, 공사의 중지, 건축물등이나 장애물등의 개축 또는 이전 등의 처분이나 조치명령을 위반한 자

제83조(양벌규정) 법인의 대표자나 법인 또는 개인의 대리인, 사용인, 그 밖의 종업원

이 그 법인 또는 개인의 업무에 관하여 제80조부터 제82조까지의 어느 하나에 해당하는 위반행위를 하면 그 행위자를 벌하는 외에 그 법인 또는 개인에게도 해당 조문의 벌금형을 과(科)한다. 다만, 법인 또는 개인이 그 위반행위를 방지하기 위하여 해당 업무에 관하여 상당한 주의와 감독을 게을리하지 아니한 경우에는 그러하지 아니하다.
[전문개정 2009.12.29.]

제84조(벌칙 적용 시 공무원 의제) 조합의 임직원, 제20조에 따라 그 업무를 하는 감리원은 「형법」 제129조부터 제132조까지의 규정에 따른 벌칙을 적용할 때 공무원으로 본다.

▶ 판례 - 도시개발법상 도시개발구역의 토지 소유자가 도시개발을 위하여 설립한 조합의 임직원 등이 직무에 관하여 부당한 이익을 얻은 경우, 그러한 이익을 약속, 공여 또는 공여의 의사를 표시한 자에게 형법 제133조 제1항에 의한 뇌물공여죄가 성립하는지 여부(적극)

도시개발법 제84조는 “조합의 임직원, 제20조에 따라 그 업무를 하는 감리원은 형법 제129조부터 제132조까지의 규정에 따른 벌칙을 적용할 때 공무원으로 본다.” 고 규정하고 있으므로, 도시개발구역의 토지 소유자가 도시개발을 위하여 설립한 조합(이하 ‘도시개발조합’ 이라 한다)의 임직원 등은 형법 제129조 내지 제132조가 정한 죄의 주체가 된다. 이에 따라 도시개발조합의 임직원 등이 그 직무에 관하여 부당한 이익을 얻었다면 그러한 이익도 형법 제133조 제1항에 규정된 “제129조 내지 제132조에 기재한 뇌물” 에 해당하므로, 그 뇌물을 약속, 공여 또는 공여의 의사를 표시한 자에게는 형법 제133조 제1항에 의한 뇌물공여죄가 성립한다. [대법원 2014.6.12, 선고, 2014도2393, 판결]

제85조(과태료) ① 다음 각 호의 어느 하나에 해당하는 자에게는 1천만원 이하의 과태료를 부과한다.
1. 제6조에 따른 조사 또는 측량을 위한 행위를 거부하거나 방해한 자
2. 제64조제2항부터 제4항까지의 규정에 따른 허가 또는 동의를 받지 아니하고 제64조제1항에 따른 행위를 한 자
3. 제74조제1항에 따른 검사를 거부·방해 또는 기피한 자

② 다음 각 호의 어느 하나에 해당하는 자에게는 500만원 이하의 과태료를 부과한다. <개정 2011.9.30.>
1. 조합이 도시개발사업이 아닌 다른 업무를 한 경우
2. 제39조제3항을 위반한 자
3. 제40조제5항에 따른 통지를 하지 아니한 자
4. 제64조제6항을 위반하여 타인의 토지에 출입한 자
5. 제72조제4항에 따른 관계 서류나 도면을 넘기지 아니한 자
6. 제74조제1항에 따른 보고를 하지 아니하거나 거짓된 보고를 한 자
7. 제74조제1항에 따른 자료의 제출을 하지 아니하거나 거짓된 자료를 제출한 자

③ 제1항과 제2항에 따른 과태료는 대통령령으로 정하는 바에 따라 국토교통부장관, 시·도지사, 시장·군수 또는 구청장이 부과·징수한다. <개정 2009.12.29., 2013.3.23.>
④ 삭제 <2009.12.29.>
⑤ 삭제 <2009.12.29.>
⑥ 삭제 <2009.12.29.>

부칙

<제14839호, 2017.7.26.>
(정부조직법)

제1조(시행일) ① 이 법은 공포한 날부터 시행한다. 다만, 부칙 제5조에 따라 개정되는 법률 중 이 법 시행 전에 공포되었으나 시행일이 도래하지 아니한 법률을 개정한 부분은 각각 해당 법률의 시행일부터 시행한다.

제2조부터 제4조까지 생략

제5조(다른 법률의 개정) ①부터 <214>까지 생략
<215> 도시개발법 일부를 다음과 같이 개정한다.
제56조제1항 후단 중 "행정자치부장관"을 각각 "행정안전부장관"으로 한다.
<216>부터 <382>까지 생략

제6조 생략

도시개발법 시행령

[시행 2017.12.5.]
[대통령령 제28459호, 2017.12.5., 일부개정]

제1장 총칙

제1조(목적) 이 영은 「도시개발법」에서 위임된 사항과 그 시행에 필요한 사항을 규정함을 목적으로 한다.

제2장 도시개발구역의 지정 등

제2조(도시개발구역의 지정대상지역 및 규모) ① 「도시개발법」(이하 "법"이라 한다) 제3조에 따라 도시개발구역으로 지정할 수 있는 대상 지역 및 규모는 다음과 같다. <개정 2011.12.30., 2013.3.23., 2014.7.14., 2015.11.4.>

1. 도시지역
   가. 주거지역 및 상업지역: 1만 제곱미터 이상
   나. 공업지역: 3만 제곱미터 이상
   다. 자연녹지지역: 1만 제곱미터 이상
   라. 생산녹지지역(생산녹지지역이 도시개발구역 지정면적의 100분의 30 이하인 경우만 해당된다): 1만 제곱미터 이상
2. 도시지역 외의 지역: 30만 제곱미터 이상. 다만, 「건축법 시행령」 별표 1 제2호의 공동주택 중 아파트 또는 연립주택의 건설계획이 포함되는 경우로서 다음 요건을 모두 갖춘 경우에는 10만제곱미터 이상으로 한다.
   가. 도시개발구역에 초등학교용지를 확보(도시개발구역 내 또는 도시개발구역으로부터 통학이 가능한 거리에 학생을 수용할 수 있는 초등학교가 있는 경우를 포함한다)하여 관할 교육청과 협의한 경우
   나. 도시개발구역에서 「도로법」 제12조부터 제15조까지의 규정에 해당하는 도로 또는 국토교통부령으로 정하는 도로와 연결되거나 4차로 이상의 도로를 설치하는 경우

② 자연녹지지역, 생산녹지지역 및 도시지역 외의 지역에 도시개발구역을 지정하는 경우에는 광역도시계획 또는 도시·군기본계획에 의하여 개발이 가능한 지역에서만 국토교통부장관이 정하는 기준에 따라 지정하여야 한다. 다만, 광역도시계획 및 도시·군기본계획이 수립되지 아니한 지역인 경우에는 자연녹지지역 및 계획관리지역에서만 도시개발구역을 지정할 수 있다. <개정 2010.6.29., 2012.4.10., 2013.3.23.>

③ 다음 각 호의 어느 하나에 해당하는 지역으로서 법 제3조에 따라 도시개발구역을 지정하는 자(이하 "지정권자"라 한다)가 계획적인 도시개발이 필요하다고 인정하는 지역에 대하여는 제1항 및 제2항에 따른 제한을 적용하지 아니한다. <개정 2013.3.23.>

1. 「국토의 계획 및 이용에 관한 법률」 제37조제1항에 따른 취락지구 또는 개발진흥지구로 지정된 지역
2. 「국토의 계획 및 이용에 관한 법률」 제51조에 따른 지구단위계획구역으로 지정된 지역
3. 국토교통부장관이 국가균형발전을 위하여 관계 중앙행정기관의 장과 협의하여 도시개발구역으로 지정하려는 지역(「국토의 계획 및 이용에 관한 법률」 제6조제4호에 따른 자연환경보전지역은 제외한다)

④ 도시개발구역으로 지정하려는 지역이 둘 이상의 용도지역에 걸치는 경우에는 국토교통부령으로 정하는 기준에 따라 도시개발구역을 지정하여야 한다. <개정 2013.3.23.>

⑤ 같은 목적으로 여러 차례에 걸쳐 부분적으로 개발하거나 이미 개발한 지역과 붙어 있는 지역을 개발하는 경우에 국토교통부령으로 정하는 기준에 따라 도시개발구역을 지정하여야 한다. <개정 2013.3.23.>

제3조 삭제 <2010.6.29.>

제4조(국토교통부장관의 도시개발구역 지정) ① 법 제3조제3항제3호에서 "대통령령으로 정하는 규모"란 30만 제곱미터를 말한다.

② 법 제3조제3항제5호에서 "대통령령으로 정하는 경우"란 천재지변, 그 밖의 사유로 인하여 도시개발사업을 긴급하게 할 필요가 있는 경우를 말한다.

[제목개정 2013.3.23.]

제5조(도시개발구역의 지정요청) 법 제3조제

4항에 따라 시장[「지방자치법」 제175조에 따른 서울특별시와 광역시를 제외한 인구 50만 이상의 대도시의 시장(이하 "대도시 시장"이라 한다)은 제외한다]·군수 또는 구청장(자치구의 구청장을 말한다. 이하 같다)이 특별시장·광역시장·도지사에게 도시개발구역의 지정을 요청하려면 「국토의 계획 및 이용에 관한 법률」 제113조제2항에 따른 시·군·구도시계획위원회에 자문을 한 후 국토교통부령으로 정하는 서류를 특별시장·광역시장·도지사에게 제출하여야 한다. 다만, 지구단위계획구역에서 이미 결정된 지구단위계획에 따라 도시개발사업을 시행하기 위하여 도시개발구역의 지정을 요청하는 경우에는 시·군·구도시계획위원회에 자문을 하지 아니할 수 있다. <개정 2010.6.29., 2013.3.23.>

제5조의2(도시개발구역의 분할 및 결합) ① 법 제3조의2제1항에 따라 도시개발구역을 둘 이상의 사업시행지구로 분할할 수 있는 경우는 지정권자가 도시개발사업의 효율적인 추진을 위하여 필요하다고 인정하는 경우로서 분할 후 각 사업시행지구의 면적이 각각 1만제곱미터 이상인 경우로 한다.

② 법 제3조의2제1항에 따라 서로 떨어진(동일 또는 연접한 특별시·광역시·도·특별자치도로 한정한다) 둘 이상의 지역을 결합하여 하나의 도시개발구역으로 지정(이하 "결합개발"이라 한다)할 수 있는 경우는 면적이 1만제곱미터 이상인 다음 각 호의 어느 하나에 해당하는 지역이 도시개발구역에 하나 이상 포함된 경우로 한다. 다만, 제6호의 지역은 1만제곱미터 미만인 경우도 포함한다. <개정 2013.4.22., 2016.3.29., 2017.3.29.>

1. 도시경관, 문화재, 군사시설 및 항공시설 등을 관리하거나 보호하기 위하여 「국토의 계획 및 이용에 관한 법률」, 「문화재보호법」, 「군사기지 및 군사시설 보호법」 및 「공항시설법」 등 관계 법령에 따라 토지 이용이 제한되는 지역
2. 「국토의 계획 및 이용에 관한 법률 시행령」 제55조제1항 각 호에서 정한 용도구역별 개발행위허가의 규모 이상의 기반시설, 공장, 공공청사 및 관사, 군사시설 등이 철거되거나 이전되는 지역(해당 시설물의 주변지역을 포함한다)
3. 다음 각 목의 어느 하나에 해당하는 지역·지구(도시개발사업으로 재해예방시설 또는 주민안전시설 등을 설치하여 재해 등을 장기적으로 예방하거나 복구할 수 있는 경우로 한정한다)
   가. 「국토의 계획 및 이용에 관한 법률」 제37조제1항제4호에 따른 방화지구 또는 같은 항 제5호에 따른 방재지구
   나. 「자연재해대책법」 제12조에 따라 지정된 자연재해위험개선지구
   다. 「재난 및 안전관리 기본법」 제60조에 따라 선포된 특별재난지역
4. 법 제21조의2에 따라 순환개발방식으로 도시개발사업을 시행하는 지역
5. 「국토의 계획 및 이용에 관한 법률」 제2조제10호에 따른 도시계획시설사업의 시행이 필요한 지역(결합개발이 필요한 지역으로서 사업비가 「국가재정법 시행령」 제13조제1항에 따른 총사업비 이상인 경우로 한정한다)
6. 「개발제한구역의 지정 및 관리에 관한 특별조치법」 제4조의2에 따른 정비사업구역에 포함된 같은 법 시행령 제2조의6제1항제2호의 지역
7. 그 밖에 지정권자가 도시개발사업의 효율적인 시행을 위하여 결합개발이 필요하다고 인정한 지역

③ 법 제11조제5항에 따라 도시개발구역지정을 제안하는 자가 결합개발 방식을 적용하려는 경우에는 도시개발구역에 포함될 서로 떨어진 지역별로 법 제11조제6항에 따른 토지 소유자(지상권자를 포함한다)의 동의를 받아야 한다.

④ 시행자가 법 제22조제1항에 따라 토지를 수용하거나 사용하여 서로 떨어진 지역에 대하여 결합개발 방식으로 도시개발사업을 시행하려는 경우에는 수용 또는 사용 대상인 지역 각각에 대하여 법 제22조제1항 단서에 따른 토지 소유자의 동의를 받아야 한다.

⑤ 시행자가 결합개발 방식을 적용하여 도시개발사업을 시행하는 경우에는 제2항 각 호에 해당하는 지역을 우선적으로 개발하여야 한다. 다만, 도시개발사업의 특성상 필요한 경우에는 지정권자가 다르게 정할 수 있다.

⑥ 지정권자는 필요하다고 인정하는 경우에는 제2항 각 호에 해당하는 지역에 대하여 제2조제2항에 따른 제한을 적용하지 아니할 수 있다.

[본조신설 2012.3.26.]

제6조(개발계획의 단계적 수립) ① 법 제4조제1항 단서에서 "대통령령으로 정하는 지역"이란 다음 각 호의 어느 하나에 해당하는 지역을 말한다.
1. 자연녹지지역
2. 제2조제1항제1호라목에 해당하는 생산녹지지역
3. 도시지역 외의 지역
4. 제2조제3항제3호에 해당하는 지역
5. 해당 도시개발구역에 포함되는 주거지역·상업지역·공업지역의 면적의 합계가 전체 도시개발구역 지정 면적의 100분의 30 이하인 지역

② 지정권자는 도시개발구역을 지정한 후에 법 제4조제2항 전단에 따라 개발계획안을 공모하는 경우에는 다음 각 호의 사항을 전국 또는 해당 지역을 주된 보급지역으로 하는 일간신문 및 관보 또는 공보에 1회 이상 공고하여야 하며, 이 경우 응모기간은 90일 이상으로 하여야 한다. <신설 2012.3.26.>
1. 도시개발사업의 개요
2. 공모참가자격 및 일정
3. 개발계획안의 평가·심사 계획
4. 도시개발사업 시행자 지정 절차
5. 개발계획안 작성지침
6. 그 밖에 제1호부터 제5호까지에서 규정한 사항 외에 개발계획안의 공모에 필요한 사항

③ 지정권자는 제2항에 따른 응모자가 둘 이상인 경우에는 공모심의위원회를 구성하여 제안된 개발계획안을 심사할 수 있다. 이 경우 공모심사위원회의 구성 및 운영 등에 필요한 사항은 지정권자가 정한다. <신설 2012.3.26.>

④ 법 제4조제4항에 따른 동의자의 수를 산정하는 방법은 다음 각 호와 같다. <개정 2012.3.26.>
1. 도시개발구역의 토지면적을 산정하는 경우: 국공유지를 포함하여 산정할 것
2. 토지 소유권을 여러 명이 공유하는 경우: 다른 공유자의 동의를 받은 대표 공유자 1명만을 해당 토지 소유자로 볼 것. 다만, 「집합건물의 소유 및 관리에 관한 법률」 제2조제2호에 따른 구분소유자는 각각을 토지 소유자 1명으로 본다.
3. 제11조제2항에 따른 공람·공고일 후에 「집합건물의 소유 및 관리에 관한 법률」 제2조제1호에 따른 구분소유권을 분할하게 되어 토지 소유자의 수가 증가하게 된 경우: 공람·공고일 전의 토지 소유자의 수를 기준으로 산정하고, 증가된 토지 소유자의 수는 토지 소유자 총수에 추가 산입하지 말 것
4. 법 제11조제5항에 따라 도시개발구역의 지정이 제안되기 전에 또는 법 제4조제2항에 따라 도시개발구역에 대한 도시개발사업의 계획(이하 "개발계획"이라 한다)의 변경을 요청받기 전에 동의를 철회하는 사람이 있는 경우: 그 사람은 동의자 수에서 제외할 것
5. 법 제11조제5항에 따라 도시개발구역의 지정이 제안된 후부터 법 제4조에 따라 개발계획이 수립되기 전까지의 사이에 토지 소유자가 변경된 경우 또는 법 제4조제2항에 따라 개발계획의 변경을 요청받은 후부터 개발계획이 변경되기 전까지의 사이에 토지 소유자가 변경된 경우: 기존 토지 소유자의 동의서를 기준으로 할 것

⑤ 국공유지를 제외한 전체 사유 토지면적 및 토지 소유자에 대하여 법 제4조제4항에 따른 동의 요건 이상으로 동의를 받은 후에 그 토지면적 및 토지 소유자의 수가 법적 동의 요건에 미달하게 된 경우에는 국공유지 관리청의 동의를 받아야 한다. <개정 2012.3.26.>

⑥ 토지 소유자가 동의하거나 동의를 철회할 경우에는 국토교통부령으로 정하는 동의서 또는 동의철회서를 제출하여야 하며, 공유토지의 대표 소유자는 대표자지정 동의서와 대표 소유자 및 공유자의 신분을 증명할 수 있는 서류를 각각 첨부하여 함께 제출하여야 한다. <개정 2012.3.26., 2013.3.23.>

⑦ 제4항부터 제6항까지에서 규정한 사항 외에 동의자 수의 산정 방법·절차 등에 관한 세부적인 사항은 국토교통부장관이 정한다. <개정 2012.3.26., 2013.3.23.>

제7조(개발계획의 경미한 변경) ① 법 제4조제4항 후단에서 "대통령령으로 정하는 경미한 사항의 변경"이란 다음 각 호의 어느 하나에 해당하지 아니하는 경우를 말한다. <개정 2012.3.26., 2012.4.10.>
1. 환지방식을 적용하는 지역의 면적 변경이 다음 각 목의 어느 하나에 해당하는 경우
   가. 편입되는 토지의 면적이 종전(법 제4조제4항에 따라 토지소유자의 동의를 받아 개발계획을 수립 또는 변경한 때를 말한다. 이하 이 조에서 같다) 환지

방식이 적용되는 면적의 100분의 5 이상인 경우(경미한 사항이 여러 차례 변경된 경우에는 누적하여 산정한다. 이하 이 조에서 같다)
나. 제외되는 토지의 면적이 종전 환지방식이 적용되는 면적의 100분의 10 이상인 경우
다. 편입 또는 제외되는 면적이 각각 3만 제곱미터 이상인 경우
라. 토지의 편입이나 제외로 인하여 환지방식이 적용되는 면적이 종전보다 100분의 10 이상 증감하는 경우
2. 너비가 12미터 이상인 도로를 신설 또는 폐지하는 경우
3. 사업시행지구를 분할하거나 분할된 사업시행지구를 통합하는 경우
4. 도로를 제외한 기반시설(「국토의 계획 및 이용에 관한 법률 시행령」 제2조제1항 각 호의 기반시설을 말한다)의 면적이 종전보다 100분의 10(공원 또는 녹지의 경우에는 100분의 5) 이상으로 증감하거나 신설되는 기반시설의 총면적이 종전 기반시설 면적의 100분의 5 이상인 경우
5. 수용예정인구가 종전보다 100분의 10 이상 증감하는 경우(변경 이후 수용예정인구가 3천명 미만인 경우는 제외한다)
6. 기반시설을 제외한 도시개발구역의 용적률이 종전보다 100분의 5 이상 증가하는 경우
7. 법 제5조제1항제7호에 따른 토지이용계획(종전 개발계획에서 분류한 최하위 토지용도를 말하며, 기반시설은 제외한다)의 변경으로서 다음 각 목의 어느 하나에 해당하는 경우. 다만, 용도별 변경 면적이 1천제곱미터 이상인 경우로 한정한다.
가. 용도별 면적이 종전보다 100분의 10 이상 증감하는 경우
나. 신설되는 용도의 토지 총면적이 종전 도시개발구역 면적(기반시설 면적은 제외한다)의 100분의 5 이상인 경우
8. 법 제5조제1항제13호에 따른 기반시설의 설치에 필요한 비용이 종전보다 100분의 5 이상 증가하는 경우
9. 법 제21조제2항에 따라 사업시행방식을 변경하는 경우
10. 용도지역·용도지구·용도구역에 대한 도시·군관리계획이 변경(제1호부터 제4호까지 및 제7호의 규정에 해당하는 경우는 제외한다)되는 경우
11. 그 밖에 지정권자가 토지소유자의 권익보호 등을 위하여 중대하다고 인정하여 조건을 붙여 도시개발구역을 지정하거나 시·도 조례로 정한 경우
② 제1항에도 불구하고 「환경영향평가법」에 따른 환경영향평가에 대한 협의 결과, 「도시교통정비 촉진법」에 따른 교통영향평가서 검토결과, 「자연재해대책법」에 따른 사전재해영향성검토 협의 결과 또는 「교육환경 보호에 관한 법률」에 따른 교육환경평가서 심의 결과를 반영하는 개발계획의 변경 중 그 변경으로 사업비가 종전 총사업비보다 100분의 10 미만으로 증가하는 경우에는 경미한 사항의 변경으로 본다. <개정 2017.12.5.>
[전문개정 2011.12.30.]

제8조(개발계획에 포함될 사항) ① 법 제5조제1항제17호에서 "대통령령으로 정하는 사항"이란 다음 각 호와 같다. <개정 2011.12.8., 2011.12.30., 2012.3.26., 2012.4.10., 2013.3.23.>
1. 학교시설계획
2. 문화재 보호계획
3. 초고속 정보통신망계획
4. 공동구 등 지하매설물계획
5. 존치하는 기존 건축물 및 공작물 등에 관한 계획
6. 산업의 유치업종 및 배치계획
7. 도시개발구역 밖의 지역에서 도시개발구역의 이용에 제공되는 「국토의 계획 및 이용에 관한 법률」 제2조제6호에 따른 기반시설의 설치가 필요한 경우 도시개발구역 밖의 기반시설계획에 관한 사항
8. 집단에너지 공급계획
9. 전시장·공연장 등의 문화시설계획
10. 어린이집계획
11. 저탄소 녹색도시 조성을 위한 계획
12. 용적률 및 수용인구 등에 관한 개발밀도계획
13. 「국토의 계획 및 이용에 관한 법률」에 따른 도시·군관리계획(이하 "도시·군관리계획"이라 한다)의 수립 또는 변경에 관한 사항
14. 그 밖에 국토교통부령으로 정하는 사항
② 도시지역 외의 지역이나 녹지지역에 도시개발구역을 지정하는 경우 법 제5조제1항제9호의 환경보전계획에는 환경성검토 결과(「환경영향평가법」에 따른 전략환경영향평가를 실시하는 경우에는 전략환경영향평가 결과를 말

한다)가 포함되어야 한다. <개정 2012.7.20.>

제9조(도시개발구역의 지정 시 포함내용 등) ① 법 제5조제3항에서 "대통령령으로 정하는 사항"이란 다음 각 호의 사항을 말한다.
1. 도시개발구역의 명칭·위치 및 면적
2. 도시개발구역의 지정 목적
3. 도시개발사업의 시행 방식
4. 시행자에 관한 사항
5. 개략적인 인구수용계획
6. 개략적인 토지이용계획

② 제1항제5호 및 제6호에 따른 계획의 작성기준은 국토교통부장관이 정한다. <개정 2013.3.23.>

③ 법 제5조제4항에서 "대통령령으로 정하는 규모"란 330만 제곱미터를 말한다.

제10조(기초조사의 내용) ① 법 제6조제1항에 따라 시행자 또는 시행자가 되려는 자가 조사·측량할 수 있는 사항은 다음 각 호와 같다. <개정 2012.4.10., 2013.3.23.>
1. 도시 또는 도시개발구역으로 지정하려는 지역과 생활권이 같은 지역의 인구 변동 상황 및 추이
2. 도시개발구역의 인구, 토지이용, 지장물 및 각종 개발사업 현황
3. 주변지역의 교통 현황
4. 풍수해, 산사태, 지반 붕괴, 그 밖의 재해의 발생빈도 및 현황
5. 도시·군기본계획·광역도시계획 등 상위계획에 관한 사항
6. 그 밖에 국토교통부령으로 정하는 사항

② 제1항에 따라 조사·측량할 사항에 관하여 다른 법령에 근거하여 이미 조사·측량한 자료가 있으면 그 자료를 활용할 수 있다.

제11조(주민의 의견청취) ① 국토교통부장관 또는 특별시장·광역시장·도지사·특별자치도지사(이하 "시·도지사"라 한다)는 법 제7조에 따라 도시개발구역의 지정에 관한 주민의 의견을 청취하려면 관계 서류 사본을 시장·군수 또는 구청장에게 송부하여야 한다. <개정 2013.3.23.>

② 시장·군수 또는 구청장은 제1항에 따라 관계 서류 사본을 송부받거나 법 제7조에 따라 주민의 의견을 청취하려는 경우에는 다음 각 호의 사항을 전국 또는 해당 지방을 주된 보급지역으로 하는 둘 이상의 일간신문과 해당 시·군 또는 구의 인터넷 홈페이지에 공고하고 14일 이상 일반인에게 공람시켜야 한다. 다만, 도시개발구역의 면적이 10만 제곱미터 미만인 경우에는 일간신문에 공고하지 아니하고 공보와 해당 시·군 또는 구의 인터넷 홈페이지에 공고할 수 있다. <개정 2013.3.23.>
1. 입안할 도시개발구역의 지정 및 개발계획의 개요
2. 시행자 및 도시개발사업의 시행방식에 관한 사항
3. 공람기간
4. 그 밖에 국토교통부령으로 정하는 사항

③ 제2항에 따라 공고된 내용에 관하여 의견이 있는 자는 제2항제3호의 공람기간(이하 이 조 및 제13조에서 "공람기간"이라 한다)에 도시개발구역의 지정에 관한 공고를 한 자에게 의견서를 제출할 수 있다.

④ 시장·군수 또는 구청장은 제3항에 따라 제출된 의견을 종합하여 국토교통부장관(제1항에 따라 국토교통부장관이 시장·군수·구청장에게 송부한 경우에만 해당한다. 이하 이 조에서 같다), 시·도지사에게 제출하여야 하며, 제출된 의견이 없으면 그 사실을 국토교통부장관, 시·도지사에게 통보하여야 한다. 다만, 대도시 시장이 지정권자인 경우에는 그러하지 아니하다. <개정 2013.3.23.>

⑤ 국토교통부장관, 시·도지사, 시장·군수 또는 구청장은 제3항에 따라 제출된 의견을 공고한 내용에 반영할 것인지를 검토하여 그 결과를 공람기간이 끝난 날부터 30일 이내에 그 의견을 제출한 자에게 통보하여야 한다. <개정 2013.3.23.>

제12조(주민 등의 의견청취의 제외사항) 법 제7조제1항 후단에서 "대통령령으로 정하는 경미한 사항"이란 다음 각 호의 어느 하나에 해당하지 아니하는 사항을 말한다.
1. 편입되는 면적과 제외되는 면적의 합계가 종전(법 제7조제1항에 따라 주민 등의 의견청취를 거쳐 도시개발구역을 지정 또는 변경한 때를 말한다) 도시개발구역 면적의 100분의 5 이상이거나 1만 제곱미터 이상인 경우(경미한 사항이 여러 차례 변경된 경우에는 누적하여 산정한다)
2. 법 제21조제2항에 따라 사업시행방식을 변경하는 경우
3. 그 밖에 지정권자가 토지소유자의 권익보

호 등을 위하여 중대하다고 인정하거나 시·도 조례로 정한 경우

[전문개정 2011.12.30.]

제13조(공청회) ① 국토교통부장관, 시·도지사, 시장·군수 또는 구청장은 도시개발사업을 시행하려는 구역의 면적이 100만 제곱미터 이상인 경우(법 제4조제3항에 따른 도시개발계획의 변경 후의 면적이 100만 제곱미터 이상인 경우를 포함한다)에는 공람기간이 끝난 후에 법 제7조에 따른 공청회를 개최하여야 한다. <개정 2012.3.26., 2013.3.23.>

② 국토교통부장관, 시·도지사, 시장·군수 또는 구청장은 제1항에 따라 공청회를 개최하려면 다음 각 호의 사항을 전국 또는 해당 지방을 주된 보급지역으로 하는 일간신문과 인터넷 홈페이지에 공청회 개최 예정일 14일 전까지 1회 이상 공고하여야 한다. 다만, 제11조제2항에 따른 공고 시 다음 각 호의 사항을 이미 공고한 경우에는 그러하지 아니하다. <개정 2013.3.23.>

1. 공청회의 개최목적
2. 공청회의 개최예정일시 및 장소
3. 입안하고자 하는 도시개발구역지정 및 개발계획의 개요
4. 의견발표의 신청에 관한 사항
5. 그 밖에 국토교통부령으로 정하는 사항

③ 공청회가 국토교통부장관, 시·도지사, 시장·군수 또는 구청장이 책임질 수 없는 사유로 2회에 걸쳐 개최되지 못하거나 개최는 되었으나 정상적으로 진행되지 못한 경우에는 공청회를 생략할 수 있다. 이 경우 공청회를 생략하게 된 사유와 달리 의견을 제출할 수 있는 의견 제출의 시기 및 방법 등에 관한 사항을 제2항에 따른 방법으로 공고함으로써 주민의 의견을 듣도록 하여야 한다. <개정 2013.3.23.>

④ 공청회는 공청회를 개최하는 자가 지명하는 자가 주재한다.

⑤ 제1항부터 제4항까지에서 규정한 사항 외에 공청회의 개최에 필요한 사항은 그 공청회를 개최하는 주체에 따라 국토교통부장관이 정하거나 해당 지방자치단체의 조례로 정할 수 있다. <개정 2013.3.23.>

제14조(도시계획위원회의 심의제외 사항) ① 법 제8조제1항 단서에서 "대통령령으로 정하는 경미한 사항을 변경하는 경우"란 다음 각 호의 어느 하나에 해당하지 아니하는 사항을 변경하는 경우를 말한다. <개정 2012.4.10.>

1. 제7조제1항제2호부터 제10호까지의 규정에 해당하는 경우(이 조에서 "종전"이란 법 제8조제1항에 따라 도시계획위원회의 심의를 거쳐 도시개발구역을 지정·변경하거나 개발계획을 수립·변경한 때를 말한다)
2. 도시개발구역 면적이 종전보다 100분의 10 이상 증감하는 경우
3. 그 밖에 지정권자가 도시·군기본계획에서 제시한 목표를 실현하기 위하여 중대하다고 인정하거나 시·도 조례로 정한 경우

② 제1항에도 불구하고 「환경영향평가법」에 따른 환경영향평가에 대한 협의 결과, 「도시교통정비 촉진법」에 따른 교통영향평가서 검토결과, 「자연재해대책법」에 따른 사전재해영향성검토 협의 결과 또는 「교육환경 보호에 관한 법률」에 따른 교육환경평가서 심의 결과를 반영하는 개발계획의 변경은 경미한 사항의 변경으로 본다. <개정 2017.12.5.>

[전문개정 2011.12.30.]

제14조의2(도시개발구역 지정 시 국토교통부장관과의 협의) ① 법 제8조제3항에서 "지정하려는 도시개발구역이 일정 규모 이상 또는 국가계획과 관련되는 등 대통령령으로 정하는 경우"란 다음 각 호의 어느 하나에 해당하는 경우를 말한다.

1. 지정하려는 도시개발구역 면적이 100만 제곱미터 이상인 경우
2. 개발계획이 「국토의 계획 및 이용에 관한 법률」 제2조제14호에 따른 국가계획을 포함하고 있거나 그 국가계획과 관련되는 경우

② 지정권자가 법 제8조제3항에 따라 국토교통부장관에게 협의를 요청하려면 국토교통부령으로 정하는 서류를 첨부하여 함께 제출하여야 한다. <개정 2013.3.23.>

[본조신설 2010.6.29.]
[제목개정 2017.12.5.]

제15조(도시개발구역지정 및 개발계획수립의 고시 및 공람 등) ① 지정권자는 도시개발구역을 지정한 때에는 법 제9조제1항 전단에 따라 다음 각 호의 사항을 관보 또는 공보에 고시하여야 한다. 다만, 제7호의2에 해당하는 사항은 시행자를 지정한 이후에 고시할 수 있다.

<개정 2012.3.26., 2012.4.10., 2013.3.23.>

1. 도시개발구역의 명칭
2. 도시개발구역의 위치 및 면적
3. 도시개발구역의 지정목적
4. 시행자(시행자가 지정이 되지 아니한 경우에는 제안자를 말한다)와 그 주된 사무소의 소재지
5. 도시개발사업의 시행기간 및 시행방법
6. 토지이용계획 및 기반시설계획
7. 국토교통부령으로 정하는 토지 명세(도시개발구역을 지정할 때 제7호의2에 따라 토지 세목을 고시한 경우는 제외한다)

7의2. 「공익사업을 위한 토지 등의 취득 및 보상에 관한 법률」 제22조제1항에 따라 고시하는 토지의 세목(수용 또는 사용 방식으로 도시개발사업을 실시하는 지역으로 한정한다)

8. 도시개발구역의 이용에 제공되는 「국토의 계획 및 이용에 관한 법률」 제2조제6호에 따른 기반시설을 도시개발구역 밖에 설치할 필요가 있는 경우 도시개발구역 밖의 기반시설계획에 관한 사항
9. 법 제11조제8항제4호에 따른 실시계획의 인가신청기간
10. 관계 도서의 열람방법
11. 도시·군관리계획에 관한 사항(법 제9조제2항에 따라 도시지역 및 지구단위계획구역으로 결정된 것으로 보는 사항을 포함한다)
12. 그 밖에 국토교통부령으로 정하는 사항

② 지정권자는 법 제4조제1항 단서에 따라 도시개발구역을 지정한 후에 개발계획을 수립하는 경우에는 제1항에도 불구하고 도시개발구역을 지정한 때에는 제1항 각 호의 사항의 일부(제1항제1호부터 제4호까지, 제7호 및 제10호의 사항은 반드시 포함하여야 한다)와 제9조제1항제5호 및 제6호의 사항을 고시할 수 있다. 이 경우 개발계획을 수립하면 제1항 각 호의 사항을 고시하여야 한다. <개정 2012.3.26.>

③ 지정권자는 개발계획을 변경한 때에는 제1항제1호부터 제5호까지의 사항과 변경된 사항을 고시하여야 한다.

④ 법 제9조제1항에 따른 관계 서류의 공람기간은 14일 이상으로 한다.

⑤ 법 제9조제2항 본문에서 "대통령령으로 정하는 지구단위계획구역"이란 「국토의 계획 및 이용에 관한 법률」 제49조제1호에 따른 지구단위계획구역을 말한다. <개정 2012.4.10.>

제16조(행위허가의 대상 등) ① 법 제9조제5항에 따라 특별시장·광역시장·특별자치도지사·시장 또는 군수의 허가를 받아야 하는 행위는 다음 각 호와 같다.

1. 건축물의 건축 등: 「건축법」 제2조제1항제2호에 따른 건축물(가설건축물을 포함한다)의 건축, 대수선(大修繕) 또는 용도변경
2. 공작물의 설치: 인공을 가하여 제작한 시설물(「건축법」 제2조제1항제2호에 따른 건축물은 제외한다)의 설치
3. 토지의 형질변경 : 절토·성토·정지·포장 등의 방법으로 토지의 형상을 변경하는 행위, 토지의 굴착 또는 공유수면의 매립
4. 토석의 채취: 흙·모래·자갈·바위 등의 토석을 채취하는 행위. 다만, 토지의 형질 변경을 목적으로 하는 것은 제3호에 따른다.
5. 토지분할
6. 물건을 쌓아놓는 행위: 옮기기 쉽지 아니한 물건을 1개월 이상 쌓아놓는 행위
7. 죽목(竹木)의 벌채 및 식재(植栽)

② 특별시장·광역시장·특별자치도지사·시장 또는 군수는 법 제9조제5항에 따라 제1항 각 호의 행위에 대한 허가를 하려는 경우에 법 제11조에 따라 시행자가 이미 지정되어 있으면 미리 그 시행자의 의견을 들어야 한다.

③ 법 제9조제6항제2호에서 "그 밖에 대통령령으로 정하는 행위"란 다음 각 호의 어느 하나에 해당하는 행위로서 「국토의 계획 및 이용에 관한 법률」 제56조에 따른 개발행위 허가의 대상이 아닌 것을 말한다. <개정 2013.3.23.>

1. 농림수산물의 생산에 직접 이용되는 것으로서 국토교통부령으로 정하는 간이공작물의 설치
2. 경작을 위한 토지의 형질변경
3. 도시개발구역의 개발에 지장을 주지 아니하고 자연경관을 훼손하지 아니하는 범위에서의 토석채취
4. 도시개발구역에 남겨두기로 결정된 대지에서 물건을 쌓아놓는 행위
5. 관상용 죽목의 임시 식재(경작지에서의 임시 식재는 제외한다)

④ 법 제9조제7항에 따라 공사나 사업을 신

고하려는 자는 도시개발구역이 지정·고시된 날부터 30일 이내에 국토교통부령으로 정하는 신고서에 그 공사 또는 사업의 진행 사항과 시행계획을 첨부하여 관할 특별시장·광역시장·특별자치도지사·시장 또는 군수에게 제출하여야 한다. <개정 2013.3.23.>

제17조(도시개발구역 해제의 고시 및 공람) ① 지정권자는 법 제10조제1항 및 같은 조 제2항에 따라 도시개발구역의 지정이 해제된 경우에는 같은 조 제4항 전단에 따라 다음 각 호의 사항을 관보 또는 공보에 고시하여야 한다. <개정 2012.4.10., 2013.3.23.>
1. 도시개발구역의 명칭
2. 도시개발구역의 위치 및 면적
3. 도시개발구역의 해제 사유
4. 「국토의 계획 및 이용에 관한 법률」에 따른 용도지역·용도지구·용도구역 및 도시·군계획시설의 환원 또는 폐지에 관한 사항
5. 그 밖에 국토교통부령으로 정하는 사항

② 법 제10조제2항제1호 단서 및 같은 항 제2호 단서에서 "대통령령으로 정하는 규모"란 각각 330만 제곱미터를 말한다.
③ 법 제10조제4항 후단에 따른 관계 서류의 공람기간은 14일 이상으로 한다.

제3장 도시개발사업의 시행
제1절 시행자 및 실시계획 등

제18조(시행자) ① 법 제11조제1항제2호에서 "대통령령으로 정하는 공공기관"이란 다음 각 호의 공공기관을 말한다. <개정 2009.6.26., 2009.9.21., 2011.12.30.>
1. 「한국토지주택공사법」에 따른 한국토지주택공사(이하 "한국토지주택공사"라 한다)
2. 삭제 <2009.9.21.>
3. 「한국수자원공사법」에 따른 한국수자원공사
4. 「한국농어촌공사 및 농지관리기금법」에 따른 한국농어촌공사
5. 「한국관광공사법」에 따른 한국관광공사
6. 「한국철도공사법」에 따른 한국철도공사
7. 「공공기관 지방이전에 따른 혁신도시 건설 및 지원에 관한 특별법」 제43조제3항에 따른 매입공공기관(같은 법 제2조제6호에 따른 종전부동산 및 그 주변을 개발하는 경우로 한정한다)

② 법 제11조제1항제3호에서 "대통령령으로 정하는 정부출연기관"이란 다음 각 호의 기관을 말한다. <개정 2013.9.17.>
1. 「한국철도시설공단법」에 따른 한국철도시설공단(「역세권의 개발 및 이용에 관한 법률」 제2조제2호에 따른 역세권개발사업을 시행하는 경우에만 해당한다)
2. 「제주특별자치도 설치 및 국제자유도시 조성을 위한 특별법」에 따른 제주국제자유도시개발센터(제주특별자치도에서 개발사업을 하는 경우에만 해당한다)

③ 법 제11조제1항제7호에서 "대통령령으로 정하는 요건에 해당하는 법인"이란 다음 각 호의 어느 하나에 해당하는 법인을 말한다. <개정 2012.3.26.>
1. 「수도권정비계획법」 제6조제1항제1호에 따른 과밀억제권역(이하 이 조에서 "과밀억제권역"이라 한다)에 3년 이상 계속하여 공장시설을 갖추고 사업을 하고 있거나 3년 이상 계속하여 본점 또는 주사무소(이하 이 조에서 "본사"라 한다)를 두고 있는 법인으로서 그 공장시설의 전부 또는 본사를 「수도권정비계획법」 제2조제1호에 따른 수도권(이하 "수도권"이라 한다) 외의 지역으로 이전하는 법인. 이 경우 공장시설 또는 본사의 이전에 따라 이전하는 종업원의 수(여러 개의 법인이 모여 지방으로 이전하는 경우에는 그 종업원 총수)가 500명 이상이어야 한다.
2. 과밀억제권역에서 「고등교육법」 제2조제1호에 따른 대학(같은 법 제30조에 따른 대학원대학은 제외한다)을 운영 중인 학교법인으로서 대학시설의 전부를 수도권 외의 지역으로 이전하는 학교법인

④ 법 제11조제1항제8호에서 "대통령령으로 정하는 요건에 해당하는 자"란 다음 각 호의 요건을 모두 충족하는 자를 말한다. 다만, 「채무자 회생 및 파산에 관한 법률」에 따른 회생절차가 진행 중인 법인은 제외한다. <개정 2013.3.23., 2016.8.11.>
1. 「주택법」 제10조에 따라 제출된 최근 3년간의 평균 영업실적(대지 조성에 투입된 비용을 말하며, 보상비는 제외한다)이 해당 도시개발사업에 드는 연평균 사업비(보상비는 제외한다) 이상일 것
2. 경영의 건전성이 국토교통부령으로 정하는 기준 이상일 것

⑤ 법 제11조제1항제9호에서 "대통령령으로

정하는 요건에 해당하는 자"란 다음 각 호의 어느 하나에 해당하는 자로서 경영의 건전성이 국토교통부령으로 정하여 고시하는 기준 이상인 자를 말한다. 다만, 「채무자 회생 및 파산에 관한 법률」에 따른 회생절차가 진행 중인 법인은 제외한다. <개정 2013.3.23.>

1. 「건설산업기본법」에 따라 종합공사를 시공하는 업종(토목공사업 및 토목건축공사업에 한한다)에 등록한 자로서 같은 법 제23조에 따라 공시된 시공능력 평가액이 당해 도시개발사업에 드는 연평균 사업비(보상비는 제외한다) 이상인 자
2. 「자본시장과 금융투자업에 관한 법률」에 따른 신탁업자 중 「주식회사의 외부감사에 관한 법률 시행령」 제2조제1항에 따른 외부감사의 대상이 되는 자

⑥ 법 제11조제1항제9호의2에서 "대통령령으로 정하는 요건에 해당하는 자"란 다음 각 호의 요건을 모두 충족하는 자를 말한다. 다만, 「채무자 회생 및 파산에 관한 법률」에 따른 회생절차가 진행 중인 법인은 제외한다. <개정 2012.7.17., 2013.3.23.>

1. 「부동산개발업의 관리 및 육성에 관한 법률」 제17조제1호에 따라 국토교통부장관에게 보고한 최근 3년간 연평균 사업실적이 해당 도시개발사업에 드는 연평균 사업비 이상일 것
2. 시행자 지정 신청일 기준으로 최근 3년간 「부동산개발업의 관리 및 육성에 관한 법률」 제22조에 따른 시정조치 및 같은 법 제24조제1항에 따른 영업정지를 받은 사실이 없을 것
3. 경영의 건전성이 국토교통부령으로 정하는 기준 이상일 것

⑦ 법 제11조제1항제10호에서 "대통령령으로 정하는 요건에 해당하는 자"란 시행자 지정 신청일 당시 「부동산투자회사법」 제38조에 따라 공시된 투자보고서를 기준으로 재무제표상 부채가 자본금의 2배 미만이고, 최근 3년간 같은 법 제39조제2항제1호, 제2호 및 같은 법 시행령 제41조제1호에 해당하는 조치를 받은 사실이 없는 자로서 다음 각 호의 어느 하나에 해당하는 자를 말한다. 다만, 「채무자 회생 및 파산에 관한 법률」에 따른 회생절차가 진행 중인 법인은 제외한다. <신설 2012.7.17.>

1. 최근 3년간 「부동산투자회사법」 제21조제1호부터 제3호까지 및 제6호에 따른 자산의 연평균 투자·운용실적(위탁관리 부동산투자회사의 경우에는 해당 부동산투자회사로부터 자산의 투자·운용업무를 위탁받은 자산관리회사가 투자·운용을 위탁받은 실적 총합계액의 연평균 금액을 말한다)이 해당 도시개발사업에 드는 연평균 사업비 이상인 자
2. 「부동산투자회사법」 제9조제2항제2호에 따른 사업계획상 자본금이 해당 도시개발사업에 드는 총사업비의 100분의 15 이상인 자

⑧ 법 제11조제1항제11호에서 "대통령령으로 정하는 요건에 해당하는 법인"이란 다음 각 호의 어느 하나에 해당하는 법인을 말한다. <신설 2012.7.17.>

1. 법 제11조제1항제1호부터 제5호까지, 제7호부터 제9호까지, 제9호의2 및 제10호에 해당하는 자가 100분의 50 이상 출자한 법인
2. 법 제11조제1항제1호부터 제5호까지, 제7호부터 제9호까지, 제9호의2 및 제10호에 해당하는 자가 100분의 30 이상 출자한 법인으로서 다음 각 목의 어느 하나에 해당하는 자의 출자비율 합계가 100분의 20 이상인 법인
   가. 법 제11조제1항제1호부터 제4호까지에 해당하는 자
   나. 「국가재정법」 제5조제1항에 따라 설치된 기금을 관리하기 위하여 법률에 따라 설립된 법인
   다. 법률에 따라 설립된 공제회
   라. 「법인세법 시행령」 제61조제2항제1호부터 제13호까지 및 제24호에 해당하는 금융회사

제19조(시행자 지정신청) ① 법 제11조제1항에 따라 시행자로 지정받으려는 자는 다음 각 호의 사항을 기재한 사업시행자 지정신청서를 시장(대도시 시장은 제외한다)·군수 또는 구청장을 거쳐 지정권자에게 제출하여야 하며, 지정받은 내용을 변경하는 경우에도 또한 같다. 다만, 지정권자가 도시개발사업을 직접 시행하는 경우에는 그러하지 아니하며, 국토교통부장관·특별자치도지사 또는 대도시 시장이 지정권자인 경우에는 국토교통부장관·특별자치도지사 또는 대도시 시장에게 직접 제출할 수 있다. <개정 2012.3.26., 2013.3.23.>

1. 신청인의 성명(법인인 경우에는 법인의 명칭 및 대표자의 성명)·주소
2. 사업시행계획의 개요

가. 사업의 명칭
나. 사업의 시행목적
다. 사업의 내용
라. 사업의 시행기간
마. 사업의 시행방식

② 제1항에 따른 사업시행자 지정신청서에는 다음 각 호의 서류 및 도면을 첨부하여야 한다.
1. 사업계획서
2. 자금조달계획서
3. 위치도

③ 제1항 및 제2항에서 규정한 사항 외에 시행자의 지정 등에 관하여 필요한 사항은 국토교통부령으로 정한다. <개정 2013.3.23.>

제20조(환지방식의 시행자 지정) ① 법 제11조제2항 각 호 외의 부분 전단에서 "대통령령으로 정하는 자"란 한국토지주택공사, 「지방공기업법」에 따른 지방공사(이하 "지방공사"라 한다)와 제18조제5항제2호에 해당하는 자를 말한다. <개정 2009.9.21., 2017.12.5.>

② 법 제11조제2항제1호에서 "대통령령으로 정하는 기간"이란 법 제9조제1항에 따른 개발계획의 수립·고시일부터 1년 이내를 말한다. 다만, 지정권자가 시행자 지정 신청기간의 연장이 불가피하다고 인정하여 6개월의 범위에서 연장한 경우에는 그 연장된 기간을 말한다. <개정 2010.6.29.>

제21조(도시개발사업의 규약) 법 제11조제3항에 따라 공동으로 도시개발사업을 시행하려는 자가 정하는 규약에는 다음 각 호의 사항이 포함되어야 한다. 다만, 제12호·제14호·제16호 및 제18호는 환지방식으로 도시개발사업을 시행하는 경우에만 해당한다. <개정 2013.3.23.>
1. 사업의 명칭
2. 사업의 목적
3. 도시개발구역의 위치 및 면적
4. 사업의 시행기간
5. 사업의 범위
6. 주된 사무소의 소재지
7. 임원을 정할 경우에는 그 자격·수·임기·직무 및 선임방법
8. 회의에 관한 사항
9. 비용부담
10. 회계 및 계약
11. 공고의 방법
12. 토지평가협의회의 구성 및 운영
13. 토지등의 가액의 평가방법
14. 환지계획 및 환지예정지의 지정
15. 토지등의 관리 및 처분
16. 보류지 및 체비지의 관리·처분
17. 공공시설용지의 부담
18. 청산(淸算)
19. 토지에 대한 소유권의 변동 등 시행자에게 통보하여야 할 사항
20. 그 밖에 국토교통부령으로 정하는 사항

제22조(도시개발사업의 시행규정 등) ① 법 제11조제4항에서 "대통령령으로 정하는 비율"이란 100분의 50을 말한다.

② 법 제11조제4항에 따라 작성하는 시행규정(이하 "시행규정"이라 한다)에는 다음 각 호의 사항이 포함되어야 한다. <개정 2012.3.26.>
1. 제21조제1호부터 제6호까지 및 제9호부터 제20호까지의 규정에 해당하는 사항
2. 법 제11조제4항 후단에 따라 사업관리에 필요한 비용(이하 "사업관리비"라 한다)을 책정하는 경우에는 사업관리비의 금액, 지급시기 및 방법

③ 법 제11조제4항 후단에서 "대통령령으로 정하는 기준"이란 사업비(제43조제1항제3호에 따른 혼용방식으로 사업을 시행하는 경우에는 총사업비에 도시개발구역 전체 면적에서 환지 방식이 적용되는 지역의 면적비율을 곱한 금액을 말한다)의 100분의 7 이하를 사업관리비로 책정하는 경우를 말한다. <신설 2012.3.26.>

④ 시행자가 시·도지사, 시장·군수 또는 구청장인 경우에는 제2항에 따른 시행규정을 조례로 정하여야 한다. <개정 2012.3.26.>
[제목개정 2012.3.26.]

제23조(도시개발구역지정의 제안) ① 법 제11조제5항에 따라 도시개발구역의 지정을 제안하려는 자는 국토교통부령으로 정하는 도시개발구역지정제안서를 국토교통부장관, 특별자치도지사, 시장·군수 또는 구청장에게 제출하여야 한다. <개정 2013.3.23.>

② 도시개발구역의 지정을 제안하려는 지역이 둘 이상의 시·군 또는 구의 행정구역에 걸쳐 있는 경우에는 그 지역에 포함된 면적이 가장 큰 행정구역의 시장·군수 또는 구청장에게 제1항에 따른 서류를 제출하여야 한다.

③ 제1항에 따라 도시개발구역지정의 제안을

받은 국토교통부장관·특별자치도지사·시장·군수 또는 구청장은 제안 내용의 수용 여부를 1개월 이내에 제안자에게 통보하여야 한다. 다만, 관계 기관과의 협의가 지연되는 등 불가피한 사유가 있는 경우에는 1개월 이내의 범위에서 통보기간을 연장할 수 있다. <개정 2011.4.6., 2013.3.23., 2015.11.4.>
④ 법 제11조제5항 본문에서 "대통령령으로 정하는 권원"이란 토지사용승낙서 및 토지매매계약서를 말한다.
⑤ 법 제11조제6항에서 "대통령령으로 정하는 비율"이란 100분의 50을 말한다.

제24조(시행자의 변경) 법 제11조제8항제4호에서 "대통령령으로 정하는 기간"이란 법 제9조제1항에 따른 도시개발구역 지정의 고시일부터 1년 이내를 말한다. 다만, 지정권자가 실시계획의 인가신청기간의 연장이 불가피하다고 인정하여 6개월의 범위에서 연장한 경우에는 그 연장된 기간을 말한다.

제25조(동의자 수의 산정방법 등) ① 법 제11조제2항제3호 및 같은 조 제6항에 따른 동의자 수의 산정 방법은 다음 각 호와 같다.
1. 토지 소유권 또는 지상권을 공유하는 경우: 다른 공유자의 동의를 받은 대표 공유자 또는 대표 지상권자 1명만을 해당 토지 소유자 또는 지상권자로 볼 것. 다만, 「집합건물의 소유 및 관리에 관한 법률」 제2조제2호에 따른 구분소유자는 각각을 토지 소유자 1명으로 본다.
2. 제11조제2항에 따른 공람·공고일 후에 「집합건물의 소유 및 관리에 관한 법률」 제2조제1호에 따른 구분소유권을 분할하게 되어 토지 소유자의 수가 증가하게 된 경우: 공람·공고일 전의 토지 소유자의 수를 기준으로 산정하고, 증가된 토지 소유자의 수는 토지 소유자 총수에 추가 산입하지 말 것
3. 법 제11조제5항 따라 도시개발구역의 지정이 제안되기 전에 동의를 철회한 사람이 있는 경우: 그 사람은 동의자 수에서 제외할 것
4. 법 제11조제5항에 따라 도시개발구역의 지정이 제안된 후부터 법 제3조에 따라 도시개발구역이 지정되기 전까지 토지 소유자가 변경된 경우: 기존 토지 소유자의 동의서를 기준으로 할 것

② 토지 소유자가 동의하거나 동의를 철회할 경우에는 국토교통부령으로 정하는 동의서 또는 동의철회서를 제출하여야 하며, 토지 또는 지상권을 공동으로 소유하는 토지 또는 지상권의 대표 소유자는 대표자지정 동의서와 대표 소유자 및 공유자의 신분을 증명할 수 있는 서류를 각각 첨부하여 함께 제출하여야 한다. <개정 2012.3.26., 2013.3.23.>
③ 제1항 및 제2항에서 규정한 사항 외에 동의자 수의 산정 방법·절차 등에 관하여 필요한 세부적인 사항은 국토교통부장관이 정한다. <개정 2013.3.23.>

제25조의2(도시개발사업의 대행) ① 법 제11조제11항에 따라 주택건설사업자 등에게 대행하게 할 수 있는 도시개발사업의 범위는 다음 각 호와 같다.
1. 실시설계
2. 부지조성공사
3. 기반시설공사
4. 조성된 토지의 분양

② 시행자는 법 제11조제11항에 따라 도시개발사업을 대행하게 하려는 경우에는 다음 각 호의 사항을 공고하고 대행할 사업자(이하 "대행개발사업자"라 한다)를 경쟁입찰 방식으로 선정하여야 한다.
1. 개발사업의 목적
2. 개발사업의 종류 및 개요
3. 개발사업의 시행기간
4. 대행개발사업자의 자격요건 및 제출서류
5. 대행개발사업자의 선정기준 및 방식

③ 시행자는 법 제11조제11항에 따라 도시개발사업을 대행하게 하려는 경우에는 대행개발사업자와 대행에 관한 계약을 체결하여야 한다.
④ 제1항부터 제3항까지에서 규정한 사항 외에 도시개발사업의 대행에 필요한 사항은 국토교통부장관이 정한다.
[본조신설 2015.11.4.]

제26조(공공시설 등의 위탁시행) ① 법 제12조제1항에서 "그 밖에 대통령령으로 정하는 공공시설"이란 「국토의 계획 및 이용에 관한 법률」 제2조제6호에 따른 기반시설을 말한다.
② 법 제12조제1항에서 "대통령령으로 정하는 공공기관·정부출연기관"이란 다음 각

호의 기관을 말한다. <개정 2009.6.26., 2009.9.21.>
1. 한국토지주택공사
2. 삭제 <2009.9.21.>
3. 「한국수자원공사법」에 따른 한국수자원공사
4. 「한국농어촌공사 및 농지관리기금법」에 따른 한국농어촌공사
5. 「한국관광공사법」에 따른 한국관광공사
6. 「한국철도공사법」에 따른 한국철도공사
7. 「한국철도시설공단법」에 따른 한국철도시설공단
8. 「제주특별자치도 설치 및 국제자유도시 조성을 위한 특별법」에 따른 제주국제자유도시개발센터

③ 시행자는 법 제12조제1항에 따라 도시개발사업의 일부를 위탁하여 시행하려면 국가·지방자치단체 등 위탁기관과 다음 각 호의 사항에 관한 협약을 체결하여야 한다.
1. 위탁사업의 사업지
2. 위탁사업의 종류·규모·금액, 그 밖에 공사설계의 기준이 되는 사항
3. 위탁사업의 시행기간(착공 및 준공예정일과 공정계획을 포함한다)
4. 위탁사업에 필요한 비용의 지급방법과 그 자금의 관리에 관한 사항
5. 위탁자가 부동산·기자재 또는 노무자를 제공하는 경우에는 그 관리에 관한 사항
6. 위험부담에 관한 사항
7. 그 밖에 위탁사업의 내용을 명백히 하기 위하여 필요한 사항

제27조(토지매수업무 등의 위탁시행) ① 시행자는 법 제12조제2항에 따라 기초조사, 토지 매수 업무, 손실 보상 업무 또는 주민 이주대책 사업 등에 관한 업무를 위탁하려면 제26조제3항 각 호에서 정하는 사항에 관한 협약을 체결하여야 한다.

② 법 제12조제2항 본문에서 "대통령령으로 정하는 공공기관·정부출연기관·정부출자기관"이란 다음 각 호의 기관을 말한다. <개정 2009.6.26., 2009.7.27., 2009.9.21., 2016.8.31.>
1. 한국토지주택공사
2. 삭제 <2009.9.21.>
3. 「한국수자원공사법」에 따른 한국수자원공사
4. 「한국농어촌공사 및 농지관리기금법」에 따른 한국농어촌공사
5. 「한국철도시설공단법」에 따른 한국철도시설공단
6. 「제주특별자치도 설치 및 국제자유도시 조성을 위한 특별법」에 따른 제주국제자유도시개발센터
7. 「한국감정원법」에 따른 한국감정원

제28조(신탁개발) ① 시행자가 법 제12조제4항에 따라 도시개발사업에 관한 신탁계약(이하 "신탁계약"이라 한다)의 승인을 받으려는 경우에는 국토교통부령으로 정하는 서류를 지정권자에게 제출하여야 한다. <개정 2013.3.23.>

② 시행자는 제1항에 따른 승인을 받아 신탁계약을 체결한 경우에는 그 계약을 체결한 날부터 1개월 이내에 그 계약서 사본을 첨부하여 지정권자에게 그 사실을 통보하여야 한다. <개정 2015.11.4.>

③ 시행자가 신탁계약을 체결하는 경우에는 제18조제5항제2호에 해당하는 자와 신탁계약을 체결하여야 한다.

제29조(정관의 기재사항) ① 법 제13조제1항에 따라 도시개발구역의 토지 소유자들이 도시개발사업을 위하여 설립한 조합(이하 "조합"이라 한다)이 작성하는 정관에는 다음 각 호의 사항이 포함되어야 한다. <개정 2013.3.23.>
1. 도시개발사업의 명칭
2. 조합의 명칭
3. 사업목적
4. 도시개발구역의 면적
5. 사업의 범위 및 사업기간
6. 주된 사무소의 소재지
7. 임원의 자격·수·임기·직무 및 선임방법
8. 회의에 관한 사항
9. 총회의 구성, 기능, 의결권의 행사방법, 그 밖에 회의운영에 관한 사항
10. 대의원회 또는 이사회를 두는 경우에는 그 구성, 기능, 의결권의 행사방법, 그 밖에 회의운영에 관한 사항
11. 비용부담에 관한 사항
12. 회계 및 계약에 관한 사항
13. 공공시설용지의 부담에 관한 사항
14. 공고의 방법
15. 토지평가협의회의 구성 및 운영에 관한 사항

16. 토지등 가액 평가방법에 관한 사항
17. 환지계획 및 환지예정지의 지정에 관한 사항
18. 보류지 및 체비지의 관리·처분에 관한 사항
19. 청산에 관한 사항
20. 건축물을 설치하는 경우에는 당해 건축물의 관리 및 처분에 관한 사항
21. 토지에 대한 소유권의 변동 등 시행자에게 통보하여야 할 사항
22. 그 밖에 국토교통부령으로 정하는 사항

② 조합의 정관작성에 관한 세부적인 기준은 특별시·광역시·도 또는 특별자치도(이하 "시·도"라 한다)의 조례로 정할 수 있다.

제30조(조합설립인가사항의 경미한 변경) 법 제13조제2항 단서에서 "대통령령으로 정하는 경미한 사항을 변경하려는 경우"란 다음 각 호의 경우를 말한다.

1. 주된 사무소의 소재지를 변경하려는 경우
2. 공고방법을 변경하려는 경우

제31조(동의자 수의 산정방법 등) ① 법 제13조제3항에 따른 동의자 수의 산정방법 등에 관하여는 제6조제4항부터 제7항까지(제4항제4호 및 제5호는 제외한다)의 규정을 준용한다. <개정 2012.3.26.>

② 토지 소유자는 조합 설립인가의 신청 전에 법 제13조제3항에 따른 동의를 철회할 수 있다. 이 경우 그 토지 소유자는 동의자 수에서 제외한다.

③ 조합 설립인가에 동의한 자로부터 토지를 취득한 자는 조합의 설립에 동의한 것으로 본다. 다만, 토지를 취득한 자가 조합 설립인가 신청 전에 동의를 철회한 경우에는 그러하지 아니하다.

[전문개정 2011.4.6.]

제32조(조합의 설립 등) ① 법 제13조에 따라 조합의 설립인가를 받은 조합의 대표자는 설립인가를 받은 날부터 30일 이내에 주된 사무소의 소재지에서 설립등기를 하여야 한다.

② 조합원의 권리 및 의무는 다음 각 호와 같다. <개정 2010.6.29.>

1. 보유토지의 면적과 관계없는 평등한 의결권. 다만, 다른 조합원으로부터 해당 도시개발구역에 그가 가지고 있는 토지 소유권 전부를 이전 받은 조합원은 정관으로 정하는 바에 따라 본래의 의결권과는 별도로 그 토지 소유권을 이전한 조합원의 의결권을 승계할 수 있다.
2. 정관에서 정한 조합의 운영 및 도시개발사업의 시행에 필요한 경비의 부담
3. 그 밖에 정관에서 정하는 권리 및 의무

③ 제2항제1호를 적용할 때 공유 토지는 공유자의 동의를 받은 대표공유자 1명만 의결권이 있으며, 「집합건물의 소유 및 관리에 관한 법률」 제2조제2호에 따른 구분소유자는 구분소유자별로 의결권이 있다.다만, 제11조제2항에 따른 공람·공고일 후에 「집합건물의 소유 및 관리에 관한 법률」 제2조에 따른 구분소유권을 분할하여 구분소유권을 취득한 자는 의결권이 없다. <신설 2010.6.29.>

④ 조합은 법 제28조에 따른 환지 계획을 작성하거나 그 밖에 사업을 시행하는 과정에서 조합원이 총회에서 의결하는 사항 등에 동의하지 아니하거나 소규모 토지 소유자라는 이유로 차별해서는 아니 된다. <신설 2010.6.29.>

제33조(조합의 임원) ① 조합에는 다음 각 호의 임원을 둔다.

1. 조합장 1명
2. 이사
3. 감사

② 제1항에 따른 조합의 임원은 제32조제2항제1호에 따른 의결권(이하 "의결권"이라 한다)을 가진 조합원이어야 하고, 정관으로 정한 바에 따라 총회에서 선임한다. <개정 2012.3.26.>

제34조(조합임원의 직무 등) ① 조합장은 조합을 대표하고 그 사무를 총괄하며, 총회·대의원회 또는 이사회의 의장이 된다.

② 이사는 정관에서 정하는 바에 따라 조합장을 보좌하며, 조합의 사무를 분장(分掌)한다.

③ 감사는 조합의 사무 및 재산상태와 회계에 관한 사항을 감사한다.

④ 조합장 또는 이사의 자기를 위한 조합과의 계약이나 소송에 관하여는 감사가 조합을 대표한다.

⑤ 조합의 임원은 같은 목적의 사업을 하는 다른 조합의 임원 또는 직원을 겸할 수 없다.

제35조(총회의 의결사항) 다음 각 호의 사항은 총회의 의결을 거쳐야 한다.

1. 정관의 변경
2. 개발계획 및 실시계획의 수립 및 변경
3. 자금의 차입과 그 방법·이율 및 상환방법
4. 조합의 수지예산
5. 부과금의 금액 또는 징수방법
6. 환지계획의 작성
7. 환지예정지의 지정
8. 법 제44조에 따른 체비지 등의 처분방법
9. 조합임원의 선임
10. 조합의 합병 또는 해산에 관한 사항. 다만, 법 제46조에 따른 청산금의 징수·교부를 완료한 후에 조합을 해산하는 경우는 제외한다.
11. 그 밖에 정관에서 정하는 사항

제36조(대의원회) ① 의결권을 가진 조합원의 수가 50인 이상인 조합은 총회의 권한을 대행하게 하기 위하여 대의원회를 둘 수 있다. <개정 2012.3.26., 2015.11.4.>
② 대의원회에 두는 대의원의 수는 의결권을 가진 조합원 총수의 100분의 10 이상으로 하고, 대의원은 의결권을 가진 조합원 중에서 정관에서 정하는 바에 따라 선출한다. <개정 2012.3.26.>
③ 대의원회는 제35조에 따른 총회의 의결사항 중 같은 조 제1호·제2호(제7조에 따른 사항과 관련된 개발계획의 경미한 변경 및 법 제17조제1항에 따른 실시계획(이하 "실시계획"이라 한다)의 수립·변경은 제외한다)·제6호(제60조제1항 각 호에서 정하는 환지계획의 경미한 변경은 제외한다)·제9호 및 제10호의 사항을 제외한 총회의 권한을 대행할 수 있다. <개정 2012.3.26., 2014.11.4.>

제37조(징수의 위탁) 조합은 법 제16조제4항에 따라 특별자치도지사·시장·군수 또는 구청장에게 부과금 또는 연체료의 징수를 위탁하는 경우에는 납입의무자의 주소·성명, 납입금액 및 납입기간을 적은 징수위탁서를 해당 특별자치도지사·시장·군수 또는 구청장에게 제출하여야 한다.

제38조(실시계획의 작성) ① 법 제17조제1항에 따른 실시계획(이하 "실시계획"이라 한다)은 개발계획에 맞게 작성하여야 한다.
② 법 제17조제1항 후단에 따른 지구단위계획은 「국토의 계획 및 이용에 관한 법률」 제49조제2항에 따른 지구단위계획의 수립기준에 따라 작성하여야 한다. <개정 2013.9.17.>
③ 제1항 및 제2항에서 규정한 사항 외에 실시계획의 작성에 필요한 세부적인 사항은 국토교통부장관이 정한다. <개정 2013.3.23.>

제39조(실시계획의 인가신청) 시행자가 법 제17조제2항에 따라 실시계획의 인가를 받으려는 경우에는 실시계획 인가신청서에 국토교통부령으로 정하는 서류를 첨부하여 시장(대도시 시장은 제외한다)·군수 또는 구청장을 거쳐 지정권자에게 제출하여야 한다. 다만, 국토교통부장관·특별자치도지사 또는 대도시 시장이 지정권자인 경우에는 국토교통부장관·특별자치도지사 또는 대도시 시장에게 직접 제출할 수 있다. <개정 2013.3.23.>

제40조(실시계획의 고시) ① 지정권자가 실시계획을 작성하거나 인가한 경우에는 법 제18조제1항 전단에 따라 다음 각 호의 사항을 고시하여야 한다. <개정 2012.4.10.>
1. 사업의 명칭
2. 사업의 목적
3. 도시개발구역의 위치 및 면적
4. 시행자
5. 시행기간
6. 시행방식
7. 도시·군관리계획(지구단위계획을 포함한다)의 결정내용
8. 인가된 실시계획에 관한 도서의 공람기간 및 공람장소
9. 법 제19조에 따라 실시계획의 고시로 의제되는 인·허가등의 고시 또는 공고사항

② 지정권자는 도시개발사업을 환지방식으로 시행하는 구역에 대하여는 제1항의 고시내용 중 제1호부터 제6호까지의 사항과 토지조서를 관할 등기소에 통보·제출하여야 한다.

제41조(협의기간) 법 제19조제3항 후단에서 "대통령령으로 정하는 기간"이란 20일 이내를 말한다. <개정 2011.2.9.>

제41조의2(인허가 협의회의 운영 등) ① 지정권자는 법 제19조제4항에 따라 협의회를 구성할 때에는 협의회 개최일의 7일 전까지 관계 행정기관의 장에게 그 사실을 통보하

여야 한다.

② 지정권자가 제1항에 따라 협의회를 개최할 때에는 관계 행정기관 소속의 5급 이상 공무원과 시행자를 포함하여야 한다.

[본조신설 2012.3.26.]

제42조(감리원의 배치기준 및 업무범위 등) ① 법 제20조제2항에 따른 감리원 배치기준은 다음 각 호와 같다.

1. 감리자격이 있는 자를 공사현장에 상주시켜 감리할 것
2. 공사에 대한 감리업무를 총괄하는 총괄감리원 1명과 공사분야별 감리원을 각각 배치할 것
3. 총괄 감리원은 도시개발사업의 공사 전체기간에 걸쳐 배치하고, 공사분야별 감리원은 해당 공사의 기간 동안 배치할 것
4. 감리원을 다른 사업공사에 중복하여 배치하지 아니할 것

② 삭제 <2015.11.4.>

③ 지정권자는 법 제20조제4항 후단에 따라 이의신청을 받은 때에는 이의신청을 받은 날부터 10일 이내에 그 처리결과를 이의신청자 및 감리자에게 통보하여야 한다.

④ 법 제20조제8항에 따른 감리를 하여야 하는 도시개발사업에 관한 공사의 대상은 다음 각 호의 구분에 따른다. <개정 2015.11.4.>

1. 도시개발사업의 공사비가 100억 원 이상인 경우:「건설기술 진흥법 시행령」제55조제1항제2호에 따른 감독 권한대행 등 건설사업관리
2. 도시개발사업의 공사비가 100억 원 미만인 경우:「건설기술진흥법 시행령」제45조제1항제3호에 따른 시공 단계의 건설사업관리

⑤ 이 영에서 규정한 사항 외에 감리원의 배치기준, 감리방법 및 절차, 감리계약 등에 대하여는「건설기술 진흥법 시행령」제59조 및 제60조를 준용한다. <개정 2010.12.13., 2014.5.22.>

제43조(도시개발사업의 시행방식) ① 시행자는 도시개발구역으로 지정하려는 지역에 대하여 다음 각 호에서 정하는 바에 따라 도시개발사업의 시행방식을 정함을 원칙으로 하되, 사업의 용이성·규모 등을 고려하여 필요하면 국토교통부장관이 정하는 기준에 따라 도시개발사업의 시행방식을 정할 수 있다. <개정 2013.3.23.>

1. 환지방식: 다음 각 목의 어느 하나에 해당하는 경우
   가. 대지로서의 효용증진과 공공시설의 정비를 위하여 토지의 교환·분합, 그 밖의 구획변경, 지목 또는 형질의 변경이나 공공시설의 설치·변경이 필요한 경우
   나. 도시개발사업을 시행하는 지역의 지가가 인근의 다른 지역에 비하여 현저히 높아 수용 또는 사용방식으로 시행하는 것이 어려운 경우
2. 수용 또는 사용방식: 계획적이고 체계적인 도시개발 등 집단적인 조성과 공급이 필요한 경우
3. 혼용방식: 도시개발구역으로 지정하려는 지역이 부분적으로 제1호 또는 제2호에 해당하는 경우

② 시행자가 도시개발사업을 제1항제3호에 따른 혼용방식으로 시행하려는 경우에는 다음 각 호의 방식으로 도시개발사업을 시행할 수 있다. <개정 2012.3.26.>

1. 분할 혼용방식: 수용 또는 사용 방식이 적용되는 지역과 환지 방식이 적용되는 지역을 사업시행지구별로 분할하여 시행하는 방식
2. 미분할 혼용방식: 사업시행지구를 분할하지 아니하고 수용 또는 사용 방식과 환지 방식을 혼용하여 시행하는 방식. 이 경우 환지에 대해서는 법 제3장제3절에 따른 사업시행에 관한 규정을 적용하고, 그 밖의 사항에 대해서는 수용 또는 사용 방식에 관한 규정을 적용한다.

③ 제2항제1호에 따라 사업시행지구를 분할하여 시행하는 경우에는 각 사업지구에서 부담하여야 하는「국토의 계획 및 이용에 관한 법률」제2조제6호에 따른 기반시설의 설치비용 등을 명확히 구분하여 실시계획에 반영하여야 한다. <개정 2012.3.26.>

④ 제2항에 따른 사업시행의 방법 등에 관하여 필요한 세부적인 사항은 국토교통부장관이 정한다. <개정 2013.3.23.>

⑤ 지정권자는 지가상승 등 지역개발 여건의 변화로 도시개발사업 시행방식 지정 당시의 요건을 충족하지 못하나 제1항 각 호 어느 하나의 요건을 충족하는 경우에는 법 제21조제2항 각 호에 따라 해당 요건을 충족하는 도시개발사업 시행방식으로 변경할 수 있다.

제43조의2(순환용주택의 분양 또는 임대 등) ① 시행자는 법 제21조의2제3항 전단에 따라 순환용주택을 분양하거나 임대하는 경우에는 「주택법」 제15조에 따라 승인받은 해당 순환용주택의 공급 목적에 맞게 국토교통부장관이 정하는 바에 따라 분양하거나 임대하여야 한다. <개정 2013.3.23., 2016.8.11.>
② 제1항에 따라 임대용 순환용주택을 임차하려는 사람은 「민간임대주택에 관한 특별법」에 따른 민간임대주택 또는 「공공주택 특별법」에 따른 공공임대주택(이하 "임대주택"이라 한다)의 입주자 자격 요건을 갖추어야 한다. <개정 2015.12.28.>
③ 환지 대상자가 법 제21조의2제3항에 따라 순환용주택에 계속 거주하기를 희망하는 경우에는 해당 토지 소유자가 도시개발구역에 소유하고 있는 종전의 토지 중 주택에 부속되는 토지에 대하여 법 제41조에 따라 금전으로 청산하고, 환지 대상에서 제외할 수 있다.
[본조신설 2012.3.26.]

제43조의3(임대주택 건설용지 등의 조성 또는 공급) ① 시행자는 법 제21조의3제1항에 따라 임대주택 건설용지를 조성·공급하거나 임대주택을 건설·공급할 때에는 도시개발사업의 방식과 해당 지역의 임대주택 재고상황 등을 고려하여 임대주택 건설용지 조성계획 또는 임대주택 건설계획을 수립하여야 한다.
② 시행자는 제1항에도 불구하고 다음 각 호의 어느 하나에 해당하는 경우에는 임대주택 건설용지 조성계획 또는 임대주택 건설계획을 수립하지 아니할 수 있다. <개정 2012.7.17.>
1. 도시개발구역 면적이 10만제곱미터 미만이거나 수용예정인구가 3천명 이하(도시개발구역 전부를 환지 방식으로 시행하는 경우에는 도시개발구역 면적이 30만제곱미터 미만이거나 수용예정인구가 5천명 이하)인 경우
2. 도시개발사업으로 건설·공급되는 주거전용면적 60제곱미터 이하 공동주택의 수용예정인구가 도시개발구역 전체 수용예정인구의 100분의 40(수도권과 광역시 지역은 100분의 50) 이상인 경우
3. 제1항에 따라 계획된 임대주택이 50세대 미만인 경우
③ 시행자는 제1항에 따라 임대주택 건설계획을 수립하기 위하여 필요한 경우에는 특별시장·광역시장·특별자치도지사·시장·군수에게 해당 지역의 임대주택 재고상황에 대한 자료를 요청할 수 있다.
④ 제1항에 따른 임대주택 건설계획의 수립에 관한 구체적인 기준은 국토교통부장관이 정하여 고시한다. <개정 2013.3.23.>
[본조신설 2012.3.26.]

제43조의4(임대주택 건설용지 등의 인수 절차 및 방법) ① 법 제21조의3제3항에 따른 임대주택 건설용지 또는 임대주택의 인수 방법, 시기 및 하자 보수 등에 필요한 사항은 시행자와 임대주택 건설용지 또는 임대주택을 인수할 자가 협의하여 결정한다.
② 제1항에 따른 임대주택 건설용지의 인수가격은 다음 각 호에 따라 산정한 금액으로 하고, 건설된 임대주택을 인수하는 경우의 건축비는 「공공주택 특별법 시행령」 제54조제5항에 따라 정해진 분양전환가격의 산정기준 중 건축비로 한다. 이 경우 임대주택 건설용지의 가격과 건축비에 가산할 항목은 시행자와 인수자가 협의하여 정할 수 있다. <개정 2015.12.28., 2016.8.31.>
1. 「공공주택 특별법 시행령」 제54조제1항제1호부터 제3호까지의 임대주택 건설용지: 「감정평가 및 감정평가사에 관한 법률」에 따른 감정평가업자(이하 "감정평가업자"라 한다)가 평가한 금액을 산술평균한 금액(이하 "감정가격"이라 한다)의 100분의 80
2. 「공공주택 특별법 시행령」 제54조제1항제4호 및 제5호의 임대주택 건설용지: 감정가격의 100분의 90
3. 제1호 및 제2호 외의 임대주택 건설용지: 감정가격
③ 지정권자는 제1항 및 제2항에 따른 임대주택 건설용지 등의 인수 등에 대한 협의가 이루어지지 아니한 경우에는 필요한 권고 등을 할 수 있다.
[본조신설 2012.3.26.]

제43조의5(임대주택의 공급조건 등) ① 법 제21조의3제4항에 따른 임차인의 선정은 임대주택 공급 신청 당시 무주택자(해당 도시개발사업으로 철거되는 주택은 소유하지 아니한 것으로 본다) 중에서 다음의 각 호에 따른 순위로 선정한다. 다만, 같은 순위에서 경

쟁이 발생하는 경우에는 추첨으로 임차인을 선정한다.

1. 1순위: 제11조제2항에 따른 공람 공고일 이전부터 법 제22조제2항에 따라 준용되는 「공익사업을 위한 토지 등의 취득 및 보상에 관한 법률」 제15조제1항에 따른 보상계획 공고일(이하 이 조에서 "보상계획 공고일"이라 한다) 또는 법 제29조제3항에 따른 환지 계획 공고일(이하 이 조에서 "환지 계획 공고일"이라 한다)까지 해당 도시개발구역에 거주하는 세입자
2. 2순위: 제11조제2항에 따른 공고일 이전부터 보상계획 공고일 또는 환지 계획 공고일까지 해당 도시개발구역에 거주하는 주택의 소유자. 다만, 환지 방식이 적용되는 지역의 경우에는 주거용도의 토지 또는 주택으로 환지를 받지 아니한 사람 중에서 해당 도시개발사업으로 주거지를 상실하는 사람으로 한정한다.
3. 3순위: 해당 도시개발구역 밖의 기반시설 설치로 인하여 주거지를 상실한 자

② 제1항에 따른 임대주택 공급의 임대보증금 및 임대료는 임대주택 공급자가 시장·군수·구청장과 협의하여 결정한다.

③ 제1항에 따라 임대주택을 공급한 이후 잔여세대 또는 임대주택 입주자의 퇴거로 발생한 공가(空家)세대의 입주자 선정에 대해서는 「민간임대주택에 관한 특별법」 또는 「공공주택 특별법」에 따른다. <개정 2015.12.28.>
[본조신설 2012.3.26.]

제43조의6(분쟁조정위원회 구성 등) 법 제21조의4제1항 단서에 따라 「도시 및 주거환경정비법」 제77조의2에 따른 도시분쟁조정위원회가 법 제21조의4제1항 본문에 따른 도시개발사업분쟁조정위원회의 기능을 대신하는 경우는 「도시 및 주거환경정비법」 제77조의2에 따른 도시분쟁조정위원회의 위원 중 다음 각 호의 어느 하나에 해당하는 사람이 2명 이상 위원으로 참여하는 경우로 한다.

1. 해당 시·군·구의 도시개발사업 관련 업무에 종사하는 5급 이상 공무원
2. 대학이나 연구기관에서 부교수 이상 또는 이에 상당하는 직에 재직하고 있는 자
3. 변호사, 감정평가사 및 공인회계사
4. 도시계획기술사, 건축사(입체 환지를 시행하는 경우로 한정한다) 및 3년 이상 환지설계 업무에 종사한 자(환지 방식을 시행하는 경우로 한정한다)

[본조신설 2012.3.26.]

제2절 수용 또는 사용의 방식에 의한 사업 시행

제44조(동의자 수의 산정방법 등) 법 제22조제1항 단서에 따른 동의자 수의 산정방법 등에 관하여는 제6조제4항부터 제7항까지의 규정을 준용한다. <개정 2012.3.26.>

제45조(토지상환채권의 발행규모) 법 제23조제1항에 따른 토지상환채권(이하 "토지상환채권"이라 한다)의 발행규모는 그 토지상환채권으로 상환할 토지·건축물이 해당 도시개발사업으로 조성되는 분양토지 또는 분양건축물 면적의 2분의 1을 초과하지 아니하도록 하여야 한다.

제46조(토지상환채권의 보증기관) 법 제23조제1항 단서에서 "대통령령으로 정하는 금융기관 등"이란 「은행법」 제2조제1항제2호에 따른 은행(이하 "은행"이라 한다), 「보험업법」에 따른 보험회사 및 「건설산업기본법」 제54조에 따른 공제조합을 말한다. <개정 2010.11.15., 2015.11.4.>

제47조(토지상환채권의 발행계획) 법 제23조제2항에 따른 토지상환채권의 발행계획에는 다음 각 호의 사항이 포함되어야 한다.

1. 시행자의 명칭
2. 토지상환채권의 발행총액
3. 토지상환채권의 이율
4. 토지상환채권의 발행가액 및 발행시기
5. 상환대상지역 또는 상환대상토지의 용도
6. 토지가격의 추산방법
7. 보증기관 및 보증의 내용(법 제11조제1항제5호부터 제11호까지의 규정에 해당하는 자가 발행하는 경우에만 해당한다)

제48조(토지상환채권의 발행공고) 시행자가 토지상환채권을 발행하는 경우에는 토지상환채권의 명칭과 제47조 각 호의 사항을 공고하여야 한다.

제49조(토지상환채권의 발행조건 등) ① 토지상환채권의 이율은 발행당시의 은행의 예금금리 및 부동산 수급상황을 고려하여 발행자가 정한다. <개정 2010.11.15.>
② 토지상환채권은 기명식(記名式) 증권으로 한다.

제50조(토지상환채권의 청약 등) 토지상환채권으로 토지등의 매각대금을 받으려는 자(이하 "청약자"라 한다)는 다음 각 호의 사항을 기재한 토지상환채권 청약서 2통을 작성하여 시행자에게 제출하여야 한다.
1. 사업의 명칭
2. 청약자의 성명(법인인 경우에는 법인의 명칭 및 대표자의 성명)·주소
3. 청약자 소유의 토지등의 명세
4. 청약자가 토지등의 매각대금으로 받는 금액
5. 토지상환채권으로 받으려는 금액

제51조(토지상환채권의 기재사항) 토지상환채권에는 다음 각 호의 사항을 기재하고 발행자가 기명날인하여야 한다.
1. 제47조제1호 및 제3호부터 제6호까지의 사항
2. 토지상환채권의 번호
3. 토지상환채권의 발행연월일

제52조(토지상환채권원부의 비치) 토지상환채권의 발행자는 주된 사무소에 다음 각 호의 사항을 기재한 토지상환채권원부(이하 "토지상환채권원부"라 한다)를 비치하여야 한다.
1. 토지상환채권의 번호
2. 토지상환채권의 발행연월일
3. 제47조제2호부터 제6호까지의 사항
4. 토지상환채권 소유자의 성명 및 주소
5. 토지상환채권의 취득연월일

제53조(토지상환채권의 이전 등) ① 토지상환채권을 이전하는 경우 취득자는 그 성명과 주소를 토지상환채권원부에 기재하여 줄 것을 요청하여야 하며, 취득자의 성명과 주소가 토지상환채권에 기재되지 아니하면 취득자는 발행자 및 그 밖의 제3자에게 대항하지 못한다.
② 토지상환채권을 질권의 목적으로 하는 경우에는 질권자의 성명과 주소가 토지상환채권원부에 기재되지 아니하면 질권자는 발행자 및 그 밖의 제3자에게 대항하지 못한다.
③ 발행자는 제2항에 따라 질권이 설정된 때에는 토지상환채권에 그 사실을 표시하여야 한다.

제54조(토지상환채권의 소유자에 대한 통지) 토지상환채권의 소유자에 대한 통지 또는 최고는 토지상환채권원부에 기재된 주소로 하여야 한다. 다만, 토지상환채권의 소유자가 토지상환채권의 발행자에게 따로 주소를 알린 경우에는 그 주소로 하여야 한다.

제55조(선수금) ① 법 제25조에 따라 선수금을 받으려는 시행자는 다음 각 호의 구분에 따른 요건을 갖추어 지정권자의 승인을 받아야 한다. <개정 2008.12.31., 2015.11.4., 2017.12.5.>
1. 법 제11조제1항제1호부터 제4호까지 및 제11호(법 제11조제1항제1호부터 제4호까지의 규정에 해당하는 자가 출자한 경우에만 해당한다)에 해당하는 시행자: 개발계획을 수립·고시한 후에 사업시행 토지면적의 100분의 10 이상의 토지에 대한 소유권을 확보할 것(사용동의를 포함한다). 다만, 실시계획인가를 받기 전에 선수금을 받으려는 경우에는 「환경영향평가법」에 따른 환경영향평가 및 「도시교통정비 촉진법」에 따른 교통영향분석·개선대책을 수립하여 「국토의 계획 및 이용에 관한 법률」 제2조제6호에 따른 기반시설 투자계획이 구체화된 경우로 한정한다.
2. 법 제11조제1항제5호부터 제9호까지 및 제11호(법 제11조제1항제1호부터 제4호까지의 규정에 해당하는 자가 출자한 경우는 제외한다)에 해당하는 시행자: 해당 도시개발구역에 대하여 실시계획인가를 받은 후 다음 각 목의 요건을 모두 갖출 것
   가. 공급하려는 토지에 대한 소유권을 확보하고, 해당 토지에 설정된 저당권을 말소하였을 것. 다만, 부득이한 사유로 토지소유권을 확보하지 못하였거나 저당권을 말소하지 못한 경우에는 시행자·토지소유자 및 저당권자가 다음 내용의 공동약정서를 공증하여 제출하여야 한다.
      1) 토지소유자는 제3자에게 해당 토지를 양도하거나 담보로 제공하지 아니할 것

2) 선수금을 납부한 자가 법 제50조에 따른 준공검사 또는 법 제53조에 따른 준공 전 사용허가를 받아 해당 토지를 사용하게 되는 경우에는 토지소유자 및 저당권자는 지체 없이 소유권을 이전하고, 저당권을 말소할 것

나. 공급하려는 토지에 대한 도시개발사업의 공사 진척률이 100분의 10 이상일 것

다. 공급계약의 불이행 시 선수금의 환불을 담보하기 위하여 다음의 내용이 포함된 보증서 등(「국가를 당사자로 하는 계약에 관한 법률 시행령」 제37조제2항에 따른 지급보증서, 증권, 보증보험증권, 정기예금증서 및 수익증권 등을 말한다. 이하 같다)을 지정권자에게 제출할 것. 다만, 2)의 경우 그 사업기간을 연장하는 때에는 당초의 보증 또는 보험의 기간에 그 연장하려는 기간을 가산한 기간을 보증 또는 보험의 기간으로 하는 보증서 등을 제출하여야 한다.

1) 보증 또는 보험의 금액은 선수금에 그 금액에 대한 보증 또는 보험기간에 해당하는 약정 이자 상당액을 가산한 금액 이상으로 할 것

2) 보증 또는 보험 기간의 개시일은 선수금을 받는 날 이전이어야 하며, 그 종료일은 준공예정일부터 1개월 이상으로 할 것

② 시행자는 공사완료 공고 전에 미리 토지를 공급하거나 시설물을 이용하게 한 후에는 그 토지를 담보로 제공하여서는 아니 된다.

③ 지정권자는 시행자가 공급계약의 내용대로 사업을 이행하지 아니하거나 시행자의 파산 등(「채무자 회생 및 파산에 관한 법률」에 따른 법원의 결정·인가를 포함한다)으로 사업을 이행할 능력이 없다고 인정하는 경우에는 해당 도시개발사업의 준공 전에 보증서 등을 선수금의 환불을 위하여 사용할 수 있다.

제55조의2(원형지의 공급과 개발 절차 등) ① 시행자는 법 제25조의2제1항 전단에 따라 원형지 공급과 개발을 위하여 지정권자의 승인을 받으려는 경우에는 원형지 공급 승인신청서에 다음 각 호의 서류를 첨부하여 지정권자에게 제출하여야 한다.

1. 공급대상 토지의 위치·면적 및 공급목적
2. 원형지개발자에 관한 사항
3. 원형지 인구수용 계획, 토지이용 계획, 교통처리 계획, 환경보전 계획, 주요 기반시설의 설치 계획 및 그 밖의 원형지 사용계획 등을 포함하는 원형지 개발계획
4. 원형지 사용조건
5. 예상 공급가격 및 주요 계약조건
6. 그 밖에 지정권자가 사업의 특성상 필요하다고 인정하는 사항으로서 시행자와 협의하여 정하는 사항

② 제1항에 따른 승인신청서를 제출받은 지정권자는 법 제4조에 따라 개발계획을 수립한 후 원형지 공급을 승인할 수 있다.

③ 법 제25조의2제6항 본문에서 "대통령령으로 정하는 기간"이란 다음 각 호의 기간 중 먼저 끝나는 기간을 말한다.

1. 원형지에 대한 공사완료 공고일부터 5년
2. 원형지 공급 계약일부터 10년

④ 법 제25조의2제6항 단서에서 "대통령령으로 정하는 경우"란 다음 각 호의 용지로 원형지를 사용하는 경우를 말한다.

1. 기반시설 용지
2. 임대주택 용지
3. 그 밖에 원형지개발자가 직접 조성하거나 운영하기 어려운 시설의 설치를 위한 용지

⑤ 시행자는 법 제25조의2제8항 각 호의 어느 하나에 해당하는 사유가 발생한 경우에 원형지개발자에게 2회 이상 시정을 요구하여야 하고, 원형지개발자가 시정하지 아니한 경우에는 원형지 공급계약을 해제할 수 있다. 이 경우 원형지개발자는 시행자의 시정요구에 대하여 의견을 제시할 수 있다.

⑥ 법 제25조의2제9항에 따른 원형지개발자의 선정은 수의계약의 방법으로 한다. 다만, 법 제25조의2제1항제5호에 해당하는 원형지개발자의 선정은 경쟁입찰의 방식으로 하며, 경쟁입찰이 2회 이상 유찰된 경우에는 수의계약의 방법으로 할 수 있다.

⑦ 법 제25조의2제9항에 따른 원형지 공급가격은 개발계획이 반영된 원형지의 감정가격에 시행자가 원형지에 설치한 기반시설 등의 공사비를 더한 금액을 기준으로 시행자와 원형지개발자가 협의하여 결정한다.

⑧ 법 제25조의2제9항에 따른 시행자와 원형지개발자의 업무범위는 공급계약에서 정하되, 시행자는 원형지 조성을 위한 인·허가 등의 신청 등 관계 법령에 따른 업무를 담당한다.

[본조신설 2012.3.26.]

제56조(조성토지등의 공급 계획의 내용) 법 제26조제1항에 따른 도시개발사업으로 조성된 토지·건축물 또는 공작물 등(이하 "조성토지등"이라 한다)의 공급 계획에는 다음 각 호의 사항이 포함되어야 한다. <개정 2012.3.26., 2013.3.23.>

1. 공급대상 조성토지등의 위치·면적 및 가격결정방법
2. 공급대상자의 자격요건 및 선정방법
3. 공급의 시기·방법 및 조건
4. 법 제11조제1항제5호, 제7호부터 제9호까지, 제9호의2, 제10호 및 제11호(같은 항 제1호부터 제4호까지의 규정에 해당하는 자가 100분의 50을 초과하여 출자한 경우는 제외한다)에 해당하는 시행자의 경우 토지 소유 현황. 이 경우 시행자가 「공익사업을 위한 토지 등의 취득 및 보상에 관한 법률」 제28조에 따라 재결을 신청한 토지 및 법 제66조에 따라 시행자에게 무상귀속되는 토지는 시행자가 소유한 것으로 본다.
5. 시행자(해당 도시개발사업의 시행을 목적으로 설립된 법인의 경우에는 출자자를 포함한다)가 직접 건축물을 건축하여 사용하거나 공급하려고 계획한 토지의 현황
6. 그 밖에 국토교통부령으로 정하는 사항

[시행일:2012.7.18.] 제56조제4호 중 법 제11조제1항제9호의2, 제10호 및 제11호와 관련된 부분

제57조(조성토지등의 공급방법 등) ① 시행자는 조성토지등을 법 제18조에 따라 고시된 실시계획(지구단위계획을 포함한다)에 따라 공급하여야 한다. 이 경우 시행자는 「국토의 계획 및 이용에 관한 법률」 제2조제6호에 따른 기반시설의 원활한 설치를 위하여 필요하면 공급대상자의 자격을 제한하거나 공급조건을 부여할 수 있다. <개정 2012.3.26.>

② 조성토지등의 공급은 경쟁입찰의 방법에 따른다. <개정 2017.12.5.>

③ 제2항에도 불구하고 제1호부터 제3호까지의 어느 하나에 해당하는 토지는 추첨의 방법으로 분양할 수 있다. 다만, 법 제11조제1항제1호부터 제4호까지의 규정에 따른 시행자가 제1호의 토지 중 임대주택 건설용지를 공급하는 경우에는 추첨의 방법으로 분양하여야 한다. <신설 2017.12.5.>

1. 「주택법」 제2조제6호에 따른 국민주택규모 이하의 주택건설용지
2. 「주택법」 제2조제24호에 따른 공공택지
3. 국토교통부령으로 정하는 면적 이하의 단독주택용지 및 공장용지

④ 시행자가 제2항 및 제3항에 따라 조성토지등을 공급하려면 다음 각 호의 사항을 공고하여야 한다. 다만, 공급대상자가 특정되어 있거나 자격이 제한되어 있는 경우로서 개별통지를 한 경우에는 그러하지 아니하다. <개정 2017.12.5.>

1. 시행자의 명칭 및 주소와 대표자의 성명
2. 토지의 위치·면적 및 용도(토지사용에 제한이 있는 경우에는 그 제한내용을 포함한다)
3. 공급의 방법 및 조건
4. 공급가격 또는 공급가격결정방법
5. 공급대상자의 자격요건 및 선정방법
6. 공급신청의 기간 및 장소
7. 그 밖에 시행자가 필요하다고 인정하는 사항

⑤ 시행자는 다음 각 호의 어느 하나에 해당하는 경우에는 제2항 및 제3항에도 불구하고 수의계약의 방법으로 조성토지등을 공급할 수 있다. <개정 2009.6.30., 2012.3.26., 2013.3.23., 2015.11.4., 2017.12.5.>

1. 학교용지, 공공청사용지 등 일반에게 분양할 수 없는 공공용지를 국가, 지방자치단체, 그 밖의 법령에 따라 해당 시설을 설치할 수 있는 자에게 공급하는 경우

1의2. 임대주택 건설용지를 다음 각 목에 해당하는 자가 단독 또는 공동으로 총지분의 100분의 50을 초과하여 출자한 「부동산투자회사법」 제2조제1호에 따른 부동산투자회사에 공급하는 경우
   가. 국가나 지방자치단체
   나. 한국토지주택공사
   다. 주택사업을 목적으로 설립된 지방공사

2. 법 제18조제1항 전단에 따라 고시한 실시계획에 따라 존치하는 시설물의 유지관리에 필요한 최소한의 토지를 공급하는 경우
3. 「공익사업을 위한 토지 등의 취득 및 보상에 관한 법률」에 따른 협의를 하여 그가 소유하는 도시개발구역 안의 조성토지등의 전부를 시행자에게 양도한 자에게 국토교통부령으로 정하는 기준에 따라 토지를 공급하는 경우

4. 토지상환채권에 의하여 토지를 상환하는 경우
5. 토지의 규모 및 형상, 입지조건 등에 비추어 토지이용가치가 현저히 낮은 토지로서, 인접 토지 소유자 등에게 공급하는 것이 불가피하다고 시행자가 인정하는 경우
6. 법 제11조제1항제1호부터 제4호까지의 규정에 해당하는 시행자가 도시개발구역에서 도시발전을 위하여 복합적이고 입체적인 개발이 필요하여 국토교통부령으로 정하는 절차와 방법에 따라 선정된 자에게 토지를 공급하는 경우

6의2. 산업통상자원부장관이 「외국인투자 촉진법」 제27조에 따른 외국인투자위원회의 심의를 거쳐 같은 법 제2조제6호에 따른 외국인투자기업에게 수의계약을 통하여 조성토지등을 공급할 필요가 있다고 인정하는 경우. 다만, 2009년 7월 1일부터 2011년 6월 30일까지 공급되는 조성토지등만 해당한다

6의3. 대행개발사업자가 개발을 대행하는 토지를 해당 대행개발사업자에게 공급하는 경우

7. 제2항 및 제3항에 따른 경쟁입찰 또는 추첨의 결과 2회 이상 유찰된 경우
8. 그 밖에 관계 법령의 규정에 따라 수의계약으로 공급할 수 있는 경우

⑥ 조성토지등의 가격 평가는 감정가격으로 한다. <개정 2012.3.26., 2017.12.5.>

⑦ 제2항에 따른 경쟁입찰의 경우 최고가격으로 입찰한 자를 낙찰자로 한다. 이 경우 경쟁입찰 대상 토지가 「건축법 시행령」 별표 1 제2호의 공동주택과 주거용 외의 용도가 복합된 건축물(다수의 건축물이 일체적으로 연결된 하나의 건축물을 포함한다)을 건축하기 위한 토지인 때에는 경쟁입찰 대상 토지의 면적에 주거용 외의 용도에 해당하는 비율(실시계획에 포함된 지구단위계획상의 비율을 말하며, 건축물의 연면적 대비 비율로 산정한다)을 곱하여 산정된 면적(이하 이 항에서 "상업면적"이라 한다)에 대하여 최고가격으로 입찰한 자를 낙찰자로 하며, 상업면적에 대하여는 낙찰가격을, 상업면적 외에 대하여는 감정가격을 각각 적용하여 산정한 가격을 합한 가격을 해당 토지의 공급가격으로 한다. <개정 2012.3.26., 2017.12.5.>

⑧ 제1항부터 제7항까지에서 규정한 사항 외에 조성토지등의 매각방법 등에 관하여 그 밖에 필요한 사항은 국토교통부장관이 정하여 고시한다. <개정 2013.3.23., 2017.12.5.>

제58조(조성토지등의 공급가격) ① 법 제27조제1항에서 "대통령령으로 정하는 시설"이란 다음 각 호의 시설을 말한다. <개정 2009.6.30., 2011.4.6., 2011.12.30., 2012.3.26., 2013.3.23., 2016.8.11.>

1. 공공청사(2013년 12월 31일까지는 정부가 납입자본금 전액을 출자한 법인의 주된 사무소를 포함한다)
2. 사회복지시설(행정기관 및 「사회복지사업법」에 따른 사회복지법인이 설치하는 사회복지시설을 말한다). 다만, 「사회복지사업법」에 따른 사회복지시설의 경우에는 유료시설을 제외한 시설로서 관할 지방자치단체의 장의 추천을 받은 경우로 한정한다.
3. 「국토의 계획 및 이용에 관한 법률 시행령」 별표 17 제2호차목에 해당하는 공장. 다만, 해당 도시개발사업으로 이전되는 공장의 소유자가 설치하는 경우로 한정한다)
4. 임대주택
5. 「주택법」 제2조제6호에 따른 국민주택 규모 이하의 공동주택. 다만, 법 제11조제1호부터 제4호까지의 규정에 따른 시행자가 국민주택 규모 이하의 공동주택을 건설하려는 자에게 공급하는 경우로 한정한다.

5의2. 「관광진흥법」 제3조제1항제2호가목에 따른 호텔업 시설. 다만, 법 제11조제1항제1호부터 제4호까지의 규정에 따른 시행자가 200실 이상의 객실을 갖춘 호텔의 부지로 토지를 공급하는 경우로 한정한다.

6. 그 밖에 「국토의 계획 및 이용에 관한 법률」 제2조제6호에 따른 기반시설로서 국토교통부령으로 정하는 시설

② 삭제 <2014.11.4.>

③ 법 제27조에 따라 감정가격 이하로 조성토지등을 공급할 수 있는 시설에 대한 공급가격의 기준 등에 관하여 필요한 사항은 국토교통부장관이 정하여 고시한다. <개정 2012.3.26., 2013.3.23., 2016.8.16.>

제3절 환지방식에 의한 사업시행

제59조(공인평가기관) 법 제28조제3항에서 "대통령령으로 정하는 공인평가기관"이란 감정평가업자를 말한다.

제60조(환지 계획의 변경) ① 법 제29조제2항 단서에서 "대통령령으로 정하는 경미한 사항을 변경하는 경우"란 다음 각 호의 경우를 말한다. <개정 2013.3.23., 2015.6.1.>
1. 종전 토지의 합필 또는 분필로 환지명세가 변경되는 경우
2. 토지 또는 건축물 소유자(체비지인 경우에는 시행자 또는 체비지 매수자를 말한다)의 동의에 따라 환지 계획을 변경하는 경우. 다만, 다른 토지 또는 건축물 소유자에 대한 환지 계획의 변경이 없는 경우로 한정한다.
3. 「공간정보의 구축 및 관리 등에 관한 법률」 제2조제4호에 따른 지적측량의 결과를 반영하기 위하여 환지 계획을 변경하는 경우
4. 환지로 지정된 토지나 건축물을 금전으로 청산하는 경우
5. 그 밖에 국토교통부령으로 정하는 경우

② 삭제 <2014.11.4.>
[전문개정 2012.3.26.]

제61조(관계서류의 공람) ① 법 제29조제3항 본문에 따라 일반에게 공람시켜야 하는 관계 서류의 사본은 다음 각 호와 같다.
1. 환지계획의 수립기준
2. 삭제 <2015.11.4.>
3. 삭제 <2015.11.4.>
4. 실시계획 인가도면, 환지계획 도면 및 환지계획 수립 전의 지적도

② 시행자는 제1항에 따라 공람을 실시하려는 때에는 공람 장소·방법 등에 관한 사항을 인터넷 홈페이지 등을 이용하여 일반인에게 알리고 14일 이상 공람할 수 있게 하여야 한다. <신설 2010.6.29.>
③ 법 제29조제3항 단서에서 "대통령령으로 정하는 경미한 사항을 변경하는 경우"란 제60조제1항 각 호의 어느 하나에 해당하는 경우를 말한다. <개정 2010.6.29., 2014.11.4.>

제62조(과소 토지의 기준) ① 법 제31조제2항에서 "대통령령으로 정하는 범위"란 「건축법 시행령」 제80조에서 정하는 면적을 말한다. 이 경우 과소 토지 여부의 판단은 권리면적(토지 소유자가 환지 계획에 따라 환지가 이루어질 경우 도시개발사업으로 조성되는 토지에서 받을 수 있는 토지의 면적을 말한다. 이하 이 조에서 같다)을 기준으로 한다.
② 다음 각 호의 어느 하나에 해당하는 경우에는 제1항에도 불구하고 과소 토지의 기준이 되는 면적을 국토교통부장관이 정하는 바에 따라 규약·정관 또는 시행규정에서 따로 정할 수 있다. <개정 2013.3.23.>
1. 기존 건축물이 없는 경우
2. 환지로 지정할 토지의 필지수가 도시개발사업으로 조성되는 토지의 필지수보다 많은 경우
3. 환지 계획에 따라 도시개발사업으로 조성되는 토지에 대한 지구단위계획에서 정하는 획지(劃地)의 최소 규모가 제1항에 따른 면적보다 큰 경우
4. 제43조제2항제2호에 따른 미분할 혼용방식으로 사업을 시행하는 경우
5. 그 밖에 시행자가 환지 계획상 제1항에 따른 면적을 기준으로 하여 환지하기 곤란하다고 인정하는 토지

③ 제1항 및 제2항에서 규정한 사항 외에 권리면적의 산정 방법 등 과소 토지 기준의 산정 등에 필요한 세부적인 사항은 국토교통부장관이 정하여 고시한다. <개정 2013.3.23.>
[전문개정 2012.3.26.]

제62조의2(입체 환지 신청을 위한 통지사항 등) ① 법 제32조제1항 단서에서 "대통령령으로 정하는 기준 이하"란 입체 환지를 신청하는 자의 종전 소유 토지 및 건축물의 권리가액(환지 계획상 환지 후 조성토지등에 대하여 종전의 토지 및 건축물 소유자가 얻을 수 있는 권리의 가액을 말한다. 이하 이 조에서 같다)이 도시개발사업으로 조성되는 토지에 건축되는 구분건축물의 최소 공급 가격의 100분의 70 이하인 경우를 말한다. 이 경우 구분건축물의 최소 공급 가격은 법 제28조제3항에 따라 결정된 가격에 따른다.
② 제1항에도 불구하고 환지 전 토지에 주택을 소유하고 있던 토지 소유자는 권리가액과 관계없이 법 제32조에 따른 입체 환지를 신청할 수 있다.

③ 법 제32조제3항에서 "대통령령으로 정하는 사항"이란 다음 각 호의 사항을 말한다.
1. 환지 계획 기준
2. 환지 전 토지·건축물의 용도·규모 등 상세내역 및 평가가액
3. 입체 환지로 공급되는 건축물의 위치·용도·규모 등 상세내역 및 평가가액
4. 입체 환지 신청의 기간, 장소, 절차 및 방법
5. 그 밖에 규약·정관 또는 시행규정에서 정하는 사항

④ 법 제32조제5항 및 제32조의3제1항에 따라 입체 환지를 신청하려는 토지 또는 건축물(무허가 건축물은 제외한다)의 소유자는 입체 환지로 공급받으려는 건축물의 유형, 규모 및 우선순위를 선택하고 입체 환지를 신청하여야 한다.
⑤ 제4항에 따른 입체 환지의 신청 및 주택의 공급에 필요한 사항은 국토교통부령으로 정한다. <개정 2013.3.23.>
[본조신설 2012.3.26.]

제62조의3(입체 환지에 따른 주택 등 건축물의 공급방법 및 절차) ① 시행자는 법 제32조의3제1항에 따라 입체 환지에 따른 주택 등을 공급하고 남은 건축물은 일반에게 공급하되, 환지대상에서 제외되어 도시개발사업으로 새로 조성된 토지를 환지받지 못하고 법 제41조에 따라 금전으로 청산을 받은 자 또는 도시개발사업으로 철거되는 건축물의 세입자에게 우선적으로 공급할 수 있다.
② 시행자는 제1항에 따라 주택 등을 공급하고, 남은 건축물 등을 토지 소유자 외의 자에게 분양하는 경우에는 국토교통부령으로 정하는 바에 따라 분양공고 등을 실시하여 공급하여야 한다. <개정 2013.3.23.>
[본조신설 2012.3.26.]

제62조의4(환지 예정지 지정 전 토지 사용) ① 법 제36조의2제1항제4호에서 "대통령령으로 정하는 경우"란 다음 각 호의 어느 하나에 해당하는 경우를 말한다.
1. 토지 소유자가 건축물을 신축하여 해당 지역을 입체적으로 개발하려는 경우. 다만, 기존 건축물이나 시설이 이전 또는 철거된 토지로 한정한다.
2. 공원 등 기반시설을 설치하려는 목적으로 토지를 소유하거나 매입한 경우

② 법 제36조의2제2항제3호에 따라 예치하는 보증금은 제1호의 가격에서 제2호의 가격을 뺀 금액으로 한다. <개정 2012.7.17.>
1. 사용하려는 토지의 도시개발 사업 완료 시 예상되는 감정가격
2. 토지를 사용하려는 자가 도시개발구역에 소유하고 있는 전체 토지의 도시개발사업 실시 전 감정가격의 100분의 60

[본조신설 2012.3.26.]

제63조(장애물 등의 이전 및 제거) ① 법 제38조제1항 전단에서 "대통령령으로 정하는 시설"이란 「국토의 계획 및 이용에 관한 법률」 제2조제6호에 따른 기반시설을 말한다.
② 법 제38조제2항에서 "동절기 등 대통령령으로 정하는 시기"란 다음 각 호의 어느 하나에 해당하는 시기를 말한다. <신설 2010.6.29.>
1. 동절기(12월 1일부터 다음 해 2월 말일까지를 말한다)
2. 일출 전과 일몰 후
3. 해당 지역에 「기상법 시행령」 제8조제2항제1호부터 제7호까지의 규정에 따른 기상특보가 발표된 때
4. 「재난 및 안전관리기본법」 제3조에 따른 재난이 발생한 때
5. 제1호부터 제4호까지에 준하는 시기로서 특별자치도지사·시장·군수 또는 구청장이 점유자의 보호를 위하여 필요하다고 인정하는 시기

③ 법 제38조제3항 단서에 따른 공고는 관보 또는 해당 도시개발구역이 있는 해당 지방자치단체를 주된 보급지역으로 하는 일간신문에 하여야 하며, 시행자는 그 공고의 내용을 시행지구의 적당한 장소에 게시하여야 한다. <개정 2010.6.29.>
④ 법 제38조제4항 단서에서 "대통령령으로 정하는 경미한 이전 또는 철거"란 창고, 차고, 그 밖의 이와 유사한 것의 이전 또는 차양, 옥외계단, 그 밖에 이와 유사한 것의 철거를 말한다. <개정 2010.6.29.>

제64조(환지방식에 의한 공사완료의 공고) ① 법 제40조제1항에 따른 공사완료의 공고는 관보 또는 공보에 하여야 한다.
② 제1항에 따른 공고에는 다음 각 호의 사항이 포함되어야 한다.

1. 사업의 명칭
2. 시행자
3. 시행기간
4. 개발계획에 따른 공종별 공사시행내역

③ 시행자는 제1항에 따른 공고를 한 때에는 다음 각 호의 서류를 14일 이상 일반에게 공람시켜야 한다.
1. 제2항 각 호의 사항을 기재한 서류
2. 공사설계서 및 관련 도면

제65조(환지처분의 기간) 법 제40조제4항에서 "대통령령으로 정하는 기간"이란 60일 이내를 말한다.

제66조(환지처분의 공고) ① 법 제40조제5항에 따른 환지처분의 공고는 관보 또는 공보에 하여야 한다.
② 제1항에 따른 공고에는 다음 각 호의 사항이 포함되어야 한다.
1. 사업의 명칭
2. 시행자
3. 시행기간
4. 환지처분일
5. 사업비 정산내역
6. 체비지 매각대금과 보조금, 그 밖에 사업비의 재원별 내역

제66조의2(조성토지등의 공급가격) 법 제44조제3항에서"대통령령으로 정하는 시설"이란 제58조제1항제1호, 제2호, 제4호 및 제6호의 시설을 말한다.
[본조신설 2012.3.26.]

제67조(감가보상 기준) 법 제45조에 따라 감가보상금으로 지급하여야 할 금액은 도시개발사업 시행 후의 토지가액의 총액과 시행 전의 토지가액의 총액과의 차액을 시행 전의 토지가액의 총액으로 나누어 얻은 수치에 종전의 토지 또는 그 토지에 대하여 수익할 수 있는 권리의 시행 전의 가액을 곱한 금액으로 한다.

제68조(청산금의 징수 및 교부) ① 법 제46조제2항에 따라 청산금을 분할징수하거나 분할교부하려는 경우에는 청산금액에 규약·정관 또는 시행규정에서 정하는 이자율을 곱하여 산출된 금액을 이자로 징수하거나 교부할 수 있다.
② 제1항에서 규정한 사항 외에 청산금의 분할징수 또는 분할교부에 관하여 규약·정관 또는 시행규정에서 정하는 바에 따른다.

제4절 준공검사 등

제69조(공사 완료의 공고) ① 법 제51조에 따른 공사 완료의 공고는 관보 또는 공보에 하여야 한다.
② 제1항에 따른 공고에는 다음 각 호의 사항이 포함되어야 한다.
1. 사업의 명칭
2. 시행자
3. 사업시행지의 위치
4. 사업시행지의 면적 및 용도별 면적
5. 준공일자
6. 주요 시설물의 처분에 관한 사항

제70조(준공 전 사용허가) ① 시행자는 법 제53조 단서에 따라 조성토지등(법 제32조에 따라 입체 환지로 지정된 건축물을 포함한다)을 준공 전에 사용하려면 그 범위를 정하여 준공전사용허가신청서에 사업시행상의 지장 여부에 관한 검토서를 첨부하여 지정권자에게 제출하여야 한다. <개정 2012.3.26.>
② 지정권자는 제1항에 따른 허가신청이 있는 경우 그 사용으로 인하여 앞으로 시행될 사업에 지장이 있는지를 확인한 후 허가 여부를 결정하여야 한다.

제4장 비용 부담 등

제71조(시설의 설치범위) 법 제55조제4항에 따른 시설의 종류별 설치범위는 다음 각 호와 같다. <개정 2012.4.10.>
1. 도로: 다음 각 목의 요건에 모두 해당하는 도로
   가. 도시개발구역지정 이전부터 「국토의 계획 및 이용에 관한 법률」에 따른 도시·군계획도로 또는 「도로법」에 따른 도로구역으로 결정된 도로일 것
   나. 지방자치단체가 설치하여야 하는 「도로법」 상의 국도·지방도 및 국가지원

지방도일 것
2. 상하수도시설: 도시개발구역의 상하수도 관로와 연결되지 아니하고 통과하는 상하수도관로
3. 전기시설: 도시개발구역 밖의 기간이 되는 시설로부터 도시개발구역의 토지이용계획 또는 환지계획상의 6미터 이상인 도시·군계획도로에 접하는 개별필지(이하 "개별필지"라 한다)의 경계선까지의 전기시설
4. 가스공급시설: 도시개발구역 밖의 기간이 되는 가스공급시설로부터 개별필지의 경계선까지의 가스공급시설. 다만, 취사 또는 개별난방용(중앙집중식난방용은 제외한다)으로 가스를 공급하기 위하여 도시개발구역의 개별필지에 정압조정실을 설치하는 경우에는 그 정압조정실까지의 가스공급시설
5. 통신시설: 관로시설은 도시개발구역 밖의 기간이 되는 시설로부터 도시개발구역의 개별필지의 경계선까지의 관로시설 및 도시개발구역 밖의 기간이 되는 시설로부터 도시개발구역의 개별필지의 최초 단자까지의 케이블시설
6. 지역난방시설: 도시개발구역 밖의 기간이 되는 열수송관의 분기점으로부터 도시개발구역의 개별필지의 각 기계실입구 차단밸브까지의 열수송관

제72조(지방자치단체의 비용 부담) ① 법 제56조제1항에 따른 부담금의 총액은 해당 도시개발사업에 소요된 비용의 2분의 1을 넘지 못한다. 이 경우 도시개발사업에 소요된 비용에는 해당 도시개발사업의 조사비, 측량비, 설계비 및 관리비는 포함하지 아니한다.
② 국토교통부장관, 시·도지사 또는 대도시 시장은 도시개발사업으로 이익을 받는 시·도 또는 시·군·구에 법 제56조제1항에 따른 부담금을 부담시키려는 경우에는 도시개발사업에 소요된 비용총액의 명세와 부담금의 금액을 명시하여 비용을 부담시키려는 시·도 또는 시·군·구에 송부하여야 한다. <개정 2013.3.23.>
③ 제1항에 따른 부담금의 산정·배분 등에 필요한 사항은 국토교통부장관이 정한다. <개정 2013.3.23.>
④ 법 제56조제2항에 따라 시장(대도시 시장을 제외한다)·군수 또는 구청장이 다른 지방자치단체에 도시개발사업에 소요된 비용의 일부를 부담시키려는 경우에는 제1항부터 제3항까지의 규정을 준용한다.

제73조 삭제 <2014.11.4.>

제74조(도시개발구역 밖의 기반시설) 법 제58조제1항에서 "대통령령으로 정하는 기반시설"이란 「국토의 계획 및 이용에 관한 법률」 제2조제6호에 따른 기반시설을 말한다.

제75조(추가설치시설의 비용 부담) ① 지정권자는 법 제58조제3항에 따라 추가설치시설의 비용을 부담시키려는 경우에는 이를 부담할 자에게 설계서 또는 비용산출 근거서류를 첨부하여 그 비용의 납부를 서면으로 통지하여야 한다.
② 지정권자는 제1항에 따른 추가설치시설의 비용을 둘 이상이 부담하여야 하는 경우에는 그 분담률과 납부방법 등에 관하여 이를 부담할 자와 미리 협의하여야 한다. 이 경우 협의가 성립되지 아니하는 경우에는 지정권자는 부담금을 부담할 자가 원인을 제공한 정도 등을 고려하여 그 부담금액을 정할 수 있다.
③ 시행자가 「국토의 계획 및 이용에 관한 법률」 제2조제6호에 따른 기반시설의 추가 설치에 대한 원인을 제공한 경우 법 제58조제3항에 따라 시행자에게 부담시킬 수 있는 기반시설의 추가 비용은 최초 실시계획인가 시의 총사업비의 100분의 10을 초과할 수 없다. 다만, 시행자가 스스로 기반시설의 추가 설치를 지정권자에게 요청하거나 시행자의 요청에 따라 개발계획을 변경함에 따라 기반시설의 추가 설치가 필요하게 된 경우에는 100분의 10을 초과할 수 있다.
④ 추가설치시설의 비용의 산정 및 부담에 관하여 필요한 사항은 국토교통부령으로 정한다. <개정 2013.3.23.>

제76조(도시개발구역 밖의 기반시설에 대한 비용부담) ①법 제58조제4항에 따라 도시개발구역 밖에 설치하는 「국토의 계획 및 이용에 관한 법률」 제2조제6호에 따른 기반시설(이하 이 조에서 "기반시설"이라 한다)로 이익을 받는 지방자치단체에 대한 비용부담에 관하여는 제72조를 준용한다. <개정 2014.11.4.>
② 법 제58조제4항에 따라 도시개발구역 밖

에 설치하는 기반시설로 이익을 받는 공공시설 관리자가 부담하는 부담금의 총액은 그 기반시설의 설치에 드는 비용의 3분의 1을 넘지 못한다. 이 경우 기반시설의 설치에 드는 비용에는 해당 기반시설 설치의 조사비, 측량비, 설계비 및 관리비는 포함하지 아니한다. <신설 2014.11.4.>

③ 법 제58조제4항에 따른 부담금을 국가 또는 지방자치단체인 공공시설 관리자에 부담시키려는 경우에는 해당 기반시설의 설치에 드는 비용총액의 명세와 부담금의 금액을 명시하여 비용을 부담시키려는 소관 중앙행정기관 또는 해당 지방자치단체에 송부하여야 한다. <신설 2014.11.4.>

④ 법 제58조제4항에 따른 부담금의 산정·배분 등에 필요한 사항은 국토교통부장관이 정한다. <신설 2014.11.4.>

제77조(보조 또는 융자의 범위) 법 제59조에 따른 국고에서의 보조 또는 융자는 다음 각 호의 구분에 따른다. <개정 2013.3.23.>

1. 법 제11조제1항제1호의 시행자에 대하여는 다음 각 호의 비용 전부의 보조 또는 융자
   가. 항만·도로 및 철도의 공사비
   나. 공원·녹지의 조성비
   다. 용수공급시설의 공사비
   라. 하수도 및 폐기물처리시설의 공사비
   마. 도시개발구역 안의 공동구의 공사비
   바. 이주단지의 조성비
   사. 그 밖에 도시개발을 위하여 특히 필요하다고 국토교통부령으로 정하는 「국토의 계획 및 이용에 관한 법률」 제2호제13호에 따른 공공시설의 공사비
2. 법 제11조제1항제1호 외의 시행자에 대하여는 제1호 각 목의 비용의 융자. 다만, 법 제11조제1항제7호의 시행자에 대하여는 용수공급시설, 도시개발구역과 연결하기 위한 도로의 설치비용의 전부와 하수도시설 설치비용의 2분의 1을 보조할 수 있다.

제78조(재산세의 도시개발특별회계 전입) 법 제60조제2항제9호에서 "대통령령으로 정하는 비율의 금액"이란 「지방세법」 제112조(같은 조 제1항제1호는 제외한다)에 따른 재산세 징수액 중 「도시 및 주거환경정비법」에 따른 도시·주거환경정비기금, 「도시재생 활성화 및 지원에 관한 특별법」에 따른 도시재생특별회계, 「도시재정비 촉진을 위한 특별법」에 따른 재정비촉진특별회계 및 「주차장법」에 따른 주차장특별회계로 전입되는 금액을 제외한 나머지 금액을 말한다. <개정 2010.9.20., 2017.12.5.>
[제목개정 2010.9.20.]

제79조(도시개발특별회계의 지원대상) 법 제61조제1항제3호에서 "대통령령으로 정하는 도시·군계획시설사업"이란 「국토의 계획 및 이용에 관한 법률」 제2조제7호에 따른 도시·군계획시설을 설치·정비 또는 개량하는 사업을 말한다.
[전문개정 2013.9.17.]

제80조(도시개발특별회계의 용도) 법 제61조제1항제8호에서 "그 밖에 대통령령으로 정하는 사항"이란 지방자치단체의 장이 시행하는 도시개발사업의 사업비를 말한다.

제81조(도시개발특별회계의 운용 및 관리) ① 법 제61조에 따라 도시개발특별회계에서 보조할 수 있는 범위는 다음 각 호와 같다. <개정 2012.4.10.>

1. 지방자치단체의 장이 시행하는 다음 각 목의 사업비
   가. 도시개발사업의 공사비
   나. 「국토의 계획 및 이용에 관한 법률」 제2조제10호에 따른 도시·군계획시설사업의 공사비 및 사유(私有)대지의 보상비
2. 제1호 외의 자가 시행하는 다음 각 목의 사업비
   가. 도시개발사업 중 도시·군계획시설의 설치에 필요한 공사비의 2분의 1 이하
   나. 「국토의 계획 및 이용에 관한 법률」 제2조제10호의 도시·군계획시설사업의 공사비의 2분의 1 이하
3. 법 제61조제1항제5호의 조사·연구비
4. 법 제61조제1항제7호의 경비

② 법 제61조에 따라 도시개발특별회계에서 융자할 수 있는 범위는 다음 각 호와 같다. <개정 2012.4.10.>

1. 지방자치단체의 장이 시행하는 「국토의 계획 및 이용에 관한 법률」 제2조제10호에 따른 도시·군계획시설사업의 공사비의 2분의 1 이하

2. 제1호 외의 자가 시행하는 다음 각 목의 사업비의 3분의 1 이하
   가. 도시개발사업 중 「국토의 계획 및 이용에 관한 법률」 제2조제7호에 따른 도시·군계획시설의 설치에 필요한 공사비
   나. 「국토의 계획 및 이용에 관한 법률」 제2조제10호에 따른 도시·군계획시설사업의 공사비

제82조(도시개발채권의 발행절차) ① 법 제62조제1항에 따른 도시개발채권은 시·도의 조례로 정하는 바에 따라 시·도지사가 이를 발행한다.
② 시·도지사는 법 제62조제1항에 따라 도시개발채권의 발행하려는 경우에는 다음 각 호의 사항에 대하여 행정안전부장관의 승인을 받아야 한다. <개정 2010.6.29., 2013.3.23., 2014.11.19., 2017.7.26.>
1. 채권의 발행총액
2. 채권의 발행방법
3. 채권의 발행조건
4. 상환방법 및 절차
5. 그 밖에 채권의 발행에 필요한 사항
③ 시·도지사는 제2항에 따라 승인을 받은 후 도시개발채권을 발행하려는 경우에는 다음 각 호의 사항을 공고하여야 한다.
1. 채권의 발행총액
2. 채권의 발행기간
3. 채권의 이율
4. 원금상환의 방법 및 시기
5. 이자지급의 방법 및 시기

제83조(도시개발채권의 발행방법 등) ① 도시개발채권은 「공사채등록법」 제3조에 따른 등록기관에 등록하여 발행하거나 무기명으로 발행할 수 있으며, 발행방법에 필요한 세부적인 사항은 시·도의 조례로 정한다.
② 도시개발채권의 이율은 채권의 발행 당시의 국채·공채 등의 금리와 특별회계의 상황 등을 고려하여 해당 시·도의 조례로 정하되, 행정안전부장관의 승인을 받아야 한다. <개정 2013.3.23., 2014.11.19., 2017.7.26.>
③ 법 제62조에 따른 도시개발채권의 상환은 5년부터 10년까지의 범위에서 지방자치단체의 조례로 정한다.
④ 도시개발채권의 매출 및 상환업무의 사무취급기관은 해당 시·도지사가 지정하는 은행 또는 「자본시장과 금융투자업에 관한 법률」 제294조에 따라 설립된 한국예탁결제원으로 한다. <개정 2010.11.15.>
⑤ 도시개발채권의 재발행·상환·매입필증의 교부 등 도시개발채권의 발행과 사무취급에 필요한 사항은 국토교통부령으로 정한다. <개정 2013.3.23.>

제84조(도시개발채권의 매입) ① 법 제63조제1항제3호에서 "대통령령으로 정하는 자"란 토지의 형질변경허가를 받은 자를 말한다.
② 법 제63조에 따른 도시개발채권의 매입대상 및 그 금액은 별표 1과 같다.
③ 별표 1에 따른 매입대상면적의 산정기준 등에 관하여 필요한 사항은 국토교통부령으로 정한다. <개정 2013.3.23.>
④ 시·도지사, 시장·군수 또는 구청장은 이 영 및 해당 시·도의 조례로 정하는 바에 따라 법 제63조제1항 각 호에 해당하는 자에게 도시개발채권을 매입하게 하여야 한다.

제85조(국공유지의 임대료 산정) 법 제69조제4항에 따라 도시개발구역에 있는 국가 또는 지방자치단체의 소유인 토지·공장, 그 밖의 국공유지(이하 "토지·공장등"이라 한다)의 임대료는 다음 각 호의 방법에 따라 산정한다.
1. 국가 소유인 토지·공장등의 임대료는 해당 토지·공장등의 가액에 1천분의 50 이상의 요율을 곱하여 산출한 금액으로 할 것. 다만, 「수도권정비계획법」 제6조제1호에 따른 과밀억제권역에서 수도권 외의 지역으로 이전하는 법인으로서 2005년 12월 31일까지 이전한 법인에 대하여는 처음 5년간은 1천분의 10 이상, 다음 5년간은 1천분의 25 이상의 요율을 곱하여 산출한 금액으로 한다.
2. 지방자치단체 소유인 토지·공장등의 임대료는 해당 토지·공장등의 가액에 1천분의 10 이상의 요율을 곱하여 산출한 금액으로 할 것

제85조의2(특례 대상) ① 법 제71조의2제1항제1호에서 "대통령령으로 정하는 사업"이란 제5조의2제2항 각 호(같은 항 제2호 및 제6호는 제외한다)의 어느 하나에 해당하는 지역의 면적이 도시개발구역 면적의 100분의 30 이상인 사업을 말한다. 다만, 지정권자가 특례가 필요하다고 인정하여 법 제8조에 따른 도시계획위원회의 심의를 거친 사업

에 대해서는 해당 지역의 면적 비율을 달리 정할 수 있다.

② 법 제71조의2제1항제2호의 적용을 받으려는 시행자는 지정권자에게 특례의 적용을 신청하여야 하고, 지정권자는 그 저탄소 녹색도시계획을 평가하여야 한다.

③ 제2항에 따른 저탄소 녹색도시계획의 수립 및 평가에 필요한 사항은 국토교통부장관이 정하여 고시한다. <개정 2013.3.23.>

④ 법 제71조의2제1항제3호에서 "대통령령으로 정하는 바에 따라 사업계획을 수립하는 경우"란 다음 각 호의 어느 하나에 해당하는 경우를 말한다.

1. 법 제21조의3에 따라 산정된 임대주택 건설용지 또는 임대주택의 공급계획에서 100분의 50(임대주택을 300세대 이상 공급하는 경우로 한정한다)을 초과하여 임대주택 건설용지 또는 임대주택을 공급하는 경우
2. 도시개발구역 면적의 100분의 5(1만제곱미터 이상이어야 한다) 이상을 도시개발사업으로 발생하는 이주민의 이주단지로 조성하여 공급하는 경우

⑤ 제1항부터 제4항까지에서 규정한 사항 외에 특례의 적용에 필요한 사항은 국토교통부령으로 정한다. <개정 2013.3.23.>

[본조신설 2012.3.26.]

제85조의3(특례 범위) ① 법 제71조의2제2항 각 호 외의 부분 본문 및 단서에서 "대통령령으로 정하는 범위"란 다음과 같다. <개정 2013.3.23.>

1. 건폐율: 「국토의 계획 및 이용에 관한 법률 시행령」 제84조에서 정한 상한
2. 용적률: 해당 지방자치단체의 조례에서 정한 용적률의 100분의 110
3. 건축 심의: 「건축법 시행령」 제5조제4항 제3호, 제5호 및 제6호에 해당하는 심의는 법 제8조에 따른 도시계획위원회와 공동으로 한다.
4. 대지의 조경: 「건축법 시행령」 제27조제3항 전단에도 불구하고 옥상조경면적의 전부를 조경면적으로 산정한 기준
5. 건축물의 높이: 지구단위계획으로 일단의 가로구역에 대하여 높이를 지정한 경우에는 「건축법」 제60조제1항에 따른 가로구역별 높이를 지정·공고한 것으로 본다.
6. 도시공원 또는 녹지의 확보: 국토교통부령으로 정하는 「도시공원 및 녹지 등에 관한 법률」 제14조제2항에 따른 개발계획 규모별로 개발계획에 포함하여야 하는 도시공원 또는 녹지 면적
7. 부설주차장 설치기준: 「주차장법 시행령」 별표 1에서 정한 설치기준의 100분의 50에 해당하는 기준
8. 주택건설기준: 주택과 주택 외의 시설을 복합하여 건축하는 경우에는 「주택건설기준 등에 관한 규정」 제7조제2항 및 제12조에 따른 복합건축물 적용의 특례를 준용하여 국토교통부령으로 정하는 기준

② 제1항 각 호(같은 항 제8호는 제외한다)에 따른 특례 적용의 구체적인 기준은 국토교통부령으로 정한다. <개정 2013.3.23.>

[본조신설 2012.3.26.]

제85조의4(특례 적용) ① 지정권자는 법 제71조의2에 따라 결합개발 등에 관한 적용 기준 완화의 특례를 적용하려는 경우에 법 제4조에 따라 개발계획을 수립 또는 변경할 때에 특례 대상 및 범위 등 특례 적용에 대한 내용을 포함하여 개발계획을 수립하거나 변경하여야 한다.

② 제1항에서 규정한 사항 외에 필요한 사항은 국토교통부장관이 정하여 고시한다. <개정 2013.3.23.>

[본조신설 2012.3.26.]

제85조의5(관계 서류의 열람 및 보관 등) 법 제72조제2항제5호에서 "대통령령으로 정하는 사항"이란 다음 각 호의 사항을 말한다. 다만, 제2호, 제3호 및 제5호는 도시개발구역의 전부 또는 일부를 환지 방식으로 하여 도시개발사업을 시행하는 경우로 한정한다.

1. 도시개발사업에 관한 공사의 감리보고서
2. 체비지(건축물을 포함한다) 매각 내역서
3. 회계감사보고서
4. 준공조서
5. 조합 총회, 대의원회, 이사회 및 규약·정관 등에서 정한 회의의 회의록
6. 그 밖에 지정권자가 필요하다고 인정한 사항

[본조신설 2012.3.26.]

제85조의6(규제의 재검토) 국토교통부장관은 다음 각 호의 사항에 대하여 2017년 1월 1일을 기준으로 3년마다(매 3년이 되는 해의 1월 1일 전까지를 말한다) 그 타당성을

검토하여 개선 등의 조치를 하여야 한다.
1. 제18조에 따른 시행자
2. 제45조에 따른 토지상환채권의 발행규모
3. 제55조에 따른 선수금
4. 제61조에 따른 관계 서류의 공람
5. 제84조에 따른 도시개발채권의 매입
[전문개정 2016.12.30.]

제5장 벌칙

제86조(과태료의 부과권자) 법 제85조제1항 제1호 및 같은 조 제2항제1호부터 제3호까지의 규정에 해당하는 자에 대한 과태료는 해당 도시개발구역의 지정권자가 부과한다.

제87조(과태료의 부과) 법 제85조제1항 및 제2항에 따른 과태료의 부과기준은 별표 2와 같다. <개정 2011.4.6.>

부칙

<제28459호, 2017.12.5.>

제1조(시행일) 이 영은 공포한 날부터 시행한다.

제2조(교육영향평가서 심의 결과를 반영하는 개발계획 변경에 관한 적용례) 제7조제2항 및 제14조제2항의 개정규정은 이 영 시행 이후 「교육환경 보호에 관한 법률」에 따른 교육환경평가서 심의 결과를 반영하여 개발계획을 변경하는 경우부터 적용한다.

제3조(임대주택건설용지의 공급에 관한 적용례) 제57조의 개정규정은 이 영 시행 이후 법 제26조제1항에 따른 조성토지등의 공급계획을 작성하거나 변경하는 경우부터 적용한다.

기업도시개발 특별법

[시행 2017.11.25.]
[법률 제14942호, 2017.10.24., 일부개정]

제1장 총칙

제1조(목적) 이 법은 민간기업이 산업·연구·관광·레저 분야 등에 걸쳐 계획적·주도적으로 자족적인 도시를 개발·운영하는 데 필요한 사항을 규정하여 국토의 계획적인 개발과 민간기업의 투자를 촉진함으로써 공공복리를 증진하고 국민경제와 국가 균형발전에 이바지함을 목적으로 한다.
[전문개정 2011.5.30.]

제2조(정의) 이 법에서 사용하는 용어의 뜻은 다음과 같다. <개정 2015.6.22.>
1."기업도시"란 산업입지와 경제활동을 위하여 민간기업(법인만 해당하며, 제48조제2항에 따라 대체지정된 시행자를 포함한다)이 산업·연구·관광·레저·업무 등의 주된 기능과 주거·교육·의료·문화 등의 자족적 복합기능을 고루 갖추도록 개발하는 도시를 말한다.
가. 삭제 <2015.6.22.>
나. 삭제 <2015.6.22.>
다. 삭제 <2015.6.22.>
2."기업도시개발구역"이란 기업도시개발사업을 시행하기 위하여 제5조에 따라 지정·고시된 구역을 말한다.
3."기업도시개발사업"이란 기업도시를 조성하기 위하여 시행하는 사업을 말한다.
[전문개정 2011.5.30.]

제3조(다른 법률과의 관계) 이 법은 기업도시개발구역(이하"개발구역"이라 한다) 및 기업도시개발사업(이하"개발사업"이라 한다)에 적용되는 규제에 관하여 특례를 적용하는 경우에 다른 법률보다 우선한다. 다만, 다른 법률에서 이 법의 규제에 관한 특례보다 완화되는 규정이 있으면 그 법률에서 정하는 바에 따른다.
[전문개정 2011.5.30.]

제2장 개발구역의 지정 및 개발사업의 시행

제4조(개발구역 지정의 제안) ① 제10조제3항의 기준에 적합한 민간기업 및 다음 각 호에 해당하는 자(민간기업과 협의된 경우만 해당한다)는 관할 광역시장·특별자치도지사·시장 또는 군수(광역시 관할 구역에 있는 군의 군수는 제외한다. 이하 "시장·군수"라 한다)와 공동으로 국토교통부장관에게 개발구역 지정을 제안할 수 있다. 다만, 대통령령으로 정하는 사유로 공동제안을 위한 협의가 현저히 지연될 우려가 있거나 도와 공동으로 사업을 시행하려는 경우에는 도지사와 공동으로 제안할 수 있다. <개정 2013.3.23.>
1. 국가기관 또는 지방자치단체
2. 「공공기관의 운영에 관한 법률」 제5조에 따른 공기업
3. 「지방공기업법」에 따른 지방공기업
4. 「제주특별자치도 설치 및 국제자유도시 조성을 위한 특별법」에 따른 제주국제자유도시개발센터(개발구역이 제주특별자치도인 경우만 해당한다)

② 제1항에 따라 개발구역 지정을 제안하려는 자는 다음 각 호에 관한 서류 및 도면을 모두 첨부하여 제출하여야 한다.
1. 개발구역의 명칭·위치 및 면적
2. 기업도시의 기본성격 및 개발의 기본방향
3. 기업도시의 개발계획에 관한 사항
4. 재무구조 등 제안자의 재무상태에 관한 사항
5. 조성된 토지의 직접 사용에 관한 사항
6. 다음 각 목의 사업성 분석자료
가. 총사업비 산정자료
나. 연차별 투자계획
다. 연차별 자금회수계획
라. 수익성 분석자료
마. 그 밖에 대통령령으로 정하는 사업성 분석에 관한 자료
7. 다음 각 목의 사항이 포함된 관할 시장·군수와 협의한 사업 추진 등에 관한 협약안
가. 개발사업의 시행에 관한 사항
나. 기업도시 관리·운영(개발사업의 완료 전후를 모두 포함한다)에 관한 사항
다. 기반시설의 설치 및 비용 부담에 관한 사항

라. 그 밖에 대통령령으로 정하는 협약에 관한 사항
8. 환경보전대책에 관한 사항
9. 그 밖에 대통령령으로 정하는 사항
③ 제1항에 따라 공동제안을 요청받은 시장·군수 또는 도지사는 그 요청 사항의 개요를 국토교통부령으로 정하는 바에 따라 공고하여야 한다. <개정 2013.3.23.>
④ 시장·군수 또는 도지사는 제3항에 따른 공고 후에 다른 민간기업으로부터 유사한 개발구역의 지정을 공동으로 제안할 것을 요청받은 경우에는 다음 각 호의 기준에 적합한 사업을 제안 요청한 자를 공동제안자로 선정하여야 한다.
1. 해당 개발사업이 공공에 미치는 이익의 정도가 큰 사업일 것
2. 해당 개발사업이 지역개발에 미치는 파급효과가 큰 사업일 것
3. 그 밖에 조례로 정하는 기준에 적합한 사업일 것
[전문개정 2011.5.30.]

제5조(개발구역의 지정 등) ① 국토교통부장관은 제4조에 따라 개발구역의 지정을 제안받은 경우에는 관할 광역시장·도지사(광역시장 또는 도지사와 공동으로 제안하는 경우에는 광역시장 또는 도지사는 제외한다)의 의견을 듣고 관계 중앙행정기관의 장과의 협의를 거쳐 「국토의 계획 및 이용에 관한 법률」 제106조에 따른 중앙도시계획위원회와 제39조에 따른 도시개발위원회의 심의를 거쳐 개발구역을 지정할 수 있다. 제안자의 신청으로 개발구역의 지정을 변경(대통령령으로 정하는 경미한 사항의 변경은 제외한다)하려는 경우에도 같다. <개정 2013.3.23.>
② 국토교통부장관은 제1항에 따라 개발구역을 지정하거나 변경하려는 경우에는 대통령령으로 정하는 바에 따라 주민 및 관계 전문가 등의 의견을 듣고 공청회를 개최하여야 한다. 다만, 대통령령으로 정하는 경미한 사항을 변경하려는 경우에는 예외로 한다. <개정 2013.3.23.>
③ 국토교통부장관은 제4조제1항 각 호 외의 부분 단서에 따라 도지사와 공동으로 제안된 개발구역을 제1항에 따라 지정하려는 경우에는 해당 시장이나 군수의 의견을 들어야 한다. <개정 2013.3.23.>
④ 국토교통부장관은 제4조제1항에 따라 시장·군수와 공동으로 개발구역의 지정을 제안한 경우로서 시장·군수가 미리 주민 및 관계 전문가 등의 의견을 듣거나 공청회를 개최한 경우에는 제2항에 따른 절차를 생략할 수 있다. <개정 2013.3.23.>
⑤ 국토교통부장관은 제1항에 따라 개발구역을 지정하거나 변경할 때에는 대통령령으로 정하는 바에 따라 그 사실을 관보에 고시하여야 한다. <개정 2013.3.23.>
⑥ 국토교통부장관은 개발구역의 지정 또는 변경에 관한 업무를 효율적으로 수행하기 위하여 제1항에 따른 중앙도시계획위원회와 도시개발위원회의 심의를 공동으로 운영할 수 있다. <개정 2013.3.23.>
[전문개정 2011.5.30.]

제6조(개발구역 지정의 요건 등) ① 국토교통부장관이 개발구역을 지정하려는 경우에는 개발사업이 다음 각 호의 요건을 모두 갖추어야 한다. <개정 2013.3.23.>
1. 낙후지역의 개발이나 지역경제 활성화 등 국가균형발전에 이바지함으로써 공익성을 갖출 것
2. 지속 가능한 발전에 부합할 것
3. 해당 지역의 특성 및 여건에 부합할 것
4. 투자계획 등이 실현 가능할 것
5. 그 밖에 대통령령으로 정하는 요건을 갖출 것
② 개발구역은 100만제곱미터 이상으로서 기업도시의 주된 기능 등을 고려하여 대통령령으로 정하는 면적(이하 이 조에서 "최소면적"이라 한다) 이상이어야 한다. 다만, 대통령령으로 정하는 바에 따라 다음 각 호의 범위에서 최소면적을 축소할 수 있다. <개정 2015.6.22.>
1. 기업도시·산업단지 또는 혁신도시와 인접하는 경우로서 도시개발위원회의 심의를 거친 경우: 최소면적의 2분의 1 이상
2. 「수도권정비계획법」에 따른 수도권에서 수도권 외의 지역으로 이전하는 법인으로서 대통령령으로 정하는 요건을 갖춘 기업이 개발구역의 지정을 제안하는 경우: 최소면적의 3분의 2 이상
3. 다음 각 목에 따른 시설을 운영하는 법인이 대통령령으로 정하는 요건을 갖추어 그 시설에 인접하여 개발구역의 지정을 제안하는 경우: 최소면적의 10분의 1 이상
가. 「산업집적활성화 및 공장설립에 관한 법률」 제2조제1호에 따른 공장
나. 「산업집적활성화 및 공장설립에 관

한 법률」 제2조제9호에 따른 산업집적기반시설
다. 「건축법」 제2조제2항제14호에 따른 업무시설 중 대통령령으로 정하는 업무시설
라. 「고등교육법」 제2조에 따른 학교
마. 그 밖에 대통령령으로 정하는 시설

③ 국토교통부장관은 제4조에 따라 개발구역의 지정을 제안받았을 때에는 그 제안이 제1항 및 제2항의 요건을 갖추었는지 여부와 그 밖에 개발구역의 지정에 필요한 사항을 검토하기 위하여 대통령령으로 정하는 전문기관에 조사·분석 등을 의뢰할 수 있다. <개정 2013.3.23.>
[전문개정 2011.5.30.]

제7조(개발구역 지정의 해제) ① 국토교통부장관은 제5조제1항에 따라 지정된 개발구역이 다음 각 호의 어느 하나에 해당하는 경우에는 제39조에 따른 도시개발위원회(이하 "위원회"라 한다)의 심의를 거쳐 그 지정을 해제할 수 있다. <개정 2012.1.20., 2013.3.23.>
1. 제11조제4항에 따라 개발계획이 승인·고시된 날부터 3년 이내에 제12조에 따른 실시계획의 승인을 신청하지 아니한 경우
2. 제12조제5항에 따라 실시계획이 승인·고시된 날부터 2년 이내에 대통령령으로 정하는 비율 이상의 토지를 매수하지 아니한 경우
3. 그 밖에 개발사업의 추진 상황으로 보아 개발구역의 지정목적을 달성할 수 없다고 인정되는 경우

② 제1항에 따라 개발구역의 지정이 해제된 경우로서 제11조제5항 각 호에 따른 승인·결정 등 및 제13조제1항 각 호에 따른 인·허가등이 있는 경우에는 그 승인·결정 등 및 인·허가등은 효력을 상실하며, 수립·변경 또는 해제되었던 도시기본계획·용도지역 등은 해당 개발구역 지정 전의 상태로 환원되거나 폐지된 것으로 본다. <신설 2012.1.20.>
③ 제1항에 따라 개발구역의 지정이 해제된 경우 국토교통부장관은 대통령령으로 정하는 바에 따라 관보에 고시하고 그 지역을 관할하는 시장·군수에게 통보하여야 한다. <신설 2012.1.20., 2013.3.23.>
④ 제5조에 따른 개발구역 지정의 변경으로 인하여 개발구역에서 제외된 경우에는 제2항 및 제3항을 준용한다. <신설 2012.1.20.>
[전문개정 2011.5.30.]

제8조(개발이익의 추정 및 재투자) ① 국토교통부장관은 제4조제2항제6호에 따른 사업성 분석자료에 관하여 대통령령으로 정하는 전문기관에 조사·분석을 의뢰할 수 있다. <개정 2011.5.30., 2013.3.23.>
② 개발사업의 시행자는 해당 개발구역의 낙후도 등을 고려하여 대통령령으로 정하는 바에 따라 제1항에 따라 산정된 개발이익의 일부를 다음 각 호의 어느 하나에 해당하는 용도로 사용하여야 한다. 다만, 「개발이익 환수에 관한 법률」에 따라 개발부담금이 부과·징수되는 지역에서 개발사업을 시행하는 경우에는 같은 법에 따라 납부하는 개발부담금을 제외한 초과이익에 대하여 적용한다. <개정 2015.6.22.>
1. 개발사업과 직접 관련 있는 개발구역 밖의 간선시설(幹線施設)과 개발구역 안의 도서관·문화회관·운동장 등 공공편익시설의 설치
2. 해당 기업도시의 산업시설용지 분양가격의 인하

③ 국토교통부장관은 제2항에 따라 시행자가 간선시설과 공공편익시설을 설치할 때 그 설치비용의 100분의 40 이상을 부담하는 경우에는 그 시행자를 그 시설 설치사업의 시행자로 지정하여 시설 설치에 필요한 공사를 시행하게 할 수 있다. <개정 2011.5.30., 2013.3.23.>
④ 국토교통부장관은 제12조에 따른 실시계획의 승인을 할 때 개발이익 산정의 기초가 된 중요한 사항이 변동된 경우에는 개발이익을 재산정하여야 한다. 이 경우 개발이익의 재산정에 관하여는 제1항을 준용한다. <개정 2011.5.30., 2013.3.23.>
⑤ 국토교통부장관은 제4항에 따라 개발이익을 재산정한 결과 제2항에 따른 개발이익과 현저한 차이가 발생한 경우에는 제2항에 따른 간선시설·공공편익시설의 설치 및 산업시설용지 분양가격의 인하 계획을 조정할 수 있다. <개정 2011.5.30., 2013.3.23., 2015.6.22.>
⑥ 개발이익의 추정기준 등에 관하여 필요한 사항은 대통령령으로 정한다. 이 경우 제16조제1항 및 제2항(같은 항 제1호 및 제3호는 제외한다)에 따라 토지를 직접 사용하는 부분에 대하여는 개발이익의 산정대상에서 제외한다. <개정 2011.5.30.>
[제목개정 2011.5.30., 2015.6.22.]

제9조(행위 등의 제한) ① 개발구역에서 토지의 형질변경, 건축물의 건축(용도변경을 포

함한다. 이하 이 조에서 같다), 공작물의 설치 또는 흙·돌·자갈의 채취 등 대통령령으로 정하는 행위를 하려는 자는 관할 시장·군수의 허가를 받아야 한다. 허가받은 사항을 변경하려는 경우에도 같다.

② 개발구역의 지정·고시 당시 이미 관계 법령에 따라 토지의 형질변경, 건축물의 건축, 공작물의 설치 또는 흙·돌·자갈의 채취 등에 관하여 허가(관계 법령에 따라 허가를 받을 필요가 없거나 신고로 가능한 경우를 포함한다)를 받아 그 공사 또는 사업을 완료하지 아니한 자는 대통령령으로 정하는 바에 따라 시장·군수에게 신고하여야 한다.

③ 제2항에 따라 신고를 받은 시장·군수는 15일 이내에 개발사업 시행자의 의견을 들은 후 다음 각 호의 사항을 검토하여 필요하다고 인정하는 경우에는 관계 법령에 따른 허가취소 또는 공사중지명령 등의 조치를 하거나 관계 행정기관의 장에게 허가취소 또는 공사중지명령 등의 조치를 요청할 수 있다.

1. 개발사업과의 양립 가능성
2. 해당 공사 또는 사업의 경제적 타당성과 해당 개발사업의 공익상 필요성
3. 해당 건축물 또는 공작물의 활용기간

④ 개발사업의 시행자는 제3항에 따라 시장·군수 또는 관계 행정기관의 장이 허가취소 또는 공사중지명령 등의 조치를 한 경우 허가취소 또는 공사중지명령 등을 받은 자가 그로 인하여 입은 손실을 보상하여야 한다.

⑤ 제4항에 따른 손실보상에 관하여는 「국토의 계획 및 이용에 관한 법률」 제131조제2항부터 제4항까지의 규정을 준용한다. 이 경우 손실보상에 관한 재결(裁決)의 관할 토지수용위원회는 중앙토지수용위원회가 된다.

⑥ 시장·군수는 제1항을 위반한 자에 대하여 원상회복을 명할 수 있고, 명령을 받은 자가 그 의무를 이행하지 아니하면 「행정대집행법」에 따라 대집행(代執行)할 수 있다.

[전문개정 2011.5.30.]

제10조(개발사업의 시행자 지정 등) ① 국토교통부장관은 제4조에 따라 개발구역의 지정을 제안한 민간기업 등을 개발사업의 시행자로 지정한다. <개정 2013.3.23.>

② 제1항에도 불구하고 국토교통부장관은 민간기업 또는 제4조제1항 각 호에 해당하는 자가 제1항에 따른 민간기업과 협의하여 개발사업을 공동으로 시행하기 위하여 국토교통부령으로 정하는 바에 따른 신청을 한 경우에는 공동시행자로 지정할 수 있다. <개정 2013.3.23.>

③ 제1항에 따라 개발사업의 시행자로 지정받으려는 민간기업은 재무 건전성 등이 대통령령으로 정하는 기준에 적합하여야 한다.

④ 제1항에 따라 개발사업의 시행자로 지정받으려는 자는 그 지정 전에 토지매입비 및 부지조성 공사비 등 대통령령으로 정하는 도시조성비의 10퍼센트 이상을 자기자본으로 확보하여야 한다. 이 경우 토지를 현물(現物)로 출자하는 경우에 자기자본으로 인정되는 범위와 그 산정방법 등은 대통령령으로 정한다.

⑤ 제4조제1항 각 호에 해당하는 자의 개발사업 자본의 지분비율의 합은 민간기업의 지분비율의 합을 초과할 수 없다. 다만, 국토교통부장관은 제48조제2항에 따라 시행자를 대체 지정하는 등 개발사업의 시행상 특히 필요하다고 인정하는 경우에는 대통령령으로 정하는 범위에서 위원회의 심의를 거쳐 그 기준을 완화할 수 있다. <개정 2013.3.23.>

[전문개정 2011.5.30.]

제11조(개발계획의 승인 등) ① 제4조에 따라 개발구역의 지정을 제안하는 자는 지정 제안 시 기업도시개발계획(이하 "개발계획"이라 한다)을 작성하여 국토교통부장관의 승인을 받아야 한다. 승인된 개발계획을 변경(대통령령으로 정하는 경미한 사항의 변경은 제외한다)하려는 경우에도 같다. <개정 2011.5.30., 2013.3.23.>

② 개발계획에는 다음 각 호의 사항이 포함되어야 한다. 다만, 제10호에 해당하는 사항은 개발계획의 승인 후에 국토교통부장관의 승인을 받아 개발계획에 포함시킬 수 있다. <개정 2011.5.30., 2013.3.23., 2013.6.4., 2015.6.22.>

1. 개발구역의 명칭·위치·면적 및 시행자
2. 개발사업의 시행기간
3. 인구수용, 토지이용, 교통처리 및 환경보전에 관한 계획
4. 재원조달계획 및 연차별 투자계획
5. 교육·문화·체육·보건의료 및 복지 시설의 설치계획(제6조제2항제3호에 따라 지정된 기업도시의 경우에는 필요한 시설에 한정한다)
6. 도로, 상수도·하수도 등 주요 기반시설

의 설치계획(비용 부담계획을 포함한다)
7. 제8조제2항에 따라 개발구역 밖의 지역에 설치하는 간선시설 및 개발구역 안에 설치하는 공공편익시설의 비용 부담계획
8. 사업체의 설치 및 이전에 관한 사항 또는 입주시설물에 관한 사항
9. 조성토지, 조성되지 아니한 상태의 토지(이하 "원형지"라 한다) 및 공동주택의 공급·처분에 관한 사항
10. 제14조제1항에 따라 토지등을 수용하거나 사용하려는 경우에는 그 세부 목록
11. 제14조의2에 따른 토지소유자에 대한 환지(換地)에 관한 계획
12. 제21조에 따른 선수금(先受金)의 수령에 관한 사항
13. 보상계획서(이주대책을 포함한다)
14. 제34조의2에 따른 규제특례계획(규제특례를 적용받으려는 경우만 해당한다)
15. 그 밖에 대통령령으로 정하는 사항

③ 국토교통부장관은 개발계획을 승인하거나 변경승인할 때에는 관할 광역시장(광역시장과 공동으로 제안하는 경우는 제외한다) 또는 도지사(도지사와 공동으로 제안하는 경우에는 해당 시장 또는 군수를 말한다)의 의견을 듣고 관계 중앙행정기관의 장과의 협의와 위원회의 심의를 거쳐야 한다. 다만, 제2항 각 호 외의 부분 단서에 해당하는 경우에는 예외로 한다. <개정 2011.5.30., 2013.3.23.>

④ 관계 중앙행정기관의 장은 제3항에 따른 협의를 요청받은 날부터 20일 이내에 의견을 제출하여야 한다. <신설 2017.10.24.>

⑤ 관계 중앙행정기관의 장이 제4항에서 정한 기간(「민원 처리에 관한 법률」 제20조제2항에 따라 회신기간을 연장한 경우에는 그 연장한 기간을 말한다) 내에 의견을 제출하지 아니하면 협의가 이루어진 것으로 본다. <신설 2017.10.24.>

⑥ 국토교통부장관은 제1항에 따라 개발계획을 승인하였을 때에는 대통령령으로 정하는 바에 따라 그 사실을 관보에 고시하여야 한다. 다만, 제2항 각 호 외의 부분 단서에 해당하는 경우에는 개발계획의 승인 후 따로 관보에 고시하여야 한다. <개정 2011.5.30., 2013.3.23., 2017.10.24.>

⑦ 제6항에 따라 개발계획이 고시된 경우에는 그 고시일에 다음 각 호에 해당하는 승인·결정 등이 있은 것으로 본다. 다만, 제1호의 사항은 개발구역이 대통령령으로 정하는 규모 이상인 경우만 해당한다. <개정 2011.4.14., 2011.5.30., 2015.6.22., 2017.10.24.>
1. 「국토의 계획 및 이용에 관한 법률」 제18조, 제22조 및 제22조의2에 따른 도시·군기본계획의 수립 또는 변경의 확정 또는 승인(특별자치도, 시·군 지역에서 개발구역이 지정되는 경우에는 개발구역 외의 지역에 대한 도시·군기본계획 변경안을 마련하여 해당 특별자치도, 시·군에 제출한 경우만 해당한다)
2. 「국토의 계획 및 이용에 관한 법률」 제6조제1호에 따른 도시지역으로 변경하는 같은 법 제30조에 따른 도시·군관리계획의 결정
3. 「국토의 계획 및 이용에 관한 법률」 제40조에 따라 수산자원보호구역을 변경하여 해제하는 같은 법 제30조에 따른 도시·군관리계획의 결정
4. 「농지법」 제31조에 따른 농업진흥지역·용도구역의 변경·해제 및 같은 법 제34조에 따른 농지의 전용허가 또는 협의
5. 「공유수면 관리 및 매립에 관한 법률」 제22조 및 제27조에 따른 매립기본계획의 수립 또는 변경

⑧ 국토교통부장관은 도시의 공공성 확보를 위하여 기업도시 개발에 관한 도시계획기준을 제정·운용할 수 있다. <개정 2011.5.30., 2013.3.23., 2017.10.24.>

제12조(실시계획의 승인 등) ① 제10조제1항 및 제2항에 따른 개발사업의 시행자는 다음 각 호의 서류 및 도면을 첨부한 개발사업에 관한 실시계획(이하 "실시계획"이라 한다)을 작성하여 국토교통부장관의 승인을 받아야 한다. 승인된 실시계획을 변경(대통령령으로 정하는 경미한 사항의 변경은 제외한다)하려는 경우에도 같다. <개정 2011.5.30., 2013.3.23., 2013.6.4.>
1. 자금계획서(연차별 자금투입계획 및 재원조달계획을 포함한다)
2. 사업시행지의 위치도
3. 계획평면도 및 개략설계도서
4. 단계별 조성계획서(사업 여건상 단계적으로 개발사업의 시행이 필요한 경우만 해당한다)
5. 관할 시장·군수와 체결한 개발사업의 추진 등에 관한 협약서
6. 조성토지 등 또는 원형지의 처분계획서(제14조의2제4항에 따른 토지소유자에

대한 환지 계획을 포함한다)
7. 그 밖에 대통령령으로 정하는 사항

② 제1항에 따라 서류 및 도면을 받은 국토교통부장관은 「전자정부법」 제36조제1항에 따른 행정정보의 공동이용을 통하여 사업시행지의 지적도를 확인하여야 한다. <개정 2011.5.30., 2013.3.23.>

③ 실시계획에는 「국토의 계획 및 이용에 관한 법률」 제52조에 따라 작성된 지구단위계획이 포함되어야 한다. <개정 2011.4.14., 2011.5.30.>

④ 국토교통부장관은 제1항에 따라 실시계획을 승인하거나 변경승인하려는 경우에는 관할 도지사 및 시장·군수의 의견을 듣고 위원회의 심의를 거쳐야 한다. <개정 2011.5.30., 2013.3.23.>

⑤ 국토교통부장관은 제1항에 따라 실시계획을 승인하거나 변경승인하였을 때에는 대통령령으로 정하는 바에 따라 그 사실을 관보에 고시하고 시행자와 해당 개발구역을 관할하는 시장·군수에게 관계 서류의 사본을 송부하여야 한다. 이 경우 관계 서류를 받은 시장·군수는 그 내용을 일반인이 열람할 수 있도록 하여야 한다. <개정 2011.5.30., 2013.3.23.>

제13조(관련 인·허가등의 의제) ① 국토교통부장관이 제12조제1항에 따라 실시계획을 승인하거나 변경승인할 때 그 실시계획에 대한 다음 각 호의 허가·인가·지정·승인·협의 및 신고 등(이하 "인·허가등"이라 한다)에 관하여 제3항에 따라 관계 행정기관의 장과 협의한 사항에 대하여는 해당 인·허가등을 받은 것으로 보며, 제12조제5항에 따라 실시계획이 고시된 경우에는 다음 각 호의 법률에 따른 인·허가등이 고시되거나 공고된 것으로 본다. <개정 2011.4.14., 2012.2.22., 2013.3.23., 2014.1.14., 2014.6.3., 2015.6.22., 2015.7.24., 2016.1.19., 2016.12.27.>

1. 「건축법」 제11조에 따른 허가, 같은 법 제14조에 따른 신고, 같은 법 제16조에 따른 허가·신고 사항의 변경, 같은 법 제20조에 따른 가설건축물의 허가·신고 및 같은 법 제29조에 따른 건축협의
2. 「경제자유구역의 지정 및 운영에 관한 특별법」 제9조에 따른 실시계획의 승인
3. 「골재채취법」 제22조에 따른 골재채취의 허가
4. 「공유수면 관리 및 매립에 관한 법률」 제8조에 따른 공유수면의 점용·사용허가, 같은 법 제17조에 따른 점용·사용 실시계획의 승인 또는 신고, 같은 법 제28조에 따른 공유수면의 매립면허, 같은 법 제35조에 따른 국가 등이 시행하는 매립의 협의 또는 승인 및 같은 법 제38조에 따른 공유수면매립실시계획의 승인·고시
5. 「관광진흥법」 제15조에 따른 사업계획의 승인, 같은 법 제52조에 따른 관광지 및 관광단지의 지정, 같은 법 제54조에 따른 관광지·관광단지 조성계획의 승인 및 같은 법 제55조에 따른 조성사업 시행의 허가
6. 「광업법」 제24조에 따른 불허가처분 및 같은 법 제34조에 따른 광구 감소처분 또는 광업권 취소처분
7. 「국유재산법」 제30조에 따른 국유재산의 사용허가
8. 「국토의 계획 및 이용에 관한 법률」 제30조에 따른 도시·군관리계획의 결정, 같은 법 제56조에 따른 개발행위 허가, 같은 법 제86조에 따른 도시·군계획시설사업시행자의 지정 및 같은 법 제88조에 따른 실시계획의 인가
9. 「농어촌정비법」 제23조에 따른 농업생산기반시설의 사용허가 및 같은 법 제82조제2항에 따른 농어촌관광휴양단지 사업계획의 승인
10. 「도로법」 제36조에 따른 도로관리청이 아닌 자에 대한 도로공사 시행의 허가, 같은 법 제61조에 따른 도로의 점용 허가 및 같은 법 제107조에 따른 도로관리청과의 협의 또는 승인
11. 「도시개발법」 제17조에 따른 도시개발사업에 관한 실시계획의 인가
12. 「사도법」 제4조에 따른 사도(私道) 개설허가
13. 「사방사업법」 제14조에 따른 벌채 등의 허가 및 같은 법 제20조에 따른 사방지(砂防地) 지정의 해제
14. 「산업입지 및 개발에 관한 법률」 제16조에 따른 산업단지개발사업 시행자의 지정, 같은 법 제17조에 따른 국가산업단지개발실시계획의 승인, 같은 법 제18조에 따른 일반산업단지개발실시계획의 승인, 같은 법 제18조의2에 따른 도시첨단산업단지개발실시계획의 승인 및 같은 법 제19조에 따른 농공단지개

발실시계획의 승인
15. 「산업집적활성화 및 공장설립에 관한 법률」 제13조제1항에 따른 공장설립 등의 승인
16. 「산지관리법」 제6조에 따른 보전산지의 변경·해제, 같은 법 제11조에 따른 산지전용·일시사용제한지역 지정의 해제, 같은 법 제14조에 따른 산지전용허가, 같은 법 제15조에 따른 산지전용신고, 같은 법 제15조의2에 따른 산지일시사용허가·신고 및 같은 법 제25조에 따른 토석채취허가
17. 「산림자원의 조성 및 관리에 관한 법률」 제36조제1항·제4항에 따른 입목벌채등의 허가·신고, 「산림보호법」 제9조제1항 및 제2항제1호·제2호에 따른 산림보호구역(산림유전자원보호구역은 제외한다)에서의 행위의 허가·신고 및 같은 법 제11조제1항제1호에 따른 산림보호구역의 지정해제
18. 「소하천정비법」 제10조에 따른 소하천공사의 시행허가 및 같은 법 제14조에 따른 소하천 점용의 허가
19. 「수도법」 제17조 및 제49조에 따른 일반수도사업 및 공업용수도사업의 인가, 같은 법 제52조 및 제54조에 따른 전용상수도 및 전용공업용수도 설치의 인가
20. 「에너지이용 합리화법」 제10조에 따른 에너지사용계획의 협의
21. 「물류시설의 개발 및 운영에 관한 법률」 제22조에 따른 물류단지의 지정 및 같은 법 제28조에 따른 물류단지 개발실시계획의 승인
22. 「유통산업발전법」 제8조에 따른 대규모점포의 개설등록
23. 「자연공원법」 제13조에 따른 도립공원계획의 결정, 같은 법 제14조에 따른 군립공원계획의 결정, 같은 법 제20조에 따른 공원관리청이 아닌 자의 공원사업 시행 및 공원시설 관리 허가(도립공원 및 군립공원으로서 같은 법 제9조에 따른 도립공원위원회 또는 군립공원위원회의 심의를 거친 경우만 해당한다)
24. 「장사 등에 관한 법률」 제27조에 따른 분묘의 개장 허가
25. 「전기사업법」 제7조에 따른 발전사업·송전사업·배전사업·전기판매사업 또는 구역전기사업의 허가 및 같은 법 제62조에 따른 자가용전기설비 공사계획의 인가 또는 신고
26. 「제주특별자치도 설치 및 국제자유도시 조성을 위한 특별법」 제162조에 따른 제주투자진흥지구의 지정 및 같은 법 제147조에 따른 개발사업 시행승인
27. 「주택법」 제15조에 따른 사업계획의 승인
28. 「공유재산 및 물품 관리법」 제20조제1항에 따른 사용·수익허가
29. 「공간정보의 구축 및 관리 등에 관한 법률」 제86조제1항에 따른 사업의 착수·변경 또는 완료의 신고
30. 「집단에너지사업법」 제4조에 따른 집단에너지의 공급 타당성에 관한 협의
31. 「체육시설의 설치·이용에 관한 법률」 제12조에 따른 사업계획의 승인
32. 「초지법」 제21조의2에 따른 토지의 형질변경 등의 허가 및 같은 법 제23조에 따른 초지전용 허가
33. 「공간정보의 구축 및 관리 등에 관한 법률」 제15조제3항에 따른 지도등의 간행심사
34. 「택지개발촉진법」 제9조에 따른 택지개발사업 실시계획의 승인
35. 「폐기물관리법」 제29조에 따른 폐기물처리시설 설치의 승인 또는 신고
36. 「하수도법」 제11조에 따른 공공하수도(분뇨처리시설만 해당한다)의 설치인가, 같은 법 제16조에 따른 공공하수도공사의 시행허가 및 같은 법 제24조에 따른 공공하수도의 점용허가
37. 「하천법」 제6조에 따른 관리청과의 협의 또는 승인, 같은 법 제30조에 따른 하천공사 시행의 허가 및 같은 법 제33조에 따른 하천 점용 등의 허가
38. 「항만법」 제9조제2항에 따른 항만공사 시행의 허가 및 같은 법 제10조제2항에 따른 실시계획의 승인
39. 「사립학교법」 제28조제1항에 따른 용도변경의 허가

② 제1항에 따른 인·허가등의 의제를 받으려는 시행자(제10조제1항·제2항 및 제48조제2항에 따라 개발사업의 시행자로 지정된 자를 말하며, 이하 "시행자"라 한다)는 실시계획의 승인 또는 변경승인을 신청할 때에 해당 법률에서 정하는 관련 서류를 함께 제출하여야 한다.

③ 국토교통부장관은 제12조제1항에 따라 실시계획의 승인 또는 변경승인을 할 때 그

실시계획의 내용에 제1항 각 호의 어느 하나에 해당하는 사항이 포함되어 있는 경우에는 미리 관계 행정기관의 장과 협의하여야 한다. <개정 2013.3.23.>
④ 제3항에 따라 국토교통부장관으로부터 협의를 요청받은 관계 행정기관의 장은 협의 요청을 받은 날부터 20일 이내에 의견을 제출하여야 하며, 그 기간 이내에 의견제출이 없으면 의견이 없는 것으로 본다. <개정 2012.1.20., 2013.3.23.>
⑤ 제1항에 따른 인·허가등의 의제를 받으려는 경우 건축물의 건축 등이 수반되어 건축허가서·건축신고서 등의 서류를 제출하여야 할 때에는 제1항제1호에 따른 건축허가 관련 서류에 첨부된 도면으로 그 서류를 갈음한다.
[전문개정 2011.5.30.]

제13조의2(개발사업의 시행 방식) 개발사업은 시행자가 개발구역의 토지 등을 수용하거나 사용하는 방식, 환지 방식 또는 이를 혼용하는 방식으로 시행할 수 있다.
[전문개정 2011.5.30.]

제14조(토지등의 수용·사용) ① 시행자는 개발구역에서 개발사업을 시행하기 위하여 필요할 때에는 「공익사업을 위한 토지 등의 취득 및 보상에 관한 법률」 제3조에 따른 토지·물건 또는 권리(이하"토지등"이라 한다)를 수용 또는 사용(이하"수용등"이라 한다)할 수 있다.
② 제1항을 적용하는 경우에 수용등의 대상이 되는 토지등의 세부 목록을 제11조제6항에 따라 고시한 때에는 「공익사업을 위한 토지 등의 취득 및 보상에 관한 법률」 제20조제1항 및 제22조에 따른 사업인정 및 사업인정의 고시가 있은 것으로 본다. <개정 2017.10.24.>
③ 「공익사업을 위한 토지 등의 취득 및 보상에 관한 법률」 제28조에 따른 재결의 신청은 개발구역 토지면적의 100분의 50 이상에 해당하는 토지를 확보(토지소유권을 취득하거나 토지소유자로부터 사용동의를 받은 것을 말한다)한 후에 할 수 있다. 다만, 제10조제2항에 따라 공동으로 개발사업을 시행하는 경우에는 개발구역 토지면적의 100분의 50 이상에 해당하는 토지를 확보하기 전에도 재결의 신청을 할 수 있다.
④ 재결의 신청은 「공익사업을 위한 토지 등의 취득 및 보상에 관한 법률」 제23조제1항 및 제28조제1항에도 불구하고 제11조제6항 본문에 따른 개발계획의 고시일부터 4년 이내에 할 수 있다. 다만, 대통령령으로 정하는 부득이한 사유가 있는 경우에는 국토교통부장관의 승인을 받아 그 기간을 2년 연장할 수 있다. <개정 2012.1.20., 2013.3.23., 2015.6.22., 2017.10.24.>
⑤ 제1항에 따른 토지등의 수용등에 관한 재결의 관할 토지수용위원회는 중앙토지수용위원회가 된다.
⑥ 시행자는 「공익사업을 위한 토지 등의 취득 및 보상에 관한 법률」에서 정하는 바에 따라 개발사업의 시행에 필요한 토지등을 제공함으로 인하여 생활의 근거를 상실하게 되는 자에 대하여 주거단지 등을 조성·공급하는 등 이주대책을 수립·시행하여야 한다.
⑦ 제6항에 따라 수립하는 이주대책에는 이주대상 주민과 협의하여 당초 토지등의 소유 상황과 생업 등을 고려하여 생활대책에 필요한 용지를 대체하여 공급하는 등 대통령령으로 정하는 사항이 포함되어야 한다.
⑧ 시행자는 토지등의 보상 및 이주대책에 관한 업무를 시장·군수에게 위탁할 수 있다. 이 경우 시장·군수는 특별한 사유가 없으면 이에 따라야 한다.
⑨ 제8항에 따라 토지등의 보상 및 이주대책에 관한 업무를 위탁받은 시장·군수는 위탁받은 업무를 직접 이행하기 어려운 경우에는 그 업무 중 일부를 「공익사업을 위한 토지 등의 취득 및 보상에 관한 법률」 제81조제1항제2호에서 정한 기관에 재위탁할 수 있다.
⑩ 제1항에 따른 토지등의 수용등에 관하여 이 법에 특별한 규정이 있는 경우를 제외하고는 「공익사업을 위한 토지 등의 취득 및 보상에 관한 법률」을 준용한다.
[전문개정 2011.5.30.]

제14조의2(토지소유자에 대한 환지) ① 시행자는 개발구역 토지의 일부에 대하여 개발사업이 완료된 후 토지소유자에게 환지하여 줄 수 있다.
② 제1항에 따른 환지는 개발사업에 지장이 없는 범위에서 토지소유자가 환지를 요청하는 경우에만 한다. 이 경우 시행자는 토지소유자와 해당 토지에 대하여 임차권,

지상권, 그 밖에 사용하거나 수익할 권리를 가진 자의 동의를 받아야 한다.
③ 제2항에 따른 동의를 받은 경우에는 제14조제3항에 따른 사용동의를 받은 것으로 본다.
④ 제1항에 따른 환지에 관하여는 「도시개발법」 제28조부터 제49조까지의 규정을 준용한다. 다만, 시행자가 제12조에 따라 「도시개발법」 제28조제1항에 따른 환지 계획을 포함하여 실시계획의 승인을 받은 경우에는 같은 법 제29조에 따른 환지 계획의 인가를 받은 것으로 본다.
[전문개정 2011.5.30.]

제15조(토지상환채권의 발행) ① 시행자는 토지소유자가 동의하는 경우 토지등의 매수대금 일부를 지급하기 위하여 대통령령으로 정하는 바에 따라 개발사업으로 조성된 토지로 상환하는 채권(이하"토지상환채권"이라 한다)을 발행할 수 있다. 이 경우 시행자는 대통령령으로 정하는 금융기관 등으로부터 지급보증을 받아야 한다.
② 시행자는 제1항에 따라 토지상환채권을 발행하려면 대통령령으로 정하는 바에 따라 토지상환채권의 발행계획서를 작성하여 국토교통부장관의 승인을 받아야 한다. <개정 2013.3.23.>
③ 토지상환채권의 발행 방법·절차 및 조건 등에 관하여 필요한 사항은 대통령령으로 정한다.
[전문개정 2011.5.30.]

제16조(토지의 직접 사용) ① 시행자는 산업용지, 업무용지, 관광용지 등 기업도시의 주된 용도로 사용되는 토지의 20퍼센트 이상 50퍼센트 이하의 범위에서 대통령령으로 정하는 비율 이상의 토지를 직접 사용하여야 한다. 다만, 제48조제2항에 따라 같은 항 제2호부터 제4호까지의 규정에 해당하는 자가 시행자로 대체지정되거나 관할 시장·군수가 시행자의 부도·파산 등 부득이한 사유를 인정하여 요청하는 경우 국토교통부장관은 대통령령으로 정하는 바에 따라 비율을 줄일 수 있다. <개정 2015.6.22.>
② 다음 각 호의 어느 하나에 해당하는 회사 또는 기업이 기업도시의 주된 용도로 사용되는 토지를 사용하는 경우에는 제1항 본문에 따라 시행자가 토지를 직접 사용하는 경우로 본다.
1. 시행자의 자회사 또는 계열회사(「독점규제 및 공정거래에 관한 법률」에 따른 자회사 또는 계열회사를 말한다. 이하 이 항에서 같다)
2. 시행자에게 자본금을 출자한 기업
3. 시행자에게 자본금을 출자한 기업의 자회사 또는 계열회사
③ 국토교통부장관은 시행자가 직접 사용하도록 계획된 토지에 사업추진계획(제11조제2항제4호·제8호 및 제12조제1항제1호·제4호·제5호와 관련된 계획을 말한다. 이하 같다)에 따른 사업체의 이전 및 시설·장비의 설치 등을 정당한 사유 없이 이행하지 아니하거나 이를 게을리하는 경우에는 다음 각 호의 명령을 할 수 있다. <개정 2013.3.23., 2013.6.4.>
1. 사업추진계획에 따른 사업체의 이전 및 시설·장비의 설치 등의 이행에 관한 명령
2. 제22조에 따른 조성토지등 또는 원형지의 처분을 제한하는 명령
3. 제31조제1항에 따른 주택공급에 관한 특례의 적용을 제한하는 명령
[전문개정 2011.5.30.]

제17조(준공검사) ① 시행자는 개발사업의 전부 또는 일부(제12조제1항제4호에 따른 단계별 조성계획서를 첨부한 실시계획을 승인받은 경우만 해당한다)를 완료하였을 때에는 대통령령으로 정하는 바에 따라 지체 없이 국토교통부장관의 준공검사를 받아야 한다. 이 경우 국토교통부장관은 그 준공검사의 시행에 관하여 관계 행정기관의 장과 미리 협의하여야 한다. <개정 2013.3.23.>
② 시행자가 제1항에 따라 준공검사를 받은 때에는 제13조제1항 각 호에 따른 인·허가등에 따른 해당 사업의 준공검사 또는 준공인가 등을 받은 것으로 본다.
③ 시장·군수는 개발사업이 준공된 개발구역에 대하여 제12조제5항에 따라 고시된 실시계획에 포함된 「국토의 계획 및 이용에 관한 법률」 제52조에 따라 작성된 지구단위계획에 따라 관리하여야 한다. <개정 2011.4.14.>
[전문개정 2011.5.30.]

제18조(공사 완료의 공고) 국토교통부장관은 제17조제1항에 따른 준공검사를 한 결과 개발사업이 실시계획대로 완료되었다고 인정할

때에는 시행자에게 준공검사확인증을 발급하고 공사 완료의 공고를 하여야 하며, 실시계획대로 완료되지 아니하였을 때에는 지체 없이 보완시공 등 필요한 조치를 명하여야 한다. <개정 2013.3.23.>
[전문개정 2011.5.30.]

제19조(비용의 부담) ① 개발사업에 필요한 비용은 이 법 또는 다른 법률에 특별한 규정이 있는 경우를 제외하고는 시행자가 부담한다.
② 개발구역에서 다음 각 호의 시설은 대통령령으로 정하는 범위에서 다음 각 호의 구분에 따라 시행자가 아닌 자의 부담으로 설치한다. 다만, 제12조제1항제5호에 따른 협약서에서 달리 정한 경우에는 그에 따른다.
1. 도로 및 상수도·하수도 시설의 설치: 지방자치단체
2. 전기시설, 가스공급시설 또는 지역난방시설의 설치: 해당 지역에 전기, 가스 또는 난방을 공급하는 자
3. 통신시설의 설치: 해당 지역에 통신서비스를 제공하는 자
③ 제2항에 따른 시설의 설치는 특별한 사유가 없으면 제17조에 따른 준공검사를 신청하는 날까지 완료하여야 한다.
④ 시행자가 제2항 각 호 외의 부분 단서에 따라 같은 항 제1호의 도로 또는 상수도·하수도 시설을 설치하는 경우 지방자치단체에 그 설치사업의 대행을 요청할 수 있다. 이 경우 그 설치에 관한 비용은 시행자가 부담하여야 한다.
[전문개정 2011.5.30.]

제20조(비용 부담의 사후 조정) ① 시행자는 제17조에 따라 준공검사를 받기 전에 제4조제2항제6호에 따른 사업성 분석자료를 같은 호 각 목별로 대비한 개발사업 시행의 결과와 이에 관한 회계법인의 의견을 첨부하여 국토교통부장관에게 제출하여야 한다. <개정 2011.5.30., 2013.3.23.>
② 국토교통부장관은 제1항에 따라 제출된 집행결과를 검토하여 대통령령으로 정하는 기준 이상의 이익이 발생하였다고 인정하는 경우에는 시행자로 하여금 다음 각 호의 시설의 설치 또는 설치비용의 일부를 부담하도록 시장·군수와 협의하게 하여야 한다. <개정 2011.5.30., 2013.3.23.>
1. 지역 특성에 맞는 교육기관 또는 복지시설
2. 도서관, 문화회관, 운동장 등 공공편익시설
3. 그 밖에 지역 발전에 필요하다고 시장·군수가 요청하는 시설
③ 국토교통부장관은 제1항에 따라 제출된 집행결과를 검토하여 대통령령으로 정하는 기준 이상으로 이익이 감소한 경우에는 시장·군수로 하여금 제8조에 따라 개발이익으로 개발구역에 설치하기로 한 공공편익시설의 설치 계획 등을 재조정하도록 시행자와 협의하게 하여야 한다. 다만, 제8조제2항에 따라 개발구역 밖의 간선시설 등에 이미 투입이 완료된 비용은 제외한다. <개정 2011.5.30., 2013.3.23., 2015.6.22.>
④ 국토교통부장관은 제2항 및 제3항에 따른 시장·군수와 시행자 간의 협의가 이루어지지 아니할 때에는 제17조에 따른 준공검사를 거부할 수 있다. <개정 2011.5.30., 2013.3.23.>
[제목개정 2011.5.30.]

제21조(선수금) ① 시행자는 개발사업으로 조성된 토지·건축물 또는 공작물 등(이하 "조성토지등"이라 한다)이나 원형지를 이용하고자 하는 자로부터 해당 대금의 전부 또는 일부를 미리 받을 수 있다. <개정 2013.6.4., 2015.6.22.>
② 제1항에 따라 선수금을 받으려는 시행자는 실시계획 승인을 받은 후 개발구역 면적의 30퍼센트 이상의 토지에 대한 소유권을 확보하고 개발사업에 착수하거나 개발구역 면적의 70퍼센트 이상에 해당하는 공유수면 매립면허권을 양수받고 개발사업에 착수하는 등 대통령령으로 정하는 요건을 모두 갖추어 국토교통부장관의 승인을 받아야 한다. <신설 2015.6.22.>
③ 국토교통부장관은 시행자가 공급계약의 내용대로 이행하지 아니하거나 시행자의 파산 등(「채무자 회생 및 파산에 관한 법률」에 의한 법원의 결정·인가를 포함한다)으로 사업을 이행할 능력이 없다고 인정하는 경우에는 해당 개발사업의 준공 전에 이행보증서 등을 선수금의 환불을 위하여 사용할 수 있다. <신설 2015.6.22.>
[전문개정 2011.5.30.]

제22조(조성토지등 또는 원형지의 처분) ① 국

토교통부장관은 다음 각 호의 어느 하나에 해당하는 투기우려지역에 대하여는 개발구역의 전부 또는 일부에 대하여 조성토지등 또는 원형지의 처분방법을 제한할 수 있다. <개정 2013.3.23., 2013.6.4., 2016.1.19.>
1. 「소득세법」 제104조의2제1항에 따른 지역
2. 「주택법」 제63조에 따른 투기과열지구
3. 「부동산 거래신고 등에 관한 법률」 제10조에 따른 토지거래계약에 관한 허가구역
4. 그 밖에 투기가 우려되는 지역으로서 대통령령으로 정하는 지역

② 시행자는 원형지를 공급받아 개발하는 자가 개발계획에서 정한 용도대로 원형지를 사용하지 아니하거나 공급받은 토지의 전부나 일부를 시행자의 동의 없이 제3자에게 매각하는 경우 대통령령으로 정하는 바에 따라 원형지 공급계약을 해제할 수 있다. <개정 2013.6.4.>

③ 국토교통부장관은 원형지를 공급받아 개발하는 자가 개발계획으로 정한 용도대로 원형지를 사용하지 아니할 경우 시행자로 하여금 그 이행의 촉구, 원상회복 또는 손해배상의 청구, 원형지 공급계약의 해제 등 필요한 조치를 취할 것을 요구할 수 있다. <신설 2013.6.4.>

④ 조성토지등 또는 원형지의 처분 방법·절차·가격기준 등에 관하여 필요한 사항은 국토교통부령으로 정한다. 다만, 시행자가 「초·중등교육법」에 따른 초등학교·중학교 및 고등학교용 학교용지를 지방자치단체에 공급하는 경우에는 그 토지의 가격을 「감정평가 및 감정평가사에 관한 법률」에 따른 감정평가업자가 감정평가한 가격으로 정한다. <신설 2013.6.4., 2016.1.19.>

[전문개정 2011.5.30.]
[제목개정 2013.6.4.]

제23조(타인 토지의 출입) ① 시행자는 개발구역의 지정, 개발사업에 관한 조사·측량 또는 개발사업의 시행을 위하여 필요할 때에는 타인의 토지에 출입하거나 타인의 토지를 재료 적치장 또는 임시 통로로 일시 사용할 수 있고, 특히 필요한 경우에는 나무, 흙, 돌, 그 밖의 장애물을 변경하거나 제거할 수 있다.

② 제1항의 경우에는 「국토의 계획 및 이용에 관한 법률」 제130조제2항부터 제9항까지 및 제131조를 준용한다. 이 경우 "도시·군계획시설사업의 시행자"는 이 법에 따른 "시행자"로 본다. <개정 2011.4.14.>

[전문개정 2011.5.30.]

제24조(공공시설 등의 귀속) ① 시행자가 개발사업의 시행으로 「국토의 계획 및 이용에 관한 법률」 제2조제13호에 따른 공공시설을 새로 설치하거나 기존의 공공시설에 대체되는 시설을 설치한 경우 그 귀속에 관하여는 같은 법 제65조를 준용한다. 이 경우 "행정청이 아닌 자"는 이 법에 따른 "시행자"로 본다.

② 제1항에 따른 공공시설과 재산의 등기를 할 때에는 실시계획승인서와 준공검사확인증으로 「부동산등기법」에 따른 등기원인을 증명하는 서면을 갈음할 수 있다.

③ 제1항에 따라 「국토의 계획 및 이용에 관한 법률」을 준용할 때 관리청이 불분명한 재산 중 도로, 하천, 도랑 등에 대하여는 국토교통부장관을, 그 외의 재산에 대하여는 기획재정부장관을 관리청으로 본다. <개정 2013.3.23.>

[전문개정 2011.5.30.]

제3장 개발사업시행자 및 입주기업에 대한 지원

제25조(조세 및 부담금의 감면 등) ① 국가 및 지방자치단체는 개발사업을 원활히 시행하기 위하여 필요한 경우에는 시행자에 대하여 「조세특례제한법」, 「관세법」 및 「지방세특례제한법」에서 정하는 바에 따라 법인세·소득세·관세·취득세·등록면허세·재산세 등의 조세를 감면할 수 있다.

② 국가 및 지방자치단체는 개발사업을 원활히 시행하기 위하여 필요한 경우에는 개발구역에서 시행되는 기업도시 조성사업에 대하여 대통령령으로 정하는 바에 따라 다음 각 호의 부담금을 감면할 수 있다.
1. 「개발이익환수에 관한 법률」 제5조에 따른 개발부담금
2. 「농지법」 제38조에 따른 농지보전부담금
3. 「초지법」 제23조에 따른 대체초지조성비
4. 「산지관리법」 제19조에 따른 대체산림자원조성비
5. 「도시교통정비 촉진법」 제36조에 따른 교통유발부담금

③ 국가 및 지방자치단체는 개발사업을 원활히 시행하기 위하여 필요한 경우에는 시행자

에 대하여 대통령령으로 정하는 바에 따라 「공유수면 관리 및 매립에 관한 법률」에 따른 공유수면 점용료·사용료를 감면할 수 있다.
[전문개정 2011.5.30.]

第26條(세제 및 자금 지원) ① 국가 및 지방자치단체는 개발구역에 입주하는 기업에 대하여 「조세특례제한법」, 「관세법」 및 「지방세특례제한법」에서 정하는 바에 따라 국세 및 지방세를 감면할 수 있다.
② 국가 및 지방자치단체는 개발구역에 입주하는 기업에 임대하는 경우 그 부지의 조성과 의료시설, 교육시설, 주택 등 각종 편의시설의 설치에 필요한 자금을 지원할 수 있다.
③ 국가 및 지방자치단체는 「국유재산법」, 「공유재산 및 물품 관리법」, 그 밖의 다른 법령에도 불구하고 시행자 또는 개발구역에 입주하는 기업에 대하여 국유·공유재산의 임대료를 대통령령으로 정하는 바에 따라 감면할 수 있다.
[전문개정 2011.5.30.]

第27條(국유지·공유지의 처분 제한 등) ① 개발구역에 있는 국가 또는 지방자치단체 소유의 토지로서 개발사업에 필요한 토지는 해당 개발계획으로 정하여진 목적 외의 목적으로 처분할 수 없다.
② 개발구역에 있는 국가 또는 지방자치단체 소유의 재산으로서 개발사업에 필요한 재산은 「국유재산법」 및 「공유재산 및 물품 관리법」에도 불구하고 시행자에게 수의계약의 방법으로 처분할 수 있다. 이 경우 해당 재산의 용도폐지(행정재산인 경우만 해당한다) 또는 처분에 관하여는 국토교통부장관이 미리 관계 행정기관의 장과 협의하여야 한다. <개정 2013.3.23.>
③ 제2항 후단에 따라 협의 요청을 받은 관계 행정기관의 장은 그 요청을 받은 날부터 30일 이내에 협의에 필요한 조치를 하여야 한다.
④ 국가 또는 지방자치단체는 개발구역에 있는 국유재산 또는 공유재산을 시행자에게 매도하거나 임대할 경우 개발 여건을 고려하여 대통령령으로 정하는 바에 따라 그 대금을 장기간에 걸쳐 분할납부하게 하는 등 조건을 완화할 수 있다.
[전문개정 2011.5.30.]

第28條(광역교통개선대책의 수립에 관한 특례) ① 「대도시권 광역교통관리에 관한 특별법」 제7조의2제1항에도 불구하고 개발구역 면적이 100만제곱미터 이상이거나 수용인구 또는 수용인원이 2만명 이상인 사업의 경우에는 시행자가 같은 항에 따른 광역교통개선대책을 수립하여 국토교통부장관에게 제출하여야 한다. <개정 2013.3.23., 2015.6.22.>
② 국토교통부장관은 제1항에 따른 광역교통개선대책을 제출받았을 때에는 광역시장·도지사의 의견을 들은 후 「국가통합교통체계효율화법」 제106조에 따른 국가교통위원회의 심의를 거쳐 제12조에 따른 실시계획 승인 이전까지 이를 확정하여 광역시장·도지사에게 통보하여야 한다. <개정 2013.3.23.>
③ 광역시장·도지사는 제2항에 따라 의견을 요청받은 날부터 30일 이내에 의견을 제출하여야 하고, 그 기간 이내에 의견 제출이 없으면 의견이 없는 것으로 본다.
[전문개정 2011.5.30.]

第29條(「체육시설의 설치·이용에 관한 법률」에 관한 특례) ① 개발구역에서 「체육시설의 설치·이용에 관한 법률」 제10조제1항제1호에 따른 등록 체육시설업을 하려는 자는 같은 법 제12조에도 불구하고 사업계획서를 작성하여 관할 시장·군수의 승인을 받아야 한다. 그 사업계획을 변경(대통령령으로 정하는 경미한 사항에 관한 사업계획의 변경은 제외한다)하려는 경우에도 같다.
② 제1항에 따라 관할 시장·군수의 승인을 받은 자는 「체육시설의 설치·이용에 관한 법률」 제19조제1항에도 불구하고 영업을 시작하기 전에 관할 시장·군수에게 해당 체육시설업의 등록을 하여야 한다. 등록사항을 변경(대통령령으로 정하는 경미한 등록사항의 변경은 제외한다)하려는 경우에도 같다.
③ 제1항 및 제2항에 따른 승인을 받거나 등록을 한 등록 체육시설업자에 대하여 「체육시설의 설치·이용에 관한 법률」을 적용하는 경우에 같은 법에 따른 등록 체육시설업에 관련된 시·도지사의 업무는 관할 시장·군수의 업무로 본다.
④ 개발구역에 설치하는 체육시설은 「체육시설의 설치·이용에 관한 법률」 제11조에도 불구하고 실시계획에서 정한 시설물의 설치계획

및 부지면적 사용계획에 따라 설치할 수 있다. [전문개정 2011.5.30.]

제30조(「관광진흥법」에 관한 특례) ① 문화체육관광부장관은 「관광진흥법」 제21조에도 불구하고 관광·레저가 주된 기능인 기업도시로서 대통령령으로 정하는 기업도시(이하 "관광 중심 기업도시"라 한다)의 실시계획에 반영되어 있고 다음 각 호의 요건을 모두 갖춘 경우에는 같은 법 제5조제1항에 따른 카지노업의 허가를 하여야 한다. <개정 2015.6.22.>

1. 신청인이 대통령령으로 정하는 일정 규모 이상의 금액을 투자하는 사업시행자일 것
2. 신청 내용이 실시계획에 부합할 것
3. 관광진흥법령에 따른 카지노업에 필요한 시설·기구 및 인력 등을 확보하였을 것

② 개발구역에서 「관광진흥법」 제20조제1항에 따라 관광사업의 시설에 대하여 분양 및 회원 모집을 할 경우에는 같은 조 제4항에도 불구하고 이 법에 따른 대통령령으로 그 기준 및 절차를 따로 정할 수 있다. [전문개정 2011.5.30.]

제31조(주택공급에 관한 특례) ① 기업도시의 목적을 달성하기 위하여 필요한 경우에는 「주택법」 제54조에도 불구하고 대통령령으로 정하는 바에 따라 주택의 공급기준을 따로 정할 수 있다. <개정 2016.1.19.>

② 국토교통부장관은 대통령령으로 정하는 투기우려지역에 대하여는 제1항에 따른 주택의 공급방법을 제한할 수 있다. <개정 2013.3.23.>

[전문개정 2011.5.30.]

제32조 삭제 <2011.5.30.>

제33조(「공유수면 관리 및 매립에 관한 법률」에 관한 특례) ① 개발사업의 시행을 위하여 개발계획에 「공유수면 관리 및 매립에 관한 법률」 제28조에 따라 매립면허를 받은 매립예정지, 매립지 또는 준공인가를 받은 매립지(「공유수면 관리 및 매립에 관한 법률」 제35조에 따라 국가 등이 시행하는 매립의 협의 또는 승인을 받은 경우를 포함하며, 이하 이 조에서 "매립지"라 한다)의 매립목적의 변경이 포함된 경우로서 그 매립목적의 변경이 같은 법 제49조제1항에 따라 매립목적을 변경할 수 있는 경우에 해당되는 경우에는 실시계획이 승인된 때에 같은 법 제48조 및 법률 제5911호 공유수면매립법개정법률 부칙 제3조에도 불구하고 해당 매립지의 매립목적이 해양수산부장관의 승인을 받아 개발계획의 토지용도로 변경된 것으로 본다. <개정 2011.5.30., 2013.3.23.>

② 삭제 <2008.2.29.>

③ 시행자는 매립목적을 변경하여 매립지를 사용하려는 경우에는 개발계획에 다음 각 호의 서류를 첨부하여야 한다. <개정 2011.5.30.>

1. 「공유수면 관리 및 매립에 관한 법률」 제49조제1항 각 호의 어느 하나에 해당함을 증명하는 서류
2. 그 밖에 대통령령으로 정하는 서류

④ 제1항 및 제3항에 따라 매립목적이 변경된 매립지의 재평가, 매립목적의 변경고시, 변경등기 및 재평가매립지의 소유권 취득 등에 관하여는 「공유수면 관리 및 매립에 관한 법률」 제49조제2항, 제4항부터 제6항까지 및 제50조에 따른다. <개정 2011.5.30.>

⑤ 제11조에 따라 개발계획이 승인된 경우에는 「공유수면 관리 및 매립에 관한 법률」 제35조제2항에도 불구하고 매립공사의 준공인가 전에 시행자에게 매립에 관한 권리를 양도할 수 있다. <개정 2011.5.30.>

⑥ 시행자가 제5항에 따라 매립에 관한 권리를 양도받는 경우 매립에 관한 권리의 양도·양수 가액과 「공유수면 관리 및 매립에 관한 법률」 제46조에 따라 매립지의 소유권 취득을 위한 매립지 가액은 기업도시 지정 당시 현실이용현황으로 평가하여 산정하고, 개발구역의 지정 등 개발사업으로 인한 지가변동요인을 고려하지 아니한다. <신설 2013.6.4., 2015.6.22.>

⑦ 「공유수면 관리 및 매립에 관한 법률」 제46조제1항제3호에도 불구하고 개발사업 시행자는 직접 투입한 같은 항에 따른 총사업비와 매립에 관한 권리의 양도·양수 가액을 합한 금액의 범위에서 해당 매립지의 소유권을 취득한다. 이 경우 매립에 관한 권리의 양도인은 제4조제1항 각 호의 어느 하나에 해당하는 자에 한한다. <신설 2013.6.4.>

⑧ 시행자가 제5항에 따라 매립에 관한 권리를 양도받은 때에는 「공유수면 관리 및 매립에 관한 법률」 제28조에 따라 매립면허를 받은

것으로 본다. 이 경우 「공유수면 관리 및 매립에 관한 법률」 제28조제4항은 적용하지 아니한다. <개정 2011.5.30., 2013.6.4.>
⑨ 제1항부터 제8항까지의 규정은 법률 제7310호 기업도시개발특별법 시행 전에 이미 「공유수면 관리 및 매립에 관한 법률」 제28조에 따라 매립면허를 받거나 같은 법 제35조에 따라 국가 등이 시행하는 매립의 협의 또는 승인을 받은 매립지에 대하여만 적용한다. <개정 2011.5.30., 2013.6.4.>
[제목개정 2010.4.15.]
[법률 제13372호(2015.6.22.) 부칙 제2조의 규정에 의하여 이 조 제6항은 2018년 6월 22일까지 유효함]

제33조의2(「국토의 계획 및 이용에 관한 법률」에 관한 특례) 개발구역을 관할하는 광역시·특별자치시 또는 개발구역에 위치하는 시·군은 개발사업을 위하여 필요한 경우에는 「국토의 계획 및 이용에 관한 법률」 제77조 또는 제78조에도 불구하고 100분의 150의 범위에서 개발구역에서의 건폐율 또는 용적률의 최대한도를 조례로 달리 정할 수 있다.
[본조시설 2015.6.22.]

제34조(기금 및 예산의 지원) ① 국가는 개발구역에서 구역진입도로, 용수시설(用水施設) 및 하수처리시설 등 기반시설의 개발 및 확충에 필요한 재원의 전부 또는 일부를 지원할 수 있다.
② 문화체육관광부장관은 관광 중심 기업도시 개발구역에서 관광사업의 발전을 위한 기반시설 등의 건설을 위하여 지방자치단체 또는 시행자에게 「관광진흥개발기금법」에 따른 관광진흥개발기금을 보조하거나 대여할 수 있다. <개정 2015.6.22.>
[전문개정 2011.5.30.]

제34조의2(선택적 규제특례 적용) ① 제4조에 따라 개발구역의 지정을 제안하는 자는 해당 기업도시의 성격에 맞는 제2항 각 호의 규제특례 사항을 선택적으로 적용받기 위하여 다음 각 호의 사항을 포함한 규제특례계획(이하 이 조에서 "규제특례계획"이라 한다)을 수립할 수 있다. 이 경우 규제특례계획은 제11조에 따른 개발계획에 포함하여야 한다.
1. 개발구역 내의 규제특례 적용대상 사업 및 입주기업
2. 제2항 각 호의 규제특례 사항 중 적용받으려는 규제특례 사항과 그 규제특례 적용 필요성 및 적용 범위
3. 그 밖에 규제특례를 적용받기 위하여 필요한 사항으로서 대통령령으로 정하는 사항
② 기업도시에서 규제특례계획을 수립하여 적용받을 수 있는 규제특례 사항은 다음 각 호와 같다. <개정 2011.9.15., 2014.1.14.>
1. 「건축법」에 관한 특례
개발구역에서 문화·예술 관련 사업을 위하여 건축하는 야외 전시 및 촬영 시설은 「건축법」 제20조에도 불구하고 같은 조 제3항에 따른 신고대상으로 본다.
2. 「농수산물 유통 및 가격안정에 관한 법률」에 관한 특례
개발구역을 관할하는 지방자치단체는 「농수산물 유통 및 가격안정에 관한 법률」 제17조제1항 및 제2항에도 불구하고 도지사의 허가를 받지 아니하고 지방도매시장을 개설할 수 있다. 이 경우 지방도매시장에 대하여 「농수산물 유통 및 가격안정에 관한 법률」을 적용하는 경우에는 개발구역을 관할하는 지방자치단체는 같은 법에 따른 지방도매시장 개설자로 본다.
3. 「도로교통법」에 관한 특례
개발구역을 관할하는 시장·군수는 입주기업의 경영을 위하여 필요한 경우에는 지방경찰청장 또는 경찰서장에게 차마(車馬)의 도로통행 금지 또는 제한 등의 조치를 하도록 요청할 수 있다. 이 경우 지방경찰청장 또는 경찰서장은 「도로교통법」 제6조에도 불구하고 특별한 사유가 없으면 지체 없이 필요한 조치를 하여야 한다.
4. 「독점규제 및 공정거래에 관한 법률」에 관한 특례
개발구역에서 입주기업이 시행하는 공동연구·기술개발 등에 대하여는 「독점규제 및 공정거래에 관한 법률」 제19조제2항에 따른 공정거래위원회의 인가를 받은 것으로 본다. 이 경우 규제특례계획에 이 특례의 적용 필요성, 세부 내용, 그 밖에 대통령령으로 정하는 사항이 포함되어 있어야 한다.
5. 「박물관 및 미술관 진흥법」에 관한 특례
박물관이나 미술관을 설립·운영하는 자는 「박물관 및 미술관 진흥법」 제16조에도 불구하고 대통령령으로 정하는 바에 따라 공동으로 학예사를 둘 수 있다.

6. 「초·중등교육법」에 관한 특례
   개발구역에 설립되는 「초·중등교육법」 제2조에 따른 학교의 장은 외국어 전문교육을 실시하기 위하여 같은 법 제21조에도 불구하고 대통령령으로 정하는 자격요건을 갖춘 외국인을 외국어 교원 및 강사로 임용할 수 있다.
7. 「출입국관리법」에 관한 특례
   「출입국관리법」 제8조 및 제10조에도 불구하고 개발구역에서 사업을 하거나 입주기업에 종사하는 외국인에 대한 사증(査證) 발급의 절차와 1회에 부여할 수 있는 체류자격별 체류기간 상한에 대하여는 대통령령으로 달리 정할 수 있다. 이 경우 사증 발급신청 등을 할 때에는 대통령령으로 정하는 바에 따라 관할 시장·군수의 확인을 받아야 한다.
8. 외국인투자기업에 관한 특례
   가. 개발구역에 입주하는 「외국인투자 촉진법」 제2조제1항제6호에 따른 외국인투자기업(이하 "입주외국인투자기업"이라 한다)에 대하여는 「국가유공자 등 예우 및 지원에 관한 법률」 제33조의2, 「보훈보상대상자 지원에 관한 법률」 제39조, 「장애인고용촉진 및 직업재활법」 제28조 및 「고용상 연령차별금지 및 고령자고용촉진에 관한 법률」 제12조를 적용하지 아니한다.
   나. 입주외국인투자기업에 대하여는 「근로기준법」 제55조 및 제73조에도 불구하고 근로자에게 무급휴일을 주거나 여성근로자에게 무급생리휴가를 줄 수 있고, 같은 법 제57조를 적용하지 아니한다.
   다. 고용노동부장관은 입주외국인투자기업에 대하여 「파견근로자보호 등에 관한 법률」 제5조 및 제6조에도 불구하고 위원회의 심의·의결을 거친 업종에 대하여 근로자파견대상업무를 확대하거나 파견기간을 연장할 수 있다.
   라. 개발구역을 관할하는 도지사 또는 시장·군수는 입주외국인투자기업 및 외국인의 편의를 높이기 위하여 문서 등을 외국어로 발간·접수·처리하는 등 외국어 서비스를 제공하여야 한다. 이 경우 서비스의 제공 범위 및 방법 등에 필요한 사항은 대통령령으로 정한다.

[전문개정 2011.5.30.]

제4장 기업도시 정주(定住) 여건의 개선

<개정 2011.5.30.>

제35조(사립학교의 설립에 관한 특례) ① 시행자가 기업도시의 특성에 맞는 인력 양성과 교육 여건의 개선을 위하여 학교를 설립하려는 경우에는 개발계획과 실시계획에 학교설립계획을 포함하여 작성하여야 한다.
② 국토교통부장관은 제1항에 따른 학교설립계획이 포함되어 있는 개발계획 또는 실시계획을 승인하려는 경우에는 미리 교육부장관 또는 교육감과 협의하여야 한다. <개정 2013.3.23.>
③ 교육감은 시행자가 제2항에 따른 협의를 거쳐 승인된 개발계획과 실시계획에 포함된 학교시설사업을 시행하기 위하여 「학교시설사업 촉진법」 제4조에 따라 학교시설사업 시행계획의 승인신청을 한 경우에 이를 검토하여 승인하여야 한다.
④ 「초·중등교육법」 제4조제2항 및 「고등교육법」 제4조에 따라 제1항부터 제3항까지의 학교에 대한 설립인가를 신청할 때에는 「사립학교법」 제3조에 따른 학교법인을 설립한 후 학교법인이 설립인가를 신청하여야 한다.
[전문개정 2011.5.30.]

제36조(학교 및 교육과정 운영의 특례) ① 개발구역에서 기업도시의 특성에 맞는 인력 양성과 교육 여건 개선을 위하여 「초·중등교육법」 제61조에 따른 특례를 적용받는 학교 또는 교육과정을 운영하려는 학교의 장은 시장·군수의 추천으로 관할 교육감의 지정을 받아야 한다.
② 제1항에 따른 특례를 적용받는 학교의 추천기준은 대통령령으로 정한다.
③ 제1항에 따라 운영되는 학교 또는 교육과정에 참여하는 교원 및 학생 등은 이로 인하여 불이익을 받지 아니한다.
[전문개정 2011.5.30.]

제37조(의료기관의 설치·운영) ① 시행자가 기업도시의 의료기반시설 확보를 위하여 의료기관을 설치·운영하려는 경우에는 개발계획과 실시계획에 의료기관의 설치계획을 포함하여 작성하여야 한다.
② 국토교통부장관은 제1항에 따른 의료기관

의 설치계획이 포함되어 있는 개발계획 또는 실시계획을 승인하려는 경우에는 미리 보건복지부장관 또는 광역시장·도지사·특별자치도지사와 협의하여야 한다. <개정 2013.3.23.>
③ 시행자가 제2항에 따른 협의를 거쳐 승인된 개발계획과 실시계획에 포함된 의료기관을 설치하기 위한 인가·허가를 신청한 경우 시장·군수 등은 이를 검토하여 인가·허가를 하여야 한다.
④「의료법」제33조제4항에 따라 제1항부터 제3항까지의 의료기관 개설허가를 신청하는 자는 같은 법 제33조제2항에 적합한 자격을 갖추어 신청하여야 한다.
⑤ 개발구역 내의 의료법인은「의료법」제49조에도 불구하고 대통령령으로 정하는 부대사업을 할 수 있다.
[전문개정 2011.5.30.]

제38조(외국교육기관의 설립에 대한 특례) 외국학교법인이 개발구역에서「경제자유구역의 지정 및 운영에 관한 특별법」제2조제5호에 따른 외국교육기관(「초·중등교육법」제2조에 따른 학교는 제외한다)을 설립·운영하는 경우에는 같은 법 제22조를 준용한다. 이 경우 "경제자유구역"은 "개발구역"으로, "경제자유구역위원회"는 "위원회"로 본다.
[전문개정 2011.5.30.]

제5장 위원회 등

제39조(도시개발위원회) ① 기업도시 또는「공공기관 지방이전에 따른 혁신도시 건설 및 지원에 관한 특별법」에 따른 혁신도시(이하 이 조에서 "혁신도시"라 한다)에 관한 정책 및 중요 사항을 심의하기 위하여 국토교통부에 도시개발위원회를 둔다. <개정 2013.3.23.>
② 위원회는 다음 각 호의 사항을 심의한다.
1. 기업도시에 관한 기본정책과 제도에 관한 사항
2. 개발구역의 지정·변경 및 해제에 관한 사항
3. 기업도시의 기본구상 및 개발계획에 관한 사항
4. 기업도시의 실시계획에 관한 사항
5. 기업도시와 관련한 중앙행정기관의 장 및 지방자치단체의 장 간의 의견 조정에 관한 사항
6.「공공기관 지방이전에 따른 혁신도시 건설 및 지원에 관한 특별법」에서 위원회의 심의사항으로 정하고 있는 사항
③ 위원회는 위원장 2명을 포함하여 20명 이상 30명 이하로 구성한다.
④ 위원장 1명은 국토교통부장관이 되고 다른 위원장 1명은 제1호의 민간위원 중에서 호선하며 위원은 다음 각 호의 자가 된다. <개정 2013.3.23.>
1. 민간위원: 기업도시 또는 혁신도시 분야에 관한 학식과 경험이 풍부한 사람 중에서 국토교통부장관이 위촉하는 사람
2. 정부위원: 대통령령으로 정하는 관계 중앙행정기관의 차관 또는 차관급 공무원
⑤ 제4항에 따른 위원(이하 이 조에서 "위원"이라 한다)은 다음 각 호의 어느 하나에 해당하는 경우에는 위원회의 심의·의결에서 제척(除斥)된다. <신설 2016.1.19.>
1. 위원 또는 그 배우자나 배우자이었던 사람이 해당 안건의 당사자(당사자가 법인·단체 등인 경우에는 그 임원을 포함한다. 이하 이 호 및 제2호에서 같다)이거나 그 안건의 당사자와 공동권리자 또는 공동의무자인 경우
2. 위원이 해당 안건의 당사자와 친족이거나 친족이었던 경우
3. 위원이 해당 안건에 대하여 자문, 연구, 용역(하도급을 포함한다), 감정 또는 조사를 한 경우
4. 위원이나 위원이 속한 법인·단체 등이 해당 안건의 당사자의 대리인이거나 대리인이었던 경우
5. 위원이 임원 또는 직원으로 재직하고 있거나 최근 3년 내에 재직하였던 기업 등이 해당 안건에 관하여 자문, 연구, 용역(하도급을 포함한다), 감정 또는 조사를 한 경우
⑥ 해당 안건의 당사자는 위원에게 심의·의결의 공정을 기대하기 어려운 사정이 있는 경우에는 위원회에 기피 신청을 할 수 있고, 위원회는 의결로 이를 결정한다. 이 경우 기피 신청의 대상인 위원은 그 의결에 참여하지 못한다. <신설 2016.1.19.>
⑦ 위원은 제5항 각 호의 어느 하나의 제척사유에 해당하는 경우에는 스스로 해당 안건의 심의·의결을 회피(回避)하여야 한다. <신설 2016.1.19.>
⑧ 국토교통부장관은 위원이 다음 각 호의

어느 하나에 해당하는 경우에는 해당 위원을 해촉(解囑)할 수 있다. <신설 2016.1.19.>

1. 심신장애로 인하여 직무를 수행할 수 없게 된 경우
2. 직무태만, 품위손상이나 그 밖의 사유로 인하여 위원으로 적합하지 아니하다고 인정되는 경우
3. 제7항을 위반하여 제5항 각 호의 어느 하나의 제척 사유에 해당함에도 불구하고 심의·의결을 회피하지 아니한 경우

⑨ 이 법에서 규정한 사항 외에 위원회의 구성 및 운영 등에 필요한 사항은 대통령령으로 정한다. <개정 2016.1.19.>

[전문개정 2011.5.30.]

제40조(기업도시관리협의회의 설립) ① 기업도시를 효율적으로 관리하고, 지역경제 발전에 이바지하며, 개발구역 내 시설물 관리와 입주기업 지원 등을 하기 위하여 기업도시마다 1개의 기업도시관리협의회(이하 "관리협의회"라 한다)를 둘 수 있다.

② 관리협의회는 다음 각 호의 사항에 관하여 협의한다.

1. 기업도시 입주 업종에 관한 사항
2. 기업도시 내 주요 기반시설의 유지·관리에 관한 사항
3. 기업도시와 주변지역을 연계하는 산·학·연(산·학·연)의 연계 등에 관한 사항

③ 관리협의회는 시장·군수가 시행자와 협의하여 구성한다.

④ 관리협의회는 시행자, 입주기업, 지역주민, 지방자치단체 소속 공무원 및 관계 전문가로 구성한다.

⑤ 시장·군수 및 시행자는 관리협의회를 구성하였을 때에는 국토교통부장관의 승인을 받아야 한다. <개정 2013.3.23.>

⑥ 이 법에서 규정한 사항 외에 관리협의회의 구성·운영 등에 필요한 사항은 대통령령으로 정한다.

[전문개정 2011.5.30.]

제41조(기업도시추진기획단의 설치) ① 기업도시 개발업무의 효율적인 추진을 위하여 국토교통부에 기업도시추진기획단(이하 "기획단"이라 한다)을 둘 수 있다. <개정 2013.3.23., 2015.6.22.>

② 기획단의 구성 및 운영 등에 필요한 사항은 대통령령으로 정한다.

③ 국토교통부장관은 기획단의 원활한 업무수행을 위하여 필요할 때에는 관계 중앙행정기관의 장, 지방자치단체의 장, 기업도시 관련 연구기관의 장 및 시행자에게 소속 공무원 또는 직원의 파견을 요청할 수 있다. <개정 2013.3.23., 2015.6.22.>

[전문개정 2011.5.30.]

제6장 보칙

<개정 2011.5.30.>

제42조(부동산 가격 안정 및 난개발 방지에 관한 조치) ① 국토교통부장관과 시장·군수는 개발구역 및 인근 지역의 부동산 가격 안정을 위하여 필요한 조치를 하여야 한다. <개정 2013.3.23.>

② 시장·군수는 개발구역 지정의 제안으로 인하여 부동산 투기 또는 부동산 가격의 급등이 우려되는 지역에 대하여 관계 중앙행정기관의 장 및 시·도지사에게 다음 각 호의 조치를 요청하여야 한다. <개정 2016.1.19.>

1. 「소득세법」 제104조의2제1항에 따른 지역의 지정
2. 「주택법」 제63조에 따른 투기과열지구의 지정
3. 「부동산 거래신고 등에 관한 법률」 제10조에 따른 토지거래계약에 관한 허가구역의 지정
4. 그 밖에 부동산 가격의 안정을 위하여 필요한 조치

③ 시장·군수는 개발구역 주변지역의 무분별한 개발을 방지하기 위하여 「국토의 계획 및 이용에 관한 법률」 제30조에 따른 도시·군관리계획을 변경하여 그 주변지역을 보전용도로 지정하는 등 필요한 조치를 하여야 한다. <개정 2011.4.14.>

[전문개정 2011.5.30.]

제43조(다른 법률에 따른 개발사업구역 등과의 중복 지정 등) ① 국토교통부장관은 「택지개발촉진법」에 따른 택지개발지구 및 「산업입지 및 개발에 관한 법률」에 따른 산업단지 등 다른 법률에 따른 개발사업구역(이하 이 조에서 "종전의 사업구역"이라 한다)과 중복하여 개발구역을 지정할 수 있다. <개정 2013.3.23.>

② 국토교통부장관은 종전의 사업구역에 개발구역을 지정한 경우 시행자가 다음 각 호 모두에 해당된다고 판단하여 요청할 때에는 위원회의 심의를 거쳐 종전의 사업구역의 지정권자에게 그 해제를 요구할 수 있다. <개정 2013.3.23.>

1. 종전의 사업구역에서의 사업이 개발사업 시행에 심한 지장을 초래하는 경우
2. 개발사업 시행이 종전의 사업구역에서의 사업 시행에 비하여 현저히 공익에 이바지하는 경우

③ 제2항의 요구를 받은 지정권자는 특별한 사유가 없으면 관계 법률에 따라 종전의 사업구역의 지정을 지체 없이 해제하고 그 사실을 관보 또는 공보에 고시한 후 국토교통부장관에게 통보하여야 한다. <개정 2013.3.23.>

④ 제3항에 따라 종전의 사업구역이 해제되어 시행자가 제14조에 따라 종전의 사업구역 안의 토지등을 수용하는 경우 시행자는 「공익사업을 위한 토지 등의 취득 및 보상에 관한 법률」에 따른 보상을 할 때 종전의 사업 시행과 관련하여 지출한 조사비·설계비 등의 비용을 보상하여야 한다.

⑤ 종전의 사업시행자가 종전의 사업구역 내 토지를 협의취득하거나 수용한 후 제1항부터 제3항까지의 규정에 따라 종전의 사업구역이 해제된 경우 「공익사업을 위한 토지 등의 취득 및 보상에 관한 법률」 제91조제1항 및 제2항에 따른 환매권(還買權)의 행사기간은 같은 조 제6항에도 불구하고 종전의 공익사업이 이 법에 따른 개발사업으로 변경된 것으로 보아 시행자가 종전의 사업시행자로부터 토지를 협의취득하거나 수용한 날부터 기산(起算)한다.

⑥ 시행자는 제5항에 따른 공익사업의 변경 사실을 대통령령으로 정하는 바에 따라 환매권자에게 통지하여야 한다.

[전문개정 2011.5.30.]

제44조(지역경제 발전에 대한 기여 등) ① 시행자 또는 개발구역에 입주하는 기업은 지역주민의 취업과 물품 구매 등을 위하여 노력하고, 해당 지역의 산업 및 대학 등과 연계하는 등 해당 지역의 경제 발전을 위하여 노력하여야 한다.

② 시행자 및 시장·군수는 제4조제2항제7호 및 제12조제1항제5호에 따라 작성하는 협약에 제1항의 내용을 명시할 수 있다.

[전문개정 2011.5.30.]

제45조(기업도시개발을 위한 지원 등) ① 국가 및 지방자치단체는 개발구역에 입주하는 기업에 「근로자직업능력 개발법」 및 「고용보험법」에 따른 직업능력개발훈련 비용을 우선 지원할 수 있다.

② 시행자 또는 시행자의 자본금에 출자한 기업의 제품 생산에 대하여 협력관계에 있는 기업에 토지를 공급할 때에는 그 공급가격을 인하할 수 있다. 이 경우 그 토지 부분에 대하여는 제8조에 따른 개발이익 산정 시 공급가격의 인하 정도에 비례하여 개발이익을 축소하는 조정을 하여야 한다.

③ 제2항에 따라 토지의 가격을 인하하여 공급할 수 있는 협력관계에 있는 기업의 범위는 대통령령으로 정한다.

[전문개정 2011.5.30.]

제46조(보고 및 검사 등) ① 국토교통부장관 또는 시장·군수는 개발사업의 시행과 관련하여 필요하다고 인정할 때에는 시행자에게 필요한 보고를 하게 하거나 자료 제출을 명할 수 있고, 소속 공무원으로 하여금 개발사업에 관한 업무 및 회계에 관한 사항을 검사하게 할 수 있다. <개정 2013.3.23.>

② 제1항에 따라 업무 또는 회계를 검사하는 공무원은 그 권한을 표시하는 증표를 지니고 이를 관계인에게 보여 주어야 한다.

③ 제2항에 따른 증표에 관하여 필요한 사항은 국토교통부령으로 정한다. <개정 2013.3.23.>

④ 제1항에 따른 검사를 하는 경우에는 검사 7일 전까지 검사 일시, 검사 이유 및 검사 내용 등에 대한 검사계획을 시행자에게 알려야 한다. 다만, 긴급한 경우이거나 검사계획을 미리 알리면 증거인멸 등으로 검사 목적을 달성할 수 없다고 인정하는 경우에는 알리지 아니할 수 있다.

[전문개정 2011.5.30.]

제47조(법률 등의 위반자에 대한 행정처분) 국토교통부장관 또는 시장·군수는 다음 각 호의 어느 하나에 해당하는 자에 대하여 이 법에 따른 타인 토지의 출입허가, 개발계획의 승인 또는 실시계획의 승인 등을 취소하거나 공사의 중지, 건축물 등이나 장애물 등의 개축(改築) 또는 이전, 그 밖에 필요한 처분을 하거나 조치를 명할 수 있다. <개정

2013.3.23.>
1. 이 법 또는 이 법에 따른 명령이나 처분을 위반한 자
2. 부정한 방법으로 이 법에 따른 허가·지정 또는 승인 등을 받은 자
3. 시장·군수와 체결한 협약 내용을 약정기한까지 이행하지 아니하거나 이행할 의사가 없는 시행자

[전문개정 2011.5.30.]

제48조(시행자 지정의 취소 및 대체지정 등) ① 국토교통부장관은 다음 각 호의 어느 하나에 해당하는 경우에는 시행자 지정을 취소할 수 있다. <개정 2013.3.23.>
1. 시행자가 제16조제1항에 따라 직접 사용하도록 계획된 토지에서 개발사업을 착수하지 아니하거나, 개발사업 진행 정도가 사업추진계획에 비추어 현저히 부진한 경우
2. 시행자가 시장·군수와 체결한 협약 내용을 약정기한까지 이행하지 아니하거나 이행할 의사가 없는 경우
3. 시행자가 이 법 또는 이 법에 따른 명령이나 처분을 위반한 경우로서 공익을 위하여 시행자 지정의 취소가 요청되는 경우
4. 시행자가 부정한 방법으로 이 법에 따른 허가·지정 또는 승인 등을 받은 경우

② 국토교통부장관은 제1항에 따라 시행자 지정을 취소한 경우에는 다음 각 호에 해당하는 자를 시행자로 대체지정할 수 있다. <개정 2013.3.23.>
1. 민간기업
2. 국가기관 또는 지방자치단체
3. 「공공기관의 운영에 관한 법률」 제5조에 따른 공기업
4. 「지방공기업법」에 따른 지방공기업

③ 제2항에 따라 대체지정된 시행자는 사업계획 및 실시계획의 승인에 관한 종전 시행자의 지위를 승계한다.

④ 국토교통부장관은 제1항에 따라 시행자 지정을 취소한 경우에는 해당 사업을 위하여 시행자가 매수한 토지를 제2항에 따라 대체지정된 시행자에게 매도하라는 명령을 할 수 있다. 이 경우 국토교통부장관은 대체지정된 시행자에게 그 사실을 통보하여야 한다. <개정 2013.3.23.>

⑤ 제2항에 따라 대체지정된 시행자는 제4항에 따른 매도명령을 통보받았을 때에는 지체 없이 종전 시행자와 해당 토지의 매수 협의를 시작하여야 한다.

⑥ 제5항에 따른 매수 협의의 기준 금액은 토지매입비와 토지매입비에 「민법」에 따른 법정이율을 곱한 금액을 합한 금액으로 한다. 다만, 본문에 따라 계산한 금액이 시가(時價)보다 많은 경우에는 시가로 한다.

⑦ 제5항에 따른 매수금액의 결정에 관하여는 「국토의 계획 및 이용에 관한 법률」 제131조제2항부터 제4항까지의 규정을 준용한다. 이 경우 매수금액 결정에 관한 재결의 관할 토지수용위원회는 중앙토지수용위원회가 된다.

⑧ 국토교통부장관은 제4항에 따라 매도명령을 한 경우 시행자가 해당 토지를 이미 타인에게 매각하여 이익(매도금액에서 토지취득비 및 토지조성비와 그 밖에 대통령령으로 정하는 부대비용을 뺀 금액을 말한다)을 얻었을 때에는 그 이익을 환수한다. <개정 2013.3.23.>

⑨ 제8항에 따른 환수금액의 부과·징수에 관하여는 국세 체납처분의 예에 따른다.

[전문개정 2011.5.30.]

제49조(청문) 국토교통부장관 또는 시장·군수는 이 법에 따른 허가·지정 또는 승인을 취소하려면 청문을 하여야 한다. <개정 2013.3.23.>

[전문개정 2011.5.30.]

제50조 삭제 <2015.6.22.>

제51조(권한의 위임) 국토교통부장관은 이 법에 따른 권한의 일부를 대통령령으로 정하는 바에 따라 소속기관의 장, 도지사 또는 시장·군수에게 위임할 수 있다. <개정 2008.2.29., 2009.5.27., 2010.4.5., 2012.1.20., 2013.3.23., 2016.1.19.>

제7장 벌칙

<개정 2011.5.30.>

제52조(벌칙) 다음 각 호의 어느 하나에 해당하는 자는 7년 이하의 징역 또는 7천만원 이하의 벌금에 처한다.
1. 부정한 방법으로 제10조제1항 또는 제

2항에 따른 시행자 지정을 받은 자
2. 부정한 방법으로 제11조제1항에 따른 개발계획의 승인을 받은 자
3. 부정한 방법으로 제12조제1항에 따른 실시계획의 승인을 받은 자
4. 삭제 <2015.1.6.>
5. 부정한 방법으로 제20조제1항에 따른 사업성 분석자료에 대비한 개발사업 시행 결과를 제출한 자 또는 의견을 제출한 회계법인

[전문개정 2011.5.30.]

제53조(벌칙) 다음 각 호의 어느 하나에 해당하는 자는 5년 이하의 징역 또는 5천만원 이하의 벌금에 처한다. <개정 2013.3.23., 2013.6.4., 2015.1.6.>
1. 제8조제2항에 따른 국토교통부장관의 처분이나 명령을 이행하지 아니한 자
1의2. 제12조제1항에 따라 실시계획의 승인을 받지 아니하고 개발사업을 시행한 자
2. 제16조제3항에 따른 명령을 위반한 자
3. 제21조를 위반하여 선수금을 받은 자
4. 제22조를 위반하여 조성토지등 또는 원형지를 처분한 자
5. 제48조제4항에 따른 토지 매도 명령을 이행하지 아니한 자

[전문개정 2011.5.30.]

제54조(벌칙) 제9조제1항에 따른 허가를 받지 아니하고 같은 항에 따른 행위를 한 자는 1년 이하의 징역 또는 1천만원 이하의 벌금에 처한다.

[전문개정 2011.5.30.]

제55조(양벌규정) 법인의 대표자나 법인 또는 개인의 대리인, 사용인, 그 밖의 종업원이 그 법인 또는 개인의 업무에 관하여 제52조부터 제54조까지의 어느 하나에 해당하는 위반행위를 하면 그 행위자를 벌하는 외에 그 법인 또는 개인에게도 해당 조문의 벌금형을 과(科)한다. 다만, 법인 또는 개인이 그 위반행위를 방지하기 위하여 해당 업무에 관하여 상당한 주의와 감독을 게을리하지 아니한 경우에는 그러하지 아니하다.

[전문개정 2009.5.27.]

제56조(과태료) ① 다음 각 호의 어느 하나에 해당하는 자에게는 1억원 이하의 과태료를 부과한다.
1. 제46조제1항에 따른 보고 또는 자료 제출을 하지 아니하거나 거짓으로 보고 또는 자료 제출을 한 자
2. 제46조제1항에 따른 검사를 거부·방해 또는 기피한 자

② 다음 각 호의 어느 하나에 해당하는 자에게는 1천만원 이하의 과태료를 부과한다.
1. 제23조제1항에 따른 행위를 방해하거나 거부한 자
2. 제23조제2항에 따라 준용되는 「국토의 계획 및 이용에 관한 법률」 제130조제2항부터 제4항까지의 규정에 따른 허가 또는 동의를 받지 아니하고 제23조제1항에 따른 행위를 한 자

③ 제1항 및 제2항에 따른 과태료는 대통령령으로 정하는 바에 따라 국토교통부장관 또는 시장·군수가 부과·징수한다. <개정 2013.3.23.>

[전문개정 2011.5.30.]

부칙

<법률 제14942호, 2017.10.24.>

제1조(시행일) 이 법은 공포 후 1개월이 경과한 날부터 시행한다.

제2조(개발계획 승인 또는 변경승인의 협의 간주에 관한 적용례) 제11조제4항 및 제5항의 개정규정은 이 법 시행 이후 협의를 요청하는 경우부터 적용한다.

혁신도시 조성 및 발전에 관한 특별법

(약칭: 혁신도시법)

[시행 2018.3.27.]

[법률 제15309호, 2017.12.26., 일부개정]

제1장 총칙

제1조(목적) 이 법은 「국가균형발전 특별법」 제18조의 규정에 따른 공공기관 지방이전 시책 등에 따라 수도권에서 수도권이 아닌 지역으로 이전하는 공공기관 등을 수용하는 혁신도시의 조성을 위하여 필요한 사항과 해당 공공기관 및 그 소속 직원에 대한 지원에 관한 사항, 혁신도시를 지역발전 거점으로 육성·발전시키는 데 필요한 사항을 규정함으로써 공공기관의 지방이전을 촉진하고 국가균형발전과 국가경쟁력 강화에 이바지함을 목적으로 한다. <개정 2017.12.26.>

제2조(정의) 이 법에서 사용하는 용어의 정의는 다음과 같다. <개정 2009.4.22., 2012.1.17., 2014.1.7.>

1. "공공기관"이라 함은 「국가균형발전 특별법」 제2조제9호의 기관을 말한다.
2. "이전공공기관"이라 함은 수도권에서 수도권이 아닌 지역으로 이전하는 공공기관(제29조제1항 단서의 규정에 따라 개별이전하는 공공기관을 포함한다)으로서 대통령령이 정하는 기관을 말한다.
3. "혁신도시"라 함은 이전공공기관을 수용하여 기업·대학·연구소·공공기관 등의 기관이 서로 긴밀하게 협력할 수 있는 혁신여건과 수준 높은 주거·교육·문화 등의 정주(定住)환경을 갖추도록 이 법에 따라 개발하는 미래형도시를 말한다.
4. "혁신도시개발예정지구"라 함은 혁신도시개발사업을 시행하기 위하여 제7조의 규정에 따라 지정·고시된 지구를 말한다.
5. "혁신도시개발사업"이라 함은 혁신도시를 조성하기 위하여 시행하는 사업을 말한다.
6. "종전부동산"이라 함은 수도권에 있는 이전공공기관의 청사 등의 건축물과 그 부지를 말한다.
7. "기반시설"이라 함은 「국토의 계획 및 이용에 관한 법률」 제2조제6호의 기반시설을 말한다.
8. "공공시설"이라 함은 「국토의 계획 및 이용에 관한 법률」 제2조제13호의 공공시설을 말한다.
9. "수도권"이라 함은 「수도권정비계획법」 제2조제1호의 지역을 말한다.

제3조(다른 법률과의 관계) 이 법에 따른 혁신도시개발예정지구 및 혁신도시개발사업에 적용되는 규제에 관한 특례는 다른 법률의 규정에 우선하여 적용한다. 다만, 다른 법률에 이 법의 규제에 관한 특례보다 완화된 규정이 있으면 그 규정이 정하는 바에 따른다.

제2장 이전공공기관 지방이전계획 등의 수립

제4조(이전공공기관 지방이전계획의 수립) ①이전공공기관의 장은 다음 각 호의 사항을 포함하는 지방이전계획을 수립하여야 한다.

1. 이전의 규모 및 범위에 관한 사항
2. 이전시기에 관한 사항
3. 이전비용의 조달 방안에 관한 사항
4. 그 밖에 대통령령이 정하는 사항

②제1항의 규정에 따른 지방이전계획은 수도권에 있는 이전공공기관의 본사 또는 주사무소 및 그 기능의 수행을 위한 조직을 지방으로 이전하는 것을 목적으로 수립되어야 한다.

③이전공공기관의 장은 제1항의 규정에 따라 지방이전계획을 수립한 때에는 그 계획을 소관 행정기관의 장에게 제출하여야 한다. 그 계획을 변경하는 경우에도 또한 같다.

④소관 행정기관의 장은 제3항의 규정에 따라 제출된 지방이전계획을 검토·조정하여 국토교통부장관에게 제출하여야 하며, 국토교통부장관은 「국가균형발전 특별법」 제22조에 따른 지역발전위원회의 심의를 거쳐 승인하여야 한다. 다만, 대통령령이 정하는 경미한 사항을 변경하는 경우에는 지역발전위원회의 심의를 거치지 아니한다. <개정 2008.2.29., 2009.4.22., 2013.3.23.>

제5조(지방자치단체의 이전지원계획의 수립) ① 이전공공기관이 이전하는 지역의 광역시장·도지사·특별자치도지사(이하"시·도지사"라 한다)는 이전공공기관이 이전하는 지역의 시장·군수 또는 구청장(자치구의 구청장을 말한다. 이하 같다)과 이전하여 오는 이전공공기관의 의견을 들어 해당 이전공공기관 및 그 소속 직원에 대한 지원사항을 포함하는 이전지원계획을 수립하여야 한다.
② 제1항의 규정에 따른 이전지원계획의 수립기준 등의 세부사항은 국토교통부령으로 정한다. <개정 2008.2.29., 2013.3.23.>
③ 제1항의 규정에 따라 시·도지사가 이전지원계획을 수립한 경우에는 국토교통부장관에게 통보하여야 한다. 그 계획을 변경한 경우에도 또한 같다. <개정 2008.2.29., 2013.3.23.>

제5조의2(혁신도시 종합발전계획의 수립·시행 등) ① 국토교통부장관은 혁신도시의 발전을 촉진하기 위하여 제3항에 따른 혁신도시별 발전계획을 기초로 하여 5년마다 혁신도시 종합발전계획(이하 "종합발전계획"이라 한다)을 수립·시행하여야 한다. <개정 2017.12.26.>
② 종합발전계획에는 다음 각 호의 사항이 포함되어야 한다. <개정 2017.1.17., 2017.12.26.>
1. 혁신도시를 국가균형발전을 위한 거점으로 육성·발전시키기 위한 전략
2. 혁신도시의 문화·교육·복지·보건의료 등 정주환경 조성에 관한 사항
3. 혁신도시 내의 산·학·연 클러스터 구축, 이전공공기관 연계 지역산업 육성 등 지역경제 활성화에 관한 사항
4. 지역인재의 양성에 관한 사항
5. 혁신도시의 스마트도시 구축에 관한 사항
6. 구도심 등 인근지역과의 상생발전에 관한 사항
7. 혁신도시 발전을 위한 관계 중앙행정기관, 지방자치단체, 공공기관 등의 역할분담에 관한 사항
8. 사업 간 연계, 재원조달 및 사업관리에 관한 사항
9. 그 밖에 혁신도시의 발전에 필요한 사항으로서 대통령령으로 정하는 사항

③ 시·도지사는 혁신도시의 발전을 촉진하기 위하여 관할구역의 시장·군수·구청장 및 이전공공기관 등의 의견을 듣고, 제31조에 따른 혁신도시발전위원회의 심의를 거쳐 5년마다 혁신도시별 발전계획을 수립하여야 하며, 이를 국토교통부장관에게 제출하여야 한다. 이 경우 혁신도시별 발전계획에는 다음 각 호의 사항을 포함하여야 한다. <개정 2017.12.26.>
1. 혁신도시를 지역발전을 위한 거점으로 육성·발전시키기 위한 전략
2. 관할구역에 관한 제2항제2호부터 제5호까지의 사항
3. 소요비용, 재원조달 방안 등 사업관리에 관한 사항
4. 그 밖에 혁신도시의 발전에 필요한 사항으로서 대통령령으로 정하는 사항

④ 시·도지사가 혁신도시별 발전계획을 변경하려는 때에는 제31조에 따른 혁신도시발전위원회의 심의를 거쳐 국토교통부장관에게 제출하여야 한다. <신설 2017.12.26.>
⑤ 국토교통부장관은 종합발전계획을 수립 또는 변경하려는 경우에는 관계 중앙행정기관의 장과 협의하고, 「국가균형발전 특별법」 제22조에 따른 지역발전위원회의 심의를 거쳐야 한다. 다만, 대통령령으로 정하는 경미한 사항을 변경하는 경우에는 지역발전위원회의 심의를 거치지 아니한다. <신설 2017.12.26.>
⑥ 국토교통부장관은 종합발전계획이 확정된 때에는 관계 중앙행정기관의 장 및 시·도지사에게 통보하여야 한다. <신설 2017.12.26.>
⑦ 국토교통부장관은 혁신도시별 발전계획의 수립에 필요한 사항에 관한 지침을 제시할 수 있다. <개정 2017.1.17., 2017.12.26.>
⑧ 국토교통부장관은 각 혁신도시에 대한 행정적·재정적 지원근거로 활용하기 위하여 종합발전계획의 추진실적에 대한 평가를 실시할 수 있고, 평가결과에 따라 혁신도시별로 행정적·재정적인 지원을 달리 할 수 있다. <개정 2017.1.17., 2017.12.26.>
⑨ 종합발전계획은 「국가균형발전 특별법」 제4조에 따른 지역발전계획과 연계되어야 한다. <신설 2017.12.26.>
[본조신설 2014.5.28.]
[제목개정 2017.12.26.]

제5조의3(입주승인) ① 산·학·연 클러스터에 입주하려는 자는 입주목적의 적합성 등을 고려하여 대통령령으로 정하는 입주

승인기준에 따라 시·도지사의 입주승인을 받아야 한다. 승인을 받은 사항을 변경하려는 경우에도 또한 같다.
② 그 밖에 입주승인의 방법, 절차 등에 필요한 사항은 대통령령으로 정한다.
[본조신설 2015.12.29.]

제5조의4(부지의 양도제한 등) ① 산·학·연 클러스터 입주기관(이하 이 장에서 "입주기관"이라 한다)이 산·학·연 클러스터의 부지·시설 또는 건축물(이하 "건축물등"이라 한다)을 양도하려는 경우에는 양도신고서 등 대통령령으로 정하는 서류를 갖추어 시·도지사에게 신고하여야 한다.
② 산·학·연 클러스터의 건축물등을 양수·임차·사용대차 또는 전차(轉借)하거나 건축물등에 대하여 전세권을 설정 받으려는 자는 미리 제5조의3에 따른 입주승인을 받아야 한다.
③ 제1항에 따른 건축물등의 양도가격은 다음 각 호의 구분에 따른 금액을 초과할 수 없다.
1. 부지에 대한 양도가격: 다음 각 목의 금액을 합산한 금액
   가. 부지의 취득가격
   나. 부지의 취득가격에 그 취득일부터 양도일까지의 기간 중의 생산자물가상승률(「한국은행법」 제86조에 따라 한국은행이 조사하여 발표하는 생산자물가지수에 따라 산정된 비율을 말한다)을 곱하여 계산한 금액
   다. 부지 매입에 든 취득세 등 대통령령으로 정하는 비용
2. 시설 또는 건축물에 대한 양도가격: 「부동산 가격공시 및 감정평가에 관한 법률」에 따른 감정평가업자가 감정평가한 금액
④ 제3항에 따른 취득가격·취득일 등 양도가격의 산정에 필요한 사항은 대통령령으로 정한다.
[본조신설 2015.12.29.]

제5조의5(경매 등에 따른 건축물등의 취득) 경매 또는 그 밖의 법률에 따라 입주기관으로부터 산·학·연 클러스터의 건축물등을 취득한 자는 그 취득일부터 6개월 이내에 제5조의3에 따른 입주승인을 받아야 한다.
[본조신설 2015.12.29.]

제5조의6(입주승인의 취소 등) ① 시·도지사는 입주기관이 다음 각 호의 어느 하나에 해당하면 6개월 이내에 그 시정을 명하고, 이를 이행하지 아니하는 경우에는 그 입주승인을 취소할 수 있다.
1. 입주승인을 받은 후 정당한 사유 없이 1년 이내에 시설의 설치 또는 건축물의 건축공사를 시작하지 아니한 경우
2. 시설의 설치 또는 건축물의 건축이 사실상 불가능하다고 인정되는 경우
3. 시설 또는 건축물의 준공 후 정당한 사유 없이 6개월 이내에 해당 사업을 시작하지 아니하거나 6개월 이상 해당 사업을 수행하지 아니한 경우
4. 제5조의3을 위반하여 입주승인 사항의 변경을 승인받지 아니한 경우
② 제1항에 따라 입주승인이 취소된 입주기관은 다음 각 호의 업무를 제외하고는 그 업무의 수행을 즉시 중지하여야 한다.
1. 입주승인 취소에 따른 건축물등의 양도에 관한 업무
2. 진행 중인 업무 중 다른 지역에서 수행할 수 없는 것으로서 6개월 이내에 완료할 수 있는 업무 및 그 부대업무
[본조신설 2015.12.29.]

제5조의7(건축물등의 양도명령) ① 시·도지사는 제5조의3에 따른 입주승인(제5조의4제2항 및 제5조의5에 따라 입주승인을 받아야 하는 경우를 포함한다)을 받지 아니한 자 또는 제5조의6제1항에 따라 입주승인이 취소된 입주기관에 대하여 6개월 이상의 기간을 정하여 그 기관이 소유한 건축물등을 제3자에게 양도할 것을 명할 수 있다. 입주기관이 해당 사업을 폐업한 경우에도 또한 같다.
② 제1항에 따라 건축물등을 양도하는 경우 그 양도가격의 산정에 관하여는 제5조의4제3항 및 제4항을 준용한다.
[본조신설 2015.12.29.]

제5조의8(건축 허가 등의 제한) 관할 지방자치단체의 장은 다음 각 호의 어느 하나에 해당하는 자에 대하여는 산·학·연 클러스터에서의 시설의 설치 또는 건축물의 건축 허가 등이나 관계 법령에 따른 영업의 허가 등을 하여서는 아니 된다.
1. 제5조의3에 따른 입주승인(제5조의4제2항 및 제5조의5에 따라 입주승인을 받아

야 하는 경우를 포함한다)을 받지 아니한 자 또는 입주승인 사항의 변경을 승인받지 아니한 자
2. 제5조의6제1항에 따라 입주승인이 취소된 입주기관
[본조신설 2015.12.29.]

제3장 혁신도시의 지정 · 개발 및 지원 등

제6조(혁신도시개발예정지구의 지정) ①혁신도시개발예정지구는 국토교통부장관이 지정한다. <개정 2008.2.29., 2013.3.23.>
②제10조제1항 각 호의 자는 국토교통부장관에게 혁신도시개발예정지구의 지정을 제안할 수 있다. <개정 2008.2.29., 2013.3.23.>
③제2항의 규정에 따른 혁신도시개발예정지구 지정 제안의 절차, 구비서류 그 밖에 필요한 사항은 대통령령으로 정한다.

제7조(혁신도시개발예정지구의 지정절차 등) ① 국토교통부장관은 제6조에 따라 혁신도시개발예정지구를 지정하려는 경우에는 관할 시·도지사 및 시장·군수 또는 구청장의 의견을 듣고 관계 중앙행정기관의 장과의 협의와 「기업도시개발 특별법」 제39조에 따른 도시개발위원회(이하 "도시개발위원회"라 한다)의 심의를 거쳐 혁신도시개발예정지구를 지정할 수 있다. 지정된 혁신도시개발예정지구를 변경(대통령령으로 정하는 경미한 사항의 변경은 제외한다)하려는 경우에도 또한 같다. <개정 2008.2.29., 2011.5.30., 2013.3.23.>
② 국토교통부장관은 제1항의 규정에 따라 혁신도시개발예정지구를 지정 또는 변경하려는 때에는 대통령령이 정하는 바에 따라 주민 및 관계 전문가 등의 의견을 들어야 한다. 다만, 대통령령이 정하는 경미한 사항의 변경은 그러하지 아니하다. <개정 2008.2.29., 2013.3.23.>
③ 국토교통부장관은 제1항의 규정에 따라 혁신도시개발예정지구를 지정 또는 변경하는 때에는 다음 각 호의 사항을 관보에 고시하고, 관계 서류의 사본을 관계 특별자치도지사, 시장·군수 또는 구청장에게 송부하여야 한다. 이 경우 관계 서류의 사본을 송부 받은 관계 특별자치도지사, 시장·군수 또는 구청장은 주민이 이를 열람할 수 있도록 하여야 한다. <개정 2008.2.29., 2013.3.23.>
1. 혁신도시개발사업의 명칭·목적 및 시행자
2. 혁신도시개발예정지구의 위치 및 면적
3. 수용 또는 사용할 토지의 세목
4. 「토지이용규제 기본법」 제8조제2항의 규정에 따른 지형도면
④ 혁신도시개발예정지구로 지정·고시된 지역은 「국토의 계획 및 이용에 관한 법률」 제6조의 규정에 따른 도시지역 및 같은 법 제51조제1항에 따른 지구단위계획구역으로 지정·고시된 것으로 보며, 혁신도시개발예정지구가 지정·고시된 때에는 「국토의 계획 및 이용에 관한 법률」 제32조의 규정에 따른 지형도면이 고시된 것으로 본다. <개정 2011.4.14.>

제8조(혁신도시개발예정지구의 지정 해제) ① 국토교통부장관은 제7조제1항에 따라 지정된 혁신도시개발예정지구가 다음 각 호의 어느 하나에 해당되는 경우에는 도시개발위원회의 심의를 거쳐 그 지정을 해제할 수 있다. <개정 2008.2.29., 2011.5.30., 2013.3.23.>
1. 제10조제1항의 규정에 따른 혁신도시개발사업의 시행자가 제7조제1항의 규정에 따라 혁신도시개발예정지구가 지정된 날부터 2년 이내에 제11조의 규정에 따른 혁신도시 개발계획의 승인을 신청하지 아니한 때
2. 제10조제1항의 규정에 따른 혁신도시개발사업의 시행자가 제11조의 규정에 따라 혁신도시 개발계획이 승인된 날부터 3년 이내에 제12조의 규정에 따른 혁신도시개발사업에 관한 실시계획의 승인을 신청하지 아니한 때
② 국토교통부장관은 제1항의 규정에 따라 혁신도시개발예정지구를 해제한 때에는 대통령령이 정하는 바에 따라 그 내용을 관보에 고시하여야 한다. <개정 2008.2.29., 2013.3.23.>
③ 제1항의 규정에 따라 혁신도시개발예정지구가 해제된 경우에는 제7조제4항의 규정에 따른 도시지역 및 「국토의 계획 및 이용에 관한 법률」 제51조제1항에 따른 지구단위계획구역의 지정이 해제된 것으로 본다. <개정 2011.4.14.>

제9조(행위 등의 제한) ① 혁신도시개발예정지구 안에서 건축물의 건축, 공작물의 설치, 토지의 형질변경, 토석의 채취, 토지분할 및 물건을 쌓아놓는 행위 등 대통령령이 정하는 행위를 하려는 자는 특별자치도지사, 시장·군수 또는 구청장의 허가를 받아야 한다. 허가받은 사항을 변경하려는 경우에도 또한 같다.

② 다음 각 호의 어느 하나에 해당하는 행위는 제1항의 규정에 불구하고 허가를 받지 아니하고 할 수 있다.

1. 재해복구 또는 재난수습에 필요한 응급조치를 위하여 하는 행위
2. 그 밖에 대통령령이 정하는 행위

③ 제1항의 규정에 따라 허가를 받아야 하는 행위로서 혁신도시개발예정지구의 지정 및 고시 당시 이미 관계 법령에 따라 행위허가를 받았거나 허가를 받을 필요가 없는 행위에 관하여 그 공사 또는 사업에 착수한 자는 대통령령이 정하는 바에 따라 특별자치도지사, 시장·군수 또는 구청장에게 신고한 후 계속 시행할 수 있다.

④ 특별자치도지사, 시장·군수 또는 구청장은 제1항의 규정을 위반한 자에 대하여 원상회복을 명할 수 있다. 이 경우 명령을 받은 자가 그 의무를 이행하지 아니하는 때에는 특별자치도지사, 시장·군수 또는 구청장은 「행정대집행법」에 따라 대집행할 수 있다.

⑤ 제1항의 규정에 따른 허가에 관하여 이 법에 규정한 것을 제외하고는 「국토의 계획 및 이용에 관한 법률」 제57조 내지 제60조 및 제62조의 규정을 준용한다.

⑥ 제1항의 규정에 따라 허가를 받은 경우에는 「국토의 계획 및 이용에 관한 법률」 제56조의 규정에 따라 허가를 받은 것으로 본다.

제10조(사업시행자의 지정 등) ① 국토교통부장관은 다음 각 호의 자 중에서 혁신도시개발사업의 시행자를 지정한다. <개정 2008.2.29., 2011.5.30., 2013.3.23.>

1. 국가기관 및 지방자치단체
2. 「공공기관의 운영에 관한 법률」 제5조에 따른 공기업(이하 "공기업"이라 한다) 중 대통령령으로 정하는 공기업
3. 「지방공기업법」에 따른 지방공기업

②제1항의 규정에 따른 혁신도시개발사업의 시행자(이하 "사업시행자"라 한다)는 혁신도시개발사업을 효율적으로 시행하기 위하여 필요한 경우에는 대통령령이 정하는 바에 따라 부지조성공사 등 혁신도시개발사업의 일부를 「주택법」 제4조의 규정에 따른 등록업자 또는 「건설산업기본법」 제9조의 규정에 따른 등록업자로 하여금 대행하게 할 수 있다. <개정 2016.1.19.>

③국토교통부장관은 제6조제2항의 규정에 따른 제안에 따라 지정되는 혁신도시개발예정지구의 혁신도시개발사업에 대하여는 그 지정을 제안한 자를 우선적으로 사업시행자로 지정할 수 있다. <개정 2008.2.29., 2013.3.23.>

제11조(개발계획의 승인 등) ①사업시행자가 혁신도시개발사업을 시행하려는 경우에는 대통령령이 정하는 바에 따라 혁신도시 개발계획(이하 "개발계획"이라 한다)을 작성하여 국토교통부장관의 승인을 얻어야 한다. 승인된 개발계획을 변경(대통령령이 정하는 경미한 사항의 변경을 제외한다)하려는 경우에도 또한 같다. <개정 2008.2.29., 2013.3.23.>

②사업시행자가 제1항의 규정에 따른 개발계획을 작성하는 경우에는 지역중소업체가 개발사업에 활발하게 참여할 수 있도록 배려하여야 한다.

③개발계획에는 다음 각 호의 사항이 포함되어야 한다.

1. 개발계획의 명칭, 혁신도시개발예정지구의 위치 및 면적
2. 사업시행자의 명칭 및 주소와 대표자의 성명
3. 혁신도시개발사업의 시행기간
4. 인구수용·토지이용·교통처리 및 환경보전에 관한 계획
5. 재원조달계획 및 연차별 투자계획
6. 교육·문화·체육·보건의료·복지 및 가족친화 시설의 설치계획
7. 혁신도시개발예정지구 밖의 지역에 기반시설을 설치하여야 하는 경우에는 그 시설의 설치에 필요한 비용의 부담계획
8. 도로, 상·하수도 등 주요 기반시설의 설치계획(비용부담계획을 포함한다)
9. 그 밖에 대통령령이 정하는 사항

④국토교통부장관은 개발계획을 승인하려는 경우에는 대통령령으로 정하는 바에 따라 관할 시·도지사 및 시장·군수 또는 구청장의 의견을 들은 후 관계 중앙행정기관의 장과의 협의와 도시개발위원회의 심의를 거쳐야 한다.

<개정 2008.2.29., 2011.5.30., 2013.3.23.>
⑤국토교통부장관은 제1항의 규정에 따라 개발계획을 승인한 때에는 대통령령이 정하는 바에 따라 이를 관보에 고시하고, 관할 특별자치도지사, 시장·군수 또는 구청장에게 그 내역을 송부하여 주민이 열람할 수 있게 하여야 한다. <개정 2008.2.29., 2013.3.23.>
⑥제5항의 규정에 따라 개발계획이 승인·고시된 때에는 「국토의 계획 및 이용에 관한 법률」 제18조 및 제22조의 규정에 따른 도시·군기본계획의 수립 또는 변경과 그에 관한 국토교통부장관의 승인이 있는 것으로 본다. <개정 2008.2.29., 2011.4.14., 2013.3.23.>

제12조(실시계획의 승인 등) ①사업시행자는 다음 각 호의 서류 및 도면을 첨부한 혁신도시개발사업에 관한 실시계획(이하 "실시계획"이라 한다)을 작성하여 국토교통부장관의 승인을 받아야 한다. 승인된 실시계획을 변경(대통령령으로 정하는 경미한 사항의 변경은 제외한다)하려는 경우에도 또한 같다. <개정 2008.2.29., 2011.5.30., 2013.3.23.>
1. 자금계획서(연차별 자금투입계획 및 재원조달계획을 포함한다)
2. 사업시행지의 위치도
3. 계획평면도 및 개략설계도서
4. 단계별 조성계획서(사업여건상 단계적으로 혁신도시개발사업의 시행이 필요한 경우에 한한다)
5. 관할 특별자치도지사, 시장·군수 또는 구청장과 체결한 혁신도시개발사업의 추진 등에 관한 협약서
6. 혁신도시개발사업으로 조성된 토지·건축물 또는 공작물 등의 처분계획서
7. 그 밖에 대통령령이 정하는 사항

② 제1항에 따라 서류 및 도면을 받은 국토교통부장관은 「전자정부법」 제36조제1항에 따른 행정정보의 공동이용을 통하여 사업시행지의 지적도를 확인하여야 한다. <신설 2011.5.30., 2013.3.23.>
③ 실시계획에는 「국토의 계획 및 이용에 관한 법률」 제52조의 규정에 따라 작성된 지구단위계획이 포함되어야 한다. <개정 2011.4.14., 2011.5.30.>
④ 국토교통부장관은 제1항에 따라 실시계획을 승인하거나 변경승인 하려는 경우에는 관할 시·도지사 및 시장·군수 또는 구청장의 의견을 듣고 도시개발위원회의 심의를 거쳐야 한다. 다만, 사업시행자가 이미 관할 시·도지사 및 시장·군수 또는 구청장과 실시계획에 관하여 협의를 한 경우에는 의견을 들은 것으로 본다. <개정 2008.2.29., 2011.5.30., 2013.3.23.>
⑤ 국토교통부장관은 제1항의 규정에 따라 실시계획을 승인하거나 변경승인한 때에는 대통령령이 정하는 바에 따라 관보에 고시하고 사업시행자와 관할 특별자치도지사, 시장·군수 또는 구청장에게 관계 서류의 사본을 송부하여야 한다. 이 경우 관계 서류를 송부받은 특별자치도지사, 시장·군수 또는 구청장은 그 내용을 주민이 열람할 수 있게 하여야 한다. <개정 2008.2.29., 2011.5.30., 2013.3.23.>

제13조(타인의 토지에의 출입 등) ①사업시행자는 혁신도시개발예정지구의 지정, 개발계획 또는 실시계획의 작성 등을 위한 조사·측량 또는 혁신도시개발사업의 시행을 위하여 필요한 때에는 타인이 소유하거나 점유하는 토지에 출입하거나 타인이 소유하거나 점유하는 토지를 재료적치장 또는 임시통로로 일시 사용할 수 있으며, 특히 필요한 경우에는 나무·흙·돌 그 밖의 장애물을 변경하거나 제거할 수 있다.
②「국토의 계획 및 이용에 관한 법률」 제130조제2항 내지 제9항, 제131조, 제144조제1항제2호·제3호 및 제3항 내지 제6항은 제1항의 경우에 준용한다. 이 경우 "도시·군계획시설사업의 시행자"는 이 법에 따른 "사업시행자"로 본다. <개정 2011.4.14.>

제14조(관련 인·허가 등의 의제) ① 국토교통부장관이 제12조제1항에 따라 실시계획을 승인하거나 변경승인할 때 그 실시계획에 대한 다음 각 호의 허가·인가·지정·승인·협의 및 신고 등(이하 "인·허가등"이라 한다)에 관하여 제3항에 따라 관계 행정기관의 장과 협의한 사항에 대하여는 해당 인·허가등을 받은 것으로 보며, 제12조제5항에 따라 실시계획이 고시된 경우에는 다음 각 호의 법률에 따른 인·허가등이 고시 또는 공고된 것으로 본다. <개정 2007.4.11., 2007.12.27., 2008.2.29., 2008.3.21., 2009.1.30., 2009.6.9., 2010.4.15., 2010.5.31., 2011.4.14., 2011.5.30., 2012.2.22., 2013.3.23., 2014.1.14., 2014.6.3., 2015.7.24., 2016.1.19., 2016.12.27.>
1. 「국토의 계획 및 이용에 관한 법률」 제30조의 규정에 따른 도시·군관리계획의

결정, 같은 법 제56조의 규정에 따른 개발행위 허가, 같은 법 제86조의 규정에 따른 도시·군계획시설사업 시행자의 지정 및 같은 법 제88조의 규정에 따른 실시계획의 인가
2. 「도시개발법」 제17조의 규정에 따른 도시개발사업에 관한 실시계획의 인가
3. 「주택법」 제15조의 규정에 따른 사업계획의 승인
4. 「택지개발촉진법」 제8조의 규정에 따른 택지개발계획의 승인 및 같은 법 제9조의 규정에 따른 택지개발사업 실시계획의 승인
5. 「공유수면 관리 및 매립에 관한 법률」 제8조에 따른 공유수면의 점용·사용허가, 같은 법 제10조에 따른 협의 또는 승인, 같은 법 제17조에 따른 점용·사용 실시계획의 승인 또는 신고, 같은 법 제28조에 따른 공유수면의 매립면허, 같은 법 제35조에 따른 국가 등이 시행하는 매립의 협의 또는 승인, 같은 법 제38조에 따른 공유수면매립실시계획의 승인 및 같은 법 제49조에 따른 매립목적 변경의 승인
6. 삭제 <2010.4.15.>
7. 「항만법」 제9조제2항의 규정에 따른 항만공사 시행의 허가 및 같은 법 제10조제2항의 규정에 따른 실시계획의 승인
8. 「물류시설의 개발 및 운영에 관한 법률」 제22조에 따른 물류단지의 지정 및 같은 법 제28조에 따른 물류단지개발실시계획의 승인
9. 「농어촌정비법」 제23조에 따른 농업생산기반시설의 사용허가 및 같은 법 제82조제2항에 따른 농어촌관광휴양단지 사업계획의 승인
10. 「산업입지 및 개발에 관한 법률」 제16조의 규정에 따른 산업단지개발사업 시행자의 지정, 같은 법 제17조 내지 제19조의 규정에 따른 산업단지개발 실시계획의 승인
11. 「관광진흥법」 제15조의 규정에 따른 사업계획의 승인, 같은 법 제52조의 규정에 따른 관광지 및 관광단지의 지정, 같은 법 제54조의 규정에 따른 관광지·관광단지 조성계획의 승인 및 같은 법 제55조의 규정에 따른 조성사업 시행의 허가
12. 「제주특별자치도 설치 및 국제자유도시 조성을 위한 특별법」 제162조의 규정에 따른 제주투자진흥지구의 지정 및 같은 법 제147조의 규정에 따른 개발사업의 시행승인
13. 「국유재산법」 제30조에 따른 국유재산의 사용허가
14. 「공유재산 및 물품 관리법」 제20조의 규정에 따른 사용·수익의 허가
15. 「장사 등에 관한 법률」 제27조에 따른 분묘의 개장 허가
16. 「농지법」 제34조의 규정에 따른 농지의 전용허가 또는 협의
17. 「초지법」 제21조의2의 규정에 따른 토지의 형질변경 등의 허가 및 같은 법 제23조의 규정에 따른 초지전용 허가·신고 또는 협의
18. 「도로법」 제36조에 따른 도로관리청이 아닌 자에 대한 도로공사 시행의 허가, 같은 법 제61조에 따른 도로의 점용 허가 및 같은 법 제107조에 따른 도로관리청과의 협의 또는 승인
19. 「사도법」 제4조의 규정에 따른 사도(私道)개설의 허가
20. 「사방사업법」 제14조의 규정에 따른 벌채 등의 허가 및 같은 법 제20조의 규정에 따른 사방지 지정의 해제
21. 「산지관리법」 제14조에 따른 산지전용허가, 같은 법 제15조에 따른 산지전용신고, 같은 법 제15조의2에 따른 산지일시사용허가·신고 및 같은 법 제25조에 따른 토석채취허가
22. 「산림자원의 조성 및 관리에 관한 법률」 제36조제1항·제4항에 따른 입목벌채등의 허가·신고 및 「산림보호법」 제11조제1항제1호에 따른 산림보호구역의 지정해제. 다만, 「산림자원의 조성 및 관리에 관한 법률」에 따른 채종림 및 시험림과 「산림보호법」에 따른 산림유전자원보호구역의 경우는 제외한다.
23. 「건축법」 제11조의 규정에 따른 허가, 같은 법 제14조의 규정에 따른 신고, 같은 법 제16조의 규정에 따른 허가·신고사항의 변경, 같은 법 제20조의 규정에 따른 가설건축물의 허가·신고 및 같은 법 제29조의 규정에 따른 건축협의
24. 「산업집적활성화 및 공장설립에 관한 법률」 제13조제1항의 규정에 따른 공장설립등의 승인
25. 「유통산업발전법」 제8조의 규정에 따른 대규모점포의 개설등록

26. 「소하천정비법」 제10조의 규정에 따른 소하천공사의 시행허가 및 같은 법 제14조의 규정에 따른 소하천점용 등의 허가
27. 「하천법」 제6조에 따른 하천관리청과의 협의 또는 승인, 같은 법 제30조에 따른 하천공사 시행의 허가 및 하천공사 실시계획의 인가, 같은 법 제33조에 따른 하천 점용 등의 허가
28. 「수도법」 제17조 및 제49조의 규정에 따른 일반수도사업 및 공업용수도사업의 인가, 같은 법 제52조 및 제54조의 규정에 따른 전용상수도 및 전용공업용수도 설치의 인가
29. 「하수도법」 제11조에 따른 공공하수도(분뇨처리시설만 해당한다)의 설치인가, 같은 법 제16조에 따른 공공하수도공사의 시행허가 및 같은 법 제24조에 따른 공공하수도의 점용허가
30. 「공간정보의 구축 및 관리 등에 관한 법률」 제86조제1항에 따른 사업의 착수·변경 또는 완료의 신고
31. 「집단에너지사업법」 제4조의 규정에 따른 집단에너지의 공급타당성에 관한 협의
32. 「체육시설의 설치·이용에 관한 법률」 제12조의 규정에 따른 사업계획의 승인
33. 「공간정보의 구축 및 관리 등에 관한 법률」 제15조제3항에 따른 지도등의 간행 심사
34. 「폐기물관리법」 제29조의 규정에 따른 폐기물처리시설의 설치 승인 또는 신고
35. 「에너지이용 합리화법」 제10조에 따른 에너지사용계획의 협의
36. 삭제 <2011.5.30.>
37. 「골재채취법」 제22조의 규정에 따른 골재채취의 허가

② 제1항의 규정에 따른 인·허가등의 의제를 받고자 하는 사업시행자는 실시계획의 승인 또는 변경승인의 신청을 하는 때에 해당 법률이 정하는 관련 서류를 함께 제출하여야 한다.

③ 국토교통부장관은 제12조제1항의 규정에 따라 실시계획의 승인 또는 변경승인을 함에 있어서 그 내용에 제1항 각 호의 어느 하나에 해당되는 사항이 포함되어 있는 경우에는 미리 관계 행정기관의 장과 협의하여야 한다. <개정 2008.2.29., 2013.3.23.>

④ 제3항에 따라 국토교통부장관으로부터 협의를 요청받은 관계 행정기관의 장은 협의요청을 받은 날부터 20일 이내에 의견을 제출하여야 한다. 이 경우 관계 행정기관의 장이 그 기간 내에 의견을 제출하지 아니하면 의견이 없는 것으로 본다. <개정 2008.2.29., 2012.1.17., 2013.3.23.>

⑤ 제1항의 규정에 따른 인·허가등의 의제를 받고자 하는 경우 건축물의 건축 등이 수반되어 건축허가서·건축신고서 등의 서류를 제출하여야 하는 때에는 제1항제23호의 규정에 따른 건축허가 등의 관련 서류에 첨부된 도면으로 갈음한다.

⑥ 제1항에 따라 다른 법률에 따른 인·허가등을 받은 것으로 보는 경우에는 관계 법률 또는 광역시·도·특별자치도의 조례로 정하는 바에 따라 인·허가등의 대가로 부과되는 면허세·수수료 또는 사용료(국유재산의 사용허가 또는 대부에 따른 사용료 또는 대부료는 제외한다) 등을 면제한다. <신설 2013.3.22.>

제15조(토지 등의 수용·사용) ①사 업시행자는 혁신도시개발예정지구 안에서 혁신도시개발사업의 시행을 위하여 필요한 때에는 「공익사업을 위한 토지 등의 취득 및 보상에 관한 법률」 제3조의 규정에 따른 토지·물건 또는 권리(이하 "토지등"이라 한다)를 수용 또는 사용(이하 "수용등"이라 한다)할 수 있다.

② 제7조제1항 및 제3항의 규정에 따른 혁신도시개발예정지구의 지정·고시가 있는 때에는 「공익사업을 위한 토지 등의 취득 및 보상에 관한 법률」 제20조제1항 및 제22조의 규정에 따른 사업인정 및 그 고시가 있는 것으로 본다.

③ 제1항의 규정에 따른 토지등의 수용등에 관한 재결의 신청은 「공익사업을 위한 토지 등의 취득 및 보상에 관한 법률」 제23조제1항 및 제28조제1항의 규정에 불구하고 이 법 제11조제3항제3호의 규정에 따른 혁신도시개발사업의 시행기간 이내에 할 수 있다.

④ 제1항의 규정에 따른 토지등의 수용등에 관한 재결의 관할 토지수용위원회는 중앙토지수용위원회가 된다.

⑤ 제1항의 규정에 따른 토지등의 수용등에 관하여 이 법에 특별한 규정이 있는 경우를 제외하고는 「공익사업을 위한 토지 등의 취득 및 보상에 관한 법률」을 준용한다.

제16조(기반시설의 설치 등) ① 전기·통신·가스 및 지역난방시설의 설치 등에 관하여는 「도시개발법」 제55조의 규정을 준용한

다. <개정 2008.3.21.>
② 국가 또는 지방자치단체는 혁신도시 및 이전공공기관의 원활한 기능 발휘를 위하여 필요한 기반시설 등의 설치를 우선적으로 지원할 수 있다.
③ 제2항의 규정에 따른 지원대상·지원규모 및 방법 등에 관하여 필요한 사항은 대통령령으로 정한다.

제17조(준공검사) ① 사업시행자는 혁신도시개발사업의 전부 또는 일부를 완료한 때에는 지체 없이 대통령령이 정하는 바에 따라 국토교통부장관의 준공검사를 받아야 한다. 이 경우 국토교통부장관은 그 준공검사의 시행에 관하여 관계 행정기관의 장과 미리 협의하여야 한다. <개정 2008.2.29., 2013.3.23.>
② 사업시행자가 제1항의 규정에 따라 준공검사를 받은 때에는 제14조제1항 각 호에서 규정하는 인·허가등에 따른 해당 사업의 준공검사 또는 준공인가 등을 받은 것으로 본다.
③ 광역시장·특별자치도지사·시장 또는 군수(광역시 관할구역에 있는 군의 군수는 제외한다)는 혁신도시개발사업이 준공된 지구를 제12조제5항에 따라 고시된 실시계획에 포함된 지구단위계획에 따라 관리하여야 한다. <개정 2011.4.14., 2011.5.30.>

제18조(공사완료의 공고) 국토교통부장관은 제17조제1항의 규정에 따른 준공검사를 한 결과 혁신도시개발사업이 실시계획대로 완료되었다고 인정되는 때에는 사업시행자에게 준공검사필증을 교부하고 공사완료의 공고를 하여야 하며, 실시계획대로 완료되지 아니한 때에는 지체 없이 보완시공 등 필요한 조치를 명하여야 한다. <개정 2008.2.29., 2013.3.23.>

제19조(조성토지 등의 공급) ① 사업시행자는 혁신도시개발사업으로 조성된 토지·건축물 또는 공작물 등(이하 "조성토지등"이라 한다)을 공급하려는 경우에는 대통령령이 정하는 바에 따라 국토교통부장관의 승인을 얻어야 한다. <개정 2008.2.29., 2013.3.23.>
② 제1항의 규정에 따라 공급하는 조성토지등의 용도, 공급절차·방법 및 대상자 그 밖에 공급조건 등에 관하여는 대통령령으로 정한다.

제20조(선수금) ① 사업시행자는 혁신도시개발사업으로 조성된 조성토지등을 공급받거나 이용하려는 자로부터 대통령령이 정하는 바에 따라 그 대금의 전부 또는 일부를 미리 받을 수 있다.
② 제1항의 규정에 따라 선수금을 받고자 하는 사업시행자는 대통령령이 정하는 바에 따라 국토교통부장관의 승인을 얻어야 한다. <개정 2008.2.29., 2013.3.23.>

제21조(토지상환채권의 발행) ① 사업시행자는 토지소유자가 동의하는 경우 토지등의 매수대금의 일부를 지급하기 위하여 대통령령이 정하는 바에 따라 혁신도시개발사업으로 조성된 토지로 상환하는 채권(이하 "토지상환채권"이라 한다)을 발행할 수 있다.
② 사업시행자는 제1항의 규정에 따라 토지상환채권을 발행하려는 때에는 대통령령이 정하는 바에 따라 토지상환채권의 발행계획서를 작성하여 국토교통부장관의 승인을 얻어야 한다. <개정 2008.2.29., 2013.3.23.>
③ 토지상환채권 발행의 절차·방법 및 조건 등에 관하여 필요한 사항은 대통령령으로 정한다.

제22조(공공시설 등의 귀속) ① 사업시행자가 혁신도시개발사업의 시행으로 새로이 공공시설(주차장·운동장 그 밖에 대통령령이 정하는 시설을 제외한다. 이하 이 조에서 같다)을 설치하거나 기존의 공공시설에 대체되는 시설을 설치한 경우 그 귀속에 관하여는 「국토의 계획 및 이용에 관한 법률」 제65조의 규정을 준용한다. 이 경우 "행정청"은 이 법에 따른 "사업시행자"로 본다.
② 제1항의 규정에 따른 공공시설과 재산의 등기에 있어서는 실시계획승인서와 준공검사서로써 「부동산등기법」의 등기원인을 증명하는 서면에 갈음할 수 있다.
③ 제1항의 규정에 따라 「국토의 계획 및 이용에 관한 법률」을 준용함에 있어서 관리청이 불분명한 재산 중 도로·하천·구거(溝渠) 그 밖에 이에 준하는 시설에 대하여는 국토교통부장관을, 그 밖의 재산에 대하여는 기획재정부장관을 관리청으로 본다. <개정 2008.2.29., 2013.3.23.>

제23조(국·공유지의 처분제한 등) ① 혁신도

시개발예정지구 안에 있는 국가 또는 지방자치단체 소유의 토지로서 혁신도시개발사업에 필요한 토지는 그 개발계획으로 정하여진 목적 외의 목적으로 처분할 수 없다.
② 혁신도시개발예정지구 안에 있는 국가 또는 지방자치단체 소유의 재산으로서 혁신도시개발사업에 필요한 재산은 「국유재산법」 및 「공유재산 및 물품 관리법」에 불구하고 사업시행자에게 수의계약(隨意契約)의 방법으로 처분할 수 있다. 이 경우 그 재산의 용도폐지(행정재산인 경우에 한한다) 또는 처분에 관하여는 국토교통부장관이 미리 관계 행정기관의 장과 협의하여야 한다. <개정 2008.2.29., 2013.3.23.>
③ 관계 행정기관의 장은 제2항 후단의 규정에 따른 협의요청이 있는 때에는 그 요청을 받은 날부터 30일 이내에 협의에 관하여 필요한 조치를 하여야 한다.
④ 국가 또는 지방자치단체는 혁신도시개발예정지구 안에 있는 국유재산 또는 공유재산을 사업시행자에게 매도 또는 임대할 경우 개발여건을 감안하여 대통령령이 정하는 바에 따라 장기분할 납부 등 조건을 완화할 수 있다.

第24條(광역교통개선대책의 수립에 관한 특례) ①「대도시권 광역교통 관리에 관한 특별법」 제7조제1항의 규정에 불구하고 사업시행자는 같은 항에 따른 광역교통개선대책을 수립하여 국토교통부장관에게 제출하여야 한다. <개정 2008.2.29., 2013.3.23.>
② 국토교통부장관은 제1항의 규정에 따라 사업시행자가 제출한 광역교통개선대책에 관하여 시·도지사의 의견을 들은 후 「대도시권 광역교통 관리에 관한 특별법」 제8조의 규정에 따른 대도시권광역교통위원회의 심의를 거쳐 이 법 제12조의 규정에 따른 실시계획 승인 전까지 확정하고, 이를 시·도지사에게 통보하여야 한다. <개정 2008.2.29., 2013.3.23.>
③ 제2항의 규정에 따라 국토교통부장관으로부터 광역교통개선대책에 대하여 의견을 요청받은 시·도지사는 30일 이내에 의견을 제출하여야 하며, 같은 기간 이내에 의견이 제출되지 아니한 경우에는 의견이 없는 것으로 본다. <개정 2008.2.29., 2013.3.23.>

第25條(학교 및 교육과정 운영의 특례) ① 혁신도시가 있는 지역(인구 100만 이상 대도시는 제외한다)의 특별자치도지사, 시장·군수 또는 구청장은 혁신도시의 특성에 맞는 인력양성과 교육 여건의 개선 등을 위하여 해당 혁신도시에 「초·중등교육법」 제61조에 따른 특례를 적용받거나 특례를 적용받는 교육과정을 운영하는 학교(이하 "자율학교"라 한다) 또는 같은 법에 따른 특수 분야의 전문적인 교육을 목적으로 하는 고등학교(이하 "특수목적고등학교"라 한다)를 지정하여 줄 것을 광역시·도·특별자치도(이하 "시·도"라 한다) 교육감에게 요청할 수 있다. 이 경우 자율학교 또는 특수목적고등학교의 지정을 요청받은 시·도 교육감은 혁신도시에 자율학교 또는 특수목적고등학교를 우선적으로 지정할 수 있다.
② 자율학교의 장 또는 특수목적고등학교의 장은 해당 시·도 교육감 또는 교육장에게 자율학교 및 특수목적고등학교 운영에 필요한 교원의 임용 또는 소속 교원의 전보유예(본인의 동의가 있는 경우만 해당한다)를 요청할 수 있다.
[전문개정 2011.5.30.]

第26條(교육재정지원에 관한 특례) ① 혁신도시가 있는 지역의 시·도지사 및 시장·군수 또는 구청장은 「초·중등교육법」 제61조의 규정에 따라 운영되는 학교에 대하여 부지의 매입, 시설의 건축 또는 학교의 운영에 필요한 자금을 지원할 수 있다. <개정 2013.3.22., 2017.12.26.>
② 이전공공기관의 장은 혁신도시에 있는 「초·중등교육법」 제2조에 따른 학교에 대하여 학교시설·설비의 설치·정비 등 교육환경 개선에 필요한 비용을 지원할 수 있다. <신설 2017.12.26.>

第27條(외국인 교원 임용) 혁신도시에 있는 「초·중등교육법」 제2조의 규정에 따른 학교는 양호한 외국어 학습 여건을 조성하기 위하여 「초·중등교육법」 제21조, 「교육공무원법」 제6조·제32조제1항 및 「사립학교법」 제52조·제54조의4제1항 및 제3항의 규정에 불구하고 대통령령이 정하는 바에 따라 임용자격, 임용기간, 급여, 근무조건, 업적 및 성과 등 계약조건을 정하여 교육과정 운영에 필요한 외국인 교원을 임용할 수 있다.

제28조(전·입학 편의 제공) 교육감 또는 교육장은 이전공공기관을 따라 이주하는 소속 직원(이하 "이주직원"이라 한다)의 자녀들이 이주하여 온 지역에 있는 초·중등학교에 전·입학을 함에 있어서 불이익을 받지 아니하도록 필요한 조치를 하여야 한다.

제29조(이전공공기관의 지방이전) ① 이전공공기관은 혁신도시로 이전하는 것을 원칙으로 한다. 다만, 지역의 특성과 이전공공기관의 특수성이 인정되는 경우에는 국토교통부장관이 이전공공기관과 이전공공기관이 이전하는 지역의 시·도지사의 의견을 듣고, 「국가균형발전 특별법」 제22조에 따라 지역발전위원회의 심의를 거쳐 혁신도시 외로 개별이전을 인정할 수 있다. <개정 2008.2.29., 2009.4.22., 2012.1.17., 2013.3.23.>

② 제1항 단서에 따라 혁신도시 외로 개별이전하는 공공기관의 장은 개별이전을 위한 업무시설의 신축을 위하여 필요한 경우에는 토지등을 수용 또는 사용할 수 있다. <신설 2012.1.17.>

③ 제2항에 따른 토지등의 수용 또는 사용에 관하여는 「공익사업을 위한 토지 등의 취득 및 보상에 관한 법률」을 준용한다. <신설 2012.1.17.>

제29조의2(이전공공기관의 지역인재 채용 등) ① 이전공공기관의 장은 해당 기관이 이전하는 지역(이하 이 조에서 "이전지역"이라 한다)에 소재하는 지방대학(「수도권정비계획법」 제2조제1호에 따른 수도권이 아닌 지역에 있는 「고등교육법」 제2조 각 호에 따른 학교를 말한다) 또는 고등학교(「초·중등교육법」 제2조제3호에 따른 고등학교·고등기술학교를 말한다. 이하 같다)를 졸업하였거나 졸업예정인 사람을 우선하여 고용할 수 있다. 다만, 이전지역에서 고등학교를 졸업한 후 다른 지역에서 「고등교육법」 제2조 각 호에 따른 학교를 졸업하였거나 졸업예정인 사람은 해당 이전지역의 우선 고용대상에서 제외한다. <개정 2015.12.29.>

② 이전지역의 범위는 이전공공기관의 채용규모, 이전지역의 학생 수 등을 고려하여 국토교통부장관이 이전지역을 관할하는 시·도지사와 협의하여 대통령령으로 정한다. <신설 2015.12.29.>

③ 국가와 지방자치단체는 이전지역인재의 취업기회의 확대를 위하여 필요한 행정적·재정적 지원을 할 수 있다. <신설 2015.12.29.>

④ 이전공공기관의 장은 이전지역인재의 취업을 촉진하기 위한 국가와 지방자치단체의 대책에 적극 협조하여야 한다. <신설 2015.12.29.>

[본조신설 2013.3.22.]

[제목개정 2015.12.29.]

제29조의3(이전공공기관의 지역발전에 대한 기여) ① 이전공공기관은 해당 기관이 이전하는 지역을 관할하는 시·도지사 및 시장·군수·구청장과 협의하여 매년 지역발전에 필요한 계획을 수립하여 시행하여야 한다. <개정 2017.12.26.>

② 제1항에 따른 계획에는 다음 각 호의 사항을 포함하여야 한다. <신설 2017.12.26.>

1. 지역산업 육성, 기업유치, 일자리 창출 및 동반성장에 관한 사항
2. 지역인재 채용 및 산학협력사업을 포함한 지역인재 육성에 관한 사항
3. 혁신도시 주민 지원을 위한 지역공헌사업에 관한 사항
4. 지방자치단체, 이전공공기관, 기업, 대학 및 연구소 등 간 협력에 관한 사항
5. 그 밖에 지역발전을 위하여 이전공공기관의 장이 필요하다고 인정하는 사항

③ 이전공공기관은 제1항에 따른 계획과 추진실적을 대통령령으로 정하는 바에 따라 매년 국토교통부장관에게 통보하여야 한다. <신설 2017.12.26.>

④ 이전공공기관은 제1항에 따른 계획의 수립·시행에 필요한 비용을 지출할 수 있다. <신설 2017.12.26.>

[본조신설 2015.12.29.]

제29조의4(지역인재채용협의체) ① 이전공공기관이 이전하는 지역을 관할하는 시·도지사는 이전지역인재의 취업을 촉진하기 위하여 시·도에 협의체(이하 "지역인재채용협의체"라 한다)를 둔다.

② 지역인재채용협의체는 다음 각 호의 사항을 협의·자문한다.

1. 이전지역인재의 취업 촉진을 위한 수요맞춤형 인재양성에 관한 사항
2. 이전지역인재의 채용박람회 개최에 관한 사항
3. 이전지역인재의 채용정보에 관한 사항
4. 그 밖에 이전지역인재의 취업을 촉진하기 위하여 위원장이 필요하다고 인정하

는 사항
③ 지역인재채용협의체는 위원장 1명(제31조제1항에 따른 공동혁신도시의 경우에는 2명을 말한다)을 포함하여 10명 이상 25명 이하의 위원으로 구성한다.
④ 지역인재채용협의체의 위원장은 시·도지사로 하고, 위원은 해당 지방자치단체의 관계 공무원, 이전공공기관의 대표, 학교협의체 등 교육단체의 대표, 지역인재 채용에 관한 전문적 지식이나 경험을 가진 사람 중에서 시·도지사가 위촉 또는 임명하는 사람으로 한다.
⑤ 그 밖에 지역인재채용협의체의 구성 및 운영 등에 필요한 사항은 대통령령으로 정한다.
[본조신설 2017.10.24.]
[시행일 : 2018.4.25.] 제29조의4

제29조의5(이전공공기관의 우선 구매) ① 이전공공기관의 장은 구매하려는 재화나 서비스에 이전공공기관이 이전하는 지역에서 생산되는 재화나 서비스가 있는 경우에는 해당 재화나 서비스의 우선 구매를 촉진하여야 한다.
② 제1항에 따른 이전공공기관의 장은 이전공공기관이 이전하는 지역에서 생산되는 재화나 서비스의 구매 증대를 위한 구매계획과 전년도 구매실적을 국토교통부장관에게 통보하여야 한다.
③ 제1항에 따른 이전공공기관이 이전하는 지역의 범위 및 제2항에 따른 구매계획과 구매실적의 통보에 필요한 사항은 대통령령으로 정한다.
[본조신설 2017.10.24.]
[시행일 : 2018.4.25.] 제29조의5

제4장 혁신도시발전위원회 등
<개정 2017.12.26.>

제30조(혁신도시에 관한 중요 정책의 심의) 다음 각 호의 사항은 도시개발위원회의 심의를 거쳐야 한다. <개정 2013.3.23., 2017.12.26.>
1. 혁신도시에 관한 기본정책과 제도에 관한 사항
2. 혁신도시개발예정지구의 지정·변경 및 해제에 관한 사항
3. 혁신도시의 기본구상 및 개발계획에 관한 사항
4. 혁신도시의 실시계획에 관한 사항
5. 혁신도시개발예정지구 내 토지의 용도지역 변경에 관한 사항
6. 혁신도시 내 학교·연구소·기업 등 입주기관 유치 및 입주기관 간 협력증진을 위한 정부지원에 관한 사항
7. 혁신도시발전위원회에서 정부의 협조를 요청한 사항
8. 그 밖에 혁신도시와 관련하여 국토교통부장관이 심의에 부치는 사항

[전문개정 2011.5.30.]

제31조(혁신도시발전위원회) ① 혁신도시를 효율적으로 관리하고 지역발전과 혁신여건 조성을 지원하기 위하여 시·도에 혁신도시발전위원회를 둔다. 이 경우 2 이상의 시·도가 공동으로 1개의 혁신도시(이하 "공동혁신도시"라 한다)를 건설하는 경우에는 공동으로 혁신도시발전위원회를 둔다. <개정 2017.12.26.>
② 혁신도시발전위원회는 다음 각 호의 사항을 심의한다. <개정 2014.5.28., 2017.12.26.>
1. 혁신도시 기능의 전문화 및 특성화에 관한 사항
2. 혁신도시의 산업계·학계·연구기관·행정기관 등의 협동 계획에 관한 사항
3. 혁신도시 내 지식 및 정보산업 등 기업유치에 관한 사항
4. 혁신도시 내 대학·연구소 등의 유치에 관한 사항
5. 정부의 협조가 필요한 사항
6. 제5조의2제3항에 따른 혁신도시별 발전계획
7. 그 밖에 혁신도시의 발전을 위하여 위원장이 필요하다고 인정한 사항

③ 혁신도시발전위원회는 위원장 2인을 포함하여 20인 이내의 위원으로 구성한다. 이 경우 공동혁신도시가 들어선 시·도가 공동으로 혁신도시발전위원회를 설치하는 경우에는 30인 이내의 위원으로 구성한다. <개정 2017.12.26.>
④ 혁신도시발전위원회의 위원은 시·도지사와 해당 지방자치단체의 장, 도시·군계획 등에 관한 전문가, 이전공공기관 그 밖의 입주기관·대학·연구소·경제단체의 장 중에서 시·도지사가 위촉 또는 임명하는 자가 된다. <개정 2008.2.29., 2011.4.14., 2013.3.23., 2017.12.26.>

⑤위원장은 시·도지사와 민간위원 중에서 시·도지사가 위촉하는 자가 된다.
⑥그 밖에 혁신도시발전위원회의 구성·운영 등에 관하여 필요한 사항은 대통령령으로 정한다. <개정 2017.12.26.>
[제목개정 2017.12.26.]

제31조(혁신도시발전위원회) ① 혁신도시를 효율적으로 관리하고 지역발전과 혁신여건 조성을 지원하기 위하여 시·도에 혁신도시발전위원회를 둔다. 이 경우 2 이상의 시·도가 공동으로 1개의 혁신도시(이하 "공동혁신도시"라 한다)를 건설하는 경우에는 공동으로 혁신도시발전위원회를 둔다. <개정 2017.12.26.>
② 혁신도시발전위원회는 다음 각 호의 사항을 심의한다. <개정 2014.5.28., 2017.12.26.>
1. 혁신도시 기능의 전문화 및 특성화에 관한 사항
2. 혁신도시의 산업계·학계·연구기관·행정기관 등의 협동 계획에 관한 사항
3. 혁신도시 내 지식 및 정보산업 등 기업유치에 관한 사항
4. 혁신도시 내 대학·연구소 등의 유치에 관한 사항
5. 정부의 협조가 필요한 사항
6. 제5조의2제3항에 따른 혁신도시별 발전계획
7. 그 밖에 혁신도시의 발전을 위하여 위원장이 필요하다고 인정한 사항
③ 혁신도시발전위원회는 위원장 2인을 포함하여 20인 이내의 위원으로 구성한다. 이 경우 공동혁신도시가 들어선 시·도가 공동으로 혁신도시발전위원회를 설치하는 경우에는 위원장 3명을 포함하여 30명 이내의 위원으로 구성한다. <개정 2017.10.24., 2017.12.26.>
④ 혁신도시발전위원회의 위원은 시·도지사와 해당 지방자치단체의 장, 도시·군계획 등에 관한 전문가, 이전공공기관 그 밖의 입주기관·대학·연구소·경제단체의 장 중에서 시·도지사가 위촉 또는 임명하는 자가 된다. <개정 2008.2.29., 2011.4.14., 2013.3.23., 2017.12.26.>
⑤ 위원장은 시·도지사와 민간위원 중에서 시·도지사가 위촉하는 자가 된다.
⑥ 그 밖에 혁신도시발전위원회의 구성·운영 등에 관하여 필요한 사항은 대통령령으로 정한다. <개정 2017.12.26.>
[제목개정 2017.12.26.]
[시행일 : 2018.4.25.] 제31조

제32조(혁신도시발전추진단 설치) ① 공공기관 이전 및 혁신도시 개발 업무, 혁신도시를 지역발전 거점으로 육성·발전시키기 위한 업무를 효율적으로 추진하기 위하여 국토교통부에 혁신도시발전추진단(이하 "추진단"이라 한다)을 둘 수 있다. <개정 2008.2.29., 2013.3.23., 2017.12.26.>
② 추진단의 구성 및 운영 등에 관하여 필요한 사항은 대통령령으로 정한다.
③ 국토교통부장관은 추진단의 원활한 업무수행을 위하여 필요한 때에는 관계 중앙행정기관의 장 또는 지방자치단체의 장, 혁신도시 관련 연구기관의 장, 사업시행자 및 이전공공기관의 장에게 소속 공무원 또는 임·직원의 파견을 요청할 수 있다. <개정 2008.2.29., 2013.3.23., 2017.12.26.>
[제목개정 2017.12.26.]

제5장 혁신도시건설특별회계

제33조(혁신도시건설특별회계의 설치 및 관리·운용) ① 공공기관의 지방이전, 혁신도시의 조성 및 발전에 관한 사업을 재정적으로 지원하기 위하여 혁신도시건설특별회계(이하 "회계"라 한다)를 설치한다. <개정 2017.12.26.>
② 회계는 국토교통부장관이 관리·운용한다. <개정 2008.2.29., 2013.3.23.>
③ 회계의 세출예산은 중앙관서의 조직별로 구분할 수 있다.

제34조(회계의 세입과 세출) ①회계의 세입은 다음 각 호와 같다.
1. 국가소유 종전부동산의 매각대금, 사용료, 해당 재산으로부터 발생하는 그 밖의 수익금 및 국가행정기관인 이전공공기관의 임차보증금 회수금
2. 일반회계 또는 다른 특별회계로부터의 전입금
3. 「공공자금관리기금법」에 따라 설치된 공공자금관리기금 또는 다른 기금으로부터의 전입금 및 예수금
4. 제36조의 규정에 따른 차입금
5. 제44조제4항의 규정에 따른 이익의 전

입금
6. 그 밖의 수입금
② 회계의 세출은 다음 각 호와 같다. <개정 2014.5.28., 2017.12.26.>
1. 이전공공기관의 사무소신축비 등 이전비용에 대한 지원
2. 혁신도시 조성에 따른 기반시설의 설치비용에 대한 지원 등 혁신도시건설 비용
3. 제1항제3호의 규정에 따른 예수금에 대한 원리금 상환
4. 제1항제4호의 규정에 따른 차입금에 대한 원리금 상환
5. 제44조제4항의 규정에 따른 손실금의 보전
6. 혁신도시의 건설 및 제도발전을 위한 조사・연구비
7. 이전공공기관의 이전비용 및 제10조제1항의 규정에 따른 사업시행자의 사업시행에 필요한 자금의 융자
8. 제45조의2에 따른 연구기관, 국제기구, 종합병원 및 대학의 시설 건축에 필요한 비용
9. 제45조의3에 따른 지식산업센터의 설립 및 자금지원에 필요한 비용
10. 혁신도시 정주환경 개선비용에 대한 지원
11. 이전공공기관 연관산업 기업 등 유치 비용에 대한 지원
12. 그 밖의 공공기관 지방이전, 혁신도시의 조성 및 발전과 관련하여 대통령령이 정하는 항목에의 지출

제35조(일반회계 및 다른 특별회계 등으로부터의 전입) 회계는 세출재원을 확보하기 위하여 예산이 정하는 바에 따라 일반회계, 다른 특별회계 또는 기금으로부터 전입을 받을 수 있다.

제36조(차입금) ① 회계의 세출재원이 부족한 때에는 국회의 의결을 얻은 금액의 범위 안에서 회계의 부담으로 장기차입을 할 수 있다.
② 회계는 그 지출을 위한 자금이 일시적으로 부족한 때에는 회계의 부담으로 일시차입을 할 수 있다.
③ 제2항의 규정에 따른 일시차입금의 원리금은 그 회계연도 이내에 상환하여야 한다.

제37조(예비비) 회계는 예측할 수 없는 예산외의 지출 또는 예산초과지출에 충당하기 위하여 예비비로서 상당한 금액을 세출예산에 계상할 수 있다.

제38조(세출예산의 이월) 회계의 세출예산 중 그 회계연도 이내에 지출하지 아니한 것은 「국가재정법」 제48조의 규정에 불구하고 다음 연도에 이월하여 사용할 수 있다.

제39조(잉여금의 처리) 매 회계연도 세입세출의 결산상 생긴 잉여금은 다음 회계연도의 세입에 이입한다.

제40조(재산의 관리전환 등) ① 일반회계 또는 다른 특별회계에 속하는 종전부동산을 회계로 관리전환 또는 이관하는 때에는 「국유재산법」 제17조의 규정에 불구하고 무상으로 할 수 있다. <개정 2009.1.30.>
② 회계가 조성・취득한 청사 및 부지 등은 「국유재산법」 제17조의 규정에 불구하고 일반회계 또는 그 재산을 사용할 국가기관이 관리・운용하는 특별회계로 무상으로 관리전환하거나 이관할 수 있다. <개정 2009.1.30.>
[제목개정 2009.1.30.]

제6장 종전부동산의 활용

제41조(종전부동산의 건축물의 증・개축 등의 제한) 이전공공기관은 일상적인 유지・보수 외에 건축물을 신축・증축 또는 개축하거나 임차면적을 확대할 수 없다. 다만, 이전공공기관은 건축물의 증축・개축 또는 임차면적 확대가 불가피한 경우 소관 행정기관의 장과 협의한 후 건축물의 증축 등을 할 수 있으며, 소관 행정기관의 장이 동의하려는 때에는 미리 국토교통부장관의 의견을 들어야 한다. <개정 2008.2.29., 2013.3.23.>

제42조(종전부동산의 현황조사) ① 국토교통부장관은 종전부동산에 대하여 소유 현황, 규모, 특성, 주변 여건 및 매각 또는 활용 가능성 등을 파악하기 위하여 필요한 경우 현황조사를 실시할 수 있다. <개정 2008.2.29., 2013.3.23.>
② 이전공공기관은 제1항의 규정에 따른 현황조사에 적극 협조하여야 하며, 현황조사와 관련하여 자료 등의 제출 요구가 있

는 경우에는 특별한 사유가 없는 한 이에 협조하여야 한다.

제43조(종전부동산의 처리계획 수립 등) ① 이전공공기관의 장은 제4조제1항제3호의 규정에 따른 이전비용의 조달 및 국가균형발전 등을 고려하여 다음 각 호의 사항을 포함하는 종전부동산 처리계획을 수립하여야 한다.

1. 종전부동산의 매각시기 및 방법
2. 종전부동산 중 일부 또는 전부를 매각하지 못하는 경우 구체적인 사유 및 활용방안

② 이전공공기관의 장은 제1항의 규정에 따라 수립한 종전부동산 처리계획에 대하여 소관 행정기관의 장과의 협의를 거쳐 제4조제4항의 규정에 따른 지방이전계획의 승인일부터 3개월 이내에 국토교통부장관에게 제출하여야 하며, 국토교통부장관은 필요한 경우 종전부동산의 소재지를 관할하는 특별시장, 시·도지사 및 시장·군수 또는 구청장의 의견을 듣고 소관 행정기관의 장과 협의하여 제출된 종전부동산 처리계획의 수정 또는 보완을 요구할 수 있다. 이 경우 그 이전공공기관의 장은 특별한 사유가 없는 한 국토교통부장관의 요구사항을 받아들여야 한다. <개정 2008.2.29., 2013.3.23.>

③ 국토교통부장관은 제1항에 따른 종전부동산 처리계획에 제시된 기한 내에 종전부동산이 매각되지 아니하거나 이전공공기관이 원하는 경우 지방자치단체, 대통령령으로 정하는 공공기관(이하 "매입공공기관"이라 한다) 또는 「지방공기업법」에 따른 지방공기업(이하 "지방공기업"이라 한다)으로 하여금 종전부동산을 매입하게 할 수 있다. 이 경우 매입가격은 「감정평가 및 감정평가사에 관한 법률」에 따른 감정평가업자 2인 이상이 평가한 금액을 산술평균한 금액으로 한다. <개정 2008.2.29., 2011.5.30., 2013.3.23., 2016.1.19.>

④ 제3항에 따른 매입공공기관 및 지방공기업의 종전부동산 매입에 관하여 필요한 사항은 대통령령으로 정한다. <개정 2011.5.30.>

⑤ 국토교통부장관은 제3항에 따라 매입공공기관 및 지방공기업이 매입한 종전부동산에 대하여 종전부동산 소재지 관할 특별시장, 시·도지사 및 시장·군수 또는 구청장과 협의하고, 「수도권정비계획법」 제21조에 따른 수도권정비위원회의 심의를 거쳐 활용계획을 수립하여야 한다. 다만, 매입공공기관 및 지방공기업이 매입한 종전부동산을 「국토의 계획 및 이용에 관한 법률」에 따른 도시·군관리계획의 변경이나 개발행위 없이 매입한 상태대로 처분하고자 요청하는 경우 국토교통부장관은 활용계획을 수립하지 아니할 수 있다. <개정 2008.2.29., 2011.5.30., 2013.3.22., 2013.3.23., 2014.5.28.>

⑥ 국토교통부장관은 제5항의 규정에 따라 활용계획을 수립할 때 종전부동산의 부지형태가 불규칙하여 토지이용의 효율성을 현저히 저해하거나 도로·상하수도 등 기반시설의 설치·정비가 필요한 경우에는 대통령령으로 정하는 바에 따라 종전부동산 밖의 토지를 포함하여 활용계획을 수립할 수 있으며, 수립된 종전부동산의 활용계획이 「국토의 계획 및 이용에 관한 법률」에 따른 도시·군관리계획에 반영될 필요가 있는 경우, 해당 지방자치단체에 그 반영을 요구할 수 있다. 이 경우 해당 지방자치단체는 종전부동산의 활용계획을 도시·군관리계획에 반영하여야 한다. <개정 2008.2.29., 2011.4.14., 2013.3.23., 2014.5.28.>

제44조(종전부동산 매입지원 등) ①국가는 제43조제3항에 따라 지방자치단체, 매입공공기관 및 지방공기업이 종전부동산을 직접 매입하는 경우에는 매입대금의 일부를 융자할 수 있다. <개정 2011.5.30.>

②이전공공기관은 대통령령으로 정하는 공공기관에게 종전부동산의 매각업무를 대행하게 할 수 있다. <개정 2011.5.30.>

③제43조제3항에 따라 종전부동산(제43조제6항에 따라 활용계획이 수립된 종전부동산 밖의 토지를 포함한다. 이하 이 조에서 같다)을 매입하는 매입공공기관은 매입대금의 조달을 위하여 대통령령으로 정하는 바에 따라 채권을 발행할 수 있다. <개정 2011.5.30., 2014.5.28.>

④매입공공기관 또는 지방공기업의 종전부동산 매입에 따른 이익이나 손실은 대통령령으로 정하는 바에 따라 회계에 전입하거나 회계에서 보전할 수 있다. <개정 2011.5.30.>

제7장 이전공공기관 등에 대한 지원

제45조(이전공공기관 등에 대한 지원 등) ①국

가 또는 지방자치단체는 이전공공기관에 대하여 이전공공기관의 사무소신축비 등 이전 비용의 일부를 지원하거나 융자할 수 있다.
②국가·지방자치단체 또는 택지개발사업의 시행자(이 법 또는 다른 법률에 따라 「주택법」 제2조제24호에 따른 공공택지 등의 개발사업을 시행하는 자를 말한다. 이하 이 조에서 "시행자"라 한다)는 이전공공기관이 이주직원을 위한 주택을 건설하려는 경우 공공택지를 우선적으로 공급할 수 있으며, 이주직원을 위한 기숙사를 건설하려는 경우에는 건설비용의 일부를 「주택도시기금법」에 따른 주택도시기금(이하"주택도시기금"이라 한다)에서 융자할 수 있다. <개정 2009.2.3., 2015.1.6., 2016.1.19.>
③국가·지방자치단체 또는 시행자는 이전공공기관이 사용할 건축물을 건축하여 분양 또는 임대할 수 있다.
④국가 또는 지방자치단체는 이전공공기관이 지방이전에 따라 수입이 현저하게 감소한 경우에는 대통령령이 정하는 바에 따라 일정기간 지원할 수 있다.

제45조의2(연구기관, 국제기구, 종합병원 및 대학에 대한 지원) 국가 및 지방자치단체는 혁신도시 활성화를 위하여 필요하다고 인정하는 경우에는 산·학·연 클러스터에 입주하는 국내외 연구기관, 국제기구, 종합병원 및 「국가과학기술 경쟁력 강화를 위한 이공계지원 특별법」 제2조제2호의 대학에 대하여 시설의 건축에 필요한 비용을 지원할 수 있다.
[본조신설 2014.5.28.]

제45조의3(지식산업센터의 설립 및 지원 등)
① 국가 또는 지방자치단체는 혁신도시개발예정지구에 「산업집적활성화 및 공장설립에 관한 법률」에 따른 지식산업센터를 설립하여 분양 또는 임대할 수 있다.
② 국가 또는 지방자치단체는 혁신도시개발예정지구에 지식산업센터를 설립한 자(설립승인을 받은 자를 포함한다)에 대하여 예산의 범위에서 설립에 필요한 자금을 지원할 수 있다.
③ 지식산업센터에 관하여 이 법에서 규정한 것 외에는 「산업집적활성화 및 공장설립에 관한 법률」을 준용한다.
[본조신설 2014.5.28.]

제45조의4(고용보조금의 지급) 지방자치단체는 혁신도시에 대한 투자를 촉진하기 위하여 필요한 경우에는 조례로 정하는 바에 따라 혁신도시에 투자하는 기업에 대하여 고용보조금 및 교육훈련보조금 등을 우선 지급할 수 있다.
[본조신설 2014.5.28.]

제46조(국·공유재산의 임대료 감면 등) ①국가 및 지방자치단체는 「국유재산법」·「공유재산 및 물품관리법」 그 밖의 다른 법령의 규정에 불구하고 혁신도시개발사업 등에 필요한 경우 사업시행자, 이전공공기관, 제47조의3에 따른 발전지원센터, 그 밖에 혁신도시 내 입주하는 기업·대학·연구소 등에 대하여 국·공유재산의 임대료를 대통령령이 정하는 바에 따라 감면할 수 있다. <개정 2014.5.28., 2017.12.26.>
② 사업시행자 및 이전공공기관은 국가 또는 지방자치단체로부터 혁신도시개발예정지구 안의 국유지에 대한 사용허가나 공유지에 대한 사용·수익의 허가 또는 대부(貸付)를 받은 경우에는 「국유재산법」 및 「공유재산 및 물품관리법」에 불구하고 그 허가 또는 대부를 받은 국·공유지를 매입 또는 원상회복하거나 축조한 시설물을 기부하는 것을 조건으로 국·공유지에 영구시설물을 축조할 수 있다. <개정 2009.1.30.>

제47조(이전공공기관의 이주직원에 대한 지원 등) ① 이전공공기관의 장은 이주직원에 대하여 이사비용 및 이주수당의 지급 등 대통령령이 정하는 바에 따라 지원 대책을 마련하여 시행할 수 있다.
② 이전공공기관의 이주직원에게 주택을 공급하는 경우 「주택법」 제54조, 「민간임대주택에 관한 특별법」 제3조 및 「공공주택 특별법」 제48조의 규정에 따라 주택을 우선 공급할 수 있다. <개정 2015.8.28., 2016.1.19.>
③ 이전공공기관의 이주직원에게는 주택도시기금에서 주택구입자금 또는 전세자금을 융자할 수 있다. <개정 2015.1.6.>

제47조의2(혁신도시개발예정지구 주민에 대한 지원 대책의 수립·시행) 관계 시·도지사, 시장·군수·구청장 또는 사업시행자는 혁신도시개발사업으로 인하여 생활기반을 상

실하게 되는 혁신도시개발 예정지구 안의 주민에 대하여 직업전환훈련, 소득창출사업지원, 그 밖에 주민의 재정착에 필요한 지원대책 등을 대통령령으로 정하는 바에 따라 수립·시행하여야 한다.
[본조신설 2007.10.17.]

제47조의3(혁신도시 발전지원센터 설치·운영 등) ① 시·도지사는 혁신도시 내 기업, 대학, 연구소 등(이하 이 조에서 "기업등"이라 한다)을 유치·지원하고 혁신도시를 지역성장 거점으로 육성하기 위하여 혁신도시 발전지원센터(이하 이 조에서 "발전지원센터"라 한다)를 설치·운영할 수 있다. <개정 2017.12.26.>
② 발전지원센터는 다음 각 호의 사업을 수행한다. <개정 2017.12.26.>
1. 혁신도시를 지역성장 거점으로 육성하기 위한 지원
2. 혁신도시 내 기업등 입주기관의 유치 및 창업 등 지원
3. 혁신도시 내 기업등 입주기관과 이전공공기관 간 협력 증진
4. 혁신도시 지역특화발전 지원
5. 기업등 입주기관, 이전공공기관 소속 직원 및 지역주민의 정주환경 개선 지원
6. 이전공공기관과 연계한 지역인재 육성 지원
7. 혁신도시 내 기업등의 유치를 위한 대외협력 및 홍보
8. 그 밖에 혁신도시를 지역성장 거점으로 육성하기 위하여 필요한 사업

③ 발전지원센터는 법인으로 하되, 이 법에서 규정한 것 외에는 「민법」 중 재단법인에 관한 규정을 준용한다. <신설 2017.12.26.>
④ 국가와 지방자치단체, 이전공공기관은 예산의 범위에서 발전지원센터의 설치·운영에 드는 비용의 전부 또는 일부를 출연하거나 보조할 수 있다. <개정 2017.12.26.>
⑤ 그 밖에 발전지원센터의 설치 및 운영에 필요한 사항은 대통령령으로 정한다. <개정 2017.12.26.>
[본조신설 2013.3.22.]
[제목개정 2017.12.26.]

제48조(조세 및 부담금의 감면 등) ① 국가 및 지방자치단체는 공공기관의 지방이전과 혁신도시 건설을 지원하기 위하여 필요한 경우에는 「조세특례제한법」, 「지방세특례제한법」 그 밖의 관계 법률에서 정하는 바에 따라 국세 및 지방세를 감면할 수 있다. <개정 2010.3.31.>
② 국가 및 지방자치단체는 공공기관의 지방이전과 혁신도시 건설을 지원하기 위하여 필요한 경우에는 「개발이익환수에 관한 법률」·「농지법」·「초지법」·「산지관리법」·「자연환경보전법」·「도시교통정비촉진법」·「대도시권 광역교통관리에 관한 특별법」·「개발제한구역의 지정 및 관리에 관한 특별조치법」 및 「국토의 계획 및 이용에 관한 법률」에서 정하는 바에 따라 개발부담금·농지보전부담금·대체초지조성비·대체산림자원조성비·생태계보전협력금·교통유발부담금·광역교통시설부담금·개발제한구역훼손부담금 및 기반시설설치비용을 감면할 수 있다. <개정 2011.5.30.>

제49조(혁신도시 개발·운영의 성과 공유) ① 국가 및 지방자치단체는 혁신도시의 성과가 혁신도시가 들어서지 아니한 다른 지방자치단체에도 확산되어 지역균형발전에 기여하도록 노력하여야 한다.
② 혁신도시가 들어선 시·군·구(자치구를 말한다. 이하 같다)는 이전공공기관이 납부한 지방세액의 전부 또는 일부를 다른 시·군·구의 발전을 위하여 사용하도록 하기 위하여 관할 광역시 및 도로 전출할 수 있다.
③ 혁신도시가 들어서는 시·도는 제2항의 규정에 따라 전입 받은 지방세액과 그 시·도가 출연하는 재원 등으로 그 시·도 관할구역 안의 시·군·구의 발전을 위한 기금을 설치·운영할 수 있다.
④ 공동혁신도시를 건설하는 경우에는 관계 시·도가 공동으로 제3항의 기금을 설치·운영할 수 있다.

제8장 보칙

제50조(부동산가격 안정 및 난개발 방지에 관한 조치) ① 국토교통부장관, 시·도지사, 시장·군수 또는 구청장은 혁신도시개발예정지구 및 인근 지역(이하 "혁신도시등"이라 한다)의 부동산가격의 안정을 위하여 필요한 조치를 하여야 한다. <개정 2008.2.29., 2013.3.23., 2017.1.17., 2017.12.26.>

②시·도지사, 시장·군수 또는 구청장은 혁신도시개발예정지구 지정의 제안으로 인하여 부동산투기 또는 부동산가격의 급등이 우려되는 지역에 대하여 관계 중앙행정기관의 장 또는 시·도지사에게 다음 각 호의 조치를 요청하여야 한다. <개정 2016.1.19.>

1. 「소득세법」 제104조의2의 규정에 따른 지정지역의 지정
2. 「주택법」 제63조의 규정에 따른 투기과열지구의 지정
3. 「부동산 거래신고 등에 관한 법률」 제10조의 규정에 따른 토지거래계약에 관한 허가구역의 지정
4. 그 밖에 부동산가격의 안정을 위하여 필요한 조치

③ 국토교통부장관, 시·도지사, 시장 또는 군수(광역시 관할구역에 있는 군의 군수를 제외한다)는 혁신도시등의 무분별한 개발을 방지하기 위하여 「건축법」 제18조의 규정에 따른 건축허가의 제한 또는 「국토의 계획 및 이용에 관한 법률」 제63조의 규정에 따른 개발행위허가의 제한 등 필요한 조치를 하여야 한다. <개정 2008.2.29., 2008.3.21., 2013.3.23., 2017.1.17.>

제51조(다른 법률에 따른 개발사업구역과 중복지정 등) ① 국토교통부장관은 「택지개발촉진법」에 따른 택지개발지구 등 다른 법률에 따른 개발사업구역(이하 이 조에서 "종전사업구역"이라 한다)과 중복하여 혁신도시개발예정지구를 지정할 수 있다. <개정 2008.2.29., 2011.5.30., 2013.3.23.>

② 제1항의 규정에 따라 중복지정을 하여 혁신도시개발사업을 시행하는 경우에는 제3조의 규정에 불구하고 다른 법률에 따른 개발사업의 절차와 이 법에 따른 혁신도시개발사업의 절차를 각각 거쳐야 한다. 다만, 다른 법률에 따라 「공익사업을 위한 토지 등의 취득 및 보상에 관한 법률」 제20조제1항 및 제22조의 규정에 따른 사업인정 및 그 고시가 있는 것으로 보는 종전사업구역 안에서의 토지등의 수용등에 대하여는 제15조의 규정에 불구하고 다른 법률에 따른다. 이 경우 제7조제3항의 규정에 따라 혁신도시개발예정지구의 지정을 고시하는 때에는 같은 항 제3호의 규정에 따른 수용 또는 사용할 토지의 세목을 고시하지 아니할 수 있다.

③국토교통부장관은 종전사업구역에 혁신도시개발예정지구를 지정한 경우 사업시행자가 다음 각 호 모두에 해당된다고 판단하여 요청하는 경우에는 도시개발위원회의 심의를 거쳐 종전사업구역의 지정권자에게 그 지정의 해제를 요구하거나 해당 개발계획 또는 실시계획의 승인권자에게 그 계획의 변경을 요구할 수 있다. <개정 2008.2.29., 2011.5.30., 2013.3.23.>

1. 종전사업구역에서의 사업이 혁신도시개발사업의 시행에 심한 지장을 초래하는 경우
2. 혁신도시개발사업의 시행이 종전사업구역에서의 사업시행에 비하여 현저히 공익에 기여하는 경우

④ 제3항의 요구를 받은 지정권자는 특별한 사유가 없는 한 관계 법률에 따라 종전사업구역의 지정을 해제하거나 개발계획 또는 실시계획을 변경하고 그 사실을 관보 또는 공보에 고시한 후 국토교통부장관에게 통보하여야 한다. <개정 2008.2.29., 2013.3.23.>

⑤ 제4항의 규정에 따라 종전사업구역이 해제되어 사업시행자가 제15조의 규정에 따라 종전사업구역 안의 토지등을 수용하는 경우 사업시행자는 「공익사업을 위한 토지 등의 취득 및 보상에 관한 법률」에 따른 보상을 함에 있어 종전의 사업시행과 관련하여 지출한 조사·설계비 등의 비용을 보상하여야 한다.

⑥ 종전의 사업시행자가 종전사업구역 안의 토지를 협의취득 또는 수용한 후 제3항 및 제4항의 규정에 따라 종전사업구역이 해제된 경우 「공익사업을 위한 토지 등의 취득 및 보상에 관한 법률」 제91조제1항 및 제2항의 규정에 따른 환매권의 행사기간은 같은 조 제6항의 규정에 불구하고 종전의 공익사업이 이 법에 따른 혁신도시개발사업으로 변경된 것으로 보아 제4항의 규정에 따라 종전사업구역의 지정이 해제되어 그 사실을 관보 또는 공보에 고시한 날부터 기산한다.

⑦ 사업시행자는 제6항의 규정에 따른 공익사업의 변경사실을 대통령령이 정하는 바에 따라 환매권자에게 통지하여야 한다.

제52조(서류의 열람 등) ① 사업시행자가 혁신도시개발사업을 시행함에 있어서 필요한 때에는 등기소 그 밖의 관계 행정기관의

장에게 무료로 필요한 서류의 열람·복사나 그 등본 또는 초본의 교부를 청구할 수 있다.

② 제1항의 규정에 따라 자료제공의 요청을 받은 자는 정당한 사유가 없는 한 그 요청에 응하여야 한다.

제53조(자료제공의 요청) ① 사업시행자는 혁신도시개발사업의 시행을 위하여 필요하다고 인정되는 자료의 제공을 관계 행정기관의 장 또는 관계인에게 요청할 수 있다.

② 제1항의 규정에 따라 자료제공의 요청을 받은 자는 정당한 사유가 없는 한 그 요청에 응하여야 한다.

제54조(보고 및 검사 등) ① 국토교통부장관은 혁신도시개발사업의 시행과 관련하여 필요하다고 인정되는 때에는 사업시행자에게 필요한 보고를 하게 하거나 자료의 제출을 명할 수 있으며 소속 공무원으로 하여금 혁신도시개발사업에 관한 업무를 검사하게 할 수 있다. <개정 2008.2.29., 2013.3.23.>

② 제1항의 규정에 따라 업무를 검사하는 공무원은 그 권한을 표시하는 증표를 지니고 관계인에게 제시하여야 한다.

③ 제2항의 규정에 따른 증표에 관하여 필요한 사항은 국토교통부령으로 정한다. <개정 2008.2.29., 2013.3.23.>

제55조(법률 등의 위반자에 대한 행정처분) ① 국토교통부장관은 다음 각 호의 어느 하나에 해당하는 자에 대하여 이 법에 따른 지정 또는 승인 등을 취소하거나 공사의 중지, 건축물 또는 장애물 등의 개축 또는 이전 그 밖에 필요한 처분을 하거나 조치를 명할 수 있다. <개정 2008.2.29., 2013.3.23.>

1. 다음 각 목의 어느 하나에 해당하는 자
   가. 제10조 내지 제12조의 규정에 따른 지정 또는 승인시 부과된 조건을 지키지 아니하거나 개발계획·실시계획대로 혁신도시개발사업을 시행하지 아니한 경우
   나. 제17조제1항의 규정을 위반하여 준공검사를 받지 아니한 경우
   다. 제19조의 규정을 위반하여 조성토지 등을 공급한 경우
   라. 제20조의 규정을 위반하여 선수금을 받은 경우
   마. 제21조의 규정을 위반하여 토지상환채권을 발행한 경우
   바. 제22조제1항의 규정에 따라 준용되는 「국토의 계획 및 이용에 관한 법률」 제65조제5항의 규정에 따른 통지를 하지 아니한 경우
   사. 제23조제2항의 규정에 따른 국유재산 및 공유재산의 처분시 부과된 조건을 지키지 아니하는 경우
   아. 제54조제1항의 규정에 따른 보고를 하지 아니하거나 거짓의 보고를 하거나 검사를 거부·방해 또는 기피한 경우
2. 거짓 그 밖의 부정한 방법으로 이 법에 따른 지정·승인·인가 또는 허가 등을 받은 자
3. 제12조제1항제5호의 규정에 따라 체결한 협약내용을 약정기한 이내에 이행하지 아니하거나 이행할 의사가 없다고 인정할 상당한 이유가 있는 사업시행자

② 시·도지사, 시장·군수 또는 구청장은 제1항 각 호의 어느 하나에 해당되는 자에 대하여 그 처분이나 조치를 하여줄 것을 국토교통부장관에게 건의할 수 있다. <개정 2008.2.29., 2013.3.23.>

제55조의2(이행강제금) ① 시·도지사는 제5조의7에 따라 양도명령을 받은 후 정당한 사유 없이 지정기간 이내에 그 양도명령을 이행하지 아니한 자에 대하여는 6개월 이내의 이행기한을 정하여야 하며, 그 기한까지 양도명령을 이행하지 아니하는 경우에는 양도할 재산가액의 100분의 20에 해당하는 금액의 이행강제금을 부과한다.

② 시·도지사는 제1항에 따른 이행강제금을 부과하기 전에 제1항에 따른 이행강제금을 부과하고 징수한다는 뜻을 미리 문서로 알려 주어야 한다.

③ 시·도지사는 제1항에 따른 이행강제금을 부과하는 경우에는 이행강제금의 금액, 부과사유, 납부기한 및 수납기관, 이의제기 방법 및 이의제기 기관 등을 명시한 문서로 하여야 한다.

④ 시·도지사는 제5조의7에 따른 양도명령을 한 날을 기준으로 매년 1회 그 양도명령이 이행될 때까지 반복하여 제1항에 따른 이행강제금을 부과하고 징수할 수 있다.

⑤ 시·도지사는 제5조의7에 따른 양도명령을 받은 자가 양도명령을 이행한 경우에는

새로운 이행강제금의 부과를 중지하되, 이미 부과된 이행강제금은 징수하여야 한다.
⑥ 시·도지사는 제1항에 따라 이행강제금 부과처분을 받은 자가 이행강제금을 납부기한까지 내지 아니하면 「지방세외수입금의 징수 등에 관한 법률」에 따라 징수한다.
[본조신설 2015.12.29.]

제56조(청문) ① 시·도지사는 제5조의6제1항에 따라 입주승인을 취소하려면 청문을 하여야 한다. <신설 2015.12.29.>
② 국토교통부장관은 제55조의 규정에 따라 이 법에 따른 지정 또는 승인을 취소하려는 경우에는 청문을 실시하여야 한다. <개정 2008.2.29., 2013.3.23., 2015.12.29.>

제57조(권한의 위임·위탁) ① 국토교통부장관은 이 법에 따른 권한의 일부를 대통령령이 정하는 바에 따라 시·도지사에게 위임할 수 있다. <개정 2008.2.29., 2013.3.23.>
② 국토교통부장관은 대통령령으로 정하는 바에 따라 다음 각 호의 어느 하나에 해당하는 업무를 대통령령으로 정하는 공공기관에 위탁할 수 있다. <개정 2011.5.30., 2013.3.23.>
1. 제17조에 따른 준공검사(사업시행자가 제10조제1항제1호 또는 제2호에 해당하는 경우로 한정한다)
2. 제42조에 따른 종전부동산의 현황조사

제9장 벌칙

제58조(벌칙) ① 다음 각 호의 어느 하나에 해당하는 자는 2년 이하의 징역 또는 2천만원 이하의 벌금에 처한다. <개정 2015.12.29.>
1. 제5조의3(제5조의4제2항 및 제5조의5에 따라 입주승인을 받아야 하는 경우를 포함한다)을 위반하여 입주승인을 받지 아니하고 입주한 자 또는 승인받지 아니하고 입주승인 사항을 변경한 자
2. 거짓이나 부정한 방법으로 제9조제1항에 따른 허가 또는 변경허가를 받은 자
② 제9조제1항을 위반하여 허가 또는 변경허가를 받지 아니하고 같은 항에 따른 행위를 한 자는 1년 이하의 징역 또는 1천만원 이하의 벌금에 처한다.
[전문개정 2014.5.28.]

제59조(양벌규정) 법인의 대표자나 법인 또는 개인의 대리인, 사용인, 그 밖의 종업원이 그 법인 또는 개인의 업무에 관하여 제58조의 위반행위를 하면 그 행위자를 벌하는 외에 그 법인 또는 개인에게도 해당 조문의 벌금형을 과(科)한다. 다만, 법인 또는 개인이 그 위반행위를 방지하기 위하여 해당 업무에 관하여 상당한 주의와 감독을 게을리하지 아니한 경우에는 그러하지 아니하다.
[전문개정 2011.5.30.]

제60조(과태료) ① 제5조의6제2항을 위반하여 그 업무를 계속 수행한 자에게는 2천만원 이하의 과태료를 부과한다.
② 제5조의4제1항을 위반하여 신고를 하지 아니하고 건축물등을 양도한 자에게는 500만원 이하의 과태료를 부과한다.
③ 제1항 및 제2항에 따른 과태료는 대통령령으로 정하는 바에 따라 시·도지사가 부과·징수한다.
[본조신설 2015.12.29.]

부칙
<제15309호, 2017.12.26.>

제1조(시행일) 이 법은 공포 후 3개월이 경과한 날부터 시행한다. 다만, 제32조의 개정규정은 2018년 3월 1일부터 시행한다.
제2조(발전지원센터의 설치에 관한 경과조치) 이 법 시행 전에 종전의 규정에 따라 설치·운영 중인 혁신도시 산·학·연유치지원센터는 제47조의3의 개정규정에 따라 발전지원센터가 설립될 때까지는 종전의 규정에 따라 업무를 수행한다.
제3조(다른 법률의 개정) ① 경제자유구역의 지정 및 운영에 관한 특별법 일부를 다음과 같이 개정한다.
제7조의6제1항제8호를 다음과 같이 한다.
8. 「혁신도시 조성 및 발전에 관한 특별법」 제11조에 따른 혁신도시 개발계획
제14조의3 중 "「공공기관 지방이전에 따른 혁신도시 건설 및 지원에 관한 특별법」"을 각각 "「혁신도시 조성 및 발전에 관한 특

별법」"으로 한다.

② 공익사업을 위한 토지 등의 취득 및 보상에 관한 법률 일부를 다음과 같이 개정한다.

별표 제10호 중 "「공공기관 지방이전에 따른 혁신도시 건설 및 지원에 관한 특별법」"을 "「혁신도시 조성 및 발전에 관한 특별법」"으로 한다.

③ 국가균형발전 특별법 일부를 다음과 같이 개정한다.

제14조제1호 중 "「공공기관 지방이전에 따른 혁신도시 건설 및 지원에 관한 특별법」"을 "「혁신도시 조성 및 발전에 관한 특별법」"으로 한다.

④ 국유재산특례제한법 일부를 다음과 같이 개정한다.

별표 제7호 중「공공기관 지방이전에 따른 혁신도시 건설 및 지원에 관한 특별법」"을 "「혁신도시 조성 및 발전에 관한 특별법」"으로 한다.

⑤ 기업도시개발 특별법 일부를 다음과 같이 개정한다.

제39조제1항 및 같은 조 제2항제6호 중 "「공공기관 지방이전에 따른 혁신도시 건설 및 지원에 관한 특별법」"을 각각 "「혁신도시 조성 및 발전에 관한 특별법」"으로 한다.

⑥ 민간임대주택에 관한 특별법 일부를 다음과 같이 개정한다.

제18조제2항 중 "「공공기관 지방이전에 따른 혁신도시 건설 및 지원에 관한 특별법」"을 각각 "「혁신도시 조성 및 발전에 관한 특별법」"으로 한다.

제37조제1항 중 "「공공기관 지방이전에 따른 혁신도시 건설 및 지원에 관한 특별법」"을 "「혁신도시 조성 및 발전에 관한 특별법」"으로 한다.

⑦ 산업입지 및 개발에 관한 법률 일부를 다음과 같이 개정한다.

제7조의3제1항제2호를 다음과 같이 한다.

2.「혁신도시 조성 및 발전에 관한 특별법」제2조제4호의 혁신도시개발예정지구

⑧ 산지관리법 일부를 다음과 같이 개정한다.

제39조제2항제1호나목을 다음과 같이 한다.

나.「혁신도시 조성 및 발전에 관한 특별법」제17조에 따른 혁신도시개발사업의 준공검사

⑨ 스마트도시 조성 및 산업진흥 등에 관한 법률 일부를 다음과 같이 개정한다.

제3조제1항제3호를 다음과 같이 한다.

3.「혁신도시 조성 및 발전에 관한 특별법」의 혁신도시개발사업

⑩ 연구개발특구의 육성에 관한 특별법 일부를 다음과 같이 개정한다.

제30조의2 중 "「공공기관 지방이전에 따른 혁신도시 건설 및 지원에 관한 특별법」"을 "「혁신도시 조성 및 발전에 관한 특별법」"으로 한다.

⑪ 조세특례제한법 일부를 다음과 같이 개정한다.

제62조제1항 전단 중 "「공공기관 지방이전에 따른 혁신도시 건설 및 지원에 관한 특별법」"을 각각 "「혁신도시 조성 및 발전에 관한 특별법」"으로 한다.

제85조의2제1항 각 호 외의 부분 중 "「공공기관 지방이전에 따른 혁신도시 건설 및 지원에 관한 특별법」"을 "「혁신도시 조성 및 발전에 관한 특별법」"으로 한다.

⑫ 주택법 일부를 다음과 같이 개정한다.

제2조제24호아목을 다음과 같이 한다.

아.「혁신도시 조성 및 발전에 관한 특별법」에 따른 혁신도시개발사업

⑬ 지방세특례제한법 일부를 다음과 같이 개정한다.

제81조제1항 중 "「공공기관 지방이전에 따른 혁신도시 건설 및 지원에 관한 특별법」"을 "「혁신도시 조성 및 발전에 관한 특별법」"으로 한다.

제134조제1항 중 "「공공기관 지방이전에 따른 혁신도시 건설 및 지원에 관한 특별법」"을 "「혁신도시 조성 및 발전에 관한 특별법」"으로 한다.

⑭ 지방재정법 일부를 다음과 같이 개정한다.

제11조의2제4호를 다음과 같이 한다.

4.「혁신도시 조성 및 발전에 관한 특별법」

⑮ 첨단의료복합단지 지정 및 지원에 관한 특별법 일부를 다음과 같이 개정한다.

제5조제1항제6호를 다음과 같이 한다.

6.「혁신도시 조성 및 발전에 관한 특별법」제2조제4호에 따른 혁신도시개발예정지구

⑯ 토지이용규제 기본법 일부를 다음과 같이 개정한다.

별표 제11호의 근거 법률란 중 "「공공기관 지방이전에 따른 혁신도시 건설 및 지원에 관한 특별법」"을 "「혁신도시 조성 및 발전에 관한 특별법」"으로 한다.

⑰ 학교용지 확보 등에 관한 특례법 일부를 다음과 같이 개정한다.

제2조제2호자목을 다음과 같이 한다.

자. 「혁신도시 조성 및 발전에 관한 특별법」

제10조 중 "「공공기관 지방이전에 따른 혁신도시 건설 및 지원에 관한 특별법」"을 "「혁신도시 조성 및 발전에 관한 특별법」"으로 한다.

⑱ 한국농어촌공사 및 농지관리기금법 일부를 다음과 같이 개정한다.

제24조의2제2항 중 "「공공기관 지방이전에 따른 혁신도시 건설 및 지원에 관한 특별법」"을 "「혁신도시 조성 및 발전에 관한 특별법」"으로 한다.

⑲ 한국토지주택공사법 일부를 다음과 같이 개정한다.

제8조제1항제1호다목 중 "「공공기관 지방이전에 따른 혁신도시 건설 및 지원에 관한 특별법」"을 "「혁신도시 조성 및 발전에 관한 특별법」"으로 한다.

제4조(다른 법령과의 관계) 이 법 시행 당시 다른 법령에서 종전의 「공공기관 지방이전에 따른 혁신도시 건설 및 지원에 관한 특별법」 또는 그 규정을 인용하고 있는 경우 이 법에 그에 해당하는 규정이 있는 때에는 이 법 또는 이 법의 해당 규정을 인용한 것으로 본다.

도시 및 주거환경정비법

(약칭: 도시정비법)

[시행 2018.2.9.]

[법률 제14857호, 2017.8.9., 일부개정]

제1장 총칙

제1조(목적) 이 법은 도시기능의 회복이 필요하거나 주거환경이 불량한 지역을 계획적으로 정비하고 노후·불량건축물을 효율적으로 개량하기 위하여 필요한 사항을 규정함으로써 도시환경을 개선하고 주거생활의 질을 높이는 데 이바지함을 목적으로 한다.

제2조(정의) 이 법에서 사용하는 용어의 뜻은 다음과 같다. <개정 2017.8.9.>

1. "정비구역"이란 정비사업을 계획적으로 시행하기 위하여 제16조에 따라 지정·고시된 구역을 말한다.
2. "정비사업"이란 이 법에서 정한 절차에 따라 도시기능을 회복하기 위하여 정비구역에서 정비기반시설을 정비하거나 주택 등 건축물을 개량 또는 건설하는 다음 각 목의 사업을 말한다.
   가. 주거환경개선사업: 도시저소득 주민이 집단거주하는 지역으로서 정비기반시설이 극히 열악하고 노후·불량건축물이 과도하게 밀집한 지역의 주거환경을 개선하거나 단독주택 및 다세대주택이 밀집한 지역에서 정비기반시설과 공동이용시설 확충을 통하여 주거환경을 보전·정비·개량하기 위한 사업
   나. 재개발사업: 정비기반시설이 열악하고 노후·불량건축물이 밀집한 지역에서 주거환경을 개선하거나 상업지역·공업지역 등에서 도시기능의 회복 및 상권활성화 등을 위하여 도시환경을 개선하기 위한 사업
   다. 재건축사업: 정비기반시설은 양호하나 노후·불량건축물에 해당하는 공동주택이 밀집한 지역에서 주거환경을 개선하기 위한 사업
3. "노후·불량건축물"이란 다음 각 목의 어느 하나에 해당하는 건축물을 말한다.
   가. 건축물이 훼손되거나 일부가 멸실되어 붕괴, 그 밖의 안전사고의 우려가 있는 건축물
   나. 내진성능이 확보되지 아니한 건축물 중 중대한 기능적 결함 또는 부실 설계·시공으로 구조적 결함 등이 있는 건축물로서 대통령령으로 정하는 건축물
   다. 다음의 요건을 모두 충족하는 건축물로서 대통령령으로 정하는 바에 따라 특별시·광역시·특별자치시·도·특별자치도 또는 「지방자치법」 제175조에 따른 서울특별시·광역시 및 특별자치시를 제외한 인구 50만 이상 대도시(이하 "대도시"라 한다)의 조례(이하 "시·도조례"라 한다)로 정하는 건축물
   1) 주변 토지의 이용 상황 등에 비추어 주거환경이 불량한 곳에 위치할 것
   2) 건축물을 철거하고 새로운 건축물을 건설하는 경우 건설에 드는 비용과 비교하여 효용의 현저한 증가가 예상될 것
   라. 도시미관을 저해하거나 노후화된 건축물로서 대통령령으로 정하는 바에 따라 시·도조례로 정하는 건축물
4. "정비기반시설"이란 도로·상하수도·공원·공용주차장·공동구(「국토의 계획 및 이용에 관한 법률」 제2조제9호에 따른 공동구를 말한다. 이하 같다), 그 밖에 주민의 생활에 필요한 열·가스 등의 공급시설로서 대통령령으로 정하는 시설을 말한다.
5. "공동이용시설"이란 주민이 공동으로 사용하는 놀이터·마을회관·공동작업장, 그 밖에 대통령령으로 정하는 시설을 말한다.
6. "대지"란 정비사업으로 조성된 토지를 말한다.
7. "주택단지"란 주택 및 부대시설·복리시설을 건설하거나 대지로 조성되는 일단의 토지로서 다음 각 목의 어느 하나에 해당하는 일단의 토지를 말한다.
   가. 「주택법」 제15조에 따른 사업계획승인을 받아 주택 및 부대시설·복리시설을 건설한 일단의 토지
   나. 가목에 따른 일단의 토지 중 「국토의 계획 및 이용에 관한 법률」 제2조제7호에 따른 도시·군계획시설(이하 "도시·군계획시설"이라 한다)인 도로나 그 밖에 이와 유사한 시설로 분리되어 따로 관리되고 있는 각각의 토지
   다. 가목에 따른 일단의 토지 둘 이상이 공동으로 관리되고 있는 경우 그 전

체 토지
라. 제67조에 따라 분할된 토지 또는 분할되어 나가는 토지
마. 「건축법」 제11조에 따라 건축허가를 받아 아파트 또는 연립주택을 건설한 일단의 토지
8. "사업시행자"란 정비사업을 시행하는 자를 말한다.
9. "토지등소유자"란 다음 각 목의 어느 하나에 해당하는 자를 말한다. 다만, 제27조제1항에 따라 「자본시장과 금융투자업에 관한 법률」 제8조제7항에 따른 신탁업자(이하 "신탁업자"라 한다)가 사업시행자로 지정된 경우 토지등소유자가 정비사업을 목적으로 신탁업자에게 신탁한 토지 또는 건축물에 대하여는 위탁자를 토지등소유자로 본다.
가. 주거환경개선사업 및 재개발사업의 경우에는 정비구역에 위치한 토지 또는 건축물의 소유자 또는 그 지상권자
나. 재건축사업의 경우에는 정비구역에 위치한 건축물 및 그 부속토지의 소유자
10. "토지주택공사등"이란 「한국토지주택공사법」에 따라 설립된 한국토지주택공사 또는 「지방공기업법」에 따라 주택사업을 수행하기 위하여 설립된 지방공사를 말한다.
11. "정관등"이란 다음 각 목의 것을 말한다.
가. 제40조에 따른 조합의 정관
나. 사업시행자인 토지등소유자가 자치적으로 정한 규약
다. 특별자치시장, 특별자치도지사, 시장, 군수, 자치구의 구청장(이하 "시장·군수등"이라 한다), 토지주택공사등 또는 신탁업자가 제53조에 따라 작성한 시행규정

제3조(도시·주거환경정비 기본방침) 국토교통부장관은 도시 및 주거환경을 개선하기 위하여 10년마다 다음 각 호의 사항을 포함한 기본방침을 정하고, 5년마다 타당성을 검토하여 그 결과를 기본방침에 반영하여야 한다.
1. 도시 및 주거환경 정비를 위한 국가 정책 방향
2. 제4조제1항에 따른 도시·주거환경정비기본계획의 수립 방향
3. 노후·불량 주거지 조사 및 개선계획의 수립
4. 도시 및 주거환경 개선에 필요한 재정 지원계획
5. 그 밖에 도시 및 주거환경 개선을 위하여 필요한 사항으로서 대통령령으로 정하는 사항

제2장 기본계획의 수립 및 정비구역의 지정

제4조(도시·주거환경정비기본계획의 수립) ① 특별시장·광역시장·특별자치시장·특별자치도지사 또는 시장은 관할 구역에 대하여 도시·주거환경정비기본계획(이하"기본계획"이라 한다)을 10년 단위로 수립하여야 한다. 다만, 도지사가 대도시가 아닌 시로서 기본계획을 수립할 필요가 없다고 인정하는 시에 대하여는 기본계획을 수립하지 아니할 수 있다.
② 특별시장·광역시장·특별자치시장·특별자치도지사 또는 시장(이하"기본계획의 수립권자"라 한다)은 기본계획에 대하여 5년마다 타당성 여부를 검토하여 그 결과를 기본계획에 반영하여야 한다.

제5조(기본계획의 내용) ① 기본계획에는 다음 각 호의 사항이 포함되어야 한다.
1. 정비사업의 기본방향
2. 정비사업의 계획기간
3. 인구·건축물·토지이용·정비기반시설·지형 및 환경 등의 현황
4. 주거지 관리계획
5. 토지이용계획·정비기반시설계획·공동이용시설설치계획 및 교통계획
6. 녹지·조경·에너지공급·폐기물처리 등에 관한 환경계획
7. 사회복지시설 및 주민문화시설 등의 설치계획
8. 도시의 광역적 재정비를 위한 기본방향
9. 제16조에 따라 정비구역으로 지정할 예정인 구역(이하"정비예정구역"이라 한다)의 개략적 범위
10. 단계별 정비사업 추진계획(정비예정구역별 정비계획의 수립시기가 포함되어야 한다)
11. 건폐율·용적률 등에 관한 건축물의 밀도계획
12. 세입자에 대한 주거안정대책
13. 그 밖에 주거환경 등을 개선하기 위하

여 필요한 사항으로서 대통령령으로 정하는 사항

② 기본계획의 수립권자는 기본계획에 다음 각 호의 사항을 포함하는 경우에는 제1항제9호 및 제10호의 사항을 생략할 수 있다.

1. 생활권의 설정, 생활권별 기반시설 설치계획 및 주택수급계획
2. 생활권별 주거지의 정비·보전·관리의 방향

③ 기본계획의 작성기준 및 작성방법은 국토교통부장관이 정하여 고시한다.

제6조(기본계획 수립을 위한 주민의견청취 등) ① 기본계획의 수립권자는 기본계획을 수립하거나 변경하려는 경우에는 14일 이상 주민에게 공람하여 의견을 들어야 하며, 제시된 의견이 타당하다고 인정되면 이를 기본계획에 반영하여야 한다.

② 기본계획의 수립권자는 제1항에 따른 공람과 함께 지방의회의 의견을 들어야 한다. 이 경우 지방의회는 기본계획의 수립권자가 기본계획을 통지한 날부터 60일 이내에 의견을 제시하여야 하며, 의견제시 없이 60일이 지난 경우 이의가 없는 것으로 본다.

③ 제1항 및 제2항에도 불구하고 대통령령으로 정하는 경미한 사항을 변경하는 경우에는 주민공람과 지방의회의 의견청취 절차를 거치지 아니할 수 있다.

제7조(기본계획의 확정·고시 등) ① 기본계획의 수립권자(대도시의 시장이 아닌 시장은 제외한다)는 기본계획을 수립하거나 변경하려면 관계 행정기관의 장과 협의한 후 「국토의 계획 및 이용에 관한 법률」 제113조제1항 및 제2항에 따른 지방도시계획위원회(이하 "지방도시계획위원회"라 한다)의 심의를 거쳐야 한다. 다만, 대통령령으로 정하는 경미한 사항을 변경하는 경우에는 관계 행정기관의 장과의 협의 및 지방도시계획위원회의 심의를 거치지 아니한다.

② 대도시의 시장이 아닌 시장은 기본계획을 수립하거나 변경하려면 도지사의 승인을 받아야 하며, 도지사가 이를 승인하려면 관계 행정기관의 장과 협의한 후 지방도시계획위원회의 심의를 거쳐야 한다. 다만, 제1항 단서에 해당하는 변경의 경우에는 도지사의 승인을 받지 아니할 수 있다.

③ 기본계획의 수립권자는 기본계획을 수립하거나 변경한 때에는 지체 없이 이를 해당 지방자치단체의 공보에 고시하고 일반인이 열람할 수 있도록 하여야 한다.

④ 기본계획의 수립권자는 제3항에 따라 기본계획을 고시한 때에는 국토교통부령으로 정하는 방법 및 절차에 따라 국토교통부장관에게 보고하여야 한다.

제8조(정비구역의 지정) ① 특별시장·광역시장·특별자치시장·특별자치도지사·시장 또는 군수(광역시의 군수는 제외하며, 이하 "정비구역의 지정권자"라 한다)는 기본계획에 적합한 범위에서 노후·불량건축물이 밀집하는 등 대통령령으로 정하는 요건에 해당하는 구역에 대하여 제16조에 따라 정비계획을 결정하여 정비구역을 지정(변경지정을 포함한다)할 수 있다.

② 제1항에도 불구하고 제26조제1항제1호 및 제27조제1항제1호에 따라 정비사업을 시행하려는 경우에는 기본계획을 수립하거나 변경하지 아니하고 정비구역을 지정할 수 있다.

③ 정비구역의 지정권자는 정비구역의 진입로 설치를 위하여 필요한 경우에는 진입로 지역과 그 인접지역을 포함하여 정비구역을 지정할 수 있다.

④ 정비구역의 지정권자는 정비구역 지정을 위하여 직접 제9조에 따른 정비계획을 입안할 수 있다.

⑤ 자치구의 구청장 또는 광역시의 군수(이하 제9조, 제11조 및 제20조에서 "구청장등"이라 한다)는 제9조에 따른 정비계획을 입안하여 특별시장·광역시장에게 정비구역 지정을 신청하여야 한다. 이 경우 제15조제2항에 따른 지방의회의 의견을 첨부하여야 한다.

▶ 판례 – 도시환경정비사업 시행을 위하여 또는 사업 시행과 관련하여 부동산에 담보신탁 또는 처분신탁 등이 이루어진 경우, 구 도시 및 주거환경정비법 제28조 제7항에서 정한 사업시행자로서 사업시행인가를 신청하는 토지 등 소유자 및 신청에 필요한 동의를 얻어야 하는 토지 등 소유자는 위탁자인지 여부(적극) / 토지 등 소유자의 자격 및 동의자 수를 산정할 때 위탁자를 기준으로 할 것인지 여부(적극)

도시환경정비사업 시행을 위하여 또는 사업 시행과 관련하여 부동산에 관하여 담보신탁 또는 처분신탁 등이 이루어진 경우에, 구 도시 및 주거환경정비법(2010. 4. 15. 법률 제10268호로

개정되기 전의 것) 제28조 제7항에서 정한 사업시행자로서 사업시행인가를 신청하는 토지 등 소유자 및 신청에 필요한 동의를 얻어야 하는 토지 등 소유자는 모두 수탁자가 아니라 도시환경정비사업에 따른 이익과 비용이 최종적으로 귀속되는 위탁자로 해석하는 것이 타당하며, 토지 등 소유자의 자격 및 동의자 수를 산정할 때에는 위탁자를 기준으로 하여야 한다. [대법원 2015.6.11, 선고, 2013두15262, 판결]

제9조(정비계획의 내용) ① 정비계획에는 다음 각 호의 사항이 포함되어야 한다.

1. 정비사업의 명칭
2. 정비구역 및 그 면적
3. 도시·군계획시설의 설치에 관한 계획
4. 공동이용시설 설치계획
5. 건축물의 주용도·건폐율·용적률·높이에 관한 계획
6. 환경보전 및 재난방지에 관한 계획
7. 정비구역 주변의 교육환경 보호에 관한 계획
8. 세입자 주거대책
9. 정비사업시행 예정시기
10. 정비사업을 통하여「민간임대주택에 관한 특별법」제2조제4호에 따른 기업형임대주택(이하 "기업형임대주택"이라 한다)을 공급하거나 같은 조 제11호에 따른 주택임대관리업자(이하 "주택임대관리업자"라 한다)에게 임대할 목적으로 주택을 위탁하려는 경우에는 다음 각 목의 사항. 다만, 나목과 다목의 사항은 건설하는 주택 전체 세대수에서 기업형임대주택 또는 임대할 목적으로 주택임대관리업자에게 위탁하려는 주택(이하 "임대관리 위탁주택"이라 한다)이 차지하는 비율이 100분의 20 이상, 임대기간이 8년 이상의 범위 등에서 대통령령으로 정하는 요건에 해당하는 경우로 한정한다.
   가. 기업형임대주택 또는 임대관리 위탁주택에 관한 획지별 토지이용 계획
   나. 주거·상업·업무 등의 기능을 결합하는 등 복합적인 토지이용을 증진시키기 위하여 필요한 건축물의 용도에 관한 계획
   다.「국토의 계획 및 이용에 관한 법률」제36조제1항제1호가목에 따른 주거지역을 세분 또는 변경하는 계획과 용적률에 관한 사항
   라. 그 밖에 기업형임대주택 또는 임대관리 위탁주택의 원활한 공급 등을 위하여 대통령령으로 정하는 사항
11.「국토의 계획 및 이용에 관한 법률」제52조제1항 각 호의 사항에 관한 계획(필요한 경우로 한정한다)
12. 그 밖에 정비사업의 시행을 위하여 필요한 사항으로서 대통령령으로 정하는 사항

② 제1항제10호다목을 포함하는 정비계획은 기본계획에서 정하는 제5조제1항제11호에 따른 건폐율·용적률 등에 관한 건축물의 밀도계획에도 불구하고 달리 입안할 수 있다.

③ 제8조제4항 및 제5항에 따라 정비계획을 입안하는 특별자치시장, 특별자치도지사, 시장, 군수 또는 구청장등(이하 "정비계획의 입안권자"라 한다)이 제5조제2항 각 호의 사항을 포함하여 기본계획을 수립한 지역에서 정비계획을 입안하는 경우에는 그 정비구역을 포함한 해당 생활권에 대하여 같은 항 각 호의 사항에 대한 세부 계획을 입안할 수 있다.

④ 정비계획의 작성기준 및 작성방법은 국토교통부장관이 정하여 고시한다.

제10조(임대주택 및 주택규모별 건설비율) ① 정비계획의 입안권자는 주택수급의 안정과 저소득 주민의 입주기회 확대를 위하여 정비사업으로 건설하는 주택에 대하여 다음 각 호의 구분에 따른 범위에서 국토교통부장관이 정하여 고시하는 임대주택 및 주택규모별 건설비율 등을 정비계획에 반영하여야 한다.

1.「주택법」제2조제6호에 따른 국민주택규모의 주택이 전체 세대수의 100분의 90 이하에서 대통령령으로 정하는 범위
2. 임대주택(「민간임대주택에 관한 특별법」에 따른 민간임대주택 및「공공주택 특별법」에 따른 공공임대주택을 말한다. 이하 같다)이 전체 세대수 또는 전체 연면적의 100분의 30 이하에서 대통령령으로 정하는 범위

② 사업시행자는 제1항에 따라 고시된 내용에 따라 주택을 건설하여야 한다.

제11조(기본계획 및 정비계획 수립 시 용적률 완화) ① 기본계획의 수립권자 또는 정비계획의 입안권자는 정비사업의 원활한 시행을 위하여 기본계획을 수립하거나 정비계획을 입안하려는 경우에는(기본계획 또는 정비계획을 변경하려는 경우에도 또한 같다)「국토의 계

획 및 이용에 관한 법률」 제36조에 따른 주거지역에 대하여는 같은 법 제78조에 따라 조례로 정한 용적률에도 불구하고 같은 조 및 관계 법률에 따른 용적률의 상한까지 용적률을 정할 수 있다.

② 구청장등 또는 대도시의 시장이 아닌 시장은 제1항에 따라 정비계획을 입안하거나 변경입안하려는 경우 기본계획의 변경 또는 변경승인을 특별시장·광역시장·도지사에게 요청할 수 있다.

제12조(재건축사업 정비계획 입안을 위한 안전진단) ① 정비계획의 입안권자는 재건축사업 정비계획의 입안을 위하여 제5조제1항제10호에 따른 정비예정구역별 정비계획의 수립시기가 도래한 때에 안전진단을 실시하여야 한다.

② 정비계획의 입안권자는 제1항에도 불구하고 다음 각 호의 어느 하나에 해당하는 경우에는 안전진단을 실시하여야 한다. 이 경우 정비계획의 입안권자는 안전진단에 드는 비용을 해당 안전진단의 실시를 요청하는 자에게 부담하게 할 수 있다.

1. 제14조에 따라 정비계획의 입안을 제안하려는 자가 입안을 제안하기 전에 해당 정비예정구역에 위치한 건축물 및 그 부속토지의 소유자 10분의 1 이상의 동의를 받아 안전진단의 실시를 요청하는 경우
2. 제5조제2항에 따라 정비예정구역을 지정하지 아니한 지역에서 재건축사업을 하려는 자가 사업예정구역에 있는 건축물 및 그 부속토지의 소유자 10분의 1 이상의 동의를 받아 안전진단의 실시를 요청하는 경우
3. 제2조제3호나목에 해당하는 건축물의 소유자로서 재건축사업을 시행하려는 자가 해당 사업예정구역에 위치한 건축물 및 그 부속토지의 소유자 10분의 1 이상의 동의를 받아 안전진단의 실시를 요청하는 경우

③ 제1항에 따른 재건축사업의 안전진단은 주택단지의 건축물을 대상으로 한다. 다만, 대통령령으로 정하는 주택단지의 건축물인 경우에는 안전진단 대상에서 제외할 수 있다.

④ 정비계획의 입안권자는 현지조사 등을 통하여 해당 건축물의 구조안전성, 건축마감, 설비노후도 및 주거환경 적합성 등을 심사하여 안전진단의 실시 여부를 결정하여야 하며, 안전진단의 실시가 필요하다고 결정한 경우에는 대통령령으로 정하는 안전진단기관에 안전진단을 의뢰하여야 한다.

⑤ 제4항에 따라 안전진단을 의뢰받은 안전진단기관은 국토교통부장관이 정하여 고시하는 기준(건축물의 내진성능 확보를 위한 비용을 포함한다)에 따라 안전진단을 실시하여야 하며, 국토교통부령으로 정하는 방법 및 절차에 따라 안전진단 결과보고서를 작성하여 정비계획의 입안권자 및 제2항에 따라 안전진단의 실시를 요청한 자에게 제출하여야 한다.

⑥ 정비계획의 입안권자는 제5항에 따른 안전진단의 결과와 도시계획 및 지역여건 등을 종합적으로 검토하여 정비계획의 입안 여부를 결정하여야 한다.

⑦ 제1항부터 제6항까지의 규정에 따른 안전진단의 대상·기준·실시기관·지정절차 및 수수료 등에 필요한 사항은 대통령령으로 정한다.

제13조(안전진단 결과의 적정성 검토) ① 정비계획의 입안권자(특별자치시장 및 특별자치도지사는 제외한다. 이하 이 조에서 같다)는 제12조제6항에 따라 정비계획의 입안 여부를 결정한 경우에는 지체 없이 특별시장·광역시장·도지사에게 결정내용과 해당 안전진단 결과보고서를 제출하여야 한다.

② 특별시장·광역시장·특별자치시장·도지사·특별자치도지사(이하 "시·도지사"라 한다)는 필요한 경우 「시설물의 안전 및 유지관리에 관한 특별법」에 따른 한국시설안전공단 또는 「과학기술분야 정부출연연구기관 등의 설립·운영 및 육성에 관한 법률」에 따른 한국건설기술연구원에 안전진단 결과의 적정성 여부에 대한 검토를 의뢰할 수 있다.

③ 국토교통부장관은 시·도지사에게 안전진단 결과보고서의 제출을 요청할 수 있으며, 필요한 경우 시·도지사에게 안전진단 결과의 적정성 여부에 대한 검토를 요청할 수 있다.

④ 시·도지사는 제2항 및 제3항에 따른 검토결과에 따라 정비계획의 입안권자에게 정비계획 입안결정의 취소 등 필요한 조치를 요청할 수 있으며, 정비계획의 입안권자는 특별한 사유가 없으면 그 요청에 따라야 한다. 다만, 특별자치시장 및 특별자치도지사는 직접 정비계획의 입안결정의 취소 등 필요한 조치를 할 수 있다.

⑤ 제1항부터 제4항까지의 규정에 따른 안

전진단 결과의 평가 등에 필요한 사항은 대통령령으로 정한다.

제14조(정비계획의 입안 제안) ① 토지등소유자(제5호의 경우에는 제26조제1항제1호 및 제27조제1항제1호에 따라 사업시행자가 되려는 자를 말한다)는 다음 각 호의 어느 하나에 해당하는 경우에는 정비계획의 입안권자에게 정비계획의 입안을 제안할 수 있다.

1. 제5조제1항제10호에 따른 단계별 정비사업 추진계획상 정비예정구역별 정비계획의 입안시기가 지났음에도 불구하고 정비계획이 입안되지 아니하거나 같은 호에 따른 정비예정구역별 정비계획의 수립시기를 정하고 있지 아니한 경우
2. 토지등소유자가 제26조제1항제7호 및 제8호에 따라 토지주택공사등을 사업시행자로 지정 요청하려는 경우
3. 대도시가 아닌 시 또는 군으로서 시·도조례로 정하는 경우
4. 정비사업을 통하여 기업형임대주택을 공급하거나 임대할 목적으로 주택을 주택임대관리업자에게 위탁하려는 경우로서 제9조제1항제10호 각 목을 포함하는 정비계획의 입안을 요청하려는 경우
5. 제26조제1항제1호 및 제27조제1항제1호에 따라 정비사업을 시행하려는 경우
6. 토지등소유자(조합이 설립된 경우에는 조합원을 말한다. 이하 이 호에서 같다)가 3분의 2 이상의 동의로 정비계획의 변경을 요청하는 경우. 다만, 제15조제3항에 따른 경미한 사항을 변경하는 경우에는 토지등소유자의 동의절차를 거치지 아니한다.

② 정비계획 입안의 제안을 위한 토지등소유자의 동의, 제안서의 처리 등에 필요한 사항은 대통령령으로 정한다.

제15조(정비계획 입안을 위한 주민의견청취 등) ① 정비계획의 입안권자는 정비계획을 입안하거나 변경하려면 주민에게 서면으로 통보한 후 주민설명회 및 30일 이상 주민에게 공람하여 의견을 들어야 하며, 제시된 의견이 타당하다고 인정되면 이를 정비계획에 반영하여야 한다.

② 정비계획의 입안권자는 제1항에 따른 주민공람과 함께 지방의회의 의견을 들어야 한다. 이 경우 지방의회는 정비계획의 입안권자가 정비계획을 통지한 날부터 60일 이내에 의견을 제시하여야 하며, 의견제시 없이 60일이 지난 경우 이의가 없는 것으로 본다.

③ 제1항 및 제2항에도 불구하고 대통령령으로 정하는 경미한 사항을 변경하는 경우에는 주민에 대한 서면통보, 주민설명회, 주민공람 및 지방의회의 의견청취 절차를 거치지 아니할 수 있다.

④ 정비계획의 입안권자는 제97조, 제98조, 제101조 등에 따라 정비기반시설 및 국유·공유재산의 귀속 및 처분에 관한 사항이 포함된 정비계획을 입안하려면 미리 해당 정비기반시설 및 국유·공유재산의 관리청의 의견을 들어야 한다.

제16조(정비계획의 결정 및 정비구역의 지정·고시) ① 정비구역의 지정권자는 정비구역을 지정하거나 변경지정하려면 대통령령으로 정하는 바에 따라 지방도시계획위원회의 심의를 거쳐야 한다. 다만, 제15조제3항에 따른 경미한 사항을 변경하는 경우에는 지방도시계획위원회의 심의를 거치지 아니할 수 있다.

② 정비구역의 지정권자는 정비구역을 지정(변경지정을 포함한다. 이하 같다)하거나 정비계획을 결정(변경결정을 포함한다. 이하 같다)한 때에는 정비계획을 포함한 정비구역 지정의 내용을 해당 지방자치단체의 공보에 고시하여야 한다.

③ 정비구역의 지정권자는 제2항에 따라 정비계획을 포함한 정비구역을 지정·고시한 때에는 국토교통부령으로 정하는 방법 및 절차에 따라 국토교통부장관에게 그 지정의 내용을 보고하여야 하며, 관계 서류를 일반인이 열람할 수 있도록 하여야 한다.

제17조(정비구역 지정·고시의 효력 등) ① 제16조제2항에 따라 정비구역의 지정·고시가 있는 경우 해당 정비구역 및 정비계획 중 「국토의 계획 및 이용에 관한 법률」 제52조제1항 각 호의 어느 하나에 해당하는 사항은 같은 법 제50조에 따라 지구단위계획구역 및 지구단위계획으로 결정·고시된 것으로 본다.

② 「국토의 계획 및 이용에 관한 법률」에 따른 지구단위계획구역에 대하여 제9조제1항 각 호의 사항을 모두 포함한 지구단위계획을 결정·고시(변경 결정·고시하는 경우를 포함한다)하는 경우 해당 지구단위계획구역은

정비구역으로 지정·고시된 것으로 본다.

③ 정비계획을 통한 토지의 효율적 활용을 위하여 「국토의 계획 및 이용에 관한 법률」 제52조제3항에 따른 건폐율·용적률 등의 완화규정은 제9조제1항에 따른 정비계획에 준용한다. 이 경우 "지구단위계획구역"은 "정비구역"으로, "지구단위계획"은 "정비계획"으로 본다.

④ 제3항에도 불구하고 용적률이 완화되는 경우로서 사업시행자가 정비구역에 있는 대지의 가액 일부에 해당하는 금액을 현금으로 납부한 경우에는 대통령령으로 정하는 공공시설 또는 기반시설(이하 이 항에서 "공공시설등"이라 한다)의 부지를 제공하거나 공공시설등을 설치하여 제공한 것으로 본다.

⑤ 제4항에 따른 현금납부 및 부과 방법 등에 필요한 사항은 대통령령으로 정한다.

▶ 판례 – 구 도시 및 주거환경정비법상 사업시행자인 정비사업조합이 사업시행인가를 신청하는 경우, 사업시행계획에 대하여 정관 등이 정하는 동의율 등 요건에 맞도록 토지등소유자의 서면동의를 받는 외에 별도로 조합 총회의 결의에 의한 조합원 동의를 얻어야 하는지 여부(원칙적 소극) 및 같은 법 제24조 제3항 제12호, 같은 법 시행령 제34조 제3호가 '건설되는 건축물의 설계개요의 변경'을 총회의 의결사항으로 규정하고 있더라도 마찬가지인지 여부(적극)

정비사업 사업시행인가에 관한 구 도시 및 주거환경정비법(2009. 2. 6. 법률 제9444호로 개정되기 전의 것, 이하 '구 도시정비법'이라 한다) 제17조, 제24조 제3항, 제28조 제1항, 제5항, 제6항, 구 도시 및 주거환경정비법 시행령(2009. 8. 11. 대통령령 제21679호로 개정되기 전의 것, 이하 '구 도시정비법 시행령'이라 한다) 제28조 제4항의 규정 형식과 내용 및 연혁, 사업시행계획 수립과 변경이 조합원들의 이해관계에 미치는 영향과 함께, 구 도시정비법 제28조 제5항에서 정관 등이 정하는 바에 따라 토지등소유자의 동의를 얻도록 한 것은 사업시행인가 또는 변경인가를 신청하기에 앞서 서면동의의 방식을 통한 토지등소유자의 동의를 받도록 하되, 다만 구체적인 동의율 등에 관하여는 정관 등의 규정에 의한다는 취지인 점, 정관 등이 정하는 동의율을 충족하는 토지등소유자의 서면동의를 얻도록 함으로써 사업시행계획의 절차적 정당성을 확보하는 수단이 따로 마련되어 있다고 볼 수 있는 점 등을 종합하면, 사업시행자인 정비사업조합은 정관이 정하는 절차에 따라 사업시행계획을 수립하고 사업시행계획에 대하여 정관 등이 정하는 동의율 등 요건에 맞도록 토지등소유자의 서면동의를 받아 시장·군수에게 사업시행인가를 신청하면 되고, 정관에서 사업시행계획의 수립을 조합 총회의 의결사항으로 정하고 있다는 등의 특별한 사정이 없는 이상, 이와 별도로 조합 총회의 결의에 의한 조합원 동의를 얻어야 할 필요는 없다. 그리고 구 도시정비법 제28조가 사업시행인가 절차에 관한 직접적인 규정인 점을 고려할 때, 구 도시정비법 제24조 제3항 제12호, 구 도시정비법 시행령 제34조 제3호가 '건설되는 건축물의 설계개요의 변경'을 총회의 의결사항으로 규정하고 있더라도 이와 달리 보기 어렵다. [대법원 2015.4.9, 선고, 2012두6605, 판결]

제18조(정비구역의 분할, 통합 및 결합) ① 정비구역의 지정권자는 정비사업의 효율적인 추진 또는 도시의 경관보호를 위하여 필요하다고 인정하는 경우에는 다음 각 호의 방법에 따라 정비구역을 지정할 수 있다.

1. 하나의 정비구역을 둘 이상의 정비구역으로 분할
2. 서로 연접한 정비구역을 하나의 정비구역으로 통합
3. 서로 연접하지 아니한 둘 이상의 구역(제8조제1항에 따라 대통령령으로 정하는 요건에 해당하는 구역으로 한정한다) 또는 정비구역을 하나의 정비구역으로 결합

② 제1항에 따라 정비구역을 분할·통합하거나 서로 떨어진 구역을 하나의 정비구역으로 결합하여 지정하려는 경우 시행 방법과 절차에 관한 세부사항은 시·도조례로 정한다.

▶ 판례 – 주택재개발정비사업을 위한 추진위원회가 조합설립인가처분을 받아 조합이 법인으로 성립된 후 조합설립인가처분이 법원의 판결에 의하여 취소된 경우, 추진위원회가 지위를 회복하여 조합설립추진 업무를 계속 수행할 수 있는지 여부(적극)

구 도시 및 주거환경정비법(2012. 2. 1. 법률 제11293호로 개정되기 전의 것, 이하 '구 도시정비법'이라 한다) 제13조 제1항 본문, 제14조, 제15조 제4항, 제5항, 제16조, 제18조,

제19조 제1항, 제85조 제4호, 제27조, 민법 제77조 제1항, 제81조 등 관련 규정의 내용, 형식 및 취지에 비추어 보면, 주택재개발정비사업을 위한 추진위원회는 조합의 설립을 목적으로 하는 비법인사단으로서 추진위원회가 행한 업무와 관련된 권리와 의무는 구 도시정비법 제16조에 의한 조합설립인가처분을 받아 법인으로 설립된 조합에 모두 포괄승계되므로, 원칙적으로 조합설립인가처분을 받은 조합이 설립등기를 마쳐 법인으로 성립하게 되면 추진위원회는 목적을 달성하여 소멸한다. 그러나 그 후 조합설립인가처분이 법원의 판결에 의하여 취소된 경우에는 추진위원회가 지위를 회복하여 다시 조합설립인가신청을 하는 등 조합설립추진 업무를 계속 수행할 수 있다. [대법원 2016.12.15, 선고, 2013두17473, 판결]

제19조(행위제한 등) ① 정비구역에서 다음 각 호의 어느 하나에 해당하는 행위를 하려는 자는 시장·군수등의 허가를 받아야 한다. 허가받은 사항을 변경하려는 때에도 또한 같다.
1. 건축물의 건축
2. 공작물의 설치
3. 토지의 형질변경
4. 토석의 채취
5. 토지분할
6. 물건을 쌓아 놓는 행위
7. 그 밖에 대통령령으로 정하는 행위

② 다음 각 호의 어느 하나에 해당하는 행위는 제1항에도 불구하고 허가를 받지 아니하고 할 수 있다.
1. 재해복구 또는 재난수습에 필요한 응급조치를 위한 행위
2. 그 밖에 대통령령으로 정하는 행위

③ 제1항에 따라 허가를 받아야 하는 행위로서 정비구역의 지정 및 고시 당시 이미 관계 법령에 따라 행위허가를 받았거나 허가를 받을 필요가 없는 행위에 관하여 그 공사 또는 사업에 착수한 자는 대통령령으로 정하는 바에 따라 시장·군수등에게 신고한 후 이를 계속 시행할 수 있다.

④ 시장·군수등은 제1항을 위반한 자에게 원상회복을 명할 수 있다. 이 경우 명령을 받은 자가 그 의무를 이행하지 아니하는 때에는 시장·군수등은 「행정대집행법」에 따라 대집행할 수 있다.

⑤ 제1항에 따른 허가에 관하여 이 법에 규정된 사항을 제외하고는 「국토의 계획 및 이용에 관한 법률」 제57조부터 제60조까지 및 제62조를 준용한다.

⑥ 제1항에 따라 허가를 받은 경우에는 「국토의 계획 및 이용에 관한 법률」 제56조에 따라 허가를 받은 것으로 본다.

⑦ 국토교통부장관, 시·도지사, 시장, 군수 또는 구청장(자치구의 구청장을 말한다. 이하 같다)은 비경제적인 건축행위 및 투기 수요의 유입을 막기 위하여 제6조제1항에 따라 기본계획을 공람 중인 정비예정구역 또는 정비계획을 수립 중인 지역에 대하여 3년 이내의 기간(1년의 범위에서 한 차례만 연장할 수 있다)을 정하여 대통령령으로 정하는 방법과 절차에 따라 다음 각 호의 행위를 제한할 수 있다.
1. 건축물의 건축
2. 토지의 분할

▶ 판례 – 주택재건축사업에서 조합원이 도시 및 주거환경정비법이 정한 요건을 충족하여 현금청산대상자가 된 경우, 조합이 현금청산대상자에게 같은 법 제61조 제1항에 따른 부과금을 부과·징수할 수 있는지 여부(원칙적 소극) / 조합 정관 등에서 현금청산대상자가 조합원의 지위를 상실하기 전까지 발생한 정비사업비 중 일정 부분을 분담하기로 미리 정하지 않은 경우, 같은 법 제47조에 따른 청산절차 등에서 이를 청산하거나 별도로 현금청산대상자에게 반환을 청구할 수 있는지 여부(소극) 및 이는 조합원이 조합 정관에 정한 요건을 충족하여 현금청산대상자가 되는 경우에도 마찬가지인지 여부(적극)

구 도시 및 주거환경정비법(2012. 2. 1. 법률 제11293호로 개정되기 전의 것) 제19조 제1항, 제47조, 도시 및 주거환경정비법(이하 '도시정비법' 이라 한다) 제60조 제1항, 제61조 제1항, 제3항, 구 도시 및 주거환경정비법 시행령(2016. 7. 28. 대통령령 제27409호로 개정되기 전의 것) 제48조의 내용, 형식과 체계, 사업시행자가 토지 등 소유자에게 부과금을 징수하는 일반적인 과정 등에 비추어 보면, 주택재건축사업에서 사업시행자인 조합은 토지 등 소유자인 조합원에게 도시정비법 제61조 제1항에 따라 정비사업비와 정비사업의 시행과정에서 발생한 수입의 차액을 부과금으로 부과·징수할 수 있으나, 조합원이 도시정비법이 정한 요건을 충족하여 현금청산대상자가 된 경우에는 조합원의 지위를 상실하여 더 이상 조합원의 지위에 있지 않으므로 조합은

특별한 사정이 없는 한 현금청산대상자에게 도시정비법 제61조 제1항에 따른 부과금을 부과·징수할 수 없다. 따라서 조합 정관, 조합원총회의 결의 또는 조합과 조합원 사이의 약정 등에서 현금청산대상자가 조합원의 지위를 상실하기 전까지 발생한 정비사업비 중 일정 부분을 분담하기로 미리 정하지 않았다면, 도시정비법 제47조에 따른 청산절차 등에서 이를 청산하거나 별도로 조합이 현금청산대상자에게 반환을 청구할 수 없다. 이는 조합원이 조합 정관에 정한 요건을 충족하여 현금청산대상자가 되는 경우에도 마찬가지이다. [대법원 2016.12.29, 선고, 2013다217412, 판결]

제20조(정비구역등의 해제) ① 정비구역의 지정권자는 다음 각 호의 어느 하나에 해당하는 경우에는 정비예정구역 또는 정비구역(이하 "정비구역등"이라 한다)을 해제하여야 한다.

1. 정비예정구역에 대하여 기본계획에서 정한 정비구역 지정 예정일부터 3년이 되는 날까지 특별자치시장, 특별자치도지사, 시장 또는 군수가 정비구역을 지정하지 아니하거나 구청장등이 정비구역의 지정을 신청하지 아니하는 경우
2. 재개발사업·재건축사업[제35조에 따른 조합(이하 "조합"이라 한다)이 시행하는 경우로 한정한다]이 다음 각 목의 어느 하나에 해당하는 경우
   가. 토지등소유자가 정비구역으로 지정·고시된 날부터 2년이 되는 날까지 제31조에 따른 조합설립추진위원회(이하 "추진위원회"라 한다)의 승인을 신청하지 아니하는 경우
   나. 토지등소유자가 정비구역으로 지정·고시된 날부터 3년이 되는 날까지 제35조에 따른 조합설립인가(이하 "조합설립인가"라 한다)를 신청하지 아니하는 경우(제31조제4항에 따라 추진위원회를 구성하지 아니하는 경우로 한정한다)
   다. 추진위원회가 추진위원회 승인일부터 2년이 되는 날까지 조합설립인가를 신청하지 아니하는 경우
   라. 조합이 조합설립인가를 받은 날부터 3년이 되는 날까지 제50조에 따른 사업시행계획인가(이하 "사업시행계획인가"라 한다)를 신청하지 아니하는 경우
3. 토지등소유자가 시행하는 재개발사업으로서 토지등소유자가 정비구역으로 지정·고시된 날부터 5년이 되는 날까지 사업시행계획인가를 신청하지 아니하는 경우

② 구청장등은 제1항 각 호의 어느 하나에 해당하는 경우에는 특별시장·광역시장에게 정비구역등의 해제를 요청하여야 한다.

③ 특별자치시장, 특별자치도지사, 시장, 군수 또는 구청장등이 다음 각 호의 어느 하나에 해당하는 경우에는 30일 이상 주민에게 공람하여 의견을 들어야 한다.

1. 제1항에 따라 정비구역등을 해제하는 경우
2. 제2항에 따라 정비구역등의 해제를 요청하는 경우

④ 특별자치시장, 특별자치도지사, 시장, 군수 또는 구청장등은 제3항에 따른 주민공람을 하는 경우에는 지방의회의 의견을 들어야 한다. 이 경우 지방의회는 특별자치시장, 특별자치도지사, 시장, 군수 또는 구청장등이 정비구역등의 해제에 관한 계획을 통지한 날부터 60일 이내에 의견을 제시하여야 하며, 의견제시 없이 60일이 지난 경우 이의가 없는 것으로 본다.

⑤ 정비구역의 지정권자는 제1항부터 제4항까지의 규정에 따라 정비구역등의 해제를 요청받거나 정비구역등을 해제하려면 지방도시계획위원회의 심의를 거쳐야 한다. 다만, 「도시재정비 촉진을 위한 특별법」 제5조에 따른 재정비촉진지구에서는 같은 법 제34조에 따른 도시재정비위원회의 심의를 거쳐 정비구역등을 해제하여야 한다.

⑥ 제1항에도 불구하고 정비구역의 지정권자는 다음 각 호의 어느 하나에 해당하는 경우에는 제1항제1호부터 제3호까지의 규정에 따른 해당 기간을 2년의 범위에서 연장하여 정비구역등을 해제하지 아니할 수 있다.

1. 정비구역등의 토지등소유자(조합을 설립한 경우에는 조합원을 말한다)가 100분의 30 이상의 동의로 제1항제1호부터 제3호까지의 규정에 따른 해당 기간이 도래하기 전까지 연장을 요청하는 경우
2. 정비사업의 추진 상황으로 보아 주거환경의 계획적 정비 등을 위하여 정비구역등의 존치가 필요하다고 인정하는 경우

⑦ 정비구역의 지정권자는 제5항에 따라 정비구역등을 해제하는 경우(제6항에 따라 해제하지 아니한 경우를 포함한다)에는 그 사실을 해당 지방자치단체의 공보에 고시하고

국토교통부장관에게 통보하여야 하며, 관계 서류를 일반인이 열람할 수 있도록 하여야 한다.

▶ 판례 – 주택재건축사업에서 조합원이 도시 및 주거환경정비법 제47조나 조합 정관이 정한 요건을 충족하여 현금청산대상자가 된 경우, 사업시행자인 조합이 현금청산대상자에게 같은 법 제61조 제1항에 따른 부과금을 부과·징수할 수 있는지 여부(소극) / 현금청산대상자가 조합원의 지위를 상실하기 전까지 발생한 정비사업비 중 일정 부분을 도시 및 주거환경정비법 제47조에 규정된 청산절차 등에서 청산하거나 별도로 반환을 구할 수 있는 경우 [대법원 2016.8.30, 선고, 2015다207785, 판결]

제21조(정비구역등의 직권해제) ① 정비구역의 지정권자는 다음 각 호의 어느 하나에 해당하는 경우 지방도시계획위원회의 심의를 거쳐 정비구역등을 해제할 수 있다. 이 경우 제1호 및 제2호에 따른 구체적인 기준 등에 필요한 사항은 시·도조례로 정한다.

1. 정비사업의 시행으로 토지등소유자에게 과도한 부담이 발생할 것으로 예상되는 경우
2. 정비구역등의 추진 상황으로 보아 지정 목적을 달성할 수 없다고 인정되는 경우
3. 토지등소유자의 100분의 30 이상이 정비구역등(추진위원회가 구성되지 아니한 구역으로 한정한다)의 해제를 요청하는 경우
4. 제23조제1항제1호에 따른 방법으로 시행 중인 주거환경개선사업의 정비구역이 지정·고시된 날부터 10년 이상 경과하고, 추진 상황으로 보아 지정 목적을 달성할 수 없다고 인정되는 경우로서 토지등소유자의 3분의 2 이상이 정비구역의 해제에 동의하는 경우

② 제1항에 따른 정비구역등의 해제의 절차에 관하여는 제20조제3항부터 제5항까지 및 제7항을 준용한다.

③ 제1항에 따라 정비구역등을 해제하여 추진위원회 구성승인 또는 조합설립인가가 취소되는 경우 정비구역의 지정권자는 해당 추진위원회 또는 조합이 사용한 비용의 일부를 대통령령으로 정하는 범위에서 시·도조례로 정하는 바에 따라 보조할 수 있다.

제22조(정비구역등 해제의 효력) ① 제20조 및 제21조에 따라 정비구역등이 해제된 경우에는 정비계획으로 변경된 용도지역, 정비기반시설 등은 정비구역 지정 이전의 상태로 환원된 것으로 본다. 다만, 제21조제1항제4호의 경우 정비구역의 지정권자는 정비기반시설의 설치 등 해당 정비사업의 추진 상황에 따라 환원되는 범위를 제한할 수 있다.

② 제20조 및 제21조에 따라 정비구역등(재개발사업 및 재건축사업을 시행하려는 경우로 한정한다. 이하 이 항에서 같다)이 해제된 경우 정비구역의 지정권자는 해제된 정비구역등을 제23조제1항제1호의 방법으로 시행하는 주거환경개선구역(주거환경개선사업을 시행하는 정비구역을 말한다. 이하 같다)으로 지정할 수 있다. 이 경우 주거환경개선구역으로 지정된 구역은 제7조에 따른 기본계획에 반영된 것으로 본다.

③ 제20조제7항 및 제21조제2항에 따라 정비구역등이 해제·고시된 경우 추진위원회 구성승인 또는 조합설립인가는 취소된 것으로 보고, 시장·군수등은 해당 지방자치단체의 공보에 그 내용을 고시하여야 한다.

▶ 판례 – 도시 및 주거환경정비법에 따른 조합의 이사가 자기를 위하여 조합을 상대로 소를 제기하는 경우, 조합에 감사가 있는데도 조합장이 없거나 조합장이 대표권을 행사할 수 없는 사정이 있다는 이유로 민사소송법 제64조, 제62조에 따라 특별대리인을 선임할 수 있는지 여부(원칙적 소극) 및 수소법원이 이를 간과하고 특별대리인을 선임한 경우, 특별대리인이 이사가 제기한 소에 관하여 조합을 대표할 권한이 있는지 여부(소극)

도시 및 주거환경정비법에 따른 조합의 이사가 자기를 위하여 조합을 상대로 소를 제기하는 경우 그 소송에 관하여는 감사가 조합을 대표하므로(도시 및 주거환경정비법 제22조 제4항), 조합에 감사가 있는 때에는 조합장이 없거나 조합장이 대표권을 행사할 수 없는 사정이 있더라도 조합은 특별한 사정이 없는 한 민사소송법 제64조, 제62조에 정한 '법인의 대표자가 없거나 대표자가 대표권을 행사할 수 없는 경우'에 해당하지 아니하여 특별대리인을 선임할 수 없다. 나아가 수소법원이 이를 간과하고 특별대리인을 선임하였더라도 특별대리인은 이사가 제기한 소에 관하여 조합을 대표할 권한이 없다. [대법원 2015.4.9, 선

고, 2013다89372, 판결]

제3장 정비사업의 시행
제1절 정비사업의 시행방법 등

제23조(정비사업의 시행방법) ① 주거환경개선사업은 다음 각 호의 어느 하나에 해당하는 방법 또는 이를 혼용하는 방법으로 한다.

1. 제24조에 따른 사업시행자가 정비구역에서 정비기반시설 및 공동이용시설을 새로 설치하거나 확대하고 토지등소유자가 스스로 주택을 보전·정비하거나 개량하는 방법
2. 제24조에 따른 사업시행자가 제63조에 따라 정비구역의 전부 또는 일부를 수용하여 주택을 건설한 후 토지등소유자에게 우선 공급하거나 대지를 토지등소유자 또는 토지등소유자 외의 자에게 공급하는 방법
3. 제24조에 따른 사업시행자가 제69조제2항에 따라 환지로 공급하는 방법
4. 제24조에 따른 사업시행자가 정비구역에서 제74조에 따라 인가받은 관리처분계획에 따라 주택 및 부대시설·복리시설을 건설하여 공급하는 방법

② 재개발사업은 정비구역에서 제74조에 따라 인가받은 관리처분계획에 따라 건축물을 건설하여 공급하거나 제69조제2항에 따라 환지로 공급하는 방법으로 한다.

③ 재건축사업은 정비구역에서 제74조에 따라 인가받은 관리처분계획에 따라 주택, 부대시설·복리시설 및 오피스텔(「건축법」 제2조제2항에 따른 오피스텔을 말한다. 이하 같다)을 건설하여 공급하는 방법으로 한다. 다만, 주택단지에 있지 아니하는 건축물의 경우에는 지형여건·주변의 환경으로 보아 사업 시행상 불가피한 경우로서 정비구역으로 보는 사업에 한정한다.

④ 제3항에 따라 오피스텔을 건설하여 공급하는 경우에는 「국토의 계획 및 이용에 관한 법률」에 따른 준주거지역 및 상업지역에서만 건설할 수 있다. 이 경우 오피스텔의 연면적은 전체 건축물 연면적의 100분의 30 이하이어야 한다.

▶ 판례 – 구 도시 및 주거환경정비법 제23조 제4항에 따라 소집된 조합 총회에서 조합 임원의 해임결의를 위한 요건(=조합원 과반수의 출석과 출석 조합원 과반수의 동의) 및 위 법 제24조 제5항 단서에 따라 조합원의 100분의 10 이상이 직접 출석하는 것이 요구되는지 여부(소극)

구 도시 및 주거환경정비법(2010. 4. 15. 법률 제10268호로 개정되기 전의 것, 이하 '구 도시정비법' 이라 한다) 제23조 제4항, 제24조의 규정 내용과 각 규정의 개정 내역 등을 종합하여 보면, 구 도시정비법 제23조 제4항은 조합원 10분의 1 이상의 발의로 조합 임원을 해임하는 경우에 관한 특별 규정으로서 위 규정에 따라 조합 임원의 해임을 위하여 소집된 조합 총회의 경우에는 해임결의를 위하여 조합원 과반수의 출석과 출석 조합원 과반수의 동의만 있으면 되는 것이지 여기에 구 도시정비법 제24조 제5항 단서에 따라 조합원의 100분의 10 이상이 직접 출석하는 것까지 요구되는 것은 아니다. [대법원 2014.9.4, 선고, 2012다4145, 판결]

제24조(주거환경개선사업의 시행자) ① 제23조제1항제1호에 따른 방법으로 시행하는 주거환경개선사업은 시장·군수등이 직접 시행하되, 토지주택공사등을 사업시행자로 지정하여 시행하게 하려는 경우에는 제15조제1항에 따른 공람공고일 현재 토지등소유자의 과반수의 동의를 받아야 한다.

② 제23조제1항제2호부터 제4호까지의 규정에 따른 방법으로 시행하는 주거환경개선사업은 시장·군수등이 직접 시행하거나 다음 각 호에서 정한 자에게 시행하게 할 수 있다.

1. 시장·군수등이 다음 각 목의 어느 하나에 해당하는 자를 사업시행자로 지정하는 경우
   가. 토지주택공사등
   나. 주거환경개선사업을 시행하기 위하여 국가, 지방자치단체, 토지주택공사등 또는 「공공기관의 운영에 관한 법률」 제4조에 따른 공공기관이 총지분의 100분의 50을 초과하는 출자로 설립한 법인
2. 시장·군수등이 제1호에 해당하는 자와 다음 각 목의 어느 하나에 해당하는 자를 공동시행자로 지정하는 경우
   가. 「건설산업기본법」 제9조에 따른 건설업자(이하 "건설업자"라 한다)
   나. 「주택법」 제7조제1항에 따라 건설업자로 보는 등록사업자(이하 "등록사

업자"라 한다)
③ 제2항에 따라 시행하려는 경우에는 제15조제1항에 따른 공람공고일 현재 해당 정비예정구역의 토지 또는 건축물의 소유자 또는 지상권자의 3분의 2 이상의 동의와 세입자(제15조제1항에 따른 공람공고일 3개월 전부터 해당 정비예정구역에 3개월 이상 거주하고 있는 자를 말한다) 세대수의 과반수의 동의를 각각 받아야 한다. 다만, 세입자의 세대수가 토지등소유자의 2분의 1 이하인 경우 등 대통령령으로 정하는 사유가 있는 경우에는 세입자의 동의절차를 거치지 아니할 수 있다.
④ 시장·군수등은 천재지변, 그 밖의 불가피한 사유로 건축물이 붕괴할 우려가 있어 긴급히 정비사업을 시행할 필요가 있다고 인정하는 경우에는 제1항 및 제3항에도 불구하고 토지등소유자 및 세입자의 동의 없이 자신이 직접 시행하거나 토지주택공사등을 사업시행자로 지정하여 시행하게 할 수 있다. 이 경우 시장·군수등은 지체 없이 토지등소유자에게 긴급한 정비사업의 시행 사유·방법 및 시기 등을 통보하여야 한다.

▶ 판례 - [1] 도시 및 주거환경정비법 제85조 제5호, 제24조 제3항에서 일정한 사항에 관하여 총회의 의결을 거치도록 하고 이를 위반한 조합의 임원을 처벌하는 벌칙규정을 둔 취지
[2] 법원이 선임한 임시이사가 도시 및 주거환경정비법 제85조 제5호에서 규정한 '조합의 임원'에 해당하는지 여부(적극)

[1] 도시 및 주거환경정비법(이하 '도시정비법'이라고 한다) 제85조 제5호는 '제24조의 규정에 의한 총회의 의결을 거치지 아니하고 동조 제3항 각 호의 사업을 임의로 추진하는 조합의 임원'을 처벌하도록 규정하고 있고, 제24조 제3항은 총회의 의결을 거쳐야 하는 사항을 규정하고 있다. 이처럼 도시정비법이 일정한 사항에 관하여 총회의 의결을 거치도록 하고 이를 위반한 조합 임원을 처벌하는 벌칙규정까지 둔 취지는 조합원들의 권리·의무에 직접적인 영향을 미치는 사항에 대하여 조합원들의 의사가 반영될 수 있도록 절차적 참여 기회를 보장하고 조합 임원에 의한 전횡을 방지하기 위한 것이다.

[2] 도시 및 주거환경정비법(이하 '도시정비법'이라고 한다)은 조합장 1인과 이사, 감사를 조합의 임원으로 규정하고 있는데(제21조 제1항), 조합에 관하여는 도시정비법에 규정된 것을 제외하고는 민법 중 사단법인에 관한 규정을 준용하도록 하고 있으므로(제27조), 조합의 임원인 이사가 없거나 도시정비법과 정관이 정한 이사 수에 부족이 있는 때에는 민법 제63조의 규정이 준용되어 법원이 임시이사를 선임할 수 있다. 그런데 법원에 의하여 선임된 임시이사는 원칙적으로 정식이사와 동일한 권한을 가지고, 도시정비법이 조합 총회에서 선임된 이사와 임시이사의 권한을 특별히 달리 정한 규정을 두고 있지도 않다. 이러한 점과 더불어 총회 의결사항에 관하여 의결을 거치지 아니하고 임의로 추진한 조합 임원을 처벌하는 규정을 둔 도시정비법의 취지를 함께 살펴보면, 법원이 선임한 임시이사도 도시정비법 제85조 제5호에서 규정한 '조합의 임원'에 해당한다. [대법원 2016.10.27, 선고, 2016도138, 판결]

제25조(재개발사업·재건축사업의 시행자) ① 재개발사업은 다음 각 호의 어느 하나에 해당하는 방법으로 시행할 수 있다.
1. 조합이 시행하거나 조합이 조합원의 과반수의 동의를 받아 시장·군수등, 토지주택공사등, 건설업자, 등록사업자 또는 대통령령으로 정하는 요건을 갖춘 자와 공동으로 시행하는 방법
2. 토지등소유자가 20인 미만인 경우에는 토지등소유자가 시행하거나 토지등소유자가 토지등소유자의 과반수의 동의를 받아 시장·군수등, 토지주택공사등, 건설업자, 등록사업자 또는 대통령령으로 정하는 요건을 갖춘 자와 공동으로 시행하는 방법

② 재건축사업은 조합이 시행하거나 조합이 조합원의 과반수의 동의를 받아 시장·군수등, 토지주택공사등, 건설업자 또는 등록사업자와 공동으로 시행할 수 있다.

▶ 판례 - 구 도시 및 주거환경정비법 제85조 제5호에 정한 '총회의 의결'이 사전 의결을 의미하는지 여부(원칙적 적극) 및 조합 임원이 총회의 사전 의결을 거치지 않고 '예산으로 정한 사항 외에 조합원의 부담이 될 계약'을 체결한 경우, 같은 법 제85조 제5호 위반 범행이 성립하는지 여부(적극) / '예산으로 정한 사항 외에 조합원의 부담이 될 계약'을 체결하는 경우, 사전에 총회의 의결을 거쳐야 하는 사항 [대법원 2015.4.23, 선고, 2014도

4454, 판결]

제26조(재개발사업·재건축사업의 공공시행자) ① 시장·군수등은 재개발사업 및 재건축사업이 다음 각 호의 어느 하나에 해당하는 때에는 제25조에도 불구하고 직접 정비사업을 시행하거나 토지주택공사등(토지주택공사등이 건설업자 또는 등록사업자와 공동으로 시행하는 경우를 포함한다)을 사업시행자로 지정하여 정비사업을 시행하게 할 수 있다.

1. 천재지변,「재난 및 안전관리 기본법」제27조 또는「시설물의 안전 및 유지관리에 관한 특별법」제23조에 따른 사용제한·사용금지, 그 밖의 불가피한 사유로 긴급하게 정비사업을 시행할 필요가 있다고 인정하는 때
2. 제16조제2항에 따라 고시된 정비계획에서 정한 정비사업시행 예정일부터 2년 이내에 사업시행계획인가를 신청하지 아니하거나 사업시행계획인가를 신청한 내용이 위법 또는 부당하다고 인정하는 때(재건축사업의 경우는 제외한다)
3. 추진위원회가 시장·군수등의 구성승인을 받은 날부터 3년 이내에 조합설립인가를 신청하지 아니하거나 조합이 조합설립인가를 받은 날부터 3년 이내에 사업시행계획인가를 신청하지 아니한 때
4. 지방자치단체의 장이 시행하는「국토의 계획 및 이용에 관한 법률」제2조제11호에 따른 도시·군계획사업과 병행하여 정비사업을 시행할 필요가 있다고 인정하는 때
5. 제59조제1항에 따른 순환정비방식으로 정비사업을 시행할 필요가 있다고 인정하는 때
6. 제113조에 따라 사업시행계획인가가 취소된 때
7. 해당 정비구역의 국·공유지 면적 또는 국·공유지와 토지주택공사등이 소유한 토지를 합한 면적이 전체 토지면적의 2분의 1 이상으로서 토지등소유자의 과반수가 시장·군수등 또는 토지주택공사등을 사업시행자로 지정하는 것에 동의하는 때
8. 해당 정비구역의 토지면적 2분의 1 이상의 토지소유자와 토지등소유자의 3분의 2 이상에 해당하는 자가 시장·군수등 또는 토지주택공사등을 사업시행자로 지정할 것을 요청하는 때. 이 경우 제14조제1항제2호에 따라 토지등소유자가 정비계획의 입안을 제안한 경우 입안제안에 동의한 토지등소유자는 토지주택공사등의 사업시행자 지정에 동의한 것으로 본다. 다만, 사업시행자의 지정 요청 전에 시장·군수등 및 제47조에 따른 주민대표회의에 사업시행자의 지정에 대한 반대의 의사표시를 한 토지등소유자의 경우에는 그러하지 아니하다.

② 시장·군수등은 제1항에 따라 직접 정비사업을 시행하거나 토지주택공사등을 사업시행자로 지정하는 때에는 정비사업 시행구역 등 토지등소유자에게 알릴 필요가 있는 사항으로서 대통령령으로 정하는 사항을 해당 지방자치단체의 공보에 고시하여야 한다. 다만, 제1항제1호의 경우에는 토지등소유자에게 지체 없이 정비사업의 시행 사유·시기 및 방법 등을 통보하여야 한다.

③ 제2항에 따라 시장·군수등이 직접 정비사업을 시행하거나 토지주택공사등을 사업시행자로 지정·고시한 때에는 그 고시일 다음 날에 추진위원회의 구성승인 또는 조합설립인가가 취소된 것으로 본다. 이 경우 시장·군수등은 해당 지방자치단체의 공보에 해당 내용을 고시하여야 한다.

제27조(재개발사업·재건축사업의 지정개발자) ① 시장·군수등은 재개발사업 및 재건축사업이 다음 각 호의 어느 하나에 해당하는 때에는 토지등소유자,「사회기반시설에 대한 민간투자법」제2조제12호에 따른 민관합동법인 또는 신탁업자로서 대통령령으로 정하는 요건을 갖춘 자(이하 "지정개발자"라 한다)를 사업시행자로 지정하여 정비사업을 시행하게 할 수 있다.

1. 천재지변,「재난 및 안전관리 기본법」제27조 또는「시설물의 안전 및 유지관리에 관한 특별법」제23조에 따른 사용제한·사용금지, 그 밖의 불가피한 사유로 긴급하게 정비사업을 시행할 필요가 있다고 인정하는 때
2. 제16조제2항에 따라 고시된 정비계획에서 정한 정비사업시행 예정일부터 2년 이내에 사업시행계획인가를 신청하지 아니하거나 사업시행계획인가를 신청한 내용이 위법 또는 부당하다고 인정하는 때(재건축사업의 경우는 제외한다)
3. 제35조에 따른 재개발사업 및 재건축사업의 조합설립을 위한 동의요건 이상에 해

당하는 자가 신탁업자를 사업시행자로 지정하는 것에 동의하는 때

② 시장·군수등은 제1항에 따라 지정개발자를 사업시행자로 지정하는 때에는 정비사업 시행구역 등 토지등소유자에게 알릴 필요가 있는 사항으로서 대통령령으로 정하는 사항을 해당 지방자치단체의 공보에 고시하여야 한다. 다만, 제1항제1호의 경우에는 토지등소유자에게 지체 없이 정비사업의 시행 사유·시기 및 방법 등을 통보하여야 한다.

③ 신탁업자는 제1항제3호에 따른 사업시행자 지정에 필요한 동의를 받기 전에 다음 각 호에 관한 사항을 토지등소유자에게 제공하여야 한다.

1. 토지등소유자별 분담금 추산액 및 산출근거
2. 그 밖에 추정분담금의 산출 등과 관련하여 시·도조례로 정하는 사항

④ 제1항제3호에 따른 토지등소유자의 동의는 국토교통부령으로 정하는 동의서에 동의를 받는 방법으로 한다. 이 경우 동의서에는 다음 각 호의 사항이 모두 포함되어야 한다.

1. 건설되는 건축물의 설계의 개요
2. 건축물의 철거 및 새 건축물의 건설에 드는 공사비 등 정비사업에 드는 비용(이하 "정비사업비"라 한다)
3. 정비사업비의 분담기준(신탁업자에게 지급하는 신탁보수 등의 부담에 관한 사항을 포함한다)
4. 사업 완료 후 소유권의 귀속
5. 정비사업의 시행방법 등에 필요한 시행규정
6. 신탁계약의 내용

⑤ 제2항에 따라 시장·군수등이 지정개발자를 사업시행자로 지정·고시한 때에는 그 고시일 다음 날에 추진위원회의 구성승인 또는 조합설립인가가 취소된 것으로 본다. 이 경우 시장·군수등은 해당 지방자치단체의 공보에 해당 내용을 고시하여야 한다.

▶ 판례 – [1] 구 도시 및 주거환경정비법 제81조 제1항과 제86조 제6호에서 정비사업시행과 관련한 서류 및 자료를 공개하게 하고 이를 위반한 추진위원회위원장 또는 조합임원 등에 대한 처벌규정을 둔 취지
[2] 법원에 의하여 선임된 조합임원 직무대행자가 구 도시 및 주거환경정비법 제86조 제6호, 제81조 제1항 위반죄의 범행주체인 조합임원에 해당하는지 여부(적극)

[1] 구 도시 및 주거환경정비법(2015. 9. 1. 법률 제13508호로 개정되기 전의 것) 제81조 제1항과 제86조 제6호에서 규정하고 있는 바와 같이, 위 법이 정비사업시행과 관련한 서류 및 자료를 공개하게 하고 이를 위반한 추진위원회위원장 또는 조합임원 등에 대한 처벌규정까지 둔 취지는 정비사업의 투명성·공공성을 확보하고 조합원 등의 알권리를 충족시키기 위한 것이다.

[2] 구 도시 및 주거환경정비법(2015. 9. 1. 법률 제13508호로 개정되기 전의 것, 이하 '구 도시정비법' 이라고 한다) 제21조 제1항은 조합장 1인과 이사, 감사를 조합의 임원으로 규정하고 있는데, 제27조는 조합에 관하여는 위 법에 규정된 것을 제외하고는 민법 중 사단법인에 관한 규정을 준용하도록 하고 있으므로, 민법 제52조의2가 준용되어 법원은 가처분명령에 의하여 조합임원의 직무대행자를 선임할 수 있다. 그런데 민법 제60조의2 제1항은 "제52조의2의 직무대행자는 가처분명령에 다른 정함이 있는 경우 외에는 법인의 통상사무에 속하지 아니한 행위를 하지 못한다. 다만, 법원의 허가를 얻은 경우에는 그러하지 아니하다." 라고 규정하고 있으므로, 법원의 가처분명령에 의하여 선임된 조합임원 직무대행자는 조합을 종전과 같이 그대로 유지하면서 관리하는 것과 같은 조합의 통상사무에 속하는 행위를 할 수 있다. 따라서 법원에 의하여 선임된 조합임원 직무대행자도 조합의 통상사무를 처리하는 범위 내에서는 원칙적으로 조합 총회의 의결을 거쳐 선임된 조합임원과 동일한 권한을 가진다. 이러한 점과 더불어 정비사업의 투명성·공공성을 확보하고 조합원 등의 알권리를 충족시키기 위하여 정비사업시행과 관련한 서류 및 자료를 공개하지 아니한 조합임원 등을 처벌하는 규정을 둔 구 도시정비법의 취지 등을 종합하면, 법원에 의하여 선임된 조합임원 직무대행자도 구 도시정비법 제86조 제6호, 제81조 제1항 위반죄의 범행주체인 조합임원에 해당한다. [대법원 2017.6.15, 선고, 2017도2532, 판결]

제28조(재개발사업·재건축사업의 사업대행자)
① 시장·군수등은 다음 각 호의 어느 하나에 해당하는 경우에는 해당 조합 또는

토지등소유자를 대신하여 직접 정비사업을 시행하거나 토지주택공사등 또는 지정개발자에게 해당 조합 또는 토지등소유자를 대신하여 정비사업을 시행하게 할 수 있다.

1. 장기간 정비사업이 지연되거나 권리관계에 관한 분쟁 등으로 해당 조합 또는 토지등소유자가 시행하는 정비사업을 계속 추진하기 어렵다고 인정하는 경우
2. 토지등소유자(조합을 설립한 경우에는 조합원을 말한다)의 과반수 동의로 요청하는 경우

② 제1항에 따라 정비사업을 대행하는 시장·군수등, 토지주택공사등 또는 지정개발자(이하 "사업대행자"라 한다)는 사업시행자에게 청구할 수 있는 보수 또는 비용의 상환에 대한 권리로써 사업시행자에게 귀속될 대지 또는 건축물을 압류할 수 있다.

③ 제1항에 따라 정비사업을 대행하는 경우 사업대행의 개시결정, 그 결정의 고시 및 효과, 사업대행자의 업무집행, 사업대행의 완료와 그 고시 등에 필요한 사항은 대통령령으로 정한다.

▶ 판례 – [1] 도시 및 주거환경정비법에 따라 설립된 정비사업조합에 의하여 수립된 사업시행계획에서 정한 사업시행기간이 도과된 경우, 사업시행계획 및 그에 기초하여 사업시행기간 내에 이루어진 사업시행의 법적 효과가 소급하여 효력을 상실하여 무효로 되는지 여부(소극)
[2] 판결에 당사자가 주장한 사항에 대한 구체적·직접적인 판단이 표시되어 있지 않지만 판결 이유의 전반적인 취지에 비추어 주장의 인용 여부를 알 수 있는 경우 또는 실제로 판단을 하지 않았지만 주장이 배척될 것임이 분명한 경우, 판단누락의 위법이 있는지 여부(소극)

[1] 도시 및 주거환경정비법에 따라 설립된 정비사업조합에 의하여 수립된 사업시행계획에서 정한 사업시행기간이 도과하였더라도, 유효하게 수립된 사업시행계획 및 그에 기초하여 사업시행기간 내에 이루어진 토지의 매수·수용을 비롯한 사업시행의 법적 효과가 소급하여 효력을 상실하여 무효로 된다고 할 수 없다.

[2] 판결서의 이유에는 주문이 정당하다는 것을 인정할 수 있을 정도로 당사자의 주장, 그 밖의 공격·방어방법에 관한 판단을 표시하면 되고 당사자의 모든 주장이나 공격·방어방법에 관하여 판단할 필요가 없다(민사소송법 제208조). 따라서 법원의 판결에 당사자가 주장한 사항에 대한 구체적·직접적인 판단이 표시되어 있지 않더라도 판결 이유의 전반적인 취지에 비추어 주장을 인용하거나 배척하였음을 알 수 있는 정도라면 판단누락이라고 할 수 없고, 설령 실제로 판단을 하지 아니하였더라도 주장이 배척될 경우임이 분명한 때에는 판결 결과에 영향이 없어 판단누락의 위법이 있다고 할 수 없다. [대법원 2016.12.1, 선고, 2016두34905, 판결]

제29조(계약의 방법 및 시공자 선정 등) ① 추진위원장 또는 사업시행자(청산인을 포함한다)는 이 법 또는 다른 법령에 특별한 규정이 있는 경우를 제외하고는 계약(공사, 용역, 물품구매 및 제조 등을 포함한다. 이하 같다)을 체결하려면 일반경쟁에 부쳐야 한다. 다만, 계약규모, 재난의 발생 등 대통령령으로 정하는 경우에는 입찰 참가자를 지명(指名)하여 경쟁에 부치거나 수의계약(隨意契約)으로 할 수 있다. <신설 2017.8.9.>

② 제1항 본문에 따라 일반경쟁의 방법으로 계약을 체결하는 경우로서 대통령령으로 정하는 규모를 초과하는 계약은 「전자조달의 이용 및 촉진에 관한 법률」 제2조제4호의 국가종합전자조달시스템(이하 "전자조달시스템"이라 한다)을 이용하여야 한다. <신설 2017.8.9.>

③ 제1항 및 제2항에 따라 계약을 체결하는 경우 계약의 방법 및 절차 등에 필요한 사항은 국토교통부장관이 정하여 고시한다. <신설 2017.8.9.>

④ 조합은 조합설립인가를 받은 후 조합총회에서 제1항에 따라 경쟁입찰 또는 수의계약(2회 이상 경쟁입찰이 유찰된 경우로 한정한다)의 방법으로 건설업자 또는 등록사업자를 시공자로 선정하여야 한다. 다만, 대통령령으로 정하는 규모 이하의 정비사업은 조합총회에서 정관으로 정하는 바에 따라 선정할 수 있다. <개정 2017.8.9.>

⑤ 토지등소유자가 제25조제1항제2호에 따라 재개발사업을 시행하는 경우에는 제1항에도 불구하고 사업시행계획인가를 받은 후 제2조제11호나목에 따른 규약에 따라 건설업자 또는 등록사업자를 시공자로 선정하여야 한다. <개정 2017.8.9.>

⑥ 시장·군수등이 제26조제1항 및 제27조제1항에 따라 직접 정비사업을 시행하거나 토지주택공사등 또는 지정개발자를 사업시행자

로 지정한 경우 사업시행자는 제26조제2항 및 제27조제2항에 따른 사업시행자 지정·고시 후 제1항에 따른 경쟁입찰 또는 수의계약의 방법으로 건설업자 또는 등록사업자를 시공자로 선정하여야 한다. <개정 2017.8.9.>

⑦ 제6항에 따라 시공자를 선정하거나 제23조제1항제4호의 방법으로 시행하는 주거환경개선사업의 사업시행자가 시공자를 선정하는 경우 제47조에 따른 주민대표회의 또는 제48조에 따른 토지등소유자 전체회의는 대통령령으로 정하는 경쟁입찰 또는 수의계약(2회 이상 경쟁입찰이 유찰된 경우로 한정한다)의 방법으로 시공자를 추천할 수 있다. <개정 2017.8.9.>

⑧ 제7항에 따라 주민대표회의 또는 토지등소유자 전체회의가 시공자를 추천한 경우 사업시행자는 추천받은 자를 시공자로 선정하여야 한다. 이 경우 시공자와의 계약에 관해서는 「지방자치단체를 당사자로 하는 계약에 관한 법률」 제9조 또는 「공공기관의 운영에 관한 법률」 제39조를 적용하지 아니한다. <개정 2017.8.9.>

⑨ 사업시행자(사업대행자를 포함한다)는 제4항부터 제8항까지의 규정에 따라 선정된 시공자와 공사에 관한 계약을 체결할 때에는 기존 건축물의 철거 공사(「석면안전관리법」에 따른 석면 조사·해체·제거를 포함한다)에 관한 사항을 포함시켜야 한다. <개정 2017.8.9.>

[제목개정 2017.8.9.]

제30조(기업형임대사업자의 선정) ① 사업시행자는 기업형임대주택을 원활히 공급하기 위하여 국토교통부장관이 정하는 경쟁입찰의 방법 또는 수의계약(2회 이상 경쟁입찰이 유찰된 경우로 한정한다)의 방법으로 「민간임대주택에 관한 특별법」 제2조제8호에 따른 기업형임대사업자(이하"기업형임대사업자"라 한다)를 선정할 수 있다.

② 제1항에 따른 기업형임대사업자의 선정절차 등에 필요한 사항은 국토교통부장관이 정하여 고시할 수 있다.

▶ 판례 - 관리처분계획을 수립할 때 의결한 공사비 등 정비사업에 소요되는 비용이 조합원들의 이해관계에 중대한 영향을 미칠 정도로 실질적으로 변경된 경우에 해당하는지 판단하는 방법

구 도시 및 주거환경정비법(2008. 2. 29. 법률 제8852호로 개정되기 전의 것, 이하 '구 도시정비법' 이라 한다)에 따른 정비사업이 조합의 설립, 사업시행계획, 관리처분계획 등의 단계를 거쳐 순차 진행되고, 각 단계에서 조합설립인가, 사업시행인가, 관리처분계획인가 등의 선행 행정처분이 이루어짐에 따라 다음 절차가 진행되는 정비사업의 특성과 사업시행계획의 단계에서 공사비 등 정비사업에 소요되는 비용(이하 '정비사업비' 라 한다)에 관하여 동의를 얻도록 한 구 도시정비법 제17조, 제28조제5항, 제6항, 제30조 제9호, 구 도시 및 주거환경정비법 시행령(2008. 7. 29. 대통령령 제20947호로 개정되기 전의 것) 제28조 제4항, 제41조 제2항 제5호의 취지를 종합하여 보면, 조합설립을 할 때에 건축물 철거 및 신축비용 개산액에 관하여 조합원들의 동의를 받았고, 다음 단계인 사업시행계획의 수립 및 이에 대한 인가를 받을 때 조합원들의 동의 절차를 거쳐 정비사업비가 잠정적으로 정해졌으므로, 관리처분계획을 수립할 때에 의결한 정비사업비가 조합원들의 이해관계에 중대한 영향을 미칠 정도로 실질적으로 변경된 경우에 해당하는지를 판단할 경우에는 조합설립에 관한 동의서 기재 건축물 철거 및 신축비용 개산액과 바로 비교할 것이 아니라, 먼저 사업시행계획 시에 조합원들의 동의를 거친 정비사업비가 조합설립에 관한 동의서 기재 건축물 철거 및 신축비용 개산액과 비교하여 조합원들의 이해관계에 중대한 영향을 미칠 정도로 실질적으로 변경된 경우에 해당하는지를 판단하고, 다음으로 관리처분계획안에서 의결한 정비사업비가 사업시행계획 시에 조합원들의 동의를 거친 정비사업비와 비교하여 조합원들의 이해관계에 중대한 영향을 미칠 정도로 실질적으로 변경된 경우에 해당하는지를 판단해야 한다. [대법원 2014.6.12, 선고, 2012두28520, 판결]

제2절 조합설립추진위원회 및 조합의 설립 등

제31조(조합설립추진위원회의 구성·승인) ① 조합을 설립하려는 경우에는 제16조에 따른 정비구역 지정·고시 후 다음 각 호의 사항에 대하여 토지등소유자 과반수의 동의를

받아 조합설립을 위한 추진위원회를 구성하여 국토교통부령으로 정하는 방법과 절차에 따라 시장·군수등의 승인을 받아야 한다.
1. 추진위원회 위원장(이하 "추진위원장"이라 한다)을 포함한 5명 이상의 추진위원회 위원(이하 "추진위원"이라 한다)
2. 제34조제1항에 따른 운영규정
② 제1항에 따라 추진위원회의 구성에 동의한 토지등소유자(이하 이 조에서 "추진위원회 동의자"라 한다)는 제35조제1항부터 제5항까지의 규정에 따른 조합의 설립에 동의한 것으로 본다. 다만, 조합설립인가를 신청하기 전에 시장·군수등 및 추진위원회에 조합설립에 대한 반대의 의사표시를 한 추진위원회 동의자의 경우에는 그러하지 아니하다.
③ 제1항에 따른 토지등소유자의 동의를 받으려는 자는 대통령령으로 정하는 방법 및 절차에 따라야 한다. 이 경우 동의를 받기 전에 제2항의 내용을 설명·고지하여야 한다.
④ 정비사업에 대하여 제118조에 따른 공공지원을 하려는 경우에는 추진위원회를 구성하지 아니할 수 있다. 이 경우 조합설립 방법 및 절차 등에 필요한 사항은 대통령령으로 정한다.

제32조(추진위원회의 기능) ① 추진위원회는 다음 각 호의 업무를 수행할 수 있다.
1. 제102조에 따른 정비사업전문관리업자(이하 "정비사업전문관리업자"라 한다)의 선정 및 변경
2. 설계자의 선정 및 변경
3. 개략적인 정비사업 시행계획서의 작성
4. 조합설립인가를 받기 위한 준비업무
5. 그 밖에 조합설립을 추진하기 위하여 대통령령으로 정하는 업무
② 추진위원회가 정비사업전문관리업자를 선정하려는 경우에는 제31조에 따라 추진위원회 승인을 받은 후 제29조제1항에 따른 경쟁입찰 또는 수의계약(2회 이상 경쟁입찰이 유찰된 경우로 한정한다)의 방법으로 선정하여야 한다. <개정 2017.8.9.>
③ 추진위원회는 제35조제2항, 제3항 및 제5항에 따른 조합설립인가를 신청하기 전에 대통령령으로 정하는 방법 및 절차에 따라 조합설립을 위한 창립총회를 개최하여야 한다.
④ 추진위원회가 제1항에 따라 수행하는 업무의 내용이 토지등소유자의 비용부담을 수반하거나 권리·의무에 변동을 발생시키는 경우로서 대통령령으로 정하는 사항에 대하여는 그 업무를 수행하기 전에 대통령령으로 정하는 비율 이상의 토지등소유자의 동의를 받아야 한다.

▶ 판례 – 도로가 용도폐지로 일반재산이 된 경우, 용도폐지되기 전에 의제된 점용허가의 효력이 소멸되는지 여부(적극) 및 그때부터 관리청은 구 도로법 제43조를 근거로 점용료를 부과할 수 없는지 여부(적극) [대법원 2015.11.12, 선고, 2014두5903, 판결]

제33조(추진위원회의 조직) ① 추진위원회는 추진위원회를 대표하는 추진위원장 1명과 감사를 두어야 한다.
② 추진위원의 선출에 관한 선거관리는 제41조제3항을 준용한다. 이 경우 "조합"은 "추진위원회"로, "조합임원"은 "추진위원"으로 본다.
③ 토지등소유자는 제34조에 따른 추진위원회의 운영규정에 따라 추진위원회에 추진위원의 교체 및 해임을 요구할 수 있으며, 추진위원장이 사임, 해임, 임기만료, 그 밖에 불가피한 사유 등으로 직무를 수행할 수 없는 때부터 6개월 이상 선임되지 아니한 경우 그 업무의 대행에 관하여는 제41조제5항 단서를 준용한다. 이 경우 "조합임원"은 "추진위원장"으로 본다.
④ 제3항에 따른 추진위원의 교체·해임 절차 등에 필요한 사항은 제34조제1항에 따른 운영규정에 따른다.
⑤ 추진위원의 결격사유는 제43조제1항부터 제3항까지를 준용한다. 이 경우 "조합"은 "추진위원회"로, "조합임원"은 "추진위원"으로 본다.

제34조(추진위원회의 운영) ① 국토교통부장관은 추진위원회의 공정한 운영을 위하여 다음 각 호의 사항을 포함한 추진위원회의 운영규정을 정하여 고시하여야 한다.
1. 추진위원의 선임방법 및 변경
2. 추진위원의 권리·의무
3. 추진위원회의 업무범위
4. 추진위원회의 운영방법
5. 토지등소유자의 운영경비 납부
6. 추진위원회 운영자금의 차입
7. 그 밖에 추진위원회의 운영에 필요한 사항으로서 대통령령으로 정하는 사항

② 추진위원회는 운영규정에 따라 운영하여야 하며, 토지등소유자는 운영에 필요한 경비를 운영규정에 따라 납부하여야 한다.
③ 추진위원회는 수행한 업무를 제44조에 따른 총회(이하 "총회"라 한다)에 보고하여야 하며, 그 업무와 관련된 권리·의무는 조합이 포괄승계한다.
④ 추진위원회는 사용경비를 기재한 회계장부 및 관계 서류를 조합설립인가일부터 30일 이내에 조합에 인계하여야 한다.
⑤ 추진위원회의 운영에 필요한 사항은 대통령령으로 정한다.

제35조(조합설립인가 등) ① 시장·군수등, 토지주택공사등 또는 지정개발자가 아닌 자가 정비사업을 시행하려는 경우에는 토지등소유자로 구성된 조합을 설립하여야 한다. 다만, 제25조제1항제2호에 따라 토지등소유자가 재개발사업을 시행하려는 경우에는 그러하지 아니하다.
② 재개발사업의 추진위원회(제31조제4항에 따라 추진위원회를 구성하지 아니하는 경우에는 토지등소유자를 말한다)가 조합을 설립하려면 토지등소유자의 4분의 3 이상 및 토지면적의 2분의 1 이상의 토지소유자의 동의를 받아 다음 각 호의 사항을 첨부하여 시장·군수등의 인가를 받아야 한다.
1. 정관
2. 정비사업비와 관련된 자료 등 국토교통부령으로 정하는 서류
3. 그 밖에 시·도조례로 정하는 서류
③ 재건축사업의 추진위원회(제31조제4항에 따라 추진위원회를 구성하지 아니하는 경우에는 토지등소유자를 말한다)가 조합을 설립하려는 때에는 주택단지의 공동주택의 각 동(복리시설의 경우에는 주택단지의 복리시설 전체를 하나의 동으로 본다)별 구분소유자의 과반수 동의(공동주택의 각 동별 구분소유자가 5 이하인 경우는 제외한다)와 주택단지의 전체 구분소유자의 4분의 3 이상 및 토지면적의 4분의 3 이상의 토지소유자의 동의를 받아 제2항 각 호의 사항을 첨부하여 시장·군수등의 인가를 받아야 한다.
④ 제3항에도 불구하고 주택단지가 아닌 지역이 정비구역에 포함된 때에는 주택단지가 아닌 지역의 토지 또는 건축물 소유자의 4분의 3 이상 및 토지면적의 3분의 2 이상의 토지소유자의 동의를 받아야 한다. 이 경우 인가받은 사항을 변경하려는 때에도 또한 같다.
⑤ 제2항 및 제3항에 따라 설립된 조합이 인가받은 사항을 변경하고자 하는 때에는 총회에서 조합원의 3분의 2 이상의 찬성으로 의결하고, 제2항 각 호의 사항을 첨부하여 시장·군수등의 인가를 받아야 한다. 다만, 대통령령으로 정하는 경미한 사항을 변경하려는 때에는 총회의 의결 없이 시장·군수등에게 신고하고 변경할 수 있다.
⑥ 조합이 정비사업을 시행하는 경우 「주택법」 제54조를 적용할 때에는 조합을 같은 법 제2조제10호에 따른 사업주체로 보며, 조합설립인가일부터 같은 법 제4조에 따른 주택건설사업 등의 등록을 한 것으로 본다.
⑦ 제2항부터 제5항까지의 규정에 따른 토지등소유자에 대한 동의의 대상 및 절차, 조합설립 신청 및 인가 절차, 인가받은 사항의 변경 등에 필요한 사항은 대통령령으로 정한다.
⑧ 추진위원회는 조합설립에 필요한 동의를 받기 전에 추정분담금 등 대통령령으로 정하는 정보를 토지등소유자에게 제공하여야 한다.

제36조(토지등소유자의 동의방법 등) ① 다음 각 호에 대한 동의(동의한 사항의 철회 또는 제26조제1항제8호 단서, 제31조제2항 단서 및 제47조제4항 단서에 따른 반대의 의사표시를 포함한다)는 서면동의서에 토지등소유자가 성명을 적고 지장(指章)을 날인하는 방법으로 하며, 주민등록증, 여권 등 신원을 확인할 수 있는 신분증명서의 사본을 첨부하여야 한다.
1. 제20조제6항제1호에 따라 정비구역등 해제의 연장을 요청하는 경우
2. 제21조제1항제4호에 따라 정비구역의 해제에 동의하는 경우
3. 제24조제1항에 따라 주거환경개선사업의 시행자를 토지주택공사등으로 지정하는 경우
4. 제25조제1항제2호에 따라 토지등소유자가 재개발사업을 시행하려는 경우
5. 제26조 또는 제27조에 따라 재개발사업·재건축사업의 공공시행자 또는 지정개발자를 지정하는 경우
6. 제31조제1항에 따라 조합설립을 위한 추진위원회를 구성하는 경우
7. 제32조제4항에 따라 추진위원회의 업무가 토지등소유자의 비용부담을 수반하거

나 권리·의무에 변동을 가져오는 경우
8. 제35조제2항부터 제5항까지의 규정에 따라 조합을 설립하는 경우
9. 제47조제3항에 따라 주민대표회의를 구성하는 경우
10. 제50조제4항에 따라 사업시행계획인가를 신청하는 경우
11. 제58조제3항에 따라 사업시행자가 사업시행계획서를 작성하려는 경우

② 제1항에도 불구하고 토지등소유자가 해외에 장기체류하거나 법인인 경우 등 불가피한 사유가 있다고 시장·군수등이 인정하는 경우에는 토지등소유자의 인감도장을 찍은 서면동의서에 해당 인감증명서를 첨부하는 방법으로 할 수 있다.

③ 제1항 및 제2항에 따라 서면동의서를 작성하는 경우 제31조제1항 및 제35조제2항부터 제4항까지의 규정에 해당하는 때에는 시장·군수등이 대통령령으로 정하는 방법에 따라 검인(檢印)한 서면동의서를 사용하여야 하며, 검인을 받지 아니한 서면동의서는 그 효력이 발생하지 아니한다.

④ 제1항, 제2항 및 제12조에 따른 토지등소유자의 동의자 수 산정 방법 및 절차 등에 필요한 사항은 대통령령으로 정한다.

▶ 판례 – 구 도시 및 주거환경정비법상 주거용 건축물 소유자에 대한 주거이전비 보상은 정비계획에 관한 공람·공고일부터 해당 건축물에 대한 보상을 하는 때까지 계속하여 소유 및 거주한 주거용 건축물 소유자를 대상으로 하는지 여부(적극)

구 도시 및 주거환경정비법(2009. 5. 27. 법률 제9729호로 개정되기 전의 것, 이하 같다) 제36조 제1항, 제40조 제1항, 구 공익사업을 위한 토지 등의 취득 및 보상에 관한 법률(2013. 3. 23. 법률 제11690호로 개정되기 전의 것) 제78조 제5항, 제9항, 공익사업을 위한 토지 등의 취득 및 보상에 관한 법률 시행규칙 제54조 제1항, 제2항의 문언과 규정형식 등을 종합하면, 구 도시 및 주거환경정비법상 주거용 건축물의 소유자에 대한 주거이전비의 보상은 주거용 건축물에 대하여 정비계획에 관한 공람·공고일부터 해당 건축물에 대한 보상을 하는 때까지 계속하여 소유 및 거주한 주거용 건축물의 소유자를 대상으로 한다. [대법원 2015.2.26, 선고, 2012두19519, 판결]

제37조(토지등소유자의 동의서 재사용의 특례) ① 조합설립인가(변경인가를 포함한다. 이하 이 조에서 같다)를 받은 후에 동의서 위조, 동의 철회, 동의율 미달 또는 동의자 수 산정방법에 관한 하자 등으로 다툼이 있는 경우로서 다음 각 호의 어느 하나에 해당하는 때에는 동의서의 유효성에 다툼이 없는 토지등소유자의 동의서를 다시 사용할 수 있다.
1. 조합설립인가의 무효 또는 취소소송 중에 일부 동의서를 추가 또는 보완하여 조합설립변경인가를 신청하는 때
2. 법원의 판결로 조합설립인가의 무효 또는 취소가 확정되어 조합설립인가를 다시 신청하는 때

② 조합(제1항제2호의 경우에는 추진위원회를 말한다)이 제1항에 따른 토지등소유자의 동의서를 다시 사용하려면 다음 각 호의 요건을 충족하여야 한다.
1. 토지등소유자에게 기존 동의서를 다시 사용할 수 있다는 취지와 반대 의사표시의 절차 및 방법을 설명·고지할 것
2. 제1항제2호의 경우에는 다음 각 목의 요건
   가. 조합설립인가의 무효 또는 취소가 확정된 조합과 새롭게 설립하려는 조합이 추진하려는 정비사업의 목적과 방식이 동일할 것
   나. 조합설립인가의 무효 또는 취소가 확정된 날부터 3년의 범위에서 대통령령으로 정하는 기간 내에 새로운 조합을 설립하기 위한 창립총회를 개최할 것

③ 제1항에 따른 토지등소유자의 동의서 재사용의 요건(정비사업의 내용 및 정비계획의 변경범위 등을 포함한다), 방법 및 절차 등에 필요한 사항은 대통령령으로 정한다.

제38조(조합의 법인격 등) ① 조합은 법인으로 한다.

② 조합은 조합설립인가를 받은 날부터 30일 이내에 주된 사무소의 소재지에서 대통령령으로 정하는 사항을 등기하는 때에 성립한다.

③ 조합은 명칭에 "정비사업조합"이라는 문자를 사용하여야 한다.

제39조(조합원의 자격 등) ① 제25조에 따른 정비사업의 조합원(사업시행자가 신탁업자인 경우에는 위탁자를 말한다. 이하 이

조에서 같다)은 토지등소유자(재건축사업의 경우에는 재건축사업에 동의한 자만 해당한다)로 하되, 다음 각 호의 어느 하나에 해당하는 때에는 그 여러 명을 대표하는 1명을 조합원으로 본다. 다만, 「국가균형발전 특별법」 제18조에 따른 공공기관지방이전시책 등에 따라 이전하는 공공기관이 소유한 토지 또는 건축물을 양수한 경우 양수한 자(공유의 경우 대표자 1명을 말한다)를 조합원으로 본다. <개정 2017.8.9.>

1. 토지 또는 건축물의 소유권과 지상권이 여러 명의 공유에 속하는 때
2. 여러 명의 토지등소유자가 1세대에 속하는 때. 이 경우 동일한 세대별 주민등록표 상에 등재되어 있지 아니한 배우자 및 미혼인 19세 미만의 직계비속은 1세대로 보며, 1세대로 구성된 여러 명의 토지등소유자가 조합설립인가 후 세대를 분리하여 동일한 세대에 속하지 아니하는 때에도 이혼 및 19세 이상 자녀의 분가(세대별 주민등록을 달리하고, 실거주지를 분가한 경우로 한정한다)를 제외하고는 1세대로 본다.
3. 조합설립인가(조합설립인가 전에 제27조제1항제3호에 따라 신탁업자를 사업시행자로 지정한 경우에는 사업시행자의 지정을 말한다. 이하 이 조에서 같다) 후 1명의 토지등소유자로부터 토지 또는 건축물의 소유권이나 지상권을 양수하여 여러 명이 소유하게 된 때

② 「주택법」 제63조제1항에 따른 투기과열지구(이하 "투기과열지구"라 한다)로 지정된 지역에서 재건축사업을 시행하는 경우 조합설립인가 후 해당 정비사업의 건축물 또는 토지를 양수(매매·증여, 그 밖의 권리의 변동을 수반하는 일체의 행위를 포함하되, 상속·이혼으로 인한 양도·양수의 경우는 제외한다. 이하 이 조에서 같다)한 자는 제1항에도 불구하고 조합원이 될 수 없다. 다만, 양도인이 다음 각 호의 어느 하나에 해당하는 경우 그 양도인으로부터 그 건축물 또는 토지를 양수한 자는 그러하지 아니하다.

1. 세대원(세대주가 포함된 세대의 구성원을 말한다. 이하 이 조에서 같다)의 근무상 또는 생업상의 사정이나 질병치료·취학·결혼으로 세대원이 모두 해당 사업구역에 위치하지 아니한 특별시·광역시·특별자치시·특별자치도·시 또는 군으로 이전하는 경우
2. 상속으로 취득한 주택으로 세대원 모두 이전하는 경우
3. 세대원 모두 해외로 이주하거나 세대원 모두 2년 이상 해외에 체류하려는 경우
4. 그 밖에 불가피한 사정으로 양도하는 경우로서 대통령령으로 정하는 경우

③ 사업시행자는 제2항 각 호 외의 부분 본문에 따라 조합원의 자격을 취득할 수 없는 경우 정비사업의 토지, 건축물 또는 그 밖의 권리를 취득한 자에게 제73조를 준용하여 손실보상을 하여야 한다.

[법률 제14567호(2017.2.8.) 부칙 제2조의 규정에 의하여 이 조 제1항 각 호 외의 부분 단서는 2018년 1월 28일까지 유효함]

▶ 판례 - [1] 도시 및 주거환경정비법 제39조에 의하여 준용되는 집합건물의 소유 및 관리에 관한 법률 제48조 제4항에서 매도청구권의 행사기간을 규정한 취지 및 행사기간 내에 매도청구권을 행사하지 아니한 경우, 효력을 상실하는지 여부(적극)
[2] 매도청구권의 행사기간이 도과한 후 조합이 새로이 조합설립인가처분을 받는 것과 동일한 요건과 절차를 거쳐 조합설립변경인가처분을 받은 경우, 새로운 조합설립인가처분의 요건을 갖춘 조합설립변경인가처분에 터잡아 새로이 매도청구권을 행사할 수 있는지 여부(적극)
[3] 甲 주택재건축정비사업조합이 정기총회에서 조합설립변경을 결의하고 정비구역 내 토지 등 소유자들로부터 조합설립변경에 대한 동의서를 받은 후 乙에게 조합설립변경에 대한 동의 여부를 최고하여 회답이 없자 乙 소유의 부동산에 관하여 매도청구를 한 사안에서, 甲 조합이 매도청구 당시 토지 등 소유자들로부터 조합설립변경에 대한 동의만을 받았을 뿐 관할청으로부터 조합설립변경인가처분을 받지 아니하였으므로 조합설립변경에 기한 매도청구권이 발생하지 않았다고 본 원심판단이 정당하다고 한 사례 [대법원 2016.12.29. 선고, 2015다202162, 판결]

제40조(정관의 기재사항 등) ① 조합의 정관에는 다음 각 호의 사항이 포함되어야 한다.

1. 조합의 명칭 및 사무소의 소재지
2. 조합원의 자격
3. 조합원의 제명·탈퇴 및 교체
4. 정비구역의 위치 및 면적
5. 제41조에 따른 조합의 임원(이하 "조합

임원"이라 한다)의 수 및 업무의 범위
6. 조합임원의 권리·의무·보수·선임방법·변경 및 해임
7. 대의원의 수, 선임방법, 선임절차 및 대의원회의 의결방법
8. 조합의 비용부담 및 조합의 회계
9. 정비사업의 시행연도 및 시행방법
10. 총회의 소집 절차·시기 및 의결방법
11. 총회의 개최 및 조합원의 총회소집 요구
12. 제73조제3항에 따른 이자 지급
13. 정비사업비의 부담 시기 및 절차
14. 정비사업이 종결된 때의 청산절차
15. 청산금의 징수·지급의 방법 및 절차
16. 시공자·설계자의 선정 및 계약서에 포함될 내용
17. 정관의 변경절차
18. 그 밖에 정비사업의 추진 및 조합의 운영을 위하여 필요한 사항으로서 대통령령으로 정하는 사항

② 국토교통부장관은 제1항 각 호의 사항이 포함된 표준정관을 작성하여 보급할 수 있다.

③ 조합이 정관을 변경하려는 경우에는 제35조제2항부터 제5항까지의 규정에도 불구하고 총회를 개최하여 조합원 과반수의 찬성으로 시장·군수등의 인가를 받아야 한다. 다만, 제1항제2호·제3호·제4호·제8호·제13호 또는 제16호의 경우에는 조합원 3분의 2 이상의 찬성으로 한다.

④ 제3항에도 불구하고 대통령령으로 정하는 경미한 사항을 변경하려는 때에는 이 법 또는 정관으로 정하는 방법에 따라 변경하고 시장·군수등에게 신고하여야 한다.

▶ 판례 – 구 도시 및 주거환경정비법상 사업시행자가 수용 개시일까지 토지수용위원회가 재결한 보상금을 지급하거나 공탁한 경우 수용 개시일에 토지나 물건의 소유권을 취득하는지 여부(적극) 및 그 후 이의재결에서 보상액이 늘어났다는 사유만으로 달리 볼 수 있는지 여부(소극) [대법원 2017.3.30. 선고, 2014두43387, 판결]

제41조(조합의 임원) ① 조합은 다음 각 호의 임원을 둔다.
1. 조합장 1명
2. 이사
3. 감사

② 조합의 이사와 감사의 수는 대통령령으로 정하는 범위에서 정관으로 정한다.

③ 조합은 총회 의결을 거쳐 조합임원의 선출에 관한 선거관리를 「선거관리위원회법」 제3조에 따라 선거관리위원회에 위탁할 수 있다.

④ 조합임원의 임기는 3년 이하의 범위에서 정관으로 정하되, 연임할 수 있다.

⑤ 조합임원의 선출방법 등은 정관으로 정한다. 다만, 시장·군수등은 조합임원이 사임, 해임, 임기만료, 그 밖에 불가피한 사유 등으로 직무를 수행할 수 없는 때부터 6개월 이상 선임되지 아니한 경우 시·도조례로 정하는 바에 따라 변호사·회계사·기술사 등으로서 대통령령으로 정하는 요건을 갖춘 자를 전문조합관리인으로 선정하여 조합임원의 업무를 대행하게 할 수 있다.

⑥ 제5항에 따른 전문조합관리인의 선정절차, 업무집행 등에 필요한 사항은 대통령령으로 정한다.

제42조(조합임원의 직무 등) ① 조합장은 조합을 대표하고, 그 사무를 총괄하며, 총회 또는 제46조에 따른 대의원회의 의장이 된다.

② 제1항에 따라 조합장이 대의원회의 의장이 되는 경우에는 대의원으로 본다.

③ 조합장 또는 이사가 자기를 위하여 조합과 계약이나 소송을 할 때에는 감사가 조합을 대표한다.

④ 조합임원은 같은 목적의 정비사업을 하는 다른 조합의 임원 또는 직원을 겸할 수 없다.

제43조(조합임원의 결격사유 및 해임) ① 다음 각 호의 어느 하나에 해당하는 자는 조합임원이 될 수 없다.
1. 미성년자·피성년후견인 또는 피한정후견인
2. 파산선고를 받고 복권되지 아니한 자
3. 금고 이상의 실형을 선고받고 그 집행이 종료(종료된 것으로 보는 경우를 포함한다)되거나 집행이 면제된 날부터 2년이 경과되지 아니한 자
4. 금고 이상의 형의 집행유예를 받고 그 유예기간 중에 있는 자
5. 이 법을 위반하여 벌금 100만원 이상의 형을 선고받고 5년이 지나지 아니한 자

② 조합임원이 제1항 각 호의 어느 하나에 해당하게 되거나 선임 당시 그에 해당

하는 자이었음이 판명된 때에는 당연 퇴임한다.

③ 제2항에 따라 퇴임된 임원이 퇴임 전에 관여한 행위는 그 효력을 잃지 아니한다.

④ 조합임원은 제44조제2항에도 불구하고 조합원 10분의 1 이상의 요구로 소집된 총회에서 조합원 과반수의 출석과 출석 조합원 과반수의 동의를 받아 해임할 수 있다. 이 경우 요구자 대표로 선출된 자가 해임 총회의 소집 및 진행을 할 때에는 조합장의 권한을 대행한다.

제44조(총회의 소집) ① 조합에는 조합원으로 구성되는 총회를 둔다.

② 총회는 조합장이 직권으로 소집하거나 조합원 5분의 1 이상 또는 대의원 3분의 2 이상의 요구로 조합장이 소집한다.

③ 제2항에도 불구하고 조합임원의 사임, 해임 또는 임기만료 후 6개월 이상 조합임원이 선임되지 아니한 경우에는 시장·군수등이 조합임원 선출을 위한 총회를 소집할 수 있다.

④ 제2항 및 제3항에 따라 총회를 소집하려는 자는 총회가 개최되기 7일 전까지 회의 목적·안건·일시 및 장소를 정하여 조합원에게 통지하여야 한다.

⑤ 총회의 소집 절차·시기 등에 필요한 사항은 정관으로 정한다.

제45조(총회의 의결) ① 다음 각 호의 사항은 총회의 의결을 거쳐야 한다.

1. 정관의 변경(제40조제4항에 따른 경미한 사항의 변경은 이 법 또는 정관에서 총회의결사항으로 정한 경우로 한정한다)
2. 자금의 차입과 그 방법·이자율 및 상환방법
3. 정비사업비의 사용
4. 예산으로 정한 사항 외에 조합원에게 부담이 되는 계약
5. 시공자·설계자 또는 감정평가업자(제74조제2항에 따라 시장·군수등이 선정·계약하는 감정평가업자는 제외한다)의 선정 및 변경. 다만, 감정평가업자 선정 및 변경은 총회의 의결을 거쳐 시장·군수등에게 위탁할 수 있다.
6. 정비사업전문관리업자의 선정 및 변경
7. 조합임원의 선임 및 해임
8. 정비사업비의 조합원별 분담내역
9. 제52조에 따른 사업시행계획서의 작성 및 변경(제50조제1항 본문에 따른 정비사업의 중지 또는 폐지에 관한 사항을 포함하며, 같은 항 단서에 따른 경미한 변경은 제외한다)
10. 제74조에 따른 관리처분계획의 수립 및 변경(제74조제1항 각 호 외의 부분 단서에 따른 경미한 변경은 제외한다)
11. 제89조에 따른 청산금의 징수·지급(분할징수·분할지급을 포함한다)과 조합 해산 시의 회계보고
12. 제93조에 따른 비용의 금액 및 징수방법
13. 그 밖에 조합원에게 경제적 부담을 주는 사항 등 주요한 사항을 결정하기 위하여 대통령령 또는 정관으로 정하는 사항

② 제1항 각 호의 사항 중 이 법 또는 정관에 따라 조합원의 동의가 필요한 사항은 총회에 상정하여야 한다.

③ 총회의 의결은 이 법 또는 정관에 다른 규정이 없으면 조합원 과반수의 출석과 출석 조합원의 과반수 찬성으로 한다.

④ 제1항제9호 및 제10호의 경우에는 조합원 과반수의 찬성으로 의결한다. 다만, 정비사업비가 100분의 10(생산자물가상승률분, 제73조에 따른 손실보상 금액은 제외한다) 이상 늘어나는 경우에는 조합원 3분의 2 이상의 찬성으로 의결하여야 한다.

⑤ 조합원은 서면으로 의결권을 행사하거나 다음 각 호의 어느 하나에 해당하는 경우에는 대리인을 통하여 의결권을 행사할 수 있다. 서면으로 의결권을 행사하는 경우에는 정족수를 산정할 때에 출석한 것으로 본다.

1. 조합원이 권한을 행사할 수 없어 배우자, 직계존비속 또는 형제자매 중에서 성년자를 대리인으로 정하여 위임장을 제출하는 경우
2. 해외에 거주하는 조합원이 대리인을 지정하는 경우
3. 법인인 토지등소유자가 대리인을 지정하는 경우. 이 경우 법인의 대리인은 조합임원 또는 대의원으로 선임될 수 있다.

⑥ 총회의 의결은 조합원의 100분의 10 이상이 직접 출석하여야 한다. 다만, 창립총회, 사업시행계획서의 작성 및 변경, 관리처분계획의 수립 및 변경을 의결하는 총회 등 대통령령으로 정하는 총회의 경우에는 조합원의 100분의 20 이상이 직접 출석하여야 한다.

⑦ 총회의 의결방법 등에 필요한 사항은

정관으로 정한다.

제46조(대의원회) ① 조합원의 수가 100명 이상인 조합은 대의원회를 두어야 한다.
② 대의원회는 조합원의 10분의 1 이상으로 구성한다. 다만, 조합원의 10분의 1이 100명을 넘는 경우에는 조합원의 10분의 1의 범위에서 100명 이상으로 구성할 수 있다.
③ 조합장이 아닌 조합임원은 대의원이 될 수 없다.
④ 대의원회는 총회의 의결사항 중 대통령령으로 정하는 사항 외에는 총회의 권한을 대행할 수 있다.
⑤ 대의원의 수, 선임방법, 선임절차 및 대의원회의 의결방법 등은 대통령령으로 정하는 범위에서 정관으로 정한다.

제47조(주민대표회의) ① 토지등소유자가 시장·군수등 또는 토지주택공사등의 사업시행을 원하는 경우에는 정비구역 지정·고시 후 주민대표기구(이하 "주민대표회의"라 한다)를 구성하여야 한다.
② 주민대표회의는 위원장을 포함하여 5명 이상 25명 이하로 구성한다.
③ 주민대표회의는 토지등소유자의 과반수의 동의를 받아 구성하며, 국토교통부령으로 정하는 방법 및 절차에 따라 시장·군수등의 승인을 받아야 한다.
④ 제3항에 따라 주민대표회의의 구성에 동의한 자는 제26조제1항제8호 후단에 따른 사업시행자의 지정에 동의한 것으로 본다. 다만, 사업시행자의 지정 요청 전에 시장·군수등 및 주민대표회의에 사업시행자의 지정에 대한 반대의 의사표시를 한 토지등소유자의 경우에는 그러하지 아니하다.
⑤ 주민대표회의 또는 세입자(상가세입자를 포함한다. 이하 같다)는 사업시행자가 다음 각 호의 사항에 관하여 제53조에 따른 시행규정을 정하는 때에 의견을 제시할 수 있다. 이 경우 사업시행자는 주민대표회의 또는 세입자의 의견을 반영하기 위하여 노력하여야 한다.
1. 건축물의 철거
2. 주민의 이주(세입자의 퇴거에 관한 사항을 포함한다)
3. 토지 및 건축물의 보상(세입자에 대한 주거이전비 등 보상에 관한 사항을 포함한다)
4. 정비사업비의 부담
5. 세입자에 대한 임대주택의 공급 및 입주자격
6. 그 밖에 정비사업의 시행을 위하여 필요한 사항으로서 대통령령으로 정하는 사항

⑥ 주민대표회의의 운영, 비용부담, 위원의 선임 방법 및 절차 등에 필요한 사항은 대통령령으로 정한다.

▶ 판례 – 주택재건축사업에서 조합원이 도시 및 주거환경정비법이 정한 요건을 충족하여 현금청산대상자가 된 경우, 조합이 현금청산대상자에게 같은 법 제61조 제1항에 따른 부과금을 부과·징수할 수 있는지 여부(원칙적 소극) / 조합 정관 등에서 현금청산대상자가 조합원의 지위를 상실하기 전까지 발생한 정비사업비 중 일정 부분을 분담하기로 미리 정하지 않은 경우, 같은 법 제47조에 따른 청산절차 등에서 이를 청산하거나 별도로 현금청산대상자에게 반환을 청구할 수 있는지 여부(소극) 및 이는 조합원이 조합 정관에 정한 요건을 충족하여 현금청산대상자가 되는 경우에도 마찬가지인지 여부(적극)

구 도시 및 주거환경정비법(2012. 2. 1. 법률 제11293호로 개정되기 전의 것) 제19조 제1항, 제47조, 도시 및 주거환경정비법(이하 '도시정비법' 이라 한다) 제60조 제1항, 제61조 제1항, 제3항, 구 도시 및 주거환경정비법 시행령(2016. 7. 28. 대통령령 제27409호로 개정되기 전의 것) 제48조의 내용, 형식과 체계, 사업시행자가 토지 등 소유자에게 부과금을 징수하는 일반적인 과정 등에 비추어 보면, 주택재건축사업에서 사업시행자인 조합은 토지 등 소유자인 조합원에게 도시정비법 제61조 제1항에 따라 정비사업비와 정비사업의 시행과정에서 발생한 수입의 차액을 부과금으로 부과·징수할 수 있으나, 조합원이 도시정비법이 정한 요건을 충족하여 현금청산대상자가 된 경우에는 조합원의 지위를 상실하여 더 이상 조합원의 지위에 있지 않으므로 조합은 특별한 사정이 없는 한 현금청산대상자에게 도시정비법 제61조 제1항에 따른 부과금을 부과·징수할 수 없다. 따라서 조합 정관, 조합원총회의 결의 또는 조합과 조합원 사이의 약정 등에서 현금청산대상자가 조합원의 지위를 상실하기 전까지 발생한 정비사업비 중 일정 부분을 분담하기로 미리 정하지 않았다면, 도시정비법 제47조에 따른 청산절차 등에서 이를 청

산하거나 별도로 조합이 현금청산대상자에게 반환을 청구할 수 없다. 이는 조합원이 조합 정관에 정한 요건을 충족하여 현금청산대상자가 되는 경우에도 마찬가지이다. [대법원 2016.12.29, 선고, 2013다217412, 판결]

제48조(토지등소유자 전체회의) ① 제27조제1항제3호에 따라 사업시행자로 지정된 신탁업자는 다음 각 호의 사항에 관하여 해당 정비사업의 토지등소유자(재건축사업의 경우에는 신탁업자를 사업시행자로 지정하는 것에 동의한 토지등소유자를 말한다. 이하 이 조에서 같다) 전원으로 구성되는 회의(이하 "토지등소유자 전체회의"라 한다)의 의결을 거쳐야 한다.

1. 시행규정의 확정 및 변경
2. 정비사업비의 사용 및 변경
3. 정비사업전문관리업자와의 계약 등 토지등소유자의 부담이 될 계약
4. 시공자의 선정 및 변경
5. 정비사업비의 토지등소유자별 분담내역
6. 자금의 차입과 그 방법・이자율 및 상환방법
7. 제52조에 따른 사업시행계획서의 작성 및 변경(제50조제1항 본문에 따른 정비사업의 중지 또는 폐지에 관한 사항을 포함하며, 같은 항 단서에 따른 경미한 변경은 제외한다)
8. 제74조에 따른 관리처분계획의 수립 및 변경(제74조제1항 각 호 외의 부분 단서에 따른 경미한 변경은 제외한다)
9. 제89조에 따른 청산금의 징수・지급(분할징수・분할지급을 포함한다)과 조합 해산 시의 회계보고
10. 제93조에 따른 비용의 금액 및 징수방법
11. 그 밖에 토지등소유자에게 부담이 되는 것으로 시행규정으로 정하는 사항

② 토지등소유자 전체회의는 사업시행자가 직권으로 소집하거나 토지등소유자 5분의 1 이상의 요구로 사업시행자가 소집한다.
③ 토지등소유자 전체회의의 소집 절차・시기 및 의결방법 등에 관하여는 제44조제5항, 제45조제3항・제4항・제6항 및 제7항을 준용한다. 이 경우 "총회"는 "토지등소유자 전체회의"로, "정관"은 "시행규정"으로, "조합원"은 "토지등소유자"로 본다.

제49조(민법의 준용) 조합에 관하여는 이 법에 규정된 사항을 제외하고는 「민법」 중 사단법인에 관한 규정을 준용한다.

제3절 사업시행계획 등

제50조(사업시행계획인가) ① 사업시행자(제25조제1항 및 제2항에 따른 공동시행의 경우를 포함하되, 사업시행자가 시장・군수등인 경우는 제외한다)는 정비사업을 시행하려는 경우에는 제52조에 따른 사업시행계획서(이하 "사업시행계획서"라 한다)에 정관등과 그 밖에 국토교통부령으로 정하는 서류를 첨부하여 시장・군수등에게 제출하고 사업시행계획인가를 받아야 하고, 인가받은 사항을 변경하거나 정비사업을 중지 또는 폐지하려는 경우에도 또한 같다. 다만, 대통령령으로 정하는 경미한 사항을 변경하려는 때에는 시장・군수등에게 신고하여야 한다.
② 시장・군수등은 특별한 사유가 없으면 제1항에 따라 사업시행계획서의 제출이 있은 날부터 60일 이내에 인가 여부를 결정하여 사업시행자에게 통보하여야 한다.
③ 사업시행자(시장・군수등 또는 토지주택공사등은 제외한다)는 사업시행계획인가를 신청하기 전에 미리 총회의 의결을 거쳐야 하며, 인가받은 사항을 변경하거나 정비사업을 중지 또는 폐지하려는 경우에도 또한 같다. 다만, 제1항 단서에 따른 경미한 사항의 변경은 총회의 의결을 필요로 하지 아니한다.
④ 토지등소유자가 제25조제1항제2호에 따라 재개발사업을 시행하려는 경우에는 사업시행계획인가를 신청하기 전에 사업시행계획서에 대하여 토지등소유자의 4분의 3 이상 및 토지면적의 2분의 1 이상의 토지소유자의 동의를 받아야 한다. 다만, 인가받은 사항을 변경하려는 경우에는 규약으로 정하는 바에 따라 토지등소유자의 과반수의 동의를 받아야 하며, 제1항 단서에 따른 경미한 사항의 변경인 경우에는 토지등소유자의 동의를 필요로 하지 아니한다.
⑤ 지정개발자가 정비사업을 시행하려는 경우에는 사업시행계획인가를 신청하기 전에 토지등소유자의 과반수의 동의 및 토지면적의 2분의 1 이상의 토지소유자의 동의를 받아야 한다. 다만, 제1항 단서에 따른 경미한 사항의 변경인 경우에는 토지등소유자의 동의를 필요로 하지 아니한다.

⑥ 제26조제1항제1호 및 제27조제1항제1호에 따른 사업시행자는 제5항에도 불구하고 토지등소유자의 동의를 필요로 하지 아니한다.

⑦ 시장·군수등은 제1항에 따른 사업시행계획인가(시장·군수등이 사업시행계획서를 작성한 경우를 포함한다)를 하거나 정비사업을 변경·중지 또는 폐지하는 경우에는 국토교통부령으로 정하는 방법 및 절차에 따라 그 내용을 해당 지방자치단체의 공보에 고시하여야 한다. 다만, 제1항 단서에 따른 경미한 사항을 변경하려는 경우에는 그러하지 아니하다.

제51조(기반시설의 기부채납 기준) ① 시장·군수등은 제50조제1항에 따라 사업시행계획을 인가하는 경우 사업시행자가 제출하는 사업시행계획에 해당 정비사업과 직접적으로 관련이 없거나 과도한 정비기반시설의 기부채납을 요구하여서는 아니 된다.

② 국토교통부장관은 정비기반시설의 기부채납과 관련하여 다음 각 호의 사항이 포함된 운영기준을 작성하여 고시할 수 있다.

1. 정비기반시설의 기부채납 부담의 원칙 및 수준
2. 정비기반시설의 설치기준 등

③ 시장·군수등은 제2항에 따른 운영기준의 범위에서 지역여건 또는 사업의 특성 등을 고려하여 따로 기준을 정할 수 있으며, 이 경우 사전에 국토교통부장관에게 보고하여야 한다.

제52조(사업시행계획서의 작성) ① 사업시행자는 정비계획에 따라 다음 각 호의 사항을 포함하는 사업시행계획서를 작성하여야 한다.

1. 토지이용계획(건축물배치계획을 포함한다)
2. 정비기반시설 및 공동이용시설의 설치계획
3. 임시거주시설을 포함한 주민이주대책
4. 세입자의 주거 및 이주 대책
5. 사업시행기간 동안 정비구역 내 가로등 설치, 폐쇄회로 텔레비전 설치 등 범죄예방대책
6. 제10조에 따른 임대주택의 건설계획(재건축사업의 경우는 제외한다)
7. 제54조제4항에 따른 소형주택의 건설계획(주거환경개선사업의 경우는 제외한다)
8. 기업형임대주택 또는 임대관리 위탁주택의 건설계획(필요한 경우로 한정한다)
9. 건축물의 높이 및 용적률 등에 관한 건축계획
10. 정비사업의 시행과정에서 발생하는 폐기물의 처리계획
11. 교육시설의 교육환경 보호에 관한 계획(정비구역부터 200미터 이내에 교육시설이 설치되어 있는 경우로 한정한다)
12. 정비사업비
13. 그 밖에 사업시행을 위한 사항으로서 대통령령으로 정하는 바에 따라 시·도조례로 정하는 사항

② 사업시행자가 제1항에 따른 사업시행계획서에 「공공주택 특별법」 제2조제1호에 따른 공공주택(이하 "공공주택"이라 한다) 건설계획을 포함하는 경우에는 공공주택의 구조·기능 및 설비에 관한 기준과 부대시설·복리시설의 범위, 설치기준 등에 필요한 사항은 같은 법 제37조에 따른다.

제53조(시행규정의 작성) 시장·군수등, 토지주택공사등 또는 신탁업자가 단독으로 정비사업을 시행하는 경우 다음 각 호의 사항을 포함하는 시행규정을 작성하여야 한다.

1. 정비사업의 종류 및 명칭
2. 정비사업의 시행연도 및 시행방법
3. 비용부담 및 회계
4. 토지등소유자의 권리·의무
5. 정비기반시설 및 공동이용시설의 부담
6. 공고·공람 및 통지의 방법
7. 토지 및 건축물에 관한 권리의 평가방법
8. 관리처분계획 및 청산(분할징수 또는 납입에 관한 사항을 포함한다). 다만, 수용의 방법으로 시행하는 경우는 제외한다.
9. 시행규정의 변경
10. 사업시행계획서의 변경
11. 토지등소유자 전체회의(신탁업자가 사업시행자인 경우로 한정한다)
12. 그 밖에 시·도조례로 정하는 사항

제54조(재건축사업 등의 용적률 완화 및 소형주택 건설비율) ① 사업시행자는 다음 각 호의 어느 하나에 해당하는 정비사업(「도시재정비 촉진을 위한 특별법」 제2조제1호에 따른 재정비촉진지구에서 시행되는 재개발사업 및 재건축사업은 제외한다. 이하 이 조에서 같다)을 시행하는 경우 정비계획(이 법에 따라 정비계획으로 의제되는 계획을 포함한다. 이하 이 조에서

같다)으로 정하여진 용적률에도 불구하고 지방도시계획위원회의 심의를 거쳐 「국토의 계획 및 이용에 관한 법률」 제78조 및 관계 법률에 따른 용적률의 상한(이하 이 조에서 "법적상한용적률"이라 한다)까지 건축할 수 있다.

1. 「수도권정비계획법」 제6조제1항제1호에 따른 과밀억제권역(이하 "과밀억제권역"이라 한다)에서 시행하는 재개발사업 및 재건축사업(「국토의 계획 및 이용에 관한 법률」 제78조에 따른 주거지역으로 한정한다. 이하 이 조에서 같다)
2. 제1호 외의 경우 시·도조례로 정하는 지역에서 시행하는 재개발사업 및 재건축사업

② 제1항에 따라 사업시행자가 정비계획으로 정하여진 용적률을 초과하여 건축하려는 경우에는 「국토의 계획 및 이용에 관한 법률」 제78조에 따라 특별시·광역시·특별자치시·특별자치도·시 또는 군의 조례로 정한 용적률 제한 및 정비계획으로 정한 허용세대수의 제한을 받지 아니한다.

③ 제1항의 관계 법률에 따른 용적률의 상한은 다음 각 호의 어느 하나에 해당하여 건축행위가 제한되는 경우 건축이 가능한 용적률을 말한다.

1. 「국토의 계획 및 이용에 관한 법률」 제76조에 따른 건축물의 층수제한
2. 「건축법」 제60조에 따른 높이제한
3. 「건축법」 제61조에 따른 일조 등의 확보를 위한 건축물의 높이제한
4. 「공항시설법」 제34조에 따른 장애물 제한표면구역 내 건축물의 높이제한
5. 「군사기지 및 군사시설 보호법」 제10조에 따른 비행안전구역 내 건축물의 높이제한
6. 「문화재보호법」 제12조에 따른 건설공사 시 문화재 보호를 위한 건축제한
7. 그 밖에 시장·군수등이 건축 관계 법률의 건축제한으로 용적률의 완화가 불가능하다고 근거를 제시하고, 지방도시계획위원회 또는 「건축법」 제4조에 따라 시·도에 두는 건축위원회가 심의를 거쳐 용적률 완화가 불가능하다고 인정한 경우

④ 사업시행자는 법적상한용적률에서 정비계획으로 정하여진 용적률을 뺀 용적률(이하 "초과용적률"이라 한다)의 다음 각 호에 따른 비율에 해당하는 면적에 주거전용면적 60제곱미터 이하의 소형주택을 건설하여야 한다. 다만, 제26조제1항제1호 및 제27조제1항제1호에 따른 정비사업을 시행하는 경우에는 그러하지 아니하다.

1. 과밀억제권역에서 시행하는 재건축사업은 초과용적률의 100분의 30 이상 100분의 50 이하로서 시·도조례로 정하는 비율
2. 과밀억제권역에서 시행하는 재개발사업은 초과용적률의 100분의 50 이상 100분의 75 이하로서 시·도조례로 정하는 비율
3. 과밀억제권역 외의 지역에서 시행하는 재건축사업은 초과용적률의 100분의 50 이하로서 시·도조례로 정하는 비율
4. 과밀억제권역 외의 지역에서 시행하는 재개발사업은 초과용적률의 100분의 75 이하로서 시·도조례로 정하는 비율

제55조(소형주택의 공급 및 인수) ① 사업시행자는 제54조제4항에 따라 건설한 소형주택을 국토교통부장관, 시·도지사, 시장, 군수, 구청장 또는 토지주택공사등(이하 이 조에서 "인수자"라 한다)에 공급하여야 한다.

② 제1항에 따른 소형주택의 공급가격은 「공공주택 특별법」 제50조의4에 따라 국토교통부장관이 고시하는 공공건설임대주택의 표준건축비로 하며, 부속 토지는 인수자에게 기부채납한 것으로 본다.

③ 사업시행자는 제54조제1항 및 제2항에 따라 정비계획상 용적률을 초과하여 건축하려는 경우에는 사업시행계획인가를 신청하기 전에 미리 제1항 및 제2항에 따른 소형주택에 관한 사항을 인수자와 협의하여 사업시행계획서에 반영하여야 한다.

④ 제1항 및 제2항에 따른 소형주택의 인수를 위한 절차와 방법 등에 필요한 사항은 대통령령으로 정할 수 있으며, 인수된 소형주택은 대통령령으로 정하는 장기공공임대주택으로 활용하여야 한다. 다만, 토지등소유자의 부담 완화 등 대통령령으로 정하는 요건에 해당하는 경우에는 인수된 소형주택을 장기공공임대주택이 아닌 임대주택으로 활용할 수 있다.

⑤ 제2항에도 불구하고 제4항 단서에 따른 임대주택의 인수자는 임대의무기간에 따라 감정평가액의 100분의 50 이하의 범위에서 대통령령으로 정하는 가격으로 부속 토지를 인수하여야 한다.

▶ 판례 – 도시 및 주거환경정비법 제54조 제2항

에 따른 대지 또는 건축물의 소유권 이전에 관한 고시의 효력이 발생한 후 일부 내용만을 분리하여 변경하거나 전체 이전고시를 모두 무효화시킬 수 있는지 여부(소극) / 이전고시의 효력이 발생한 후 조합원 등이 정비사업을 위하여 이루어진 수용재결이나 이의재결의 취소 또는 무효확인을 구할 법률상 이익이 있는지 여부(원칙적 소극) [대법원 2017.3.30, 선고, 2013두840, 판결]

제56조(관계 서류의 공람과 의견청취) ① 시장·군수등은 사업시행계획인가를 하거나 사업시행계획서를 작성하려는 경우에는 대통령령으로 정하는 방법 및 절차에 따라 관계 서류의 사본을 14일 이상 일반인이 공람할 수 있게 하여야 한다. 다만, 제50조제1항 단서에 따른 경미한 사항을 변경하려는 경우에는 그러하지 아니하다.

② 토지등소유자 또는 조합원, 그 밖에 정비사업과 관련하여 이해관계를 가지는 자는 제1항의 공람기간 이내에 시장·군수등에게 서면으로 의견을 제출할 수 있다.

③ 시장·군수등은 제2항에 따라 제출된 의견을 심사하여 채택할 필요가 있다고 인정하는 때에는 이를 채택하고, 그러하지 아니한 경우에는 의견을 제출한 자에게 그 사유를 알려주어야 한다.

제57조(인·허가등의 의제 등) ① 사업시행자가 사업시행계획인가를 받은 때(시장·군수등이 직접 정비사업을 시행하는 경우에는 사업시행계획서를 작성한 때를 말한다. 이하 이 조에서 같다)에는 다음 각 호의 인가·허가·승인·신고·등록·협의·동의·심사·지정 또는 해제(이하 "인·허가등"이라 한다)가 있은 것으로 보며, 제50조제7항에 따른 사업시행계획인가의 고시가 있은 때에는 다음 각 호의 관계 법률에 따른 인·허가등의 고시·공고 등이 있은 것으로 본다.

1. 「주택법」 제15조에 따른 사업계획의 승인
2. 「공공주택 특별법」 제35조에 따른 주택건설사업계획의 승인
3. 「건축법」 제11조에 따른 건축허가, 같은 법 제20조에 따른 가설건축물의 건축허가 또는 축조신고 및 같은 법 제29조에 따른 건축협의
4. 「도로법」 제36조에 따른 도로관리청이 아닌 자에 대한 도로공사 시행의 허가 및 같은 법 제61조에 따른 도로의 점용허가
5. 「사방사업법」 제20조에 따른 사방지의 지정해제
6. 「농지법」 제34조에 따른 농지전용의 허가·협의 및 같은 법 제35조에 따른 농지전용신고
7. 「산지관리법」 제14조·제15조에 따른 산지전용허가 및 산지전용신고, 같은 법 제15조의2에 따른 산지일시사용허가·신고와 「산림자원의 조성 및 관리에 관한 법률」 제36조제1항·제4항에 따른 입목벌채등의 허가·신고 및 「산림보호법」 제9조제1항 및 같은 조 제2항제1호에 따른 산림보호구역에서의 행위의 허가. 다만, 「산림자원의 조성 및 관리에 관한 법률」에 따른 채종림·시험림과 「산림보호법」에 따른 산림유전자원보호구역의 경우는 제외한다.
8. 「하천법」 제30조에 따른 하천공사 시행의 허가 및 하천공사실시계획의 인가, 같은 법 제33조에 따른 하천의 점용허가 및 같은 법 제50조에 따른 하천수의 사용허가
9. 「수도법」 제17조에 따른 일반수도사업의 인가 및 같은 법 제52조 또는 제54조에 따른 전용상수도 또는 전용공업용수도 설치의 인가
10. 「하수도법」 제16조에 따른 공공하수도 사업의 허가 및 같은 법 제34조제2항에 따른 개인하수처리시설의 설치신고
11. 「공간정보의 구축 및 관리 등에 관한 법률」 제15조제3항에 따른 지도등의 간행심사
12. 「유통산업발전법」 제8조에 따른 대규모점포등의 등록
13. 「국유재산법」 제30조에 따른 사용허가(재개발사업으로 한정한다)
14. 「공유재산 및 물품 관리법」 제20조에 따른 사용·수익허가(재개발사업으로 한정한다)
15. 「공간정보의 구축 및 관리 등에 관한 법률」 제86조제1항에 따른 사업의 착수·변경의 신고
16. 「국토의 계획 및 이용에 관한 법률」 제86조에 따른 도시·군계획시설 사업시행자의 지정 및 같은 법 제88조에 따른 실시계획의 인가
17. 「전기사업법」 제62조에 따른 자가용전

기설비의 공사계획의 인가 및 신고
18. 「화재예방, 소방시설 설치·유지 및 안전관리에 관한 법률」 제7조제1항에 따른 건축허가등의 동의, 「위험물안전관리법」 제6조제1항에 따른 제조소등의 설치의 허가(제조소등은 공장건축물 또는 그 부속시설에 관계된 것으로 한정한다)

② 사업시행자가 공장이 포함된 구역에 대하여 재개발사업의 사업시행계획인가를 받은 때에는 제1항에 따른 인·허가등 외에 다음 각 호의 인·허가등이 있은 것으로 보며, 제50조제7항에 따른 사업시행계획인가를 고시한 때에는 다음 각 호의 관계 법률에 따른 인·허가 등의 고시·공고 등이 있은 것으로 본다.

1. 「산업집적활성화 및 공장설립에 관한 법률」 제13조에 따른 공장설립등의 승인 및 같은 법 제15조에 따른 공장설립등의 완료신고
2. 「폐기물관리법」 제29조제2항에 따른 폐기물처리시설의 설치승인 또는 설치신고(변경승인 또는 변경신고를 포함한다)
3. 「대기환경보전법」 제23조, 「물환경보전법」 제33조 및 「소음·진동관리법」 제8조에 따른 배출시설설치의 허가 및 신고
4. 「총포·도검·화약류 등의 안전관리에 관한 법률」 제25조제1항에 따른 화약류저장소 설치의 허가

③ 사업시행자는 정비사업에 대하여 제1항 및 제2항에 따른 인·허가등의 의제를 받으려는 경우에는 제50조제1항에 따른 사업시행계획인가를 신청하는 때에 해당 법률이 정하는 관계 서류를 함께 제출하여야 한다. 다만, 사업시행계획인가를 신청한 때에 시공자가 선정되어 있지 아니하여 관계 서류를 제출할 수 없거나 제6항에 따라 사업시행계획인가를 하는 경우에는 시장·군수등이 정하는 기한까지 제출할 수 있다.

④ 시장·군수등은 사업시행계획인가를 하거나 사업시행계획서를 작성하려는 경우 제1항 각 호 및 제2항 각 호에 따라 의제되는 인·허가등에 해당하는 사항이 있는 때에는 미리 관계 행정기관의 장과 협의하여야 하고, 협의를 요청받은 관계 행정기관의 장은 요청받은 날(제3항 단서의 경우에는 서류가 관계 행정기관의 장에게 도달된 날을 말한다)부터 30일 이내에 의견을 제출하여야 한다. 이 경우 관계 행정기관의 장이 30일 이내에 의견을 제출하지 아니하면 협의된 것으로 본다.

⑤ 시장·군수등은 사업시행계획인가(시장·군수등이 사업시행계획서를 작성한 경우를 포함한다)를 하려는 경우 정비구역부터 200미터 이내에 교육시설이 설치되어 있는 때에는 해당 지방자치단체의 교육감 또는 교육장과 협의하여야 하며, 인가받은 사항을 변경하는 경우에도 또한 같다.

⑥ 시장·군수등은 제4항 및 제5항에도 불구하고 천재지변이나 그 밖의 불가피한 사유로 긴급히 정비사업을 시행할 필요가 있다고 인정하는 때에는 관계 행정기관의 장 및 교육감 또는 교육장과 협의를 마치기 전에 제50조제1항에 따른 사업시행계획인가를 할 수 있다. 이 경우 협의를 마칠 때까지는 제1항 및 제2항에 따른 인·허가등을 받은 것으로 보지 아니한다.

⑦ 제1항이나 제2항에 따라 인·허가등을 받은 것으로 보는 경우에는 관계 법률 또는 시·도조례에 따라 해당 인·허가등의 대가로 부과되는 수수료와 해당 국·공유지의 사용 또는 점용에 따른 사용료 또는 점용료를 면제한다.

▶ 판례 - 도시 및 주거환경정비법상 시장·군수가 아닌 사업시행자가 분양받은 자를 상대로 공법상 당사자소송의 방법으로 청산금 청구를 할 수 있는지 여부(원칙적 소극)

도시 및 주거환경정비법 제57조 제1항에 규정된 청산금의 징수에 관하여는 지방세체납처분의 예에 의한 징수 또는 징수 위탁과 같은 간이하고 경제적인 특별구제절차가 마련되어 있으므로, 시장·군수가 사업시행자의 청산금 징수 위탁에 응하지 아니하였다는 등의 특별한 사정이 없는 한 시장·군수가 아닌 사업시행자가 이와 별개로 공법상 당사자소송의 방법으로 청산금 청구를 할 수는 없다. [대법원 2017.4.28, 선고, 2016두39498, 판결]

제58조(사업시행계획인가의 특례) ① 사업시행자는 일부 건축물의 존치 또는 리모델링(「주택법」 제2조제25호 또는 「건축법」 제2조제1항제10호에 따른 리모델링을 말한다. 이하 같다)에 관한 내용이 포함된 사업시행계획서를 작성하여 사업시행계획인가를 신청할 수 있다.

② 시장·군수등은 존치 또는 리모델링하는 건축물 및 건축물이 있는 토지가 「주택법」 및 「건축법」에 따른 다음 각 호의 건축 관련 기준에 적합하지 아니하더라도 대통령령으로 정하는 기준에 따라 사업시행계획인가를 할 수 있다.

1. 「주택법」 제2조제12호에 따른 주택단지의 범위
2. 「주택법」 제35조제1항제3호 및 제4호에 따른 부대시설 및 복리시설의 설치기준
3. 「건축법」 제44조에 따른 대지와 도로의 관계
4. 「건축법」 제46조에 따른 건축선의 지정
5. 「건축법」 제61조에 따른 일조 등의 확보를 위한 건축물의 높이 제한

③ 사업시행자가 제1항에 따라 사업시행계획서를 작성하려는 경우에는 존치 또는 리모델링하는 건축물 소유자의 동의(「집합건물의 소유 및 관리에 관한 법률」 제2조제2호에 따른 구분소유자가 있는 경우에는 구분소유자의 3분의 2 이상의 동의와 해당 건축물 연면적의 3분의 2 이상의 구분소유자의 동의로 한다)를 받아야 한다. 다만, 정비계획에서 존치 또는 리모델링하는 것으로 계획된 경우에는 그러하지 아니한다.

제59조(순환정비방식의 정비사업 등) ① 사업시행자는 정비구역의 안과 밖에 새로 건설한 주택 또는 이미 건설되어 있는 주택의 경우 그 정비사업의 시행으로 철거되는 주택의 소유자 또는 세입자(정비구역에서 실제 거주하는 자로 한정한다. 이하 이 항 및 제61조제1항에서 같다)를 임시로 거주하게 하는 등 그 정비구역을 순차적으로 정비하여 주택의 소유자 또는 세입자의 이주대책을 수립하여야 한다.

② 사업시행자는 제1항에 따른 방식으로 정비사업을 시행하는 경우에는 임시로 거주하는 주택(이하 "순환용주택"이라 한다)을 「주택법」 제54조에도 불구하고 제61조에 따른 임시거주시설로 사용하거나 임대할 수 있으며, 대통령령으로 정하는 방법과 절차에 따라 토지주택공사등이 보유한 공공임대주택을 순환용주택으로 우선 공급할 것을 요청할 수 있다.

③ 사업시행자는 순환용주택에 거주하는 자가 정비사업이 완료된 후에도 순환용주택에 계속 거주하기를 희망하는 때에는 대통령령으로 정하는 바에 따라 분양하거나 계속 임대할 수 있다. 이 경우 사업시행자가 소유하는 순환용주택은 제74조에 따라 인가받은 관리처분계획에 따라 토지등소유자에게 처분된 것으로 본다.

제60조(지정개발자의 정비사업비의 예치 등) ① 시장·군수등은 재개발사업의 사업시행계획인가를 하는 경우 해당 정비사업의 사업시행자가 지정개발자(지정개발자가 토지등소유자인 경우로 한정한다)인 때에는 정비사업비의 100분의 20의 범위에서 시·도조례로 정하는 금액을 예치하게 할 수 있다.

② 제1항에 따른 예치금은 제89조제1항 및 제2항에 따른 청산금의 지급이 완료된 때에 반환한다.

③ 제1항 및 제2항에 따른 예치 및 반환 등에 필요한 사항은 시·도조례로 정한다.

▶ 판례 – 주택재건축사업에서 조합원이 도시 및 주거환경정비법이 정한 요건을 충족하여 현금청산대상자가 된 경우, 조합이 현금청산대상자에게 같은 법 제61조 제1항에 따른 부과금을 부과·징수할 수 있는지 여부(원칙적 소극) / 조합 정관 등에서 현금청산대상자가 조합원의 지위를 상실하기 전까지 발생한 정비사업비 중 일정 부분을 분담하기로 미리 정하지 않은 경우, 같은 법 제47조에 따른 청산절차 등에서 이를 청산하거나 별도로 현금청산대상자에게 반환을 청구할 수 있는지 여부(소극) 및 이는 조합원이 조합 정관에 정한 요건을 충족하여 현금청산대상자가 되는 경우에도 마찬가지인지 여부(적극)

구 도시 및 주거환경정비법(2012. 2. 1. 법률 제11293호로 개정되기 전의 것) 제19조 제1항, 제47조, 도시 및 주거환경정비법(이하 '도시정비법' 이라 한다) 제60조 제1항, 제61조 제1항, 제3항, 구 도시 및 주거환경정비법 시행령(2016. 7. 28. 대통령령 제27409호로 개정되기 전의 것) 제48조의 내용, 형식과 체계, 사업시행자가 토지등 소유자에게 부과금을 징수하는 일반적인 과정 등에 비추어 보면, 주택재건축사업에서 사업시행자인 조합은 토지 등 소유자인 조합원에게 도시정비법 제61조 제1항에 따라 정비사업비와 정비사업의 시행과정에서 발생한 수입의 차액을 부과금으로 부과·징수할 수 있으나, 조합원이 도시정비법이 정한 요건을 충족하여 현금청산대상자가 된

경우에는 조합원의 지위를 상실하여 더 이상 조합원의 지위에 있지 않으므로 조합은 특별한 사정이 없는 한 현금청산대상자에게 도시정비법 제61조 제1항에 따른 부과금을 부과·징수할 수 없다. 따라서 조합 정관, 조합원총회의 결의 또는 조합과 조합원 사이의 약정 등에서 현금청산대상자가 조합원의 지위를 상실하기 전까지 발생한 정비사업비 중 일정 부분을 분담하기로 미리 정하지 않았다면, 도시정비법 제47조에 따른 청산절차 등에서 이를 청산하거나 별도로 조합이 현금청산대상자에게 반환을 청구할 수 없다. 이는 조합원이 조합 정관에 정한 요건을 충족하여 현금청산대상자가 되는 경우에도 마찬가지이다. [대법원 2016.12.29, 선고, 2013다217412, 판결]

제4절 정비사업 시행을 위한 조치 등

제61조(임시거주시설·임시상가의 설치 등) ① 사업시행자는 주거환경개선사업 및 재개발사업의 시행으로 철거되는 주택의 소유자 또는 세입자에게 해당 정비구역 안과 밖에 위치한 임대주택 등의 시설에 임시로 거주하게 하거나 주택자금의 융자를 알선하는 등 임시거주에 상응하는 조치를 하여야 한다.

② 사업시행자는 제1항에 따라 임시거주시설(이하 "임시거주시설"이라 한다)의 설치 등을 위하여 필요한 때에는 국가·지방자치단체, 그 밖의 공공단체 또는 개인의 시설이나 토지를 일시 사용할 수 있다.

③ 국가 또는 지방자치단체는 사업시행자로부터 임시거주시설에 필요한 건축물이나 토지의 사용신청을 받은 때에는 대통령령으로 정하는 사유가 없으면 이를 거절하지 못한다. 이 경우 사용료 또는 대부료는 면제한다.

④ 사업시행자는 정비사업의 공사를 완료한 때에는 완료한 날부터 30일 이내에 임시거주시설을 철거하고, 사용한 건축물이나 토지를 원상회복하여야 한다.

⑤ 재개발사업의 사업시행자는 사업시행으로 이주하는 상가세입자가 사용할 수 있도록 정비구역 또는 정비구역 인근에 임시상가를 설치할 수 있다.

제62조(임시거주시설·임시상가의 설치 등에 따른 손실보상) ① 사업시행자는 제61조에 따라 공공단체(지방자치단체는 제외한다) 또는 개인의 시설이나 토지를 일시 사용함으로써 손실을 입은 자가 있는 경우에는 손실을 보상하여야 하며, 손실을 보상하는 경우에는 손실을 입은 자와 협의하여야 한다.

② 사업시행자 또는 손실을 입은 자는 제1항에 따른 손실보상에 관한 협의가 성립되지 아니하거나 협의할 수 없는 경우에는 「공익사업을 위한 토지 등의 취득 및 보상에 관한 법률」 제49조에 따라 설치되는 관할 토지수용위원회에 재결을 신청할 수 있다.

③ 제1항 또는 제2항에 따른 손실보상은 이 법에 규정된 사항을 제외하고는 「공익사업을 위한 토지 등의 취득 및 보상에 관한 법률」을 준용한다.

제63조(토지 등의 수용 또는 사용) 사업시행자는 정비구역에서 정비사업(재건축사업의 경우에는 제26조제1항제1호 및 제27조제1항제1호에 해당하는 사업으로 한정한다)을 시행하기 위하여 「공익사업을 위한 토지 등의 취득 및 보상에 관한 법률」 제3조에 따른 토지·물건 또는 그 밖의 권리를 취득하거나 사용할 수 있다.

▶ 판례 – 정비사업시행자가 도시 및 주거환경정비법 제63조 제3항에 따라 서울특별시에서 정비사업에 소요되는 비용의 일부를 보조받기 위해서는 공사 또는 사업시행 이전에 보조금 교부를 신청해야 하는지 여부(원칙적 적극)

정비사업에 소요되는 비용의 보조에 관한 도시 및 주거환경정비법(이하 '도시정비법' 이라 한다) 제63조 제3항, 도시 및 주거환경정비법 시행령 제60조 제3항, 구 서울특별시 도시 및 주거환경 정비조례(2013. 8. 1. 서울특별시조례 제5563호로 개정되기 전의 것) 제38조 제2항 제2호, 서울특별시 보조금 관리조례 제5조 제1항, 제2항, 제13조, 제16조 제2항의 내용 및 취지 등을 종합하면, 정비사업시행자가 도시정비법 제63조 제3항에 따라 서울특별시에서 정비사업에 소요되는 비용의 일부를 보조받기 위해서는 미리 시장의 승인을 얻는 등 특별한 사정이 없는 한 공사 또는 사업시행 이전에 보조금 교부를 신청하여야 한다. [대법원 2015.7.9, 선고, 2015두35468, 판결]

제64조(재건축사업에서의 매도청구) ① 재건

축사업의 사업시행자는 사업시행계획인가의 고시가 있은 날부터 30일 이내에 다음 각 호의 자에게 조합설립 또는 사업시행자의 지정에 관한 동의 여부를 회답할 것을 서면으로 촉구하여야 한다.

1. 제35조제3항부터 제5항까지에 따른 조합설립에 동의하지 아니한 자
2. 제26조제1항 및 제27조제1항에 따라 시장·군수등, 토지주택공사등 또는 신탁업자의 사업시행자 지정에 동의하지 아니한 자

② 제1항의 촉구를 받은 토지등소유자는 촉구를 받은 날부터 2개월 이내에 회답하여야 한다.

③ 제2항의 기간 내에 회답하지 아니한 경우 그 토지등소유자는 조합설립 또는 사업시행자의 지정에 동의하지 아니하겠다는 뜻을 회답한 것으로 본다.

④ 제2항의 기간이 지나면 사업시행자는 그 기간이 만료된 때부터 2개월 이내에 조합설립 또는 사업시행자 지정에 동의하지 아니하겠다는 뜻을 회답한 토지등소유자와 건축물 또는 토지만 소유한 자에게 건축물 또는 토지의 소유권과 그 밖의 권리를 매도할 것을 청구할 수 있다.

제65조(「공익사업을 위한 토지 등의 취득 및 보상에 관한 법률」의 준용) ① 정비구역에서 정비사업의 시행을 위한 토지 또는 건축물의 소유권과 그 밖의 권리에 대한 수용 또는 사용은 이 법에 규정된 사항을 제외하고는 「공익사업을 위한 토지 등의 취득 및 보상에 관한 법률」을 준용한다. 다만, 정비사업의 시행에 따른 손실보상의 기준 및 절차는 대통령령으로 정할 수 있다.

② 제1항에 따라 「공익사업을 위한 토지 등의 취득 및 보상에 관한 법률」을 준용하는 경우 사업시행계획인가 고시(시장·군수등이 직접 정비사업을 시행하는 경우에는 제50조제7항에 따른 사업시행계획서의 고시를 말한다. 이하 이 조에서 같다)가 있은 때에는 같은 법 제20조제1항 및 제22조제1항에 따른 사업인정 및 그 고시가 있은 것으로 본다.

③ 제1항에 따른 수용 또는 사용에 대한 재결의 신청은 「공익사업을 위한 토지 등의 취득 및 보상에 관한 법률」 제23조 및 같은 법 제28조제1항에도 불구하고 사업시행계획인가(사업시행계획변경인가를 포함한다)를 할 때 정한 사업시행기간 이내에 하여야 한다.

④ 대지 또는 건축물을 현물보상하는 경우에는 「공익사업을 위한 토지 등의 취득 및 보상에 관한 법률」 제42조에도 불구하고 제83조에 따른 준공인가 이후에도 할 수 있다.

▶ 판례 – 도시 및 주거환경정비법 제65조 제2항에서 정한 '사업시행자에게 무상으로 양도되는 국가 또는 지방자치단체 소유의 정비기반시설'의 의미 및 현황이 사실상 공중에 제공되고 있다는 사정만으로 사업시행자에게 무상으로 양도되는 정비기반시설이라고 할 수 있는지 여부(소극) / 사업시행자에게 무상으로 양도되는 정비기반시설이라는 사실에 관한 증명책임의 소재(=사업시행자) [대법원 2015.10.29, 선고, 2012두19410, 판결]

제66조(용적률에 관한 특례) 사업시행자가 다음 각 호의 어느 하나에 해당하는 경우에는 「국토의 계획 및 이용에 관한 법률 제78조 제1항에도 불구하고 해당 정비구역에 적용되는 용적률의 100분의 125 이하의 범위에서 대통령령으로 정하는 바에 따라 특별시·광역시·특별자치시·특별자치도·시 또는 군의 조례로 용적률을 완화하여 정할 수 있다.

1. 제65조제1항 단서에 따라 대통령령으로 정하는 손실보상의 기준 이상으로 세입자에게 주거이전비를 지급하거나 영업의 폐지 또는 휴업에 따른 손실을 보상하는 경우
2. 제65조제1항 단서에 따른 손실보상에 더하여 임대주택을 추가로 건설하거나 임대상가를 건설하는 등 추가적인 세입자 손실보상 대책을 수립하여 시행하는 경우

제67조(재건축사업의 범위에 관한 특례) ① 사업시행자 또는 추진위원회는 다음 각 호의 어느 하나에 해당하는 경우에는 그 주택단지 안의 일부 토지에 대하여 「건축법」 제57조에도 불구하고 분할하려는 토지면적이 같은 조에서 정하고 있는 면적에 미달되더라도 토지분할을 청구할 수 있다.

1. 「주택법」 제15조제1항에 따라 사업계획승인을 받아 건설한 둘 이상의 건축물이 있는 주택단지에 재건축사업을 하는 경우
2. 제35조제3항에 따른 조합설립의 동의요건을 충족시키기 위하여 필요한 경우

② 사업시행자 또는 추진위원회는 제1항에 따라 토지분할 청구를 하는 때에는 토지분할의 대상이 되는 토지 및 그 위의 건축물과 관련된 토지등소유자와 협의하여야 한다.

③ 사업시행자 또는 추진위원회는 제2항에 따른 토지분할의 협의가 성립되지 아니한 경우에는 법원에 토지분할을 청구할 수 있다.
④ 시장·군수등은 제3항에 따라 토지분할이 청구된 경우에 분할되어 나가는 토지 및 그 위의 건축물이 다음 각 호의 요건을 충족하는 때에는 토지분할이 완료되지 아니하여 제1항에 따른 동의요건에 미달되더라도 「건축법」 제4조에 따라 특별자치시·특별자치도·시·군·구(자치구를 말한다)에 설치하는 건축위원회의 심의를 거쳐 조합설립인가와 사업시행계획인가를 할 수 있다.
1. 해당 토지 및 건축물과 관련된 토지등소유자의 수가 전체의 10분의 1 이하일 것
2. 분할되어 나가는 토지 위의 건축물이 분할선 상에 위치하지 아니할 것
3. 그 밖에 사업시행계획인가를 위하여 대통령령으로 정하는 요건에 해당할 것

제68조(건축규제의 완화 등에 관한 특례) ① 주거환경개선사업에 따른 건축허가를 받은 때와 부동산등기(소유권 보존등기 또는 이전등기로 한정한다)를 하는 때에는 「주택도시기금법」 제8조의 국민주택채권의 매입에 관한 규정을 적용하지 아니한다.
② 주거환경개선구역에서 「국토의 계획 및 이용에 관한 법률」 제43조제2항에 따른 도시·군계획시설의 결정·구조 및 설치의 기준 등에 필요한 사항은 국토교통부령으로 정하는 바에 따른다.
③ 사업시행자는 주거환경개선구역에서 다음 각 호의 어느 하나에 해당하는 사항은 시·도조례로 정하는 바에 따라 기준을 따로 정할 수 있다.
1. 「건축법」 제44조에 따른 대지와 도로의 관계(소방활동에 지장이 없는 경우로 한정한다)
2. 「건축법」 제60조 및 제61조에 따른 건축물의 높이 제한(사업시행자가 공동주택을 건설·공급하는 경우로 한정한다)
④ 사업시행자는 제26조제1항제1호 및 제27조제1항제1호에 따른 재건축구역(재건축사업을 시행하는 정비구역을 말한다. 이하 같다)에서 다음 각 호의 어느 하나에 해당하는 사항에 대하여 대통령령으로 정하는 범위에서 「건축법」 제72조제2항에 따른 지방건축위원회의 심의를 거쳐 그 기준을 완화받을 수 있다.
1. 「건축법」 제42조에 따른 대지의 조경기준
2. 「건축법」 제55조에 따른 건폐율의 산정기준
3. 「건축법」 제58조에 따른 대지 안의 공지기준
4. 「건축법」 제60조 및 제61조에 따른 건축물의 높이 제한
5. 「주택법」 제35조제1항제3호 및 제4호에 따른 부대시설 및 복리시설의 설치기준
6. 제1호부터 제5호까지에서 규정한 사항 외에 제26조제1항제1호 및 제27조제1항제1호에 따른 재건축사업의 원활한 시행을 위하여 대통령령으로 정하는 사항

제69조(다른 법령의 적용 및 배제) ① 주거환경개선구역은 해당 정비구역의 지정·고시가 있은 날부터 「국토의 계획 및 이용에 관한 법률」 제36조제1항제1호가목 및 같은 조 제2항에 따라 주거지역을 세분하여 정하는 지역 중 대통령령으로 정하는 지역으로 결정·고시된 것으로 본다. 다만, 다음 각 호의 어느 하나에 해당하는 경우에는 그러하지 아니하다.
1. 해당 정비구역이 「개발제한구역의 지정 및 관리에 관한 특별조치법」 제3조제1항에 따라 결정된 개발제한구역인 경우
2. 시장·군수등이 주거환경개선사업을 위하여 필요하다고 인정하여 해당 정비구역의 일부분을 종전 용도지역으로 그대로 유지하거나 동일면적의 범위에서 위치를 변경하는 내용으로 정비계획을 수립한 경우
3. 시장·군수등이 제9조제1항제10호다목의 사항을 포함하는 정비계획을 수립한 경우
② 정비사업과 관련된 환지에 관하여는 「도시개발법」 제28조부터 제49조까지의 규정을 준용한다. 이 경우 같은 법 제41조제2항 본문에 따른 "환지처분을 하는 때"는 "사업시행계획인가를 하는 때"로 본다.
③ 주거환경개선사업의 경우에는 「공익사업을 위한 토지 등의 취득 및 보상에 관한 법률」 제78조제4항을 적용하지 아니한다.

제70조(지상권 등 계약의 해지) ① 정비사업의 시행으로 지상권·전세권 또는 임차권의 설정 목적을 달성할 수 없는 때에는 그 권

리자는 계약을 해지할 수 있다.
② 제1항에 따라 계약을 해지할 수 있는 자가 가지는 전세금·보증금, 그 밖의 계약상의 금전의 반환청구권은 사업시행자에게 행사할 수 있다.
③ 제2항에 따른 금전의 반환청구권의 행사로 해당 금전을 지급한 사업시행자는 해당 토지등소유자에게 구상할 수 있다.
④ 사업시행자는 제3항에 따른 구상이 되지 아니하는 때에는 해당 토지등소유자에게 귀속될 대지 또는 건축물을 압류할 수 있다. 이 경우 압류한 권리는 저당권과 동일한 효력을 가진다.
⑤ 제74조에 따라 관리처분계획의 인가를 받은 경우 지상권·전세권설정계약 또는 임대차계약의 계약기간은 「민법」 제280조·제281조 및 제312조제2항, 「주택임대차보호법」 제4조제1항, 「상가건물 임대차보호법」 제9조제1항을 적용하지 아니한다.

제71조(소유자의 확인이 곤란한 건축물 등에 대한 처분) ① 사업시행자는 다음 각 호에서 정하는 날 현재 건축물 또는 토지의 소유자의 소재 확인이 현저히 곤란한 때에는 전국적으로 배포되는 둘 이상의 일간신문에 2회 이상 공고하고, 공고한 날부터 30일 이상이 지난 때에는 그 소유자의 해당 건축물 또는 토지의 감정평가액에 해당하는 금액을 법원에 공탁하고 정비사업을 시행할 수 있다.
1. 제25조에 따라 조합이 사업시행자가 되는 경우에는 제35조에 따른 조합설립인가일
2. 제25조제1항제2호에 따라 토지등소유자가 시행하는 재개발사업의 경우에는 제50조에 따른 사업시행계획인가일
3. 제26조제1항에 따라 시장·군수등, 토지주택공사등이 정비사업을 시행하는 경우에는 같은 조 제2항에 따른 고시일
4. 제27조제1항에 따라 지정개발자를 사업시행자로 지정하는 경우에는 같은 조 제2항에 따른 고시일

② 재건축사업을 시행하는 경우 조합설립인가일 현재 조합원 전체의 공동소유인 토지 또는 건축물은 조합 소유의 토지 또는 건축물로 본다.
③ 제2항에 따라 조합 소유로 보는 토지 또는 건축물의 처분에 관한 사항은 제74조제1항에 따른 관리처분계획에 명시하여야 한다.
④ 제1항에 따른 토지 또는 건축물의 감정평가는 제74조제2항제1호를 준용한다.

제5절 관리처분계획 등

제72조(분양공고 및 분양신청) ① 사업시행자는 제50조제7항에 따른 사업시행계획인가의 고시가 있은 날(사업시행계획인가 이후 시공자를 선정한 경우에는 시공자와 계약을 체결한 날)부터 120일 이내에 다음 각 호의 사항을 토지등소유자에게 통지하고, 분양의 대상이 되는 대지 또는 건축물의 내역 등 대통령령으로 정하는 사항을 해당 지역에서 발간되는 일간신문에 공고하여야 한다. 다만, 토지등소유자 1인이 시행하는 재개발사업의 경우에는 그러하지 아니하다.
1. 분양대상자별 종전의 토지 또는 건축물의 명세 및 사업시행계획인가의 고시가 있은 날을 기준으로 한 가격(사업시행계획인가 전에 제81조제3항에 따라 철거된 건축물은 시장·군수등에게 허가를 받은 날을 기준으로 한 가격)
2. 분양대상자별 분담금의 추산액
3. 분양신청기간
4. 그 밖에 대통령령으로 정하는 사항

② 제1항제3호에 따른 분양신청기간은 통지한 날부터 30일 이상 60일 이내로 하여야 한다. 다만, 사업시행자는 제74조제1항에 따른 관리처분계획의 수립에 지장이 없다고 판단하는 경우에는 분양신청기간을 20일의 범위에서 한 차례만 연장할 수 있다.
③ 대지 또는 건축물에 대한 분양을 받으려는 토지등소유자는 제2항에 따른 분양신청기간에 대통령령으로 정하는 방법 및 절차에 따라 사업시행자에게 대지 또는 건축물에 대한 분양신청을 하여야 한다.
④ 사업시행자는 제2항에 따른 분양신청기간 종료 후 제50조제1항에 따른 사업시행계획인가의 변경(경미한 사항의 변경은 제외한다)으로 세대수 또는 주택규모가 달라지는 경우 제1항부터 제3항까지의 규정에 따라 분양공고 등의 절차를 다시 거칠 수 있다.
⑤ 사업시행자는 정관등으로 정하고 있거나 총회의 의결을 거친 경우 제4항에 따라 제73조제1항제1호 및 제2호에 해당하는 토지등소유자에게 분양신청을 다시 하게 할 수

있다

제73조(분양신청을 하지 아니한 자 등에 대한 조치) ① 사업시행자는 관리처분계획이 인가·고시된 다음 날부터 90일 이내에 다음 각 호에서 정하는 자와 토지, 건축물 또는 그 밖의 권리의 손실보상에 관한 협의를 하여야 한다. 다만, 사업시행자는 분양신청기간 종료일의 다음 날부터 협의를 시작할 수 있다.
1. 분양신청을 하지 아니한 자
2. 분양신청기간 종료 이전에 분양신청을 철회한 자
3. 제74조에 따라 인가된 관리처분계획에 따라 분양대상에서 제외된 자

② 사업시행자는 제1항에 따른 협의가 성립되지 아니하면 그 기간의 만료일 다음 날부터 60일 이내에 수용재결을 신청하거나 매도청구소송을 제기하여야 한다.

③ 사업시행자는 제2항에 따른 기간을 넘겨서 수용재결을 신청하거나 매도청구소송을 제기한 경우에는 해당 토지등소유자에게 지연일수(遲延日數)에 따른 이자를 지급하여야 한다. 이 경우 이자는 100분의 15 이하의 범위에서 대통령령으로 정하는 이율을 적용하여 산정한다.

제74조(관리처분계획의 인가 등) ① 사업시행자는 제72조에 따른 분양신청기간이 종료된 때에는 분양신청의 현황을 기초로 다음 각 호의 사항이 포함된 관리처분계획을 수립하여 시장·군수등의 인가를 받아야 하며, 관리처분계획을 변경·중지 또는 폐지하려는 경우에도 또한 같다. 다만, 대통령령으로 정하는 경미한 사항을 변경하려는 경우에는 시장·군수등에게 신고하여야 한다.
1. 분양설계
2. 분양대상자의 주소 및 성명
3. 분양대상자별 분양예정인 대지 또는 건축물의 추산액(임대관리 위탁주택에 관한 내용을 포함한다)
4. 다음 각 목에 해당하는 보류지 등의 명세와 추산액 및 처분방법. 다만, 나목의 경우에는 제30조제1항에 따라 선정된 기업형임대사업자의 성명 및 주소(법인인 경우에는 법인의 명칭 및 소재지와 대표자의 성명 및 주소)를 포함한다.
   가. 일반 분양분
   나. 기업형임대주택
   다. 임대주택
   라. 그 밖에 부대시설·복리시설 등
5. 분양대상자별 종전의 토지 또는 건축물 명세 및 사업시행계획인가 고시가 있은 날을 기준으로 한 가격(사업시행계획인가 전에 제81조제3항에 따라 철거된 건축물은 시장·군수등에게 허가를 받은 날을 기준으로 한 가격)
6. 정비사업비의 추산액(재건축사업의 경우에는 「재건축초과이익 환수에 관한 법률」에 따른 재건축부담금에 관한 사항을 포함한다) 및 그에 따른 조합원 분담규모 및 분담시기
7. 분양대상자의 종전 토지 또는 건축물에 관한 소유권 외의 권리명세
8. 세입자별 손실보상을 위한 권리명세 및 그 평가액
9. 그 밖에 정비사업과 관련한 권리 등에 관하여 대통령령으로 정하는 사항

② 정비사업에서 제1항제3호·제5호 및 제8호에 따라 재산 또는 권리를 평가할 때에는 다음 각 호의 방법에 따른다.
1. 「감정평가 및 감정평가사에 관한 법률」에 따른 감정평가업자 중 다음 각 목의 구분에 따른 감정평가업자가 평가한 금액을 산술평균하여 산정한다. 다만, 관리처분계획을 변경·중지 또는 폐지하려는 경우 분양예정 대상인 대지 또는 건축물의 추산액과 종전의 토지 또는 건축물의 가격은 사업시행자 및 토지등소유자 전원이 합의하여 산정할 수 있다.
   가. 주거환경개선사업 또는 재개발사업: 시장·군수등이 선정·계약한 2인 이상의 감정평가업자
   나. 재건축사업: 시장·군수등이 선정·계약한 1인 이상의 감정평가업자와 조합총회의 의결로 선정·계약한 1인 이상의 감정평가업자
2. 시장·군수등은 제1호에 따라 감정평가업자를 선정·계약하는 경우 감정평가업자의 업무수행능력, 소속 감정평가사의 수, 감정평가 실적, 법규 준수 여부, 평가계획의 적정성 등을 고려하여 객관적이고 투명한 절차에 따라 선정하여야 한다. 이 경우 감정평가업자의 선정·절차 및 방법 등에 필요한 사항은 시·도조례로 정한다.
3. 사업시행자는 제1호에 따라 감정평가를 하려는 경우 시장·군수등에게 감정평가

업자의 선정·계약을 요청하고 감정평가에 필요한 비용을 미리 예치하여야 한다. 시장·군수등은 감정평가가 끝난 경우 예치된 금액에서 감정평가 비용을 직접 지불한 후 나머지 비용을 사업시행자와 정산하여야 한다.

③ 조합은 제45조제1항제10호의 사항을 의결하기 위한 총회의 개최일부터 1개월 전에 제1항제3호부터 제6호까지의 규정에 해당하는 사항을 각 조합원에게 문서로 통지하여야 한다.

④ 제1항에 따른 관리처분계획의 내용, 관리처분의 방법 등에 필요한 사항은 대통령령으로 정한다.

⑤ 제1항 각 호의 관리처분계획의 내용과 제2항부터 제4항까지의 규정은 시장·군수등이 직접 수립하는 관리처분계획에 준용한다.

제75조(사업시행계획인가 및 관리처분계획인가의 시기 조정) ① 특별시장·광역시장 또는 도지사는 정비사업의 시행으로 정비구역 주변 지역에 주택이 현저하게 부족하거나 주택시장이 불안정하게 되는 등 특별시·광역시 또는 도의 조례로 정하는 사유가 발생하는 경우에는 「주거기본법」 제9조에 따른 시·도 주거정책심의위원회의 심의를 거쳐 사업시행계획인가 또는 제74조에 따른 관리처분계획인가의 시기를 조정하도록 해당 시장, 군수 또는 구청장에게 요청할 수 있다. 이 경우 요청을 받은 시장, 군수 또는 구청장은 특별한 사유가 없으면 그 요청에 따라야 하며, 사업시행계획인가 또는 관리처분계획인가의 조정 시기는 인가를 신청한 날부터 1년을 넘을 수 없다.

② 특별자치시장 및 특별자치도지사는 정비사업의 시행으로 정비구역 주변 지역에 주택이 현저하게 부족하거나 주택시장이 불안정하게 되는 등 특별자치시 및 특별자치도의 조례로 정하는 사유가 발생하는 경우에는 「주거기본법」 제9조에 따른 시·도 주거정책심의위원회의 심의를 거쳐 사업시행계획인가 또는 제74조에 따른 관리처분계획인가의 시기를 조정할 수 있다. 이 경우 사업시행계획인가 또는 관리처분계획인가의 조정 시기는 인가를 신청한 날부터 1년을 넘을 수 없다.

③ 제1항 및 제2항에 따른 사업시행계획인가 또는 관리처분계획인가의 시기 조정의 방법 및 절차 등에 필요한 사항은 특별시·광역시·특별자치시·도 또는 특별자치도의 조례로 정한다.

제76조(관리처분계획의 수립기준) ① 제74조제1항에 따른 관리처분계획의 내용은 다음 각 호의 기준에 따른다.

1. 종전의 토지 또는 건축물의 면적·이용 상황·환경, 그 밖의 사항을 종합적으로 고려하여 대지 또는 건축물이 균형 있게 분양신청자에게 배분되고 합리적으로 이용되도록 한다.
2. 지나치게 좁거나 넓은 토지 또는 건축물은 넓히거나 좁혀 대지 또는 건축물이 적정 규모가 되도록 한다.
3. 너무 좁은 토지 또는 건축물이나 정비구역 지정 후 분할된 토지를 취득한 자에게는 현금으로 청산할 수 있다.
4. 재해 또는 위생상의 위해를 방지하기 위하여 토지의 규모를 조정할 특별한 필요가 있는 때에는 너무 좁은 토지를 넓혀 토지를 갈음하여 보상을 하거나 건축물의 일부와 그 건축물이 있는 대지의 공유지분을 교부할 수 있다.
5. 분양설계에 관한 계획은 제72조에 따른 분양신청기간이 만료하는 날을 기준으로 하여 수립한다.
6. 1세대 또는 1명이 하나 이상의 주택 또는 토지를 소유한 경우 1주택을 공급하고, 같은 세대에 속하지 아니하는 2명 이상이 1주택 또는 1토지를 공유한 경우에는 1주택만 공급한다.
7. 제6호에도 불구하고 다음 각 목의 경우에는 각 목의 방법에 따라 주택을 공급할 수 있다.
   가. 2명 이상이 1토지를 공유한 경우로서 시·도조례로 주택공급을 따로 정하고 있는 경우에는 시·도조례로 정하는 바에 따라 주택을 공급할 수 있다.
   나. 다음 어느 하나에 해당하는 토지등소유자에게는 소유한 주택 수만큼 공급할 수 있다.
      1) 과밀억제권역에 위치하지 아니한 재건축사업의 토지등소유자
      2) 근로자(공무원인 근로자를 포함한다) 숙소, 기숙사 용도로 주택을 소유하고 있는 토지등소유자
      3) 국가, 지방자치단체 및 토지주택공사등
      4) 「국가균형발전 특별법」 제18조에 따른

공공기관지방이전시책 등에 따라 이전하는 공공기관이 소유한 주택을 양수한 자

다. 제74조제1항제5호에 따른 가격의 범위 또는 종전 주택의 주거전용면적의 범위에서 2주택을 공급할 수 있고, 이 중 1주택은 주거전용면적을 60제곱미터 이하로 한다. 다만, 60제곱미터 이하로 공급받은 1주택은 제86조제2항에 따른 이전고시일 다음 날부터 3년이 지나기 전에는 주택을 전매(매매·증여나 그 밖에 권리의 변동을 수반하는 모든 행위를 포함하되 상속의 경우는 제외한다)하거나 전매를 알선할 수 없다.

라. 과밀억제권역에서 투기과열지구에 위치하지 아니한 재건축사업의 경우에는 토지등소유자가 소유한 주택수의 범위에서 3주택 이하로 한정하여 공급할 수 있다.

② 제1항에 따른 관리처분계획의 수립기준 등에 필요한 사항은 대통령령으로 정한다. [법률 제14567호(2017.2.8.) 부칙 제2조의 규정에 의하여 이 조 제1항제7호나목4)는 2018년 1월 28일까지 유효함]

제77조(주택 등 건축물을 분양받을 권리의 산정 기준일) ① 정비사업을 통하여 분양받을 건축물이 다음 각 호의 어느 하나에 해당하는 경우에는 제16조제2항에 따른 고시가 있은 날 또는 시·도지사가 투기를 억제하기 위하여 기본계획 수립 후 정비구역 지정·고시 전에 따로 정하는 날(이하 이 조에서 "기준일"이라 한다)의 다음 날을 기준으로 건축물을 분양받을 권리를 산정한다.

1. 1필지의 토지가 여러 개의 필지로 분할되는 경우
2. 단독주택 또는 다가구주택이 다세대주택으로 전환되는 경우
3. 하나의 대지 범위에 속하는 동일인 소유의 토지와 주택 등 건축물을 토지와 주택 등 건축물로 각각 분리하여 소유하는 경우
4. 나대지에 건축물을 새로 건축하거나 기존 건축물을 철거하고 다세대주택, 그 밖의 공동주택을 건축하여 토지등소유자의 수가 증가하는 경우

② 시·도지사는 제1항에 따라 기준일을 따로 정하는 경우에는 기준일·지정사유·건축물을 분양받을 권리의 산정 기준 등을 해당 지방자치단체의 공보에 고시하여야 한다.

▶ 판례 – 행정청이 관리처분계획을 인가하는 경우, 정비구역 내 토지등소유자의 명단과 관리처분계획상 분양대상자, 현금청산대상자 명단을 대조하여 현금청산대상자 중 누락된 사람이 있는지 확인할 의무가 있는지 여부(소극) 및 행정청이 현금청산대상자를 누락하는 등의 하자가 있는 관리처분계획을 그대로 인가한 경우, 누락된 현금청산대상자에 대하여 불법행위로 인한 손해배상책임을 지는지 여부(한정 소극)

관리처분계획 및 그에 대한 인가처분의 의의와 성질, 그 근거가 되는 구 도시 및 주거환경정비법(2005. 8. 4. 법률 제7678호로 개정되기 전의 것, 이하 '구 도시정비법' 이라 한다)과 구 도시 및 주거환경정비법 시행령(2006. 6. 7. 대통령령 제19503호로 개정되기 전의 것, 이하 '구 도시정비법 시행령' 이라 한다)의 관련 규정들에 비추어 보면, 행정청이 관리처분계획에 대한 인가 여부를 결정할 때에는 관리처분계획인가 신청서와 첨부서류를 기준으로 관리처분계획에 구 도시정비법 제48조 제1항, 구 도시정비법 시행령 제50조에 규정된 사항이 포함되어 있는지, 계획의 내용이 구 도시정비법 제48조 제2항의 기준에 부합하는지 등을 심사·확인하여 인가 여부를 결정하면 되고, 그 과정에서 행정청은 구 도시정비법 제75조 제2항, 제77조 제1항에서 정한 조치를 통하여 관리처분계획을 실질적으로 심사할 권한이 있으나, 더 나아가 행정청이 정비계획 수립 과정에서 미리 조사하거나 재개발조합으로부터 이미 제출받아 보유하고 있는 정비구역 내 토지등소유자의 명단과 관리처분계획상 분양대상자, 현금청산대상자 명단을 하나하나 대조하여 현금청산대상자 중 누락된 사람이 있는지를 확인할 의무까지 부담한다고 볼 수 없으며, 설령 현금청산대상자를 누락하는 등의 하자가 있는 관리처분계획을 그대로 인가하였다고 하더라도 그 하자의 존재를 관리처분계획인가 신청서와 첨부서류에 대한 심사만으로 발견할 수 없는 경우라면 누락된 현금청산대상자에 대하여 불법행위로 인한 손해배상책임을 진다고 볼 수 없다. [대법원 2014.3.13, 선고, 2013다27220, 판결]

제78조(관리처분계획의 공람 및 인가절차 등) ① 사업시행자는 제74조에 따른 관리처분계

획인가를 신청하기 전에 관계 서류의 사본을 30일 이상 토지등소유자에게 공람하게 하고 의견을 들어야 한다. 다만, 제74조제1항 각 호 외의 부분 단서에 따라 대통령령으로 정하는 경미한 사항을 변경하려는 경우에는 토지등소유자의 공람 및 의견청취 절차를 거치지 아니할 수 있다.

② 시장·군수등은 사업시행자의 관리처분계획인가의 신청이 있은 날부터 30일 이내에 인가 여부를 결정하여 사업시행자에게 통보하여야 한다. 다만, 시장·군수등은 제3항에 따라 관리처분계획의 타당성 검증을 요청하는 경우에는 관리처분계획인가의 신청을 받은 날부터 60일 이내에 인가 여부를 결정하여 사업시행자에게 통지하여야 한다. <개정 2017.8.9.>

③ 시장·군수등은 다음 각 호의 어느 하나에 해당하는 경우에는 대통령령으로 정하는 공공기관에 관리처분계획의 타당성 검증을 요청하여야 한다. 이 경우 시장·군수등은 타당성 검증 비용을 사업시행자에게 부담하게 할 수 있다. <신설 2017.8.9.>

1. 제74조제1항제6호에 따른 정비사업비가 제52조제1항제12호에 따른 정비사업비 기준으로 100분의 10 이상으로서 대통령령으로 정하는 비율 이상 늘어나는 경우
2. 제74조제1항제6호에 따른 조합원 분담규모가 제72조제1항제2호에 따른 분양대상자별 분담금의 추산액 총액 기준으로 100분의 20 이상으로서 대통령령으로 정하는 비율 이상 늘어나는 경우
3. 조합원 5분의 1 이상이 관리처분계획인가 신청이 있은 날부터 15일 이내에 시장·군수등에게 타당성 검증을 요청한 경우
4. 그 밖에 시장·군수등이 필요하다고 인정하는 경우

④ 시장·군수등이 제2항에 따라 관리처분계획을 인가하는 때에는 그 내용을 해당 지방자치단체의 공보에 고시하여야 한다. <개정 2017.8.9.>

⑤ 사업시행자는 제1항에 따라 공람을 실시하려거나 제4항에 따른 시장·군수등의 고시가 있은 때에는 대통령령으로 정하는 방법과 절차에 따라 토지등소유자에게는 공람계획을 통지하고, 분양신청을 한 자에게는 관리처분계획인가의 내용 등을 통지하여야 한다. <개정 2017.8.9.>

⑥ 제1항, 제4항 및 제5항은 시장·군수등이 직접 관리처분계획을 수립하는 경우에 준용한다. <개정 2017.8.9.>

제79조(관리처분계획에 따른 처분 등) ① 정비사업의 시행으로 조성된 대지 및 건축물은 관리처분계획에 따라 처분 또는 관리하여야 한다.

② 사업시행자는 정비사업의 시행으로 건설된 건축물을 제74조에 따라 인가받은 관리처분계획에 따라 토지등소유자에게 공급하여야 한다.

③ 사업시행자(제23조제1항제2호에 따라 대지를 공급받아 주택을 건설하는 자를 포함한다. 이하 이 항, 제6항 및 제7항에서 같다)는 정비구역에 주택을 건설하는 경우에는 입주자 모집 조건·방법·절차, 입주금(계약금·중도금 및 잔금을 말한다)의 납부 방법·시기·절차, 주택공급 방법·절차 등에 관하여 「주택법」 제54조에도 불구하고 대통령령으로 정하는 범위에서 시장·군수등의 승인을 받아 따로 정할 수 있다.

④ 사업시행자는 제72조에 따른 분양신청을 받은 후 잔여분이 있는 경우에는 정관등 또는 사업시행계획으로 정하는 목적을 위하여 그 잔여분을 보류지(건축물을 포함한다)로 정하거나 조합원 또는 토지등소유자 이외의 자에게 분양할 수 있다. 이 경우 분양공고와 분양신청절차 등에 필요한 사항은 대통령령으로 정한다.

⑤ 국토교통부장관, 시·도지사, 시장, 군수, 구청장 또는 토지주택공사등은 조합이 요청하는 경우 재개발사업의 시행으로 건설된 임대주택을 인수하여야 한다. 이 경우 재개발임대주택의 인수 절차 및 방법, 인수 가격 등에 필요한 사항은 대통령령으로 정한다.

⑥ 사업시행자는 정비사업의 시행으로 임대주택을 건설하는 경우에는 임차인의 자격·선정방법·임대보증금·임대료 등 임대조건에 관한 기준 및 무주택 세대주에게 우선 매각하도록 하는 기준 등에 관하여 「민간임대주택에 관한 특별법」 제42조 및 제44조, 「공공주택 특별법」 제48조, 제49조 및 제50조의3에도 불구하고 대통령령으로 정하는 범위에서 시장·군수등의 승인을 받아 따로 정할 수 있다. 다만, 재개발임대주택으로서 최초의 임차인 선정이 아닌 경우에는 대통령령으로 정하는 범위에서 인수자가 따로 정한다.

⑦ 사업시행자는 제2항부터 제6항까지의

규정에 따른 공급대상자에게 주택을 공급하고 남은 주택을 제2항부터 제6항까지의 규정에 따른 공급대상자 외의 자에게 공급할 수 있다.

⑧ 제7항에 따른 주택의 공급 방법·절차 등은 「주택법」 제54조를 준용한다. 다만, 사업시행자가 제64조에 따른 매도청구소송을 통하여 법원의 승소판결을 받은 후 입주예정자에게 피해가 없도록 손실보상금을 공탁하고 분양예정인 건축물을 담보한 경우에는 법원의 승소판결이 확정되기 전이라도 「주택법」 제54조에도 불구하고 입주자를 모집할 수 있으나, 제83조에 따른 준공인가 신청 전까지 해당 주택건설 대지의 소유권을 확보하여야 한다.

제80조(지분형주택 등의 공급) ① 사업시행자가 토지주택공사등인 경우에는 분양대상자와 사업시행자가 공동 소유하는 방식으로 주택(이하 "지분형주택"이라 한다)을 공급할 수 있다. 이 경우 공급되는 지분형주택의 규모, 공동 소유기간 및 분양대상자 등 필요한 사항은 대통령령으로 정한다.

② 국토교통부장관, 시·도지사, 시장, 군수, 구청장 또는 토지주택공사등은 정비구역에 세입자와 대통령령으로 정하는 면적 이하의 토지 또는 주택을 소유한 자의 요청이 있는 경우에는 제79조제5항에 따라 인수한 임대주택의 일부를 「주택법」에 따른 토지임대부 분양주택으로 전환하여 공급하여야 한다.

제81조(건축물 등의 사용·수익의 중지 및 철거 등) ① 종전의 토지 또는 건축물의 소유자·지상권자·전세권자·임차권자 등 권리자는 제78조제4항에 따른 관리처분계획인가의 고시가 있은 때에는 제86조에 따른 이전고시가 있는 날까지 종전의 토지 또는 건축물을 사용하거나 수익할 수 없다. 다만, 다음 각 호의 어느 하나에 해당하는 경우에는 그러하지 아니하다. <개정 2017.8.9.>

1. 사업시행자의 동의를 받은 경우
2. 「공익사업을 위한 토지 등의 취득 및 보상에 관한 법률」에 따른 손실보상이 완료되지 아니한 경우

② 사업시행자는 제74조제1항에 따른 관리처분계획인가를 받은 후 기존의 건축물을 철거하여야 한다.

③ 사업시행자는 다음 각 호의 어느 하나에 해당하는 경우에는 제2항에도 불구하고 기존 건축물 소유자의 동의 및 시장·군수등의 허가를 받아 해당 건축물을 철거할 수 있다. 이 경우 건축물의 철거는 토지등소유자로서의 권리·의무에 영향을 주지 아니한다.

1. 「재난 및 안전관리 기본법」·「주택법」·「건축법」 등 관계 법령에서 정하는 기존 건축물의 붕괴 등 안전사고의 우려가 있는 경우
2. 폐공가(廢空家)의 밀집으로 범죄발생의 우려가 있는 경우

④ 시장·군수등은 사업시행자가 제2항에 따라 기존의 건축물을 철거하는 경우 다음 각 호의 어느 하나에 해당하는 시기에는 건축물의 철거를 제한할 수 있다.

1. 일출 전과 일몰 후
2. 호우, 대설, 폭풍해일, 지진해일, 태풍, 강풍, 풍랑, 한파 등으로 해당 지역에 중대한 재해발생이 예상되어 기상청장이 「기상법」 제13조에 따라 특보를 발표한 때
3. 「재난 및 안전관리 기본법」 제3조에 따른 재난이 발생한 때
4. 제1호부터 제3호까지의 규정에 준하는 시기로 시장·군수등이 인정하는 시기

제82조(시공보증) ① 조합이 정비사업의 시행을 위하여 시장·군수등 또는 토지주택공사등이 아닌 자를 시공자로 선정(제25조제1항에 따른 공동사업시행자가 시공하는 경우를 포함한다)한 경우 그 시공자는 공사의 시공보증(시공자가 공사의 계약상 의무를 이행하지 못하거나 의무이행을 하지 아니할 경우 보증기관에서 시공자를 대신하여 계약이행의 무를 부담하거나 총 공사금액의 100분의 50 이하 대통령령으로 정하는 비율 이상의 범위에서 사업시행자가 정하는 금액을 납부할 것을 보증하는 것을 말한다)을 위하여 국토교통부령으로 정하는 기관의 시공보증서를 조합에 제출하여야 한다.

② 시장·군수등은 「건축법」 제21조에 따른 착공신고를 받는 경우에는 제1항에 따른 시공보증서의 제출 여부를 확인하여야 한다.

제6절 공사완료에 따른 조치 등

제83조(정비사업의 준공인가) ① 시장·군수

등이 아닌 사업시행자가 정비사업 공사를 완료한 때에는 대통령령으로 정하는 방법 및 절차에 따라 시장·군수등의 준공인가를 받아야 한다.

② 제1항에 따라 준공인가신청을 받은 시장·군수등은 지체 없이 준공검사를 실시하여야 한다. 이 경우 시장·군수등은 효율적인 준공검사를 위하여 필요한 때에는 관계 행정기관·공공기관·연구기관, 그 밖의 전문기관 또는 단체에게 준공검사의 실시를 의뢰할 수 있다.

③ 시장·군수등은 제2항 전단 또는 후단에 따른 준공검사를 실시한 결과 정비사업이 인가받은 사업시행계획대로 완료되었다고 인정되는 때에는 준공인가를 하고 공사의 완료를 해당 지방자치단체의 공보에 고시하여야 한다.

④ 시장·군수등은 직접 시행하는 정비사업에 관한 공사가 완료된 때에는 그 완료를 해당 지방자치단체의 공보에 고시하여야 한다.

⑤ 시장·군수등은 제1항에 따른 준공인가를 하기 전이라도 완공된 건축물이 사용에 지장이 없는 등 대통령령으로 정하는 기준에 적합한 경우에는 입주예정자가 완공된 건축물을 사용할 수 있도록 사업시행자에게 허가할 수 있다. 다만, 시장·군수등이 사업시행자인 경우에는 허가를 받지 아니하고 입주예정자가 완공된 건축물을 사용하게 할 수 있다.

⑥ 제3항 및 제4항에 따른 공사완료의 고시 절차 및 방법, 그 밖에 필요한 사항은 대통령령으로 정한다.

제84조(준공인가 등에 따른 정비구역의 해제) ① 정비구역의 지정은 제83조에 따른 준공인가의 고시가 있은 날(관리처분계획을 수립하는 경우에는 이전고시가 있은 때를 말한다)의 다음 날에 해제된 것으로 본다. 이 경우 지방자치단체는 해당 지역을 「국토의 계획 및 이용에 관한 법률」에 따른 지구단위계획으로 관리하여야 한다.

② 제1항에 따른 정비구역의 해제는 조합의 존속에 영향을 주지 아니한다.

▶ 판례 - 주택재개발사업 등의 시공자, 설계자 또는 정비사업전문관리업자의 선정과 관련하여 금품을 수수하는 등의 행위를 처벌하는 규정인 도시 및 주거환경정비법 제84조의2의 신설이 조합 임원을 형법상의 수뢰죄 또는 특정범죄 가중처벌 등에 관한 법률 위반죄로 처벌하는 것이 너무 과중하여 부당하다는 반성적 고려에서 형을 가볍게 한 것인지 여부(소극)

도시 및 주거환경정비법(이하 '도시정비법' 이라고 한다)에 의한 주택재개발사업이나 주택재건축사업(이하 '재개발사업 등' 이라고 한다)을 시행하는 조합(이하 '조합' 이라고 한다)의 임원은 수뢰죄 등 형법 제129조를 적용할 때는 공무원으로 의제되므로(도시정비법 제84조), 수뢰액이 일정 금액 이상이면 특정범죄 가중처벌 등에 관한 법률(이하 '특정범죄가중법' 이라고 한다) 제2조에 따라 가중 처벌된다. 한편 누구든지 재개발사업 등의 시공자, 설계자 또는 정비사업전문관리업자의 선정과 관련하여 금품을 수수하는 등의 행위를 하면 도시정비법 제84조의2에 의한 처벌대상이 된다. 이 처벌규정은 조합 임원에 대한 공무원 의제 규정인 도시정비법 제84조가 이미 존재하는 상태에서 2012. 2. 1. 법률이 개정되어 신설된 것으로서, 기존 도시정비법 제84조의 입법 취지, 적용대상, 법정형 등과 비교해 보면 시공자의 선정 등과 관련한 부정행위에 대하여 조합 임원이 아닌 사람에 대해서까지 처벌 범위를 확장한 것일 뿐 조합 임원을 형법상의 수뢰죄 또는 특정범죄가중법 위반죄로 처벌하는 것이 너무 과중하여 부당하다는 반성적 고려에서 형을 가볍게 한 것이라고는 인정되지 아니한다. [대법원 2016.10.27, 선고, 2016도9954, 판결]

제85조(공사완료에 따른 관련 인·허가등의 의제) ① 제83조제1항부터 제4항까지의 규정에 따라 준공인가를 하거나 공사완료를 고시하는 경우 시장·군수등이 제57조에 따라 의제되는 인·허가등에 따른 준공검사·준공인가·사용검사·사용승인 등(이하 "준공검사·인가등"이라 한다)에 관하여 제3항에 따라 관계 행정기관의 장과 협의한 사항은 해당 준공검사·인가등을 받은 것으로 본다.

② 시장·군수등이 아닌 사업시행자는 제1항에 따른 준공검사·인가등의 의제를 받으려는 경우에는 제83조제1항에 따른 준공인가를 신청하는 때에 해당 법률이 정하는 관계 서류를 함께 제출하여야 한다.

③ 시장·군수등은 제83조제1항부터 제4항까

지의 규정에 따른 준공인가를 하거나 공사완료를 고시하는 경우 그 내용에 제57조에 따라 의제되는 인·허가등에 따른 준공검사·인가등에 해당하는 사항이 있은 때에는 미리 관계 행정기관의 장과 협의하여야 한다.

④ 제57조제6항은 제1항에 따른 준공검사·인가등의 의제에 준용한다.

▶ 판례 - 주택재개발정비사업을 위한 추진위원회가 조합설립인가처분을 받아 조합이 법인으로 성립된 후 조합설립인가처분이 법원의 판결에 의하여 취소된 경우, 추진위원회가 지위를 회복하여 조합설립추진 업무를 계속 수행할 수 있는지 여부(적극)

구 도시 및 주거환경정비법(2012. 2. 1. 법률 제11293호로 개정되기 전의 것, 이하 '구 도시정비법' 이라 한다) 제13조 제1항 본문, 제14조, 제15조 제4항, 제5항, 제16조, 제18조, 제19조 제1항, 제85조 제4호, 제27조, 민법 제77조 제1항, 제81조 등 관련 규정의 내용, 형식 및 취지에 비추어 보면, 주택재개발정비사업을 위한 추진위원회는 조합의 설립을 목적으로 하는 비법인사단으로서 추진위원회가 행한 업무와 관련된 권리와 의무는 구 도시정비법 제16조에 의한 조합설립인가처분을 받아 법인으로 설립된 조합에 모두 포괄승계되므로, 원칙적으로 조합설립인가처분을 받은 조합이 설립등기를 마쳐 법인으로 성립하게 되면 추진위원회는 목적을 달성하여 소멸한다. 그러나 그 후 조합설립인가처분이 법원의 판결에 의하여 취소된 경우에는 추진위원회가 지위를 회복하여 다시 조합설립인가신청을 하는 등 조합설립추진 업무를 계속 수행할 수 있다. [대법원 2016.12.15, 선고, 2013두17473, 판결]

제86조(이전고시 등) ① 사업시행자는 제83조제3항 및 제4항에 따른 고시가 있은 때에는 지체 없이 대지확정측량을 하고 토지의 분할절차를 거쳐 관리처분계획에서 정한 사항을 분양받을 자에게 통지하고 대지 또는 건축물의 소유권을 이전하여야 한다. 다만, 정비사업의 효율적인 추진을 위하여 필요한 경우에는 해당 정비사업에 관한 공사가 전부 완료되기 전이라도 완공된 부분은 준공인가를 받아 대지 또는 건축물별로 분양받을 자에게 소유권을 이전할 수 있다.

② 사업시행자는 제1항에 따라 대지 및 건축물의 소유권을 이전하려는 때에는 그 내용을 해당 지방자치단체의 공보에 고시한 후 시장·군수등에게 보고하여야 한다. 이 경우 대지 또는 건축물을 분양받을 자는 고시가 있은 날의 다음 날에 그 대지 또는 건축물의 소유권을 취득한다.

▶ 판례 - [1] 구 도시 및 주거환경정비법 제81조 제1항과 제86조 제6호에서 정비사업시행과 관련한 서류 및 자료를 공개하게 하고 이를 위반한 추진위원회위원장 또는 조합임원 등에 대한 처벌규정을 둔 취지

[2] 법원에 의하여 선임된 조합임원 직무대행자가 구 도시 및 주거환경정비법 제86조 제6호, 제81조 제1항 위반죄의 범행주체인 조합임원에 해당하는지 여부(적극)

[1] 구 도시 및 주거환경정비법(2015. 9. 1. 법률 제13508호로 개정되기 전의 것) 제81조 제1항과 제86조 제6호에서 규정하고 있는 바와 같이, 위 법이 정비사업시행과 관련한 서류 및 자료를 공개하게 하고 이를 위반한 추진위원회위원장 또는 조합임원 등에 대한 처벌규정까지 둔 취지는 정비사업의 투명성·공공성을 확보하고 조합원 등의 알권리를 충족시키기 위한 것이다.

[2] 구 도시 및 주거환경정비법(2015. 9. 1. 법률 제13508호로 개정되기 전의 것, 이하 '구 도시정비법' 이라고 한다) 제21조 제1항은 조합장 1인과 이사, 감사를 조합의 임원으로 규정하고 있는데, 제27조는 조합에 관하여는 위 법에 규정된 것을 제외하고는 민법 중 사단법인에 관한 규정을 준용하도록 하고 있으므로, 민법 제52조의2가 준용되어 법원은 가처분명령에 의하여 조합임원의 직무대행자를 선임할 수 있다. 그런데 민법 제60조의2 제1항은 "제52조의2의 직무대행자는 가처분명령에 다른 정함이 있는 경우 외에는 법인의 통상사무에 속하지 아니한 행위를 하지 못한다. 다만, 법원의 허가를 얻은 경우에는 그러하지 아니하다." 라고 규정하고 있으므로, 법원의 가처분명령에 의하여 선임된 조합임원 직무대행자는 조합을 종전과 같이 그대로 유지하면서 관리하는 것과 같은 조합의 통상사무에 속하는 행위를 할 수 있다. 따라서 법원에 의하여 선임된 조합임원 직무대행자도 조합의 통상사무를 처리하는 범위 내에서는 원칙적으로 조합 총회의 의결을 거쳐 선임된 조합임원과 동일한 권한을 가진다. 이러

한 점과 더불어 정비사업의 투명성 · 공공성을 확보하고 조합원 등의 알권리를 충족시키기 위하여 정비사업시행과 관련한 서류 및 자료를 공개하지 아니한 조합임원 등을 처벌하는 규정을 둔 구 도시정비법의 취지 등을 종합하면, 법원에 의하여 선임된 조합임원 직무대행자도 구 도시정비법 제86조 제6호, 제81조 제1항 위반죄의 범행주체인 조합임원에 해당한다. [대법원 2017.6.15, 선고, 2017도2532, 판결]

제87조(대지 및 건축물에 대한 권리의 확정) ① 대지 또는 건축물을 분양받을 자에게 제86조제2항에 따라 소유권을 이전한 경우 종전의 토지 또는 건축물에 설정된 지상권 · 전세권 · 저당권 · 임차권 · 가등기담보권 · 가압류 등 등기된 권리 및 「주택임대차보호법」 제3조제1항의 요건을 갖춘 임차권은 소유권을 이전받은 대지 또는 건축물에 설정된 것으로 본다.
② 제1항에 따라 취득하는 대지 또는 건축물 중 토지등소유자에게 분양하는 대지 또는 건축물은 「도시개발법」 제40조에 따라 행하여진 환지로 본다.
③ 제79조제4항에 따른 보류지와 일반에게 분양하는 대지 또는 건축물은 「도시개발법」 제34조에 따른 보류지 또는 체비지로 본다.

제88조(등기절차 및 권리변동의 제한) ① 사업시행자는 제86조제2항에 따른 이전고시가 있은 때에는 지체 없이 대지 및 건축물에 관한 등기를 지방법원지원 또는 등기소에 촉탁 또는 신청하여야 한다.
② 제1항의 등기에 필요한 사항은 대법원규칙으로 정한다.
③ 정비사업에 관하여 제86조제2항에 따른 이전고시가 있은 날부터 제1항에 따른 등기가 있을 때까지는 저당권 등의 다른 등기를 하지 못한다.

제89조(청산금 등) ① 대지 또는 건축물을 분양받은 자가 종전에 소유하고 있던 토지 또는 건축물의 가격과 분양받은 대지 또는 건축물의 가격 사이에 차이가 있는 경우 사업시행자는 제86조제2항에 따른 이전고시가 있은 후에 그 차액에 상당하는 금액(이하 "청산금"이라 한다)을 분양받은 자로부터 징수하거나 분양받은 자에게 지급하여야 한다.
② 제1항에도 불구하고 사업시행자는 정관등에서 분할징수 및 분할지급을 정하고 있거나 총회의 의결을 거쳐 따로 정한 경우에는 관리처분계획인가 후부터 제86조제2항에 따른 이전고시가 있은 날까지 일정 기간별로 분할징수하거나 분할지급할 수 있다.
③ 사업시행자는 제1항 및 제2항을 적용하기 위하여 종전에 소유하고 있던 토지 또는 건축물의 가격과 분양받은 대지 또는 건축물의 가격을 평가하는 경우 그 토지 또는 건축물의 규모 · 위치 · 용도 · 이용 상황 · 정비사업비 등을 참작하여 평가하여야 한다.
④ 제3항에 따른 가격평가의 방법 및 절차 등에 필요한 사항은 대통령령으로 정한다.

제90조(청산금의 징수방법 등) ① 시장 · 군수등인 사업시행자는 청산금을 납부할 자가 이를 납부하지 아니하는 경우 지방세 체납처분의 예에 따라 징수(분할징수를 포함한다. 이하 이 조에서 같다)할 수 있으며, 시장 · 군수등이 아닌 사업시행자는 시장 · 군수등에게 청산금의 징수를 위탁할 수 있다. 이 경우 제93조제5항을 준용한다.
② 제89조제1항에 따른 청산금을 지급받을 자가 받을 수 없거나 받기를 거부한 때에는 사업시행자는 그 청산금을 공탁할 수 있다.
③ 청산금을 지급(분할지급을 포함한다)받을 권리 또는 이를 징수할 권리는 제86조제2항에 따른 이전고시일의 다음 날부터 5년간 행사하지 아니하면 소멸한다.

제91조(저당권의 물상대위) 정비구역에 있는 토지 또는 건축물에 저당권을 설정한 권리자는 사업시행자가 저당권이 설정된 토지 또는 건축물의 소유자에게 청산금을 지급하기 전에 압류절차를 거쳐 저당권을 행사할 수 있다.

제4장 비용의 부담 등

제92조(비용부담의 원칙) ① 정비사업비는 이 법 또는 다른 법령에 특별한 규정이 있는 경우를 제외하고는 사업시행자가 부담한다.
② 시장 · 군수등은 시장 · 군수등이 아닌 사업시행자가 시행하는 정비사업의 정비계획에 따라 설치되는 다음 각 호의 시설에 대하여는 그 건설에 드는 비용의 전부 또는 일부를

부담할 수 있다.
1. 도시·군계획시설 중 대통령령으로 정하는 주요 정비기반시설 및 공동이용시설
2. 임시거주시설

제93조(비용의 조달) ① 사업시행자는 토지등소유자로부터 제92조제1항에 따른 비용과 정비사업의 시행과정에서 발생한 수입의 차액을 부과금으로 부과·징수할 수 있다.
② 사업시행자는 토지등소유자가 제1항에 따른 부과금의 납부를 태만히 한 때에는 연체료를 부과·징수할 수 있다.
③ 제1항 및 제2항에 따른 부과금 및 연체료의 부과·징수에 필요한 사항은 정관등으로 정한다.
④ 시장·군수등이 아닌 사업시행자는 부과금 또는 연체료를 체납하는 자가 있는 때에는 시장·군수등에게 그 부과·징수를 위탁할 수 있다.
⑤ 시장·군수등은 제4항에 따라 부과·징수를 위탁받은 경우에는 지방세 체납처분의 예에 따라 부과·징수할 수 있다. 이 경우 사업시행자는 징수한 금액의 100분의 4에 해당하는 금액을 해당 시장·군수등에게 교부하여야 한다.

제94조(정비기반시설 관리자의 비용부담) ① 시장·군수등은 자신이 시행하는 정비사업으로 현저한 이익을 받는 정비기반시설의 관리자가 있는 경우에는 대통령령으로 정하는 방법 및 절차에 따라 해당 정비사업비의 일부를 그 정비기반시설의 관리자와 협의하여 그 관리자에게 부담시킬 수 있다.
② 사업시행자는 정비사업을 시행하는 지역에 전기·가스 등의 공급시설을 설치하기 위하여 공동구를 설치하는 경우에는 다른 법령에 따라 그 공동구에 수용될 시설을 설치할 의무가 있는 자에게 공동구의 설치에 드는 비용을 부담시킬 수 있다.
③ 제2항의 비용부담의 비율 및 부담방법과 공동구의 관리에 필요한 사항은 국토교통부령으로 정한다.

제95조(보조 및 융자) ① 국가 또는 시·도는 시장, 군수, 구청장 또는 토지주택공사등이 시행하는 정비사업에 관한 기초조사 및 정비사업의 시행에 필요한 시설로서 대통령령으로 정하는 정비기반시설, 임시거주시설 및 주거환경개선사업에 따른 공동이용시설의 건설에 드는 비용의 일부를 보조하거나 융자할 수 있다. 이 경우 국가 또는 시·도는 다음 각 호의 어느 하나에 해당하는 사업에 우선적으로 보조하거나 융자할 수 있다.
1. 시장·군수등 또는 토지주택공사등이 다음 각 목의 어느 하나에 해당하는 지역에서 시행하는 주거환경개선사업
   가. 제20조 및 제21조에 따라 해제된 정비구역등
   나. 「도시재정비 촉진을 위한 특별법」 제7조제2항에 따라 재정비촉진지구가 해제된 지역
2. 국가 또는 지방자치단체가 도시영세민을 이주시켜 형성된 낙후지역으로서 대통령령으로 정하는 지역에서 시장·군수등 또는 토지주택공사등이 단독으로 시행하는 재개발사업

② 시장·군수등은 사업시행자가 토지주택공사등인 주거환경개선사업과 관련하여 제1항에 따른 정비기반시설 및 공동이용시설, 임시거주시설을 건설하는 경우 건설에 드는 비용의 전부 또는 일부를 토지주택공사등에게 보조하여야 한다.
③ 국가 또는 지방자치단체는 시장·군수등이 아닌 사업시행자가 시행하는 정비사업에 드는 비용의 일부를 보조 또는 융자하거나 융자를 알선할 수 있다.
④ 국가 또는 지방자치단체는 제1항 및 제2항에 따라 정비사업에 필요한 비용을 보조 또는 융자하는 경우 제59조제1항에 따른 순환정비방식의 정비사업에 우선적으로 지원할 수 있다. 이 경우 순환정비방식의 정비사업의 원활한 시행을 위하여 국가 또는 지방자치단체는 순환용주택의 건설비, 공가(空家) 관리비의 일부를 보조 또는 융자할 수 있다.
⑤ 국가는 다음 각 호의 어느 하나에 해당하는 비용의 전부 또는 일부를 지방자치단체 또는 토지주택공사등에 보조 또는 융자할 수 있다.
1. 제59조제2항에 따라 토지주택공사등이 보유한 공공임대주택을 순환용주택으로 조합에게 제공하는 경우 그 건설비 및 공가관리비 등의 비용
2. 제79조제5항에 따라 시·도지사, 시장, 군수, 구청장 또는 토지주택공사등이 재개발임대주택을 인수하는 경우 그 인수

비용

⑥ 국가 또는 지방자치단체는 제80조제2항에 따라 토지임대부 분양주택을 공급받는 자에게 해당 공급비용의 전부 또는 일부를 보조 또는 융자할 수 있다.

제96조(정비기반시설의 설치) 사업시행자는 관할 지방자치단체의 장과의 협의를 거쳐 정비구역에 정비기반시설(주거환경개선사업의 경우에는 공동이용시설을 포함한다)을 설치하여야 한다.

제97조(정비기반시설 및 토지 등의 귀속) ① 시장·군수등 또는 토지주택공사등이 정비사업의 시행으로 새로 정비기반시설을 설치하거나 기존의 정비기반시설을 대체하는 정비기반시설을 설치한 경우에는 「국유재산법」 및 「공유재산 및 물품 관리법」에도 불구하고 종래의 정비기반시설은 사업시행자에게 무상으로 귀속되고, 새로 설치된 정비기반시설은 그 시설을 관리할 국가 또는 지방자치단체에 무상으로 귀속된다.

② 시장·군수등 또는 토지주택공사등이 아닌 사업시행자가 정비사업의 시행으로 새로 설치한 정비기반시설은 그 시설을 관리할 국가 또는 지방자치단체에 무상으로 귀속되고, 정비사업의 시행으로 용도가 폐지되는 국가 또는 지방자치단체 소유의 정비기반시설은 사업시행자가 새로 설치한 정비기반시설의 설치비용에 상당하는 범위에서 그에게 무상으로 양도된다.

③ 제1항 및 제2항의 정비기반시설에 해당하는 도로는 다음 각 호의 어느 하나에 해당하는 도로를 말한다.

1. 「국토의 계획 및 이용에 관한 법률」 제30조에 따라 도시·군관리계획으로 결정되어 설치된 도로
2. 「도로법」 제23조에 따라 도로관리청이 관리하는 도로
3. 「도시개발법」 등 다른 법률에 따라 설치된 국가 또는 지방자치단체 소유의 도로
4. 그 밖에 「공유재산 및 물품 관리법」에 따른 공유재산 중 일반인의 교통을 위하여 제공되고 있는 부지. 이 경우 부지의 사용 형태, 규모, 기능 등 구체적인 기준은 시·도조례로 정할 수 있다.

④ 시장·군수등은 제1항부터 제3항까지의 규정에 따른 정비기반시설의 귀속 및 양도에 관한 사항이 포함된 정비사업을 시행하거나 그 시행을 인가하려는 경우에는 미리 그 관리청의 의견을 들어야 한다. 인가받은 사항을 변경하려는 경우에도 또한 같다.

⑤ 사업시행자는 제1항부터 제3항까지의 규정에 따라 관리청에 귀속될 정비기반시설과 사업시행자에게 귀속 또는 양도될 재산의 종류와 세목을 정비사업의 준공 전에 관리청에 통지하여야 하며, 해당 정비기반시설은 그 정비사업이 준공인가되어 관리청에 준공인가통지를 한 때에 국가 또는 지방자치단체에 귀속되거나 사업시행자에게 귀속 또는 양도된 것으로 본다.

⑥ 제5항에 따른 정비기반시설의 등기에 있어서 정비사업의 시행인가서와 준공인가서(시장·군수등이 직접 정비사업을 시행하는 경우에는 제50조제7항에 따른 사업시행계획인가의 고시와 제83조제4항에 따른 공사완료의 고시를 말한다)는 「부동산등기법」에 따른 등기원인을 증명하는 서류를 갈음한다.

⑦ 제1항 및 제2항에 따라 정비사업의 시행으로 용도가 폐지되는 국가 또는 지방자치단체 소유의 정비기반시설의 경우 정비사업의 시행 기간 동안 해당 시설의 대부료는 면제된다.

제98조(국유·공유재산의 처분 등) ① 시장·군수등은 제50조 및 제52조에 따라 인가하려는 사업시행계획 또는 직접 작성하는 사업시행계획서에 국유·공유재산의 처분에 관한 내용이 포함되어 있는 때에는 미리 관리청과 협의하여야 한다. 이 경우 관리청이 불분명한 재산 중 도로·하천·구거 등은 국토교통부장관을, 그 외의 재산은 기획재정부장관을 관리청으로 본다.

② 제1항에 따라 협의를 받은 관리청은 20일 이내에 의견을 제시하여야 한다.

③ 정비구역의 국유·공유재산은 정비사업 외의 목적으로 매각되거나 양도될 수 없다.

④ 정비구역의 국유·공유재산은 「국유재산법」 제9조 또는 「공유재산 및 물품 관리법」 제10조에 따른 국유재산종합계획 또는 공유재산관리계획과 「국유재산법」 제43조 및 「공유재산 및 물품 관리법」 제29조에 따른 계약의 방법에도 불구하고 사업시행자 또는 점유자 및 사용자에게 다른 사람에 우선하여 수의계약으로 매각 또는 임대될 수

있다.

⑤ 제4항에 따라 다른 사람에 우선하여 매각 또는 임대될 수 있는 국유·공유재산은 「국유재산법」, 「공유재산 및 물품 관리법」 및 그 밖에 국·공유지의 관리와 처분에 관한 관계 법령에도 불구하고 사업시행계획인가의 고시가 있은 날부터 종전의 용도가 폐지된 것으로 본다.

⑥ 제4항에 따라 정비사업을 목적으로 우선하여 매각하는 국·공유지는 사업시행계획인가의 고시가 있은 날을 기준으로 평가하며, 주거환경개선사업의 경우 매각가격은 평가금액의 100분의 80으로 한다. 다만, 사업시행계획인가의 고시가 있은 날부터 3년 이내에 매매계약을 체결하지 아니한 국·공유지는 「국유재산법」 또는 「공유재산 및 물품 관리법」에서 정한다.

제99조(국유·공유재산의 임대) ① 지방자치단체 또는 토지주택공사등은 주거환경개선구역 및 재개발구역(재개발사업을 시행하는 정비구역을 말한다. 이하 같다)에서 임대주택을 건설하는 경우에는 「국유재산법」 제46조제1항 또는 「공유재산 및 물품 관리법」 제31조에도 불구하고 국·공유지 관리청과 협의하여 정한 기간 동안 국·공유지를 임대할 수 있다.

② 시장·군수등은 「국유재산법」 제18조제1항 또는 「공유재산 및 물품 관리법」 제13조에도 불구하고 제1항에 따라 임대하는 국·공유지 위에 공동주택, 그 밖의 영구시설물을 축조하게 할 수 있다. 이 경우 해당 시설물의 임대기간이 종료되는 때에는 임대한 국·공유지 관리청에 기부 또는 원상으로 회복하여 반환하거나 국·공유지 관리청으로부터 매입하여야 한다.

③ 제1항에 따라 임대하는 국·공유지의 임대료는 「국유재산법」 또는 「공유재산 및 물품 관리법」에서 정한다.

제100조(공동이용시설 사용료의 면제) ① 지방자치단체의 장은 마을공동체 활성화 등 공익 목적을 위하여 「공유재산 및 물품 관리법」 제20조에 따라 주거환경개선구역 내 공동이용시설에 대한 사용 허가를 하는 경우 같은 법 제22조에도 불구하고 사용료를 면제할 수 있다.

② 제1항에 따른 공익 목적의 기준, 사용료 면제 대상 및 그 밖에 필요한 사항은 시·도조례로 정한다.

제101조(국·공유지의 무상양여 등) ① 다음 각 호의 어느 하나에 해당하는 구역에서 국가 또는 지방자치단체가 소유하는 토지는 제50조제7항에 따른 사업시행계획인가의 고시가 있은 날부터 종전의 용도가 폐지된 것으로 보며, 「국유재산법」, 「공유재산 및 물품 관리법」 및 그 밖에 국·공유지의 관리 및 처분에 관하여 규정한 관계 법령에도 불구하고 해당 사업시행자에게 무상으로 양여된다. 다만, 「국유재산법」 제6조제2항에 따른 행정재산 또는 「공유재산 및 물품 관리법」 제5조제2항에 따른 행정재산과 국가 또는 지방자치단체가 양도계약을 체결하여 정비구역지정 고시일 현재 대금의 일부를 수령한 토지에 대하여는 그러하지 아니하다.

1. 주거환경개선구역
2. 국가 또는 지방자치단체가 도시영세민을 이주시켜 형성된 낙후지역으로서 대통령령으로 정하는 재개발구역(이 항 각 호 외의 부분 본문에도 불구하고 무상양여 대상에서 국유지는 제외하고, 공유지는 시장·군수등 또는 토지주택공사등이 단독으로 사업시행자가 되는 경우로 한정한다)

② 제1항 각 호에 해당하는 구역에서 국가 또는 지방자치단체가 소유하는 토지는 제16조제2항에 따른 정비구역지정의 고시가 있은 날부터 정비사업 외의 목적으로 양도되거나 매각될 수 없다.

③ 제1항에 따라 무상양여된 토지의 사용수익 또는 처분으로 발생한 수입은 주거환경개선사업 또는 재개발사업 외의 용도로 사용할 수 없다.

④ 시장·군수등은 제1항에 따른 무상양여의 대상이 되는 국·공유지를 소유 또는 관리하고 있는 국가 또는 지방자치단체와 협의를 하여야 한다.

⑤ 사업시행자에게 양여된 토지의 관리처분에 필요한 사항은 국토교통부장관의 승인을 받아 해당 시·도조례 또는 토지주택공사등의 시행규정으로 정한다.

제5장 정비사업전문관리업

제102조(정비사업전문관리업의 등록) ① 다

음 각 호의 사항을 추진위원회 또는 사업시행자로부터 위탁받거나 이와 관련한 자문을 하려는 자는 대통령령으로 정하는 자본·기술인력 등의 기준을 갖춰 시·도지사에게 등록 또는 변경(대통령령으로 정하는 경미한 사항의 변경은 제외한다)등록하여야 한다. 다만, 주택의 건설 등 정비사업 관련 업무를 하는 공공기관 등으로 대통령령으로 정하는 기관의 경우에는 그러하지 아니하다.

1. 조합설립의 동의 및 정비사업의 동의에 관한 업무의 대행
2. 조합설립인가의 신청에 관한 업무의 대행
3. 사업성 검토 및 정비사업의 시행계획서의 작성
4. 설계자 및 시공자 선정에 관한 업무의 지원
5. 사업시행계획인가의 신청에 관한 업무의 대행
6. 관리처분계획의 수립에 관한 업무의 대행
7. 제118조제2항제2호에 따라 시장·군수등이 정비사업전문관리업자를 선정한 경우에는 추진위원회 설립에 필요한 다음 각 목의 업무
   가. 동의서 제출의 접수
   나. 운영규정 작성 지원
   다. 그 밖에 시·도조례로 정하는 사항

② 제1항에 따른 등록의 절차 및 방법, 등록수수료 등에 필요한 사항은 대통령령으로 정한다.

③ 시·도지사는 제1항에 따라 정비사업전문관리업의 등록 또는 변경등록한 현황, 제106조제1항에 따라 정비사업전문관리업의 등록취소 또는 업무정지를 명한 현황을 국토교통부령으로 정하는 방법 및 절차에 따라 국토교통부장관에게 보고하여야 한다.

제103조(정비사업전문관리업자의 업무제한 등) 정비사업전문관리업자는 동일한 정비사업에 대하여 다음 각 호의 업무를 병행하여 수행할 수 없다.

1. 건축물의 철거
2. 정비사업의 설계
3. 정비사업의 시공
4. 정비사업의 회계감사
5. 그 밖에 정비사업의 공정한 질서유지에 필요하다고 인정하여 대통령령으로 정하는 업무

제104조(정비사업전문관리업자와 위탁자와의 관계) 정비사업전문관리업자에게 업무를 위탁하거나 자문을 요청한 자와 정비사업전문관리업자의 관계에 관하여 이 법에 규정된 사항을 제외하고는 「민법」 중 위임에 관한 규정을 준용한다.

제105조(정비사업전문관리업자의 결격사유) ① 다음 각 호의 어느 하나에 해당하는 자는 정비사업전문관리업의 등록을 신청할 수 없으며, 정비사업전문관리업자의 업무를 대표 또는 보조하는 임직원이 될 수 없다.

1. 미성년자(대표 또는 임원이 되는 경우로 한정한다)·피성년후견인 또는 피한정후견인
2. 파산선고를 받은 자로서 복권되지 아니한 자
3. 정비사업의 시행과 관련한 범죄행위로 인하여 금고 이상의 실형의 선고를 받고 그 집행이 종료(종료된 것으로 보는 경우를 포함한다)되거나 집행이 면제된 날부터 2년이 경과되지 아니한 자
4. 정비사업의 시행과 관련한 범죄행위로 인하여 금고 이상의 형의 집행유예를 받고 그 유예기간 중에 있는 자
5. 이 법을 위반하여 벌금형 이상의 선고를 받고 2년이 경과되지 아니한 자
6. 제106조에 따라 등록이 취소된 후 2년이 경과되지 아니한 자(법인인 경우 그 대표자를 말한다)
7. 법인의 업무를 대표 또는 보조하는 임직원 중 제1호부터 제6호까지 중 어느 하나에 해당하는 자가 있는 법인

② 정비사업전문관리업자의 업무를 대표 또는 보조하는 임직원이 제1항 각 호의 어느 하나에 해당하게 되거나 선임 당시 그에 해당하는 자이었음이 판명된 때에는 당연 퇴직한다.

③ 제2항에 따라 퇴직된 임직원이 퇴직 전에 관여한 행위는 효력을 잃지 아니한다.

제106조(정비사업전문관리업의 등록취소 등) ① 시·도지사는 정비사업전문관리업자가 다음 각 호의 어느 하나에 해당하는 때에는 그 등록을 취소하거나 1년 이내의 기간을 정하여 업무의 전부 또는 일부의 정지를 명할 수 있다. 다만, 제1호·제4호·제8호 및 제9호에 해당하는 때에는 그 등록을 취소하여야 한

다.
1. 거짓, 그 밖의 부정한 방법으로 등록을 한 때
2. 제102조제1항에 따른 등록기준에 미달하게 된 때
3. 추진위원회, 사업시행자 또는 시장·군수등의 위탁이나 자문에 관한 계약 없이 제102조제1항 각 호에 따른 업무를 수행한 때
4. 제102조제1항 각 호에 따른 업무를 직접 수행하지 아니한 때
5. 고의 또는 과실로 조합에게 계약금액(정비사업전문관리업자가 조합과 체결한 총계약금액을 말한다)의 3분의 1 이상의 재산상 손실을 끼친 때
6. 제107조에 따른 보고·자료제출을 하지 아니하거나 거짓으로 한 때 또는 조사·검사를 거부·방해 또는 기피한 때
7. 제111조에 따른 보고·자료제출을 하지 아니하거나 거짓으로 한 때 또는 조사를 거부·방해 또는 기피한 때
8. 최근 3년간 2회 이상의 업무정지처분을 받은 자로서 그 정지처분을 받은 기간이 합산하여 12개월을 초과한 때
9. 다른 사람에게 자기의 성명 또는 상호를 사용하여 이 법에서 정한 업무를 수행하게 하거나 등록증을 대여한 때
10. 이 법을 위반하여 벌금형 이상의 선고를 받은 경우(법인의 경우에는 그 소속 임직원을 포함한다)
11. 그 밖에 이 법 또는 이 법에 따른 명령이나 처분을 위반한 때

② 제1항에 따른 등록의 취소 및 업무의 정지처분에 관한 기준은 대통령령으로 정한다.
③ 정비사업전문관리업자는 제1항에 따라 등록취소처분 등을 받은 경우에는 해당 내용을 지체 없이 사업시행자에게 통지하여야 한다.
④ 정비사업전문관리업자는 제1항에 따라 등록취소처분 등을 받기 전에 계약을 체결한 업무는 계속하여 수행할 수 있다. 이 경우 정비사업전문관리업자는 해당 업무를 완료할 때까지는 정비사업전문관리업자로 본다.
⑤ 정비사업전문관리업자는 제4항 전단에도 불구하고 다음 각 호의 어느 하나에 해당하는 경우에는 업무를 계속하여 수행할 수 없다.
1. 사업시행자가 제3항에 따른 통지를 받거나 처분사실을 안 날부터 3개월 이내에 총회 또는 대의원회의 의결을 거쳐 해당 업무계약을 해지한 경우
2. 정비사업전문관리업자가 등록취소처분 등을 받은 날부터 3개월 이내에 사업시행자로부터 업무의 계속 수행에 대하여 동의를 받지 못한 경우. 이 경우 사업시행자가 동의를 하려는 때에는 총회 또는 대의원회의 의결을 거쳐야 한다.
3. 제1항 각 호 외의 부분 단서에 따라 등록이 취소된 경우

제107조(정비사업전문관리업자에 대한 조사 등) ① 국토교통부장관 또는 시·도지사는 정비사업전문관리업자에 대하여 업무의 감독상 필요한 때에는 그 업무에 관한 사항을 보고하게 하거나 자료의 제출, 그 밖의 필요한 명령을 할 수 있으며, 소속 공무원에게 영업소 등에 출입하여 장부·서류 등을 조사 또는 검사하게 할 수 있다.
② 제1항에 따라 출입·검사 등을 하는 공무원은 권한을 표시하는 증표를 지니고 관계인에게 내보여야 한다.

제108조(정비사업전문관리업 정보의 종합관리) ① 국토교통부장관은 정비사업전문관리업자의 자본금·사업실적·경영실태 등에 관한 정보를 종합적이고 체계적으로 관리하고 추진위원회 또는 사업시행자 등에게 제공하기 위하여 정비사업전문관리업 정보종합체계를 구축·운영할 수 있다.
② 제1항에 따른 정비사업전문관리업 정보종합체계의 구축·운영에 필요한 사항은 국토교통부령으로 정한다.

제109조(협회의 설립 등) ① 정비사업전문관리업자는 정비사업전문관리업의 전문화와 정비사업의 건전한 발전을 도모하기 위하여 정비사업전문관리업자단체(이하 "협회"라 한다)를 설립할 수 있다.
② 협회는 법인으로 한다.
③ 협회는 주된 사무소의 소재지에서 설립등기를 하는 때에 성립한다.
④ 협회를 설립하려는 때에는 회원의 자격이 있는 50명 이상을 발기인으로 하여 정관을 작성한 후 창립총회의 의결을 거쳐 국토교통부장관의 인가를 받아야 한다. 협회가 정관을 변경하려는 때에도 또한 같다.
⑤ 이 법에 따라 시·도지사로부터 업무정

지처분을 받은 회원의 권리·의무는 영업정지기간 중 정지되며, 정비사업전문관리업의 등록이 취소된 때에는 회원의 자격을 상실한다.

⑥ 협회의 정관, 설립인가의 취소, 그 밖에 필요한 사항은 대통령령으로 정한다.

⑦ 협회에 관하여 이 법에 규정된 사항을 제외하고는 「민법」 중 사단법인에 관한 규정을 준용한다.

제110조(협회의 업무 및 감독) ① 협회의 업무는 다음 각 호와 같다.

1. 정비사업전문관리업 및 정비사업의 건전한 발전을 위한 조사·연구
2. 회원의 상호 협력증진을 위한 업무
3. 정비사업전문관리 기술 인력과 정비사업전문관리업 종사자의 자질향상을 위한 교육 및 연수
4. 그 밖에 대통령령으로 정하는 업무

② 국토교통부장관은 감독상 필요한 때에는 협회에게 업무에 관한 사항을 보고하게 하거나 자료의 제출, 그 밖에 필요한 명령을 할 수 있으며, 협회의 업무에 대한 조사·검사와 그 밖에 협회의 감독에 필요한 사항은 대통령령으로 정한다.

제6장 감독 등

제111조(자료의 제출 등) ① 시·도지사는 국토교통부령으로 정하는 방법 및 절차에 따라 정비사업의 추진실적을 분기별로 국토교통부장관에게, 시장, 군수 또는 구청장은 시·도조례로 정하는 바에 따라 정비사업의 추진실적을 특별시장·광역시장 또는 도지사에게 보고하여야 한다.

② 국토교통부장관, 시·도지사, 시장, 군수 또는 구청장은 정비사업의 원활한 시행을 위하여 감독상 필요한 때에는 추진위원회·사업시행자·정비사업전문관리업자·철거업자·설계자 및 시공자 등 이 법에 따른 업무를 하는 자에게 국토교통부령으로 정하는 내용에 따라 보고 또는 자료의 제출을 명할 수 있으며 소속 공무원에게 그 업무에 관한 사항을 조사하게 할 수 있다.

③ 제2항에 따라 업무를 조사하는 공무원은 국토교통부령으로 정하는 방법 및 절차에 따라 조사 일시·목적 등을 미리 알려주어야 한다.

제112조(회계감사) ① 시장·군수등 또는 토지주택공사등이 아닌 사업시행자는 대통령령으로 정하는 방법 및 절차에 따라 다음 각 호의 어느 하나에 해당하는 시기에 「주식회사의 외부감사에 관한 법률」 제3조에 따른 감사인의 회계감사를 받아야 하며, 그 감사결과를 회계감사가 종료된 날부터 15일 이내에 시장·군수등 및 해당 조합에 보고하고 조합원이 공람할 수 있도록 하여야 한다. 다만, 지정개발자가 사업시행자인 경우 제2호 및 제3호에 해당하는 시기에 한정한다.

1. 제34조제4항에 따라 추진위원회에서 조합으로 인계되기 전 7일 이내
2. 제50조제7항에 따른 사업시행계획인가의 고시일부터 20일 이내
3. 제83조제1항에 따른 준공인가의 신청일부터 7일 이내

② 제1항에 따라 회계감사가 필요한 경우 사업시행자는 시장·군수등에게 회계감사기관의 선정·계약을 요청하여야 하며, 시장·군수등은 요청이 있는 경우 즉시 회계감사기관을 선정하여 회계감사가 이루어지도록 하여야 한다.

③ 제2항에 따라 회계감사기관을 선정·계약한 경우 시장·군수등은 공정한 회계감사를 위하여 선정된 회계감사기관을 감독하여야 하며, 필요한 처분이나 조치를 명할 수 있다.

④ 사업시행자는 제2항에 따라 회계감사기관의 선정·계약을 요청하려는 경우 시장·군수등에게 회계감사에 필요한 비용을 미리 예치하여야 한다. 시장·군수등은 회계감사가 끝난 경우 예치된 금액에서 회계감사비용을 직접 지불한 후 나머지 비용은 사업시행자와 정산하여야 한다.

제113조(감독) ① 정비사업의 시행이 이 법 또는 이 법에 따른 명령·처분이나 사업시행계획서 또는 관리처분계획에 위반되었다고 인정되는 때에는 정비사업의 적정한 시행을 위하여 필요한 범위에서 국토교통부장관은 시·도지사, 시장, 군수, 구청장, 추진위원회, 주민대표회의, 사업시행자 또는 정비사업전문관리업자에게, 특별시장, 광역시장 또는 도지사는 시장, 군수, 구청장,

추진위원회, 주민대표회의, 사업시행자 또는 정비사업전문관리업자에게, 시장·군수는 추진위원회, 주민대표회의, 사업시행자 또는 정비사업전문관리업자에게 처분의 취소·변경 또는 정지, 공사의 중지·변경, 임원의 개선 권고, 그 밖의 필요한 조치를 취할 수 있다.

② 국토교통부장관, 시·도지사, 시장, 군수 또는 구청장은 이 법에 따른 정비사업의 원활한 시행을 위하여 관계 공무원 및 전문가로 구성된 점검반을 구성하여 정비사업 현장조사를 통하여 분쟁의 조정, 위법사항의 시정요구 등 필요한 조치를 할 수 있다. 이 경우 관할 지방자치단체의 장과 조합 등은 대통령령으로 정하는 자료의 제공 등 점검반의 활동에 적극 협조하여야 한다.

③ 제111조제3항은 제2항의 정비사업 현장조사를 하는 공무원에 대하여도 준용한다.

제114조(정비사업 지원기구) 국토교통부장관은 다음 각 호의 업무를 수행하기 위하여 정비사업 지원기구를 설치할 수 있다. 이 경우 국토교통부장관은 「한국감정원법」에 따라 설립된 한국감정원 또는 「한국토지주택공사법」에 따라 설립된 한국토지주택공사에게 정비사업 지원기구의 업무를 대행하게 할 수 있다.

1. 정비사업 상담지원업무
2. 정비사업전문관리제도의 지원
3. 전문조합관리인의 교육 및 운영지원
4. 소규모 영세사업장 등의 사업시행계획 및 관리처분계획 수립지원
5. 정비사업을 통한 기업형임대주택 공급업무 지원
6. 그 밖에 국토교통부장관이 정하는 업무

제115조(교육의 실시) 국토교통부장관, 시·도지사, 시장, 군수 또는 구청장은 추진위원장 및 감사, 조합임원, 전문조합관리인, 정비사업전문관리업자의 대표자 및 기술인력, 토지등소유자 등에 대하여 대통령령으로 정하는 바에 따라 교육을 실시할 수 있다.

제116조(도시분쟁조정위원회의 구성 등) ① 정비사업의 시행으로 발생한 분쟁을 조정하기 위하여 정비구역이 지정된 특별자치시, 특별자치도, 또는 시·군·구(자치구를 말한다. 이하 이 조에서 같다)에 도시분쟁조정위원회(이하 "조정위원회"라 한다)를 둔다. 다만, 시장·군수등을 당사자로 하여 발생한 정비사업의 시행과 관련된 분쟁 등의 조정을 위하여 필요한 경우에는 시·도에 조정위원회를 둘 수 있다.

② 조정위원회는 부시장·부지사·부구청장 또는 부군수를 위원장으로 한 10명 이내의 위원으로 구성한다.

③ 조정위원회 위원은 정비사업에 대한 학식과 경험이 풍부한 사람으로서 다음 각 호의 어느 하나에 해당하는 사람 중에서 시장·군수등이 임명 또는 위촉한다. 이 경우 제1호, 제3호 및 제4호에 해당하는 사람이 각 2명 이상 포함되어야 한다.

1. 해당 특별자치시, 특별자치도 또는 시·군·구에서 정비사업 관련 업무에 종사하는 5급 이상 공무원
2. 대학이나 연구기관에서 부교수 이상 또는 이에 상당하는 직에 재직하고 있는 사람
3. 판사, 검사 또는 변호사의 직에 5년 이상 재직한 사람
4. 건축사, 감정평가사, 공인회계사로서 5년 이상 종사한 사람
5. 그 밖에 정비사업에 전문적 지식을 갖춘 사람으로서 시·도조례로 정하는 자

④ 조정위원회에는 위원 3명으로 구성된 분과위원회(이하 "분과위원회"라 한다)를 두며, 분과위원회에는 제3항제1호 및 제3호에 해당하는 사람이 각 1명 이상 포함되어야 한다.

제117조(조정위원회의 조정 등) ① 조정위원회는 정비사업의 시행과 관련하여 다음 각 호의 어느 하나에 해당하는 분쟁 사항을 심사·조정한다. 다만, 「주택법」, 「공익사업을 위한 토지 등의 취득 및 보상에 관한 법률」, 그 밖의 관계 법률에 따라 설치된 위원회의 심사대상에 포함되는 사항은 제외할 수 있다.

1. 매도청구권 행사 시 감정가액에 대한 분쟁
2. 공동주택 평형 배정방법에 대한 분쟁
3. 그 밖에 대통령령으로 정하는 분쟁

② 시장·군수등은 다음 각 호의 어느 하나에 해당하는 경우 조정위원회를 개최할 수 있으며, 조정위원회는 조정신청을 받은 날(제2호의 경우 조정위원회를 처음 개최한 날을 말한다)부터 60일 이내에 조정절차를 마쳐야 한다. 다만, 조정기간 내에 조정절차를 마칠 수

없는 정당한 사유가 있다고 판단되는 경우에는 조정위원회의 의결로 그 기간을 한 차례만 연장할 수 있으며 그 기간은 30일 이내로 한다. <개정 2017.8.9.>

1. 분쟁당사자가 정비사업의 시행으로 인하여 발생한 분쟁의 조정을 신청하는 경우
2. 시장·군수등이 조정위원회의 조정이 필요하다고 인정하는 경우

③ 조정위원회의 위원장은 조정위원회의 심사에 앞서 분과위원회에서 사전 심사를 담당하게 할 수 있다. 다만, 분과위원회의 위원 전원이 일치된 의견으로 조정위원회의 심사가 필요없다고 인정하는 경우에는 조정위원회에 회부하지 아니하고 분과위원회의 심사로 조정절차를 마칠 수 있다.

④ 조정위원회 또는 분과위원회는 제2항 또는 제3항에 따른 조정절차를 마친 경우 조정안을 작성하여 지체 없이 각 당사자에게 제시하여야 한다. 이 경우 조정안을 제시받은 각 당사자는 제시받은 날부터 15일 이내에 수락 여부를 조정위원회 또는 분과위원회에 통보하여야 한다.

⑤ 당사자가 조정안을 수락한 경우 조정위원회는 즉시 조정서를 작성한 후, 위원장 및 각 당사자는 조정서에 서명·날인하여야 한다.

⑥ 제5항에 따라 당사자가 강제집행을 승낙하는 취지의 내용이 기재된 조정서에 서명·날인한 경우 조정서의 정본은 「민사집행법」 제56조에도 불구하고 집행력 있는 집행권원과 같은 효력을 가진다. 다만, 청구에 관한 이의의 주장에 대하여는 「민사집행법」 제44조제2항을 적용하지 아니한다.

⑦ 그 밖에 조정위원회의 구성·운영 및 비용의 부담, 조정기간 연장 등에 필요한 사항은 시·도조례로 정한다. <개정 2017.8.9.>

제118조(정비사업의 공공지원) ① 시장·군수등은 정비사업의 투명성 강화 및 효율성 제고를 위하여 시·도조례로 정하는 정비사업에 대하여 사업시행 과정을 지원(이하 "공공지원"이라 한다)하거나 토지주택공사등, 신탁업자, 「주택도시기금법」에 따른 주택도시보증공사 또는 이 법 제102조제1항 각 호 외의 부분 단서에 따라 대통령령으로 정하는 기관에 공공지원을 위탁할 수 있다.

② 제1항에 따라 정비사업을 공공지원하는 시장·군수등 및 공공지원을 위탁받은 자(이하 "위탁지원자"라 한다)는 다음 각 호의 업무를 수행한다.

1. 추진위원회 또는 주민대표회의 구성
2. 정비사업전문관리업자의 선정(위탁지원자는 선정을 위한 지원으로 한정한다)
3. 설계자 및 시공자 선정 방법 등
4. 제52조제1항제4호에 따른 세입자의 주거 및 이주 대책(이주 거부에 따른 협의 대책을 포함한다) 수립
5. 관리처분계획 수립
6. 그 밖에 시·도조례로 정하는 사항

③ 시장·군수등은 위탁지원자의 공정한 업무수행을 위하여 관련 자료의 제출 및 조사, 현장점검 등 필요한 조치를 할 수 있다. 이 경우 위탁지원자의 행위에 대한 대외적인 책임은 시장·군수등에게 있다.

④ 공공지원에 필요한 비용은 시장·군수등이 부담하되, 특별시장, 광역시장 또는 도지사는 관할 구역의 시장, 군수 또는 구청장에게 특별시·광역시 또는 도의 조례로 정하는 바에 따라 그 비용의 일부를 지원할 수 있다.

⑤ 추진위원회가 제2항제2호에 따라 시장·군수등이 선정한 정비사업전문관리업자를 선정하는 경우에는 제32조제2항을 적용하지 아니한다.

⑥ 공공지원의 시행을 위한 방법과 절차, 기준 및 제126조에 따른 도시·주거환경정비기금의 지원, 시공자 선정 시기 등에 필요한 사항은 시·도조례로 정한다.

⑦ 제6항에도 불구하고 다음 각 호의 어느 하나에 해당하는 경우에는 토지등소유자(제35조에 따라 조합을 설립한 경우에는 조합원을 말한다)의 과반수 동의를 받아 제29조제4항에 따라 시공자를 선정할 수 있다. 다만, 제1호의 경우에는 해당 건설업자를 시공자로 본다. <개정 2017.8.9.>

1. 조합이 제25조에 따라 건설업자와 공동으로 정비사업을 시행하는 경우로서 조합과 건설업자 사이에 협약을 체결하는 경우
2. 제28조제1항 및 제2항에 따라 사업대행자가 정비사업을 시행하는 경우

⑧ 제7항제1호의 협약사항에 관한 구체적인 내용은 시·도조례로 정할 수 있다.

제119조(정비사업관리시스템의 구축) ① 시·도지사는 정비사업의 효율적이고 투명한 관

리를 위하여 정비사업관리시스템을 구축하여 운영할 수 있다.
② 제1항에 따른 정비사업관리시스템의 운영방법 등에 필요한 사항은 시·도조례로 정한다.

제120조(정비사업의 정보공개) 시장·군수등은 정비사업의 투명성 강화를 위하여 조합이 시행하는 정비사업에 관한 다음 각 호의 사항을 매년 1회 이상 인터넷과 그 밖의 방법을 병행하여 공개하여야 한다. 이 경우 공개의 방법 및 시기 등 필요한 사항은 시·도조례로 정한다. <개정 2017.8.9.>
1. 제74조제1항에 따라 관리처분계획의 인가(변경인가를 포함한다. 이하 이 조에서 같다)를 받은 사항 중 제29조에 따른 계약금액
2. 제74조제1항에 따라 관리처분계획의 인가를 받은 사항 중 정비사업에서 발생한 이자
3. 그 밖에 시·도조례로 정하는 사항

제121조(청문) 국토교통부장관, 시·도지사, 시장, 군수 또는 구청장은 다음 각 호의 어느 하나에 해당하는 처분을 하려는 경우에는 청문을 하여야 한다.
1. 제106조제1항에 따른 정비사업전문관리업의 등록취소
2. 제113조제1항부터 제3항까지의 규정에 따른 추진위원회 승인의 취소, 조합설립인가의 취소, 사업시행계획인가의 취소 또는 관리처분계획인가의 취소

제7장 보칙

제122조(토지등소유자의 설명의무) ① 토지등소유자는 자신이 소유하는 정비구역 내 토지 또는 건축물에 대하여 매매·전세·임대차 또는 지상권 설정 등 부동산 거래를 위한 계약을 체결하는 경우 다음 각 호의 사항을 거래 상대방에게 설명·고지하고, 거래 계약서에 기재 후 서명·날인하여야 한다.
1. 해당 정비사업의 추진단계
2. 퇴거예정시기(건축물의 경우 철거예정시기를 포함한다)
3. 제19조에 따른 행위제한
4. 제39조에 따른 조합원의 자격
5. 제70조제5항에 따른 계약기간
6. 제77조에 따른 주택 등 건축물을 분양받을 권리의 산정 기준일
7. 그 밖에 거래 상대방의 권리·의무에 중대한 영향을 미치는 사항으로서 대통령령으로 정하는 사항

② 제1항 각 호의 사항은 「공인중개사법」 제25조제1항제2호의 "법령의 규정에 의한 거래 또는 이용제한사항"으로 본다.

제123조(재개발사업 등의 시행방식의 전환) ① 시장·군수등은 제28조제1항에 따라 사업대행자를 지정하거나 토지등소유자의 5분의 4 이상의 요구가 있어 제23조제2항에 따른 재개발사업의 시행방식의 전환이 필요하다고 인정하는 경우에는 정비사업이 완료되기 전이라도 대통령령으로 정하는 범위에서 정비구역의 전부 또는 일부에 대하여 시행방식의 전환을 승인할 수 있다.
② 사업시행자는 제1항에 따라 시행방식을 전환하기 위하여 관리처분계획을 변경하려는 경우 토지면적의 3분의 2 이상의 토지소유자의 동의와 토지등소유자의 5분의 4 이상의 동의를 받아야 하며, 변경절차에 관하여는 제74조제1항의 관리처분계획 변경에 관한 규정을 준용한다.
③ 사업시행자는 제1항에 따라 정비구역의 일부에 대하여 시행방식을 전환하려는 경우에 재개발사업이 완료된 부분은 제83조에 따라 준공인가를 거쳐 해당 지방자치단체의 공보에 공사완료의 고시를 하여야 하며, 전환하려는 부분은 이 법에서 정하고 있는 절차에 따라 시행방식을 전환하여야 한다.
④ 제3항에 따라 공사완료의 고시를 한 때에는 「공간정보의 구축 및 관리 등에 관한 법률」 제86조제3항에도 불구하고 관리처분계획의 내용에 따라 제86조에 따른 이전이 된 것으로 본다.
⑤ 사업시행자는 정비계획이 수립된 주거환경개선사업을 제23조제1항제4호의 시행방법으로 변경하려는 경우에는 토지등소유자의 3분의 2 이상의 동의를 받아야 한다.

제124조(관련 자료의 공개 등) ① 추진위원장 또는 사업시행자(조합의 경우 청산인을 포함한 조합임원, 토지등소유자가 단독으로 시행하

는 재개발사업의 경우에는 그 대표자를 말한다)는 정비사업의 시행에 관한 다음 각 호의 서류 및 관련 자료가 작성되거나 변경된 후 15일 이내에 이를 조합원, 토지등소유자 또는 세입자가 알 수 있도록 인터넷과 그 밖의 방법을 병행하여 공개하여야 한다.

1. 제34조제1항에 따른 추진위원회 운영규정 및 정관등
2. 설계자·시공자·철거업자 및 정비사업전문관리업자 등 용역업체의 선정계약서
3. 추진위원회·주민총회·조합총회 및 조합의 이사회·대의원회의 의사록
4. 사업시행계획서
5. 관리처분계획서
6. 해당 정비사업의 시행에 관한 공문서
7. 회계감사보고서
8. 월별 자금의 입금·출금 세부내역
9. 결산보고서
10. 청산인의 업무 처리 현황
11. 그 밖에 정비사업 시행에 관하여 대통령령으로 정하는 서류 및 관련 자료

② 제1항에 따라 공개의 대상이 되는 서류 및 관련 자료의 경우 분기별로 공개대상의 목록, 개략적인 내용, 공개장소, 열람·복사 방법 등을 대통령령으로 정하는 방법과 절차에 따라 조합원 또는 토지등소유자에게 서면으로 통지하여야 한다.

③ 추진위원장 또는 사업시행자는 제1항 및 제4항에 따라 공개 및 열람·복사 등을 하는 경우에는 주민등록번호를 제외하고 국토교통부령으로 정하는 방법 및 절차에 따라 공개하여야 한다.

④ 조합원, 토지등소유자가 제1항에 따른 서류 및 다음 각 호를 포함하여 정비사업 시행에 관한 서류와 관련 자료에 대하여 열람·복사 요청을 한 경우 추진위원장이나 사업시행자는 15일 이내에 그 요청에 따라야 한다.

1. 토지등소유자 명부
2. 조합원 명부
3. 그 밖에 대통령령으로 정하는 서류 및 관련 자료

⑤ 제4항의 복사에 필요한 비용은 실비의 범위에서 청구인이 부담한다. 이 경우 비용납부의 방법, 시기 및 금액 등에 필요한 사항은 시·도조례로 정한다.

⑥ 제4항에 따라 열람·복사를 요청한 사람은 제공받은 서류와 자료를 사용목적 외의 용도로 이용·활용하여서는 아니 된다.

제125조(관련 자료의 보관 및 인계) ① 추진위원장·정비사업전문관리업자 또는 사업시행자(조합의 경우 청산인을 포함한 조합임원, 토지등소유자가 단독으로 시행하는 재개발사업의 경우에는 그 대표자를 말한다)는 제124조제1항에 따른 서류 및 관련 자료와 총회 또는 중요한 회의(조합원 또는 토지등소유자의 비용부담을 수반하거나 권리·의무의 변동을 발생시키는 경우로서 대통령령으로 정하는 회의를 말한다)가 있은 때에는 속기록·녹음 또는 영상자료를 만들어 청산 시까지 보관하여야 한다.

② 시장·군수등 또는 토지주택공사등이 아닌 사업시행자는 정비사업을 완료하거나 폐지한 때에는 시·도조례로 정하는 바에 따라 관계 서류를 시장·군수등에게 인계하여야 한다.

③ 시장·군수등 또는 토지주택공사등인 사업시행자와 제2항에 따라 관계 서류를 인계받은 시장·군수등은 해당 정비사업의 관계 서류를 5년간 보관하여야 한다.

제126조(도시·주거환경정비기금의 설치 등) ① 제4조 및 제7조에 따라 기본계획을 수립하거나 승인하는 특별시장·광역시장·특별자치시장·도지사·특별자치도지사 또는 시장은 정비사업의 원활한 수행을 위하여 도시·주거환경정비기금(이하 "정비기금"이라 한다)을 설치하여야 한다. 다만, 기본계획을 수립하지 아니하는 시장 및 군수도 필요한 경우에는 정비기금을 설치할 수 있다.

② 정비기금은 다음 각 호의 어느 하나에 해당하는 금액을 재원으로 조성한다.

1. 제17조제4항에 따라 사업시행자가 현금으로 납부한 금액
2. 제55조제1항에 따라 시·도지사, 시장, 군수 또는 구청장에게 공급된 소형주택의 임대보증금 및 임대료
3. 제94조에 따른 부담금 및 정비사업으로 발생한 「개발이익 환수에 관한 법률」에 따른 개발부담금 중 지방자치단체 귀속분의 일부
4. 제98조에 따른 정비구역(재건축구역은 제외한다) 안의 국·공유지 매각대금 중 대통령령으로 정하는 일정 비율 이상의 금액
5. 「재건축초과이익 환수에 관한 법률」에 따른 재건축부담금 중 같은 법 제4조제3

항 및 제4항에 따른 지방자치단체 귀속분
6. 「지방세법」 제69조에 따라 부과·징수되는 지방소비세 또는 같은 법 제112조(같은 조 제1항제1호는 제외한다)에 따라 부과·징수되는 재산세 중 대통령령으로 정하는 일정 비율 이상의 금액
7. 그 밖에 시·도조례로 정하는 재원

③ 정비기금은 다음 각 호의 어느 하나의 용도 이외의 목적으로 사용하여서는 아니 된다. <개정 2017.8.9.>

1. 이 법에 따른 정비사업으로서 다음 각 목의 어느 하나에 해당하는 사항
   가. 기본계획의 수립
   나. 안전진단 및 정비계획의 수립
   다. 추진위원회의 운영자금 대여
   라. 그 밖에 이 법과 시·도조례로 정하는 사항
2. 임대주택의 건설·관리
3. 임차인의 주거안정 지원
4. 「재건축초과이익 환수에 관한 법률」에 따른 재건축부담금의 부과·징수
5. 주택개량의 지원
6. 정비구역등이 해제된 지역에서의 정비기반시설의 설치 지원
7. 「빈집 및 소규모주택 정비에 관한 특례법」 제44조에 따른 빈집정비사업 및 소규모주택정비사업에 대한 지원
8. 「주택법」 제68조에 따른 증축형 리모델링의 안전진단 지원
9. 제142조에 따른 신고포상금의 지급

④ 정비기금의 관리·운용과 개발부담금의 지방자치단체의 귀속분 중 정비기금으로 적립되는 비율 등에 필요한 사항은 시·도조례로 정한다.

제127조(노후·불량주거지 개선계획의 수립) 국토교통부장관은 주택 또는 기반시설이 열악한 주거지의 주거환경개선을 위하여 5년마다 개선대상지역을 조사하고 연차별 재정지원계획 등을 포함한 노후·불량주거지 개선계획을 수립하여야 한다.

제128조(권한의 위임 등) ① 국토교통부장관은 이 법에 따른 권한의 일부를 대통령령으로 정하는 바에 따라 시·도지사, 시장, 군수 또는 구청장에게 위임할 수 있다.

② 국토교통부장관, 시·도지사, 시장, 군수 또는 구청장은 이 법의 효율적인 집행을 위하여 필요한 경우에는 대통령령으로 정하는 바에 따라 다음 각 호의 어느 하나에 해당하는 사무를 정비사업지원기구, 협회 등 대통령령으로 정하는 기관 또는 단체에 위탁할 수 있다.

1. 제108조에 따른 정비사업전문관리업 정보종합체계의 구축·운영
2. 제115조에 따른 교육의 실시
3. 그 밖에 대통령령으로 정하는 사무

제129조(사업시행자 등의 권리·의무의 승계) 사업시행자와 정비사업과 관련하여 권리를 갖는 자(이하 "권리자"라 한다)의 변동이 있은 때에는 종전의 사업시행자와 권리자의 권리·의무는 새로 사업시행자와 권리자로 된 자가 승계한다.

제130조(정비구역의 범죄 예방) ① 시장·군수등은 제50조제1항에 따른 사업시행계획인가를 한 경우 그 사실을 관할 경찰서장에게 통보하여야 한다.

② 시장·군수등은 사업시행계획인가를 한 경우 정비구역 내 주민 안전 등을 위하여 다음 각 호의 사항을 관할 지방경찰청장 또는 경찰서장에게 요청할 수 있다.

1. 순찰 강화
2. 순찰초소의 설치 등 범죄 예방을 위하여 필요한 시설의 설치 및 관리
3. 그 밖에 주민의 안전을 위하여 필요하다고 인정하는 사항

제131조(재건축사업의 안전진단 재실시) 시장·군수등은 제16조제2항에 따라 정비구역이 지정·고시된 날부터 10년이 되는 날까지 제50조에 따른 사업시행계획인가를 받지 아니하고 다음 각 호의 어느 하나에 해당하는 경우에는 안전진단을 다시 실시하여야 한다.

1. 「재난 및 안전관리 기본법」 제27조제1항에 따라 재난이 발생할 위험이 높거나 재난예방을 위하여 계속적으로 관리할 필요가 있다고 인정하여 특정관리대상지역으로 지정하는 경우
2. 「시설물의 안전 및 유지관리에 관한 특별법」 제12조제2항에 따라 재해 및 재난예방과 시설물의 안전성 확보 등을 위하여 정밀안전진단을 실시하는 경우
3. 「공동주택관리법」 제37조제3항에 따라

공동주택의 구조안전에 중대한 하자가 있다고 인정하여 안전진단을 실시하는 경

제132조(조합임원 등의 선임·선정 시 행위제한) 누구든지 추진위원, 조합임원의 선임 또는 제29조에 따른 계약 체결과 관련하여 다음 각 호의 행위를 하여서는 아니 된다. <개정 2017.8.9.>
1. 금품, 향응 또는 그 밖의 재산상 이익을 제공하거나 제공의사를 표시하거나 제공을 약속하는 행위
2. 금품, 향응 또는 그 밖의 재산상 이익을 제공받거나 제공의사 표시를 승낙하는 행위
3. 제3자를 통하여 제1호 또는 제2호에 해당하는 행위를 하는 행위

제133조(조합설립인가 등의 취소에 따른 채권의 손해액 산입) 시공자·설계자 또는 정비사업전문관리업자 등(이하 이 조에서 "시공자등"이라 한다)은 해당 추진위원회 또는 조합(연대보증인을 포함하며, 이하 이 조에서 "조합등"이라 한다)에 대한 채권(조합등이 시공자등과 합의하여 이미 상환하였거나 상환할 예정인 채권은 제외한다. 이하 이 조에서 같다)의 전부 또는 일부를 포기하고 이를 「조세특례제한법」 제104조의26에 따라 손금에 산입하려면 해당 조합등과 합의하여 다음 각 호의 사항을 포함한 채권확인서를 시장·군수등에게 제출하여야 한다.
1. 채권의 금액 및 그 증빙 자료
2. 채권의 포기에 관한 합의서 및 이후의 처리 계획
3. 그 밖에 채권의 포기 등에 관하여 시·도조례로 정하는 사항

제134조(벌칙 적용에서 공무원 의제) 추진위원장·조합임원·청산인·전문조합관리인 및 정비사업전문관리업자의 대표자(법인인 경우에는 임원을 말한다)·직원 및 위탁지원자는 「형법」 제129조부터 제132조까지의 규정을 적용할 때에는 공무원으로 본다.

제8장 벌칙

제135조(벌칙) 다음 각 호의 어느 하나에 해당하는 자는 5년 이하의 징역 또는 5천만원 이하의 벌금에 처한다.
1. 제36조에 따른 토지등소유자의 서면동의서를 위조한 자
2. 제132조 각 호의 어느 하나를 위반하여 금품, 향응 또는 그 밖의 재산상 이익을 제공하거나 제공의사를 표시하거나 제공을 약속하는 행위를 하거나 제공을 받거나 제공의사 표시를 승낙한 자

제136조(벌칙) 다음 각 호의 어느 하나에 해당하는 자는 3년 이하의 징역 또는 3천만원 이하의 벌금에 처한다. <개정 2017.8.9.>
1. 제29조제1항에 따른 계약의 방법을 위반하여 계약을 체결한 추진위원장, 전문조합관리인 또는 조합임원(조합의 청산인 및 토지등소유자가 시행하는 재개발사업의 경우에는 그 대표자, 지정개발자가 사업시행자인 경우 그 대표자를 말한다)
2. 제29조제4항부터 제8항까지의 규정을 위반하여 시공자를 선정한 자 및 시공자로 선정된 자
3. 제31조제1항에 따른 시장·군수등의 추진위원회 승인을 받지 아니하고 정비사업전문관리업자를 선정한 자
4. 제32조제2항에 따른 계약의 방법을 위반하여 정비사업전문관리업자를 선정한 추진위원장(전문조합관리인을 포함한다)
5. 제36조에 따른 토지등소유자의 서면동의서를 매도하거나 매수한 자
6. 거짓 또는 부정한 방법으로 제39조제2항을 위반하여 조합원 자격을 취득한 자와 조합원 자격을 취득하게 하여준 토지등소유자 및 조합의 임직원(전문조합관리인을 포함한다)
7. 제39조제2항을 회피하여 제72조에 따른 분양주택을 이전 또는 공급받을 목적으로 건축물 또는 토지의 양도·양수 사실을 은폐한 자
8. 제76조제1항제7호다목 단서를 위반하여 주택을 전매하거나 전매를 알선한 자

제137조(벌칙) 다음 각 호의 어느 하나에 해당하는 자는 2년 이하의 징역 또는 2천만원 이하의 벌금에 처한다.
1. 제12조제5항에 따른 안전진단 결과보고서를 거짓으로 작성한 자

2. 제19조제1항을 위반하여 허가 또는 변경허가를 받지 아니하거나 거짓, 그 밖의 부정한 방법으로 허가 또는 변경허가를 받아 행위를 한 자
3. 제31조제1항 또는 제47조제3항을 위반하여 추진위원회 또는 주민대표회의의 승인을 받지 아니하고 제32조제1항 각 호의 업무를 수행하거나 주민대표회의를 구성·운영한 자
4. 제31조제1항 또는 제47조제3항에 따라 승인받은 추진위원회 또는 주민대표회의가 구성되어 있음에도 불구하고 임의로 추진위원회 또는 주민대표회의를 구성하여 이 법에 따른 정비사업을 추진한 자
5. 제35조에 따라 조합이 설립되었는데도 불구하고 추진위원회를 계속 운영한 자
6. 제45조에 따른 총회의 의결을 거치지 아니하고 같은 조 제1항 각 호의 사업(같은 항 제13호 중 정관으로 정하는 사항은 제외한다)을 임의로 추진한 조합임원(전문조합관리인을 포함한다)
7. 제50조에 따른 사업시행계획인가를 받지 아니하고 정비사업을 시행한 자와 같은 사업시행계획서를 위반하여 건축물을 건축한 자
8. 제74조에 따른 관리처분계획인가를 받지 아니하고 제86조에 따른 이전을 한 자
9. 제102조제1항을 위반하여 등록을 하지 아니하고 이 법에 따른 정비사업을 위탁받은 자 또는 거짓, 그 밖의 부정한 방법으로 등록을 한 정비사업전문관리업자
10. 제106조제1항 각 호 외의 부분 단서에 따라 등록이 취소되었음에도 불구하고 영업을 하는 자
11. 제113조제1항부터 제3항까지의 규정에 따른 처분의 취소·변경 또는 정지, 그 공사의 중지 및 변경에 관한 명령을 받고도 이에 응하지 아니한 추진위원회, 사업시행자, 주민대표회의 및 정비사업전문관리업자
12. 제124조제1항에 따른 서류 및 관련 자료를 거짓으로 공개한 추진위원장 또는 조합임원(토지등소유자가 시행하는 재개발사업의 경우 그 대표자)
13. 제124조제4항에 따른 열람·복사 요청에 허위의 사실이 포함된 자료를 열람·복사해 준 추진위원장 또는 조합임원(토지등소유자가 시행하는 재개발사업의 경우 그 대표자)

제138조(벌칙) 다음 각 호의 어느 하나에 해당하는 자는 1년 이하의 징역 또는 1천만원 이하의 벌금에 처한다.
1. 제34조제4항을 위반하여 추진위원회의 회계장부 및 관계 서류를 조합에 인계하지 아니한 추진위원장(전문조합관리인을 포함한다)
2. 제83조제1항에 따른 준공인가를 받지 아니하고 건축물 등을 사용한 자와 같은 조 제5항 본문에 따라 시장·군수등의 사용허가를 받지 아니하고 건축물을 사용한 자
3. 다른 사람에게 자기의 성명 또는 상호를 사용하여 이 법에서 정한 업무를 수행하게 하거나 등록증을 대여한 정비사업전문관리업자
4. 제102조제1항 각 호에 따른 업무를 다른 용역업체 및 그 직원에게 수행하도록 한 정비사업전문관리업자
5. 제112조에 따른 회계감사를 받지 아니한 자
6. 제124조제1항을 위반하여 정비사업시행과 관련한 서류 및 자료를 인터넷과 그 밖의 방법을 병행하여 공개하지 아니하거나 같은 조 제4항을 위반하여 조합원 또는 토지등소유자의 열람·복사 요청에 응하지 아니하는 추진위원장, 전문조합관리인 또는 조합임원(조합의 청산인 및 토지등소유자가 시행하는 재개발사업의 경우에는 그 대표자, 제27조에 따른 지정개발자가 사업시행자인 경우 그 대표자를 말한다)
7. 제125조제1항을 위반하여 속기록 등을 만들지 아니하거나 관련 자료를 청산 시까지 보관하지 아니한 추진위원장, 전문조합관리인 또는 조합임원(조합의 청산인 및 토지등소유자가 시행하는 재개발사업의 경우에는 그 대표자, 제27조에 따른 지정개발자가 사업시행자인 경우 그 대표자를 말한다)

제139조(양벌규정) 법인의 대표자나 법인 또는 개인의 대리인, 사용인, 그 밖의 종업원이 그 법인 또는 개인의 업무에 관하여 제135조부터 제138조까지의 어느 하나에 해당하는 위반행위를 하면 그 행위자를 벌하는 외에 그 법인 또는 개인에게도 해당 조문의 벌금에 처한다. 다만, 법인 또는 개인이 그 위반행위를 방지하기 위하여 해당 업무에 관하여 상당한 주의와 감독을 게을리

하지 아니한 경우에는 그러하지 아니하다.

제140조(과태료) ① 제113조제2항에 따른 점검반의 현장조사를 거부·기피 또는 방해한 자에게는 1천만원의 과태료를 부과한다.
② 다음 각 호의 어느 하나에 해당하는 자에게는 500만원 이하의 과태료를 부과한다. <개정 2017.8.9.>
1. 제29조제2항을 위반하여 전자조달시스템을 이용하지 아니하고 계약을 체결한 자
2. 제78조제5항 또는 제86조제1항에 따른 통지를 태만히 한 자
3. 제107조제1항 및 제111조제2항에 따른 보고 또는 자료의 제출을 태만히 한 자
4. 제125조제2항에 따른 관계 서류의 인계를 태만히 한 자

③ 제1항 및 제2항에 따른 과태료는 대통령령으로 정하는 방법 및 절차에 따라 국토교통부장관, 시·도지사, 시장, 군수 또는 구청장이 부과·징수한다.

제141조(자수자에 대한 특례) 제132조 각 호의 어느 하나를 위반하여 금품, 향응 또는 그 밖의 재산상 이익을 제공하거나 제공의사를 표시하거나 제공을 약속하는 행위를 하거나 제공을 받거나 제공의사 표시를 승낙한 자가 자수하였을 때에는 그 형벌을 감경 또는 면제한다.
[본조신설 2017.8.9.]

제142조(금품·향응 수수행위 등에 대한 신고포상금) 시·도지사 또는 대도시의 시장은 제132조 각 호의 행위사실을 신고한 자에게 시·도조례로 정하는 바에 따라 포상금을 지급할 수 있다.
[본조신설 2017.8.9.]

부칙

<제14857호, 2017.8.9.>

제1조(시행일)이 법은 2018년 2월 9일부터 시행한다.

제2조(시공자 등 계약의 방법 등에 관한 적용례) 제29조 및 제32조의 개정규정은 이 법 시행 후 최초로 계약을 체결하는 경우부터 적용한다. 다만, 시공자나 정비사업전문관리업자의 경우에는 이 법 시행 후 최초로 시공자나 정비사업전문관리업자를 선정하는 경우부터 적용한다.

제3조(관리처분계획의 타당성 검증에 관한 적용례) 제78조의 개정규정은 이 법 시행 후 최초로 관리처분계획인가를 신청하는 경우부터 적용한다.

제4조(자수자의 특례에 관한 적용례) 제141조의 개정규정은 이 법 시행 전의 자수자에 대하여도 적용한다.

제5조(벌칙에 관한 경과조치) 이 법 시행 전의 행위에 대한 벌칙을 적용할 때에는 종전의 규정에 따른다.

도시 및 주거환경정비법 시행령

(약칭: 도시정비법 시행령)

[시행 2018.1.18.]
대통령령 제28586호, 2018.1.16.,
타법개정]

제1장 총칙

제1조(목적) 이 영은 「도시 및 주거환경 정비법」에서 위임된 사항과 그 시행에 관하여 필요한 사항을 규정함을 목적으로 한다. <개정 2005.5.18.>

제1조의2(가로구역의 범위 등) ①「도시 및 주거환경정비법」(이하 "법"이라 한다) 제2조제2호 각 목 외의 부분 본문에서 "대통령령으로 정하는 구역"이란 다음 각 호의 요건을 모두 갖춘 구역을 말한다. <개정 2016.7.28.>

1. 해당 지역이 도시계획도로(「국토의 계획 및 이용에 관한 법률」에 따라 도시·군계획시설로 설치되었거나 신설·변경에 관한 고시가 된 도로를 말한다. 이하 이 조에서 같다)로 둘러싸인 일단(一團)의 지역일 것. 이 경우 해당 지역의 일부가 광장, 공원, 녹지, 하천, 공공공지, 공용주차장 및 너비 6미터 이상의 도로(「건축법」 제2조제11호에 따른 도로를 말한다)에 접한 경우에는 해당 시설을 도시계획도로로 본다.
2. 해당 지역의 면적이 1만제곱미터 미만일 것
3. 해당 지역을 통과하는 도시계획도로(너비 4미터 이하인 도시계획도로는 제외한다)가 설치되어 있지 아니할 것

② 가로주택정비사업은 가로구역의 전부 또는 일부가 다음 각 호의 요건을 모두 갖춘 경우에 그 전부 또는 일부에 대하여 시행할 수 있다. <개정 2016.7.28.>

1. 노후·불량건축물의 수가 전체 건축물의 수의 3분의 2 이상일 것
2. 해당 사업구역에 있는 기존 주택의 호수(戶數) 또는 세대수가 다음 각 목의 구분에 따른 기준에 적합할 것
   가. 해당 사업구역에 단독주택만 있는 경우: 기존 단독주택의 호수가 10 이상일 것
   나. 해당 사업구역에 공동주택만 있는 경우: 기존 공동주택의 세대수가 20 이상일 것
   다. 해당 사업구역에 단독주택과 공동주택이 함께 있는 경우: 기존 단독주택의 호수와 공동주택의 세대수를 합한 수가 20 이상일 것. 다만, 기존 단독주택의 호수가 10 이상인 경우에는 공동주택의 세대수와 합한 수가 20 미만인 경우에도 기존 주택의 호수 또는 세대수 요건을 갖춘 것으로 본다.

[본조신설 2012.7.31.]

제2조(노후·불량건축물의 범위) ① 법 제2조제3호나목에서 "대통령령으로 정하는 건축물"이란 건축물을 건축하거나 대수선할 당시 건축법령에 따른 지진에 대한 안전 여부 확인 대상이 아닌 건축물로서 다음 각 호의 어느 하나에 해당하는 건축물을 말한다. <신설 2013.9.17.>

1. 급수·배수·오수 설비 등의 설비 또는 지붕·외벽 등 마감의 노후화나 손상으로 그 기능을 유지하기 곤란할 것으로 우려되는 건축물
2. 건축물의 내구성·내하력(耐荷力) 등이 법 제12조제4항에 따라 국토교통부장관이 정하는 기준에 미치지 못할 것으로 예상되어 구조 안전의 확보가 곤란할 것으로 우려되는 건축물

② 법 제2조제3호다목에 따라 특별시·광역시·특별자치시·도·특별자치도 또는 「지방자치법」 제175조에 따른 서울특별시·광역시 및 특별자치시를 제외한 인구 50만 이상 대도시(이하 "대도시"라 한다)의 조례(이하 "시·도 조례"라 한다)로 정할 수 있는 건축물은 다음 각 호의 어느 하나에 해당하는 건축물을 말한다. <개정 2005.5.18., 2008.10.29., 2009.8.11., 2012.4.10., 2012.7.31., 2013.9.17., 2014.9.24.>

1. 「건축법」 제57조제1항에 따라 당해 지방자치단체의 조례가 정하는 면적에 미달되거나 「국토의 계획 및 이용에 관한 법률」 제2조제7호의 규정에 의한 도시·군계획시설(이하 "도시·군계획시설"이라 한다) 등의 설치로 인하여 효용을 다할 수 없게 된 대지에 있는 건축물
2. 공장의 매연·소음 등으로 인하여 위해

를 초래할 우려가 있는 지역안에 있는 건축물
3. 당해 건축물을 준공일 기준으로 40년까지 사용하기 위하여 보수·보강하는데 드는 비용이 철거후 새로운 건축물을 건설하는 데 드는 비용보다 클 것으로 예상되는 건축물

③ 법 제2조제3호라목에 따라 시·도 조례로 정할 수 있는 건축물은 다음 각 호의 어느 하나에 해당하는 건축물을 말한다. <개정 2005.5.18., 2009.8.11., 2012.4.10., 2013.9.17., 2015.1.28.>
1. 준공된 후 20년 이상 30년 이하의 범위에서 조례로 정하는 기간이 지난 건축물
2. 「국토의 계획 및 이용에 관한 법률」 제19조제1항제8호의 규정에 의한 도시·군기본계획의 경관에 관한 사항에 저촉되는 건축물
3. 삭제 <2013.9.17.>

제3조(정비기반시설) 법 제2조제4호에서 "대통령령이 정하는 시설"이라 함은 다음 각호의 시설을 말한다. <개정 2014.9.24., 2016.2.29.>
1. 녹지
2. 하천
3. 공공공지
4. 광장
5. 소방용수시설
6. 비상대피시설
7. 가스공급시설

7의2. 지역난방시설

8. 주거환경개선사업을 위하여 지정·고시된 법 제2조제1호의 규정에 의한 정비구역(이하 "정비구역"이라 한다)안에 설치하는 법 제2조제5호의 규정에 의한 공동이용시설(이하 "공동이용시설"이라 한다)로서 법 제30조의 규정에 의한 사업시행계획서(이하 "사업시행계획서"라 한다)에 해당 특별자치시장·특별자치도지사·시장·군수 또는 자치구의 구청장(이하 "시장·군수"라 한다)이 관리하는 것으로 포함된 것

제4조(공동이용시설) 법 제2조제5호에서 "대통령령이 정하는 시설"이라 함은 다음 각호의 시설을 말한다. <개정 2012.7.31.>
1. 공동으로 사용하는 구판장·세탁장·화장실 및 수도
2. 탁아소·어린이집·경로당 등 노유자시설
3. 그 밖에 제1호 및 제2호의 시설과 유사한 용도의 시설로서 시·도 조례로 정하는 시설

제5조 삭제 <2009.8.11.>

제6조(정비구역이 아닌 구역에서의 주택재건축사업의 대상) 법 제2조제9호 나목(2)에서 "대통령령이 정하는 주택"이란 「주택법」 제15조에 따른 사업계획승인 또는 「건축법」 제11조에 따른 건축허가(이하 이 조에서 "사업계획승인등"이라 한다)를 받아 건설한 아파트 또는 연립주택(「건축법 시행령」 별표 1 제2호가목에 따른 아파트 또는 같은 호 나목에 따른 연립주택을 말한다. 이하 이 조에서 같다)중 노후·불량건축물에 해당하는 것으로서 다음 각 호의 어느 하나에 해당하는 것을 말한다. 다만, 「건축법」 제11조에 따른 건축허가를 받아 주택외의 시설과 주택을 동일 건축물로 건축한 것은 제외한다. <개정 2003.11.29., 2005.5.18., 2008.10.29., 2008.12.17., 2016.8.11.>
1. 기존 세대수가 20세대 이상인 것. 다만, 지형여건 및 주변 환경으로 보아 사업시행상 불가피하다고 시장·군수가 인정하는 경우에는 아파트 및 연립주택이 아닌 주택을 일부 포함할 수 있다.
2. 기존 세대수가 20세대 미만으로서 20세대 이상으로 재건축하고자 하는 것. 이 경우 사업계획승인등에 포함되어 있지 아니하는 인접대지의 세대수를 포함하지 아니한다.

제2장 기본계획의 수립 및 정비구역의 지정

제7조 삭제 <2009.8.11.>

제8조(기본계획의 내용) 법 제3조제1항제12호에서 "대통령령이 정하는 사항"이라 함은 다음 각호의 사항을 말한다. <개정 2012.4.10.>
1. 도시관리·주택·교통정책 등 도시·군계획과 연계된 도시정비의 기본방향
2. 도시정비의 목표
3. 도심기능의 활성화 및 도심공동화 방지

방안
4. 역사적 유물 및 전통건축물의 보존계획
5. 법 제2조제2호의 규정에 의한 정비사업(이하 "정비사업"이라 한다)의 유형별 공공 및 민간부문의 역할
6. 정비사업의 시행을 위하여 필요한 재원조달에 관한 사항
7. 삭제 <2006.6.7.>

제9조(기본계획의 수립을 위한 공람 등) ① 특별시장·광역시장·특별자치시장·특별자치도지사 또는 시장은 법 제3조제3항 본문에 따라 도시·주거환경정비기본계획(이하 "기본계획"이라 한다)을 주민에게 공람하려는 때에는 미리 공람의 요지 및 장소를 당해 지방자치단체의 공보 및 인터넷(이하 "공보등"이라 한다)에 공고하고, 공람장소에 관계서류를 갖추어 두어야 한다. <개정 2009.8.11., 2014.9.24.>
②제1항에 따른 공람에 관하여는 법 제31조제2항 및 제3항을 준용한다. 이 경우 "토지등소유자 또는 조합원 그 밖에 정비사업과 관련하여 이해관계를 가지는 자"는 "주민(세입자를 포함한다)"으로, "시장·군수"는 "특별시장·광역시장·특별자치시장·특별자치도지사 또는 시장"으로 본다. <개정 2009.8.11., 2014.9.24.>
③법 제3조제3항 단서에서 "대통령령이 정하는 경미한 사항을 변경하는 경우"라 함은 다음 각호의 경우를 말한다. <개정 2005.5.18., 2008.10.29., 2012.4.10.>
1. 법 제2조제4호의 규정에 의한 정비기반시설(제3조제8호에 해당하는 것을 제외한다. 이하 제12조·제13조·제31조·제41조제1항 및 제57조제3항에서 같다)의 규모를 확대하거나 그 면적의 10퍼센트 미만을 축소하는 경우
2. 정비사업의 계획기간을 단축하는 경우
3. 공동이용시설에 대한 설치계획의 변경인 경우
4. 사회복지시설 및 주민문화시설 등의 설치계획의 변경인 경우
5. 정비구역으로 지정할 예정인 구역의 면적을 구체적으로 명시한 경우 당해 구역면적의 20퍼센트 미만의 변경인 경우
6. 단계별 정비사업추진계획의 변경인 경우
7. 건폐율(「건축법」 제55조에 따른 건폐율을 말한다. 이하 같다) 및 용적률(「건축법」 제56조에 따른 용적률을 말한다. 이하 같다)의 각 20퍼센트 미만의 변경인 경우
8. 정비사업의 시행을 위하여 필요한 재원조달에 관한 사항의 변경인 경우
9. 「국토의 계획 및 이용에 관한 법률」 제2조제3호의 규정에 의한 도시·군기본계획의 변경에 따른 변경인 경우

제10조(정비계획의 수립대상지역) ①법 제4조제1항 본문 및 같은 조 제3항 전단에 따라 시장·군수는 별표 1의 요건에 해당하는 지역에 대하여 법 제4조제1항 및 제3항에 따른 정비계획(이하 "정비계획"이라 한다)을 수립할 수 있다. <개정 2014.9.24.>
②시장·군수는 정비계획을 수립하는 경우에는 다음 각호의 사항을 조사하여 별표 1의 요건에 적합한지 여부를 확인하여야 하며, 정비계획을 변경하고자 하는 경우에는 변경내용에 해당하는 사항을 조사·확인하여야 한다. <개정 2009.8.11., 2012.4.10.>
1. 주민 또는 산업의 현황
2. 토지 및 건축물의 이용과 소유현황
3. 도시·군계획시설 및 법 제2조제4호의 규정에 의한 정비기반시설(이하 "정비기반시설"이라 한다)의 설치현황
4. 정비구역 및 주변지역의 교통상황
5. 토지 및 건축물의 가격과 임대차 현황
6. 정비사업의 시행계획 및 시행방법 등에 대한 주민의 의견
7. 그 밖에 시·도 조례로 정하는 사항
③시장·군수는 법 제2조제8호의 규정에 의한 사업시행자(사업시행자가 2 이상인 경우에는 그 대표자를 말하며, 이하 "사업시행자"라 한다)로 하여금 제2항의 규정에 의한 조사를 하게 할 수 있다.

제11조(정비구역의 지정을 위한 주민공람 등) ① 시장·군수는 법 제4조제1항의 규정에 의하여 정비계획을 주민에게 공람하고자 하는 때에는 미리 공람의 요지 및 공람장소를 당해 지방자치단체의 공보등에 공고하고, 공람장소에 관계서류를 비치하여야 한다.
② 제1항에 따른 공람에 관하여는 법 제31조제2항 및 제3항을 준용한다. 이 경우 "토지등소유자 또는 조합원 그 밖에 정비사업과 관련하여 이해관계를 가지는 자"는 "주민(세입자를 포함한다)"으로 본다. <개정 2009.8.11.>

제12조(정비계획의 경미한 변경) 법 제4조제

1항 각 호 외의 부분 단서에서 "대통령령이 정하는 경미한 사항을 변경하는 경우"란 다음 각 호의 어느 하나에 해당하는 경우를 말한다. <개정 2005.5.18., 2008.12.17., 2008.12.31., 2009.8.11., 2010.7.15., 2012.4.10., 2016.1.22.>

1. 정비구역면적의 10퍼센트 미만의 변경인 경우
2. 정비기반시설의 위치를 변경하는 경우와 정비기반시설 규모의 10퍼센트 미만의 변경인 경우
3. 공동이용시설 설치계획의 변경인 경우
4. 재난방지에 관한 계획의 변경인 경우
5. 정비사업 시행예정시기를 1년의 범위안에서 조정하는 경우
6. 「건축법 시행령」 별표 1 각호의 1의 용도범위안에서의 건축물의 주용도(당해 건축물중 가장 넓은 바닥면적을 차지하는 용도를 말한다. 이하 같다)의 변경인 경우
7. 건축물의 건폐율 또는 용적률을 축소하거나 10퍼센트 미만의 범위안에서 확대하는 경우

7의2. 건축물의 최고 높이를 변경하는 경우

7의3. 법 제40조의2에 따라 용적률을 완화하여 변경하는 경우

8. 「국토의 계획 및 이용에 관한 법률」 제2조제3호 및 동조제4호의 규정에 의한 도시·군기본계획, 도시·군관리계획 또는 기본계획의 변경에 따른 변경인 경우
9. 정비구역이 통합 또는 분할되는 변경인 경우
10. 삭제 <2009.8.11.>
11. 「도시교통정비 촉진법」에 따른 교통영향평가 등 관계법령에 의한 심의결과에 따른 건축계획의 변경인 경우
12. 그 밖에 제1호부터 제7호까지, 제7호의2, 제8호, 제9호 및 제11호와 유사한 사항으로서 시·도 조례로 정하는 사항의 변경인 경우

제12조의2(정비계획의 기업형임대주택 등에 관한 사항) ① 법 제4조제1항제7호의2 각 목 외의 부분 단서에서 "대통령령으로 정하는 요건"이란 건설하는 주택 전체 세대수에서 다음 각 호의 주택으로서 임대기간이 8년 이상인 주택이 차지하는 비율의 합(合)이 100분의 20 이상일 것을 말한다.

1. 「민간임대주택에 관한 특별법」 제2조제4호에 따른 기업형임대주택(이하 "기업형임대주택"이라 한다)
2. 「민간임대주택에 관한 특별법」 제2조제11호에 따른 주택임대관리업자에게 관리를 위탁하려는 주택(이하 "임대관리 위탁주택"이라 한다)

② 법 제4조제1항제7호의2라목에서 "대통령령으로 정하는 사항"이란 다음 각 호의 사항을 말한다. 다만, 제2호 및 제3호의 사항은 필요한 경우에만 포함한다.

1. 건설하는 주택 전체 세대수에서 기업형임대주택 또는 임대관리 위탁주택이 차지하는 비율
2. 기업형임대주택 및 임대관리 위탁주택의 건축물 배치 계획
3. 주변지역의 여건 등을 고려한 입주예상 가구 특성 및 임대사업 운영방향

[본조신설 2016.2.29.]

제13조(정비계획의 내용) ①법 제4조제1항제8호에서 "대통령령이 정하는 사항"이란 다음 각 호의 사항을 말한다. <개정 2008.12.17., 2009.8.11., 2012.7.31., 2016.7.28.>

1. 정비사업의 시행방법
2. 법 제6조제1항제2호의 규정에 의한 방법으로 시행하는 주거환경개선사업의 경우 법 제7조의 규정에 의한 사업시행자로 예정된 자
3. 기존 건축물의 정비·개량에 관한 계획
4. 정비기반시설의 설치계획

4의2. 법 제4조제10항에 따른 현금납부에 관한 사항

5. 법 제34조에 따라 정비구역을 둘 이상의 구역으로 분할하거나 서로 떨어진 둘 이상의 구역 또는 정비구역을 하나의 구역으로 결합하여 정비사업을 시행하는 경우 그 분할 또는 결합에 관한 계획
6. 건축물의 건축선에 관한 계획
7. 삭제 <2008.12.17.>
8. 홍수 등 재해에 대한 취약요인에 관한 검토결과

8의2. 정비구역 및 주변지역의 주택수급에 관한 사항

8의3. 안전 및 범죄예방에 관한 사항

9. 그 밖에 정비사업의 원활한 추진을 위하여 시·도 조례가 정하는 사항

② 삭제 <2009.8.11.>

제13조의2(정비계획 입안의 제안 및 현금납부 방법 등) ① 법 제4조제4항에 따라 시장·군수에게 정비계획의 입안을 제안하려는 때에는 시·도 조례로 정하는 바에 따라 토지등소유자의 동의를 받은 후 제안서에 정비계획도서, 계획설명서, 그 밖의 필요한 서류를 첨부하여 시장·군수에게 제출하여야 한다. <개정 2014.9.24.>

② 시장·군수는 제1항의 제안이 있는 경우에는 제안일부터 60일 이내에 정비계획에의 반영여부를 제안자에게 통보하여야 한다. 다만, 부득이한 사정이 있는 경우에는 한 차례만 30일을 연장할 수 있다.

③ 시장·군수는 제1항에 따른 제안을 정비계획에 반영하는 경우에는 제안서에 첨부된 정비계획도서와 계획설명서를 정비계획의 입안에 활용할 수 있다.

④ 제1항부터 제3항까지에서 규정된 사항 외에 정비계획 입안의 제안을 위하여 필요한 사항은 시·도 조례로 정할 수 있다. <개정 2010.7.15.>

⑤ 법 제4조제10항에서 "용도지역의 변경 등 대통령령으로 정하는 요건"이란 「국토의 계획 및 이용에 관한 법률 시행령」 제45조제2항에 따라 용도지역을 용적률이 높은 용도지역으로 변경하는 등 용적률이 완화되는 것을 말한다. <신설 2016.7.28.>

⑥ 법 제4조제10항에서 "대통령령으로 정하는 공공시설 또는 기반시설"이란 「국토의 계획 및 이용에 관한 법률 시행령」 제46조제1항에 따른 공공시설 또는 기반시설을 말한다. <신설 2016.7.28.>

⑦ 사업시행자는 법 제4조제10항에 따라 현금납부를 하려는 경우에는 토지등소유자(법 제16조에 따라 조합을 설립한 경우에는 조합원을 말한다) 과반수의 동의를 받아야 한다. 이 경우 현금으로 납부하는 토지의 기부면적은 전체 기부면적의 2분의 1을 넘을 수 없다. <신설 2016.7.28.>

⑧ 법 제4조제10항에 따른 현금납부액은 해당 기부토지면적에 대하여 시장·군수가 지정한 2 이상의 감정평가업자(「감정평가 및 감정평가사에 관한 법률」에 따른 감정평가업자를 말한다. 이하 같다)가 법 제28조제4항에 따른 사업시행인가 고시일을 기준으로 평가한 금액을 산술평균하여 산정한다. <신설 2016.7.28., 2016.8.31.>

⑨ 사업시행자는 준공검사일까지 제8항에 따라 산정된 금액을 특별시장, 광역시장, 특별자치시장, 특별자치도지사, 시장 또는 군수(광역시의 군수는 제외한다)에게 납부하여야 한다. <신설 2016.7.28.>

⑩ 특별시장 또는 광역시장은 제9항에 따라 납부받은 금액을 사용하는 경우에는 해당 정비사업을 관할하는 자치구의 구청장 또는 광역시의 군수의 의견을 들어야 한다. <신설 2016.7.28.>

[전문개정 2009.8.11.]

[제목개정 2016.7.28.]

제13조의3(주택의 규모 및 건설비율) ①법 제4조의2제1항제1호 및 제2호에서 "대통령령으로 정하는 범위"란 다음 각 호의 범위를 말한다. <개정 2009.1.30., 2011.6.9., 2012.7.31., 2015.1.28., 2015.12.28., 2016.8.11.>

1. 주거환경개선사업의 경우 다음 각 목의 범위
   가. 「주택법」 제2조제6호에 따른 국민주택규모(이하 "국민주택규모"라 한다)의 주택이 건설하는 주택 전체 세대수의 100분의 90 이하
   나. 공공임대주택(「공공주택 특별법」에 따른 공공임대주택을 말한다. 이하 이 호에서 같다) 건설하는 주택 전체 세대수의 100분의 30 이하로 하되, 주거전용면적이 40제곱미터 이하인 공공임대주택이 전체 공공임대주택 세대수의 100분의 50 이하
2. 주택재개발사업의 경우 다음 각 목의 범위
   가. 국민주택규모의 주택: 건설하는 주택 전체 세대수의 100분의 80 이하
   나. 임대주택(민간임대주택에 관한 특별법」에 따른 민간임대주택 또는 「공공주택 특별법」에 따른 공공임대주택을 말한다. 이하 같다): 건설하는 주택 전체 세대수(법 제30조의3제1항에 따라 정비계획으로 정한 용적률을 초과하여 건축함으로써 증가된 세대수는 제외한다. 이하 이 목에서 같다)의 100분의 15 이하[법 제30조의3제3항에 따라 공급되는 임대주택은 제외하며, 해당 임대주택 중 주거전용면적이 40제곱미터 이하인 임대주택이 전체 임대주택 세대수(법 제30조의3제3항에 따라 공급되는 임대주택은 제외한다. 이하 이 목에서 같다)의 100분의 40 이하이어야 한다]. 다만, 시장·군수가 정비계획을 수립할 때

관할 구역에서 시행된 주택재개발사업에서 건설하는 주택 전체 세대수에서 별표 3 제2호가목(1)에 해당하는 세입자가 입주하는 임대주택 세대수가 차지하는 비율이 시·도지사가 정하여 고시한 임대주택 비율보다 높은 경우에는 다음 산식에 따라 산정한 임대주택 비율 이하의 범위에서 임대주택 비율을 높일 수 있다.

$$\text{해당 시·도지사가 고시한 임대주택 비율} + \left(\text{건설하는 주택 전체 세대수} \times \frac{5}{100}\right)$$

3. 주택재건축사업의 경우 국민주택규모의 주택이 건설하는 주택 전체 세대수의 100분의 60 이하

② 제1항제3호에도 불구하고 「수도권정비계획법」 제6조제1항제1호에 따른 과밀억제권역에서 다음 각 호의 요건을 모두 갖춘 경우에는 국민주택규모의 주택 건설 비율을 적용하지 아니한다. <개정 2014.9.24.>

1. 주택재건축사업조합의 조합원에게 분양하는 주택은 기존 주택(재건축하기 전의 주택을 말한다)의 주거전용면적을 축소하거나 30퍼센트의 범위에서 그 규모를 확대할 것
2. 조합원 이외의 자에게 분양하는 주택은 모두 85제곱미터 이하 규모로 건설할 것

③ 법 제4조의2제3항에 따라 가로주택정비사업으로 건설하는 건축물의 층수는 「국토의 계획 및 이용에 관한 법률」 제76조와 같은 법 시행령 제71조에 따른다. 다만, 같은 법에 따른 용도지역 중 제2종일반주거지역인 경우 15층 이하의 범위에서 가로구역의 규모와 도로 너비 등을 고려하여 시·도 조례로 층수제한 및 산정방법을 정하여 적용할 수 있다. <신설 2012.7.31., 2015.1.28.>

[본조신설 2005.5.18.]

제13조의4(행위허가의 대상 등) ① 법 제5조제1항에 따라 시장·군수의 허가를 받아야 하는 행위는 다음 각 호와 같다. <개정 2009.8.11.>

1. 건축물의 건축 등 : 「건축법」 제2조제1항제2호에 따른 건축물(가설건축물을 포함한다)의 건축, 용도변경
2. 공작물의 설치 : 인공을 가하여 제작한 시설물(「건축법」 제2조제1항제2호에 따른 건축물을 제외한다)의 설치
3. 토지의 형질변경 : 절토·성토·정지·포장 등의 방법으로 토지의 형상을 변경하는 행위, 토지의 굴착 또는 공유수면의 매립
4. 토석의 채취 : 흙·모래·자갈·바위 등의 토석을 채취하는 행위. 다만, 토지의 형질변경을 목적으로 하는 것은 제3호에 따른다.
5. 토지분할
6. 물건을 쌓아놓는 행위 : 이동이 용이하지 아니한 물건을 1월 이상 쌓아놓는 행위
7. 죽목의 벌채 및 식재

② 시장·군수는 법 제5조제1항에 따라 제1항 각 호의 행위에 대한 허가를 하고자 하는 경우로서 시행자가 있는 경우에는 미리 그 시행자의 의견을 들어야 한다.

③ 법 제5조제2항제2호에서 "그 밖에 대통령령이 정하는 행위"라 함은 다음 각 호의 어느 하나에 해당하는 행위로서 「국토의 계획 및 이용에 관한 법률」 제56조에 따른 개발행위허가의 대상이 아닌 것을 말한다. <개정 2008.2.29., 2013.3.23.>

1. 농림수산물의 생산에 직접 이용되는 것으로서 국토교통부령이 정하는 간이공작물의 설치
2. 경작을 위한 토지의 형질변경
3. 정비구역의 개발에 지장을 주지 아니하고 자연경관을 손상하지 아니하는 범위 안에서의 토석의 채취
4. 정비구역 안에 존치하기로 결정된 대지 안에서 물건을 쌓아놓는 행위
5. 관상용 죽목의 임시식재(경작지에서의 임시식재를 제외한다)

④ 법 제5조제3항에 따라 신고하여야 하는 자는 정비구역이 지정·고시된 날부터 30일 이내에 그 공사 또는 사업의 진행상황과 시행계획을 첨부하여 관할 시장·군수에게 신고하여야 한다.

[본조신설 2006.6.7.]

[종전 제13조의4는 제13조의5로 이동 <2006.6.7.>]

제13조의5(행위제한 등) ① 법 제5조제7항에 따라 국토교통부장관, 특별시장·광역시장·특별자치시장·도지사·특별자치도지사(이하 "시·도지사"라 한다), 시장, 군수 또는 구청장(자치구의 구청장을 말한다. 이하 같다)이 행위를 제한하려는 때에는 제한지역·제한사유·제한대상행위 및 제한기간을 미리 고시하여야 한다. <개정 2013.3.23., 2014.9.24.>

② 제1항에 따라 행위를 제한하려는 자가 국

토교통부장관인 경우에는 「국토의 계획 및 이용에 관한 법률」 제106조에 따른 중앙도시계획위원회의 심의를 거쳐야 하며, 시·도지사, 시장, 군수 또는 구청장인 경우에는 해당 지방자치단체에 설치된 지방도시계획위원회의 심의를 거쳐야 한다. <개정 2013.3.23., 2014.9.24.>

③ 행위를 제한하려는 자가 국토교통부장관 또는 시·도지사인 경우에는 제2항에 따른 중앙도시계획위원회 또는 시·도도시계획위원회의 심의 전에 미리 제한하려는 지역을 관할하는 시장·군수의 의견을 들어야 한다. <개정 2013.3.23.>

④ 제1항에 따른 고시는 국토교통부장관이 하는 경우에는 관보에, 시·도지사, 시장, 군수 또는 구청장이 하는 경우에는 해당 지방자치단체의 공보에 게재하는 방법으로 한다. <개정 2013.3.23., 2014.9.24.>

⑤ 법 제5조제7항에 따라 행위가 제한된 지역에서 같은 항 각 호의 행위를 하려는 자는 시장·군수의 허가를 받아야 한다.

[본조신설 2009.8.11.]

[종전 제13조의5는 제13조의6으로 이동 <2009.8.11.>]

제3장 정비사업의 시행 등

제1절 정비사업의 시행

제13조의6(세입자 동의의 예외) 법 제7조제1항 단서에서 "대통령령이 정하는 사유"란 다음 각 호의 어느 하나에 해당하는 것을 말한다. <개정 2009.4.21., 2009.8.11., 2012.7.31., 2014.4.29., 2015.12.28.>

1. 세입자의 세대수가 토지등소유자의 2분의 1 이하인 경우
2. 정비구역 지정고시일 현재 당해 지역이 속한 시·군·구에 「공공주택 특별법」 제2조제1호에 따른 공공주택(임대주택만 해당한다) 등 세입자가 입주가능한 임대주택이 충분하여 임대주택을 건설할 필요가 없다고 시·도지사가 인정하는 경우
3. 법 제6조제1항제1호, 제3호 또는 제4호에 따른 방법으로 사업을 시행하는 경우

[본조신설 2005.5.18.]

[제13조의5에서 이동 <2009.8.11.>]

제14조(공동시행자 및 지정개발자의 요건) ① 법 제8조제1항 및 제3항에서 "대통령령이 정하는 요건을 갖춘 자"란 「자본시장과 금융투자업에 관한 법률」 제8조제7항에 따른 신탁업자와 「한국감정원법」에 따른 한국감정원(이하 "한국감정원"이라 한다)을 말한다. <신설 2005.5.18., 2008.7.29., 2009.7.27., 2009.8.11., 2012.7.31., 2016.8.31.>

②법 제8조제4항에서 "대통령령으로 정하는 요건을 갖춘 자"란 다음 각 호의 어느 하나에 해당하는 자를 말한다. <개정 2005.3.8., 2005.5.18., 2008.7.29., 2009.8.11.>

1. 정비구역(제6조의 규정에 의하여 정비구역이 아닌 구역안에서 주택재건축사업이 시행되는 경우에는 그 구역을 말한다. 이하 제3호·제15조제1항제3호·제41조제2항제2호·동항제7호 및 제47조제1항제2호에서 같다)안의 토지면적의 50퍼센트 이상을 소유한 자로서 법 제2조제9호의 규정에 의한 토지등소유자(제69조의 규정에 의하여 사업시행방식이 전환된 경우로서 당해 정비구역안에 환지예정지를 지정받은 자가 있는 경우에는 환지예정지 지정을 받은 자를 포함하고 당해 환지예정지의 소유자를 제외하며, 이하 "토지등소유자"라 한다)의 50퍼센트 이상의 추천을 받은 자
2. 「사회기반시설에 대한 민간투자법」 제2조제12호의 규정에 의한 민관합동법인(민간투자사업의 부대사업으로 시행하는 경우에 한한다)으로서 토지등소유자의 50퍼센트 이상의 추천을 받은 자
3. 「자본시장과 금융투자업에 관한 법률」 제8조제7항에 따른 신탁업자로서 정비구역의 토지면적의 3분의 1 이상의 토지를 신탁받은 자

③ 법 제8조제7항에서 "대통령령으로 정하는 요건을 갖춘 자"란 다음 각 호의 자를 말한다. <신설 2012.7.31., 2016.8.11.>

1. 「건설산업기본법」 제9조에 따른 건설업자
2. 「주택법」 제7조제1항에 따라 건설업자로 보는 등록사업자
3. 「자본시장과 금융투자업에 관한 법률」 제8조제7항에 따른 신탁업자

[제목개정 2005.5.18.]

제15조(사업시행자지정의 고시 등) ①법 제8조제5항에서 "대통령령이 정하는 사항"이라 함은 다음 각호의 사항을 말한다. <개

정 2005.5.18.>
1. 정비사업의 종류 및 명칭
2. 사업시행자의 성명 및 주소(법인인 경우에는 법인의 명칭 및 주된 사무소의 소재지와 대표자의 성명 및 주소를 말한다. 이하 같다)
3. 정비구역(법 제34조의 규정에 의하여 정비구역을 2 이상의 구역으로 분할하는 경우에는 분할된 각각의 구역을 말한다. 이하 같다)의 위치 및 면적
4. 정비사업의 착수예정일 및 준공예정일

②시장·군수는 토지등소유자에게 제1항 각호의 고시내용을 통지하여야 한다.

제16조(사업대행개시결정 등) ①시장·군수는 법 제9조제1항의 규정에 의하여 정비사업을 직접 시행하거나 법 제8조제4항의 규정에 의한 지정개발자(이하 "지정개발자"라 한다) 또는 법 제2조제10호의 규정에 의한 주택공사등(이하 "주택공사등"이라 한다)으로 하여금 정비사업을 대행하게 하고자 하는 때에는 법 제9조제3항의 규정에 의하여 다음 각호의 사항에 관한 사업대행개시결정을 하여 당해 지방자치단체의 공보등에 고시하여야 한다. <개정 2005.5.18.>
1. 제15조제1항 각호의 사항
2. 대행개시결정일
3. 사업대행자
4. 대행사항

②시장·군수는 토지등소유자 및 사업시행자에게 제1항 각호의 고시내용을 통지하여야 한다.

제17조(사업대행개시결정의 효과) ①제16조의 규정에 의한 고시가 있은 때에는 사업대행자는 법 제9조제3항의 규정에 의하여 그 고시일의 다음 날부터 제18조의 규정에 의한 사업대행완료의 고시일까지 자기의 이름 및 사업시행자의 계산으로 사업시행자의 업무를 집행하고 재산을 관리한다. 이 경우 법 또는 법에 의한 명령이나 법 제2조제11호의 규정에 의한 정관등(이하 "정관등"이라 한다)이 정하는 바에 의하여 사업시행자가 행하거나 사업시행자에 대하여 행하여진 처분·절차 그 밖의 행위는 사업대행자가 행하거나 사업대행자에 대하여 행하여진 것으로 본다.

②시장·군수가 아닌 사업대행자는 재산의 처분, 자금의 차입 그 밖에 사업시행자에게 재산상 부담을 가하는 행위를 하고자 하는 때에는 미리 시장·군수의 승인을 얻어야 한다.

제18조(사업대행의 완료) ①사업대행자가 법 제9조제2항의 규정에 의하여 사업시행자에게 보수 또는 비용의 상환을 청구함에 있어서는 그 보수 또는 비용을 지출한 날 이후의 이자를 청구할 수 있다.

②사업대행자는 법 제9조제3항의 규정에 의하여 사업대행의 원인이 된 사유가 없어지거나 법 제56조제1항의 규정에 의한 등기를 완료한 때에는 사업대행을 완료하여야 한다. 이 경우 시장·군수가 아닌 사업대행자는 미리 시장·군수에게 사업대행을 완료할 뜻을 보고하여야 한다.

③시장·군수는 사업대행이 완료된 때에는 법 제9조제3항의 규정에 의하여 제16조제1항 각호의 사항과 사업대행완료일을 당해 지방자치단체의 공보등에 고시하고, 토지등소유자 및 사업시행자에게 각각 통지하여야 한다.

④사업대행자는 제3항의 규정에 의한 사업대행완료의 고시가 있은 때에는 지체없이 사업시행자에게 업무를 인계하여야 하며, 사업시행자는 정당한 사유가 없는 한 이를 인수하여야 한다.

⑤제4항의 규정에 의한 인계·인수가 완료된 때에는 사업대행자가 정비사업을 대행함에 있어서 취득하거나 부담한 권리와 의무는 사업시행자에게 승계된다.

제19조(사업대행자의 주의의무 등) ①사업대행자는 제17조의 규정에 의한 업무를 행함에 있어서는 선량한 관리자로서의 주의의무를 다하여야 한다.

②사업대행자는 제17조의 규정에 의한 업무를 행함에 있어서 필요한 때에는 사업시행자에게 협조를 요청할 수 있으며, 사업시행자는 특별한 사유가 없는 한 이에 응하여야 한다.

제19조의2(시공자의 선정) ① 법 제11조제1항 단서에서 "대통령령으로 정하는 규모 이하의 정비사업"이란 조합원이 100명 이하인 정비사업을 말한다.

② 법 제11조제3항 후단에서 "대통령령으로 정하는 경쟁입찰의 방법"이란 다음 각 호의 절차를 거친 방법을 말한다.
1. 일반경쟁입찰·제한경쟁입찰 또는 지명

경쟁입찰로 할 것
2. 제1호의 입찰을 위한 입찰공고는 1회 이상 해당 지역에서 발간되는 일간신문에 하여야 하고 현장 설명회를 개최할 것
3. 입찰자로부터 제출받은 입찰제안서에 대하여 토지등소유자를 대상으로 투표를 실시할 것

[본조신설 2009.8.11.]

제20조(주택재건축사업의 안전진단대상 등) ① 법 제12조제2항 단서에서 "대통령령으로 정하는 주택단지내 건축물"이란 다음 각 호의 어느 하나를 말한다. <개정 2005.5.18., 2009.8.11., 2016.2.29.>
1. 천재·지변 등으로 주택이 붕괴되어 신속히 재건축을 추진할 필요가 있다고 시장·군수가 인정하는 것
2. 주택의 구조안전상 사용금지가 필요하다고 시장·군수가 인정하는 것
3. 별표 1 제3호라목에 따른 노후불량건축물수에 관한 기준을 충족한 경우 잔여 건축물
4. 진입도로 등 기반시설 설치를 위하여 불가피하게 정비구역에 포함된 것으로 시장·군수가 인정하는 건축물

② 시장·군수는 법 제12조제1항제2호 및 제3호에 따른 안전진단의 요청이 있는 공동주택이 노후·불량건축물에 해당하지 아니함이 명백하다고 인정하는 경우에는 그 사유를 명시하여 요청을 반려할 수 있다. <개정 2005.5.18., 2009.8.11.>

③ 시장·군수는 법 제12조제1항제2호 및 제3호에 따른 안전진단의 요청이 있는 때에는 같은 조 제3항에 따라 요청일부터 30일 이내에 국토교통부장관이 정하는 바에 따라 안전진단의 실시여부를 결정하여 요청인에게 통보하여야 한다. 이 경우 시장·군수는 안전진단 실시여부를 결정하기 전에 단계별 정비사업추진계획 등의 사유로 주택재건축사업의 시기를 조정할 필요가 있다고 인정하는 경우에는 안전진단의 실시 시기를 조정할 수 있다. <개정 2008.2.29., 2008.12.17., 2009.8.11., 2013.3.23.>

④ 법 제12조제3항에서 "대통령령으로 정하는 안전진단기관"이란 다음 각 호의 기관을 말한다. <개정 2004.12.3., 2005.5.18., 2008.9.18., 2009.8.11., 2018.1.16.>
1. 「시설물의 안전 및 유지관리에 관한 특별법」 제28조의 규정에 의한 안전진단전문기관
2. 「시설물의 안전 및 유지관리에 관한 특별법」 제45조의 규정에 의한 한국시설안전공단
3. 「과학기술분야 정부출연연구기관 등의 설립·운영 및 육성에 관한 법률」 제8조의 규정에 의한 한국건설기술연구원

⑤ 법 제12조제4항에 따른 주택재건축사업의 안전진단은 다음 각 호의 구분에 따른다. <신설 2015.1.28.>
1. 구조안전성 평가: 제2조제1항 각 호에 따른 노후·불량건축물을 대상으로 구조적 또는 기능적 결함 등을 평가하는 안전진단
2. 주거환경 중심 평가: 제1호 외의 노후·불량건축물을 대상으로 주거생활의 편리성과 거주의 쾌적성 등을 중심으로 평가하는 안전진단

⑥ 제1항부터 제5항까지에서 규정한 사항 외에 법 제12조제1항에 따른 안전진단의 요청절차 및 그 처리에 관하여 필요한 사항은 시·도 조례로 정할 수 있다. <신설 2009.8.11., 2015.1.28.>

제21조(안전진단의 비용 등) ① 법 제12조에 따른 안전진단에 드는 비용은 시장·군수가 부담한다.

② 제1항에도 불구하고 법 제12조제1항제2호·제3호 또는 법률 제9444호 도시 및 주거환경정비법 일부개정법률 부칙 제9조에 따라 안전진단의 실시가 요청된 경우 시장·군수는 시·도 조례로 정하는 방법과 절차에 따라 안전진단에 드는 비용의 전부 또는 일부를 안전진단의 실시를 요청하는 자에게 부담하게 할 수 있다.

③ 시장·군수는 법 제12조제4항에 따라 제20조제4항제1호에 따른 안전진단전문기관이 제출한 안전진단결과보고서를 받은 경우에는 같은 항 제2호 또는 제3호에 따른 안전진단기관에 안전진단결과보고서의 적정 여부에 대한 검토를 의뢰할 수 있다.

[전문개정 2009.8.11.]

제2절 조합설립추진위원회 및 조합의 설립 등

제21조의2(추진위원회 구성을 위한 토지등소유자의 동의 등) ① 법 제13조제2항에 따라 토지등소유자의 동의를 받으려는 자는 국토교통부령으로 정하는 동의서에 법 제13조에 따른 조합설립추진위원회(이하 "추진위원회"라 한다)의 위원장, 위원, 법 제14조에 따른 추진위원회의 업무 및 법 제15조제2항에 따른 운영규정을 미리 쓴 후 토지등소유자로부터 동의를 받아야 한다. <개정 2013.3.23.>

② 토지등소유자의 동의를 받으려는 자는 법 제13조제4항에 따라 다음 각 호의 사항을 설명·고지하여야 한다. <개정 2016.7.28.>

1. 동의를 받으려는 사항 및 목적
2. 동의로 인하여 의제되는 사항
3. 제28조제5항에 따른 반대의사 표시의 절차 및 방법

[본조신설 2009.8.11.]

제22조(추진위원회의 업무) 법 제14조제1항제5호에서 "대통령령이 정하는 업무"라 함은 다음 각 호의 사항을 말한다. <개정 2008.12.17., 2009.8.11.>

1. 법 제13조제2항에 따른 추진위원회 운영규정의 작성
2. 토지등소유자의 동의서 징구
3. 조합의 설립을 위한 창립총회의 개최
4. 조합정관의 초안 작성
5. 그 밖에 추진위원회 운영규정이 정하는 사항

제22조의2(창립총회의 방법 및 절차 등) ① 추진위원회(법 제13조제2항 단서 및 같은 조 제6항 전단에 따라 추진위원회를 구성하지 아니하는 경우에는 토지등소유자를 말한다)는 법 제14조제3항에 따라 법 제16조제1항부터 제3항까지의 규정에 따른 동의를 받은 후 조합설립인가의 신청 전에 조합설립을 위한 창립총회(이하 "창립총회"라 한다)를 개최하여야 한다. <개정 2012.7.31.>

② 추진위원회(법 제13조제2항 단서 및 같은 조 제6항 전단에 따라 추진위원회를 구성하지 아니하는 경우에는 조합설립을 추진하는 토지등소유자의 대표자를 말한다)는 창립총회 14일전까지 회의목적·안건·일시·장소·참석자격 및 구비사항 등을 인터넷 홈페이지를 통해 공개하고, 토지등소유자에게 등기우편으로 발송·통지하여야 한다. <개정 2012.7.31.>

③ 창립총회는 추진위원회 위원장(법 제13조제2항 단서 및 같은 조 제6항 전단에 따라 추진위원회를 구성하지 아니하는 경우에는 토지등소유자의 대표자를 말한다. 이하 이 조에서 같다)의 직권 또는 토지등소유자 5분의 1 이상의 요구로 추진위원회 위원장이 소집한다. 다만, 토지등소유자 5분의 1 이상의 소집요구에도 불구하고 추진위원회 위원장이 2주 이상 소집요구에 응하지 아니하는 경우 소집요구한 자의 대표가 소집할 수 있다. <개정 2012.7.31.>

④ 창립총회에서는 다음 각 호의 업무를 처리한다.

1. 조합정관의 확정
2. 조합임원의 선임
3. 대의원의 선임
4. 그 밖에 필요한 사항으로서 제2항에 따라 사전에 통지한 사항

⑤ 창립총회의 의사결정은 토지등소유자(주택재건축사업의 경우 조합설립에 동의한 토지등소유자로 한정한다)의 과반수 출석과 출석한 토지등소유자 과반수 찬성으로 결의한다. 다만, 조합임원 및 대의원의 선임은 제4항제1호에 따라 확정된 정관에서 정하는 바에 따라 선출한다.

⑥ 제1항부터 제5항까지에서 규정한 사항 외에 법 제77조의4에 따라 공공지원 방식으로 시행하는 정비사업 중 법 제13조제6항에 따라 추진위원회를 구성하지 아니하는 경우에는 제22조제2호부터 제4호까지의 업무에 대한 절차 등에 관하여 필요한 사항을 시·도 조례로 정할 수 있다. <신설 2012.7.31., 2016.2.29.>

[본조신설 2009.8.11.]

제23조(추진위원회의 업무에 대한 토지등소유자의 동의) ① 법 제14조제4항에 따라 추진위원회는 정비사업의 시행범위를 확대 또는 축소하려는 때에는 토지등소유자의 과반수 또는 추진위원회의 구성에 동의한 토지등소유자의 3분의 2 이상의 토지등소유자의 동의를 받아야 한다. <개정 2009.8.11.>

② 삭제 <2009.8.11.>

제24조(추진위원회의 운영) ①추진위원회는 법 제15조제1항에 따라 다음 각 호의 사항을 토지등소유자가 쉽게 접할 수 있는 일정한 장소에 게시하거나 인터넷 등을 통하여 공개하고, 필요한 경우에는 토지등소유자에게 서면통지를 하는 등 토지등소유자가 그 내용을 충분히 알 수 있도록 하여야 한다. 다만, 제8호 및 제

9호의 사항은 조합설립인가 신청일 60일 전까지 추진위원회 구성에 동의한 토지등소유자에게 등기우편으로 통지하여야 한다. <개정 2009.8.11., 2010.7.15.>
1. 법 제12조의 규정에 의한 안전진단 결과
2. 법 제69조에 따른 정비사업전문관리업자(이하 "정비사업전문관리업자"라 한다)의 선정에 관한 사항
3. 토지등소유자의 부담액 범위를 포함한 개략적인 사업시행계획서
4. 추진위원회 임원의 선정에 관한 사항
5. 토지등소유자의 비용부담을 수반하거나 권리·의무에 변동을 일으킬 수 있는 사항
6. 제22조의 규정에 의한 추진위원회의 업무에 관한 사항
7. 창립총회 개최의 방법 및 절차
8. 조합설립에 대한 동의철회(법 제13조제3항 단서에 따른 반대의 의사표시를 포함한다) 및 방법
9. 제26조제2항에 따른 조합 설립 동의서에 포함되는 사항

②추진위원회는 추진위원회의 지출내역서를 매분기별로 토지등소유자가 쉽게 접할 수 있는 일정한 장소에 게시하거나 인터넷 등을 통하여 공개하고, 토지등소유자가 열람할 수 있도록 하여야 한다.

제25조(추진위원회 운영규정) 법 제15조제2항제6호에서 "대통령령이 정하는 사항"이라 함은 다음 각호의 사항을 말한다.
1. 추진위원회 운영경비의 회계에 관한 사항
2. 정비사업전문관리업자의 선정에 관한 사항
3. 그 밖에 정비사업의 원활한 추진을 위하여 추진위원회가 운영규정에 포함하여 정하여야 하는 사항

제26조(조합설립인가신청의 방법 등) ① 법 제16조제1항부터 제3항까지의 규정에 따른 토지등소유자의 동의는 국토교통부령으로 정하는 동의서에 동의를 받는 방법에 따른다. <개정 2008.12.17., 2013.3.23.>

② 제1항에 따른 동의서에는 다음 각 호의 사항이 포함되어야 한다. <신설 2008.12.17., 2012.7.31.>
1. 건설되는 건축물의 설계의 개요
2. 공사비 등 정비사업에 드는 비용(이하 "정비사업비"라 한다)
3. 제2호에 따른 비용의 분담기준
4. 사업 완료 후 소유권의 귀속에 관한 사항
5. 조합정관

③조합은 법 제16조제1항 내지 제3항의 규정에 의하여 조합설립의 인가를 받은 때에는 정관이 정하는 바에 따라 토지등소유자에게 그 내용을 통지하고, 이해관계인이 열람할 수 있도록 하여야 한다. <개정 2008.12.17.>

제27조(조합설립인가내용의 경미한 변경) 법 제16조제1항 각 호 외의 부분 단서에서 "대통령령으로 정하는 경미한 사항"이란 다음 각 호의 사항을 말한다. <개정 2008.12.17., 2009.8.11., 2011.4.4., 2012.7.31.>
1. 조합의 명칭 및 주된 사무소의 소재지와 조합장의 주소 및 성명
2. 토지 또는 건축물의 매매 등으로 인하여 조합원의 권리가 이전된 경우의 조합원의 교체 또는 신규가입

2의2. 조합임원 또는 대의원의 변경(조합장은 법 제24조에 따라 총회의 의결을 거쳐 변경인가를 받아야 한다)

2의3. 건설되는 건축물의 설계 개요의 변경

2의4. 정비사업비의 변경

2의5. 현금청산으로 인하여 정관에서 정하는 바에 따라 조합원이 변경되는 경우

3. 법 제4조에 따른 정비구역 또는 정비계획의 변경에 따라 변경되어야 하는 사항. 다만, 정비구역 면적이 10퍼센트 이상 변경되는 경우는 제외한다.
4. 그 밖에 시·도 조례로 정하는 사항

제27조의2(추정 분담금 등 정보의 제공) 법 제16조제6항에서 "대통령령으로 정하는 정보"란 다음 각 호의 정보를 말한다.
1. 토지등소유자별 분담금 추산액 및 산출근거
2. 그 밖에 추정 분담금의 산출 등과 관련하여 시·도 조례로 정하는 정보

[본조신설 2012.7.31.]

제27조의3(추진위원회 및 조합 비용의 보조) ① 법 제16조의2제4항에서 "대통령령으로 정하는 범위"란 다음 각 호의 비용을 말한다.
1. 정비사업전문관리 용역비
2. 설계 용역비
3. 그 밖에 해당 추진위원회가 법 제14조에 따른 업무를 수행하기 위하여 사용한 비용으로서 시·도 조례로 정하는 비용

② 법 제16조의2제6항에서 "대통령령으로 정하는 범위"란 다음 각 호의 비용을 말한다. <신설 2016.2.29.>
1. 정비사업전문관리 용역비
2. 설계 용역비
3. 감정평가비용
4. 그 밖에 해당 추진위원회 및 조합이 법 제14조 및 제24조에 따른 업무를 수행하기 위하여 사용한 비용으로서 시·도 조례로 정하는 비용

③ 제1항 및 제2항에 따른 비용의 보조 비율 및 보조 방법 등에 관하여 필요한 사항은 시·도 조례로 정한다. <개정 2016.2.29.>
[본조신설 2012.7.31.]
[제목개정 2016.2.29.]

제28조(토지등소유자의 동의자수 산정방법 등) ①법 제12조·제17조제1항 및 이 영 제13조의2제7항에 따른 토지등소유자(토지면적에 관한 동의자수를 산정하는 경우에는 토지소유자를 말한다. 이하 이 조에서 같다)의 동의는 다음 각 호의 기준에 따라 산정한다. <개정 2005.5.18., 2008.12.17., 2009.8.11., 2010.7.15., 2012.7.31., 2014.9.24., 2016.7.28.>
1. 주거환경개선사업, 주택재개발사업, 도시환경정비사업, 주거환경관리사업 또는 가로주택정비사업의 경우에는 다음 각 목의 기준에 의할 것
  가. 1필지의 토지 또는 하나의 건축물이 수인의 공유에 속하는 때에는 그 수인을 대표하는 1인을 토지등소유자로 산정할 것. 다만, 도시환경정비구역의 「전통시장 및 상점가 육성을 위한 특별법」 제2조에 따른 전통시장 및 상점가로서 1필지의 토지 또는 하나의 건축물이 수인의 공유에 속하는 경우에는 해당 토지 또는 건축물의 토지등소유자의 4분의 3 이상의 동의를 받아 이를 대표하는 1인을 토지등소유자로 산정할 수 있다.
  나. 토지에 지상권이 설정되어 있는 경우 토지의 소유자와 해당 토지의 지상권자를 대표하는 1인을 토지등소유자로 산정할 것
  다. 1인이 다수 필지의 토지 또는 다수의 건축물을 소유하고 있는 경우에는 필지나 건축물의 수에 관계없이 토지등소유자를 1인으로 산정할 것. 다만, 도시환경정비사업의 경우 토지등소유자가 정비구역 지정 후에 정비사업을 목적으로 취득한 토지 또는 건축물에 대하여는 정비구역 지정 당시의 토지 또는 건축물의 소유자를 토지등소유자의 수에 포함하여 산정하되, 이 경우 동의 여부는 이를 취득한 토지등소유자에 의한다.
2. 주택재건축사업의 경우에는 다음 각 목의 기준에 따를 것
  가. 소유권 또는 구분소유권이 여러 명의 공유에 속하는 경우에는 그 여러 명을 대표하는 1명을 토지등소유자로 산정할 것
  나. 1명이 둘 이상의 소유권 또는 구분소유권을 소유하고 있는 경우에는 소유권 또는 구분소유권의 수에 관계없이 토지등소유자를 1명으로 산정할 것
3. 추진위원회 또는 조합의 설립에 동의한 자로부터 토지 또는 건축물을 취득한 자는 추진위원회 또는 조합의 설립에 동의한 것으로 볼 것
4. 토지등기부등본·건물등기부등본·토지대장 및 건축물관리대장에 소유자로 등재될 당시 주민등록번호의 기재가 없고 기재된 주소가 현재 주소와 상이한 경우로서 소재가 확인되지 아니한 자는 토지등소유자의 수에서 제외할 것
5. 국유지·공유지에 대해서는 그 재산관리청을 토지등소유자로 산정할 것

② 법 제17조제2항에 따라 동의서에 검인(檢印)을 받으려는 자는 제21조의2 또는 제26조에 따라 동의서에 기재할 사항을 기재한 후 관련 서류를 첨부하여 시장·군수에게 검인을 신청하여야 한다. <신설 2016.7.28.>

③ 제2항에 따른 신청을 받은 시장·군수는 동의서 기재사항의 기재 여부 등 형식적인 사항을 확인하고 해당 동의서에 연번(連番)을 부여한 후 검인을 하여야 한다. <신설 2016.7.28.>

④ 시장·군수는 제2항에 따른 신청일부터 20일 이내에 신청인에게 검인한 동의서를 내주어야 한다. <신설 2016.7.28.>

⑤ 법 제12조 및 제17조제1항 본문에 따른 동의(법 제8조제4항제7호, 제13조제3항 및 제26조제3항에 따라 의제된 동의를 포함한다)의 철회 또는 반대의사 표시의 시기는 다음 각 호의 기준에 따른다. <개정 2016.2.29., 2016.7.28.>
1. 동의의 철회 또는 반대의사의 표시는 해당 동의에 따른 인·허가 등을 신청하기 전까지 할 수 있다.
2. 제1호에도 불구하고 다음 각 목의 동의는 최초로 동의한 날부터 30일까지만 철회할 수 있다. 다만, 나목의 동의는 최초로 동의

한 날부터 30일이 지나지 아니한 경우에도 법 제14조제3항에 따른 조합설립을 위한 창립총회 후에는 철회할 수 없다.

가. 법 제4조의3제4항제4호에 따른 정비구역의 해제에 대한 동의

나. 법 제16조에 따른 조합설립에 대한 동의(동의 후 제26조제2항 각 호의 사항이 변경되지 아니한 경우로 한정한다)

다. 법 제16조의2제1항에 따른 추진위원회 또는 조합 해산에 대한 동의

⑥ 제5항에 따라 동의를 철회하거나 반대의 의사표시를 하려는 토지등소유자는 동의의 상대방 및 시장·군수에게 철회서에 토지등소유자의 지장(指章)을 날인하고 자필로 서명한 후 주민등록증 및 여권 등 신원을 확인할 수 있는 신분증명서 사본을 첨부하여 내용증명의 방법으로 발송하여야 한다. 이 경우 시장·군수가 철회서를 받은 때에는 지체 없이 동의의 상대방에게 철회서가 접수된 사실을 통지하여야 한다. <신설 2009.8.11., 2012.7.31., 2016.7.28.>

⑦ 제5항에 따른 동의의 철회나 반대의 의사표시는 철회서가 동의의 상대방에게 도달한 때 또는 제6항 후단에 따라 시장·군수가 동의의 상대방에게 철회서가 접수된 사실을 통지한 때 중 빠른 때에 효력이 발생한다. <신설 2009.8.11., 2016.7.28.>

제28조의2(토지등소유자의 동의서 재사용의 특례) 법 제17조의2에 따라 토지등소유자의 기존 동의서를 다시 사용하기 위한 요건은 다음 각 호와 같다.

1. 법 제17조의2제1항제1호의 경우: 다음 각 목의 요건

가. 토지등소유자에게 기존 동의서를 다시 사용할 수 있다는 취지와 반대의사 표시의 절차 및 방법을 서면으로 설명·고지할 것

나. 60일 이상의 반대의사 표시기간을 가목의 서면에 명백히 적어 부여할 것

2. 법 제17조의2제1항제2호의 경우: 다음 각 목의 요건

가. 토지등소유자에게 기존 동의서를 다시 사용할 수 있다는 취지와 반대의사 표시의 절차 및 방법을 서면으로 설명·고지할 것

나. 90일 이상의 반대의사 표시기간을 가목의 서면에 명백히 적어 부여할 것

다. 정비구역, 조합정관, 정비사업비, 개인별 추징분담금, 신축되는 건축물의 연면적 등 정비사업의 변경내용을 가목의 서면에 포함할 것

라. 다음의 변경의 범위가 모두 100분의 10 미만일 것

1) 정비구역 면적의 변경

2) 정비사업비의 증가(생산자물가상승률분 및 법 제47조에 따른 현금청산 금액은 제외한다)

3) 신축되는 건축물의 연면적 변경

마. 조합설립인가의 무효 또는 취소가 확정된 조합과 새롭게 설립하려는 조합이 추진하고자 하는 정비사업의 목적과 방식이 동일할 것

바. 조합설립의 무효 또는 취소가 확정된 날부터 3년 내에 새로운 조합을 설립하기 위한 창립총회를 개최할 것

[본조신설 2016.2.29.]

제29조(조합의 등기사항) 법 제18조제2항에서 "대통령령이 정하는 사항"이라 함은 다음 각호의 사항을 말한다.

1. 설립목적
2. 조합의 명칭
3. 주된 사무소의 소재지
4. 설립인가일
5. 임원의 성명 및 주소
6. 임원의 대표권을 제한하는 경우에는 그 내용

제30조(조합원) ① 삭제 <2005.5.18.>

②법 제16조제1항 내지 제3항의 규정에 의한 조합의 설립인가후 양도·증여·판결등으로 인하여 조합원의 권리가 이전된 때에는 조합원의 권리를 취득한 자를 조합원으로 본다.

③법 제19조제2항제4호에서 "대통령령이 정하는 경우"란 다음 각 호의 어느 하나에 해당하는 경우를 말한다. <신설 2005.5.18., 2009.8.11., 2016.8.11., 2017.9.29.>

1. 조합설립인가일부터 3년 이상 사업시행인가 신청이 없는 주택재건축사업의 건축물을 3년 이상 계속하여 소유하고 있는 자(소유기간을 산정할 때 소유자가 피상속인으로부터 상속받아 소유권을 취득한 경우에는 피상속인의 소유기간을 합산한다. 이하 제2호 및 제3호에서 같다)가 사업시행인가 신청 전에 양도하는 경우
2. 사업시행인가일부터 3년 이상 착공하지

못한 주택재건축사업의 토지 또는 건축물을 3년 이상 계속하여 소유하고 있는 자가 착공 전에 양도하는 경우

3. 착공일부터 3년 이상 준공되지 아니한 주택재건축사업의 토지를 3년 이상 계속하여 소유하고 있는 경우
4. 법률 제7056호 도시및주거환경정비법중개정법률 부칙 제2항의 규정에 의한 토지등소유자로부터 상속·이혼으로 인하여 토지 또는 건축물을 소유한 자
5. 국가·지방자치단체 및 금융기관(「주택법 시행령」 제71조제1호 각 목의 금융기관을 말한다)에 대한 채무를 이행하지 못하여 주택재건축사업의 토지 또는 건축물이 경매 또는 공매되는 경우
6. 「주택법」 제63조제1항에 따른 투기과열지구(이하 "투기과열지구"라 한다)로 지정되기 전에 건축물 또는 토지를 양도하기 위한 계약(계약금 지급 내역 등으로 계약일을 확인할 수 있는 경우로 한정한다)을 체결하고, 투기과열지구로 지정된 날부터 60일 이내에 「부동산 거래신고 등에 관한 법률」 제3조에 따라 부동산 거래의 신고를 한 경우

제31조(조합정관에 정할 사항) 법 제20조제1항제17호에서 "대통령령이 정하는 사항"이란 다음 각 호의 사항을 말한다. <개정 2005.5.18., 2008.12.17., 2009.8.11.>

1. 정비사업의 종류 및 명칭
2. 임원의 임기, 업무의 분담 및 대행 등에 관한 사항
3. 대의원회의 구성, 개회와 기능, 의결권의 행사방법 그 밖에 회의의 운영에 관한 사항
4. 법 제8조제1항 내지 제3항의 규정에 의한 정비사업의 공동시행에 관한 사항
5. 정비사업전문관리업자에 관한 사항
6. 정비사업의 시행에 따른 회계 및 계약에 관한 사항
7. 정비기반시설 및 공동이용시설의 부담에 관한 개략적인 사항
8. 공고·공람 및 통지의 방법
9. 토지 및 건축물 등에 관한 권리의 평가방법에 관한 사항
10. 법 제48조제1항의 규정에 의한 관리처분계획(이하 "관리처분계획"이라 한다) 및 청산(분할징수 또는 납입에 관한 사항을 포함한다)에 관한 사항
11. 사업시행계획서의 변경에 관한 사항
12. 조합의 합병 또는 해산에 관한 사항
13. 임대주택의 건설 및 처분에 관한 사항
14. 총회의 의결을 거쳐야 할 사항의 범위
15. 조합원의 권리·의무에 관한 사항
16. 조합직원의 채용 및 임원중 상근임원의 지정에 관한 사항과 직원 및 상근임원의 보수에 관한 사항
17. 그 밖에 시·도 조례로 정하는 사항

제32조(정관의 경미한 변경사항) 법 제20조제3항 단서에서 "대통령령이 정하는 경미한 사항"이란 다음 각 호의 사항을 말한다. <개정 2005.5.18., 2008.12.17., 2009.8.11.>

1. 법 제20조제1항제1호·제5호·제6호 및 제10호의 사항
2. 제31조제2호·제3호·제5호·제8호·제13호·제14호 및 제16호의 사항
3. 그 밖에 시·도 조례로 정하는 사항

제33조(조합임원의 수) 법 제21조제2항에 따라 조합에 두는 이사의 수는 3명 이상으로 하고, 감사의 수는 1명 이상 3명 이하로 한다. 다만, 토지등소유자의 수가 100명을 초과하는 경우에는 이사의 수를 5명 이상으로 한다. <개정 2008.12.17.>

제33조의2(전문조합관리인의 선정) ① 법 제21조제6항 단서에서 "대통령령으로 정하는 요건을 갖춘 자"란 다음 각 호의 어느 하나에 해당하는 사람을 말한다.

1. 다음 각 목의 어느 하나에 해당하는 자격을 취득한 후 정비사업 관련 업무에 5년 이상 종사한 경력이 있는 사람
   가. 변호사
   나. 회계사
   다. 법무사
   라. 세무사
   마. 건축사
   바. 도시계획·건축분야의 기술사
   사. 감정평가사
2. 조합임원으로 5년 이상 종사한 사람
3. 공무원 또는 공공기관의 임직원으로 정비사업 관련 업무에 5년 이상 종사한 사람
4. 정비사업전문관리업자에 소속되어 정비사업 관련 업무에 10년 이상 종사한 사람
5. 「건설산업기본법」 제2조제7호에 따른 건

설업자에 소속되어 정비사업 관련 업무에 10년 이상 종사한 사람
6. 제1호부터 제5호까지의 경력을 합산한 경력이 5년 이상인 사람. 이 경우 같은 시기의 경력은 중복하여 계산하지 아니하며, 제4호 및 제5호의 경력은 2분의 1만 포함하여 계산한다.

② 시장·군수는 법 제21조제6항 단서에 따른 전문조합관리인(이하 "전문조합관리인"이라 한다)의 선정이 필요하다고 인정하거나 조합원(추진위원회의 경우에는 토지등소유자를 말한다. 이하 이 조에서 같다) 3분의 1 이상이 전문조합관리인의 선정을 요청하면 공개모집을 통하여 전문조합관리인을 선정할 수 있다. 이 경우 조합 또는 추진위원회의 의견을 들어야 한다.

③ 전문조합관리인은 선임 후 6개월 이내에 법 제74조의2에 따른 교육을 60시간 이상 받아야 한다. 다만, 선임 전 최근 3년 이내에 해당 교육을 받은 경우에는 그러하지 아니하다.

④ 전문조합관리인의 임기는 3년으로 하되, 연임할 수 있다.

[본조신설 2016.7.28.]

제34조(총회의 의결사항) ① 법 제24조제3항제12호에 따라 총회의 의결을 거쳐야 하는 사항은 다음 각 호와 같다.
1. 조합의 합병 또는 해산에 관한 사항(법 제16조의2제1항제2호에 따라 조합의 해산을 신청하는 경우는 제외한다)
2. 대의원의 선임 및 해임에 관한 사항
3. 건설되는 건축물의 설계 개요의 변경
4. 정비사업비의 변경

② 법 제24조제6항 단서에서 "대통령령으로 정하는 총회"란 다음 각 호의 어느 하나에 해당하는 총회를 말한다. <개정 2016.2.29.>
1. 법 제14조제3항 및 이 영 제22조의2제1항에 따른 창립총회
2. 법 제30조에 따른 사업시행계획서의 수립 및 변경을 위하여 개최하는 총회
3. 법 제48조제1항에 따른 관리처분계획의 수립 및 변경을 위하여 개최하는 총회

[전문개정 2012.7.31.]

제35조(대의원회가 대행할 수 없는 사항) 법 제25조제2항에서 "대통령령이 정하는 사항"이란 다음 각 호의 사항을 말한다. <개정 2005.5.18., 2008.12.17., 2010.7.15., 2016.2.29.>
1. 법 제24조제3항제1호·제2호·제5호 내지 제7호 및 제10호의 사항
2. 법 제24조제3항제8호 및 이 영 제34조제1항제2호의 사항. 다만, 정관이 정하는 바에 따라 임기중 궐위된 자(조합장은 제외한다)를 보궐선임하는 경우를 제외한다.
3. 제34조제1항제1호·제3호 및 제4호의 사항. 다만, 사업완료로 인한 해산의 경우는 제외한다.
4. 법 제24조제4항의 규정에 의하여 총회에 상정하여야 하는 사항

제36조(대의원회) ①대의원은 조합원중에서 선출하며, 대의원회의 의장은 조합장이 된다.

②대의원의 선임 및 해임에 관하여는 정관이 정하는 바에 의한다.

③대의원의 수는 법 제25조제2항에 규정된 범위안에서 정관이 정하는 바에 의한다.

④대의원회는 조합장이 필요하다고 인정하는 때에 소집한다. 다만, 다음 각호의 1에 해당하는 때에는 조합장은 해당일부터 14일 이내에 대의원회를 소집하여야 한다.
1. 정관이 정하는 바에 따라 소집청구가 있는 때
2. 대의원의 3분의 1 이상(정관으로 달리 정한 경우에는 그에 의한다)이 회의의 목적사항을 제시하여 청구하는 때

⑤제4항 각호의 1에 의한 소집청구가 있는 경우로서 조합장이 제4항 각호외의 부분 단서의 규정에 의한 기간내에 정당한 이유없이 대의원회를 소집하지 아니한 때에는 감사가 지체없이 이를 소집하여야 하며, 감사가 소집하지 아니하는 때에는 제4항 각호의 규정에 의하여 소집을 청구한 자의 대표가 이를 소집한다. 이 경우 미리 시장·군수의 승인을 얻어야 한다.

⑥제5항의 규정에 의하여 대의원회를 소집하는 경우에는 소집주체에 따라 감사 또는 제4항 각호의 규정에 의하여 소집을 청구한 자의 대표가 의장의 직무를 대행한다.

⑦대의원회의 소집은 집회 7일전까지 그 회의의 목적·안건·일시 및 장소를 기재한 서면을 대의원에게 통지하는 방법에 의한다. 이 경우 정관이 정하는 바에 따라 대의원회의 소집내용을 공고하여야 한다.

⑧대의원회는 재적대의원 과반수의 출석과 출석대의원 과반수의 찬성으로 의결한다. 다만, 그 이상의 범위에서 정관이 달리 정하는 경우에는 그에 따른다. <개정 2008.12.17.>

⑨대의원회는 제7항 전단의 규정에 의하여 사전에 통지한 안건에 관하여만 의결할 수 있다. 다만, 사전에 통지하지 않은 안건으로서 대의원회의 회의에서 정관이 정하는 바에 따라 채택된 안건의 경우에는 그러하지 아니하다.

⑩특정한 대의원의 이해와 관련된 사항에 대하여는 그 대의원은 의결권을 행사할 수 없다.

제37조(주민대표회의) ① 법 제26조제1항에 따른 주민대표회의(이하 "주민대표회의"라 한다)에는 위원장과 부위원장 각 1명과, 1명 이상 3명 이하의 감사를 둔다. <개정 2009.8.11.>

② 삭제 <2009.8.11.>

③ 법 제26조제4항제5호에서 "대통령령이 정하는 사항"이란 다음 각 호의 사항을 말한다. <개정 2009.8.11., 2012.7.31.>

1. 관리처분계획 및 청산에 관한 사항(법 제6조제1항제1호부터 제3호까지의 방법으로 시행하는 주거환경개선사업과 주거환경관리사업은 제외한다)
2. 법 제26조제4항제1호 내지 제4호 및 이 항 제1호의 사항의 변경에 관한 사항
3. 법 제11조제3항에 따른 시공자의 추천

④ 시장·군수 또는 주택공사등은 주민대표회의의 운영에 필요한 경비의 일부를 해당 정비사업비에서 지원할 수 있다. <개정 2009.8.11.>

⑤ 주민대표회의의 위원의 선출·교체 및 해임, 운영방법, 운영비용의 조달 그 밖에 주민대표회의의 운영에 관하여 필요한 사항은 주민대표회의가 이를 정한다.

제3절 사업시행계획 등

제38조(사업시행인가의 경미한 변경) 법 제28조제1항 후단 단서에서 "대통령령이 정하는 경미한 사항을 변경하려는 때"란 다음 각 호의 어느 하나에 해당하는 때를 말한다. <개정 2003.11.29., 2005.5.18., 2008.12.17., 2009.8.11., 2010.7.15., 2015.6.30., 2016.8.11.>

1. 정비사업비를 10퍼센트의 범위에서 변경하거나 관리처분계획의 인가에 따라 변경하는 때. 다만,「주택법」제2조제5호에 따른 국민주택을 건설하는 사업인 경우에는 주택도시기금의 지원금액이 증가되지 아니하는 경우만 해당한다.
2. 건축물이 아닌 부대·복리시설의 설치규모를 확대하는 때(위치가 변경되는 경우를 제외한다)
3. 대지면적을 10퍼센트의 범위안에서 변경하는 때
4. 세대수 또는 세대당 주택공급면적(바닥 면적에 산입되는 면적으로서 사업시행자가 공급하는 주택의 면적을 말한다)을 변경하지 아니하고 사업시행인가를 받은 면적의 10퍼센트의 범위에서 내부구조의 위치 또는 면적을 변경하는 때
5. 내장재료 또는 외장재료를 변경하는 때
6. 사업시행인가의 조건으로 부과된 사항의 이행에 따라 변경하는 때
7. 건축물의 설계와 용도별 위치를 변경하지 아니하는 범위안에서 건축물의 배치 및 주택단지안의 도로선형을 변경하는 때
8. 「건축법 시행령」 제12조제3항 각호의 1에 해당하는 사항을 변경하는 때
9. 사업시행자의 명칭 또는 사무소 소재지를 변경하는 때
10. 정비구역 또는 정비계획의 변경에 따라 사업시행계획서를 변경하는 때
11. 법 제16조의 규정에 의한 조합변경의 인가에 따라 사업시행계획서를 변경하는 때
12. 그 밖에 시·도 조례로 정하는 사항을 변경하는 때

제39조(건축심의 내용) 법 제28조제2항에서 "대통령령이 정하는 사항"이라 함은 법 제4조제1항제4호 내지 제6호, 이 영 제13조제1항제4호 및 제6호의 사항을 말한다. 다만,「국토의 계획 및 이용에 관한 법률」제51조의 규정에 의하여 지정된 지구단위계획구역인 경우 도시계획위원회의 심의(건축위원회와 공동으로 하는 심의를 포함한다)를 거쳐 지구단위계획으로 결정된 사항을 제외한다. <개정 2005.5.18.>

제40조 삭제 <2005.5.18.>

제41조(사업시행계획서의 작성) ① 삭제 <2016.2.29.>

② 법 제30조제9호에서 "대통령령으로 정하는 바에 따라 시·도 조례가 정하는 사항"이란 다음 각 호의 사항 중 해당 정비사업에 필요한 사항을 말한다. <개정 2009.8.11.>

1. 정비사업의 종류·명칭 및 시행기간
2. 정비구역의 위치 및 면적

3. 사업시행자의 성명 및 주소
4. 설계도서
5. 자금계획
6. 철거할 필요는 없으나 개보수할 필요가 있다고 인정되는 건축물의 명세 및 개보수계획
7. 정비사업의 시행에 지장이 있다고 인정되는 정비구역안의 건축물 또는 공작물 등의 명세
8. 토지 또는 건축물 등에 관한 권리자 및 그 권리의 명세
9. 공동구의 설치에 관한 사항
10. 법 제65조제1항의 규정에 의하여 용도가 폐지되는 정비기반시설의 조서 및 도면과 정비사업에 의하여 새로이 설치되는 정비기반시설의 조서 및 도면(주택공사등이 사업시행자인 경우에 한한다)
11. 정비사업의 시행으로 법 제65조제2항의 규정에 의하여 용도폐지되는 정비기반 시설의 조서·도면 및 그 정비기반시설에 대한 2 이상의 감정평가업자의 감정평가서와 새로이 설치할 정비기반시설의 조서·도면 및 그 설치비용 계산서
12. 사업시행자에게 무상으로 양여되는 국·공유지의 조서
13. 토지등소유자가 자치적으로 정하여 운영하는 규약
14. 빗물처리계획
15. 기존주택의 철거계획서(석면을 함유한 건축자재가 사용된 경우에는 그 현황과 동자재의 철거 및 처리계획을 포함한다)
16. 정비사업 완료 후 상가세입자에 대한 우선 분양 등에 관한 사항

③ 「국토의 계획 및 이용에 관한 법률 시행령」 제36조 및 제37조의 규정은 제2항제9호의 규정에 의한 공동구의 설치에 관하여 이를 준용한다. <개정 2005.5.18., 2012.4.10., 2012.7.31.>

④ 제2항제13호의 규정에 의한 규약에는 다음 각호의 사항중 당해 정비사업에 필요한 사항이 포함되어야 한다.

1. 정비사업의 종류 및 명칭
2. 주된 사무소의 소재지
3. 비용부담에 관한 사항(사업시행자인 토지등소유자와 사업시행자가 아닌 토지등소유자의 비용부담이 균형을 잃지 아니하도록 하는 내용과 부담하는 비용의 납부시 기·납부방법 등에 관한 사항이 포함되어야 한다)
4. 업무를 대표할 자 및 임원을 정하는 경우에는 그 자격·임기·업무분담·선임방법 및 업무대행에 관한 사항
5. 총회 및 대의원회 등의 조직에 관한 사항
6. 회의에 관한 사항
7. 토지등소유자의 권리·의무에 관한 사항
8. 제31조제4호 내지 제10호의 사항
9. 규약 및 사업시행계획서의 변경에 관한 사항

⑤ 제4항의 규정은 지정개발자가 정비사업을 시행하는 경우 작성하는 규약에 관하여 이를 준용한다.

제41조의2(소형주택의 공급방법 등) ① 사업시행자는 조합원에게 공급되고 남은 주택을 대상으로 공개추첨의 방법에 의하여 법 제30조의3제3항에 따라 공급하는 소형주택을 선정하여야 하며, 그 선정결과를 지체 없이 같은 항에 따른 인수자에게 통보하여야 한다. <개정 2012.7.31.>

② 사업시행자가 제1항에 따라 소형주택을 공급하는 경우에는 시·도지사, 시장·군수 순으로 우선하여 인수할 수 있다. 다만, 시·도지사 및 시장·군수가 소형주택을 인수할 수 없는 경우에는 시·도지사는 국토교통부장관에게 인수자 지정을 요청하여야 한다. <개정 2012.7.31., 2013.3.23.>

③ 국토교통부장관은 제2항 단서에 따라 시·도지사로부터 인수자 지정 요청이 있는 경우에는 30일 이내에 인수자를 지정하여 시·도지사에게 통보하여야 하며, 시·도지사는 지체없이 이를 시장·군수에게 보내어 그 인수자와 소형주택의 공급에 관하여 협의하도록 하여야 한다. <개정 2012.7.31., 2013.3.23.>

④ 법 제30조의3제6항 본문에서 "대통령령으로 정하는 장기공공임대주택"이란 「공공주택 특별법」 제2조제1호가목의 공공임대주택으로서 같은 법 제50조의2제1항에 따른 임대의무기간(이하 "임대의무기간"이라 한다)이 20년 이상인 것을 말하다. <신설 2016.7.28.>

⑤ 법 제30조의3제6항 단서에서 "토지등소유자의 부담 완화 등 대통령령으로 정하는 요건에 해당하는 경우"란 다음 각 호의 어느 하나에 해당하는 경우를 말한다. <신설 2016.7.28.>

1. 가목의 가액을 나목의 가액으로 나눈 값이 100분의 80 미만인 경우. 이 경우 가목 및 나목의 가액은 법 제28조제4항에

따른 사업시행인가 고시일을 기준으로 하여 산정하되 구체적인 산정방법은 국토교통부장관이 정하여 고시한다.

가. 정비사업 후 대지 및 건축물의 총가액에서 총사업비를 제외한 가액

나. 정비사업 전 토지 및 건축물의 총가액

2. 시·도지사가 정비구역의 입지, 토지등소유자의 조합설립 동의율, 정비사업비의 증가규모, 사업기간 등을 고려하여 토지등소유자의 부담이 지나치게 높다고 인정하는 경우

⑥ 법 제30조의3제6항 단서에서 "대통령령으로 정하는 가격"이란 다음 각 호의 구분에 따른 가격을 말한다. <신설 2016.7.28.>

1. 임대의무기간이 10년 이상인 경우: 감정평가액(시장·군수가 지정하는 2 이상의 감정평가업자가 평가한 금액을 산술평균한 금액을 말한다. 이하 제2호에서 같다)의 100분의 30에 해당하는 가격
2. 임대의무기간이 10년 미만인 경우: 감정평가액의 100분의 50에 해당하는 가격

[전문개정 2009.8.11.]
[제목개정 2012.7.31.]

제42조(공람) 시장·군수는 법 제31조제1항 본문에 따라 사업시행인가 또는 사업시행계획서 작성과 관계된 서류를 일반인에게 공람하게 하려는 때에는 그 요지와 공람장소를 해당 지방자치단체의 공보등에 공고하고, 토지등소유자에게 공고내용을 통지하여야 한다. <개정 2010.7.15.>

제43조(사업시행인가의 특례) 법 제33조제1항 각호외의 부분 후단에서 "대통령령이 정하는 기준"이라 함은 다음 각호의 기준을 말한다. <개정 2003.11.29., 2005.5.18., 2008.10.29., 2012.7.31., 2016.8.11.>

1. 「주택법」 제2조제12호에도 불구하고 존치 또는 리모델링(「주택법」 제2조제25호 또는 「건축법」 제2조제1항제10호에 따른 리모델링을 말한다. 이하 같다)되는 건축물도 하나의 주택단지에 있는 것으로 본다.
2. 「주택법」 제35조에 따른 부대시설·복리시설의 설치기준은 존치 또는 리모델링되는 건축물을 포함하여 적용할 수 있다.
3. 「건축법」 제44조에 따른 대지와 도로의 관계는 존치 또는 리모델링되는 건축물의 출입에 지장이 없다고 인정되는 경우 이를 적용하지 아니할 수 있다.
4. 「건축법」 제46조에 따른 건축선의 지정은 존치 또는 리모델링되는 건축물에 대하여는 이를 적용하지 아니할 수 있다.
5. 「건축법」 제61조에 따른 일조등의 확보를 위한 건축물의 높이제한은 리모델링되는 건축물에 대하여는 이를 적용하지 아니할 수 있다.

제43조의2(순환용주택의 우선공급 요청 등) ① 법 제35조제2항에 따라 사업시행자는 법 제48조에 따른 관리처분계획의 인가 신청 후 다음 각 호의 서류를 첨부하여 주택공사등에 공공임대주택을 법 제35조제2항에 따른 순환용주택(이하 "순환용주택"이라 한다)으로 우선 공급할 것을 요청할 수 있다.

1. 법 제28조제4항에 따른 사업시행인가 고시문 사본
2. 관리처분계획의 인가 신청서 사본
3. 정비구역 내 이주대상 세대수
4. 법 제35조제1항에 따른 주택의 소유자 또는 세입자로서 순환용주택 이주 희망 대상자
5. 이주시기 및 사용기간
6. 그 밖에 주택공사등이 필요하다고 인정하는 사항

② 주택공사등은 제1항에 따라 사업시행자로부터 공공임대주택의 공급 요청을 받은 경우에는 그 요청을 받은 날부터 30일 이내에 사업시행자에게 다음 각 호의 내용을 통지하여야 한다.

1. 해당 정비구역 인근에서 공급가능한 공공임대주택의 주택 수, 주택 규모 및 공급가능 시기
2. 임대보증금 등 공급계약에 관한 사항
3. 그 밖에 주택공사등이 필요하다고 인정하는 사항

③ 제2항제1호에 따른 공급가능한 주택 수는 우선 공급요청일 현재 공급 예정인 물량의 2분의 1의 범위 이내로 한다. 다만, 주변 지역에 전세가격 급등 등의 우려가 있어 순환용주택의 확대 공급이 필요한 경우 2분의 1의 범위를 초과할 수 있다.

④ 주택공사등은 세대주로서 해당 세대 월평균 소득이 전년도 도시근로자 월평균 소득의

70퍼센트 이하인 거주자(제1항에 따른 순환용주택의 우선 공급요청일 당시 해당 정비구역에 2년 이상 거주한 자에 한정한다)에게 순환용주택을 공급하되, 다음 각 호의 순위에 따라 공급하여야 한다. 이 경우 같은 순위에서 경쟁이 있는 경우 월평균 소득이 낮은 자에게 우선 공급한다.

1. 1순위: 정비사업의 시행으로 철거되는 주택의 세입자(정비구역에서 실제 거주하는 자로 한정한다)로서 주택을 소유하지 아니한 자
2. 2순위: 정비사업의 시행으로 철거되는 주택의 소유자(정비구역에서 실제 거주하는 자로 한정한다)로서 그 주택 외에는 주택을 소유하지 아니한 자

⑤ 주택공사등은 공급계약의 체결, 순환용주택의 반환 등 필요한 사항에 대하여 따로 정할 수 있다.

[본조신설 2009.11.27.]

제43조의3(순환용주택의 분양 또는 임대) 법 제35조제3항에 따라 순환용주택에 거주하는 자가 순환용주택에 계속 거주하기를 희망하는 경우 주택공사등은 다음 각 호의 기준에 따라 분양 또는 계속 임대할 수 있다. <개정 2015.12.28.>

1. 순환용주택에 거주하는 자가 해당 주택을 분양받으려는 경우 주택공사등은 「공공주택 특별법」 제50조의2에서 정한 매각 요건 및 매각 절차 등에 따라 해당 거주자에게 순환용주택을 매각할 수 있다. 이 경우 「공공주택 특별법 시행령」 제54조제1항 각 호에 따른 임대주택의 구분은 순환용주택으로 공급할 당시의 유형에 따른다.
2. 순환용주택에 거주하는 자가 계속 거주하기를 희망하고 「공공주택 특별법」 제48조 및 제49조에 따른 임대주택 입주자격을 만족하는 경우 주택공사등은 그 자와 우선적으로 임대차계약을 체결할 수 있다.

[본조신설 2009.11.27.]

제4절 정비사업시행을 위한 조치 등

제44조(임시수용시설의 설치 등) 법 제36조제2항 전단의 규정에 의하여 국가 또는 지방자치단체는 사업시행자로부터 법 제36조 제1항의 임시수용시설에 필요한 건축물이나 토지의 사용신청을 받은 때에는 그 건축물이나 토지에 관하여 다음 각호의 1 에 해당하는 사유가 없는 한 이를 거절하지 못한다.

1. 제3자와 이미 매매계약을 체결한 경우
2. 사용신청 이전에 사용계획이 확정된 경우
3. 제3자에게 이미 사용허가를 한 경우

제44조의2(손실보상 등) ① 제11조에 따른 공람공고일부터 계약체결일 또는 수용재결일까지 계속하여 거주하고 있지 아니한 건축물의 소유자는 「공익사업을 위한 토지 등의 취득 및 보상에 관한 법률 시행령」 제40조제3항제2호에 따라 이주대책대상자에서 제외한다. 다만, 질병으로 인한 요양, 징집으로 인한 입영, 공무, 취학 그 밖에 이에 준하는 부득이한 사유로 인하여 거주하지 아니한 경우에는 그러하지 아니하다.

② 주거이전비 보상대상자의 인정기준, 영업손실 보상대상자의 인정기준 및 영업손실의 보상기준에 관하여 구체적인 사항은 국토교통부령으로 따로 정할 수 있다. <개정 2012.7.31., 2013.3.23.>

[본조신설 2009.8.11.]

제44조의3(용적률에 관한 특례) ① 사업시행자가 법 제40조의2에 따라 완화된 용적률을 적용받으려는 경우에는 법 제28조에 따른 사업시행인가 신청 전에 다음 각 호의 사항을 시장·군수에게 제출하고 사전협의하여야 한다.

1. 정비구역 내 세입자 현황
2. 세입자에 대한 손실보상 계획

② 시장·군수는 제1항에 따른 협의 결과를 사업시행자에게 통보하여야 하며, 용적률을 완화받을 수 있다는 통보를 받은 사업시행자는 법 제30조에 따른 사업시행계획서 작성 시 제1항제2호에 따른 세입자에 대한 손실보상 계획을 포함하여야 한다.

[본조신설 2009.11.27.]

제45조(주택재건축사업의 범위에 관한 특례) 법 제41조제4항제3호에서 "대통령령이 정하는 요건"이란 다음 각 호의 요건을 말한다. <개정 2005.5.18., 2009.8.11.>

1. 분할되어 나가는 토지가 「건축법」 제44조에 적합할 것
2. 삭제 <2009.8.11.>

제45조의2(건축규제의 완화 등에 관한 특례) 법 제42조제4항에서 "대통령령으로 정하는 범위"란 다음 각 호를 말한다. <개정 2013.6.17., 2015.1.28., 2016.8.11.>

1. 「건축법」 제55조에 따른 건폐율 산정 시 주차장 부분의 면적은 건축면적에서 제외할 수 있다.
2. 「건축법」 제58조에 따른 대지 안의 공지 기준은 2분의 1 범위에서 완화할 수 있다.
3. 「건축법」 제60조에 따른 건축물의 높이 제한 기준은 2분의 1 범위에서 완화할 수 있다.

3의2. 「건축법」 제61조제2항제1호에 따른 건축물(7층 이하의 건축물에 한정한다)의 높이 제한 기준은 2분의 1의 범위에서 완화할 수 있다.

4. 「주택법」 제35조제1항제3호 및 제4호에 따른 부대시설 및 복리시설의 설치기준은 다음 각 목의 범위에서 완화할 수 있다.
   가. 삭제 <2013.6.17.>
   나. 「주택법」 제2조제14호에 따른 어린이놀이터를 설치하는 경우에는 「주택건설기준 등에 관한 규정」 제55조의2제7항제2호다목을 적용하지 아니할 수 있다.
   다. 「주택법」 제2조제14호에 따른 복리시설을 설치하는 경우에는 「주택법」 제35조제1항제4호에 따른 복리시설별 설치기준에도 불구하고 설치대상 복리시설(어린이놀이터는 제외한다)의 면적의 합계 범위에서 필요한 복리시설을 설치할 수 있다.

[본조신설 2012.7.31.]

제46조(다른 법령의 적용) 법 제43조제1항 각 호 외의 부분 본문에서 "대통령령이 정하는 지역"이란 다음 각 호의 구분에 따른 용도지역을 말한다.

1. 정비사업이 법 제6조제1항제1호 또는 제3호의 방법으로 시행되는 경우: 「국토의 계획 및 이용에 관한 법률 시행령」 제30조제1호나목(2)에 따른 제2종일반주거지역
2. 정비사업이 법 제6조제1항제2호 또는 제4호의 방법으로 시행되는 경우: 「국토의 계획 및 이용에 관한 법률 시행령」 제30조제1호나목(3)에 따른 제3종일반주거지역. 다만, 기업형임대주택 또는 「공공주택 특별법」 제2조제1호의2에 따른 공공건설임대주택을 200세대 이상 공급하려는 경우로서 해당 임대주택의 건설지역을 포함하여 정비계획에서 따로 정하는 구역은 「국토의 계획 및 이용에 관한 법률 시행령」 제30조제1호다목에 따른 준주거지역으로 한다.

[전문개정 2016.2.29.]

제5절 관리처분계획 등

제47조(분양신청의 절차 등) ①법 제46조제1항에 따라 사업시행자는 법 제28조제4항에 따른 사업시행인가의 고시가 있은 날부터 60일 이내에 다음 각 호의 사항을 토지등소유자에게 통지하고 해당 지역에서 발간되는 일간신문에 공고하여야 한다. 이 경우 제9호의 사항은 통지하지 아니하고, 제3호 및 제6호의 사항은 공고하지 아니한다. <개정 2009.8.11.>

1. 사업시행인가의 내용
2. 정비사업의 종류·명칭 및 정비구역의 위치·면적
3. 분양신청서
4. 분양신청기간 및 장소
5. 분양대상 대지 또는 건축물의 내역
6. 개략적인 부담금 내역
7. 분양신청자격
8. 분양신청방법
9. 토지등소유자외의 권리자의 권리신고방법
10. 분양을 신청하지 아니한 자에 대한 조치
11. 그 밖에 시·도조례가 정하는 사항

②법 제46조제2항의 규정에 의하여 분양신청을 하고자 하는 자는 제1항제3호의 규정에 의한 분양신청서에 소유권의 내역을 명기하고, 그 소유의 토지 및 건축물에 관한 등기부등본 또는 환지예정지증명원을 첨부하여 사업시행자에게 제출하여야 한다. 이 경우 우편의 방법으로 분양신청을 하는 때에는 제1항제4호의 규정에 의한 분양신청기간내에 발송된 것임을 증명할 수 있는 우편으로 하여야 한다.

③도시환경정비사업의 경우 토지등소유자가 정비사업에 제공되는 종전의 토지 또는 건축물에 의하여 분양받을 수 있는 것외에 공사비 등 사업시행에 필요한 비용의 일부를 부담하고 그 대지 및 건축물을 분양받고자 하는 때에는 제2항의 규정에 의한 분양신청을 하는 때에 그 의사를 분명히 하고, 그가 종전에 소유하던 토지 또는 건축물의 개략적인 평가액

의 10퍼센트에 상당하는 금액을 사업시행자에게 납입하여야 한다. 이 경우 그 금액은 납입하였으나 제50조제4호의 규정에 의하여 정하여진 비용부담액을 정하여진 시기에 납입하지 아니한 자는 그 납입한 금액의 비율에 해당하는 만큼의 대지 및 건축물에 한하여 분양을 받을 수 있다.

④ 제2항에 따라 분양신청서를 받은 사업시행자는 「전자정부법」 제36조제1항에 따른 행정정보의 공동이용을 통하여 첨부서류를 확인할 수 있는 경우에는 그 확인으로 첨부서류를 갈음하여야 한다. <신설 2010.11.2.>

제48조(분양신청을 하지 아니한 자 등에 대한 청산절차) 사업시행자가 법 제47조의 규정에 의하여 토지등소유자의 토지·건축물 그 밖의 권리에 대하여 현금으로 청산하는 경우 청산금액은 사업시행자와 토지등소유자가 협의하여 산정한다. 이 경우 시장·군수가 추천하는 감정평가업자 2 이상이 평가한 금액을 산술평균하여 산정한 금액을 기준으로 협의할 수 있다. <개정 2005.5.18., 2016.7.28.>

제49조(관리처분계획의 경미한 변경) 법 제48조제1항 각 호 외의 부분 단서에서 "대통령령이 정하는 경미한 사항을 변경하고자 하는 때"라 함은 다음 각 호의 어느 하나에 해당하는 때를 말한다. <개정 2016.2.29.>

1. 계산착오·오기·누락 등에 따른 조서의 단순정정인 때(불이익을 받는 자가 없는 경우에 한한다)
2. 법 제10조의 규정에 의한 권리·의무의 변동이 있는 경우로서 분양설계의 변경을 수반하지 아니하는 때
3. 관리처분계획의 변경에 대하여 이해관계가 있는 토지등소유자 전원의 동의를 얻어 변경하는 때
4. 법 제20조제3항 및 법 제28조제1항의 규정에 의한 정관 및 사업시행인가의 변경에 따라 관리처분계획을 변경하는 때
5. 법 제39조의 규정에 의한 매도청구에 대한 판결에 따라 관리처분계획을 변경하는 때
6. 주택분양에 관한 권리를 포기하는 토지등소유자에 대한 임대주택의 공급에 따라 관리처분계획을 변경하는 때
7. 「민간임대주택에 관한 특별법」 제2조제8호에 따른 기업형임대사업자의 주소(법인인 경우에는 법인의 소재지와 대표자의 성명 및 주소)를 변경하는 때

제50조(관리처분계획의 내용) 법 제48조제1항제8호에서 "대통령령이 정하는 사항"이란 다음 각 호의 사항을 말한다. <개정 2009.6.30., 2009.11.27.>

1. 법 제47조의 규정에 의하여 현금으로 청산하여야 하는 토지등소유자별 기존의 토지·건축물 또는 그 밖의 권리의 명세와 이에 대한 청산방법
2. 정비사업의 시행으로 인하여 새로이 설치되는 정비기반시설의 명세와 용도가 폐지되는 정비기반시설의 명세
3. 법 제48조제3항 전단의 규정에 의한 보류지 등의 명세와 추산가액 및 처분방법
4. 제52조제1항제4호의 규정에 의한 비용의 부담비율에 의한 대지 및 건축물의 분양계획과 그 비용부담의 한도·방법 및 시기. 이 경우 비용부담에 의하여 분양받을 수 있는 한도는 정관등에서 따로 정하는 경우를 제외하고는 기존의 토지 또는 건축물의 가격의 비율에 따라 부담할 수 있는 비용의 50퍼센트를 기준으로 정한다.
5. 기존 건축물의 철거 예정시기

제51조(일반분양신청절차 등) 「주택법」 제54조는 법 제48조제3항의 규정에 의하여 조합원외의 자에게 분양하는 경우의 공고·신청절차·공급조건·방법 및 절차 등에 관하여 이를 준용한다. 이 경우 "사업주체"는 "사업시행자(주택공사 등이 공동사업시행자인 경우에는 주택공사등을 말한다)"로 본다. <개정 2003.11.29., 2016.8.11.>

제52조(관리처분의 기준 등) ① 법 제6조제1항제4호의 방법으로 시행하는 주거환경개선사업, 주택재개발사업, 도시환경정비사업 및 가로주택정비사업의 경우 법 제48조제7항에 따른 관리처분은 다음 각 호의 방법 및 기준에 의한다. <개정 2009.8.11., 2012.7.31.>

1. 시·도 조례로 분양주택의 규모를 제한하는 경우에는 그 규모 이하로 주택을 공급할 것
2. 1개의 건축물의 대지는 1필지의 토지가 되도록 정할 것. 다만, 주택단지의 경우에는 그러하지 아니하다.
3. 정비구역 또는 가로구역의 토지등소유자(지상권자를 제외한다. 이하 이 항에서 같다)

에게 분양할 것. 다만, 공동주택을 분양하는 경우 시·도 조례로 정하는 금액·규모·취득 시기 또는 유형에 대한 기준에 부합하지 아니하는 토지등소유자는 시·도 조례로 정하는 바에 의하여 분양대상에서 제외할 수 있다.

4. 1필지의 대지 및 그 대지에 건축된 건축물(법 제48조제3항에 의하여 보류지로 정하거나 조합원외의 자에게 분양하는 부분을 제외한다)을 2인 이상에게 분양하는 때에는 기존의 토지 및 건축물의 가격(제69조의 규정에 의하여 사업시행방식이 전환된 경우에는 환지예정지의 권리가액을 말한다. 이하 제8호에서 같다)과 제41조제1항·제4항·제5항, 제47조제3항 및 제50조제4호의 규정에 의하여 토지등소유자가 부담하는 비용(주택재개발사업의 경우에는 이를 고려하지 아니한다)의 비율에 따라 분양할 것
5. 분양대상자가 공동으로 취득하게 되는 건축물의 공용부분은 각 권리자의 공유로 하되, 당해 공용부분에 대한 각 권리자의 지분비율은 그가 취득하게 되는 부분의 위치 및 바닥면적 등의 사항을 고려하여 정할 것
6. 1필지의 대지위에 2인 이상에게 분양될 건축물이 설치된 경우에는 건축물의 분양면적의 비율에 의하여 그 대지소유권이 주어지도록 할 것. 이 경우 토지의 소유관계는 공유로 한다.
7. 법 제48조제5항 각호의 규정은 도시환경정비사업에 대한 법 제48조제1항제3호 및 제4호의 규정에 의한 평가에 관하여 이를 준용할 것
8. 주택의 공급순위는 기존의 토지 또는 건축물의 가격을 고려하여 정할 것. 이 경우 그 구체적인 기준은 시·도 조례로 정할 수 있다.
9. 삭제 <2005.5.18.>

②주택재건축사업의 경우 법 제48조제7항에 따른 관리처분은 다음 각 호의 방법 및 기준에 따른다. 다만, 조합이 조합원 전원의 동의를 받아 그 기준을 따로 정하는 경우에는 그에 따른다. <개정 2008.12.17., 2012.7.31.>

1. 제1항제5호 및 제6호를 적용할 것
2. 부대·복리시설(부속토지를 포함한다. 이하 이 호에서 같다)의 소유자에게는 부대·복리시설을 공급할 것. 다만, 다음 각목의 1에 해당하는 경우에는 1주택을 공급할 수 있다.
   가. 새로운 부대·복리시설을 건설하지 아니하는 경우로서 기존 부대·복리시설의 가액이 분양주택중 최소분양단위규모의 추산액에 정관등으로 정하는 비율(정관등으로 정하지 아니하는 경우에는 1로 한다. 이하 나목에서 같다)을 곱한 가액보다 클 것
   나. 기존 부대·복리시설의 가액에서 새로이 공급받는 부대·복리시설의 추산액을 뺀 금액이 분양주택중 최소분양단위규모의 추산액에 정관등으로 정하는 비율을 곱한 가액보다 클 것
   다. 새로이 공급받는 부대·복리시설의 추산액이 분양주택중 최소분양단위규모의 추산액보다 클 것
3. 삭제 <2005.5.18.>

③ 삭제 <2005.5.18.>

제52조의2(물건조서 등의 작성) ① 사업시행자는 법 제48조의2제2항에 따라 건축물을 철거하기 전에 법 제48조제1항에 따른 관리처분계획의 수립을 위하여 기존 건축물에 대한 물건조서와 사진 또는 영상자료를 만들어 이를 착공 전까지 보관하여야 한다.

② 제1항에 따른 물건조서를 작성할 때에는 법 제48조제1항제4호에 따른 종전 건축물의 가격산정을 위하여 건축물의 연면적, 그 실측평면도, 주요마감재료 등을 첨부하여야 한다. 다만, 실측한 면적이 건축물대장에 첨부된 건축물현황도와 일치하는 경우에는 건축물현황도로 실측평면도를 갈음할 수 있다.

[본조신설 2009.8.11.]

제52조의3(관리처분계획의 타당성 검증 공공기관) 법 제49조제2항 단서에서 "대통령령으로 정하는 공공기관"이란 다음 각 호의 기관을 말한다. <개정 2016.8.31.>

1. 주택공사등
2. 한국감정원

[본조신설 2012.7.31.]

제53조(통지사항) ① 사업시행자는 법 제49조제4항에 따라 공람을 실시하려는 경우 공람기간·장소 등 공람계획에 관한 사항과 개략적인 공람사항을 미리 토지등소유자에게 통지하여야 한다.

② 사업시행자는 법 제49조제4항 및 제5항에 따라 분양신청을 한 자에게 다음 각 호의 사항을 통지하여야 하며, 관리처분계획 변경의 고시가 있는 때에는 변경내용을 통

지하여야 한다.

1. 정비사업의 종류 및 명칭
2. 정비사업 시행구역의 면적
3. 사업시행자의 성명 및 주소
4. 관리처분계획의 인가일
5. 분양대상자별 기존의 토지 또는 건축물의 명세 및 가격과 분양예정인 대지 또는 건축물의 명세 및 추산가액

[전문개정 2009.8.11.]

제54조(주택의 공급 등) ① 법 제50조제2항에 따라 법 제6조제1항제1호부터 제3호까지의 방법으로 시행하는 주거환경개선사업의 사업시행자가 정비구역안에 주택을 건설하는 경우의 주택의 공급에 관하여는 별표 2에 규정된 범위안에서 시장·군수의 승인을 얻어 사업시행자가 이를 따로 정할 수 있다. <개정 2012.7.31.>

② 법 제50조제4항 본문에 따라 임대주택을 건설하는 경우의 임차인의 자격·선정방법·임대보증금·임대료 등 임대조건에 관한 기준 및 무주택세대주에게 우선분양전환하도록 하는 기준 등에 관하여는 별표 3에 규정된 범위에서 시장·군수의 승인을 받아 사업시행자가 따로 정할 수 있다. <개정 2005.5.18., 2008.12.17.>

③법 제50조제4항 단서에 따라 인수자는 다음 각 호의 범위에서 임대주택의 임차인의 자격 등에 관한 사항을 정하여야 한다. <신설 2005.5.18., 2008.12.17., 2012.7.31., 2015.12.28., 2016.8.11.>

1. 임차인의 자격은 무주택 기간과 해당 정비사업이 위치한 지역에 거주한 기간이 각각 1년 이상인 범위에서 오래된 순으로 할 것. 다만, 시·도지사가 법 제50조제3항 및 이 영 제41조의2제2항에 따라 임대주택을 인수한 경우에는 거주지역, 거주기간 등 임차인의 자격을 별도로 정할 수 있다.
2. 임대보증금과 임대료는 정비사업이 위치한 지역의 시세의 100분의 90 이하의 범위로 할 것
3. 임대주택의 계약방법 등에 관한 사항은 「공공주택 특별법」이 정하는 바에 의할 것
4. 관리비 등 주택의 관리에 관한 사항은 「공동주택관리법」이 정하는 바에 의할 것

④ 시장·군수는 사업시행자가 요청하거나 임차인 선정을 위하여 필요한 경우 국토교통부장관에게 제1항부터 제3항까지의 규정에 따른 임차인 자격 해당 여부에 관하여 주택전산망에 의한 전산검색을 의뢰할 수 있다. <신설 2009.8.11., 2013.3.23.>

제54조의2(재개발임대주택 인수방법 및 절차 등) ① 법 제50조제3항에 따라 조합이 주택재개발사업의 시행으로 건설된 임대주택(이하 "재개발임대주택"이라 한다)의 인수를 요청하는 경우 시·도지사 또는 시장·군수가 우선하여 인수하여야 하며, 시·도지사 또는 시장·군수가 예산·관리인력의 부족 등 부득이한 사정으로 인수하기 어려운 경우에는 국토교통부장관에게 주택공사등을 인수자로 지정할 것을 요청할 수 있다. <개정 2013.3.23.>

② 재개발임대주택의 인수가격은 「공공주택 특별법 시행령」 제54조제5항에 따라 정해진 분양전환가격의 산정기준 중 건축비에 부속토지의 가격을 합한 금액으로 하며, 부속토지의 가격은 법 제28조제4항에 따른 사업시행인가 고시가 있는 날을 기준으로 감정평가업자 2 이상이 평가한 금액을 산술평균한 금액으로 한다. 이 경우 건축비 및 부속토지의 가격에 가산할 항목은 인수자가 조합과 협의하여 정할 수 있다. <개정 2015.12.28., 2016.7.28.>

③ 재개발임대주택은 「공공주택 특별법 시행령」 제54조제1항제6호에 따른 의무임대기간이 지나지 아니하면 매각할 수 없다. <개정 2015.12.28.>

④ 재개발임대주택의 인수계약 체결을 위한 사전협의, 인수계약의 체결, 인수대금의 지급방법 등 필요한 사항은 인수자가 따로 정하는 바에 따른다.

[본조신설 2009.11.27.]

[종전 제54조의2는 제54조의4로 이동 <2009.11.27.>]

제54조의3(소규모 토지 등의 소유자에 대한 토지임대부 분양주택 공급) ① 법 제50조제7항에서 "대통령령으로 정하는 면적 이하의 토지 또는 주택을 소유한 자"란 다음 각 호의 어느 하나에 해당하는 자를 말한다.

1. 면적이 90제곱미터 미만의 토지를 소유한 자로서 건축물을 소유하지 아니한 자
2. 바닥면적이 40제곱미터 미만의 사실상 주거를 위하여 사용하는 건축물을 소유한 자로서 토지를 소유하지 아니한 자

② 제1항에도 불구하고 토지 또는 주택의 면적은 제1항 각 호에서 정한 면적의 2분의 1의 범위에서 시·도 조례로 달리 정할 수 있다.
[본조신설 2009.11.27.]

제54조의4(지분형주택의 공급) ① 법 제50조의3에 따라 공급하는 지분형주택(이하 "지분형주택"이라 한다)의 규모, 공동 소유기간 및 분양대상자는 다음 각 호와 같다.
1. 지분형주택의 규모는 주거전용면적 60제곱미터 이하인 주택으로 한정한다.
2. 지분형주택의 공동 소유기간은 법 제54조제2항에 따라 소유권을 취득한 날부터 10년의 범위에서 사업시행자가 정하는 기간으로 한다.
3. 지분형주택의 분양대상자는 다음 각 목의 요건을 모두 충족하는 자로 한다.
  가. 법 제48조제1항제4호에 따라 산정한 종전에 소유하였던 토지 또는 건축물의 가격이 제1호에 따른 주택의 분양가격 이하에 해당하는 사람
  나. 세대주로서 제11조에 따른 정비계획의 공람 공고일 당시 해당 정비구역에 2년 이상 실제 거주한 사람
  다. 정비사업의 시행으로 철거되는 주택 외 다른 주택을 소유하지 아니한 사람

② 지분형주택의 공급방법·절차, 지분 취득비율, 지분 사용료 및 지분 취득가격 등에 관하여 필요한 사항은 사업시행자가 따로 정한다.
[본조신설 2012.7.31.]
[종전 제54조의4는 제54조의5로 이동 <2012.7.31.>]

제54조의5(시공보증) 법 제51조제1항에서 "대통령령으로 정하는 비율 이상"이란 총 공사금액의 100분의 30 이상을 말한다.
[본조신설 2009.8.11.]
[제54조의4에서 이동 <2012.7.31.>]

제6절 공사완료에 따른 조치 등

제55조(준공인가) ① 시장·군수가 아닌 사업시행자는 법 제52조제1항의 규정에 의하여 준공인가를 받고자 하는 때에는 국토교통부령이 정하는 준공인가신청서를 시장·군수에게 제출하여야 한다. 다만, 주택공사등인 사업시행자(공동시행자인 경우를 포함한다)가 다른 법률에 의하여 자체적으로 준공인가를 처리한 경우에는 준공인가를 받은 것으로 보며, 이 경우 주택공사등인 사업시행자는 그 내용을 지체없이 시장·군수에게 통보하여야 한다. <개정 2008.2.29., 2013.3.23.>

② 시장·군수는 법 제52조제3항의 규정에 의하여 준공인가를 한 때에는 국토교통부령이 정하는 준공인가증에 다음 각호의 사항을 기재하여 사업시행자에게 교부하여야 한다. <개정 2008.2.29., 2013.3.23.>
1. 정비사업의 종류 및 명칭
2. 정비사업 시행구역의 위치 및 명칭
3. 사업시행자의 성명 및 주소
4. 준공인가의 내역

③ 사업시행자는 제1항 단서의 규정에 의하여 자체적으로 처리한 준공인가결과를 시장·군수에게 통보한 때 또는 제2항의 규정에 의한 준공인가증을 교부받은 때에는 그 사실을 분양대상자에게 지체없이 통지하여야 한다.

④ 시장·군수는 법 제52조제3항 및 제4항의 규정에 의한 공사완료의 고시를 하는 때에는 제2항 각호의 사항을 고시하여야 한다.

제56조(준공인가전 사용허가) ①시장·군수는 법 제52조제5항의 규정에 의하여 완공된 건축물이 다음 각호의 요건을 갖춘 경우에는 준공인가를 하기 전이라도 입주예정자에게 완공된 건축물을 사용할 것을 사업시행자에게 허가하거나 입주예정자가 사용하도록 할 수 있다.
1. 완공된 건축물에 전기·수도·난방 및 상·하수도 시설 등이 갖추어져 있어 당해 건축물을 사용하는데 지장이 없을 것
2. 완공된 건축물이 법 제48조제1항의 규정에 의하여 인가받은 관리처분계획에 적합할 것
3. 입주자가 공사에 따른 차량통행·소음·분진 등의 위해로부터 안전할 것

②사업시행자는 법 제52조제5항의 규정에 의한 사용허가를 얻고자 하는 때에는 국토교통부령이 정하는 신청서를 시장·군수에게 제출하여야 한다. <개정 2008.2.29., 2013.3.23.>

③시장·군수는 법 제52조제5항의 규정에 의한 사용허가를 하는 때에는 동별·세대별 또는 구획별로 사용허가를 할 수 있다.

제57조(청산기준가격의 평가) ①법 제57조제3항에 따라 대지 또는 건축물을 분양받은 자가 기존에 소유하고 있던 토지 또는 건축물의 가격은 다음 각 호의 구분에 따른 방법으로 평가한다. <개정 2005.5.18., 2009.11.27., 2012.7.31., 2016.7.28.>

1. 법 제6조제1항제4호의 방법으로 시행하는 주거환경개선사업, 주택재개발사업 및 도시환경정비사업의 경우에는 법 제48조제5항제1호가목을 준용하여 평가할 것
2. 주택재건축사업 및 가로주택정비사업의 경우에는 사업시행자가 정하는 바에 따라 평가할 것. 다만, 감정평가업자의 평가를 받으려는 경우에는 법 제48조제5항제1호나목을 준용할 수 있다.

②법 제57조제3항에 따라 분양받은 대지 또는 건축물의 가격은 다음 각 호의 구분에 따른 방법으로 평가한다. <개정 2005.5.18., 2012.7.31., 2016.7.28.>

1. 법 제6조제1항제4호의 방법으로 시행하는 주거환경개선사업, 주택재개발사업 및 도시환경정비사업의 경우에는 법 제48조제5항제1호가목을 준용하여 평가할 것
2. 주택재건축사업 및 가로주택정비사업의 경우에는 사업시행자가 정하는 바에 따라 평가할 것. 다만, 감정평가업자의 평가를 받으려는 경우에는 법 제48조제5항제1호나목을 준용할 수 있다.

③제2항 각호의 규정에 의한 평가에 있어 다음 각호의 비용은 가산하여야 하며, 법 제63조의 규정에 의한 보조금은 이를 공제하여야 한다.

1. 정비사업의 조사·측량·설계 및 감리에 소요된 비용
2. 공사비
3. 정비사업의 관리에 소요된 등기비용·인건비·통신비·사무용품비·이자 그 밖에 필요한 경비
4. 법 제63조의 규정에 의한 융자금이 있는 경우에는 그 이자에 해당하는 금액
5. 정비기반시설 및 공동이용시설의 설치에 소요된 비용(법 제63조제1항의 규정에 의하여 시장·군수가 부담한 비용을 제외한다)
6. 안전진단의 실시, 정비사업전문관리업자의 선정, 회계감사, 감정평가 그 밖에 정비사업추진과 관련하여 지출한 비용으로서 정관등에서 정한 비용

④제1항 및 제2항의 규정에 의한 건축물의 가격평가에 있어서는 층별·위치별 가중치를 참작할 수 있다.

제4장 비용의 부담 등

제58조(주요 정비기반시설) 법 제60조제2항에서 "대통령령이 정하는 주요 정비기반시설 및 제36조의 규정에 의한 임시수용시설"이라 함은 다음 각호의 시설을 말한다. <개정 2005.5.18.>

1. 도로
2. 상·하수도
3. 공원
4. 공용주차장
5. 공동구
6. 녹지
7. 하천
8. 공공공지
9. 광장
10. 임시수용시설

제59조(정비기반시설관리자의 비용부담) ①법 제62조제1항의 규정에 의한 부담비용의 총액은 당해 정비사업에 소요된 비용(제57조제3항제1호의 비용을 제외한다. 이하 이 항에서 같다)의 3분의 1을 초과하여서는 아니된다. 다만, 다른 정비기반시설의 정비가 그 정비사업의 주된 내용이 되는 경우에는 그 부담비용의 총액은 당해 정비사업에 소요된 비용의 50퍼센트까지로 할 수 있다.

②사업시행자는 법 제62조제1항의 규정에 의하여 정비사업비의 일부를 정비기반시설의 관리자에게 부담시키고자 하는 때에는 정비사업에 소요된 비용의 명세와 부담 금액을 명시하여 그 비용을 부담시키고자 하는 자에게 통지하여야 한다.

제60조(보조 및 융자 등) ①법 제63조제1항에서 "대통령령이 정하는 정비기반시설 및 임시수용시설"이라 함은 정비기반시설 및 임시수용시설의 전부를 말한다. <개정 2005.5.18.>

② 법 제63조제1항 후단에서 "대통령령으로 정하는 지역"이란 정비구역 지정 당시 다음 각 호의 요건에 모두 해당하는 지역을 말한다. <신설 2016.7.28.>

1. 「공익사업을 위한 토지 등의 취득 및 보

상에 관한 법률」 제4조에 따른 공익사업의 시행으로 인하여 다른 지역으로 이주하게 된 자가 집단으로 정착한 지역으로서 이주 당시 300세대 이상의 주택을 건설하여 정착한 지역
2. 정비구역 전체 건축물 중 준공 후 20년이 지난 건축물의 비율이 100분의 50 이상인 지역

③법 제63조제1항의 규정에 의하여 국가 또는 지방자치단체가 보조하거나 융자할 수 있는 금액은 기초조사비, 정비기반시설 및 임시수용시설의 사업비의 각 80퍼센트(주거환경관리사업을 시행하는 정비구역에서 시·도지사가 시장·군수에게 보조하거나 융자하는 경우에는 100퍼센트) 이내로 한다. <개정 2005.5.18., 2012.7.31., 2016.7.28.>

④법 제63조제3항에 따라 국가 또는 지방자치단체가 보조할 수 있는 금액은 기초조사비, 정비기반시설 및 임시수용시설의 사업비, 조합운영경비의 각 50퍼센트 이내로 한다. <개정 2005.5.18., 2008.12.17., 2016.7.28.>

⑤ 법 제63조제3항에 따라 국가 또는 지방자치단체는 다음 각 호의 사항에 필요한 비용의 각 80퍼센트 이내에서 융자하거나 융자를 알선할 수 있다. <개정 2009.8.11., 2016.7.28.>
1. 기초조사비
2. 정비기반시설 및 임시수용시설의 사업비
3. 세입자 보상비
4. 주민 이주비
5. 그 밖에 시·도 조례로 정하는 사항(지방자치단체가 융자하거나 융자를 알선하는 경우만 해당한다)

▶ 판례 – 정비사업시행자가 도시 및 주거환경정비법 제63조 제3항에 따라 서울특별시에서 정비사업에 소요되는 비용의 일부를 보조받기 위해서는 공사 또는 사업시행 이전에 보조금 교부를 신청해야 하는지 여부(원칙적 적극)

정비사업에 소요되는 비용의 보조에 관한 도시 및 주거환경정비법(이하 '도시정비법' 이라 한다) 제63조 제3항, 도시 및 주거환경정비법 시행령 제60조 제3항, 구 서울특별시 도시 및 주거환경 정비조례(2013. 8. 1. 서울특별시조례 제5563호로 개정되기 전의 것) 제38조 제2항 제2호, 서울특별시 보조금 관리조례 제5조 제1항, 제2항, 제13조, 제16조 제2항의 내용 및 취지 등을 종합하면, 정비사업시행자가 도시정비법 제63조 제3항에 따라 서울특별시에서 정비사업에 소요되는 비용의 일부를 보조받기 위해서는 미리 시장의 승인을 얻는 등 특별한 사정이 없는 한 공사 또는 사업시행 이전에 보조금 교부를 신청하여야 한다. [대법원 2015.7.9, 선고, 2015두35468, 판결]

제61조(우선매수의 방법 등) ①사업시행자는 법 제64조제2항의 규정에 의하여 정비기반시설의 설치를 위하여 토지 또는 건축물이 수용된 자에게 매각할 대지 또는 건축물이 있는 경우에는 다음 각호의 사항을 당해 지역에서 발간되는 일간신문에 공고하여야 한다.
1. 법 제64조제2항에 해당하는 자는 우선매수할 수 있다는 취지
2. 매각할 대지 또는 건축물의 위치·면적 및 매각예정가격
3. 매각대금의 납부시기 및 납부방법 등
4. 그 밖에 매수에 필요한 사항

② 법 제64조제2항의 규정에 의하여 우선매수를 하고자 하는 자는 제1항 본문의 규정에 의한 공고일부터 14일 이내에 사업시행자에게 서면으로 매수청구를 하여야 한다. 이 경우 그 기간내에 매수청구가 없는 때에는 매수의사가 없는 것으로 본다.

③ 제2항 전단의 규정에 의한 매수청구가 있는 경우 사업시행자는 매수청구를 한 자(이하 "매수청구자"라 한다)와 매각조건에 관하여 협의하여야 한다. 이 경우 협의가 성립되지 아니한 경우에는 사업시행자 또는 매수청구자의 신청에 의하여 시장·군수가 당해 지방도시계획위원회의 심의를 거쳐 결정한다.

④ 사업시행자는 제3항의 규정에 의한 협의가 성립되거나 결정이 있는 때에는 그 내용에 따라 매수청구자에게 매각하여야 한다.

제62조(국·공유지의 무상양여 등) ① 법 제68조제1항에 따라 국가 또는 지방자치단체로부터 토지를 무상으로 양여받은 사업시행자는 사업시행인가 고시문 사본을 그 토지의 관리청 또는 지방자치단체의 장에게 제출하여 그 토지에 대한 소유권이전등기절차의 이행을 요청하여야 한다. 이 경우 토지의 관리청 또는 지방자치단체의 장은 「전자정부법」 제36조제1항에 따른 행정정보의 공동이용을 통하여 그 토지의 토지대장 등본 또는 등기부 등본을 확인하여야 한다. <개정 2006.6.12., 2009.11.27., 2010.5.4.>

② 법 제68조제1항제2호에서 "대통령령으로

정하는 주택재개발구역"이란 제60조제2항의 지역을 대상으로 한 주택재개발구역을 말한다. <신설 2016.7.28.>
③제1항의 규정에 의한 요청을 받은 관리청 또는 지방자치단체의 장은 즉시 소유권이전등기에 필요한 서류를 사업시행자에게 교부하여야 한다. <개정 2016.7.28.>
④사업시행자는 법 제77조의 규정에 의하여 사업시행인가가 취소된 때에는 법 제68조제1항의 규정에 의하여 무상양여된 토지를 원소유자인 국가 또는 지방자치단체에 반환하기 위하여 필요한 조치를 하고, 즉시 관할 등기소에 소유권이전등기를 신청하여야 한다. <개정 2016.7.28.>

제5장 정비사업전문관리업

제63조(정비사업전문관리업의 등록기준 등) ① 법 제69조제1항 각호외의 부분 본문의 규정에 의한 정비사업전문관리업의 등록기준은 별표 4와 같다.
② 법 제69조제1항 각호외의 부분 본문에서 "대통령령이 정하는 경미한 사항"이라 함은 자본금이 증액되거나 기술인력의 수가 증가된 경우를 말한다. <신설 2005.5.18.>
③ 법 제69조제1항 각호외의 부분 단서에서 "대통령령이 정하는 기관"이라 함은 다음 각호의 기관을 말한다. <개정 2005.5.18., 2009.7.27., 2009.9.21., 2016.8.31.>
1. 「한국토지주택공사법」에 따른 한국토지주택공사
2. 한국감정원

제64조(등록의 절차 및 수수료 등) ① 법 제69조제1항에 따라 정비사업전문관리업자로 등록하려는 자는 국토교통부령으로 정하는 등록신청서를 시·도지사에게 제출하여야 하며, 등록한 사항이 변경된 경우에는 2개월 이내에 변경사항을 시·도지사에게 제출하여야 한다. <개정 2008.2.29., 2009.8.11., 2013.3.23.>
②시·도지사는 제1항에 따른 등록신청서를 제출받은 때에는 등록기준에의 적합여부를 확인한 후 적합하다고 인정하는 자에 대하여는 국토교통부령으로 정하는 바에 따라 정비사업전문관리업자등록부에 등재하고 등록증을 교부하여야 한다. <개정 2008.2.29., 2009.8.11., 2013.3.23.>
③법 제69조제1항의 규정에 의하여 정비사업전문관리업자의 등록을 신청하는 자는 국토교통부령이 정하는 수수료를 납부하여야 한다. <개정 2008.2.29., 2013.3.23.>

제65조(정비사업전문관리업자의 업무제한 등) ①법 제70조의 규정을 적용함에 있어 정비사업전문관리업자와 다음 각호의 1의 관계에 있는 자는 이를 당해 정비사업전문관리업자와 같은 자로 본다. <개정 2005.5.18.>
1. 정비사업전문관리업자가 법인인 경우에는 「독점규제 및 공정거래에 관한 법률」 제2조제3호의 규정에 의한 계열사의 관계
2. 정비사업전문관리업자와 상호 출자한 관계
②법 제70조제5호에서 "대통령령이 정하는 업무"라 함은 안전진단업무를 말한다.

제66조(정비사업전문관리업자의 등록취소 및 영업정지처분 기준) 법 제73조제2항의 규정에 의한 등록취소 및 업무정지처분의 기준은 별표 5와 같다.

제66조의2(교육의 실시) 법 제74조의2에 따른 교육의 내용에는 다음 각 호의 사항이 포함되어야 한다. <개정 2013.3.23.>
1. 주택건설 제도
2. 도시 및 주택 정비사업 관련 제도
3. 정비사업 관련 회계 및 세무 관련 사항
4. 그 밖에 국토교통부장관이 정하는 사항
[본조신설 2010.7.15.]

제66조의3(협회의 정관) 법 제74조의4에 따른 정비사업전문관리업자단체(이하 "협회"라 한다)의 정관에는 다음 각 호의 사항이 포함되어야 한다.
1. 목적
2. 명칭
3. 주된 사무소의 소재지
4. 회원의 가입 및 탈퇴에 관한 사항
5. 사업 및 그 집행에 관한 사항
6. 임원의 정원·임기 및 선출방법에 관한 사항
7. 총회 및 이사회에 관한 사항
8. 조직 및 운영에 관한 사항
9. 자산 및 회계에 관한 사항
10. 정관의 변경에 관한 사항

11. 제1호부터 제10호까지에서 규정한 사항 외에 협회의 운영에 필요하다고 인정되는 사항

[본조신설 2010.7.15.]

제66조의4(협회의 설립인가) 국토교통부장관은 법 제74조의4제4항에 따른 협회 설립인가 신청의 내용이 다음 각 호의 기준에 적합한 경우에 인가할 수 있다. <개정 2013.3.23.>

1. 법인의 목적과 사업이 실현 가능할 것
2. 협회의 회원은 정비사업전문관리업자일 것
3. 목적하는 사업을 수행할 수 있는 충분한 능력이 있고, 재정적 기초가 확립되어 있거나 확립될 수 있을 것
4. 다른 법인과 동일한 명칭이 아닐 것

[본조신설 2010.7.15.]

제66조의5(협회의 설립인가 취소 및 감독) ① 국토교통부장관은 법 제74조의4제6항에 따라 협회가 다음 각 호의 어느 하나에 해당하는 경우에는 협회의 설립인가를 취소할 수 있다. 다만, 제1호 및 제3호에 해당하는 경우에는 설립인가를 취소하여야 한다. <개정 2013.3.23.>

1. 거짓이나 부정한 방법으로 설립인가를 받은 경우
2. 설립인가 조건을 위반한 경우
3. 목적 달성이 불가능하게 된 경우
4. 목적사업 외의 사업을 한 경우

② 국토교통부장관은 제1항에 따라 협회의 설립인가를 취소하려면 미리 청문을 하여야 한다. <개정 2013.3.23.>

③ 국토교통부장관은 법 제74조의5제2항에 따라 협회의 업무에 대한 조사 또는 검사가 필요하면 소속 공무원으로 하여금 그 사무소에 출입하여 조사하거나 검사하게 할 수 있다. <개정 2013.3.23.>

④ 제3항에 따라 협회의 업무를 조사하거나 검사하는 공무원은 그 권한을 표시하는 증표를 지니고 관계인에게 내보여야 한다.

[본조신설 2010.7.15.]

제6장 감독 등

제67조(회계감사) ① 법 제76조에 따라 시장·군수 또는 주택공사등이 아닌 사업시행자 또는 추진위원회는 다음 각 호의 어느 하나에 해당하는 경우로서 비용의 납부 및 지출내역에 대하여 조합원(조합이 구성되지 아니한 경우에는 토지등소유자를 말한다)의 80퍼센트 이상의 동의를 얻지 아니한 경우에는 법 제76조제1항 각 호의 어느 하나에 해당하는 시기에 회계감사를 받아야 한다. <개정 2009.11.27., 2012.7.31.>

1. 법 제76조제1항제1호의 경우에는 추진위원회에서 조합으로 인계되기 전까지 납부 또는 지출된 금액과 계약 등을 통해 지출될 것이 확정된 금액의 합이 3억5천만원 이상인 경우
2. 법 제76조제1항제2호의 경우에는 사업시행인가고시일전까지 납부 또는 지출된 금액이 7억원 이상인 경우
3. 법 제76조제1항제3호의 경우에는 준공인가신청일까지 납부 또는 지출된 금액이 14억원 이상인 경우

② 제1항 각 호 외의 부분에 따른 토지등소유자의 동의자 수 산정에 관하여는 제28조를 준용한다. <개정 2009.8.11.>

제68조(감독) 법 제77조제3항에서 "대통령령이 정하는 자료"라 함은 다음 각호의 자료를 말한다.

1. 토지등소유자의 동의서
2. 총회의 의사록
3. 정비사업과 관련된 계약관련 서류
4. 사업시행계획서·관리처분계획서 및 회계감사보고서를 포함한 회계관련 서류
5. 정비사업의 추진과 관련하여 분쟁이 발생한 경우에는 당해 분쟁과 관련된 서류

제7장 보칙

제69조(사업시행방식의 전환) 법 제80조제1항의 규정에 의하여 시장·군수는 법 제43조제2항의 규정에 의하여 환지로 공급하는 방법으로 실시하는 주택재개발사업을 위한 정비구역의 전부 또는 일부를 법 제48조의 규정에 의하여 인가받은 관리처분계획에 따라 주택 및 부대·복리시설을 건설하여 공급하는 방법으로 전환하는 것을 승인할 수 있다.

제70조(자료의 공개 및 통지) ① 법 제81조제1항제9호에서 "대통령령으로 정하는 서류 및 관련 자료"란 다음 각 호의 자료를 말한다. <개정 2013.9.17.>

1. 삭제 <2013.9.17.>
2. 연간 자금운용 계획에 관한 사항
3. 정비사업의 월별 공사 진행에 관한 사항
4. 설계자·시공자·정비사업전문관리업자 등 용역업체와의 세부 계약 변경에 관한 사항
5. 정비사업비 변경에 관한 사항
6. 법 제46조제1항에 따른 분양공고 및 분양신청에 관한 사항

② 법 제81조제2항에 따라 추진위원회위원장 또는 사업시행자(조합의 경우 조합 임원, 법 제8조제3항에 따라 도시환경정비사업을 토지등소유자가 시행하는 경우 그 대표자를 말한다)는 매 분기가 끝나는 달의 다음 달 15일까지 다음 각 호의 사항을 조합원 또는 토지등소유자에게 서면으로 통지하여야 한다.

1. 공개 대상의 목록
2. 공개 자료의 개략적인 내용
3. 공개 장소
4. 대상자별 정보공개의 범위
5. 열람·복사 방법
6. 등사에 필요한 비용

[본조신설 2010.7.15.]

▶ 판례 - 구 도시 및 주거환경정비법 제81조제1항에 따라 공개의 대상이 되는 서류 및 관련 자료의 공개가 이루어져야 하는 시기

구 도시 및 주거환경정비법(2012. 2. 1. 법률 제11293호로 개정되기 전의 것, 이하 '구 도시정비법' 이라 한다) 제81조 제1항이 같은 항 각 호의 서류 및 관련 자료의 공개 시기를 명확히 규정하고 있지 아니하나, 구 도시정비법 제81조 제2항이 '제1항에 따라 공개의 대상이 되는 서류 및 관련 자료의 경우 분기별로 공개 대상의 목록, 개략적인 내용, 공개 장소, 열람·복사 방법 등을 대통령령으로 정하는 방법과 절차에 따라 조합원 또는 토지등소유자에게 서면으로 통지하여야 한다' 고 규정하고 있고, 같은 법 시행령 제70조 제2항이 '매 분기가 끝나는 달의 다음 달 15일까지 공개 대상의 목록, 공개 자료의 개략적인 내용, 공개 장소 등을 조합원 또는 토지등소유자에게 서면으로 통지하여야 한다' 고 규정하고 있으므로, 위 서류 및 관련 자료의 공개는 공개 대상의 서면 통지 전에 이루어져야 하는 것으로 봄이 타당하고, 따라서 늦어도 매 분기가 끝나는 달의 다음 달 15일까지는 위 서류 및 관련 자료를 공개하여야 한다. [대법원 2014.7.24, 선고, 2013도1547, 판결]

제71조(도시·주거환경정비기금) ① 법 제82조제2항제1호에서 "대통령령이 정하는 일정률"이라 함은 10퍼센트를 말한다. 다만, 당해 지방자치단체의 조례가 10퍼센트 이상의 범위안에서 달리 정하는 경우에는 그 비율을 말한다.

② 법 제82조제2항제3호에서 "대통령령이 정하는 일정률"이라 함은 국유지의 경우에는 20퍼센트, 공유지의 경우에는 30퍼센트를 말한다. 다만, 국유지의 경우에는 「국유재산법」 제2조제11호에 따른 중앙관서의 장과 협의하여야 한다. <개정 2009.7.27., 2011.4.1.>

제72조(권한의 위임 등) ① 법 제83조제1항에 따라 국토교통부장관은 다음 각 호의 권한을 시·도지사에게 위임한다. <개정 2008.2.29., 2009.8.11., 2010.7.15., 2013.3.23.>

1. 삭제 <2009.8.11.>
2. 삭제 <2009.8.11.>
3. 법 제74조의 규정에 의한 정비사업전문관리업자에 대한 명령·조사 및 검사
4. 법 제77조제3항에 따른 점검반의 구성·운영

② 국토교통부장관은 법 제83조제2항에 따라 같은 항 제1호 및 제2호의 사무를 협회에 위탁한다. <신설 2010.7.15., 2013.3.23.>

③ 제2항에 따라 법 제83조제2항제1호의 사무를 위탁받은 협회는 법 제74조의2에 따른 교육을 실시하기 전에 교육과정, 교육 대상자, 교육시간 및 교육비 등 교육실시에 필요한 세부 사항을 정하여 국토교통부장관의 승인을 받아야 한다. <신설 2010.7.15., 2013.3.23.>

[제목개정 2010.7.15.]

제72조의2(고유식별정보의 처리) 시·도지사, 시장·군수(해당 권한이 위임·위탁된 경우에는 그 권한을 위임·위탁받은 자를 포함한다) 또는 사업시행자는 다음 각 호의 사무를 수행하기 위하여 불가피한 경우 「개인정보 보호법 시행령」 제19조에 따른 주민등록번호 또는 외국인등록번호가 포함된 자료를 처리할 수 있다.

1. 법 제13조에 따른 추진위원회 구성 승인에 관한 사무

2. 법 제17조에 따른 토지등소유자의 동의방법 등의 업무를 위한 토지등소유자의 자격 확인에 관한 사무
3. 법 제19조에 따른 조합원의 자격 확인에 관한 사무
4. 법 제22조에 따른 조합임원의 겸임 확인을 위한 사무
5. 법 제23조에 따른 조합임원의 결격사유 확인에 관한 사무
6. 법 제30조에 따른 세입자의 주거 및 이주 대책에 관한 사무
7. 법 제48조에 따른 관리처분계획의 수립 및 인가에 관한 사무
8. 법 제54조에 따른 대지 또는 건축물의 소유권 이전에 관한 사무
9. 법 제69조에 따른 정비사업전문관리업 등록에 관한 사무
10. 법 제72조에 따른 정비사업전문관리업자의 결격사유 확인에 관한 사무
11. 법 제73조에 따른 정비사업전문관리업의 등록취소 등에 관한 사무
12. 법 제74조에 따른 정비사업전문관리업자에 대한 조사 등에 관한 사무

[본조신설 2017.3.27.]
[종전 제72조의2는 제72조의3으로 이동 <2017.3.27.>]

제72조의3(규제의 재검토) 국토교통부장관은 다음 각 호의 사항에 대하여 다음 각 호의 기준일을 기준으로 3년마다(매 3년이 되는 해의 기준일과 같은 날 전까지를 말한다) 그 타당성을 검토하여 개선 등의 조치를 하여야 한다.
1. 제10조 및 별표 1에 따른 정비계획 수립대상지역: 2014년 1월 1일
2. 제14조에 따른 공동시행자 및 지정개발자의 요건: 2014년 1월 1일
3. 제47조에 따른 분양신청의 절차 등: 2014년 1월 1일
4. 제63조 및 별표 4에 따른 정비사업전문관리업의 등록기준: 2014년 1월 1일
5. 제66조 및 별표 5에 따른 정비사업전문관리업자의 등록취소 및 업무정지처분 기준: 2014년 1월 1일
6. 제67조에 따른 회계감사: 2014년 1월 1일

[본조신설 2013.12.30.]
[제72조의2에서 이동 <2017.3.27.>]

제8장 벌칙

제73조(과태료의 부과) 법 제88조제2항에 따른 과태료의 부과기준은 별표 6과 같다. <개정 2009.8.11.>
[전문개정 2008.12.17.]

부칙

<제28586호, 2018.1.16.>
(시설물의 안전 및 유지관리에 관한 특별법 시행령)

제1조(시행일) 이 영은 2018년 1월 18일부터 시행한다. <단서 생략>

제2조부터 **제6조**까지 생략

제7조(다른 법령의 개정) ①부터 ⑨까지 생략
⑩ 도시 및 주거환경정비법 시행령 일부를 다음과 같이 개정한다.
제20조제4항제1호 중 "「시설물의 안전관리에 관한 특별법」 제9조"를 "「시설물의 안전 및 유지관리에 관한 특별법」 제28조"로 하고, 같은 항 제2호 중 "「시설물의 안전관리에 관한 특별법」 제25조"를 "「시설물의 안전 및 유지관리에 관한 특별법」 제45조"로 한다.
⑪부터 ㉔까지 생략

제8조 생략

도시재정비 촉진을 위한 특별법

(약칭: 도시재정비법)

[시행 2018.2.10.]

[법률 제14859호, 2017.8.9., 일부개정]

제1장 총칙

제1조(목적) 이 법은 도시의 낙후된 지역에 대한 주거환경의 개선, 기반시설의 확충 및 도시기능의 회복을 위한 사업을 광역적으로 계획하고 체계적·효율적으로 추진하기 위하여 필요한 사항을 정함으로써 도시의 균형 있는 발전을 도모하고 국민의 삶의 질 향상에 기여함을 목적으로 한다.
[전문개정 2011.5.30.]

제2조(정의) 이 법에서 사용하는 용어의 뜻은 다음과 같다. <개정 2011.4.14., 2012.2.1., 2017.2.8.>

1. "재정비촉진지구"란 도시의 낙후된 지역에 대한 주거환경의 개선, 기반시설의 확충 및 도시기능의 회복을 광역적으로 계획하고 체계적·효율적으로 추진하기 위하여 제5조에 따라 지정하는 지구(地區)를 말한다. 이 경우 지구의 특성에 따라 다음 각 목의 유형으로 구분한다.
   가. 주거지형: 노후·불량 주택과 건축물이 밀집한 지역으로서 주로 주거환경의 개선과 기반시설의 정비가 필요한 지구
   나. 중심지형: 상업지역, 공업지역 등으로서 토지의 효율적 이용과 도심 또는 부도심 등의 도시기능의 회복이 필요한 지구
   다. 고밀복합형: 주요 역세권, 간선도로의 교차지 등 양호한 기반시설을 갖추고 있어 대중교통 이용이 용이한 지역으로서 도심 내 소형주택의 공급 확대, 토지의 고도이용과 건축물의 복합개발이 필요한 지구
2. "재정비촉진사업"이란 재정비촉진지구에서 시행되는 다음 각 목의 사업을 말한다.
   가. 「도시 및 주거환경정비법」에 따른 주거환경개선사업, 재개발사업 및 재건축사업, 「빈집 및 소규모주택 정비에 관한 특례법」에 따른 가로주택정비사업 및 소규모재건축사업
   나. 「도시개발법」에 따른 도시개발사업
   다. 「전통시장 및 상점가 육성을 위한 특별법」에 따른 시장정비사업
   라. 「국토의 계획 및 이용에 관한 법률」에 따른 도시·군계획시설사업
3. "재정비촉진계획"이란 재정비촉진지구의 재정비촉진사업을 계획적이고 체계적으로 추진하기 위한 제9조에 따른 재정비촉진지구의 토지 이용, 기반시설의 설치 등에 관한 계획을 말한다.
4. "재정비촉진구역"이란 제2호 각 목의 해당 사업별로 결정된 구역을 말한다.
5. "우선사업구역"이란 재정비촉진구역 중 재정비촉진사업의 활성화, 소형주택 공급 확대, 주민 이주대책 지원 등을 위하여 다른 구역에 우선하여 개발하는 구역으로서 재정비촉진계획으로 결정되는 구역을 말한다.
6. "존치지역"이란 재정비촉진지구에서 재정비촉진사업을 할 필요성이 적어 재정비촉진계획에 따라 존치하는 지역을 말한다.
7. "기반시설"이란 「국토의 계획 및 이용에 관한 법률」 제2조제6호에 따른 시설을 말한다.
8. "토지등소유자"란 다음 각 목의 구분에 따른 자를 말한다.
   가. 「도시 및 주거환경정비법」에 따른 주거환경개선사업·재개발사업 및 「빈집 및 소규모주택 정비에 관한 특례법」에 따른 가로주택정비사업, 「전통시장 및 상점가 육성을 위한 특별법」에 따른 시장정비사업 및 「국토의 계획 및 이용에 관한 법률」에 따른 도시·군계획시설사업의 경우: 재정비촉진구역에 있는 토지 또는 건축물의 소유자와 그 지상권자
   나. 「도시 및 주거환경정비법」에 따른 재건축사업 및 「빈집 및 소규모주택 정비에 관한 특례법」에 따른 소규모재건축사업의 경우: 재정비촉진구역에 있는 건축물 및 그 부속토지의 소유자
   다. 「도시개발법」에 따른 도시개발사업의 경우: 재정비촉진구역에 있는 토지의 소유자와 그 지상권자

[전문개정 2011.5.30.]

제3조(다른 법률과의 관계 등) ① 이 법은

재정비촉진지구에서는 다른 법률보다 우선하여 적용한다.
② 재정비촉진사업의 시행에 관하여 이 법에서 규정하지 아니한 사항에 대하여는 해당 사업에 관하여 정하고 있는 관계 법률에 따른다.
③ 「도시 및 주거환경정비법」에 따른 재건축사업 및 「빈집 및 소규모주택 정비에 관한 특례법」에 따른 소규모재건축사업이 시행되는 재정비촉진구역에 대하여는 제19조(제2항제3호는 제외한다) 및 제20조를 적용하지 아니한다. <개정 2012.2.1., 2013.7.16., 2017.2.8.>
[전문개정 2011.5.30.]

제2장 재정비촉진지구의 지정

제4조(재정비촉진지구 지정의 신청 등) ① 시장[「지방자치법」 제175조에 따른 서울특별시·광역시 및 특별자치시를 제외한 인구 50만 이상 대도시의 시장(이하 "대도시 시장"이라 한다)에 대하여는 재정비촉진사업이 필요하다고 인정되는 지역이 그 관할지역 및 다른 시·군·구에 걸쳐 있는 경우로 한정한다. 이하 제3항, 제5조제3항, 제9조제1항·제3항 및 제12조에서 같다]·군수·구청장(자치구의 구청장을 말한다. 이하 같다)은 특별시장·광역시장 또는 도지사에게 재정비촉진지구의 지정을 신청할 수 있다. 재정비촉진지구를 변경하려는 경우에도 또한 같다. <개정 2013.7.16.>
② 제1항에 따라 재정비촉진지구의 지정 또는 변경을 신청하려는 자는 다음 각 호의 서류 및 도면(변경의 경우에는 변경하려는 사항에 한정한다)을 첨부하여 특별시장·광역시장 또는 도지사에게 제출하여야 한다.
1. 재정비촉진지구의 명칭·위치 및 면적
2. 재정비촉진지구의 지정 목적
3. 재정비촉진지구의 현황(인구, 주택 수, 용적률, 세입자 현황 등)
4. 재정비촉진지구 개발의 기본 방향
5. 재정비촉진지구에서 시행 중인 재정비촉진사업의 현황
6. 개략적인 기반시설 설치에 관한 사항
7. 부동산 투기에 대한 대책
8. 그 밖에 대통령령으로 정하는 사항
③ 시장·군수·구청장은 제1항에 따른 재정비촉진지구의 지정 또는 변경을 신청하려는 경우에는 주민설명회를 열고, 그 내용을 14일 이상 주민에게 공람하며, 지방의회의 의견을 들은 후(이 경우 지방의회는 시장·군수·구청장이 재정비촉진지구의 지정 또는 변경 신청서를 통지한 날부터 60일 이내에 의견을 제시하여야 하며, 의견제시 없이 60일이 지난 때에는 이의가 없는 것으로 본다) 그 의견을 첨부하여 신청하여야 한다. 다만, 대통령령으로 정하는 경미한 사항의 변경을 신청하려는 경우에는 주민설명회, 주민 공람 및 지방의회의 의견 청취 절차를 거치지 아니할 수 있다. <개정 2012.2.1.>
[전문개정 2011.5.30.]

제5조(재정비촉진지구의 지정) ① 특별시장·광역시장 또는 도지사는 제4조에 따라 재정비촉진지구의 지정을 신청받은 경우에는 관계 행정기관의 장과 협의를 거쳐 「국토의 계획 및 이용에 관한 법률」 제113조에 따른 지방도시계획위원회(이하 "지방도시계획위원회"라 한다)의 심의를 거쳐 재정비촉진지구를 지정한다. 재정비촉진지구의 지정을 변경(대통령령으로 정하는 경미한 사항의 변경은 제외한다)하려는 경우에도 또한 같다.
② 제1항에도 불구하고 제34조에 따른 도시재정비위원회가 설치된 특별시·광역시 또는 도의 경우에는 도시재정비위원회의 심의로 지방도시계획위원회의 심의를 갈음할 수 있다.
③ 제1항에도 불구하고 특별시장·광역시장 또는 도지사는 시장·군수·구청장이 재정비촉진지구의 지정을 신청하지 아니하더라도 해당 시장·군수·구청장과의 협의를 거쳐 직접 재정비촉진지구를 지정할 수 있다. 이 경우 특별시장·광역시장 또는 도지사는 제4조제3항의 절차를 거치거나 시장·군수·구청장으로 하여금 같은 항의 절차를 거치도록 하여야 하며, 지정 절차에 관하여는 제1항 및 제2항을 준용한다.
④ 다음 각 호의 자는 직접 재정비촉진지구를 지정하거나 변경한다. 이 경우 제4조제2항 각 호의 서류 및 도면을 작성하여 같은 조 제3항의 절차를 거쳐야 하며, 지정 절차에 관하여는 제1항 및 제2항을 준용한다. <개정 2013.7.16.>
1. 특별자치시장
2. 특별자치도지사
3. 대도시 시장. 다만, 재정비촉진사업이 필요하다고 인정되는 지역이 그 관할지역에 있고 다른 시·군·구에 걸쳐 있지 아니하는 경우에 한정한다.

⑤ 특별시장·광역시장·특별자치시장·도지사 또는 특별자치도지사(이하 "시·도지사"라 한다) 또는 대도시 시장은 제1항부터 제4항까지의 규정에 따라 재정비촉진지구를 지정하거나 변경할 때에는 대통령령으로 정하는 바에 따라 그 내용을 지체 없이 해당 지방자치단체의 공보에 고시하여야 한다. <개정 2013.7.16.>
⑥ 제5항에 따라 시·도지사 또는 대도시 시장이 재정비촉진지구를 지정하거나 변경하였을 때에는 국토교통부령으로 정하는 바에 따라 국토교통부장관에게 보고하여야 한다. <개정 2013.3.23.>
[전문개정 2011.5.30.]

제6조(재정비촉진지구 지정의 요건) ① 시·도지사 또는 대도시 시장은 제5조에 따라 재정비촉진지구를 지정하거나 변경하려는 경우에는 「국토의 계획 및 이용에 관한 법률」 제18조에 따라 수립된 도시·군기본계획과 「도시 및 주거환경정비법」 제4조에 따라 수립된 도시·주거환경정비기본계획을 고려하여야 한다. <개정 2011.4.14., 2017.2.8.>
② 제5조에 따른 재정비촉진지구는 다음 각 호의 어느 하나 이상에 해당하는 경우에 지정할 수 있다.
1. 노후·불량 주택과 건축물이 밀집한 지역으로서 주로 주거환경의 개선과 기반시설의 정비가 필요한 경우
2. 상업지역, 공업지역 등으로서 토지의 효율적 이용과 도심 또는 부도심 등의 도시기능의 회복이 필요한 경우
3. 주요 역세권, 간선도로의 교차지 등 양호한 기반시설을 갖추고 있어 대중교통 이용이 용이한 지역으로서 도심 내 소형주택의 공급 확대, 토지의 고도이용과 건축물의 복합개발이 필요한 경우
4. 제2조제2호 각 목에 따른 여러 사업을 체계적·계획적으로 개발할 필요가 있는 경우
5. 그 밖에 대통령령으로 정하는 경우

③ 제5조에 따라 지정되는 재정비촉진지구의 면적은 주거지형의 경우 50만제곱미터 이상, 중심지형의 경우 20만제곱미터 이상, 고밀복합형의 경우 10만제곱미터 이상으로 한다. 다만, 고밀복합형 재정비촉진지구를 지정하는 경우에는 주요 역세권 또는 간선도로 교차지 등으로부터 일정 반경 이내 등 대통령령으로 정하는 지정범위에서 지정하여야 한다.
④ 제3항에도 불구하고 주거지형 및 중심지형에 대하여는 대통령령으로 정하는 일정 규모 이하의 광역시 또는 시의 경우에는 그 면적을 2분의 1까지 완화하여 적용할 수 있다.
⑤ 제3항 및 제4항에도 불구하고 주거여건이 열악한 지역 등 대통령령으로 정하는 경우에는 주거지형 및 중심지형의 면적기준을 제3항에서 정한 면적기준의 4분의 1까지 완화하여 적용할 수 있다.
[전문개정 2011.5.30.]

제7조(재정비촉진지구 지정의 효력 상실 등) ① 제5조에 따라 재정비촉진지구 지정을 고시한 날부터 2년이 되는 날까지 제12조에 따른 재정비촉진계획이 결정되지 아니하면 그 2년이 되는 날의 다음 날에 재정비촉진지구 지정의 효력이 상실된다. 다만, 시·도지사 또는 대도시 시장은 해당 기간을 1년의 범위에서 연장할 수 있다.
② 시·도지사 또는 대도시 시장은 그 밖에 재정비촉진사업의 추진 상황으로 보아 재정비촉진지구의 지정 목적을 달성하였거나 달성할 수 없다고 인정하는 경우에는 지방도시계획위원회 또는 제34조에 따른 도시재정비위원회의 심의를 거쳐 재정비촉진지구의 지정을 해제할 수 있다.
③ 제2항에 따라 재정비촉진지구의 지정을 해제하려는 시·도지사 또는 대도시 시장은 지방도시계획위원회 또는 제34조에 따른 도시재정비위원회 심의 전에 주민설명회를 열고 그 내용을 14일 이상 주민에게 공람하여야 하며, 지방의회의 의견을 들어야 한다. 이 경우 지방의회는 의견을 요청받은 날부터 60일 이내에 의견을 제시하여야 하며, 의견제시 없이 60일이 지난 경우 이의가 없는 것으로 본다. <신설 2017.1.17.>
④ 제2항에 따라 재정비촉진지구의 지정을 해제하려는 시·도지사 또는 대도시 시장은 필요하다고 인정하는 경우 시장·군수·구청장으로 하여금 제3항에 따른 절차를 거치도록 할 수 있다. 이 경우 시장·군수·구청장은 지방의회의 의견을 특별시장·광역시장 또는 도지사에게 제출하여야 한다. <신설 2017.1.17.>
⑤ 제2항부터 제4항까지의 규정에 따라 재정비촉진지구의 지정이 해제된 경우 재정비촉진계획 결정의 효력은 상실된 것으로 본다. <신설 2012.2.1., 2017.1.17.>
⑥ 제2항부터 제4항까지의 규정에 따라 재정비

촉진지구의 지정을 해제하는 경우 재정비촉진구역 내 추진위원회(「도시 및 주거환경정비법」 제31조의 추진위원회를 말한다) 또는 조합(「도시 및 주거환경정비법」 제35조의 조합을 말한다)의 구성에 동의한 토지등소유자 2분의 1 이상 3분의 2 이하의 범위에서 특별시·광역시·특별자치시·도·특별자치도(이하 "시·도"라 한다) 또는 대도시 조례로 정하는 비율 이상 또는 토지등소유자의 과반수가 해당 재정비촉진사업을 「도시 및 주거환경정비법」 제2조제2호에 따른 정비사업으로 전환하여 계속 시행하기를 원하는 구역에서는 이 법 또는 관계 법률에 따른 종전의 지정·인가·허가·승인·신고·등록·협의·동의·심사 등(이하 이 조에서 "인가등"이라 한다)이 유효한 것으로 본다. 이 경우 시·도지사 또는 대도시 시장, 시장·군수·구청장 또는 사업시행자는 종전의 인가등을 변경하여야 한다. <신설 2012.2.1., 2013.7.16., 2017.1.17., 2017.2.8.>

⑦ 시·도지사 또는 대도시 시장은 제1항부터 제4항까지의 규정에 따라 재정비촉진지구 지정의 효력이 상실되거나 지정을 해제하는 경우에는 대통령령으로 정하는 바에 따라 그 사실을 지체 없이 해당 지방자치단체의 공보에 고시하여야 한다. <개정 2012.2.1., 2017.1.17.>

[전문개정 2011.5.30.]

제8조(행위 등의 제한) ① 특별시장·광역시장·특별자치시장·특별자치도지사·시장 또는 군수(광역시의 관할구역에 있는 군의 군수는 제외한다. 이하 이 항에서 같다)는 제5조에 따라 재정비촉진지구의 지정을 고시한 날부터 제12조에 따라 재정비촉진계획의 결정을 고시한 날까지 재정비촉진지구에서 「국토의 계획 및 이용에 관한 법률」 제56조에 따른 개발행위의 허가를 할 수 없다. 다만, 특별시장·광역시장·특별자치시장·특별자치도지사·시장 또는 군수가 재정비촉진계획의 수립에 지장이 없다고 판단하여 허가하는 경우에는 그러하지 아니하다. <개정 2013.7.16.>

② 제12조에 따라 재정비촉진계획이 결정·고시된 날부터 해당 재정비촉진지구에서는 재정비촉진계획의 내용에 적합하지 아니한 건축물의 건축 또는 공작물의 설치를 할 수 없다. 다만, 특별자치시장, 특별자치도지사, 시장·군수·구청장이 재정비촉진사업의 시행에 지장이 없다고 판단하여 허가하는 경우에는 그러하지 아니하다. <개정 2013.7.16.>

[전문개정 2011.5.30.]

제3장 재정비촉진계획의 수립 및 결정

제9조(재정비촉진계획의 수립) ① 시장·군수·구청장은 다음 각 호의 사항을 포함한 재정비촉진계획을 수립하여 특별시장·광역시장 또는 도지사에게 결정을 신청하여야 한다. 이 경우 재정비촉진지구가 둘 이상의 시·군·구의 관할지역에 걸쳐 있는 경우에는 관할 시장·군수·구청장이 공동으로 이를 수립한다.

1. 위치, 면적, 개발기간 등 재정비촉진계획의 개요
2. 토지 이용에 관한 계획
3. 인구·주택 수용계획
4. 교육시설, 문화시설, 복지시설 등 기반시설 설치계획
5. 공원·녹지 조성 및 환경보전 계획
6. 교통계획
7. 경관계획
8. 재정비촉진구역 지정에 관한 다음 각 목의 사항
   가. 재정비촉진구역의 경계
   나. 개별법에 따라 시행할 수 있는 재정비촉진사업의 종류
   다. 존치지역에 관한 사항. 세분하여 관리할 필요가 있는 경우 아래의 유형으로 구분할 수 있다.
      1) 존치정비구역: 재정비촉진구역의 지정요건에는 해당하지 아니하나 시간의 경과 등 여건의 변화에 따라 재정비촉진사업 요건에 해당할 수 있거나 재정비촉진사업의 필요성이 높아질 수 있는 구역
      2) 존치관리구역: 재정비촉진구역의 지정요건에 해당하지 아니하거나 기존의 시가지로 유지·관리할 필요가 있는 구역
   라. 우선사업구역의 지정에 관한 사항(필요한 경우만 해당한다) 등
9. 재정비촉진사업별 용도지역 변경계획(필요한 경우만 해당한다)
10. 재정비촉진사업별 용적률·건폐율 및 높이 등에 관한 건축계획
11. 기반시설의 비용분담계획
12. 기반시설의 민간투자사업에 관한 계획(필요한 경우만 해당한다)

13. 임대주택 건설 등 재정비촉진지구에 거주하는 세입자 및 소규모의 주택 또는 토지의 소유자(이하 "세입자등"이라 한다)의 주거대책
13의2. 재정비촉진사업 시행기간 동안의 범죄예방대책
14. 제30조제5항에 따른 순환개발 방식의 시행을 위한 사항(필요한 경우만 해당한다)
15. 단계적 사업 추진에 관한 사항
16. 상가의 분포 및 수용계획
17. 그 밖에 대통령령으로 정하는 사항

② 제1항에도 불구하고 시ㆍ군ㆍ구 간의 협의가 어려운 경우나 제5조제3항에 따라 특별시장ㆍ광역시장 또는 도지사가 직접 재정비촉진지구를 지정한 경우에는 특별시장ㆍ광역시장 또는 도지사가 직접 재정비촉진계획을 수립할 수 있으며, 같은 조 제4항에 따라 특별자치시장, 특별자치도지사 또는 대도시 시장이 직접 재정비촉진지구를 지정한 경우에는 특별자치시장, 특별자치도지사 또는 대도시 시장이 직접 재정비촉진계획을 수립한다. 이 경우 특별시장ㆍ광역시장 또는 도지사는 제3항의 절차를 거치거나 시장ㆍ군수ㆍ구청장으로 하여금 같은 항의 절차를 거치도록 하여야 하며, 특별자치시장, 특별자치도지사 또는 대도시 시장은 같은 항의 절차를 거쳐야 한다. <개정 2013.7.16.>

③ 시장ㆍ군수ㆍ구청장은 제1항에 따라 재정비촉진계획을 수립하거나 변경하려는 경우에는 그 내용을 14일 이상 주민에게 공람하고 지방의회의 의견을 들은 후(이 경우 지방의회는 시장ㆍ군수ㆍ구청장이 재정비촉진계획의 수립 또는 변경을 통지한 날부터 60일 이내에 의견을 제시하여야 하며, 의견제시 없이 60일이 지난 때에는 이의가 없는 것으로 본다) 공청회를 개최하여야 한다. 다만, 대통령령으로 정하는 경미한 사항을 변경하는 경우에는 그러하지 아니하다.

④ 제3항에 따른 재정비촉진계획의 수립 및 변경을 하는 경우에는 시ㆍ도 또는 대도시 조례로 정하는 바에 따라 주민의 동의를 받는 절차를 거칠 수 있다. <신설 2012.2.1.>

⑤ 시ㆍ도지사 또는 대도시 시장은 대통령령으로 정하는 바에 따라 재정비촉진계획 수립의 모든 과정을 총괄 진행ㆍ조정하게 하기 위하여 도시계획ㆍ도시설계ㆍ건축 등 분야의 전문가를 총괄계획가로 위촉할 수 있다. <개정 2012.2.1.>

⑥ 기반시설의 설치 및 비용 분담의 기준 등 재정비촉진계획의 수립기준에 관하여 필요한 사항은 대통령령으로 정하는 바에 따라 국토교통부장관이 따로 정할 수 있다. <개정 2013.3.23.>

[전문개정 2011.5.30.]

第10조(기반시설의 설치계획) 재정비촉진계획에 따른 기반시설의 설치계획은 재정비촉진사업을 서로 연계하여 광역적으로 수립하여야 하고, 재정비촉진지구의 존치지역과 재정비촉진사업의 추진 가능시기 등을 종합적으로 고려하여 수립하여야 한다.

[전문개정 2011.5.30.]

第11조(기반시설 설치비용의 분담 등) ① 기반시설 설치비용은 제15조 또는 제18조에 따른 재정비촉진사업의 시행자(이하 "사업시행자"라 한다)가 재정비촉진계획의 비용분담계획에 따라 부담하여야 한다.

② 기반시설 설치비용의 부담 규모는 재정비촉진사업별 시행 규모 및 건축계획의 내용 등을 고려하여 균형 있게 정하여야 한다.

③ 사업시행자가 기반시설의 설치를 위하여 필요한 부지를 제공하는 경우에는 해당 재정비촉진계획에 대통령령으로 정하는 바에 따라 용적률, 건축물의 높이 등을 조정하는 내용을 포함시킬 수 있다.

④ 시ㆍ도지사 또는 시장ㆍ군수ㆍ구청장이 재정비촉진계획에 따라 기반시설을 설치하게 되는 경우에 시ㆍ도지사 또는 시장ㆍ군수ㆍ구청장으로부터 토지 또는 건축물 등에 관한 보상을 받은 자가 그 보상금액에 국토교통부령으로 정하는 이자를 더한 금액을 시ㆍ도지사 또는 시장ㆍ군수ㆍ구청장에게 반환하는 경우에는 해당 재정비촉진구역 또는 인접한 재정비촉진구역의 토지등소유자로 보며, 이 경우 해당 재정비촉진구역 사업시행자가 기반시설의 설치에 필요한 부지를 제공한 것으로 본다. 또한 토지 또는 건축물 등에 관한 보상을 받은 자가 보상금액을 반환하지 아니한 경우에는 해당 재정비촉진구역 또는 인접한 재정비촉진구역에서 매각되는 토지 또는 건축물에 대하여 우선 매수를 청구할 수 있다. <개정 2013.3.23.>

[전문개정 2011.5.30.]

第12조(재정비촉진계획의 결정) ① 특별시장ㆍ광역시장 또는 도지사가 제9조제1항에 따라 시장ㆍ군수ㆍ구청장으로부터 재정비촉진계획의 결정을 신청받은 경우나 시ㆍ도지사 또는 대도시 시장이 제9조제2항에 따라 직접 재정비촉진계획

을 수립한 경우에는 관계 행정기관의 장과 협의하고 해당 시·도 또는 대도시에 두는 지방도시계획위원회 심의 또는 「건축법」 제4조에 따라 해당 시·도 또는 대도시에 두는 건축위원회(이하 "건축위원회"라 한다)와 지방도시계획위원회가 공동으로 하는 심의를 거쳐 결정하거나 변경하여야 한다. 다만, 대통령령으로 정하는 경미한 사항을 변경하는 경우에는 그러하지 아니하다. <개정 2012.2.1.>

② 제34조에 따른 도시재정비위원회가 설치된 시·도 또는 대도시의 경우에는 도시재정비위원회의 심의로 제1항에 따른 지방도시계획위원회의 심의 또는 건축위원회와 지방도시계획위원회의 공동심의를 갈음할 수 있다.

③ 시·도지사 또는 대도시 시장은 제1항 및 제2항에 따라 재정비촉진계획을 결정 또는 변경하는 경우에는 대통령령으로 정하는 바에 따라 이를 지체 없이 해당 지방자치단체의 공보에 고시하여야 하고, 대도시 시장은 이를 도지사에게 통보하여야 한다.

④ 제3항에 따라 시·도지사 또는 대도시 시장이 재정비촉진계획의 결정을 고시하였을 때에는 국토교통부령으로 정하는 방법 및 절차에 따라 국토교통부장관에게 보고하여야 한다. <개정 2013.3.23.>

[전문개정 2011.5.30.]

제13조(재정비촉진계획 결정의 효력) ① 제12조에 따라 재정비촉진계획이 결정·고시되었을 때에는 그 고시일에 다음 각 호에 해당하는 승인·결정 등이 있은 것으로 본다. <개정 2011.4.14., 2017.2.8.>

1. 「도시 및 주거환경정비법」 제4조에 따른 도시·주거환경정비기본계획의 수립 또는 변경, 같은 법 제8조에 따른 정비구역의 지정 또는 변경 및 같은 조에 따른 정비계획의 수립 또는 변경
2. 「도시개발법」 제3조에 따른 도시개발구역의 지정 및 같은 법 제4조에 따른 개발계획의 수립 또는 변경
3. 「국토의 계획 및 이용에 관한 법률」 제30조에 따른 도시·군관리계획(「국토의 계획 및 이용에 관한 법률」 제2조제4호가목·다목 및 마목의 경우만 해당한다)의 결정 또는 변경 및 같은 법 제86조에 따른 도시·군계획시설사업의 시행자 지정

② 재정비촉진계획을 수립할 때에는 재정비촉진사업에 대하여 「도시교통정비 촉진법」 제16조에 따른 교통영향평가서의 검토를 받고 「환경영향평가법」 제22조에 따라 환경영향평가를 받을 수 있으며, 이 경우 재정비촉진사업을 시행할 때에는 교통영향평가서의 검토와 환경영향평가를 받지 아니한다. <개정 2011.7.21., 2015.7.24.>

③ 재정비촉진지구에서의 재정비촉진사업은 재정비촉진계획의 내용에 적합하게 시행하여야 한다.

[전문개정 2011.5.30.]

제13조의2(재정비촉진구역 지정의 효력 상실 등) ① 재정비촉진사업 관계 법률에 따라 재정비촉진구역 지정의 효력이 상실된 경우에는 해당 재정비촉진구역에 대한 재정비촉진계획 결정의 효력도 상실된 것으로 본다. 이 경우 시·도지사 또는 대도시 시장은 재정비촉진계획을 변경하여야 한다.

② 제1항에 따라 재정비촉진계획의 효력이 상실된 구역은 재정비촉진지구에서 제외된다. 이 경우 재정비촉진계획의 효력이 상실된 구역은 재정비촉진계획에 따라 변경된 「국토의 계획 및 이용에 관한 법률」 제30조에 따른 도시·군관리계획은 재정비촉진계획 결정 이전의 상태로 환원된 것으로 본다.

③ 제2항 전단에도 불구하고 시·도지사 또는 대도시 시장은 제1항에 따라 재정비촉진계획 결정의 효력이 상실된 구역을 존치지역으로 전환할 수 있다. 이 경우 해당 존치지역에서는 기반시설과 관련된 「국토의 계획 및 이용에 관한 법률」 제30조에 따른 도시·군관리계획은 재정비촉진계획 결정 이전의 상태로 환원되지 아니할 수 있다.

[본조신설 2012.2.1.]

제4장 재정비촉진사업의 시행

제14조(재정비촉진지구의 사업시행 총괄관리) ① 제9조제1항 및 제2항에 따른 재정비촉진계획 수립권자(이하 "재정비촉진계획 수립권자"라 한다)는 사업을 효율적으로 추진하기 위하여 재정비촉진계획 수립단계에서부터 제15조제1항제1호 또는 제2호의 자를 총괄사업관리자로 지정할 수 있다. 다만, 특별시장·광역시장 또는 도지사가 총괄사업관리자를 지정하는 경우에는 관할 시장·군수·구청장과 협

의하여야 한다.

② 제1항에 따라 지정된 총괄사업관리자(이하 "총괄사업관리자"라 한다)는 지방자치단체의 장을 대행하여 다음 각 호의 업무를 수행한다.

1. 재정비촉진지구에서의 모든 재정비촉진사업의 총괄관리
2. 도로 등 기반시설의 설치
3. 기반시설의 비용 분담금 및 지원금의 관리
4. 재정비촉진계획 수립 시 기반시설 설치계획 등의 자문에 대한 조언
5. 그 밖에 이 법에서 규정하는 업무 및 대통령령으로 정하는 업무

[전문개정 2011.5.30.]

제15조(사업시행자) ① 재정비촉진사업은 제2조제2호 각 목의 관계 법령에 따른 사업시행자가 시행한다. 다만, 제2조제2호가목에 따른 사업은 「도시 및 주거환경정비법」에도 불구하고 토지등소유자의 과반수가 동의한 경우에는 특별자치시장, 특별자치도지사, 시장·군수·구청장이 재정비촉진사업을 직접 시행하거나 다음 각 호에 해당하는 자를 사업시행자로 지정할 수 있다. <개정 2013.7.16.>

1. 「한국토지주택공사법」에 따라 설립된 한국토지주택공사
2. 「지방공기업법」에 따라 주택사업을 수행하기 위하여 설립된 지방공사(이하 "지방공사"라 한다)

② 우선사업구역의 재정비촉진사업은 관계 법령에도 불구하고 토지등소유자의 과반수의 동의를 받아 특별자치시장, 특별자치도지사, 시장·군수·구청장이 직접 시행하거나 총괄사업관리자를 사업시행자로 지정하여 시행하도록 하여야 한다. <개정 2013.7.16.>

③ 제1항 단서 및 제2항에 따라 특별자치시장, 특별자치도지사, 시장·군수·구청장이 재정비촉진사업을 직접 시행하거나 제1항 각 호에 해당하는 자가 사업시행자로 지정되는 경우 사업시행자는 「지방자치단체를 당사자로 하는 계약에 관한 법률」 제9조 또는 「공공기관의 운영에 관한 법률」 제39조에도 불구하고 「도시 및 주거환경정비법」 제47조 및 「빈집 및 소규모주택 정비에 관한 특례법」 제25조에 따른 주민대표회의에서 대통령령으로 정하는 경쟁입찰의 방법에 따라 추천한 자를 시공자로 선정할 수 있다. <개정 2013.7.16., 2017.2.8.>

④ 제1항 및 제2항에 따른 동의자 수의 산정방법 등에 관하여 필요한 사항은 대통령령으로 정한다.

[전문개정 2011.5.30.]

제16조(민간투자사업 등) ① 지방자치단체의 장은 기반시설의 확충을 촉진하기 위하여 일단(一團)의 기반시설 부지를 대상으로 「사회기반시설에 대한 민간투자법」 제4조에 따른 민간투자사업으로 기반시설을 설치할 수 있다.

② 지방자치단체의 장은 재정비촉진지구의 총괄사업관리자로 하여금 제1항에 따른 민간투자사업을 대행하게 할 수 있다.

③ 민간투자사업의 시행과 관련하여 필요한 사항은 대통령령으로 정할 수 있다.

[전문개정 2011.5.30.]

제17조(사업협의회의 구성) ① 재정비촉진계획 수립권자는 다음 각 호의 사항에 관한 협의 또는 자문을 위하여 사업협의회를 구성·운영할 수 있다. 다만, 특별시장·광역시장 또는 도지사가 직접 재정비촉진계획을 수립하는 경우에는 재정비촉진계획이 결정될 때까지 특별시장·광역시장 또는 도지사가 사업협의회를 구성·운영할 수 있다.

1. 재정비촉진계획의 수립 및 재정비촉진사업의 시행을 위하여 필요한 사항
2. 재정비촉진사업별 지역주민의 의견 조정을 위하여 필요한 사항
3. 그 밖에 대통령령으로 정하는 사항

② 사업협의회는 20인 이내(재정비촉진구역이 10곳 이상인 경우에는 30인 이내)의 위원으로 구성하되, 제9조제5항에 따른 총괄계획가(이하 "총괄계획가"라 한다)와 총괄사업관리자는 사업협의회의 위원이 되며, 그 외의 위원은 재정비촉진계획 수립권자가 다음 각 호의 자 중에서 임명하거나 위촉한다. <개정 2012.2.1.>

1. 해당 지방자치단체의 관계 공무원
2. 사업시행자(개별법에 따른 조합 등의 사업시행자를 포함한다. 다만, 사업시행자를 지정하기 전인 경우에는 「도시 및 주거환경정비법」에 따른 주민대표회의, 조합설립추진위원회 또는 「전통시장 및 상점가 육성을 위한 특별법」에 따른 시장정비사업추진위원회 등 주민의사를 대표할 수 있는 대표자 또는 사업시행자가 되려는 자를 포함한다)
3. 관계 전문가

③ 재정비촉진계획 수립권자는 다음 각 호의

경우에 사업협의회를 개최한다.
1. 사업협의회 위원의 2분의 1 이상이 요청하는 경우
2. 재정비촉진계획 수립권자가 필요하다고 판단하는 경우

④ 이 법에서 규정한 사항 외에 사업협의회의 구성·운영 등에 필요한 사항은 지방자치단체의 조례로 정한다.
[전문개정 2011.5.30.]

제18조(사업시행의 촉진) ① 재정비촉진계획의 결정·고시일부터 2년 이내에 재정비촉진사업과 관련하여 해당 사업을 규정하고 있는 관계 법률에 따른 조합설립인가를 신청하지 아니하거나, 3년 이내에 해당 사업에 관하여 규정하고 있는 관계 법률에 따른 사업시행인가를 신청하지 아니한 경우에는 특별자치시장, 특별자치도지사, 시장·군수·구청장이 그 사업을 직접 시행하거나 총괄사업관리자를 사업시행자로 우선하여 지정할 수 있다. 다만, 특별자치시장, 특별자치도지사, 시장·군수·구청장은 총괄사업관리자가 제2조제2호 각 목의 관계 법률에 규정된 각각의 재정비촉진사업에 대하여 해당 법률에 따라 사업시행자가 될 수 있는 사업(공동시행자가 될 수 있는 사업을 포함한다)에 한정하여 총괄사업관리자를 사업시행자로 지정할 수 있다. <개정 2013.7.16.>

② 제1항에도 불구하고 존치지역에 대한 제1항의 기간은 재정비촉진계획에서 정한 재정비촉진사업 가능시기부터 산정한다. 이 경우 해당 시기가 도래하여 재정비촉진사업 추진을 위하여 재정비촉진계획을 변경·고시한 때에는 그 고시일부터 산정한다.
[전문개정 2011.5.30.]

제5장 재정비촉진사업의 시행을 위한 지원

제19조(건축규제의 완화 등에 관한 특례) ① 재정비촉진계획 수립권자는 필요한 경우 「국토의 계획 및 이용에 관한 법률」 제36조에 따른 용도지역을 변경하는 내용으로 재정비촉진계획을 수립할 수 있다.

② 재정비촉진계획 수립권자는 필요한 경우 「국토의 계획 및 이용에 관한 법률」의 규정 또는 같은 법의 위임에 따라 규정한 조례에도 불구하고 다음 각 호의 내용을 포함하는 내용으로 재정비촉진계획을 수립할 수 있다.
1. 「국토의 계획 및 이용에 관한 법률」 제76조에 따른 용도지역 및 용도지구에서의 건축물 건축 제한 등의 예외
2. 「국토의 계획 및 이용에 관한 법률」 제77조와 관련한 위임 규정에 따라 조례로 정한 건폐율 최대한도의 예외
3. 「국토의 계획 및 이용에 관한 법률」 제78조와 관련한 위임 규정에 따라 조례로 정한 용적률 최대한도의 예외. 다만, 「국토의 계획 및 이용에 관한 법률」 제78조에 따른 용적률의 최대한도를 초과할 수 없으며, 이 법 제11조제3항에 따라 기반시설에 대한 부지 제공의 대가로 증가된 용적률은 포함하지 아니한다.

③ 재정비촉진계획 수립권자는 필요한 경우 중심지형 또는 고밀복합형 재정비촉진지구에 대하여 「초·중등교육법」에 따른 학교시설기준과 「주택법」 및 「주차장법」에 따른 주차장 설치기준을 완화하는 내용으로 재정비촉진계획을 수립할 수 있다.

④ 재정비촉진계획 수립권자는 고밀복합형 재정비촉진지구의 경우에는 「건축법」 제60조제2항에 따라 조례로 정한 가로구역별 건축물의 최고 높이 또는 같은 조 제3항에 따른 높이제한에도 불구하고 이를 완화하는 내용으로 재정비촉진계획을 수립할 수 있다.

⑤ 제1항부터 제4항까지의 규정에 따른 구체적인 적용 범위 등에 관하여 필요한 사항은 대통령령으로 정한다.
[전문개정 2011.5.30.]

제19조의2(우선사업구역에 관한 특례) ① 시장·군수·구청장 또는 시·도지사는 재정비촉진사업의 활성화, 소형주택의 공급 확대, 주민이주대책 지원 등을 위하여 필요한 경우 재정비촉진지구 전체에 대한 재정비촉진계획을 결정·고시하기 전이라도 제9조 및 제12조에 따른 절차에 따라 우선사업구역에 대한 재정비촉진계획을 별도로 수립하여 결정을 신청하거나, 결정·고시할 수 있다.

② 제1항에 따라 우선사업구역에 대한 재정비촉진계획이 결정·고시된 경우 해당 우선사업구역에 대하여는 전체 재정비촉진계획이 결정·고시(변경하는 경우를 포함한다)되기 전이라도 관계 법령에 따라 사업을 시행할 수 있다.

[본조신설 2009.12.29.]

제20조(주택의 규모 및 건설비율의 특례) 「도시 및 주거환경정비법」 제10조 및 「빈집 및 소규모주택 정비에 관한 특례법」 제32조 및 「도시개발법」 제5조에도 불구하고 재정비촉진사업의 주택의 규모 및 건설비율에 관하여는 대통령령으로 달리 정할 수 있다. <개정 2017.2.8.>
[전문개정 2011.5.30.]

제20조의2(증가용적률에 대한 주택 규모 및 건설비율에 관한 특례) 고밀복합형 재정비촉진지구의 경우 해당 재정비촉진사업으로 증가되는 용적률에 대한 주택의 규모 및 건설비율은 대통령령으로 달리 정할 수 있다. 이 경우 증가되는 용적률이란 재정비촉진지구 지정 당시의 용도지역을 기준으로 제19조에 따라 증가되는 용적률을 말하며, 제11조제3항에 따라 기반시설에 대한 부지제공의 대가로 증가되는 용적률은 그 산정대상에서 제외한다.
[본조신설 2009.12.29.]

제21조(도시개발사업의 시행에 관한 특례) ① 재정비촉진지구에서 시행하는 도시개발사업의 시행자는 「도시개발법」 제32조의 관련 규정에도 불구하고 주택 등 건축물을 소유하고 있는 자 또는 토지소유자를 대상으로 입체 환지(立體換地) 계획을 수립할 수 있다.
② 제1항에 따른 입체 환지 계획은 「도시개발법」 제34조에 따른 체비지(替費地) 등이 아닌 토지를 대상으로 수립할 수 있다.
[전문개정 2011.5.30.]

제22조(지방세의 감면) 재정비촉진지구에서 재정비촉진계획에 따라 건축하는 다음 각 호의 어느 하나에 해당하는 건축물에 대하여는 「지방세특례제한법」 및 지방자치단체의 조례로 정하는 바에 따라 취득세, 등록면허세 등 지방세를 감면할 수 있다.
1. 「문화예술진흥법」 제2조제1항제3호에 따른 문화시설
2. 「의료법」 제3조제2항제3호에 따른 종합병원, 병원 또는 한방병원
3. 「학원의 설립·운영 및 과외교습에 관한 법률」 제2조제1호에 따른 학원
4. 「유통산업발전법」 제2조제3호에 따른 대규모점포
5. 「상법」 제169조에 따른 회사의 본점 또는 주사무소 건물
6. 그 밖에 조례로 지역발전을 위하여 필요하다고 인정하는 시설
[전문개정 2011.5.30.]

제23조(과밀부담금의 면제) 「수도권정비계획법」 제12조에 따라 부과·징수하는 과밀부담금은 같은 법 제13조에도 불구하고 재정비촉진계획에 따라 건축하는 건축물에는 부과하지 아니한다.
[전문개정 2011.5.30.]

제24조(특별회계의 설치 등) ① 시·도지사 또는 시장·군수·구청장은 재정비촉진사업을 촉진하고 기반시설의 설치 지원 등을 하기 위하여 지방자치단체에 재정비촉진특별회계(이하 "특별회계"라 한다)를 설치할 수 있다.
② 특별회계는 다음 각 호의 재원(財源)으로 조성한다. <개정 2017.8.9.>
1. 일반회계로부터의 전입금
2. 정부의 보조금
3. 「재건축초과이익 환수에 관한 법률」에 따른 재건축부담금 중 같은 법 제4조제3항 및 제4항에 따른 지방자치단체 귀속분
4. 「수도권정비계획법」 제16조에 따라 시·도에 귀속되는 과밀부담금 중 해당 시·도의 조례로 정하는 비율에 해당하는 금액
5. 「지방세법」 제112조(「지방세법」 제112조제1항제1호는 제외한다)에 따라 부과·징수되는 재산세의 징수액 중 대통령령으로 정하는 비율에 해당하는 금액
6. 차입금
7. 해당 특별회계 자금의 융자 회수금, 이자 수익금 및 그 밖의 수익금
8. 제31조제3항에 따라 시·도지사에게 공급된 임대주택의 임대보증금 및 임대료
9. 그 밖에 시·도의 조례로 정하는 재원
③ 특별회계는 다음 각 호의 용도로 사용한다.
1. 기반시설의 설치, 그 설치비용의 보조 및 융자
2. 차입금의 원리금 상환
3. 특별회계의 조성·운용 및 관리를 위한 경비
4. 「재건축초과이익 환수에 관한 법률」에 따

른 재건축부담금의 부과·징수
5. 임대주택의 매입·관리 등 세입자등의 주거안정 지원
6. 그 밖에 대통령령으로 정하는 사항
④ 국토교통부장관은 필요한 경우에는 지방자치단체의 장으로 하여금 특별회계의 운용 상황을 보고하게 할 수 있다. <개정 2013.3.23.>
⑤ 특별회계의 설치 및 운용·관리에 필요한 사항은 대통령령으로 정하는 기준에 따라 해당 지방자치단체의 조례로 정한다.
[전문개정 2011.5.30.]

제25조(교육환경의 개선을 위한 특례) ① 재정비촉진계획 수립권자는 교육환경을 개선하기 위하여 교육감과의 협의를 거쳐 재정비촉진계획에 학교의 설치계획 또는 정비계획을 포함하여야 한다.
② 교육감은 제1항에 따른 학교의 설치계획 또는 정비계획에 따라 해당 학교 부지의 매수계획 또는 해당 학교의 정비계획을 수립하여야 한다.
③ 교육감은 「초·중등교육법」 제61조에 따라 학교 및 교육과정 운영의 특례가 적용되는 학교를 적극 유치할 수 있도록 조치하여야 한다.
④ 지방자치단체의 장은 교육환경을 개선하기 위하여 필요하다고 인정하는 경우에는 제1항에 따라 수립·결정된 학교의 설치계획이 포함된 재정비촉진계획에 따라 학교용지를 직접 매입할 수 있다.
⑤ 지방자치단체의 장은 지방자치단체가 소유하는 토지나 그 밖의 재산(이하 이 조에서 "토지등"이라 한다)을 「공유재산 및 물품 관리법」 및 관계 법령에도 불구하고 재정비촉진지구에서 사립학교를 설립·운영하려는 자에게 수의계약으로 사용·수익 또는 대부(이하 "임대"라 한다)하거나 매각할 수 있다.
⑥ 제5항에 따라 지방자치단체가 소유하는 토지등을 임대하는 경우 그 임대기간은 「공유재산 및 물품 관리법」 에도 불구하고 50년의 범위에서 대통령령으로 따로 정한다. 이 경우 임대기간은 대통령령으로 정하는 갱신기간의 범위에서 연장할 수 있다.
⑦ 제5항에 따라 지방자치단체가 소유하는 토지를 임대하는 경우에는 「공유재산 및 물품 관리법」 에도 불구하고 그 토지 위에 영구시설물을 축조하게 할 수 있다. 이 경우 해당 시설물의 종류 등을 고려하여 임대기간이 끝날 때에 이를 지방자치단체에 기부하거나 원상으로 회복하여 반환하는 것을 조건으로 한다.
⑧ 지방자치단체의 장은 제5항에 따라 소유토지등을 임대하거나 매각하는 경우 「공유재산 및 물품 관리법」 에도 불구하고 대통령령으로 정하는 바에 따라 그 토지등의 임대료 및 매각대금을 감면하거나 분할납부하게 할 수 있다.
[전문개정 2011.5.30.]

제6장 개발이익의 환수 등

제26조(비용 부담의 원칙) 재정비촉진계획에 따라 설치되는 기반시설의 설치비용은 이 법에 특별한 규정이 있는 경우를 제외하고는 사업시행자가 부담하는 것을 원칙으로 한다.
[전문개정 2011.5.30.]

제27조(재정비촉진지구에서의 기반시설 설치) ① 재정비촉진지구에서의 기반시설의 설치는 다음 각 호의 구분에 따른 자가 한다.
1. 도로 및 상수도·하수도 시설: 지방자치단체
2. 전기시설, 가스공급시설 또는 지역난방시설: 해당 지역에 전기·가스 또는 난방을 공급하는 자
3. 통신시설: 해당 지역에 통신서비스를 제공하는 자
4. 그 밖의 기반시설: 대통령령으로 정하는 자
② 제1항에 따른 기반시설의 설치는 특별한 사유가 없으면 해당 재정비촉진사업의 준공검사 신청일까지 완료하여야 한다.
③ 제1항에 따른 기반시설의 종류별 설치범위는 대통령령으로 정한다.
④ 제3항에 따른 지방자치단체의 설치의무 범위에 속하지 아니하는 도로 또는 상수도·하수도 시설로서 사업시행자가 해당 설치비용을 부담하려는 시설의 경우에는 사업시행자의 요청에 따라 지방자치단체가 그 도로 또는 상수도·하수도 시설 사업을 대행할 수 있다.
⑤ 기반시설을 원활하게 설치하기 위하여 필요한 경우에는 지방자치단체가 해당 기반시설을 먼저 설치하고 사업시행자로부터 대통령령으로 정하는 기간이 지난 후에 그 비용

을 징수할 수 있다. 이 경우 사업시행자가 그 비용을 내지 아니하면 「지방세외수입금의 징수 등에 관한 법률」에 따라 징수할 수 있다. <개정 2013.8.6.>
[전문개정 2011.5.30.]

제28조(재정비촉진지구 밖의 기반시설의 설치 비용 등) ① 재정비촉진지구의 이용에 제공하기 위하여 대통령령으로 정하는 기반시설을 재정비촉진지구 밖의 지역에 설치하는 경우 재정비촉진계획 수립권자는 비용분담계획이 포함된 재정비촉진계획에 따라 사업시행자로 하여금 그 설치비용을 부담하게 할 수 있다.
② 재정비촉진계획 수립권자는 사업시행자의 부담으로 재정비촉진지구 밖의 지역에 설치하는 기반시설로 인하여 이익을 얻는 지방자치단체 또는 공공시설의 관리자가 있을 때에는 대통령령으로 정하는 바에 따라 그 기반시설의 설치에 드는 비용의 일부를 이익을 얻는 지방자치단체 또는 공공시설의 관리자에게 부담시킬 수 있다. 이 경우 재정비촉진계획 수립권자는 해당 지방자치단체나 공공시설의 관리자 및 사업시행자와 협의하여야 한다.
[전문개정 2011.5.30.]

제29조(기반시설 설치비용의 지원 등) ① 국가 또는 시·도지사는 다음 각 호의 어느 하나 이상에 해당하는 경우에는 시·도지사 또는 시장·군수·구청장에게 대통령령으로 정하는 기반시설의 설치에 드는 비용의 전부 또는 일부를 지원할 수 있다. 다만, 제2호 또는 제3호에 해당하는 경우 국가는 대통령령으로 정하는 기반시설의 설치에 드는 비용의 100분의 10 이상 100분의 50 이하의 범위에서 대통령령으로 정하는 금액의 한도에서 지원하여야 한다. <개정 2012.2.1.>
1. 국가 또는 시·도의 계획과 관련이 있는 경우
2. 국가 또는 지방자치단체가 도시영세민을 집단 이주시켜 형성된 낙후지역 등 대통령령으로 정하는 지역으로서 기반시설이 열악하여 사업시행자의 부담만으로는 기반시설을 확보하기 어려운 경우
3. 재정비촉진지구를 관할하는 기초자치단체의 재정자립도 등을 고려하여 대통령령으로 정하는 경우
4. 그 밖에 대통령령으로 정하는 경우

② 국토교통부장관은 시·도지사 또는 시장·군수·구청장에게 대통령령으로 정하는 기반시설의 설치에 드는 비용의 전부 또는 일부를 「주택도시기금법」에 따른 주택도시기금에서 융자·지원할 수 있으며, 주택도시기금의 구체적인 융자 방법 및 조건 등에 관하여 필요한 사항은 대통령령으로 정한다. <개정 2013.3.23., 2015.1.6.>
③ 국가는 제1항에 따라 기반시설 설치에 드는 비용을 지원하려는 경우에는 「주거기본법」 제8조에 따른 주거정책심의위원회의 심의를 거쳐 확보된 예산의 범위에서 지원할 수 있다. <개정 2015.6.22.>
④ 특별시장·광역시장 또는 도지사는 제1항 단서에 따라 국가가 해당 시장·군수·구청장에게 지원하는 기반시설 설치비용의 전부 또는 일부에 상당하는 비용을 시장·군수·구청장에게 지원할 수 있다. <신설 2012.2.1., 2013.7.16.>
[전문개정 2011.5.30.]

제30조(세입자등을 위한 임대주택 건설 등) ① 지방자치단체의 장 및 사업시행자는 세입자등의 주거안정을 위하여 노력하여야 한다.
② 재정비촉진계획 수립권자는 재정비촉진계획을 수립하기 전에 재정비촉진지구의 거주자에 대하여 다음 각 호의 사항을 포함한 주거 실태를 조사하여야 한다.
1. 주택 수, 세대 수 및 거주자 수
2. 가구별 소득 수준 및 직업형태
3. 주택의 규모 및 거주 형태[자가(自家)·전세·월세 등]
4. 주택가격 및 임대료 수준
5. 그 밖에 대통령령으로 정하는 사항

③ 재정비촉진계획 수립권자는 세입자등의 재정착을 유도하기 위하여 다음 각 호의 사항을 포함한 주택 수요를 조사하여 재정비촉진계획에 반영하여야 한다.
1. 주택 규모, 임대료 수준 등을 포함한 임대주택 희망 수요
2. 주택 규모, 분양가격 수준 등을 포함한 소형 분양주택 희망 수요
3. 인근지역 이주 희망 수요
4. 그 밖에 대통령령으로 정하는 사항

④ 재정비촉진계획 수립권자는 재정비촉진계획에 제2항 및 제3항에 따른 조사 결과를 고려한 임대주택 건설계획을 포함하여야 하며, 사업시행자는 그 계획에 따라 임대주택을 건

설·공급하여야 한다. 이 경우 임대주택의 공급방법 등은 국토교통부령으로 정할 수 있다. <개정 2013.3.23.>

⑤ 사업시행자는 재정비촉진사업을 시행하는 기간 동안 주택소유자(재정비촉진구역에 실제 거주하는 사람만 해당한다) 또는 세입자의 주거안정을 위하여 인근지역에 자체 건설하는 「공공주택 특별법」 제2조제1호가목에 해당하는 공공주택 또는 매입임대주택 등으로 임시거주시설을 지원하거나 재정비촉진사업을 단계적으로 개발하는 순환개발 방식을 활용할 수 있다. <개정 2014.1.14., 2015.8.28.>

⑥ 사업시행자가 제5항에 따라 순환개발 방식으로 사업을 시행하려는 경우에는 사업시행인가를 신청하기 전에 미리 인근지역의 공공주택 또는 매입임대주택 등 임시거주시설의 확보 여부, 이주 대상자, 임대 조건 등 순환개발 방식의 시행계획을 수립하여 사업시행계획서에 반영하여야 한다. <개정 2014.1.14.>

[전문개정 2011.5.30.]

제30조의2(영세 상인 및 상가 세입자 대책) 사업시행자, 특별자치시장, 특별자치도지사 및 시장·군수·구청장은 재정비촉진지구의 영세 상인 및 상가 세입자 보호 대책 마련을 위하여 노력하여야 한다. <개정 2013.7.16.>

[본조신설 2009.12.29.]

제30조의3(재정비촉진지구의 범죄 예방) 특별자치시장, 특별자치도지사 및 시장·군수·구청장은 제12조제1항 및 제3항에 따라 재정비촉진계획이 결정·고시된 때에는 그 사실을 관할 경찰서장에게 통보하여야 하며, 재정비촉진사업이 시행되는 경우에는 재정비촉진구역의 주민 안전 등을 위하여 다음 각 호의 사항을 관할 지방경찰청장 또는 경찰서장에게 요청할 수 있다. <개정 2013.7.16.>

1. 순찰 강화
2. 순찰초소의 설치 등 범죄예방을 위하여 필요한 시설의 설치 및 관리
3. 그 밖에 주민의 안전을 위하여 필요하다고 인정하는 사항

[본조신설 2011.5.30.]

제31조(임대주택의 건설) ① 사업시행자는 세입자의 주거안정과 개발이익의 조정을 위하여 해당 재정비촉진사업으로 증가되는 용적률의 75퍼센트 범위에서 대통령령으로 정하는 비율을 임대주택으로 공급하여야 한다. 이 경우 해당 재정비촉진사업으로 증가되는 용적률은 재정비촉진지구 지정 당시의 용도지역을 기준으로 제19조에 따라 증가되는 용적률을 말하며, 제11조제3항에 따라 기반시설에 대한 부지 제공의 대가로 증가된 용적률은 그 산정대상에서 제외한다.

② 제1항에 따라 건설되는 임대주택 중 주거전용면적이 85제곱미터를 초과하는 주택의 비율은 50퍼센트 이하의 범위에서 대통령령으로 정한다.

③ 사업시행자는 제1항에 따라 건설되는 임대주택을 대통령령으로 정하는 바에 따라 국토교통부장관, 시·도지사, 한국토지주택공사 또는 지방공사에 공급하여야 한다. 이 경우 임대주택의 공급가격은 그 임대주택의 건설에 투입되는 건축비를 기준으로 국토교통부장관이 고시하는 금액으로 하고, 그 부속토지는 인수자에게 기부채납(寄附採納)한 것으로 본다. <개정 2013.3.23.>

④ 사업시행자는 사업시행인가를 신청하기 전에 미리 임대주택의 규모 등 제1항에 따라 건설되는 임대주택 건설에 관한 사항을 인수자와 협의하여 사업시행계획서에 반영하여야 한다.

⑤ 사업시행자는 재정비촉진사업의 준공인가를 받으면 지체 없이 인수자에게 제1항에 따라 건설되는 임대주택의 등기를 촉탁(囑託)하거나 신청하여야 한다. 이 경우 사업시행자가 해당 등기의 촉탁 또는 신청을 거부하거나 지체하는 경우에는 인수자가 등기를 촉탁하거나 신청할 수 있다.

⑥ 제1항에 따라 건설되는 임대주택의 임차인 자격, 임대료 수준 등에 관하여는 대통령령으로 정한다.

[전문개정 2011.5.30.]

제7장 보칙

<개정 2011.5.30.>

제32조 삭제 <2016.1.19.>

제33조(토지 등 분할거래) ① 재정비촉진사업별로 해당 사업에 관하여 정하고 있는 관계 법률에 따라 주택 등 건축물을 공급하는 경우, 제5조제5항에 따른 고시가 있은 날 또는 시·도지사나 대도시 시장이 투기 억제 등을 위하여 따로 정하는 날(이하 이 조에서 "기준

일"이라 한다) 이후에 다음 각 호의 어느 하나에 해당하는 경우에는 해당 토지 또는 주택 등 건축물을 분양받을 권리는 기준일을 기준으로 산정한다.

1. 한 필지의 토지가 여러 개의 필지로 분할되는 경우
2. 단독주택 또는 다가구주택이 다세대주택으로 전환되는 경우
3. 주택 등 건축물이 분할되거나 공유자의 수가 증가되는 경우
4. 하나의 대지 범위에 속하는 동일인 소유의 토지와 주택 등 건축물을 토지와 주택 등 건축물로 각각 분리하여 소유하는 경우
5. 나대지(裸垈地)에 건축물을 새로 건축하거나 기존 건축물을 철거하고 다세대주택이나 그 밖의 공동주택을 건축하여 토지등소유자가 증가하는 경우

② 시·도지사 또는 대도시 시장은 제1항에 따라 기준일을 따로 정하는 경우 기준일, 지정 사유, 건축물을 분양받을 권리의 산정 기준 등을 해당 지방자치단체의 공보에 고시하여야 한다.

[전문개정 2011.5.30.]

第34条(도시재정비위원회) ① 다음 각 호의 사항을 심의하거나 시·도지사 또는 대도시 시장의 자문에 응하기 위하여 시·도지사 또는 대도시 시장 소속으로 도시재정비위원회를 둘 수 있다.

1. 재정비촉진지구의 지정 및 변경에 대한 심의 또는 자문
2. 재정비촉진계획의 수립에 대한 자문
3. 재정비촉진계획의 결정 및 변경에 대한 심의 또는 자문
4. 재정비촉진사업의 시행에 대한 자문
5. 그 밖에 도시재정비 촉진을 위하여 필요한 사항에 대한 자문

② 제1항에 따른 도시재정비위원회의 설치 및 운영에 필요한 사항은 대통령령으로 정하는 범위에서 해당 지방자치단체의 조례로 정한다.

[전문개정 2011.5.30.]

第35条(감독 등) ① 국토교통부장관, 시·도지사 또는 시장·군수·구청장은 사업시행자가 재정비촉진계획을 위반하여 재정비촉진사업을 시행하는 경우에는 시정기간을 정하여 이를 시정하도록 명할 수 있다. <개정 2013.3.23.>

② 국토교통부장관, 시·도지사 또는 시장·군수·구청장은 제1항에 따른 시정명령을 받고도 해당 기간에 시정하지 아니하는 사업시행자에 대하여는 사업시행자 지정의 취소, 해당 법령에 따른 재정비촉진사업의 인가 또는 승인의 취소 등 필요한 조치를 할 수 있다. <개정 2013.3.23.>

③ 국토교통부장관, 시·도지사 또는 시장·군수·구청장은 제2항에 따른 처분을 하려면 청문을 하여야 한다. <신설 2013.7.16.>

[전문개정 2011.5.30.]

[제목개정 2013.7.16.]

第36条(자료의 제출 요구 등) ① 국토교통부장관, 시·도지사 또는 대도시 시장은 재정비촉진지구에서 시행하는 재정비촉진사업에 대하여 시·도지사 또는 시장·군수·구청장 및 사업시행자에게 그 재정비촉진사업의 추진단계별 현황 자료 등 필요한 자료를 요구할 수 있다. <개정 2013.3.23.>

② 시·도지사, 시장·군수·구청장 및 사업시행자는 제1항에 따라 국토교통부장관이 요구할 때에는 해당 자료를 지체 없이 제출하여야 한다. <개정 2013.3.23.>

[전문개정 2011.5.30.]

第37条(벌칙 적용 시의 공무원 의제) 총괄계획가 및 총괄사업관리자 소속의 총괄사업관리업무 담당자는 「형법」 제129조부터 제132조까지의 규정을 적용할 때에는 공무원으로 본다.

[전문개정 2011.5.30.]

부칙

<제14540호, 2017.1.17.>

제1조(시행일) 이 법은 공포 후 6개월이 경과한 날부터 시행한다.

제2조(적용례) 제7조제3항 및 제4항의 개정규정은 이 법 시행 후 최초로 재정비촉진지구의 지정을 해제하는 경우부터 적용한다.

도시공원 및 녹지 등에 관한 법률

(약칭: 공원녹지법)

[시행 2017.10.19.]
[법률 제14796호, 2017.4.18., 일부개정]

제1장 총칙

제1조(목적) 이 법은 도시에서의 공원녹지의 확충·관리·이용 및 도시녹화 등에 필요한 사항을 규정함으로써 쾌적한 도시환경을 조성하여 건전하고 문화적인 도시생활을 확보하고 공공의 복리를 증진시키는 데에 이바지함을 목적으로 한다.
[전문개정 2011.9.16.]

제2조(정의) 이 법에서 사용하는 용어의 뜻은 다음과 같다. <개정 2011.4.14., 2013.3.23., 2013.5.22.>
1. "공원녹지"란 쾌적한 도시환경을 조성하고 시민의 휴식과 정서 함양에 이바지하는 다음 각 목의 공간 또는 시설을 말한다.
  가. 도시공원, 녹지, 유원지, 공공공지(公共空地) 및 저수지
  나. 나무, 잔디, 꽃, 지피식물(地被植物) 등의 식생(이하 "식생"이라 한다)이 자라는 공간
  다. 그 밖에 국토교통부령으로 정하는 공간 또는 시설
2. "도시녹화"란 식생, 물, 토양 등 자연친화적인 환경이 부족한 도시지역(「국토의 계획 및 이용에 관한 법률」 제6조제1호에 따른 도시지역을 말하며, 같은 조 제2호에 따른 관리지역에 지정된 지구단위계획구역을 포함한다. 이하 같다)의 공간(「산림자원의 조성 및 관리에 관한 법률」 제2조제1호에 따른 산림은 제외한다)에 식생을 조성하는 것을 말한다.
3. "도시공원"이란 도시지역에서 도시자연경관을 보호하고 시민의 건강·휴양 및 정서생활을 향상시키는 데에 이바지하기 위하여 설치 또는 지정된 다음 각 목의 것을 말한다. 다만, 제3조, 제14조, 제15조, 제16조, 제16조의2, 제17조, 제19조부터 제21조까지, 제21조의2, 제22조부터 제25조까지, 제39조, 제40조, 제42조, 제46조, 제48조의2, 제52조 및 제52조의2에서는 나목에 따른 도시자연공원구역을 제외한다.
  가. 「국토의 계획 및 이용에 관한 법률」 제2조제6호나목에 따른 공원으로서 같은 법 제30조에 따라 도시·군관리계획으로 결정된 공원
  나. 「국토의 계획 및 이용에 관한 법률」 제38조의2에 따라 도시·군관리계획으로 결정된 도시자연공원구역(이하 "도시자연공원구역"이라 한다)
4. "공원시설"이란 도시공원의 효용을 다하기 위하여 설치하는 다음 각 목의 시설을 말한다.
  가. 도로 또는 광장
  나. 화단, 분수, 조각 등 조경시설
  다. 휴게소, 긴 의자 등 휴양시설
  라. 그네, 미끄럼틀 등 유희시설
  마. 테니스장, 수영장, 궁도장 등 운동시설
  바. 식물원, 동물원, 수족관, 박물관, 야외음악당 등 교양시설
  사. 주차장, 매점, 화장실 등 이용자를 위한 편익시설
  아. 관리사무소, 출입문, 울타리, 담장 등 공원관리시설
  자. 실습장, 체험장, 학습장, 농자재 보관창고 등 도시농업(「도시농업의 육성 및 지원에 관한 법률」 제2조제1호에 따른 도시농업을 말한다. 이하 같다)을 위한 시설
  차. 그 밖에 도시공원의 효용을 다하기 위한 시설로서 국토교통부령으로 정하는 시설
5. "녹지"란 「국토의 계획 및 이용에 관한 법률」 제2조제6호나목에 따른 녹지로서 도시지역에서 자연환경을 보전하거나 개선하고, 공해나 재해를 방지함으로써 도시경관의 향상을 도모하기 위하여 같은 법 제30조에 따른 도시·군관리계획으로 결정된 것을 말한다.

[전문개정 2011.9.16.]

제3조(시범사업) ① 국토교통부장관은 공원녹지를 확충하고 그 수준을 높이기 위하여 필요한 경우에는 직권으로 또는 관계 중앙행정기관의 장, 특별시장·광역시장·특별자치시장·도지사·특별자치도지사(이하 "시·도지사"라 한다)의 요청에 의하여 도시공원 또는

녹지의 조성사업 및 도시녹화사업을 시범사업으로 지정하여 필요한 지원을 할 수 있다. <개정 2013.3.23.>
② 국토교통부장관은 관계 중앙행정기관의 장 또는 시·도지사에게 제1항에 따른 시범사업의 지정에 필요한 자료의 제출을 요청할 수 있다. <개정 2013.3.23.>
③ 제1항에 따른 시범사업의 지정기준, 지정절차, 지원내용 등에 관하여 필요한 사항은 대통령령으로 정한다.
[전문개정 2011.9.16.]

제4조(정책 수립을 위한 조사) 국토교통부장관은 공원녹지의 확충에 관한 정책을 수립하기 위하여 필요한 경우에는 특별시장·광역시장·특별자치시장·특별자치도지사·시장 또는 군수(광역시의 관할구역에 있는 군의 군수는 제외한다. 이하 같다)에게 다음 각 호의 어느 하나에 해당하는 자료의 제출을 요구할 수 있다. <개정 2013.3.23.>
1. 공원녹지의 환경 및 배치의 적정 여부
2. 공원녹지의 보전 및 이용 정도
3. 공원녹지에 관한 통계
4. 그 밖에 공원녹지의 현황에 관한 사항으로서 대통령령으로 정하는 사항

[전문개정 2011.9.16.]

제2장 공원녹지기본계획

제5조(공원녹지기본계획의 수립권자 등) ① 특별시장·광역시장·특별자치시장·특별자치도지사 또는 대통령령으로 정하는 시의 시장(이하 "공원녹지기본계획 수립권자"라 한다)은 10년을 단위로 하여 관할구역의 도시지역에 대하여 공원녹지의 확충·관리·이용 방향을 종합적으로 제시하는 기본계획(이하 "공원녹지기본계획"이라 한다)을 수립하여야 한다.
② 공원녹지기본계획 수립권자는 지역 여건상 필요하다고 인정하는 경우에는 인접한 특별시·광역시·특별자치시·특별자치도·시 또는 군(광역시의 관할구역에 있는 군은 제외한다. 이하 같다)의 관할구역의 일부를 포함하여 공원녹지기본계획을 수립할 수 있다. 이 경우 미리 해당 특별시장·광역시장·특별자치시장·특별자치도지사·시장 또는 군수와 협의하여야 한다.
③ 공원녹지기본계획 수립권자는 제1항에도 불구하고 다음 각 호의 어느 하나에 해당하는 경우에는 공원녹지기본계획을 수립하지 아니할 수 있다. <개정 2011.4.14.>
1. 제6조제1항 각 호의 사항이 도시·군기본계획(「국토의 계획 및 이용에 관한 법률」 제2조제3호에 따른 도시·군기본계획을 말한다. 이하 같다)에 포함되어 있어 별도의 공원녹지기본계획을 수립할 필요가 없다고 인정하는 경우
2. 「개발제한구역의 지정 및 관리에 관한 특별조치법」 제4조제4항의 훼손지 복구계획에 따라 도시공원을 설치하는 경우
3. 10만제곱미터 이하 규모의 도시공원을 새로 조성하는 경우

[전문개정 2011.9.16.]

제6조(공원녹지기본계획의 내용 등) ① 공원녹지기본계획에는 다음 각 호의 사항이 포함되어야 한다.
1. 지역적 특성 및 계획의 방향·목표에 관한 사항
2. 인구, 산업, 경제, 공간구조, 토지이용 등의 변화에 따른 공원녹지의 여건 변화에 관한 사항
3. 공원녹지의 종합적 배치에 관한 사항
4. 공원녹지의 축(軸)과 망(網)에 관한 사항
5. 공원녹지의 수요 및 공급에 관한 사항
6. 공원녹지의 보전·관리·이용에 관한 사항
7. 도시녹화에 관한 사항
8. 그 밖에 공원녹지의 확충·관리·이용에 필요한 사항으로서 대통령령으로 정하는 사항

② 공원녹지기본계획은 도시·군기본계획에 부합되어야 하며, 공원녹지기본계획의 내용이 도시·군기본계획의 내용과 다른 경우에는 도시·군기본계획의 내용이 우선한다. <개정 2011.4.14.>
③ 공원녹지기본계획의 수립기준 등은 대통령령으로 정하는 바에 따라 국토교통부장관이 정한다. <개정 2013.3.23.>
[전문개정 2011.9.16.]

제7조(공원녹지기본계획의 수립을 위한 기초조사) ① 공원녹지기본계획 수립권자는 공원녹지기본계획을 수립하거나 변경하려면 미리 인구, 경제, 사회, 문화, 토지이용, 공원녹지, 환경, 기후, 그 밖에 대통령령으로 정하는 사항 중 해당 공원녹지기본계획의 수립 또는

변경에 필요한 사항을 대통령령으로 정하는 바에 따라 조사하거나 측량하여야 한다.
② 공원녹지기본계획 수립권자는 관계 행정기관의 장에게 제1항에 따른 조사 또는 측량에 필요한 자료의 제출을 요청할 수 있다. 이 경우 요청을 받은 관계 행정기관의 장은 특별한 사유가 없으면 이에 따라야 한다.
③ 공원녹지기본계획 수립권자는 효율적인 조사 또는 측량을 위하여 필요한 경우에는 제1항이나 제2항에 따른 조사 또는 측량을 전문기관에 의뢰할 수 있다.
[전문개정 2011.9.16.]

제8조(공청회 및 지방의회의 의견청취 등) ① 공원녹지기본계획 수립권자는 공원녹지기본계획을 수립하거나 변경하려면 미리 공청회를 열어 주민과 관계 전문가 등으로부터 의견을 들어야 한다.
② 공원녹지기본계획 수립권자는 공원녹지기본계획을 수립하거나 변경하기 전에 제50조에 따른 도시공원위원회(이하 "도시공원위원회"라 한다)에 자문할 수 있다.
③ 공원녹지기본계획 수립권자는 공원녹지기본계획을 수립하거나 변경하려면 미리 지방의회의 의견청취 절차를 거쳐야 한다. 이 경우 지방의회는 특별한 사유가 없으면 30일 이내에 의견을 제시하여야 한다.
④ 공원녹지기본계획 수립권자는 제1항부터 제3항까지의 규정에 따른 공청회, 도시공원위원회에의 자문, 지방의회의 의견청취 과정에서 제시된 의견이나 조언의 내용이 타당하다고 인정하는 경우에는 이를 공원녹지기본계획에 반영하여야 한다.
[전문개정 2011.9.16.]

제9조(공원녹지기본계획의 수립 등) ① 특별시장·광역시장·특별자치시장 또는 특별자치도지사가 공원녹지기본계획을 수립하려는 경우에는 관계 행정기관의 장과 협의한 후 「국토의 계획 및 이용에 관한 법률」 제113조에 따른 지방도시계획위원회(이하 "지방도시계획위원회"라 한다)의 심의를 거쳐야 한다.
② 제5조제1항의 대통령령으로 정하는 시의 시장이 공원녹지기본계획을 수립하거나 변경하려면 대통령령으로 정하는 바에 따라 도지사의 승인을 받아야 한다. 이 경우 도지사는 공원녹지기본계획을 승인하려면 관계 행정기관의 장과 협의한 후 지방도시계획위원회의 심의를 거쳐야 한다.
③ 제1항이나 제2항에 따라 협의의 요청을 받은 관계 행정기관의 장은 특별한 사유가 없으면 그 요청을 받은 날부터 30일 이내에 시·도지사에게 의견을 제시하여야 한다.
④ 시·도지사는 공원녹지기본계획을 수립하거나 승인하였을 때에는 관계 행정기관의 장(도지사의 경우에는 제2항에 따른 시장을 포함한다)에게 관계 서류를 송부하여야 한다.
⑤ 공원녹지기본계획 수립권자는 대통령령으로 정하는 바에 따라 공원녹지기본계획의 내용을 공고하고 일반인이 열람할 수 있도록 하여야 한다.
[전문개정 2011.9.16.]

제10조(공원녹지기본계획의 효력 및 정비) ① 도시·군관리계획(「국토의 계획 및 이용에 관한 법률」 제2조제4호에 따른 도시·군관리계획을 말한다. 이하 같다) 중 도시공원 및 녹지에 관한 도시·군관리계획은 공원녹지기본계획에 부합되어야 한다. <개정 2011.4.14.>
② 공원녹지기본계획 수립권자는 5년마다 관할구역의 공원녹지기본계획에 대하여 그 타당성을 전반적으로 재검토하여 이를 정비하여야 한다.
[전문개정 2011.9.16.]

제3장 도시녹화 및 도시공원·녹지의 확충

제11조(도시녹화계획) ① 공원녹지기본계획 수립권자는 공원녹지기본계획에 따라 그가 관할하는 도시지역의 일부에 대하여 도시녹화에 관한 계획(이하 "도시녹화계획"이라 한다)을 수립하여야 한다.
② 도시녹화계획에는 「산림기본법」 제18조에 따라 도시지역의 녹지를 체계적으로 관리하기 위하여 수립된 시책이 반영되어야 한다.
③ 공원녹지기본계획 수립권자는 제1항에 따라 도시녹화계획을 수립할 때에는 해당 도시공원위원회(도시공원위원회를 설치하지 아니한 경우에는 지방도시계획위원회를 말한다. 이하 제16조제4항과 제19조제5항에서 같다)의 심의를 거쳐야 한다.
④ 도시녹화계획의 수립기준과 그 밖에 필요한 사항은 대통령령으로 정하는 바에 따라

특별시·광역시·특별자치시·특별자치도 또는 시의 조례로 정한다.
[전문개정 2011.9.16.]

제12조(녹지활용계약) ① 특별시장·광역시장·특별자치시장·특별자치도지사·시장 또는 군수는 도시민이 이용할 수 있는 공원녹지를 확충하기 위하여 필요한 경우에는 도시지역의 식생 또는 임상(林床)이 양호한 토지의 소유자와 그 토지를 일반 도시민에게 제공하는 것을 조건으로 해당 토지의 식생 또는 임상의 유지·보존 및 이용에 필요한 지원을 하는 것을 내용으로 하는 계약(이하 "녹지활용계약"이라 한다)을 체결할 수 있다.
② 특별시장·광역시장·특별자치시장·특별자치도지사·시장 또는 군수는 제1항에 따라 녹지활용계약을 체결한 토지에 대하여 녹지활용계약이 체결된 지역임을 알리는 안내표지를 설치하여야 한다.
③ 녹지활용계약의 체결 등에 필요한 사항은 대통령령으로 정하는 바에 따라 특별시·광역시·특별자치시·특별자치도·시 또는 군의 조례로 정한다.
[전문개정 2011.9.16.]

제13조(녹화계약) ① 특별시장·광역시장·특별자치시장·특별자치도지사·시장 또는 군수는 도시녹화를 위하여 필요한 경우에는 도시지역의 일정 지역의 토지 소유자 또는 거주자와 다음 각 호의 어느 하나에 해당하는 조치를 하는 것을 조건으로 묘목의 제공 등 그 조치에 필요한 지원을 하는 것을 내용으로 하는 계약(이하 "녹화계약"이라 한다)을 체결할 수 있다.
1. 수림대(樹林帶) 등의 보호
2. 해당 지역의 면적 대비 식생 비율의 증가
3. 해당 지역을 대표하는 식생의 증대
② 녹화계약의 체결 등에 필요한 사항은 대통령령으로 정하는 바에 따라 특별시·광역시·특별자치시·특별자치도·시 또는 군의 조례로 정한다.
[전문개정 2011.9.16.]

제14조(도시공원 또는 녹지의 확보) ① 특별시장·광역시장·특별자치시장·특별자치도지사·시장 또는 군수는 쾌적한 도시환경을 조성하기 위하여 국토교통부령으로 정하는 도시공원 또는 녹지의 확보기준에 따라 도시공원 또는 녹지를 확보하도록 노력하여야 한다. <개정 2013.3.23.>
② 다음 각 호의 계획(이하 "개발계획"이라 한다)으로서 대통령령으로 정하는 규모 이상의 개발을 수반하는 개발계획을 수립하는 자는 국토교통부령으로 정하는 기준에 따라 도시공원 또는 녹지의 확보계획을 개발계획에 포함하여야 한다. <개정 2013.3.23., 2016.1.19.>
1. 「도시개발법」 제4조에 따른 개발계획
2. 「주택법」 제15조에 따른 주택건설사업계획 또는 대지조성사업계획
3. 「도시 및 주거환경정비법」 제4조에 따른 정비계획
4. 「산업입지 및 개발에 관한 법률」 제2조제9호에 따른 산업단지개발사업의 시행을 위한 개발계획
5. 「택지개발촉진법」 제8조에 따른 택지개발계획
6. 「유통산업발전법」 제29조에 따른 공동집배송센터의 사업계획
7. 「지역균형개발 및 지방중소기업 육성에 관한 법률」 제38조의3에 따른 지역종합개발계획
8. 다른 법률에 따라 제1호부터 제7호까지의 개발계획을 수립하거나 그 승인을 받은 것으로 보는 사업 중 주거·상업·공업을 목적으로 단지를 조성하는 사업의 개발계획
9. 그 밖의 개발계획으로서 다른 법률에 따라 주거·상업 또는 공업을 목적으로 단지를 조성하는 사업의 개발계획
③ 제2항에 따라 개발계획에 포함되는 도시공원 또는 녹지는 해당 개발사업의 시행자가 자기의 부담으로 조성한다.
[전문개정 2011.9.16.]

제14조(도시공원 또는 녹지의 확보) ① 특별시장·광역시장·특별자치시장·특별자치도지사·시장 또는 군수는 쾌적한 도시환경을 조성하기 위하여 국토교통부령으로 정하는 도시공원 또는 녹지의 확보기준에 따라 도시공원 또는 녹지를 확보하도록 노력하여야 한다. <개정 2013.3.23.>
② 다음 각 호의 계획(이하 "개발계획"이라 한다)으로서 대통령령으로 정하는 규모 이상의 개발을 수반하는 개발계획을 수립하는 자는 국토교통부령으로 정하는 기준에 따라 도시공원 또는 녹지의 확보계획을 개발계획에 포함하여야 한다. <개정 2013.3.23., 2016.1.19., 2017.2.8.>

1. 「도시개발법」 제4조에 따른 개발계획
2. 「주택법」 제15조에 따른 주택건설사업계획 또는 대지조성사업계획
3. 「도시 및 주거환경정비법」 제9조에 따른 정비계획
4. 「산업입지 및 개발에 관한 법률」 제2조제9호에 따른 산업단지개발사업의 시행을 위한 개발계획
5. 「택지개발촉진법」 제8조에 따른 택지개발계획
6. 「유통산업발전법」 제29조에 따른 공동집배송센터의 사업계획
7. 「지역균형개발 및 지방중소기업 육성에 관한 법률」 제38조의3에 따른 지역종합개발계획
8. 다른 법률에 따라 제1호부터 제7호까지의 개발계획을 수립하거나 그 승인을 받은 것으로 보는 사업 중 주거·상업·공업을 목적으로 단지를 조성하는 사업의 개발계획
9. 그 밖의 개발계획으로서 다른 법률에 따라 주거·상업 또는 공업을 목적으로 단지를 조성하는 사업의 개발계획

③ 제2항에 따라 개발계획에 포함되는 도시공원 또는 녹지는 해당 개발사업의 시행자가 자기의 부담으로 조성한다.
[전문개정 2011.9.16.]
[시행일 : 2018.2.9.] 제14조

제4장 도시공원의 설치 및 관리

제14조의2(자연적 녹지의 보전을 위한 조치) ① 특별시장·광역시장·특별자치시장·특별자치도지사·시장 또는 군수는 녹지가 아닌 토지로서 녹지에 준하는 기능을 하는 임야 또는 농지(이하 이 조에서 "자연적 녹지"라 한다)의 보전 및 회복을 위하여 그 자연적 녹지에 건축물 또는 공작물이 설치되어 있는 경우에는 그 건축물 또는 공작물을 매수하여 철거하거나 그 밖에 필요한 조치를 할 수 있다.

② 특별시장·광역시장·특별자치시장·특별자치도지사·시장 또는 군수는 관계 법률에 따른 개발행위를 허가할 때에 개발행위의 허가를 신청한 토지가 다음 각 호의 어느 하나에 해당된다고 인정하는 경우에는 자연적 녹지의 기능을 유지하기 위하여 허가하지 아니할 수 있다.

1. 「개발제한구역의 지정 및 관리에 관한 특별조치법」 제4조제4항에 따른 개발제한구역 훼손지 복구사업 지역에서 임상이 양호한 자연적 녹지로서 그 상태로 유지할 필요가 있는 토지
2. 특별시장·광역시장·특별자치시장·특별자치도지사·시장 또는 군수가 도시의 자연환경을 보전하기 위하여 관리가 필요하다고 인정하는 자연적 녹지

[전문개정 2011.9.16.]

제15조(도시공원의 세분 및 규모) ① 도시공원은 그 기능 및 주제에 따라 다음 각 호와 같이 세분한다. <개정 2012.12.18., 2013.5.22., 2016.3.22.>

1. 국가도시공원: 제19조에 따라 설치·관리하는 도시공원 중 국가가 지정하는 공원
2. 생활권공원: 도시생활권의 기반이 되는 공원의 성격으로 설치·관리하는 공원으로서 다음 각 목의 공원
   가. 소공원: 소규모 토지를 이용하여 도시민의 휴식 및 정서 함양을 도모하기 위하여 설치하는 공원
   나. 어린이공원: 어린이의 보건 및 정서생활의 향상에 이바지하기 위하여 설치하는 공원
   다. 근린공원: 근린거주자 또는 근린생활권으로 구성된 지역생활권 거주자의 보건·휴양 및 정서생활의 향상에 이바지하기 위하여 설치하는 공원
3. 주제공원: 생활권공원 외에 다양한 목적으로 설치하는 다음 각 목의 공원
   가. 역사공원: 도시의 역사적 장소나 시설물, 유적·유물 등을 활용하여 도시민의 휴식·교육을 목적으로 설치하는 공원
   나. 문화공원: 도시의 각종 문화적 특징을 활용하여 도시민의 휴식·교육을 목적으로 설치하는 공원
   다. 수변공원: 도시의 하천가·호숫가 등 수변공간을 활용하여 도시민의 여가·휴식을 목적으로 설치하는 공원
   라. 묘지공원: 묘지 이용자에게 휴식 등을 제공하기 위하여 일정한 구역에 「장사 등에 관한 법률」 제2조제7호에 따른 묘지와 공원시설을 혼합하여 설치하는 공원
   마. 체육공원: 주로 운동경기나 야외활동 등 체육활동을 통하여 건전한 신체와 정신을 배양함을 목적으로 설치하는 공원

바. 도시농업공원: 도시민의 정서순화 및 공동체의식 함양을 위하여 도시농업을 주된 목적으로 설치하는 공원

사. 그 밖에 특별시·광역시·특별자치시·도·특별자치도(이하 "시·도"라 한다) 또는 「지방자치법」 제175조에 따른 서울특별시·광역시 및 특별자치시를 제외한 인구 50만 이상 대도시의 조례로 정하는 공원

② 제1항 각 호의 공원이 갖추어야 하는 규모는 국토교통부령으로 정한다. <개정 2013.3.23.>

[전문개정 2011.9.16.]

第16조(공원조성계획의 입안) ① 도시공원의 설치에 관한 도시·군관리계획이 결정되었을 때에는 그 도시공원이 위치한 행정구역을 관할하는 특별시장·광역시장·특별자치시장·특별자치도지사·시장 또는 군수는 그 도시공원의 조성계획(이하 "공원조성계획"이라 한다)을 입안하여야 한다. <개정 2011.4.14.>

② 국토교통부장관은 제5조제3항제2호에 따라 도시공원을 설치하는 등 국가의 정책목적 달성을 위하여 도시공원을 설치할 필요가 있는 경우에는 특별시장·광역시장·특별자치시장·특별자치도지사·시장 또는 군수에게 공원조성계획의 입안 등 필요한 조치를 하도록 요청할 수 있으며, 요청을 받은 특별시장·광역시장·특별자치시장·특별자치도지사·시장 또는 군수는 특별한 사유가 없으면 지체 없이 이에 따라야 한다. <개정 2013.3.23.>

③ 특별시장·광역시장·특별자치시장·특별자치도지사·시장 또는 군수가 아닌 자(이하 "민간공원추진자"라 한다)는 도시공원의 설치에 관한 도시·군관리계획이 결정된 도시공원에 대하여 자기의 비용과 책임으로 그 공원을 조성하는 내용의 공원조성계획을 입안하여 줄 것을 특별시장·광역시장·특별자치시장·특별자치도지사·시장 또는 군수에게 제안할 수 있다. <개정 2011.4.14.>

④ 제3항에 따라 공원조성계획의 입안을 제안받은 특별시장·광역시장·특별자치시장·특별자치도지사·시장 또는 군수는 그 제안의 수용 여부를 해당 지방자치단체에 설치된 도시공원위원회의 자문을 거쳐 대통령령으로 정하는 기간 내에 제안자에게 통보하여야 하며, 그 제안 내용을 수용하기로 한 경우에는 이를 공원조성계획의 입안에 반영하여야 한다.

⑤ 특별시장·광역시장·특별자치시장·특별자치도지사·시장 또는 군수는 공원조성계획을 신속히 입안할 필요가 있는 경우에는 공원녹지기본계획의 수립 또는 도시공원의 결정에 관한 도시·군관리계획의 입안과 함께 공원조성계획 수립을 위한 도시·군관리계획을 입안할 수 있다. 이 경우 해당 계획의 수립·승인·결정을 위한 다음 각 호의 심의는 대통령령으로 정하는 바에 따라 제50조제1항에 따른 시·도도시공원위원회와 「국토의 계획 및 이용에 관한 법률」 제113조제1항에 따른 시·도도시계획위원회의 공동 심의로 갈음할 수 있다. <개정 2011.4.14., 2016.5.29.>

1. 제9조제1항 또는 제2항에 따른 지방도시계획위원회의 심의
2. 제16조의2제1항 후단에 따른 시·도도시계획위원회 또는 시·도도시공원위원회의 심의
3. 「국토의 계획 및 이용에 관한 법률」 제30조제3항에 따른 시·도도시계획위원회의 심의

[전문개정 2011.9.16.]

▶ 판례 – 甲이 구 도시공원법상 도시계획시설인 공원 부지에 포함되어 있던 처와 자녀들 소유 토지에 골프연습장을 설치할 수 있도록 공원조성계획을 변경하여 달라는 내용의 변경입안제안을 하자 관할 시장이 반려하였고, 그 후 도시관리계획 변경결정에 따라 공원 전부를 도시자연공원으로 하던 도시계획시설 결정이 폐지되고 구 도시공원 및 녹지 등에 관한 법률에 따라 위 토지가 도시자연공원구역으로 변경·지정되었는데, 甲이 변경입안제안 반려처분의 취소를 구한 사안에서, 소의 이익이 없다고 한 사례

甲이 구 도시공원법(2005. 3. 31. 법률 제7476호 도시공원 및 녹지 등에 관한 법률로 전부 개정되기 전의 것)상 도시계획시설인 공원 부지에 포함되어 있던 처와 자녀들 소유 토지(이하 '제안지' 라 한다)에 골프연습장을 설치할 수 있도록 공원조성계획을 변경하여 달라는 내용의 변경입안제안을 하자 관할 시장이 반려하였고, 그 후 도시관리계획 변경결정에 따라 공원 전부를 도시자연공원으로 하던 도시계획시설 결정이 폐지되고 구 도시공원 및 녹지 등에 관한 법률(2012. 12. 18. 법률 제11581호로 개정되기 전의 것)에 따라 제안지가 도시자연공원구역으로 변경·지정되었는데, 甲이 변경입안제안 반려처분의 취소를 구한 사안에서, 제안지는 더 이상 공원조성계획의 대상이 되는 도시계획시설인 공원이 아니게 되었

고, 제안지에 관한 공원조성계획 역시 폐지되어 존재하지 않게 되었으므로, 반려처분의 취소를 구하는 것은 더 이상 존재하지 않는 공원조성계획의 변경을 구하는 입안제안을 받아들이지 않은 처분의 위법성을 다투는 것에 불과하여 소의 이익이 없다고 한 사례. [대법원 2015.12.10, 선고, 2013두14221, 판결]

제16조의2(공원조성계획의 결정) ① 공원조성계획은 도시·군관리계획으로 결정하여야 한다. 이 경우 「국토의 계획 및 이용에 관한 법률」 제28조제5항에 따른 지방의회의 의견청취와 같은 법 제30조제1항에 따른 관계 행정기관의 장과의 협의를 생략할 수 있으며, 같은 법 제30조제3항에 따른 시·도도시계획위원회의 심의는 제50조제1항에 따른 시·도도시공원위원회가 설치된 경우 시·도도시공원위원회의 심의로 갈음한다. <개정 2011.4.14.>

② 공원조성계획을 변경하는 경우에는 제1항을 준용한다. 다만, 공원조성계획의 변경에 관하여 주민의 의견을 청취하려면 공보(公報)와 해당 특별시·광역시·특별자치시·특별자치도·시 또는 군의 인터넷 홈페이지 등에 공고하고, 14일 이상 일반인이 열람할 수 있도록 하여야 한다.

③ 제2항에 따른 공원조성계획의 변경 내용이 해당 공원의 주제 또는 특색에 변화를 가져오지 아니하고 다음 각 호에 해당하는 경우에는 제1항에 따른 시·도도시공원위원회의 심의(시·도도시공원위원회를 설치하지 아니한 경우에는 「국토의 계획 및 이용에 관한 법률」 제30조제3항에 따른 시·도도시계획위원회의 심의를 말한다)와 「국토의 계획 및 이용에 관한 법률」 제28조제1항에 따른 주민 의견 청취절차를 생략할 수 있다.

1. 공원시설 부지면적의 10퍼센트 미만의 범위에서의 변경(공원시설 부지 중 변경되는 부분의 면적의 규모가 3만제곱미터 이하인 경우만 해당한다)
2. 소규모 공원시설의 설치 등 경미한 변경에 해당하는 행위로서 대통령령으로 정하는 사항

④ 공원조성계획의 수립기준과 그 밖에 필요한 사항은 국토교통부령으로 정한다. <개정 2013.3.23.>

[전문개정 2011.9.16.]

제17조(도시공원 결정의 실효) ① 도시공원의 설치에 관한 도시·군관리계획결정은 그 고시일부터 10년이 되는 날까지 공원조성계획의 고시가 없는 경우에는 「국토의 계획 및 이용에 관한 법률」 제48조에도 불구하고 그 10년이 되는 날의 다음 날에 그 효력을 상실한다. <개정 2011.4.14.>

② 시·도지사는 제1항에 따라 도시·군관리계획결정의 효력이 상실되었을 때에는 대통령령으로 정하는 바에 따라 지체 없이 그 사실을 고시하여야 한다. <개정 2011.4.14.>

[전문개정 2011.9.16.]

제18조(공원조성계획의 정비) ① 특별시장·광역시장·특별자치시장·특별자치도지사·시장 또는 군수는 공원조성계획이 결정·고시된 후 주변의 토지이용이 현저하게 변화되거나 대통령령으로 정하는 요건에 따른 주민 요청이 있을 때에는 공원조성계획의 타당성을 전반적으로 재검토하여 필요한 경우 이를 정비하여야 한다.

② 제1항에 따라 공원조성계획의 정비를 요청할 수 있는 주민의 요건은 해당 공원을 주로 이용할 것으로 예상되는 주민의 범위, 공원의 규모 등을 고려하여 제15조에 따른 공원별로 달리 정할 수 있다.

[전문개정 2011.9.16.]

제19조(도시공원의 설치 및 관리) ① 도시공원은 특별시장·광역시장·특별자치시장·특별자치도지사·시장 또는 군수가 공원조성계획에 따라 설치·관리한다.

② 둘 이상의 행정구역에 걸쳐 있는 도시공원의 관리자 및 그 관리방법은 관계 특별시장·광역시장·특별자치시장·특별자치도지사·시장 또는 군수가 협의하여 정한다.

③ 제2항에 따른 협의가 성립되지 아니한 경우에 해당 도시공원이 같은 도의 관할구역에 속할 때에는 관할 도지사에게, 둘 이상의 시·도의 관할구역에 걸쳐 있을 때에는 국토교통부장관에게 공동으로 재정(裁定)을 신청할 수 있다. <개정 2013.3.23.>

④ 제3항에 따른 재정신청에 대하여 국토교통부장관의 재정이 있은 때에는 제2항에 따른 협의가 성립된 것으로 본다. <개정 2013.3.23.>

⑤ 제1항에도 불구하고 다음 각 호의 어느 하나에 해당하는 경우에는 공원조성계획을 수립하거나 변경하기 전이라도 해당 도시공원위원

회의 심의를 거쳐 공원시설을 설치할 수 있다. <개정 2013.3.23.>

1. 「교통약자의 이동편의 증진법」에 따른 교통약자이동편의증진계획에 따라 이동편의시설을 설치하거나 개선하려는 경우
2. 기존 공원시설 부지에서 공원시설을 변경하는 경우(골프장 등 국토교통부령으로 정하는 시설로 변경하는 경우는 제외한다)
3. 그 밖에 특별시장·광역시장·특별자치시장·특별자치도지사·시장 또는 군수가 해당 공원의 관리를 위하여 긴급하게 공원시설을 설치하여야 할 필요성이 있다고 인정하는 경우

⑥ 특별시장·광역시장·특별자치시장·특별자치도지사·시장 또는 군수는 제5항에 따라 공원시설을 설치하였을 때에는 빠른 시일 내에 공원조성계획을 변경하여 그 내용을 반영하여야 한다.

⑦ 제1항에 따른 도시공원의 설치기준, 관리기준 및 안전기준은 국토교통부령으로 정한다. <개정 2013.3.23.>

[전문개정 2011.9.16.]

제19조의2(폐쇄회로 텔레비전 등의 설치·관리) 제19조제1항 및 제2항에 따라 도시공원을 관리하는 특별시장·광역시장·특별자치시장·특별자치도지사·시장 또는 군수(이하 "공원관리청"이라 한다)는 대통령령으로 정하는 바에 따라 범죄 또는 안전사고 발생 우려가 있는 도시공원 내 주요 지점에 폐쇄회로 텔레비전과 비상벨 등을 설치·관리하여야 한다.

[본조신설 2017.4.18.]

제20조(도시공원 및 공원시설 관리의 위탁) ① 공원관리청은 도시공원 또는 공원시설의 관리를 공원관리청이 아닌 자에게 위탁할 수 있다. <개정 2017.4.18.>

② 공원관리청은 제1항에 따라 도시공원 또는 공원시설의 관리를 위탁하였을 때에는 그 내용을 공고하여야 한다.

③ 제1항에 따라 도시공원 또는 공원시설을 위탁받아 관리하는 자(이하 "공원수탁관리자"라 한다)는 대통령령으로 정하는 바에 따라 공원관리청의 업무를 대행할 수 있다.

④ 제1항에 따라 도시공원 또는 공원시설의 관리를 위탁하는 경우 위탁의 방법·기준 및 수탁자의 선정 기준 등 필요한 사항은 그 공원관리청이 속하는 지방자치단체의 조례로 따로 정할 수 있다. <신설 2015.1.20.>

[전문개정 2011.9.16.]

제21조(민간공원추진자의 도시공원 및 공원시설의 설치·관리) ① 민간공원추진자는 대통령령으로 정하는 바에 따라 「국토의 계획 및 이용에 관한 법률」 제86조제5항에 따른 도시·군계획시설사업 시행자의 지정과 같은 법 제88조제2항에 따른 실시계획의 인가를 받아 도시공원 또는 공원시설을 설치·관리할 수 있다. <개정 2011.4.14.>

② 제1항에 따라 도시공원 또는 공원시설을 관리하는 자는 대통령령으로 정하는 바에 따라 공원관리청의 업무를 대행할 수 있다.

③ 제1항에 따라 설치한 도시공원 또는 공원시설에 대하여는 「국토의 계획 및 이용에 관한 법률」 제99조에 따라 준용되는 같은 법 제65조를 적용하지 아니한다.

④ 민간공원추진자가 제21조의2제6항에 따라 특별시장·광역시장·특별자치시장·특별자치도지사·시장 또는 군수와 공동으로 도시공원의 조성사업을 시행하는 경우로서 민간공원추진자가 해당 도시공원 부지(지장물을 포함한다. 이하 제21조의2제6항에서 같다) 매입비의 5분의 4 이상을 현금으로 예치한 경우에는 「국토의 계획 및 이용에 관한 법률」 제86조제7항에 따른 도시·군계획시설사업 시행자의 지정요건을 갖춘 것으로 본다. 다만, 해당 부지의 일부를 소유하고 있는 경우에는 그 토지가격에 해당하는 금액을 제외한 나머지 금액을 현금으로 예치할 수 있다. <신설 2012.12.18., 2015.1.20.>

[전문개정 2011.9.16.]

제21조의2(도시공원 부지에서의 개발행위 등에 관한 특례) ① 민간공원추진자가 제21조제1항에 따라 설치하는 도시공원을 공원관리청에 기부채납(공원면적의 70퍼센트 이상 기부채납하는 경우를 말한다)하는 경우로서 다음 각 호의 기준을 모두 충족하는 경우에는 기부채납하고 남은 부지 또는 지하에 공원시설이 아닌 시설(녹지지역·주거지역·상업지역에서 설치가 허용되는 시설을 말하며, 이하 "비공원시설"이라 한다)을 설치할 수 있다. <개정 2015.1.20.>

1. 도시공원 전체 면적이 5만제곱미터 이상일 것
2. 해당 공원의 본질적 기능과 전체적 경관이 훼손되지 아니할 것
3. 비공원시설의 종류 및 규모는 해당 지방

도시계획위원회의 심의를 거친 건축물 또는 공작물(도시공원 부지의 지하에 설치하는 경우에는 해당 용도지역에서 설치가 가능한 건축물 또는 공작물로 한정한다)일 것
4. 그 밖에 특별시·광역시·특별자치시·특별자치도·시 또는 군의 조례로 정하는 기준에 적합할 것

② 공원관리청은 도시공원의 조성사업과 관련하여 필요한 경우에는 민간공원추진자와 협의하여 기부채납하는 도시공원 부지 면적의 10퍼센트에 해당하는 가액(개별공시지가로 산정한 가액을 말한다)의 범위에서 해당 도시공원 조성사업과 직접적으로 관련되는 진입도로, 육교 등의 시설을 도시공원 외의 지역에 설치하게 할 수 있다. <신설 2015.1.20.>

③ 제2항에 따라 민간공원추진자가 시설을 설치하는 경우에는 공원관리청은 그 설치비용에 해당하는 도시공원 부지 면적을 기부채납하는 도시공원 부지 면적에서 조정하여야 한다. <신설 2015.1.20.>

④ 공원관리청은 민간공원추진자에게 도시공원 조성사업과 직접적으로 관련 없는 시설의 설치를 요구하여서는 아니 된다. <신설 2015.1.20.>

⑤ 제1항에 따라 도시공원 부지의 지하에 비공원시설을 설치하려면 구분지상권(區分地上權)이 설정되어야 한다. <개정 2015.1.20.>

⑥ 민간공원추진자는 제1항에 따른 도시공원의 조성사업을 제12항의 협약으로 정하는 바에 따라 특별시장·광역시장·특별자치시장·특별자치도지사·시장 또는 군수와 공동으로 시행할 수 있다. 이 경우 도시공원 부지의 매입에 소요되는 비용은 민간공원추진자가 부담하여야 한다. <개정 2015.1.20.>

⑦ 제6항 후단에 따라 도시공원 부지를 매입하는 경우에 민간공원추진자는 제21조제4항에 따른 예치금을 활용할 수 있다. <신설 2015.1.20.>

⑧ 민간공원추진자가 제21조제1항에 따라 설치하는 도시공원을 공원관리청에 기부채납하는 경우에는 「사회기반시설에 대한 민간투자법」 제21조에 따라 부대사업을 시행할 수 있다. <개정 2015.1.20.>

⑨ 「국토의 계획 및 이용에 관한 법률」 제29조제1항에도 불구하고 특별시장·광역시장·특별자치시장·특별자치도지사·시장 또는 군수는 제1항에 따른 도시공원 중 비공원시설의 부지에 대하여 필요하다고 인정하는 경우에는 해당 도시공원의 해제, 용도지역의 변경 등 도시·군관리계획을 변경결정할 수 있다. <개정 2011.4.14., 2015.1.20.>

⑩ 특별시장·광역시장·특별자치시장·특별자치도지사·시장 또는 군수는 도시공원의 이용에 지장이 없는 범위에서 그 도시공원 부지의 지하에 다른 도시·군계획시설(「국토의 계획 및 이용에 관한 법률」 제2조제7호에 따른 도시·군계획시설을 말한다)을 함께 결정할 수 있다. <개정 2011.4.14., 2015.1.20.>

⑪ 제1항에 따라 설치한 비공원시설 및 그 부지에 대하여는 제19조제5항, 제24조 및 「국토의 계획 및 이용에 관한 법률」 제99조에 따라 준용되는 같은 법 제65조를 적용하지 아니한다. <개정 2015.1.20.>

⑫ 민간공원추진자가 제1항에 따른 도시공원을 설치할 때에는 특별시장·광역시장·특별자치시장·특별자치도지사·시장 또는 군수와 다음 각 호 등의 사항에 대하여 협약을 체결하여야 한다. <개정 2015.1.20.>
1. 기부채납의 시기
2. 제6항에 따라 공동으로 시행하는 경우 인·허가, 토지매수 등 업무분담을 포함한 시행 방법
3. 비공원시설의 세부 종류 및 규모
4. 비공원시설을 설치할 부지의 위치

⑬ 국토교통부장관은 제12항의 협약에 관한 표준안을 제공하는 등 필요한 지원을 할 수 있다. <개정 2013.3.23., 2015.1.20.>
[전문개정 2011.9.16.]

제22조(도시공원 및 공원시설의 안전조치) 제19조부터 제21조까지에 따라 도시공원 또는 공원시설을 관리하는 자는 그 시설의 안전성을 확보하기 위하여 정기점검 등 필요한 조치를 하여야 한다.
[전문개정 2011.9.16.]

제23조(겸용 공작물의 관리) ① 도시공원 또는 공원시설과 하천·도로·상하수도·저류시설(貯留施設), 그 밖의 시설·공작물 등(이하 "다른 공작물"이라 한다)이 상호 겸용하는 경우에는 공원관리청과 다른 공작물의 관리자가 서로 협의하여 그 관리방법을 정할 수 있다. 다만, 다른 공작물의 관리자(행정청이 아닌 경우만 해당한다)가 도시공원을 관리하는 경우에는 도시공원 또는 공원시설의 유지·수선에 한정하여 관리를 할 수 있다.

② 공원관리청은 제1항에 따라 관리방법을 정한 경우에는 그 내용을 공고하여야 한다.

③ 제1항에 따라 도시공원 또는 공원시설을 관리하는 다른 공작물의 관리자는 대통령령으로 정하는 바에 따라 공원관리청의 권한을 대행할 수 있다.
④ 도시공원 또는 공원시설과 겸용하는 다른 공작물로서 대통령령으로 정하는 시설·공작물의 설치 및 관리에 관한 기준은 국토교통부령으로 정한다. <개정 2013.3.23.>
[전문개정 2011.9.16.]

제24조(도시공원의 점용허가) ① 도시공원에서 다음 각 호의 어느 하나에 해당하는 행위를 하려는 자는 대통령령으로 정하는 바에 따라 그 도시공원을 관리하는 특별시장·광역시장·특별자치시장·특별자치도지사·시장 또는 군수의 점용허가를 받아야 한다. 다만, 산림의 솎아베기 등 대통령령으로 정하는 경미한 행위의 경우에는 그러하지 아니하다.
1. 공원시설 외의 시설·건축물 또는 공작물을 설치하는 행위
2. 토지의 형질변경
3. 죽목(竹木)을 베거나 심는 행위
4. 흙과 돌의 채취
5. 물건을 쌓아놓는 행위

② 특별시장·광역시장·특별자치시장·특별자치도지사·시장 또는 군수는 제1항에 따른 허가신청을 받으면 다음 각 호의 요건을 모두 갖춘 경우에만 그 허가를 할 수 있으며, 토지 소유자가 허가신청을 한 경우에는 다른 사람에 우선하여 허가하여야 한다.
1. 공원조성계획에 저촉되지 아니할 것(공원조성계획이 수립된 경우만 해당한다)
2. 불가피하게 점용하여야 하는 사유가 있을 것
3. 해당 점용으로 인하여 공중(公衆)의 이용에 지장을 주지 아니한다고 인정될 것

③ 제1항에 따른 점용허가를 받아 도시공원을 점용할 수 있는 대상 및 점용기준은 대통령령으로 정한다.
④ 점용허가받은 사항을 변경하려는 경우에는 제1항을 준용한다.
⑤ 「국토의 계획 및 이용에 관한 법률」 제47조제7항에 따라 같은 법 제56조에 따른 허가를 받아 건축물 또는 공작물을 설치하는 경우에는 제1항에 따른 점용허가를 생략할 수 있다. <개정 2016.5.29.>
[전문개정 2011.9.16.]

▶ 판례 – 건축물의 용도변경허가권자가 도시공원의 설치에 관한 도시관리계획결정 당시 기존 건축물의 용도변경허가신청에 대하여 구 도시공원 및 녹지 등에 관한 법률상 점용허가대상에 해당하지 않는다는 이유로 용도변경허가를 거부할 수 있는지 여부(소극)

구 도시공원 및 녹지 등에 관한 법률(2011. 9. 16. 법률 제11060호로 개정되기 전의 것, 이하 '구 도시공원법' 이라 한다) 제24조 제1항, 제3항, 구 도시공원 및 녹지 등에 관한 법률 시행령(2013. 11. 22. 대통령령 제24789호로 개정되기 전의 것) 제22조의 문언·체계 등에 비추어 보면, 도시공원의 설치에 관한 도시관리계획 결정 당시 기존 건축물(이하 '기존 건축물' 이라 한다)의 용도를 변경하는 행위는 구 도시공원법 제24조 제1항이 정한 점용허가대상에 포함되지 아니하므로 공원관리청의 점용허가를 받을 필요가 있는 경우에 해당한다고 보기 어렵고, 이러한 기존 건축물의 용도변경행위가 구 도시공원법 등에 의하여 금지되거나 제한되는 행위라고 볼 수도 없으므로, 용도변경허가권자로서는 기존 건축물의 용도변경허가신청에 대하여 구 도시공원법상 점용허가대상에 해당하지 않는다는 이유를 들어 용도변경허가를 거부할 수는 없다. [대법원 2014.8.28, 선고, 2012두8274, 판결]

제25조(원상회복) ① 제24조에 따라 도시공원의 점용허가를 받은 자는 그 점용기간이 끝나거나 점용을 폐지하였을 때에는 지체 없이 도시공원을 원상으로 회복하여야 한다. 다만, 다음 각 호의 어느 하나에 해당하는 경우에는 그러하지 아니하다.
1. 도시공원의 경관을 저해하거나 도시공원의 이용 또는 조성에 장애가 되는 등 원상으로 회복하는 것이 부적당하여 특별시장·광역시장·특별자치시장·특별자치도지사·시장 또는 군수의 승인을 받은 경우
2. 제24조제5항에 따라 토지 소유자가 건축물 또는 공작물을 설치한 경우

② 특별시장·광역시장·특별자치시장·특별자치도지사·시장 또는 군수는 다음 각 호의 어느 하나에 해당하는 자에게는 지체 없이 원상회복을 명할 수 있다.
1. 제1항에 따른 원상회복을 하지 아니한 자
2. 점용허가를 받지 아니하고 제24조제1항 각 호의 어느 하나에 해당하는 행위를 한 자

3. 점용허가의 내용과 다르게 점용을 한 자
③ 특별시장·광역시장·특별자치시장·특별자치도지사·시장 또는 군수는 제2항에 따른 원상회복의 명령을 받은 자가 원상회복을 하지 아니하면 「행정대집행법」에 따른 행정대집행에 의하여 원상회복을 할 수 있다.
[전문개정 2011.9.16.]

제25조의2(국가도시공원의 지정·예산지원 등에 관한 특례) ① 국토교통부장관은 국가적 기념사업의 추진, 자연경관 및 역사·문화 유산 등의 보전 등을 위하여 국가적 차원에서 필요한 경우 관계 부처 협의와 국무회의 심의를 거쳐 제19조에 따라 설치·관리하는 도시공원을 제15조제1항제1호의 국가도시공원으로 지정할 수 있다.
② 국토교통부장관은 제1항에 따라 국가도시공원으로 지정할 경우 제39조에도 불구하고 국가도시공원의 설치·관리에 드는 비용의 일부를 예산의 범위에서 지방자치단체에 지원할 수 있다.
③ 제1항 및 제2항에 따른 국가도시공원의 지정요건, 지정절차 및 예산지원 등에 필요한 사항은 대통령령으로 정한다.
[본조신설 2016.3.22.]

제5장 도시자연공원구역

제26조(도시자연공원구역의 지정 및 변경의 기준) 도시자연공원구역의 지정 및 변경의 기준은 대상 도시의 인구·산업·교통 및 토지이용 등 사회경제적 여건과 지형·경관 등 자연환경적 여건 등을 종합적으로 고려하여 대통령령으로 정한다.
[전문개정 2011.9.16.]

제27조(도시자연공원구역에서의 행위 제한) ① 도시자연공원구역에서는 건축물의 건축 및 용도변경, 공작물의 설치, 토지의 형질변경, 흙과 돌의 채취, 토지의 분할, 죽목의 벌채, 물건의 적치 또는 「국토의 계획 및 이용에 관한 법률」 제2조제11호에 따른 도시·군계획사업(이하 "도시·군계획사업"이라 한다)의 시행을 할 수 없다. 다만, 다음 각 호의 어느 하나에 해당하는 행위는 특별시장·광역시장·특별자치시장·특별자치도지사·시장 또는 군수의 허가를 받아 할 수 있다. <개정 2011.4.14., 2016.5.29.>
1. 다음 각 목의 어느 하나에 해당하는 건축물 또는 공작물로서 대통령령으로 정하는 건축물의 건축 또는 공작물의 설치와 이에 따르는 토지의 형질변경
  가. 도로, 철도 등 공공용 시설
  나. 임시 건축물 또는 임시 공작물
  다. 휴양림, 수목원 등 도시민의 여가활용시설
  라. 등산로, 철봉 등 체력단련시설
  마. 전기·가스 관련 시설 등 공익시설
  바. 주택·근린생활시설
  사. 다음의 어느 하나에 해당하는 시설 중 도시자연공원구역에 입지할 필요성이 큰 시설로서 자연환경을 훼손하지 아니하는 시설
    1) 「노인복지법」 제31조에 따른 노인복지시설
    2) 「영유아보육법」 제10조에 따른 어린이집
    3) 「장사 등에 관한 법률」 제2조에 따른 수목장림(국가, 지방자치단체, 「공공기관의 운영에 관한 법률」에 따른 공공기관 또는 대통령령으로 정하는 종교단체가 건축 또는 설치하는 경우에 한정한다)
  아. 삭제 <2016.5.29.>
2. 기존 건축물 또는 공작물의 개축·재축·증축 또는 대수선(大修繕)
3. 건축물의 건축을 수반하지 아니하는 토지의 형질변경
4. 흙과 돌을 채취하거나 죽목을 베거나 물건을 쌓아놓는 행위로서 대통령령으로 정하는 행위
5. 다음 각 목의 어느 하나에 해당하는 범위의 토지 분할
  가. 분할된 후 각 필지의 면적이 200제곱미터 이상[지목이 대(垈)인 토지를 주택 또는 근린생활시설을 건축하기 위하여 분할하는 경우에는 330제곱미터 이상]인 경우
  나. 분할된 후 각 필지의 면적이 200제곱미터 미만인 경우로서 공익사업의 시행 및 인접 토지와의 합병 등을 위하여 대통령령으로 정하는 경우

② 제1항 단서에도 불구하고 산림의 솎아베기 등 대통령령으로 정하는 경미한 행위는 허가 없이 할 수 있다.
③ 제1항제1호 및 제2호에 따른 허가대상 건축물 또는 공작물의 규모·높이·건폐율·용적률과 제1항 각 호에 따른 허가대상 행위에 대한 허가기준은 대통령령으로 정한다.
④ 제1항 단서에 따른 행위허가에 관하여는

「국토의 계획 및 이용에 관한 법률」 제60조, 제64조제3항·제4항에 따른 이행 보증, 원상회복 및 같은 법 제62조에 따른 준공검사에 관한 규정을 준용한다.
⑤ 제1항 각 호에 규정된 행위에 관하여 도시자연공원구역의 지정 당시 이미 관계 법령에 따라 허가 등(관계 법령에 따라 허가 등을 받을 필요가 없는 경우를 포함한다)을 받아 공사 또는 사업에 착수한 자는 제1항 단서에 따른 허가를 받은 것으로 본다. <개정 2016.5.29.>
[전문개정 2011.9.16.]

제28조(취락지구에 대한 특례) ① 시·도지사는 도시자연공원구역에 주민이 집단적으로 거주하는 취락을 「국토의 계획 및 이용에 관한 법률」 제37조제1항제8호에 따른 취락지구(이하 "취락지구"라 한다)로 지정할 수 있다.
② 취락을 구성하는 주택의 수, 단위면적당 주택의 수, 취락지구의 경계 설정기준 등 취락지구의 지정기준과 그 밖에 필요한 사항은 대통령령으로 정한다.
③ 취락지구에서의 건축물의 용도·높이·연면적·건폐율 및 용적률에 관하여는 제27조제3항에도 불구하고 따로 대통령령으로 정한다.
[전문개정 2011.9.16.]

제29조(토지매수의 청구) ① 도시자연공원구역의 지정으로 인하여 도시자연공원구역의 토지를 종래의 용도로 사용할 수 없어 그 효용이 현저하게 감소된 토지 또는 해당 토지의 사용 및 수익이 사실상 불가능한 토지(이하 "매수대상토지"라 한다)의 소유자로서 다음 각 호의 어느 하나에 해당하는 자는 그 도시자연공원구역을 관할하는 특별시장·광역시장·특별자치시장·특별자치도지사·시장 또는 군수에게 해당 토지의 매수를 청구할 수 있다.
1. 도시자연공원구역의 지정 당시부터 해당 토지를 계속 소유한 자
2. 토지의 사용·수익이 사실상 불가능하게 되기 전에 그 토지를 취득하여 계속 소유한 자
3. 제1호 또는 제2호의 자로부터 해당 토지를 상속받아 계속 소유한 자
② 특별시장·광역시장·특별자치시장·특별자치도지사·시장 또는 군수는 제1항에 따라 매수 청구를 받은 토지가 제3항에 따른 기준에 해당되는 경우에는 이를 매수하여야 한다.
③ 매수대상토지의 구체적인 판정기준은 대통령령으로 정한다.
[전문개정 2011.9.16.]

제30조(매수 청구의 절차 등) ① 특별시장·광역시장·특별자치시장·특별자치도지사·시장 또는 군수는 제29조제1항에 따라 토지의 매수 청구를 받은 날부터 1년 이내에 매수 대상 여부 및 매수 예상가격 등을 매수 청구인에게 통보하여야 한다.
② 특별시장·광역시장·특별자치시장·특별자치도지사·시장 또는 군수는 제1항에 따라 매수대상토지로 통보를 한 토지에 대하여는 3년의 범위에서 대통령령으로 정하는 기간 이내에 매수계획을 수립하여 그 매수대상토지를 매수하여야 한다.
③ 매수대상토지의 매수가격(이하 "매수가격"이라 한다)은 「부동산 가격공시에 관한 법률」에 따른 공시지가를 기준으로 그 토지의 위치·형상·환경 및 이용 상황 등을 고려하여 평가한 금액으로 한다. 이 경우 매수가격의 산정시기 및 산정방법 등은 대통령령으로 정한다. <개정 2016.1.19.>
④ 제1항부터 제3항까지에 따라 토지를 매수하는 경우의 매수절차와 그 밖에 필요한 사항은 대통령령으로 정한다.
[전문개정 2011.9.16.]

제31조(비용의 부담) ① 특별시장·광역시장·특별자치시장·특별자치도지사·시장 또는 군수는 매수가격의 산정을 위한 감정평가 등에 드는 비용을 부담한다.
② 특별시장·광역시장·특별자치시장·특별자치도지사·시장 또는 군수는 제1항에도 불구하고 매수 청구인이 정당한 사유 없이 매수 청구를 철회하는 경우에는 대통령령으로 정하는 바에 따라 감정평가 등에 든 비용의 전부 또는 일부를 매수 청구인에게 부담하게 할 수 있다. 다만, 다음 각 호의 어느 하나에 해당하는 경우에는 그러하지 아니하다.
1. 매수 예상가격에 비하여 매수가격이 대통령령으로 정하는 비율 이상 하락한 경우
2. 법령의 개정 또는 폐지 등으로 인하여 제29조제1항에 따른 토지매수 청구의 사유가 소멸한 경우
③ 매수 청구인이 제2항에 따라 부담하여야 하는 비용을 부담하지 아니한 경우에는 지방세 체납처분의 예에 따라 징수한다.
[전문개정 2011.9.16.]

제32조(협의에 의한 토지의 매수) ① 특별시장·광역시장·특별자치시장·특별자치도지사·시장 또는 군수는 도시자연공원구역의 지정목적을 달성하기 위하여 필요한 경우에는 소유자와 협의하여 도시자연공원구역의 토지 및 그 토지의 정착물(이하 "토지등"이라 한다)을 매수할 수 있다.
② 제1항에 따라 도시자연공원구역의 토지등을 협의 매수하는 경우 매수가격의 산정 시기·방법 및 기준 등에 관하여는 「공익사업을 위한 토지 등의 취득 및 보상에 관한 법률」 제67조제1항, 제70조, 제71조, 제74조, 제75조, 제75조의2, 제76조, 제77조 및 제78조제5항부터 제7항까지의 규정을 준용한다.
[전문개정 2011.9.16.]

제33조(도시자연공원구역의 출입 제한 등) ① 특별시장·광역시장·특별자치시장·특별자치도지사·시장 또는 군수는 도시자연공원구역의 보호, 훼손된 도시자연의 회복, 도시자연공원구역을 이용하는 사람의 안전과 그 밖에 공익상 필요하다고 인정하는 경우에는 도시자연공원구역 중 일정한 지역을 지정하여 일정한 기간 그 지역에 사람의 출입 또는 차량의 통행을 제한하거나 금지할 수 있다.
② 특별시장·광역시장·특별자치시장·특별자치도지사·시장 또는 군수는 제1항에 따른 제한 또는 금지를 하려는 경우에는 안내표지 설치 등의 방법으로 이를 공고하여야 한다.
[전문개정 2011.9.16.]

제34조(공공시설의 귀속) 행정청이 제27조제1항 단서에 따른 허가를 받아 설치한 공공시설(「국토의 계획 및 이용에 관한 법률」 제2조제13호에 따른 공공시설을 말한다)의 귀속에 관하여는 「국토의 계획 및 이용에 관한 법률」 제65조를 준용한다.
[전문개정 2011.9.16.]

제6장 녹지의 설치 및 관리

제35조(녹지의 세분) 녹지는 그 기능에 따라 다음 각 호와 같이 세분한다.
1. 완충녹지: 대기오염, 소음, 진동, 악취, 그 밖에 이에 준하는 공해와 각종 사고나 자연재해, 그 밖에 이에 준하는 재해 등의 방지를 위하여 설치하는 녹지
2. 경관녹지: 도시의 자연적 환경을 보전하거나 이를 개선하고 이미 자연이 훼손된 지역을 복원·개선함으로써 도시경관을 향상시키기 위하여 설치하는 녹지
3. 연결녹지: 도시 안의 공원, 하천, 산지 등을 유기적으로 연결하고 도시민에게 산책공간의 역할을 하는 등 여가·휴식을 제공하는 선형(線型)의 녹지

[전문개정 2011.9.16.]

제36조(녹지의 설치 및 관리) ① 녹지는 특별시장·광역시장·특별자치시장·특별자치도지사·시장 또는 군수가 설치·관리한다.
② 제1항에 따른 녹지의 설치 및 관리 기준은 국토교통부령으로 정한다. <개정 2013.3.23.>
[전문개정 2011.9.16.]

제37조(특정 원인에 의한 녹지의 설치) 특별시장·광역시장·특별자치시장·특별자치도지사·시장 또는 군수는 공장 설치 등의 특정 원인으로 인한 공해나 사고의 방지를 위하여 녹지를 설치할 필요가 있어 도시·군관리계획으로 녹지를 결정하였을 때에는 대통령령으로 정하는 바에 따라 그 원인 제공자에게 녹지의 전부 또는 일부를 설치·관리하게 할 수 있다. <개정 2011.4.14.>
[전문개정 2011.9.16.]

제38조(녹지의 점용허가 등) ① 녹지에서 다음 각 호의 어느 하나에 해당하는 행위를 하려는 자는 대통령령으로 정하는 바에 따라 그 녹지를 관리하는 특별시장·광역시장·특별자치시장·특별자치도지사·시장 또는 군수의 점용허가를 받아야 한다. 다만, 산림의 솎아베기 등 대통령령으로 정하는 경미한 행위의 경우에는 그러하지 아니하다.
1. 녹지의 조성에 필요한 시설 외의 시설·건축물 또는 공작물을 설치하는 행위
2. 토지의 형질변경
3. 죽목을 베거나 심는 행위
4. 흙과 돌의 채취
5. 물건을 쌓아놓는 행위

② 특별시장·광역시장·특별자치시장·특별자치도지사·시장 또는 군수는 제1항에 따른 허가신청을 받았을 때에는 그 점용이 녹지의 설치목적을 저해하지 아니하고, 그 조성 및 유지·관리에 지장을 주지 아니하는 범위에서 이

를 허가할 수 있다.
③ 제1항에 따라 점용허가를 받아 녹지를 점용할 수 있는 대상 및 점용기준은 대통령령으로 정한다.
④ 점용허가를 받은 사항을 변경하려는 경우에는 제1항 및 제2항을 준용한다.
⑤ 녹지의 지목이 대인 토지에서의 건축물 또는 공작물의 설치에 관하여는 제24조제5항을 준용하며, 녹지의 원상회복에 관하여는 제25조를 준용한다.
[전문개정 2011.9.16.]

▶ 판례 – 도시공원 및 녹지 등에 관한 법률과 같은 법 시행령에 의하여 녹지점용허가를 받을 수 있는 '노외주차장'이 주차장법에서 정한 노외주차장과 동일한 의미인지 여부(적극) / 도시공원 및 녹지 등에 관한 법률상 녹지점용허가 대상인 '노외주차장과 유사한 기능을 갖는 시설'의 의미와 그에 해당하는지 판단하는 기준 [대법원 2016.1.28, 선고, 2015두51668, 판결]

제7장 비용

<개정 2011.9.16.>

제39조(비용 부담) ① 도시공원, 공원시설 또는 녹지의 설치·관리에 드는 비용은 이 법이나 다른 법률에 특별한 규정이 있는 경우를 제외하고는 해당 도시공원, 공원시설 또는 녹지를 설치·관리하는 행정청이 속한 지방자치단체의 부담으로 한다.
② 둘 이상의 행정구역에 걸쳐 있는 도시공원에 대한 비용 부담에 대하여는 제19조제2항부터 제4항까지의 규정을 준용한다.
③ 제21조제1항에 따라 민간공원추진자가 설치하는 도시공원 또는 공원시설의 설치에 드는 비용은 그 시행자의 부담으로 한다.
④ 제23조제1항에 따라 도시공원 또는 공원시설과 다른 공작물이 상호 겸용하는 경우 해당 도시공원 또는 공원시설의 관리에 드는 비용의 부담에 관하여는 공원관리청과 다른 공작물의 관리자가 협의하여 정한다.
⑤ 제37조에 따라 녹지를 설치·관리하는 경우 그 비용은 녹지를 관리하는 행정청과 그 특정 원인 제공자가 서로 협의하여 정한다.
⑥ 제5항에 따른 협의가 성립되지 아니한 경우에는 공동으로 특별시·광역시·특별자치시 또는 특별자치도의 경우에는 국토교통부장관에게, 그 밖의 시와 군의 경우에는 도지사에게 그 재정을 신청할 수 있다. <개정 2013.3.23.>
⑦ 제6항에 따른 재정신청에 대하여 국토교통부장관 또는 도지사의 재정이 있은 때에는 제5항에 따른 협의가 성립된 것으로 본다. <개정 2013.3.23.>
[전문개정 2011.9.16.]

▶ 판례 – 구 국토의 계획 및 이용에 관한 법률 제68조, 제69조가 구 도로법 등 개별 법률규정이나 위 법 제86조 제1항, 제101조가 예정하고 있는 기반시설의 비용에 관한 국고 또는 지방자치단체 부담의 원칙에 대한 예외로서 '법률에 특별한 규정이 있는 경우'에 해당하는지 여부(적극) / 행정청이 기반시설부담 구역 안에서 기반시설부담계획을 수립하여 기반시설부담개발행위를 하는 자에게 기반시설을 설치하거나 그에 필요한 용지를 확보하도록 하거나 이에 소요되는 기반시설부담비용을 부담시킬 수 있는지 여부(적극) [대법원 2014.2.27, 선고, 2011두16650, 판결]

제40조(입장료 등의 징수) ① 공원관리청과 공원수탁관리자 및 제21조제1항에 따라 도시공원 또는 공원시설을 관리하는 자는 대통령령으로 정하는 기준 이상의 공원시설을 설치한 도시공원에 한정하여 입장료를 징수하거나 공원시설 사용료를 징수할 수 있다.
② 공원관리청과 공원수탁관리자가 제1항에 따라 징수하는 입장료 및 사용료의 금액과 그 징수 방법에 관하여 필요한 사항은 그 공원관리청이 속하는 지방자치단체의 조례로 정한다. 다만, 공원관리청이 아닌 자가 설치한 도시공원 또는 공원시설을 공원관리청으로부터 위탁받아 관리하는 경우에는 해당 공원수탁관리자가 이를 정한다.
③ 제2항 단서 및 제21조제1항에 따라 도시공원 또는 공원시설을 관리하는 자는 입장료를 정하거나 변경하였을 때에는 그 내용을 공원관리청에 신고하여야 한다.
[전문개정 2011.9.16.]

제41조(점용료의 징수) ① 특별시장·광역시장·특별자치시장·특별자치도지사·시장 또는 군수는 제24조제1항 또는 제38조제1항에 따른 허가를 받아 도시공원 또는 녹지를 점용하는 자에 대하여 점용료를 부과·징수할 수 있다. 다만, 사유지에 대하여는 그러하지 아니하다.
② 제1항에 따른 점용료의 금액과 그 징수방법에 관하여 필요한 사항은 해당 특별시장·

광역시장·특별자치시장·특별자치도지사·시장 또는 군수가 속하는 지방자치단체의 조례로 정한다.
[전문개정 2011.9.16.]

제42조(점용료 등의 귀속 등) 도시공원 또는 녹지에 관한 입장료·사용료·점용료와 그 밖에 도시공원 또는 녹지에서 발생하는 수익은 이를 부과 또는 징수한 지방자치단체의 수입으로 한다. 다만, 제21조제1항에 따라 도시공원 또는 공원시설을 관리하는 자가 제40조제1항에 따라 징수하는 입장료 및 사용료는 해당 징수자의 수입으로 한다.
[전문개정 2011.9.16.]

제43조(점용료의 강제 징수) 특별시장·광역시장·특별자치시장·특별자치도지사·시장 또는 군수는 이 법에 따른 점용료를 내지 아니한 자에 대하여는 지방세 체납처분의 예에 따라 징수한다.
[전문개정 2011.9.16.]

제44조(비용 보조) ① 공원관리청이 시행하는 도시공원사업에 드는 비용에 대하여는 대통령령으로 정하는 바에 따라 그 비용의 전부 또는 일부를 국고에서 보조할 수 있다.
② 공원관리청이 아닌 자가 시행하는 도시공원사업에 드는 비용에 대하여는 대통령령으로 정하는 바에 따라 지방자치단체가 그 비용의 일부를 보조할 수 있다.
[전문개정 2011.9.16.]

제8장 감독

<개정 2011.9.16.>

제45조(법령 등의 위반자에 대한 처분) 특별시장·광역시장·특별자치시장·특별자치도지사·시장 또는 군수는 다음 각 호의 어느 하나에 해당하는 자에 대하여는 대통령령으로 정하는 바에 따라 이 법에 따른 허가의 취소, 그 효력의 정지, 3개월 이내의 사업정지 또는 변경, 그 밖에 필요한 처분을 할 수 있다.
1. 거짓이나 그 밖의 부정한 방법으로 제24조제1항, 제27조제1항 단서 또는 제38조제1항의 허가를 받거나 허가받은 내용을 위반하여 행위를 한 자
2. 그 밖에 이 법 또는 이 법에 따른 명령이나 처분을 위반한 자

[전문개정 2011.9.16.]

제46조(공익을 위한 감독처분 및 손실보상) ① 특별시장·광역시장·특별자치시장·특별자치도지사·시장 또는 군수는 다음 각 호의 어느 하나에 해당하는 경우에는 제24조제1항, 제27조제1항 단서 또는 제38조제1항에 따른 허가를 받은 자에게 대통령령으로 정하는 바에 따라 제45조에 따른 처분을 할 수 있다. <개정 2011.4.14.>
1. 사정의 변경으로 인하여 허가받은 사항의 이행이나 도시공원 또는 녹지에 관한 사업의 계속시행이 곤란하게 된 경우
2. 다른 도시·군계획시설사업(「국토의 계획 및 이용에 관한 법률」 제2조제10호에 따른 도시·군계획시설사업을 말하며, 지하 또는 공중에 설치하는 경우만 해당한다)의 시행을 위하여 필요한 경우

② 제1항에 따른 처분으로 인하여 손실을 입은 자가 있을 때에는 처분을 한 특별시장·광역시장·특별자치시장·특별자치도지사·시장 또는 군수가 그 손실을 보상하여야 한다. 이 경우 그 손실이 제1항제2호에 따른 처분으로 인한 것일 때에는 특별시장·광역시장·특별자치시장·특별자치도지사·시장 또는 군수는 그 도시·군계획시설사업에 관한 비용을 부담하는 자에게 그 손실의 전부 또는 일부를 보상하게 할 수 있다. <개정 2011.4.14.>
③ 특별시장·광역시장·특별자치시장·특별자치도지사·시장 또는 군수는 제2항에 따른 손실의 보상에 관하여 그 손실을 입은 자와 협의하여야 한다.
④ 특별시장·광역시장·특별자치시장·특별자치도지사·시장·군수 또는 손실을 입은 자는 제3항에 따른 협의가 성립되지 아니하거나 협의를 할 수 없을 때에는 관할 토지수용위원회에 재결을 신청할 수 있다.
⑤ 제4항에 따른 재결에 관하여는 「공익사업을 위한 토지 등의 취득 및 보상에 관한 법률」 제83조부터 제87조까지의 규정을 준용한다.
[전문개정 2011.9.16.]

제47조(청문) 특별시장·광역시장·특별자치시장·특별자치도지사·시장 또는 군수는 제45조 또는 제46조에 따라 이 법에 따른 허가를

취소하려면 청문을 하여야 한다.
[전문개정 2011.9.16.]

제9장 보칙

<개정 2011.9.16.>

제48조(문화재 등에 대한 특례) ① 시·도지사는 「문화재보호법」에 따라 국가지정문화재로 지정된 지역이나 그 보호구역에 도시공원 또는 녹지에 관한 도시·군관리계획을 결정하려는 경우에는 미리 문화재청장과 협의하여야 한다. <개정 2011.4.14.>
② 제1항에 따른 협의를 거쳐 결정된 도시공원 또는 녹지의 설치 및 관리에 관하여는 「문화재보호법」에서 정하는 바에 따른다.
[전문개정 2011.9.16.]

제48조의2(도시공원 지정 시 고려사항 등) ① 특별시장·광역시장·특별자치시장·특별자치도지사·시장 또는 군수는 도시공원을 지정하려는 경우에는 「국토의 계획 및 이용에 관한 법률」 제2조제10호에 따른 도시·군계획시설사업(이하 "도시·군계획시설사업"이라 한다)의 시행시기 및 재원조달 가능 여부 등을 고려하여 그 지정이 적정하게 이루어지도록 하여야 한다. <개정 2011.4.14.>
② 특별시장·광역시장·특별자치시장·특별자치도지사·시장 또는 군수는 도시공원의 설치에 관한 도시·군관리계획이 결정되었을 때에는 신속한 조성을 위하여 「국토의 계획 및 이용에 관한 법률」 제85조에 따른 단계별 집행계획에 우선적으로 반영하여야 한다. <개정 2011.4.14.>
③ 특별시장·광역시장·특별자치시장·특별자치도지사·시장 또는 군수는 도시공원의 설치에 관한 도시·군관리계획이 결정된 후 공원조성사업이 시행되지 아니한 경우에는 도시·군관리계획의 결정·고시일부터 5년이 지난 때에 도시공원의 필요성 여부 등을 재검토하여 도시공원의 지정을 해제하거나 빠른 시일 내에 공원조성사업을 추진하는 등 적절한 조치를 하여야 한다. <개정 2011.4.14.>
[전문개정 2011.9.16.]

제49조(도시공원 등에서의 금지행위) ① 누구든지 도시공원 또는 녹지에서 다음 각 호의 어느 하나에 해당하는 행위를 하여서는 아니 된다. <개정 2013.5.22.>
1. 공원시설을 훼손하는 행위
2. 나무를 훼손하거나 이물질을 주입하여 나무를 말라죽게 하는 행위
3. 심한 소음 또는 악취가 나게 하는 등 다른 사람에게 혐오감을 주는 행위
4. 동반한 애완동물의 배설물(소변의 경우에는 의자 위의 것만 해당한다)을 수거하지 아니하고 방치하는 행위
5. 도시농업을 위한 시설을 농산물의 가공·유통·판매 등 도시농업 외의 목적으로 이용하는 행위
6. 그 밖에 도시공원 또는 녹지의 관리에 현저한 장애가 되는 행위로서 대통령령으로 정하는 행위

② 누구든지 특별시·광역시·특별자치시·특별자치도·시 또는 군의 조례로 정하는 도시공원에서 다음 각 호의 어느 하나에 해당하는 행위를 하여서는 아니 된다.
1. 행상 또는 노점에 의한 상행위
2. 동반한 애완견을 통제할 수 있는 줄을 착용시키지 아니하고 도시공원에 입장하는 행위

③ 특별시장·광역시장·특별자치시장·특별자치도지사·시장 또는 군수는 제2항에 따라 금지행위가 적용되는 도시공원 입구에 안내표지를 설치하여야 한다.
[전문개정 2011.9.16.]

제50조(도시공원위원회) ① 공원녹지와 관련된 다음 각 호의 기능을 수행하기 위하여 시·도에 시·도도시공원위원회를 둘 수 있다.
1. 공원녹지기본계획에 관한 자문에 대한 조언
2. 공원조성계획의 심의
3. 도시녹화계획의 심의
4. 그 밖에 공원녹지와 관련하여 시·도지사가 회의에 부치는 사항의 심의

② 공원녹지기본계획에 대한 자문에 응하고 공원조성계획 및 공원녹지와 관련하여 시장·군수가 회의에 부치는 사항을 심의하기 위하여 시·군에 시·군도시공원위원회를 둘 수 있다.
③ 시·도도시공원위원회 및 시·군도시공원위원회는 각각 위원장·부위원장 1명씩을 포함하여 10명 이상의 위원으로 구성한다.
④ 시·도도시공원위원회 및 시·군도시공원위원회의 위원은 관계 행정기관의 공무원과 도시공원·녹지·도시계획·경관·조경·산림·도시생태 등 공원녹지에 관한 학식과 경험이 풍

부한 사람 중에서 시·도지사 또는 시장·군수가 임명하거나 위촉한다.
⑤ 시·도도시공원위원회 및 시·군도시공원위원회의 운영과 관련하여 필요한 사항은 특별시·광역시·특별자치시·도·특별자치도·시 또는 군의 조례로 정한다.
[전문개정 2011.9.16.]

제51조(도시공원 대장) ① 특별시장·광역시장·특별자치시장·특별자치도지사·시장 또는 군수는 그 관할구역에 있는 도시공원의 대장(臺帳)을 작성하여 보관하여야 한다.
② 제1항에 따른 도시공원 대장의 기재사항과 그 밖에 그 작성·보관에 필요한 사항은 국토교통부령으로 정한다. <개정 2013.3.23.>
[전문개정 2011.9.16.]

제52조(국유·공유 재산의 처분 제한) 도시공원 및 녹지에 있는 국가 또는 지방자치단체 소유의 토지와 그 토지에 정착된 물건은 도시·군관리계획으로 정한 목적 외의 용도로 매각하거나 양도할 수 없다. <개정 2011.4.14.>
[전문개정 2011.9.16.]

제52조의2(온실가스 배출 감축사업의 인정) 국토교통부장관 또는 관계 중앙행정기관의 장은 이 법에 따른 도시공원 및 녹지 조성사업(도시·군계획시설사업을 말한다)에 대하여 온실가스 흡수의 효과 등을 고려하여 그 전부 또는 일부를 관계 법률에서 정하는 바에 따라 온실가스 배출 감축사업으로 인정할 수 있다. <개정 2011.4.14., 2013.3.23.>
[전문개정 2011.9.16.]

제10장 벌칙

<개정 2011.9.16.>

제53조(벌칙) 다음 각 호의 어느 하나에 해당하는 자는 1년 이하의 징역 또는 1천만원 이하의 벌금에 처한다. <개정 2015.1.6.>
1. 제20조제1항 또는 제21조제1항을 위반하여 위탁 또는 인가를 받지 아니하고 도시공원 또는 공원시설을 설치하거나 관리한 자
2. 제24조제1항, 제27조제1항 단서 또는 제38조제1항을 위반하여 허가를 받지 아니하거나 허가받은 내용을 위반하여 도시공원 또는 녹지에서 시설·건축물 또는 공작물을 설치한 자
3. 거짓이나 그 밖의 부정한 방법으로 제24조제1항, 제27조제1항 단서 또는 제38조제1항에 따른 허가를 받은 자
4. 제40조제1항을 위반하여 도시공원에 입장하는 사람으로부터 입장료를 징수한 자

[전문개정 2011.9.16.]

제54조(벌칙) 다음 각 호의 어느 하나에 해당하는 자는 300만원 이하의 벌금에 처한다.
1. 제23조제1항 단서를 위반하여 도시공원 또는 공원시설의 유지·수선 외의 관리를 한 자
2. 제24조제1항, 제27조제1항 단서 또는 제38조제1항에 따른 허가를 받지 아니하거나 허가받은 내용을 위반하여 도시공원, 도시자연공원구역 또는 녹지에서 금지행위를 한 자(제53조제2호에 해당하는 자는 제외한다)
3. 제49조제1항제1호를 위반하여 공원시설을 훼손한 자

[전문개정 2011.9.16.]

제55조(양벌규정) 법인의 대표자나 법인 또는 개인의 대리인, 사용인, 그 밖의 종업원이 그 법인 또는 개인의 업무에 관하여 제53조 또는 제54조의 위반행위를 하면 그 행위자를 벌하는 외에 그 법인 또는 개인에게도 해당 조문의 벌금형을 과(科)한다. 다만, 법인 또는 개인이 그 위반행위를 방지하기 위하여 해당 업무에 관하여 상당한 주의와 감독을 게을리하지 아니한 경우에는 그러하지 아니하다.
[전문개정 2009.12.29.]

제56조(과태료) ① 제40조제3항에 따른 신고를 하지 아니하거나 신고한 금액을 초과하여 입장료를 징수한 자에게는 1천만원 이하의 과태료를 부과한다.
② 제49조제1항제2호부터 제6호까지 및 같은 조 제2항 각 호에 해당하는 금지행위를 한 자에게는 10만원 이하의 과태료를 부과한다. <개정 2013.5.22.>
③ 제1항 및 제2항에 따른 과태료는 대통령령으로 정하는 바에 따라 특별시장·광역시장·특별자치시장·특별자치도지사·시장 또는 군수가 부과·징수한다.
[전문개정 2011.9.16.]

부칙
<제14796호, 2017.4.18.>

이 법은 공포 후 6개월이 경과한 날부터 시행한다.

주택건설기준 등에 관한 규정

[시행 2017.10.17.]
[대통령령 제28373호, 2017.10.17., 일부개정]

제1장 총칙

제1조(목적) 이 영은 「주택법」 제2조, 제35조, 제38조부터 제42조까지 및 제51조부터 제53조까지의 규정에 따라 주택의 건설기준, 부대시설·복리시설의 설치기준, 대지조성의 기준, 공동주택성능등급의 표시, 공동주택 바닥충격음 차단구조의 성능등급 인정, 공업화주택의 인정절차, 에너지절약형 친환경주택과 건강친화형 주택의 건설기준 및 장수명 주택 등에 관하여 위임된 사항과 그 시행에 관하여 필요한 사항을 규정함을 목적으로 한다. <개정 1993.2.20., 1999.9.29., 2003.11.29., 2005.6.30., 2006.1.6., 2009.10.19., 2013.2.20., 2013.6.17., 2013.12.4., 2014.6.27., 2014.12.23., 2016.8.11., 2017.10.17.>

▶ 판례 - 구 주택건설기준 등에 관한 규정 제9조 제1항이 대지조성사업자에게 적용되는지 여부(원칙적 소극)

구 주택건설촉진법(2003. 5. 29. 법률 제6916호 주택법으로 전부 개정되기 전의 것) 제3조 제5호가 '사업주체'를 주택건설사업자와 대지조성사업자로 구별하고 있고, 구 주택건설기준 등에 관한 규정(2007. 7. 24. 대통령령 제20189호로 개정되기 전의 것, 이하 '구 주택건설기준'이라 한다) 제1조, 제3조도 주택건설사업계획의 승인대상인 주택, 부대시설 및 복리시설의 설치기준과 대지조성사업계획의 승인대상인 대지의 조성기준을 구별하고 있는 점, 구 주택건설기준은 주택·부대시설·복리시설의 설치기준에 관하여는 제2장 내지 제5장(제9조 내지 제55조)에서, 대지의 조성기준에 관하여는 제6장(제56조, 제57조)에서 나누어 규정하고 있는데, 공동주택 건설지점의 소음 기준에 관한 제9조 제1항은 제2장에 속해 있고 내용도 소음발생시설로부터 50m 이상 떨어진 곳에 공동주택의 건설지점을 두거나(공동주택을 배치하거나) 방음시설을 설치하여 공동주택을 건설하는 지점의 소음도가 65dB(A) 미만이 되도록 하라는 것이므로, 이는 공동주택을 건설하는 자의 의무를 규정한 것임이 문언상 명백한 점, 2007. 7. 24 대통령령 제20189호로 개정된 주택건설기준 제9조 제1항은 환기설비와 방음창을 갖추어 실내소음도가 45dB(A) 이하인 공동주택을 건설하는 경우에는 위 기준의 적용을 받지 않도록 단서규정을 신설하였는데, 이는 구 주택건설기준 제9조 제1항이 주택건설사업자에 대한 의무를 규정한 조항임을 당연한 전제로 주택건설사업자가 도로에 근접해서도 공동주택을 건설할 수 있게 해주기 위한 것인 점, 대지를 조성하여 주택건설사업자에게 매각하였으나 대지의 어느 부분에 언제 어떠한 형태와 구조로 공동주택이 건설될 것인지를 알 수 없는 대지조성사업자에게 구 주택건설기준 제9조 제1항에 따라 장래 대지 지상에 건설될 수 있는 공동주택의 전 세대에 대해 소음도가 65dB(A) 미만이 되도록 할 소음방지의무를 부담시키는 것은 대지조성사업자에게 과도하고 불합리한 부담을 지우는 점, 한편 구 주택건설기준 제56조 제2항에 의해 준용되는 구 건축법(2008. 3. 21. 법률 제8974호로 전부 개정되기 전의 것) 제30조, 제31조는 대지의 조성 및 토지굴착 시의 의무들을 상세히 규정하고 있는데, 그중 장래 대지 지상에 건설될 건물 또는 거주자에 관한 의무는 포함되어 있지 않은 점 등을 종합하면, 구 주택건설기준 제9조 제1항은 주택건설사업자를 적용대상으로 한 규정으로서 특별한 사정이 없는 한 대지조성사업자에게는 적용되지 않는다. [대법원 2015.10.29, 선고, 2008다47558, 판결]

제2조(정의) 이 영에서 사용하는 용어의 정의는 다음과 같다. <개정 1993.2.20., 1994.12.30., 1998.8.27., 1999.9.29., 2001.4.30., 2002.12.26., 2003.11.29., 2005.6.30., 2006.1.6., 2007.3.27., 2009.1.7., 2009.9.21., 2009.11.5., 2010.7.6., 2011.12.8., 2013.6.17., 2014.4.29., 2015.12.28., 2016.8.11.>

1. 삭제 <2003.11.29.>
2. 삭제 <1999.9.29.>
3. "주민공동시설"이란 해당 공동주택의 거주자가 공동으로 사용하거나 거주자의 생활을 지원하는 시설로서 다음 각 목의 시설을 말한다.

가. 경로당
나. 어린이놀이터
다. 어린이집
라. 주민운동시설
마. 도서실(정보문화시설과 「도서관법」 제2조제4호가목에 따른 작은도서관을 포함한다)
바. 주민교육시설(영리를 목적으로 하지 아니하고 공동주택의 거주자를 위한 교육장소를 말한다)
사. 청소년 수련시설
아. 주민휴게시설
자. 독서실
차. 입주자집회소
카. 공용취사장
타. 공용세탁실
파. 「공공주택 특별법」 제2조에 따른 공공주택의 단지 내에 설치하는 사회복지시설
하. 그 밖에 가목부터 파목까지의 시설에 준하는 시설로서 「주택법」 (이하 "법"이라 한다) 제15조제1항에 따른 사업계획의 승인권자(이하 "사업계획승인권자"라 한다)가 인정하는 시설

4. "의료시설"이라 함은 의원·치과의원·한의원·조산소·보건소지소·병원(전염병원등 격리병원을 제외한다)·한방병원 및 약국을 말한다.
5. "주민운동시설"이라 함은 거주자의 체육활동을 위하여 설치하는 옥외·옥내운동시설(「체육시설의 설치·이용에 관한 법률」에 의한 신고체육시설업에 해당하는 시설을 포함한다)·생활체육시설 기타 이와 유사한 시설을 말한다.
6. "독신자용 주택"이라 함은 다음 각목의 1에 해당하는 주택을 말한다.
   가. 근로자를 고용하는 자가 그 고용한 근로자중 독신생활(근로여건상 가족과 임시별거하거나 기숙하는 생활을 포함한다. 이하 같다)을 영위하는 자의 거주를 위하여 건설하는 주택
   나. 국가·지방자치단체 또는 공공법인이 독신생활을 영위하는 근로자의 거주를 위하여 건설하는 주택
7. "기간도로"라 함은 「주택법 시행령」 제5조에 따른 도로를 말한다.
8. "진입도로"라 함은 보행자 및 자동차의 통행이 가능한 도로로서 기간도로로부터 주택단지의 출입구에 이르는 도로를 말한다.
9. "시·군지역"이라 함은 「수도권정비계획법」에 의한 수도권외의 지역중 인구 20만 미만의 시지역과 군지역을 말한다.

제3조(적용범위) 이 영은 법 제2조제10호에 따른 사업주체가 법 제15조제1항에 따라 주택건설사업계획의 승인을 얻어 건설하는 주택, 부대시설 및 복리시설과 대지조성사업계획의 승인을 얻어 조성하는 대지에 관하여 이를 적용한다. <개정 2003.11.29., 2005.6.30., 2006.1.6., 2009.10.19., 2016.8.11.>

제4조 삭제 <2017.10.17>

제5조 삭제 <2017.10.17>

제6조(단지안의 시설) ① 주택단지에는 관계법령에 의한 지역 또는 지구에 불구하고 다음 각호의 시설에 한하여 이를 건설하거나 설치할 수 있다. 다만, 「주택법 시행령」 제7조제9호부터 제11호까지의 규정에 따른 시설은 당해 주택단지에 세대당 전용면적이 50제곱미터 이하인 공동주택을 300세대 이상 건설하거나 당해 주택단지 총 세대수의 2분의 1 이상을 건설하는 경우에 한한다. <개정 1999.9.29., 2000.7.1., 2002.12.26., 2003.11.29., 2005.6.30., 2009.10.19., 2012.4.10., 2016.8.11., 2017.10.17.>

1. 부대시설
2. 복리시설
3. 법 제2조제17호에 따른 간선시설
4. 「국토의 계획 및 이용에 관한 법률」 제2조제7호의 규정에 의한 도시·군계획시설

② 다음 각 호의 어느 하나에 해당하는 경우에는 제1항에 따른 시설 외에 관계 법령에 따라 해당 건축물이 속하는 지역 또는 지구에서 제한되지 아니하는 시설을 건설하거나 설치할 수 있다. <개정 2013.12.4.>

1. 「국토의 계획 및 이용에 관한 법률」 제36조제1항제1호나목에 따른 상업지역(이하 "상업지역"이라 한다)에 주택을 건설하는 경우
2. 폭 12미터 이상인 일반도로(주택단지 안의 도로는 제외한다)에 연접하여 주택을 주택외의 시설과 복합건축물로 건설하는 경우
3. 「국토의 계획 및 이용에 관한 법률 시행령」 제30조제1호다목에 따른 준주거지역(이하 "준주거지역"이라 한다) 또는 같은 조 제3호다목에 따른 준공업지역(이하 "준공업지역"이라 한다)에 주택과 「관광숙박시설 확충을 위한

특별법」 제2조제4호에 따른 호텔시설[같은 법 시행령 제3조제3호가목(단란주점영업·유흥주점영업만 해당한다)·라목·바목 및 사목에 따른 부대시설은 제외하며, 이하 "호텔시설"이라 한다]을 복합건축물로 건설하는 경우

③ 삭제 <2003.11.29.>

제7조(적용의 특례) ①법 제51조에 따른 공업화주택 또는 새로운 건설기술을 적용하여 건설하는 공업화주택의 경우에는 제13조 및 제37조제1항의 규정을 적용하지 아니한다. <개정 1993.2.20., 1999.9.29., 2003.11.29., 2016.8.11.>

②「주택법 시행령」제7조제13호에 따른 시장과 주택을 복합건축물로 건설하는 경우에는 제9조, 제9조의2, 제10조, 제13조, 제26조, 제35조, 제37조, 제38조, 제50조, 제52조 및 제55조의2를 적용하지 아니한다. <개정 1999.9.29., 2013.6.17., 2017.10.17.>

③ 상업지역에 주택을 건설하는 경우에는 제9조, 제9조의2, 제10조, 제13조, 제50조 및 제52조를 적용하지 아니한다. <개정 2011.3.15., 2013.6.17.>

④ 다음 각 호의 어느 하나에 해당하는 경우에는 제9조, 제9조의2, 제10조, 제13조 및 제50조를 적용하지 아니한다. <개정 2013.12.4.>

1. 폭 12미터 이상인 일반도로(주택단지 안의 도로는 제외한다)에 연접하여 주택을 주택 외의 시설과 복합건축물로 건설하는 경우로서 다음 각 목의 어느 하나에 해당하는 경우
   가. 준주거지역에 건설하는 경우로서 주택 외의 시설의 바닥면적의 합계가 해당 건축물 연면적의 10분의 1 이상인 경우
   나. 준주거지역 외의 지역에 건설하는 경우로서 주택 외의 시설의 바닥면적의 합계가 해당 건축물 연면적의 5분의 1 이상인 경우
2. 준주거지역 또는 준공업지역에 주택과 호텔시설을 복합건축물로 건설하는 경우

⑤독신자용 주택(분양하는 주택은 제외한다)을 건설하는 경우에는 제13조·제27조·제32조제1항·제52조 및 제55조의2를 적용하지 아니한다. <개정 2013.6.17.>

⑥저소득근로자를 위하여 건설·공급되는 주택 또는「민간임대주택에 관한 특별법」과「공공주택 특별법」에 의한 임대주택 기타 공동주택의 성격·기능으로 보아 특히 필요하다고 인정되는 경우에는 이 영의 규정에 불구하고 주택의 건설기준과 부대시설·복리시설의 설치기준을 따로 국토교통부령으로 정할 수 있다. <개정 1994.12.23., 1994.12.30., 2005.6.30., 2008.2.29., 2013.3.23., 2015.12.28.>

⑦「도시 및 주거환경정비법 시행령」제6조에 따른 주택재건축사업의 경우로서 사업시행인가권자가 주거환경에 위험하거나 해롭지 아니하다고 인정하는 경우에는 제9조의2제1항을 적용하지 아니한다. <개정 2003.6.30., 2005.6.30., 2007.7.24., 2013.6.17.>

⑧「노인복지법」에 따라 노인복지주택을 건설하는 경우에는 제28조·제34조·제52조 및 제55조의2를 적용하지 아니한다. <신설 1998.8.27., 2005.6.30., 2013.6.17.>

⑨「신행정수도 후속대책을 위한 연기·공주지역 행정중심복합도시 건설을 위한 특별법」제2조제1호에 따른 행정중심복합도시와「도시재정비 촉진을 위한 특별법」제2조제1호에 따른 재정비촉진지구 안에서 주택단지 인근에 주민공동시설 설치를 갈음하여 사업계획승인권자(재정비촉진지구의 경우에는 사업시행인가권자 또는 실시계획인가권자를 말한다)가 다음 각 호의 요건을 충족하는 것으로 인정하는 시설을 설치하는 경우에는 제55조의2를 적용하지 아니한다. <신설 2007.7.24., 2013.6.17.>

1. 주민공동시설에 상응하거나 그 수준을 상회하는 규모와 기능을 갖출 것
2. 접근의 용이성과 이용효율성 등의 측면에서 단지 안에 설치하는 주민공동시설과 큰 차이가 없을 것

⑩ 도시형 생활주택을 건설하는 경우에는 제9조·제10조제2항·제13조·제31조·제35조 및 제55조의2를 적용하지 아니한다. 다만, 150세대 이상으로서「주택법 시행령」제10조제1항제2호·제3호에 따른 도시형 생활주택을 건설하는 경우에는 제55조의2를 적용한다. <신설 2009.4.21., 2010.4.20., 2011.6.9., 2013.6.17., 2014.10.28., 2016.6.8., 2016.8.11.>

⑪ 법 제2조제25호다목에 따른 리모델링을 하는 경우에는 다음 각 호에 따른다. <신설 2014.4.24., 2014.10.28., 2016.8.11.>

1. 제9조, 제9조의2, 제14조, 제14조의2, 제15조 및 제64조를 적용하지 아니한다. 다만, 수직으로 증축하거나 별도의 동으로 증축하는 부분에 대해서는 제9조, 제14조, 제14조의2 및 제15조(별도의 동으로 증축하는 경우만 해당한다)를 적용한다.
2. 사업계획승인권자가 리모델링 후의 주민공동시설이 리모델링의 대상이 되는 주택의

사용검사 당시의 주민공동시설에 상응하거나 그 수준을 상회하는 규모와 기능을 갖추었다고 인정하는 경우에는 제55조의2를 적용하지 아니한다.

[시행일:2014.5.7.] 제7조제11항의 개정규정 중 제14조의2에 관한 부분

제8조(다른 법령과의 관계) ① 주택단지는 「건축법 시행령」 제3조제1항제4호의 규정에 의하여 이를 하나의 대지로 본다. 다만, 복리시설의 설치를 위하여 따로 구획·양여하는 토지는 이를 별개의 대지로 본다. <개정 1992.5.30., 2005.6.30.>

② 제1항의 경우에 주택단지에서 도시·군계획시설로 결정된 도로·광장 및 공원용지의 면적은 건폐율 또는 용적율의 산정을 위한 대지면적에 이를 산입하지 아니한다. <개정 2003.4.22., 2012.4.10.>

③ 주택의 건설기준, 부대시설·복리시설의 설치기준에 관하여 이 영에서 규정한 사항 외에는 「건축법」, 「수도법」, 「하수도법」, 「장애인·노인·임산부 등의 편의증진보장에 관한 법률」, 「화재예방, 소방시설 설치·유지 및 안전관리에 관한 법률」 및 그 밖의 관계 법령이 정하는 바에 따른다. <신설 2014.10.28., 2017.1.26.>

제2장 시설의 배치등

제9조(소음방지대책의 수립) ① 사업주체는 공동주택을 건설하는 지점의 소음도(이하 "실외소음도"라 한다)가 65데시벨 미만이 되도록 하되, 65데시벨 이상인 경우에는 방음벽·수림대 등의 방음시설을 설치하여 해당 공동주택의 건설지점의 소음도가 65데시벨 미만이 되도록 법 제42조제1항에 따른 소음방지대책을 수립하여야 한다. 다만, 공동주택이 「국토의 계획 및 이용에 관한 법률」 제36조에 따른 도시지역(주택단지 면적이 30만제곱미터 미만인 경우로 한정한다) 또는 「소음·진동관리법」 제27조에 따라 지정된 지역에 건축되는 경우로서 다음 각 호의 기준을 모두 충족하는 경우에는 그 공동주택의 6층 이상인 부분에 대하여 본문을 적용하지 아니한다. <개정 2007.7.24., 2010.6.28., 2013.6.17., 2016.8.11.>

1. 세대 안에 설치된 모든 창호(窓戶)를 닫은 상태에서 거실에서 측정한 소음도(이하 "실내소음도"라 한다)가 45데시벨 이하일 것
2. 공동주택의 세대 안에 「건축법 시행령」 제87조제2항에 따라 정하는 기준에 적합한 환기설비를 갖출 것

②제1항에 따른 실외소음도와 실내소음도의 소음측정기준은 국토교통부장관이 환경부장관과 협의하여 고시한다. <신설 2007.7.24., 2008.2.29., 2013.3.23.>

③ 삭제 <2013.6.17.>

④ 삭제 <2013.6.17.>

⑤ 법 제42조제2항 전단에서 "대통령령으로 정하는 주택건설지역이 도로와 인접한 경우"란 다음 각 호의 어느 하나에 해당하는 경우를 말한다. 다만, 주택건설지역이 「환경영향평가법 시행령」 별표 3 제1호의 사업구역에 포함된 경우로서 환경영향평가를 통하여 소음저감대책을 수립한 후 해당 도로의 관리청과 협의를 완료하고 개발사업의 실시계획을 수립한 경우는 제외한다. <신설 2013.6.17., 2014.7.14., 2016.8.11.>

1. 「도로법」 제11조에 따른 고속국도로부터 300미터 이내에 주택건설지역이 있는 경우
2. 「도로법」 제12조에 따른 일반국도(자동차 전용도로 또는 왕복 6차로 이상인 도로만 해당한다)와 같은 법 제14조에 따른 특별시도·광역시도(자동차 전용도로만 해당한다)로부터 150미터 이내에 주택건설지역이 있는 경우

⑥ 제5항 각 호의 거리를 계산할 때에는 도로의 경계선(보도가 설치된 경우에는 도로와 보도와의 경계선을 말한다)부터 가장 가까운 공동주택의 외벽면까지의 거리를 기준으로 한다. <신설 2013.6.17.>

[제목개정 2013.6.17.]

제9조의2(소음 등으로부터의 보호) ① 공동주택·어린이놀이터·의료시설(약국은 제외한다)·유치원·어린이집 및 경로당(이하 이 조에서 "공동주택등"이라 한다)은 다음 각 호의 시설로부터 수평거리 50미터 이상 떨어진 곳에 배치하여야 한다. 다만, 위험물 저장 및 처리 시설 중 주유소(석유판매취급소를 포함한다) 또는 시내버스 차고지에 설치된 자동차용 천연가스 충전소(가스저장 압력용기 내용적의 총합이 20세제곱미터 이하인 경우만 해당한다)의 경우에는 해당 주유소 또는 충전소로부

터 수평거리 25미터 이상 떨어진 곳에 공동주택등(유치원 및 어린이집은 제외한다)을 배치할 수 있다. <개정 2014.10.28., 2016.3.29.>

1. 다음 각 목의 어느 하나에 해당하는 공장[「산업집적활성화 및 공장설립에 관한 법률」에 따라 이전이 확정되어 인근에 공동주택등을 건설하여도 지장이 없다고 사업계획승인권자가 인정하여 고시한 공장은 제외하며, 「국토의 계획 및 이용에 관한 법률」 제36조제1항제1호가목에 따른 주거지역 또는 같은 법 제51조제3항에 따른 지구단위계획구역(주거형만 해당한다) 안의 경우에는 사업계획승인권자가 주거환경에 위해하다고 인정하여 고시한 공장만 해당한다]
   가. 「대기환경보전법」 제2조제9호에 따른 특정대기유해물질을 배출하는 공장
   나. 「대기환경보전법」 제2조제11호에 따른 대기오염물질배출시설이 설치되어 있는 공장으로서 같은 법 시행령 별표 1에 따른 제1종사업장부터 제3종사업장까지의 규모에 해당하는 공장
   다. 「대기환경보전법 시행령」 별표 1의3에 따른 제4종사업장 및 제5종사업장 규모에 해당하는 공장으로서 국토교통부장관이 산업통상자원부장관 및 환경부장관과 협의하여 고시한 업종의 공장. 다만, 「도시 및 주거환경정비법」 제2조제2호다목에 따른 주택재건축사업(1982년 6월 5월 전에 법률 제6916호 주택법중개정법률로 개정되기 전의 「주택건설촉진법」에 따라 사업계획승인을 신청하여 건설된 주택에 대한 재건축사업으로 한정한다)에 따라 공동주택등을 건설하는 경우로서 제5종사업장 규모에 해당하는 공장 중에서 해당 공동주택등의 주거환경에 위험하거나 해롭지 아니하다고 사업계획승인권자가 인정하여 고시한 공장은 제외한다.
   라. 「소음·진동관리법」 제2조제3호에 따른 소음배출시설이 설치되어 있는 공장. 다만, 공동주택등을 배치하려는 지점에서 소음·진동관리 법령으로 정하는 바에 따라 측정한 해당 공장의 소음도가 50데시벨 이하로서 공동주택등에 영향을 미치지 아니하거나 방음벽·수림대 등의 방음시설을 설치하여 50데시벨 이하가 될 수 있는 경우는 제외한다.
2. 「건축법 시행령」 별표 1에 따른 위험물 저장 및 처리 시설
3. 그 밖에 사업계획승인권자가 주거환경에 특히 위해하다고 인정하는 시설(설치계획이 확정된 시설을 포함한다)

② 제1항에 따라 공동주택등을 배치하는 경우 공동주택등과 제1항 각 호의 시설 사이의 주택단지 부분에는 수림대를 설치하여야 한다. 다만, 다른 시설물이 있는 경우에는 그러하지 아니하다.
[본조신설 2013.6.17.]

제10조(공동주택의 배치) ① 삭제 <1996.6.8.>

②도로(주택단지 안의 도로를 포함하되, 필로티에 설치되어 보도로만 사용되는 도로는 제외한다) 및 주차장(지하, 필로티, 그 밖에 이와 비슷한 구조에 설치하는 주차장 및 그 진출입로는 제외한다)의 경계선으로부터 공동주택의 외벽(발코니나 그 밖에 이와 비슷한 것을 포함한다. 이하 같다)까지의 거리는 2미터 이상 띄어야 하며, 그 띄운 부분에는 식재등 조경에 필요한 조치를 하여야 한다. 다만, 다음 각 호의 어느 하나에 해당하는 도로로서 보도와 차도로 구분되어 있는 경우에는 그러하지 아니하다. <개정 2009.1.7., 2012.6.29.>

1. 공동주택의 1층이 필로티 구조인 경우 필로티에 설치하는 도로(사업계획승인권자가 인정하는 보행자 안전시설이 설치된 것에 한정한다)
2. 주택과 주택 외의 시설을 동일 건축물로 건축하고, 1층이 주택 외의 시설인 경우 해당 주택 외의 시설에 접하여 설치하는 도로(사업계획승인권자가 인정하는 보행자 안전시설이 설치된 것에 한정한다)
3. 공동주택의 외벽이 개구부(開口部)가 없는 측벽인 경우 해당 측벽에 접하여 설치하는 도로

③ 주택단지는 화재 등 재난발생 시 소방활동에 지장이 없도록 다음 각 호의 요건을 갖추어 배치하여야 한다. <개정 2016.6.8.>

1. 공동주택의 각 세대로 소방자동차의 접근이 가능하도록 통로를 설치할 것
2. 주택단지 출입구의 문주(門柱) 또는 차단기는 소방자동차의 통행이 가능하도록 설치할 것

④ 주택단지의 각 동의 높이와 형태 등은 주변의 경관과 어우러지고 해당 지역의 미관을 증진시킬 수 있도록 배치되어야 하며, 국토교통부장관은 공동주택의 디자인 향상을 위하여 주택단지의 배치 등에 필요한 사항을 정하여 고시할 수 있다. <신설 2013.6.17.>
[제목개정1996.6.8.]

제11조(지하층의 활용) 공동주택을 건설하는 주택단지에 설치하는 지하층은 「주택법 시행령」 제7조제1호 및 제2호에 따른 근린생활시설(이하"근린생활시설"이라 한다. 다만, 이 조에서는 변전소·정수장 및 양수장을 제외하되, 변전소의 경우 「전기사업법」 제2조제2호에 따른 전기사업자가 자신의 소유 토지에 「전원개발촉진법 시행령」 제3조제1호에 따른 시설의 설치·운영에 종사하는 자를 위하여 건설하는 공동주택 및 주택과 주택 외의 건축물을 동일건축물에 복합하여 건설하는 경우로서 사업계획승인권자가 주거안정에 지장이 없다고 인정하는 건축물의 변전소는 포함한다)·주차장·주민공동시설 및 주택(사업계획승인권자가 해당 주택의 주거환경에 지장이 없다고 인정하는 경우로서 1층 세대의 주거전용부분으로 사용되는 구조만 해당한다) 그 밖에 관계 법령에 따라 허용되는 용도로 사용할 수 있으며, 그 구조 및 설비는 「건축법」 제53조에 따른 기준에 적합하여야 한다. <개정 2005.6.30., 2006.1.6., 2008.10.29., 2009.10.19., 2013.6.17., 2017.10.17.>
[전문개정 1999.9.29.]

제12조(주택과의 복합건축) ①숙박시설(상업지역, 준주거지역 또는 준공업지역에 건설하는 호텔시설은 제외한다)·위락시설·공연장·공장이나 위험물저장 및 처리시설 그 밖에 사업계획승인권자가 주거환경에 지장이 있다고 인정하는 시설은 주택과 복합건축물로 건설하여서는 아니된다. 다만, 다음 각 호의 어느 하나에 해당하는 경우는 예외로 한다. <개정 1992.7.25., 1996.6.8., 2003.6.30., 2005.6.30., 2008.6.5., 2009.7.30., 2011.3.15., 2011.8.30., 2013.3.23., 2013.12.4., 2014.10.28., 2017.1.17.>

1. 「도시 및 주거환경정비법」 제2조제2호라목에 따른 도시환경정비사업에 따라 복합건축물을 건설하는 경우
2. 위락시설·숙박시설 또는 공연장을 주택과 복합건축물로 건설하는 경우로서 다음 각 목의 요건을 모두 갖춘 경우
   가. 해당 복합건축물은 층수가 50층 이상이거나 높이가 150미터 이상일 것
   나. 위락시설을 주택과 복합건축물로 건설하는 경우에는 다음의 요건을 모두 갖출 것
      1) 위락시설과 주택은 구조가 분리될 것
      2) 사업계획승인권자가 주거환경 보호에 지장이 없다고 인정할 것
3. 「물류시설의 개발 및 운영에 관한 법률」 제2조제6호의2에 따른 도시첨단물류단지 내에 공장을 주택과 복합건축물로 건설하는 경우로서 다음 각 목의 요건을 모두 갖춘 경우
   가. 해당 공장은 제9조의2제1항제1호 각 목의 어느 하나에 해당하는 공장이 아닐 것
   나. 해당 복합건축물이 건설되는 주택단지 내의 물류시설은 지하층에 설치될 것
   다. 사업계획승인권자가 주거환경 보호에 지장이 없다고 인정할 것

②주택과 주택외의 시설(주민공동시설을 제외한다)을 동일건축물에 복합하여 건설하는 경우에는 주택의 출입구·계단 및 승강기등을 주택외의 시설과 분리된 구조로 하여 사생활보호·방범 및 방화등 주거의 안전과 소음·악취등으로부터 주거환경이 보호될 수 있도록 하여야 한다. 다만, 층수가 50층 이상이거나 높이가 150미터 이상인 복합건축물을 건축하는 경우로서 사업계획승인권자가 사생활보호·방범 및 방화 등 주거의 안전과 소음·악취 등으로부터 주거환경이 보호될 수 있다고 인정하는 숙박시설과 공연장의 경우에는 그러하지 아니하다. <개정 2008.6.5., 2014.10.28.>

제3장 주택의 구조·설비등

제13조(기준척도) 주택의 평면 및 각 부위의 치수는 국토교통부령으로 정하는 치수 및 기준척도에 적합하여야 한다. 다만, 사업계획승인권자가 인정하는 특수한 설계·구조 또는 자재로 건설하는 주택의 경우에는 그러하지 아니하다. <개정 1994.12.23., 1994.12.30., 2008.2.29., 2013.3.23., 2013.6.17.>

제14조(세대간의 경계벽등) ①공동주택 각 세대간의 경계벽 및 공동주택과 주택외의 시설간의 경계벽은 내화구조로서 다음 각호의 1에 해당하는 구조로 하여야 한다. <개정 1994.12.23., 1994.12.30., 1998.12.31., 2008.2.29., 2013.3.23.>

1. 철근콘크리트조 또는 철골·철근콘크리트조로서 그 두께(시멘트모르터·회반죽·석고프라스터 기타 이와 유사한 재료를 바른

후의 두께를 포함한다)가 15센티미터 이상인 것
2. 무근콘크리트조·콘크리트블록조·벽돌조 또는 석조로서 그 두께(시멘트모르터·회반죽·석고프라스터 기타 이와 유사한 재료를 바른 후의 두께를 포함한다)가 20센티미터 이상인 것
3. 조립식주택부재인 콘크리트판으로서 그 두께가 12센티미터 이상인 것
4. 제1호 내지 제3호의 것외에 국토교통부장관이 정하여 고시하는 기준에 따라 한국건설기술연구원장이 차음성능을 인정하여 지정하는 구조인 것

② 제1항에 따른 경계벽은 이를 지붕밑 또는 바로 윗층바닥판까지 닿게 하여야 하며, 소리를 차단하는데 장애가 되는 부분이 없도록 설치하여야 한다. 이 경우 경계벽의 구조가 벽돌조인 경우에는 줄눈 부위에 빈틈이 생기지 아니하도록 시공하여야 한다. <개정 2017.10.17.>

③ 삭제 <2013.5.6.>

④ 삭제 <2013.5.6.>

⑤공동주택의 3층 이상인 층의 발코니에 세대간 경계벽을 설치하는 경우에는 제1항 및 제2항의 규정에 불구하고 화재등의 경우에 피난용도로 사용할 수 있는 피난구를 경계벽에 설치하거나 경계벽의 구조를 파괴하기 쉬운 경량구조등으로 할 수 있다. 다만, 경계벽에 창고 기타 이와 유사한 시설을 설치하는 경우에는 그러하지 아니하다. <신설 1992.7.25.>

⑥ 제5항에 따라 피난구를 설치하거나 경계벽의 구조를 경량구조 등으로 하는 경우에는 그에 대한 정보를 포함한 표지 등을 식별하기 쉬운 위치에 부착 또는 설치하여야 한다. <신설 2014.12.23.>

제14조의2(바닥구조) 공동주택의 세대 내의 층간바닥(화장실의 바닥은 제외한다. 이하 이 조에서 같다)은 다음 각 호의 기준을 모두 충족하여야 한다. <개정 2017.1.17.>
1. 콘크리트 슬래브 두께는 210밀리미터[라멘구조(보와 기둥을 통해서 내력이 전달되는 구조를 말한다. 이하 이 조에서 같다)의 공동주택은 150밀리미터] 이상으로 할 것. 다만, 법 제51조제1항에 따라 인정받은 공업화주택의 층간바닥은 예외로 한다.
2. 각 층간 바닥충격음이 경량충격음(비교적 가볍고 딱딱한 충격에 의한 바닥충격음을 말한다)은 58데시벨 이하, 중량충격음(무겁고 부드러운 충격에 의한 바닥충격음을 말한다)은 50데시벨 이하의 구조가 되도록 할 것. 다만, 다음 각 목의 어느 하나에 해당하는 층간바닥은 예외로 한다.
   가. 라멘구조의 공동주택(법 제51조제1항에 따라 인정받은 공업화주택은 제외한다)의 층간바닥
   나. 가목의 공동주택 외의 공동주택 중 발코니, 현관 등 국토교통부령으로 정하는 부분의 층간바닥

[본조신설 2013.5.6.]

제14조의3(벽체 및 창호 등) ① 500세대 이상의 공동주택을 건설하는 경우 벽체의 접합부위나 난방설비가 설치되는 공간의 창호는 국토교통부장관이 정하여 고시하는 기준에 적합한 결로(結露)방지 성능을 갖추어야 한다.

② 제1항에 해당하는 공동주택을 건설하려는 자는 세대 내의 거실·침실의 벽체와 천장의 접합부위(침실에 옷방 또는 붙박이 가구를 설치하는 경우에는 옷방 또는 붙박이 가구의 벽체와 천장의 접합부위를 포함한다), 최상층 세대의 천장부위, 지하주차장·승강기홀의 벽체부위 등 결로취약부위에 대한 결로방지 상세도를 법 제33조제2항에 따른 설계도서에 포함하여야 한다. <개정 2016.8.11., 2016.10.25.>

③ 국토교통부장관은 제2항에 따른 결로방지 상세도의 작성내용 등에 관한 구체적인 사항을 정하여 고시할 수 있다.

[본조신설 2013.5.6.]

제15조(승강기등) ①6층 이상인 공동주택에는 국토교통부령이 정하는 기준에 따라 대당 6인승 이상인 승용승강기를 설치하여야 한다. 다만, 「건축법 시행령」 제89조의 규정에 해당하는 공동주택의 경우에는 그러하지 아니하다. <개정 1992.5.30., 1994.12.23., 1994.12.30., 1999.9.29., 2005.6.30., 2008.2.29., 2013.3.23.>

②10층 이상인 공동주택의 경우에는 제1항의 승용승강기를 비상용승강기의 구조로 하여야 한다. <개정 2007.7.24.>

③10층 이상인 공동주택에는 이사짐등을 운반할 수 있는 다음 각호의 기준에 적합한 화물용승강기를 설치하여야 한다. <개정 1993.9.27., 2001.4.30., 2016.12.30.>
1. 적재하중이 0.9톤 이상일 것
2. 승강기의 폭 또는 너비중 한변은 1.35미터 이상, 다른 한변은 1.6미터 이상일 것

3. 계단실형인 공동주택의 경우에는 계단실마다 설치할 것
4. 복도형인 공동주택의 경우에는 100세대까지 1대를 설치하되, 100세대를 넘는 경우에는 100세대마다 1대를 추가로 설치할 것

④제1항 또는 제2항의 규정에 의한 승용승강기 또는 비상용승강기로서 제3항 각호의 기준에 적합한 것은 화물용승강기로 겸용할 수 있다.

⑤「건축법」 제64조는 제1항 내지 제3항의 규정에 의한 승용승강기·비상용승강기 및 화물용승강기의 구조 및 그 승강장의 구조에 관하여 이를 준용한다. <개정 1992.5.30., 2005.6.30., 2008.10.29.>

제16조(계단) ①주택단지안의 건축물 또는 옥외에 설치하는 계단의 각 부위의 치수는 다음 표의 기준에 적합하여야 한다. <개정 2014.10.28.>

②제1항에 따른 계단은 다음 각 호에 정하는 바에 따라 적합하게 설치하여야 한다. <개정 1992.7.25., 2001.4.30., 2006.1.6., 2009.10.19., 2014.10.28.>

1. 높이 2미터를 넘는 계단(세대내계단을 제외한다)에는 2미터(기계실 또는 물탱크실의 계단의 경우에는 3미터) 이내마다 해당 계단의 유효폭이상의 폭으로 너비 120센티미터이상인 계단참을 설치할 것 다만, 각 동 출입구에 설치하는 계단은 1층에 한정하여 높이 2.5미터 이내마다 계단참을 설치할 수 있다.
2. 삭제 <2014.10.28.>
3. 계단의 바닥은 미끄럼을 방지할 수 있는 구조로 할 것

③계단실형인 공동주택의 계단실은 다음 각호의 기준에 적합하여야 한다.

1. 계단실에 면하는 각 세대의 현관문은 계단의 통행에 지장이 되지 아니하도록 할 것
2. 계단실 최상부에는 배연등에 유효한 개구부를 설치할 것
3. 계단실의 각 층별로 층수를 표시할 것
4. 계단실의 벽 및 반자의 마감(마감을 위한 바탕을 포함한다)은 불연재료 또는 준불연재료로 할 것

④제1항부터 제3항까지에서 규정한 사항 외에 계단의 설치 및 구조에 관한 기준에 관하여는 「건축법 시행령」 제34조, 제35조 및 제48조를 준용한다. <개정 1992.5.30., 1999.9.29., 2005.6.30., 2014.10.28.>

⑤ 삭제 <2013.6.17.>

[제목개정 2013.6.17.]

제16조의2(출입문) ① 주택단지 안의 각 동 출입문에 설치하는 유리는 안전유리(45킬로그램의 추가 75센티미터 높이에서 낙하하는 충격량에 관통되지 아니하는 유리를 말한다. 이하 같다)를 사용하여야 한다.

② 주택단지 안의 각 동 지상 출입문, 지하주차장과 각 동의 지하 출입구를 연결하는 출입문에는 전자출입시스템(비밀번호나 출입카드 등으로 출입문을 여닫을 수 있는 시스템 등을 말한다)을 갖추어야 한다.

③ 주택단지 안의 각 동 옥상 출입문에는 「화재예방, 소방시설 설치·유지 및 안전관리에 관한 법률」 제39조제1항에 따른 성능인증 및 같은 조 제2항에 따른 제품검사를 받은 비상문자동개폐장치를 설치하여야 한다. 다만, 대피공간이 없는 옥상의 출입문은 제외한다. <신설 2016.2.29.>

④ 제2항에 따라 설치되는 전자출입시스템 및 제3항에 따라 설치되는 비상문자동개폐장치는 화재 등 비상시에 소방시스템과 연동(連動)되어 잠김 상태가 자동으로 풀려야 한다. <개정 2016.2.29.>

[본조신설 2013.6.17.]

제17조(복도) ① 삭제 <2014.10.28.>

②복도형인 공동주택의 복도는 다음 각호의 기준에 적합하여야 한다.

1. 외기에 개방된 복도에는 배수구를 설치하고, 바닥의 배수에 지장이 없도록 할 것
2. 중복도에는 채광 및 통풍이 원활하도록 40미터 이내마다 1개소 이상 외기에 면하는 개구부를 설치할 것
3. 복도의 벽 및 반자의 마감(마감을 위한 바탕을 포함한다)은 불연재료 또는 준불연재료로 할 것

제18조(난간) ①주택단지안의 건축물 또는 옥외에 설치하는 난간의 재료는 철근콘크리트, 파손되는 경우에도 비산(飛散)되지 아니하는 안전유리 또는 강도 및 내구성이 있는 재료(금속제인 경우에는 부식되지 아니하거나 도금 또는 녹막이 등으로 부식방지처리를 한 것만 해당한다)를 사용하여 난간이 안전한 구조로 설치될 수 있게 하여야 한다. 다만, 실내에 설치하는 난간의 재료는 목재로 할 수 있다. <개정 1992.7.25., 2009.1.7., 2013.6.17.>

②난간의 각 부위의 치수는 다음 각호의 기

준에 적합하여야 한다. <개정 1999.9.29., 2003.4.22.>

1. 난간의 높이 : 바닥의 마감면으로부터 120센티미터 이상. 다만, 건축물내부계단에 설치하는 난간, 계단중간에 설치하는 난간 기타 이와 유사한 것으로 위험이 적은 장소에 설치하는 난간의 경우에는 90센티미터이상으로 할 수 있다.
2. 난간의 간살의 간격 : 안목치수 10센티미터 이하

③3층 이상인 주택의 창(바닥의 마감면으로부터 창대 윗면까지의 높이가 110센티미터 이상이거나 창의 바로 아래에 발코니 기타 이와 유사한 것이 있는 경우를 제외한다)에는 제1항 및 제2항의 규정에 적합한 난간을 설치하여야 한다.

④외기에 면하는 난간을 설치하는 주택에는 각 세대마다 1개소 이상의 국기봉을 꽂을 수 있는 장치를 당해 난간에 설치하여야 한다.

제19조 삭제 <1996.6.8.>

제20조 삭제 <1996.6.8.>

제21조 삭제 <2014.10.28.>

제22조(장애인등의 편의시설) 주택단지안의 부대시설 및 복리시설에 설치하여야 하는 장애인관련 편의시설은 「장애인·노인·임산부 등의 편의증진보장에 관한 법률」이 정하는 바에 의한다. <개정 2005.6.30.>
[전문개정 1998.2.24.]

제23조 삭제 <2014.10.28.>

제24조 삭제 <2014.10.28.>

제4장 부대시설

제25조(진입도로) ①공동주택을 건설하는 주택단지는 기간도로와 접하거나 기간도로로부터 당해 단지에 이르는 진입도로가 있어야 한다. 이 경우 기간도로와 접하는 폭 및 진입도로의 폭은 다음 표와 같다.

②주택단지가 2 이상이면서 당해 주택단지의 진입도로가 하나인 경우 그 진입도로의 폭은 당해 진입도로를 이용하는 모든 주택단지의 세대수를 합한 총 세대수를 기준으로 하여 산정한다. <신설 1999.9.29.>

③공동주택을 건설하는 주택단지의 진입도로가 2 이상으로서 다음 표의 기준에 적합한 경우에는 제1항의 규정을 적용하지 아니할 수 있다. 이 경우 폭 4미터 이상 6미터 미만인 도로는 기간도로와 통행거리 200미터 이내인 때에 한하여 이를 진입도로로 본다. <개정 1999.9.29., 2016.6.8.>

④도시지역외에서 공동주택을 건설하는 경우 그 주택단지와 접하는 기간도로의 폭 또는 그 주택단지의 진입도로와 연결되는 기간도로의 폭은 제1항의 규정에 의한 기간도로와 접하는 폭 또는 진입도로의 폭의 기준 이상이어야 하며, 주택단지의 진입도로가 2이상이 있는 경우에는 그 기간도로의 폭은 제3항의 기준에 의한 각각의 진입도로의 폭의 기준 이상이어야 한다. <신설 1994.12.30., 1999.9.29., 2001.4.30., 2002.12.26.>

⑤ 삭제 <2016.6.8.>

제26조(주택단지 안의 도로) ① 공동주택을 건설하는 주택단지에는 폭 1.5미터 이상의 보도를 포함한 폭 7미터 이상의 도로(보행자전용도로, 자전거도로는 제외한다)를 설치하여야 한다. <개정 2007.7.24., 2013.6.17.>

② 제1항에도 불구하고 다음 각 호에 어느 하나에 해당하는 경우에는 도로의 폭을 4미터 이상으로 할 수 있다. 이 경우 해당 도로에는 보도를 설치하지 아니할 수 있다. <개정 2013.6.17.>

1. 해당 도로를 이용하는 공동주택의 세대수가 100세대 미만이고 해당 도로가 막다른 도로로서 그 길이가 35미터 미만인 경우
2. 그 밖에 주택단지 내의 막다른 도로 등 사업계획승인권자가 부득이하다고 인정하는 경우

③ 주택단지 안의 도로는 유선형(流線型) 도로로 설계하거나 도로 노면의 요철(凹凸) 포장 또는 과속방지턱의 설치 등을 통하여 도로의 설계속도(도로설계의 기초가 되는 속도를 말한다)가 시속 20킬로미터 이하가 되도록 하여야 한다. <신설 2013.6.17.>

④ 500세대 이상의 공동주택을 건설하는 주택단지 안의 도로에는 어린이 통학버스의 정차가 가능하도록 국토교통부령으로 정하는 기준에 적합한 어린이 안전보호구역을 1개소 이상 설치하여야 한다. <신설 2013.6.17.>

⑤ 제1항부터 제4항까지에서 규정한 사항 외에 주택단지에 설치하는 도로 및 교통안전시

설의 설치기준 등에 관하여 필요한 사항은 국토교통부령으로 정한다. <개정 1994.12.23., 1994.12.30., 2007.7.24., 2008.2.29., 2013.3.23., 2013.6.17.>
[제목개정 2007.7.24.]

제27조(주차장) ① 주택단지에는 다음 각 호의 기준(소수점 이하의 끝수는 이를 한 대로 본다)에 따라 주차장을 설치하여야 한다. <개정 2010.7.6., 2011.3.15., 2012.6.29., 2013.5.31., 2014.10.28., 2016.6.8., 2016.8.11.>

1. 주택단지에는 주택의 전용면적의 합계를 기준으로 하여 다음 표에서 정하는 면적당 대수의 비율로 산정한 주차대수 이상의 주차장을 설치하되, 세대당 주차대수가 1대(세대당 전용면적이 60제곱미터 이하인 경우에는 0.7대)이상이 되도록 하여야 한다.
2. 「주택법 시행령」 제10조제1항제1호에 따른 원룸형 주택은 제1호에도 불구하고 세대당 주차대수가 0.6대(세대당 전용면적이 30제곱미터 미만인 경우에는 0.5대) 이상이 되도록 주차장을 설치하여야 한다. 다만, 지역별 차량보유율 등을 고려하여 설치기준의 2분의 1의 범위에서 특별시·광역시·특별자치시·특별자치도·시 또는 군의 조례로 강화하거나 완화하여 정할 수 있다.
3. 삭제 <2013.5.31.>

② 제1항제1호 및 제2호에 따른 주차장은 지역의 특성, 전기자동차(「환경친화적 자동차의 개발 및 보급 촉진에 관한 법률」 제2조제3호에 따른 전기자동차를 말한다) 보급정도 및 주택의 규모 등을 고려하여 그 일부를 전기자동차의 전용주차구획으로 구분 설치하도록 특별시·광역시·특별자치시·특별자치도·시 또는 군의 조례로 정할 수 있다. <신설 2016.6.8.>
③주택단지에 건설하는 주택(부대시설 및 주민공동시설을 포함한다)외의 시설에 대하여는 「주차장법」이 정하는 바에 따라 산정한 부설주차장을 설치하여야 한다. <개정 2005.6.30.>
④「노인복지법」에 의하여 노인복지주택을 건설하는 경우 당해 주택단지에는 제1항의 규정에 불구하고 세대당 주차대수가 0.3대(세대당 전용면적이 60제곱미터 이하인 경우에는 0.2대)이상이 되도록 하여야 한다. <신설 1998.8.27., 2005.6.30.>
⑤제1항 내지 제4항에 규정한 사항외에 주차장의 구조 및 설비의 기준에 관하여 필요한 사항은 국토교통부령으로 정한다. <신설 1993.2.20., 1994.12.23., 1994.12.30., 1998.8.27., 2008.2.29., 2013.3.23.>
⑥ 삭제 <2010.7.6.>
⑦ 삭제 <2010.7.6.>
⑧「철도산업발전기본법」 제3조제2호의 철도시설 중 역시설로부터 반경 500미터 이내에서 건설하는 「공공주택 특별법」 제2조에 따른 공공주택(이하 "철도부지 활용 공공주택"이라 한다)의 경우 해당 주택단지에는 제1항에 따른 주차장 설치기준의 2분의 1의 범위에서 완화하여 적용할 수 있다. <신설 2009.11.5., 2014.4.29., 2015.12.28.>

제28조(관리사무소) ①50세대 이상의 공동주택을 건설하는 주택단지에는 10제곱미터에 50세대를 넘는 매 세대마다 500제곱센티미터를 더한 면적 이상의 관리사무소를 설치하여야 한다. 다만, 그 면적의 합계가 100제곱미터를 초과하는 경우에는 설치면적을 100제곱미터로 할 수 있다.
②제1항의 관리사무소는 관리업무의 효율성과 입주민의 접근성 등을 고려하여 배치하여야 한다.
[전문개정 2006.1.6.]

제29조 삭제 <2014.10.28.>

제30조(수해방지등) ①주택단지(단지경계선의 주변 외곽부분을 포함한다)에 높이 2미터 이상의 옹벽 또는 축대(이하 "옹벽등"이라 한다)가 있거나 이를 설치하는 경우에는 그 옹벽등으로부터 건축물의 외곽부분까지를 당해 옹벽등의 높이만큼 띄워야 한다. 다만, 다음 각호의 1에 해당하는 경우에는 그러하지 아니하다. <개정 1993.2.20.>

1. 옹벽등의 기초보다 그 기초가 낮은 건축물. 이 경우 옹벽등으로부터 건축물 외곽부분까지를 5미터(3층 이하인 건축물은 3미터)이상 띄워야 한다.
2. 옹벽등보다 낮은 쪽에 위치한 건축물의 지하부분 및 땅으로부터 높이 1미터 이하인 건축물부분

②주택단지에는 배수구·집수구 및 집수정등 우수의 배수에 필요한 시설을 설치하여야 한다.
③주택단지가 저지대등 침수의 우려가 있는 지역인 경우에는 주택단지안에 설치하는 수전실·전화국선용단자함 기타 이와 유사한 전기 및 통신설비는 가능한 한 침수가 되지 아니하는 곳에

이를 설치하여야 한다. <신설 1992.7.25.>
④제1항 내지 제3항에서 규정한 사항외에 수해방지등에 관하여 필요한 사항은 국토교통부령으로 정한다. <개정 1992.7.25., 1994.12.23., 1994.12.30., 2008.2.29., 2013.3.23.>

제31조(안내표지판등) ①300세대 이상의 주택을 건설하는 주택단지와 그 주변에는 다음 각 호의 기준에 따라 안내표지판을 설치하여야 한다. 다만, 제2호에 따른 표지판은 해당 사항이 표시된 도로표지판등이 있는 경우에는 설치하지 아니할 수 있다. <개정 1994.12.23., 1994.12.30., 2008.2.29., 2013.3.23., 2014.10.28.>
1. 삭제 <2014.10.28.>
2. 단지의 진입도로변에 단지의 명칭을 표시한 단지입구표지판을 설치할 것
3. 단지의 주요출입구마다 단지안의 건축물·도로 기타 주요시설의 배치를 표시한 단지종합안내판을 설치할 것
4. 삭제 <2014.10.28.>

②주택단지에 2동 이상의 공동주택이 있는 경우에는 각동 외벽의 보기쉬운 곳에 동번호를 표시하여야 한다.
③관리사무소 또는 그 부근에는 거주자에게 공지사항을 알리기 위한 게시판을 설치하여야 한다.
④ 삭제 <2014.10.28.>

제32조(통신시설) ①주택에는 세대마다 전화설치장소(거실 또는 침실을 말한다)까지 구내통신선로설비를 설치하여야 하되, 구내통신선로설비의 설치에 필요한 사항은 따로 대통령령으로 정한다. <개정 1994.12.30., 2008.2.29.>
②경비실을 설치하는 공동주택의 각 세대에는 경비실과 통화가 가능한 구내전화를 설치하여야 한다.
③주택에는 세대마다 초고속 정보통신을 할 수 있는 구내통신선로설비를 설치하여야 한다. <신설 2001.4.30.>

제32조의2(지능형 홈네트워크 설비) 주택에 지능형 홈네트워크 설비(주택의 성능과 주거의 질 향상을 위하여 세대 또는 주택단지 내 지능형 정보통신 및 가전기기 등의 상호 연계를 통하여 통합된 주거서비스를 제공하는 설비를 말한다)를 설치하는 경우에는 국토교통부장관, 산업통상자원부장관 및 과학기술정보통신부장관이 협의하여 공동으로 고시하는 지능형 홈네트워크 설비 설치 및 기술기준에 적합하여야 한다. <개정 2013.3.23., 2017.7.26.>
[본조신설 2008.11.11.]

제33조(보안등) ①주택단지안의 어린이놀이터 및 도로(폭 15미터이상인 도로의 경우에는 도로의 양측)에는 보안등을 설치하여야 한다. 이 경우 당해 도로에 설치하는 보안등의 간격은 50미터 이내로 하여야 한다. <개정 1998.8.27.>
②제1항의 규정에 의한 보안등에는 외부의 밝기에 따라 자동으로 켜지고 꺼지는 장치 또는 시간을 조절하는 장치를 부착하여야 한다.

제34조(가스공급시설) ①도시가스의 공급이 가능한 지역에 주택을 건설하거나 액화석유가스를 배관에 의하여 공급하는 주택을 건설하는 경우에는 각 세대까지 가스공급설비를 하여야 하며, 그 밖의 지역에서는 안전이 확보될 수 있도록 외기에 면한 곳에 액화석유가스용기를 보관할 수 있는 시설을 하여야 한다.
②특별시장·광역시장·특별자치시장·특별자치도지사 또는 도지사(이하 "시·도지사"라 한다)는 500세대 이상의 주택을 건설하는 주택단지에 대하여는 당해 지역의 가스공급계획에 따라 가스저장시설을 설치하게 할 수 있다. <개정 1996.6.8., 2009.10.19., 2014.10.28.>

제35조(비상급수시설) ① 공동주택을 건설하는 주택단지에는 「먹는물관리법」 제5조의 규정에 의한 먹는물의 수질기준에 적합한 비상용수를 공급할 수 있는 지하양수시설 또는 지하저수조시설을 설치하여야 한다. <개정 1999.9.29., 2005.6.30.>
②제1항에 따른 지하양수시설 및 지하저수조는 다음 각 호에 따른 설치기준을 갖추어야 한다. 다만, 철도부지 활용 공공주택을 건설하는 주택단지의 경우에는 시·군지역의 기준을 적용한다. <개정 2009.11.5., 2012.6.29., 2014.4.29., 2014.10.28.>
1. 지하양수시설
   가. 1일에 당해 주택단지의 매 세대당 0.2톤(시·군지역은 0.1톤)이상의 수량을 양수할 수 있을 것
   나. 양수에 필요한 비상전원과 이에 의하여 가동될 수 있는 펌프를 설치할 것
   다. 당해 양수시설에는 매 세대당 0.3톤 이상을 저수할 수 있는 지하저수조(제43조제6항의 규정에 의한 기준에 적합하여야 한

다)를 함께 설치할 것
2. 지하저수조
가. 고가수조저수량(매 세대당 0.25톤까지 산입한다)을 포함하여 매 세대당 0.5톤(독신자용 주택은 0.25톤) 이상의 수량을 저수할 수 있을 것. 다만, 지역별 상수도 시설용량 및 세대당 수돗물 사용량 등을 고려하여 설치기준의 2분의 1의 범위에서 특별시·광역시·특별자치시·특별자치도·시 또는 군의 조례로 완화 또는 강화하여 정할 수 있다.
나. 50세대(독신자용 주택은 100세대)당 1대 이상의 수동식펌프를 설치하거나 양수에 필요한 비상전원과 이에 의하여 가동될 수 있는 펌프를 설치할 것
다. 제43조제6항의 규정에 의한 기준에 적합하게 설치할 것
라. 먹는물을 당해 저수조를 거쳐 각 세대에 공급할 수 있도록 설치할 것
[전문개정 1998.8.27.]

第36條 삭제 <1999.9.29.>

第37條(난방설비 등) ① 6층 이상인 공동주택의 난방설비는 중앙집중난방방식(「집단에너지사업법」에 의한 지역난방공급방식을 포함한다. 이하 같다)으로 하여야 한다. 다만, 「건축법 시행령」 제87조제2항의 규정에 의한 난방설비를하는 경우에는 그러하지 아니하다. <개정 1992.5.30., 1993.2.20., 1999.9.29., 2005.6.30.>
② 공동주택의 난방설비를 중앙집중난방방식으로 하는 경우에는 난방열이 각 세대에 균등하게 공급될 수 있도록 4층 이상 10층 이하의 건축물인 경우에는 2개소 이상, 10층을 넘는 건축물인 경우에는 10층을 넘는 5개층마다 1개소를 더한 수 이상의 난방구획으로 구분하여 각 난방구획마다 따로 난방용배관을 하여야 한다. 다만, 다음 각호의 1에 해당하는 경우에는 그러하지 아니하다. <개정 1993.2.20., 1994.12.30., 1998.8.27., 2005.6.30., 2008.2.29., 2013.3.23.>
1. 연구기관 또는 학술단체의 조사 또는 시험에 의하여 난방열을 각 세대에 균등하게 공급할 수 있다고 인정되는 시설 또는 설비를 설치한 경우
2. 난방설비를 「집단에너지사업법」에 의한 지역난방공급방식으로 하는 경우로서 산업통상자원부장관이 정하는 바에 따라 각 세대별로 유량조절장치를 설치한 경우
③ 난방설비를 중앙집중난방방식으로 하는 공동주택의 각 세대에는 산업통상자원부장관이 정하는 바에 따라 난방열량을 계량하는 계량기와 난방온도를 조절하는 장치를 각각 설치하여야 한다. <개정 1993.3.6., 1994.12.30., 1996.6.8., 1998.8.27., 2008.2.29., 2009.10.19., 2013.3.23.>
④ 공동주택 각 세대에 「건축법 시행령」 제87조제2항에 따라 온돌 방식의 난방설비를 하는 경우에는 침실에 포함되는 옷방 또는 붙박이 가구 설치 공간에도 난방설비를 하여야 한다. <신설 2016.10.25.>
⑤공동주택의 각 세대에는 발코니 등 세대 안에 냉방설비의 배기장치를 설치할 수 있는 공간을 마련하여야 한다. 다만, 중앙집중냉방방식의 경우에는 그러하지 아니하다. <신설 2006.1.6., 2016.10.25.>
[제목개정 2006.1.6.]

第38條(폐기물보관시설) 주택단지에는 생활폐기물보관시설 또는 용기를 설치하여야 하며, 그 설치장소는 차량의 출입이 가능하고 주민의 이용에 편리한 곳이어야 한다. <개정 1994.12.30., 1996.6.8., 1999.9.29.>
[전문개정 1992.7.25.]

第39條(폐쇄회로 텔레비전의 설치) 「공동주택관리법 시행령」 제2조 각 호의 공동주택을 건설하는 주택단지에는 국토교통부령으로 정하는 기준에 따라 보안 및 방범 목적을 위한 폐쇄회로 텔레비전을 설치하여야 한다. <개정 2013.3.23., 2017.10.17.>
[본조신설 2011.1.4.]

第40條(전기시설) ① 주택에 설치하는 전기시설의 용량은 각 세대별로 3킬로와트(세대당 전용면적이 60제곱미터 이상인 경우에는 3킬로와트에 60제곱미터를 초과하는 10제곱미터마다 0.5킬로와트를 더한 값)이상이어야 한다. <개정 1998.8.27.>
② 주택에는 세대별 전기사용량을 측정하는 전력량계를 각 세대 전용부분 밖의 검침이 용이한 곳에 설치하여야 한다. 다만, 전기사용량을 자동으로 검침하는 원격검침방식을 적용하는 경우에는 전력량계를 각 세대 전용부분안에 설치할 수 있다. <개정 1992.7.25.>
③ 주택단지안의 옥외에 설치하는 전선은 지하

에 매설하여야 한다. 다만, 세대당 전용면적이 60제곱미터 이하인 주택을 전체세대수의 2분의 1 이상 건설하는 단지에서 폭 8미터 이상의 도로에 가설하는 전선은 가공선으로 할 수 있다.

④ 삭제 <1999.9.29.>

⑤ 제1항 내지 제3항에 규정한 사항외에 전기설비의 설치 및 기술기준에 관하여는 「전기사업법」 제67조를 준용한다. <개정 1992.5.30., 1999.9.29., 2001.2.24., 2005.6.30.>

제41조 삭제 <2014.10.28.>

제42조(방송수신을 위한 공동수신설비의 설치 등) ① 삭제 <2017.10.17.>

② 공동주택의 각 세대에는 「건축법 시행령」 제87조제4항 단서 및 같은 조 제5항에 따라 설치하는 방송 공동수신설비 중 지상파텔레비전방송, 에프엠(FM)라디오방송 및 위성방송의 수신안테나와 연결된 단자를 2개소 이상 설치하여야 한다. 다만, 세대당 전용면적이 60제곱미터 이하인 주택의 경우에는 1개소로 할 수 있다. <개정 2006.1.6., 2017.10.17.>

[제목개정 2006.1.6.]

제43조(급·배수시설) ① 주택에 설치하는 급수·배수용 배관은 콘크리트구조체안에 매설하여서는 아니된다. 다만, 다음 각 호의 어느 하나에 해당하는 경우에는 그러하지 아니하다. <개정 1992.7.25., 1993.2.20., 2014.10.28., 2017.1.17.>

1. 급수·배수용 배관이 주택의 바닥면 또는 벽면 등을 직각으로 관통하는 경우
2. 주택의 구조안전에 지장이 없는 범위에서 콘크리트구조체 안에 덧관을 미리 매설하여 배관을 설치하는 경우
3. 콘크리트구조체의 형태 등에 따라 배관의 매설이 부득이하다고 사업계획승인권자가 인정하는 경우로서 배관의 부식을 방지하고 그 수선 및 교체가 쉽도록 하여 배관을 설치하는 경우

② 주택의 화장실에 설치하는 급수·배수용 배관은 다음 각 호의 기준에 적합하여야 한다. <신설 2017.1.17.>

1. 급수용 배관에는 감압밸브 등 수압을 조절하는 장치를 설치하여 각 세대별 수압이 일정하게 유지되도록 할 것
2. 배수용 배관을 층하배관공법(배관을 바닥 슬래브 아래에 설치하여 아래층 세대 천장으로 노출시키는 공법을 말한다)으로 설치하는 경우에는 일반용 경질염화비닐관을 설치하는 경우보다 같은 측정조건에서 5데시벨 이상 소음 차단성능이 있는 저소음형 배관을 사용할 것

③공동주택에는 세대별 수도계량기 및 세대마다 2개소 이상의 급수전을 설치하여야 한다. <개정 1993.2.20.>

④주택의 부엌, 욕실, 화장실 및 다용도실 등 물을 사용하는 곳과 발코니의 바닥에는 배수설비를 하여야 한다. 다만, 급수설비를 설치하지 아니하는 발코니인 경우에는 그러하지 아니하다. <개정 1993.2.20., 1998.8.27., 2009.1.7., 2014.10.28.>

⑤제4항의 규정에 의한 배수설비에는 악취 및 배수의 역류를 막을 수 있는 시설을 하여야 한다. <개정 1993.2.20.>

⑥주택에 설치하는 음용수의 급수조 및 저수조는 다음 각호의 기준에 적합하여야 한다. <신설 1992.7.25., 1993.2.20.>

1. 급수조 및 저수조의 재료는 수질을 오염시키지 아니하는 재료나 위생에 지장이 없는 것으로서 내구성이 있는 도금·녹막이 처리 또는 피막처리를 한 재료를 사용할 것
2. 급수조 및 저수조의 구조는 청소등 관리가 쉬워야 하고, 음용수외의 다른 물질이 들어갈 수 없도록 할 것

⑦제1항부터 제6항까지에서 규정한 사항 외에 급수·배수·가스공급 기타의 배관설비의 설치와 구조에 관한 기준은 국토교통부령으로 정한다. <개정 1992.7.25., 1993.2.20., 1994.12.23., 1994.12.30., 2008.2.29., 2013.3.23., 2014.10.28., 2017.1.17.>

제44조(배기설비 등) ①주택의 부엌·욕실 및 화장실에는 바깥의 공기에 면하는 창을 설치하거나 국토교통부령이 정하는 바에 따라 배기설비를 하여야 한다. <개정 2008.2.29., 2013.3.23.>

② 공동주택 각 세대의 침실에 밀폐된 옷방 또는 붙박이 가구를 설치하는 경우에는 그 옷방 또는 붙박이 가구에 제1항에 따른 배기설비 또는 통풍구를 설치하여야 한다. 다만, 외벽 및 욕실에서 이격하여 설치하는 옷방 또는 붙박이 가구에는 배기설비 또는 통풍구를 설치하지 아니할 수 있다. <신설 2016.10.25.>

③법 제40조에 따라 공동주택의 각 세대에 설치하는 환기시설의 설치기준 등은 건축법령이 정하는 바에 의한다. <개정 2016.8.11., 2016.10.25.>

[전문개정 2006.1.6.]

제45조 삭제 <1998.8.27.>

제5장 복리시설

제46조 삭제 <2013.6.17.>

제47조 삭제 <2013.6.17.>

제48조 삭제 <1998.8.27.>

제49조 삭제 <1994.12.30.>

제50조(근린생활시설 등) ① 삭제 <2014.10.28.>
② 삭제 <1993.9.27.>
③ 삭제 <1993.9.27.>
④하나의 건축물에 설치하는 근린생활시설 및 소매시장·상점을 합한 면적(전용으로 사용되는 면적을 말하며, 같은 용도의 시설이 2개소 이상 있는 경우에는 각 시설의 바닥면적을 합한 면적으로 한다)이 1천제곱미터를 넘는 경우에는 주차 또는 물품의 하역등에 필요한 공터를 설치하여야 하고, 그 주변에는 소음·악취의 차단과 조경을 위한 식재 그 밖에 필요한 조치를 취하여야 한다. <개정 1993.9.27., 1994.12.30., 1999.9.29., 2014.10.28.>
[제목개정 1999.9.29.]

제51조 삭제 <1993.9.27.>

제52조(유치원) ① 2천세대 이상의 주택을 건설하는 주택단지에는 유치원을 설치할 수 있는 대지를 확보하여 그 시설의 설치희망자에게 분양하여 건축하게 하거나 유치원을 건축하여 이를 운영하고자 하는 자에게 공급하여야 한다. 다만, 다음 각 호의 어느 하나에 해당하는 경우에는 그러하지 아니하다. <개정 2003.11.29., 2005.6.30., 2009.10.19., 2017.2.3.>
1. 당해 주택단지로부터 통행거리 300미터 이내에 유치원이 있는 경우
2. 당해 주택단지로부터 통행거리 200미터 이내에 「교육환경 보호에 관한 법률」 제9조 각호의 시설이 있는 경우
3. 삭제 <2013.6.17.>
4. 당해 주택단지가 노인주택단지·외국인주택단지 등으로서 유치원의 설치가 불필요하다고 사업계획 승인권자가 인정하는 경우

② 유치원을 유치원외의 용도의 시설과 복합으로 건축하는 경우에는 의료시설·주민운동시설·어린이집·종교집회장 및 근린생활시설(「교육환경 보호에 관한 법률」 제8조에 따른 교육환경보호구역에 설치할 수 있는 시설에 한한다)에 한하여 이를 함께 설치할 수 있다. 이 경우 유치원 용도의 바닥면적의 합계는 당해 건축물 연면적의 2분의 1 이상이어야 한다. <개정 2005.6.30., 2011.12.8., 2017.2.3.>
③ 제2항에 따른 복합건축물은 유아교육·보육의 환경이 보호될 수 있도록 유치원의 출입구·계단·복도 및 화장실 등을 다른 용도의 시설(어린이집 및 「사회복지사업법」 제2조제5호의 사회복지관을 제외한다)과 분리된 구조로 하여야 한다. <개정 2011.12.8., 2017.10.17.>

[전문개정 1999.9.29.]

제53조 삭제 <2013.6.17.>

제54조 삭제 <1999.9.29.>

제55조 삭제 <2013.6.17.>

제55조의2(주민공동시설) ① 100세대 이상의 주택을 건설하는 주택단지에는 다음 각 호에 따라 산정한 면적 이상의 주민공동시설을 설치하여야 한다. 다만, 지역 특성, 주택 유형 등을 고려하여 특별시·광역시·특별자치시·특별자치도·시 또는 군의 조례로 주민공동시설의 설치면적을 그 기준의 4분의 1 범위에서 강화하거나 완화하여 정할 수 있다. <개정 2014.10.28.>
1. 100세대 이상 1,000세대 미만: 세대당 2.5제곱미터를 더한 면적
2. 1,000세대 이상: 500제곱미터에 세대당 2제곱미터를 더한 면적

② 제1항에 따른 면적은 각 시설별로 전용으로 사용되는 면적을 합한 면적으로 산정한다. 다만, 실외에 설치되는 시설의 경우에는 그 시설이 설치되는 부지 면적으로 한다.
③ 제1항에 따른 주민공동시설을 설치하는 경우 해당 주택단지에는 다음 각 호의 구분에 따른 시설이 포함되어야 한다. 다만, 해당 주택단지의 특성, 인근 지역의 시설설치 현황 등을 고려할 때 사업계획승인권자가 설치할 필요가 없다고 인정하는 시설은 설치하지 아니할 수 있다.
1. 150세대 이상: 경로당, 어린이놀이터

2. 300세대 이상: 경로당, 어린이놀이터, 어린이집
3. 500세대 이상: 경로당, 어린이놀이터, 어린이집, 주민운동시설, 작은도서관

④ 제3항에서 규정한 시설 외에 필수적으로 설치해야 하는 세대수별 주민공동시설의 종류에 대해서는 특별시・광역시・특별자치시・특별자치도・시 또는 군의 지역별 여건 등을 고려하여 조례로 따로 정할 수 있다. <개정 2014.10.28.>

⑤ 국토교통부장관은 문화체육관광부장관, 보건복지부장관과 협의하여 제3항 각 호에 따른 주민공동시설별 세부 면적에 대한 사항을 정하여 특별시・광역시・특별자치시・특별자치도・시 또는 군에 이를 활용하도록 제공할 수 있다. <개정 2014.10.28.>

⑥ 제3항 및 제4항에 따라 필수적으로 설치해야 하는 주민공동시설별 세부 면적 기준은 특별시・광역시・특별자치시・특별자치도・시 또는 군의 지역별 여건 등을 고려하여 조례로 정할 수 있다. <개정 2014.10.28.>

⑦ 제3항 각 호에 따른 주민공동시설은 다음 각 호의 기준에 적합하게 설치하여야 한다. <개정 2015.5.6.>

1. 경로당
   가. 일조 및 채광이 양호한 위치에 설치할 것
   나. 오락・취미활동・작업 등을 위한 공용의 다목적실과 남녀가 따로 사용할 수 있는 공간을 확보할 것
   다. 급수시설・취사시설・화장실 및 부속정원을 설치할 것
2. 어린이놀이터
   가. 놀이기구 및 그 밖에 필요한 기구를 일조 및 채광이 양호한 곳에 설치하거나 주택단지의 녹지 안에 어우러지도록 설치할 것
   나. 실내에 설치하는 경우 놀이기구 등에 사용되는 마감재 및 접착제, 그 밖의 내장재는 「환경기술 및 환경산업 지원법」 제17조에 따른 환경표지의 인증을 받거나 그에 준하는 기준에 적합한 친환경 자재를 사용할 것
   다. 실외에 설치하는 경우 인접대지경계선(도로・광장・시설녹지, 그 밖에 건축이 허용되지 아니하는 공지에 접한 경우에는 그 반대편의 경계선을 말한다)과 주택단지 안의 도로 및 주차장으로부터 3미터 이상의 거리를 두고 설치할 것
3. 어린이집
   가. 「영유아보육법」의 기준에 적합하게 설치할 것
   나. 해당 주택의 사용검사 시까지 설치할 것
4. 주민운동시설
   가. 시설물은 안전사고를 방지할 수 있도록 설치할 것
   나. 「체육시설의 설치・이용에 관한 법률 시행령」 별표 1에서 정한 체육시설을 설치하는 경우 해당 종목별 경기규칙의 시설기준에 적합할 것
5. 작은도서관은 「도서관법 시행령」 별표 1 제1호 및 제2호가목3)의 기준에 적합하게 설치할 것

[본조신설 2013.6.17.]

제6장 대지의 조성

제56조(대지의 안전) ①대지를 조성할 때에는 지반의 붕괴・토사의 유실등의 방지를 위하여 필요한 조치를 하여야 한다.

②제1항의 규정에 의한 대지의 조성에 관하여 이 영에서 정하는 사항을 제외하고는 「건축법」 제40조 및 같은 법 제41조제1항을 준용한다. <개정 1992.5.30., 2005.6.30., 2008.10.29.>

제57조(간선시설) 법 제15조에 따른 사업계획의 승인을 얻어 조성하는 일단의 대지에는 국토교통부령이 정하는 기준 이상인 진입도로(당해 대지에 접하는 기간도로를 포함한다)・상하수도시설 및 전기시설이 설치되어야 한다. <개정 1994.12.23., 1994.12.30., 2003.11.29., 2008.2.29., 2013.3.23., 2016.8.11.>

제7장 공동주택 바닥충격음 차단구조의 성능등급 인정

<개정 2014.6.27.>

제58조(공동주택성능등급의 표시) 법 제39조 각 호 외의 부분에서 "대통령령으로 정하는 호수"란 1,000세대를 말한다. <개정 2016.8.11.>
[본조신설 2014.6.27.]

제59조 삭제 <2013.2.20.>

제59조의2 삭제 <2013.2.20.>

제60조 삭제 <2013.2.20.>

제60조의2(바닥충격음 성능등급 인정기관) ① 법 제41조제1항에 따른 바닥충격음 성능등급 인정기관(이하 "바닥충격음 성능등급 인정기관"이라 한다)으로 지정받으려는 자는 국토교통부령으로 정하는 신청서에 다음 각 호의 서류를 첨부하여 국토교통부장관에게 제출하여야 한다. 이 경우 국토교통부장관은 「전자정부법」 제36조제1항에 따른 행정정보의 공동이용을 통하여 법인 등기사항증명서를 확인하여야 한다. <개정 2010.11.2., 2013.3.23., 2016.8.11.>

1. 임원 명부
2. 삭제 <2010.11.2.>
3. 제2항에 따른 인력 및 장비기준을 증명할 수 있는 서류
4. 바닥충격음 성능등급 인정업무의 추진계획서

② 바닥충격음 성능등급 인정기관의 인력 및 장비기준은 별표 6과 같다.

③ 제1항 및 제2항에서 규정한 사항 외에 바닥충격음 성능등급 인정기관의 지정에 관하여 필요한 사항은 국토교통부장관이 정하여 고시한다. <개정 2013.3.23.>

[본조신설 2008.9.25.]

[제60조의3에서 이동, 종전 제60조의2는 제60조의3으로 이동 <2013.5.6.>]

제60조의3(바닥충격음 성능등급 및 기준 등) ① 법 제41조제1항에 따라 바닥충격음 성능등급 인정기관이 인정하는 바닥충격음 성능등급 및 기준에 관하여는 국토교통부장관이 정하여 고시한다. <개정 2016.8.11.>

② 제14조의2제2호 본문에 따른 바닥충격음 차단성능 인정을 받으려는 자는 국토교통부장관이 정하여 고시하는 방법 및 절차 등에 따라 바닥충격음 성능등급 인정기관으로부터 바닥충격음 차단성능 인정을 받아야 한다.

③ 바닥충격음 차단성능 인정기관은 제2항에 따라 고시하는 방법 및 절차 등에 따라 바닥충격음을 측정하는 경우 측정장소와 충격원 등에 따른 바닥충격음 측정값의 차이에 대해서는 국토교통부장관이 정하여 고시하는 바에 따라 바닥충격음 차단성능을 보정하여 적용할 수 있다.

[전문개정 2013.5.6.]

[제60조의2에서 이동, 종전 제60조의3은 제60조의2로 이동 <2013.5.6.>]

제60조의4(신제품에 대한 성능등급 인정) 바닥충격음 성능등급 인정기관은 제60조의3제1항에 따라 고시된 기준을 적용하기 어려운 신개발품이나 인정 규격 외의 제품(이하 "신제품"이라 한다)에 대한 성능등급 인정의 신청이 있을 때에는 제60조의3제1항에도 불구하고 제60조의5에 따라 신제품에 대한 별도의 인정기준을 마련하여 성능등급을 인정할 수 있다. <개정 2013.5.6.>

1. 삭제 <2013.5.6.>
2. 삭제 <2013.5.6.>

[본조신설 2011.1.4.]

제60조의5(신제품에 대한 성능등급 인정 절차) ① 성능등급 인정기관은 제60조의4에 따른 별도의 성능등급 인정기준을 마련하기 위해서는 제60조의6에 따른 전문위원회(이하 "전문위원회"라 한다)의 심의를 거쳐야 한다.

② 성능등급 인정기관은 신제품에 대한 성능등급 인정의 신청을 받은 날부터 15일 이내에 전문위원회에 심의를 요청하여야 한다.

③ 성능등급 인정기관의 장은 제1항에 따른 인정기준을 지체 없이 신청인에게 통보하고, 인터넷 홈페이지 등을 통하여 일반인에게 알려야 한다.

④ 성능등급 인정기관의 장은 제1항에 따른 별도의 성능등급 인정기준을 국토교통부장관에게 제출하여야 하며, 국토교통부장관은 이를 관보에 고시하여야 한다. <개정 2013.3.23.>

[본조신설 2011.1.4.]

제60조의6(전문위원회) ① 신제품에 대한 인정기준 등에 관한 사항을 심의하기 위하여 성능등급 인정기관에 전문위원회를 둔다.

② 전문위원회의 구성, 위원의 선임기준 및 임기 등 위원회의 운영에 필요한 구체적인 사항은 해당 성능등급 인정기관의 장이 정한다.

[본조신설 2011.1.4.]

제60조의7(공동주택 바닥충격음 차단구조의 성능등급 인정의 유효기간 등) ① 법 제41조제3항에 따른 공동주택 바닥충격음 차단구조의 성능등급 인정의 유효기간은 그 성능등급 인정을 받은 날부터 5년으로 한다. <개정 2016.8.11.>

② 공동주택 바닥충격음 차단구조의 성능등급 인정을 받은 자는 제1항에 따른 유효기간이 끝나기 전에 유효기간을 연장할 수 있다. 이 경우 연장되는 유효기간은 연장될 때마다 3년을 초과할 수 없다.
③ 법 제41조제3항에 따른 공동주택 바닥충격음 차단구조의 성능등급 인정에 드는 수수료는 인정 업무와 시험에 사용되는 비용으로 하되, 인정 업무와 시험에 필수적으로 수반되는 비용을 추가할 수 있다. <개정 2016.8.11.>
④ 제1항부터 제3항까지에서 규정한 사항 외에 공동주택 바닥충격음 차단구조의 성능등급 인정의 유효기간 연장, 성능등급 인정에 드는 수수료 등에 관하여 필요한 세부적인 사항은 국토교통부장관이 정하여 고시한다.
[본조신설 2013.12.4.]

제61조(인정기준의 제정·개정 신청 등) ① 바닥충격음 성능등급 인정기관에 성능등급 인정을 신청한 자는 국토교통부장관에게 성능등급 인정기준의 제정 또는 개정을 신청할 수 있다. <개정 2013.2.20., 2013.3.23., 2013.5.6.>
② 국토교통부장관은 제1항에 따른 신청을 받은 경우에는 신청내용을 검토하여 신청일부터 30일 이내에 제정 또는 개정 추진 여부를 신청인에게 통보하여야 한다. 이 경우 제정 또는 개정을 추진하지 아니하기로 결정한 경우에는 그 사유를 함께 알려야 한다. <개정 2013.3.23.>
③ 제2항에 따른 통보에 이의가 있는 신청인은 국토교통부장관에게 다시 검토하여 줄 것을 요청할 수 있다. <개정 2013.3.23.>
[본조신설 2011.1.4.]

제8장 공업화주택

<개정 1999.9.29.>

제61조의2(공업화주택의 인정등) ①법 제51조제1항에 따른 공업화주택의 인정을 받고자 하는 자는 국토교통부령이 정하는 공업화주택인정신청서에 다음 각호의 서류를 첨부하여 국토교통부장관에게 제출하여야 한다. <개정 1994.12.23., 1994.12.30., 2003.11.29., 2008.2.29., 2011.12.28., 2013.3.23., 2016.8.11.>
1. 설계 및 제품설명서
2. 설계도면·제작도면 및 시방서
3. 구조 및 성능에 관한 시험성적서 또는 구조안전확인서(건축구조 분야의 기술사가 구조안전성능 평가가 가능하다고 확인하여 작성한 것만 해당한다)
4. 생산공정·건설공정·생산능력 및 품질관리계획을 기재한 서류

② 국토교통부장관은 제1항에 따라 공업화주택의 인정 신청을 받은 경우에는 그 신청을 받은 날부터 60일 이내에 인정 여부를 통보하여야 한다. 다만, 서류보완 등 부득이한 사유로 처리기간의 연장이 필요한 경우에는 10일 이내의 범위에서 한 번만 연장할 수 있다. <신설 2014.10.28.>
③ 국토교통부장관은 법 제51조제1항에 따라 공업화주택을 인정하는 경우에는 국토교통부령으로 정하는 공업화주택인정서를 신청인에게 발급하고 이를 공고하여야 한다. <개정 1994.12.23., 1994.12.30., 2008.2.29., 2011.12.28., 2013.3.23., 2016.8.11.>
④ 제3항의 규정에 의한 공업화주택인정서를 교부받은 자는 국토교통부령이 정하는 바에 따라 공업화주택의 생산 및 건설실적을 국토교통부장관에게 제출하여야 한다. <개정 1994.12.23., 1994.12.30., 2008.2.29., 2013.3.23.>
⑤공업화주택 인정의 유효기간은 제3항의 규정에 의한 공고일부터 5년으로 한다.
⑥ 법 제51조제2항에 따라 공업화주택 또는 국토교통부장관이 고시한 새로운 건설기술을 적용하여 건설하는 주택을 건설하는 자는 「건설산업기본법」 제40조의 규정에 따라 건설공사의 현장에 건설기술자를 배치하여야 한다. <개정 1994.12.23., 1994.12.30., 1999.9.29., 2003.11.29., 2005.6.30., 2008.2.29., 2013.3.23., 2016.8.11.>
[본조신설 1993.2.20.]

제62조 삭제 <1999.9.29.>

제62조의2 삭제 <1999.9.29.>

제63조(인정취소의 공고) 국토교통부장관은 법 제52조에 따라 공업화주택의 인정을 취소한 때에는 이를 관보에 공고하여야 한다. <개정 1993.2.20., 1994.12.23., 1994.12.30., 1999.9.29., 2008.2.29., 2009.10.19., 2013.3.23., 2016.8.11.>

제9장 에너지절약형 친환경 주택 등

<개정 2013.5.6.>

제64조(에너지절약형 친환경 주택의 건설기준 등) ①「주택법」 제15조에 따른 사업계획승인을 받은 공동주택을 건설하는 경우에는 다음 각 호의 어느 하나 이상의 기술을 이용하여 주택의 총 에너지사용량 또는 총 이산화탄소배출량을 절감할 수 있는 에너지절약형 친환경 주택(이하 이 장에서 "친환경주택"이라 한다)으로 건설하여야 한다. <개정 2014.12.23., 2016.2.29., 2016.8.11.>
1. 고단열·고기능 외피구조, 기밀설계, 일조확보 및 친환경자재 사용 등 저에너지 건물 조성기술
2. 고효율 열원설비, 제어설비 및 고효율 환기설비 등 에너지 고효율 설비기술
3. 태양열, 태양광, 지열 및 풍력 등 신·재생에너지 이용기술
4. 자연지반의 보존, 생태면적율의 확보 및 빗물의 순환 등 생태적 순환기능 확보를 위한 외부환경 조성기술
5. 건물에너지 정보화 기술, 자동제어장치 및 「지능형전력망의 구축 및 이용촉진에 관한 법률」 제2조제2호에 따른 지능형전력망 등 에너지 이용효율을 극대화하는 기술

② 제1항에 해당하는 주택을 건설하려는 자가 법 제15조에 따른 사업계획승인을 신청하는 경우에는 친환경 주택 에너지 절약계획을 제출하여야 한다. <개정 2014.12.23., 2016.8.11.>
③ 친환경 주택의 건설기준 및 에너지 절약계획에 관하여 필요한 세부적인 사항은 국토교통부장관이 정하여 고시한다. <개정 2013.3.23., 2014.12.23.>
[본조신설 2009.10.19.]

제64조의2 삭제 <2014.6.27.>

제65조(건강친화형 주택의 건설기준) ① 500세대 이상의 공동주택을 건설하는 경우에는 다음 각 호의 사항을 고려하여 세대 내의 실내공기 오염물질 등을 최소화할 수 있는 건강친화형 주택으로 건설하여야 한다. <개정 2013.12.4.>
1. 오염물질을 적게 방출하거나 오염물질의 발생을 억제 또는 저감시키는 건축자재(붙박이 가구 및 붙박이 가전제품을 포함한다)의 사용에 관한 사항
2. 청정한 실내환경 확보를 위한 마감공사의 시공관리에 관한 사항
3. 실내공기의 원활한 환기를 위한 환기설비의 설치, 성능검증 및 유지관리에 관한 사항
4. 환기설비 등을 이용하여 신선한 바깥의 공기를 실내에 공급하는 환기의 시행에 관한 사항

② 건강친화형 주택의 건설기준 등에 관하여 필요한 세부적인 사항은 국토교통부장관이 정하여 고시한다. <개정 2013.12.4.>
[본조신설 2013.5.6.]
[제목개정 2013.12.4.]

제65조의2(장수명 주택의 인증대상 및 인증등급 등) ① 법 제38조제2항에 따른 인증제도로 같은 조 제1항에 따른 장수명 주택(이하 "장수명 주택"이라 한다)에 대하여 부여하는 등급은 다음 각 호와 같이 구분한다. <개정 2016.8.11.>
1. 최우수 등급
2. 우수 등급
3. 양호 등급
4. 일반 등급

② 법 제38조제3항에서 "대통령령으로 정하는 호수"란 1,000세대를 말한다. <개정 2016.8.11.>
③ 법 제38조제3항에서 "대통령령으로 정하는 기준 이상의 등급"이란 제1항제4호에 따른 일반등급 이상의 등급을 말한다. <개정 2016.8.11.>
④ 법 제38조제5항에 따른 인증기관은 「녹색건축물 조성 지원법」 제16조제2항에 따라 지정된 인증기관으로 한다. <개정 2016.8.11.>
⑤ 법 제38조제7항에 따라 장수명 주택의 건폐율·용적률은 다음 각 호의 구분에 따라 조례로 그 제한을 완화할 수 있다. <개정 2016.8.11., 2017.1.17.>
1. 건폐율: 「국토의 계획 및 이용에 관한 법률」 제77조 및 같은 법 시행령 제84조제1항에 따라 조례로 정한 건폐율의 100분의 115를 초과하지 아니하는 범위에서 완화. 다만, 「국토의 계획 및 이용에 관한 법률」 제77조에 따른 건폐율의 최대한도를 초과할 수 없다.
2. 용적률: 「국토의 계획 및 이용에 관한 법률」 제78조 및 같은 법 시행령 제85조제1항에 따라 조례로 정한 용적률의 100분의 115를 초과하지 아니하는 범위에서 완화. 다만, 「국토의 계획 및 이용에 관한 법률」 제78조에 따른 용적률의 최대한도를 초과할 수 없다.

[본조신설 2014.12.23.]

第66조(규제의 재검토) 국토교통부장관은 다음 각 호의 사항에 대하여 다음 각 호의 기준일을 기준으로 3년마다(매 3년이 되는 해의 기준일과 같은 날 전까지를 말한다) 그 타당성을 검토하여 개선 등의 조치를 하여야 한다. <개정 2014.6.27., 2014.12.23.>

1. 제6조에 따른 단지 안의 시설: 2014년 1월 1일
2. 제9조 및 제9조의2에 따른 소음방지대책의 수립 및 소음 등으로부터의 보호: 2014년 1월 1일
3. 제10조제2항에 따른 도로 및 주차장과의 이격거리: 2014년 1월 1일
4. 제14조에 따른 세대간의 경계벽 등: 2014년 1월 1일
5. 제15조에 따른 승강기 등: 2014년 1월 1일
6. 제25조에 따른 진입도로: 2014년 1월 1일
7. 제58조에 따른 공동주택성능등급의 표시: 2014년 6월 25일
8. 제65조의2제1항에 따른 장수명 주택 인증제도 적용 대상 주택: 2014년 12월 25일

[본조신설 2013.12.30.]

부칙

<대통령령 제28373호, 2017.10.17.>

이 영은 공포한 날부터 시행한다.

주택건설기준 등에 관한 규칙

[시행 2017.12.26.]
[국토교통부령 제471호, 2017.12.26., 일부개정]

제1조(목적) 이 규칙은 「주택법」 제38조, 제39조, 제51조제1항과 「주택건설기준 등에 관한 규정」에서 위임된 사항과 그 시행에 관하여 필요한 사항을 규정함을 목적으로 한다. <개정 1993.7.20., 1999.9.29., 2003.12.15., 2014.6.30., 2014.12.24., 2016.8.12.>

제2조(적용의 특례) 「주택건설기준 등에 관한 규정」(이하 "영"이라 한다) 제7조제6항에 따라 다음 각 호에 해당하는 주택의 건설기준과 부대시설 및 복리시설의 설치기준은 별표 1에 따른다.

1. 저소득근로자를 위하여 건설되는 주택으로서 세대당 전용면적 60제곱미터 이하인 주택(이하 "근로자주택"이라 한다)
2. 다음 각 목의 어느 하나에 해당하는 주택
   가. 「공공주택 특별법 시행령」 제2조제1항제1호에 따른 영구임대주택으로서 세대당 전용면적 50제곱미터 이하인 주택(이하 "영구임대주택"이라 한다)
   나. 「공공주택 특별법 시행령」 제2조제1항제3호에 따른 행복주택(이하 "행복주택"이라 한다)
   다. 「공공주택 특별법」 제43조제1항에 따른 공공매입임대주택으로서 같은 법 시행령 제37조제2항에 따라 기존주택을 매입하여 개량한 주택(이하 "기존주택매입후개량주택"이라 한다)

[전문개정 2016.9.12.]

제3조(치수 및 기준척도) 영 제13조에 따른 주택의 평면과 각 부위의 치수 및 기준척도는 다음 각 호와 같다. <개정 2008.3.14., 2008.9.25., 2013.3.23., 2013.7.15.>

1. 치수 및 기준척도는 안목치수를 원칙으로 할 것. 다만, 한국산업규격이 정하는 모듈정합의 원칙에 의한 모듈격자 및 기준면의 설정방법 등에 따라 필요한 경우에는 중심선치수로 할 수 있다.
2. 거실 및 침실의 평면 각변의 길이는 5센티미터를 단위로 한 것을 기준척도로 할 것
3. 부엌·식당·욕실·화장실·복도·계단 및 계단참등의 평면 각 변의 길이 또는 너비는 5센티미터를 단위로 한 것을 기준척도로 할 것. 다만, 한국산업규격에서 정하는 주택용 조립식 욕실을 사용하는 경우에는 한국산업규격에서 정하는 표준모듈호칭치수에 따른다.
4. 거실 및 침실의 반자높이(반자를 설치하는 경우만 해당한다)는 2.2미터이상으로 하고 층높이는 2.4미터이상으로 하되, 각각 5센티미터를 단위로 한 것을 기준척도로 할 것
5. 창호설치용 개구부의 치수는 한국산업규격이 정하는 창호개구부 및 창호부품의 표준모듈호칭치수에 의할 것. 다만, 한국산업규격이 정하지 아니한 사항에 대하여는 국토교통부장관이 정하여 공고하는 건축표준상세도에 의한다.
6. 제1호 내지 제5호에서 규정한 사항외의 구체적인 사항은 국토교통부장관이 정하여 고시하는 기준에 적합할 것

[전문개정 1997.7.21.]

제3조의2(바닥충격음 성능기준 적용 제외) 영 제14조의2제2호 단서에서 "발코니, 현관 등 국토교통부령으로 정하는 부분"이란 다음 각 호의 어느 하나에 해당하는 부분을 말한다. <개정 2016.8.12.>

1. 발코니
2. 현관
3. 세탁실
4. 대피공간
5. 벽으로 구획된 창고
6. 제1호부터 제5호까지에서 규정한 사항 외에 「주택법」(이하 "법"이라 한다) 제15조에 따른 사업계획의 승인권자(이하 "사업계획승인권자"라 한다)가 층간소음으로 인한 피해가능성이 적어 바닥충격음 성능기준 적용이 불필요하다고 인정하는 공간

[본조신설 2013.7.15.]

제4조(승강기) 영 제15조제1항 본문에 따라 6층 이상인 공동주택에 설치하는 승용승강기의 설치기준은 다음 각 호와 같다. <개정 2013.7.15.>

1. 계단실형인 공동주택에는 계단실마다 1대(한 층에 3세대 이상이 조합된 계단실형 공동주택이 22층 이상인 경우에는 2대) 이상을 설치하되, 그 탑승인원수는 동일한 계단실을 사용하는 4층 이상인 층의 세대당 0.3

명(독신자용주택의 경우에는 0.15명)의 비율로 산정한 인원수(1명 이하의 단수는 1명으로 본다. 이하 이 조에서 같다) 이상일 것
2. 복도형인 공동주택에는 1대에 100세대를 넘는 80세대마다 1대를 더한 대수 이상을 설치하되, 그 탑승인원수는 4층 이상인 층의 세대당 0.2명(독신자용주택의 경우에는 0.1명)의 비율로 산정한 인원수 이상일 것

제5조 삭제 <1997.7.21.>

제6조(주택단지 안의 도로) ① 영 제26조제4항에 따른 어린이 안전보호구역(이하"어린이 안전보호구역"이라 한다)은 차량의 진출입이 쉬운 곳에 승합자동차의 주차가 가능한 면적 이상의 공간으로 설치하여야 하며, 그 주변의 도로면 또는 교통안전표지판 등에 차량속도 제한 표시를 하는 등 어린이 안전 확보에 필요한 조치를 하여야 한다. <개정 2017.12.26.>
② 제1항에서 규정한 사항 외에 어린이 안전보호구역의 구체적 설치기준에 관하여 필요한 사항은 특별시·광역시·특별자치시·특별자치도·시 또는 군의 조례로 정할 수 있다. <신설 2017.12.26.>
③ 영 제26조제5항에 따라 주택단지 안에 설치하는 도로의 설치기준은 다음 각 호와 같다. <개정 2017.12.26.>
1. 주택단지 안의 도로 중 차도는 아스팔트·콘크리트·석재, 그 밖에 이와 유사한 재료로 포장하고, 빗물 등의 배수에 지장이 없도록 설치할 것
2. 주택단지 안의 도로 중 보도는 다음 각 목의 기준에 적합할 것
가. 보도블록·석재, 그 밖에 이와 유사한 재료로 포장하고, 빗물 등의 배수에 지장이 없도록 설치할 것
나. 보도는 보행자의 안전을 위하여 차도면보다 10센티미터 이상 높게 하거나 도로에 화단, 짧은 기둥, 그 밖에 이와 유사한 시설을 설치하여 차도와 구분되도록 설치할 것
다. 보도에 가로수 등 노상시설(路上施設)을 설치하는 경우 보행자의 통행을 방해하지 않도록 설치할 것
3. 주택단지 안의 보도와 횡단보도의 경계부분, 건축물의 출입구 앞에 있는 보도와 차도의 경계부분은 지체장애인의 통행에 편리한 구조로 설치할 것
④ 영 제26조제5항에 따라 주택단지 안에 설치하는 교통안전시설의 설치기준은 다음 각 호와 같다. <개정 2017.12.26.>
1. 진입도로, 주택단지 안의 교차로, 근린생활시설 및 어린이놀이터 주변의 도로 등 보행자의 안전 확보가 필요한 차도에는 횡단보도를 설치할 것
2. 지하주차장의 출입구, 경사형·유선형 차도 등 차량의 속도를 제한할 필요가 있는 곳에는 높이 7.5센티미터 이상 10센티미터 이하, 너비 1미터 이상인 과속방지턱을 설치하고, 운전자에게 그 시설의 위치를 알릴 수 있도록 반사성 도료(塗料)로 도색한 노면표지를 설치할 것
3. 도로통행의 안전을 위하여 필요하다고 인정되는 곳에는 도로반사경, 교통안전표지판, 방호울타리, 속도측정표시판, 조명시설, 그 밖에 필요한 교통안전시설을 설치할 것. 이 경우 교통안전표지판의 설치기준은 「도로교통법 시행규칙」 제8조제2항 및 별표 6을 준용한다.
4. 보도와 횡단보도의 경계부분, 건축물의 출입구 앞에 있는 보도 및 주택단지의 출입구 부근의 보도와 차도의 경계부분 등 차량의 불법 주정차를 방지할 필요가 있는 곳에는 설치 또는 해체가 쉬운 짧은 기둥 등을 보도에 설치할 것. 이 경우 지체장애인의 통행에 지장이 없도록 하여야 한다.
[전문개정 2013.7.15.]

제6조의2(주차장의 구조 및 설비) 영 제27조제5항에 따른 주차장의 구조 및 설비의 기준은 다음 각 호와 같다. <개정 1999.9.29., 2009.11.5., 2010.10.29., 2011.1.6., 2016.8.12., 2017.12.26.>
1. 「주차장법 시행규칙」 제3조
2. 「주차장법 시행규칙」 제6조제1항제1호부터 제9호까지 및 제11호
3. 「주차장법 시행규칙」 제16조의2(「국토의 계획 및 이용에 관한 법률 시행령」 제30조에 따른 상업지역 또는 준주거지역에서 「주택법 시행령」 제10조제1항에 따른 원룸형 주택과 주택 외의 시설을 동일 건축물로 건축하는 경우에 한정한다)
[본조신설 1993.7.20.]

제7조(수해방지) ①주택단지(단지경계선 주변 외곽부분을 포함한다)에 비탈면이 있는 경

우에는 다음 각호에서 정하는 바에 따라 수해방지등을 위한 조치를 하여야 한다. <개정 2001.3.26., 2003.12.15., 2013.7.15.>

1. 석재·합성수지재 또는 콘크리트를 사용한 배수로를 설치하여 토양의 유실을 막을 수 있게 할 것
2. 비탈면의 높이가 3미터를 넘는 경우에는 높이 3미터이내마다 그 비탈면의 면적의 5분의 1이상에 해당하는 면적의 단을 만들 것. 다만, 사업계획승인권자가 그 비탈면의 토질·경사도 등으로 보아 건축물의 안전상 지장이 없다고 인정하는 경우에는 그러하지 아니하다.
3. 비탈면에는 나무심기와 잔디붙이기를 할 것. 다만, 비탈면의 안전을 위하여 필요한 경우에는 돌붙이기를 하거나 콘크리트격자블록 기타 비탈면보호용구조물을 설치하여야 한다.

②비탈면과 건축물등과의 위치관계는 다음 각호에 적합하여야 한다. <개정 1993.7.20., 2001.3.26.>

1. 건축물은 그 외곽부분을 비탈면의 윗가장자리 또는 아랫가장자리로부터 당해 비탈면의 높이만큼 띄울 것. 다만, 사업계획승인권자가 그 비탈면의 토질·경사도등으로 보아 건축물의 안전상 지장이 없다고 인정하는 경우에는 그러하지 아니하다.
2. 비탈면 아랫부분에 옹벽 또는 축대(이하 "옹벽등"이라 한다)가 있는 경우에는 그 옹벽등과 비탈면 사이에 너비 1미터이상의 단을 만들 것
3. 비탈면 윗부분에 옹벽등이 있는 경우에는 그 옹벽등과 비탈면 사이에 너비 1.5미터이상으로서 당해 옹벽등의 높이의 2분의 1이상에 해당하는 너비이상의 단을 만들 것

제8조 삭제 <2014.10.28.>

제9조(폐쇄회로 텔레비전의 설치 기준) ① 영 제39조에서 "국토교통부령으로 정하는 기준"이란 다음 각 호의 기준을 말한다. <개정 2013.3.23., 2015.12.10.>

1. 승강기, 어린이놀이터 및 각 동의 출입구마다 폐쇄회로 텔레비전 카메라(이하 "카메라"라 한다)를 설치할 것
2. 카메라는 전체 또는 주요 부분이 조망되고 잘 식별될 수 있도록 설치하되, 카메라의 해상도는 130만 화소 이상일 것
3. 카메라 수와 녹화장치의 모니터 수가 같도록 설치할 것. 다만, 모니터 화면이 다채널로 분할 가능하고 다음 각 목의 요건을 모두 충족하는 경우에는 그러하지 아니하다.
   가. 다채널의 카메라 신호를 1대의 녹화장치에 연결하여 감시할 경우에 연결된 카메라 신호가 전부 모니터 화면에 표시되어야 하며 1채널의 감시화면의 대각선방향 크기는 최소한 4인치 이상일 것
   나. 다채널 신호를 표시한 모니터 화면은 채널별로 확대감시기능이 있을 것
   다. 녹화된 화면의 재생이 가능하며 재생할 경우에 화면의 크기조절기능이 있을 것

[본조신설 2011.1.6.]

제10조(배수설비등) ①영 제43조제4항의 규정에 의한 배수설비는 오수관로에 연결하여야 한다.

②영 제43조제7항의 규정에 의한 배관설비의 설치 및 구조의 기준에 관하여는 건축물의설비기준등에관한규칙 제17조 및 동규칙 제18조의 규정을 준용한다.

[전문개정 1997.7.21.]

제11조(배기설비) 영 제44조에 따라 주택의 부엌·욕실 및 화장실에 설치하는 배기설비는 다음 각 호에 적합하여야 한다. <개정 2009.11.5., 2015.3.17.>

1. 배기구는 반자 또는 반자아래 80센티미터이내의 높이에 설치하고, 항상 개방될 수 있는 구조로 할 것
2. 배기통 및 배기구는 외기의 기류에 의하여 배기에 지장이 생기지 아니하는 구조로 할 것
3. 배기통에는 그 최상부 및 배기구를 제외하고는 개구부를 두지 아니할 것
4. 배기통의 최상부는 직접 외기에 개방되게 하되, 빗물등을 막을 수 있는 설비를 할 것
5. 부엌에 설치하는 배기구에는 전동환기설비를 설치할 것
6. 배기통은 연기나 냄새 등이 실내로 역류하는 것을 방지할 수 있도록 다음 각 목의 어느 하나에 해당하는 구조로 할 것
   가. 세대 안의 배기통에 자동역류방지댐퍼(세

대 안의 배기구가 열리거나 전동환기설비가 가동하는 경우 전기 또는 기계적인 힘에 의하여 자동으로 개폐되는 구조로 된 설비를 말한다) 또는 이와 동일한 기능의 배기설비 장치를 설치할 것
나. 세대간 배기통이 서로 연결되지 아니하고 직접 외기에 개방되도록 설치할 것

제12조(간선시설) ①영 제57조의 규정에 의한 간선시설인 진입도로(당해 대지에 접하는 기간도로를 포함한다. 이하 이 조에서 같다), 상하수도시설 및 전기시설의 설치기준은 다음 각호와 같다.
1. 진입도로
 가. 진입도로는 다음 표에서 정하는 기준 이상의 도로 너비가 확보되어야 한다.
 나. 진입도로가 2이상으로서 다음 표에서 정하는 기준에 적합한 경우에는 가.의 규정을 적용하지 아니할 수 있다. 이 경우 너비 6미터미만인 도로는 기간도로와 통행거리 200미터이내인 때에 한하여 이를 진입도로로 본다.
2. 상수도시설
 상수도시설은 대지면적 1제곱미터당 1일 급수량 0.1톤이상을 당해 대지에 공급할 수 있는 시설이어야 한다.
3. 하수도시설
 하수도시설은 대지면적 1제곱미터당 1일 0.1톤이상의 오수를 처리할 수 있는 시설이어야 한다.
4. 전기시설
 전기시설은 대지면적 1제곱미터당 35와트이상의 전력을 당해 대지에 공급할 수 있는 송전시설이어야 한다.

②법 제15조에 따른 대지조성사업계획에 주택의 예정세대수등에 관한 계획이 포함된 경우에는 제1항의 규정에 불구하고 진입도로등의 기준은 다음 각호에 의할 수 있다. <개정 1999.9.29., 2003.12.15., 2016.8.12.>
1. 진입도로 : 영 제25조의 규정에 의한다.
2. 상수도시설 및 하수도시설 : 공급·처리용량이 각각 매세대당 1일 1톤이상인 시설이어야 한다.
3. 전기시설 : 매 세대당 3킬로와트(세대당 전용면적이 60제곱미터이상인 경우에는 3킬로와트에 60제곱미터를 초과하는 10제곱미터마다 0.5킬로와트를 더한 값)이상의 전력을 당해 대지에 공급할 수 있는 송전시설이어야 한다.

제12조의2(공동주택성능등급의 표시) 법 제39조 각 호 외의 부분에서 "국토교통부령으로 정하는 방법"이란 별지 제1호서식의 공동주택성능등급 인증서를 발급받아 「주택공급에 관한 규칙」 제19조부터 제21조에 따른 입주자 모집공고에 표시하는 방법을 말한다. <개정 2015.12.29., 2016.8.12.>
[본조신설 2014.6.30.]
[종전 제12조의2는 제12조의3으로 이동 <2014.6.30.>]

제12조의3(바닥충격음 성능등급 인정기관 지정신청서) ① 삭제 <2013.2.22.>
② 영 제60조의2제1항에 따른 바닥충격음 성능등급 인정기관 지정신청서는 별지 제1호의2서식에 따른다. <개정 2013.7.15.>
[본조신설 2008.9.25.]
[제목개정 2013.2.22.]
[제12조의2에서 이동 <2014.6.30.>]

제12조의4(바닥충격음 성능등급 인정제품의 품질관리기준) 법 제41조제2항제3호에서 "국토교통부령으로 정한 품질관리기준"이란 법 제21조의4제2항에 따른 바닥충격음 성능등급을 인정받은 제품(이하 "인정제품"이라 한다)과 관련한 다음 각 호에 해당하는 사항에 대한 품질관리를 위한 기준을 말한다. 이 경우 국토교통부장관은 그 품질관리기준에 관한 세부적인 사항을 정하여 고시할 수 있다. <개정 2016.8.12.>
1. 인정제품을 구성하는 원재료의 품질관리
2. 인정제품에 대한 제조공정의 품질관리
3. 인정제품의 제조·검사설비의 유지관리
4. 완성된 인정제품의 품질관리
[본조신설 2014.12.24.]

제13조(공업화주택의 성능 및 생산기준) 법 제51조제1항에 따른 공업화주택의 성능 및 생산기준은 별표 6과 같다. <개정 1999.9.29., 2003.12.15., 2016.8.12.>
[본조신설 1993.7.20.]
[종전 제13조는 삭제, 제22조의2에서 이동 <1999.9.29.>]

제14조(건축사의 설계·감리를 받지 아니하는 공업화주택의 건설자) 법 제53조제2항에서 "

국토교통부령이 정하는 기술능력을 갖추고 있는 자"라 함은 건축사법에 의한 건축사 1인이상과 국가기술자격법에 의한 건축구조기술사 또는 건축시공기술사 1인이상을 보유한 자를 말한다. <개정 1995.2.23., 2003.12.15., 2008.3.14., 2013.3.23., 2016.8.12.>
[본조신설 1993.7.20.]
[종전 제14조는 삭제, 제22조의3에서 이동 <1999.9.29.>]

제15조(공업화주택인정신청서등) ①영 제61조의2에 따른 공업화주택인정신청서는 별지 제1호의3서식에 따른다. <개정 1999.9.29., 2008.9.25.>
②영 제61조의2제3항의 규정에 의한 공업화주택 인정서는 별지 제2호서식에 의한다. <개정 1999.9.29.>
③제2항의 규정에 의한 공업화주택인정서를 분실 또는 훼손한 자로서 그의 재교부를 받고자 하는 자는 별지 제3호서식에 의한 재교부신청서를 국토교통부장관에게 제출하여야 한다. <개정 1995.2.23., 1999.9.29., 2008.3.14., 2013.3.23.>
④제2항의 규정에 의한 공업화주택인정서를 교부받은 자는 영 제61조의2제4항의 규정에 의하여 별지 제4호서식의 공업화주택의 생산 및 건설실적보고서를 매년 1월 15일까지 국토교통부장관에게 제출하여야 한다. <개정 1995.2.23., 1999.9.29., 2008.3.14., 2013.3.23.>
[본조신설 1993.7.20.]
[종전 제15조는 삭제, 제22조의4에서 이동 <1999.9.29.>]

제16조(장수명 주택 인증 신청 등) ① 법 제2조제10호에 따른 사업주체(이하 "사업주체"라 한다)가 1,000세대 이상의 공동주택을 건설하는 경우에는 법 제15조제1항에 따른 주택건설사업계획 승인을 신청하기 전에 장수명 주택 인증을 신청하여야 한다. <개정 2016.8.12.>
② 사업주체가 장수명 주택 인증을 받으려면 별지 제5호서식의 장수명 주택 인증신청서(전자문서로 된 신청서를 포함한다)에 다음 각 호의 서류(전자문서를 포함한다)를 첨부하여 영 제65조의2제4항에 따른 인증기관의 장(이하 "인증기관의 장" 이라 한다)에게 제출하여야 한다.
1. 국토교통부장관이 정하여 고시하는 장수명 주택 자체평가서
2. 제1호에 따른 장수명 주택 자체평가서에 포함된 내용이 사실임을 증명할 수 있는 서류

③ 인증기관의 장은 제2항에 따른 신청서가 접수된 날부터 10일 이내에 인증처리를 하여야 한다.
④ 인증기관의 장은 제3항에 따른 기간 이내에 인증을 처리할 수 없는 부득이한 사유가 있는 경우에는 사업주체에게 그 사유를 통보하고 5일의 범위에서 인증처리 기간을 한 차례 연장할 수 있다.
⑤ 인증기관의 장은 제2항에 따라 사업주체가 제출한 서류의 내용이 불충분하거나 사실과 다른 경우에는 서류가 접수된 날부터 5일 이내에 사업주체에게 보완을 요청할 수 있다. 이 경우 사업주체가 제출서류를 보완하는 기간은 제3항의 기간에 포함하지 아니한다.
[본조신설 2014.12.24.]

제17조(장수명 주택 인증 심사 등) ① 인증기관의 장은 제16조제2항에 따른 인증 신청을 받으면 인증심사단을 구성하여 제18조의 인증기준에 따라 서류심사를 하고, 심사 내용과 점수 등을 고려하여 인증 여부와 인증 등급을 결정하여야 한다.
② 제1항에도 불구하고 인증기관의 장이 필요하다고 인정하는 경우에는 인증심의위원회의 심의를 거쳐 인증 여부와 인증 등급을 결정할 수 있다. 이 경우 인증심의위원회의 위원은 해당 인증기관에 소속된 사람이 아니어야 한다.
③ 제1항에 따른 인증심사단은 해당 전문분야별 1명 이상의 심사전문인력으로 구성한다.
④ 제1항에 따른 인증심사단과 제2항에 따른 인증심의위원회의 구성·운영 등에 필요한 사항은 국토교통부장관이 정하여 고시한다.
[본조신설 2014.12.24.]

제18조(장수명 주택 인증기준) ① 장수명 주택 인증은 다음 각 호의 성능을 평가한 종합점수를 기준으로 심사하여야 한다.
1. 콘크리트 품질 및 철근의 피복두께 등 내구성
2. 벽체재료 및 배관·기둥의 배치 등 가변성
3. 개수·보수 및 점검의 용이성 등 수리 용이성

② 제1항에 따른 장수명 주택의 인증기준에 관한 세부적인 사항은 국토교통부장관이 정하여 고시한다.
[본조신설 2014.12.24.]

제19조(장수명 주택 인증서 발급 등) ① 인증기관의 장은 장수명 주택 인증을 할 때에는 별지 제6호서식의 장수명 주택 인증서를 사업주체에게 발급하여야 한다.
② 사업주체는 제1항에 따라 장수명 주택 인증서를 발급받은 이후에 인증등급이 달라지는 주택건설사업계획 변경을 하는 경우에는 장수명 주택 인증을 다시 받아야 한다.
③ 인증기관의 장은 제1항에 따라 인증서를 발급하였을 때에는 인증 대상, 인증 날짜, 인증등급 및 인증심사단과 인증심사위원회 구성원 명단(인증심사위원회의 경우는 해당 위원회를 구성한 경우만 해당한다)을 포함한 인증 심사 결과를 작성하여 보관하여야 한다.
[본조신설 2014.12.24.]

제20조(재심사 요청 등) ① 제19조제1항에 따라 발급받은 장수명 주택 인증서의 인증등급에 이의가 있는 사업주체는 인증기관의 장에게 재심사를 요청할 수 있다.
② 재심사 요청 절차, 재심사 결과 통보, 인증서 재발급 등 재심사에 관한 세부적인 사항은 국토교통부장관이 정하여 고시한다.
[본조신설 2014.12.24.]

제21조(인증 수수료) ① 사업주체는 제16조제2항에 따라 장수명 주택 인증신청서를 제출하는 때에 해당 인증기관의 장에게 국토교통부장관이 정하여 고시하는 인증 수수료를 내야 한다.
② 제20조제1항에 따라 재심사를 신청하는 사업주체는 국토교통부장관이 정하여 고시하는 인증 수수료를 추가로 내야 한다.
③ 제1항 및 제2항에 따른 인증 수수료는 현금이나 정보통신망을 이용한 전자화폐·전자결제 등의 방법으로 납부하여야 한다.
④ 제1항부터 제3항까지에 따른 인증 수수료의 환불 사유, 반환 범위, 납부 기간과 그 밖에 인증 수수료의 납부에 필요한 사항은 국토교통부장관이 정하여 고시한다.
[본조신설 2014.12.24.]

제22조(장수명 주택에 대한 건폐율 등의 완화) 법 제38조제7항의 "국토교통부령으로 정하는 기준 이상의 등급"이란 영 제65조의2제1항의 인증등급 중 우수 등급 이상의 등급을 말한다. <개정 2016.8.12.>
[본조신설 2014.12.24.]

제22조의2[종전 제22조의2는 제13조로 이동 <1999.9.29.>]

제22조의3[종전 제22조의3은 제14조로 이동 <1999.9.29.>]

제22조의4[종전 제22조의4는 제15조로 이동 <1999.9.29.>]

제23조 삭제 <1999.9.29.>

제24조 삭제 <1999.9.29.>

제25조 삭제 <1999.9.29.>

제26조 삭제 <1999.9.29.>

제27조 삭제 <1999.9.29.>

부칙
<국토교통부령 제471호, 2017.12.26.>

제1조(시행일) 이 규칙은 공포한 날부터 시행한다.

제2조(이동형충전기의 이용을 위한 콘센트 설치에 관한 적용례) 제6조의2제4호의 개정규정은 이 규칙 시행 이후 법 제15조제1항 또는 제3항에 따른 사업계획승인을 신청하는 경우부터 적용한다.

주택공급에 관한 규칙

[시행 2017.11.24.]
[국토교통부령 제468호, 2017.11.24., 일부개정]

제1장 총칙

제1조(목적) 이 규칙은 「주택법」 제54조(제1항제2호나목은 제외한다), 제60조 및 제63조부터 제65조까지에 따라 주택 및 복리시설을 공급하는 조건·방법 및 절차 등에 관한 사항을 규정함을 목적으로 한다. <개정 2016.8.12.>

제2조(정의) 이 규칙에서 사용하는 용어의 뜻은 다음과 같다. <개정 2016.5.19., 2016.8.12., 2017.9.20., 2017.11.24.>

1. "공급"이란 「주택법」(이하 "법"이라 한다)제54조의 적용대상이 되는 주택 및 복리시설을 분양 또는 임대하는 것을 말한다.
2. "주택건설지역"이란 주택을 건설하는 특별시·광역시·특별자치시·특별자치도 또는 시·군의 행정구역을 말한다. 이 경우 주택건설용지를 공급하기 위한 사업지구 등이 둘 이상의 특별시·광역시·특별자치시 또는 시·군의 행정구역에 걸치는 경우에는 해당 행정구역 모두를 같은 주택건설지역으로 본다.
3. "세대주"란 세대별 주민등록표에 배우자, 직계존속(제28조에 따라 입주자를 선정하는 경우에는 배우자의 직계존속을 포함한다) 또는 직계비속인 세대원으로 이루어진 세대의 세대주를 말한다. 다만, 성년자인 단독세대주(세대별 주민등록표상에 배우자 및 직계존·비속인 세대원이 없는 세대주를 말한다. 이하 같다)는 세대주로 본다.
4. "무주택세대구성원"이란 세대주, 세대원 및 다음 각 목의 사람 전원이 주택을 소유하고 있지 아니한 세대의 세대주 및 세대원을 말한다.
   가. 주택공급을 신청하려는 세대주 또는 세대원의 배우자이면서 해당 세대주 또는 세대원과 세대별 주민등록표상에 함께 등재되어 있지 아니한 사람
   나. 주택공급을 신청하려는 세대주 또는 세대원의 직계존비속으로서 가목의 배우자와 동일한 세대를 이루고 있는 사람
   다. 주택공급을 신청하려는 세대주의 직계비속인 세대원의 배우자로서 해당 세대원과 동일한 세대를 이루고 있는 사람
   라. 주택공급을 신청하려는 세대원의 직계존속으로서 해당 세대원과 동일한 세대를 이루고 있는 사람
5. "주택공급면적"이란 사업주체가 공급하는 주택의 바닥면적(「건축법 시행령」 제119조제1항제3호에 따른 바닥면적을 말한다)을 말한다.
6. "등록사업자"란 법 제4조에 따라 등록한 주택건설사업자를 말한다.
7. "당첨자"란 다음 각 목의 어느 하나에 해당하는 사람을 말한다. 다만, 분양전환되지 아니하는 공공임대주택(「공공주택 특별법」 제2조제1호가목에 따른 공공임대주택을 말한다. 이하 같다)의 입주자로 선정된 자는 제외하며, 법 제65조제2항에 따라 당첨 또는 공급계약이 취소되거나 그 공급신청이 무효로 된 자는 당첨자로 본다.
   가. 제3조제2항제1호 및 제5호에 따른 주택에 대하여 해당 사업계획승인일 당시 입주대상자로 확정된 자
   나. 제3조제2항제7호가목에 따른 주택에 대하여 해당 관리처분계획인가일 당시 입주대상자로 확정된 자
   다. 제3조제2항제7호나목 및 제8호에 따른 주택을 공급받은 자
   라. 제27조부터 제32조까지, 제35조에서 제49조까지, 「공공주택 특별법 시행규칙」 제19조에 따라 입주자로 선정된 자(제27조제5항 및 제28조제9항제1호에 따라 선착순의 방법으로 주택을 공급받는 자는 제외한다)
   마. 제26조에 따라 예비입주자로 선정된 자로서 사업주체와 공급계약을 체결한 자(제26조제5항 본문에 따라 최초로 예비입주자를 입주자로 선정하는 경우로서 동·호수 배정의 추첨에 참가하여 동·호수를 배정받고 공급계약을 체결하지 아니한 자를 포함한다)
   바. 법 제80조에 따라 주택상환사채를 매입한 자(상환 전에 중도 해약하거나 주택분양 전에 현금으로 상환받은 자는 제외한다)

사. 법 제64조제2항 단서 및 제3항에 따라 한국토지주택공사(「한국토지주택공사법」에 따른 한국토지주택공사를 말한다. 이하 같다) 또는 사업주체가 취득한 지위를 양도받은 자

아. 「공공주택 특별법 시행령」 제2조제1항제5호에 따른 분양전환공공임대주택(이하 "분양전환공공임대주택"이라 한다)을 공급받은 자

자. 분양전환공공임대주택의 입주자가 퇴거하여 사업주체에게 명도된 주택을 공급받은 자

8. "가점제"란 다음 각 목의 가점항목에 대하여 별표 1의 기준을 적용하여 산정한 점수(이하 "가점제 점수"라 한다)가 높은 순으로 입주자를 선정하는 것을 말한다.
   가. 무주택기간
   나. 부양가족수
   다. 법 제56조제2항에 따른 주택청약종합저축(이하 "주택청약종합저축"이라 한다) 가입기간

▶ 판례 – 구 임대주택법 제21조 제1항 제4호에서 정한 '선착순의 방법으로 입주자로 선정된 경우'의 의미 및 구 임대주택법 제21조 제1항 제1호, 제4호에서 정한 '무주택자인 임차인'의 의미 [대법원 2015.10.29, 선고, 2014다75462, 판결]

제3조(적용대상) ① 이 규칙은 사업주체(「건축법」 제11조에 따른 건축허가를 받아 주택 외의 시설과 주택을 동일 건축물로 하여 법 제15조제1항에 따른 호수 이상으로 건설·공급하는 건축주와 법 제49조에 따라 사용검사를 받은 주택을 사업주체로부터 일괄하여 양수한 자를 포함한다. 이하 제15조부터 제26조까지, 제28조부터 제32조까지, 제50조부터 제53조까지, 제56조, 제57조, 제59조부터 제61조까지에서 같다)가 법 제15조에 따라 사업계획 승인(「건축법」 제11조에 따른 건축허가를 포함한다)을 받아 건설하는 주택 및 복리시설의 공급에 대하여 적용한다. <개정 2016.8.12.>

② 제1항에도 불구하고 다음 각 호의 주택을 공급하는 경우에는 해당 호에서 정하는 규정만을 적용한다. 다만, 다음 각 호의 주택을 해당자에게 공급하고 남은 주택이 법 제15조제1항에 따른 호수 이상인 경우 그 남은 주택을 공급하는 경우에는 그러하지 아니하다. <개정 2016.8.12., 2017.11.24.>

1. 다음 각 목의 주택: 제4조제1항부터 제3항까지(나목에 따라 법인이 군인에게 공급하기 위하여 건설하는 주택의 경우에는 제4조제1항에 따른 거주요건을 적용하지 아니한다), 제22조, 제52조, 제54조 및 제57조
   가. 법 제5조제3항에 따른 고용자인 사업주체가 그 소속근로자에게 공급하기 위하여 건설하는 주택
   나. 국가기관, 지방자치단체 또는 법인이 공무원(공무원연금수급권자를 포함한다), 군인(군인연금수급권자를 포함한다) 또는 그 소속 근로자에게 공급할 주택을 다른 사업주체에게 위탁하여 건설하는 경우 그 위탁에 의하여 건설되는 주택[「공공주택 특별법」 제2조제1호에 따른 공공주택(이하"공공주택"이라 한다)은 제외한다]
2. 법 제80조에 따라 발행되는 주택상환사채를 매입한 자에게 공급하기 위하여 건설하는 주택: 제4조, 제22조, 제54조, 제57조
3. 보험회사가 해당 보험회사의 보험계약자에게 공급하기 위하여 보험자산으로 건설하는 임대주택: 제4조, 제22조, 제52조
4. 공공임대주택의 입주자가 퇴거함으로써 사업주체에게 명도된 주택: 제4조, 제22조, 제52조, 제57조
5. 법 제5조제2항에 따른 주택조합이 그 조합원에게 공급하기 위하여 건설하는 주택: 제22조, 제52조, 제57조
6. 법 제64조제2항 단서 및 제3항에 따라 한국토지주택공사 또는 사업주체가 취득한 지위에 근거하여 공급하는 주택: 제22조, 제54조, 제57조
7. 다음 각 목의 주택: 제22조, 제57조
   가. 「도시 및 주거환경정비법」에 따른 정비사업(주거환경개선사업은 제외한다)으로 건설되는 주택으로서 같은 법 제48조에 따른 관리처분계획에 따라 토지등소유자 또는 조합원에게 공급하는 주택
   나. 「도시 및 주거환경정비법」에 따른 주택재개발사업으로 건설되는 주택으로서 지방자치단체, 한국토지주택공사 또는 지방공사가 해당 정비구역 안의 세입자에게 공급하기 위하여 해당 조합으로부터 매입하거나 해당 정비구역 안에 건설하는 주택

8. 다음 각 목의 주택: 제22조, 제54조, 제57조
   가. 공공사업의 시행에 따른 이주대책용으로 공급하는 다음의 주택
      1) 공공사업의 시행자가 직접 건설하는 주택
      2) 공공사업의 시행자가 다른 사업주체에게 위탁하여 건설하는 주택
      3) 공공사업의 시행자가 조성한 택지를 공급받은 사업주체가 건설하는 주택
      4) 공공사업의 시행자로부터 택지를 제공받은 이주대책대상자가 그 택지에 건설하는 주택
   나. 「국가균형발전 특별법」 제18조에 따라 수도권에 소재하는 이전대상 공공기관이 수도권 외의 지역으로 이전하는 경우 해당 공공기관의 종사자에게 공급하기 위하여 건설하는 주택으로서 주무부장관이나 특별시장·광역시장·특별자치시장·도지사 또는 특별자치도지사(이하"시·도지사"라 한다)의 요청에 따라 국토교통부장관이 확인하는 주택
   다. 「산업입지 및 개발에 관한 법률」 제6조에 따라 개발된 오송생명과학단지로 이전하는 공공기관의 종사자를 위하여 충청북도 청원군 및 이에 연접한 주택건설지역에 건설하는 주택으로서 주무부장관의 요청에 따라 국토교통부장관이 확인하는 주택
   라. 외국인(「외국인투자 촉진법」 제2조제1항제1호에 따른 외국인 중 외국의 국적을 보유하고 있는 개인 또는 같은 법 제2조제2항에 따른 대한민국의 국적을 가지고 외국에 영주하고 있는 개인을 말한다)의 주거를 목적으로 조성하는 주택단지에 건설하는 주택
   마. 「경제자유구역의 지정 및 운영에 관한 특별법」 제9조의3에 따라 체육시설과 연계하여 건설하는 주택으로서 산업통상자원부장관이 정하는 기준에 따라 경제자유구역의 투자유치를 위하여 입주가 필요하다고 인정되는 자에게 공급하는 단독주택
9. 법 제2조제20호에 따른 도시형 생활주택으로 건설하는 주택[「주택법 시행령」(이하"영"이라 한다) 제10조제2항 단서에 따라 도시형 생활주택과 도시형 생활주택 외의 주택을 하나의 건축물로 함께 건축하는 경우로서 도시형 생활주택 외의 주택이 법 제15조제1항에 따른 호수 미만에 해당하는 경우에는 도시형 생활주택 외의 주택을 포함한다]: 제15조, 제16조, 제18조부터 제22조까지, 제32조제1항, 제59조제3항부터 제6항까지

③ 제1항에도 불구하고 다음 각 호의 주택을 공급하는 경우에는 이 규칙을 적용하지 아니한다. 다만, 제2호에 따른 주택을 건설하여 관사나 숙소로 사용하지 아니하는 경우에는 그러하지 아니하다.
1. 정부시책의 일환으로 국가, 지방자치단체 또는 지방공사가 건설하는 농촌주택
2. 국가기관, 지방자치단체 또는 법인이 공무원, 군인 또는 그 소속 근로자의 관사나 숙소로 사용하기 위하여 건설하는 주택[특별시·광역시 및 경기도 안의 시(市) 지역에서 대지의 소유권을 확보하지 아니하고 다른 사업주체에게 위탁하여 그 사업주체의 명의로 건설하는 주택은 제외한다]
3. 사단법인 한국사랑의집짓기운동연합회가 무주택자에게 공급하기 위하여 건설하는 주택
4. 외국정부와의 협약에 따라 우리나라로 영주귀국하는 동포를 위하여 건설하는 주택

④ 이 규칙을 적용할 때에 「신행정수도 후속대책을 위한 연기·공주지역 행정중심복합도시 건설을 위한 특별법」 제2조제2호에 따른 예정지역(이하 "행정중심복합도시 예정지역"이라 한다) 안에서 특별자치시장이 수행하는 사무는 행정중심복합도시건설청장이 수행한다. <신설 2016.5.19.>

제4조(주택의 공급대상) ① 주택의 공급대상은 다음 각 호의 기준에 따른다. <개정 2016.5.19., 2016.8.12., 2017.11.24.>
1. 국민주택과 제3조제2항제1호에 따른 주택은 입주자모집공고일 현재 해당 주택건설지역에 거주하는 무주택세대구성원(공급 신청자가 단독세대주이거나 세대주가 아닌 세대원인 경우에는 미성년자를 제외한다. 이하 같다)에게 1세대 1주택(공급을 신청하는 경우에는 1세대 1명을 말한다. 이하 같다)의 기준으로 공급한다.
2. 민영주택(제3조제2항제1호에 따른 주택은 제외한다)은 입주자모집공고일 현재 해당 주택건설지역에 거주하는 성년자(세대주인 미성년자를 포함한다)에게 1인 1주택의 기준으로 공급한다. 다만, 「주택법」 제2조제9호에 따른 토지임대부 분양주택(이하"토지임대주택"이라 한다)은 1세대 1주택의 기준으로 공급한다.

3. 제1호 및 제2호에도 불구하고 다음 각 목의 지역에서 공급하는 주택은 해당 주택건설지역에 거주하지 아니하는 자도 공급대상에 포함하며, 특별시장·광역시장·특별자치시장·시장(「제주특별자치도 설치 및 국제자유도시 조성을 위한 특별법」 제15조제2항에 따른 행정시의 시장을 포함한다. 이하 같다) 또는 군수는 행정구역의 변경으로 주택건설지역이 변경되는 경우에는 변경 전의 주택건설지역 또는 그 중 일정한 구역의 거주자를 공급대상에 포함하게 할 수 있다.
 가. 행정중심복합도시 예정지역
 나. 「도청이전을 위한 도시건설 및 지원에 관한 특별법」 제6조에 따라 지정된 도청이전신도시 개발예정지구
 다. 「공공기관 지방이전에 따른 혁신도시 건설 및 지원에 관한 특별법」 제6조에 따라 지정된 혁신도시개발예정지구
 라. 「기업도시개발 특별법」 제5조에 따라 지정된 기업도시개발구역
 마. 「주한미군기지 이전에 따른 평택시 등의 지원 등에 관한 특별법」 제2조제5호에 따른 평택시등
 바. 「산업입지 및 개발에 관한 법률」 제2조제8호에 따른 산업단지
 사. 법 제63조의2제1항제2호에 따라 지정된 조정대상지역(이하"위축지역"이라 한다)

② 국민주택 또는 제3조제2항제1호에 따른 주택의 공급대상은 다음 각 호의 어느 하나에 해당하는 날부터 입주할 때까지 무주택세대구성원이어야 한다. 다만, 입주자로 선정되거나 사업계획상의 입주대상자로 확정된 후 결혼 또는 상속으로 무주택세대구성원의 자격을 상실하게 되는 자와 공급계약 후 입주할 수 있는 지위를 양수한 자는 그러하지 아니하다. <개정 2016.8.12.>
1. 제27조에 따라 일반공급하는 주택은 입주자모집공고일
2. 제3조제2항제1호에 따라 고용자인 사업주체가 그 소속 근로자에게 공급하는 주택은 해당 주택의 사업계획 승인일(사업계획 승인일까지 입주대상자가 결정되지 아니한 경우에는 제52조제5항에 따라 사업주체가 입주대상자 명단을 확정하여 시·도지사에게 통보한 날)

③ 다음 각 호에 해당하는 지역의 거주자가 해당 지역 안에 있는 다른 주택건설지역의 주택을 공급받으려는 경우에는 제1항 본문에 따른 공급대상으로 본다.
1. 서울특별시, 인천광역시 및 경기도지역(이하 "수도권"이라 한다)
2. 대전광역시, 세종특별자치시 및 충청남도
3. 충청북도
4. 광주광역시 및 전라남도
5. 전라북도
6. 대구광역시 및 경상북도
7. 부산광역시, 울산광역시 및 경상남도
8. 강원도

④ 10년 이상 장기복무 중인 군인은 해당 주택건설지역에 거주하지 아니하여도 제1항제1호 및 제2호를 적용할 때에 해당 주택건설지역에 거주하는 것으로 본다. 다만, 수도권에서 건설되는 주택을 공급받으려는 경우에는 해당 주택건설지역이 아닌 수도권 거주자로 본다. <개정 2016.8.12., 2016.12.30., 2017.11.24.>

⑤ 특별시장·광역시장·특별자치시장·시장 또는 군수는 투기를 방지하기 위하여 필요한 경우에는 입주자모집공고일 현재 해당 주택건설지역에 일정 기간 이상 거주하고 있는 자에게 주택을 우선공급하게 할 수 있다. 이 경우 해당 주택건설지역이 수도권의 투기과열지구(법 제63조제1항에 따른 투기과열지구를 말한다. 이하 같다)인 경우에는 1년 이상의 범위에서 그 거주기간을 정하여야 한다. <개정 2016.8.12.>

⑥ 삭제 <2017.11.24.>

제2장 입주자저축

제1절 입주자저축의 가입 및 사용

제5조(입주자저축취급기관) ① 법 제56조제2항에 따른 입주자저축(이하"입주자저축"이라 한다)을 취급하는 기관(이하"입주자저축취급기관"이라 한다)은 「은행법」에 따른 은행(이하"은행"이라 한다) 중 국토교통부장관이 지정한다. <개정 2017.11.24.>

② 입주자저축기관으로 지정을 받으려는 은행은 별지 제1호서식의 신청서를 국토교통부장관에게 제출하여야 한다. 이 경우 국토교통부장관은 「전자정부법」 제36조제1항에 따른 행정정보의 공동이용을 통하여 사업자등록증을 확인하여야 하며, 신청인이 확인에 동의하지 아니하는 경우에는 사업자등록증 사본을 첨

부하도록 하여야 한다.

③ 국토교통부장관은 입주자저축취급기관을 지정하는 때에는 별지 제2호서식의 지정서를 발급하여야 한다.

제6조(입주자저축 가입) ① 입주자저축은 한 사람이 한 계좌만 가입할 수 있다.

② 입주자저축에 가입하려는 사람은 별지 제3호서식의 신청서를 입주자저축취급기관에 제출하여야 한다.

③ 입주자저축취급기관은 입주자저축 가입신청을 받으면 전산관리지정기관(국토교통부장관이 지정·고시하는 입주자저축 전산관리업무 담당기관을 말한다. 이하 같다)에 의뢰하여 신청인이 다른 입주자저축에 가입되어 있는지를 확인하여야 한다.

제7조(입주자저축의 통장 사용) 입주자저축에 가입한 사람은 해당 입주자저축의 통장을 사용하여 분양주택 또는 분양전환공공임대주택의 입주자로 선정된 경우(제58조제1항에 따라 당첨이 취소된 경우는 제외한다)에는 동일한 통장으로 다른 주택의 공급을 신청할 수 없다.

[전문개정 2017.11.24.]

제8조(입주자저축실적 등의 보고) 전산관리지정기관은 매월 말일 현재의 특별시·광역시·특별자치시·도 또는 특별자치도(이하 "시·도"라 한다)별 다음 각 호의 사항에 대한 입주자저축취급기관의 자료를 취합하여 다음달 15일까지 국토교통부장관에게 보고하여야 한다.

1. 입주자저축 가입현황과 저축실적
2. 그 밖에 국토교통부장관이 요구하는 사항

제2절 주택청약종합저축

제9조(가입 및 납입조건) ① 주택청약종합저축은 누구든지 가입할 수 있다.

② 주택청약종합저축의 납입기간은 가입한 날부터 주택(분양전환되지 아니하는 공공임대주택은 제외한다)의 입주자로 선정된 날까지로 한다.

③ 주택청약종합저축의 가입자는 매월 약정된 날에 약정된 금액(이하 "월납입금"이라 한다)을 납입하되, 월납입금은 2만원 이상 50만원 이하로 한다. <개정 2017.11.24.>

제10조(월납입금을 선납 또는 연체한 경우 등의 처리) ① 주택청약종합저축의 가입자는 제9조제3항에도 불구하고 저축 총액이 별표 2에 따른 민영주택 청약 예치기준금액의 최고한도를 초과하지 아니하는 범위에서 월납입금을 초과하는 금액을 선납할 수 있다.

② 제1항에 따라 선납한 금액은 월납입금을 선납한 것으로 보되, 그 금액이 24회의 월납입금 합계를 초과하는 경우 초과하는 금액은 월납입금을 선납한 것으로 인정하지 아니한다.

③ 주택청약종합저축 가입자가 월납입금을 연체하여 납입한 경우 그 연체하여 납입한 월납입금은 다음 산식에 따라 산정된 날(1일 미만은 산입하지 아니한다)에 납입된 것으로 본다.

$$\text{회차별 납입인정일} = \text{약정납입일} + \frac{\text{연체총일수} - \text{선납총일수}}{\text{납입횟수}}$$

④ 다음 각 호의 어느 하나에 해당하는 경우 제27조에 따른 월납입금의 납입횟수는 각 호에서 정한 기준에 따라 산정한다.

1. 납입횟수(제2항에 따라 선납한 것으로 인정되는 납입횟수를 포함한다)가 순차납입횟수(가입한 날부터 가입자가 공급신청하는 주택의 입주자모집공고일까지 월납입금을 납입하여야 하는 횟수를 말한다)를 초과하는 경우: 순차납입횟수만 인정한다.
2. 미성년자(직계존속의 사망, 실종선고 및 행방불명 등으로 형제자매를 부양하여야 하는 단독세대주로서 무주택자인 미성년자는 제외한다. 이하 이 조에서 같다)로서 납입한 횟수가 24회를 초과하는 경우: 24회의 납입횟수만 인정한다.

⑤ 다음 각 호의 어느 하나에 해당하는 경우 제27조에 따른 저축총액은 각 호에서 정한 기준에 따라 산정한다.

1. 월납입금이 10만원을 초과한 경우: 해당 월납임금을 10만원으로 산정한다.
2. 미성년자로서 납입한 저축총액이 24회의 월납입금 합계를 초과하는 경우: 24회의 월납입금 합계만 인정한다.

⑥ 제28조제2항 및 같은 조 제4항 단서에 따라 가점제를 적용하여 입주자를 선정하는 경우로서 별표 1 제2호나목의 입주자저축 가입기간을 산정할 때 미성년자로서 가입한

기간이 2년을 초과하면 2년만 인정한다.
[전문개정 2017.11.24.]

제11조(주택청약종합저축 가입의무) 국민주택 또는 민영주택에 청약하려는 자는 입주자모집공고일 현재 주택청약종합저축에 가입되어 있어야 한다. 다만, 제31조, 제32조, 제35조부터 제39조까지, 제42조 및 제44조에 따라 우선공급 또는 특별공급되는 주택에 청약하려는 경우로서 이 규칙에 따라 주택청약종합저축 가입여부에 대하여 따로 정한 경우에는 그러하지 아니하다.
[전문개정 2017.11.24.]

제12조(주택청약종합저축의 가입자 명의변경 등) ① 주택청약종합저축의 가입자명의는 가입자가 사망하여 그 상속인 명의로 변경하는 경우를 제외하고는 변경할 수 없다.
② 삭제 <2016.12.30.>
③ 제1항에 따라 입주자저축의 가입자명의를 변경하려는 자는 증명서류를 첨부하여 입주자저축취급기관에 신청하여야 한다.
④ 삭제 <2016.12.30.>

제13조(주택청약종합저축의 해지에 따른 처리) 주택청약종합저축을 해지하는 경우에는 다음 각 호에 따라 원금 및 이자를 지급한다.
1. 원금 및 이자는 주택청약종합저축을 해지할 때에 한꺼번에 지급 한다.
2. 이자는 한국은행이 발표하는 예금은행 정기예금 가중평균 수신금리 등을 고려하여 주택청약종합저축의 가입일부터 해지일까지의 기간에 따라 국토교통부장관이 정하여 고시하는 이자율을 적용하여 산정한다.
3. 주택청약종합저축 가입일부터 1개월 이내에 해지하는 경우에는 이자를 지급하지 아니한다.

제14조(해지된 주택청약종합저축에 관한 특례) 주택청약종합저축을 해지한 자가 다음 각 호의 구분에 따라 주택청약종합저축 납입금을 다시 납입하는 경우에는 종전의 주택청약종합저축은 해지되지 아니한 것으로 본다.
1. 제57조제4항제4호에 해당하는 사람이 그 사실을 통보받은 날부터 1년 이내에 주택청약종합저축 납입금을 다시 납입하는 경우
2. 제58조에 따라 당첨이 취소된 사람이 당첨이 취소된 날부터 1년 이내에 주택청약종합저축 납입금을 다시 납입하는 경우
3. 분양전환되지 아니하는 공공임대주택의 입주자로 선정된 사람이 주택청약종합저축을 해지한 날부터 1년 이내에 주택청약종합저축 납입금을 다시 납입하는 경우

제3장 입주자모집 및 주택공급 신청

제1절 입주자모집 시기 및 조건

제15조(입주자모집 시기) ① 사업주체(영 제16조에 따라 토지소유자 및 등록사업자가 공동사업주체인 경우에는 등록사업자를 말한다. 이하 이 조에서 같다)는 다음 각 호의 요건을 모두 갖춘 경우에는 착공과 동시에 입주자를 모집할 수 있다. <개정 2016.8.12.>
1. 주택이 건설되는 대지(법 제15조제3항에 따라 입주자를 공구별로 분할하여 모집한 주택 또는 이 규칙 제28조제9항제2호 및 제29조제3항제2호에 따라 입주자를 분할하여 모집한 주택에 입주자가 있는 경우에는 그 입주자가 소유한 토지를 제외한다. 이하 이 조에서 같다)의 소유권을 확보할 것(법 제61조제6항에 따라 주택이 건설되는 대지를 신탁한 경우를 포함한다. 이하 이 조에서 같다). 다만, 법 제22조 및 제23조에 따른 매도청구소송(이하 이 호에서 "매도청구소송"이라 한다) 대상 대지로서 다음 각 목의 어느 하나에 해당하는 경우에는 법 제49조에 따른 사용검사 전까지 해당 주택건설 대지의 소유권을 확보하여야 한다.
   가. 매도청구소송을 제기하여 법원의 승소판결(판결이 확정될 것을 요구하지 아니한다)을 받은 경우
   나. 소유자 확인이 곤란한 대지에 대하여 매도청구소송을 제기하고 법 제23조제2항 및 제3항에 따른 감정평가액을 공탁한 경우
   다. 사업주체가 소유권을 확보하지 못한 대지로서 법 제15조에 따라 최초로 사업계획승인을 받은 날 이후 소유권이 제3자에게 이전된 대지에 대하여 매도청구소송을 제기하고 법 제23조제2항 및 제3항에 따른 감정평가액을 공탁한 경우
2. 다음 각 목의 어느 하나에 해당하는 기관으로부터 「주택도시기금법 시행령」 제21조제1항제1호에 따른 분양보증(이하 "분양보

증"이라 한다)을 받을 것
가. 「주택도시기금법」 제16조에 따른 주택도시보증공사
나. 「보험업법」 제2조제5호에 따른 보험회사(같은 법 제4조제1항제2호라목의 보증보험을 영위하는 보험회사만 해당한다) 중 국토교통부장관이 지정하는 보험회사

② 사업주체는 제1항제1호의 요건은 갖추었으나 같은 항 제2호의 요건을 갖추지 못한 경우에는 해당 주택의 사용검사에 대하여 제1호 각 목의 요건을 모두 갖춘 등록사업자(「건설산업기본법」 제9조에 따라 일반건설업 등록을 한 등록사업자 또는 영 제17조제1항에 적합한 등록사업자를 말한다) 2 이상의 연대보증을 받아 이를 공증을 받으면 제2호 각 목의 구분에 따른 건축공정에 달한 후에 입주자를 모집할 수 있다. <개정 2016.8.12.>

1. 등록사업자의 요건
가. 시공권이 있는 등록사업자로서 전년도 또는 해당 연도의 주택건설실적이 100호 또는 100세대 이상인 자일 것
나. 전년도 또는 해당 연도의 주택건설실적이 100호 또는 100세대 이상인 자 중에서 자본금 및 주택건설실적 등을 고려하여 특별자치시장·특별자치도지사·시장·군수·구청장(이하 "시장·군수·구청장"이라 한다)이 인정하는 자일 것
다. 「독점규제 및 공정거래에 관한 법률」 제2조에 따른 사업주체의 계열회사가 아닐 것
2. 건축공정의 기준
가. 아파트의 경우
1) 분양주택: 전체 층수의 3분의 2 이상에 해당하는 층수의 골조공사가 완성된 때
2) 공공임대주택: 전체 층수의 3분의 2 이상에 해당하는 층수의 골조공사가 완성된 때
나. 연립주택, 다세대주택 및 단독주택의 경우
1) 분양주택: 조적공사가 완성된 때
2) 공공임대주택: 미장공사가 완성된 때

③ 제1항에도 불구하고 영 별표 1 제2호다목, 차목6) 및 7)에 따라 영업정지처분을 받은 사업주체로서 그 영업정지처분기간이 끝난 날부터 2년이 지나지 아니한 사업주체는 제1항 각 호의 요건을 갖추고 다음 각 호의 구분에 따른 건축공정에 달한 후에 입주자를 모집할 수 있다. <개정 2016.8.12.>

1. 아파트의 경우
가. 분양주택: 전체 층수의 2분의 1 이상에 해당하는 층수의 골조공사가 완성된 때
나. 공공임대주택: 전체 층수의 2분의 1 이상에 해당하는 층수의 골조공사가 완성된 때
2. 연립주택, 다세대주택 및 단독주택의 경우
가. 분양주택: 조적공사가 완성된 때
나. 공공임대주택: 미장공사가 완성된 때

④ 국토교통부장관은 사업주체가 공공사업으로 조성된 택지를 공급받아 주택을 건설하는 경우로서 청약 과열 및 투기 억제를 위하여 필요하다고 인정되는 경우에는 택지분양계약을 체결한 후 입주자 모집이 가능하도록 「주거기본법」 제8조에 따른 주거정책심의위원회의 심의를 거쳐 입주자모집시기를 따로 정할 수 있다. <개정 2016.8.12.>

제16조(입주자모집 조건) ① 사업주체는 주택이 건설되는 대지의 소유권을 확보하고 있으나 그 대지에 저당권·가등기담보권·가압류·가처분·전세권·지상권 및 등기되는 부동산임차권 등(이하 "저당권등"이라 한다)이 설정되어 있는 경우에는 그 저당권등을 말소하여야 입주자를 모집할 수 있다. 다만, 다음 각 호의 어느 하나에 해당하는 경우는 그러하지 아니하다. <개정 2016.8.12.>

1. 사업주체가 영 제71조제1호 또는 제2호에 따른 융자를 받기 위하여 해당 금융기관에 대하여 저당권등을 설정한 경우
2. 저당권등의 말소소송을 제기하여 법원의 승소 판결(판결이 확정될 것을 요구하지 아니한다)을 받은 경우. 이 경우 사업시행자는 법 제49조에 따른 사용검사 전까지 해당 주택건설 대지의 저당권등을 말소하여야 한다.

② 사업주체는 대지의 사용승낙을 받아 주택을 건설하는 경우에는 입주자를 모집하기 전에 해당 대지의 소유권을 확보하여야 한다. 다만, 다음 각 호의 어느 하나에 해당하는 경우에는 그러하지 아니하다.

1. 대지의 소유자가 국가 또는 지방자치단체인 경우
2. 사업주체가 공공사업의 시행자와 택지분양계약을 체결하여 해당 공공사업으로 조성된 택지를 사용할 수 있는 권원을 확보한 경우

③ 사업주체는 입주자를 모집하려는 때에는 시장·군수·구청장으로부터 제15조에 따른 착공확인 또는 공정확인을 받아야 한다.

제17조(건축공정확인서의 발급) 영 제47조제1항에 따른 감리자(이하 "감리자"라 한다)는 제16조제3항 및 제60조제6항에 따른 건축공정확인서를 사업주체로부터 해당 공정의 이행을 완료한 사실을 통보받은 날부터 3일 이내에 발급하여야 한다. <개정 2016.8.12.>

제18조(입주자모집 요건의 특례) 다음 각 호의 어느 하나에 해당하는 사업주체는 제15조 및 제16조에도 불구하고 입주자를 모집할 수 있다.
1. 국가, 지방자치단체, 한국토지주택공사 또는 지방공사
2. 제1호에 해당하는 자가 단독 또는 공동으로 총지분의 50퍼센트를 초과하여 출자한 부동산투자회사

제2절 입주자모집 절차

제19조(입주자모집 방법) ① 사업주체는 공개모집의 방법으로 입주자를 모집하여야 한다.
② 사업주체(입주자저축취급기관이 제50조제1항에 따라 청약접수를 대행하는 경우에는 입주자저축취급기관을 포함한다)는 방문접수 외에 인터넷을 활용하여 입주자를 모집할 수 있다. <개정 2016.12.30.>
③ 다음 각 호의 어느 하나에 해당하는 지역에서 공급되는 주택의 입주자를 모집하는 경우(제34조에 따라 입주자를 모집하는 경우는 제외한다)로서 제27조제1항제1호 또는 제28조제1항제1호에 따른 제1순위 청약 신청을 접수하는 경우에는 해당 주택건설지역에 거주하는 자와 그 밖의 지역에 거주하는 자의 청약 신청 접수일을 각각 다른 날로 정하되, 해당 주택건설지역에 거주하는 자의 청약 신청 접수일이 그 밖의 지역에 거주하는 자의 청약 신청 접수일보다 우선하도록 하여야 한다. <신설 2017.7.3., 2017.9.20., 2017.11.24.>
1. 투기과열지구
2. 법 제63조의2제1항제1호에 따라 지정되는 조정대상지역 중 영 별표 3 제3호가목에 따른 제3지역의 공공택지 외의 택지를 제외한 지역(이하 "청약과열지역"이라 한다)

제20조(입주자모집 승인 및 통보) ① 사업주체(제18조 각 호의 사업주체는 제외한다)는 입주자를 모집하려면 다음 각 호의 서류를 갖추어 시장·군수·구청장의 승인을 받아야 한다. 이 경우 시장·군수·구청장은 「전자정부법」 제36조제1항에 따른 행정정보의 공동이용을 통하여 토지 등기사항증명서를 확인하여야 한다. <개정 2016.12.30.>
1. 입주자모집공고안
2. 삭제 <2016.12.30.>
3. 제15조 및 제17조에 따른 보증서·공증서·건축공정확인서 및 대지사용승낙서(해당하는 자만 제출한다)

② 제18조 각 호의 사업주체는 입주자를 모집하려면 입주자모집내용을 국토교통부장관 및 전산관리지정기관에 통보하여야 한다.
③ 제1항 및 제2항에 따른 승인이나 통보는 국토교통부장관이 지정하는 전자정보처리시스템을 통하여 할 수 있다.
④ 시장·군수·구청장은 제1항에 따른 신청을 받으면 신청일부터 5일 이내에 승인 여부를 결정하여야 한다. 다만, 법 제57조에 따른 분양가상한제 적용주택의 경우에는 10일 이내에 결정하여야 하며, 부득이한 사유가 있으면 5일의 범위에서 연장할 수 있다. <개정 2016.8.12.>
⑤ 시장·군수·구청장은 제4항에 따라 입주자모집공고안을 승인하였으면 그 승인내용을 다음 각 호의 자에게 각각 통보하여야 한다. <개정 2016.8.12.>
1. 국토교통부장관
2. 전산관리지정기관
3. 주택도시기금수탁자(「주택도시기금법」 제10조제2항 및 제3항에 따라 주택도시기금의 운용·관리에 관한 사무를 위탁 또는 재위탁받은 자를 말한다)
4. 분양보증기관(제15조제1항제2호 각 목의 기관을 말한다. 이하 같다)
5. 법 제85조제1항에 따라 설립된 협회

제21조(입주자모집 공고) ① 사업주체는 입주자를 모집하고자 할 때에는 입주자모집공고를 해당 주택건설지역 주민이 널리 볼 수 있는 일간신문, 관할 시·군·자치구의 인터넷 홈페이

지 또는 해당 주택건설지역 거주자가 쉽게 접할 수 있는 일정한 장소에 게시하여 공고하여야 한다. 다만, 수도권 및 광역시에서 100호 또는 100세대 이상의 주택을 공급하거나 시장·군수·구청장이 투기 및 과열경쟁의 우려가 있다고 인정하는 경우에는 일간신문에 공고하여야 하며, 시장·군수·구청장은 인터넷에도 게시하게 할 수 있다.

② 입주자모집공고는 최초 청약 신청 접수일 5일 이전에 하여야 한다. <개정 2017.7.3.>

③ 입주자모집공고에는 다음 각 호의 사항이 포함되어야 한다. <개정 2016.8.12.>

1. 사업주체명, 시공업체명, 연대보증인 및 사업주체의 등록번호 또는 지정번호
2. 감리회사명 및 감리금액
3. 주택의 건설위치 및 공급세대수(특별공급 및 단체공급이 있는 경우에는 공급방법별로 세대수를 구분하여야 한다)
4. 입주자를 분할하여 모집하는 경우에는 분할 모집시기 및 분양시기 별 주택공급에 관한 정보
5. 제32조제1항에 따라 주택을 우선 공급하는 경우에는 그 대상 주택에 관한 정보
6. 「도시 및 주거환경정비법」 제50조제1항부터 제4항까지의 공급대상자에 대한 주택의 공급이 있는 경우 해당 세대수 및 공급면적
7. 법 제15조제3항에 따라 공구별로 입주자를 모집하는 경우에는 다른 공구의 주택건설 세대수, 세대당 주택공급면적, 입주자 모집시기, 공사 착공 예정일, 입주예정일 등에 관한 정보
8. 호당 또는 세대당 주택공급면적 및 대지면적
9. 주택의 공급신청자격, 신청시의 구비서류, 신청일시 및 장소
10. 인터넷을 활용한 주택의 공급신청 여부 및 공급신청 방법
11. 분양가격 및 임대보증금, 임대료와 청약금·계약금·중도금·잔금(법 제49조제1항 단서에 따른 동별 사용검사 또는 같은 조 제4항 단서에 따른 임시 사용승인을 받는 경우의 잔금을 포함한다) 등의 납부시기 및 납부방법
12. 「공동주택 분양가격의 산정 등에 관한 규칙」 제3조제3항제1호에 따른 기본선택품목의 종류
13. 「공동주택 분양가격의 산정 등에 관한 규칙」 제3조제3항제1호에 따른 기본선택품목을 제외한 부분의 분양가격
14. 「공동주택 분양가격의 산정 등에 관한 규칙」 제4조제1항 각 호의 추가선택품목 비용
15. 「공동주택 분양가격의 산정 등에 관한 규칙」 제11조제4항에 따른 감정평가기관이 평가한 택지에 대한 감정평가액과 해당 감정평가기관
16. 「공동주택 분양가격의 산정 등에 관한 규칙」 별표 1의3 제3호에 따라 건축비 가산비용을 인정받은 공동주택성능에 대한 등급
17. 분양보증기관의 분양보증 또는 임대보증금에 대한 보증을 받은 경우에는 그 내용
18. 입주자에 대한 융자지원내용
19. 분양전환공공임대주택인 경우에는 그 분양전환시기와 분양예정가격의 산출기준 등 분양전환조건에 관한 사항
20. 부대시설 및 복리시설의 내용(주민운동시설의 경우에는 시설의 종류와 수)
21. 「주택건설 기준 등에 관한 규정」 제64조에 따른 친환경주택의 성능 수준
22. 입주자 또는 예비입주자 선정 일시 및 방법
23. 당첨자 발표의 일시·장소 및 방법
24. 이중당첨자 및 부적격당첨자의 처리 및 계약취소에 관한 사항
25. 입주자의 계약일·계약장소 등의 계약사항
26. 입주예정일
27. 도장공사, 도배공사, 가구공사, 타일공사, 주방용구공사 및 위생기구공사의 상태를 확인하기 위한 입주자의 사전방문에 관한 사항
28. 법 제22조 및 제23조에 따른 매도청구 진행상황
29. 법 제39조에 따라 발급받은 공동주택 성능에 대한 등급
30. 그밖에 시장·군수·구청장이 필요하다고 인정하는 사항

④ 시장·군수·구청장은 사업주체로 하여금 제3항 각 호의 사항 외에 주택공급신청자가 주택공급계약체결시 알아야 할 사항 그 밖의 필요한 사항을 접수 장소에 따로 게시공고한 후 별도의 안내서를 작성하여 주택공급신청자에게 교부하게 할 수 있으며, 제3항제10호에 따라 인터넷을 활용하여 공급신청을 받는 경우에는 공급신청을 받는 인터넷 홈페이지에도 게시하게 할 수 있다.

⑤ 제3항제8호에 따라 공동주택의 공급면적을 세대별로 표시하는 경우에는 주거의 용도로만

쓰이는 면적(이하 "주거전용면적"이라 한다)으로 표시하여야 한다. 다만, 주거전용면적 외에 다음 각 호의 공용면적을 별도로 표시할 수 있다.

1. 주거공용면적: 계단, 복도, 현관 등 공동주택의 지상층에 있는 공용면적
2. 그 밖의 공용면적: 주거공용면적을 제외한 지하층, 관리사무소, 노인정 등 공용면적

⑥ 사업주체는 국민주택 중 주택도시기금의 지원을 받는 주택을 공급하는 경우에는 입주자 모집공고에 해당 주택이 정부가 무주택국민을 위하여 저리(低利)의 자금을 지원한 주택임을 명시하여야 한다. <개정 2016.8.12.>

⑦ 사업주체는 토지임대주택을 공급하는 경우에는 입주자 모집공고에 토지임대주택임을 명시하여야 한다.

제22조(견본주택 건축기준 등) ① 법 제60조제2항에 따라 마감자재의 공급가격을 표시하는 경우에는 해당 자재 등에 공급가격 및 가격표시 사유를 기재한 가로 25센티미터 세로 15센티미터 이상의 표지를 설치하여야 한다. <개정 2016.8.12.>

② 가설건축물인 견본주택은 인접 대지의 경계선으로부터 3미터 이상 떨어진 곳에 건축하여야 한다. 다만, 다음 각 호의 어느 하나에 해당하는 경우에는 1.5미터 이상 떨어진 곳에 건축할 수 있다.

1. 견본주택의 외벽(外壁)과 처마가 내화구조 및 불연재료로 설치되는 경우
2. 인접 대지가 도로, 공원, 광장 그 밖에 건축이 허용되지 아니하는 공지인 경우

③ 견본주택의 각 세대에 설치하는 발코니를 거실 등으로 확장하여 설치하는 경우에는 일반인이 알 수 있도록 발코니 부분을 표시하여야 한다.

④ 가설건축물인 견본주택은 다음 각 호의 요건을 모두 충족하여야 한다.

1. 각 세대에서 외부로 직접 대피할 수 있는 출구를 한 군데 이상 설치하고 직접 지상으로 통하는 직통계단을 설치할 것
2. 각 세대 안에는 「소방시설설치유지 및 안전관리에 관한 법률」 제9조제1항에 따라 고시된 화재안전기준에 적합한 능력단위 1 이상의 소화기 두 개 이상을 배치할 것

⑤ 국토교통부장관은 필요하다고 인정되면 사업주체에게 국토교통부장관이 정하여 고시하는 기준에 따른 사이버견본주택(인터넷을 활용하여 운영하는 견본주택을 말한다. 이하 같다)을 전시하게 할 수 있다.

⑥ 삭제 <2016.12.30.>

제3절 주택공급 신청방법

제23조(주택공급신청서 교부 및 신청서류) ① 사업주체(제50조제1항에 따라 청약접수업무를 입주자저축취급기관에서 대행하는 경우에는 입주자저축취급기관을 말한다. 이하 이 조에서 같다)는 별지 제4호서식의 국민주택 공급신청서 또는 별지 제5호서식의 민영주택 공급신청서를 비치하고 공급신청자에게 교부하여야 한다. <개정 2016.8.12.>

② 주택의 공급신청을 하려는 자는 다음 각 호의 서류를 사업주체에게 제출하여야 한다. 다만, 제2호부터 제4호까지, 제8호 및 제9호에 따른 서류는 주택의 공급신청 시에 제출하지 아니하고 공급계약을 체결하기 전에 제출하게 할 수 있다. <개정 2016.11.15., 2017.7.3., 2017.11.24.>

1. 주택공급신청서(인터넷을 활용하여 주택의 공급신청을 하는 경우에는 사업주체가 정하는 전자문서인 신청서를 말한다)
2. 세대주 또는 세대원인 사실 등을 증명하는 다음 각 목의 서류
   가. 주민등록표 등본 또는 초본(입주자모집공고일 이후 발행된 것이어야 한다)
   나. 「가족관계의 등록 등에 관한 법률」에 따른 가족관계증명서. 다만, 제46조, 「공공주택 특별법 시행규칙」 별표 6에 따른 특별공급 또는 같은 시행규칙 별표 4 제2호나목에 따른 노부모 부양 우선공급을 신청하는 자와 공급신청자의 세대별 주민등록표에 등재되어 있지 아니한 공급신청자의 배우자 및 배우자와 동일한 세대를 이루고 있는 세대원이 있는 경우에는 해당 신청자로 한정한다.
3. 주민등록증 사본 또는 여권 사본
4. 별지 제6호서식에 따른 서약서(다음 각 목의 어느 하나에 해당하는 자에 한한다)
   가. 국민주택을 공급받으려는 자
   나. 투기과열지구 또는 청약과열지역에서 공급되는 주택을 제1순위 자격으로 공급받으려는 자
   다. 무주택세대구성원에게 특별공급되는

주택을 공급받으려는 자
라. 나목 외의 지역에서 가점제를 적용하여 입주자를 선정하는 민영주택을 공급받으려는 자
5. 특별공급대상임을 증명하는 다음 각 목의 서류(특별공급을 받으려는 자만 해당한다)
가. 국가기관, 지방자치단체 등 관련 기관의 장이 특별공급대상임을 인정하는 서류
나. 국가기관, 지방자치단체, 한국토지주택공사 또는 지방공사에서 발행하는 특별공급대상임을 입증하는 서류
6. 입주자저축취급기관 또는 전산관리지정기관이 발행하는 주택청약종합저축 가입(순위)증명서
7. 외국거주기간을 증명하는 다음 각 목의 서류(해당자에 한하며, 이 경우 외국거주기간은 입국일 및 출국일을 기준으로 산정한다)
가. 출입국사실증명원
나. 여권사본
다. 그밖에 외국거주기간을 증명하는 서류
8. 거주지 등을 확인할 수 있는 다음 각 목의 서류(제28조에 따른 일반공급 대상자만 해당한다)
가. 국내에 거주하는 대한민국 국민(재외국민을 포함한다): 주민등록증 사본 또는 주민등록표등·초본
나. 외국국적동포: 국내거소신고증 사본
다. 외국인: 외국인등록증 사본
9. 별표 1 제1호가목2)에 따른 소형·저가주택의 가격을 확인할 수 있는 서류(제28조에 따른 일반공급을 신청하는 경우로서 별표 1 제1호가목2)에 따라 무주택자로 인정받으려는 경우만 해당한다)
③ 주택공급신청자는 거주지 등의 변경이 있는 경우에는 그 변경사항을 증명하는 서류를 제출하여야 한다.
④ 사업주체는 주택공급신청자의 공급순위 또는 무주택기간의 사실 여부 등을 확인하기 위하여 필요한 경우에는 건물 등기사항증명서 등 주택소유여부를 증명할 수 있는 서류를 제출하게 할 수 있다. 이 경우 주택 소유 또는 무주택기간은 다음 각 호에서 정한 날을 기준으로 하되, 제1호와 제2호의 처리일자가 다를 경우에는 먼저 처리된 날을 기준으로 한다.
1. 건물 등기사항증명서: 등기접수일
2. 건축물대장등본: 처리일
3. 그밖에 주택소유여부를 증명할 수 있는 서류: 시장 또는 군수 등 공공기관이 인정하는 날

제24조(주택공급 신청 서류의 관리) ① 사업주체 또는 입주자저축취급기관은 제23조제2항 각 호의 서류 중 입주자로 선정되지 아니한 자의 서류는 접수일부터 6개월 동안 보관하고 입주자로 선정된 자의 서류는 접수일부터 5년 동안 보관하여야 한다.
② 전산관리지정기관은 사업주체 또는 입주자저축취급기관으로부터 제출받아 보관하는 청약접수 정보(입주자선정 및 동·호수 배정에 필요한 정보로 한정한다)를 제1항에 따른 접수일부터 10년 동안 보관하여야 한다.
③ 사업주체, 입주자저축취급기관 및 전산관리지정기관은 관계 기관의 요청이 있으면 제1항 및 제2항에 따라 보관하는 서류를 제출하여야 한다.

제4장 주택공급 방법

제1절 주택공급의 기준

제25조(주택의 공급방법) ① 주택의 공급방법은 일반공급, 우선공급 및 특별공급으로 구분한다.
② 사업주체는 입주자를 선정하는 경우 동·호수는 추첨의 방법에 따라 배정한다.
③ 다음 각 호의 주택건설지역에서 공급하는 주택의 공급신청자 중 같은 순위에서는 해당 주택건설지역의 거주자(제4조제5항에 따른 거주기간 요건을 충족한 자에 한한다)가 우선한다. <개정 2016.5.19., 2017.11.24.>
1. 제4조제1항제3호가목에 따른 행정중심복합도시 예정지역
2. 제4조제1항제3호나목에 따른 도청이전신도시 개발예정지구
3. 제4조제1항제3호다목에 따른 혁신도시 개발예정지구
4. 제4조제1항제3호라목에 따른 기업도시 개발구역
5. 제4조제1항제3호마목에 따른 평택시등
6. 제4조제1항제3호바목에 따른 산업단지
6의2. 위축지역
7. 제4조제3항 각 호에 해당하는 지역

④ 사업주체는 입주자 및 예비입주자를 선정한 때 그 사실을 지체 없이 사업주체의 인터넷 홈페이지(제18조제2호에 따른 사업주체의 경우에는 「부동산투자회사법」 제2조제5호에 따른 자산관리회사의 인터넷 홈페이지를 말한다)에 공고하고, 주택공급신청자가 전산관리지정기관의 인터넷 홈페이지에서 그 선정 여부를 개별적으로 확인할 수 있도록 하여야 한다. 이 경우 사업주체는 주택공급신청자의 요청이 있으면 입주자 또는 예비입주자로 선정된 자에게 휴대전화 문자메시지로 그 선정 사실을 알려줄 수 있다. <개정 2017.11.24.>

⑤ 삭제 <2017.11.24.>

⑥ 국토교통부장관은 필요한 경우에는 영 제27조제3항제2호에 따라 수도권 또는 광역시지역의 주택난 해소를 위하여 국토교통부장관이 지정하는 지역에서 건설하는 주택 또는 근로자주택 등 법령에 따라 건설하거나 정부시책의 일환으로 건설하는 주택에 대해서는 공급방법, 입주자관리방법 및 입주자 자격확인 절차 등을 따로 정하고 이를 고시하여야 한다. <개정 2016.8.12.>

제26조(예비입주자의 선정) ① 사업주체는 제27조 및 제28조에 따라 입주자를 선정하는 경우에는 순위에 따라 일반공급 대상 주택수의 40퍼센트 이상(소수점 이하는 절상한다)의 예비입주자를 선정하여야 한다. 다만, 제2순위까지 입주자를 모집한 결과 공급 신청자수가 일반공급 대상 주택수의 140퍼센트 미만인 경우에는 입주자로 선정되지 아니한 공급신청자 모두를 예비입주자로 한다. <개정 2017.9.20., 2017.11.24.>

② 사업주체는 제28조제2항 및 같은 조 제4항 단서에 따라 가점제를 적용하여 입주자를 선정하는 주택의 예비입주자를 선정하는 경우 제1순위에서 가점제가 적용되는 공급신청자 중 가점이 높은 자(가점이 같은 경우에는 추첨을 통하여 선정된 자)를 앞 순번의 예비입주자로 정하고, 그 다음 순번의 예비입주자는 가점제가 적용되지 아니하는 제1순위 공급신청자 중에서 추첨의 방법으로 정한다. <개정 2017.9.20.>

③ 제2항에 따라 선정한 예비입주자의 수가 제1항 본문에 따라 선정하여야 하는 예비입주자의 총수에 미달된 경우 또는 가점제가 적용되지 아니하는 주택의 예비입주자를 선정하는 경우에는 추첨의 방법으로 예비입주자를 선정하여야 한다. <개정 2017.9.20.>

④ 사업주체는 제1항부터 제3항까지의 규정에 따른 순번이 포함된 예비입주자 현황을 최초 공급계약 체결일부터 60일까지(예비입주자가 소진될 경우에는 그 때까지로 한다) 인터넷 홈페이지(제18조제2호에 따른 사업주체의 경우에는 「부동산투자회사법」 제2조제5호에 따른 자산관리회사의 인터넷 홈페이지를 말한다)에 공개하여야 한다. <개정 2016.5.19.>

⑤ 사업주체는 입주자로 선정된 자 중 당첨이 취소되거나 공급계약을 체결하지 아니한 자 또는 공급계약을 해약한 자가 있으면 제52조제3항 및 제57조제8항에 따른 소명기간이 지난 후 제1항부터 제3항까지의 규정에 따라 선정된 예비입주자에게 순번에 따라 공급하되, 최초로 예비입주자를 입주자로 선정하는 경우에는 당첨 취소 또는 미계약 물량과 해당 주택의 동·호수를 공개한 후 동·호수를 배정하는 추첨에의 참가의사를 표시한 예비입주자에 대하여 추첨의 방법으로 동·호수를 배정하여 공급하여야 한다. 다만, 예비입주자가 없는 경우에는 사업주체가 따로 공급방법을 정하여 공급할 수 있다. <개정 2017.9.20.>

⑥ 예비입주자로 선정된 자가 다른 주택의 공급을 신청하여 입주자로 선정되고, 입주자로 선정된 주택의 계약체결기간 만료 전에 예비입주자로 선정된 주택의 계약체결을 통보받은 때에는 이들 주택 중에서 선택하여 계약을 체결할 수 있다. 이 경우 먼저 계약을 체결한 주택의 입주자로 선정된 것으로 본다.

⑦ 사업주체는 제5항에 따라 예비입주자를 입주자로 선정한 경우에는 30일 이내에 별지 제7호서식에 따라 예비입주자의 순번과 순번에 따른 공급명세 등을 시장·군수·구청장에게 보고하여야 한다. 다만, 제18조 각 호의 어느 하나에 해당하는 사업주체는 예외로 한다. <개정 2016.5.19.>

⑧ 제7항에 따른 보고를 받은 시장·군수·구청장은 예비입주자 선정의 적정성 여부를 확인하여야 한다.

⑨ 예비입주자의 지위는 제4항에 따른 공개기간이 경과한 다음 날에 소멸되며, 사업주체는 예비입주자의 지위가 소멸된 때 예비입주자와 관련한 개인정보를 파기하여야 한다.

<신설 2017.11.24.>

제2절 일반공급

제27조(국민주택의 일반공급) ① 사업주체는 국민주택의 입주자를 선정하는 경우에는 입주자모집공고일 현재 다음 각 호의 순위에 따라 선정하여야 한다. <개정 2016.8.12., 2016.11.15., 2017.9.20., 2017.11.24.>

1. 제1순위: 다음 각 목의 어느 하나에 해당하는 자
   가. 수도권(다목 및 라목에 해당하는 경우는 제외한다): 주택청약종합저축에 가입하여 1년이 지난 자로서 매월 약정납입일에 월납입금을 12회 이상 납입한 자. 다만, 시·도지사는 청약과열이 우려되는 등 필요한 경우에는 청약 1순위를 위한 주택청약종합저축 가입기간 및 납입횟수를 각각 24개월 및 24회까지 연장하여 공고할 수 있다.
   나. 수도권 외의 지역(다목 및 라목에 해당하는 경우는 제외한다): 주택청약종합저축에 가입하여 6개월이 지난 자로서 매월 약정납입일에 월납입금을 6회 이상 납입한 자. 다만, 시·도지사는 청약과열이 우려되는 등 필요한 경우에는 청약 1순위를 위한 주택청약종합저축 가입기간 및 납입횟수를 12개월 및 12회까지 연장하여 공고할 수 있다.
   다. 투기과열지구 또는 청약과열지역: 다음의 요건을 모두 충족하는 자
      1) 주택청약종합저축에 가입하여 2년이 지난 자로서 매월 약정납입일에 월납입금을 24회 이상 납입하였을 것
      2) 세대주일 것
      3) 무주택세대구성원으로서 과거 5년 이내 무주택세대구성원 전원이 다른 주택의 당첨자가 되지 아니하였을 것
   라. 위축지역: 주택청약종합저축에 가입하여 1개월이 지난 자
2. 제2순위: 제1순위에 해당하지 아니하는 자

② 제1항제1호에 따른 제1순위에서 경쟁이 있으면 다음 각 호의 순차별로 공급한다.

1. 40제곱미터를 초과하는 주택의 공급순차
   가. 3년 이상의 기간 무주택세대구성원으로서 저축총액이 많은 자
   나. 저축총액이 많은 자
2. 40제곱미터 이하인 주택의 공급순차
   가. 3년 이상의 기간 무주택세대구성원으로서 납입횟수가 많은 자
   나. 납입횟수가 많은 자

③ 제2항제1호가목 및 제2호가목에 따른 무주택기간은 다음 각 호의 기준에 따라 산정한다.

1. 입주자모집공고일 현재 무주택세대구성원 전원이 주택을 소유하지 아니한 기간을 무주택기간으로 산정. 이 경우 무주택세대구성원 중 주택공급신청자의 무주택기간은 30세가 되는 날(주택공급신청자가 30세가 되기 전에 혼인한 경우에는 「가족관계의 등록 등에 관한 법률」에 따른 혼인관계증명서에 혼인신고일로 등재된 날)부터 계속하여 무주택인 기간으로 산정한다.
2. 무주택세대구성원이 주택을 소유한 사실이 있는 경우에는 그 주택을 처분한 후 무주택자가 된 날(두 차례 이상 주택을 소유한 사실이 있는 경우에는 최근에 무주택자가 된 날을 말한다)부터 무주택기간을 산정

④ 다음 각 호의 어느 하나에 해당하는 경우에는 추첨의 방법으로 입주자를 선정한다.

1. 제1항제2호에 따른 제2순위에서 경쟁이 있는 경우
2. 제2항제1호 각 목에 따른 순차 안에서 저축총액이 동일하거나 같은 항 제2호 각 목에 따른 순차 안에서 납입횟수가 동일하여 경쟁이 있는 경우

⑤ 사업주체는 제1항부터 제4항까지의 규정에 따라 입주자를 선정하고 남은 주택이 있는 경우에는 제4조에도 불구하고 선착순의 방법으로 입주자를 선정할 수 있다.

[제목개정 2016.8.12.]

▶ 판례 – 구 임대주택법 제21조 제1항 제4호에서 정한 '선착순의 방법으로 입주자로 선정된 경우'의 의미 및 구 임대주택법 제21조 제1항 제1호, 제4호에서 정한 '무주택자인 임차인'의 의미

구 임대주택법(2014. 5. 28. 법률 제12704호로 개정되기 전의 것) 제21조 제1항 제1호(현행 공공주택 특별법 제50조의3 제1항 및 현행 공공주택 특별법 시행령 제55조 제1항 제1호 참조), 제4호(현행 공공주택 특별법 제50조의3 제1항 및 현행 공공주택 특별법 시행령 제55조 제1항 제4호 참조), 구 임대주택법 시행령(2013. 3. 23. 대통령령 제24443호로 개정되

기 전의 것) 제19조 제1항(현행 공공주택 특별법 제48조 참조), 구 임대주택법 시행규칙(2015. 12. 29. 국토교통부령 제270호 민간임대주택에 관한 특별법 시행규칙으로 전부 개정되기 전의 것) 제12조 제1항(현행 공공주택 특별법 제48조 참조), 제2항(현행 공공주택 특별법 시행규칙 제25조 제3항 참조), 제3항(현행 공공주택 특별법 시행규칙 제25조 제4항 참조), 제4항(현행 공공주택 특별법 시행규칙 제25조 제8항 참조), 구 주택공급에 관한 규칙(2013. 3. 23. 국토교통부령 제1호로 개정되기 전의 것) 제2조 제9호(현행 제2조 제4호 참조), 제3조 제2항 제5호(현행 제2조 제2항 제4호 참조), 제4조 제2항 제1호, 제10조 제6항(현행 제27조 제5항, 제28조 제9항 제1호, 제29조 제3항 제1호 참조), 제21조의2 제1항(현행 제52조 제1항 참조), 제29조 제4항 제1호(현행 공공주택 특별법 시행규칙 제25조 제2항 제1호 참조) [대법원 2015.10.29, 선고, 2014다75462, 판결]

제28조(민영주택의 일반공급) ① 사업주체는 민영주택의 입주자를 선정하는 경우에는 입주자모집공고일 현재 다음 각 호의 순위에 따라 선정하여야 한다. <개정 2016.11.15., 2017.9.20., 2017.11.24.>

1. 제1순위: 다음 각 목의 어느 하나에 해당하는 자. 다만, 85제곱미터를 초과하는 공공건설임대주택의 입주자를 선정하는 경우에는 2주택 이상을 소유(주택의 공유지분을 소유하고 있는 경우를 포함하되, 제53조 각 호의 어느 하나에 해당하는 경우는 제외한다. 이하 이 호에서 같다)한 세대에 속한 자는 제외한다.
   가. 수도권(다목 및 라목에 해당하는 경우는 제외한다): 다음의 요건을 모두 충족하는 자
      1) 주택청약종합저축에 가입하여 1년이 지나고 별표 2의 예치기준금액에 상당하는 금액을 납입할 것. 다만, 시·도지사는 청약과열이 우려되는 등 필요한 경우에는 청약 1순위를 위한 주택청약종합저축 가입기간을 24개월까지 연장하여 공고할 수 있다.
      2) 공공주택지구(「공공주택 특별법」 제2조제2호에 따른 공공주택지구를 말하며, 개발제한구역에서 해제된 면적이 해당 지구면적의 50퍼센트 이상인 경우로 한정한다)에서 주택을 공급하는 경우에는 2주택(토지임대주택을 공급하는 경우에는 1주택을 말한다) 이상을 소유한 세대에 속한 자가 아닐 것
   나. 수도권 외의 지역(다목 및 라목에 해당하는 경우는 제외한다): 주택청약종합저축에 가입하여 6개월이 지나고 별표 2의 예치기준금액에 상당하는 금액을 납입한 자. 다만, 시·도지사는 청약과열이 우려되는 등 필요한 경우에는 청약 1순위를 위한 주택청약종합저축 가입기간을 12개월까지 연장하여 공고할 수 있다.
   다. 투기과열지구 또는 청약과열지역: 다음의 요건을 모두 충족하는 자
      1) 주택 청약종합저축에 가입하여 2년이 지난 자로서 별표 2의 예치기준금액에 상당하는 금액을 납입하였을 것
      2) 세대주일 것
      3) 과거 5년 이내 다른 주택의 당첨자가 된 자의 세대에 속한 자가 아닐 것
      4) 2주택(토지임대주택을 공급하는 경우에는 1주택을 말한다) 이상을 소유한 세대에 속한 자가 아닐 것
   라. 위축지역: 주택청약종합저축에 가입하여 1개월이 지나고 별표 2의 예치기준금액에 상당하는 금액을 납입한 자
2. 제2순위 : 제1순위에 해당하지 아니하는 자

② 사업주체는 제1순위에서 85제곱미터 이하인 민영주택의 입주자를 선정하는 경우 같은 순위에서 경쟁이 있으면 그 순위에 해당하는 자에게 일반공급되는 주택 중 다음 각 호(제3호의 경우는 시장·군수·구청장이 별도로 정하여 공고한 경우만 해당한다)의 구분에 따른 비율에 해당하는 수(다음 각 호 중 둘 이상에 해당되는 경우에는 가장 높은 비율에 해당하는 수를 말하며, 소수점 이하는 절상한다. 이하 이 조에서 같다)의 주택은 가점제를 우선적으로 적용하여 입주자를 선정하고, 그 나머지 수의 주택은 추첨의 방법으로 입주자를 선정하여야 한다. <개정 2016.11.15., 2017.9.20., 2017.11.24.>

1. 수도권에 지정된 공공주택지구(개발제한구역에서 해제된 면적이 해당 지구면적의 50퍼센트 이상인 경우로 한정한다)에서 입주자를 선정하는 경우: 100퍼센트
2. 투기과열지구에서 입주자를 선정하는 경우: 100퍼센트

2의2. 청약과열지역에서 입주자를 선정하는 경우: 75퍼센트
3. 제1호, 제2호 및 제2호의2 외의 경우: 40퍼센트 이하에서 시장·군수·구청장이 정하여 공고하는 비율

③ 삭제 <2017.9.20.>

④ 사업주체는 제1순위에서 85제곱미터를 초과하는 민영주택의 입주자를 선정하는 경우 같은 순위에서 경쟁이 있으면 추첨의 방법으로 입주자를 선정하여야 한다. 다만, 다음 각 호의 구분에 따른 비율에 해당하는 수의 주택은 가점제를 우선적으로 적용하여 입주자를 선정하고, 그 나머지 수의 주택은 추첨의 방법으로 입주자를 선정하여야 한다. <개정 2017.9.20., 2017.11.24.>

1. 공공건설임대주택의 입주자를 선정하는 경우: 100퍼센트
2. 수도권에 지정된 공공주택지구(개발제한구역에서 해제된 면적이 해당 지구면적의 50퍼센트 이상인 경우로 한정한다): 50퍼센트 이하에서 시장·군수·구청장이 정하여 공고하는 비율
3. 투기과열지구: 50퍼센트
4. 청약과열지역에서 입주자를 선정하는 경우: 30퍼센트

⑤ 삭제 <2017.9.20.>

⑥ 제2항 및 제4항 단서에 따라 가점제를 우선적으로 적용하여 제1순위에서 입주자를 선정하는 경우 다음 각 호의 어느 하나에 해당하는 자는 가점제의 적용 대상자에서 제외한다. 다만, 제2항제3호에 따라 입주자를 선정하는 경우에는 제1호에 해당하는 자는 가점제의 적용 대상자에 포함한다. <개정 2017.9.20.>

1. 1호 또는 1세대의 주택을 소유(주택의 공유지분을 소유하고 있는 경우를 포함하되, 제53조 각 호의 어느 하나에 해당하거나 별표 1 제1호가목2)에 따라 소형·저가주택 소유자를 무주택자로 보는 경우는 제외한다)한 세대에 속한 자
2. 과거 2년 이내에 가점제를 적용받아 다른 주택의 당첨자가 된 자의 세대에 속한 자

⑦ 사업주체는 제2항 및 제4항 단서에 따라 가점제를 적용하여 가점제 점수가 같은 경우에는 추첨의 방법에 따르며, 가점제를 적용하는 주택의 입주자로 선정되지 못한 자에 대해서는 별도의 신청절차 없이 추첨제를 적용하는 주택의 추첨 대상자에 포함하여 입주자를 선정하여야 한다. <개정 2017.9.20.>

⑧ 제2순위에서 경쟁이 있는 경우에는 추첨의 방법으로 입주자를 선정하여야 한다.

⑨ 사업주체는 다음 각 호의 어느 하나에 해당하는 경우에는 제4조에도 불구하고 선착순의 방법으로 입주자를 선정할 수 있다. <개정 2016.8.12.>

1. 제1항부터 제8항까지의 규정에 따라 입주자를 선정하고 남은 주택이 있는 경우
2. 분양주택에 대하여 법 제49조에 따른 사용검사를 받아 그 전부 또는 일부를 2년 이상 임대(「민간임대주택에 관한 특별법」 및 「공공주택 특별법」에 따라 임대하는 경우는 제외한다) 후 입주자모집 승인을 받아 공급하는 경우

[시행일:2017.1.1.] 제28조제1항제2호, 제28조제2항제1호, 제28조제2항제2호, 제28조제2항제2호의2, 제28조제2항제3호, 제28조제2항의 개정규정(시장·군수·구청장이 가점제 적용비율을 별도로 정하여 공고하도록 한 부분으로 한정한다)

제29조 삭제 <2016.12.30.>

제3절 우선공급

제30조(행정구역 변경에 따른 우선공급) 특별시장·광역시장·특별자치시장·시장 또는 군수는 시·군의 행정구역의 통합으로 주택건설지역의 변동이 있는 경우 통합 전의 군주택건설지역에서 통합일부터 2년 이내에 사업주체가 민영주택을 공급하는 때에는 통합 전의 군주택건설지역의 거주자를 대상으로 제29조제1항에 따라 입주자로 선정하게 할 수 있다.

제31조(주상복합건축물에 대한 우선공급) 건축주는 「건축법」 제11조에 따른 건축허가를 받아 주택외의 시설과 주택을 동일 건축물로 하여 법 제15조제1항에 따른 호수 이상으로 건설·공급하는 건축물 중 주택에 대해서는 해당 사업부지의 소유자에게 1세대 1주택을 기준으로 우선공급할 수 있다. <개정 2016.8.12.>

제32조(임대사업자 등에 대한 우선공급) ① 시장·군수·구청장은 사업주체가 민영주택을 공급하는 경우로서 주택의 공급물량, 청약률, 임대수요 등 지역 여건을 고려하여 필요하다고 인정하

는 경우에는 다음 각 호의 어느 하나에 해당하는 임대사업자 또는 「공공주택 특별법」 제4조에 따른 공공주택사업자(제1호, 제2호 및 제4호의 경우에는 임대사업을 하려는 자를 포함한다)에게 주택의 전부 또는 일부를 우선공급하게 할 수 있다. 이 경우 시장·군수·구청장은 우선공급에 관한 기준을 별도로 정할 수 있다.

1. 「부동산투자회사법」에 따른 부동산투자회사
2. 「자본시장과 금융투자업에 관한 법률」에 따른 집합투자기구
3. 입주자모집 승인 당시 「민간임대주택에 관한 특별법」에 따른 민간임대주택 및 「공공주택 특별법」에 따른 공공임대주택을 단독주택은 20호 이상, 공동주택은 20세대 이상 임대하는 자
4. 소속 근로자에게 임대하려는 고용자(법인으로 한정한다)

② 제1항에 따라 주택을 우선공급 받은 자(「공공주택 특별법」 제4조에 따른 공공주택사업자는 제외한다)는 입주금의 잔금 납부 시까지 「민간임대주택에 관한 특별법」 제5조에 따라 임대사업자로 등록(변경등록을 포함한다)하고 그 등록증 사본을 시장·군수·구청장 및 사업주체에게 제출하여야 한다.

③ 사업주체는 제1항에 따라 주택을 우선공급받은 자가 제2항에 따라 등록증 사본을 제출하지 아니하는 경우에는 공급계약을 취소하고 그 결과를 시장·군수·구청장에게 제출하여야 한다.

제33조(직장주택조합에 대한 우선공급) ① 사업주체는 국민주택을 입주자모집공고일 현재 법 제11조제5항에 따라 설립 신고된 직장주택조합(조합원이 20명 이상인 직장주택조합으로 한정한다)에 그 건설량의 40퍼센트의 범위 안에서 우선공급(이하 "단체공급"이라 한다)할 수 있다. 다만, 제4항에 따른 순위별로 단체공급을 받음으로써 그 주택조합의 남은 조합원 수가 20명에 미달하는 경우에는 주택의 단체공급 신청에 있어서 그 수를 제한하지 아니한다. <개정 2016.8.12.>

② 제1항에 따라 국민주택을 단체공급받으려는 직장주택조합의 조합원은 주택청약종합저축에 가입하여 매월 약정납입일에 월납입금을 6회 이상 납입한 자이어야 한다. <개정 2016.8.12.>

③ 제1항에 따라 단체공급을 받으려는 직장주택조합은 다음 각 호의 서류를 사업주체에게 제출하여야 한다.

1. 주택조합설립신고필증사본
2. 조합원의 주택청약종합저축 통장 사본. 이 경우 해당 직장주택조합의 조합장은 원본을 확인하여야 한다.

④ 사업주체는 단체공급에 경쟁이 있으면 다음 각 호의 순위에 따라 공급하여야 한다. 다만, 같은 순위에서 경쟁이 있는 때에는 신청조합원의 평균저축총액이 많은 조합에 우선공급하여야 한다.

1. 제1순위: 해당 주택건설지로부터 4킬로미터 이내에 조합원의 직장이 있는 조합
2. 제2순위: 해당 주택건설지로부터 8킬로미터 이내에 조합원의 직장이 있는 조합
3. 제3순위: 해당 주택건설지역에 조합원의 직장이 있는 조합

제34조(대규모 택지개발지구 등에서의 우선공급) ① 사업주체는 대규모 택지개발지구[「택지개발촉진법」에 따른 택지개발사업이 시행되는 지역(수도권지역에 한정한다) 및 「경제자유구역의 지정 및 운영에 관한 법률」에 따른 경제자유구역 개발사업이 시행되는 구역(이하 "경제자유구역개발사업시행구역"이라 한다)으로서 면적이 66만제곱미터 이상인 지역을 말한다. 이하 같다] 또는 행정중심복합도시 예정지역에서 건설·공급하는 주택은 제25조제3항 및 제29조제1항에도 불구하고 다음 각 호의 구분에 따라 시·도지사가 정하는 기간(해당 주택건설지역이 투기과열지구인 경우에는 1년 이상의 범위에서 정하는 기간) 이상 거주하고 있는 자에게 우선공급할 수 있다. 다만, 수도권 외의 경제자유구역개발사업시행구역으로서 면적이 66만제곱미터 이상인 지역에서 건설·공급하는 주택 수의 30퍼센트의 범위에서는 국토교통부장관이 정하는 바에 따라 입주자모집공고일 현재 해당 주택건설지역에 광역시장·시장 또는 군수가 정하는 기간 이상 거주하고 있는 자에게 우선공급할 수 있으며, 그 나머지 수의 주택의 공급에 대해서는 국토교통부장관이 정하는 바에 따른다. <개정 2016.5.19.>

1. 주택건설지역이 특별시·광역시인 경우에는 해당 주택건설지역 거주자에게 50퍼센트

1의2. 주택건설지역이 행정중심복합도시 예정지역인 경우에는 해당 주택건설지역 거주자에게 행정중심복합도시건설청장이 정하여 고시하는 비율

2. 주택건설지역이 경기도인 경우에는 해당 주택건설지역 거주자에게 30퍼센트, 경기도 거주자에게는 20퍼센트. 다만, 해당 주택건설지

역의 주택공급신청자가 공급량에 미달될 경우에는 경기도 거주자 공급물량에 포함한다.
② 제1항에 따른 대규모 택지개발지구가 둘 이상의 특별시·광역시 또는 시·군의 행정구역에 걸치는 경우에는 국토교통부장관이 정하는 바에 따른다.
[제목개정 2016.5.19.]

제4절 특별공급

제35조(국민주택의 특별공급) ① 사업주체는 제4조제1항에도 불구하고 건설하여 공급하는 국민주택을 그 건설량의 10퍼센트의 범위에서 입주자모집공고일 현재 무주택세대구성원으로서 다음 각 호의 어느 하나에 해당하는 자에게 관계기관의 장이 정하는 우선순위기준에 따라 한 차례(제12호부터 제14호까지에 해당하는 경우는 제외한다)에 한정하여 1세대 1주택의 기준으로 특별공급할 수 있다. 다만, 시·도지사의 승인을 받은 경우에는 10퍼센트를 초과하여 특별공급할 수 있다. <개정 2016.8.12., 2017.7.26.>
1. 「국가유공자 등 예우 및 지원에 관한 법률」에 따른 국가유공자 또는 그 유족
2. 「보훈보상대상자 지원에 관한 법률」에 따른 보훈보상대상자 또는 그 유족
3. 「5·18민주유공자 예우에 관한 법률」에 따른 5·18민주유공자 또는 그 유족
4. 「특수임무유공자 예우 및 단체설립에 관한 법률」에 따른 특수임무유공자 또는 그 유족
5. 「참전유공자예우 및 단체설립에 관한 법률」에 따른 참전유공자
6. 「제대군인지원에 관한 법률」에 따른 장기복무 제대군인
7. 「군인복지기본법」 제10조에 따른 10년 이상 복무한 군인
8. 「의사상자 등 예우 및 지원에 관한 법률」 제2조제4호 및 제5호에 따른 의사상자 또는 의사자유족
9. 「북한이탈주민의 보호 및 정착지원에 관한 법률」 제2조제1호의 규정에 의한 북한이탈주민
10. 「군사정전에 관한 협정 체결 이후 납북피해자의 보상 및 지원에 관한 법률」 제2조제3호에 따른 납북피해자
11. 「국군포로의 송환 및 대우 등에 관한 법률」 제2조제5호에 따른 등록포로(세대주 및 세대원 요건은 제외한다)
12. 다음 각 목의 어느 하나에 해당하는 주택(관계법령에 따라 허가를 받거나 신고를 하고 건축하여야 하는 경우에 허가를 받거나 신고를 하지 아니하고 건축한 주택은 제외한다. 이하 이 조에서 같다)을 소유하고 있는 자로서 해당 특별시장·광역시장·특별자치시장·시장 또는 군수가 인정하는 자. 다만, 바목에 해당하는 주택의 경우에는 관계법령에 따라 해당 사업시행을 위한 고시 등이 있은 날 이전부터 소유하고 있는 자로 한정한다.
   가. 국가, 지방자치단체, 한국토지주택공사 및 지방공사인 사업주체가 해당 주택건설사업을 위하여 철거하는 주택
   나. 사업주체가 공공사업으로 조성된 택지를 공급받아 주택을 건설하는 경우 해당 공공사업의 시행을 위하여 철거되는 주택
   다. 도시·군계획사업(「도시 및 주거환경정비법」에 따른 주택재개발사업 및 주택재건축사업은 제외한다)으로 철거되는 주택
   라. 재해로 인하여 철거되는 주택
   마. 시·도지사, 한국토지주택공사 또는 지방공사가 주택의 내력구조부 등에 중대한 하자가 발생하여 해당 거주자의 보호를 위하여 이주 및 철거가 필요하다고 인정하는 주택
   바. 「공익사업을 위한 토지 등의 취득 및 보상에 관한 법률」 제4조에 따른 공익사업의 시행을 위하여 철거되는 주택(가목부터 다목까지의 규정에 해당하는 사업을 위하여 철거되는 주택은 제외한다)
13. 제12호에 해당하는 주택 및 「도시 및 주거환경정비법」에 따른 주택재개발사업으로 철거되는 주택의 세입자로서 해당 사업을 위한 고시 등이 있은 날 현재 3개월 이상 거주하거나 재해가 발생한 날 현재 전입신고를 하고 거주하고 있는 자(직계존속의 사망, 실종선고 및 행방불명 등으로 형제자매를 부양하여야 하는 단독세대주로서 무주택자인 미성년자를 포함한다)
14. 「도시 및 주거환경정비법」에 따른 주거환경개선사업(개발제한구역 안에서 시행되는 것으로 한정한다)으로 철거되는 주택의 세입자로서 같은 법 시행령 별표 2 제2호가목에 따른 기준일 현재 3개월 이상 거주한 자(직계존속의 사망, 실종선고 및 행방불명 등으로 형제자매를 부양

하여야 하는 단독세대주로서 무주택자인 미성년자를 포함한다)
15. 「일제하 일본군위안부 피해자에 대한 생활안정지원 및 기념사업 등에 관한 법률」에 의한 일본군위안부 피해자.
16. 「주택도시기금법 시행령」 제3조제1항에 따라 주택도시기금에 예탁된 연금기금 또는 자금을 적립한 자. 이 경우 특별공급되는 주택에 대한 융자금의 합계액은 해당 연도에 예탁된 기금 또는 자금의 총액범위 안에서 제한할 수 있다.
17. 「장애인복지법」 제32조에 따라 장애인등록증이 교부된 자(정신지체인, 정신장애인 및 제3급 이상의 뇌병변장애인의 경우에는 그 배우자를 포함한다)
18. 「다문화가족지원법」 제2조에 따른 다문화가족의 구성원으로서 배우자와 3년 이상 같은 주소지에서 거주한 자
19. 「공무원연금법」 또는 「군인연금법」의 적용을 받는 공무원 또는 군인으로 10년 이상 근무한 사람으로서 전(全) 가족이 국외에서 2년 이상 거주하고 귀국한 사람 또는 정부의 인사발령에 따른 근무지 이전으로 전 가족이 주택건설지역을 달리하여 거주하는 사람 중 그 사유가 발생한 날부터 2년 이내인 사람
20. 과학기술정보통신부장관이 국가시책상 국내유치가 필요하다고 인정하여 영주귀국하게 하는 박사학위 소지 전문가로서 입국일부터 2년 이내인 자
21. 탄광근로자 또는 공장근로자의 주거안정을 위하여 특별히 건설하는 주택을 공급받고자 하는 탄광근로자 또는 공장근로자
22. 올림픽대회, 국제기능올림픽대회 및 세계선수권대회(국제경기연맹, 국제대학스포츠연맹, 아시아경기대회조직위원회 등이 주최하는 대회로서 단체경기의 경우에는 15개국 이상, 개인경기인 경우에는 10개국 이상이 참가한 대회를 말한다)에서 3위 이상의 성적으로 입상한 우수선수 및 우수기능인
23. 「중소기업인력 지원특별법」 제3조에 따른 같은 법의 적용대상 중소기업에 종사하는 근로자
24. 다음 각 목의 어느 하나에 해당하는 시책을 추진하기 위하여 주택의 특별공급이 필요한 경우로서 해당 시·도지사가 정하여 고시한 기준에 해당하는 자
  가. 지역경제의 활성화 및 경쟁력 제고
  나. 외국인 투자의 촉진
  다. 전통문화의 보존과 관리
25. 투자촉진 또는 지역경제의 활성화 등을 위하여 국외에서 15년 이상 거주한 후 대한민국에 영주귀국하거나 귀화하는 재외동포에게 주택의 특별공급이 필요한 경우로서 해당 시·도지사가 정하여 고시하는 기준에 해당하는 자
26. 「국민체육진흥법」 제14조의2에 따른 대한민국체육유공자 또는 그 유족
27. 「한부모가족지원법 시행규칙」 제3조에 따라 여성가족부장관이 정하여 고시하는 한부모가족
28. 그밖에 법령의 규정 또는 국가시책상 특별공급이 필요한 자로서 주무부장관이 국토교통부장관과 협의한 자

② 제1항제11호, 제13호부터 제15호 및 제27호에 해당하는 자에 대한 특별공급은 공공임대주택만 해당한다.

[제목개정 2016.8.12.]

제36조(85제곱미터 이하 민영주택의 특별공급) 사업주체는 제4조제1항에도 불구하고 건설하여 공급하는 85제곱미터 이하의 민영주택을 그 건설량의 10퍼센트의 범위에서 입주자모집공고일 현재 무주택세대구성원으로서 다음 각 호의 어느 하나에 해당하는 자에게 관계기관의 장이 정하는 우선순위기준에 따라 한 차례(제1호에 해당하는 경우는 제외한다)에 한정하여 1세대 1주택의 기준으로 특별공급할 수 있다. 다만, 시·도지사의 승인을 받은 경우에는 수도권에서는 15퍼센트, 그 외의 지역에서는 20퍼센트의 범위에서 특별공급할 수 있다. <개정 2016.5.19.>
1. 해당 주택을 건설하는 지역에서 철거되는 주택을 관계법령에 따라 해당 사업시행을 위한 고시 등이 있은 날 이전부터 소유 및 거주한 자(대지와 건물의 소유자가 같은 경우에 한하며, 1세대 1주택에 한한다)
2. 「국가유공자 등 예우 및 지원에 관한 법률」에 따른 국가유공자 또는 그 유족
3. 「보훈보상대상자 지원에 관한 법률」에 따른 보훈보상대상자 또는 그 유족
4. 「5·18민주유공자 예우에 관한 법률」에 따른 5·18민주유공자 또는 그 유족
5. 「특수임무유공자 예우 및 단체설립에 관한 법률」에 따른 특수임무유공자 또는 그 유족
6. 「참전유공자예우 및 단체설립에 관한 법률」에 따른 참전유공자

7. 「의사상자 등 예우 및 지원에 관한 법률」 제2조제4호 및 제5호에 따른 의사상자 또는 의사자유족
8. 제35조제1항제6호, 제7호, 제9호, 제10호, 제15호, 제17호, 제19호, 제20호, 제22호부터 제24호까지, 제26호에 해당되는 자
9. 국외에서 1년 이상 취업한 근로자 중 귀국일부터 2년 이내인 자로서 주택청약종합저축에 가입하여 제1순위에 해당하는 자

제37조(개발제한구역 해제 공공택지 주택의 특별공급) 「택지개발촉진법」에 따른 택지개발사업 또는 「도시개발법」에 따른 도시개발사업을 위하여 해제된 개발제한구역의 지역에서 해당 공공사업으로 조성된 택지 또는 토지를 공급받아 주택을 건설하여 공급하는 사업주체는 그 건설하여 공급하는 85제곱미터 이하의 분양주택을 제4조에도 불구하고 입주자모집공고일 현재 무주택세대구성원으로서 다음 각 호의 어느 하나에 해당하는 자에게 한 차례에 한정하여 1세대 1주택의 기준으로 특별공급할 수 있다. 다만, 「공익사업을 위한 토지 등의 취득 및 보상에 관한 법률」 제78조에 따라 수립된 이주대책의 대상자에 포함되어 있거나 이주정착금을 지급받은 자는 제외한다. <개정 2016.5.19.>

1. 해당 공공사업의 시행을 위하여 철거되는 주택의 소유자[「공공주택 특별법 시행규칙」 별표 4 제2호가목4)에 따라 국민임대주택의 입주자로 선정된 자는 제외한다]
2. 「택지개발촉진법 시행령」 제13조의2제5항제4호에 따라 택지를 공급받을 수 있는 자로서 해당 택지개발사업으로 조성된 택지를 공급받지 못한 자
3. 「도시개발법 시행령」 제57조제4항제3호에 따라 토지를 공급받을 수 있는 자로서 해당 도시개발사업으로 조성된 토지를 공급받지 못한 자

제38조(경제자유구역 내 민영주택의 특별공급) 사업주체는 경제자유구역(「경제자유구역의 지정 및 운영에 관한 특별법」에 따른 경제자유구역을 말한다. 이하 같다) 안에서 건설하여 공급하는 민영주택을 제4조 및 제28조에도 불구하고 그 건설량의 10퍼센트의 범위에서 입주자모집공고일 현재 무주택세대구성원(외국인인 경우에는 무주택자를 말한다)으로서 다음 각 호의 어느 하나에 해당하는 자에게 관계기관의 장이 정하는 우선순위 기준에 따라 1세대 1주택의 기준으로 특별공급할 수 있다. 다만, 시·도지사의 승인을 받은 경우에는 10퍼센트를 초과하여 특별공급할 수 있다.

1. 해당 경제자유구역에 입주하는 외국인투자기업(「외국인투자 촉진법」 제2조제1항제6호에 따른 외국인투자기업을 말한다)의 종사자
2. 다음 각 목의 어느 하나에 해당하는 자로서 해당 시·도지사의 확인을 받은 자
   가. 「경제자유구역의 지정 및 운영에 관한 특별법」 제22조에 따라 설립된 외국교육기관 또는 국제고등학교의 교원 또는 종사자
   나. 「경제자유구역의 지정 및 운영에 관한 특별법」 제23조에 따라 개설된 외국인전용 의료기관 또는 외국인전용 약국의 종사자
   다. 경제자유구역 안에 소재하는 국제연합기구, 「외국인투자촉진법 시행령」 제2조제1항에 따른 국제협력기구, 그 밖의 국제기구 종사자

제39조(비수도권 민영주택의 특별공급) 사업주체는 수도권 외의 지역에서 건설하여 공급하는 민영주택을 제28조에도 불구하고 그 건설량의 10퍼센트의 범위에서 다음 각 호의 어느 하나에 해당하는 자에게 무주택세대구성원을 제1순위로 하여 관계기관의 장이 정하는 우선순위 기준에 따라 한 차례에 한정하여 1세대 1주택의 기준으로 특별공급할 수 있다. 다만, 그 주택건설지역의 청약률, 분양률, 특별공급수요 등을 고려하여 시·도지사의 승인을 받은 경우에는 20퍼센트까지 특별공급할 수 있다.

1. 수도권에서 수도권 외의 지역으로 이전하는 학교(「수도권정비계획법 시행령」 제3조제1호에 따른 학교를 말한다)에 근무하는 자
2. 수도권에서 수도권 외의 지역으로 이전하는 공장(「수도권정비계획법 시행령」 제3조제2호에 따른 공장을 말한다)에 근무하는 자
3. 수도권에서 수도권 외의 지역으로 이전하는 기업 중 「국가균형발전 특별법 시행령」 제17조제3항에 따라 산업통상자원부장관이 정한 세부기준에 따라 지원대상이 되는 기업에 근무하는 자
4. 수도권에서 수도권 외의 지역으로 이전하는 기업연구소(「산업기술혁신 촉진법」 제34조에 따른 기업연구소를 말한다)에 근무하는 자

제40조(다자녀가구 특별공급) ① 사업주체는 건

설하여 공급하는 주택을 그 건설량의 10퍼센트(출산 장려의 목적으로 지역별 출산율, 다자녀가구의 청약현황 등을 고려하여 입주자모집 승인권자가 인정하는 경우에는 15퍼센트)의 범위에서 입주자모집공고일 현재 미성년자인 세 명 이상의 자녀(태아를 포함한다)를 둔 무주택세대구성원에게 한 차례에 한정하여 1세대 1주택의 기준으로 특별공급할 수 있다. <개정 2016.11.15.>

② 제1항에도 불구하고 제18조 각 호의 어느 하나에 해당하는 사업주체가 건설하여 공급하는 85제곱미터 이하의 주택은 해당 세대의 월평균소득(제2조제4호 각 목에 해당하는 사람의 소득을 포함한다)이 전년도 도시근로자 가구당 월평균소득(태아를 포함한 가구원 수가 4명 이상인 세대는 가구원수별 가구당 월평균소득을 말한다)의 120퍼센트 이하인 무주택세대구성원에게 특별공급할 수 있다. <개정 2016.5.19., 2016.11.15.>

③ 태아나 입양한 자녀를 포함하여 제1항에 따른 입주자로 선정된 경우에는 국토교통부장관이 정하는 출산 등과 관련한 자료를 제출하거나 입주시까지 입양이 유지되어야 한다. <신설 2016.11.15.>

제41조(신혼부부 특별공급) ① 사업주체는 건설하여 공급하는 85제곱미터 이하의 주택을 그 건설량의 10퍼센트의 범위에서 연간 주택건설계획량 등을 고려하여 국토교통부장관이 정하여 고시하는 비율의 주택을 제1호 각 목의 요건을 모두 갖춘 자에게 제2호 각 목의 순위에 따라 한 차례에 한정하여 1세대 1주택의 기준으로 특별공급할 수 있다. 다만, 제18조 각 호의 어느 하나에 해당하는 사업주체가 건설하여 공급하는 주택은 15퍼센트의 범위에서 특별공급할 수 있다. <개정 2016.5.19.>

1. 공급요건
   가. 입주자모집공고일 현재 혼인기간이 5년 이내일 것
   나. 가목에 따른 기간에 출산(임신 중이거나 입양한 경우를 포함한다)하여 자녀가 있을 것
   다. 무주택세대구성원일 것
   라. 해당 세대의 월평균소득(제2조제4호 각 목에 해당하는 사람의 소득을 포함한다)이 전년도 도시근로자 가구당 월평균소득(4명 이상인 세대는 가구원수별 가구당 월평균소득을 말한다)의 100퍼센트(배우자가 소득이 있는 경우에는 120퍼센트를 말한다) 이하일 것
2. 공급순위
   가. 제1순위: 혼인기간이 3년 이내인 자
   나. 제2순위: 혼인기간이 3년을 초과한 자

② 제1항제2호 각 목에 따른 제1순위 및 제2순위 안에서 경쟁이 있는 경우에는 다음 각 호의 순서대로 입주자를 선정하여야 한다. 다만, 제34조제1항의 경우에는 제1호를 적용하지 아니한다.

1. 해당 주택건설지역의 거주자. 다만, 제4조제1항 각 호에 해당하는 지역에 주택공급을 신청하는 경우와 같은 조 제3항 각 호에 해당하는 지역의 거주자가 해당 지역에 주택공급을 신청하는 경우만 해당한다.
2. 자녀수가 많은 자
3. 자녀수가 같은 경우에는 추첨으로 선정된 자

③ 제1항제1호나목에 따른 임신 또는 입양을 통하여 입주자로 선정된 경우에는 국토교통부장관이 정하는 출산 등과 관련한 자료를 제출하거나 입주시까지 입양이 유지되어야 한다.

제42조(외국인 특별공급) 사업주체는 건설하여 공급하는 주택을 그 건설량의 10퍼센트의 범위에서 입주자모집공고일 현재 무주택자(국민주택의 경우에는 입주자모집공고일부터 입주시까지 무주택자이어야 한다)인 외국인에게 외국인투자의 촉진을 위한 시책을 추진하기위하여 해당 시·도지사가 정하여 고시하는 기준에 따라 한 차례에 한정하여 1세대 1주택의 기준으로 특별공급할 수 있다. 다만, 시·도지사의 승인을 받은 경우에는 10퍼센트를 초과하여 특별공급할 수 있다. <개정 2016.8.12.>

제43조(생애최초 주택 구입자 특별공급) 사업주체는 건설하여 공급하는 국민주택을 그 건설량의 20퍼센트의 범위에서 입주자모집공고일 현재 생애 최초(세대에 속한 모든 자가 과거 주택을 소유한 사실이 없는 경우로 한정한다)로 주택을 구입하는 자로서 다음 각 호의 요건을 모두 갖춘 자에게 한 차례에 한정하여 1세대 1주택의 기준으로 추첨의 방법으로 입주자를 선정하여 특별공급할 수 있다. <개정 2016.8.12.>

1. 제27조제1항의 1순위에 해당하는 무주택세대구성원으로서 저축액이 선납금을 포함하여 600만원 이상인 자
2. 입주자모집공고일 현재 혼인 중이거나 자녀가 있는 자

3. 입주자모집공고일 현재 근로자 또는 자영업자[과거 1년 내에 소득세(「소득세법」 제19조 또는 제20조에 해당하는 소득에 대하여 납부하는 것을 말한다. 이하 이 항에서 같다)를 납부한 자를 포함한다]로서 5년 이상 소득세를 납부한 자. 이 경우 해당 소득세납부의무자이나 소득공제, 세액공제, 세액감면 등으로 납부의무액이 없는 경우를 포함한다.
4. 해당 세대의 월평균 소득이 전년도 도시근로자 가구당 월평균 소득[4명 이상인 세대는 가구원수(공급신청자의 직계존속은 1년 이상 같은 주민등록표에 올라 있는 경우만 가구원수에 포함한다)별 가구당 월평균 소득을 말한다]의 100퍼센트 이하인 자

제44조(도시개발사업에 따른 철거주택 소유자에 대한 특별공급) 사업주체는 도시개발사업(「도시개발법」 제11조제1항제5호 또는 제11호에 해당하는 자가 같은 법에 따라 시행하는 도시개발사업으로서 개발면적이 33만제곱미터 이상인 경우만 해당한다)으로 조성된 토지에 건설하여 공급하는 85제곱미터 이하의 민영주택을 입주자모집공고일 현재 무주택세대구성원으로서 해당 도시개발사업의 시행을 위하여 철거되는 주택의 소유자에게 한 차례에 한정하여 1세대 1주택의 기준으로 특별공급할 수 있다. 다만, 「공익사업을 위한 토지 등의 취득 및 보상에 관한 법률」 제78조에 따라 수립된 이주대책의 대상자에 포함되어 있거나 이주정착금을 지급받은 자는 제외한다.

제45조(국가유공자 등 특별공급) 사업주체는 건설하여 공급하는 국민주택을 제4조에도 불구하고 그 건설량의 5퍼센트(공공임대주택의 경우에는 10퍼센트)의 범위에서 입주자모집공고일 현재 무주택세대구성원으로서 다음 각 호의 어느 하나에 해당하는 자에게 국가보훈처장이 정하는 기준에 따라 한 차례에 한정하여 1세대 1주택의 기준으로 특별공급할 수 있다. <개정 2016.8.12.>
1. 「국가유공자 등 예우 및 지원에 관한 법률」에 따른 국가유공자 또는 그 유족
2. 「보훈보상대상자 지원에 관한 법률」에 따른 보훈보상대상자 또는 그 유족
3. 「5·18민주유공자 예우에 관한 법률」에 따른 5·18민주유공자 또는 그 유족
4. 「특수임무유공자 예우 및 단체설립에 관한 법률」에 따른 특수임무유공자 또는 그 유족
5. 「참전유공자 예우 및 단체설립에 관한 법률」에 따른 참전유공자

[국토교통부령 제268호(2015.12.29.) 부칙 제2조의 규정에 의하여 이 조는 2019년 3월 31일까지 유효함]

제46조(노부모 부양자에 대한 특별공급) ① 사업주체는 건설하여 공급하는 주택을 그 건설량의 3퍼센트의 범위에서 입주자모집공고일 현재 65세 이상의 직계존속(배우자의 직계존속을 포함한다)을 3년 이상 계속하여 부양(같은 세대별주민등록표상에 등재되어 있는 경우에 한정한다)하고 있는 자로서 다음 각 호의 요건을 모두 갖춘 자에게 한 차례에 한정하여 1세대 1주택의 기준으로 특별공급할 수 있다.
1. 제27조 및 제28조에 따른 제1순위에 해당하는 자일 것
2. 무주택세대구성원(세대주에 한정하며, 피부양자의 배우자도 무주택자이어야 하고 피부양자의 배우자가 주택을 소유하고 있었던 기간은 무주택기간에서 제외한다. 이하 이 조에서 같다)일 것

② 제1항에 따라 특별공급을 할 때 제1순위에서 경쟁이 있는 경우 국민주택은 제27조제2항의 공급방법에 따르고, 민영주택은 가점제를 적용하되, 동점일 경우에는 추첨의 방법에 따른다. <개정 2016.8.12.>

③ 제1항에도 불구하고 제18조 각 호의 어느 하나에 해당하는 사업주체는 건설하여 공급하는 85제곱미터 이하의 주택을 그 건설량의 5퍼센트의 범위에서 다음 각 호의 요건을 모두 갖춘 자에게 특별공급할 수 있다. <개정 2016.5.19.>
1. 해당 세대의 월평균소득(제2조제4호 각 목에 해당하는 사람의 소득을 포함한다)이 전년도 도시근로자 가구당 월평균소득(4명 이상인 세대는 가구원수별 가구당 월평균소득을 말한다)의 120퍼센트 이하일 것
2. 무주택세대구성원일 것

제47조(이전기관 종사자 등 특별공급) ① 사업주체는 행정중심복합도시 예정지역에서 건설하여 공급하는 주택을 다음 각 호의 어느 하나에 해당하는 자에게 한 차례에 한정하여 1세대 1주택의 기준으로 특별공급할 수 있다. <개정 2016.5.19.>
1. 「신행정수도 후속대책을 위한 연기·공주지역 행정중심복합도시 건설을 위한 특별법」에 따라 설치된 행정중심복합도시 건

설청에 근무하기 위하여 이주하는 종사자
2. 행정중심복합도시 예정지역으로 이전하거나 행정중심복합도시 예정지역에 설치하는 국가기관, 지방자치단체 및 공공기관의 종사자
3. 행정중심복합도시 예정지역으로 이전하거나 행정중심복합도시 예정지역에 설립하는 다음 각 목에 해당하는 교육기관의 교원 또는 종사자
  가. 「유아교육법」 제2조에 따른 유치원
  나. 「초·중등교육법」 제2조에 따른 학교
  다. 「고등교육법」 제2조에 따른 학교
4. 다음 각 목의 어느 하나에 해당하는 경우로 행정중심복합도시 예정지역 주택의 특별공급이 필요하다고 행정중심복합도시건설청장이 인정하는 자
  가. 행정중심복합도시 예정지역에 입주하는 기업, 연구기관 및 의료기관의 종사자 중 도시활성화 및 투자 촉진 등을 위하여 필요한 경우
  나. 행정중심복합도시 예정지역에 사무소를 두는 국가기관 및 공공기관의 종사자 중 행정중심복합도시건설 지원 등을 위하여 필요한 경우

② 사업주체는 「도청 이전을 위한 도시건설 및 지원에 관한 특별법」에 따른 도청이전신도시에서 건설하여 공급하는 주택을 다음 각 호의 어느 하나에 해당하는 자에게 한 차례에 한정하여 1세대 1주택의 기준으로 특별공급할 수 있다.
1. 도청이전신도시에 건설되는 도청 및 공공기관에 근무하기 위하여 이주하는 종사자
2. 도청이전신도시로 이전하거나 설립하는 제1항제3호 각 목에 해당하는 교육기관의 교원 또는 종사자
3. 도청이전신도시에 입주하는 기업, 연구기관, 의료기관 및 공익단체의 종사자 중 도시활성화 및 투자 촉진 등을 위하여 특별공급이 필요하다고 도지사가 인정하는 자

③ 사업주체는 제1호 각 목의 지역에서 건설하여 공급하는 주택을 제2호 각 목의 어느 하나에 해당하는 사람에게 한 차례에 한정하여 1세대 1주택의 기준으로 특별공급할 수 있다.
1. 공급지역
  가. 「공공기관 지방이전에 따른 혁신도시 건설 및 지원에 관한 특별법」 제6조에 따라 지정되는 혁신도시개발예정지구와 같은 법 제29조제1항 단서에 따라 개별 이전하는 지역(이하 이 항에서 "혁신도시예정지역"이라 한다)
  나. 해당 시·도지사가 인정하는 혁신도시예정지역 인근의 주택건설지역
2. 공급대상자
  가. 혁신도시예정지역으로 이전하거나 혁신도시예정지역에 설치하는 국가기관, 지방자치단체 및 공공기관 종사자
  나. 혁신도시예정지역으로 이전하거나 혁신도시예정지역에 설립하는 다음에 해당하는 교육기관의 교원 또는 종사자
    1) 「유아교육법」 제2조에 따른 유치원
    2) 「초·중등교육법」 제2조에 따른 학교
    3) 「고등교육법」 제2조에 따른 학교
  다. 혁신도시예정지역에 입주하는 기업, 연구기관 및 의료기관의 종사자 중 도시활성화 및 투자 촉진 등을 위하여 특별공급이 필요하다고 해당 시·도지사가 인정하는 자

④ 사업주체는 해당 시·도지사가 주거여건, 주택의 수요·공급 상황 등을 고려하여 필요하다고 인정하는 경우에는 2018년 12월 31일까지 혁신도시예정지역에서 건설하여 공급하는 주택(소속 직원의 관사나 숙소로 사용하는 경우로 한정한다)을 「공공기관의 지방이전에 따른 혁신도시 건설 및 지원에 관한 특별법」 제2조제2호에 따른 이전공공기관에 특별공급할 수 있다.

⑤ 사업주체는 「제주특별자치도 설치 및 국제자유도시 조성을 위한 특별법」 제189조의2에 따라 건설되는 영어교육도시에서 건설하여 공급하는 주택을 그 도시에 설립되는 다음 각 호의 학교 또는 법인에 근무하기 위하여 전입하는 사람으로서 제주특별자치도지사가 인정하는 사람에게 한 차례에 한정하여 1세대 1주택(외국인인 경우에는 1인 1주택을 말한다)의 기준으로 특별공급할 수 있다.
1. 「제주특별자치도 설치 및 국제자유도시 조성을 위한 특별법」 제182조제1항에 따른 외국교육기관 중 외국대학
2. 「제주특별자치도 설치 및 국제자유도시 조성을 위한 특별법」 제189조의4에 따른 국제학교
3. 「제주특별자치도 설치 및 국제자유도시 조성을 위한 특별법」 제189조의7에 따라 국제학교 설립승인을 받은 법인. 이 경우 설립승인 후 국제학교의 운영을 위탁한 경우는 그러하지 아니하다.

4. 「제주특별자치도 설치 및 국제자유도시 조성을 위한 특별법」 제189조의8에 따라 국제학교의 운영을 위탁받은 법인

⑥ 사업주체는 「주한미군기지 이전에 따른 평택시 등의 지원 등에 관한 특별법」 제2조제5호에 따른 평택시등(이하"평택시등"이라 한다)에서 건설하여 공급하는 주택을 다음 각 호의 어느 하나에 해당하는 자으로서 평택시등의 장이 인정하는 자에게 한 차례에 한정하여 1세대 1주택의 기준으로 특별공급할 수 있다.

1. 대한민국 국민으로서 「대한민국과 아메리카합중국 간의 상호방위조약 제4조에 의한 시설과 구역 및 대한민국에서의 합중국 군대의 지위에 관한 협정」 제17조에 따른 민간인인 고용원
2. 대한민국 국민으로서 「대한민국과 미합중국간의 한국노무단의 지위에 관한 협정」 제1조에 따라 미합중국 군대를 위하여 노역을 수행하는 한국노무단의 민간인인 고용원

⑦ 사업주체는 「산업입지 및 개발에 관한 법률」 제2조제8호에 따른 산업단지(이하 이 항에서 "산업단지"라 한다)에서 건설하여 공급하는 주택을 같은 법 시행규칙 제27조의2에 따라 다음 각 호의 어느 하나에 해당하는 자에게 한 차례에 한정하여 1세대 1주택의 기준으로 특별공급할 수 있다.

1. 해당 산업단지(해당 주택건설지역 내의 다른 산업단지로서 주택건설사업계획 승인권자가 입주기업 종사자 지원을 위해 필요하다고 인정하는 산업단지를 포함한다. 이하 이 항에서 같다)의 입주기업(「산업입지 및 개발에 관한 법률」 제2조제9호에 따른 산업단지개발사업의 시행자와 분양계약을 체결한 입주예정기업을 포함한다. 이하 이 항에서 같다), 연구기관 및 의료기관의 종사자
2. 해당 산업단지 내로 이전하거나 산업단지 내에 설립하는 제1항제3호 각 목에 해당하는 교육기관의 교원 또는 종사자

⑧ 사업주체는 「기업도시개발 특별법」 제5조에 따라 지정된 기업도시개발구역에서 건설하여 공급하는 주택을 같은 법 시행령 제39조제1항 각 호에 해당하는 자에게 한 차례에 한정하여 1세대 1주택의 기준으로 특별공급할 수 있다. <신설 2017.11.24.>

⑨ 사업주체는 해당 시·도지사가 주거여건, 주택의 수급상황 등을 고려하여 필요하다고 인정하는 경우에는 산업단지 또는 기업도시개발구역에서 건설하여 공급하는 주택(국토교통부장관이 제10항제3호에서 정하는 바에 따라 소속 직원의 숙소로 사용하는 경우로 한정한다)을 산업단지 또는 기업도시개발구역 입주기업에 특별공급할 수 있다. <개정 2017.11.24.>

⑩ 제1항부터 제9항까지에 따른 특별공급에 필요한 세부적인 사항은 다음 각 호에서 정하는 사람이 따로 정할 수 있다. <개정 2017.11.24.>

1. 제1항의 경우: 행정중심복합도시건설청장
2. 제2항의 경우: 도지사
3. 제3항, 제7항 및 제8항의 경우: 국토교통부장관
4. 제5항의 경우: 제주특별자치도지사
5. 제6항의 경우: 평택시등의 장

⑪ 제1항부터 제10항까지의 규정에 따라 주택을 공급하는 경우에는 다음 각 호에서 정하는 바에 따른다. <개정 2016.11.15., 2017.11.24.>

1. 제4항 및 제9항에 따라 주택을 공급하는 경우에는 이 규칙의 다른 조항을 적용하지 아니한다.
2. 제1호 외의 경우에는 제54조, 제55조, 제57조 및 제58조만을 적용한다.

제48조(특별공급의 입주자저축 요건) 제35조제1항(제1호부터 제5호까지, 제12호, 제13호, 제14호, 제17호 및 제28호를 제외한다), 제36조[제1호부터 제6호까지 및 제8호(제35조제1항제17호에 해당하는 부분만을 말한다)를 제외한다], 제38조, 제39조, 제40조 및 제41조제1항에 따라 주택을 특별공급받고자 하는 자는 다음 각 호의 어느 하나에 해당하는 요건을 갖추어야 한다. <개정 2016.5.19., 2016.8.12.>

1. 국민주택을 특별공급받으려는 경우: 주택청약종합저축에 가입하여 6개월이 지나고 매월 약정납입일에 월납입금을 6회 이상 납입하였을 것
2. 민영주택을 특별공급받으려는 경우: 주택청약종합저축에 가입하여 6개월이 지나고 별표 2의 예치기준금액에 상당하는 금액을 납입하였을 것

제49조(특별공급의 비율 조정 등) ① 입주자모집승인권자는 제40조, 제41조, 제43조 및 제46조에 따른 각 특별공급의 비율을 증가 또는 감소시킬 수 있다. 이 경우 다음 각 호의 요건을 모두 충족하여야 한다.

1. 각 특별공급 비율은 10퍼센트(전체 건설량을 기준으로 한다)의 범위 내의 비율에서 증가 또는 감소시킬 것
2. 각 유형별 특별공급비율은 최소 3퍼센트 이상일 것
3. 특별공급 비율의 조정 후 각 유형별 비율의 합이 조정 전의 각 유형별 비율의 합을 초과하지 아니할 것

② 국토교통부장관은 제40조, 제41조, 제43조 및 제46조에 따른 입주자 선정에 관한 세부적인 사항을 정할 수 있다 <개정 2016.5.19., 2017.11.24.>

③ 시·도지사는 제42조에 따른 입주자 선정에 관한 세부적인 사항을 정할 수 있다. <신설 2017.11.24.>

제5장 입주자 선정 및 관리
제1절 입주자 선정

제50조(입주자선정업무 등의 대행) ① 사업주체는 제27조 및 제28조에 따라 입주자를 선정하려는 경우에는 다음 각 호의 구분에 따른 기관에 청약접수 및 입주자선정업무의 대행을 의뢰하여야 한다.

1. 청약접수: 입주자저축 취급기관
2. 입주자 선정 및 동·호수 배정: 전산관리지정기관

② 제1항에도 불구하고 한국토지주택공사, 지방공사 또는 제18조제2호에 해당하는 사업주체는 다음 각 호의 업무를 직접 할 수 있다. <개정 2016.5.19.>

1. 청약접수
2. 제27조 및 제28조에 따라 입주자를 선정하고 남은 주택 및 분양전환되지 아니하는 공공임대주택의 입주자 선정

③ 제1항 및 제2항에 따라 청약접수 업무를 수행하는 기관은 청약률을 인터넷 홈페이지 등에 게시하여야 한다.

④ 사업주체는 제23조 및 제24조에 따라 주택공급신청자가 제출한 서류의 확인 등의 업무를 영 제44조제1항에 따른 건설업자(이하 이 항에서 "건설업자"라 한다)에게 대행하게 할 수 있다. 이 경우 사업주체는 건설업자가 이 규칙에서 정한 절차와 기준에 따르도록 감독을 하여야 한다. <개정 2016.8.12.>

⑤ 사업주체는 전산관리지정기관에 제35조에서 제49조까지의 규정에 따른 입주자선정업무 중 동·호수 배정업무의 대행을 의뢰하여야 한다.

제51조(최하층 우선배정) 전산관리지정기관은 사업주체가 5층 이상의 주택을 건설·공급하여 제50조제1항 및 제5항에 따라 대행을 의뢰하는 경우 당첨자 또는 그 세대에 속한 자가 다음 각 호의 어느 하나에 해당하여 주택의 최하층(해당 주택의 분양가격이 바로 위층 주택의 분양가격보다 높은 경우는 제외한다)을 희망하는 때에는 해당 최하층을 그 당첨자에게 우선 배정하여야 한다. 이 경우 제1호 또는 제2호에 해당하는 자와 제3호에 해당하는 자 사이에 경쟁이 있으면 제1호 또는 제2호에 해당하는 자에게 우선 배정하여야 한다. <개정 2016.5.19., 2017.11.24.>

1. 입주자 모집공고일 현재 65세 이상인 자
2. 「장애인복지법」 제32조에 따라 장애인등록증이 발급된 자
3. 입주자모집공고일 현재 미성년자인 세 명 이상의 자녀를 둔 자

제52조(입주대상자 자격 확인 등) ① 사업주체(사업주체가 국가 또는 지방자치단체인 경우에는 시·도지사를 말한다. 이하 이 조에서 같다)는 주택의 입주자를 선정하거나 사업계획상의 입주자를 확정하려는 경우에는 입주대상자(예비입주대상자를 포함한다. 이하 이 조에서 같다)로 선정된 자 또는 사업계획상의 입주대상자로 확정된 자에 대하여 「정보통신망 이용촉진 및 정보보호 등에 관한 법률」에 따라 구성된 주택전산망을 이용한 무주택기간 및 주택소유 여부 등의 전산검색을 국토교통부장관이 정하는 방법과 절차에 따라 국토교통부장관에게 의뢰하여야 한다. 다만, 입주자저축취급기관이 제50조제1항에 따라 청약접수를 대행하는 경우에는 입주자저축취급기관이 전산관리지정기관으로 하여금 국토교통부장관에게 전산검색을 의뢰하도록 요청하여야 한다.

② 제23조제2항 각 호 외의 부분 단서에 따라 주택의 공급신청시에 구비서류의 제출을 생략한 경우 사업주체는 주택의 공급계약을 체결하기 전에 당첨예정자로부터 같은 항 제2호부터 제4호까지, 제8호 및 제9호에 따른 서류를 제출받아 세대주, 세대원 및 해당 거주지 등을 확인하여야 한다.

③ 사업주체는 제1항 및 제2항에 따른 전산검색

및 제출서류의 확인 결과 공급자격 또는 선정순위를 달리한 부적격자로 판정된 자에 대해서는 그 결과를 통보하고, 통보한 날부터 7일 이상의 기간을 정하여 제23조제4항 각 호에 따른 주택소유 여부를 증명할 수 있는 서류, 세대주, 세대원 및 해당 거주지 등을 확인할 수 있는 증명서류 등을 제출하도록 하여 공급자격 또는 선정순위의 정당 여부를 확인한 후 입주자를 선정하거나 사업계획상의 입주대상자를 확정하여야 한다.

④ 사업주체는 제3항에 따른 서류를 접수일부터 5년(제54조에 따른 재당첨제한기간이 10년에 해당하는 경우에는 10년) 동안 보관하여야 하며, 관계기관의 요청이 있는 경우에는 해당 서류를 제출하여야 한다.

⑤ 법 제5조제3항에 따라 근로자를 고용한 자가 그 근로자를 위하여 건설하는 주택의 경우 해당 사업계획 승인 당시 입주대상자의 일부를 확정할 수 없는 때에는 입주대상자의 명단을 해당 주택의 사용검사일 이전까지 확정하여 시·도지사에게 통보한 후 입주대상자로 확정된 자의 무주택기간 및 주택소유 여부 등을 전산검색하여야 한다. 이 경우 전산검색의 방법 및 절차에 관하여는 제1항을 준용한다. <개정 2016.8.12.>

⑥ 제1항 또는 제5항에 따른 의뢰를 받은 국토교통부장관은 14일 이내에 전산검색 결과를 사업주체 또는 전산관리지정기관에 통보하여야 한다.

제53조(주택소유 여부 판정기준) 주택소유 여부를 판단할 때 주택의 공유지분을 소유하고 있는 것은 주택을 소유하고 있는 것으로 보되, 다음 각 호의 어느 하나에 해당하는 경우에는 주택을 소유하지 아니한 것으로 본다. 다만, 공공임대주택의 공급, 제46조, 「공공주택 특별법 시행규칙」 별표 6 제2호라목에 따른 특별공급의 경우 무주택세대구성원에 해당하는지 여부를 판단할 때에는 제6호를 적용하지 아니한다. <개정 2016.5.19., 2016.8.12., 2017.11.24.>

1. 상속으로 주택의 공유지분을 취득한 사실이 판명되어 사업주체로부터 제52조제3항에 따라 부적격자로 통보받은 날부터 3개월 이내에 그 지분을 처분한 경우
2. 도시지역이 아닌 지역 또는 면의 행정구역(수도권은 제외한다)에 건축되어 있는 주택으로서 다음 각 목의 어느 하나에 해당하는 주택의 소유자가 해당 주택건설지역에 거주(상속으로 주택을 취득한 경우에는 피상속인이 거주한 것을 상속인이 거주한 것으로 본다)하다가 다른 주택건설지역으로 이주한 경우
   가. 사용승인 후 20년 이상 경과된 단독주택
   나. 85제곱미터 이하의 단독주택
   다. 소유자의 「가족관계의 등록 등에 관한 법률」에 따른 최초 등록기준지에 건축되어 있는 주택으로서 직계존속 또는 배우자로부터 상속 등에 의하여 이전받은 단독주택
3. 개인주택사업자가 분양을 목적으로 주택을 건설하여 이를 분양 완료하였거나 사업주체로부터 제52조제3항에 따른 부적격자로 통보받은 날부터 3개월 이내에 이를 처분한 경우
4. 세무서에 사업자로 등록한 개인사업자가 그 소속 근로자의 숙소로 사용하기 위하여 법 제5조제3항에 따라 주택을 건설하여 소유하고 있거나 사업주체가 정부시책의 일환으로 근로자에게 공급할 목적으로 사업계획 승인을 받아 건설한 주택을 공급받아 소유하고 있는 경우
5. 20제곱미터 이하의 주택을 소유하고 있는 경우. 다만, 2호 또는 2세대 이상의 주택을 소유한 자는 제외한다.
6. 60세 이상의 직계존속(배우자의 직계존속을 포함한다)이 주택을 소유하고 있는 경우
7. 건물등기부 또는 건축물대장등의 공부상 주택으로 등재되어 있으나 주택이 낡아 사람이 살지 아니하는 폐가이거나 주택이 멸실되었거나 주택이 아닌 다른 용도로 사용되고 있는 경우로서 사업주체로부터 제52조제3항에 따른 부적격자로 통보받은 날부터 3개월 이내에 이를 멸실시키거나 실제 사용하고 있는 용도로 공부를 정리한 경우
8. 무허가건물[종전의 「건축법」(법률 제7696호 건축법 일부개정법률로 개정되기 전의 것을 말한다) 제8조 및 제9조에 따라 건축허가 또는 건축신고 없이 건축한 건물을 말한다]을 소유하고 있는 경우. 이 경우 소유자는 해당 건물이 건축 당시의 법령에 따른 적법한 건물임을 증명하여야 한다.

제54조(재당첨 제한) ① 다음 각 호의 어느 하나에 해당하는 주택에 당첨된 자의 세대에 속

한 자는 제2항에 따른 재당첨 제한기간 동안 다른 분양주택(분양전환공공임대주택을 포함하되, 투기과열지구 및 청약과열지역이 아닌 지역에서 공급되는 민영주택은 제외한다)의 입주자로 선정될 수 없다. <개정 2017.11.24.>

1. 제3조제2항 각 호(제3호, 제5호, 제7호 및 제9호는 제외한다)의 주택
2. 제47조에 따라 이전기관 종사자 등에 특별공급되는 주택
3. 분양가상한제 적용주택
4. 분양전환공공임대주택
5. 토지임대주택
6. 투기과열지구에서 공급되는 주택
7. 청약과열지역에서 공급되는 주택

② 제1항에 따른 재당첨 제한기간은 다음 각 호의 구분에 따른다. <신설 2017.11.24.>

1. 당첨된 주택이 85제곱미터 이하인 경우
   가. 「수도권정비계획법」 제6조제1항에 따른 과밀억제권역(이하 "과밀억제권역"이라 한다)에서 당첨된 경우에는 당첨일부터 5년간
   나. 과밀억제권역 외의 지역에서 당첨된 경우에는 당첨일부터 3년간
2. 당첨된 주택이 85제곱미터를 초과하는 경우
   가. 과밀억제권역에서 당첨된 경우에는 당첨일부터 3년간
   나. 과밀억제권역 외의 지역에서 당첨된 경우에는 당첨일부터 1년간
3. 토지임대주택의 경우에는 당첨일부터 5년간

③ 전산관리지정기관은 제57조제1항에 따라 통보받은 당첨자명단을 전산검색하여 제2항 각 호의 어느 하나에 해당하는 기간 동안 제1항에 따른 재당첨제한 적용주택의 당첨자가 된 자의 세대에 속한 자의 명단을 발견한 때에는 지체 없이 사업주체에게 그 사실을 통보하여야 한다. <개정 2017.11.24.>

④ 제3항에 따라 통보를 받은 사업주체는 이들을 입주자 선정대상에서 제외하거나 주택공급계약을 취소하여야 한다. <개정 2017.11.24.>

제55조(특별공급 횟수 제한) 제35조부터 제49조까지의 규정에 따른 특별공급은 한 차례에 한정하여 1세대 1주택의 기준으로 공급한다. 다만, 다음 각 호의 어느 하나에 해당하는 경우에는 그러하지 아니하다. <개정 2016.5.19.>

1. 사업주체가 제35조제1항제12호부터 제14호까지 및 제36조제1호에 따라 주택을 특별공급하는 경우
2. 사업주체가 제35조에서 제46조까지, 제48조 및 제49조에 따라 주택을 특별공급하여 입주(주민등록표상에 올라 있는 경우를 말한다)한 사람에게 같은 주택건설지역 외의 지역에서 제47조에 따라 주택을 특별공급하는 경우
3. 사업주체가 제47조에 따라 주택을 특별공급한 사람에게 같은 주택건설지역 외의 지역에서 같은 조에 따른 다른 특별공급 사유로 주택을 특별공급하는 경우

제56조(공급질서 교란자에 대한 자격제한) ① 법 제65조제5항에 따른 주택의 입주자 자격제한은 같은 조 제1항을 위반한 행위를 적발한 날부터 다음 각 호의 구분에 따른 기간까지로 한다. <개정 2016.8.12.>

1. 공공주택지구의 주택(민영주택은 제외한다): 10년
2. 투기과열지구의 주택: 5년
3. 제1호 및 제2호 외의 지역의 주택: 3년

② 법 제65조제1항을 위반한 행위를 적발한 행정기관은 지체 없이 그 명단을 국토교통부장관 및 전산관리지정기관에 알려야 한다. <개정 2016.8.12.>

③ 전산관리지정기관은 제2항에 따라 통보받은 명단을 전산관리하여야 한다.

제2절 당첨자 관리 등

제57조(당첨자의 명단관리) ① 사업주체는 당첨자의 명단이 확정된 경우에는 그 명단을 지체 없이 별지 제8호서식에 따라 전산관리지정기관이 정하는 방식으로 전산관리지정기관에 통보하여야 한다. 다만, 다음 각 호에 해당하는 자가 아닌 사업주체(지역주택조합, 직장주택조합, 「도시 및 주거환경정비법」에 따른 정비사업조합 등을 말한다)의 경우에는 시장·군수·구청장이 통보하여야 한다. <개정 2016.5.19.>

1. 제18조 각 호의 사업주체
2. 등록사업자

② 시·도지사는 제3조제2항제1호가목에 따른 주택의 경우 사업계획승인 당시 입주대상자가 결정되지 아니한 때에는 제1항에도 불구하고 입주대상자의 명단을 해당 주택의 사용검사일 이전까지 확정하여 전산관리지정기관에 통보하여야 한다.

③ 전산관리지정기관은 제1항 및 제2항에 따라 통보받은 당첨자명단을 영구적으로 전산관리하여야 하며, 사업주체가 당첨자를 선정하고 그 명단을 당첨자가 확정된 날부터 30일 이내에 통보하지 아니하는 경우에는 통보를 촉구하여야 한다.

④ 제3항에 따라 당첨자명단을 관리함에 있어서 당첨자로 선정 또는 확정된 후 다음 각 호의 어느 하나에 해당하게 된 자는 당첨자로 보지 아니한다. 이 경우 사업주체(제4호 및 제5호의 경우에는 특별시장·광역시장·특별자치시장·시장·군수 또는 제15조제1항제2호에 따른 분양보증기관을 말한다)는 그 명단을 전산관리지정기관에 통보하여 당첨자명단에서 삭제하게 하여야 한다. <개정 2016.8.12., 2017.11.24.>

1. 세대주 또는 세대원 중 한 명이 취학·질병요양·근무상 또는 생업상의 사정으로 세대원 전원이 다른 주택건설지역으로 퇴거함으로써 계약을 체결하지 아니하였거나 해약한 자
2. 세대주 및 세대원 전원이 국외이주함으로써 계약을 체결하지 아니하였거나 해약한 자
3. 분양전환공공임대주택을 공급받은 후 다음 각 목의 어느 하나에 해당하게 된 자
   가. 상속으로 인하여 다른 주택을 취득하여 세대원 전원이 해당 주택으로 이주함에 따라 사업주체에게 분양전환공공임대주택을 명도한 자
   나. 이혼으로 인하여 분양전환공공임대주택의 입주자로 선정된 지위를 배우자에게 이전한 자
4. 사업주체의 파산, 입주자모집승인 취소 등으로 이미 납부한 입주금을 반환받았거나 해당 주택에 입주할 수 없게 된 자
5. 법 제11조, 법 제15조 또는 「도시 및 주거환경정비법」에 따른 사업계획 승인의 취소 또는 조합설립인가, 사업시행인가의 취소 등으로 사실상 주택을 공급받을 수 없게 된 자
6. 제58조에 따라 당첨이 취소된 부적격 당첨자

⑤ 제4항 각 호의 어느 하나에 해당하는 자는 그 사유를 증명할 수 있는 재학증명서, 요양증명서, 재직증명서, 사업자등록증명서, 출입국사실증명원, 임대주택명도확인서, 파산 등으로 입주금을 반환받았거나 입주할 수 없게 되었음을 확인하는 서류(분양보증기관이나 특별시장·광역시장·특별자치시장·시장 또는 군수가 작성한 서류를 말한다) 및 주민등록표등본을 사업주체 또는 특별시장·광역시장·특별자치시장·시장·군수에게 제출하여야 한다.

⑥ 전산관리지정기관은 제1항 및 제4항에 따라 전산관리되고 있는 당첨자 명단을 입주자저축취급기관에 제공하여야 한다.

⑦ 전산관리지정기관은 제1항부터 제3항까지의 규정에 따라 통보받은 당첨자와 그 세대에 속한 자(당첨자와 동일한 세대별 주민등록표상에 등재되어 있지 아니한 당첨자의 배우자 및 배우자와 동일한 세대를 이루고 있는 세대원을 포함한다)에 대하여 당첨자 명단을 전산검색하고, 그 결과 다음 각 호의 어느 하나에 해당하는 자가 있는 경우에는 그 명단을 사업주체에게 통보하여야 한다. 다만, 제1호의 경우에는 제1항부터 제3항까지의 규정에 따라 통보받은 당첨자에 대해서만 당첨자 명단을 전산검색한다. <개정 2016.8.12., 2016.11.15., 2017.9.20., 2017.11.24.>

1. 법 제65조제1항을 위반한 사람이 제56조제1항 각 호의 구분에 따른 입주자 자격 제한 기간 중에 있는 경우
2. 제27조 및 제28조에 따라 제1순위로 공급신청할 수 없는 자가 제1순위로 공급신청하여 당첨된 경우

2의2. 제28조제6항에 따라 가점제의 적용 대상자가 아닌 자가 가점제를 적용받아 당첨된 경우

3. 제35조에서 제49조까지의 규정에 따라 주택특별공급을 받은 자가 다른 주택을 한 번 이상 특별공급받은 사실이 발견된 경우
4. 제54조제1항 각 호의 주택에 당첨된 자가 같은 조 제2항에 따른 재당첨 제한 기간 내에 분양주택(분양전환공공임대주택을 포함하되, 투기과열지구 및 청약과열지역이 아닌 지역에서 공급되는 민영주택은 제외한다)의 입주자로 선정된 경우
5. 제58조에 따라 당첨이 취소된 부적격 당첨자가 당첨일부터 1년 동안 다른 분양주택(분양전환공공임대주택을 포함한다)의 입주자로 선정된 경우

⑧ 사업주체는 제7항에 따라 통보받은 부적격 당첨자에게 그 사실을 통보하고, 통보한 날부터 7일 이상의 기간을 정하여 소명자료를 제출받아 공급자격의 정당여부를 확인하여야 하며, 그 기간 내에 소명하지 아니한 자에 대해서는 입주자선정대상에서 제외하거나 공급계약을 취소하여야 한다.

제58조(부적격 당첨자의 명단관리 등) ① 사업주체는 제52조제3항 및 제57조제8항에 따른 부적격 당첨자가 소명기간에 해당 공급자격 또는 선정순위가 정당함을 소명하지 못하고 제4항에도 해당하지 못하여 당첨이 취소되는 경우에는 7일 이내에 그 명단을 전산관리지정기관에 통보하여야 한다.

② 전산관리지정기관은 제1항에 따라 통보받은 자의 명단을 당첨자 명단에서 삭제하는 등 전산관리하고, 제57조제7항에 따라 사업주체에게 전산검색 결과를 통보할 때 제3항에 해당하는지를 표시하여 통보하여야 한다.

③ 제1항에 따라 당첨이 취소된 자는 당첨일부터 1년 동안 다른 분양주택(분양전환공공임대주택을 포함한다)의 입주자로 선정될 수 없다. <개정 2016.11.15.>

④ 사업주체는 부적격 당첨자가 다음 각 호의 어느 하나에 해당하는 경우에는 제1항에도 불구하고 당첨자로 본다. 다만, 제57조제7항 각 호의 어느 하나에 해당하는 경우에는 그러하지 아니하다.

1. 같은 순위(제27조 및 제28조에 따른 순위를 말한다. 이하 이 항에서 같다)에서 경쟁이 없는 경우에는 해당 순위의 자격을 갖춘 자
2. 같은 순위에서 경쟁이 있는 경우에는 사업주체가 제52조제3항에 따른 소명기간에 재산정한 가점제 점수(가점제를 적용하여 공급하는 경우로 한정한다) 또는 공급 순차별 자격(순차별로 공급하는 경우로 한정한다)이 해당 순위의 당첨자로 선정되기 위한 가점제 점수 또는 자격 이상에 해당하는 자

제3절 주택의 공급계약 및 관리

제59조(주택의 공급계약) ① 사업주체는 제52조 및 제57조에 따른 전산검색 및 세대주, 세대원 등의 확인 결과에 따른 정당한 당첨자와 공급계약을 체결하여야 한다.

② 제1항에 따른 공급계약은 제25조제4항 전단에 따른 입주자 및 예비입주자 선정사실 공고일부터 11일이 경과한 후 3일 이상의 기간을 정하여 해당 기간 동안에 체결하여야 한다. <신설 2017.11.24.>

③ 사업주체와 주택을 공급받는 자가 체결하는 주택공급계약서에는 다음 각 호의 내용이 포함되어야 한다. <개정 2016.11.15., 2017.11.24.>

1. 입주예정일
2. 연대보증인 또는 분양보증기관의 분양보증을 받은 경우에는 보증약관 등 보증내용
3. 호당 또는 세대당 주택공급면적(공동주택인 경우에는 주거전용면적, 주거공용면적 및 그 밖의 공용면적을 구분하여 표시하여야 한다) 및 대지면적
4. 입주금과 그 납부시기
5. 연체료의 산정 및 납부방법
6. 지체상금(遲滯償金)의 산정 및 지급방법
7. 주택도시기금이나 금융기관으로부터 주택건설자금의 융자를 받아 입주자에게 제공하는 경우 입주자가 납부할 입주금으로의 융자전환 계획, 그 이자를 부담하는 시기 및 입주자가 융자전환을 원하지 아니하는 경우의 사업주체에 대한 융자금 상환절차. 이 경우 주택공급계약서에는 입주자가 납부할 입주금으로의 융자전환을 원하지 아니하는 경우에는 세대별 융자금액에 해당하는 입주금을 입주자가 주택건설자금을 융자한 은행이 관리하는 계좌에 직접 납부하여 사업주체에 대한 융자금이 상환되게 할 수 있는 내용이 포함되어야 한다.
8. 「공동주택관리법 시행령」 제36조 및 제37조에 따른 하자담보책임의 기간 및 범위
9. 해약조건
10. 공공임대주택의 경우 「공공주택 특별법 시행규칙」 제25조에 따른 관리 및 임대기간만료 후의 재계약에 관한 사항
11. 분양전환공공임대주택인 경우 분양시기, 분양예정가격의 산출 등 분양전환조건에 관한 사항
12. 이중당첨 및 부적격당첨 등으로 인한 계약취소에 관한 사항
13. 「주택도시기금법 시행령」 제8조에 따른 제2종국민주택채권 매입의무 위반으로 인한 계약취소에 관한 사항
14. 그밖에 입주자모집승인권자가 필요하다고 인정하는 사항

④ 사업주체(제18조 각 호의 사업주체는 제외한다)는 분양보증기관의 분양보증을 받아 입주자를 모집하여 공급계약을 체결하는 경우 제3항제2호에 따른 보증약관등 보증내용(보증이행 대상이 아닌 사항을 포함한다)을 주택을 공급받는 자가 이해할 수 있도록 설명하여야 하며, 서명 또는 기명날인의 방법으로 주택을 공급받는 자의 확인을 받아야

한다. <개정 2016.5.19., 2017.11.24.>
⑤ 사업주체는 제3항제7호에 해당하는 사항이 있는 경우에는 주택공급계약서안을 미리 입주자모집승인권자에게 제출하여야 한다. <개정 2017.11.24.>
⑥ 사업주체(제18조 각 호의 사업주체는 제외한다)는 분양보증기관의 분양보증을 받아 입주자를 모집하여 공급계약을 체결한 경우에는 공급계약체결 후 10일 이내에 계약자명단을 분양보증기관에 통보하여야 한다. <개정 2016.5.19., 2016.12.30., 2017.11.24.>

제60조(입주금의 납부) ① 사업주체가 주택을 공급하는 경우 입주자로부터 받는 입주금은 청약금, 계약금, 중도금 및 잔금으로 구분한다.
② 분양주택의 청약금은 주택가격의 10퍼센트, 계약금은 청약금을 포함하여 주택가격의 20퍼센트, 중도금은 주택가격의 60퍼센트(계약금을 주택가격의 10퍼센트 범위 안에서 받은 경우에는 70퍼센트를 말한다)의 범위 안에서 받을 수 있다. 다만, 주택도시기금이나 금융기관으로부터 주택건설자금의 융자를 받아 입주자에게 제공하는 경우에는 계약금 및 중도금의 합계액은 세대별 분양가에서 세대별 융자지원액을 뺀 금액을 초과할 수 없다.
③ 공공임대주택의 청약금은 임대보증금의 10퍼센트, 계약금은 청약금을 포함하여 임대보증금의 20퍼센트, 중도금은 임대보증금의 40퍼센트의 범위 안에서 받을 수 있다.
④ 입주금은 다음 각 호의 구분에 따라 그 해당되는 시기에 받을 수 있다. <개정 2016.8.12., 2017.11.24.>
1. 청약금: 입주자 모집시
2. 계약금: 계약 체결시
3. 중도금: 다음 각 목에 해당하는 때
  가. 공공임대주택의 경우에는 건축공정이 다음의 어느 하나에 달할 것
    (1) 아파트의 경우: 전체 공사비(부지매입비를 제외한다)의 50퍼센트 이상이 투입된 때. 다만, 동별 건축공정이 30퍼센트 이상이어야 한다.
    (2) 연립주택, 다세대주택 및 단독주택의 경우: 지붕의 구조가 완성된 때
  나. 분양주택의 경우에는 다음의 기준에 의할 것
    (1) 건축공정이 가목(1) 또는 (2)에 달한 때를 기준으로 그 전후 각 2회(중도금이 분양가격의 30퍼센트 이하인 경우 1회) 이상 분할하여 받을 것. 다만, 기준시점 이전에는 중도금의 50퍼센트를 초과하여 받을 수 없다.
    (2) (1)의 경우 최초 중도금은 계약일부터 1개월이 경과한 후 받을 것
4. 잔금: 사용검사일 이후. 다만, 다음 각 목의 어느 하나에 해당하는 경우에는 전체 입주금의 10퍼센트에 해당하는 금액을 제외한 잔금은 입주일에, 전체입주금의 10퍼센트에 해당하는 잔금은 사용검사일 이후에 받을 수 있되, 잔금의 구체적인 납부시기는 입주자모집공고 내용에 따라 사업주체와 당첨자 간에 체결하는 주택공급계약에 따라 정한다.
  가. 법 제49조제1항 단서에 따른 동별 사용검사 또는 같은 조 제4항 단서에 따른 임시 사용승인을 받아 입주하는 경우
  나. 법 제49조제1항 단서에 따른 동별 사용검사 또는 같은 조 제4항 단서에 따른 임시 사용승인을 받은 주택의 입주예정자가 사업주체가 정한 입주예정일까지 입주하지 아니하는 경우
⑤ 제27조제1항 및 제28조제1항에 따른 제1순위에 해당하는 자가 주택공급을 신청하는 경우에는 제1항부터 제4항까지의 규정에도 불구하고 청약금을 따로 받을 수 없다.
⑥ 사업주체(국가, 지방자치단체, 한국토지주택공사 또는 지방공사인 사업주체를 제외한다)는 분양주택의 건축공정이 제4항제3호가목(1) 또는 (2)에 달한 이후의 첫 회 중도금을 받고자 하는 때에는 감리자로부터 건축공정이 제4항제3호가목(1) 또는 (2)에 달하였음을 확인하는 건축공정확인서를 발급받아 시장·군수·구청장에게 제출한 후 건축공정확인서 사본을 첨부하여 입주자에게 납부통지를 하여야 한다.

제61조(연체료 및 지체상금 등) ① 공급계약 체결시 사업주체와 공급계약을 체결한 자가 중도금과 잔금을 기한 내에 납부하지 아니한 때에 연체료를 납부할 것을 정하는 경우 그 연체료는 계약시 정한 금융기관에서 적용하는 연체금리의 범위 안에서 정한 연체료율에 따라 산출하는 연체료(금융기관의 연체금리가 변동된 때에는 변동된 연체료율을 적용하여 산출한 연체료를 말한다) 이내이어야 한다.

② 사업주체는 입주자모집공고에서 정한 입주예정일 내에 입주를 시키지 못한 경우에는 실입주개시일 이전에 납부한 입주금에 대하여 입주시 입주자에게 제1항에서 정한 연체료율을 적용한 금액을 지체상금으로 지급하거나 주택잔금에서 해당액을 공제하여야 한다.

제6장 보칙

제62조(복리시설의 공급) ① 사업주체는 법 제15조에 따라 사업계획 승인을 받은 복리시설 중 근린생활시설 및 유치원 등 일반에게 공급하는 복리시설의 입주자를 모집하는 경우에는 입주자모집 5일 전까지 제20조제1항제2호 및 제3호의 서류를 갖추어 시장·군수·구청장에게 신고하여야 한다. <개정 2016.8.12.>

② 제1항에 따른 공급대상자의 모집 시기 및 조건에 관하여는 제15조, 제16조 및 제18조를 준용한다.

제63조(규제의 재검토) 국토교통부장관은 다음 각 호의 사항에 대하여 2017년 1월 1일을 기준으로 3년마다(매 3년이 되는 해의 기준일과 같은 날 전까지를 말한다) 그 타당성을 검토하여 개선 등의 조치를 하여야 한다. <개정 2017.11.24.>

1. 제4조에 따른 주택의 공급대상
2. 제9조, 제10조 및 제13조에 따른 주택청약종합저축의 월납입금액 등
3. 제10조에 따른 월납입금을 연체한 경우의 회차별납입인정일
4. 제19조 및 제21조에 따른 입주자모집 방법과 공고
5. 제22조에 따른 견본주택의 건축기준 등
6. 제27조에 따른 국민주택의 일반공급
7. 제28조에 따른 민영주택의 일반공급
8. 제35조부터 제49조까지에 따른 주택의 특별공급
9. 제54조에 따른 재당첨 제한
10. 제60조에 따른 입주금의 납부
11. 제59조 및 제61조에 따른 주택의 공급계약
12. 별표 2에 따른 예치기준금액

[전문개정 2016.12.30.]

부칙

<국토교통부령 제468호, 2017.11.24.>

제1조(시행일) 이 규칙은 공포한 날부터 시행한다.

제2조(주택의 공급대상 등에 관한 경과조치) 이 규칙 시행 당시 입주자모집승인을 신청(「공공주택 특별법」 제4조에 따른 공공주택사업자의 경우에는 입주자모집공고를 말한다)한 경우에는 제4조제4항, 제9조제3항, 제25조, 제26조, 제47조, 제51조, 제54조 및 제59조제2항의 개정규정에도 불구하고 종전의 규정에 따른다.

공동주택 분양가격의 산정 등에 관한 규칙

[시행 2017.8.29.]
[국토교통부령 제444호, 2017.8.29., 일부개정]

제1장 총칙

제1조(목적) 이 규칙은 「주택법」 제54조제1항제2호나목 및 제57조에 따라 분양가상한제 적용주택의 선택품목제도, 분양가격 산정방식, 분양가격 공시의 방법 및 절차 등에 관한 사항을 규정함을 목적으로 한다. <개정 2011.4.14., 2016.8.12.>

제2조(적용대상) 이 규칙은 사업주체{「건축법」 제11조에 따른 건축허가를 받아 주택 외의 시설과 주택을 동일건축물로 「주택법」(이하 "법"이라 한다) 제15조제1항에 따른 호수 이상으로 건설·공급하는 건축주를 포함한다. 이하 같다}가 법 제54조제1항에 따라 입주자모집승인{사업주체가 다음 각 호에 해당하는 경우에는 입주자모집공고를 말한다}을 얻어 일반에게 공급하는 공동주택에 적용한다. <개정 2010.3.4., 2014.10.30., 2016.8.12.>

1. 국가, 지방자치단체, 「한국토지주택공사법」에 따른 한국토지주택공사(이하 "한국토지주택공사"라 한다) 또는 「지방공기업법」 제49조에 따라 주택건설사업을 목적으로 설립된 지방공사(이하 "지방공사"라 한다)
2. 제1호에 해당하는 자가 단독 또는 공동으로 총지분의 100분의 50을 초과하여 출자한 부동산투자회사

제2장 선택품목 등

제3조(기본선택품목 등) ①법 제54조제1항제2호나목에 따라 제7조제1항에 따른 분양가격에 포함되는 품목으로서 입주자가 직접 선택하여 시공·설치할 수 있는 품목(이하 "기본선택품목"이라 한다)은 다음 각 호의 품목 외의 품목으로서 벽지, 바닥재, 주방용구, 조명기구 등 국토교통부장관이 정하여 고시하는 품목으로 한다. <개정 2008.3.14., 2013.3.23., 2016.8.12.>

1. 소방시설과 관련된 품목
2. 단열공사, 방수공사, 미장공사 등 기초마감과 관련된 품목
3. 전기공사, 설비공사 등에 필요한 전선, 통신선 및 배관
4. 그 밖에 건물의 구조에 영향을 줄 수 있는 품목

②국토교통부장관은 법 제57조제4항에 따른 기본형건축비(이하 "기본형건축비"라 한다) 중 기본선택품목을 제외한 부분의 금액을 고시하여야 한다. <개정 2008.3.14., 2013.3.23., 2016.8.12.>

③사업주체는 「주택공급에 관한 규칙」 제21조제1항에 따른 입주자모집공고(이하 "입주자모집공고"라 한다)에 다음 각 호의 사항을 포함하여 공고하여야 한다. <개정 2015.12.29.>

1. 기본선택품목의 종류
2. 제7조제1항에 따른 분양가격 중 기본선택품목을 제외한 부분의 분양가격

제4조(입주자모집공고에 제시되는 선택품목) ①제7조제1항에 따른 분양가격에 포함되지 아니하는 품목으로서 사업주체가 입주자모집공고에 제시하여 입주자에게 추가로 선택할 수 있도록 하는 품목(이하 "추가선택품목"이라 한다)은 다음 각 호로 한다. <개정 2011.11.14., 2012.3.9., 2013.3.23., 2014.10.30.>

1. 발코니 확장
2. 시스템 에어컨(천장에 매립하는 형태를 말한다) 설치
3. 다음 각 목의 어느 하나에 해당하는 붙박이 가전제품의 설치
   가. 오븐, 쿡탑, 식기세척기, 냉장고(냉동고를 포함한다), 김치냉장고, 세탁기
   나. 홈오토메이션, 홈시어터 시스템
   다. 그 밖에 사업주체가 입주자모집승인 신청 전에 승인권자의 의견을 들어 정하는 품목
4. 다음 각 목의 어느 하나에 해당하는 붙박이 가구의 설치
   가. 옷장, 수납장, 신발장
   나. 그 밖에 사업주체가 입주자모집승인 신청 전에 승인권자의 의견을 들어 정하는 품목
5. 기술의 진보나 주거생활의 변화에 따라 국토교통부장관이 필요하다고 인정하여 관련 업계의 의견을 들어 고시하는 품목의 설치

②사업주체는 제1항 각 호를 추가선택품목으로 하는 경우에는 입주자모집공고에 그에 따른 비용을 해당 주택의 분양가격과 구분하여 표시하여야 한다. <개정 2011.11.14.>
③ 추가선택품목의 설치 및 공급에 관한 세부적인 사항은 국토교통부장관이 정하여 고시한다. <신설 2011.11.14., 2013.3.23.>
[제목개정 2014.10.30.]

제5조(기본선택품목을 직접 시공·설치하는 자에 대한 주택 배정 등) ①사업주체는 입주자모집공고에 기본선택품목을 개별적으로 시공·설치하려는 자에게 우선적으로 공급할 주택의 동별 배정순서를 정하여 공고할 수 있다.
②사업주체는 제1항에 따라 주택을 공급하는 경우 입주자 중 기본선택품목을 시공·설치하려는 자에게 제1항에 따른 동별 배정순서에 따라 우선적으로 동 및 세대를 추첨하여 배정하여야 한다.

제6조(기본선택품목의 시공·설치 기간 등) 기본선택품목의 시공·설치 기간, 입주자 유의사항 등 필요한 사항은 국토교통부장관이 정하여 고시한다. <개정 2008.3.14., 2011.11.14., 2013.3.23.>

제3장 분양가격 산정방식 등

제7조(분양가상한제 적용주택의 분양가격 산정방식 등) ① 법 제57조제1항에 따른 분양가상한제 적용주택의 분양가격 산정방식은 다음과 같다. <개정 2016.8.12.>
분양가격=기본형건축비+건축비 가산비용+택지비
② 기본형건축비는 지상층건축비와 지하층건축비로 구분한다.
③ 국토교통부장관은 공동주택 건설공사비지수(주택건설에 투입되는 건설자재 등의 가격변동을 고려하여 산정한 지수로서 주택건축비의 등락을 나타내는 지수를 말한다. 이하 같다)와 이를 반영한 기본형건축비를 매년 3월 1일과 9월 15일을 기준으로 고시하여야 한다. <개정 2008.3.14., 2008.6.30., 2013.3.23., 2017.8.29.>
④ 국토교통부장관은 제3항에도 불구하고 별표 1의 주택건설에 투입되는 주요 건설자재의 가격이 제3항에 따라 공동주택 건설공사비지수와 이를 반영한 기본형건축비를 고시한 후 3개월이 지난 시점에 15퍼센트 이상 변동한 경우에는 해당 자재의 가격변동을 고려하여 공동주택 건설공사비지수와 이를 반영한 기본형건축비를 조정하여 고시하여야 한다. <신설 2008.6.30., 2010.3.4., 2013.3.23.>

제8조(공공택지의 택지 공급가격에 가산하는 비용) ①법 제57조제3항제1호에 따라 공공택지의 공급가격에 가산되는 택지와 관련된 비용은 다음 각 호의 비용으로 한다. <개정 2008.3.14., 2008.12.18., 2009.5.4., 2010.3.4., 2016.8.12.>
1. 다음 각 목의 공사비
 가. 연약지반 공사비: 사업지구 택지의 지형, 지질조건 등이 특별히 연약하여 기본형건축비에 반영되어 있는 기초공사비(지름 400밀리미터 이하, 길이 15미터 이하인 콘크리트파일 공사를 기준으로 한 공사비를 말한다)로는 기초공사가 곤란한 경우에 이를 보강하기 위하여 추가로 소요되는 비용
 나. 암석지반 공사비: 사업지구 택지에 암석지반이 있어 기본형건축비에 반영되어 있는 기초공사비로는 지하터파기가 곤란한 경우에 암석지반의 굴착을 위하여 추가로 소요되는 비용
 다. 흙막이 및 차수벽(遮水壁) 공사비: 건축물의 기초공사로 시공하는 흙막이 공사비용과 지하수, 하천 등으로 해당 택지의 토질조건이 특별하여 흙막이 공사 외에 이를 보강하기 위하여 추가로 차수벽을 설치하는데 소요되는 비용
 라. 지하공사에서 특수공법 사용에 따른 공사비: 지하층 공사를 지표면으로부터 20미터 이상의 깊이로 시행하는 경우에 사업지구 택지가 협소하거나 사업지구가 주변 구조물 등에 매우 근접하는 등의 사유로 주변 구조물 등의 침하와 변형이 우려되어 시장·군수 또는 구청장(자치구의 구청장을 말한다. 이하 같다)이 역타공법(逆打工法) 등 특수한 공법 사용이 필요하다고 인정하는 경우 특수공법 사용에 소요되는 비용. 이 경우 가목부터 다목까지의 공사비, 기본형건축비 중 지하층건축비 등 다른 공사비에 반영되어 있는 비용과 중복하여 산정할 수 없다.

2. 방음시설 설치비 : 주택의 입지, 주변 환경 등 제반여건을 고려하여 소음도를 저감하기 위하여 소요되는 비용. 다만, 택지조성원가에 포함되어 있지 아니한 경우로 한정한다.
3. 택지를 공급받기 위하여 선수금, 중도금 등 택지비의 일부 또는 전부를 납부한 경우에는 그 납부일부터 별표 1의2에 따라 산정한 택지대금에 대한 기간이자. 다만, 택지를 조성한 사업주체가 택지를 자체 공급하는 경우에는 주택건설사업 착공일을 납부일로, 택지공급가격을 택지대금으로 보아 기간이자를 계산하되, 해당 택지의 택지조성원가에 포함되는 자본비용의 산정기간은 택지조성사업의 착수일(「공익사업을 위한 토지 등의 취득 및 보상에 관한 법률」에 따라 토지 등을 협의 또는 수용에 의하여 취득하거나 사용하는 경우에는 같은 법 제15조에 따른 보상계획 공고일을 말한다)부터 주택건설사업 착공일까지로 한다.
4. 택지의 공급에 따른 제세공과금, 등기수수료 등 필요적 경비 및 택지의 명의변경(검인계약서 등 공공기관이 인정하는 서류를 제출한 경우에 한한다)에 따른 추가비용
5. 그 밖에 시장·군수 또는 구청장이 법 제59조에 따른 분양가심사위원회(이하 "분양가심사위원회"라 한다)의 심의를 거쳐 필요하다고 인정하는 택지와 관련된 경비로서 증빙서류에 의하여 확인되는 경비

② 제1항제1호의 공사비는 다음 각 호 중에서 시장·군수 또는 구청장(사업주체가 국가, 지방자치단체, 한국토지주택공사 또는 지방공사인 경우에는 해당 기관의 장을 말한다)이 선정한 기관이나 업체가 산정한 것을 말한다. <신설 2008.12.18., 2010.3.4., 2013.3.23.>
1. 국가
2. 한국토지주택공사
3. 지방공사
4. 「엔지니어링기술 진흥법」에 따라 해당 부문의 기술용역업체로 신고된 업체(해당 사업주체의 「독점규제 및 공정거래에 관한 법률」에 따른 계열회사인 업체는 제외한다)
5. 그 밖에 국토교통부장관이 정하여 고시하는 공공기관

제9조(공공택지 외의 택지의 감정평가 가액에 가산하는 비용) ①법 제57조제3항제2호 각 목 외의 부분 본문에 따라 공공택지 외의 택지를 감정평가한 가액에 가산되는 택지와 관련된 비용은 다음 각 호의 비용으로 한다. <개정 2008.12.18., 2009.5.4., 2011.11.14., 2016.8.12.>
1. 제8조제1항제1호 및 제2호에 따른 비용
2. 법 제28조에 따라 사업주체가 부담하는 간선시설의 설치비용

2의2. 「도시공원 및 녹지 등에 관한 법률」 제2조에 따른 도시공원의 설치비용

3. 지장물 철거비용 : 택지 안의 구조물 등의 철거·이설이 불가피한 경우에 그 소요되는 비용
4. 진입도로의 개설로 편입되는 사유지의 가액(감정평가한 가액을 말한다)
5. 감정평가수수료(실비를 포함한다. 이하 이 장에서 같다). 다만, 제12조제1항제2호에 따라 택지를 재평가하는 경우 그 재평가에 따른 감정평가수수료는 제외한다.
6. 그 밖에 시장·군수 또는 구청장이 분양가심사위원회의 심의를 거쳐 필요하다고 인정하는 택지와 관련된 경비로서 증빙서류에 의하여 확인되는 경비

② 제1항제1호에 따른 비용(제8조제1항제1호의 경우에 한한다)을 산정할 경우에는 제8조제2항을 준용한다. <신설 2008.12.18.>

제9조의2(공공택지 외의 택지 매입가격에 가산하는 비용) ① 법 제57조제3항제2호 각 목 외의 부분 단서에 따라 공공택지 외의 택지 매입가격에 가산되는 택지와 관련된 비용은 다음 각 호의 비용으로 한다. <개정 2010.3.4., 2011.11.14., 2016.8.12.>
1. 제8조제1항제1호 및 제2호에 따른 비용
2. 법 제28조에 따라 사업주체가 부담하는 간선시설의 설치비용

2의2. 「도시공원 및 녹지 등에 관한 법률」 제2조에 따른 도시공원의 설치비용

3. 지장물 철거비용(택지 안의 구조물 등을 철거하거나 이설하는 것이 불가피한 경우 그 철거나 이설에 소요되는 비용을 말한다)
4. 진입도로의 개설로 편입되는 사유지의 가액(감정평가한 가액의 100분의 120에 상당하는 금액 이내의 매입가격을 말한다)
5. 감정평가수수료. 다만, 제12조제1항제2호에 따라 택지를 재평가하는 경우 그 재평가에 따른 감정평가수수료는 제외한다.
6. 제세공과금(보유에 따른 제세공과금의 경우에는 입주자모집승인 신청 시까지 부과된 것

으로 한정하며, 최초로 부과된 때부터 3년분까지만 합산한다), 등기수수료 등 필요적 경비
7. 그 밖에 시장·군수 또는 구청장이 분양가심사위원회의 심의를 거쳐 필요하다고 인정하는 택지와 관련된 경비로서 증명서류로 확인되는 경비

② 제1항제1호에 따른 비용(제8조제1항제1호에 따른 비용만 해당한다)을 산정하는 경우에는 제8조제2항을 준용한다.
[본조신설 2009.5.4.]

제10조(공공택지 외의 택지의 감정평가 절차) ① 사업주체는 공공택지 외의 택지에서 주택건설 사업계획승인을 신청한 후 입주자 모집승인 신청일 이전에 시장·군수 또는 구청장에게 택지가격의 감정평가를 신청하여야 한다. 이 경우 감정평가에 필요한 자료를 제출하여야 한다.
② 시장·군수 또는 구청장(국가·지방자치단체·한국토지주택공사 또는 지방공사인 사업주체는 해당 기관의 장을 말한다)은 「부동산 가격공시에 관한 법률」 제3조제5항 및 같은 법 시행령 제7조제5항에 따라 국토교통부장관이 고시하는 기준을 충족하는 감정평가업자(이하 "감정평가기관"이라 한다) 2인에게 택지가격의 감정평가를 의뢰하여야 한다. <개정 2008.3.14., 2010.3.4., 2013.3.23., 2016.8.31.>
③ 제2항에 따라 감정평가를 의뢰받은 감정평가기관은 공공택지 외의 택지에 대하여 사업주체가 제1항에 따라 택지가격의 감정평가를 신청한 날(국가·지방자치단체·한국토지주택공사 또는 지방공사인 사업주체의 경우에는 해당 기관의 장이 택지가격의 감정평가를 의뢰한 날을 말하며, 이하 이 조 및 제11조에서 "신청일"이라 한다)을 기준으로 평가하여야 한다. <개정 2010.3.4.>
④ 감정평가기관은 제2항에 따라 감정평가를 의뢰받은 날부터 20일 이내에 감정평가를 완료하여야 한다. 다만, 시장·군수 또는 구청장이 인정하는 부득이한 사유가 있는 경우에는 10일의 범위 내에서 이를 연장할 수 있다.

제11조(공공택지 외의 택지의 감정평가기준 등) ① 제10조에 따른 감정평가는 「부동산 가격공시에 관한 법률」에 따른 공시지가로서 신청일 당시 해당 토지의 공시된 공시지가 중 신청일에 가장 가까운 시점에 공시된 공시지가를 기준으로 하여 평가한다. <개정 2016.8.31.>
② 택지조성이 완료되지 아니한 소지(素地)상태인 토지는 택지조성이 완료된 상태를 상정하고, 이용상황은 대지를 기준으로 하여 평가하여야 한다.
③ 법 제57조제3항제2호 각 목 외의 부분 본문에 따른 공공택지 외의 택지를 감정평가한 가액은 감정평가기관이 평가한 택지에 대한 감정평가액을 산술평균하여 정한다. <개정 2009.5.4., 2016.8.12.>
④ 사업주체는 감정평가기관이 평가한 택지에 대한 감정평가액과 해당 감정평가기관을 입주자모집공고에 포함하여 공고하여야 한다.

제12조(공공택지 외의 택지에 대한 재평가) ① 시장·군수 또는 구청장(국가·지방자치단체·한국토지주택공사 또는 지방공사인 사업주체의 경우에는 해당 기관의 장을 말한다. 이하 이 조에서 같다)은 다음 각 호의 어느 하나에 해당되는 경우에는 택지가격의 재평가를 의뢰하여야 한다. 다만, 제2호의 사유에 해당하는 택지가격의 재평가의 경우에는 1회에 한한다. <개정 2010.3.4.>
1. 감정평가기관이 평가한 택지의 감정평가액 중 최고평가액이 최저 평가액의 100분의 110을 초과하는 경우
2. 사업주체가 감정평가결과에 대하여 이의를 제기하는 경우

② 제1항제2호에 따라 택지를 재평가하는 경우의 감정평가수수료는 제9조에 따른 비용에 포함되지 아니한다.
③ 제1항에 따른 감정평가의 절차 및 기준에 관하여는 제10조 및 제11조를 준용한다.
④ 제1항에 따라 택지가격의 재평가를 한 경우에는 제1항 및 제3항에 따라 재평가한 감정평가액을 최종적인 감정평가액으로 본다.

제13조(감정평가 비용부담) ① 택지가격의 감정평가에 소요되는 감정평가수수료는 사업주체가 부담하여야 한다.
② 제1항에 따른 감정평가수수료는 「감정평가 및 감정평가사에 관한 법률」 제23조 및 같은 법 시행령 제22조에 따라 국토교통부장관이 공고하는 기준에 따른다. <개정 2008.3.14., 2013.3.23., 2016.8.31.>

제14조(기본형건축비와 기본형건축비에 가산되는 비용 등) ① 법 제57조제4항에 따라 건축비를 산정할 때의 기본형건축비는 입주자모집승인 신청일(사업주체가 국가·지방자치단체·한국토지주택공사 또는 지방공사인 경우에는 입주자모집공고일을 말한다)에 가장 가까운 시점에 고시된 기본형건축비를 말한다. <개정 2010.3.4., 2016.8.12.>

② 법 제57조제4항 전단에서 "국토교통부령으로 정하는 금액을 더한 금액"이란 기본형건축비에 가산하는 비용으로서 별표 1의3에 따른 항목별 내용 및 산정방법에 따라 산정된 금액을 말한다. <개정 2008.3.14., 2010.3.4., 2013.3.23., 2016.8.12.>

③ 시장·군수 또는 구청장은 법 제57조제4항 후단에 따라 해당 지역의 특성을 감안하여 기본형건축비의 100분의 95 이상 100분의 105 이하의 범위에서 기본형건축비를 따로 정하여 고시할 수 있다. <개정 2016.8.12.>

④ 시장·군수 또는 구청장은 법 제57조제4항 후단에 따라 기본형 건축비를 따로 정하여 고시하려는 경우에는 분양가심사위원회의 심의를 거쳐야 한다. 이 경우 국토교통부장관이 고시하는 주요 자재별 기준단가와 해당 지역 자재가격과의 차이 등에 관한 객관적인 자료를 제출하여야 한다. <개정 2008.3.14., 2013.3.23., 2016.8.12.>

제4장 분양가격의 공시

제15조(공공택지에서 공급되는 주택의 분양가격 공시) ① 법 제57조제5항에서 "국토교통부령으로 정하는 세분류"란 별표 2에 따른 분류를 말한다. <개정 2008.3.14., 2013.3.23., 2016.8.12.>

② 법 제57조제5항제4호에서 "국토교통부령으로 정하는 비용"이란 제14조제2항에 따라 기본형건축비에 가산되는 비용을 말한다. <개정 2008.3.14., 2013.3.23., 2016.8.12.>

제16조(공공택지 외의 택지에서 공급되는 주택의 분양가격 공시) ① 법 제57조제6항제1호부터 제7호까지의 규정에 따라 공공택지 외의 택지에서 공급되는 주택의 분양가격의 항목별 공시내용은 별표 3과 같다. <개정 2016.8.12.>

② 법 제57조제6항제7호에서 "국토교통부령으로 정하는 비용"이란 제14조제2항에 따라 기본형건축비에 가산되는 비용을 말한다. <개정 2008.3.14., 2013.3.23., 2016.8.12.>

부칙

<국토교통부령 제444호, 2017.8.29.>

이 규칙은 공포한 날부터 시행한다.

민간임대주택에 관한 특별법

(약칭: 민간임대주택법)

[시행 2018.7.17.]

[법률 제15356호, 2018.1.16., 일부개정]

제1장 총칙

제1조(목적) 이 법은 민간임대주택의 건설·공급 및 관리와 민간 주택임대사업자 육성 등에 관한 사항을 정함으로써 민간임대주택의 공급을 촉진하고 국민의 주거생활을 안정시키는 것을 목적으로 한다.

▶ 판례 – 구 임대주택법 제19조에서 금지하는 '임대주택의 전대' 의 의미 및 무상의 사용대차가 이에 포함되는지 여부(적극)

구 임대주택법(2015. 8. 28. 법률 제13499호로 전부 개정되기 전의 것, 이하 '구 임대주택법' 이라고 한다)의 입법 목적과 위 법이 임차인의 자격, 선정방법과 임대 조건 등을 엄격히 정하고 있고, 부정한 방법으로 임대주택을 임대받거나, 임차권의 무단 양도, 임대주택의 전대행위를 범죄로 규정하여 처벌까지 하고 있는 점, 위 법에서 금지하는 임차권의 양도는 매매, 증여, 그 밖에 권리변동이 따르는 모든 행위(상속의 경우는 제외)를 포함하고 있는 점을 종합하여 보면, 구 임대주택법 제19조에서 금지하는 임대주택의 전대는 대가 지급 여부와 관계없이 임차인이 임대주택을 다시 제3자에게 사용, 수익하게 하는 행위를 의미하므로 유상의 임대차뿐만 아니라 무상의 사용대차도 포함된다. [대법원 2017.1.12, 선고, 2016도17967, 판결]

제2조(정의) 이 법에서 사용하는 용어의 뜻은 다음과 같다. <개정 2016.1.19., 2017.1.17., 2018.1.16.>

1. "민간임대주택"이란 임대 목적으로 제공하는 주택[토지를 임차하여 건설된 주택 및 오피스텔 등 대통령령으로 정하는 준주택(이하 "준주택"이라 한다) 및 대통령령으로 정하는 일부만을 임대하는 주택을 포함한다. 이하 같다]으로서 임대사업자가 제5조에 따라 등록한 주택을 말하며, 민간건설임대주택과 민간매입임대주택으로 구분한다.
2. "민간건설임대주택"이란 다음 각 목의 어느 하나에 해당하는 민간임대주택을 말한다.
   가. 임대사업자가 임대를 목적으로 건설하여 임대하는 주택
   나. 「주택법」 제4조에 따라 등록한 주택건설사업자가 같은 법 제15조에 따라 사업계획승인을 받아 건설한 주택 중 사용검사 때까지 분양되지 아니하여 임대하는 주택
3. "민간매입임대주택"이란 임대사업자가 매매 등으로 소유권을 취득하여 임대하는 민간임대주택을 말한다.
4. "공공지원민간임대주택"이란 임대사업자가 다음 각 목의 어느 하나에 해당하는 민간임대주택을 8년 이상 임대할 목적으로 취득하여 이 법에 따른 임대료 및 임차인의 자격 제한 등을 받아 임대하는 민간임대주택을 말한다.
   가. 「주택도시기금법」에 따른 주택도시기금(이하 "주택도시기금"이라 한다)의 출자를 받아 건설 또는 매입하는 민간임대주택
   나. 「주택법」 제2조제24호에 따른 공공택지 또는 이 법 제18조제2항에 따라 수의계약 등으로 공급되는 토지 및 「혁신도시 조성 및 발전에 관한 특별법」 제2조제6호에 따른 종전부동산(이하 "종전부동산"이라 한다)을 매입 또는 임차하여 건설하는 민간임대주택
   다. 제21조제2호에 따라 용적률을 완화 받거나 「국토의 계획 및 이용에 관한 법률」 제30조에 따라 용도지역 변경을 통하여 용적률을 완화 받아 건설하는 민간임대주택
   라. 제22조에 따라 지정되는 공공지원민간임대주택 공급촉진지구에서 건설하는 민간임대주택
   마. 그 밖에 국토교통부령으로 정하는 공공지원을 받아 건설 또는 매입하는 민간임대주택
5. "장기일반민간임대주택"이란 임대사업자가 공공지원민간임대주택이 아닌 주택을 8년 이상 임대할 목적으로 취득하여 임대하는 민간임대주택을 말한다.
6. "단기민간임대주택"이란 임대사업자가 4년 이상 임대할 목적으로 취득하여 임대하는 민간임대주택을 말한다.
7. "임대사업자"란 「공공주택 특별법」 제4조 제1항에 따른 공공주택사업자(이하 "공공

주택사업자"라 한다)가 아닌 자로서 1호 이상의 민간임대주택을 취득하여 임대하는 사업을 할 목적으로 제5조에 따라 등록한 자를 말한다.

8. 삭제 <2018.1.16.>
9. 삭제 <2018.1.16.>
10. "주택임대관리업"이란 주택의 소유자로부터 임대관리를 위탁받아 관리하는 업(業)을 말하며, 다음 각 목으로 구분한다.
   가. 자기관리형 주택임대관리업: 주택의 소유자로부터 주택을 임차하여 자기책임으로 전대(轉貸)하는 형태의 업
   나. 위탁관리형 주택임대관리업: 주택의 소유자로부터 수수료를 받고 임대료 부과·징수 및 시설물 유지·관리 등을 대행하는 형태의 업
11. "주택임대관리업자"란 주택임대관리업을 하기 위하여 제7조제1항에 따라 등록한 자를 말한다.
12. "공공지원민간임대주택 공급촉진지구"란 공공지원민간임대주택의 공급을 촉진하기 위하여 제22조에 따라 지정하는 지구를 말한다.
13. "역세권등"이란 다음 각 목의 어느 하나에 해당하는 시설부터 1킬로미터 거리 이내에 위치한 지역을 말한다. 이 경우 특별시장·광역시장·특별자치시장·도지사·특별자치도지사(이하 "시·도지사"라 한다)는 해당 지방자치단체의 조례로 그 거리를 50퍼센트의 범위에서 증감하여 달리 정할 수 있다.
   가. 「철도건설법」, 「철도산업발전기본법」 및 「도시철도법」에 따라 건설 및 운영되는 철도역
   나. 「간선급행버스체계의 건설 및 운영에 관한 특별법」 제2조제3호다목에 따른 환승시설
   다. 「산업입지 및 개발에 관한 법률」 제2조제8호에 따른 산업단지
   라. 「수도권정비계획법」 제2조제3호에 따른 인구집중유발시설로서 대통령령으로 정하는 시설
   마. 그 밖에 해당 지방자치단체의 조례로 정하는 시설
14. "주거지원대상자"란 청년·신혼부부 등 주거지원이 필요한 사람으로서 국토교통부령으로 정하는 요건을 충족하는 사람을 말한다.
15. "복합지원시설"이란 공공지원민간임대주택에 거주하는 임차인 등의 경제활동과 일상생활을 지원하는 시설로서 대통령령으로 정하는 시설을 말한다.

제3조(다른 법률과의 관계) 민간임대주택의 건설·공급 및 관리 등에 관하여 이 법에서 정하지 아니한 사항에 대하여는 「주택법」, 「건축법」, 「공동주택관리법」 및 「주택임대차보호법」을 적용한다. <개정 2015.8.28.>

▶ 판례 – 임대주택법 제18조에서 정한 금지사항 부기등기가 말소된 경우, 임차인이 임대사업자를 상대로 말소된 금지사항 부기등기의 회복을 청구할 수 있는지 여부(소극)

임대주택법은 금지사항 부기등기의 말소에 관하여 명문의 규정을 두지 않고 있으나, 제3조에서 임대주택의 건설·공급 및 관리에 관하여 이 법으로 정하지 아니한 사항에는 주택법과 주택임대차보호법을 적용한다고 규정하고 있고, 주택법 제40조 제3항 후단과 제4항 후단의 위임에 따른 주택법 시행령 제45조의 규정 내용 등에 비추어 보면, 임대주택법상 금지사항 부기등기는 말소사유에 따라 임대사업자의 신청에 의하여 말소하거나 등기관이 직권 또는 법원의 촉탁에 의하여 말소하는 것으로 해석된다. 위와 같이 임대주택법 제18조에 의한 금지사항 부기등기나 말소는 임대사업자 단독의 신청이나 등기관의 직권 또는 법원의 촉탁에 의하여 이루어지도록 되어 있으므로 말소된 금지사항 부기등기의 회복과 관련하여 임차인과 임대사업자를 등기 절차상의 등기권리자나 등기의무자라고 보기 어렵다. 그런데 말소등기회복청구의 소는 어떤 등기의 전부 또는 일부가 부적법하게 말소된 경우에 말소된 등기를 회복하기 위하여 제기하는 소로서 등기권리자가 등기의무자를 상대로 제기하여야 하는 것이므로, 등기권리자가 아닌 임차인이 등기의무자가 아닌 임대사업자를 상대로 말소된 금지사항 부기등기의 회복을 청구하는 것은 부적법하여 허용될 수 없다. [대법원 2015.8.27, 선고, 2013다204737, 판결]

제4조(국가 등의 지원) ① 국가 및 지방자치단체는 다음 각 호의 목적을 위하여 주택도시기금 등의 자금을 우선적으로 지원하고, 「조세특례제한법」, 「지방세특례제한법」 및 조례로 정하는 바에 따라 조세를 감면할 수

있다. <개정 2018.1.16.>
1. 민간임대주택의 공급 확대
2. 민간임대주택의 개량 및 품질 제고
3. 사회적기업, 사회적협동조합 등 비영리단체의 민간임대주택 공급 참여 유도
4. 주택임대관리업의 육성

② 국가 및 지방자치단체는 공유형 민간임대주택(가족관계가 아닌 2명 이상의 임차인이 하나의 주택에서 거실·주방 등 어느 하나 이상의 공간을 공유하여 거주하는 민간임대주택으로서 임차인이 각각 임대차계약을 체결하는 민간임대주택을 말한다)의 활성화를 위하여 임대사업자 및 임차인에게 필요한 행정지원을 할 수 있다. <신설 2018.1.16.>

제2장 임대사업자 및 주택임대관리업자

제5조(임대사업자의 등록) ① 주택을 임대하려는 자는 특별자치시장·특별자치도지사·시장·군수 또는 구청장(구청장은 자치구의 구청장을 말하며, 이하 "시장·군수·구청장"이라 한다)에게 등록을 신청할 수 있다.

② 제1항에 따라 등록하는 경우 다음 각 호에 따라 구분하여야 한다. <개정 2018.1.16.>
1. 삭제 <2018.1.16.>
2. 민간건설임대주택 및 민간매입임대주택
3. 공공지원민간임대주택, 장기일반민간임대주택 및 단기민간임대주택

③ 제1항에 따라 등록한 자가 그 등록한 사항을 변경하거나 말소하고자 할 경우 시장·군수·구청장에게 신고하여야 한다. 다만, 임대주택 면적을 10퍼센트 이하의 범위에서 증축하는 등 국토교통부령으로 정하는 경미한 사항은 신고하지 아니하여도 된다.

④ 제1항부터 제3항까지에 따른 등록 및 신고의 기준과 절차 등에 필요한 사항은 대통령령으로 정한다.

제6조(임대사업자 등록의 말소) ① 시장·군수·구청장은 임대사업자가 다음 각 호의 어느 하나에 해당하면 등록의 전부 또는 일부를 말소할 수 있다. 다만, 제1호에 해당하는 경우에는 등록의 전부 또는 일부를 말소하여야 한다.
1. 거짓이나 그 밖의 부정한 방법으로 등록한 경우
2. 임대사업자가 제5조에 따라 등록한 후 대통령령으로 정하는 일정 기간 안에 민간임대주택을 취득하지 아니하는 경우
3. 제5조제1항에 따라 등록한 날부터 1개월이 경과하기 전 또는 제43조의 임대의무기간이 경과한 후 등록 말소를 신청하는 경우
4. 제5조제4항의 등록기준을 갖추지 못한 경우. 다만, 일시적으로 등록기준에 미달하는 등 대통령령으로 정하는 경우는 그러하지 아니하다.
5. 제43조제2항에 따라 민간임대주택을 양도한 경우
6. 제43조제4항에 따라 민간임대주택을 양도한 경우
7. 제44조에 따른 임대조건을 위반한 경우
8. 제45조를 위반하여 임대차계약을 해제·해지하거나 재계약을 거절한 경우
9. 제50조의 준주택에 대한 용도제한을 위반한 경우

② 시장·군수·구청장은 제1항에 따라 등록을 말소하는 경우 청문을 하여야 한다. 다만, 제1항제3호, 제5호 및 제6호의 경우는 제외한다.

③ 시장·군수·구청장은 제1항에 따라 등록을 말소하면 해당 임대사업자의 명칭과 말소 사유 등 필요한 사항을 공고하여야 한다.

④ 임대사업자가 제1항제3호에 따라 등록말소를 신청하거나 제2항에 따른 청문 통보를 받은 경우 7일 이내에 그 사실을 임차인에게 통지하여야 한다.

⑤ 제1항 각 호(제5호는 제외한다)에 따라 등록이 말소된 경우에는 그 임대사업자(해당 주택을 양도한 경우에는 그 양수한 자를 말한다)를 이미 체결된 임대차계약의 기간이 끝날 때까지 임차인에 대한 관계에서 이 법에 따른 임대사업자로 본다.

제7조(주택임대관리업의 등록) ① 주택임대관리업을 하려는 자는 시장·군수·구청장에게 등록할 수 있다. 다만, 100호 이상의 범위에서 대통령령으로 정하는 규모 이상으로 주택임대관리업을 하려는 자[국가, 지방자치단체, 「공공기관의 운영에 관한 법률」 제4조제1항에 따른 공공기관(이하 "공공기관"이라 한다), 「지방공기업법」 제49조제1항에 따라 설립된 지방공사(이하 "지방공사"라 한다)는 제외한다]는 등록하여야 한다.

② 제1항에 따라 등록하는 경우에는 자기

관리형 주택임대관리업과 위탁관리형 주택임대관리업을 구분하여 등록하여야 한다. 이 경우 자기관리형 주택임대관리업을 등록한 경우에는 위탁관리형 주택임대관리업도 등록한 것으로 본다.

③ 제1항에 따라 등록한 자가 등록한 사항을 변경하거나 말소하고자 할 경우 시장·군수·구청장에게 신고하여야 한다. 다만, 자본금의 증가 등 국토교통부령으로 정하는 경미한 사항은 신고하지 아니하여도 된다.

④ 제1항부터 제3항까지의 등록 및 신고의 절차 등에 필요한 사항은 대통령령으로 정한다.

제8조(주택임대관리업의 등록기준) 제7조에 따라 등록을 하려는 자는 다음 각 호의 요건을 갖추어야 한다.

1. 자본금(법인이 아닌 경우 자산평가액을 말한다)이 1억원 이상으로서 대통령령으로 정하는 금액 이상일 것
2. 주택관리사 등 대통령령으로 정하는 전문인력을 보유할 것
3. 사무실 등 대통령령으로 정하는 시설을 보유할 것

제9조(주택임대관리업의 결격사유) 다음 각 호의 어느 하나에 해당하는 자는 주택임대관리업의 등록을 할 수 없다. 법인의 경우 그 임원 중 다음 각 호의 어느 하나에 해당하는 사람이 있을 때에도 또한 같다. <개정 2016.1.19.>

1. 파산선고를 받고 복권되지 아니한 자
2. 피성년후견인 또는 피한정후견인
3. 제10조에 따라 주택임대관리업의 등록이 말소된 후 2년이 지나지 아니한 자. 이 경우 등록이 말소된 자가 법인인 경우에는 말소 당시의 원인이 된 행위를 한 사람과 대표자를 포함한다.
4. 이 법, 「주택법」, 「공공주택 특별법」 또는 「공동주택관리법」을 위반하여 금고 이상의 실형을 선고받고 집행이 종료(집행이 종료된 것으로 보는 경우를 포함한다)되거나 그 집행이 면제된 날부터 3년이 지나지 아니한 사람
5. 이 법, 「주택법」, 「공공주택 특별법」 또는 「공동주택관리법」을 위반하여 형의 집행유예를 선고받고 그 유예기간 중에 있는 사람

제10조(주택임대관리업의 등록말소 등) ① 시장·군수·구청장은 주택임대관리업자가 다음 각 호의 어느 하나에 해당하면 그 등록을 말소하거나 1년 이내의 기간을 정하여 영업의 전부 또는 일부의 정지를 명할 수 있다. 다만, 제1호, 제2호 또는 제6호에 해당하는 경우에는 그 등록을 말소하여야 한다.

1. 거짓이나 그 밖의 부정한 방법으로 등록을 한 경우
2. 영업정지기간 중에 주택임대관리업을 영위한 경우 또는 최근 3년간 2회 이상의 영업정지처분을 받은 자로서 그 정지처분을 받은 기간이 합산하여 12개월을 초과한 경우
3. 고의 또는 중대한 과실로 임대를 목적으로 하는 주택을 잘못 관리하여 임대인 및 임차인에게 재산상의 손해를 입힌 경우
4. 정당한 사유 없이 최종 위탁계약 종료일의 다음 날부터 1년 이상 위탁계약 실적이 없는 경우
5. 제8조에 따른 등록기준을 갖추지 못한 경우. 다만, 일시적으로 등록기준에 미달하는 등 대통령령으로 정하는 경우는 그러하지 아니하다.
6. 제16조제1항을 위반하여 다른 자에게 자기의 명의 또는 상호를 사용하여 이 법에서 정한 사업이나 업무를 수행하게 하거나 그 등록증을 대여한 경우
7. 제61조에 따른 보고, 자료의 제출 또는 검사를 거부·방해 또는 기피하거나 거짓으로 보고한 경우

② 시장·군수·구청장은 주택임대관리업자가 제1항제3호부터 제5호까지 및 제7호 중 어느 하나에 해당하는 경우에는 영업정지를 갈음하여 1천만원 이하의 과징금을 부과할 수 있다.

③ 시장·군수·구청장은 주택임대관리업자가 제2항에 따라 부과받은 과징금을 기한까지 내지 아니하면 「지방세외수입금의 징수 등에 관한 법률」에 따라 징수한다.

④ 제1항에 따른 등록말소 및 영업정지처분에 관한 기준과 제2항에 따른 과징금을 부과하는 위반행위의 종류 및 위반정도에 따른 과징금의 금액 등에 필요한 사항은 대통령령으로 정한다.

제11조(주택임대관리업자의 업무 범위) ① 주택임대관리업자는 임대를 목적으로 하는 주택

에 대하여 다음 각 호의 업무를 수행한다.
1. 임대차계약의 체결·해제·해지·갱신 및 갱신거절 등
2. 임대료의 부과·징수 등
3. 임차인의 입주 및 명도·퇴거 등(「공인중개사법」 제2조제3호에 따른 중개업은 제외한다)

② 주택임대관리업자는 임대를 목적으로 하는 주택에 대하여 부수적으로 다음 각 호의 업무를 수행할 수 있다.
1. 시설물 유지·보수·개량 및 그 밖의 주택관리 업무
2. 그 밖에 임차인의 주거 편익을 위하여 필요하다고 대통령령으로 정하는 업무

제12조(주택임대관리업자의 현황 신고) ① 주택임대관리업자는 분기마다 그 분기가 끝나는 달의 다음 달 말일까지 자본금, 전문인력, 관리 호수 등 대통령령으로 정하는 정보를 시장·군수·구청장에게 신고하여야 한다. 이 경우 신고받은 시장·군수·구청장은 국토교통부장관에게 이를 보고하여야 한다.

② 제1항에 따른 신고 및 보고 등에 필요한 사항은 대통령령으로 정한다.

③ 국토교통부장관은 다음 각 호의 정보를 제60조제1항에 따른 임대주택정보체계 등 대통령령으로 정하는 방식에 따라 공개할 수 있다.
1. 제1항 후단에 따라 보고받은 정보
2. 제61조에 따라 보고받은 정보

제13조(위·수탁계약서 등) ① 주택임대관리업자는 제11조의 업무를 위탁받은 경우 위·수탁계약서를 작성하여 주택의 소유자에게 교부하고 그 사본을 보관하여야 한다.

② 제1항의 위·수탁계약서에는 계약기간, 주택임대관리업자의 의무 등 대통령령으로 정하는 사항이 포함되어야 한다.

③ 국토교통부장관은 제1항에 따른 위·수탁계약의 체결에 필요한 표준위·수탁계약서를 작성하여 보급하고 활용하게 할 수 있다.

제14조(보증상품의 가입) ① 자기관리형 주택임대관리업을 하는 주택임대관리업자는 임대인 및 임차인의 권리보호를 위하여 보증상품에 가입하여야 한다.

② 제1항에 따른 보증상품의 종류와 가입절차 등에 필요한 사항은 대통령령으로 정한다.

제15조(자기관리형 주택임대관리업자의 의무) 임대사업자인 임대인이 자기관리형 주택임대관리업자에게 임대관리를 위탁한 경우 주택임대관리업자는 위탁받은 범위에서 이 법에 따른 임대사업자의 의무를 이행하여야 한다. 이 경우 제7장의 적용에 있어서 주택임대관리업자를 임대사업자로 본다.

제16조(등록증 대여 등 금지) ① 주택임대관리업자는 다른 자에게 자기의 명의 또는 상호를 사용하여 이 법에서 정한 업무를 수행하게 하거나 그 등록증을 대여하여서는 아니 된다.

② 주택임대관리업자가 아닌 자는 주택임대관리업 또는 이와 유사한 명칭을 사용하지 못한다.

제3장 민간임대주택의 건설

제17조(민간임대주택의 건설) 민간임대주택의 건설은 「주택법」 또는 「건축법」 에 따른다. 이 경우 관계 법률에서 「주택법」 제15조에 따른 사업계획의 승인 또는 「건축법」 제11조에 따른 건축허가 등을 준용하는 경우 그 법률을 포함한다. <개정 2016.1.19.>

제18조(토지 등의 우선 공급) ① 국가·지방자치단체·공공기관 또는 지방공사가 그가 소유하거나 조성한 토지를 공급(매각 또는 임대를 말한다. 이하 이 조에서 같다)하는 경우에는 「주택법」 제30조제1항에도 불구하고 민간임대주택을 건설하려는 임대사업자에게 우선적으로 공급할 수 있다. <개정 2016.1.19.>

② 국가·지방자치단체·공공기관 또는 지방공사가 공공지원민간임대주택 건설용으로 토지를 공급하거나 종전부동산을 보유하고 있는 공공기관[같은 법 제43조제3항의 매입공공기관(이하 "매입공공기관"이라 한다)을 포함한다]이 공공지원민간임대주택 건설용으로 종전부동산을 매각하는 경우에는 「택지개발촉진법」, 「혁신도시 조성 및 발전에 관한 특별법 등 관계 법령에도 불구하고 추첨, 자격 제한, 수의계약 등 대통령령으로 정하는 방법 및 조건에 따라 공급할

수 있다. <개정 2017.12.26., 2018.1.16.>

③ 국가·지방자치단체·한국토지주택공사 또는 지방공사는 그가 조성한 토지 중 1퍼센트 이상의 범위에서 대통령령으로 정하는 비율 이상을 임대사업자[소속 근로자에게 임대하기 위하여 민간임대주택을 건설하려는 고용자(법인에 한정한다)로서 임대사업자로 등록한 자를 포함한다]에게 우선 공급하여야 한다. 다만, 해당 토지는 2개 단지 이상의 공동주택용지 공급계획이 포함된 경우로서 대통령령으로 정하는 규모 이상이어야 한다. <개정 2017.1.17.>

④ 제1항부터 제3항까지의 규정에 따라 토지 및 종전부동산(이하 이 조에서 "토지등"이라 한다)을 공급받은 자는 토지등을 공급받은 날부터 4년 이하의 범위에서 대통령령으로 정하는 기간 이내에 민간임대주택을 건설하여야 한다.

⑤ 제4항에도 불구하고 민간임대주택을 건설하지 아니한 경우 토지등을 공급한 자는 대통령령으로 정하는 기준과 절차에 따라 토지등을 환매하거나 임대차계약을 해제 또는 해지할 수 있다.

⑥ 「주택법」 제54조에 따른 사업주체가 주택을 공급하는 경우에는 같은 조 제1항에도 불구하고 그 주택을 공공지원민간임대주택 또는 장기일반민간임대주택으로 운영하려는 임대사업자에게 주택(같은 법 제57조에 따른 분양가상한제 적용주택은 제외한다) 전부를 우선적으로 공급할 수 있다. <개정 2016.1.19., 2018.1.16.>

제19조(간선시설의 우선 설치) 「주택법」 제28조에 따라 간선시설(幹線施設)을 설치하는 자는 민간임대주택 건설사업이나 민간임대주택 건설을 위한 대지조성사업에 필요한 간선시설을 다른 주택건설사업이나 대지조성사업보다 우선하여 설치하여야 한다. <개정 2016.1.19.>

제20조(「공익사업을 위한 토지 등의 취득 및 보상에 관한 법률」에 관한 특례) ① 임대사업자가 전용면적 85제곱미터 이하의 민간임대주택을 100호 이상의 범위에서 대통령령으로 정하는 호수 이상 건설하기 위하여 사업 대상 토지 면적의 80퍼센트 이상을 매입한 경우(토지 소유자로부터 매입에 관한 동의를 받은 경우를 포함한다)로서 나머지 토지를 취득하지 아니하면 그 사업을 시행하기가 현저히 곤란해질 사유가 있는 경우에는 시·도지사에게 「공익사업을 위한 토지 등의 취득 및 보상에 관한 법률」 제4조제5호에 따른 지정을 요청할 수 있다. 이 경우 요청절차, 제출서류 등 필요한 사항은 대통령령으로 정한다. <개정 2018.1.16.>

② 제1항에 따라 지정을 받은 임대사업자가 「주택법」 제15조에 따른 사업계획승인을 받으면 「공익사업을 위한 토지 등의 취득 및 보상에 관한 법률」 제20조제1항에 따른 사업인정을 받은 것으로 본다. 다만, 재결신청(裁決申請)은 「공익사업을 위한 토지 등의 취득 및 보상에 관한 법률」 제23조제1항 및 같은 법 제28조제1항에도 불구하고 사업계획승인을 받은 주택건설사업 기간에 할 수 있다. <개정 2016.1.19.>

제21조(「국토의 계획 및 이용에 관한 법률」 등에 관한 특례) 「주택법」 제15조에 따른 사업계획승인권자 또는 「건축법」 제11조에 따른 허가권자(이하 "승인권자등"이라 한다)는 임대사업자가 공공지원민간임대주택을 건설하기 위하여 「주택법」 제15조에 따른 사업계획승인을 신청하거나 「건축법」 제11조에 따른 건축허가를 신청하는 경우에 관계 법령에도 불구하고 다음 각 호에 따라 완화된 기준을 적용할 수 있다. 다만, 공공지원민간임대주택과 공공지원민간임대주택이 아닌 시설을 같은 건축물로 건축하는 경우 전체 연면적 대비 공공지원민간임대주택 연면적의 비율이 50퍼센트 이상의 범위에서 대통령령으로 정하는 비율 이상인 경우에 한정한다. <개정 2016.1.19., 2018.1.16.>

1. 「국토의 계획 및 이용에 관한 법률」 제77조에 따라 조례로 정한 건폐율에도 불구하고 같은 조 및 관계 법령에 따른 건폐율의 상한까지 완화
2. 「국토의 계획 및 이용에 관한 법률」 제52조에 따라 지구단위계획에서 정한 용적률 또는 같은 법 제78조에 따라 조례로 정한 용적률에도 불구하고 같은 조 및 관계 법령에 따른 용적률의 상한까지 완화
3. 「건축법」 제2조제2항에 따른 건축물의 층수 제한을 대통령령으로 정하는 바에 따라 완화

제21조의2(용적률의 완화로 건설되는 주택의 공급 등) ① 승인권자등이 임대사업자의 사업계획승인 또는 건축허가 신청 당시 30호 이상으로서 대통령령으로 정하는 호수 이상의 공공지원민간임대주택을 건설하는 사업에

대하여 「국토의 계획 및 이용에 관한 법률」에 따라 해당 지방자치단체의 조례로 정한 용적률 또는 지구단위계획으로 정한 용적률(이하 "기준용적률"이라 한다)보다 완화된 제21조제2호에 따른 용적률(이하 "완화용적률"이라 한다)을 적용하는 경우 승인권자등은 시·도지사 및 임대사업자와 협의하여 임대사업자에게 다음 각 호의 어느 하나에 해당하는 조치를 명할 수 있다. 다만, 다른 법령에서 임대사업자에게 부여한 이행 부담이 있는 경우에는 본문에 따른 조치를 감면하여야 한다.

1. 임대사업자는 완화용적률에서 기준용적률을 뺀 용적률의 50퍼센트 이하의 범위에서 해당 지방자치단체의 조례로 정하는 비율을 곱하여 증가하는 면적에 해당하는 임대주택을 건설하여 시·도지사에게 공급하여야 한다. 이 경우 주택의 공급가격은 「공공주택 특별법」 제50조의3제1항에 따른 공공건설임대주택의 분양전환가격 산정기준에서 정하는 건축비로 하고, 그 부속토지는 시·도지사에게 기부채납한 것으로 본다.
2. 임대사업자는 완화용적률에서 기준용적률을 뺀 용적률의 50퍼센트 이하의 범위에서 해당 지방자치단체의 조례로 정하는 비율을 곱하여 증가하는 면적에 해당하는 주택의 부속토지에 해당하는 가격을 시·도지사에게 현금으로 납부하여야 한다. 이 경우 토지의 가격은 사업계획승인 또는 건축허가 신청 당시 표준지공시지가를 기준으로 「감정평가 및 감정평가사에 관한 법률」 제2조제4호에 따른 감정평가업자(이하 "감정평가업자"라 한다)가 평가한 금액으로 한다.
3. 임대사업자는 완화용적률에서 기준용적률을 뺀 용적률의 100퍼센트 이하의 범위에서 해당 지방자치단체의 조례로 정하는 비율을 곱하여 증가하는 면적의 범위에서 주거지원대상자에게 공급하는 임대주택을 건설하거나 복합지원시설을 설치하여야 한다.
4. 임대사업자는 완화용적률에서 기준용적률을 뺀 용적률의 50퍼센트 이하의 범위에서 해당 지방자치단체의 조례로 정하는 비율을 곱하여 증가하는 면적에 해당하는 임대주택을 건설하여 주거지원대상자에게 20년 이상 민간임대주택으로 공급하여야 한다.

② 제1항제2호에 따라 임대사업자가 납부한 현금은 「주택법」 제84조에 따라 설치되는 국민주택사업특별회계의 재원으로 귀속된다.

③ 제1항 및 제2항에서 규정한 사항 외에 시·도지사에게 주택을 공급하는 절차, 토지의 가격 산정 절차, 현금납부 방법, 설치된 복합지원시설의 운영 등 필요한 사항은 대통령령으로 정한다.

[본조신설 2018.1.16.]

제21조의3(용도지역의 변경 결정을 통하여 건설되는 주택의 공급 등) 공공지원민간임대주택의 공급확대를 위하여 「국토의 계획 및 이용에 관한 법률」 제30조에 따라 해당 용도지역을 용적률이 완화되는 용도지역으로 변경 결정하고 사업계획승인 또는 건축허가를 하는 경우 임대주택의 건설, 공급, 부속토지의 현금 납부, 복합지원시설의 설치 등에 관하여는 제21조의2를 준용한다. 이 경우 "기준용적률"은 "용도지역 변경 전에 조례 또는 지구단위계획에서 정한 용적률"로, "완화용적률"은 "용도지역 변경 후 승인권자등이 사업계획승인 또는 건축허가 시 적용한 용적률"로 본다.

[본조신설 2018.1.16.]

제4장 공공지원민간임대주택 공급촉진지구

<개정 2018.1.16.>

제22조(촉진지구의 지정) ① 시·도지사는 공공지원민간임대주택이 원활하게 공급될 수 있도록 공공지원민간임대주택 공급촉진지구(이하 "촉진지구"라 한다)를 지정할 수 있다. 이 경우 촉진지구는 다음 각 호의 요건을 모두 갖추어야 한다. <개정 2018.1.16.>

1. 촉진지구에서 건설·공급되는 전체 주택 호수의 50퍼센트 이상이 공공지원민간임대주택으로 건설·공급될 것
2. 촉진지구의 면적은 5천제곱미터 이상의 범위에서 대통령령으로 정하는 면적 이상일 것. 다만, 역세권등에서 촉진지구를 지정하는 경우 2천제곱미터 이상의 범위에서 해당 지방자치단체가 조례로 정하는 면적 이상이어야 한다.
3. 유상공급 토지면적(도로, 공원 등 관리청에 귀속되는 공공시설 면적을 제외한 면적을 말한다. 이하 이 호에서 같다) 중 주택건설 용도가 아닌 토지로 공급하

는 면적이 유상공급 토지면적의 50퍼센트를 초과하지 아니할 것

② 삭제 <2018.1.16.>

③ 국토교통부장관은 제1항에도 불구하고 국민의 주거안정을 위하여 공공지원민간임대주택을 건설·공급할 필요가 있는 경우에는 촉진지구를 지정할 수 있다. <개정 2017.1.17., 2018.1.16.>

④ 제1항 및 제3항에 따른 촉진지구의 지정기준, 지정절차 등 필요한 사항은 대통령령으로 정한다. <개정 2017.1.17., 2018.1.16.>

제23조(시행자) ① 제22조에 따라 촉진지구를 지정할 수 있는 자(이하 "지정권자"라 한다)는 다음 각 호의 자 중에서 공공지원민간임대주택 개발사업의 시행자(이하 "시행자"라 한다)를 지정한다. <개정 2017.1.17., 2018.1.16.>

1. 촉진지구에서 국유지·공유지를 제외한 토지 면적의 50퍼센트 이상에 해당하는 토지를 소유한 임대사업자
2. 「공공주택 특별법」 제4조제1항 각 호에 해당하는 자

② 시행자가 할 수 있는 공공지원민간임대주택 개발사업의 범위는 다음 각 호와 같다. 다만, 제1항제2호에 해당하는 시행자는 이 항 제2호에 따른 주택건설사업 중 공공지원민간임대주택 건설사업을 시행할 수 없다. <신설 2018.1.16.>

1. 촉진지구 조성사업
2. 공공지원민간임대주택 건설사업 등 주택건설사업

③ 지정권자는 촉진지구 조성사업의 시행자를 지정하는 경우 제1항 각 호에 해당하는 자를 공동시행자로 지정할 수 있다. <개정 2018.1.16.>

④ 제1항 각 호에 해당하는 자 또는 촉진지구 안에서 국유지·공유지를 제외한 토지면적의 50퍼센트 이상에 해당하는 토지소유자의 동의를 받은 자는 지정권자에게 촉진지구의 지정을 제안할 수 있다. 이 경우 지정권자는 그 지정을 제안한 자가 제1항제1호의 요건을 갖춘 경우에 우선적으로 시행자로 지정할 수 있다. <개정 2017.1.17., 2018.1.16.>

⑤ 지정권자는 다음 각 호의 어느 하나에 해당하는 경우에는 시행자를 변경할 수 있다. <신설 2017.1.17., 2018.1.16.>

1. 시행자가 출자한 「부동산투자회사법」 제2조제1호에 따른 부동산투자회사로 시행자 변경을 요청하는 경우
2. 시행자의 부도·파산, 그 밖에 이와 유사한 사유로 촉진지구 사업 추진이 곤란하여 시행자를 공공기관 또는 지방공사로 변경하는 경우

⑥ 제1항제2호에 따른 자가 시행자인 경우 지정권자는 촉진지구에 복합지원시설을 건설·운영하도록 요청할 수 있다. 이 경우 시행자는 대통령령으로 정하는 바에 따라 복합지원시설의 설치·운영계획을 수립하여야 한다. <신설 2018.1.16.>

⑦ 그 밖에 촉진지구 지정·변경 및 해제의 제안절차, 제출서류, 동의자 수의 산정방법 및 동의절차 등에 필요한 사항은 국토교통부령으로 정한다. <개정 2017.1.17., 2018.1.16.>

제24조(촉진지구의 지정 절차) ① 지정권자가 제22조에 따라 촉진지구를 지정하는 경우에는 관계 중앙행정기관의 장 및 관할 지방자치단체의 장과 협의하여야 한다. 촉진지구를 변경하는 경우에도 또한 같다. <개정 2017.1.17.>

② 지정권자가 제1항에 따라 협의를 하는 경우 다음 각 호에서 정한 협의를 별도로 하여야 한다. 이 경우 협의기간은 30일 이내로 한다.

1. 「환경영향평가법」 제16조에 따른 전략환경영향평가 협의(「자연환경보전법」 제28조에 따른 자연경관영향 협의를 포함한다)
2. 「자연재해대책법」 에 따른 사전재해영향성검토에 관한 협의

③ 지정권자가 촉진지구를 지정하려면 「국토의 계획 및 이용에 관한 법률」 제106조에 따른 중앙도시계획위원회(이하 "중앙도시계획위원회"라 한다) 또는 같은 법 제113조에 따른 시·도도시계획위원회(이하 "시·도도시계획위원회"라 한다)의 심의를 거쳐야 하며, 이 경우 같은 법 제8조 및 제9조는 적용하지 아니한다. 다만, 촉진지구의 면적을 10퍼센트 범위에서 증감하는 경우 등 대통령령으로 정하는 경미한 사항은 심의를 거치지 아니하여도 된다.

제24조(촉진지구의 지정 절차) ① 지정권자가 제22조에 따라 촉진지구를 지정하는 경우에는 관계 중앙행정기관의 장 및 관할 지방자치단체의 장과 협의하여야 한다. 촉진지구를 변경하는 경우에도 또한 같다. <개정 2017.1.17.>

② 지정권자가 제1항에 따라 협의를 하는 경우 다음 각 호에서 정한 협의를 별도로 하여

야 한다. 이 경우 협의기간은 30일 이내로 한다. <개정 2017.10.24.>
1. 「환경영향평가법」 제16조에 따른 전략환경영향평가 협의(「자연환경보전법」 제28조에 따른 자연경관영향 협의를 포함한다)
2. 「자연재해대책법」에 따른 재해영향평가등의 협의
③ 지정권자가 촉진지구를 지정하려면 「국토의 계획 및 이용에 관한 법률」 제106조에 따른 중앙도시계획위원회(이하 "중앙도시계획위원회"라 한다) 또는 같은 법 제113조에 따른 시·도도시계획위원회(이하 "시·도도시계획위원회"라 한다)의 심의를 거쳐야 하며, 이 경우 같은 법 제8조 및 제9조는 적용하지 아니한다. 다만, 촉진지구의 면적을 10퍼센트 범위에서 증감하는 경우 등 대통령령으로 정하는 경미한 사항은 심의를 거치지 아니하여도 된다.
[시행일 : 2018.10.25.] 제24조

제25조(주민 등의 의견청취) ① 지정권자는 촉진지구를 지정하려면 대통령령으로 정하는 바에 따라 주민 및 관계 전문가 등의 의견을 들어야 한다. 촉진지구 면적 등 대통령령으로 정하는 중요 사항을 변경하는 경우에도 또한 같다. <개정 2017.1.17.>
② 지정권자는 제1항에 따른 의견 청취와 「환경영향평가법」 제13조에 따른 전략환경영향평가를 위한 주민 등의 의견 수렴을 동시에 할 수 있다.

제26조(촉진지구 지정 등의 고시 등) ① 지정권자는 촉진지구를 지정한 경우 위치·면적, 시행자, 사업의 종류, 수용 또는 사용할 「공익사업을 위한 토지 등의 취득 및 보상에 관한 법률」 제3조에서 정하는 토지·물건 및 권리(이하 "토지등"이라 한다)의 세목 등을 대통령령으로 정하는 바에 따라 관보 또는 공보에 고시하고, 관계 서류의 사본을 시장·군수·구청장에게 송부하여야 하며 「토지이용규제 기본법」 제8조에 따라 지형도면을 고시하여야 한다. 촉진지구를 변경한 경우에도 또한 같다. <개정 2017.1.17.>
② 제1항에 따라 관계 서류의 사본을 송부받은 시장·군수·구청장은 이를 일반인이 열람할 수 있도록 하여야 한다.
③ 제25조제1항에 따라 촉진지구의 지정 또는 변경에 관한 주민 등의 의견청취 공고 등이 있는 지역 및 촉진지구 내에서 건축물의 건축 등 대통령령으로 정하는 행위를 하고자 하는 자는 시장·군수·구청장의 허가를 받아야 한다. 허가받은 사항을 변경하는 경우에도 또한 같다. <개정 2017.1.17.>
④ 다음 각 호의 어느 하나에 해당하는 행위는 제3항에도 불구하고 허가를 받지 아니하고 할 수 있다.
1. 재해복구 또는 재난수습에 필요한 응급조치를 위하여 하는 행위
2. 그 밖에 경작을 위한 토지의 형질 변경 등 대통령령으로 정하는 행위
⑤ 제3항에 따라 허가를 받아야 하는 행위로서 제25조제1항에 따른 의견청취 공고 당시 또는 촉진지구의 지정·고시 당시에 이미 관계 법령에 따라 행위허가를 받았거나 그 공사 또는 사업에 착수한 자는 대통령령으로 정하는 바에 따라 시장·군수·구청장에게 신고한 후 이를 계속 시행할 수 있다. <개정 2017.1.17.>
⑥ 시장·군수·구청장은 제3항을 위반한 자에 대하여 원상회복을 명할 수 있다. 이 경우 명령을 받은 자가 그 의무를 이행하지 아니하는 때에는 「행정대집행법」에 따라 대집행할 수 있다.
⑦ 제3항에 따른 허가에 관하여 이 법에서 규정한 것을 제외하고는 「국토의 계획 및 이용에 관한 법률」 제57조부터 제60조까지 및 제62조를 준용한다. <신설 2017.1.17.>
⑧ 제3항에 따라 허가를 받은 경우에는 「국토의 계획 및 이용에 관한 법률」 제56조에 따라 허가를 받은 것으로 본다. <신설 2017.1.17.>
⑨ 제1항에 따라 촉진지구가 지정·고시된 경우 「국토의 계획 및 이용에 관한 법률」 제6조제1호에 따른 도시지역과 같은 법 제50조에 따른 지구단위계획구역(이하 "지구단위계획구역"이라 한다)으로 결정되어 고시된 것으로 본다. <개정 2017.1.17.>

제27조(촉진지구 지정의 해제) ① 지정권자는 다음 각 호의 어느 하나에 해당하는 경우에는 촉진지구의 지정을 해제할 수 있다. <개정 2018.1.16.>
1. 촉진지구가 지정고시된 날부터 2년 이내에 제28조에 따른 지구계획 승인을 신청하지 아니하는 경우
2. 공공지원민간임대주택 개발사업이 완료된 경우
② 제1항에 따라 촉진지구의 지정이 해제되는 경우 지정권자는 대통령령으로 정하는 바에 따라

관보 또는 공보에 고시하고, 다음 각 호의 구분에 따라 조치하여야 한다.

1. 국토교통부장관: 관계 행정기관의 장 및 관할 시·도지사에게 통보할 것. 이 경우 통보를 받은 시·도지사는 관할 시장·군수·구청장에게 통보하여야 하고, 통보를 받은 시장·군수·구청장은 관계 서류의 사본을 일반인에게 공람시켜야 한다.
2. 시·도지사: 국토교통부장관, 관계 행정기관의 장 및 관할 시장·군수·구청장에게 통보할 것. 이 경우 지정권자인 특별자치시장·특별자치도지사 및 통보를 받은 시장·군수·구청장은 관계 서류의 사본을 일반인에게 공람시켜야 한다.

③ 제1항제1호의 사유로 촉진지구가 해제고시된 경우 「국토의 계획 및 이용에 관한 법률」에 따른 용도지역·용도지구·용도구역, 지구단위계획구역 및 도시·군계획시설은 각각 지정 당시로 환원된 것으로 본다. 다만, 해제하는 당시 이미 사업이나 공사에 착수한 경우 등 해제 고시에서 별도로 정하는 도시·군계획시설은 그 사업이나 공사를 계속할 수 있다.

제28조(지구계획 승인 등) ① 시행자는 대통령령으로 정하는 바에 따라 다음 각 호의 내용을 포함한 공공지원민간임대주택 공급촉진지구계획(이하 "지구계획"이라 한다)을 작성하여 지정권자의 승인을 받아야 한다. 승인받은 지구계획을 변경(대통령령으로 정하는 경미한 사항의 변경은 제외한다)하는 경우에도 또한 같다. <개정 2017.1.17., 2018.1.16.>

1. 지구계획의 개요
2. 사업시행자의 성명 또는 명칭(주소와 대표자의 성명을 포함한다)
3. 사업 시행기간 및 재원조달 계획
4. 토지이용계획 및 개략설계도서
5. 인구·주택 수용계획
6. 교통·공공·문화체육시설 등을 포함한 기반시설 설치 계획
7. 환경보전 및 탄소저감 등 환경계획
8. 그 밖에 지구단위계획 등 대통령령으로 정하는 사항

② 지정권자는 지구계획에 따른 기반시설 확보를 위하여 필요한 부지 또는 설치비용의 전부 또는 일부를 시행자에게 부담시킬 수 있다. 이 경우 기반시설의 부지 또는 설치비용의 부담은 건축제한의 완화에 따른 토지가치상승분(감정평가업자가 건축제한 완화 전·후에 대하여 각각 감정평가한 토지가액의 차이를 말한다)을 초과하지 아니하도록 한다. <개정 2016.1.19., 2018.1.16.>

③ 지정권자가 제1항에 따라 지구계획을 승인하는 경우 시행자의 요청이 있으면 제32조에 따른 공공지원민간임대주택 통합심의위원회의 심의를 거쳐야 한다. <개정 2018.1.16.>

④ 지정권자는 제1항에 따라 지구계획을 승인한 때에는 대통령령으로 정하는 바에 따라 관보 또는 공보에 고시하고, 관계 서류의 사본을 시장·군수·구청장에게 송부하여야 하며, 이를 송부받은 시장·군수·구청장은 이를 일반인이 열람할 수 있도록 하여야 한다.

⑤ 제4항에 따라 관계 서류의 사본을 송부받은 시장·군수·구청장은 관계 서류에 도시·군관리계획결정사항이 포함되어 있는 경우에는 「국토의 계획 및 이용에 관한 법률」 제32조 및 「토지이용규제 기본법」 제8조에 따라 지형도면 작성에 필요한 조치를 하여야 한다. 이 경우 시행자는 지형도면 고시에 필요한 서류를 시장·군수·구청장에게 제출하여야 한다.

제28조의2(촉진지구 조성사업에 관한 공사의 감리) ① 제28조제4항에 따라 지구계획 서류의 사본을 송부 받은 시장·군수·구청장은 「건설기술 진흥법」에 따른 건설기술용역업자 또는 「건축사법」에 따른 건축사를 촉진지구 조성사업의 공사에 대한 감리를 하는 자로 지정하고 지도·감독하여야 한다. 다만, 시행자가 제23조제1항제2호에 해당하는 자인 경우에는 그러하지 아니하다.

② 제1항에도 불구하고 촉진지구 조성사업을 「주택법」 제15조에 따른 주택건설사업계획 승인대상 공사 또는 「건축법」에 따른 감리대상인 공사와 함께 시행하는 경우에는 「주택법」 등 관련 법령에서 정하는 바에 따른다.

[본조신설 2018.1.16.]

제29조(다른 법률에 따른 인가·허가 등의 의제) ① 제28조에 따른 지구계획의 승인·승인고시 또는 변경승인·변경승인고시가 있는 때에는 다음 각 호의 승인·허가·인가·결정·신고·지정·면허·협의·동의·해제·심의 등(이하 "인·허가등"이라 한다)을 받은 것으로 보며, 지구계획 승인고시 또는 변경승인고시가 있는 때에는 다음 각 호의

법률에 따른 인·허가등의 고시 또는 공고가 있는 것으로 본다. <개정 2016.12.27., 2017.1.17., 2018.1.16.>

1. 「공유수면 관리 및 매립에 관한 법률」 제8조에 따른 공유수면의 점용·사용허가, 같은 법 제28조에 따른 공유수면의 매립면허, 같은 법 제35조에 따른 국가 등이 시행하는 매립의 협의 또는 승인 및 같은 법 제38조에 따른 공유수면매립실시계획의 승인·고시
2. 「공유재산 및 물품 관리법」 제20조에 따른 사용·수익허가
3. 「관광진흥법」 제54조에 따른 조성계획의 승인, 같은 법 제55조에 따른 조성사업 시행의 허가
4. 「광업법」 제24조에 따른 광업권설정의 불허가처분, 같은 법 제34조에 따른 광업권 취소처분 또는 광구 감소처분
5. 「국유재산법」 제30조에 따른 행정재산의 사용허가(허가기간은 공공지원민간임대주택 개발사업 준공 시까지로 한다)
6. 「국토의 계획 및 이용에 관한 법률」 제30조에 따른 도시·군관리계획의 결정, 같은 법 제50조에 따른 지구단위계획의 결정, 같은 법 제56조에 따른 개발행위의 허가, 같은 법 제86조에 따른 도시·군계획시설사업의 시행자의 지정, 같은 법 제88조에 따른 실시계획의 작성 및 인가, 같은 법 제118조에 따른 토지거래계약에 관한 허가
7. 「농어촌정비법」 제23조에 따른 농업생산기반시설의 사용허가
8. 「농지법」 제34조에 따른 농지전용(農地轉用)의 허가 또는 협의, 같은 법 제35조에 따른 농지의 전용신고, 같은 법 제36조에 따른 농지의 타용도 일시사용허가·협의, 같은 법 제40조에 따른 용도변경의 승인
9. 「대기환경보전법」 제23조에 따른 배출시설의 설치 허가 및 신고
10. 「도로법」 제36조에 따른 도로공사 시행의 허가, 같은 법 제61조에 따른 도로의 점용 허가
11. 「도시개발법」 제3조에 따른 도시개발구역의 지정, 같은 법 제4조에 따른 개발계획의 수립 및 변경, 같은 법 제11조에 따른 사업시행자의 지정, 같은 법 제17조에 따른 실시계획의 작성 및 인가, 같은 법 제26조에 따른 조성토지등의 공급 계획 제출, 같은 법 제53조에 따른 조성토지등의 준공 전 사용의 허가
12. 「사도법」 제4조에 따른 사도(私道)의 개설허가
13. 「사방사업법」 제14조에 따른 벌채 등의 허가, 같은 법 제20조에 따른 사방지(砂防地) 지정의 해제
14. 「산림자원의 조성 및 관리에 관한 법률」 제36조제1항·제4항에 따른 입목벌채등의 허가·신고
15. 「산지관리법」 제14조·제15조에 따른 산지전용허가 및 산지전용신고, 같은 법 제15조의2에 따른 산지일시사용허가·신고, 같은 법 제25조에 따른 토석채취허가
16. 「소음·진동관리법」 제8조에 따른 배출시설 설치 허가 및 신고
17. 「소하천정비법」 제10조에 따른 소하천공사 시행의 허가, 같은 법 제14조에 따른 소하천 점용 등의 허가
18. 「수도법」 제17조 또는 제49조에 따른 수도사업의 인가, 같은 법 제52조 또는 제54조에 따른 전용상수도 또는 전용공업용수도의 설치 인가
19. 「물환경보전법」 제33조에 따른 배출시설의 설치 허가 및 신고
20. 「에너지이용 합리화법」 제10조에 따른 에너지사용계획의 협의
21. 「유통산업발전법」 제8조에 따른 대규모점포의 개설등록
22. 「장사 등에 관한 법률」 제27조제1항에 따른 무연분묘의 개장허가
23. 「전기사업법」 제62조에 따른 자가용전기설비의 공사계획의 인가 또는 신고
24. 「집단에너지사업법」 제4조에 따른 집단에너지의 공급 타당성에 관한 협의
25. 「공간정보의 구축 및 관리 등에 관한 법률」 제86조제1항에 따른 사업의 착수·변경 또는 완료의 신고
26. 「체육시설의 설치·이용에 관한 법률」 제12조에 따른 사업계획의 승인
27. 「초지법」 제21조의2에 따른 토지의 형질변경 등의 허가, 같은 법 제23조에 따른 초지전용의 허가
28. 「하수도법」 제16조에 따른 공공하수도공사 시행의 허가, 같은 법 제24조에 따른 공공하수도의 점용허가
29. 「하천법」 제30조에 따른 하천공사 시행의 허가 및 하천공사실시계획의 인가, 같은 법 제33조에 따른 하천의 점용허가, 같은 법 제50조에 따른 하천수의 사용허가

② 시행자는 제1항에 따른 인·허가등의 의

제를 받으려는 경우에는 해당 법률에서 정하는 서류를 제출하여야 한다.

③ 지정권자는 제1항 각 호의 어느 하나에 해당하는 사항이 포함되어 있는 지구계획을 승인하고자 하는 경우에는 시행자가 제출한 관계 서류를 첨부하여 미리 관계 행정기관의 장과 협의하여야 한다. 이 경우 관계 행정기관의 장은 협의요청을 받은 날부터 30일 이내에 의견을 제출하여야 하며 같은 기간 이내에 의견제출이 없는 경우에는 의견이 없는 것으로 본다.

제30조(관계 법률에 관한 특례) ① 제23조제1항제1호에 해당하는 자가 제안하는 촉진지구를 지정하기 위하여 「국토의 계획 및 이용에 관한 법률」 제2조제3호에 따른 도시·군기본계획의 변경이 필요한 경우 시·도지사는 공청회, 지방의회 의견청취 등을 동시에 실시하여 90일 이내의 범위에서 대통령령으로 정하는 기간 이내에 변경 여부를 결정하여야 한다. <개정 2018.1.16.>

② 제23조제1항제2호에 해당하는 자가 제안하는 촉진지구를 지정, 변경 또는 해제하기 위하여 도시·군기본계획의 변경이 필요한 경우 지정권자가 촉진지구의 지정, 변경 또는 해제를 고시한 때에는 「국토의 계획 및 이용에 관한 법률」 제18조, 제22조 및 제22조의2에 따라 도시·군기본계획의 변경이 확정되거나 도지사의 승인을 받은 것으로 본다. <신설 2018.1.16.>

③ 제28조에 따라 지구계획이 승인된 때에는 국토교통부장관과 특별시장·광역시장·특별자치시장·특별자치도지사·시장·군수(광역시의 군수는 제외한다. 이하 이 조에서 같다)는 이를 「수도법」 제4조에 따른 수도정비기본계획에 우선적으로 반영하여야 한다. 이 경우 환경부장관은 정당한 사유가 없으면 관할 특별시장·광역시장·특별자치시장·특별자치도지사·시장·군수로부터 수도정비기본계획 승인 신청을 접수한 날부터 30일 이내에 수도정비기본계획을 승인하여야 한다. <개정 2018.1.16.>

④ 제28조에 따라 지구계획이 승인된 때에는 특별시장·광역시장·특별자치시장·특별자치도지사·시장·군수는 이를 「하수도법」 제5조 및 제6조에 따른 하수도정비기본계획에 우선적으로 반영하여야 한다. 이 경우 환경부장관은 정당한 사유가 없으면 관할 특별시장·광역시장·특별자치시장·특별자치도지사·시장·군수로부터 하수도정비기본계획 승인 신청을 접수한 날부터 40일 이내에 하수도정비기본계획을 승인하여야 한다. <개정 2018.1.16.>

제31조(개발제한구역에 관한 특례) ① 「개발제한구역의 지정 및 관리에 관한 특별조치법」 제3조제1항에 따라 해제할 필요가 있는 개발제한구역에 촉진지구 지정이 필요한 경우 제23조제1항제2호에 해당하는 시행자는 개발제한구역의 해제를 위한 도시·군관리계획의 변경을 지정권자에게 제안할 수 있다. 이 경우 지정권자는 촉진지구 지정 절차와 함께 개발제한구역 해제 절차를 진행하거나 이를 관계 기관에 요청할 수 있다. <개정 2018.1.16.>

② 다음 각 호의 어느 하나에 해당하는 경우에는 개발제한구역에서 해제된 지역이 개발제한구역으로 환원된 것으로 본다.

1. 제1항에 따른 개발제한구역 해제에 관한 도시·군관리계획이 결정·고시된 날부터 2년 이내에 제28조에 따른 지구계획이 수립·고시되지 아니한 경우
2. 제27조제1항제1호에 따라 촉진지구가 해제된 경우

③ 국토교통부장관은 제2항에 따라 개발제한구역으로 환원된 사실을 대통령령으로 정하는 바에 따라 고시하고, 그 지역을 관할하는 시·도지사에게 통보하여야 한다.

▶ 판례 – 임대사업자의 파산선고로 파산관재인이 파산선고 후에 파산재단에 속하게 된 임대주택을 관리하다가 임차인 등에게 파산재단의 환가방법으로 임대주택을 분양 전환한 경우, 파산관재인이 입주자대표회의에 파산선고 전후로 특별수선충당금이 실제로 적립되었는지와 상관없이 임대주택법령에서 정한 기준에 따라 산정된 특별수선충당금을 인계하여야 하는지 여부(원칙적 적극) / 이 경우 입주자대표회의의 특별수선충당금 지급 청구권이 채무자회생 및 파산에 관한 법률 제473조 제4호에서 정한 재단채권에 해당하는지 여부(적극)

특별수선충당금 적립 및 인계 의무를 부담하는 임대사업자의 파산선고로 임대사업자의 파산관재인이 파산선고 후에 파산재단에 속하게 된 임대주택을 관리하다가 임대주택의 임차인 등에게 파산재단의 환가방법으로 임대주택을 분양 전환하게 된 것이라면, 특별한 사정이 없는 한 임대사업자의 파산관재인은 분양 전환 후 주택법에 따라 최초로 구성되는 입주자대표회의에 파산선

고 전후로 특별수선충당금이 실제로 적립되었는지 여부와 상관없이 파산재단의 관리·환가에 관한 업무의 일환으로 임대주택법령에서 정한 기준에 따라 산정된 특별수선충당금을 인계할 의무를 부담한다. 그렇다면 입주자대표회의의 특별수선충당금 지급 청구권은 파산관재인이 한 파산재단인 임대아파트의 관리·환가에 관한 업무의 수행으로 인하여 생긴 것으로서 채무자 회생 및 파산에 관한 법률 제473조 제4호에서 정한 '파산재단에 관하여 파산관재인이 한 행위로 인하여 생긴 청구권'에 해당하여 재단채권이다. [대법원 2015.6.24, 선고, 2014다29704, 판결]

第32條(공공지원민간임대주택 통합심의위원회)

① 지정권자는 도시계획·건축·환경·교통·재해 등 지구계획 승인과 관련된 다음 각 호의 사항을 검토 및 심의하기 위하여 공공지원민간임대주택 통합심의위원회(이하 "통합심의위원회"라 한다)를 둔다. <개정 2018.1.16.>

1. 「국토의 계획 및 이용에 관한 법률」에 따른 도시·군관리계획 관련 사항
2. 「대도시권 광역교통 관리에 관한 특별법」에 따른 광역교통개선대책
3. 「도시교통정비 촉진법」에 따른 교통영향평가
4. 「산지관리법」에 따라 촉진지구에 속한 산지의 이용계획
5. 「에너지이용 합리화법」에 따른 에너지사용계획
6. 「자연재해대책법」에 따른 사전재해영향성 검토
7. 「교육환경 보호에 관한 법률」에 따른 교육환경에 대한 평가
8. 「경관법」에 따른 사전경관계획
9. 「건축법」에 따른 건축 심의
10. 그 밖에 지정권자가 필요하다고 인정하여 통합심의위원회의 회의에 부치는 사항

② 통합심의위원회는 위원장 1명, 부위원장 1명을 포함하여 24명 이내의 위원으로 구성한다.

③ 통합심의위원회의 위원은 다음 각 호의 사람이 되고, 위원장은 제2호에 해당하는 사람 중 위원들이 호선하는 사람으로 한다. <개정 2017.1.17., 2018.1.16.>

1. 국토교통부, 관계 행정기관(제24조제1항에 따라 사전협의를 거치는 기관을 말한다) 또는 지정권자 소속의 관계 부서의 장으로서 대통령령으로 정하는 공무원
2. 도시계획·건축·교통·환경·재해 분야 등의 전문가로서 택지개발 및 주택사업에 관한 학식과 경험이 풍부한 사람 중 지정권자가 위촉하는 사람
3. 중앙도시계획위원회(국토교통부장관이 촉진지구를 지정한 경우에 한정한다) 또는 시·도도시계획위원회의 위원 중 도시계획전문가·설계전문가·환경전문가 각 1명 이상을 포함하여 해당 위원회의 위원장이 추천하는 사람
4. 「국가통합교통체계효율화법」에 따른 국가교통위원회 또는 지방교통위원회의 위원 중 해당 위원회의 위원장이 추천하는 사람
5. 「도시교통정비 촉진법」에 따른 교통영향평가심의위원회의 위원 중 해당 위원회의 위원장이 추천하는 사람
6. 「산지관리법」에 따라 해당 주택지구에 속한 산지의 이용계획에 대하여 심의권한을 가진 산지관리위원회의 위원 중 해당 위원회의 위원장이 추천하는 사람
7. 「에너지이용 합리화법」에 따른 에너지사용계획에 대하여 심의권한을 가진 위원회의 위원 중 해당 위원회의 위원장이 추천하는 사람
8. 「자연재해대책법」에 따른 사전재해영향성 검토위원회의 위원 중 해당 위원회의 위원장이 추천하는 사람
9. 「교육환경 보호에 관한 법률」에 따른 시·도교육환경보호위원회의 위원 중 해당 위원회의 위원장이 추천하는 사람
10. 「경관법」에 따른 경관위원회의 위원 중 해당 위원회의 위원장이 추천하는 사람
11. 「건축법」에 따른 건축위원회의 위원 중 해당 위원회의 위원장이 추천하는 사람

④ 통합심의위원회의 회의는 재적위원 과반수의 출석으로 개의하고, 출석위원 과반수의 찬성으로 의결한다.

⑤ 통합심의위원회는 회의내용을 녹취하고 회의록을 작성하여야 한다.

⑥ 통합심의를 받고자 하는 시행자는 대통령령으로 정하는 바에 따라 제1항 각 호와 관련된 서류를 제출하여야 하며 통합심의위원회에 최종의견서를 제출할 수 있다.

⑦ 통합심의위원회는 지구계획의 승인과 관련된 사항, 시행자의 최종의견서, 관계 기관 의견서 등을 종합적으로 검토하여 심의하여야 한다. 이 경우 정당한 사유가 없으면 지정권자는 심의 결과를 반영하여 지구

계획을 승인하여야 한다.

⑧ 통합심의위원회의 검토 및 심의를 거친 경우에는 다음 각 호에서 정한 위원회의 검토 및 심의를 거친 것으로 본다. <개정 2018.1.16.>

1. 중앙도시계획위원회(국토교통부장관이 촉진지구를 지정한 경우에 한정한다) 및 시·도도시계획위원회
2. 「국가통합교통체계효율화법」에 따른 국가교통위원회
3. 「도시교통정비 촉진법」에 따른 교통영향평가심의위원회
4. 「산지관리법」에 따른 산지관리위원회
5. 「에너지이용 합리화법」에 따른 에너지사용계획에 대하여 심의권한을 가진 위원회
6. 「자연재해대책법」에 따른 사전재해영향성 검토위원회
7. 「교육환경 보호에 관한 법률」에 따른 시·도교육환경보호위원회
8. 「경관법」에 따른 경관위원회
9. 「건축법」에 따른 건축위원회. 다만, 제33조에 따라 촉진지구 지정과 동시에 지구계획 승인, 사업계획승인(건축허가를 포함한다)을 동시에 진행하는 경우에 한정한다.

[제목개정 2018.1.16.]

제32조(공공지원민간임대주택 통합심의위원회)

① 지정권자는 도시계획·건축·환경·교통·재해 등 지구계획 승인과 관련된 다음 각 호의 사항을 검토 및 심의하기 위하여 공공지원민간임대주택 통합심의위원회(이하 "통합심의위원회"라 한다)를 둔다. <개정 2017.10.24., 2018.1.16.>

1. 「국토의 계획 및 이용에 관한 법률」에 따른 도시·군관리계획 관련 사항
2. 「대도시권 광역교통 관리에 관한 특별법」에 따른 광역교통개선대책
3. 「도시교통정비 촉진법」에 따른 교통영향평가
4. 「산지관리법」에 따라 촉진지구에 속한 산지의 이용계획
5. 「에너지이용 합리화법」에 따른 에너지사용계획
6. 「자연재해대책법」에 따른 재해영향평가등
7. 「교육환경 보호에 관한 법률」에 따른 교육환경에 대한 평가
8. 「경관법」에 따른 사전경관계획
9. 「건축법」에 따른 건축 심의
10. 그 밖에 지정권자가 필요하다고 인정하여 통합심의위원회의 회의에 부치는 사항

② 통합심의위원회는 위원장 1명, 부위원장 1명을 포함하여 24명 이내의 위원으로 구성한다.

③ 통합심의위원회의 위원은 다음 각 호의 사람이 되고, 위원장은 제2호에 해당하는 사람 중 위원들이 호선하는 사람으로 한다. <개정 2017.1.17., 2017.10.24., 2018.1.16.>

1. 국토교통부, 관계 행정기관(제24조제1항에 따라 사전협의를 거치는 기관을 말한다) 또는 지정권자 소속의 관계 부서의 장으로서 대통령령으로 정하는 공무원
2. 도시계획·건축·교통·환경·재해 분야 등의 전문가로서 택지개발 및 주택사업에 관한 학식과 경험이 풍부한 사람 중 지정권자가 위촉하는 사람
3. 중앙도시계획위원회(국토교통부장관이 촉진지구를 지정한 경우에 한정한다) 또는 시·도도시계획위원회의 위원 중 도시계획전문가·설계전문가·환경전문가 각 1명 이상을 포함하여 해당 위원회의 위원장이 추천하는 사람
4. 「국가통합교통체계효율화법」에 따른 국가교통위원회 또는 지방교통위원회의 위원 중 해당 위원회의 위원장이 추천하는 사람
5. 「도시교통정비 촉진법」에 따른 교통영향평가심의위원회의 위원 중 해당 위원회의 위원장이 추천하는 사람
6. 「산지관리법」에 따라 해당 주택지구에 속한 산지의 이용계획에 대하여 심의권한을 가진 산지관리위원회의 위원 중 해당 위원회의 위원장이 추천하는 사람
7. 「에너지이용 합리화법」에 따른 에너지사용계획에 대하여 심의권한을 가진 위원회의 위원 중 해당 위원회의 위원장이 추천하는 사람
8. 「자연재해대책법」에 따른 재해영향평가심의위원회의 위원 중 해당 위원회의 위원장이 추천하는 사람
9. 「교육환경 보호에 관한 법률」에 따른 시·도교육환경보호위원회의 위원 중 해당 위원회의 위원장이 추천하는 사람
10. 「경관법」에 따른 경관위원회의 위원 중 해당 위원회의 위원장이 추천하는 사람
11. 「건축법」에 따른 건축위원회의 위원 중 해당 위원회의 위원장이 추천하는 사람

④ 통합심의위원회의 회의는 재적위원 과반수의 출석으로 개의하고, 출석위원 과반수의 찬성으로 의결한다.

⑤ 통합심의위원회는 회의내용을 녹취하고 회

의록을 작성하여야 한다.
⑥ 통합심의를 받고자 하는 시행자는 대통령령으로 정하는 바에 따라 제1항 각 호와 관련된 서류를 제출하여야 하며 통합심의위원회에 최종의견서를 제출할 수 있다.
⑦ 통합심의위원회는 지구계획의 승인과 관련된 사항, 시행자의 최종의견서, 관계 기관 의견서 등을 종합적으로 검토하여 심의하여야 한다. 이 경우 정당한 사유가 없으면 지정권자는 심의 결과를 반영하여 지구계획을 승인하여야 한다.
⑧ 통합심의위원회의 검토 및 심의를 거친 경우에는 다음 각 호에서 정한 위원회의 검토 및 심의를 거친 것으로 본다. <개정 2017.10.24., 2018.1.16.>

1. 중앙도시계획위원회(국토교통부장관이 촉진지구를 지정한 경우에 한정한다) 및 시·도도시계획위원회
2. 「국가통합교통체계효율화법」에 따른 국가교통위원회
3. 「도시교통정비 촉진법」에 따른 교통영향평가심의위원회
4. 「산지관리법」에 따른 산지관리위원회
5. 「에너지이용 합리화법」에 따른 에너지사용계획에 대하여 심의권한을 가진 위원회
6. 「자연재해대책법」에 따른 재해영향평가심의위원회
7. 「교육환경 보호에 관한 법률」에 따른 시·도교육환경보호위원회
8. 「경관법」에 따른 경관위원회
9. 「건축법」에 따른 건축위원회. 다만, 제33조에 따라 촉진지구 지정과 동시에 지구계획 승인, 사업계획승인(건축허가를 포함한다)을 동시에 진행하는 경우에 한정한다.

[제목개정 2018.1.16.]
[시행일 : 2018.10.25.] 제32조

제33조(촉진지구 지정절차에 관한 특례) ① 촉진지구가 10만제곱미터 이하의 범위에서 대통령령으로 정하는 면적 이하인 경우 시행자는 촉진지구 지정을 신청할 때 다음 각 호의 승인 또는 허가를 포함하여 신청할 수 있다. 이 경우 지정권자는 촉진지구 지정과 통합하여 승인 또는 허가를 하여야 한다. <개정 2016.1.19.>

1. 제28조에 따른 지구계획 승인
2. 「주택법」 제15조에 따른 사업계획승인
3. 「건축법」 제11조에 따른 건축허가

② 지정권자는 「국토의 계획 및 이용에 관한 법률」 제36조제1항에 따른 녹지지역이 아닌 도시지역으로서 대통령령으로 정하는 지역에서 제1항에 따라 촉진지구 지정과 지구계획을 통합 승인하기 위하여 통합심의위원회 심의를 거친 경우에는 제24조제3항에 따른 중앙도시계획위원회 또는 시·도도시계획위원회의 심의를 생략할 수 있다. <신설 2018.1.16.>
③ 지정권자는 「국토의 계획 및 이용에 관한 법률」 제36조제1항제1호가목에 따른 주거지역 안에서 10만제곱미터 이하의 범위에서 대통령령으로 정하는 면적 이하의 촉진지구를 지정 또는 변경하는 경우에는 중앙도시계획위원회 또는 시·도도시계획위원회의 심의를 생략할 수 있다. <개정 2018.1.16.>
④ 시행자가 제3항에 따른 촉진지구의 지정 또는 변경을 제안할 때에는 토지이용계획 등 대통령령으로 정하는 사항을 포함하여야 한다. <개정 2018.1.16.>
⑤ 제2항 및 제3항에 따라 지정되는 촉진지구에 대하여는 「국토의 계획 및 이용에 관한 법률」 제8조, 제9조 및 제59조를 적용하지 아니한다. <개정 2018.1.16.>

제34조(토지등의 수용 등) ① 시행자는 촉진지구 토지 면적의 3분의 2 이상에 해당하는 토지를 소유하고 토지 소유자 총수의 2분의 1 이상에 해당하는 자의 동의를 받은 경우 나머지 토지등을 수용 또는 사용할 수 있다. 다만, 제23조제1항제2호의 자가 시행자인 경우 본문의 요건을 적용하지 아니하고 수용 또는 사용할 수 있다.
② 촉진지구를 지정하여 고시한 때에는 「공익사업을 위한 토지 등의 취득 및 보상에 관한 법률」 제20조제1항 및 같은 법 제22조에 따른 사업인정 및 사업인정의 고시가 있는 것으로 본다. <개정 2017.1.17.>
③ 재결신청은 제1항에 따른 토지를 확보한 후에 할 수 있으며, 「공익사업을 위한 토지 등의 취득 및 보상에 관한 법률」 제23조제1항 및 제28조제1항에도 불구하고 지구계획에서 정하는 사업시행기간 종료일까지 하여야 한다. <신설 2017.1.17.>
④ 제1항에 따른 토지등의 수용 또는 사용에 관하여 동의 요건의 산정기준일, 동의자 수 산정방법 등 필요한 사항은 대통령령으로 정하고, 그 밖에 이 법에 특별한 규정이 있는 것을 제외하고는 「공익사업을 위한 토지 등의 취득 및 보상에 관한 법률」을 준용한다. <개정 2017.1.17.>

제35조(촉진지구에서의 공공지원민간임대주택 건설에 관한 특례) ① 지정권자는 촉진지구에서 공공지원민간임대주택 건설의 원활한 시행을 위하여 다음 각 호의 완화된 기준을 적용한다. <개정 2017.1.17., 2018.1.16.>

1. 「국토의 계획 및 이용에 관한 법률」 제76조에 따른 용도지역에서의 건축물 용도, 종류 및 규모 제한에도 불구하고 공공지원민간임대주택 외의 건축물 중 위락시설, 일반숙박시설 등 대통령령으로 정하는 시설을 제외하고는 설치를 허용. 다만, 제33조제3항에 따라 주거지역에 촉진지구를 지정하는 경우로서 용도지역별로 허용하는 범위를 초과하는 건축물을 설치하는 경우에는 통합심의위원회의 심의를 거쳐야 한다.
2. 「국토의 계획 및 이용에 관한 법률」 제77조에 따라 조례로 정한 건폐율에도 불구하고 같은 조 및 관계 법령에 따른 건폐율의 상한까지 완화
3. 「국토의 계획 및 이용에 관한 법률」 제78조에 따라 조례로 정한 용적률에도 불구하고 같은 조 및 관계 법령에 따른 용적률의 상한까지 완화
4. 「건축법」 제2조제2항에 따른 건축물의 층수 제한을 대통령령으로 정하는 바에 따라 완화

② 지정권자는 촉진지구에서 공공지원민간임대주택 건설의 원활한 시행을 위하여 다음 각 호에 따른 관계 규정에도 불구하고 대통령령으로 정하는 범위에서 완화된 기준을 적용한다. <개정 2016.1.19., 2018.1.16.>

1. 「건축법」 제42조, 제60조 및 제61조에 따른 대지의 조경, 건축물의 높이 등 건축 제한
2. 「도시공원 및 녹지 등에 관한 법률」 제14조에 따른 도시공원 또는 녹지 확보 기준
3. 「주택법」 제35조에 따른 주택건설기준

③ 국가, 지방자치단체, 한국토지주택공사 또는 지방공사가 조성한 토지에 공공지원민간임대주택을 건설하기 위하여 지구단위계획을 변경한 경우에는 촉진지구로 지정하지 아니한 경우에도 제1항 및 제2항을 적용한다. <개정 2018.1.16.>

[제목개정 2018.1.16.]

제35조의2(촉진지구에서의 용적률 완화 등을 통하여 건설되는 주택의 공급 등) 공공지원민간임대주택의 공급 촉진을 위하여 촉진지구에서 용적률을 완화하여 사업계획승인 또는 건축허가를 하는 경우 임대주택의 건설, 공급, 부속토지의 현금 납부, 복합지원시설의 설치 등에 관하여는 제21조의2를 준용한다. 이 경우 "승인권자등"은 "지정권자 또는 승인권자등"으로, "지구단위계획"은 "촉진지구 지정 전의 지구단위계획"으로 본다.

[본조신설 2018.1.16.]

제36조(「국유재산법」 등에 관한 특례) ① 국가와 지방자치단체는 「국유재산법」, 「공유재산 및 물품 관리법」, 그 밖의 관계 법률에도 불구하고 시행자에게 수의계약의 방법으로 국유재산 또는 공유재산을 사용허가하거나 매각·대부할 수 있다. 이 경우 국가와 지방자치단체는 사용허가 및 대부의 기간을 50년 이내로 할 수 있다.

② 제1항의 국유재산은 국토교통부장관이 관리하는 행정재산 중 본래의 기능을 유지하는 범위에서 사용하려는 철도, 유수지 및 주차장으로서 기획재정부장관과 협의를 거친 것에 한정한다.

③ 국가와 지방자치단체는 「국유재산법」 및 「공유재산 및 물품 관리법」에도 불구하고 시행자에게 제1항에 따라 사용허가나 대부를 받은 국유재산 또는 공유재산에 영구시설물을 축조하게 할 수 있다. 이 경우 해당 영구시설물의 소유권은 국가, 지방자치단체 또는 그 밖의 관계 기관과 시행자 간에 별도의 합의가 없으면 그 국유재산 또는 공유재산을 반환할 때까지 시행자에게 귀속된다.

제37조(지방이전 공공기관의 종전부동산 활용계획 변경) ① 매입공공기관이 「혁신도시 조성 및 발전에 관한 특별법」 제43조제5항에 따라 활용계획이 수립된 종전부동산의 전부 또는 일부를 공공지원민간임대주택 건설용으로 매각하려는 경우에는 국토교통부장관에게 종전부동산 활용계획의 변경을 요청할 수 있다. <개정 2017.12.26., 2018.1.16.>

② 제1항에 따라 요청을 받은 국토교통부장관은 종전부동산 소재지를 관할하는 시·도지사 및 시장·군수·구청장과 협의하고, 「수도권정비계획법」 제21조에 따른 수도권정비위원회 심의를 거쳐 종전부동산 활용계획을 변경할 수 있다.

제38조(준공된 사업지구 내 미매각 용지 활용) 국가, 지방자치단체, 공공기관 또는 지방공사가 조성한 토지가 준공 후에도 매각되지 아니한 경우에 지정권자는 해당 토지의 전부 또는 일부를 촉진지구로 지정할 수 있다.

제39조(조성토지의 공급) ① 시행자는 촉진지구 조성사업으로 조성된 토지(시행자가 직접 사용하는 토지는 제외한다)를 지구계획에서 정한 바에 따라 공급하여야 한다.

② 제1항에 따라 공급하는 토지의 용도, 공급의 절차·방법·대상자 및 조건 등에 필요한 사항은 대통령령으로 정한다.

제39조의2(준공검사) ① 시행자가 촉진지구 조성사업의 공사를 완료한 때에는 국토교통부령으로 정하는 바에 따라 공사완료 보고서를 작성하여 시장·군수·구청장에게 준공검사를 받아야 한다. 다만, 시행자가 한국토지주택공사 또는 지방공사인 경우에는 시장·군수·구청장의 준공검사 권한을 한국토지주택공사 또는 지방공사에 위탁할 수 있다.

② 시장·군수·구청장은 공사완료 보고서의 내용에 포함된 공공시설(제28조제2항에 따른 기반시설을 포함한다)을 인수하거나 관리하게 될 국가기관·지방자치단체 또는 공공기관의 장 등에게 준공검사에 참여할 것을 요청할 수 있다. 이 경우 기관·단체의 장은 특별한 사유가 없으면 요청에 따라야 한다.

③ 시장·군수·구청장은 준공검사를 한 결과 공공지원민간임대주택사업이 실시계획대로 끝났다고 인정되면 시행자에게 준공검사 증명서를 내어주고 공사 완료 공고를 하여야 하며, 실시계획대로 끝나지 아니하였으면 지체 없이 보완 시공 등 필요한 조치를 하도록 명하여야 한다.

④ 시행자가 준공검사를 받은 경우에는 제29조에 따라 의제되는 인·허가등에 따른 해당 사업의 준공검사 또는 준공인가를 받은 것으로 본다.

⑤ 제1항부터 제4항까지에서 규정한 사항 외에 공사완료 공고, 준공검사 신청 절차 등 준공검사에 필요한 사항은 국토교통부령으로 정한다.

[본조신설 2018.1.16.]

제40조(감독) ① 지정권자는 시행자가 다음 각 호의 어느 하나에 해당하는 경우에는 이 장에 따른 허가 또는 승인을 취소하거나 공사의 중지·변경, 시설물 또는 물건의 개축·변경 또는 이전 등을 명할 수 있다. <개정 2018.1.16.>

1. 거짓이나 그 밖의 부정한 방법으로 이 장에 따른 허가 또는 승인을 받은 경우
2. 제28조제1항에 따른 지구계획의 승인 또는 변경승인의 내용을 위반하여 사업을 시행한 경우
3. 사정의 변경으로 인하여 촉진지구 조성사업 또는 주택건설사업의 계속적인 시행이 불가능하게 된 경우
4. 제39조의2에 따른 준공검사를 받지 아니한 경우

② 제1항에 따라 허가 또는 승인을 취소하는 경우에는 청문을 하여야 한다.

③ 지정권자가 제1항에 따른 처분 또는 명령을 한 때에는 대통령령으로 정하는 바에 따라 이를 고시하여야 한다.

제41조(관계 법률의 준용) 촉진지구 지정, 사업의 시행, 공공시설의 귀속, 조성사업의 감리 및 준공검사 등에 관하여 이 법에서 정하지 아니한 사항은 「도시개발법」을 준용한다. <개정 2018.1.16.>

제41조의2(촉진지구 밖의 사업에 대한 준용) 공공지원민간임대주택 개발사업의 원활한 추진을 위하여 촉진지구 밖에 기반시설을 설치하는 등에 관한 사업에 대해서는 제25조, 제26조제3항부터 제6항까지, 제28조, 제28조의2, 제29조부터 제31조까지, 제34조, 제36조, 제39조, 제39조의2, 제40조, 제62조의 규정을 준용한다.

[본조신설 2018.1.16.]

제5장 민간임대주택의 공급, 임대차계약 및 관리

제42조(민간임대주택의 공급) ① 임대사업자는 임대기간 중 민간임대주택의 임차인 자격 및 선정방법 등에 대하여 다음 각 호에서 정하는 바에 따라 공급하여야 한다. <개정 2018.1.16.>

1. 공공지원민간임대주택의 경우: 주거지원 대상자 등의 주거안정을 위하여 국토교통부령으로 정하는 기준에 따라 공급
2. 장기일반민간임대주택 및 단기민간임대주택의 경우: 임대사업자가 정한 기준에 따라 공급

② 공공지원민간임대주택의 임차인은 국토교통부령으로 정하는 임차인의 자격을 갖추어야 하며, 거짓이나 그 밖의 부정한 방법으로 공공지원민간임대주택을 공급받아서는 아니 된다. <개정 2018.1.16.>

③ 민간임대주택의 공급에 관한 사항에 대해서는 「주택법」 제20조, 제54조, 제57조부터 제63조까지, 제64조 및 제65조를 적용하지 아니한다. 다만, 공공지원민간임대주택의 임차인 자격 확인 등 임차인의 원활한 모집과 관리가 필요한 경우에 국토교통부령으로 정하는 바에 따라 일부 적용할 수 있다. <신설 2018.1.16.>

④ 동일한 주택단지에서 30호 이상의 민간임대주택을 건설 또는 매입한 임대사업자가 최초로 민간임대주택을 공급하는 경우에는 시장·군수·구청장에게 대통령령으로 정하는 방법에 따라 신고하여야 한다. <신설 2017.1.17., 2018.1.16.>

제42조의2(공공지원민간임대주택의 중복 입주 등의 확인) ① 국토교통부장관 및 지방자치단체의 장은 공공지원민간임대주택과 「공공주택 특별법」 제2조제1호가목에 따른 공공임대주택(이하 "공공임대주택"이라 한다)에 중복하여 입주 또는 계약하고 있는 임차인(임대차계약 당사자를 말한다. 이하 이 조에서 같다)이 있는지를 확인할 수 있다.

② 임대사업자는 다음 각 호에 해당하는 공공지원민간임대주택 임차인에 관한 정보를 국토교통부장관이 지정·고시하는 기관(이하 이 조에서 "전산관리지정기관"이라 한다)에 통보하여야 한다.

1. 임차인의 성명
2. 임차인의 주민등록번호
3. 민간임대주택의 유형
4. 거주지 주소
5. 최초 입주일자

③ 전산관리지정기관은 제2항에 따른 정보를 전산으로 관리하여야 하며, 임차인에 관한 정보가 분실·도난·위조·변조 또는 훼손되지 아니하도록 안정성 확보에 필요한 조치를 마련하여야 한다.

④ 공공지원민간임대주택과 공공임대주택의 중복 입주 또는 계약 여부 확인 방법 및 절차, 중복 입주자 또는 계약자에 대한 조치 등에 필요한 사항은 국토교통부령으로 정한다.
[본조신설 2018.1.16.]

제42조의3(공공지원민간임대주택 임차인의 자격 확인) 임대사업자는 공공지원민간임대주택의 임차인(입주를 신청하는 자와 계약 중인 임차인을 포함한다. 이하 이 조, 제42조의4 및 제42조의6에서 같다) 자격 확인이 필요한 경우 임차인 및 배우자, 임차인 또는 배우자와 세대를 같이하는 세대원(이하 "임차인등"이라 한다)으로부터 소득 자료를 제출받아 확인하여야 한다.
[본조신설 2018.1.16.]

제42조의4(공공지원민간임대주택 임차인등의 금융정보 등 제공에 따른 동의서 제출) ① 공공지원민간임대주택의 임차인은 임차인등과 관련된 다음 각 호의 정보 또는 자료를 제42조의5제1항에 따른 금융기관등으로부터 제공받는 데 필요한 동의서면을 국토교통부장관에게 제출하여야 한다.

1. 「금융실명거래 및 비밀보장에 관한 법률」 제2조제2호·제3호에 따른 금융자산 및 금융거래의 내용에 대한 자료 또는 정보 중 예금·적금·저축의 잔액 또는 불입금·지급금과 유가증권 등 금융자산에 대한 증권·증서의 가액(이하 "금융정보"라 한다)
2. 「신용정보의 이용 및 보호에 관한 법률」 제2조제1호에 따른 신용정보 중 채무액과 연체정보(이하 "신용정보"라 한다)
3. 「보험업법」 제4조제1항 각 호에 따른 보험에 가입하여 납부한 보험료, 환급금 및 지급금(이하 "보험정보"라 한다)

② 제1항에 따른 동의 방법·절차 등에 필요한 사항과 구체적인 자료 또는 정보의 내용은 대통령령으로 정한다.
[본조신설 2018.1.16.]

제42조의5(금융정보등의 제공) ① 국토교통부장관은 「금융실명거래 및 비밀보장에 관한 법률」 제4조제1항과 「신용정보의 이용 및 보호에 관한 법률」 제32조제1항에도 불구하고 공공지원민간임대주택의 임차인등이 제출한 동의서면을 전자적 형태로 바꾼 문서에 의하여

금융기관등(「금융실명거래 및 비밀보장에 관한 법률」 제2조제1호에 따른 금융회사등, 「신용정보의 이용 및 보호에 관한 법률」 제25조에 따른 신용정보집중기관을 말한다. 이하 같다)의 장에게 금융정보·신용정보 또는 보험정보(이하 "금융정보등"이라 한다)의 제공을 요청할 수 있다.

② 제1항에 따라 금융정보등의 제공을 요청받은 금융기관등의 장은 「금융실명거래 및 비밀보장에 관한 법률」 제4조제1항과 「신용정보의 이용 및 보호에 관한 법률」 제32조제1항 및 제3항에도 불구하고 명의인의 금융정보등을 제공하여야 한다.

③ 제2항에 따라 금융정보등을 제공한 금융기관등의 장은 금융정보등의 제공사실을 명의인에게 통보하여야 한다. 다만, 명의인의 동의가 있는 경우에는 「금융실명거래 및 비밀보장에 관한 법률」 제4조의2제1항과 「신용정보의 이용 및 보호에 관한 법률」 제35조에도 불구하고 통보하지 아니할 수 있다.

④ 제1항 및 제2항에 따른 금융정보등의 제공요청 및 제공은 「정보통신망 이용촉진 및 정보보호 등에 관한 법률」 제2조제1항제1호에 따른 정보통신망을 이용하여야 한다. 다만, 정보통신망의 손상 등 불가피한 사유가 있는 경우에는 그러하지 아니하다.

⑤ 제1항·제2항 및 제4항에 따른 금융정보등의 제공요청 및 제공 등에 필요한 사항은 대통령령으로 정한다.

[본조신설 2018.1.16.]

제42조의6(자료요청) ① 국토교통부장관은 공공지원민간임대주택의 임차인 자격을 확인하기 위하여 필요한 자료로서 임차인등에 대한 다음 각 호의 자료를 관계 기관의 장에게 요청할 수 있다. 이 경우 자료의 제공을 요청받은 관계 기관의 장은 특별한 사유가 없으면 이에 따라야 한다.

1. 「가족관계의 등록 등에 관한 법률」 제9조제1항에 따른 가족관계 등록사항 또는 「주민등록법」 제30조제1항에 따른 주민등록전산정보자료, 「출입국관리법」에 따른 외국인 등록자료
2. 국세 및 지방세에 관한 자료
3. 국민연금·공무원연금·군인연금·사립학교교직원연금·별정우체국연금·장애인연금·건강보험·고용보험·산업재해보상보험·보훈급여 등 각종 연금·보험·급여에 관한 자료
4. 「부동산등기법」 제2조제1호에 따른 등기부, 「건축법」 제38조에 따른 건축물대장, 「자동차관리법」 제5조에 따른 자동차등록원부 등 부동산 및 자동차에 관한 자료

② 제1항에 따라 국토교통부장관 또는 제62조에 따라 업무를 위임·위탁받은 기관에 제공되는 자료에 대해서는 사용료, 수수료 등을 면제한다.

[본조신설 2018.1.16.]

제42조의7(자료 및 정보의 수집 등) ① 국토교통부장관 및 제62조에 따라 제42조의4부터 제42조의6까지의 업무를 위임·위탁받은 기관의 장은 공공지원민간임대주택 공급을 위하여 제42조의5 및 제42조의6에 따라 제공받은 자료 및 정보를 수집·관리·보유 또는 활용할 수 있다.

② 국토교통부장관 및 지방자치단체의 장은 제42조의5 및 제42조의6에 따른 자료 및 정보를 확인하기 위하여 「사회복지사업법」 제6조의2제2항에 따른 정보시스템을 연계하여 사용할 수 있다.

③ 국토교통부 소속 공무원 또는 소속 공무원이었던 자, 제62조에 따라 업무를 위임·위탁받은 기관의 소속 임직원 및 제42조의5에 따른 업무에 종사하거나 종사하였던 자는 제42조의5 및 제42조의6에 따라 얻은 정보와 자료를 이 법에서 정한 목적 외의 다른 용도로 사용하거나 다른 사람 또는 기관에 제공하거나 누설해서는 아니 된다.

[본조신설 2018.1.16.]

제43조(임대의무기간 및 양도 등) ① 임대사업자는 임대사업자 등록일 등 대통령령으로 정하는 시점부터 제2조제4호부터 제6호까지의 규정에 따른 기간(이하 "임대의무기간"이라 한다) 동안 민간임대주택을 계속 임대하여야 하며, 그 기간이 지나지 아니하면 이를 양도할 수 없다.

② 제1항에도 불구하고 임대사업자는 임대의무기간 동안에도 국토교통부령으로 정하는 바에 따라 시장·군수·구청장에게 신고한 후 민간임대주택을 다른 임대사업자에게 양도할 수 있다. 이 경우 양도받는 자는 양도하는 자의 임대사업자로서의 지위를 포괄적으로 승계하며, 이러한 뜻을 양수도계약서에 명시하여야 한다.

③ 제2항은 임대사업자가 임대의무기간이 지난 후 민간임대주택을 양도하는 경우에도 준

용한다. 다만, 양수하는 자가 임대사업자로 등록하지 아니하는 경우에는 제2항 후단을 적용하지 아니한다.

④ 제1항에도 불구하고 임대사업자는 임대의무기간 중에도 다음 각 호의 어느 하나에 해당하는 경우에는 대통령령으로 정하는 바에 따라 시장·군수·구청장에게 허가를 받아 임대사업자가 아닌 자에게 민간임대주택을 양도할 수 있다. <개정 2018.1.16.>

1. 부도, 파산, 그 밖의 대통령령으로 정하는 경제적 사정 등으로 임대를 계속할 수 없는 경우
2. 공공지원임대주택을 20년 이상 임대하기 위한 경우로서 필요한 운영비용 등을 마련하기 위하여 제21조의2제1항제3호에 따라 20년 이상 공급하기로 한 주택 중 일부를 8년 임대 이후 매각하는 경우

제44조(임대료) ① 민간임대주택의 최초 임대료(임대보증금과 월임대료를 포함한다. 이하 같다)는 임대사업자가 정한다. 다만, 공공지원민간임대주택의 최초 임대료는 국토교통부령으로 정하는 기준에 따라야 한다. <개정 2018.1.16.>

② 임대사업자가 임대의무기간 동안에 임대료의 증액을 청구하는 경우에는 연 5퍼센트의 범위에서 주거비 물가지수, 인근 지역의 임대료 변동률 등을 고려하여야 한다. 다만, 공공지원민간임대주택은 임대의무기간을 넘는 임대기간 동안에 임대료의 증액을 청구하는 경우에도 이를 적용한다. <개정 2018.1.16.>

③ 임대사업자가 제2항에 따라 임대료의 증액을 청구하면서 임대보증금과 월임대료를 상호 간에 전환하는 경우의 적용기준은 국토교통부령으로 정한다. <신설 2018.1.16.>

제45조(임대차계약의 해제·해지 등) 임대사업자는 임차인이 의무를 위반하거나 임대차를 계속하기 어려운 경우 등 대통령령으로 정하는 사유가 발생한 때에는 임대의무기간 동안에도 임대차계약을 해제 또는 해지하거나 재계약을 거절할 수 있다.

제46조(임대차계약 신고) ① 임대사업자는 민간임대주택의 임대차기간, 임대료 및 임차인(준주택에 한정한다) 등 대통령령으로 정하는 임대차계약에 관한 사항을 임대차 계약 체결일(변경신고의 경우에는 변경한 날을 말한다)부터 3개월 이내에 시장·군수·구청장에게 신고하여야 한다. 신고한 내용을 변경한 경우에도 같다. <개정 2018.1.16.>

② 제1항에도 불구하고 100세대 이상의 공동주택을 임대하는 임대사업자가 임대차계약에 관한 사항을 변경하여 신고하는 경우에는 변경예정일 1개월 전까지 신고하여야 한다. <신설 2018.1.16.>

③ 시장·군수·구청장은 제2항의 변경신고의 내용이 제44조제2항에 따른 임대료 증액 청구 기준에 비하여 현저히 부당하다고 인정되는 경우에는 그 내용을 조정하도록 권고할 수 있다. <신설 2018.1.16.>

④ 제3항에 따른 조정권고를 받은 임대사업자는 권고사항을 통지받은 날부터 10일 이내에 재신고하여야 한다. <신설 2018.1.16.>

⑤ 제1항, 제2항 및 제4항에 따른 신고의 절차 등에 필요한 사항은 대통령령으로 정한다. <개정 2018.1.16.>

제47조(표준임대차계약서) ① 임대사업자가 민간임대주택에 대한 임대차계약을 체결하려는 경우에는 국토교통부령으로 정하는 표준임대차계약서를 사용하여야 한다.

② 제1항의 표준임대차계약서에는 다음 각 호의 사항이 포함되어야 한다.

1. 임대료 및 증액에 관한 사항
2. 임대차 계약기간
3. 제49조에 따른 임대보증금의 보증에 관한 사항
4. 민간임대주택의 선순위 담보권 등 권리관계에 관한 사항
5. 임대사업자 및 임차인의 권리·의무에 관한 사항
6. 민간임대주택의 수선·유지 및 보수에 관한 사항
7. 임대의무기간 중 남아 있는 기간
8. 그 밖에 국토교통부령으로 정하는 사항

제48조(설명의무) ① 민간임대주택에 대한 임대차계약을 체결하거나 월임대료를 임대보증금으로 전환하는 등 계약내용을 변경하는 경우에는 임대사업자는 다음 각 호의 사항을 임차인에게 설명하고 이를 확인받아야 한다, <개정 2018.1.16.>

1. 제49조에 따른 임대보증금에 대한 보증의 보증기간 등 대통령령으로 정하는 사항
2. 민간임대주택의 선순위 담보권 등 권리

관계에 관한 사항. 이 경우 등기부등본을 제시하여야 한다.

3. 임대의무기간 중 남아 있는 기간
4. 제44조제2항에 따른 임대료 증액 제한에 관한 사항

② 제1항에 따른 설명 및 확인의 방법, 절차 등에 필요한 사항은 대통령령으로 정한다.

제49조(임대보증금에 대한 보증) ① 민간건설임대주택 또는 제18조제6항에 따라 분양주택 전부를 우선 공급받아 임대하는 민간매입임대주택의 임대사업자는 사용검사를 받은 날(사용검사 전에 임차인을 모집하는 경우에는 그 날을 말한다)부터 대통령령으로 정하는 기간 동안 임대보증금에 대한 보증에 가입하여야 한다. <개정 2017.1.17.>

② 제1항에 따른 보증에 가입하는 경우 보증대상은 임대보증금 전액으로 한다. 다만, 임대사업자가 사용검사 전에 임차인을 모집하는 경우 임차인을 모집하는 날부터 사용검사를 받는 날까지의 보증대상액은 임대보증금 중 사용검사 이후 납부하는 임대보증금을 제외한 금액으로 한다. <개정 2017.1.17.>

③ 제2항에도 불구하고 다음 각 호에 모두 해당하는 경우에는 담보권이 설정된 금액을 합한 금액 중 대통령령으로 정하는 주택가격의 100분의 60을 넘는 금액의 범위에서 보증대상액을 대통령령으로 정할 수 있다.

1. 근저당권을 세대별로 분리하는 부기에 의한 변경등기를 한 경우(이 경우 등기는 근저당권의 공동담보를 해제하고, 채권최고액을 감액하는 근저당권 변경등기의 방법으로 할 수 있다)
2. 임대사업자가 임대보증금보다 선순위인 제한물권, 압류·가압류·가처분 등을 해소한 경우
3. 임차인이 전세권설정을 요구하고 임대사업자가 이에 동의하여 전세권이 설정된 경우
4. 그 밖에 제1호에서 제3호까지에 준하는 경우로서 대통령령으로 정하는 경우

④ 제1항에 따른 보증의 가입기간은 임대차 계약기간(사용검사 전에 임차인을 모집하는 경우에는 임차인 모집일부터 사용검사일까지를 포함한다)과 같아야 한다. 이 경우 임대사업자는 제1항에 따른 보증의 수수료를 1년 단위로 재산정하여 분할납부할 수 있다. <개정 2017.1.17.>

⑤ 제1항에 따른 보증에 가입한 임대사업자가 가입 후 1년이 지났으나 제4항에 따라 재산정한 보증수수료를 보증회사에 납부하지 아니하는 경우에는 보증회사는 그 보증계약을 해지할 수 있다. 다만, 임차인이 보증수수료를 납부하는 경우에는 그러하지 아니하다.

⑥ 제1항에 따른 보증에 가입하는 경우 보증수수료의 납부방법, 소요 비용의 부담비율, 보증대상 임대보증금의 범위, 보증의 가입·유지·탈퇴 등에 필요한 사항은 대통령령으로 정한다.

제50조(준주택의 용도제한) ① 민간임대주택으로 등록한 준주택은 주거용이 아닌 용도로 사용할 수 없다.

② 시장·군수·구청장은 민간임대주택으로 등록한 준주택이 주거용으로 사용되고 있는지를 확인하기 위하여 필요한 경우 임대사업자 및 임차인에게 필요한 서류 등의 제출을 요구할 수 있고, 소속 공무원으로 하여금 해당 준주택에 출입하여 조사하게 하거나 관계인에게 필요한 질문을 하게 할 수 있다. 이 경우 임대사업자 및 임차인은 정당한 사유가 없으면 이에 따라야 한다.

제51조(민간임대주택의 관리) ① 민간건설임대주택 및 대통령령으로 정하는 민간매입임대주택의 회계서류 작성, 보관 등 관리에 필요한 사항은 대통령령으로 정하는 바에 따라 「공동주택관리법」을 적용한다. <개정 2015.8.28.>

② 임대사업자는 민간임대주택이 300세대 이상의 공동주택 등 대통령령으로 정하는 규모 이상에 해당하면 「공동주택관리법」 제2조제1항제15호에 따른 주택관리업자에게 관리를 위탁하거나 자체관리하여야 한다. <개정 2015.8.28.>

③ 임대사업자가 제2항에 따라 민간임대주택을 자체관리하려면 대통령령으로 정하는 기술인력 및 장비를 갖추고 국토교통부령으로 정하는 바에 따라 시장·군수·구청장의 인가를 받아야 한다.

④ 임대사업자(둘 이상의 임대사업자를 포함한다)가 동일한 시(특별시·광역시·특별자치시·특별자치도를 포함한다)·군 지역에서 민간임대주택을 관리하는 경우에는 대통령령으로 정하는 바에 따라 공동으로 관리할 수 있다.

⑤ 임대사업자는 국토교통부령으로 정하는 바에 따라 임차인으로부터 민간임대주택을 관리하는 데에 필요한 경비를 받을 수 있다.

제52조(임차인대표회의) ① 임대사업자가 20세대 이상의 범위에서 대통령령으로 정하는 세대 이상의 민간임대주택을 공급하는 공동주택단지에 입주하는 임차인은 임차인대표회의를 구성할 수 있다.

② 임대사업자는 입주예정자의 과반수가 입주한 때에는 과반수가 입주한 날부터 30일 이내에 입주현황과 임차인대표회의를 구성할 수 있다는 사실을 입주한 임차인에게 통지하여야 한다. 다만, 임대사업자가 본문에 따른 통지를 하지 아니하는 경우 시장·군수·구청장이 임차인대표회의를 구성하도록 임차인에게 통지할 수 있다.

③ 제1항에 따라 임차인대표회의가 구성된 경우에는 임대사업자는 다음 각 호의 사항에 관하여 협의하여야 한다.

1. 민간임대주택 관리규약의 제정 및 개정
2. 관리비
3. 민간임대주택의 공용부분·부대시설 및 복리시설의 유지·보수
4. 그 밖에 민간임대주택의 유지·보수·관리 등에 필요한 사항으로서 대통령령으로 정하는 사항

④ 제1항의 임차인대표회의의 구성 및 운영 등에 필요한 사항은 대통령령으로 정한다.

제53조(특별수선충당금의 적립 등) ① 제51조제2항에 따른 민간임대주택의 임대사업자는 주요 시설을 교체하고 보수하는 데에 필요한 특별수선충당금(이하 "특별수선충당금"이라 한다)을 적립하여야 한다. <개정 2017.1.17.>

② 임대사업자가 제51조제2항에 따른 민간임대주택을 양도하는 경우에는 특별수선충당금을 「공동주택관리법」 제11조에 따라 최초로 구성되는 입주자대표회의에 넘겨주어야 한다. <개정 2015.8.28., 2017.1.17.>

③ 특별수선충당금의 요율, 사용 절차, 사후 관리와 적립 방법 등에 필요한 사항은 대통령령으로 정한다.

④ 제1항에 따른 주요 시설의 범위·교체 및 보수 시기·방법 등에 필요한 사항은 국토교통부령으로 정한다.

제54조(준주택에 관한 특례) 민간임대주택으로 등록한 준주택에 대하여는 제51조부터 제53조까지의 규정을 적용하지 아니한다.

제55조(임대주택분쟁조정위원회) ① 시장·군수·구청장은 임대주택[민간임대주택 및 공공임대주택을 말한다. 이하 같다]에 관한 학식 및 경험이 풍부한 자 등으로 임대주택분쟁조정위원회(이하 "조정위원회"라 한다)를 구성한다. <개정 2017.1.17.>

② 조정위원회는 위원장 1명을 포함하여 10명 이내로 구성하되, 조정위원회의 구성, 운영, 절차 등에 필요한 사항은 대통령령으로 정한다.

③ 위원장은 해당 지방자치단체의 장이 된다.

제56조(분쟁의 조정신청) ① 임대사업자와 임차인대표회의는 다음 각 호의 어느 하나에 해당하는 분쟁에 관하여 조정위원회에 조정을 신청할 수 있다.

1. 제44조에 따른 임대료의 증액
2. 제51조에 따른 주택관리
3. 제52조제3항 각 호의 사항
4. 그 밖에 대통령령으로 정하는 사항

② 공공주택사업자와 임차인대표회의는 다음 각 호의 어느 하나에 해당하는 분쟁에 관하여 조정위원회에 조정을 신청할 수 있다.

1. 제1항 각 호의 사항
2. 공공임대주택의 분양전환가격. 다만, 분양전환승인에 관한 사항은 제외한다.

제57조(조정의 효력) 임대사업자와 임차인대표회의가 조정위원회의 조정안을 받아들이면 당사자 간에 조정조서와 같은 내용의 합의가 성립된 것으로 본다.

제6장 보칙

제58조(협회의 설립 등) ① 임대사업자는 민간임대사업의 건전한 발전을 도모하기 위하여 임대사업자단체를 설립할 수 있다.

② 주택임대관리업자는 주택임대관리업의 효율적인 업무수행을 위하여 주택임대관리업자단체를 설립할 수 있다.

③ 제1항 및 제2항에 따른 단체(이하 "협회"라 한다)는 각각 법인으로 한다.

④ 협회는 그 주된 사무소의 소재지에서 설립등기를 함으로써 성립한다.

⑤ 이 법에 따라 국토교통부장관, 시·도지사

또는 시장·군수·구청장으로부터 영업의 정지처분을 받은 협회 회원의 권리·의무는 그 영업 및 자격의 정지기간 중에는 정지되며, 임대사업자 등록이 말소된 때에는 협회의 회원자격을 상실한다.

제59조(협회의 설립인가 등) ① 협회를 설립하려면 5인 이상의 범위에서 대통령령으로 정하는 수 이상의 인원을 발기인으로 하여 정관을 마련한 후 창립총회의 의결을 거쳐 국토교통부장관의 인가를 받아야 한다.

② 국토교통부장관은 제1항에 따른 인가를 하였을 때에는 이를 지체 없이 공고하여야 한다.

제59조의2(임대사업 등의 지원) ① 국토교통부장관 또는 지방자치단체의 장은 공공지원민간임대주택의 원활한 공급을 위하여 한국토지주택공사 또는 지방공사에게 다음 각 호의 업무를 수행하게 할 수 있다.

1. 공공지원민간임대주택 사업계획의 자문 및 사업성 분석
2. 사업계획 수립 시 기반시설 설치계획 등의 자문
3. 공공지원민간임대주택의 건설 및 재원조달 등 사업 지원
4. 임차인의 모집·선정 및 명도·퇴거 지원
5. 임대료의 부과·징수 등의 업무 지원

② 한국토지주택공사 및 지방공사는 제1항 제4호에 따라 임차인의 자격 확인이 필요한 경우에 제42조의3부터 제42조의7에 따른 자료 또는 정보를 해당 기관에 요청하여 그 자료 또는 정보를 활용할 수 있다.

③ 한국토지주택공사 및 지방공사의 소속 임직원은 제2항에 따라 제공받은 자료 또는 정보를 이 법에서 정한 목적 외의 다른 용도로 사용하거나 다른 사람 또는 기관에 제공하거나 누설해서는 아니 된다.

[본조신설 2018.1.16.]

제60조(임대주택정보체계) ① 국토교통부장관은 임대주택에 대한 국민의 정보 접근을 쉽게 하고 관련 통계의 정확성을 제고하기 위하여 임대주택정보체계(이하 "정보체계"라 한다)를 구축·운영할 수 있다.

② 시장·군수·구청장과 공공주택사업자는 임대주택, 임대사업자(시행자를 포함한다), 임차인(공공임대주택에 한정한다), 임대차계약 등 대통령령으로 정하는 자료를 국토교통부령으로 정하는 절차 및 방법에 따라 국토교통부장관에게 제공하여야 한다.

③ 국토교통부장관은 정보체계상의 임대주택 등록자료와 임대주택 통계의 정확성을 제고하기 위하여 주민등록·국세·지방세 등 대통령령으로 정하는 자료를 관계 기관의 장에게 요청할 수 있다. 이 경우 관계 기관의 장은 자료의 사용 목적·방법, 자료 사용의 안전성 등을 검토하여 정당한 이유가 없으면 요청에 따라야 한다. <신설 2017.12.26.>

④ 지방자치단체의 장은 임대주택을 효율적으로 관리하기 위하여 정보체계에서 제공하는 자료를 활용할 수 있다. 이 경우 국토교통부장관은 정보체계 운영을 위하여 불가피한 사유가 있거나 개인정보 보호를 위하여 필요하다고 인정할 때에는 제공하는 정보의 종류와 내용을 제한할 수 있다. <개정 2017.12.26.>

⑤ 제1항부터 제4항까지의 업무에 종사하고 있거나 종사하였던 자는 제2항부터 제4항까지에 따라 받은 정보 또는 자료를 이 법에서 정한 목적 외의 다른 용도로 사용하거나 다른 자 또는 기관에 제공하거나 누설하여서는 아니 된다. <개정 2017.12.26.>

⑥ 정보체계의 구축·운영에 필요한 사항은 대통령령으로 정한다. <개정 2017.12.26.>

제61조(보고·검사 등) ① 국토교통부장관 또는 지방자치단체의 장은 필요하다고 인정할 때에는 임대사업자, 주택임대관리업자, 그 밖에 이 법에 따른 인가·승인 또는 등록을 한 자에게 필요한 보고를 하게 하거나 관계 공무원으로 하여금 사업장에 출입하여 필요한 검사를 하게 할 수 있다.

② 제1항에 따른 검사를 할 때에는 검사 7일 전까지 검사 일시, 검사 이유 및 검사 내용 등 검사계획을 검사를 받을 자에게 알려야 한다. 다만, 긴급한 경우나 사전에 통지하면 증거인멸 등으로 검사 목적을 달성할 수 없다고 인정하는 경우에는 그러하지 아니하다.

③ 제1항에 따라 검사를 하는 공무원은 그 권한을 나타내는 증표를 지니고 이를 관계인에게 내보여야 한다.

④ 지방자치단체의 장은 제5조에 따른 임대주택 등록실적, 제46조에 따른 임대조건 등 대통령령으로 정한 사항에 대하여 분기마다 그 분기가 끝나는 달의 다음 달 말일까지 국토교통부장관에게 보고하여야 한다.

제62조(권한의 위임 등) ① 국토교통부장관은 이 법에 따른 권한의 일부를 대통령령으로 정하는 바에 따라 시·도지사에게 위임하거나 제58조, 「주택법」 제85조 또는 「공동주택관리법」 제81조에 따른 협회 또는 한국토지주택공사에 위탁할 수 있다. <개정 2015.8.28., 2016.1.19.>

② 제1항에 따라 권한을 위임받은 시·도지사는 그 권한의 일부를 국토교통부장관의 승인을 받아 시장(행정시의 시장을 포함한다)·군수·구청장에게 재위임할 수 있다.

③ 시·도지사는 이 법에 따른 권한의 일부를 대통령령으로 정하는 바에 따라 시장·군수·구청장 또는 시행자에게 위임 또는 위탁할 수 있다.

④ 국토교통부장관은 다음 각 호의 업무를 위임 또는 위탁할 수 있다. <신설 2018.1.16.>

1. 제42조의4에 따른 동의서 제출에 관한 업무: 임대사업자
2. 제42조의5 및 제42조의6에 따른 관계기관의 장에 대한 자료제공 요청에 관한 업무: 보건복지부장관 또는 지방자치단체의 장

제63조(가산금리) ① 국토교통부장관은 다음 각 호의 어느 하나에 해당하는 임대사업자에 대하여 주택도시기금 융자금에 연 1퍼센트 포인트의 범위에서 가산금리를 부과할 수 있다. <개정 2017.1.17.>

1. 제49조에 따른 보증에 가입하지 아니하거나 보증수수료(분할납부액을 포함한다)를 납부하지 아니한 자
2. 제67조제1항제8호에 따라 과태료를 부과받은 시점부터 6개월 이상 특별수선충당금을 적립하지 아니한 자

② 제1항에 따른 가산금리 부과의 방법 및 절차 등은 국토교통부령으로 정한다.

제64조(벌칙 적용에서 공무원 의제) 통합심의위원회의 위원 중 공무원이 아닌 사람은 「형법」 제129조부터 제132조까지의 규정을 적용할 때에는 공무원으로 본다.

제7장 벌칙

제65조(벌칙) ① 제42조의7제3항, 제59조의2제3항 및 제60조제5항을 위반하여 정보 또는 자료를 사용·제공 또는 누설한 자는 5년 이하의 징역이나 5천만원 이하의 벌금에 처한다. <개정 2017.12.26., 2018.1.16.>

② 다음 각 호의 어느 하나에 해당하는 자는 2년 이하의 징역이나 2천만원 이하의 벌금에 처한다.

1. 제7조에 따른 등록을 하지 아니하고 주택임대관리업을 한 자 또는 거짓이나 그 밖의 부정한 방법으로 등록한 자
2. 제10조에 따른 영업정지기간 중에 주택임대관리업을 영위한 주택임대관리업자
3. 제14조에 따른 보증상품에 가입하지 아니한 주택임대관리업자
4. 제16조제1항을 위반하여 다른 자에게 자기의 명의 또는 상호를 사용하여 이 법에서 정한 사업이나 업무를 수행하게 하거나 그 등록증을 대여한 주택임대관리업자
5. 제16조제2항을 위반하여 주택임대관리업자가 아니면서 주택임대관리업 또는 이와 유사한 명칭을 사용한 자
6. 제49조에 따라 임대보증금에 대한 보증에 가입하여야 하는 임대사업자로서 보증에 가입하지 아니한 자

③ 다음 각 호의 어느 하나에 해당하는 자는 1년 이하의 징역이나 1천만원 이하의 벌금에 처한다. <개정 2017.1.17., 2018.1.16.>

1. 거짓 또는 부정한 방법으로 제23조에 따른 시행자 지정 또는 변경을 받은 자
2. 제26조제3항을 위반하여 촉진지구 내에서 시장·군수·구청장의 허가를 받지 아니하고 건축물의 건축 등의 행위를 하거나 거짓 또는 부정한 방법으로 허가를 받은 자
3. 거짓 또는 부정한 방법으로 제28조에 따른 지구계획 승인(제41조의2에 따라 준용하는 경우를 포함한다)을 받은 자
4. 제28조제1항에 따른 지구계획의 승인 또는 변경승인(제41조의2에 따라 준용하는 경우를 포함한다)의 내용을 위반하여 사업을 시행한 자
5. 제42조제2항을 위반하여 공공지원민간임대주택을 공급받은 자
6. 제51조를 위반하여 민간임대주택을 관리한 자

제66조(양벌규정) ① 법인의 대표자, 대리인, 사용인, 그 밖의 종업원이 그 법인의 업무에

관하여 제65조에 따른 위반행위를 하면 그 행위자를 벌할 뿐만 아니라 그 법인에도 해당 조문의 벌금형을 과(科)한다. 다만, 법인이 그 위반행위를 방지하기 위하여 해당 업무에 관하여 상당한 주의와 감독을 게을리하지 아니한 때에는 그러하지 아니하다.

② 개인의 대리인, 사용인, 그 밖의 종업원이 그 개인의 업무에 관하여 제65조에 따른 위반행위를 하면 그 행위자를 벌할 뿐만 아니라 그 개인에게도 해당 조문의 벌금형을 과한다. 다만, 개인이 그 위반행위를 방지하기 위하여 해당 업무에 관하여 상당한 주의와 감독을 게을리하지 아니한 때에는 그러하지 아니하다.

제67조(과태료) ① 다음 각 호의 어느 하나에 해당하는 자에게는 1천만원 이하의 과태료를 부과한다. <개정 2017.1.17., 2018.1.16.>

1. 제42조제4항을 위반하여 신고를 하지 아니한 임대사업자
2. 제43조를 위반하여 임대의무기간 중에 민간임대주택을 임대하지 아니하거나 양도한 자
3. 제44조에 따른 임대조건 등을 위반하여 민간임대주택을 임대한 자
4. 제45조를 위반하여 임대차계약을 해제·해지하거나 재계약을 거절한 임대사업자
5. 제46조에 따른 임대차계약 신고를 하지 아니하거나 거짓으로 신고한 자
6. 제47조에 따른 표준임대차계약서를 사용하지 아니한 임대사업자
7. 제50조를 위반하여 준주택을 주거용이 아닌 용도로 사용한 자
8. 제53조제1항 및 제2항에 따라 특별수선충당금을 적립하지 아니하거나 입주자대표회의에 넘겨주지 아니한 자

② 다음 각 호의 어느 하나에 해당하는 자에게는 500만원 이하의 과태료를 부과한다.

1. 제7조를 위반하여 등록사항 변경신고 또는 말소신고를 하지 아니한 주택임대관리업자
2. 제12조에 따른 현황 신고를 하지 아니한 주택임대관리업자
3. 제48조에 따른 설명의무를 게을리한 임대사업자
4. 제50조제2항, 제60조 및 제61조에 따른 보고, 자료의 제출 또는 검사를 거부·방해 또는 기피하거나 거짓으로 보고한 자
5. 제52조제3항을 위반하여 임차인대표회의와 관리규약 제정·개정 등을 협의하지 아니한 임대사업자

③ 다음 각 호의 어느 하나에 해당하는 자에게는 100만원 이하의 과태료를 부과한다.

1. 제5조제3항을 위반하여 등록사항 말소신고를 하지 아니한 임대사업자
2. 제13조제1항 및 제2항에 따른 위·수탁계약서 작성·교부 및 보관의무를 게을리한 주택임대관리업자
3. 제52조제2항을 위반하여 임차인대표회의를 구성할 수 있다는 사실을 임차인에게 통지하지 아니한 임대사업자

④ 이 조에 따른 과태료는 대통령령으로 정하는 바에 따라 국토교통부장관이나 시장·군수·구청장이 부과·징수한다.

부칙

<제15356호, 2018.1.16.>

제1조(시행일) 이 법은 공포 후 6개월이 경과한 날부터 시행한다.

제2조(용적률의 완화로 건설되는 주택의 공급 등에 관한 적용례) ① 제21조의2(제21조의3 및 제35조의2에 따라 준용되는 경우를 포함한다)의 개정규정은 이 법 시행 후 최초로 「주택법」 제15조에 따른 사업계획승인을 신청하는 경우 또는 「건축법」 제11조에 따른 건축허가를 신청하는 경우부터 적용한다.

② 이 법 시행 후 제21조의2(제21조의3 및 제35조의2에 따라 준용되는 경우를 포함한다)의 개정규정에 따라 해당 지방자치단체의 조례로 정하도록 한 비율을 정하지 아니한 경우에는 같은 개정규정에서 정한 기준 비율을 적용한다.

제3조(촉진지구 통합 승인에 관한 적용례) 제33조의 개정규정은 이 법 시행 전에 촉진지구 지정과 지구계획을 함께 신청한 촉진지구에 대해서도 적용한다.

제4조(임대사업자의 설명의무에 관한 적용례) 제48조제1항제4호의 개정규정은 이 법 시행 후 임대사업자가 임차인과 임대차계약을 체결하거나 계약내용을 변경하는 경우부터 적용한다.

제5조(이미 등록한 민간임대주택등에 관한 특례) ① 이 법 시행 후 제5조의 개정규정

에 따라 임대사업자가 등록한 공공지원민간임대주택을 다른 법령에서 인용하는 경우 종전 규정에 따라 등록한 기업형임대주택을 포함한다.

② 이 법 시행 후 제5조의 개정규정에 따라 임대사업자가 등록한 장기일반민간임대주택을 다른 법령에서 인용하는 경우 종전 규정에 따라 등록한 준공공임대주택을 포함한다.

③ 이 법 시행 후 제5조의 개정규정에 따라 임대사업자가 등록한 단기민간임대주택을 다른 법령에서 인용하는 경우 종전 규정에 따라 등록한 단기임대주택을 포함한다.

④ 이 법 시행 당시 종전 규정에 따라 등록한 기업형임대주택 또는 준공공임대주택은 종전의 규정을 적용한다.

⑤ 이 법 시행 당시 종전 규정에 따라 등록한 단기임대주택은 이 법에 따른 단기민간임대주택으로 본다.

⑥ 이 법 시행 당시 종전 규정에 따라 등록한 기업형임대사업자와 일반형임대사업자는 제5조의 개정규정에 따른 임대사업자로 본다.

제6조(토지 등을 우선 공급받은 자 등에 관한 경과조치) 이 법 시행 전에 종전의 제18조에 따라 토지등을 공급받거나 공공택지를 임대주택 용도로 공급받은 자는 종전의 규정에 따른다.

제7조(「국토의 계획 및 이용에 관한 법률」 등 특례에 관한 경과조치) 이 법 시행 전에 종전의 규정에 따라 「주택법」 제15조에 따른 사업계획승인을 신청하였거나 「건축법」 제11조에 따른 건축허가를 신청한 경우에는 제21조의 개정규정에도 불구하고 종전의 규정에 따른다.

제8조(촉진지구로 지정된 지구에 관한 경과조치) 이 법 시행 당시 종전의 규정에 따라 기업형임대주택 공급촉진지구로 지정된 지구는 제22조의 개정규정에 따른 촉진지구로 본다. 다만, 부칙 제5조제4항에도 불구하고 이 법 시행 전에 종전의 규정에 따라 기업형임대주택건설 사업계획승인이 신청된 촉진지구는 종전의 규정에 따른다.

제9조(개발제한구역의 특례에 관한 경과조치) 이 법 시행 전에 촉진지구 지정을 위하여 개발제한구역 해제를 신청한 경우로서 종전의 제31조에 따라 개발제한구역 해제 절차가 진행 중이거나 해제가 완료된 경우에는 제31조의 개정규정에도 불구하고 종전의 규정에 따른다.

제10조(종전부동산 활용계획 변경에 관한 경과조치) 이 법 시행 당시 종전부동산 활용계획 변경이 진행 중인 경우에는 제37조의 개정규정에도 불구하고 종전의 규정에 따른다.

제11조(공공택지 공급에 따른 경과조치) 이 법 시행 당시 기업형임대주택 건설용으로 공공택지를 공급받기 위하여 「부동산투자회사법」 제2조에 따른 부동산투자회사(주택도시기금 또는 주택도시기금이 출자한 부동산투자회사 또는 집합투자기구가 총 지분의 50퍼센트를 초과하여 출자하는 경우로 한정한다)가 같은 법 제9조에 따른 영업인가를 신청한 경우 종전규정에 따른다.

제12조(다른 법률의 개정) ① 법률 제14567호 도시 및 주거환경정비법 일부를 다음과 같이 개정한다.

제9조제1항제10호 각 목 외의 부분 본문 및 단서 중 "기업형임대주택"을 각각 "공공지원민간임대주택"으로 하고, 같은 호 가목 중 "기업형임대주택"을 "공공지원민간임대주택"으로 하며, 같은 호 라목 중 "기업형임대주택"을 "공공지원민간임대주택"으로 한다.

제14조제1항제4호 중 "기업형임대주택"을 "공공지원민간임대주택"으로 한다.

제30조의 제목 "(기업형임대사업자의 선정)"을 "(임대사업자의 선정)"으로 하고, 같은 조 제1항 중 "기업형임대주택"을 "공공지원민간임대주택"으로, "「민간임대주택에 관한 특별법」 제2조제8호에 따른 기업형임대사업자(이하 "기업형임대사업자"라 한다)"를 "「민간임대주택에 관한 특별법」 제2조제7호에 따른 임대사업자(이하 "임대사업자"라 한다)"로 하며, 같은 조 제2항 중 "기업형임대사업자"를 "임대사업자"로 한다.

제52조제1항제8호 중 "기업형임대주택"을 "공공지원민간임대주택"으로 한다.

제74조제1항제4호 각 목 외의 부분 단서 중 "기업형임대사업자"를 "임대사업자"로 하고, 같은 호 나목을 다음과 같이 한다.

나. 공공지원민간임대주택

제114조제5호 중 "기업형임대주택"을 "공공지원민간임대주택"으로 한다.

② 법률 제14569호 빈집 및 소규모주택 정비에 관한 특례법 일부를 다음과 같이 개정한다.
제34조제5항 전단 중 "준공공임대주택(이하 "준공공임대주택"이라 한다)"을 "공공지원민간임대주택(이하 "공공지원민간임대주택"이라 한다)"으로 한다.
제49조제1항제2호를 다음과 같이 한다.
2. 공공지원민간임대주택
③ 조세특례제한법 일부를 다음과 같이 개정한다.
제55조의2제5항제1호 중 "기업형임대주택"을 "공공지원민간임대주택"으로, "준공공임대주택"을 "장기일반민간임대주택"으로 한다.
제96조제1항 중 "기업형임대주택"을 "공공지원민간임대주택"으로, "준공공임대주택"을 "장기일반민간임대주택"으로, "준공공임대주택등"을 "장기일반민간임대주택등"으로 한다.
제96조제2항 중 "준공공임대주택등"을 "장기일반민간임대주택등"으로 한다.
제97조의3의 제목 "(준공공임대주택등에 대한 양도소득세의 과세특례)"를 "(장기일반민간임대주택등에 대한 양도소득세의 과세특례)"로 하고, 같은 조 제1항 각 호 외의 부분 본문 중 "기업형임대주택"을 "공공지원민간임대주택"으로, "준공공임대주택"을 "장기일반민간임대주택"으로, "준공공임대주택등"을 "장기일반민간임대주택등"으로 하며, 같은 항 각 호 외의 부분 단서 중 "준공공임대주택등"을 "장기일반민간임대주택등"으로 한다.
제97조의5의 제목 "(준공공임대주택등에 대한 양도소득세 감면)"을 "(장기일반민간임대주택등에 대한 양도소득세 감면)"으로 하고, 같은 조 제1항 각 호 외의 부분 중 "기업형임대주택"을 "공공지원민간임대주택"으로, "준공공임대주택"을 "장기일반민간임대주택"으로, "준공공임대주택등"을 "장기일반민간임대주택등"으로 하며, 같은 항 제1호 및 제2호 중 "준공공임대주택등"을 각각 "장기일반민간임대주택등"으로 하고, 같은 조 제2항 중 "준공공임대주택등"을 "장기일반민간임대주택등"으로 한다.
제97조의7의 제목 "(기업형임대사업자에게 양도한 토지에 대한 과세특례)"를 "(임대사업자에게 양도한 토지에 대한 과세특례)"로 하고, 같은 조 제1항 중 "「민간임대주택에 관한 특별법」 제2조제8호에 따른 기업형임대사업자(이하 이 조에서 "기업형임대사업자"라 한다)"를 "공공지원민간임대주택을 300호 이상 건설하려는 「민간임대주택에 관한 특별법」 제2조제7호에 따른 임대사업자(이하 이 조에서 "임대사업자"라 한다)"로 하며, 같은 조 제3항 각 호 외의 부분 중 "기업형임대사업자"를 "임대사업자"로 하고, 같은 항 제1호 중 "기업형임대주택사업"을 "공공지원민간임대주택 개발사업"으로, "기업형임대주택"을 "공공지원민간임대주택"으로 하며, 같은 항 제2호 중 "기업형임대사업자"를 "임대사업자"로, "기업형임대주택"을 각각 "공공지원민간임대주택"으로 한다.
④ 주택법 일부를 다음과 같이 개정한다.
제2조제24호마목 중 "기업형임대주택"을 "공공지원민간임대주택"으로 한다.
⑤ 지방세특례제한법 일부를 다음과 같이 개정한다.
제31조의3의 제목 "(준공공임대주택 등에 대한 감면)"을 "(장기일반민간임대주택 등에 대한 감면)"으로 하고, 같은 조 제1항 각 호 외의 부분 중 "기업형임대주택"을 "공공지원민간임대주택"으로, "준공공임대주택"을 "장기일반민간임대주택"으로 하며, 같은 조 제2항 본문 중 "준공공임대주택 사업자"를 "임대사업자"으로 한다.
제138조제1항 중 "기업형임대주택"을 "공공지원민간임대주택"으로, "준공공임대주택"을 "장기일반민간임대주택"으로, "준공공임대주택등"을 "장기일반민간임대주택등"으로 하고, 같은 조 제2항 중 "(준공공임대주택등의 경우에는 8년)"을 "(장기일반민간임대주택등의 경우에는 8년)"으로 한다.
제140조의2의 제목 "(준공공임대주택에 대한 양도소득분 개인지방소득세 세액감면)"을 "(장기일반민간임대주택등에 대한 양도소득분 개인지방소득세 세액감면)"으로 한다.
제140조의3의 제목 "(기업형임대사업자에게 양도한 토지에 대한 과세특례)"를 "(임대사업자에게 양도한 토지에 대한 과세특례)"로 하고, 같은 조 제1항 중 "「민간임대주택에 관한 특별법」 제2조제8호에 따른 기업형임대사업자(이하 이 조에서 "기업형임대사업자"라 한다)"를 "공공지원민간임대주택을 300호 이상 건설하려는 「민간임대주택에 관한 특별법」 제2조제7호에 따른 임대사업자(이하 이 조에서 "임대사업자"라 한다)"로 하며, 같은 조 제3항 각 호 외의 부분 중 "기업형임대사업자"를 "임대사업자"로 하고, 같은 항 제1호 중 "기업형임대주택사업"을 "공공지원민간임대주택 개발사업"으로, "기업형임대주택"을 "공공지원민간임대주택"으로 하며, 같은 항 제2호 중 "기업형임대사업자"를 "임대사업자"로, "기업형임대주택"을 각각 "공공지원민간임대주택"으로 한다.
⑥ 한국토지주택공사법 일부를 다음과 같이 개

정한다.

제19조제3항제5호 중 "「도시개발법」 제50조제2항"을 "「도시개발법」 제50조제2항 및 「민간임대주택에 관한 특별법」 제39조의2제1항"으로 한다.

제13조(다른 법률의 개정에 따른 경과조치) 부칙 제12조제1항에 따라 개정되는 「도시 및 주거환경정비법」 및 이 법의 개정규정에도 불구하고 이 법 시행 당시 종전의 「도시 및 주거환경정비법」 제9조제1항제10호에 따른 기업형임대주택 또는 임대관리 위탁주택의 건설에 관한 사항이 정비계획에 포함되어 같은 법 제16조제2항에 따라 정비구역 변경지정에 관한 고시가 된 경우 종전의 규정에 따른다.

민간임대주택에 관한 특별법 시행령

(약칭: 민간임대주택법 시행령)

[시행 2017.9.19.]
[대통령령 제28323호, 2017.9.19., 일부개정]

제1장 총칙

제1조(목적) 이 영은 「민간임대주택에 관한 특별법」에서 위임된 사항과 그 시행에 필요한 사항을 규정함을 목적으로 한다.

제2조(준주택의 범위) 「민간임대주택에 관한 특별법」(이하"법"이라 한다) 제2조제1호에서 "오피스텔 등 대통령령으로 정하는 준주택"이란 다음 각 호의 요건을 모두 갖춘 오피스텔(이하"준주택"이라 한다)을 말한다. <개정 2017.9.19.>
1. 전용면적이 85제곱미터 이하일 것
2. 상하수도 시설이 갖추어진 전용 입식 부엌, 전용 수세식 화장실 및 목욕시설(전용 수세식 화장실에 목욕시설을 갖춘 경우를 포함한다)을 갖출 것

제2조의2(일부만을 임대하는 주택의 범위) 법 제2조제1호에서 "대통령령으로 정하는 일부만을 임대하는 주택"이란 「건축법 시행령」 별표 1 제1호다목에 따른 다가구주택으로서 임대사업자 본인이 거주하는 실(室)(한 세대가 독립하여 구분 사용할 수 있도록 구획된 부분을 말한다)을 제외한 나머지 실 전부를 임대하는 주택을 말한다.
[본조신설 2017.7.11.]

제3조(기업형임대사업자의 기준) 법 제2조제8호에서 "대통령령으로 정하는 호수"란 다음 각 호의 구분에 따른 호수 또는 세대수를 말한다. <개정 2017.9.19.>
1. 민간건설임대주택의 경우
가. 단독주택: 300호
나. 공동주택: 300세대
다. 준주택: 300호
2. 민간매입임대주택의 경우
가. 단독주택: 100호
나. 공동주택: 100세대
다. 준주택: 100호

제2장 임대사업자 및 주택임대관리업자

제4조(임대사업자 등록 및 변경신고 등) ① 법 제5조제1항에 따라 임대사업자로 등록할 수 있는 자는 다음 각 호와 같다. 이 경우 2인 이상이 공동으로 건설하거나 소유하는 주택의 경우에는 공동 명의로 등록하여야 한다. <개정 2016.8.11.>
1. 민간임대주택으로 등록할 주택을 소유한 자
2. 민간임대주택으로 등록할 주택을 취득하려는 계획이 확정되어 있는 자로서 다음 각 목의 어느 하나에 해당하는 자
가. 민간임대주택으로 등록할 주택을 건설하기 위하여 「주택법」 제15조에 따른 사업계획승인을 받은 자
나. 민간임대주택으로 등록할 주택을 건설하기 위하여 「건축법」 제11조에 따른 건축허가를 받은 자
다. 민간임대주택으로 등록할 주택을 매입하기 위하여 매매계약을 체결한 자
라. 민간임대주택으로 등록할 주택을 매입하기 위하여 분양계약을 체결한 자
3. 민간임대주택으로 등록할 주택을 취득하려는 제2호 외의 자로서 다음 각 목의 어느 하나에 해당하는 자
가. 「주택법」 제4조에 따라 등록한 주택건설사업자
나. 「부동산투자회사법」 제2조제1호에 따른 부동산투자회사(이하 "부동산투자회사"라 한다)
다. 「법인세법」 제51조의2제1항제9호에 해당하는 투자회사(이하 "투자회사"라 한다)
라. 「자본시장과 금융투자업에 관한 법률」 제9조제18항에 따른 집합투자기구(이하 "집합투자기구"라 한다)
마. 소속 근로자에게 임대하기 위하여 민간임대주택을 건설하려는 고용자(법인으로 한정한다)
4. 법 제23조제3항 전단에 따라 기업형임대주

택 공급촉진지구(이하 "촉진지구"라 한다) 지정을 제안한 자로서 제안서에 기재된 민간임대주택(취득한 임대주택을 포함한다)의 규모가 제3조제1호에 따른 호수 또는 세대수 이상인 자

② 제1항에도 불구하고 과거 5년 이내에 민간임대주택 또는 공공임대주택(「공공주택 특별법」 제2조제1호가목에 따른 공공임대주택을 말한다. 이하 같다)사업에서 부도(부도 후 부도 당시의 채무를 변제하고 사업을 정상화시킨 경우는 제외한다)가 발생한 사실이 있는 자(부도 당시 법인의 대표자나 임원이었던 자와 부도 당시 법인의 대표자나 임원 또는 부도 당시 개인인 임대사업자가 대표자나 임원으로 있는 법인을 포함한다)는 임대사업자로 등록할 수 없다.

③ 법 제5조제1항에 따라 임대사업자로 등록하려는 자는 신청서에 국토교통부령으로 정하는 서류를 첨부하여 특별자치시장, 특별자치도지사, 시장, 군수 또는 자치구청장(이하 "시장·군수·구청장"이라 한다)에게 제출하여야 한다.

④ 시장·군수·구청장은 제3항에 따른 신청서를 받으면 등록기준에 적합한지를 확인한 후 적합한 경우에는 등록대장에 올리고 신청인에게 등록증을 발급하여야 한다.

⑤ 법 제5조제4항에 따른 임대사업자 등록기준은 다음 각 호와 같다.

1. 기업형임대사업자: 제3조 각 호의 구분에 따른 호수 또는 세대수의 주택의 소유(취득 예정인 경우를 포함한다)
2. 일반형임대사업자: 1호 또는 1세대 이상의 주택의 소유(취득 예정인 경우를 포함한다)

⑥ 임대사업자는 제4항에 따라 등록한 사항이 변경된 경우에는 변경 사유가 발생한 날부터 30일 이내에 시장·군수·구청장(변경 사항이 임대사업자의 주소인 경우에는 전입지의 시장·군수·구청장을 말한다)에게 신고하여야 하며, 임대사업자 등록 후 1개월이 지나기 전 또는 법 제43조제1항에 따른 임대의무기간(이하 "임대의무기간"이라 한다)이 지난 후 민간임대주택이 없게 된 경우에는 30일 이내에 말소신고를 하여야 한다.

제5조(임대사업자 등록의 말소) ① 법 제6조제1항제2호에서 "대통령령으로 정하는 일정 기간"이란 다음 각 호의 구분에 따른 기간을 말한다. 다만, 제6호의 경우 촉진지구가 지정되지 아니하거나 그 지정이 취소 또는 해제되는 경우에는 제6호에 해당하는 기간 내에도 등록을 말소할 수 있다.

1. 제4조제1항제2호가목의 자: 임대사업자로 등록한 날부터 6년
2. 제4조제1항제2호나목의 자: 임대사업자로 등록한 날부터 4년
3. 제4조제1항제2호다목의 자: 임대사업자로 등록한 날부터 3개월
4. 제4조제1항제2호라목의 자: 임대사업자로 등록한 날부터 3년
5. 제4조제1항제3호 각 목의 자: 임대사업자로 등록한 날부터 6년
6. 제4조제1항제4호의 자: 촉진지구 지정일부터 6년

② 법 제6조제1항제4호에서 "일시적으로 등록기준에 미달하는 등 대통령령으로 정하는 경우"란 기업형임대사업자가 일시적인 민간임대주택 매각 등으로 인하여 소유하는 민간임대주택이 제4조제5항제1호에 따른 호수 또는 세대수에 미달되었으나 다음 각 호의 구분에 따른 기간 내에 그 기준을 갖춘 경우를 말한다.

1. 민간건설임대주택의 경우: 2년
2. 민간매입임대주택의 경우: 3개월

제6조(주택임대관리업의 등록 및 변경신고 등) ① 법 제7조제1항 단서에서 "대통령령으로 정하는 규모"란 다음 각 호의 구분에 따른 규모를 말한다.

1. 자기관리형 주택임대관리업의 경우
   가. 단독주택: 100호
   나. 공동주택: 100세대
2. 위탁관리형 주택임대관리업의 경우
   가. 단독주택: 300호
   나. 공동주택: 300세대

② 법 제7조제1항에 따라 주택임대관리업을 등록하려는 자는 신청서에 국토교통부령으로 정하는 서류를 첨부하여 시장·군수·구청장에게 제출하여야 한다.

③ 시장·군수·구청장은 제2항에 따른 신청서를 받으면 제7조에 따른 등록기준에 적합한지를 확인한 후 적합하면 등록대장에 올리고 신청인에게 등록증을 발급하여야 한다.

④ 주택임대관리업자는 제3항에 따라 등록한 사항이 변경된 경우에는 변경 사유가 발생한 날부터 15일 이내에 시장·군수·구청장(변경 사항이 주택임대관리업자의 주소인 경우에는 전입지의 시장·군수·구청장을 말한다)에게 신고하여야 하며, 주택임대관리업을 폐업하려면 폐업일

30일 이전에 시장·군수·구청장에게 말소신고를 하여야 한다.

제7조(주택임대관리업의 등록기준) 법 제8조에 따른 주택임대관리업의 등록기준은 별표 1과 같다.

제8조(주택임대관리업의 일시적인 등록기준 미달) 법 제10조제1항제5호 단서에서 "일시적으로 등록기준에 미달하는 등 대통령령으로 정하는 경우"란 다음 각 호의 어느 하나에 해당하는 경우를 말한다. <개정 2016.4.29.>

1. 법 제8조제1호에 따른 자본금 기준에 미달하였으나 다음 각 목의 어느 하나에 해당하는 경우
   가. 「채무자 회생 및 파산에 관한 법률」 제49조에 따라 법원이 해당 주택임대관리업자에 대하여 회생절차개시의 결정을 하고 그 절차가 진행 중인 경우
   나. 회생계획의 수행에 지장이 없다고 인정되는 경우로서 해당 주택임대관리업자가 「채무자 회생 및 파산에 관한 법률」 제283조에 따라 법원으로부터 회생절차종결의 결정을 받고 회생계획을 수행 중인 경우
   다. 「기업구조조정 촉진법」 제8조에 따라 금융채권자가 금융채권자협의회의 의결을 거쳐 해당 주택임대관리업자에 대한 금융채권자협의회에 의한 공동관리절차를 개시하고 그 절차가 진행 중인 경우
2. 「상법」 제542조의8제1항 단서의 적용대상인 법인이 직전 사업연도말 현재 자산총액의 감소로 법 제8조제1호에 따른 자본금 기준에 미달하게 되었으나 50일 이내에 그 기준을 갖춘 경우
3. 전문인력의 사망·실종 또는 퇴직으로 법 제8조제2호에 따른 전문인력 기준에 미달하게 되었으나 50일 이내에 그 기준을 갖춘 경우

제9조(주택임대관리업 등록말소 등의 기준) ① 시장·군수·구청장은 법 제10조제1항에 따른 주택임대관리업 등록의 말소 또는 영업정지 처분을 하려면 처분 예정일 1개월 전까지 해당 주택임대관리업자가 관리하는 주택의 임대인 및 임차인에게 그 사실을 통보하여야 한다.
② 법 제10조제1항에 따른 주택임대관리업 등록의 말소 및 영업정지 처분의 기준은 별표 2와 같다.
③ 법 제10조제2항에 따른 과징금은 영업정지 기간 1일당 3만원을 부과하되, 영업정지 1개월은 30일을 기준으로 한다. 이 경우 과징금은 1천만원을 초과할 수 없다.

제10조(주택임대관리업자의 업무 범위) 법 제11조제2항제2호에서 "대통령령으로 정하는 업무"란 다음 각 호의 업무를 말한다.

1. 임차인이 거주하는 주거공간의 관리
2. 임차인의 안전 확보에 필요한 업무
3. 임차인의 입주에 필요한 지원 업무

제11조(주택임대관리업자의 현황 신고) ① 법 제12조제1항 전단에서 "자본금, 전문인력, 관리 호수 등 대통령령으로 정하는 정보"란 다음 각 호의 정보를 말한다.

1. 자본금
2. 전문인력
3. 사무실 소재지
4. 위탁받아 관리하는 주택의 호수·세대수 및 소재지
5. 보증보험 가입사항[자기관리형 주택임대관리업을 등록한 자(이하 "자기관리형 주택임대관리업자"라 한다)만 해당한다]
6. 계약기간, 관리수수료 등 위·수탁 계약조건에 관한 정보

② 법 제12조제1항에 따라 주택임대관리업자로부터 제1항 각 호의 정보를 신고받은 시장·군수·구청장은 신고받은 날부터 30일 이내에 국토교통부장관에게 보고하여야 한다.
③ 국토교통부장관은 법 제12조제3항에 따라 같은 항 각 호의 정보를 다음 각 호의 어느 하나에 해당하는 방식으로 공개할 수 있다.

1. 법 제60조제1항에 따른 임대주택정보체계에의 게시
2. 「건축법」 제32조제1항에 따른 전자정보처리 시스템에의 게시

제12조(위·수탁계약서) 법 제13조제2항에서 "계약기간, 주택임대관리업자의 의무 등 대통령령으로 정하는 사항"이란 다음 각 호의 사항을 말한다.

1. 관리수수료[위탁관리형 주택임대관리업을 등록한 자(이하 "위탁관리형 주택임대관리업자"라 한다)만 해당한다]
2. 임대료(자기관리형 주택임대관리업자만 해당한다)

3. 전대료(轉貸料) 및 전대보증금(자기관리형 주택임대관리업자만 해당한다)
4. 계약기간
5. 주택임대관리업자 및 임대인의 권리·의무에 관한 사항
6. 그 밖에 법 제11조제1항에 따른 주택임대관리업자의 업무 외에 임대인·임차인의 편의를 위하여 추가적으로 제공하는 업무의 내용

제13조(주택임대관리업자의 보증상품 가입) ① 법 제14조제1항에 따라 자기관리형 주택임대관리업자는 다음 각 호의 보증을 할 수 있는 보증상품에 가입하여야 한다.
1. 임대인의 권리보호를 위한 보증: 자기관리형 주택임대관리업자가 약정한 임대료를 지급하지 아니하는 경우 약정한 임대료의 3개월 분 이상의 지급을 책임지는 보증
2. 임차인의 권리보호를 위한 보증: 자기관리형 주택임대관리업자가 임대보증금의 반환의무를 이행하지 아니하는 경우 임대보증금의 반환을 책임지는 보증

② 자기관리형 주택임대관리업자는 임대인과 주택임대관리계약을 체결하거나 임차인과 주택임대차계약을 체결하는 경우에는 제1항 각 호의 보증상품 가입을 증명하는 보증서를 임대인 또는 임차인에게 내주어야 한다.

③ 제2항에 따른 보증서는 다음 각 호의 어느 하나에 해당하는 기관이 발행한 것이어야 한다.
1. 「주택도시기금법」 제16조에 따른 주택도시보증공사
2. 다음 각 목의 금융기관 중 국토교통부장관이 지정하여 고시하는 금융기관
   가. 「은행법」에 따른 은행
   나. 「중소기업은행법」에 따른 중소기업은행
   다. 「상호저축은행법」에 따른 상호저축은행
   라. 「보험업법」에 따른 보험회사
   마. 그 밖의 법률에 따라 금융업무를 행하는 기관으로서 국토교통부령으로 정하는 것

④ 자기관리형 주택임대관리업자는 제1항 각 호에 따른 보증상품의 내용을 변경하거나 해지하는 경우에는 그 사실을 임대인 및 임차인에게 알리고, 자기관리형 주택임대관리업자의 사무실 등 임대인 및 임차인이 잘 볼 수 있는 장소에 게시하여야 한다.

제3장 민간임대주택의 건설

제14조(토지 등의 우선 공급방법 등) ① 법 제18조제2항에 따른 토지 및 종전부동산의 공급(매각 또는 임대를 말한다. 이하 같다)은 미리 가격을 정한 후 공급받을 자를 선정하여 공급하는 방법으로 한다.

② 제1항에 따라 공급받을 자를 선정할 때에는 주택사업실적, 시공능력 등이 일정기준 이상인 자로 자격을 제한하여 경쟁에 부친다. 다만, 신속한 토지 공급 등을 위하여 필요한 경우에는 국토교통부장관이 정하는 바에 따라 추첨의 방법으로 공급할 수 있다.

③ 제2항에도 불구하고 다음 각 호의 어느 하나에 해당하는 경우에는 수의계약의 방법으로 공급할 수 있다.
1. 다음 각 목의 어느 하나에 해당하는 자가 단독 또는 공동으로 총지분의 50퍼센트를 초과하여 출자한 부동산투자회사에 공급하는 경우
   가. 국가
   나. 지방자치단체
   다. 「한국토지주택공사법」에 따른 한국토지주택공사(이하 "한국토지주택공사"라 한다)
   라. 「지방공기업법」 제49조에 따라 주택사업을 목적으로 설립된 지방공사(이하 "지방공사"라 한다)
   마. 가목부터 라목까지에 해당하는 자가 출자하여 설립한 부동산투자회사 또는 집합투자기구
2. 관할 지역에 민간임대주택 공급을 촉진하기 위하여 지방자치단체의 장이 해당 지방자치단체 또는 지방공사가 소유한 토지를 공모의 방법으로 선정한 자에게 공급하는 경우
3. 제2항에 따른 공급이 2회 이상 성립되지 아니한 경우
4. 그 밖에 「공무원연금법」, 「한국보훈복지의료공단법」 등 관계 법령에 따라 수의계약으로 공급할 수 있는 경우

④ 법 제18조제3항 본문에서 "대통령령으로 정하는 비율"이란 3퍼센트를 말한다. <개정 2017.7.11.>

⑤ 법 제18조제3항 단서에서 "대통령령으로 정하는 규모"란 15만제곱미터를 말한다. <신

설 2017.7.11.>

⑥ 법 제18조제4항에서 "대통령령으로 정하는 기간"이란 2년을 말한다. <개정 2017.7.11.>

⑦ 제1항부터 제6항까지에서 규정한 사항 외에 법 제18조제1항부터 제3항까지의 규정에 따른 토지 및 종전부동산(이하 "토지등"이라 한다)의 공급에 필요한 세부적인 사항은 국토교통부장관이 정한다. <개정 2017.7.11.>

제15조(토지등의 환매 등의 기준과 절차) ① 법 제18조제1항부터 제3항까지의 규정에 따라 토지등을 공급하는 자는 같은 조 제4항에 따라 그 토지등을 공급한 날부터 2년 이내에 민간임대주택 건설을 착공하지 아니하면 그 토지등을 환매하거나 임대차계약을 해제·해지할 수 있다는 특약 조건을 붙여 공급하여야 한다. 이 경우 환매 특약은 등기하여야 한다.

② 법 제18조제1항부터 제3항까지의 규정에 따라 토지등을 공급받은 자는 그 토지에 민간임대주택 건설을 착공하면 그 사실을 증명하는 서류를 첨부하여 토지등을 공급한 자에게 통지하여야 한다.

③ 법 제18조제1항부터 제3항까지의 규정에 따라 토지등을 공급한 자는 토지등을 공급한 날부터 1년 6개월 이내에 그 토지등을 공급받은 자로부터 제2항에 따른 통지가 없는 경우에는 그 토지등을 공급받은 자에게 지체 없이 착공할 것을 촉구하여야 한다.

제16조(공익사업자의 지정 신청 등) ① 법 제20조제1항 전단에서 "대통령령으로 정하는 호수"란 단독주택의 경우에는 100호, 공동주택의 경우에는 100세대를 말한다.

② 법 제20조제1항에 따라 「공익사업을 위한 토지 등의 취득 및 보상에 관한 법률」 제4조제5호에 따른 지정을 요청하려는 임대사업자는 사업계획서에 다음 각 호의 서류를 첨부하여 특별시장·광역시장·특별자치시장·도지사 또는 특별자치도지사(이하 "시·도지사"라 한다)에게 제출하여야 한다.

1. 사업 대상 토지를 표시한 도면
2. 사업 대상 토지 면적의 100분의 80 이상을 매입(토지 소유자로부터 매입에 관한 동의를 받은 경우를 포함한다. 이하 제3호에서 같다)한 사실을 증명하는 서류
3. 사업 대상 토지 중 매입하지 못한 토지를 표시한 도면
4. 사업 대상 토지 중 매입하지 못한 토지의 세목을 적은 서류

제17조(「국토의 계획 및 이용에 관한 법률」 등에 관한 특례) ① 법 제21조 각 호 외의 부분 단서에서 "대통령령으로 정하는 비율"이란 50퍼센트를 말한다.

② 법 제21조제3호에 따라 「건축법 시행령」 별표 1 제2호나목의 연립주택과 같은 호 다목의 다세대주택에 대하여 「건축법」 제4조에 따른 건축위원회의 심의를 받은 경우에는 주택으로 쓰는 층수를 5층까지 건축할 수 있다.

제4장 기업형임대주택 공급촉진지구

제18조(촉진지구의 지정 기준 및 절차) ① 법 제22조제1항에서 "대통령령으로 정하는 면적"이란 다음 각 호의 구분에 따른 면적을 말한다. <개정 2017.9.19.>

1. 「국토의 계획 및 이용에 관한 법률」 제6조제1호에 따른 도시지역(이하 "도시지역"이라 한다)의 경우: 5천제곱미터
2. 도시지역과 인접한 다음 각 목의 지역의 경우: 2만제곱미터
   가. 도시지역과 경계면이 접한 지역
   나. 도시지역과 경계면이 도로, 하천 등으로 분리되어 있으나 도시지역의 도로, 상하수도, 학교 등 주변 기반시설의 연결 또는 활용이 적합한 지역
3. 부지에 도시지역과 제2호 각 목의 어느 하나에 해당하는 지역이 함께 포함된 경우: 2만제곱미터
4. 그 밖의 지역의 경우: 10만제곱미터

② 법 제22조제2항 후단에서 "대통령령으로 정하는 비율"이란 60퍼센트를 말한다. <신설 2017.7.11.>

③ 시·도지사는 법 제22조제1항에 따라 촉진지구를 지정한 경우에는 국토교통부장관에게 보고하여야 한다. <개정 2017.7.11.>

④ 국토교통부장관은 법 제22조제3항에 따라 다음 각 호의 어느 하나에 해당하는 경우에는 촉진지구를 지정할 수 있다. <개정 2017.7.11.>

1. 둘 이상의 특별시·광역시·특별자치시·도에 걸쳐 촉진지구를 지정하는 경우(관계 시·도지사 간 협의가 이루어지지 아니하여 관계 시·도지사가 국토교통부장관에게

촉진지구의 지정을 요청하는 경우를 포함한다)

2. 그 밖에 국민의 주거안정을 위하여 기업형임대주택을 건설·공급할 필요가 있는 경우

⑤ 제1항부터 제4항까지에서 규정한 사항 외에 촉진지구 지정에 필요한 세부적인 사항은 국토교통부장관이 정한다. <개정 2017.7.11.>

제19조(촉진지구의 경미한 변경) 법 제24조제3항 단서에서 "촉진지구의 면적을 10퍼센트 범위에서 증감하는 경우 등 대통령령으로 정하는 경미한 사항"이란 다음 각 호의 어느 하나에 해당하는 사항을 말한다.

1. 촉진지구 면적을 10퍼센트 범위에서 증감하는 경우
2. 측량 결과에 따라 착오 또는 누락된 면적을 정정하는 경우

제20조(주민 등의 의견청취) ① 법 제22조에 따라 촉진지구를 지정할 수 있는 자(이하 "지정권자"라 한다)는 법 제25조에 따라 촉진지구 지정에 관하여 주민 및 관계 전문가 등의 의견을 들으려면 관계 서류의 사본을 해당 지역을 관할하는 시장·군수·구청장에게 보내야 한다.

② 제1항에 따른 서류를 받은 시장·군수·구청장은 지체 없이 다음 각 호의 사항을 해당 지방자치단체의 공보 및 인터넷 홈페이지 등에 공고하고, 공고한 날부터 14일 이상의 기간 동안 일반인이 그 서류를 열람하게 하여야 한다.

1. 촉진지구의 명칭, 위치 및 면적
2. 관계 서류의 열람기간 및 열람방법

③ 주택지구의 지정에 대하여 의견이 있는 자는 제2항에 따른 열람기간에 시장·군수·구청장에게 의견서를 제출할 수 있다.

④ 시장·군수·구청장은 제3항에 따라 제출된 의견이 있는 경우에는 제출된 의견을 종합하여 지정권자에게 제출하여야 하며, 제출된 의견이 없는 경우에도 그 사실을 지정권자에게 통지하여야 한다.

⑤ 제1항부터 제4항까지의 규정에도 불구하고 다음 각 호의 어느 하나에 해당하는 경우에는 지정권자가 직접 주민과 관계 전문가 등의 의견을 듣거나 관계 시·도지사(특별자치도지사는 제외한다)에게 의견을 듣게 할 수 있다. 이 경우 제2항부터 제4항까지의 규정을 준용한다.

1. 촉진지구가 둘 이상의 시·군 또는 자치구에 걸치는 경우
2. 제1항에 따라 관계 서류를 받은 시장·군수·구청장이 제2항에 따른 공고를 하지 아니하는 경우

제20조의2(중요 사항의 변경) 법 제25조제1항 후단에서 "대통령령으로 정하는 중요 사항을 변경하는 경우"란 다음 각 호의 어느 하나에 해당하는 경우를 말한다.

1. 법 제23조제4항에 따라 시행자를 변경하는 경우
2. 법 제26조제1항에 따라 고시된 촉진지구의 면적이 10퍼센트를 초과하여 증가하거나 감소하는 경우

[본조신설 2017.7.11.]

제21조(촉진지구 지정 등의 고시 등) ① 지정권자는 촉진지구를 지정하였으면 법 제26조제1항에 따라 다음 각 호의 사항을 관보 또는 공보에 고시하여야 한다. <개정 2017.7.11.>

1. 촉진지구의 명칭, 위치 및 면적
2. 촉진지구의 지정일
3. 사업의 종류
4. 법 제23조제1항에 따라 지정된 기업형임대주택사업의 시행자(이하 "시행자"라 한다)의 명칭, 소재지 및 대표자의 성명
5. 수용하거나 사용할 「공익사업을 위한 토지 등의 취득 및 보상에 관한 법률」 제3조에서 정하는 토지·물건 및 권리의 소재지, 지번, 지목, 면적, 소유권 및 소유권 외의 권리의 명세와 그 소유자 및 권리자의 성명(법인인 경우에는 명칭을 말한다) 및 주소
6. 「국토의 계획 및 이용에 관한 법률」 제30조에 따른 도시·군관리계획("이하 도시·군관리계획"이라 한다)에 관한 사항(법 제26조제9항에 따라 도시지역 및 지구단위계획구역으로 결정된 것으로 보는 사항을 포함한다)
7. 관계 서류의 열람방법

② 지정권자는 촉진지구를 변경하였으면 제1항 각 호의 사항 중 변경된 사항과 변경 사유를 관보 또는 공보에 고시하여야 한다.

제22조(행위허가의 대상 등) ① 법 제25조제1항에 따라 촉진지구의 지정에 관한 주민 등의 의견청취 공고 등이 있는 지역 및 촉진지구 내에서 다음 각 호의 어느 하나에 해당하

는 행위를 하려는 자는 법 제26조제3항에 따라 시장·군수·구청장의 허가를 받아야 한다.
1. 건축물의 건축 등: 「건축법」 제2조제1항제2호에 따른 건축물(가설건축물을 포함한다)의 건축, 대수선 또는 용도 변경
2. 인공 시설물의 설치: 인공을 가하여 제작한 시설물(「건축법」 제2조제1항제2호에 따른 건축물은 제외한다)의 설치
3. 토지의 형질변경: 절토(切土), 성토(盛土), 정지(整地), 포장(鋪裝) 등의 방법으로 토지의 형상을 변경하는 행위, 토지의 굴착 또는 공유수면의 매립 행위
4. 토석의 채취: 흙, 모래, 자갈, 바위 등의 토석을 채취하는 행위(제3호에 따른 토지의 형질변경을 목적으로 하는 경우는 제외한다)
5. 토지의 분할·합병
6. 물건을 쌓아 놓는 행위: 옮기기 쉽지 아니한 물건을 1개월 이상 쌓아 놓는 행위
7. 죽목(竹木)을 베거나 심는 행위

② 시장·군수·구청장은 법 제26조제3항에 따라 제1항 각 호의 행위에 대한 허가를 하려는 경우에 시행자가 있으면 미리 그 시행자의 의견을 들어야 한다.

③ 법 제26조제4항제2호에서 "경작을 위한 토지의 형질 변경 등 대통령령으로 정하는 행위"란 다음 각 호의 어느 하나에 해당하는 행위로서 「국토의 계획 및 이용에 관한 법률」 제56조에 따른 개발행위허가의 대상이 아닌 것을 말한다.
1. 경작을 위한 토지의 형질변경
2. 농림수산물의 생산에 직접 이용되는 것으로서 국토교통부령으로 정하는 간이공작물의 설치
3. 촉진지구의 개발에 지장을 주지 아니하고 자연경관을 해치지 아니하는 범위에서의 토석채취
4. 촉진지구에 존치하기로 결정된 대지에 물건을 쌓아놓는 행위
5. 관상용 죽목을 임시로 심는 행위(경작지에 임시로 심는 경우는 제외한다)

④ 법 제26조제5항에 따른 신고를 하려는 자는 촉진지구가 지정·고시된 날부터 30일 이내에 신고서에 그 공사 또는 사업의 진행 상황과 시행계획을 적은 서류를 첨부하여 관할 시장·군수·구청장에게 제출하여야 한다.

제23조(촉진지구 지정의 해제) 지정권자는 법 제27조제1항에 따라 촉진지구 지정을 해제하는 경우에는 다음 각 호의 사항을 관보 또는 공보에 고시하여야 한다.
1. 촉진지구의 명칭, 위치 및 면적
2. 촉진지구의 지정일 및 해제일
3. 촉진지구의 지정 해제사유
4. 「토지이용규제 기본법」 제8조제3항에 따른 지형도면등
5. 「국토의 계획 및 이용에 관한 법률」에 따른 용도지역·용도지구·용도구역, 지구단위계획구역 및 도시·군계획시설의 환원 또는 폐지에 관한 사항(법 제27조제3항 단서에 따라 촉진지구 지정 해제 후에도 그 사업이나 공사를 계속할 도시·군계획시설에 관한 사항을 포함한다)
6. 그 밖에 국토교통부령으로 정하는 사항

제24조(지구계획 승인 등) ① 법 제28조제1항 각 호 외의 부분 후단에서 "대통령령으로 정하는 경미한 사항의 변경"이란 다음 각 호의 어느 하나에 해당하는 변경 또는 정정을 말한다. <신설 2017.7.11.>
1. 시행자의 소재지 변경
2. 촉진지구에 존치하려는 건축물의 구조, 연면적 등의 변경(토지이용계획의 변경을 수반하지 아니하는 경우로 한정한다)
3. 촉진지구 경계의 변동이 없는 범위에서 착오 등에 의한 촉진지구 면적의 정정
4. 「공간정보의 구축 및 관리 등에 관한 법률」 제2조제4호의2에 따른 지적확정측량 결과에 따른 촉진지구 면적의 변경

② 법 제28조제1항제8호에서 "지구단위계획 등 대통령령으로 정하는 사항"이란 다음 각 호의 사항을 말한다. <개정 2017.7.11.>
1. 도시·군관리계획[지구단위계획(「국토의 계획 및 이용에 관한 법률」 제2조제5호에 따른 지구단위계획을 말한다. 이하 같다)을 포함한다]
2. 집단에너지의 공급에 관한 계획
3. 방재(防災)계획
4. 「공익사업을 위한 토지 등의 취득 및 보상에 관한 법률」 제3조에서 정하는 토지·물건 및 권리의 수용 및 사용계획(존치하는 건축물 또는 인공 시설물에 대한 처리계획을 포함한다)
5. 공공시설의 귀속에 관한 계획
6. 공사의 감리에 관한 계획
7. 조성토지의 공급에 관한 계획

③ 시행자는 법 제28조제1항 전단에 따라 기업

형임대주택 공급촉진지구계획(이하 "지구계획"이라 한다)의 승인을 받으려면 신청서에 다음 각 호의 서류를 첨부하여 지정권자에게 제출하여야 한다. 이 경우 지정권자는 「전자정부법」 제36조제1항에 따른 행정정보의 공동이용을 통하여 사업시행지역의 지적도를 확인하여야 한다. <개정 2017.7.11.>
1. 사업시행지역의 위치도
2. 축척 5천분의 1 이상인 지형도 또는 지적도에 토지이용계획을 명시한 도면
3. 개략설계도서
4. 도시·군관리계획(지구단위계획을 포함한다)의 결정에 필요한 관계 서류 및 도면
5. 법 제29조제3항에 따른 관계 행정기관의 장과의 협의에 필요한 서류
6. 다음 각 목의 사항이 포함된 조성토지의 공급계획서
 가. 조성토지의 위치 및 면적
 나. 조성토지의 공급대상자 및 선정방법
 다. 공급의 시기·방법 및 조건
 라. 공급가격 결정방법
 마. 시행자의 토지소유(「공익사업을 위한 토지 등의 취득 및 보상에 관한 법률」 제28조에 따라 재결을 신청한 토지 및 관련 법령에 따라 시행자에게 무상귀속되는 토지는 시행자가 소유한 것으로 본다) 현황
 바. 시행자가 직접 건축물을 건축하여 사용하거나 공급하려고 계획한 토지의 현황
 사. 그 밖에 조성토지의 공급에 필요한 사항
7. 토지이용계획에서 정한 조성토지의 용도 및 공급대상자별 분할 도면

④ 시행자는 법 제28조제1항 후단에 따라 지구계획의 변경 승인을 받으려면 신청서에 제3항 각 호의 서류 중 변경 사항과 관련된 서류를 첨부하여 지정권자에게 제출하여야 한다. 이 경우 지정권자는 「전자정부법」 제36조제1항에 따른 행정정보의 공동이용을 통하여 사업시행지역의 지적도를 확인하여야 한다. <신설 2017.7.11.>

⑤ 시행자는 제1항 각 호의 어느 하나에 해당하는 변경 또는 정정을 하였을 때에는 지체 없이 그 내용을 지정권자에게 통보하여야 한다. <신설 2017.7.11.>

⑥ 제1항부터 제4항까지에서 규정한 사항 외에 지구계획의 작성에 필요한 세부적인 사항은 국토교통부장관이 정하여 고시한다. <개정 2017.7.11.>

⑦ 법 제28조제4항에 따른 지구계획의 고시는 다음 각 호의 사항을 관보 또는 공보에 고시하는 방법으로 한다. 다만, 제3호에 따른 고시 내용이 제21조제1항제5호에 따른 고시 내용과 같은 경우에는 생략하되, 그 취지를 구체적으로 밝혀야 한다. <개정 2017.7.11.>
1. 법 제28조제1항 각 호의 사항
2. 「개발제한구역의 지정 및 관리에 관한 특별조치법 시행령」 제7조제1호부터 제4호까지의 사항(개발제한구역에 촉진지구를 지정하는 경우만 해당한다)
3. 수용하거나 사용할 「공익사업을 위한 토지 등의 취득 및 보상에 관한 법률」 제3조에서 정하는 토지·물건 및 권리의 소재지, 지번, 지목, 면적, 소유권 및 소유권 외의 권리의 명세와 그 소유자 및 권리자의 성명(법인인 경우에는 명칭을 말한다) 및 주소

제25조(관계 법률에 관한 특례) 법 제30조제1항에서 "대통령령으로 정하는 기간"이란 90일을 말한다.

제26조(개발제한구역에 관한 특례) 국토교통부장관은 법 제31조제2항에 따라 개발제한구역에서 해제된 지역이 개발제한구역으로 환원된 경우에는 같은 조 제3항에 따라 개발제한구역이 환원된 사실과 환원된 사유를 관보에 고시하여야 한다.

제27조(기업형임대주택 통합심의위원회의 구성·운영) ① 법 제32조제3항제1호에서 "대통령령으로 정하는 공무원"이란 지정권자가 소속 공무원 중에서 직접 임명하거나 국토교통부장관 또는 관계 행정기관의 장이 추천하여 임명하는 5급 이상의 공무원을 말한다.

② 법 제32조제6항에 따라 같은 조 제1항에 따른 기업형임대주택 통합심의위원회(이하 "통합심의위원회"라 한다)의 통합심의를 받으려는 시행자는 같은 조 제7항에 따른 관계 기관 의견서를 받은 후에 같은 조 제1항 각 호와 관련된 서류를 지정권자에게 제출하여야 한다. 이 경우 관계 기관 의견서에 대한 최종의견서를 첨부할 수 있다.

제28조(위원의 제척·기피·회피) ① 통합심의위원회 위원이 다음 각 호의 어느 하나에 해당하는 경우에는 통합심의위원회의 심의·

의결에서 제척(除斥)된다.

1. 위원이나 그 배우자 또는 배우자였던 사람이 해당 안건의 당사자(당사자가 법인·단체 등인 경우에는 그 임원을 포함한다. 이하 이 호 및 제2호에서 같다)이거나 그 안건의 당사자와 공동권리자 또는 공동의무자인 경우
2. 위원이 해당 안건의 당사자와 친족인 경우
3. 위원이 해당 안건에 관하여 증언, 진술, 자문, 연구, 용역 또는 감정(鑑定)을 한 경우
4. 위원이나 위원이 속한 법인·단체 등이 해당 안건의 당사자의 대리인이거나 대리인이었던 경우

② 해당 안건의 당사자는 위원에게 공정한 심의·의결을 기대하기 어려운 사정이 있는 경우에는 위원회에 기피 신청을 할 수 있고, 위원회는 의결로 이를 결정한다. 이 경우 기피 신청의 대상인 위원은 그 의결에 참여하지 못한다.

③ 위원이 제1항 각 호에 따른 제척 사유에 해당하는 경우에는 스스로 해당 안건의 심의·의결에서 회피(回避)하여야 한다.

제29조(위원의 해촉) 지정권자는 법 제32조제3항제2호에 따른 위촉위원이 다음 각 호의 어느 하나에 해당하는 경우에는 해당 위원을 해촉(解囑)할 수 있다.

1. 심신장애로 직무를 수행할 수 없게 된 경우
2. 직무와 관련된 비위사실이 있는 경우
3. 직무태만, 품위손상이나 그 밖의 사유로 인하여 위원으로 적합하지 아니하다고 인정되는 경우
4. 제28조제1항 각 호의 어느 하나에 해당하는 데에도 불구하고 회피하지 아니한 경우
5. 위원 스스로 직무를 수행하는 것이 곤란하다고 의사를 밝히는 경우

제30조(촉진지구 지정절차에 관한 특례 등) ① 법 제33조제1항 각 호 외의 부분 전단 및 같은 조 제2항에서 "대통령령으로 정하는 면적"이란 각각 10만제곱미터를 말한다.

② 법 제33조제3항에서 "토지이용계획 등 대통령령으로 정하는 사항"이란 다음 각 호의 사항을 말한다.

1. 토지이용계획
2. 개략적인 사업계획서
3. 수용하거나 사용할 「공익사업을 위한 토지 등의 취득 및 보상에 관한 법률」 제3조에서 정하는 토지·물건 및 권리의 소재지, 지번, 지목, 면적, 소유권 및 소유권 외의 권리의 명세와 그 소유자 및 권리자의 성명(법인인 경우에는 명칭을 말한다), 주소를 적은 서류
4. 법 제23조제3항에 따른 토지소유자 동의서
5. 개략적인 주택건설사업계획
6. 그 밖에 국토교통부령으로 정하는 서류

제30조의2(동의자 수의 산정방법 등) ① 법 제34조제1항 본문에 따른 토지등의 수용 또는 사용에 관한 토지 소유자 동의 요건의 산정기준일(이하 "산정기준일"이라 한다)은 제21조제1항에 따른 촉진지구 지정 고시일로 한다.

② 제1항에 따른 토지 소유자는 산정기준일 당시 「부동산등기법」 제14조제1항에 따른 토지등기부(土地登記簿)에 등재된 토지 소유자를 기준으로 하되, 다음 각 호의 기준에 따라 산정한다.

1. 1필지의 토지를 2인 이상이 공유하는 경우: 다른 공유자의 동의를 받은 대표 공유자 1인을 토지 소유자 1인으로 산정한다. 다만, 「집합건물의 소유 및 관리에 관한 법률」 제2조제2호에 따른 구분소유자는 각각을 토지 소유자 1인으로 산정한다.
2. 1인이 다수의 필지를 소유하고 있는 경우: 필지의 수에 관계없이 토지 소유자를 1인으로 산정한다.

③ 토지 소유자는 소유한 토지의 전부에 대하여 동의 또는 반대의 의사표시를 할 수 있으며, 소유한 토지 중 일부에 대한 부분 동의는 인정하지 아니한다.

④ 토지 소유자가 동의하거나 동의를 철회할 경우에는 국토교통부령으로 정하는 동의서 또는 동의철회서에 국토교통부령으로 정하는 서류를 첨부하여 시행자에게 제출하여야 한다.

⑤ 제1항부터 제4항까지에서 규정한 사항 외에 동의 절차, 그 밖에 필요한 사항은 국토교통부장관이 정하여 고시한다.

[본조신설 2017.7.11.]

제31조(촉진지구에서의 기업형임대주택 건설에 관한 특례) ① 법 제35조제1항제1호 본문에서 "위락시설, 일반숙박시설 등 대통령령으로 정하는 시설"이란 「건축법 시행령」 별표 1에 따른 다음 각 호의 시설을 말한다. <개정 2017.7.11.>

1. 제2종 근린생활시설 중 단란주점 및 안마시술소
2. 문화 및 집회시설 중 집회장 및 관람장
3. 판매시설 중 도매시장
4. 의료시설 중 격리병원
5. 숙박시설 중 일반숙박시설, 생활숙박시설 및 다중생활시설
6. 위락시설
7. 공장
8. 창고시설
9. 위험물 저장 및 처리 시설
10. 자동차 관련 시설
11. 동물 및 식물 관련 시설
12. 자원순환 관련 시설
13. 교정 및 군사 시설
14. 발전시설
15. 묘지 관련 시설
16. 장례시설
17. 야영장 시설
18. 그 밖에 제1호부터 제17호까지와 유사한 시설로서 지정권자가 법 제32조제8항 각 호에서 정한 위원회의 검토 및 심의 결과를 고려하여 주거환경에 지장이 있다고 인정하는 시설

② 법 제35조제1항제4호에 따라 「건축법 시행령」 별표 1 제2호나목에 따른 연립주택과 같은 호 다목에 따른 다세대주택에 대하여 「건축법」 제4조에 따른 건축위원회의 심의를 받은 경우에는 주택으로 쓰는 층수를 5층까지 건축할 수 있다.

③ 법 제35조제2항에 따라 지정권자는 촉진지구에서 같은 항 각 호의 관계 규정에도 불구하고 다음 각 호의 완화된 기준을 적용한다.

1. 대지의 조경: 「건축법 시행령」 제27조제3항 전단에도 불구하고 옥상조경면적의 전부를 조경면적으로 산정한다.
2. 건축물의 높이: 지구단위계획으로 일단(一團)의 가로구역(街路區域)에 대하여 높이를 지정한 경우에는 「건축법」 제60조제1항에 따른 가로구역별 높이를 지정·공고한 것으로 본다.
3. 도시공원 또는 녹지
   가. 촉진지구의 면적이 10만제곱미터 미만인 경우: 도시공원 또는 녹지 확보 의무를 면제한다.
   나. 촉진지구의 면적이 10만제곱미터 이상인 경우: 호당 또는 세대당 3제곱미터 또는 촉진지구 면적의 5퍼센트 중 큰 면적 이상의 도시공원 또는 녹지를 확보하여야 한다.
4. 주택건설기준: 「철도건설법」, 「철도산업발전기본법」 및 「도시철도법」에 따라 건설·운영되는 철도역으로부터 1킬로미터 이내의 주변지역으로서 「건축법」 제4조에 따른 건축위원회의 심의를 받은 경우에는 「주택건설기준 등에 관한 규정」 제13조, 제31조 및 제50조를 적용하지 아니한다.

제32조(조성토지의 공급) ① 시행자는 조성토지를 다음 각 호의 용지로 구분하여 공급한다.

1. 다음 각 목의 구분에 따른 주택건설용지
   가. 민간임대주택건설용지
   나. 공공주택(「공공주택 특별법」 제2조제1호에 따른 공공주택을 말한다)건설용지
   다. 분양주택건설용지
2. 「국토의 계획 및 이용에 관한 법률」 제2조제6호에 따른 기반시설용지
3. 판매·업무시설용지
4. 그 밖의 시설용지

② 시행자는 주택건설용지를 공급하는 경우에는 미리 가격을 정하고 추첨의 방법으로 공급하여야 한다. 다만, 민간임대주택건설용지는 공급대상자의 자격을 제한하거나 공급조건을 붙여 공급할 수 있다.

③ 시행자는 사회복지시설용지, 의료시설용지 등 국토교통부장관이 정하는 특정시설용지를 공급하는 경우에는 공급대상자의 자격을 제한하여 공급할 수 있다.

④ 시행자는 판매·업무시설용지 등 영리를 목적으로 사용하는 용지를 공급하는 경우에는 경쟁입찰의 방법으로 공급하여야 한다.

⑤ 제2항부터 제4항까지의 규정에도 불구하고 시행자는 다음 각 호의 어느 하나에 해당하는 경우에는 수의계약의 방법으로 공급할 수 있다. <개정 2017.9.19.>

1. 공공임대주택건설용지를 공공주택사업자(「공공주택 특별법」 제4조에 따른 공공주택사업자를 말한다. 이하 같다)에게 공급하는 경우
2. 도로, 공원, 공용의 청사 등 일반인에게 분양할 수 없는 공공시설용지 등을 국가, 지방자치단체, 그 밖에 법령에 따라 해당 시설을 설치할 수 있는 자에게 공급하는 경우
3. 「공익사업을 위한 토지 등의 취득 및 보

상에 관한 법률」에 따른 협의에 응하여 촉진지구 내에 소유(다음 각 목의 어느 하나에 해당하는 경우로 한정한다)한 토지의 전부를 시행자에게 양도한 자에게 국토교통부령으로 정하는 기준에 따라 토지를 공급하는 경우

가. 제20조제2항에 따른 공고일 전부터 토지를 소유한 경우

나. 제20조제2항에 따른 공고일 이후에 가목에 해당하는 토지 소유자로부터 그 토지의 전부를 취득한 경우

다. 제20조제2항에 따른 공고일 이후에 법원의 판결 또는 상속에 의하여 토지를 취득한 경우

4. 토지의 규모 및 형상, 입지조건 등에 비추어 토지이용가치가 현저히 낮은 토지로서 인접 토지 소유자 등에게 공급하는 것이 불가피하다고 시행자가 인정하는 경우
5. 제2항부터 제4항까지의 규정에 따른 공급이 2회 이상 성립되지 아니한 경우
6. 그 밖에 「공무원연금법」, 「한국보훈복지의료공단법」 등 관계 법령에 따라 수의계약으로 공급할 수 있는 경우

⑥ 제1항부터 제5항까지에서 규정한 사항 외에 조성토지의 공급방법 및 공급가격의 기준 등에 관하여 필요한 사항은 국토교통부장관이 정한다.

⑦ 시행자는 조성토지를 공급하려면 다음 각 호의 사항을 공고하여야 한다. 다만, 공급대상자가 특정되어 있거나 자격이 제한되어 있는 경우로서 개별 통지를 한 경우에는 그러하지 아니하다.

1. 시행자의 명칭 및 주소와 대표자의 성명
2. 토지의 위치·면적 및 용도(토지 사용에 제한이 있는 경우에는 그 제한 내용을 포함한다)
3. 공급의 시기·방법 및 조건
4. 공급가격 및 가격결정방법
5. 공급대상자의 자격요건 및 선정방법
6. 공급신청의 기간 및 장소
7. 공급신청 시의 구비서류

제33조(감독) 지정권자는 법 제40조제1항에 따라 처분 또는 명령을 하였을 때에는 같은 조 제3항에 따라 다음 각 호의 사항을 관보 또는 공보에 고시하여야 한다.

1. 촉진지구 또는 사업의 명칭
2. 시행자의 명칭 및 주소와 대표자의 성명
3. 사업 대상 토지의 위치 및 면적
4. 처분 또는 명령의 내용 및 사유

제5장 민간임대주택의 공급, 임대차계약 및 관리

제33조의2(민간임대주택 공급 신고) 법 제42조제3항에 따라 민간임대주택을 공급하려는 임대사업자는 임차인을 모집하려는 날의 10일 전까지 국토교통부령으로 정하는 신고서에 국토교통부령으로 정하는 서류를 첨부하여 시장·군수·구청장에게 제출하여야 한다.

[본조신설 2017.7.11.]

제34조(민간임대주택의 임대의무기간 등) ① 법 제43조제1항에서 "임대사업자 등록일 등 대통령령으로 정하는 시점"이란 다음 각 호의 구분에 따른 시점을 말한다. <개정 2017.9.19.>

1. 민간건설임대주택: 입주지정기간 개시일. 이 경우 입주지정기간을 정하지 아니한 경우에는 법 제5조에 따른 임대사업자 등록 이후 최초로 체결된 임대차계약서상의 실제 임대개시일을 말한다.
2. 민간매입임대주택: 임대사업자 등록일. 다만, 임대사업자 등록 이후 임대가 개시되는 주택은 임대차계약서상의 실제 임대개시일로 한다.
3. 법 제5조제3항 본문에 따라 단기임대주택을 기업형임대주택 또는 준공공임대주택으로 변경신고한 경우: 다음 각 목의 구분에 따른 시점

가. 단기임대주택의 임대의무기간 종료 전에 변경신고한 경우: 해당 단기임대주택의 제1호 또는 제2호에 따른 시점

나. 단기임대주택의 임대의무기간이 종료된 이후 변경신고한 경우: 변경신고의 수리일부터 해당 단기임대주택의 임대의무기간을 역산한 날

② 법 제43조제4항에서 "대통령령으로 정하는 경제적 사정"이란 다음 각 호의 어느 하나에 해당하는 경우를 말한다. 다만, 기업형임대주택사업자에 대해서는 제3호 및 제4호의 경우로 한정한다.

1. 2년 연속 적자가 발생한 경우
2. 2년 연속 부(負)의 영업현금흐름이 발생한 경우

3. 최근 12개월간 해당 임대사업자의 전체 민간임대주택 중 임대되지 아니한 주택이 20퍼센트 이상이고 같은 기간 동안 특정 민간임대주택이 계속하여 임대되지 아니한 경우
4. 관계 법령에 따라 재개발, 재건축 등으로 민간임대주택의 철거가 예정되어 민간임대사업을 계속하기 곤란한 경우

③ 시장·군수·구청장은 제2항제3호 또는 제4호에 해당하여 법 제43조제4항에 따른 양도허가를 하려는 경우에는 해당 사유가 발생한 주택에 한정하여 허가하여야 한다.

제35조(임대차계약의 해제·해지 등) 임대사업자는 임차인이 다음 각 호의 어느 하나에 해당하는 경우에는 법 제45조에 따라 임대의무기간 동안에도 임대차계약을 해제 또는 해지하거나 재계약을 거절할 수 있다.

1. 거짓이나 그 밖의 부정한 방법으로 민간임대주택을 임대받은 경우
2. 임대사업자의 귀책사유 없이 제34조제1항 각 호의 시점으로부터 3개월 이내에 입주하지 아니한 경우
3. 월 임대료를 3개월 이상 연속하여 연체한 경우
4. 민간임대주택 및 그 부대시설을 임대사업자의 동의를 받지 아니하고 개축·증축 또는 변경하거나 본래의 용도가 아닌 용도로 사용한 경우
5. 민간임대주택 및 그 부대시설을 고의로 파손 또는 멸실한 경우
6. 법 제47조에 따른 표준임대차계약서상의 의무를 위반한 경우

제36조(임대차계약 신고) ① 법 제46조제1항에 따라 임대사업자가 시장·군수·구청장에게 신고하여야 하는 사항은 다음 각 호와 같다.

1. 임대차기간
2. 임대료
3. 민간임대주택의 소유권을 취득하기 위하여 대출받은 금액(민간매입임대주택으로 한정한다)
4. 임차인 현황(준주택으로 한정한다)

② 제1항 각 호의 사항을 신고하려는 임대사업자는 임대차계약 체결일(변경신고의 경우에는 변경한 날을 말한다)부터 3개월 이내에 신고서에 법 제47조에 따른 표준임대차계약서를 첨부하여 해당 민간임대주택의 소재지를 관할하는 시장·군수·구청장 또는 임대사업자의 주소지를 관할하는 시장·군수·구청장에게 제출하여야 한다.

③ 제2항에 따라 임대사업자의 주소지를 관할하는 시장·군수·구청장이 신고서를 받은 경우에는 즉시 민간임대주택의 소재지를 관할하는 시장·군수·구청장에게 이송하여야 한다.

④ 제2항 또는 제3항에 따라 신고서를 받은 시장·군수·구청장(민간임대주택의 소재지를 관할하는 시장·군수·구청장을 말한다. 이하 제5항에서 같다)은 신고 내용을 확인한 후 신고를 받은 날(제3항의 경우에는 이송받은 날을 말한다)부터 10일 이내에 국토교통부령으로 정하는 바에 따라 임대 조건 신고대장에 신고사실을 적고 임대 조건 신고증명서를 신고인에게 발급하여야 한다.

⑤ 시장·군수·구청장은 법 제46조제1항에 따라 임대사업자가 신고한 임대 조건을 매 분기 종료 후 다음 달 말일까지 해당 지방자치단체의 공보에 공고하여야 한다.

제37조(설명의무 및 확인의 방법 등) ① 법 제48조제1항제1호에서 "법 제49조에 따른 임대보증금에 대한 보증의 보증기간 등 대통령령으로 정하는 사항"이란 다음 각 호의 사항을 말한다.

1. 보증대상액
2. 보증기간
3. 보증수수료 산정방법 및 금액, 분담비율, 납부방법
4. 보증기간 중 임대차계약이 해제·해지되거나 임대보증금이 증감되는 경우의 보증수수료의 환급 또는 추가 납부에 관한 사항
5. 임대차 계약기간 중 보증기간이 만료되는 경우의 재가입에 관한 사항

② 법 제48조제1항제2호에 따라 임대사업자가 임차인에게 설명하고 확인받아야 하는 권리관계는 다음 각 호와 같다.

1. 임대주택에 설정된 제한물권, 압류·가압류·가처분 등에 관한 사항
2. 임대사업자의 국세·지방세 체납에 관한 사항

③ 임대사업자는 법 제48조제1항에 따라 임차인과 임대차계약을 체결하거나 계약내용을 변경하는 경우에는 제1항 및 제2항에서 정하는 사항이 포함된 표준임대차계약서를 임차인에게 내주고 임차인이 이해할 수 있도록 설명하여야 하며, 임차인은 서명 또는 기명날인의 방법으로 확인하여야 한다.

제38조(임대보증금에 대한 보증 가입 등) ① 법 제49조제1항에서 "대통령령으로 정하는 기간"이란 임대의무기간이 종료되는 날까지를 말한다.

② 법 제49조제1항에 따른 임대사업자는 「주택법」 제49조에 따른 사용검사, 임시 사용승인 또는 「건축법」 제22조에 따른 사용승인, 임시 사용승인을 신청하기 전에 임대보증금에 대한 보증에 가입하여야 한다. <개정 2016.8.11.>

③ 법 제49조제1항에 따른 임대사업자는 임대보증금에 대한 보증에 가입하였으면 지체 없이 해당 보증서 사본을 민간임대주택의 소재지를 관할하는 시장·군수·구청장에게 제출하여야 한다.

④ 제3항에 따라 보증서 사본을 받은 시장·군수·구청장은 임대보증금에 대한 보증기간이 끝날 때까지 보증서 사본을 보관하여야 한다.

⑤ 법 제49조제1항에 따른 임대사업자는 임대보증금에 대한 보증에 가입한 경우에는 임차인이 해당 민간임대주택에 입주한 후 지체 없이 보증서 및 보증약관 각각의 사본을 임차인에게 내주어야 한다.

⑥ 법 제49조제1항에 따른 임대사업자는 임대보증금에 대한 보증 가입 여부를 임차인이 잘 볼 수 있는 장소에 공고하여야 한다. 가입한 보증을 해지하거나 변경하는 경우에도 또한 같다.

제39조(보증대상액) 법 제49조제3항에 따른 보증대상액은 제1호의 금액에서 제2호의 금액을 뺀 금액의 전액으로 한다.

1. 담보권 설정금액과 임대보증금을 합한 금액
2. 해당 임대주택을 감정평가한 금액의 100분의 60의 금액

제40조(보증수수료의 납부방법 등) 법 제49조제6항에 따른 보증수수료의 납부방법, 보증수수료의 부담비율 등은 다음 각 호와 같다. <개정 2017.7.11.>

1. 보증수수료의 75퍼센트는 임대사업자가 부담하고, 25퍼센트는 임차인이 부담할 것. 다만, 임대사업자가 사용검사 전에 임차인을 모집하는 경우 임차인을 모집하는 날부터 사용검사를 받는 날까지의 보증수수료는 임대사업자가 전액 부담한다.
2. 보증수수료는 임대사업자가 납부할 것. 이 경우 임차인이 부담하는 보증수수료는 임대료에 포함하여 징수하되 임대료 납부고지서에 그 내용을 명시하여야 한다.
3. 법 제49조제4항에 따라 보증수수료를 분할납부하는 경우에는 재산정한 보증수수료를 임대보증금 보증계약일부터 매 1년이 되는 날까지 납부할 것

제41조(민간임대주택의 관리) ① 법 제51조제1항에서 "대통령령으로 정하는 민간매입임대주택"이란 임대사업자가 「주택법」 제54조에 따라 사업주체가 건설·공급하는 주택 전체를 매입하여 임대하는 민간매입임대주택을 말한다. <개정 2016.8.11.>

② 법 제51조제1항에 해당하는 민간임대주택의 관리에 대해서는 「공동주택관리법」 및 「공동주택관리법 시행령」 중 다음 각 호의 규정만을 적용한다. <개정 2016.8.11.>

1. 「공동주택관리법」 제27조제1항에 따른 회계서류의 작성·보관에 관한 사항
2. 「공동주택관리법 시행령」 제35조에 따른 행위허가 등의 기준에 관한 사항
3. 「공동주택관리법」 제8조에 따른 구분관리에 관한 사항
4. 「공동주택관리법」 제63조에 따른 관리주체의 업무에 관한 사항
5. 「공동주택관리법 시행령」 제25조제1항제1호가목에 따른 관리비의 집행을 위한 사업자 선정에 관한 사항
6. 「공동주택관리법 시행령」 제23조제4항에 따른 사용료 부과 및 제29조에 따른 주민운동시설의 위탁 운영에 관한 사항
7. 「공동주택관리법 시행령」 제19조제2항에 따른 관리주체의 동의에 관한 사항
8. 「공동주택관리법」 제23조제4항에 따른 관리비 등의 공개에 관한 사항
9. 「공동주택관리법 시행령」 제36조 및 제44조에 따른 하자 보수에 관한 사항
10. 「공동주택관리법 시행령」 제33조에 따른 시설물의 안전관리에 관한 사항
11. 「공동주택관리법 시행령」 제34조에 따른 공동주택의 안전점검에 관한 사항
12. 「공동주택관리법 시행령」 제69조, 제70조, 제71조 및 제73조에 따른 관리사무소장의 배치와 주택관리사 및 주택관리사보 등에 관한 사항
13. 「공동주택관리법 시행령」 제96조에 따른 공동주택관리의 감독에 관한 사항

③ 법 제51조제2항에서 "300세대 이상의 공동주택 등 대통령령으로 정하는 규모"란 민간임대주택단지별로 다음 각 호의 어느 하나에 해당하는 규모의 민간임대주택을 말한다.

1. 300세대 이상의 공동주택
2. 승강기가 설치된 공동주택
3. 중앙집중식 난방방식의 공동주택

④ 법 제51조제3항에서 "대통령령으로 정하는 기술인력 및 장비"란 「공동주택관리법 시행령」 별표 1의 기준에 따른 기술인력 및 장비를 말한다. <개정 2016.8.11.>

⑤ 법 제51조제4항에 따라 임대사업자가 민간임대주택을 공동으로 관리할 수 있는 경우는 단지별로 임차인대표회의의 서면동의를 받은 경우로서 둘 이상의 민간임대주택단지가 서로 인접하고 있어 공동으로 관리하는 것이 합리적이라고 특별시장, 광역시장, 시장 또는 군수가 인정하는 경우로 한다. 이 경우 제4항에 따른 기술인력 및 장비 기준을 적용할 때에는 둘 이상의 민간임대주택단지를 하나의 민간임대주택단지로 본다.

제42조(임차인대표회의) ① 법 제52조제1항에서 "대통령령으로 정하는 세대"란 20세대를 말한다.

② 법 제52조제3항제4호에서 "대통령령으로 정하는 사항"이란 다음 각 호의 사항을 말한다.

1. 하자 보수
2. 공동주택의 관리에 관하여 임대사업자와 법 제52조제1항에 따른 임차인대표회의(이하 "임차인대표회의"라 한다)가 합의한 사항

③ 임대사업자는 임차인대표회의가 법 제52조제3항 각 호의 사항에 대하여 협의를 요청하면 성실히 응하여야 한다.

④ 임차인대표회의는 민간임대주택의 동별 세대수에 비례하여 선출한 대표자(이하 "동별 대표자"라 한다)로 구성한다.

⑤ 동별 대표자가 될 수 있는 사람은 해당 민간임대주택단지에서 6개월 이상 계속 거주하고 있는 임차인으로 한다. 다만, 최초로 임차인대표회의를 구성하는 경우에는 그러하지 아니하다.

⑥ 임차인대표회의는 회장 1명, 부회장 1명 및 감사 1명을 동별 대표자 중에서 선출하여야 한다.

⑦ 임차인대표회의를 소집하려는 경우에는 소집일 5일 전까지 회의의 목적·일시 및 장소 등을 임차인에게 알리거나 공고하여야 한다.

⑧ 임차인대표회의는 그 회의에서 의결한 사항, 임대사업자와의 협의결과 등 주요 업무의 추진 상황을 지체 없이 임차인에게 알리거나 공고하여야 한다.

⑨ 임차인대표회의는 회의를 개최하였을 때에는 회의록을 작성하여 보관하고, 임차인이 회의록의 열람을 청구하거나 자기의 비용으로 복사를 요구할 경우에는 그에 따라야 한다.

제43조(특별수선충당금의 요율 및 사용 절차 등) ① 법 제53조제1항에 따른 민간임대주택의 임대사업자는 해당 민간임대주택(제41조제3항 각 호의 공동주택으로 한정한다)의 공용부분, 부대시설 및 복리시설(분양된 시설은 제외한다)에 대한 장기수선계획(「공동주택관리법」 제29조에 따른 장기수선계획을 말한다. 이하 같다)을 수립하여 「주택법」 제49조에 따른 사용검사 신청 시 함께 제출하여야 하며, 임대기간 중 해당 민간임대주택단지에 있는 관리사무소에 장기수선계획을 갖춰 놓아야 한다. <개정 2016.8.11.>

② 제1항에 따른 장기수선계획은 국토교통부령으로 정하는 기준에 따라야 한다.

③ 제1항에 따라 장기수선계획을 수립하여야 하는 민간임대주택의 임대사업자는 법 제53조제1항에 따른 특별수선충당금(이하 "특별수선충당금"이라 한다)을 사용검사일 또는 임시사용승인일부터 1년이 지난 날이 속하는 달부터 「주택법」 제15조제1항에 따른 사업계획승인 당시 표준 건축비의 1만분의 1의 요율로 매달 적립하여야 한다. <개정 2016.8.11.>

④ 특별수선충당금은 임대사업자와 해당 민간임대주택의 소재지를 관할하는 시장·군수·구청장의 공동 명의로 금융회사 등에 예치하여 따로 관리하여야 한다.

⑤ 임대사업자는 특별수선충당금을 사용하려면 미리 해당 민간임대주택의 소재지를 관할하는 시장·군수·구청장과 협의하여야 한다.

⑥ 시장·군수·구청장은 국토교통부령으로 정하는 방법에 따라 임대사업자의 특별수선충당금 적립 여부, 적립금액 등을 관할 시·도지사에게 보고하여야 하며, 시·도지사는 시장·군수·구청장의 보고를 종합하여 국토교통부장관에게 보고하여야 한다.

⑦ 제1항부터 제6항까지에서 규정한 사항 외에 특별수선충당금의 사용 방법, 세부 사용 절차, 그 밖에 필요한 사항은 장기수선

계획으로 정한다.

제44조(임대주택분쟁조정위원회의 구성 등) ① 법 제55조제1항에 따른 임대주택분쟁조정위원회(이하 "조정위원회"라 한다)의 위원장을 제외한 위원은 다음 각 호의 어느 하나에 해당하는 사람 중에서 해당 시장·군수·구청장이 성별을 고려하여 임명하거나 위촉한다. 이 경우 공무원이 아닌 위원이 6명 이상이 되어야 한다. <개정 2016.8.11.>

1. 법학, 경제학이나 부동산학 등 주택 분야와 관련된 학문을 전공한 사람으로서 「고등교육법」 제2조제1호·제2호 또는 제5호에 따른 학교에서 조교수 이상으로 1년 이상 재직한 사람 1명 이상
2. 변호사, 회계사, 감정평가사 또는 세무사로서 1년 이상 근무한 사람 1명 이상
3. 「공동주택관리법」 제67조제2항에 따른 주택관리사가 된 후 관련 업무에 3년 이상 근무한 사람 1명 이상
4. 국가 또는 다른 지방자치단체에서 민간임대주택 또는 공공임대주택 사업의 인·허가 등 관련 업무를 수행하는 5급 이상 공무원으로서 해당 기관의 장이 추천한 사람 또는 해당 지방자치단체에서 민간임대주택 또는 공공임대주택 사업의 인·허가 등 관련 업무를 수행하는 5급 이상 공무원 1명 이상
5. 한국토지주택공사 또는 지방공사에서 민간임대주택 또는 공공임대주택 사업 관련 업무에 종사하고 있는 임직원으로서 해당 기관의 장이 추천한 사람 1명 이상

② 조정위원회의 부위원장은 위원 중에서 호선(互選)한다.

③ 공무원이 아닌 위원의 임기는 2년으로 하되, 두 차례만 연임할 수 있다.

④ 위원의 제척·기피·회피 및 위촉위원의 해촉에 관하여는 제28조 및 제29조를 준용한다.

제45조(회의) ① 조정위원회의 회의는 위원장이 소집한다.

② 위원장은 회의 개최일 2일 전까지 회의와 관련된 사항을 위원에게 알려야 한다.

③ 조정위원회의 회의는 재적위원 과반수의 출석으로 개의(開議)하고, 출석위원 과반수의 찬성으로 의결한다.

④ 위원장은 조정위원회의 사무를 처리하도록 하기 위하여 해당 지방자치단체에서 민간임대주택 또는 공공임대주택 관련 업무를 하는 직원 중 1명을 간사로 임명하여야 한다.

⑤ 간사는 조정위원회의 회의록을 작성하여 「공공기록물 관리에 관한 법률」에 따라 보존하되, 그 회의록에는 다음 각 호의 사항이 포함되어야 한다.

1. 회의 개최 일시와 장소
2. 출석위원의 서명부
3. 회의에 상정된 안건 및 회의결과
4. 그 밖에 논의된 주요 사항

⑥ 조정위원회의 회의에 참석한 위원에게는 예산의 범위에서 수당과 여비 등을 지급할 수 있다. 다만, 공무원인 위원이 소관 업무와 직접적으로 관련되어 조정위원회에 출석하는 경우에는 그러하지 아니하다.

⑦ 조정위원회는 해당 민간임대주택 또는 공공임대주택의 분쟁을 조정하기 위하여 필요한 자료를 임대사업자 또는 공공주택사업자에게 요청할 수 있다.

제46조(분쟁조정 사항) 법 제56조제1항제4호에서 "대통령령으로 정하는 사항"이란 다음 각 호의 어느 하나에 해당하는 임대사업자의 민간임대주택에 대한 분양전환, 주택관리, 주택도시기금 융자금의 변제 및 임대보증금 반환 등에 관한 사항을 말한다.

1. 발행한 어음 및 수표를 기한까지 결제하지 못하여 어음교환소로부터 거래정지 처분을 받은 임대사업자
2. 「주택도시기금법」에 따른 주택도시기금 융자금에 대한 이자를 6개월을 초과하여 내지 아니한 임대사업자
3. 법 제49조제1항에 따라 임대보증금에 대한 보증에 가입하여야 하는 임대사업자로서 임대보증금에 대한 보증의 가입 또는 재가입이 거절된 이후 6개월이 지난 자
4. 모회사(「상법」 제342조의2에 따른 모회사를 말한다)가 제1호의 처분을 받은 경우로서 자기자본 전부가 잠식된 임대사업자

제47조(운영세칙) 이 영에 규정된 사항 외에 조정위원회의 회의·운영 등에 필요한 사항은 조정위원회의 의결을 거쳐 위원장이 정한다.

제6장 보칙

제48조(협회 설립 발기인) 법 제59조제1항에서 "대통령령으로 정하는 수"란 다음 각 호의 구분에 따른 수를 말한다.
1. 임대사업자단체: 5인
2. 주택임대관리업자단체: 10인

제49조(자료의 제공) 법 제60조제2항에 따라 시장·군수·구청장과 공공주택사업자가 국토교통부장관에게 제공하여야 하는 정보는 다음 각 호와 같다. <개정 2017.7.11.>
1. 민간임대주택 또는 공공임대주택의 종류, 유형, 면적 등 임대주택에 관한 자료
2. 임대사업자 및 공공주택사업자의 성명 및 주민등록번호(법인인 경우에는 명칭, 대표자의 성명 및 법인등록번호를 말한다)
3. 임차인(같이 거주하는 세대원을 포함한다)의 성명·주민등록번호(공공임대주택만 해당한다)
4. 임대조건 등 임대차계약에 관한 자료
5. 법 제42조제3항에 따라 임대사업자가 신고 시 제출한 서류에 포함된 민간임대주택 공급에 관한 정보
6. 그 밖에 민간임대주택 또는 공공임대주택의 관리에 관하여 국토교통부령으로 정하는 자료

제50조(임대주택정보체계의 구축·운영 등) ① 국토교통부장관은 법 제60조제1항에 따른 정보체계(이하 "정보체계"라 한다)의 구축·운영을 위하여 다음 각 호의 업무를 수행할 수 있다.
1. 민간임대주택 및 공공임대주택에 관한 정보의 수집과 데이터베이스 구축 및 관리
2. 정보체계의 구축·운영에 관한 연구개발 및 기술지원
3. 민간임대주택 및 공공임대주택 관련 정보를 공동으로 이용하기 위한 데이터베이스의 표준화 및 호환시스템의 구축
4. 민간임대주택 또는 공공임대주택 관련 정보를 보유하고 있는 기관 또는 단체와의 연계·협력 및 공동사업의 시행
5. 그 밖에 정보체계의 구축 및 운영에 필요한 사항

② 국토교통부장관은 정보체계 구축을 위하여 관계 중앙행정기관, 지방자치단체, 한국토지주택공사 또는 지방공사의 장이 수집·보유하고 있는 민간임대주택 또는 공공임대주택 관련 정보 및 통계 등의 제출을 요청할 수 있다. 이 경우 요청을 받은 기관의 장은 특별한 사정이 없으면 그 요청에 따라야 한다.

③ 국토교통부장관은 정보체계에 구축되어 있는 정보를 국토교통부 홈페이지를 통하여 임대사업자, 공공주택사업자 또는 일반 국민에게 제공하여야 한다.

④ 제3항에도 불구하고 다음 각 호의 어느 하나에 해당하는 사항은 공개하지 아니할 수 있다. 이 경우 비공개 사유 및 비공개 기간을 공시하여야 하며, 비공개 사유가 해소되거나 비공개 기간이 종료되는 시점에 즉시 공개하여야 한다.
1. 해당 정보에 포함되어 있는 성명, 주민등록번호 등 개인에 관한 사항으로서 공개될 경우 개인의 사생활을 침해할 우려가 있다고 인정되는 사항
2. 그 밖에 공개될 경우 임대주택 정책 및 정보 운영의 공정성을 해칠 우려가 있다고 객관적으로 인정되는 사항

제51조(지방자치단체장의 보고) 법 제61조제4항에 따라 지방자치단체의 장이 국토교통부장관에게 보고하여야 하는 사항은 다음 각 호와 같다.
1. 법 제5조에 따른 민간임대주택 등록실적
2. 민간임대주택 재고
3. 임대료

제52조(업무 위탁) ① 국토교통부장관은 법 제62조제1항에 따라 제50조제1항 각 호의 업무를 한국토지주택공사에 위탁할 수 있다.

② 국토교통부장관은 제1항에 따라 위탁을 한 경우에는 그 사실을 관보에 고시하여야 한다.

제53조(규제의 재검토) 국토교통부장관은 다음 각 호의 사항에 대하여 다음 각 호의 기준일을 기준으로 3년마다(매 3년이 되는 해의 기준일과 같은 날 전까지를 말한다) 그 타당성을 검토하여 개선 등의 조치를 하여야 한다.
1. 제3조 및 제4조에 따른 기업형임대사업자의 기준 및 임대사업자의 등록 기준 등: 2016년 1월 1일

2. 제34조에 따른 민간임대주택의 임대의무 기간 등: 2016년 1월 1일
3. 제43조에 따른 특별수선충당금의 요율 및 사용 절차 등: 2016년 1월 1일

제54조(고유식별정보의 처리) ① 국토교통부장관(법 제62조 및 이 영 제52조에 따라 국토교통부장관의 업무를 위탁받은 자를 포함한다), 시·도지사 또는 시장·군수·구청장은 다음 각 호의 사무를 수행하기 위하여 불가피한 경우 「개인정보 보호법 시행령」 제19조에 따른 주민등록번호, 여권번호 또는 외국인등록번호가 포함된 자료를 처리할 수 있다. <개정 2017.3.27.>
1. 법 제5조에 따른 임대사업자의 등록에 관한 사무
2. 법 제6조에 따른 임대사업자 등록의 말소에 관한 사무
3. 법 제7조에 따른 주택임대관리업의 등록에 관한 사무
4. 법 제23조제3항 및 제34조제1항에 따른 토지소유자 동의서 확인
5. 법 제43조 및 이 영 제34조에 따른 임대주택 양도 신고의 접수
6. 법 제46조에 따른 임대차계약의 신고에 관한 사무
7. 법 제59조제1항에 따른 협회의 설립 인가
8. 법 제60조에 따른 자료 및 정보의 수집 등

② 법 제42조제1항에 따라 임대사업자(국토교통부장관이 지정·고시하는 입주자저축 전산관리업무 담당기관으로서 임대사업자로부터 임차인선정업무의 대행을 의뢰받은 기관을 포함한다)는 임차인 선정을 위하여 불가피한 경우 「개인정보 보호법 시행령」 제19조제1호, 제2호 또는 제4호에 따른 주민등록번호, 여권번호 또는 외국인등록번호가 포함된 자료를 처리할 수 있다. <개정 2017.9.19.>

제7장 벌칙

제55조(과태료의 부과기준) 법 제67조에 따른 과태료의 부과기준은 별표 3과 같다.

부칙

<대통령령 제28323호, 2017.9.19..>

제1조(시행일) 이 영은 공포한 날부터 시행한다.

제2조(기업형임대주택 공급촉진지구의 최소 면적기준에 관한 적용례) 제18조제1항제3호의 개정규정은 이 영 시행 이후 법 제22조에 따라 기업형임대주택 공급촉진지구를 지정하는 경우부터 적용한다.

제3조(민간임대주택의 임대의무기간 산정시점에 관한 적용례) 제34조제1항제3호의 개정규정은 이 영 시행 이후 법 제5조제3항 본문에 따라 변경신고를 하는 경우부터 적용한다.

민간임대주택에 관한 특별법 시행규칙

(약칭: 민간임대주택법 시행규칙)

[시행 2017.9.19.]
[국토교통부령 제446호, 2017.9.19., 일부개정]

제1조(목적) 이 규칙은「민간임대주택에 관한 특별법」및 같은 법 시행령에서 위임된 사항과 그 시행에 필요한 사항을 규정함을 목적으로 한다.

제2조(임대사업자의 등록 등) ①「민간임대주택에 관한 특별법」(이하 "법"이라 한다) 제5조제1항 및 같은 법 시행령 제4조제3항에 따라 임대사업자로 등록하려는 자는 별지 제1호서식의 임대사업자 등록신청서에 다음 각 호의 서류를 첨부하여 특별자치시장, 특별자치도지사, 시장, 군수 또는 자치구청장(이하 "시장·군수·구청장"이라 한다)에게 제출하여야 한다. 이 경우「재외국민등록법」제2조에 따른 재외국민(이하 "재외국민"이라 한다)이나「외국인토지법」제2조에 따른 외국인(이하 "외국인"이라 한다)인 경우에는 민간임대주택의 소재지를 관할하는 시장·군수·구청장에게 제출하여야 한다.

1. 「민간임대주택에 관한 특별법 시행령」(이하 "영"이라 한다) 제4조제1항제2호가목의 경우: 주택사업계획승인서 사본
2. 영 제4조제1항제2호다목의 경우: 매매계약서 사본
3. 영 제4조제1항제2호라목의 경우: 분양계약서 사본. 다만,「주택공급에 관한 규칙」제32조제1항에 따라 주택을 우선공급 받으려는 경우에는 등록일부터 6개월 이내에 매입 또는 분양계약서를 제출할 수 있다.
4. 영 제4조제1항제3호가목의 경우: 주택건설사업자 등록증 사본
5. 영 제4조제1항제3호나목의 경우: 부동산투자회사 영업인가증 사본
6. 영 제4조제1항제3호다목의 경우: 투자회사임을 확인할 수 있는 서류 사본
7. 영 제4조제1항제3호라목의 경우: 집합투자기구임을 확인할 수 있는 서류 사본
8. 영 제4조제1항제3호마목의 경우: 고용자임을 확인할 수 있는 서류 사본
9. 영 제4조제1항제4호의 경우: 법 제22조에 따라 기업형임대주택 공급촉진지구(이하 "촉진지구"라 한다)를 지정할 수 있는 자(이하 "지정권자"라 한다)가 제10조제3항에 따라 촉진지구 지정제안서를 수용하여 통지한 서류 등 영 제3조제1호에 따른 호수 또는 세대수 이상의 민간임대주택을 임대하고 있거나 임대할 계획임을 입증할 수 있는 서류 사본
10. 신청인이 법인 아닌 사단·재단인 경우: 정관, 그 밖의 규약 및 대표자 또는 관리인임을 증명하는 서류
11. 신청인이 재외국민인 경우: 재외국민등록증 사본

② 제1항에 따른 신청서를 받은 시장·군수·구청장은「전자정부법」제36조제1항에 따른 행정정보의 공동이용을 통하여 다음 각 호의 정보를 확인하여야 한다. 다만, 신청인이 제1호, 제3호, 제4호(외국인등록 사실증명서만 해당한다) 및 제7호의 규정에 따른 정보의 확인에 동의하지 아니하는 경우에는 해당 서류 또는 그 사본을 첨부하도록 하여야 한다. <개정 2017.7.11., 2017.9.19.>

1. 신청인이 개인인 경우: 주민등록표 초본
2. 신청인이 법인인 경우: 법인 등기사항증명서
3. 신청인이 재외국민인 경우: 여권정보
4. 신청인이 외국인인 경우:「출입국관리법」제88조에 따라 발급된 외국인등록 사실증명서 또는 법인 등기사항증명서(법인만 해당한다)
5. 등록대상 주택이 영 제2조의2의 주택인 경우:「건축물대장의 기재 및 관리 등에 관한 규칙」제2조제10호에 따른 건축물현황도
6. 영 제4조제1항제1호의 경우: 건물등기사항증명서
7. 영 제4조제1항제2호나목의 경우: 건축허가서

③ 영 제4조제4항에 따른 등록대장 및 등록증은 각각 별지 제2호서식 및 별지 제3호서식과 같다.

④ 시장·군수·구청장은 영 제4조제4항에 따라 임대사업자 등록증을 발급한 때에는 그 사실을 지체 없이 해당 민간임대주택의 소재지를 관할하는 시장·군수·구청장에게 통보하여야 한다.

⑤ 제3항에 따른 임대사업자 등록대장은 전자적 처리가 불가능한 특별한 사유가 없으면 전자적

처리가 가능한 방법으로 작성·관리하여야 한다.

제3조(임대사업자의 등록 변경 등) ① 임대사업자는 법 제5조제3항 및 영 제4조제6항에 따라 등록사항 변경신고를 할 때에는 별지 제4호서식의 임대사업자 등록사항 변경신고서에 변경사항을 증명할 수 있는 서류를 첨부하여 시장·군수·구청장에게 제출하여야 한다.

② 제1항에 따른 변경신고서를 받은 시장·군수·구청장은 「전자정부법」 제36조제1항에 따른 행정정보의 공동이용을 통하여 다음 각 호의 정보를 확인하여야 한다. 다만, 신청인이 제1호 및 제5호의 규정에 따른 정보의 확인에 동의하지 아니하는 경우에는 해당 서류 또는 그 사본을 첨부하도록 하여야 한다. <개정 2017.9.19.>

1. 신고인인 개인인 경우: 사업자등록증명
2. 신고인인 법인인 경우: 법인 등기사항증명서
3. 건물등기사항증명서
4. 건축물대장
5. 주민등록표 초본

③ 법 제5조제3항에서 "임대주택 면적을 10퍼센트 이하의 범위에서 증축하는 등 국토교통부령으로 정하는 경미한 사항"이란 민간임대주택 면적을 다음 각 호의 구분에 따른 해당 민간임대주택의 규모 구간을 벗어나지 아니하는 범위에서 10퍼센트 이하로 증축하는 것을 말한다.

1. 40제곱미터 이하
2. 40제곱미터 초과 60제곱미터 이하
3. 60제곱미터 초과 85제곱미터 이하
4. 85제곱미터를 초과

④ 시장·군수·구청장은 영 제4조제6항에 따라 임대사업자 등록사항을 변경한 때에는 그 사실을 지체 없이 해당 민간임대주택의 소재지를 관할하는 시장·군수·구청장에게 통보하여야 한다.

제4조(임대사업자 등록의 말소) ① 법 제5조제3항 또는 법 제6조제1항제3호에 따라 임대사업자 등록을 말소하려는 자는 별지 제5호서식의 임대사업자 등록말소 신고서(신청서)에 등록말소 대상임을 증명할 수 있는 서류를 첨부하여 시장·군수·구청장에게 제출하여야 한다.

② 제1항에 따라 신고서(신청서)를 받은 시장·군수·구청장은 「전자정부법」 제36조제1항에 따른 행정정보의 공동이용을 통하여 다음 각 호의 정보를 확인하여야 한다. 다만, 신고인(신청인)이 제1호 및 제5호의 규정에 따른 정보의 확인에 동의하지 아니하는 경우에는 해당 서류 또는 그 사본을 첨부하도록 하여야 한다. <개정 2017.9.19.>

1. 신고인(신청인)인 개인인 경우: 사업자등록증명
2. 신고인(신청인)인 법인인 경우: 법인 등기사항증명서
3. 건물등기사항증명서
4. 건축물대장
5. 주민등록표 초본. 다만, 신청인이 직접 신청서를 제출하는 경우에는 주민등록증 등 신분증명서의 제시로 갈음한다.

③ 시장·군수·구청장은 법 제5조제3항 및 법 제6조제9항에 따라 임대사업자 등록을 말소한 때에는 별지 제6호서식의 임대사업자 처분대장에 적고, 그 사실을 지체 없이 해당 민간임대주택의 소재지를 관할하는 시장·군수·구청장에게 통보하여야 한다.

④ 제3항에 따른 통보를 받은 시장·군수·구청장은 임대사업자 등록 말소 사실을 별지 제6호서식의 임대사업자 처분대장에 적어 관리하여야 한다.

⑤ 제3항 및 제4항에 따른 임대사업자 처분대장은 전자적 처리가 불가능한 특별한 사유가 없으면 전자적 처리가 가능한 방법으로 적어 관리하여야 한다.

제5조(주택임대관리업의 등록신청) ① 법 제7조제1항 및 영 제6조제2항에 따라 주택임대관리업을 등록하려는 자는 별지 제7호서식의 주택임대관리업 등록신청서에 다음 각 호의 서류를 첨부하여 시장·군수·구청장에게 제출하여야 한다.

1. 영 별표 1 제1호에 따른 자본금 요건을 증명하는 다음의 구분에 따른 서류
   가. 신청인이 법인인 경우: 납입자본금에 관한 증명서
   나. 신청인이 개인인 경우: 자산평가서와 그 증명서
2. 영 별표 1 제2호에 따른 전문인력 요건을 증명하는 서류
3. 영 별표 1 제3호에 따른 사무실 확보를 증명하는 서류(건물 임대차 계약서 사본 등 사용에 관한 권리를 증명하는 서류를 포함한다)
4. 재외국민등록증 사본(신청인이 재외국

민인 경우만 해당한다)

② 제1항에 따라 주택임대관리업 등록신청서를 제출받은 시장·군수·구청장은 「전자정부법」 제36조제1항에 따른 행정정보의 공동이용을 통하여 다음 각 호의 정보를 확인하여야 한다. 다만, 신청인이 제1호, 제3호 및 제4호의 규정에 따른 정보의 확인에 동의하지 아니하는 경우에는 해당 서류 또는 그 사본을 첨부하도록 하여야 한다. <개정 2017.9.19.>

1. 신청인이 개인인 경우: 주민등록표 초본
2. 신청인이 법인인 경우: 법인 등기사항증명서
3. 신청인이 재외국민인 경우: 여권정보
4. 신청인이 외국인인 경우: 외국인등록 사실증명서
5. 건물 등기사항증명서

③ 영 제6조제3항에 따른 등록대장 및 등록증은 각각 별지 제8호서식 및 별지 제9호서식과 같다.

④ 제3항에 따른 주택임대관리업 등록대장은 전자적 처리가 불가능한 특별한 사유가 없으면 전자적 처리가 가능한 방법으로 작성·관리하여야 한다.

제6조(주택임대관리업의 변경신고 등) ① 주택임대관리업자는 법 제7조제3항 및 영 제6조제4항에 따라 변경신고를 하려는 경우에는 별지 제10호서식의 주택임대관리업 등록사항 변경신고서에 변경내용을 증명하는 서류 및 제5조제3항에 따른 주택임대관리업 등록증을 첨부하여 시장·군수·구청장에게 제출하여야 한다.

② 주택임대관리업자는 법 제7조제3항 및 영 제6조제4항에 따라 주택관리업을 폐업하려는 경우에는 별지 제11호서식의 주택임대관리업 말소 신고서에 말소사항을 증명할 수 있는 서류를 첨부하여 시장·군수·구청장에게 제출하여야 한다.

③ 제1항 및 제2항에 따라 신고를 받은 시장·군수·구청장은 변경내용을 확인한 후 별지 제8호서식의 주택임대관리업 등록대장에 그 내용을 기록하여야 한다.

④ 법 제7조제3항에서 "자본금의 증가 등 국토교통부령으로 정하는 경미한 사항"이란 자본금 또는 전문인력의 수가 증가한 경우를 말한다.

제7조(과징금의 부과 및 납부) ① 시장·군수·구청장은 법 제10조제2항에 따라 과징금을 부과하려는 경우에는 그 위반행위의 종별과 과징금의 금액을 명시하여 납부할 것을 서면으로 통지하여야 한다.

② 제1항에 따라 통지를 받은 자는 통지를 받은 날부터 30일 이내에 과징금을 시장·군수·구청장이 정하는 수납기관에 납부하여야 한다. 다만, 천재지변 그 밖의 부득이한 사유로 인하여 그 기간 내에 과징금을 납부할 수 없는 때에는 그 사유가 해소된 날부터 7일 이내에 납부하여야 한다.

③ 과징금 수납기관은 과징금을 납부한 자에게 영수증을 교부하여야 한다.

④ 과징금 수납기관은 과징금을 수납한 때에는 지체 없이 그 사실을 시장·군수·구청장에게 통보하여야 한다.

제8조(주택임대관리업 현황 신고) 법 제12조제1항 전단에 따른 현황 신고를 하려는 주택임대관리업자는 별지 제12호서식의 주택임대관리업 현황 신고서를 시장·군수·구청장에게 제출하여야 한다.

제9조(촉진지구 사전기초조사) ① 법 제23조제3항에 따라 촉진지구의 지정을 제안하려는 자(이하 "촉진지구 지정제안자"라 한다)는 다음 각 호의 사항에 대하여 조사하여 별지 제13호서식의 촉진지구 사전기초조사서를 작성하여야 한다.

1. 촉진지구로 지정하려는 지역과 생활권이 같은 지역의 인구변동 상황 및 추이
2. 촉진지구로 지정하려는 지역의 인구, 토지이용, 지장물 및 각종 개발사업 현황
3. 주변지역의 교통 현황
4. 풍수해, 산사태, 지반 붕괴, 그 밖의 재해의 발생빈도 및 현황
5. 「국토의 계획 및 이용에 관한 법률」에 따른 광역도시계획, 도시·군기본계획 등 상위계획에 관한 사항
6. 문화재 현황
7. 공원 및 녹지 현황

② 촉진지구 지정제안자는 촉진지구 사전기초조사서를 작성하기 위하여 관계 행정기관, 지방자치단체, 「공공기관의 운영에 관한 법률」에 따른 공공기관(이하 "공공기관"이라 한다) 및 그 밖의 관계 기관의 장에게 협조를 요청할 수 있다.

제10조(촉진지구 지정제안서 제출서류 등) ① 촉진지구 지정제안자는 별지 제14호서식의 촉진지

구 지정제안서에 다음 각 호의 서류 및 도면을 첨부하여 지정권자에게 제출하여야 한다.

1. 개략적인 사업계획서
2. 촉진지구 사전기초조사서(사전기초조사서 작성을 위한 관련 서류를 포함한다)
3. 편입농지 및 임야 현황에 관한 조사서류
4. 해당 지역의 현황 사진
5. 수용하거나 사용할 「공익사업을 위한 토지 등의 취득 및 보상에 관한 법률」 제3조에서 정하는 토지·물건 및 권리의 소재지, 지번, 지목, 면적, 소유권 및 소유권 외의 권리의 명세와 그 소유자 및 권리자의 성명(법인인 경우에는 명칭을 말한다) 및 주소를 적은 서류
6. 법 제23조제3항에 따른 토지소유자 동의서
7. 「환경영향평가법」에 따른 전략환경영향평가 관련 자료(전략환경영향평가 협의 대상지역인 경우만 해당한다)
8. 「자연재해대책법」에 따른 사전재해영향성검토 관련 자료(사전재해영향성검토 대상지역인 경우만 해당한다)
9. 촉진지구 주변의 광역교통체계 관련 자료(촉진지구 예정면적이 100만제곱미터 이상인 경우만 해당한다)
10. 도시·군기본계획의 변경에 필요한 서류(도시·군기본계획 변경이 필요한 경우만 해당한다)
11. 축척 2만5천분의 1 또는 5만분의 1인 위치도
12. 촉진지구의 경계와 그 결정 사유를 표시한 축척 5천분의 1인 지형도
13. 토지이용 현황과 지장물 현황을 명시한 축척 5천분의 1인 지형도 또는 지적도
14. 편입 토지 현황 도면
15. 토지이용계획 도면

② 지정권자는 촉진지구 사전기초조사서의 내용을 확인하기 위하여 시장·군수·구청장 또는 법 제23조제1항제2호에 해당하는 자에게 조사를 요청할 수 있다. 이 경우 시장·군수·구청장은 정당한 사유가 없으면 요청에 따라야 한다.

③ 제1항에 따라 제안서를 제출받은 지정권자는 「전자정부법」 제36조제1항에 따른 행정정보의 공동이용을 통하여 지적도 및 임야도를 확인하고 현지조사 등을 통하여 공급촉진지구 지정제안서 수용 여부를 결정한 후 촉진지구 지정제안자에게 그 결과를 통지하여야 한다.

④ 법 제23조제1항에 따라 지정된 기업형임대주택사업의 시행자(이하 "시행자"라 한다)는 같은 조 제4항에 따라 촉진지구의 변경을 제안하려면 제안서에 촉진지구의 변경에 필요한 서류 및 도면을 첨부하여 지정권자에게 제출하여야 하며, 촉진지구의 해제를 제안하려면 제안서에 해제 사유서를 첨부하여 제출하여야 한다.

⑤ 제1항부터 제4항까지에서 규정한 사항 외에 촉진지구의 제안에 관한 세부 절차 등은 국토교통부장관이 정한다.

제11조(동의면적의 산정방법 등) ① 법 제23조제3항에 따른 동의면적의 산정방법은 다음 각 호와 같다.

1. 토지 소유권을 공유하는 경우: 다른 공유자의 동의를 받은 대표 공유자 1명을 해당 토지소유자로 보며, 대표 공유자의 동의는 해당 토지면적 전체에 대한 동의로 산정한다. 다만, 「집합건물의 소유 및 관리에 관한 법률」 제2조제6호에 따른 대지사용권(소유권인 경우로 한정하고, 이하 "대지사용권"이라 한다)을 가지고 있는 자(같은 조 제2호에 따른 구분소유자를 말한다)의 동의는 해당 공유지분 면적에 대한 동의로 산정한다.
2. 지상권이 설정된 토지의 경우: 지상권을 가진 자와 그 토지의 소유권을 가진 자의 동의는 각각 해당 지상권이 설정된 토지면적의 2분의 1에 해당하는 토지에 대한 동의로 산정한다. 이 경우 지상권자가 여럿인 경우에는 대표 지상권자 1명을 해당 토지에 대한 지상권자로 본다.
3. 촉진지구의 경계에 걸쳐 있는 토지의 경우: 촉진지구 안의 토지만을 동의면적으로 계산한다.
4. 법 제23조제3항에 따라 촉진지구의 지정이 제안된 이후 토지소유자또는 지상권자가 변경된 경우: 기존 토지소유자 또는 지상권자의 동의서를 기준으로 한다.

② 제1항에 따라 동의대상자는 소유한 토지 전부에 대하여 동의 또는 부동의를 할 수 있으며, 일부 토지에 대한 부분 동의는 인정하지 아니한다.

③ 제1항에 따라 동의를 한 자는 촉진지구 지정제안자가 지정권자에게 제안서를 제출한 후에는 동의를 철회할 수 없으며, 제안서 제출 전에 동의를 철회할 때에는 내용증명우편으로 철회하여야 한다.

④ 법 제23조제3항에 따라 동의 또는 철회를 하는 자는 다음 각 호의 구분에 따른 신청서에 주민등록증 사본, 여권 사본, 운전면허증

사본 등 신분을 증명할 수 있는 서류(「개인정보 보호법 시행령」 제19조 각 호에 해당하는 고유식별정보를 제외한 성명·생년월일만 포함된 서류를 말한다)를 첨부하여 촉진지구 지정제안자에게 제출하여야 한다. 이 경우 동의 또는 철회를 하는 자가 법인인 경우에는 다음 각 호의 구분에 따른 신청서에 법인의 인감도장을 날인하고, 법인인감증명서를 첨부하여야 한다. <개정 2017.9.19.>

1. 동의할 경우: 별지 제15호서식의 동의서
2. 동의를 철회할 경우: 별지 제16호서식의 동의철회서
3. 공유토지의 대표자 지정을 동의하는 경우: 별지 제17호서식의 대표자 지정 동의서

제12조(간이공작물 등) ① 영 제22조제3항제2호에서 "국토교통부령으로 정하는 간이공작물"이란 다음 각 호의 공작물을 말한다.

1. 비닐하우스
2. 양잠장
3. 고추, 잎담배, 김 등 농림수산물의 건조장
4. 버섯재배사
5. 종묘배양장
6. 퇴비장
7. 탈곡장
8. 그 밖에 제1호부터 제7호까지의 공작물과 유사한 것으로서 지정권자가 인정하는 공작물

② 영 제22조제4항에 따른 신고서는 별지 제18호서식과 같다.

제13조(주거지역에서의 촉진지구 지정 제안) ① 영 제30조제2항제6호에서 "국토교통부령으로 정하는 서류"란 다음 각 호의 서류를 말한다.

1. 촉진지구 사전기초조사서(사전기초조사서 작성을 위한 관련 서류를 포함한다)
2. 촉진지구 현황사진
3. 축척 2만5천분의 1 또는 5만분의 1인 위치도
4. 촉진지구의 경계와 그 결정 사유를 표시한 축척 5천분의 1인 지형도
5. 토지이용 현황과 지장물 현황을 명시한 축척 5천분의 1인 지형도 또는 지적도
6. 편입 토지 현황 도면
7. 토지이용계획 도면

② 시행자는 법 제33조제3항에 따라 촉진지구의 변경을 제안하려면 제10조제1항에 따른 촉진지구 지정제안서에 촉진지구의 변경에 필요한 자료를 첨부하여 지정권자에게 제출하여야 한다.

제13조의2(토지 등의 수용·사용 동의서 등) ① 영 제30조의2제4항에서 "국토교통부령으로 정하는 동의서 또는 동의철회서"란 각각 별지 제18호의2서식의 동의서 및 별지 제16호서식의 동의철회서를 말한다.

② 영 제30조의2제4항에서 "국토교통부령으로 정하는 서류"란 다음 각 호의 구분에 따른 서류를 말한다.

1. 토지 소유자가 영 제30조의2제2항제1호 본문에 따라 다른 공유자의 동의를 받은 대표공유자인 경우 다음 각 목의 서류
   가. 별지 제17호서식의 대표자 지정 동의서
   나. 주민등록증 사본, 여권 사본, 운전면허증 사본 등 대표 공유자 및 다른 공유자의 신분을 증명할 수 있는 서류(「개인정보 보호법 시행령」 제19조 각 호에 해당하는 고유식별정보를 제외한 성명·생년월일만 포함된 서류를 말한다. 이하 이 조에서 같다)
2. 제1호에 해당하지 아니하는 경우로서 토지 소유자가 개인인 경우: 주민등록증 사본, 여권 사본, 운전면허증 사본 등 신분을 증명할 수 있는 서류
3. 제1호에 해당하지 아니하는 경우로서 토지 소유자가 법인인 경우: 법인인감증명서

[본조신설 2017.7.11.]

제14조(수의계약 대상 토지면적) 시행자는 영 제32조제5항제3호에 따라 토지를 수의계약의 방법으로 공급할 때에는 1세대당 1필지를 기준으로 하여 1필지당 140제곱미터 이상 330제곱미터 이하의 규모로 공급하여야 한다. 다만, 해당 촉진지구의 단독주택건설용지를 각 필지로 분할한 후 남은 단독주택건설용지의 규모가 140제곱미터 미만인 경우로서 계획여건상 불가피한 경우에는 140제곱미터 미만의 규모로 공급할 수 있다.

제14조의2(민간임대주택 공급 신고) ① 영 제33조의2에서 "국토교통부령으로 정하는 신고서"란 별지 제18호의3서식의 신고서를 말한다.

② 영 제33조의2에서 "국토교통부령으로 정

하는 서류"란 다음 각 호의 서류를 말한다.
1. 다음 각 목의 사항이 포함된 임차인 모집계획안
   가. 민간임대주택 공급 현황 및 임대 조건
   나. 임차인의 자격 및 선정방법
   다. 토지임대계약서·토지사용승낙서 등 토지 확보 현황을 증명할 수 있는 서류(토지를 임차하여 건설된 민간임대주택 또는 토지의 소유권을 확보하지 못한 경우만 해당한다)
   라. 토지 및 주택에 설정된 소유권 외의 권리의 명세
2. 신고대상 주택이 법 제49조제1항에 따른 임대보증금에 대한 보증 가입 대상에 해당하는 경우 해당 보증계약의 보증서

③ 영 제33조의2에 따라 제1항의 신고서를 제출받은 시장·군수·구청장은 「전자정부법」 제36조제1항에 따른 행정정보의 공동이용을 통하여 신고대상 민간임대주택의 토지등기사항증명서 및 건물등기사항증명서를 확인하여야 한다.

④ 시장·군수·구청장은 제1항의 신고서를 접수받은 날부터 7일 이내에 별지 제18호의3서식의 신고 증명서를 발급하여야 한다.

[본조신설 2017.7.11.]

제15조(임대사업자간 민간임대주택 양도 신고) ① 임대사업자는 법 제43조제2항에 따라 민간임대주택을 다른 임대사업자(해당 민간임대주택을 양수하여 주택임대사업을 하려는 자를 포함한다)에게 양도하려는 경우에는 별지 제19호서식의 민간임대주택 양도신고서를 시장·군수·구청장에게 제출하여야 한다. 이 경우 시장·군수·구청장은 「전자정부법」 제36조제1항에 따른 행정정보의 공동이용을 통하여 해당 민간임대주택의 등기사항증명서 및 민간임대주택을 양수하는 자(해당 민간임대주택을 양수하여 주택임대사업을 하려는 자는 제외한다)의 임대사업자 등록증을 확인하여야 하며, 신고인이 임대사업자 등록증의 확인에 동의하지 아니하는 경우에는 해당 서류를 첨부하도록 하여야 한다.

② 제1항에 따른 신고를 한 임대사업자는 신고서 처리일부터 30일 이내에 매매계약서 사본을 시장·군수·구청장에게 제출하여야 한다. 이 경우 담당 공무원은 「전자정부법」 제36조제1항에 따른 행정정보의 공동이용을 통하여 해당 민간임대주택의 등기사항증명서 및 민간임대주택을 양도한 자와 양수한 자의 임대사업자 등록증을 확인하여야 하며, 신고인이 임대사업자 등록증의 확인에 동의하지 아니하는 경우에는 해당 서류를 첨부하도록 하여야 한다.

③ 제1항에 따라 민간임대주택 양도신고를 받은 시장·군수·구청장은 즉시 해당 민간임대주택의 임차인에게 임대사업자가 변경된다는 것을 알려 주어야 한다.

제16조(임대의무기간 경과 후 민간임대주택 양도 신고) 임대사업자는 법 제43조제3항에 따라 임대의무기간이 지난 후 민간임대주택을 양도하려는 경우에는 별지 제19호서식의 민간임대주택 양도신고서를 시장·군수·구청장에게 제출하여야 한다. 이 경우 시장·군수·구청장은 「전자정부법」 제36조제1항에 따른 행정정보의 공동이용을 통하여 해당 민간임대주택의 등기사항증명서를 확인하여야 한다.

제17조(민간임대주택의 양도 허가신청) ① 임대사업자는 법 제43조제4항에 따른 민간임대주택 양도 허가를 받으려는 경우에는 별지 제20호서식의 민간임대주택 양도 허가신청서에 다음 각 호의 서류를 첨부하여 시장·군수·구청장에게 제출하여야 한다. 이 경우 시장·군수·구청장은 「전자정부법」 제36조제1항에 따른 행정정보의 공동이용을 통하여 해당 민간임대주택의 등기사항증명서를 확인하여야 한다.
1. 양도의 구체적인 사유를 적은 서류
2. 양도가격 산정의 근거서류
3. 특별수선충당금 적립통장 사본(법 제53조제1항에 따라 특별수선충당금을 적립하여야 하는 임대사업자만 해당한다)
4. 하자보수보증금 예치증서[공동주택의 사용검사일(주택단지 안의 공동주택의 전부에 대하여 임시사용승인을 얻은 경우를 포함한다)부터 10년 이내인 경우만 해당한다]

② 임대사업자는 법 제43조제4항에 따른 민간임대주택 양도 허가를 받으려는 경우에는 별지 제20호서식의 민간임대주택 양도 허가신청서에 다음 각 호의 서류를 첨부하여 해당 민간임대주택의 소재지를 관할하는 시장·군수·구청장에게 제출하여야 한다. 이 경우 시장·군수·구청장은 「전자정부법」 제36조제1항에 따른 행정정보의 공동이용을 통하여 해당 민간임대주택의 등기사항증명서를 확인하여야 한다. <개정 2017.9.19.>

제18조(임대보증금과 월임대료간 전환) 법 제44조제2항 후단에 따라 임대보증금을 월임대료로 전환하는 경우에는 「주택임대차보호법」 제7조의2에 따라 적용하는 비율을 초과할 수 없다. 월임대료를 임대보증금으로 전환하는 경우에도 또한 같다.

제19조(임대차계약 신고서 등) ① 영 제36조제2항에 따른 임대차계약 신고서 및 같은 조 제4항에 따른 임대차계약 신고증명서는 별지 제21호서식에 따른다. <개정 2017.9.19.>
② 법 제46조제1항 및 영 제36조제1항제4호에 따라 준주택 임대차계약을 신고받은 시장·군수·구청장은 신고된 임차인의 주민등록표 초본을 확인하여야 하며, 임차인의 실제 거주현황을 확인하기 위하여 필요하면 다음 각 호의 자료를 관계 행정기관 및 관련 단체 등에 요청할 수 있다.
1. 전화사용료 납부 확인서
2. 케이블텔레비전 수신료 납부확인서
3. 자녀의 재학증명서
③ 시장·군수·구청장은 제2항에 따라 임차인의 주민등록표 초본을 확인하는 경우 「전자정부법」 제36조제1항에 따른 행정정보의 공동이용을 통하여 확인하여야 하며, 임차인이 확인에 동의하지 아니하는 경우에는 제1항에 따른 신고를 할 때 해당 서류를 첨부하도록 하여야 한다.
④ 임대사업자는 법 제46조제1항에 따라 임대차계약 신고 내용을 변경하는 경우에는 별지 제22호서식의 임대차계약 변경신고서에 표준임대차계약서 사본을 첨부하여 시장·군수·구청장에게 제출하여야 한다. <개정 2017.9.19.>
⑤ 제4항에 따라 변경신고서를 받은 시장·군수·구청장은 변경 내용을 별지 제23호서식의 임대차계약 신고대장에 적고 별지 제22호서식의 임대차계약 변경신고증명서를 신고인에게 발급하여야 한다. <개정 2017.9.19.>
⑥ 제5항에 따른 임대차계약 신고대장은 전자적 처리가 불가능한 특별한 사유가 없으면 전자적 처리가 가능한 방법으로 작성·관리하여야 한다. <개정 2017.9.19.>
[제목개정 2017.9.19.]

제20조(표준임대차계약서) ① 법 제47조제1항에서 "국토교통부령으로 정하는 표준임대차계약서"란 다음 각 호의 구분에 따른 민간임대주택의 표준임대차계약서를 말한다. <개정 2016.8.12.>
1. 「주택법」 제15조에 따라 사업계획승인을 받아 건설한 민간임대주택: 별지 제24호서식의 표준임대차계약서
2. 그 밖의 민간임대주택: 별지 제25호서식의 표준임대차계약서
② 법 제47조제2항제8호에서 "국토교통부령으로 정하는 사항"이란 민간임대주택 양도 가능 시기를 말한다.

제21조(자체관리 인가신청) ① 임대사업자는 법 제51조제3항에 따라 민간임대주택을 자체관리하기 위하여 인가를 받으려는 경우에는 별지 제26호서식의 자체관리 인가신청서에 다음 각 호의 서류를 첨부하여 시장·군수·구청장에게 제출하여야 한다.
1. 영 제41조제4항에 따른 기술인력의 인적사항 및 장비의 명세서
2. 관리 인력의 인적사항에 관한 서류
3. 단지 배치도
② 제1항에 따라 인가신청을 받은 시장·군수·구청장은 인가를 할 때에는 별지 제26호서식의 자체관리인가서를 내주어야 한다.

제22조(관리비 징수 등) ① 법 제51조제5항에 따라 임대사업자가 임차인으로부터 받을 수 있는 관리에 필요한 경비(이하 "관리비"라 한다)는 다음 각 호의 항목에 대한 월별 비용의 합계액으로 하며, 다음 각 호의 항목별 구성 명세는 별표와 같다.
1. 일반관리비
2. 청소비
3. 경비비
4. 소독비
5. 승강기 유지비
6. 난방비
7. 급탕비
8. 수선유지비
9. 지능형 홈네트워크 설비가 설치된 민간임대주택의 경우에는 지능형 홈네트워크 설비 유지비
② 제1항 각 호의 항목에 따른 비용의 세대별 부담액 산정방법은 사용자 부담과 공평한 부담의 원칙에 따라야 한다.
③ 임대사업자는 제1항 각 호의 관리비 외에 어떠한 명목으로도 관리비를 징수할 수 없다.
④ 임대사업자는 임차인이 내야 하는 다음 각 호의 사용료 등을 임차인을 대행하여 징수권자에게 낼 수 있다.

1. 전기료(공동으로 사용하는 시설의 전기료를 포함한다)
2. 수도료(공동으로 사용하는 수도료를 포함한다)
3. 가스 사용료
4. 지역난방방식인 공동주택의 난방비와 급탕비
5. 정화조 오물 수수료
6. 생활 폐기물 수수료

⑤ 임대사업자는 인양기 등의 사용료를 해당 시설의 사용자에게 따로 부과할 수 있다.

⑥ 임대사업자는 제1항 및 제4항에 따라 산정·징수한 관리비와 사용료 등의 징수 및 그 사용명세에 관한 장부를 따로 작성하고 증명자료와 함께 보관하여 임차인 또는 법 제52조에 따른 임차인대표회의(이하 "임차인대표회의"라 한다)가 열람할 수 있게 하여야 한다.

⑦ 제1항 및 제4항에 따라 산정·징수한 관리비와 사용료 등의 징수 및 그 사용명세에 대하여 임대사업자와 임차인간의 다툼이 있을 때에는 임차인(임차인 과반수 이상의 결의가 있는 경우만 해당한다. 이하 이 조에서 같다) 또는 임차인대표회의는 임대사업자로 하여금 「공인회계사법」 제7조제1항에 따라 등록한 공인회계사 또는 같은 법 제23조에 따라 설립된 회계법인(이하 "공인회계사등"이라 한다)으로부터 회계감사를 받고 그 감사결과와 감사보고서를 열람할 수 있도록 갖춰 둘 것을 요구할 수 있다.

⑧ 임차인 또는 임차인대표회의는 시장·군수·구청장에게 공인회계사등의 선정을 의뢰할 수 있다.

⑨ 제7항에 따른 회계감사 비용은 임차인 또는 임차인대표회의가 부담한다.

제23조(민간임대주택의 주요시설의 범위 등) 법 제53조제1항에 따른 주요 시설의 범위, 교체 및 보수시기와 방법 등은 영 제43조제1항에 따라 수립된 장기수선계획에서 정하는 바에 따른다.

제24조(장기수선계획의 수립기준) 영 제43조제2항에서 "국토교통부령으로 정하는 기준"이란 「공동주택관리법 시행규칙」 별표 1에 따른 수립기준을 말한다. <개정 2016.8.12.>

제25조(특별수선충당금 적립 현황 보고) 시장·군수·구청장은 영 제43조제6항에 따라 별지 제27호서식의 특별수선충당금 적립 현황 보고서를 매년 1월 31일과 7월 31일까지 관할 특별시장·광역시장·특별자치시장·도지사 또는 특별자치도지사(이하 "시·도지사"라 한다)에게 제출하여야 하며, 시·도지사는 이를 종합하여 매년 2월 15일과 8월 15일까지 국토교통부장관에게 보고하여야 한다.

제26조(임대주택정보체계 자료 등록) ① 시장·군수·구청장은 법 제60조제2항에 따라 다음 각 호에 따른 등록 또는 신고를 받은 날부터 각각 10일 이내에 영 제49조제1호, 제2호, 제4호 및 제5호의 자료를 정보체계에 등록하여야 한다. 변경등록 또는 변경신고의 경우에도 같다. <개정 2017.7.11.>

1. 법 제5조에 따른 임대사업자의 등록
2. 법 제42조제3항에 따른 민간임대주택 공급신고
3. 법 제46조제1항에 따른 임대차계약 신고

②「공공주택 특별법」 제4조에 따른 공공주택사업자는 법 제60조제2항에 따라 영 제49조 각 호의 자료를 임대차계약 체결일부터 10일 이내에 임대주택정보체계(이하"정보체계"라 한다)에 등록하여야 한다. 임대차계약이 변경된 경우에도 같다.

제27조(검사공무원의 증표) 법 제61조제3항에 따른 증표는 별지 제28호서식과 같다.

제28조(가산금리의 부과 등) ① 시·도지사는 임대사업자가 법 제63조제1항제1호 또는 제2호에 해당하는 것을 확인한 경우 국토교통부장관에게 법 제63조에 따른 가산금리의 부과를 요청할 수 있다. <신설 2017.9.19.>

② 제1항에도 불구하고 시·도지사는 법 제63조제1항제1호에 따른 가산금리 부과 대상 임대사업자가 다음 각 호의 어느 하나에 해당하는 경우에는 가산금리의 부과 요청을 유예할 수 있다. <개정 2017.9.19.>

1. 해당 임대사업자가 영 제46조 각 호의 어느 하나에 해당하는 경우
2. 임차인의 임대보증금이 「주택임대차보호법 시행령」 제10조제1항에 따른 우선변제를 받을 보증금 이하인 경우로서 법 제49조에 따른 보증에 가입하지 아니하는 것을 임차인이 동의한 경우
3. 임대보증금 보증 가입 절차가 진행 중이라고 보증회사에서 인정하는 경우
4. 임대사업자가 임대보증금 보증에 가입하지

못한 사유가 임차인이 임대차 계약을 체결하지 아니하는 등 임대사업자의 책임이라고 보기 어려운 경우

5. 제1호부터 제4호까지의 규정에 준하는 사유로 가산금리의 부과를 유예하는 것이 불가피하다고 인정되는 경우

③ 제1항에도 불구하고 시·도지사는 법 제63조제1항제2호에 따른 가산금리 부과 대상 임대사업자가 제2항제1호에 해당하는 경우에는 가산금리의 부과 요청을 유예할 수 있다. <개정 2017.9.19.>

④ 시·도지사는 제1항부터 제3항까지에서 규정한 사항 외에 가산금리 부과 요청의 방법 및 절차, 부과 요청의 취소 등에 관한 세부적인 사항을 정할 수 있다. <개정 2017.9.19.>

제29조(규제의 재검토) ① 국토교통부장관은 다음 각 호의 사항에 대하여 다음 각 호의 기준일을 기준으로 3년마다(매 3년이 되는 해의 기준일과 같은 날 전까지를 말한다) 그 타당성을 검토하여 개선 등의 조치를 하여야 한다.

1. 제2조에 따른 임대사업자의 등록 등: 2016년 1월 1일
2. 제21조에 따른 자체관리 인가신청: 2016년 1월 1일
3. 제22조에 따른 관리비 등: 2016년 1월 1일

② 국토교통부장관은 제20조에 따른 표준임대차계약서에 포함되어야 하는 사항에 대하여 2016년 1월 1일을 기준으로 2년마다(매 2년이 되는 해의 1월 1일 전까지를 말한다) 그 타당성을 검토하여 개선 등의 조치를 하여야 한다.

부칙

<제446호, 2017.9.19.>

이 규칙은 공포한 날부터 시행한다.

장기공공임대주택 입주자 삶의 질 향상 지원법

(약칭: 장기임대주택법)

[시행 2018.4.25.]

[법률 제14951호, 2017.10.24., 일부개정]

제1조(목적) 이 법은 장기공공임대주택의 시설 개선을 통한 장기공공임대주택 입주자의 주거환경개선 및 주거복지증진을 위하여 필요한 사항을 지원하여 삶의 질 향상에 기여함을 목적으로 한다.

제2조(정의) 이 법에서 사용하는 용어의 뜻은 다음과 같다. <개정 2012.12.18., 2015.1.6.>
1. "장기공공임대주택"이란 다음 각 목의 어느 하나에 해당하는 주택을 말한다.
   가. 30년 이상 임대할 목적으로 국가 또는 지방자치단체의 재정 및 「주택도시기금법」에 따른 주택도시기금(이하 "주택도시기금"이라 한다)을 지원받아 건설 또는 매입한 임대주택
   나. 50년 이상 임대할 목적으로 국가 또는 지방자치단체의 재정이나 주택도시기금을 지원받아 건설한 임대주택
2. "장기공공임대주택 입주자"란 장기공공임대주택에 거주하는 자를 말한다.
3. "사업주체"란 장기공공임대주택을 건설·공급·관리하는 국가·지방자치단체·「한국토지주택공사법」에 따른 한국토지주택공사(이하 "한국토지주택공사"라 한다)·「지방공기업법」 제49조에 따라 주택사업을 목적으로 설립된 지방공사(이하 "지방공사"라 한다)를 말한다.
4. "복지서비스시설"이란 「주택법」 제2조에 따른 부대시설과 복리시설 및 장기공공임대주택 입주자(이하 "입주자"라 한다)의 사회경제적 여건을 개선하기 위하여 설치하는 생산활동시설 등을 말하며, 복지서비스시설의 종류와 규모, 설치 등에 필요한 사항은 대통령령으로 정한다.

제3조(삶의 질 향상을 위한 기본계획의 수립·시행 등) ① 국토교통부장관은 입주자 삶의 질 향상을 위하여 관계 중앙행정기관의 장과 협의하여 5년마다 입주자 삶의 질 향상 기본계획(이하"기본계획"이라 한다)을 수립·시행하여야 한다.

② 기본계획에는 다음 각 호의 사항이 포함되어야 한다.
1. 입주자 삶의 질 향상의 기본방향 및 목표
2. 입주자 공동체 활성화를 위한 프로그램 개발 및 재정 지원에 관한 사항
3. 노약자·장애인을 위한 승강기 등 편의시설 설치 및 보수비용 지원에 관한 사항
4. 시설물 노후화 등으로 인한 유지보수 및 기능 향상에 필요한 비용 지원에 관한 사항
5. 복지서비스시설 내 장비 설치 및 시설 운영에 필요한 비용 지원에 관한 사항
6. 그 밖에 입주자의 주거복지증진을 위하여 필요한 사항으로서 대통령령으로 정하는 사항

③ 국토교통부장관은 제1항에 따라 기본계획을 수립한 때에는 국회 소관 상임위원회에 보고하여야 한다.

④ 국토교통부장관 및 지방자치단체의 장은 기본계획에 따른 연도별 시행계획(이하"시행계획"이라 한다)을 수립·시행하여야 한다.

⑤ 기본계획 및 시행계획의 수립·시행에 필요한 사항은 대통령령으로 정한다.

[전문개정 2017.10.24.]

제3조의2(삶의 질 향상을 위한 국가 등의 지원) 국가 및 지방자치단체는 기본계획 및 시행계획을 효율적으로 수행하기 위하여 재정적 지원을 하여야 한다.

[본조신설 2017.10.24.]

제4조(입주자의 참여) 사업주체는 입주자의 삶의 질 향상을 위하여 입주자의 커뮤니티를 활성화하기 위한 계획을 수립하여 입주자의 참여를 촉진하고 입주자와 협력하여야 한다.

제5조(임대료에 대한 국가지원) 국가는 사업주체가 「공공주택 특별법」 제49조제4항에 따라 소득수준별로 임대료를 차등 부과할 경우 예산의 범위에서 표준 임대조건을 적용하여 산출한 임대료 총액과 입주자에게 차등 부과한 임대료 총액의 차액을 사업주체에게 대통령령으로 정하는 바에 따라 지원할 수 있다. <개정 2015.8.28.>

제6조(장기공공임대주택의 이주신청 등) 입주자는 다음 각 호의 어느 하나에 해당하는 사유가 있는 경우 다른 장기공공임대주택으로 이주를 신청할 수 있으며, 신청을 받은 사업주체는 신청순위에 따라 입주배정할 수 있다.

1. 현재 거주하고 있는 장기공공임대주택을 리모델링하는 경우
2. 천재지변이나 그 밖의 재난으로 인하여 현재 거주하는 장기공공임대주택에서 퇴거하여야 하는 경우
3. 그 밖에 입주자의 책임으로 돌릴 수 없는 사유로서 대통령령으로 정하는 경우

제7조(사업주체의 관리의무) ① 사업주체는 장기공공임대주택 및 복지서비스시설이 입주자가 사용하기에 적합한 수준을 유지하도록 지속적으로 관리하여야 한다.

② 사업주체는 주요 시설의 교체 및 보수를 위하여 「공공주택 특별법」 제50조의4에 따른 특별수선충당금을 적립하여야 한다. <개정 2015.8.28.>

제8조(장기공공임대주택의 리모델링) ① 사업주체는 건축물의 노후화를 방지하거나 노후 건축물의 기능을 향상시키기 위하여 필요한 경우 장기공공임대주택 및 복지서비스시설을 리모델링(「주택법」 제2조에 따른 리모델링을 말한다)할 수 있다.

② 사업주체가 제1항에 따라 장기공공임대주택 및 복지서비스시설을 리모델링하는 경우 국가는 이에 사용되는 재원을 지원하여야 한다.

제9조(장기공공임대주택의 재건축) ① 사업주체는 「도시 및 주거환경정비법」에 따라 장기공공임대주택 및 복지서비스시설을 재건축할 수 있다.

② 제1항에 따라 장기공공임대주택을 재건축하는 경우 재건축에 따른 장기공공임대주택 세대수는 기존 장기공공임대주택 세대수 이상으로 하여야 한다.

제10조(건폐율 등의 완화적용) ① 제8조에 따른 리모델링 또는 제9조에 따른 재건축을 하는 경우 적용되는 건폐율 · 용적률 · 높이제한은 「국토의 계획 및 이용에 관한 법률」 및 「건축법」에도 불구하고 대통령령으로 정하는 범위에서 완화할 수 있다.

② 사업주체는 제1항에 따른 건폐율 · 용적률 · 높이제한을 적용하여 제8조에 따른 리모델링 또는 제9조에 따른 재건축을 하는 경우 바람길 등 주변 환경적 요인을 고려하여야 한다.

제10조의2(장기공공임대주택 단지의 증축) ① 사업주체는 「주택법」 제54조, 같은 법 제66조제1항 및 「공동주택관리법」 제35조제1항에도 불구하고 장기공공임대주택 단지에 대통령령으로 정하는 바에 따라 별도의 동(棟)을 증축하는 행위를 통하여 「공공주택 특별법」 제2조제1호가목에 따른 주택을 건설 · 공급할 수 있다. <개정 2014.1.14., 2015.8.11., 2015.8.28., 2016.1.19.>

② 사업주체가 제1항에 따라 주택을 건설 · 공급하는 경우에는 「공공주택 특별법」 제35조에도 불구하고 대통령령으로 정하는 바에 따라 증축에 관한 사업계획(부대시설 및 복리시설의 설치에 관한 계획을 포함한다. 이하 이 조에서 "사업계획"이라 한다)을 작성하여 국토교통부장관 또는 지방자치단체의 장(이하 이 조에서 "승인권자"라 한다)의 승인을 받아야 하며, 사업계획을 변경하고자 하는 경우에도 같다. 이 경우 사업주체는 사업계획 승인을 받기 전에 장기공공임대주택단지 사용자(「주택법」 제2조제28호의 사용자를 말한다)의 과반수의 동의를 받아야 한다. <개정 2013.3.23., 2014.1.14., 2015.8.28., 2016.1.19.>

③ 제2항에 따라 증축되는 건축물 및 해당 단지의 대지에 대하여는 「건축법」에 따른 건축기준 및 「공공주택 특별법」에 따른 주택건설기준 등을 대통령령으로 정하는 바에 따라 완화하여 승인할 수 있다. <신설 2016.1.19.>

④ 사업주체가 사업계획의 승인을 받은 때에는 다음 각 호의 허가 · 신고 · 결정 · 지정 등을 받은 것으로 보며, 사업계획의 승인고시가 있는 때에는 다음 각 호의 관계 법률에 따른 고시 또는 공고가 있는 것으로 본다. <개정 2011.4.14., 2014.1.14., 2016.1.19.>

1. 「건축법」 제11조에 따른 건축허가, 같은 법 제14조에 따른 건축신고, 같은 법 제20조에 따른 가설건축물의 건축허가 또는 축조신고
2. 「국토의 계획 및 이용에 관한 법률」 제30조에 따른 도시 · 군관리계획(같은 법 제2조제4호 각 목의 계획 및 같은 법 제49조에 따른 지구단위계획을 말한다)의 결정, 같은 법 제56조에 따른 개발행위의 허가, 같은 법

제86조에 따른 도시·군계획시설사업 시행자의 지정, 같은 법 제88조에 따른 실시계획의 인가
3. 「도로법」 제36조에 따른 도로공사 시행의 허가, 같은 법 제61조에 따른 도로점용의 허가
4. 「수도법」 제17조 또는 제49조에 따른 수도사업의 인가, 같은 법 제52조에 따른 전용상수도 설치의 인가
5. 「하수도법」 제16조에 따른 공공하수도 공사 시행의 허가

⑤ 승인권자가 제2항 및 제3항에 따라 사업계획을 승인하려는 경우 그 사업계획에 제4항 각 호의 어느 하나에 해당하는 사항이 포함되어 있는 때에는 미리 관계 행정기관의 장과 협의하여야 한다. 이 경우 관계 행정기관의 장은 승인권자의 협의요청을 받은 날부터 30일 이내에 의견을 제출하여야 하며, 같은 기간 이내에 의견제출이 없는 경우에는 의견이 없는 것으로 본다. <개정 2016.1.19.>

⑥ 제1항에 따른 주택의 건설에 관하여 이 법에서 정하지 아니한 사항은 「공공주택 특별법」에 따른다. <개정 2014.1.14., 2015.8.28., 2016.1.19.>

⑦ 사업주체는 제1항에 따라 주택을 건설·공급하는 경우에는 기존 입주자의 주거안정 등을 위하여 해당 주택에의 우선입주 등 대통령령으로 정하는 사항을 지원할 수 있다. <개정 2016.1.19.>

[본조신설 2010.4.15.]

제10조의3(복지서비스시설의 운영) ① 국가나 지방자치단체는 장기공공임대주택 단지에서 복지서비스시설을 직접 운영하거나 위탁하여 운영할 수 있다.

② 국가나 지방자치단체는 제1항에 따른 복지서비스시설이 효율적으로 운영될 수 있도록 이에 필요한 비용을 보조할 수 있다.

③ 제1항에 따른 복지서비스시설 운영의 위탁, 제2항에 따른 보조의 방법·절차 등에 필요한 사항은 대통령령으로 정한다.

[본조신설 2016.1.19.]

제11조(다른 법률과의 관계) 장기공공임대주택의 건설·공급 및 관리에 관하여 이 법에서 정하지 아니한 사항에 대하여는 「주택법」·「공동주택관리법」·「공공주택 특별법」을 적용한다. <개정 2014.1.14., 2015.8.11., 2015.8.28.>

부칙

<제14951호, 2017.10.24.>

제1조(시행일) 이 법은 공포 후 6개월이 경과한 날부터 시행한다.

제2조(최초의 기본계획 및 시행계획의 수립에 관한 적용례) 국토교통부장관 및 지방자치단체의 장은 제3조의 개정규정에 따른 최초의 기본계획 및 시행계획을 2019년 1월 1일까지 수립하여야 한다.

장기공공임대주택 입주자 삶의 질 향상 지원법 시행령

(약칭: 장기임대주택법 시행령)

[시행 2017.5.30.]

[대통령령 제28074호, 2017.5.29., 타법개정]

제1조(목적) 이 영은 「장기공공임대주택 입주자 삶의 질 향상 지원법」에서 위임된 사항과 그 시행에 필요한 사항을 규정함을 목적으로 한다.

제2조(복지서비스시설 종류·규모 및 설치) ① 「장기공공임대주택 입주자 삶의 질 향상 지원법」(이하 "법"이라 한다) 제2조제4호에 따른 복지서비스시설의 종류는 다음 각 호와 같다. <개정 2013.3.23., 2015.11.18., 2016.8.11., 2017.5.29.>

1. 「주택법」 제2조제13호에 따른 부대시설
2. 「주택법」 제2조제14호에 따른 복리시설
3. 「국민기초생활 보장법」 제16조에 따른 지역자활센터 등 장기공공임대주택 입주자(이하 "입주자"라 한다)의 자활과 고용을 위한 활동을 촉진하기 위한 시설
4. 「지역보건법」 제10조에 따른 보건소, 같은 법 제13조에 따른 보건지소, 「정신건강증진 및 정신질환자 복지서비스 지원에 관한 법률」 제15조에 따른 정신건강복지센터 등 보건의료 및 건강증진을 위한 시설
5. 「사회복지사업법」 제2조제1호에 따른 사회복지사업 등을 위한 시설 중 국토교통부령으로 정하는 시설

② 사업주체는 입주자를 위한 「사회복지사업법」 제2조제5호에 따른 사회복지관을 신축·증축·대수선하는 경우에는 해당 사회복지관에 제1항제3호부터 제5호까지의 시설이 설치되도록 노력하여야 하며, 시설설치에 대한 우선순위와 규모 등에 대해서는 사업주체가 특별자치도지사 또는 시장·군수·구청장과 협의하여 정한다. <개정 2012.8.3.>

③ 제1항제3호부터 제5호까지의 시설물을 설치·운용하는 데에 소요되는 비용은 관련 법령에 따라 업무를 담당하는 주체가 각각 부담한다.

제3조(입주자의 주거복지증진을 위하여 필요한 사업) ① 국가 및 지방자치단체(이하 "국가 등"이라 한다)는 법 제3조 각 호의 지원을 하기 위하여 매년 예산 편성 시 미리 사업주체에게 필요예산의 추산액(推算額)을 제출하도록 요구할 수 있다.

② 법 제3조제4호에서 "대통령령으로 정하는 사항"이란 다음 각 호의 어느 하나에 해당하는 사업의 지원을 말한다.

1. 입주자의 관리비 절감을 위한 사업
2. 쾌적한 단지환경조성을 위한 사업
3. 안전사고 예방 및 위생환경 개선을 위한 사업
4. 입주자를 위한 일자리를 창출할 수 있는 사회적 일자리 개발 사업
5. 입주자의 고용촉진을 위한 정보의 제공, 직업상담, 직업교육훈련 프로그램 개발 사업
6. 정신장애인, 알코올중독자 등을 위한 상담 및 교육, 지원 프로그램 개발 사업
7. 독거노인, 장애인, 아동 등 보호가 필요한 입주민을 위한 돌봄서비스 사업

③ 제2항에 따른 사업을 시행하는 데에 소요되는 비용은 관련 법령에 따라 업무를 담당하는 주체가 각각 부담한다.

제4조(임대료에 대한 국가지원) ① 국가는 사업주체가 법 제5조에 따라 임대료를 차등 부과하는 경우에는 사업주체의 재정력 등을 고려하여 예산의 범위에서 다음 각 호의 순위에 따라 지원할 수 있다. <개정 2015.12.30.>

1. 「국민기초생활 보장법」 제7조제1항제1호 및 제3호에 따른 생계급여 및 의료급여 수급권자에 대한 임대료 총액의 차액
2. 「국민기초생활 보장법」 제7조제1항제2호 및 제4호에 따른 주거급여 및 교육급여만을 받을 수 있는 수급권자 또는 같은 법 제2조제10호에 따른 차상위계층에 대한 임대료 총액의 차액
3. 장애인, 북한이탈주민, 소년소녀가 가장인 가정, 한부모가족, 국가유공자, 만 65세 이상인 자 및 그 밖의 사회취약계층에 대한 임대료 총액의 차액
4. 소득이 국민임대주택 입주자격 기준소득 이하인 자에 대한 임대료 총액의 차액

② 사업주체는 법 제5조에 따른 임대료 지원을 위하여 임차인의 소득심사자료를 관계 행정기관의 장에게 요청할 수 있다. 이 경우 요청을 받은 관계 행정기관의 장은 특별

한 사유가 없으면 이에 따라야 한다.

제5조(입주자의 책임으로 돌릴 수 없는 이주 신청 사유) 법 제6조제3호에서 "대통령령으로 정하는 경우"란 장기공공임대주택을 재건축하는 경우를 말한다.

제6조(장기공공임대주택의 리모델링 또는 재건축의 경우 필요한 조치) ① 사업주체는 법 제8조에 따른 리모델링 또는 법 제9조에 따른 재건축을 하는 경우에는 다음 각 호의 사항을 위하여 노력하여야 한다.
1. 장기공공임대주택 내부·외부로의 이동 편의 증진
2. 인근지역의 여건을 고려한 복지서비스 시설 확충
② 사업주체는 법 제8조에 따른 리모델링 또는 같은 법 제9조에 따른 재건축을 하는 경우에는 다른 장기공공임대주택으로 입주하기를 희망하는 자에 대하여 관련 법령에 따라 임시수용시설 설치 등 입주자 이주대책을 수립하여야 한다.
③ 사업주체는 법 제8조에 따라 리모델링을 할 때에는 그 사업계획 수립 시 미리 관련 중앙행정기관의 장과 협의하여야 한다.

제7조(건폐율 등의 완화비율) 법 제10조제1항에 따라 건폐율·용적률·높이제한은 「국토의 계획 및 이용에 관한 법률」 및 「건축법」에 따른 기준의 100분의 120으로 완화한다. 다만, 지역별 특성 등을 고려하여 지방자치단체의 조례로 정하는 기준에 따라 그 건폐율·용적률·높이제한을 강화할 수 있다.

제8조(장기공공임대주택 단지의 증축) 법 제10조의2제1항에 따라 사업주체는 장기공공임대주택 단지 내 공지(空地)에 별도의 동(棟)을 증축하거나 기존 부대시설·복리시설을 철거한 후 별도의 동을 증축하여 「공공주택 특별법」 제2조제1호가목에 따른 주택을 건설·공급할 수 있다. <개정 2014.4.29., 2015.12.28.>
[본조신설 2010.7.15.]

제9조(사업계획 승인 등) ① 사업주체는 법 제10조의2제2항에 따라 증축에 관한 사업계획(이하 "사업계획"이라 한다)의 승인을 받으려면 사업계획 승인신청서에 다음 각 호의 서류를 첨부하여 법 제10조의2제2항에 따른 승인권자에게 제출하여야 한다. <개정 2013.3.23.>
1. 주택건설사업계획서
2. 사업시행 전·후의 주택 및 부대시설·복리시설 배치도
3. 법 제10조의2제4항에 따른 협의에 필요한 서류
4. 그 밖에 국토교통부령으로 정하는 서류
② 사업주체는 제1항에 따라 사업계획 승인신청서를 제출하기 전에 설명회 등을 통하여 사업을 시행하려는 대상 장기공공임대주택단지 입주자의 의견을 청취하여야 하며, 그 의견이 타당하다고 인정되는 경우에는 사업계획에 반영하여야 한다.
[본조신설 2010.7.15.]

제10조(건축기준 및 주택건설기준 등 완화 범위) ① 법 제10조의2제3항에 따라 완화하여 적용할 수 있는 기준은 다음 각 호의 기준과 같다. <개정 2014.4.29., 2015.12.28., 2016.7.19., 2016.8.11.>
1. 「건축법」 제42조, 제43조, 제46조, 제55조, 제56조, 제58조, 제60조 및 제61조에 따른 기준
2. 「공공주택 특별법」 제37조에 따른 건설기준
3. 「주택법」 제35조에 따른 주택건설기준
② 법 제10조의2제2항에 따른 승인권자가 제1항에 따른 건축기준 및 주택건설기준 등을 완화하여 승인하는 경우에는 다음 각 호의 사항을 고려하여 완화 여부 및 완화 범위를 결정하여야 한다.
1. 장기공공임대주택 단지 내의 대지 및 건축물이 지나치게 과밀화되지 아니할 것
2. 공공의 이익, 도시의 미관이나 주변 환경을 지나치게 침해하지 아니할 것
③ 제2항에 따라 건축기준 및 주택건설기준 등을 완화하기 위해서는 「건축법」 제4조에 따른 건축위원회의 심의를 거쳐야 한다.
[본조신설 2010.7.15.]

제11조(기존 입주자에 대한 지원) 법 제10조의2제7항에서 "해당 주택에의 우선입주 등 대통령령으로 정하는 사항"이란 다음 각 호의 사항을 말한다. <개정 2016.7.19.>
1. 증축되는 주택에 기존 입주자 중 고령자·장애인 등의 우선입주
2. 기존 주택의 리모델링·재건축 시 이주

용 주택으로 임시활용
[본조신설 2010.7.15.]

제12조(복지서비스시설 운영의 위탁) ① 법 제10조의3제1항에 따른 복지서비스시설 운영의 위탁에 관하여는 「사회복지사업법」 제34조제4항 및 제5항을 준용한다.
② 중앙행정기관의 장 또는 지방자치단체의 장은 제1항에 따라 복지서비스시설의 운영을 위탁한 경우에는 위탁대상시설과 위탁받은 법인의 명칭·대표자 및 소재지를 관보 또는 공보에 고시하여야 한다.
[본조신설 2016.7.19.]

부칙

<제28074호, 2017.5.29.>
(정신건강증진 및 정신질환자 복지서비스 지원에 관한 법률 시행령)

제1조(시행일) 이 영은 2017년 5월 30일부터 시행한다.

제2조 생략

제3조(다른 법령의 개정) ①부터 ⑮까지 생략
⑯ 장기공공임대주택 입주자 삶의 질 향상 지원법 시행령 일부를 다음과 같이 한다.
제2조제1항제4호 중 "「정신보건법」 제13조의2에 따른 정신보건센터"를 "「정신건강증진 및 정신질환자 복지서비스 지원에 관한 법률」 제15조에 따른 정신건강복지센터"로 한다.
⑰부터 ㉔까지 생략

제4조 생략

부도공공건설임대주택 임차인 보호를 위한 특별법

(약칭: 부도임대주택법)

[시행 2015.12.29.]

[법률 제13499호, 2015.8.28., 타법개정]

제1조(목적) 이 법은 「임대주택법」(법률 제13499호로 개정되기 전의 것을 말한다. 이하 같다) 제2조제7호의 부도등이 발생한 공공건설임대주택을 매입하여 공공주택 등으로 공급함으로써 임차인의 보호와 주거안정 지원을 목적으로 한다. <개정 2008.3.21., 2009.3.20., 2014.1.14., 2015.8.28.>

제2조(적용대상 등) ① 이 법은 공공건설임대주택으로서 「임대주택법」 제2조제7호의 부도등(이하 이 조에서 "부도등"이라 한다)이 이 법 시행 전에 발생한 임대주택에 한하여 적용한다. <개정 2013.5.22.>

② 제7조에 따른 임차인의 임대보증금 보전의 기준이 되는 임대차계약서는 부도등이 발생한 날 전에 임대사업자와 임차인이 체결한 계약서에 한한다. 다만, 임차인이 부도등이 발생한 후에 체결한 최초의 임대차계약서로서 확정일자 등 임대주택을 점유한 날을 증명하는 경우에는 이를 인정할 수 있다. <개정 2013.5.22.>

[전문개정 2009.12.29.]

제3조(임차인보호대책의 수립) 국가 및 지방자치단체는 「임대주택법」 제2조제8호의 부도임대주택등(이하 "부도임대주택"이라 한다)의 임차인(이 법 시행 전에 경매절차에 의하여 부도임대주택에서 퇴거하였으나 임대보증금을 반환받지 못한 임차인을 포함한다)에 대하여 다음 각 호의 보호대책을 수립하여야 한다. <개정 2008.3.21., 2009.3.20., 2014.1.14.>

1. 부도임대주택의 매입 및 공공주택으로의 전환, 공급 등에 대한 대책
2. 임차인의 분양전환, 경매참여 등에 필요한 자금의 지원 및 지원조건 등에 대한 대책
3. 그 밖에 임차인 보호를 위하여 필요하다고 인정되는 대책

제4조(부도임대주택 매입사업의 시행자) 부도임대주택의 매입사업은 「공공주택 특별법」 제4조에 따른 공공주택사업자(이하 "주택매입사업시행자"라 한다)가 시행한다. <개정 2009.3.20., 2014.1.14., 2015.8.28.>

제5조(매입방법) 부도임대주택의 매입은 「민사집행법」에 따른 경매의 방법에 한한다. 다만, 주택매입사업시행자와 임차인이 합의한 경우에는 그러하지 아니하다.

제6조(매입요청 등) ① 「임대주택법」 제30조의 규정에 따라 설립 신고한 부도임대주택 등의 임차인대표회의(이하"임차인대표회의"라 한다)는 주택매입사업시행자에게 부도임대주택의 매입을 요청할 수 있다. 다만, 임차인대표회의가 구성되지 못하거나 임차인대표회의가 매입요청을 해태하는 등 대통령령이 정하는 요건에 해당하는 임차인은 부도임대주택의 매입을 요청할 수 있다. <개정 2008.3.21.>

② 제1항의 규정에 따라 임차인대표회의 또는 임차인(이하 "임차인대표회의등"이라 한다)이 당해 부도임대주택의 매입을 요청하는 경우에는 다음 각 호의 서류를 첨부하여 제출하여야 한다. <개정 2008.2.29., 2013.3.23.>

1. 매입요청서
2. 임대사업자와 임차인이 체결한 임대차 계약서
3. 임대보증금을 지급하였음을 확인할 수 있는 증빙서류
4. 임대료 납부현황 및 그 증빙서류
5. 사용료 및 관리비 납부현황 및 그 증빙서류
6. 그 밖에 국토교통부장관이 정하는 사항

③ 제1항 및 제2항의 규정에 따른 매입요청 등의 절차 및 방법에 관하여 필요한 사항은 국토교통부장관이 정한다. <개정 2008.2.29., 2013.3.23.>

④ 주택매입사업시행자는 임차인대표회의등이 제2항의 규정에 따라 제출한 서류의 사실관계를 확인할 수 있으며, 이와 관련하여 분쟁이 있는 경우에는 「임대주택법」 제33조의 규정에 따라 설치된 임대주택분쟁조정위원회(이하"임대주택분쟁조정위원회"라 한다)에 조정을 신청할 수 있다. <개정 2008.3.21.>

제7조(임차인 등의 임대보증금 보전) ① 주택매입사업시행자가 제5조의 규정에 따라 경매 등의 방법으로 부도임대주택을 취득한 경우에는 제6조제4항의 규정에 따라 주택매입사업시행자 또는 임대주택분쟁조정위원회가 확인·조정한 임차인의 임대보증금에서 다음 각 호의 금액을 공제한 금액을 임차인에게 지급하여야 한다. <개정 2008.2.29., 2013.3.23.>

1. 임차인이 집행법원으로부터 배당받은 금액
2. 임차인의 미납 임대료
3. 임차인의 공용부분에 대한 미납 사용료 및 관리비
4. 그 밖에 국토교통부장관이 정하는 비용

② 「중소기업기본법」 제2조에 따른 중소기업, 중소기업이 「근로복지기본법」에 따라 설립한 사내근로복지기금법인, 그 밖에 대통령령으로 정하는 법인이 임차한 주택에 입주한 자가 주민등록을 마친 경우에는 제1항을 준용한다. <신설 2013.5.22.>

③ 「주택도시기금법」 제10조제2항 및 제3항에 따라 주택도시기금 운용·관리에 관한 사무를 위탁받은 자(이하"기금수탁자"라 한다)가 경매 등의 방법으로 「주택도시기금법」에 따른 주택도시기금(이하"주택도시기금"이라 한다)의 융자금 및 그 이자를 회수한 부도임대주택의 경우에는 국민주택기금 융자금의 이자 회수금을 당해 부도임대주택을 취득한 주택매입사업시행자에게 제1항의 규정에 따라 산정된 임차인(제2항에 따른 법인을 포함한다. 이하 이 조에서 같다)의 임대보증금 보전금으로 지급할 수 있다. <개정 2008.3.21., 2013.5.22., 2015.1.6.>

④ 주택매입사업시행자가 제3항의 규정에 따라 기금수탁자로부터 주택도시기금 융자금의 이자 회수금을 지급받은 경우에는 제1항의 규정에 따른 당해 부도임대주택 임차인의 임대보증금 보전금으로 사용하여야 한다. <개정 2013.5.22., 2015.1.6.>

⑤ 제1항의 임대보증금 보전을 받고자 하는 임차인은 임대보증금을 「민사집행법」 제84조의 규정에서 정하는 기간에 집행법원에 배당요구를 하여야 한다. <개정 2013.5.22.>

[제목개정 2013.5.22.]

제8조(시설물 상태 조사 등) 주택매입사업시행자가 부도임대주택의 매입요청을 받아 당해 부도임대주택의 시설물 상태, 보수사항 등에 대하여 조사를 하는 경우에는 관할 시장·군수·구청장, 임대사업자, 임차인대표회의등 또는 기금수탁자는 부도임대주택의 매입이 원활하게 이루어지도록 협조하여야 한다.

제9조(매입대상주택 지정·고시 등) ①주택매입사업시행자가 부도임대주택을 매입하고자 하는 경우에는 국토교통부장관에게 매입대상주택의 지정을 신청하여야 한다. <개정 2008.2.29., 2013.3.23.>

②국토교통부장관은 연차별 매입계획을 수립하여 제1항의 규정에 따라 주택매입사업시행자가 매입하고자 신청한 부도임대주택을 매입대상주택으로 지정·고시할 수 있다. <개정 2008.2.29., 2013.3.23.>

③제1항 및 제2항의 규정에 따른 매입대상주택의 지정신청, 연차별 매입계획의 수립 등의 절차 및 방법에 관하여 필요한 사항은 국토교통부장관이 정한다. <개정 2008.2.29., 2013.3.23.>

제10조(공공주택 등으로 공급 등) ① 주택매입사업시행자가 제5조의 규정에 따라 부도임대주택을 매입한 경우에는 공공주택 등으로 공급할 수 있다. 이 경우 공공주택 외의 주택으로 공급하는 주택은 「임대주택법」 제2조제2호의 건설임대주택으로 본다. <개정 2008.3.21., 2009.3.20., 2014.1.14.>

② 제1항의 규정에 따라 공공주택 등으로 공급한 경우에는 부도임대주택의 임차인에 대하여 「주택공급에 관한 규칙」에서 정하는 바에 따라 입주자로 우선 선정한다. <개정 2009.3.20., 2014.1.14.>

③ 주택매입사업시행자는 제1항 전단에 따라 부도임대주택을 공공주택 등으로 공급하여 「임대주택법」에 따라 분양전환하는 경우 같은 법 제16조에 따른 임대의무기간의 기산일은 해당 부도임대주택의 당초 임대개시일로 한다. <신설 2013.5.22., 2015.8.28.>

④ 제1항의 규정에 따라 공공주택 등으로 공급하는 경우의 입주자격, 임대조건 등에 관하여 필요한 사항은 대통령령으로 정한다. <개정 2009.3.20., 2013.5.22., 2015.8.28.>

⑤ 주택매입사업시행자 외의 자가 부도임대주택을 매입한 경우에는 당해 부도임대주택의 임차인(「임대주택법」 제19조를 위반하지 아니한 임차인으로 동일 임대주택에의 계속 거주를 희망하는 경우에 한한다)에게 3년의 범위 이내에서 대통령령으로 정하는 기간 동안 종전에 임차인과 임대사업자가 약정한 임대조건으로 임대하여야 한다. <개정 2008.3.21., 2013.5.22.>

[제목개정 2009.3.20., 2013.5.22., 2014.1.14.]

제11조(재정 및 주택도시기금 지원) ① 국가 및 지방자치단체는 주택 매입사업시행자가 부도임대주택을 매입하는 경우에는 다음 각 호에 해당하는 매입비용 및 그 부대비용에 대하여 공공주택건설자금지원 수준으로 주택매입사업시행자에게 재정 및 주택도시기금을 지원할 수 있다. <개정 2009.3.20., 2013.5.22., 2014.1.14., 2015.1.6.>

1. 「민사집행법」에 따른 매수가격(제5조 단서의 규정에 따라 매입한 경우에는 매매가격)
2. 주택 및 부대시설의 보수비용
3. 제7조제1항 규정에 따라 임차인에게 지급된 임대보증금 보전비용(제7조제3항의 규정에 따라 기금수탁자로부터 주택도시기금 융자금의 이자 회수금을 지급받는 경우에는 그 금액을 공제한다)

② 제1항의 규정에 따른 재정 및 주택도시기금 지원 등의 절차 및 방법에 관하여 필요한 사항은 대통령령으로 정한다. <개정 2015.1.6.>
[제목개정 2015.1.6.]

제12조(우선매수권 양도) 임차인대표회의등이 제6조의 규정에 따라 매입요청한 경우에는 「임대주택법」 제22조의 규정에 따라 임차인(임차인대표회의가 매입요청한 경우에는 그 구성원인 임차인을 말한다)에게 부여된 우선매수할 수 있는 권리를 주택매입사업시행자에게 양도한 것으로 간주한다. 이 경우 주택매입사업시행자는 「민사집행법」 제113조의 규정에서 정한 보증의 제공 없이 우선매수 신고를 할 수 있다. <개정 2008.3.21.>

제13조(매각기일 연기) 기금수탁자는 주택매입사업시행자 또는 임차인대표회의등의 요구가 있는 경우에는 매입대상주택에 대한 경매의 매각기일 연기를 관할 법원에 요청하여야 한다.

제14조(임대보증금 보전액의 압류금지) 제7조의 규정에 따라 보전되는 임대보증금은 「민사집행법」 제246조의 규정을 준용하여 이를 압류하지 못한다.

제15조(국세 및 지방세 등 감면) 국가 및 지방자치단체에서는 주택매입사업시행자가 이 법에 따라 부도임대주택을 매입하는 경우에는 「지방세특례제한법」이 정하는 바에 따라 취득세·등록면허세를 감면할 수 있으며, 「조세특례제한법」 및 「지방세특례제한법」이 정하는 바에 따라 부도임대주택에 부과된 종합부동산세·법인세·취득세·등록면허세·재산세를 감면할 수 있다. <개정 2010.3.31.>

제16조(다른 법률과의 관계) ① 부도임대주택의 매입과 관련하여 이 법에서 정하지 아니하는 사항에 대하여는 「주택법」, 「임대주택법」, 「공공주택 특별법」 등에서 정하는 바에 따른다. <개정 2009.3.20., 2014.1.14., 2015.8.28.>
② 이 법에서 사용하는 공공건설임대주택, 공공주택 등의 용어정의는 「임대주택법」, 「공공주택 특별법」에 따른다. <개정 2009.3.20., 2014.1.14., 2015.8.28.>

제17조(벌칙) 임대사업자와 임차인이 체결한 임대차 계약서 등 제6조제2항 각 호의 규정에 따른 서류를 거짓으로 작성하여 제출한 자는 2년 이하의 징역 또는 2천만원 이하의 벌금에 처한다.

부칙

<제13499호, 2015.8.28.>
(민간임대주택에 관한 특별법)

제1조(시행일) 이 법은 공포 후 4개월이 경과한 날부터 시행한다.

제2조부터 제14조까지 생략

제15조(다른 법률의 개정) ①부터 ⑪까지 생략
⑫ 부도공공건설임대주택 임차인 보호를 위한 특별법 일부를 다음과 같이 개정한다.
제1조 중 "「임대주택법」"을 "「임대주택법」(법률 제13499호로 개정되기 전의 것을 말한다. 이하 같다)"으로 한다.
⑬부터 ㉕까지 생략

제16조 생략

공공주택 특별법

[시행 2018.2.10.]
[법률 제14851호, 2017.8.9., 일부개정]

제1장 총칙

제1조(목적) 이 법은 공공주택의 원활한 건설과 효과적인 운영을 위하여 필요한 사항을 규정함으로써 서민의 주거안정 및 주거수준 향상을 도모하여 국민의 쾌적한 주거생활에 이바지함을 목적으로 한다. <개정 2014.1.14., 2015.8.28.>

▶ 판례 - 구 임대주택법 제19조에서 금지하는 '임대주택의 전대'의 의미 및 무상의 사용대차가 이에 포함되는지 여부(적극)

구 임대주택법(2015. 8. 28. 법률 제13499호로 전부 개정되기 전의 것, 이하 '구 임대주택법' 이라고 한다)의 입법 목적과 위 법이 임차인의 자격, 선정방법과 임대 조건 등을 엄격히 정하고 있고, 부정한 방법으로 임대주택을 임대받거나, 임차권의 무단 양도, 임대주택의 전대행위를 범죄로 규정하여 처벌까지 하고 있는 점, 위 법에서 금지하는 임차권의 양도는 매매, 증여, 그 밖에 권리변동이 따르는 모든 행위(상속의 경우는 제외)를 포함하고 있는 점을 종합하여 보면, 구 임대주택법 제19조에서 금지하는 임대주택의 전대는 대가 지급 여부와 관계없이 임차인이 임대주택을 다시 제3자에게 사용, 수익하게 하는 행위를 의미하므로 유상의 임대차뿐만 아니라 무상의 사용대차도 포함된다. [대법원 2017.1.12, 선고, 2016도17967, 판결]

제2조(정의) 이 법에서 사용하는 용어의 뜻은 다음과 같다. <개정 2014.1.14., 2015.1.16., 2015.8.28., 2016.1.19.>

1. "공공주택"이란 제4조제1항 각 호에 규정된 자 또는 제4조제2항에 따른 공공주택사업자가 국가 또는 지방자치단체의 재정이나 「주택도시기금법」에 따른 주택도시기금(이하 "주택도시기금"이라 한다)을 지원받아 이 법 또는 다른 법률에 따라 건설, 매입 또는 임차하여 공급하는 다음 각 목의 어느 하나에 해당하는 주택을 말한다.
   가. 임대 또는 임대한 후 분양전환을 할 목적으로 공급하는 「주택법」 제2조제1호에 따른 주택으로서 대통령령으로 정하는 주택(이하 "공공임대주택"이라 한다)
   나. 분양을 목적으로 공급하는 주택으로서 「주택법」 제2조제5호에 따른 국민주택규모 이하의 주택(이하 "공공분양주택"이라 한다)

1의2. "공공건설임대주택"이란 제4조에 따른 공공주택사업자가 직접 건설하여 공급하는 공공임대주택을 말한다.

1의3. "공공매입임대주택"이란 제4조에 따른 공공주택사업자가 직접 건설하지 아니하고 매매 등으로 취득하여 공급하는 공공임대주택을 말한다.

2. "공공주택지구"란 공공주택의 공급을 위하여 공공주택이 전체주택 중 100분의 50 이상이 되고, 제6조제1항에 따라 지정·고시하는 지구를 말한다. 이 경우 제1호 각 목별 주택비율은 전단의 규정의 범위에서 대통령령으로 정한다.
3. "공공주택사업"이란 다음 각 목에 해당하는 사업을 말한다.
   가. 공공주택지구조성사업: 공공주택지구를 조성하는 사업
   나. 공공주택건설사업: 공공주택을 건설하는 사업
   다. 공공주택매입사업: 공공주택을 공급할 목적으로 주택을 매입하거나 인수하는 사업
   라. 공공주택관리사업: 공공주택을 운영·관리하는 사업
4. "분양전환"이란 공공임대주택을 제4조제1항 각 호에 규정된 자가 아닌 자에게 매각하는 것을 말한다.

제2조의2(준주택의 준용) ① 제4조제1항 각 호에 규정된 자가 국가 또는 지방자치단체의 재정이나 주택도시기금을 지원받아 건설, 매입 또는 임차하여 임대를 목적으로 공급하는 「주택법」 제2조제4호에 따른 준주택으로서 대통령령으로 정하는 준주택(이하"공공준주택"이라 한다)은 제3조, 제3조의2, 제4조, 제5조, 제35조부터 제39조까지, 제40조의2부터 제40조의5까지, 제41조, 제43조, 제44조, 제45조의2, 제48조, 제48조의2부터 제48조의7까지, 제49조, 제49조의2부터 제49조의4까지, 제49조의7, 제49조의8, 제50조, 제50조의2, 제50조의3, 제53조, 제53조의2, 제54조부터 제57

조까지, 제57조의2부터 제57조의7까지 및 제58조부터 제60조까지의 규정을 준용할 수 있다. 이 경우"공공주택"은"공공준주택"으로 본다. <개정 2016.1.19., 2017.8.9.>

② 공공준주택의 면적은 「주거기본법」 제17조에 따라 국토교통부장관이 공고한 최저주거기준 중 1인 가구의 최소 주거면적을 만족하여야 한다.

[본조신설 2015.8.28.]

제3조(공공주택 공급·관리계획) ① 국토교통부장관과 특별시장·광역시장·도지사 또는 특별자치도지사(이하 "시·도지사"라 한다)는 「주거기본법」 제5조에 따른 주거종합계획 및 같은 법 제6조에 따른 시·도 주거종합계획을 수립하는 때에는 공공주택의 공급에 관한 사항을 포함하여야 한다. <개정 2013.3.23., 2014.1.14., 2015.8.28.>

② 국토교통부장관은 공공주택의 원활한 건설, 매입, 관리 등을 위하여 「주거기본법」 제5조에 따른 10년 단위 주거종합계획과 연계하여 5년마다 공공주택 공급·관리계획을 수립하여야 한다. 이 경우 공공주택 공급·관리계획에는 다음 각 호의 사항을 포함하여야 한다. <개정 2015.8.28., 2017.10.24.>

1. 공공주택의 지역별, 수요 계층별 공급에 관한 사항
2. 공공주택 재고의 운영 및 관리에 관한 사항(「장기공공임대주택 입주자 삶의 질 향상 지원법」 제2조제1호에 따른 장기공공임대주택의 노후화에 따른 시설개선에 관한 사항을 포함한다)
3. 공공주택의 공급·관리 등에 필요한 비용과 그 재원의 확보에 관한 사항
4. 그 밖에 공공주택의 공급·관리를 위하여 필요하다고 국토교통부장관이 인정하는 사항

③ 제2항에 따라 공공주택 공급·관리계획을 수립하는 경우에는 공공주택의 유형 및 지역별 입주 수요량을 조사하여야 한다. <개정 2015.8.28.>

④ 국토교통부장관은 공공주택 공급·관리계획을 수립하려는 경우에는 미리 관계 중앙행정기관의 장 및 지방자치단체의 장에게 공공주택 공급·관리계획에 반영되어야 할 정책 및 사업에 관한 소관별 계획서의 제출을 요청하여야 한다. 이 경우 관계 중앙행정기관의 장 및 지방자치단체의 장은 특별한 사유가 없으면 요청에 따라야 한다. <개정 2015.8.28.>

⑤ 국토교통부장관은 제4항에 따라 받은 소관별 계획서를 기초로 공공주택 공급·관리계획을 마련하여 관계 중앙행정기관의 장 및 지방자치단체의 장과 협의 후 「주거기본법」 제8조에 따른 주거정책심의위원회를 거쳐 확정한다. 이 경우 국토교통부장관은 확정된 공공주택 공급·관리계획을 관계 중앙행정기관의 장 및 지방자치단체의 장에게 지체 없이 통보하여야 한다. <신설 2015.8.28.>

⑥ 지방자치단체의 장은 제2항의 공공주택 공급·관리계획에 따라 관할 지역의 공공주택 공급·관리계획을 수립할 수 있다. <신설 2015.8.28.>

⑦ 국토교통부장관은 공공주택의 공급·관리 실태를 파악하기 위하여 지방자치단체별로 공공주택의 공급·관리 수준에 대한 평가를 실시할 수 있다. <신설 2015.8.28.>

⑧ 국토교통부장관은 제7항에 따른 평가 결과를 공공주택 공급·관리계획에 반영하여야 하며, 다른 관련된 계획의 수립이나 사업을 지원·선정하는 기준에 반영할 수 있다. <신설 2015.8.28.>

⑨ 제7항 및 제8항에 따른 평가의 방법과 반영기준 등은 국토교통부장관이 따로 정할 수 있다. <신설 2015.8.28.>

[제목개정 2015.8.28.]

제3조의2(공공주택의 재원·세제지원 등) ① 국가 및 지방자치단체는 매년 공공주택 건설, 매입 또는 임차에 사용되는 자금을 세출예산에 반영하도록 노력하여야 한다.

② 국가 및 지방자치단체는 저소득층의 주거안정을 위하여 공공주택의 건설·취득 또는 관리와 관련한 국세 또는 지방세를 「조세특례제한법」, 「지방세특례제한법」, 그 밖에 조세 관계 법률 및 조례로 정하는 바에 따라 감면할 수 있다.

③ 국토교통부장관은 공공주택의 건설, 매입 또는 임차에 주택도시기금을 우선적으로 배정하여야 한다.

④ 다른 법령에 따른 개발사업을 하려는 자가 임대주택을 계획하는 경우 공공임대주택을 우선 고려하여야 하며, 임대주택건설용지를 공급할 때 임대주택 유형이 결정되지 아니한 경우 공공임대주택을 공급하려는 제4조에 따른 공공주택사업자에게 대통령령으로 정하는 방법에 따라 우선적으로 공급하여야 한다.

⑤ 국가·지방자치단체 또는 「공공기관의 운

영에 관한 법률」 제5조제3항에 따른 공기업 및 준정부기관은 그가 소유한 토지를 매각하거나 임대할 때 「주택법」 제30조제1항 및 「민간임대주택에 관한 특별법」 제18조에도 불구하고 공공임대주택을 건설하려는 공공주택사업자에게 우선적으로 매각 또는 임대할 수 있다. <개정 2016.1.19.>
[본조신설 2015.8.28.]

제4조(공공주택사업자) ① 국토교통부장관은 다음 각 호의 자 중에서 공공주택사업자를 지정한다. <개정 2010.4.5., 2012.1.17., 2013.3.23., 2014.1.14., 2015.1.20., 2015.8.28.>
1. 국가 또는 지방자치단체
2. 「한국토지주택공사법」에 따른 한국토지주택공사
3. 「지방공기업법」 제49조에 따라 주택사업을 목적으로 설립된 지방공사
4. 「공공기관의 운영에 관한 법률」 제5조에 따른 공공기관 중 대통령령으로 정하는 기관
5. 제1호부터 제4호까지의 규정 중 어느 하나에 해당하는 자가 총지분의 100분의 50을 초과하여 출자·설립한 법인
6. 주택도시기금 또는 제1호부터 제4호까지의 규정 중 어느 하나에 해당하는 자가 총지분의 전부를 출자(공동으로 출자한 경우를 포함한다)하여 「부동산투자회사법」에 따라 설립한 부동산투자회사

② 국토교통부장관은 제1항제1호부터 제4호까지의 규정 중 어느 하나에 해당하는 자와 「주택법」 제4조에 따른 주택건설사업자를 공동 공공주택사업자로 지정할 수 있다. <개정 2015.1.20., 2015.8.28., 2016.1.19.>
③ 제1항제5호 및 제2항에 따른 공공주택사업자의 선정방법·절차 및 공동시행을 위한 협약 등에 필요한 사항은 국토교통부장관이 정하여 고시한다. <신설 2014.1.14., 2015.8.28.>
[제목개정 2015.8.28.]

제5조(다른 법률과의 관계) ①이 법은 공공주택사업에 관하여 다른 법률에 우선하여 적용한다. 다만, 다른 법률에서 이 법의 규제에 관한 특례보다 완화되는 규정이 있으면 그 법률에서 정하는 바에 따른다. <개정 2014.1.14., 2015.8.28.>
② 공공주택의 건설·공급 및 관리에 관하여 이 법에서 정하지 아니한 사항은 「주택법」, 「건축법」 및 「주택임대차보호법」을 적용한다. <신설 2015.8.28.>

제2장 공공주택지구의 지정 등
<개정 2014.1.14.>

제6조(공공주택지구의 지정 등) ① 국토교통부장관은 공공주택지구조성사업(이하 "지구조성사업"이라 한다)을 추진하기 위하여 필요한 지역을 공공주택지구(이하 "주택지구"라 한다)로 지정하거나 지정된 주택지구를 변경 또는 해제할 수 있다. <개정 2013.3.23., 2014.1.14.>
② 제4조에 따른 공공주택사업자는 국토교통부장관에게 주택지구의 지정을 제안할 수 있으며, 다음 각 호의 어느 하나에 해당하는 경우 주택지구의 변경 또는 해제를 제안할 수 있다. 이 경우 공공주택사업자는 해당 지구의 주택수요 및 지역여건 등을 종합적으로 검토하여야 한다. <개정 2013.3.23., 2014.1.14., 2015.1.20., 2015.8.28.>
1. 주택지구의 경계선이 하나의 필지를 관통하는 경우
2. 주택지구의 지정으로 주택지구 밖의 토지나 건축물의 출입이 제한되거나 사용 가치가 감소하는 경우
3. 주택지구의 변경으로 기반시설의 설치비용이 감소하는 경우

3의2. 사정의 변경으로 인하여 공공주택사업을 계속 추진할 필요성이 없어지거나 추진하는 것이 현저히 곤란한 경우

4. 그 밖에 토지 이용의 합리화를 위하여 필요한 경우

③ 국토교통부장관은 주택지구를 지정하거나 지정된 주택지구를 변경하려면 「국토의 계획 및 이용에 관한 법률」 제106조에 따른 중앙도시계획위원회의 심의를 거쳐야 하며, 이 경우 같은 법 제8조 및 제9조는 적용하지 아니한다. 다만, 대통령령으로 정하는 경미한 사항을 변경하는 경우에는 그러하지 아니하다. <개정 2013.3.23.>
④ 제3항에 따라 중앙도시계획위원회가 심의를 하는 경우에는 60일 이내에 심의를 완료하여야 하며 같은 기간 내에 심의를 완료하지 아니한 경우에는 심의한 것으로 본다.
⑤ 제2항에 따른 지정·변경 또는 해제의 제안에 필요한 사항은 대통령령으로 정한다.
[제목개정 2014.1.14.]

제6조의2(특별관리지역의 지정 등) ① 국토교통부장관은 제6조제1항에 따라 주택지구를 해제할 때 국토교통부령으로 정하는 일정 규모 이상으로서 체계적인 관리계획을 수립하여 관리하지 아니할 경우 난개발이 우려되는 지역에 대하여 10년의 범위에서 특별관리지역으로 지정할 수 있다.

② 국토교통부장관은 특별관리지역을 지정하고자 할 경우에는 다음 각 호의 사항을 포함한 특별관리지역 관리계획(이하 이 조에서 "관리계획"이라 한다)을 수립하여야 한다. 이 경우 제4조에 따른 종전 주택지구의 공공주택사업자(이하 "종전 사업자"라 한다)는 관리계획의 입안을 제안할 수 있다. <개정 2015.8.28.>

1. 특별관리지역의 관리기본방향에 관한 사항
2. 인구 및 주택 수용계획에 관한 사항
3. 「도시개발법」에 따른 도시개발사업 등 취락정비에 관한 사항
4. 「개발제한구역의 지정 및 관리에 관한 특별조치법」 제4조제4항에 따른 훼손지 복구계획에 따라 존치된 개발제한구역의 해제 및 관리방안에 관한 사항
5. 그 밖에 국토교통부장관이 관리에 필요하다고 인정하는 사항

③ 국토교통부장관은 관리계획 중 제2항제4호에 따라 존치된 개발제한구역을 해제하려면 「국토의 계획 및 이용에 관한 법률」 제106조에 따른 중앙도시계획위원회의 심의를 거쳐야 한다.

④ 국토교통부장관은 관리계획을 수립한 때에는 시·도지사 및 시장·군수 또는 구청장에게 관계 서류를 송부하여야 하며, 관계 서류를 받은 시장·군수 또는 구청장은 일반인이 열람할 수 있도록 시·군·구의 공보에 게재하는 방법으로 공고하여야 한다. 이 경우 해당 지방자치단체의 장은 관리계획을 반영하여 「국토의 계획 및 이용에 관한 법률」 제18조에 따라 도시·군기본계획을 변경하여야 한다.

⑤ 제2항제4호에 따라 존치된 개발제한구역의 해제를 포함하는 관리계획을 수립하여 공고한 때에는 「개발제한구역의 지정 및 관리에 관한 특별조치법」 제3조부터 제8조까지의 규정에 따라 해당 개발제한구역의 해제를 위한 도시·군관리계획(「국토의 계획 및 이용에 관한 법률」 제2조제4호에 따른 도시·군관리계획을 말한다. 이하 같다)의 결정이 있는 것으로 본다. 이 경우 「개발제한구역의 지정 및 관리에 관한 특별조치법」 제4조제4항에 따른 훼손지 복구계획 및 같은 법 제21조제1항에 따른 보전부담금 부분은 적용하지 아니한다.

[본조신설 2015.1.20.]

제6조의3(특별관리지역의 관리 등) ① 특별관리지역 안에서는 건축물의 건축 및 용도변경, 공작물의 설치, 토지의 형질변경, 죽목의 벌채, 토지의 분할, 물건을 쌓아놓는 행위를 할 수 없다. 다만, 특별관리지역의 취지에 부합하는 범위에서 대통령령으로 정하는 행위에 한정하여 시장, 군수 또는 구청장의 허가를 받아 할 수 있으며, 허가된 사항을 변경하고자 하는 경우에도 또한 같다.

② 제1항 이외의 행위제한에 관한 사항은 제11조제2항부터 제6항까지의 규정을 준용한다. 이 경우 "주택지구"는 "특별관리지역"으로 본다.

③ 제1항에도 불구하고 국토교통부장관 또는 관계 중앙행정기관의 장이나 지방자치단체의 장(이하 이 조 및 제6조의4에서 "해당 기관장"이라 한다)은 특별관리지역 안에서 대통령령으로 정하는 개발사업을 위한 지정·승인·허가·인가 등(이하 이 조 및 제6조의4에서 "지정등"이라 한다)을 할 수 있다.

④ 해당 기관장이 제3항에 따른 지정등을 하는 경우에는 미리 국토교통부장관과 협의하여야 한다.

⑤ 특별관리지역을 지정할 경우 국가 또는 지방자치단체는 다음 각 호의 사항에 대한 행정적·재정적 지원을 할 수 있다. 이 경우 국토교통부장관은 제4조에 따른 종전 사업자에게 다음 각 호의 지원사항의 전부 또는 일부를 부담하게 할 수 있다. <개정 2015.8.28.>

1. 취락정비를 실시하기 위한 계획의 수립 등
2. 주택지구 지정으로 인하여 추진이 중단된 사회기반시설 사업의 조속한 시행
3. 제6조의2제5항에 따라 존치된 개발제한구역의 해제
4. 특별관리지역 및 종전 주택지구 내 공장 및 제조업소 등(특별관리지역 지정 당시 공장 및 제조업소 등의 용도로 사용되는 동식물 관련 시설을 포함한다)의 계획적인 이전·정비 및 개발을 위한 공업용지의 조성
5. 그 밖에 지방자치단체가 취락(제1호의 취락정비계획이 수립되지 아니하는 취락에 한정한다)의 거주환경 개선을 위하여 추진하는 사업

⑥ 종전 사업자가 제5항제1호에 따른 계획에 따라 「도시개발법」에 따른 환지(換地) 방식의 도시개발사업으로 취락정비사업을 시행하는 경우로서 해당 지방자치단체의 장의 요청이 있는 때에는 같은 법 제4조제4항에도 불구하고 같은 법 제3조에 따라 도시개발구역을 지정하는 자는 개발계획 수립 또는 변경 시 환지 방식이 적용되는 지역의 토지면적의 2분의 1 이상에 해당하는 토지 소유자와 그 지역의 토지 소유자 총수의 2분의 1 이상의 동의를 받아야 한다. 이 경우 동의자 수의 산정방법 및 동의절차 등은 「도시개발법」에 따른다. <신설 2017.8.9.>

⑦ 해당 기관장은 제5항제4호에 따른 공업용지를 조성하기 위하여 「수도권정비계획법」 제7조에도 불구하고 같은 법 제21조에 따른 수도권정비위원회의 심의를 거쳐 특별관리지역 내 공업지역을 지정할 수 있다. <개정 2017.8.9.>

⑧ 시·도지사 및 시장·군수 또는 구청장은 특별관리지역의 관리 및 계획적인 개발을 지원하기 위하여 특별관리지역 지원센터(이하 "지원센터"라 한다)를 설치·운영할 수 있다. 이 경우 지원센터의 구성 및 운영 등에 필요한 사항은 해당 지방자치단체의 조례로 정한다. <개정 2017.8.9.>

[본조신설 2015.1.20.]

제6조의4(특별관리지역의 해제) ① 제6조의2제1항에 따른 특별관리지역의 지정기간이 만료되거나 제6조의3제3항에 따라 해당 기관장이 특별관리지역 중 전부 또는 일부에 대하여 지정등을 하여 도시·군관리계획을 수립한 경우[수립의제(樹立擬制)된 경우를 포함한다]에는 해당 지역은 특별관리지역에서 해제된 것으로 본다.

② 특별관리지역의 지정기간이 만료된 때에는 해당 특별시장·광역시장·특별자치시장·특별자치도지사·시장 또는 군수는 지체 없이 도시·군관리계획을 수립하여야 한다. 다만, 해당 특별시장·광역시장·특별자치시장·특별자치도지사·시장 또는 군수가 요청한 경우에는 「국토의 계획 및 이용에 관한 법률」 제24조제5항에도 불구하고 국토교통부장관이 도시·군관리계획을 직접 입안할 수 있다.

③ 제2항의 도시·군관리계획이 수립 완료될 때까지 해당 지역의 행위제한은 제6조의3제1항 및 제2항을 준용한다.

④ 제6조의3제3항에 따른 지정등을 하여 특별관리지역에서 해제된 후 해당 사업이 취소되거나 지정등이 해제된 때에는 국토교통부장관은 해당 지역을 특별관리지역으로 재지정할 수 있다.

[본조신설 2015.1.20.]

제6조의5(특별관리지역의 건축물 등에 대한 조치) ① 시장·군수 또는 구청장은 제6조의2에 따른 특별관리지역 지정 이전부터 이 법 또는 「개발제한구역의 지정 및 관리에 관한 특별조치법」에 따른 적법한 허가나 신고 등의 절차를 거치지 아니하고 설치하거나 용도변경한 건축물, 설치한 공작물, 쌓아 놓은 물건 또는 형질변경한 토지 등(이하 "건축물등"이라 한다)에 대하여 기간을 정하여 해당 법률에 따른 철거·원상복구·사용제한, 그 밖에 필요한 조치를 명(이하 "시정명령"이라 한다)할 수 있다.

② 시장·군수 또는 구청장은 시정명령을 받은 후 그 시정기간 내에 해당 시정명령의 이행을 하지 아니한 자에 대하여 이행강제금을 부과한다. 이 경우 이행강제금의 부과 기준, 절차 및 징수 등에 관하여는 「개발제한구역의 지정 및 관리에 관한 특별조치법」 제30조의2제1항부터 제6항까지 및 제9항을 준용한다.

[전문개정 2016.12.2.]

제7조(소규모 주택지구 지정 등) ① 국토교통부장관은 「국토의 계획 및 이용에 관한 법률」 제36조제1항제1호가목에 따른 주거지역(이하 "주거지역"이라 한다) 안에서 대통령령으로 정하는 규모 이하의 주택지구를 지정 또는 변경하는 경우에는 제6조제3항에 따른 중앙도시계획위원회의 심의를 생략할 수 있다. <개정 2013.3.23., 2015.8.28.>

② 공공주택사업자가 제1항에 따른 주택지구의 지정 또는 변경을 제안할 때에는 토지이용계획 등 대통령령으로 정하는 사항을 포함하여야 한다. <개정 2015.8.28.>

③ 국토교통부장관은 주거지역 이외의 지역에서 대통령령으로 정하는 규모 이하의 주택지구를 지정 또는 변경하는 경우에는 이와 동시에 제17조에 따른 지구계획을 승인할 수 있다. 이 경우 공공주택사업자는 제6조제2항에 따라 주택지구의 지정 또는 변경을 제안할 때 제16조에 따른 지구계획 승인 신청을 포함하여 할 수 있다. <신설 2015.8.28.>

④ 도시지역으로서 대통령령으로 정하는 지역에서 제3항에 따른 주택지구 지정 또는 변

경을 위하여 제33조에 따른 공공주택통합심의위원회 심의를 거친 경우에는 제6조제3항에 따른 중앙도시계획위원회의 심의를 생략할 수 있다. <신설 2015.8.28.>

⑤ 제1항 또는 제3항에 따라 지정되는 주택지구에 대하여는 「국토의 계획 및 이용에 관한 법률」 제8조·제9조 및 제59조를 적용하지 아니한다. <개정 2015.8.28.>

[제목개정 2015.8.28.]

제7조의2(주택지구 주변지역의 정비) ① 제7조에 따라 소규모 주택지구를 지정 또는 변경할 때 및 제35조에 따라 주택건설사업계획을 승인 또는 변경할 때 관할 지방자치단체의 장은 주택지구 또는 공공주택 주변지역의 주거환경을 개선하기 위하여 가로의 정비, 편의시설의 설치 등을 포함한 주변지역 정비계획을 수립하여 제안할 수 있다. 이 경우 공공주택사업자는 관할 지방자치단체의 계획 수립을 지원할 수 있다. <개정 2017.10.24.>

② 국토교통부장관은 제1항에 따라 주변지역 정비계획과 함께 제안된 주택지구를 우선 지정하거나 주택건설사업계획을 우선 승인할 수 있다. 이 경우 국토교통부장관은 주택지구를 지정하거나 주택건설사업계획을 승인하기 전에 주변지역 정비계획에 포함된 사업을 담당하는 관계 중앙행정기관의 장 및 지방자치단체의 장과 협의하여야 한다. <개정 2017.10.24.>

③ 제2항에 따라 주택지구가 지정되거나 주택건설사업계획이 승인된 경우 제1항에 따라 수립된 주변지역 정비계획에 포함된 사업을 담당하는 관계 중앙행정기관의 장 및 지방자치단체의 장은 관련 사업의 계획을 수립하거나 지원 및 추진 대상 사업을 선정할 때 제1항에 따른 사업을 우선 반영하여야 한다. <개정 2017.10.24.>

④ 제1항부터 제3항까지에 따른 주변지역 정비계획의 수립 방법 등 필요한 사항은 국토교통부장관이 정한다.

[본조신설 2015.8.28.]

제8조(주택지구의 지정 등을 위한 사전협의) ① 국토교통부장관은 주택지구를 지정 또는 변경하려면 지구개요·지정목적 및 인구수용계획 등 대통령령으로 정하는 사항을 포함한 주택지구 지정안 또는 변경안에 대하여 제10조제1항에 따른 주민 등의 의견청취 전에 국방부·농림축산식품부 등 관계 중앙행정기관의 장 및 관할 시·도지사와 사전에 협의하여야 한다. 다만, 대통령령으로 정하는 경미한 사항을 변경하는 경우에는 그러하지 아니하다. <개정 2013.3.23.>

② 제1항에 따른 협의기간은 20일 이내로 하되, 관계 중앙행정기관의 장 또는 관할 시·도지사의 요청이 있는 경우 등 국토교통부장관이 필요하다고 인정하는 경우에는 1회에 한하여 10일의 범위에서 그 기간을 연장할 수 있다. 다만, 협의기간 내에 협의가 완료되지 아니한 경우에는 협의를 거친 것으로 본다. <개정 2013.3.23.>

③ 국토교통부장관은 제1항에 따라 협의를 하는 경우 다음 각 호에서 정한 협의를 별도로 하여야 한다. 이 경우 협의기간은 30일 이내로 한다. <개정 2011.7.21., 2013.3.23.>

1. 「환경영향평가법」 제16조에 따른 전략환경영향평가 협의 (「자연환경보전법」 제28조에 따른 자연경관영향협의를 포함하며, 제9조에 따른 보안관리 등을 위하여 「환경영향평가법」 제13조에 따른 주민 등의 의견 수렴을 생략할 수 있다)
2. 「자연재해대책법」에 따른 사전재해영향성검토에 관한 협의

④ 국토교통부장관은 주택지구로 지정하고자 하는 지역이 대통령령으로 정하는 면적 이상인 경우로서 국민의 주거안정과 주거수준 향상을 위하여 국무회의의 심의가 필요하다고 인정되는 경우에는 제1항에 따른 사전협의 후 국무회의의 심의를 거쳐 주택지구의 지정 여부를 결정할 수 있다. <개정 2013.3.23.>

제8조(주택지구의 지정 등을 위한 사전협의) ① 국토교통부장관은 주택지구를 지정 또는 변경하려면 지구개요·지정목적 및 인구수용계획 등 대통령령으로 정하는 사항을 포함한 주택지구 지정안 또는 변경안에 대하여 제10조제1항에 따른 주민 등의 의견청취 전에 국방부·농림축산식품부 등 관계 중앙행정기관의 장 및 관할 시·도지사와 사전에 협의하여야 한다. 다만, 대통령령으로 정하는 경미한 사항을 변경하는 경우에는 그러하지 아니하다. <개정 2013.3.23.>

② 제1항에 따른 협의기간은 20일 이내로 하되, 관계 중앙행정기관의 장 또는 관할 시·도지사의 요청이 있는 경우 등 국토교통부장관이 필요하다고 인정하는 경우에는 1회에 한하여 10일의 범위에서 그 기간을 연장할 수 있다. 다만, 협의기간 내에 협의가 완료되지 아니한 경우에는 협의를 거친

것으로 본다. <개정 2013.3.23.>

③ 국토교통부장관은 제1항에 따라 협의를 하는 경우 다음 각 호에서 정한 협의를 별도로 하여야 한다. 이 경우 협의기간은 30일 이내로 한다. <개정 2011.7.21., 2013.3.23., 2017.10.24.>

1. 「환경영향평가법」 제16조에 따른 전략환경영향평가 협의 (「자연환경보전법」 제28조에 따른 자연경관영향협의를 포함하며, 제9조에 따른 보안관리 등을 위하여 「환경영향평가법」 제13조에 따른 주민 등의 의견 수렴을 생략할 수 있다)
2. 「자연재해대책법」에 따른 재해영향평가 등의 협의

④ 국토교통부장관은 주택지구로 지정하고자 하는 지역이 대통령령으로 정하는 면적 이상인 경우로서 국민의 주거안정과 주거수준 향상을 위하여 국무회의의 심의가 필요하다고 인정되는 경우에는 제1항에 따른 사전협의 후 국무회의의 심의를 거쳐 주택지구의 지정 여부를 결정할 수 있다. <개정 2013.3.23.>

[시행일 : 2018.10.25.] 제8조

제9조(보안관리 및 부동산투기 방지대책) ① 국토교통부장관은 제10조에 따른 주민 등의 의견청취를 위한 공고 전까지는 주택지구의 지정을 위한 조사, 관계 서류 작성, 사전협의, 국무회의 심의 등의 과정에서 관련 정보가 누설되지 아니하도록 필요한 조치를 하여야 한다. 다만, 국토교통부장관이 제40조의2제1항에 따른 공공주택사업을 시행하기 위하여 필요하다고 인정하는 경우에는 관련 정보를 미리 공개할 수 있다. <개정 2013.3.23., 2014.1.14.>

② 국토교통부장관은 주택지구 또는 특별관리지역으로 지정하고자 하는 지역 및 주변지역이 부동산투기가 성행하거나 성행할 우려가 있다고 판단되는 경우에는 대통령령으로 정하는 바에 따라 투기방지대책을 수립하여야 한다. <개정 2013.3.23., 2015.1.20.>

제10조(주민 등의 의견청취) ① 국토교통부장관은 주택지구를 지정 또는 변경하려면 공고를 하여 주민 및 관계 전문가 등의 의견을 들어야 한다. 다만, 국방상 기밀을 요하거나 대통령령으로 정하는 경미한 사항을 변경하는 경우에는 그러하지 아니하다. <개정 2013.3.23.>

② 제1항에 따른 주민 및 관계 전문가 등의 의견청취에 필요한 사항은 대통령령으로 정한다.

제11조(행위제한 등) ① 제10조제1항에 따라 주택지구의 지정·변경에 관한 주민 등의 의견청취의 공고가 있는 지역 및 주택지구 안에서 건축물의 건축, 공작물의 설치, 토지의 형질변경, 토석의 채취, 토지의 분할·합병, 물건을 쌓아놓는 행위, 죽목의 벌채 및 식재 등 대통령령으로 정하는 행위를 하고자 하는 자는 시장(특별자치도의 경우에는 특별자치도지사를 말한다. 이하 같다)·군수 또는 구청장(자치구의 구청장을 말한다. 이하 같다)의 허가를 받아야 한다. 허가받은 사항을 변경하고자 하는 때에도 같다.

② 다음 각 호의 어느 하나에 해당하는 행위는 제1항에도 불구하고 허가를 받지 아니하고 이를 할 수 있다.

1. 재해복구 또는 재난수습에 필요한 응급조치를 위하여 하는 행위
2. 그 밖에 대통령령으로 정하는 행위

③ 제1항에 따라 허가를 받아야 하는 행위로서 주택지구의 지정 및 고시 당시 이미 관계 법령에 따라 행위허가를 받았거나 허가를 받을 필요가 없는 행위에 관하여 그 공사 또는 사업에 착수한 자는 대통령령으로 정하는 바에 따라 시장·군수 또는 구청장에게 신고한 후 이를 계속 시행할 수 있다.

④ 시장·군수 또는 구청장은 제1항을 위반한 자에 대하여 원상회복을 명할 수 있다. 이 경우 명령을 받은 자가 그 의무를 이행하지 아니하는 때에는 「행정대집행법」에 따라 이를 대집행할 수 있다.

⑤ 제1항에 따른 허가에 관하여 이 법에 규정한 것을 제외하고는 「국토의 계획 및 이용에 관한 법률」 제57조부터 제60조까지 및 제62조를 준용한다.

⑥ 제1항에 따른 허가를 받은 경우에는 「국토의 계획 및 이용에 관한 법률」 제56조에 따라 허가를 받은 것으로 본다.

제12조(주택지구 지정 등의 고시 등) ① 국토교통부장관은 주택지구를 지정하거나 지정된 주택지구를 변경 또는 해제하려면 주택지구의 위치·면적, 공공주택사업자, 사업의 종류, 수용 또는 사용할 「공익사업을 위한 토지 등의 취득 및 보상에 관한 법률」 제3조에서 정하는 토지·물건 및 권리(이하 "토지등"이라 한다)의 세목 등 주요 사항을

대통령령으로 정하는 바에 따라 관보에 고시하고, 관계 서류의 사본을 관계 시장·군수 또는 구청장에게 송부하여야 한다. 이 경우 지형도면의 고시는 「토지이용규제 기본법」 제8조에 따른다. <개정 2013.3.23., 2015.8.28.>

② 국토교통부장관은 특별관리지역을 지정하거나 지정된 특별관리지역을 변경 또는 해제하려면 특별관리지역의 위치·면적 등 주요사항을 대통령령으로 정하는 바에 따라 관보에 고시하고, 관계 서류의 사본을 관계 시장·군수 또는 구청장에게 송부하여야 한다. 이 경우 지형도면의 고시는 「토지이용규제 기본법」 제8조에 따른다. <신설 2015.1.20.>

③ 제1항 및 제2항에 따라 관계 서류의 사본을 송부받은 시장·군수 또는 구청장은 이를 일반인이 열람할 수 있도록 하여야 한다. <개정 2015.1.20.>

④ 국토교통부장관이 제1항에 따라 주택지구의 지정·변경 또는 해제를 고시한 때에는 「국토의 계획 및 이용에 관한 법률」 제36조에 따른 도시지역으로의 용도지역, 같은 법 제43조에 따라 결정된 도시·군계획시설, 같은 법 제51조제1항에 따른 지구단위계획구역이 지정·변경된 것으로 보며, 주택지구의 해제를 고시한 때에는 지정 당시로 환원된 것으로 본다. 다만, 해제하는 당시 이미 사업이나 공사에 착수한 경우 등 해제 고시에서 별도로 정하는 도시·군계획시설은 그 사업이나 공사를 계속할 수 있다. <개정 2015.1.20., 2015.8.28.>

제13조(「국토의 계획 및 이용에 관한 법률」의 적용 특례) 국토교통부장관이 주택지구를 지정, 변경 또는 해제하여 고시한 때에는 「국토의 계획 및 이용에 관한 법률」 제18조, 제22조 및 제22조의2에 따라 도시·군기본계획의 수립·변경이 확정되거나 도지사의 승인(공공주택사업자가 제출한 주택지구 외의 지역에 대한 도시·군기본계획 변경안에 대하여 국토교통부장관이 관계 중앙행정기관의 장 및 시·도지사와 협의한 후 「국토의 계획 및 이용에 관한 법률」 제106조에 따른 중앙도시계획위원회의 심의를 거친 경우만 해당하며, 이 경우 제8조제4항에 따라 국무회의의 심의를 거친 경우는 제외한다)을 받은 것으로 본다. <개정 2010.4.5., 2011.4.14., 2013.3.23., 2015.8.28.>

제14조(「한강수계 상수원수질개선 및 주민지원 등에 관한 법률」 등의 적용 특례) 국토교통부장관이 주택지구를 지정 또는 변경하여 고시한 때에 관할 지방자치단체의 장은 「한강수계 상수원수질개선 및 주민지원 등에 관한 법률」 제8조의2 및 제8조의3, 「금강수계 물관리 및 주민지원 등에 관한 법률」·「낙동강수계 물관리 및 주민지원 등에 관한 법률」·「영산강·섬진강수계 물관리 및 주민지원 등에 관한 법률」 제10조 및 제11조에 따른 오염총량관리기본계획 및 오염총량관리시행계획에 이를 반영하여야 한다. <개정 2010.5.31., 2013.3.23.>

제3장 공공주택지구의 조성
<개정 2014.1.14.>

제15조(공공주택사업자의 우선 지정 등) ① 국토교통부장관은 제6조제2항에 따라 주택지구 지정을 제안한 자를 공공주택사업자로 우선 지정할 수 있다. <개정 2013.3.23., 2015.8.28.>

② 국토교통부장관은 공공주택사업자가 제17조제1항에 따라 공공주택지구계획(이하 "지구계획"이라 한다)의 승인을 받은 후 2년 이내에 지구조성사업에 착수하지 아니하거나 지구계획에 정하여진 기간 내에 지구조성사업을 완료하지 못하거나 완료할 가능성이 없다고 판단되는 경우에는 다른 공공주택사업자를 지정하여 해당 지구조성사업을 시행하게 할 수 있다. <개정 2013.3.23., 2014.1.14., 2015.8.28.>

[제목개정 2015.8.28.]

제16조(지구계획 승인 신청 등) ① 공공주택사업자는 주택지구가 지정·고시된 날부터 1년 이내에 지구계획을 수립하여 국토교통부장관에게 승인을 신청하여야 한다. <개정 2013.3.23., 2015.8.28.>

② 국토교통부장관은 공공주택사업자가 제1항에 따른 기간 이내에 승인을 신청하지 아니한 때에는 다른 공공주택사업자로 하여금 지구계획을 수립·신청하게 할 수 있다. <개정 2013.3.23., 2015.8.28.>

③ 지구계획의 승인 신청에 따른 절차, 구비서류, 그 밖에 필요한 사항은 대통령령으로 정한다.

제17조(지구계획 승인 등) ① 공공주택사업자는 다음 각 호의 사항을 포함한 공공주택지구계획을 수립하여 국토교통부장관의 승인을 받아야 한다. 승인된 지구계획을 변경하는 때에도 같다. 다만, 제7조제1항에 따라 주거지역 안에서 주택지구를 지정·변경하는 경우와 대통령령으로 정하는 경미한 사항을 변경하는 경우에는 그러하지 아니하다. <개정 2013.3.23., 2014.1.14., 2015.8.28.>

1. 지구계획의 개요
2. 토지이용계획
3. 인구·주택 수용계획
4. 교통·공공·문화체육시설 등을 포함한 기반시설 설치 계획
5. 환경보전 및 탄소저감 등 환경계획
6. 조성된 토지의 공급에 관한 계획
7. 그 밖에 대통령령으로 정하는 사항

② 국토교통부장관은 제1항에 따라 지구계획을 승인하려면 제33조에 따른 공공주택통합심의위원회의 심의를 거쳐야 한다. 다만, 지구계획의 변경(제34조제3항제2호부터 제7호까지의 어느 하나에 해당하는 위원회의 검토나 심의를 거쳐야 하는 변경은 제외한다)이나 공공주택사업자가 요청한 경우 등 대통령령으로 정하는 경우에는 그러하지 아니하다. <개정 2013.3.23., 2014.1.14., 2015.8.28.>

③ 국토교통부장관은 제1항에 따라 지구계획을 승인한 때에는 대통령령으로 정하는 바에 따라 고시하고, 관계 서류의 사본을 관계 시장·군수 또는 구청장에게 송부하여야 한다. <개정 2013.3.23.>

④ 제3항에 따라 관계 서류의 사본을 송부받은 시장·군수 또는 구청장은 이를 일반인이 열람할 수 있도록 하여야 한다.

⑤ 제3항에 따라 관계 서류의 사본을 송부받은 시장·군수 또는 구청장은 관계 서류에 도시·군관리계획결정사항이 포함되어 있는 경우에는 「국토의 계획 및 이용에 관한 법률」 제32조 및 「토지이용규제 기본법」 제8조에 따라 지형도면 작성에 필요한 조치를 하여야 한다. 이 경우 공공주택사업자는 지형도면 고시에 필요한 서류를 시장·군수 또는 구청장에게 제출하여야 한다. <개정 2011.4.14., 2015.8.28.>

제18조(다른 법률에 따른 인가·허가 등의 의제) ① 제17조에 따른 지구계획의 승인 또는 변경승인이 있는 때에는 다음 각 호의 승인·허가·인가·결정·신고·지정·면허·협의·동의·해제·심의 등(이하 "인·허가등"이라 한다)을 받은 것으로 보며, 지구계획 승인고시가 있는 때에는 다음 각 호의 법률에 따른 인·허가등의 고시 또는 공고가 있는 것으로 본다. <개정 2009.6.9., 2010.4.15., 2010.5.31., 2011.4.14., 2014.1.14., 2014.6.3., 2016.1.19., 2016.12.27., 2017.1.17.>

1. 「건축법」 제11조에 따른 건축허가, 같은 법 제14조에 따른 건축신고, 같은 법 제16조에 따른 허가·신고사항의 변경, 같은 법 제20조에 따른 가설건축물의 허가·신고, 같은 법 제29조에 따른 건축 협의
2. 「골재채취법」 제22조에 따른 골재채취의 허가
3. 「공유수면 관리 및 매립에 관한 법률」 제8조에 따른 공유수면의 점용·사용허가, 같은 법 제10조에 따른 협의 또는 승인, 같은 법 제17조에 따른 점용·사용 실시계획의 승인 또는 신고, 같은 법 제28조에 따른 공유수면의 매립면허, 같은 법 제33조에 따른 매립면허의 고시, 같은 법 제35조에 따른 국가 등이 시행하는 매립의 협의 또는 승인 및 같은 법 제38조에 따른 공유수면매립실시계획의 승인·고시
4. 삭제 <2010.4.15.>
5. 「공유재산 및 물품 관리법」 제11조에 따른 행정재산의 용도폐지, 같은 법 제20조에 따른 사용·수익허가
6. 「광업법」 제24조에 따른 광업권설정의 불허가처분, 같은 법 제34조에 따른 광업권 취소처분 또는 광구 감소처분
7. 「국유재산법」 제30조에 따른 국유재산의 사용허가, 같은 법 제40조에 따른 행정재산의 용도폐지
8. 「국토의 계획 및 이용에 관한 법률」 제30조에 따른 도시·군관리계획의 결정, 같은 법 제50조에 따른 지구단위계획의 결정, 같은 법 제56조에 따른 개발행위의 허가, 같은 법 제86조에 따른 도시·군계획시설사업의 시행자의 지정, 같은 법 제88조에 따른 실시계획의 작성 및 인가, 같은 법 제118조에 따른 토지거래계약에 관한 허가
9. 「낙농진흥법」 제4조제1항에 따라 지정된 낙농지구의 해제
10. 「농어촌정비법」 제23조에 따른 농업생산기반시설의 사용허가
11. 「농지법」 제31조에 따른 농업진흥지역 변경·해제, 같은 법 제34조에 따른 농

지전용(農地轉用)의 허가 또는 협의
12. 「대기환경보전법」 제23조, 「물환경보전법」 제33조, 「소음·진동관리법」 제8조에 따른 배출시설 설치의 허가 및 신고
13. 「대중교통의 육성 및 이용촉진에 관한 법률」 제9조에 따른 개발사업계획에의 대중교통시설에 관한 사항
14. 「도시개발법」 제3조에 따른 도시개발구역의 지정, 같은 법 제4조에 따른 개발계획의 수립 및 변경, 같은 법 제11조에 따른 사업시행자의 지정, 같은 법 제17조에 따른 실시계획의 작성 및 인가, 같은 법 제26조에 따른 조성토지등의 공급계획 제출, 같은 법 제53조에 따른 조성토지등의 준공 전 사용의 허가, 같은 법 제64조제2항에 따른 타인의 토지에의 출입허가
15. 「도로법」 제36조에 따른 도로관리청이 아닌 자에 대한 도로공사 시행의 허가, 같은 법 제61조에 따른 도로의 점용 허가 및 같은 법 제107조에 따른 도로관리청과의 협의 또는 승인
16. 「사도법」 제4조에 따른 사도(私道)의 개설허가
17. 「사방사업법」 제14조에 따른 벌채 등의 허가, 같은 법 제20조에 따른 사방지(砂防地) 지정의 해제
18. 「산업입지 및 개발에 관한 법률」 제16조에 따른 산업단지사업시행자의 지정, 같은 법 제17조 및 제18조에 따른 산업단지개발 실시계획의 승인, 같은 법 18조의2에 따른 도시첨단산업단지개발 실시계획의 승인
19. 「산업집적활성화 및 공장설립에 관한 법률」 제13조에 따른 공장설립등의 승인
20. 「산지관리법」 제14조·제15조에 따른 산지전용허가 및 산지전용신고, 같은 법 제15조의2에 따른 산지일시사용허가·신고와 「산림자원의 조성 및 관리에 관한 법률」 제36조제1항·제4항에 따른 입목벌채등의 허가·신고 및 「산림보호법」 제9조제1항 및 제2항제1호·제2호에 따른 산림보호구역에서의 행위의 허가·신고. 다만, 「산림자원의 조성 및 관리에 관한 법률」에 따른 채종림·시험림과 「산림보호법」에 따른 산림유전자원보호구역의 경우는 제외한다.
21. 「소하천정비법」 제6조 및 제8조에 따른 소하천정비종합계획의 수립·승인 및 소하천정비시행계획의 수립, 같은 법 제10조에 따른 소하천공사 시행의 허가, 같은 법 제14조에 따른 소하천 점용 등의 허가 또는 신고
22. 「수도법」 제17조 또는 제49조에 따른 수도사업의 인가, 같은 법 제52조 또는 제54조에 따른 전용상수도 또는 전용공업용수도의 설치 인가
23. 「에너지이용 합리화법」 제10조에 따른 에너지사용계획의 협의
24. 「임업 및 산촌 진흥촉진에 관한 법률」 제20조에 따른 임업진흥권역의 지정변경 및 해제
25. 「자연재해대책법」 제5조에 따른 개발사업의 사전재해영향성검토협의
26. 「장사 등에 관한 법률」 제27조제1항에 따른 무연분묘의 개장허가
27. 「전기사업법」 제62조에 따른 자가용전기설비의 공사계획의 인가 또는 신고
28. 「주택법」 제15조에 따른 사업계획의 승인
29. 「공간정보의 구축 및 관리 등에 관한 법률」 제86조제1항에 따른 사업의 착수·변경 또는 완료의 신고
30. 「집단에너지사업법」 제4조에 따른 집단에너지의 공급타당성에 관한 협의
30의2. 「철도건설법」 제9조에 따른 철도건설사업별 실시계획의 승인
30의3. 「철도사업법」 제42조에 따른 점용허가
31. 「체육시설의 설치·이용에 관한 법률」 제12조에 따른 사업계획의 승인
32. 「초지법」 제21조의2에 따른 토지의 형질변경 등의 허가, 같은 법 제23조에 따른 초지전용의 허가
33. 「폐기물관리법」 제29조에 따른 폐기물처리시설의 설치승인 또는 신고
34. 「하수도법」 제16조에 따른 공공하수도공사 시행의 허가, 같은 법 제24조에 따른 공공하수도의 점용허가
35. 「하천법」 제6조에 따른 하천관리청과의 협의 또는 승인, 같은 법 제25조 및 제27조에 따른 하천기본계획 및 하천공사시행계획의 변경, 같은 법 제30조에 따른 하천공사 시행의 허가 및 하천공사실시계획의 인가, 같은 법 제33조에 따른 하천의 점용허가, 같은 법 제50조에 따른 하천수의 사용허가
36. 「항만법」 제7조에 따른 항만기본계획의 변경, 같은 법 제9조제2항에 따른 항만공

사시행의 허가, 같은 법 제10조제2항에 따른 실시계획의 승인

② 국토교통부장관은 제1항 각 호의 어느 하나에 해당하는 사항이 포함되어 있는 지구계획을 승인하고자 하는 경우에는 공공주택사업자가 제출한 관계 서류를 첨부하여 미리 관계 행정기관의 장과 협의하여야 한다. 이 경우 관계 행정기관의 장은 협의요청을 받은 날부터 30일 이내에 의견을 제출하여야 하며 같은 기간 이내에 의견제출이 없는 경우에는 의견이 없는 것으로 본다. <개정 2013.3.23., 2015.8.28.>

③ 제1항에 따라 다른 법률에 따른 인·허가등을 받은 것으로 보는 경우에는 관계 법률에 따라 부과되는 면허세·수수료 또는 사용료 등을 면제

제18조(다른 법률에 따른 인가·허가 등의 의제) ① 제17조에 따른 지구계획의 승인 또는 변경승인이 있는 때에는 다음 각 호의 승인·허가·인가·결정·신고·지정·면허·협의·동의·해제·심의 등(이하 "인·허가등"이라 한다)을 받은 것으로 보며, 지구계획 승인고시가 있는 때에는 다음 각 호의 법률에 따른 인·허가등의 고시 또는 공고가 있는 것으로 본다. <개정 2009.6.9., 2010.4.15., 2010.5.31., 2011.4.14., 2014.1.14., 2014.6.3., 2016.1.19., 2016.12.27., 2017.1.17.>

1. 「건축법」 제11조에 따른 건축허가, 같은 법 제14조에 따른 건축신고, 같은 법 제16조에 따른 허가·신고사항의 변경, 같은 법 제20조에 따른 가설건축물의 허가·신고, 같은 법 제29조에 따른 건축 협의
2. 「골재채취법」 제22조에 따른 골재채취의 허가
3. 「공유수면 관리 및 매립에 관한 법률」 제8조에 따른 공유수면의 점용·사용허가, 같은 법 제10조에 따른 협의 또는 승인, 같은 법 제17조에 따른 점용·사용 실시계획의 승인 또는 신고, 같은 법 제28조에 따른 공유수면의 매립면허, 같은 법 제33조에 따른 매립면허의 고시, 같은 법 제35조에 따른 국가 등이 시행하는 매립의 협의 또는 승인 및 같은 법 제38조에 따른 공유수면매립실시계획의 승인·고시
4. 삭제 <2010.4.15.>
5. 「공유재산 및 물품 관리법」 제11조에 따른 행정재산의 용도폐지, 같은 법 제20조에 따른 사용·수익허가
6. 「광업법」 제24조에 따른 광업권설정의 불허가처분, 같은 법 제34조에 따른 광업권 취소처분 또는 광구 감소처분
7. 「국유재산법」 제30조에 따른 국유재산의 사용허가, 같은 법 제40조에 따른 행정재산의 용도폐지
8. 「국토의 계획 및 이용에 관한 법률」 제30조에 따른 도시·군관리계획의 결정, 같은 법 제50조에 따른 지구단위계획의 결정, 같은 법 제56조에 따른 개발행위의 허가, 같은 법 제86조에 따른 도시·군계획시설사업의 시행자의 지정, 같은 법 제88조에 따른 실시계획의 작성 및 인가, 같은 법 제118조에 따른 토지거래계약에 관한 허가
9. 「낙농진흥법」 제4조제1항에 따라 지정된 낙농지구의 해제
10. 「농어촌정비법」 제23조에 따른 농업생산기반시설의 사용허가
11. 「농지법」 제31조에 따른 농업진흥지역 변경·해제, 같은 법 제34조에 따른 농지전용(農地轉用)의 허가 또는 협의
12. 「대기환경보전법」 제23조, 「물환경보전법」 제33조, 「소음·진동관리법」 제8조에 따른 배출시설 설치의 허가 및 신고
13. 「대중교통의 육성 및 이용촉진에 관한 법률」 제9조에 따른 개발사업계획에의 대중교통시설에 관한 사항
14. 「도시개발법」 제3조에 따른 도시개발구역의 지정, 같은 법 제4조에 따른 개발계획의 수립 및 변경, 같은 법 제11조에 따른 사업시행자의 지정, 같은 법 제17조에 따른 실시계획의 작성 및 인가, 같은 법 제26조에 따른 조성토지등의 공급계획 제출, 같은 법 제53조에 따른 조성토지등의 준공 전 사용의 허가, 같은 법 제64조제2항에 따른 타인의 토지에의 출입허가
15. 「도로법」 제36조에 따른 도로관리청이 아닌 자에 대한 도로공사 시행의 허가, 같은 법 제61조에 따른 도로의 점용 허가 및 같은 법 제107조에 따른 도로관리청과의 협의 또는 승인
16. 「사도법」 제4조에 따른 사도(私道)의 개설허가
17. 「사방사업법」 제14조에 따른 벌채 등의 허가, 같은 법 제20조에 따른 사방지(砂防地) 지정의 해제
18. 「산업입지 및 개발에 관한 법률」 제16조에 따른 산업단지사업시행자의 지

정, 같은 법 제17조 및 제18조에 따른 산업단지개발 실시계획의 승인, 같은 법 18조의2에 따른 도시첨단산업단지 개발 실시계획의 승인
19. 「산업집적활성화 및 공장설립에 관한 법률」 제13조에 따른 공장설립등의 승인
20. 「산지관리법」 제14조·제15조에 따른 산지전용허가 및 산지전용신고, 같은 법 제15조의2에 따른 산지일시사용허가·신고와 「산림자원의 조성 및 관리에 관한 법률」 제36조제1항·제4항에 따른 입목벌채등의 허가·신고 및 「산림보호법」 제9조제1항 및 제2항제1호·제2호에 따른 산림보호구역에서의 행위의 허가·신고. 다만, 「산림자원의 조성 및 관리에 관한 법률」에 따른 채종림·시험림과 「산림보호법」에 따른 산림유전자원보호구역의 경우는 제외한다.
21. 「소하천정비법」 제6조 및 제8조에 따른 소하천정비종합계획의 수립·승인 및 소하천정비시행계획의 수립, 같은 법 제10조에 따른 소하천공사 시행의 허가, 같은 법 제14조에 따른 소하천 점용 등의 허가 또는 신고
22. 「수도법」 제17조 또는 제49조에 따른 수도사업의 인가, 같은 법 제52조 또는 제54조에 따른 전용상수도 또는 전용공업용수도의 설치 인가
23. 「에너지이용 합리화법」 제10조에 따른 에너지사용계획의 협의
24. 「임업 및 산촌 진흥촉진에 관한 법률」 제20조에 따른 임업진흥권역의 지정변경 및 해제
25. 「자연재해대책법」 제5조에 따른 개발사업의 사전재해영향성검토협의
26. 「장사 등에 관한 법률」 제27조제1항에 따른 무연분묘의 개장허가
27. 「전기사업법」 제62조에 따른 자가용전기설비의 공사계획의 인가 또는 신고
28. 「주택법」 제15조에 따른 사업계획의 승인
29. 「공간정보의 구축 및 관리 등에 관한 법률」 제86조제1항에 따른 사업의 착수·변경 또는 완료의 신고
30. 「집단에너지사업법」 제4조에 따른 집단에너지의 공급타당성에 관한 협의
30의2. 「철도건설법」 제9조에 따른 철도건설사업별 실시계획의 승인
30의3. 「철도사업법」 제42조에 따른 점용허가
31. 「체육시설의 설치·이용에 관한 법률」 제12조에 따른 사업계획의 승인
32. 「초지법」 제21조의2에 따른 토지의 형질변경 등의 허가, 같은 법 제23조에 따른 초지전용의 허가
33. 「폐기물관리법」 제29조에 따른 폐기물처리시설의 설치승인 또는 신고
34. 「하수도법」 제16조에 따른 공공하수도 공사 시행의 허가, 같은 법 제24조에 따른 공공하수도의 점용허가
35. 「하천법」 제6조에 따른 하천관리청과의 협의 또는 승인, 같은 법 제25조 및 제27조에 따른 하천기본계획 및 하천공사 시행계획의 변경, 같은 법 제30조에 따른 하천공사 시행의 허가 및 하천공사실시계획의 인가, 같은 법 제33조에 따른 하천의 점용허가, 같은 법 제50조에 따른 하천수의 사용허가
36. 「항만법」 제7조에 따른 항만기본계획의 변경, 같은 법 제9조제2항에 따른 항만공사시행의 허가, 같은 법 제10조제2항에 따른 실시계획의 승인

② 국토교통부장관은 제1항 각 호의 어느 하나에 해당하는 사항이 포함되어 있는 지구계획을 승인하고자 하는 경우에는 공공주택사업자가 제출한 관계 서류를 첨부하여 미리 관계 행정기관의 장과 협의하여야 한다. 이 경우 관계 행정기관의 장은 협의요청을 받은 날부터 30일 이내에 의견을 제출하여야 하며 같은 기간 이내에 의견제출이 없는 경우에는 의견이 없는 것으로 본다. <개정 2013.3.23., 2015.8.28.>

③ 제1항에 따라 다른 법률에 따른 인·허가 등을 받은 것으로 보는 경우에는 관계 법률에 따라 부과되는 면허세·수수료 또는 사용료 등을 면제한다.

[시행일 : 2018.1.18.] 제18조

제19조(「산지관리법」의 적용 특례) 제17조에 따라 지구계획이 승인된 때에는 「산지관리법」 제6조에 따른 보전산지가 변경·해제된 것으로 본다.

제20조(「수도법」의 적용 특례) 제17조에 따라 지구계획이 승인된 때에는 국토교통부장관과 특별시장·광역시장·시장·군수(광역시의 군수는 제외한다. 이하 이 조 및 제21조에서 같다)는 이를 「수도법」 제4조에 따른 수도정비기본계획에 우선적으로 반영하여야 한다. 이 경우 환경부장관은 특별한 사유가 없는 한 관

할 특별시장·광역시장·시장·군수로부터 수도정비기본계획 승인 신청을 접수한 날부터 30일 이내에 수도정비기본계획을 승인하여야 한다. <개정 2013.3.23.>

제21조(「하수도법」의 적용 특례) 제17조에 따라 지구계획이 승인된 때에는 특별시장·광역시장·시장·군수는 「하수도법」 제5조 및 제6조에 따른 하수도정비기본계획에 우선적으로 반영하여야 한다. 이 경우 환경부장관은 특별한 사유가 없는 한 관할 특별시장·광역시장·시장·군수로부터 하수도정비기본계획 승인 신청을 접수한 날부터 40일 이내에 하수도정비기본계획을 승인하여야 한다.

제22조(「개발제한구역의 지정 및 관리에 관한 특별조치법」의 적용 특례) ① 국토교통부장관은 주택수급 등 지역여건을 감안하여 불가피한 경우 「개발제한구역의 지정 및 관리에 관한 특별조치법」 제3조제1항에 따라 해제할 필요가 있는 개발제한구역을 주택지구로 지정할 수 있다. <개정 2013.3.23.>
② 국토교통부장관은 제1항에 따라 주택지구를 지정하는 경우 개발제한구역으로서 보전가치가 낮은 지역 중 대통령령으로 정하는 지역을 지정하여야 한다. <개정 2013.3.23.>
③ 국토교통부장관은 제1항에 따라 주택지구를 지정하는 경우 환경부장관과 협의하여 용적률 및 건축물의 높이 등 세부적인 기준을 별도로 정할 수 있다. <개정 2013.3.23.>
④ 국토교통부장관이 제1항에 따른 주택지구에 대하여 지구계획을 승인 또는 변경승인하여 고시한 때에는 「개발제한구역의 지정 및 관리에 관한 특별조치법」 제3조부터 제8조까지의 규정에 따른 개발제한구역의 해제를 위한 도시·군관리계획의 결정이 있는 것으로 본다. <개정 2011.4.14., 2013.3.23.>

제23조(「환경영향평가법」의 적용 특례) ① 「환경영향평가법」 제29조에도 불구하고 지구조성사업에 대하여 평가서의 협의를 요청받은 행정기관의 장은 평가서를 접수한 날부터 45일 이내에 국토교통부장관에게 평가협의에 대한 의견을 통보하여야 한다. 이 경우 협의기관의 장은 「환경영향평가법」 제28조제3항에 따른 환경영향평가서의 보완 또는 조정 사유에 해당하는 경우 국토교통부장관 또는 공공주택사업자에게 관련 서류의 보완을 1회에 한하여 요청할 수 있으며, 국토교통부장관 또는 공공주택사업자가 관련 서류를 보완하는 기간은 협의기간에 포함하지 아니한다. <개정 2011.7.21., 2013.3.23., 2015.8.28.>
② 국토교통부장관은 「환경영향평가법」에 따른 환경영향평가를 실시하는 경우 해당 주택지구 등에 대한 환경영향을 협의기관의 장과 협의하여 연 2회 이하로 조사할 수 있다. <개정 2013.3.23.>

제24조(「대도시권 광역교통관리에 관한 특별법」의 적용 특례) ① 제6조에 따라 지정 또는 변경된 주택지구가 「대도시권 광역교통관리에 관한 특별법」 제7조의2제1항에 따른 대규모 개발사업에 해당되는 경우에는 같은 법 제7조의2제1항에도 불구하고 국토교통부장관이 광역교통개선대책을 수립할 수 있다. 이 경우 공공주택사업자로부터 광역교통개선대책 수립에 관한 의견을 제출받을 수 있다. <개정 2013.3.23., 2015.8.28.>
② 국토교통부장관은 제1항에 따른 광역교통개선대책을 수립할 때에는 「대도시권 광역교통관리에 관한 특별법」 제7조의2제3항에도 불구하고 시·도지사의 의견을 들은 후 제17조에 따른 지구계획 승인 이전까지 이를 확정하여 시·도지사에게 통보하여야 한다. <개정 2013.3.23.>
③ 시·도지사는 제2항에 따른 의견을 요청받은 날부터 30일 이내에 의견을 제출하여야 하며, 같은 기간 이내에 의견제출이 없는 경우 의견이 없는 것으로 본다.

제24조의2(「수도권정비계획법」의 적용 특례) ① 국토교통부장관 또는 시·도지사는 주택지구 전체 개발면적의 100분의 50 이상을 「개발제한구역의 지정 및 관리에 관한 특별조치법」 제3조에 따라 개발제한구역을 해제하여 지정하는 주택지구에서 지구조성사업을 시행하기 위하여 공장(「산업집적활성화 및 공장설립에 관한 법률」 제2조제1호에 따른 공장을 말한다. 이하 이 조에서 같다) 및 제조업소(「건축법」 제2조제2항제4호에 따른 제조업소를 말한다. 이하 이 조에서 같다)의 이전이 불가피한 경우 「수도권정비계획법」 제7조에도 불구하고 같은 법 제21조에 따른 수도권정비위원회의 심의를 거쳐 주택지구 또는 주택지구 외의 지역에 공업지역을 지정할 수 있다.

이 경우 지정되는 공업지역의 면적은 주택지구 지정 당시 공장과 제조업소의 부지면적을 합한 총면적을 넘어서는 아니 된다. <개정 2014.1.14.>
② 제1항에 따른 공업지역의 지정·개발 및 공급에 필요한 사항은 국토교통부장관이 정하여 고시한다. <신설 2014.1.14.>
[본조신설 2011.5.19.]

제25조(간선시설의 설치 및 지원 등) ① 공공주택사업을 시행하는 때에는 해당 간선시설의 설치 및 설치비용의 상환에 관하여 「주택법」 제28조를 준용한다. 이 경우 간선시설을 설치하는 자는 공공주택사업에 필요한 간선시설을 다른 주택건설사업이나 대지조성사업보다 우선하여 설치하여야 한다. <개정 2015.8.28., 2016.1.19.>
② 국가 또는 지방자치단체는 공공주택사업의 원활한 시행을 위하여 도로·철도·공원 등 대통령령으로 정하는 시설을 직접 설치하거나 이를 설치하는 자에게 설치비용을 보조할 수 있다. <개정 2015.1.20., 2015.8.28.>
③ 제2항에 따른 시설의 지원 대상·범위 등은 대통령령으로 정한다.

제26조(토지에의 출입 등) ① 주택지구의 지정을 제안하는 자 또는 공공주택사업자는 주택지구의 지정제안 또는 지구계획의 작성을 위한 조사·측량을 하고자 하는 때와 지구조성사업의 시행을 위하여 필요한 경우에는 타인의 토지에 출입하거나 타인의 토지를 재료적치장·통로 또는 임시도로로 일시 사용할 수 있으며 죽목·토석, 그 밖의 장애물을 변경하거나 제거할 수 있다. <개정 2015.8.28.>
② 「국토의 계획 및 이용에 관한 법률」 제130조제2항부터 제9항까지 및 같은 법 제131조는 제1항의 경우에 준용한다. 이 경우 "행정청인 도시·군계획시설사업의 시행자"는 "공공주택사업자"로 본다. <개정 2011.4.14., 2015.8.28.>

제27조(토지등의 수용 등) ① 공공주택사업자는 주택지구의 조성을 위하여 필요한 경우에는 토지등을 수용 또는 사용할 수 있다. <개정 2015.8.28.>
② 주택지구를 지정하여 고시한 때에는 「공익사업을 위한 토지 등의 취득 및 보상에 관한 법률」 제20조제1항 및 같은 법 제22조에 따른 사업인정 및 사업인정의 고시가 있는 것으로 본다.
③ 제1항에 따른 토지등의 수용 또는 사용에 대한 재결의 신청은 「공익사업을 위한 토지등의 취득 및 보상에 관한 법률」 제23조제1항 및 같은 법 제28조제1항에도 불구하고 지구계획에서 정하는 사업의 시행기간 내에 할 수 있다.
④ 제1항에 따른 토지등의 수용 또는 사용에 대한 재결의 관할 토지수용위원회는 중앙토지수용위원회로 한다.
⑤ 제10조제1항에 따른 주민 등의 의견청취 공고로 인하여 취득하여야 할 토지가격이 변동되었다고 인정되는 등 대통령령으로 정하는 요건에 해당하는 경우에는 「공익사업을 위한 토지 등의 취득 및 보상에 관한 법률」 제70조제1항에 따른 공시지가는 같은 법 제70조제3항부터 제5항까지의 규정에도 불구하고 제10조제1항에 따른 주민 등의 의견청취 공고일 전의 시점을 공시기준일로 하는 공시지가로서 해당 토지의 가격시점 당시 공시된 공시지가 중 같은 항에 따른 주민 등의 의견청취 공고일에 가장 가까운 시점에 공시된 공시지가로 한다.
⑥ 제1항에 따른 토지등의 수용 또는 사용에 관하여 이 법에 특별한 규정이 있는 것을 제외하고는 「공익사업을 위한 토지 등의 취득 및 보상에 관한 법률」을 적용한다.

제27조의2(건축물의 존치 등) ① 공공주택사업자는 주택지구에 있는 기존의 건축물이나 그 밖의 시설을 이전하거나 철거하지 아니하여도 지구조성사업에 지장이 없다고 인정하여 대통령령으로 정하는 요건을 충족하는 경우에는 이를 존치하게 할 수 있다.
② 공공주택사업자는 제1항에 따라 존치하게 된 시설물의 소유자에게 도로, 공원, 상하수도, 그 밖에 대통령령으로 정하는 공공시설의 설치 등에 필요한 비용의 일부를 부담하게 할 수 있다.
③ 제2항에 따른 비용 부담의 기준·방법 등에 관하여 필요한 사항은 대통령령으로 정한다.
[본조신설 2015.8.28.]

제28조(국·공유지의 처분제한 등) ① 주택지구 안에 있는 국가 또는 지방자치단체 소유의 토지로서 지구조성사업에 필요한 토지는 지구조성사업 외의 목적으로 매각하거나 양도할 수 없다.
② 주택지구 안에 있는 국가 또는 지방자치단체

소유의 재산은「국유재산법」및「공유재산 및 물품 관리법」에도 불구하고 공공주택사업자에게 수의계약으로 양도할 수 있다. 이 경우 그 재산의 용도폐지 및 양도에 관하여는 국토교통부장관이 미리 관계 행정기관의 장과 협의하여야 한다. <개정 2013.3.23., 2015.8.28.>
③ 제2항 후단에 따라 협의의 요청이 있는 때에는 관계 행정기관의 장은 그 요청을 받은 날부터 60일 이내에 용도폐지 및 양도, 그 밖의 필요한 조치를 하여야 한다.
④ 제2항에 따라 공공주택사업자에게 양도하고자 하는 재산 중 관리청을 알 수 없는 국유재산에 관하여는 다른 법령에도 불구하고 기획재정부장관이 이를 관리 또는 처분한다. <개정 2015.8.28.>

제29조(공공시설 등의 귀속) ① 공공주택사업자가 「국토의 계획 및 이용에 관한 법률」 제2조제13호에 따른 공공시설(주차장·운동장을 제외한다. 이하 이 조에서 같다)을 새로 설치하거나 기존의 공공시설에 대체되는 시설을 설치한 경우 그 귀속에 관하여는 같은 법 제65조를 적용한다. 이 경우 "행정청"은 "공공주택사업자"로 본다. <개정 2015.8.28.>
② 제1항에 따라「국토의 계획 및 이용에 관한 법률」을 적용함에 있어서 관리청이 불분명한 재산 중 도로·하천·구거(溝渠)에 대하여는 국토교통부장관을, 그 밖의 재산에 대하여는 기획재정부장관을 관리청으로 본다. <개정 2013.3.23.>
③ 제1항에 따라 공공주택사업자가 대체공공시설 등을 설치하고자 하는 경우에는 대통령령으로 정하는 바에 따라 제16조에 따른 지구계획 승인을 신청하는 때에 이를 명시하여야 한다. 다만, 제7조에 따라 주거지역 안에서 주택지구를 지정하는 경우에는 제35조에 따라 주택건설사업계획을 승인신청하는 때에 이를 명시하여야 한다. <개정 2015.8.28.>
④ 제1항에 따른 공공시설과 재산의 등기에 있어서는 지구계획승인서, 주택건설사업계획승인서 또는 그 변경승인서와 준공확인서로서 「부동산등기법」에 따른 등기원인을 증명하는 서류에 갈음할 수 있다.

제30조(부담금의 감면) 공공주택사업에 부과되는 다음 각 호의 어느 하나에 해당하는 부담금에 대하여는 관련 법령으로 정하는 바에 따라 이를 감면하거나 부과하지 아니할 수 있다. <개정 2014.1.14.>
1. 「개발이익환수에 관한 법률」 제5조에 따른 개발부담금
2. 「농지법」 제38조에 따른 농지보전부담금
3. 「대도시권 광역교통관리에 관한 특별법」 제11조에 따른 광역교통시설부담금
4. 「도시교통정비 촉진법」 제36조에 따른 교통유발부담금
5. 「산지관리법」 제19조에 따른 대체산림자원조성비
6. 「초지법」 제23조에 따른 대체초지조성비

제31조(준공검사) ① 공공주택사업자는 지구조성사업을 완료한 때에는 지체 없이 준공검사를 받아야 한다. <개정 2015.8.28.>
② 국토교통부장관은 지구조성사업이 지구계획대로 완료되었다고 인정하는 경우에는 준공검사서를 공공주택사업자에게 교부하고 이를 대통령령으로 정하는 바에 따라 관보에 공고하여야 한다. <개정 2013.3.23., 2015.8.28.>
③ 공공주택사업자는 지구조성사업을 효율적으로 시행하기 위하여 지구계획의 범위에서 주택지구 중 일부지역에 한하여 준공검사를 신청할 수 있다. <개정 2015.8.28.>

제32조(조성된 토지의 공급) ① 주택지구로 조성된 토지를 공급하려는 자는 지구계획에서 정한 바에 따라 공급하여야 한다. <개정 2015.8.28.>
② 제1항에 따라 공급하는 토지의 용도, 공급의 절차·방법 및 대상자, 그 밖에 공급조건에 관한 사항은 대통령령으로 정한다. <개정 2015.8.28.>
③ 공공주택사업자는「주택법」에 따른 국민주택의 건설용지로 사용할 토지를 공급할 때 그 가격을 조성원가 이하로 할 수 있다. <신설 2015.8.28.>
[제목개정 2015.8.28.]

제32조의2(조성된 토지의 조성원가 공개) ① 제32조에 따라 토지를 공급하려는 자는 조성원가를 공시하여야 한다. 이 경우 조성원가는 다음 각 호의 항목으로 구성된다.
1. 용지비
2. 조성비
3. 직접인건비
4. 이주대책비
5. 판매비

6. 일반관리비
7. 그 밖에 국토교통부령으로 정하는 비용

② 제1항에 따른 조성원가의 산정방법과 그 밖에 필요한 사항은 국토교통부령으로 정한다.

[본조신설 2015.8.28.]

제32조의3(조성된 토지의 전매행위 제한 등) ① 주택지구로 조성된 토지를 공급받은 자는 소유권 이전등기를 하기 전까지는 그 토지를 공급받은 용도대로 사용하지 아니한 채 그대로 전매(轉賣)(명의변경, 매매 또는 그 밖에 권리의 변동을 수반하는 모든 행위를 포함하되, 상속의 경우는 제외한다. 이하 같다)할 수 없다. 다만, 이주대책용으로 공급하는 주택건설용지 등 대통령령으로 정하는 경우에는 그러하지 아니하다.

② 토지를 공급받은 자가 제1항을 위반하여 토지를 전매한 경우 해당 법률행위를 무효로 하며, 공공주택사업자(당초의 토지 공급자를 말한다)는 토지 공급 당시의 가액(價額) 및 「은행법」에 따른 은행의 1년 만기 정기예금 평균이자율을 합산한 금액을 지급하고 해당 토지를 환매할 수 있다.

[본조신설 2015.8.28.]

제32조의4(선수금 등) ① 공공주택사업자는 토지를 공급받을 자로부터 그 대금의 전부 또는 일부를 미리 받을 수 있다.

② 공공주택사업자는 토지를 공급받을 자에게 토지로 상환하는 채권(이하 "토지상환채권"이라 한다)을 발행할 수 있다.

③ 토지상환채권의 발행 절차·방법 및 조건 등은「국채법」,「지방재정법」,「한국토지주택공사법」, 그 밖의 법률에서 정하는 바에 따른다.

④ 제1항 또는 제2항에 따라 선수금을 받거나 토지상환채권을 발행하려는 공공주택사업자는 국토교통부장관의 승인을 받아야 한다.

[본조신설 2015.8.28.]

제4장 공공주택통합심의위원회

<개정 2014.1.14.>

제33조(공공주택통합심의위원회의 설치 등) ① 제17조에 따른 지구계획 또는 제35조에 따른 사업계획(이하 "관련계획"이라 한다)의 승인과 관련하여 도시계획·건축·환경·교통·재해 등 다음 각 호의 사항을 검토 및 심의하기 위하여 국토교통부에 공공주택통합심의위원회(이하 "통합심의위원회"라 한다)를 둔다. <개정 2011.4.14., 2013.3.23., 2014.1.14., 2015.7.24., 2015.8.28.>

1. 「건축법」에 따른 건축물 관련 사항

1의2. 「국토의 계획 및 이용에 관한 법률」에 따른 도시·군관리계획 관련 사항

2. 「대도시권 광역교통관리에 관한 특별법」에 따른 광역교통개선대책
3. 「도시교통정비 촉진법」에 따른 교통영향평가서
4. 「산지관리법」에 따라 해당 주택지구에 속한 산지의 이용계획
5. 「에너지이용 합리화법」에 따른 에너지사용계획
6. 「자연재해대책법」에 따른 사전재해영향성검토
7. 「학교보건법」에 따른 교육환경에 대한 평가
8. 「철도건설법」에 따른 철도건설사업
9. 그 밖에 국토교통부장관이 필요하다고 인정하여 통합심의위원회에 부의하는 사항

② 이 법에서 국토교통부장관의 권한에 속하는 사항 중 제53조제1항에 따라 시·도지사에게 위임된 사항과 관련하여 통합심의위원회의 심의 대상에 해당되는 사항을 검토 및 심의하기 위하여 시·도에 시·도공공주택통합심의위원회를 둘 수 있다. 이 경우 시·도공공주택통합심의위원회의 구성·운영 및 심의 절차 등은 제3항부터 제8항까지 및 제34조를 준용한다. <신설 2010.4.5., 2013.3.23., 2014.1.14., 2015.8.28.>

③ 통합심의위원회는 위원장 1인 및 부위원장 1인을 포함하여 32인 이하의 위원으로 구성한다. <개정 2010.4.5., 2014.1.14.>

④ 통합심의위원회의 위원은 다음 각 호의 사람이 되고, 위원장은 제2호에 해당하는 사람 중 위원들이 호선하는 사람으로 하며, 위원장은 원활한 심의를 위하여 필요한 경우 제1호의 사람 중 국토교통부 소속 공무원을 부위원장으로 임명할 수 있다. <개정 2010.4.5., 2013.3.23., 2014.1.14., 2015.7.24., 2015.8.28.>

1. 관계 중앙행정기관 및 해당 주택지구 또는 공공주택이 속한 지역을 관할하는 시·도 소속의 관계 부서의 장으로서 고위공무원단에 속하는 공무원(시·도의 경우에는 3급 이상인 공무원을 말한다)과 국토교통부

에서 주택 관련 업무를 담당하는 고위공무원단에 속하는 공무원
2. 도시계획·건축·교통·환경·재해 분야 등의 전문가로서 택지개발 및 주택사업에 관한 학식과 경험이 풍부한 사람 중 국토교통부장관이 위촉한 사람
3. 「건축법」에 따른 중앙건축위원회의 위원 중 해당 위원회의 위원장이 추천한 사람
4. 「국토의 계획 및 이용에 관한 법률」에 따라 해당 주택지구 및 공공주택이 속한 시·도에 설치된 시·도도시계획위원회의 위원 중 도시계획전문가·설계전문가·환경전문가 각 1인 이상을 포함하여 해당 시·도도시계획위원회의 위원장이 추천하는 사람
5. 「국가통합교통체계효율화법」에 따른 국가교통위원회의 위원 중 해당 위원회의 위원장이 추천하는 사람
6. 「도시교통정비 촉진법」에 따른 국토교통부 소속의 교통영향평가심의위원회의 위원 중 해당 교통영향평가심의위원회의 위원장이 추천하는 사람
7. 「산지관리법」에 따라 해당 주택지구에 속한 산지의 이용계획에 대하여 심의권한을 가진 산지관리위원회의 위원 중 해당 산지관리위원회의 위원장이 추천하는 사람
8. 「에너지이용 합리화법」에 따른 에너지사용계획에 대하여 심의권한을 가진 위원회의 위원 중 해당 위원회의 위원장이 추천하는 사람
9. 「자연재해대책법」에 따른 사전재해영향성검토위원회의 위원 중 해당 위원회의 위원장이 추천하는 사람
10. 「철도산업발전기본법」에 따른 철도산업위원회의 위원 중 해당 위원회의 위원장이 추천하는 사람
11. 「학교보건법」에 따른 시·도학교보건위원회의 위원 중 해당 위원회의 위원장이 추천하는 사람

⑤ 위원장은 제4항제3호부터 제11호까지에 해당하는 위원이 속한 위원회의 위원장에게 위원의 추천을 요청하여야 하며, 위원의 추천을 요청받은 위원장은 그 요청을 받은 날부터 7일 이내에 위원을 추천하여야 한다. <개정 2010.4.5., 2014.1.14.>

⑥ 통합심의위원회의 회의는 재적위원 과반수의 출석으로 개의하고, 출석위원 과반수의 찬성으로 의결한다. 이 경우 제4항제10호에 따른 위원은 철도시설이 포함된 주택지구의 지구계획을 심의하는 경우에만 재적위원으로 포함하여 계산하며, 제35조에 따른 사업계획을 심의하는 경우에 재적위원은 제4항제1호부터 제6호까지의 위원으로 한다. <개정 2010.4.5., 2014.1.14., 2015.8.28.>

⑦ 통합심의위원회는 회의내용을 녹취하고 회의록을 작성하여야 한다. <개정 2010.4.5.>

⑧ 제3항 각 호에서 정한 위원별 최소 구성인원 등 통합심의위원회의 구성·운영 등에 필요한 사항은 대통령령으로 정한다. <개정 2010.4.5.>

[제목개정 2014.1.14.]

第33조(공공주택통합심의위원회의 설치 등) ① 제17조에 따른 지구계획 또는 제35조에 따른 사업계획(이하"관련계획"이라 한다)의 승인과 관련하여 도시계획·건축·환경·교통·재해 등 다음 각 호의 사항을 검토 및 심의하기 위하여 국토교통부에 공공주택통합심의위원회(이하"통합심의위원회"라 한다)를 둔다. <개정 2011.4.14., 2013.3.23., 2014.1.14., 2015.7.24., 2015.8.28., 2017.10.24.>
1. 「건축법」에 따른 건축물 관련 사항
1의2. 「국토의 계획 및 이용에 관한 법률」에 따른 도시·군관리계획 관련 사항
2. 「대도시권 광역교통관리에 관한 특별법」에 따른 광역교통개선대책
3. 「도시교통정비 촉진법」에 따른 교통영향평가서
4. 「산지관리법」에 따라 해당 주택지구에 속한 산지의 이용계획
5. 「에너지이용 합리화법」에 따른 에너지사용계획
6. 「자연재해대책법」에 따른 재해영향평가등
7. 「학교보건법」에 따른 교육환경에 대한 평가
8. 「철도건설법」에 따른 철도건설사업
9. 그 밖에 국토교통부장관이 필요하다고 인정하여 통합심의위원회에 부의하는 사항

② 이 법에서 국토교통부장관의 권한에 속하는 사항 중 제53조제1항에 따라 시·도지사에게 위임된 사항과 관련하여 통합심의위원회의 심의 대상에 해당되는 사항을 검토 및 심의하기 위하여 시·도에 시·도공공주택통합심의위원회를 둘 수 있다. 이 경우 시·도공공주택통합심의위원회의 구성·운영 및 심의절차 등은 제3항부터 제8항까지 및 제34조를 준용한다. <신설 2010.4.5., 2013.3.23., 2014.1.14., 2015.8.28.>

③ 통합심의위원회는 위원장 1인 및 부위원

장 1인을 포함하여 32인 이하의 위원으로 구성한다. <개정 2010.4.5., 2014.1.14.>

④ 통합심의위원회의 위원은 다음 각 호의 사람이 되고, 위원장은 제2호에 해당하는 사람 중 위원들이 호선하는 사람으로 하며, 위원장은 원활한 심의를 위하여 필요한 경우 제1호의 사람 중 국토교통부 소속 공무원을 부위원장으로 임명할 수 있다. <개정 2010.4.5., 2013.3.23., 2014.1.14., 2015.7.24., 2015.8.28., 2017.10.24.>

1. 관계 중앙행정기관 및 해당 주택지구 또는 공공주택이 속한 지역을 관할하는 시·도 소속의 관계 부서의 장으로서 고위공무원단에 속하는 공무원(시·도의 경우에는 3급 이상인 공무원을 말한다)과 국토교통부에서 주택 관련 업무를 담당하는 고위공무원단에 속하는 공무원
2. 도시계획·건축·교통·환경·재해 분야 등의 전문가로서 택지개발 및 주택사업에 관한 학식과 경험이 풍부한 사람 중 국토교통부장관이 위촉한 사람
3. 「건축법」에 따른 중앙건축위원회의 위원 중 해당 위원회의 위원장이 추천한 사람
4. 「국토의 계획 및 이용에 관한 법률」에 따라 해당 주택지구 및 공공주택이 속한 시·도에 설치된 시·도도시계획위원회의 위원 중 도시계획전문가·설계전문가·환경전문가 각 1인 이상을 포함하여 해당 시·도도시계획위원회의 위원장이 추천하는 사람
5. 「국가통합교통체계효율화법」에 따른 국가교통위원회의 위원 중 해당 위원회의 위원장이 추천하는 사람
6. 「도시교통정비 촉진법」에 따른 국토교통부 소속의 교통영향평가심의위원회의 위원 중 해당 교통영향평가심의위원회의 위원장이 추천하는 사람
7. 「산지관리법」에 따라 해당 주택지구에 속한 산지의 이용계획에 대하여 심의권한을 가진 산지관리위원회의 위원 중 해당 산지관리위원회의 위원장이 추천하는 사람
8. 「에너지이용 합리화법」에 따른 에너지사용계획에 대하여 심의권한을 가진 위원회의 위원 중 해당 위원회의 위원장이 추천하는 사람
9. 「자연재해대책법」에 따른 재해영향평가심의위원회의 위원 중 해당 위원회의 위원장이 추천하는 사람
10. 「철도산업발전기본법」에 따른 철도산업위원회의 위원 중 해당 위원회의 위원장이 추천하는 사람
11. 「학교보건법」에 따른 시·도학교보건위원회의 위원 중 해당 위원회의 위원장이 추천하는 사람

⑤ 위원장은 제4항제3호부터 제11호까지에 해당하는 위원이 속한 위원회의 위원장에게 위원의 추천을 요청하여야 하며, 위원의 추천을 요청받은 위원장은 그 요청을 받은 날부터 7일 이내에 위원을 추천하여야 한다. <개정 2010.4.5., 2014.1.14.>

⑥ 통합심의위원회의 회의는 재적위원 과반수의 출석으로 개의하고, 출석위원 과반수의 찬성으로 의결한다. 이 경우 제4항제10호에 따른 위원은 철도시설이 포함된 주택지구의 지구계획을 심의하는 경우에만 재적위원으로 포함하여 계산하며, 제35조에 따른 사업계획을 심의하는 경우에 재적위원은 제4항제1호부터 제6호까지의 위원으로 한다. <개정 2010.4.5., 2014.1.14., 2015.8.28.>

⑦ 통합심의위원회는 회의내용을 녹취하고 회의록을 작성하여야 한다. <개정 2010.4.5.>

⑧ 제3항 각 호에서 정한 위원별 최소 구성인원 등 통합심의위원회의 구성·운영 등에 필요한 사항은 대통령령으로 정한다. <개정 2010.4.5.>

[제목개정 2014.1.14.]

[시행일 : 2018.10.25.] 제33조

제34조(통합심의위원회의 심의절차 등) ① 공공주택사업자는 제16조제1항에 따라 지구계획의 승인을 신청하는 경우 제33조제1항 각 호와 관련된 서류를 첨부하여야 하고, 제35조제1항에 따라 사업계획을 승인할 때 통합심의위원회의 심의를 신청할 경우 제33조제1항제1호부터 제4호까지 및 제10호와 관련된 서류를 첨부하여야 한다. 다만, 국토교통부장관은 관련계획의 승인을 효율적으로 처리하기 위하여 필요한 경우 제출기한을 정하여 이에 따라 제출하도록 할 수 있다. <개정 2013.3.23., 2015.8.28.>

② 공공주택사업자는 통합심의위원회에 최종의견서를 제출할 수 있으며, 통합심의위원회는 관련계획의 승인과 관련된 사항, 공공주택사업자의 최종의견서, 관계 기관 의견서 등을 종합적으로 검토하여 심의하여야 한다. 이 경우 특별한 사유가 없는 한 국토교통부장관은 심의결과를 반영하여 관련계획을 승인하여야 한다.

<개정 2013.3.23., 2015.8.28.>
③ 통합심의위원회의 검토 및 심의를 거친 경우에는 다음 각 호에서 정한 위원회의 검토 및 심의를 거친 것으로 본다. <개정 2014.1.14., 2015.7.24., 2015.8.28.>
1. 「건축법」에 따른 건축위원회
1의2. 「국토의 계획 및 이용에 관한 법률」에 따른 시·도도시계획위원회
2. 「국가통합교통체계효율화법」에 따른 국가교통위원회
3. 「도시교통정비 촉진법」에 따른 교통영향평가심의위원회
4. 「산지관리법」에 따른 산지관리위원회
5. 「에너지이용 합리화법」에 따른 에너지사용계획에 대하여 심의권한을 가진 위원회
6. 「자연재해대책법」에 따른 사전재해영향성검토위원회
7. 「학교보건법」에 따른 시·도학교보건위원회
8. 「철도산업발전기본법」에 따른 철도산업위원회

제34조(통합심의위원회의 심의절차 등) ① 공공주택사업자는 제16조제1항에 따라 지구계획의 승인을 신청하는 경우 제33조제1항 각 호와 관련된 서류를 첨부하여야 하고, 제35조제1항에 따라 사업계획을 승인할 때 통합심의위원회의 심의를 신청할 경우 제33조제1항제1호부터 제4호까지 및 제10호와 관련된 서류를 첨부하여야 한다. 다만, 국토교통부장관은 관련계획의 승인을 효율적으로 처리하기 위하여 필요한 경우 제출기한을 정하여 이에 따라 제출하도록 할 수 있다. <개정 2013.3.23., 2015.8.28.>
② 공공주택사업자는 통합심의위원회에 최종의견서를 제출할 수 있으며, 통합심의위원회는 관련계획의 승인과 관련된 사항, 공공주택사업자의 최종의견서, 관계 기관 의견서 등을 종합적으로 검토하여 심의하여야 한다. 이 경우 특별한 사유가 없는 한 국토교통부장관은 심의 결과를 반영하여 관련계획을 승인하여야 한다. <개정 2013.3.23., 2015.8.28.>
③ 통합심의위원회의 검토 및 심의를 거친 경우에는 다음 각 호에서 정한 위원회의 검토 및 심의를 거친 것으로 본다. <개정 2014.1.14., 2015.7.24., 2015.8.28., 2017.10.24.>
1. 「건축법」에 따른 건축위원회
1의2. 「국토의 계획 및 이용에 관한 법률」에 따른 시·도도시계획위원회
2. 「국가통합교통체계효율화법」에 따른 국가교통위원회
3. 「도시교통정비 촉진법」에 따른 교통영향평가심의위원회
4. 「산지관리법」에 따른 산지관리위원회
5. 「에너지이용 합리화법」에 따른 에너지사용계획에 대하여 심의권한을 가진 위원회
6. 「자연재해대책법」에 따른 재해영향평가심의위원회
7. 「학교보건법」에 따른 시·도학교보건위원회
8. 「철도산업발전기본법」에 따른 철도산업위원회

[시행일 : 2018.10.25.] 제34조

제5장 공공주택의 건설 등

<개정 2014.1.14.>

제35조(주택건설사업계획의 승인 등) ① 공공주택사업자는 공공주택에 대한 사업계획(부대시설 및 복리시설의 설치에 관한 계획을 포함한다)을 작성하여 국토교통부장관의 승인을 받아야 한다. 사업계획을 변경하고자 하는 경우에도 같다. <개정 2013.3.23., 2014.1.14., 2015.8.28.>
② 국토교통부장관은 주택지구 내에서 건설되는 공공주택 외의 주택(이하 "민간분양주택등"이라 한다)을 공공주택과 동시에 건설하는 것이 불가피하다고 판단하는 경우에는 민간분양주택등의 건설에 대한 사업계획을 해당 사업의 주체로부터 직접 또는 이 법에 따른 공공주택사업자를 통하여 신청 받아 이를 승인할 수 있다. 사업계획을 변경하고자 하는 경우에도 같다. <개정 2013.3.23., 2014.1.14., 2015.8.28.>
③ 공공주택사업자는 주택건설사업계획을 제16조제1항에 따른 지구계획 신청서에 포함하여 제출할 수 있다. <개정 2015.8.28.>
④ 공공주택사업자가 제1항 또는 제2항에 따라 사업계획의 승인을 받은 때에는 다음 각 호의 인가·허가·결정·심의 등을 받은 것으로 보며, 사업계획의 승인고시가 있는 때에는 다음 각 호의 관계 법률에 따른 고시 또는 공고가 있는 것으로 본다. <개정 2009.3.25., 2009.6.9., 2010.1.27., 2010.4.15., 2010.5.31., 2011.4.14.,

2014.1.14., 2014.6.3., 2015.8.28., 2016.1.19., 2016.12.27.>

1. 「건축법」 제11조에 따른 건축허가, 같은 법 제14조에 따른 건축신고, 같은 법 제20조에 따른 가설건축물의 건축허가 또는 신고
2. 「공유수면 관리 및 매립에 관한 법률」 제8조에 따른 공유수면의 점용·사용허가, 같은 법 제10조에 따른 협의 또는 승인, 같은 법 제17조에 따른 점용·사용 실시계획의 승인 또는 신고, 같은 법 제28조에 따른 공유수면의 매립면허, 같은 법 제35조에 따른 국가 등이 시행하는 매립의 협의 또는 승인 및 같은 법 제38조에 따른 공유수면매립실시계획의 승인
3. 「공유재산 및 물품 관리법」 제11조에 따른 행정재산의 용도폐지, 같은 법 제20조에 따른 사용·수익허가
4. 「광업법」 제42조에 따른 채굴계획의 인가
5. 「국토의 계획 및 이용에 관한 법률」 제30조에 따른 도시·군관리계획(같은 법 제2조제4호 각 목의 계획 및 제49조에 따른 지구단위계획을 말한다)의 결정, 같은 법 제56조에 따른 개발행위의 허가, 같은 법 제59조에 따른 개발행위에 대한 도시계획위원회의 심의, 같은 법 제86조에 따른 도시·군계획시설사업시행자의 지정, 같은 법 제88조에 따른 실시계획의 인가 및 같은 법 제130조제2항에 따른 타인의 토지에의 출입허가

5의2. 「국유재산법」 제30조에 따른 국유재산의 사용허가, 같은 법 제40조에 따른 행정재산의 용도폐지

6. 「농어촌정비법」 제23조에 따른 농업생산기반시설의 사용허가
7. 「농지법」 제34조에 따른 농지전용의 허가 또는 협의
8. 「도로법」 제36조에 따른 도로공사 시행의 허가, 같은 법 제61조에 따른 도로점용의 허가
9. 「도시개발법」 제3조에 따른 도시개발구역의 지정, 같은 법 제11조에 따른 시행자의 지정, 같은 법 제17조에 따른 실시계획의 인가, 같은 법 제64조제2항에 따른 타인의 토지에의 출입허가
10. 「사도법」 제4조에 따른 사도의 개설허가
11. 「사방사업법」 제14조에 따른 토지의 형질변경 등의 허가, 같은 법 제20조에 따른 사방지 지정의 해제
12. 「산지관리법」 제14조·제15조에 따른 산지전용허가 및 산지전용신고, 같은 법 제15조의2에 따른 산지일시사용허가·신고와 「산림자원의 조성 및 관리에 관한 법률」 제36조제1항·제4항에 따른 입목벌채등의 허가·신고 및 「산림보호법」 제9조제1항 및 제2항제1호·제2호에 따른 산림보호구역에서의 행위의 허가·신고. 다만, 「산림자원의 조성 및 관리에 관한 법률」에 따른 채종림·시험림과 「산림보호법」에 따른 산림유전자원보호구역의 경우는 제외한다.
13. 「소하천정비법」 제6조에 따른 소하천정비종합계획의 승인, 같은 법 제10조에 따른 소하천공사 시행의 허가, 같은 법 제14조에 따른 소하천 점용 등의 허가 또는 신고
14. 「수도법」 제17조 또는 제49조에 따른 수도사업의 인가, 같은 법 제52조에 따른 전용상수도 설치의 인가
15. 「연안관리법」 제25조에 따른 연안정비사업실시계획의 승인
16. 「유통산업발전법」 제8조에 따른 대규모점포의 등록
17. 「장사 등에 관한 법률」 제27조에 따른 타인의 토지 등에 설치된 분묘 등의 처리, 같은 법 제28조에 따른 무연분묘의 처리

17의2. 「주택법」 제15조에 따른 사업계획의 승인

18. 「지하수법」 제7조 또는 제8조에 따른 지하수개발·이용의 허가 또는 신고

18의2. 「철도건설법」 제9조에 따른 철도건설사업별 실시계획의 승인

18의3. 「철도사업법」 제42조에 따른 점용허가

19. 「초지법」 제23조에 따른 초지전용의 허가
20. 「공간정보의 구축 및 관리 등에 관한 법률」 제15조제3항에 따른 지도등의 간행심사
21. 「택지개발촉진법」 제6조에 따른 행위의 허가
22. 「하수도법」 제16조에 따른 공공하수도공사 시행의 허가, 같은 법 제34조제2항에 따른 개인하수처리시설의 설치신고
23. 「하천법」 제30조에 따른 하천공사 시행의 허가 및 하천공사실시계획의 인가, 같은 법 제33조에 따른 하천의 점용허가, 같은 법 제50조에 따른 하천수의 사용허가
24. 「부동산 거래신고 등에 관한 법률」 제11조에 따른 토지거래계약에 관한 허가

⑤ 국토교통부장관은 제1항 또는 제2항에 따

라 사업계획을 승인한 때에는 이에 관한 사항을 고시하여야 하며, 사업계획승인서 및 관계서류의 사본을 지체 없이 관할 시・도지사에게 송부하여야 한다. <개정 2013.3.23.>

⑥ 국토교통부장관이 제1항 또는 제2항에 따라 사업계획을 승인하고자 하는 경우 그 사업계획에 제4항 각 호의 어느 하나에 해당하는 사항이 포함되어 있는 때에는 미리 관계 행정기관의 장과 협의하여야 한다. 이 경우 관계 행정기관의 장은 국토교통부장관의 협의요청을 받은 날부터 30일 이내에 의견을 제출하여야 하며, 같은 기간 이내에 의견제출이 없는 경우에는 의견이 없는 것으로 본다. <개정 2013.3.23.>

⑦ 제1항 또는 제2항에 따른 사업계획의 승인에 대하여 신청 절차 및 구비서류, 고시의 방법 등 그 밖에 필요한 사항은 대통령령으로 정한다. <신설 2015.8.28.>

**▶ 판례 – [1] 주된 인허가에 관한 사항을 규정하고 있는 법률에서 주된 인허가가 있으면 다른 법률에 의한 인허가를 받은 것으로 의제한다는 규정을 둔 경우, 주된 인허가가 있으면 다른 법률에 의하여 인허가를 받았음을 전제로 하는 그 다른 법률의 모든 규정들이 적용되는지 여부(소극)
[2] 구 보금자리주택건설 등에 관한 특별법에 따른 주택건설사업이 구 학교용지 확보 등에 관한 특례법 제2조 제2호에 정한 학교용지부담금 부과대상 개발사업에 포함되는지 여부(소극) [대법원 2016.12.15, 선고, 2014두40531, 판결]**

제36조(건축위원회 심의 등에 대한 특례) ① 국토교통부장관은 제35조제1항 또는 제2항에 따른 공공주택 또는 민간분양주택등이 「건축법」 제4조에 따른 건축위원회의 심의대상이거나 「도시교통정비 촉진법」 제15조에 따른 교통영향평가 대상사업인 때에는 「건축법」 제4조에 따른 중앙건축위원회 또는 「도시교통정비 촉진법」 제17조제1항에 따른 국토교통부 소속의 교통영향평가심의위원회의 심의를 받아야 한다. 다만, 제35조제1항 또는 제2항에 따른 공공주택 또는 민간분양주택등이 제4조에 따른 지방자치단체 또는 지방공사가 건설하는 주택으로서 「건축법」 제4조에 따라 시・도지사가 설치한 건축위원회 또는 「도시교통정비 촉진법」 제17조에 따른 승인관청 소속의 교통영향평가심의위원회의 심의를 받은 때에는 이를 생략할 수 있다. <개정 2013.3.23., 2014.1.14., 2015.7.24.>

② 제1항에 따른 중앙건축위원회 또는 국토교통부 소속의 교통영향평가심의위원회의 심의를 받은 경우 「건축법」 제4조에 따른 건축위원회 또는 「도시교통정비 촉진법」 제17조에 따른 승인관청 소속의 교통영향평가심의위원회의 심의를 받은 것으로 본다. <개정 2013.3.23., 2015.7.24.>

③ 제1항에도 불구하고 제35조제3항에 따라 사업계획이 신청되거나 국토교통부장관이 필요하다고 인정한 경우에는 통합심의위원회의 심의를 거칠 수 있으며, 통합심의위원회의 심의를 거친 경우에는 제1항의 건축위원회의 심의 및 교통영향평가심의위원회의 심의를 받은 것으로 본다. <개정 2015.7.24., 2015.8.28.>

제37조(공공주택의 건설기준 등) 공공주택의 구조・기능 및 설비에 관한 기준과 부대・복리시설의 범위, 설치기준 등에 필요한 사항은 대통령령으로 정할 수 있다. <개정 2014.1.14.>
[제목개정 2014.1.14.]

제38조(「건설산업기본법」에 대한 특례) ① 공공주택사업자(제4조제2호 및 제3호에 따른 공공주택사업자를 말한다. 이하 이 조 및 제39조부터 제45조까지에서 같다)가 이 법에 따른 주택건설사업을 하는 경우 「건설산업기본법」 제41조에도 불구하고 이를 시공할 수 있다. <개정 2012.1.17., 2015.8.28.>

② 제1항은 제35조제1항에 따라 국토교통부장관으로부터 사업계획을 승인받는 연도별 전체 주택건설 호수(戶數)의 100분의 5의 범위에 해당하는 주택건설사업에만 적용한다. <개정 2013.3.23.>

제39조(공사의 분할계약 등) ① 공공주택사업자는 이 법에 따른 주택건설사업을 하는 때에 공사의 성질이나 규모 등을 고려하여 분할시공함이 효율적인 경우에는 이를 분할하여 계약할 수 있다. <개정 2015.8.28.>

② 공공주택사업자는 이 법에 따른 주택건설사업을 시행하는 경우에 공공주택사업자의 부담이 되는 경쟁입찰에 있어서의 낙찰자의 결정은 「국가를 당사자로 하는 계약에 관한 법률」 제10조제2항을 우선 적용한다. 다만, 건설원가 절감을 통한 공공주택의 분양가 인하 등을 위하여 필요한 경우에는 대통령령으로 정하는 바

에 따라 달리 계약을 체결할 수 있다. <개정 2014.1.14., 2015.8.28.>
③ 제1항 및 제2항은 제38조제2항에 따른 주택건설사업에만 적용한다.

제40조 삭제 <2015.8.28.>

제5장의2 공공시설 부지 등에서의 공공주택사업

<신설 2014.1.14.>

제40조의2(공공시설 부지 등에서의 공공주택사업에 대한 특례) ① 대통령령으로 정하는 공공건설임대주택을 공급하기 위하여 다음 각 호의 어느 하나에 해당하는 토지를 대통령령으로 정하는 비율 이상 포함하는 토지에서 공공주택사업을 시행하는 경우에는 「국토의 계획 및 이용에 관한 법률」 제76조에도 불구하고 「건축법」 제2조제2항에 따른 판매시설, 업무시설, 숙박시설 등 국토교통부장관이 정하여 고시하는 시설물을 공공주택과 함께 건설할 수 있다. 이 경우 제2조제2호 후단에 따른 주택비율은 적용하지 아니한다. <개정 2015.8.28., 2017.10.24.>

1. 철도·유수지 등 공공시설의 부지 및 「국유재산법」 제6조제2항제1호 및 「공유재산 및 물품 관리법」 제5조제2항제1호에 따른 공용재산
2. 국가, 지방자치단체, 「공공기관의 운영에 관한 법률」 제5조에 따른 공공기관 또는 「지방공기업법」 제49조에 따라 설립하는 지방공사가 소유한 다음 각 목의 어느 하나에 해당하는 토지
   가. 이 법 또는 「택지개발촉진법」 등의 관계 법률에 따라 매각을 목적으로 조성하였으나 매각되지 아니한 토지
   나. 공공시설 등을 설치할 목적으로 취득하였으나 그 목적대로 사용하지 아니하는 토지
   다. 공공시설 등을 설치하여 사용하고 있으나 해당 시설의 이용에 지장이 없는 범위에서 공공주택을 건설할 수 있는 토지
3. 그 밖에 이 법 또는 「택지개발촉진법」 등의 관계 법률에 따라 조성하거나 조성된 토지로서 대통령령으로 정하는 토지

② 제1항에 따른 토지에서 공공주택과 시설물을 함께 건설하려는 공공주택사업자는 제35조 및 「건축법」 제11조 등 관계 규정에도 불구하고 시설물의 건설에 관한 사항을 포함하여 주택건설사업계획을 작성한 후 제35조에 따른 승인을 받아야 한다. 다만, 제1항에 따른 시설물을 공공주택과 별개의 동(棟)으로 건설하려는 경우 해당 시설물은 「건축법」 제11조에 따른 건축허가를 받아 건축할 수 있다. <개정 2015.8.28.>
③ 제1항에 따른 공공주택사업의 원활한 시행을 위하여 필요한 사항은 국토교통부령으로 정한다.
[본조신설 2014.1.14.]

제40조의3(「국유재산법」 등에 대한 특례) ① 국가와 지방자치단체는 「국유재산법」, 「공유재산 및 물품 관리법」, 그 밖의 관계 법률에도 불구하고 제40조의2제1항에 따른 공공주택사업의 원활한 시행을 위하여 필요한 경우에는 그 공공주택사업자에게 수의계약의 방법으로 국유재산 또는 공유재산을 사용허가하거나 매각·대부할 수 있다. 이 경우 국가와 지방자치단체는 사용허가 및 대부의 기간을 50년 이내로 할 수 있으며, 대통령령으로 정하는 바에 따라 사용료 또는 대부료를 감면할 수 있다. <개정 2015.8.28.>
② 제1항의 국유재산은 국토교통부장관이 관리하는 국유재산과 기획재정부장관이 관리하는 일반재산 중 기획재정부장관과 협의를 거친 것으로 한다. <개정 2015.8.28.>
③ 제40조의2제1항에 따른 공공주택사업의 원활한 시행을 위하여 국토교통부장관은 기획재정부장관과 협의하여 국유재산을 관리하는 중앙관서의 장에게 그 소관에 속하는 국유재산을 용도 폐지하여 기획재정부장관에게 인계하도록 요청할 수 있다. <신설 2015.8.28.>
④ 제3항에 따라 요청을 받은 중앙관서의 장은 인계요청을 받은 날부터 60일 이내에 의견을 국토교통부장관에게 통보하여야 한다. <신설 2015.8.28.>
⑤ 국가와 지방자치단체는 「국유재산법」 및 「공유재산 및 물품 관리법」에도 불구하고 제1항에 따른 공공주택사업자에게 같은 항에 따라 사용허가나 대부를 받은 국유재산 또는 공유재산에 영구시설물을 축조하게 할 수 있다. 이 경우 해당 영구시설물의 소유권은 국가, 지방자치단체 또는 그 밖의 관계 기관과 공공주택사업자 간에

별도의 합의가 없는 한 그 국유재산 또는 공유재산을 반환할 때까지 공공주택사업자에게 귀속된다. <개정 2015.8.28.>
[본조신설 2014.1.14.]

제40조의4(「철도건설법」 등에 대한 특례) ① 「철도건설법」 제2조제6호에 따른 철도시설에서 제40조의2제1항에 따른 공공주택사업을 시행하는 공공주택사업자는 같은 법 제8조에 따른 철도건설사업의 시행자로 본다. <개정 2015.8.28.>
② 국토교통부장관은 제40조의2제1항에 따른 공공주택사업의 원활한 시행을 위하여 필요한 경우에는 「철도사업법」 제42조 및 제44조에도 불구하고 그 공공주택사업자에 대하여 50년 이내의 범위에서 철도시설의 점용허가를 할 수 있으며, 대통령령으로 정하는 바에 따라 점용료를 감면할 수 있다. <개정 2015.8.28.>
[본조신설 2014.1.14.]

제40조의5(「학교용지 확보 등에 관한 특례법」에 대한 특례) ① 제40조의2제1항에 따른 공공주택사업의 공공주택사업자는 「학교용지 확보 등에 관한 특례법」 제3조에도 불구하고 교육감의 의견을 들어 학교용지를 개발·확보하지 아니할 수 있다. <개정 2015.8.28.>
② 제1항에 따라 공공주택사업자가 학교용지를 확보하지 아니하는 경우, 공공주택사업자는 교육감의 의견을 들어 제40조의2제1항에 따른 공공주택사업의 시행 지역과 가까운 곳에 있는 학교를 증축하기 위하여 필요한 경비 등을 부담할 수 있다. <개정 2015.8.28.>
[본조신설 2014.1.14.]

제40조의6(건축기준 등에 대한 특례) 국토교통부장관은 제40조의2제1항제1호의 부지에 건설하는 공공주택사업의 원활한 시행을 위하여 필요한 경우에는 다음 각 호에 따른 관계 규정에도 불구하고 대통령령으로 정하는 범위에서 다음 각 호의 사항에 대하여 완화된 기준을 정하여 시행할 수 있다. <개정 2016.1.19.>
1. 「국토의 계획 및 이용에 관한 법률」 제77조 및 제78조에 따른 건폐율 및 용적률의 제한
2. 「건축법」 제2조제1호, 제42조, 제43조, 제55조, 제56조, 제58조, 제60조 및 제61조에 따른 대지의 범위, 대지의 조경, 공개공지, 대지 안의 공지, 건축물의 건폐율·용적률·높이 등 건축 제한
3. 「도시공원 및 녹지 등에 관한 법률」 제14조에 따른 도시공원 또는 녹지 확보 기준
4. 「주차장법」 제12조의3, 제19조 및 「주택법」 제35조에 따른 주차장의 설치기준

[본조신설 2014.1.14.]

제6장 공공주택의 매입
<개정 2014.1.14.>

제41조(공공주택사업자의 부도임대주택 매입) ① 공공주택사업자는 부도임대주택(법률 제13499호로 개정되기 전의 「임대주택법」 제2조제2호의2에 해당하는 주택 중 같은 조 제8호의 부도임대주택등을 말한다. 이하 같다) 중에 국토교통부장관이 지정·고시하는 주택을 매입하여 공공임대주택으로 공급할 수 있다. <개정 2013.7.16., 2014.1.14., 2015.8.28.>
② 제1항에 따라 지정·고시를 하기 전에 부도임대주택의 임차인이 공공주택사업자에게 매입을 동의한 경우에는 임차인에게 부여된 우선매수할 권리(법률 제13499호로 개정되기 전의 「임대주택법」 제22조에 따른 권리를 말한다)를 공공주택사업자에게 양도한 것으로 본다. 이 경우 공공주택사업자는 「민사집행법」 제113조에서 정한 보증의 제공 없이 우선매수 신고를 할 수 있다. <신설 2013.7.16., 2015.8.28.>
③ 국가 또는 지방자치단체는 공공주택사업자가 부도임대주택을 매입하는 경우 재정이나 주택도시기금에 따른 공공주택 건설자금지원 수준을 감안하여 공공주택사업자를 지원할 수 있다. <개정 2013.7.16., 2014.1.14., 2015.1.6., 2015.8.28.>
④ 공공주택사업자가 제3항에 따라 재정이나 주택도시기금을 지원받은 경우 공공주택사업자는 지원받는 금액의 범위에서 주택 수리비 등을 제외하고 남은 금액을 임차인의 임대보증금 보전비용으로 사용할 수 있다. <신설 2013.7.16., 2015.1.6., 2015.8.28.>
⑤ 부도임대주택의 매입절차 및 공공주택사업자에 대한 재정지원에 필요한 사항은 대통령령으로 정하며, 매입기준 등은 국토교통부장관이 별도로 정하는 바에 따른다. <개정 2013.3.23., 2013.7.16., 2015.8.28.>
[제목개정 2015.8.28.]

제42조 삭제 <2013.7.16.>

제43조(공공주택사업자의 기존주택 매입) ① 공공주택사업자는 「주택법」 제49조에 따른 사용검사 또는 「건축법」 제22조에 따른 사용승인을 받은 주택으로서 대통령령으로 정하는 규모 및 기준의 주택(이하 "기존주택"이라 한다)을 매입하여 공공매입임대주택으로 공급할 수 있다. <개정 2014.1.14., 2015.8.28., 2016.1.19.>

② 국가 또는 지방자치단체는 공공주택사업자가 제1항에 따라 기존주택을 매입하는 경우 재정이나 주택도시기금에 따른 공공주택 건설자금지원 수준을 감안하여 공공주택사업자를 지원할 수 있다. <개정 2014.1.14., 2015.1.6., 2015.8.28.>

③ 기존주택의 매입절차 및 공공주택사업자에 대한 재정지원에 필요한 사항은 대통령령으로 정하며, 매입기준 등은 국토교통부장관이 별도로 정하는 바에 따른다. <개정 2013.3.23., 2015.8.28.>

[제목개정 2015.8.28.]

제44조(공공주택사업자의 건설 중에 있는 주택 매입) ① 공공주택사업자 외의 자는 건설 중에 있는 주택(건설을 계획하고 있는 경우를 포함한다. 이하 이 조에서 같다)으로서 대통령령으로 정하는 규모 및 기준에 해당하는 주택을 공공임대주택으로 매입하여 줄 것을 공공주택사업자에게 제안할 수 있다. <개정 2014.1.14., 2015.8.28.>

② 제1항에 따라 제안을 하려는 공공주택사업자 외의 자는 건설 중에 있는 주택에 대한 대지의 소유권을 확보하여야 한다. <개정 2015.8.28.>

③ 국가 또는 지방자치단체는 공공주택사업자가 제1항에 따라 제안을 받아 건설 중에 있는 주택을 매입하는 경우 재정이나 주택도시기금에 따른 공공주택 건설자금지원 수준을 감안하여 공공주택사업자를 지원할 수 있다. <개정 2014.1.14., 2015.1.6., 2015.8.28.>

④ 건설 중에 있는 주택의 매입절차 및 공공주택사업자에 대한 재정지원에 필요한 사항은 대통령령으로 정하며, 매입기준 등은 국토교통부장관이 별도로 정하는 바에 따른다. <개정 2013.3.23., 2015.8.28.>

[제목개정 2015.8.28.]

제45조(임대주택의 인수) ① 공공주택사업자는 「도시재정비 촉진을 위한 특별법」 제31조제3항, 「도시 및 주거환경정비법」 제55조제1항 및 제2항 또는 제79조제5항에 따른 주택을 해당 법령에도 불구하고 대통령령으로 정하는 바에 따라 우선 인수할 수 있다. 이 경우 국가 또는 지방자치단체는 재정이나 주택도시기금에 따른 공공주택 건설자금지원 수준을 감안하여 공공주택사업자를 지원할 수 있다. <개정 2014.1.14., 2015.1.6., 2015.8.28., 2017.2.8.>

② 제1항에 따라 공공주택사업자가 인수한 임대주택은 공공임대주택으로 공급하여야 한다. <개정 2014.1.14., 2015.8.28.>

제45조의2(기존주택의 임차) ① 공공주택사업자는 기존주택을 임차하여 공공임대주택으로 공급할 수 있다.

② 국가 또는 지방자치단체는 공공주택사업자가 제1항에 따른 공공임대주택을 공급하는 경우 재정이나 주택도시기금으로 이를 지원할 수 있다.

③ 기존주택의 임차·전대 절차 및 공공주택사업자에 대한 지원에 필요한 사항은 대통령령으로 정하며, 임차기준 등은 국토교통부장관이 별도로 정하는 바에 따른다.

[본조신설 2015.8.28.]

제7장 공공주택본부

<개정 2015.8.28.>

제46조(공공주택본부의 설치) ① 공공주택사업의 신속한 추진 및 효율적 지원을 위하여 국토교통부에 공공주택본부를 설치한다. <개정 2013.3.23., 2014.1.14., 2015.8.28.>

② 공공주택본부의 구성 및 운영 등에 필요한 사항은 대통령령으로 정한다. <개정 2015.8.28.>

[제목개정 2015.8.28.]

제47조(관계 공무원 등의 파견요청) 국토교통부장관은 공공주택본부의 원활한 업무수행을 위하여 필요한 때에는 중앙행정기관 또는 지방자치단체의 장, 주택 관련 연구기관의 장, 시행자에게 소속 공무원 또는 직원의 파견을 요청할 수 있다. <개정 2013.3.23., 2015.8.28.>

제8장 공공주택의 공급 및 운영·관리
<개정 2015.8.28.>

제1절 공공주택의 공급
<신설 2015.8.28.>

제48조(공공주택의 공급) ① 공공주택의 입주자의 자격, 선정 방법 및 입주자 관리에 관한 사항은 국토교통부령으로 정한다. 이 경우 공공주택의 유형 등에 따라 달리 정할 수 있다. <개정 2016.12.2.>
② 공공주택사업자는 청년층·장애인·고령자 및 저소득층 등 주거취약계층에게 공공주택을 우선 공급하여야 한다. 이 경우 주거취약계층의 요건, 우선 공급 비율 등 필요한 사항은 국토교통부령으로 정한다. <신설 2016.12.2.>
[전문개정 2015.8.28.]

제48조의2(공공분양주택 분양가심사위원회의 설치 등) ① 주택지구 전체 개발면적의 100분의 50 이상을 「개발제한구역의 지정 및 관리에 관한 특별조치법」 제3조에 따라 개발제한구역을 해제하여 조성하는 주택지구에서 제4조제4호 또는 제6호에 해당하는 자가 건설하여 공급하는 공공주택의 분양가에 관한 사항을 심의하기 위하여 「주택법」 제59조에도 불구하고 제4조제1호부터 제4호까지의 규정 중 어느 하나에 해당하는 자가 분양가심사위원회를 설치·운영하여야 한다. <개정 2014.1.14., 2014.12.31., 2016.1.19.>
② 시장·군수·구청장은 「주택법」 제54조제1항제1호에 따라 공공주택의 입주자모집 승인을 할 때에는 분양가심사위원회의 심사결과에 따라 승인 여부를 결정하여야 한다. <개정 2014.1.14., 2016.1.19.>
③ 제1항의 분양가심사위원회의 설치·구성 및 운영 등에 관한 구체적인 사항은 「주택법」 제59조를 준용한다. <개정 2014.12.31., 2016.1.19.>
[본조신설 2012.1.17.]
[제목개정 2015.8.28.]
[제50조의6에서 이동 <2015.8.28.>]

제48조의3(공공임대주택의 중복 입주 등의 확인) ① 국토교통부장관은 공공임대주택에 중복하여 입주 또는 계약하고 있는 임차인(임대차계약 당사자를 말한다. 이하 이 조에서 같다)이 있는지를 확인하여야 한다.
② 공공주택사업자는 다음 각 호에 해당하는 임차인에 관한 정보를 국토교통부장관이 지정·고시하는 기관(이하 이 조 및 제49조의7에서"전산관리지정기관"이라 한다)에 통보하여야 한다. <개정 2017.8.9.>
1. 임차인의 성명
2. 임차인의 주민등록번호
3. 임대주택의 유형
4. 거주지 주소
5. 최초 입주일자

③ 전산관리지정기관은 제2항에 따른 정보를 전산관리하여야 하며, 임차인에 관한 정보가 분실·도난·변조 또는 훼손되지 아니하도록 안정성 확보에 필요한 조치를 강구하여야 한다.
④ 공공임대주택 중복 입주 또는 계약 여부 확인 방법 및 절차, 중복 입주자 또는 계약자에 대한 조치 등에 필요한 사항은 국토교통부령으로 정한다.
[본조신설 2015.8.28.]

제48조의4(공공주택 지원 신청자의 금융정보 등의 제공에 따른 동의서 제출) ① 공공주택의 공급을 신청(재계약을 체결하는 경우를 포함한다. 이하 같다)하는 자는 신청자 본인 및 배우자, 그 밖에 대통령령으로 정하는 자(이하 "신청자등"이라 한다)와 관련된 다음 각 호의 자료 또는 정보를 제48조의5제1항에 따른 금융기관등으로부터 제공받는 데 필요한 동의서면을 국토교통부장관에게 제출하여야 한다.
1. 「금융실명거래 및 비밀보장에 관한 법률」 제2조제2호·제3호에 따른 금융자산 및 금융거래의 내용에 대한 자료 또는 정보 중 예금·적금·저축의 잔액 또는 불입금·지급금과 유가증권 등 금융자산에 대한 증권·증서의 가액(이하 "금융정보"라 한다)
2. 「신용정보의 이용 및 보호에 관한 법률」 제2조제1호에 따른 신용정보 중 채무액과 연체정보(이하 "신용정보"라 한다)
3. 「보험업법」 제4조제1항 각 호에 따른 보험에 가입하여 납부한 보험료, 환급금 및 지급금(이하 "보험정보"라 한다)

② 제1항에 따른 동의 방법·절차 등에 필요한 사항과 구체적인 자료 또는 정보의 내용은 대통령령으로 정한다.
[본조신설 2015.8.28.]

제48조의5(금융정보등의 제공) ① 국토교통부장관은 「금융실명거래 및 비밀보장에 관한 법률」 제4조제1항과 「신용정보의 이용 및 보호에 관한 법률」 제32조제1항에도 불구하고 공공주택의 공급을 신청하는 신청자등이 제48조의4제1항에 따라 제출한 동의서면을 전자적 형태로 바꾼 문서에 의하여 금융기관등(「금융실명거래 및 비밀보장에 관한 법률」 제2조제1호에 따른 금융회사등, 「신용정보의 이용 및 보호에 관한 법률」 제25조에 따른 신용정보집중기관을 말한다. 이하 같다)의 장에게 금융정보·신용정보 또는 보험정보(이하 "금융정보등"이라 한다)의 제공을 요청할 수 있다.

② 제1항에 따라 금융정보등의 제공을 요청받은 금융기관등의 장은 「금융실명거래 및 비밀보장에 관한 법률」 제4조제1항과 「신용정보의 이용 및 보호에 관한 법률」 제32조제1항 및 제3항에도 불구하고 명의인의 금융정보등을 제공하여야 한다.

③ 제2항에 따라 금융정보등을 제공한 금융기관등의 장은 금융정보등의 제공사실을 명의인에게 통보하여야 한다. 다만, 명의인의 동의가 있는 경우에는 「금융실명거래 및 비밀보장에 관한 법률」 제4조의2제1항과 「신용정보의 이용 및 보호에 관한 법률」 제35조에도 불구하고 통보하지 아니할 수 있다.

④ 제1항 및 제2항에 따른 금융정보등의 제공요청 및 제공은 「정보통신망 이용촉진 및 정보보호 등에 관한 법률」 제2조제1항제1호에 따른 정보통신망을 이용하여야 한다. 다만, 정보통신망의 손상 등 불가피한 사유가 있는 경우에는 그러하지 아니하다.

⑤ 제1항 및 제2항에 따른 업무에 종사하거나 종사하였던 자는 업무를 수행하면서 취득한 금융정보등을 이 법에서 정한 목적 외의 다른 용도로 사용하거나 다른 사람 또는 기관에 제공하거나 누설하여서는 아니 된다.

⑥ 제1항·제2항 및 제4항에 따른 금융정보등의 제공요청 및 제공 등에 필요한 사항은 대통령령으로 정한다.

[본조신설 2015.8.28.]

제48조의6(자료요청) ① 국토교통부장관은 공공주택의 공급을 신청하는 자의 자격을 확인 또는 제49조의7에 따른 공공주택 거주자 실태조사를 위하여 필요한 자료로서 신청자에 대한 다음 각 호의 자료를 관계 기관의 장에게 요청할 수 있다. 이 경우 자료의 제공을 요청받은 관계 기관의 장은 특별한 사유가 없으면 이에 따라야 한다.

1. 「가족관계의 등록 등에 관한 법률」 제9조제1항에 따른 가족관계 등록사항 또는 「주민등록법」 제30조제1항에 따른 주민등록전산정보자료(주민등록번호·외국인등록번호 등 고유식별번호를 포함한다)
2. 국세 및 지방세에 관한 자료
3. 국민연금·공무원연금·군인연금·사립학교교직원연금·별정우체국연금·장애인연금·건강보험·고용보험·산업재해보상보험·보훈급여 등 각종 연금·보험·급여에 관한 자료
4. 「부동산등기법」 제2조제1호에 따른 등기부, 「건축법」 제38조에 따른 건축물대장, 「자동차관리법」 제5조에 따른 자동차등록원부 등 부동산 및 자동차에 관한 자료
5. 출입국 사실에 관한 자료

② 국토교통부 소속 공무원 또는 소속 공무원이었던 자와 제53조에 따라 업무를 위임·위탁받은 기관의 소속 임직원은 제1항에 따라 제공받은 정보와 자료를 이 법에서 정한 목적 외의 다른 용도로 사용하거나 다른 사람 또는 기관에 제공하거나 누설하여서는 아니 된다.

③ 제1항에 따라 국토교통부장관 또는 제53조에 따라 업무를 위임·위탁받은 기관에 제공되는 자료에 대하여는 사용료, 수수료 등을 면제한다.

[본조신설 2015.8.28.]

제48조의7(자료 및 정보의 수집 등) 국토교통부장관 및 제53조에 따라 제48조의4부터 제48조의6까지의 업무를 위임·위탁받은 기관의 장은 공공주택의 공급을 위하여 제48조의5 및 제48조의6에 따라 제공받은 자료 또는 정보를 수집·관리·보유 또는 활용할 수 있다.

[본조신설 2015.8.28.]

제2절 공공주택의 운영·관리

<신설 2015.8.28.>

제49조(공공임대주택의 임대조건 등) ① 공공임대주택의 임대료(임대보증금 및 월 임대료를 말한다. 이하 같다) 등 임대조건에 관한 기준은 대통령령으로 정한다.

② 공공임대주택의 공공주택사업자가 임대료 증액을 청구하는 경우(재계약을 하는 경우를 포함한다)에는 임대료의 100분의 5 이내의 범위에서 주거비 물가지수, 인근 지역의 주택 임대료 변동률 등을 고려하여 증액하여야 한다. 이 경우 증액이 있은 후 1년 이내에는 증액하지 못한다.
③ 제2항에 따라 임대료 중 임대보증금이 증액되는 경우 임차인은 대통령령으로 정하는 바에 따라 그 증액분을 분할하여 납부할 수 있다.
④ 공공임대주택의 임대료 등 임대조건을 정하는 경우에는 임차인의 소득수준 및 공공임대주택의 규모 등을 고려하여 차등적으로 정할 수 있다. 이 경우 소득수준 등의 변화로 임대료가 변경되는 경우에는 제2항 및 제3항을 적용하지 아니한다.
⑤ 공공주택사업자가 임대보증금과 월 임대료를 상호 전환하고자 하는 경우에는 해당 주택의 건설을 위한 주택도시기금 융자금 및 저당권 등 담보물권 설정금액 등 대통령령으로 정하는 사항을 임차인에게 알려주어야 한다.
⑥ 공공주택사업자는 공공임대주택의 임대조건 등 임대차계약에 관한 사항을 시장·군수 또는 구청장에게 신고하여야 한다. 이 경우 신고 방법 등은 「민간임대주택에 관한 특별법」 제46조를 준용한다.
[본조신설 2015.8.28.]
[종전 제49조는 제52조의2로 이동 <2015.8.28.>]

▶ 판례 – 구 임대주택법 제19조에서 금지하는 '임대주택의 전대'의 의미 및 무상의 사용대차가 이에 포함되는지 여부(적극)

구 임대주택법(2015. 8. 28. 법률 제13499호로 전부 개정되기 전의 것, 이하 '구 임대주택법'이라고 한다)의 입법 목적과 위 법이 임차인의 자격, 선정방법과 임대 조건 등을 엄격히 정하고 있고, 부정한 방법으로 임대주택을 임대받거나, 임차권의 무단 양도, 임대주택의 전대행위를 범죄로 규정하여 처벌까지 하고 있는 점, 위 법에서 금지하는 임차권의 양도는 매매, 증여, 그 밖에 권리변동이 따르는 모든 행위(상속의 경우는 제외)를 포함하고 있는 점을 종합하여 보면, 구 임대주택법 제19조에서 금지하는 임대주택의 전대는 대가 지급 여부와 관계없이 임차인이 임대주택을 다시 제3자에게 사용, 수익하게 하는 행위를 의미하므로 유상의 임대차뿐만 아니라 무상의 사용대차도 포함된다. [대법원 2017.1.12, 선고, 2016도17967, 판결]

제49조의2(공공임대주택의 표준임대차계약서 등) ① 공공임대주택에 대한 임대차계약을 체결하려는 자는 국토교통부령으로 정하는 표준임대차계약서를 사용하여야 한다.
② 제1항의 표준임대차계약서에는 다음 각 호의 사항이 포함되어야 한다.
1. 임대료 및 그 증액에 관한 사항
2. 임대차 계약기간
3. 공공주택사업자 및 임차인의 권리·의무에 관한 사항
4. 공공임대주택의 수선·유지 및 보수에 관한 사항
5. 그 밖에 국토교통부령으로 정하는 사항
③ 공공주택사업자가 임대차계약을 체결할 때 임대차 계약기간이 끝난 후 임대주택을 그 임차인에게 분양전환할 예정이면 「주택임대차보호법」 제4조제1항에도 불구하고 임대차 계약기간을 2년 이내로 할 수 있다.
[본조신설 2015.8.28.]

제49조의3(재계약 거절 등) ① 공공주택사업자는 임차인이 다음 각 호의 어느 하나에 해당하는 경우에는 임대차계약을 해제 또는 해지하거나 재계약을 거절할 수 있다. <개정 2017.8.9.>
1. 거짓이나 그 밖의 부정한 방법으로 공공임대주택을 임대받은 경우
2. 임차인의 자산 또는 소득이 제48조에 따른 자격요건을 초과하는 범위에서 국토교통부령으로 정하는 기준을 초과하는 경우
3. 제48조의3에 따라 임차인이 공공임대주택에 중복하여 입주하거나 계약한 것으로 확인된 경우
4. 제49조의2에 따른 표준임대차계약서상의 의무를 위반한 경우
5. 제49조의4를 위반하여 공공임대주택의 임차권을 다른 사람에게 양도하거나 공공임대주택을 전대한 경우
6. 기간 내 입주의무, 임대료 납부 의무, 분납금 납부 의무 등 대통령령으로 정하는 의무를 위반한 경우
7. 공공임대주택을 고의로 파손·멸실하는 등 그 밖에 대통령령으로 정하는 경우
② 공공임대주택에 거주 중인 임차인은 시

장·군수 또는 구청장이 임대주택에 거주하기 곤란할 정도의 중대한 하자가 있다고 인정하는 경우 등 대통령령으로 정하는 바에 따라 임대차계약을 해제 또는 해지하거나 재계약을 거절할 수 있다.
[본조신설 2015.8.28.]

제49조의4(공공임대주택의 전대 제한) 공공임대주택의 임차인은 임차권을 다른 사람에게 양도(매매, 증여, 그 밖에 권리변동이 따르는 모든 행위를 포함하되, 상속의 경우는 제외한다)하거나 공공임대주택을 다른 사람에게 전대(轉貸)할 수 없다. 다만, 근무·생업·질병치료 등 대통령령으로 정하는 경우로서 공공주택사업자의 동의를 받은 경우에는 양도하거나 전대할 수 있다.
[본조신설 2015.8.28.]

제49조의5(공공분양주택 입주예정자의 입주의무 등) ① 주택지구 전체 개발면적의 100분의 50 이상을「개발제한구역의 지정 및 관리에 관한 특별조치법」제3조에 따라 개발제한구역을 해제하여 조성하는 주택지구(「수도권정비계획법」 제2조제1호에 따른 수도권에 한한다) 등에서의 공공분양주택 중 대통령령으로 정하는 주택의 입주자로 선정된 지위(입주자로 선정되어 그 주택에 입주할 수 있는 권리·자격·지위 등을 말한다. 이하 같다)를 취득한 자(상속받은 자는 제외한다. 이하 "입주예정자"라 한다)는 해당 주택의 최초 입주가능일부터 90일(이하 "입주의무기간"이라 한다) 이내에 입주하여야 한다. 다만, 해외 체류 등 대통령령으로 정하는 부득이한 사유가 있는 때에는 입주의무기간에 그 기간을 산입하지 아니하며, 제49조의6제1항에 따른 거주의무기간이 경과한 경우에는 해당 입주 의무가 없어진 것으로 본다. <개정 2014.1.14., 2015.8.28.>
② 입주예정자가 입주의무기간 이내에 입주를 하지 아니한 경우에 공공주택사업자는 입주예정자가 납부한 입주금과 그 입주금에「은행법」에 따른 은행의 1년 만기 정기예금의 평균이자율을 적용한 이자를 합산한 금액(이하 "매입비용"이라 한다)을 그 입주예정자에게 지급하고 해당 주택의 공급계약을 해제할 수 있다. <개정 2010.5.17., 2015.8.28.>
③ 입주예정자가 입주의무기간 이내에 소유권이전등기를 완료한 상태에서 입주를 하지 아니한 경우에는 공공주택사업자가 해당 주택을 취득할 수 있다. 이 경우 공공주택사업자가 매입비용을 그 입주예정자에게 지급한 때에는 그 지급한 날에 공공주택사업자가 해당 주택을 취득한 것으로 본다. <개정 2014.1.14., 2015.8.28.>
④ 제2항에 따른 공급계약의 해제 및 제3항에 따른 주택의 취득에 관한 절차 등은 대통령령으로 정한다.
[본조신설 2010.4.5.]
[제목개정 2015.8.28.]
[제50조의2에서 이동 <2015.8.28.>]

제49조의6(공공분양주택 입주자의 거주의무 등) ① 제49조의5제1항에 따른 주택에 입주한 입주예정자(이하 "입주자"라 한다)는 해당 주택의 최초 입주가능일부터 5년 이내의 범위에서 해당 주택의 분양가격과 인근지역 주택매매가격의 비율에 따라 대통령령으로 정하는 기간(이하 "거주의무기간"이라 한다) 동안 계속하여 해당 주택에 거주하여야 한다. 다만, 해외 체류 등 대통령령으로 정하는 부득이한 사유가 있는 경우 그 기간은 해당 주택에 거주한 것으로 본다. <개정 2012.1.17., 2014.1.14., 2015.8.28.>
② 제1항에 따른 인근지역 주택매매가격의 결정방법은 국토교통부장관이 정하여 고시한다. <신설 2012.1.17., 2013.3.23.>
③ 입주자가 거주의무기간 이내에 거주를 이전하려는 경우(세대주가 이전하는 경우를 말한다)에는 거주를 이전하기 전에 공공주택사업자에게 분양받은 주택의 매입을 신청하여야 한다. 이 경우 공공주택사업자는 해당 주택의 매입 여부를 결정하여 30일 이내에 입주자에게 통보하여야 한다. <개정 2012.1.17., 2014.1.14., 2015.8.28.>
④ 공공주택사업자가 제3항에 따라 매입신청을 받은 경우에 매입비용을 그 매입신청자에게 지급한 때에는 그 지급한 날에 공공주택사업자가 해당 주택을 취득한 것으로 본다. <개정 2012.1.17., 2015.8.28.>
⑤ 입주자가 거주를 이전하기 전에 공공주택사업자에게 분양받은 주택의 매입을 신청하지 아니한 경우에도 공공주택사업자는 해당 주택을 취득할 수 있다. 이 경우 공공주택사업자가 매입비용을 그 입주자에게 지급한 때에는 그 지급한 날에 공공주택사업자가 해당 주택을 취득한 것으로 본다. <개정 2012.1.17., 2014.1.14., 2015.8.28.>

⑥ 공공주택사업자가 제49조의5제1항에 따른 주택을 공급하는 경우 입주예정자는 입주의무기간 이내에 입주하여야 하고, 거주의무기간동안 계속하여 거주하여야 함을 소유권에 관한 등기에 부기등기하여야 한다. <신설 2015.8.28.>
⑦ 제6항에 따른 부기등기는 주택의 소유권보존등기와 동시에 하여야 하며, 부기등기에 포함되어야 할 표기내용 등은 대통령령으로 정한다. <신설 2015.8.28.>
[본조신설 2010.4.5.]
[제목개정 2015.8.28.]
[제50조의3에서 이동 <2015.8.28.>]

제49조의7(공공주택의 거주실태 조사 등) ① 국토교통부장관 또는 지방자치단체의 장은 다음 각 호의 사항을 확인하기 위하여 입주자에게 필요한 서류 등의 제출을 요구할 수 있으며, 소속 공무원으로 하여금 해당 주택에 출입하여 조사하게 하거나 관계인에게 필요한 질문을 하게 할 수 있다. 이 경우 서류 등의 제출을 요구받거나 해당 주택의 출입·조사 또는 필요한 질문을 받은 입주자는 모든 세대원의 해외출장 등 특별한 사유가 없는 한 이에 따라야 한다. <개정 2013.3.23., 2015.8.28.>
1. 임차인의 실제 거주 여부
2. 제49조의4에 따른 임차권의 양도 및 전대 여부
3. 제49조의6에 따른 입주자의 실제 거주 여부
4. 임대주택이 다른 용도로 사용되고 있는지 여부

② 국토교통부장관 또는 지방자치단체의 장은 제1항에 따른 조사를 위하여 필요하면 관계 행정기관 및 관련 단체 등에 대하여 주민등록정보 및 실제 거주여부를 확인하기 위한 자료의 제공을 요구할 수 있다. 이 경우 자료의 제공을 요구받은 관계 행정기관 및 관련 단체 등은 특별한 사유가 없는 한 이에 따라야 한다. <개정 2013.3.23.>
③ 제1항에 따라 출입·조사·질문을 하는 자는 국토교통부령으로 정하는 증표를 지니고 이를 관계인에게 내보여야 하며, 조사자의 이름·출입시간 및 출입목적 등이 표시된 문서를 관계인에게 교부하여야 한다. <개정 2015.8.28.>
④ 제1항 및 제2항에 따라 거주 여부 등을 확인하기 위하여 국토교통부장관 또는 지방자치단체의 장이 관계 행정기관 및 관련 단체 등에 대하여 요청할 수 있는 자료 등 필요한 사항은 대통령령으로 정한다. <개정 2013.3.23., 2015.8.28.>
⑤ 국토교통부장관 또는 지방자치단체의 장은 제1항제2호에 따라 불법 사실이 확인된 임차인에 관한 정보를 전산관리지정기관에 통보하여야 한다. <신설 2017.8.9.>
⑥ 전산관리지정기관은 제5항에 따른 정보를 전산관리하여야 한다. <신설 2017.8.9.>
[본조신설 2010.4.5.]
[제목개정 2015.8.28.]
[제50조의5에서 이동 <2015.8.28.>]

제49조의7(공공주택의 거주실태 조사 등) ① 국토교통부장관 또는 지방자치단체의 장은 다음 각 호의 사항을 확인하기 위하여 입주자에게 필요한 서류 등의 제출을 요구할 수 있으며, 소속 공무원으로 하여금 해당 주택에 출입하여 조사하게 하거나 관계인에게 필요한 질문을 하게 할 수 있다. 이 경우 서류 등의 제출을 요구받거나 해당 주택의 출입·조사 또는 필요한 질문을 받은 입주자는 모든 세대원의 해외출장 등 특별한 사유가 없는 한 이에 따라야 한다. <개정 2013.3.23., 2015.8.28.>
1. 임차인의 실제 거주 여부
2. 제49조의4에 따른 임차권의 양도 및 전대 여부
3. 제49조의6에 따른 입주자의 실제 거주 여부
4. 임대주택이 다른 용도로 사용되고 있는지 여부

② 국토교통부장관 또는 지방자치단체의 장은 제1항에 따른 조사를 위하여 필요하면 관계 행정기관 및 관련 단체 등에 대하여 주민등록정보 및 실제 거주여부를 확인하기 위한 자료의 제공을 요구할 수 있다. 이 경우 자료의 제공을 요구받은 관계 행정기관 및 관련 단체 등은 특별한 사유가 없는 한 이에 따라야 한다. <개정 2013.3.23.>
③ 제1항에 따라 출입·조사·질문을 하는 자는 국토교통부령으로 정하는 증표를 지니고 이를 관계인에게 내보여야 하며, 조사자의 이름·출입시간 및 출입목적 등이 표시된 문서를 관계인에게 교부하여야 한다. <개정 2015.8.28.>
④ 제1항 및 제2항에 따라 거주 여부 등을 확인하기 위하여 국토교통부장관 또는 지방자치단체의 장이 관계 행정기관 및 관련 단체 등에 대하여 요청할 수 있는 자료 등

필요한 사항은 대통령령으로 정한다. <개정 2013.3.23., 2015.8.28.>
⑤ 국토교통부장관 또는 지방자치단체의 장은 제1항제2호에 따라 불법 사실이 확인된 임차인에 관한 정보를 전산관리지정기관에 통보하여야 한다. <신설 2017.8.9.>
⑥ 전산관리지정기관은 제5항에 따른 정보를 전산관리하여야 한다. <신설 2017.8.9.>
[본조신설 2010.4.5.]
[제목개정 2015.8.28.]
[제50조의5에서 이동 <2015.8.28.>]

제49조의8(공공임대주택의 입주자 자격제한 등) 국토교통부장관 또는 지방자치단체의 장은 제49조의4를 위반하여 공공임대주택의 임차권을 양도하거나 공공임대주택을 전대하는 임차인에 대하여 4년의 범위에서 국토교통부령으로 정하는 바에 따라 공공임대주택의 입주 자격을 제한할 수 있다.
[본조신설 2017.8.9.]

제49조의9(가정어린이집 운영에 관한 공급 특례) ① 공공주택사업자는 임차인의 보육수요 충족을 위하여 필요하다고 판단하는 경우 해당 공공임대주택의 일부 세대를 6년 이내의 범위에서 「영유아보육법」 제10조제5호에 따른 가정어린이집을 설치·운영하려는 자에게 임대할 수 있다. 이 경우 공공주택사업자는 국토교통부령으로 정하는 바에 따라 관할 시장·군수 또는 구청장과 협의하여야 한다.
② 제1항에 따라 공공주택사업자가 공공임대주택의 일부 세대를 가정어린이집을 설치·운영하려는 자에게 임대하려는 경우 공공주택사업자는 공공임대주택의 보육수요를 판단하기 위하여 필요한 자료를 관할 시장·군수 또는 구청장에게 요청할 수 있다.
③ 제1항에 따라 가정어린이집을 설치·운영하려는 자의 입주 자격, 선정방법과 임대조건 등에 필요한 사항은 국토교통부령으로 정한다.
④ 제1항에 따라 공공임대주택을 임차하여 가정어린이집을 설치·운영하는 자는 제49조의6제1항에도 불구하고 해당 공공임대주택에 거주하지 아니할 수 있다.
[본조신설 2017.10.24.]

[시행일 : 2018.4.25.] 제49조의9

제50조(공공임대주택의 관리) 주택의 관리, 임차인대표회의 및 분쟁조정위원회 등에 관하여는 「민간임대주택에 관한 특별법」 제51조, 제52조 및 제55조를 대통령령으로 정하는 바에 따라 준용한다.
[전문개정 2015.8.28.]

제50조의2(공공임대주택의 매각제한) ① 공공주택사업자는 공공임대주택을 5년 이상의 범위에서 대통령령으로 정한 임대의무기간이 지나지 아니하면 매각할 수 없다.
② 제1항에도 불구하고 다음 각 호의 어느 하나에 해당하는 경우에는 임대의무기간이 지나기 전에도 공공임대주택을 매각할 수 있다.
1. 국토교통부령으로 정하는 바에 따라 다른 공공주택사업자에게 매각하는 경우. 이 경우 해당 공공임대주택을 매입한 공공주택사업자는 기존 공공주택사업자의 지위를 포괄적으로 승계한다.
2. 임대의무기간의 2분의 1이 지나 공공주택사업자가 임차인과 합의한 경우 등 대통령령으로 정하는 경우로서 임차인 등에게 분양전환하는 경우

[본조신설 2015.8.28.]
[종전 제50조의2는 제49조의5로 이동 <2015.8.28.>]

제50조의3(공공임대주택의 우선 분양전환) ① 공공주택사업자는 임대 후 분양전환을 할 목적으로 건설한 공공건설임대주택을 임대의무기간이 지난 후 분양전환하는 경우에는 분양전환 당시까지 거주한 무주택자, 국가기관 또는 법인으로서 대통령령으로 정한 임차인에게 우선 분양전환하여야 한다. 이 경우 분양전환의 방법·절차 등에 관하여 필요한 사항은 대통령령으로 정한다.
② 임차인이 대통령령으로 정하는 기간 이상 제1항에 따른 우선 분양전환에 응하지 아니하는 경우에는 공공주택사업자는 국토교통부령으로 정하는 바에 따라 해당 공공건설임대주택을 제3자에게 매각할 수 있다.
③ 분양전환가격 산정을 위한 감정평가는 공공주택사업자가 비용을 부담하는 조건으로 대통령령으로 정하는 바에 따라 시장·군수·구청장이 감정평가법인을 선정하여 시행한다. 다만, 감정평가에 대하여 대통령령으로 정하는 사항에 해당하여 공공주택사업자 또는 임차인 과반수 이

상의 동의를 받은 임차인(임차인대표회의가 구성된 경우 임차인대표회의를 말한다)이 이의신청을 하는 경우 시장·군수·구청장은 이의신청을 한 자가 비용을 부담하는 조건 등 대통령령으로 정하는 바에 따라 한 차례만 재평가하게 할 수 있다.

[본조신설 2015.8.28.]

[종전 제50조의3은 제49조의6으로 이동 <2015.8.28.>]

▶ 판례 – [1] 임대사업자가 직접 공공사업에 따라 택지를 조성하고 택지에 전용면적 85㎡ 이하 임대의무기간 5년인 공공건설임대주택을 건설하였으나 택지를 조성한 근거 법령 등에 조성된 택지의 공급가격에 관하여 정하고 있지 아니한 경우, 분양전환가격의 구성요소인 택지비 산정 방법

[2] 구 임대주택법 시행규칙 제9조 제1항 [별표 1]에서 임대주택의 분양전환가격 산정기초로 정한 '건축비'의 의미(=표준건축비의 범위 내에서 실제로 투입된 건축비) [대법원 2016.12.27, 선고, 2014다225793, 판결]

제50조의4(특별수선충당금의 적립 등) ① 대통령령으로 정하는 규모에 해당하는 공공임대주택의 공공주택사업자는 주요 시설을 교체하고 보수하는 데에 필요한 특별수선충당금(이하 "특별수선충당금"이라 한다)을 적립하여야 한다.

② 공공주택사업자가 임대의무기간이 지난 공공건설임대주택을 분양전환하는 경우에는 특별수선충당금을 「공동주택관리법」 제11조에 따라 최초로 구성되는 입주자대표회의에 넘겨주어야 한다.

③ 특별수선충당금의 요율, 적립방법, 사용절차 및 사후관리 등에 필요한 사항은 대통령령으로 정한다.

④ 제1항에 따른 주요 시설의 범위·교체 및 보수 시기·방법 등에 필요한 사항은 국토교통부령으로 정한다.

[전문개정 2015.8.28.]

제50조의5[제49조의7로 이동 <2015.8.28.>]

제50조의5[제49조의7로 이동 <2015.8.28.>]

제50조의6[제48조의2로 이동 <2015.8.28.>]

제50조의6[제48조의2로 이동 <2015.8.28.>]

제51조(정보체계의 구축 등) ① 국토교통부장관은 공공주택의 원활한 공급 및 관리를 위하여 다음 각 호의 정보를 관리할 수 있는 정보체계를 구축·운영할 수 있다. <개정 2015.8.28.>

1. 공공주택의 입주자 모집 및 관리에 관한 사항
2. 공공주택사업에 관한 정보 및 자료

② 제1항에 따른 정보체계는 「사회복지사업법」 제6조의2에 따른 정보시스템과 전자적으로 연계하여 활용할 수 있다. <신설 2015.8.28.>

③ 국토교통부장관 및 제1항에 따른 업무를 위임·위탁받은 기관의 장은 제1항에 따른 관련 정보체계를 구축·운영하기 위하여 필요한 사항에 대하여 관련 기관·단체 등에 자료를 요청할 수 있다. 이 경우 관련 기관·단체 등은 특별한 사유가 없는 한 그 요청에 따라야 한다. <개정 2015.8.28.>

④ 제1항부터 제3항까지의 정보체계 구축·운영 등에 필요한 사항은 대통령령으로 정한다. <신설 2015.8.28.>

[제목개정 2015.8.28.]

제9장 보칙

<신설 2015.8.28.>

제52조(토지매수업무 등의 위탁) ① 공공주택사업자는 토지매수업무·손실보상업무 및 이주대책업무 등을 「공익사업을 위한 토지 등의 취득 및 보상에 관한 법률」 제81조제1항에 따라 지방자치단체 등에 위탁할 수 있다. <개정 2015.8.28.>

② 제1항에 따른 위탁 시 업무범위, 수수료 등에 필요한 사항은 대통령령으로 정한다.

제52조의2(주택지구 밖의 사업에 대한 준용) 주택지구 밖의 지역에서 공공주택사업과 직접 관련되는 사업으로서 대통령령으로 정하는 사업에 대해서는 제10조, 제11조, 제13조, 제14조, 제17조부터 제24조까지, 제27조, 제27조의2, 제28조부터 제32조까지, 제53조, 제53조의2, 제54조부터 제57조까지, 제57조의2부터 제57조의4까지 및 제58조부터 제60조까지의 규정을 준용한다.

[전문개정 2015.8.28.]

[제49조에서 이동 <2015.8.28.>]

제53조(권한의 위임 또는 위탁) ①국토교통부장관은 이 법에 따른 권한의 일부를 대통령령으로 정하는 바에 따라 시·도지사에게 위임할 수 있다. 이 경우 중앙행정기관은 관계 행정기관으로 보며, 중앙도시계획위원회는 지방도시계획위원회로 본다. <개정 2013.3.23., 2015.8.28.>

② 제1항에 따라 권한을 위임받은 시·도지사는 그 권한의 일부를 국토교통부장관의 승인을 받아 시장(「제주특별자치도 설치 및 국제자유도시 조성을 위한 특별법」 제10조제2항에 따른 행정시의 시장을 포함한다)·군수 또는 구청장에게 재위임할 수 있다. <신설 2015.8.28.>

③ 국토교통부장관은 이 법에 따른 권한의 일부를 대통령령으로 정하는 바에 따라 관계 중앙행정기관의 장 또는 공공주택사업자에게 위탁할 수 있다. <신설 2015.8.28.>

제53조의2(협조 요청) 국토교통부장관 또는 시·도지사는 관계 기관의 장에게 공공주택사업의 시행을 위해 필요한 자료의 제출 또는 그 밖에 필요한 협조를 요청할 수 있다. 이 경우 협조를 요청받은 관계 기관의 장은 특별한 사유가 없는 한 이에 응하여야 한다.
[본조신설 2014.1.14.]

제54조(보고·검사 등) ① 국토교통부장관은 이 법의 시행을 위하여 필요한 경우에는 공공주택사업자에게 필요한 보고를 하게 하거나 자료의 제출을 명할 수 있으며, 소속 공무원으로 하여금 공공주택사업자의 사무실·사업장, 그 밖에 필요한 장소에 출입하여 공공주택사업에 관한 업무를 검사하게 할 수 있다. <개정 2013.3.23., 2014.1.14., 2015.8.28.>

② 제1항에 따른 공공주택사업에 관한 업무를 검사하는 공무원은 그 권한을 표시하는 증표를 지니고 이를 관계인에게 내보여야 한다. <개정 2014.1.14.>

③ 제2항에 따른 증표에 필요한 사항은 국토교통부령으로 정한다. <개정 2013.3.23.>

제55조(감독) ① 국토교통부장관은 공공주택사업자가 다음 각 호의 어느 하나에 해당하는 경우에는 이 법에 따른 허가 또는 승인을 취소하거나 공사의 중지·변경, 시설물 또는 물건의 개축·변경 또는 이전 등을 명할 수 있다. <개정 2013.3.23., 2015.8.28.>

1. 거짓이나 그 밖의 부정한 방법으로 이 법에 따른 허가 또는 승인을 받은 경우
2. 제17조제1항에 따른 지구계획의 승인 또는 변경승인의 내용을 위반하여 사업을 시행한 경우
3. 제35조제1항 또는 제2항에 따른 사업계획의 승인 또는 변경승인의 내용을 위반하여 사업을 시행한 경우
4. 사정의 변경으로 인하여 지구조성사업 또는 주택건설사업의 계속적인 시행이 불가능하게 된 경우

② 국토교통부장관은 제1항에 따른 처분 또는 명령을 한 때에는 대통령령으로 정하는 바에 따라 이를 고시하여야 한다. <개정 2013.3.23.>

제56조(청문) 국토교통부장관은 이 법에 따른 허가 또는 승인을 제55조제1항에 따라 취소하려면 청문을 하여야 한다. <개정 2013.3.23.>

제10장 벌칙

<개정 2015.8.28.>

제57조(벌칙) 제48조의5제5항을 위반하여 금융정보등을 사용·제공 또는 누설한 자는 5년 이하의 징역 또는 3천만원 이하의 벌금에 처한다. <개정 2015.8.28.>

제57조의2(벌칙) 제32조의3을 위반하여 토지를 전매한 자는 3년 이하의 징역 또는 1억원 이하의 벌금에 처한다.
[본조신설 2015.8.28.]

제57조의3(벌칙) 제48조의6제2항(제48조의5제5항을 위반한 경우는 제외한다)을 위반하여 정보 또는 자료를 사용·제공 또는 누설한 자는 3년 이하의 징역 또는 2천만원 이하의 벌금에 처한다.
[본조신설 2015.8.28.]

제57조의4(벌칙) 다음 각 호의 어느 하나에 해당하는 자는 2년 이하의 징역이나 2천만원 이하의 벌금에 처한다.

1. 거짓이나 그 밖의 부정한 방법으로 임대

주택을 임대받거나 임대받게 한 자
2. 제49조의4를 위반하여 공공임대주택의 임차권을 양도하거나 공공임대주택을 전대한 자 및 이를 알선한 자
[본조신설 2015.8.28.]

제58조(벌칙) ① 다음 각 호의 어느 하나에 해당하는 자는 1년 이하의 징역 또는 1천만원 이하의 벌금에 처한다. <개정 2010.4.5., 2015.1.6., 2015.1.20., 2015.8.28.>
1. 제6조의3제1항 및 제11조제1항에 따른 허가 또는 변경허가를 받지 아니하고 건축물의 건축 등의 행위를 하거나 거짓 또는 부정한 방법으로 허가를 받은 자
2. 제49조의6제1항을 위반하여 거주의무기간 중에 실제로 거주를 하지 아니하고 거주한 것으로 속인 자
3. 제55조제1항에 따른 공사의 중지·변경 등의 명령을 위반한 자

② 삭제 <2015.1.6.>

제59조(양벌규정) 법인의 대표자나 법인 또는 개인의 대리인, 사용인, 그 밖의 종업원이 그 법인 또는 개인의 업무에 관하여 제57조, 제57조의2부터 제57조의4까지 또는 제58조의 위반행위를 하면 그 행위자를 벌하는 외에 그 법인 또는 개인에게도 해당 조문의 벌금형을 과(科)한다. 다만, 법인 또는 개인이 그 위반행위를 방지하기 위하여 해당 업무에 관하여 상당한 주의와 감독을 게을리하지 아니한 경우에는 그러하지 아니하다. <개정 2015.8.28.>

제60조(과태료) ① 다음 각 호의 어느 하나에 해당하는 자에게는 300만원 이하의 과태료를 부과한다. <개정 2010.4.5., 2012.1.17., 2015.8.28.>
1. 정당한 사유 없이 제26조제1항에 따른 공공주택사업자의 행위를 거부 또는 방해한 자
2. 제54조제1항에 따른 보고 또는 자료제출을 하지 아니하거나 거짓으로 한 자
3. 제54조제1항에 따른 검사를 거부 또는 방해한 자
4. 제49조의6제3항을 위반하여 거주를 이전하기 전에 공공주택사업자에게 분양받은 주택의 매입신청을 하지 아니한 자
5. 제49조의7제1항에 따른 서류 등의 제출을 거부하거나 해당 주택의 출입·조사 또는 질문을 방해하거나 기피한 자
6. 제49조제6항에 따른 임대차계약을 신고하지 아니하거나 거짓으로 신고한 자

② 제1항에 따른 과태료는 국토교통부장관이 부과·징수한다. <개정 2013.3.23.>

부칙

<법률 제14851호, 2017.8.9.>

제1조(시행일) 이 법은 공포 후 6개월이 경과한 날부터 시행한다. 다만, 제6조의3의 개정규정은 공포한 날부터 시행한다.

제2조(공공임대주택의 입주자 자격제한에 관한 적용례) 제49조의8의 개정규정은 이 법 시행 후 최초로 제49조의4를 위반하여 임차권을 양도하거나 공공임대주택을 전대한 사람(이 법 시행 당시 공공임대주택을 전대하고 있는 사람을 포함한다)부터 적용하며, 이 법 시행 후 최초로 입주자 모집공고를 하는 공공임대주택부터 적용한다.

택지개발촉진법

[시행 2016.8.12.]
[법률 제13805호, 2016.1.19., 타법개정]

제1조(목적) 이 법은 도시지역의 시급한 주택난(住宅難)을 해소하기 위하여 주택건설에 필요한 택지(宅地)의 취득·개발·공급 및 관리 등에 관하여 특례를 규정함으로써 국민 주거생활의 안정과 복지 향상에 이바지함을 목적으로 한다.
[전문개정 2011.5.30.]

제2조(용어의 정의) 이 법에서 사용하는 용어의 뜻은 다음과 같다. <개정 2013.3.23., 2016.1.19.>
1. "택지"란 이 법에서 정하는 바에 따라 개발·공급되는 주택건설용지 및 공공시설용지를 말한다.
2. "공공시설용지"란 「국토의 계획 및 이용에 관한 법률」 제2조제6호에서 정하는 기반시설과 대통령령으로 정하는 시설을 설치하기 위한 토지를 말한다.
3. "택지개발지구"란 택지개발사업을 시행하기 위하여 「국토의 계획 및 이용에 관한 법률」에 따른 도시지역과 그 주변지역 중 제3조에 따라 국토교통부장관 또는 특별시장·광역시장·도지사·특별자치도지사(이하 "지정권자"라 한다)가 지정·고시하는 지구를 말한다.
4. "택지개발사업"이란 일단(一團)의 토지를 활용하여 주택건설 및 주거생활이 가능한 택지를 조성하는 사업을 말한다.
5. "간선시설"(幹線施設)이란 「주택법」 제2조제17호에서 정하는 시설을 말한다.

[전문개정 2011.5.30.]

제3조(택지개발지구의 지정 등) ① 특별시장·광역시장·도지사 또는 특별자치도지사(이하 "시·도지사"라 한다)는 「주거기본법」 제5조에 따른 주거종합계획 중 주택·택지의 수요·공급 및 관리에 관한 사항(이하 "택지수급계획"이라 한다)에서 정하는 바에 따라 택지를 집단적으로 개발하기 위하여 필요한 지역을 택지개발지구로 지정(지정한 택지개발지구를 변경하는 경우를 포함한다. 이하 같다)할 수 있다. 이 경우 택지개발사업이 필요하다고 인정되는 지역이 둘 이상의 특별시·광역시·도 또는 특별자치도(이하 "시·도"라 한다)에 걸치는 경우에는 관계 시·도지사가 협의하여 지정권자를 정한다. <개정 2015.6.22.>
② 제1항의 경우 시·도지사(특별자치도지사는 제외한다)는 택지수급계획에서 정한 해당 시·도의 계획량을 초과하여 지정하려면 국토교통부장관과 미리 협의하여야 하고, 지정하려는 택지개발지구의 면적이 대통령령으로 정하는 규모 이상인 경우에는 국토교통부장관의 승인을 받아야 한다. 이 경우 국토교통부장관이 택지개발지구의 지정을 승인하려는 때에는 미리 「주거기본법」 제8조에 따른 주거정책심의위원회의 심의를 거쳐야 한다. <개정 2013.3.23., 2015.6.22.>
③ 국토교통부장관은 다음 각 호의 어느 하나에 해당하는 경우에는 제1항에도 불구하고 택지를 집단적으로 개발하기 위하여 필요한 지역을 택지개발지구로 지정할 수 있다. 다만, 특별자치도에 대하여는 그러하지 아니하다. <개정 2013.3.23.>
1. 국가가 택지개발사업을 실시할 필요가 있는 경우
2. 관계 중앙행정기관의 장이 요청하는 경우
3. 제7조제1항제2호의 한국토지주택공사가 택지수급계획상 택지공급을 위하여 대통령령으로 정하는 규모 이상으로 택지개발지구의 지정을 제안하는 경우
4. 제1항 후단에 따른 협의가 성립되지 아니하는 경우

④ 지정권자가 제1항 또는 제3항에 따라 택지개발지구를 지정하려는 경우에는 미리 관계 중앙행정기관의 장(특별자치도지사의 경우에는 관계 행정기관의 장을 말한다)과 협의하고 해당 시장(지정권자가 국토교통부장관인 경우에는 시·도지사를 포함한다)·군수 또는 자치구의 구청장의 의견(특별자치도지사의 경우에는 제외한다)을 들은 후 「주거기본법」 제9조에 따른 시·도 주거정책심의위원회(지정권자가 국토교통부장관인 경우에는 「주거기본법」 제8조에 따른 주거정책심의위원회를 말한다)의 심의를 거쳐야 한다. 다만, 대통령령으로 정하는 경미한 사항을 변경하는 경우에는 그러하지 아니하며, 지정권자가 시·도지사인 경우로서 국토교통부장관이 제2항에 따라 주거정책심의위원회의 심의를 거친 경우에는 시·도 주거정책심의위원회의 심의를 거친 것으로 본다. <개정 2013.3.23., 2015.6.22.>

⑤ 지정권자는 제1항 또는 제3항에 따른 택지개발지구가 제6항에 따라 고시된 날부터 3년 이내에 제9조에 따라 시행자가 택지개발사업 실시계획의 작성 또는 승인 신청을 하지 아니하는 경우에는 그 지정을 해제하여야 한다.
⑥ 지정권자가 제1항 및 제3항부터 제5항까지의 규정에 따라 택지개발지구를 지정 또는 해제하였을 때에는 택지개발지구의 명칭, 위치, 지정된 면적 및 제8조에서 규정한 택지개발계획을 관보에 고시하고, 시장(지정권자가 국토교통부장관인 경우에는 특별시장과 광역시장을 포함한다. 이하 같다)·군수 또는 자치구의 구청장에게 그 내용을 송부하여 일반인이 열람할 수 있게 하여야 한다. 다만, 특별자치도지사는 직접 그 내용을 일반인이 열람할 수 있게 하여야 한다. <개정 2013.3.23.>
⑦ 제1항·제3항 또는 제5항에 따른 택지개발지구의 지정 또는 해제가 있은 때에는 「국토의 계획 및 이용에 관한 법률」 제51조에 따른 지구단위계획구역의 지정 또는 해제가 있은 것으로 본다. <개정 2011.4.14.>
[전문개정 2011.5.30.]

제3조의2(택지개발지구의 지정 제안) ① 제7조제1항제1호부터 제4호까지의 규정 중 어느 하나에 해당하는 자는 지정권자에게 택지개발지구의 지정을 제안할 수 있다.
② 택지개발지구 지정 제안에 따른 절차, 구비서류, 그 밖에 필요한 사항은 대통령령으로 정한다.
[전문개정 2011.5.30.]

제3조의3(주민 등의 의견청취) ① 지정권자가 제3조에 따라 택지개발지구를 지정하려는 경우에는 대통령령으로 정하는 바에 따라 이를 공고하여 주민 및 관계 전문가 등의 의견을 들어야 한다. 다만, 국방상 기밀 유지가 필요하거나 대통령령으로 정하는 경미한 사항을 변경하는 경우에는 그러하지 아니하다.
② 제1항에 따른 주민 및 관계 전문가의 의견청취에 필요한 사항은 대통령령으로 정한다.
[전문개정 2011.5.30.]

제4조(택지개발지구의 기초조사) ① 지정권자가 제3조에 따라 택지개발지구를 지정하려는 경우에는 미리 택지개발지구로 지정할 토지, 건축물, 그 밖에 택지개발지구 지정에 필요한 사항에 관하여 조사하여야 한다.
② 지정권자는 제1항의 경우 필요하다고 인정할 때에는 시장·군수·자치구의 구청장(특별자치도지사의 경우에는 제외한다) 또는 제7조에 따른 택지개발사업 시행자에게 조사를 명할 수 있다.
③ 제7조제1항제1호부터 제4호까지의 규정 중 어느 하나에 해당하는 자는 제3조의2에 따라 택지개발지구의 지정을 제안하려는 경우에는 제1항에 따른 조사를 할 수 있다.
[전문개정 2011.5.30.]

제5조 삭제 <1982.12.31.>

제6조(행위제한 등) ① 제3조의3에 따라 택지개발지구의 지정에 관한 주민 등의 의견청취를 위한 공고가 있는 지역 및 택지개발지구에서 건축물의 건축, 공작물의 설치, 토지의 형질변경, 토석(土石)의 채취, 토지분할, 물건을 쌓아놓는 행위 등 대통령령으로 정하는 행위를 하려는 자는 특별자치도지사·시장·군수 또는 자치구의 구청장의 허가를 받아야 한다. 허가받은 사항을 변경하려는 경우에도 또한 같다.
② 다음 각 호의 어느 하나에 해당하는 행위는 제1항에도 불구하고 허가를 받지 아니하고 할 수 있다.
1. 재해 복구 또는 재난 수습에 필요한 응급조치를 위하여 하는 행위
2. 그 밖에 대통령령으로 정하는 행위
③ 제1항에 따라 허가를 받아야 하는 행위로서 택지개발지구의 지정 및 고시 당시 이미 관계 법령에 따라 행위허가를 받았거나 허가를 받을 필요가 없는 행위에 관하여 공사 또는 사업에 착수한 자는 대통령령으로 정하는 바에 따라 특별자치도지사·시장·군수 또는 자치구의 구청장에게 신고한 후 이를 계속 시행할 수 있다.
④ 특별자치도지사·시장·군수 또는 자치구의 구청장은 제1항을 위반한 자에게 원상회복을 명할 수 있다. 이 경우 명령을 받은 자가 그 의무를 이행하지 아니하면 특별자치도지사·시장·군수 또는 자치구의 구청장은 「행정대집행법」에 따라 이를 대집행(代執行)할 수 있다.
⑤ 제1항에 따른 허가에 관하여 이 법에 규정된 것을 제외하고는 「국토의 계획 및 이용에 관한 법률」 제57조부터 제60조까지 및 제62조를 준용한다.

⑥ 제1항에 따라 허가를 받은 경우에는 「국토의 계획 및 이용에 관한 법률」 제56조에 따라 허가를 받은 것으로 본다.
[전문개정 2011.5.30.]

제7조(택지개발사업의 시행자 등) ① 택지개발사업은 다음 각 호의 자 중에서 지정권자가 지정하는 자(이하 "시행자"라 한다)가 시행한다. <개정 2014.1.14., 2016.1.19.>
1. 국가 · 지방자치단체
2. 「한국토지주택공사법」에 따른 한국토지주택공사(이하 "한국토지주택공사"라 한다)
3. 「지방공기업법」에 따른 지방공사
4. 「주택법」 제4조에 따른 등록업자(이하 "주택건설등 사업자"라 한다)로서 지정하려는 택지개발지구의 토지면적 중 대통령령으로 정하는 비율 이상의 토지를 소유하거나 소유권 이전계약을 체결하고 도시지역의 주택난 해소를 위한 공익성 확보 등 대통령령으로 정하는 요건과 절차에 따라 제1호부터 제3호까지에 해당하는 자(이하 "공공시행자"라 한다)와 공동으로 개발사업을 시행하는 자. 이 경우 대통령령으로 정하는 비율은 다음 각 목의 구분에 따른 범위에서 정한다.
   가. 공공시행자가 공공주택건설 등 시급한 필요에 따라 주택건설등 사업자에게 공동으로 개발사업의 시행을 요청하는 경우: 100분의 20 이상 100분의 50 미만의 범위
   나. 주택건설등 사업자가 토지 취득 또는 사업계획 승인 등의 어려움을 해소하기 위하여 공공시행자에게 공동으로 개발사업의 시행을 요청하는 경우: 100분의 50 이상 100분의 70 미만의 범위
5. 주택건설등 사업자로서 공공시행자와 협약을 체결하여 공동으로 개발사업을 시행하는 자 또는 공공시행자와 주택건설등 사업자가 공동으로 출자하여 설립한 법인(이하 "공동출자법인"이라 한다). 이 경우 주택건설등 사업자의 투자지분은 100분의 50 미만으로 하며, 공공시행자의 주택건설등 사업자 선정 방법, 협약의 내용 및 주택건설등 사업자의 이윤율 등에 대하여는 대통령령으로 정한다.

② 공공시행자는 택지개발사업을 효율적으로 시행하기 위하여 필요한 경우에는 대통령령으로 정하는 바에 따라 설계 · 분양 등 택지개발사업의 일부를 주택건설등 사업자로 하여금 대행하게 할 수 있다.
③ 지정권자는 제3조의2에 따른 제안에 의하여 지정된 택지개발지구의 택지개발사업에 대하여는 그 지정을 제안한 자를 우선적으로 시행자로 지정할 수 있다.
[전문개정 2011.5.30.]

제8조(택지개발계획의 수립 등) ① 지정권자는 택지개발지구를 지정하려면 다음 각 호의 사항이 포함된 택지개발계획(이하 "개발계획"이라 한다)을 수립하여야 한다.
1. 개발계획의 개요
2. 개발기간
3. 토지이용에 관한 계획 및 주요 기반시설의 설치계획
4. 수용할 토지 등의 소재지, 지번(地番) 및 지목(地目), 면적, 소유권 및 소유권 외의 권리의 명세와 그 소유자 및 권리자의 성명 · 주소
5. 그 밖에 대통령령으로 정하는 사항

② 제1항에 따라 개발계획을 수립하는 절차와 그 밖에 필요한 사항은 대통령령으로 정한다.
[전문개정 2011.5.30.]

제9조(택지개발사업 실시계획의 작성 및 승인 등) ① 시행자는 대통령령으로 정하는 바에 따라 택지개발사업 실시계획(이하 "실시계획"이라 한다)을 작성하고, 지정권자가 아닌 시행자는 실시계획에 대하여 지정권자의 승인을 받아야 한다. 승인된 실시계획을 변경(대통령령으로 정하는 경미한 사항의 변경은 제외한다)하려는 경우에도 같다.
② 실시계획에는 「국토의 계획 및 이용에 관한 법률」 제52조에 따라 작성된 지구단위계획과 택지의 공급에 관한 계획이 포함되어야 한다. <개정 2011.4.14.>
③ 지정권자가 실시계획을 작성하거나 승인하였을 때에는 이를 고시하고, 시행자 및 관할 시장 · 군수 또는 자치구의 구청장(특별자치도지사의 경우에는 시행자에 한한다)에게 그 사실을 통지하여야 한다.
④ 지정권자가 제12조제1항에 따른 토지등의 수용이 필요한 실시계획을 작성하거나 승인하였을 때에는 시행자의 성명, 사업의 종류 및 수용할 토지 등의 세목(細目)을 관보에 고시하고, 그 토지 등의 소유자 및 권리자에게 이를 통지하여야 한다. 다만, 시행자가 실시계획을 작성하거나 승인 신청을 할 때까지 토지등의 소유자 및 권리자와 미리 협의한 경우에는

그러하지 아니하다.

⑤ 시행자는 택지개발사업을 시행할 때 대통령령으로 정하는 특별한 사유가 있는 경우에는 「도시개발법」에 따른 도시개발사업을 실시할 수 있다.

[전문개정 2011.5.30.]

제10조(토지에의 출입 등) ① 시행자는 택지개발지구의 지정, 개발계획 또는 실시계획의 작성을 위한 조사·측량을 하려는 경우와 사업 시행을 위하여 필요한 경우에는 다음 각 호의 행위를 할 수 있다.

1. 타인이 점유하는 토지에 출입하는 행위
2. 타인의 토지를 재료를 쌓아 두는 장소 또는 임시 도로로 일시 사용하는 행위
3. 죽목(竹木), 토석, 그 밖의 장애물을 변경하거나 제거하는 행위

② 제3조의2에 따라 택지개발지구의 지정을 제안하는 자는 택지개발지구의 지정 제안을 위한 조사·측량을 하려는 경우와 사업 시행을 위하여 필요한 경우에는 제1항제1호의 행위를 할 수 있다.

③ 제1항의 경우에 관하여는 「국토의 계획 및 이용에 관한 법률」 제130조제2항부터 제9항까지, 같은 법 제131조 및 제144조제1항제2호·제3호를 준용한다. 이 경우 "행정청인 도시계획시설사업 시행자"는 이 법에 따른 "시행자"로 본다.

[전문개정 2011.5.30.]

제11조(다른 법률과의 관계) ① 시행자가 실시계획을 작성하거나 승인을 받았을 때에는 다음 각 호의 결정·인가·허가·협의·동의·면허·승인·처분·해제·명령 또는 지정(이하 "인·허가등"이라 한다)을 받은 것으로 보며, 지정권자가 실시계획을 작성하거나 승인한 것을 고시하였을 때에는 관계 법률에 따른 인·허가등의 고시 또는 공고가 있은 것으로 본다. <개정 2011.4.14., 2014.1.14., 2016.1.19.>

1. 「국토의 계획 및 이용에 관한 법률」 제30조에 따른 도시·군관리계획의 결정, 같은 법 제56조에 따른 개발행위의 허가, 같은 법 제86조에 따른 도시·군계획시설사업 시행자의 지정, 같은 법 제88조에 따른 실시계획의 인가
2. 「도시개발법」 제17조에 따른 실시계획의 인가
3. 「주택법」 제15조에 따른 사업계획의 승인
4. 「수도법」 제17조 및 제49조에 따른 일반수도사업과 공업용수도사업의 인가, 같은 법 제52조 및 제54조에 따른 전용수도설치의 인가
5. 「하수도법」 제16조에 따른 공공하수도 공사 시행의 허가
6. 「공유수면 관리 및 매립에 관한 법률」 제8조에 따른 공유수면의 점용·사용허가, 같은 법 제28조에 따른 공유수면의 매립면허, 같은 법 제35조에 따른 국가 등이 시행하는 매립의 협의 또는 승인 및 같은 법 제38조에 따른 공유수면매립실시계획의 승인
7. 「하천법」 제30조에 따른 하천공사 시행의 허가 및 하천공사실시계획의 인가, 같은 법 제33조에 따른 하천의 점용허가 및 같은 법 제50조에 따른 하천수의 사용허가
8. 「도로법」 제36조에 따른 도로공사 시행의 허가, 같은 법 제61조에 따른 도로점용의 허가
9. 「농지법」 제34조에 따른 농지전용(農地轉用)의 허가·협의, 같은 법 제35조에 따른 농지의 전용신고, 같은 법 제36조에 따른 농지의 타용도 일시 사용 허가·협의, 같은 법 제40조에 따른 용도변경의 승인
10. 「산지관리법」 제14조·제15조에 따른 산지전용허가 및 산지전용신고, 같은 법 제15조의2에 따른 산지일시사용허가·신고, 「산림자원의 조성 및 관리에 관한 법률」 제36조제1항·제4항에 따른 입목벌채등의 허가·신고 및 「산림보호법」 제9조제1항 및 제2항제1호·제2호에 따른 산림보호구역(산림유전자원보호구역은 제외한다)에서의 행위의 허가·신고
11. 「초지법」 제23조에 따른 초지전용의 허가
12. 「사방사업법」 제14조에 따른 벌채 등의 허가, 같은 법 제20조에 따른 사방지(砂防地) 지정의 해제
13. 「산업입지 및 개발에 관한 법률」 제16조에 따른 산업단지개발사업 시행자의 지정, 같은 법 제17조 및 제18조에 따른 산업단지개발실시계획의 승인
14. 「광업법」 제24조에 따른 불허가처분, 같은 법 제34조에 따른 광구감소처분 또는 광업권취소처분
15. 「건축법」 제20조에 따른 가설건축물의 허가·신고
16. 「국유재산법」 제30조에 따른 행정재산의 사용허가
17. 「공유재산 및 물품 관리법」 제20조제1

항에 따른 행정재산의 사용·수익허가
18. 「장사 등에 관한 법률」 제27조에 따른 무연분묘의 개장허가
19. 「소하천정비법」 제10조에 따른 비관리청의 공사 시행허가, 같은 법 제14조에 따른 소하천의 점용허가

② 지정권자가 실시계획을 작성하거나 승인하려는 경우 그 계획에 제1항 각 호의 어느 하나에 해당하는 사항이 포함되어 있을 때에는 관계 기관의 장과 협의하여야 한다. 이 경우 관계 기관의 장은 지정권자의 협의 요청을 받은 날부터 대통령령으로 정하는 기간 내에 의견을 제출하여야 한다.

③ 제1항에 따라 다른 법률에 따른 인·허가 등을 받은 것으로 보는 경우에는 관계 법률에 따라 부과되는 면허에 대한 등록면허세, 수수료 또는 사용료 등을 면제한다.

[전문개정 2011.5.30.]

제12조(토지수용) ① 시행자(제7조제1항제4호 및 제5호에 따라 공동으로 사업을 시행하는 경우에는 공공시행자와 공동출자법인을 말한다)는 택지개발지구에서 택지개발사업을 시행하기 위하여 필요할 때에는 「공익사업을 위한 토지 등의 취득 및 보상에 관한 법률」 제3조에서 정하는 토지·물건 또는 권리(이하 "토지등"이라 한다)를 수용하거나 사용(이하 "수용"이라 한다)할 수 있다.

② 제3조에 따른 택지개발지구의 지정·고시가 있은 때에는 「공익사업을 위한 토지 등의 취득 및 보상에 관한 법률」 제20조제1항 및 제22조에 따른 사업인정 및 사업인정의 고시가 있은 것으로 보며, 재결(裁決)의 신청은 같은 법 제23조제1항 및 제28조제1항에도 불구하고 실시계획에서 정하는 사업 시행기간에 하여야 한다.

③ 제1항에 따른 토지등의 수용에 관한 재결의 관할 토지수용위원회는 중앙토지수용위원회로 한다.

④ 제1항에 따른 토지등의 수용에 관하여는 이 법에 특별한 규정이 있는 경우를 제외하고는 「공익사업을 위한 토지 등의 취득 및 보상에 관한 법률」을 준용한다.

⑤ 제7조제1항제4호에 따라 공동으로 사업을 시행하는 경우로서 공공시행자가 토지등을 수용한 경우에는 택지개발지구의 전체 토지면적에서 수용한 토지의 면적에 해당하는 지분의 토지를 포함하여 100분의 30 이상 100분의 80 미만의 범위에서 대통령령으로 정하는 비율 이상의 토지는 해당 토지를 수용한 공공시행자가 택지로 활용하여야 한다.

[전문개정 2011.5.30.]

[시행일:2011.8.31.] 제12조제1항(제7조제1항제5호의 개정규정과 관련된 부분에 한정한다)

제12조의2(건축물의 존치 등) ① 시행자는 택지개발지구에 있는 기존의 건축물이나 그 밖의 시설을 이전하거나 철거하지 아니하여도 택지개발사업에 지장이 없다고 인정하여 대통령령으로 정하는 요건을 충족하는 경우에는 이를 존치하게 할 수 있다.

② 시행자는 제1항에 따라 존치하게 된 시설물의 소유자에게 도로, 공원, 상하수도, 그 밖에 대통령령으로 정하는 공공시설의 설치 등에 필요한 비용의 일부를 내게 할 수 있다.

③ 제2항에 따른 비용 부담의 기준·방법 등에 관하여 필요한 사항은 대통령령으로 정한다.

[전문개정 2011.5.30.]

제13조(환매권) ① 택지개발지구의 지정 해제 또는 변경, 실시계획의 승인 취소 또는 변경, 그 밖의 사유로 수용한 토지등의 전부 또는 일부가 필요 없게 되었을 때에는 수용 당시의 토지등의 소유자 또는 그 포괄승계인[이하 "환매권자"(還買權者)라 한다]은 필요 없게 된 날부터 1년 이내에 토지등의 수용 당시 받은 보상금에 대통령령으로 정한 금액을 가산하여 시행자에게 지급하고 이를 환매할 수 있다.

② 환매권자는 환매로써 제3자에게 대항할 수 있다.

③ 환매권자의 권리의 소멸에 관하여는 「공익사업을 위한 토지 등의 취득 및 보상에 관한 법률」 제92조를 준용한다.

[전문개정 2011.5.30.]

제14조(간선시설의 설치) 간선시설의 설치에 관하여는 「주택법」 제28조를 준용한다. <개정 2016.1.19.>

[전문개정 2011.5.30.]

제15조 삭제 <1999.12.28.>

제16조(준공검사) ① 시행자는 택지개발사업을 완료하였을 때에는 지체 없이 대통령령

으로 정하는 바에 따라 지정권자로부터 준공검사를 받아야 한다.
② 시행자가 제1항에 따라 준공검사를 받았을 때에는 인·허가등에 따른 해당 사업의 준공검사 또는 준공인가를 받은 것으로 본다.
③ 특별시장·광역시장·특별자치도지사·시장 또는 군수는 택지개발사업이 준공된 지구에 대하여 제9조제3항에 따라 이미 고시된 실시계획에 포함된 지구단위계획으로 관리하여야 한다. <개정 2011.4.14.>
[전문개정 2011.5.30.]

第17조(토지매수 업무 등의 위탁) ① 지방자치단체가 아닌 시행자는 택지개발사업을 위한 토지매수 업무와 손실보상 업무를 대통령령으로 정하는 바에 따라 관할 시·도지사 또는 시장·군수에게 위탁할 수 있다.
② 시행자가 제1항에 따라 토지매수 업무와 손실보상 업무를 위탁할 때에는 토지매수 금액과 손실보상 금액의 100분의 3의 범위에서 대통령령으로 정하는 요율의 위탁수수료를 지급하여야 한다.
[전문개정 2011.5.30.]

第18조(택지의 공급) ① 택지를 공급하려는 자는 실시계획에서 정한 바에 따라 택지를 공급하여야 한다.
② 제1항에 따라 공급하는 택지의 용도, 공급의 절차·방법 및 대상자, 그 밖에 공급조건에 관한 사항은 대통령령으로 정한다.
③ 시행자는 「주택법」 제2조제5호의 국민주택 중 「주택도시기금법」에 따른 주택도시기금으로부터 자금을 지원받는 국민주택의 건설용지로 사용할 택지를 공급할 때 그 가격을 택지조성원가 이하로 할 수 있다. <개정 2016.1.19.>
[전문개정 2011.5.30.]

第18조의2(택지조성원가의 공개) ① 제18조에 따라 택지를 공급하려는 자는 국토교통부령으로 정하는 기준에 따라 택지조성원가를 공시하여야 한다. 이 경우 택지조성원가는 다음 각 호의 항목으로 구성된다. <개정 2013.3.23.>
1. 용지비
2. 조성비
3. 직접인건비
4. 이주대책비
5. 판매비
6. 일반관리비
7. 그 밖에 국토교통부령으로 정하는 비용
② 제1항에 따른 택지조성원가의 산정방법과 그 밖에 필요한 사항은 국토교통부령으로 정한다. <개정 2013.3.23.>
[전문개정 2011.5.30.]

第19조(택지의 용도) 택지를 공급받은 자(국가, 지방자치단체 및 한국토지주택공사는 제외한다) 또는 그로부터 그 택지를 취득한 자는 실시계획에서 정한 용도에 따라 주택 등을 건설하여야 한다.
[전문개정 2011.5.30.]

第19조의2(택지의 전매행위 제한 등) ① 이 법에 따라 조성된 택지를 공급받은 자는 소유권 이전등기를 하기 전까지는 그 택지를 공급받은 용도대로 사용하지 아니한 채 그대로 전매(轉賣)(명의변경, 매매 또는 그 밖에 권리의 변동을 수반하는 모든 행위를 포함하되, 상속의 경우는 제외한다. 이하 같다)할 수 없다. 다만, 이주대책용으로 공급하는 주택건설용지 등 대통령령으로 정하는 경우에는 본문을 적용하지 아니할 수 있다.
② 택지를 공급받은 자가 제1항을 위반하여 택지를 전매한 경우 해당 법률행위는 무효로 하며, 택지개발사업의 시행자(당초의 택지공급자를 말한다)는 택지 공급 당시의 가액(價額) 및 「은행법」에 따른 은행의 1년 만기 정기예금 평균이자율을 합산한 금액을 지급하고 해당 택지를 환매할 수 있다.
[전문개정 2011.5.30.]

第20조(선수금 등) ① 시행자는 택지를 공급받을 자로부터 그 대금의 전부 또는 일부를 미리 받을 수 있다.
② 시행자는 택지를 공급받을 자에게 택지로 상환하는 채권(이하 "토지상환채권"이라 한다)을 발행할 수 있다.
③ 토지상환채권의 발행 절차·방법 및 조건 등에 관하여는 「국채법」, 「지방재정법」, 「한국토지주택공사법」, 그 밖의 법률에서 정하는 바에 따른다.
④ 제1항 또는 제2항에 따라 선수금을 받거나 토지상환채권을 발행하려는 시행자(지정권자가 시행자인 경우는 제외한다)는 지정권자의 승인을 받아야 한다.
[전문개정 2011.5.30.]

제21조(서류의 열람 및 송달) ① 시행자가 택지개발사업을 시행할 때 필요한 경우에는 등기소 또는 그 밖의 관계 행정기관의 장에게 무료로 필요한 서류의 열람·등사나 그 등본 또는 초본의 발급을 청구할 수 있다.
② 시행자는 이해관계인의 주소 또는 거소(居所)가 불분명하거나 서류를 송달할 수 없는 부득이한 사유가 있는 경우에는 대통령령으로 정하는 바에 따라 그 서류의 송달을 갈음하여 이를 공시할 수 있다.
[전문개정 2011.5.30.]

제22조(자료 제공의 요청) ① 시행자는 관계 행정기관의 장이나 관계인에게 택지개발사업을 시행하기 위하여 필요하다고 인정하는 자료의 제공을 요청할 수 있다.
② 제1항에 따라 자료 제공을 요청받은 자는 정당한 사유가 없으면 요청에 따라야 한다.
[전문개정 2011.5.30.]

제22조의2(택지정보체계의 구축·운영) ① 국토교통부장관은 택지개발업무의 효율적인 지원과 택지정보의 체계적인 관리를 위하여 택지정보체계를 구축하여 운영할 수 있다. <개정 2013.3.23.>
② 국토교통부장관은 「주택법」 제2조제24호에 따른 공공택지에 대한 개발사업의 경우 관계 중앙행정기관의 장, 시·도지사 또는 시행자에게 택지정보체계의 구축과 운영에 필요한 자료 또는 정보의 제공을 요청할 수 있다. 이 경우 요청을 받은 기관의 장은 특별한 사유가 없으면 요청에 따라야 한다. <개정 2013.3.23., 2016.1.19.>
③ 국토교통부장관은 제1항에 따른 택지정보체계의 구축·운영에 관한 업무를 대통령령으로 정하는 법인, 단체 또는 기관에 위탁할 수 있다. 이 경우 위탁관리에 드는 경비의 전부 또는 일부를 지원할 수 있다. <개정 2013.3.23.>
④ 택지정보체계의 구축 및 운영에 필요한 사항은 대통령령으로 정한다.
[본조신설 2011.5.30.]

제23조(감독) ① 지정권자는 시행자가 다음 각 호의 어느 하나에 해당하면 이 법에 따른 지정 또는 승인을 취소하거나 공사의 중지 또는 인공 구조물의 개축(改築)이나 이전 등을 명할 수 있다.
1. 제8조·제9조·제18조·제20조 또는 이 조에 따른 명령이나 처분을 위반한 경우
2. 속임수 또는 부정한 방법으로 이 법에 따른 지정이나 승인을 받은 경우
3. 택지개발사업을 시행할 필요가 없거나 계속 시행하는 것이 불가능하다고 인정되는 경우
4. 시행자가 실시계획에서 정한 사업시행기간에 공사에 착수하지 아니하거나 공사를 완료하지 못한 경우

② 지정권자는 제1항에 따른 처분 등을 하였을 때에는 대통령령으로 정하는 바에 따라 이를 고시하여야 한다.
[전문개정 2011.5.30.]

제23조의2(청문) 지정권자는 제23조제1항에 따라 이 법에 따른 지정 또는 승인을 취소하려면 청문을 하여야 한다.
[전문개정 2011.5.30.]

제24조(보고 및 조사 등) ① 지정권자는 대통령령으로 정하는 경우에는 시행자(지정권자가 시행자인 경우는 제외한다)로 하여금 택지개발사업에 관한 자료를 제출하게 하거나 보고를 하게 할 수 있다.
② 제1항에 따른 제출 자료 및 보고 내용을 검토한 결과 조사목적을 달성하기 어렵다고 인정되는 경우에는 관계 공무원으로 하여금 해당 사업장 등에 출입하여 조사하게 할 수 있다.
③ 제2항에 따른 조사를 하는 경우에는 조사 7일 전까지 조사 일시, 조사 이유 및 조사 내용 등의 조사계획을 시행자에게 통지하여야 한다. 다만, 긴급한 경우이거나 사전에 알리면 증거인멸 등으로 조사목적을 달성할 수 없다고 인정되는 경우에는 그러하지 아니하다.
④ 제2항에 따라 택지개발사업에 관한 업무를 검사하는 공무원은 그 권한을 표시하는 증표를 관계인에게 보여주어야 하며, 출입할 때에는 성명·출입시간·출입목적 등이 표시된 문서를 관계인에게 내주어야 한다.
⑤ 제4항에 따른 증표에 관하여 필요한 사항은 국토교통부령으로 정한다. <개정 2013.3.23.>
[전문개정 2011.5.30.]

제25조(공공시설 등의 귀속) ① 시행자가 택지개발사업의 시행으로 새로 공공시설(주차장,

운동장 등 대통령령으로 정하는 시설은 제외한다. 이하 이 조에서 같다)을 설치하거나 기존의 공공시설에 대체되는 시설을 설치한 경우 그 공공시설의 귀속에 관하여는 「국토의 계획 및 이용에 관한 법률」 제65조 및 제99조를 준용한다. 이 경우 같은 법 제65조제1항 및 제5항 중 "행정청"은 이 법에 따른 "시행자"로 본다.
② 제1항에 따른 공공시설과 재산의 등기를 할 때에는 실시계획서 또는 그 승인서와 준공검사서로 「부동산등기법」 상의 등기원인을 증명하는 서면을 갈음할 수 있다.
③ 제1항에 따라 「국토의 계획 및 이용에 관한 법률」을 준용할 때 관리청이 불분명한 재산 중 도로·하천·도랑 등에 대하여는 국토교통부장관을, 그 외의 재산에 대하여는 기획재정부장관을 관리청으로 본다. <개정 2013.3.23.>
[전문개정 2011.5.30.]

제26조(국유지·공유지의 처분 제한 등) ① 택지개발지구에 있는 국가 또는 지방자치단체 소유의 토지로서 택지개발사업에 필요한 토지는 해당 택지개발사업 외의 목적으로는 처분할 수 없다.
② 택지개발지구에 있는 국가 또는 지방자치단체 소유의 재산은 「국유재산법」 및 「공유재산 및 물품 관리법」 에도 불구하고 시행자에게 수의계약으로 양도할 수 있다. 이 경우 그 재산의 용도폐지 및 양도에 관하여는 국토교통부장관이 미리 관계 행정기관의 장과 협의하여야 한다. <개정 2013.3.23.>
③ 제2항 후단에 따라 협의를 요청받은 관계 행정기관의 장은 그 요청을 받은 날부터 60일 이내에 용도폐지 및 양도, 그 밖에 필요한 조치를 하여야 한다.
④ 제2항에 따라 시행자에게 양도하려는 재산 중 관리청을 알 수 없는 국유재산에 관하여는 다른 법령에도 불구하고 기획재정부장관이 관리 또는 처분한다.
[전문개정 2011.5.30.]

제27조(행정심판) 이 법에 따라 시행자가 한 처분에 대하여 이의가 있을 때에는 그 처분이 있은 것을 안 날부터 1개월 이내, 처분이 있은 날부터 3개월 이내에 지정권자에게 행정심판을 제기할 수 있다.
[전문개정 2011.5.30.]

제28조(자금의 지원) 국가 또는 지방자치단체는 시행자에게 그 소요 자금의 전부 또는 일부를 보조하거나 융자할 수 있다.
[전문개정 2011.5.30.]

제29조 삭제 <1999.1.25.>

제30조(권한의 위임 및 위탁) ① 이 법에 따른 지정권자의 권한은 대통령령으로 정하는 바에 따라 그 일부를 시·도지사 또는 국토교통부 지방국토관리청장에게 위임할 수 있다. <개정 2013.3.23.>
② 이 법에 따른 지정권자의 권한 중 다음 각 호의 권한은 대통령령으로 정하는 바에 따라 시행자에게 위탁할 수 있다.
1. 제9조제4항 본문에 따른 시행자의 성명, 사업의 종류 및 수용할 토지등의 세목을 그 토지등의 소유자 및 권리자에게 통지하는 권한
2. 제12조제2항에 따라 「공익사업을 위한 토지 등의 취득 및 보상에 관한 법률」 제20조제1항의 사업인정으로 보게 되는 경우 이를 토지소유자 및 관계인에게 통지하는 권한
3. 제16조제1항에 따른 준공검사에 관한 권한(시행자가 공공시행자인 경우로 한정한다)

[전문개정 2011.5.30.]

제30조의2(택지개발지구 밖의 사업에 대한 준용) 택지개발지구의 인근 지역에서 택지개발지구의 이용에 제공되는 기반시설을 설치하는 등 택지개발사업과 직접 관련되는 사업의 시행에 필요한 경우에는 해당 사업에 대하여 제3조, 제3조의2, 제3조의3, 제4조, 제6조부터 제12조까지, 제12조의2, 제13조, 제14조, 제16조, 제17조, 제21조, 제22조 및 제23조, 제23조의2, 제24조부터 제28조까지 및 제30조를 준용한다. <개정 2011.5.30.>
[본조신설 2009.12.29.]
[제목개정 2011.5.30.]

제31조 삭제 <2009.4.1.>

제31조의2(벌칙) 제19조의2를 위반하여 택지를 전매한 자는 3년 이하의 징역 또는

1억원 이하의 벌금에 처한다.
[본조신설 2007.4.20.]

제32조(벌칙) 다음 각 호의 어느 하나에 해당하는 자는 1년 이하의 징역 또는 1천만원 이하의 벌금에 처한다.
1. 제6조제1항에 따른 허가 또는 변경허가를 받지 아니하고 같은 항에 규정된 행위를 한 자
2. 제23조제1항에 따라 행정청이 행하는 처분 또는 명령을 위반한 자

[전문개정 2015.1.20.]

제33조 삭제 <2015.1.20.>

제34조(양벌규정) 법인의 대표자나 법인 또는 개인의 대리인, 사용인, 그 밖의 종업원이 그 법인 또는 개인의 업무에 관하여 제31조의2 또는 제32조의 어느 하나에 해당하는 위반행위를 하면 그 행위자를 벌하는 외에 그 법인 또는 개인에게도 해당 조문의 벌금형을 과(科)한다. 다만, 법인 또는 개인이 그 위반행위를 방지하기 위하여 해당 업무에 관하여 상당한 주의와 감독을 게을리하지 아니한 경우에는 그러하지 아니하다. <개정 2015.1.20.>
[전문개정 2009.4.1.]

제35조(과태료) ① 다음 각 호의 어느 하나에 해당하는 자에게는 1천만원 이하의 과태료를 부과한다.
1. 제10조제1항 및 제2항에 따른 토지에의 출입 등을 방해한 자
2. 제24조제1항에 따른 자료 제출 또는 보고를 거짓으로 하거나 같은 조 제2항에 따른 조사를 거부·기피 또는 방해한 자

② 제1항에 따른 과태료는 대통령령으로 정하는 바에 따라 해당 택지개발지구의 지정에 관한 권한을 가진 자가 국토교통부장관인 경우에는 국토교통부장관이, 시·도지사인 경우에는 시·도지사가 부과·징수한다. <개정 2013.3.23.>
[전문개정 2011.5.30.]

부칙
<제13805호, 2016.1.19.>
(주택법)

제1조(시행일) 이 법은 2016년 8월 12일부터 시행한다.

제2조부터 제20조까지 생략

제21조(다른 법률의 개정) ①부터 <79>까지 생략
<80> 택지개발촉진법 일부를 다음과 같이 개정한다.
제2조제5호 중 "「주택법」 제2조제10호"를 "「주택법」 제2조제17호"로 하고, 제7조제1항제4호 각 목 외의 부분 전단 중 "「주택법」 제9조"를 "「주택법」 제4조"로 하며, 제11조제1항제3호 중 "「주택법」 제16조"를 "「주택법」 제15조"로 하고, 제14조 중 "「주택법」 제23조"를 "「주택법」 제28조"로 하며, 제18조제3항 중 "「주택법」에 따른 국민주택"을 "「주택법」 제2조제5호의 국민주택 중 「주택도시기금법」에 따른 주택도시기금으로부터 자금을 지원받는 국민주택"으로 하고, 제22조의2제2항 전단 중 "「주택법」 제2조제5호"를 "「주택법」 제2조제24호"로 한다.
<81>부터 <86>까지 생략

제22조 생략

택지개발촉진법 시행령

[시행 2017.12.29.]
[대통령령 제28554호, 2017.12.29., 일부개정]

제1조(목적) 이 영은 「택지개발촉진법」의 시행에 필요한 사항을 규정함을 목적으로 한다.
[전문개정 2013.12.4.]

제2조(공공시설의 범위) 「택지개발촉진법」(이하 "법"이라 한다) 제2조제2호에서 "대통령령으로 정하는 시설"이란 다음 각 호의 시설을 말한다. <개정 2015.11.11.>
1. 어린이놀이터, 노인정, 집회소(마을회관을 포함한다), 그 밖에 주거생활의 편익을 위하여 이용되는 시설로서 국토교통부령으로 정하는 시설
2. 삭제 <2015.11.11.>
3. 지역의 자족기능 확보를 위하여 필요한 다음 각 목의 시설
  가. 판매시설, 업무시설, 의료시설, 유통시설, 그 밖에 거주자의 생활복리를 위하여 제3조의2에 따른 지정권자가 필요하다고 인정하는 시설
  나. 지역의 발전 및 고용창출을 위한 다음의 시설
    1) 「벤처기업육성에 관한 특별조치법」 제2조제4항에 따른 벤처기업집적시설
    2) 「산업집적활성화 및 공장설립에 관한 법률」 제28조에 따른 도시형공장
    3) 「소프트웨어산업 진흥법」 제5조에 따른 소프트웨어진흥시설
    4) 1)부터 3)까지의 시설과 유사한 시설로서 국토교통부령으로 정하는 시설
  다. 「관광진흥법」 제3조제1항제2호가목에 따른 호텔업 시설
  라. 「건축법 시행령」 별표 1에 따른 문화 및 집회시설
  마. 「건축법 시행령」 별표 1에 따른 교육연구시설
  바. 원예시설 등 농업 관련 시설로서 국토교통부령으로 정하는 시설
  사. 그 밖에 지역의 자족기능 확보를 위하여 필요한 시설로서 국토교통부령으로 정하는 시설
4. 공공시설 등의 관리시설

[전문개정 2013.12.4.]

제2조의2(택지개발지구의 지정 등) ① 법 제3조제2항 전단에서 "대통령령으로 정하는 규모"란 330만제곱미터를 말한다.
② 법 제3조제3항제3호에서 "대통령령으로 정하는 규모"란 100만제곱미터를 말한다.
[전문개정 2013.12.4.]

제3조(경미한 사항의 변경) 법 제3조제4항 단서에서 "대통령령으로 정하는 경미한 사항을 변경하는 경우"란 다음 각 호의 어느 하나에 해당하는 경우를 말한다. 다만, 제2호의 경우로서 택지개발지구의 면적을 확대하려는 지역이 「농어촌정비법」 제13조에 따라 개간 대상 지역으로 결정·고시된 지역, 「군사기지 및 군사시설 보호법」 제4조에 따라 지정된 군사기지 및 군사시설 보호구역이거나 그 확대하려는 지역에 농지가 새로 포함될 때에는 미리 관계 중앙행정기관의 장(특별자치도의 경우에는 관계 행정기관의 장을 말한다. 이하 같다)과 협의하여야 한다.
1. 택지개발지구 면적의 축소
2. 택지개발지구 면적의 100분의 10 범위에서의 확대

[전문개정 2013.12.4.]

제3조의2(택지개발지구 지정의 협의 등) 법 제3조제4항에 따라 국토교통부장관 또는 특별시장·광역시장·도지사·특별자치도지사(이하 "지정권자"라 한다)로부터 택지개발지구의 지정에 관한 협의나 의견의 요청을 받은 관계 중앙행정기관의 장 또는 지방자치단체의 장은 그 요청을 받은 날부터 30일 이내에 의견을 제시하여야 한다.
[전문개정 2013.12.4.]

제4조 삭제 <2007.7.30.>

제4조의2(택지개발지구의 지정 제안) ① 법 제7조제1항제1호부터 제4호까지의 규정 중 어느 하나에 해당하는 자가 법 제3조의2에 따라 지정권자에게 택지개발지구의 지정을 제안하려는 경우에는 그 제안서에 다음 각 호의 서류 및 도면을 첨부하여 지정권자에게 제출하여야 한다.
1. 법 제4조에 따른 택지개발지구에 관한 조사서
2. 축척 2만5천분의 1의 위치도

3. 택지개발지구의 구역경계와 그 결정사유를 표시한 축척 5천분의 1의 지형도
4. 도시의 현황을 기재한 서류
5. 편입농지 및 임야 현황에 관한 조사자료
6. 현황사진
7. 택지개발지구 주변의 광역교통체계 관련 자료(국토교통부령으로 정하는 면적 이상의 택지개발지구로 한정한다)
8. 환경성 검토에 필요한 자료로서 국토교통부령으로 정하는 자료

② 제1항에 따라 제안서를 제출받은 지정권자는 「전자정부법」 제36조제1항에 따른 행정정보의 공동이용을 통하여 지적도 및 임야도를 확인하여야 한다.

③ 「주택법」 제4조에 따른 등록업자(이하 "주택건설등 사업자"라 한다)와 법 제7조제1항제1호부터 제3호까지의 자(이하 "공공시행자"라 한다)가 법 제7조제1항제4호에 따라 공동으로 택지개발사업을 시행하려는 경우에는 공동으로 택지개발지구의 지정을 제안하여야 한다. <개정 2016.8.11.>

④ 법 제3조의2에 따라 지정을 제안하는 택지개발지구의 면적은 10만제곱미터 이상이어야 한다. 다만, 제3항에 따라 공동으로 택지개발지구의 지정을 제안하는 자는 다음 각 호의 어느 하나에 해당하는 경우에 택지개발지구의 지정을 제안할 수 있다. <개정 2014.4.29., 2015.12.22.>

1. 「국토의 계획 및 이용에 관한 법률」 제36조제1항제1호에 따른 도시지역(이하 "도시지역"이라 한다)으로서 택지개발지구의 면적이 1만제곱미터 이상인 경우. 다만, 택지개발지구의 면적이 3만제곱미터 미만인 경우에는 공공시행자의 지분에 해당하는 주택건설용지에 도시지역의 주택난 해소를 위하여 「공공주택건설 등에 관한 특별법」 제2조제1호에 따른 공공주택(이하 "공공주택"이라 한다) 건설 등이 시급하게 필요한 경우로 한정한다.
2. 도시지역 외의 지역으로서 택지개발지구의 면적이 3만제곱미터 이상인 경우
3. 공공시행자가 공공주택 건설 등을 위하여 특별히 필요하다고 인정하여 「주거기본법」 제8조에 따른 주거정책심의위원회의 심의를 거친 경우

⑤ 제1항 및 제3항에 따라 택지개발지구의 지정을 제안하려는 자는 지정 제안을 위한 조사 및 협의 과정에서 관련 정보가 누설되지 아니하도록 보안관리대책을 수립·시행하여야 한다.

[전문개정 2013.12.4.]

제5조(주민 등의 의견청취) ① 지정권자(특별자치도지사는 제외한다. 이하 이 조에서 같다)는 법 제3조의3에 따라 택지개발지구의 지정에 관하여 주민 및 관계 전문가 등의 의견을 들으려는 경우에는 관계 서류의 사본을 관할 시장·군수 또는 자치구의 구청장에게 보내야 한다.

② 특별자치도지사가 법 제3조의3에 따라 주민 및 관계 전문가 등의 의견을 들으려는 경우 또는 시장·군수 또는 자치구의 구청장이 제1항에 따라 관계 서류를 받은 경우에는 지체 없이 택지개발지구 지정 대상의 명칭·위치 및 면적 등을 공고하여야 한다. 이 경우 특별자치도지사·시장·군수 또는 자치구의 구청장은 공고한 날부터 14일 동안 일반인이 그 서류를 열람할 수 있도록 하여야 한다.

③ 택지개발지구의 지정에 대하여 의견이 있는 자는 제2항에 따른 열람기간에 특별자치도지사·시장·군수 또는 자치구의 구청장에게 의견서를 제출할 수 있다.

④ 시장·군수 또는 자치구의 구청장은 제3항에 따라 제출된 의견이 있으면 이를 종합하여 지정권자에게 제출하여야 하며, 제출된 의견이 없으면 그 사실을 지정권자에게 통보하여야 한다.

⑤ 법 제3조의3제1항 단서에서 "대통령령으로 정하는 경미한 사항"이란 제3조 각 호의 어느 하나에 해당하는 사항을 말한다.

⑥ 제1항에도 불구하고 다음 각 호의 어느 하나에 해당할 때에는 지정권자가 직접 주민 및 관계 전문가 등의 의견을 들을 수 있다.

1. 택지개발지구가 둘 이상의 시·군·자치구에 걸쳐 있는 경우
2. 제1항에 따라 관계 서류를 받은 시장·군수 또는 자치구의 구청장이 제2항에 따른 공고를 하지 아니하는 경우

⑦ 제6항에 따라 지정권자가 주민 및 관계 전문가 등의 의견을 들으려는 경우에는 제2항부터 제4항까지의 규정을 준용하되, 열람기간 중 주민설명회 또는 공청회를 1회 이상 개최하여야 하며, 지정권자가 의견을 듣는 경우에는 택지개발지구 지정 대상의 명칭·위치 및 면적 등을 관보에 공고하여야 한다.

[전문개정 2013.12.4.]

제6조(행위허가의 대상 등) ① 법 제6조제1항에 따라 관할 특별자치도지사·시장·군수 또는 자치구의 구청장의 허가를 받아야

하는 행위는 다음 각 호와 같다.
1. 건축물의 건축 등: 「건축법」 제2조제1항제2호에 따른 건축물(가설건축물을 포함한다)의 건축, 대수선 또는 용도변경
2. 공작물의 설치: 인공을 가하여 제작한 시설물(「건축법」 제2조제1항제2호에 따른 건축물은 제외한다)의 설치
3. 토지의 형질변경: 절토(切土)·성토(盛土)·정지(整地)·포장 등의 방법으로 토지의 형상을 변경하는 행위, 토지의 굴착 또는 공유수면의 매립
4. 토석의 채취: 흙·모래·자갈·바위 등의 토석을 채취하는 행위. 다만, 토지의 형질변경을 목적으로 하는 것은 제3호에 따른다.
5. 토지분할
6. 물건을 쌓아놓는 행위: 이동이 쉽지 아니한 물건을 1개월 이상 쌓아놓는 행위
7. 죽목의 벌채 및 식재

② 특별자치도지사·시장·군수 또는 자치구의 구청장은 법 제6조제1항에 따라 제1항 각 호의 행위에 대한 허가를 하려는 경우로서 법 제7조에 따라 택지개발사업시행자(이하 "시행자"라 한다)가 지정되어 있는 경우에는 미리 그 시행자의 의견을 들어야 한다.

③ 법 제6조제2항제2호에서 "대통령령으로 정하는 행위"란 다음 각 호의 어느 하나에 해당하는 행위로서 「국토의 계획 및 이용에 관한 법률」 제56조에 따른 개발행위 허가의 대상이 아닌 것을 말한다.
1. 농림수산물의 생산에 직접 이용되는 것으로서 국토교통부령으로 정하는 간이공작물의 설치
2. 경작을 위한 토지의 형질변경
3. 택지개발지구의 개발에 지장을 주지 아니하고 자연경관을 손상하지 아니하는 범위에서의 토석 채취
4. 택지개발지구에 존치하기로 결정된 대지에 물건을 쌓아놓는 행위
5. 관상용 죽목의 임시식재(경작지에서의 임시식재는 제외한다)

④ 법 제6조제3항에 따라 신고하여야 하는 자는 택지개발지구가 지정·고시된 날부터 30일 이내에 그 공사 또는 사업의 진행상황과 시행계획을 첨부하여 관할 특별자치도지사·시장·군수 또는 자치구의 구청장에게 신고하여야 한다.
[전문개정 2013.12.4.]

제6조의2(공공·민간 공동 택지개발사업의 시행요건) ① 법 제7조제1항제4호에서 "대통령령으로 정하는 비율"이란 다음 각 호의 구분에 따른 비율을 말한다.
1. 공공시행자가 국토교통부장관이 정하는 바에 따라 주택건설등 사업자에게 공동 택지개발사업의 시행을 요청하는 경우: 100분의 20
2. 주택건설등 사업자가 토지취득이나 사업계획승인 등의 어려움을 해소하기 위하여 공공시행자에게 공동 택지개발사업의 시행을 요청하는 경우: 100분의 50

② 법 제7조제1항제4호에 따라 공공시행자와 공동으로 택지개발사업을 시행하려는 주택건설등 사업자는 다음 각 호의 어느 하나에 해당하는 요건을 갖추어야 한다. <개정 2016.8.11.>
1. 「건설산업기본법」 제9조에 따라 종합공사를 시공하는 업종(건축공사업 또는 토목건축공사업으로 한정한다)의 등록을 하였을 것
2. 「주택법」 제7조에 따른 기준에 해당할 것
3. 제1호에 해당하는 자와 주택건설공사의 시공계약을 체결하였을 것

③ 주택건설등 사업자는 제6조의3제3항에 따라 협약을 체결할 때까지 제1항에 따른 비율 이상의 토지를 소유하거나 소유권 이전계약을 체결하여야 한다. 이 경우 소유권 이전계약을 체결한 토지에 대해서는 해당 택지개발지구의 지정 전까지 소유권을 취득하여야 한다.
[전문개정 2013.12.4.]

제6조의3(공공·민간 공동 택지개발사업의 시행절차) ① 주택건설등 사업자가 공공시행자에게 공동 택지개발사업의 시행을 요청하려는 경우에는 택지개발지구의 경계, 개발방향, 주택건설계획 등이 포함된 구체적인 사업계획서를 제출하여야 한다.

② 주택건설등 사업자가 공공시행자에게 공동 택지개발사업의 시행을 요청하는 경우 공공시행자는 국토교통부장관이 정하는 바에 따라 공익성과 사업성 등을 고려하여 그 수용 여부를 판단하여야 하며, 주택건설등 사업자의 요청을 받은 날부터 30일 이내에 그 수용 여부를 통보하여야 한다. 이 경우 주택건설등 사업자의 요청을 수용하지 아니할 때에는 그 사유를 명시하여 통보하여야 한다.

③ 주택건설등 사업자와 공공시행자가 공동으로 택지개발사업을 시행하려는 경우에는 다음 각 호의 사항을 포함하는 협약을 체결하여야 한다.
1. 사업의 범위와 규모

2. 업무의 범위 및 분담
3. 토지 등의 소유권 이전
4. 공공시설 등의 설치 및 관리
5. 기반시설의 설치 및 비용 부담
6. 주택건설등 사업자가 확보한 택지를 공공시행자가 택지로 활용하는 경우의 비용 정산
7. 그 밖에 주택건설등 사업자 또는 공공시행자가 필요하다고 인정하는 사항

④ 주택건설등 사업자와 공공시행자가 지정권자에게 제4조의2제3항에 따라 공동으로 택지개발지구의 지정을 제안하려는 경우에는 제4조의2제1항 각 호의 서류에 추가하여 제3항에 따라 체결한 협약서를 제출하여야 한다. 이 경우 지정권자는 「전자정부법」 제36조제1항에 따른 행정정보의 공동이용을 통하여 지적도 및 임야도를 확인하여야 한다.

⑤ 주택건설등 사업자와 공공시행자가 공동으로 시행한 택지개발사업으로 조성된 택지 중 주택건설등 사업자의 지분에 해당하는 택지(제9조의2에 따라 주택건설등 사업자가 활용하는 택지를 말한다)는 해당 주택건설등 사업자가 직접 주택건설 등에 활용하여야 한다. 다만, 주택건설등 사업자가 파산·부도 등으로 법 제9조제1항에 따른 택지개발사업 실시계획 승인일부터 2년 이내에 「주택법」 제15조에 따른 주택건설사업계획의 승인을 신청하기 곤란한 경우에는 공공시행자에게 해당 택지를 조성원가로 매수하여 줄 것을 요청할 수 있다. <개정 2016.8.11.>

[전문개정 2013.12.4.]

제6조의4(공공시행자의 주택건설등 사업자 선정 방법 등) ① 공공시행자는 법 제7조제1항제5호에 따라 공모(公募)에 의한 경쟁을 통하여 주택건설등 사업자를 선정하여야 한다.

② 공공시행자가 주택건설등 사업자와 협약을 체결하는 경우 그 협약 내용에는 다음 각 호의 사항이 포함되어야 한다.
1. 사업명, 위치, 면적, 기간 등 사업의 범위와 규모에 관한 사항
2. 공공시행자와 주택건설등 사업자 간의 업무의 범위 및 분담에 관한 사항
3. 사업비 및 자금조달계획에 관한 사항
4. 사업계획의 변경에 관한 사항
5. 조성택지의 공급 및 처분에 관한 사항
6. 주택건설등 사업자의 이윤율에 관한 사항
7. 기반시설의 설치 및 비용부담에 관한 사항
8. 시설물 등의 이관 및 사후관리에 관한 사항
9. 그 밖에 국토교통부령으로 정하는 사항

③ 법 제7조제1항제5호에 따른 주택건설등 사업자의 이윤율은 총사업비의 100분의 6 이내로 한다. 이 경우 총사업비는 용지비, 용지부담금, 조성비, 기반시설 설치비, 직접인건비, 이주대책비, 판매비, 일반관리비, 자본비용 및 그 밖의 비용을 합산한 금액으로 한다.

④ 법 제7조제1항제5호에 따른 주택건설등 사업자는 제13조의2제2항에도 불구하고 공공시행자와 체결한 협약에서 정하는 바에 따라 자신의 투자지분 범위에서 그 조성택지를 우선 공급받을 수 있다.

⑤ 제1항 및 제2항에서 규정한 사항 외에 주택건설등 사업자의 선정절차 등에 관하여 필요한 사항은 국토교통부령으로 정한다.

[전문개정 2013.12.4.]

제6조의5(택지개발사업의 대행) ① 법 제7조제2항에 따라 공공시행자가 주택건설등 사업자에게 대행하게 할 수 있는 택지개발사업의 범위는 다음 각 호와 같다.
1. 실시설계
2. 부지조성공사
3. 기반시설공사
4. 조성된 택지의 분양

② 법 제7조제2항에 따라 택지개발사업의 일부를 대행하려는 주택건설등 사업자는 다음 각 호의 사항을 적은 택지개발사업대행신청서에 국토교통부장관이 정하는 서류를 첨부하여 공공시행자에게 제출하여야 한다.
1. 대행개발사업자의 성명(법인의 경우에는 법인의 명칭 및 대표자의 성명을 말한다) 및 주소
2. 택지개발사업을 대행하려는 택지개발지구의 명칭·위치 및 면적
3. 다음 각 목의 사항이 포함된 택지개발사업대행의 시행계획 개요
   가. 사업의 목적
   나. 사업의 개요 및 종류
   다. 사업의 시행기간

③ 공공시행자는 법 제7조제2항에 따라 택지개발사업을 대행하게 하려는 경우에는 주택건설등 사업자와 택지개발사업의 대행에 관한 계약을 체결하여야 한다.

[전문개정 2013.12.4.]

제7조(택지개발계획의 수립 등) ① 법 제8조

제1항제5호에서 "대통령령으로 정하는 사항"이란 다음 각 호의 사항을 말한다.

1. 택지개발계획(이하 "개발계획"이라 한다)의 명칭
2. 시행자의 명칭 및 주소와 대표자의 성명
3. 개발하려는 토지의 위치와 면적

② 지정권자는 개발계획을 수립하려는 경우에는 법 제3조의2에 따른 제안자에게 기한을 정하여 다음 각 호의 서류를 제출하도록 요구할 수 있다.

1. 법 제8조제1항제1호부터 제4호까지 및 이 조 제1항 각 호의 사항을 적은 서류
2. 축척 5천분의 1 이상인 지형도 또는 지적도에 개발계획을 명시하여 작성한 도면

③ 지정권자는 개발계획을 수립하기 위하여 필요한 경우 법 제7조제1항제5호의 시행자에게 제6조의4제2항에 따라 체결된 협약서를 제출하게 할 수 있다.

④ 법 제8조제1항제3호의 토지이용에 관한 계획에는 다음 각 호의 주택건설용지에 관한 계획과 공공시설용지에 관한 계획이 포함되어야 한다.

1. 주택건설용지에 관한 계획: 주택(단독주택 및 공동주택으로 구분한다)을 건축하기 위한 용지 및 근린생활시설(「건축법 시행령」 별표 1 제3호 및 제4호에 따른 근린생활시설을 말한다. 이하 같다)을 건축하기 위한 용지에 관한 계획. 이 경우 근린생활시설을 건축하기 위한 용지에는 근린생활시설, 「고등학교 이하 각급 학교 설립·운영 규정」에 따른 유치원(이하 "유치원"이라 한다) 및 「영유아보육법」에 따른 어린이집(이하 "어린이집"이라 한다)에 한정하여 건축할 수 있도록 하여야 한다.
2. 공공시설용지에 관한 계획: 공공시설을 설치하기 위한 용지에 관한 계획. 이 경우 유치원을 건축하기 위한 용지, 어린이집을 건축하기 위한 용지 또는 유치원·어린이집을 건축하기 위한 용지에는 다음 각 목의 구분에 따른 시설을 건축할 수 있도록 하여야 한다.
   가. 유치원을 건축하기 위한 용지에는 건축물 연면적의 70퍼센트 이상의 면적에 유치원을 건축하게 하고, 남은 면적에는 1) 또는 2)의 시설을 건축할 수 있도록 하여야 한다.
      1) 어린이집
      2) 「학원의 설립·운영 및 과외교습에 관한 법률 시행령」 별표 2에 따른 교습과정 중 미성년자를 주된 대상으로 하는 가)부터 라)까지에 해당하는 학원
         가) 교습과정이 컴퓨터인 학원
         나) 교습과정이 부기, 주산, 속셈 또는 속독인 학원
         다) 교습과정이 음악, 미술, 무용 또는 웅변인 학원
         라) 독서실
   나. 어린이집을 건축하기 위한 용지에는 건축물 연면적의 60퍼센트 이상의 면적에 어린이집을 건축하게 하고 남은 면적에는 1) 또는 2)의 시설을 건축하도록 하여야 한다.
      1) 「아동복지법」 제52조제1항제7호에 따른 아동전용시설
      2) 「도서관법」 제2조제4호바목에 따른 어린이도서관
   다. 유치원·어린이집을 건축하기 위한 용지에는 건축물 연면적의 70퍼센트 이상의 면적에 유치원 또는 어린이집을 건축하게 하거나 유치원과 어린이집을 함께 건축하도록 하고, 남은 면적에는 1)부터 3)까지에 해당하는 시설을 건축할 수 있도록 하여야 한다.
      1) 「학원의 설립·운영 및 과외교습에 관한 법률 시행령」 별표 2에 따른 교습과정 중 미성년자를 주된 대상으로 하는 가)부터 라)까지에 해당하는 학원
         가) 교습과정이 컴퓨터인 학원
         나) 교습과정이 부기, 주산, 속셈 또는 속독인 학원
         다) 교습과정이 음악, 미술, 무용 또는 웅변인 학원
         라) 독서실
      2) 「아동복지법」 제52조제1항제7호에 따른 아동전용시설
      3) 「도서관법」 제2조제4호바목에 따른 어린이도서관

⑤ 제1항부터 제4항까지에서 규정한 사항 외에 택지개발계획의 수립기준 등에 관하여 필요한 사항은 국토교통부장관이 따로 정한다.
[전문개정 2013.12.4.]

제8조(실시계획의 작성 및 승인 등) ① 시행자가 법 제9조제1항에 따른 택지개발사업 실시계획(이하 "실시계획"이라 한다)을 작성하는 경우에는 제2항 각 호의 사항 및 제3항 각 호

서류의 내용을 포함하여 작성하여야 한다.

② 지정권자가 아닌 시행자가 법 제9조제1항에 따라 실시계획의 승인을 받으려는 경우에는 다음 각 호의 사항을 적은 택지개발사업실시계획승인신청서를 지정권자에게 제출하여야 한다.

1. 사업시행지
2. 사업의 종류 및 명칭
3. 시행자의 명칭·주소 및 대표자의 성명
4. 시행기간(공정별 소요기간을 포함한다)

③ 제2항의 택지개발사업실시계획승인신청서에는 다음 각 호의 서류를 첨부하여야 한다. 이 경우 지정권자는 「전자정부법」 제36조제1항에 따른 행정정보의 공동이용을 통하여 사업시행지의 지적도를 확인하여야 한다.

1. 자금계획서(연차별 자금투입계획 및 재원조달계획을 포함한다)
2. 사업시행지의 위치도
3. 계획평면도 및 개략설계도서
4. 법 제25조에 따른 공공시설 등의 명세서 및 처분계획서
5. 토지·물건 또는 권리(이하 "토지등"이라 한다)의 매수 및 보상계획서
6. 토지등을 수용 또는 사용(이하 "수용"이라 한다)하려는 경우에는 수용할 토지등의 소재지, 지번 및 지목, 면적, 소유권 및 소유권 외의 권리의 명세와 그 소유자 및 권리자의 성명·주소를 적은 서류(법 제8조제1항제4호에 따라 개발계획에 포함된 사항과 그 내용이 다른 것으로 한정한다)
7. 공급할 토지의 위치 및 면적, 공급의 대상자 또는 그 선정방법, 공급의 시기·방법 및 조건, 공급가격 결정방법을 정한 택지의 공급에 관한 계획서와 법 제8조제1항제3호의 토지이용에 관한 계획에서 정한 택지의 용도 및 공급대상자별 분할 도면
8. 제6조의4제2항에 따른 협약서(법 제7조제1항제5호의 시행자만 해당한다)

④ 지정권자(특별자치도지사는 제외한다)는 제1항에 따라 실시계획을 작성하거나 승인하려는 경우에는 관계 시장·군수 또는 자치구의 구청장의 의견을 들어야 한다. 다만, 이미 시행자가 시장·군수 또는 자치구의 구청장과 협의를 한 경우에는 그러하지 아니하다.

⑤ 법 제9조제1항 후단에서 "대통령령으로 정하는 경미한 사항의 변경"이란 다음 각 호의 요건을 충족하는 경우를 말한다.

1. 사업비의 100분의 10 범위에서의 증감
2. 사업면적의 100분의 10 범위에서의 감소
3. 승인을 받은 사업비의 범위에서 설비 및 시설의 설치 변경

⑥ 시행자는 제5항 각 호의 어느 하나에 해당하는 사항이 발생하였을 때에는 지체 없이 지정권자에게 이를 보고하여야 한다.

⑦ 지정권자는 법 제9조제3항 및 제4항에 따라 실시계획을 고시할 때에는 다음 각 호의 사항을 명시하여야 한다.

1. 사업의 명칭
2. 시행자의 명칭 및 주소와 대표자의 성명
3. 사업의 목적과 개요
4. 사업시행기간
5. 사업시행지의 위치 및 면적
6. 법 제21조제2항에 따른 이해관계인에 대한 서류의 공시송달방법
7. 수용할 토지등의 소재지, 지번 및 지목, 면적, 소유권 및 소유권 외의 권리의 명세와 그 소유자 및 권리자의 성명·주소. 다만, 법 제3조제6항에 따라 고시된 개발계획의 내용과 동일한 경우에는 이를 생략할 수 있으나, 그 생략하는 취지를 명시하여야 한다.
8. 국토의 계획 및 이용에 관한 법령에 따른 지구단위계획에 관한 사항

⑧ 법 제9조제5항에서 "대통령령으로 정하는 특별한 사유가 있는 경우"란 택지개발지구가 다음 각 호의 어느 하나에 해당하는 경우를 말한다.

1. 택지개발지구 지정 당시 이미 「도시개발법」 제3장제3절에 따른 환지 방식(이하 이 조에서 "환지방식"이라 한다)으로 도시개발사업을 시행하기 위하여 도시개발구역으로 결정·고시된 지역에 해당하는 경우
2. 해당 지역의 지가가 인근의 다른 택지개발지구의 지가에 비하여 현저히 높아 환지방식 외의 방법으로는 택지개발이 매우 곤란한 경우
3. 택지개발지구에 집단취락이나 건축물 등이 다수 포함되어 있어 주민의 이주 및 생활대책 수립, 그 밖에 사업지구의 특성 등을 고려하여 환지방식 또는 「도시개발법」 제21조제1항에 따른 혼용방식에 따른 사업시행이 필요하다고 인정되는 경우

⑨ 법 제11조제1항제1호에 따라 도시·군관리계획의 결정이 있는 것으로 보는 경우에는 관할 시장·군수는 「국토의 계획 및 이용에 관한 법률」 제32조에 따라 실시계획 승인 대상지의 지형도면 승인 신청 등 필요한 절차를 진행하여야 하며, 시행자는 지형도면 고시에 필요한

도면 등을 시장·군수에게 제출하여야 한다.

⑩ 지정권자가 제2항에 따라 시행자로부터 택지개발사업실시계획승인신청서를 제출받은 경우에는 그 날부터 60일 이내에 그 승인 여부를 결정하여 시행자에게 통보하여야 한다.
[전문개정 2013.12.4.]

제9조(협의 요청에 대한 의견제출기간) 법 제11조제2항 후단에서 "대통령령으로 정하는 기간"이란 20일을 말한다.
[전문개정 2013.12.4.]

제9조의2(공공시행자의 택지 활용비율 등) ① 법 제12조제5항에서 "대통령령으로 정하는 비율 이상의 토지"란 택지개발지구의 전체 토지면적의 100분의 30 이상인 토지를 말한다. 이 경우 택지개발지구의 전체 토지면적 중 수용한 토지의 면적에 해당하는 비율 이상의 토지가 공공시행자가 택지로 활용하는 토지에 포함되어야 한다.

② 공공시행자와 주택건설등 사업자 간의 택지의 활용비율은 택지개발지구의 전체 토지면적에서 공공시행자와 주택건설등 사업자가 각각 확보한 토지면적의 비율 등을 고려하여 정하되, 구체적인 사항은 협약으로 정한다.

③제2항에도 불구하고 법 제12조제5항에 따라 택지개발지구의 전체 토지면적에서 주택건설등 사업자가 확보한 비율의 토지 중 일부를 공공시행자가 택지로 활용하는 경우의 비용의 정산은 다음의 계산식에 따라 산정한 금액을 기준으로 하되, 구체적인 사항은 협약으로 정한다.

주택건설등 사업자가 취득한 토지의 공시지가 × (공공시행자가 수용한 토지의 보상액 ÷ 공공시행자가 수용한 토지의 공시지가) × (주택건설등 사업자가 확보한 비율의 토지 중 공공시행자가 택지로 활용하는 토지의 면적 ÷ 주택건설등 사업자가 취득한 토지의 면적)
[전문개정 2013.12.4.]

제9조의3(건축물의 존치 등) ① 법 제12조의2제1항에서 "대통령령으로 정하는 요건을 충족하는 경우"란 다음 각 호의 어느 하나에 해당하는 경우를 말한다.

1. 다음 각 목의 요건을 모두 충족하는 경우
   가. 건축물 및 영업장 등이 관계 법령에 따라 인·허가 등을 받았을 것
   나. 해당 사업지구의 토지이용계획상 받아들일 수 있을 것
   다. 해당 건축물 등을 존치하는 것이 공익상 또는 경제적으로 현저히 유익할 것
   라. 해당 건축물 등이 해당 택지개발사업의 준공 이후까지 장기간 활용될 것으로 예상될 것
2. 지방자치단체 등 관계 행정기관의 장이 문화적·예술적 가치가 있다고 인정하여 존치를 요청하는 경우로서 「국토의 계획 및 이용에 관한 법률」에 따른 중앙도시계획위원회 또는 지방도시계획위원회의 심의를 거친 경우

② 법 제12조의2제2항에서 "대통령령으로 정하는 공공시설"이란 「국토의 계획 및 이용에 관한 법률」 제65조에 따라 관리청에 무상으로 귀속되는 공공시설을 말한다.

③ 시행자가 법 제12조의2제2항에 따라 공공시설의 설치 등에 필요한 비용의 일부(이하 "시설부담금"이라 한다)를 그 시설물의 소유자로 하여금 내도록 하는 경우에는 시설부담금 단가(「국토의 계획 및 이용에 관한 법률」 제68조에 따른 기반시설부담구역 내 기반시설 표준시설비용에 민간 개발사업자의 부담률, 용도별 가중치 등을 곱하여 산정한다)에 존치하는 부지 면적을 곱하여 시설부담금을 산출하되, 용도별 가중치 등 시설부담금 단가의 구체적 산정 방식 및 존치하는 부지의 범위, 그 밖에 필요한 사항은 국토교통부장관이 정하여 고시한다.
[전문개정 2013.12.4.]

제10조(환매가액) 법 제13조제1항에서 "대통령령으로 정한 금액"이란 보상금 지급일부터 환매일까지의 법정이자를 말한다.
[전문개정 2013.12.4.]

제11조 삭제 <2001.7.18.>

제11조의2(준공검사) ① 시행자는 법 제16조제1항에 따라 준공검사를 받으려는 경우에는 준공검사신청서에 다음 각 호의 서류를 첨부하여 지정권자에게 제출하여야 한다.

1. 준공조서
2. 시장·군수가 인정하는 실측평면도와 구적평면도(求積平面圖)
3. 토지의 용도별 면적조서 및 평면도
4. 조성지의 소유자별 면적조서
5. 법 제25조에 따른 공공시설 등의 귀속조서 및 도면

6. 신·구 지적대조도
7. 그 밖에 국토교통부령으로 정하는 서류

② 지정권자는 해당 택지개발사업이 법 제9조에 따라 승인한 실시계획대로 완료되었다고 인정할 때에는 준공검사서를 시행자에게 발급하고, 이를 관보에 공고하여야 한다.

③ 제2항에 따라 공사완료를 공고할 때에는 다음 각 호의 사항을 명시하여야 한다.

1. 사업의 명칭
2. 시행자의 명칭 및 주소와 대표자의 성명
3. 사업시행지의 위치
4. 사업시행지의 면적 및 용도별 면적
5. 준공일자
6. 주요 시설물의 관리처분에 관한 사항

[전문개정 2013.12.4.]

제12조(토지매수 업무 등의 위탁) ① 지방자치단체가 아닌 시행자가 법 제17조제1항에 따라 토지매수 업무와 손실보상 업무를 위탁하려는 경우에는 위탁목적물 및 위탁조건을 명시한 서면을 관할 특별시장·광역시장·도지사·특별자치도지사 또는 시장·군수에게 제출하여야 한다.

② 법 제17조제2항에 따라 토지매수 업무 및 손실보상 업무를 위탁하는 경우 시행자가 지급하여야 하는 위탁수수료의 요율은 「공익사업을 위한 토지 등의 취득 및 보상에 관한 법률 시행령」 별표 1에 따른다.

[전문개정 2013.12.4.]

제13조 삭제 <2007.7.30.>

제13조의2(택지의 공급방법 등) ① 시행자는 그가 개발한 택지를 「주택법」 제2조제6호에 따른 국민주택규모의 주택(임대주택을 포함한다) 건설용지(이하 "국민주택규모의 주택건설용지"라 한다)와 그 밖의 주택건설용지 및 법 제2조제2호의 공공시설용지로 구분하여 공급하되, 공공시설용지를 제외하고는 국민주택규모의 주택건설용지로 우선 공급하여야 한다. <개정 2016.8.11.>

② 택지의 공급은 시행자가 미리 가격을 정하고, 추첨의 방법으로 분양 또는 임대한다. 다만, 다음 각 호의 어느 하나에 해당하는 택지는 경쟁입찰의 방법으로 공급한다. <개정 2016.8.11.>

1. 판매시설용지 등 영리를 목적으로 사용될 택지
2. 「주택법」 제15조에 따라 사업계획의 승인을 받아 건설하는 공동주택의 건설용지 외의 택지(시행자가 토지가격의 안정과 공공목적을 위하여 필요하다고 인정하는 경우는 제외한다)

③ 제2항에 따라 택지를 공급할 때 해당 택지가 학교시설용지·의료시설용지 등 국토교통부령으로 정하는 특정시설용지인 경우에는 택지공급대상자의 자격을 제한할 수 있다.

④ 제2항 각 호 외의 부분 본문에 따라 시행자가 미리 가격을 정할 때에는 도시의 발전과 택지공급의 원활한 수급을 위하여 용도별·지역별·공급대상자별로 그 가격을 달리 정할 수 있다.

⑤ 제2항에도 불구하고 다음 각 호의 어느 하나에 해당하는 경우에는 수의계약의 방법으로 공급할 수 있다. 다만, 제4호에 따라 택지를 공급할 때 택지의 공급신청량이 개발계획에서 계획된 수량을 초과하는 경우에는 추첨의 방법으로 공급하되, 「개발제한구역의 지정 및 관리에 관한 특별조치법」에 따른 개발제한구역(이하 "개발제한구역"이라 한다)에 지정된 택지개발지구에 개발제한구역 지정 이전부터 소유하거나 개발제한구역 지정 이후에 상속에 의하여 취득한 토지를 양도하는 자에게 공급하는 경우에는 우선공급할 수 있다. <개정 2014.7.21., 2014.7.28., 2015.11.11., 2015.12.22., 2016.8.11., 2017.1.17.>

1. 「주택법」에 따른 사업주체 중 국가, 지방자치단체 또는 국토교통부령으로 정하는 공공기관에 공급할 경우

1의2. 임대주택의 건설용지를 다음 각 목에 해당하는 자가 단독 또는 공동으로 총지분의 100분의 50을 초과하여 출자한 부동산투자회사(「부동산투자회사법」 제2조제1호에 따른 부동산투자회사를 말한다)에 공급할 경우
   가. 국가
   나. 지방자치단체
   다. 「한국토지주택공사법」에 따른 한국토지주택공사
   라. 「지방공기업법」 제49조에 따라 주택사업을 목적으로 설립된 지방공사

2. 도로, 학교, 공원, 공용의 청사 등 일반인에게 분양할 수 없는 공공시설용지를 국가, 지방자치단체, 그 밖에 법령에 따라 해당 공공시설을 설치할 수 있는 자에게 공급할 경우
3. 택지개발지구의 건축물 등의 시설물로서 법 제9조제3항에 따라 고시한 실시계획에 따

라 존치되는 시설물의 유지·관리에 필요한 최소범위의 택지를 공급하는 경우
4. 「공익사업을 위한 토지 등의 취득 및 보상에 관한 법률」에 따른 협의에 응하여 그가 소유하는 택지개발지구의 토지의 전부(「수도권정비계획법」에 따른 수도권지역의 경우에는 해당 토지의 면적이 국토교통부령으로 정하는 면적 이상인 경우로 한정하며, 해당 토지에 「공익사업을 위한 토지 등의 취득 및 보상에 관한 법률」 제3조에 해당하는 물건이나 권리가 있는 경우에는 이를 포함한다. 이하 이 조에서 같다)를 시행자에게 양도한 자(제5조제2항에 따른 공고일 이전부터 토지를 소유한 경우로 한정하되, 그 이후에 토지를 소유한 경우로서 택지개발지구 내 토지의 종전 소유자로부터 그 토지의 전부를 취득한 경우와 법원의 판결 또는 상속에 의하여 토지를 취득한 경우를 포함한다)에게 국토교통부령으로 정하는 규모의 택지를 공급하는 경우
5. 「주택법」 제4조에 따라 등록한 주택건설사업자가 제5조제2항에 따른 공고일 현재 택지개발지구에서 소유(그 공고일 현재 소유권을 이전하기로 하는 계약이 체결되어 있고, 해당 택지개발지구의 지구 지정일까지 그 소유권을 취득하는 경우를 포함한다)하는 토지의 전부를 「공익사업을 위한 토지 등의 취득 및 보상에 관한 법률」에 따른 협의에 응하여 시행자에게 양도하였을 때 해당 주택건설사업자에게 토지의 소유목적·용도 및 주택건설사업의 추진 정도 등을 고려하여 국토교통부령으로 정하는 면적의 범위에서 택지를 공급하는 경우. 다만, 제5조제2항에 따른 공고일 현재 소유권을 이전하기로 하는 계약이 체결된 토지의 경우에는 그 계약에 대하여 다음 각 목의 어느 하나에 해당하는 행위가 제5조제2항에 따른 공고일 이전에 이루어진 사실을 확인할 수 있는 경우로 한정한다.
   가. 「부동산등기 특별조치법」 제3조에 따른 검인
   나. 「부동산 거래신고 등에 관한 법률」 제3조에 따른 부동산거래 신고
   다. 「공증인법」 제25조부터 제35조까지, 제35조의2, 제36조부터 제40조까지의 규정에 따른 증서의 작성
   라. 「공증인법」 제57조, 제57조의2, 제58조 및 제59조에 따른 사서증서에 대한 인증
6. 택지개발지구에서 주택을 건설하기 위하여 「주택법」 제11조에 따라 설립인가를 받은 주택조합으로서 제5조제2항에 따른 공고일 현재 그 주택조합의 조합원에게 공급하여야 할 주택을 건설하는 데 필요한 토지 면적의 2분의 1 이상을 취득한 주택조합이 그 토지의 전부를 「공익사업을 위한 토지 등의 취득 및 보상에 관한 법률」에 따른 협의에 응하여 시행자에게 양도하였을 때 해당 주택조합에 국토교통부령으로 정하는 면적의 범위에서 택지를 공급하는 경우
7. 도시의 바람직한 발전을 위하여 특별설계(현상설계 등에 의하여 창의적인 개발안을 받아들일 필요가 있거나 다양한 용도를 수용하기 위한 복합적 개발이 필요한 경우 등에 실시하는 설계를 말한다)를 통한 개발이 필요하여 국토교통부장관이 정하는 절차와 방법에 따라 선정된 자에게 택지를 공급하는 경우
8. 면적이 330만제곱미터 이상인 택지개발지구가 위치한 시·군 지역에 다음 각 목의 어느 하나에 해당하는 「산업입지 및 개발에 관한 법률」에 따른 산업단지(면적이 100만제곱미터 이상인 경우로 한정한다)를 조성하는 경우로서 산업단지 개발사업의 시행자(산업단지 내 산업시설용지의 50퍼센트 이상을 분양받아 공장을 설립하는 기업을 포함한다)가 근로자에게 제공하기 위한 주택건설용지 및 학교시설용지 등이 필요하여 관할 시장·군수 및 산업통상자원부장관의 추천을 받고, 「주거기본법」 제8조에 따른 주거정책심의위원회에서 택지공급의 필요성이 있다고 인정하여 국토교통부령으로 정하는 면적의 범위에서 택지를 공급하는 경우
   가. 「수도권정비계획법」 제2조제1호에 따른 수도권에서 수도권이 아닌 지역으로 이전하는 기업이 조성하는 산업단지
   나. 국토교통부령으로 정하는 첨단업종의 공장을 설립하기 위하여 조성하는 산업단지
9. 「공익사업을 위한 토지 등의 취득 및 보상에 관한 법률」 제63조제1항제1호에 따라 토지로 보상받기로 한 자에게 택지의 효율적인 이용 등을 고려하여 국토교통부령으로 정하는 면적의 범위에서 택지를 공급하는 경우
10. 「부동산투자회사법」 제26조의3제1항에 따라 현물출자를 받은 개발전문 부동산투자회사에 택지의 효율적인 이용 등을 고려하여 국토교통부령으로 정하는 면적의 범위에서 택지를 공급하는 경우
11. 그 밖에 관계 법령에 따라 수의계약으

로 공급할 수 있는 경우

⑥ 시행자가 택지를 공급하려 할 때에는 제3항에 따라 택지공급대상자의 자격이 제한되어 있는 경우 및 제5항에 따라 수의계약으로 공급하는 경우를 제외하고는 다음 각 호의 사항을 공고하여야 한다.

1. 시행자의 명칭 및 주소와 대표자의 성명
2. 택지의 위치·면적 및 용도(용도에 대한 금지 또는 제한이 있는 경우에는 그 금지 또는 제한의 내용을 포함한다)
3. 공급의 시기·방법 및 조건
4. 공급가격
5. 국토교통부령으로 정하는 택지조성원가
6. 공급신청의 기간 및 장소
7. 공급신청자격
8. 공급신청 시 구비서류

⑦ 국토교통부장관은 국민주택의 공급을 촉진하는 등 국민의 주거생활의 안정을 위하여 필요하다고 인정하는 경우에는 법 제18조제2항에 따라 용도별·지역별·주택규모별로 택지의 공급방법 및 공급가격의 기준을 정하여 그 기준에 따라 택지의 가격을 정하게 할 수 있다.

[전문개정 2013.12.4.]

제13조의3(택지의 전매행위 제한의 특례) 법 제19조의2제1항 단서에서 "대통령령으로 정하는 경우"란 다음 각 호의 어느 하나에 해당되어 시행자의 동의를 받은 경우를 말한다. 다만, 제1호·제2호·제5호 및 제7호의 경우에는 시행자로부터 최초로 택지를 공급받은 자의 경우에만 해당한다. <개정 2008.2.29., 2008.8.12., 2008.11.26., 2009.6.25., 2011.8.30., 2013.1.9., 2013.3.23., 2015.8.11., 2016.8.11., 2017.12.29.>

1. 「공익사업을 위한 토지 등의 취득 및 보상에 관한 법률」에 따른 이주대책의 실시에 따라 공급하는 주택건설용지의 경우
2. 제13조의2제3항에 따라 공급하는 특정시설용지로서 국토교통부령으로 정하는 용지의 경우
3. 국가, 지방자치단체, 「공공기관의 운영에 관한 법률」에 따른 공공기관 또는 「지방공기업법」에 따른 지방공사에 공급하는 택지의 경우
4. 택지를 공급받은 자가 국가, 지방자치단체, 「공공기관의 운영에 관한 법률」에 따른 공공기관 또는 「지방공기업법」에 따른 지방공사에 소유권을 이전하는 경우
5. 제13조의2제5항제4호에 따라 공급하는 택지의 경우(2005년 12월 31일 이전에 최초의 개발계획승인이 신청된 택지개발지구에서 공급하는 택지로 한정한다)
6. 「주택법」 제4조에 따른 주택건설사업자의 부도 등으로 분양보증을 한 자에게 보증내용에 따른 시공을 이행하게 하기 위하여 소유권을 이전하는 경우
7. 「상법」 제530조의2부터 제530조의12까지의 규정에 따른 회사분할(분할합병의 경우는 제외한다)로 설립되는 회사가 분할되는 회사로부터 해당 택지를 최초 택지공급가액으로 승계받은 경우(설립되는 회사가 제13조의2제2항에 따라 공급받을 당시에 분할되는 회사가 가지고 있던 공공택지의 공급대상자 자격요건을 충족하는 경우로 한정한다)
8. 제13조의2제2항제1호에 따른 판매시설용지 등 영리를 목적으로 사용될 택지를 공급받은 자가 「자본시장과 금융투자업에 관한 법률」에 따른 신탁업자(이하 "신탁업자"라 한다)와 해당 택지의 개발 또는 분양관리를 목적으로 신탁계약을 체결하는 경우

8의2. 공동주택 건설용지를 공급받은 자가 신탁업자와 해당 공동주택 건설용지의 개발 또는 담보를 목적으로 신탁계약을 체결하는 경우(해당 공동주택 건설용지에 대한 「주택법」 제15조에 따른 사업계획승인은 해당 공동주택 건설용지를 공급받은 자가 받는 경우로 한정한다)

9. 공공시설용지와 주택건설용지 중 근린생활시설을 건축하기 위한 용지를 공급받은 자가 시행자로부터 공급받은 가격 이하로 해당 용지를 전매하는 경우

9의2. 주택건설용지(근린생활시설을 건축하기 위한 용지는 제외한다)를 공급받은 자가 시행자로부터 공급받은 가격 이하로 해당 용지를 전매하는 경우로서 다음 각 목의 어느 하나에 해당하는 경우

가. 해당 용지에 대한 잔금 납부일(잔금 납부일이 주택건설용지 공급계약일부터 2년을 초과하는 경우에는 2년을 말한다) 이후에 전매하는 경우

나. 세대원(세대주가 포함된 세대구성원을 말한다. 이하 같다)이 근무·생업·취학·결혼 또는 질병치료(「의료법」 제3조에 따른 의료기관의 장이 1년 이상의 치료나 요양이 필요하다고 인정하는 경우로 한정한다)의 사유로 세대원

전원이 다른 광역시, 특별자치시, 특별자치도, 시 또는 군(같은 광역시의 관할구역에 있는 군은 제외한다)으로 이전하는 경우. 다만, 수도권으로 이전하는 경우는 제외한다.
다. 상속에 의하여 취득한 주택으로 세대원 전원이 이전하는 경우
라. 세대원 전원이 해외로 이주하거나 2년 이상의 기간 동안 해외에 체류하는 경우
마. 이혼으로 인하여 해당 용지의 소유권을 이혼하는 배우자에게 이전하는 경우
바. 공급받은 용지를 배우자에게 증여하는 경우
사. 해당 용지를 공급받은 자가 국가·지방자치단체 및 금융기관(「주택법 시행령」 제71조제1호 각 목의 금융기관을 말한다)에 대한 채무를 이행하지 못하여 경매 또는 공매가 시작되는 경우
아. 해당 용지를 공급받은 자가 부실징후기업이거나 부도 또는 그 밖에 이와 유사한 사유로 해당 용지에서 주택건설사업의 추진이 어려운 경우
10. 공동주택 건설용지를 공급받은 자가 주택건설사업을 목적으로 공동 출자하여 설립한 특수목적법인(「법인세법」 제51조의2제1항제9호에서 정하는 설립요건을 충족하는 법인으로서 공동주택 건설용지를 공급받은 자가 최대 주주인 경우로 한정한다)에 전매하는 경우

[본조신설 2007.7.30.]
[종전 제13조의3은 제13조의4로 이동 <2007.7.30.>]

제13조의4(선수금의 수령승인) ① 시행자가 법 제20조제4항에 따라 선수금을 받기 위하여 지정권자의 승인을 받으려는 경우에는 선수금수령승인신청서를 지정권자에게 제출하여야 한다.
② 지정권자는 제1항에 따라 시행자로부터 선수금수령승인신청서를 제출받은 경우에는 그 날부터 15일 이내에 그 승인 여부를 시행자에게 통보하여야 한다.
[전문개정 2013.12.4.]

제14조(서류의 공시송달) ① 시행자가 법 제21조제2항에 따라 공시송달을 할 경우에는 송달할 서류의 내용을「신문 등의 진흥에 관한 법률」제9조제1항에 따라 등록한 전국을 보급지역으로 하는 1개 이상의 일반일간신문 및 해당 지역을 보급지역으로 하는 1개 이상의 일반일간신문에 각각 1회 이상 공고하여야 한다.
② 제1항에 따라 공시송달을 하는 경우 그 서류는 일간신문에 공고된 날부터 14일이 경과하였을 때 상대방에게 도달된 것으로 본다.
[전문개정 2013.12.4.]

제14조의2(보고 및 자료제출) 법 제24조제1항에서 "대통령령으로 정하는 경우"란 다음 각 호의 어느 하나에 해당하는 경우를 말한다.
1. 법 제3조제1항·제3항 및 제5항에 따른 택지개발지구의 지정 또는 해제를 위하여 필요한 경우
2. 개발계획의 수립 또는 실시계획의 승인을 위하여 필요한 경우
3. 법 제16조제1항에 따른 준공검사를 위하여 필요한 경우
4. 법 제23조제1항에 따라 시행자에게 법에 따른 지정 또는 승인을 취소하거나 공사의 중지 또는 인공 구조물의 개축이나 이전 등을 명하기 위하여 필요한 경우

[본조신설 2013.1.9.]

제15조(공공시설 등의 귀속) ① 법 제25조제1항 전단에서 "대통령령으로 정하는 시설"이란 다음 각 호의 시설을 말한다.
1. 공동묘지
2. 화장시설
3. 봉안시설

② 시행자는 법 제25조에 따라 공공시설 등의 귀속으로 그 권리에 변동이 있는 경우에는 관리청에 사업완료 통지를 한 후 지체 없이 등기를 촉탁하여야 한다.
[전문개정 2013.12.4.]

제16조(감독) 지정권자는 법 제23조제1항에 따라 지정 또는 승인을 취소한 때에는 지체 없이 다음 각 호의 사항을 관보에 고시하여야 한다. <개정 1994.12.23., 2008.2.29., 2010.6.15.>
1. 개발계획 또는 사업의 명칭
2. 시행자의 명칭 및 주소와 대표자의 성명
3. 개발대상토지 또는 사업지구의 위치 및 면적
4. 처분의 내용 및 사유

제17조(택지정보체계 운영업무의 위탁) 법 제22조의2제3항 전단에서 "대통령령으로 정하

는 법인, 단체 또는 기관" 이란 다음 각 호의 기관을 말한다.
1. 「한국토지주택공사법」에 따른 한국토지주택공사
2. 「정부출연연구기관 등의 설립·운영 및 육성에 관한 법률」 제8조에 따라 설립된 국토연구원

[전문개정 2011.8.30.]

제17조의2(택지정보체계의 구축 및 운영) ① 국토교통부장관은 택지정보체계의 구축 및 운영을 위하여 5년 단위로 다음 각 호의 사항이 포함된 택지정보체계구축계획을 수립하여야 한다. <개정 2013.3.23.>
1. 택지정보체계의 구축 및 운영을 위한 기본 정책방향
2. 택지정보체계의 개발·유지 및 관리
3. 택지정보체계와 관련된 컴퓨터·통신설비 등의 설치 및 관리
4. 택지정보체계와 관련된 데이터베이스의 구축·운영 및 보급
5. 택지정보체계와 관련된 정보의 수집 및 관리
6. 택지정보체계의 운영을 위한 사용자교육
7. 그 밖에 택지정보체계의 구축 및 운영에 필요한 사항

② 국토교통부장관은 택지정보체계에 의하여 구축되는 데이터베이스 등이 정확히 유지·관리될 수 있도록 택지정보체계의 구축, 자료의 입력·유지·관리 등에 관한 기준을 수립할 수 있다. <개정 2013.3.23.>

[본조신설 2011.8.30.]

제18조(권한의 위탁) ① 삭제 <2010.6.15.>

② 지정권자는 법 제30조제2항에 따라 다음 각 호의 권한을 시행자에게 위탁한다. <개정 2013.12.4.>
1. 법 제9조제4항 본문에 따른 시행자의 성명, 사업의 종류와 수용할 토지등의 세부 목록을 그 토지등의 소유자 및 권리자에게 통지하는 권한
2. 법 제12조제2항에 따라 「공익사업을 위한 토지 등의 취득 및 보상에 관한 법률」 제20조제1항의 사업인정으로 보게 되는 경우 이를 토지소유자 및 관계인에게 통지하는 권한
3. 법 제16조제1항에 따른 준공검사에 관한 권한(시행자가 공공시행자인 경우로 한정한다)

③ 삭제 <2006.2.24.>

④ 삭제 <2010.6.15.>

⑤ 시행자가 제2항제3호에 따라 위탁받은 사항을 처리하였을 때에는 이를 국토교통부령으로 정하는 바에 따라 지정권자에게 보고하여야 한다. <개정 2013.12.4.>

[전문개정 1984.7.16.]
[제목개정 2013.12.4.]

제18조의2(규제의 재검토) 국토교통부장관은 다음 각 호의 사항에 대하여 다음 각 호의 기준일을 기준으로 3년마다(매 3년이 되는 해의 기준일과 같은 날 전까지를 말한다) 그 타당성을 검토하여 개선 등의 조치를 하여야 한다. <개정 2015.8.11.>
1. 제6조의2에 따른 공공·민간 공동 택지개발사업의 시행요건: 2014년 1월 1일
2. 제6조의3에 따른 공공·민간 공동 택지개발사업의 시행절차: 2014년 1월 1일
3. 제13조의3제9호 단서에 따른 공동주택 건설용지 전매 제한: 2015년 8월 1일

[본조신설 2013.12.30.]

제19조(과태료의 부과기준) 법 제35조제1항에 따른 과태료의 부과기준은 별표와 같다.

[전문개정 2013.1.9.]

부칙

<제28554호, 2017.12.29.>

제1조(시행일) 이 영은 공포한 날부터 시행한다.

제2조(택지의 전매행위 제한의 특례에 관한 경과조치) 이 영 시행 전에 시행자가 택지 공급의 공고(제13조의2제3항 및 제5항에 해당하는 경우로서 택지 공급의 공고를 하지 아니한 경우에는 공급계약을 말한다)를 한 경우 해당 택지의 전매행위 제한의 특례에 대해서는 제13조의3의 개정규정에도 불구하고 종전의 규정에 따른다.

택지개발촉진법 시행규칙

[시행 2016.8.12.]
[국토교통부령 제353호, 2016.8.12., 타법개정]

제1조(목적) 이 규칙은 「택지개발촉진법」 및 동법 시행령에서 위임된 사항과 그 시행에 관하여 필요한 사항을 규정함을 목적으로 한다. <개정 2005.3.9.>

제2조(공공시설의 범위) ① 「택지개발촉진법 시행령」(이하 "영"이라 한다) 제2조제1호에서 "주거생활의 편익을 위하여 이용되는 시설로서 국토교통부령이 정하는 시설"이란 다음 각 호의 시설을 말한다. <개정 2005.3.9., 2008.3.14., 2010.6.15., 2013.3.23., 2015.11.18.>
1. 운동시설
2. 삭제 <2015.11.18.>
3. 삭제 <2015.11.18.>
4. 일반목욕장
5. 종교집회장
6. 보육시설

② 영 제2조제3호나목4)에서 "국토교통부령으로 정하는 시설"이란 다음 각 호의 시설을 말한다. <신설 2015.11.18.>
1. 「산업집적활성화 및 공장설립에 관한 법률」 제2조제9호에 따른 산업집적기반시설
2. 「산업집적활성화 및 공장설립에 관한 법률」 제2조제13호에 따른 지식산업센터

③ 영 제2조제3호바목에서 "국토교통부령으로 정하는 시설"이란 다음 각 호의 시설을 말한다. <신설 2015.11.18.>
1. 원예시설
2. 첨단농업시설
3. 「농업협동조합법」 제2조에 따른 조합 및 중앙회의 시설
4. 그 밖에 농업연구 관련 시설

제3조(택지개발지구의 지정제안) 영 제4조의2 제1항의 규정에 의한 택지개발지구의 지정제안서는 별지 제1호서식과 같다. <개정 2011.8.30.>
[제목개정 2011.8.30.]

제3조의2(광역교통체계 검토대상 및 환경성 검토자료) ①영 제4조의2제1항제8호에서 "국토교통부령이 정하는 면적"이라 함은 100만제곱미터를 말한다. <개정 2008.3.14., 2013.3.23.>

②영 제4조의2제1항제9호에서 "국토교통부령이 정하는 자료"라 함은 다음 각호의 자료를 말한다. <개정 2008.3.14., 2011.8.30., 2013.3.23.>
1. 택지개발지구의 식생, 그 주변지역의 개발현황 등 생태적 특성에 관한 자료
2. 택지개발지구의 오염도 및 오염원 현황
3. 택지개발사업의 시행으로 인한 생태계 등 자연환경 및 대기질·수질·토양·폐기물·소음·진동·악취 등 생활환경에 미치는 영향예측 및 저감대책
4. 그밖에 환경성 검토에 필요한 당해 택지개발지구의 특성

[본조신설 2001.8.7.]

제4조(택지개발지구의 조사) ① 「택지개발촉진법」(이하 "법"이라 한다) 제4조제2항에 따라 지정권자로부터 택지개발지구로 지정될 토지의 조사 명령을 받은 택지개발사업시행자는 그 대상토지의 조사를 마친 때에는 별지 제2호서식의 택지개발지구조사서를 지정권자에게 제출하여야 한다. <개정 2005.3.9., 2008.3.14., 2010.6.15., 2011.8.30.>

② 제1항에 따른 택지개발지구조사서에는 다음 각 호의 서류 및 도면을 첨부하여야 한다. <개정 2008.3.14., 2010.6.15., 2011.8.30., 2012.4.13.>
1. 도시·군계획도(도시·군계획도가 없는 지역의 경우에는 축척 2만5천분의 1이상인 지형도)에 대상토지의 위치를 표시하여 작성한 도면
2. 축척 5천분의 1이상인 지형도에 대상토지의 토지이용현황과 지장물 현황을 명시하여 작성한 도면
3. 대상토지의 전체를 찍은 사진
4. 그 밖에 지정권자가 특히 필요하다고 인정하여 요구하는 도서

[제목개정 2011.8.30.]

제5조(간이공작물) 영 제6조제3항제1호에서 "국토교통부령이 정하는 간이공작물"이라 함은 다음 각 호의 공작물을 말한다. <개정 2008.3.14., 2013.3.23., 2015.11.18.>
1. 비닐하우스
2. 양잠장
3. 고추, 잎담배, 김 등 농림수산물의 건조장
4. 버섯재배사
5. 종묘배양장

6. 퇴비장
7. 탈곡장
8. 그 밖에 제1호 내지 제7호와 유사한 것으로서 국토교통부장관이 정하여 관보에 고시하는 공작물

[전문개정 2006.6.7.]

제6조(공공시행자의 주택건설등 사업자 선정절차 등) ① 공공시행자는 영 제6조의4제1항에 따라 공모(公募)에 의한 경쟁을 통하여 주택건설등 사업자를 선정하려는 경우에 다음 각 호의 사항을 공고하여야 한다.

1. 사업의 개요(사업명, 사업의 목적, 위치, 면적, 기간 등을 포함한다)
2. 공모신청 자격
3. 사업계획서의 제출기간 및 방법 등 공모신청 요령
4. 사업계획서에 관한 평가항목 및 기준
5. 사업계획서 작성 지침
6. 그 밖에 공모 참가에 필요한 사항

② 공공시행자는 제1항에 따라 주택건설등 사업자를 공모에 의한 경쟁을 통하여 선정하려는 경우에는 다음 각 호의 사항을 종합적으로 고려하여 주택건설등 사업자의 사업계획서 내용을 평가하여야 한다.

1. 사업 수행능력 및 사업 수행실적
2. 사업 수행계획
3. 신용도 및 자금조달계획
4. 그 밖에 평가에 필요한 사항

③ 영 제6조의4제3항에 따른 총사업비의 항목별 구체적 산정기준과 적용방법은 국토교통부장관이 정하여 고시한다. <개정 2013.3.23.>

④ 제1항부터 제3항까지의 규정 외에 주택건설등 사업자의 공모시기, 공고방법 등 선정절차에 필요한 사항은 국토교통부장관이 따로 정한다. <개정 2013.3.23.>

[본조신설 2011.8.30.]

[종전 제6조는 제6조의3으로 이동 <2011.8.30.>]

제6조의2(공공시행자와 주택건설등 사업자 간 협약 내용) 영 제6조의4제2항제9호에서 "국토교통부령으로 정하는 사항"이란 다음 각 호의 사항을 말한다. <개정 2013.3.23.>

1. 토지의 취득 및 보상에 관한 사항
2. 이주대책 및 생활대책에 관한 사항
3. 영 제6조의4제2항에 따른 협약의 해지에 관한 사항
4. 그 밖에 공동 택지개발사업의 시행에 필요한 사항

[본조신설 2011.8.30.]

제6조의3(택지개발사업의 대행신청) ① 영 제6조의5제2항에 따른 택지개발사업의 대행신청서는 별지 제3호서식과 같다. <개정 2007.7.30., 2011.8.30.>

② 제1항의 규정에 의한 택지개발사업의 대행신청서에는 다음 각호의 서류 및 도면을 첨부하여야 한다.

1. 축척 2만5천분의 1의 위치도
2. 사업계획서
3. 자금조달계획서
4. 기타 사업시행자가 요구하는 서류

[제6조에서 이동 <2011.8.30.>]

제7조(택지개발계획의 개요) ① 법 제8조제1항제1호에 따른 개발계획의 개요에는 다음 각 호의 사항이 포함되어야 한다. <개정 2007.7.30.>

1. 수용될 인구 및 주택에 관한 계획
2. 집단에너지의 공급에 관한 계획
3. 교통에 관한 계획
4. 대상토지의 단계별 조성에 관한 계획
5. 연차별 자금투자 및 재원조달에 관한 계획
6. 관할 시장·군수 또는 구청장(자치구의 구청장에 한한다)의 의견 및 이의 반영여부에 관한 사항

② 법 제8조제1항제1호에 따른 개발계획의 개요에는 축척 2만5천분의 1 이상인 지형도에 개발계획에 관련된 대상토지의 인근지역 현황을 표시한 개략도를 첨부하여야 한다. <개정 2007.7.30.>

③ 영 제7조제4항제1호에 따른 주택(단독주택 및 공동주택을 말한다)을 건축하기 위한 용지에는 그 용지면적의 100분의 20 이상의 범위에서 공동주택건설용지를 계획하여야 하고, 공동주택건설용지 면적의 100분의 40 이상의 범위에서 「주택법」 제2조제6호에 따른 국민주택규모 이하의 주택건설을 위한 용지를 계획하여야 한다. 이 경우, 공동주택의 종류별·지역별·규모별 배분비율 등에 관한 세부기준은 국토교통부장관이 따로 정한다. <신설 2008.12.31., 2010.6.15., 2013.3.23., 2016.8.12.>

제8조 삭제 <2003.6.14.>

제9조(계획평면도의 작성) 영 제8조제3항제3호에 따른 계획평면도는 축척 500분의 1 또는 1천500분의 1인 지형도에 법 제8조제1항제3호에 따른 토지이용에 관한 계획을 명시하여 작성하여야 한다. <개정 2007.7.30., 2011.8.30.>

제10조(택지의 공급방법 등) ① 시행자는 공동주택건설호수의 100분의 20 이상을 건설할 수 있는 범위에서 임대주택건설용지를 확보·공급하여야 한다. 이 경우, 공동주택의 종류별·임대기간별·규모별 배분비율 등에 관한 세부기준은 국토교통부장관이 따로 정한다. <신설 2008.12.31., 2013.3.23., 2015.11.18.>

②영 제13조의2제3항에서 "국토교통부령이 정하는 특정시설용지"라 함은 다음 각 호의 시설용지를 말한다. <신설 2005.3.9., 2007.7.30., 2008.3.14., 2008.12.31., 2011.8.30., 2013.1.15., 2013.3.23., 2016.8.12.>

1. 학교시설용지 및 의료시설용지
2. 「공익사업을 위한 토지 등의 취득 및 보상에 관한 법률」에 따른 이주대책의 실시에 따라 공급하는 주택건설용지

2의2. 「공익사업을 위한 토지 등의 취득 및 보상에 관한 법률」에 따라 해당 택지개발사업과 관련하여 토지·물건 및 권리(「공익사업을 위한 토지 등의 취득 및 보상에 관한 법률」 제3조에 따른 토지·물건 및 권리를 말하며, 이하 "토지등"이라 한다)에 대한 보상을 받은 자에게 생활안정을 지원하기 위하여 공급하는 시설용지

3. 「주택법」 제63조에 따라 지정된 투기과열지구 등 투기가 우려되는 지역에서 주택시장의 안정을 위하여 국토교통부장관이 정하는 기준에 따라 공급하는 주택건설용지
4. 해당 택지개발사업과 관련하여 보상의 대상이 되는 토지등 전부를 협의에 의하여 양도하고 「공익사업을 위한 토지 등의 취득 및 보상에 관한 법률」 제15조에 따른 보상계획에 포함된 자연인으로서 보상금을 국토교통부장관이 정하는 기준에 따라 금융기관에 예치하는 자에게 공급하는 시설용지
5. 면적이 330만제곱미터 이상인 택지개발지구에서 「외국인투자 촉진법」 제2조제4호에 따른 외국인투자를 촉진하기 위하여 외국인 주거단지로 계획한 주택건설용지

③영 제13조의2제5항제1호에서 "국토교통부령이 정하는 공공기관"이란 다음 각호의 기관을 말한다. <신설 2005.3.9., 2008.3.14., 2008.12.31., 2010.6.15., 2011.8.30., 2013.3.23., 2016.8.12.>

1. 「한국토지주택공사법」에 따라 설립된 한국토지주택공사
2. 「지방공기업법」 제49조의 규정에 의하여 주택사업을 목적으로 설립된 지방공사
3. 「주택법」 제2조제10호에 따른 사업주체중 다른 법률에 의하여 설립된 법인으로서 임대주택을 건설하고자 하는 기관

④ 영 제13조의2제5항제4호에서 "국토교통부령이 정하는 면적"이라 함은 1천제곱미터를 말한다. <개정 2008.3.14., 2008.12.31., 2013.3.23.>

⑤ 시행자는 영 제13조의2제5항제4호에 따라 택지를 수의계약으로 공급할 때에는 1세대당 1필지를 기준으로 하여 1필지당 140제곱미터 이상 265제곱미터 이하의 규모로 공급하여야 한다. 다만, 해당 택지개발지구의 단독주택건설용지를 각 필지로 분할한 후 남은 단독주택건설용지의 규모가 140제곱미터 미만인 경우로서 계획여건상 불가피한 경우에는 그러하지 아니하다. <개정 2003.6.14., 2005.3.9., 2006.2.24., 2007.7.30., 2008.12.31., 2011.8.30., 2015.11.18.>

⑥영 제13조의2제5항제5호 본문에서 "국토교통부령이 정하는 면적"이라 함은 다음의 산식에 의하여 산정한 면적을 말한다. <신설 2001.8.7., 2005.3.9., 2008.3.14., 2008.12.31., 2013.3.23.>

주택건설사업자가 소유하던 토지의 면적 − 주택건설사업자가 소유하던 토지의 면적× {해당 사업지구의 기반시설면적(「국토의 계획 및 이용에 관한 법률」 제2조제6호에 따른 기반시설의 면적을 말한다)/해당 사업지구의 총면적}

⑦영 제13조의2제5항제6호에서 "국토교통부령이 정하는 면적"이라 함은 다음의 산식에 의하여 산정한 면적을 말한다. 이 경우 산식을 산정할 때에 세대당 주택공급면적이 다른 경우에는 그 면적별로 해당 조합원수를 각각 곱하여 합산하는 방식으로 산정한다. <개정 2008.12.31., 2013.3.23., 2015.11.18.>

⑧영 제13조의2제5항제8호 각 목 외의 부분에서 "국토교통부령이 정하는 면적"이라 함은 다음 각호의 면적을 말한다. <신설 2005.3.9., 2008.3.14., 2008.12.31., 2013.1.15., 2013.3.23., 2015.11.18.>

1. 주택건설용지 : 공동주택 건설용지의 10퍼센트를 초과하지 아니하는 범위안에서 다음의 산식에 의하여 산정한 면적

{산업단지내 종업원수의 50퍼센트 × 당해 사업지구 공동주택의 평균 평형} ÷ 당해 사업지구 공동주택의 평균 용적률

2. 학교시설용지 : 「고등학교 이하 각급 학교 설립·운영 규정」에 따른 시설·설비 기준에 적합한 면적

⑨영 제13조의2제5항제8호나목에서 "국토교통부령이 정하는 첨단업종"이라 함은 「산업집적활성화 및 공장설립에 관한 법률 시행령」 별표 4에 해당하는 업종을 말한다. <신설 2005.3.9., 2008.3.14., 2008.12.31., 2013.1.15., 2013.3.23., 2015.11.18.>

⑩ 영 제13조의2제5항제9호 및 제10호에서 "국토교통부령으로 정하는 면적"이란 각각 택지로 보상을 받기로 결정된 권리 가액의 130퍼센트에 해당하는 면적을 말한다. <신설 2011.12.21., 2013.3.23., 2015.11.18.>

제11조(택지조성원가의 산정방법 등) ① 법 제18조의2제1항제7호에서 "그 밖에 국토교통부령으로 정하는 비용"이란 다음 각 호의 비용을 말한다. <신설 2007.7.30., 2008.3.14., 2011.8.30., 2013.3.23.>

1. 용지부담금
2. 기반시설 설치비
3. 자본비용
4. 택지개발사업과 관련하여 발생하는 그 밖의 비용

② 법 제18조의2제2항에 따른 택지조성원가의 산정은 별표의 택지조성원가산정표에 의한다. <개정 2006.2.24., 2007.7.30.>

③ 택지를 공급하려는 자가 법 제18조의2제1항에 따라 택지조성원가를 공시하려는 경우에는 별표에 따라 산정한 택지조성원가를 항목별로 택지를 공급하려는 자의 인터넷 홈페이지나 일간신문 등에 공시하여야 한다. <신설 2008.8.13.>

④ 영 제13조의2제6항제4호의2에서 "국토교통부령이 정하는 택지조성원가"라 함은 별표의 택지조성원가산정표에 따른 조성원가 항목별 총액과 단위면적당 단가를 말한다. <신설 2006.2.24., 2007.7.30., 2008.3.14., 2008.8.13., 2013.3.23.>

[제목개정 2008.8.13.]

제11조의2(택지의 전매행위 제한의 특례) 영 제13조의3제2호에서 "국토교통부령으로 정하는 용지"란 「공익사업을 위한 토지 등의 취득 및 보상에 관한 법률」에 따라 해당 택지개발사업과 관련하여 토지등에 대한 보상을 받은 자에게 생활안정을 지원하기 위하여 공급하는 시설용지를 말한다. <개정 2008.3.14., 2013.3.23.>

[본조신설 2007.7.30.]

제12조(검사공무원의 증표) 법 제24조의 규정에 의하여 택지개발사업에 관한 업무를 검사하는 공무원의 그 권한을 표시하는 증표는 별지 제4호서식과 같다.

제13조(위임·위탁사무 처리의 보고) ① 삭제 <2010.6.15.>

②시행자는 영 제18조제2항제3호(시행자가 법 제7조제1항제2호에 해당하는 경우에 한정한다)에 따라 지정권자로부터 위탁받은 사항을 처리한 때에는 영 제18조제5항에 따라 해당 준공보고서를 15일 이내에 지정권자에게 제출하여야 한다. <개정 2006.2.24., 2010.6.15.>

부칙

<제353호, 2016.8.12.>
(주택법 시행규칙)

제1조(시행일) 이 규칙은 2016년 8월 12일부터 시행한다. <단서 생략>

제2조 생략

제3조(다른 법령의 개정) ①부터 ⑯까지 생략

⑰ 택지개발촉진법 시행규칙 일부를 다음과 같이 개정한다.

제7조제3항 전단 중 "「주택법」 제2조제3호"를 "「주택법」 제2조제6호"로 한다.

제10조제2항제3호 중 "「주택법」 제41조의 규정에 의하여"를 "「주택법」 제63조에 따라"로 하고, 같은 조 제3항제3호 중 "「주택법」 제2조제7호"를 "「주택법」 제2조제10호"로 한다.

제5조 생략

건축물의 설비기준 등에 관한 규칙

[시행 2017.12.4.]
[국토교통부령 제467호, 2017.12.4., 일부개정]

제1조(목적) 이 규칙은 「건축법」 제62조, 제64조, 제67조 및 제68조와 같은 법 시행령 제51조제2항, 제87조, 제89조, 제90조 및 제91조의3에 따른 건축설비의 설치에 관한 기술적 기준 등에 필요한 사항을 규정함을 목적으로 한다. <개정 1996.2.9., 1999.5.11., 2006.2.13., 2008.7.10., 2009.12.31., 2010.11.5., 2011.11.30., 2013.2.22., 2013.9.2., 2015.7.9.>

제2조(관계전문기술자의 협력을 받아야 하는 건축물) 「건축법 시행령」(이하 "영"이라 한다) 제91조의3제2항에서 "국토교통부령이 정하는 건축물"이라 함은 다음 각호의 건축물을 말한다. <개정 1999.5.11., 2006.2.13., 2008.3.14., 2013.3.23., 2013.9.2.>
1. 냉동냉장시설·항온항습시설(온도와 습도를 일정하게 유지시키는 특수설비가 설치되어 있는 시설을 말한다) 또는 특수청정시설(세균 또는 먼지등을 제거하는 특수설비가 설치되어 있는 시설을 말한다)로서 당해 용도에 사용되는 바닥면적의 합계가 5백제곱미터 이상인 건축물
2. 영 별표 1 제2호가목 및 나목에 따른 아파트 및 연립주택
3. 다음 각 목의 어느 하나에 해당하는 건축물로서 해당 용도에 사용되는 바닥면적의 합계가 5백제곱미터 이상인 건축물
   가. 영 별표 1 제3호다목에 따른 목욕장
   나. 영 별표 1 제13호가목에 따른 물놀이형 시설(실내에 설치된 경우로 한정한다) 및 같은 호 다목에 따른 수영장(실내에 설치된 경우로 한정한다)
4. 다음 각 목의 어느 하나에 해당하는 건축물로서 해당 용도에 사용되는 바닥면적의 합계가 2천제곱미터 이상인 건축물
   가. 영 별표 1 제2호라목에 따른 기숙사
   나. 영 별표 1 제9호에 따른 의료시설
   다. 영 별표 1 제12호다목에 따른 유스호스텔
   라. 영 별표 1 제15호에 따른 숙박시설
5. 다음 각 목의 어느 하나에 해당하는 건축물로서 해당 용도에 사용되는 바닥면적의 합계가 3천제곱미터 이상인 건축물
   가. 영 별표 1 제7호에 따른 판매시설
   나. 영 별표 1 제10호마목에 따른 연구소
   다. 영 별표 1 제14호에 따른 업무시설
6. 다음 각 목의 어느 하나에 해당하는 건축물로서 해당 용도에 사용되는 바닥면적의 합계가 1만제곱미터 이상인 건축물
   가. 영 별표 1 제5호가목부터 라목까지에 해당하는 문화 및 집회시설
   나. 영 별표 1 제6호에 따른 종교시설
   다. 영 별표 1 제10호에 따른 교육연구시설(연구소는 제외한다)
   라. 영 별표 1 제28호에 따른 장례식장

[전문개정 1996.2.9.]

제3조(관계전문기술자의 협력사항) ①영 제91조의3제2항에 따른 건축물에 전기, 승강기, 피뢰침, 가스, 급수, 배수(配水), 배수(排水), 환기, 난방, 소화, 배연(排煙) 및 오물처리설비를 설치하는 경우에는 건축사가 해당 건축물의 설계를 총괄하고, 「기술사법」에 따라 등록한 건축전기설비기술사, 발송배전(發送配電)기술사, 건축기계설비기술사, 공조냉동기계기술사 또는 가스기술사(이하 "기술사"라 한다)가 건축사와 협력하여 해당 건축설비를 설계하여야 한다. <개정 2008.7.10., 2010.11.5., 2017.5.2.>

②영 제91조의3제2항에 따라 건축물에 건축설비를 설치한 경우에는 해당 분야의 기술사가 그 설치상태를 확인한 후 건축주 및 공사감리자에게 별지 제1호서식의 건축설비설치확인서를 제출하여야 한다. <개정 2008.7.10., 2010.11.5.>

[전문개정 1996.2.9.]

제4조[종전 제4조는 제12조로 이동 <2015.7.9.>]

제5조(승용승강기의 설치기준) 「건축법」(이하 "법"이라 한다) 제64조제1항에 따라 건축물에 설치하는 승용승강기의 설치기준은 별표 1의2와 같다. 다만, 승용승강기가 설치되어 있는 건축물에 1개층을 증축하는 경우에는 승용승강기의 승강로를 연장하여 설치하지 아니할

수 있다. <개정 2001.1.17., 2006.2.13., 2008.7.10., 2015.7.9.>
[전문개정 1999.5.11.]

제6조(승강기의 구조) 법 제64조에 따라 건축물에 설치하는 승강기·에스컬레이터 및 비상용승강기의 구조는 「승강기시설 안전관리법」이 정하는 바에 따른다. <개정 2006.2.13., 2008.7.10., 2010.11.5.>
[전문개정 1996.2.9.]

제7조 삭제 <1996.2.9.>

제8조 삭제 <1996.2.9.>

제9조(비상용승강기를 설치하지 아니할 수 있는 건축물) 법 제64조제2항 단서에서 "국토교통부령이 정하는 건축물"이라 함은 다음 각 호의 건축물을 말한다. <개정 1996.2.9., 1999.5.11., 2006.5.12., 2008.3.14., 2008.7.10., 2013.3.23., 2017.12.4.>
1. 높이 31미터를 넘는 각층을 거실외의 용도로 쓰는 건축물
2. 높이 31미터를 넘는 각층의 바닥면적의 합계가 500제곱미터 이하인 건축물
3. 높이 31미터를 넘는 층수가 4개층이하로서 당해 각층의 바닥면적의 합계 200제곱미터(벽 및 반자가 실내에 접하는 부분의 마감을 불연재료로 한 경우에는 500제곱미터)이내마다 방화구획(영 제46조제1항 본문에 따른 방화구획을 말한다. 이하 같다)으로 구획된 건축물

제10조(비상용승강기의 승강장 및 승강로의 구조) 법 제64조제2항에 따른 비상용승강기의 승강장 및 승강로의 구조는 다음 각 호의 기준에 적합하여야 한다. <개정 1996.2.9., 1999.5.11., 2002.8.31., 2006.2.13., 2008.7.10.>
1. 삭제 <1996.2.9.>
2. 비상용승강기 승강장의 구조
   가. 승강장의 창문·출입구 기타 개구부를 제외한 부분은 당해 건축물의 다른 부분과 내화구조의 바닥 및 벽으로 구획할 것. 다만, 공동주택의 경우에는 승강장과 특별피난계단(「건축물의 피난·방화구조 등의 기준에 관한 규칙」 제9조의 규정에 의한 특별피난계단을 말한다. 이하 같다)의 부속실과의 겸용부분을 특별피난계단의 계단실과 별도로 구획하는 때에는 승강장을 특별피난계단의 부속실과 겸용할 수 있다.
   나. 승강장은 각층의 내부와 연결될 수 있도록 하되, 그 출입구(승강로의 출입구를 제외한다)에는 갑종방화문을 설치할 것. 다만, 피난층에는 갑종방화문을 설치하지 아니할 수 있다.
   다. 노대 또는 외부를 향하여 열 수 있는 창문이나 제14조제2항의 규정에 의한 배연설비를 설치할 것
   라. 벽 및 반자가 실내에 접하는 부분의 마감재료(마감을 위한 바탕을 포함한다)는 불연재료로 할 것
   마. 채광이 되는 창문이 있거나 예비전원에 의한 조명설비를 할 것
   바. 승강장의 바닥면적은 비상용승강기 1대에 대하여 6제곱미터 이상으로 할 것. 다만, 옥외에 승강장을 설치하는 경우에는 그러하지 아니하다.
   사. 피난층이 있는 승강장의 출입구(승강장이 없는 경우에는 승강로의 출입구)로부터 도로 또는 공지(공원·광장 기타 이와 유사한 것으로서 피난 및 소화를 위한 당해 대지에의 출입에 지장이 없는 것을 말한다)에 이르는 거리가 30미터 이하일 것
   아. 승강장 출입구 부근의 잘 보이는 곳에 당해 승강기가 비상용승강기임을 알 수 있는 표지를 할 것
3. 비상용승강기의 승강로의 구조
   가. 승강로는 당해 건축물의 다른 부분과 내화구조로 구획할 것
   나. 각층으로부터 피난층까지 이르는 승강로를 단일구조로 연결하여 설치할 것

[제목개정 1996.2.9.]

제11조(공동주택 및 다중이용시설의 환기설비기준 등) ① 영 제87조제2항의 규정에 따라 신축 또는 리모델링하는 다음 각 호의 어느 하나에 해당하는 주택 또는 건축물(이하 "신축공동주택등"이라 한다)은 시간당 0.5회 이상의 환기가 이루어질 수 있도록 자연환기설비 또는 기계환기설비를 설치하여야 한다. <개정 2013.9.2., 2013.12.27.>
1. 100세대 이상의 공동주택
2. 주택을 주택 외의 시설과 동일건축물로 건축하는 경우로서 주택이 100세대 이

상인 건축물
② 신축공동주택등에 자연환기설비를 설치하는 경우에는 자연환기설비가 제1항에 따른 환기횟수를 충족하는지에 대하여 법 제4조에 따른 지방건축위원회의 심의를 받아야 한다. 다만, 신축공동주택등에 「산업표준화법」에 따른 한국산업표준(이하 "한국산업표준"이라 한다)의 자연환기설비 환기성능 시험방법(KSF 2921)에 따라 성능시험을 거친 자연환기설비를 별표 1의3에 따른 자연환기설비 설치 길이 이상으로 설치하는 경우는 제외한다. <개정 2009.12.31., 2010.11.5., 2015.7.9.>
③ 신축공동주택등에 자연환기설비 또는 기계환기설비를 설치하는 경우에는 별표 1의4 또는 별표 1의5의 기준에 적합하여야 한다. <개정 2008.7.10., 2009.12.31.>
④ 다중이용시설을 신축하는 경우에 기계환기설비를 설치하여야 하는 다중이용시설 및 각 시설의 필요 환기량은 별표 1의6과 같으며, 설치하여야 하는 기계환기설비의 구조 및 설치는 다음 각 호의 기준에 적합하여야 한다. <개정 2008.7.10., 2009.12.31., 2010.11.5.>
1. 다중이용시설의 기계환기설비 용량기준은 시설이용 인원 당 환기량을 원칙으로 산정할 것
2. 기계환기설비는 다중이용시설로 공급되는 공기의 분포를 최대한 균등하게 하여 실내 기류의 편차가 최소화될 수 있도록 할 것
3. 공기공급체계 · 공기배출체계 또는 공기흡입구 · 배기구 등에 설치되는 송풍기는 외부의 기류로 인하여 송풍능력이 떨어지는 구조가 아닐 것
4. 바깥공기를 공급하는 공기공급체계 또는 공기흡입구는 입자형 · 가스형 오염물질의 제거 · 여과장치 등 외부로부터 오염물질이 유입되는 것을 최대한 차단할 수 있는 설비를 갖추어야 하며, 제거 · 여과장치 등의 청소 및 교환 등 유지관리가 쉬운 구조일 것
5. 공기배출체계 및 배기구는 배출되는 공기가 공기공급체계 및 공기흡입구로 직접 들어가지 아니하는 위치에 설치할 것
6. 기계환기설비를 구성하는 설비 · 기기 · 장치 및 제품 등의 효율과 성능 등을 판정하는데 있어 이 규칙에서 정하지 아니한 사항에 대하여는 해당항목에 대한 한국산업표준에 적합할 것

[본조신설 2006.2.13.]

제11조의2(환기구의 안전 기준) ① 영 제87조제2항에 따라 환기구[건축물의 환기설비에 부속된 급기(給氣) 및 배기(排氣)를 위한 건축구조물의 개구부(開口部)를 말한다. 이하 같다]는 보행자 및 건축물 이용자의 안전이 확보되도록 바닥으로부터 2미터 이상의 높이에 설치하여야 한다. 다만, 다음 각 호의 어느 하나에 해당하는 경우에는 예외로 한다.
1. 환기구를 벽면에 설치하는 등 사람이 올라설 수 없는 구조로 설치하는 경우. 이 경우 배기를 위한 환기구는 배출되는 공기가 보행자 및 건축물 이용자에게 직접 닿지 아니하도록 설치되어야 한다.
2. 안전펜스 또는 조경 등을 이용하여 접근을 차단하는 구조로 하는 경우

② 모든 환기구에는 국토교통부장관이 정하여 고시하는 강도(強度) 이상의 덮개와 덮개 걸침턱 등 추락방지시설을 설치하여야 한다.

[본조신설 2015.7.9.]

제12조(온돌의 설치기준) ① 영 제87조제2항에 따라 건축물에 온돌을 설치하는 경우에는 그 구조상 열에너지가 효율적으로 관리되고 화재의 위험을 방지하기 위하여 별표 1의7의 기준에 적합하여야 한다. <개정 2015.7.9.>
② 제1항에 따라 건축물에 온돌을 시공하는 자는 시공을 끝낸 후 별지 제2호서식의 온돌 설치확인서를 공사감리자에게 제출하여야 한다. 다만, 제3조제2항에 따른 건축설비설치 확인서를 제출한 경우와 공사감리자가 직접 온돌의 설치를 확인한 경우에는 그러하지 아니하다. <개정 2010.11.5., 2015.7.9.>

[본조신설 2008.7.10.]
[제4조에서 이동 <2015.7.9.>]

제13조(개별난방설비) ① 영 제87조제2항의 규정에 의하여 공동주택과 오피스텔의 난방설비를 개별난방방식으로 하는 경우에는 다음 각호의 기준에 적합하여야 한다. <개정 1996.2.9., 1999.5.11., 2001.1.17., 2017.12.4.>
1. 보일러는 거실외의 곳에 설치하되, 보일러를 설치하는 곳과 거실사이의 경계벽은 출입구를 제외하고는 내화구조의 벽으로 구획할 것
2. 보일러실의 윗부분에는 그 면적이 0.5제곱미터 이상인 환기창을 설치하고, 보일러실의 윗부분과 아랫부분에는 각각 지름 10센티미터 이상의 공기흡입구 및 배기구를

항상 열려있는 상태로 바깥공기에 접하도록 설치할 것. 다만, 전기보일러의 경우에는 그러하지 아니하다.
3. 삭제 <1999.5.11.>
4. 보일러실과 거실사이의 출입구는 그 출입구가 닫힌 경우에는 보일러가스가 거실에 들어갈 수 없는 구조로 할 것
5. 기름보일러를 설치하는 경우에는 기름저장소를 보일러실외의 다른 곳에 설치할 것
6. 오피스텔의 경우에는 난방구획을 방화구획으로 구획할 것
7. 보일러의 연도는 내화구조로서 공동연도로 설치할 것

② 가스보일러에 의한 난방설비를 설치하고 가스를 중앙집중공급방식으로 공급하는 경우에는 제1항의 규정에 불구하고 가스관계법령이 정하는 기준에 의하되, 오피스텔의 경우에는 난방구획마다 내화구조로 된 벽·바닥과 갑종방화문으로 된 출입문으로 구획하여야 한다. <신설 1999.5.11.>

제14조(배연설비) ① 영 제51조제2항에 따라 배연설비를 설치하여야 하는 건축물에는 다음 각 호의 기준에 적합하게 배연설비를 설치하여야 한다. 다만, 피난층인 경우에는 그러하지 아니하다. <개정 1996.2.9.,1999.5.11., 2002.8.31., 2009.12.31., 2010.11.5., 2017.12.4.>
1. 영 제46조제1항에 따라 건축물이 방화구획으로 구획된 경우에는 그 구획마다 1개소 이상의 배연창을 설치하되, 배연창의 상변과 천장 또는 반자로부터 수직거리가 0.9미터 이내일 것. 다만, 반자높이가 바닥으로부터 3미터 이상인 경우에는 배연창의 하변이 바닥으로부터 2.1미터 이상의 위치에 놓이도록 설치하여야 한다.
2. 배연창의 유효면적은 별표 2의 산정기준에 의하여 산정된 면적이 1제곱미터 이상으로서 그 면적의 합계가 당해 건축물의 바닥면적(영 제46조제1항 또는 제3항의 규정에 의하여 방화구획이 설치된 경우에는 그 구획된 부분의 바닥면적을 말한다)의 100분의 1이상일 것. 이 경우 바닥면적의 산정에 있어서 거실바닥면적의 20분의 1 이상으로 환기창을 설치한 거실의 면적은 이에 산입하지 아니한다.
3. 배연구는 연기감지기 또는 열감지기에 의하여 자동으로 열 수 있는 구조로 하되, 손으로도 열고 닫을 수 있도록 할 것
4. 배연구는 예비전원에 의하여 열 수 있도록 할 것
5. 기계식 배연설비를 하는 경우에는 제1호 내지 제4호의 규정에 불구하고 소방관계법령의 규정에 적합하도록 할 것

② 특별피난계단 및 영 제90조제3항의 규정에 의한 비상용승강기의 승강장에 설치하는 배연설비의 구조는 다음 각호의 기준에 적합하여야 한다. <개정 1996.2.9., 1999.5.11.>
1. 배연구 및 배연풍도는 불연재료로 하고, 화재가 발생한 경우 원활하게 배연시킬 수 있는 규모로서 외기 또는 평상시에 사용하지 아니하는 굴뚝에 연결할 것
2. 배연구에 설치하는 수동개방장치 또는 자동개방장치(열감지기 또는 연기감지기에 의한 것을 말한다)는 손으로도 열고 닫을 수 있도록 할 것
3. 배연구는 평상시에는 닫힌 상태를 유지하고, 연 경우에는 배연에 의한 기류로 인하여 닫히지 아니하도록 할 것
4. 배연구가 외기에 접하지 아니하는 경우에는 배연기를 설치할 것
5. 배연기는 배연구의 열림에 따라 자동적으로 작동하고, 충분한 공기배출 또는 가압능력이 있을 것
6. 배연기에는 예비전원을 설치할 것
7. 공기유입방식을 급기가압방식 또는 급·배기방식으로 하는 경우에는 제1호 내지 제6호의 규정에 불구하고 소방관계법령의 규정에 적합하게 할 것

제15조 삭제 <1996.2.9.>

제16조 삭제 <1999.5.11.>

제17조(배관설비) ①건축물에 설치하는 급수·배수등의 용도로 쓰는 배관설비의 설치 및 구조는 다음 각호의 기준에 적합하여야 한다.
1. 배관설비를 콘크리트에 묻는 경우 부식의 우려가 있는 재료는 부식방지조치를 할 것
2. 건축물의 주요부분을 관통하여 배관하는 경우에는 건축물의 구조내력에 지장이 없도록 할 것
3. 승강기의 승강로안에는 승강기의 운행에 필요한 배관설비외의 배관설비를 설치하지 아니할 것
4. 압력탱크 및 급탕설비에는 폭발등의 위험을 막을 수 있는 시설을 설치할 것

②제1항의 규정에 의한 배관설비로서 배수용

으로 쓰이는 배관설비는 제1항 각호의 기준외에 다음 각호의 기준에 적합하여야 한다. <개정 1996.2.9.>

1. 배출시키는 빗물 또는 오수의 양 및 수질에 따라 그에 적당한 용량 및 경사를 지게 하거나 그에 적합한 재질을 사용할 것
2. 배관설비에는 배수트랩 · 통기관을 설치하는 등 위생에 지장이 없도록 할 것
3. 배관설비의 오수에 접하는 부분은 내수재료를 사용할 것
4. 지하실등 공공하수도로 자연배수를 할 수 없는 곳에는 배수용량에 맞는 강제배수시설을 설치할 것
5. 우수관과 오수관은 분리하여 배관할 것
6. 콘크리트구조체에 배관을 매설하거나 배관이 콘크리트구조체를 관통할 경우에는 구조체에 덧관을 미리 매설하는 등 배관의 부식을 방지하고 그 수선 및 교체가 용이하도록 할 것

③ 삭제 <1996.2.9.>

제17조의2(차수설비) ① 다음 각 호의 어느 하나에 해당하는 지역에서 연면적 1만제곱미터 이상의 건축물을 건축하려는 자는 빗물 등의 유입으로 건축물이 침수되지 아니하도록 해당 건축물의 지하층 및 1층의 출입구(주차장의 출입구를 포함한다)에 차수판(遮水板) 등 해당 건축물의 침수를 방지할 수 있는 설비(이하 "차수설비"라 한다)를 설치하여야 한다. 다만, 법 제5조제1항에 따른 허가권자가 침수의 우려가 없다고 인정하는 경우에는 그러하지 아니하다.

1. 「국토의 계획 및 이용에 관한 법률」 제37조제1항제5호에 따른 방재지구
2. 「자연재해대책법」 제12조제1항에 따른 자연재해위험지구

② 제1항에 따라 설치되는 차수설비는 다음 각 호의 기준에 적합하여야 한다. <개정 2013.3.23.>

1. 건축물의 이용 및 피난에 지장이 없는 구조일 것
2. 그 밖에 국토교통부장관이 정하여 고시하는 기준에 적합하게 설치할 것

[본조신설 2012.4.30.]

제18조(음용수용 배관설비) 영 제87조제2항에 따라 건축물에 설치하는 음용수용 배관설비의 설치 및 구조는 다음 각호의 기준에 적합하여야 한다. <개정 1996.2.9., 1999.5.11., 2002.8.31., 2006.2.13., 2009.12.31.>

1. 제17조제1항 각호의 기준에 적합할 것
2. 음용수용 배관설비는 다른 용도의 배관설비와 직접 연결하지 아니할 것
3. 급수관 및 수도계량기는 얼어서 깨지지 아니하도록 별표 3의2의 규정에 의한 기준에 적합하게 설치할 것
4. 제3호에서 정한 기준외에 급수관 및 수도계량기가 얼어서 깨지지 아니하도록 하기 위하여 지역실정에 따라 당해 지방자치단체의 조례로 기준을 정한 경우에는 동기준에 적합하게 설치할 것
5. 급수 및 저수탱크는 「수도시설의 청소 및 위생관리 등에 관한 규칙」 별표 1의 규정에 의한 저수조설치기준에 적합한 구조로 할 것
6. 음용수의 급수관의 지름은 건축물의 용도 및 규모에 적정한 규격이상으로 할 것. 다만, 주거용 건축물은 당해 배관에 의하여 급수되는 가구수 또는 바닥면적의 합계에 따라 별표 3의 기준에 적합한 지름의 관으로 배관하여야 한다.
7. 음용수용 급수관은 「수도법 시행규칙」 제10조 및 별표 4에 따른 위생안전기준에 적합한 수도용 자재 및 제품을 사용할 것

제19조 삭제 <1999.5.11.>

제20조(피뢰설비) 영 제87조제2항에 따라 낙뢰의 우려가 있는 건축물, 높이 20미터 이상의 건축물 또는 영 제118조제1항에 따른 공작물로서 높이 20미터 이상의 공작물(건축물에 영 제118조제1항에 따른 공작물을 설치하여 그 전체 높이가 20미터 이상인 것을 포함한다)에는 다음 각 호의 기준에 적합하게 피뢰설비를 설치하여야 한다. <개정 2010.11.5., 2012.4.30.>

1. 피뢰설비는 한국산업표준이 정하는 피뢰레벨 등급에 적합한 피뢰설비일 것. 다만, 위험물저장 및 처리시설에 설치하는 피뢰설비는 한국산업표준이 정하는 피뢰시스템레벨 Ⅱ 이상이어야 한다.
2. 돌침은 건축물의 맨 윗부분으로부터 25센티미터 이상 돌출시켜 설치하되, 「건축물의 구조기준 등에 관한 규칙」 제9조에 따른 설계하중에 견딜 수 있는 구조일 것
3. 피뢰설비의 재료는 최소 단면적이 피복이 없는 동선을 기준으로 수뢰부, 인하도선 및

접지극은 50제곱밀리미터 이상이거나 이와 동등 이상의 성능을 갖출 것

4. 피뢰설비의 인하도선을 대신하여 철골조의 철골구조물과 철근콘크리트조의 철근구조체 등을 사용하는 경우에는 전기적 연속성이 보장될 것. 이 경우 전기적 연속성이 있다고 판단되기 위하여는 건축물 금속 구조체의 최상단부와 지표레벨 사이의 전기저항이 0.2옴 이하이어야 한다.
5. 측면 낙뢰를 방지하기 위하여 높이가 60미터를 초과하는 건축물 등에는 지면에서 건축물 높이의 5분의 4가 되는 지점부터 최상단부분까지의 측면에 수뢰부를 설치하여야 하며, 지표레벨에서 최상단부의 높이가 150미터를 초과하는 건축물은 120미터 지점부터 최상단부분까지의 측면에 수뢰부를 설치할 것. 다만, 건축물의 외벽이 금속부재(部材)로 마감되고, 금속부재 상호간에 제4호 후단에 적합한 전기적 연속성이 보장되며 피뢰시스템레벨 등급에 적합하게 설치하여 인하도선에 연결한 경우에는 측면 수뢰부가 설치된 것으로 본다.
6. 접지(接地)는 환경오염을 일으킬 수 있는 시공방법이나 화학 첨가물 등을 사용하지 아니할 것
7. 급수·급탕·난방·가스 등을 공급하기 위하여 건축물에 설치하는 금속배관 및 금속재 설비는 전위(電位)가 균등하게 이루어지도록 전기적으로 접속할 것
8. 전기설비의 접지계통과 건축물의 피뢰설비 및 통신설비 등의 접지극을 공용하는 통합접지공사를 하는 경우에는 낙뢰 등으로 인한 과전압으로부터 전기설비 등을 보호하기 위하여 한국산업표준에 적합한 서지보호장치(SPD)를 설치할 것
9. 그 밖에 피뢰설비와 관련된 사항은 한국산업표준에 적합하게 설치할 것

[전문개정 2006.2.13.]

제20조의2(전기설비 설치공간 기준) 영 제87조제6항에 따른 건축물에 전기를 배전(配電)하려는 경우에는 별표 3의3에 따른 공간을 확보하여야 한다.

[본조신설 2010.11.5.]

제21조 삭제 <2013.9.2.>

제22조 삭제 <2013.2.22.>

제23조(건축물의 냉방설비 등) ① 삭제 <1999.5.11.>

②제2조제3호부터 제6호까지의 규정에 해당하는 건축물 중 산업통상자원부장관이 국토교통부장관과 협의하여 고시하는 건축물에 중앙집중냉방설비를 설치하는 경우에는 산업통상자원부장관이 국토교통부장관과 협의하여 정하는 바에 따라 축냉식 또는 가스를 이용한 중앙집중냉방방식으로 하여야 한다. <개정 1996.2.9., 1999.5.11., 2002.8.31., 2008.3.14., 2012.4.30., 2013.3.23., 2013.9.2.>

③ 상업지역 및 주거지역에서 건축물에 설치하는 냉방시설 및 환기시설의 배기구와 배기장치의 설치는 다음 각 호의 기준에 모두 적합하여야 한다. <개정 2012.4.30., 2013.12.27.>

1. 배기구는 도로면으로부터 2미터 이상의 높이에 설치할 것
2. 배기장치에서 나오는 열기가 인근 건축물의 거주자나 보행자에게 직접 닿지 아니하도록 할 것
3. 건축물의 외벽에 배기구 또는 배기장치를 설치할 때에는 외벽 또는 다음 각 목의 기준에 적합한 지지대 등 보호장치와 분리되지 아니하도록 견고하게 연결하여 배기구 또는 배기장치가 떨어지는 것을 방지할 수 있도록 할 것
   가. 배기구 또는 배기장치를 지탱할 수 있는 구조일 것
   나. 부식을 방지할 수 있는 자재를 사용하거나 도장(塗裝)할 것

[제목개정 2012.4.30.]

제24조(규제의 재검토) 국토교통부장관은 제23조제2항에 따른 중앙집중냉방설비의 설치에 대하여 2014년 1월 1일을 기준으로 3년마다(매 3년이 되는 해의 1월 1일 전까지를 말한다) 그 타당성을 검토하여 개선 등의 조치를 하여야 한다.

[전문개정 2013.12.30.]

부칙

<제467호, 2017.12.4.>

제1조(시행일) 이 규칙은 공포한 날부터 시행한다.

제2조(공기여과기 등의 입자 포집률 기준에 관

한 경과조치) 이 규칙 시행 전에 법 제11조에 따른 건축허가를 신청(건축허가를 신청하기 위하여 법 제4조의2제1항에 따라 건축위원회의 심의를 신청한 경우를 포함한다)하거나 법 제14조에 따른 건축신고를 한 경우에는 별표 1의4 및 별표 1의5의 개정규정에도 불구하고 종전의 규정에 따른다.

건축기본법

[시행 2017.7.26.]
[법률 제14839호, 2017.7.26., 타법개정]

제1장 총칙

제1조(목적) 이 법은 건축에 관한 국가 및 지방자치체와 국민의 책무를 정하고 건축정책의 수립·시행 등을 규정하여 건축문화를 진흥함으로써 국민의 건전한 삶의 영위와 복리향상에 이바지함을 목적으로 한다.

제2조(기본이념) 이 법은 국가 및 지방자치단체와 국민의 공동의 노력으로 다음 각 호와 같은 건축의 공공적 가치를 구현함을 기본이념으로 한다.

1. 국민의 안전·건강 및 복지에 직접 관련된 생활공간의 조성
2. 사회의 다양한 요구를 조정하고 수용하며 경제활동의 토대가 되는 공간환경의 조성
3. 지역의 고유한 생활양식과 역사를 반영하고 미래세대에 계승될 문화공간의 창조 및 조성

제3조(정의) 이 법에서 사용하는 용어의 정의는 다음과 같다.

1. "건축물"이란 토지에 정착하는 공작물 중 지붕과 기둥 또는 벽이 있는 것과 이에 부수되는 시설물을 말한다.
2. "공간환경(空間環境)"이란 건축물이 이루는 공간구조·공공공간 및 경관을 말한다.
3. "공공공간(公共空間)"이란 가로·공원·광장 등의 공간과 그 안에 부속되어 공중(公衆)이 이용하는 시설물을 말한다.
4. "건축디자인"이란 품격과 품질이 우수한 건축물과 공간환경의 조성으로 건축의 공공성을 실현하기 위하여 건축물과 공간환경을 기획·설계하고 개선하는 행위를 말한다.
5. "품격"이란 주변환경과의 관계, 규모, 형태, 구조, 재료, 시공수준 등을 통하여 그 목적과 지역의 정체성을 창출할 수 있는 적절성을 말한다.
6. "품질"이란 안전, 보건, 기능, 쾌적, 자원절약과 재활용 등의 객관적 성능을 말한다.
7. "건축"이란 건축물과 공간환경을 기획, 설계, 시공 및 유지관리하는 것을 말한다.

제4조(국가 및 지방자치단체의 책무) ① 국가는 품격과 품질이 우수한 건축물과 공간환경을 조성하기 위한 종합적인 건축정책을 수립·시행하여야 하며, 지방자치단체는 국가의 건축정책에 맞추어 지역의 실정에 부합하는 건축정책을 수립·시행하여야 한다.

② 국가, 지방자치단체 또는 「공공기관의 운영에 관한 법률」에 따른 공공기관(이하 "공공기관"이라 한다)은 직접 발주하거나 건축주가 되는 경우 우수한 건축디자인을 선도하도록 노력하여야 한다.

③ 국가와 지방자치단체는 건축에 대한 국민의 인식을 제고하기 위하여 필요한 교육·홍보를 활성화하도록 노력하여야 한다.

④ 국가와 지방자치단체는 건축분야 전문지식의 발전과 전문인력의 양성에 노력하여야 한다.

제5조(국민의 의무) ① 국민은 국가와 지방자치단체가 시행하는 건축정책에 적극 참여하고 협력하도록 노력하여야 한다.

② 건축주 및 발주자는 공정한 기준과 절차에 의하여 설계자와 시공자 등을 선정하고 적정한 대가를 지급하며, 소유자 및 관리자는 제2조에 따른 건축의 공공적 가치가 올바르게 구현되도록 건축물과 공간환경을 유지하고 관리하여야 한다.

③ 건축 관련 전문가는 전문지식을 함양하고 이에 근거하여 독립되고 공정한 입장에서 국민의 건축에 대한 이해를 돕고 건축의 공공적 가치를 실현하도록 노력하여야 한다.

제6조(다른 법률과의 관계) 국가는 건축에 관한 다른 법률을 제정 또는 개정하는 경우에는 이 법의 목적과 기본이념에 맞도록 하여야 한다.

제2장 건축정책의 기본방향

제7조(건축의 생활공간적 공공성 구현) ① 국가 및 지방자치단체는 각종 재난에 대비하여

건축물 및 공간환경을 안전하게 조성하고 그 안전수준을 지속적으로 유지하기 위하여 필요한 시책을 강구하여야 한다.

② 국가 및 지방자치단체는 건축물 및 공간환경의 계획 또는 설계 단계에서부터 사용자의 건강과 장애인·노약자·임산부 등의 이용을 배려하여 조성될 수 있도록 필요한 시책을 강구하여야 한다.

제8조(건축의 사회적 공공성 확보) ① 국가 및 지방자치단체는 국민의 다양한 요구와 다원적(多元的) 문화에 부응하고 미래사회의 문화적 요구변화와 기술변화에 능동적으로 대응할 수 있는 건축정책을 수립·시행하여야 한다.

② 건축물의 소유자 또는 관리자는 건축물 및 공간환경이 미래세대에 계승되는 사회·경제적 자산으로서 조성되고, 그 가치가 지속적으로 강화되도록 관리하여야 한다.

③ 건축물의 소유자 또는 관리자는 건축물 및 공간환경을 조성하고 사용하는 과정 등에 있어서 환경에 대한 영향을 최소화하고 자원의 재이용과 재생을 촉진함으로써 자연과의 조화가 이루어지도록 하여야 한다.

제9조(건축의 문화적 공공성 실현) ① 건축물의 소유자 또는 관리자는 건축물 및 공간환경을 조성하여 사용하는 전 과정에서 건축의 문화적 가치가 향상되도록 하여야 한다.

② 건축물 및 공간환경의 문화적·산업적 경쟁력 제고를 위하여 관련 전문가의 창의성이 존중되어야 한다.

③ 국가 및 지방자치단체는 건축물 및 공간환경이 지역 주민들의 참여를 바탕으로 해당 지역의 풍토나 역사 또는 환경에 적합하게 조성되도록 필요한 시책을 강구하여야 한다.

④ 국가 및 지방자치단체는 지역의 고유한 건축문화유산을 보전하고, 새로운 건축물 및 공간환경이 기존의 공간환경과 조화와 균형을 이루어 조성되도록 필요한 시책을 강구하여야 한다.

⑤ 국가와 지방자치단체는 각각 시행한 건축정책에 대한 모니터링을 실시하고 정책성과를 평가하는 등 건축정책의 신뢰성을 제고하기 위하여 노력하여야 한다.

제3장 건축정책의 수립

제10조(건축정책기본계획의 수립) ① 국토교통부장관은 건축정책에 관한 기본계획(이하 "건축정책기본계획"이라 한다)을 5년마다 수립·시행하여야 한다. <개정 2008.2.29., 2013.3.23.>

② 국토교통부장관은 건축정책기본계획을 수립하거나 변경하고자 하는 때에는 관계 중앙행정기관의 장과 협의하고 공청회 등을 거쳐 의견을 수렴한 후 제13조에 따른 국가건축정책위원회의 심의를 거쳐 대통령에게 보고 후 이를 확정한다. <개정 2008.2.29., 2013.3.23.>

③ 건축정책기본계획 중 대통령령으로 정하는 경미한 사항을 변경하고자 하는 경우에는 제2항에 따른 절차를 생략할 수 있다.

④ 국토교통부장관은 건축정책기본계획을 작성하고자 하는 때에는 관계 중앙행정기관의 장 및 특별시장·광역시장·도지사 또는 특별자치도지사(이하 "시·도지사"라 한다)·공공기관 또는 단체의 장 등에게 건축정책기본계획에 반영되어야 할 정책 및 사업 등에 관한 소관별 계획과 대통령령으로 정하는 자료의 제출을 요청할 수 있으며, 관계 중앙행정기관의 장 및 시·도지사는 특별한 사유가 없는 한 이에 따라야 한다. <개정 2008.2.29., 2013.3.23.>

⑤ 국토교통부장관은 건축정책기본계획이 확정된 때에는 지체 없이 주요 내용을 관보에 고시하고, 관계 중앙행정기관의 장 및 시·도지사에게 송부하여야 한다. <개정 2008.2.29., 2013.3.23.>

⑥ 건축정책기본계획의 수립·시행 및 변경 등에 관하여 필요한 사항은 대통령령으로 정한다.

제11조(건축정책기본계획의 내용) 건축정책기본계획에는 다음 각 호의 사항이 포함되어야 한다.

1. 건축의 현황 및 여건변화, 전망에 관한 사항
2. 건축정책의 기본목표 및 추진방향
3. 건축의 품격 및 품질 향상에 관한 사항
4. 도시경관 향상을 위한 통합된 건축디자인에 관한 사항
5. 지역의 건축에 관한 발전 및 지원대책
6. 우수한 설계기법 및 첨단건축물 등 연구개발에 관한 사항

7. 건축분야 전문인력의 육성·지원 및 관리에 관한 사항
8. 건축디자인 등 건축의 국제경쟁력 향상에 관한 사항
9. 건축문화 기반구축에 관한 사항
10. 건축 관련 기술의 개발·보급 및 선도시범사업에 관한 사항
11. 건축정책기본계획의 시행 및 그 밖에 대통령령으로 정하는 건축진흥에 필요한 사항

제12조(지역건축기본계획의 수립 등) ① 시·도지사는 지역의 현황 및 사회·경제·문화적 실정에 부합하는 건축정책을 위하여 건축정책기본계획에 따라 특별시·광역시·도 또는 특별자치도(이하 "시·도"라 한다)의 건축정책에 관한 기본계획(이하 "광역건축기본계획"이라 한다)을 5년마다 수립·시행하여야 하며, 시장·군수·구청장(자치구의 구청장을 말한다. 이하 같다)은 필요한 경우 건축정책기본계획 및 광역건축기본계획에 따라 시·군·구(자치구의 구를 말한다. 이하 같다)의 건축정책에 관한 기본계획(이하 "기초건축기본계획"이라 한다)을 5년마다 수립·시행할 수 있다.

② 광역건축기본계획 및 기초건축기본계획(이하 "지역건축기본계획"이라 한다)을 수립하거나 변경하는 경우 시·도지사 및 시장·군수·구청장은 공청회 등을 거쳐 의견을 수렴하고 해당 지방의회의 의견을 청취한 후 제18조에 따른 시·도건축정책위원회 또는 시·군·구건축정책위원회의 심의를 거쳐 이를 확정한다.

③ 지역건축기본계획 중 대통령령으로 정하는 바에 따라 지방자치단체의 조례로 정하는 경미한 사항을 변경하고자 하는 경우에는 제2항에 따른 절차를 생략할 수 있다.

④ 시·도지사 및 시장·군수·구청장이 제1항에 따라 지역건축기본계획을 수립·변경하는 경우에는 지체 없이 이를 국토교통부장관에게 보고하여야 한다. 다만, 시장·군수·구청장이 기초건축기본계획을 수립·변경하는 경우에는 관할 시·도지사를 경유하여 국토교통부장관에게 보고하여야 한다. <개정 2008.2.29., 2013.3.23.>

⑤ 지역건축기본계획의 수립·시행 및 변경 등에 관하여 필요한 사항은 대통령령으로 정한다.

제4장 건축정책위원회

제13조(국가건축정책위원회) ① 건축분야의 중요한 정책을 심의하고 관계 부처의 건축정책의 조정 및 그 밖에 이 법으로 정하는 사항을 시행하기 위하여 대통령 소속으로 국가건축정책위원회를 둔다.

② 제1항에 따른 국가건축정책위원회(이하 "국가건축정책위원회"라 한다)는 위원장 1인을 포함하여 30인 이내의 위원으로 구성한다.

③ 위원장은 위촉위원 중에서 대통령이 지명하고, 위원은 다음 각 호의 자로 한다.

1. 대통령령으로 정하는 관계 중앙행정기관의 장
2. 건축분야의 학식과 경험이 풍부한 자 중에서 대통령이 위촉한 자

④ 국가건축정책위원회는 소관 사무를 전문적으로 수행하기 위하여 분과위원회를 설치·운영할 수 있다.

⑤ 위원의 임기, 국가건축정책위원회 및 분과위원회의 운영 등에 관하여 필요한 사항은 대통령령으로 정한다.

제14조(국가건축정책위원회의 기능) 국가건축정책위원회는 다음 각 호의 사항을 심의한다.

1. 건축정책기본계획을 포함한 건축정책의 수립 및 조정
2. 건축분야 발전에 관한 주요 사업의 지원
3. 건축행정 개선에 관한 사항
4. 건축문화행사 추진에 관한 사항
5. 국민의 건축문화 향유기회의 확대에 관한 사항
6. 제21조제1항 및 제2항에 따른 건축디자인 기준의 설정에 관한 사항
7. 건축에 관한 조사·연구 및 개발에 관한 사항
8. 그 밖에 건축정책과 관련하여 위원장이 부의하는 사항

제15조(건축정책 국회보고) ① 국토교통부장관은 국가건축정책위원회의 의견을 들어 건축에 관한 주요 정책 수립 및 시행 등에 관한 보고서를 작성하여 2년마다 국회 소관 상임위원회에 제출하여야 한다. <개정 2008.2.29., 2013.3.23.>

② 제1항의 보고서에는 다음 각 호의 내

용이 포함되어야 한다.
1. 건축정책기본계획 수립·시행 및 성과 등에 관한 사항
2. 미래사회의 건축환경 변화 전망 및 대책
3. 건축문화 진흥을 위한 시책과 사업 등에 관한 사항
4. 건축환경, 문화 창달을 위한 지역의 풍토성 및 전통성 계승에 관한 시책
5. 건축제도·기준 등의 국제화에 관한 사항
6. 건축기술·건축설계의 발전, 전문인력 양성 등 산업의 경쟁력 강화에 관한 사항
7. 그 밖에 건축에 관한 중요 사항

제16조(건축 기본조사) ① 국토교통부장관은 제14조 각 호의 사항에 대한 심의 및 제15조제1항에 따른 보고서의 작성 등을 위하여 필요한 때에는 건축에 관한 각종 통계, 건축물 현황, 건축에 관한 인식도 및 기대수준, 그 밖에 제15조제2항 각 호와 관련되어 필요한 자료 등 대통령령으로 정하는 사항에 대하여 조사할 수 있다. <개정 2008.2.29., 2013.3.23.>
② 국토교통부장관은 중앙행정기관의 장 또는 지방자치단체의 장에게 조사에 필요한 자료의 제출을 요청하거나 제1항의 조사사항 중 일부에 대하여 이를 직접 조사하도록 요청할 수 있다. 이 경우 요청을 받은 중앙행정기관의 장 또는 지방자치단체의 장은 특별한 사유가 없는 한 이에 따라야 한다. <개정 2008.2.29., 2013.3.23.>

제17조(기획단) ① 국가건축정책위원회의 사무를 처리하기 위하여 국가건축정책위원회에 기획단을 둔다.
② 국가건축정책위원회는 그 업무수행을 위하여 필요한 때에는 관계 행정기관 소속의 공무원 및 관계 기관·법인·단체 등의 임직원의 파견 또는 겸임을 요청할 수 있다.
③ 기획단의 구성 및 운영에 관하여 필요한 사항은 대통령령으로 정한다.

제18조(지역건축위원회) ① 지역의 건축분야의 중요한 정책의 심의 및 그 밖에 이 법으로 정하는 사항을 시행하기 위하여 시·도지사 소속으로 시·도건축정책위원회(이하 "광역건축위원회"라 한다)를, 시장·군수·구청장 소속으로 시·군·구건축정책위원회(이하 "기초건축위원회"라 한다)를 둘 수 있다.
② 광역건축위원회 및 기초건축위원회(이하 "지역건축위원회"라 한다)의 구성·조직, 그 밖에 위원회 운영에 관하여 필요한 사항은 해당 지방자치단체의 조례로 정한다. 다만, 해당 지방자치단체에 대통령령으로 정하는 관련 위원회가 이미 설치되어 있는 경우에는 조례로 정하는 바에 따라 지역건축위원회의 기능을 대신하도록 할 수 있다.

제19조(지역건축위원회의 기능) 지역건축위원회는 다음 각 호의 사항에 관한 사무를 행한다.
1. 해당 지역의 지역건축기본계획의 수립·시행에 관한 사항
2. 해당 지역의 건축행정 개선에 관한 사항
3. 건축문화 기반조성을 위한 사업 및 활동에 대한 사항

제5장 건축문화의 진흥

제20조(건축문화진흥을 위한 재정지원) 국토교통부장관은 대통령령으로 정하는 바에 따라 문화체육관광부장관 및 산업통상자원부장관과 협의하여 건축물 및 공간환경의 개선과 건축문화의 진흥을 위해 다음 각 호의 사업에 대하여 국고보조 등 재정지원을 할 수 있다. <개정 2008.2.29., 2013.3.23.>
1. 건축문화 관련 시설의 설립 및 운영
2. 출판·전시·축제 등 건축문화 관련 사업
3. 국민의 건축이해 증진을 위한 교육
4. 건축 관련 해외 진출 및 국제교류
5. 제21조에 따른 건축디자인 기준의 설정
6. 제22조에 따른 건축디자인 시범사업
7. 그 밖에 건축문화진흥을 위하여 대통령령으로 정하는 사업

제21조(건축디자인 기준의 설정) ① 국토교통부장관은 산업통상자원부장관과 협의하여 건축디자인(공공공간을 제외한다)의 기준을 설정할 수 있다. <개정 2008.2.29., 2013.3.23.>
② 국토교통부장관은 문화체육관광부장관 및 산업통상자원부장관과 협의하여 공공공간의 건축디자인 기준을 설정할 수 있다. <개정 2008.2.29., 2013.3.23.>
③ 시·도지사 또는 시장·군수·구청장은

제1항 및 제2항의 기준의 범위 안에서 지역 내 건축디자인 기준을 따로 정할 수 있다.
④ 지방자치단체의 장은 건축물 및 공간환경 시설물의 소유자·관리자 및 공공기관의 장에게 제1항부터 제3항까지의 규정에 따른 건축디자인 기준에 따르도록 권장할 수 있다.
⑤ 제1항부터 제3항까지의 규정에 따른 건축디자인 기준 설정에 대하여 필요한 사항은 대통령령으로 정한다.

제22조(건축디자인 시범사업 실시) ① 중앙행정기관의 장, 시·도지사 또는 시장·군수·구청장은 공공의 이익을 증진하고 건축디자인의 경쟁력 강화를 위하여 다음 각 호의 사업을 시범사업으로 지정할 수 있다.
1. 공공기관이 시행하는 사업
2. 건축디자인을 개선하는 개발·정비사업
3. 민간에서 발주하는 사업으로서 대통령령으로 정하는 사업

② 중앙행정기관의 장, 시·도지사 또는 시장·군수·구청장은 제1항에 따른 시범사업에 대하여 재정지원 등을 통하여 지원할 수 있다.
③ 제1항 및 제2항에 따른 건축디자인 시범사업의 지정절차, 건축디자인 기준의 적용, 재정지원 등에 대하여 필요한 사항은 대통령령으로 정한다.

제23조(민간전문가의 참여) ① 중앙행정기관의 장 및 지방자치단체의 장은 건축 관련 민원, 설계공모 업무나 도시개발 사업 등을 시행함에 있어서 민간전문가를 위촉하여 해당 업무의 일부를 진행·조정하게 할 수 있다.
② 제1항의 민간전문가의 자격·업무범위·보수 등 필요한 사항은 대통령령으로 정한다.

제24조(설계공모의 시행) 국가·지방자치단체 및 공공기관은 우수한 건축물 및 공간환경 설계의 선정을 위하여 설계공모를 실시하도록 노력하여야 한다.

제6장 한국건축규정의 운용

<신설 2015.8.11.>

제25조(한국건축규정의 공고 등) ① 국토교통부장관은 건축물의 설계, 시공, 공사감리 및 유지·관리 등과 관련된 「건축법」 및 그 관계 법령, 행정규칙 및 조례 등의 규정(이하 이 조에서 "건축물 관련 규정"이라 한다)을 종합적으로 안내하고, 합리적으로 운용하기 위하여 건축물 관련 규정을 관장하는 중앙행정기관의 장 및 지방자치단체의 장과 협의하여 건축물 관련 규정을 통합한 한국건축규정(이하 "한국건축규정"이라 한다)을 공고할 수 있으며, 이를 「건축서비스산업 진흥법」 제8조에 따른 건축서비스산업 정보체계에 반영하여 국민에게 제공하여야 한다.
② 중앙행정기관의 장 및 지방자치단체의 장은 소관하는 건축물 관련 규정이 제정, 개정 또는 폐지되는 경우에는 대통령령으로 정하는 바에 따라 한국건축규정에 반영되도록 조치하여야 한다.
[본조신설 2015.8.11.]

제26조(한국건축규정의 개선 노력) ① 국토교통부장관은 한국건축규정을 상시적으로 관리하고 합리적으로 개선·보완하여야 하며, 이를 위하여 필요한 경우 관계 부처 공무원을 구성원으로 하는 한국건축규정 협의회를 대통령령으로 정하는 바에 따라 구성하여 운영할 수 있다.
② 국토교통부장관은 한국건축규정의 내용 중 개선·보완이 필요하다고 판단되는 사항이 있는 경우 대통령령으로 정하는 바에 따라 국가건축정책위원회의 심의를 거쳐 관계 기관의 장에게 개선·보완을 요구할 수 있다. 이 경우 관계 기관의 장은 특별한 사정이 없으면 이에 따라야 한다.
③ 시·도지사는 3년마다 한국건축규정과 관련된 소관 조례를 평가하고, 개선·보완이 필요하다고 판단되는 경우 「건축법」 제4조에 따라 시·도지사가 두는 건축위원회의 심의를 거쳐 소관 조례의 개선·보완을 추진하여야 한다.
④ 시·도지사는 3년마다 한국건축규정과 관련된 관할 시·군·구의 조례를 평가하고, 개선·보완이 필요하다고 판단되는 경우 「건축법」 제4조에 따라 시·도지사가 두는 건축위원회의 심의를 거쳐 관할 시장·군수·구청장에게 개선·보완을 요구할 수 있다. 이 경우 관할 시장·군수·구청장은 정당한 이유가 없으면 이에 따라야 한다.
⑤ 국무총리 또는 행정안전부장관은 중앙행정기관 또는 지방자치단체에 대한 「정부업

무평가 기본법」에 따른 정부업무평가 시 제25조제2항 및 이 조 제1항부터 제4항까지의 규정에 따른 개선 노력 등을 반영하여야 한다. <개정 2017.7.26.>
[본조신설 2015.8.11.]

부칙

<제14839호, 2017.7.26.>
(정부조직법)

제1조(시행일) ① 이 법은 공포한 날부터 시행한다. 다만, 부칙 제5조에 따라 개정되는 법률 중 이 법 시행 전에 공포되었으나 시행일이 도래하지 아니한 법률을 개정한 부분은 각각 해당 법률의 시행일부터 시행한다.

제2조부터 제4조까지 생략

제5조(다른 법률의 개정) ①부터 <206>까지 생략
<207> 건축기본법 일부를 다음과 같이 개정한다.
제26조제5항 중 "행정자치부장관"을 "행정안전부장관"으로 한다.
<208>부터 <382>까지 생략

제6조 생략

경관법

[시행 2016.7.7.]
[법률 제13726호, 2016.1.6., 타법개정]

제1장 총칙

제1조(목적) 이 법은 국토의 경관을 체계적으로 관리하기 위하여 경관의 보전·관리 및 형성에 필요한 사항을 정함으로써 아름답고 쾌적하며 지역특성이 나타나는 국토환경과 지역환경을 조성하는 데 이바지함을 목적으로 한다.

제2조(정의) 이 법에서 사용하는 용어의 뜻은 다음과 같다.
1. "경관"(景觀)이란 자연, 인공 요소 및 주민의 생활상(生活相) 등으로 이루어진 일단(一團)의 지역환경적 특징을 나타내는 것을 말한다.
2. "건축물"이란 「건축법」 제2조제1항제2호에 따른 건축물을 말한다.

제3조(경관관리의 기본원칙) 경관은 다음 각 호의 원칙에 따라 계획되고 관리되어야 한다.
1. 국민이 아름답고 쾌적한 경관을 누릴 수 있도록 할 것
2. 지역의 고유한 자연·역사 및 문화를 드러내고 지역주민의 생활 및 경제활동과의 긴밀한 관계 속에서 지역주민의 합의를 통하여 양호한 경관이 유지될 것
3. 각 지역의 경관이 고유한 특성과 다양성을 가질 수 있도록 자율적인 경관행정 운영방식을 권장하고, 지역주민이 이에 주체적으로 참여할 수 있도록 할 것
4. 개발과 관련된 행위는 경관과 조화 및 균형을 이루도록 할 것
5. 우수한 경관을 보전하고 훼손된 경관을 개선·복원함과 동시에 새롭게 형성되는 경관은 개성있는 요소를 갖도록 유도할 것
6. 국민의 재산권을 과도하게 제한하지 아니하도록 하고, 지역 간 형평성을 고려할 것

제4조(국가 및 지방자치단체 등의 책무) ① 국가 및 지방자치단체는 아름답고 쾌적한 경관을 형성하는 데 필요한 시책을 마련하여야 하며, 우수한 경관을 발굴하여 지원·육성하여야 한다.
② 국가 및 지방자치단체는 경관관리의 기본원칙에 대한 국민의 이해를 높이도록 노력하여야 한다.
③ 국민은 아름답고 쾌적한 경관을 보전하고 개선하기 위하여 국가 및 지방자치단체의 시책에 적극적으로 협력하여야 한다.

제5조(다른 법률과의 관계) 경관의 보전·관리 및 형성 등에 관하여 다른 법률에 특별한 규정이 있는 경우를 제외하고는 이 법에서 정하는 바에 따른다.

제2장 경관계획

제6조(경관정책기본계획의 수립 등) ① 국토교통부장관은 아름답고 쾌적한 국토경관을 형성하고 우수한 경관을 발굴하여 지원·육성하기 위하여 경관정책기본계획을 5년마다 수립·시행하여야 한다.
② 경관정책기본계획에는 다음 각 호의 사항이 포함되어야 한다.
1. 국토경관의 현황 및 여건 변화 전망에 관한 사항
2. 경관정책의 기본목표와 바람직한 국토경관의 미래상 정립에 관한 사항
3. 국토경관의 종합적·체계적 관리에 관한 사항
4. 사회기반시설의 통합적 경관관리에 관한 사항
5. 우수한 경관의 보전 및 그 지원에 관한 사항
6. 경관 분야의 전문인력 육성에 관한 사항
7. 지역주민의 참여에 관한 사항
8. 그 밖에 경관에 관한 중요 사항

③ 국토교통부장관은 경관정책기본계획을 수립할 때 「농어업인 삶의 질 향상 및 농어촌지역 개발촉진에 관한 특별법」 제5조제1항에 따른 농어업인 삶의 질 향상 및 농어촌지역개발 기본계획 등 경관과 관련된 계획과 연계되도록 하여야 한다.
④ 국토교통부장관은 경관정책기본계획을 수

립하거나 변경하려는 경우에는 환경부장관 등 관계 중앙행정기관의 장과 협의하고, 공청회 등을 거쳐 의견을 수렴한 후 제29조제1항에 따라 국토교통부장관 소속으로 설치하는 경관위원회의 심의를 거쳐야 한다.

⑤ 국토교통부장관은 경관정책기본계획을 수립하면 이를 관보 또는 국토교통부의 인터넷 홈페이지에 공고하고, 관계 중앙행정기관의 장과 다음 각 호의 어느 하나에 해당하는 자에게 알려야 한다. <개정 2015.7.24.>

1. 특별시장 · 광역시장 · 특별자치시장 · 도지사 · 특별자치도지사(이하 "시 · 도지사"라 한다)
2. 시장[「제주특별자치도 설치 및 국제자유도시 조성을 위한 특별법」 제10조제2항에 따른 행정시의 시장(이하 "행정시장"이라 한다)은 제외한다. 이하 같다] · 군수(광역시 관할구역에 있는 군의 군수는 제외한다. 이하 같다)
3. 행정시장
4. 구청장(자치구의 구청장을 말한다. 이하 같다) 및 광역시의 군수(이하 "구청장등"이라 한다)
5. 「경제자유구역의 지정 및 운영에 관한 특별법」 제27조의2제1항에 따라 설치되는 행정기구(이하 "경제자유구역청"이라 한다)의 장(이하 "경제자유구역청장"이라 한다)

제7조(경관계획의 수립권자 및 대상 지역) ① 다음 각 호의 자는 관할구역에 대하여 경관을 보전 · 관리 및 형성하기 위한 계획(이하 "경관계획"이라 한다)을 수립하여야 한다. <개정 2015.7.24.>

1. 시 · 도지사
2. 인구 10만명을 초과하는 시[「제주특별자치도 설치 및 국제자유도시 조성을 위한 특별법」 제10조제2항에 따른 행정시(이하 "행정시"라 한다)는 제외한다. 이하 같다]의 시장
3. 인구 10만명을 초과하는 군(광역시 관할구역에 있는 군은 제외한다. 이하 이 조 제2항 및 제4항에서 같다)의 군수

② 인구 10만명 이하인 시 · 군의 시장 · 군수, 행정시장, 구청장등 또는 경제자유구역청장은 관할구역에 대하여 경관계획을 수립할 수 있다.

③ 특별시장 · 광역시장 · 특별자치시장 · 도지사, 시장 · 군수, 행정시장, 구청장등 또는 경제자유구역청장은 둘 이상의 특별시 · 광역시 · 특별자치시 · 도, 시 · 군 · 구(자치구를 말한다. 이하 같다), 행정시 또는 경제자유구역청의 관할구역에 걸쳐 있는 지역을 대상으로 공동으로 경관계획을 수립할 수 있다.

④ 도지사는 시장 · 군수가 요청하거나 그 밖에 필요하다고 인정하는 경우에는 둘 이상의 시 또는 군의 관할구역에 걸쳐 있는 지역을 대상으로 경관계획을 수립할 수 있다.

제8조(경관계획 수립의 제안) ① 주민(경관계획의 수립에 따른 이해관계자를 포함한다)은 제7조에 따라 경관계획을 수립할 수 있는 자에게 제안 내용을 첨부하여 경관계획의 수립을 제안할 수 있다.

② 제1항에 따라 경관계획의 수립을 제안받은 자는 그 처리 결과를 제안자에게 알려야 한다.

③ 제1항 및 제2항에서 규정한 사항 외에 경관계획의 제안, 제안서의 처리 등에 필요한 사항은 대통령령으로 정한다.

제9조(경관계획의 내용) ① 경관계획에는 다음 각 호의 사항이 포함되어야 한다. 다만, 도지사가 수립하는 경관계획에는 제4호부터 제11호까지의 사항을 생략할 수 있고, 특별시장 · 광역시장 · 특별자치시장 · 특별자치도지사, 시장 · 군수, 행정시장, 구청장등 또는 경제자유구역청장이 수립하는 경관계획에는 제5호부터 제9호까지 및 제11호의 사항을 생략할 수 있다.

1. 경관계획의 기본방향 및 목표에 관한 사항
2. 경관자원의 조사 및 평가에 관한 사항
3. 경관구조의 설정에 관한 사항
4. 중점적으로 경관을 보전 · 관리 및 형성하여야 할 구역(이하 "중점경관관리구역"이라 한다)의 관리에 관한 사항
5. 「국토의 계획 및 이용에 관한 법률」 제37조제1항제1호에 따른 경관지구(이하 "경관지구"라 한다)와 같은 항 제2호에 따른 미관지구(이하 "미관지구"라 한다)의 관리 및 운용에 관한 사항
6. 제16조에 따른 경관사업의 추진에 관한 사항
7. 제19조에 따른 경관협정의 관리 및 운영에 관한 사항
8. 경관관리의 행정체계 및 실천방안에 관한 사항
9. 자연 경관, 시가지 경관 및 농산어촌 경

관 등 특정한 경관 유형 또는 건축물, 가로(街路), 공원 및 녹지 등 특정한 경관 요소의 관리에 관한 사항

10. 경관계획의 시행을 위한 재원조달 및 단계적 추진에 관한 사항

11. 그 밖에 경관의 보전·관리 및 형성에 관한 사항으로서 해당 지방자치단체의 조례로 정하는 사항

② 경관계획이 이미 수립된 특별시·광역시·특별자치시·도·특별자치도(이하 "시·도"라 한다)의 관할구역에서 수립하는 시·군·구·행정시·경제자유구역청의 경관계획은 해당 시·도의 경관계획에 부합되어야 하며, 시·군·구·행정시·경제자유구역청의 경관계획 내용과 시·도의 경관계획의 내용이 다른 경우 시·도의 경관계획이 우선한다.

③ 시·도지사, 시장·군수, 행정시장, 구청장등 또는 경제자유구역청장(이하 "시·도지사등"이라 한다)은 경관계획을 수립하는 경우에는 이미 수립된 다른 법률에 따른 경관 관련 계획에 부합되게 하여야 하고, 경관계획이 수립된 이후 다른 법률에 따른 경관 관련 계획을 수립하는 경우에는 이미 수립된 경관계획에 부합되게 하여야 한다.

④ 경관계획은 도시·군기본계획(「국토의 계획 및 이용에 관한 법률」 제2조제3호에 따른 도시·군기본계획을 말한다. 이하 같다)에 부합되어야 하며, 경관계획의 내용과 도시·군기본계획의 내용이 다른 경우 도시·군기본계획이 우선한다.

⑤ 국토교통부장관은 경관계획의 수립기준 등에 관하여 대통령령으로 정하는 바에 따라 관계 중앙행정기관의 장과 공동으로 정하여 고시하여야 한다.

제9조(경관계획의 내용) ① 경관계획에는 다음 각 호의 사항이 포함되어야 한다. 다만, 도지사가 수립하는 경관계획에는 제4호부터 제11호까지의 사항을 생략할 수 있고, 특별시장·광역시장·특별자치시장·특별자치도지사, 시장·군수, 행정시장, 구청장등 또는 경제자유구역청장이 수립하는 경관계획에는 제5호부터 제9호까지 및 제11호의 사항을 생략할 수 있다. <개정 2017.4.18.>

1. 경관계획의 기본방향 및 목표에 관한 사항
2. 경관자원의 조사 및 평가에 관한 사항
3. 경관구조의 설정에 관한 사항
4. 중점적으로 경관을 보전·관리 및 형성하여야 할 구역(이하 "중점경관관리구역"이라 한다)의 관리에 관한 사항
5. 「국토의 계획 및 이용에 관한 법률」 제37조제1항제1호에 따른 경관지구(이하 "경관지구"라 한다)의 관리 및 운용에 관한 사항
6. 제16조에 따른 경관사업의 추진에 관한 사항
7. 제19조에 따른 경관협정의 관리 및 운영에 관한 사항
8. 경관관리의 행정체계 및 실천방안에 관한 사항
9. 자연 경관, 시가지 경관 및 농산어촌 경관 등 특정한 경관 유형 또는 건축물, 가로(街路), 공원 및 녹지 등 특정한 경관 요소의 관리에 관한 사항
10. 경관계획의 시행을 위한 재원조달 및 단계적 추진에 관한 사항
11. 그 밖에 경관의 보전·관리 및 형성에 관한 사항으로서 해당 지방자치단체의 조례로 정하는 사항

② 경관계획이 이미 수립된 특별시·광역시·특별자치시·도·특별자치도(이하 "시·도"라 한다)의 관할구역에서 수립하는 시·군·구·행정시·경제자유구역청의 경관계획은 해당 시·도의 경관계획에 부합되어야 하며, 시·군·구·행정시·경제자유구역청의 경관계획 내용과 시·도의 경관계획의 내용이 다른 경우 시·도의 경관계획이 우선한다.

③ 시·도지사, 시장·군수, 행정시장, 구청장등 또는 경제자유구역청장(이하 "시·도지사등"이라 한다)은 경관계획을 수립하는 경우에는 이미 수립된 다른 법률에 따른 경관 관련 계획에 부합되게 하여야 하고, 경관계획이 수립된 이후 다른 법률에 따른 경관 관련 계획을 수립하는 경우에는 이미 수립된 경관계획에 부합되게 하여야 한다.

④ 경관계획은 도시·군기본계획(「국토의 계획 및 이용에 관한 법률」 제2조제3호에 따른 도시·군기본계획을 말한다. 이하 같다)에 부합되어야 하며, 경관계획의 내용과 도시·군기본계획의 내용이 다른 경우 도시·군기본계획이 우선한다.

⑤ 국토교통부장관은 경관계획의 수립기준 등에 관하여 대통령령으로 정하는 바에 따라 관계 중앙행정기관의 장과 공동으로 정하여 고시하여야 한다.

[시행일 : 2018.4.19.] 제9조

제10조(경관계획의 수립 또는 변경을 위한 기초조사) 시·도지사등은 경관계획을 수립하거나 변경하려는 경우에는 대통령령으로 정하는 바에 따라 경관계획의 수립 또는 변경에 필요한 사항을 조사하여야 한다. 다만, 경관계획의 수립 또는 변경에 필요한 사항에 대하여 다른 법령에 따라 조사한 결과가 있는 경우에는 그 조사한 결과를 활용할 수 있다.

제11조(공청회 및 지방의회의 의견청취) ① 시·도지사등은 경관계획을 수립하거나 변경하려는 경우에는 미리 공청회를 개최하여 주민 및 관계 전문가 등의 의견을 들어야 하며, 공청회에서 제시된 의견이 타당하다고 인정할 때에는 경관계획에 반영하여야 한다.

② 제1항에 따른 공청회 개최에 필요한 사항은 대통령령으로 정하는 바에 따라 해당 지방자치단체의 조례로 정한다.

③ 시·도지사등은 경관계획을 수립하거나 변경하려는 경우에는 해당 지방의회(행정시 및 경제자유구역청의 경우에는 행정시 및 경제자유구역청이 소속한 지방자치단체의 의회를 말한다. 이하 이 항에서 같다)의 의견을 들어야 한다. 이 경우 지방의회는 특별한 사유가 없으면 30일 이내에 의견을 제시하여야 하며, 그 기한 내에 의견을 제출하지 아니하면 의견이 없는 것으로 본다.

④ 도지사는 제7조제4항에 따라 경관계획을 수립하거나 변경하려는 경우에는 관계 시장·군수의 의견을 듣기 위하여 기한을 명시하여 경관계획안을 관계 시장·군수에게 보내야 한다.

⑤ 제4항에 따라 경관계획안을 받은 시장·군수는 명시된 기한까지 그 경관계획안에 대한 의견을 도지사에게 제출하여야 하며, 그 기한 내에 의견을 제출하지 아니하면 의견이 없는 것으로 본다.

제12조(경관계획의 수립절차) ① 시·도지사 또는 시장·군수는 경관계획을 수립하거나 변경하는 경우에는 환경부장관 등 관계 행정기관의 장과 미리 협의한 후 제29조제1항에 따라 해당 시·도지사 또는 시장·군수 소속으로 설치하는 경관위원회의 심의를 거쳐야 한다.

② 제1항에 따라 협의를 요청받은 관계 행정기관의 장은 특별한 사유가 없으면 그 요청을 받은 날부터 30일 이내에 의견을 제출하여야 하며, 그 기간 내에 의견을 제출하지 아니하면 협의가 이루어진 것으로 본다.

③ 시·도지사 또는 시장·군수는 경관계획을 수립하거나 변경하였을 경우에는 관계 행정기관의 장에게 관계 서류를 보내야 하며, 대통령령으로 정하는 바에 따라 공고하고 주민이 열람할 수 있도록 하여야 한다.

제13조(경관계획의 승인) ① 행정시장, 구청장등 또는 경제자유구역청장은 제7조제2항에 따라 경관계획을 수립하거나 변경하려면 대통령령으로 정하는 바에 따라 관할 시·도지사의 승인을 받아야 한다.

② 시·도지사는 제1항에 따라 경관계획을 승인하려면 환경부장관 등 관계 행정기관의 장과 미리 협의한 후 제29조제1항에 따라 해당 시·도지사 소속으로 설치하는 경관위원회의 심의를 거쳐야 한다.

③ 시·도지사는 경관계획을 승인하면 관계 행정기관의 장 및 해당 행정시장, 구청장등 또는 경제자유구역청장에게 관계 서류를 보내야 하며, 관계 서류를 받은 행정시장, 구청장등 또는 경제자유구역청장은 대통령령으로 정하는 바에 따라 공고하고 주민이 열람할 수 있도록 하여야 한다.

④ 제2항에 따른 협의에 관하여는 제12조제2항을 준용한다.

제14조(경관지구와 미관지구의 지정 및 관리) ① 시·도지사등은 경관계획에 따라 경관지구와 미관지구를 지정하거나 지정을 요청할 수 있다. 이 경우 경관지구와 미관지구의 지정절차 등은 「국토의 계획 및 이용에 관한 법률」 제37조에 따른다.

② 경관계획을 수립한 시·도지사등은 경관지구와 미관지구를 경관계획에 따라 관리하여야 한다.

제14조(경관지구의 지정 및 관리) ① 시·도지사등은 경관계획에 따라 경관지구를 지정하거나 지정을 요청할 수 있다. 이 경우 경관지구의 지정절차 등은 「국토의 계획 및 이용에 관한 법률」 제37조에 따른다. <개정 2017.4.18.>

② 경관계획을 수립한 시·도지사등은 경관지구를 경관계획에 따라 관리하여야 한다. <개정 2017.4.18.>

[제목개정 2017.4.18.]

[시행일 : 2018.4.19.] 제14조

제15조(경관계획의 정비) 제7조에 따라 경관계획을 수립한 자는 5년마다 같은 조에 따른 경관계획에 대하여 그 타당성을 재검토하여 정비하여야 한다.

제3장 경관사업

제16조(경관사업의 대상 등) ① 중앙행정기관의 장 또는 시·도지사등은 지역의 경관을 향상시키고 경관의식을 높이기 위하여 경관계획이 수립된 지역에서 다음 각 호의 사업(이하 "경관사업"이라 한다)을 시행할 수 있다.

1. 가로환경의 정비 및 개선을 위한 사업
2. 지역의 녹화(綠化)와 관련된 사업
3. 야간경관의 형성 및 정비를 위한 사업
4. 지역의 역사적·문화적 특성을 지닌 경관을 살리는 사업
5. 농산어촌의 자연경관 및 생활환경을 개선하는 사업
6. 그 밖에 경관의 보전·관리 및 형성을 위한 사업으로서 해당 지방자치단체의 조례로 정하는 사업

② 제1항에 따라 경관사업을 시행할 수 있는 자 외의 자는 경관계획이 수립된 지역에서 관계 중앙행정기관의 장 또는 그 경관계획을 수립한 시·도지사등의 승인을 받아 경관사업을 시행할 수 있다. 이 경우 경관사업의 시행을 승인받으려는 자는 대통령령으로 정하는 바에 따라 중앙행정기관의 장 또는 시·도지사등에게 사업계획서를 제출하여야 한다.

③ 제2항에 따른 승인신청을 받은 중앙행정기관의 장은 경관사업의 시행을 승인하기 전에 대통령령으로 정하는 바에 따라 제29조제1항에 따라 국토교통부장관 소속으로 설치하는 경관위원회 또는 승인신청을 받은 중앙행정기관의 장 소속으로 설치하는 경관과 관련된 위원회의 심의를 거쳐야 하고, 시·도지사등이 경관사업의 승인신청을 받은 경우에는 경관사업의 시행을 승인하기 전에 제29조제1항에 따라 해당 시·도지사등 소속으로 설치하는 경관위원회의 심의를 거쳐야 한다.

제17조(경관사업추진협의체) ① 중앙행정기관의 장 또는 시·도지사등은 경관사업을 원활하게 추진하기 위하여 필요한 경우 지역주민, 시민단체, 관계 전문가 등으로 구성된 경관사업추진협의체를 설치할 수 있다.

② 경관사업추진협의체는 경관사업의 계획수립, 경관사업의 추진 및 사후관리 등 경관사업의 각 단계에 참여하여 경관사업이 일관성을 유지하도록 노력하여야 한다.

③ 경관사업추진협의체의 조직·운영 및 업무 등에 관하여 필요한 사항은 대통령령으로 정한다.

제18조(경관사업에 대한 재정지원 등) ① 국가 및 지방자치단체는 제16조제1항 및 제2항에 따른 경관사업에 필요한 자금의 전부 또는 일부를 보조하거나 융자할 수 있으며, 경관사업에 필요한 기술적 지원을 할 수 있다.

② 중앙행정기관의 장 또는 시·도지사등이 필요하다고 인정할 때에는 경관사업을 시행하는 자로 하여금 감독에 필요한 보고를 하게 하거나 자료를 제출하도록 명령할 수 있다.

제4장 경관협정

제19조(경관협정의 체결) ① 토지소유자와 그 밖에 대통령령으로 정하는 자(이하 "토지소유자등"이라 한다)는 전원의 합의로 쾌적한 환경과 아름다운 경관을 형성하기 위한 협정(이하 "경관협정"이라 한다)을 체결할 수 있다. 이 경우 경관협정의 효력은 경관협정을 체결한 토지소유자등에게만 미친다.

② 일단의 토지 또는 하나의 토지의 소유자가 1인인 경우에도 그 토지의 소유자는 해당 토지의 구역을 경관협정 대상지역으로 하는 경관협정을 정할 수 있다. 이 경우 그 토지소유자 1인을 경관협정 체결자로 본다.

③ 토지소유자등은 제1항에 따라 경관협정을 체결(제2항에 따라 토지소유자 1인이 경관협정을 정하는 경우를 포함한다. 이하 같다)하는 경우 다음 각 호의 사항을 준수하여야 한다.

1. 이 법 및 관계 법령을 위반하지 아니할 것
2. 「국토의 계획 및 이용에 관한 법률」 제2조제6호에 따른 기반시설의 입지를 제한하는 내용을 포함하지 아니할 것

④ 경관협정은 다음 각 호의 사항을 포함할 수 있다. <개정 2016.1.6.>

1. 건축물의 의장(意匠)·색채 및 옥외광고물(「옥외광고물 등의 관리와 옥외광고

산업 진흥에 관한 법률」 제2조제1호에 따른 옥외광고물을 말한다)에 관한 사항
2. 공작물[「건축법」 제83조제1항에 따라 특별자치도지사 또는 시장·군수(광역시 관할구역에 있는 군의 군수를 포함한다. 이하 제27조제4항 및 제28조제3항에서 같다)·구청장에게 신고하여 축조하는 공작물을 말한다. 이하 같다] 및 건축설비(「건축법」 제2조제1항제4호에 따른 건축설비를 말한다)의 위치에 관한 사항
3. 건축물 및 공작물 등의 외부 공간에 관한 사항
4. 토지의 보전 및 이용에 관한 사항
5. 역사·문화 경관의 관리 및 조성에 관한 사항
6. 그 밖에 대통령령으로 정하는 사항

⑤ 토지소유자등이 경관협정을 체결하는 경우에는 경관협정서를 작성하여야 하며, 경관협정서에는 다음 각 호의 사항이 명시되어야 한다.
1. 경관협정의 명칭
2. 경관협정 대상지역의 위치 및 범위
3. 경관협정의 목적
4. 경관협정의 내용
5. 제1항에 따라 경관협정을 체결하는 자(이하 "협정체결자"라 한다) 및 제20조제1항에 따른 경관협정운영회의 성명·명칭과 주소
6. 경관협정의 유효기간
7. 경관협정 위반 시 제재에 관한 사항
8. 그 밖에 경관협정에 필요한 사항으로서 해당 지방자치단체의 조례로 정하는 사항

제20조(경관협정운영회의 설립) ① 협정체결자는 경관협정서의 작성 및 경관협정의 관리 등을 위하여 필요한 경우 협정체결자 간의 자율적 기구로서 운영회(이하 "경관협정운영회"라 한다)를 설립할 수 있다.
② 경관협정운영회를 설립하려면 협정체결자 과반수의 동의를 받아 경관협정운영회의 대표자 및 위원을 선임하고, 대통령령으로 정하는 바에 따라 해당 시·도지사등에게 신고하여야 한다.

제21조(경관협정의 인가) ① 협정체결자 또는 경관협정운영회의 대표자는 경관협정서를 작성하여 대통령령으로 정하는 바에 따라 해당 시·도지사등의 인가를 받아야 한다. 이 경우 인가신청을 받은 시·도지사등은 인가를 하기 전에 제29조제1항에 따라 해당 시·도지사등 소속으로 설치하는 경관위원회의 심의를 거쳐야 한다.
② 시·도지사등은 제1항에 따라 경관협정을 인가하였을 때에는 대통령령으로 정하는 바에 따라 그 내용을 공고하고 주민이 열람할 수 있게 하여야 한다.

제22조(경관협정의 변경) 경관협정의 변경에 관하여는 제19조 및 제21조를 준용한다. 다만, 대통령령으로 정하는 경미한 사항을 변경하는 경우에는 그러하지 아니하다.

제23조(경관협정의 폐지) ① 협정체결자 또는 경관협정운영회의 대표자는 경관협정을 폐지하려는 경우 협정체결자 과반수의 동의를 받아 대통령령으로 정하는 바에 따라 해당 시·도지사등의 인가를 받아야 한다.
② 경관협정의 폐지에 관하여는 제21조제2항을 준용한다.

제24조(경관협정의 준수 및 승계) ① 경관협정의 대상이 되는 구역에서 제19조제4항 각 호의 사항에 해당하는 행위를 하려는 협정체결자는 제21조 및 제22조에 따라 인가된 경관협정의 내용을 준수하여야 한다.
② 경관협정이 제21조제2항에 따라 공고된 후 경관협정의 대상이 되는 구역에서 협정체결자인 토지소유자등으로부터 권리를 이전 또는 설정 받은 자 중 대통령령으로 정하는 자는 협정체결자로서의 지위를 승계한다. 다만, 경관협정에서 달리 정한 경우에는 그에 따른다.

제25조(경관협정에 관한 지원) ① 시·도지사등은 경관협정서 작성 등의 자문에 대한 응답 등 경관협정에 관한 기술적·재정적 지원을 할 수 있다.
② 협정체결자 또는 경관협정운영회의 대표자는 경관협정에 필요한 비용 등을 지원받으려는 경우 대통령령으로 정하는 바에 따라 시·도지사등에게 사업계획서를 제출하여야 한다.

제5장 사회기반시설 사업 등의 경관 심의

제26조(사회기반시설 사업의 경관 심의) ① 「건설기술 진흥법」 제2조제6호에 따른 발주청(이하 이 조에서 "발주청"이라 한다)은 다음 각 호의 사회기반시설 사업으로서 대통령령으로 정하는 규모 이상의 사업을 실시하려고 하는 경우 대통령령으로 정하는 바에 따라 제29조제1항에 따른 경관위원회(이하 이 장에서 "경관위원회"라 한다)의 심의를 거쳐야 한다.

1. 「도로법」에 따른 도로
2. 「철도건설법」에 따른 철도시설
3. 「도시철도법」에 따른 도시철도시설
4. 「하천법」에 따른 하천시설
5. 그 밖에 지방자치단체의 조례로 정하는 시설

② 제1항에 따른 경관위원회의 심의기준은 환경 관계 법률에 따른 환경성평가와 중복되지 아니하도록 국토교통부장관이 환경부장관과 협의하여 고시한다.

③ 제1항에도 불구하고 대통령령으로 정하는 바에 따라 발주청에서 구성한 경관과 관련된 위원회의 심의를 거친 경우 경관위원회의 심의를 받지 아니한다. 이 경우 발주청은 심의 결과를 15일 이내에 해당 경관위원회에 제출하여야 한다.

제27조(개발사업의 경관 심의) ① 「도시개발법」 제2조제1항제2호에 따른 도시개발사업 등 대통령령으로 정하는 개발사업을 시행하려는 자는 개발사업에 따른 지구의 지정이나 사업계획의 승인 등을 받기 전에 대통령령으로 정하는 바에 따라 경관위원회의 심의를 거쳐야 한다.

② 제1항에 따른 경관위원회의 심의기준은 환경 관계 법률에 따른 환경성평가와 중복되지 아니하도록 국토교통부장관이 환경부장관과 협의하여 고시한다.

③ 제1항의 개발사업 중 대통령령으로 정하는 규모 이상의 개발사업을 시행하려는 자는 다음 각 호의 사항을 포함하여 대통령령으로 정하는 바에 따라 사전경관계획을 수립하여 경관위원회의 심의를 거쳐야 한다. 다만, 개발사업의 계획에 다음 각 호의 사항이 포함되어 있는 경우에는 사전경관계획을 수립한 것으로 본다.

1. 경관계획의 기본방향 및 목표에 관한 사항
2. 주변 지역의 경관 현황에 관한 사항
3. 경관 구조의 설정에 관한 사항
4. 건축물, 가로, 공원 및 녹지 등 주요 경관 요소를 통한 도시공간구조의 입체적 기본구상에 관한 사항

④ 제3항에 따라 사전경관계획을 수립(같은 항 각 호 외의 부분 단서에 따라 사전경관계획을 수립한 것으로 보는 경우를 포함한다)하여 경관위원회의 심의를 받으려는 자는 우수한 경관을 창출하기 위하여 필요한 경우 시·도지사 또는 시장·군수·구청장에게 「건축법」 제71조제1항에 따른 특별건축구역 지정 신청을 요청할 수 있다. 이 경우 특별건축구역 지정 신청을 요청받은 시·도지사 또는 시장·군수·구청장은 특별한 사유가 없으면 요청에 따라야 한다.

제28조(건축물의 경관 심의) ① 다음 각 호의 어느 하나에 해당하는 건축물을 건축하려는 자는 대통령령으로 정하는 바에 따라 경관위원회의 심의를 거쳐야 한다.

1. 경관지구의 건축물(해당 지방자치단체의 조례로 정하는 건축물은 제외한다)
2. 중점경관관리구역의 건축물로서 해당 지방자치단체의 조례로 정하는 건축물
3. 지방자치단체, 「공공기관의 운영에 관한 법률」에 따른 공공기관 또는 「지방공기업법」에 따른 지방공기업이 건축하는 건축물로서 해당 지방자치단체의 조례로 정하는 건축물
4. 그 밖에 관할지역의 경관관리를 위하여 필요한 건축물로서 해당 지방자치단체의 조례로 정하는 건축물

② 제1항에 따른 경관위원회의 심의기준은 환경 관계 법률에 따른 환경성평가와 중복되지 아니하도록 국토교통부장관이 환경부장관과 협의하여 고시한다.

③ 제1항제1호 및 제2호에 해당하는 건축물을 건축하려는 자는 우수한 경관을 창출하기 위하여 필요한 경우 대통령령으로 정하는 바에 따라 「건축법」 제42조, 제55조, 제58조, 제60조 및 제61조의 기준을 완화하여 적용할 것을 특별시장·광역시장·특별자치시장·특별자치도지사 또는 시장·군수·구청장(이하 이 조에서 "허가권자"라 한다)에게 요청할 수 있다.

④ 제3항의 허가권자는 「건축법」 제4조에 따른 건축위원회의 심의를 거쳐 해당 기준의 완화 여부와 적용 범위를 결정하고 그 결과를 신청인에게 알려야 한다.

⑤ 제3항 및 제4항에 따른 기준 완화 요청 및 결정의 절차와 그 밖에 필요한 사항은 대통령령으로 정한다.

제6장 경관위원회

제29조(경관위원회의 설치) ① 경관과 관련된 사항에 대한 심의 또는 자문을 위하여 국토교통부장관 또는 시·도지사등 소속으로 경관위원회를 둔다. 다만, 경관위원회를 설치·운영하기 어려운 경우에는 대통령령으로 정하는 경관과 관련된 위원회가 그 기능을 수행할 수 있다.

② 시장·군수, 행정시장, 구청장등 또는 경제자유구역청장은 별도의 경관위원회를 구성하지 아니하고, 해당 지방자치단체(행정시 및경제자유구역청을 포함한다)가 속한 시·도에 설치된 경관위원회에서 심의하도록 시·도지사에게 요청할 수 있다.

③ 국토교통부장관 또는 시·도지사등은 경관 관련 사항의 심의가 필요한 경우 대통령령으로 정하는 바에 따라 다른 법률에 따라 설치된 위원회와 제1항에 따른 경관위원회(같은 항 단서에 따라 경관위원회의 기능을 대신하여 수행하는 경관과 관련된 위원회를 포함한다. 이하 같다)가 공동으로 하는 심의를 거칠 수 있다.

제30조(경관위원회의 기능) ① 경관위원회의 심의를 거쳐야 할 사항은 다음 각 호와 같다.

1. 제12조에 따른 경관계획의 수립 또는 변경
2. 제13조에 따른 경관계획의 승인
3. 제16조에 따른 경관사업 시행의 승인
4. 제21조에 따른 경관협정의 인가
5. 제26조에 따른 사회기반시설 사업의 경관 심의
6. 제27조에 따른 개발사업의 경관 심의
7. 제28조에 따른 건축물의 경관 심의
8. 그 밖에 경관에 중요한 영향을 미치는 사항으로서 대통령령으로 정하는 사항

② 국토교통부장관 또는 시·도지사등이 경관위원회에 자문하여야 하는 사항은 다음 각 호와 같다. 다만, 제3호 및 제4호는 시·도지사등에만 해당한다.

1. 경관계획에 관한 사항
2. 경관사업의 계획에 관한 사항
3. 경관에 관한 조례의 제정 및 개정에 관한 사항
4. 그 밖에 경관에 중요한 영향을 미치는 사항으로서 해당 지방자치단체의 조례로 정하는 사항

제31조(경관위원회의 구성·운영) 이 법에서 규정한 사항 외에 경관위원회의 구성·운영에 관한 사항과 그 밖에 필요한 사항은 대통령령으로 정한다.

제7장 보칙

제32조(인력 양성 및 지원) ① 국가 및 지방자치단체는 경관의 보전·관리 및 형성을 촉진하기 위하여 전문인력의 양성 및 교육, 우수한 경관의 발굴 및 그에 따른 포상 등 필요한 지원을 할 수 있다.

② 국가는 지방자치단체에 지역의 개발 또는 정비사업에 필요한 비용을 지원하는 경우 경관의 보전·관리 및 형성을 위한 계획 또는 실적이 우수한 지방자치단체를 우선적으로 지원할 수 있다.

제33조(경관관리정보체계의 구축·운영) ① 국토교통부장관 또는 시·도지사등은 경관계획 수립, 경관 심의 등 경관관리를 효율적으로 하기 위하여 경관관리정보체계를 구축하여 운영할 수 있다.

② 국토교통부장관 또는 시·도지사등은 경관관리정보체계를 통하여 경관자원의 현황, 경관사업의 내용 등 대통령령으로 정하는 사항을 관계 기관 및 일반 국민에게 제공할 수 있다.

③ 제1항 및 제2항에서 규정한 사항 외에 경관관리정보체계의 구축·운영 등에 필요한 사항은 대통령령으로 정한다.

제34조(벌칙 적용 시의 공무원 의제) 제29조제1항에 따른 경관위원회의 위원 중 공무원이 아닌 사람에 대하여 「형법」 제129조부터 제132조까지의 규정을 적용할 때에는 그를 공무원으로 본다.

부칙

<제13726호, 2016.1.6.>

(옥외광고물 등의 관리와 옥외광고산업 진흥에 관한 법률)

제1조(시행일) 이 법은 공포 후 6개월이 경과한 날부터 시행한다. <단서 생략>

제2조부터 제5조까지 생략

제6조(다른 법률의 개정) ①부터 ③까지 생략
④ 경관법 일부를 다음과 같이 개정한다.
제19조제4항제1호 중 "「옥외광고물 등 관리법」"을 "「옥외광고물 등의 관리와 옥외광고산업 진흥에 관한 법률」"로 한다.
⑤부터 ⑲까지 생략

제7조 생략

건축물의 분양에 관한 법률

(약칭: 건축물분양법)

[시행 2018.1.25.]

[법률 제14934호, 2017.10.24., 일부개정]

제1조(목적) 이 법은 건축물의 분양 절차 및 방법에 관한 사항을 정함으로써 건축물 분양 과정의 투명성과 거래의 안전성을 확보하여 분양받는 자를 보호하고 국민경제의 건전한 발전에 이바지함을 목적으로 한다.

[전문개정 2011.3.9.]

제2조(정의) 이 법에서 사용하는 용어의 뜻은 다음과 같다. <개정 2012.6.1.>

1. "건축물"이란「건축법」제2조제1항제2호의 건축물을 말한다.
2. "분양"이란 분양사업자가 건축하는 건축물의 전부 또는 일부를 2인 이상에게 판매하는 것을 말한다. 다만,「건축법」제2조제2항에 따른 건축물의 용도 중 둘 이상의 용도로 사용하기 위하여 건축하는 건축물을 판매하는 경우 어느 하나의 용도에 해당하는 부분의 바닥면적이 제3조제1항제1호에서 정한 규모 이상에 해당하고 그 부분의 전부를 1인에게 판매하는 것은 제외한다.
3. "분양사업자"란「건축법」제2조제1항제12호의 건축주로서 건축물을 분양하는 자를 말한다.
4. "분양받은 자"란 제6조제3항부터 제5항까지의 규정에 따라 분양사업자와 건축물의 분양계약을 체결한 자를 말한다.

[전문개정 2011.3.9.]

제3조(적용 범위) ① 이 법은「건축법」제11조에 따른 건축허가를 받아 건축하여야 하는 다음 각 호의 어느 하나에 해당하는 건축물로서 같은 법 제22조에 따른 사용승인서의 교부(이하 "사용승인"이라 한다) 전에 분양하는 건축물에 대하여 적용한다.

1. 분양하는 부분의 바닥면적(「건축법」제84조에 따른 바닥면적을 말한다)의 합계가 3천제곱미터 이상인 건축물
2. 업무시설 등 대통령령으로 정하는 용도 및 규모의 건축물

② 제1항에도 불구하고 다음 각 호의 어느 하나에 해당하는 건축물에 대하여는 이 법을 적용하지 아니한다. <개정 2012.6.1.>

1. 「주택법」에 따른 주택 및 복리시설
2. 「산업집적활성화 및 공장설립에 관한 법률」에 따른 지식산업센터
3. 「관광진흥법」에 따른 관광숙박시설
4. 「노인복지법」에 따른 노인복지시설
5. 「공공기관의 운영에 관한 법률」에 따른 공공기관이 매입하는 업무용 건축물
6. 「지방공기업법」에 따른 지방공기업이 매입하는 업무용 건축물

③ 제2조제2호 단서 및 제2항에도 불구하고 제2조제2호 단서에 따라 분양에 해당하지 아니하는 방법으로 매입한 건축물과 제2항제5호 및 제6호에 해당하는 건축물의 전매 또는 전매 알선에 대하여는 제6조의3제3항 및 제10조제2항제5호를 적용한다. <신설 2012.6.1.>

[전문개정 2011.3.9.]

제4조(분양 시기 등) ① 분양사업자는 다음 각 호의 구분에 따라 건축물을 분양하여야 한다.

1. 「자본시장과 금융투자업에 관한 법률」에 따른 신탁업자와 신탁계약 및 대리사무계약을 체결한 경우 또는 금융기관 등으로부터 분양보증을 받는 경우:「건축법」제21조에 따른 착공신고 후
2. 해당 건축물의 사용승인에 대하여 다른 건설업자 둘 이상의 연대보증을 받아 공증받은 경우: 골조공사의 3분의 2 이상이 완료된 후

② 제1항제1호의 적용과 관련하여 신탁회사가 분양사업자로 되는 신탁계약이 체결된 경우에는 착공신고 후 분양을 위한 별도의 신탁계약이 필요하지 아니하다.

③ 제1항제1호에서 "분양보증"이란 분양사업자가 파산 등의 사유로 분양계약을 이행할 수 없게 되는 경우 해당 건축물의 분양(사용승인을 포함한다)의 이행이나 납부한 분양대금의 환급(분양받은 자가 원하는 경우로 한정한다)을 책임지는 보증을 말한다.

④ 제1항제1호에 따른 신탁계약·대리사무계약의 방법과 기준, 분양보증을 할 수 있는 금융기관 등의 종류 및 범위는 대통령령으로 정한다.

⑤ 제1항제2호에서 "다른 건설업자"란「건설산업기본법」제2조제7호에 따른 건설업자로서 대통령령으로 정하는 건설업자를 말

한다. <개정 2011.5.24.>
⑥ 분양사업자는 건축물을 분양하려는 경우에는 건축할 대지(垈地)의 소유권을 확보하여야 한다. 다만, 건축할 대지의 소유권이 국가 또는 지방자치단체에 있거나 그 밖에 대통령령으로 정하는 경우에는 그러하지 아니하다.
⑦ 분양사업자는 제6항에 따라 소유권을 확보한 대지에 저당권, 가등기담보권, 전세권, 지상권 및 등기되어 있는 부동산임차권이 설정되어 있는 경우에는 이를 말소하여야 한다. 다만, 분양사업자가 국가 또는 지방자치단체인 경우 등 대통령령으로 정하는 경우에는 그러하지 아니하다.
[전문개정 2011.3.9.]

제5조(분양신고) ① 분양사업자는 건축물을 분양하려는 경우에는 「건축법」 제11조에 따른 허가권자(이하 "허가권자"라 한다)에게 신고하여야 한다.
② 분양사업자는 제1항에 따라 분양신고를 할 때에는 신탁계약서, 대리사무계약서, 대지의 등기사항증명서 등 대통령령으로 정하는 서류를 갖추어 허가권자에게 제출하여야 한다. 다만, 허가권자가 「전자정부법」 제36조제1항에 따라 행정정보의 공동이용을 통하여 확인한 서류의 경우에는 그러하지 아니하다. <개정 2011.4.12.>
③ 허가권자는 분양신고의 내용을 검토하여 이 법에 적합한 경우에는 분양신고를 수리(受理)하고 그 사실을 분양사업자에게 통보하여야 한다.
[전문개정 2011.3.9.]

제6조(분양방법 등) ① 분양사업자는 제5조제3항에 따른 분양신고의 수리 사실을 통보받은 후에 분양 광고에 따라 분양받을 자를 공개모집하여야 한다. 이 경우 대통령령으로 정하는 용도 및 규모의 건축물에 대해서는 인터넷을 활용하여 분양받을 자를 공개모집하여야 한다. <개정 2017.10.24.>
② 제1항에 따른 분양 광고에는 건축물의 위치·용도·규모 및 내진설계 등 대통령령으로 정하는 사항이 포함되어야 한다. <개정 2017.4.18.>
③ 분양사업자는 제1항에 따른 분양 광고에 따라 분양신청을 한 자 중에서 공개추첨의 방법으로 분양받을 자를 선정하여야 한다.
④ 분양사업자는 제3항에 따라 분양받을 자로 선정된 자와 분양계약을 체결하여야 하며, 분양계약서에는 분양 건축물의 표시, 신탁계약·대리사무계약 또는 분양보증계약의 종류, 신탁업자 또는 분양보증기관의 명칭 등 분양계약의 체결에 영향을 줄 수 있는 사항으로서 대통령령으로 정하는 사항이 포함되어야 한다.
⑤ 제3항에 따라 분양받을 자를 선정하고 남은 부분이 있거나 제4항에 따라 분양계약을 체결하고 남은 부분이 있는 경우에는 그 남은 부분에 대하여 분양받을 자를 선정할 때에는 대통령령으로 정하는 방법으로 한다. 이 경우 분양받을 자로 선정된 자와의 분양계약 체결에 관하여는 제4항을 적용한다.
⑥ 제1항에 따른 공개모집의 절차, 방법 등에 필요한 사항은 대통령령으로 정한다. <신설 2017.10.24.>
[전문개정 2011.3.9.]

제6조의2(거주자 우선 분양) ① 분양사업자는 「주택법」 제63조제1항에 따라 지정된 투기과열지구 또는 같은 법 제63조의2제1항제1호에 따라 지정된 조정대상지역에서 건축물을 분양하려는 경우에는 분양분의 100분의 20의 범위에서 대통령령으로 정하는 바에 따라 분양 신고일 현재 그 건축물 건설지역의 거주자(주된 사무소의 소재지가 있는 법인을 포함한다. 이하 같다)로서 분양을 신청한 자 중에서 분양받을 자를 우선 선정하여야 한다. 이 경우 분양사업자는 분양 광고에 이를 밝혀야 한다. <개정 2016.1.19., 2017.10.24.>
② 제1항은 제6조제1항에 따라 최초 공개모집이 이루어진 경우에만 적용한다.
[전문개정 2011.3.9.]

제6조의3(분양 건축물의 전매행위 제한) ① 「주택법」 제63조제1항에 따라 지정된 투기과열지구 또는 같은 법 제63조의2제1항제1호에 따라 지정된 조정대상지역에서 대통령령으로 정하는 용도 및 규모의 건축물을 분양받은 자 또는 소유자는 분양계약을 체결한 날부터 사용승인 후 1년의 범위에서 대통령령으로 정하는 기간에는 분양받은 자의 지위 또는 건축물을 전매(매매, 증여, 그 밖에 권리가 변동되는 모든 행위를 포함하되 상속은 제외한다. 이하 같다)하거나 이의 전매를 알선할 수 없다. 이 경우 전매제한 기간은 행정구역, 「주택법」 제63조제1항에 따라 지정되는 투기과열지구 또는 같은 법 제63조의2제

1항제1호에 따라 지정되는 조정대상지역 등을 고려하여 대통령령으로 다르게 정할 수 있다. <개정 2016.1.19., 2017.10.24.>

② 제1항에 해당하지 아니하는 건축물로서 분양사업자와 분양받은 자가 제6조제4항에 따른 분양계약 체결을 한 건축물의 경우에는 사용승인 전에 2명 이상에게 전매하거나 이의 전매를 알선할 수 없다.

③ 제2조제2호 단서에 따라 분양에 해당하지 아니하는 방법으로 매입한 건축물과 제3조제2항제5호 및 제6호에 해당하는 건축물의 경우에는 사용승인 전에 2인 이상에게 전매하거나 이의 전매를 알선할 수 없다. <신설 2012.6.1.>

[전문개정 2011.3.9.]

제6조의4(분양 건축물의 계약 취소) 허가권자 또는 분양사업자는 다음 각 호의 어느 하나에 해당하는 경우에는 분양받은 자와의 계약을 취소할 수 있다.

1. 제6조의2제1항에 따른 분양을 거짓이나 그 밖의 부정한 방법으로 받은 경우
2. 제6조의3제1항 또는 제2항을 위반하여 전매한 경우

[전문개정 2011.3.9.]

제7조(설계의 변경) ① 분양사업자는 분양한 건축물에 대하여 사용승인 전에 건축물의 면적 또는 층수의 증감(增減) 등 분양받은 자의 이해관계에 중대한 영향을 줄 수 있는 설계변경으로서 대통령령으로 정하는 설계변경을 하려는 경우에는 분양받은 자 전원의 동의를 받아야 한다.

② 분양사업자는 제1항에 따른 설계변경에 해당하지 아니하는 설계변경으로서 국토교통부령으로 정하는 설계변경을 하려는 경우에는 미리 그 내용을 분양받은 자 전원에게 알려야 한다. <개정 2013.3.23.>

③ 제1항과 제2항에 따른 동의 및 통보의 시기, 절차, 그 밖에 필요한 사항은 국토교통부령으로 정한다. <개정 2013.3.23.>

[전문개정 2011.3.9.]

제8조(분양대금의 납입) ① 분양사업자가 분양받은 자로부터 받는 분양대금은 계약금·중도금 및 잔금으로 구분한다.

② 제1항에 따른 계약금·중도금 및 잔금의 비율과 이를 받을 수 있는 시기는 대통령령으로 정한다.

[전문개정 2011.3.9.]

제9조(시정명령) ① 허가권자는 분양사업자의 분양 광고의 내용이 제5조제3항에 따라 수리된 분양신고의 내용과 다르거나 제6조제2항에 따른 사항을 포함하지 아니하였다고 인정되는 경우에는 즉시 분양사업자에게 시정을 명하고, 그 사실을 해당 허가권자가 운영하는 정보통신망에 공표하여야 한다.

② 분양사업자는 제1항에 따른 시정명령을 받은 경우에는 시정명령을 받은 날부터 10일 이내에 시정명령을 받은 내용과 정정할 사항을 대통령령으로 정하는 방법으로 공표하여야 한다.

③ 분양사업자는 제2항에 따른 시정명령을 이행하기 전에 제6조에 따라 분양받을 자를 선정하였거나 분양계약을 체결하였을 때에는 분양받을 자로 선정된 자 또는 분양받은 자에게 제2항에 따른 공표 내용을 알려야 한다.

[전문개정 2011.3.9.]

제9조의2(보고 및 감독) ① 국토교통부장관은 허가권자에게 분양사업자의 분양신고 등과 관련하여 필요한 자료 제출이나 보고를 요구할 수 있다. <개정 2013.3.23.>

② 허가권자는 제1항에 따른 자료 제출이나 보고를 요구받은 경우에는 특별한 사유가 없으면 그 요구에 따라야 한다.

③ 국토교통부장관은 허가권자가 한 명령이나 처분이 이 법에 위반된다고 인정하는 경우에는 그 명령 또는 처분의 취소·변경이나 그 밖에 필요한 조치를 명할 수 있다. <개정 2013.3.23.>

④ 제3항에 따른 필요한 조치명령을 받은 허가권자는 그 시정 결과 등을 국토교통부장관에게 지체 없이 보고하여야 한다. <개정 2013.3.23.>

[전문개정 2011.3.9.]

제9조의3(조사 및 검사 등) ① 국토교통부장관 또는 허가권자는 분양사업자에게 이 법의 시행에 필요한 자료의 제출과 보고를 요구할 수 있으며, 소속 공무원으로 하여금 해당 사무소에 출입하여 장부·대장, 그 밖의 서류를 조사 또는 검사하게 할 수 있다.

② 제1항에 따라 출입·검사 등을 하는 공무원은 그 권한을 표시하는 증표를 지니고 이를 관계인에게 내보여야 한다.

[본조신설 2017.10.24.]

제10조(벌칙) ① 제5조제1항에 따른 분양신고를 하지 아니하거나, 거짓이나 그 밖의 부정한 방법으로 분양신고를 하고 건축물을 분양한 자는 3년 이하의 징역 또는 3억원 이하의 벌금에 처한다.
② 다음 각 호의 어느 하나에 해당하는 자는 1년 이하의 징역 또는 1억원 이하의 벌금에 처한다. <개정 2012.6.1., 2017.10.24.>
1. 제6조제1항을 위반하여 분양신고의 수리 사실을 통보받지 아니하고 분양 광고를 하거나 공개모집이 아닌 방법으로 분양받을 자를 모집하거나 인터넷을 활용하여 모집하여야 하는 용도 및 규모의 건축물임에도 불구하고 인터넷을 활용하지 아니하고 분양받을 자를 공개모집한 자
2. 제6조제3항을 위반하여 공개추첨의 방법에 따르지 아니하고 분양받을 자를 선정한 자
3. 제6조제4항 또는 제5항 후단을 위반하여 분양계약을 체결한 자
4. 제6조의2제1항을 위반하여 분양하거나 분양 광고를 한 분양사업자
5. 제6조의3제1항부터 제3항까지의 규정을 위반하여 전매한 자 및 이의 전매를 알선한 자
6. 제7조제1항 또는 제2항을 위반하여 분양받은 자 전원에게 동의를 받지 아니하거나 알리지 아니하고 설계변경을 한 자

③ 삭제 <2017.10.24.>
[전문개정 2011.3.9.]

제11조(양벌규정) 법인의 대표자나 법인 또는 개인의 대리인, 사용인, 그 밖의 종업원이 그 법인 또는 개인의 업무에 관하여 제10조제1항 또는 제2항의 위반행위를 하면 그 행위자를 벌하는 외에 그 법인 또는 개인에게도 해당 조문의 벌금형을 과(科)한다. 다만, 법인 또는 개인이 그 위반행위를 방지하기 위하여 해당 업무에 관하여 상당한 주의와 감독을 게을리하지 아니한 경우에는 그러하지 아니하다.
[전문개정 2009.4.1.]

제12조(과태료) ① 다음 각 호의 어느 하나에 해당하는 자에게는 1억원 이하의 과태료를 부과한다.
1. 제8조를 위반하여 분양대금을 받은 자
2. 제9조제2항 또는 제3항을 위반하여 공표하지 아니하거나 공표 내용을 알리지 아니한 분양사업자

② 제9조의3제1항에 따른 자료의 제출·보고를 하지 아니하거나 거짓으로 제출·보고하거나 조사 또는 검사를 거부·방해 또는 기피한 자에게는 500만원 이하의 과태료를 부과한다. <신설 2017.10.24.>
③ 제1항 및 제2항에 따른 과태료는 대통령령으로 정하는 바에 따라 국토교통부장관 또는 허가권자가 부과·징수한다. <개정 2017.10.24.>

[전문개정 2011.3.9.]

부칙

<제14934호, 2017.10.24.>

제1조(시행일) 이 법은 공포 후 3개월이 경과한 날부터 시행한다. 다만, 제10조제2항제4호 및 같은 조 제3항의 개정규정은 공포한 날부터 시행한다.

제2조(분양방법에 관한 적용례) 제6조제1항 후단의 개정규정은 이 법 시행 후 최초로 분양받을 자를 공개모집하는 경우부터 적용한다.

제3조(거주자 우선 분양에 관한 적용례) 제6조의2제1항의 개정규정은 이 법 시행 후 최초로 분양사업자가 제5조에 따른 분양신고를 하는 경우부터 적용한다.

제4조(분양 건축물의 전매행위 제한에 관한 적용례) 제6조의3제1항의 개정규정은 이 법 시행 후 최초로 분양사업자가 제5조에 따른 분양신고를 하는 경우부터 적용한다.

건축사법

[시행 2017.12.26.]
[법률 제15308호, 2017.12.26., 일부개정]

제1장 총칙

<개정 2011.5.30.>

제1조(목적) 이 법은 건축사의 자격과 그 업무에 관한 사항을 규정함으로써 건축물과 공간 환경의 질적 향상을 도모하고 건축문화 발전에 이바지함을 목적으로 한다.
[전문개정 2011.5.30.]

제2조(정의) 이 법에서 사용하는 용어의 뜻은 다음 각 호와 같다. <개정 2013.3.23., 2015.8.11.>

1. "건축사"란 국토교통부장관이 시행하는 자격시험에 합격한 사람으로서 건축물의 설계와 공사감리(工事監理) 등 제19조에 따른 업무를 수행하는 사람을 말한다.
2. "건축사보"란 제23조에 따른 건축사사무소에 소속되어 제19조에 따른 업무를 보조하는 사람 중 다음 각 목의 어느 하나에 해당하는 사람으로서 국토교통부장관에게 신고한 사람을 말한다.
   가. 제13조에 따른 실무수련을 받고 있거나 받은 사람
   나. 「국가기술자격법」에 따라 건설, 전기·전자, 기계, 화학, 재료, 정보통신, 환경·에너지, 안전관리, 그 밖에 대통령령으로 정하는 분야의 기사(技士) 또는 산업기사 자격을 취득한 사람
   다. 4년제 이상 대학 건축 관련 학과 졸업 또는 이와 동등한 자격으로서 대통령령으로 정하는 학력 및 경력을 가진 사람
3. "설계"란 자기 책임 아래(보조자의 도움을 받는 경우를 포함한다) 건축물의 건축, 대수선(大修繕), 용도변경, 리모델링, 건축설비의 설치 또는 공작물(工作物)의 축조(築造)를 위한 다음 각 목의 행위를 말한다.
   가. 건축물, 건축설비, 공작물 및 공간환경을 조사하고 건축 등을 기획하는 행위
   나. 도면, 구조계획서, 공사 설계설명서, 그 밖에 국토교통부령으로 정하는 공사에 필요한 서류[이하 "설계도서"(設計圖書)라 한다]를 작성하는 행위
   다. 설계도서에서 의도한 바를 해설·조언하는 행위
4. "공사감리"란 자기 책임 아래(보조자의 도움을 받는 경우를 포함한다) 「건축법」에서 정하는 바에 따라 건축물, 건축설비 또는 공작물이 설계도서의 내용대로 시공되는지 확인하고 품질관리, 공사관리 및 안전관리 등에 대하여 지도·감독하는 행위를 말한다.
5. "건축사업"(建築士業)이란 다른 사람의 의뢰에 따라 일정한 보수를 받고 제19조에 따른 업무를 업(業)으로 하는 것을 말한다.

[전문개정 2011.5.30.]

제3조 삭제 <1977.12.31.>

제4조(설계 또는 공사감리 등) ① 「건축법」 제23조제1항에 따른 건축물의 건축등을 위한 설계는 제23조제1항 또는 제8항 단서에 따라 신고를 한 건축사 또는 같은 조 제2항에 따라 건축사사무소에 소속된 건축사가 아니면 할 수 없다.
② 「건축법」 제25조제1항에 따라 건축사를 공사감리자로 지정하는 건축물의 건축 등에 대한 공사감리는 제23조제1항 또는 제8항 단서에 따라 신고를 한 건축사 또는 같은 조 제2항에 따라 건축사사무소에 소속된 건축사가 아니면 할 수 없다.
[전문개정 2011.5.30.]

▶ 판례 – '대지를 조성하기 위한 옹벽'이 건축물과 무관하게 미리 축조되거나 건축물이 건축된 이후 별도로 축조되는 경우, 건축물의 허가 또는 신고와 따로 신고를 하여야 하는지 여부(적극) / '대지를 조성하기 위한 옹벽'이 구 건축법 제23조 제1항에 규정된 건축물에 해당하는지 여부(소극)

구 건축법(2014. 1. 14. 법률 제12246호로 개정되기 전의 것, 이하 '법'이라고 한다) 제2조 제1항 제2호, 제11조 제5항 제2호, 제23조 제1항, 제83조 제1항, 제106조 제1항, 제107조 제1항, 건축법 시행령 제118조 제1항 제5호, 건축사법 제4조 제1항, 제39조 제2호를 종합하여 볼 때, '대지를 조성하기 위한 옹벽'이 법 제2조 제1항 제2호에서 규정한 건축물과 함께 축조되는 경우에는 별도로 법 제83조에 따른 신고를 할 필요가 없지만, 건축물과 무관하게 미리 축조되거나

건축물이 건축된 이후 별도로 축조되는 경우에는 건축물의 허가 또는 신고와는 따로 신고를 하여야 한다고 해석되는데, '대지를 조성하기 위한 옹벽' 은 법 제83조 제1항에 따라 신고대상이 되는 공작물에 해당할 뿐 법 제23조 제1항에서 규정된 건축물, 즉 법 제11조 제1항에 따라 건축허가를 받아야 하거나 제14조 제1항에 따라 건축신고를 하여야 하는 법 제2조 제1항 제2호의 건축물에 해당하지는 아니한다. [대법원 2014.7.24, 선고, 2013도13062, 판결]

제5조 삭제 <2011.5.30.>

제2장 자격

<개정 2011.5.30.>

제6조 삭제 <1977.12.31.>

제7조(건축사 자격 등의 취득) ① 건축사가 되려는 사람은 제14조에 따른 건축사 자격시험에 합격하여야 한다.

② 건축사보가 되려는 사람은 국토교통부령으로 정하는 바에 따라 국토교통부장관에게 신고하여야 한다. <개정 2013.3.23.>

[전문개정 2011.5.30.]

제8조(자격) ① 국토교통부장관은 제14조에 따른 건축사 자격시험에 합격한 사람에게 국토교통부령으로 정하는 바에 따라 자격증을 발급하여야 한다. <개정 2011.5.30., 2013.3.23.>

② 삭제 <1977.12.31.>

③ 삭제 <2015.8.11.>

④ 삭제 <1995.1.5.>

[제목개정 2011.5.30.]

제9조(결격사유) 다음 각 호의 어느 하나에 해당하는 사람은 건축사 자격을 취득할 수 없다. <개정 2015.8.11.>

1. 피성년후견인 또는 피한정후견인
2. 이 법 또는 「건축법」에 따른 죄를 범하여 금고 이상의 형을 선고받고 그 집행이 끝나거나 집행을 받지 아니하기로 확정된 후 3년이 지나지 아니한 사람
3. 제2호에 따른 죄를 범하여 형의 집행유예를 선고받고 그 유예기간 중에 있는 사람
4. 건축사 자격의 취소처분(제1호에 해당하여 자격이 취소된 경우는 제외한다)을 받고 그 취소된 날부터 2년이 지나지 아니한 사람

[전문개정 2011.5.30.]

제10조(자격증의 명의 대여 등의 금지) 건축사는 다른 사람에게 자기의 성명을 사용하여 제19조에 따른 업무(이하 "건축사업무"라 한다)를 수행하게 하거나 자격증을 빌려주어서는 아니 된다.

[전문개정 2011.5.30.]

제11조(자격의 취소 등) ① 국토교통부장관은 건축사가 다음 각 호의 어느 하나에 해당하는 경우에는 그 자격을 취소하여야 한다. <개정 2011.5.30., 2013.3.23.>

1. 거짓이나 그 밖의 부정한 방법으로 자격을 취득한 사실이 드러난 경우
2. 제9조제1호부터 제3호까지의 결격사유 중 어느 하나에 해당하게 된 경우
3. 제10조를 위반하여 다른 사람에게 자기의 성명을 사용하여 건축사업무를 수행하게 하거나 자격증을 빌려준 경우
4. 제28조에 따른 건축사사무소개설신고의 효력상실처분을 받고도 계속하여 건축사업을 한 경우
5. 해당 건축사에게 책임을 돌릴 수 있는 사유로 제28조에 따른 건축사사무소개설신고의 효력상실처분을 세 차례 받은 경우
6. 고의 또는 중대한 과실로 「건축법」 제23조 또는 제25조를 위반하여 설계 또는 공사감리를 함으로써 공사가 부실하게 되어 착공 후 「건설산업기본법」 제28조에 따른 하자담보책임기간에 대통령령으로 정하는 구조상 주요 부분에 중대한 손궤[(損潰): 무너져 내림]를 일으켜 사람을 죽거나 다치게 한 경우

② 삭제 <1995.1.5.>

③ 제1항에 따라 자격이 취소된 사람은 취소된 날부터 15일 내에 자격증을 국토교통부장관에게 반납하여야 한다. <개정 2011.5.30., 2013.3.23.>

[전문개정 1977.12.31.]

[제목개정 2011.5.30.]

제12조(유사명칭의 사용 금지) 건축사가 아닌 사람은 건축사 또는 이와 비슷한 명칭을 사용하지 못한다.

[전문개정 2011.5.30.]

제3장 건축사 자격시험 등
<개정 2011.5.30.>

제13조(실무수련) ① 건축사 자격시험에 응시하려면 대통령령으로 정하는 건축사사무소에서 3년 이상 대통령령으로 정하는 바에 따라 실무수련을 받아야 한다. 다만, 외국에서 건축사 면허를 받거나 자격을 취득한 사람 중 이 법에 따른 건축사의 자격과 같은 자격이 있다고 국토교통부장관이 인정하는 사람으로서 통틀어 5년 이상 건축에 관한 실무경력이 있는 사람은 실무수련을 받지 아니하고도 건축사 자격시험에 응시할 수 있다. <개정 2013.3.23.>
② 제1항에 따른 실무수련은 다음 각 호의 어느 하나에 해당하는 사람만 받을 수 있다. <개정 2013.3.23.>
1. 5년 이상의 건축학 학위과정이 개설된 대학(「민법」 제32조에 따라 국토교통부장관의 허가를 받아 설립된 비영리법인으로서 「고등교육법」 제11조의2에 따라 교육부장관으로부터 인정받은 기관이 인증한 건축학 학위과정이 개설된 대학을 말한다)에서 해당 과정을 8학기 이상 이수한 사람
2. 제1호에 따른 기관이 인증한 건축학 학위과정이 개설된 대학원에서 해당 과정을 대통령령으로 정하는 학기 이상 이수한 사람
3. 그 밖에 제1호나 제2호에 준하는 교육과정으로서 대통령령으로 정하는 교육과정을 이수한 사람

③ 제1항에 따라 실무수련을 받으려는 사람은 국토교통부령으로 정하는 바에 따라 국토교통부장관에게 신고하여야 한다. <개정 2013.3.23.>
④ 실무수련의 과목과 절차, 평가기준, 그 밖에 실무수련에 필요한 사항은 대통령령으로 정한다.
[전문개정 2011.5.30.]

제14조(건축사 자격시험) ① 건축사업무 수행에 필요한 지식과 기술을 검증하기 위하여 건축사 자격시험을 실시한다.
② 국토교통부장관은 건축사 자격시험을 매년 1회 이상 시행한다. <개정 2013.3.23.>
③ 제13조제1항 단서에 해당하는 사람에 대하여는 대통령령으로 정하는 바에 따라 건축사 자격시험과목의 일부를 면제할 수 있다.
[전문개정 2011.5.30.]

제15조(건축사예비시험) ①다음 각호의 1에 해당하는 자가 아니면 건축사예비시험에 응시할 수 없다. <개정 2001.8.14., 2005.7.13.>
1. 대학에서 건축에 관한 소정의 과정을 이수하고 졸업한 자 및 졸업예정자 또는 「고등교육법」 에 의하여 이와 동등 이상의 학력이 있다고 인정되는 자
2. 전문대학에서 건축에 관한 소정의 과정을 이수하고 졸업한 자 및 고등교육법에 의하여 이와 동등이상의 학력이 있다고 인정되는 자로서 2년이상의 건축에 관한 실무경력을 가진 자
3. 고등학교 또는 3년제 고등기술학교에서 건축에 관한 소정의 과정을 이수하고 졸업한 자 및 초·중등교육법에 의하여 이와 동등이상의 학력이 있다고 인정되는 자로서 4년이상 건축에 관한 실무경력을 가진 자
4. 삭제 <2001.8.14.>

②국토교통부장관은 건축사예비시험에 합격한 자에게 국토교통부령이 정하는 바에 의하여 건축사예비시험합격증을 교부하여야 한다. <개정 1996.12.30., 2008.2.29., 2013.3.23.>
[본조신설 1995.1.5.]

제15조 삭제 <2011.5.30.>[시행일 : 2020.1.1.] 제15조

제15조의2(부정행위자에 대한 제재) 국토교통부장관은 건축사 자격시험에서 부정행위를 한 응시자에 대하여는 그 시험을 정지시키거나 무효로 하고, 해당 시험 시행일부터 3년간 시험 응시자격을 정지한다. <개정 2013.3.23.>
[전문개정 2011.5.30.]

제16조(시험과목 등) 건축사 자격시험의 시험과목, 시험방법, 그 밖에 필요한 사항은 대통령령으로 정한다.
[전문개정 2011.5.30.]

제16조의2 삭제 <2011.5.30.>

제17조(수수료) 다음 각 호의 어느 하나에 해당하는 사람은 국토교통부령으로 정하는 바에 따라 국토교통부장관에게 수수료를 납부하여야 한다. <개정 2013.3.23.>

1. 제7조제2항에 따른 건축사보의 신고를 하는 사람
2. 제13조제3항에 따른 실무수련의 신고를 하는 사람
3. 제14조에 따른 건축사 자격시험에 응시하려는 사람
4. 제18조에 따른 자격등록 또는 갱신등록을 하는 사람
5. 제23조제1항에 따라 건축사사무소의 개설신고를 하는 사람
6. 제23조제3항에 따라 국내의 건축사사무소개설자와 공동으로 건축사업을 하기 위하여 신고를 하는 사람
7. 제23조제8항 단서에 따라 신고를 하는 사람

[전문개정 2011.5.30.]

제3장의2 자격등록 등

<신설 2011.5.30.>

제18조(자격등록 및 갱신등록) ① 제14조에 따른 건축사 자격시험에 합격한 사람이 건축사업무를 수행하려면 국토교통부장관에게 등록하여야 한다. <개정 2013.3.23.>

② 제1항에 따른 등록을 신청한 사람은 대통령령으로 정하는 바에 따라 건축사 윤리선언을 하여야 한다.

③ 국토교통부장관은 제1항에 따라 등록한 건축사에게 국토교통부령으로 정하는 바에 따라 등록증을 발급하여야 한다. <개정 2013.3.23.>

④ 제3항에 따라 등록증을 발급받은 건축사는 다른 사람에게 그 등록증을 빌려주어서는 아니 된다.

⑤ 제1항에 따라 등록한 건축사는 3년 이상의 범위에서 대통령령으로 정하는 바에 따라 등록을 갱신하여야 한다.

⑥ 제1항에 따른 자격등록 및 제5항에 따른 갱신등록의 절차, 구비서류, 그 밖의 사항은 대통령령으로 정한다.

[본조신설 2011.5.30.]

제18조의2(자격등록 및 갱신등록의 거부) ① 국토교통부장관은 제18조에 따른 자격등록 또는 갱신등록을 신청한 사람이 다음 각 호의 어느 하나에 해당하는 경우에는 등록을 거부하여야 한다. <개정 2013.3.23.>

1. 제11조제1항 각 호의 어느 하나에 해당하는 경우
2. 제18조의3에 따라 자격등록이 취소된 날부터 2년이 지나지 아니한 경우
3. 제30조의2에 따른 실무교육을 받지 아니한 경우
4. 제30조의3제2항제2호에 따른 징계를 받아 업무가 정지된 건축사로서 업무정지 기간이 지나지 아니한 경우

② 국토교통부장관은 제1항에 따라 자격등록 또는 갱신등록을 거부한 경우에는 지체 없이 그 사유를 구체적으로 밝혀 신청인에게 알려야 한다. <개정 2013.3.23.>

[본조신설 2011.5.30.]

제18조의3(자격등록의 취소) ① 국토교통부장관은 제18조에 따른 자격등록을 한 건축사가 다음 각 호의 어느 하나에 해당하는 경우에는 그 등록을 취소하여야 한다. <개정 2013.3.23.>

1. 제11조제1항 각 호의 어느 하나에 해당하는 경우
2. 제30조의3제2항제1호에 따른 자격등록 취소처분을 받은 경우
3. 자격등록취소의 신청을 한 경우

② 삭제 <2015.8.11.>

③ 제1항에 따라 등록이 취소된 사람은 취소된 날부터 2년이 지날 때까지는 제18조에 따른 자격등록을 신청할 수 없다.

[본조신설 2011.5.30.]

제4장 업무

<개정 2011.5.30.>

제19조(업무 내용) ① 건축사는 건축물의 설계와 공사감리에 관한 업무를 수행한다.

② 건축사는 제1항의 업무 외에 다음 각 호의 업무를 수행할 수 있다.

1. 건축물의 조사 또는 감정(鑑定)에 관한 사항
2. 「건축법」 제27조에 따른 건축물에 대한 현장조사, 검사 및 확인에 관한 사항
3. 「건축법」 제35조에 따른 건축물의 유지·관리 및 「건설산업기본법」 제2조제8호에 따른 건설사업관리에 관한 사항
4. 「건축법」 제75조에 따른 특별건축구역의

건축물에 대한 모니터링 및 보고서 작성 등에 관한 사항
5. 이 법 또는 「건축법」과 이 법 또는 「건축법」에 따른 명령이나 기준 등에서 건축사의 업무로 규정한 사항
6. 그 밖에 다른 법령에서 건축사의 업무로 규정한 사항

[전문개정 2011.5.30.]

제19조의2(업무 실적의 관리 등) ① 건축사는 건축주 등이 설계·공사감리 실적을 확인·평가할 수 있도록 본인이 수행한 업무 실적 등을 국토교통부장관에게 제출할 수 있다. <개정 2013.3.23.>

② 국토교통부장관은 건축사가 제출한 업무 실적 등에 관한 기록을 유지·관리하여야 하고, 그 기록을 필요로 하는 자에게 제공(증명서의 발급을 포함한다)하여야 한다. <개정 2013.3.23.>

③ 제1항과 제2항에 따른 업무 실적의 제출·관리 및 제공 등에 필요한 사항은 국토교통부령으로 정한다. <개정 2013.3.23.>

[전문개정 2011.5.30.]

제19조의3(공공발주사업에 대한 건축사의 업무범위 및 대가기준) ① 건축사의 건전한 육성과 설계 및 공사감리의 품질을 보장하기 위하여 다음 각 호의 어느 하나에 해당하는 자는 건축사의 업무에 대하여 적절한 대가를 지급하도록 노력하여야 한다.
1. 국가
2. 지방자치단체
3. 「공공기관의 운영에 관한 법률」에 따른 공공기관
4. 그 밖에 대통령령으로 정하는 기관 또는 단체

② 국토교통부장관은 제1항에 따른 건축사의 업무범위 및 그 대가에 관한 기준을 기획재정부장관 및 산업통상자원부장관과 협의하여 정하고 고시하여야 한다. <개정 2013.3.23.>

[전문개정 2011.5.30.]

제20조(업무상의 성실 의무 등) ① 건축사는 이 법, 「건축법」 또는 그 밖의 관계 법령의 규정을 지키고, 건축물의 안전·기능 및 미관에 지장이 없도록 업무를 성실하게 수행하여야 한다.

② 건축사가 업무를 수행할 때 고의 또는 과실로 건축주에게 재산상의 손해를 입힌 경우에는 그 손해를 배상할 책임이 있다.

③ 건축사는 제2항에 따른 손해배상책임을 보장하기 위하여 보험 또는 공제에 가입하여야 한다. 이 경우 제19조의3제1항 각 호의 어느 하나에 해당하는 자는 보험 또는 공제 가입에 따른 비용을 용역비용에 계상하여야 한다.

④ 제3항에 따른 보험 또는 공제의 기간·종류·대상 및 방법 등에 필요한 사항은 대통령령으로 정한다.

⑤ 건축사보는 건축사의 업무를 보조할 때 이 법 또는 「건축법」에 맞도록 그 업무를 성실히 수행하여야 한다.

⑥ 건축사는 직무상 알게 된 비밀을 누설하거나 다른 용도로 사용하여서는 아니 된다.

⑦ 건축사는 건축사업무를 수행할 때 품위를 손상하는 행위를 하여서는 아니 된다.

[전문개정 2011.5.30.]

제21조(설계도서등의 서명날인) 건축사는 건축사업무의 품질을 보증하기 위하여 자신이 작성한 설계도서, 공사감리보고서, 그 밖에 관계 법령에서 건축사가 작성하도록 규정한 서류(이하 이 조에서 "설계도서등"이라 한다)에 서명날인(署名捺印)을 하여야 한다. 설계도서등의 일부를 변경한 경우에도 같다.

[전문개정 2011.5.30.]

제22조 삭제 <2000.1.28.>

제22조의2(자격의 취소 등에 따른 건축사의 업무계속) ① 다음 각 호의 어느 하나에 해당하는 처분 또는 명령을 받은 건축사는 그 처분 또는 명령을 받기 전에 계약을 체결한 업무는 계속하여 수행할 수 있다. 이 경우 국토교통부장관은 그 처분 또는 명령의 내용을 지체 없이 해당 건축주에게 알려야 한다. <개정 2013.3.23.>
1. 제11조에 따른 자격취소
2. 제18조의3에 따른 자격등록의 취소
3. 제28조에 따른 건축사사무소개설신고의 효력상실 또는 업무정지
4. 제30조의3제2항제2호에 따른 업무정지

② 제1항에 따른 건축사는 그 업무를 완성할 때까지 이 법에 따른 건축사로 본다.

[전문개정 2011.5.30.]

제5장 건축사사무소 등
<개정 2011.5.30.>

제23조(건축사사무소개설신고 등) ① 제18조에 따른 자격등록을 한 건축사가 건축사업을 하려면 대통령령으로 정하는 바에 따라 국토교통부장관에게 건축사사무소의 개설신고(이하 "건축사사무소개설신고"라 한다)를 하여야 한다. <개정 2011.5.30., 2013.3.23.>

② 건축사사무소에는 건축사사무소개설신고를 한 건축사(이하 "건축사사무소개설자"라 한다)의 업무를 보조하는 소속 건축사, 건축사보 및 실무수련자(제13조에 따른 실무수련을 받고 있는 사람을 말한다. 이하 같다)를 둘 수 있다. 이 경우 소속 건축사는 제18조에 따른 자격등록을 한 사람이어야 하고, 건축사사무소개설자는 소속 건축사가 아닌 사람으로 하여금 건축사업무를 보조하게 하여서는 아니 된다. <개정 2011.5.30.>

③ 외국의 건축사 면허 또는 자격을 가진 사람은 대통령령으로 정하는 바에 따라 건축사사무소개설자와 공동으로 건축물의 설계·공사감리 업무를 수임(受任)하는 경우에만 건축사업을 할 수 있다. 이 경우 외국의 건축사 면허 또는 자격을 가진 사람은 국토교통부령으로 정하는 바에 따라 국토교통부장관에게 신고하여야 한다. <개정 2011.5.30., 2013.3.23.>

④ 건축사사무소의 명칭에는 "건축사사무소"라는 용어를 사용하여야 한다. <개정 2011.5.30.>

⑤ 건축사사무소개설자는 1개의 사무소만 설치할 수 있고, 건축사, 건축사보 및 실무수련자는 1개의 건축사사무소에만 소속될 수 있다. <신설 2011.5.30.>

⑥ 건축사사무소개설신고의 절차와 그 밖에 필요한 사항은 대통령령으로 정한다. <개정 2011.5.30.>

⑦ 삭제 <2000.1.28.>

⑧ 다음 각 호의 어느 하나에 해당하는 업무를 수행하려는 건축사는 건축사사무소개설신고를 하거나 그 신고를 한 건축사사무소에 소속되지 아니하고도 업무를 수행할 수 있다. 다만, 제2호나 제4호의 경우에는 그 업무에 관한 사항을 미리 국토교통부령으로 정하는 바에 따라 국토교통부장관에게 신고하여야 한다. <개정 2011.5.30., 2013.3.23., 2013.5.22.>

1. 「건설기술 진흥법」 제26조에 따른 건설기술용역업자에게 소속된 건축사가 같은 법 제39조제2항에 따라 수행하는 건설사업관리
2. 「엔지니어링산업 진흥법」 제21조제1항에 따라 신고한 엔지니어링사업자에 소속된 건축사로서 국토교통부령으로 정하는 특수건축물 또는 특수구조물에 대하여 수행하는 설계 또는 공사감리
3. 국가, 지방자치단체, 「공공기관의 운영에 관한 법률」에 따른 공공기관 및 「지방공기업법」에 따른 지방공기업 등으로서 대통령령으로 정하는 기관의 건축 관련 부서에 소속된 건축사가 각각 해당기관이 시행하는 공사에 대하여 수행하는 설계 또는 공사감리
4. 「건설산업기본법」 제2조제7호에 따른 건설업자에게 소속된 건축사가 그 건설업자 또는 그 건설업자의 계열회사(「독점규제 및 공정거래에 관한 법률」 제2조제3호에 따른 계열회사를 말한다)의 건축물로서 국토교통부령으로 정하는 건축물에 대하여 수행하는 설계

⑨ 제8항제4호에 따른 건축물의 공사감리는 해당 건설업자에게 소속된 건축사가 하여서는 아니 된다. <개정 2011.5.30.>

[전문개정 1995.1.5.]

[제목개정 2011.5.30.]

제23조의2 삭제 <1995.1.5.>

제24조(신고의 제한) 다음 각 호의 어느 하나에 해당하는 사람은 건축사사무소개설신고 및 제23조제8항 단서에 따른 신고를 할 수 없다.

1. 제18조의2제1항 각 호의 어느 하나에 해당하는 사람
2. 제28조제1항에 따른 건축사사무소개설신고의 효력상실처분을 받고 그 처분을 받은 날부터 2년이 지나지 아니한 사람
3. 제28조제1항에 따른 업무정지명령을 받고 그 기간이 끝나지 아니한 사람
4. 이 법 또는 「건축법」을 위반하여 벌금형을 선고받고 1년이 지나지 아니한 사람
5. 둘 이상의 건축사사무소를 개설하려는 사람
6. 파산선고를 받고 복권되지 아니한 사람

[전문개정 2011.5.30.]

제25조 삭제 <1995.1.5.>

제26조 삭제 <1999.2.5.>

제27조(건축사사무소개설신고사항의 변경 또는 휴업·폐업 등의 신고) 건축사사무소개설자가 성명, 건축사사무소 소재지, 그 밖에 대통령령으로 정하는 건축사사무소개설신고사항을 변경하거나 휴업 또는 폐업한 경우에는 그 사실을 국토교통부장관에게 신고하여야 한다. <개정 2013.3.23.>
[전문개정 2011.5.30.]

제28조(건축사사무소개설신고의 효력상실처분 등) ① 국토교통부장관은 건축사사무소개설자 또는 그 소속 건축사가 다음 각 호의 어느 하나에 해당하는 경우에는 건축사사무소개설신고의 효력상실처분을 하거나 1년 이내의 기간을 정하여 그 업무정지를 명할 수 있다. 다만, 제1호, 제2호, 제4호 및 제5호에 해당하는 경우에는 건축사사무소개설신고의 효력상실처분을 하여야 한다. <개정 2013.3.23.>
1. 거짓이나 그 밖의 부정한 방법으로 건축사사무소개설신고를 한 사실이 드러난 경우
2. 제18조의3에 따라 건축사무소개설자의 자격등록이 취소된 경우
3. 제19조에 따른 업무범위를 위반하여 건축사업을 한 경우
4. 건축물의 구조상 안전에 관한 규정을 위반하여 설계 또는 공사감리를 함으로써 사람을 죽거나 다치게 한 경우
5. 연 2회 이상 업무정지명령을 받고 그 정지기간이 통틀어 1년을 초과하는 경우
6. 제23조제5항을 위반하여 둘 이상의 건축사사무소를 개설한 경우
7. 제27조에 따른 건축사사무소개설신고사항의 변경 등을 거짓으로 신고한 경우
8. 제30조제1항에 따른 보고를 하지 아니하거나 거짓으로 보고를 한 경우 또는 검사를 거부·방해하거나 기피한 경우

② 국토교통부장관은 제1항에 따른 건축사사무소개설신고의 효력상실처분 또는 업무정지명령이 소속 건축사보 또는 실무수련자의 업무보조 잘못으로 인한 경우에는 그 소속 건축사보 또는 실무수련자에게 1년 이내의 기간을 정하여 업무정지를 명할 수 있다. <개정 2013.3.23.>
③ 제1항에 따른 건축사사무소개설신고의 효력상실처분 또는 업무정지명령 및 제2항에 따른 업무정지명령의 기준, 절차, 그 밖에 필요한 사항은 대통령령으로 정한다.
[전문개정 2011.5.30.]

제28조의2(청문) 국토교통부장관은 다음 각 호의 어느 하나에 해당하는 처분을 하려면 청문을 하여야 한다. <개정 2013.3.23.>
1. 제11조에 따른 건축사 자격의 취소
2. 제18조의3에 따른 자격등록의 취소
3. 제28조에 따른 건축사사무소개설신고의 효력상실처분

[전문개정 2011.5.30.]

제29조(건축사사무소개설신고부의 정리) 국토교통부장관은 다음 각 호의 어느 하나에 해당하는 경우에는 건축사사무소개설신고부에 해당 건축사사무소에 관한 신고사항을 정리하여야 한다. <개정 2013.3.23., 2015.8.11.>
1. 제28조에 따른 건축사사무소개설신고의 효력상실처분을 한 경우
2. 제27조에 따른 변경 등의 신고를 받은 경우
3. 그 밖에 대통령령으로 정하는 사유가 있는 경우

[전문개정 2011.5.30.]

제30조(보고·검사 등) ① 국토교통부장관은 이 법의 시행에 필요한 경우에는 건축사사무소개설자에게 필요한 사항의 보고를 명하거나 소속 공무원으로 하여금 장부, 서류, 그 밖의 물건을 검사하게 할 수 있다. <개정 2013.3.23.>
② 제1항에 따라 검사를 하는 공무원은 그 권한을 표시하는 증표를 지니고 관계인이 요구하면 증표를 보여 주어야 한다.
[전문개정 2011.5.30.]

제30조의2(건축사의 실무교육) ① 건축사는 건축사업무 수행에 필요한 전문 지식과 기술적 능력을 높이기 위하여 제18조제5항에 따른 갱신등록을 하기 전에 대통령령으로 정하는 바에 따라 국토교통부장관이 실시하는 실무교육을 받아야 한다. <개정 2013.3.23.>
② 다음 각 호의 어느 하나에 해당하는 건축사가 제18조에 따른 자격등록을 하려면 대통령령으로 정하는 바에 따라 국토교통부장관이 실시하는 실무교육을 받아야 한다. <개정 2013.3.23.>
1. 제18조제5항에 따른 갱신등록을 하지 아니하여 자격등록의 효력이 상실된 건축사
2. 제18조의3에 따라 자격등록이 취소된 후 3년이 지난 건축사
3. 제18조제1항에 따라 건축사 자격을 취득한 후 3년 이내에 등록하지 아니한 자

[전문개정 2011.5.30.]

제5장의2 징계
<신설 2011.5.30.>

제30조의3(징계) ① 국토교통부장관은 건축사가 다음 각 호의 어느 하나에 해당하는 경우에는 제30조의4에 따른 건축사징계위원회의 의결에 따라 제2항에서 정하는 징계를 할 수 있다. 다만, 제1호나 제9호에 해당하는 경우에는 제2항제1호에 따른 자격등록 취소를 하여야 한다. <개정 2013.3.23.>

1. 거짓이나 그 밖의 부정한 방법으로 제18조에 따른 자격등록 또는 갱신등록을 한 경우
2. 제18조제2항에 따른 건축사 윤리선언을 위반한 경우
3. 제19조에 따른 업무범위를 위반하여 업무를 수행한 경우
4. 제19조의2제1항에 따른 업무 실적 등을 거짓으로 제출한 경우
5. 제20조제1항을 위반하여 건축사업무를 성실하게 수행하지 아니한 경우
6. 제20조제6항을 위반하여 직무상 알게 된 비밀을 누설하거나 다른 용도로 사용한 경우
7. 제20조제7항을 위반하여 건축사업무를 수행할 때 품위를 손상하는 행위를 한 경우
8. 제23조제5항을 위반하여 둘 이상의 건축사사무소를 개설하거나 둘 이상의 건축사사무소에 소속된 경우
9. 제2항제2호에 따른 징계를 받아 업무가 정지된 후에도 계속하여 그 업무를 수행한 경우

② 건축사에 대한 징계의 종류는 다음 각 호와 같다.

1. 자격등록취소
2. 2년 이하의 업무정지
3. 견책

③ 특별시장·광역시장·도지사 또는 특별자치도지사(이하 "시·도지사"라 한다), 제31조에 따라 설립되는 건축사협회(이하 "건축사협회"라 한다)는 건축사가 제1항 각 호의 어느 하나에 해당하는 징계사유가 있다고 인정되면 그 증거서류를 첨부하여 국토교통부장관에게 해당 건축사의 징계를 요청할 수 있다. <개정 2013.3.23.>

④ 삭제 <2015.8.11.>

⑤ 제1항에 따른 징계의결은 국토교통부장관의 요구에 따라 한다. 다만, 위반사유가 발생한 날부터 3년이 지나면 징계의결의 요구를 할 수 없다. <개정 2013.3.23.>

[본조신설 2011.5.30.]

제30조의4(건축사징계위원회) ① 건축사징계위원회(이하 "징계위원회"라 한다)는 국토교통부에 둔다. <개정 2013.3.23.>

② 징계위원회는 위원장 1명을 포함한 9명의 위원으로 구성한다.

③ 징계위원회의 위원장은 국토교통부의 고위공무원단에 속하는 일반직공무원 중에서 국토교통부장관이 지명하는 사람으로 하고, 그 밖의 위원은 국토교통부 소속 공무원, 건축사 또는 「고등교육법」 제2조에 따른 대학에서 건축에 관한 과목을 가르치는 조교수 이상의 직에 있는 사람 중에서 국토교통부장관이 임명 또는 위촉하는 사람으로 한다. <개정 2013.3.23.>

④ 제1항부터 제3항까지에서 규정한 사항 외에 징계위원회의 구성·운영 등에 필요한 사항은 대통령령으로 정한다.

[본조신설 2011.5.30.]

제6장 건축사협회
<개정 2011.5.30.>

제31조(건축사협회) ① 건축사는 건축사의 품위 유지, 업무 개선, 건축기술의 연구·개발을 통한 건축물의 질적 향상 및 건축문화의 발전을 위하여 건축사협회를 설립할 수 있다.

② 건축사협회는 법인으로 한다.

③ 건축사협회는 주된 사무소의 소재지에서 설립등기를 함으로써 성립한다.

[전문개정 2011.5.30.]

제31조의2(사업) 건축사협회는 제31조에 따른 목적을 달성하기 위하여 다음 각 호의 사업을 할 수 있다.

1. 건축물에 관한 조사·연구
2. 건축물의 품질 및 시공 기술의 향상을 위한 지도
3. 건축사업무의 개선·발전
4. 회원의 품위 유지 및 윤리 확립
5. 건축사와 건축사보의 자질 향상을 위한 연수
6. 회원의 복지 향상 및 연금제도 운영

7. 그 밖에 건축사협회의 설립 목적을 달성하기 위하여 필요한 사업

[전문개정 2015.8.11.]

제32조(주사무소와 지부) 건축사협회는 정관으로 정하는 바에 따라 주사무소를 설치하고 필요한 곳에 지부(支部)를 둘 수 있다.

[전문개정 2011.5.30.]

제33조 삭제 <2011.5.30.>

제34조 삭제 <2011.5.30.>

제35조(위임 규정) ① 건축사협회의 정관에 포함되어야 할 사항과 사업 종목에 관한 사항은 대통령령으로 정한다.

② 건축사협회는 그 정관을 변경하려면 국토교통부장관의 인가를 받아야 한다. <개정 2013.3.23.>

[전문개정 2011.5.30.]

제36조(「민법」의 적용) 건축사협회에 관하여는 이 법에 규정된 사항을 제외하고는 「민법」 중 사단법인에 관한 규정을 적용한다.

[전문개정 2011.5.30.]

제37조 삭제 <2001.8.14.>

제38조(설립의 인가 및 공고) ① 건축사협회는 제18조에 따른 자격등록을 한 건축사 총수의 10분의 1 이상으로 구성하되, 10명 이상이 발기하여 회원이 될 총수의 2분의 1 이상이 참석하는 창립총회를 개최하고 그 창립총회에서 출석인원의 3분의 2 이상의 찬성으로 정관을 작성한 후 국토교통부장관의 인가를 받아야 한다. <개정 2013.3.23.>

② 국토교통부장관은 제1항에 따라 건축사협회의 설립을 인가하면 지체 없이 그 사실을 공고하여야 한다. <개정 2013.3.23.>

③ 건축사협회가 설립된 후 임원이 선임될 때까지 건축사협회의 사무는 발기인이 수행한다.

[전문개정 2011.5.30.]

제38조의2(감독) 국토교통부장관은 감독상 필요한 경우 건축사협회에 대하여 그 업무에 관한 사항을 보고하게 할 수 있다. <개정 2008.2.29., 2013.3.23.>

[전문개정 2001.8.14.]

제6장의2 건축사공제조합

<신설 2015.8.11.>

제38조의3(건축사공제조합의 설립 등) ① 건축사는 상호 간의 협동조직을 통하여 자율적인 경제활동을 도모하고 건축사업 수행에 필요한 손해배상책임의 보장, 각종 보증 및 자금의 융자 등을 위하여 국토교통부장관의 인가를 받아 건축사공제조합(이하 "공제조합"이라 한다)을 설립할 수 있다.

② 공제조합은 법인으로 하며, 주된 사무소의 소재지에서 설립등기를 함으로써 성립한다.

③ 공제조합 조합원의 자격, 임원에 관한 사항, 출자에 관한 사항 및 공제조합 운영 등에 관한 사항은 정관으로 정한다.

④ 공제조합 정관의 기재사항, 보증대상 및 보증한도 등은 대통령령으로 정하며, 정관을 변경하려면 이사회 의결을 거쳐 국토교통부장관의 인가를 받아야 한다.

[본조신설 2015.8.11.]

[종전의 제38조의3은 제38조의11로 이동 <2015.8.11.>]

제38조의4(공제조합의 설립인가) ① 공제조합을 설립하려면 조합원 자격이 있는 자 5명 이상이 발기하고 조합원 자격이 있는 자 20명 이상의 동의를 받아 창립총회에서 정관을 작성한 후 국토교통부장관에게 인가를 신청하여야 한다.

② 국토교통부장관은 제1항에 따라 설립인가를 한 경우 이를 공고하여야 한다.

[본조신설 2015.8.11.]

[종전의 제38조의4는 제38조의12로 이동 <2015.8.11.>]

제38조의5(공제조합의 사업) 공제조합은 다음 각 호의 사업을 한다.

1. 조합원의 업무수행에 따른 입찰, 계약, 선급금지급, 하자보수 등의 보증
2. 조합원에 대한 자금의 융자
3. 조합원의 업무수행에 따른 손해배상책임을 보장하는 공제사업 및 조합원에 고용된 사

람의 복지향상과 업무상 재해로 인한 손실을 보상하는 공제사업
4. 건축사업무 관련 기술의 개선·향상과 관련한 연구 및 교육에 관한 사업
5. 조합원을 위한 공동이용시설의 설치·운영 및 조합원의 편익증진을 위한 사업
6. 조합원의 업무수행에 필요한 기자재의 구매알선
7. 조합원의 목적 달성에 필요한 투자 등의 수익사업
8. 제1호에서 제7호까지에 부대되는 사업으로서 정관으로 정하는 사업

[본조신설 2015.8.11.]

제38조의6(보증규정) ① 공제조합은 제38조의5제1호에 따른 보증사업을 하려면 보증규정을 정하여야 하고, 보증규정을 제정하거나 변경하려는 경우에는 국토교통부장관에게 보고하여야 한다.
② 제1항의 보증규정에는 보증사업의 범위, 보증계약의 내용, 보증수수료, 보증에 충당하기 위한 책임준비금 등 보증사업의 운영에 필요한 사항이 포함되어야 한다.
[본조신설 2015.8.11.]

제38조의7(공제규정) ① 공제조합은 제38조의5제3호에 따른 공제사업을 하려면 공제규정을 정하여야 하고, 공제규정을 제정하거나 변경하려는 경우에는 국토교통부장관에게 보고하여야 한다.
② 제1항의 공제규정에는 공제사업의 범위, 공제계약의 내용, 공제료, 공제금, 공제금에 충당하기 위한 책임준비금 등 공제사업의 운영에 필요한 사항이 포함되어야 한다.
[본조신설 2015.8.11.]

제38조의8(조사 및 검사 등) ① 국토교통부장관은 공제조합의 재무건전성 유지 등을 위하여 필요하다고 인정하면 그 업무에 관한 사항을 보고하게 하거나 자료의 제출을 명할 수 있으며, 소속 공무원으로 하여금 공제조합의 업무상황 또는 회계 상황을 조사하게 하거나 장부 또는 그 밖의 서류를 검사하게 할 수 있다.
② 제38조의5제3호에 따른 공제사업에 대하여는 대통령령으로 정하는 바에 따라 금융위원회가 제1항에 따른 조사 또는 검사를 할 수 있다.
③ 국토교통부장관은 제38조의5제1호에 따른 보증사업의 건전한 육성과 계약자 보호를 위하여 보증사업의 감독에 필요한 기준을 정하여 고시하여야 한다.
④ 국토교통부장관은 제38조의5제3호에 따른 공제사업의 건전한 육성과 계약자의 보호를 위하여 금융위원회 위원장과 협의하여 감독에 필요한 기준을 정하여 고시하여야 한다.
[본조신설 2015.8.11.]

제38조의9(공제조합의 책임) ① 공제조합은 보증한 사항에 관하여 법령이나 그 밖의 계약서 등에서 정하는 바에 따라 보증금을 지급할 사유가 발생하였을 때에는 그 보증금을 보증채권자에게 지급하여야 한다.
② 제1항에 따라 보증채권자가 공제조합에 대하여 가지는 보증금에 관한 권리는 보증기간 만료일부터 2년간 행사하지 아니하면 시효의 완성으로 소멸한다.
[본조신설 2015.8.11.]

제38조의10(다른 법률의 준용) 공제조합에 관하여는 이 법에서 규정한 사항 외에는 「민법」 중 사단법인에 관한 규정과 「상법」 중 주식회사의 회계에 관한 규정을 준용한다.
[본조신설 2015.8.11.]

제6장의3 보칙
<개정 2015.8.11.>

제38조의11(권한의 위임 및 위탁) ① 국토교통부장관은 대통령령으로 정하는 바에 따라 이 법에 따른 권한의 일부를 시·도지사에게 위임할 수 있다. <개정 2013.3.23.>
② 국토교통부장관은 대통령령으로 정하는 바에 따라 다음 각 호의 업무를 건축사협회에 위탁할 수 있다. <개정 2013.3.23., 2015.8.11.>
1. 실무수련자의 관리
2. 제7조제2항에 따른 건축사보 신고의 접수
3. 제14조에 따른 건축사 자격시험의 관리
4. 제18조에 따른 등록의 접수, 등록증 발급 및 반납
5. 제19조의2에 따른 건축사 업무 실적의 관리 등
6. 제30조의2에 따른 실무교육

③ 국토교통부장관은 대통령령으로 정하는 바에 따라 제30조의3에 따른 건축사 징계에 관한 업무를 시·도지사에게 위임할 수 있다. <개정

2013.3.23.>
④ 시 · 도지사의 징계 결정에 불복하는 사람은 그 결정 통지를 받은 날부터 30일 이내에 국토교통부장관에게 이의신청을 할 수 있다. 이의신청을 받은 국토교통부장관은 신청에 이유가 있다고 인정하면 시 · 도지사의 징계 결정을 취소하고 스스로 징계 결정을 하여야 한다. <개정 2013.3.23.>
⑤ 제4항에 따른 이의신청의 절차 등에 필요한 사항은 대통령령으로 정한다.
[본조신설 2011.5.30.]
[제38조의3에서 이동 <2015.8.11.>]

제38조의12(벌칙 적용 시의 공무원 의제) 다음 각 호에 해당하는 사람은 「형법」 제127조 및 제129조부터 제132조까지의 규정을 적용할 때에는 공무원으로 본다. <개정 2015.8.11.>
1. 제38조의11제2항에 따라 위탁받은 업무에 종사하는 사람
2. 징계위원회의 위원
[본조신설 2011.5.30.]
[제38조의4에서 이동 <2015.8.11.>]

제7장 벌칙
<개정 2011.5.30.>

제39조(벌칙) 건축사업무의 수행과 관련하여 다음 각 호의 어느 하나에 해당하는 행위를 한 건축사, 건축사보 또는 실무수련자는 2년 이하의 징역이나 2천만원 이하의 벌금에 처한다.
1. 부당하게 금품을 주고받거나 요구하는 행위
2. 제3자에게 부당한 금품을 제공하게 하거나 제공을 요구하는 행위
[본조신설 2015.1.6.]
[종전 제39조는 제39조의2로 이동 <2015.1.6.>]

▶ 판례 – '대지를 조성하기 위한 옹벽' 이 건축물과 무관하게 미리 축조되거나 건축물이 건축된 이후 별도로 축조되는 경우, 건축물의 허가 또는 신고와 따로 신고를 하여야 하는지 여부(적극) / '대지를 조성하기 위한 옹벽' 이 구 건축법 제23조 제1항에 규정된 건축물에 해당하는지 여부(소극)
구 건축법(2014. 1. 14. 법률 제12246호로 개정되기 전의 것, 이하 '법' 이라고 한다) 제2조 제1항 제2호, 제11조 제5항 제2호, 제23조 제1항, 제83조 제1항, 제106조 제1항, 제107조 제1항, 건축법 시행령 제118조 제1항 제5호, 건축사법 제4조 제1항, 제39조 제2호를 종합하여 볼 때, '대지를 조성하기 위한 옹벽' 이 법 제2조 제1항 제2호에서 규정한 건축물과 함께 축조되는 경우에는 별도로 법 제83조에 따른 신고를 할 필요가 없지만, 건축물과 무관하게 미리 축조되거나 건축물이 건축된 이후 별도로 축조되는 경우에는 건축물의 허가 또는 신고와는 따로 신고를 하여야 한다고 해석되는데, '대지를 조성하기 위한 옹벽' 은 법 제83조 제1항에 따라 신고대상이 되는 공작물에 해당할 뿐 법 제23조 제1항에서 규정된 건축물, 즉 법 제11조 제1항에 따라 건축허가를 받아야 하거나 제14조 제1항에 따라 건축신고를 하여야 하는 법 제2조 제1항 제2호의 건축물에 해당하지는 아니한다.
[대법원 2014.7.24, 선고, 2013도13062, 판결]

제39조의2(벌칙) 다음 각 호의 어느 하나에 해당하는 사람은 1년 이하의 징역이나 1천만원 이하의 벌금에 처한다.
1. 거짓이나 그 밖의 부정한 방법으로 건축사 자격을 취득하거나 제18조에 따른 자격등록 또는 갱신등록을 한 사람
2. 제4조를 위반하여 건축물의 설계 또는 공사감리를 한 사람
3. 제10조 또는 제18조제4항을 위반하여 다른 사람에게 자기의 성명을 사용하여 건축사업무를 수행하게 하거나 자격증 또는 등록증을 빌려준 사람 및 그 상대방
4. 제18조의2에 따라 자격등록 또는 갱신등록이 거부되거나 제18조의3에 따라 자격등록이 취소된 사람으로서 건축사업무를 수행한 사람
5. 제20조제6항을 위반하여 직무상 알게 된 비밀을 누설하거나 다른 용도로 사용한 사람
6. 거짓이나 그 밖의 부정한 방법으로 건축사사무소개설신고를 한 사람
7. 제23조를 위반하여 건축사사무소개설신고를 하지 아니하고 건축사업을 한 사람
8. 제30조의3제2항제2호에 따른 징계를 받아 업무가 정지된 후에도 계속하여 그 업무를 수행한 사람
9. 삭제 <2015.1.6.>
[전문개정 2011.5.30.]
[제39조에서 이동 <2015.1.6.>]

제40조(양벌규정) 건축사사무소개설자의 대리인, 사용인, 그 밖의 종업원이 그 건축사사무소개설자의 업무에 관하여 제39조 또는 제39

조의2의 위반행위를 하면 그 행위자를 벌하는 외에 그 건축사사무소개설자에게도 해당 조문의 벌금형을 과(科)한다. 다만, 건축사사무소개설자가 그 위반행위를 방지하기 위하여 해당 업무에 관하여 상당한 주의와 감독을 게을리하지 아니한 경우에는 그러하지 아니하다. <개정 2015.1.6.>
[전문개정 2011.5.30.]
[제42조에서 이동 <2011.5.30.>]

제41조(과태료) ① 다음 각 호의 어느 하나에 해당하는 사람에게는 100만원 이하의 과태료를 부과한다.
1. 제12조를 위반하여 건축사 또는 이와 비슷한 명칭을 사용한 사람
2. 제30조제1항에 따른 보고를 하지 아니하거나 거짓으로 보고한 사람 또는 검사를 거부·방해하거나 기피한 사람

② 다음 각 호의 어느 하나에 해당하는 사람에게는 50만원 이하의 과태료를 부과한다.
1. 삭제 <2015.8.11.>
2. 제11조제3항을 위반하여 자격증을 반납하지 아니한 사람
3. 제27조를 위반하여 변경 등의 신고를 하지 아니한 사람
4. 삭제 <2015.8.11.>

③ 제1항과 제2항에 따른 과태료는 국토교통부장관이 부과·징수한다. <개정 2013.3.23.>
[전문개정 2011.5.30.]

제42조[종전의 제42조는 제40조로 이동 <2011.5.30.>]

제42조[종전의 제42조는 제40조로 이동 <2011.5.30.>]

제43조 삭제 <1984.12.31.>

부칙

<제15308호, 2017.12.26.>

제1조(시행일) 이 법은 공포한 날부터 시행한다.

제2조(공공발주사업에 대한 건축사의 대가 기준에 관한 적용례) 제19조의3제1항의 개정규정은 이 법 시행 후 최초로 발주하는 설계 또는 공사감리 용역계약부터 적용한다.

제3편 국토계획·토지

국토의 계획 및 이용에 관한 법률

(약칭: 국토계획법)

[시행 2018.12.27.]
[법률 제15314호, 2017.12.26., 일부개정]

제1장 총칙

<개정 2009.2.6.>

제1조(목적) 이 법은 국토의 이용·개발과 보전을 위한 계획의 수립 및 집행 등에 필요한 사항을 정하여 공공복리를 증진시키고 국민의 삶의 질을 향상시키는 것을 목적으로 한다.
[전문개정 2009.2.6.]

▶ 판례 – 도시계획시설결정에 이해관계가 있는 주민에게 도시시설계획의 입안 내지 변경을 요구할 수 있는 법규상 또는 조리상의 신청권이 있는지 여부(적극) 및 이러한 신청에 대한 거부행위가 항고소송의 대상이 되는 행정처분에 해당하는지 여부(적극)

국토의 계획 및 이용에 관한 법률은 국토의 이용·개발과 보전을 위한 계획의 수립 및 집행 등에 필요한 사항을 규정함으로써 공공복리를 증진시키고 국민의 삶의 질을 향상시키는 것을 목적으로 하면서도 도시계획시설결정으로 인한 개인의 재산권행사의 제한을 줄이기 위하여, 도시·군계획시설부지의 매수청구권(제47조), 도시·군계획시설결정의 실효(제48조)에 관한 규정과 아울러 도시·군관리계획의 입안권자인 특별시장·광역시장·특별자치시장·특별자치도지사·시장 또는 군수(이하 '입안권자'라 한다)는 5년마다 관할 구역의 도시·군관리계획에 대하여 타당성 여부를 전반적으로 재검토하여 정비하여야 할 의무를 지우고(제34조), 주민(이해관계자 포함)에게는 도시·군관리계획의 입안권자에게 기반시설의 설치·정비 또는 개량에 관한 사항, 지구단위계획구역의 지정 및 변경과 지구단위계획의 수립 및 변경에 관한 사항에 대하여 도시·군관리계획도서와 계획설명서를 첨부하여 도시·군관리계획의 입안을 제안할 권리를 부여하고 있고, 입안제안을 받은 입안권자는 그 처리 결과를 제안자에게 통보하도록 규정하고 있다. 이들 규정에 헌법상 개인의 재산권 보장의 취지를 더하여 보면, 도시계획구역 내 토지 등을 소유하고 있는 사람과 같이 당해 도시계획시설결정에 이해관계가 있는 주민으로서는 도시시설계획의 입안권자 내지 결정권자에게 도시시설계획의 입안 내지 변경을 요구할 수 있는 법규상 또는 조리상의 신청권이 있고, 이러한 신청에 대한 거부행위는 항고소송의 대상이 되는 행정처분에 해당한다. [대법원 2015.3.26, 선고, 2014두42742, 판결]

제2조(정의) 이 법에서 사용하는 용어의 뜻은 다음과 같다. <개정 2011.4.14., 2012.12.18., 2015.1.6., 2017.4.18., 2017.12.26.>

1. "광역도시계획"이란 제10조에 따라 지정된 광역계획권의 장기발전방향을 제시하는 계획을 말한다.
2. "도시·군계획"이란 특별시·광역시·특별자치시·특별자치도·시 또는 군(광역시의 관할 구역에 있는 군은 제외한다. 이하 같다)의 관할 구역에 대하여 수립하는 공간구조와 발전방향에 대한 계획으로서 도시·군기본계획과 도시·군관리계획으로 구분한다.
3. "도시·군기본계획"이란 특별시·광역시·특별자치시·특별자치도·시 또는 군의 관할 구역에 대하여 기본적인 공간구조와 장기발전방향을 제시하는 종합계획으로서 도시·군관리계획 수립의 지침이 되는 계획을 말한다.
4. "도시·군관리계획"이란 특별시·광역시·특별자치시·특별자치도·시 또는 군의 개발·정비 및 보전을 위하여 수립하는 토지 이용, 교통, 환경, 경관, 안전, 산업, 정보통신, 보건, 복지, 안보, 문화 등에 관한 다음 각 목의 계획을 말한다.
   가. 용도지역·용도지구의 지정 또는 변경에 관한 계획
   나. 개발제한구역, 도시자연공원구역, 시가화조정구역(市街化調整區域), 수산자원보호구역의 지정 또는 변경에 관한 계획
   다. 기반시설의 설치·정비 또는 개량에 관한 계획
   라. 도시개발사업이나 정비사업에 관한 계획
   마. 지구단위계획구역의 지정 또는 변경에 관한 계획과 지구단위계획
   바. 입지규제최소구역의 지정 또는 변경에 관한 계획과 입지규제최소구역계획
5. "지구단위계획"이란 도시·군계획 수립

대상지역의 일부에 대하여 토지 이용을 합리화하고 그 기능을 증진시키며 미관을 개선하고 양호한 환경을 확보하며, 그 지역을 체계적·계획적으로 관리하기 위하여 수립하는 도시·군관리계획을 말한다.

5의2. "입지규제최소구역계획"이란 입지규제최소구역에서의 토지의 이용 및 건축물의 용도·건폐율·용적률·높이 등의 제한에 관한 사항 등 입지규제최소구역의 관리에 필요한 사항을 정하기 위하여 수립하는 도시·군관리계획을 말한다.

6. "기반시설"이란 다음 각 목의 시설로서 대통령령으로 정하는 시설을 말한다.
   가. 도로·철도·항만·공항·주차장 등 교통시설
   나. 광장·공원·녹지 등 공간시설
   다. 유통업무설비, 수도·전기·가스공급설비, 방송·통신시설, 공동구 등 유통·공급시설
   라. 학교·공공청사·문화시설 및 공공필요성이 인정되는 체육시설 등 공공·문화체육시설
   마. 하천·유수지(遊水池)·방화설비 등 방재시설
   바. 장사시설 등 보건위생시설
   사. 하수도, 폐기물처리 및 재활용시설, 빗물저장 및 이용시설 등 환경기초시설

7. "도시·군계획시설"이란 기반시설 중 도시·군관리계획으로 결정된 시설을 말한다.

8. "광역시설"이란 기반시설 중 광역적인 정비체계가 필요한 다음 각 목의 시설로서 대통령령으로 정하는 시설을 말한다.
   가. 둘 이상의 특별시·광역시·특별자치시·특별자치도·시 또는 군의 관할 구역에 걸쳐 있는 시설
   나. 둘 이상의 특별시·광역시·특별자치시·특별자치도·시 또는 군이 공동으로 이용하는 시설

9. "공동구"란 전기·가스·수도 등의 공급설비, 통신시설, 하수도시설 등 지하매설물을 공동 수용함으로써 미관의 개선, 도로구조의 보전 및 교통의 원활한 소통을 위하여 지하에 설치하는 시설물을 말한다.

10. "도시·군계획시설사업"이란 도시·군계획시설을 설치·정비 또는 개량하는 사업을 말한다.

11. "도시·군계획사업"이란 도시·군관리계획을 시행하기 위한 다음 각 목의 사업을 말한다.
   가. 도시·군계획시설사업
   나. 「도시개발법」에 따른 도시개발사업
   다. 「도시 및 주거환경정비법」에 따른 정비사업

12. "도시·군계획사업시행자"란 이 법 또는 다른 법률에 따라 도시·군계획사업을 하는 자를 말한다.

13. "공공시설"이란 도로·공원·철도·수도, 그 밖에 대통령령으로 정하는 공공용 시설을 말한다.

14. "국가계획"이란 중앙행정기관이 법률에 따라 수립하거나 국가의 정책적인 목적을 이루기 위하여 수립하는 계획 중 제19조제1항제1호부터 제9호까지에 규정된 사항이나 도시·군관리계획으로 결정하여야 할 사항이 포함된 계획을 말한다.

15. "용도지역"이란 토지의 이용 및 건축물의 용도, 건폐율(「건축법」 제55조의 건폐율을 말한다. 이하 같다), 용적률(「건축법」 제56조의 용적률을 말한다. 이하 같다), 높이 등을 제한함으로써 토지를 경제적·효율적으로 이용하고 공공복리의 증진을 도모하기 위하여 서로 중복되지 아니하게 도시·군관리계획으로 결정하는 지역을 말한다.

16. "용도지구"란 토지의 이용 및 건축물의 용도·건폐율·용적률·높이 등에 대한 용도지역의 제한을 강화하거나 완화하여 적용함으로써 용도지역의 기능을 증진시키고 경관·안전 등을 도모하기 위하여 도시·군관리계획으로 결정하는 지역을 말한다.

17. "용도구역"이란 토지의 이용 및 건축물의 용도·건폐율·용적률·높이 등에 대한 용도지역 및 용도지구의 제한을 강화하거나 완화하여 따로 정함으로써 시가지의 무질서한 확산방지, 계획적이고 단계적인 토지이용의 도모, 토지이용의 종합적 조정·관리 등을 위하여 도시·군관리계획으로 결정하는 지역을 말한다.

18. "개발밀도관리구역"이란 개발로 인하여 기반시설이 부족할 것으로 예상되나 기반시설을 설치하기 곤란한 지역을 대상으로 건폐율이나 용적률을 강화하여 적용하기 위하여 제66조에 따라 지정하는 구역을 말한다.

19. "기반시설부담구역"이란 개발밀도관리구역 외의 지역으로서 개발로 인하여 도로, 공원, 녹지 등 대통령령으로 정하는 기반시설의 설치가 필요한 지역을 대상

으로 기반시설을 설치하거나 그에 필요한 용지를 확보하게 하기 위하여 제67조에 따라 지정·고시하는 구역을 말한다.

20. "기반시설설치비용"이란 단독주택 및 숙박시설 등 대통령령으로 정하는 시설의 신·증축 행위로 인하여 유발되는 기반시설을 설치하거나 그에 필요한 용지를 확보하기 위하여 제69조에 따라 부과·징수하는 금액을 말한다.

[전문개정 2009.2.6.]

[2012.12.18. 법률 제11579호에 의하여 2011.6.30. 헌법불합치 결정된 이 조 제6호 라목을 개정함.]

▶ 판례 – [1] 선행처분과 후행처분이 서로 독립하여 별개의 법률효과를 발생시키는 때에 선행처분에 불가쟁력이 생겨 그 효력을 다툴 수 없게 된 경우, 선행처분의 하자를 이유로 후행처분의 효력을 다툴 수 있는지 여부(원칙적 소극) [2] 선행처분인 도시·군계획시설결정에 하자가 있는 경우, 그 하자가 후행처분인 실시계획인가에 승계되는지 여부(원칙적 소극)

[1] 2개 이상의 행정처분이 연속적 또는 단계적으로 이루어지는 경우 선행처분과 후행처분이 서로 합하여 1개의 법률효과를 완성하는 때에는 선행처분에 하자가 있으면 그 하자는 후행처분에 승계된다. 이러한 경우에는 선행처분에 불가쟁력이 생겨 그 효력을 다툴 수 없게 되더라도 선행처분의 하자를 이유로 후행처분의 효력을 다툴 수 있다. 그러나 선행처분과 후행처분이 서로 독립하여 별개의 법률효과를 발생시키는 경우에는 선행처분에 불가쟁력이 생겨 그 효력을 다툴 수 없게 되면 선행처분의 하자가 당연무효인 경우를 제외하고는 특별한 사정이 없는 한 선행처분의 하자를 이유로 후행처분의 효력을 다툴 수 없는 것이 원칙이다.

[2] 국토의 계획 및 이용에 관한 법률(이하 '국토계획법' 이라 한다) 제43조 제1항에 따르면, 일정한 기반시설에 관해서는 그 종류·명칭·위치·규모 등을 미리 도시·군관리계획으로 결정해야 한다. 국토계획법 제2조 제7호, 제10호는 이와 같이 도시·군관리계획결정으로 결정된 기반시설을 '도시·군계획시설' 로, 도시·군계획시설을 설치·정비 또는 개량하는 사업을 '도시·군계획시설사업' 으로 지칭하고 있다. 도시·군계획시설은 도시·군관리계획결정에 따라 설치되는데, 도시·군계획시설결정은 국토계획법령에 따라 도시·군관리계획결정에 일반적으로 요구되는 기초조사, 주민과 지방의회의 의견 청취, 관계 행정기관장과의 협의나 도시계획위원회 심의 등의 절차를 밟아야 한다. 이러한 절차를 거쳐 도시·군계획시설결정이 이루어지면 도시·군계획시설의 종류에 따른 사업대상지의 위치와 면적이 확정되고, 그 사업대상지에서는 원칙적으로 도시·군계획시설이 아닌 건축물 등의 허가가 금지된다(제64조). 반면 실시계획인가는 도시·군계획시설결정에 따른 특정 사업을 구체화하여 이를 실현하는 것으로서, 시·도지사는 도시·군계획시설사업의 시행자가 작성한 실시계획이 도시·군계획시설의 결정·구조 및 설치의 기준 등에 적합하다고 인정하는 경우에는 이를 인가하여야 한다(제88조 제3항, 제43조 제2항). 이러한 실시계획인가를 통해 사업시행자에게 도시·군계획시설사업을 실시할 수 있는 권한과 사업에 필요한 토지 등을 수용할 수 있는 권한이 부여된다. 결국 도시·군계획시설결정과 실시계획인가는 도시·군계획시설사업을 위하여 이루어지는 단계적 행정절차에서 별도의 요건과 절차에 따라 별개의 법률효과를 발생시키는 독립적인 행정처분이다. 그러므로 선행처분인 도시·군계획시설결정에 하자가 있더라도 그것이 당연무효가 아닌 한 원칙적으로 후행처분인 실시계획인가에 승계되지 않는다. [대법원 2017.7.18, 선고, 2016두49938, 판결]

제3조(국토 이용 및 관리의 기본원칙) 국토는 자연환경의 보전과 자원의 효율적 활용을 통하여 환경적으로 건전하고 지속가능한 발전을 이루기 위하여 다음 각 호의 목적을 이룰 수 있도록 이용되고 관리되어야 한다. <개정 2012.2.1.>

1. 국민생활과 경제활동에 필요한 토지 및 각종 시설물의 효율적 이용과 원활한 공급
2. 자연환경 및 경관의 보전과 훼손된 자연환경 및 경관의 개선 및 복원
3. 교통·수자원·에너지 등 국민생활에 필요한 각종 기초 서비스 제공
4. 주거 등 생활환경 개선을 통한 국민의 삶의 질 향상
5. 지역의 정체성과 문화유산의 보전
6. 지역 간 협력 및 균형발전을 통한 공동번영의 추구
7. 지역경제의 발전과 지역 및 지역 내 적절한 기능 배분을 통한 사회적 비용의 최소화
8. 기후변화에 대한 대응 및 풍수해 저감을 통한 국민의 생명과 재산의 보호

[전문개정 2009.2.6.]

▶ 판례 – [1] 법률의 위임 없이 주민의 권리제한

또는 의무부과에 관한 사항을 정한 조례의 효력(=무효) 및 조례로 규율하고자 하는 특정사항에 관하여 국가의 법령이 이미 존재하는 경우, 조례의 적법 요건
[2] 고의 또는 불법으로 임목이 훼손되었거나 지형이 변경된 후 원상회복이 이루어지지 않아 토지이용계획확인서에 그 사실이 명시된 토지에 대한 개발행위 허가를 제한하도록 한 성남시 도시계획조례 제21조 제1항 제3호 및 그 시행규칙 제2조는 법률의 위임에 따른 것으로서 정당하고 산림자원의 조성 및 관리에 관한 법률에 위배되지 않는다고 한 사례 [대법원 2014.2.27, 선고, 2012두15005, 판결]

제3조의2(도시의 지속가능성 및 생활인프라 수준 평가) ① 국토교통부장관은 도시의 지속가능하고 균형 있는 발전과 주민의 편리하고 쾌적한 삶을 위하여 도시의 지속가능성 및 생활인프라(교육시설, 문화·체육시설, 교통시설 등의 시설로서 국토교통부장관이 정하는 것을 말한다) 수준을 평가할 수 있다. <개정 2015.12.29.>
② 제1항에 따른 평가를 위한 절차 및 기준 등에 관하여 필요한 사항은 대통령령으로 정한다. <개정 2015.12.29.>
③ 국가와 지방자치단체는 제1항에 따른 평가결과를 도시·군계획의 수립 및 집행에 반영하여야 한다. <개정 2011.4.14.>
[전문개정 2009.2.6.]
[제목개정 2015.12.29.]

제4조(국가계획, 광역도시계획 및 도시·군계획의 관계 등) ① 도시·군계획은 특별시·광역시·특별자치시·특별자치도·시 또는 군의 관할 구역에서 수립되는 다른 법률에 따른 토지의 이용·개발 및 보전에 관한 계획의 기본이 된다.
② 광역도시계획 및 도시·군계획은 국가계획에 부합되어야 하며, 광역도시계획 또는 도시·군계획의 내용이 국가계획의 내용과 다를 때에는 국가계획의 내용이 우선한다. 이 경우 국가계획을 수립하려는 중앙행정기관의 장은 미리 지방자치단체의 장의 의견을 듣고 충분히 협의하여야 한다.
③ 광역도시계획이 수립되어 있는 지역에 대하여 수립하는 도시·군기본계획은 그 광역도시계획에 부합되어야 하며, 도시·군기본계획의 내용이 광역도시계획의 내용과 다를 때에는 광역도시계획의 내용이 우선한다.
④ 특별시장·광역시장·특별자치시장·특별자치도지사·시장 또는 군수(광역시의 관할 구역에 있는 군의 군수는 제외한다. 이하 같다. 다만, 제8조제2항 및 제3항, 제113조, 제117조부터 제124조까지, 제124조의2, 제125조, 제126조, 제133조, 제136조, 제138조제1항, 제139조제1항·제2항에서는 광역시의 관할 구역에 있는 군의 군수를 포함한다)가 관할 구역에 대하여 다른 법률에 따른 환경·교통·수도·하수도·주택 등에 관한 부문별 계획을 수립할 때에는 도시·군기본계획의 내용에 부합되게 하여야 한다. <개정 2013.7.16.>
[전문개정 2011.4.14.]
[시행일:2012.7.1.] 제4조 중 특별자치시와 특별자치시장에 관한 개정규정

제5조(도시·군계획 등의 명칭) ① 행정구역의 명칭이 특별시·광역시·특별자치시·특별자치도·시인 경우 도시·군계획, 도시·군기본계획, 도시·군관리계획, 도시·군계획시설, 도시·군계획시설사업, 도시·군계획사업 및 도시·군계획상임기획단의 명칭은 각각 "도시계획", "도시기본계획", "도시관리계획", "도시계획시설", "도시계획시설사업", "도시계획사업" 및 "도시계획상임기획단"으로 한다. <개정 2011.4.14.>
② 행정구역의 명칭이 군인 경우 도시·군계획, 도시·군기본계획, 도시·군관리계획, 도시·군계획시설, 도시·군계획시설사업, 도시·군계획사업 및 도시·군계획상임기획단의 명칭은 각각 "군계획", "군기본계획", "군관리계획", "군계획시설", "군계획시설사업", "군계획사업" 및 "군계획상임기획단"으로 한다. <개정 2011.4.14.>
③ 제113조제2항에 따라 군에 설치하는 도시계획위원회의 명칭은 "군계획위원회"로 한다.
[전문개정 2009.2.6.]
[제목개정 2011.4.14.]
[시행일:2012.7.1.] 제5조 중 특별자치시에 관한 개정규정

제6조(국토의 용도 구분) 국토는 토지의 이용실태 및 특성, 장래의 토지 이용 방향, 지역 간 균형발전 등을 고려하여 다음과 같은 용도지역으로 구분한다. <개정 2013.5.22.>
1. 도시지역: 인구와 산업이 밀집되어 있거나 밀집이 예상되어 그 지역에 대하여 체계적인 개발·정비·관리·보전 등이 필요한 지역
2. 관리지역: 도시지역의 인구와 산업을 수용

하기 위하여 도시지역에 준하여 체계적으로 관리하거나 농림업의 진흥, 자연환경 또는 산림의 보전을 위하여 농림지역 또는 자연환경보전지역에 준하여 관리할 필요가 있는 지역

3. 농림지역: 도시지역에 속하지 아니하는 「농지법」에 따른 농업진흥지역 또는 「산지관리법」에 따른 보전산지 등으로서 농림업을 진흥시키고 산림을 보전하기 위하여 필요한 지역
4. 자연환경보전지역: 자연환경・수자원・해안・생태계・상수원 및 문화재의 보전과 수산자원의 보호・육성 등을 위하여 필요한 지역

[전문개정 2009.2.6.]

제7조(용도지역별 관리 의무) 국가나 지방자치단체는 제6조에 따라 정하여진 용도지역의 효율적인 이용 및 관리를 위하여 다음 각 호에서 정하는 바에 따라 그 용도지역에 관한 개발・정비 및 보전에 필요한 조치를 마련하여야 한다.

1. 도시지역: 이 법 또는 관계 법률에서 정하는 바에 따라 그 지역이 체계적이고 효율적으로 개발・정비・보전될 수 있도록 미리 계획을 수립하고 그 계획을 시행하여야 한다.
2. 관리지역: 이 법 또는 관계 법률에서 정하는 바에 따라 필요한 보전조치를 취하고 개발이 필요한 지역에 대하여는 계획적인 이용과 개발을 도모하여야 한다.
3. 농림지역: 이 법 또는 관계 법률에서 정하는 바에 따라 농림업의 진흥과 산림의 보전・육성에 필요한 조사와 대책을 마련하여야 한다.
4. 자연환경보전지역: 이 법 또는 관계 법률에서 정하는 바에 따라 환경오염 방지, 자연환경・수질・수자원・해안・생태계 및 문화재의 보전과 수산자원의 보호・육성을 위하여 필요한 조사와 대책을 마련하여야 한다.

[전문개정 2009.2.6.]

제8조(다른 법률에 따른 토지 이용에 관한 구역 등의 지정 제한 등) ① 중앙행정기관의 장이나 지방자치단체의 장은 다른 법률에 따라 토지 이용에 관한 지역・지구・구역 또는 구획 등(이하 이 조에서 "구역등"이라 한다)을 지정하려면 그 구역등의 지정목적이 이 법에 따른 용도지역・용도지구 및 용도구역의 지정목적에 부합되도록 하여야 한다.

② 중앙행정기관의 장이나 지방자치단체의 장은 다른 법률에 따라 지정되는 구역등 중 대통령령으로 정하는 면적 이상의 구역등을 지정하거나 변경하려면 중앙행정기관의 장은 국토교통부장관과 협의하여야 하며 지방자치단체의 장은 국토교통부장관의 승인을 받아야 한다. <개정 2011.4.14., 2011.7.28., 2013.3.23., 2013.7.16.>

1. 삭제 <2013.7.16.>
2. 삭제 <2013.7.16.>
3. 삭제 <2013.7.16.>
4. 삭제 <2013.7.16.>

③ 지방자치단체의 장이 제2항에 따라 승인을 받아야 하는 구역등 중 대통령령으로 정하는 면적 미만의 구역등을 지정하거나 변경하려는 경우 특별시장・광역시장・특별자치시장・도지사・특별자치도지사(이하 "시・도지사"라 한다)는 제2항에도 불구하고 국토교통부장관의 승인을 받지 아니하되, 시장・군수 또는 구청장(자치구의 구청장을 말한다. 이하 같다)은 시・도지사의 승인을 받아야 한다. <신설 2013.7.16.>

④ 제2항 및 제3항에도 불구하고 다음 각 호의 어느 하나에 해당하는 경우에는 국토교통부장관과의 협의를 거치지 아니하거나 국토교통부장관 또는 시・도지사의 승인을 받지 아니한다. <신설 2013.7.16.>

1. 다른 법률에 따라 지정하거나 변경하려는 구역등이 도시・군기본계획에 반영된 경우
2. 제36조에 따른 보전관리지역・생산관리지역・농림지역 또는 자연환경보전지역에서 다음 각 목의 지역을 지정하려는 경우
   가. 「농지법」 제28조에 따른 농업진흥지역
   나. 「한강수계 상수원수질개선 및 주민지원 등에 관한 법률」 등에 따른 수변구역
   다. 「수도법」 제7조에 따른 상수원보호구역
   라. 「자연환경보전법」 제12조에 따른 생태・경관보전지역
   마. 「야생생물 보호 및 관리에 관한 법률」 제27조에 따른 야생생물 특별보호구역
   바. 「해양생태계의 보전 및 관리에 관한 법률」 제25조에 따른 해양보호구역
3. 군사상 기밀을 지켜야 할 필요가 있는 구역등을 지정하려는 경우
4. 협의 또는 승인을 받은 구역등을 대통령령으로 정하는 범위에서 변경하려는 경우

⑤ 국토교통부장관 또는 시・도지사는 제2항 및 제3항에 따라 협의 또는 승인을 하려면 제106조에 따른 중앙도시계획위원회(이하 "중앙도시계획위원회"라 한다) 또는 제113조제1항에 따른 시・도도시계획위원회(이하 "시・

도도시계획위원회"라 한다)의 심의를 거쳐야 한다. 다만, 다음 각 호의 경우에는 그러하지 아니하다. <개정 2010.2.4., 2011.7.28., 2013.3.23., 2013.7.16.>

1. 보전관리지역이나 생산관리지역에서 다음 각 목의 구역등을 지정하는 경우
   가. 「산지관리법」 제4조제1항제1호에 따른 보전산지
   나. 「야생생물 보호 및 관리에 관한 법률」 제33조에 따른 야생생물 보호구역
   다. 「습지보전법」 제8조에 따른 습지보호지역
   라. 「토양환경보전법」 제17조에 따른 토양보전대책지역
2. 농림지역이나 자연환경보전지역에서 다음 각 목의 구역등을 지정하는 경우
   가. 제1호 각 목의 어느 하나에 해당하는 구역등
   나. 「자연공원법」 제4조에 따른 자연공원
   다. 「자연환경보전법」 제34조제1항제1호에 따른 생태·자연도 1등급 권역
   라. 「독도 등 도서지역의 생태계보전에 관한 특별법」 제4조에 따른 특정도서
   마. 「문화재보호법」 제25조 및 제27조에 따른 명승 및 천연기념물과 그 보호구역
   바. 「해양생태계의 보전 및 관리에 관한 법률」 제12조제1항제1호에 따른 해양생태도 1등급 권역

⑥ 중앙행정기관의 장이나 지방자치단체의 장은 다른 법률에 따라 지정된 토지 이용에 관한 구역등을 변경하거나 해제하려면 제24조에 따른 도시·군관리계획의 입안권자의 의견을 들어야 한다. 이 경우 의견 요청을 받은 도시·군관리계획의 입안권자는 이 법에 따른 용도지역·용도지구·용도구역의 변경이 필요하면 도시·군관리계획에 반영하여야 한다. <신설 2011.4.14., 2013.7.16.>

⑦ 시·도지사가 다음 각 호의 어느 하나에 해당하는 행위를 할 때 제6항 후단에 따라 도시·군관리계획의 변경이 필요하여 시·도도시계획위원회의 심의를 거친 경우에는 해당 각 호에 따른 심의를 거친 것으로 본다. <신설 2011.4.14., 2013.3.23., 2013.7.16., 2015.6.22.>

1. 「농지법」 제31조제1항에 따른 농업진흥지역의 해제: 「농업·농촌 및 식품산업 기본법」 제15조에 따른 시·도 농업·농촌및식품산업정책심의회의 심의
2. 「산지관리법」 제6조제3항에 따른 보전산지의 지정해제: 「산지관리법」 제22조제2항에 따른 지방산지관리위원회의 심의

[전문개정 2009.2.6.]

[시행일:2012.7.1.] 제8조 중 특별자치시장에 관한 개정규정

제9조(다른 법률에 따른 도시·군관리계획의 변경 제한) 중앙행정기관의 장이나 지방자치단체의 장은 다른 법률에서 이 법에 따른 도시·군관리계획의 결정을 의제(擬制)하는 내용이 포함되어 있는 계획을 허가·인가·승인 또는 결정하려면 대통령령으로 정하는 바에 따라 중앙도시계획위원회 또는 제113조에 따른 지방도시계획위원회(이하 "지방도시계획위원회"라 한다)의 심의를 받아야 한다. 다만, 다음 각 호의 어느 하나에 해당하는 경우에는 그러하지 아니하다. <개정 2011.4.14., 2013.3.23., 2013.7.16.>

1. 제8조제2항 또는 제3항에 따라 국토교통부장관과 협의하거나 국토교통부장관 또는 시·도지사의 승인을 받은 경우
2. 다른 법률에 따라 중앙도시계획위원회나 지방도시계획위원회의 심의를 받은 경우
3. 그 밖에 대통령령으로 정하는 경우

[전문개정 2009.2.6.]

[제목개정 2011.4.14.]

제2장 광역도시계획

제10조(광역계획권의 지정) ① 국토교통부장관 또는 도지사는 둘 이상의 특별시·광역시·특별자치시·특별자치도·시 또는 군의 공간구조 및 기능을 상호 연계시키고 환경을 보전하며 광역시설을 체계적으로 정비하기 위하여 필요한 경우에는 다음 각 호의 구분에 따라 인접한 둘 이상의 특별시·광역시·특별자치시·특별자치도·시 또는 군의 관할 구역 전부 또는 일부를 대통령령으로 정하는 바에 따라 광역계획권으로 지정할 수 있다. <개정 2011.4.14., 2013.3.23.>

1. 광역계획권이 둘 이상의 특별시·광역시·특별자치시·도 또는 특별자치도(이하 "시·도"라 한다)의 관할 구역에 걸쳐 있는 경우: 국토교통부장관이 지정
2. 광역계획권이 도의 관할 구역에 속하여 있는 경우: 도지사가 지정

② 중앙행정기관의 장, 시·도지사, 시장 또는

군수는 국토교통부장관이나 도지사에게 광역계획권의 지정 또는 변경을 요청할 수 있다. <개정 2011.4.14., 2013.3.23.>
③ 국토교통부장관은 광역계획권을 지정하거나 변경하려면 관계 시·도지사, 시장 또는 군수의 의견을 들은 후 중앙도시계획위원회의 심의를 거쳐야 한다. <개정 2013.3.23.>
④ 도지사가 광역계획권을 지정하거나 변경하려면 관계 중앙행정기관의 장, 관계 시·도지사, 시장 또는 군수의 의견을 들은 후 지방도시계획위원회의 심의를 거쳐야 한다. <개정 2013.3.23., 2013.7.16.>
⑤ 국토교통부장관 또는 도지사는 광역계획권을 지정하거나 변경하면 지체 없이 관계 시·도지사, 시장 또는 군수에게 그 사실을 통보하여야 한다. <개정 2013.3.23.>
[전문개정 2009.2.6.]
[시행일:2012.7.1.] 제10조 중 특별자치시에 관한 개정규정

제11조(광역도시계획의 수립권자) ① 국토교통부장관, 시·도지사, 시장 또는 군수는 다음 각 호의 구분에 따라 광역도시계획을 수립하여야 한다. <개정 2013.3.23.>
1. 광역계획권이 같은 도의 관할 구역에 속하여 있는 경우: 관할 시장 또는 군수가 공동으로 수립
2. 광역계획권이 둘 이상의 시·도의 관할 구역에 걸쳐 있는 경우: 관할 시·도지사가 공동으로 수립
3. 광역계획권을 지정한 날부터 3년이 지날 때까지 관할 시장 또는 군수로부터 제16조제1항에 따른 광역도시계획의 승인 신청이 없는 경우: 관할 도지사가 수립
4. 국가계획과 관련된 광역도시계획의 수립이 필요한 경우나 광역계획권을 지정한 날부터 3년이 지날 때까지 관할 시·도지사로부터 제16조제1항에 따른 광역도시계획의 승인 신청이 없는 경우: 국토교통부장관이 수립

② 국토교통부장관은 시·도지사가 요청하는 경우와 그 밖에 필요하다고 인정되는 경우에는 제1항에도 불구하고 관할 시·도지사와 공동으로 광역도시계획을 수립할 수 있다. <개정 2013.3.23.>
③ 도지사는 시장 또는 군수가 요청하는 경우와 그 밖에 필요하다고 인정하는 경우에는 제1항에도 불구하고 관할 시장 또는 군수와 공동으로 광역도시계획을 수립할 수 있으며, 시장 또는 군수가 협의를 거쳐 요청하는 경우에는 단독으로 광역도시계획을 수립할 수 있다.
[전문개정 2009.2.6.]

제12조(광역도시계획의 내용) ① 광역도시계획에는 다음 각 호의 사항 중 그 광역계획권의 지정목적을 이루는 데 필요한 사항에 대한 정책 방향이 포함되어야 한다. <개정 2011.4.14.>
1. 광역계획권의 공간 구조와 기능 분담에 관한 사항
2. 광역계획권의 녹지관리체계와 환경 보전에 관한 사항
3. 광역시설의 배치·규모·설치에 관한 사항
4. 경관계획에 관한 사항
5. 그 밖에 광역계획권에 속하는 특별시·광역시·특별자치시·특별자치도·시 또는 군 상호 간의 기능 연계에 관한 사항으로서 대통령령으로 정하는 사항

② 광역도시계획의 수립기준 등은 대통령령으로 정하는 바에 따라 국토교통부장관이 정한다. <개정 2013.3.23.>
[전문개정 2009.2.6.]
[시행일:2012.7.1.] 제12조 중 특별자치시에 관한 개정규정

제13조(광역도시계획의 수립을 위한 기초조사) ① 국토교통부장관, 시·도지사, 시장 또는 군수는 광역도시계획을 수립하거나 변경하려면 미리 인구, 경제, 사회, 문화, 토지 이용, 환경, 교통, 주택, 그 밖에 대통령령으로 정하는 사항 중 그 광역도시계획의 수립 또는 변경에 필요한 사항을 대통령령으로 정하는 바에 따라 조사하거나 측량하여야 한다. <개정 2013.3.23.>
② 국토교통부장관, 시·도지사, 시장 또는 군수는 관계 행정기관의 장에게 제1항에 따른 조사 또는 측량에 필요한 자료를 제출하도록 요청할 수 있다. 이 경우 요청을 받은 관계 행정기관의 장은 특별한 사유가 없으면 그 요청에 따라야 한다. <개정 2013.3.23.>
③ 국토교통부장관, 시·도지사, 시장 또는 군수는 효율적인 조사 또는 측량을 위하여 필요하면 제1항이나 제2항에 따른 조사 또는 측량을 전문기관에 의뢰할 수 있다. <개정 2013.3.23.>
[전문개정 2009.2.6.]

제14조(공청회의 개최) ① 국토교통부장관, 시·도지사, 시장 또는 군수는 광역도시계획을 수립하거나 변경하려면 미리 공청회를 열어 주민

과 관계 전문가 등으로부터 의견을 들어야 하며, 공청회에서 제시된 의견이 타당하다고 인정하면 광역도시계획에 반영하여야 한다. <개정 2013.3.23.>
② 제1항에 따른 공청회의 개최에 필요한 사항은 대통령령으로 정한다.
[전문개정 2009.2.6.]

제15조(지방자치단체의 의견 청취) ① 시·도지사, 시장 또는 군수는 광역도시계획을 수립하거나 변경하려면 미리 관계 시·도, 시 또는 군의 의회와 관계 시장 또는 군수의 의견을 들어야 한다.
② 국토교통부장관은 광역도시계획을 수립하거나 변경하려면 관계 시·도지사에게 광역도시계획안을 송부하여야 하며, 관계 시·도지사는 그 광역도시계획안에 대하여 그 시·도의 의회와 관계 시장 또는 군수의 의견을 들은 후 그 결과를 국토교통부장관에게 제출하여야 한다. <개정 2013.3.23.>
③ 제1항과 제2항에 따른 시·도, 시 또는 군의 의회와 관계 시장 또는 군수는 특별한 사유가 없으면 30일 이내에 시·도지사, 시장 또는 군수에게 의견을 제시하여야 한다.
[전문개정 2009.2.6.]

제16조(광역도시계획의 승인) ① 시·도지사는 광역도시계획을 수립하거나 변경하려면 국토교통부장관의 승인을 받아야 한다. 다만, 제11조제3항에 따라 도지사가 수립하는 광역도시계획은 그러하지 아니하다. <개정 2013.3.23.>
② 국토교통부장관은 제1항에 따라 광역도시계획을 승인하거나 직접 광역도시계획을 수립 또는 변경(시·도지사와 공동으로 수립하거나 변경하는 경우를 포함한다)하려면 관계 중앙행정기관과 협의한 후 중앙도시계획위원회의 심의를 거쳐야 한다. <개정 2013.3.23.>
③ 제2항에 따라 협의 요청을 받은 관계 중앙행정기관의 장은 특별한 사유가 없는 한 그 요청을 받은 날부터 30일 이내에 국토교통부장관에게 의견을 제시하여야 한다. <개정 2013.3.23.>
④ 국토교통부장관은 직접 광역도시계획을 수립 또는 변경하거나 승인하였을 때에는 관계 중앙행정기관의 장과 시·도지사에게 관계 서류를 송부하여야 하며, 관계 서류를 받은 시·도지사는 대통령령으로 정하는 바에 따라 그 내용을 공고하고 일반이 열람할 수 있도록 하여야 한다. <개정 2013.3.23.>
⑤ 시장 또는 군수는 광역도시계획을 수립하거나 변경하려면 도지사의 승인을 받아야 한다.
⑥ 도지사가 제5항에 따라 광역도시계획을 승인하거나 제11조제3항에 따라 직접 광역도시계획을 수립 또는 변경(시장·군수와 공동으로 수립하거나 변경하는 경우를 포함한다)하려면 제2항부터 제4항까지의 규정을 준용한다. 이 경우 "국토교통부장관"은 "도지사"로, "중앙행정기관의 장"은 "행정기관의 장(국토교통부장관을 포함한다)"으로, "중앙도시계획위원회"는 "지방도시계획위원회"로 "시·도지사"는 "시장 또는 군수"로 본다. <개정 2013.3.23.>
⑦ 제1항부터 제6항까지에 규정된 사항 외에 광역도시계획의 수립 및 집행에 필요한 사항은 대통령령으로 정한다.
[전문개정 2009.2.6.]

제17조(광역도시계획의 조정) ① 제11조제1항제2호에 따라 광역도시계획을 공동으로 수립하는 시·도지사는 그 내용에 관하여 서로 협의가 되지 아니하면 공동이나 단독으로 국토교통부장관에게 조정(調停)을 신청할 수 있다. <개정 2013.3.23.>
② 국토교통부장관은 제1항에 따라 단독으로 조정신청을 받은 경우에는 기한을 정하여 당사자 간에 다시 협의를 하도록 권고할 수 있으며, 기한 내에 협의가 이루어지지 아니하는 경우에는 직접 조정할 수 있다. <개정 2013.3.23.>
③ 국토교통부장관은 제1항에 따른 조정의 신청을 받거나 제2항에 따라 직접 조정하려는 경우에는 중앙도시계획위원회의 심의를 거쳐 광역도시계획의 내용을 조정하여야 한다. 이 경우 이해관계를 가진 지방자치단체의 장은 중앙도시계획위원회의 회의에 출석하여 의견을 진술할 수 있다. <개정 2013.3.23.>
④ 광역도시계획을 수립하는 자는 제3항에 따른 조정 결과를 광역도시계획에 반영하여야 한다.
⑤ 제11조제1항제1호에 따라 광역도시계획을 공동으로 수립하는 시장 또는 군수는 그 내용에 관하여 서로 협의가 되지 아니하면 공동이나 단독으로 도지사에게 조정을 신청할 수 있다.
⑥ 제5항에 따라 도지사가 광역도시계획을 조정하는 경우에는 제2항부터 제4항까지의 규정을 준용한다. 이 경우 "국토교통부장관"은 "도지사"로, "중앙도시계획위원회"는 "도의 지방도시계획위원회"로 본다. <개정 2013.3.23.>
[전문개정 2009.2.6.]

제17조의2(광역도시계획협의회의 구성 및 운영) ① 국토교통부장관, 시·도지사, 시장 또는 군수는 제11조제1항제1호·제2호, 같은 조 제2항 및 제3항에 따라 광역도시계획을 공동으로 수립할 때에는 광역도시계획의 수립에 관한 협의 및 조정이나 자문 등을 위하여 광역도시계획협의회를 구성하여 운영할 수 있다. <개정 2013.3.23.>

② 제1항에 따라 광역도시계획협의회에서 광역도시계획의 수립에 관하여 협의·조정을 한 경우에는 그 조정 내용을 광역도시계획에 반영하여야 하며, 해당 시·도지사, 시장 또는 군수는 이에 따라야 한다.

③ 제1항 및 제2항에서 규정한 사항 외에 광역도시계획협의회의 구성 및 운영에 필요한 사항은 대통령령으로 정한다.

[본조신설 2009.2.6.]

제3장 도시·군기본계획

<개정 2011.4.14.>

제18조(도시·군기본계획의 수립권자와 대상지역) ① 특별시장·광역시장·특별자치시장·특별자치도지사·시장 또는 군수는 관할 구역에 대하여 도시·군기본계획을 수립하여야 한다. 다만, 시 또는 군의 위치, 인구의 규모, 인구감소율 등을 고려하여 대통령령으로 정하는 시 또는 군은 도시·군기본계획을 수립하지 아니할 수 있다. <개정 2011.4.14.>

② 특별시장·광역시장·특별자치시장·특별자치도지사·시장 또는 군수는 지역여건상 필요하다고 인정되면 인접한 특별시·광역시·특별자치시·특별자치도·시 또는 군의 관할 구역 전부 또는 일부를 포함하여 도시·군기본계획을 수립할 수 있다. <개정 2011.4.14.>

③ 특별시장·광역시장·특별자치시장·특별자치도지사·시장 또는 군수는 제2항에 따라 인접한 특별시·광역시·특별자치시·특별자치도·시 또는 군의 관할 구역을 포함하여 도시·군기본계획을 수립하려면 미리 그 특별시장·광역시장·특별자치시장·특별자치도지사·시장 또는 군수와 협의하여야 한다. <개정 2011.4.14.>

[전문개정 2009.2.6.]

[제목개정 2011.4.14.]

[시행일:2012.7.1.] 제18조 중 특별자치시와 특별자치시장에 관한 개정규정

제19조(도시·군기본계획의 내용) ① 도시·군기본계획에는 다음 각 호의 사항에 대한 정책 방향이 포함되어야 한다. <개정 2011.4.14.>

1. 지역적 특성 및 계획의 방향·목표에 관한 사항
2. 공간구조, 생활권의 설정 및 인구의 배분에 관한 사항
3. 토지의 이용 및 개발에 관한 사항
4. 토지의 용도별 수요 및 공급에 관한 사항
5. 환경의 보전 및 관리에 관한 사항
6. 기반시설에 관한 사항
7. 공원·녹지에 관한 사항
8. 경관에 관한 사항

8의2. 기후변화 대응 및 에너지절약에 관한 사항

8의3. 방재 및 안전에 관한 사항

9. 제2호부터 제8호까지, 제8호의2 및 제8호의3에 규정된 사항의 단계별 추진에 관한 사항
10. 그 밖에 대통령령으로 정하는 사항

② 삭제 <2011.4.14.>

③ 도시·군기본계획의 수립기준 등은 대통령령으로 정하는 바에 따라 국토교통부장관이 정한다. <개정 2011.4.14., 2013.3.23.>

[전문개정 2009.2.6.]

[제목개정 2011.4.14.]

제20조(도시·군기본계획 수립을 위한 기초조사 및 공청회) ①도시·군기본계획을 수립하거나 변경하는 경우에는 제13조와 제14조를 준용한다. 이 경우 "국토교통부장관, 시·도지사, 시장 또는 군수"는 "특별시장·광역시장·특별자치시장·특별자치도지사·시장 또는 군수"로, "광역도시계획"은 "도시·군기본계획"으로 본다. <개정 2011.4.14., 2013.3.23., 2015.1.6.>

② 시·도지사, 시장 또는 군수는 제1항에 따른 기초조사의 내용에 국토교통부장관이 정하는 바에 따라 실시하는 토지의 토양, 입지, 활용가능성 등 토지의 적성에 대한 평가(이하 "토지적성평가"라 한다)와 재해 취약성에 관한 분석(이하 "재해취약성분석"이라 한다)을 포함하여야 한다. <신설 2015.1.6.>

③ 도시·군기본계획 입안일부터 5년 이내에 토지적성평가를 실시한 경우 등 대통령령으로 정하는 경우에는 제2항에 따른 토지적성평가 또는 재해취약성분석을 하지 아니할 수 있다.

<신설 2015.1.6.>
[전문개정 2009.2.6.]
[제목개정 2011.4.14.]
[시행일:2012.7.1.] 제20조 중 특별자치시장에 관한 개정규정

제21조(지방의회의 의견 청취) ① 특별시장·광역시장·특별자치시장·특별자치도지사·시장 또는 군수는 도시·군기본계획을 수립하거나 변경하려면 미리 그 특별시·광역시·특별자치시·특별자치도·시 또는 군 의회의 의견을 들어야 한다. <개정 2011.4.14.>
② 제1항에 따른 특별시·광역시·특별자치시·특별자치도·시 또는 군의 의회는 특별한 사유가 없으면 30일 이내에 특별시장·광역시장·특별자치시장·특별자치도지사·시장 또는 군수에게 의견을 제시하여야 한다. <개정 2011.4.14.>
[전문개정 2009.2.6.]
[시행일:2012.7.1.] 제21조 중 특별자치시와 특별자치시장에 관한 개정규정

제22조(특별시·광역시·특별자치시·특별자치도의 도시·군기본계획의 확정) ① 특별시장·광역시장·특별자치시장 또는 특별자치도지사는 도시·군기본계획을 수립하거나 변경하려면 관계 행정기관의 장(국토교통부장관을 포함한다. 이하 이 조 및 제22조의2에서 같다)과 협의한 후 지방도시계획위원회의 심의를 거쳐야 한다. <개정 2011.4.14., 2013.3.23.>
② 제1항에 따라 협의 요청을 받은 관계 행정기관의 장은 특별한 사유가 없으면 그 요청을 받은 날부터 30일 이내에 특별시장·광역시장·특별자치시장 또는 특별자치도지사에게 의견을 제시하여야 한다. <개정 2011.4.14.>
③ 특별시장·광역시장·특별자치시장 또는 특별자치도지사는 도시·군기본계획을 수립하거나 변경한 경우에는 관계 행정기관의 장에게 관계 서류를 송부하여야 하며, 대통령령으로 정하는 바에 따라 그 계획을 공고하고 일반인이 열람할 수 있도록 하여야 한다. <개정 2011.4.14.>
[전문개정 2009.2.6.]
[제목개정 2011.4.14.]
[시행일:2012.7.1.] 제22조 중 특별자치시와 특별자치시장에 관한 개정규정

제22조의2(시·군 도시·군기본계획의 승인) ① 시장 또는 군수는 도시·군기본계획을 수립하거나 변경하려면 대통령령으로 정하는 바에 따라 도지사의 승인을 받아야 한다. <개정 2011.4.14.>
② 도지사는 제1항에 따라 도시·군기본계획을 승인하려면 관계 행정기관의 장과 협의한 후 지방도시계획위원회의 심의를 거쳐야 한다. <개정 2011.4.14.>
③ 제2항에 따른 협의에 관하여는 제22조제2항을 준용한다. 이 경우 "특별시장·광역시장·특별자치시장 또는 특별자치도지사"는 "도지사"로 본다. <개정 2011.4.14., 2013.7.16.>
④ 도지사는 도시·군기본계획을 승인하면 관계 행정기관의 장과 시장 또는 군수에게 관계 서류를 송부하여야 하며, 관계 서류를 받은 시장 또는 군수는 대통령령으로 정하는 바에 따라 그 계획을 공고하고 일반인이 열람할 수 있도록 하여야 한다. <개정 2011.4.14.>
[본조신설 2009.2.6.]
[제목개정 2011.4.14.]
[종전 제22조의2는 제22조의3으로 이동 <2009.2.6.>]
[시행일:2012.7.1.] 제22조의2 중 특별자치시장에 관한 개정규정

제22조의3 삭제 <2011.4.14.>

제23조(도시·군기본계획의 정비) ① 특별시장·광역시장·특별자치시장·특별자치도지사·시장 또는 군수는 5년마다 관할 구역의 도시·군기본계획에 대하여 그 타당성 여부를 전반적으로 재검토하여 정비하여야 한다. <개정 2011.4.14.>
② 특별시장·광역시장·특별자치시장·특별자치도지사·시장 또는 군수는 제4조제2항 및 제3항에 따라 도시·군기본계획의 내용에 우선하는 광역도시계획의 내용 및 도시·군기본계획에 우선하는 국가계획의 내용을 도시·군기본계획에 반영하여야 한다. <개정 2011.4.14.>
[전문개정 2009.2.6.]
[제목개정 2011.4.14.]
[시행일:2012.7.1.] 제23조 중 특별자치시장에 관한 개정규정

제4장 도시·군관리계획

<개정 2011.4.14.>

제1절 도시·군관리계획의 수립 절차

<개정 2011.4.14.>

제24조(도시·군관리계획의 입안권자) ① 특별시장·광역시장·특별자치시장·특별자치도지사·시장 또는 군수는 관할 구역에 대하여 도시·군관리계획을 입안하여야 한다. <개정 2011.4.14.>

② 특별시장·광역시장·특별자치시장·특별자치도지사·시장 또는 군수는 다음 각 호의 어느 하나에 해당하면 인접한 특별시·광역시·특별자치시·특별자치도·시 또는 군의 관할 구역 전부 또는 일부를 포함하여 도시·군관리계획을 입안할 수 있다. <개정 2011.4.14.>

1. 지역여건상 필요하다고 인정하여 미리 인접한 특별시장·광역시장·특별자치시장·특별자치도지사·시장 또는 군수와 협의한 경우
2. 제18조제2항에 따라 인접한 특별시·광역시·특별자치시·특별자치도·시 또는 군의 관할 구역을 포함하여 도시·군기본계획을 수립한 경우

③ 제2항에 따른 인접한 특별시·광역시·특별자치시·특별자치도·시 또는 군의 관할 구역에 대한 도시·군관리계획은 관계 특별시장·광역시장·특별자치시장·특별자치도지사·시장 또는 군수가 협의하여 공동으로 입안하거나 입안할 자를 정한다. <개정 2011.4.14.>

④ 제3항에 따른 협의가 성립되지 아니하는 경우 도시·군관리계획을 입안하려는 구역이 같은 도의 관할 구역에 속할 때에는 관할 도지사가, 둘 이상의 시·도의 관할 구역에 걸쳐 있을 때에는 국토교통부장관(제40조에 따른 수산자원보호구역의 경우 해양수산부장관을 말한다. 이하 이 조에서 같다)이 입안할 자를 지정하고 그 사실을 고시하여야 한다. <개정 2011.4.14., 2013.3.23.>

⑤ 국토교통부장관은 제1항이나 제2항에도 불구하고 다음 각 호의 어느 하나에 해당하는 경우에는 직접 또는 관계 중앙행정기관의 장의 요청에 의하여 도시·군관리계획을 입안할 수 있다. 이 경우 국토교통부장관은 관할 시·도지사 및 시장·군수의 의견을 들어야 한다. <개정 2011.4.14., 2013.3.23.>

1. 국가계획과 관련된 경우
2. 둘 이상의 시·도에 걸쳐 지정되는 용도지역·용도지구 또는 용도구역과 둘 이상의 시·도에 걸쳐 이루어지는 사업의 계획 중 도시·군관리계획으로 결정하여야 할 사항이 있는 경우
3. 특별시장·광역시장·특별자치시장·특별자치도지사·시장 또는 군수가 제138조에 따른 기한까지 국토교통부장관의 도시·군관리계획 조정 요구에 따라 도시·군관리계획을 정비하지 아니하는 경우

⑥ 도지사는 제1항이나 제2항에도 불구하고 다음 각 호의 어느 하나의 경우에는 직접 또는 시장이나 군수의 요청에 의하여 도시·군관리계획을 입안할 수 있다. 이 경우 도지사는 관계 시장 또는 군수의 의견을 들어야 한다. <개정 2011.4.14.>

1. 둘 이상의 시·군에 걸쳐 지정되는 용도지역·용도지구 또는 용도구역과 둘 이상의 시·군에 걸쳐 이루어지는 사업의 계획 중 도시·군관리계획으로 결정하여야 할 사항이 포함되어 있는 경우
2. 도지사가 직접 수립하는 사업의 계획으로서 도시·군관리계획으로 결정하여야 할 사항이 포함되어 있는 경우

[전문개정 2009.2.6.]
[제목개정 2011.4.14.]
[시행일:2012.7.1.] 제24조 중 특별자치시와 특별자치시장에 관한 개정규정

제25조(도시·군관리계획의 입안) ① 도시·군관리계획은 광역도시계획과 도시·군기본계획에 부합되어야 한다. <개정 2011.4.14.>

② 국토교통부장관(제40조에 따른 수산자원보호구역의 경우 해양수산부장관을 말한다. 이하 이 조에서 같다), 시·도지사, 시장 또는 군수는 도시·군관리계획을 입안할 때에는 대통령령으로 정하는 바에 따라 도시·군관리계획도서(계획도와 계획조서를 말한다. 이하 같다)와 이를 보조하는 계획설명서(기초조사결과·재원조달방안 및 경관계획 등을 포함한다. 이하 같다)를 작성하여야 한다. <개정 2011.4.14., 2013.3.23.>

③ 도시·군관리계획은 계획의 상세 정도, 도시·군관리계획으로 결정하여야 하는 기반시설의 종류 등에 대하여 도시 및 농·산·어촌 지역의 인구밀도, 토지 이용의 특성 및 주변 환경 등을 종합적으로 고려하여 차등을 두어 입안하여야 한다. <개정 2011.4.14.>

④ 도시·군관리계획의 수립기준, 도시·군관리계획도서 및 계획설명서의 작성기준·작성방법 등은 대통령령으로 정하는 바에 따라 국토교통부장관이 정한다. <개정 2011.4.14., 2013.3.23.>

[전문개정 2009.2.6.]
[제목개정 2011.4.14.]

제26조(도시·군관리계획 입안의 제안) ① 주민(이해관계자를 포함한다. 이하 같다)은 다음 각 호의 사항에 대하여 제24조에 따라 도시·군관리계획을 입안할 수 있는 자에게 도시·군관리계획의 입안을 제안할 수 있다. 이 경우 제안서에는 도시·군관리계획도서와 계획설명서를 첨부하여야 한다. <개정 2011.4.14., 2015.8.11., 2017.4.18.>
1. 기반시설의 설치·정비 또는 개량에 관한 사항
2. 지구단위계획구역의 지정 및 변경과 지구단위계획의 수립 및 변경에 관한 사항
3. 다음 각 목의 어느 하나에 해당하는 용도지구의 지정 및 변경에 관한 사항
   가. 개발진흥지구 중 공업기능 또는 유통물류기능 등을 집중적으로 개발·정비하기 위한 개발진흥지구로서 대통령령으로 정하는 개발진흥지구
   나. 제37조에 따라 지정된 용도지구 중 해당 용도지구에 따른 건축물이나 그 밖의 시설의 용도·종류 및 규모 등의 제한을 지구단위계획으로 대체하기 위한 용도지구

② 제1항에 따라 도시·군관리계획의 입안을 제안받은 자는 그 처리 결과를 제안자에게 알려야 한다. <개정 2011.4.14.>
③ 제1항에 따라 도시·군관리계획의 입안을 제안받은 자는 제안자와 협의하여 제안된 도시·군관리계획의 입안 및 결정에 필요한 비용의 전부 또는 일부를 제안자에게 부담시킬 수 있다. <개정 2011.4.14.>
④ 제1항제3호에 따른 개발진흥지구의 지정 제안을 위하여 충족하여야 할 지구의 규모, 용도지역 등의 요건은 대통령령으로 정한다. <신설 2015.8.11.>
⑤ 제1항부터 제4항까지에 규정된 사항 외에 도시·군관리계획의 제안, 제안을 위한 토지소유자의 동의 비율, 제안서의 처리 절차 등에 필요한 사항은 대통령령으로 정한다. <개정 2011.4.14., 2015.8.11.>
[전문개정 2009.2.6.]
[제목개정 2011.4.14.]

제27조(도시·군관리계획의 입안을 위한 기초조사 등) ① 도시·군관리계획을 입안하는 경우에는 제13조를 준용한다. 다만, 대통령령으로 정하는 경미한 사항을 입안하는 경우에는 그러하지 아니하다. <개정 2011.4.14.>
② 국토교통부장관(제40조에 따른 수산자원보호구역의 경우 해양수산부장관을 말한다. 이하 이 조에서 같다), 시·도지사, 시장 또는 군수는 제1항에 따른 기초조사의 내용에 도시·군관리계획이 환경에 미치는 영향 등에 대한 환경성 검토를 포함하여야 한다. <개정 2011.4.14., 2013.3.23.>
③ 국토교통부장관, 시·도지사, 시장 또는 군수는 제1항에 따른 기초조사의 내용에 토지적성평가와 재해취약성분석을 포함하여야 한다. <개정 2013.3.23., 2015.1.6.>
④ 도시·군관리계획으로 입안하려는 지역이 도심지에 위치하거나 개발이 끝나 나대지가 없는 등 대통령령으로 정하는 요건에 해당하면 제1항부터 제3항까지의 규정에 따른 기초조사, 환경성 검토, 토지적성평가 또는 재해취약성분석을 하지 아니할 수 있다. <개정 2013.7.16., 2015.1.6.>
[전문개정 2009.2.6.]
[제목개정 2011.4.14.]

제28조(주민과 지방의회의 의견 청취) ① 국토교통부장관(제40조에 따른 수산자원보호구역의 경우 해양수산부장관을 말한다. 이하 이 조에서 같다), 시·도지사, 시장 또는 군수는 제25조에 따라 도시·군관리계획을 입안할 때에는 주민의 의견을 들어야 하며, 그 의견이 타당하다고 인정되면 도시·군관리계획안에 반영하여야 한다. 다만, 국방상 또는 국가안전보장상 기밀을 지켜야 할 필요가 있는 사항(관계 중앙행정기관의 장이 요청하는 것만 해당한다)이거나 대통령령으로 정하는 경미한 사항인 경우에는 그러하지 아니하다. <개정 2011.4.14., 2013.3.23.>
② 국토교통부장관이나 도지사는 제24조제5항 및 제6항에 따라 도시·군관리계획을 입안하려면 주민의 의견 청취 기한을 밝혀 도시·군관리계획안을 관계 특별시장·광역시장·특별자치시장·특별자치도지사·시장 또는 군수에게 송부하여야 한다. <개정 2011.4.14., 2013.3.23.>
③ 제2항에 따라 도시·군관리계획안을 받은 특별시장·광역시장·특별자치시장·특별자치도지사·시장 또는 군수는 명시된 기한까지 그 도시·군관리계획안에 대한 주민의 의견을 들어 그 결과를 국토교통부장관이나 도지사에게 제출하여

야 한다. <개정 2011.4.14., 2013.3.23.>
④ 제1항에 따른 주민의 의견 청취에 필요한 사항은 대통령령으로 정하는 기준에 따라 해당 지방자치단체의 조례로 정한다.
⑤ 국토교통부장관, 시·도지사, 시장 또는 군수는 도시·군관리계획을 입안하려면 대통령령으로 정하는 사항에 대하여 해당 지방의회의 의견을 들어야 한다. <개정 2011.4.14., 2013.3.23.>
⑥ 국토교통부장관이나 도지사가 제5항에 따라 지방의회의 의견을 듣는 경우에는 제2항과 제3항을 준용한다. 이 경우 "주민"은 "지방의회"로 본다. <개정 2013.3.23.>
⑦ 특별시장·광역시장·특별자치시장·특별자치도지사·시장 또는 군수가 제5항에 따라 지방의회의 의견을 들으려면 의견 제시 기한을 밝혀 도시·군관리계획안을 송부하여야 한다. 이 경우 해당 지방의회는 명시된 기한까지 특별시장·광역시장·특별자치시장·특별자치도지사·시장 또는 군수에게 의견을 제시하여야 한다. <개정 2011.4.14.>
[전문개정 2009.2.6.]
[시행일:2012.7.1.] 제28조 중 특별자치시장에 관한 개정규정

▶ 판례 – 구 국토의 계획 및 이용에 관한 법령에서 관할 행정청이 도시관리계획을 입안할 때 도시관리계획안의 내용을 주민에게 공고·열람하도록 한 취지 / 시·도지사가 시장 또는 군수로부터 신청받은 당초의 도시관리계획안을 변경하려는 경우, 그 내용을 시장 또는 군수에게 송부하여 주민의 의견을 청취하는 절차를 거쳐야 하는지 여부(원칙적 적극) [대법원 2015.1.29, 선고, 2013두9649, 판결]

제29조(도시·군관리계획의 결정권자) ① 도시·군관리계획은 시·도지사가 직접 또는 시장·군수의 신청에 따라 결정한다. 다만, 「지방자치법」 제175조에 따른 서울특별시와 광역시 및 특별자치시를 제외한 인구 50만 이상의 대도시(이하 "대도시"라 한다)의 경우에는 해당 시장(이하 "대도시 시장"이라 한다)이 직접 결정하고, 다음 각 호의 도시·군관리계획은 시장 또는 군수가 직접 결정한다. <개정 2009.12.29., 2011.4.14., 2013.7.16., 2017.4.18.>
1. 시장 또는 군수가 입안한 지구단위계획구역의 지정·변경과 지구단위계획의 수립·변경에 관한 도시·군관리계획
2. 제52조제1항제1호의2에 따라 지구단위계획으로 대체하는 용도지구 폐지에 관한 도시·군관리계획[해당 시장(대도시 시장은 제외한다) 또는 군수가 도지사와 미리 협의한 경우에 한정한다]

② 제1항에도 불구하고 다음 각 호의 도시·군관리계획은 국토교통부장관이 결정한다. 다만, 제4호의 도시·군관리계획은 해양수산부장관이 결정한다. <개정 2011.4.14., 2013.3.23., 2013.7.16., 2015.1.6.>
1. 제24조제5항에 따라 국토교통부장관이 입안한 도시·군관리계획
2. 제38조에 따른 개발제한구역의 지정 및 변경에 관한 도시·군관리계획
3. 제39조제1항 단서에 따른 시가화조정구역의 지정 및 변경에 관한 도시·군관리계획
4. 제40조에 따른 수산자원보호구역의 지정 및 변경에 관한 도시·군관리계획
5. 제40조의2에 따른 입지규제최소구역의 지정 및 변경과 입지규제최소구역계획에 관한 도시·군관리계획

[전문개정 2009.2.6.]
[제목개정 2011.4.14.]

제30조(도시·군관리계획의 결정) ① 시·도지사는 도시·군관리계획을 결정하려면 관계 행정기관의 장과 미리 협의하여야 하며, 국토교통부장관(제40조에 따른 수산자원보호구역의 경우 해양수산부장관을 말한다. 이하 이 조에서 같다)이 도시·군관리계획을 결정하려면 관계 중앙행정기관의 장과 미리 협의하여야 한다. 이 경우 협의 요청을 받은 기관의 장은 특별한 사유가 없으면 그 요청을 받은 날부터 30일 이내에 의견을 제시하여야 한다. <개정 2011.4.14., 2013.3.23.>
② 시·도지사는 제24조제5항에 따라 국토교통부장관이 입안하여 결정한 도시·군관리계획을 변경하거나 그 밖에 대통령령으로 정하는 중요한 사항에 관한 도시·군관리계획을 결정하려면 미리 국토교통부장관과 협의하여야 한다. <개정 2011.4.14., 2013.3.23.>
③ 국토교통부장관은 도시·군관리계획을 결정하려면 중앙도시계획위원회의 심의를 거쳐야 하며, 시·도지사가 도시·군관리계획을 결정하려면 시·도도시계획위원회의 심의를 거쳐야 한다. 다만, 시·도지사가 지구단위계획(지구단위계획과 지구단위계획구역을 동시에 결정할 때에는 지구단위계획구역의 지정 또는 변경에 관한 사항을 포함할 수 있다)이나 제52조제1항제1호의2에 따라 지구단위계획으로 대체하는 용

도지구 폐지에 관한 사항을 결정하려면 대통령령으로 정하는 바에 따라 「건축법」 제4조에 따라 시·도에 두는 건축위원회와 도시계획위원회가 공동으로 하는 심의를 거쳐야 한다. <개정 2013.7.16., 2017.4.18.>

④ 국토교통부장관이나 시·도지사는 국방상 또는 국가안전보장상 기밀을 지켜야 할 필요가 있다고 인정되면(관계 중앙행정기관의 장이 요청할 때만 해당된다) 그 도시·군관리계획의 전부 또는 일부에 대하여 제1항부터 제3항까지의 규정에 따른 절차를 생략할 수 있다. <개정 2011.4.14., 2013.3.23.>

⑤ 결정된 도시·군관리계획을 변경하려는 경우에는 제1항부터 제4항까지의 규정을 준용한다. 다만, 대통령령으로 정하는 경미한 사항을 변경하는 경우에는 그러하지 아니하다. <개정 2011.4.14.>

⑥ 국토교통부장관이나 시·도지사는 도시·군관리계획을 결정하면 대통령령으로 정하는 바에 따라 그 결정을 고시하고, 국토교통부장관이나 도지사는 관계 서류를 관계 특별시장·광역시장·특별자치시장·특별자치도지사·시장 또는 군수에게 송부하여 일반이 열람할 수 있도록 하여야 하며, 특별시장·광역시장·특별자치시장·특별자치도지사는 관계 서류를 일반이 열람할 수 있도록 하여야 한다. <개정 2011.4.14., 2013.3.23.>

⑦ 시장 또는 군수가 도시·군관리계획을 결정하는 경우에는 제1항부터 제6항까지의 규정을 준용한다. 이 경우 "시·도지사"는 "시장 또는 군수"로, "시·도도시계획위원회"는 "제113조제2항에 따른 시·군·구도시계획위원회"로, "「건축법」 제4조에 따라 시·도에 두는 건축위원회"는 "「건축법」 제4조에 따라 시 또는 군에 두는 건축위원회"로, "특별시장·광역시장·특별자치시장·특별자치도지사"는 "시장 또는 군수"로 본다. <개정 2011.4.14., 2013.7.16.>

[전문개정 2009.2.6.]

[제목개정 2011.4.14.]

[시행일:2012.7.1.] 제30조 중 특별자치시장에 관한 개정규정

제31조(도시·군관리계획 결정의 효력) ① 도시·군관리계획 결정의 효력은 제32조제4항에 따라 지형도면을 고시한 날부터 발생한다. <개정 2013.7.16.>

② 도시·군관리계획 결정 당시 이미 사업이나 공사에 착수한 자(이 법 또는 다른 법률에 따라 허가·인가·승인 등을 받아야 하는 경우에는 그 허가·인가·승인 등을 받아 사업이나 공사에 착수한 자를 말한다)는 그 도시·군관리계획 결정에 관계없이 그 사업이나 공사를 계속할 수 있다. 다만, 시가화조정구역이나 수산자원보호구역의 지정에 관한 도시·군관리계획 결정이 있는 경우에는 대통령령으로 정하는 바에 따라 특별시장·광역시장·특별자치시장·특별자치도지사·시장 또는 군수에게 신고하고 그 사업이나 공사를 계속할 수 있다. <개정 2011.4.14.>

③ 제1항에서 규정한 사항 외에 도시·군관리계획 결정의 효력 발생 및 실효 등에 관하여는 「토지이용규제 기본법」 제8조제3항부터 제5항까지의 규정에 따른다. <신설 2013.7.16.>

[전문개정 2009.2.6.]

[제목개정 2011.4.14.]

[시행일:2012.7.1.] 제31조 중 특별자치시장에 관한 개정규정

제32조(도시·군관리계획에 관한 지형도면의 고시 등) ① 특별시장·광역시장·특별자치시장·특별자치도지사·시장 또는 군수는 제30조에 따른 도시·군관리계획 결정(이하 "도시·군관리계획결정"이라 한다)이 고시되면 지적(地籍)이 표시된 지형도에 도시·군관리계획에 관한 사항을 자세히 밝힌 도면을 작성하여야 한다. <개정 2011.4.14., 2013.7.16.>

② 시장(대도시 시장은 제외한다)이나 군수는 제1항에 따른 지형도에 도시·군관리계획(지구단위계획구역의 지정·변경과 지구단위계획의 수립·변경에 관한 도시·군관리계획은 제외한다)에 관한 사항을 자세히 밝힌 도면(이하 "지형도면"이라 한다)을 작성하면 도지사의 승인을 받아야 한다. 이 경우 지형도면의 승인 신청을 받은 도지사는 그 지형도면과 결정·고시된 도시·군관리계획을 대조하여 착오가 없다고 인정되면 대통령령으로 정하는 기간에 그 지형도면을 승인하여야 한다. <개정 2011.4.14., 2013.7.16.>

③ 국토교통부장관(제40조에 따른 수산자원보호구역의 경우 해양수산부장관을 말한다. 이하 이 조에서 같다)이나 도지사는 도시·군관리계획을 직접 입안한 경우에는 제1항과 제2항에도 불구하고 관계 특별시장·광역시장·특별자치시장·특별자치도지사·시장 또는 군수의

의견을 들어 직접 지형도면을 작성할 수 있다. <개정 2011.4.14., 2013.3.23.>

④ 국토교통부장관, 시·도지사, 시장 또는 군수는 직접 지형도면을 작성하거나 지형도면을 승인한 경우에는 이를 고시하여야 한다. <개정 2013.7.16.>

⑤ 제1항 및 제3항에 따른 지형도면의 작성 기준 및 방법과 제4항에 따른 지형도면의 고시방법 및 절차 등에 관하여는 「토지이용규제 기본법」 제8조제2항 및 제6항부터 제9항까지의 규정에 따른다. <개정 2013.7.16.>

[전문개정 2009.2.6.]

[제목개정 2011.4.14.]

[시행일:2012.7.1.] 제32조 중 특별자치시장에 관한 개정규정

제33조 삭제 <2013.7.16.>

제34조(도시·군관리계획의 정비) ①특별시장·광역시장·특별자치시장·특별자치도지사·시장 또는 군수는 5년마다 관할 구역의 도시·군관리계획에 대하여 대통령령으로 정하는 바에 따라 그 타당성 여부를 전반적으로 재검토하여 정비하여야 한다. <개정 2011.4.14., 2015.8.11.>

② 특별시장·광역시장·특별자치시장·특별자치도지사·시장 또는 군수는 제48조제1항에 따른 도시·군계획시설결정의 실효에 대비하여 설치 불가능한 도시·군계획시설결정을 해제하는 등 관할 구역의 도시·군관리계획을 대통령령으로 정하는 바에 따라 2016년 12월 31일까지 전반적으로 재검토하여 정비하여야 한다. <신설 2015.8.11.>

[전문개정 2009.2.6.]

[제목개정 2011.4.14.]

[시행일:2012.7.1.] 제34조 중 특별자치시장에 관한 개정규정

제35조(도시·군관리계획 입안의 특례) ① 국토교통부장관, 시·도지사, 시장 또는 군수는 도시·군관리계획을 조속히 입안하여야 할 필요가 있다고 인정되면 광역도시계획이나 도시·군기본계획을 수립할 때에 도시·군관리계획을 함께 입안할 수 있다. <개정 2011.4.14., 2013.3.23.>

② 국토교통부장관(제40조에 따른 수산자원보호구역의 경우 해양수산부장관을 말한다), 시·도지사, 시장 또는 군수는 필요하다고 인정되면 도시·군관리계획을 입안할 때에 제30조제1항에 따라 협의하여야 할 사항에 관하여 관계 중앙행정기관의 장이나 관계 행정기관의 장과 협의할 수 있다. 이 경우 시장이나 군수는 도지사에게 그 도시·군관리계획(지구단위계획구역의 지정·변경과 지구단위계획의 수립·변경에 관한 도시·군관리계획은 제외한다)의 결정을 신청할 때에 관계 행정기관의 장과의 협의 결과를 첨부하여야 한다. <개정 2011.4.14., 2013.3.23., 2013.7.16.>

③ 제2항에 따라 미리 협의한 사항에 대하여는 제30조제1항에 따른 협의를 생략할 수 있다.

[전문개정 2009.2.6.]

[제목개정 2011.4.14.]

제2절 용도지역·용도지구·용도구역

제36조(용도지역의 지정) ① 국토교통부장관, 시·도지사 또는 대도시 시장은 다음 각 호의 어느 하나에 해당하는 용도지역의 지정 또는 변경을 도시·군관리계획으로 결정한다. <개정 2011.4.14., 2013.3.23.>

1. 도시지역: 다음 각 목의 어느 하나로 구분하여 지정한다.
   가. 주거지역: 거주의 안녕과 건전한 생활환경의 보호를 위하여 필요한 지역
   나. 상업지역: 상업이나 그 밖의 업무의 편익을 증진하기 위하여 필요한 지역
   다. 공업지역: 공업의 편익을 증진하기 위하여 필요한 지역
   라. 녹지지역: 자연환경·농지 및 산림의 보호, 보건위생, 보안과 도시의 무질서한 확산을 방지하기 위하여 녹지의 보전이 필요한 지역
2. 관리지역: 다음 각 목의 어느 하나로 구분하여 지정한다.
   가. 보전관리지역: 자연환경 보호, 산림 보호, 수질오염 방지, 녹지공간 확보 및 생태계 보전 등을 위하여 보전이 필요하나, 주변 용도지역과의 관계 등을 고려할 때 자연환경보전지역으로 지정하여 관리하기가 곤란한 지역
   나. 생산관리지역: 농업·임업·어업 생산 등을 위하여 관리가 필요하나, 주변 용도지역과의 관계 등을 고려할 때 농림지역으로 지정하여 관리하기가 곤란한 지역
   다. 계획관리지역: 도시지역으로의 편입이

예상되는 지역이나 자연환경을 고려하여 제한적인 이용·개발을 하려는 지역으로서 계획적·체계적인 관리가 필요한 지역
3. 농림지역
4. 자연환경보전지역

② 국토교통부장관, 시·도지사 또는 대도시 시장은 대통령령으로 정하는 바에 따라 제1항 각 호 및 같은 항 각 호 각 목의 용도지역을 도시·군관리계획결정으로 다시 세분하여 지정하거나 변경할 수 있다. <개정 2011.4.14., 2013.3.23.>
[전문개정 2009.2.6.]

▶ 판례 – [1] 특정 사안과 관련하여 법령에서 조례에 위임한 경우, 조례가 위임의 한계를 준수하고 있는지 판단하는 방법
[2] 화장시설 건축제한과 관련하여 장사 등에 관한 법령과 구 국토의 계획 및 이용에 관한 법령이 중첩적으로 적용되는지 여부(적극) / 장사 등에 관한 법령과 다른 법령 또는 법령의 위임에 따른 조례로 장사 등에 관한 법률 제17조, 장사 등에 관한 법률 시행령 제22조 제4항에서 정한 화장시설의 설치제한지역 외 나머지 지역에 대하여 화장시설 설치를 제한하는 규정을 둘 수 있는지 여부(적극) [대법원 2015.1.29, 선고, 2012두11133, 판결]

제37조(용도지구의 지정) ① 국토교통부장관, 시·도지사 또는 대도시 시장은 다음 각 호의 어느 하나에 해당하는 용도지구의 지정 또는 변경을 도시·군관리계획으로 결정한다. <개정 2011.4.14., 2013.3.23., 2017.4.18.>
1. 경관지구: 경관의 보전·관리 및 형성을 위하여 필요한 지구
2. 고도지구: 쾌적한 환경 조성 및 토지의 효율적 이용을 위하여 건축물 높이의 최고한도를 규제할 필요가 있는 지구
3. 방화지구: 화재의 위험을 예방하기 위하여 필요한 지구
4. 방재지구: 풍수해, 산사태, 지반의 붕괴, 그 밖의 재해를 예방하기 위하여 필요한 지구
5. 보호지구: 문화재, 중요 시설물(항만, 공항 등 대통령령으로 정하는 시설물을 말한다) 및 문화적·생태적으로 보존가치가 큰 지역의 보호와 보존을 위하여 필요한 지구
6. 취락지구: 녹지지역·관리지역·농림지역·자연환경보전지역·개발제한구역 또는 도시자연공원구역의 취락을 정비하기 위한 지구
7. 개발진흥지구: 주거기능·상업기능·공업기능·유통물류기능·관광기능·휴양기능 등을 집중적으로 개발·정비할 필요가 있는 지구
8. 특정용도제한지구: 주거 및 교육 환경 보호나 청소년 보호 등의 목적으로 오염물질 배출시설, 청소년 유해시설 등 특정시설의 입지를 제한할 필요가 있는 지구
9. 복합용도지구: 지역의 토지이용 상황, 개발수요 및 주변 여건 등을 고려하여 효율적이고 복합적인 토지이용을 도모하기 위하여 특정시설의 입지를 완화할 필요가 있는 지구
10. 그 밖에 대통령령으로 정하는 지구

② 국토교통부장관, 시·도지사 또는 대도시 시장은 필요하다고 인정되면 대통령령으로 정하는 바에 따라 제1항 각 호의 용도지구를 도시·군관리계획결정으로 다시 세분하여 지정하거나 변경할 수 있다. <개정 2011.4.14., 2013.3.23.>

③ 시·도지사 또는 대도시 시장은 지역여건상 필요하면 대통령령으로 정하는 기준에 따라 그 시·도 또는 대도시의 조례로 용도지구의 명칭 및 지정목적, 건축이나 그 밖의 행위의 금지 및 제한에 관한 사항 등을 정하여 제1항 각 호의 용도지구 외의 용도지구의 지정 또는 변경을 도시·군관리계획으로 결정할 수 있다. <개정 2011.4.14.>

④ 시·도지사 또는 대도시 시장은 연안침식이 진행 중이거나 우려되는 지역 등 대통령령으로 정하는 지역에 대해서는 제1항제5호의 방재지구의 지정 또는 변경을 도시·군관리계획으로 결정하여야 한다. 이 경우 도시·군관리계획의 내용에는 해당 방재지구의 재해저감대책을 포함하여야 한다. <신설 2013.7.16.>

⑤ 시·도지사 또는 대도시 시장은 대통령령으로 정하는 주거지역·공업지역·관리지역에 복합용도지구를 지정할 수 있으며, 그 지정기준 및 방법 등에 필요한 사항은 대통령령으로 정한다. <신설 2017.4.18.>
[전문개정 2009.2.6.]

제38조(개발제한구역의 지정) ① 국토교통부장관은 도시의 무질서한 확산을 방지하고 도시주변의 자연환경을 보전하여 도시민의 건전한 생활환경을 확보하기 위하여 도시의 개발을 제한할 필요가 있거나 국방부장관의 요청이 있어 보안상 도시의 개발을 제한할 필요가 있다고 인정되면 개발제한구역의 지정 또는 변경을 도

시·군관리계획으로 결정할 수 있다. <개정 2011.4.14., 2013.3.23.>
② 개발제한구역의 지정 또는 변경에 필요한 사항은 따로 법률로 정한다.
[전문개정 2009.2.6.]

▶ 판례 – [1] 개발제한구역에서의 행위 제한에 관하여 구 개발제한구역의 지정 및 관리에 관한 특별조치법이 구 국토의 계획 및 이용에 관한 법률에 대하여 특별법의 관계에 있는지 여부(적극)
[2] 甲 주식회사가 개발제한구역 안에서 폐기물처리시설 설치를 위한 개발제한구역 내 행위허가(건축허가)를 받았는데, 관할 구청장이 도시계획시설로 설치하지 않았다는 이유로 건축허가를 취소한 사안에서, 위 폐기물처리시설은 도시계획시설로 하지 않아도 설치할 수 있는 기반시설이므로 처분이 위법하다고 한 사례 [대법원 2014.5.16, 선고, 2013두4590, 판결]

제38조의2(도시자연공원구역의 지정) ① 시·도지사 또는 대도시 시장은 도시의 자연환경 및 경관을 보호하고 도시민에게 건전한 여가·휴식공간을 제공하기 위하여 도시지역 안에서 식생(植生)이 양호한 산지(山地)의 개발을 제한할 필요가 있다고 인정하면 도시자연공원구역의 지정 또는 변경을 도시·군관리계획으로 결정할 수 있다. <개정 2011.4.14.>
② 도시자연공원구역의 지정 또는 변경에 필요한 사항은 따로 법률로 정한다.
[전문개정 2009.2.6.]

▶ 판례 – 甲이 구 도시공원법상 도시계획시설인 공원 부지에 포함되어 있던 처와 자녀들 소유 토지에 골프연습장을 설치할 수 있도록 공원조성계획을 변경하여 달라는 내용의 변경입안제안을 하자 관할 시장이 반려하였고, 그 후 도시관리계획 변경결정에 따라 공원 전부를 도시자연공원으로 하던 도시계획시설 결정이 폐지되고 구 도시공원 및 녹지 등에 관한 법률에 따라 위 토지가 도시자연공원구역으로 변경·지정되었는데, 甲이 변경입안제안 반려처분의 취소를 구한 사안에서, 소의 이익이 없다고 한 사례 [대법원 2015.12.10, 선고, 2013두14221, 판결]

제39조(시가화조정구역의 지정) ① 시·도지사는 직접 또는 관계 행정기관의 장의 요청을 받아 도시지역과 그 주변지역의 무질서한 시가화를 방지하고 계획적·단계적인 개발을 도모하기 위하여 대통령령으로 정하는 기간 동안 시가화를 유보할 필요가 있다고 인정되면 시가화조정구역의 지정 또는 변경을 도시·군관리계획으로 결정할 수 있다. 다만, 국가계획과 연계하여 시가화조정구역의 지정 또는 변경이 필요한 경우에는 국토교통부장관이 직접 시가화조정구역의 지정 또는 변경을 도시·군관리계획으로 결정할 수 있다. <개정 2011.4.14., 2013.3.23., 2013.7.16.>
② 시가화조정구역의 지정에 관한 도시·군관리계획의 결정은 제1항에 따른 시가화 유보기간이 끝난 날의 다음날부터 그 효력을 잃는다. 이 경우 국토교통부장관 또는 시·도지사는 대통령령으로 정하는 바에 따라 그 사실을 고시하여야 한다. <개정 2011.4.14., 2013.3.23., 2013.7.16.>
[전문개정 2009.2.6.]

제40조(수산자원보호구역의 지정) 해양수산부장관은 직접 또는 관계 행정기관의 장의 요청을 받아 수산자원을 보호·육성하기 위하여 필요한 공유수면이나 그에 인접한 토지에 대한 수산자원보호구역의 지정 또는 변경을 도시·군관리계획으로 결정할 수 있다. <개정 2011.4.14., 2013.3.23.>
[전문개정 2009.2.6.]

제40조의2(입지규제최소구역의 지정 등) ① 국토교통부장관은 도시지역에서 복합적인 토지이용을 증진시켜 도시 정비를 촉진하고 지역 거점을 육성할 필요가 있다고 인정되면 다음 각 호의 어느 하나에 해당하는 지역과 그 주변지역의 전부 또는 일부를 입지규제최소구역으로 지정할 수 있다.
1. 도시·군기본계획에 따른 도심·부도심 또는 생활권의 중심지역
2. 철도역사, 터미널, 항만, 공공청사, 문화시설 등의 기반시설 중 지역의 거점 역할을 수행하는 시설을 중심으로 주변지역을 집중적으로 정비할 필요가 있는 지역
3. 세 개 이상의 노선이 교차하는 대중교통 결절지로부터 1킬로미터 이내에 위치한 지역
4. 「도시 및 주거환경정비법」 제2조제3호에 따른 노후·불량건축물이 밀집한 주거지역 또는 공업지역으로 정비가 시급한 지역
5. 「도시재생 활성화 및 지원에 관한 특별법」 제2조제1항제5호에 따른 도시재생활성화지역 중 같은 법 제2조제1항제6호에 따른 도시경제기반형 활성화계획을 수립

하는 지역

② 입지규제최소구역계획에는 입지규제최소구역의 지정 목적을 이루기 위하여 다음 각 호에 관한 사항이 포함되어야 한다.

1. 건축물의 용도·종류 및 규모 등에 관한 사항
2. 건축물의 건폐율·용적률·높이에 관한 사항
3. 간선도로 등 주요 기반시설의 확보에 관한 사항
4. 용도지역·용도지구, 도시·군계획시설 및 지구단위계획의 결정에 관한 사항
5. 제83조의2제1항 및 제2항에 따른 다른 법률 규정 적용의 완화 또는 배제에 관한 사항
6. 그 밖에 입지규제최소구역의 체계적 개발과 관리에 필요한 사항

③ 제1항에 따른 입지규제최소구역의 지정 및 변경과 제2항에 따른 입지규제최소구역계획은 다음 각 호의 사항을 종합적으로 고려하여 도시·군관리계획으로 결정한다.

1. 입지규제최소구역의 지정 목적
2. 해당 지역의 용도지역·기반시설 등 토지이용 현황
3. 도시·군기본계획과의 부합성
4. 주변 지역의 기반시설, 경관, 환경 등에 미치는 영향 및 도시환경 개선·정비 효과
5. 도시의 개발 수요 및 지역에 미치는 사회적·경제적 파급효과

④ 입지규제최소구역계획 수립 시 용도, 건폐율, 용적률 등의 건축제한 완화는 기반시설의 확보 현황 등을 고려하여 적용할 수 있도록 계획하고, 시·도지사, 시장, 군수 또는 구청장은 입지규제최소구역에서의 개발사업 또는 개발행위에 대하여 입지규제최소구역계획에 따른 기반시설 확보를 위하여 필요한 부지 또는 설치비용의 전부 또는 일부를 부담시킬 수 있다. 이 경우 기반시설의 부지 또는 설치비용의 부담은 건축제한의 완화에 따른 토지가치상승분(「감정평가 및 감정평가사에 관한 법률」에 따른 감정평가업자가 건축제한 완화 전·후에 대하여 각각 감정평가한 토지가액의 차이를 말한다)을 초과하지 아니하도록 한다. <개정 2016.1.19.>

⑤ 국토교통부장관이 제3항에 따른 도시·군관리계획을 결정하기 위하여 제30조제1항에 따라 관계 행정기관의 장과 협의하는 경우 협의 요청을 받은 기관의 장은 그 요청을 받은 날부터 10일(근무일 기준) 이내에 의견을 회신하여야 한다.

⑥ 제3항에 따른 도시·군관리계획의 다음 각 호에 해당하는 사항을 변경하는 경우에는 제1항 및 제2항에도 불구하고 해당 시·도지사가 결정할 수 있다.

1. 입지규제최소구역 면적의 10퍼센트 이내의 변경 및 동 변경지역 안에서의 입지규제최소구역계획을 변경하는 경우
2. 입지규제최소구역의 지정 목적을 저해하지 아니하는 범위에서 시·도지사가 필요하다고 인정하여 입지규제최소구역계획을 변경하는 경우. 다만, 건폐율·용적률의 최대한도의 경우 20퍼센트 이내의 변경에 한정한다.

⑦ 다른 법률에서 제30조에 따른 도시·군관리계획의 결정을 의제하고 있는 경우에도 이 법에 따르지 아니하고 입지규제최소구역의 지정과 입지규제최소구역계획을 결정할 수 없다.

⑧ 입지규제최소구역계획의 수립기준 등 입지규제최소구역의 지정 및 변경과 입지규제최소구역계획의 수립 및 변경에 관한 세부적인 사항은 국토교통부장관이 정하여 고시한다.

[본조신설 2015.1.6.]

제41조(공유수면매립지에 관한 용도지역의 지정) ① 공유수면(바다만 해당한다)의 매립 목적이 그 매립구역과 이웃하고 있는 용도지역의 내용과 같으면 제25조와 제30조에도 불구하고 도시·군관리계획의 입안 및 결정 절차 없이 그 매립준공구역은 그 매립의 준공인가일부터 이와 이웃하고 있는 용도지역으로 지정된 것으로 본다. 이 경우 관계 특별시장·광역시장·특별자치시장·특별자치도지사·시장 또는 군수는 그 사실을 지체 없이 고시하여야 한다. <개정 2011.4.14.>

② 공유수면의 매립 목적이 그 매립구역과 이웃하고 있는 용도지역의 내용과 다른 경우 및 그 매립구역이 둘 이상의 용도지역에 걸쳐 있거나 이웃하고 있는 경우 그 매립구역이 속할 용도지역은 도시·군관리계획결정으로 지정하여야 한다. <개정 2011.4.14.>

③ 관계 행정기관의 장은 「공유수면 관리 및 매립에 관한 법률」에 따른 공유수면 매립의 준공검사를 하면 국토교통부령으로 정하는 바에 따라 지체 없이 관계 특별시장·광역시장·특별자치시장·특별자치도지사·시장 또는 군수에게 통보하여야 한다. <개정 2010.4.15., 2011.4.14., 2013.3.23.>

[전문개정 2009.2.6.]

[시행일:2012.7.1.] 제41조 중 특별자치시

장에 관한 개정규정

제42조(다른 법률에 따라 지정된 지역의 용도지역 지정 등의 의제) ① 다음 각 호의 어느 하나의 구역 등으로 지정·고시된 지역은 이 법에 따른 도시지역으로 결정·고시된 것으로 본다. <개정 2011.5.30., 2011.8.4.>

1. 「항만법」 제2조제4호에 따른 항만구역으로서 도시지역에 연접한 공유수면
2. 「어촌·어항법」 제17조제1항에 따른 어항구역으로서 도시지역에 연접한 공유수면
3. 「산업입지 및 개발에 관한 법률」 제2조제8호가목부터 다목까지의 규정에 따른 국가산업단지, 일반산업단지 및 도시첨단산업단지
4. 「택지개발촉진법」 제3조에 따른 택지개발지구
5. 「전원개발촉진법」 제5조 및 같은 법 제11조에 따른 전원개발사업구역 및 예정구역(수력발전소 또는 송·변전설비만을 설치하기 위한 전원개발사업구역 및 예정구역은 제외한다. 이하 이 조에서 같다)

② 관리지역에서 「농지법」에 따른 농업진흥지역으로 지정·고시된 지역은 이 법에 따른 농림지역으로, 관리지역의 산림 중 「산지관리법」에 따라 보전산지로 지정·고시된 지역은 그 고시에서 구분하는 바에 따라 이 법에 따른 농림지역 또는 자연환경보전지역으로 결정·고시된 것으로 본다.

③ 관계 행정기관의 장은 제1항과 제2항에 해당하는 항만구역, 어항구역, 산업단지, 택지개발지구, 전원개발사업구역 및 예정구역, 농업진흥지역 또는 보전산지를 지정한 경우에는 국토교통부령으로 정하는 바에 따라 제32조에 따라 고시된 지형도면 또는 지형도에 그 지정 사실을 표시하여 그 지역을 관할하는 특별시장·광역시장·특별자치시장·특별자치도지사·시장 또는 군수에게 통보하여야 한다. <개정 2011.4.14., 2011.5.30., 2013.3.23.>

④ 제1항에 해당하는 구역·단지·지구 등(이하 이 항에서 "구역등"이라 한다)이 해제되는 경우(개발사업의 완료로 해제되는 경우는 제외한다) 이 법 또는 다른 법률에서 그 구역등이 어떤 용도지역에 해당되는지를 따로 정하고 있지 아니한 경우에는 이를 지정하기 이전의 용도지역으로 환원된 것으로 본다. 이 경우 지정권자는 용도지역이 환원된 사실을 대통령령으로 정하는 바에 따라 고시하고, 그 지역을 관할하는 특별시장·광역시장·특별자치시장·특별자치도지사·시장 또는 군수에게 통보하여야 한다. <개정 2011.4.14.>

⑤ 제4항에 따라 용도지역이 환원되는 당시 이미 사업이나 공사에 착수한 자(이 법 또는 다른 법률에 따라 허가·인가·승인 등을 받아야 하는 경우에는 그 허가·인가·승인 등을 받아 사업이나 공사에 착수한 자를 말한다)는 그 용도지역의 환원에 관계없이 그 사업이나 공사를 계속할 수 있다.

[전문개정 2009.2.6.]

[시행일:2012.7.1.] 제42조 중 특별자치시장에 관한 개정규정

제3절 도시·군계획시설

<개정 2011.4.14.>

제43조(도시·군계획시설의 설치·관리) ① 지상·수상·공중·수중 또는 지하에 기반시설을 설치하려면 그 시설의 종류·명칭·위치·규모 등을 미리 도시·군관리계획으로 결정하여야 한다. 다만, 용도지역·기반시설의 특성 등을 고려하여 대통령령으로 정하는 경우에는 그러하지 아니하다. <개정 2011.4.14.>

② 도시·군계획시설의 결정·구조 및 설치의 기준 등에 필요한 사항은 국토교통부령으로 정하고, 그 세부사항은 국토교통부령으로 정하는 범위에서 시·도의 조례로 정할 수 있다. 다만, 다른 법률에 특별한 규정이 있는 경우에는 그 법률에 따른다. <개정 2011.4.14., 2013.3.23.>

③ 제1항에 따라 설치한 도시·군계획시설의 관리에 관하여 이 법 또는 다른 법률에 특별한 규정이 있는 경우 외에는 국가가 관리하는 경우에는 대통령령으로, 지방자치단체가 관리하는 경우에는 그 지방자치단체의 조례로 도시·군계획시설의 관리에 관한 사항을 정한다. <개정 2011.4.14.>

[전문개정 2009.2.6.]

[제목개정 2011.4.14.]

제44조(공동구의 설치) ① 다음 각 호에 해당하는 지역·지구·구역 등(이하 이 항에서 "지역등"이라 한다)이 대통령령으로 정하는 규모를 초과하는 경우에는 해당 지역등에서 개발사업을 시행하는 자(이하 이 조에서 "사업시행자"라 한다)는 공동구를 설치하여야 한다. <개

정 2011.5.30.>
1. 「도시개발법」 제2조제1항에 따른 도시개발구역
2. 「택지개발촉진법」 제2조제3호에 따른 택지개발지구
3. 「경제자유구역의 지정 및 운영에 관한 특별법」 제2조제1호에 따른 경제자유구역
4. 「도시 및 주거환경정비법」 제2조제1호에 따른 정비구역
5. 그 밖에 대통령령으로 정하는 지역

② 「도로법」 제23조에 따른 도로 관리청은 지하매설물의 빈번한 설치 및 유지관리 등의 행위로 인하여 도로구조의 보전과 안전하고 원활한 도로교통의 확보에 지장을 초래하는 경우에는 공동구 설치의 타당성을 검토하여야 한다. 이 경우 재정여건 및 설치 우선순위 등을 감안하여 단계적으로 공동구가 설치될 수 있도록 하여야 한다. <개정 2014.1.14.>

③ 공동구가 설치된 경우에는 대통령령으로 정하는 바에 따라 공동구에 수용하여야 할 시설이 모두 수용되도록 하여야 한다.

④ 제1항에 따른 개발사업의 계획을 수립할 경우에는 공동구 설치에 관한 계획을 포함하여야 한다. 이 경우 제3항에 따라 공동구에 수용되어야 할 시설을 설치하고자 공동구를 점용하려는 자(이하 이 조에서 "공동구 점용예정자"라 한다)와 설치 노선 및 규모 등에 관하여 미리 협의한 후 제44조의2제4항에 따른 공동구협의회의 심의를 거쳐야 한다.

⑤ 공동구의 설치(개량하는 경우를 포함한다)에 필요한 비용은 이 법 또는 다른 법률에 특별한 규정이 있는 경우를 제외하고는 공동구 점용예정자와 사업시행자가 부담한다. 이 경우 공동구 점용예정자는 해당 시설을 개별적으로 매설할 때 필요한 비용의 범위에서 대통령령으로 정하는 바에 따라 부담한다.

⑥ 제5항에 따라 공동구 점용예정자와 사업시행자가 공동구 설치비용을 부담하는 경우 국가, 특별시장·광역시장·특별자치시장·특별자치도지사·시장 또는 군수는 공동구의 원활한 설치를 위하여 그 비용의 일부를 보조 또는 융자할 수 있다. <개정 2011.4.14.>

⑦ 제3항에 따라 공동구에 수용되어야 하는 시설물의 설치기준 등은 다른 법률에 특별한 규정이 있는 경우를 제외하고는 국토교통부장관이 정한다. <개정 2013.3.23.>

[전문개정 2009.12.29.]

제44조의2(공동구의 관리·운영 등) ① 공동구는 특별시장·광역시장·특별자치시장·특별자치도지사·시장 또는 군수(이하 이 조 및 제44조의3에서 "공동구관리자"라 한다)가 관리한다. 다만, 공동구의 효율적인 관리·운영을 위하여 필요하다고 인정하는 경우에는 대통령령으로 정하는 기관에 그 관리·운영을 위탁할 수 있다. <개정 2011.4.14.>

② 공동구관리자는 5년마다 해당 공동구의 안전 및 유지관리계획을 대통령령으로 정하는 바에 따라 수립·시행하여야 한다.

③ 공동구관리자는 대통령령으로 정하는 바에 따라 1년에 1회 이상 공동구의 안전점검을 실시하여야 하며, 안전점검결과 이상이 있다고 인정되는 때에는 지체 없이 정밀안전진단·보수·보강 등 필요한 조치를 하여야 한다.

④ 공동구관리자는 공동구의 설치·관리에 관한 주요 사항의 심의 또는 자문을 하게 하기 위하여 공동구협의회를 둘 수 있다. 이 경우 공동구협의회의 구성·운영 등에 필요한 사항은 대통령령으로 정한다.

⑤ 국토교통부장관은 공동구의 관리에 필요한 사항을 정할 수 있다. <개정 2013.3.23.>

[본조신설 2009.12.29.]

제44조의3(공동구의 관리비용 등) ① 공동구의 관리에 소요되는 비용은 그 공동구를 점용하는 자가 함께 부담하되, 부담비율은 점용면적을 고려하여 공동구관리자가 정한다.

② 공동구 설치비용을 부담하지 아니한 자(부담액을 완납하지 아니한 자를 포함한다)가 공동구를 점용하거나 사용하려면 그 공동구를 관리하는 공동구관리자의 허가를 받아야 한다.

③ 공동구를 점용하거나 사용하는 자는 그 공동구를 관리하는 특별시·광역시·특별자치시·특별자치도·시 또는 군의 조례로 정하는 바에 따라 점용료 또는 사용료를 납부하여야 한다. <개정 2011.4.14.>

[본조신설 2009.12.29.]

제45조(광역시설의 설치·관리 등) ① 광역시설의 설치 및 관리는 제43조에 따른다.

② 관계 특별시장·광역시장·특별자치시장·특별자치도지사·시장 또는 군수는 협약을 체결하거나 협의회 등을 구성하여 광역시설을 설치·관리할 수 있다. 다만, 협약의 체결이나 협의회 등의 구성이 이루어지지 아니하는 경우 그 시 또는 군이 같은 도에 속할 때에는 관할 도

지사가 광역시설을 설치·관리할 수 있다. <개정 2011.4.14.>

③ 국가계획으로 설치하는 광역시설은 그 광역시설의 설치·관리를 사업목적 또는 사업종목으로 하여 다른 법률에 따라 설립된 법인이 설치·관리할 수 있다.

④ 지방자치단체는 환경오염이 심하게 발생하거나 해당 지역의 개발이 현저하게 위축될 우려가 있는 광역시설을 다른 지방자치단체의 관할 구역에 설치할 때에는 대통령령으로 정하는 바에 따라 환경오염 방지를 위한 사업이나 해당 지역 주민의 편익을 증진시키기 위한 사업을 해당 지방자치단체와 함께 시행하거나 이에 필요한 자금을 해당 지방자치단체에 지원하여야 한다. 다만, 다른 법률에 특별한 규정이 있는 경우에는 그 법률에 따른다.

[전문개정 2009.2.6.]

[시행일:2012.7.1.] 제45조 중 특별자치시장에 관한 개정규정

第46條(도시·군계획시설의 공중 및 지하 설치기준과 보상 등) 도시·군계획시설을 공중·수중·수상 또는 지하에 설치하는 경우 그 높이나 깊이의 기준과 그 설치로 인하여 토지나 건물의 소유권 행사에 제한을 받는 자에 대한 보상 등에 관하여는 따로 법률로 정한다. <개정 2011.4.14.>

[전문개정 2009.2.6.]

[제목개정 2011.4.14.]

第47條(도시·군계획시설 부지의 매수 청구)

① 도시·군계획시설에 대한 도시·군관리계획의 결정(이하 "도시·군계획시설결정"이라 한다)의 고시일부터 10년 이내에 그 도시·군계획시설의 설치에 관한 도시·군계획시설사업이 시행되지 아니하는 경우(제88조에 따른 실시계획의 인가나 그에 상당하는 절차가 진행된 경우는 제외한다. 이하 같다) 그 도시·군계획시설의 부지로 되어 있는 토지 중 지목(地目)이 대(垈)인 토지(그 토지에 있는 건축물 및 정착물을 포함한다. 이하 이 조에서 같다)의 소유자는 대통령령으로 정하는 바에 따라 특별시장·광역시장·특별자치시장·특별자치도지사·시장 또는 군수에게 그 토지의 매수를 청구할 수 있다. 다만, 다음 각 호의 어느 하나에 해당하는 경우에는 그에 해당하는 자(특별시장·광역시장·특별자치시장·특별자치도지사·시장 또는 군수를 포함한다. 이하 이 조에서 "매수의무자"라 한다)에게 그 토지의 매수를 청구할 수 있다. <개정 2011.4.14.>

1. 이 법에 따라 해당 도시·군계획시설사업의 시행자가 정하여진 경우에는 그 시행자
2. 이 법 또는 다른 법률에 따라 도시·군계획시설을 설치하거나 관리하여야 할 의무가 있는 자가 있으면 그 의무가 있는 자. 이 경우 도시·군계획시설을 설치하거나 관리하여야 할 의무가 있는 자가 서로 다른 경우에는 설치하여야 할 의무가 있는 자에게 매수 청구하여야 한다.

② 매수의무자는 제1항에 따라 매수 청구를 받은 토지를 매수할 때에는 현금으로 그 대금을 지급한다. 다만, 다음 각 호의 어느 하나에 해당하는 경우로서 매수의무자가 지방자치단체인 경우에는 채권(이하 "도시·군계획시설채권"이라 한다)을 발행하여 지급할 수 있다. <개정 2011.4.14.>

1. 토지 소유자가 원하는 경우
2. 대통령령으로 정하는 부재부동산 소유자의 토지 또는 비업무용 토지로서 매수대금이 대통령령으로 정하는 금액을 초과하여 그 초과하는 금액을 지급하는 경우

③ 도시·군계획시설채권의 상환기간은 10년 이내로 하며, 그 이율은 채권 발행 당시 「은행법」에 따른 인가를 받은 은행 중 전국을 영업으로 하는 은행이 적용하는 1년 만기 정기예금금리의 평균 이상이어야 하며, 구체적인 상환기간과 이율은 특별시·광역시·특별자치시·특별자치도·시 또는 군의 조례로 정한다. <개정 2010.5.17., 2011.4.14.>

④ 매수 청구된 토지의 매수가격·매수절차 등에 관하여 이 법에 특별한 규정이 있는 경우 외에는 「공익사업을 위한 토지 등의 취득 및 보상에 관한 법률」을 준용한다.

⑤ 도시·군계획시설채권의 발행절차나 그 밖에 필요한 사항에 관하여 이 법에 특별한 규정이 있는 경우 외에는 「지방재정법」에서 정하는 바에 따른다. <개정 2011.4.14.>

⑥ 매수의무자는 제1항에 따른 매수 청구를 받은 날부터 6개월 이내에 매수 여부를 결정하여 토지 소유자와 특별시장·광역시장·특별자치시장·특별자치도지사·시장 또는 군수(매수의무자가 특별시장·광역시장·특별자치시장·특별자치도지사·시장 또는 군수인 경우는 제외한다)에게 알려야 하며, 매수하기로 결정한 토지는 매수 결정을 알린 날부터 2년 이내에 매수하여야 한다. <개정 2011.4.14.>

⑦ 제1항에 따라 매수 청구를 한 토지의 소유

자는 다음 각 호의 어느 하나에 해당하는 경우 제56조에 따른 허가를 받아 대통령령으로 정하는 건축물 또는 공작물을 설치할 수 있다. 이 경우 제54조, 제58조와 제64조는 적용하지 아니한다. <개정 2015.12.29.>

1. 제6항에 따라 매수하지 아니하기로 결정한 경우
2. 제6항에 따라 매수 결정을 알린 날부터 2년이 지날 때까지 해당 토지를 매수하지 아니하는 경우

[전문개정 2009.2.6.]
[제목개정 2011.4.14.]
[시행일:2012.7.1.] 제47조 중 특별자치시와 특별자치시장에 관한 개정규정

제48조(도시·군계획시설결정의 실효 등) ① 도시·군계획시설결정이 고시된 도시·군계획시설에 대하여 그 고시일부터 20년이 지날 때까지 그 시설의 설치에 관한 도시·군계획시설사업이 시행되지 아니하는 경우 그 도시·군계획시설결정은 그 고시일부터 20년이 되는 날의 다음날에 그 효력을 잃는다. <개정 2011.4.14.>

② 시·도지사 또는 대도시 시장은 제1항에 따라 도시·군계획시설결정이 효력을 잃으면 대통령령으로 정하는 바에 따라 지체 없이 그 사실을 고시하여야 한다. <개정 2011.4.14.>

③ 특별시장·광역시장·특별자치시장·특별자치도지사·시장 또는 군수는 도시·군계획시설결정이 고시된 도시·군계획시설(국토교통부장관이 결정·고시한 도시·군계획시설 중 관계 중앙행정기관의 장이 직접 설치하기로 한 시설은 제외한다. 이하 이 조에서 같다)을 설치할 필요성이 없어진 경우 또는 그 고시일부터 10년이 지날 때까지 해당 시설의 설치에 관한 도시·군계획시설사업이 시행되지 아니하는 경우에는 대통령령으로 정하는 바에 따라 그 현황과 제85조에 따른 단계별 집행계획을 해당 지방의회에 보고하여야 한다. <신설 2011.4.14., 2013.3.23., 2013.7.16.>

④ 제3항에 따라 보고를 받은 지방의회는 대통령령으로 정하는 바에 따라 해당 특별시장·광역시장·특별자치시장·특별자치도지사·시장 또는 군수에게 도시·군계획시설결정의 해제를 권고할 수 있다. <신설 2011.4.14.>

⑤ 제4항에 따라 도시·군계획시설결정의 해제를 권고받은 특별시장·광역시장·특별자치시장·특별자치도지사·시장 또는 군수는 특별한 사유가 없으면 대통령령으로 정하는 바에 따라 그 도시·군계획시설결정의 해제를 위한 도시·군관리계획을 결정하거나 도지사에게 그 결정을 신청하여야 한다. 이 경우 신청을 받은 도지사는 특별한 사유가 없으면 그 도시·군계획시설결정의 해제를 위한 도시·군관리계획을 결정하여야 한다. <신설 2011.4.14.>

[전문개정 2009.2.6.]
[제목개정 2011.4.14.]
[시행일:2012.7.1.] 제48조 중 특별자치시장에 관한 개정규정

제48조의2(도시·군계획시설결정의 해제 신청 등) ① 도시·군계획시설결정의 고시일부터 10년 이내에 그 도시·군계획시설의 설치에 관한 도시·군계획시설사업이 시행되지 아니한 경우로서 제85조제1항에 따른 단계별 집행계획상 해당 도시·군계획시설의 실효 시까지 집행계획이 없는 경우에는 그 도시·군계획시설 부지로 되어 있는 토지의 소유자는 대통령령으로 정하는 바에 따라 해당 도시·군계획시설에 대한 도시·군관리계획 입안권자에게 그 토지의 도시·군계획시설결정 해제를 위한 도시·군관리계획 입안을 신청할 수 있다.

② 도시·군관리계획 입안권자는 제1항에 따른 신청을 받은 날부터 3개월 이내에 입안 여부를 결정하여 토지 소유자에게 알려야 하며, 해당 도시·군계획시설결정의 실효 시까지 설치하기로 집행계획을 수립하는 등 대통령령으로 정하는 특별한 사유가 없으면 그 도시·군계획시설결정의 해제를 위한 도시·군관리계획을 입안하여야 한다.

③ 제1항에 따라 신청을 한 토지 소유자는 해당 도시·군계획시설결정의 해제를 위한 도시·군관리계획이 입안되지 아니하는 등 대통령령으로 정하는 사항에 해당하는 경우에는 해당 도시·군계획시설에 대한 도시·군관리계획 결정권자에게 그 도시·군계획시설결정의 해제를 신청할 수 있다.

④ 도시·군관리계획 결정권자는 제3항에 따른 신청을 받은 날부터 2개월 이내에 결정 여부를 정하여 토지 소유자에게 알려야 하며, 특별한 사유가 없으면 그 도시·군계획시설결정을 해제하여야 한다.

⑤ 제3항에 따라 해제 신청을 한 토지 소유자는 해당 도시·군계획시설결정이 해제되지 아

니하는 등 대통령령으로 정하는 사항에 해당하는 경우에는 국토교통부장관에게 그 도시·군계획시설결정의 해제 심사를 신청할 수 있다.
⑥ 제5항에 따라 신청을 받은 국토교통부장관은 대통령령으로 정하는 바에 따라 해당 도시·군계획시설에 대한 도시·군관리계획 결정권자에게 도시·군계획시설결정의 해제를 권고할 수 있다.
⑦ 제6항에 따라 해제를 권고받은 도시·군관리계획 결정권자는 특별한 사유가 없으면 그 도시·군계획시설결정을 해제하여야 한다.
⑧ 제2항에 따른 도시·군계획시설결정 해제를 위한 도시·군관리계획의 입안 절차와 제4항 및 제7항에 따른 도시·군계획시설결정의 해제 절차는 대통령령으로 정한다.
[본조신설 2015.8.11.]

제4절 지구단위계획

제49조(지구단위계획의 수립) ① 지구단위계획은 다음 각 호의 사항을 고려하여 수립한다.
1. 도시의 정비·관리·보전·개발 등 지구단위계획구역의 지정 목적
2. 주거·산업·유통·관광휴양·복합 등 지구단위계획구역의 중심기능
3. 해당 용도지역의 특성
4. 그 밖에 대통령령으로 정하는 사항

② 지구단위계획의 수립기준 등은 대통령령으로 정하는 바에 따라 국토교통부장관이 정한다. <개정 2013.3.23.>
[전문개정 2011.4.14.]

제50조(지구단위계획구역 및 지구단위계획의 결정) 지구단위계획구역 및 지구단위계획은 도시·군관리계획으로 결정한다. <개정 2011.4.14.>

제51조(지구단위계획구역의 지정 등) ① 국토교통부장관, 시·도지사, 시장 또는 군수는 다음 각 호의 어느 하나에 해당하는 지역의 전부 또는 일부에 대하여 지구단위계획구역을 지정할 수 있다. <개정 2011.4.14., 2011.5.30., 2011.8.4., 2013.3.23., 2013.7.16., 2016.1.19., 2017.2.8.>
1. 제37조에 따라 지정된 용도지구
2. 「도시개발법」 제3조에 따라 지정된 도시개발구역
3. 「도시 및 주거환경정비법」 제8조에 따라 지정된 정비구역
4. 「택지개발촉진법」 제3조에 따라 지정된 택지개발지구
5. 「주택법」 제15조에 따른 대지조성사업지구
6. 「산업입지 및 개발에 관한 법률」 제2조제8호의 산업단지와 같은 조 제12호의 준산업단지
7. 「관광진흥법」 제52조에 따라 지정된 관광단지와 같은 법 제70조에 따라 지정된 관광특구
8. 개발제한구역·도시자연공원구역·시가화조정구역 또는 공원에서 해제되는 구역, 녹지지역에서 주거·상업·공업지역으로 변경되는 구역과 새로 도시지역으로 편입되는 구역 중 계획적인 개발 또는 관리가 필요한 지역

8의2. 도시지역 내 주거·상업·업무 등의 기능을 결합하는 등 복합적인 토지 이용을 증진시킬 필요가 있는 지역으로서 대통령령으로 정하는 요건에 해당하는 지역

8의3. 도시지역 내 유휴토지를 효율적으로 개발하거나 교정시설, 군사시설, 그 밖에 대통령령으로 정하는 시설을 이전 또는 재배치하여 토지 이용을 합리화하고, 그 기능을 증진시키기 위하여 집중적으로 정비가 필요한 지역으로서 대통령령으로 정하는 요건에 해당하는 지역

9. 도시지역의 체계적·계획적인 관리 또는 개발이 필요한 지역
10. 그 밖에 양호한 환경의 확보나 기능 및 미관의 증진 등을 위하여 필요한 지역으로서 대통령령으로 정하는 지역

② 국토교통부장관, 시·도지사, 시장 또는 군수는 다음 각 호의 어느 하나에 해당하는 지역은 지구단위계획구역으로 지정하여야 한다. 다만, 관계 법률에 따라 그 지역에 토지 이용과 건축에 관한 계획이 수립되어 있는 경우에는 그러하지 아니하다. <개정 2011.4.14., 2013.3.23., 2013.7.16.>
1. 제1항제3호 및 제4호의 지역에서 시행되는 사업이 끝난 후 10년이 지난 지역
2. 제1항 각 호 중 체계적·계획적인 개발 또는 관리가 필요한 지역으로서 대통령령으로 정하는 지역

③ 도시지역 외의 지역을 지구단위계획구역으로 지정하려는 경우 다음 각 호의 어느 하나에 해당하여야 한다. <개정 2011.4.14.>
1. 지정하려는 구역 면적의 100분의 50 이상이 제36조에 따라 지정된 계획관리지역으로서 대

통령령으로 정하는 요건에 해당하는 지역
2. 제37조에 따라 지정된 개발진흥지구로서 대통령령으로 정하는 요건에 해당하는 지역
3. 제37조에 따라 지정된 용도지구를 폐지하고 그 용도지구에서의 행위 제한 등을 지구단위계획으로 대체하려는 지역
④ 삭제 <2011.4.14.>
[전문개정 2009.2.6.]

제52조(지구단위계획의 내용) ① 지구단위계획구역의 지정목적을 이루기 위하여 지구단위계획에는 다음 각 호의 사항 중 제2호와 제4호의 사항을 포함한 둘 이상의 사항이 포함되어야 한다. 다만, 제1호의2를 내용으로 하는 지구단위계획의 경우에는 그러하지 아니하다. <개정 2011.4.14.>
1. 용도지역이나 용도지구를 대통령령으로 정하는 범위에서 세분하거나 변경하는 사항
1의2. 기존의 용도지구를 폐지하고 그 용도지구에서의 건축물이나 그 밖의 시설의 용도·종류 및 규모 등의 제한을 대체하는 사항
2. 대통령령으로 정하는 기반시설의 배치와 규모
3. 도로로 둘러싸인 일단의 지역 또는 계획적인 개발·정비를 위하여 구획된 일단의 토지의 규모와 조성계획
4. 건축물의 용도제한, 건축물의 건폐율 또는 용적률, 건축물 높이의 최고한도 또는 최저한도
5. 건축물의 배치·형태·색채 또는 건축선에 관한 계획
6. 환경관리계획 또는 경관계획
7. 교통처리계획
8. 그 밖에 토지 이용의 합리화, 도시나 농·산·어촌의 기능 증진 등에 필요한 사항으로서 대통령령으로 정하는 사항

② 지구단위계획은 도로, 상하수도 등 대통령령으로 정하는 도시·군계획시설의 처리·공급 및 수용능력이 지구단위계획구역에 있는 건축물의 연면적, 수용인구 등 개발밀도와 적절한 조화를 이룰 수 있도록 하여야 한다. <개정 2011.4.14.>
③ 지구단위계획구역에서는 제76조부터 제78조까지의 규정과 「건축법」 제42조·제43조·제44조·제60조 및 제61조, 「주차장법」 제19조 및 제19조의2를 대통령령으로 정하는 범위에서 지구단위계획으로 정하는 바에 따라 완화하여 적용할 수 있다.
④ 삭제 <2011.4.14.>
[전문개정 2009.2.6.]

제53조(지구단위계획구역의 지정 및 지구단위계획에 관한 도시·군관리계획결정의 실효 등) ① 지구단위계획구역의 지정에 관한 도시·군관리계획결정의 고시일부터 3년 이내에 그 지구단위계획구역에 관한 지구단위계획이 결정·고시되지 아니하면 그 3년이 되는 날의 다음날에 그 지구단위계획구역의 지정에 관한 도시·군관리계획결정은 효력을 잃는다. 다만, 다른 법률에서 지구단위계획의 결정(결정된 것으로 보는 경우를 포함한다)에 관하여 따로 정한 경우에는 그 법률에 따라 지구단위계획을 결정할 때까지 지구단위계획구역의 지정은 그 효력을 유지한다. <개정 2011.4.14.>
② 지구단위계획(제26조제1항에 따라 주민이 입안을 제안한 것에 한정한다)에 관한 도시·군관리계획결정의 고시일부터 5년 이내에 이 법 또는 다른 법률에 따라 허가·인가·승인 등을 받아 사업이나 공사에 착수하지 아니하면 그 5년이 된 날의 다음날에 그 지구단위계획에 관한 도시·군관리계획결정은 효력을 잃는다. 이 경우 지구단위계획과 관련한 도시·군관리계획결정에 관한 사항은 해당 지구단위계획구역 지정 당시의 도시·군관리계획으로 환원된 것으로 본다. <신설 2015.8.11.>
③ 국토교통부장관, 시·도지사, 시장 또는 군수는 제1항 및 제2항에 따른 지구단위계획구역 지정 및 지구단위계획 결정이 효력을 잃으면 대통령령으로 정하는 바에 따라 지체 없이 그 사실을 고시하여야 한다. <개정 2013.3.23., 2013.7.16., 2015.8.11.>
[전문개정 2009.2.6.]
[제목개정 2015.8.11.]

제54조(지구단위계획구역에서의 건축 등) 지구단위계획구역에서 건축물을 건축 또는 용도변경하거나 공작물을 설치하려면 그 지구단위계획에 맞게 하여야 한다. 다만, 지구단위계획이 수립되어 있지 아니한 경우에는 그러하지 아니하다.
[전문개정 2013.7.16.]

▶ 판례 – 건축법 제19조 제2항에 따라 관할 행정청의 허가를 받거나 신고해야 하는 용도변경에서 국토의 계획 및 이용에 관한 법률 제54조를 위반한 경우, 시정명령과 그 불이행에 따른 이행강제금 부과처분을 할 수 있는지 여부(적극) 및

건축법 제19조 제3항에 따라 건축물대장 기재 내용의 변경을 신청해야 하거나 임의로 용도변경을 할 수 있는 경우, '국토의 계획 및 이용에 관한 법률상 지구단위계획에 맞지 아니한 용도변경' 이라는 이유로 시정명령과 그 불이행에 따른 이행강제금 부과처분을 할 수 있는지 여부(소극) [대법원 2017.8.23, 선고, 2017두42453, 판결]

제55조 삭제 <2007.1.19.>

제5장 개발행위의 허가 등
제1절 개발행위의 허가

제56조(개발행위의 허가) ① 다음 각 호의 어느 하나에 해당하는 행위로서 대통령령으로 정하는 행위(이하 "개발행위"라 한다)를 하려는 자는 특별시장·광역시장·특별자치시장·특별자치도지사·시장 또는 군수의 허가(이하 "개발행위허가"라 한다)를 받아야 한다. 다만, 도시·군계획사업에 의한 행위는 그러하지 아니하다. <개정 2011.4.14.>

1. 건축물의 건축 또는 공작물의 설치
2. 토지의 형질 변경(경작을 위한 경우로서 대통령령으로 정하는 토지의 형질 변경은 제외한다)
3. 토석의 채취
4. 토지 분할(건축물이 있는 대지의 분할은 제외한다)
5. 녹지지역·관리지역 또는 자연환경보전지역에 물건을 1개월 이상 쌓아놓는 행위

② 개발행위허가를 받은 사항을 변경하는 경우에는 제1항을 준용한다. 다만, 대통령령으로 정하는 경미한 사항을 변경하는 경우에는 그러하지 아니하다.

③ 제1항에도 불구하고 제1항제2호 및 제3호의 개발행위 중 도시지역과 계획관리지역의 산림에서의 임도(林道) 설치와 사방사업에 관하여는 「산림자원의 조성 및 관리에 관한 법률」과 「사방사업법」에 따르고, 보전관리지역·생산관리지역·농림지역 및 자연환경보전지역의 산림에서의 제1항제2호(농업·임업·어업을 목적으로 하는 토지의 형질 변경만 해당한다) 및 제3호의 개발행위에 관하여는 「산지관리법」에 따른다. <개정 2011.4.14.>

④ 다음 각 호의 어느 하나에 해당하는 행위는 제1항에도 불구하고 개발행위허가를 받지 아니하고 할 수 있다. 다만, 제1호의 응급조치를 한 경우에는 1개월 이내에 특별시장·광역시장·특별자치시장·특별자치도지사·시장 또는 군수에게 신고하여야 한다. <개정 2011.4.14.>

1. 재해복구나 재난수습을 위한 응급조치
2. 「건축법」에 따라 신고하고 설치할 수 있는 건축물의 개축·증축 또는 재축과 이에 필요한 범위에서의 토지의 형질 변경(도시·군계획시설사업이 시행되지 아니하고 있는 도시·군계획시설의 부지인 경우만 가능하다)
3. 그 밖에 대통령령으로 정하는 경미한 행위

[전문개정 2009.2.6.]

[시행일:2012.7.1.] 제56조 중 특별자치시장에 관한 개정규정

제57조(개발행위허가의 절차) ① 개발행위를 하려는 자는 그 개발행위에 따른 기반시설의 설치나 그에 필요한 용지의 확보, 위해(危害) 방지, 환경오염 방지, 경관, 조경 등에 관한 계획서를 첨부한 신청서를 개발행위허가권자에게 제출하여야 한다. 이 경우 개발밀도관리구역 안에서는 기반시설의 설치나 그에 필요한 용지의 확보에 관한 계획서를 제출하지 아니한다. 다만, 제56조제1항제1호의 행위 중 「건축법」의 적용을 받는 건축물의 건축 또는 공작물의 설치를 하려는 자는 「건축법」에서 정하는 절차에 따라 신청서류를 제출하여야 한다. <개정 2011.4.14.>

② 특별시장·광역시장·특별자치시장·특별자치도지사·시장 또는 군수는 제1항에 따른 개발행위허가의 신청에 대하여 특별한 사유가 없으면 대통령령으로 정하는 기간 이내에 허가 또는 불허가의 처분을 하여야 한다. <개정 2011.4.14.>

③ 특별시장·광역시장·특별자치시장·특별자치도지사·시장 또는 군수는 제2항에 따라 허가 또는 불허가의 처분을 할 때에는 지체 없이 그 신청인에게 허가내용이나 불허가처분의 사유를 서면 또는 제128조에 따른 국토이용정보체계를 통하여 알려야 한다. <개정 2011.4.14., 2013.7.16., 2015.8.11.>

④ 특별시장·광역시장·특별자치시장·특별자치도지사·시장 또는 군수는 개발행위허가를 하는 경우에는 대통령령으로 정하는 바에 따라 그 개발행위에 따른 기반시설의 설치 또는 그에 필요한 용지의 확보, 위해 방지, 환경오염 방지, 경관, 조경 등에 관한 조치를 할 것

을 조건으로 개발행위허가를 할 수 있다. <개정 2011.4.14.>

[전문개정 2009.2.6.]

[시행일:2012.7.1.] 제57조 중 특별자치시장에 관한 개정규정

▶ 판례 – 국토의 계획 및 이용에 관한 법률상 건축물의 건축에 관한 개발행위허가가 의제되는 건축허가신청이 국토의 계획 및 이용에 관한 법령이 정한 개발행위허가기준에 부합하지 아니하는 경우, 허가권자가 이를 거부할 수 있는지 여부(적극) 및 이는 건축법 제16조 제3항에 의하여 개발행위허가의 변경이 의제되는 건축허가사항의 변경허가에서도 마찬가지인지 여부(적극)

국토의 계획 및 이용에 관한 법률(이하 '국토계획법' 이라고 한다) 제56조 제1항, 제57조 제1항, 제58조 제1항 제4호, 국토의 계획 및 이용에 관한 법률 시행령(이하 '국토계획법 시행령' 이라고 한다) 제51조 제1항 제1호, 제56조 제1항 [별표 1의2] 제1호 (라)목, 제2호 (가)목, 건축법 제11조 제1항, 제5항 제3호, 제12조 제1항의 규정 체제 및 내용 등을 종합해 보면, 건축물의 건축이 국토계획법상 개발행위에 해당할 경우 그에 대한 건축허가를 하는 허가권자는 건축허가에 배치·저촉되는 관계 법령상 제한 사유의 하나로 국토계획법령의 개발행위허가기준을 확인하여야 하므로, 국토계획법상 건축물의 건축에 관한 개발행위허가가 의제되는 건축허가신청이 국토계획법령이 정한 개발행위허가기준에 부합하지 아니하면 허가권자로서는 이를 거부할 수 있고, 이는 건축법 제16조 제3항에 의하여 개발행위허가의 변경이 의제되는 건축허가사항의 변경허가에서도 마찬가지이다. [대법원 2016.8.24, 선고, 2016두35762, 판결]

제58조(개발행위허가의 기준 등) ① 특별시장·광역시장·특별자치시장·특별자치도지사·시장 또는 군수는 개발행위허가의 신청 내용이 다음 각 호의 기준에 맞는 경우에만 개발행위허가 또는 변경허가를 하여야 한다. <개정 2011.4.14., 2013.7.16.>

1. 용도지역별 특성을 고려하여 대통령령으로 정하는 개발행위의 규모에 적합할 것. 다만, 개발행위가 「농어촌정비법」 제2조제4호에 따른 농어촌정비사업으로 이루어지는 경우 등 대통령령으로 정하는 경우에는 개발행위 규모의 제한을 받지 아니한다.
2. 도시·군관리계획 및 제4항에 따른 성장관리방안의 내용에 어긋나지 아니할 것
3. 도시·군계획사업의 시행에 지장이 없을 것
4. 주변지역의 토지이용실태 또는 토지이용계획, 건축물의 높이, 토지의 경사도, 수목의 상태, 물의 배수, 하천·호소·습지의 배수 등 주변환경이나 경관과 조화를 이룰 것
5. 해당 개발행위에 따른 기반시설의 설치나 그에 필요한 용지의 확보계획이 적절할 것

② 특별시장·광역시장·특별자치시장·특별자치도지사·시장 또는 군수는 개발행위허가 또는 변경허가를 하려면 그 개발행위가 도시·군계획사업의 시행에 지장을 주는지에 관하여 해당 지역에서 시행되는 도시·군계획사업의 시행자의 의견을 들어야 한다. <개정 2011.4.14., 2013.7.16.>

③ 제1항에 따라 허가할 수 있는 경우 그 허가의 기준은 지역의 특성, 지역의 개발상황, 기반시설의 현황 등을 고려하여 다음 각 호의 구분에 따라 대통령령으로 정한다. <개정 2011.4.14.>

1. 시가화 용도: 토지의 이용 및 건축물의 용도·건폐율·용적률·높이 등에 대한 용도지역의 제한에 따라 개발행위허가의 기준을 적용하는 주거지역·상업지역 및 공업지역
2. 유보 용도: 제59조에 따른 도시계획위원회의 심의를 통하여 개발행위허가의 기준을 강화 또는 완화하여 적용할 수 있는 계획관리지역·생산관리지역 및 녹지지역 중 대통령령으로 정하는 지역
3. 보전 용도: 제59조에 따른 도시계획위원회의 심의를 통하여 개발행위허가의 기준을 강화하여 적용할 수 있는 보전관리지역·농림지역·자연환경보전지역 및 녹지지역 중 대통령령으로 정하는 지역

④ 특별시장·광역시장·특별자치시장·특별자치도지사·시장 또는 군수는 난개발 방지와 지역특성을 고려한 계획적 개발을 유도하기 위하여 필요한 경우 대통령령으로 정하는 바에 따라 개발행위의 발생 가능성이 높은 지역을 대상지역으로 하여 기반시설의 설치·변경, 건축물의 용도 등에 관한 관리방안(이하 "성장관리방안"이라 한다)을 수립할 수 있다. <신설 2013.7.16.>

⑤ 특별시장·광역시장·특별자치시장·특별자치도지사·시장 또는 군수는 성장관리방안을 수립하거나 변경하려면 대통령령으로 정하는 바에 따라 주민과 해당 지방의회의 의견을 들

어야 하며, 관계 행정기관과의 협의 및 지방도시계획위원회의 심의를 거쳐야 한다. 다만, 대통령령으로 정하는 경미한 사항을 변경하는 경우에는 그러하지 아니하다. <신설 2013.7.16., 2017.4.18.>

⑥ 특별시장·광역시장·특별자치시장·특별자치도지사·시장 또는 군수는 성장관리방안을 수립하거나 변경한 경우에는 관계 행정기관의 장에게 관계 서류를 송부하여야 하며, 대통령령으로 정하는 바에 따라 이를 고시하고 일반인이 열람할 수 있도록 하여야 한다. <신설 2013.7.16.>

[전문개정 2009.2.6.]

[제목개정 2013.7.16.]

[시행일:2012.7.1.] 제58조 중 특별자치시장에 관한 개정규정

第59條(개발행위에 대한 도시계획위원회의 심의) ① 관계 행정기관의 장은 제56조제1항제1호부터 제3호까지의 행위 중 어느 하나에 해당하는 행위로서 대통령령으로 정하는 행위를 이 법에 따라 허가 또는 변경허가를 하거나 다른 법률에 따라 인가·허가·승인 또는 협의를 하려면 대통령령으로 정하는 바에 따라 중앙도시계획위원회나 지방도시계획위원회의 심의를 거쳐야 한다. <개정 2013.7.16.>

② 제1항에도 불구하고 다음 각 호의 어느 하나에 해당하는 개발행위는 중앙도시계획위원회와 지방도시계획위원회의 심의를 거치지 아니한다. <개정 2011.4.14., 2013.7.16., 2015.7.24.>

1. 제8조, 제9조 또는 다른 법률에 따라 도시계획위원회의 심의를 받는 구역에서 하는 개발행위
2. 지구단위계획 또는 성장관리방안을 수립한 지역에서 하는 개발행위
3. 주거지역·상업지역·공업지역에서 시행하는 개발행위 중 특별시·광역시·특별자치시·특별자치도·시 또는 군의 조례로 정하는 규모·위치 등에 해당하지 아니하는 개발행위
4. 「환경영향평가법」에 따라 환경영향평가를 받은 개발행위
5. 「도시교통정비 촉진법」에 따라 교통영향평가에 대한 검토를 받은 개발행위
6. 「농어촌정비법」 제2조제4호에 따른 농어촌정비사업 중 대통령령으로 정하는 사업을 위한 개발행위
7. 「산림자원의 조성 및 관리에 관한 법률」에 따른 산림사업 및 「사방사업법」에 따른 사방사업을 위한 개발행위

③ 국토교통부장관이나 지방자치단체의 장은 제2항에도 불구하고 같은 항 제4호 및 제5호에 해당하는 개발행위가 도시·군계획에 포함되지 아니한 경우에는 관계 행정기관의 장에게 대통령령으로 정하는 바에 따라 중앙도시계획위원회나 지방도시계획위원회의 심의를 받도록 요청할 수 있다. 이 경우 관계 행정기관의 장은 특별한 사유가 없으면 요청에 따라야 한다. <개정 2011.4.14., 2013.3.23.>

[전문개정 2009.2.6.]

[시행일:2012.7.1.] 제59조 중 특별자치시에 관한 개정규정

▶ 판례 – 개발행위허가에 관한 사무를 처리하는 행정기관의 장이 개발행위허가신청을 불허가한 경우, 도시계획위원회의 심의를 거치지 않았다는 사정만으로 곧바로 불허가처분에 취소사유에 이를 정도의 절차상 하자가 있다고 볼 수 있는지 여부(소극) 및 이때 불허가처분을 위법하다고 평가할 수 있는 경우 [대법원 2015.10.29, 선고, 2012두28728, 판결]

第60條(개발행위허가의 이행 보증 등) ① 특별시장·광역시장·특별자치시장·특별자치도지사·시장 또는 군수는 기반시설의 설치나 그에 필요한 용지의 확보, 위해 방지, 환경오염 방지, 경관, 조경 등을 위하여 필요하다고 인정되는 경우로서 대통령령으로 정하는 경우에는 이의 이행을 보증하기 위하여 개발행위허가(다른 법률에 따라 개발행위허가가 의제되는 협의를 거친 인가·허가·승인 등을 포함한다. 이하 이 조에서 같다)를 받는 자로 하여금 이행보증금을 예치하게 할 수 있다. 다만, 다음 각 호의 어느 하나에 해당하는 경우에는 그러하지 아니하다. <개정 2011.4.14., 2013.7.16.>

1. 국가나 지방자치단체가 시행하는 개발행위
2. 「공공기관의 운영에 관한 법률」에 따른 공공기관(이하 "공공기관"이라 한다) 중 대통령령으로 정하는 기관이 시행하는 개발행위
3. 그 밖에 해당 지방자치단체의 조례로 정하는 공공단체가 시행하는 개발행위

② 제1항에 따른 이행보증금의 산정 및 예치방법 등에 관하여 필요한 사항은 대통령령으로 정한다.

③ 특별시장·광역시장·특별자치시장·특별자치도지사·시장 또는 군수는 개발행위허가를

받지 아니하고 개발행위를 하거나 허가내용과 다르게 개발행위를 하는 자에게는 그 토지의 원상회복을 명할 수 있다. <개정 2011.4.14.>

④ 특별시장·광역시장·특별자치시장·특별자치도지사·시장 또는 군수는 제3항에 따른 원상회복의 명령을 받은 자가 원상회복을 하지 아니하면 「행정대집행법」에 따른 행정대집행에 따라 원상회복을 할 수 있다. 이 경우 행정대집행에 필요한 비용은 제1항에 따라 개발행위허가를 받은 자가 예치한 이행보증금을 사용할 수 있다. <개정 2011.4.14.>

[전문개정 2009.2.6.]

[시행일:2012.7.1.] 제60조 중 특별자치시장에 관한 개정규정

제61조(관련 인·허가등의 의제) ① 개발행위허가 또는 변경허가를 할 때에 특별시장·광역시장·특별자치시장·특별자치도지사·시장 또는 군수가 그 개발행위에 대한 다음 각 호의 인가·허가·승인·면허·협의·해제·신고 또는 심사 등(이하 "인·허가등"이라 한다)에 관하여 제3항에 따라 미리 관계 행정기관의 장과 협의한 사항에 대하여는 그 인·허가등을 받은 것으로 본다. <개정 2009.3.25., 2009.6.9., 2010.1.27., 2010.4.15., 2010.5.31., 2011.4.14., 2013.7.16., 2014.1.14., 2014.6.3., 2015.8.11., 2016.12.27.>

1. 「공유수면 관리 및 매립에 관한 법률」 제8조에 따른 공유수면의 점용·사용허가, 같은 법 제17조에 따른 점용·사용 실시계획의 승인 또는 신고, 같은 법 제28조에 따른 공유수면의 매립면허 및 같은 법 제38조에 따른 공유수면매립실시계획의 승인
2. 삭제 <2010.4.15.>
3. 「광업법」 제42조에 따른 채굴계획의 인가
4. 「농어촌정비법」 제23조에 따른 농업생산기반시설의 사용허가
5. 「농지법」 제34조에 따른 농지전용의 허가 또는 협의, 같은 법 제35조에 따른 농지전용의 신고 및 같은 법 제36조에 따른 농지의 타용도 일시사용의 허가 또는 협의
6. 「도로법」 제36조에 따른 도로관리청이 아닌 자에 대한 도로공사 시행의 허가, 같은 법 제52조에 따른 도로와 다른 시설의 연결허가 및 같은 법 제61조에 따른 도로의 점용허가
7. 「장사 등에 관한 법률」 제27조제1항에 따른 무연분묘(無緣墳墓)의 개장(改葬) 허가
8. 「사도법」 제4조에 따른 사도(私道) 개설(開設)의 허가
9. 「사방사업법」 제14조에 따른 토지의 형질 변경 등의 허가 및 같은 법 제20조에 따른 사방지 지정의 해제

9의2. 「산업집적활성화 및 공장설립에 관한 법률」 제13조에 따른 공장설립등의 승인

10. 「산지관리법」 제14조·제15조에 따른 산지전용허가 및 산지전용신고, 같은 법 제15조의2에 따른 산지일시사용허가·신고, 같은 법 제25조제1항에 따른 토석채취허가, 같은 법 제25조제2항에 따른 토사채취신고 및 「산림자원의 조성 및 관리에 관한 법률」 제36조제1항·제4항에 따른 입목벌채(立木伐採) 등의 허가·신고
11. 「소하천정비법」 제10조에 따른 소하천공사 시행의 허가 및 같은 법 제14조에 따른 소하천의 점용 허가
12. 「수도법」 제52조에 따른 전용상수도 설치 및 같은 법 제54조에 따른 전용공업용수도설치의 인가
13. 「연안관리법」 제25조에 따른 연안정비사업실시계획의 승인
14. 「체육시설의 설치·이용에 관한 법률」 제12조에 따른 사업계획의 승인
15. 「초지법」 제23조에 따른 초지전용의 허가, 신고 또는 협의
16. 「공간정보의 구축 및 관리 등에 관한 법률」 제15조제3항에 따른 지도등의 간행 심사
17. 「하수도법」 제16조에 따른 공공하수도에 관한 공사시행의 허가 및 같은 법 제24조에 따른 공공하수도의 점용허가
18. 「하천법」 제30조에 따른 하천공사 시행의 허가 및 같은 법 제33조에 따른 하천 점용의 허가
19. 「도시공원 및 녹지 등에 관한 법률」 제24조에 따른 도시공원의 점용허가 및 같은 법 제38조에 따른 녹지의 점용허가

② 제1항에 따른 인·허가등의 의제를 받으려는 자는 개발행위허가 또는 변경허가를 신청할 때에 해당 법률에서 정하는 관련 서류를 함께 제출하여야 한다. <개정 2013.7.16.>

③ 특별시장·광역시장·특별자치시장·특별자치도지사·시장 또는 군수는 개발행위허가 또는 변경허가를 할 때에 그 내용에 제1항 각 호의 어느 하나에 해당하는 사항이 있으면 미리 관계 행정기관의 장과 협의하여야 한다. <개정 2011.4.14., 2013.7.16.>

④ 제3항에 따라 협의 요청을 받은 관계 행정기관의 장은 요청을 받은 날부터 20일 이내에 의견을 제출하여야 하며, 그 기간 내에 의견을 제출하지 아니하면 협의가 이루어진 것으로 본다. <신설 2012.2.1.>
⑤ 국토교통부장관은 제1항에 따라 의제되는 인·허가등의 처리기준을 관계 중앙행정기관으로부터 제출받아 통합하여 고시하여야 한다. <개정 2012.2.1., 2013.3.23.>
[전문개정 2009.2.6.]
[시행일:2012.7.1.] 제61조 중 특별자치시장에 관한 개정규정

제61조의2(개발행위복합민원 일괄협의회) ① 특별시장·광역시장·특별자치시장·특별자치도지사·시장 또는 군수는 제61조제3항에 따라 관계 행정기관의 장과 협의하기 위하여 대통령령으로 정하는 바에 따라 개발행위복합민원 일괄협의회를 개최하여야 한다.
② 제61조제3항에 따라 협의 요청을 받은 관계 행정기관의 장은 소속 공무원을 제1항에 따른 개발행위복합민원 일괄협의회에 참석하게 하여야 한다.
[본조신설 2012.2.1.]

제62조(준공검사) ① 제56조제1항제1호부터 제3호까지의 행위에 대한 개발행위허가를 받은 자는 그 개발행위를 마치면 국토교통부령으로 정하는 바에 따라 특별시장·광역시장·특별자치시장·특별자치도지사·시장 또는 군수의 준공검사를 받아야 한다. 다만, 같은 항 제1호의 행위에 대하여 「건축법」 제22조에 따른 건축물의 사용승인을 받은 경우에는 그러하지 아니하다. <개정 2011.4.14., 2013.3.23.>
② 제1항에 따른 준공검사를 받은 경우에는 특별시장·광역시장·특별자치시장·특별자치도지사·시장 또는 군수가 제61조에 따라 의제되는 인·허가등에 따른 준공검사·준공인가 등에 관하여 제4항에 따라 관계 행정기관의 장과 협의한 사항에 대하여는 그 준공검사·준공인가 등을 받은 것으로 본다. <개정 2011.4.14.>
③ 제2항에 따른 준공검사·준공인가 등의 의제를 받으려는 자는 제1항에 따른 준공검사를 신청할 때에 해당 법률에서 정하는 관련 서류를 함께 제출하여야 한다.
④ 특별시장·광역시장·특별자치시장·특별자치도지사·시장 또는 군수는 제1항에 따른 준공검사를 할 때에 그 내용에 제61조에 따라 의제되는 인·허가등에 따른 준공검사·준공인가 등에 해당하는 사항이 있으면 미리 관계 행정기관의 장과 협의하여야 한다. <개정 2011.4.14.>
⑤ 국토교통부장관은 제2항에 따라 의제되는 준공검사·준공인가 등의 처리기준을 관계 중앙행정기관으로부터 제출받아 통합하여 고시하여야 한다. <개정 2013.3.23.>
[전문개정 2009.2.6.]
[시행일:2012.7.1.] 제62조 중 특별자치시장에 관한 개정규정

제63조(개발행위허가의 제한) ① 국토교통부장관, 시·도지사, 시장 또는 군수는 다음 각 호의 어느 하나에 해당되는 지역으로서 도시·군관리계획상 특히 필요하다고 인정되는 지역에 대해서는 대통령령으로 정하는 바에 따라 중앙도시계획위원회나 지방도시계획위원회의 심의를 거쳐 한 차례만 3년 이내의 기간 동안 개발행위허가를 제한할 수 있다. 다만, 제3호부터 제5호까지에 해당하는 지역에 대해서는 중앙도시계획위원회나 지방도시계획위원회의 심의를 거치지 아니하고 한 차례만 2년 이내의 기간 동안 개발행위허가의 제한을 연장할 수 있다. <개정 2011.4.14., 2013.3.23., 2013.7.16.>

1. 녹지지역이나 계획관리지역으로서 수목이 집단적으로 자라고 있거나 조수류 등이 집단적으로 서식하고 있는 지역 또는 우량 농지 등으로 보전할 필요가 있는 지역
2. 개발행위로 인하여 주변의 환경·경관·미관·문화재 등이 크게 오염되거나 손상될 우려가 있는 지역
3. 도시·군기본계획이나 도시·군관리계획을 수립하고 있는 지역으로서 그 도시·군기본계획이나 도시·군관리계획이 결정될 경우 용도지역·용도지구 또는 용도구역의 변경이 예상되고 그에 따라 개발행위허가의 기준이 크게 달라질 것으로 예상되는 지역
4. 지구단위계획구역으로 지정된 지역
5. 기반시설부담구역으로 지정된 지역

② 국토교통부장관, 시·도지사, 시장 또는 군수는 제1항에 따라 개발행위허가를 제한하려면 대통령령으로 정하는 바에 따라 제한지역·제한사유·제한대상행위 및 제한기간을 미리 고시하여야 한다. <개정 2013.3.23.>
③ 개발행위허가를 제한하기 위하여 제2항에 따라 개발행위허가 제한지역 등을 고시한 국

토교통부장관, 시·도지사, 시장 또는 군수는 해당 지역에서 개발행위를 제한할 사유가 없어진 경우에는 그 제한기간이 끝나기 전이라도 지체 없이 개발행위허가의 제한을 해제하여야 한다. 이 경우 국토교통부장관, 시·도지사, 시장 또는 군수는 대통령령으로 정하는 바에 따라 해제지역 및 해제시기를 고시하여야 한다. <신설 2013.7.16.>
[전문개정 2009.2.6.]

제64조(도시·군계획시설 부지에서의 개발행위) ① 특별시장·광역시장·특별자치시장·특별자치도지사·시장 또는 군수는 도시·군계획시설의 설치 장소로 결정된 지상·수상·공중·수중 또는 지하는 그 도시·군계획시설이 아닌 건축물의 건축이나 공작물의 설치를 허가하여서는 아니 된다. 다만, 대통령령으로 정하는 경우에는 그러하지 아니하다. <개정 2011.4.14.>
② 특별시장·광역시장·특별자치시장·특별자치도지사·시장 또는 군수는 도시·군계획시설결정의 고시일부터 2년이 지날 때까지 그 시설의 설치에 관한 사업이 시행되지 아니한 도시·군계획시설 중 제85조에 따라 단계별 집행계획이 수립되지 아니하거나 단계별 집행계획에서 제1단계 집행계획(단계별 집행계획을 변경한 경우에는 최초의 단계별 집행계획을 말한다)에 포함되지 아니한 도시·군계획시설의 부지에 대하여는 제1항에도 불구하고 다음 각 호의 개발행위를 허가할 수 있다. <개정 2011.4.14.>
1. 가설건축물의 건축과 이에 필요한 범위에서의 토지의 형질 변경
2. 도시·군계획시설의 설치에 지장이 없는 공작물의 설치와 이에 필요한 범위에서의 토지의 형질 변경
3. 건축물의 개축 또는 재축과 이에 필요한 범위에서의 토지의 형질 변경(제56조제4항제2호에 해당하는 경우는 제외한다)

③ 특별시장·광역시장·특별자치시장·특별자치도지사·시장 또는 군수는 제2항제1호 또는 제2호에 따라 가설건축물의 건축이나 공작물의 설치를 허가한 토지에서 도시·군계획시설사업이 시행되는 경우에는 그 시행예정일 3개월 전까지 가설건축물이나 공작물 소유자의 부담으로 그 가설건축물이나 공작물의 철거 등 원상회복에 필요한 조치를 명하여야 한다. 다만, 원상회복이 필요하지 아니하다고 인정되는 경우에는 그러하지 아니하다. <개정 2011.4.14.>
④ 특별시장·광역시장·특별자치시장·특별자치도지사·시장 또는 군수는 제3항에 따른 원상회복의 명령을 받은 자가 원상회복을 하지 아니하면 「행정대집행법」에 따른 행정대집행에 따라 원상회복을 할 수 있다. <개정 2011.4.14.>
[전문개정 2009.2.6.]
[제목개정 2011.4.14.]
[시행일:2012.7.1.] 제64조 중 특별자치시장에 관한 개정규정

제65조(개발행위에 따른 공공시설 등의 귀속) ① 개발행위허가(다른 법률에 따라 개발행위허가가 의제되는 협의를 거친 인가·허가·승인 등을 포함한다. 이하 이 조에서 같다)를 받은 자가 행정청인 경우 개발행위허가를 받은 자가 새로 공공시설을 설치하거나 기존의 공공시설에 대체되는 공공시설을 설치한 경우에는 「국유재산법」과 「공유재산 및 물품 관리법」에도 불구하고 새로 설치된 공공시설은 그 시설을 관리할 관리청에 무상으로 귀속되고, 종래의 공공시설은 개발행위허가를 받은 자에게 무상으로 귀속된다. <개정 2013.7.16.>
② 개발행위허가를 받은 자가 행정청이 아닌 경우 개발행위허가를 받은 자가 새로 설치한 공공시설은 그 시설을 관리할 관리청에 무상으로 귀속되고, 개발행위로 용도가 폐지되는 공공시설은 「국유재산법」과 「공유재산 및 물품 관리법」에도 불구하고 새로 설치한 공공시설의 설치비용에 상당하는 범위에서 개발행위허가를 받은 자에게 무상으로 양도할 수 있다.
③ 특별시장·광역시장·특별자치시장·특별자치도지사·시장 또는 군수는 제1항과 제2항에 따른 공공시설의 귀속에 관한 사항이 포함된 개발행위허가를 하려면 미리 해당 공공시설이 속한 관리청의 의견을 들어야 한다. 다만, 관리청이 지정되지 아니한 경우에는 관리청이 지정된 후 준공되기 전에 관리청의 의견을 들어야 하며, 관리청이 불분명한 경우에는 도로·하천 등에 대하여는 국토교통부장관을 관리청으로 보고, 그 외의 재산에 대하여는 기획재정부장관을 관리청으로 본다. <개정 2011.4.14., 2013.3.23.>
④ 특별시장·광역시장·특별자치시장·특별자치도지사·시장 또는 군수가 제3항에 따라 관리청의 의견을 듣고 개발행위허가를 한 경우 개발행위허가를 받은 자는 그 허가에 포함된 공공시설의 점용 및 사용에 관하여 관계 법률에 따른 승인·허가 등을 받은 것으로 보아 개

발행위를 할 수 있다. 이 경우 해당 공공시설의 점용 또는 사용에 따른 점용료 또는 사용료는 면제된 것으로 본다. <개정 2011.4.14.>

⑤ 개발행위허가를 받은 자가 행정청인 경우 개발행위허가를 받은 자는 개발행위가 끝나 준공검사를 마친 때에는 해당 시설의 관리청에 공공시설의 종류와 토지의 세목(細目)을 통지하여야 한다. 이 경우 공공시설은 그 통지한 날에 해당 시설을 관리할 관리청과 개발행위허가를 받은 자에게 각각 귀속된 것으로 본다.

⑥ 개발행위허가를 받은 자가 행정청이 아닌 경우 개발행위허가를 받은 자는 제2항에 따라 관리청에 귀속되거나 그에게 양도될 공공시설에 관하여 개발행위가 끝나기 전에 그 시설의 관리청에 그 종류와 토지의 세목을 통지하여야 하고, 준공검사를 한 특별시장·광역시장·특별자치시장·특별자치도지사·시장 또는 군수는 그 내용을 해당 시설의 관리청에 통보하여야 한다. 이 경우 공공시설은 준공검사를 받음으로써 그 시설을 관리할 관리청과 개발행위허가를 받은 자에게 각각 귀속되거나 양도된 것으로 본다. <개정 2011.4.14.>

⑦ 제1항부터 제3항까지, 제5항 또는 제6항에 따른 공공시설을 등기할 때에 「부동산등기법」에 따른 등기원인을 증명하는 서면은 제62조제1항에 따른 준공검사를 받았음을 증명하는 서면으로 갈음한다. <개정 2011.4.12.>

⑧ 개발행위허가를 받은 자가 행정청인 경우 개발행위허가를 받은 자는 제1항에 따라 그에게 귀속된 공공시설의 처분으로 인한 수익금을 도시·군계획사업 외의 목적에 사용하여서는 아니 된다. <개정 2011.4.14.>

⑨ 공공시설의 귀속에 관하여 다른 법률에 특별한 규정이 있는 경우에는 이 법률의 규정에도 불구하고 그 법률에 따른다. <신설 2013.7.16.>

[전문개정 2009.2.6.]

[시행일:2012.7.1.] 제65조 중 특별자치시장에 관한 개정규정

제2절 개발행위에 따른 기반시설의 설치

제66조(개발밀도관리구역) ① 특별시장·광역시장·특별자치시장·특별자치도지사·시장 또는 군수는 주거·상업 또는 공업지역에서의 개발행위로 기반시설(도시·군계획시설을 포함한다)의 처리·공급 또는 수용능력이 부족할 것으로 예상되는 지역 중 기반시설의 설치가 곤란한 지역을 개발밀도관리구역으로 지정할 수 있다. <개정 2011.4.14.>

② 특별시장·광역시장·특별자치시장·특별자치도지사·시장 또는 군수는 개발밀도관리구역에서는 대통령령으로 정하는 범위에서 제77조나 제78조에 따른 건폐율 또는 용적률을 강화하여 적용한다. <개정 2011.4.14.>

③ 특별시장·광역시장·특별자치시장·특별자치도지사·시장 또는 군수는 제1항에 따라 개발밀도관리구역을 지정하거나 변경하려면 다음 각 호의 사항을 포함하여 해당 지방자치단체에 설치된 지방도시계획위원회의 심의를 거쳐야 한다. <개정 2011.4.14.>

1. 개발밀도관리구역의 명칭
2. 개발밀도관리구역의 범위
3. 제77조나 제78조에 따른 건폐율 또는 용적률의 강화 범위

④ 특별시장·광역시장·특별자치시장·특별자치도지사·시장 또는 군수는 제1항에 따라 개발밀도관리구역을 지정하거나 변경한 경우에는 그 사실을 대통령령으로 정하는 바에 따라 고시하여야 한다. <개정 2011.4.14.>

⑤ 개발밀도관리구역의 지정기준, 개발밀도관리구역의 관리 등에 관하여 필요한 사항은 대통령령으로 정하는 바에 따라 국토교통부장관이 정한다. <개정 2013.3.23.>

[전문개정 2009.2.6.]

[시행일:2012.7.1.] 제66조 중 특별자치시장에 관한 개정규정

제67조(기반시설부담구역의 지정) ① 특별시장·광역시장·특별자치시장·특별자치도지사·시장 또는 군수는 다음 각 호의 어느 하나에 해당하는 지역에 대하여는 기반시설부담구역으로 지정하여야 한다. 다만, 개발행위가 집중되어 특별시장·광역시장·특별자치시장·특별자치도지사·시장 또는 군수가 해당 지역의 계획적 관리를 위하여 필요하다고 인정하면 다음 각 호에 해당하지 아니하는 경우라도 기반시설부담구역으로 지정할 수 있다. <개정 2011.4.14.>

1. 이 법 또는 다른 법령의 제정·개정으로 인하여 행위 제한이 완화되거나 해제되는 지역
2. 이 법 또는 다른 법령에 따라 지정된 용도지역 등이 변경되거나 해제되어 행위 제한이 완화되는 지역

3. 개발행위허가 현황 및 인구증가율 등을 고려하여 대통령령으로 정하는 지역

② 특별시장·광역시장·특별자치시장·특별자치도지사·시장 또는 군수는 기반시설부담구역을 지정 또는 변경하려면 주민의 의견을 들어야 하며, 해당 지방자치단체에 설치된 지방도시계획위원회의 심의를 거쳐 대통령령으로 정하는 바에 따라 이를 고시하여야 한다. <개정 2011.4.14.>

③ 삭제 <2011.4.14.>

④ 특별시장·광역시장·특별자치시장·특별자치도지사·시장 또는 군수는 제2항에 따라 기반시설부담구역이 지정되면 대통령령으로 정하는 바에 따라 기반시설설치계획을 수립하여야 하며, 이를 도시·군관리계획에 반영하여야 한다. <개정 2011.4.14.>

⑤ 기반시설부담구역의 지정기준 등에 관하여 필요한 사항은 대통령령으로 정하는 바에 따라 국토교통부장관이 정한다. <개정 2013.3.23.>

[전문개정 2009.2.6.]

[시행일:2012.7.1.] 제67조 중 특별자치시장에 관한 개정규정

제68조(기반시설설치비용의 부과대상 및 산정기준) ① 기반시설부담구역에서 기반시설설치비용의 부과대상인 건축행위는 제2조제20호에 따른 시설로서 200제곱미터(기존 건축물의 연면적을 포함한다)를 초과하는 건축물의 신축·증축 행위로 한다. 다만, 기존 건축물을 철거하고 신축하는 경우에는 기존 건축물의 건축연면적을 초과하는 건축행위만 부과대상으로 한다.

② 기반시설설치비용은 기반시설을 설치하는 데 필요한 기반시설 표준시설비용과 용지비용을 합산한 금액에 제1항에 따른 부과대상 건축연면적과 기반시설 설치를 위하여 사용되는 총 비용 중 국가·지방자치단체의 부담분을 제외하고 민간 개발사업자가 부담하는 부담률을 곱한 금액으로 한다. 다만, 특별시장·광역시장·특별자치시장·특별자치도지사·시장 또는 군수가 해당 지역의 기반시설 소요량 등을 고려하여 대통령령으로 정하는 바에 따라 기반시설부담계획을 수립한 경우에는 그 부담계획에 따른다. <개정 2011.4.14.>

③ 제2항에 따른 기반시설 표준시설비용은 기반시설 조성을 위하여 사용되는 단위당 시설비로서 해당 연도의 생산자물가상승률 등을 고려하여 대통령령으로 정하는 바에 따라 국토교통부장관이 고시한다. <개정 2013.3.23.>

④ 제2항에 따른 용지비용은 부과대상이 되는 건축행위가 이루어지는 토지를 대상으로 다음 각 호의 기준을 곱하여 산정한 가액(價額)으로 한다.

1. 지역별 기반시설의 설치 정도를 고려하여 0.4 범위에서 지방자치단체의 조례로 정하는 용지환산계수
2. 기반시설부담구역의 개별공시지가 평균 및 대통령령으로 정하는 건축물별 기반시설유발계수

⑤ 제2항에 따른 민간 개발사업자가 부담하는 부담률은 100분의 20으로 하며, 특별시장·광역시장·특별자치시장·특별자치도지사·시장 또는 군수가 건물의 규모, 지역 특성 등을 고려하여 100분의 25의 범위에서 부담률을 가감할 수 있다. <개정 2011.4.14.>

⑥ 제69조제1항에 따른 납부의무자가 다음 각 호의 어느 하나에 해당하는 경우에는 이 법에 따른 기반시설설치비용에서 감면한다. <개정 2014.1.14.>

1. 제2조제19호에 따른 기반시설을 설치하거나 그에 필요한 용지를 확보한 경우
2. 「도로법」 제91조에 따른 원인자 부담금 등 대통령령으로 정하는 비용을 납부한 경우

⑦ 제6항에 따른 감면기준 및 감면절차와 그 밖에 필요한 사항은 대통령령으로 정한다.

[전문개정 2009.2.6.]

[시행일:2012.7.1.] 제68조 중 특별자치시장에 관한 개정규정

제69조(기반시설설치비용의 납부 및 체납처분)

① 제68조제1항에 따른 건축행위를 하는 자(건축행위의 위탁자 또는 지위의 승계자 등 대통령령으로 정하는 자를 포함한다. 이하 "납부의무자"라 한다)는 기반시설설치비용을 내야 한다.

② 특별시장·광역시장·특별자치시장·특별자치도지사·시장 또는 군수는 납부의무자가 국가 또는 지방자치단체로부터 건축허가(다른 법률에 따른 사업승인 등 건축허가가 의제되는 경우에는 그 사업승인)를 받은 날부터 2개월 이내에 기반시설설치비용을 부과하여야 하고, 납부의무자는 사용승인(다른 법률에 따라 준공검사 등 사용승인이 의제되는 경우에는 그 준공검사) 신청 시까지 이를 내야 한다. <개정 2011.4.14.>

③ 특별시장·광역시장·특별자치시장·특별자치도지사·시장 또는 군수는 납부의무자가 제2항에서 정한 때까지 기반시설설치비용을 내지 아니하는 경우에는 「지방세외수입금의 징

수 등에 관한 법률」에 따라 징수할 수 있다. <개정 2011.4.14., 2013.8.6.>

④ 특별시장·광역시장·특별자치시장·특별자치도지사·시장 또는 군수는 기반시설설치비용을 납부한 자가 사용승인 신청 후 해당 건축행위와 관련된 기반시설의 추가 설치 등 기반시설설치비용을 환급하여야 하는 사유가 발생하는 경우에는 그 사유에 상당하는 기반시설설치비용을 환급하여야 한다. <개정 2011.4.14.>

⑤ 그 밖에 기반시설설치비용의 부과절차, 납부 및 징수방법, 환급사유 등에 관하여 필요한 사항은 대통령령으로 정할 수 있다.

[전문개정 2009.2.6.]

[시행일:2012.7.1.] 제69조 중 특별자치시장에 관한 개정규정

▶ 판례 – 구 국토의 계획 및 이용에 관한 법률 제68조, 제69조가 구 도로법 등 개별 법률규정이나 위 법 제86조 제1항, 제101조가 예정하고 있는 기반시설의 비용에 관한 국고 또는 지방자치단체 부담의 원칙에 대한 예외로서 '법률에 특별한 규정이 있는 경우'에 해당하는지 여부(적극) / 행정청이 기반시설부담 구역 안에서 기반시설부담계획을 수립하여 기반시설부담개발행위를 하는 자에게 기반시설을 설치하거나 그에 필요한 용지를 확보하도록 하거나 이에 소요되는 기반시설부담비용을 부담시킬 수 있는지 여부(적극) [대법원 2014.2.27, 선고, 2011두7793, 판결]

제70조(기반시설설치비용의 관리 및 사용 등)

① 특별시장·광역시장·특별자치시장·특별자치도지사·시장 또는 군수는 기반시설설치비용의 관리 및 운용을 위하여 기반시설부담구역별로 특별회계를 설치하여야 하며, 그에 필요한 사항은 지방자치단체의 조례로 정한다. <개정 2011.4.14.>

② 제69조제2항에 따라 납부한 기반시설설치비용은 해당 기반시설부담구역에서 제2조제19호에 따른 기반시설의 설치 또는 그에 필요한 용지의 확보 등을 위하여 사용하여야 한다. 다만, 해당 기반시설부담구역에 사용하기가 곤란한 경우로서 대통령령으로 정하는 경우에는 해당 기반시설부담구역의 기반시설과 연계된 기반시설의 설치 또는 그에 필요한 용지의 확보 등에 사용할 수 있다.

③ 기반시설설치비용의 관리, 사용 등에 필요한 사항은 대통령령으로 정하는 바에 따라 국토교통부장관이 정한다. <개정 2013.3.23.>

[전문개정 2009.2.6.]

[시행일:2012.7.1.] 제70조 중 특별자치시장에 관한 개정규정

제71조 삭제 <2006.1.11.>

제72조 삭제 <2006.1.11.>

제73조 삭제 <2006.1.11.>

제74조 삭제 <2006.1.11.>

제75조 삭제 <2006.1.11.>

제6장 용도지역·용도지구 및 용도구역에서의 행위 제한

<개정 2009.2.6.>

제76조(용도지역 및 용도지구에서의 건축물의 건축 제한 등) ① 제36조에 따라 지정된 용도지역에서의 건축물이나 그 밖의 시설의 용도·종류 및 규모 등의 제한에 관한 사항은 대통령령으로 정한다.

② 제37조에 따라 지정된 용도지구에서의 건축물이나 그 밖의 시설의 용도·종류 및 규모 등의 제한에 관한 사항은 이 법 또는 다른 법률에 특별한 규정이 있는 경우 외에는 대통령령으로 정하는 기준에 따라 특별시·광역시·특별자치시·특별자치도·시 또는 군의 조례로 정할 수 있다. <개정 2011.4.14.>

③ 제1항과 제2항에 따른 건축물이나 그 밖의 시설의 용도·종류 및 규모 등의 제한은 해당 용도지역과 용도지구의 지정목적에 적합하여야 한다.

④ 건축물이나 그 밖의 시설의 용도·종류 및 규모 등을 변경하는 경우 변경 후의 건축물이나 그 밖의 시설의 용도·종류 및 규모 등은 제1항과 제2항에 맞아야 한다.

⑤ 다음 각 호의 어느 하나에 해당하는 경우의 건축물이나 그 밖의 시설의 용도·종류 및 규모 등의 제한에 관하여는 제1항부터 제4항까지의 규정에도 불구하고 각 호에서 정하는 바에 따른다. <개정 2009.4.22., 2011.8.4., 2015.8.11., 2017.4.18.>

1. 제37조제1항제6호에 따른 취락지구에서는 취락지구의 지정목적 범위에서 대통령령으로 따로 정한다.

1의2. 제37조제1항제7호에 따른 개발진흥지

구에서는 개발진흥지구의 지정목적 범위에서 대통령령으로 따로 정한다.

1의3. 제37조제1항제9호에 따른 복합용도지구에서는 복합용도지구의 지정목적 범위에서 대통령령으로 따로 정한다.

2. 「산업입지 및 개발에 관한 법률」 제2조제8호라목에 따른 농공단지에서는 같은 법에서 정하는 바에 따른다.

3. 농림지역 중 농업진흥지역, 보전산지 또는 초지인 경우에는 각각 「농지법」, 「산지관리법」 또는 「초지법」 에서 정하는 바에 따른다.

4. 자연환경보전지역 중 「자연공원법」 에 따른 공원구역, 「수도법」 에 따른 상수원보호구역, 「문화재보호법」 에 따라 지정된 지정문화재 또는 천연기념물과 그 보호구역, 「해양생태계의 보전 및 관리에 관한 법률」 에 따른 해양보호구역인 경우에는 각각 「자연공원법」, 「수도법」 또는 「문화재보호법」 또는 「해양생태계의 보전 및 관리에 관한 법률」 에서 정하는 바에 따른다.

5. 자연환경보전지역 중 수산자원보호구역인 경우에는 「수산자원관리법」 에서 정하는 바에 따른다.

⑥ 보전관리지역이나 생산관리지역에 대하여 농림축산식품부장관・해양수산부장관・환경부장관 또는 산림청장이 농지 보전, 자연환경 보전, 해양환경 보전 또는 산림 보전에 필요하다고 인정하는 경우에는 「농지법」, 「자연환경보전법」, 「야생생물 보호 및 관리에 관한 법률」, 「해양생태계의 보전 및 관리에 관한 법률」 또는 「산림자원의 조성 및 관리에 관한 법률」 에 따라 건축물이나 그 밖의 시설의 용도・종류 및 규모 등을 제한할 수 있다. 이 경우 이 법에 따른 제한의 취지와 형평을 이루도록 하여야 한다. <개정 2011.7.28., 2013.3.23.>

[전문개정 2009.2.6.]

[시행일:2012.7.1.] 제76조 중 특별자치시에 관한 개정규정

제77조(용도지역의 건폐율) ① 제36조에 따라 지정된 용도지역에서 건폐율의 최대한도는 관할 구역의 면적과 인구 규모, 용도지역의 특성 등을 고려하여 다음 각 호의 범위에서 대통령령으로 정하는 기준에 따라 특별시・광역시・특별자치시・특별자치도・시 또는 군의 조례로 정한다. <개정 2011.4.14., 2013.7.16., 2015.8.11.>

1. 도시지역
   가. 주거지역: 70퍼센트 이하
   나. 상업지역: 90퍼센트 이하
   다. 공업지역: 70퍼센트 이하
   라. 녹지지역: 20퍼센트 이하
2. 관리지역
   가. 보전관리지역: 20퍼센트 이하
   나. 생산관리지역: 20퍼센트 이하
   다. 계획관리지역: 40퍼센트 이하
3. 농림지역: 20퍼센트 이하
4. 자연환경보전지역: 20퍼센트 이하

② 제36조제2항에 따라 세분된 용도지역에서의 건폐율에 관한 기준은 제1항 각 호의 범위에서 대통령령으로 따로 정한다.

③ 다음 각 호의 어느 하나에 해당하는 지역에서의 건폐율에 관한 기준은 제1항과 제2항에도 불구하고 80퍼센트 이하의 범위에서 대통령령으로 정하는 기준에 따라 특별시・광역시・특별자치시・특별자치도・시 또는 군의 조례로 따로 정한다. <개정 2011.4.14., 2011.8.4., 2015.8.11., 2017.4.18.>

1. 제37조제1항제6호에 따른 취락지구
2. 제37조제1항제7호에 따른 개발진흥지구(도시지역 외의 지역 또는 대통령령으로 정하는 용도지역만 해당한다)
3. 제40조에 따른 수산자원보호구역
4. 「자연공원법」 에 따른 자연공원
5. 「산업입지 및 개발에 관한 법률」 제2조제8호라목에 따른 농공단지
6. 공업지역에 있는 「산업입지 및 개발에 관한 법률」 제2조제8호가목부터 다목까지의 규정에 따른 국가산업단지, 일반산업단지 및 도시첨단산업단지와 같은 조 제12호에 따른 준산업단지

④ 다음 각 호의 어느 하나에 해당하는 경우로서 대통령령으로 정하는 경우에는 제1항에도 불구하고 대통령령으로 정하는 기준에 따라 특별시・광역시・특별자치시・특별자치도・시 또는 군의 조례로 건폐율을 따로 정할 수 있다. <개정 2011.4.14., 2011.9.16.>

1. 토지이용의 과밀화를 방지하기 위하여 건폐율을 강화할 필요가 있는 경우
2. 주변 여건을 고려하여 토지의 이용도를 높이기 위하여 건폐율을 완화할 필요가 있는 경우
3. 녹지지역, 보전관리지역, 생산관리지역, 농림지역 또는 자연환경보전지역에서 농업용・임업용・어업용 건축물을 건축하려는 경우
4. 보전관리지역, 생산관리지역, 농림지역 또는 자연환경보전지역에서 주민생활의 편익

을 증진시키기 위한 건축물을 건축하려는 경우

⑤ 계획관리지역·생산관리지역 및 대통령령으로 정하는 녹지지역에서 성장관리방안을 수립한 경우에는 제1항에도 불구하고 50퍼센트 이하의 범위에서 대통령령으로 정하는 기준에 따라 특별시·광역시·특별자치시·특별자치도·시 또는 군의 조례로 건폐율을 따로 정할 수 있다. <신설 2015.8.11.>

[전문개정 2009.2.6.]

[시행일:2012.7.1.] 제77조 중 특별자치시에 관한 개정규정

第78조(용도지역에서의 용적률) ① 제36조에 따라 지정된 용도지역에서 용적률의 최대한도는 관할 구역의 면적과 인구 규모, 용도지역의 특성 등을 고려하여 다음 각 호의 범위에서 대통령령으로 정하는 기준에 따라 특별시·광역시·특별자치시·특별자치도·시 또는 군의 조례로 정한다. <개정 2011.4.14., 2013.7.16.>

1. 도시지역
   가. 주거지역: 500퍼센트 이하
   나. 상업지역: 1천500퍼센트 이하
   다. 공업지역: 400퍼센트 이하
   라. 녹지지역: 100퍼센트 이하
2. 관리지역
   가. 보전관리지역: 80퍼센트 이하
   나. 생산관리지역: 80퍼센트 이하
   다. 계획관리지역: 100퍼센트 이하. 다만, 성장관리방안을 수립한 지역의 경우 해당 지방자치단체의 조례로 125퍼센트 이내에서 완화하여 적용할 수 있다.
3. 농림지역: 80퍼센트 이하
4. 자연환경보전지역: 80퍼센트 이하

② 제36조제2항에 따라 세분된 용도지역에서의 용적률에 관한 기준은 제1항 각 호의 범위에서 대통령령으로 따로 정한다.

③ 제77조제3항제2호부터 제5호까지의 규정에 해당하는 지역에서의 용적률에 대한 기준은 제1항과 제2항에도 불구하고 200퍼센트 이하의 범위에서 대통령령으로 정하는 기준에 따라 특별시·광역시·특별자치시·특별자치도·시 또는 군의 조례로 따로 정한다. <개정 2011.4.14.>

④ 건축물의 주위에 공원·광장·도로·하천 등의 공지가 있거나 이를 설치하는 경우에는 제1항에도 불구하고 대통령령으로 정하는 바에 따라 특별시·광역시·특별자치시·특별자치도·시 또는 군의 조례로 용적률을 따로 정할 수 있다. <개정 2011.4.14.>

⑤ 제1항과 제4항에도 불구하고 제36조에 따른 도시지역(녹지지역만 해당한다), 관리지역에서는 창고 등 대통령령으로 정하는 용도의 건축물 또는 시설물은 특별시·광역시·특별자치시·특별자치도·시 또는 군의 조례로 정하는 높이로 규모 등을 제한할 수 있다. <개정 2011.4.14.>

⑥ 제1항에도 불구하고 건축물을 건축하려는 자가 그 대지의 일부에 「사회복지사업법」 제2조제4호에 따른 사회복지시설 중 대통령령으로 정하는 시설을 설치하여 국가 또는 지방자치단체에 기부채납하는 경우에는 특별시·광역시·특별자치시·특별자치도·시 또는 군의 조례로 해당 용도지역에 적용되는 용적률을 완화할 수 있다. 이 경우 용적률 완화의 허용범위, 기부채납의 기준 및 절차 등에 필요한 사항은 대통령령으로 정한다. <신설 2013.12.30.>

[전문개정 2009.2.6.]

[시행일:2012.7.1.] 제78조 중 특별자치시에 관한 개정규정

第79조(용도지역 미지정 또는 미세분 지역에서의 행위 제한 등) ① 도시지역, 관리지역, 농림지역 또는 자연환경보전지역으로 용도가 지정되지 아니한 지역에 대하여는 제76조부터 제78조까지의 규정을 적용할 때에 자연환경보전지역에 관한 규정을 적용한다.

② 제36조에 따른 도시지역 또는 관리지역이 같은 조 제1항 각 호 각 목의 세부 용도지역으로 지정되지 아니한 경우에는 제76조부터 제78조까지의 규정을 적용할 때에 해당 용도지역이 도시지역인 경우에는 녹지지역 중 대통령령으로 정하는 지역에 관한 규정을 적용하고, 관리지역인 경우에는 보전관리지역에 관한 규정을 적용한다.

[전문개정 2009.2.6.]

第80조(개발제한구역에서의 행위 제한 등) 개발제한구역에서의 행위 제한이나 그 밖에 개발제한구역의 관리에 필요한 사항은 따로 법률로 정한다.

[전문개정 2009.2.6.]

第80조의2(도시자연공원구역에서의 행위 제한 등) 도시자연공원구역에서의 행위 제한 등

도시자연공원구역의 관리에 필요한 사항은 따로 법률로 정한다.
[전문개정 2009.2.6.]

제80조의3(입지규제최소구역에서의 행위 제한) 입지규제최소구역에서의 행위 제한은 용도지역 및 용도지구에서의 토지의 이용 및 건축물의 용도·건폐율·용적률·높이 등에 대한 제한을 강화하거나 완화하여 따로 입지규제최소구역계획으로 정한다.
[본조신설 2015.1.6.]

제81조(시가화조정구역에서의 행위 제한 등) ① 제39조에 따라 지정된 시가화조정구역에서의 도시·군계획사업은 대통령령으로 정하는 사업만 시행할 수 있다. <개정 2011.4.14.>
② 시가화조정구역에서는 제56조와 제76조에도 불구하고 제1항에 따른 도시·군계획사업의 경우 외에는 다음 각 호의 어느 하나에 해당하는 행위에 한정하여 특별시장·광역시장·특별자치시장·특별자치도지사·시장 또는 군수의 허가를 받아 그 행위를 할 수 있다. <개정 2011.4.14.>
1. 농업·임업 또는 어업용의 건축물 중 대통령령으로 정하는 종류와 규모의 건축물이나 그 밖의 시설을 건축하는 행위
2. 마을공동시설, 공익시설·공공시설, 광공업 등 주민의 생활을 영위하는 데에 필요한 행위로서 대통령령으로 정하는 행위
3. 입목의 벌채, 조림, 육림, 토석의 채취, 그 밖에 대통령령으로 정하는 경미한 행위

③ 특별시장·광역시장·특별자치시장·특별자치도지사·시장 또는 군수는 제2항에 따른 허가를 하려면 미리 다음 각 호의 어느 하나에 해당하는 자와 협의하여야 한다. <개정 2011.4.14.>
1. 제5항 각 호의 허가에 관한 권한이 있는 자
2. 허가대상행위와 관련이 있는 공공시설의 관리자
3. 허가대상행위에 따라 설치되는 공공시설을 관리하게 될 자

④ 시가화조정구역에서 제2항에 따른 허가를 받지 아니하고 건축물의 건축, 토지의 형질 변경 등의 행위를 하는 자에 관하여는 제60조제3항 및 제4항을 준용한다.
⑤ 제2항에 따른 허가가 있는 경우에는 다음 각 호의 허가 또는 신고가 있는 것으로 본다. <개정 2010.5.31.>
1. 「산지관리법」 제14조·제15조에 따른 산지전용허가 및 산지전용신고, 같은 법 제15조의2에 따른 산지일시사용허가·신고
2. 「산림자원의 조성 및 관리에 관한 법률」 제36조제1항·제4항에 따른 입목벌채 등의 허가·신고

⑥ 제2항에 따른 허가의 기준 및 신청 절차 등에 관하여 필요한 사항은 대통령령으로 정한다.
[전문개정 2009.2.6.]
[시행일:2012.7.1.] 제81조 중 특별자치시장에 관한 개정규정

제82조(기존 건축물에 대한 특례) 법령의 제정·개정이나 그 밖에 대통령령으로 정하는 사유로 기존 건축물이 이 법에 맞지 아니하게 된 경우에는 대통령령으로 정하는 범위에서 증축, 개축, 재축 또는 용도변경을 할 수 있다.
[본조신설 2011.4.14.]

제83조(도시지역에서의 다른 법률의 적용 배제) 도시지역에 대하여는 다음 각 호의 법률 규정을 적용하지 아니한다. <개정 2011.4.14., 2014.1.14.>
1. 「도로법」 제40조에 따른 접도구역
2. 삭제 <2014.1.14.>
3. 「농지법」 제8조에 따른 농지취득자격증명. 다만, 녹지지역의 농지로서 도시·군계획시설사업에 필요하지 아니한 농지에 대하여는 그러하지 아니하다.

[전문개정 2009.2.6.]

제83조의2(입지규제최소구역에서의 다른 법률의 적용 특례) ① 입지규제최소구역에 대하여는 다음 각 호의 법률 규정을 적용하지 아니할 수 있다. <개정 2016.1.19.>
1. 「주택법」 제35조에 따른 주택의 배치, 부대시설·복리시설의 설치기준 및 대지조성기준
2. 「주차장법」 제19조에 따른 부설주차장의 설치
3. 「문화예술진흥법」 제9조에 따른 건축물에 대한 미술작품의 설치

② 입지규제최소구역계획에 대한 도시계획위원회 심의 시 「학교보건법」 제6조제1항에 따른 학교환경위생정화위원회 또는 「문화재보호법」 제8조에 따른 문화재위원회(같은 법 제70조에 따른 시·도지정문화재에 관한 사항의 경우 같

은 법 제71조에 따른 시·도문화재위원회를 말한다)와 공동으로 심의를 개최하고, 그 결과에 따라 다음 각 호의 법률 규정을 완화하여 적용할 수 있다. 이 경우 다음 각 호의 완화 여부는 각각 학교환경위생정화위원회와 문화재위원회의 의결에 따른다.
1. 「학교보건법」 제6조에 따른 학교환경위생정화구역에서의 행위제한
2. 「문화재보호법」 제13조에 따른 역사문화환경 보존지역에서의 행위제한
③ 입지규제최소구역으로 지정된 지역은 「건축법」 제69조에 따른 특별건축구역으로 지정된 것으로 본다.
④ 시·도지사 또는 시장·군수·구청장은 「건축법」 제70조에도 불구하고 입지규제최소구역에서 건축하는 건축물을 「건축법」 제73조에 따라 건축기준 등의 특례사항을 적용하여 건축할 수 있는 건축물에 포함시킬 수 있다.
[본조신설 2015.1.6.]

제84조(둘 이상의 용도지역·용도지구·용도구역에 걸치는 대지에 대한 적용 기준) ① 하나의 대지가 둘 이상의 용도지역·용도지구 또는 용도구역(이하 이 항에서 "용도지역등"이라 한다)에 걸치는 경우로서 각 용도지역등에 걸치는 부분 중 가장 작은 부분의 규모가 대통령령으로 정하는 규모 이하인 경우에는 전체 대지의 건폐율 및 용적률은 각 부분이 전체 대지 면적에서 차지하는 비율을 고려하여 다음 각 호의 구분에 따라 각 용도지역등별 건폐율 및 용적률을 가중평균한 값을 적용하고, 그 밖의 건축 제한 등에 관한 사항은 그 대지 중 가장 넓은 면적이 속하는 용도지역등에 관한 규정을 적용한다. 다만, 건축물이 고도지구에 걸쳐 있는 경우에는 그 건축물 및 대지의 전부에 대하여 고도지구의 건축물 및 대지에 관한 규정을 적용한다. <개정 2012.2.1., 2017.4.18.>
1. 가중평균한 건폐율 = (f1x1 + f2x2 + … + fnxn) / 전체 대지 면적. 이 경우 f1부터 fn까지는 각 용도지역등에 속하는 토지 부분의 면적을 말하고, x1부터 xn까지는 해당 토지 부분이 속하는 각 용도지역등의 건폐율을 말하며, n은 용도지역등에 걸치는 각 토지 부분의 총 개수를 말한다.
2. 가중평균한 용적률 = (f1x1 + f2x2 + … + fnxn) / 전체 대지 면적. 이 경우 f1부터 fn까지는 각 용도지역등에 속하는 토지 부분의 면적을 말하고, x1부터 xn까지는 해당 토지 부분이 속하는 각 용도지역등의 용적률을 말하며, n은 용도지역등에 걸치는 각 토지 부분의 총 개수를 말한다.
② 하나의 건축물이 방화지구와 그 밖의 용도지역·용도지구 또는 용도구역에 걸쳐 있는 경우에는 제1항에도 불구하고 그 전부에 대하여 방화지구의 건축물에 관한 규정을 적용한다. 다만, 그 건축물이 있는 방화지구와 그 밖의 용도지역·용도지구 또는 용도구역의 경계가 「건축법」 제50조제2항에 따른 방화벽으로 구획되는 경우 그 밖의 용도지역·용도지구 또는 용도구역에 있는 부분에 대하여는 그러하지 아니하다.
③ 하나의 대지가 녹지지역과 그 밖의 용도지역·용도지구 또는 용도구역에 걸쳐 있는 경우(규모가 가장 작은 부분이 녹지지역으로서 해당 녹지지역이 제1항에 따라 대통령령으로 정하는 규모 이하인 경우는 제외한다)에는 제1항에도 불구하고 각각의 용도지역·용도지구 또는 용도구역의 건축물 및 토지에 관한 규정을 적용한다. 다만, 녹지지역의 건축물이 고도지구 또는 방화지구에 걸쳐 있는 경우에는 제1항 단서나 제2항에 따른다. <개정 2017.4.18.>
[전문개정 2009.2.6.]

제7장 도시·군계획시설사업의 시행

<개정 2011.4.14.>

제85조(단계별 집행계획의 수립) ① 특별시장·광역시장·특별자치시장·특별자치도지사·시장 또는 군수는 도시·군계획시설에 대하여 도시·군계획시설결정의 고시일부터 3개월 이내에 대통령령으로 정하는 바에 따라 재원조달계획, 보상계획 등을 포함하는 단계별 집행계획을 수립하여야 한다. 다만, 대통령령으로 정하는 법률에 따라 도시·군관리계획의 결정이 의제되는 경우에는 해당 도시·군계획시설결정의 고시일부터 2년 이내에 단계별 집행계획을 수립할 수 있다. <개정 2011.4.14., 2017.12.26.>
② 국토교통부장관이나 도지사가 직접 입안한 도시·군관리계획인 경우 국토교통부장관이나 도지사는 단계별 집행계획을 수립하여 해당 특별시장·광역시장·특별자치시장·특별자치도지사·시장 또는 군수에게 송부할 수 있다. <개정 2011.4.14., 2013.3.23.>
③ 단계별 집행계획은 제1단계 집행계획과 제

2단계 집행계획으로 구분하여 수립하되, 3년 이내에 시행하는 도시·군계획시설사업은 제1단계 집행계획에, 3년 후에 시행하는 도시·군계획시설사업은 제2단계 집행계획에 포함되도록 하여야 한다. <개정 2011.4.14.>
④ 특별시장·광역시장·특별자치시장·특별자치도지사·시장 또는 군수는 제1항이나 제2항에 따라 단계별 집행계획을 수립하거나 받은 때에는 대통령령으로 정하는 바에 따라 지체 없이 그 사실을 공고하여야 한다. <개정 2011.4.14.>
⑤ 공고된 단계별 집행계획을 변경하는 경우에는 제1항부터 제4항까지의 규정을 준용한다. 다만, 대통령령으로 정하는 경미한 사항을 변경하는 경우에는 그러하지 아니하다.
[전문개정 2009.2.6.]
[시행일:2012.7.1.] 제85조 중 특별자치시장에 관한 개정규정

제86조(도시·군계획시설사업의 시행자) ① 특별시장·광역시장·특별자치시장·특별자치도지사·시장 또는 군수는 이 법 또는 다른 법률에 특별한 규정이 있는 경우 외에는 관할 구역의 도시·군계획시설사업을 시행한다. <개정 2011.4.14.>
② 도시·군계획시설사업이 둘 이상의 특별시·광역시·특별자치시·특별자치도·시 또는 군의 관할 구역에 걸쳐 시행되게 되는 경우에는 관계 특별시장·광역시장·특별자치시장·특별자치도지사·시장 또는 군수가 서로 협의하여 시행자를 정한다. <개정 2011.4.14.>
③ 제2항에 따른 협의가 성립되지 아니하는 경우 도시·군계획시설사업을 시행하려는 구역이 같은 도의 관할 구역에 속하는 경우에는 관할 도지사가 시행자를 지정하고, 둘 이상의 시·도의 관할 구역에 걸치는 경우에는 국토교통부장관이 시행자를 지정한다. <개정 2011.4.14., 2013.3.23.>
④ 제1항부터 제3항까지의 규정에도 불구하고 국토교통부장관은 국가계획과 관련되거나 그 밖에 특히 필요하다고 인정되는 경우에는 관계 특별시장·광역시장·특별자치시장·특별자치도지사·시장 또는 군수의 의견을 들어 직접 도시·군계획시설사업을 시행할 수 있으며, 도지사는 광역도시계획과 관련되거나 특히 필요하다고 인정되는 경우에는 관계 시장 또는 군수의 의견을 들어 직접 도시·군계획시설사업을 시행할 수 있다. <개정 2011.4.14., 2013.3.23.>
⑤ 제1항부터 제4항까지의 규정에 따라 시행자가 될 수 있는 자 외의 자는 대통령령으로 정하는 바에 따라 국토교통부장관, 시·도지사, 시장 또는 군수로부터 시행자로 지정을 받아 도시·군계획시설사업을 시행할 수 있다. <개정 2011.4.14., 2013.3.23.>
⑥ 국토교통부장관, 시·도지사, 시장 또는 군수는 제2항·제3항 또는 제5항에 따라 도시·군계획시설사업의 시행자를 지정한 경우에는 국토교통부령으로 정하는 바에 따라 그 지정 내용을 고시하여야 한다. <개정 2011.4.14., 2013.3.23.>
⑦ 다음 각 호에 해당하지 아니하는 자가 제5항에 따라 도시·군계획시설사업의 시행자로 지정을 받으려면 도시·군계획시설사업의 대상인 토지(국공유지는 제외한다)의 소유 면적 및 토지 소유자의 동의 비율에 관하여 대통령령으로 정하는 요건을 갖추어야 한다. <개정 2011.4.14.>
1. 국가 또는 지방자치단체
2. 대통령령으로 정하는 공공기관
3. 그 밖에 대통령령으로 정하는 자
[전문개정 2009.2.6.]
[제목개정 2011.4.14.]
[시행일:2012.7.1.] 제86조 중 특별자치시와 특별자치시장에 관한 개정규정

제87조(도시·군계획시설사업의 분할 시행) 도시·군계획시설사업의 시행자는 도시·군계획시설사업을 효율적으로 추진하기 위하여 필요하다고 인정되면 사업시행대상지역 또는 대상시설을 둘 이상으로 분할하여 도시·군계획시설사업을 시행할 수 있다. <개정 2011.4.14., 2013.7.16.>
[전문개정 2009.2.6.]
[제목개정 2011.4.14.]

제88조(실시계획의 작성 및 인가 등) ① 도시·군계획시설사업의 시행자는 대통령령으로 정하는 바에 따라 그 도시·군계획시설사업에 관한 실시계획(이하 "실시계획"이라 한다)을 작성하여야 한다. <개정 2011.4.14.>
② 도시·군계획시설사업의 시행자(국토교통부장관, 시·도지사와 대도시 시장은 제외한다. 이하 제3항에서 같다)는 제1항에 따라 실시계획을 작성하면 대통령령으로 정하는 바에 따라 국토교통부장관, 시·도지사 또는 대도시 시장의 인가를 받아야 한다. 다만, 제98조에 따른 준공검사를 받은 후에 해당 도시·군계획시설사업에 대하여 국토교통부령으로 정하는 경미

한 사항을 변경하기 위하여 실시계획을 작성하는 경우에는 국토교통부장관, 시·도지사 또는 대도시 시장의 인가를 받지 아니한다. <개정 2011.4.14., 2013.3.23., 2013.7.16.>

③ 국토교통부장관, 시·도지사 또는 대도시 시장은 도시·군계획시설사업의 시행자가 작성한 실시계획이 제43조제2항에 따른 도시·군계획시설의 결정·구조 및 설치의 기준 등에 맞다고 인정하는 경우에는 실시계획을 인가하여야 한다. 이 경우 국토교통부장관, 시·도지사 또는 대도시 시장은 기반시설의 설치나 그에 필요한 용지의 확보, 위해 방지, 환경오염 방지, 경관 조성, 조경 등의 조치를 할 것을 조건으로 실시계획을 인가할 수 있다. <개정 2011.4.14., 2013.3.23.>

④ 인가받은 실시계획을 변경하거나 폐지하는 경우에는 제2항 본문을 준용한다. 다만, 국토교통부령으로 정하는 경미한 사항을 변경하는 경우에는 그러하지 아니하다. <개정 2013.3.23., 2013.7.16.>

⑤ 실시계획에는 사업시행에 필요한 설계도서, 자금계획, 시행기간, 그 밖에 대통령령으로 정하는 사항(제4항에 따라 실시계획을 변경하는 경우에는 변경되는 사항에 한정한다)을 자세히 밝히거나 첨부하여야 한다. <개정 2015.12.29.>

⑥ 제1항·제2항 및 제4항에 따라 실시계획이 작성(도시·군계획시설사업의 시행자가 국토교통부장관, 시·도지사 또는 대도시 시장인 경우를 말한다) 또는 인가된 때에는 그 실시계획에 반영된 제30조제5항 단서에 따른 경미한 사항의 범위에서 도시·군관리계획이 변경된 것으로 본다. 이 경우 제30조제6항 및 제32조에 따라 도시·군관리계획의 변경사항 및 이를 반영한 지형도면을 고시하여야 한다. <신설 2011.4.14., 2013.3.23.>

[전문개정 2009.2.6.]

제89조(도시·군계획시설사업의 이행 담보) ① 특별시장·광역시장·특별자치시장·특별자치도지사·시장 또는 군수는 기반시설의 설치나 그에 필요한 용지의 확보, 위해 방지, 환경오염 방지, 경관 조성, 조경 등을 위하여 필요하다고 인정되는 경우로서 대통령령으로 정하는 경우에는 그 이행을 담보하기 위하여 도시·군계획시설사업의 시행자에게 이행보증금을 예치하게 할 수 있다. 다만, 다음 각 호의 어느 하나에 해당하는 자에 대하여는 그러하지 아니하다. <개정 2011.4.14.>

1. 국가 또는 지방자치단체
2. 대통령령으로 정하는 공공기관
3. 그 밖에 대통령령으로 정하는 자

② 제1항에 따른 이행보증금의 산정과 예치방법 등에 관하여 필요한 사항은 대통령령으로 정한다.

③ 특별시장·광역시장·특별자치시장·특별자치도지사·시장 또는 군수는 제88조제2항 본문 또는 제4항 본문에 따른 실시계획의 인가 또는 변경인가를 받지 아니하고 도시·군계획시설사업을 하거나 그 인가 내용과 다르게 도시·군계획시설사업을 하는 자에게 그 토지의 원상회복을 명할 수 있다. <개정 2011.4.14., 2013.7.16.>

④ 특별시장·광역시장·특별자치시장·특별자치도지사·시장 또는 군수는 제3항에 따른 원상회복의 명령을 받은 자가 원상회복을 하지 아니하는 경우에는 「행정대집행법」에 따른 행정대집행에 따라 원상회복을 할 수 있다. 이 경우 행정대집행에 필요한 비용은 제1항에 따라 도시·군계획시설사업의 시행자가 예치한 이행보증금으로 충당할 수 있다. <개정 2011.4.14.>

[전문개정 2009.2.6.]
[제목개정 2011.4.14.]
[시행일:2012.7.1.] 제89조 중 특별자치시장에 관한 개정규정

제90조(서류의 열람 등) ① 국토교통부장관, 시·도지사 또는 대도시 시장은 제88조제3항에 따라 실시계획을 인가하려면 미리 대통령령으로 정하는 바에 따라 그 사실을 공고하고, 관계 서류의 사본을 14일 이상 일반이 열람할 수 있도록 하여야 한다. <개정 2012.2.1., 2013.3.23.>

② 도시·군계획시설사업의 시행지구의 토지·건축물 등의 소유자 및 이해관계인은 제1항에 따른 열람기간 이내에 국토교통부장관, 시·도지사, 대도시 시장 또는 도시·군계획시설사업의 시행자에게 의견서를 제출할 수 있으며, 국토교통부장관, 시·도지사, 대도시 시장 또는 도시·군계획시설사업의 시행자는 제출된 의견이 타당하다고 인정되면 그 의견을 실시계획에 반영하여야 한다. <개정 2011.4.14., 2013.3.23.>

③ 국토교통부장관, 시·도지사 또는 대도시 시장이 실시계획을 작성하는 경우에 관하여는 제1항과 제2항을 준용한다. <개정 2013.3.23.>

[전문개정 2009.2.6.]

제91조(실시계획의 고시) 국토교통부장관, 시·도지사 또는 대도시 시장은 제88조에 따라 실시계획을 작성 또는 변경작성하거나 인가 또는 변경인가한 경우에는 대통령령으로 정하는 바에 따라 그 내용을 고시하여야 한다. <개정 2013.3.23., 2013.7.16.>

[전문개정 2009.2.6.]

제92조(관련 인·허가등의 의제) ① 국토교통부장관, 시·도지사 또는 대도시 시장이 제88조에 따라 실시계획을 작성 또는 변경작성하거나 인가 또는 변경인가를 할 때에 그 실시계획에 대한 다음 각 호의 인·허가등에 관하여 제3항에 따라 관계 행정기관의 장과 협의한 사항에 대하여는 해당 인·허가등을 받은 것으로 보며, 제91조에 따른 실시계획을 고시한 경우에는 관계 법률에 따른 인·허가등의 고시·공고 등이 있은 것으로 본다. <개정 2009.3.25., 2009.6.9., 2010.1.27., 2010.4.15., 2010.5.31., 2011.4.14., 2013.3.23., 2013.7.16., 2014.1.14., 2014.6.3., 2016.12.27.>

1. 「건축법」 제11조에 따른 건축허가, 같은 법 제14조에 따른 건축신고 및 같은 법 제20조에 따른 가설건축물 건축의 허가 또는 신고
2. 「산업집적활성화 및 공장설립에 관한 법률」 제13조에 따른 공장설립등의 승인
3. 「공유수면 관리 및 매립에 관한 법률」 제8조에 따른 공유수면의 점용·사용허가, 같은 법 제17조에 따른 점용·사용 실시계획의 승인 또는 신고, 같은 법 제28조에 따른 공유수면의 매립면허, 같은 법 제35조에 따른 국가 등이 시행하는 매립의 협의 또는 승인 및 같은 법 제38조에 따른 공유수면매립실시계획의 승인
4. 삭제 <2010.4.15.>
5. 「광업법」 제42조에 따른 채굴계획의 인가
6. 「국유재산법」 제30조에 따른 사용·수익의 허가
7. 「농어촌정비법」 제23조에 따른 농업생산기반시설의 사용허가
8. 「농지법」 제34조에 따른 농지전용의 허가 또는 협의, 같은 법 제35조에 따른 농지전용의 신고 및 같은 법 제36조에 따른 농지의 타용도 일시사용의 허가 또는 협의
9. 「도로법」 제36조에 따른 도로관리청이 아닌 자에 대한 도로공사 시행의 허가 및 같은 법 제61조에 따른 도로의 점용 허가
10. 「장사 등에 관한 법률」 제27조제1항에 따른 무연분묘의 개장허가
11. 「사도법」 제4조에 따른 사도 개설의 허가
12. 「사방사업법」 제14조에 따른 토지의 형질 변경 등의 허가 및 같은 법 제20조에 따른 사방지 지정의 해제
13. 「산지관리법」 제14조·제15조에 따른 산지전용허가 및 산지전용신고, 같은 법 제15조의2에 따른 산지일시사용허가·신고, 같은 법 제25조제1항에 따른 토석채취허가, 같은 법 제25조제2항에 따른 토사채취신고 및 「산림자원의 조성 및 관리에 관한 법률」 제36조제1항·제4항에 따른 입목벌채 등의 허가·신고
14. 「소하천정비법」 제10조에 따른 소하천공사 시행의 허가 및 같은 법 제14조에 따른 소하천의 점용허가
15. 「수도법」 제17조에 따른 일반수도사업 및 같은 법 제49조에 따른 공업용수도사업의 인가, 같은 법 제52조에 따른 전용상수도 설치 및 같은 법 제54조에 따른 전용공업용수도 설치의 인가
16. 「연안관리법」 제25조에 따른 연안정비사업실시계획의 승인
17. 「에너지이용 합리화법」 제8조에 따른 에너지사용계획의 협의
18. 「유통산업발전법」 제8조에 따른 대규모점포의 개설등록
19. 「공유재산 및 물품 관리법」 제20조제1항에 따른 사용·수익의 허가
20. 「공간정보의 구축 및 관리 등에 관한 법률」 제86조제1항에 따른 사업의 착수·변경 또는 완료의 신고
21. 「집단에너지사업법」 제4조에 따른 집단에너지의 공급 타당성에 관한 협의
22. 「체육시설의 설치·이용에 관한 법률」 제12조에 따른 사업계획의 승인
23. 「초지법」 제23조에 따른 초지전용의 허가, 신고 또는 협의
24. 「공간정보의 구축 및 관리 등에 관한 법률」 제15조제3항에 따른 지도등의 간행 심사
25. 「하수도법」 제16조에 따른 공공하수도에 관한 공사시행의 허가 및 같은 법 제24조에 따른 공공하수도의 점용허가
26. 「하천법」 제30조에 따른 하천공사 시행의 허가, 같은 법 제33조에 따른 하천 점용의 허가

27. 「항만법」 제9조제2항에 따른 항만공사 시행의 허가 및 같은 법 제10조제2항에 따른 실시계획의 승인

② 제1항에 따른 인·허가등의 의제를 받으려는 자는 실시계획 인가 또는 변경인가를 신청할 때에 해당 법률에서 정하는 관련 서류를 함께 제출하여야 한다. <개정 2013.7.16.>

③ 국토교통부장관, 시·도지사 또는 대도시 시장은 실시계획을 작성 또는 변경작성하거나 인가 또는 변경인가할 때에 그 내용에 제1항 각 호의 어느 하나에 해당하는 사항이 있으면 미리 관계 행정기관의 장과 협의하여야 한다. <개정 2013.3.23., 2013.7.16.>

④ 국토교통부장관은 제1항에 따라 의제되는 인·허가등의 처리기준을 관계 중앙행정기관으로부터 받아 통합하여 고시하여야 한다. <개정 2013.3.23.>

[전문개정 2009.2.6.]

▶ 판례 – [1] 인가관청이 구 국토의 계획 및 이용에 관한 법률 제88조 제4항에 의하여 실시계획 변경인가를 하는 경우, 같은 법 제92조 제1항에 따라 산지전용허가 등 관련 인허가 등을 받은 것으로 보아야 하는지 여부(적극)
[2] 구 산지관리법 제17조 제2항에서 산지전용기간 연장허가에 관하여 별도의 규정을 둔 취지 및 산지전용기간 연장허가가 구 국토의 계획 및 이용에 관한 법률 제92조 제1항 제13호에 따라 허가가 의제되는 산지전용허가의 변경허가에 포함되는지 여부(적극) [대법원 2015.10.29, 선고, 2013다218248, 판결]

제93조(관계 서류의 열람 등) 도시·군계획시설사업의 시행자는 도시·군계획시설사업을 시행하기 위하여 필요하면 등기소나 그 밖의 관계 행정기관의 장에게 필요한 서류의 열람 또는 복사나 그 등본 또는 초본의 발급을 무료로 청구할 수 있다. <개정 2011.4.14.>

[전문개정 2009.2.6.]

제94조(서류의 송달) ① 도시·군계획시설사업의 시행자는 이해관계인에게 서류를 송달할 필요가 있으나 이해관계인의 주소 또는 거소(居所)가 불분명하거나 그 밖의 사유로 서류를 송달할 수 없는 경우에는 대통령령으로 정하는 바에 따라 그 서류의 송달을 갈음하여 그 내용을 공시할 수 있다. <개정 2011.4.14.>

② 제1항에 따른 서류의 공시송달에 관하여는 「민사소송법」의 공시송달의 예에 따른다.

[전문개정 2009.2.6.]

제95조(토지 등의 수용 및 사용) ① 도시·군계획시설사업의 시행자는 도시·군계획시설사업에 필요한 다음 각 호의 물건 또는 권리를 수용하거나 사용할 수 있다. <개정 2011.4.14.>

1. 토지·건축물 또는 그 토지에 정착된 물건
2. 토지·건축물 또는 그 토지에 정착된 물건에 관한 소유권 외의 권리

② 도시·군계획시설사업의 시행자는 사업시행을 위하여 특히 필요하다고 인정되면 도시·군계획시설에 인접한 다음 각 호의 물건 또는 권리를 일시 사용할 수 있다. <개정 2011.4.14.>

1. 토지·건축물 또는 그 토지에 정착된 물건
2. 토지·건축물 또는 그 토지에 정착된 물건에 관한 소유권 외의 권리

[전문개정 2009.2.6.]

▶ 판례 – [1] 행정청이 도시계획시설인 유원지를 설치하는 도시계획시설사업에 관한 실시계획을 인가하기 위한 요건
[2] 도시계획시설사업에 관한 실시계획의 인가 요건을 갖추지 못한 인가처분의 경우, 그 하자가 중대한지 여부(적극)

[1] 구 국토의 계획 및 이용에 관한 법률(2005. 12. 7. 법률 제7707호로 개정되기 전의 것, 이하 '국토계획법' 이라 한다) 제2조 제6호 (나)목, 제43조 제2항, 구 국토의 계획 및 이용에 관한 법률 시행령(2005. 12. 28. 대통령령 제19206호로 개정되기 전의 것) 제2조 제1항 제2호, 제3항, 구 도시계획시설의 결정·구조 및 설치기준에 관한 규칙(2005. 12. 14. 건설교통부령 제480호로 개정되기 전의 것) 제56조 등의 각 규정 형식과 내용, 그리고 도시계획시설사업에 관한 실시계획의 인가처분은 특정 도시계획시설사업을 구체화하여 현실적으로 실현하기 위한 것인 점 등을 종합하여 보면, 행정청이 도시계획시설인 유원지를 설치하는 도시계획시설사업에 관한 실시계획을 인가하려면, 실시계획에서 설치하고자 하는 시설이 국토계획법령상 유원지의 개념인 '주로 주민의 복지향상에 기여하기 위하여 설치하는 오락과 휴양을 위한 시설' 에 해당하고, 실시계획이 국토계획법령이 정한 도시계획시설(유원지)의 결정·구조 및 설치의 기준에 적합하여야 한다.

[2] 구 국토의 계획 및 이용에 관한 법률(2005. 12. 7. 법률 제7707호로 개정되기 전의 것) 제88

조 제2항, 제95조, 제96조의 규정 내용에다가 도시계획시설사업은 도시 형성이나 주민 생활에 필수적인 기반시설 중 도시관리계획으로 체계적인 배치가 결정된 시설을 설치하는 사업으로서 공공복리와 밀접한 관련이 있는 점, 도시계획시설사업에 관한 실시계획의 인가처분은 특정 도시계획시설사업을 현실적으로 실현하기 위한 것으로서 사업에 필요한 토지 등의 수용 및 사용권 부여의 요건이 되는 점 등을 종합하면, 실시계획의 인가 요건을 갖추지 못한 인가처분은 공공성을 가지는 도시계획시설사업의 시행을 위하여 필요한 수용 등의 특별한 권한을 부여하는 데 정당성을 갖추지 못한 것으로서 법규의 중요한 부분을 위반한 중대한 하자가 있다. [대법원 2015.3.20, 선고, 2011두3746, 판결]

제96조(「공익사업을 위한 토지 등의 취득 및 보상에 관한 법률」의 준용) ① 제95조에 따른 수용 및 사용에 관하여는 이 법에 특별한 규정이 있는 경우 외에는 「공익사업을 위한 토지 등의 취득 및 보상에 관한 법률」을 준용한다.
② 제1항에 따라 「공익사업을 위한 토지 등의 취득 및 보상에 관한 법률」을 준용할 때에 제91조에 따른 실시계획을 고시한 경우에는 같은 법 제20조제1항과 제22조에 따른 사업인정 및 그 고시가 있었던 것으로 본다. 다만, 재결신청은 같은 법 제23조제1항과 제28조제1항에도 불구하고 실시계획에서 정한 도시·군계획시설사업의 시행기간에 하여야 한다. <개정 2011.4.14.>
[전문개정 2009.2.6.]

제97조(국공유지의 처분 제한) ① 제30조제6항에 따라 도시·군관리계획결정을 고시한 경우에는 국공유지로서 도시·군계획시설사업에 필요한 토지는 그 도시·군관리계획으로 정하여진 목적 외의 목적으로 매각하거나 양도할 수 없다. <개정 2011.4.14.>
② 제1항을 위반한 행위는 무효로 한다.
[전문개정 2009.2.6.]

제98조(공사완료의 공고 등) ① 도시·군계획시설사업의 시행자(국토교통부장관, 시·도지사와 대도시 시장은 제외한다)는 도시·군계획시설사업의 공사를 마친 때에는 국토교통부령으로 정하는 바에 따라 공사완료보고서를 작성하여 시·도지사나 대도시 시장의 준공검사를 받아야 한다. <개정 2011.4.14., 2013.3.23.>
② 시·도지사나 대도시 시장은 제1항에 따른 공사완료보고서를 받으면 지체 없이 준공검사를 하여야 한다.
③ 시·도지사나 대도시 시장은 제2항에 따른 준공검사를 한 결과 실시계획대로 완료되었다고 인정되는 경우에는 도시·군계획시설사업의 시행자에게 준공검사증명서를 발급하고 공사완료 공고를 하여야 한다. <개정 2011.4.14.>
④ 국토교통부장관, 시·도지사 또는 대도시 시장인 도시·군계획시설사업의 시행자는 도시·군계획시설사업의 공사를 마친 때에는 공사완료 공고를 하여야 한다. <개정 2011.4.14., 2013.3.23.>
⑤ 제2항에 따라 준공검사를 하거나 제4항에 따라 공사완료 공고를 할 때에 국토교통부장관, 시·도지사 또는 대도시 시장이 제92조에 따라 의제되는 인·허가등에 따른 준공검사·준공인가 등에 관하여 제7항에 따라 관계 행정기관의 장과 협의한 사항에 대하여는 그 준공검사·준공인가 등을 받은 것으로 본다. <개정 2013.3.23.>
⑥ 도시·군계획시설사업의 시행자(국토교통부장관, 시·도지사와 대도시 시장은 제외한다)는 제5항에 따른 준공검사·준공인가 등의 의제를 받으려면 제1항에 따른 준공검사를 신청할 때에 해당 법률에서 정하는 관련 서류를 함께 제출하여야 한다. <개정 2011.4.14., 2013.3.23.>
⑦ 국토교통부장관, 시·도지사 또는 대도시 시장은 제2항에 따른 준공검사를 하거나 제4항에 따라 공사완료 공고를 할 때에 그 내용에 제92조에 따라 의제되는 인·허가등에 따른 준공검사·준공인가 등에 해당하는 사항이 있으면 미리 관계 행정기관의 장과 협의하여야 한다. <개정 2013.3.23.>
⑧ 국토교통부장관은 제5항에 따라 의제되는 준공검사·준공인가 등의 처리기준을 관계 중앙행정기관으로부터 받아 통합하여 고시하여야 한다. <개정 2013.3.23.>
[전문개정 2009.2.6.]

제99조(공공시설 등의 귀속) 도시·군계획시설사업에 의하여 새로 공공시설을 설치하거나 기존의 공공시설에 대체되는 공공시설을 설치한 경우에는 제65조를 준용한다. 이 경우 제65조제5항 중 "준공검사를 마친 때"는 "준공

검사를 마친 때(시행자가 국토교통부장관, 시·도지사 또는 대도시 시장인 경우에는 제98조제4항에 따른 공사완료 공고를 한 때를 말한다)"로 보고, 같은 조 제7항 중 "제62조제1항에 따른 준공검사를 받았음을 증명하는 서면"은 "제98조제3항에 따른 준공검사증명서(시행자가 국토교통부장관, 시·도지사 또는 대도시 시장인 경우에는 같은 조 제4항에 따른 공사완료 공고를 하였음을 증명하는 서면을 말한다)"로 본다. <개정 2011.4.14., 2013.3.23.>
[전문개정 2009.2.6.]

제100조(다른 법률과의 관계) 도시·군계획시설사업으로 조성된 대지와 건축물 중 국가나 지방자치단체의 소유에 속하는 재산을 처분하려면 「국유재산법」과 「공유재산 및 물품 관리법」에도 불구하고 대통령령으로 정하는 바에 따라 다음 각 호의 순위에 따라 처분할 수 있다. <개정 2011.4.14.>
1. 해당 도시·군계획시설사업의 시행으로 수용된 토지 또는 건축물 소유자에의 양도
2. 다른 도시·군계획시설사업에 필요한 토지와의 교환
[전문개정 2009.2.6.]

제8장 비용
<개정 2009.2.6.>

제101조(비용 부담의 원칙) 광역도시계획 및 도시·군계획의 수립과 도시·군계획시설사업에 관한 비용은 이 법 또는 다른 법률에 특별한 규정이 있는 경우 외에는 국가가 하는 경우에는 국가예산에서, 지방자치단체가 하는 경우에는 해당 지방자치단체가, 행정청이 아닌 자가 하는 경우에는 그 자가 부담함을 원칙으로 한다. <개정 2011.4.14.>
[전문개정 2009.2.6.]

제102조(지방자치단체의 비용 부담) ① 국토교통부장관이나 시·도지사는 그가 시행한 도시·군계획시설사업으로 현저히 이익을 받는 시·도, 시 또는 군이 있으면 대통령령으로 정하는 바에 따라 그 도시·군계획시설사업에 든 비용의 일부를 그 이익을 받는 시·도, 시 또는 군에 부담시킬 수 있다. 이 경우 국토교통부장관은 시·도, 시 또는 군에 비용을 부담시키기 전에 행정안전부장관과 협의하여야 한다. <개정 2011.4.14., 2013.3.23., 2014.11.19., 2017.7.26.>
② 시·도지사는 제1항에 따라 그 시·도에 속하지 아니하는 특별시·광역시·특별자치시·특별자치도·시 또는 군에 비용을 부담시키려면 해당 지방자치단체의 장과 협의하되, 협의가 성립되지 아니하는 경우에는 행정안전부장관이 결정하는 바에 따른다. <개정 2011.4.14., 2013.3.23., 2014.11.19., 2017.7.26.>
③ 시장이나 군수는 그가 시행한 도시·군계획시설사업으로 현저히 이익을 받는 다른 지방자치단체가 있으면 대통령령으로 정하는 바에 따라 그 도시·군계획시설사업에 든 비용의 일부를 그 이익을 받는 다른 지방자치단체와 협의하여 그 지방자치단체에 부담시킬 수 있다. <개정 2011.4.14.>
④ 제3항에 따른 협의가 성립되지 아니하는 경우 다른 지방자치단체가 같은 도에 속할 때에는 관할 도지사가 결정하는 바에 따르며, 다른 시·도에 속할 때에는 행정안전부장관이 결정하는 바에 따른다. <개정 2013.3.23., 2014.11.19., 2017.7.26.>
[전문개정 2009.2.6.]
[시행일:2012.7.1.] 제102조 중 특별자치시에 관한 개정규정

제103조 삭제 <2017.4.18.>

제104조(보조 또는 융자) ① 시·도지사, 시장 또는 군수가 수립하는 광역도시·군계획 또는 도시·군계획에 관한 기초조사나 제32조에 따른 지형도면의 작성에 드는 비용은 대통령령으로 정하는 바에 따라 그 비용의 전부 또는 일부를 국가예산에서 보조할 수 있다. <개정 2011.4.14.>
② 행정청이 시행하는 도시·군계획시설사업에 드는 비용은 대통령령으로 정하는 바에 따라 그 비용의 전부 또는 일부를 국가예산에서 보조하거나 융자할 수 있으며, 행정청이 아닌 자가 시행하는 도시·군계획시설사업에 드는 비용의 일부는 대통령령으로 정하는 바에 따라 국가 또는 지방자치단체가 보조하거나 융자할 수 있다. 이 경우 국가 또는 지방자치단체는 도로, 상하수도 등 기반시설이 인근지역에 비하여 부족한 지역, 광역도시계획에 반영된 광역시설이 설치되는 지역이나 개발제한구역(집단취락만 해당한다)에서 해제된 지역을 우선

지원할 수 있다. <개정 2011.4.14.>
[전문개정 2009.2.6.]

제105조(취락지구에 대한 지원) 국가나 지방자치단체는 대통령령으로 정하는 바에 따라 취락지구 주민의 생활 편익과 복지 증진 등을 위한 사업을 시행하거나 그 사업을 지원할 수 있다.
[전문개정 2009.2.6.]

제105조의2(방재지구에 대한 지원) 국가나 지방자치단체는 이 법률 또는 다른 법률에 따라 방재사업을 시행하거나 그 사업을 지원하는 경우 방재지구에 우선적으로 지원할 수 있다.
[본조신설 2013.7.16.]

제9장 도시계획위원회

제106조(중앙도시계획위원회) 다음 각 호의 업무를 수행하기 위하여 국토교통부에 중앙도시계획위원회를 둔다. <개정 2011.4.14., 2013.3.23.>
1. 광역도시계획·도시·군계획·토지거래계약허가구역 등 국토교통부장관의 권한에 속하는 사항의 심의
2. 이 법 또는 다른 법률에서 중앙도시계획위원회의 심의를 거치도록 한 사항의 심의
3. 도시·군계획에 관한 조사·연구

[전문개정 2009.2.6.]

제107조(조직) ① 중앙도시계획위원회는 위원장·부위원장 각 1명을 포함한 25명 이상 30명 이하의 위원으로 구성한다. <개정 2015.12.29.>
② 중앙도시계획위원회의 위원장과 부위원장은 위원 중에서 국토교통부장관이 임명하거나 위촉한다. <개정 2013.3.23.>
③ 위원은 관계 중앙행정기관의 공무원과 토지 이용, 건축, 주택, 교통, 공간정보, 환경, 법률, 복지, 방재, 문화, 농림 등 도시·군계획과 관련된 분야에 관한 학식과 경험이 풍부한 자 중에서 국토교통부장관이 임명하거나 위촉한다. <개정 2011.4.14., 2013.3.23.>
④ 공무원이 아닌 위원의 수는 10명 이상으로 하고, 그 임기는 2년으로 한다.
⑤ 보궐위원의 임기는 전임자 임기의 남은 기간으로 한다.
[전문개정 2009.2.6.]

제108조(위원장 등의 직무) ① 위원장은 중앙도시계획위원회의 업무를 총괄하며, 중앙도시계획위원회의 의장이 된다.
② 부위원장은 위원장을 보좌하며, 위원장이 부득이한 사유로 그 직무를 수행하지 못할 때에는 그 직무를 대행한다.
③ 위원장과 부위원장이 모두 부득이한 사유로 그 직무를 수행하지 못할 때에는 위원장이 미리 지명한 위원이 그 직무를 대행한다.
[전문개정 2009.2.6.]

제109조(회의의 소집 및 의결 정족수) ① 중앙도시계획위원회의 회의는 국토교통부장관이나 위원장이 필요하다고 인정하는 경우에 국토교통부장관이나 위원장이 소집한다. <개정 2013.3.23.>
② 중앙도시계획위원회의 회의는 재적위원 과반수의 출석으로 개의(開議)하고, 출석위원 과반수의 찬성으로 의결한다.
[전문개정 2009.2.6.]

제110조(분과위원회) ① 다음 각 호의 사항을 효율적으로 심의하기 위하여 중앙도시계획위원회에 분과위원회를 둘 수 있다.
1. 제8조제2항에 따른 토지 이용에 관한 구역등의 지정·변경 및 제9조에 따른 용도지역 등의 변경계획에 관한 사항
2. 제59조에 따른 심의에 관한 사항
3. 제117조에 따른 허가구역의 지정에 관한 사항
4. 중앙도시계획위원회에서 위임하는 사항

② 분과위원회의 심의는 중앙도시계획위원회의 심의로 본다. 다만, 제1항제4호의 경우에는 중앙도시계획위원회가 분과위원회의 심의를 중앙도시계획위원회의 심의로 보도록 하는 경우만 해당한다.
[전문개정 2009.2.6.]

제111조(전문위원) ① 도시·군계획 등에 관한 중요 사항을 조사·연구하기 위하여 중앙도시계획위원회에 전문위원을 둘 수 있다.
<개정 2011.4.14.>

② 전문위원은 위원장 및 중앙도시계획위원회나 분과위원회의 요구가 있을 때에는 회의에 출석하여 발언할 수 있다.
③ 전문위원은 토지 이용, 건축, 주택, 교통, 공간정보, 환경, 법률, 복지, 방재, 문화, 농림 등 도시·군계획과 관련된 분야에 관한 학식과 경험이 풍부한 자 중에서 국토교통부장관이 임명한다. <개정 2011.4.14., 2013.3.23.>
[전문개정 2009.2.6.]

제112조(간사 및 서기) ① 중앙도시계획위원회에 간사와 서기를 둔다.
② 간사와 서기는 국토교통부 소속 공무원 중에서 국토교통부장관이 임명한다. <개정 2013.3.23.>
③ 간사는 위원장의 명을 받아 중앙도시계획위원회의 서무를 담당하고, 서기는 간사를 보좌한다.
[전문개정 2009.2.6.]

제113조(지방도시계획위원회) ① 다음 각 호의 심의를 하게 하거나 자문에 응하게 하기 위하여 시·도에 시·도도시계획위원회를 둔다. <개정 2011.4.14., 2013.3.23.>
1. 시·도지사가 결정하는 도시·군관리계획의 심의 등 시·도지사의 권한에 속하는 사항과 다른 법률에서 시·도도시계획위원회의 심의를 거치도록 한 사항의 심의
2. 국토교통부장관의 권한에 속하는 사항 중 중앙도시계획위원회의 심의 대상에 해당하는 사항이 시·도지사에게 위임된 경우 그 위임된 사항의 심의
3. 도시·군관리계획과 관련하여 시·도지사가 자문하는 사항에 대한 조언
4. 그 밖에 대통령령으로 정하는 사항에 관한 심의 또는 조언

② 도시·군관리계획과 관련된 다음 각 호의 심의를 하게 하거나 자문에 응하게 하기 위하여 시·군(광역시의 관할 구역에 있는 군을 포함한다. 이하 이 조에서 같다) 또는 구(자치구를 말한다. 이하 같다)에 각각 시·군·구도시계획위원회를 둔다. <개정 2011.4.14., 2013.3.23., 2013.7.16.>
1. 시장 또는 군수가 결정하는 도시·군관리계획의 심의와 국토교통부장관이나 시·도지사의 권한에 속하는 사항 중 시·도도시계획위원회의 심의대상에 해당하는 사항이 시장·군수 또는 구청장에게 위임되거나 재위임된 경우 그 위임되거나 재위임된 사항의 심의
2. 도시·군관리계획과 관련하여 시장·군수 또는 구청장이 자문하는 사항에 대한 조언
3. 제59조에 따른 개발행위의 허가 등에 관한 심의
4. 그 밖에 대통령령으로 정하는 사항에 관한 심의 또는 조언

③ 시·도도시계획위원회나 시·군·구도시계획위원회의 심의 사항 중 대통령령으로 정하는 사항을 효율적으로 심의하기 위하여 시·도도시계획위원회나 시·군·구도시계획위원회에 분과위원회를 둘 수 있다.
④ 분과위원회에서 심의하는 사항 중 시·도도시계획위원회나 시·군·구도시계획위원회가 지정하는 사항은 분과위원회의 심의를 시·도도시계획위원회나 시·군·구도시계획위원회의 심의로 본다.
⑤ 도시·군계획 등에 관한 중요 사항을 조사·연구하기 위하여 지방도시계획위원회에 전문위원을 둘 수 있다. <개정 2011.4.14.>
⑥ 제5항에 따라 지방도시계획위원회에 전문위원을 두는 경우에는 제111조제2항 및 제3항을 준용한다. 이 경우 "중앙도시계획위원회"는 "지방도시계획위원회"로, "국토교통부장관"은 "해당 지방도시계획위원회가 속한 지방자치단체의 장"으로 본다. <신설 2011.4.14., 2013.3.23.>
[전문개정 2009.2.6.]

제113조의2(회의록의 공개) 중앙도시계획위원회 및 지방도시계획위원회의 심의 일시·장소·안건·내용·결과 등이 기록된 회의록은 1년의 범위에서 대통령령으로 정하는 기간이 지난 후에는 공개 요청이 있는 경우 대통령령으로 정하는 바에 따라 공개하여야 한다. 다만, 공개에 의하여 부동산 투기 유발 등 공익을 현저히 해칠 우려가 있다고 인정하는 경우나 심의·의결의 공정성을 침해할 우려가 있다고 인정되는 이름·주민등록번호 등 대통령령으로 정하는 개인 식별 정보에 관한 부분의 경우에는 그러하지 아니하다.
[본조신설 2009.2.6.]

제113조의3(위원의 제척·회피) ① 중앙도시계획위원회의 위원 및 지방도시계획위원회의 위원은 다음 각 호의 어느 하나에 해당하는 경우에 심의·자문에서 제척(除斥)된다.
1. 자기나 배우자 또는 배우자이었던 자가 당

사자이거나 공동권리자 또는 공동의무자인 경우
2. 자기가 당사자와 친족관계이거나 자기 또는 자기가 속한 법인이 당사자의 법률·경영 등에 대한 자문·고문 등으로 있는 경우
3. 자기 또는 자기가 속한 법인이 당사자 등의 대리인으로 관여하거나 관여하였던 경우
4. 그 밖에 해당 안건에 자기가 이해관계인으로 관여한 경우로서 대통령령으로 정하는 경우
② 위원이 제1항 각 호의 사유에 해당하는 경우에는 스스로 그 안건의 심의·자문에서 회피할 수 있다.
[본조신설 2011.4.14.]

제113조의4(벌칙 적용 시의 공무원 의제) 중앙도시계획위원회의 위원·전문위원 및 지방도시계획위원회의 위원·전문위원 중 공무원이 아닌 위원이나 전문위원은 그 직무상 행위와 관련하여 「형법」 제129조부터 제132조까지의 규정을 적용할 때에는 공무원으로 본다.
[본조신설 2011.4.14.]

제114조(운영 세칙) ① 중앙도시계획위원회와 분과위원회의 설치 및 운영에 필요한 사항은 대통령령으로 정한다.
② 지방도시계획위원회와 분과위원회의 설치 및 운영에 필요한 사항은 대통령령으로 정하는 범위에서 해당 지방자치단체의 조례로 정한다.
[전문개정 2009.2.6.]

제115조(위원 등의 수당 및 여비) 중앙도시계획위원회의 위원이나 전문위원, 지방도시계획위원회의 위원에게는 대통령령이나 조례로 정하는 바에 따라 수당과 여비를 지급할 수 있다.
[전문개정 2009.2.6.]

제116조(도시·군계획상임기획단) 지방자치단체의 장이 입안한 광역도시계획·도시·군기본계획 또는 도시·군관리계획을 검토하거나 지방자치단체의 장이 의뢰하는 광역도시계획·도시·군기본계획 또는 도시·군관리계획에 관한 기획·지도 및 조사·연구를 위하여 해당 지방자치단체의 조례로 정하는 바에 따라 지방도시계획위원회에 제113조제5항에 따른 전문위원 등으로 구성되는 도시·군계획상임기획단을 둔다. <개정 2011.4.14.>
[전문개정 2009.2.6.]
[제목개정 2011.4.14.]

제10장 토지거래의 허가 등

제117조 삭제 <2016.1.19.>

제118조 삭제 <2016.1.19.>

제119조 삭제 <2016.1.19.>

제120조 삭제 <2016.1.19.>

제121조 삭제 <2016.1.19.>

제122조 삭제 <2016.1.19.>

제123조 삭제 <2016.1.19.>

제124조 삭제 <2016.1.19.>

제124조의2 삭제 <2016.1.19.>

제125조 삭제 <2016.1.19.>

제126조 삭제 <2016.1.19.>

제11장 보칙
<개정 2009.2.6.>

제127조(시범도시의 지정·지원) ① 국토교통부장관은 도시의 경제·사회·문화적인 특성을 살려 개성 있고 지속가능한 발전을 촉진하기 위하여 필요하면 직접 또는 관계 중앙행정기관의 장이나 시·도지사의 요청에 의하여 경관, 생태, 정보통신, 과학, 문화, 관광, 그 밖에 대통령령으로 정하는 분야별로 시범도시(시범지구나 시범단지를 포함한다)를 지정할 수 있다. <개정 2013.3.23.>
② 국토교통부장관, 관계 중앙행정기관의 장 또는 시·도지사는 제1항에 따라 지정된 시범도시에 대하여 예산·인력 등 필요한 지원을 할 수 있다. <개정 2013.3.23.>
③ 국토교통부장관은 관계 중앙행정기관의 장이나 시·도지사에게 시범도시의 지정과 지원에 필요한 자료를 제출하도록 요청할 수 있다. <개정 2013.3.23.>

④ 시범도시의 지정 및 지원의 기준·절차 등에 관하여 필요한 사항은 대통령령으로 정한다.
[전문개정 2009.2.6.]

제128조(국토이용정보체계의 활용) ①국토교통부장관, 시·도지사, 시장 또는 군수가 「토지이용규제 기본법」 제12조에 따라 국토이용정보체계를 구축하여 도시·군계획에 관한 정보를 관리하는 경우에는 해당 정보를 도시·군계획을 수립하는 데에 활용하여야 한다. <개정 2013.3.23., 2015.8.11.>
② 특별시장·광역시장·특별자치시장·특별자치도지사·시장 또는 군수는 개발행위허가 민원 간소화 및 업무의 효율적인 처리를 위하여 국토이용정보체계를 활용하여야 한다. <신설 2015.8.11.>
[본조신설 2012.2.1.]

제129조(전문기관에 자문 등) ① 국토교통부장관은 필요하다고 인정하는 경우에는 광역도시계획이나 도시·군기본계획의 승인, 그 밖에 도시·군계획에 관한 중요 사항에 대하여 도시·군계획에 관한 전문기관에 자문을 하거나 조사·연구를 의뢰할 수 있다. <개정 2011.4.14., 2013.3.23.>
② 국토교통부장관은 제1항에 따라 자문을 하거나 조사·연구를 의뢰하는 경우에는 그에 필요한 비용을 예산의 범위에서 해당 전문기관에 지급할 수 있다. <개정 2013.3.23.>
[전문개정 2009.2.6.]

제130조(토지에의 출입 등) ① 국토교통부장관, 시·도지사, 시장 또는 군수나 도시·군계획시설사업의 시행자는 다음 각 호의 행위를 하기 위하여 필요하면 타인의 토지에 출입하거나 타인의 토지를 재료 적치장 또는 임시통로로 일시 사용할 수 있으며, 특히 필요한 경우에는 나무, 흙, 돌, 그 밖의 장애물을 변경하거나 제거할 수 있다. <개정 2011.4.14., 2013.3.23.>
1. 도시·군계획·광역도시·군계획에 관한 기초조사
2. 개발밀도관리구역, 기반시설부담구역 및 제67조제4항에 따른 기반시설설치계획에 관한 기초조사
3. 지가의 동향 및 토지거래의 상황에 관한 조사
4. 도시·군계획시설사업에 관한 조사·측량 또는 시행

② 제1항에 따라 타인의 토지에 출입하려는 자는 특별시장·광역시장·특별자치시장·특별자치도지사·시장 또는 군수의 허가를 받아야 하며, 출입하려는 날의 7일 전까지 그 토지의 소유자·점유자 또는 관리인에게 그 일시와 장소를 알려야 한다. 다만, 행정청인 도시·군계획시설사업의 시행자는 허가를 받지 아니하고 타인의 토지에 출입할 수 있다. <개정 2011.4.14., 2012.2.1.>
③ 제1항에 따라 타인의 토지를 재료 적치장 또는 임시통로로 일시사용하거나 나무, 흙, 돌, 그 밖의 장애물을 변경 또는 제거하려는 자는 토지의 소유자·점유자 또는 관리인의 동의를 받아야 한다.
④ 제3항의 경우 토지나 장애물의 소유자·점유자 또는 관리인이 현장에 없거나 주소 또는 거소가 불분명하여 그 동의를 받을 수 없는 경우에는 행정청인 도시·군계획시설사업의 시행자는 관할 특별시장·광역시장·특별자치시장·특별자치도지사·시장 또는 군수에게 그 사실을 통지하여야 하며, 행정청이 아닌 도시·군계획시설사업의 시행자는 미리 관할 특별시장·광역시장·특별자치시장·특별자치도지사·시장 또는 군수의 허가를 받아야 한다. <개정 2011.4.14.>
⑤ 제3항과 제4항에 따라 토지를 일시 사용하거나 장애물을 변경 또는 제거하려는 자는 토지를 사용하려는 날이나 장애물을 변경 또는 제거하려는 날의 3일 전까지 그 토지나 장애물의 소유자·점유자 또는 관리인에게 알려야 한다.
⑥ 일출 전이나 일몰 후에는 그 토지 점유자의 승낙 없이 택지나 담장 또는 울타리로 둘러싸인 타인의 토지에 출입할 수 없다.
⑦ 토지의 점유자는 정당한 사유 없이 제1항에 따른 행위를 방해하거나 거부하지 못한다.
⑧ 제1항에 따른 행위를 하려는 자는 그 권한을 표시하는 증표와 허가증을 지니고 이를 관계인에게 내보여야 한다.
⑨ 제8항에 따른 증표와 허가증에 관하여 필요한 사항은 국토교통부령으로 정한다. <개정 2013.3.23.>
[전문개정 2009.2.6.]
[시행일:2012.7.1.] 제130조 중 특별자치시장에 관한 개정규정

▶ **판례 – [1] 법률에서 주된 인·허가가 있으면**

다른 법률에 의한 인·허가를 받은 것으로 의제한다는 규정을 둔 경우, 주된 인·허가가 있으면 다른 법률에 의하여 인·허가를 받았음을 전제로 한 다른 법률의 모든 규정들이 적용되는지 여부(소극)
[2] 구 주택법 제17조 제1항 제5호에 따라 허가가 의제되는 행위의 범위 [대법원 2015.4.23, 선고, 2014두2409, 판결]

제131조(토지에의 출입 등에 따른 손실 보상)
① 제130조제1항에 따른 행위로 인하여 손실을 입은 자가 있으면 그 행위자가 속한 행정청이나 도시·군계획시설사업의 시행자가 그 손실을 보상하여야 한다. <개정 2011.4.14.>
② 제1항에 따른 손실 보상에 관하여는 그 손실을 보상할 자와 손실을 입은 자가 협의하여야 한다.
③ 손실을 보상할 자나 손실을 입은 자는 제2항에 따른 협의가 성립되지 아니하거나 협의를 할 수 없는 경우에는 관할 토지수용위원회에 재결을 신청할 수 있다.
④ 관할 토지수용위원회의 재결에 관하여는 「공익사업을 위한 토지 등의 취득 및 보상에 관한 법률」 제83조부터 제87조까지의 규정을 준용한다.
[전문개정 2009.2.6.]

제132조 삭제 <2005.12.7.>

제133조(법률 등의 위반자에 대한 처분) ① 국토교통부장관, 시·도지사, 시장·군수 또는 구청장은 다음 각 호의 어느 하나에 해당하는 자에게 이 법에 따른 허가·인가 등의 취소, 공사의 중지, 공작물 등의 개축 또는 이전, 그 밖에 필요한 처분을 하거나 조치를 명할 수 있다. <개정 2009.12.29., 2011.4.14., 2013.3.23., 2013.7.16.>
1. 제31조제2항 단서에 따른 신고를 하지 아니하고 사업 또는 공사를 한 자
2. 도시·군계획시설을 제43조제1항에 따른 도시·군관리계획의 결정 없이 설치한 자
3. 제44조의3제2항에 따른 공동구의 점용 또는 사용에 관한 허가를 받지 아니하고 공동구를 점용 또는 사용하거나 같은 조 제3항에 따른 점용료 또는 사용료를 내지 아니한 자
4. 제54조에 따른 지구단위계획구역에서 해당 지구단위계획에 맞지 아니하게 건축물을 건축 또는 용도변경을 하거나 공작물을 설치한 자
5. 제56조에 따른 개발행위허가 또는 변경허가를 받지 아니하고 개발행위를 한 자
5의2. 제56조에 따라 개발행위허가 또는 변경허가를 받고 그 허가받은 사업기간 동안 개발행위를 완료하지 아니한 자
6. 제60조제1항에 따른 이행보증금을 예치하지 아니하거나 같은 조 제3항에 따른 토지의 원상회복명령에 따르지 아니한 자
7. 개발행위를 끝낸 후 제62조에 따른 준공검사를 받지 아니한 자
7의2. 제64조제3항 본문에 따른 원상회복명령에 따르지 아니한 자
8. 제76조(같은 조 제5항제2호부터 제4호까지의 규정은 제외한다)에 따른 용도지역 또는 용도지구에서의 건축 제한 등을 위반한 자
9. 제77조에 따른 건폐율을 위반하여 건축한 자
10. 제78조에 따른 용적률을 위반하여 건축한 자
11. 제79조에 따른 용도지역 미지정 또는 미세분 지역에서의 행위 제한 등을 위반한 자
12. 제81조에 따른 시가화조정구역에서의 행위 제한을 위반한 자
13. 제84조에 따른 둘 이상의 용도지역 등에 걸치는 대지의 적용 기준을 위반한 자
14. 제86조제5항에 따른 도시·군계획시설사업시행자 지정을 받지 아니하고 도시·군계획시설사업을 시행한 자
15. 제88조에 따른 도시·군계획시설사업의 실시계획인가 또는 변경인가를 받지 아니하고 사업을 시행한 자
15의2. 제88조에 따라 도시·군계획시설사업의 실시계획인가 또는 변경인가를 받고 그 실시계획에서 정한 사업기간 동안 사업을 완료하지 아니한 자
15의3. 제88조에 따른 실시계획의 인가 또는 변경인가를 받은 내용에 맞지 아니하게 도시·군계획시설을 설치하거나 용도를 변경한 자
16. 제89조제1항에 따른 이행보증금을 예치하지 아니하거나 같은 조 제3항에 따른 토지의 원상회복명령에 따르지 아니한 자
17. 도시·군계획시설사업의 공사를 끝낸 후 제98조에 따른 준공검사를 받지 아니한 자
18. 삭제 <2016.1.19.>
19. 삭제 <2016.1.19.>

20. 제130조를 위반하여 타인의 토지에 출입하거나 그 토지를 일시사용한 자
21. 부정한 방법으로 다음 각 목의 어느 하나에 해당하는 허가·인가·지정 등을 받은 자
    가. 제56조에 따른 개발행위허가 또는 변경허가
    나. 제62조에 따른 개발행위의 준공검사
    다. 제81조에 따른 시가화조정구역에서의 행위허가
    라. 제86조에 따른 도시·군계획시설사업의 시행자 지정
    마. 제88조에 따른 실시계획의 인가 또는 변경인가
    바. 제98조에 따른 도시·군계획시설사업의 준공검사
    사. 삭제 <2016.1.19.>
22. 사정이 변경되어 개발행위 또는 도시·군계획시설사업을 계속적으로 시행하면 현저히 공익을 해칠 우려가 있다고 인정되는 경우의 그 개발행위허가를 받은 자 또는 도시·군계획시설사업의 시행자

② 국토교통부장관, 시·도지사, 시장·군수 또는 구청장은 제1항제22호에 따라 필요한 처분을 하거나 조치를 명한 경우에는 이로 인하여 발생한 손실을 보상하여야 한다. <개정 2013.3.23.>

③ 제2항에 따른 손실 보상에 관하여는 제131조제2항부터 제4항까지의 규정을 준용한다.

[전문개정 2009.2.6.]

제134조(행정심판) 이 법에 따른 도시·군계획시설사업 시행자의 처분에 대하여는 「행정심판법」에 따라 행정심판을 제기할 수 있다. 이 경우 행정청이 아닌 시행자의 처분에 대하여는 제86조제5항에 따라 그 시행자를 지정한 자에게 행정심판을 제기하여야 한다. <개정 2011.4.14.>

[전문개정 2009.2.6.]

제135조(권리·의무의 승계 등) ① 다음 각 호에 해당하는 권리·의무는 그 토지 또는 건축물에 관한 소유권이나 그 밖의 권리의 변동과 동시에 그 승계인에게 이전한다. <개정 2011.4.14.>

1. 토지 또는 건축물에 관하여 소유권이나 그 밖의 권리를 가진 자의 도시·군관리계획에 관한 권리·의무
2. 삭제 <2016.1.19.>

② 이 법 또는 이 법에 따른 명령에 의한 처분, 그 절차 및 그 밖의 행위는 그 행위와 관련된 토지 또는 건축물에 대하여 소유권이나 그 밖의 권리를 가진 자의 승계인에 대하여 효력을 가진다.

[전문개정 2009.2.6.]

▶ 판례 - '국토의 계획 및 이용에 관한 법률'에 의한 개발행위허가를 받은 자가 사망한 경우, 상속인이 그 지위를 승계하는지 여부(원칙적 적극) 및 이러한 지위를 승계한 상속인이 같은 법 제133조 제1항 제5의2호에서 정한 개발행위허가기간 만료에 따른 원상회복명령의 수범자가 되는지 여부(적극)

국토의 계획 및 이용에 관한 법률(이하 '국토계획법' 이라고 한다) 제135조 제2항이 국토계획법에 의한 처분, 그 절차 및 그 밖의 행위에 대하여 그 행위와 관련된 토지 또는 건축물의 소유권이나 그 밖의 권리를 가진 자의 승계인에게 그 효력을 미치도록 규정하고 있는 점, 국토계획법에 의한 개발행위허가는 대물적 허가의 성질을 가지고 있는 점 등을 종합하여 볼 때, 개발행위허가를 받은 자가 사망한 경우 특별한 사정이 없는 한 상속인이 개발행위허가를 받은 자의 지위를 승계하고, 이러한 지위를 승계한 상속인은 국토계획법 제133조 제1항 제5의2호에서 정한 개발행위허가기간의 만료에 따른 원상회복명령의 수범자가 된다. [대법원 2014.7.24, 선고, 2013도10605, 판결]

제136조(청문) 국토교통부장관, 시·도지사, 시장·군수 또는 구청장은 제133조제1항에 따라 다음 각 호의 어느 하나에 해당하는 처분을 하려면 청문을 하여야 한다. <개정 2011.4.14., 2013.3.23.>

1. 개발행위허가의 취소
2. 제86조제5항에 따른 도시·군계획시설사업의 시행자 지정의 취소
3. 실시계획인가의 취소
4. 삭제 <2016.1.19.>

[전문개정 2009.2.6.]

제137조(보고 및 검사 등) ① 국토교통부장관(제40조에 따른 수산자원보호구역의 경우 해양수산부장관을 말한다), 시·도지사, 시장 또는 군수는 필요하다고 인정되는 경우에는

개발행위허가를 받은 자나 도시·군계획시설 사업의 시행자에 대하여 감독상 필요한 보고를 하게 하거나 자료를 제출하도록 명할 수 있으며, 소속 공무원으로 하여금 개발행위에 관한 업무 상황을 검사하게 할 수 있다. <개정 2011.4.14., 2013.3.23.>

② 제1항에 따라 업무를 검사하는 공무원은 그 권한을 표시하는 증표를 지니고 이를 관계인에게 내보여야 한다.

③ 제2항에 따른 증표에 관하여 필요한 사항은 국토교통부령으로 정한다. <개정 2013.3.23.>

[전문개정 2009.2.6.]

제138조(도시·군계획의 수립 및 운영에 대한 감독 및 조정) ① 국토교통부장관(제40조에 따른 수산자원보호구역의 경우 해양수산부장관을 말한다. 이하 이 조에서 같다)은 필요한 경우에는 시·도지사 또는 시장·군수에게, 시·도지사는 시장·군수에게 도시·군기본계획과 도시·군관리계획의 수립 및 운영실태에 대하여 감독상 필요한 보고를 하게 하거나 자료를 제출하도록 명할 수 있으며, 소속 공무원으로 하여금 도시·군기본계획과 도시·군관리계획에 관한 업무 상황을 검사하게 할 수 있다. <개정 2011.4.14., 2013.3.23.>

② 국토교통부장관은 도시·군기본계획과 도시·군관리계획이 국가계획 및 광역도시계획의 취지에 부합하지 아니하거나 도시·군관리계획이 도시·군기본계획의 취지에 부합하지 아니하다고 판단하는 경우에는 특별시장·광역시장·특별자치시장·특별자치도지사·시장 또는 군수에게 기한을 정하여 도시·군기본계획과 도시·군관리계획의 조정을 요구할 수 있다. 이 경우 특별시장·광역시장·특별자치시장·특별자치도지사·시장 또는 군수는 도시·군기본계획과 도시·군관리계획을 재검토하여 정비하여야 한다. <개정 2011.4.14., 2013.3.23.>

③ 도지사는 시·군 도시·군관리계획이 광역도시계획이나 도시·군기본계획의 취지에 부합하지 아니하다고 판단되는 경우에는 시장 또는 군수에게 기한을 정하여 그 도시·군관리계획의 조정을 요구할 수 있다. 이 경우 시장 또는 군수는 그 도시·군관리계획을 재검토하여 정비하여야 한다. <개정 2011.4.14.>

[전문개정 2009.2.6.]

[제목개정 2011.4.14.]

[시행일:2012.7.1.] 제138조 중 특별자치시장에 관한 개정규정

제139조(권한의 위임 및 위탁) ① 이 법에 따른 국토교통부장관(제40조에 따른 수산자원보호구역의 경우 해양수산부장관을 말한다. 이하 이 조에서 같다)의 권한은 그 일부를 대통령령으로 정하는 바에 따라 시·도지사에게 위임할 수 있으며, 시·도지사는 국토교통부장관의 승인을 받아 그 위임받은 권한을 시장·군수 또는 구청장에게 재위임할 수 있다. <개정 2009.2.6., 2013.3.23.>

② 이 법에 따른 시·도지사의 권한은 시·도의 조례로 정하는 바에 따라 시장·군수 또는 구청장에게 위임할 수 있다. 이 경우 시·도지사는 권한의 위임사실을 국토교통부장관에게 보고하여야 한다. <개정 2009.2.6., 2013.3.23.>

③ 제1항이나 제2항에 따라 권한이 위임되거나 재위임된 경우 그 위임되거나 재위임된 사항 중 다음 각 호의 사항에 대하여는 그 위임 또는 재위임받은 기관이 속하는 지방자치단체에 설치된 지방도시계획위원회의 심의 또는 시·도의 조례로 정하는 바에 따라 「건축법」 제4조에 의하여 시·군·구에 두는 건축위원회와 도시계획위원회가 공동으로 하는 심의를 거쳐야 하며, 해당 지방의회의 의견을 들어야 하는 사항에 대하여는 그 위임 또는 재위임받은 기관이 속하는 지방자치단체의 의회의 의견을 들어야 한다. <개정 2009.2.6.>

1. 중앙도시계획위원회·지방도시계획위원회의 심의를 거쳐야 하는 사항
2. 「건축법」 제4조에 따라 시·도에 두는 건축위원회와 지방도시계획위원회가 공동으로 하는 심의를 거쳐야 하는 사항

④ 이 법에 따른 국토교통부장관, 시·도지사, 시장 또는 군수의 사무는 그 일부를 대통령령이나 해당 지방자치단체의 조례로 정하는 바에 따라 다른 행정청이나 행정청이 아닌 자에게 위탁할 수 있다. <개정 2009.2.6., 2013.3.23.>

⑤ 삭제 <2005.12.7.>

⑥ 제4항에 따라 위탁받은 사무를 수행하는 자(행정청이 아닌 자로 한정한다)나 그에 소속된 직원은 「형법」 이나 그 밖의 법률에 따른 벌칙을 적용할 때에는 공무원으로 본다. <개정 2009.2.6.>

제12장 벌칙

<개정 2009.2.6.>

제140조(벌칙) 다음 각 호의 어느 하나에 해당하는 자는 3년 이하의 징역 또는 3천만원 이하의 벌금에 처한다.

1. 제56조제1항 또는 제2항을 위반하여 허가 또는 변경허가를 받지 아니하거나, 속임수나 그 밖의 부정한 방법으로 허가 또는 변경허가를 받아 개발행위를 한 자
2. 시가화조정구역에서 허가를 받지 아니하고 제81조제2항 각 호의 어느 하나에 해당하는 행위를 한 자

[전문개정 2009.2.6.]

제140조의2(벌칙) 기반시설설치비용을 면탈·경감할 목적 또는 면탈·경감하게 할 목적으로 거짓 계약을 체결하거나 거짓 자료를 제출한 자는 3년 이하의 징역 또는 면탈·경감하였거나 면탈·경감하고자 한 기반시설설치비용의 3배 이하에 상당하는 벌금에 처한다.

[본조신설 2008.3.28.]

제141조(벌칙) 다음 각 호의 어느 하나에 해당하는 자는 2년 이하의 징역 또는 2천만원(제5호에 해당하는 자는 계약 체결 당시의 개별공시지가에 의한 해당 토지가격의 100분의 30에 해당하는 금액) 이하의 벌금에 처한다. <개정 2009.12.29., 2011.4.14., 2012.2.1.>

1. 제43조제1항을 위반하여 도시·군관리계획의 결정이 없이 기반시설을 설치한 자
2. 제44조제3항을 위반하여 공동구에 수용하여야 하는 시설을 공동구에 수용하지 아니한 자
3. 제54조를 위반하여 지구단위계획에 맞지 아니하게 건축물을 건축하거나 용도를 변경한 자
4. 제76조(같은 조 제5항제2호부터 제4호까지의 규정은 제외한다)에 따른 용도지역 또는 용도지구에서의 건축물이나 그 밖의 시설의 용도·종류 및 규모 등의 제한을 위반하여 건축물이나 그 밖의 시설을 건축 또는 설치하거나 그 용도를 변경한 자
5. 삭제 <2016.1.19.>

[전문개정 2009.2.6.]

제142조(벌칙) 제133조제1항에 따른 허가·인가 등의 취소, 공사의 중지, 공작물 등의 개축 또는 이전 등의 처분 또는 조치명령을 위반한 자는 1년 이하의 징역 또는 1천만원 이하의 벌금에 처한다.

[전문개정 2009.2.6.]

제143조(양벌규정) 법인의 대표자나 법인 또는 개인의 대리인, 사용인, 그 밖의 종업원이 그 법인 또는 개인의 업무에 관하여 제140조부터 제142조까지의 어느 하나에 해당하는 위반행위를 하면 그 행위자를 벌할 뿐만 아니라 그 법인 또는 개인에게도 해당 조문의 벌금형을 과(科)한다. 다만, 법인 또는 개인이 그 위반행위를 방지하기 위하여 해당 업무에 관하여 상당한 주의와 감독을 게을리하지 아니한 경우는 그러하지 아니하다.

[전문개정 2009.2.6.]

제144조(과태료) ① 다음 각 호의 어느 하나에 해당하는 자에게는 1천만원 이하의 과태료를 부과한다. <개정 2009.12.29.>

1. 제44조의3제2항에 따른 허가를 받지 아니하고 공동구를 점용하거나 사용한 자
2. 정당한 사유 없이 제130조제1항에 따른 행위를 방해하거나 거부한 자
3. 제130조제2항부터 제4항까지의 규정에 따른 허가 또는 동의를 받지 아니하고 같은 조 제1항에 따른 행위를 한 자
4. 제137조제1항에 따른 검사를 거부·방해하거나 기피한 자

② 다음 각 호의 어느 하나에 해당하는 자에게는 500만원 이하의 과태료를 부과한다.

1. 제56조제4항 단서에 따른 신고를 하지 아니한 자
2. 제137조제1항에 따른 보고 또는 자료 제출을 하지 아니하거나, 거짓된 보고 또는 자료 제출을 한 자

③ 제1항과 제2항에 따른 과태료는 대통령령으로 정하는 바에 따라 다음 각 호의 자가 각각 부과·징수한다. <개정 2011.4.14., 2013.3.23.>

1. 제1항제2호·제4호 및 제2항제2호의 경우: 국토교통부장관(제40조에 따른 수산자원보호구역의 경우 해양수산부장관을 말한다), 시·도지사, 시장 또는 군수
2. 제1항제1호·제3호 및 제2항제1호의 경우: 특별시장·광역시장·특별자치시장·특별자치도지사·시장 또는 군수

[전문개정 2009.2.6.]

[시행일:2012.7.1.] 제144조 중 특별자치

시장에 관한 개정규정

부칙

<법률 제15314호, 2017.12.26.>

제1조(시행일) 이 법은 공포 후 1년이 경과한 날부터 시행한다.

제2조(단계별 집행계획의 수립에 관한 적용례) 제85조제1항의 개정규정은 이 법 시행 이후에 도시·군계획시설결정이 고시된 경우부터 적용한다.

제3조(기반시설에 관한 경과조치) ① 이 법 시행 당시 종전의 규정에 따라 도시·군관리계획으로 결정된 운동장은 제2조제6호라목의 개정규정에 따른 체육시설로 결정된 것으로 본다.

② 이 법 시행 당시 종전의 규정에 따라 도시·군관리계획으로 결정된 화장시설, 공동묘지 및 봉안시설은 제2조제6호바목의 개정규정에 따른 장사시설로 결정된 것으로 본다.

③ 이 법 시행 당시 종전의 규정에 따라 도시·군관리계획으로 결정된 폐기물처리시설은 제2조제6호사목에 따른 폐기물처리 및 재활용시설로 결정된 것으로 본다.

국토의 계획 및 이용에 관한 법률 시행령

(약칭: 국토계획법 시행령)

[시행 2018.1.18.]
[대통령령 제28586호, 2018.1.16., 타법개정]

제1장 총칙

제1조(목적) 이 영은「국토의 계획 및 이용에 관한 법률」에서 위임된 사항과 그 시행에 관하여 필요한 사항을 규정함을 목적으로 한다. <개정 2005.9.8.>

제2조(기반시설) ①「국토의 계획 및 이용에 관한 법률」(이하 "법"이라 한다) 제2조제6호 각 목 외의 부분에서 "대통령령으로 정하는 시설"이란 다음 각 호의 시설(당해 시설 그 자체의 기능발휘와 이용을 위하여 필요한 부대시설 및 편익시설을 포함한다)을 말한다. <개정 2005.9.8., 2008.5.26., 2009.11.2., 2013.6.11., 2016.2.11.>

1. 교통시설 : 도로 · 철도 · 항만 · 공항 · 주차장 · 자동차정류장 · 궤도 · 운하, 자동차 및 건설기계검사시설, 자동차 및 건설기계운전학원
2. 공간시설 : 광장 · 공원 · 녹지 · 유원지 · 공공공지
3. 유통 · 공급시설 : 유통업무설비, 수도 · 전기 · 가스 · 열공급설비, 방송 · 통신시설, 공동구 · 시장, 유류저장 및 송유설비
4. 공공 · 문화체육시설 : 학교 · 운동장 · 공공청사 · 문화시설 · 공공필요성이 인정되는 체육시설 · 연구시설 · 사회복지시설 · 공공직업훈련시설 · 청소년수련시설
5. 방재시설 : 하천 · 유수지 · 저수지 · 방화설비 · 방풍설비 · 방수설비 · 사방설비 · 방조설비
6. 보건위생시설 : 화장시설 · 공동묘지 · 봉안시설 · 자연장지 · 장례식장 · 도축장 · 종합의료시설
7. 환경기초시설 : 하수도 · 폐기물처리시설 · 수질오염방지시설 · 폐차장

②제1항에 따른 기반시설중 도로 · 자동차정류장 및 광장은 다음 각 호와 같이 세분할 수 있다. <개정 2008.1.8., 2010.4.29., 2016.5.17.>

1. 도로
   가. 일반도로
   나. 자동차전용도로
   다. 보행자전용도로
   라. 보행자우선도로
   마. 자전거전용도로
   바. 고가도로
   사. 지하도로
2. 자동차정류장
   가. 여객자동차터미널
   나. 화물터미널
   다. 공영차고지
   라. 공동차고지
   마. 화물자동차 휴게소
   바. 복합환승센터
3. 광장
   가. 교통광장
   나. 일반광장
   다. 경관광장
   라. 지하광장
   마. 건축물부설광장

③제1항 및 제2항의 규정에 의한 기반시설의 추가적인 세분 및 구체적인 범위는 국토교통부령으로 정한다. <개정 2008.2.29., 2013.3.23.>

제3조(광역시설) 법 제2조제8호 각 목 외의 부분에서 "대통령령으로 정하는 시설"이란 다음 각 호의 시설을 말한다. <개정 2006.3.23., 2009.8.5., 2012.4.10., 2013.6.11.>

1. 2 이상의 특별시 · 광역시 · 특별자치시 · 특별자치도 · 시 또는 군(광역시의 관할구역 안에 있는 군을 제외한다. 이하 같다. 다만, 제110조 · 제112조 및 제128조에서는 광역시의 관할구역 안에 있는 군을 포함한다)의 관할구역에 걸치는 시설 : 도로 · 철도 · 운하 · 광장 · 녹지, 수도 · 전기 · 가스 · 열공급설비, 방송 · 통신시설, 공동구, 유류저장 및 송유설비, 하천 · 하수도(하수종말처리시설을 제외한다)
2. 2 이상의 특별시 · 광역시 · 특별자치시 · 특별자치도 · 시 또는 군이 공동으로 이용하는 시설 : 항만 · 공항 · 자동차정류장 · 공원 · 유원지 · 유통업무설비 · 운동장 · 문화시설 · 공공필요성이 인정되는 체육시설 · 사

회복지시설 · 공공직업훈련시설 · 청소년수련시설 · 유수지 · 화장장 · 공동묘지 · 봉안시설 · 도축장 · 하수도(하수종말처리시설에 한한다) · 폐기물처리시설 · 수질오염방지시설 · 폐차장

제4조(공공시설) 법 제2조제13호에서 "대통령령으로 정하는 공공용시설"이란 다음 각 호의 시설을 말한다. <개정 2009.8.5., 2011.3.9., 2017.9.19.>
1. 항만 · 공항 · 운하 · 광장 · 녹지 · 공공공지 · 공동구 · 하천 · 유수지 · 방화설비 · 방풍설비 · 방수설비 · 사방설비 · 방조설비 · 하수도 · 구거
2. 행정청이 설치하는 주차장 · 운동장 · 저수지 · 화장장 · 공동묘지 · 봉안시설
3. 「스마트도시의 조성 및 산업진흥 등에 관한 법률」 제2조제3호다목에 따른 시설

제4조의2(기반시설부담구역에 설치가 필요한 기반시설) 법 제2조제19호에서 "도로, 공원, 녹지 등 대통령령으로 정하는 기반시설"이란 다음 각 호의 기반시설(해당 시설의 이용을 위하여 필요한 부대시설 및 편의시설을 포함한다)을 말한다. <개정 2012.4.10.>
1. 도로(인근의 간선도로로부터 기반시설부담구역까지의 진입도로를 포함한다)
2. 공원
3. 녹지
4. 학교(「고등교육법」 제2조에 따른 학교는 제외한다)
5. 수도(인근의 수도로부터 기반시설부담구역까지 연결하는 수도를 포함한다)
6. 하수도(인근의 하수도로부터 기반시설부담구역까지 연결하는 하수도를 포함한다)
7. 폐기물처리시설
8. 그 밖에 특별시장 · 광역시장 · 특별자치시장 · 특별자치도지사 · 시장 또는 군수가 법 제68조제2항 단서에 따른 기반시설부담계획에서 정하는 시설

[본조신설 2008.9.25.]

제4조의3(기반시설을 유발하는 시설의 종류) 법 제2조제20호에서 "단독주택 및 숙박시설 등 대통령령으로 정하는 시설"이란 「건축법 시행령」 별표 1에 따른 용도별 건축물을 말한다. 다만, 별표 1의 건축물은 제외한다.
[본조신설 2008.9.25.]

제4조의4(도시의 지속가능성 및 생활인프라 수준 평가의 기준 · 절차) ① 국토교통부장관은 법 제3조의2제2항에 따른 도시의 지속가능성 및 생활인프라 수준의 평가기준을 정할 때에는 다음 각 호의 구분에 따른 사항을 종합적으로 고려하여야 한다. <개정 2016.5.17.>
1. 지속가능성 평가기준: 토지이용의 효율성, 환경친화성, 생활공간의 안전성 · 쾌적성 · 편의성 등에 관한 사항
2. 생활인프라 평가기준: 보급률 등을 고려한 생활인프라 설치의 적정성, 이용의 용이성 · 접근성 · 편리성 등에 관한 사항

② 국토교통부장관은 법 제3조의2제1항에 따른 평가를 실시하려는 경우 특별시장 · 광역시장 · 특별자치시장 · 특별자치도지사 · 시장 또는 군수에게 해당 지방자치단체의 자체평가를 실시하여 그 결과를 제출하도록 하여야 하며, 제출받은 자체평가 결과를 바탕으로 최종평가를 실시한다. <개정 2016.5.17.>
③ 국토교통부장관은 제2항에 따른 평가결과의 일부 또는 전부를 공개할 수 있으며, 「도시재생 활성화 및 지원에 관한 특별법」 제27조에 따른 도시재생 활성화를 위한 비용의 보조 또는 융자, 「국가균형발전 특별법」 제40조에 따른 포괄보조금의 지원 등에 평가결과를 활용하도록 할 수 있다. <개정 2016.5.17.>
④ 국토교통부장관은 제2항에 따른 평가를 전문기관에 의뢰할 수 있다. <개정 2016.5.17.>
⑤ 제1항부터 제4항까지에서 규정한 평가기준 및 절차 등에 관하여 필요한 세부사항은 국토교통부장관이 정하여 고시한다.
[본조신설 2014.1.14.]
[제목개정 2016.5.17.]

제5조(다른 법률에 의한 토지이용에 관한 구역등의 지정제한 등) ①법 제8조제2항에서 "대통령령으로 정하는 면적"이란 1제곱킬로미터(「도시개발법」에 의한 도시개발구역의 경우에는 5제곱킬로미터)를 말한다. <개정 2005.9.8., 2014.1.14.>
②중앙행정기관의 장 또는 지방자치단체의 장이 법 제8조제2항의 규정에 의하여 국토교통부장관에게 협의 또는 승인을 요청하는 때에는 다음 각호의 서류를 국토교통부장관에게 제출하여야 한다. <개정 2008.2.29., 2013.3.23., 2014.1.14.>
1. 구역등의 지정 또는 변경의 목적 · 필요성

·배경·추진절차 등에 관한 설명서(관계 법령의 규정에 의하여 당해 구역등을 지정 또는 변경할 때 포함되어야 하는 내용을 포함한다)
2. 대상지역과 주변지역의 용도지역·기반시설 등을 표시한 축척 2만5천분의 1의 토지이용현황도
3. 대상지역안에 지정하고자 하는 구역등을 표시한 축척 5천분의 1 내지 2만5천분의 1의 도면
4. 그 밖에 국토교통부령이 정하는 서류

③ 법 제8조제3항에서 "대통령령으로 정하는 면적"이란 5제곱킬로미터[특별시장·광역시장·특별자치시장·도지사·특별자치도지사(이하 "시·도지사"라 한다)가 법 제113조제1항에 따른 시·도도시계획위원회(이하 "시·도도시계획위원회"라 한다)의 심의를 거쳐 구역등을 지정 또는 변경하는 경우에 한정한다]를 말한다. <신설 2014.1.14.>

④ 시장·군수 또는 구청장(자치구의 구청장을 말한다. 이하 같다)이 법 제8조제3항에 따라 시·도지사의 승인을 요청하는 경우에는 제2항 각 호의 서류를 시·도지사에게 제출하여야 한다. <신설 2014.1.14.>

⑤법 제8조제4항제4호에서 "대통령령으로 정하는 범위에서 변경하려는 경우"란 다음 각 호의 어느 하나에 해당하는 경우를 말한다. <개정 2009.8.5., 2014.1.14.>
1. 협의 또는 승인을 얻은 지역·지구·구역 또는 구획 등(이하 "구역등"이라 한다)의 면적의 10퍼센트의 범위안에서 면적을 증감시키는 경우
2. 협의 또는 승인을 얻은 구역등의 면적산정의 착오를 정정하기 위한 경우

제6조(다른 법률에 의한 용도지역 등의 변경 제한) ①법 제9조 각 호 외의 부분 본문에 따라 중앙행정기관의 장 또는 지방자치단체의 장은 용도지역·용도지구·용도구역의 지정 또는 변경에 대한 도시·군관리계획의 결정을 의제하는 계획을 허가·인가·승인 또는 결정하고자 하는 경우에는 미리 다음 각 호의 구분에 따라 법 제106조에 따른 중앙도시계획위원회(이하 "중앙도시계획위원회"라 한다) 또는 법 제113조에 따른 지방도시계획위원회(이하 "지방도시계획위원회"라 한다)의 심의를 받아야 한다. 다만, 법 제8조제4항제1호에 해당하거나 도시·군관리계획의 결정을 의제하는 계획에서 그 계획면적의 5퍼센트 미만을 변경하는 경우에는 그러하지 아니하다. <개정 2004.1.20., 2012.4.10., 2014.1.14.>
1. 중앙도시계획위원회의 심의를 받아야 하는 경우
   가. 중앙행정기관의 장이 30만제곱미터 이상의 용도지역·용도지구 또는 용도구역의 지정 또는 변경에 대한 도시·군관리계획의 결정을 의제하는 계획을 허가·인가·승인 또는 결정하고자 하는 경우
   나. 지방자치단체의 장이 5제곱킬로미터 이상의 용도지역·용도지구 또는 용도구역의 지정 또는 변경에 대한 도시·군관리계획의 결정을 의제하는 계획을 허가·인가·승인 또는 결정하고자 하는 경우
2. 지방도시계획위원회의 심의를 받아야 하는 경우 : 지방자치단체의 장이 30만제곱미터 이상 5제곱킬로미터 미만의 용도지역·용도지구 또는 용도구역의 지정 또는 변경에 대한 도시·군관리계획의 결정을 의제하는 계획을 허가·인가·승인 또는 결정하고자 하는 경우

②중앙행정기관의 장 또는 지방자치단체의 장이 제1항의 규정에 의하여 중앙도시계획위원회 또는 지방도시계획위원회의 심의를 받는 때에는 다음 각호의 서류를 국토교통부장관 또는 당해 지방도시계획위원회가 설치된 지방자치단체의 장에게 제출하여야 한다. <개정 2008.2.29., 2013.3.23.>
1. 계획의 목적·필요성·배경·내용·추진절차 등을 포함한 계획서(관계 법령의 규정에 의하여 당해 계획에 포함되어야 하는 내용을 포함한다)
2. 대상지역과 주변지역의 용도지역·기반시설 등을 표시한 축척 2만5천분의 1의 토지이용현황도
3. 용도지역·용도지구 또는 용도구역의 지정 또는 변경에 대한 내용을 표시한 축척 1천분의 1(도시지역외의 지역은 5천분의 1 이상으로 할 수 있다)의 도면
4. 그 밖에 국토교통부령이 정하는 서류

제2장 광역도시계획

제7조(광역계획권의 지정) ①법 제10조제1항의 규정에 의한 광역계획권은 인접한 2 이상

의 특별시·광역시·특별자치시·특별자치도·시 또는 군의 관할구역 단위로 지정한다. <개정 2012.4.10.>

②국토교통부장관 또는 도지사는 제1항에도 불구하고 인접한 둘 이상의 특별시·광역시·특별자치시·특별자치도·시 또는 군의 관할구역의 일부를 광역계획권에 포함시키고자 하는 때에는 구·군(광역시의 관할구역안에 있는 군을 말한다)·읍 또는 면의 관할구역 단위로 하여야 한다. <개정 2008.2.29., 2009.8.5., 2012.4.10., 2013.3.23.>

제8조 삭제 <2009.8.5.>

제9조(광역도시계획의 내용) 법 제12조제1항 제5호에서 "대통령령이 정하는 사항"이라 함은 다음 각호의 사항을 말한다.

1. 광역계획권의 교통 및 물류유통체계에 관한 사항
2. 광역계획권의 문화·여가공간 및 방재에 관한 사항

제10조(광역도시계획의 수립기준) 국토교통부장관은 법 제12조제2항에 따라 광역도시계획의 수립기준을 정할 때에는 다음 각 호의 사항을 종합적으로 고려하여야 한다. <개정 2008.2.29., 2012.1.6., 2012.4.10., 2013.3.23., 2015.7.6.>

1. 광역계획권의 미래상과 이를 실현할 수 있는 체계화된 전략을 제시하고 국토종합계획 등과 서로 연계되도록 할 것
2. 특별시·광역시·특별자치시·특별자치도·시 또는 군간의 기능분담, 도시의 무질서한 확산방지, 환경보전, 광역시설의 합리적 배치 그 밖에 광역계획권안에서 현안사항이 되고 있는 특정부문 위주로 수립할 수 있도록 할 것
3. 여건변화에 탄력적으로 대응할 수 있도록 포괄적이고 개략적으로 수립하도록 하되, 특정부문 위주로 수립하는 경우에는 도시·군기본계획이나 도시·군관리계획에 명확한 지침을 제시할 수 있도록 구체적으로 수립하도록 할 것
4. 녹지축·생태계·산림·경관 등 양호한 자연환경과 우량농지, 보전목적의 용도지역, 문화재 및 역사문화환경 등을 충분히 고려하여 수립하도록 할 것
5. 부문별 계획은 서로 연계되도록 할 것
6. 「재난 및 안전관리 기본법」 제24조제1항에 따른 시·도안전관리계획 및 같은 법 제25조제1항에 따른 시·군·구안전관리계획과 「자연재해대책법」 제16조제1항에 따른 시·군·구풍수해저감종합계획을 충분히 고려하여 수립하도록 할 것

제11조(광역도시계획의 수립을 위한 기초조사) ①법 제13조제1항에서 "그 밖에 대통령령이 정하는 사항"이라 함은 다음 각호의 사항을 말한다.

1. 기후·지형·자원·생태 등 자연적 여건
2. 기반시설 및 주거수준의 현황과 전망
3. 풍수해·지진 그 밖의 재해의 발생현황 및 추이
4. 광역도시계획과 관련된 다른 계획 및 사업의 내용
5. 그 밖에 광역도시계획의 수립에 필요한 사항

②법 제13조제1항의 규정에 의한 기초조사를 함에 있어서 조사할 사항에 관하여 다른 법령의 규정에 의하여 조사·측량한 자료가 있는 경우에는 이를 활용할 수 있다.

③국토교통부장관, 시·도지사, 시장 또는 군수는 수립된 광역도시계획을 변경하려면 법 제13조제1항에 따른 기초조사사항 중 해당 광역도시계획의 변경에 관하여 필요한 사항을 조사·측량하여야 한다. <개정 2008.2.29., 2009.8.5., 2012.4.10., 2013.3.23., 2014.1.14.>

제12조(광역도시계획의 수립을 위한 공청회) ①국토교통부장관, 시·도지사, 시장 또는 군수는 법 제14조제1항에 따라 공청회를 개최하려면 다음 각 호의 사항을 해당 광역계획권에 속하는 특별시·광역시·특별자치시·특별자치도·시 또는 군의 지역을 주된 보급지역으로 하는 일간신문에 공청회 개최예정일 14일전까지 1회 이상 공고하여야 한다. <개정 2008.2.29., 2009.8.5., 2012.4.10., 2013.3.23.>

1. 공청회의 개최목적
2. 공청회의 개최예정일시 및 장소
3. 수립 또는 변경하고자 하는 광역도시계획의 개요
4. 그 밖에 필요한 사항

②법 제14조제1항의 규정에 의한 공청회는 광역계획권 단위로 개최하되, 필요한 경우에는 광역계획권을 수개의 지역으로 구분하여 개최할 수 있다.

③법 제14조제1항에 따른 공청회는 국토교통부장관, 시·도지사, 시장 또는 군수가 지명하는 사람이 주재한다. <개정 2008.2.29., 2009.8.5., 2013.3.23.>

④제1항부터 제3항까지에서 규정한 사항 외에 공청회의 개최에 관하여 필요한 사항은 그 공청회를 개최하는 주체에 따라 국토교통부장관이 정하거나 특별시·광역시·특별자치시·도·특별자치도(이하 "시·도"라 한다), 시 또는 군의 도시·군계획에 관한 조례(이하 "도시·군계획조례"라 한다)로 정할 수 있다. <개정 2008.2.29., 2009.8.5., 2012.4.10., 2013.3.23.>

제13조(광역도시계획의 승인) ①시·도지사는 법 제16조제1항에 따라 광역도시계획의 승인을 얻고자 하는 때에는 광역도시계획안에 다음 각 호의 서류를 첨부하여 국토교통부장관에게 제출하여야 한다. <개정 2006.3.23., 2008.2.29., 2013.3.23., 2014.1.14.>

1. 기초조사 결과
2. 공청회개최 결과
3. 법 제15조제1항에 따른 관계 시·도의 의회와 관계 시장 또는 군수(광역시의 관할구역 안에 있는 군의 군수를 제외한다. 이하 같다. 다만, 제110조·제112조·제117조·제122조 내지 제124조의3·제127조·제128조 및 제130조에서는 광역시의 관할구역 안에 있는 군의 군수를 포함한다)의 의견청취 결과
4. 시·도도시계획위원회의 자문을 거친 경우에는 그 결과
5. 법 제16조제2항의 규정에 의한 관계 중앙행정기관의 장과의 협의 및 중앙도시계획위원회의 심의에 필요한 서류

②국토교통부장관은 제1항의 규정에 의하여 제출된 광역도시계획안이 법 제12조제2항의 규정에 의한 수립기준 등에 적합하지 아니한 때에는 시·도지사에게 광역도시계획안의 보완을 요청할 수 있다. <개정 2008.2.29., 2013.3.23.>

③법 제16조제4항에 따른 광역도시계획의 공고는 해당 시·도의 공보에, 법 제16조제6항에 따른 광역도시계획의 공고는 해당 시·군의 공보에 게재하는 방법에 의하며, 관계 서류의 열람기간은 30일 이상으로 하여야 한다. <개정 2009.8.5.>

제13조의2(광역도시계획협의회의 구성 및 운영) ① 법 제17조의2에 따른 광역도시계획협의회의 위원은 관계 공무원, 광역도시계획에 관하여 학식과 경험이 있는 사람으로 구성한다.

② 제1항에 따른 광역도시계획협의회의 구성 및 운영에 관한 구체적인 사항은 법 제11조에 따른 광역도시계획 수립권자가 협의하여 정한다.

[본조신설 2009.8.5.]

제3장 도시·군기본계획

<개정 2012.4.10.>

제14조(도시·군기본계획을 수립하지 아니할 수 있는 지역) 법 제18조제1항 단서에서 "대통령령이 정하는 시 또는 군"이라 함은 다음 각호의 1에 해당하는 시 또는 군을 말한다. <개정 2005.9.8.>

1. 「수도권정비계획법」 제2조제1호의 규정에 의한 수도권(이하 "수도권"이라 한다)에 속하지 아니하고 광역시와 경계를 같이하지 아니한 시 또는 군으로서 인구 10만명 이하인 시 또는 군
2. 관할구역 전부에 대하여 광역도시계획이 수립되어 있는 시 또는 군으로서 당해 광역도시계획에 법 제19조제1항 각호의 사항이 모두 포함되어 있는 시 또는 군

[제목개정 2012.4.10.]

제15조(도시·군기본계획의 내용) 법 제19조제1항제10호에서 "그 밖에 대통령령으로 정하는 사항"이란 다음 각 호의 사항으로서 도시·군기본계획의 방향 및 목표 달성과 관련된 사항을 말한다. <개정 2011.7.1., 2012.4.10., 2013.6.11., 2015.7.6.>

1. 도심 및 주거환경의 정비·보전에 관한 사항
2. 다른 법률에 따라 도시·군기본계획에 반영되어야 하는 사항
3. 도시·군기본계획의 시행을 위하여 필요한 재원조달에 관한 사항
4. 그 밖에 법 제22조의2제1항에 따른 도시·군기본계획 승인권자가 필요하다고 인정하는 사항
5. 삭제 <2015.7.6.>
6. 삭제 <2015.7.6.>

7. 삭제 <2015.7.6.>
[제목개정 2012.4.10.]

제16조(도시·군기본계획의 수립기준) 국토교통부장관은 법 제19조제3항에 따라 도시·군기본계획의 수립기준을 정할 때에는 다음 각 호의 사항을 종합적으로 고려하여야 한다. <개정 2008.2.29., 2012.1.6., 2012.4.10., 2013.3.23., 2015.7.6.>
1. 특별시·광역시·특별자치시·특별자치도·시 또는 군의 기본적인 공간구조와 장기발전방향을 제시하는 토지이용·교통·환경 등에 관한 종합계획이 되도록 할 것
2. 여건변화에 탄력적으로 대응할 수 있도록 포괄적이고 개략적으로 수립하도록 할 것
3. 법 제23조의 규정에 의하여 도시·군기본계획을 정비할 때에는 종전의 도시·군기본계획의 내용중 수정이 필요한 부분만을 발췌하여 보완함으로써 계획의 연속성이 유지되도록 할 것
4. 도시와 농어촌 및 산촌지역의 인구밀도, 토지이용의 특성 및 주변환경 등을 종합적으로 고려하여 지역별로 계획의 상세정도를 다르게 하되, 기반시설의 배치계획, 토지용도 등은 도시와 농어촌 및 산촌지역이 서로 연계되도록 할 것
5. 부문별 계획은 법 제19조제1항제1호의 규정에 의한 도시·군기본계획의 방향에 부합하고 도시·군기본계획의 목표를 달성할 수 있는 방안을 제시함으로써 도시·군기본계획의 통일성과 일관성을 유지하도록 할 것
6. 도시지역 등에 위치한 개발가능토지는 단계별로 시차를 두어 개발되도록 할 것
7. 녹지축·생태계·산림·경관 등 양호한 자연환경과 우량농지, 보전목적의 용도지역, 문화재 및 역사문화환경 등을 충분히 고려하여 수립하도록 할 것
8. 법 제19조제1항제8호의 경관에 관한 사항에 대하여는 필요한 경우에는 도시·군기본계획도서의 별책으로 작성할 수 있도록 할 것
9. 「재난 및 안전관리 기본법」 제24조제1항에 따른 시·도안전관리계획 및 같은 법 제25조제1항에 따른 시·군·구안전관리계획과 「자연재해대책법」 제16조제1항에 따른 시·군·구풍수해저감종합계획을 충분히 고려하여 수립하도록 할 것

[제목개정 2012.4.10.]

제16조의2(도시·군기본계획 수립을 위한 기초조사 중 토지적성평가 및 재해취약성분석 면제사유) 법 제20조제3항에서 "도시·군기본계획 입안일부터 5년 이내에 토지적성평가를 실시한 경우 등 대통령령으로 정하는 경우"란 다음 각 호의 구분에 따른 경우를 말한다.
1. 법 제20조제2항에 따른 토지의 적성에 대한 평가(이하 "토지적성평가"라 한다): 다음 각 목의 어느 하나에 해당하는 경우
   가. 도시·군기본계획 입안일부터 5년 이내에 토지적성평가를 실시한 경우
   나. 다른 법률에 따른 지역·지구 등의 지정이나 개발계획 수립 등으로 인하여 도시·군기본계획의 변경이 필요한 경우
2. 법 제20조제2항에 따른 재해 취약성에 관한 분석(이하 "재해취약성분석"이라 한다): 다음 각 목의 어느 하나에 해당하는 경우
   가. 도시·군기본계획 입안일부터 5년 이내에 재해취약성분석을 실시한 경우
   나. 다른 법률에 따른 지역·지구 등의 지정이나 개발계획 수립 등으로 인하여 도시·군기본계획의 변경이 필요한 경우

[본조신설 2015.7.6.]
[종전 제16조의2는 제16조의3으로 이동 <2015.7.6.>]

제16조의3(특별시·광역시·특별자치시·특별자치도 도시·군기본계획의 공고 및 열람) 법 제22조제3항에 따른 특별시·광역시·특별자치시·특별자치도 도시·군기본계획의 공고는 해당 특별시·광역시·특별자치시·특별자치도의 공보에 게재하는 방법으로 하며, 관계 서류의 열람기간은 30일 이상으로 하여야 한다. <개정 2012.4.10.>
[본조신설 2009.8.5.]
[제목개정 2012.4.10.]
[제16조의2에서 이동 <2015.7.6.>]

제17조(시·군 도시·군기본계획의 승인) ① 시장 또는 군수는 법 제22조의2제1항에 따라 도시·군기본계획의 승인을 받으려면 도시·군기본계획안에 다음 각 호의 서류를 첨부하여 도지사에게 제출하여야 한다. <개정 2008.2.29., 2009.8.5., 2012.4.10.>
1. 기초조사 결과

2. 공청회개최 결과
3. 법 제21조에 따른 해당 시·군의 의회의 의견청취 결과
4. 해당 시·군에 설치된 지방도시계획위원회의 자문을 거친 경우에는 그 결과
5. 법 제22조의2제2항에 따른 관계 행정기관의 장과의 협의 및 도의 지방도시계획위원회의 심의에 필요한 서류

②도지사는 제1항에 따라 제출된 도시·군기본계획안이 법 제19조제3항에 따른 수립기준 등에 적합하지 아니한 때에는 시장 또는 군수에게 도시·군기본계획안의 보완을 요청할 수 있다. <개정 2008.2.29., 2009.8.5., 2012.4.10.>

③법 제22조의2제4항에 따른 도시·군기본계획의 공고는 해당 시·군의 공보에 게재하는 방법에 의하며, 관계 서류의 열람기간은 30일 이상으로 하여야 한다. <개정 2009.8.5., 2012.4.10.>

[제목개정 2009.8.5., 2012.4.10.]

제17조의2 삭제 <2012.4.10.>

제4장 도시·군관리계획

<개정 2012.4.10.>

제1절 도시·군관리계획의 수립절차

<개정 2012.4.10.>

제18조(도시·군관리계획도서 및 계획설명서의 작성기준 등) ① 법 제25조제2항의 규정에 의한 도시·군관리계획도서 중 계획도는 축척 1천분의 1 또는 축척 5천분의 1(축척 1천분의 1 또는 축척 5천분의 1의 지형도가 간행되어 있지 아니한 경우에는 축척 2만5천분의 1)의 지형도(수치지형도를 포함한다. 이하 같다)에 도시·군관리계획사항을 명시한 도면으로 작성하여야 한다. 다만, 지형도가 간행되어 있지 아니한 경우에는 해도·해저지형도 등의 도면으로 지형도에 갈음할 수 있다. <개정 2012.4.10.>

② 제1항의 규정에 의한 계획도가 2매 이상인 경우에는 법 제25조제2항의 규정에 의한 계획설명서에 도시·군관리계획총괄도(축척 5만분의 1 이상의 지형도에 주요 도시·군관리계획사항을 명시한 도면을 말한다)를 포함시킬 수 있다. <개정 2012.4.10.>

[제목개정 2012.4.10.]

제19조(도시·군관리계획의 수립기준) 국토교통부장관(법 제40조에 따른 수산자원보호구역의 경우 해양수산부장관을 말한다)은 법 제25조제4항에 따라 도시·군관리계획의 수립기준을 정할 때에는 다음 각 호의 사항을 종합적으로 고려하여야 한다. <개정 2008.2.29., 2008.7.28., 2012.1.6., 2012.4.10., 2013.3.23., 2014.1.14., 2015.7.6.>

1. 광역도시계획 및 도시·군기본계획 등에서 제시한 내용을 수용하고 개별 사업계획과의 관계 및 도시의 성장추세를 고려하여 수립하도록 할 것
2. 도시·군기본계획을 수립하지 아니하는 시·군의 경우 당해 시·군의 장기발전구상 및 법 제19조제1항의 규정에 의한 도시·군기본계획에 포함될 사항중 도시·군관리계획의 원활한 수립을 위하여 필요한 사항이 포함되도록 할 것
3. 도시·군관리계획의 효율적인 운영 등을 위하여 필요한 경우에는 특정지역 또는 특정부문에 한정하여 정비할 수 있도록 할 것
4. 공간구조는 생활권단위로 적정하게 구분하고 생활권별로 생활·편익시설이 고루 갖추어지도록 할 것
5. 도시와 농어촌 및 산촌지역의 인구밀도, 토지이용의 특성 및 주변환경 등을 종합적으로 고려하여 지역별로 계획의 상세정도를 다르게 하되, 기반시설의 배치계획, 토지용도 등은 도시와 농어촌 및 산촌지역이 서로 연계되도록 할 것
6. 토지이용계획을 수립할 때에는 주간 및 야간활동인구 등의 인구규모, 도시의 성장추이를 고려하여 그에 적합한 개발밀도가 되도록 할 것
7. 녹지축·생태계·산림·경관 등 양호한 자연환경과 우량농지, 문화재 및 역사문화환경 등을 고려하여 토지이용계획을 수립하도록 할 것
8. 수도권안의 인구집중유발시설이 수도권외의 지역으로 이전하는 경우 종전의 대지에 대하여는 그 시설의 지방이전이 촉진될 수 있도록 토지이용계획을 수립하도록 할 것
9. 도시·군계획시설은 집행능력을 고려하여 적정한 수준으로 결정하고, 기존 도시·군계획시설은 시설의 설치현황과 관리·운영

상태를 점검하여 규모 등이 불합리하게 결정되었거나 실현가능성이 없는 시설 또는 존치 필요성이 없는 시설은 재검토하여 해제하거나 조정함으로써 토지이용의 활성화를 도모할 것

10. 도시의 개발 또는 기반시설의 설치 등이 환경에 미치는 영향을 미리 검토하는 등 계획과 환경의 유기적 연관성을 높여 건전하고 지속가능한 도시발전을 도모하도록 할 것

11. 「재난 및 안전관리 기본법」 제24조제1항에 따른 시·도안전관리계획 및 같은 법 제25조제1항에 따른 시·군·구안전관리계획과 「자연재해대책법」 제16조제1항에 따른 시·군·구풍수해저감종합계획을 고려하여 재해로 인한 피해가 최소화되도록 할 것

[제목개정 2012.4.10.]

제19조의2(도시·군관리계획 입안의 제안) ① 법 제26조제1항제3호가목에서 "대통령령으로 정하는 개발진흥지구"란 제31조제2항제8호나목에 따른 산업·유통개발진흥지구를 말한다. <개정 2017.12.29.>

② 법 제26조제1항에 따라 도시·군관리계획의 입안을 제안하려는 자는 다음 각 호의 구분에 따라 토지소유자의 동의를 받아야 한다. 이 경우 동의 대상 토지 면적에서 국·공유지는 제외한다.

1. 법 제26조제1항제1호의 사항에 대한 제안의 경우: 대상 토지 면적의 5분의 4 이상
2. 법 제26조제1항제2호 및 제3호의 사항에 대한 제안의 경우: 대상 토지 면적의 3분의 2 이상

③ 법 제26조제4항에 따라 제1항에 따른 산업·유통개발진흥지구의 지정을 제안할 수 있는 대상지역은 다음 각 호의 요건을 모두 갖춘 지역으로 한다. <개정 2016.5.17., 2017.12.29.>

1. 지정 대상 지역의 면적은 1만제곱미터 이상 3만제곱미터 미만일 것
2. 지정 대상 지역이 자연녹지지역·계획관리지역 또는 생산관리지역일 것. 다만, 계획관리지역에 있는 기존 공장의 증축이 필요한 경우로서 해당 공장이 도로·철도·하천·건축물·바다 등으로 둘러싸여 있어 증축을 위해서는 불가피하게 보전관리지역을 포함하여야 하는 경우에는 전체 면적의 20퍼센트 이하의 범위에서 보전관리지역을 포함하되, 다음 각 목의 어느 하나에 해당하는 경우에는 20퍼센트 이상으로 할 수 있다.
   가. 보전관리지역의 해당 토지가 개발행위허가를 받는 등 이미 개발된 토지인 경우
   나. 보전관리지역의 해당 토지를 개발하여도 주변지역의 환경오염·환경훼손 우려가 없는 경우로서 해당 도시계획위원회의 심의를 거친 경우
3. 지정 대상 지역의 전체 면적에서 계획관리지역의 면적이 차지하는 비율이 100분의 50 이상일 것. 이 경우 자연녹지지역 또는 생산관리지역 중 도시·군기본계획에 반영된 지역은 계획관리지역으로 보아 산정한다.
4. 지정 대상 지역의 토지특성이 과도한 개발행위의 방지를 위하여 국토교통부장관이 정하여 고시하는 기준에 적합할 것

④ 법 제26조제4항에 따라 이 조 제1항제3호나목에 따른 도시·군관리계획의 입안을 제안하려는 경우에는 다음 각 호의 요건을 모두 갖추어야 한다. <신설 2017.12.29.>

1. 둘 이상의 용도지구가 중첩하여 지정되어 해당 행위제한의 내용을 정비하거나 통합적으로 관리할 필요가 있는 지역을 대상지역으로 제안할 것
2. 해당 용도지구에 따른 건축물이나 그 밖의 시설의 용도·종류 및 규모 등의 제한을 대체하는 지구단위계획구역의 지정 및 변경과 지구단위계획의 수립 및 변경에 관한 사항을 동시에 제안할 것

⑤ 제1항부터 제4항까지에서 규정한 사항 외에 도시·군관리계획 입안 제안의 세부적인 절차는 국토교통부장관이 정하여 고시한다. <개정 2017.12.29.>

[본조신설 2016.2.11.]

제20조(제안서의 처리절차) ①법 제26조제1항에 따라 도시·군관리계획입안의 제안을 받은 국토교통부장관, 시·도지사, 시장 또는 군수는 제안일부터 45일 이내에 도시·군관리계획입안에의 반영여부를 제안자에게 통보하여야 한다. 다만, 부득이한 사정이 있는 경우에는 1회에 한하여 30일을 연장할 수 있다. <개정 2004.1.20., 2008.2.29., 2011.7.1., 2012.4.10., 2013.3.23.>

②국토교통부장관, 시·도지사, 시장 또는 군수는 법 제26조제1항의 규정에 의한 제안을 도시·군관리계획입안에 반영할 것인지 여부를 결정함에 있어서 필요한 경우에는 중앙도시계획위원회 또는 당해 지방자치단체에 설치된 지방도시계획위원회의 자문을 거칠 수 있다. <개정 2008.2.29., 2012.4.10., 2013.3.23.>

③국토교통부장관, 시·도지사, 시장 또는 군수는 법 제26조제1항의 규정에 의한 제안을 도시·군관리계획입안에 반영하는 경우에는 제안서에 첨부된 도시·군관리계획도서와 계획설명서를 도시·군관리계획의 입안에 활용할 수 있다. <개정 2008.2.29., 2012.4.10., 2013.3.23.>

제21조(도시·군관리계획의 입안을 위한 기초조사 면제사유 등) ① 법 제27조제1항 단서에서 "대통령령으로 정하는 경미한 사항"이란 제25조제3항 각 호 및 같은 조 제4항 각 호의 사항을 말한다.

② 법 제27조제4항에서 "대통령령으로 정하는 요건"이란 다음 각 호의 구분에 따른 요건을 말한다. <개정 2017.9.19., 2017.12.29.>

1. 기초조사를 실시하지 아니할 수 있는 요건: 다음 각 목의 어느 하나에 해당하는 경우
   가. 해당 지구단위계획구역이 도심지(상업지역과 상업지역에 연접한 지역을 말한다)에 위치하는 경우
   나. 해당 지구단위계획구역 안의 나대지면적이 구역면적의 2퍼센트에 미달하는 경우
   다. 해당 지구단위계획구역 또는 도시·군계획시설부지가 다른 법률에 따라 지역·지구 등으로 지정되거나 개발계획이 수립된 경우
   라. 해당 지구단위계획구역의 지정목적이 해당 구역을 정비 또는 관리하고자 하는 경우로서 지구단위계획의 내용에 너비 12미터 이상 도로의 설치계획이 없는 경우
   마. 기존의 용도지구를 폐지하고 지구단위계획을 수립 또는 변경하여 그 용도지구에 따른 건축물이나 그 밖의 시설의 용도·종류 및 규모 등의 제한을 그대로 대체하려는 경우
   바. 해당 도시·군계획시설의 결정을 해제하려는 경우
   사. 그 밖에 국토교통부령으로 정하는 요건에 해당하는 경우
2. 환경성 검토를 실시하지 아니할 수 있는 요건: 다음 각 목의 어느 하나에 해당하는 경우
   가. 제1호가목부터 사목까지의 어느 하나에 해당하는 경우
   나. 「환경영향평가법」 제9조에 따른 전략환경영향평가 대상인 도시·군관리계획을 입안하는 경우
3. 토지적성평가를 실시하지 아니할 수 있는 요건: 다음 각 목의 어느 하나에 해당하는 경우
   가. 제1호가목부터 사목까지의 어느 하나에 해당하는 경우
   나. 도시·군관리계획 입안일부터 5년 이내에 토지적성평가를 실시한 경우
   다. 주거지역·상업지역 또는 공업지역에 도시·군관리계획을 입안하는 경우
   라. 법 또는 다른 법령에 따라 조성된 지역에 도시·군관리계획을 입안하는 경우
   마. 「개발제한구역의 지정 및 관리에 관한 특별조치법 시행령」 제2조제3항제1호·제2호 또는 제6호(같은 항 제1호 또는 제2호에 따른 지역과 연접한 대지로 한정한다)의 지역에 해당하여 개발제한구역에서 조정 또는 해제된 지역에 대하여 도시·군관리계획을 입안하는 경우
   바. 「도시개발법」에 따른 도시개발사업의 경우
   사. 지구단위계획구역 또는 도시·군계획시설부지에서 도시·군관리계획을 입안하는 경우
   아. 다음의 어느 하나에 해당하는 용도지역·용도지구·용도구역의 지정 또는 변경의 경우
      1) 주거지역·상업지역·공업지역 또는 계획관리지역의 그 밖의 용도지역으로의 변경(계획관리지역을 자연녹지지역으로 변경하는 경우는 제외한다)
      2) 주거지역·상업지역·공업지역 또는 계획관리지역 외의 용도지역 상호간의 변경(자연녹지지역으로 변경하는 경우는 제외한다)
      3) 용도지구·용도구역의 지정 또는 변경(개발진흥지구의 지정 또는 확대지정은 제외한다)
   자. 다음의 어느 하나에 해당하는 기반시설을 설치하는 경우
      1) 제55조제1항 각 호에 따른 용도지

역별 개발행위규모에 해당하는 기반시설
2) 도로·철도·궤도·수도·가스 등 선형(線型)으로 된 교통시설 및 공급시설
3) 공간시설(체육공원·묘지공원 및 유원지는 제외한다)
4) 방재시설 및 환경기초시설(폐차장은 제외한다)
5) 개발제한구역 안에 설치하는 기반시설

4. 재해취약성분석을 실시하지 아니할 수 있는 요건: 다음 각 목의 어느 하나에 해당하는 경우
가. 제1호가목부터 사목까지의 어느 하나에 해당하는 경우
나. 도시·군관리계획 입안일부터 5년 이내에 재해취약성분석을 실시한 경우
다. 제3호아목에 해당하는 경우(방재지구의 지정·변경은 제외한다)
라. 다음의 어느 하나에 해당하는 기반시설을 설치하는 경우
1) 제3호자목1)의 기반시설
2) 제3호자목2)의 기반시설(도시지역에서 설치하는 것은 제외한다)
3) 공간시설 중 녹지·공공공지

[전문개정 2015.7.6.]

제22조(주민 및 지방의회의 의견청취) ①법 제28조제1항 단서에서 "대통령령이 정하는 경미한 사항"이라 함은 제25조제3항 각호 및 동조제4항 각호의 사항을 말한다.

②특별시장·광역시장·특별자치시장·특별자치도지사·시장 또는 군수는 법 제28조제4항에 따라 도시·군관리계획의 입안에 관하여 주민의 의견을 청취하고자 하는 때[법 제28조제2항에 따라 국토교통부장관(법 제40조에 따른 수산자원보호구역의 경우 해양수산부장관을 말한다. 이하 이 조에서 같다) 또는 도지사로부터 송부받은 도시·군관리계획안에 대하여 주민의 의견을 청취하고자 하는 때를 포함한다]에는 도시·군관리계획안의 주요내용을 전국 또는 해당 특별시·광역시·특별자치시·특별자치도·시 또는 군의 지역을 주된 보급지역으로 하는 2 이상의 일간신문과 해당 특별시·광역시·특별자치시·특별자치도·시 또는 군의 인터넷 홈페이지 등에 공고하고 도시·군관리계획안을 14일 이상 일반이 열람할 수 있도록 하여야 한다. <개정 2005.9.8., 2008.2.29., 2008.7.28., 2011.7.1., 2012.4.10., 2013.3.23.>

③제2항의 규정에 의하여 공고된 도시·군관리계획안의 내용에 대하여 의견이 있는 자는 열람기간내에 특별시장·광역시장·특별자치시장·특별자치도지사·시장 또는 군수에게 의견서를 제출할 수 있다. <개정 2012.4.10.>

④국토교통부장관, 시·도지사, 시장 또는 군수는 제3항의 규정에 의하여 제출된 의견을 도시·군관리계획안에 반영할 것인지 여부를 검토하여 그 결과를 열람기간이 종료된 날부터 60일 이내에 당해 의견을 제출한 자에게 통보하여야 한다. <개정 2008.2.29., 2012.4.10., 2013.3.23.>

⑤국토교통부장관, 시·도지사, 시장 또는 군수는 제3항의 규정에 의하여 제출된 의견을 도시·군관리계획안에 반영하고자 하는 경우 그 내용이 해당 특별시·광역시·특별자치시·특별자치도·시 또는 군의 도시·군계획조례가 정하는 중요한 사항인 때에는 그 내용을 다시 공고·열람하게 하여 주민의 의견을 들어야 한다. <개정 2008.2.29., 2012.4.10., 2013.3.23.>

⑥제2항 내지 제4항의 규정은 제5항의 규정에 의한 재공고·열람에 관하여 이를 준용한다.

⑦법 제28조제5항에서 "대통령령으로 정하는 사항"이란 다음 각 호의 사항을 말한다. 다만, 제25조제3항 각 호의 사항 및 지구단위계획으로 결정 또는 변경결정하는 사항은 제외한다. <개정 2005.9.8., 2005.11.11., 2009.7.7., 2012.4.10., 2016.5.17., 2016.12.30., 2017.12.29.>

1. 법 제36조부터 제38조까지, 제38조의2, 제39조, 제40조 및 제40조의2에 따른 용도지역·용도지구 또는 용도구역의 지정 또는 변경지정. 다만, 용도지구에 따른 건축물이나 그 밖의 시설의 용도·종류 및 규모 등의 제한을 그대로 지구단위계획으로 대체하기 위한 경우로서 해당 용도지구를 폐지하기 위하여 도시·군관리계획을 결정하는 경우에는 제외한다.
2. 광역도시계획에 포함된 광역시설의 설치·정비 또는 개량에 관한 도시·군관리계획의 결정 또는 변경결정
3. 다음 각 목의 어느 하나에 해당하는 기반시설의 설치·정비 또는 개량에 관한 도시·군관리계획의 결정 또는 변경결정. 다만, 법 제48조제4항에 따른 지방의회의 권고대로 도시·군계획시설결정(도시·군계획시설에 대한 도시·군관리계획결정을 말한다. 이하 같다)을 해제하기 위한 도시·군관리계획을

결정하는 경우는 제외한다.
가. 도로중 주간선도로(시 · 군내 주요지역을 연결하거나 시 · 군 상호간이나 주요지방 상호간을 연결하여 대량통과교통을 처리하는 도로로서 시 · 군의 골격을 형성하는 도로를 말한다. 이하 같다)
나. 철도중 도시철도
다. 자동차정류장중 여객자동차터미널(시외버스운송사업용에 한한다)
라. 공원(「도시공원 및 녹지 등에 관한 법률」에 따른 소공원 및 어린이공원은 제외한다)
마. 유통업무설비
바. 학교중 대학
사. 운동장
아. 삭제 <2005.9.8.>
자. 공공청사중 지방자치단체의 청사
차. 화장장
카. 공동묘지
타. 납골시설
파. 하수도(하수종말처리시설에 한한다)
하. 폐기물처리시설
거. 수질오염방지시설

제23조(도시 · 군관리계획결정의 신청) 시장 또는 군수(법 제29조제2항제2호부터 제4호까지의 어느 하나에 해당하는 도시 · 군관리계획의 결정을 신청하는 경우에는 시 · 도지사를 포함한다)는 법 제29조제1항에 따라 도시 · 군관리계획결정을 신청하려면 법 제25조제2항에 따른 도시 · 군관리계획도서 및 계획설명서에 다음 각 호의 서류를 첨부하여 도지사(법 제29조제2항 제2호 또는 제3호에 해당하는 도시 · 군관리계획의 결정을 신청하는 경우에는 국토교통부장관을 말하며, 법 제29조제2항제4호에 해당하는 도시 · 군관리계획의 결정을 신청하는 경우에는 해양수산부장관을 말한다)에게 제출하여야 한다. 다만, 시장 또는 군수가 국토교통부장관 또는 해양수산부장관에게 도시 · 군관리계획의 결정을 신청하는 경우에는 도지사를 거쳐야 한다. <개정 2008.2.29., 2008.7.28., 2009.8.5., 2012.4.10., 2013.3.23.>
1. 법 제28조제1항의 규정에 의한 주민의 의견청취 결과
2. 법 제28조제5항의 규정에 의한 지방의회의 의견청취 결과
3. 당해 지방자치단체에 설치된 지방도시계획위원회의 자문을 거친 경우에는 그 결과
4. 법 제30조제1항의 규정에 의한 관계 행정기관의 장과의 협의에 필요한 서류(법 제35조제2항의 규정에 의하여 미리 관계 행정기관의 장과 협의한 경우에는 그 결과)
5. 중앙도시계획위원회 또는 시 · 도도시계획위원회의 심의에 필요한 서류

[제목개정 2012.4.10.]

제24조 삭제 <2009.8.5.>

제25조(도시 · 군관리계획의 결정) ①법 제30조제2항에서 "대통령령으로 정하는 중요한 사항에 관한 도시 · 군관리계획"이란 다음 각 호의 어느 하나에 해당하는 도시 · 군관리계획을 말한다. 다만, 제3항 각 호 및 제4항 각 호의 사항과 관계 법령에 따라 국토교통부장관(법 제40조에 따른 수산자원보호구역의 경우 해양수산부장관을 말한다. 이하 이 조에서 같다)과 미리 협의한 사항을 제외한다. <개정 2008.2.29., 2008.7.28., 2010.4.29., 2012.4.10., 2013.3.23.>
1. 광역도시계획과 관련하여 시 · 도지사가 입안한 도시 · 군관리계획
2. 개발제한구역이 해제되는 지역에 대하여 해제 이후 최초로 결정되는 도시 · 군관리계획
3. 2 이상의 시 · 도에 걸치는 기반시설의 설치 · 정비 또는 개량에 관한 도시 · 군관리계획 중 국토교통부령이 정하는 도시 · 군관리계획

②법 제30조제3항 단서 또는 제7항에 따라 건축위원회와 도시계획위원회가 공동으로 지구단위계획을 심의하고자 하는 경우에는 다음 각 호의 기준에 따라 공동위원회를 구성한다. <개정 2012.4.10., 2014.1.14.>
1. 공동위원회의 위원은 건축위원회 및 도시계획위원회의 위원중에서 시 · 도지사 또는 시장 · 군수가 임명 또는 위촉할 것. 이 경우 법 제113조제3항에 따라 지방도시계획위원회에 지구단위계획을 심의하기 위한 분과위원회가 설치되어 있는 경우에는 당해 분과위원회의 위원 전원을 공동위원회의 위원으로 임명 또는 위촉하여야 한다.
2. 공동위원회의 위원 수는 25인 이내로 할 것
3. 공동위원회의 위원중 건축위원회의 위원이 3분의 1 이상이 되도록 할 것
4. 공동위원회의 위원장은 특별시 · 광역시 ·

특별자치시의 경우에는 부시장, 도·특별자치도의 경우에는 부지사, 시의 경우에는 부시장, 군의 경우에는 부군수로 할 것

③다음 각 호의 어느 하나에 해당하는 경우에는 법 제30조제5항 단서에 따라 관계 행정기관의 장과의 협의, 국토교통부장관과의 협의 및 중앙도시계획위원회 또는 지방도시계획위원회의 심의를 거치지 아니하고 도시·군관리계획(지구단위계획은 제외한다)을 변경할 수 있다. <개정 2003.9.29., 2004.1.20., 2005.1.15., 2005.9.8., 2008.2.29., 2008.7.28., 2008.9.25., 2009.7.7., 2010.10.1., 2012.4.10., 2013.3.23., 2015.2.10., 2016.2.11.>

1. 단위 도시·군계획시설부지 면적의 5퍼센트 미만의 변경인 경우. 다만, 다음 각 목의 어느 하나에 해당하는 시설은 해당 각 목의 요건을 충족하는 경우만 해당한다.
   가. 도로: 시점 및 종점이 변경되지 아니하고 중심선이 종전에 결정된 도로의 범위를 벗어나지 아니하는 경우
   나. 공원 및 녹지: 다음의 어느 하나에 해당하는 경우
      1) 면적이 증가되는 경우
      2) 최초 도시·군계획시설 결정 후 변경되는 면적의 합계가 1만제곱미터 미만이고, 최초 도시·군계획시설 결정 당시 부지 면적의 5퍼센트 미만의 범위에서 면적이 감소되는 경우. 다만, 「도시공원 및 녹지 등에 관한 법률」 제35조제1호의 완충녹지(도시지역 외의 지역에서 같은 법을 준용하여 설치하는 경우를 포함한다)인 경우는 제외한다.
2. 지형사정으로 인한 도시·군계획시설의 근소한 위치변경 또는 비탈면 등으로 인한 시설부지의 불가피한 변경인 경우
3. 이미 결정된 도시·군계획시설의 세부시설의 결정 또는 변경인 경우
4. 도시지역의 축소에 따른 용도지역·용도지구·용도구역 또는 지구단위계획구역의 변경인 경우
5. 도시지역외의 지역에서 「농지법」에 의한 농업진흥지역 또는 「산지관리법」에 의한 보전산지를 농림지역으로 결정하는 경우
6. 「자연공원법」에 따른 공원구역, 「수도법」에 의한 상수원보호구역, 「문화재보호법」에 의하여 지정된 지정문화재 또는 천연기념물과 그 보호구역을 자연환경보전지역으로 결정하는 경우

6의2. 다음 각 목에 열거된 도시·군계획시설(제2조제3항에 따라 세분되기 전의 도시·군계획시설을 말한다. 이하 이 호에서 같다) 및 그 부지의 전부 또는 일부를 같은 목에 열거된 다른 도시·군계획시설 및 그 부지로 변경(둘 이상의 도시·군계획시설을 같은 부지에 함께 결정하기 위하여 변경하는 경우를 포함한다)하는 경우
   가. 운동장, 체육시설
   나. 삭제 <2016.2.11.>
   다. 화장시설, 공동묘지, 봉안시설, 자연장지, 장례식장

6의3. 문화시설(제2조제3항에 따라 세분된 문화시설을 말하되, 국토교통부령으로 정하는 시설은 제외한다. 이하 이 호에서 같다) 및 그 부지의 전부 또는 일부를 다른 문화시설 및 그 부지로 변경(둘 이상의 문화시설을 같은 부지에 함께 결정하기 위하여 변경하는 경우를 포함한다)하는 경우

7. 그 밖에 국토교통부령(법 제40조에 따른 수산자원보호구역의 경우 해양수산부령을 말한다.)이 정하는 경미한 사항의 변경인 경우

④지구단위계획중 다음 각 호의 어느 하나에 해당하는 경우에는 법 제30조제5항 단서에 따라 관계 행정기관의 장과의 협의, 국토교통부장관과의 협의 및 중앙도시계획위원회·지방도시계획위원회 또는 제2항에 따른 공동위원회의 심의를 거치지 아니하고 지구단위계획을 변경할 수 있다. 다만, 제14호에 해당하는 경우에는 공동위원회의 심의를 거쳐야 한다. <개정 2004.1.20., 2005.1.15., 2008.1.8., 2008.2.29., 2012.4.10., 2013.3.23., 2013.6.11., 2014.1.14., 2014.11.11., 2015.7.6., 2016.1.22., 2016.5.17., 2016.12.30.>

1. 지구단위계획으로 결정한 용도지역·용도지구 또는 도시·군계획시설에 대한 변경결정으로서 제3항 각호의 1에 해당하는 변경인 경우
2. 가구(제42조의3제2항제4호에 따른 별도의 구역을 포함한다. 이하 이 항에서 같다)면적의 10퍼센트 이내의 변경인 경우
3. 획지면적의 30퍼센트 이내의 변경인 경우
4. 건축물높이의 20퍼센트 이내의 변경인 경우(층수변경이 수반되는 경우를 포함한다)
5. 제46조제7항제2호 각목의 1에 해당하는 획지의 규모 및 조성계획의 변경인 경우
6. 건축선의 1미터 이내의 변경인 경우
7. 건축선 또는 차량출입구의 변경으로서 「도시교통정비 촉진법」 제17조 또는 제18조에 따른 교통영향평가서의 심의를 거

쳐 결정된 경우
8. 건축물의 배치·형태 또는 색채의 변경인 경우
9. 지구단위계획에서 경미한 사항으로 결정된 사항의 변경인 경우. 다만, 용도지역·용도지구·도시·군계획시설·가구면적·획지면적·건축물높이 또는 건축선의 변경에 해당하는 사항을 제외한다.
10. 법률 제6655호 국토의계획및이용에관한법률 부칙 제17조제2항의 규정에 의하여 제2종지구단위계획으로 보는 개발계획에서 정한 건폐율 또는 용적률을 감소시키거나 10퍼센트 이내에서 증가시키는 경우(증가시키는 경우에는 제47조제1항의 규정에 의한 건폐율·용적률의 한도를 초과하는 경우를 제외한다)
11. 지구단위계획구역 면적의 10퍼센트(용도지역 변경을 포함하는 경우에는 5퍼센트를 말한다) 이내의 변경 및 동 변경지역안에서의 지구단위계획의 변경
12. 국토교통부령으로 정하는 경미한 사항의 변경인 경우
13. 그 밖에 제1호부터 제12호까지와 유사한 사항으로서 도시·군계획조례로 정하는 사항의 변경인 경우
14. 「건축법」 등 다른 법령의 규정에 따른 건폐율 또는 용적률 완화 내용을 반영하기 위하여 지구단위계획을 변경하는 경우

⑤법 제30조제6항 및 제7항에 따른 도시·군관리계획결정의 고시는 국토교통부장관이 하는 경우에는 관보에, 시·도지사 또는 시장·군수가 하는 경우에는 해당 시·도 또는 시·군의 공보에 다음 각 호의 사항을 게재하는 방법에 의한다. <개정 2008.2.29., 2009.8.5., 2010.4.29., 2012.4.10., 2013.3.23., 2014.1.14.>
1. 법 제2조제4호 각 목의 어느 하나에 해당하는 계획이라는 취지
2. 위치
3. 면적 또는 규모
4. 그 밖에 국토교통부령이 정하는 사항

⑥특별시장 또는 광역시장·특별자치시장·특별자치도지사는 다른 특별시·광역시·특별자치시·특별자치도·시 또는 군의 관할구역이 포함된 도시·군관리계획결정을 고시하는 때에는 당해 특별시장·광역시장·특별자치시장·특별자치도지사·시장 또는 군수에게 관계서류를 송부하여야 한다. <개정 2012.4.10.>
[제목개정 2012.4.10.]

제26조(시행중인 공사에 대한 특례) ①시가화조정구역 또는 수산자원보호구역의 지정에 관한 도시·군관리계획의 결정 당시 이미 사업 또는 공사에 착수한 자는 당해 사업 또는 공사를 계속하고자 하는 때에는 법 제31조제2항 단서의 규정에 의하여 시가화조정구역 또는 수산자원보호구역의 지정에 관한 도시·군관리계획결정의 고시일부터 3월 이내에 그 사업 또는 공사의 내용을 관할 특별시장·광역시장·특별자치시장·특별자치도지사·시장 또는 군수에게 신고하여야 한다. <개정 2012.4.10.>

②제1항의 규정에 의하여 신고한 행위가 건축물의 건축을 목적으로 하는 토지의 형질변경인 경우 당해 건축물을 건축하고자 하는 자는 토지의 형질변경에 관한 공사를 완료한 후 3월 이내에 건축허가를 신청하는 때에는 당해 건축물을 건축할 수 있다.

③건축물의 건축을 목적으로 하는 토지의 형질변경에 관한 공사를 완료한 후 1년 이내에 제1항의 규정에 의한 도시·군관리계획결정의 고시가 있는 경우 당해 건축물을 건축하고자 하는 자는 당해 도시·군관리계획결정의 고시일부터 6월 이내에 건축허가를 신청하는 때에는 당해 건축물을 건축할 수 있다. <개정 2012.4.10.>

제27조(지형도면의 승인 기간) 법 제32조제2항 후단에서 "대통령령으로 정하는 기간"이란 30일 이내를 말한다.
[전문개정 2014.1.14.]

제28조 삭제 <2014.1.14.>

제29조(도시·군관리계획의 정비) ① 특별시장·광역시장·특별자치시장·특별자치도지사·시장 또는 군수는 법 제34조제1항에 따라 도시·군관리계획을 정비하는 경우에는 다음 각 호의 사항을 검토하여 그 결과를 도시·군관리계획입안에 반영하여야 한다. <개정 2012.4.10., 2014.1.14., 2015.12.15., 2016.12.30., 2017.9.19., 2017.12.29.>
1. 도시·군계획시설 설치에 관한 도시·군관리계획: 다음 각 목의 사항
   가. 도시·군계획시설결정의 고시일부터 3년 이내에 해당 도시·군계획시설의 설치에 관한 도시·군계획시설사업의 전

부 또는 일부가 시행되지 아니한 경우 해당 도시·군계획시설결정의 타당성
나. 도시·군계획시설결정에 따라 설치된 시설 중 여건 변화 등으로 존치 필요성이 없는 도시·군계획시설에 대한 해제 여부
2. 용도지구 지정에 관한 도시·군관리계획: 다음 각 목의 사항
가. 지정목적을 달성하거나 여건 변화 등으로 존치 필요성이 없는 용도지구에 대한 변경 또는 해제 여부
나. 해당 용도지구와 중첩하여 지구단위계획구역이 지정되어 지구단위계획이 수립되거나 다른 법률에 따른 지역·지구 등이 지정된 경우 해당 용도지구의 변경 및 해제 여부 등을 포함한 용도지구 존치의 타당성
다. 둘 이상의 용도지구가 중첩하여 지정되어 있는 경우 용도지구의 지정 목적, 여건 변화 등을 고려할 때 해당 용도지구를 법 제52조제1항제1호의2에 규정된 사항을 내용으로 하는 지구단위계획으로 대체할 필요성이 있는지 여부

② 특별시장·광역시장·특별자치시장·특별자치도지사·시장 또는 군수는 법 제34조제2항에 따라 도시·군관리계획을 정비하는 경우에는 다음 각 호의 기준에 따라야 한다. <신설 2015.12.15.>
1. 도시·군관리계획을 정비하여야 하는 도시·군계획시설(이하 "정비대상시설"이라 한다)은 도시·군계획시설결정 고시일부터 10년이 지난 시설로서 그 시설의 설치에 관한 사업이 시행되지 아니한 도시·군계획시설로 한다. 다만, 정비대상시설에 인접하여 함께 검토가 요구되는 경우 등 필요한 경우에는 도시·군계획시설결정 고시일부터 10년이 지나지 아니한 시설도 포함할 수 있다.
2. 정비대상시설에 대한 정비의 기준은 다음 각 목과 같다.
가. 정비대상시설 중 도시·군계획시설사업을 시행할 경우 법적·기술적·환경적인 문제가 발생하여 사업시행이 곤란한 시설은 우선해제대상인 도시·군계획시설로 분류할 것
나. 가목에 따라 우선해제대상으로 분류된 도시·군계획시설을 제외한 정비대상시설에 대해서는 존치 필요성과 집행능력 등을 검토하여 해제대상 또는 조정대상으로 분류할 것
다. 가목 또는 나목에 따라 우선해제대상 또는 해제대상으로 분류된 도시·군계획시설에 대해서는 해제를 위한 도시·군관리계획을 입안하고, 나목에 따라 조정대상으로 분류된 도시·군계획시설에 대해서는 법 제85조에 따른 단계별 집행계획을 수립하거나 재수립하여 도시·군관리계획에 반영할 것

③법 제18조제1항 단서의 규정에 의하여 도시·군기본계획을 수립하지 아니하는 시·군의 시장·군수는 법 제34조의 규정에 의하여 도시·군관리계획을 정비하는 때에는 법 제25조제2항의 규정에 의한 계획설명서에 당해 시·군의 장기발전구상을 포함시켜야 하며, 공청회를 개최하여 이에 관한 주민의 의견을 들어야 한다. <개정 2012.4.10., 2015.12.15.>
④제12조의 규정은 제2항의 공청회에 관하여 이를 준용한다. <개정 2015.12.15.>
[제목개정 2012.4.10.]

제2절 용도지역·용도지구·용도구역

제30조(용도지역의 세분) 국토교통부장관, 시·도지사 또는 「지방자치법」 제175조에 따른 서울특별시·광역시 및 특별자치시를 제외한 인구 50만 이상 대도시(이하 "대도시"라 한다)의 시장(이하 "대도시 시장"이라 한다)은 법 제36조제2항에 따라 도시·군관리계획결정으로 주거지역·상업지역·공업지역 및 녹지지역을 다음 각 호와 같이 세분하여 지정할 수 있다. <개정 2008.2.29., 2009.8.5., 2012.4.10., 2013.3.23., 2014.1.14.>
1. 주거지역
가. 전용주거지역 : 양호한 주거환경을 보호하기 위하여 필요한 지역
(1) 제1종전용주거지역 : 단독주택 중심의 양호한 주거환경을 보호하기 위하여 필요한 지역
(2) 제2종전용주거지역 : 공동주택 중심의 양호한 주거환경을 보호하기 위하여 필요한 지역
나. 일반주거지역 : 편리한 주거환경을 조성하기 위하여 필요한 지역
(1) 제1종일반주거지역 : 저층주택을 중심으로 편리한 주거환경을 조성하기 위하여 필요한 지역
(2) 제2종일반주거지역 : 중층주택을

중심으로 편리한 주거환경을 조성하기 위하여 필요한 지역
(3) 제3종일반주거지역 : 중고층주택을 중심으로 편리한 주거환경을 조성하기 위하여 필요한 지역
다. 준주거지역 : 주거기능을 위주로 이를 지원하는 일부 상업기능 및 업무기능을 보완하기 위하여 필요한 지역
2. 상업지역
가. 중심상업지역 : 도심·부도심의 상업기능 및 업무기능의 확충을 위하여 필요한 지역
나. 일반상업지역 : 일반적인 상업기능 및 업무기능을 담당하게 하기 위하여 필요한 지역
다. 근린상업지역 : 근린지역에서의 일용품 및 서비스의 공급을 위하여 필요한 지역
라. 유통상업지역 : 도시내 및 지역간 유통기능의 증진을 위하여 필요한 지역
3. 공업지역
가. 전용공업지역 : 주로 중화학공업, 공해성 공업 등을 수용하기 위하여 필요한 지역
나. 일반공업지역 : 환경을 저해하지 아니하는 공업의 배치를 위하여 필요한 지역
다. 준공업지역 : 경공업 그 밖의 공업을 수용하되, 주거기능·상업기능 및 업무기능의 보완이 필요한 지역
4. 녹지지역
가. 보전녹지지역 : 도시의 자연환경·경관·산림 및 녹지공간을 보전할 필요가 있는 지역
나. 생산녹지지역 : 주로 농업적 생산을 위하여 개발을 유보할 필요가 있는 지역
다. 자연녹지지역 : 도시의 녹지공간의 확보, 도시확산의 방지, 장래 도시용지의 공급 등을 위하여 보전할 필요가 있는 지역으로서 불가피한 경우에 한하여 제한적인 개발이 허용되는 지역

제31조(용도지구의 지정) ① 법 제37조제1항제5호에서 "항만, 공항 등 대통령령으로 정하는 시설물"이란 항만, 공항, 공용시설(공공업무시설, 공공필요성이 인정되는 문화시설·집회시설·운동시설 및 그 밖에 이와 유사한 시설로서 도시·군계획조례로 정하는 시설을 말한다), 교정시설·군사시설을 말한다. <신설 2017.12.29.>

② 국토교통부장관, 시·도지사 또는 대도시 시장은 법 제37조제2항에 따라 도시·군관리계획결정으로 경관지구·방재지구·보호지구·취락지구 및 개발진흥지구를 다음 각 호와 같이 세분하여 지정할 수 있다. <개정 2005.1.15., 2005.9.8., 2008.2.29., 2009.8.5., 2012.4.10., 2013.3.23., 2014.1.14., 2017.12.29.>
1. 경관지구
가. 자연경관지구 : 산지·구릉지 등 자연경관을 보호하거나 유지하기 위하여 필요한 지구
나. 시가지경관지구 : 지역 내 주거지, 중심지 등 시가지의 경관을 보호 또는 유지하거나 형성하기 위하여 필요한 지구
다. 특화경관지구 : 지역 내 주요 수계의 수변 또는 문화적 보존가치가 큰 건축물 주변의 경관 등 특별한 경관을 보호 또는 유지하거나 형성하기 위하여 필요한 지구
2. 삭제 <2017.12.29.>
3. 삭제 <2017.12.29.>
4. 방재지구
가. 시가지방재지구: 건축물·인구가 밀집되어 있는 지역으로서 시설 개선 등을 통하여 재해 예방이 필요한 지구
나. 자연방재지구: 토지의 이용도가 낮은 해안변, 하천변, 급경사지 주변 등의 지역으로서 건축 제한 등을 통하여 재해 예방이 필요한 지구
5. 보호지구
가. 역사문화환경보호지구 : 문화재·전통사찰 등 역사·문화적으로 보존가치가 큰 시설 및 지역의 보호와 보존을 위하여 필요한 지구
나. 중요시설물보호지구 : 중요시설물(제1항에 따른 시설물을 말한다. 이하 같다)의 보호와 기능의 유지 및 증진 등을 위하여 필요한 지구
다. 생태계보호지구 : 야생동식물서식처 등 생태적으로 보존가치가 큰 지역의 보호와 보존을 위하여 필요한 지구
6. 삭제 <2017.12.29.>
7. 취락지구
가. 자연취락지구 : 녹지지역·관리지역·농림지역 또는 자연환경보전지역안의 취락을 정비하기 위하여 필요한 지구
나. 집단취락지구 : 개발제한구역안의 취

락을 정비하기 위하여 필요한 지구
8. 개발진흥지구
   가. 주거개발진흥지구 : 주거기능을 중심으로 개발·정비할 필요가 있는 지구
   나. 산업·유통개발진흥지구 : 공업기능 및 유통·물류기능을 중심으로 개발·정비할 필요가 있는 지구
   다. 삭제 <2012.4.10.>
   라. 관광·휴양개발진흥지구 : 관광·휴양기능을 중심으로 개발·정비할 필요가 있는 지구
   마. 복합개발진흥지구 : 주거기능, 공업기능, 유통·물류기능 및 관광·휴양기능중 2 이상의 기능을 중심으로 개발·정비할 필요가 있는 지구
   바. 특정개발진흥지구 : 주거기능, 공업기능, 유통·물류기능 및 관광·휴양기능 외의 기능을 중심으로 특정한 목적을 위하여 개발·정비할 필요가 있는 지구

③ 시·도지사 또는 대도시 시장은 지역여건상 필요한 때에는 해당 시·도 또는 대도시의 도시·군계획조례로 정하는 바에 따라 제2항제1호에 따른 경관지구를 추가적으로 세분(특화경관지구의 세분을 포함한다)하거나 제2항제5호나목에 따른 중요시설물보호지구 및 법 제37조제1항제8호에 따른 특정용도제한지구를 세분하여 지정할 수 있다. <개정 2009.8.5., 2012.4.10., 2017.12.29.>

④ 법 제37조제3항에 따라 시·도 또는 대도시의 도시·군계획조례로 같은 조 제1항 각 호에 따른 용도지구외의 용도지구를 정할 때에는 다음 각호의 기준을 따라야 한다. <개정 2011.3.9., 2012.4.10., 2016.12.30.>
1. 용도지구의 신설은 법에서 정하고 있는 용도지역·용도지구·용도구역·지구단위계획구역 또는 다른 법률에 따른 지역·지구만으로는 효율적인 토지이용을 달성할 수 없는 부득이한 사유가 있는 경우에 한할 것
2. 용도지구안에서의 행위제한은 그 용도지구의 지정목적 달성에 필요한 최소한도에 그치도록 할 것
3. 당해 용도지역 또는 용도구역의 행위제한을 완화하는 용도지구를 신설하지 아니할 것

⑤ 법 제37조제4항에서 "연안침식이 진행 중이거나 우려되는 지역 등 대통령령으로 정하는 지역"이란 다음 각 호의 어느 하나에 해당하는 지역을 말한다. <신설 2014.1.14.>
1. 연안침식으로 인하여 심각한 피해가 발생하거나 발생할 우려가 있어 이를 특별히 관리할 필요가 있는 지역으로서 「연안관리법」 제20조의2에 따른 연안침식관리구역으로 지정된 지역(같은 법 제2조제3호의 연안육역에 한정한다)
2. 풍수해, 산사태 등의 동일한 재해가 최근 10년 이내 2회 이상 발생하여 인명 피해를 입은 지역으로서 향후 동일한 재해 발생 시 상당한 피해가 우려되는 지역

⑥ 법 제37조제5항에서 "대통령령으로 정하는 주거지역·공업지역·관리지역"이란 다음 각 호의 어느 하나에 해당하는 용도지역을 말한다. <개정 2017.12.29.>
1. 일반주거지역
2. 일반공업지역
3. 계획관리지역

⑦ 시·도지사 또는 대도시 시장은 법 제37조제5항에 따라 복합용도지구를 지정하는 경우에는 다음 각 호의 기준을 따라야 한다. <신설 2017.12.29.>
1. 용도지역의 변경 시 기반시설이 부족해지는 등의 문제가 우려되어 해당 용도지역의 건축제한만을 완화하는 것이 적합한 경우에 지정할 것
2. 간선도로의 교차지(交叉地), 대중교통의 결절지(結節地) 등 토지이용 및 교통 여건의 변화가 큰 지역 또는 용도지역 간의 경계지역, 가로변 등 토지를 효율적으로 활용할 필요가 있는 지역에 지정할 것
3. 용도지역의 지정목적이 크게 저해되지 아니하도록 해당 용도지역 전체 면적의 3분의 1 이하의 범위에서 지정할 것
4. 그 밖에 해당 지역의 체계적·계획적인 개발 및 관리를 위하여 지정 대상지가 국토교통부장관이 정하여 고시하는 기준에 적합할 것

제31조(용도지구의 지정) ① 법 제37조제1항제5호에서 "항만, 공항 등 대통령령으로 정하는 시설물"이란 항만, 공항, 공용시설(공공업무시설, 공공필요성이 인정되는 문화시설·집회시설·운동시설 및 그 밖에 이와 유사한 시설로서 도시·군계획조례로 정하는 시설을 말한다), 교정시설·군사시설을 말한다. <신설 2017.12.29.>

② 국토교통부장관, 시·도지사 또는 대도시 시장은 법 제37조제2항에 따라 도시·군관

리계획결정으로 경관지구·방재지구·보호지구·취락지구 및 개발진흥지구를 다음 각 호와 같이 세분하여 지정할 수 있다. <개정 2005.1.15., 2005.9.8., 2008.2.29., 2009.8.5., 2012.4.10., 2013.3.23., 2014.1.14., 2017.12.29.>

1. 경관지구
   가. 자연경관지구 : 산지·구릉지 등 자연경관을 보호하거나 유지하기 위하여 필요한 지구
   나. 시가지경관지구 : 지역 내 주거지, 중심지 등 시가지의 경관을 보호 또는 유지하거나 형성하기 위하여 필요한 지구
   다. 특화경관지구 : 지역 내 주요 수계의 수변 또는 문화적 보존가치가 큰 건축물 주변의 경관 등 특별한 경관을 보호 또는 유지하거나 형성하기 위하여 필요한 지구
2. 삭제 <2017.12.29.>
3. 삭제 <2017.12.29.>
4. 방재지구
   가. 시가지방재지구: 건축물·인구가 밀집되어 있는 지역으로서 시설 개선 등을 통하여 재해 예방이 필요한 지구
   나. 자연방재지구: 토지의 이용도가 낮은 해안변, 하천변, 급경사지 주변 등의 지역으로서 건축 제한 등을 통하여 재해 예방이 필요한 지구
5. 보호지구
   가. 역사문화환경보호지구 : 문화재·전통사찰 등 역사·문화적으로 보존가치가 큰 시설 및 지역의 보호와 보존을 위하여 필요한 지구
   나. 중요시설물보호지구 : 중요시설물(제1항에 따른 시설물을 말한다. 이하 같다)의 보호와 기능의 유지 및 증진 등을 위하여 필요한 지구
   다. 생태계보호지구 : 야생동식물서식처 등 생태적으로 보존가치가 큰 지역의 보호와 보존을 위하여 필요한 지구
6. 삭제 <2017.12.29.>
7. 취락지구
   가. 자연취락지구 : 녹지지역·관리지역·농림지역 또는 자연환경보전지역안의 취락을 정비하기 위하여 필요한 지구
   나. 집단취락지구 : 개발제한구역안의 취락을 정비하기 위하여 필요한 지구
8. 개발진흥지구
   가. 주거개발진흥지구 : 주거기능을 중심으로 개발·정비할 필요가 있는 지구
   나. 산업·유통개발진흥지구 : 공업기능 및 유통·물류기능을 중심으로 개발·정비할 필요가 있는 지구
   다. 삭제 <2012.4.10.>
   라. 관광·휴양개발진흥지구 : 관광·휴양기능을 중심으로 개발·정비할 필요가 있는 지구
   마. 복합개발진흥지구 : 주거기능, 공업기능, 유통·물류기능 및 관광·휴양기능중 2 이상의 기능을 중심으로 개발·정비할 필요가 있는 지구
   바. 특정개발진흥지구 : 주거기능, 공업기능, 유통·물류기능 및 관광·휴양기능 외의 기능을 중심으로 특정한 목적을 위하여 개발·정비할 필요가 있는 지구

③ 시·도지사 또는 대도시 시장은 지역여건상 필요한 때에는 해당 시·도 또는 대도시의 도시·군계획조례로 정하는 바에 따라 제2항제1호에 따른 경관지구를 추가적으로 세분(특화경관지구의 세분을 포함한다)하거나 제2항제5호나목에 따른 중요시설물보호지구 및 법 제37조제1항제8호에 따른 특정용도제한지구를 세분하여 지정할 수 있다. <개정 2009.8.5., 2012.4.10., 2017.12.29.>

④ 법 제37조제3항에 따라 시·도 또는 대도시의 도시·군계획조례로 같은 조 제1항 각 호에 따른 용도지구외의 용도지구를 정할 때에는 다음 각호의 기준을 따라야 한다. <개정 2011.3.9., 2012.4.10., 2016.12.30.>

1. 용도지구의 신설은 법에서 정하고 있는 용도지역·용도지구·용도구역·지구단위계획구역 또는 다른 법률에 따른 지역·지구만으로는 효율적인 토지이용을 달성할 수 없는 부득이한 사유가 있는 경우에 한할 것
2. 용도지구안에서의 행위제한은 그 용도지구의 지정목적 달성에 필요한 최소한도에 그치도록 할 것
3. 당해 용도지역 또는 용도구역의 행위제한을 완화하는 용도지구를 신설하지 아니할 것

⑤ 법 제37조제4항에서 "연안침식이 진행 중이거나 우려되는 지역 등 대통령령으로 정하는 지역"이란 다음 각 호의 어느 하나에 해당하는 지역을 말한다. <신설 2014.1.14.>

1. 연안침식으로 인하여 심각한 피해가 발생하거나 발생할 우려가 있어 이를 특별히 관리할 필요가 있는 지역으로서 「연안관리법」 제20조의2에 따른 연안침식관리구역으로 지정된 지역(같은 법 제2조제3호의 연안육역에 한정한다)

2. 풍수해, 산사태 등의 동일한 재해가 최근 10년 이내 2회 이상 발생하여 인명 피해를 입은 지역으로서 향후 동일한 재해 발생 시 상당한 피해가 우려되는 지역

⑥ 법 제37조제5항에서 "대통령령으로 정하는 주거지역·공업지역·관리지역"이란 다음 각 호의 어느 하나에 해당하는 용도지역을 말한다. <개정 2017.12.29.>

1. 일반주거지역
2. 일반공업지역
3. 계획관리지역

⑦ 시·도지사 또는 대도시 시장은 법 제37조제5항에 따라 복합용도지구를 지정하는 경우에는 다음 각 호의 기준을 따라야 한다. <신설 2017.12.29.>

1. 용도지역의 변경 시 기반시설이 부족해지는 등의 문제가 우려되어 해당 용도지역의 건축제한만을 완화하는 것이 적합한 경우에 지정할 것
2. 간선도로의 교차지(交叉地), 대중교통의 결절지(結節地) 등 토지이용 및 교통 여건의 변화가 큰 지역 또는 용도지역 간의 경계지역, 가로변 등 토지를 효율적으로 활용할 필요가 있는 지역에 지정할 것
3. 용도지역의 지정목적이 크게 저해되지 아니하도록 해당 용도지역 전체 면적의 3분의 1 이하의 범위에서 지정할 것
4. 그 밖에 해당 지역의 체계적·계획적인 개발 및 관리를 위하여 지정 대상지가 국토교통부장관이 정하여 고시하는 기준에 적합할 것

[시행일 : 2018.4.19.] 제31조

제32조(시가화조정구역의 지정) ①법 제39조제1항 본문에서 "대통령령으로 정하는 기간"이란 5년 이상 20년 이내의 기간을 말한다. <개정 2014.1.14.>

②국토교통부장관 또는 시·도지사는 법 제39조제1항에 따라 시가화조정구역을 지정 또는 변경하고자 하는 때에는 당해 도시지역과 그 주변지역의 인구의 동태, 토지의 이용상황, 산업발전상황 등을 고려하여 도시·군관리계획으로 시가화유보기간을 정하여야 한다. <개정 2008.2.29., 2012.4.10., 2013.3.23., 2014.1.14.>

③법 제39조제2항 후단에 따른 시가화조정구역지정의 실효고시는 실효일자 및 실효사유와 실효된 도시·군관리계획의 내용을 국토교통부장관이 하는 경우에는 관보에, 시·도지사가 하는 경우에는 해당 시·도의 공보에 게재하는 방법에 의한다. <개정 2012.4.10., 2014.1.14.>

제33조(공유수면매립지에 관한 용도지역의 지정) ① 법 제41조제1항 전단 및 동조제2항에서 "용도지역"이라 함은 법 제6조 각 호의 규정에 의한 용도지역을 말한다.

② 법 제41조제1항 후단의 규정에 의한 고시는 당해 시·도의 공보에 게재하는 방법에 의한다.

제34조(용도지역 환원의 고시) 법 제42조제4항 후단의 규정에 의한 용도지역 환원의 고시는 환원일자 및 환원사유와 용도지역이 환원된 도시·군관리계획의 내용을 당해 시·도의 공보에 게재하는 방법에 의한다. <개정 2012.4.10.>

제3절 도시·군계획시설

<개정 2012.4.10.>

제35조(도시·군계획시설의 설치·관리) ①법 제43조제1항 단서에서 "대통령령으로 정하는 경우"란 다음 각 호의 경우를 말한다. <개정 2005.9.8., 2005.11.11., 2008.2.29., 2009.11.2., 2013.3.23., 2013.6.11., 2015.7.6., 2016.2.11., 2016.12.30.>

1. 도시지역 또는 지구단위계획구역에서 다음 각 목의 기반시설을 설치하고자 하는 경우
   가. 주차장, 자동차 및 건설기계검사시설, 자동차 및 건설기계운전학원, 공공공지, 열공급설비, 방송·통신시설, 시장·공공청사·문화시설·공공필요성이 인정되는 체육시설·연구시설·사회복지시설·공공직업 훈련시설·청소년수련시설·저수지·방화설비·방풍설비·방수설비·사방설비·방조설비·장례식장·종합의료시설·폐차장
   나. 「도시공원 및 녹지 등에 관한 법률」의 규정에 의하여 점용허가대상이 되는 공원안의 기반시설
   다. 그 밖에 국토교통부령으로 정하는 시설
2. 도시지역 및 지구단위계획구역외의 지역에서 다음 각목의 기반시설을 설치하

고자 하는 경우
가. 제1호 가목 및 나목의 기반시설
나. 궤도 및 전기공급설비
다. 그 밖에 국토교통부령이 정하는 시설
② 법 제43조제3항의 규정에 의하여 국가가 관리하는 도시·군계획시설은 「국유재산법」 제2조제11호에 따른 중앙관서의 장이 관리한다. <개정 2005.9.8., 2009.7.27., 2011.4.1., 2012.4.10.>
[제목개정 2012.4.10.]

제35조의2(공동구의 설치) ① 법 제44조제1항 각 호 외의 부분에서 "대통령령으로 정하는 규모"란 200만제곱미터를 말한다.
② 법 제44조제1항제5호에서 "대통령령으로 정하는 지역"이란 다음 각 호의 지역을 말한다. <개정 2014.4.29., 2015.12.28.>
1. 「공공주택 특별법」 제2조제2호에 따른 공공주택지구
2. 「도청이전을 위한 도시건설 및 지원에 관한 특별법」 제2조제3호에 따른 도청이전신도시
[본조신설 2010.7.9.]

제35조의3(공동구에 수용하여야 하는 시설) 공동구가 설치된 경우에는 법 제44조제3항에 따라 제1호부터 제6호까지의 시설을 공동구에 수용하여야 하며, 제7호 및 제8호의 시설은 법 제44조의2제4항에 따른 공동구협의회(이하 "공동구협의회"라 한다)의 심의를 거쳐 수용할 수 있다.
1. 전선로
2. 통신선로
3. 수도관
4. 열수송관
5. 중수도관
6. 쓰레기수송관
7. 가스관
8. 하수도관, 그 밖의 시설
[본조신설 2010.7.9.]

제36조(공동구의 설치에 대한 의견 청취) ① 법 제44조제1항에 따른 개발사업의 시행자(이하 이 조, 제37조, 제38조 및 제39조의2에서"사업시행자"라 한다)는 공동구를 설치하기 전에 다음 각 호의 사항을 정하여 공동구에 수용되어야 할 시설을 설치하기 위하여 공동구를 점용하려는 자(이하 "공동구 점용예정자"라 한다)에게 미리 통지하여야 한다.
1. 공동구의 위치
2. 공동구의 구조
3. 공동구 점용예정자의 명세
4. 공동구 점용예정자별 점용예정부문의 개요
5. 공동구의 설치에 필요한 비용과 그 비용의 분담에 관한 사항
6. 공사 착수 예정일 및 공사 준공 예정일
② 제1항에 따라 공동구의 설치에 관한 통지를 받은 공동구 점용예정자는 사업시행자가 정한 기한까지 해당 시설을 개별적으로 매설할 때 필요한 비용 등을 포함한 의견서를 제출하여야 한다.
③ 사업시행자가 제2항에 따른 의견서를 받은 때에는 공동구의 설치계획 등에 대하여 공동구협의회의 심의를 거쳐 그 결과를 법 제44조제1항에 따른 개발사업의 실시계획인가(실시계획승인, 사업시행인가 및 지구계획승인을 포함한다. 이하 제38조제3항에서 "개발사업의 실시계획인가등"이라 한다) 신청서에 반영하여야 한다.
[전문개정 2010.7.9.]

제37조(공동구에의 수용) ① 사업시행자는 공동구의 설치공사를 완료한 때에는 지체 없이 다음 각 호의 사항을 공동구 점용예정자에게 개별적으로 통지하여야 한다. <개정 2010.7.9.>
1. 공동구에 수용될 시설의 점용공사 기간
2. 공동구 설치위치 및 설계도면
3. 공동구에 수용할 수 있는 시설의 종류
4. 공동구 점용공사 시 고려할 사항
②공동구 점용예정자는 제1항제1호에 따른 점용공사 기간 내에 공동구에 수용될 시설을 공동구에 수용하여야 한다. 다만, 그 기간 내에 점용공사를 완료하지 못하는 특별한 사정이 있어서 미리 사업시행자와 협의한 경우에는 그러하지 아니하다. <개정 2010.7.9.>
③공동구 점용예정자는 공동구에 수용될 시설을 공동구에 수용함으로써 용도가 폐지된 종래의 시설은 사업시행자가 지정하는 기간 내에 철거하여야 하고, 도로는 원상으로 회복하여야 한다. <개정 2010.7.9.>

제38조(공동구의 설치비용 등) ①법 제44조제5항 전단에 따른 공동구의 설치에 필요한 비용은 다음 각 호와 같다. 다만, 법 제44조제6항에 따른 보조금이 있는 때에는 그 보조금의

금액을 공제하여야 한다. <개정 2010.7.9.>
1. 설치공사의 비용
2. 내부공사의 비용
3. 설치를 위한 측량·설계비용
4. 공동구의 설치로 인하여 보상의 필요가 있는 때에는 그 보상비용
5. 공동구부대시설의 설치비용
6. 법 제44조제6항에 따른 융자금이 있는 경우에는 그 이자에 해당하는 금액

② 법 제44조제5항 후단에 따라 공동구 점용예정자가 부담하여야 하는 공동구 설치비용은 해당 시설을 개별적으로 매설할 때 필요한 비용으로 하되, 특별시장·광역시장·특별자치시장·특별자치도지사·시장 또는 군수(이하 제39조 및 제39조의3에서 "공동구관리자"라 한다)가 공동구협의회의 심의를 거쳐 해당 공동구의 위치, 규모 및 주변 여건 등을 고려하여 정한다. <개정 2010.7.9., 2012.4.10.>

③사업시행자는 공동구의 설치가 포함되는 개발사업의 실시계획인가등이 있은 후 지체 없이 공동구 점용예정자에게 제1항 및 제2항에 따라 산정된 부담금의 납부를 통지하여야 한다. <개정 2010.7.9.>

④제3항에 따른 부담금의 납부통지를 받은 공동구 점용예정자는 공동구설치공사가 착수되기 전에 부담액의 3분의 1 이상을 납부하여야 하며, 그 나머지 금액은 제37조제1항제1호에 따른 점용공사기간 만료일(만료일전에 공사가 완료된 경우에는 그 공사의 완료일을 말한다) 전까지 납부하여야 한다. <개정 2010.7.9.>

제39조(공동구의 관리·운영 등) ① 법 제44조의2제1항 단서에서 "대통령령으로 정하는 기관"이란 다음 각 호의 어느 하나에 해당하는 기관을 말한다. <개정 2012.4.10., 2018.1.16.>
1. 「지방공기업법」 제49조 또는 제76조에 따른 지방공사 또는 지방공단
2. 「시설물의 안전 및 유지관리에 관한 특별법」 제45조에 따른 한국시설안전공단
3. 공동구의 관리·운영에 전문성을 갖춘 기관으로서 특별시·광역시·특별자치시·특별자치도·시 또는 군의 도시·군계획 조례로 정하는 기관

② 법 제44조의2제2항에 따른 공동구의 안전 및 유지관리계획에는 다음 각 호의 사항이 모두 포함되어야 한다.
1. 공동구의 안전 및 유지관리를 위한 조직·인원 및 장비의 확보에 관한 사항
2. 긴급상황 발생 시 조치체계에 관한 사항
3. 법 제44조의2제3항에 따른 안전점검 또는 정밀안전진단의 실시계획에 관한 사항
4. 해당 공동구의 설계, 시공, 감리 및 유지관리 등에 관련된 설계도서의 수집·보관에 관한 사항
5. 그 밖에 공동구의 안전 및 유지관리에 필요한 사항

③ 공동구관리자가 법 제44조의2제2항에 따른 공동구의 안전 및 유지관리계획을 수립하거나 변경하려면 미리 관계 행정기관의 장과 협의한 후 공동구협의회의 심의를 거쳐야 한다.

④ 공동구관리자가 제3항에 따라 공동구의 안전 및 유지관리계획을 수립하거나 변경한 경우에는 관계 행정기관의 장에게 관계 서류를 송부하여야 한다.

⑤ 공동구관리자는 법 제44조의2제3항에 따라 「시설물의 안전 및 유지관리에 관한 특별법」 제11조 및 제12조에 따른 안전점검 및 정밀안전진단을 실시하여야 한다. <개정 2017.9.19., 2018.1.16.>
[전문개정 2010.7.9.]

제39조의2(공동구협의회의 구성 및 운영 등) ① 법 제44조의2제4항에 따라 공동구협의회가 심의하거나 자문에 응하는 사항은 다음 각 호와 같다.
1. 법 제44조제4항에 따른 공동구 설치 계획 등에 관한 사항의 심의
2. 법 제44조제5항에 따른 공동구 설치비용 및 법 제44조의3제1항에 따른 관리비용의 분담 등에 관한 사항의 심의
3. 법 제44조의2제2항에 따른 공동구의 안전 및 유지관리계획 등에 관한 사항의 심의
4. 법 제44조의3제2항 및 제3항에 따른 공동구 점용·사용의 허가 및 비용부담 등에 관한 사항의 심의
5. 그 밖에 공동구 설치·관리에 관한 사항의 심의 또는 자문

② 공동구협의회는 위원장 및 부위원장 각 1명을 포함한 10명 이상 20명 이하의 위원으로 구성한다.

③ 공동구협의회의 위원장은 특별시·광역시·특별자치시·특별자치도·시 또는 군의 부시장·부지사 또는 부군수가 되며, 부위원장은 위

원 중에서 호선한다. 다만, 둘 이상의 특별시·광역시·특별자치시·특별자치도·시 또는 군에 공동으로 설치하는 공동구협의회의 위원장은 해당 특별시장·광역시장·특별자치시장·특별자치도지사·시장 또는 군수가 협의하여 정한다. <개정 2012.4.10.>

④ 공동구협의회의 위원은 다음 각 호의 어느 하나에 해당하는 사람 중에서 특별시장·광역시장·특별자치시장·특별자치도지사·시장 또는 군수가 임명하거나 위촉하되, 둘 이상의 특별시·광역시·특별자치시·특별자치도·시 또는 군에 공동으로 설치하는 공동구협의회의 위원은 해당 특별시장·광역시장·특별자치시장·특별자치도지사·시장 또는 군수가 협의하여 임명하거나 위촉한다. 이 경우 제5호에 해당하는 위원의 수는 전체 위원의 2분의 1 이상이어야 한다. <개정 2012.4.10.>

1. 해당 지방자치단체의 공무원
2. 관할 소방관서의 공무원
3. 사업시행자의 소속 직원
4. 공동구 점용예정자의 소속 직원
5. 공동구의 구조안전 또는 방재업무에 관한 학식과 경험이 있는 사람

⑤ 제4항제5호에 해당하는 위원의 임기는 2년으로 한다. 다만, 위원의 사임 등으로 인하여 새로 위촉된 위원의 임기는 전임 위원 임기의 남은 기간으로 한다.

⑥ 제2항부터 제5항까지에서 규정한 사항 외에 공동구협의회의 구성·운영에 필요한 사항은 특별시·광역시·특별자치시·특별자치도·시 또는 군의 도시·군계획조례로 정한다. <개정 2012.4.10.>

[본조신설 2010.7.9.]

제39조의3(공동구의 관리비용) 공동구관리자는 법 제44조의3제1항에 따른 공동구의 관리에 드는 비용을 연 2회로 분할하여 납부하게 하여야 한다.

[본조신설 2010.7.9.]

제40조(광역시설의 설치에 따른 지원 등) 지방자치단체는 법 제45조제4항의 규정에 의하여 광역시설을 다른 지방자치단체의 관할구역에 설치하고자 하는 경우에는 다음 각호의 1에 해당하는 사업을 당해 지방자치단체와 함께 시행하거나 이에 필요한 자금 등을 지원하여야 한다. <개정 2016.2.11.>

1. 환경오염의 방지를 위한 사업 : 녹지·하수도 또는 폐기물처리시설의 설치사업과 대기오염·수질오염·악취·소음 및 진동방지사업 등
2. 지역주민의 편익을 위한 사업 : 도로·공원·수도공급설비·문화시설·사회복지시설·노인정·하수도·종합의료시설 등의 설치사업 등

제41조(도시·군계획시설부지의 매수청구) ① 법 제47조제1항의 규정에 의하여 토지의 매수를 청구하고자 하는 자는 국토교통부령이 정하는 도시·군계획시설부지매수청구서(전자문서로 된 청구서를 포함한다)에 대상토지 및 건물에 대한 등기사항증명서를 첨부하여 법 제47조제1항 각호외의 부분 단서의 규정에 의한 매수의무자에게 제출하여야 한다. 다만, 매수의무자는 「전자정부법」 제36조제1항에 따른 행정정보의 공동이용을 통하여 대상토지 및 건물에 대한 등기부 등본을 확인할 수 있는 경우에는 그 확인으로 첨부서류를 갈음하여야 한다. <개정 2004.3.17., 2005.9.8., 2008.2.29., 2010.5.4., 2010.11.2., 2012.4.10., 2013.3.23.>

②법 제47조제2항제2호의 규정에 의한 부재부동산소유자의 토지의 범위에 관하여는 「공익사업을 위한 토지 등의 취득 및 손실보상에 관한 법률 시행령」 제26조의 규정을 준용한다. 이 경우 "사업인정고시일"은 각각 "매수청구일"로 본다. <개정 2005.9.8.>

③법 제47조제2항제2호의 규정에 의한 비업무용토지의 범위에 관하여는 「법인세법 시행령」 제49조제1항제1호의 규정을 준용한다. <개정 2005.9.8.>

④법 제47조제2항제2호에서 "대통령령이 정하는 일정금액"이라 함은 3천만원을 말한다.

⑤법 제47조제7항 각 호 외의 부분 전단에서 "대통령령으로 정하는 건축물 또는 공작물"이란 다음 각 호의 것을 말한다. 다만, 다음 각 호에 규정된 범위에서 특별시·광역시·특별자치시·특별자치도·시 또는 군의 도시·군계획조례로 따로 허용범위를 정하는 경우에는 그에 따른다. <개정 2005.9.8., 2009.7.7., 2009.7.16., 2012.4.10., 2014.3.24.>

1. 「건축법 시행령」 별표 1 제1호 가목의 단독주택으로서 3층 이하인 것
2. 「건축법 시행령」 별표 1 제3호의 제1종근린생활시설로서 3층 이하인 것

2의2. 「건축법 시행령」 별표 1 제4호의 제

2종 근린생활시설(같은 호 거목, 더목 및 러목은 제외한다)로서 3층 이하인 것
3. 공작물
[제목개정 2012.4.10.]

제42조(도시·군계획시설결정의 실효고시 및 해제권고) ①법 제48조제2항에 따른 도시·군계획시설결정의 실효고시는 국토교통부장관이 하는 경우에는 관보에, 시·도지사 또는 대도시 시장이 하는 경우에는 해당 시·도 또는 대도시의 공보에 실효일자 및 실효사유와 실효된 도시·군계획의 내용을 게재하는 방법에 따른다. <개정 2008.2.29., 2009.8.5., 2012.4.10., 2013.3.23.>

② 특별시장·광역시장·특별자치시장·특별자치도지사·시장 또는 군수(이하 이 조에서 "지방자치단체의 장"이라 한다)는 법 제48조제3항에 따라 도시·군계획시설결정이 고시된 도시·군계획시설 중 설치할 필요성이 없어진 도시·군계획시설 또는 그 고시일부터 10년이 지날 때까지 해당 시설의 설치에 관한 도시·군계획시설사업이 시행되지 아니한 도시·군계획시설(이하 이 조에서 "장기미집행 도시·군계획시설등"이라 한다)에 대하여 다음 각 호의 사항을 매년 해당 지방의회의 「지방자치법」 제44조 및 제45조에 따른 정례회 또는 임시회의 기간 중에 보고하여야 한다. 이 경우 지방자치단체의 장이 필요하다고 인정하는 경우에는 해당 지방자치단체에 소속된 지방도시계획위원회의 자문을 거치거나 관계 행정기관의 장과 미리 협의를 거칠 수 있다. <신설 2012.4.10., 2014.11.11.>

1. 장기미집행 도시·군계획시설등의 전체 현황(시설의 종류, 면적 및 설치비용 등을 말한다)
2. 장기미집행 도시·군계획시설등의 명칭, 고시일 또는 변경고시일, 위치, 규모, 미집행 사유, 단계별 집행계획, 개략 도면, 현황 사진 또는 항공사진 및 해당 시설의 해제에 관한 의견
3. 그 밖에 지방의회의 심의·의결에 필요한 사항

③ 지방자치단체의 장은 제2항에 따라 지방의회에 보고한 장기미집행 도시·군계획시설등 중 도시·군계획시설결정이 해제되지 아니한 장기미집행 도시·군계획시설등에 대하여 최초로 지방의회에 보고한 때부터 2년마다 지방의회에 보고하여야 한다. 이 경우 지방의회의 보고에 관하여는 제2항을 준용한다. <신설 2012.4.10., 2014.11.11.>

④ 지방의회는 법 제48조제4항에 따라 장기미집행 도시·군계획시설등에 대하여 해제를 권고하는 경우에는 제2항 또는 제3항에 따른 보고가 지방의회에 접수된 날부터 90일 이내에 해제를 권고하는 서면(도시·군계획시설의 명칭, 위치, 규모 및 해제사유 등이 포함되어야 한다)을 지방자치단체의 장에게 보내야 한다. <신설 2012.4.10.>

⑤ 제4항에 따라 장기미집행 도시·군계획시설등의 해제를 권고받은 지방자체단체의 장은 상위계획과의 연관성, 단계별 집행계획, 교통, 환경 및 주민 의사 등을 고려하여 해제할 수 없다고 인정하는 특별한 사유가 있는 경우를 제외하고는 법 제48조제5항에 따라 해당 장기미집행 도시·군계획시설등의 해제권고를 받은 날부터 1년 이내에 해제를 위한 도시·군관리계획을 결정하여야 한다. 이 경우 지방자치단체의 장은 지방의회에 해제할 수 없다고 인정하는 특별한 사유를 해제권고를 받은 날부터 6개월 이내에 소명하여야 한다. <신설 2012.4.10.>

⑥ 제5항에도 불구하고 시장 또는 군수는 법 제24조제6항에 따라 도지사가 결정한 도시·군관리계획의 해제가 필요한 경우에는 도지사에게 그 결정을 신청하여야 한다. <신설 2012.4.10.>

⑦ 제6항에 따라 도시·군계획시설결정의 해제를 신청받은 도지사는 특별한 사유가 없으면 신청을 받은 날부터 1년 이내에 해당 도시·군계획시설의 해제를 위한 도시·군관리계획결정을 하여야 한다. <신설 2012.4.10.>
[제목개정 2012.4.10.]

제42조의2(도시·군계획시설결정의 해제 신청 등) ① 토지의 소유자는 법 제48조의2제1항에 따라 도시·군계획시설결정의 해제를 위한 도시·군관리계획 입안을 신청하려는 경우에는 다음 각 호의 사항이 포함된 신청서를 해당 도시·군계획시설에 대한 도시·군관리계획 입안권자(이하 이 조에서 "입안권자"라 한다)에게 제출하여야 한다.

1. 해당 도시·군계획시설부지 내 신청인 소유의 토지(이하 이 조에서 "신청토지"라 한다) 현황
2. 해당 도시·군계획시설의 개요
3. 해당 도시·군계획시설결정의 해제를 위한 도시·군관리계획 입안(이하 이 조에서 "해제입안"이라 한다) 신청 사유

② 법 제48조의2제2항에서 "해당 도시·군계획시설결정의 실효 시까지 설치하기로 집행계획을 수립하는 등 대통령령으로 정하는 특별한 사유"란 다음 각 호의 어느 하나에 해당하는 경우를 말한다.

1. 해당 도시·군계획시설결정의 실효 시까지 해당 도시·군계획시설을 설치하기로 집행계획을 수립하거나 변경하는 경우
2. 해당 도시·군계획시설에 대하여 법 제88조에 따른 실시계획이 인가된 경우
3. 해당 도시·군계획시설에 대하여 「공익사업을 위한 토지 등의 취득 및 보상에 관한 법률」 제15조에 따른 보상계획이 공고된 경우(토지 소유자 및 관계인에게 각각 통지하였으나 같은 조 제1항 단서에 따라 공고를 생략한 경우를 포함한다)
4. 신청토지 전부가 포함된 일단의 토지에 대하여 「공익사업을 위한 토지 등의 취득 및 보상에 관한 법률」 제4조제8호의 공익사업을 시행하기 위한 지역·지구 등의 지정 또는 사업계획 승인 등의 절차가 진행 중이거나 완료된 경우
5. 해당 도시·군계획시설결정의 해제를 위한 도시·군관리계획 변경절차가 진행 중인 경우

③ 법 제48조의2제3항에서 "해당 도시·군계획시설결정의 해제를 위한 도시·군관리계획이 입안되지 아니하는 등 대통령령으로 정하는 사항에 해당하는 경우"란 다음 각 호의 어느 하나에 해당하는 경우를 말한다.

1. 입안권자가 제2항 각 호의 어느 하나에 해당하지 아니하는 사유로 법 제48조의2제2항에 따라 해제입안을 하지 아니하기로 정하여 신청인에게 통지한 경우
2. 입안권자가 법 제48조의2제2항에 따라 해제입안을 하기로 정하여 신청인에게 통지하고 해제입안을 하였으나 해당 도시·군계획시설에 대한 도시·군관리계획 결정권자(이하 이 조에서 "결정권자"라 한다)가 법 제30조에 따른 도시·군관리계획 결정절차를 거쳐 신청토지의 전부 또는 일부를 해제하지 아니하기로 결정한 경우(제2항제5호를 사유로 해제입안을 하지 아니하는 것으로 통지되었으나 도시·군관리계획 변경절차를 진행한 결과 신청토지의 전부 또는 일부를 해제하지 아니하기로 결정한 경우를 포함한다)

④ 법 제48조의2제5항에서 "해당 도시·군계획시설결정이 해제되지 아니하는 등 대통령령으로 정하는 사항에 해당하는 경우"란 다음 각 호의 어느 하나에 해당하는 경우를 말한다.

1. 결정권자가 법 제48조의2제4항에 따라 해당 도시·군계획시설결정의 해제를 하지 아니하기로 정하여 신청인에게 통지한 경우
2. 결정권자가 법 제48조의2제4항에 따라 해당 도시·군계획시설결정의 해제를 하기로 정하여 신청인에게 통지하였으나 법 제30조에 따른 도시·군관리계획 결정절차를 거쳐 신청토지의 전부 또는 일부를 해제하지 아니하기로 결정한 경우

⑤ 국토교통부장관은 법 제48조의2제5항에 따라 해제 심사 신청을 받은 경우에는 입안권자 및 결정권자에게 해제 심사를 위한 관련 서류 등을 제출할 것을 요구할 수 있다.

⑥ 국토교통부장관은 법 제48조의2제6항에 따라 해제를 권고하려는 경우에는 중앙도시계획위원회의 심의를 거쳐야 한다.

⑦ 입안권자가 법 제48조의2제2항·제4항 또는 제7항에 따라 해제입안을 하기 위하여 법 제28조제5항에 따라 해당 지방의회에 의견을 요청한 경우 지방의회는 요청받은 날부터 60일 이내에 의견을 제출하여야 한다. 이 경우 60일 이내에 의견이 제출되지 아니한 경우에는 의견이 없는 것으로 본다.

⑧ 법 제48조의2제2항·제4항 또는 제7항에 따른 도시·군계획시설결정의 해제결정(해제를 하지 아니하기로 결정하는 것을 포함한다. 이하 이 조에서 같다)은 다음 각 호의 구분에 따른 날부터 6개월(제9항 본문에 따라 결정하는 경우에는 2개월) 이내에 이행되어야 한다. 다만, 관계 법률에 따른 별도의 협의가 필요한 경우 그 협의에 필요한 기간은 기간 계산에서 제외한다.

1. 법 제48조의2제2항에 따라 해당 도시·군계획시설결정의 해제입안을 하기로 통지한 경우: 같은 항에 따라 입안권자가 신청인에게 입안하기로 통지한 날
2. 법 제48조의2제4항에 따라 해당 도시·군계획시설결정을 해제하기로 통지한 경우: 같은 항에 따라 결정권자가 신청인에게 해제하기로 통지한 날
3. 법 제48조의2제7항에 따라 해당 도시·군계획시설결정을 해제할 것을 권고받은 경우: 같은 조 제6항에 따라 결정권자가 해제권고를 받은 날

⑨ 결정권자는 법 제48조의2제4항 또는 제7항에 따라 해당 도시·군계획시설결정의 해제결정을 하는 경우로서 이전 단계에서 법 제30조에 따른 도시·군관리계획 결정절차

를 거친 경우에는 법 제30조에도 불구하고 해당 지방도시계획위원회의 심의만을 거쳐 도시·군계획시설결정의 해제결정을 할 수 있다. 다만, 결정권자가 입안 내용의 변경이 필요하다고 판단하는 경우에는 그러하지 아니하다.

⑩ 제1항부터 제9항까지에서 규정한 사항 외에 도시·군계획시설결정의 해제를 위한 도시·군관리계획의 입안·해제절차 및 기한 등에 필요한 세부적인 사항은 국토교통부장관이 정한다.

[본조신설 2016.12.30.]

[종전 제42조의2는 제42조의3으로 이동 <2016.12.30.>]

제42조의3(지구단위계획의 수립) ① 법 제49조제1항제4호에서 "대통령령으로 정하는 사항"이란 다음 각 호의 사항을 말한다.

1. 지역 공동체의 활성화
2. 안전하고 지속가능한 생활권의 조성
3. 해당 지역 및 인근 지역의 토지 이용을 고려한 토지이용계획과 건축계획의 조화

② 국토교통부장관은 법 제49조제2항에 따라 지구단위계획의 수립기준을 정할 때에는 다음 각 호의 사항을 고려하여야 한다. <개정 2013.3.23., 2013.6.11., 2014.1.14., 2015.7.6., 2016.5.17., 2016.8.31., 2017.12.29.>

1. 개발제한구역에 지구단위계획을 수립할 때에는 개발제한구역의 지정 목적이나 주변환경이 훼손되지 아니하도록 하고, 「개발제한구역의 지정 및 관리에 관한 특별조치법」을 우선하여 적용할 것

1의2. 보전관리지역에 지구단위계획을 수립할 때에는 제44조제1항제1호의2 각 목 외의 부분 후단에 따른 경우를 제외하고는 녹지 또는 공원으로 계획하는 등 환경 훼손을 최소화할 것

1의3. 「문화재보호법」 제13조에 따른 역사문화환경 보존지역에서 지구단위계획을 수립하는 경우에는 문화재 및 역사문화환경과 조화되도록 할 것

2. 지구단위계획구역에서 원활한 교통소통을 위하여 필요한 경우에는 지구단위계획으로 건축물부설주차장을 해당 건축물의 대지가 속하여 있는 가구에서 해당 건축물의 대지 바깥에 단독 또는 공동으로 설치하게 할 수 있도록 할 것. 이 경우 대지 바깥에 공동으로 설치하는 건축물부설주차장의 위치 및 규모 등은 지구단위계획으로 정한다.
3. 제2호에 따라 대지 바깥에 설치하는 건축물부설주차장의 출입구는 간선도로변에 두지 아니하도록 할 것. 다만, 특별시장·광역시장·특별자치시장·특별자치도지사·시장 또는 군수가 해당 지구단위계획구역의 교통소통에 관한 계획 등을 고려하여 교통소통에 지장이 없다고 인정하는 경우에는 그러하지 아니하다.
4. 지구단위계획구역에서 공공사업의 시행, 대형건축물의 건축 또는 2필지 이상의 토지소유자의 공동개발 등을 위하여 필요한 경우에는 특정 부분을 별도의 구역으로 지정하여 계획의 상세 정도 등을 따로 정할 수 있도록 할 것
5. 지구단위계획구역의 지정 목적, 향후 예상되는 여건변화, 지구단위계획구역의 관리 방안 등을 고려하여 제25조제4항제8호에 따른 경미한 사항을 정하는 것이 필요한지를 검토하여 지구단위계획에 반영하도록 할 것
6. 지구단위계획의 내용 중 기존의 용도지역 또는 용도지구를 용적률이 높은 용도지역 또는 용도지구로 변경하는 사항이 포함되어 있는 경우 변경되는 구역의 용적률은 기존의 용도지역 또는 용도지구의 용적률을 적용하되, 공공시설부지의 제공현황 등을 고려하여 용적률을 완화할 수 있도록 계획할 것
7. 제46조 및 제47조에 따른 건폐율·용적률 등의 완화 범위를 포함하여 지구단위계획을 수립하도록 할 것
8. 법 제51조제1항제8호의2에 해당하는 도시지역 내 주거·상업·업무 등의 기능을 결합하는 복합적 토지 이용의 증진이 필요한 지역은 지정 목적을 복합용도개발형으로 구분하되, 3개 이상의 중심기능을 포함하여야 하고 중심기능 중 어느 하나에 집중되지 아니하도록 계획할 것
9. 법 제51조제2항제1호의 지역에 수립하는 지구단위계획의 내용 중 법 제52조제1항제1호 및 같은 항 제4호(건축물의 용도제한은 제외한다)의 사항은 해당 지역에 시행된 사업이 끝난 때의 내용을 유지함을 원칙으로 할 것
10. 도시지역 외의 지역에 지정하는 지구단위계획구역은 해당 구역의 중심기능에 따라 주거형, 산업·유통형, 관광·휴양형 또는

복합형 등으로 지정 목적을 구분할 것
11. 도시지역 외의 지구단위계획구역에서 건축할 수 있는 건축물의 용도·종류 및 규모 등은 해당 구역의 중심기능과 유사한 도시지역의 용도지역별 건축제한 등을 고려하여 지구단위계획으로 정할 것
12. 제45조제2항 후단에 따라 용적률이 높아지거나 건축제한이 완화되는 용도지역으로 변경되는 경우 또는 법 제43조에 따른 도시·군계획시설 결정의 변경 등으로 행위제한이 완화되는 사항이 포함되어 있는 경우에는 해당 지구단위계획구역 내 기반시설의 부지를 제공하거나 기반시설을 설치하여 제공하는 것을 고려하여 용적률 또는 건축제한을 완화할 수 있도록 계획할 것. 이 경우 기반시설의 부지를 제공하거나 기반시설을 설치하는 비용은 용도지역의 변경으로 인한 용적률의 증가 및 건축제한의 변경에 따른 토지가치 상승분(「감정평가 및 감정평가사에 관한 법률」에 따른 감정평가업자가 평가한 금액을 말한다)의 범위로 한다.
13. 제12호는 해당 지구단위계획구역 안의 기반시설이 충분할 때에는 해당 지구단위계획구역 밖의 관할 시·군·구에 지정된 고도지구, 역사문화환경보호지구, 방재지구 또는 기반시설이 취약한 지역으로서 시·도 또는 대도시의 도시·군계획조례로 정하는 지역에 기반시설을 설치하거나 기반시설의 설치비용을 부담하는 것으로 갈음할 수 있다.
14. 제13호에 따른 기반시설의 설치비용은 해당 지구단위계획구역 밖의 관할 시·군·구에 지정된 고도지구, 역사문화환경보호지구, 방재지구 또는 기반시설이 취약한 지역으로서 시·도 또는 대도시의 도시·군계획조례로 정하는 지역 내 기반시설의 확보에 사용할 것
15. 제12호 및 제13호에 따른 기반시설 설치내용, 기반시설 설치비용에 대한 산정방법 및 구체적인 운영기준 등은 시·도 또는 대도시의 도시·군계획조례로 정할 것

[본조신설 2012.4.10.]
[제42조의2에서 이동 <2016.12.30.>]

제42조의3(지구단위계획의 수립) ① 법 제49조제1항제4호에서 "대통령령으로 정하는 사항"이란 다음 각 호의 사항을 말한다.
1. 지역 공동체의 활성화
2. 안전하고 지속가능한 생활권의 조성
3. 해당 지역 및 인근 지역의 토지 이용을 고려한 토지이용계획과 건축계획의 조화

② 국토교통부장관은 법 제49조제2항에 따라 지구단위계획의 수립기준을 정할 때에는 다음 각 호의 사항을 고려하여야 한다. <개정 2013.3.23., 2013.6.11., 2014.1.14., 2015.7.6., 2016.5.17., 2016.8.31., 2017.12.29.>
1. 개발제한구역에 지구단위계획을 수립할 때에는 개발제한구역의 지정 목적이나 주변환경이 훼손되지 아니하도록 하고, 「개발제한구역의 지정 및 관리에 관한 특별조치법」을 우선하여 적용할 것
1의2. 보전관리지역에 지구단위계획을 수립할 때에는 제44조제1항제1호의2 각 목 외의 부분 후단에 따른 경우를 제외하고는 녹지 또는 공원으로 계획하는 등 환경 훼손을 최소화할 것
1의3. 「문화재보호법」 제13조에 따른 역사문화환경 보존지역에서 지구단위계획을 수립하는 경우에는 문화재 및 역사문화환경과 조화되도록 할 것
2. 지구단위계획구역에서 원활한 교통소통을 위하여 필요한 경우에는 지구단위계획으로 건축물부설주차장을 해당 건축물의 대지가 속하여 있는 가구에서 해당 건축물의 대지 바깥에 단독 또는 공동으로 설치하게 할 수 있도록 할 것. 이 경우 대지 바깥에 공동으로 설치하는 건축물부설주차장의 위치 및 규모 등은 지구단위계획으로 정한다.
3. 제2호에 따라 대지 바깥에 설치하는 건축물부설주차장의 출입구는 간선도로변에 두지 아니하도록 할 것. 다만, 특별시장·광역시장·특별자치시장·특별자치도지사·시장 또는 군수가 해당 지구단위계획구역의 교통소통에 관한 계획 등을 고려하여 교통소통에 지장이 없다고 인정하는 경우에는 그러하지 아니하다.
4. 지구단위계획구역에서 공공사업의 시행, 대형건축물의 건축 또는 2필지 이상의 토지소유자의 공동개발 등을 위하여 필요한 경우에는 특정 부분을 별도의 구역으로 지정하여 계획의 상세 정도 등을 따로 정할 수 있도록 할 것
5. 지구단위계획구역의 지정 목적, 향후 예상되는 여건변화, 지구단위계획구역의 관리 방안 등을 고려하여 제25조제4항제8호에 따른 경미한 사항을 정하는 것이 필

요한지를 검토하여 지구단위계획에 반영하도록 할 것
6. 지구단위계획의 내용 중 기존의 용도지역 또는 용도지구를 용적률이 높은 용도지역 또는 용도지구로 변경하는 사항이 포함되어 있는 경우 변경되는 구역의 용적률은 기존의 용도지역 또는 용도지구의 용적률을 적용하되, 공공시설부지의 제공현황 등을 고려하여 용적률을 완화할 수 있도록 계획할 것
7. 제46조 및 제47조에 따른 건폐율·용적률 등의 완화 범위를 포함하여 지구단위계획을 수립하도록 할 것
8. 법 제51조제1항제8호의2에 해당하는 도시지역 내 주거·상업·업무 등의 기능을 결합하는 복합적 토지 이용의 증진이 필요한 지역은 지정 목적을 복합용도개발형으로 구분하되, 3개 이상의 중심기능을 포함하여야 하고 중심기능 중 어느 하나에 집중되지 아니하도록 계획할 것
9. 법 제51조제2항제1호의 지역에 수립하는 지구단위계획의 내용 중 법 제52조제1항제1호 및 같은 항 제4호(건축물의 용도제한은 제외한다)의 사항은 해당 지역에 시행된 사업이 끝난 때의 내용을 유지함을 원칙으로 할 것
10. 도시지역 외의 지역에 지정하는 지구단위계획구역은 해당 구역의 중심기능에 따라 주거형, 산업·유통형, 관광·휴양형 또는 복합형 등으로 지정 목적을 구분할 것
11. 도시지역 외의 지구단위계획구역에서 건축할 수 있는 건축물의 용도·종류 및 규모 등은 해당 구역의 중심기능과 유사한 도시지역의 용도지역별 건축제한 등을 고려하여 지구단위계획으로 정할 것
12. 제45조제2항 후단에 따라 용적률이 높아지거나 건축제한이 완화되는 용도지역으로 변경되는 경우 또는 법 제43조에 따른 도시·군계획시설 결정의 변경 등으로 행위제한이 완화되는 사항이 포함되어 있는 경우에는 해당 지구단위계획구역 내 기반시설의 부지를 제공하거나 기반시설을 설치하여 제공하는 것을 고려하여 용적률 또는 건축제한을 완화할 수 있도록 계획할 것. 이 경우 기반시설의 부지를 제공하거나 기반시설을 설치하는 비용은 용도지역의 변경으로 인한 용적률의 증가 및 건축제한의 변경에 따른 토지가치 상승분(「감정평가 및 감정평가사에 관한 법률」에 따른 감정평가업자가 평가한 금액을 말한다)의 범위로 한다.
13. 제12호는 해당 지구단위계획구역 안의 기반시설이 충분할 때에는 해당 지구단위계획구역 밖의 관할 시·군·구에 지정된 고도지구, 역사문화환경보호지구, 방재지구 또는 기반시설이 취약한 지역으로서 시·도 또는 대도시의 도시·군계획조례로 정하는 지역에 기반시설을 설치하거나 기반시설의 설치비용을 부담하는 것으로 갈음할 수 있다.
14. 제13호에 따른 기반시설의 설치비용은 해당 지구단위계획구역 밖의 관할 시·군·구에 지정된 고도지구, 역사문화환경보호지구, 방재지구 또는 기반시설이 취약한 지역으로서 시·도 또는 대도시의 도시·군계획조례로 정하는 지역 내 기반시설의 확보에 사용할 것
15. 제12호 및 제13호에 따른 기반시설 설치내용, 기반시설 설치비용에 대한 산정방법 및 구체적인 운영기준 등은 시·도 또는 대도시의 도시·군계획조례로 정할 것

[본조신설 2012.4.10.]
[제42조의2에서 이동 <2016.12.30.>]
[시행일 : 2018.4.19.] 제42조의3

제4절 지구단위계획

제43조(도시지역 내 지구단위계획구역 지정대상지역) ① 법 제51조제1항제8호의2에서 "대통령령으로 정하는 요건에 해당하는 지역"이란 준주거지역, 준공업지역 및 상업지역에서 낙후된 도심 기능을 회복하거나 도시균형발전을 위한 중심지 육성이 필요하여 도시·군기본계획에 반영된 경우로서 다음 각 호의 어느 하나에 해당하는 지역을 말한다. <신설 2012.4.10.>
1. 주요 역세권, 고속버스 및 시외버스 터미널, 간선도로의 교차지 등 양호한 기반시설을 갖추고 있어 대중교통 이용이 용이한 지역
2. 역세권의 체계적·계획적 개발이 필요한 지역
3. 세 개 이상의 노선이 교차하는 대중교통 결절지(結節地)로부터 1킬로미터 이내에 위치한 지역
4. 「역세권의 개발 및 이용에 관한 법률」에 따른 역세권개발구역, 「도시재정비 촉진을 위한 특별법」에 따른 고밀복합형 재정비

촉진지구로 지정된 지역

② 법 제51조제1항제8호의3에서 "대통령령으로 정하는 시설"이란 다음 각 호의 시설을 말한다. <신설 2012.4.10.>

1. 철도, 항만, 공항, 공장, 병원, 학교, 공공청사, 공공기관, 시장, 운동장 및 터미널
2. 그 밖에 제1호와 유사한 시설로서 특별시·광역시·특별자치시·특별자치도·시 또는 군의 도시·군계획조례로 정하는 시설

③ 법 제51조제1항제8호의3에서 "대통령령으로 정하는 요건에 해당하는 지역"이란 1만제곱미터 이상의 유휴토지 또는 대규모 시설의 이전부지로서 다음 각 호의 어느 하나에 해당하는 지역을 말한다. <신설 2012.4.10.>

1. 대규모 시설의 이전에 따라 도시기능의 재배치 및 정비가 필요한 지역
2. 토지의 활용 잠재력이 높고 지역거점 육성이 필요한 지역
3. 지역경제 활성화와 고용창출의 효과가 클 것으로 예상되는 지역

④법 제51조제1항제10호에서 "대통령령이 정하는 지역"이라 함은 다음 각 호의 지역을 말한다. <개정 2003.6.30., 2005.9.8., 2009.8.5., 2012.4.10.>

1. 법 제127조제1항의 규정에 의하여 지정된 시범도시
2. 법 제63조제2항의 규정에 의하여 고시된 개발행위허가제한지역
3. 지하 및 공중공간을 효율적으로 개발하고자 하는 지역
4. 용도지역의 지정·변경에 관한 도시·군관리계획을 입안하기 위하여 열람공고된 지역
5. 삭제 <2012.4.10.>
6. 주택재건축사업에 의하여 공동주택을 건축하는 지역
7. 지구단위계획구역으로 지정하고자 하는 토지와 접하여 공공시설을 설치하고자 하는 자연녹지지역
8. 그 밖에 양호한 환경의 확보 또는 기능 및 미관의 증진 등을 위하여 필요한 지역으로서 특별시·광역시·특별자치시·특별자치도·시 또는 군의 도시·군계획조례가 정하는 지역

⑤법 제51조제2항제2호에서 "대통령령이 정하는 지역"이라 함은 다음 각호의 지역으로서 그 면적이 30만제곱미터 이상인 지역을 말한다. <개정 2012.4.10.>

1. 시가화조정구역 또는 공원에서 해제되는 지역. 다만, 녹지지역으로 지정 또는 존치되거나 법 또는 다른 법령에 의하여 도시·군계획사업 등 개발계획이 수립되지 아니하는 경우를 제외한다.
2. 녹지지역에서 주거지역·상업지역 또는 공업지역으로 변경되는 지역

[제목개정 2012.4.10.]

제44조(도시지역 외 지역에서의 지구단위계획구역 지정대상지역) ①법 제51조제3항제1호에서 "대통령령으로 정하는 요건"이란 다음 각 호의 요건을 말한다. <개정 2005.1.15., 2005.9.8., 2008.2.29., 2012.4.10., 2013.3.23., 2014.1.14., 2016.5.17.>

1. 계획관리지역 외에 지구단위계획구역에 포함하는 지역은 생산관리지역 또는 보전관리지역일 것

1의2. 지구단위계획구역에 보전관리지역을 포함하는 경우 해당 보전관리지역의 면적은 다음 각 목의 구분에 따른 요건을 충족할 것. 이 경우 개발행위허가를 받는 등 이미 개발된 토지와 해당 토지를 개발하여도 주변지역의 환경오염·환경훼손 우려가 없는 경우로서 해당 도시계획위원회 또는 제25조제2항에 따른 공동위원회의 심의를 거쳐 지구단위계획구역에 포함되는 토지의 면적은 다음 각 목에 따른 보전관리지역의 면적 산정에서 제외한다.

가. 전체 지구단위계획구역 면적이 10만제곱미터 이하인 경우: 전체 지구단위계획구역 면적의 20퍼센트 이내

나. 전체 지구단위계획구역 면적이 10만제곱미터를 초과하는 경우: 전체 지구단위계획구역 면적의 10퍼센트 이내

2. 지구단위계획구역으로 지정하고자 하는 토지의 면적이 다음 각목의 어느 하나에 규정된 면적 요건에 해당할 것

가. 지정하고자 하는 지역에 「건축법 시행령」 별표 1 제2호의 공동주택중 아파트 또는 연립주택의 건설계획이 포함되는 경우에는 30만제곱미터 이상일 것. 이 경우 다음 요건에 해당하는 때에는 일단의 토지를 통합하여 하나의 지구단위계획구역으로 지정할 수 있다.

(1) 아파트 또는 연립주택의 건설계획이 포함되는 각각의 토지의 면적이

10만제곱미터 이상이고, 그 총면적이 30만제곱미터 이상일 것
(2) (1)의 각 토지는 국토교통부장관이 정하는 범위안에 위치하고, 국토교통부장관이 정하는 규모 이상의 도로로 서로 연결되어 있거나 연결도로의 설치가 가능할 것
나. 지정하고자 하는 지역에 「건축법시행령」 별표 1 제2호의 공동주택중 아파트 또는 연립주택의 건설계획이 포함되는 경우로서 다음의 어느 하나에 해당하는 경우에는 10만제곱미터 이상일 것
(1) 지구단위계획구역이 「수도권정비계획법」 제6조제1항제3호의 규정에 의한 자연보전권역인 경우
(2) 지구단위계획구역 안에 초등학교 용지를 확보하여 관할 교육청의 동의를 얻거나 지구단위계획구역 안 또는 지구단위계획구역으로부터 통학이 가능한 거리에 초등학교가 위치하고 학생수용이 가능한 경우로서 관할 교육청의 동의를 얻은 경우
다. 가목 및 나목의 경우를 제외하고는 3만제곱미터 이상일 것
3. 당해 지역에 도로・수도공급설비・하수도 등 기반시설을 공급할 수 있을 것
4. 자연환경・경관・미관 등을 해치지 아니하고 문화재의 훼손우려가 없을 것
②법 제51조제3항제2호에서 "대통령령이 정하는 요건"이라 함은 다음 각 호의 요건을 말한다. <개정 2005.9.8., 2012.4.10.>
1. 제1항제2호부터 제4호까지의 요건에 해당할 것
2. 당해 개발진흥지구가 다음 각 목의 지역에 위치할 것
가. 주거개발진흥지구, 복합개발진흥지구(주거기능이 포함된 경우에 한한다) 및 특정개발진흥지구 : 계획관리지역
나. 산업・유통개발진흥지구 및 복합개발진흥지구(주거기능이 포함되지 아니한 경우에 한한다) : 계획관리지역・생산관리지역 또는 농림지역
다. 관광・휴양개발진흥지구 : 도시지역외의 지역
③국토교통부장관은 지구단위계획구역이 합리적으로 지정될 수 있도록 하기 위하여 필요한 경우에는 제1항 각호 및 제2항 각호의 지정요건을 세부적으로 정할 수 있다. <개정 2008.2.29., 2012.4.10., 2013.3.23.>
[제목개정 2012.4.10.]

제45조(지구단위계획의 내용) ① 삭제 <2012.4.10.>
② 법 제52조제1항제1호의 규정에 의한 용도지역 또는 용도지구의 세분 또는 변경은 제30조 각호의 용도지역 또는 제31조제2항 각호의 용도지구를 그 각호의 범위(제31조제3항의 규정에 의하여 도시・군계획조례로 세분되는 용도지구를 포함한다)안에서 세분 또는 변경하는 것으로 한다. 이 경우 법 제51조제1항제8호의2 및 제8호의3에 따라 지정된 지구단위계획구역에서는 제30조 각 호에 따른 용도지역 간의 변경을 포함한다. <개정 2005.1.15., 2009.8.5., 2012.4.10., 2017.12.29.>
③ 법 제52조제1항제2호에서 "대통령령으로 정하는 기반시설"이란 다음 각 호의 시설로서 당해 지구단위계획구역의 지정목적 달성을 위하여 필요한 시설을 말한다. <개정 2005.9.8., 2005.11.11., 2008.9.25., 2009.8.5., 2013.6.11., 2014.1.14., 2016.2.11.>
1. 법 제51조제1항제2호부터 제7호까지의 규정에 따른 지역인 경우에는 당해 법률에 의한 개발사업으로 설치하는 기반시설
2. 도로・자동차정류장・주차장・자동차 및 건설기계검사시설・자동차 및 건설기계운전학원・광장・공원(「도시공원 및 녹지 등에 관한 법률」에 따른 묘지공원은 제외한다)・녹지・공공공지・유통업무설비・수도공급설비・전기공급설비・가스공급설비・열공급설비・공동구・시장・학교(「고등교육법」 제2조에 따른 학교는 제외한다)・공공청사・문화시설・공공필요성이 인정되는 체육시설・연구시설・사회복지시설・공공직업훈련시설・청소년수련시설・하천・유수지・방화설비・방풍설비・방수설비・사방설비・방조설비・장례식장・종합의료시설・하수도・폐기물처리시설・수질오염방지시설・폐차장
3. 삭제 <2006.8.17.>
④ 법 제52조제1항제8호에서 "대통령령으로 정하는 사항"이란 다음 각 호의 사항을 말한다. <개정 2009.8.5., 2015.7.6.>
1. 지하 또는 공중공간에 설치할 시설물의 높이・깊이・배치 또는 규모
2. 대문・담 또는 울타리의 형태 또는 색채
3. 간판의 크기・형태・색채 또는 재질
4. 장애인・노약자 등을 위한 편의시설계획

5. 에너지 및 자원의 절약과 재활용에 관한 계획
6. 생물서식공간의 보호 · 조성 · 연결 및 물과 공기의 순환 등에 관한 계획
7. 문화재 및 역사문화환경 보호에 관한 계획

⑤ 법 제52조제2항에서 "대통령령이 정하는 도시 · 군계획시설"이라 함은 도로 · 주차장 · 공원 · 녹지 · 공공공지, 수도 · 전기 · 가스 · 열공급설비, 학교(초등학교 및 중학교에 한한다) · 하수도 및 폐기물처리시설을 말한다. <개정 2009.8.5., 2012.4.10.>

제45조(지구단위계획의 내용) ①삭제<2012.4.10>

② 법 제52조제1항제1호의 규정에 의한 용도지역 또는 용도지구의 세분 또는 변경은 제30조 각호의 용도지역 또는 제31조제2항 각호의 용도지구를 그 각호의 범위(제31조제3항의 규정에 의하여 도시 · 군계획조례로 세분되는 용도지구를 포함한다)안에서 세분 또는 변경하는 것으로 한다. 이 경우 법 제51조제1항제8호의2 및 제8호의3에 따라 지정된 지구단위계획구역에서는 제30조 각 호에 따른 용도지역 간의 변경을 포함한다. <개정 2005.1.15., 2009.8.5., 2012.4.10., 2017.12.29.>

③ 법 제52조제1항제2호에서 "대통령령으로 정하는 기반시설"이란 다음 각 호의 시설로서 당해 지구단위계획구역의 지정목적 달성을 위하여 필요한 시설을 말한다. <개정 2005.9.8., 2005.11.11., 2008.9.25., 2009.8.5., 2013.6.11., 2014.1.14., 2016.2.11.>
1. 법 제51조제1항제2호부터 제7호까지의 규정에 따른 지역인 경우에는 당해 법률에 의한 개발사업으로 설치하는 기반시설
2. 도로 · 자동차정류장 · 주차장 · 자동차 및 건설기계검사시설 · 자동차 및 건설기계운전학원 · 광장 · 공원(「도시공원 및 녹지 등에 관한 법률」에 따른 묘지공원은 제외한다) · 녹지 · 공공공지 · 유통업무설비 · 수도공급설비 · 전기공급설비 · 가스공급설비 · 열공급설비 · 공동구 · 시장 · 학교(「고등교육법」 제2조에 따른 학교는 제외한다) · 공공청사 · 문화시설 · 공공필요성이 인정되는 체육시설 · 연구시설 · 사회복지시설 · 공공직업훈련시설 · 청소년수련시설 · 하천 · 유수지 · 방화설비 · 방풍설비 · 방수설비 · 사방설비 · 방조설비 · 장례식장 · 종합의료시설 · 하수도 · 폐기물처리시설 · 수질오염방지시설 · 폐차장
3. 삭제 <2006.8.17.>

④ 법 제52조제1항제8호에서 "대통령령으로 정하는 사항"이란 다음 각 호의 사항을 말한다. <개정 2009.8.5., 2015.7.6.>
1. 지하 또는 공중공간에 설치할 시설물의 높이 · 깊이 · 배치 또는 규모
2. 대문 · 담 또는 울타리의 형태 또는 색채
3. 간판의 크기 · 형태 · 색채 또는 재질
4. 장애인 · 노약자 등을 위한 편의시설계획
5. 에너지 및 자원의 절약과 재활용에 관한 계획
6. 생물서식공간의 보호 · 조성 · 연결 및 물과 공기의 순환 등에 관한 계획
7. 문화재 및 역사문화환경 보호에 관한 계획

⑤ 법 제52조제2항에서 "대통령령이 정하는 도시 · 군계획시설"이라 함은 도로 · 주차장 · 공원 · 녹지 · 공공공지, 수도 · 전기 · 가스 · 열공급설비, 학교(초등학교 및 중학교에 한한다) · 하수도 및 폐기물처리시설을 말한다. <개정 2009.8.5., 2012.4.10.>

[시행일 : 2018.4.19.] 제45조

제46조(도시지역 내 지구단위계획구역에서의 건폐율 등의 완화적용) ① 지구단위계획구역(도시지역 내에 지정하는 경우로 한정한다. 이하 이 조에서 같다)에서 건축물을 건축하려는 자가 그 대지의 일부를 공공시설 또는 기반시설 중 학교와 해당 시 · 도 또는 대도시의 도시 · 군계획조례로 정하는 기반시설(이하 이 항에서 "공공시설등"이라 한다)의 부지로 제공하거나 공공시설등을 설치하여 제공하는 경우[지구단위계획구역 밖의 「하수도법」 제2조제14호에 따른 배수구역에 공공하수처리시설을 설치하여 제공하는 경우(지구단위계획구역에 다른 기반시설이 충분히 설치되어 있는 경우로 한정한다)를 포함한다]에는 법 제52조제3항에 따라 그 건축물에 대하여 지구단위계획으로 다음 각 호의 구분에 따라 건폐율 · 용적률 및 높이제한을 완화하여 적용할 수 있다. <개정 2005.9.8., 2006.3.23., 2008.9.25., 2011.3.9., 2012.1.6., 2012.4.10.>
1. 공공시설등의 부지를 제공하는 경우에는 다음 각 목의 비율까지 건폐율 · 용적률 및 높이제한을 완화하여 적용할 수 있다. 다만, 지구단위계획구역 안의 일부 토지를 공공시설등의 부지로 제공하는 자가 해당 지구단위계획구역 안의 다른 대지에서 건축물을 건축하는 경우에는 나목의 비율까지 그 용적률을 완화하여 적용할 수 있다.

가. 완화할 수 있는 건폐율 = 해당 용도지역에 적용되는 건폐율 × [1 + 공공시설등의 부지로 제공하는 면적(공공시설등의 부지를 제공하는 자가 법 제65조제2항에 따라 용도가 폐지되는 공공시설을 무상으로 양수받은 경우에는 그 양수받은 부지면적을 빼고 산정한다. 이하 이 조에서 같다) ÷ 원래의 대지면적] 이내

나. 완화할 수 있는 용적률 = 해당 용도지역에 적용되는 용적률 + [1.5 × (공공시설등의 부지로 제공하는 면적 × 공공시설등 제공 부지의 용적률) ÷ 공공시설등의 부지 제공 후의 대지면적] 이내

다. 완화할 수 있는 높이 = 「건축법」 제60조에 따라 제한된 높이 × (1 + 공공시설등의 부지로 제공하는 면적 ÷ 원래의 대지면적) 이내

2. 공공시설등을 설치하여 제공(그 부지의 제공은 제외한다)하는 경우에는 공공시설등을 설치하는 데에 드는 비용에 상응하는 가액(價額)의 부지를 제공한 것으로 보아 제1호에 따른 비율까지 건폐율·용적률 및 높이제한을 완화하여 적용할 수 있다. 이 경우 공공시설등 설치비용 및 이에 상응하는 부지 가액의 산정 방법 등은 시·도 또는 대도시의 도시·군계획조례로 정한다.

3. 공공시설등을 설치하여 그 부지와 함께 제공하는 경우에는 제1호 및 제2호에 따라 완화할 수 있는 건폐율·용적률 및 높이를 합산한 비율까지 완화하여 적용할 수 있다.

② 특별시장·광역시장·특별자치시장·특별자치도지사·시장 또는 군수는 지구단위계획구역에 있는 토지를 공공시설부지로 제공하고 보상을 받은 자 또는 그 포괄승계인이 그 보상금액에 국토교통부령이 정하는 이자를 더한 금액(이하 이 항에서 "반환금"이라 한다)을 반환하는 경우에는 당해 지방자치단체의 도시·군계획조례가 정하는 바에 따라 제1항제1호 각 목을 적용하여 당해 건축물에 대한 건폐율·용적률 및 높이제한을 완화할 수 있다. 이 경우 그 반환금은 기반시설의 확보에 사용하여야 한다. <신설 2004.1.20., 2005.9.8., 2008.2.29., 2012.4.10., 2013.3.23.>

③ 지구단위계획구역에서 건축물을 건축하고자 하는 자가 「건축법」 제43조제1항에 따른 공개공지 또는 공개공간을 같은 항에 따른 의무면적을 초과하여 설치한 경우에는 법 제52조제3항에 따라 당해 건축물에 대하여 지구단위계획으로 다음 각 호의 비율까지 용적률 및 높이제한을 완화하여 적용할 수 있다. <개정 2005.9.8., 2008.9.25., 2012.4.10.>

1. 완화할 수 있는 용적률 = 「건축법」 제43조제2항에 따라 완화된 용적률+(당해 용도지역에 적용되는 용적률×의무면적을 초과하는 공개공지 또는 공개공간의 면적의 절반÷대지면적) 이내
2. 완화할 수 있는 높이 = 「건축법」 제43조제2항에 따라 완화된 높이+(「건축법」 제60조에 따른 높이×의무면적을 초과하는 공개공지 또는 공개공간의 면적의 절반÷대지면적) 이내

④ 지구단위계획구역에서는 법 제52조제3항의 규정에 의하여 도시·군계획조례의 규정에 불구하고 지구단위계획으로 제84조에 규정된 범위안에서 건폐율을 완화하여 적용할 수 있다. <개정 2012.4.10.>

⑤ 지구단위계획구역에서는 법 제52조제3항의 규정에 의하여 지구단위계획으로 법 제76조의 규정에 의하여 제30조 각호의 용도지역안에서 건축할 수 있는 건축물(도시·군계획조례가 정하는 바에 의하여 건축할 수 있는 건축물의 경우 도시·군계획조례에서 허용되는 건축물에 한한다)의 용도·종류 및 규모 등의 범위안에서 이를 완화하여 적용할 수 있다. <개정 2012.4.10.>

⑥ 지구단위계획구역의 지정목적이 다음 각호의 1에 해당하는 경우에는 법 제52조제3항의 규정에 의하여 지구단위계획으로 「주차장법」 제19조제3항의 규정에 의한 주차장 설치기준을 100퍼센트까지 완화하여 적용할 수 있다. <개정 2005.9.8., 2008.2.29., 2012.4.10., 2013.3.23.>

1. 한옥마을을 보존하고자 하는 경우
2. 차 없는 거리를 조성하고자 하는 경우(지구단위계획으로 보행자전용도로를 지정하거나 차량의 출입을 금지한 경우를 포함한다)
3. 그 밖에 국토교통부령이 정하는 경우

⑦ 다음 각호의 1에 해당하는 경우에는 법 제52조제3항의 규정에 의하여 지구단위계획으로 당해 용도지역에 적용되는 용적률의 120퍼센트 이내에서 용적률을 완화하여 적용할 수 있다. <개정 2012.4.10.>

1. 도시지역에 개발진흥지구를 지정하고 당해 지구를 지구단위계획구역으로 지정한 경우
2. 다음 각목의 1에 해당하는 경우로서 특별시장·광역시장·특별자치시장·특별자치

도지사·시장 또는 군수의 권고에 따라 공동개발을 하는 경우
가. 지구단위계획에 2필지 이상의 토지에 하나의 건축물을 건축하도록 되어 있는 경우
나. 지구단위계획에 합벽건축을 하도록 되어 있는 경우
다. 지구단위계획에 주차장·보행자통로 등을 공동으로 사용하도록 되어 있어 2필지 이상의 토지에 건축물을 동시에 건축할 필요가 있는 경우

⑧ 도시지역에 개발진흥지구를 지정하고 당해 지구를 지구단위계획구역으로 지정한 경우에는 법 제52조제3항에 따라 지구단위계획으로 「건축법」 제60조에 따라 제한된 건축물 높이의 120퍼센트 이내에서 높이제한을 완화하여 적용할 수 있다. <개정 2005.9.8., 2008.9.25., 2012.4.10.>

⑨ 제1항제1호나목(제1항제2호 및 제2항에 따라 적용되는 경우를 포함한다), 제3항제1호 및 제7항은 다음 각 호의 어느 하나에 해당하는 경우에는 적용하지 아니한다. <개정 2004.1.20., 2011.7.1., 2012.4.10.>
1. 개발제한구역·시가화조정구역·녹지지역 또는 공원에서 해제되는 구역과 새로이 도시지역으로 편입되는 구역중 계획적인 개발 또는 관리가 필요한 지역인 경우
2. 기존의 용도지역 또는 용도지구가 용적률이 높은 용도지역 또는 용도지구로 변경되는 경우로서 기존의 용도지역 또는 용도지구의 용적률을 적용하지 아니하는 경우

⑩제1항 내지 제4항 및 제7항의 규정에 의하여 완화하여 적용되는 건폐율 및 용적률은 당해 용도지역 또는 용도지구에 적용되는 건폐율의 150퍼센트 및 용적률의 200퍼센트를 각각 초과할 수 없다. <개정 2004.1.20.>
[제목개정 2012.4.10.]

제47조(도시지역 외 지구단위계획구역에서의 건폐율 등의 완화적용) ① 지구단위계획구역(도시지역 외에 지정하는 경우로 한정한다. 이하 이 조에서 같다)에서는 법 제52조제3항에 따라 지구단위계획으로 당해 용도지역 또는 개발진흥지구에 적용되는 건폐율의 150퍼센트 및 용적률의 200퍼센트 이내에서 건폐율 및 용적률을 완화하여 적용할 수 있다. <개정 2005.1.15., 2007.4.19., 2012.4.10.>

② 지구단위계획구역에서는 법 제52조제3항의 규정에 의하여 지구단위계획으로 법 제76조의 규정에 의한 건축물의 용도·종류 및 규모 등을 완화하여 적용할 수 있다. 다만, 개발진흥지구(계획관리지역에 지정된 개발진흥지구를 제외한다)에 지정된 지구단위계획구역에 대하여는 「건축법 시행령」 별표 1 제2호의 공동주택 중 아파트 및 연립주택은 허용되지 아니한다. <개정 2005.9.8., 2012.4.10.>
③ 삭제 <2007.4.19.>
④ 삭제 <2007.4.19.>
[제목개정 2012.4.10.]

제48조 삭제 <2012.4.10.>

제49조(지구단위계획안에 대한 주민 등의 의견) 다음 각 호의 어느 하나에 해당하는 자는 지구단위계획안에 포함시키고자 하는 사항을 특별시장·광역시장·특별자치시장·특별자치도지사·시장 또는 군수에게 제출할 수 있으며, 특별시장·광역시장·특별자치시장·특별자치도지사·시장 또는 군수는 제출된 사항이 타당하다고 인정되는 때에는 이를 지구단위계획안에 반영하여야 한다. <개정 2009.8.5., 2012.4.10.>
1. 지구단위계획구역이 법 제26조의 규정에 의한 주민의 제안에 의하여 지정된 경우에는 그 제안자
2. 지구단위계획구역이 법 제51조제1항제2호부터 제7호까지의 지역에 대하여 지정된 경우에는 그 지정근거가 되는 개별법률에 의한 개발사업의 시행자

제50조(지구단위계획구역지정의 실효고시) 법 제53조제3항에 따른 지구단위계획구역지정의 실효고시는 실효일자 및 실효사유와 실효된 지구단위계획구역의 내용을 국토교통부장관이 하는 경우에는 관보에, 시·도지사 또는 시장·군수가 하는 경우에는 해당 시·도 또는 시·군의 공보에 게재하는 방법에 의한다. <개정 2009.8.5., 2013.3.23., 2014.1.14., 2016.2.11.>

제5장 개발행위의 허가 등

제1절 개발행위의 허가

제51조(개발행위허가의 대상) ①법 제56조제1

항에 따라 개발행위허가를 받아야 하는 행위는 다음 각 호와 같다. <개정 2005.9.8., 2006.3.23., 2008.9.25., 2012.4.10.>

1. 건축물의 건축 : 「건축법」 제2조제1항제2호에 따른 건축물의 건축
2. 공작물의 설치 : 인공을 가하여 제작한 시설물(「건축법」 제2조제1항제2호에 따른 건축물을 제외한다)의 설치
3. 토지의 형질변경 : 절토·성토·정지·포장 등의 방법으로 토지의 형상을 변경하는 행위와 공유수면의 매립(경작을 위한 토지의 형질변경을 제외한다)
4. 토석채취 : 흙·모래·자갈·바위 등의 토석을 채취하는 행위. 다만, 토지의 형질변경을 목적으로 하는 것을 제외한다.
5. 토지분할 : 다음 각 목의 어느 하나에 해당하는 토지의 분할(「건축법」 제57조에 따른 건축물이 있는 대지는 제외한다)
   가. 녹지지역·관리지역·농림지역 및 자연환경보전지역 안에서 관계법령에 따른 허가·인가 등을 받지 아니하고 행하는 토지의 분할
   나. 「건축법」 제57조제1항에 따른 분할제한면적 미만으로의 토지의 분할
   다. 관계 법령에 의한 허가·인가 등을 받지 아니하고 행하는 너비 5미터 이하로의 토지의 분할
6. 물건을 쌓아놓는 행위 : 녹지지역·관리지역 또는 자연환경보전지역안에서 건축물의 울타리안(적법한 절차에 의하여 조성된 대지에 한한다)에 위치하지 아니한 토지에 물건을 1월 이상 쌓아놓는 행위

② 법 제56조제1항제2호에서 "대통령령으로 정하는 토지의 형질변경"이란 조성이 끝난 농지에서 농작물 재배, 농지의 지력 증진 및 생산성 향상을 위한 객토나 정지작업, 양수·배수시설 설치를 위한 토지의 형질변경으로서 다음 각 호의 어느 하나에 해당하지 아니하는 경우의 형질변경을 말한다. <신설 2012.4.10.>

1. 인접토지의 관개·배수 및 농작업에 영향을 미치는 경우
2. 재활용 골재, 사업장 폐토양, 무기성 오니 등 수질오염 또는 토질오염의 우려가 있는 토사 등을 사용하여 성토하는 경우
3. 지목의 변경을 수반하는 경우(전·답 사이의 변경은 제외한다)

제52조(개발행위허가의 경미한 변경) ①법 제56조제2항 단서에서 "대통령령으로 정하는 경미한 사항을 변경하는 경우"란 다음 각 호의 어느 하나에 해당하는 경우를 말한다. <개정 2012.4.10., 2015.6.1., 2015.7.6.>

1. 사업기간을 단축하는 경우
2. 부지면적 또는 건축물 연면적을 5퍼센트 범위안에서 축소하는 경우
3. 관계 법령의 개정 또는 도시·군관리계획의 변경에 따라 허가받은 사항을 불가피하게 변경하는 경우
4. 「공간정보의 구축 및 관리 등에 관한 법률」 제26조제2항 및 「건축법」 제26조에 따라 허용되는 오차를 반영하기 위한 변경
5. 「건축법 시행령」 제12조제3항 각 호의 어느 하나에 해당하는 변경인 경우

②개발행위허가를 받은 자는 제1항 각호의 1에 해당하는 경미한 사항을 변경한 때에는 지체없이 그 사실을 특별시장·광역시장·특별자치시장·특별자치도지사·시장 또는 군수에게 통지하여야 한다. <개정 2012.4.10.>

제53조(허가를 받지 아니하여도 되는 경미한 행위) 법 제56조제4항제3호에서 "대통령령으로 정하는 경미한 행위"란 다음 각 호의 행위를 말한다. 다만, 다음 각 호에 규정된 범위에서 특별시·광역시·특별자치시·특별자치도·시 또는 군의 도시·군계획조례로 따로 정하는 경우에는 그에 따른다. <개정 2005.9.8., 2006.8.17., 2008.9.25., 2009.7.7., 2009.7.27., 2010.4.29., 2012.4.10., 2014.10.14., 2014.11.11.>

1. 건축물의 건축 : 「건축법」 제11조제1항에 따른 건축허가 또는 같은 법 제14조제1항에 따른 건축신고 및 같은 법 제20조제1항에 따른 가설건축물 건축의 허가 또는 같은 조 제3항에 따른 가설건축물의 축조신고 대상에 해당하지 아니하는 건축물의 건축
2. 공작물의 설치
   가. 도시지역 또는 지구단위계획구역에서 무게가 50톤 이하, 부피가 50세제곱미터 이하, 수평투영면적이 50제곱미터 이하인 공작물의 설치. 다만, 「건축법 시행령」 제118조제1항 각 호의 어느 하나에 해당하는 공작물의 설치는 제외한다.
   나. 도시지역·자연환경보전지역 및 지구단위계획구역외의 지역에서 무게가 150톤 이하, 부피가 150세제곱미터 이하, 수평

투영면적이 150제곱미터 이하인 공작물의 설치. 다만, 「건축법 시행령」 제118조제1항 각 호의 어느 하나에 해당하는 공작물의 설치는 제외한다.
다. 녹지지역·관리지역 또는 농림지역안에서의 농림어업용 비닐하우스(비닐하우스 안에 설치하는 육상어류양식장을 제외한다)의 설치
3. 토지의 형질변경
가. 높이 50센티미터 이내 또는 깊이 50센티미터 이내의 절토·성토·정지 등(포장을 제외하며, 주거지역·상업지역 및 공업지역외의 지역에서는 지목변경을 수반하지 아니하는 경우에 한한다)
나. 도시지역·자연환경보전지역 및 지구단위계획구역 외의 지역에서 면적이 660제곱미터 이하인 토지에 대한 지목변경을 수반하지 아니하는 절토·성토·정지·포장 등(토지의 형질변경 면적은 형질변경이 이루어지는 당해 필지의 총면적을 말한다. 이하 같다)
다. 조성이 완료된 기존 대지에 건축물이나 그 밖의 공작물을 설치하기 위한 토지의 형질변경(절토 및 성토는 제외한다)
라. 국가 또는 지방자치단체가 공익상의 필요에 의하여 직접 시행하는 사업을 위한 토지의 형질변경
4. 토석채취
가. 도시지역 또는 지구단위계획구역에서 채취면적이 25제곱미터 이하인 토지에서의 부피 50세제곱미터 이하의 토석채취
나. 도시지역·자연환경보전지역 및 지구단위계획구역외의 지역에서 채취면적이 250제곱미터 이하인 토지에서의 부피 500세제곱미터 이하의 토석채취
5. 토지분할
가. 「사도법」에 의한 사도개설허가를 받은 토지의 분할
나. 토지의 일부를 공공용지 또는 공용지로 하기 위한 토지의 분할
다. 행정재산중 용도폐지되는 부분의 분할 또는 일반재산을 매각·교환 또는 양여하기 위한 분할
라. 토지의 일부가 도시·군계획시설로 지형도면고시가 된 당해 토지의 분할
마. 너비 5미터 이하로 이미 분할된 토지의 「건축법」 제57조제1항에 따른 분할제한면적 이상으로의 분할
6. 물건을 쌓아놓는 행위
가. 녹지지역 또는 지구단위계획구역에서 물건을 쌓아놓는 면적이 25제곱미터 이하인 토지에 전체무게 50톤 이하, 전체부피 50세제곱미터 이하로 물건을 쌓아놓는 행위
나. 관리지역(지구단위계획구역으로 지정된 지역을 제외한다)에서 물건을 쌓아놓는 면적이 250제곱미터 이하인 토지에 전체무게 500톤 이하, 전체부피 500세제곱미터 이하로 물건을 쌓아놓는 행위

제54조(개발행위허가의 절차 등) ①법 제57조제2항에서 "대통령령이 정하는 기간"이라 함은 15일(도시계획위원회의 심의를 거쳐야 하거나 관계 행정기관의 장과 협의를 하여야 하는 경우에는 심의 또는 협의기간을 제외한다)을 말한다.
②특별시장·광역시장·특별자치시장·특별자치도지사·시장 또는 군수는 법 제57조제4항에 따라 개발행위허가에 조건을 붙이려는 때에는 미리 개발행위허가를 신청한 자의 의견을 들어야 한다. <개정 2006.8.17., 2012.4.10.>

제55조(개발행위허가의 규모) ①법 제58조제1항제1호 본문에서 "대통령령으로 정하는 개발행위의 규모"란 다음 각호에 해당하는 토지의 형질변경면적을 말한다. 다만, 관리지역 및 농림지역에 대하여는 제2호 및 제3호의 규정에 의한 면적의 범위안에서 당해 특별시·광역시·특별자치시·특별자치도·시 또는 군의 도시·군계획조례로 따로 정할 수 있다. <개정 2012.4.10., 2014.1.14.>
1. 도시지역
가. 주거지역·상업지역·자연녹지지역·생산녹지지역 : 1만제곱미터 미만
나. 공업지역 : 3만제곱미터 미만
다. 보전녹지지역 : 5천제곱미터 미만
2. 관리지역 : 3만제곱미터 미만
3. 농림지역 : 3만제곱미터 미만
4. 자연환경보전지역 : 5천제곱미터 미만
②제1항의 규정을 적용함에 있어서 개발행위허가의 대상인 토지가 2 이상의 용도지역에 걸치는 경우에는 각각의 용도지역에 위치하는 토지부분에 대하여 각각의 용도지역의 개발행위의 규모에 관한 규정을 적용한다. 다만, 개발행위허가의 대상인 토지의 총면적이 당해 토지가 걸쳐 있는 용도지역중 개발행위의 규모가 가장 큰 용도지역의 개

발행위의 규모를 초과하여서는 아니된다.

③ 법 제58조제1항제1호 단서에서 "개발행위가 「농어촌정비법」 제2조제4호에 따른 농어촌정비사업으로 이루어지는 경우 등 대통령령으로 정하는 경우"란 다음 각 호의 어느 하나에 해당하는 경우를 말한다. <개정 2005.1.15., 2005.9.8., 2006.3.23., 2008.2.29., 2009.7.7., 2009.8.5., 2010.4.29., 2012.1.25., 2012.4.10., 2013.3.23., 2014.1.14.>

1. 지구단위계획으로 정한 가구 및 획지의 범위안에서 이루어지는 토지의 형질변경으로서 당해 형질변경과 관련된 기반시설이 이미 설치되었거나 형질변경과 기반시설의 설치가 동시에 이루어지는 경우
2. 해당 개발행위가 「농어촌정비법」 제2조제4호에 따른 농어촌정비사업으로 이루어지는 경우

2의2. 해당 개발행위가 「국방·군사시설 사업에 관한 법률」 제2조제2호에 따른 국방·군사시설사업으로 이루어지는 경우

3. 초지조성, 농지조성, 영림 또는 토석채취를 위한 경우

3의2. 해당 개발행위가 다음 각 목의 어느 하나에 해당하는 경우. 이 경우 특별시장·광역시장·특별자치시장·특별자치도지사·시장 또는 군수는 그 개발행위에 대한 허가를 하려면 시·도도시계획위원회 또는 법 제113조제2항에 따른 시·군·구도시계획위원회(이하 "시·군·구도시계획위원회"라 한다) 중 대도시에 두는 도시계획위원회의 심의를 거쳐야 하고, 시장(대도시 시장은 제외한다) 또는 군수(특별시장·광역시장의 개발행위허가 권한이 법 제139조제2항에 따라 조례로 군수 또는 자치구의 구청장에게 위임된 경우에는 그 군수 또는 자치구의 구청장을 포함한다)는 시·도도시계획위원회에 심의를 요청하기 전에 해당 지방자치단체에 설치된 지방도시계획위원회에 자문할 수 있다.

가. 하나의 필지(법 제62조에 따른 준공검사를 신청할 때 둘 이상의 필지를 하나의 필지로 합칠 것을 조건으로 하여 허가하는 경우를 포함하되, 개발행위허가를 받은 후에 매각을 목적으로 하나의 필지를 둘 이상의 필지로 분할하는 경우는 제외한다)에 건축물을 건축하거나 공작물을 설치하기 위한 토지의 형질변경

나. 하나 이상의 필지에 하나의 용도에 사용되는 건축물을 건축하거나 공작물을 설치하기 위한 토지의 형질변경

4. 건축물의 건축, 공작물의 설치 또는 지목의 변경을 수반하지 아니하고 시행하는 토지복원사업
5. 그 밖에 국토교통부령이 정하는 경우

④ 삭제 <2011.3.9.>

⑤ 삭제 <2011.3.9.>

⑥ 삭제 <2011.3.9.>

⑦ 삭제 <2011.3.9.>

제56조(개발행위허가의 기준) ①법 제58조제3항에 따른 개발행위허가의 기준은 별표 1의2와 같다. <개정 2009.8.5.>

② 법 제58조제3항제2호에서 "대통령령으로 정하는 지역"이란 자연녹지지역을 말한다. <신설 2012.4.10.>

③ 법 제58조제3항제3호에서 "대통령령으로 정하는 지역"이란 생산녹지지역 및 보전녹지지역을 말한다. <신설 2012.4.10.>

④국토교통부장관은 제1항의 개발행위허가기준에 대한 세부적인 검토기준을 정할 수 있다. <개정 2008.2.29., 2012.4.10., 2013.3.23.>

제56조의2(성장관리방안의 대상지역 등) ① 특별시장·광역시장·특별자치시장·특별자치도지사·시장 또는 군수가 법 제58조제4항에 따라 개발행위의 발생 가능성이 높은 지역을 대상지역으로 하여 기반시설의 설치·변경, 건축물의 용도 등에 관한 관리방안(이하 "성장관리방안"이라 한다)을 수립할 수 있는 지역은 법 제58조제3항제2호 및 제3호에 따른 유보 용도 및 보전 용도 지역으로서 다음 각 호의 어느 하나에 해당하는 지역으로 한다. <개정 2015.7.6., 2017.12.29.>

1. 개발수요가 많아 무질서한 개발이 진행되고 있거나 진행될 것으로 예상되는 지역
2. 주변의 토지이용이나 교통여건 변화 등으로 향후 시가화가 예상되는 지역
3. 주변지역과 연계하여 체계적인 관리가 필요한 지역
4. 그 밖에 제1호부터 제3호까지에 준하는 지역으로서 도시·군계획조례로 정하는 지역

② 성장관리방안에는 다음 각 호의 사항 중 제1호와 제2호를 포함한 둘 이상의 사항이 포함되어야 한다.

1. 도로, 공원 등 기반시설의 배치와 규모에 관한 사항

2. 건축물의 용도제한, 건축물의 건폐율 또는 용적률
3. 건축물의 배치 · 형태 · 색채 · 높이
4. 환경관리계획 또는 경관계획
5. 그 밖에 난개발을 방지하고 계획적 개발을 유도하기 위하여 필요한 사항으로서 도시 · 군계획조례로 정하는 사항

[본조신설 2014.1.14.]

제56조의2(성장관리방안의 대상지역 등) ① 특별시장 · 광역시장 · 특별자치시장 · 특별자치도지사 · 시장 또는 군수가 법 제58조제4항에 따라 개발행위의 발생 가능성이 높은 지역을 대상지역으로 하여 기반시설의 설치 · 변경, 건축물의 용도 등에 관한 관리방안(이하 "성장관리방안"이라 한다)을 수립할 수 있는 지역은 법 제58조제3항제2호 및 제3호에 따른 유보 용도 및 보전 용도 지역으로서 다음 각 호의 어느 하나에 해당하는 지역으로 한다. <개정 2015.7.6., 2017.12.29.>

1. 개발수요가 많아 무질서한 개발이 진행되고 있거나 진행될 것으로 예상되는 지역
2. 주변의 토지이용이나 교통여건 변화 등으로 향후 시가화가 예상되는 지역
3. 주변지역과 연계하여 체계적인 관리가 필요한 지역
4. 그 밖에 제1호부터 제3호까지에 준하는 지역으로서 도시 · 군계획조례로 정하는 지역

② 성장관리방안에는 다음 각 호의 사항 중 제1호와 제2호를 포함한 둘 이상의 사항이 포함되어야 한다.

1. 도로, 공원 등 기반시설의 배치와 규모에 관한 사항
2. 건축물의 용도제한, 건축물의 건폐율 또는 용적률
3. 건축물의 배치 · 형태 · 색채 · 높이
4. 환경관리계획 또는 경관계획
5. 그 밖에 난개발을 방지하고 계획적 개발을 유도하기 위하여 필요한 사항으로서 도시 · 군계획조례로 정하는 사항

[본조신설 2014.1.14.]

[시행일 : 2018.4.19.] 제56조의2

제56조의3(성장관리방안의 수립절차) ① 특별시장 · 광역시장 · 특별자치시장 · 특별자치도지사 · 시장 또는 군수는 법 제58조제5항에 따라 성장관리방안에 관하여 주민의견을 들으려면 성장관리방안의 주요 내용을 전국 또는 해당 지방자치단체의 지역을 주된 보급지역으로 하는 둘 이상의 일반일간신문과 해당 지방자치단체의 인터넷 홈페이지 등에 공고하고, 성장관리방안을 14일 이상 일반이 열람할 수 있도록 하여야 한다.

② 제1항에 따라 공고된 성장관리방안에 대하여 의견이 있는 자는 열람기간 내에 특별시장 · 광역시장 · 특별자치시장 · 특별자치도지사 · 시장 또는 군수에게 의견서를 제출할 수 있다.

③ 특별시장 · 광역시장 · 특별자치시장 · 특별자치도지사 · 시장 또는 군수는 제2항에 따라 제출된 의견을 성장관리방안에 반영할 것인지 여부를 검토하여 그 결과를 열람기간이 종료된 날부터 30일 이내에 해당 의견을 제출한 자에게 통보하여야 한다.

④ 특별시장 · 광역시장 · 특별자치시장 · 특별자치도지사 · 시장 또는 군수는 법 제58조제5항에 따라 성장관리방안에 관하여 해당 지방의회의 의견을 들으려면 의견 제시 기한을 밝혀 성장관리방안을 해당 지방의회에 보내야 한다.

⑤ 특별시장 · 광역시장 · 특별자치시장 · 특별자치도지사 · 시장 또는 군수는 성장관리방안을 다음 각 호의 범위에서 변경하려는 경우에는 법 제58조제5항단서에 따라 주민과 해당 지방의회의 의견 청취, 관계 행정기관과의 협의 및 지방도시계획위원회의 심의를 거치지 아니한다. <개정 2017.12.29.>

1. 성장관리방안을 수립한 대상지역 전체 면적의 10퍼센트 이내에서 변경하고 그 변경지역에서의 성장관리방안을 변경하는 경우. 다만, 대상지역에 둘 이상의 읍 · 면 또는 동이 포함된 경우에는 해당 읍 · 면 또는 동 단위로 구분한 지역의 면적이 각각 10퍼센트 이내에서 변경하는 경우만 해당한다.
2. 단위 기반시설부지 면적의 10퍼센트 미만을 변경하는 경우. 다만, 도로의 경우 시점 및 종점이 변경되지 아니하고 중심선이 종전 도로의 범위를 벗어나지 아니하는 경우만 해당한다.
3. 지형사정으로 인한 기반시설의 근소한 위치변경 또는 비탈면 등으로 인한 시설부지의 불가피한 변경인 경우
4. 건축물의 배치 · 형태 · 색채 · 높이의 변경인 경우
5. 성장관리방안으로 정한 경미한 변경사항에 해당하는 경우

6. 그 밖에 도시 · 군계획조례로 정하는 경미한 변경인 경우

⑥ 법 제58조제6항에 따른 성장관리방안의 고시는 해당 특별시 · 광역시 · 특별자치시 · 특별자치도 · 시 또는 군의 공보에 다음 각 호의 사항을 게재하는 방법으로 한다.

1. 성장관리방안의 수립 목적
2. 위치 및 경계
3. 면적 및 규모
4. 그 밖에 국토교통부령으로 정하는 사항

[본조신설 2014.1.14.]

제56조의3(성장관리방안의 수립절차) ① 특별시장 · 광역시장 · 특별자치시장 · 특별자치도지사 · 시장 또는 군수는 법 제58조제5항에 따라 성장관리방안에 관하여 주민의견을 들으려면 성장관리방안의 주요 내용을 전국 또는 해당 지방자치단체의 지역을 주된 보급지역으로 하는 둘 이상의 일반일간신문과 해당 지방자치단체의 인터넷 홈페이지 등에 공고하고, 성장관리방안을 14일 이상 일반이 열람할 수 있도록 하여야 한다.

② 제1항에 따라 공고된 성장관리방안에 대하여 의견이 있는 자는 열람기간 내에 특별시장 · 광역시장 · 특별자치시장 · 특별자치도지사 · 시장 또는 군수에게 의견서를 제출할 수 있다.

③ 특별시장 · 광역시장 · 특별자치시장 · 특별자치도지사 · 시장 또는 군수는 제2항에 따라 제출된 의견을 성장관리방안에 반영할 것인지 여부를 검토하여 그 결과를 열람기간이 종료된 날부터 30일 이내에 해당 의견을 제출한 자에게 통보하여야 한다.

④ 특별시장 · 광역시장 · 특별자치시장 · 특별자치도지사 · 시장 또는 군수는 법 제58조제5항에 따라 성장관리방안에 관하여 해당 지방의회의 의견을 들으려면 의견 제시 기한을 밝혀 성장관리방안을 해당 지방의회에 보내야 한다.

⑤ 특별시장 · 광역시장 · 특별자치시장 · 특별자치도지사 · 시장 또는 군수는 성장관리방안을 다음 각 호의 범위에서 변경하려는 경우에는 법 제58조제5항단서에 따라 주민과 해당 지방의회의 의견 청취, 관계 행정기관과의 협의 및 지방도시계획위원회의 심의를 거치지 아니한다. <개정 2017.12.29.>

1. 성장관리방안을 수립한 대상지역 전체 면적의 10퍼센트 이내에서 변경하고 그 변경지역에서의 성장관리방안을 변경하는 경우. 다만, 대상지역에 둘 이상의 읍 · 면 또는 동이 포함된 경우에는 해당 읍 · 면 또는 동 단위로 구분한 지역의 면적이 각각 10퍼센트 이내에서 변경하는 경우만 해당한다.
2. 단위 기반시설부지 면적의 10퍼센트 미만을 변경하는 경우. 다만, 도로의 경우 시점 및 종점이 변경되지 아니하고 중심선이 종전 도로의 범위를 벗어나지 아니하는 경우만 해당한다.
3. 지형사정으로 인한 기반시설의 근소한 위치변경 또는 비탈면 등으로 인한 시설부지의 불가피한 변경인 경우
4. 건축물의 배치 · 형태 · 색채 · 높이의 변경인 경우
5. 성장관리방안으로 정한 경미한 변경사항에 해당하는 경우
6. 그 밖에 도시 · 군계획조례로 정하는 경미한 변경인 경우

⑥ 법 제58조제6항에 따른 성장관리방안의 고시는 해당 특별시 · 광역시 · 특별자치시 · 특별자치도 · 시 또는 군의 공보에 다음 각 호의 사항을 게재하는 방법으로 한다.

1. 성장관리방안의 수립 목적
2. 위치 및 경계
3. 면적 및 규모
4. 그 밖에 국토교통부령으로 정하는 사항

[본조신설 2014.1.14.]
[시행일 : 2018.4.19.] 제56조의3

제56조의4(성장관리방안의 세부기준) 국토교통부장관은 제56조의2 및 제56조의3에 따른 성장관리방안의 수립 대상지역, 내용 및 절차 등에 관한 세부적인 기준을 정하여 고시한다.

[본조신설 2014.1.14.]

제57조(개발행위에 대한 도시계획위원회의 심의 등) ① 법 제59조제1항에서 "대통령령으로 정하는 행위"란 다음 각 호의 행위를 말한다. 다만, 도시 · 군계획사업(「택지개발촉진법」 등 다른 법률에서 도시 · 군계획사업을 의제하는 사업을 제외한다)에 의하는 경우를 제외한다. <개정 2005.9.8., 2007.4.19., 2008.1.8., 2010.4.29., 2011.3.9., 2012.1.6., 2012.4.10., 2012.10.29., 2014.3.24., 2016.5.17., 2016.6.30., 2016.8.11., 2017.12.29.>

1. 건축물의 건축 또는 공작물의 설치를 목적

으로 하는 토지의 형질변경으로서 그 면적이 제55조제1항 각 호의 어느 하나에 해당하는 규모(같은 항 각 호 외의 부분 단서에 따라 도시·군계획조례로 규모를 따로 정하는 경우에는 그 규모를 말한다. 이하 이 조에서 같다) 이상인 경우. 다만, 제55조제3항제3호의2에 따라 시·도도시계획위원회 또는 시·군·구도시계획위원회 중 대도시에 두는 도시계획위원회의 심의를 거치는 토지의 형질변경의 경우는 제외한다.

1의2. 녹지지역, 관리지역, 농림지역 또는 자연환경보전지역에서 건축물의 건축 또는 공작물의 설치를 목적으로 하는 토지의 형질변경으로서 그 면적이 제55조제1항 각 호의 어느 하나에 해당하는 규모 미만인 경우. 다만, 다음 각 목의 어느 하나에 해당하는 경우(법 제37조제1항제4호에 따른 방재지구 및 도시·군계획조례로 정하는 지역에서 건축물의 건축 또는 공작물의 설치를 목적으로 하는 토지의 형질변경에 해당하지 아니하는 경우로 한정한다)는 제외한다.

가. 해당 토지가 자연취락지구, 개발진흥지구, 기반시설부담구역, 「산업입지 및 개발에 관한 법률」 제8조의3에 따른 준산업단지 또는 같은 법 제40조의2에 따른 공장입지유도지구에 위치한 경우

나. 해당 토지가 특별시장·광역시장·특별자치시장·특별자치도지사·시장 또는 군수가 도로 등 기반시설이 이미 설치되어 있거나 설치에 관한 도시·군관리계획이 수립된 지역으로 인정하여 지방도시계획위원회의 심의를 거쳐 해당 지방자치단체의 공보에 고시한 지역에 위치한 경우

다. 해당 토지에 특별시·광역시·특별자치시·특별자치도·시 또는 군의 도시·군계획조례로 정하는 용도지역별 건축물의 용도·규모(대지의 규모를 포함한다)·층수 또는 주택호수 등의 범위에서 다음의 어느 하나에 해당하는 건축물을 건축하려는 경우

1) 「건축법 시행령」 별표 1 제1호의 단독주택(「주택법」 제15조에 따른 사업계획승인을 받아야 하는 주택은 제외한다)

2) 「건축법 시행령」 별표 1 제2호의 공동주택(「주택법」 제15조에 따른 사업계획승인을 받아야 하는 주택은 제외한다)

3) 「건축법 시행령」 별표 1 제3호의 제1종 근린생활시설

4) 「건축법 시행령」 별표 1 제4호의 제2종 근린생활시설(같은 호 거목, 더목 및 러목의 시설은 제외한다)

5) 「건축법 시행령」 별표 1 제10호가목의 학교 중 유치원(부지면적이 1,500제곱미터 미만인 시설로 한정하며, 보전녹지지역 및 보전관리지역에 설치하는 경우는 제외한다)

6) 「건축법 시행령」 별표 1 제11호가목의 아동 관련 시설(부지면적이 1,500제곱미터 미만인 시설로 한정하며, 보전녹지지역 및 보전관리지역에 설치하는 경우는 제외한다)

7) 「건축법 시행령」 별표 1 제11호나목의 노인복지시설(「노인복지법」 제36조에 따른 노인여가복지시설로서 부지면적이 1,500제곱미터 미만인 시설로 한정하며, 보전녹지지역 및 보전관리지역에 설치하는 경우는 제외한다)

8) 「건축법 시행령」 별표 1 제18호가목의 창고(농업·임업·어업을 목적으로 하는 건축물로 한정한다)와 같은 표 제21호의 동물 및 식물 관련 시설(다목 및 라목은 제외한다) 중에서 도시·군계획조례로 정하는 시설(660제곱미터 이내의 토지의 형질변경으로 한정하며, 자연환경보전지역에 있는 시설은 제외한다)

9) 기존 부지면적의 100분의 5 이하의 범위에서 증축하려는 건축물

라. 해당 토지에 다음의 요건을 모두 갖춘 건축물을 건축하려는 경우

1) 건축물의 집단화를 유도하기 위하여 특별시·광역시·특별자치시·특별자치도·시 또는 군의 도시·군계획조례로 정하는 용도지역 안에 건축할 것

2) 특별시·광역시·특별자치시·특별자치도·시 또는 군의 도시·군계획조례로 정하는 용도의 건축물을 건축할 것

3) 2)의 용도로 개발행위가 완료되었거나 개발행위허가 등에 따라 개발행위가 진행 중이거나 예정된 토지로부터 특별시·광역시·특별자치시·

특별자치도·시 또는 군의 도시·군계획조례로 정하는 거리(50미터 이내로 하되, 도로의 너비는 제외한다) 이내에 건축할 것
4) 1)의 용도지역에서 2) 및 3)의 요건을 모두 갖춘 건축물을 건축하기 위한 기존 개발행위의 전체 면적(개발행위허가 등에 의하여 개발행위가 진행 중이거나 예정된 토지면적을 포함한다)이 특별시·광역시·특별자치시·특별자치도·시 또는 군의 도시·군계획조례로 정하는 규모(제55조제1항에 따른 용도지역별 개발행위허가 규모 이상으로 정하되, 난개발이 되지 아니하도록 충분히 넓게 정하여야 한다) 이상일 것
5) 기반시설 또는 경관, 그 밖에 필요한 사항에 관하여 특별시·광역시·특별자치시·특별자치도·시 또는 군의 도시·군계획조례로 정하는 기준을 갖출 것

마. 계획관리지역(관리지역이 세분되지 아니한 경우에는 관리지역을 말한다) 안에서 다음의 공장 중 부지가 1만제곱미터 미만인 공장의 부지를 종전 부지면적의 50퍼센트 범위 안에서 확장하려는 경우. 이 경우 확장하려는 부지가 종전 부지와 너비 8미터 미만의 도로를 사이에 두고 접한 경우를 포함한다.
1) 2002년 12월 31일 이전에 준공된 공장
2) 법률 제6655호 국토의계획및이용에관한법률 부칙 제19조에 따라 종전의「국토이용관리법」,「도시계획법」또는「건축법」의 규정을 적용받는 공장
3) 2002년 12월 31일 이전에 종전의「공업배치 및 공장설립에 관한 법률」(법률 제6842호 공업배치및공장설립에관한법률중개정법률에 따라 개정되기 전의 것을 말한다) 제13조에 따라 공장설립 승인을 받은 경우 또는 같은 조에 따라 공장설립 승인을 신청한 경우(별표 19 제2호자목, 별표 20 제1호자목 및 제2호타목에 따른 요건에 적합하지 아니하여 2003년 1월 1일 이후 그 신청이 반려된 경우를 포함한다)로서 2005년 1월 20일까지「건축법」제21조에 따른 착공신고를 한 공장

2. 부피 3만세제곱미터 이상의 토석채취
3. 삭제 <2008.1.8.>

② 제1항제1호의2다목부터 마목까지의 규정에 따라 도시계획위원회의 심의를 거치지 아니하고 개발행위허가를 하는 경우에는 해당 건축물의 용도를 변경(제1항제1호의2다목부터 마목까지의 규정에 따라 건축할 수 있는 건축물 간의 변경은 제외한다)하지 아니하도록 조건을 붙여야 한다. <신설 2011.3.9.>

③ 특별시장·광역시장·특별자치시장·특별자치도지사·시장 또는 군수는 제1항제1호의2라목에 따라 건축물의 집단화를 유도하는 지역에 대해서는 도로 및 상수도·하수도 등 기반시설의 설치를 우선적으로 지원할 수 있다. <신설 2011.3.9., 2012.4.10.>

④관계 행정기관의 장은 제1항 각 호의 행위를 법에 따라 허가하거나 다른 법률에 따라 허가·인가·승인 또는 협의를 하고자 하는 경우에는 법 제59조제1항에 따라 다음 각 호의 구분에 따라 중앙도시계획위원회 또는 지방도시계획위원회의 심의를 거쳐야 한다. <개정 2005.9.8., 2008.9.25., 2009.8.5., 2010.4.29., 2011.3.9.>

1. 중앙도시계획위원회의 심의를 거쳐야 하는 사항
   가. 면적이 1제곱킬로미터 이상인 토지의 형질변경
   나. 부피 1백만세제곱미터 이상의 토석채취
2. 시·도도시계획위원회 또는 시·군·구도시계획위원회 중 대도시에 두는 도시계획위원회의 심의를 거쳐야 하는 사항
   가. 면적이 30만제곱미터 이상 1제곱킬로미터 미만인 토지의 형질변경
   나. 부피 50만세제곱미터 이상 1백만세제곱미터 미만의 토석채취
3. 시·군·구도시계획위원회의 심의를 거쳐야 하는 사항
   가. 면적이 30만제곱미터 미만인 토지의 형질변경
   나. 부피 3만세제곱미터 이상 50만세제곱미터 미만의 토석채취
   다. 삭제 <2008.1.8.>

⑤ 제4항에도 불구하고 중앙행정기관의 장이 같은 항 제2호 각 목의 어느 하나 또는 제3호 각 목의 어느 하나에 해당하는 사항을 법에 따라 허가하거나 다른 법률에 따라 허가·인가·승인 또는 협의를 하려는 경우에는 중앙도시계획위원회의 심의를 거쳐야 하며, 시·도지사가 같은 항 제3호 각 목의 어느 하나에 해당하는 사항을 법에 따라 허가하거나 다른 법률에 따라

허가·인가·승인 또는 협의를 하려는 경우에는 시·도도시계획위원회의 심의를 거쳐야 한다. <개정 2011.3.9.>

⑥관계 행정기관의 장이 제4항 및 제5항에 따라 중앙도시계획위원회 또는 지방도시계획위원회의 심의를 받는 때에는 다음 각호의 서류를 국토교통부장관 또는 해당 지방도시계획위원회가 설치된 지방자치단체의 장에게 제출하여야 한다. <개정 2008.2.29., 2011.3.9., 2013.3.23.>

1. 개발행위의 목적·필요성·배경·내용·추진절차 등을 포함한 개발행위의 내용(관계 법령의 규정에 의하여 당해 개발행위를 허가·인가·승인 또는 협의할 때에 포함되어야 하는 내용을 포함한다)
2. 대상지역과 주변지역의 용도지역·기반시설 등을 표시한 축척 2만5천분의 1의 토지이용현황도
3. 배치도·입면도(건축물의 건축 및 공작물의 설치의 경우에 한한다) 및 공사계획서
4. 그 밖에 국토교통부령이 정하는 서류

⑦법 제59조제2항제6호에서 "대통령령으로 정하는 사업"이란 「농어촌정비법」 제2조제4호에 규정된 사업 전부를 말한다. <개정 2005.9.8., 2009.8.5., 2011.3.9.>

제57조(개발행위에 대한 도시계획위원회의 심의 등) ① 법 제59조제1항에서 "대통령령으로 정하는 행위"란 다음 각 호의 행위를 말한다. 다만, 도시·군계획사업(「택지개발촉진법」 등 다른 법률에서 도시·군계획사업을 의제하는 사업을 제외한다)에 의하는 경우를 제외한다. <개정 2005.9.8., 2007.4.19., 2008.1.8., 2010.4.29., 2011.3.9., 2012.1.6., 2012.4.10., 2012.10.29., 2014.3.24., 2016.5.17., 2016.6.30., 2016.8.11., 2017.12.29.>

1. 건축물의 건축 또는 공작물의 설치를 목적으로 하는 토지의 형질변경으로서 그 면적이 제55조제1항 각 호의 어느 하나에 해당하는 규모(같은 항 각 호 외의 부분 단서에 따라 도시·군계획조례로 규모를 따로 정하는 경우에는 그 규모를 말한다. 이하 이 조에서 같다) 이상인 경우. 다만, 제55조제3항제3호의2에 따라 시·도도시계획위원회 또는 시·군·구도시계획위원회 중 대도시에 두는 도시계획위원회의 심의를 거치는 토지의 형질변경의 경우는 제외한다.

1의2. 녹지지역, 관리지역, 농림지역 또는 자연환경보전지역에서 건축물의 건축 또는 공작물의 설치를 목적으로 하는 토지의 형질변경으로서 그 면적이 제55조제1항 각 호의 어느 하나에 해당하는 규모 미만인 경우. 다만, 다음 각 목의 어느 하나에 해당하는 경우(법 제37조제1항제4호에 따른 방재지구 및 도시·군계획조례로 정하는 지역에서 건축물의 건축 또는 공작물의 설치를 목적으로 하는 토지의 형질변경에 해당하지 아니하는 경우로 한정한다)는 제외한다.

가. 해당 토지가 자연취락지구, 개발진흥지구, 기반시설부담구역, 「산업입지 및 개발에 관한 법률」 제8조의3에 따른 준산업단지 또는 같은 법 제40조의2에 따른 공장입지유도지구에 위치한 경우

나. 해당 토지가 특별시장·광역시장·특별자치시장·특별자치도지사·시장 또는 군수가 도로 등 기반시설이 이미 설치되어 있거나 설치에 관한 도시·군관리계획이 수립된 지역으로 인정하여 지방도시계획위원회의 심의를 거쳐 해당 지방자치단체의 공보에 고시한 지역에 위치한 경우

다. 해당 토지에 특별시·광역시·특별자치시·특별자치도·시 또는 군의 도시·군계획조례로 정하는 용도지역별 건축물의 용도·규모(대지의 규모를 포함한다)·층수 또는 주택호수 등의 범위에서 다음의 어느 하나에 해당하는 건축물을 건축하려는 경우

1) 「건축법 시행령」 별표 1 제1호의 단독주택(「주택법」 제15조에 따른 사업계획승인을 받아야 하는 주택은 제외한다)
2) 「건축법 시행령」 별표 1 제2호의 공동주택(「주택법」 제15조에 따른 사업계획승인을 받아야 하는 주택은 제외한다)
3) 「건축법 시행령」 별표 1 제3호의 제1종 근린생활시설
4) 「건축법 시행령」 별표 1 제4호의 제2종 근린생활시설(같은 호 거목, 더목 및 러목의 시설은 제외한다)
5) 「건축법 시행령」 별표 1 제10호가목의 학교 중 유치원(부지면적이 1,500제곱미터 미만인 시설로 한정하며, 보전녹지지역 및 보전관리지역에 설치하는 경우는 제외한다)
6) 「건축법 시행령」 별표 1 제11호가목의 아동 관련 시설(부지면적이 1,500

제곱미터 미만인 시설로 한정하며, 보전녹지지역 및 보전관리지역에 설치하는 경우는 제외한다)
7) 「건축법 시행령」 별표 1 제11호나목의 노인복지시설(「노인복지법」 제36조에 따른 노인여가복지시설로서 부지면적이 1,500제곱미터 미만인 시설로 한정하며, 보전녹지지역 및 보전관리지역에 설치하는 경우는 제외한다)
8) 「건축법 시행령」 별표 1 제18호가목의 창고(농업·임업·어업을 목적으로 하는 건축물로 한정한다)와 같은 표 제21호의 동물 및 식물 관련 시설(다목 및 라목은 제외한다) 중에서 도시·군계획조례로 정하는 시설(660제곱미터 이내의 토지의 형질변경으로 한정하며, 자연환경보전지역에 있는 시설은 제외한다)
9) 기존 부지면적의 100분의 5 이하의 범위에서 증축하려는 건축물
라. 해당 토지에 다음의 요건을 모두 갖춘 건축물을 건축하려는 경우
1) 건축물의 집단화를 유도하기 위하여 특별시·광역시·특별자치시·특별자치도·시 또는 군의 도시·군계획조례로 정하는 용도지역 안에 건축할 것
2) 특별시·광역시·특별자치시·특별자치도·시 또는 군의 도시·군계획조례로 정하는 용도의 건축물을 건축할 것
3) 2)의 용도로 개발행위가 완료되었거나 개발행위허가 등에 따라 개발행위가 진행 중이거나 예정된 토지로부터 특별시·광역시·특별자치시·특별자치도·시 또는 군의 도시·군계획조례로 정하는 거리(50미터 이내로 하되, 도로의 너비는 제외한다) 이내에 건축할 것
4) 1)의 용도지역에서 2) 및 3)의 요건을 모두 갖춘 건축물을 건축하기 위한 기존 개발행위의 전체 면적(개발행위허가 등에 의하여 개발행위가 진행 중이거나 예정된 토지면적을 포함한다)이 특별시·광역시·특별자치시·특별자치도·시 또는 군의 도시·군계획조례로 정하는 규모(제55조제1항에 따른 용도지역별 개발행위허가 규모 이상으로 정하되, 난개발이 되지 아니하도록 충분히 넓게 정하여야 한다) 이상일 것
5) 기반시설 또는 경관, 그 밖에 필요한 사항에 관하여 특별시·광역시·특별자치시·특별자치도·시 또는 군의 도시·군계획조례로 정하는 기준을 갖출 것
마. 계획관리지역(관리지역이 세분되지 아니한 경우에는 관리지역을 말한다) 안에서 다음의 공장 중 부지가 1만제곱미터 미만인 공장의 부지를 종전 부지면적의 50퍼센트 범위 안에서 확장하려는 경우. 이 경우 확장하려는 부지가 종전 부지와 너비 8미터 미만의 도로를 사이에 두고 접한 경우를 포함한다.
1) 2002년 12월 31일 이전에 준공된 공장
2) 법률 제6655호 국토의계획및이용에관한법률 부칙 제19조에 따라 종전의 「국토이용관리법」, 「도시계획법」 또는 「건축법」의 규정을 적용받는 공장
3) 2002년 12월 31일 이전에 종전의 「공업배치 및 공장설립에 관한 법률」(법률 제6842호 공업배치및공장설립에관한법률중개정법률에 따라 개정되기 전의 것을 말한다) 제13조에 따라 공장설립 승인을 받은 경우 또는 같은 조에 따라 공장설립 승인을 신청한 경우(별표 19 제2호자목, 별표 20 제1호자목 및 제2호타목에 따른 요건에 적합하지 아니하여 2003년 1월 1일 이후 그 신청이 반려된 경우를 포함한다)로서 2005년 1월 20일까지 「건축법」 제21조에 따른 착공신고를 한 공장
2. 부피 3만세제곱미터 이상의 토석채취
3. 삭제 <2008.1.8.>
② 제1항제1호의2다목부터 마목까지의 규정에 따라 도시계획위원회의 심의를 거치지 아니하고 개발행위허가를 하는 경우에는 해당 건축물의 용도를 변경(제1항제1호의2다목부터 마목까지의 규정에 따라 건축할 수 있는 건축물 간의 변경은 제외한다)하지 아니하도록 조건을 붙여야 한다. <신설 2011.3.9.>
③ 특별시장·광역시장·특별자치시장·특별자치도지사·시장 또는 군수는 제1항제1호의2라목에 따라 건축물의 집단화를 유도하는 지역에 대해서는 도로 및 상수도·하수도 등 기반시설의 설치를 우선적으로 지원할 수 있다. <신설 2011.3.9., 2012.4.10.>
④ 관계 행정기관의 장은 제1항 각 호의 행위를 법에 따라 허가하거나 다른 법률에 따라 허가·인가·승인 또는 협의를 하고자 하는 경우에는 법 제59조제1항에 따라 다음 각

호의 구분에 따라 중앙도시계획위원회 또는 지방도시계획위원회의 심의를 거쳐야 한다. <개정 2005.9.8., 2008.9.25., 2009.8.5., 2010.4.29., 2011.3.9.>

1. 중앙도시계획위원회의 심의를 거쳐야 하는 사항
   가. 면적이 1제곱킬로미터 이상인 토지의 형질변경
   나. 부피 1백만세제곱미터 이상의 토석채취
2. 시·도도시계획위원회 또는 시·군·구도시계획위원회 중 대도시에 두는 도시계획위원회의 심의를 거쳐야 하는 사항
   가. 면적이 30만제곱미터 이상 1제곱킬로미터 미만인 토지의 형질변경
   나. 부피 50만세제곱미터 이상 1백만세제곱미터 미만의 토석채취
3. 시·군·구도시계획위원회의 심의를 거쳐야 하는 사항
   가. 면적이 30만제곱미터 미만인 토지의 형질변경
   나. 부피 3만세제곱미터 이상 50만세제곱미터 미만의 토석채취
   다. 삭제 <2008.1.8.>

⑤ 제4항에도 불구하고 중앙행정기관의 장이 같은 항 제2호 각 목의 어느 하나 또는 제3호 각 목의 어느 하나에 해당하는 사항을 법에 따라 허가하거나 다른 법률에 따라 허가·인가·승인 또는 협의를 하려는 경우에는 중앙도시계획위원회의 심의를 거쳐야 하며, 시·도지사가 같은 항 제3호 각 목의 어느 하나에 해당하는 사항을 법에 따라 허가하거나 다른 법률에 따라 허가·인가·승인 또는 협의를 하려는 경우에는 시·도도시계획위원회의 심의를 거쳐야 한다. <개정 2011.3.9.>

⑥ 관계 행정기관의 장이 제4항 및 제5항에 따라 중앙도시계획위원회 또는 지방도시계획위원회의 심의를 받는 때에는 다음 각호의 서류를 국토교통부장관 또는 해당 지방도시계획위원회가 설치된 지방자치단체의 장에게 제출하여야 한다. <개정 2008.2.29., 2011.3.9., 2013.3.23.>

1. 개발행위의 목적·필요성·배경·내용·추진절차 등을 포함한 개발행위의 내용(관계법령의 규정에 의하여 당해 개발행위를 허가·인가·승인 또는 협의할 때에 포함되어야 하는 내용을 포함한다)
2. 대상지역과 주변지역의 용도지역·기반시설 등을 표시한 축척 2만5천분의 1의 토지이용현황도
3. 배치도·입면도(건축물의 건축 및 공작물의 설치의 경우에 한한다) 및 공사계획서
4. 그 밖에 국토교통부령이 정하는 서류

⑦ 법 제59조제2항제6호에서 "대통령령으로 정하는 사업"이란 「농어촌정비법」 제2조제4호에 규정된 사업 전부를 말한다. <개정 2005.9.8., 2009.8.5., 2011.3.9.>

[시행일 : 2018.4.19.] 제57조

제58조(도시·군계획에 포함되지 아니한 개발행위의 심의) ① 법 제59조제3항의 규정에 의하여 국토교통부장관 또는 지방자치단체의 장이 관계 행정기관의 장에게 중앙도시계획위원회 또는 지방도시계획위원회의 심의를 받도록 요청하는 때에는 심의가 필요한 사유를 명시하여야 한다. <개정 2008.2.29., 2013.3.23.>

②법 제59조제3항의 규정에 의하여 중앙도시계획위원회 또는 지방도시계획위원회의 심의를 받도록 요청받은 관계 행정기관의 장이 중앙행정기관의 장인 경우에는 중앙도시계획위원회의 심의를 받아야 하며, 지방자치단체의 장인 경우에는 당해 지방자치단체에 설치된 지방도시계획위원회의 심의를 받아야 한다.

[제목개정 2012.4.10.]

제59조(개발행위허가의 이행담보 등) ①법 제60조제1항 각호외의 부분 본문에서 "대통령령이 정하는 경우"라 함은 다음 각호의 1에 해당하는 경우를 말한다.

1. 법 제56조제1항제1호 내지 제3호의 1에 해당하는 개발행위로서 당해 개발행위로 인하여 도로·수도공급설비·하수도 등 기반시설의 설치가 필요한 경우
2. 토지의 굴착으로 인하여 인근의 토지가 붕괴될 우려가 있거나 인근의 건축물 또는 공작물이 손괴될 우려가 있는 경우
3. 토석의 발파로 인한 낙석·먼지 등에 의하여 인근지역에 피해가 발생할 우려가 있는 경우
4. 토석을 운반하는 차량의 통행으로 인하여 통행로 주변의 환경이 오염될 우려가 있는 경우
5. 토지의 형질변경이나 토석의 채취가 완료된 후 비탈면에 조경을 할 필요가 있는 경우

②법 제60조제1항에 따른 이행보증금(이하 "이행보증금"이라 한다)의 예치금액은 기반시설

의 설치나 그에 필요한 용지의 확보, 위해의 방지, 환경오염의 방지, 경관 및 조경에 필요한 비용의 범위안에서 산정하되 총공사비의 20퍼센트 이내(산지에서의 개발행위의 경우 「산지관리법」 제38조에 따른 복구비를 합하여 총공사비의 20퍼센트 이내)가 되도록 하고, 그 산정에 관한 구체적인 사항 및 예치방법은 특별시·광역시·특별자치시·특별자치도·시 또는 군의 도시·군계획조례로 정한다. 이 경우 산지에서의 개발행위에 대한 이행보증금의 예치금액은 「산지관리법」 제38조에 따른 복구비를 포함하여 정하되, 복구비가 이행보증금에 중복하여 계상되지 아니하도록 하여야 한다. <개정 2003.9.29., 2005.9.8., 2006.3.23., 2012.4.10., 2014.11.11.>

③ 이행보증금은 현금으로 납입하되, 「국가를 당사자로 하는 계약에 관한 법률 시행령」 제37조제2항 각 호 및 「지방자치단체를 당사자로 하는 계약에 관한 법률 시행령」 제37조제2항 각 호의 보증서 등 또는 「광산피해의 방지 및 복구에 관한 법률」 제39조제1항제5호에 따라 한국광해관리공단이 발행하는 이행보증서 등으로 이를 갈음할 수 있다. <개정 2005.9.8., 2005.12.30., 2006.8.17., 2008.9.30.>

④이행보증금은 개발행위허가를 받은 자가 법 제62조제1항의 규정에 의한 준공검사를 받은 때에는 즉시 이를 반환하여야 한다.

⑤ 법 제60조제1항제2호에서 "대통령령으로 정하는 기관"이란 「공공기관의 운영에 관한 법률」 제5조제3항제1호 또는 제2호나목에 해당하는 기관을 말한다. <신설 2009.8.5.>

⑥특별시장·광역시장·특별자치시장·특별자치도지사·시장 또는 군수는 개발행위허가를 받은 자가 법 제60조제3항의 규정에 의한 원상회복명령을 이행하지 아니하는 때에는 이행보증금을 사용하여 동조제4항의 규정에 의한 대집행에 의하여 원상회복을 할 수 있다. 이 경우 잔액이 있는 때에는 즉시 이를 이행보증금의 예치자에게 반환하여야 한다. <개정 2009.8.5., 2012.4.10.>

제59조의2(개발행위복합민원 일괄협의회) ① 특별시장·광역시장·특별자치시장·특별자치도지사·시장 또는 군수는 법 제61조의2에 따라 법 제61조제3항에 따른 인가·허가·승인·면허·협의·해제·신고 또는 심사 등(이하 이 조에서 "인·허가등"이라 한다)의 의제의 협의를 위한 개발행위복합민원 일괄협의회(이하 "협의회"라 한다)를 법 제57조제1항에 따른 개발행위허가 신청일부터 10일 이내에 개최하여야 한다.

② 특별시장·광역시장·특별자치시장·특별자치도지사·시장 또는 군수는 협의회를 개최하기 3일 전까지 협의회 개최 사실을 법 제61조제3항에 따른 관계 행정기관의 장에게 알려야 한다.

③ 법 제61조제3항에 따른 관계 행정기관의 장은 협의회에서 인·허가등의 의제에 대한 의견을 제출하여야 한다. 다만, 법 제61조제3항에 따른 관계 행정기관의 장은 법령 검토 및 사실 확인 등을 위한 추가 검토가 필요하여 해당 인·허가등에 대한 의견을 협의회에서 제출하기 곤란한 경우에는 법 제61조제4항에서 정한 기간 내에 그 의견을 제출할 수 있다.

④ 제1항부터 제3항까지에서 규정한 사항 외에 협의회의 운영 등에 필요한 사항은 특별시·광역시·특별자치시·특별자치도·시 또는 군의 도시·군계획조례로 정한다.

[본조신설 2012.7.31.]

제60조(개발행위허가의 제한) ①법 제63조제1항의 규정에 의하여 개발행위허가를 제한하고자 하는 자가 국토교통부장관인 경우에는 중앙도시계획위원회의 심의를 거쳐야 하며, 시·도지사 또는 시장·군수인 경우에는 당해 지방자치단체에 설치된 지방도시계획위원회의 심의를 거쳐야 한다. <개정 2008.2.29., 2013.3.23.>

②법 제63조제1항의 규정에 의하여 개발행위허가를 제한하고자 하는 자가 국토교통부장관 또는 시·도지사인 경우에는 제1항의 규정에 의한 중앙도시계획위원회 또는 시·도도시계획위원회의 심의전에 미리 제한하고자 하는 지역을 관할하는 시장 또는 군수의 의견을 들어야 한다. <개정 2008.2.29., 2013.3.23.>

③법 제63조제2항에 따른 개발행위허가의 제한 및 같은 조 제3항 후단에 따른 개발행위허가의 제한 해제에 관한 고시는 국토교통부장관이 하는 경우에는 관보에, 시·도지사 또는 시장·군수가 하는 경우에는 당해 지방자치단체의 공보에 게재하는 방법에 의한다. <개정 2008.2.29., 2013.3.23., 2014.1.14.>

④ 국토교통부장관, 시·도지사, 시장 또는 군수는 제3항에 따라 고시한 내용을 해당 기관의 인터넷 홈페이지에도 게재하여야 한다. <신설 2016.11.1.>

제61조(도시·군계획시설부지에서의 개발행위) 법 제64조제1항 단서에서 "대통령령으로 정하는 경우"란 다음 각 호의 어느 하나에 해당하는 경우를 말한다. <개정 2009.7.7., 2012.4.10., 2013.6.11., 2015.6.15.>

1. 지상·수상·공중·수중 또는 지하에 일정한 공간적 범위를 정하여 도시·군계획시설이 결정되어 있고, 그 도시·군계획시설의 설치·이용 및 장래의 확장 가능성에 지장이 없는 범위에서 도시·군계획시설이 아닌 건축물 또는 공작물을 그 도시·군계획시설인 건축물 또는 공작물의 부지에 설치하는 경우
2. 도시·군계획시설과 도시·군계획시설이 아닌 시설을 같은 건축물안에 설치한 경우(법률 제6243호 도시계획법개정법률에 의하여 개정되기 전에 설치한 경우를 말한다)로서 법 제88조의 규정에 의한 실시계획인가를 받아 다음 각목의 어느 하나에 해당하는 경우
   가. 건폐율이 증가하지 아니하는 범위 안에서 당해 건축물을 증축 또는 대수선하여 도시·군계획시설이 아닌 시설을 설치하는 경우
   나. 도시·군계획시설의 설치·이용 및 장래의 확장 가능성에 지장이 없는 범위 안에서 도시·군계획시설을 도시·군계획시설이 아닌 시설로 변경하는 경우
3. 「도로법」 등 도시·군계획시설의 설치 및 관리에 관하여 규정하고 있는 다른 법률에 의하여 점용허가를 받아 건축물 또는 공작물을 설치하는 경우
4. 도시·군계획시설의 설치·이용 및 장래의 확장 가능성에 지장이 없는 범위에서 「신에너지 및 재생에너지 개발·이용·보급 촉진법」 제2조제3호에 따른 신·재생에너지 설비 중 태양에너지 설비 또는 연료전지 설비를 설치하는 경우

[전문개정 2005.1.15.]
[제목개정 2012.4.10.]

제2절 개발행위에 따른 기반시설의 설치

제62조(개발밀도의 강화범위 등) ①법 제66조제2항에서 "대통령령이 정하는 범위"라 함은 당해 용도지역에 적용되는 용적률의 최대한도의 50퍼센트를 말한다.
②법 제66조제4항의 규정에 의한 개발밀도관리구역의 지정 또는 변경의 고시는 동조제3항 각호의 사항을 당해 지방자치단체의 공보에 게재하는 방법에 의한다.
③ 특별시장·광역시장·특별자치시장·특별자치도지사·시장 또는 군수는 제2항에 따라 고시한 내용을 해당 기관의 인터넷 홈페이지에 게재하여야 한다. <신설 2016.12.30.>

제63조(개발밀도관리구역의 지정기준 및 관리방법) 국토교통부장관은 법 제66조제5항의 규정에 의하여 개발밀도관리구역의 지정기준 및 관리방법을 정할 때에는 다음 각호의 사항을 종합적으로 고려하여야 한다. <개정 2005.9.8., 2008.2.29., 2008.12.31., 2013.3.23., 2016.1.22.>

1. 개발밀도관리구역은 도로·수도공급설비·하수도·학교 등 기반시설의 용량이 부족할 것으로 예상되는 지역중 기반시설의 설치가 곤란한 지역으로서 다음 각목의 1에 해당하는 지역에 대하여 지정할 수 있도록 할 것
   가. 당해 지역의 도로서비스 수준이 매우 낮아 차량통행이 현저하게 지체되는 지역. 이 경우 도로서비스 수준의 측정에 관하여는 「도시교통정비 촉진법」에 따른 교통영향평가의 예에 따른다.
   나. 당해 지역의 도로율이 국토교통부령이 정하는 용도지역별 도로율에 20퍼센트 이상 미달하는 지역
   다. 향후 2년 이내에 당해 지역의 수도에 대한 수요량이 수도시설의 시설용량을 초과할 것으로 예상되는 지역
   라. 향후 2년 이내에 당해 지역의 하수발생량이 하수시설의 시설용량을 초과할 것으로 예상되는 지역
   마. 향후 2년 이내에 당해 지역의 학생수가 학교수용능력을 20퍼센트 이상 초과할 것으로 예상되는 지역
2. 개발밀도관리구역의 경계는 도로·하천 그 밖에 특색 있는 지형지물을 이용하거나 용도지역의 경계선을 따라 설정하는 등 경계선이 분명하게 구분되도록 할 것
3. 용적률의 강화범위는 제62조제1항의 규정에 의한 범위안에서 제1호 각목에 규정

된 기반시설의 부족정도를 감안하여 결정할 것
4. 개발밀도관리구역안의 기반시설의 변화를 주기적으로 검토하여 용적률을 강화 또는 완화하거나 개발밀도관리구역을 해제하는 등 필요한 조치를 취하도록 할 것

제64조(기반시설부담구역의 지정) ① 법 제67조제1항제3호에서 "대통령령으로 정하는 지역"이란 특별시장·광역시장·특별자치시장·특별자치도지사·시장 또는 군수가 제4조의2에 따른 기반시설의 설치가 필요하다고 인정하는 지역으로서 다음 각 호의 어느 하나에 해당하는 지역을 말한다. <개정 2012.4.10.>
1. 해당 지역의 전년도 개발행위허가 건수가 전전년도 개발행위허가 건수보다 20퍼센트 이상 증가한 지역
2. 해당 지역의 전년도 인구증가율이 그 지역이 속하는 특별시·광역시·특별자치시·특별자치도·시 또는 군(광역시의 관할 구역에 있는 군은 제외한다)의 전년도 인구증가율보다 20퍼센트 이상 높은 지역

② 특별시장·광역시장·특별자치시장·특별자치도지사·시장 또는 군수는 기반시설부담구역을 지정하거나 변경하였으면 법 제67조제2항에 따라 기반시설부담구역의 명칭·위치·면적 및 지정일자와 관계 도서의 열람방법을 해당 지방자치단체의 공보와 인터넷 홈페이지에 고시하여야 한다. <개정 2012.4.10.>
[본조신설 2008.9.25.]

제65조(기반시설설치계획의 수립) ① 특별시장·광역시장·특별자치시장·특별자치도지사·시장 또는 군수는 법 제67조제4항에 따른 기반시설설치계획(이하 "기반시설설치계획"이라 한다)을 수립할 때에는 다음 각 호의 내용을 포함하여 수립하여야 한다. <개정 2012.4.10.>
1. 설치가 필요한 기반시설(제4조의2 각 호의 기반시설을 말하며, 이하 이 절에서 같다)의 종류, 위치 및 규모
2. 기반시설의 설치 우선순위 및 단계별 설치계획
3. 그 밖에 기반시설의 설치에 필요한 사항

② 특별시장·광역시장·특별자치시장·특별자치도지사·시장 또는 군수는 기반시설설치계획을 수립할 때에는 다음 각 호의 사항을 종합적으로 고려하여야 한다. <개정 2012.4.10.>
1. 기반시설의 배치는 해당 기반시설부담구역의 토지이용계획 또는 앞으로 예상되는 개발수요를 감안하여 적절하게 정할 것
2. 기반시설의 설치시기는 재원조달계획, 시설별 우선순위, 사용자의 편의와 예상되는 개발행위의 완료시기 등을 감안하여 합리적으로 정할 것

③ 제1항 및 제2항에도 불구하고 법 제52조제1항에 따라 지구단위계획을 수립한 경우에는 기반시설설치계획을 수립한 것으로 본다. <개정 2012.4.10.>

④ 기반시설부담구역의 지정고시일부터 1년이 되는 날까지 기반시설설치계획을 수립하지 아니하면 그 1년이 되는 날의 다음날에 기반시설부담구역의 지정은 해제된 것으로 본다.
[본조신설 2008.9.25.]

제66조(기반시설부담구역의 지정기준) 국토교통부장관은 법 제67조제5항에 따라 기반시설부담구역의 지정기준을 정할 때에는 다음 각 호의 사항을 종합적으로 고려하여야 한다. <개정 2013.3.23.>
1. 기반시설부담구역은 기반시설이 적절하게 배치될 수 있는 규모로서 최소 10만 제곱미터 이상의 규모가 되도록 지정할 것
2. 소규모 개발행위가 연접하여 시행될 것으로 예상되는 지역의 경우에는 하나의 단위구역으로 묶어서 기반시설부담구역을 지정할 것
3. 기반시설부담구역의 경계는 도로, 하천, 그 밖의 특색 있는 지형지물을 이용하는 등 경계선이 분명하게 구분되도록 할 것

[본조신설 2008.9.25.]

제67조(기반시설부담계획의 수립) ① 특별시장·광역시장·특별자치시장·특별자치도지사·시장 또는 군수는 법 제68조제2항 단서에 따른 기반시설부담계획(이하 "기반시설부담계획"이라 한다)을 수립할 때에는 다음 각 호의 내용을 포함하여야 한다. <개정 2012.4.10.>
1. 기반시설의 설치 또는 그에 필요한 용지의 확보에 소요되는 총부담비용
2. 제1호에 따른 총부담비용 중 법 제68조제1항에 따른 건축행위를 하는 자(제70조의2제1항 각 호에 해당하는 자를 포함한다. 이하 "납부의무자"라 한다)가 각각 부담하여야 할 부담분
3. 제2호에 따른 부담분의 부담시기
4. 재원의 조달 및 관리·운영방법

② 제1항제2호에 따른 부담분은 다음 각 호의 방법으로 산정한다. <개정 2012.4.10.>
1. 총부담비용을 건축물의 연면적에 따라 배분하되, 건축물의 용도에 따라 가중치를 부여하여 결정하는 방법
2. 제1호에도 불구하고 특별시장・광역시장・특별자치시장・특별자치도지사・시장 또는 군수와 납부의무자가 서로 협의하여 산정방법을 정하는 경우에는 그 방법

③ 특별시장・광역시장・특별자치시장・특별자치도지사・시장 또는 군수는 기반시설부담계획을 수립할 때에는 다음 각 호의 사항을 종합적으로 고려하여야 한다. <개정 2012.4.10.>
1. 총부담비용은 각 시설별로 소요되는 용지보상비・공사비 등 합리적 근거를 기준으로 산출하고, 기반시설의 설치 또는 용지 확보에 필요한 비용을 초과하여 과다하게 산정되지 아니하도록 할 것
2. 각 납부의무자의 부담분은 건축물의 연면적・용도 등을 종합적으로 고려하여 합리적이고 형평에 맞게 정하도록 할 것
3. 기반시설부담계획의 수립시기와 기반시설의 설치 또는 용지의 확보에 필요한 비용의 납부시기가 일치하지 아니하는 경우에는 물가상승률 등을 고려하여 부담분을 조정할 수 있도록 할 것

④ 특별시장・광역시장・특별자치시장・특별자치도지사・시장 또는 군수는 기반시설부담계획을 수립하거나 변경할 때에는 주민의 의견을 듣고 해당 지방자치단체에 설치된 지방도시계획위원회의 심의를 거쳐야 한다. 이 경우 주민의 의견청취에 관하여는 법 제28조제1항부터 제4항까지의 규정을 준용한다. <개정 2012.4.10.>

⑤ 특별시장・광역시장・특별자치시장・특별자치도지사・시장 또는 군수는 기반시설부담계획을 수립하거나 변경하였으면 그 내용을 고시하여야 한다. 이 경우 기반시설부담계획의 수립 또는 변경의 고시에 관하여는 제64조제2항을 준용한다. <개정 2012.4.10.>

⑥ 기반시설부담계획 중 다음 각 호에 해당하는 경미한 사항을 변경하는 경우에는 제4항 및 제5항을 적용하지 아니한다. <개정 2012.4.10.>
1. 납부의무자의 전부 또는 일부의 부담분을 증가시키지 아니하고 부담시기를 앞당기지 아니한 경우
2. 기반시설의 설치 및 그에 필요한 용지의 확보와 관련하여 특별시장・광역시장・특별자치시장・특별자치도지사・시장 또는 군수의 지원을 경감하지 아니한 경우

[본조신설 2008.9.25.]

제68조(기반시설 표준시설비용의 고시) 국토교통부장관은 법 제68조제3항에 따라 매년 1월 1일을 기준으로 한 기반시설 표준시설비용을 매년 6월 10일까지 고시하여야 한다. <개정 2013.3.23.>
[본조신설 2008.9.25.]

제69조(기반시설설치비용의 산정 기준) ① 법 제68조제4항제1호에서 "용지환산계수"란 기반시설부담구역별로 기반시설이 설치된 정도를 고려하여 산정된 기반시설 필요 면적률(기반시설부담구역의 전체 토지면적 중 기반시설이 필요한 토지면적의 비율을 말한다)을 건축 연면적당 기반시설 필요 면적으로 환산하는데 사용되는 계수를 말한다.

② 법 제68조제4항제2호에서 "대통령령으로 정하는 건축물별 기반시설유발계수"란 별표 1의3과 같다.
[본조신설 2008.9.25.]

제70조(기반시설설치비용의 감면 등) ① 법 제68조제6항에 따라 납부의무자가 직접 기반시설을 설치하거나 그에 필요한 용지를 확보한 경우에는 기반시설설치비용에서 직접 기반시설을 설치하거나 용지를 확보하는 데 든 비용을 공제한다.

② 제1항에 따른 공제금액 중 납부의무자가 직접 기반시설을 설치하는 데 든 비용은 다음 각 호의 금액을 합산하여 산정한다. <개정 2013.3.23., 2016.8.31.>
1. 법 제69조제2항에 따른 건축허가(다른 법률에 따른 사업승인 등 건축허가가 의제되는 경우에는 그 사업승인)를 받은 날(이하 "부과기준시점"이라 한다)을 기준으로 국토교통부장관이 정하는 요건을 갖춘 「감정평가 및 감정평가사에 관한 법률」에 따른 감정평가업자 두 명 이상이 감정평가한 금액을 산술평균한 토지의 가액
2. 부과기준시점을 기준으로 국토교통부장관이 매년 고시하는 기반시설별 단위당 표준조성비에 납부의무자가 설치하는 기반시설량을 곱하여 산정한 기반시설별 조성비용. 다만, 납부의무자가 실제 투입된 조성비용 명세서를 제출하면 국토교통부령으로 정하는 바에 따라 그 조성비용을 기반시설별

조성비용으로 인정할 수 있다.

③ 제2항에도 불구하고 부과기준시점에 다음 각 호의 어느 하나에 해당하는 금액에 따른 토지의 가액과 제2항제2호에 따른 기반시설별 조성비용을 적용하여 산정된 공제금액이 기반시설설치비용을 초과하는 경우에는 그 금액을 납부의무자가 직접 기반시설을 설치하는 데 든 비용으로 본다. <개정 2010.7.9.>

1. 부과기준시점으로부터 가장 최근에 결정·공시된 개별공시지가
2. 국가, 지방자치단체,「공공기관의 운영에 관한 법률」에 따른 공공기관 또는「지방공기업법」에 따른 지방공기업으로부터 매입한 토지의 가액
3.「공공기관의 운영에 관한 법률」에 따른 공공기관 또는「지방공기업법」에 따른 지방공기업이 매입한 토지의 가액
4.「공익사업을 위한 토지 등의 취득 및 보상에 관한 법률」에 따른 협의 또는 수용에 따라 취득한 토지의 가액
5. 해당 토지의 무상 귀속을 목적으로 한 토지의 감정평가금액

④ 제1항에 따른 공제금액 중 기반시설에 필요한 용지를 확보하는 데 든 비용은 제2항제1호에 따라 산정한다.

⑤ 제1항의 경우 외에 법 제68조제6항에 따라 기반시설설치비용에서 감면하는 비용 및 감면액은 별표 1의4와 같다.

[본조신설 2008.9.25.]

제70조의2(납부의무자) 법 제69조제1항에서 "건축행위의 위탁자 또는 지위의 승계자 등 대통령령으로 정하는 자"란 다음 각 호의 어느 하나에 해당하는 자를 말한다.

1. 건축행위를 위탁 또는 도급한 경우에는 그 위탁이나 도급을 한 자
2. 타인 소유의 토지를 임차하여 건축행위를 하는 경우에는 그 행위자
3. 건축행위를 완료하기 전에 건축주의 지위나 제1호 또는 제2호에 해당하는 자의 지위를 승계하는 경우에는 그 지위를 승계한 자

[본조신설 2008.9.25.]

제70조의3(기반시설설치비용의 예정 통지 등)

① 특별시장·광역시장·특별자치시장·특별자치도지사·시장 또는 군수는 법 제69조제2항에 따라 기반시설설치비용을 부과하려면 부과기준시점부터 30일 이내에 납부의무자에게 적용되는 부과 기준 및 부과될 기반시설설치비용을 미리 알려야 한다. <개정 2012.4.10.>

② 제1항에 따른 통지(이하 "예정 통지"라 한다)를 받은 납부의무자는 예정 통지된 기반시설설치비용에 대하여 이의가 있으면 예정 통지를 받은 날부터 15일 이내에 특별시장·광역시장·특별자치시장·특별자치도지사·시장 또는 군수에게 심사(이하 "고지 전 심사"라 한다)를 청구할 수 있다. <개정 2012.4.10.>

③ 예정 통지를 받은 납부의무자가 고지 전 심사를 청구하려면 다음 각 호의 사항을 적은 고지 전 심사청구서를 특별시장·광역시장·특별자치시장·특별자치도지사·시장 또는 군수에게 제출하여야 한다. <개정 2012.4.10.>

1. 청구인의 성명(청구인이 법인인 경우에는 법인의 명칭 및 대표자의 성명을 말한다)
2. 청구인의 주소 또는 거소(청구인이 법인인 경우에는 법인의 주소 및 대표자의 주소를 말한다)
3. 기반시설설치비용 부과 대상 건축물에 관한 자세한 내용
4. 예정 통지된 기반시설설치비용
5. 고지 전 심사 청구 이유

④ 제2항에 따라 고지 전 심사 청구를 받은 특별시장·광역시장·특별자치시장·특별자치도지사·시장 또는 군수는 그 청구를 받은 날부터 15일 이내에 청구 내용을 심사하여 그 결과를 청구인에게 알려야 한다. <개정 2012.4.10.>

⑤ 고지 전 심사 결과의 통지는 다음 각 호의 사항을 적은 고지 전 심사 결정 통지서로 하여야 한다.

1. 청구인의 성명(청구인이 법인인 경우에는 법인의 명칭 및 대표자의 성명을 말한다)
2. 청구인의 주소 또는 거소(청구인이 법인인 경우에는 법인의 주소 및 대표자의 주소를 말한다)
3. 기반시설설치비용 부과 대상 건축물에 관한 자세한 내용
4. 납부할 기반시설설치비용
5. 고지 전 심사의 결과 및 그 이유

[본조신설 2008.9.25.]

제70조의4(기반시설설치비용의 결정) 특별시장·광역시장·특별자치시장·특별자치도지사·시

장 또는 군수는 예정 통지에 이의가 없는 경우 또는 고지 전 심사청구에 대한 심사결과를 통지한 경우에는 그 통지한 금액에 따라 기반시설설치비용을 결정한다. <개정 2012.4.10.>
[본조신설 2008.9.25.]

제70조의5(납부의 고지) ① 특별시장·광역시장·특별자치시장·특별자치도지사·시장 또는 군수는 법 제69조제2항에 따라 기반시설설치비용을 부과하려면 납부의무자에게 납부고지서를 발급하여야 한다. <개정 2012.4.10.>
② 특별시장·광역시장·특별자치시장·특별자치도지사·시장 또는 군수는 제1항에 따라 납부고지서를 발급할 때에는 납부금액 및 그 산출 근거, 납부기한과 납부 장소를 명시하여야 한다. <개정 2012.4.10.>
[본조신설 2008.9.25.]

제70조의6(기반시설설치비용의 정정 등) ① 특별시장·광역시장·특별자치시장·특별자치도지사·시장 또는 군수는 제70조의5에 따라 기반시설설치비용을 부과한 후 그 내용에 누락이나 오류가 있는 것을 발견한 경우에는 즉시 부과한 기반시설설치비용을 조사하여 정정하고 그 정정 내용을 납부의무자에게 알려야 한다. <개정 2012.4.10.>
② 특별시장·광역시장·특별자치시장·특별자치도지사·시장 또는 군수는 건축허가사항 등의 변경으로 건축연면적이 증가되는 등 기반시설설치비용의 증가사유가 발생한 경우에는 변경허가 등을 받은 날을 기준으로 산정한 변경된 건축허가사항 등에 대한 기반시설설치비용에서 변경허가 등을 받은 날을 기준으로 산정한 당초 건축허가사항 등에 대한 기반시설설치비용을 뺀 금액을 추가로 부과하여야 한다. <개정 2012.4.10.>
[본조신설 2008.9.25.]

제70조의7(기반시설설치비용의 물납) ① 기반시설설치비용은 현금, 신용카드 또는 직불카드로 납부하도록 하되, 부과대상 토지 및 이와 비슷한 토지로 하는 납부(이하 "물납"이라 한다)를 인정할 수 있다. <개정 2014.11.11.>
② 제1항에 따라 물납을 신청하려는 자는 법 제69조제2항에 따른 납부기한 20일 전까지 기반시설설치비용, 물납 대상 토지의 면적 및 위치, 물납신청 당시 물납 대상 토지의 개별공시지가 등을 적은 물납신청서를 특별시장·광역시장·특별자치시장·특별자치도지사·시장 또는 군수에게 제출하여야 한다. <개정 2012.4.10.>
③ 특별시장·광역시장·특별자치시장·특별자치도지사·시장 또는 군수는 제1항에 따른 물납신청서를 받은 날부터 10일 이내에 신청인에게 수납 여부를 서면으로 알려야 한다. <개정 2012.4.10.>
④ 물납을 신청할 수 있는 토지의 가액은 해당 기반시설설치비용의 부과액을 초과할 수 없으며, 납부의무자는 부과된 기반시설설치비용에서 물납하는 토지의 가액을 뺀 금액을 현금, 신용카드 또는 직불카드로 납부하여야 한다. <개정 2014.11.11.>
⑤ 물납에 충당할 토지의 가액은 다음 각 호에 해당하는 금액을 합한 가액으로 한다.
1. 제3항에 따라 서면으로 알린 날의 가장 최근에 결정·공시된 개별공시지가
2. 제1호에 따른 개별공시지가의 기준일부터 제3항에 따라 서면으로 알린 날까지의 해당 시·군·구의 지가변동률을 일단위로 적용하여 산정한 금액

⑥ 특별시장·광역시장·특별자치시장·특별자치도지사·시장 또는 군수는 물납을 받으면 법 제70조제1항에 따라 해당 기반시설부담구역에 설치한 기반시설특별회계에 귀속시켜야 한다. <개정 2012.4.10.>
[본조신설 2008.9.25.]

제70조의8(납부 기일의 연기 및 분할 납부) ① 특별시장·광역시장·특별자치시장·특별자치도지사·시장 또는 군수는 납부의무자가 다음 각 호의 어느 하나에 해당하여 기반시설설치비용을 납부하기가 곤란하다고 인정되면 해당 개발사업 목적에 따른 이용 상황 등을 고려하여 1년의 범위에서 납부 기일을 연기하거나 2년의 범위에서 분할 납부를 인정할 수 있다. <개정 2012.4.10.>
1. 재해나 도난으로 재산에 심한 손실을 입은 경우
2. 사업에 뚜렷한 손실을 입은 때
3. 사업이 중대한 위기에 처한 경우
4. 납부의무자나 그 동거 가족의 질병이나 중상해로 장기치료가 필요한 경우

② 제1항에 따라 기반시설설치비용의 납부 기일을 연기하거나 분할 납부를 신청하려는 자는 제70조의5제1항에 따라 납부고지서를 받은 날부터 15일 이내에 납부 기일 연기신청서 또는 분할 납부 신청서를 특별시장·광역시장·특별

자치시장·특별자치도지사·시장 또는 군수에게 제출하여야 한다. <개정 2012.4.10.>

③ 특별시장·광역시장·특별자치시장·특별자치도지사·시장 또는 군수는 제2항에 따른 납부 기일 연기신청서 또는 분할 납부 신청서를 받은 날부터 15일 이내에 납부 기일의 연기 또는 분할 납부 여부를 서면으로 알려야 한다. <개정 2012.4.10.>

④ 제1항에 따라 납부를 연기한 기간 또는 분할 납부로 납부가 유예된 기간에 대하여는 기반시설설치비용에 「국세기본법 시행령」 제43조의3제2항에 따른 이자를 더하여 징수하여야 한다. <개정 2012.4.10.>

[본조신설 2008.9.25.]

제70조의9(납부의 독촉) 특별시장·광역시장·특별자치시장·특별자치도지사·시장 또는 군수는 납부의무자가 법 제69조제2항에 따른 사용승인(다른 법률에 따라 준공검사 등 사용승인이 의제되는 경우에는 그 준공검사) 신청 시까지 그 기반시설설치비용을 완납하지 아니하면 납부기한이 지난 후 10일 이내에 독촉장을 보내야 한다. <개정 2012.4.10.>

[본조신설 2008.9.25.]

제70조의10(기반시설설치비용의 환급) ① 특별시장·광역시장·특별자치시장·특별자치도지사·시장 또는 군수는 다음 각 호의 어느 하나에 해당하는 경우에는 법 제69조제4항에 따라 기반시설설치비용을 환급하여야 한다. <개정 2012.4.10.>

1. 건축허가사항 등의 변경으로 건축면적이 감소되는 등 납부한 기반시설설치비용의 감소사유가 발생한 경우
2. 납부의무자가 별표 1의4 각 호의 어느 하나에 해당하는 비용을 추가로 납부한 경우
3. 제70조제1항에 따라 공제받을 금액이 증가한 경우

② 특별시장·광역시장·특별자치시장·특별자치도지사·시장 또는 군수는 제1항에 따라 기반시설설치비용을 환급할 때에는 납부의무자가 납부한 기반시설설치비용에서 당초 부과기준 시점을 기준으로 산정한 변경된 건축허가사항에 대한 기반시설설치비용을 뺀 금액(이하 "환급금"이라 한다)과 다음 각 호의 어느 하나에 해당하는 날의 다음 날부터 환급결정을 하는 날까지의 기간에 대하여 「국세기본법 시행령」 제43조의3제2항에 따른 이자율에 따라 계산한 금액(이하 "환급가산금"이라 한다)을 환급하여야 한다. <개정 2012.4.10.>

1. 과오납부·이중납부 또는 납부 후 그 부과의 취소·정정으로 환급하는 경우에는 그 납부일
2. 납부자에게 책임이 있는 사유로 인하여 설치비용을 발생시킨 허가가 취소되어 환급하는 경우에는 그 취소일
3. 납부자의 건축계획 변경, 그 밖에 이에 준하는 사유로 환급하는 경우에는 그 변경허가일 또는 이에 준하는 행정처분의 결정일

③ 환급금과 환급가산금은 해당 기반시설부담구역에 설치된 기반시설특별회계에서 지급한다. 다만, 특별시장·광역시장·특별자치시장·특별자치도지사·시장 또는 군수는 허가의 취소, 사업면적의 축소 등으로 사업시행자에게 원상회복의 책임이 있는 경우에는 원상회복이 완료될 때까지 원상회복에 소요되는 비용에 상당하는 금액의 지급을 유보할 수 있다. <개정 2012.4.10.>

④ 제1항에 따라 기반시설설치비용을 환급받으려는 납부의무자는 부담금 납부 또는 기반시설 설치에 관한 변동사항과 그 변동사항을 증명하는 자료를 해당 건축행위의 사용승인일 또는 준공일까지 특별시장·광역시장·특별자치시장·특별자치도지사·시장 또는 군수에게 제출하여야 한다. <개정 2012.4.10.>

[본조신설 2008.9.25.]

제70조의11(기반시설설치비용의 관리 및 사용 등) ① 법 제70조제2항 단서에서 "대통령령으로 정하는 경우"란 해당 기반시설부담구역에 필요한 기반시설을 모두 설치하거나 그에 필요한 용지를 모두 확보한 후에도 잔액이 생기는 경우를 말한다.

② 법 제69조제2항에 따라 납부한 기반시설설치비용은 다음 각 호의 용도로 사용하여야 한다.

1. 기반시설부담구역별 기반시설설치계획 및 기반시설부담계획 수립
2. 기반시설부담구역에서 건축물의 신·증축행위로 유발되는 기반시설의 신규 설치, 그에 필요한 용지 확보 또는 기존 기반시설의 개량
3. 기반시설부담구역별로 설치하는 특별회계의 관리 및 운영

[본조신설 2008.9.25.]

제6장 용도지역 · 용도지구 및 용도구역안에서의 행위제한

제71조(용도지역안에서의 건축제한) ① 법 제76조제1항에 따른 용도지역안에서의 건축물의 용도·종류 및 규모 등의 제한(이하 "건축제한"이라 한다)은 다음 각호와 같다. <개정 2014.1.14.>

1. 제1종전용주거지역안에서 건축할 수 있는 건축물 : 별표 2에 규정된 건축물
2. 제2종전용주거지역안에서 건축할 수 있는 건축물 : 별표 3에 규정된 건축물
3. 제1종일반주거지역안에서 건축할 수 있는 건축물 : 별표 4에 규정된 건축물
4. 제2종일반주거지역안에서 건축할 수 있는 건축물 : 별표 5에 규정된 건축물
5. 제3종일반주거지역안에서 건축할 수 있는 건축물 : 별표 6에 규정된 건축물
6. 준주거지역안에서 건축할 수 없는 건축물 : 별표 7에 규정된 건축물
7. 중심상업지역안에서 건축할 수 없는 건축물 : 별표 8에 규정된 건축물
8. 일반상업지역안에서 건축할 수 없는 건축물 : 별표 9에 규정된 건축물
9. 근린상업지역안에서 건축할 수 없는 건축물 : 별표 10에 규정된 건축물
10. 유통상업지역안에서 건축할 수 없는 건축물 : 별표 11에 규정된 건축물
11. 전용공업지역안에서 건축할 수 있는 건축물 : 별표 12에 규정된 건축물
12. 일반공업지역안에서 건축할 수 있는 건축물 : 별표 13에 규정된 건축물
13. 준공업지역안에서 건축할 수 없는 건축물 : 별표 14에 규정된 건축물
14. 보전녹지지역안에서 건축할 수 있는 건축물 : 별표 15에 규정된 건축물
15. 생산녹지지역안에서 건축할 수 있는 건축물 : 별표 16에 규정된 건축물
16. 자연녹지지역안에서 건축할 수 있는 건축물 : 별표 17에 규정된 건축물
17. 보전관리지역안에서 건축할 수 있는 건축물 : 별표 18에 규정된 건축물
18. 생산관리지역안에서 건축할 수 있는 건축물 : 별표 19에 규정된 건축물
19. 계획관리지역안에서 건축할 수 없는 건축물 : 별표 20에 규정된 건축물
20. 농림지역안에서 건축할 수 있는 건축물 : 별표 21에 규정된 건축물
21. 자연환경보전지역안에서 건축할 수 있는 건축물 : 별표 22에 규정된 건축물

②제1항의 규정에 의한 건축제한을 적용함에 있어서 부속건축물에 대하여는 주된 건축물에 대한 건축제한에 의한다.

③ 제1항에도 불구하고 「건축법 시행령」 별표 1에서 정하는 건축물 중 다음 각 호의 요건을 모두 충족하는 건축물의 종류 및 규모 등의 제한에 관하여는 해당 특별시·광역시·특별자치시·특별자치도·시 또는 군의 도시·군계획조례로 따로 정할 수 있다. <신설 2012.1.6., 2012.4.10.>

1. 2012년 1월 20일 이후에 「건축법 시행령」 별표 1에서 새로이 규정하는 건축물일 것
2. 별표 2부터 별표 22까지의 규정에서 정하지 아니한 건축물일 것

[시행일:2014.7.15.] 제71조제1항제6호, 제71조제1항제7호, 제71조제1항제8호, 제71조제1항제9호, 제71조제1항제10호, 제71조제1항제13호, 제71조제1항제19호의 개정규정에 따라 도시·군계획조례에 위임된 사항

제72조(경관지구안에서의 건축제한) ① 경관지구안에서는 그 지구의 경관의 보전·관리·형성에 장애가 된다고 인정하여 도시·군계획조례가 정하는 건축물을 건축할 수 없다. 다만, 특별시장·광역시장·특별자치시장·특별자치도지사·시장 또는 군수가 지구의 지정목적에 위배되지 아니하는 범위안에서 도시·군계획조례가 정하는 기준에 적합하다고 인정하여 해당 지방자치단체에 설치된 도시계획위원회의 심의를 거친 경우에는 그러하지 아니하다. <개정 2012.4.10., 2017.12.29.>

② 경관지구안에서의 건축물의 건폐율·용적률·높이·최대너비·색채 및 대지안의 조경등에 관하여는 그 지구의 경관의 보전·관리·형성에 필요한 범위안에서 도시·군계획조례로 정한다. <개정 2012.4.10., 2017.12.29.>

③ 제1항 및 제2항에도 불구하고 다음 각 호의 어느 하나에 해당하는 경우에는 해당 경관지구의 지정에 관한 도시·군관리계획으로 건축제한의 내용을 따로 정할 수 있다. <신설 2017.12.29.>

1. 제1항 및 제2항에 따라 도시·군계획조례로 정해진 건축제한의 전부를 적용하는 것이 주변지역의 토지이용 상황이나

여건 등에 비추어 불합리한 경우. 이 경우 도시·군관리계획으로 정할 수 있는 건축제한은 도시·군계획조례로 정해진 건축제한의 일부에 한정하여야 한다.

2. 제1항 및 제2항에 따라 도시·군계획조례로 정해진 건축제한을 적용하여도 해당 지구의 위치, 환경, 그 밖의 특성에 따라 경관의 보전·관리·형성이 어려운 경우. 이 경우 도시·군관리계획으로 정할 수 있는 건축제한은 규모(건축물 등의 앞면 길이에 대한 옆면길이 또는 높이의 비율을 포함한다) 및 형태, 건축물 바깥쪽으로 돌출하는 건축설비 및 그 밖의 유사한 것의 형태나 그 설치의 제한 또는 금지에 관한 사항으로 한정한다.

제72조(경관지구안에서의 건축제한) ① 경관지구안에서는 그 지구의 경관의 보전·관리·형성에 장애가 된다고 인정하여 도시·군계획조례가 정하는 건축물을 건축할 수 없다. 다만, 특별시장·광역시장·특별자치시장·특별자치도지사·시장 또는 군수가 지구의 지정목적에 위배되지 아니하는 범위안에서 도시·군계획조례가 정하는 기준에 적합하다고 인정하여 해당 지방자치단체에 설치된 도시계획위원회의 심의를 거친 경우에는 그러하지 아니하다. <개정 2012.4.10., 2017.12.29.>

② 경관지구안에서의 건축물의 건폐율·용적률·높이·최대너비·색채 및 대지안의 조경 등에 관하여는 그 지구의 경관의 보전·관리·형성에 필요한 범위안에서 도시·군계획조례로 정한다. <개정 2012.4.10., 2017.12.29.>

③ 제1항 및 제2항에도 불구하고 다음 각 호의 어느 하나에 해당하는 경우에는 해당 경관지구의 지정에 관한 도시·군관리계획으로 건축제한의 내용을 따로 정할 수 있다. <신설 2017.12.29.>

1. 제1항 및 제2항에 따라 도시·군계획조례로 정해진 건축제한의 전부를 적용하는 것이 주변지역의 토지이용 상황이나 여건 등에 비추어 불합리한 경우. 이 경우 도시·군관리계획으로 정할 수 있는 건축제한은 도시·군계획조례로 정해진 건축제한의 일부에 한정하여야 한다.
2. 제1항 및 제2항에 따라 도시·군계획조례로 정해진 건축제한을 적용하여도 해당 지구의 위치, 환경, 그 밖의 특성에 따라 경관의 보전·관리·형성이 어려운 경우. 이 경우 도시·군관리계획으로 정할 수 있는 건축제한은 규모(건축물 등의 앞면 길이에 대한 옆면길이 또는 높이의 비율을 포함한다) 및 형태, 건축물 바깥쪽으로 돌출하는 건축설비 및 그 밖의 유사한 것의 형태나 그 설치의 제한 또는 금지에 관한 사항으로 한정한다.

[시행일 : 2018.4.19.] 제72조

제73조(미관지구안에서의 건축제한) ① 미관지구안에서는 그 지구의 위치·환경 그 밖의 특성에 따른 미관의 유지에 장애가 된다고 인정하여 도시·군계획조례가 정하는 건축물을 건축할 수 없다. 다만, 특별시장·광역시장·특별자치시장·특별자치도지사·시장 또는 군수가 지구의 지정목적에 위배되지 아니하는 범위안에서 도시·군계획조례가 정하는 기준에 적합하다고 인정하여 당해 지방자치단체에 설치된 도시계획위원회의 심의를 거친 경우에는 그러하지 아니하다. <개정 2012.4.10.>

② 미관지구안에서의 건축물의 높이 및 규모(건축물의 앞면길이에 대한 옆면길이 또는 높이의 비율을 포함한다), 부속건축물의 규모, 건축물·담장 및 대문의 형태·색채, 건축물의 바깥쪽으로 돌출하는 건축설비 그 밖의 유사한 것의 형태·색채 또는 그 설치의 제한 및 금지 등에 관하여는 그 지구의 위치·환경 그 밖의 특성에 따른 미관의 유지에 필요한 범위안에서 도시·군계획조례로 정한다. <개정 2012.4.10.>

제73조 삭제 <2017.12.29.> [시행일 : 2018.4.19.] 제73조

제74조(고도지구안에서의 건축제한) 고도지구안에서는 도시·군관리계획으로 정하는 높이를 초과하는 건축물을 건축할 수 없다. <개정 2012.4.10., 2017.12.29.>

제74조(고도지구안에서의 건축제한) 고도지구안에서는 도시·군관리계획으로 정하는 높이를 초과하는 건축물을 건축할 수 없다. <개정 2012.4.10., 2017.12.29.>

[시행일 : 2018.4.19.] 제74조

제75조(방재지구안에서의 건축제한) 방재지구안에서는 풍수해·산사태·지반붕괴·지진 그 밖에 재해예방에 장애가 된다고 인정하여 도시·군계획조례가 정하는 건축물을 건축할 수 없다. 다만, 특별시장·광역시장·특별자치시장·특별자치도지사·시장 또는 군수가 지구의 지정목적에 위배되지 아니하는 범위안에서 도시·군계획조례가 정하는 기준에 적합하다고 인정하여 당해 지방자치단체에 설치된 도시계획위원회의 심의를 거친 경우에는 그러하지 아니하다. <개정 2012.4.10.>

제76조(보호지구 안에서의 건축제한) 보호지구 안에서는 다음 각호의 구분에 따른 건축물에 한하여 건축할 수 있다. 다만, 특별시장·광역시장·특별자치시장·특별자치도지사·시장 또는 군수가 지구의 지정목적에 위배되지 아니하는 범위안에서 도시·군계획조례가 정하는 기준에 적합하다고 인정하여 관계 행정기관의 장과의 협의 및 당해 지방자치단체에 설치된 도시계획위원회의 심의를 거친 경우에는 그러하지 아니하다. <개정 2005.9.8., 2012.4.10., 2017.12.29.>

1. 역사문화환경보호지구 : 「문화재보호법」의 적용을 받는 문화재를 직접 관리·보호하기 위한 건축물과 문화적으로 보존가치가 큰 지역의 보호 및 보존을 저해하지 아니하는 건축물로서 도시·군계획조례가 정하는 것
2. 중요시설물보호지구 : 중요시설물의 보호와 기능 수행에 장애가 되지 아니하는 건축물로서 도시·군계획조례가 정하는 것. 이 경우 제31조제3항에 따라 공항시설에 관한 보호지구를 세분하여 지정하려는 경우에는 공항시설을 보호하고 항공기의 이·착륙에 장애가 되지 아니하는 범위에서 건축물의 용도 및 형태 등에 관한 건축제한을 포함하여 정할 수 있다.
3. 생태계보호지구 : 생태적으로 보존가치가 큰 지역의 보호 및 보존을 저해하지 아니하는 건축물로서 도시·군계획조례가 정하는 것

[제목개정 2017.12.29.]

제76조(보호지구 안에서의 건축제한) 보호지구 안에서는 다음 각호의 구분에 따른 건축물에 한하여 건축할 수 있다. 다만, 특별시장·광역시장·특별자치시장·특별자치도지사·시장 또는 군수가 지구의 지정목적에 위배되지 아니하는 범위안에서 도시·군계획조례가 정하는 기준에 적합하다고 인정하여 관계 행정기관의 장과의 협의 및 당해 지방자치단체에 설치된 도시계획위원회의 심의를 거친 경우에는 그러하지 아니하다. <개정 2005.9.8., 2012.4.10., 2017.12.29.>

1. 역사문화환경보호지구 : 「문화재보호법」의 적용을 받는 문화재를 직접 관리·보호하기 위한 건축물과 문화적으로 보존가치가 큰 지역의 보호 및 보존을 저해하지 아니하는 건축물로서 도시·군계획조례가 정하는 것
2. 중요시설물보호지구 : 중요시설물의 보호와 기능 수행에 장애가 되지 아니하는 건축물로서 도시·군계획조례가 정하는 것. 이 경우 제31조제3항에 따라 공항시설에 관한 보호지구를 세분하여 지정하려는 경우에는 공항시설을 보호하고 항공기의 이·착륙에 장애가 되지 아니하는 범위에서 건축물의 용도 및 형태 등에 관한 건축제한을 포함하여 정할 수 있다.
3. 생태계보호지구 : 생태적으로 보존가치가 큰 지역의 보호 및 보존을 저해하지 아니하는 건축물로서 도시·군계획조례가 정하는 것

[제목개정 2017.12.29.]
[시행일 : 2018.4.19.] 제76조

제77조(시설보호지구안에서의 건축제한) ① 학교시설보호지구·공용시설보호지구 및 항만시설보호지구안에서는 학교·공용시설 또는 항만의 기능수행에 장애가 된다고 인정하여 도시·군계획조례가 정하는 건축물을 건축할 수 없다. 다만, 특별시장·광역시장·특별자치시장·특별자치도지사·시장 또는 군수가 지구의 지정목적에 위배되지 아니하는 범위안에서 도시·군계획조례가 정하는 기준에 적합하다고 인정하여 관계 행정기관의 장과의 협의 및 당해 지방자치단체에 설치된 도시계획위원회의 심의를 거친 경우에는 그러하지 아니하다. <개정 2012.4.10.>

② 공항시설보호지구안에서의 건축제한에 관하여는 「공항시설법」이 정하는 바에 의하되, 건축물의 용도 및 형태 등에 관한 그 밖의 제한에 관하여는 공항시설의 보호와 항공기의 이·착륙에 장애가 되지 아니하는 범위안에서 도시·군계획조례로 정한다. <개정 2005.9.8., 2012.4.10., 2017.3.29.>

제77조 삭제 <2017.12.29.> [시행일 : 2018.4.19.] 제77조

제78조(취락지구안에서의 건축제한) ① 법 제76조제5항제1호의 규정에 의하여 자연취락지구안에서 건축할 수 있는 건축물은 별표 23과 같다.
② 집단취락지구안에서의 건축제한에 관하여는 개발제한구역의지정및관리에관한특별조치법령이 정하는 바에 의한다.

제79조(개발진흥지구에서의 건축제한) ① 법 제76조제5항제1호의2에 따라 지구단위계획 또는 관계 법률에 따른 개발계획을 수립하는 개발진흥지구에서는 지구단위계획 또는 관계 법률에 따른 개발계획에 위반하여 건축물을 건축할 수 없으며, 지구단위계획 또는 개발계획이 수립되기 전에는 개발진흥지구의 계획적 개발에 위배되지 아니하는 범위에서 도시·군계획조례로 정하는 건축물을 건축할 수 있다.
② 법 제76조제5항제1호의2에 따라 지구단위계획 또는 관계 법률에 따른 개발계획을 수립하지 아니하는 개발진흥지구에서는 해당 용도지역에서 허용되는 건축물을 건축할 수 있다.
③ 제2항에도 불구하고 산업·유통개발진흥지구에서는 해당 용도지역에서 허용되는 건축물 외에 해당 지구계획(해당 지구의 토지이용, 기반시설 설치 및 환경오염 방지 등에 관한 계획을 말한다)에 따라 다음 각 호의 구분에 따른 요건을 갖춘 건축물 중 도시·군계획조례로 정하는 건축물을 건축할 수 있다. <개정 2018.1.16.>
1. 계획관리지역: 계획관리지역에서 건축이 허용되지 아니하는 공장 중 다음 각 목의 요건을 모두 갖춘 것
  가. 「대기환경보전법」, 「물환경보전법」 또는 「소음·진동관리법」에 따른 배출시설의 설치 허가·신고 대상이 아닐 것
  나. 「악취방지법」에 따른 배출시설이 없을 것
  다. 「산업집적활성화 및 공장설립에 관한 법률」 제9조제1항 또는 제13조제1항에 따른 공장설립 가능 여부의 확인 또는 공장설립등의 승인에 필요한 서류를 갖추어 법 제30조제1항에 따라 관계 행정기관의 장과 미리 협의하였을 것
2. 자연녹지지역·생산관리지역 또는 보전관리지역: 해당 용도지역에서 건축이 허용되지 아니하는 공장 중 다음 각 목의 요건을 모두 갖춘 것
  가. 산업·유통개발진흥지구 지정 전에 계획관리지역에 설치된 기존 공장이 인접한 용도지역의 토지로 확장하여 설치하는 공장일 것
  나. 해당 용도지역에 확장하여 설치되는 공장부지의 규모가 3천제곱미터 이하일 것. 다만, 해당 용도지역 내에 기반시설이 설치되어 있거나 기반시설의 설치에 필요한 용지의 확보가 충분하고 주변지역의 환경오염·환경훼손 우려가 없는 경우로서 도시계획위원회의 심의를 거친 경우에는 5천제곱미터까지로 할 수 있다.

[전문개정 2016.2.11.]

제80조(특정용도제한지구안에서의 건축제한) 특정용도제한지구안에서는 주거기능을 훼손하거나 청소년 정서에 유해하다고 인정하여 도시·군계획조례가 정하는 건축물을 건축할 수 없다. <개정 2012.4.10.>

제80조(특정용도제한지구안에서의 건축제한) 특정용도제한지구안에서는 주거기능 및 교육환경을 훼손하거나 청소년 정서에 유해하다고 인정하여 도시·군계획조례가 정하는 건축물을 건축할 수 없다. <개정 2012.4.10., 2017.12.29.>
[시행일 : 2018.4.19.] 제80조

제81조 삭제 <2003.11.29.>

제81조(복합용도지구에서의 건축제한) 법 제76조제5항제1호의3에 따라 복합용도지구에서는 해당 용도지역에서 허용되는 건축물 외에 다음 각 호에 따른 건축물 중 도시·군계획조례가 정하는 건축물을 건축할 수 있다.
1. 일반주거지역: 준주거지역에서 허용되는 건축물. 다만, 다음 각 목의 건축물은 제외한다.
  가. 「건축법 시행령」 별표 1 제4호의 제2종 근린생활시설 중 안마시술소
  나. 「건축법 시행령」 별표 1 제5호다목의 관람장
  다. 「건축법 시행령」 별표 1 제17호의 공장
  라. 「건축법 시행령」 별표 1 제19호의 위

험물 저장 및 처리 시설
마.「건축법 시행령」 별표 1 제21호의 동물 및 식물 관련 시설
바.「건축법 시행령」 별표 1 제28호의 장례시설
2. 일반공업지역: 준공업지역에서 허용되는 건축물. 다만 다음 각 목의 건축물은 제외한다.
가.「건축법 시행령」 별표 1 제2호가목의 아파트
나.「건축법 시행령」 별표 1 제4호의 제2종 근린생활시설 중 단란주점 및 안마시술소
다.「건축법 시행령」 별표 1 제11호의 노유자시설
3. 계획관리지역: 다음 각 목의 어느 하나에 해당하는 건축물
가.「건축법 시행령」 별표 1 제4호의 제2종 근린생활시설 중 일반음식점·휴게음식점·제과점(별표 20 제1호라목에 따라 건축할 수 없는 일반음식점·휴게음식점·제과점은 제외한다)
나.「건축법 시행령」 별표 1 제7호의 판매시설
다.「건축법 시행령」 별표 1 제15호의 숙박시설(별표 20 제1호사목에 따라 건축할 수 없는 숙박시설은 제외한다)
라.「건축법 시행령」 별표 1 제16호다목의 유원시설업의 시설, 그 밖에 이와 비슷한 시설
[본조신설 2017.12.29.]
[시행일 : 2018.4.19.] 제81조

제82조(그 밖의 용도지구안에서의 건축제한) 제72조부터 제80조까지에 규정된 용도지구외의 용도지구안에서의 건축제한에 관하여는 그 용도지구지정의 목적달성에 필요한 범위안에서 특별시·광역시·특별자치시·특별자치도·시 또는 군의 도시·군계획조례로 정한다. <개정 2012.4.10., 2016.12.30.>

제83조(용도지역·용도지구 및 용도구역안에서의 건축제한의 예외 등) ① 용도지역·용도지구안에서의 도시·군계획시설에 대하여는 제71조 내지 제82조의 규정을 적용하지 아니한다. <개정 2012.4.10.>
② 경관지구·미관지구 또는 고도지구안에서의 「건축법 시행령」 제6조제1항제6호의 규정에 의한 리모델링이 필요한 건축물에 대하여는 제72조 내지 제74조의 규정에 불구하고 동시행령 제6조제1항제5호의 규정에 의하여 건축물의 높이·규모 등의 제한을 완화하여 제한할 수 있다. <개정 2005.9.8., 2012.4.10.>
③ 개발제한구역, 도시자연공원구역, 시가화조정구역 및 수산자원보호구역 안에서의 건축제한에 관하여는 다음 각 호의 법령 또는 규정에서 정하는 바에 따른다. <개정 2015.7.6.>
1. 개발제한구역 안에서의 건축제한: 「개발제한구역의 지정 및 관리에 관한 특별조치법」
2. 도시자연공원구역 안에서의 건축제한: 「도시공원 및 녹지 등에 관한 법률」
3. 시가화조정구역 안에서의 건축제한: 제87조부터 제89조까지의 규정
4. 수산자원보호구역 안에서의 건축제한: 「수산자원관리법」
④ 용도지역·용도지구 또는 용도구역안에서의 건축물이 아닌 시설의 용도·종류 및 규모 등의 제한에 관하여는 별표 2부터 별표 25까지, 제72조부터 제77조까지, 제79조, 제80조 및 제82조에 따른 건축물에 관한 사항을 적용한다. 다만, 다음 각 호의 시설의 용도·종류 및 규모 등의 제한에 관하여는 적용하지 아니한다. <개정 2016.5.17., 2016.11.1.>
1. 「관광진흥법」 제3조제1항제6호에 따른 유원시설업(이하 "유원시설업"이라 한다)을 위한 유기시설(遊技施設)·유기기구(遊技機具)로서 다음 각 목의 요건을 모두 갖춘 시설
가. 철로를 활용하는 궤도주행형 유기시설·유기기구일 것
나. 가목의 철로는 「철도사업법」 제4조에 따라 지정·고시된 사항의 변경으로 사업용철도노선에서 제외된 기존 선로일 것
2. 제1호의 유기시설·유기기구를 설치하는 유원시설업을 위하여 「관광진흥법」 제5조제2항에 따라 갖추어야 하는 시설
⑤ 용도지역·용도지구 또는 용도구역안에서 허용되는 건축물 또는 시설을 설치하기 위하여 공사현장에 설치하는 자재야적장, 레미콘·아스콘생산시설 등 공사용 부대시설은 제4항 및 제55조·제56조의 규정에 불구하고 당해 공사에 필요한 최소한의 면적의 범위안에서 기간을 정하여 사용후에 그 시설 등을 설치한 자의 부담으로 원상복구할 것을 조건으로 설치를 허가할 수 있다. <신설 2004.1.20.>
⑥ 방재지구안에서는 제71조에 따른 용도지역 안에서의 건축제한 중 층수 제한에 있어서는 1

층 전부를 필로티 구조로 하는 경우 필로티 부분을 층수에서 제외한다. <신설 2014.1.14.>

⑦ 경관지구 또는 미관지구에서 제72조 및 제73조에 따라 도시·군계획조례로 정해진 건축제한의 전부를 적용하는 것이 주변지역의 토지이용 상황이나 여건 등에 비추어 불합리한 경우에는 제72조 및 제73조에도 불구하고 해당 용도지구의 지정에 관한 도시·군관리계획으로 건축제한의 내용을 따로 정할 수 있다. 이 경우 도시·군관리계획으로 정할 수 있는 건축제한은 도시·군계획조례에 정해진 건축제한의 일부를 그 내용으로 하여야 하며, 도시·군계획조례에 정해진 건축제한 전부를 적용하지 아니하는 것으로 도시·군관리계획을 결정해서는 아니 된다. <신설 2016.12.30.>

제83조(용도지역·용도지구 및 용도구역안에서의 건축제한의 예외 등) ① 용도지역·용도지구안에서의 도시·군계획시설에 대하여는 제71조 내지 제82조의 규정을 적용하지 아니한다. <개정 2012.4.10.>

② 경관지구 또는 고도지구 안에서의 「건축법 시행령」 제6조제1항제6호에 따른 리모델링이 필요한 건축물에 대해서는 제72조부터 제74조까지의 규정에도 불구하고 같은 법 시행령 제6조제1항제5호에 따라 건축물의 높이·규모 등의 제한을 완화하여 제한할 수 있다. <개정 2017.12.29.>

③ 개발제한구역, 도시자연공원구역, 시가화조정구역 및 수산자원보호구역 안에서의 건축제한에 관하여는 다음 각 호의 법령 또는 규정에서 정하는 바에 따른다. <개정 2015.7.6.>

1. 개발제한구역 안에서의 건축제한: 「개발제한구역의 지정 및 관리에 관한 특별조치법」
2. 도시자연공원구역 안에서의 건축제한: 「도시공원 및 녹지 등에 관한 법률」
3. 시가화조정구역 안에서의 건축제한: 제87조부터 제89조까지의 규정
4. 수산자원보호구역 안에서의 건축제한: 「수산자원관리법」

④ 용도지역·용도지구 또는 용도구역안에서의 건축물이 아닌 시설의 용도·종류 및 규모 등의 제한에 관하여는 별표 2부터 별표 25까지, 제72조, 제74조부터 제76조까지, 제79조, 제80조 및 제82조에 따른 건축물에 관한 사항을 적용한다. 다만, 다음 각 호의 시설의 용도·종류 및 규모 등의 제한에 관하여는 적용하지 아니한다. <개정 2016.5.17., 2016.11.1., 2017.12.29.>

1. 「관광진흥법」 제3조제1항제6호에 따른 유원시설업(이하 "유원시설업"이라 한다)을 위한 유기시설(遊技施設)·유기기구(遊技機具)로서 다음 각 목의 요건을 모두 갖춘 시설
   가. 철로를 활용하는 궤도주행형 유기시설·유기기구일 것
   나. 가목의 철로는 「철도사업법」 제4조에 따라 지정·고시된 사항의 변경으로 사업용철도노선에서 제외된 기존 선로일 것
2. 제1호의 유기시설·유기기구를 설치하는 유원시설업을 위하여 「관광진흥법」 제5조제2항에 따라 갖추어야 하는 시설

⑤ 용도지역·용도지구 또는 용도구역안에서 허용되는 건축물 또는 시설을 설치하기 위하여 공사현장에 설치하는 자재야적장, 레미콘·아스콘생산시설 등 공사용 부대시설은 제4항 및 제55조·제56조의 규정에 불구하고 당해 공사에 필요한 최소한의 면적의 범위안에서 기간을 정하여 사용후에 그 시설 등을 설치한 자의 부담으로 원상복구할 것을 조건으로 설치를 허가할 수 있다. <신설 2004.1.20.>

⑥ 방재지구안에서는 제71조에 따른 용도지역안에서의 건축제한 중 층수 제한에 있어서는 1층 전부를 필로티 구조로 하는 경우 필로티 부분을 층수에서 제외한다. <신설 2014.1.14.>

⑦ 삭제 <2017.12.29.>

[시행일 : 2018.4.19.] 제83조

제84조(용도지역안에서의 건폐율) ① 법 제77조제1항 및 제2항의 규정에 의한 건폐율은 다음 각호의 범위안에서 특별시·광역시·특별자치시·특별자치도·시 또는 군의 도시·군계획조례가 정하는 비율을 초과하여서는 아니된다. <개정 2012.4.10.>

1. 제1종전용주거지역 : 50퍼센트 이하
2. 제2종전용주거지역 : 50퍼센트 이하
3. 제1종일반주거지역 : 60퍼센트 이하
4. 제2종일반주거지역 : 60퍼센트 이하
5. 제3종일반주거지역 : 50퍼센트 이하
6. 준주거지역 : 70퍼센트 이하
7. 중심상업지역 : 90퍼센트 이하
8. 일반상업지역 : 80퍼센트 이하
9. 근린상업지역 : 70퍼센트 이하
10. 유통상업지역 : 80퍼센트 이하
11. 전용공업지역 : 70퍼센트 이하
12. 일반공업지역 : 70퍼센트이하
13. 준공업지역 : 70퍼센트 이하

14. 보전녹지지역 : 20퍼센트 이하
15. 생산녹지지역 : 20퍼센트 이하
16. 자연녹지지역 : 20퍼센트 이하
17. 보전관리지역 : 20퍼센트 이하
18. 생산관리지역 : 20퍼센트 이하
19. 계획관리지역 : 40퍼센트 이하
20. 농림지역 : 20퍼센트 이하
21. 자연환경보전지역 : 20퍼센트 이하

②제1항의 규정에 의하여 도시·군계획조례로 용도지역별 건폐율을 정함에 있어서 필요한 경우에는 당해 지방자치단체의 관할구역을 세분하여 건폐율을 달리 정할 수 있다. <개정 2012.4.10.>

③ 법 제77조3항제2호에서 "대통령령으로 정하는 용도지역"이란 자연녹지지역을 말한다. <신설 2016.2.11.>

④ 법 제77조제3항에 따라 다음 각 호의 지역에서의 건폐율은 각 호에서 정한 범위에서 특별시·광역시·특별자치시·특별자치도·시 또는 군의 도시·군계획조례로 정하는 비율을 초과하여서는 아니된다. <개정 2005.9.8., 2008.9.25., 2009.8.5., 2010.10.1., 2011.3.9., 2011.11.16., 2012.4.10., 2016.2.11.>

1. 취락지구 : 60퍼센트 이하(집단취락지구에 대하여는 개발제한구역의지정및관리에관한특별조치법령이 정하는 바에 의한다)
2. 개발진흥지구: 다음 각 목에서 정하는 비율 이하
   가. 도시지역 외의 지역에 지정된 경우: 40퍼센트
   나. 자연녹지지역에 지정된 경우: 30퍼센트
3. 수산자원보호구역 : 40퍼센트 이하
4. 「자연공원법」에 따른 자연공원 : 60퍼센트 이하
5. 「산업입지 및 개발에 관한 법률」제2조제8호라목에 따른 농공단지 : 70퍼센트 이하
6. 공업지역에 있는 「산업입지 및 개발에 관한 법률」 제2조제8호가목부터 다목까지의 규정에 따른 국가산업단지·일반산업단지·도시첨단산업단지 및 같은 조 제12호에 따른 준산업단지: 80퍼센트 이하

⑤ 특별시장·광역시장·특별자치시장·특별자치도지사·시장 또는 군수가 법 제77조제4항제1호의 규정에 의하여 도시지역에서 토지이용의 과밀화를 방지하기 위하여 건폐율을 낮추어야 할 필요가 있다고 인정하여 당해 지방자치단체에 설치된 도시계획위원회의 심의를 거쳐 정한 구역안에서의 건축물의 경우에는 그 건폐율은 그 구역에 적용할 건폐율의 최대한도의 40퍼센트 이상의 범위안에서 특별시·광역시·특별자치시·특별자치도·시 또는 군의 도시·군계획조례가 정하는 비율을 초과하여서는 아니된다. <개정 2012.4.10., 2016.2.11.>

⑥ 법 제77조제4항제2호에 따라 다음 각 호의 어느 하나에 해당하는 건축물의 경우에는 제1항에도 불구하고 그 건폐율은 다음 각 호에서 정하는 비율을 초과하여서는 아니된다. <개정 2008.9.25., 2009.7.7., 2011.7.1., 2012.4.10., 2014.1.14., 2014.10.15., 2015.7.6., 2016.2.11., 2016.5.17.>

1. 준주거지역·일반상업지역·근린상업지역 중 방화지구의 건축물로서 주요 구조부와 외벽이 내화구조인 건축물 중 도시·군계획조례로 정하는 건축물: 80퍼센트 이상 90퍼센트 이하의 범위에서 특별시·광역시·특별자치시·특별자치도·시 또는 군의 도시·군계획조례로 정하는 비율
   가. 삭제 <2014.1.14.>
   나. 삭제 <2014.1.14.>
2. 녹지지역·관리지역·농림지역 및 자연환경보전지역의 건축물로서 법 제37조제4항 후단에 따른 방재지구의 재해저감대책에 부합하게 재해예방시설을 설치한 건축물: 제1항 각 호에 따른 해당 용도지역별 건폐율의 150퍼센트 이하의 범위에서 도시·군계획조례로 정하는 비율
3. 자연녹지지역의 창고시설 또는 연구소(자연녹지지역으로 지정될 당시 이미 준공된 것으로서 기존 부지에서 증축하는 경우만 해당한다): 40퍼센트의 범위에서 최초 건축허가 시 그 건축물에 허용된 건폐율
4. 계획관리지역의 기존 공장·창고시설 또는 연구소(2003년 1월 1일 전에 준공되고 기존 부지에 증축하는 경우로서 해당 지방도시계획위원회의 심의를 거쳐 도로·상수도·하수도 등의 기반시설이 충분히 확보되었다고 인정되거나, 도시·군계획조례로 정하는 기반시설 확보 요건을 충족하는 경우만 해당한다): 50퍼센트의 범위에서 도시·군계획조례로 정하는 비율
5. 녹지지역·보전관리지역·생산관리지역·농림지역 또는 자연환경보전지역의 건축물로서 다음 각 목의 어느 하나에 해당하는 건축물: 30퍼센트의 범위에서 도시·군계획조례로 정하는 비율
   가. 「전통사찰의 보존 및 지원에 관한 법률」 제2조제1호에 따른 전통사찰

나. 「문화재보호법」 제2조제2항에 따른 지정문화재 또는 같은 조 제3항에 따른 등록문화재
다. 「건축법 시행령」 제2조제16호에 따른 한옥
6. 종전의 「도시계획법」(2000년 1월 28일 법률 제6243호로 개정되기 전의 것을 말한다) 제2조제1항제10호에 따른 일단의 공업용지조성사업 구역(이 조 제4항제6호에 따른 산업단지 또는 준산업단지와 연접한 것에 한정한다) 내의 공장으로서 관할 특별시장·광역시장·특별자치시장·특별자치도지사·시장 또는 군수가 해당 지방도시계획위원회의 심의를 거쳐 기반시설의 설치 및 그에 필요한 용지의 확보가 충분하고 주변지역의 환경오염 우려가 없다고 인정하는 공장: 80퍼센트 이하의 범위에서 도시·군계획조례로 정하는 비율
7. 자연녹지지역의 학교(「초·중등교육법」 제2조에 따른 학교 및 「고등교육법」 제2조제1호부터 제5호까지의 규정에 따른 학교를 말한다)로서 다음 각 목의 요건을 모두 충족하는 학교: 30퍼센트의 범위에서 도시·군계획조례로 정하는 비율
가. 기존 부지에서 증축하는 경우일 것
나. 학교 설치 이후 개발행위 등으로 해당 학교의 기존 부지가 건축물, 그 밖의 시설로 둘러싸여 부지 확장을 통한 증축이 곤란한 경우로서 해당 도시계획위원회의 심의를 거쳐 기존 부지에서의 증축이 불가피하다고 인정될 것
다. 「고등교육법」 제2조제1호부터 제5호까지의 규정에 따른 학교의 경우 「대학설립·운영 규정」 별표 2에 따른 교육기본시설, 지원시설 또는 연구시설의 증축일 것

⑦제1항에도 불구하고 법 제77조제4항제3호 및 제4호에 따라 보전관리지역·생산관리지역·농림지역 또는 자연환경보전지역에 「농지법」 제32조제1항에 따라 건축할 수 있는 건축물의 경우에 그 건폐율은 60퍼센트 이하의 범위에서 특별시·광역시·특별자치시·특별자치도·시 또는 군의 도시·군계획조례로 정하는 비율을 초과하여서는 아니된다. <개정 2005.9.8., 2009.7.7., 2011.9.16., 2012.4.10., 2016.2.11.>

⑧ 제1항에도 불구하고 법 제77조제4항제3호에 따라 생산녹지지역에 건축할 수 있는 다음 각 호의 건축물의 경우에 그 건폐율은 해당 생산녹지지역이 위치한 특별시·광역시·특별자치시·특별자치도·시 또는 군의 농어업 인구 현황, 농수산물 가공·처리시설의 수급실태 등을 종합적으로 고려하여 60퍼센트 이하의 범위에서 해당 특별시·광역시·특별자치시·특별자치도·시 또는 군의 도시·군계획조례로 정하는 비율을 초과하여서는 아니 된다. <신설 2011.9.16., 2012.4.10., 2015.12.15., 2016.2.11.>
1. 「농지법」 제32조제1항제1호에 따른 농수산물의 가공·처리시설(해당 특별시·광역시·특별자치시·특별자치도·시 또는 군에서 생산된 농수산물의 가공·처리시설에 한정한다) 및 농수산업 관련 시험·연구시설
2. 「농지법 시행령」 제29조제5항제1호에 따른 농산물 건조·보관시설
3. 「농지법 시행령」 제29조제7항제2호에 따른 산지유통시설(해당 특별시·광역시·특별자치시·특별자치도·시 또는 군에서 생산된 농산물을 위한 산지유통시설만 해당한다)

⑨ 제1항에도 불구하고 자연녹지지역에 설치되는 도시·군계획시설 중 유원지의 건폐율은 30퍼센트의 범위에서 도시·군계획조례로 정하는 비율을 초과하여서는 아니 되며, 공원의 건폐율은 20퍼센트의 범위에서 도시·군계획조례로 정하는 비율을 초과하여서는 아니 된다. <개정 2009.7.7., 2011.9.16., 2012.4.10., 2016.2.11.>

제84조의2(생산녹지지역 등에서 기존 공장의 건폐율) ① 제84조제1항에도 불구하고 법 제77조제4항제2호에 따라 생산녹지지역, 자연녹지지역 또는 생산관리지역에 있는 기존 공장(해당 용도지역으로 지정될 당시 이미 준공된 것으로서 준공 당시의 부지에서 증축하는 경우만 해당한다)의 건폐율은 40퍼센트의 범위에서 최초 건축허가 시 그 건축물에 허용된 비율을 초과해서는 아니 된다. 다만, 2018년 12월 31일까지 증축 허가를 신청한 경우로 한정한다. <개정 2016.6.30.>

② 제84조제1항에도 불구하고 법 제77조제4항제2호에 따라 생산녹지지역, 자연녹지지역, 생산관리지역 또는 계획관리지역에 있는 기존 공장(해당 용도지역으로 지정될 당시 이미 준공된 것으로 한정한다)이 부지를 확장하여 건축물을 증축하는 경우(2018년 12월 31일까지 증축허가를 신청한 경우로 한정한다)로서 다음 각 호의 어느 하나에 해당하는 경우에는 그 건폐율은 40퍼센트의 범위에서 해당 특별시·광역시·특별자치시

·특별자치도·시 또는 군의 도시·군계획조례로 정하는 비율을 초과해서는 아니 된다. 이 경우 제1호의 경우에는 부지를 확장하여 추가로 편입되는 부지(해당 용도지역으로 지정된 이후에 확장하여 추가로 편입된 부지를 포함하며, 이하 "추가편입부지"라 한다)에 대해서만 건폐율 기준을 적용하고, 제2호의 경우에는 준공 당시의 부지(해당 용도지역으로 지정될 당시의 부지를 말하며, 이하 이 항에서 "준공당시부지"라 한다)와 추가편입부지를 하나로 하여 건폐율 기준을 적용한다. <개정 2015.12.15., 2016.6.30.>

1. 추가편입부지에 건축물을 증축하는 경우로서 다음 각 목의 요건을 모두 갖춘 경우
   가. 추가편입부지의 면적이 3천제곱미터 이하로서 준공당시부지 면적의 50퍼센트 이내일 것
   나. 관할 특별시장·광역시장·특별자치시장·특별자치도지사·시장 또는 군수가 해당 지방도시계획위원회의 심의를 거쳐 기반시설의 설치 및 그에 필요한 용지의 확보가 충분하고 주변지역의 환경오염 우려가 없다고 인정할 것
2. 준공당시부지와 추가편입부지를 하나로 하여 건축물을 증축하려는 경우로서 다음 각 목의 요건을 모두 갖춘 경우
   가. 제1호 각 목의 요건을 모두 갖출 것
   나. 관할 특별시장·광역시장·특별자치시장·특별자치도지사·시장 또는 군수가 해당 지방도시계획위원회의 심의를 거쳐 다음의 어느 하나에 해당하는 인증 등을 받기 위하여 준공당시부지와 추가편입부지를 하나로 하여 건축물을 증축하는 것이 불가피하다고 인정할 것
      1) 「식품위생법」 제48조에 따른 식품안전관리인증
      2) 「농수산물 품질관리법」 제70조에 따른 위해요소중점관리기준 이행 사실 증명
      3) 「축산물 위생관리법」 제9조에 따른 안전관리인증
   다. 준공당시부지와 추가편입부지를 합병할 것. 다만, 「건축법 시행령」 제3조제1항제2호가목에 해당하는 경우에는 합병하지 아니할 수 있다.

[본조신설 2014.10.15.]

제84조의3(성장관리방안 수립지역에서의 건폐율 완화기준) ① 법 제77조제5항에서 "대통령령으로 정하는 녹지지역"이란 자연녹지지역을 말한다.

② 법 제77조제5항에서 "대통령령으로 정하는 기준"이란 다음 각 호의 기준을 말한다. 다만, 공장의 경우에는 성장관리방안에 제56조의2제2항제4호에 따른 환경관리계획 또는 경관계획이 포함된 경우만 해당한다.

1. 계획관리지역: 50퍼센트 이하
2. 자연녹지지역 및 생산관리지역: 30퍼센트 이하

[본조신설 2016.2.11.]

제85조(용도지역 안에서의 용적률) ① 법 제78조제1항 및 제2항의 규정에 의한 용적률은 다음 각호의 범위안에서 관할구역의 면적, 인구규모 및 용도지역의 특성 등을 감안하여 특별시·광역시·특별자치시·특별자치도·시 또는 군의 도시·군계획조례가 정하는 비율을 초과하여서는 아니된다. <개정 2012.4.10.>

1. 제1종전용주거지역 : 50퍼센트 이상 100퍼센트 이하
2. 제2종전용주거지역 : 100퍼센트 이상 150퍼센트 이하
3. 제1종일반주거지역 : 100퍼센트 이상 200퍼센트 이하
4. 제2종일반주거지역 : 150퍼센트 이상 250퍼센트 이하
5. 제3종일반주거지역 : 200퍼센트 이상 300퍼센트 이하
6. 준주거지역 : 200퍼센트 이상 500퍼센트 이하
7. 중심상업지역 : 400퍼센트 이상 1천500퍼센트 이하
8. 일반상업지역 : 300퍼센트 이상 1천300퍼센트 이하
9. 근린상업지역 : 200퍼센트 이상 900퍼센트 이하
10. 유통상업지역 : 200퍼센트 이상 1천100퍼센트 이하
11. 전용공업지역 : 150퍼센트 이상 300퍼센트 이하
12. 일반공업지역 : 200퍼센트 이상 350퍼센트 이하
13. 준공업지역 : 200퍼센트 이상 400퍼센트 이하
14. 보전녹지지역 : 50퍼센트 이상 80퍼센트 이하
15. 생산녹지지역 : 50퍼센트 이상 100퍼

센트 이하
16. 자연녹지지역 : 50퍼센트 이상 100퍼센트 이하
17. 보전관리지역 : 50퍼센트 이상 80퍼센트 이하
18. 생산관리지역 : 50퍼센트 이상 80퍼센트 이하
19. 계획관리지역 : 50퍼센트 이상 100퍼센트 이하
20. 농림지역 : 50퍼센트 이상 80퍼센트 이하
21. 자연환경보전지역 : 50퍼센트 이상 80퍼센트 이하

②제1항의 규정에 의하여 도시·군계획조례로 용도지역별 용적률을 정함에 있어서 필요한 경우에는 당해 지방자치단체의 관할구역을 세분하여 용적률을 달리 정할 수 있다. <개정 2012.4.10.>

③ 제1항에도 불구하고 임대주택(「민간임대주택에 관한 특별법」에 따른 민간임대주택 또는 「공공주택 특별법」에 따른 공공임대주택을 말한다. 이하 같다)과 기숙사에 대해서는 다음 각 호에서 정하는 바에 따라 용적률을 완화할 수 있다. <개정 2015.7.6., 2015.12.28.>
1. 제1항제1호부터 제6호까지의 지역에서는 도시·군계획조례로 제1항에 따른 용적률의 20퍼센트 이하의 범위에서 임대주택(「민간임대주택에 관한 특별법」 또는 「공공주택 특별법」에 따라 임대의무기간이 8년 이상인 경우에 한정한다)의 추가건설을 허용할 수 있다.
2. 다음 각 목의 어느 하나에 해당하는 자가 「고등교육법」 제2조에 따른 학교의 학생이 이용하도록 해당 학교 부지 외에 건설하는 기숙사(「건축법 시행령」 별표 1 제2호라목에 따른 기숙사를 말한다)에 대해서는 도시·군계획조례로 제1항 각 호에 따른 용도지역별 최대한도까지 건설을 허용할 수 있다.
   가. 국가 또는 지방자치단체
   나. 「사립학교법」에 따른 학교법인
   다. 「한국사학진흥재단법」에 따른 한국사학진흥재단
   라. 「한국장학재단 설립 등에 관한 법률」에 따른 한국장학재단
   마. 가목부터 라목까지의 어느 하나에 해당하는 자가 단독 또는 공동으로 출자하여 설립한 법인

④ 제3항의 규정은 제46조제9항 각 호의 어느 하나에 해당되는 경우에는 이를 적용하지 아니한다. <신설 2005.9.8.>

⑤ 제1항에도 불구하고 법 제37조제4항 후단에 따른 방재지구의 재해저감대책에 부합하게 재해예방시설을 설치하는 건축물의 경우 제1항제1호부터 제13호까지의 용도지역에서는 해당 용적률의 120퍼센트 이하의 범위에서 도시·군계획조례로 정하는 비율로 할 수 있다. <신설 2014.1.14.>

⑥ 법 제78조제3항의 규정에 의하여 다음 각 호의 지역 안에서의 용적률은 각 호에서 정한 범위 안에서 특별시·광역시·특별자치시·특별자치도·시 또는 군의 도시·군계획조례가 정하는 비율을 초과하여서는 아니된다. <개정 2005.9.8., 2005.9.30., 2005.11.11., 2010.10.1., 2011.11.16., 2012.4.10., 2014.1.14.>
1. 도시지역외의 지역에 지정된 개발진흥지구 : 100퍼센트 이하
2. 수산자원보호구역 : 80퍼센트 이하
3. 「자연공원법」에 따른 자연공원: 100퍼센트 이하
4. 「산업입지 및 개발에 관한 법률」 제2조제8호라목에 따른 농공단지(도시지역외의 지역에 지정된 농공단지에 한한다) : 150퍼센트 이하

⑦ 법 제78조제4항의 규정에 의하여 준주거지역·중심상업지역·일반상업지역·근린상업지역·전용공업지역·일반공업지역 또는 준공업지역안의 건축물로서 다음 각호의 1에 해당하는 건축물에 대한 용적률은 경관·교통·방화 및 위생상 지장이 없다고 인정되는 경우에는 제1항 각호의 규정에 의한 해당 용적률의 120퍼센트 이하의 범위안에서 특별시·광역시·특별자치시·특별자치도·시 또는 군의 도시·군계획조례가 정하는 비율로 할 수 있다. <개정 2005.9.8., 2012.4.10., 2014.1.14.>
1. 공원·광장(교통광장을 제외한다. 이하 이 조에서 같다)·하천 그 밖에 건축이 금지된 공지에 접한 도로를 전면도로로 하는 대지안의 건축물이나 공원·광장·하천 그 밖에 건축이 금지된 공지에 20미터 이상 접한 대지안의 건축물
2. 너비 25미터 이상인 도로에 20미터 이상 접한 대지안의 건축면적이 1천제곱미터 이상인 건축물

⑧법 제78조제4항의 규정에 의하여 다음 각호의 지역·지구 또는 구역안에서 건축물을 건축하고자 하는 자가 그 대지의 일부를 공공시설부지로 제공하는 경우에는 당해 건축물에 대한 용적률은 제1항 각호의 규정에 의한

해당 용적률의 200퍼센트 이하의 범위안에서 대지면적의 제공비율에 따라 특별시·광역시·특별자치시·특별자치도·시 또는 군의 도시·군계획조례가 정하는 비율로 할 수 있다. <개정 2003.6.30., 2005.1.15., 2005.9.8., 2012.4.10., 2014.1.14.>

1. 상업지역
2. 삭제 <2005.1.15.>
3. 「도시 및 주거환경정비법」에 의한 주택재개발사업, 도시환경정비사업 및 주택재건축사업을 시행하기 위한 정비구역

⑨법 제78조제5항에서 "창고 등 대통령령으로 정하는 용도의 건축물 또는 시설물"이란 창고를 말한다. <신설 2006.3.23., 2014.1.14.>

⑩ 법 제78조제6항 전단에서 "대통령령으로 정하는 시설"이란 다음 각 호의 시설을 말한다. <신설 2014.6.30.>

1. 「영유아보육법」 제2조제3호에 따른 어린이집
2. 「노인복지법」 제36조제1항제1호에 따른 노인복지관
3. 그 밖에 특별시장·광역시장·특별자치시장·특별자치도지사·시장 또는 군수가 해당 지역의 사회복지시설 수요를 고려하여 도시·군계획조례로 정하는 사회복지시설

⑪ 제1항에도 불구하고 건축물을 건축하려는 자가 법 제78조제6항 전단에 따라 그 대지의 일부에 사회복지시설을 설치하여 기부하는 경우에는 기부하는 시설의 연면적의 2배 이하의 범위에서 도시·군계획조례로 정하는 바에 따라 추가 건축을 허용할 수 있다. 다만, 해당 용적률은 다음 각 호의 기준을 초과할 수 없다. <신설 2014.6.30.>

1. 제1항에 따라 도시·군계획조례로 정하는 용적률의 120퍼센트
2. 제1항 각 호의 구분에 따른 용도지역별 용적률의 최대한도

⑫ 국가나 지방자치단체는 법 제78조제6항 전단에 따라 기부 받은 사회복지시설을 제10항 각 호에 따른 시설 외의 시설로 용도변경하거나 그 주요 용도에 해당하는 부분을 분양 또는 임대할 수 없으며, 해당 시설의 면적이나 규모를 확장하여 설치장소를 변경(지방자치단체에 기부한 경우에는 그 관할 구역 내에서의 설치장소 변경을 말한다)하는 경우를 제외하고는 국가나 지방자치단체 외의 자에게 그 시설의 소유권을 이전할 수 없다. <신설 2014.6.30.>

[제목개정 2006.3.23.]

제85조(용도지역 안에서의 용적률) ① 법 제78조제1항 및 제2항의 규정에 의한 용적률은 다음 각호의 범위안에서 관할구역의 면적, 인구규모 및 용도지역의 특성 등을 감안하여 특별시·광역시·특별자치시·특별자치도·시 또는 군의 도시·군계획조례가 정하는 비율을 초과하여서는 아니된다. <개정 2012.4.10.>

1. 제1종전용주거지역 : 50퍼센트 이상 100퍼센트 이하
2. 제2종전용주거지역 : 100퍼센트 이상 150퍼센트 이하
3. 제1종일반주거지역 : 100퍼센트 이상 200퍼센트 이하
4. 제2종일반주거지역 : 150퍼센트 이상 250퍼센트 이하
5. 제3종일반주거지역 : 200퍼센트 이상 300퍼센트 이하
6. 준주거지역 : 200퍼센트 이상 500퍼센트 이하
7. 중심상업지역 : 400퍼센트 이상 1천500퍼센트 이하
8. 일반상업지역 : 300퍼센트 이상 1천300퍼센트 이하
9. 근린상업지역 : 200퍼센트 이상 900퍼센트 이하
10. 유통상업지역 : 200퍼센트 이상 1천100퍼센트 이하
11. 전용공업지역 : 150퍼센트 이상 300퍼센트 이하
12. 일반공업지역 : 200퍼센트 이상 350퍼센트 이하
13. 준공업지역 : 200퍼센트 이상 400퍼센트 이하
14. 보전녹지지역 : 50퍼센트 이상 80퍼센트 이하
15. 생산녹지지역 : 50퍼센트 이상 100퍼센트 이하
16. 자연녹지지역 : 50퍼센트 이상 100퍼센트 이하
17. 보전관리지역 : 50퍼센트 이상 80퍼센트 이하
18. 생산관리지역 : 50퍼센트 이상 80퍼센트 이하
19. 계획관리지역 : 50퍼센트 이상 100퍼센트 이하
20. 농림지역 : 50퍼센트 이상 80퍼센트 이하
21. 자연환경보전지역 : 50퍼센트 이상 80퍼센트 이하

②제1항의 규정에 의하여 도시·군계획조례로 용도지역별 용적률을 정함에 있어서 필요한 경우에는 당해 지방자치단체의 관할구역을 세분하여 용적률을 달리 정할 수 있다. <개정 2012.4.10.>

③ 제1항에도 불구하고 임대주택(「민간임대주택에 관한 특별법」에 따른 민간임대주택 또는「공공주택 특별법」에 따른 공공임대주택을 말한다. 이하 같다)과 기숙사 및 제10항 각 호의 어느 하나에 해당하는 시설에 대해서는 다음 각 호에서 정하는 바에 따라 용적률을 완화할 수 있다. <개정 2015.7.6., 2015.12.28., 2017.12.29.>

1. 제1항제1호부터 제6호까지의 지역에서는 도시·군계획조례로 제1항에 따른 용적률의 20퍼센트 이하의 범위에서 임대주택(「민간임대주택에 관한 특별법」또는「공공주택 특별법」에 따라 임대의무기간이 8년 이상인 경우에 한정한다)의 추가건설을 허용할 수 있다.
2. 다음 각 목의 어느 하나에 해당하는 자가 「고등교육법」제2조에 따른 학교의 학생이 이용하도록 해당 학교 부지 외에 건설하는 기숙사(「건축법 시행령」별표 1 제2호라목에 따른 기숙사를 말한다)에 대해서는 도시·군계획조례로 제1항 각 호에 따른 용도지역별 최대한도까지 건설을 허용할 수 있다.
   가. 국가 또는 지방자치단체
   나.「사립학교법」에 따른 학교법인
   다.「한국사학진흥재단법」에 따른 한국사학진흥재단
   라.「한국장학재단 설립 등에 관한 법률」에 따른 한국장학재단
   마. 가목부터 라목까지의 어느 하나에 해당하는 자가 단독 또는 공동으로 출자하여 설립한 법인
3. 제10항 각 호의 어느 하나에 해당하는 시설로서 국가 또는 지방자치단체가 건설하는 시설에 대해서는 도시·군계획조례로 정하는 바에 따라 제1항 각 호에 따른 용도지역별 최대한도까지 건설을 허용할 수 있다.

④ 제3항의 규정은 제46조제9항 각 호의 어느 하나에 해당되는 경우에는 이를 적용하지 아니한다. <신설 2005.9.8.>

⑤ 제1항에도 불구하고 법 제37조제4항 후단에 따른 방재지구의 재해저감대책에 부합하게 재해예방시설을 설치하는 건축물의 경우 제1항 제1호부터 제13호까지의 용도지역에서는 해당 용적률의 120퍼센트 이하의 범위에서 도시·군계획조례로 정하는 비율로 할 수 있다. <신설 2014.1.14.>

⑥ 법 제78조제3항의 규정에 의하여 다음 각호의 지역 안에서의 용적률은 각 호에서 정한 범위 안에서 특별시·광역시·특별자치시·특별자치도·시 또는 군의 도시·군계획조례가 정하는 비율을 초과하여서는 아니된다. <개정 2005.9.8., 2005.9.30., 2005.11.11., 2010.10.1., 2011.11.16., 2012.4.10., 2014.1.14.>

1. 도시지역외의 지역에 지정된 개발진흥지구 : 100퍼센트 이하
2. 수산자원보호구역 : 80퍼센트 이하
3.「자연공원법」에 따른 자연공원: 100퍼센트 이하
4.「산업입지 및 개발에 관한 법률」제2조제8호라목에 따른 농공단지(도시지역외의 지역에 지정된 농공단지에 한한다) : 150퍼센트 이하

⑦ 법 제78조제4항의 규정에 의하여 준주거지역·중심상업지역·일반상업지역·근린상업지역·전용공업지역·일반공업지역 또는 준공업지역안의 건축물로서 다음 각호의 1에 해당하는 건축물에 대한 용적률은 경관·교통·방화 및 위생상 지장이 없다고 인정되는 경우에는 제1항 각호의 규정에 의한 해당 용적률의 120퍼센트 이하의 범위안에서 특별시·광역시·특별자치시·특별자치도·시 또는 군의 도시·군계획조례가 정하는 비율로 할 수 있다. <개정 2005.9.8., 2012.4.10., 2014.1.14.>

1. 공원·광장(교통광장을 제외한다. 이하 이 조에서 같다)·하천 그 밖에 건축이 금지된 공지에 접한 도로를 전면도로로 하는 대지안의 건축물이나 공원·광장·하천 그 밖에 건축이 금지된 공지에 20미터 이상 접한 대지안의 건축물
2. 너비 25미터 이상인 도로에 20미터 이상 접한 대지안의 건축면적이 1천제곱미터 이상인 건축물

⑧법 제78조제4항의 규정에 의하여 다음 각호의 지역·지구 또는 구역안에서 건축물을 건축하고자 하는 자가 그 대지의 일부를 공공시설부지로 제공하는 경우에는 당해 건축물에 대한 용적률은 제1항 각호의 규정에 의한 해당 용적률의 200퍼센트 이하의 범위안에서 대지면적의 제공비율에 따라 특별시·광역시·특별자치시·특별자치도·시 또는 군의 도시·군계획조례가 정하는 비율로 할 수 있다.

<개정 2003.6.30., 2005.1.15., 2005.9.8., 2012.4.10., 2014.1.14.>

1. 상업지역
2. 삭제 <2005.1.15.>
3. 「도시 및 주거환경정비법」에 의한 주택재개발사업, 도시환경정비사업 및 주택재건축사업을 시행하기 위한 정비구역

⑨법 제78조제5항에서 "창고 등 대통령령으로 정하는 용도의 건축물 또는 시설물"이란 창고를 말한다. <신설 2006.3.23., 2014.1.14.>

⑩ 법 제78조제6항 전단에서 "대통령령으로 정하는 시설"이란 다음 각 호의 시설을 말한다. <신설 2014.6.30.>

1. 「영유아보육법」 제2조제3호에 따른 어린이집
2. 「노인복지법」 제36조제1항제1호에 따른 노인복지관
3. 그 밖에 특별시장·광역시장·특별자치시장·특별자치도지사·시장 또는 군수가 해당 지역의 사회복지시설 수요를 고려하여 도시·군계획조례로 정하는 사회복지시설

⑪ 제1항에도 불구하고 건축물을 건축하려는 자가 법 제78조제6항 전단에 따라 그 대지의 일부에 사회복지시설을 설치하여 기부하는 경우에는 기부하는 시설의 연면적의 2배 이하의 범위에서 도시·군계획조례로 정하는 바에 따라 추가 건축을 허용할 수 있다. 다만, 해당 용적률은 다음 각 호의 기준을 초과할 수 없다. <신설 2014.6.30.>

1. 제1항에 따라 도시·군계획조례로 정하는 용적률의 120퍼센트
2. 제1항 각 호의 구분에 따른 용도지역별 용적률의 최대한도

⑫ 국가나 지방자치단체는 법 제78조제6항 전단에 따라 기부 받은 사회복지시설을 제10항 각 호에 따른 시설 외의 시설로 용도변경하거나 그 주요 용도에 해당하는 부분을 분양 또는 임대할 수 없으며, 해당 시설의 면적이나 규모를 확장하여 설치장소를 변경(지방자치단체에 기부한 경우에는 그 관할 구역 내에서의 설치장소 변경을 말한다)하는 경우를 제외하고는 국가나 지방자치단체 외의 자에게 그 시설의 소유권을 이전할 수 없다. <신설 2014.6.30.>

[제목개정 2006.3.23.]

[시행일 : 2018.4.19.] 제85조

第86條(용도지역 미세분지역에서의 행위제한 등) 법 제79조제2항에서 "대통령령이 정하는 지역"이라 함은 보전녹지지역을 말한다.

第87條(시가화조정구역안에서 시행할 수 있는 도시·군계획사업) 법 제81조제1항에서 "대통령령이 정하는 사업"이라 함은 국방상 또는 공익상 시가화조정구역안에서의 사업시행이 불가피한 것으로서 관계 중앙행정기관의 장의 요청에 의하여 국토교통부장관이 시가화조정구역의 지정목적달성에 지장이 없다고 인정하는 도시·군계획사업을 말한다. <개정 2008.2.29., 2012.4.10., 2013.3.23.>

[제목개정 2012.4.10.]

第88條(시가화조정구역안에서의 행위제한) 법 제81조제2항의 규정에 의하여 시가화조정구역안에서 특별시장·광역시장·특별자치시장·특별자치도지사·시장 또는 군수의 허가를 받아 할 수 있는 행위는 별표 24와 같다. <개정 2012.4.10.>

第89條(시가화조정구역안에서의 행위허가의 기준 등) ①특별시장·광역시장·특별자치시장·특별자치도지사·시장 또는 군수는 시가화조정구역의 지정목적달성에 지장이 있거나 당해 토지 또는 주변토지의 합리적인 이용에 지장이 있다고 인정되는 경우에는 법 제81조제2항의 규정에 의한 허가를 하여서는 아니된다. <개정 2012.4.10.>

②시가화조정구역안에 있는 산림안에서의 입목의 벌채, 조림 및 육림의 허가기준에 관하여는 「산림자원의 조성 및 관리에 관한 법률」의 규정에 의한다. <개정 2005.9.8., 2006.8.4.>

③특별시장·광역시장·특별자치시장·특별자치도지사·시장 또는 군수는 별표 25에 규정된 행위에 대하여는 특별한 사유가 없는 한 법 제81조제2항의 규정에 의한 허가를 거부하여서는 아니된다. <개정 2012.4.10.>

④특별시장·광역시장·특별자치시장·특별자치도지사·시장 또는 군수는 법 제81조제2항의 규정에 의한 허가를 함에 있어서 시가화조정구역의 지정목적상 필요하다고 인정되는 경우에는 조경 등 필요한 조치를 할 것을 조건으로 허가할 수 있다. <개정 2012.4.10.>

⑤특별시장·광역시장·특별자치시장·특별자치도지사·시장 또는 군수는 법 제81조제2항의 규정에 의한 허가를 하고자 하는 때에는 당해 행위가 도시·군계획사업의 시행

에 지장을 주는지의 여부에 관하여 당해 시가화조정구역안에서 시행되는 도시·군계획사업의 시행자의 의견을 들어야 한다. <개정 2012.4.10.>

⑥제55조 및 제56조의 규정은 법 제81조제2항의 규정에 의한 허가에 관하여 이를 준용한다.

⑦법 제81조제6항의 규정에 의하여 허가를 신청하고자 하는 자는 국토교통부령이 정하는 서류를 특별시장·광역시장·특별자치시장·특별자치도지사·시장 또는 군수에게 제출하여야 한다. <개정 2008.2.29., 2012.4.10., 2013.3.23.>

제90조 삭제 <2008.7.28.>

제91조 삭제 <2008.7.28.>

제92조 삭제 <2008.7.28.>

제93조(기존의 건축물에 대한 특례) ① 다음 각 호의 어느 하나에 해당하는 사유로 인하여 기존의 건축물이 제71조부터 제80조까지, 제82조부터 제84조까지, 제84조의2, 제85조부터 제89조까지 및 「수산자원관리법 시행령」 제40조제1항에 따른 건축제한·건폐율 또는 용적률 규정에 부적합하게 된 경우에도 재축(「건축법」 제2조제1항제8호에 따른 재축을 말한다) 또는 대수선(「건축법」 제2조제1항제9호에 따른 대수선을 말하며, 건폐율·용적률이 증가되지 아니하는 범위로 한정한다)을 할 수 있다. <개정 2005.9.8., 2008.7.28., 2008.9.25., 2010.4.20., 2011.7.1., 2012.4.10., 2014.10.15.>

1. 법령 또는 도시·군계획조례의 제정·개정
2. 도시·군관리계획의 결정·변경 또는 행정구역의 변경
3. 도시·군계획시설의 설치, 도시·군계획사업의 시행 또는 「도로법」에 의한 도로의 설치

② 기존의 건축물이 제1항 각 호의 사유로 제71조부터 제80조까지, 제82조부터 제84조까지, 제84조의2, 제86조부터 제89조까지 및 「수산자원관리법 시행령」 제40조제1항에 따른 건축제한 또는 건폐율 규정에 부적합하게 된 경우에도 기존 부지 내에서 증축 또는 개축(「건축법」 제2조제1항제8호에 따른 증축 또는 개축을 말한다. 이하 이 조 및 제93조의2에서 같다)하려는 부분이 제71조부터 제80조까지, 제82조, 제83조, 제85조부터 제89조까지 및 「수산자원관리법 시행령」 제40조제1항에 따른 건축제한 및 용적률 규정에 적합한 경우로서 다음 각 호의 어느 하나에 해당하는 경우에는 다음 각 호의 구분에 따라 증축 또는 개축을 할 수 있다. <신설 2014.10.15.>

1. 기존의 건축물이 제84조 및 제84조의2에 따른 건폐율 기준에 부적합하게 된 경우: 건폐율이 증가하지 아니하는 범위에서의 증축 또는 개축
2. 기존의 건축물이 제84조 및 제84조의2에 따른 건폐율 기준에 적합한 경우: 제84조 및 제84조의2에 따른 건폐율 기준을 초과하지 아니하는 범위에서의 증축 또는 개축

③ 기존의 건축물이 제1항 각 호의 사유로 제71조부터 제80조까지, 제82조부터 제84조까지, 제84조의2, 제85조부터 제89조까지 및 「수산자원관리법 시행령」 제40조제1항에 따른 건축제한·건폐율 또는 용적률 규정에 부적합하게 된 경우에도 부지를 확장하여 추가편입부지에 증축하려는 부분이 제71조부터 제80조까지, 제82조부터 제84조까지, 제84조의2, 제85조부터 제89조까지 및 「수산자원관리법 시행령」 제40조제1항에 따른 건축제한·건폐율 및 용적률 규정에 적합한 경우에는 증축을 할 수 있다. 이 경우 추가편입부지에서 증축하려는 건축물에 대한 건폐율과 용적률 기준은 추가편입부지에 대해서만 적용한다. <신설 2014.10.15.>

④ 기존의 공장이나 제조업소가 제1항 각 호의 사유로 제71조부터 제80조까지, 제82조부터 제84조까지, 제84조의2, 제85조부터 제89조까지 및 「수산자원관리법 시행령」 제40조제1항에 따른 건축제한·건폐율 또는 용적률 규정에 부적합하게 된 경우에도 기존 업종보다 오염배출 수준이 같거나 낮은 경우에는 특별시·광역시·특별자치시·특별자치도·시 또는 군의 도시·군계획조례로 정하는 바에 따라 건축물이 아닌 시설을 증설할 수 있다. <신설 2014.10.15.>

⑤ 기존의 건축물이 제1항 각 호의 사유로 제71조부터 제80조까지, 제82조부터 제84조까지, 제84조의2, 제85조부터 제89조까지 및 「수산자원관리법 시행령」 제40조제1항에 따른 건축제한, 건폐율 또는 용적률 규정에 부적합하게 된 경우에도 해당 건축물의 기존 용도가 국토교통부령(수산자원보호구역의 경우에는 해양수산부령을 말한다)으로 정하는 바에 따라 확인되는 경우(기존 용도에 따른 영업을 폐업한 후 기존 용도

외의 용도로 사용되지 아니한 것으로 확인되는 경우를 포함한다)에는 업종을 변경하지 아니하는 경우에 한하여 기존 용도로 계속 사용할 수 있다. 이 경우 기존의 건축물이 공장이나 제조업소인 경우로서 대기오염물질발생량 또는 폐수배출량이 「대기환경 보전법 시행령」 별표 1 및 「물환경보전법 시행령」 별표 13에 따른 사업장 종류별 대기오염물질발생량 또는 배출규모의 범위에서 증가하는 경우는 기존 용도로 사용하는 것으로 본다. <개정 2015.7.6., 2018.1.16.>

⑥ 제5항 전단에도 불구하고 기존의 건축물이 공장이나 제조업소인 경우에는 도시·군계획조례로 정하는 바에 따라 대기오염물질발생량 또는 폐수배출량이 증가하지 아니하는 경우에 한하여 기존 용도 범위에서의 업종변경을 할 수 있다. <신설 2015.7.6.>

⑦ 기존의 건축물이 제1항 각 호의 사유로 제71조부터 제80조까지, 제82조부터 제84조까지, 제84조의2, 제85조부터 제89조까지 및 「수산자원관리법 시행령」 제40조제1항에 따른 건축제한·건폐율 또는 용적률 규정에 적합하지 아니하게 된 경우에도 해당 건축물이 있는 용도지역·용도지구·용도구역에서 허용되는 용도(건폐율·용적률·높이·면적의 제한을 제외한 용도를 말한다)로 변경할 수 있다. <신설 2009.7.7., 2010.4.20., 2014.10.15., 2015.7.6.>

제93조의2(기존 공장에 대한 특례) 제93조제2항 및 제3항에도 불구하고 녹지지역 또는 관리지역에 있는 기존 공장(해당 용도지역으로 지정될 당시 이미 준공된 것에 한정한다)이 다음 각 호의 어느 하나에 해당하는 경우에는 다음 각 호의 구분에 따라 증축 또는 개축할 수 있다. 다만, 2018년 12월 31일까지 증축 또는 개축 허가를 신청한 경우로 한정한다. <개정 2015.12.15., 2016.6.30.>

1. 기존 부지 내에서 증축 또는 개축하는 경우: 40퍼센트의 범위에서 최초 건축허가시 그 건축물에 허용된 건폐율
2. 부지를 확장하여 건축물을 증축하려는 경우로서 다음 각 목의 어느 하나에 해당하는 경우: 40퍼센트를 초과하지 아니하는 범위에서의 건폐율. 이 경우 가목의 경우에는 추가편입부지에 대해서만 건폐율 기준을 적용하고, 나목의 경우에는 기존 부지와 추가편입부지를 하나로 하여 건폐율 기준을 적용한다.
   가. 추가편입부지에 건축물을 증축하려는 경우로서 다음의 요건을 모두 갖춘 경우
      1) 추가편입부지의 면적이 3천제곱미터 이하로서 기존 부지면적의 50퍼센트 이내일 것
      2) 제71조부터 제80조까지, 제82조, 제83조, 제85조부터 제89조까지 및 「수산자원관리법 시행령」 제40조제1항에 따른 건축제한 및 용적률 규정에 적합할 것
      3) 관할 특별시장·광역시장·특별자치시장·특별자치도지사·시장 또는 군수가 해당 지방도시계획위원회의 심의를 거쳐 기반시설의 설치 및 그에 필요한 용지의 확보가 충분하고 주변지역의 환경오염 우려가 없다고 인정할 것
   나. 기존 부지와 추가편입부지를 하나로 하여 건축물을 증축하려는 경우로서 다음 각 목의 요건을 모두 갖춘 경우
      1) 가목1)부터 3)까지의 요건을 모두 갖출 것
      2) 관할 특별시장·광역시장·특별자치시장·특별자치도지사·시장 또는 군수가 해당 지방도시계획위원회의 심의를 거쳐 다음의 어느 하나에 해당하는 인증 등을 받기 위하여 기존 부지와 추가편입부지를 하나로 하여 건축물을 증축하는 것이 불가피하다고 인정할 것
         가) 「식품위생법」 제48조에 따른 식품안전관리인증
         나) 「농수산물 품질관리법」 제70조에 따른 위해요소중점관리기준 이행 사실 증명
         다) 「축산물 위생관리법」 제9조에 따른 안전관리인증
      3) 기존 부지와 추가편입부지를 합병할 것. 다만, 「건축법 시행령」 제3조제1항제2호가목에 해당하는 경우에는 합병하지 아니할 수 있다.

[본조신설 2014.10.15.]

제94조(2 이상의 용도지역·용도지구·용도구역에 걸치는 토지에 대한 적용기준) 법 제84조제1항 각 호 외의 부분 본문 및 같은 조 제3항 본문에서 "대통령령으로 정하는 규모"라 함은 330제곱미터를 말한다. 다만, 도로변에 띠 모양으로 지정된 상업지역에 걸쳐 있는 토지의 경우에는 660제곱미터를 말한다. <개정 2004.1.20., 2012.4.10., 2017.12.29.>

제7장 도시·군계획시설사업의 시행
<개정 2012.4.10.>

제95조(단계별집행계획의 수립) ①특별시장·광역시장·특별자치시장·특별자치도지사·시장 또는 군수는 법 제85조제1항의 규정에 의하여 단계별집행계획을 수립하고자 하는 때에는 미리 관계 행정기관의 장과 협의하여야 하며, 해당 지방의회의 의견을 들어야 한다. <개정 2012.4.10., 2017.9.19.>

②특별시장·광역시장·특별자치시장·특별자치도지사·시장 또는 군수는 매년 법 제85조제3항의 규정에 의한 제2단계집행계획을 검토하여 3년 이내에 도시·군계획시설사업을 시행할 도시·군계획시설은 이를 제1단계집행계획에 포함시킬 수 있다. <개정 2012.4.10.>

③법 제85조제4항에 따른 단계별집행계획의 공고는 당해 지방자치단체의 공보에 게재하는 방법에 의하며, 필요한 경우 전국 또는 해당 지방자치단체를 주된 보급지역으로 하는 일간신문에 게재하는 방법을 병행할 수 있다. <개정 2011.7.1.>

④법 제85조제5항 단서에서 "대통령령이 정하는 경미한 사항을 변경하는 경우"라 함은 제25조제3항 각호 및 제4항 각호의 규정에 의한 도시·군관리계획의 변경에 따라 단계별집행계획을 변경하는 경우를 말한다. <개정 2012.4.10.>

제96조(시행자의 지정) ① 법 제86조제5항의 규정에 의하여 도시·군계획시설사업의 시행자로 지정받고자 하는 자는 다음 각호의 사항을 기재한 신청서를 국토교통부장관, 시·도지사 또는 시장·군수에게 제출하여야 한다. <개정 2008.2.29., 2012.4.10., 2013.3.23.>

1. 사업의 종류 및 명칭
2. 사업시행자의 성명 및 주소(법인인 경우에는 법인의 명칭 및 소재지와 대표자의 성명 및 주소)
3. 토지 또는 건물의 소재지·지번·지목 및 면적, 소유권과 소유권외의 권리의 명세 및 그 소유자·권리자의 성명·주소
4. 사업의 착수예정일 및 준공예정일
5. 자금조달계획

② 법 제86조제7항 각 호외의 부분 중 "대통령령으로 정하는 요건"이란 도시계획시설사업의 대상인 토지(국·공유지를 제외한다. 이하 이 항에서 같다)면적의 3분의 2 이상에 해당하는 토지를 소유하고, 토지소유자 총수의 2분의 1 이상에 해당하는 자의 동의를 얻는 것을 말한다. <개정 2008.1.8., 2009.8.5.>

③ 법 제86조제7항제2호에서 "대통령령으로 정하는 공공기관"이란 다음 각 호의 어느 하나에 해당하는 기관을 말한다. <신설 2009.8.5., 2009.9.21., 2012.1.25.>

1. 「한국농수산식품유통공사법」에 따른 한국농수산식품유통공사
2. 「대한석탄공사법」에 따른 대한석탄공사
3. 「한국토지주택공사법」에 따른 한국토지주택공사
4. 「한국관광공사법」에 따른 한국관광공사
5. 「한국농어촌공사 및 농지관리기금법」에 따른 한국농어촌공사
6. 「한국도로공사법」에 따른 한국도로공사
7. 「한국석유공사법」에 따른 한국석유공사
8. 「한국수자원공사법」에 따른 한국수자원공사
9. 「한국전력공사법」에 따른 한국전력공사
10. 「한국철도공사법」에 따른 한국철도공사
11. 삭제 <2009.9.21.>

④ 법 제86조제7항제3호에서 "대통령령으로 정하는 자"란 다음 각 호의 어느 하나에 해당하는 자를 말한다. <개정 2005.1.15., 2005.9.8., 2009.7.27., 2009.8.5., 2012.4.10.>

1. 「지방공기업법」에 의한 지방공사 및 지방공단
2. 다른 법률에 의하여 도시·군계획시설사업이 포함된 사업의 시행자로 지정된 자
3. 법 제65조의 규정에 의하여 공공시설을 관리할 관리청에 무상으로 귀속되는 공공시설을 설치하고자 하는 자
4. 「국유재산법 제13조 또는 「공유재산 및 물품관리법」 제7조에 따라 기부를 조건으로 시설물을 설치하려는 자

⑤ 당해 도시·군계획시설사업이 다른 법령에 의하여 면허·허가·인가 등을 받아야 하는 사업인 경우에는 그 사업시행에 관한 면허·허가·인가 등의 사실을 증명하는 서류의 사본을 제1항의 신청서에 첨부하여야 한다. 다만, 다른 법령에서 도시·군계획시설사업의 시행자지정을 면허·허가·인가 등의 조건으로 하는 경우에는 관계 행정기관의 장의 의견서로 갈음할 수 있다. <개정 2009.8.5., 2012.4.10.>

제97조(실시계획의 인가) ①법 제88조제1항의 규정에 의한 실시계획(이하 "실시계획"이라 한다)에는 다음 각호의 사항이 포함되어야 한다.
1. 사업의 종류 및 명칭
2. 사업의 면적 또는 규모
3. 사업시행자의 성명 및 주소(법인인 경우에는 법인의 명칭 및 소재지와 대표자의 성명 및 주소)
4. 사업의 착수예정일 및 준공예정일

②법 제88조제2항 본문에 따라 도시·군계획시설사업의 시행자가 실시계획의 인가를 받고자 하는 경우 국토교통부장관이 지정한 시행자는 국토교통부장관의 인가를 받아야 하며, 그 밖의 시행자는 시·도지사 또는 대도시 시장의 인가를 받아야 한다. <개정 2008.2.29., 2012.4.10., 2013.3.23., 2014.1.14.>

③도시·군계획시설사업의 시행자로 지정된 자는 특별한 사유가 없는 한 시행자지정시에 정한 기일까지 국토교통부장관, 시·도지사 또는 대도시 시장에게 국토교통부령이 정하는 실시계획인가신청서를 제출하여야 한다. <개정 2008.2.29., 2012.4.10., 2013.3.23.>

④법 제86조제5항의 규정에 의하여 도시·군계획시설사업의 시행자로 지정을 받은 자는 실시계획을 작성하고자 하는 때에는 미리 당해 특별시장·광역시장·특별자치시장·특별자치도지사·시장 또는 군수의 의견을 들어야 한다. <개정 2012.4.10.>

⑤법 제87조의 규정에 의하여 도시·군계획시설사업을 분할시행하는 때에는 분할된 지역별로 실시계획을 작성할 수 있다. <개정 2012.4.10.>

⑥법 제88조제5항에서 "그 밖에 대통령령이 정하는 사항"이란 다음 각 호의 사항을 말한다. <개정 2005.9.8., 2008.9.25., 2011.7.1., 2012.4.10.>
1. 사업시행지의 위치도 및 계획평면도
2. 공사설계도서(「건축법」 제29조에 따른 건축협의를 하여야 하는 사업인 경우에는 개략설계도서)
3. 수용 또는 사용할 토지 또는 건물의 소재지·지번·지목 및 면적, 소유권과 소유권외의 권리의 명세 및 그 소유자·권리자의 성명·주소
4. 도시·군계획시설사업의 시행으로 새로이 설치하는 공공시설 또는 기존의 공공시설의 조서 및 도면(행정청이 시행자인 경우에 한한다)
5. 도시·군계획시설사업의 시행으로 용도폐지되는 공공시설에 대한 2 이상의 감정평가업자의 감정평가서(행정청이 아닌 자가 시행자인 경우에 한정한다). 다만, 제2항에 따른 해당 도시·군계획시설사업의 실시계획 인가권자가 새로운 공공시설의 설치비용이 기존의 공공시설의 감정평가액보다 현저히 많은 것이 명백하여 이를 비교할 실익이 없다고 인정하거나 사업 시행기간 중에 제출하도록 조건을 붙이는 경우는 제외한다.
6. 도시·군계획시설사업으로 새로이 설치하는 공공시설의 조서 및 도면과 그 설치비용계산서(행정청이 아닌 자가 시행자인 경우에 한한다). 이 경우 새로운 공공시설의 설치에 필요한 토지와 종래의 공공시설이 설치되어 있는 토지가 같은 토지인 경우에는 그 토지가격을 뺀 설치비용만 계산한다.
7. 법 제92조제3항의 규정에 의한 관계 행정기관의 장과의 협의에 필요한 서류
8. 제4항의 규정에 의한 특별시장·광역시장·특별자치시장·특별자치도지사·시장 또는 군수의 의견청취 결과

제98조(도시·군계획시설사업의 이행담보) ①법 제89조제1항 각호외의 부분 본문에서 "대통령령이 정하는 경우"라 함은 다음 각호의 1에 해당하는 경우를 말한다. <개정 2012.4.10.>
1. 도시·군계획시설사업으로 인하여 도로·수도공급설비·하수도 등 기반시설의 설치가 필요한 경우
2. 도시·군계획시설사업으로 인하여 제59조제1항제2호 내지 제5호의 1에 해당하는 경우

② 법 제89조제1항제2호에서 "대통령령으로 정하는 공공기관"이란 「공공기관의 운영에 관한 법률」 제5조제3항제1호 또는 제2호나목에 해당하는 기관을 말한다. <신설 2009.8.5.>

③ 법 제89조제1항제3호에서 "그 밖에 대통령령이 정하는 자"라 함은 「지방공기업법」에 의한 지방공사 및 지방공단을 말한다. <개정 2005.9.8., 2009.8.5.>

④ 제59조제2항 내지 제4항의 규정은 법 제89조제2항의 규정에 의한 예치금액의 산정 및 예치방법 등에 관하여 이를 준용한다. <개정 2009.8.5.>

[제목개정 2012.4.10.]

제99조(서류의 열람 등) ①법 제90조제1항에 따른 공고는 국토교통부장관이 하는 경우에는 관보나 전국을 보급지역으로 하는 일간신문에, 시·도지사 또는 대도시 시장이 하는 경우에는 해당 시·도 또는 대도시의 공보나 해당 시·도 또는 대도시를 주된 보급지역으로 하는 일간신문에 다음 각 호의 사항을 게재하는 방법에 따른다. <개정 2008.2.29., 2009.8.5., 2013.3.23.>

1. 인가신청의 요지
2. 열람의 일시 및 장소

②다음 각 호의 어느 하나에 해당하는 경미한 사항의 변경인 경우에는 제1항에 따른 공고 및 열람을 하지 아니할 수 있다. <개정 2011.7.1.>

1. 사업시행지의 변경이 수반되지 아니하는 범위안에서의 사업내용변경
2. 사업의 착수예정일 및 준공예정일의 변경. 다만, 사업시행에 필요한 토지 등(공공시설은 제외한다)의 취득이 완료되기 전에 준공예정일을 연장하는 경우는 제외한다
3. 사업시행자의 주소(사업시행자가 법인인 경우에는 법인의 소재지와 대표자의 성명 및 주소)의 변경

③제1항의 규정에 의한 공고에 소요되는 비용은 도시·군계획시설사업의 시행자가 부담한다. <개정 2012.4.10.>

제100조(실시계획의 고시) ①법 제91조에 따른 실시계획의 고시는 국토교통부장관이 하는 경우에는 관보에, 시·도지사 또는 대도시 시장이 하는 경우에는 해당 시·도 또는 대도시의 공보에 다음 각 호의 사항을 게재하는 방법에 따른다. <개정 2008.2.29., 2009.8.5., 2013.3.23.>

1. 사업시행지의 위치
2. 사업의 종류 및 명칭
3. 면적 또는 규모
4. 시행자의 성명 및 주소(법인인 경우에는 법인의 명칭 및 주소와 대표자의 성명 및 주소)
5. 사업의 착수예정일 및 준공예정일
6. 수용 또는 사용할 토지 또는 건물의 소재지·지번·지목 및 면적, 소유권과 소유권외의 권리의 명세 및 그 소유자·권리자의 성명·주소
7. 법 제99조의 규정에 의한 공공시설 등의 귀속 및 양도에 관한 사항

②국토교통부장관, 시·도지사 또는 대도시 시장은 제1항에 따라 실시계획을 고시하였으면 그 내용을 관계 행정기관의 장에게 통보하여야 한다. <개정 2008.2.29., 2009.8.5., 2013.3.23.>

제101조(공시송달) 행정청이 아닌 도시·군계획시설사업의 시행자는 법 제94조제1항에 따라 공시송달은 하려는 경우에는 국토교통부장관, 관할 시·도지사 또는 대도시 시장의 승인을 받아야 한다. <개정 2008.2.29., 2009.8.5., 2012.4.10., 2013.3.23.>

제102조(공사완료공고 등) ①도시·군계획시설사업에 대하여 다른 법령에 따른 준공검사·준공인가 등을 받은 경우 그 부분에 대하여는 법 제98조제2항에 따른 준공검사를 하지 아니할 수 있다. 이 경우 시·도지사 또는 대도시 시장은 다른 법령에 따른 준공검사·준공인가 등을 한 기관의 장에 대하여 그 준공검사·준공인가 등의 내용을 통보하여 줄 것을 요청할 수 있다. <개정 2009.8.5., 2012.4.10.>

②법 제98조제3항 및 제4항에 따른 공사완료 공고는 국토교통부장관이 하는 경우에는 관보에, 시·도지사 또는 대도시 시장이 하는 경우에는 해당 시·도 또는 대도시의 공보에 게재하는 방법에 따른다. <개정 2008.2.29., 2009.8.5., 2013.3.23.>

제103조(조성대지 등의 처분) 국가 또는 지방자치단체는 법 제100조의 규정에 의하여 도시·군계획시설사업으로 인하여 조성된 대지 및 건축물중 그 소유에 속하는 재산을 처분하고자 하는 때에는 다음 각호의 사항을 공고하되, 국가가 하는 경우에는 관보에, 지방자치단체가 하는 경우에는 당해 지방자치단체의 공보에 게재하는 방법에 의한다. <개정 2012.4.10.>

1. 법 제100조 각호의 순위에 의하여 처분한다는 취지
2. 처분하고자 하는 대지 또는 건축물의 위치 및 면적

제8장 비용

제104조(지방자치단체의 비용부담) ①법 제102조제1항의 규정에 의하여 부담하는 비용의

총액은 당해 도시·군계획시설사업에 소요된 비용의 50퍼센트를 넘지 못한다. 이 경우 도시·군계획시설사업에 소요된 비용에는 당해 도시·군계획시설사업의 조사·측량비, 설계비 및 관리비를 포함하지 아니한다. <개정 2012.4.10.>

②국토교통부장관 또는 시·도지사는 도시·군계획시설사업으로 인하여 이익을 받는 시·도 또는 시·군에 법 제102조제1항의 규정에 의한 비용을 부담시키고자 하는 때에는 도시·군계획시설사업에 소요된 비용총액의 명세와 부담액을 명시하여 당해 시·도지사 또는 시장·군수에게 송부하여야 한다. <개정 2008.2.29., 2012.4.10., 2013.3.23.>

③제1항 및 제2항의 규정은 법 제102조제3항의 규정에 의하여 시장 또는 군수가 다른 지방자치단체에 도시·군계획시설사업에 소요된 비용의 일부를 부담시키고자 하는 경우에 이를 준용한다. <개정 2012.4.10.>

제105조 삭제 <2017.12.29.>

제106조(보조 또는 융자) ①법 제104조제1항의 규정에 의하여 기초조사 또는 지형도면의 작성에 소요되는 비용은 그 비용의 80퍼센트 이하의 범위안에서 국가예산으로 보조할 수 있다.

②법 제104조제2항의 규정에 의하여 행정청이 시행하는 도시·군계획시설사업에 대하여는 당해 도시·군계획시설사업에 소요되는 비용(조사·측량비, 설계비 및 관리비를 제외한 공사비와 감정비를 포함한 보상비를 말한다. 이하 이 항에서 같다)의 50퍼센트 이하의 범위안에서 국가예산으로 보조 또는 융자할 수 있으며, 행정청이 아닌 자가 시행하는 도시·군계획시설사업에 대하여는 당해 도시·군계획시설사업에 소요되는 비용의 3분의 1 이하의 범위안에서 국가 또는 지방자치단체가 보조 또는 융자할 수 있다. <개정 2012.4.10.>

제107조(취락지구에 대한 지원) 법 제105조의 규정에 의하여 국가 또는 지방자치단체가 취락지구안의 주민의 생활편익과 복지증진 등을 위하여 시행하거나 지원할 수 있는 사업은 다음 각호와 같다.

1. 집단취락지구 : 개발제한구역의지정및관리에관한특별조치법령에서 정하는 바에 의한다.
2. 자연취락지구
   가. 자연취락지구안에 있거나 자연취락지구에 연결되는 도로·수도공급설비·하수도 등의 정비
   나. 어린이놀이터·공원·녹지·주차장·학교·마을회관 등의 설치·정비
   다. 쓰레기처리장·하수처리시설 등의 설치·개량
   라. 하천정비 등 재해방지를 위한 시설의 설치·개량
   마. 주택의 신축·개량

제9장 도시계획위원회

제108조(중앙도시계획위원회의 운영) ①중앙도시계획위원회는 필요하다고 인정하는 경우에는 관계 행정기관의 장에게 필요한 자료의 제출을 요구할 수 있으며, 도시·군계획에 관하여 학식이 풍부한 자의 설명을 들을 수 있다. <개정 2012.4.10.>

②관계 중앙행정기관의 장, 시·도지사, 시장 또는 군수는 해당 중앙행정기관 또는 지방자치단체의 도시·군계획 관련 사항에 관하여 중앙도시계획위원회에 출석하여 발언할 수 있다. <개정 2011.7.1., 2012.4.10.>

③중앙도시계획위원회의 간사는 회의시마다 회의록을 작성하여 다음 회의에 보고하고 이를 보관하여야 한다.

제109조(중앙도시계획위원회의 분과위원회) ①법 제110조의 규정에 의하여 중앙도시계획위원회에 두는 분과위원회 및 그 소관업무는 다음 각호와 같다. <개정 2004.1.20.>

1. 제1분과위원회
   가. 법 제8조제2항의 규정에 의한 토지이용계획에 관한 구역등의 지정
   나. 법 제9조의 규정에 의한 용도지역 등의 변경계획에 관한 사항의 심의
   다. 법 제59조의 규정에 의한 개발행위에 관한 사항의 심의
2. 제2분과위원회 : 중앙도시계획위원회에서 위임하는 사항의 심의
3. 삭제 <2004.1.20.>

②각 분과위원회는 위원장 1인을 포함한 5인 이상 17인 이하의 위원으로 구성한다. <개정 2004.1.20., 2005.9.8.>

③각 분과위원회의 위원은 중앙도시계획위원

회가 그 위원중에서 선출하며, 중앙도시계획위원회의 위원은 2 이상의 분과위원회의 위원이 될 수 있다.

④각 분과위원회의 위원장은 분과위원회의 위원중에서 호선한다.

⑤ 중앙도시계획위원회의 위원장은 제1항에도 불구하고 효율적인 심사를 위하여 필요한 경우에는 각 분과위원회가 분장하는 업무의 일부를 조정할 수 있다. <신설 2008.1.8.>

제110조(지방도시계획위원회의 업무) ① 시·도도시계획위원회는 법 제113조제1항제4호에 따라 다음 각 호의 업무를 할 수 있다. <개정 2012.4.10.>

1. 해당 시·도의 도시·군계획조례의 제정·개정과 관련하여 시·도지사가 자문하는 사항에 대한 조언
2. 제55조제3항제3호의2에 따른 개발행위허가에 대한 심의

② 시·군·구도시계획위원회는 법 제113조제2항제4호에 따라 다음 각 호의 업무를 할 수 있다. <개정 2012.4.10., 2014.1.14.>

1. 해당 시·군·구(자치구를 말한다. 이하 같다)와 관련한 도시·군계획조례의 제정·개정과 관련하여 시장·군수·구청장이 자문하는 사항에 대한 조언
2. 제55조제3항제3호의2에 따른 개발행위허가에 대한 심의(대도시에 두는 도시계획위원회에 한정한다)
3. 개발행위허가와 관련하여 시장 또는 군수(특별시장·광역시장의 개발행위허가 권한이 법 제139조제2항에 따라 조례로 군수 또는 구청장에게 위임된 경우에는 그 군수 또는 구청장을 포함한다)가 자문하는 사항에 대한 조언
4. 제128조제1항에 따른 시범도시사업계획의 수립에 관하여 시장·군수·구청장이 자문하는 사항에 대한 조언

[전문개정 2010.4.29.]

제111조(시·도도시계획위원회의 구성 및 운영) ①시·도도시계획위원회는 위원장 및 부위원장 각 1명을 포함한 25명 이상 30명 이하의 위원으로 구성한다. <개정 2009.7.7.>

②시·도도시계획위원회의 위원장은 위원 중에서 해당 시·도지사가 임명 또는 위촉하며, 부위원장은 위원중에서 호선한다. <개정 2008.1.8.>

③시·도도시계획위원회의 위원은 다음 각 호의 어느 하나에 해당하는 자 중에서 시·도지사가 임명 또는 위촉한다. 이 경우 제3호에 해당하는 위원의 수는 전체 위원의 3분의 2 이상이어야 하고, 법 제8조제7항에 따라 농업진흥지역의 해제 또는 보전산지의 지정해제를 할 때에 도시·군관리계획의 변경이 필요하여 시·도도시계획위원회의 심의를 거쳐야 하는 시·도의 경우에는 농림 분야 공무원 및 농림 분야 전문가가 각각 2명 이상이어야 한다. <개정 2012.4.10., 2014.1.14.>

1. 당해 시·도 지방의회의 의원
2. 당해 시·도 및 도시·군계획과 관련있는 행정기관의 공무원
3. 토지이용·건축·주택·교통·환경·방재·문화·농림·정보통신 등 도시·군계획 관련 분야에 관하여 학식과 경험이 있는 자

④제3항제3호에 해당하는 위원의 임기는 2년으로 하되, 연임할 수 있다. 다만, 보궐위원의 임기는 전임자의 임기중 남은 기간으로 한다.

⑤시·도도시계획위원회의 위원장은 위원회의 업무를 총괄하며, 위원회를 소집하고 그 의장이 된다.

⑥시·도도시계획위원회의 회의는 재적위원 과반수의 출석(출석위원의 과반수는 제3항제3호에 해당하는 위원이어야 한다)으로 개의하고, 출석위원 과반수의 찬성으로 의결한다. <개정 2009.7.7.>

⑦시·도도시계획위원회에 간사 1인과 서기 약간인을 둘 수 있으며, 간사와 서기는 위원장이 임명한다.

⑧시·도도시계획위원회의 간사는 위원장의 명을 받아 서무를 담당하고, 서기는 간사를 보좌한다.

제112조(시·군·구도시계획위원회의 구성 및 운영) ①시·군·구도시계획위원회는 위원장 및 부위원장 각 1인을 포함한 15인 이상 25인 이하의 위원으로 구성한다. 다만, 2 이상의 시·군 또는 구에 공동으로 시·군·구도시계획위원회를 설치하는 경우에는 그 위원의 수를 30인까지로 할 수 있다.

②시·군·구도시계획위원회의 위원장은 위원중에서 해당 시장·군수 또는 구청장이 임명 또는 위촉하며, 부위원장은 위원중에서 호선한다. 다만, 2 이상의 시·군 또는 구에 공동으로 설치하는 시·군·구도시계획위원회의 위원장은 당해 시장·군수 또는 구청장이 협의하여

정한다. <개정 2005.1.15., 2008.1.8.>

③시·군·구도시계획위원회의 위원은 다음 각호의 자중에서 시장·군수 또는 구청장이 임명 또는 위촉한다. 이 경우 제3호에 해당하는 위원의 수는 위원 총수의 50퍼센트 이상이어야 한다. <개정 2012.4.10.>

1. 당해 시·군·구 지방의회의 의원
2. 당해 시·군·구 및 도시·군계획과 관련있는 행정기관의 공무원
3. 토지이용·건축·주택·교통·환경·방재·문화·농림·정보통신 등 도시·군계획 관련 분야에 관하여 학식과 경험이 있는 자

④제111조제4항 내지 제8항의 규정은 시·군·구도시계획위원회에 관하여 이를 준용한다.

⑤ 제1항 및 제3항에도 불구하고 시·군·구도시계획위원회 중 대도시에 두는 도시계획위원회는 위원장 및 부위원장 각 1명을 포함한 20명 이상 25명 이하의 위원으로 구성하며, 제3항제3호에 해당하는 위원의 수는 전체 위원의 3분의 2 이상이어야 한다. <신설 2009.7.7.>

제113조(지방도시계획위원회의 분과위원회) 법 제113조제3항에서 "대통령령이 정하는 사항"이라 함은 다음 각호의 사항을 말한다.

1. 법 제9조의 규정에 의한 용도지역 등의 변경계획에 관한 사항
2. 법 제50조의 규정에 의한 지구단위계획구역 및 지구단위계획의 결정 또는 변경결정에 관한 사항
3. 법 제59조의 규정에 의한 개발행위에 대한 심의에 관한 사항
4. 법 제120조의 규정에 의한 이의신청에 관한 사항
5. 지방도시계획위원회에서 위임하는 사항

제113조의2(지방도시계획위원회 위원의 제척사유 등) ①법 제113조의3제1항제4호에서 "대통령령이 정하는 경우"라 함은 다음 각호의 어느 하나에 해당하는 경우를 말한다. <개정 2012.4.10.>

1. 자기가 심의하거나 자문에 응한 안건에 관하여 용역을 받거나 그 밖의 방법으로 직접 관여한 경우
2. 자기가 심의하거나 자문에 응한 안건의 직접적인 이해관계인이 되는 경우

② 삭제 <2009.8.5.>

③ 삭제 <2009.8.5.>

④ 삭제 <2009.8.5.>

[본조신설 2006.3.23.]

제113조의3(회의록의 공개) ① 법 제113조의2 본문에서 "대통령령으로 정하는 기간"이란 중앙도시계획위원회의 경우에는 심의 종결 후 6개월, 지방도시계획위원회의 경우에는 6개월 이하의 범위에서 해당 지방자치단체의 도시·군계획조례로 정하는 기간을 말한다. <개정 2012.4.10.>

② 법 제113조의2 본문에 따른 회의록의 공개는 열람의 방법으로 한다.

③ 법 제113조의2 단서에서 "이름·주민등록번호 등 대통령령으로 정하는 개인식별 정보"란 이름·주민등록번호·직위 및 주소 등 특정인임을 식별할 수 있는 정보를 말한다.

[본조신설 2009.8.5.]

제114조(운영세칙) 중앙도시계획위원회 및 그 분과위원회의 운영에 관한 다음 각 호의 사항은 국토교통부장관이 정하고, 지방도시계획위원회 및 그 분과위원회의 운영에 관한 다음 각 호의 사항은 해당 지방자치단체의 도시·군계획조례로 정한다. <개정 2008.2.29., 2011.3.9., 2012.4.10., 2013.3.23., 2013.6.11.>

1. 위원의 자격 및 임명·위촉·해촉(解囑) 기준
2. 회의 소집 방법, 의결정족수 등 회의 운영에 관한 사항
3. 위원회 및 분과위원회의 심의·자문 대상 및 그 업무의 구분에 관한 사항
4. 위원의 제척·기피·회피에 관한 사항
5. 안건 처리기한 및 반복 심의 제한에 관한 사항
6. 이해관계자 및 전문가 등의 의견청취에 관한 사항
7. 법 제116조에 따른 도시·군계획상임기획단의 구성 및 운영에 관한 사항

제115조(수당 및 여비) 법 제115조의 규정에 의하여 중앙도시계획위원회의 위원 및 전문위원에게 예산의 범위안에서 국토교통부령이 정하는 바에 따라 수당 및 여비를 지급할 수 있다. <개정 2008.2.29., 2013.3.23.>

제10장 토지거래의 허가 등

제116조 삭제 <2017.1.17.>

제117조 삭제 <2017.1.17.>

제118조 삭제 <2017.1.17.>

제119조 삭제 <2017.1.17.>

제120조 삭제 <2017.1.17.>

제121조 삭제 <2017.1.17.>

제122조 삭제 <2017.1.17.>

제123조 삭제 <2017.1.17.>

제124조 삭제 <2017.1.17.>

제124조의2 삭제 <2017.1.17.>

제124조의3 삭제 <2017.1.17.>

제125조 삭제 <2017.1.17.>

제11장 보칙

제126조(시범도시의 지정) ① 법 제127조제1항에서 "대통령령으로 정하는 분야"란 교육·안전·교통·경제활력·도시재생 및 기후변화 분야를 말한다. <개정 2009.7.7.>

②시범도시는 다음 각 호의 기준에 적합하여야 한다. <개정 2009.7.7.>

1. 시범도시의 지정이 도시의 경쟁력 향상, 특화발전 및 지역균형발전에 기여할 수 있을 것
2. 시범도시의 지정에 대한 주민의 호응도가 높을 것
3. 시범도시의 지정목적 달성에 필요한 사업(이하 "시범도시사업"이라 한다)에 주민이 참여할 수 있을 것
4. 시범도시사업의 재원조달계획이 적정하고 실현가능할 것

③국토교통부장관은 법 제127조제1항의 규정에 의한 분야별로 시범도시의 지정에 관한 세부기준을 정할 수 있다. <개정 2008.2.29., 2013.3.23.>

④관계 중앙행정기관의 장 또는 시·도지사는 법 제127조제1항의 규정에 의하여 국토교통부장관에게 시범도시의 지정을 요청하고자 하는 때에는 미리 설문조사·열람 등을 통하여 주민의 의견을 들은 후 관계 지방자치단체의 장의 의견을 들어야 한다. <개정 2008.2.29., 2013.3.23.>

⑤시·도지사는 법 제127조제1항의 규정에 의하여 국토교통부장관에게 시범도시의 지정을 요청하고자 하는 때에는 미리 당해 시·도도시계획위원회의 자문을 거쳐야 한다. <개정 2008.2.29., 2013.3.23.>

⑥관계 중앙행정기관의 장 또는 시·도지사는 법 제127조제1항의 규정에 의하여 시범도시의 지정을 요청하고자 하는 때에는 다음 각호의 서류를 국토교통부장관에게 제출하여야 한다. <개정 2008.2.29., 2013.3.23.>

1. 제2항 및 제3항의 규정에 의한 지정기준에 적합함을 설명하는 서류
2. 지정을 요청하는 관계 중앙행정기관의 장 또는 시·도지사가 직접 시범도시에 대하여 지원할 수 있는 예산·인력 등의 내역
3. 제4항의 규정에 의한 주민의견청취의 결과와 관계 지방자치단체의 장의 의견
4. 제5항의 규정에 의한 시·도도시계획위원회에의 자문 결과

⑦국토교통부장관은 시범도시를 지정하려면 중앙도시계획위원회의 심의를 거쳐야 한다. <개정 2008.2.29., 2009.8.5., 2013.3.23.>

⑧국토교통부장관은 시범도시를 지정한 때에는 지정목적·지정분야·지정대상도시 등을 관보에 공고하고 관계 행정기관의 장에게 통보하여야 한다. <개정 2008.2.29., 2013.3.23.>

제127조(시범도시의 공모) ① 국토교통부장관은 법 제127조제1항의 규정에 의하여 직접 시범도시를 지정함에 있어서 필요한 경우에는 국토교통부령이 정하는 바에 따라 그 대상이 되는 도시를 공모할 수 있다. <개정 2008.2.29., 2013.3.23.>

②제1항의 규정에 의한 공모에 응모할 수 있는 자는 특별시장·광역시장·특별자치시장·특별자치도지사·시장·군수 또는 구청장으로 한다. <개정 2012.4.10.>

③국토교통부장관은 시범도시의 공모 및 평가 등에 관한 업무를 원활하게 수행하기 위하여 필요한 때에는 전문기관에 자문하거나 조사·연구를 의뢰할 수 있다. <개정 2008.2.29., 2013.3.23.>

제128조(시범도시사업계획의 수립·시행) ① 시범도시를 관할하는 특별시장·광역시장·

특별자치시장·특별자치도지사·시장·군수 또는 구청장은 다음 각호의 구분에 따라 시범도시사업의 시행에 관한 계획(이하 "시범도시사업계획"이라 한다)을 수립·시행하여야 한다. <개정 2012.4.10.>

1. 시범도시가 시·군 또는 구의 관할구역에 한정되어 있는 경우 : 관할 시장·군수 또는 구청장이 수립·시행
2. 그 밖의 경우 : 특별시장·광역시장·특별자치시장 또는 특별자치도지사가 수립·시행

②시범도시사업계획에는 다음 각 호의 사항이 포함되어야 한다. <개정 2009.7.7., 2012.4.10.>

1. 시범도시사업의 목표·전략·특화발전계획 및 추진체제에 관한 사항
2. 시범도시사업의 시행에 필요한 도시·군계획 등 관련계획의 조정·정비에 관한 사항
3. 시범도시사업의 시행에 필요한 도시·군계획사업에 관한 사항
4. 시범도시사업의 시행에 필요한 재원조달에 관한 사항

4의2. 주민참여 등 지역사회와의 협력체계에 관한 사항

5. 그 밖에 시범도시사업의 원활한 시행을 위하여 필요한 사항

③ 특별시장·광역시장·특별자치시장·특별자치도지사·시장·군수 또는 구청장은 제1항의 규정에 의하여 시범도시사업계획을 수립하고자 하는 때에는 미리 설문조사·열람 등을 통하여 주민의 의견을 들어야 한다. <개정 2012.4.10.>

④ 특별시장·광역시장·특별자치시장·특별자치도지사·시장·군수 또는 구청장은 시범도시사업계획을 수립하고자 하는 때에는 미리 국토교통부장관(관계 중앙행정기관의 장 또는 시·도지사의 요청에 의하여 지정된 시범도시의 경우에는 지정을 요청한 기관을 말한다)과 협의하여야 한다. <개정 2008.2.29., 2012.4.10., 2013.3.23.>

⑤특별시장·광역시장·특별자치시장·특별자치도지사·시장·군수 또는 구청장은 제1항의 규정에 의하여 시범도시사업계획을 수립한 때에는 그 주요내용을 당해 지방자치단체의 공보에 고시한 후 그 사본 1부를 국토교통부장관에게 송부하여야 한다. <개정 2008.2.29., 2012.4.10., 2013.3.23.>

⑥제3항 내지 제5항의 규정은 시범도시사업계획의 변경에 관하여 이를 준용한다.

제129조(시범도시의 지원기준) ①국토교통부장관, 관계 중앙행정기관의 장은 법 제127조제2항에 따라 시범도시에 대하여 다음 각 호의 범위에서 보조 또는 융자를 할 수 있다. <개정 2008.2.29., 2009.8.5., 2013.3.23.>

1. 시범도시사업계획의 수립에 소요되는 비용의 80퍼센트 이하
2. 시범도시사업의 시행에 소요되는 비용(보상비를 제외한다)의 50퍼센트 이하

② 시·도지사는 법 제127조제2항에 따라 시범도시에 대하여 제1항 각 호의 범위에서 보조나 융자를 할 수 있다. <신설 2009.8.5.>

③ 관계 중앙행정기관의 장 또는 시·도지사는 법 제127조제2항의 규정에 의하여 시범도시에 대하여 예산·인력 등을 지원한 때에는 그 지원내역을 국토교통부장관에게 통보하여야 한다. <개정 2008.2.29., 2009.8.5., 2013.3.23.>

④ 시장·군수 또는 구청장은 시범도시사업의 시행을 위하여 필요한 경우에는 다음 각 호의 사항을 도시·군계획조례로 정할 수 있다. <신설 2009.8.5., 2012.4.10.>

1. 시범도시사업의 예산집행에 관한 사항
2. 주민의 참여에 관한 사항

제130조(시범도시사업의 평가·조정) ① 시범도시를 관할하는 특별시장·광역시장·특별자치시장·특별자치도지사·시장·군수 또는 구청장은 매년말까지 당해연도 시범도시사업계획의 추진실적을 국토교통부장관과 당해 시범도시의 지정을 요청한 관계 중앙행정기관의 장 또는 시·도지사에게 제출하여야 한다. <개정 2008.2.29., 2012.4.10., 2013.3.23.>

② 국토교통부장관, 관계 중앙행정기관의 장 또는 시·도지사는 제1항의 규정에 의하여 제출된 추진실적을 분석한 결과 필요하다고 인정하는 때에는 시범도시사업계획의 조정요청, 지원내용의 축소 또는 확대 등의 조치를 할 수 있다. <개정 2008.2.29., 2013.3.23.>

제131조 삭제 <2006.6.7.>

제132조 삭제 <2006.6.7.>

제133조(권한의 위임 및 위탁) ① 국토교통부장관(법 제40조에 따른 수산자원보호구역의

경우 해양수산부장관을 말한다. 이하 이 조에서 같다)은 법 제139조제1항에 따라 다음 각 호의 사항에 관한 권한을 시·도지사에게 위임한다. <개정 2005.9.8., 2008.2.29., 2008.7.28., 2009.8.5., 2012.4.10., 2013.3.23., 2014.1.14.>

1. 삭제 <2014.1.14.>
2. 삭제 <2009.8.5.>
3. 법 제29조제2항제4호에 해당하는 도시·군관리계획 중 1제곱킬로미터 미만의 구역의 지정 및 변경에 해당하는 도시·군관리계획의 결정
4. 삭제 <2014.1.14.>

② 삭제 <2006.6.7.>

③ 시·도지사는 제1항의 규정에 의하여 위임받은 업무를 처리한 때에는 국토교통부령(법 제40조에 따른 수산자원보호구역의 경우 해양수산부령을 말한다)이 정하는 바에 따라 국토교통부장관에게 보고하여야 한다. <개정 2008.2.29., 2008.7.28., 2013.3.23.>

제133조의2(규제의 재검토) 국토교통부장관은 다음 각 호의 사항에 대하여 2017년 1월 1일을 기준으로 3년마다(매 3년이 되는 해의 1월 1일 전까지를 말한다) 그 타당성을 검토하여 개선 등의 조치를 하여야 한다.

1. 제38조에 따른 공동구의 설치비용
2. 제56조에 따른 개발행위허가의 기준
3. 제59조제1항에 따른 개발행위허가의 이행담보 대상
4. 제60조에 따른 개발행위허가의 제한
5. 제62조에 따른 개발밀도의 강화범위 등
6. 제63조에 따른 개발밀도관리구역의 지정기준 및 관리방법
7. 제86조에 따른 용도지역 미세분지역에서의 행위제한 등
8. 제105조에 따른 공공시설관리자의 비용부담

[전문개정 2016.12.30.]

제12장 벌칙

제134조(과태료의 부과기준) ① 법 제144조제1항 및 제2항에 따른 과태료의 부과기준은 별표 28과 같다.

② 국토교통부장관(법 제40조에 따른 수산자원보호구역의 경우에는 해양수산부장관을 말한다), 시·도지사, 시장 또는 군수는 위반행위의 동기·결과 및 횟수 등을 고려하여 별표 28에 따른 과태료 금액의 2분의 1의 범위에서 가중하거나 경감할 수 있다. <개정 2013.3.23.>

③ 제2항에 따라 과태료를 가중하여 부과하는 경우에도 과태료 부과금액은 다음 각 호의 구분에 따른 금액을 초과할 수 없다.

1. 법 제144조제1항의 경우: 1천만원
2. 법 제144조제2항의 경우: 5백만원

[본조신설 2009.7.7.]

부칙

<제28586호, 2018.1.16.>
(시설물의 안전 및 유지관리에 관한 특별법 시행령)

제1조(시행일) 이 영은 2018년 1월 18일부터 시행한다. <단서 생략>

제2조부터 **제6조**까지 생략

제7조(다른 법령의 개정) ①부터 ⑤까지 생략

⑥ 국토의 계획 및 이용에 관한 법률 시행령 일부를 다음과 같이 개정한다.

제39조제1항제2호 중 "「시설물의 안전관리에 관한 특별법」 제25조"를 "「시설물의 안전 및 유지관리에 관한 특별법」 제45조"로 하고, 같은 조 제5항 중 "「시설물의 안전관리에 관한 특별법」 제6조 및 제7조"를 "「시설물의 안전 및 유지관리에 관한 특별법」 제11조 및 제12조"로 한다.

⑦부터 ㉔까지 생략

제8조 생략

토지이용규제 기본법

[시행 2018.6.27.]
[법률 제15324호, 2017.12.26., 일부개정]

제1조(목적) 이 법은 토지이용과 관련된 지역·지구등의 지정과 관리에 관한 기본적인 사항을 규정함으로써 토지이용규제의 투명성을 확보하여 국민의 토지이용상의 불편을 줄이고 국민경제의 발전에 이바지함을 목적으로 한다.

제2조(정의) 이 법에서 사용하는 용어의 뜻은 다음과 같다. <개정 2011.4.14.>
1. "지역·지구등"이란 지역·지구·구역·권역·단지·도시·군계획시설 등 명칭에 관계없이 개발행위를 제한하거나 토지이용과 관련된 인가·허가 등을 받도록 하는 등 토지의 이용 및 보전에 관한 제한을 하는 일단(一團)의 토지(토지와 연접한 해수면으로서 토지와 같이 제한되는 경우에는 그 해수면을 포함한다. 이하 같다)로서 제5조 각 호에 규정된 것을 말한다.
2. "규제안내서"란 국민이 주택·공장 등 대통령령으로 정하는 시설을 설치하기 위하여 관계 법령 또는 자치법규에 따라 받아야 하는 인가·허가 등의 기준, 절차, 구비서류 등을 적은 안내서를 말한다.

[전문개정 2009.2.6.]

▶ 판례 - 구 가축분뇨의 관리 및 이용에 관한 법률에 따라 가축의 사육을 제한하기 위해서는 시장·군수·구청장이 일정한 구역을 가축사육 제한구역으로 지정하여 토지이용규제 기본법 제8조 제2항에 따라 지형도면의 작성·고시를 해야 하는지 여부(원칙적 적극) 및 가축사육 제한구역의 지정은 지형도면을 작성·고시해야 효력이 발생하는지 여부(적극)

구 가축분뇨의 관리 및 이용에 관한 법률(2014. 3. 24. 법률 제12516호로 개정되기 전의 것, 이하 '가축분뇨법' 이라 한다) 제8조 제1항 제1호, 토지이용규제 기본법 제2조 제1호, 제3조, 제5조 제1호 [별표], 제8조 제2항 본문, 제3항을 종합하여 보면, 가축분뇨법에 따라 가축의 사육을 제한하기 위해서는 원칙적으로 시장·군수·구청장이 조례가 정하는 바에 따라 일정한 구역을 가축사육 제한구역으로 지정하여 토지이용규제 기본법에서 정한 바에 따라 지형도면을 작성·고시하여야 하고, 이러한 지형도면 작성·고시 전에는 가축사육 제한구역 지정의 효력이 발생하지 아니한다. [대법원 2017.5.11, 선고, 2013두10489, 판결]

제3조(다른 법률과의 관계) 지역·지구등의 지정(따로 지정 절차 없이 법령 또는 자치법규에 따라 지역·지구등의 범위가 직접 지정되는 경우를 포함한다. 이하 같다)과 운영 등에 관하여 다른 법률에 제8조와 다른 규정이 있는 경우에는 이 법에 따른다.
[전문개정 2009.2.6.]

제4조(토지이용규제의 투명성 확보) 지역·지구등을 규정하는 법령 또는 자치법규는 그 지정목적, 지정기준, 행위제한내용 등을 구체적이고 명확하게 규정하여야 한다.

제5조(지역·지구등의 신설 제한 등) 지역·지구등은 다음 각 호에 규정된 것 외에는 신설(지역·지구등을 세분하거나 변경하는 것을 포함한다. 이하 같다)할 수 없다. <개정 2013.3.23.>
1. 별표에 규정된 지역·지구등
2. 다른 법률의 위임에 따라 대통령령에 규정된 지역·지구등으로서 이 법의 대통령령에 규정된 지역·지구등
3. 다른 법령의 위임에 따라 총리령, 부령 및 자치법규에 규정된 지역·지구등으로서 국토교통부장관이 관보에 고시하는 지역·지구등

[전문개정 2009.2.6.]

제6조(지역·지구등의 신설에 대한 심의) ① 중앙행정기관의 장이나 지방자치단체의 장은 지역·지구등을 신설하는 내용으로 법령 또는 자치법규를 제정하거나 개정하려면 해당 법령안 또는 자치법규안을 입법예고하기 전에 신설될 지역·지구등이 다음 각 호의 기준에 부합하는지에 대하여 제15조에 따른 토지이용규제심의위원회(이하 "위원회"라 한다)의 심의를 국토교통부장관에게 요청하여야 한다. <개정 2013.3.23.>
1. 기존의 지역·지구등의 지정 목적 또는 명칭과 유사하거나 중복되지 아니할 것
2. 지역·지구등의 신설에 명확한 목적이 있을 것
3. 지역·지구등의 지정 기준과 지정 요건

등이 구체적이고 명확할 것
4. 지역·지구등에서의 행위제한 내용이 그 지정 목적에 비추어 다른 지역·지구등과 균형을 유지할 것
5. 그 밖에 대통령령으로 정하는 사항
② 중앙행정기관의 장이나 지방자치단체의 장은 제1항에 따른 심의를 요청할 때에는 지역·지구등의 지정 및 운영계획서(이하 이 조에서 "운영계획서"라 한다)를 작성하여 제출하여야 한다.
③ 국토교통부장관은 제1항에 따른 심의 결과 지역·지구등의 신설이 제1항 각 호의 기준에 부합하지 아니한다고 인정하는 경우에는 운영계획서를 제출한 중앙행정기관의 장이나 지방자치단체의 장에게 운영계획서의 재검토 또는 수정을 요청할 수 있다. <개정 2013.3.23.>
④ 운영계획서의 작성 및 제출에 필요한 사항은 대통령령으로 정한다.
[전문개정 2009.2.6.]

제6조의2(행위제한 강화등에 대한 심의) ① 중앙행정기관의 장이나 지방자치단체의 장은 제5조 각 호의 지역·지구등에서의 행위제한을 신설 또는 강화(이하 "강화등"이라 한다)하려는 경우에는 해당 법령안 또는 자치법규안을 입법예고하기 전에 다음 각 호의 기준에 부합하는지에 대하여 위원회의 심의를 국토교통부장관에게 요청하여야 한다. <개정 2013.3.23.>
1. 지역·지구등에서의 행위제한 강화등이 다른 지역·지구등과 균형을 유지할 것
2. 지역·지구등에서의 행위제한 강화등이 해당 목적 달성을 위하여 반드시 필요한 사항일 것
3. 그 밖에 대통령령으로 정하는 사항
② 중앙행정기관의 장이나 지방자치단체의 장은 제1항에 따라 심의를 요청할 때에는 행위제한 강화등 계획서(이하 이 조에서 "계획서"라 한다)를 작성하여 제출하여야 한다.
③ 국토교통부장관은 제1항에 따른 심의결과 행위제한 강화등이 제1항 각 호의 기준에 부합하지 아니한다고 인정하는 경우에는 계획서를 제출한 중앙행정기관의 장이나 지방자치단체의 장에게 계획서의 재검토 또는 수정을 요청할 수 있다. <개정 2013.3.23.>
④ 계획서의 작성 및 제출에 필요한 사항은 대통령령으로 정한다.
[본조신설 2009.2.6.]

제6조의3(직권심의 및 권고) ① 국토교통부장관은 다음 각 호의 어느 하나에 해당하는 경우에는 해당 지역·지구등 또는 행위제한 강화등이 각 호에 따른 기준에 부합하는지에 대하여 위원회가 심의하게 할 수 있다.
1. 중앙행정기관의 장이나 지방자치단체의 장이 제6조제1항에 따른 심의를 요청하지 아니하고 지역·지구등을 신설하였거나 신설된 날부터 5년이 경과할 때까지 지역·지구등이 지정되지 아니한 경우: 제6조제1항 각 호의 기준
2. 중앙행정기관의 장이나 지방자치단체의 장이 제6조의2제1항에 따른 심의를 요청하지 아니하고 행위제한 강화등을 한 경우: 제6조의2제1항 각 호의 기준
② 국토교통부장관은 제1항에 따른 심의 결과 지역·지구등 또는 행위제한 강화등이 제1항 각 호에 따른 기준에 부합하지 아니한다고 인정하는 경우에는 중앙행정기관의 장이나 지방자치단체의 장에게 해당 지역·지구등 또는 행위제한 강화등의 폐지·조정, 존속기한·재검토기한 설정 등 필요한 조치를 권고할 수 있다.
③ 제2항에 따라 권고를 받은 중앙행정기관의 장이나 지방자치단체의 장은 대통령령으로 정하는 바에 따라 조치계획서를 작성하여 국토교통부장관에게 제출하여야 한다.
[본조신설 2017.12.26.]

제7조(사업지구에서의 행위제한 등) ① 개발사업을 시행하기 위한 지역·지구등으로서 대통령령으로 정하는 지역·지구등(이하 이 조에서 "사업지구"라 한다)을 규정하는 법령 또는 자치법규는 해당 사업지구에서 개발사업에 지장을 초래할 수 있는 다음 각 호의 행위로서 관계 행정기관의 장의 허가 또는 변경허가를 받아야 하는 사항을 구체적으로 정하여야 한다. <개정 2017.12.26.>
1. 건축물의 건축
2. 공작물의 설치
3. 토지의 형질변경
4. 토석의 채취
5. 토지분할
6. 물건을 쌓아놓는 행위
7. 그 밖에 제1호부터 제6호까지의 행위와 유사한 행위로서 개발사업에 지장을 초래할 수 있는 행위

② 사업지구를 규정하는 법령 또는 자치법규는 다음 각 호의 사항을 구체적으로 정하여야 한다. <개정 2017.12.26.>

1. 사업지구 지정·변경·해제의 기준 및 절차에 관한 사항
2. 제1항에 따른 허가 또는 변경허가를 받지 아니하고 할 수 있는 행위
3. 사업지구의 지정 및 고시 당시 공사 또는 사업을 시작한 경우 공사 또는 사업의 계속 추진 등에 관한 사항

[전문개정 2009.2.6.]

제8조(지역·지구등의 지정 등) ① 중앙행정기관의 장이나 지방자치단체의 장이 지역·지구등을 지정(변경 및 해제를 포함한다. 이하 같다)하려면 대통령령으로 정하는 바에 따라 미리 주민의 의견을 들어야 한다. 다만, 다음 각 호의 어느 하나에 해당하거나 대통령령으로 정하는 경미한 사항을 변경하는 경우에는 그러하지 아니하다. <개정 2017.12.26.>

1. 따로 지정 절차 없이 법령이나 자치법규에 따라 지역·지구등의 범위가 직접 지정되는 경우
2. 다른 법령 또는 자치법규에 주민의 의견을 듣는 절차가 규정되어 있는 경우
3. 국방상 기밀유지가 필요한 경우
4. 그 밖에 대통령령으로 정하는 경우

② 중앙행정기관의 장이 지역·지구등을 지정하는 경우에는 지적(地籍)이 표시된 지형도에 지역·지구등을 명시한 도면(이하 "지형도면"이라 한다)을 작성하여 관보에 고시하고, 지방자치단체의 장이 지역·지구등을 지정하는 경우에는 지형도면을 작성하여 그 지방자치단체의 공보에 고시하여야 한다. 다만, 대통령령으로 정하는 경우에는 지형도면을 작성·고시하지 아니하거나 지적도 등에 지역·지구등을 명시한 도면을 작성하여 고시할 수 있다.

③ 제2항에 따라 지형도면 또는 지적도 등에 지역·지구등을 명시한 도면(이하 "지형도면등"이라 한다)을 고시하여야 하는 지역·지구등의 지정의 효력은 지형도면등의 고시를 함으로써 발생한다. 다만, 지역·지구등을 지정할 때에 지형도면등의 고시가 곤란한 경우로서 대통령령으로 정하는 경우에는 그러하지 아니하다.

④ 제3항 단서에 해당되는 경우에는 지역·지구등의 지정일부터 2년이 되는 날까지 지형도면등을 고시하여야 하며, 지형도면등의 고시가 없는 경우에는 그 2년이 되는 날의 다음 날부터 그 지정의 효력을 잃는다.

⑤ 제4항에 따라 지역·지구등의 지정이 효력을 잃은 때에는 그 지역·지구등의 지정권자는 대통령령으로 정하는 바에 따라 지체 없이 그 사실을 관보 또는 공보에 고시하고, 이를 관계 특별자치도지사·시장·군수(광역시의 관할 구역에 있는 군의 군수를 포함한다. 이하 같다) 또는 구청장(구청장은 자치구의 구청장을 말하며, 이하 "시장·군수 또는 구청장"이라 한다)에게 통보하여야 한다. 이 경우 시장·군수 또는 구청장은 그 내용을 제12조에 따른 국토이용정보체계(이하 "국토이용정보체계"라 한다)에 등재(登載)하여 일반 국민이 볼 수 있도록 하여야 한다.

⑥ 중앙행정기관의 장이나 지방자치단체의 장은 지역·지구등의 지정을 입안하거나 신청하는 자가 따로 있는 경우에는 그 자에게 제2항에 따른 고시에 필요한 지형도면등을 작성하여 제출하도록 요청할 수 있다.

⑦ 제2항에 따른 지형도면등의 작성에 필요한 구체적인 기준 및 방법 등은 대통령령으로 정한다.

⑧ 중앙행정기관의 장이나 지방자치단체의 장은 제2항에 따라 지형도면등의 고시를 하려면 관계 시장·군수 또는 구청장에게 관련 서류와 고시예정일 등 대통령령으로 정하는 사항을 미리 통보하여야 한다. 다만, 제2항 단서에 따라 지형도면을 작성·고시하지 아니하는 경우에는 지역·지구등을 지정할 때에 대통령령으로 정하는 사항을 미리 통보하여야 하고, 제3항 단서에 따라 지역·지구등의 지정 후에 지형도면등의 고시를 하는 경우에는 지역·지구등을 지정할 때와 제4항에 따른 지형도면등을 고시할 때에 대통령령으로 정하는 사항을 미리 통보하여야 한다.

⑨ 제8항에 따라 통보를 받은 시장·군수 또는 구청장은 그 내용을 국토이용정보체계에 등재하여 지역·지구등의 지정 효력이 발생한 날부터 일반 국민이 볼 수 있도록 하여야 한다. 다만, 제3항 단서에 따라 지역·지구등의 지정 후에 지형도면등의 고시를 하는 경우에는 제4항에 따라 지형도면등을 고시한 날부터 일반 국민이 볼 수 있도록 하여야 한다.

[전문개정 2009.2.6.]

제8조의2(지역·지구등의 지정 및 행위제한 강

화등의 재검토) ① 중앙행정기관의 장이나 지방자치단체의 장이 지역·지구등을 지정하거나 지역·지구등에서 행위제한 강화등을 한 경우에는 해당 지역·지구등의 지정 및 행위제한 강화등의 타당성을 대통령령으로 정하는 바에 따라 주기적으로 검토하여야 한다.
② 중앙행정기관의 장이나 지방자치단체의 장이 제1항에 따라 지역·지구등의 지정 및 행위제한 강화등의 타당성을 검토한 결과 개선이 필요하다고 인정하는 경우에는 개선에 필요한 조치를 하여야 한다.
[본조신설 2017.12.26.]

제9조(지역·지구등의 지정 및 행위제한 내용의 제공) ① 국토교통부장관과 지방자치단체의 장은 국토이용정보체계를 이용하여 필지별로 지역·지구등의 지정 여부 및 행위제한 내용을 일반 국민에게 제공하여야 한다. <개정 2013.3.23.>
② 중앙행정기관의 장은 지역·지구등이 신설되거나 지역·지구등에서의 행위제한 내용이 변경되는 경우에는 그 내용을 대통령령으로 정하는 바에 따라 국토교통부장관에게 통보하여야 한다. 이 경우 국토교통부장관은 국토이용정보체계를 통하여 제공되는 내용을 변경하여야 한다. <개정 2013.3.23.>
③ 지방자치단체의 장은 지역·지구등이 신설되거나 지역·지구등에서의 행위제한 내용이 변경되는 경우에는 그 내용을 대통령령으로 정하는 바에 따라 국토교통부장관에게 통보하고 국토이용정보체계를 통하여 제공되는 내용을 직접 변경하여야 한다. <개정 2013.3.23.>
[전문개정 2009.2.6.]

제10조(토지이용계획확인서의 발급 등) ① 시장·군수 또는 구청장은 다음 각 호의 사항을 확인하는 서류(이하 "토지이용계획확인서"라 한다)의 발급 신청이 있는 경우에는 대통령령으로 정하는 바에 따라 토지이용계획확인서를 발급하여야 한다.
1. 지역·지구등의 지정 내용
2. 지역·지구등에서의 행위제한 내용
3. 그 밖에 대통령령으로 정하는 사항
② 제1항에 따라 토지이용계획확인서의 발급을 신청하는 자는 시장·군수 또는 구청장에게 그 지방자치단체의 조례로 정하는 수수료를 내야 한다.
[전문개정 2009.2.6.]

제11조(규제안내서) ① 국토교통부장관은 규제안내서를 작성할 수 있다. <개정 2013.3.23.>
② 국토교통부장관이 규제안내서를 작성하려면 관계 행정기관의 장과 미리 협의하여야 한다. 이 경우 협의를 요청받은 관계 행정기관의 장은 특별한 사유가 없으면 그 요청을 받은 날부터 30일 이내에 의견을 제시하여야 한다. <개정 2013.3.23.>
③ 국토교통부장관이 규제안내서를 작성한 경우에는 이를 관보에 고시하여야 하며, 국토이용정보체계를 이용하여 일반 국민에게 제공하여야 한다. <개정 2013.3.23.>
④ 규제안내서에는 다음 각 호의 사항이 포함되어야 한다.
1. 대상 사업을 위한 인가·허가 등의 명칭, 기준, 절차 및 구비서류
2. 토지이용과 개발을 위한 인가·허가 등의 명칭, 기준, 절차 및 구비서류
3. 건축물의 건축을 위한 인가·허가 등의 명칭, 기준, 절차 및 구비서류
4. 그 밖에 대통령령으로 정하는 사항
⑤ 중앙행정기관의 장이 제3항에 따라 고시된 규제안내서에 포함된 내용을 변경하는 경우에는 그 내용을 변경하는 법령의 공포일에 규제안내서의 내용이 변경된 사실과 그 효력 발생일을 함께 관보에 고시하여야 하며, 고시를 하기 전에 미리 고시예정일 등 대통령령으로 정하는 사항을 국토교통부장관에게 통보하여야 한다. 이 경우 국토교통부장관은 국토이용정보체계를 통하여 제공되는 규제안내서를 변경하여 그 효력이 발생한 날부터 일반 국민이 볼 수 있도록 하여야 한다. <개정 2013.3.23.>
⑥ 지방자치단체의 장이 제3항에 따라 고시된 규제안내서에 포함된 내용을 변경하는 경우에는 그 내용을 변경하는 자치법규의 공포일에 규제안내서의 내용이 변경된 사실과 그 효력 발생일을 함께 공보에 고시하여야 하며, 고시를 하기 전에 미리 고시예정일 등 대통령령으로 정하는 사항을 국토교통부장관에게 통보하여야 한다. 이 경우 지방자치단체의 장은 국토이용정보체계를 통하여 제공되는 규제안내서를 변경하여 그 효력이 발생한 날부터 일반 국민이 볼 수 있도록 하여야 한다. <개정 2013.3.23.>
[전문개정 2009.2.6.]

제12조(국토이용정보체계의 구축·운영 및 활

용) ① 국토교통부장관, 특별시장, 광역시장, 도지사, 시장·군수 또는 구청장(이하 "정보체계운영자"라 한다)은 국토의 이용 및 관리 업무를 효율적으로 추진하기 위하여 국토이용정보체계를 구축하여 운영할 수 있다. <개정 2013.3.23.>

② 정보체계운영자는 국토이용정보체계를 통하여 다음 각 호의 사항을 일반 국민에게 제공할 수 있다. <개정 2017.12.26.>

1. 지역·지구등의 지정 내용(행정구역별 지역·지구등의 중첩 지정 현황을 포함한다)
2. 지역·지구등에서의 행위제한 내용
3. 규제안내서
4. 그 밖에 대통령령으로 정하는 사항

③ 정보체계운영자는 국토이용정보체계를 효율적으로 만들어 운영하거나 활용하기 위하여 필요하면 전담부서를 설치할 수 있다.

④ 행정안전부장관 등 관계 행정기관의 장은 제3항에 따라 정보체계운영자가 전담부서를 설치하려는 경우에는 이에 협조하여야 한다. <개정 2013.3.23., 2014.11.19., 2017.7.26.>

⑤ 국토이용정보체계를 통하여 관리되는 정보의 내용과 국토이용정보체계의 구축·운영 또는 이를 활용한 정보의 제공 및 그 업무 처리에 필요한 사항은 대통령령으로 정한다.

[전문개정 2009.2.6.]

제13조(지역·지구등의 지정과 운영 실적 등의 평가) ① 지역·지구등을 관장하는 중앙행정기관의 장 및 지방자치단체의 장은 2년마다 지역·지구등의 지정과 운영 실적 등을 포함한 토지이용규제보고서를 작성하여 국토교통부장관에게 제출하여야 한다. <개정 2013.3.23.>

② 국토교통부장관은 토지이용규제의 적정성을 확보하기 위하여 제22조에 따라 설치된 토지이용규제평가단(이하 "평가단"이라 한다)으로 하여금 제1항에 따라 제출된 토지이용규제보고서에 기초하여 지역·지구등의 지정 실태 등을 평가하게 하고, 위원회의 심의를 거쳐 국무회의에 보고한 후 중앙행정기관의 장 또는 지방자치단체의 장에게 그 지역·지구등의 통합이나 폐합 등 제도개선을 요청할 수 있다. <개정 2013.3.23.>

③ 삭제 <2017.12.26.>

④ 토지이용규제보고서의 작성 및 제출에 필요한 사항은 대통령령으로 정한다.

[전문개정 2009.2.6.]

제14조(행위제한 내용 및 절차에 대한 평가) 국토교통부장관은 서로 다른 지역·지구등에서 행위제한 내용 및 절차의 균형이 유지되도록 하기 위하여 매년 대통령령으로 정하는 바에 따라 평가단으로 하여금 지역·지구등에서의 행위제한 내용 및 절차를 조사하여 평가하게 하고, 평가 결과에 대하여 위원회의 심의를 거쳐 중앙행정기관의 장이나 지방자치단체의 장에게 제도개선을 요청할 수 있다. <개정 2013.3.23.>

[전문개정 2009.2.6.]

제14조의2(제도개선 협의 및 이행촉구 등) ① 제13조제2항 또는 제14조에 따라 제도개선을 요청받은 중앙행정기관의 장이나 지방자치단체의 장은 특별한 사유가 없으면 대통령령으로 정하는 바에 따라 제도개선을 위한 대책을 마련하여 국토교통부장관과 협의하여야 한다.

② 국토교통부장관은 평가단으로 하여금 제1항에 따른 제도개선 대책의 이행실적을 주기적으로 점검·평가하게 하고, 그 결과에 대하여 위원회의 심의를 거친 후 필요하다고 인정하는 때에는 중앙행정기관의 장이나 지방자치단체의 장에게 제도개선 대책의 이행을 촉구할 수 있다. 이 경우 해당 중앙행정기관의 장이나 지방자치단체의 장은 제도개선 대책의 이행 시기 및 방법 등을 포함한 이행계획서를 작성하여 국토교통부장관에게 제출하여야 한다.

③ 제2항에 따른 이행실적 점검·평가의 주기·방법·절차, 이행 촉구의 절차 및 이행계획서의 제출 등에 필요한 사항은 대통령령으로 정한다.

[본조신설 2017.12.26.]

제15조(토지이용규제심의위원회) ① 지역·지구등의 신설 등에 관한 사항을 심의하기 위하여 국토교통부에 토지이용규제심의위원회를 둔다. <개정 2013.3.23.>

② 위원회는 다음 각 호의 사항을 심의한다. <개정 2017.12.26.>

1. 지역·지구등의 신설에 관한 사항
2. 지역·지구등의 지정과 운영 실적 등에 대한 평가 결과에 관한 사항
3. 지역·지구등에서의 행위제한 내용 및 절차에 대한 평가 결과에 관한 사항
4. 지역·지구등에서의 행위제한 강화등에 관한 사항
5. 지역·지구등 및 행위제한 관련 제도개

선 대책의 이행실적 점검·평가 결과에 관한 사항
6. 그 밖에 위원장이 필요하다고 인정하여 회의에 부치는 사항
[전문개정 2009.2.6.]

제16조(위원회의 구성 등) ① 위원회는 위원장과 부위원장 각 1명을 포함한 20명 이내의 위원으로 구성한다.
② 위원회의 위원장은 국토교통부장관이 되고, 부위원장은 환경부차관이 된다. <개정 2013.3.23.>
③ 위원장과 부위원장을 제외한 위원은 다음 각 호의 사람이 된다. <개정 2013.3.23.>
1. 지역·지구등을 관장하는 중앙행정기관 소속 공무원 중에서 대통령령으로 정하는 공무원
2. 지역·지구등의 지정과 관련하여 학식과 경험이 풍부한 사람으로서 대통령령으로 정하는 바에 따라 지역·지구등을 관장하는 중앙행정기관의 장의 추천을 받아 국토교통부장관이 위촉하는 사람
④ 위촉위원의 임기는 2년으로 한다.
[전문개정 2009.2.6.]

제17조(위원의 결격사유) ① 다음 각 호의 어느 하나에 해당하는 사람은 위원회의 위원이 될 수 없다. <개정 2017.4.18.>
1. 미성년자·피성년후견인 또는 피한정후견인
2. 파산선고를 받고 복권되지 아니한 사람
3. 금고 이상의 형을 선고받고 그 집행이 끝나거나(집행이 끝난 것으로 보는 경우를 포함한다) 집행이 면제된 날부터 2년이 지나지 아니한 사람
4. 금고 이상의 형의 집행유예를 선고받고 그 유예기간 중에 있는 사람
② 위원이 제1항 각 호의 어느 하나에 해당하게 된 때에는 그 날로 위원자격을 잃는다.
[전문개정 2009.2.6.]

제18조(위원장 등의 직무) ① 위원회의 위원장은 위원회를 대표하고, 위원회의 업무를 총괄한다.
② 위원회의 부위원장은 위원장을 보좌하며, 위원장이 부득이한 사유로 직무를 수행할 수 없을 때에는 그 직무를 대행한다.
③ 위원장과 부위원장이 모두 부득이한 사유로 직무를 수행할 수 없을 때에는 위원장이 미리 지명한 위원이 그 직무를 대행한다.
[전문개정 2009.2.6.]

제19조(회의의 소집 및 의결정족수) ① 위원회의 위원장은 위원회의 회의를 소집하고, 그 의장이 된다.
② 위원회의 회의는 재적위원 과반수의 출석으로 개의(開議)하고, 출석위원 과반수의 찬성으로 의결한다. 다만, 제15조제2항제2호에서 규정한 사항은 재적위원 과반수의 찬성으로 의결한다.
[전문개정 2009.2.6.]

제20조(간사 및 서기) ① 위원회에 간사와 서기를 둔다.
② 간사와 서기는 국토교통부 소속 공무원 중에서 위원장이 임명한다. <개정 2013.3.23.>
③ 간사는 위원장의 명을 받아 위원회의 사무를 담당하고, 서기는 간사를 보좌한다.
[전문개정 2009.2.6.]

제21조(운영세칙) 위원회의 설치 및 운영에 필요한 사항은 대통령령으로 정한다.
[전문개정 2009.2.6.]

제22조(토지이용규제평가단) ① 다음 각 호의 업무를 처리하기 위하여 위원회에 토지이용규제평가단을 설치하여 운영할 수 있다. <개정 2017.12.26.>
1. 지역·지구등의 지정과 운영 실태의 점검 및 평가
2. 지역·지구등에서의 행위제한 내용 및 절차의 조사 및 평가
3. 지역·지구등 및 행위제한 관련 제도개선 대책의 이행실적에 관한 점검·평가
4. 토지이용규제에 관한 전문적이고 기술적인 연구 및 자문
② 평가단의 단장은 위촉위원들이 위촉위원 중에서 단장으로 뽑은 사람이 된다.
③ 평가단의 구성 및 운영에 필요한 사항은 대통령령으로 정한다.
[전문개정 2009.2.6.]

제22조의2(기초조사의 실시) ① 국토교통부장관은 토지이용과 관련된 지역·지구등의 효율적인 운영과 관리를 위하여 다음 각 호의 사

항에 대한 조사(이하 이 조에서 "기초조사"라 한다)를 실시할 수 있다.
1. 지역·지구등의 지정 및 운영 현황
2. 지역·지구등에서의 행위제한의 내용 및 수준 등에 관한 사항
3. 그 밖에 지역·지구등의 효율적인 운영·관리에 관하여 대통령령으로 정하는 사항

② 기초조사의 방식·절차 등에 필요한 사항은 국토교통부령으로 정한다.
[본조신설 2017.12.26.]

제23조(업무의 위탁) 정보체계운영자는 국토이용정보체계의 운영을 대통령령으로 정하는 기관 또는 단체에 위탁할 수 있다.
[전문개정 2009.2.6.]

제24조(벌칙 적용 시의 공무원 의제) 다음 각 호의 어느 하나에 해당하는 자는 「형법」 제127조 및 제129조부터 제132조까지의 규정을 적용할 때에는 공무원으로 본다.
1. 위원회의 위원으로서 공무원이 아닌 사람
2. 평가단의 구성원으로서 공무원이 아닌 사람
3. 제23조에 따라 위탁받은 업무를 수행하는 자(행정청이 아닌자를 말한다) 또는 그에 소속된 직원

[전문개정 2009.2.6.]

부칙

<제15324호, 2017.12.26.>

이 법은 공포 후 6개월이 경과한 날부터 시행한다.

토지이용규제 기본법 시행령

[시행 2017.7.26.]
[대통령령 제28211호, 2017.7.26., 타법개정]

제1조(목적) 이 영은 「토지이용규제 기본법」에서 위임한 사항과 그 시행에 필요한 사항을 규정함을 목적으로 한다.
[전문개정 2009.8.5.]

제2조(규제안내서 작성 대상인 시설) 「토지이용규제 기본법」(이하 "법"이라 한다) 제2조제2호에서 "주택·공장 등 대통령령으로 정하는 시설"이란 다음 각 호의 시설을 말한다. <개정 2013.3.23.>
1. 「건축법 시행령」 별표 1 제2호가목의 아파트
2. 「건축법 시행령」 별표 1 제15호나목의 관광숙박시설
3. 「건축법 시행령」 별표 1 제17호의 공장
4. 「건축법 시행령」 별표 1 제18호가목의 창고
5. 「체육시설의 설치·이용에 관한 법률 시행령 」 별표 1의 골프장
6. 「체육시설의 설치·이용에 관한 법률 시행령 」 별표 1의 스키장
7. 그 밖에 국민경제활동과 밀접한 관련을 갖는 시설로서 국토교통부령으로 정하는 시설

[전문개정 2009.8.5.]

제3조(지역·지구등의 종류) 법 제5조제2호에서 "이 법의 대통령령에 규정된 지역·지구등"이란 별표에 규정한 지역·지구등을 말한다.
[전문개정 2009.8.5.]

제4조(지역·지구등의 신설에 대한 심의기준) 법 제6조제1항제5호에서 "대통령령으로 정하는 사항"이란 다음 각 호의 사항을 말한다.
1. 지역·지구등의 지정(별도의 지정절차 없이 법령이나 자치법규에 따라 지역·지구등의 범위가 직접 지정되는 경우를 포함한다. 이하 같다) 절차가 투명하고 공개적일 것
2. 지역·지구등의 지정목적에 따라 존속기간 또는 해제에 관한 규정을 둘 필요가 있으면 그 규정을 둘 것

[전문개정 2009.8.5.]

제5조(지역·지구등의 지정 및 운영계획서의 제출) ① 중앙행정기관의 장이나 지방자치단체의 장이 법 제6조제2항에 따라 제출하는 지역·지구등의 지정 및 운영계획서(이하 이 조에서 "운영계획서"라 한다)에는 다음 각 호의 사항이 포함되어야 한다.
1. 지역·지구등의 명칭
2. 지역·지구등의 신설(지역·지구등을 세분하거나 변경하는 것을 포함한다. 이하 같다) 목적과 그 필요성
3. 지정권자
4. 지정기준 및 절차
5. 지역·지구등에서의 행위제한 내용 및 절차
6. 근거 법령 또는 자치법규의 조문 내용
7. 향후 지역·지구등의 지정 전망
8. 그 밖에 지역·지구등의 지정 및 운영에 관한 사항

② 중앙행정기관의 장이나 지방자치단체의 장은 운영계획서를 제출할 때에는 지역·지구등의 신설이 법 제6조제1항 각 호의 기준에 부합하는지를 자체적으로 심사하고 그 결과를 첨부하여야 한다.
[전문개정 2009.8.5.]

제5조의2(행위제한 강화등에 대한 심의) ① 법 제6조의2제1항제3호에서 "대통령령으로 정하는 사항"이란 다음 각 호와 같다.
1. 지역·지구등에서의 행위제한 신설 또는 강화(이하 "강화등"이라 한다)의 내용이 구체적이고 명확할 것
2. 지역·지구등에서의 행위제한 강화등의 절차가 투명할 것
3. 지역·지구등에서의 행위제한 강화등의 집행이 행정적·기술적으로 용이할 것

② 중앙행정기관의 장이나 지방자치단체의 장이 법 제6조의2제2항에 따라 제출하는 지역·지구등에서의 행위제한 강화등 계획서(이하 이 조에서 "계획서"라 한다)에는 다음 각 호의 사항이 포함되어야 한다.
1. 지역·지구등의 명칭
2. 지역·지구등의 지정권자, 지정기준 및 지정절차
3. 지역·지구등에서의 기존 행위제한 내용

및 절차
4. 지역·지구등에서의 행위제한 강화등의 내용 및 절차
5. 지역·지구등에서의 행위제한 강화등의 필요성
6. 그 밖에 지역·지구등에서의 행위제한 강화등에 따른 효과

③ 중앙행정기관의 장이나 지방자치단체의 장은 법 제6조의2제2항에 따라 계획서를 제출할 때에는 지역·지구등에서의 행위제한 강화등이 같은 조 제1항 각 호의 기준에 부합하는지를 자체적으로 심사하고 그 결과를 첨부하여야 한다.

[본조신설 2009.8.5.]

第6조(주민의 의견청취) ① 중앙행정기관의 장이나 도지사는 법 제8조제1항에 따라 지역·지구등을 지정(변경을 포함한다. 이하 같다)하기 위하여 주민의 의견을 들으려면 주민의 의견청취 기한을 분명히 밝혀 지역·지구등의 지정안을 관계 특별시장, 광역시장, 특별자치도지사, 시장 또는 군수(광역시의 관할구역 안에 있는 군의 군수는 제외한다. 이하 이 조에서 같다)에게 보내야 한다. 다만, 중앙행정기관의 장은 지역·지구등의 지정안을 관계 특별시장, 광역시장, 특별자치도지사, 시장 또는 군수에게 보내어 열람하게 할 수 없는 불가피한 사유가 있는 경우에는 직접 주민의 의견을 들을 수 있다.

② 제1항에 따라 지역·지구등의 지정안을 송부 받은 특별시장, 광역시장, 특별자치도지사, 시장 또는 군수는 지역·지구등의 지정안의 주요 내용을 그 특별시, 광역시, 특별자치도, 시 또는 군(광역시의 관할구역 안에 있는 군은 제외한다. 이하 이 조에서 같다)의 지역을 보급지역으로 하는 둘 이상의 일간신문, 그 지방자치단체의 게시판 및 인터넷 홈페이지에 공고하고 지역·지구등의 지정안을 14일 이상 주민이 열람하게 하여야 한다.

③ 제2항에 따라 공고된 지역·지구등의 지정안에 대하여 의견이 있는 자는 열람기간 동안 특별시장, 광역시장, 특별자치도지사, 시장 또는 군수에게 의견서를 제출할 수 있다. 이 경우 특별시장, 광역시장, 특별자치도지사, 시장 또는 군수는 열람기간 종료 후 지체 없이 주민의견청취 결과를 중앙행정기관의 장이나 도지사에게 제출하여야 한다.

④ 특별시장, 광역시장, 특별자치도지사, 시장·군수 또는 구청장(자치구의 구청장을 말한다. 이하 같다)은 법 제8조제1항에 따라 지역·지구등을 지정하기 위하여 주민의 의견을 들으려면 지역·지구등의 지정안의 주요 내용을 그 특별시, 광역시, 특별자치도, 시 또는 군의 지역을 보급지역으로 하는 둘 이상의 일간신문, 그 지방자치단체의 게시판 및 인터넷 홈페이지에 공고하고 지역·지구등의 지정안을 14일 이상 주민이 열람하게 하여야 한다.

⑤ 제4항에 따라 공고된 지역·지구등의 지정안에 대하여 의견이 있는 자는 열람기간 동안 특별시장, 광역시장, 특별자치도지사, 시장·군수 또는 구청장에게 의견서를 제출할 수 있다.

⑥ 중앙행정기관의 장이나 지방자치단체의 장은 제3항과 제5항에 따라 제출된 의견을 지역·지구등의 지정안에 반영할 것인지를 검토하여 그 결과를 제3항에 따른 주민의견 청취결과를 접수한 날 또는 제5항에 따른 열람기간이 끝난 날부터 60일 이내에 그 의견을 제출한 자에게 통보하여야 한다.

⑦ 제1항 단서에 따라 중앙행정기관의 장이 직접 주민의 의견을 듣는 경우에 관하여는 제4항부터 제6항까지의 규정을 준용한다. 이 경우 제4항과 제5항 중 "특별시장, 광역시장, 특별자치도지사, 시장·군수 또는 구청장"은 "중앙행정기관의 장"으로, "그 지방자치단체의 게시판 및 인터넷 홈페이지"는 "그 중앙행정기관의 게시판 및 인터넷 홈페이지"로 본다.

⑧ 법 제8조제1항 각 호 외의 부분 단서에서 "대통령령으로 정하는 경미한 사항을 변경하는 경우"란 다음 각 호의 어느 하나에 해당하는 경우를 말한다.
1. 지역·지구등의 면적을 축소하는 경우
2. 지역·지구등의 면적을 100분의 10 이내의 범위에서 확대하는 경우

⑨ 법 제8조제1항제4호에서 "대통령령으로 정하는 경우"란 「문화재보호법」 제32조에 따라 가지정문화재로 지정하는 경우를 말한다. <개정 2010.12.29.>

[전문개정 2009.8.5.]

第7조(지형도면등의 작성·고시방법) ① 법 제8조제2항 본문에 따라 지적이 표시된 지형도에 지역·지구등을 명시한 도면(이하 "지형도면"이라 한다)을 작성할 때에는 축척 500분의 1 이상 1천500분의 1 이하(녹지지역의 임야, 관리지역, 농림지역 및 자연환경보전지

역은 축척 3천분의 1 이상 6천분의 1 이하로 할 수 있다)로 작성하여야 한다.
② 제1항에 따라 작성하는 지형도면은 법 제12조에 따른 국토이용정보체계(이하 "국토이용정보체계"라 한다)상에 구축되어 있는 지적이 표시된 지형도의 데이터베이스를 사용하여야 한다.
③ 법 제8조제2항 단서에 따라 지형도면을 작성·고시하지 아니하거나, 지형도면을 갈음하여 지적도(국토이용정보체계상에 구축되어 있는 연속지적도를 말한다. 이하 같다) 등에 지역·지구등을 명시한 도면을 작성하여 고시하는 경우는 다음 각 호와 같다. <개정 2012.4.10.>
1. 지형도면을 작성·고시하지 아니하는 경우
  가. 지역·지구등의 경계가 행정구역 경계와 일치하는 경우
  나. 별도의 지정절차 없이 법령 또는 자치법규에 따라 지역·지구등의 범위가 직접 지정되는 경우
  다. 관계 법령에 따라 지역·지구등의 지정이 의제되는 경우. 다만, 해당 법령에서 지역·지구등의 지정 시 지형도면 또는 지적도 등에 지역·지구등을 명시한 도면(이하 "지형도면등"이라 한다)을 고시하도록 규정하고 있으나, 의제하는 법령에서는 그 지형도면등의 고시까지 의제하고 있지 아니하는 경우는 제외한다.
2. 지형도면을 갈음하여 지적도에 지역·지구등을 명시한 도면을 작성하여 고시하는 경우
  가. 도시·군계획사업·택지개발사업 등 개발사업이 완료된 지역에서 지역·지구등을 지정하는 경우
  나. 지역·지구등의 경계가 지적선을 기준으로 결정되는 경우
  다. 국토이용정보체계상에 지적이 표시된 지형도의 데이터베이스가 구축되어 있지 아니하거나 지형과 지적의 불일치로 지형도의 활용이 곤란한 경우
3. 해도나 해저지형도를 이용할 수 있는 경우 해수면을 포함하는 지역·지구등을 지정하는 경우(해수면 부분만 해당한다)
④ 법 제8조제3항 단서에서 "대통령령으로 정하는 경우"란 제3항제2호에 따라 지적도에 지역·지구등을 명시할 수 있으나 지적과 지형의 불일치 등으로 지적도의 활용이 곤란한 경우를 말한다. <개정 2011.8.30.>
⑤ 제1항부터 제3항까지의 규정에 따른 도면이 2매 이상인 경우에는 축척 5천분의 1 이상 5만분의 1 이하의 총괄도를 따로 첨부할 수 있다.
⑥ 법 제8조제2항에 따라 중앙행정기관의 장이나 지방자치단체의 장이 지역·지구등의 지정과 지형도면등을 관보나 공보에 고시할 때에는 같은 내용을 해당 중앙행정기관이나 지방자치단체의 인터넷 홈페이지에 동시에 게재하여야 한다.
⑦ 중앙행정기관의 장이나 지방자치단체의 장이 법 제8조제5항에 따라 지역·지구등의 지정이 효력을 잃은 사실을 고시하는 경우에는 다음 각 호의 사항이 포함되어야 한다.
1. 지역·지구등의 명칭·위치 및 면적
2. 지역·지구등의 지정 고시일
3. 지역·지구등 지정의 실효 사유와 실효일
⑧ 법 제8조제8항 본문에서 "대통령령으로 정하는 사항"이란 다음 각 호의 사항을 말한다.
1. 지역·지구등의 명칭·위치 및 면적
2. 지역·지구등의 지정 고시 예정일 및 효력 발생 예정일
3. 지형도면등 및 이와 관련된 전산자료
⑨ 법 제8조제8항 단서에서 "대통령령으로 정하는 사항"이란 다음 각 호의 사항을 말한다. <개정 2011.8.30., 2012.1.26.>
1. 지형도면을 작성·고시하지 아니하는 경우
  가. 제8항제1호 및 제2호에 해당하는 사항(제3항제1호 다목에 해당하는 지역·지구등에 관한 사항을 포함한다)
  나. 지형도면을 작성·고시하지 아니하는 사유
  다. 제8항제1호와 관련된 전산자료(「장사 등에 관한 법률」 제17조에 따른 묘지 등의 설치 제한지역에 관한 전산자료는 제외한다)
2. 지역·지구등의 지정 후 지형도면등을 고시하는 경우
  가. 지역·지구등을 지정할 때: 제8항제1호 및 제2호에 해당하는 사항과 지역·지구등을 지정할 때 지형도면등을 고시하기 곤란한 사유
  나. 지형도면등을 고시할 때: 제8항제1호 및 제3호에 해당하는 사항과 지역·지구등의 지정일 및 지형도면등의 고시 예정일
⑩ 제1항부터 제9항까지에서 규정한 사항 외에 지형도면등의 작성기준, 작성방법 및 도면관리 등에 관하여 필요한 사항은 국토교통부장관이 정하여 고시한다. <개정 2013.3.23.>
[전문개정 2009.8.5.]

제8조(지역·지구등의 신설 및 행위제한 내용의 변경 통보) ① 중앙행정기관의 장은 지역·지구등이 신설되거나 지역·지구등에서의 행위제한내용이 변경되는 경우에는 법 제9조제2항 전단에 따라 관계 법령 공포 7일 전까지 다음 각 호의 사항을 국토교통부장관에게 통보하여야 한다. <개정 2013.3.23.>
1. 지역·지구등의 명칭과 행위제한 내용
2. 근거 법령의 조문 내용
3. 지역·지구등의 명칭이 변경되거나 세분된 경우 개정 전후의 법령 조문의 대비표와 그 사유
4. 행위제한내용이 변경된 경우 개정 전후의 법령 조문의 대비표와 그 사유
5. 근거 법령의 공포 예정일 및 효력발생 예정일

② 지방자치단체의 장은 지역·지구등이 신설되거나 지역·지구등에서의 행위제한내용이 변경되는 경우에는 법 제9조제3항에 따라 관계 자치법규 공포 7일 전까지 다음 각 호의 사항을 국토교통부장관에게 통보하여야 한다. <개정 2013.3.23.>
1. 지역·지구등의 명칭과 행위제한 내용
2. 근거 자치법규의 조문 내용
3. 지역·지구등의 명칭이 변경되거나 세분된 경우 개정 전후의 자치법규 조문의 대비표와 그 사유
4. 행위제한 내용이 변경된 경우 개정 전후의 자치법규 조문의 대비표와 그 사유
5. 근거 자치법규의 공포 예정일 및 효력발생 예정일

[전문개정 2009.8.5.]

제9조(토지이용계획확인서의 발급) ① 법 제10조제1항에 따라 토지이용계획확인서의 발급을 신청하려는 자는 특별자치도지사, 시장·군수(광역시의 관할구역 안에 있는 군의 군수를 포함한다. 이하 같다) 또는 구청장에게 국토교통부령으로 정하는 토지이용계획확인신청서(전자문서로 된 신청서를 포함한다. 이하 같다)를 제출하여야 한다. <개정 2013.3.23.>
② 제1항에 따라 토지이용계획확인서의 발급을 신청하려는 자는 법 제10조제1항제2호의 사항을 제외하고 확인하여 주도록 토지이용계획확인신청서를 작성하여 제출할 수 있다.
③ 특별자치도지사, 시장·군수 또는 구청장은 제1항 및 제2항에 따라 토지이용계획확인신청서를 제출받았으면 국토이용정보체계를 활용하여 그 신청인에게 국토교통부령으로 정하는 토지이용계획확인서(전자문서로 된 확인서를 포함한다)를 발급하여야 한다. <개정 2013.3.23.>
④ 법 제10조제1항제3호에서 "대통령령으로 정하는 사항"이란 다음 각 호의 사항을 말한다. <개정 2013.3.23.>
1. 「국토의 계획 및 이용에 관한 법률」 제117조에 따라 지정된 토지거래계약에 관한 허가구역
2. 그 밖에 일반 국민에게 그 지정내용을 알릴 필요가 있는 사항으로서 국토교통부령으로 정하는 사항

[전문개정 2009.8.5.]

제10조(규제안내서의 고시 등) ① 법 제11조제4항제4호에서 "대통령령으로 정하는 사항"이란 법 제11조제4항제1호부터 제3호까지의 규정과 관련된 법령·자치법규의 제명 및 해당 조를 말한다.
② 법 제11조제5항 전단에서 "고시예정일 등 대통령령으로 정하는 사항"이란 다음 각 호의 사항을 말한다.
1. 관계 법령의 공포 예정일 및 규제안내서 변경고시 예정일
2. 규제안내서 변경 내용의 효력 발생 예정일
3. 규제안내서의 변경 전과 후의 내용
4. 규제안내서의 변경과 관련된 법령의 변경 전과 후의 조문 내용

③ 법 제11조제6항 전단에서 "고시예정일 등 대통령령으로 정하는 사항"이란 다음 각 호의 사항을 말한다.
1. 자치법규의 공포 예정일 및 규제안내서 변경고시 예정일
2. 규제안내서 변경 내용의 효력 발생 예정일
3. 규제안내서의 변경 전과 후의 내용
4. 규제안내서의 변경과 관련된 자치법규의 변경 전과 후의 조문 내용

[전문개정 2009.8.5.]

제11조(국토이용정보체계구축계획의 수립) ① 국토교통부장관은 국토이용정보체계의 구축·운영 및 활용을 촉진하기 위하여 5년 단위로 다음 각 호의 사항이 포함된 국토이용정보체계구축계획(이하 "구축계획"이라 한다)을 수립하여야 한다. <개정 2013.3.23.>
1. 국토이용정보체계의 구축·운영 및 활용을 촉진하기 위한 기본 정책방향

2. 국토이용정보체계의 개발·유지 및 관리
3. 데이터베이스의 표준화와 호환시스템의 개발 및 운영
4. 국토이용정보체계를 통한 정보의 제공
5. 국토이용정보체계의 구축·운영 및 활용을 위한 투자계획 및 재원조달계획
6. 국토이용정보체계의 구축·운영 및 활용에 관한 전문인력의 육성
7. 그 밖에 국토이용정보체계의 구축·운영 및 활용을 촉진하기 위하여 필요한 사항

② 국토교통부장관은 구축계획을 수립하거나 변경할 때 관계 행정기관의 장과 협의하여야 할 사항이 포함된 경우에는 미리 해당 행정기관의 장과 협의하여야 한다. <개정 2013.3.23.>

③ 구축계획은 「국가공간정보에 관한 법률」 제6조 및 제7조에 따른 국가공간정보정책 기본계획 및 시행계획의 내용에 부합되어야 한다.

④ 법 제12조제1항에 따른 정보체계운영자(이하 "정보체계운영자"라 한다)가 국토이용정보체계를 구축·운영 및 활용하는 경우에는 구축계획에 부합되도록 하여야 한다.

[전문개정 2009.8.5.]

제12조(국토이용정보체계에서의 정보관리) ① 국토이용정보체계를 통하여 관리하는 정보의 내용은 다음 각 호와 같다. <개정 2012.4.10.>

1. 필지별 지역·지구등의 지정내용, 지역·지구등에서의 행위제한 내용 및 절차, 규제안내서 등 토지이용규제에 관한 정보
2. 「국토의 계획 및 이용에 관한 법률」 제2조제2호에 따른 도시·군계획에 관한 정보
3. 지적·지형 등 토지의 공간 및 속성 정보
4. 그 밖에 국토의 이용·개발 및 보전과 관련된 정보

② 정보체계운영자는 국토이용정보체계를 통하여 관리하여야 할 정보의 내용 중 관계 행정기관의 장이 구축·관리하고 있는 정보가 있으면 그 정보를 연계 활용하여야 한다. 이 경우 관계 행정기관의 장은 특별한 사유가 없으면 정보의 연계 활용에 협조하여야 한다.

[전문개정 2009.8.5.]

제13조(일반 국민에게 제공하는 정보의 내용) 법 제12조제2항제4호에서 "대통령령으로 정하는 사항"이란 다음 각 호의 사항을 말한다. <개정 2013.3.23., 2016.8.31.>

1. 「부동산 가격공시에 관한 법률」 에 따른 개별공시지가
2. 제9조제4항 각 호에서 정하는 사항
3. 그 밖에 국토교통부령으로 정하는 사항

[전문개정 2009.8.5.]

제14조(국토이용정보체계 구축·운영 및 활용 기준 수립 등) ① 국토교통부장관은 국토이용정보체계에 의하여 구축되는 데이터베이스 등이 서로 호환성을 가지고 정확히 유지·관리될 수 있도록 국토이용정보체계의 구축, 자료의 입력·유지·관리 및 활용 등에 관한 기준(이하 "국토이용정보체계 구축·운영기준"이라 한다)을 수립할 수 있다. <개정 2013.3.23.>

② 국토교통부장관이 수립하는 국토이용정보체계 구축·운영기준의 내용 중 관계 행정기관의 장과 협의하여야 할 사항이 포함된 경우에는 미리 협의하여야 한다. <개정 2013.3.23.>

③ 정보체계운영자가 국토이용정보체계를 구축·운영 및 활용하는 경우에는 국토이용정보체계 구축·운영기준에 따라야 한다.

④ 국토교통부장관은 정보체계운영자에게 감독상 필요한 보고를 하게 하거나 자료를 제출하도록 명할 수 있으며, 소속 공무원으로 하여금 국토이용정보체계 운영상황을 검사하게 할 수 있다. <개정 2013.3.23.>

[전문개정 2009.8.5.]

제15조(토지이용규제보고서의 작성·제출) ① 국토교통부장관은 지역·지구등의 지정과 운영실적 등의 적절한 평가를 위하여 필요한 경우에는 법 제13조제1항에 따른 토지이용규제보고서(이하 "보고서"라 한다)의 작성기준을 정할 수 있다. <개정 2013.3.23.>

② 국토교통부장관은 제1항에 따라 보고서의 작성기준을 정한 경우에는 중앙행정기관의 장 및 지방자치단체의 장에게 통보하여야 한다. <개정 2013.3.23.>

③ 중앙행정기관의 장이나 지방자치단체의 장은 제1항에 따라 국토교통부장관이 정한 작성기준에 따라 2년 단위의 보고서를 작성하여 다음 연도의 3월 31일까지 국토교통부장관에게 제출하여야 한다. <개정 2013.3.23.>

④ 보고서에는 다음 각 호의 사항이 포함되어야 한다.

1. 지역·지구등의 신설 및 폐지 현황
2. 지역·지구등의 지정 목적·기준 및 절차
3. 지역·지구등의 지정 실적 및 세부 현황

4. 지역·지구등에서의 행위제한 내용 및 절차와 변경 사항
5. 지역·지구등의 지정 실적이 없는 경우 그 원인 및 향후 조치계획
6. 그 밖에 지역·지구등의 지정 및 운영과 관련된 사항

[전문개정 2009.8.5.]

제16조(행위제한 내용 및 절차에 대한 평가서의 작성·제출) ① 국토교통부장관은 법 제14조에 따라 토지이용규제평가단으로 하여금 매년 12월 31일을 기준으로 지역·지구등에서의 행위제한 내용 및 절차를 조사하여 이에 대한 평가서(이하 "평가서"라 한다)를 작성하여 다음 연도 3월 31일까지 제출하게 하여야 한다. <개정 2013.3.23.>

② 평가서에는 다음 각 호의 사항이 포함되어야 한다.

1. 지역·지구등에서의 행위제한 내용 및 절차
2. 신설 또는 폐지된 지역·지구등과 행위제한 내용 및 절차
3. 지역·지구등에서의 행위제한 내용 및 절차 변경사항
4. 유사한 목적의 지역·지구등에서의 행위제한 내용 및 절차 간의 비교·평가 결과
5. 제4호에 따른 비교·평가 결과 제도개선이 필요한 사항
6. 그 밖에 행위제한 내용 및 절차의 평가와 관련된 사항

[전문개정 2009.8.5.]

제17조(토지이용규제심의위원회의 구성) 법 제16조제3항에 따라 구성되는 토지이용규제심의위원회(이하 "위원회"라 한다)의 위원은 다음 각 호의 사람이 된다. <개정 2013.3.23., 2014.11.19., 2017.7.26.>

1. 기획재정부장관·국방부장관·행정안전부장관·문화체육관광부장관·농림축산식품부장관·산업통상자원부장관·환경부장관·국토교통부장관 및 해양수산부장관이 해당기관에 근무하는 고위공무원단에 속하는 공무원 중에서 지명하는 사람 각 1명
2. 지역·지구등의 지정과 관련하여 학식과 경험이 풍부한 사람으로서 기획재정부장관·국방부장관·문화체육관광부장관·농림축산식품부장관·산업통상자원부장관·환경부장관·국토교통부장관 및 해양수산부장관이 추천하여 국토교통부장관이 위촉하는 사람 각 1명

[전문개정 2009.8.5.]

제18조(회의의 소집) 위원회의 위원장이 법 제19조제1항에 따라 위원회의 회의를 소집하려는 경우에는 회의 개최 3일 전까지 회의 일시·장소 및 심의안건을 각 위원에게 알려야 한다. 다만, 긴급을 요하는 경우에는 그러하지 아니하다.

[전문개정 2009.8.5.]

제19조(위원회의 운영) ① 위원회는 필요하다고 인정하는 경우에는 관계 행정기관의 장에게 필요한 자료의 제출을 요구할 수 있으며, 관계 공무원 및 민간 전문가를 회의에 참석하게 하여 의견을 들을 수 있다.

② 회의의 심의안건과 관련된 중앙행정기관의 장이나 지방자치단체의 장은 위원회에 출석하여 발언할 수 있다.

③ 위원회의 간사는 회의마다 회의록을 작성하여 다음 회의에 보고하고 보관하여야 한다.

[전문개정 2009.8.5.]

제20조(운영세칙) 제18조와 제19조에서 규정한 사항 외에 위원회 회의의 운영에 필요한 사항은 위원장이 위원회의 의결을 거쳐 정한다.

[전문개정 2009.8.5.]

제21조(수당 및 여비) 위원회의 위원, 회의에 참석한 민간전문가 등에 대해서는 예산의 범위에서 수당 및 여비를 지급할 수 있다. 다만, 공무원인 위원이 그 소관 업무와 직접 관련되어 위원회에 출석하는 경우에는 그러하지 아니하다.

[전문개정 2009.8.5.]

제22조(토지이용규제평가단의 구성 및 운영) ① 법 제22조에 따라 구성되는 토지이용규제평가단(이하 "평가단"이라 한다)의 단원은 다음 각 호의 사람이 된다. <개정 2013.3.23., 2014.11.19., 2017.7.26.>

1. 기획재정부장관·국방부장관·행정안전부장관·문화체육관광부장관·농림축산식품부장관·산업통상자원부장관·환경부장관·국토교통부장관·해양수산부장관·문화재청장 및 산림청장이 해당기관 소속 4급

공무원 중에서 지명하는 사람 각 1명
2. 지역·지구등의 지정과 관련하여 학식과 실무경험이 풍부한 사람으로서 기획재정부장관·국방부장관·문화체육관광부장관·농림축산식품부장관·산업통상자원부장관·환경부장관·국토교통부장관 및 해양수산부장관이 추천하여 위원장이 위촉하는 사람 각 1명

② 평가단이 법 제22조제1항 각 호의 업무를 수행하는 데 소요되는 경비는 예산의 범위에서 지급할 수 있다.

③ 제1항과 제2항에서 규정한 사항 외에 평가단의 운영에 필요한 사항은 위원장이 위원회의 의결을 거쳐 정한다.

[전문개정 2009.8.5.]

제23조(권한의 위탁) ① 법 제23조에서 "대통령령으로 정하는 기관 또는 단체"란 「공공기관의 운영에 관한 법률」 제5조에 따른 공공기관을 말한다.

② 정보체계운영자는 국토이용정보체계의 효율적인 운영을 위하여 제1항에 따른 기관이나 단체 중 국토이용정보체계의 운영을 위탁받을 기관이나 단체를 하나 또는 둘 이상 지정하여 위탁할 수 있다.

③ 정보체계운영자가 제2항에 따라 국토이용정보체계의 운영에 관한 업무를 위탁하는 경우 위탁 받을 기관이나 단체(이하 "수탁사업자"라 한다)와 다음 각 호의 업무가 포함된 위탁계약서를 작성하여야 한다.
1. 국토이용정보체계의 설계 및 구성
2. 국토이용정보체계의 구축·운영을 위한 컴퓨터·통신설비 등의 설치 및 관리
3. 데이터베이스 등에 대한 보안관리
4. 국토이용정보에 대한 수요조사 및 각종 자료조사
5. 국토이용정보체계 운영을 위한 교육
6. 지방자치단체에 대한 국토이용정보체계 운영지원
7. 그 밖에 정보체계운영자가 필요하다고 인정하는 업무

④ 정보체계운영자는 수탁사업자에게 그 연도 위탁업무 추진실적과 다음 연도 추진계획을 제출하게 할 수 있다.

⑤ 정보체계운영자는 수탁사업자가 국토이용정보체계를 원활히 운영할 수 있도록 필요한 자금·설비·기술 또는 행정지원을 할 수 있다.

[전문개정 2009.8.5.]

부칙

<제28211호, 2017.7.26.>
(행정안전부와 그 소속기관 직제)

제1조(시행일) 이 영은 공포한 날부터 시행한다. 다만, 부칙 제8조에 따라 개정되는 대통령령 중 이 영 시행 전에 공포되었으나 시행일이 도래하지 아니한 대통령령을 개정한 부분은 각각 해당 대통령령의 시행일부터 시행한다.

제2조부터 제7조까지 생략

제8조(다른 법령의 개정) ①부터 <302>까지 생략
<303> 토지이용규제 기본법 시행령 일부를 다음과 같이 개정한다.
제17조제1호 및 제22조제1항제1호 중 "행정자치부장관"을 각각 "행정안전부장관"으로 한다.
<304>부터 <388>까지 생략

공익사업을 위한 토지 등의 취득 및 보상에 관한 법률

(약칭: 토지보상법)

[시행 2017.6.22.]
[법률 제14711호, 2017.3.21., 일부개정]

제1장 총칙

<개정 2011.8.4.>

제1조(목적) 이 법은 공익사업에 필요한 토지 등을 협의 또는 수용에 의하여 취득하거나 사용함에 따른 손실의 보상에 관한 사항을 규정함으로써 공익사업의 효율적인 수행을 통하여 공공복리의 증진과 재산권의 적정한 보호를 도모하는 것을 목적으로 한다.
[전문개정 2011.8.4.]

▶ 판례 - 공익사업의 시행자가 이주대책대상자들과 체결한 아파트 특별공급계약에서 구 공익사업을 위한 토지 등의 취득 및 보상에 관한 법률 제78조 제4항에 위배하여 생활기본시설 설치비용을 분양대금에 포함시킨 경우, 이주대책대상자들이 사업시행자에게 이미 지급하였던 분양대금 중 그 부분에 해당하는 금액의 반환을 구하는 부당이득반환청구권의 소멸시효기간(=10년)

구 공익사업을 위한 토지 등의 취득 및 보상에 관한 법률(2007. 10. 17. 법률 제8665호로 개정되기 전의 것, 이하 '구 공익사업법' 이라 한다)은 공익사업에 필요한 토지 등을 협의 또는 수용에 의하여 취득하거나 사용함에 따른 손실의 보상에 관한 사항을 규정함으로써 공익사업의 효율적인 수행을 통하여 공공복리의 증진과 재산권의 적정한 보호를 도모함을 목적으로 하고 있고, 위 법에 의한 이주대책은 공익사업의 시행에 필요한 토지 등을 제공함으로 인하여 생활의 근거를 상실하게 되는 이주대책대상자들에게 종전의 생활상태를 원상으로 회복시키면서 동시에 인간다운 생활을 보장하여 주기 위하여 마련된 제도인 점에 비추어, 이주대책의 일환으로 이주대책대상자들에게 아파트를 특별공급하기로 하는 내용의 분양계약은 영리를 목적으로 하는 상행위라고 단정하기 어려울 뿐만 아니라, 사업시행자가 아파트에 관한 특별공급계약에서 강행규정인 구 공익사업법 제78조 제4항에 위배하여 생활기본시설 설치비용을 분양대금에 포함시킴으로써 특별공급계약 중 그 부분이 무효가 되었음을 이유로 이주대책대상자들이 민법의 규정에 따라 사업시행자에게 이미 지급하였던 분양대금 중 그 부분에 해당하는 금액의 반환을 구하는 부당이득반환청구의 경우에도 상거래 관계와 같은 정도로 거래관계를 신속하게 해결할 필요성이 있다고 볼 수 없으므로 위 부당이득반환청구권에는 상법 제64조가 적용되지 아니하고, 소멸시효기간은 민법 제162조 제1항에 따라 10년으로 보아야 한다. [대법원 2016.9.28, 선고, 2016다20244, 판결]

제2조(정의) 이 법에서 사용하는 용어의 뜻은 다음과 같다.

1. "토지등"이란 제3조 각 호에 해당하는 토지 · 물건 및 권리를 말한다.
2. "공익사업"이란 제4조 각 호의 어느 하나에 해당하는 사업을 말한다.
3. "사업시행자"란 공익사업을 수행하는 자를 말한다.
4. "토지소유자"란 공익사업에 필요한 토지의 소유자를 말한다.
5. "관계인"이란 사업시행자가 취득하거나 사용할 토지에 관하여 지상권 · 지역권 · 전세권 · 저당권 · 사용대차 또는 임대차에 따른 권리 또는 그 밖에 토지에 관한 소유권 외의 권리를 가진 자나 그 토지에 있는 물건에 관하여 소유권이나 그 밖의 권리를 가진 자를 말한다. 다만, 제22조에 따른 사업인정의 고시가 된 후에 권리를 취득한 자는 기존의 권리를 승계한 자를 제외하고는 관계인에 포함되지 아니한다.
6. "가격시점"이란 제67조제1항에 따른 보상액 산정(算定)의 기준이 되는 시점을 말한다.
7. "사업인정"이란 공익사업을 토지등을 수용하거나 사용할 사업으로 결정하는 것을 말한다.

[전문개정 2011.8.4.]

▶판례 - [1] 구 공익사업을 위한 토지 등의 취득 및 보상에 관한 법률 제78조 제1항에서 정한 '이주대책대상자' 에 해당하기 위한 요건 [2] 甲 지방자치단체가 진행한 노후화된 시민아파트 철거사업에 따라 乙 등이 시민아파트를 관할 자치구에 매도하고 丙 공사가 공급하는 아파트를 분양받은 사안에서, 乙 등은 구 공익사업을

위한 토지 등의 취득 및 보상에 관한 법률 제78조 제4항에 의하여 사업시행자가 생활기본시설 설치비용을 부담하는 이주대책대상자에 해당하지 아니하고, 乙 등과 丙 공사가 체결한 아파트분양계약 중 분양대금에 생활기본시설 설치비용을 포함시킨 부분이 강행법규에 위배되어 무효가 된다거나 사업시행자가 부담하여야 할 생활기본시설 설치비용의 지출을 면하였다고 볼 수 없다고 한 사례

[1] 구 공익사업을 위한 토지 등의 취득 및 보상에 관한 법률(2007. 10. 17. 법률 제8665호로 개정되기 전의 것, 이하 '구 토지보상법' 이라 한다) 제2조 제2호, 제4조, 제78조 제1항, 제4항 본문의 내용을 종합하면, 이주대책대상자에 해당하기 위하여는 구 토지보상법 제4조 각 호의 어느 하나에 해당하는 공익사업의 시행으로 인하여 주거용 건축물을 제공함에 따라 생활의 근거를 상실하게 되어야 한다.

[2] 甲 지방자치단체가 진행한 노후화된 시민아파트 철거사업(이하 '시민아파트 정리사업' 이라 한다)에 따라 乙 등이 시민아파트를 관할 자치구에 매도하고 丙 공사가 공급하는 아파트를 분양받은 사안에서, 구 재난관리법(2004. 3. 11. 법률 제7188호 재난및안전관리기본법 부칙 제2조로 폐지) 제39조가 시민아파트를 수용 또는 사용할 수 있는 근거 규정이 되지 못하므로 시민아파트 정리사업은 구 공익사업을 위한 토지 등의 취득 및 보상에 관한 법률(2007. 10. 17. 법률 제8665호로 개정되기 전의 것, 이하 '구 토지보상법' 이라 한다) 제4조 각 호의 사업에 해당하지 아니하고, 甲 지방자치단체가 시민아파트를 철거한 자리에 공원, 주차장 등을 설치할 계획을 가지고 있었더라도 시민아파트 정리사업이 관계 법령에 따른 사업인정절차를 거쳐 추진된 것이 아닌 이상 그러한 사정만으로 공익사업에 해당한다고 볼 수 없으므로, 乙 등은 구 토지보상법 제78조 제4항에 의하여 사업시행자가 생활기본시설 설치비용을 부담하는 이주대책대상자에 해당하지 아니하고, 구 토지보상법 제4조 각 호에 규정된 공익사업에 해당하지 아니하는 시민아파트 정리사업으로 인하여 주거용 건축물을 제공한 乙 등이 스스로를 이주대책대상자에 해당한다고 믿었더라도, 그러한 사정만으로 乙 등과 丙 공사가 체결한 아파트분양계약 중 분양대금에 생활기본시설 설치비용을 포함시킨 부분이 강행법규에 위배되어 무효가 된다거나 사업시행자가 부담하여야 할 생활기본시설 설치비용의 지출을 면하였다고 볼 수 없다고 한 사례. [대법원 2015.6.11, 선고, 2012다58920, 판결]

제3조(적용 대상) 사업시행자가 다음 각 호에 해당하는 토지·물건 및 권리를 취득하거나 사용하는 경우에는 이 법을 적용한다.
1. 토지 및 이에 관한 소유권 외의 권리
2. 토지와 함께 공익사업을 위하여 필요한 입목(立木), 건물, 그 밖에 토지에 정착된 물건 및 이에 관한 소유권 외의 권리
3. 광업권·어업권 또는 물의 사용에 관한 권리
4. 토지에 속한 흙·돌·모래 또는 자갈에 관한 권리

[전문개정 2011.8.4.]

제4조(공익사업) 이 법에 따라 토지등을 취득하거나 사용할 수 있는 사업은 다음 각 호의 어느 하나에 해당하는 사업이어야 한다. <개정 2014.3.18., 2015.12.29.>
1. 국방·군사에 관한 사업
2. 관계 법률에 따라 허가·인가·승인·지정 등을 받아 공익을 목적으로 시행하는 철도·도로·공항·항만·주차장·공영차고지·화물터미널·궤도(軌道)·하천·제방·댐·운하·수도·하수도·하수종말처리·폐수처리·사방(砂防)·방풍(防風)·방화(防火)·방조(防潮)·방수(防水)·저수지·용수로·배수로·석유비축·송유·폐기물처리·전기·전기통신·방송·가스 및 기상 관측에 관한 사업
3. 국가나 지방자치단체가 설치하는 청사·공장·연구소·시험소·보건시설·문화시설·공원·수목원·광장·운동장·시장·묘지·화장장·도축장 또는 그 밖의 공공용 시설에 관한 사업
4. 관계 법률에 따라 허가·인가·승인·지정 등을 받아 공익을 목적으로 시행하는 학교·도서관·박물관 및 미술관 건립에 관한 사업
5. 국가, 지방자치단체, 「공공기관의 운영에 관한 법률」 제4조에 따른 공공기관, 「지방공기업법」에 따른 지방공기업 또는 국가나 지방자치단체가 지정한 자가 임대나 양도의 목적으로 시행하는 주택 건설 또는 택지 및 산업단지 조성에 관한 사업
6. 제1호부터 제5호까지의 사업을 시행하기 위하여 필요한 통로, 교량, 전선로, 재료 적

치장 또는 그 밖의 부속시설에 관한 사업

7. 제1호부터 제5호까지의 사업을 시행하기 위하여 필요한 주택, 공장 등의 이주단지 조성에 관한 사업
8. 그 밖에 별표에 규정된 법률에 따라 토지등을 수용하거나 사용할 수 있는 사업

[전문개정 2011.8.4.]

제4조의2(토지등의 수용·사용에 관한 특례의 제한) ① 이 법에 따라 토지등을 수용하거나 사용할 수 있는 사업은 제4조 또는 별표에 규정된 법률에 따르지 아니하고는 정할 수 없다.

② 별표는 이 법 외의 다른 법률로 개정할 수 없다.

[본조신설 2015.12.29.]

제5조(권리·의무 등의 승계) ① 이 법에 따른 사업시행자의 권리·의무는 그 사업을 승계한 자에게 이전한다.

② 이 법에 따라 이행한 절차와 그 밖의 행위는 사업시행자, 토지소유자 및 관계인의 승계인에게도 그 효력이 미친다.

[전문개정 2011.8.4.]

제6조(기간의 계산방법 등) 이 법에서 기간의 계산방법은 「민법」에 따르며, 통지 및 서류의 송달에 필요한 사항은 대통령령으로 정한다.

[전문개정 2011.8.4.]

제7조(대리인) 사업시행자, 토지소유자 또는 관계인은 사업인정의 신청, 재결(裁決)의 신청, 의견서 제출 등의 행위를 할 때 변호사나 그 밖의 자를 대리인으로 할 수 있다.

[전문개정 2011.8.4.]

제8조(서류의 발급신청) ① 사업시행자는 대통령령으로 정하는 바에 따라 해당 공익사업의 수행을 위하여 필요한 서류의 발급을 국가나 지방자치단체에 신청할 수 있으며, 국가나 지방자치단체는 해당 서류를 발급하여야 한다.

② 국가나 지방자치단체는 제1항에 따라 발급하는 서류에는 수수료를 부과하지 아니한다.

[전문개정 2011.8.4.]

제2장 공익사업의 준비

제9조(사업 준비를 위한 출입의 허가 등) ① 사업시행자는 공익사업을 준비하기 위하여 타인이 점유하는 토지에 출입하여 측량하거나 조사할 수 있다.

② 사업시행자(특별자치도, 시·군 또는 자치구가 사업시행자인 경우는 제외한다)는 제1항에 따라 측량이나 조사를 하려면 사업의 종류와 출입할 토지의 구역 및 기간을 정하여 특별자치도지사, 시장·군수 또는 구청장(자치구의 구청장을 말한다. 이하 같다)의 허가를 받아야 한다. 다만, 사업시행자가 국가일 때에는 그 사업을 시행할 관계 중앙행정기관의 장이 특별자치도지사, 시장·군수 또는 구청장에게 통지하고, 사업시행자가 특별시·광역시 또는 도일 때에는 특별시장·광역시장 또는 도지사가 시장·군수 또는 구청장에게 통지하여야 한다.

③ 특별자치도지사, 시장·군수 또는 구청장은 다음 각 호의 어느 하나에 해당할 때에는 사업시행자, 사업의 종류와 출입할 토지의 구역 및 기간을 공고하고 이를 토지점유자에게 통지하여야 한다.

1. 제2항 본문에 따라 허가를 한 경우
2. 제2항 단서에 따라 통지를 받은 경우
3. 특별자치도, 시·군 또는 구(자치구를 말한다. 이하 같다)가 사업시행자인 경우로서 제1항에 따라 타인이 점유하는 토지에 출입하여 측량이나 조사를 하려는 경우

④ 사업시행자는 제1항에 따라 타인이 점유하는 토지에 출입하여 측량·조사함으로써 발생하는 손실을 보상하여야 한다.

⑤ 제4항에 따른 손실의 보상은 손실이 있음을 안 날부터 1년이 지났거나 손실이 발생한 날부터 3년이 지난 후에는 청구할 수 없다.

⑥ 제4항에 따른 손실의 보상은 사업시행자와 손실을 입은 자가 협의하여 결정한다.

⑦ 제6항에 따른 협의가 성립되지 아니하면 사업시행자나 손실을 입은 자는 대통령령으로 정하는 바에 따라 제51조에 따른 관할 토지수용위원회(이하 "관할 토지수용위원회"라 한다)에 재결을 신청할 수 있다.

[전문개정 2011.8.4.]

제10조(출입의 통지) ① 제9조제2항에 따라 타

인이 점유하는 토지에 출입하려는 자는 출입하려는 날의 5일 전까지 그 일시 및 장소를 특별자치도지사, 시장·군수 또는 구청장에게 통지하여야 한다.

② 특별자치도지사, 시장·군수 또는 구청장은 제1항에 따른 통지를 받은 경우 또는 특별자치도, 시·군 또는 구가 사업시행자인 경우에 특별자치도지사, 시장·군수 또는 구청장이 타인이 점유하는 토지에 출입하려는 경우에는 지체 없이 이를 공고하고 그 토지점유자에게 통지하여야 한다.

③ 해가 뜨기 전이나 해가 진 후에는 토지점유자의 승낙 없이 그 주거(住居)나 경계표·담 등으로 둘러싸인 토지에 출입할 수 없다.

[전문개정 2011.8.4.]

제11조(토지점유자의 인용의무) 토지점유자는 정당한 사유 없이 사업시행자가 제10조에 따라 통지하고 출입·측량 또는 조사하는 행위를 방해하지 못한다.

[전문개정 2011.8.4.]

제12조(장해물 제거등) ① 사업시행자는 제9조에 따라 타인이 점유하는 토지에 출입하여 측량 또는 조사를 할 때 장해물을 제거하거나 토지를 파는 행위(이하 "장해물 제거등"이라 한다)를 하여야 할 부득이한 사유가 있는 경우에는 그 소유자 및 점유자의 동의를 받아야 한다. 다만, 그 소유자 및 점유자의 동의를 받지 못하였을 때에는 사업시행자(특별자치도, 시·군 또는 구가 사업시행자인 경우는 제외한다)는 특별자치도지사, 시장·군수 또는 구청장의 허가를 받아 장해물 제거등을 할 수 있으며, 특별자치도, 시·군 또는 구가 사업시행자인 경우에 특별자치도지사, 시장·군수 또는 구청장은 허가 없이 장해물 제거등을 할 수 있다.

② 특별자치도지사, 시장·군수 또는 구청장은 제1항 단서에 따라 허가를 하거나 장해물 제거등을 하려면 미리 그 소유자 및 점유자의 의견을 들어야 한다.

③ 제1항에 따라 장해물 제거등을 하려는 자는 장해물 제거등을 하려는 날의 3일 전까지 그 소유자 및 점유자에게 통지하여야 한다.

④ 사업시행자는 제1항에 따라 장해물 제거등을 함으로써 발생하는 손실을 보상하여야 한다.

⑤ 제4항에 따른 손실보상에 관하여는 제9조제5항부터 제7항까지의 규정을 준용한다.

[전문개정 2011.8.4.]

제13조(증표 등의 휴대) ① 제9조제2항 본문에 따라 특별자치도지사, 시장·군수 또는 구청장의 허가를 받고 타인이 점유하는 토지에 출입하려는 사람과 제12조에 따라 장해물 제거등을 하려는 사람(특별자치도, 시·군 또는 구가 사업시행자인 경우는 제외한다)은 그 신분을 표시하는 증표와 특별자치도지사, 시장·군수 또는 구청장의 허가증을 지녀야 한다.

② 제9조제2항 단서에 따라 특별자치도지사, 시장·군수 또는 구청장에게 통지하고 타인이 점유하는 토지에 출입하려는 사람과 사업시행자가 특별자치도, 시·군 또는 구인 경우로서 제9조제3항제3호 또는 제12조제1항 단서에 따라 타인이 점유하는 토지에 출입하거나 장해물 제거등을 하려는 사람은 그 신분을 표시하는 증표를 지녀야 한다.

③ 제1항과 제2항에 따른 증표 및 허가증은 토지 또는 장해물의 소유자 및 점유자, 그 밖의 이해관계인에게 이를 보여주어야 한다.

④ 제1항과 제2항에 따른 증표 및 허가증의 서식에 관하여 필요한 사항은 국토교통부령으로 정한다. <개정 2013.3.23.>

[전문개정 2011.8.4.]

제3장 협의에 의한 취득 또는 사용

제14조(토지조서 및 물건조서의 작성) ① 사업시행자는 공익사업의 수행을 위하여 제20조에 따른 사업인정 전에 협의에 의한 토지등의 취득 또는 사용이 필요할 때에는 토지조서와 물건조서를 작성하여 서명 또는 날인을 하고 토지소유자와 관계인의 서명 또는 날인을 받아야 한다. 다만, 다음 각 호의 어느 하나에 해당하는 경우에는 그러하지 아니하다. 이 경우 사업시행자는 해당 토지조서와 물건조서에 그 사유를 적어야 한다.

1. 토지소유자 및 관계인이 정당한 사유 없이 서명 또는 날인을 거부하는 경우
2. 토지소유자 및 관계인을 알 수 없거나 그 주소·거소를 알 수 없는 등의 사유로 서명 또는 날인을 받을 수 없는 경우

② 토지와 물건의 소재지, 토지소유자 및 관계인 등 토지조서 및 물건조서의 기재사항과 그 작성에 필요한 사항은 대통령령으

로 정한다.
[전문개정 2011.8.4.]

제15조(보상계획의 열람 등) ① 사업시행자는 제14조에 따라 토지조서와 물건조서를 작성하였을 때에는 공익사업의 개요, 토지조서 및 물건조서의 내용과 보상의 시기·방법 및 절차 등이 포함된 보상계획을 전국을 보급지역으로 하는 일간신문에 공고하고, 토지소유자 및 관계인에게 각각 통지하여야 하며, 제2항 단서에 따라 열람을 의뢰하는 사업시행자를 제외하고는 특별자치도지사, 시장·군수 또는 구청장에게도 통지하여야 한다. 다만, 토지소유자와 관계인이 20인 이하인 경우에는 공고를 생략할 수 있다.
② 사업시행자는 제1항에 따른 공고나 통지를 하였을 때에는 그 내용을 14일 이상 일반인이 열람할 수 있도록 하여야 한다. 다만, 사업지역이 둘 이상의 시·군 또는 구에 걸쳐 있거나 사업시행자가 행정청이 아닌 경우에는 해당 특별자치도지사, 시장·군수 또는 구청장에게도 그 사본을 송부하여 열람을 의뢰하여야 한다.
③ 제1항에 따라 공고되거나 통지된 토지조서 및 물건조서의 내용에 대하여 이의(異議)가 있는 토지소유자 또는 관계인은 제2항에 따른 열람기간 이내에 사업시행자에게 서면으로 이의를 제기할 수 있다.
④ 사업시행자는 해당 토지조서 및 물건조서에 제3항에 따라 제기된 이의를 부기(附記)하고 그 이의가 이유 있다고 인정할 때에는 적절한 조치를 하여야 한다.
[전문개정 2011.8.4.]

▶ 판례 – [1] 공익사업을 위한 수용에 선행하는 협의 및 사전절차를 정한 구 공익사업을 위한 토지 등의 취득 및 보상에 관한 법률 제14조, 제15조, 제16조, 제68조 등이 구 도시 및 주거환경정비법상 현금청산대상자인 토지 등 소유자에 대하여 준용되는지 여부(소극) 및 구 도시 및 주거환경정비법상 주택재개발사업에서 토지 등 소유자가 현금청산대상자가 되었는데 현금청산기간 내에 협의가 성립되지 않은 경우, 구 공익사업을 위한 토지 등의 취득 및 보상에 관한 법률상 손실보상에 관한 협의를 거칠 필요 없이 사업시행자에게 수용재결을 청구할 수 있는지 여부(적극) [2] 구 도시 및 주거환경정비법상 현금청산대상자인 토지 등 소유자가 현금청산기간 만료 전에 재결신청을 청구하였으나 협의가 성립될 가능성이 없다고 볼 명백한 사정이 있는 경우, 재결신청 청구가 유효한지 여부(적극) / 현금청산기간 만료 전에 유효한 재결신청 청구가 있었으나 사업시행자가 현금청산기간 만료일로부터 60일 이내에 수용재결신청을 하지 않은 경우, 지연기간에 대하여 구 공익사업을 위한 토지 등의 취득 및 보상에 관한 법률 제30조 제3항에 따른 가산금을 지급하여야 하는지 여부(적극) [대법원 2015.12.23, 선고, 2015두50535, 판결]

제16조(협의) 사업시행자는 토지등에 대한 보상에 관하여 토지소유자 및 관계인과 성실하게 협의하여야 하며, 협의의 절차 및 방법 등 협의에 필요한 사항은 대통령령으로 정한다.
[전문개정 2011.8.4.]

제17조(계약의 체결) 사업시행자는 제16조에 따른 협의가 성립되었을 때에는 토지소유자 및 관계인과 계약을 체결하여야 한다.
[전문개정 2011.8.4.]

제18조 삭제 <2007.10.17.>

제4장 수용에 의한 취득 또는 사용

제1절 수용 또는 사용의 절차

제19조(토지등의 수용 또는 사용) ① 사업시행자는 공익사업의 수행을 위하여 필요하면 이 법에서 정하는 바에 따라 토지등을 수용하거나 사용할 수 있다.
② 공익사업에 수용되거나 사용되고 있는 토지등은 특별히 필요한 경우가 아니면 다른 공익사업을 위하여 수용하거나 사용할 수 없다.
[전문개정 2011.8.4.]

제20조(사업인정) ① 사업시행자는 제19조에 따라 토지등을 수용하거나 사용하려면 대통령령으로 정하는 바에 따라 국토교통부장관의 사업인정을 받아야 한다. <개정 2013.3.23.>
② 제1항에 따른 사업인정을 신청하려는 자는 국토교통부령으로 정하는 수수료를 내야 한다. <개정 2013.3.23.>
[전문개정 2011.8.4.]

제21조(의견청취 등) ①국토교통부장관은 사업인정을 하려면 관계 중앙행정기관의 장 및 특별시장ㆍ광역시장ㆍ도지사ㆍ특별자치도지사(이하 "시ㆍ도지사"라 한다)와 협의하여야 하며, 대통령령으로 정하는 바에 따라 미리 제49조에 따른 중앙토지수용위원회 및 사업인정에 이해관계가 있는 자의 의견을 들어야 한다. <개정 2013.3.23., 2015.12.29.>

② 별표에 규정된 법률에 따라 사업인정이 있는 것으로 의제되는 공익사업의 허가ㆍ인가ㆍ승인권자 등은 사업인정이 의제되는 지구지정ㆍ사업계획승인 등을 하려는 경우 제1항에 따라 제49조에 따른 중앙토지수용위원회 및 사업인정에 이해관계가 있는 자의 의견을 들어야 한다. <신설 2015.12.29.>

③ 제49조에 따른 중앙토지수용위원회는 제1항 또는 제2항에 따라 의견제출을 요청받은 날부터 30일 이내에 의견을 제출하여야 한다. 이 경우 같은 기간 이내에 의견을 제출하지 아니하는 경우에는 의견이 없는 것으로 본다. <신설 2015.12.29.>

[전문개정 2011.8.4.]

제22조(사업인정의 고시) ① 국토교통부장관은 제20조에 따른 사업인정을 하였을 때에는 지체 없이 그 뜻을 사업시행자, 토지소유자 및 관계인, 관계 시ㆍ도지사에게 통지하고 사업시행자의 성명이나 명칭, 사업의 종류, 사업지역 및 수용하거나 사용할 토지의 세목을 관보에 고시하여야 한다. <개정 2013.3.23.>

② 제1항에 따라 사업인정의 사실을 통지받은 시ㆍ도지사(특별자치도지사는 제외한다)는 관계 시장ㆍ군수 및 구청장에게 이를 통지하여야 한다.

③ 사업인정은 제1항에 따라 고시한 날부터 그 효력이 발생한다.

[전문개정 2011.8.4.]

제23조(사업인정의 실효) ① 사업시행자가 제22조제1항에 따른 사업인정의 고시(이하 "사업인정고시"라 한다)가 된 날부터 1년 이내에 제28조제1항에 따른 재결신청을 하지 아니한 경우에는 사업인정고시가 된 날부터 1년이 되는 날의 다음 날에 사업인정은 그 효력을 상실한다.

② 사업시행자는 제1항에 따라 사업인정이 실효됨으로 인하여 토지소유자나 관계인이 입은 손실을 보상하여야 한다.

③ 제2항에 따른 손실보상에 관하여는 제9조제5항부터 제7항까지의 규정을 준용한다.

[전문개정 2011.8.4.]

제24조(사업의 폐지 및 변경) ① 사업인정고시가 된 후 사업의 전부 또는 일부를 폐지하거나 변경함으로 인하여 토지등의 전부 또는 일부를 수용하거나 사용할 필요가 없게 되었을 때에는 사업시행자는 지체 없이 사업지역을 관할하는 시ㆍ도지사에게 신고하고, 토지소유자 및 관계인에게 이를 통지하여야 한다.

② 시ㆍ도지사는 제1항에 따른 신고를 받으면 사업의 전부 또는 일부가 폐지되거나 변경된 내용을 관보에 고시하여야 한다.

③ 시ㆍ도지사는 제1항에 따른 신고가 없는 경우에도 사업시행자가 사업의 전부 또는 일부를 폐지하거나 변경함으로 인하여 토지를 수용하거나 사용할 필요가 없게 된 것을 알았을 때에는 미리 사업시행자의 의견을 듣고 제2항에 따른 고시를 하여야 한다.

④ 시ㆍ도지사는 제2항 및 제3항에 따른 고시를 하였을 때에는 지체 없이 그 사실을 국토교통부장관에게 보고하여야 한다. <개정 2013.3.23.>

⑤ 제2항 및 제3항에 따른 고시가 된 날부터 그 고시된 내용에 따라 사업인정의 전부 또는 일부는 그 효력을 상실한다.

⑥ 사업시행자는 제1항에 따라 사업의 전부 또는 일부를 폐지ㆍ변경함으로 인하여 토지소유자 또는 관계인이 입은 손실을 보상하여야 한다.

⑦ 제6항에 따른 손실보상에 관하여는 제9조제5항부터 제7항까지의 규정을 준용한다.

[전문개정 2011.8.4.]

제25조(토지등의 보전) ① 사업인정고시가 된 후에는 누구든지 고시된 토지에 대하여 사업에 지장을 줄 우려가 있는 형질의 변경이나 제3조제2호 또는 제4호에 규정된 물건을 손괴하거나 수거하는 행위를 하지 못한다.

② 사업인정고시가 된 후에 고시된 토지에 건축물의 건축ㆍ대수선, 공작물(工作物)의 설치 또는 물건의 부가(附加)ㆍ증치(增置)를 하려는 자는 특별자치도지사, 시장ㆍ군수 또는 구청장의 허가를 받아야 한다. 이 경우 특별자치도지사, 시장ㆍ군수 또는 구청장은 미리 사업시행자의 의견을 들어야 한다.

③ 제2항을 위반하여 건축물의 건축ㆍ대수선,

공작물의 설치 또는 물건의 부가·증치를 한 토지소유자 또는 관계인은 해당 건축물·공작물 또는 물건을 원상으로 회복하여야 하며 이에 관한 손실의 보상을 청구할 수 없다.
[전문개정 2011.8.4.]

▶ 판례 - 구 산업입지 및 개발에 관한 법률 제51조 제2항 제1호, 제12조 제1항 전단에서 규정한 '허가 없이 물건을 쌓아놓는 행위'에 관하여 공익사업을 위한 토지 등의 취득 및 보상에 관한 법률상 물건의 부가·증치행위에 대한 처벌규정인 제96조, 제25조 제2항 전단이 준용되는지 여부(소극) [대법원 2015.8.13, 선고, 2015도445, 판결]

제26조(협의 등 절차의 준용) ① 제20조에 따른 사업인정을 받은 사업시행자는 토지조서 및 물건조서의 작성, 보상계획의 공고·통지 및 열람, 보상액의 산정과 토지소유자 및 관계인과의 협의 절차를 거쳐야 한다. 이 경우 제14조부터 제16조까지 및 제68조를 준용한다.
② 사업인정 이전에 제14조부터 제16조까지 및 제68조에 따른 절차를 거쳤으나 협의가 성립되지 아니하고 제20조에 따른 사업인정을 받은 사업으로서 토지조서 및 물건조서의 내용에 변동이 없을 때에는 제1항에도 불구하고 제14조부터 제16조까지의 절차를 거치지 아니할 수 있다. 다만, 사업시행자나 토지소유자 및 관계인이 제16조에 따른 협의를 요구할 때에는 협의하여야 한다.
[전문개정 2011.8.4.]

제27조(토지 및 물건에 관한 조사권 등) ① 사업인정의 고시가 된 후에는 사업시행자 또는 제68조에 따라 감정평가를 의뢰받은 감정평가업자(「감정평가 및 감정평가사에 관한 법률」에 따른 감정평가업자를 말한다. 이하 "감정평가업자"라 한다)는 다음 각 호에 해당하는 경우에는 제9조에도 불구하고 해당 토지나 물건에 출입하여 측량하거나 조사할 수 있다. 이 경우 제10조, 제11조 및 제13조를 준용한다. <개정 2016.1.19.>
1. 사업시행자가 사업의 준비나 토지조서 및 물건조서를 작성하기 위하여 필요한 경우
2. 감정평가업자가 감정평가를 의뢰받은 토지등의 감정평가를 위하여 필요한 경우

② 사업인정고시가 된 후에는 제26조제1항에서 준용되는 제15조제3항에 따라 토지소유자나 관계인이 토지조서 및 물건조서의 내용에 대하여 열람기간 이내에 이의를 제기하는 경우를 제외하고는 제26조제1항에서 준용되는 제14조에 따라 작성된 토지조서 및 물건조서의 내용에 대하여 이의를 제기할 수 없다. 다만, 토지조서 및 물건조서의 내용이 진실과 다르다는 것을 입증할 때에는 그러하지 아니하다.
③ 사업시행자는 제1항에 따라 타인이 점유하는 토지에 출입하여 측량·조사함으로써 발생하는 손실(감정평가업자가 제1항제2호에 따른 감정평가를 위하여 측량·조사함으로써 발생하는 손실을 포함한다)을 보상하여야 한다.
④ 제3항에 따른 손실보상에 관하여는 제9조제5항부터 제7항까지의 규정을 준용한다.
[전문개정 2011.8.4.]

제28조(재결의 신청) ① 제26조에 따른 협의가 성립되지 아니하거나 협의를 할 수 없을 때(제26조제2항 단서에 따른 협의 요구가 없을 때를 포함한다)에는 사업시행자는 사업인정고시가 된 날부터 1년 이내에 대통령령으로 정하는 바에 따라 관할 토지수용위원회에 재결을 신청할 수 있다.
② 제1항에 따라 재결을 신청하는 자는 국토교통부령으로 정하는 바에 따라 수수료를 내야 한다. <개정 2013.3.23.>
[전문개정 2011.8.4.]

제29조(협의 성립의 확인) ① 사업시행자와 토지소유자 및 관계인 간에 제26조에 따른 절차를 거쳐 협의가 성립되었을 때에는 사업시행자는 제28조제1항에 따른 재결 신청기간 이내에 해당 토지소유자 및 관계인의 동의를 받아 대통령령으로 정하는 바에 따라 관할 토지수용위원회에 협의 성립의 확인을 신청할 수 있다.
② 제1항에 따른 협의 성립의 확인에 관하여는 제28조제2항, 제31조, 제32조, 제34조, 제35조, 제52조제7항, 제53조제4항, 제57조 및 제58조를 준용한다.
③ 사업시행자가 협의가 성립된 토지의 소재지·지번·지목 및 면적 등 대통령령으로 정하는 사항에 대하여 「공증인법」에 따른 공증을 받아 제1항에 따른 협의 성립의 확인을 신청하였을 때에는 관할 토지수용위원회가 이를 수리함으로써 협의 성립이 확인된 것으로 본다.
④ 제1항 및 제3항에 따른 확인은 이 법에 따른 재결로 보며, 사업시행자, 토지소유자 및 관계인은 그 확인된 협의의 성립이나 내용을 다

틀 수 없다.
[전문개정 2011.8.4.]

제30조(재결 신청의 청구) ① 사업인정고시가 된 후 협의가 성립되지 아니하였을 때에는 토지소유자와 관계인은 대통령령으로 정하는 바에 따라 서면으로 사업시행자에게 재결을 신청할 것을 청구할 수 있다.
② 사업시행자는 제1항에 따른 청구를 받았을 때에는 그 청구를 받은 날부터 60일 이내에 대통령령으로 정하는 바에 따라 관할 토지수용위원회에 재결을 신청하여야 한다. 이 경우 수수료에 관하여는 제28조제2항을 준용한다.
③ 사업시행자가 제2항에 따른 기간을 넘겨서 재결을 신청하였을 때에는 그 지연된 기간에 대하여 「소송촉진 등에 관한 특례법」 제3조에 따른 법정이율을 적용하여 산정한 금액을 관할 토지수용위원회에서 재결한 보상금에 가산(加算)하여 지급하여야 한다.
[전문개정 2011.8.4.]

제31조(열람) ① 제49조에 따른 중앙토지수용위원회 또는 지방토지수용위원회(이하 "토지수용위원회"라 한다)는 제28조제1항에 따라 재결신청서를 접수하였을 때에는 대통령령으로 정하는 바에 따라 지체 없이 이를 공고하고, 공고한 날부터 14일 이상 관계 서류의 사본을 일반인이 열람할 수 있도록 하여야 한다.
② 토지수용위원회가 제1항에 따른 공고를 하였을 때에는 관계 서류의 열람기간 중에 토지소유자 또는 관계인은 의견을 제시할 수 있다.
[전문개정 2011.8.4.]

제32조(심리) ① 토지수용위원회는 제31조제1항에 따른 열람기간이 지났을 때에는 지체 없이 해당 신청에 대한 조사 및 심리를 하여야 한다.
② 토지수용위원회는 심리를 할 때 필요하다고 인정하면 사업시행자, 토지소유자 및 관계인을 출석시켜 그 의견을 진술하게 할 수 있다.
③ 토지수용위원회는 제2항에 따라 사업시행자, 토지소유자 및 관계인을 출석하게 하는 경우에는 사업시행자, 토지소유자 및 관계인에게 미리 그 심리의 일시 및 장소를 통지하여야 한다.
[전문개정 2011.8.4.]

제33조(화해의 권고) ① 토지수용위원회는 그 재결이 있기 전에는 그 위원 3명으로 구성되는 소위원회로 하여금 사업시행자, 토지소유자 및 관계인에게 화해를 권고하게 할 수 있다. 이 경우 소위원회는 위원장이 지명하거나 위원회에서 선임한 위원으로 구성하며, 그 밖에 그 구성에 필요한 사항은 대통령령으로 정한다.
② 제1항에 따른 화해가 성립되었을 때에는 해당 토지수용위원회는 화해조서를 작성하여 화해에 참여한 위원, 사업시행자, 토지소유자 및 관계인이 서명 또는 날인을 하도록 하여야 한다.
③ 제2항에 따라 화해조서에 서명 또는 날인이 된 경우에는 당사자 간에 화해조서와 동일한 내용의 합의가 성립된 것으로 본다.
[전문개정 2011.8.4.]

제34조(재결) ① 토지수용위원회의 재결은 서면으로 한다.
② 제1항에 따른 재결서에는 주문 및 그 이유와 재결일을 적고, 위원장 및 회의에 참석한 위원이 기명날인한 후 그 정본(正本)을 사업시행자, 토지소유자 및 관계인에게 송달하여야 한다.
[전문개정 2011.8.4.]

제35조(재결기간) 토지수용위원회는 제32조에 따른 심리를 시작한 날부터 14일 이내에 재결을 하여야 한다. 다만, 특별한 사유가 있을 때에는 14일의 범위에서 한 차례만 연장할 수 있다.
[전문개정 2011.8.4.]

제36조(재결의 경정) ① 재결에 계산상 또는 기재상의 잘못이나 그 밖에 이와 비슷한 잘못이 있는 것이 명백할 때에는 토지수용위원회는 직권으로 또는 당사자의 신청에 의하여 경정재결(更正裁決)을 할 수 있다.
② 경정재결은 원재결서(原裁決書)의 원본과 정본에 부기하여야 한다. 다만, 정본에 부기할 수 없을 때에는 경정재결의 정본을 작성하여 당사자에게 송달하여야 한다.
[전문개정 2011.8.4.]

제37조(재결의 유탈) 토지수용위원회가 신청의 일부에 대한 재결을 빠뜨린 경우에 그 빠뜨린 부분의 신청은 계속하여 그 토지수용위원회에

계속(係屬)된다.
[전문개정 2011.8.4.]

제38조(천재지변 시의 토지의 사용) ① 천재지변이나 그 밖의 사변(事變)으로 인하여 공공의 안전을 유지하기 위한 공익사업을 긴급히 시행할 필요가 있을 때에는 사업시행자는 대통령령으로 정하는 바에 따라 특별자치도지사, 시장·군수 또는 구청장의 허가를 받아 즉시 타인의 토지를 사용할 수 있다. 다만, 사업시행자가 국가일 때에는 그 사업을 시행할 관계 중앙행정기관의 장이 특별자치도지사, 시장·군수 또는 구청장에게, 사업시행자가 특별시·광역시 또는 도일 때에는 특별시장·광역시장 또는 도지사가 시장·군수 또는 구청장에게 각각 통지하고 사용할 수 있으며, 사업시행자가 특별자치도, 시·군 또는 구일 때에는 특별자치도지사, 시장·군수 또는 구청장이 허가나 통지 없이 사용할 수 있다.
② 특별자치도지사, 시장·군수 또는 구청장은 제1항에 따라 허가를 하거나 통지를 받은 경우 또는 특별자치도지사, 시장·군수·구청장이 제1항 단서에 따라 타인의 토지를 사용하려는 경우에는 대통령령으로 정하는 사항을 즉시 토지소유자 및 토지점유자에게 통지하여야 한다.
③ 제1항에 따른 토지의 사용기간은 6개월을 넘지 못한다.
④ 사업시행자는 제1항에 따라 타인의 토지를 사용함으로써 발생하는 손실을 보상하여야 한다.
⑤ 제4항에 따른 손실보상에 관하여는 제9조제5항부터 제7항까지의 규정을 준용한다.
[전문개정 2011.8.4.]

제39조(시급한 토지 사용에 대한 허가) ① 제28조에 따른 재결신청을 받은 토지수용위원회는 그 재결을 기다려서는 재해를 방지하기 곤란하거나 그 밖에 공공의 이익에 현저한 지장을 줄 우려가 있다고 인정할 때에는 사업시행자의 신청을 받아 대통령령으로 정하는 바에 따라 담보를 제공하게 한 후 즉시 해당 토지의 사용을 허가할 수 있다. 다만, 국가나 지방자치단체가 사업시행자인 경우에는 담보를 제공하지 아니할 수 있다.
② 제1항에 따른 토지의 사용기간은 6개월을 넘지 못한다.
③ 토지수용위원회가 제1항에 따른 허가를 하였을 때에는 제38조제2항을 준용한다.
[전문개정 2011.8.4.]

제2절 수용 또는 사용의 효과

제40조(보상금의 지급 또는 공탁) ① 사업시행자는 제38조 또는 제39조에 따른 사용의 경우를 제외하고는 수용 또는 사용의 개시일(토지수용위원회가 재결로써 결정한 수용 또는 사용을 시작하는 날을 말한다. 이하 같다)까지 관할 토지수용위원회가 재결한 보상금을 지급하여야 한다.
② 사업시행자는 다음 각 호의 어느 하나에 해당할 때에는 수용 또는 사용의 개시일까지 수용하거나 사용하려는 토지등의 소재지의 공탁소에 보상금을 공탁(供託)할 수 있다.
1. 보상금을 받을 자가 그 수령을 거부하거나 보상금을 수령할 수 없을 때
2. 사업시행자의 과실 없이 보상금을 받을 자를 알 수 없을 때
3. 관할 토지수용위원회가 재결한 보상금에 대하여 사업시행자가 불복할 때
4. 압류나 가압류에 의하여 보상금의 지급이 금지되었을 때

③ 사업인정고시가 된 후 권리의 변동이 있을 때에는 그 권리를 승계한 자가 제1항에 따른 보상금 또는 제2항에 따른 공탁금을 받는다.
④ 사업시행자는 제2항제3호의 경우 보상금을 받을 자에게 자기가 산정한 보상금을 지급하고 그 금액과 토지수용위원회가 재결한 보상금과의 차액(差額)을 공탁하여야 한다. 이 경우 보상금을 받을 자는 그 불복의 절차가 종결될 때까지 공탁된 보상금을 수령할 수 없다.
[전문개정 2011.8.4.]

▶ 판례 – 구 도시 및 주거환경정비법상 사업시행자가 수용 개시일까지 토지수용위원회가 재결한 보상금을 지급하거나 공탁한 경우 수용 개시일에 토지나 물건의 소유권을 취득하는지 여부(적극) 및 그 후 이의재결에서 보상액이 늘어났다는 사유만으로 달리 볼 수 있는지 여부(소극) [대법원 2017.3.30, 선고, 2014두43387, 판결]

제41조(시급한 토지 사용에 대한 보상) ① 제39조에 따라 토지를 사용하는 경우 토지수용위원회의 재결이 있기 전에 토지소유자나 관계인이 청구할 때에는 사업시행자는 자기가 산정한 보상금을 토지소유자나 관계인에

게 지급하여야 한다.
② 토지소유자나 관계인은 사업시행자가 토지수용위원회의 재결에 따른 보상금의 지급시기까지 보상금을 지급하지 아니하면 제39조에 따라 제공된 담보의 전부 또는 일부를 취득한다.
[전문개정 2011.8.4.]

제42조(재결의 실효) ① 사업시행자가 수용 또는 사용의 개시일까지 관할 토지수용위원회가 재결한 보상금을 지급하거나 공탁하지 아니하였을 때에는 해당 토지수용위원회의 재결은 효력을 상실한다.
② 사업시행자는 제1항에 따라 재결의 효력이 상실됨으로 인하여 토지소유자 또는 관계인이 입은 손실을 보상하여야 한다.
③ 제2항에 따른 손실보상에 관하여는 제9조 제5항부터 제7항까지의 규정을 준용한다.
[전문개정 2011.8.4.]

제43조(토지 또는 물건의 인도 등) 토지소유자 및 관계인과 그 밖에 토지소유자나 관계인에 포함되지 아니하는 자로서 수용하거나 사용할 토지나 그 토지에 있는 물건에 관한 권리를 가진 자는 수용 또는 사용의 개시일까지 그 토지나 물건을 사업시행자에게 인도하거나 이전하여야 한다.
[전문개정 2011.8.4.]

제44조(인도 또는 이전의 대행) ① 특별자치도지사, 시장·군수 또는 구청장은 다음 각 호의 어느 하나에 해당할 때에는 사업시행자의 청구에 의하여 토지나 물건의 인도 또는 이전을 대행하여야 한다.
1. 토지나 물건을 인도하거나 이전하여야 할 자가 고의나 과실 없이 그 의무를 이행할 수 없을 때
2. 사업시행자가 과실 없이 토지나 물건을 인도하거나 이전하여야 할 의무가 있는 자를 알 수 없을 때

② 제1항에 따라 특별자치도지사, 시장·군수 또는 구청장이 토지나 물건의 인도 또는 이전을 대행하는 경우 그로 인한 비용은 그 의무자가 부담한다.
[전문개정 2011.8.4.]

제45조(권리의 취득·소멸 및 제한) ① 사업시행자는 수용의 개시일에 토지나 물건의 소유권을 취득하며, 그 토지나 물건에 관한 다른 권리는 이와 동시에 소멸한다.
② 사업시행자는 사용의 개시일에 토지나 물건의 사용권을 취득하며, 그 토지나 물건에 관한 다른 권리는 사용 기간 중에는 행사하지 못한다.
③ 토지수용위원회의 재결로 인정된 권리는 제1항 및 제2항에도 불구하고 소멸되거나 그 행사가 정지되지 아니한다.
[전문개정 2011.8.4.]

제46조(위험부담) 토지수용위원회의 재결이 있은 후 수용하거나 사용할 토지나 물건이 토지소유자 또는 관계인의 고의나 과실 없이 멸실되거나 훼손된 경우 그로 인한 손실은 사업시행자가 부담한다.
[전문개정 2011.8.4.]

제47조(담보물권과 보상금) 담보물권의 목적물이 수용되거나 사용된 경우 그 담보물권은 그 목적물의 수용 또는 사용으로 인하여 채무자가 받을 보상금에 대하여 행사할 수 있다. 다만, 그 보상금이 채무자에게 지급되기 전에 압류하여야 한다.
[전문개정 2011.8.4.]

▶ 판례 - 중앙토지수용위원회가 수용대상 토지의 관계인인 甲의 주소로 송달한 재결서 정본이 반송되자 甲의 실제 주소를 파악하기 위한 기본적인 조치도 없이 곧바로 공시송달의 방법으로 재결서 정본을 송달한 사안에서, 甲이 수용대상 토지의 수용보상금 중 일부에 대하여 물상대위권을 행사할 수 있는 기회를 잃게 됨으로써 피담보채권을 우선변제받지 못하는 손해를 입었다고 보아 국가배상책임을 인정한 원심판단을 수긍한 사례 [대법원 2014.12.11, 선고, 2014다200237, 판결]

제48조(반환 및 원상회복의 의무) ① 사업시행자는 토지나 물건의 사용기간이 끝났을 때나 사업의 폐지·변경 또는 그 밖의 사유로 사용할 필요가 없게 되었을 때에는 지체 없이 그 토지나 물건을 그 토지나 물건의 소유자 또는 그 승계인에게 반환하여야 한다.
② 제1항의 경우에 사업시행자는 토지소유자가 원상회복을 청구하면 미리 그 손실을 보

상한 경우를 제외하고는 그 토지를 원상으로 회복하여 반환하여야 한다.
[전문개정 2011.8.4.]

제5장 토지수용위원회

제49조(설치) 토지등의 수용과 사용에 관한 재결을 하기 위하여 국토교통부에 중앙토지수용위원회를 두고, 특별시·광역시·도·특별자치도(이하 "시·도"라 한다)에 지방토지수용위원회를 둔다. <개정 2013.3.23.>
[전문개정 2011.8.4.]

제50조(재결사항) ① 토지수용위원회의 재결사항은 다음 각 호와 같다.
1. 수용하거나 사용할 토지의 구역 및 사용방법
2. 손실보상
3. 수용 또는 사용의 개시일과 기간
4. 그 밖에 이 법 및 다른 법률에서 규정한 사항

② 토지수용위원회는 사업시행자, 토지소유자 또는 관계인이 신청한 범위에서 재결하여야 한다. 다만, 제1항제2호의 손실보상의 경우에는 증액재결(增額裁決)을 할 수 있다.
[전문개정 2011.8.4.]

제51조(관할) ① 제49조에 따른 중앙토지수용위원회(이하 "중앙토지수용위원회"라 한다)는 다음 각 호의 사업의 재결에 관한 사항을 관장한다.
1. 국가 또는 시·도가 사업시행자인 사업
2. 수용하거나 사용할 토지가 둘 이상의 시·도에 걸쳐 있는 사업

② 제49조에 따른 지방토지수용위원회(이하 "지방토지수용위원회"라 한다)는 제1항 각 호 외의 사업의 재결에 관한 사항을 관장한다.
[전문개정 2011.8.4.]

제52조(중앙토지수용위원회) ① 중앙토지수용위원회는 위원장 1명을 포함한 20명 이내의 위원으로 구성하며, 위원 중 대통령령으로 정하는 수의 위원은 상임(常任)으로 한다.
② 중앙토지수용위원회의 위원장은 국토교통부장관이 되며, 위원장이 부득이한 사유로 직무를 수행할 수 없을 때에는 위원장이 지명하는 위원이 그 직무를 대행한다. <개정 2013.3.23.>
③ 중앙토지수용위원회의 위원장은 위원회를 대표하며, 위원회의 업무를 총괄한다.
④ 중앙토지수용위원회의 상임위원은 다음 각 호의 어느 하나에 해당하는 사람 중에서 국토교통부장관의 제청으로 대통령이 임명한다. <개정 2013.3.23.>
1. 판사·검사 또는 변호사로 15년 이상 재직하였던 사람
2. 대학에서 법률학 또는 행정학을 가르치는 부교수 이상으로 5년 이상 재직하였던 사람
3. 행정기관의 3급 공무원 또는 고위공무원단에 속하는 일반직공무원으로 2년 이상 재직하였던 사람

⑤ 중앙토지수용위원회의 비상임위원은 토지 수용에 관한 학식과 경험이 풍부한 사람 중에서 국토교통부장관이 위촉한다. <개정 2013.3.23.>
⑥ 중앙토지수용위원회의 회의는 위원장이 소집하며, 위원장 및 상임위원 1명과 위원장이 회의마다 지정하는 위원 7명으로 구성한다.
⑦ 중앙토지수용위원회의 회의는 제6항에 따른 구성원 과반수의 출석과 출석위원 과반수의 찬성으로 의결한다.
⑧ 중앙토지수용위원회의 사무를 처리하기 위하여 사무기구를 둔다.
⑨ 중앙토지수용위원회의 상임위원의 계급 등과 사무기구의 조직에 관한 사항은 대통령령으로 정한다.
[전문개정 2011.8.4.]

제53조(지방토지수용위원회) ① 지방토지수용위원회는 위원장 1명을 포함한 20명 이내의 위원으로 구성한다. <개정 2012.6.1.>
② 지방토지수용위원회의 위원장은 시·도지사가 되며, 위원장이 부득이한 사유로 직무를 수행할 수 없을 때에는 위원장이 지명하는 위원이 그 직무를 대행한다.
③ 지방토지수용위원회의 위원은 시·도지사가 소속 공무원 중에서 임명하는 사람 1명을 포함하여 토지 수용에 관한 학식과 경험이 풍부한 사람 중에서 위촉한다. <개정 2012.6.1.>
④ 지방토지수용위원회의 회의는 위원장이 소집하며, 위원장과 위원장이 회의마다 지정하는 위원 8명으로 구성한다. <개정 2012.6.1.>
⑤ 지방토지수용위원회의 회의는 제4항에 따른 구성원 과반수의 출석과 출석위원 과반수의 찬성으로 의결한다. <신설 2012.6.1.>

⑥ 지방토지수용위원회에 관하여는 제52조제3항을 준용한다. <개정 2012.6.1.>
[전문개정 2011.8.4.]

제54조(위원의 결격사유) ① 다음 각 호의 어느 하나에 해당하는 사람은 토지수용위원회의 위원이 될 수 없다. <개정 2015.12.29.>
1. 피성년후견인, 피한정후견인 또는 파산선고를 받고 복권되지 아니한 사람
2. 금고 이상의 실형을 선고받고 그 집행이 끝나거나(집행이 끝난 것으로 보는 경우를 포함한다) 집행이 면제된 날부터 2년이 지나지 아니한 사람
3. 금고 이상의 형의 집행유예를 선고받고 그 유예기간 중에 있는 사람
4. 벌금형을 선고받고 2년이 지나지 아니한 사람

② 위원이 제1항 각 호의 어느 하나에 해당하게 되면 당연히 퇴직한다.
[전문개정 2011.8.4.]

제55조(임기) 토지수용위원회의 상임위원 및 위촉위원의 임기는 각각 3년으로 하며, 연임할 수 있다.

제56조(신분 보장) 위촉위원은 해당 토지수용위원회의 의결로 다음 각 호의 어느 하나에 해당하는 사유가 있다고 인정된 경우를 제외하고는 재임 중 그 의사에 반하여 해임되지 아니한다.
1. 신체상 또는 정신상의 장해로 그 직무를 수행할 수 없을 때
2. 직무상의 의무를 위반하였을 때

[전문개정 2011.8.4.]

제57조(위원의 제척 · 기피 · 회피) ① 토지수용위원회의 위원으로서 다음 각 호의 어느 하나에 해당하는 사람은 그 토지수용위원회의 회의에 참석할 수 없다.
1. 사업시행자, 토지소유자 또는 관계인
2. 사업시행자, 토지소유자 또는 관계인의 배우자 · 친족 또는 대리인
3. 사업시행자, 토지소유자 및 관계인이 법인인 경우에는 그 법인의 임원 또는 그 직무를 수행하는 사람

② 사업시행자, 토지소유자 및 관계인은 위원에게 공정한 심리 · 의결을 기대하기 어려운 사정이 있는 경우에는 그 사유를 적어 기피(忌避) 신청을 할 수 있다. 이 경우 토지수용위원회의 위원장은 기피 신청에 대하여 위원회의 의결을 거치지 아니하고 기피 여부를 결정한다.
③ 위원이 제1항 또는 제2항의 사유에 해당할 때에는 스스로 그 사건의 심리 · 의결에서 회피할 수 있다.
④ 사건의 심리 · 의결에 관한 사무에 관여하는 위원 아닌 직원에 대하여는 제1항부터 제3항까지의 규정을 준용한다.
[전문개정 2011.8.4.]

제57조의2(벌칙 적용에서 공무원 의제) 토지수용위원회의 위원 중 공무원이 아닌 사람은 「형법」 이나 그 밖의 법률에 따른 벌칙을 적용할 때에는 공무원으로 본다.
[본조신설 2017.3.21.]

제58조(심리조사상의 권한) ① 토지수용위원회는 심리에 필요하다고 인정할 때에는 다음 각 호의 행위를 할 수 있다.
1. 사업시행자, 토지소유자, 관계인 또는 참고인에게 토지수용위원회에 출석하여 진술하게 하거나 그 의견서 또는 자료의 제출을 요구하는 것
2. 감정평가업자나 그 밖의 감정인에게 감정평가를 의뢰하거나 토지수용위원회에 출석하여 진술하게 하는 것
3. 토지수용위원회의 위원 또는 제52조제8항에 따른 사무기구의 직원이나 지방토지수용위원회의 업무를 담당하는 직원으로 하여금 실지조사를 하게 하는 것

② 제1항제3호에 따라 위원 또는 직원이 실지조사를 하는 경우에는 제13조를 준용한다.
③ 토지수용위원회는 제1항에 따른 참고인 또는 감정평가업자나 그 밖의 감정인에게는 국토교통부령으로 정하는 바에 따라 사업시행자의 부담으로 일당, 여비 및 감정수수료를 지급할 수 있다. <개정 2013.3.23.>
[전문개정 2011.8.4.]

제59조(위원 등의 수당 및 여비) 토지수용위원회는 위원에게 국토교통부령으로 정하는 바에 따라 수당과 여비를 지급할 수 있다. 다만, 공무원인 위원이 그 직무와 직접 관련하여 출석한 경우에는 그러하지 아니하다. <개정 2013.3.23.>
[전문개정 2011.8.4.]

제60조(운영세칙) 토지수용위원회의 운영 등에 필요한 사항은 대통령령으로 정한다.
[전문개정 2011.8.4.]

제60조의2(재결정보체계의 구축·운영 등) ① 국토교통부장관은 시·도지사와 협의하여 토지등의 수용과 사용에 관한 재결업무의 효율적인 수행과 관련 정보의 체계적인 관리를 위하여 재결정보체계를 구축·운영할 수 있다.
② 국토교통부장관은 제1항에 따른 재결정보체계의 구축·운영에 관한 업무를 대통령령으로 정하는 법인, 단체 또는 기관에 위탁할 수 있다. 이 경우 위탁관리에 드는 경비의 전부 또는 일부를 지원할 수 있다.
③ 재결정보체계의 구축 및 운영에 필요한 사항은 국토교통부령으로 정한다.
[본조신설 2017.3.21.]

제6장 손실보상 등

제1절 손실보상의 원칙

제61조(사업시행자 보상) 공익사업에 필요한 토지등의 취득 또는 사용으로 인하여 토지소유자나 관계인이 입은 손실은 사업시행자가 보상하여야 한다.
[전문개정 2011.8.4.]

제62조(사전보상) 사업시행자는 해당 공익사업을 위한 공사에 착수하기 이전에 토지소유자와 관계인에게 보상액 전액(全額)을 지급하여야 한다. 다만, 제38조에 따른 천재지변 시의 토지 사용과 제39조에 따른 시급한 토지 사용의 경우 또는 토지소유자 및 관계인의 승낙이 있는 경우에는 그러하지 아니하다.
[전문개정 2011.8.4.]

제63조(현금보상 등) ① 손실보상은 다른 법률에 특별한 규정이 있는 경우를 제외하고는 현금으로 지급하여야 한다. 다만, 토지소유자가 원하는 경우로서 사업시행자가 해당 공익사업의 합리적인 토지이용계획과 사업계획 등을 고려하여 토지로 보상이 가능한 경우에는 토지소유자가 받을 보상금 중 본문에 따른 현금 또는 제7항 및 제8항에 따른 채권으로 보상받는 금액을 제외한 부분에 대하여 다음 각 호에서 정하는 기준과 절차에 따라 그 공익사업의 시행으로 조성한 토지로 보상할 수 있다.
1. 토지로 보상받을 수 있는 자: 「건축법」 제57조제1항에 따른 대지의 분할 제한 면적 이상의 토지를 사업시행자에게 양도한 자가 된다. 이 경우 대상자가 경합(競合)할 때에는 제7항제2호에 따른 부재부동산(不在不動産) 소유자가 아닌 자로서 제7항에 따라 채권으로 보상을 받는 자에게 우선하여 토지로 보상하며, 그 밖의 우선순위 및 대상자 결정방법 등은 사업시행자가 정하여 공고한다.
2. 보상하는 토지가격의 산정 기준금액: 다른 법률에 특별한 규정이 있는 경우를 제외하고는 일반 분양가격으로 한다.
3. 보상기준 등의 공고: 제15조에 따라 보상계획을 공고할 때에 토지로 보상하는 기준을 포함하여 공고하거나 토지로 보상하는 기준을 따로 일간신문에 공고할 것이라는 내용을 포함하여 공고한다.

② 제1항 단서에 따라 토지소유자에게 토지로 보상하는 면적은 사업시행자가 그 공익사업의 토지이용계획과 사업계획 등을 고려하여 정한다. 이 경우 그 보상면적은 주택용지는 990제곱미터, 상업용지는 1천100제곱미터를 초과할 수 없다.
③ 제1항 단서에 따라 토지로 보상받기로 결정된 권리는 그 보상계약의 체결일부터 소유권이전등기를 마칠 때까지 전매(매매, 증여, 그 밖에 권리의 변동을 수반하는 모든 행위를 포함하되, 상속 및 「부동산투자회사법」에 따른 개발전문 부동산투자회사에 현물출자를 하는 경우는 제외한다)할 수 없으며, 이를 위반할 때에는 사업시행자는 토지로 보상하기로 한 보상금을 현금으로 보상할 수 있다. 이 경우 현금보상액에 대한 이자율은 제9항제1호가목에 따른 이자율의 2분의 1로 한다.
④ 제1항 단서에 따라 토지소유자가 토지로 보상받기로 한 경우 그 보상계약 체결일부터 1년이 지나면 이를 현금으로 전환하여 보상하여 줄 것을 요청할 수 있다. 이 경우 현금보상액에 대한 이자율은 제9항제2호가목에 따른 이자율로 한다.
⑤ 사업시행자는 해당 사업계획의 변경 등 국토교통부령으로 정하는 사유로 보상하기로 한 토지의 전부 또는 일부를 토지로 보상할 수 없는 경우에는 현금으로 보상할 수 있다. 이 경우 현금보상액에 대한 이자율은 제9항제2호가목에 따른 이자율로 한다. <개정 2013.3.23.>

⑥ 사업시행자는 토지소유자가 다음 각 호의 어느 하나에 해당하여 토지로 보상받기로 한 보상금에 대하여 현금보상을 요청한 경우에는 현금으로 보상하여야 한다. 이 경우 현금보상액에 대한 이자율은 제9항제2호가목에 따른 이자율로 한다. <개정 2013.3.23.>

1. 국세 및 지방세의 체납처분 또는 강제집행을 받는 경우
2. 세대원 전원이 해외로 이주하거나 2년 이상 해외에 체류하려는 경우
3. 그 밖에 제1호·제2호와 유사한 경우로서 국토교통부령으로 정하는 경우

⑦ 사업시행자가 국가, 지방자치단체, 그 밖에 대통령령으로 정하는 「공공기관의 운영에 관한 법률」에 따라 지정·고시된 공공기관 및 공공단체인 경우로서 다음 각 호의 어느 하나에 해당되는 경우에는 제1항 본문에도 불구하고 해당 사업시행자가 발행하는 채권으로 지급할 수 있다.

1. 토지소유자나 관계인이 원하는 경우
2. 사업인정을 받은 사업의 경우에는 대통령령으로 정하는 부재부동산 소유자의 토지에 대한 보상금이 대통령령으로 정하는 일정 금액을 초과하는 경우로서 그 초과하는 금액에 대하여 보상하는 경우

⑧ 토지투기가 우려되는 지역으로서 대통령령으로 정하는 지역에서 다음 각 호의 어느 하나에 해당하는 공익사업을 시행하는 자 중 대통령령으로 정하는 「공공기관의 운영에 관한 법률」에 따라 지정·고시된 공공기관 및 공공단체는 제7항에도 불구하고 제7항제2호에 따른 부재부동산 소유자의 토지에 대한 보상금 중 대통령령으로 정하는 1억원 이상의 일정 금액을 초과하는 부분에 대하여는 해당 사업시행자가 발행하는 채권으로 지급하여야 한다.

1. 「택지개발촉진법」에 따른 택지개발사업
2. 「산업입지 및 개발에 관한 법률」에 따른 산업단지개발사업
3. 그 밖에 대규모 개발사업으로서 대통령령으로 정하는 사업

⑨ 제7항 및 제8항에 따라 채권으로 지급하는 경우 채권의 상환 기한은 5년을 넘지 아니하는 범위에서 정하여야 하며, 그 이자율은 다음 각 호와 같다.

1. 제7항제2호 및 제8항에 따라 부재부동산 소유자에게 채권으로 지급하는 경우
   가. 상환기한이 3년 이하인 채권: 3년 만기 정기예금 이자율(채권발행일 전달의 이자율로서, 「은행법」에 따라 설립된 은행 중 전국을 영업구역으로 하는 은행이 적용하는 이자율을 평균한 이자율로 한다)
   나. 상환기한이 3년 초과 5년 이하인 채권: 5년 만기 국고채 금리(채권발행일 전달의 국고채 평균 유통금리로 한다)
2. 부재부동산 소유자가 아닌 자가 원하여 채권으로 지급하는 경우
   가. 상환기한이 3년 이하인 채권: 3년 만기 국고채 금리(채권발행일 전달의 국고채 평균 유통금리로 한다)로 하되, 제1호가목에 따른 3년 만기 정기예금 이자율이 3년 만기 국고채 금리보다 높은 경우에는 3년 만기 정기예금 이자율을 적용한다.
   나. 상환기한이 3년 초과 5년 이하인 채권: 5년 만기 국고채 금리(채권발행일 전달의 국고채 평균 유통금리로 한다)

[전문개정 2011.8.4.]

제64조(개인별 보상) 손실보상은 토지소유자나 관계인에게 개인별로 하여야 한다. 다만, 개인별로 보상액을 산정할 수 없을 때에는 그러하지 아니하다.

[전문개정 2011.8.4.]

▶ 판례 - 공익사업을 위한 토지 등의 취득 및 보상에 관한 법률상 피보상자가 수용대상 물건 중 일부에 대하여만 불복의 사유를 주장하여 행정소송을 제기할 수 있는지 여부(적극) 및 행정소송의 대상이 된 물건 중 일부 항목에 관한 보상액이 과소하고 다른 항목의 보상액은 과다한 경우, 그 항목 상호간의 유용이 허용되는지 여부(적극) [대법원 2014.11.13, 선고, 2014두1451, 판결]

제65조(일괄보상) 사업시행자는 동일한 사업지역에 보상시기를 달리하는 동일인 소유의 토지등이 여러 개 있는 경우 토지소유자나 관계인이 요구할 때에는 한꺼번에 보상금을 지급하도록 하여야 한다.

[전문개정 2011.8.4.]

제66조(사업시행 이익과의 상계금지) 사업시행자는 동일한 소유자에게 속하는 일단(一團)의 토지의 일부를 취득하거나 사용하는 경우 해당 공익사업의 시행으로 인하여 잔여지(殘餘地)의 가격이 증가하거나 그 밖의 이익이 발생한 경우에도 그 이익을 그 취득 또는 사용으로 인한 손실과 상계(相計)할 수 없다.

[전문개정 2011.8.4.]

제67조(보상액의 가격시점 등) ① 보상액의 산정은 협의에 의한 경우에는 협의 성립 당시의 가격을, 재결에 의한 경우에는 수용 또는 사용의 재결 당시의 가격을 기준으로 한다.
② 보상액을 산정할 경우에 해당 공익사업으로 인하여 토지등의 가격이 변동되었을 때에는 이를 고려하지 아니한다.
[전문개정 2011.8.4.]

▶ 판례 – 산지전용기간이 만료될 때까지 목적사업을 완료하지 못한 경우, 사업시행으로 토지의 형상이 변경된 부분은 공익사업을 위한 토지 등의 취득 및 보상에 관한 법률에 의한 보상에서 불법형질변경된 토지로 보아 형질변경될 당시의 토지이용상황을 기준으로 보상금을 산정하여야 하는지 여부(적극) / 산지복구의무가 면제될 사정이 있는 경우, 형질변경이 이루어진 상태가 토지에 대한 보상의 기준이 되는 '현실적인 이용상황' 인지 여부(적극)

공익사업을 위한 토지 등의 취득 및 보상에 관한 법률(이하 '토지보상법' 이라 한다) 제67조, 제70조, 공익사업을 위한 토지 등의 취득 및 보상에 관한 법률 시행규칙(이하 '토지보상법 시행규칙' 이라 한다) 제24조, 산지관리법 제39조 제1항 제1호, 제3항, 제4항, 산지관리법 시행규칙 제40조의3 제1호의 규정과 입법 취지 등을 종합해 보면, 산지전용기간이 만료될 때까지 목적사업을 완료하지 못한 때에는 사업시행으로 토지의 형상이 변경된 부분은 원칙적으로 그 전체가 산지 복구의무의 대상이 되므로, 토지보상법에 의한 보상에서도 불법 형질변경된 토지로서 형질변경될 당시의 토지이용상황이 보상금 산정의 기준이 된다. 그러나 산지전용 허가 대상 토지 일대에 대하여 행정청이 택지개발촉진법 등 법률에 근거하여 개발행위제한조치를 하고 산지 외의 다른 용도로 사용하기로 확정한 면적이 있어서 산지전용 목적사업을 완료하지 못한 경우와 같이 산지복구의무가 면제될 사정이 있는 경우에는, 형질변경이 이루어진 현상 상태가 그 토지에 대한 보상기준이 되는 '현실적인 이용상황' 이라고 보아야 한다. 그것이 토지수용의 경우에 정당하고 적정한 보상을 하도록 한 헌법과 토지보상법의 근본정신에 부합하고, 토지보상법 시행규칙 제23조가 토지에 관한 공법상 제한이 당해 공익사업의 시행을 직접 목적으로 하여 가하여진 경우에는 제한이 없는 상태를 상정하여 평가한다고 정한 취지에도 부합한다. [대법원 2017.4.7, 선고, 2016두61808, 판결]

제68조(보상액의 산정) ① 사업시행자는 토지등에 대한 보상액을 산정하려는 경우에는 감정평가업자 3인(제2항에 따라 시·도지사와 토지소유자가 모두 감정평가업자를 추천하지 아니하거나 시·도지사 또는 토지소유자 어느 한쪽이 감정평가업자를 추천하지 아니하는 경우에는 2인)을 선정하여 토지등의 평가를 의뢰하여야 한다. 다만, 사업시행자가 국토교통부령으로 정하는 기준에 따라 직접 보상액을 산정할 수 있을 때에는 그러하지 아니하다. <개정 2012.6.1., 2013.3.23.>
② 제1항 본문에 따라 사업시행자가 감정평가업자를 선정할 때 해당 토지를 관할하는 시·도지사와 토지소유자는 대통령령으로 정하는 바에 따라 감정평가업자를 각 1인씩 추천할 수 있다. 이 경우 사업시행자는 추천된 감정평가업자를 포함하여 선정하여야 한다. <개정 2012.6.1.>
③ 제1항 및 제2항에 따른 평가 의뢰의 절차 및 방법, 보상액의 산정기준 등에 관하여 필요한 사항은 국토교통부령으로 정한다. <개정 2013.3.23.>
[전문개정 2011.8.4.]

제69조(보상채권의 발행) ① 국가는 「도로법」에 따른 도로공사, 「산업입지 및 개발에 관한 법률」에 따른 산업단지개발사업, 「철도건설법」에 따른 철도의 건설사업, 「항만법」에 따른 항만공사, 그 밖에 대통령령으로 정하는 공익사업을 위한 토지등의 취득 또는 사용으로 인하여 토지소유자 및 관계인이 입은 손실을 보상하기 위하여 제63조제7항에 따라 채권으로 지급하는 경우에는 다음 각 호의 회계의 부담으로 보상채권을 발행할 수 있다.
1. 일반회계
2. 교통시설특별회계
② 보상채권은 제1항 각 호의 회계를 관리하는 관계 중앙행정기관의 장의 요청으로 기획재정부장관이 발행한다.
③ 기획재정부장관은 보상채권을 발행하려는 경우에는 회계별로 국회의 의결을 받아야 한다.
④ 보상채권은 토지소유자 및 관계인에게 지급함으로써 발행한다.
⑤ 보상채권은 양도하거나 담보로 제공할 수 있다.
⑥ 보상채권의 발행방법, 이자율의 결정방법, 상환방법, 그 밖에 보상채권 발행에 필요한

사항은 대통령령으로 정한다.
⑦ 보상채권의 발행에 관하여 이 법에 특별한 규정이 있는 경우를 제외하고는 「국채법」에서 정하는 바에 따른다.
[전문개정 2011.8.4.]

제2절 손실보상의 종류와 기준 등

제70조(취득하는 토지의 보상) ① 협의나 재결에 의하여 취득하는 토지에 대하여는 「부동산 가격공시에 관한 법률」에 따른 공시지가를 기준으로 하여 보상하되, 그 공시기준일부터 가격시점까지의 관계 법령에 따른 그 토지의 이용계획, 해당 공익사업으로 인한 지가의 영향을 받지 아니하는 지역의 대통령령으로 정하는 지가변동률, 생산자물가상승률(「한국은행법」 제86조에 따라 한국은행이 조사·발표하는 생산자물가지수에 따라 산정된 비율을 말한다)과 그 밖에 그 토지의 위치·형상·환경·이용상황 등을 고려하여 평가한 적정가격으로 보상하여야 한다. <개정 2016.1.19.>
② 토지에 대한 보상액은 가격시점에서의 현실적인 이용상황과 일반적인 이용방법에 의한 객관적 상황을 고려하여 산정하되, 일시적인 이용상황과 토지소유자나 관계인이 갖는 주관적 가치 및 특별한 용도에 사용할 것을 전제로 한 경우 등은 고려하지 아니한다.
③ 사업인정 전 협의에 의한 취득의 경우에 제1항에 따른 공시지가는 해당 토지의 가격시점 당시 공시된 공시지가 중 가격시점과 가장 가까운 시점에 공시된 공시지가로 한다.
④ 사업인정 후의 취득의 경우에 제1항에 따른 공시지가는 사업인정고시일 전의 시점을 공시기준일로 하는 공시지가로서, 해당 토지에 관한 협의의 성립 또는 재결 당시 공시된 공시지가 중 그 사업인정고시일과 가장 가까운 시점에 공시된 공시지가로 한다.
⑤ 제3항 및 제4항에도 불구하고 공익사업의 계획 또는 시행이 공고되거나 고시됨으로 인하여 취득하여야 할 토지의 가격이 변동되었다고 인정되는 경우에는 제1항에 따른 공시지가는 해당 공고일 또는 고시일 전의 시점을 공시기준일로 하는 공시지가로서 그 토지의 가격시점 당시 공시된 공시지가 중 그 공익사업의 공고일 또는 고시일과 가장 가까운 시점에 공시된 공시지가로 한다.
⑥ 취득하는 토지와 이에 관한 소유권 외의 권리에 대한 구체적인 보상액 산정 및 평가방법은 투자비용, 예상수익 및 거래가격 등을 고려하여 국토교통부령으로 정한다. <개정 2013.3.23.>
[전문개정 2011.8.4.]

제71조(사용하는 토지의 보상 등) ① 협의 또는 재결에 의하여 사용하는 토지에 대하여는 그 토지와 인근 유사토지의 지료(地料), 임대료, 사용방법, 사용기간 및 그 토지의 가격 등을 고려하여 평가한 적정가격으로 보상하여야 한다.
② 사용하는 토지와 그 지하 및 지상의 공간 사용에 대한 구체적인 보상액 산정 및 평가방법은 투자비용, 예상수익 및 거래가격 등을 고려하여 국토교통부령으로 정한다. <개정 2013.3.23.>
[전문개정 2011.8.4.]

제72조(사용하는 토지의 매수청구 등) 사업인정고시가 된 후 다음 각 호의 어느 하나에 해당할 때에는 해당 토지소유자는 사업시행자에게 해당 토지의 매수를 청구하거나 관할 토지수용위원회에 그 토지의 수용을 청구할 수 있다. 이 경우 관계인은 사업시행자나 관할 토지수용위원회에 그 권리의 존속(存續)을 청구할 수 있다.
1. 토지를 사용하는 기간이 3년 이상인 경우
2. 토지의 사용으로 인하여 토지의 형질이 변경되는 경우
3. 사용하려는 토지에 그 토지소유자의 건축물이 있는 경우
[전문개정 2011.8.4.]

▶ 판례 – 공익사업을 위한 토지 등의 취득 및 보상에 관한 법률 제72조에 의한 토지소유자의 토지수용청구를 받아들이지 않은 토지수용위원회의 재결에 대하여 토지소유자가 불복하여 제기하는 소송의 성질 및 그 상대방

공익사업을 위한 토지 등의 취득 및 보상에 관한 법률(이하 '토지보상법'이라고 한다) 제72조의 문언, 연혁 및 취지 등에 비추어 보면, 위 규정이 정한 수용청구권은 토지보상법 제74조 제1항이 정한 잔여지 수용청구권과 같이 손실보상의 일환으로 토지소유자에게 부여되는 권리로서 그 청구에 의하여 수용효과가 생기는 형성권의 성질을 지니므로, 토지소유자의 토지수용청구를 받아들이지 아니한 토지수용위원회의 재결에 대하여 토지소유자가 불복하여 제기하는 소송은 토지보상법 제85조 제2항에 규정되어 있는 '보상금의 증감에 관한 소송'에 해

당하고, 피고는 토지수용위원회가 아니라 사업시행자로 하여야 한다. [대법원 2015.4.9, 선고, 2014두46669, 판결]

제73조(잔여지의 손실과 공사비 보상) ① 사업시행자는 동일한 소유자에게 속하는 일단의 토지의 일부가 취득되거나 사용됨으로 인하여 잔여지의 가격이 감소하거나 그 밖의 손실이 있을 때 또는 잔여지에 통로·도랑·담장 등의 신설이나 그 밖의 공사가 필요할 때에는 국토교통부령으로 정하는 바에 따라 그 손실이나 공사의 비용을 보상하여야 한다. 다만, 잔여지의 가격 감소분과 잔여지에 대한 공사의 비용을 합한 금액이 잔여지의 가격보다 큰 경우에는 사업시행자는 그 잔여지를 매수할 수 있다. <개정 2013.3.23.>

② 제1항 본문에 따른 손실 또는 비용의 보상은 해당 사업의 공사완료일부터 1년이 지난 후에는 청구할 수 없다.

③ 사업인정고시가 된 후 제1항 단서에 따라 사업시행자가 잔여지를 매수하는 경우 그 잔여지에 대하여는 제20조에 따른 사업인정 및 제22조에 따른 사업인정고시가 된 것으로 본다.

④ 제1항에 따른 손실 또는 비용의 보상이나 토지의 취득에 관하여는 제9조제6항 및 제7항을 준용한다.

⑤ 제1항 단서에 따라 매수하는 잔여지 및 잔여지에 있는 물건에 대한 구체적인 보상액 산정 및 평가방법 등에 대하여는 제70조, 제75조, 제76조, 제77조 및 제78조제4항부터 제6항까지의 규정을 준용한다.

[전문개정 2011.8.4.]

▶ 판례 – 공익사업의 사업시행자가 동일한 소유자에게 속하는 일단의 토지 중 일부를 취득하거나 사용하고 남은 잔여지에 현실적 이용상황 변경 또는 사용가치 및 교환가치의 하락 등이 발생하였으나 그 손실이 토지의 일부가 공익사업에 취득되거나 사용됨으로 인하여 발생한 것이 아닌 경우, 공익사업을 위한 토지 등의 취득 및 보상에 관한 법률 제73조 제1항 본문에 따른 잔여지 손실보상 대상에 해당하는지 여부(원칙적 소극)

공익사업을 위한 토지 등의 취득 및 보상에 관한 법률(이하 '토지보상법' 이라고 한다) 제73조 제1항 본문은 "사업시행자는 동일한 소유자에게 속하는 일단의 토지의 일부가 취득되거나 사용됨으로 인하여 잔여지의 가격이 감소하거나 그 밖의 손실이 있을 때 또는 잔여지에 통로·도랑·담장 등의 신설이나 그 밖의 공사가 필요할 때에는 국토교통부령으로 정하는 바에 따라 그 손실이나 공사의 비용을 보상하여야 한다." 라고 규정하고 있다. 여기서 특정한 공익사업의 사업시행자가 보상하여야 하는 손실은, 동일한 소유자에게 속하는 일단의 토지 중 일부를 사업시행자가 그 공익사업을 위하여 취득하거나 사용함으로 인하여 잔여지에 발생하는 것임을 전제로 한다. 따라서 이러한 잔여지에 대하여 현실적 이용상황 변경 또는 사용가치 및 교환가치의 하락 등이 발생하였더라도, 그 손실이 토지의 일부가 공익사업에 취득되거나 사용됨으로 인하여 발생하는 것이 아니라면 특별한 사정이 없는 한 토지보상법 제73조 제1항 본문에 따른 잔여지 손실보상 대상에 해당한다고 볼 수 없다. [대법원 2017.7.11, 선고, 2017두40860, 판결]

제74조(잔여지 등의 매수 및 수용 청구) ① 동일한 소유자에게 속하는 일단의 토지의 일부가 협의에 의하여 매수되거나 수용됨으로 인하여 잔여지를 종래의 목적에 사용하는 것이 현저히 곤란할 때에는 해당 토지소유자는 사업시행자에게 잔여지를 매수하여 줄 것을 청구할 수 있으며, 사업인정 이후에는 관할 토지수용위원회에 수용을 청구할 수 있다. 이 경우 수용의 청구는 매수에 관한 협의가 성립되지 아니한 경우에만 할 수 있으며, 그 사업의 공사완료일까지 하여야 한다.

② 제1항에 따라 매수 또는 수용의 청구가 있는 잔여지 및 잔여지에 있는 물건에 관하여 권리를 가진 자는 사업시행자나 관할 토지수용위원회에 그 권리의 존속을 청구할 수 있다.

③ 제1항에 따른 토지의 취득에 관하여는 제73조제3항을 준용한다.

④ 잔여지 및 잔여지에 있는 물건에 대한 구체적인 보상액 산정 및 평가방법 등에 대하여는 제70조, 제75조, 제76조, 제77조 및 제78조제4항부터 제6항까지의 규정을 준용한다.

[전문개정 2011.8.4.]

제75조(건축물등 물건에 대한 보상) ① 건축물·입목·공작물과 그 밖에 토지에 정착한 물건(이하 "건축물등"이라 한다)에 대하여는 이전에 필요한 비용(이하 "이전비"라 한다)으로 보상하여야 한다. 다만, 다음 각 호의 어느 하나에 해당하는 경우에는 해당 물건의 가격으로 보상하여야 한다.

1. 건축물등을 이전하기 어렵거나 그 이전으

로 인하여 건축물등을 종래의 목적대로 사용할 수 없게 된 경우
2. 건축물등의 이전비가 그 물건의 가격을 넘는 경우
3. 사업시행자가 공익사업에 직접 사용할 목적으로 취득하는 경우

② 농작물에 대한 손실은 그 종류와 성장의 정도 등을 종합적으로 고려하여 보상하여야 한다.

③ 토지에 속한 흙·돌·모래 또는 자갈(흙·돌·모래 또는 자갈이 해당 토지와 별도로 취득 또는 사용의 대상이 되는 경우만 해당한다)에 대하여는 거래가격 등을 고려하여 평가한 적정가격으로 보상하여야 한다.

④ 분묘에 대하여는 이장(移葬)에 드는 비용 등을 산정하여 보상하여야 한다.

⑤ 사업시행자는 사업예정지에 있는 건축물등이 제1항제1호 또는 제2호에 해당하는 경우에는 관할 토지수용위원회에 그 물건의 수용 재결을 신청할 수 있다.

⑥ 제1항부터 제4항까지의 규정에 따른 물건 및 그 밖의 물건에 대한 보상액의 구체적인 산정 및 평가방법과 보상기준은 국토교통부령으로 정한다. <개정 2013.3.23.>

[전문개정 2011.8.4.]

제75조의2(잔여 건축물의 손실에 대한 보상 등) ① 사업시행자는 동일한 소유자에게 속하는 일단의 건축물의 일부가 취득되거나 사용됨으로 인하여 잔여 건축물의 가격이 감소하거나 그 밖의 손실이 있을 때에는 국토교통부령으로 정하는 바에 따라 그 손실을 보상하여야 한다. 다만, 잔여 건축물의 가격 감소분과 보수비(건축물의 나머지 부분을 종래의 목적대로 사용할 수 있도록 그 유용성을 동일하게 유지하는 데에 일반적으로 필요하다고 볼 수 있는 공사에 사용되는 비용을 말한다. 다만, 「건축법」 등 관계 법령에 따라 요구되는 시설 개선에 필요한 비용은 포함하지 아니한다)를 합한 금액이 잔여 건축물의 가격보다 큰 경우에는 사업시행자는 그 잔여 건축물을 매수할 수 있다. <개정 2013.3.23.>

② 동일한 소유자에게 속하는 일단의 건축물의 일부가 협의에 의하여 매수되거나 수용됨으로 인하여 잔여 건축물을 종래의 목적에 사용하는 것이 현저히 곤란할 때에는 그 건축물소유자는 사업시행자에게 잔여 건축물을 매수하여 줄 것을 청구할 수 있으며, 사업인정 이후에는 관할 토지수용위원회에 수용을 청구할 수 있다. 이 경우 수용 청구는 매수에 관한 협의가 성립되지 아니한 경우에만 하되, 그 사업의 공사완료일까지 하여야 한다.

③ 제1항에 따른 보상 및 잔여 건축물의 취득에 관하여는 제9조제6항 및 제7항을 준용한다.

④ 제1항 본문에 따른 보상에 관하여는 제73조제2항을 준용하고, 제1항 단서 및 제2항에 따른 잔여 건축물의 취득에 관하여는 제73조제3항을 준용한다.

⑤ 제1항 단서 및 제2항에 따라 취득하는 잔여 건축물에 대한 구체적인 보상액 산정 및 평가방법 등에 대하여는 제70조, 제75조, 제76조, 제77조 및 제78조제4항부터 제6항까지의 규정을 준용한다.

[전문개정 2011.8.4.]

제76조(권리의 보상) ① 광업권·어업권 및 물(용수시설을 포함한다) 등의 사용에 관한 권리에 대하여는 투자비용, 예상 수익 및 거래가격 등을 고려하여 평가한 적정가격으로 보상하여야 한다.

② 제1항에 따른 보상액의 구체적인 산정 및 평가방법은 국토교통부령으로 정한다. <개정 2013.3.23.>

[전문개정 2011.8.4.]

▶ 판례 - [1] 구 수산업법 제81조의 규정에 의한 손실보상청구권이나 손실보상 관련 법령의 유추적용에 의한 손실보상청구권의 행사방법(=민사소송) 및 구 공익사업을 위한 토지 등의 취득 및 보상에 관한 법률의 관련 규정에 의하여 취득하는 어업피해에 관한 손실보상청구권의 행사 방법(=행정소송)
[2] 공공사업의 시행으로 손해를 입었다고 주장하는 자가 보상을 받을 권리를 가졌는지 판단하는 기준 시기(=공공사업 시행 당시) 및 공공사업 시행에 관한 실시계획 승인과 그에 따른 고시 이후 영업허가나 신고가 이루어진 경우 공공사업 시행으로 허가나 신고권자가 특별한 손실을 입게 되었다고 볼 수 있는지 여부(소극) [대법원 2014.5.29, 선고, 2013두12478, 판결]

제77조(영업의 손실 등에 대한 보상) ① 영업을 폐지하거나 휴업함에 따른 영업손실에 대하여는 영업이익과 시설의 이전비용 등을 고려하여 보상하여야 한다.

② 농업의 손실에 대하여는 농지의 단위면적당

소득 등을 고려하여 실제 경작자에게 보상하여야 한다. 다만, 농지소유자가 해당 지역에 거주하는 농민인 경우에는 농지소유자와 실제 경작자가 협의하는 바에 따라 보상할 수 있다.
③ 휴직하거나 실직하는 근로자의 임금손실에 대하여는 「근로기준법」에 따른 평균임금 등을 고려하여 보상하여야 한다.
④ 제1항부터 제3항까지의 규정에 따른 보상액의 구체적인 산정 및 평가 방법과 보상기준, 제2항에 따른 실제 경작자 인정기준에 관한 사항은 국토교통부령으로 정한다. <개정 2013.3.23.>
[전문개정 2011.8.4.]

▶ 판례 – 실제 경작자가 공익사업의 시행자로부터 수령하는 영농손실보상금의 일부를 농지 소유자 등 제3자에게 지급하기로 한 약정의 효력(원칙적 유효) [대법원 2014.12.24, 선고, 2012다107600,107617, 판결]

제78조(이주대책의 수립 등) ① 사업시행자는 공익사업의 시행으로 인하여 주거용 건축물을 제공함에 따라 생활의 근거를 상실하게 되는 자(이하 "이주대책대상자"라 한다)를 위하여 대통령령으로 정하는 바에 따라 이주대책을 수립·실시하거나 이주정착금을 지급하여야 한다.
② 사업시행자는 제1항에 따라 이주대책을 수립하려면 미리 관할 지방자치단체의 장과 협의하여야 한다.
③ 국가나 지방자치단체는 이주대책의 실시에 따른 주택지의 조성 및 주택의 건설에 대하여는 「주택도시기금법」에 따른 주택도시기금을 우선적으로 지원하여야 한다. <개정 2015.1.6.>
④ 이주대책의 내용에는 이주정착지(이주대책의 실시로 건설하는 주택단지를 포함한다)에 대한 도로, 급수시설, 배수시설, 그 밖의 공공시설 등 통상적인 수준의 생활기본시설이 포함되어야 하며, 이에 필요한 비용은 사업시행자가 부담한다. 다만, 행정청이 아닌 사업시행자가 이주대책을 수립·실시하는 경우에 지방자치단체는 비용의 일부를 보조할 수 있다.
⑤ 주거용 건물의 거주자에 대하여는 주거 이전에 필요한 비용과 가재도구 등 동산의 운반에 필요한 비용을 산정하여 보상하여야 한다.
⑥ 공익사업의 시행으로 인하여 영위하던 농업·어업을 계속할 수 없게 되어 다른 지역으로 이주하는 농민·어민이 받을 보상금이 없거나 그 총액이 국토교통부령으로 정하는 금액에 미치지 못하는 경우에는 그 금액 또는 그 차액을 보상하여야 한다. <개정 2013.3.23.>
⑦ 사업시행자는 해당 공익사업이 시행되는 지역에 거주하고 있는 「국민기초생활 보장법」 제2조제1호·제11호에 따른 수급권자 및 차상위계층이 취업을 희망하는 경우에는 그 공익사업과 관련된 업무에 우선적으로 고용할 수 있으며, 이들의 취업 알선을 위하여 노력하여야 한다.
⑧ 제4항에 따른 생활기본시설에 필요한 비용의 기준은 대통령령으로 정한다.
⑨ 제5항 및 제6항에 따른 보상에 대하여는 국토교통부령으로 정하는 기준에 따른다. <개정 2013.3.23.>
[전문개정 2011.8.4.]

▶ 판례 – [1] 공익사업의 시행자가 이주대책대상자들에게 택지 등을 공급하면서 택지조성원가에서 일정한 금액을 할인하여 이주자택지의 분양대금을 정한 경우, 분양대금에 생활기본시설 설치비용이 포함되었는지와 포함된 범위를 판단하는 기준
[2] 이주대책대상자가 분양대금을 연체하여 지연이자를 추가로 지급한 탓에 실제로 납부한 분양대금이 증가한 경우, 사업시행자가 이를 부당이득하였다고 볼 수 있는지 여부(소극)
[3] 납입 분양대금에 대한 연체이자 중에서 정당한 분양대금에 대한 연체이자에 해당하는 부분을 산정하는 방법 [대법원 2017.3.9, 선고, 2014다65052, 판결]

제78조의2(공장의 이주대책 수립 등) 사업시행자는 대통령령으로 정하는 공익사업의 시행으로 인하여 공장부지가 협의 양도되거나 수용됨에 따라 더 이상 해당 지역에서 공장(「산업집적활성화 및 공장설립에 관한 법률」 제2조제1호에 따른 공장을 말한다)을 가동할 수 없게 된 자가 희망하는 경우 「산업입지 및 개발에 관한 법률」에 따라 지정·개발된 인근 산업단지에 입주하게 하는 등 대통령령으로 정하는 이주대책에 관한 계획을 수립하여야 한다.
[전문개정 2011.8.4.]

제79조(그 밖의 토지에 관한 비용보상 등) ① 사업시행자는 공익사업의 시행으로 인하여 취득하거나 사용하는 토지(잔여지를 포함한다) 외의 토지에 통로·도랑·담장 등의 신설이나 그 밖의 공사가 필요할 때에는 그 비용의 전부 또는 일부를 보상하여야 한다. 다만, 그 토지에 대한

공사의 비용이 그 토지의 가격보다 큰 경우에는 사업시행자는 그 토지를 매수할 수 있다.
② 공익사업이 시행되는 지역 밖에 있는 토지등이 공익사업의 시행으로 인하여 본래의 기능을 다할 수 없게 되는 경우에는 국토교통부령으로 정하는 바에 따라 그 손실을 보상하여야 한다. <개정 2013.3.23.>
③ 사업시행자는 제2항에 따른 보상이 필요하다고 인정하는 경우에는 제15조에 따라 보상계획을 공고할 때에 보상을 청구할 수 있다는 내용을 포함하여 공고하거나 대통령령으로 정하는 바에 따라 제2항에 따른 보상에 관한 계획을 공고하여야 한다.
④ 제1항부터 제3항까지에서 규정한 사항 외에 공익사업의 시행으로 인하여 발생하는 손실의 보상 등에 대하여는 국토교통부령으로 정하는 기준에 따른다. <개정 2013.3.23.>
⑤ 제1항 본문 및 제2항에 따른 비용 또는 손실의 보상에 관하여는 제73조제2항을 준용한다.
⑥ 제1항 단서에 따른 토지의 취득에 관하여는 제73조제3항을 준용한다.
⑦ 제1항 단서에 따라 취득하는 토지에 대한 구체적인 보상액 산정 및 평가 방법 등에 대하여는 제70조, 제75조, 제76조, 제77조 및 제78조제4항부터 제6항까지의 규정을 준용한다.
[전문개정 2011.8.4.]

제80조(손실보상의 협의·재결) ① 제79조제1항 및 제2항에 따른 비용 또는 손실이나 토지의 취득에 대한 보상은 사업시행자와 손실을 입은 자가 협의하여 결정한다.
② 제1항에 따른 협의가 성립되지 아니하였을 때에는 사업시행자나 손실을 입은 자는 대통령령으로 정하는 바에 따라 관할 토지수용위원회에 재결을 신청할 수 있다.
[전문개정 2011.8.4.]

제81조(보상업무 등의 위탁) ① 사업시행자는 보상 또는 이주대책에 관한 업무를 다음 각 호의 기관에 위탁할 수 있다.
1. 지방자치단체
2. 보상실적이 있거나 보상업무에 관한 전문성이 있는 「공공기관의 운영에 관한 법률」 제4조에 따른 공공기관 또는 「지방공기업법」에 따른 지방공사로서 대통령령으로 정하는 기관

② 제1항에 따른 위탁 시 업무범위, 수수료 등에 관하여 필요한 사항은 대통령령으로 정한다.
[전문개정 2011.8.4.]

제82조(보상협의회) ① 공익사업이 시행되는 해당 지방자치단체의 장은 필요한 경우에는 다음 각 호의 사항을 협의하기 위하여 보상협의회를 둘 수 있다. 다만, 대통령령으로 정하는 규모 이상의 공익사업을 시행하는 경우에는 대통령령으로 정하는 바에 따라 보상협의회를 두어야 한다.
1. 보상액 평가를 위한 사전 의견수렴에 관한 사항
2. 잔여지의 범위 및 이주대책 수립에 관한 사항
3. 해당 사업지역 내 공공시설의 이전 등에 관한 사항
4. 토지소유자나 관계인 등이 요구하는 사항 중 지방자치단체의 장이 필요하다고 인정하는 사항
5. 그 밖에 지방자치단체의 장이 회의에 부치는 사항

② 보상협의회 위원은 다음 각 호의 사람 중에서 해당 지방자치단체의 장이 임명하거나 위촉한다. 다만, 제1항 각 호 외의 부분 단서에 따라 보상협의회를 설치하는 경우에는 대통령령으로 정하는 사람이 임명하거나 위촉한다.
1. 토지소유자 및 관계인
2. 법관, 변호사, 공증인 또는 감정평가나 보상업무에 5년 이상 종사한 경험이 있는 사람
3. 해당 지방자치단체의 공무원
4. 사업시행자

③ 보상협의회의 설치·구성 및 운영 등에 필요한 사항은 대통령령으로 정한다.
[전문개정 2011.8.4.]

제7장 이의신청 등

제83조(이의의 신청) ① 중앙토지수용위원회의 제34조에 따른 재결에 이의가 있는 자는 중앙토지수용위원회에 이의를 신청할 수 있다.
② 지방토지수용위원회의 제34조에 따른 재결에 이의가 있는 자는 해당 지방토지수용위원회를 거쳐 중앙토지수용위원회에 이의를 신청할 수 있다.
③ 제1항 및 제2항에 따른 이의의 신청은 재

결서의 정본을 받은 날부터 30일 이내에 하여야 한다.
[전문개정 2011.8.4.]

제84조(이의신청에 대한 재결) ① 중앙토지수용위원회는 제83조에 따른 이의신청을 받은 경우 제34조에 따른 재결이 위법하거나 부당하다고 인정할 때에는 그 재결의 전부 또는 일부를 취소하거나 보상액을 변경할 수 있다.
② 제1항에 따라 보상금이 늘어난 경우 사업시행자는 재결의 취소 또는 변경의 재결서 정본을 받은 날부터 30일 이내에 보상금을 받을 자에게 그 늘어난 보상금을 지급하여야 한다. 다만, 제40조제2항제1호·제2호 또는 제4호에 해당할 때에는 그 금액을 공탁할 수 있다.
[전문개정 2011.8.4.]

제85조(행정소송의 제기) ① 사업시행자, 토지소유자 또는 관계인은 제34조에 따른 재결에 불복할 때에는 재결서를 받은 날부터 60일 이내에, 이의신청을 거쳤을 때에는 이의신청에 대한 재결서를 받은 날부터 30일 이내에 각각 행정소송을 제기할 수 있다. 이 경우 사업시행자는 행정소송을 제기하기 전에 제84조에 따라 늘어난 보상금을 공탁하여야 하며, 보상금을 받을 자는 공탁된 보상금을 소송이 종결될 때까지 수령할 수 없다.
② 제1항에 따라 제기하려는 행정소송이 보상금의 증감(增減)에 관한 소송인 경우 그 소송을 제기하는 자가 토지소유자 또는 관계인일 때에는 사업시행자를, 사업시행자일 때에는 토지소유자 또는 관계인을 각각 피고로 한다.
[전문개정 2011.8.4.]

제86조(이의신청에 대한 재결의 효력) ① 제85조제1항에 따른 기간 이내에 소송이 제기되지 아니하거나 그 밖의 사유로 이의신청에 대한 재결이 확정된 때에는 「민사소송법」 상의 확정판결이 있은 것으로 보며, 재결서 정본은 집행력 있는 판결의 정본과 동일한 효력을 가진다.
② 사업시행자, 토지소유자 또는 관계인은 이의신청에 대한 재결이 확정되었을 때에는 관할 토지수용위원회에 대통령령으로 정하는 바에 따라 재결확정증명서의 발급을 청구할 수 있다.
[전문개정 2011.8.4.]

제87조(법정이율에 따른 가산지급) 사업시행자는 제85조제1항에 따라 사업시행자가 제기한 행정소송이 각하·기각 또는 취하된 경우 다음 각 호의 어느 하나에 해당하는 날부터 판결일 또는 취하일까지의 기간에 대하여 「소송촉진 등에 관한 특례법」 제3조에 따른 법정이율을 적용하여 산정한 금액을 보상금에 가산하여 지급하여야 한다.
1. 재결이 있은 후 소송을 제기하였을 때에는 재결서 정본을 받은 날
2. 이의신청에 대한 재결이 있은 후 소송을 제기하였을 때에는 그 재결서 정본을 받은 날
[전문개정 2011.8.4.]

제88조(처분효력의 부정지) 제83조에 따른 이의의 신청이나 제85조에 따른 행정소송의 제기는 사업의 진행 및 토지의 수용 또는 사용을 정지시키지 아니한다.
[전문개정 2011.8.4.]

제89조(대집행) ① 이 법 또는 이 법에 따른 처분으로 인한 의무를 이행하여야 할 자가 그 정하여진 기간 이내에 의무를 이행하지 아니하거나 완료하기 어려운 경우 또는 그로 하여금 그 의무를 이행하게 하는 것이 현저히 공익을 해친다고 인정되는 사유가 있는 경우에는 사업시행자는 시·도지사나 시장·군수 또는 구청장에게 「행정대집행법」에서 정하는 바에 따라 대집행을 신청할 수 있다. 이 경우 신청을 받은 시·도지사나 시장·군수 또는 구청장은 정당한 사유가 없으면 이에 따라야 한다.
② 사업시행자가 국가나 지방자치단체인 경우에는 제1항에도 불구하고 「행정대집행법」에서 정하는 바에 따라 직접 대집행을 할 수 있다.
③ 사업시행자가 제1항에 따라 대집행을 신청하거나 제2항에 따라 직접 대집행을 하려는 경우에는 국가나 지방자치단체는 의무를 이행하여야 할 자를 보호하기 위하여 노력하여야 한다.
[전문개정 2011.8.4.]

▶ 판례 – [1] 공무원이 직무를 수행하면서 경과실로 타인에게 손해를 입힌 경우, 공무원 개인의 손해배상책임이 인정되는지 여부(소극)
[2] 국민임대주택단지 조성사업의 시행자인 에스에이치공사가 甲 소유의 비단잉어 등 지장물을 이전하게 하는 수용재결을 받아 수용보상금을 공탁

한 후 대집행을 신청하여 乙 구청장이 공사 직원들을 집행책임자로 지정하여 대집행 계고서와 대집행영장을 발부하고, 공사는 이를 받아 공란으로 되어 있던 이행기한이나 대집행일자를 기재한 다음 대집행을 실행한 사안에서, 위 공사는 집행책임자로 지정된 공사 직원들과는 달리 대집행 실행으로 甲이 입은 손해에 대하여 경과실만이 있다는 이유로 배상책임을 면할 수 없다고 한 사례 [대법원 2014.4.24, 선고, 2012다36340,36357, 판결]

제90조(강제징수) 특별자치도지사, 시장·군수 또는 구청장은 제44조제2항에 따른 의무자가 그 비용을 내지 아니할 때에는 지방세 체납처분의 예에 따라 징수할 수 있다.
[전문개정 2011.8.4.]

제8장 환매권

<개정 2011.8.4.>

제91조(환매권) ① 토지의 협의취득일 또는 수용의 개시일(이하 이 조에서 "취득일"이라 한다)부터 10년 이내에 해당 사업의 폐지·변경 또는 그 밖의 사유로 취득한 토지의 전부 또는 일부가 필요 없게 된 경우 취득일 당시의 토지소유자 또는 그 포괄승계인(이하 "환매권자"라 한다)은 그 토지의 전부 또는 일부가 필요 없게 된 때부터 1년 또는 그 취득일부터 10년 이내에 그 토지에 대하여 받은 보상금에 상당하는 금액을 사업시행자에게 지급하고 그 토지를 환매할 수 있다.
② 취득일부터 5년 이내에 취득한 토지의 전부를 해당 사업에 이용하지 아니하였을 때에는 제1항을 준용한다. 이 경우 환매권은 취득일부터 6년 이내에 행사하여야 한다.
③ 제74조제1항에 따라 매수하거나 수용한 잔여지는 그 잔여지에 접한 일단의 토지가 필요 없게 된 경우가 아니면 환매할 수 없다.
④ 토지의 가격이 취득일 당시에 비하여 현저히 변동된 경우 사업시행자와 환매권자는 환매금액에 대하여 서로 협의하되, 협의가 성립되지 아니하면 그 금액의 증감을 법원에 청구할 수 있다.
⑤ 제1항부터 제3항까지의 규정에 따른 환매권은 「부동산등기법」에서 정하는 바에 따라 공익사업에 필요한 토지의 협의취득 또는 수용의 등기가 되었을 때에는 제3자에게 대항할 수 있다.
⑥ 국가, 지방자치단체 또는 「공공기관의 운영에 관한 법률」 제4조에 따른 공공기관 중 대통령령으로 정하는 공공기관이 사업인정을 받아 공익사업에 필요한 토지를 협의취득하거나 수용한 후 해당 공익사업이 제4조제1호부터 제5호까지에 규정된 다른 공익사업(별표에 따른 사업이 제4조제1호부터 제5호까지에 규정된 공익사업에 해당하는 경우를 포함한다)으로 변경된 경우 제1항 및 제2항에 따른 환매권 행사기간은 관보에 해당 공익사업의 변경을 고시한 날부터 기산(起算)한다. 이 경우 국가, 지방자치단체 또는 「공공기관의 운영에 관한 법률」 제4조에 따른 공공기관 중 대통령령으로 정하는 공공기관은 공익사업이 변경된 사실을 대통령령으로 정하는 바에 따라 환매권자에게 통지하여야 한다. <개정 2015.12.29.>
[전문개정 2011.8.4.]

▶ 판례 – [1] 구 공익사업을 위한 토지 등의 취득 및 보상에 관한 법률 제91조 제1항에서 정한 환매권의 행사 요건 및 판단 기준
[2] 구 공익사업을 위한 토지 등의 취득 및 보상에 관한 법률 시행령 제48조에서 정한 '인근 유사토지의 지가변동률'의 의미 및 지가변동률을 산정하기 위한 인근 유사토지의 선정 방법 [대법원 2016.1.28, 선고, 2013다60401, 판결]

제92조(환매권의 통지 등) ① 사업시행자는 제91조제1항 및 제2항에 따라 환매할 토지가 생겼을 때에는 지체 없이 그 사실을 환매권자에게 통지하여야 한다. 다만, 사업시행자가 과실 없이 환매권자를 알 수 없을 때에는 대통령령으로 정하는 바에 따라 공고하여야 한다.
② 환매권자는 제1항에 따른 통지를 받은 날 또는 공고를 한 날부터 6개월이 지난 후에는 제91조제1항 및 제2항에도 불구하고 환매권을 행사하지 못한다.
[전문개정 2011.8.4.]

제9장 벌칙

<개정 2011.8.4.>

제93조(벌칙) ① 거짓이나 그 밖의 부정한 방법으로 보상금을 받은 자 또는 그 사실을 알면서 보상금을 지급한 자는 5년 이하의 징역

또는 3천만원 이하의 벌금에 처한다.
② 제1항에 규정된 죄의 미수범은 처벌한다.
[전문개정 2011.8.4.]

제94조 삭제 <2007.10.17.>

제95조(벌칙) 제58조제1항제2호에 따라 감정평가를 의뢰받은 감정평가업자나 그 밖의 감정인으로서 거짓이나 그 밖의 부정한 방법으로 감정평가를 한 자는 2년 이하의 징역 또는 1천만원 이하의 벌금에 처한다.
[전문개정 2011.8.4.]

제95조의2(벌칙) 다음 각 호의 어느 하나에 해당하는 자는 1년 이하의 징역 또는 1천만원 이하의 벌금에 처한다.
1. 제12조제1항을 위반하여 장해물 제거등을 한 자
2. 제43조를 위반하여 토지 또는 물건을 인도하거나 이전하지 아니한 자

[본조신설 2015.1.6.]

▶ 판례 – 공익사업을 위한 토지 등의 취득 및 보상에 관한 법령상의 사업시행자가 사업시행에 방해가 되는 지장물인 수목에 관하여 같은 법 제75조 제1항 단서 제1호에 따라 수목의 가격으로 보상하였으나 수목을 협의 또는 수용에 의하여 취득하지 않은 경우, 수목 소유자가 같은 법 제43조에 의한 지장물 이전 의무를 부담하는지 여부(원칙적 소극) 및 이때 사업시행자가 수목 소유자에게 수목의 이전 또는 벌채를 요구할 수 있는지 여부(소극)

공익사업을 위한 토지 등의 취득 및 보상에 관한 법률(이하 '토지보상법' 이라고 한다) 제75조 제1항 제1호, 제2호, 제3호, 제5항, 제6항, 공익사업을 위한 토지 등의 취득 및 보상에 관한 법률 시행규칙(이하 '토지보상법 시행규칙' 이라고 한다) 제37조 제2항, 제3항, 제5항 등 관계 법령의 내용을 토지보상법에 따른 지장물에 대한 수용보상의 취지와 정당한 보상 또는 적정가격 보상의 원칙에 비추어 보면, 사업시행자가 사업시행에 방해가 되는 지장물에 관하여 토지보상법 제75조 제1항 단서 제1호에 따라 물건의 가격으로 보상한 경우, 사업시행자가 당해 물건을 취득하는 제3호와 달리 협의 또는 수용에 의한 취득 절차를 거치지 아니한 이상 사업시행자가 그 보상만으로 당해 물건의 소유권까지 취득한다고 할 수는 없으나, 다른 한편으로 사업시행자는 수목의 소유자가 사업시행에 방해가 되지 않는 상당한 기한 내에 토지보상법 시행규칙 제37조 제5항 단서에 따라 수목을 처분할 목적으로 벌채하기로 하는 등의 특별한 사정이 없는 한 자신의 비용으로 직접 이를 벌채할 수 있다. 이러한 경우 수목의 소유자로서도 사업시행자의 수목 벌채와 그 과정에서 발생하는 물건의 가치 상실을 수인하여야 할 지위에 있다. 따라서 사업시행자가 토지보상법 제75조 제1항 단서 제1호에 따라 수목의 가격으로 보상하였으나 수목을 협의 또는 수용에 의하여 취득하지 않은 경우, 수목의 소유자는 특별한 사정이 없는 한 토지보상법 제43조에 의한 지장물의 이전의무를 부담하지 않고, 사업시행자는 수목의 소유자에게 수목의 이전 또는 벌채를 요구할 수 없다.
[대법원 2015.4.23, 선고, 2014도15607, 판결]

제96조(벌칙) 제25조제1항 또는 제2항 전단을 위반한 자는 1년 이하의 징역 또는 500만원 이하의 벌금에 처한다.
[전문개정 2011.8.4.]

제97조(벌칙) 다음 각 호의 어느 하나에 해당하는 자는 200만원 이하의 벌금에 처한다.
1. 제9조제2항 본문을 위반하여 특별자치도지사, 시장·군수 또는 구청장의 허가를 받지 아니하고 타인이 점유하는 토지에 출입하거나 출입하게 한 사업시행자
2. 제11조(제27조제1항에 따라 준용되는 경우를 포함한다)를 위반하여 사업시행자 또는 감정평가업자의 행위를 방해한 토지점유자
3. 삭제 <2015.1.6.>
4. 삭제 <2015.1.6.>

[전문개정 2011.8.4.]

제98조(양벌규정) 법인의 대표자나 법인 또는 개인의 대리인, 사용인, 그 밖의 종업원이 그 법인 또는 개인의 업무에 관하여 제93조, 제95조, 제95조의2, 제96조 또는 제97조의 어느 하나에 해당하는 위반행위를 하면 그 행위자를 벌하는 외에 그 법인 또는 개인에게도 해당 조문의 벌금형을 과(科)한다. 다만, 법인이나 개인이 그 위반행위를 방지하기 위하여 해당 업무에 관하여 상당한 주의와 감독을 게을리하지 아니한 경우에는 그러하지 아니하다. <개정 2015.1.6.>
[전문개정 2011.8.4.]

제99조(과태료) ① 다음 각 호의 어느 하나에 해당하는 자에게는 200만원 이하의 과태료를 부과한다.

1. 제58조제1항제1호에 규정된 자로서 정당한 사유 없이 출석이나 진술을 하지 아니하거나 거짓으로 진술한 자
2. 제58조제1항제1호에 따라 의견서 또는 자료 제출을 요구받고 정당한 사유 없이 이를 제출하지 아니하거나 거짓 의견서 또는 자료를 제출한 자
3. 제58조제1항제2호에 따라 감정평가를 의뢰받거나 출석 또는 진술을 요구받고 정당한 사유 없이 이에 따르지 아니한 감정평가업자나 그 밖의 감정인
4. 제58조제1항제3호에 따른 실지조사를 거부, 방해 또는 기피한 자

② 제1항에 따른 과태료는 대통령령으로 정하는 바에 따라 국토교통부장관이나 시·도지사가 부과·징수한다. <개정 2013.3.23.>

[전문개정 2011.8.4.]

부칙

<제14711호, 2017.3.21.>

이 법은 공포한 날부터 시행한다. 다만, 제60조의2의 개정규정은 공포 후 3개월이 경과한 날부터 시행한다.

공익사업을 위한 토지 등의 취득 및 보상에 관한 법률 시행령

(약칭: 토지보상법 시행령)

[시행 2017.6.22.]
[대통령령 제28136호, 2017.6.20., 일부개정]

제1장 총칙

제1조(목적) 이 영은 「공익사업을 위한 토지 등의 취득 및 보상에 관한 법률」에서 위임된 사항과 그 시행에 필요한 사항을 규정함을 목적으로 한다.
[전문개정 2013.5.28.]

제2조 삭제 <2008.4.17.>

제3조(통지) 「공익사업을 위한 토지 등의 취득 및 보상에 관한 법률」(이하 "법"이라 한다) 제6조에 따른 통지는 서면으로 하여야 한다. 다만, 법 제12조제3항에 따른 통지는 말로 할 수 있다.
[전문개정 2013.5.28.]

제4조(송달) ① 법 제6조에 따른 서류의 송달은 해당 서류를 송달받을 자에게 교부하거나 국토교통부령으로 정하는 방법으로 한다.
② 제1항에 따른 송달에 관하여는 「민사소송법」 제178조부터 제183조까지, 제186조, 제191조 및 제192조를 준용한다.
③ 제1항에 따라 서류를 송달할 때 다음 각 호의 어느 하나에 해당하는 경우에는 공시송달을 할 수 있다.
1. 송달받을 자를 알 수 없는 경우
2. 송달받을 자의 주소·거소 또는 그 밖에 송달할 장소를 알 수 없는 경우
3. 「민사소송법」 제191조에 따를 수 없는 경우
④ 제3항에 따라 공시송달을 하려는 자는 토지등의 소재지를 관할하는 시장[「제주특별자치도 설치 및 국제자유도시 조성을 위한 특별법」 제10조제2항에 따른 행정시(이하 "행정시"라 한다)의 시장을 포함한다. 이하 이 조에서 같다]·군수 또는 구청장(자치구가 아닌 구의 구청장을 포함한다. 이하 이 조에서 같다)에게 해당 서류를 송부하여야 한다. <개정 2016.1.22.>
⑤ 시장·군수 또는 구청장은 제4항에 따라 송부된 서류를 받았을 때에는 그 서류의 사본을 해당 시(행정시를 포함한다)·군 또는 구(자치구가 아닌 구를 포함한다)의 게시판에 게시하여야 한다.
⑥ 제5항에 따라 서류의 사본을 게시한 경우 그 게시일부터 14일이 지난 날에 해당 서류가 송달받을 자에게 송달된 것으로 본다.
[전문개정 2013.5.28.]

제5조(대리인) 법 제7조에 따른 대리인은 서면으로 그 권한을 증명하여야 한다.
[전문개정 2013.5.28.]

제6조(서류의 발급신청) 법 제8조제1항에 따라 사업시행자가 공익사업의 수행을 위하여 필요한 서류의 발급을 국가나 지방자치단체에 신청할 때에는 다음 각 호의 사항을 적은 신청서(전자문서로 된 신청서를 포함한다)를 제출하여야 한다. <개정 2016.12.30.>
1. 사업시행자의 성명 또는 명칭 및 주소
2. 공익사업의 종류 및 명칭
3. 대상 토지등의 표시
4. 발급이 필요한 서류의 종류 및 수량
5. 서류의 사용용도
[전문개정 2013.5.28.]

제6조의2(손실보상 재결의 신청) 법 제9조제7항에 따라 재결을 신청하려는 자는 국토교통부령으로 정하는 손실보상재결신청서에 다음 각 호의 사항을 적어 법 제51조에 따른 관할 토지수용위원회(이하 "관할 토지수용위원회"라 한다)에 제출하여야 한다.
1. 재결의 신청인과 상대방의 성명 또는 명칭 및 주소
2. 공익사업의 종류 및 명칭
3. 손실 발생사실
4. 손실보상액과 그 명세
5. 협의의 경위
[전문개정 2013.5.28.]

제2장 협의에 의한 취득 또는 사용

제7조(토지조서 및 물건조서 등의 작성) ① 사업시행자는 공익사업의 계획이 확정되었을 때에는 「공간정보의 구축 및 관리 등에 관한 법률」에 따른 지적도 또는 임야도에 대상 물건인 토지를 표시한 용지도(用地圖)를 작성하여야 한다. <개정 2015.6.1.>

② 사업시행자는 제1항에 따라 작성된 용지도를 기본으로 하여 법 제14조제1항에 따른 토지조서(이하 "토지조서"라 한다) 및 물건조서(이하 "물건조서"라 한다)를 작성하여야 한다.

③ 토지조서에는 다음 각 호의 사항이 포함되어야 한다.

1. 토지의 소재지·지번·지목·전체면적 및 편입면적과 현실적인 이용상황
2. 토지소유자의 성명 또는 명칭 및 주소
3. 토지에 관하여 소유권 외의 권리를 가진 자의 성명 또는 명칭 및 주소와 그 권리의 종류 및 내용
4. 작성일
5. 그 밖에 토지에 관한 보상금 산정에 필요한 사항

④ 물건조서에는 다음 각 호의 사항이 포함되어야 한다.

1. 물건(광업권·어업권 또는 물의 사용에 관한 권리를 포함한다. 이하 같다)이 있는 토지의 소재지 및 지번
2. 물건의 종류·구조·규격 및 수량
3. 물건소유자의 성명 또는 명칭 및 주소
4. 물건에 관하여 소유권 외의 권리를 가진 자의 성명 또는 명칭 및 주소와 그 권리의 종류 및 내용
5. 작성일
6. 그 밖에 물건에 관한 보상금 산정에 필요한 사항

⑤ 물건조서를 작성할 때 그 물건이 건축물인 경우에는 제4항 각 호의 사항 외에 건축물의 연면적과 편입면적을 적고, 그 실측평면도를 첨부하여야 한다. 다만, 실측한 편입면적이 건축물대장에 첨부된 건축물현황도에 따른 편입면적과 일치하는 경우에는 건축물현황도로 실측평면도를 갈음할 수 있다.

⑥ 토지조서와 물건조서의 서식은 국토교통부령으로 정한다.

[전문개정 2013.5.28.]

제8조(협의의 절차 및 방법 등) ① 사업시행자는 법 제16조에 따른 협의를 하려는 경우에는 국토교통부령으로 정하는 보상협의요청서에 다음 각 호의 사항을 적어 토지소유자 및 관계인에게 통지하여야 한다. 다만, 토지소유자 및 관계인을 알 수 없거나 그 주소·거소 또는 그 밖에 통지할 장소를 알 수 없을 때에는 제2항에 따른 공고로 통지를 갈음할 수 있다.

1. 협의기간·협의장소 및 협의방법
2. 보상의 시기·방법·절차 및 금액
3. 계약체결에 필요한 구비서류

② 제1항 각 호 외의 부분 단서에 따른 공고는 사업시행자가 공고할 서류를 토지등의 소재지를 관할하는 시장(행정시의 시장을 포함한다)·군수 또는 구청장(자치구가 아닌 구의 구청장을 포함한다)에게 송부하여 해당 시(행정시를 포함한다)·군 또는 구(자치구가 아닌 구를 포함한다)의 게시판 및 홈페이지와 사업시행자의 홈페이지에 14일 이상 게시하는 방법으로 한다. <개정 2016.1.6.>

③ 제1항제1호에 따른 협의기간은 특별한 사유가 없으면 30일 이상으로 하여야 한다.

④ 법 제17조에 따라 체결되는 계약의 내용에는 계약의 해지 또는 변경에 관한 사항과 이에 따르는 보상액의 환수 및 원상복구 등에 관한 사항이 포함되어야 한다.

⑤ 사업시행자는 제1항제1호에 따른 협의기간에 협의가 성립되지 아니한 경우에는 국토교통부령으로 정하는 협의경위서에 다음 각 호의 사항을 적어 토지소유자 및 관계인의 서명 또는 날인을 받아야 한다. 다만, 사업시행자는 토지소유자 및 관계인이 정당한 사유 없이 서명 또는 날인을 거부하거나 토지소유자 및 관계인을 알 수 없거나 그 주소·거소, 그 밖에 통지할 장소를 알 수 없는 등의 사유로 서명 또는 날인을 받을 수 없는 경우에는 서명 또는 날인을 받지 아니하되, 해당 협의경위서에 그 사유를 기재하여야 한다.

1. 협의의 일시·장소 및 방법
2. 대상 토지의 소재지·지번·지목 및 면적과 토지에 있는 물건의 종류·구조 및 수량
3. 토지소유자 및 관계인의 성명 또는 명칭 및 주소
4. 토지소유자 및 관계인의 구체적인 주장내용과 이에 대한 사업시행자의 의견
5. 그 밖에 협의와 관련된 사항

[전문개정 2013.5.28.]

제9조 삭제 <2008.4.17.>

제3장 수용에 의한 취득 또는 사용
제1절 수용 또는 사용의 절차

제10조(사업인정의 신청) ① 법 제20조제1항에 따른 사업인정(이하 "사업인정"이라 한다)을 받으려는 자는 국토교통부령으로 정하는 사업인정신청서(이하 "사업인정신청서"라 한다)에 다음 각 호의 사항을 적어 특별시장·광역시장·도지사 또는 특별자치도지사(이하 "시·도지사"라 한다)를 거쳐 국토교통부장관에게 제출하여야 한다. 다만, 사업시행자가 국가인 경우에는 해당 사업을 시행할 관계 중앙행정기관의 장이 직접 사업인정신청서를 국토교통부장관에게 제출할 수 있다.
1. 사업시행자의 성명 또는 명칭 및 주소
2. 사업의 종류 및 명칭
3. 사업예정지
4. 사업인정을 신청하는 사유

② 사업인정신청서에는 다음 각 호의 서류 및 도면을 첨부하여야 한다.
1. 사업계획서
2. 사업예정지 및 사업계획을 표시한 도면
3. 사업예정지 안에 법 제19조제2항에 따른 토지등이 있는 경우에는 그 토지등에 관한 조서·도면 및 해당 토지등의 관리자의 의견서
4. 사업예정지 안에 있는 토지의 이용이 다른 법령에 따라 제한된 경우에는 해당 법령의 시행에 관하여 권한 있는 행정기관의 장의 의견서
5. 사업의 시행에 관하여 행정기관의 면허 또는 인가, 그 밖의 처분이 필요한 경우에는 그 처분사실을 증명하는 서류 또는 해당 행정기관의 장의 의견서
6. 토지소유자 또는 관계인과의 협의내용을 적은 서류(협의를 한 경우로 한정한다)
7. 수용 또는 사용할 토지의 세목(토지 외의 물건 또는 권리를 수용하거나 사용할 경우에는 해당 물건 또는 권리가 소재하는 토지의 세목을 말한다)을 적은 서류

[전문개정 2013.5.28.]

제11조(의견청취 등) ① 법 제21조에 따라 국토교통부장관으로부터 사업인정에 관한 협의를 요청받은 관계 중앙행정기관의 장 또는 시·도지사는 특별한 사유가 없으면 협의를 요청받은 날부터 7일 이내에 국토교통부장관에게 의견을 제시하여야 한다.

② 국토교통부장관은 법 제21조에 따라 사업인정에 관하여 이해관계가 있는 자의 의견을 들으려는 경우에는 사업인정신청서 및 관계 서류의 사본을 토지등의 소재지를 관할하는 시장(행정시의 시장을 포함한다. 이하 이 조에서 같다)·군수 또는 구청장(자치구가 아닌 구의 구청장을 포함한다. 이하 이 조에서 같다)에게 송부(전자문서에 의한 송부를 포함한다. 이하 이 조에서 같다)하여야 한다.

③ 시장·군수 또는 구청장은 제2항에 따라 송부된 서류를 받았을 때에는 지체 없이 다음 각 호의 사항을 시(행정시를 포함한다)·군 또는 구(자치구가 아닌 구를 포함한다)의 게시판에 공고하고, 공고한 날부터 14일 이상 그 서류를 일반인이 열람할 수 있도록 하여야 한다.
1. 사업시행자의 성명 또는 명칭 및 주소
2. 사업의 종류 및 명칭
3. 사업예정지

④ 시장·군수 또는 구청장은 제3항에 따른 공고를 한 경우에는 그 공고의 내용과 의견이 있으면 의견서를 제출할 수 있다는 뜻을 토지소유자 및 관계인에게 통지(토지소유자 및 관계인이 원하는 경우에는 전자문서에 의한 통지를 포함한다. 이하 이 항에서 같다)하여야 한다. 다만, 통지받을 자를 알 수 없거나 그 주소·거소 또는 그 밖에 통지할 장소를 알 수 없을 때에는 그러하지 아니하다.

⑤ 토지소유자 및 관계인, 그 밖에 사업인정에 관하여 이해관계가 있는 자는 제3항에 따른 열람기간에 해당 시장·군수 또는 구청장에게 의견서를 제출(전자문서에 의한 제출을 포함한다)할 수 있다.

⑥ 시장·군수 또는 구청장은 제3항에 따른 열람기간이 끝나면 제5항에 따라 제출된 의견서를 지체 없이 국토교통부장관에게 송부하여야 하며, 제출된 의견서가 없는 경우에는 그 사실을 통지(전자문서에 의한 통지를 포함한다)하여야 한다.

[전문개정 2013.5.28.]

제12조(재결의 신청) ① 사업시행자는 법 제28조제1항 및 제30조제2항에 따라 재결을 신청

하는 경우에는 국토교통부령으로 정하는 재결신청서에 다음 각 호의 사항을 적어 관할 토지수용위원회에 제출하여야 한다.
1. 공익사업의 종류 및 명칭
2. 사업인정의 근거 및 고시일
3. 수용하거나 사용할 토지의 소재지 · 지번 · 지목 및 면적(물건의 경우에는 물건의 소재지 · 지번 · 종류 · 구조 및 수량)
4. 수용하거나 사용할 토지에 물건이 있는 경우에는 물건의 소재지 · 지번 · 종류 · 구조 및 수량
5. 토지를 사용하려는 경우에는 그 사용의 방법 및 기간
6. 토지소유자 및 관계인의 성명 또는 명칭 및 주소
7. 보상액 및 그 명세
8. 수용 또는 사용의 개시예정일
9. 청구인의 성명 또는 명칭 및 주소와 청구일(법 제30조제2항에 따라 재결을 신청하는 경우로 한정한다)

② 제1항의 재결신청서에는 다음 각 호의 서류 및 도면을 첨부하여야 한다.
1. 토지조서 또는 물건조서
2. 협의경위서
3. 사업계획서
4. 사업예정지 및 사업계획을 표시한 도면

③ 사업시행자는 법 제63조제7항에 따라 보상금을 채권으로 지급하려는 경우에는 제2항에 따른 서류 및 도면 외에 채권으로 보상금을 지급할 수 있는 경우에 해당함을 증명하는 서류와 다음 각 호의 사항을 적은 서류를 첨부하여야 한다.
1. 채권으로 보상하는 보상금의 금액
2. 채권원금의 상환방법 및 상환기일
3. 채권의 이자율과 이자의 지급방법 및 지급기일

[전문개정 2013.5.28.]

제13조(협의 성립 확인의 신청) ① 사업시행자는 법 제29조제1항에 따라 협의 성립의 확인을 신청하려는 경우에는 국토교통부령으로 정하는 협의성립확인신청서에 다음 각 호의 사항을 적어 관할 토지수용위원회에 제출하여야 한다.
1. 협의가 성립된 토지의 소재지 · 지번 · 지목 및 면적
2. 협의가 성립된 물건의 소재지 · 지번 · 종류 · 구조 및 수량
3. 토지 또는 물건을 사용하는 경우에는 그 방법 및 기간
4. 토지 또는 물건의 소유자 및 관계인의 성명 또는 명칭 및 주소
5. 협의에 의하여 취득하거나 소멸되는 권리의 내용과 그 권리의 취득 또는 소멸의 시기
6. 보상액 및 그 지급일

② 제1항의 협의성립확인신청서에는 다음 각 호의 서류를 첨부하여야 한다.
1. 토지소유자 및 관계인의 동의서
2. 계약서
3. 토지조서 및 물건조서
4. 사업계획서

③ 법 제29조제3항에서 "대통령령으로 정하는 사항"이란 제1항 각 호의 사항을 말한다.

[전문개정 2013.5.28.]

제14조(재결 신청의 청구 등) ① 토지소유자 및 관계인은 법 제30조제1항에 따라 재결 신청을 청구하려는 경우에는 제8조제1항제1호에 따른 협의기간이 지난 후 국토교통부령으로 정하는 바에 따라 다음 각 호의 사항을 적은 재결신청청구서를 사업시행자에게 제출하여야 한다.
1. 사업시행자의 성명 또는 명칭
2. 공익사업의 종류 및 명칭
3. 토지소유자 및 관계인의 성명 또는 명칭 및 주소
4. 대상 토지의 소재지 · 지번 · 지목 및 면적과 토지에 있는 물건의 종류 · 구조 및 수량
5. 협의가 성립되지 아니한 사유

② 법 제30조제3항에 따라 가산하여 지급하여야 하는 금액은 관할 토지수용위원회가 재결서에 적어야 하며, 사업시행자는 수용 또는 사용의 개시일까지 보상금과 함께 이를 지급하여야 한다.

[전문개정 2013.5.28.]

제15조(재결신청서의 열람 등) ① 관할 토지수용위원회는 법 제28조제1항에 따른 재결신청서를 접수하였을 때에는 법 제31조제1항에 따라 그 신청서 및 관계 서류의 사본을 토지등의 소재지를 관할하는 시장(행정시의 시장을 포함한다. 이하 이 조에서 같다) · 군수 또는 구청장(자치구가 아닌 구의 구청장을 포함한다. 이하 이 조에서 같다)에게 송부하여 공고 및 열람을 의뢰하여야 한다.

② 시장 · 군수 또는 구청장은 제1항에 따라 송

부된 서류를 받았을 때에는 지체 없이 재결신청 내용을 시(행정시를 포함한다)·군 또는 구(자치구가 아닌 구를 포함한다)의 게시판에 공고하고, 공고한 날부터 14일 이상 그 서류를 일반인이 열람할 수 있도록 하여야 한다. 다만, 시장·군수 또는 구청장이 공고 및 열람 의뢰를 받은 날부터 14일 이내에 공고하지 아니하거나 일반인이 열람할 수 있도록 하지 아니하는 경우 관할 토지수용위원회는 직접 재결신청 내용을 공고(중앙토지수용위원회는 관보에, 지방토지수용위원회는 공보에 게재하는 방법으로 한다)하고, 재결신청서와 관계 서류의 사본을 일반인이 14일 이상 열람할 수 있도록 할 수 있다. <개정 2013.12.24.>

③ 시장·군수·구청장 또는 관할 토지수용위원회는 제2항에 따른 공고를 한 경우에는 그 공고의 내용과 의견이 있으면 의견서를 제출할 수 있다는 뜻을 토지소유자 및 관계인에게 통지하여야 한다. 다만, 통지받을 자를 알 수 없거나 그 주소·거소 또는 그 밖에 통지할 장소를 알 수 없을 때에는 그러하지 아니하다. <개정 2013.12.24.>

④ 토지소유자 또는 관계인은 제2항에 따른 열람기간에 해당 시장·군수·구청장 또는 관할 토지수용위원회(제2항 단서에 해당하는 경우로 한정한다)에 의견서를 제출할 수 있다. <개정 2013.12.24.>

⑤ 시장·군수 또는 구청장은 제2항 본문에 따른 열람기간이 끝나면 제4항에 따라 제출된 의견서를 지체 없이 관할 토지수용위원회에 송부하여야 하며, 제출된 의견서가 없는 경우에는 그 사실을 통지하여야 한다. <개정 2013.12.24.>

⑥ 관할 토지수용위원회는 상당한 이유가 있다고 인정하는 경우에는 제4항에도 불구하고 제2항에 따른 열람기간이 지난 후 제출된 의견서를 수리할 수 있다.

[전문개정 2013.5.28.]

제16조(소위원회의 구성) 법 제33조제1항에 따른 소위원회의 위원 중에는 중앙토지수용위원회에는 국토교통부, 지방토지수용위원회에는 특별시·광역시·도 또는 특별자치도(이하 "시·도"라 한다) 소속 공무원인 위원이 1명씩 포함되어야 한다.

[전문개정 2013.5.28.]

제17조(화해조서의 송달) 법 제49조에 따른 중앙토지수용위원회 또는 지방토지수용위원회(이하 "토지수용위원회"라 한다)는 법 제33조제1항에 따른 화해가 성립된 경우에는 법 제33조제2항에 따른 화해조서의 정본을 사업시행자·토지소유자 및 관계인에게 송달하여야 한다.

[전문개정 2013.5.28.]

제18조(사용의 허가와 통지) ① 사업시행자는 법 제38조제1항 본문에 따라 토지를 사용하려는 경우에는 공익사업의 종류 및 명칭, 사용하려는 토지의 구역과 사용의 방법 및 기간을 정하여 특별자치도지사, 시장·군수 또는 구청장(자치구의 구청장을 말한다)의 허가를 받아야 한다.

② 법 제38조제2항에서 "대통령령으로 정하는 사항"이란 제1항에 따른 사항을 말한다.

[전문개정 2013.5.28.]

제19조(담보의 제공) ① 법 제39조제1항에 따른 담보의 제공은 관할 토지수용위원회가 상당하다고 인정하는 금전 또는 유가증권을 공탁(供託)하는 방법으로 한다.

② 사업시행자는 제1항에 따라 금전 또는 유가증권을 공탁하였을 때에는 공탁서를 관할 토지수용위원회에 제출하여야 한다.

[전문개정 2013.5.28.]

제2절 수용 또는 사용의 효과

제20조(보상금의 공탁) ① 법 제40조제2항에 따른 공탁을 채권으로 하는 경우 그 금액은 법 제63조제7항에 따라 채권으로 지급할 수 있는 금액으로 한다.

② 사업시행자가 국가인 경우에는 법 제69조제1항에 따른 보상채권(이하 "보상채권"이라 한다)을 제34조제2항에 따른 보상채권취급기관으로부터 교부받아 공탁한다. 이 경우 보상채권의 발행일은 사업시행자가 제34조제2항에 따른 보상채권취급기관으로부터 보상채권을 교부받은 날이 속하는 달의 말일로 하며, 보상채권을 교부받은 날부터 보상채권 발행일의 전날까지의 이자는 현금으로 공탁하여야 한다.

[전문개정 2013.5.28.]

제21조(권리를 승계한 자의 보상금 수령) 법

제40조제3항에 따라 보상금(공탁된 경우에는 공탁금을 말한다. 이하 이 조에서 같다)을 받는 자는 보상금을 받을 권리를 승계한 사실을 증명하는 서류를 사업시행자(공탁된 경우에는 공탁공무원을 말한다)에게 제출하여야 한다.
[전문개정 2013.5.28.]

제22조(담보의 취득과 반환) ① 법 제41조제2항에 따라 토지소유자 또는 관계인이 담보를 취득하려는 경우에는 미리 관할 토지수용위원회의 확인을 받아야 한다.
② 관할 토지수용위원회는 제1항에 따른 확인을 한 경우에는 확인서를 토지소유자 또는 관계인에게 발급하여야 한다.
③ 제2항에 따른 확인서에는 다음 각 호의 사항을 적고, 관할 토지수용위원회의 위원장이 기명날인하여야 한다.
1. 토지소유자 또는 관계인 및 사업시행자의 성명 또는 명칭 및 주소
2. 기일 내에 손실을 보상하지 아니한 사실
3. 취득할 담보의 금액
4. 제19조제2항에 따른 공탁서의 공탁번호 및 공탁일

④ 사업시행자가 토지소유자 또는 관계인에게 손실을 보상한 후 법 제39조제1항에 따라 제공한 담보를 반환받으려는 경우에 관하여는 제1항부터 제3항까지의 규정을 준용한다.
[전문개정 2013.5.28.]

제4장 토지수용위원회

제23조(출석요구 등의 방법) 법 제58조제1항제1호 및 제2호에 따른 출석 또는 자료제출 등의 요구는 제4조제1항 및 제2항에 따른 송달의 방법으로 하여야 한다.
[전문개정 2013.5.28.]

제24조(운영 및 심의방법 등) ① 토지수용위원회에 토지수용위원회의 사무를 처리할 간사 1명 및 서기 몇 명을 둔다.
② 제1항에 따른 간사 및 서기는 중앙토지수용위원회의 경우에는 국토교통부 소속 공무원 중에서, 지방토지수용위원회의 경우에는 시·도 소속 공무원 중에서 해당 토지수용위원회의 위원장이 임명한다.
③ 위원장은 특히 필요하다고 인정하는 심의안건에 대해서는 위원 중에서 전담위원을 지정하여 예비심사를 하게 할 수 있다.
④ 이 영에서 규정한 사항 외에 토지수용위원회의 운영·문서처리·심의방법 및 기준 등에 관하여는 토지수용위원회가 따로 정할 수 있다.
[전문개정 2013.5.28.]

제24조의2(재결정보체계 구축·운영 업무의 위탁) ① 국토교통부장관은 법 제60조의2제2항 전단에 따라 재결정보체계의 구축·운영에 관한 업무를 다음 각 호의 어느 하나에 해당하는 기관에 위탁할 수 있다.
1. 「한국감정원법」에 따른 한국감정원
2. 「감정평가 및 감정평가사에 관한 법률」 제33조에 따른 한국감정평가사협회

② 제1항에 따라 업무를 위탁받은 기관은 다음 각 호의 업무를 수행한다.
1. 재결정보체계의 개발·관리 및 보안
2. 재결정보체계와 관련된 컴퓨터·통신설비 등의 설치 및 관리
3. 재결정보체계와 관련된 정보의 수집 및 관리
4. 재결정보체계와 관련된 통계의 생산 및 관리
5. 재결정보체계의 운영을 위한 사용자교육
6. 그 밖에 재결정보체계의 구축 및 운영에 필요한 업무

③ 국토교통부장관은 제1항에 따라 업무를 위탁하는 경우 위탁받는 기관 및 위탁업무의 내용을 고시하여야 한다.
[본조신설 2017.6.20.]

제5장 손실보상 등

제25조(채권을 발행할 수 있는 사업시행자) 법 제63조제7항 각 호 외의 부분에서 "대통령령으로 정하는 「공공기관의 운영에 관한 법률」에 따라 지정·고시된 공공기관 및 공공단체"란 다음 각 호의 기관 및 단체를 말한다.
1. 「한국토지주택공사법」에 따른 한국토지주택공사
2. 「한국전력공사법」에 따른 한국전력공사
3. 「한국농어촌공사 및 농지관리기금법」에 따른 한국농어촌공사

4. 「한국수자원공사법」에 따른 한국수자원공사
5. 「한국도로공사법」에 따른 한국도로공사
6. 「한국관광공사법」에 따른 한국관광공사
7. 「공기업의 경영구조 개선 및 민영화에 관한 법률」에 따른 한국전기통신공사
8. 「한국가스공사법」에 따른 한국가스공사
9. 「한국철도시설공단법」에 따른 한국철도시설공단
10. 「인천국제공항공사법」에 따른 인천국제공항공사
11. 「한국환경공단법」에 따른 한국환경공단
12. 「지방공기업법」에 따른 지방공사
13. 「항만공사법」에 따른 항만공사
14. 「한국철도공사법」에 따른 한국철도공사
15. 「산업집적활성화 및 공장설립에 관한 법률」에 따른 한국산업단지공단

[전문개정 2013.5.28.]

제26조(부재부동산 소유자의 토지) ① 법 제63조제7항제2호에 따른 부재부동산 소유자의 토지는 사업인정고시일 1년 전부터 다음 각 호의 어느 하나의 지역에 계속하여 주민등록을 하지 아니한 사람이 소유하는 토지로 한다. <개정 2013.12.24.>

1. 해당 토지의 소재지와 동일한 시(행정시를 포함한다. 이하 이 조에서 같다)·구(자치구를 말한다. 이하 이 조에서 같다)·읍·면(도농복합형태인 시의 읍·면을 포함한다. 이하 이 조에서 같다)
2. 제1호의 지역과 연접한 시·구·읍·면
3. 제1호 및 제2호 외의 지역으로서 해당 토지의 경계로부터 직선거리로 30킬로미터 이내의 지역

② 제1항 각 호의 어느 하나의 지역에 주민등록을 하였으나 해당 지역에 사실상 거주하고 있지 아니한 사람이 소유하는 토지는 제1항에 따른 부재부동산 소유자의 토지로 본다. 다만, 다음 각 호의 어느 하나에 해당하는 사유로 거주하고 있지 아니한 경우에는 그러하지 아니하다.

1. 질병으로 인한 요양
2. 징집으로 인한 입영
3. 공무(公務)
4. 취학(就學)
5. 그 밖에 제1호부터 제4호까지에 준하는 부득이한 사유

③ 제1항에도 불구하고 다음 각 호의 어느 하나에 해당하는 토지는 부재부동산 소유자의 토지로 보지 아니한다.

1. 상속에 의하여 취득한 경우로서 상속받은 날부터 1년이 지나지 아니한 토지
2. 사업인정고시일 1년 전부터 계속하여 제1항 각 호의 어느 하나의 지역에 사실상 거주하고 있음을 국토교통부령으로 정하는 바에 따라 증명하는 사람이 소유하는 토지
3. 사업인정고시일 1년 전부터 계속하여 제1항 각 호의 어느 하나의 지역에서 사실상 영업하고 있음을 국토교통부령으로 정하는 바에 따라 증명하는 사람이 해당 영업을 하기 위하여 소유하는 토지

[전문개정 2013.5.28.]

제27조(채권보상의 기준이 되는 보상금액 등) ① 법 제63조제7항제2호에서 "대통령령으로 정하는 일정 금액" 및 법 제63조제8항 각 호 외의 부분에서 "대통령령으로 정하는 1억원 이상의 일정 금액"이란 1억원을 말한다.

② 사업시행자는 부재부동산 소유자가 사업시행자에게 토지를 양도함으로써 또는 토지가 수용됨으로써 발생하는 소득에 대하여 납부하여야 하는 양도소득세(양도소득세에 부가하여 납부하여야 하는 주민세와 양도소득세를 감면받는 경우 납부하여야 하는 농어촌특별세를 포함한다. 이하 이 항에서 같다) 상당 금액을 세무사의 확인을 받아 현금으로 지급하여 줄 것을 요청할 때에는 양도소득세 상당 금액을 제1항의 금액에 더하여 현금으로 지급하여야 한다.

[전문개정 2013.5.28.]

제27조의2(토지투기가 우려되는 지역에서의 채권보상) ① 법 제63조제8항 각 호 외의 부분에서 "대통령령으로 정하는 지역"이란 다음 각 호의 어느 하나에 해당하는 지역을 말한다.

1. 「국토의 계획 및 이용에 관한 법률」 제117조제1항에 따른 토지거래계약에 관한 허가구역이 속한 시(행정시를 포함한다. 이하 이 항에서 같다)·군 또는 구(자치구인 구를 말한다. 이하 이 항에서 같다)
2. 제1호의 지역과 연접한 시·군 또는 구

② 법 제63조제8항 각 호 외의 부분에서 "대통령령으로 정하는 「공공기관의 운영에 관한 법률」에 따라 지정·고시된 공공기관 및 공공단체"란 다음 각 호의 기관 및 단체를 말한다.

1. 「한국토지주택공사법」에 따른 한국토지주택공사

2.「한국관광공사법」에 따른 한국관광공사
3.「산업집적활성화 및 공장설립에 관한 법률」에 따른 한국산업단지공단
4.「지방공기업법」에 따른 지방공사

③ 법 제63조제8항제3호에서 "대통령령으로 정하는 사업"이란 다음 각 호의 사업을 말한다. <개정 2014.4.29., 2015.12.28.>

1.「물류시설의 개발 및 운영에 관한 법률」에 따른 물류단지개발사업
2.「관광진흥법」에 따른 관광단지조성사업
3.「도시개발법」에 따른 도시개발사업
4.「공공주택 특별법」에 따른 공공주택사업
5.「신행정수도 후속대책을 위한 연기·공주지역 행정중심복합도시 건설을 위한 특별법」에 따른 행정중심복합도시건설사업

[전문개정 2013.5.28.]

제28조(시·도지사와 토지소유자의 감정평가업자 추천) ① 사업시행자는 법 제15조제1항에 따른 보상계획을 공고할 때에는 시·도지사와 토지소유자가 감정평가업자(「감정평가 및 감정평가사에 관한 법률」 제2조제4호에 따른 감정평가업자를 말하며, 이하 "감정평가업자"라 한다)를 추천할 수 있다는 내용을 포함하여 공고하고, 보상 대상 토지가 소재하는 시·도의 시·도지사와 토지소유자에게 이를 통지하여야 한다. <개정 2016.8.31.>

② 법 제68조제2항에 따라 시·도지사와 토지소유자는 법 제15조제2항에 따른 보상계획의 열람기간 만료일부터 30일 이내에 사업시행자에게 감정평가업자를 추천할 수 있다.

③ 제2항에 따라 시·도지사가 감정평가업자를 추천하는 경우에는 다음 각 호의 사항을 지켜야 한다.

1. 감정평가 수행능력, 소속 감정평가사의 수, 감정평가 실적, 징계 여부 등을 고려하여 추천대상 집단을 선정할 것
2. 추천대상 집단 중에서 추첨 등 객관적이고 투명한 절차에 따라 감정평가업자를 선정할 것
3. 제1호의 추천대상 집단 및 추천 과정을 이해당사자에게 공개할 것
4. 보상 대상 토지가 둘 이상의 시·도에 걸쳐 있는 경우에는 관계 시·도지사가 협의하여 감정평가업자를 추천할 것

④ 제2항에 따라 감정평가업자를 추천하려는 토지소유자는 보상 대상 토지면적의 2분의 1 이상에 해당하는 토지소유자와 보상 대상 토지의 토지소유자 총수의 과반수의 동의를 받은 사실을 증명하는 서류를 첨부하여 사업시행자에게 감정평가업자를 추천하여야 한다. 이 경우 토지소유자는 감정평가업자 1명에 대해서만 동의할 수 있다.

⑤ 제2항에 따라 감정평가업자를 추천하려는 토지소유자는 해당 시·도지사와 「감정평가 및 감정평가사에 관한 법률」 제33조에 따른 한국감정평가사협회에 감정평가업자를 추천하는 데 필요한 자료를 요청할 수 있다. <개정 2016.8.31.>

⑥ 국토교통부장관은 제3항에 따른 시·도지사의 감정평가업자 추천에 관한 사항에 관하여 표준지침을 작성하여 보급할 수 있다.

[전문개정 2013.5.28.]

제29조(보상채권의 발행대상사업) 법 제69조제1항 각 호 외의 부분에서 "대통령령으로 정하는 공익사업"이란 다음 각 호의 사업을 말한다. <개정 2017.3.29.>

1.「댐건설 및 주변지역지원 등에 관한 법률」에 따른 댐건설사업
2.「수도법」에 따른 수도사업
3.「인천국제공항공사법」에 따른 공항건설사업
4.「공항시설법」에 따른 공항개발사업

[전문개정 2013.5.28.]

제30조(보상채권의 발행절차) ① 법 제69조제1항 각 호의 회계를 관리하는 관계 중앙행정기관의 장은 보상채권의 발행이 필요한 경우에는 보상채권에 관한 다음 각 호의 사항을 명시하여 그 발행을 기획재정부장관에게 요청하여야 한다.

1. 발행한도액
2. 발행요청액
3. 액면금액의 종류
4. 이자율
5. 원리금 상환의 방법 및 시기
6. 그 밖에 필요한 사항

② 기획재정부장관은 법 제69조제2항에 따라 보상채권을 발행하는 경우에는 이에 관한 사항을 관계 중앙행정기관의 장 및 한국은행 총재에게 각각 통보하여야 한다.

[전문개정 2013.5.28.]

제31조(보상채권의 발행방법 등) ① 보상채권은 무기명증권(無記名證券)으로 발행한다.

② 보상채권은 액면금액으로 발행하되, 최소 액면금액은 10만원으로 하며, 보상금 중 10만원 미만인 끝수의 금액은 사업시행자가 보상금을 지급할 때 현금으로 지급한다.
③ 보상채권의 발행일은 제35조제1항에 따른 보상채권지급결정통지서를 발급한 날이 속하는 달의 말일로 한다.
④ 보상채권은 멸실 또는 도난 등의 사유로 분실한 경우에도 재발행하지 아니한다.
[전문개정 2013.5.28.]

제32조(보상채권의 이자율 및 상환) ① 보상채권의 이자율은 법 제63조제9항에 따른 이자율로 한다.
② 보상채권의 원리금은 상환일에 일시 상환한다.
③ 보상채권의 발행일부터 상환일 전날까지의 이자는 1년 단위의 복리로 계산한다.
④ 제35조제1항에 따른 보상채권지급결정통지서의 발급일부터 보상채권 발행일 전날까지의 보상채권으로 지급할 보상금에 대한 이자는 제1항에 따른 보상채권의 이자율과 같은 이자율로 산정한 금액을 사업시행자가 보상금을 지급할 때 지급한다.
[전문개정 2013.5.28.]

제33조(보상채권의 기재사항) 보상채권에는 다음 각 호의 사항을 적어야 한다.
1. 명칭
2. 번호
3. 제30조제1항제3호부터 제5호까지의 사항
[전문개정 2013.5.28.]

제34조(보상채권의 취급기관 등) ① 보상채권의 교부 및 상환에 관한 업무는 한국은행의 주된 사무소·지사무소 및 대리점이 이를 취급한다.
② 사업시행자는 제1항에 따른 한국은행의 주된 사무소·지사무소 및 대리점 중 해당 보상채권의 교부 및 상환 업무를 취급할 기관(이하 "보상채권취급기관"이라 한다)을 미리 지정하고, 보상채권취급기관에 사업시행자의 인감조서를 송부하여야 한다.
③ 보상채권취급기관은 보상채권을 교부할 때에는 그 보상채권에 다음 각 호의 사항을 적고, 해당 업무의 책임자가 기명날인하여야 한다.
1. 발행일 및 상환일
2. 교부일
3. 보상채권취급기관의 명칭
④ 한국은행 총재는 매월 20일까지 국토교통부령으로 정하는 보상채권의 교부 및 상환 현황 통지서를 기획재정부장관 및 관계 중앙행정기관의 장에게 각각 송부하여야 한다.
[전문개정 2013.5.28.]

제35조(보상채권의 사무취급절차 등) ① 사업시행자는 보상채권으로 보상하려는 경우에는 토지소유자 및 관계인에게 국토교통부령으로 정하는 보상채권지급결정통지서를 발급하고, 보상채권취급기관에 이에 관한 사항을 통지하여야 한다.
② 보상채권취급기관은 제1항에 따라 보상채권지급결정통지서를 발급받은 토지소유자 및 관계인이 해당 보상채권취급결정통지서를 제출하면 보상채권을 교부하여야 한다.
[전문개정 2013.5.28.]

제36조(보상채권교부대장의 비치·송부) 보상채권취급기관은 보상채권을 교부하였을 때에는 국토교통부령으로 정하는 보상채권교부대장을 2부 작성하여 1부는 비치하고, 나머지 1부는 다음 달 7일까지 사업시행자에게 송부하여야 한다.
[전문개정 2013.5.28.]

제37조(지가변동률) ① 법 제70조제1항에서 "대통령령으로 정하는 지가변동률"이란 「국토의 계획 및 이용에 관한 법률 시행령」 제125조에 따라 국토교통부장관이 조사·발표하는 지가변동률로서 평가대상 토지와 가치형성요인이 같거나 비슷하여 해당 평가대상 토지와 유사한 이용가치를 지닌다고 인정되는 표준지(이하 "비교표준지"라 한다)가 소재하는 시(행정시를 포함한다. 이하 이 조에서 같다)·군 또는 구(자치구가 아닌 구를 포함한다. 이하 이 조에서 같다)의 용도지역별 지가변동률을 말한다. 다만, 비교표준지와 같은 용도지역의 지가변동률이 조사·발표되지 아니한 경우에는 비교표준지와 유사한 용도지역의 지가변동률, 비교표준지와 이용상황이 같은 토지의 지가변동률 또는 해당 시·군 또는 구의 평균지가변동률 중 어느 하나의 지가변동률을 말한다.
② 제1항을 적용할 때 비교표준지가 소재하는 시·군 또는 구의 지가가 해당 공익사업으로 인하여 변동된 경우에는 해당 공익사업과 관계없는 인근 시·군 또는 구의 지가변동률을 적

용한다. 다만, 비교표준지가 소재하는 시·군 또는 구의 지가변동률이 인근 시·군 또는 구의 지가변동률보다 작은 경우에는 그러하지 아니하다.

③ 제2항 본문에 따른 비교표준지가 소재하는 시·군 또는 구의 지가가 해당 공익사업으로 인하여 변동된 경우는 도로, 철도 또는 하천 관련 사업을 제외한 사업으로서 다음 각 호의 요건을 모두 충족하는 경우로 한다. <개정 2013.12.24.>

1. 해당 공익사업의 면적이 20만 제곱미터 이상일 것
2. 비교표준지가 소재하는 시·군 또는 구의 사업인정고시일부터 가격시점까지의 지가변동률이 3퍼센트 이상일 것. 다만, 해당 공익사업의 계획 또는 시행이 공고되거나 고시됨으로 인하여 비교표준지의 가격이 변동되었다고 인정되는 경우에는 그 계획 또는 시행이 공고되거나 고시된 날부터 가격시점까지의 지가변동률이 5퍼센트 이상인 경우로 한다.
3. 사업인정고시일부터 가격시점까지 비교표준지가 소재하는 시·군 또는 구의 지가변동률이 비교표준지가 소재하는 시·도의 지가변동률보다 30퍼센트 이상 높거나 낮을 것

[전문개정 2013.5.28.]

제38조(일시적인 이용상황) 법 제70조제2항에 따른 일시적인 이용상황은 관계 법령에 따른 국가 또는 지방자치단체의 계획이나 명령 등에 따라 해당 토지를 본래의 용도로 이용하는 것이 일시적으로 금지되거나 제한되어 그 본래의 용도와 다른 용도로 이용되고 있거나 해당 토지의 주위환경의 사정으로 보아 현재의 이용방법이 임시적인 것으로 한다.

[전문개정 2013.5.28.]

제38조의2(공시지가) ① 법 제70조제5항에 따른 취득하여야 할 토지의 가격이 변동되었다고 인정되는 경우는 도로, 철도 또는 하천 관련 사업을 제외한 사업으로서 다음 각 호를 모두 충족하는 경우로 한다. <개정 2016.8.31.>

1. 해당 공익사업의 면적이 20만 제곱미터 이상일 것
2. 해당 공익사업지구 안에 있는 「부동산 가격공시에 관한 법률」 제3조에 따른 표준지공시지가(해당 공익사업지구 안에 표준지가 없는 경우에는 비교표준지의 공시지가를 말하며, 이하 이 조에서 "표준지공시지가"라 한다)의 평균변동률과 평가대상토지가 소재하는 시(행정시를 포함한다. 이하 이 조에서 같다)·군 또는 구(자치구가 아닌 구를 포함한다. 이하 이 조에서 같다) 전체의 표준지공시지가 평균변동률과의 차이가 3퍼센트포인트 이상일 것
3. 해당 공익사업지구 안에 있는 표준지공시지가의 평균변동률이 평가대상토지가 소재하는 시·군 또는 구 전체의 표준지공시지가 평균변동률보다 30퍼센트 이상 높거나 낮을 것

② 제1항제2호 및 제3호에 따른 평균변동률은 해당 표준지별 변동률의 합을 표준지의 수로 나누어 산정하며, 공익사업지구가 둘 이상의 시·군 또는 구에 걸쳐 있는 경우 평가대상토지가 소재하는 시·군 또는 구 전체의 표준지공시지가 평균변동률은 시·군 또는 구별로 평균변동률을 산정한 후 이를 해당 시·군 또는 구에 속한 공익사업지구 면적 비율로 가중평균(加重平均)하여 산정한다. 이 경우 평균변동률의 산정기간은 해당 공익사업의 계획 또는 시행이 공고되거나 고시된 당시 공시된 표준지공시지가 중 그 공고일 또는 고시일에 가장 가까운 시점에 공시된 표준지공시지가의 공시기준일부터 법 제70조제3항 또는 제4항에 따른 표준지공시지가의 공시기준일까지의 기간으로 한다.

[본조신설 2013.5.28.]

제39조(잔여지의 판단) ① 법 제74조제1항에 따라 잔여지가 다음 각 호의 어느 하나에 해당하는 경우에는 해당 토지소유자는 사업시행자 또는 관할 토지수용위원회에 잔여지를 매수하거나 수용하여 줄 것을 청구할 수 있다.

1. 대지로서 면적이 너무 작거나 부정형(不定形) 등의 사유로 건축물을 건축할 수 없거나 건축물의 건축이 현저히 곤란한 경우
2. 농지로서 농기계의 진입과 회전이 곤란할 정도로 폭이 좁고 길게 남거나 부정형 등의 사유로 영농이 현저히 곤란한 경우
3. 공익사업의 시행으로 교통이 두절되어 사용이나 경작이 불가능하게 된 경우
4. 제1호부터 제3호까지에서 규정한 사항과 유사한 정도로 잔여지를 종래의 목적대로 사용하는 것이 현저히 곤란하다고 인정되는 경우

② 잔여지가 제1항 각 호의 어느 하나에 해당하는지를 판단할 때에는 다음 각 호의 사항을 종합적으로 고려하여야 한다.

1. 잔여지의 위치·형상·이용상황 및 용도지역
2. 공익사업 편입토지의 면적 및 잔여지의 면적

[전문개정 2013.5.28.]

제40조(이주대책의 수립·실시) ① 사업시행자가 법 제78조제1항에 따른 이주대책(이하 "이주대책"이라 한다)을 수립하려는 경우에는 미리 그 내용을 같은 항에 따른 이주대책대상자(이하 "이주대책대상자"라 한다)에게 통지하여야 한다.

② 이주대책은 국토교통부령으로 정하는 부득이한 사유가 있는 경우를 제외하고는 이주대책대상자 중 이주정착지에 이주를 희망하는 자의 가구 수가 10호(戶) 이상인 경우에 수립·실시한다. 다만, 사업시행자가 「택지개발촉진법」 또는 「주택법」 등 관계 법령에 따라 이주대책대상자에게 택지 또는 주택을 공급한 경우(사업시행자의 알선에 의하여 공급한 경우를 포함한다)에는 이주대책을 수립·실시한 것으로 본다.

③ 다음 각 호의 어느 하나에 해당하는 자는 이주대책대상자에서 제외한다. <개정 2016.1.6.>

1. 허가를 받거나 신고를 하고 건축 또는 용도변경을 하여야 하는 건축물을 허가를 받지 아니하거나 신고를 하지 아니하고 건축 또는 용도변경을 한 건축물의 소유자
2. 해당 건축물에 공익사업을 위한 관계 법령에 따른 고시 등이 있은 날부터 계약체결일 또는 수용재결일까지 계속하여 거주하고 있지 아니한 건축물의 소유자. 다만, 다음 각 목의 어느 하나에 해당하는 사유로 거주하고 있지 아니한 경우에는 그러하지 아니하다.
   가. 질병으로 인한 요양
   나. 징집으로 인한 입영
   다. 공무
   라. 취학
   마. 해당 공익사업지구 내 타인이 소유하고 있는 건축물에의 거주
   바. 그 밖에 가목부터 라목까지에 준하는 부득이한 사유
3. 타인이 소유하고 있는 건축물에 거주하는 세입자. 다만, 해당 공익사업지구에 주거용 건축물을 소유한 자로서 타인이 소유하고 있는 건축물에 거주하는 세입자는 제외한다.

④ 제2항 본문에 따른 이주정착지 안의 택지 또는 주택을 취득하거나 같은 항 단서에 따른 택지 또는 주택을 취득하는 데 드는 비용은 이주대책대상자의 희망에 따라 그가 지급받을 보상금과 상계(相計)할 수 있다.

[전문개정 2013.5.28.]

제41조(이주정착금의 지급) 사업시행자는 법 제78조제1항에 따라 다음 각 호의 어느 하나에 해당하는 경우에는 이주대책대상자에게 국토교통부령으로 정하는 바에 따라 이주정착금을 지급하여야 한다.

1. 이주대책을 수립·실시하지 아니하는 경우
2. 이주대책대상자가 이주정착지가 아닌 다른 지역으로 이주하려는 경우

[전문개정 2013.5.28.]

제41조의2(생활기본시설의 범위 등) ① 법 제78조제4항 본문에 따른 통상적인 수준의 생활기본시설은 다음 각 호의 시설로 한다.

1. 도로(가로등·교통신호기를 포함한다)
2. 상수도 및 하수처리시설
3. 전기시설
4. 통신시설
5. 가스시설

② 법 제78조제8항에 따라 사업시행자가 부담하는 생활기본시설에 필요한 비용(이하 이 조에서 "사업시행자가 부담하는 비용"이라 한다)은 다음 각 호의 계산식에 따라 산정한다.

1. 택지를 공급하는 경우

사업시행자가 부담하는 비용 = 해당 공익사업지구 안에 설치하는 제1항에 따른 생활기본시설의 설치비용 × (해당 이주대책대상자에게 유상으로 공급하는 택지면적 ÷ 해당 공익사업지구에서 유상으로 공급하는 용지의 총면적)

2. 주택을 공급하는 경우

사업시행자가 부담하는 비용 = 해당 공익사업지구 안에 설치하는 제1항에 따른 생활기본시설의 설치비용 × (해당 이주대책대상자에게 유상으로 공급하는 주택의 대지면적 ÷ 해당 공익사업지구에서 유상으로 공급하는 용지의 총면적)

③ 제2항제1호 및 제2호에 따른 해당 공익사업지구 안에 설치하는 제1항에 따른 생활기본시설의 설치비용은 해당 생활기본시설을 설치하는 데 드는 공사비, 용지비 및 해당 생활기본시설의 설치와 관련하여 법령에 따라 부담하는 각종 부담금으로 한다.

[전문개정 2013.5.28.]

제41조의3(공장에 대한 이주대책에 관한 계획의 수립 등) ① 법 제78조의2에서 "대통령령으로 정하는 공익사업"이란 다음 각 호의 사업을 말한다. <개정 2014.4.29., 2015.12.28.>
1. 「택지개발촉진법」에 따른 택지개발사업
2. 「산업입지 및 개발에 관한 법률」에 따른 산업단지개발사업
3. 「물류시설의 개발 및 운영에 관한 법률」에 따른 물류단지개발사업
4. 「관광진흥법」에 따른 관광단지조성사업
5. 「도시개발법」에 따른 도시개발사업
6. 「공공주택 특별법」에 따른 공공주택사업

② 법 제78조의2에 따른 공장의 이주대책에 관한 계획에는 해당 공익사업 지역의 여건을 고려하여 다음 각 호의 내용이 포함되어야 한다.
1. 해당 공익사업 지역 인근 지역에 「산업입지 및 개발에 관한 법률」에 따라 지정·개발된 산업단지(이하 "산업단지"라 한다)가 있는 경우 해당 산업단지의 우선 분양 알선
2. 해당 공익사업 지역 인근 지역에 해당 사업시행자가 공장이주대책을 위한 별도의 산업단지를 조성하는 경우 그 산업단지의 조성 및 입주계획
3. 해당 공익사업 지역에 조성되는 공장용지의 우선 분양
4. 그 밖에 원활한 공장 이주대책을 위한 행정적 지원방안

[전문개정 2013.5.28.]

제41조의4(그 밖의 토지에 관한 손실의 보상계획 공고) 법 제79조제3항에 따라 같은 조 제2항에 따른 보상에 관한 계획을 공고할 때에는 전국을 보급지역으로 하는 일간신문에 공고하는 방법으로 한다.
[전문개정 2013.5.28.]

제42조(손실보상 또는 비용보상 재결의 신청 등) ① 법 제80조제2항에 따라 재결을 신청하려는 자는 국토교통부령으로 정하는 손실보상재결신청서에 다음 각 호의 사항을 적어 관할 토지수용위원회에 제출하여야 한다.
1. 재결의 신청인과 상대방의 성명 또는 명칭 및 주소
2. 공익사업의 종류 및 명칭
3. 손실 발생사실
4. 손실보상액과 그 명세
5. 협의의 내용

② 제1항의 신청에 따른 손실보상의 재결을 위한 심리에 관하여는 법 제32조제2항 및 제3항을 준용한다.
[전문개정 2013.5.28.]

제43조(보상전문기관 등) ① 법 제81조제1항제2호에서 "대통령령으로 정하는 기관"이란 다음 각 호의 기관을 말한다. <개정 2014.12.23., 2016.8.31.>
1. 「한국토지주택공사법」에 따른 한국토지주택공사
2. 「한국수자원공사법」에 따른 한국수자원공사
3. 「한국도로공사법」에 따른 한국도로공사
4. 「한국농어촌공사 및 농지관리기금법」에 따른 한국농어촌공사
5. 「한국감정원법」에 따른 한국감정원
6. 「지방공기업법」 제49조에 따라 특별시, 광역시, 도 및 특별자치도가 택지개발 및 주택건설 등의 사업을 하기 위하여 설립한 지방공사

② 사업시행자는 법 제81조에 따라 다음 각 호의 업무를 법 제81조제1항 각 호의 기관(이하 "보상전문기관"이라 한다)에 위탁할 수 있다. <개정 2014.1.17.>
1. 보상계획의 수립·공고 및 열람에 관한 업무
2. 토지대장 및 건축물대장 등 공부의 조사. 이 경우 토지대장 및 건축물대장은 부동산종합공부의 조사로 대신할 수 있다.
3. 토지등의 소유권 및 소유권 외의 권리 관련 사항의 조사
4. 분할측량 및 지적등록에 관한 업무
5. 토지조서 및 물건조서의 기재사항에 관한 조사
6. 잔여지 및 공익사업지구 밖의 토지등의 보상에 관한 조사
7. 영업·농업·어업 및 광업 손실에 관한 조사
8. 보상액의 산정(감정평가업무는 제외한다)
9. 보상협의, 계약체결 및 보상금의 지급
10. 보상 관련 민원처리 및 소송수행 관련 업무
11. 토지등의 등기 관련 업무
12. 이주대책의 수립·실시 또는 이주정착금의 지급
13. 그 밖에 보상과 관련된 부대업무

③ 사업시행자는 법 제81조에 따라 제2항 각 호의 업무를 보상전문기관에 위탁하려는

경우에는 미리 위탁내용과 위탁조건에 관하여 보상전문기관과 협의하여야 한다.

④ 사업시행자는 법 제81조에 따라 제2항 각 호의 업무를 보상전문기관에 위탁할 때에는 별표 1에 따른 위탁수수료를 보상전문기관에 지급하여야 한다. 다만, 사업시행자가 제2항 각 호의 업무 중 일부를 보상전문기관에 위탁하는 경우의 위탁수수료는 사업시행자와 보상전문기관이 협의하여 정한다.

⑤ 사업시행자는 보상전문기관이 통상적인 업무수행에 드는 경비가 아닌 평가수수료·측량수수료·등기수수료 및 변호사의 보수 등 특별한 비용을 지출하였을 때에는 이를 제4항에 따른 위탁수수료와는 별도로 보상전문기관에 지급하여야 한다.

[전문개정 2013.5.28.]

제44조(임의적 보상협의회의 설치·구성 및 운영 등) ① 법 제82조제1항 각 호 외의 부분 본문에 따른 보상협의회(이하 이 조에서 "보상협의회"라 한다)는 해당 사업지역을 관할하는 특별자치도, 시·군 또는 구(자치구를 말한다. 이하 이 조에서 같다)에 설치한다.

② 제1항의 경우 공익사업을 시행하는 지역이 둘 이상의 시·군 또는 구에 걸쳐 있는 경우에는 해당 시장·군수 또는 구청장(자치구의 구청장을 말한다. 이하 이 조에서 같다)이 협의하여 보상협의회를 설치할 시·군 또는 구를 결정하여야 한다.

③ 특별자치도지사·시장·군수 또는 구청장은 제1항 및 제2항에 따른 보상협의회를 설치할 필요가 있다고 인정하는 경우에는 특별한 사유가 있는 경우를 제외하고는 법 제15조제2항에 따른 보상계획의 열람기간 만료 후 30일 이내에 보상협의회를 설치하고 사업시행자에게 이를 통지하여야 한다.

④ 보상협의회는 위원장 1명을 포함하여 8명 이상 16명 이내의 위원으로 구성하되, 사업시행자를 위원에 포함시키고, 위원 중 3분의 1 이상은 토지소유자 또는 관계인으로 구성하여야 한다.

⑤ 보상협의회의 위원장은 해당 특별자치도·시·군 또는 구의 부지사·부시장·부군수 또는 부구청장이 되며, 위원장이 부득이한 사유로 직무를 수행할 수 없을 때에는 위원장이 지명하는 위원이 그 직무를 대행한다.

⑥ 보상협의회의 위원장은 보상협의회를 대표하며, 보상협의회의 업무를 총괄한다.

⑦ 보상협의회의 회의는 재적위원 과반수의 출석으로 개의(開議)한다.

⑧ 보상협의회의 위원장은 회의에서 협의된 사항을 해당 사업시행자에게 통보하여야 하며, 사업시행자는 정당하다고 인정되는 사항에 대해서는 이를 반영하여 사업을 수행하여야 한다.

⑨ 보상협의회에 보상협의회의 사무를 처리할 간사와 서기를 두며, 간사와 서기는 보상협의회의 위원장이 해당 특별자치도·시·군 또는 구의 소속 공무원 중에서 임명한다.

⑩ 사업시행자가 국가 또는 지방자치단체인 경우 사업시행자는 보상협의회에 출석한 공무원이 아닌 위원에게 수당을 지급할 수 있다.

⑪ 위원장은 사업시행자의 사업추진에 지장이 없도록 보상협의회를 운영하여야 하며, 보상협의회의 운영에 필요한 사항은 보상협의회의 회의를 거쳐 위원장이 정한다.

[전문개정 2013.5.28.]

제44조의2(의무적 보상협의회의 설치·구성 및 운영 등) ① 법 제82조제1항 각 호 외의 부분 단서에 따른 보상협의회(이하 이 조에서 "보상협의회"라 한다)는 제2항에 해당하는 공익사업에 대하여 해당 사업지역을 관할하는 특별자치도, 시·군 또는 구(자치구를 말한다. 이하 이 조에서 같다)에 설치한다. 다만, 다음 각 호의 어느 하나에 해당하는 경우에는 사업시행자가 설치하여야 한다.

1. 해당 사업지역을 관할하는 특별자치도, 시·군 또는 구의 부득이한 사정으로 보상협의회 설치가 곤란한 경우
2. 공익사업을 시행하는 지역이 둘 이상의 시·군 또는 구에 걸쳐 있는 경우로서 보상협의회 설치를 위한 해당 시장·군수 또는 구청장(자치구의 구청장을 말한다. 이하 이 조에서 같다) 간의 협의가 법 제15조제2항에 따른 보상계획의 열람기간 만료 후 30일 이내에 이루어지지 아니하는 경우

② 법 제82조제1항 각 호 외의 부분 단서에서 "대통령령으로 정하는 규모 이상의 공익사업"이란 해당 공익사업지구 면적이 10만 제곱미터 이상이고, 토지등의 소유자가 50인 이상인 공익사업을 말한다.

③ 특별자치도지사, 시장·군수 또는 구청장이 제1항 각 호 외의 부분 본문에 따른 보상협의회를 설치하려는 경우에는 특별한 사유가 있는 경우를 제외하고는 법 제15조제2항에 따른 보상계획의 열람기간 만료 후 30일 이내에 보

상협의회를 설치하고, 사업시행자에게 이를 통지하여야 하며, 사업시행자가 제1항 각 호 외의 부분 단서에 따른 보상협의회를 설치하려는 경우에는 특별한 사유가 있는 경우를 제외하고는 지체 없이 보상협의회를 설치하고, 특별자치도지사, 시장·군수 또는 구청장에게 이를 통지하여야 한다.

④ 보상협의회의 위원장은 해당 특별자치도, 시·군 또는 구의 부지사, 부시장·부군수 또는 부구청장이 되며, 위원장이 부득이한 사유로 직무를 수행할 수 없을 때에는 위원장이 지명하는 위원이 그 직무를 대행한다. 다만, 제1항 각 호 외의 부분 단서에 따른 보상협의회의 경우 위원은 해당 사업시행자가 임명하거나 위촉하고, 위원장은 위원 중에서 호선(互選)한다.

⑤ 보상협의회에 보상협의회의 사무를 처리할 간사와 서기를 두며, 간사와 서기는 보상협의회의 위원장이 해당 특별자치도, 시·군 또는 구의 소속 공무원(제1항 각 호 외의 부분 단서에 따른 보상협의회의 경우에는 사업시행자 소속 임직원을 말한다) 중에서 임명한다.

⑥ 제1항에 따른 보상협의회의 설치·구성 및 운영 등에 관하여는 제44조제2항, 제4항, 제6항부터 제8항까지, 제10항 및 제11항을 준용한다.

[전문개정 2013.5.28.]

제6장 이의신청 등

제45조(이의의 신청) ① 법 제83조에 따라 이의신청을 하려는 자는 국토교통부령으로 정하는 이의신청서(이하 "이의신청서"라 한다)에 다음 각 호의 사항을 적고, 재결서 정본의 사본을 첨부하여 해당 토지수용위원회에 제출하여야 한다.

1. 당사자의 성명 또는 명칭 및 주소
2. 신청의 요지 및 이유

② 법 제83조제2항에 따라 지방토지수용위원회가 이의신청서를 접수하였을 때에는 그 이의신청서에 다음 각 호의 서류를 첨부하여 지체 없이 중앙토지수용위원회에 송부하여야 한다.

1. 신청인이 재결서의 정본을 받은 날짜 등이 적힌 우편송달통지서 사본
2. 지방토지수용위원회가 의뢰하여 행한 감정평가서 및 심의안건 사본
3. 그 밖에 이의신청의 재결에 필요한 자료

③ 중앙토지수용위원회가 법 제83조에 따라 이의신청서를 접수하였을 때에는 신청인의 상대방에게 그 신청의 요지를 통지하여야 한다. 다만, 통지받을 자를 알 수 없거나 그 주소·거소 또는 그 밖에 통지할 장소를 알 수 없을 때에는 그러하지 아니하다.

[전문개정 2013.5.28.]

제46조(이의신청에 대한 재결서의 송달) 중앙토지수용위원회는 법 제84조에 따라 이의신청에 대한 재결을 한 경우에는 재결서의 정본을 사업시행자·토지소유자 및 관계인에게 송달하여야 한다.

[전문개정 2013.5.28.]

제47조(재결확정증명서) ① 사업시행자·토지소유자 또는 관계인은 법 제86조제2항에 따른 재결확정증명서(이하 이 조에서 "재결확정증명서"라 한다)의 발급을 청구하려는 경우에는 국토교통부령으로 정하는 재결확정증명청구서에 이의신청에 대한 재결서의 정본을 첨부하여 중앙토지수용위원회에 제출하여야 한다.

② 재결확정증명서는 재결서 정본의 끝에 「민사집행법」 제29조제2항에 준하여 집행문을 적고, 중앙토지수용위원회의 간사 또는 서기가 기명날인한 후 중앙토지수용위원회 위원장의 직인을 날인하여 발급한다.

③ 중앙토지수용위원회는 재결확정증명서를 발급하려는 경우에는 법 제85조제1항에 따른 행정소송의 제기 여부를 관할 법원에 조회하여야 한다.

[전문개정 2013.5.28.]

제7장 환매권

제48조(환매금액의 협의요건) 법 제91조제4항에 따른 토지의 가격이 취득일 당시에 비하여 현저히 변동된 경우는 환매권 행사 당시의 토지가격이 지급한 보상금에 환매 당시까지의 해당 사업과 관계없는 인근 유사토지의 지가변동률을 곱한 금액보다 높은 경우로 한다.

[전문개정 2013.5.28.]

제49조(공익사업의 변경 통지) ① 법 제91조제6항 전단 및 후단에서 "「공공기관의 운영에

관한 법률」 제4조에 따른 공공기관 중 대통령령으로 정하는 공공기관"이란 「공공기관의 운영에 관한 법률」 제5조제3항제1호의 공공기관을 말한다.

② 사업시행자는 법 제91조제6항에 따라 변경된 공익사업의 내용을 관보에 고시할 때에는 그 고시 내용을 법 제91조제1항에 따른 환매권자(이하 이 조에서 "환매권자"라 한다)에게 통지하여야 한다. 다만, 환매권자를 알 수 없거나 그 주소·거소 또는 그 밖에 통지할 장소를 알 수 없을 때에는 제3항에 따른 공고로 통지를 갈음할 수 있다.

③ 제2항 단서에 따른 공고는 사업시행자가 공고할 서류를 해당 토지의 소재지를 관할하는 시장(행정시의 시장을 포함한다)·군수 또는 구청장(자치구가 아닌 구의 구청장을 포함한다)에게 송부하여 해당 시(행정시를 포함한다)·군 또는 구(자치구가 아닌 구를 포함한다)의 게시판에 14일 이상 게시하는 방법으로 한다.

[전문개정 2013.5.28.]

제50조(환매권의 공고) 법 제92조제1항 단서에 따른 공고는 전국을 보급지역으로 하는 일간신문에 공고하거나 해당 토지가 소재하는 시(행정시를 포함한다)·군 또는 구(자치구가 아닌 구를 포함한다)의 게시판에 7일 이상 게시하는 방법으로 한다.

[전문개정 2013.5.28.]

제50조의2(고유식별정보의 처리) ① 사업시행자(법 제81조에 따라 보상 또는 이주대책에 관한 업무를 위탁받은 자를 포함한다)는 다음 각 호의 사무를 수행하기 위하여 불가피한 경우 「개인정보 보호법 시행령」 제19조제1호 또는 제4호에 따른 주민등록번호 또는 외국인등록번호가 포함된 자료를 처리할 수 있다.

1. 법 제8조제1항에 따른 공익사업의 수행을 위하여 필요한 서류의 발급 신청에 관한 사무
2. 법 제14조에 따른 토지조서 및 물건조서의 작성에 관한 사무
3. 법 제15조에 따른 보상계획의 공고 및 통지 등에 관한 사무
4. 법 제16조 및 제17조에 따른 토지등에 대한 보상에 관한 협의 및 계약의 체결에 관한 사무
5. 법 제28조제1항 및 제30조제2항에 따른 재결 신청에 관한 사무
6. 법 제29조에 따른 토지등에 대한 보상에 관한 협의 성립의 확인 신청에 관한 사무
7. 법 제38조에 따른 천재지변 시의 토지의 사용에 관한 사무
8. 법 제40조에 따른 보상금의 지급 또는 공탁에 관한 사무
9. 법 제63조제1항 단서에 따른 대토(代土)보상에 관한 사무 및 같은 조 제7항·제8항에 따른 채권보상에 관한 사무
10. 법 제70조에 따른 취득하는 토지의 보상에 관한 사무
11. 법 제71조에 따른 사용하는 토지의 보상에 관한 사무
12. 법 제76조에 따른 권리의 보상에 관한 사무
13. 법 제77조에 따른 영업손실, 농업손실, 휴직 또는 실직 근로자의 임금손실의 보상에 관한 사무
14. 법 제78조 및 제78조의2에 따른 이주대책의 수립 및 공장의 이주대책 수립 등에 관한 사무
15. 법 제79조제2항에 따른 공익사업이 시행되는 지역 밖의 토지등에 관한 손실보상에 관한 사무
16. 법 제91조 및 제92조에 따른 토지의 환매 및 환매권의 통지 등에 관한 사무

② 국토교통부장관 또는 시·도지사는 토지수용위원회 위원의 위촉과 관련하여 법 제54조에 따른 결격사유를 확인하기 위하여 불가피한 경우 「개인정보 보호법 시행령」 제19조제1호 또는 제4호에 따른 주민등록번호 또는 외국인등록번호가 포함된 자료를 처리할 수 있다.

[본조신설 2014.8.6.]

[종전 제50조의2는 제50조의3으로 이동 <2014.8.6.>]

제50조의3 삭제 <2016.12.30.>

제8장 벌칙

제51조(과태료의 부과기준) 법 제99조제1항에 따른 과태료의 부과기준은 별표 2와 같다.

[전문개정 2013.5.28.]

부칙

<제28136호, 2017.6.20.>

이 영은 2017년 6월 22일부터 시행한다.

국토기본법

[시행 2017.10.19.]
[법률 제14804호, 2017.4.18., 타법개정]

제1장 총칙

<개정 2011.5.30.>

제1조(목적) 이 법은 국토에 관한 계획 및 정책의 수립·시행에 관한 기본적인 사항을 정함으로써 국토의 건전한 발전과 국민의 복리 향상에 이바지함을 목적으로 한다.

제2조(국토관리의 기본 이념) 국토는 모든 국민의 삶의 터전이며 후세에 물려줄 민족의 자산이므로, 국토에 관한 계획 및 정책은 개발과 환경의 조화를 바탕으로 국토를 균형 있게 발전시키고 국가의 경쟁력을 높이며 국민의 삶의 질을 개선함으로써 국토의 지속가능한 발전을 도모할 수 있도록 수립·집행하여야 한다.
[전문개정 2011.5.30.]

제3조(국토의 균형 있는 발전) ① 국가와 지방자치단체는 각 지역이 특성에 따라 개성 있게 발전하고, 자립적인 경쟁력을 갖추도록 함으로써 국민 모두가 안정되고 편리한 삶을 누릴 수 있는 국토 여건을 조성하여야 한다.
② 국가와 지방자치단체는 수도권과 비수도권(非首都圈), 도시와 농촌·산촌·어촌, 대도시와 중소도시 간의 균형 있는 발전을 이룩하고, 생활 여건이 현저히 뒤떨어진 지역이 발전할 수 있는 기반을 구축하여야 한다.
③ 국가와 지방자치단체는 지역 간의 교류협력을 촉진시키고 체계적으로 지원함으로써 지역 간의 화합과 공동 번영을 도모하여야 한다.
[전문개정 2011.5.30.]

제4조(경쟁력 있는 국토 여건의 조성) ① 국가와 지방자치단체는 도로, 철도, 항만, 공항, 용수(用水) 시설, 물류 시설, 정보통신 시설 등 국토의 기간시설(基幹施設)을 체계적으로 확충하여 국가경쟁력을 강화하고 국민생활의 질적 향상을 도모하여야 한다.
② 국가와 지방자치단체는 농지, 수자원, 산림자원, 식량자원, 광물자원, 생태자원, 해양수산자원 등 국토자원의 효율적인 이용과 체계적인 보전·관리를 위하여 노력하여야 한다. <개정 2017.4.18.>
③ 국가와 지방자치단체는 국제교류가 활발히 이루어질 수 있는 국토 여건을 조성함으로써 대륙과 해양을 잇는 국토의 지리적 특성을 최대한 살리도록 하여야 한다.
[전문개정 2011.5.30.]

제5조(환경친화적 국토관리) ① 국가와 지방자치단체는 국토에 관한 계획 또는 사업을 수립·집행할 때에는 「환경정책기본법」에 따른 환경보전계획의 내용을 고려하여 자연환경과 생활환경에 미치는 영향을 사전에 검토함으로써 환경에 미치는 부정적인 영향이 최소화될 수 있도록 하여야 한다. <개정 2016.12.2.>
② 국가와 지방자치단체는 국토의 무질서한 개발을 방지하고 국민생활에 필요한 토지를 원활하게 공급하기 위하여 토지이용에 관한 종합적인 계획을 수립하고 이에 따라 국토공간을 체계적으로 관리하여야 한다.
③ 국가와 지방자치단체는 산, 하천, 호수, 늪, 연안, 해양으로 이어지는 자연생태계를 통합적으로 관리·보전하고 훼손된 자연생태계를 복원하기 위한 종합적인 시책을 추진함으로써 인간이 자연과 더불어 살 수 있는 쾌적한 국토 환경을 조성하여야 한다.
④ 국토교통부장관은 제1항에 따른 국토에 관한 계획과 「환경정책기본법」에 따른 환경보전계획의 연계를 위하여 필요한 경우에는 적용범위, 연계 방법 및 절차 등을 환경부장관과 공동으로 정할 수 있다. <신설 2016.12.2.>
[전문개정 2011.5.30.]

제2장 국토계획의 수립 등

제5조의2(지속가능한 국토관리의 평가지표 및 기준) ① 국토교통부장관은 국토의 지속가능하고 균형 있는 발전을 위하여 국토관리의 지속가능성을 측정·평가하기 위한 지표 및 기준을 설정(변경하는 경우를 포함한다. 이하 이 조에서 같다)하여 공고하여야 한다. 이 경우 국토교통부장관은 미리 관계 중앙행정기관의 장과 협의하여야 한다. <개정 2013.3.23.>
② 지방자치단체의 장은 지역의 특수성을 고려하여 필요하다고 인정할 때에는 제1항에 따른 지표 및 기준을 충분히 고려하여 별도의 지표

및 기준을 설정하여 공고할 수 있다. 이 경우 지방자치단체의 장은 미리 관계 행정기관의 장과 협의한 후 「국토의 계획 및 이용에 관한 법률」 제113조에 따라 그 지방자치단체에 설치된 지방도시계획위원회의 심의를 거쳐야 한다.

③ 지방자치단체의 장은 제2항에 따라 지표 및 기준을 설정·공고하였을 때에는 지체 없이 국토교통부장관에게 보고하여야 한다. <개정 2013.3.23.>

④ 관계 행정기관의 장은 국토에 관한 계획 및 정책을 수립할 때에는 제1항과 제2항에 따라 설정·공고한 지표 및 기준을 고려하여야 한다.

⑤ 국토교통부장관과 지방자치단체의 장은 제1항과 제2항에 따른 지표 및 기준을 활용하여 대통령령으로 정하는 바에 따라 국토관리의 지속가능성을 측정·평가할 수 있다. <개정 2013.3.23.>

[전문개정 2011.5.30.]

제6조(국토계획의 정의 및 구분) ① 이 법에서 "국토계획"이란 국토를 이용·개발 및 보전할 때 미래의 경제적·사회적 변동에 대응하여 국토가 지향하여야 할 발전 방향을 설정하고 이를 달성하기 위한 계획을 말한다.

② 국토계획은 다음 각 호의 구분에 따라 국토종합계획, 도종합계획, 시·군 종합계획, 지역계획 및 부문별계획으로 구분한다. <개정 2011.4.14.>

1. 국토종합계획: 국토 전역을 대상으로 하여 국토의 장기적인 발전 방향을 제시하는 종합계획
2. 도종합계획: 도 또는 특별자치도의 관할구역을 대상으로 하여 해당 지역의 장기적인 발전 방향을 제시하는 종합계획
3. 시·군종합계획: 특별시·광역시·시 또는 군(광역시의 군은 제외한다)의 관할구역을 대상으로 하여 해당 지역의 기본적인 공간구조와 장기 발전 방향을 제시하고, 토지이용, 교통, 환경, 안전, 산업, 정보통신, 보건, 후생, 문화 등에 관하여 수립하는 계획으로서 「국토의 계획 및 이용에 관한 법률」에 따라 수립되는 도시·군계획
4. 지역계획: 특정 지역을 대상으로 특별한 정책목적을 달성하기 위하여 수립하는 계획
5. 부문별계획: 국토 전역을 대상으로 하여 특정 부문에 대한 장기적인 발전 방향을 제시하는 계획

[전문개정 2011.5.30.]

제7조(국토계획의 상호 관계) ① 국토종합계획은 도종합계획 및 시·군종합계획의 기본이 되며, 부문별계획과 지역계획은 국토종합계획과 조화를 이루어야 한다.

② 도종합계획은 해당 도의 관할구역에서 수립되는 시·군종합계획의 기본이 된다.

③ 국토종합계획은 20년을 단위로 하여 수립하며, 도종합계획, 시·군종합계획, 지역계획 및 부문별계획의 수립권자는 국토종합계획의 수립 주기를 고려하여 그 수립 주기를 정하여야 한다.

[전문개정 2011.5.30.]

제8조(다른 법령에 따른 계획과의 관계) 이 법에 따른 국토종합계획은 다른 법령에 따라 수립되는 국토에 관한 계획에 우선하며 그 기본이 된다. 다만, 군사에 관한 계획에 대하여는 그러하지 아니하다.

[전문개정 2011.5.30.]

제9조(국토종합계획의 수립) ① 국토교통부장관은 국토종합계획을 수립하여야 한다. <개정 2013.3.23.>

② 국토교통부장관은 국토종합계획을 수립하려는 경우에는 중앙행정기관의 장 및 특별시장·광역시장·도지사 또는 특별자치도지사(이하 "시·도지사"라 한다)에게 대통령령으로 정하는 바에 따라 국토종합계획에 반영되어야 할 정책 및 사업에 관한 소관별 계획안의 제출을 요청할 수 있다. 이 경우 중앙행정기관의 장 및 시·도지사는 특별한 사유가 없으면 요청에 따라야 한다. <개정 2013.3.23.>

③ 국토교통부장관은 제2항에 따라 받은 소관별 계획안을 기초로 대통령령으로 정하는 바에 따라 이를 조정·총괄하여 국토종합계획안을 작성하며, 제출된 소관별 계획안의 내용 외에 국토종합계획에 포함되는 것이 타당하다고 인정하는 사항은 관계 행정기관의 장과 협의하여 국토종합계획안에 반영할 수 있다. <개정 2013.3.23.>

④ 이미 수립된 국토종합계획을 변경하는 경우에는 제2항과 제3항을 준용한다.

[전문개정 2011.5.30.]

제10조(국토종합계획의 내용) 국토종합계획에

는 다음 각 호의 사항에 대한 기본적이고 장기적인 정책방향이 포함되어야 한다. <개정 2017.4.18.>
1. 국토의 현황 및 여건 변화 전망에 관한 사항
2. 국토발전의 기본 이념 및 바람직한 국토 미래상의 정립에 관한 사항
3. 국토의 공간구조의 정비 및 지역별 기능 분담 방향에 관한 사항
4. 국토의 균형발전을 위한 시책 및 지역산업 육성에 관한 사항
5. 국가경쟁력 향상 및 국민생활의 기반이 되는 국토 기간 시설의 확충에 관한 사항
6. 토지, 수자원, 산림자원, 해양수산자원 등 국토자원의 효율적 이용 및 관리에 관한 사항
7. 주택, 상하수도 등 생활 여건의 조성 및 삶의 질 개선에 관한 사항
8. 수해, 풍해(風害), 그 밖의 재해의 방제(防除)에 관한 사항
9. 지하 공간의 합리적 이용 및 관리에 관한 사항
10. 지속가능한 국토 발전을 위한 국토 환경의 보전 및 개선에 관한 사항
11. 그 밖에 제1호부터 제10호까지에 부수(附隨)되는 사항

[전문개정 2011.5.30.]

제11조(공청회의 개최) ① 국토교통부장관은 국토종합계획안을 작성하였을 때에는 공청회를 열어 일반 국민과 관계 전문가 등으로부터 의견을 들어야 하며, 공청회에서 제시된 의견이 타당하다고 인정하면 국토종합계획에 반영하여야 한다. 다만, 국방상 기밀을 유지하여야 하는 사항으로서 국방부장관이 요청한 사항은 그러하지 아니하다. <개정 2013.3.23.>
② 제1항에 따른 공청회의 개최에 필요한 사항은 대통령령으로 정한다.
[전문개정 2011.5.30.]

제12조(국토종합계획의 승인) ① 국토교통부장관은 국토종합계획을 수립하거나 확정된 계획을 변경하려면 미리 제26조에 따른 국토정책위원회(이하 "국토정책위원회"라 한다)와 국무회의의 심의를 거친 후 대통령의 승인을 받아야 한다. <개정 2013.3.23.>
② 국토교통부장관은 제1항에 따라 국토정책위원회의 심의를 받으려는 경우에는 미리 심의안에 대하여 관계 중앙행정기관의 장과 협의하여야 하며 시·도지사의 의견을 들어야 한다. <개정 2013.3.23.>
③ 제2항에 따른 심의안을 받은 관계 중앙행정기관의 장 및 시·도지사는 특별한 사유가 없으면 심의안을 받은 날부터 30일 이내에 국토교통부장관에게 의견을 제시하여야 한다. <개정 2013.3.23.>
④ 국토교통부장관은 제1항에 따라 국토종합계획을 승인받았을 때에는 지체 없이 그 주요 내용을 관보에 공고하고, 관계 중앙행정기관의 장, 시·도지사, 시장 및 군수(광역시의 군수는 제외한다. 이하 이 장에서 같다)에게 국토종합계획을 보내야 한다. <개정 2013.3.23.>
[전문개정 2011.5.30.]

제13조(도종합계획의 수립) ① 도지사(특별자치도의 경우에는 특별자치도지사를 말한다. 이하 같다)는 다음 각 호의 사항에 대한 도종합계획을 수립하여야 한다. 다만, 다른 법률에 따라 따로 계획이 수립된 도로서 대통령령으로 정하는 도는 도종합계획을 수립하지 아니할 수 있다.
1. 지역 현황·특성의 분석 및 대내외적 여건 변화의 전망에 관한 사항
2. 지역발전의 목표와 전략에 관한 사항
3. 지역 공간구조의 정비 및 지역 내 기능 분담 방향에 관한 사항
4. 교통, 물류, 정보통신망 등 기반시설의 구축에 관한 사항
5. 지역의 자원 및 환경 개발과 보전·관리에 관한 사항
6. 토지의 용도별 이용 및 계획적 관리에 관한 사항
7. 그 밖에 도의 지속가능한 발전에 필요한 사항으로서 대통령령으로 정하는 사항

② 도지사는 제1항에 따라 도종합계획을 수립할 때에는 「국토의 계획 및 이용에 관한 법률」에 따라 도에 설치된 도시계획위원회의 심의를 거쳐야 한다.
③ 도종합계획의 수립 기준 및 작성 방법은 대통령령으로 정하는 바에 따라 국토교통부장관이 정한다. <개정 2013.3.23.>
[전문개정 2011.5.30.]

제14조(도종합계획의 수립을 위한 공청회) 도종합계획의 수립에 관하여는 제11조를 준용한다.
[전문개정 2011.5.30.]

제15조(도종합계획의 승인) ① 도지사는 도종합

계획을 수립하였을 때에는 국토교통부장관의 승인을 받아야 한다. 승인받은 도종합계획을 변경할 때에도 또한 같다. <개정 2013.3.23.>
② 국토교통부장관은 제1항에 따라 도종합계획을 승인하려면 미리 관계 중앙행정기관의 장과 협의한 후 국토정책위원회의 심의를 거쳐야 한다. <개정 2013.3.23.>
③ 제2항에 따라 협의 요청을 받은 관계 중앙행정기관의 장은 특별한 사유가 없으면 그 요청을 받은 날부터 30일 이내에 국토교통부장관에게 의견을 제시하여야 한다. <개정 2013.3.23.>
④ 도지사는 제1항에 따른 승인을 받으면 지체 없이 그 주요 내용을 공보에 공고하고, 관할구역에 있는 시장 및 군수에게 도종합계획을 보내야 한다.
[전문개정 2011.5.30.]

제16조(지역계획의 수립) ① 중앙행정기관의 장 또는 지방자치단체의 장은 지역 특성에 맞는 정비나 개발을 위하여 필요하다고 인정하면 관계 중앙행정기관의 장과 협의하여 관계 법률에서 정하는 바에 따라 다음 각 호의 구분에 따른 지역계획을 수립할 수 있다. <개정 2014.6.3.>
1. 수도권 발전계획: 수도권에 과도하게 집중된 인구와 산업의 분산 및 적정배치를 유도하기 위하여 수립하는 계획
2. 지역개발계획: 성장 잠재력을 보유한 낙후지역 또는 거점지역 등과 그 인근지역을 종합적·체계적으로 발전시키기 위하여 수립하는 계획
3. 삭제 <2014.6.3.>
4. 삭제 <2014.6.3.>
5. 그 밖에 다른 법률에 따라 수립하는 지역계획

② 중앙행정기관의 장 또는 지방자치단체의 장은 제1항에 따라 지역계획을 수립하거나 변경한 때에는 이를 지체 없이 국토교통부장관에게 알려야 한다. <개정 2013.3.23.>
[전문개정 2011.5.30.]

제17조(부문별계획의 수립) ① 중앙행정기관의 장은 국토 전역을 대상으로 하여 소관 업무에 관한 부문별계획을 수립할 수 있다.
② 중앙행정기관의 장은 제1항에 따른 부문별계획을 수립할 때에는 국토종합계획의 내용을 반영하여야 하며, 이와 상충(相衝)되지 아니하도록 하여야 한다.
③ 중앙행정기관의 장은 제1항에 따라 부문별계획을 수립하거나 변경한 때에는 지체 없이 국토교통부장관에게 알려야 한다. <개정 2013.3.23.>
[전문개정 2011.5.30.]

제3장 국토계획의 효율적 추진

제18조(실천계획의 수립 및 평가) ① 중앙행정기관의 장 및 시·도지사는 국토종합계획의 내용을 소관 업무와 관련된 정책 및 계획에 반영하여야 하며, 대통령령으로 정하는 바에 따라 국토종합계획을 실행하기 위한 소관별 실천계획을 수립하여 국토교통부장관에게 제출하여야 한다. <개정 2013.3.23.>
② 중앙행정기관의 장 및 시·도지사는 소관별 실천계획의 추진 실적서를 작성하여 대통령령으로 정하는 바에 따라 국토교통부장관에게 제출하여야 한다. <개정 2013.3.23.>
③ 국토교통부장관은 제2항에 따라 받은 추진 실적을 종합하여 대통령령으로 정하는 바에 따라 국토종합계획의 성과를 정기적으로 평가하고 그 결과를 국토정책의 수립·집행에 반영하여야 한다. <개정 2013.3.23.>
④ 국토교통부장관은 제3항에 따른 평가를 효율적으로 하기 위하여 이에 필요한 조사·분석 등을 전문기관에 의뢰할 수 있다. <개정 2013.3.23.>
[전문개정 2011.5.30.]

제19조(국토종합계획의 정비) 국토교통부장관은 제18조제3항에 따른 평가 결과와 사회적·경제적 여건 변화를 고려하여 5년마다 국토종합계획을 전반적으로 재검토하고 필요하면 정비하여야 한다. <개정 2013.3.23.>
[전문개정 2011.5.30.]

제19조의2(국토계획평가의 대상 및 기준) ① 국토교통부장관은 대통령령으로 정하는 중장기적·지침적 성격의 국토계획을 대상으로 국토의 균형 있는 발전, 경쟁력 있는 국토여건의 조성 및 환경친화적인 국토관리 측면에서 국토의 지속가능한 발전에 이바지하는지를 평가(이하 "국토계획평가"라 한다)하여야 한다. <개정 2013.3.23.>

② 국토계획평가의 기준은 제2조부터 제5조까지의 규정에 따른 국토관리의 기본이념을 고려하여 대통령령으로 정한다.
[본조신설 2011.5.30.]

제19조의3(국토계획평가의 절차) ① 제19조의2제1항에 따른 국토계획평가 대상이 되는 국토계획의 수립권자는 해당 국토계획을 수립하거나 변경하기 전에 대통령령으로 정하는 바에 따라 국토계획평가 요청서를 작성하여 국토교통부장관에게 제출하여야 한다. <개정 2013.3.23.>
② 제1항에 따라 국토계획평가 요청서를 제출받은 국토교통부장관은 국토계획평가를 실시한 후 그 결과에 대하여 국토정책위원회의 심의를 거쳐야 한다. <개정 2013.3.23.>
③ 국토교통부장관은 제2항에 따라 국토계획평가를 실시할 때 필요한 경우에는 「정부출연연구기관 등의 설립·운영 및 육성에 관한 법률」에 따라 설립된 정부출연연구기관이나 관계 전문가에게 현지조사를 의뢰하거나 의견을 들을 수 있으며, 제1항에 따른 국토계획평가 요청서 중 환경친화적인 국토관리에 관한 사항은 대통령령으로 정하는 바에 따라 환경부장관의 의견을 들어야 한다. <개정 2013.3.23.>
④ 제1항에 따른 국토계획평가 요청서 제출 시기, 제2항에 따른 국토계획평가 결과의 통보 절차 및 그 밖에 국토계획평가 절차에 필요한 사항은 대통령령으로 정한다.
[본조신설 2011.5.30.]

제20조(계획 간의 조정) ① 국토교통부장관은 도종합계획, 시·군종합계획, 지역계획 및 부문별계획이 다음 각 호의 어느 하나에 해당하는 경우에는 중앙행정기관의 장 또는 지방자치단체의 장에게 해당 계획을 조정할 것을 요청할 수 있다. <개정 2013.3.23., 2016.12.2.>
1. 서로 상충되거나 국토종합계획에 부합하지 아니한다고 판단되는 경우
2. 제19조의3제2항에 따른 국토계획평가 실시 결과 해당 국토계획을 보완·조정할 필요가 있다고 인정되는 경우
3. 「환경정책기본법」에 따른 환경보전계획과의 연계성이 부족하여 상호 보완·조정할 필요가 있다고 인정되는 경우

② 제1항에 따라 계획을 조정할 것을 요청받은 중앙행정기관의 장 또는 지방자치단체의 장이 특별한 사유 없이 이를 반영하지 아니하는 경우에는 국토교통부장관이 국토정책위원회의 심의를 거쳐 이를 조정할 수 있다. <개정 2013.3.23.>
③ 국토교통부장관은 제2항에 따른 조정을 하려면 미리 관계 중앙행정기관의 장 또는 해당 지방자치단체의 장의 의견을 들어야 한다. <개정 2013.3.23.>
[전문개정 2011.5.30.]

제21조(국토계획에 관한 처분 등의 조정) ① 국토교통부장관은 중앙행정기관의 장 또는 지방자치단체의 장이 국토계획의 시행을 위하여 하는 처분이나 사업이 상충되어 국토계획의 원활한 실시에 지장을 줄 우려가 있다고 인정하는 경우에는 국토정책위원회의 심의를 거쳐 그 처분이나 사업을 조정할 수 있다. <개정 2013.3.23.>
② 관계 중앙행정기관의 장 또는 지방자치단체의 장은 국토교통부장관에게 제1항에 따른 처분이나 사업의 조정을 요청할 수 있다. <개정 2013.3.23.>
③ 국토교통부장관은 제1항에 따른 조정을 하려면 미리 관계 중앙행정기관의 장 또는 해당 지방자치단체의 장의 의견을 들어야 한다. <개정 2013.3.23.>
[전문개정 2011.5.30.]

제22조(재정상의 조치) 중앙행정기관의 장과 지방자치단체의 장은 국토계획이 실효성 있게 추진될 수 있도록 필요한 재정상의 조치를 마련하여야 한다.
[전문개정 2011.5.30.]

제4장 국토정보체계의 구축 등

제23조 삭제 <2009.2.6.>

제24조(국토의 계획 및 이용에 관한 연차보고) ① 정부는 국토의 계획 및 이용의 주요 시책에 관한 보고서(이하 "연차보고서"라 한다)를 작성하여 매년 정기국회 개회 전까지 국회에 제출하여야 한다.
② 제1항의 보고서에는 다음 각 호의 내용이 포함되어야 한다.
1. 국토계획의 수립 및 관리
2. 국토의 계획 및 이용에 관하여 추진된 시책과 추진하려는 시책

3. 지역개발 현황 및 주요 시책
4. 사회간접자본의 현황
5. 국토자원의 이용 현황
6. 국토 환경 현황 및 주요 시책
7. 용도지역별 토지이용 현황 및 토지거래 동향
8. 그 밖에 국토계획 및 국토 이용에 관한 중요 사항

[전문개정 2011.5.30.]

제25조(국토 조사) ① 국토교통부장관은 국토에 관한 계획 또는 정책의 수립, 「국가공간정보 기본법」 제32조제2항에 따른 공간정보의 제작, 연차보고서의 작성 등을 위하여 필요할 때에는 미리 인구, 경제, 사회, 문화, 교통, 환경, 토지이용, 그 밖에 대통령령으로 정하는 사항에 대하여 조사할 수 있다. <개정 2013.3.23., 2014.6.3.>

② 국토교통부장관은 중앙행정기관의 장 또는 지방자치단체의 장에게 조사에 필요한 자료의 제출을 요청하거나 제1항의 조사 사항 중 일부를 직접 조사하도록 요청할 수 있다. 이 경우 요청을 받은 중앙행정기관의 장 또는 지방자치단체의 장은 특별한 사유가 없으면 요청에 따라야 한다. <개정 2013.3.23.>

③ 국토교통부장관은 효율적인 국토 조사를 위하여 필요하면 제1항에 따른 조사를 전문기관에 의뢰할 수 있다. <개정 2013.3.23.>

④ 제1항에 따른 국토 조사의 종류와 방법 등에 필요한 사항은 대통령령으로 정한다.

[전문개정 2011.5.30.]

제5장 국토정책위원회

<신설 2011.5.30.>

제26조(국토정책위원회) ① 국토계획 및 정책에 관한 중요 사항을 심의하기 위하여 국무총리 소속으로 국토정책위원회를 둔다.

② 국토정책위원회는 다음 각 호의 사항을 심의한다. 다만, 제3호와 제4호의 경우 다른 법률에서 다른 위원회의 심의를 거치도록 한 경우에는 국토정책위원회의 심의를 거치지 아니한다.

1. 국토종합계획에 관한 사항
2. 도종합계획에 관한 사항
3. 지역계획에 관한 사항
4. 부문별계획에 관한 사항
5. 국토계획평가에 관한 사항
6. 제20조제2항 및 제21조에 따른 국토계획 및 국토계획에 관한 처분 등의 조정에 관한 사항
7. 이 법 또는 다른 법률에서 국토정책위원회의 심의를 거치도록 한 사항
8. 그 밖에 국토정책위원회 위원장 또는 제28조에 따른 분과위원회 위원장이 회의에 부치는 사항

[본조신설 2011.5.30.]

제27조(구성 등) ① 국토정책위원회는 위원장 1명, 부위원장 2명을 포함한 42명 이내의 위원으로 구성하고, 위원은 당연직위원과 위촉위원으로 구성한다. 다만, 지역계획에 관한 사항을 심의하는 경우에는 해당 시·도지사는 위원 정수에도 불구하고 해당 사항에 한정하여 위원이 된다. <개정 2013.3.23.>

② 위원장은 국무총리가 되고, 부위원장은 국토교통부장관과 위촉위원 중에서 호선으로 선정된 위원으로 한다. <개정 2013.3.23.>

③ 위원은 다음 각 호의 사람으로 한다. <개정 2013.3.23.>

1. 당연직위원: 대통령령으로 정하는 중앙행정기관의 장과 국무조정실장, 「국가균형발전 특별법」에 따른 지역발전위원회 위원장
2. 위촉위원: 국토계획 및 정책에 관하여 학식과 경험이 풍부한 사람으로서 국무총리가 위촉한 사람

④ 위촉위원의 임기는 2년으로 하되, 사임 등으로 인하여 새로 위촉된 위원의 임기는 전임위원 임기의 남은 기간으로 한다.

⑤ 제1항부터 제4항까지에서 규정한 사항 외에 국토정책위원회의 구성 및 운영 등에 필요한 사항은 대통령령으로 정한다.

[본조신설 2011.5.30.]

제28조(분과위원회 및 전문위원 등) ① 국토정책위원회의 업무를 효율적으로 수행하기 위하여 대통령령으로 정하는 바에 따라 분야별로 분과위원회를 둔다.

② 분과위원회의 심의는 국토정책위원회의 심의로 본다.

③ 국토정책위원회와 분과위원회의 주요 심의사항에 관하여 자문하기 위하여 국토정책위원회의 위원장은 국토계획 및 정책에 관한 전문지식 및 경험이 있는 사람 중에서

전문위원을 위촉할 수 있다.
④ 전문위원은 국토정책위원회와 분과위원회에 출석하여 발언할 수 있으며, 필요한 경우 위원회에 서면으로 의견을 제출할 수 있다.
⑤ 분과위원회의 구성·운영 및 전문위원의 임기 등에 필요한 사항은 대통령령으로 정한다.
[본조신설 2011.5.30.]

제29조 삭제 <2008.2.29.>

제30조 삭제 <2008.2.29.>

제6장 보칙
<개정 2011.5.30.>

제31조(비용 부담의 원칙) 국토계획의 수립, 국토 조사 등에 관한 비용은 이 법 또는 다른 법률에 특별한 규정이 있는 경우를 제외하고는 이를 수행하는 자가 부담하는 것을 원칙으로 한다. 다만, 제25조제2항에 따라 지방자치단체가 국토 조사를 하는 경우에는 국고에서 그 비용의 일부를 보조할 수 있다.
[전문개정 2011.5.30.]

제32조(「공간정보의 구축 및 관리 등에 관한 법률」의 준용) ① 국토계획의 수립 등을 위한 국토 조사에 필요한 자료의 제출, 국토 조사의 통지·공고, 토지 등의 출입, 장애물 등의 변경·제거, 토지 등의 일시 사용, 국토 조사로 인한 손실 보상, 표지의 설치·관리·보호에 관하여는 「공간정보의 구축 및 관리 등에 관한 법률」 제8조제2항·제3항·제6항·제7항, 제9조, 제11조, 제12조, 제101조 및 제102조를 각각 준용한다. <개정 2014.6.3.>
② 제1항에 규정된 사항 중 표지의 보호, 토지 등의 출입 및 그 일시 사용에 관한 사항의 위반에 대한 벌칙에 관하여는 「공간정보의 구축 및 관리 등에 관한 법률」 제108조제1호 및 제111조제1항제18호를 각각 준용한다. <개정 2014.6.3.>
[전문개정 2011.5.30.]
[제목개정 2014.6.3.]

제33조(권한의 위임 및 업무의 위탁) ① 이 법에 따른 국토교통부장관의 권한은 그 일부를 대통령령으로 정하는 바에 따라 소속 기관의 장 또는 시·도지사에게 위임할 수 있다. <개정 2013.3.23.>
② 이 법에 따른 국토교통부장관, 시·도지사, 시장 또는 군수의 업무는 그 일부를 대통령령 또는 해당 지방자치단체의 조례로 정하는 바에 따라 다른 행정청이나 행정청이 아닌 자에게 위탁할 수 있다. <개정 2013.3.23.>
③ 제2항에 따라 위탁을 받은 자로서 행정청이 아닌 자나 그에 소속된 직원은 「형법」 제129조부터 제132조까지의 규정을 적용할 때에는 각각 공무원으로 본다.
[전문개정 2011.5.30.]

부칙
<제14804호, 2017.4.18.>
(해양수산발전 기본법)

제1조(시행일) 이 법은 공포 후 6개월이 경과한 날부터 시행한다.

제2조(다른 법률의 개정) ① 및 ② 생략
③ 국토기본법 일부를 다음과 같이 개정한다.
제4조제2항 및 제10조제6호 중 "해양자원"을 각각 "해양수산자원"으로 한다.
④부터 ⑨까지 생략

수도권정비계획법

[시행 2017.7.18.]
[법률 제14543호, 2017.1.17., 일부개정]

제1조(목적) 이 법은 수도권(首都圈) 정비에 관한 종합적인 계획의 수립과 시행에 필요한 사항을 정함으로써 수도권에 과도하게 집중된 인구와 산업을 적정하게 배치하도록 유도하여 수도권을 질서 있게 정비하고 균형 있게 발전시키는 것을 목적으로 한다.

제2조(정의) 이 법에서 사용하는 용어의 뜻은 다음과 같다.
1. "수도권"이란 서울특별시와 대통령령으로 정하는 그 주변 지역을 말한다.
2. "수도권정비계획"이란 「국토기본법」 제6조제2항제1호에 따른 국토종합계획을 기본으로 하여 제4조에 따라 수립되는 계획을 말한다.
3. "인구집중유발시설"이란 학교, 공장, 공공 청사, 업무용 건축물, 판매용 건축물, 연수 시설, 그 밖에 인구 집중을 유발하는 시설로서 대통령령으로 정하는 종류 및 규모 이상의 시설을 말한다.
4. "대규모개발사업"이란 택지, 공업 용지 및 관광지 등을 조성할 목적으로 하는 사업으로서 대통령령으로 정하는 종류 및 규모 이상의 사업을 말한다.
5. "공업지역"이란 다음 각 목의 지역을 말한다.
   가. 「국토의 계획 및 이용에 관한 법률」에 따라 지정된 공업지역
   나. 「국토의 계획 및 이용에 관한 법률」과 그 밖의 관계 법률에 따라 공업 용지와 이에 딸린 용도로 이용되고 있거나 이용될 일단(一團)의 지역으로서 대통령령으로 정하는 종류 및 규모 이상의 지역

제3조(다른 계획 등과의 관계) ① 수도권정비계획은 수도권의 「국토의 계획 및 이용에 관한 법률」에 따른 도시·군계획, 그 밖의 다른 법령에 따른 토지 이용 계획 또는 개발 계획 등에 우선하며, 그 계획의 기본이 된다. 다만, 수도권의 군사에 관한 사항에 대하여는 그러하지 아니하다. <개정 2011.4.14.>

② 중앙행정기관의 장이나 서울특별시장·광역시장·도지사 또는 시장·군수·자치구의 구청장 등 관계 행정기관의 장은 수도권정비계획에 맞지 아니하는 토지 이용 계획이나 개발 계획 등을 수립·시행하여서는 아니 된다.

제4조(수도권정비계획의 수립) ① 국토교통부장관은 수도권의 인구 및 산업의 집중을 억제하고 적정하게 배치하기 위하여 중앙행정기관의 장과 서울특별시장·광역시장 또는 도지사(이하 "시·도지사"라 한다)의 의견을 들어 다음 각 호의 사항이 포함된 수도권정비계획안을 입안한다. <개정 2013.3.23.>
1. 수도권 정비의 목표와 기본 방향에 관한 사항
2. 인구와 산업 등의 배치에 관한 사항
3. 권역(圈域)의 구분과 권역별 정비에 관한 사항
4. 인구집중유발시설 및 개발사업의 관리에 관한 사항
5. 광역적 교통 시설과 상하수도 시설 등의 정비에 관한 사항
6. 환경 보전에 관한 사항
7. 수도권 정비를 위한 지원 등에 관한 사항
8. 제1호부터 제7호까지의 사항에 대한 계획의 집행 및 관리에 관한 사항
9. 그 밖에 대통령령으로 정하는 수도권 정비에 관한 사항

② 국토교통부장관은 제1항에 따른 수도권정비계획안을 제21조에 따른 수도권정비위원회의 심의를 거친 후 국무회의의 심의와 대통령의 승인을 받아 결정한다. 결정된 수도권정비계획을 변경할 때에도 또한 같다. 다만, 대통령령으로 정하는 경미한 사항은 수도권정비위원회의 심의를 거쳐 변경할 수 있다. <개정 2013.3.23.>

③ 국토교통부장관은 제2항에 따라 결정된 수도권정비계획을 대통령령으로 정하는 바에 따라 고시하고, 중앙행정기관의 장 및 시·도지사에게 통보하여야 한다. <개정 2013.3.23.>

제5조(추진 계획) ① 중앙행정기관의 장 및 시·도지사는 수도권정비계획을 실행하기 위한 소관별 추진 계획을 수립하여 국토교통부장관에게 제출하여야 한다. <개정 2013.3.23.>

② 제1항에 따른 추진 계획은 수도권정비위원회의 심의를 거쳐 확정되며, 국토교통부장관은 추진 계획이 확정되면 중앙행정기관의 장 및 시·도지사에게 통보하여야 한다. <개

정 2013.3.23.>

③ 시·도지사는 확정된 추진 계획을 통보받으면 지체 없이 고시하여야 한다.

④ 중앙행정기관의 장 및 시·도지사는 추진 계획을 집행한 실적을 대통령령으로 정하는 바에 따라 국토교통부장관에게 제출하여야 한다. <개정 2011.5.19., 2013.3.23.>

제6조(권역의 구분과 지정) ① 수도권의 인구와 산업을 적정하게 배치하기 위하여 수도권을 다음과 같이 구분한다.

1. 과밀억제권역: 인구와 산업이 지나치게 집중되었거나 집중될 우려가 있어 이전하거나 정비할 필요가 있는 지역
2. 성장관리권역: 과밀억제권역으로부터 이전하는 인구와 산업을 계획적으로 유치하고 산업의 입지와 도시의 개발을 적정하게 관리할 필요가 있는 지역
3. 자연보전권역: 한강 수계의 수질과 녹지 등 자연환경을 보전할 필요가 있는 지역

② 과밀억제권역, 성장관리권역 및 자연보전권역의 범위는 대통령령으로 정한다.

제7조(과밀억제권역의 행위 제한) ① 관계 행정기관의 장은 과밀억제권역에서 다음 각 호의 행위나 그 허가·인가·승인 또는 협의 등(이하 "허가등"이라 한다)을 하여서는 아니 된다.

1. 대통령령으로 정하는 학교, 공공 청사, 연수 시설, 그 밖의 인구집중유발시설의 신설 또는 증설(용도변경을 포함하며, 학교의 증설은 입학 정원의 증원을 말한다. 이하 같다)
2. 공업지역의 지정

② 관계 행정기관의 장은 국민경제의 발전과 공공복리의 증진을 위하여 필요하다고 인정하면 제1항에도 불구하고 다음 각 호의 행위나 그 허가등을 할 수 있다. <개정 2013.3.23.>

1. 대통령령으로 정하는 학교 또는 공공 청사의 신설 또는 증설
2. 서울특별시·광역시·도(이하 "시·도"라 한다)별 기존 공업지역의 총면적을 증가시키지 아니하는 범위에서의 공업지역 지정. 다만, 국토교통부장관이 수도권정비위원회의 심의를 거쳐 지정하거나 허가등을 하는 경우에만 해당한다.

제8조(성장관리권역의 행위 제한) ① 관계 행정기관의 장은 성장관리권역이 적정하게 성장하도록 하되, 지나친 인구집중을 초래하지 않도록 대통령령으로 정하는 학교, 공공 청사, 연수 시설, 그 밖의 인구집중유발시설의 신설·증설이나 그 허가등을 하여서는 아니 된다.

② 관계 행정기관의 장은 성장관리권역에서 공업지역을 지정하려면 대통령령으로 정하는 범위에서 수도권정비계획으로 정하는 바에 따라야 한다.

제9조(자연보전권역의 행위 제한) 관계 행정기관의 장은 자연보전권역에서는 다음 각 호의 행위나 그 허가등을 하여서는 아니 된다. 다만, 국민경제의 발전과 공공복리의 증진을 위하여 필요하다고 인정되는 경우로서 대통령령으로 정하는 경우에는 그러하지 아니하다.

1. 택지, 공업 용지, 관광지 등의 조성을 목적으로 하는 사업으로서 대통령령으로 정하는 종류 및 규모 이상의 개발사업
2. 대통령령으로 정하는 학교, 공공 청사, 업무용 건축물, 판매용 건축물, 연수 시설, 그 밖의 인구집중유발시설의 신설 또는 증설

제10조(이전하는 자에 대한 지원) 국가, 지방자치단체 또는 「공공기관의 운영에 관한 법률」에 따른 공공기관은 과밀억제권역의 인구집중유발시설을 성장관리권역에 조성한 대지(垈地)로 이전하려는 자에게는 그 대지를 우선하여 분양할 수 있다.

제11조(종전 대지에 관한 조치) ① 국토교통부장관 또는 시·도지사는 과밀억제권역의 인구집중유발시설이 이전된 종전의 대지(이하 "종전대지"라 한다)를 인구집중유발시설의 신설 또는 증설이 아닌 다른 용도로 이용할 수 있도록 하기 위하여 「국토의 계획 및 이용에 관한 법률」 등 관계 법률에 따른 지역의 변경 등 필요한 조치를 할 수 있다. <개정 2013.3.23.>

② 관계 행정기관의 장은 대통령령으로 정하는 규모 이상의 종전대지에 인구집중유발시설의 신설 또는 증설이나 이의 허가등을 하려면 미리 이용 계획을 입안하여 수도권정비위원회의 심의를 거쳐 국토교통부장관과 협의하거나 승인을 받아야 한다. <개정 2013.3.23.>

제12조(과밀부담금의 부과·징수) ① 과밀억제권역에 속하는 지역으로서 대통령령으로 정하는 지역에서 인구집중유발시설 중 업무용 건축물, 판매용 건축물, 공공 청사, 그 밖에 대통령령으로 정하는 건축물을 건축(신축·증축 및 공공 청사가 아닌 시설을 공공 청사로 하는 용도변경, 그 밖에 대통령령으로 정하는 용도변경을 말한다. 이하 같다)하려는 자는 과밀부담금(이하 "부담금"이라 한다)을 내야 한다.
② 부담금을 내야 할 자가 대통령령으로 정하는 조합인 경우 그 조합이 해산하면 그 조합원이 부담금을 내야 한다.
③ 부담금 납부 의무의 승계, 연대(連帶) 납부 의무와 제2차 납부 의무에 관하여는 「국세기본법」 제23조부터 제25조까지 및 같은 법 제38조부터 제41조까지의 규정을 준용한다.

제13조(부담금의 감면) 다음 각 호의 건축물에 대하여는 대통령령으로 정하는 바에 따라 부담금을 감면할 수 있다.
1. 국가나 지방자치단체가 건축하는 건축물
2. 「도시 및 주거환경정비법」에 따른 도시환경정비사업에 따른 건축물
3. 건축물 중 주차장이나 그 밖에 대통령령으로 정하는 용도로 사용되는 건축물
4. 건축물 중 대통령령으로 정하는 면적 이하의 부분

제13조(부담금의 감면) 다음 각 호의 건축물에 대하여는 대통령령으로 정하는 바에 따라 부담금을 감면할 수 있다. <개정 2017.2.8.>
1. 국가나 지방자치단체가 건축하는 건축물
2. 「도시 및 주거환경정비법」에 따른 재개발사업에 따른 건축물
3. 건축물 중 주차장이나 그 밖에 대통령령으로 정하는 용도로 사용되는 건축물
4. 건축물 중 대통령령으로 정하는 면적 이하의 부분

[시행일 : 2018.2.9.] 제13조

제14조(부담금의 산정 기준) ① 부담금은 건축비의 100분의 10으로 하되, 지역별 여건 등을 고려하여 대통령령으로 정하는 바에 따라 건축비의 100분의 5까지 조정(調整)할 수 있다.
② 제1항에 따른 건축비는 국토교통부장관이 고시하는 표준건축비를 기준으로 산정한다. <개정 2013.3.23.>
③ 부담금의 산정에 관한 구체적인 사항은 대통령령으로 정한다.

제15조(부담금의 부과·징수 및 납부 기한 등) ① 부담금은 부과 대상 건축물이 속한 지역을 관할하는 시·도지사가 부과·징수하되, 건축물의 건축 허가일, 건축 신고일 또는 용도변경일을 기준으로 산정하여 부과한다.
② 부담금의 납부 기한은 건축물의 사용승인일(임시 사용승인을 받은 경우에는 임시 사용승인일을 말한다)로 하되, 사용승인이 필요 없는 경우에는 부과일부터 6개월로 한다.
③ 시·도지사는 납부 의무자가 부담금을 납부 기한까지 내지 아니하면 납부 기한이 지난 후 10일 이내에 독촉장을 발부하여야 하며, 이 경우의 납부 기한은 독촉장 발부일부터 10일로 한다.
④ 시·도지사는 납부 의무자가 납부 기한까지 부담금을 내지 아니하면 「국세징수법」 제21조를 준용하여 가산금을 징수한다. <개정 2017.1.17.>
⑤ 시·도지사는 납부 의무자가 독촉장을 받고도 지정된 기한까지 부담금과 가산금을 내지 아니하면 「지방세외수입금의 징수 등에 관한 법률」에 따라 징수할 수 있다. <개정 2013.8.6.>
⑥ 과오납(過誤納)된 부담금·가산금 및 체납처분비의 처리에 관하여는 「지방세기본법」을 준용하며, 그 밖에 부담금의 부과·징수·납부의 방법·절차 등에 관하여 필요한 사항은 대통령령으로 정한다. <개정 2010.3.31., 2017.1.17.>

제16조(부담금의 배분) 징수된 부담금의 100분의 50은 「국가균형발전 특별법」에 따른 지역발전특별회계에 귀속하고, 100분의 50은 부담금을 징수한 건축물이 있는 시·도에 귀속한다. <개정 2009.4.22., 2014.1.7.>

제17조(이의신청) ① 부담금의 부과·징수에 이의가 있는 자는 「공익사업을 위한 토지 등의 취득 및 보상에 관한 법률」에 따른 중앙토지수용위원회에 행정심판을 청구할 수 있다.
② 제1항의 행정심판청구에 대하여는 「행정심판법」 제6조에도 불구하고 중앙토지수용위원회가 심리·의결하여 재결(裁決)한다. <개정 2010.1.25.>

제18조(총량규제) ① 국토교통부장관은 공장, 학교, 그 밖에 대통령령으로 정하는 인구집중유발시설이 수도권에 지나치게 집중되지 아니하도록 하기 위하여 그 신설 또는 증설의 총허용량(總許容量)을 정하여 이를 초과하는 신설 또는 증설을 제한할 수 있다. <개정 2013.3.23.>

② 공장에 대한 제1항의 총량규제의 내용과 방법은 대통령령으로 정하는 바에 따라 수도권정비위원회의 심의를 거쳐 결정하며, 국토교통부장관은 이를 고시하여야 한다. <개정 2013.3.23.>

③ 학교나 그 밖에 대통령령으로 정하는 인구집중유발시설에 대한 제1항의 총량규제의 내용은 대통령령으로 정한다.

④ 관계 행정기관의 장은 인구집중유발시설의 신설 또는 증설에 대하여 제2항과 제3항에 따른 총량규제의 내용과 다르게 허가등을 하여서는 아니 된다.

제19조(대규모개발사업에 대한 규제) ① 관계 행정기관의 장은 수도권에서 대규모개발사업을 시행하거나 그 허가등을 하려면 그 개발계획을 수도권정비위원회의 심의를 거쳐 국토교통부장관과 협의하거나 승인을 받아야 한다. 국토교통부장관이 대규모개발사업을 시행하거나 그 허가등을 하려는 경우에도 또한 같다. <개정 2013.3.23.>

② 관계 행정기관의 장이 제1항에 따른 수도권정비위원회의 심의를 요청하는 경우에 교통 문제, 환경오염 문제 및 인구집중 문제 등을 방지하기 위한 방안과 대통령령으로 정하는 광역적 기반 시설의 설치 계획을 각각 수립하여 함께 제출하여야 한다. <개정 2011.5.19.>

③ 제2항에 따른 교통 문제 및 환경오염 문제를 방지하기 위한 방안은 각각 「도시교통정비 촉진법」과 「환경영향평가법」에서 정하는 바에 따르고, 인구집중 문제를 방지하기 위한 인구유발효과 분석, 저감방안 수립 등에 필요한 사항은 대통령령으로 정하는 바에 따른다. <개정 2011.5.19.>

제20조(광역적 기반 시설의 설치비용 부담) 제19조제2항에 따른 광역적 기반 시설의 설치비용은 수도권정비위원회의 심의를 거쳐 대규모개발사업을 시행하는 자에게 부담시킬 수 있다.

제21조(수도권정비위원회의 설치 등) ① 수도권의 정비 및 건전한 발전과 관련되는 중요 정책을 심의하기 위하여 국토교통부장관 소속으로 수도권정비위원회(이하 "위원회"라 한다)를 둔다. <개정 2011.5.19., 2013.3.23.>

② 위원회는 다음 각 호의 사항을 심의한다.

1. 수도권정비계획의 수립과 변경에 관한 사항
2. 수도권정비계획의 소관별 추진 계획에 관한 사항
3. 수도권의 정비와 관련된 정책과 계획의 조정에 관한 사항
4. 과밀억제권역에서 추진될 공업지역의 지정에 관한 사항
5. 종전대지의 이용 계획에 관한 사항
6. 제18조에 따른 총량규제에 관한 사항
7. 대규모개발사업의 개발 계획에 관한 사항
8. 그 밖에 수도권의 정비에 필요한 사항으로서 대통령령으로 정하는 사항

제22조(구성) ① 위원회는 위원장을 포함한 20명 이내의 위원으로 구성한다.

② 위원장은 국토교통부장관이 된다. <개정 2013.3.23.>

③ 위원회의 위원은 다음 각 호의 사람으로 하되, 제3호에 해당하는 사람이 5명 이상이어야 한다. <개정 2013.3.23.>

1. 대통령령으로 정하는 관계 중앙행정기관의 차관
2. 대통령령으로 정하는 시·도의 부시장 또는 부지사
3. 수도권 정책에 관한 학식과 경험이 풍부한 사람 중에서 국토교통부장관이 위촉하는 사람

④ 제3항제3호에 해당하는 위원(이하 "위촉위원"이라 한다)의 임기는 2년으로 하며, 연임할 수 있다.

[전문개정 2011.5.19.]

제22조의2(위촉위원의 결격사유) ① 다음 각 호의 어느 하나에 해당하는 사람은 위촉위원이 될 수 없다. <개정 2017.1.17.>

1. 피성년후견인 또는 피한정후견인
2. 파산선고를 받고 복권되지 아니한 사람
3. 금고 이상의 실형을 선고받고 그 집행이 끝나거나(집행이 끝난 것으로 보는 경우를 포함한다) 집행이 면제된 날부터 2년이 지나지 아니한 사람
4. 금고 이상의 형의 집행유예 선고를 받

고 그 유예기간 중에 있는 사람
② 위촉위원이 제1항 각 호의 어느 하나에 해당하게 되는 경우 위원자격을 잃는다.
[본조신설 2011.5.19.]

제22조의3(벌칙 적용 시의 공무원 의제) 위원회의 위촉위원은 「형법」 제127조, 제129조부터 제132조까지의 규정을 적용할 때에는 공무원으로 본다.
[본조신설 2011.5.19.]

제23조(수도권정비실무위원회의 설치 등) ① 위원회에 관계 행정기관의 공무원과 수도권 정비 정책에 관계되는 분야에 학식과 경험이 풍부한 자로 구성되는 수도권정비실무위원회를 둔다.
② 수도권정비실무위원회는 다음의 사항을 심의한다. <개정 2011.5.19.>
1. 위원회에서 심의할 안건에 대한 검토·조정
2. 대통령령으로 정하는 바에 따라 위원회로부터 위임받은 사항

제23조의2(회의록의 작성·보존 및 공개) ① 위원회와 수도권정비실무위원회는 다음 각 호의 사항을 적은 회의록을 작성·보존하여야 한다. 다만, 서면심의의 경우에는 회의록을 서면의결서로 갈음한다.
1. 회의 일시 및 장소
2. 출석위원
3. 심의내용 및 의결사항
② 제1항에 따른 회의록은 공개하여야 한다. 다만, 「공공기관의 정보공개에 관한 법률」 제9조제1항에 따른 비공개 대상 정보는 공개하지 아니할 수 있다.
[본조신설 2017.1.17.]

제24조(위원회 등의 조직 등) 이 법으로 규정한 사항 외에 위원회와 수도권정비실무위원회의 조직과 운영 등에 필요한 사항은 대통령령으로 정한다.

제25조(기초조사 등) 국토교통부장관은 수도권정비계획을 수립 또는 변경하거나 효율적으로 추진하는 데에 필요하면 인구, 산업, 토지이용, 주요 시설 및 기반 시설 등에 관한 기초조사를 실시하거나 관계 행정기관의 장에게 필요한 자료를 제출하거나 지원하도록 요청할 수 있다. <개정 2013.3.23.>

제26조(보고와 감독) ① 국토교통부장관은 수도권정비계획을 효율적으로 추진하는 데에 필요하다고 인정하면 시·도지사에게 보고나 자료 제출을 명할 수 있으며, 소속 공무원에게 업무 집행 상황이나 지역 현황을 검사하거나 조사하게 할 수 있다. <개정 2013.3.23.>
② 제1항에 따라 업무 집행 상황이나 지역 현황을 검사하거나 조사하는 공무원은 그 권한을 표시하는 증표를 지니고 이를 관계인에게 내보여야 한다.

제27조(권한의 위임) 국토교통부장관은 이 법에 따른 권한의 일부를 대통령령으로 정하는 바에 따라 시·도지사에게 위임할 수 있다. <개정 2013.3.23.>

부칙

<제14543호, 2017.1.17.>

제1조(시행일) 이 법은 공포 후 6개월이 경과한 날부터 시행한다. 다만, 제22조의2제1항제1호의 개정규정은 공포한 날부터 시행한다.

제2조(가산금에 관한 적용례) 제15조제4항의 개정규정은 이 법 시행 후 부과하는 부담금부터 적용한다.

제3조(금치산자 등에 대한 경과조치) 제22조의2제1항제1호의 개정규정에도 불구하고 같은 개정규정 시행 당시 법률 제10429호 민법 일부개정법률 부칙 제2조에 따라 금치산 또는 한정치산 선고의 효력이 유지되는 사람에 대하여는 종전의 규정을 적용한다.

수도권정비계획법 시행령

[시행 2017.7.26.]
[대통령령 제28211호, 2017.7.26., 타법개정]

제1조(목적) 이 영은 「수도권정비계획법」에서 위임된 사항과 그 시행에 필요한 사항을 정함을 목적으로 한다.

제2조(수도권에 포함되는 서울특별시 주변 지역의 범위) 「수도권정비계획법」(이하 "법"이라 한다) 제2조제1호에서 "대통령령으로 정하는 그 주변 지역"이란 인천광역시와 경기도를 말한다.

제3조(인구집중유발시설의 종류 등) 법 제2조제3호에 따른 인구집중유발시설은 다음 각 호의 어느 하나에 해당하는 시설을 말한다. 이 경우 제3호부터 제5호까지의 시설에 해당하는 건축물의 연면적 또는 시설의 면적을 산정할 때 대지가 연접하고 소유자(제3호의 공공 청사인 경우에는 사용자를 포함한다)가 같은 건축물에 대하여는 각 건축물의 연면적 또는 시설의 면적을 합산한다. <개정 2009.7.27., 2011.3.9.>

1. 「고등교육법」 제2조에 따른 학교로서 대학, 산업대학, 교육대학 또는 전문대학(이에 준하는 각종학교를 각각 포함한다. 이하 같다)
2. 「산업집적활성화 및 공장설립에 관한 법률」 제2조제1호에 따른 공장으로서 건축물의 연면적(제조시설로 사용되는 기계 또는 장치를 설치하기 위한 건축물 및 사업장의 각 층 바닥면적의 합계를 말한다)이 500제곱미터 이상인 것
3. 다음 각 목의 어느 하나에 해당하는 공공 청사(도서관, 전시장, 공연장, 군사시설 중 군부대의 청사, 국가정보원 및 그 소속 기관의 청사는 제외한다. 이하 같다)로서 건축물의 연면적이 1천제곱미터 이상인 것
   가. 중앙행정기관 및 그 소속 기관의 청사
   나. 다음에 해당하는 법인(이하 "공공법인"이라 한다)의 사무소(연구소와 연수시설 등을 포함한다. 이하 같다)
      1) 정부가 자본금의 100분의 50 이상을 출자한 법인 및 그 법인이 자본금의 100분의 50 이상을 출자한 법인
      2) 「국유재산법」에 따른 정부출자기업체
      3) 법률에 따른 정부 출연 대상 법인으로서 정부로부터 출연을 받거나 받은 법인
      4) 개별 법률에 따라 설립되는 법인으로서 주무부장관의 인가 또는 허가를 받지 아니하고 해당 법률에 따라 직접 설립된 법인
4. 다음 각 목의 어느 하나에 해당하는 업무용 건축물, 판매용 건축물 및 복합 건축물. 다만, 지방자치단체가 출자하거나 출연한 법인의 사무소로 사용되는 건축물과 자연보전권역이 아닌 지역에 설치되는 「벤처기업육성에 관한 특별조치법」 제2조제4항에 따른 벤처기업집적시설 및 「국제회의산업 육성에 관한 법률 시행령」 제3조에 따른 국제회의시설 중 전문회의시설은 제외한다.
   가. 업무용 건축물: 다음에 해당하는 시설(이하 "업무용시설"이라 한다)이 주용도[해당 건축물의 업무용시설 면적의 합계가 「건축법 시행령」 별표 1의 분류에 따른 용도별 면적(이하 "용도별면적"이라 한다) 중 가장 큰 경우를 말한다. 이하 이 목에서 같다]인 건축물로서 그 연면적이 2만5천제곱미터 이상인 건축물 또는 업무용시설이 주용도가 아닌 건축물로서 그 업무용시설 면적의 합계가 2만5천제곱미터 이상인 건축물
      1) 「건축법 시행령」 별표 1 제10호마목의 연구소 및 같은 표 제14호나목의 일반업무시설
      2) 「건축법 시행령」 별표 1 제3호의 제1종 근린생활시설, 같은 표 제4호의 제2종 근린생활시설, 같은 표 제5호의 문화 및 집회시설(같은 호 라목 및 마목의 시설만 해당한다) 및 같은 표 제18호의 창고시설. 다만, 각 시설의 면적이 1)에 따른 시설 면적의 합계보다 작은 경우만 해당한다.
   나. 판매용 건축물: 다음에 해당하는 건축물
      1) 다음에 해당하는 시설(이하 "판매용시설"이라 한다)이 주용도(해당 건축물의 판매용시설 면적의 합계가 용도별면적 중 가장 큰 경우를 말한다. 이하 이 목에서 같다)인 건축물로서 그 연면적이 1만5천제곱미터 이상인 건축물 또는 판매용시설이 주용도가 아닌 건축물로서 그 판매용시설 면적의 합

계가 1만5천제곱미터 이상인 건축물
가) 「건축법 시행령」 별표 1 제7호의 판매시설 및 같은 표 제16호의 위락시설
나) 「건축법 시행령」 별표 1 제3호의 제1종 근린생활시설, 같은 표 제4호의 제2종 근린생활시설, 같은 표 제5호의 문화 및 집회시설, 같은 표 제13호의 운동시설 및 같은 표 제18호의 창고시설. 다만, 각 시설의 면적이 가)에 따른 시설 면적의 합계보다 작은 경우만 해당한다.
2) 업무용시설 및 판매용시설(이하 "복합시설"이라 한다)이 주용도(해당 건축물의 복합시설 면적의 합계가 용도별 면적 중 가장 큰 경우를 말한다. 이하 이 목 및 다목에서 같다)가 아닌 건축물로서 복합시설의 면적의 합계가 1만5천제곱미터 이상 2만5천제곱미터 미만이고 판매용시설 면적이 업무용시설 면적보다 큰 건축물의 복합시설에 해당하는 부분
다. 복합 건축물: 복합시설이 주용도인 건축물로서 그 연면적이 2만5천제곱미터 이상인 건축물 또는 복합시설이 주용도가 아닌 건축물로서 그 복합시설의 면적의 합계가 2만5천제곱미터 이상인 건축물
5. 「건축법 시행령」 별표 1 제10호나목의 교육원, 같은 호 다목의 직업훈련소 및 같은 표 제20호사목의 운전 및 정비 관련 직업훈련소로서 건축물의 연면적이 3만제곱미터 이상인 연수 시설. 다만, 지방자치단체 또는 지방자치단체가 출자하거나 출연한 법인이 설치하는 시설은 제외한다.

제4조(대규모 개발사업의 종류 등) 법 제2조제4호에서 "대통령령으로 정하는 종류 및 규모 이상의 사업"이란 다음 각 호의 어느 하나에 해당하는 사업을 말한다. 이 경우 같은 목적으로 여러 번에 걸쳐 부분적으로 개발하거나 연접하여 개발함으로써 사업의 전체 면적이 다음 각 호의 어느 하나로 정하는 규모 이상이 되는 사업을 포함한다. <개정 2009.11.20., 2014.12.30.>
1. 다음 각 목의 어느 하나에 해당하는 택지조성사업(이하 "택지조성사업"이라 한다)으로서 그 면적이 100만제곱미터 이상인 것
가. 「택지개발촉진법」에 따른 택지개발사업
나. 「주택법」에 따른 주택건설사업 및 대지조성사업
다. 「산업입지 및 개발에 관한 법률」에 따른 산업단지 및 특수지역에서의 주택지 조성사업
2. 다음 각 목의 어느 하나에 해당하는 공업용지조성사업(이하 "공업용지조성사업"이라 한다)으로서 그 면적이 30만제곱미터 이상인 것
가. 「산업입지 및 개발에 관한 법률」에 따른 산업단지개발사업 및 특수지역개발사업
나. 「자유무역지역의 지정 및 운영에 관한 법률」에 따른 자유무역지역 조성사업
다. 「중소기업진흥에 관한 법률」에 따른 중소기업협동화단지 조성사업
라. 「산업집적활성화 및 공장설립에 관한 법률」에 따른 공장설립을 위한 공장용지 조성사업
3. 다음 각 목의 어느 하나에 해당하는 관광지조성사업(이하 "관광지조성사업"이라 한다)으로서 시설계획지구의 면적이 10만제곱미터 이상인 것. 다만, 공유수면매립지에서 시행하는 관광지조성사업은 30만제곱미터 이상인 것으로 한다.
가. 「관광진흥법」에 따른 관광지 및 관광단지 조성사업과 관광시설 조성사업
나. 「국토의 계획 및 이용에 관한 법률」에 따른 유원지 설치사업
다. 「온천법」에 따른 온천이용시설 설치사업
4. 「도시개발법」에 따른 도시개발사업(이하 "도시개발사업"이라 한다)으로서 그 면적이 100만제곱미터 이상인 것 또는 그 면적이 100만제곱미터 미만인 도시개발사업으로서 공업용도로 구획되는 면적이 30만제곱미터 이상인 것
5. 「지역 개발 및 지원에 관한 법률」에 따른 지역개발사업(법률 제12737호 지역 개발 및 지원에 관한 법률 부칙 제4조제3항에 따라 지역개발사업구역으로 보는 종전의 「지역균형개발 및 지방중소기업 육성에 관한 법률」에 따라 지정·고시된 지역종합개발지구에서 시행하는 지역개발사업만 해당한다. 이하 이 호에서 같다)으로서 그 면적이 100만제곱미터 이상인 것과 그 면적이 100만제곱미터 미만인 지역개발사업으로서 공업용도로 구

획되는 면적이 30만제곱미터 이상인 것 또는 10만제곱미터 이상의 관광단지가 포함된 것

제5조(공업지역의 종류 등) 법 제2조제5호나목에서 "대통령령으로 정하는 종류 및 규모 이상의 지역"이란 다음 각 호의 어느 하나에 해당하는 지역을 말한다. <개정 2009.7.30., 2012.4.10., 2017.6.20.>

1. 「산업입지 및 개발에 관한 법률」에 따른 산업단지. 다만, 성장관리권역 중 「경제자유구역의 지정 및 운영에 관한 특별법」에 따른 경제자유구역이나 「주한미군 공여구역주변지역 등 지원 특별법」에 따른 반환공여구역 또는 지원도시사업구역에서 지정되는 산업단지는 제외한다.
2. 「국토의 계획 및 이용에 관한 법률」 제51조제3항에 따른 지구단위계획구역 및 같은 법 시행령 제31조제2항제8호에 따른 개발진흥지구로서 공업용도로 구획되는 면적이 3만제곱미터 이상인 것

제6조(수도권정비계획의 경미한 변경) 법 제4조제2항 단서에 따른 "대통령령으로 정하는 경미한 사항"의 변경은 수도권정비계획의 전체 규모를 변경하지 아니하는 범위에서 법 제4조제1항제3호부터 제9호까지의 규정에 해당하는 사항의 일부를 변경하는 것을 말한다.

제7조(수도권정비계획의 고시) 국토교통부장관은 법 제4조제3항에 따라 수도권정비계획이 결정된 경우에는 그 내용과 사유를 관보에 고시하여야 한다. <개정 2013.3.23.>

제8조(소관별 추진 계획의 집행 실적 보고) 중앙행정기관의 장 및 서울특별시장·광역시장 또는 도지사(이하 "시·도지사"라 한다)는 법 제5조제4항에 따른 소관별 추진 계획의 집행 실적을 매년 1월 31일까지 국토교통부장관에게 제출하여야 한다. <개정 2013.3.23.>

제9조(권역의 범위) 법 제6조에 따른 과밀억제권역, 성장관리권역 및 자연보전권역의 범위는 별표 1과 같다.

제10조(과밀억제권역의 행위 제한) 법 제7조제1항제1호에서 "대통령령으로 정하는 학교, 공공 청사, 연수 시설, 그 밖의 인구집중유발시설"이란 다음 각 호의 어느 하나에 해당하는 것을 말한다.

1. 제3조제1호에 해당하는 학교(이하 "학교"라 한다)
2. 제3조제3호에 해당하는 공공 청사(이하 "공공 청사"라 한다)
3. 제3조제5호에 해당하는 연수 시설(이하 "연수 시설"이라 한다)

제11조(과밀억제권역의 행위 제한 완화) 관계 행정기관의 장은 법 제7조제2항에 따라 과밀억제권역에서 다음 각 호의 구분에 따라 해당 행위나 그 행위의 허가·인가·승인 또는 협의 등(이하 "허가등"이라 한다)을 할 수 있다. <개정 2011.3.9., 2013.3.23.>

1. 학교의 경우
   가. 제24조에 따른 총량규제의 내용에 적합한 범위에서의 산업대학, 전문대학 또는 대학원대학의 신설. 다만, 산업대학과 전문대학의 경우에는 서울특별시가 아닌 지역에 신설되는 경우만 해당한다.
   나. 제24조에 따른 총량규제의 내용에 적합한 범위에서의 학교 입학 정원의 증원
   다. 과밀억제권역에서의 학교 이전(서울특별시로 이전하는 경우는 제외한다). 다만, 대학이나 교육대학을 이전하는 경우에는 교육 여건의 개선 등 교육정책상 부득이하거나 도시 안의 지역균형발전을 위하여 법 제21조에 따른 수도권정비위원회(이하 "수도권정비위원회"라 한다)의 심의를 거친 경우만 해당한다.
   라. 「한국예술종합학교 설치령」에 따른 한국예술종합학교의 각원(各院)을 설치하기 위한 입학 정원의 증원
   마. 전문대학 중 수업연한이 3년인 간호전문대학을 대학 중 간호대학으로 변경하는 것으로서 다음의 요건을 갖춘 것
      1) 간호전문대학은 설립 후 10년이 지날 것
      2) 변경하려는 간호대학의 총학생정원은 간호전문대학의 총학생정원을 초과하지 아니할 것
      3) 수도권정비위원회의 심의를 거칠 것
   바. 교육부장관이 대학의 구조개혁을 위하여 고시하는 국립대학 및 사립대학 통·폐합기준에 따른 대학과 전문대학 간 통·폐합(서울특별시 밖의 대학과 서울특별

시 안의 전문대학 간 통·폐합은 제외한다)으로 인한 대학의 신설·증설 또는 이전으로서 다음의 요건을 갖춘 것
1) 해당 대학 및 전문대학이 관할 시·도지사의 의견을 들어 교육부장관에게 요청한 것으로서 2012년 12월 31일까지 수도권정비위원회의 심의를 거칠 것
2) 대학 본부가 과밀억제권역 밖에서 과밀억제권역으로 이전하거나 과밀억제권역에 신설되지 아니할 것
3) 대학의 교사(校舍)와 교지(校地) 등이 종전과 같이 사용되고, 폐지되는 전문대학의 교사와 교지 등은 대학의 교사와 교지 등으로 전환될 것

사. 「고등교육법」 제40조의2에 따른 산업대학의 폐지로 인한 대학의 설립으로서 2011년 9월 28일까지 수도권정비위원회의 심의를 거친 것

2. 공공 청사의 경우
가. 다음에 해당하는 공공 청사의 신축, 증축 또는 용도변경으로서 수도권정비위원회의 심의를 거친 것. 다만, 2)에 해당하는 공공 청사의 경우에는 증축이나 용도변경만 가능하며, 수도권이 아닌 지역에 있는 3)에 해당하는 공공법인이 과밀억제권역에 사무소를 신축하는 경우는 제외한다.
1) 중앙행정기관(청은 제외한다)의 청사
2) 중앙행정기관 중 청의 청사, 중앙행정기관의 소속 기관의 청사(교육, 연수 또는 시험기관의 청사는 제외한다)
3) 공공법인의 사무소

나. 다음의 어느 하나에 해당하는 행위
1) 중앙행정기관의 소속 기관 및 공공법인(지점을 포함한다) 중 수도권만을 관할하는 기관 및 공공법인의 청사 또는 사무소의 신축, 증축 또는 용도변경
2) 중앙행정기관의 소속 기관 및 공공법인(지점을 포함한다) 중 관할 구역이 수도권과 그 인근의 도 지역만을 관할하는 기관 및 공공법인의 청사 또는 사무소의 신축, 증축 또는 용도변경으로서 국토교통부장관과 협의를 거친 것

제12조(성장관리권역의 행위 제한) ① 법 제8조제1항에서 "대통령령으로 정하는 학교, 공공 청사, 연수 시설, 그 밖의 인구집중유발시설의 신설·증설"이란 다음 각 호의 어느 하나에 해당하는 것을 제외한 학교, 공공 청사 또는 연수 시설의 신설·증설을 말한다. <개정 2011.3.9., 2013.3.23.>

1. 학교의 경우
가. 제24조에 따른 총량규제의 내용에 적합한 범위에서의 산업대학, 전문대학, 대학원대학 또는 입학 정원이 50명 이내인 대학(컴퓨터, 통신, 디자인, 영상, 신소재, 생명공학 등 첨단 전문 분야의 대학으로서 교육부장관이 정하여 고시하는 대학의 경우에는 입학 정원이 100명 이내인 대학을 말한다. 이하 "소규모대학"이라 한다)의 신설. 다만, 소규모대학을 신설하는 경우에는 수도권정비위원회의 심의를 거친 경우만 해당한다.
나. 제24조에 따른 총량규제의 내용에 적합한 범위에서의 학교 입학 정원의 증원
다. 신설된 지 8년이 지나지 아니한 소규모대학 입학 정원의 증원(최초 입학 정원의 100퍼센트 범위에서의 증원만 해당하며, 신설된 후 8년 이내에는 나목에 따른 증원을 할 수 없다)으로서 수도권정비위원회의 심의를 거친 것
라. 수도권에서의 학교 이전
마. 교육부장관이 대학의 구조개혁을 위하여 고시하는 국립대학 및 사립대학 통·폐합기준에 따른 대학과 전문대학 간 통·폐합으로 인한 대학의 신설·증설 또는 이전으로서 다음의 요건을 갖춘 것
1) 해당 대학 및 전문대학이 관할 시·도지사의 의견을 들어 교육부장관에게 요청한 것으로서 2012년 12월 31일까지 수도권정비위원회의 심의를 거칠 것
2) 대학 본부가 수도권 밖에서 성장관리권역으로 이전하거나 성장관리권역에 신설되지 아니할 것
3) 대학의 교사(校舍)와 교지(校地) 등이 종전과 같이 사용되고, 폐지되는 전문대학의 교사와 교지 등은 대학의 교사와 교지 등으로 전환될 것

바. 「고등교육법」 제40조의2에 따른 산업대학의 폐지로 인한 대학의 설립으로서 2011년 9월 28일까지 수도권정비위원회의 심의를 거친 것

2. 공공 청사의 경우
가. 다음에 해당하는 공공 청사의 신축, 증축 또는 용도변경으로서 수도권정비위원회의 심의를 거친 것. 다만, 2)에 해당하는 공공 청사의 경우에는 증축이나 용도변경만

가능하며, 수도권이 아닌 지역에 있는 3)에 해당하는 공공법인이 성장관리권역에 사무소를 신축하는 경우는 제외한다.
1) 중앙행정기관(청은 제외한다)의 청사
2) 중앙행정기관 중 청의 청사, 중앙행정기관의 소속 기관의 청사(교육, 연수 또는 시험기관의 청사는 제외한다)
3) 공공법인의 사무소

나. 다음의 어느 하나에 해당하는 행위
1) 중앙행정기관의 소속 기관 및 공공법인(지점을 포함한다) 중 수도권만을 관할하는 기관 및 공공법인의 청사 또는 사무소의 신축, 증축 또는 용도변경
2) 중앙행정기관의 소속 기관 및 공공법인(지점을 포함한다) 중 관할 구역이 수도권과 그 인근의 도 지역만을 관할하는 기관 및 공공법인의 청사 또는 사무소의 신축, 증축 또는 용도변경으로서 국토교통부장관과 협의를 거친 것

3. 연수 시설의 경우
가. 연수 시설의 신축, 증축 또는 용도변경으로서 수도권정비위원회의 심의를 거친 것
나. 기존 연수 시설의 건축물 연면적의 100분의 20 범위에서의 증축
다. 수도권에서 이전하는 연수 시설의 종전 규모의 범위에서의 신축, 증축 또는 용도변경

② 법 제8조제2항에서 "대통령령으로 정하는 범위"란 다음 각 호의 어느 하나에 해당하는 지역을 말한다. <개정 2013.3.23.>
1. 과밀억제권역에서 이전하는 공장 등을 계획적으로 유치하기 위하여 필요한 지역
2. 개발 수준이 다른 지역에 비하여 뚜렷하게 낮은 지역의 주민 소득 기반을 확충하기 위하여 필요한 지역
3. 공장이 밀집된 지역을 재정비하기 위하여 필요한 지역
4. 관계 중앙행정기관의 장이 산업정책상 필요하다고 인정하여 국토교통부장관에게 요청한 지역

제13조(자연보전권역의 행위 제한) ① 법 제9조제1호에서 "대통령령으로 정하는 종류 및 규모 이상의 개발사업"이란 다음 각 호의 어느 하나에 해당하는 사업을 말한다. 이 경우 같은 목적으로 여러 번에 걸쳐 부분적으로 개발하거나 연접하여 개발(이하 "연접개발"이라 한다)함으로써 사업의 전체 면적이 다음 각 호의 어느 하나에서 정하는 규모 이상으로 되는 사업(「국토의 계획 및 이용에 관한 법률」 제36조 및 제37조에 따른 도시지역 중 주거지역, 상업지역, 공업지역 및 개발진흥지구에서 시행하는 사업은 제외한다)을 포함한다.
1. 택지조성사업. 다만, 「건축법 시행령」 별표 1 제2호의 공동주택 중 아파트 또는 연립주택의 건설계획이 포함되지 아니한 택지조성사업과 「한강수계 상수원수질개선 및 주민지원 등에 관한 법률」 제8조에 따른 오염총량관리계획을 수립·시행하는 시·군(이하 "오염총량관리계획 시행지역"이라 한다)이 아닌 지역에서 시행하는 택지조성사업은 그 면적이 3만제곱미터 이상인 것을 말한다.
2. 면적이 3만제곱미터 이상인 공업용지조성사업
3. 시설계획지구의 면적이 3만제곱미터 이상인 관광지조성사업
4. 면적이 3만제곱미터 이상인 도시개발사업
5. 면적이 3만제곱미터 이상인 지역종합개발사업

② 법 제9조제2호에서 "대통령령으로 정하는 학교, 공공 청사, 업무용 건축물, 판매용 건축물, 연수 시설, 그 밖의 인구집중유발시설"이란 다음 각 호의 어느 하나에 해당하는 시설을 말한다.
1. 학교
2. 공공 청사
3. 업무용 건축물, 판매용 건축물 또는 복합 건축물로서 창고 시설(「하수도법」 제2조제1호에 따른 오수를 배출하지 아니하는 시설만 해당한다)과 주차장의 면적을 제외한 면적이 제3조제4호 각 목의 어느 하나에 해당하는 건축물
4. 연수 시설 중 「건축법 시행령」 별표 1 제10호나목의 교육원, 같은 호 다목의 직업훈련소 및 같은 표 제20호사목의 운전 및 정비 관련 직업훈련소 중 「근로자직업능력 개발법」에 따라 사업주가 설치·운영하는 직업능력개발훈련시설

③ 국토교통부장관은 연접개발의 세부적인 적용기준 등을 정할 수 있으며, 그 기준 등을 정한 경우에는 관보에 고시하여야 한다. <개정 2013.3.23.>

제14조(자연보전권역의 행위 제한 완화) ① 관계 행정기관의 장은 법 제9조 각 호 외의 부분 단서에 따라 자연보전권역에서 다음 각

호의 어느 하나에 해당하는 행위나 그 행위의 허가등을 할 수 있다. <개정 2011.3.9., 2013.3.23.>

1. 오염총량관리계획 시행지역이 아닌 지역에서 시행하는 택지조성사업, 도시개발사업, 지역종합개발사업 또는 관광지조성사업 중 그 면적(관광지조성사업의 경우에는 시설계획지구의 면적을 말한다)이 6만제곱미터 이하인 것으로서 수도권정비위원회의 심의를 거친 것
2. 오염총량관리계획 시행지역에서 시행하는 택지조성사업, 도시개발사업, 지역종합개발사업 또는 관광지조성사업의 경우
  가. 다음의 어느 하나에 해당하는 택지조성사업. 다만, 「한강수계 상수원수질개선 및 주민지원 등에 관한 법률」 제4조제1항에 따라 지정·고시된 수변구역에서 시행하는 택지조성사업은 제외한다.
    1) 「국토의 계획 및 이용에 관한 법률」 제36조 및 제37조에 따른 도시지역 중 주거지역, 상업지역, 공업지역 및 개발진흥지구(이하 이 조에서 "도시지역등"이라 한다)에서 시행되는 택지조성사업 중 「국토의 계획 및 이용에 관한 법률」 제51조에 따라 지정된 10만제곱미터 이상의 지구단위계획구역에서 시행되는 것으로서 수도권정비위원회의 심의를 거친 것
    2) 도시지역등에서 시행되는 택지조성사업 중 「국토의 계획 및 이용에 관한 법률」 제51조에 따라 지정된 10만제곱미터 미만의 지구단위계획구역에서 시행되고 주변 지역이 이미 시가화(市街化) 등이 완료되어 추가적으로 개발할 수 있는 지역이 없는 것으로서 국토교통부장관과 협의를 거친 것
    3) 도시지역등이 아닌 지역에서 시행되는 택지조성사업 중 「국토의 계획 및 이용에 관한 법률」 제51조에 따라 지정된 10만제곱미터 이상 50만제곱미터 이하의 지구단위계획구역에서 시행되는 것으로서 수도권정비위원회의 심의를 거친 것
    4) 도시지역등과 도시지역등이 아닌 지역에 걸쳐서 시행되는 택지조성사업 중 「국토의 계획 및 이용에 관한 법률」 제51조에 따라 지정된 10만제곱미터 이상 50만제곱미터 이하의 면적(각 지역의 지구단위계획구역 면적을 합산한 면적을 말한다)의 지구단위계획구역에서 시행되는 것으로서 수도권정비위원회의 심의를 거친 것
  나. 다음의 어느 하나에 해당하는 도시개발사업 또는 지역종합개발사업. 다만, 「한강수계 상수원수질개선 및 주민지원 등에 관한 법률」 제4조제1항에 따라 지정·고시된 수변구역에서 시행하는 도시개발사업 및 지역종합개발사업은 제외한다.
    1) 6만제곱미터 이하의 도시개발사업 또는 지역종합개발사업(3)에 해당하는 경우는 제외한다)으로서 수도권정비위원회의 심의를 거친 것
    2) 도시지역등에서 시행되는 도시개발사업 또는 지역종합개발사업 중 그 면적이 10만제곱미터 이상인 것으로서 수도권정비위원회의 심의를 거친 것
    3) 도시지역등에서 시행되는 도시개발사업 또는 지역종합개발사업 중 그 면적이 10만제곱미터 미만이고 주변 지역이 이미 시가화 등이 완료되어 추가적으로 개발할 수 있는 지역이 없는 것으로서 국토교통부장관과 협의를 거친 것
    4) 도시지역등이 아닌 지역에서 시행되거나 도시지역등과 도시지역등이 아닌 지역에 걸쳐서 시행되는 도시개발사업 또는 지역종합개발사업 중 그 면적이 10만제곱미터 이상 50만제곱미터 이하인 것으로서 수도권정비위원회의 심의를 거친 것
  다. 관광지조성사업 중 시설계획지구의 면적이 3만제곱미터 이상인 것으로서 수도권정비위원회 심의를 거친 것
3. 공업용지조성사업 중 면적이 6만제곱미터 이하인 것으로서 수도권정비위원회의 심의를 거친 것
4. 학교의 경우
  가. 제24조에 따른 총량규제의 내용에 적합한 범위에서의 전문대학, 대학원대학 또는 소규모대학의 신설로서 수도권정비위원회의 심의를 거친 것
  나. 제24조에 따른 총량규제의 내용에 적합한 범위에서의 학교 입학 정원의 증원
  다. 신설된 지 8년이 지나지 아니한 소규모대학 입학 정원의 증원(최초 입학 정원의 100퍼센트 범위에서의 증원만 해당하며, 신설된 후 8년 이내에는 나목에 따른 증원을 할 수 없다)으로서 수도권정비위원회의 심의를 거친 것
  라. 자연보전권역에서의 전문대학, 대학원대학 또는 소규모대학의 이전
  마. 교육부장관이 대학의 구조개혁을 위하여 고시하는 국립대학 및 사립대학 통·폐합기준에 따른 대학과 전문대학 간 통·

폐합으로 인한 대학의 신설·증설 또는 이전으로서 다음의 요건을 갖춘 것
1) 해당 대학 및 전문대학이 관할 시·도지사의 의견을 들어 교육부장관에게 요청한 것으로서 2012년 12월 31일까지 수도권정비위원회의 심의를 거칠 것
2) 대학 본부가 자연보전권역 밖에서 자연보전권역으로 이전하거나 자연보전권역에 신설되지 아니할 것
3) 대학의 교사(校舍)와 교지(校地) 등이 종전과 같이 사용되고, 폐지되는 전문대학의 교사와 교지 등은 대학의 교사와 교지 등으로 전환될 것

5. 공공 청사의 경우
가. 다음에 해당하는 공공 청사의 신축, 증축 또는 용도변경으로서 수도권정비위원회의 심의를 거친 것. 다만, 2)에 해당하는 공공 청사의 경우에는 증축이나 용도변경만 가능하며, 수도권이 아닌 지역에 있는 3)에 해당하는 공공법인이 자연보전권역에 사무소를 신축하는 경우는 제외한다.
1) 중앙행정기관(청은 제외한다)의 청사
2) 중앙행정기관 중 청의 청사, 중앙행정기관의 소속 기관의 청사(교육, 연수 또는 시험기관의 청사는 제외한다)
3) 공공법인의 사무소
나. 다음의 어느 하나에 해당하는 행위
1) 중앙행정기관의 소속 기관 및 공공법인(지점을 포함한다) 중 수도권만을 관할하는 기관 및 공공법인의 청사 또는 사무소의 신축, 증축 또는 용도변경
2) 중앙행정기관의 소속 기관 및 공공법인(지점을 포함한다) 중 관할 구역이 수도권과 그 인근의 도 지역만을 관할하는 기관 및 공공법인의 청사 또는 사무소의 신축, 증축 또는 용도변경으로서 국토교통부장관과 협의를 거친 것

6. 연수 시설의 경우
가. 기존 연수 시설의 건축물 연면적의 100분의 10 범위에서의 증축
나. 오염총량관리계획 시행지역에서 시행하는 연수 시설의 신축, 증축(기존 연수 시설의 건축물 연면적의 100분의 10 범위에서의 증축은 제외한다) 또는 용도변경으로서 수도권정비위원회의 심의를 거친 것

7. 오염총량관리계획 시행지역에서 시행하는 업무용 건축물, 판매용 건축물 및 복합 건축물의 신축, 증축 또는 용도변경

② 제1항제2호가목에 따라 수도권정비위원회의 심의를 요청할 때 같은 지구단위계획구역에 여러 개의 택지조성사업이 포함된 경우에는 한꺼번에 수도권정비위원회의 심의를 요청하여야 한다.

제15조(종전대지) 법 제11조제2항에서 "대통령령으로 정하는 규모 이상"이란 1만제곱미터 이상을 말한다. 다만, 공업지역에 있는 법 제11조제1항에 따른 종전대지의 경우에는 2만제곱미터 이상을 말한다.

제16조(과밀부담금의 부과·징수) ① 법 제12조제1항에서 "대통령령으로 정하는 지역"이란 서울특별시를 말하고, "대통령령으로 정하는 건축물"이란 제3조제4호다목의 복합 건축물을 말하며, "대통령령으로 정하는 용도변경"이란 제3조제4호의 업무용시설, 판매용시설 및 복합시설(이하 "업무용시설등"이라 한다)이 아닌 시설에서 업무용시설등으로 용도를 변경하는 것을 말한다.

② 법 제12조제2항에서 "대통령령으로 정하는 조합"이란 「도시 및 주거환경정비법」 제16조에 따른 정비사업조합이나 그 밖에 건축물의 건축을 위하여 관계 법률에 따라 구성된 조합을 말한다.

제17조(과밀부담금의 감면) 법 제12조에 따른 과밀부담금(이하 "부담금"이라 한다)의 감면은 다음 각 호에서 정하는 바에 따른다. <개정 2017.6.20.>
1. 국가나 지방자치단체가 건축하는 건축물에는 부담금을 부과하지 아니한다.
2. 「도시 및 주거환경정비법」에 따른 도시환경정비사업으로 건축하는 건축물에는 부담금의 100분의 50을 감면한다.
3. 건축물 중 주차장, 주택, 「영유아보육법」 제10조제4호에 따른 직장어린이집 및 국가나 지방자치단체에 기부채납되는 시설에 대하여는 별표 2에서 정하는 바에 따라 부담금을 감면한다.
4. 건축물 중 수도권만을 관할하는 공공법인(지점을 포함한다)의 사무소에 대하여는 부담금을 부과하지 아니한다.
5. 「건축법 시행령」 별표 1 제10호마목에 따른 연구소 중 다음 각 호의 어느 하나에 해당하는 단지에 건축하는 연구소에 대하여는 별표 2에서 정하는 바에 따라 부담금을 감면한다.

가. 「산업입지 및 개발에 관한 법률」 제2조에 따른 산업단지
나. 「과학기술기본법」 제29조에 따른 과학연구단지
다. 「나노기술과학촉진법」 제16조에 따른 나노기술연구단지
라. 「산업기술단지 지원에 관한 특례법」 제2조에 따른 산업기술단지
6. 「금융중심지의 조성과 발전에 관한 법률」 제2조에 따른 금융중심지에 건축하는 「건축법 시행령」 별표 1 제14호나목의 일반업무시설 중 금융업소에 대하여는 별표 2에서 정하는 바에 따라 부담금을 감면한다.
7. 건축물 중 부담금이 부과된 시설을 용도변경하는 경우에는 부담금을 부과하지 아니한다.
8. 다음 각 목의 어느 하나에 해당하는 건축물의 경우에는 해당 면적에 대하여 각각 별표 2에서 정하는 바에 따라 부담금을 감면한다.
가. 업무용 건축물: 2만5천제곱미터
나. 판매용 건축물: 1만5천제곱미터
다. 복합 건축물로서 부과대상 면적 중 판매용 시설의 면적이 용도별면적 중 가장 큰 건축물: 1만5천제곱미터
라. 다목 외의 복합 건축물: 2만5천제곱미터

제18조(부담금의 산정) 법 제14조제3항에 따른 부담금의 산정 방법은 별표 2와 같다.

제19조(부담금의 부과·징수 방법 등) ① 법 제15조제1항에 따라 부담금 부과 대상 건축물이 속한 지역을 관할하는 시·도지사가 부담금을 부과·징수하려면 납부 대상, 납부 금액, 납부기한 및 납부 장소 등을 적은 납부 고지서를 건축 허가일, 건축 신고일 또는 용도변경일에 납부 의무자에게 발급하여야 한다.
② 시·도지사는 건축 허가사항 또는 건축 신고사항의 변경이나 용도변경에 따라 건축물의 연면적이 변경되거나 그 밖에 부담금 금액의 변동 사유가 발생한 경우에는 납부 고지서를 다시 발급하여야 한다.
③ 시·도시자는 부담금의 부과 및 징수대장을 작성·관리하고, 부과 및 징수 실적에 대한 자료를 월별로 다음 달 10일까지 국토교통부장관에게 제출하여야 한다. <개정 2013.3.23.>
④ 부담금을 부과하는 서울특별시·광역시 및 도(이하 "시·도"라 한다) 관할 구역의 시장·군수 또는 구청장(자치구의 구청장을 말한다. 이하 같다)은 부담금을 부과하는 대상 건축물에 대한 허가사항이나 신고사항 등 부담금 부과에 필요한 자료를 시·도지사에게 제출하여야 한다.

제19조의2(부담금의 납부 방법 등) ① 납부의무자는 부담금을 「지방세외수입금의 징수 등에 관한 법률」 제21조에 따른 지방세외수입수납대행기관(이하 "수납대행기관"이라 한다)을 통하여 신용카드, 직불카드 등(이하 "신용카드등"이라 한다)으로 납부할 수 있다.
② 제1항에 따라 신용카드등으로 부담금을 납부하는 경우에는 수납대행기관의 승인일을 납부일로 본다.
③ 제1항 및 제2항에서 규정한 사항 외에 부담금의 납부방법에 관하여 필요한 사항은 「지방세외수입금의 징수 등에 관한 법률」 제21조제3항 및 제4항을 준용한다.
[본조신설 2017.6.20.]

제20조(부담금의 납입) 시·도지사는 징수된 부담금 중 「국가균형발전 특별법」에 따른 지역발전특별회계로 귀속되는 금액을 수납한 날부터 2일 이내에 한국은행(국고대리점을 포함한다) 또는 체신관서에 납입하여야 한다. <개정 2009.5.29., 2014.3.11., 2017.6.20.>

제21조(공장 총량규제의 대상) 법 제18조제2항에 따른 공장에 대한 총량규제는 제3조제2호에 해당하는 공장 건축물을 「건축법」에 따라 신축, 증축 또는 용도변경(이하 "공장건축"이라 한다)하는 면적으로서 같은 법에 따라 건축허가, 건축신고, 용도변경허가, 용도변경신고 또는 용도변경을 하기 위하여 건축물대장 기재 내용의 변경신청을 한 면적을 기준으로 적용한다. <개정 2017.6.20.>

제22조(공장 총허용량의 산출) ① 법 제18조제2항에 따라 국토교통부장관은 수도권정비위원회의 심의를 거쳐 공장건축의 총허용량을 산출하는 방식을 정하여 관보에 고시하여야 한다. <개정 2013.3.23.>
② 국토교통부장관은 3년마다 수도권정비위원회의 심의를 거쳐 제1항에 따른 산출방식에

따라 시·도별 공장건축의 총허용량(이하 "시·도별 총허용량"이라 한다)을 결정하여 관보에 고시하여야 한다. 결정된 공장건축의 총허용량을 변경하는 경우에도 또한 같다. <개정 2013.3.23.>

③ 시·도지사는 과거 3년간의 공장건축량, 공업용지 중 공장 설립 가능지역 및 향후 3년간의 공장건축 예상량 등 시·도별 총허용량 설정에 관계되는 기초자료를 시·도별 총허용량을 결정하는 해의 1월 31일까지 국토교통부장관에게 제출하여야 한다. <개정 2013.3.23.>

④ 시·도지사는 시·도별 총허용량의 범위에서 연도별 배정계획을 수립하여 국토교통부장관의 승인을 받은 후 그 내용을 해당 시·도의 공보에 고시하여야 한다. 승인된 연도별 배정계획을 변경하는 경우에도 또한 같다. <개정 2013.3.23.>

⑤ 시·도지사는 관할 시·군 또는 구(자치구를 말한다)의 지역별 여건을 고려하여 공장건축을 계획적으로 관리할 필요가 있다고 인정하는 경우에는 관계 행정기관과 협의하여 제4항에 따라 승인을 받은 연도별 배정계획(이하 "연도별 배정계획"이라 한다)의 범위에서 지역별로 공장건축의 총허용량(이하 "지역별·연도별 총허용량"이라 한다)을 배정할 수 있으며, 지역별·연도별 총허용량을 배정하는 경우에는 그 내용을 시·도에서 발행하는 공보에 고시하여야 한다. 배정된 지역별·연도별 총허용량을 변경하는 경우에도 또한 같다.

제23조(공장 총허용량의 집행) ① 국토교통부장관은 시·도의 연도별 공장건축량이 연도별 배정계획을 지나치게 많이 초과할 우려가 있는 경우에는 수도권정비위원회의 심의를 거쳐 업종, 규모 및 기간 등을 정하여 해당 시·도의 공장건축을 제한할 수 있으며, 해당 시·도의 공장건축을 제한한 경우에는 그 제한 내용을 관보에 고시하여야 한다. <개정 2013.3.23.>

② 시·도지사는 제22조제5항에 따라 지역별·연도별 총허용량을 배정한 경우 해당 지역의 연도별 공장건축량이 지역별·연도별 총허용량을 지나치게 많이 초과할 우려가 있는 경우에는 업종, 규모 및 기간 등을 정하여 해당 지역의 공장건축을 제한할 수 있으며, 해당 지역의 공장건축을 제한한 경우에는 그 제한 내용을 시·도에서 발행하는 공보에 고시하여야 한다.

③ 시장·군수 또는 구청장은 공장 총량관리대장을 작성·관리하고, 공장건축량을 월별로 다음 달 10일까지 시·도지사를 거쳐 국토교통부장관에게 보고하여야 한다. <개정 2013.3.23.>

제24조(학교에 대한 총량규제) ① 법 제18조제3항에 따른 학교에 대한 총량규제의 내용은 다음 각 호와 같다. <개정 2011.3.9., 2013.3.23.>

1. 대학 및 교육대학의 입학 정원 증가 총수는 국토교통부장관이 수도권정비위원회의 심의를 거쳐 정한다. 다만, 제12조제1항제1호다목 및 제14조제1항제4호다목에 따른 증원은 입학 정원의 증가 총수 산정에서 제외한다.
2. 산업대학, 전문대학 또는 대학원대학의 입학 정원 증가 총수는 다음 각 목의 구분에 따른 기준을 초과할 수 없다. 다만, 국토교통부장관이 국민경제의 발전과 공공복리의 증진을 위하여 부득이하다고 인정하여 수도권정비위원회의 심의를 거쳐 따로 정하는 경우에는 그러하지 아니하다.
   가. 산업대학·전문대학: 전년도 전국 입학 정원 증가 총수의 100분의 10
   나. 대학원대학: 매년 300명. 다만, 컴퓨터, 통신, 디자인, 영상, 신소재, 생명공학 등 첨단 전문 분야의 대학원대학으로서 교육부장관이 국토교통부장관과 협의하여 고시하는 대학원대학의 입학 정원의 증원은 입학 정원 증가 총수의 산정에서 제외한다.
3. 제11조제1호바목, 제12조제1항제1호마목 및 제14조제1항제4호마목에 따른 대학과 전문대학 간의 통폐합으로 인한 대학의 신설·증설 또는 이전 당시의 입학 정원은 제1호 및 제2호에도 불구하고 국토교통부장관이 수도권정비위원회의 심의를 거쳐 따로 정한다.
4. 제11조제1호사목 및 제12조제1항제1호바목에 따라 설립하는 대학의 입학 정원은 제1호에도 불구하고 국토교통부장관이 수도권정비위원회의 심의를 거쳐 따로 정한다.

② 교육부장관은 대학의 구조개혁을 위하여 고시하는 국립대학 및 사립대학 통폐합기준에 따라 학교의 입학 정원이 감축되는 경우 그 내용을 해당 연도 말까지 국토교통부장관

에게 통보하여야 하며, 국토교통부장관은 이를 반영하여 제1항에 따른 입학 정원의 총량을 조정하여야 한다. <개정 2013.3.23.>

제25조(광역적 기반 시설의 설치계획) ① 법 제19조제2항에 따른 광역적 기반 시설은 대규모 개발사업지구와 그 사업지구 밖의 지역을 연계하여 설치하는 다음 각 호의 기반 시설을 말한다.

1. 대규모 개발사업지구와 주변 도시 간의 교통시설
2. 환경오염 방지시설 및 폐기물 처리시설
3. 용수공급계획에 의한 용수공급시설
4. 그 밖에 광역적 정비가 필요한 시설

② 법 제19조제2항에 따른 광역적 기반 시설의 설치계획에는 재원조달계획을 포함하여야 한다.

제25조의2(인구집중 문제 방지 방안) 법 제19조제3항에 따른 인구집중 문제를 방지하기 위한 인구유발효과 분석 및 저감방안 수립에 필요한 사항은 다음 각 호와 같다.

1. 대규모개발사업의 시행으로 영향을 받을 지역에 대하여 다음 각 목의 사항을 분석할 것
   가. 대규모개발사업의 시행으로 입지하는 주요 시설 및 부수적 시설로 인한 거주인구, 취업인구 등 인구의 증감
   나. 대규모개발사업의 시행으로 인하여 발생하는 수도권 내 인구의 이동 및 수도권과 수도권이 아닌 지역 간의 인구의 이동
2. 제1호에 따라 분석된 인구유발효과와의 관계를 종합적으로 고려하여 경제적·기술적으로 실현 가능한 인구집중 저감방안을 수립할 것

[본조신설 2011.8.19.]

제26조(수도권정비위원회의 구성) ① 법 제22조제3항제1호에 따른 관계 중앙행정기관의 차관은 다음 각 호의 사람으로 한다. 이 경우 복수차관이 있는 중앙행정기관은 해당 중앙행정기관의 장이 지정하는 차관으로 한다. <개정 2013.3.23., 2014.11.19., 2017.7.26.>

1. 교육부차관
2. 국방부차관
3. 행정안전부차관
4. 문화체육관광부차관
5. 농림축산식품부차관
6. 산업통상자원부차관
7. 환경부차관
8. 국토교통부차관
9. 심의안건과 관련하여 위원장이 지정하는 중앙행정기관의 차관

② 법 제22조제3항제2호에 따른 시·도의 부시장 또는 부지사는 다음 각 호의 사람으로서 해당 시·도의 시·도지사가 지정하는 부시장 또는 부지사로 한다.

1. 서울특별시부시장
2. 인천광역시부시장
3. 경기도부지사

[전문개정 2011.8.19.]

제26조의2(수도권정비위원회 위원의 해촉) 국토교통부장관은 법 제22조제3항제3호에 따른 위원이 다음 각 호의 어느 하나에 해당하는 경우에는 해당 위원을 해촉(解囑)할 수 있다.

1. 심신장애로 인하여 직무를 수행할 수 없게 된 경우
2. 직무와 관련된 비위사실이 있는 경우
3. 직무태만, 품위손상이나 그 밖의 사유로 인하여 위원으로 적합하지 아니하다고 인정되는 경우
4. 위원 스스로 직무를 수행하는 것이 곤란하다고 의사를 밝히는 경우

[본조신설 2015.12.31.]

제27조(회의의 소집 및 의결정족수) ① 수도권정비위원회의 회의는 분기별로 개최한다. 다만, 수도권정비위원회의 위원장(이하 "위원장"이라 한다)이 필요하다고 인정하는 경우에는 임시회를 소집할 수 있다.

② 수도권정비위원회의 회의는 위원장을 포함한 재적위원 과반수의 출석으로 개의하고, 출석위원 과반수의 찬성으로 의결한다. <개정 2011.8.19.>

제28조(위원장의 직무 등) ① 위원장은 수도권정비위원회의 사무를 총괄하고, 회의의 의장이 된다.

② 위원장이 부득이한 사유로 직무를 수행할 수 없을 때에는 위원장이 미리 지정한 위원이 위원장의 직무를 대행한다. <개정 2011.8.19.>

③ 삭제 <2011.8.19.>

제29조(간사장 등) ① 수도권정비위원회의 사무를 처리하기 위하여 수도권정비위원회에 간사장 1명과 간사 1명을 둔다.
② 간사장과 간사는 국토교통부 소속 공무원 중에서 위원장이 임명한다. <개정 2013.3.23.>

제30조(수도권정비실무위원회의 구성) ① 법 제23조제1항에 따른 수도권정비실무위원회(이하 "실무위원회"라 한다)는 위원장 1명과 25명 이내의 위원으로 구성한다.
② 실무위원회의 위원장은 국토교통부 제1차관이 되고, 위원은 교육부, 국방부, 행정안전부, 문화체육관광부, 농림축산식품부, 산업통상자원부, 환경부, 국토교통부 및 심의사항과 관련하여 실무위원회의 위원장이 지정하는 중앙행정기관의 고위공무원단에 속하는 일반직공무원, 서울특별시의 2급 또는 3급 공무원과 인천광역시, 경기도의 3급 또는 4급 공무원 중에서 소속 기관의 장이 지정한 자 각 1명과 수도권정비정책과 관계되는 분야의 학식과 경험이 풍부한 자 중에서 수도권정비위원회의 위원장이 위촉하는 자가 된다. <개정 2010.3.15., 2011.8.19., 2013.3.23., 2014.11.19., 2017.7.26.>
③ 공무원이 아닌 위원의 임기는 2년으로 한다.
④ 실무위원회의 사무를 처리하기 위하여 실무위원회에 간사 1명을 두며, 간사는 국토교통부 소속 공무원 중에서 실무위원회의 위원장이 임명한다. <개정 2013.3.23.>

제30조의2(실무위원회 위원의 해촉) 실무위원회 위원의 해촉에 관하여는 제26조의2를 준용한다.
[본조신설 2015.12.31.]

제31조(실무위원회의 소집 및 의결정족수) ① 실무위원회의 회의는 분기별로 개최한다. 다만, 실무위원회의 위원장이 필요하다고 인정하는 경우에는 임시회를 소집할 수 있다.
② 실무위원회의 회의는 실무위원회의 위원장을 포함한 재적위원 과반수의 출석으로 개의하고, 출석위원 과반수의 찬성으로 의결한다.

제32조(실무위원회의 심의사항) ① 수도권정비위원회는 법 제23조제2항제2호에 따라 법 제21조제2항제4호부터 제8호까지의 규정에 따른 수도권정비위원회 심의사항의 전부 또는 일부를 수도권정비위원회의 의결을 거쳐 실무위원회에 위임할 수 있다.
② 국토교통부장관은 제1항에 따라 수도권정비위원회가 실무위원회에 심의사항을 위임한 경우에는 그 내용을 관보에 고시하여야 한다. <개정 2013.3.23.>
③ 제1항에 따라 실무위원회가 수도권정비위원회로부터 위임받은 사항에 관하여 심의·의결한 경우에는 수도권정비위원회가 심의·의결한 것으로 본다. 이 경우 실무위원회의 위원장은 심의·의결한 내용을 수도권정비위원회에 보고하여야 한다.
[전문개정 2011.8.19.]

제33조(관계기관 등의 협조) ① 수도권정비위원회와 실무위원회는 심의에 필요하다고 인정하는 경우에는 관계기관에 필요한 자료의 제출을 요구하거나 관계기관의 공무원으로부터 의견을 들을 수 있다.
② 관계기관 또는 관계기관의 공무원이 제1항에 따른 협조 요청을 받은 경우에 정당한 사유가 없으면 그 요청에 따라야 한다.

제34조(운영 세칙) 제27조부터 제33조까지에서 규정한 사항 외에 수도권정비위원회 및 실무위원회의 운영에 필요한 사항은 수도권정비위원회의 위원장이 따로 정한다.

제35조(전문기관의 자문 등) ① 국토교통부장관은 수도권정비계획의 수립·변경 및 집행을 위하여 필요하다고 인정하면 전문기관에 자문하거나 조사·연구를 의뢰할 수 있다. <개정 2013.3.23.>
② 국토교통부장관은 제1항에 따른 자문이나 조사·연구에 필요한 비용의 일부를 예산의 범위에서 전문기관에 지급할 수 있으며, 수도권정비계획에 관한 자문이나 조사·연구를 필요로 하는 관계 행정기관이 따로 있는 경우에는 그 관계 행정기관의 장과 협의하여 비용을 부담하게 할 수 있다. <개정 2013.3.23.>

부칙

<제28211호, 2017.7.26.>
(행정안전부와 그 소속기관 직제)

제1조(시행일) 이 영은 공포한 날부터 시행한다. 다만, 부칙 제8조에 따라 개정되는 대통령령 중 이 영 시행 전에 공포되었으나 시행일이 도래하지 아니한 대통령령을 개정한 부분은 각각 해당 대통령령의 시행일부터 시행한다.

제2조부터 제7조까지 생략

제8조(다른 법령의 개정) ①부터 <292>까지 생략

<293> 수도권정비계획법 시행령 일부를 다음과 같이 개정한다.

제26조제1항제3호를 다음과 같이 한다.

3. 행정안전부차관

제30조제2항 중 "행정자치부"를 "행정안전부"로 한다.

<294>부터 <388>까지 생략

신행정수도 후속대책을 위한 연기 · 공주지역 행정중심복합도시 건설을 위한 특별법

(약칭: 행복도시법)

[시행 2018.1.25.]
[법률 제14948호, 2017.10.24., 일부개정]

제1장 총칙

제1조(목적) 이 법은 수도권의 지나친 집중에 따른 부작용을 해소하기 위하여 새롭게 조성하는 행정중심복합도시의 건설 방법 및 절차를 규정함으로써 국가의 균형발전과 국가경쟁력 강화에 이바지함을 목적으로 한다.
[전문개정 2014.6.11.]

제2조(정의) 이 법에서 사용하는 용어의 뜻은 다음과 같다.

1. "행정중심복합도시"란 제16조의 이전계획에 따라 중앙행정기관과 그 소속 기관(대통령은 제외하며, 이하 "중앙행정기관등"이라 한다)을 이전하여 행정기능이 중심이 되는 복합도시로 새롭게 건설하는 도시로서, 제2호에 따른 예정지역과 제3호에 따른 주변지역으로 이루어지는 지역을 말한다. 다만, 제5조에 따라 법률로 행정구역이 정하여지는 경우에는 그 지역을 말한다.
2. "예정지역"이란 제16조의 이전계획에 따른 중앙행정기관등의 이전과 그에 따른 시가지 조성을 위하여 제11조 및 제12조에 따라 지정 · 고시된 지역을 말한다.
3. "주변지역"이란 예정지역과 맞닿은 지역으로서 예정지역의 개발로 인하여 영향을 받을 수 있는 지역 중 계획적인 관리가 필요하다고 인정되어 제11조 및 제12조에 따라 지정 · 고시된 지역을 말한다.

[전문개정 2014.6.11.]

제3조(국가 및 지방자치단체의 책무) ① 국가는 행정중심복합도시가 수도권 과밀해소 및 국가균형발전을 선도하고, 그 구심적 역할을 수행할 수 있는 방향으로 건설되도록 노력하여야 한다.
② 지방자치단체는 행정중심복합도시의 건설을 위하여 이 법에 따라 실시되는 각종 절차 또는 조치에 협조하여야 한다.
[전문개정 2014.6.11.]

제4조(국가균형발전시책의 병행 추진) 국가는 전국 각 지역이 지역 특성에 따라 골고루 잘사는 국토 여건을 조성하기 위하여 공공기관 지방 이전, 수도권 발전대책, 낙후지역 개발, 지방분권 등 국가균형발전시책을 행정중심복합도시 건설과 함께 추진하여야 한다.
[전문개정 2014.6.11.]

제5조(행정중심복합도시의 명칭 등) 행정중심복합도시의 명칭 · 지위 및 행정구역 등에 대해서는 따로 법률로 정한다.
[전문개정 2014.6.11.]

제6조(행정중심복합도시 건설의 기본방향) 국가는 다음 각 호의 도시 특성이 구현될 수 있는 방향으로 행정중심복합도시를 조성하여야 한다.

1. 국가균형발전을 선도할 수 있는 행정기능 중심의 복합형 자족도시(自足都市)
2. 자연과 인간이 어우러지는 쾌적한 친환경도시
3. 편리성과 안전성을 함께 갖춘 인간중심도시
4. 문화와 첨단기술이 어우러지는 문화 · 정보도시

[전문개정 2014.6.11.]

제7조(다른 계획과의 관계) 제17조에 따른 행정중심복합도시 광역도시계획, 제19조에 따른 기본계획 및 제20조에 따른 개발계획은 다른 법률에 따른 계획보다 우선한다. 다만, 「국토기본법」 제6조제2항제1호에 따른 국토종합계획과 군사(軍事)에 관한 계획에 대해서는 그러하지 아니하다.
[전문개정 2014.6.11.]

제2장 예정지역등의 지정 및 관리

제8조(개발행위허가 및 건축허가 제한의 특례) ① 국토교통부장관은 예정지역 및 주변지역(이하 "예정지역등"이라 한다)의 지정을 위한 조사를 진행하는 과정에서 무질서한 개발과 부동산투기가 우려되는 지역에 대하여 「국토의 계획 및 이용에 관한 법률」 제63조 및 「건축법」 제18조에도 불구하고 「국토의 계획 및 이용에 관한 법률」 제56조에 따른 개발행위허가 또는 「건축법」 제11조에 따른 건축허가(같은 법 제14조에 따른 건축신고를 포함한다. 이하 같다)를 제한할 수 있다. 이 경우 국토교통부장관은 제한하기 전에 제29조에 따른 행정중심복합도시건설 추진위원회(이하 "위원회"라 한다)의 심의를 거칠 수 있다.

② 국토교통부장관은 제1항에 따라 개발행위허가 또는 건축허가를 제한하였을 때에는 제한지역·제한내용·제한기간 등을 관보에 고시하여야 한다.

③ 국토교통부장관은 제2항에 따라 고시된 제한의 목적이 없어지거나 제한지역·제한내용·제한기간 등을 변경할 필요가 있다고 인정할 때에는 이를 해제하거나 변경할 수 있다. 이 경우 제한을 해제하거나 제한내용 등을 변경하였을 때에는 이를 관보에 고시하여야 한다.

[전문개정 2014.6.11.]

제9조(토지거래허가구역 등의 지정) ① 예정지역등의 지정을 위한 조사를 진행하는 과정에서 부동산투기가 우려되는 지역에 대해서는 관계 법령의 규정에도 불구하고 국토교통부장관은 「부동산 거래신고 등에 관한 법률」 제10조제1항에 따른 토지거래계약에 관한 허가구역 또는 「주택법」 제63조에 따른 투기과열지구를, 기획재정부장관은 「소득세법」 제104조의2제1항에 따른 지정지역을 각각 지정할 수 있다. <개정 2016.1.19.>

② 국토교통부장관 또는 기획재정부장관은 제1항에 따라 지정된 구역·지구·지역의 지정 목적이 없어지거나 그 구역·지구·지역의 규모를 축소할 필요가 있다고 인정할 때에는 지정을 해제하거나 규모를 축소할 수 있다.

[전문개정 2014.6.11.]

제10조(예정지역등의 지정을 위한 기초조사) ① 국토교통부장관은 예정지역등의 지정을 위하여 예정지역등으로 지정될 지역에 대한 인문·자연 환경과 토지이용 상황 등을 조사하여야 한다. 이 경우 다른 법률에 따라 조사된 내용이 있을 때에는 그 내용을 활용할 수 있다.

② 국토교통부장관은 효율적인 조사를 위하여 필요할 때에는 관계 전문가 또는 관계 기관·단체 등에 제1항에 따른 조사를 의뢰할 수 있다.

[전문개정 2014.6.11.]

제11조(예정지역등의 지정 등) ① 국토교통부장관은 대통령의 승인을 받아 예정지역등을 지정한다.

② 예정지역은 충청남도 연기군 및 공주시의 지역 중에서 지정한다.

③ 국토교통부장관은 예정지역등의 경계를 설정할 때 자연지형·환경성·경제성 및 행정구역 등을 고려하여야 한다.

④ 국토교통부장관은 예정지역등을 지정하려는 경우에는 미리 공청회를 열어 주민과 관계 전문가 등의 의견을 듣고, 관계 지방자치단체의 장의 의견을 들은 후 위원회의 심의와 관계 중앙행정기관의 장과의 협의를 거쳐야 한다.

⑤ 제4항에 따라 예정지역등의 지정에 관한 공청회를 개최하려는 경우에는 전국을 보급지역으로 하는 1개 이상의 일간신문에 공청회 예정일 14일 전까지 다음 각 호의 사항을 1회 이상 공고하여야 한다.

1. 공청회의 개최 목적
2. 공청회의 개최 예정 일시 및 장소
3. 예정지역등 지정안의 개요

⑥ 예정지역등을 변경하려는 경우 그 절차 및 방법 등에 대해서는 제1항부터 제5항까지의 규정을 준용한다. 다만, 대통령령으로 정하는 경미한 사항을 변경하는 경우에는 그러하지 아니하다.

⑦ 제1항 및 제6항에 따른 예정지역등의 지정 및 변경에 대해서는 「국토의 계획 및 이용에 관한 법률」 제8조 및 제9조를 적용하지 아니한다.

[전문개정 2014.6.11.]

제12조(예정지역등 지정의 고시 등) ① 국토교통부장관은 예정지역등을 지정하거나 변경하였을 때에는 다음 각 호의 사항을 관보에 고시하고, 관계 서류의 사본을 관계 지방자치단체의 장에게 송부하여야 한다. 이 경

우 관계 서류의 사본을 받은 관계 지방자치단체의 장은 이를 일반인이 열람할 수 있도록 하여야 한다.

1. 행정중심복합도시건설사업의 명칭 · 목적 및 시행자
2. 예정지역의 위치 및 면적
3. 주변지역의 위치 및 면적
4. 수용하거나 사용할 토지의 세목(細目)

② 국토교통부장관은 제1항에 따라 예정지역등의 지정 또는 변경을 고시하였을 때에는 지체 없이 관계 지방자치단체의 장에게 주변지역의 구역경계가 표시된 축척 500분의 1부터 1천500분의 1까지(「국토의 계획 및 이용에 관한 법률」에 따른 녹지지역 안의 임야, 관리지역, 농림지역 및 자연환경보전지역은 축척 3천분의 1부터 6천분의 1까지를 말한다)의 지적이 표시된 도면을 송부하여야 한다. 이 경우 도면을 받은 관계 지방자치단체의 장은 이를 일반인이 열람할 수 있도록 하여야 한다.

③ 제2항에도 불구하고 국토교통부장관은 주변지역을 행정구역 단위로 지정하거나 변경하는 경우에는 그 지정 또는 변경 내용을 관계 지방자치단체의 장에게 송부하고, 그 관계 지방자치단체의 장은 이를 일반인이 열람할 수 있도록 함으로써 제2항에 따른 도면의 송부 및 열람을 갈음할 수 있다.

④ 국토교통부장관은 제1항 전단에 따라 관계 서류의 사본을 송부할 때 제13조제1항에 따라 결정 · 고시된 것으로 보는 사항에 대하여 「국토의 계획 및 이용에 관한 법률」 제32조에 따른 지형도면의 작성에 필요한 서류를 함께 송부하여야 한다.

[전문개정 2014.6.11.]

제13조(예정지역등의 지정 효과) ① 예정지역으로 지정 · 고시된 지역은 「국토의 계획 및 이용에 관한 법률」 제6조제1호에 따른 도시지역 및 「도시개발법」 제3조에 따른 도시개발구역으로 결정 · 지정 및 고시된 것으로 본다.

② 예정지역등이 지정 · 고시된 경우에는 제8조에 따른 개발행위허가 및 건축허가의 제한은 해제된 것으로 본다.

③ 예정지역등이 지정 · 고시된 경우에는 그 지역 안의 토지에 대하여 다른 법률에 따라 이미 지정 · 결정 · 고시 · 공고 · 승인된 구역 · 지역 · 지구 또는 그 밖에 이와 유사한 구획(이하 이 항에서 "구역등"이라 한다)과 그 사업계획을 주관하는 관계 기관의 장은 대통령령으로 정하는 바에 따라 그 구역등의 존치 여부 및 사업계획의 시행에 관하여 제38조에 따른 행정중심복합도시건설청장(이하 "건설청장"이라 한다)과 협의하여야 한다.

④ 예정지역 안에 「부동산 거래신고 등에 관한 법률」 제10조제1항에 따른 토지거래계약에 관한 허가구역이 지정된 경우에는 제18조제1항에 따라 지정된 행정중심복합도시건설사업의 시행자(이하 "사업시행자"라 한다)가 그 허가구역 안에서 체결하는 토지거래계약에 대해서는 「부동산 거래신고 등에 관한 법률」 제11조를 적용하지 아니한다. <개정 2016.1.19.>

⑤ 예정지역등을 관할하는 지방자치단체의 장은 주변지역 안에서의 도시계획사업의 시행, 건축허가 및 제14조제2항에 따른 행위허가, 그 밖에 대통령령으로 정하는 업무를 수행할 때에는 건설청장의 승인을 받아야 한다.

[전문개정 2014.6.11.]

제14조(예정지역등 안에서의 행위제한 등) ① 예정지역 안에서 다음 각 호의 어느 하나에 해당하는 행위를 하려는 자는 건설청장의 허가를 받아야 한다.

1. 토지형질의 변경(경작을 위하여 토지형질을 변경하는 경우는 제외한다)
2. 건축물의 건축 또는 공작물의 설치(비닐하우스, 양잠장, 고추 건조장, 잎담배 건조장 등 농산물 · 임산물 · 수산물의 생산에 직접 이용되는 간이 공작물을 설치하는 경우는 제외한다)
3. 흙 · 모래 · 자갈 · 바위 등 토석(土石)의 채취 또는 토지의 굴착
4. 죽목(竹木)의 벌채 또는 식재(경작지가 아닌 곳에서 관상용 식물을 임시로 식재하는 경우는 제외한다)
5. 그 밖에 대통령령으로 정하는 행위

② 주변지역 안에서의 행위 제한에 대해서는 「국토의 계획 및 이용에 관한 법률」 제81조에 따른 시가화조정구역(市街化調整區域) 안에서의 행위 제한에 관한 사항을 준용한다. 다만, 다음 각 호의 어느 하나에 해당하는 경우에는 그러하지 아니하다. <개정 2014.6.3.>

1. 집단취락이 있는 지역 등에 대하여 대통령령으로 정하는 바에 따라 그 제한을 완화하는 경우

2. 거주를 목적으로 다음 각 목의 어느 하나에 해당하는 토지에 연면적 합계 200제곱미터 미만인 단독주택을 신축하는 경우 또는 기존 주택의 면적을 포함하여 연면적 합계 200제곱미터 미만인 단독주택을 증축하는 경우
가. 기존 주택을 철거한 후의 그 토지
나. 「공간정보의 구축 및 관리 등에 관한 법률」에 따른 지목이 대(垈)인 토지(2008년 2월 29일 이후 하나의 필지를 둘 이상의 필지로 분할한 경우에는 전체를 하나의 대지로 본다)

③ 예정지역등의 지정·고시 당시 이미 관계 법률에 따라 제1항에 따른 행위에 관한 허가·승인 등을 받아(관계 법률에 따라 허가·승인 등을 받을 필요가 없는 경우를 포함한다) 그 공사 또는 사업을 시작한 자는 예정지역 안에서는 건설청장에게, 주변지역 안에서는 광역시장·시장 또는 군수에게 예정지역등의 지정·고시일부터 1개월 이내에 그 공사 또는 사업의 진행 상황과 시행계획을 신고하고 사업을 계속 시행할 수 있다.

④ 제1항 및 제2항에 따른 허가(제2항의 경우에는 같은 항에 따라 준용되는 「국토의 계획 및 이용에 관한 법률」 제81조제2항에 따른 허가를 말한다. 이하 이 조에서 같다)에 대해서는 이 법에 규정된 사항을 제외하고는 「국토의 계획 및 이용에 관한 법률」 제57조부터 제60조까지 및 제62조를 준용한다.

⑤ 제1항 및 제2항에 따라 허가를 받은 경우에는 「국토의 계획 및 이용에 관한 법률」 제56조에 따른 개발행위의 허가 및 「도시개발법」 제9조제5항에 따른 행위허가를 받은 것으로 본다.

[전문개정 2014.6.11.]

제15조(예정지역등의 해제) 예정지역 및 주변지역의 지정은 다음 각 호의 구분에 따른 시기에 각각 해제된 것으로 본다.

1. 예정지역: 제27조제6항에 따른 공사 완료 공고일의 다음 날. 다만, 2020년 12월 31일 이전에 공사 완료 공고를 한 경우에는 2021년 1월 1일에 해제된 것으로 본다.
2. 주변지역: 건설청장이 대통령령으로 정하는 바에 따라 주변지역에 대한 새로운 도시·군관리계획(「국토의 계획 및 이용에 관한 법률」 제2조제4호에 따른 도시·군관리계획을 말한다. 이하 같다)을 결정·고시한 날의 다음 날. 다만, 예정지역등의 지정·고시일부터 10년이 지날 때까지 새로운 도시·군관리계획의 결정·고시가 없는 경우에는 그 기간의 만료일 다음 날에 해제된 것으로 본다.

[전문개정 2014.6.11.]

제16조(중앙행정기관등의 이전계획) ① 행정안전부장관은 중앙행정기관등을 행정중심복합도시로 이전하는 계획(이하 "이전계획"이라 한다)을 수립하여 대통령의 승인을 받아야 한다. <개정 2017.10.24.>

② 다음 각 호의 부(部)는 이전대상에서 제외한다.

1. 외교부
2. 통일부
3. 법무부
4. 국방부
5. 삭제 <2017.10.24.>
6. 여성가족부

③ 이전계획에는 다음 각 호의 사항이 포함되어야 한다. <개정 2017.10.24.>

1. 이전대상 중앙행정기관등
2. 이전 방법 및 시기
3. 이전에 드는 비용의 추정치
4. 중앙행정기관등의 이전에 따른 행정능률 제고 방안
5. 그 밖에 중앙행정기관등의 원활한 이전을 위하여 행정안전부장관이 필요하다고 인정하는 사항

④ 행정안전부장관은 이전계획을 수립하려는 경우에는 미리 공청회를 열어 국민 및 관계 전문가 등의 의견을 듣고, 관계 중앙행정기관의 장과 협의하여야 한다. 이 경우 공청회의 개최에 대해서는 제11조제5항을 준용하며, 국토교통부장관은 협의할 때 위원회의 의견도 제시하여야 한다. <개정 2017.10.24.>

⑤ 행정안전부장관은 제1항에 따라 이전계획을 승인받았을 때에는 관보에 고시하여야 한다. <개정 2017.10.24.>

⑥ 이전계획의 변경 절차 및 방법 등에 대해서는 제1항·제4항 및 제5항을 준용한다. 다만, 대통령령으로 정하는 경미한 사항을 변경하는 경우에는 제1항 및 제4항을 준용하지 아니한다.

[전문개정 2014.6.11.]

제17조(행정중심복합도시 광역도시계획) ① 국토교통부장관은 예정지역등과 인접지역 간의 공간구조 및 기능을 서로 연계시키고, 환경을 보전하며, 광역시설을 체계적으로 정비하기 위하여 예정지역등과 그에 인접한 광역시·특별자치시·시 또는 군의 전부 또는 일부를 대통령령으로 정하는 바에 따라 행정중심복합도시 광역계획권으로 지정할 수 있다. 이 경우 국토교통부장관은 지정 전에 관계 특별시장·광역시장·특별자치시장·도지사 또는 특별자치도지사(이하"시·도지사"라 한다), 시장 또는 군수의 의견을 들은 후 위원회의 심의를 거쳐야 한다.

② 국토교통부장관은 제1항에 따라 지정된 행정중심복합도시 광역계획권에 대하여 대통령령으로 정하는 바에 따라 행정중심복합도시 광역도시계획을 수립하여야 한다. 이 경우 국토교통부장관은 수립 전에 위원회의 심의를 거쳐야 한다.

③ 제2항에 따른 행정중심복합도시 광역도시계획의 수립에 대해서는 「국토의 계획 및 이용에 관한 법률」 제12조, 제14조 및 제15조를 준용한다.

④ 국토교통부장관은 제1항부터 제3항까지의 규정에 따라 행정중심복합도시 광역계획권을 지정하거나 행정중심복합도시 광역도시계획을 수립하였을 때에는 대통령령으로 정하는 바에 따라 고시하여야 한다.

⑤ 행정중심복합도시 광역계획권 또는 행정중심복합도시 광역도시계획을 변경하려는 경우 그 절차와 방법 등에 대해서는 제1항부터 제4항까지의 규정을 준용한다. 다만, 대통령령으로 정하는 경미한 사항을 변경하는 경우에는 제1항부터 제3항까지의 규정을 준용하지 아니한다.

⑥ 제2항·제3항 및 제5항에 따라 수립되거나 변경된 행정중심복합도시 광역도시계획은 제1항에 따라 지정된 행정중심복합도시 광역계획권 안에 이미 수립되어 있는 광역도시계획 및 도시·군기본계획보다 우선하며, 국토교통부장관·건설청장 또는 관계 지방자치단체의 장은 행정중심복합도시 광역도시계획에 부합하도록 이미 수립되어 있는 광역도시계획 및 도시·군계획을 변경하여야 한다.

[전문개정 2014.6.11.]

제3장 행정중심복합도시건설사업 등

제18조(사업시행자의 지정 등) ① 국토교통부장관은 「공공기관의 운영에 관한 법률」 제4조에 따른 공공기관(이하 "공공기관"이라 한다) 중에서 위원회의 심의를 거쳐 사업시행자를 지정하여야 한다. 다만, 국토교통부장관이 행정중심복합도시건설사업을 효율적으로 시행하기 위하여 필요하다고 인정하는 경우에는 국가기관 또는 지방자치단체를 사업시행자로 지정할 수 있다.

② 국토교통부장관은 제1항에 따라 사업시행자를 지정하는 경우 업무의 범위, 지정기간, 그 밖에 대통령령으로 정하는 사항을 고시할 수 있다.

③ 제1항에 따라 지정된 사업시행자는 「도시개발법」 제11조에 따라 지정된 도시개발사업의 시행자로 본다.

④ 사업시행자는 행정중심복합도시건설사업의 일부를 자연친화적이고 입체적으로 시행하기 위하여 필요한 경우에는 건설청장의 승인을 받아 국가기관, 지방자치단체 또는 대통령령으로 정하는 기관에 조성되지 아니한 상태의 토지(이하 "원형지"라 한다)를 공급하여 개발하게 할 수 있다. 이 경우 원형지를 공급받아 개발하는 자(이하 "원형지개발자"라 한다)는 제20조제3항제4호에 따른 개발방향에 따라 세부 계획을 수립하여야 하며, 원형지개발자의 업무 범위에 필요한 사항은 대통령령으로 정한다.

⑤ 사업시행자는 행정중심복합도시건설사업을 효율적으로 시행하기 위하여 필요한 경우에는 대통령령으로 정하는 바에 따라 건설청장의 승인을 받아 행정중심복합도시건설사업의 일부를 다음 각 호의 자로 하여금 대행하게 할 수 있다.

1. 공공기관
2. 민간사업자
3. 국가기관·지방자치단체 또는 공공기관이 민간사업자와 공동으로 설립한 법인

[전문개정 2014.6.11.]

제19조(기본계획의 수립) ① 국토교통부장관은 행정중심복합도시 건설에 관한 기본계획(이하 "기본계획"이라 한다)을 수립하여야 한다.

② 기본계획에는 다음 각 호의 사항이 포함되어야 한다.

1. 행정중심복합도시건설사업의 개요
2. 인구배치 및 토지이용의 기본구상
3. 이전대상 중앙행정기관등의 배치방향
4. 도시교통 및 경관·환경보전의 기본방향
5. 교육·문화·복지시설 설치의 기본방향
6. 도로, 상하수도 등 주요 기반시설 설치의 기본방향
7. 재원조달 방안
8. 제20조에 따른 개발계획 수립의 지침
9. 그 밖에 대통령령으로 정하는 사항

③ 국토교통부장관은 기본계획을 수립하려는 경우에는 미리 공청회를 열어 주민 및 관계 전문가 등의 의견을 듣고, 관계 지방자치단체의 장의 의견을 들은 후 위원회의 심의 및 관계 중앙행정기관의 장과의 협의를 거쳐야 한다. 이 경우 공청회의 개최에 대해서는 제11조제5항을 준용한다.

④ 국토교통부장관은 제1항에 따라 기본계획을 수립하였을 때에는 대통령령으로 정하는 바에 따라 고시하여야 한다.

⑤ 기본계획의 변경 절차 및 방법 등에 대해서는 제1항·제3항 및 제4항을 준용한다. 다만, 대통령령으로 정하는 경미한 사항을 변경하는 경우에는 제1항 및 제3항을 준용하지 아니한다.

[전문개정 2014.6.11.]

제20조(개발계획의 수립) ① 건설청장은 행정중심복합도시건설사업(예정지역을 개발하는 사업을 말한다. 이하 같다)에 관한 계획(이하 "개발계획"이라 한다)을 수립하여야 한다.

② 사업시행자는 대통령령으로 정하는 바에 따라 개발계획을 건설청장에게 제안할 수 있다.

③ 개발계획에는 다음 각 호의 사항이 포함되어야 한다.

1. 인구수용계획
2. 이전대상 중앙행정기관등의 수용계획
3. 토지이용계획
4. 원형지로 공급될 토지와 그 개발방향
5. 교통처리계획
6. 도시문화계획
7. 경관계획
8. 환경보전계획
9. 교육·문화시설 및 보건의료·복지시설의 설치계획
10. 도로, 상하수도 등 주요 기반시설의 설치계획
11. 행정중심복합도시건설사업의 시행기간 및 단계별 시행에 관한 계획
12. 예정지역 중 「국토의 계획 및 이용에 관한 법률」 제51조제1항에 따른 지구단위계획구역의 지정이 필요한 지역
13. 재원조달계획
14. 예정지역 밖의 지역에 기반시설을 설치하여야 하는 경우 해당 시설의 설치에 필요한 비용의 부담계획
15. 실시계획 및 지구단위계획 수립의 지침
16. 그 밖에 대통령령으로 정하는 사항

④ 개발계획은 기본계획에 부합하여야 한다.

⑤ 건설청장은 제1항에 따라 개발계획을 수립하려는 경우에는 미리 공청회를 열어 주민 및 관계 전문가 등의 의견을 듣고, 위원회의 심의와 관계 중앙행정기관의 장 및 제17조제1항에 따라 지정된 행정중심복합도시 광역계획권 시·도지사와의 협의를 거쳐야 한다. 이 경우 공청회의 개최에 대해서는 제11조제5항을 준용한다. <개정 2017.10.24.>

⑥ 건설청장은 제1항에 따라 개발계획을 수립하였을 때에는 대통령령으로 정하는 바에 따라 고시하고, 관계 서류의 사본을 관계 지방자치단체의 장에게 송부하여야 한다. 이 경우 관계 서류의 사본을 받은 관계 지방자치단체의 장은 이를 일반인이 열람할 수 있도록 하여야 한다.

⑦ 건설청장은 직접 또는 예정지역을 관할하는 지방자치단체의 장의 요청을 받아 개발계획을 변경할 수 있으며, 이 경우 개발계획의 변경에 대해서는 제2항 및 제4항부터 제6항까지의 규정을 준용한다. 다만, 대통령령으로 정하는 경미한 사항을 변경하는 경우에는 제2항·제4항 및 제5항을 준용하지 아니하되, 건설청장은 예정지역을 관할하는 지방자치단체의 장의 의견을 미리 들어야 한다. <개정 2017.10.24.>

⑧ 제6항에 따라 개발계획의 수립이 고시되었을 때에는 「도시개발법」 제4조에 따른 개발계획이 수립된 것으로 보며, 제3항제12호에 해당하는 지역은 지구단위계획구역으로 지정·고시된 것으로 본다.

⑨ 「환경영향평가법」 제16조에 따른 전략환경영향평가 협의는 제6항에 따른 개발계획 수립의 고시 전에 하여야 한다. 이 경우 협의기관은 환경부장관으로 한다.

[전문개정 2014.6.11.]

제21조(실시계획의 승인) ① 사업시행자는 제20조에 따라 개발계획이 수립·고시되었을 때에는 행정중심복합도시건설사업의 시행에 필요한 설계도서, 재원조달계획 등 대통령령으로 정하는 사항을 포함한 행정중심복합도시건설사업 실시계획(이하 "실시계획"이라 한다)을 수립하여 건설청장의 승인을 받아야 한다. 이 경우 건설청장은 승인 전에 위원회의 심의를 거쳐야 한다.

② 실시계획은 단계적으로 수립할 수 있다.

③ 실시계획에는 제20조제8항에 따라 지구단위계획구역으로 지정·고시된 것으로 보는 지역에 대하여 「국토의 계획 및 이용에 관한 법률」 제52조에 따라 작성한 지구단위계획이 포함되어야 한다.

④ 실시계획에는 「도시교통정비 촉진법」 제16조제4항에 따른 개선필요사항등 및 「환경영향평가법」에 따른 환경영향평가 결과가 반영되어야 한다.

⑤ 건설청장은 제1항에 따라 실시계획을 승인하였을 때에는 대통령령으로 정하는 바에 따라 고시하고, 관계 서류의 사본을 관계 지방자치단체의 장에게 송부하여야 한다. 이 경우 관계 서류의 사본을 받은 관계 지방자치단체의 장은 이를 일반인이 열람할 수 있도록 하여야 한다.

⑥ 제5항 전단에 따라 고시된 사항 중 「토지이용규제 기본법」 제5조에서 정하는 지역·지구등으로 결정·고시된 것으로 보는 사항의 지형도면 고시에 대해서는 같은 법 제8조제2항부터 제9항까지의 규정에 따른다.

⑦ 승인을 받은 실시계획을 변경하는 경우에는 제1항 및 제4항부터 제6항까지의 규정을 준용한다. 다만, 대통령령으로 정하는 경미한 사항을 변경하는 경우에는 제1항·제4항 및 제5항을 준용하지 아니한다.

⑧ 제1항 및 제7항에 따른 실시계획의 승인 및 변경승인에 대해서는 「국토의 계획 및 이용에 관한 법률」 제9조 및 제59조를 적용하지 아니한다.

[전문개정 2014.6.11.]

제22조(인·허가등의 의제) ① 제21조에 따라 실시계획이 승인되었을 때에는 다음 각 호의 승인·허가·인가·결정·신고·지정·면허·협의·해제·심사 등(이하 "인·허가등"이라 한다)을 받은 것으로 보며, 실시계획의 승인이 고시되었을 때에는 다음 각 호의 법률에 따른 인·허가등이 고시 또는 공고된 것으로 본다. <개정 2014.1.14., 2014.6.3., 2016.1.19., 2016.12.27., 2017.1.17.>

1. 「건축법」 제11조에 따른 건축허가, 같은 법 제16조에 따른 허가·신고사항의 변경 및 같은 법 제20조에 따른 가설건축물의 건축허가·축조신고
2. 「골재채취법」 제22조에 따른 골재채취의 허가
3. 「공유수면 관리 및 매립에 관한 법률」 제8조에 따른 공유수면의 점용·사용허가 및 같은 법 제10조에 따른 협의 또는 승인, 같은 법 제17조에 따른 점용·사용 실시계획의 승인 또는 신고, 같은 법 제28조에 따른 공유수면의 매립면허, 같은 법 제35조에 따른 국가 등이 시행하는 매립의 협의 또는 승인 및 같은 법 제38조에 따른 공유수면매립실시계획의 승인
4. 「관광진흥법」 제52조에 따른 관광지의 지정, 같은 법 제54조에 따른 조성계획의 승인 및 같은 법 제55조에 따른 조성사업 시행의 허가
5. 「광업법」 제24조에 따른 광업권설정의 불허가처분 및 같은 법 제34조에 따른 광업권의 취소 또는 광구의 감소처분
6. 「국가통합교통체계효율화법」 제76조에 따른 지능형교통체계시행계획의 수립 및 같은 법 제79조에 따른 실시계획의 수립·승인
7. 「국유재산법」 제30조에 따른 행정재산의 사용허가
8. 「국토의 계획 및 이용에 관한 법률」 제30조에 따른 도시·군관리계획의 결정, 같은 법 제56조에 따른 개발행위허가, 같은 법 제86조에 따른 도시·군계획시설사업의 시행자의 지정 및 같은 법 제88조에 따른 실시계획의 인가
9. 「군사기지 및 군사시설 보호법」 제9조제1항제1호에 따른 보호구역에의 출입허가 및 같은 법 제13조에 따른 행정기관의 허가등에 관한 협의
10. 「낙농진흥법」 제4조에 따른 낙농지구의 해제
11. 「농어촌정비법」 제23조에 따른 농업생산기반시설의 사용허가
12. 「농지법」 제31조제1항에 따른 농업진흥지역의 변경 및 해제, 같은 법 제34조에 따른 농지전용의 허가·협의, 같은 법 제35조에 따른 농지의 전용신고 및 같은 법 제

36조에 따른 농지의 타용도 일시사용의 허가 · 협의
13. 「대기환경보전법」 제23조, 「물환경보전법」 제33조 및 「소음 · 진동관리법」 제8조에 따른 배출시설 설치의 허가 또는 신고
14. 「도시개발법」 제17조에 따른 실시계획의 인가
15. 「도로법」 제107조에 따른 도로관리청과의 협의 또는 승인(같은 법 제19조에 따른 도로 노선의 지정 · 고시, 같은 법 제25조에 따른 도로구역의 결정, 같은 법 제36조에 따른 도로관리청이 아닌 자에 대한 도로공사 시행의 허가 및 같은 법 제61조에 따른 도로점용허가에 관한 것으로 한정한다)
16. 「사도법」 제4조에 따른 사도(私道) 개설허가
17. 「사방사업법」 제14조에 따른 벌채 등의 허가 및 같은 법 제20조에 따른 사방지 지정의 해제
18. 「산림보호법」 제9조제2항제1호 · 제2호에 따른 산림보호구역(산림유전자원보호구역은 제외한다)에서의 행위의 허가 · 신고, 같은 법 제11조제1항제1호에 따른 산림보호구역 지정의 해제, 「국유림의 경영 및 관리에 관한 법률」 제9조제3항에 따른 국유림의 조림 · 벌채 등의 신고, 「산림자원의 조성 및 관리에 관한 법률」 제36조에 따른 산림의 입목벌채등의 허가 · 신고
19. 「산업입지 및 개발에 관한 법률」 제16조에 따른 산업단지개발사업 시행자의 지정, 같은 법 제17조 및 제18조에 따른 산업단지개발실시계획의 승인
20. 「산업집적활성화 및 공장설립에 관한 법률」 제13조제1항에 따른 공장설립등의 승인
21. 「산지관리법」 제6조에 따른 보전산지의 변경 · 해제, 같은 법 제11조에 따른 산지전용 · 일시사용제한지역 지정의 해제, 같은 법 제14조에 따른 산지전용허가, 같은 법 제15조에 따른 산지전용신고, 같은 법 제15조의2에 따른 산지일시사용허가 · 신고 및 같은 법 제25조에 따른 토석채취허가
22. 「소하천정비법」 제10조에 따른 소하천공사 시행의 허가 및 같은 법 제14조에 따른 소하천 점용의 허가
23. 「수도법」 제7조에 따른 상수원보호구역의 지정 및 변경, 같은 법 제17조제1항에 따른 일반수도사업의 인가, 같은 법 제49조에 따른 공업용수도사업의 인가, 같은 법 제52조에 따른 전용상수도 인가 및 같은 법 제54조에 따른 전용공업용수도 설치의 인가
24. 「에너지이용 합리화법」 제10조에 따른 에너지사용계획의 협의
25. 「물류시설의 개발 및 운영에 관한 법률」 제22조에 따른 물류단지의 지정 및 같은 법 제28조에 따른 물류단지개발실시계획의 승인 또는 협의
26. 「장사 등에 관한 법률」 제27조에 따른 분묘의 개장허가
27. 「전기사업법」 제62조에 따른 자가용전기설비의 공사계획의 인가 또는 신고
28. 「주택법」 제15조에 따른 사업계획의 승인
29. 「공유재산 및 물품 관리법」 제20조제1항에 따른 행정재산의 사용 · 수익허가
30. 「공간정보의 구축 및 관리 등에 관한 법률」 제15조제3항에 따른 지도등의 간행심사, 같은 법 제86조제1항에 따른 사업의 착수 · 변경 또는 완료의 신고
31. 「집단에너지사업법」 제4조에 따른 집단에너지의 공급 타당성에 관한 협의
32. 「체육시설의 설치 · 이용에 관한 법률」 제12조에 따른 사업계획의 승인
33. 「초지법」 제23조에 따른 초지 전용의 허가 또는 협의
34. 「폐기물관리법」 제29조에 따른 폐기물처리시설 설치의 승인 또는 신고
35. 「하수도법」 제16조에 따른 공공하수도공사의 시행허가, 같은 법 제24조에 따른 공공하수도의 점용허가 및 같은 법 제34조제2항에 따른 개인하수처리시설의 설치 신고
36. 「하천법」 제6조에 따른 하천관리청과의 협의 또는 승인, 같은 법 제30조에 따른 하천공사의 시행허가 및 하천공사실시계획의 인가, 같은 법 제33조에 따른 하천점용허가
37. 제14조제1항에 따른 허가

② 사업시행자는 인 · 허가등의 의제를 받으려는 경우에는 실시계획의 승인신청을 할 때 해당 법률에서 정하는 관련 서류를 함께 제출하여야 한다.

③ 건설청장은 실시계획을 승인할 때 그 내용에 제1항 각 호의 어느 하나에 해당하는 사항이 있을 때에는 미리 관계 행정기관의 장과 협의하여야 하며, 협의를 요청받은 관계 행정기관의 장은 요청받은 날부터 20일 이내에 의견을 제출하여야 하고, 그 기간 내에 의견을 제출하지

아니할 때에는 의견이 없는 것으로 본다.
④ 제1항에 따라 다른 법률에 따른 인·허가등을 받은 것으로 보는 경우에는 관계 법률이나 광역시 또는 도의 조례에 따라 해당 인·허가등의 대가로 부과되는 면허에 대한 등록면허세, 수수료·사용료 등을 면제한다.
[전문개정 2014.6.11.]

제23조(기반시설의 설치 등) ① 전기·통신·가스 및 지역난방시설의 설치 및 비용의 부담에 대해서는 「도시개발법」 제55조를 준용한다.
② 국가는 예정지역등에 필요한 도로, 상하수도 등 대통령령으로 정하는 기반시설과 부대시설의 설치를 우선적으로 지원하여야 한다. 이 경우 지원의 범위·대상 등에 대해서는 미리 위원회의 심의를 거쳐야 한다.
③ 건설청장은 제63조의 광역교통개선대책에 따라 설치되는 교통시설 중 제44조에 따른 행정중심복합도시건설 특별회계에서 지원하는 시설(「사회기반시설에 대한 민간투자법」 제2조제5호에 따른 민간투자사업으로 설치되는 시설을 포함한다)을 설치할 수 있다.
④ 지방자치단체는 행정중심복합도시의 기능이 원활하게 발휘될 수 있도록 예정지역등 밖의 기반시설 설치를 우선적으로 지원하여야 한다.
⑤ 대통령령으로 정하는 기반시설의 설치계획 및 일정 등을 조정·관리하기 위하여 건설청장 소속으로 기반시설 조정위원회를 둘 수 있다.
⑥ 제5항에 따른 기반시설 조정위원회의 구성 및 운영 등에 필요한 사항은 대통령령으로 정한다.
⑦ 제5항에 따른 기반시설의 설치의무자는 특별한 사유가 없으면 기반시설 조정위원회가 정한 설치계획 및 일정 등을 준수하여야 한다.
[전문개정 2014.6.11.]

제24조(토지등의 수용 등) ① 사업시행자는 예정지역 안에서 행정중심복합도시건설사업의 시행을 위하여 필요할 때에는 「공익사업을 위한 토지 등의 취득 및 보상에 관한 법률」 제3조에 따른 토지등을 수용하거나 사용할 수 있다.
② 예정지역등이 지정 및 고시되었을 때에는 「공익사업을 위한 토지 등의 취득 및 보상에 관한 법률」 제20조제1항 및 제22조에 따른 사업인정 및 사업인정의 고시가 된 것으로 보며, 재결(裁決)의 신청은 같은 법 제23조제1항 및 제28조제1항에도 불구하고 제20조제3항제11호에 따른 행정중심복합도시건설사업 시행기간 이내에 할 수 있다.
③ 제1항에 따른 토지등의 수용 또는 사용에 관한 재결의 관할 토지수용위원회는 중앙토지수용위원회로 한다.
④ 예정지역등의 지정 고시 전에 예정지역 안에서 「공익사업을 위한 토지 등의 취득 및 보상에 관한 법률」 제4조 각 호의 공익사업 또는 개별 법률에 따라 같은 법 제20조제1항에 따른 사업인정이 의제되는 사업(이하 이 항에서 "종전공익사업"이라 한다)의 시행을 위하여 협의취득 또는 수용된 토지등의 소유자가 같은 법 제91조제1항 및 제2항에 따라 환매권을 행사할 수 있는 기간은 종전공익사업이 이 법에 따른 행정중심복합도시건설사업으로 변경된 것으로 보아 예정지역등의 지정 고시일부터 기산(起算)한다. 이 경우 사업시행자는 사업의 변경사실을 대통령령으로 정하는 바에 따라 관보에 고시하고, 환매권자에게 통지하여야 한다.
⑤ 제1항에 따른 토지등의 수용 또는 사용에 대해서는 이 법에 특별한 규정이 있는 경우를 제외하고는 「공익사업을 위한 토지 등의 취득 및 보상에 관한 법률」을 준용한다.
[전문개정 2014.6.11.]

제25조(조성토지의 공급계획 등) ① 사업시행자는 행정중심복합도시건설사업으로 조성된 토지(이하 "조성토지"라 한다) 또는 원형지를 공급하려는 경우에는 조성토지 또는 원형지의 공급계획을 작성하여 건설청장의 승인을 받아야 한다. 작성된 공급계획을 변경하는 경우에도 또한 같다.
② 제1항에 따라 조성토지의 공급계획에 대하여 건설청장의 승인을 받은 경우에는 「도시개발법」 제26조에 따라 조성토지등의 공급 계획을 제출한 것으로 본다.
③ 조성토지 및 원형지의 공급계획의 내용, 공급의 절차·기준 및 가격 결정방법, 그 밖에 조성토지 및 원형지의 공급에 필요한 사항은 대통령령으로 정한다.
④ 원형지개발자는 제18조제4항에 따라 개발하여 조성된 토지 중 대통령령으로 정하는 토지에 한정하여 이를 공급할 수 있다. 이 경우 제1항부터 제3항까지의 규정에 따른 조성토지의 공급 절차를 준용한다.

[전문개정 2014.6.11.]

제26조(선수금) ① 사업시행자는 조성토지 및 원형지를 공급받으려는 자로부터 대통령령으로 정하는 바에 따라 해당 대금의 전부 또는 일부를 미리 받을 수 있다.
② 사업시행자는 제1항에 따라 해당 대금의 전부 또는 일부를 미리 받으려는 경우에는 건설청장의 승인을 받아야 한다.
[전문개정 2014.6.11.]

제27조(준공검사) ① 사업시행자는 행정중심복합도시건설사업의 전부 또는 일부를 완료하였을 때에는 지체 없이 건설청장의 준공검사를 받아야 한다.
② 제1항에 따라 준공검사를 하는 경우 건설청장이 제22조에 따라 의제되는 인·허가등에 따른 준공검사·준공인가 등에 관하여 제4항에 따라 관계 행정기관의 장과 협의한 사항에 대해서는 그 준공검사·준공인가 등이 있는 것으로 본다.
③ 사업시행자는 제2항에 따른 준공검사·준공인가 등의 의제를 받으려는 경우에는 제1항에 따른 준공검사를 신청할 때 해당 법률에서 정하는 관련 서류를 함께 제출하여야 한다.
④ 건설청장은 제1항에 따른 준공검사를 하는 경우에 그 내용에 제22조에 따라 의제되는 인·허가등에 따른 준공검사·준공인가 등에 해당하는 사항이 있을 때에는 미리 관계 행정기관의 장과 협의하여야 한다.
⑤ 건설청장은 제1항에 따른 준공검사를 하였을 때에는 위원회 및 관계 행정기관의 장에게 그 내용을 통보하여야 한다.
⑥ 건설청장은 준공검사를 한 결과 개발사업이 실시계획대로 완료되었다고 인정할 때에는 사업시행자에게 준공검사서를 발급하고, 대통령령으로 정하는 바에 따라 공사 완료 공고를 하여야 하며, 실시계획대로 완료되지 아니하였을 때에는 지체 없이 보완시공 등 필요한 조치를 명하여야 한다.
⑦ 건설청장 또는 제6항에 따라 공사 완료 공고를 한 지역을 관할하는 지방자치단체의 장은 해당 지역 중 제20조제8항에 따라 지구단위계획구역으로 지정·고시된 것으로 보는 지역에 대해서는 제21조에 따라 고시된 실시계획에 포함된 지구단위계획에 따라 관리하여야 한다.
[전문개정 2014.6.11.]

제28조(주변지역 안에서의 사업에 대한 준용) ① 사업시행자는 제53조에 따른 주변지역지원사업 등 주변지역 안에서 행정중심복합도시건설사업과 직접 관련되어 시행되는 사업으로서 대통령령으로 정하는 사업을 실시계획에 포함할 수 있다.
② 제1항의 사업에 대해서는 제21조부터 제27조까지, 제45조, 제52조부터 제60조까지, 제61조부터 제63조까지 및 제64조부터 제71조까지의 규정을 준용한다.
③ 제2항에 따라 제24조를 준용하는 경우에는 "예정지역등의 지정 및 고시"는 "실시계획의 승인 및 고시"로 보며, 제21조제5항에 따라 고시되는 실시계획에는 수용 또는 사용할 토지의 세목이 포함되어야 한다.
[전문개정 2014.6.11.]

제28조(주변지역 안에서의 사업에 대한 준용) ① 사업시행자는 제53조에 따른 주변지역지원사업 등 주변지역 안에서 행정중심복합도시건설사업과 직접 관련되어 시행되는 사업으로서 대통령령으로 정하는 사업을 실시계획에 포함할 수 있다.
② 제1항의 사업에 대해서는 제21조부터 제27조까지, 제45조, 제52조부터 제60조까지, 제63조 및 제64조부터 제71조까지의 규정을 준용한다. <개정 2017.10.24.>
③ 제2항에 따라 제24조를 준용하는 경우에는 "예정지역등의 지정 및 고시"는 "실시계획의 승인 및 고시"로 보며, 제21조제5항에 따라 고시되는 실시계획에는 수용 또는 사용할 토지의 세목이 포함되어야 한다.
[전문개정 2014.6.11.]
[시행일 : 2019.1.25.] 제28조제2항

제4장 추진기구

제29조(위원회의 설치) 행정중심복합도시 건설을 효율적으로 추진하기 위한 관련 중요 정책을 심의하기 위하여 국토교통부장관 소속으로 행정중심복합도시건설 추진위원회를 둔다.
[전문개정 2014.6.11.]

제30조(위원회의 심의사항) 위원회는 다음 각 호의 사항을 심의한다.
1. 제11조에 따른 예정지역등의 지정에 관한 사항
2. 제17조에 따른 행정중심복합도시 광역도시계획에 관한 사항
3. 제18조에 따른 사업시행자의 지정 등에 관한 사항
4. 제19조에 따른 기본계획에 관한 사항
5. 제20조에 따른 개발계획에 관한 사항
6. 제21조에 따른 실시계획에 관한 사항
7. 제23조제2항에 따른 기반시설의 설치 지원에 관한 사항
8. 제25조에 따른 조성토지 및 원형지 공급가격 산정기준 등 토지 공급에 관한 중요 사항
9. 제44조에 따른 행정중심복합도시건설 특별회계의 관리·운용에 관한 중요 사항
10. 제63조에 따른 광역교통개선대책에 관한 사항
11. 그 밖에 이 법에서 위원회의 심의를 거치도록 규정한 사항

[전문개정 2014.6.11.]

제31조(위원회의 조직) ① 위원회는 위원장 2명을 포함한 30명 이내의 위원으로 구성한다.
② 위원회의 위원은 다음 각 호의 사람이 된다. <개정 2017.7.26., 2017.10.24.>
1. 국토교통부장관, 기획재정부차관 중 기획재정부장관이 지명하는 사람 1명, 과학기술정보통신부차관 중 과학기술정보통신부장관이 지명하는 사람 1명, 교육부차관, 국방부차관, 행정안전부차관, 문화체육관광부차관 중 문화체육관광부장관이 지명하는 사람 1명, 농림축산식품부차관, 산업통상자원부차관 중 산업통상자원부장관이 지명하는 사람 1명, 환경부차관 및 건설청장
2. 행정중심복합도시 건설에 필요한 학식과 경험이 풍부한 사람 중에서 건설청장의 추천을 받아 국토교통부장관이 위촉하는 사람

③ 위원장은 국토교통부장관과 제2항제2호에 따른 위원 중에서 대통령이 위촉하는 사람이 된다.
④ 위원장은 위원회에 상정된 안건과 관련된 관계 기관 및 지방자치단체의 장 등을 회의에 참석하여 발언하게 할 수 있다.
⑤ 제2항제2호에 따른 위원의 임기는 2년으로 하며, 연임할 수 있다.
⑥ 위원회에 간사위원 1명을 두며, 간사위원은 건설청장이 된다.

[전문개정 2014.6.11.]

제32조(위원장) ① 위원장은 각자 위원회를 대표하고, 위원회의 업무를 총괄한다.
② 위원장이 모두 부득이한 사유로 그 직무를 수행할 수 없을 때에는 국토교통부장관인 위원장이 미리 지명한 위원이 그 직무를 대행한다.

[전문개정 2014.6.11.]

제33조(소위원회) ① 제20조 및 제21조에 따른 개발계획·실시계획 및 지구단위계획 등에 관한 사항을 심의하기 위한 계획·설계조정 소위원회 등 제30조에 따른 위원회의 심의사항 중 위원회가 위임하는 사항을 효율적으로 심의하기 위하여 위원회에 소위원회를 둘 수 있다.
② 소위원회의 심의는 위원회가 소위원회의 심의를 위원회의 심의로 보도록 하는 경우에만 위원회의 심의로 본다.
③ 소위원회는 5명 이상 7명 이하의 위원으로 구성한다.

[전문개정 2014.6.11.]

제34조(회의 및 의결정족수) 위원회의 회의는 재적위원 과반수의 찬성으로 의결하고, 소위원회의 회의는 재적위원 모두의 찬성으로 의결한다.

[전문개정 2014.6.11.]

제35조(자문위원회) ① 위원회의 권한에 속한 사항에 대한 자문을 위하여 위원회에 100명 이내의 자문위원으로 구성되는 자문위원회를 둘 수 있다.
② 자문위원회의 조직 및 운영에 필요한 사항은 위원회가 정한다.

[전문개정 2014.6.11.]

제36조(비밀 누설의 금지) 다음 각 호의 사람은 업무 처리 중 알게 된 비밀을 누설하여서는 아니 된다.
1. 위원회의 위원, 자문위원회의 자문위원 및 위원회의 직원과 그 직에 있었던 사람
2. 위원회에 파견되어 위원회의 업무를 수행하고 있거나 수행하였던 사람

[전문개정 2014.6.11.]

제37조(위원회의 구성 및 운영) 이 법에 규정된 사항 외에 위원회 및 소위원회의 구성 및 운영에 필요한 사항은 위원회의 의결을 거쳐 국토교통부장관인 위원장이 정한다.
[전문개정 2014.6.11.]

제38조(건설청의 설치 등) ① 행정중심복합도시 건설업무를 효율적으로 추진하기 위하여 국토교통부장관 소속으로 행정중심복합도시건설청(이하 "건설청"이라 한다)을 둔다.
② 건설청에 청장 1명과 차장 1명을 두되, 청장은 정무직으로 하고, 차장은 일반직 국가공무원으로 보(補)한다.
③ 건설청의 조직 및 운영 등에 필요한 사항은 대통령령으로 정한다.
[전문개정 2014.6.11.]

제39조(건설청장의 업무) 건설청장은 다음 각 호의 업무를 수행한다.
1. 제14조에 따른 예정지역 안에서의 행위허가
2. 제20조에 따른 개발계획의 수립
3. 제21조에 따른 실시계획의 승인
4. 제25조에 따른 조성토지 및 원형지 공급계획의 승인
5. 제26조에 따른 선수금의 승인
6. 제27조에 따른 준공검사
7. 제44조에 따른 행정중심복합도시건설 특별회계의 관리·운용
8. 제53조에 따른 주변지역지원사업에 관한 계획의 수립
9. 제60조에 따른 예정지역등 안에서의 도시·군계획의 수립
10. 제61조에 따른 예정지역 안에서의「건축법」및「건축기본법」에 따른 사무
11. 위원회 사무의 지원
12. 행정중심복합도시건설사업의 총괄·조정
13. 이 법 또는 다른 법률에서 건설청장의 업무로 규정한 업무
14. 행정중심복합도시의 원활한 기능 수행을 위하여 필요한 시설로서 대통령령으로 정하는 시설의 설치 및 관리
15. 삭제 <2017.10.24.>
16. 예정지역에서 행정중심복합도시의 자족기능 확충을 위한 투자 유치
17. 그 밖에 대통령령으로 정하는 업무

[전문개정 2014.6.11.]

제39조(건설청장의 업무) 건설청장은 다음 각 호의 업무를 수행한다.
1. 제14조에 따른 예정지역 안에서의 행위허가
2. 제20조에 따른 개발계획의 수립
3. 제21조에 따른 실시계획의 승인
4. 제25조에 따른 조성토지 및 원형지 공급계획의 승인
5. 제26조에 따른 선수금의 승인
6. 제27조에 따른 준공검사
7. 제44조에 따른 행정중심복합도시건설 특별회계의 관리·운용
8. 제53조에 따른 주변지역지원사업에 관한 계획의 수립
9. 제60조에 따른 예정지역등 안에서의 도시·군계획의 수립
10. 삭제 <2017.10.24.>
11. 위원회 사무의 지원
12. 행정중심복합도시건설사업의 총괄·조정
13. 이 법 또는 다른 법률에서 건설청장의 업무로 규정한 업무
14. 행정중심복합도시의 원활한 기능 수행을 위하여 필요한 시설로서 대통령령으로 정하는 시설의 설치 및 관리
15. 삭제 <2017.10.24.>
16. 예정지역에서 행정중심복합도시의 자족기능 확충을 위한 투자 유치
17. 그 밖에 대통령령으로 정하는 업무

[전문개정 2014.6.11.]
[시행일 : 2019.1.25.] 제39조제10호

제40조(관계 기관 등에의 협조 요청) 위원회·국토교통부장관 또는 건설청장은 그 업무수행을 위하여 필요하다고 인정하는 경우에는 관계 행정기관의 장 및 관계 기관·단체의 장에게 자료·자문 등의 지원을 요청할 수 있다. 이 경우 자료·자문을 요청 받은 기관·단체의 장은 특별한 사유가 없으면 그 요청에 따라야 한다. <개정 2017.10.24.>
[전문개정 2014.6.11.]

제41조(임직원의 파견 요청 등) ① 위원회·국토교통부장관 또는 건설청장은 그 업무수행을 위하여 필요할 때에는 관계 행정기관 소속의 공무원 및 관계 기관·법인·단체 등의 임직원의 파견 또는 겸임을 요청

할 수 있다.

② 위원회 또는 건설청장은 그 업무 수행을 위하여 필요할 때에는 관련 분야의 전문가를 「국가공무원법」 제26조의5에 따른 임기제공무원으로 둘 수 있다.

[전문개정 2014.6.11.]

제42조(여론의 수렴) 위원회·국토교통부장관 또는 건설청장은 업무 수행을 위하여 필요할 때에는 공청회 등을 통하여 여론을 수렴할 수 있다.

[전문개정 2014.6.11.]

제43조(중앙도시계획위원회의 자문) 국토교통부장관은 제17조 및 제19조에 따른 행정중심복합도시 광역도시계획 및 기본계획의 수립에 대하여, 건설청장은 제20조에 따른 개발계획의 수립에 대하여 「국토의 계획 및 이용에 관한 법률」 제106조에 따른 중앙도시계획위원회에 각각 자문할 수 있다.

[전문개정 2014.6.11.]

제5장 행정중심복합도시건설 특별회계

<개정 2014.6.11.>

제44조(특별회계의 설치 및 관리·운용) ① 행정중심복합도시 건설에 관한 사업을 재정적으로 지원하기 위하여 행정중심복합도시건설 특별회계(이하 "회계"라 한다)를 설치한다.

② 회계는 건설청장이 관리·운용한다.

③ 건설청장은 「국가재정법」 또는 「국가회계법」을 적용하는 경우 「국가재정법」 제6조제2항 또는 「국가회계법」 제2조제1호에 따른 중앙관서의 장으로 본다.

④ 회계의 세출예산은 중앙관서의 조직별로 구분할 수 있다.

⑤ 건설청장은 회계를 관리·운용할 때 대통령령으로 정하는 중요 사항에 대해서는 미리 위원회의 심의를 거쳐야 한다.

[전문개정 2014.6.11.]

제45조(회계의 세입과 세출) ① 회계의 세입은 다음 각 호와 같다.

1. 이전계획에 따라 행정중심복합도시로 이전하는 중앙행정기관등의 청사·부대시설 및 그 부지(중앙행정기관등의 청사 건설을 위하여 확보한 부지가 있을 때에는 그 부지를 포함한다)의 매각대금, 사용료, 임차보증금 회수금 및 해당 재산으로부터 발생하는 그 밖의 수익금
2. 일반회계 및 다른 특별회계로부터의 전입금(轉入金)
3. 「공공자금관리기금법」에 따른 공공자금관리기금이나 다른 기금으로부터의 전입금 및 예수금(豫受金)
4. 제47조에 따른 차입금
5. 제2항제7호에 따른 출자 및 융자로 인한 수입금
6. 그 밖의 수입금

② 회계의 세출은 다음 각 호와 같다.

1. 행정중심복합도시에 입지할 중앙행정기관등의 청사 등 대통령령으로 정하는 공공시설의 부지매입·건축 및 이전 등에 필요한 비용의 지출
2. 제23조제2항에 따른 기반시설 설치 지원에의 지출
3. 제47조에 따른 차입금의 원리금 상환
4. 제1항제3호에 따른 예수금의 원리금 상환
5. 제53조에 따른 주변지역지원사업에의 지출
6. 제54조에 따른 관련 대책의 시행에 필요한 비용
7. 사업시행자가 사업을 하는 데 필요한 자금의 출자 및 융자
8. 제63조의6에 따른 외국교육기관에 대한 자금지원 또는 부지제공에 필요한 비용
9. 제63조의7에 따른 지식산업센터 설립 및 자금지원에 필요한 비용
10. 제63조의8에 따른 연구기관, 국제기구, 종합병원 및 대학에 대한 부지의 매입 및 시설의 건축에 필요한 비용
11. 그 밖에 행정중심복합도시 건설과 관련하여 대통령령으로 정하는 항목에의 지출

③ 제2항제7호에 따른 출자 및 융자의 조건 등에 관하여 필요한 사항은 대통령령으로 정한다.

[전문개정 2014.6.11.]

제46조(일반회계 및 다른 특별회계 등으로부터의 전입) 회계는 세출 재원(財源)을 확보하기 위하여 예산에서 정하는 바에 따라 일반회계, 다른 특별회계 또는 기금으로부터 전입을 받을 수 있다.

[전문개정 2014.6.11.]

제46조의2(재산의 관리전환 등) ① 회계에 속하는 공공건축물 등 대통령령으로 정하는 국유재산을 일반회계 또는 다른 특별회계로 관리전환하거나 이관할 때에는 「국유재산법」 제17조에도 불구하고 무상으로 할 수 있다.
② 공용이나 공공용으로 사용하기 위하여 건설청이 조성·취득한 별표의 청사 등은 「국유재산법」 제27조에도 불구하고 「세종특별자치시 설치 등에 관한 특별법」에 따라 설치된 세종특별자치시 및 세종특별자치시교육청에 매각하거나 무상으로 양여할 수 있다. 다만, 매각하는 경우에는 그 시설의 종류, 사업 유형, 부담능력 등을 고려하여 매각비용을 감면할 수 있다.
③ 건설청이 구축한 지방행정정보시스템의 운용을 위한 물품과 예정지역 내 설립된 학교의 정상적인 운영을 위하여 설치한 물품은 「물품관리법」에도 불구하고 세종특별자치시 및 세종특별자치시교육청에 무상으로 양여할 수 있다. 이 경우 미리 기획재정부장관과 협의하여야 한다.
[전문개정 2014.6.11.]

제47조(차입금) ① 회계의 세출 재원이 부족할 때에는 국회의 의결을 받은 금액의 범위에서 회계의 부담으로 장기차입을 할 수 있다.
② 회계는 그 지출에 있어서 자금이 일시적으로 부족할 때에는 회계의 부담으로 일시차입을 할 수 있다.
③ 제2항에 따른 일시차입금의 원리금은 해당 회계연도 내에 상환하여야 한다.
[전문개정 2014.6.11.]

제48조(예비비) 회계는 예측할 수 없는 예산 외의 지출 또는 예산초과지출에 충당하기 위하여 예비비로서 상당한 금액을 세출예산에 계상(計上)할 수 있다.
[전문개정 2014.6.11.]

제49조(세출예산의 이월) 회계의 세출예산 중 해당 회계연도 내에 지출하지 아니한 것은 「국가재정법」 제48조에도 불구하고 다음 연도에 이월하여 사용할 수 있다.
[전문개정 2014.6.11.]

제50조(잉여금의 처리) 회계의 결산상 잉여금은 다음 연도의 세입에 이입한다.

제51조(국가예산 지출의 상한) 행정중심복합도시 건설과 관련하여 정부청사 등 공공건축물의 건축(부지 매입비용을 포함한다)과 행정중심복합도시 광역교통시설의 건설을 위하여 국가예산에서 지출하는 금액은 8조5천억원(2003년도 불변가격 기준으로 산정한 금액을 말한다)을 초과할 수 없다.
[전문개정 2014.6.11.]

제6장 사업시행자 등에 대한 지원

제52조(지방세 및 부담금의 감면) ① 지방자치단체는 행정중심복합도시건설사업을 원활히 시행하기 위하여 필요한 경우에는 사업시행자에 대하여 「지방세특례제한법」에서 정하는 바에 따라 취득세·등록면허세 및 재산세 등의 조세를 감면할 수 있다.
② 국가 및 지방자치단체는 행정중심복합도시건설사업을 원활히 시행하기 위하여 필요한 경우에는 사업시행자에 대하여 「농지법」, 「초지법」, 「산지관리법」, 「자연환경보전법」, 「대도시권 광역교통 관리에 관한 특별법」 및 「개발제한구역의 지정 및 관리에 관한 특별조치법」에서 정하는 바에 따라 농지보전부담금, 대체초지조성비, 대체산림자원조성비, 생태계보전협력금, 광역교통시설 부담금 및 개발제한구역 보전 부담금을 감면할 수 있다.
[전문개정 2014.6.11.]

제53조(주변지역지원사업) ① 건설청장은 주변지역 주민의 생활편익과 복지증진 등을 위하여 주변지역에 대한 지원사업(이하 "주변지역지원사업"이라 한다)에 관한 계획을 수립할 수 있다.
② 건설청장은 제1항에 따른 주변지역지원사업에 관한 계획을 수립하려는 경우에는 주변지역을 관할하는 광역시장·시장·군수 및 사업시행자와 미리 협의하여야 한다.
③ 주변지역지원사업은 주변지역을 관할하는 광역시장·시장·군수 또는 사업시행자가 시행한다.
④ 국가·지방자치단체 또는 사업시행자는 주변지역지원사업에 필요한 비용의 전부 또는 일부를 지원할 수 있다.
⑤ 제1항에 따른 주변지역지원사업에 관한 계획의 작성, 지원사업의 종류, 지원방

법 등 주변지역지원사업에 관하여 필요한 사항은 대통령령으로 정한다.
[전문개정 2014.6.11.]

제54조(관련 대책의 수립) ① 국토교통부장관은 행정중심복합도시건설사업이 원활히 추진되도록 건설자재 및 인력의 수요·공급대책을 마련하여야 한다.
② 관계 중앙행정기관의 장은 행정중심복합도시가 원활히 기능할 수 있도록 행정중심복합도시에 입주하는 주민 및 이전기관 종사자(건설청 소속 공무원을 포함한다)에 대한 지원대책을 수립하여야 한다.
③ 건설청장 또는 사업시행자는 행정중심복합도시건설사업으로 인하여 생활기반을 잃어버리게 되는 예정지역 주민에 대하여 직업전환훈련, 소득창출사업 지원, 그 밖에 주민 재정착에 필요한 지원대책을 대통령령으로 정하는 바에 따라 수립·시행하여야 한다.
[전문개정 2014.6.11.]

제55조(타인 토지의 출입 등) ① 사업시행자는 실시계획의 작성을 위한 조사나 측량을 하려는 경우와 사업 시행을 위하여 필요한 경우에는 다음 각 호의 행위를 할 수 있다.
1. 타인이 점유하는 토지에 출입하는 행위
2. 타인의 토지를 재료 적치장 또는 임시도로로 일시 사용하는 행위
3. 죽목·토석 또는 그 밖의 장애물을 변경하거나 제거하는 행위

② 제1항의 경우에는 「국토의 계획 및 이용에 관한 법률」 제130조제2항부터 제9항까지, 같은 법 제144조제1항제2호·제3호 및 같은 조 제3항을 준용한다. 이 경우 "행정청인 도시·군계획시설사업의 시행자"는 "사업시행자"로 본다.
③ 제1항 및 제2항은 행정중심복합도시 건설과 관련된 관계 행정기관의 공무원 또는 관계 기관·단체의 직원으로서 국토교통부장관 또는 건설청장의 허가를 받은 공무원 또는 직원에 대해서도 준용한다.
[전문개정 2014.6.11.]

제56조(손실보상) ① 제55조제1항 및 제3항에 따른 행위로 인하여 손실을 입은 자가 있을 때에는 사업시행자·국토교통부장관 또는 건설청장이 그 손실을 보상하여야 한다.
② 제1항에 따른 손실보상에 대해서는 「국토의 계획 및 이용에 관한 법률」 제131조 제2항부터 제4항까지의 규정을 준용한다. 이 경우 손실보상에 관한 재결의 관할 토지수용위원회는 중앙토지수용위원회로 한다.
[전문개정 2014.6.11.]

제57조(국유지·공유지의 처분 제한 등) ① 예정지역 안에 있는 국가 또는 지방자치단체 소유 토지로서 행정중심복합도시건설사업에 필요한 토지는 개발사업 외의 목적으로는 매각하거나 양도할 수 없다.
② 예정지역 안에 있는 국가 또는 지방자치단체 소유 재산으로서 행정중심복합도시건설사업에 필요한 재산은 「국유재산법」, 「지방재정법」, 그 밖의 다른 법률의 규정에도 불구하고 사업시행자에게 수의계약의 방법으로 양도할 수 있다. 이 경우 그 재산(행정재산만 해당한다)의 용도폐지 및 양도에 대해서는 건설청장이 미리 관계 행정기관의 장과 협의하여야 한다.
③ 관계 행정기관의 장은 제2항 후단에 따른 협의를 요청받았을 때에는 그 요청을 받은 날부터 60일 이내에 협의에 필요한 조치를 하여야 한다.
④ 제2항에 따라 사업시행자에게 양도하려는 국유재산 중 관리청을 알 수 없는 재산에 대해서는 다른 법률의 규정에도 불구하고 기획재정부장관이 관리하거나 처분한다.
[전문개정 2014.6.11.]

제58조(서류의 열람 청구 등) 사업시행자는 행정중심복합도시건설사업을 시행할 때 필요하면 등기소 또는 그 밖의 관계 행정기관의 장에게 사업 시행에 필요한 서류의 열람·복사나 그 등본 또는 초본의 발급을 무료로 청구할 수 있다.
[전문개정 2014.6.11.]

제59조(자료 제공의 요청) 사업시행자는 행정중심복합도시건설사업의 시행을 위하여 필요한 자료 제공을 관계 기관의 장에게 요청할 수 있다. 이 경우 자료 제공을 요청받은 자는 특별한 사유가 없으면 그 요청에 따라야 한다.
[전문개정 2014.6.11.]

제7장 보칙

제60조(도시·군계획에 관한 특례) ① 예정지역등 안에서는 「국토의 계획 및 이용에 관한 법률」의 규정에도 불구하고 건설청장이 도시·군기본계획을 수립하거나 변경하고, 국토교통부장관이 승인한다. 이 경우 「국토의 계획 및 이용에 관한 법률」을 적용할 때 "특별시장·광역시장·특별자치시장·특별자치도지사·시장 또는 군수"는 "건설청장"으로 본다.

② 예정지역등 안에서는 「국토의 계획 및 이용에 관한 법률」의 규정에도 불구하고 건설청장이 도시·군관리계획(용도구역의 지정 또는 변경에 관한 계획은 제외한다)을 입안하고 결정한다. 이 경우 「국토의 계획 및 이용에 관한 법률」을 적용할 때 "국토교통부장관"은 "건설청장"으로 본다.

③ 건설청장은 「국토의 계획 및 이용에 관한 법률」에 따라 해당 지방자치단체의 조례로 정하는 사항에 대해서는 행정중심복합도시의 특성을 고려하여 그 사항의 전부 또는 일부를 따로 정하여 고시할 수 있다. 이 경우 건설청장의 고시는 예정지역등 안에서 해당 지방자치단체의 조례로 본다.

④ 예정지역등 안에서는 「국토의 계획 및 이용에 관한 법률」에 따른 지방도시계획위원회를 갈음하여 건설청에 행정중심복합도시 도시계획위원회를 둔다. 이 경우 「국토의 계획 및 이용에 관한 법률」을 적용할 때 "시·도지사 또는 시장·군수·구청장"은 "건설청장"으로 보며, "시·도 또는 시·군·구"는 "건설청"으로 본다.

⑤ 예정지역 안에서는 「국토의 계획 및 이용에 관한 법률」에도 불구하고 건설청장이 도시·군계획시설사업 시행자를 지정하고, 도시·군계획시설사업 실시계획을 인가한다. 이 경우 「국토의 계획 및 이용에 관한 법률」을 적용할 때 "국토교통부장관"은 "건설청장"으로 본다.

⑥ 예정지역등 안에서는 법률 제6655호 국토의계획및이용에관한법률 부칙 제8조를 적용하지 아니한다.

[전문개정 2014.6.11.]

제60조의2(스마트도시 조성 및 산업진흥 등에 관한 특례) ① 예정지역에서 「스마트도시 조성 및 산업진흥 등에 관한 법률」 제8조부터 제10조까지, 제14조 및 제24조에 따라 시·도지사, 시장·군수·구청장이 수행하는 스마트도시계획 수립 등에 관한 사무는 건설청장이 수행한다. 이 경우 "시·도지사, 시장·군수·구청장"은 "건설청장"으로, "지방자치단체"는 "건설청"으로 본다.

② 건설청장은 제1항에 따라 시·도지사, 시장·군수·구청장의 사무를 수행하였을 때에는 해당 시·도지사, 시장·군수·구청장에게 그 내용을 통보하여야 한다.

③ 제1항에 따라 사무를 수행할 때 지방자치단체의 조례로 정하는 사항은 행정중심복합도시의 특성을 고려하여 건설청장이 따로 정하여 고시할 수 있다. 이 경우 건설청장의 고시는 예정지역에서 해당 지방자치단체의 조례로 본다.

[전문개정 2017.10.24.]

제61조(「건축법」 및 「건축기본법」에 관한 특례) ① 예정지역 안에서 「건축법」 및 「건축기본법」을 적용할 때 같은 법에 따라 시·도지사 또는 시장·군수·구청장이 수행하는 사무는 건설청장이 수행한다.

② 건설청장은 제1항에 따라 시·도지사 또는 시장·군수·구청장의 사무를 수행하였을 때에는 해당 시·도지사 또는 시장·군수·구청장에게 그 내용을 통보하여야 한다.

③ 「건축법」 및 「건축기본법」의 규정에도 불구하고 제1항에 따라 건설청장이 수행하는 사무는 건설청에 두는 건축위원회에서 조사·심의한다.

④ 제3항에 따른 건축위원회의 구성·운영 및 심의대상 등에 관하여 필요한 사항은 대통령령으로 정한다.

⑤ 건설청장은 건축법령 및 건축기본법령에 따라 해당 지방자치단체의 조례로 정하는 사항에 대해서는 행정중심복합도시의 특성을 고려하여 그 사항의 전부 또는 일부를 따로 정하여 고시할 수 있다. 이 경우 건설청장의 고시는 예정지역 안에서 해당 지방자치단체의 조례로 본다.

[전문개정 2014.6.11.]

제61조 삭제 <2017.10.24.>[시행일 : 2019.1.25.] 제61조

제62조(주택건설사업 등에 관한 특례) 예정지역 안에서 「주택법」 제15조, 제19조, 제43조, 제44조, 제47조, 제49조, 제54조, 제57조, 제59조, 제94조 및 제96조를 적용할 때 시·도지사 또는 시장·군수·구청장이 수행하는 사무는 건설청장이 수행한다. <개정 2014.12.31., 2016.1.19.>

[전문개정 2014.6.11.]

제62조 삭제 <2017.10.24.>[시행일 : 2019.1.25.] 제62조

제63조(광역교통개선대책의 수립에 관한 특례) ①「대도시권 광역교통 관리에 관한 특별법」 제7조의2에도 불구하고 행정중심복합도시건설사업에 대한 광역교통개선대책은 건설청장이 수립한다.

② 건설청장이 제1항에 따라 광역교통개선대책을 수립하려는 경우에는 관계 시·도지사의 의견을 들은 후 대도시권 광역교통위원회의 심의 및 위원회의 심의를 거쳐 제21조에 따른 실시계획 승인 이전까지 이를 확정하여 관계 시·도지사에게 통보하여야 한다.

③ 관계 시·도지사는 제2항에 따라 의견을 요청받은 날부터 30일 이내에 의견을 제출하여야 하며, 그 기간 내에 의견을 제출하지 아니할 때에는 의견이 없는 것으로 본다.

④ 제1항에 따른 광역교통개선대책에 따라 건설청장이 직접 시행하는 도로공사에 대하여 「도로법」 제76조, 제82조 및 제90조를 적용하는 경우 "관리청"은 "건설청장"으로 본다. <개정 2014.1.14.>

[전문개정 2014.6.11.]

제63조의2(수도정비기본계획 등에 관한 특례) ① 예정지역등 안에서는 「수도법」 및 「하수도법」의 규정에도 불구하고 건설청장이 다음 각 호에 해당하는 계획을 수립하거나 변경한다. 이 경우 「수도법」 및 「하수도법」을 적용할 때 "특별시장·광역시장·특별자치시장·특별자치도지사·시장 또는 군수"는 "건설청장"으로 본다.

1. 「수도법」 제4조에 따른 수도정비기본계획
2. 「하수도법」 제5조에 따른 하수도정비기본계획

② 건설청장이 제1항 각 호의 계획을 수립·변경할 때에는 관할 지방자치단체의 장의 의견을 들어야 한다.

[전문개정 2014.6.11.]

제63조의3(민간투자사업의 특례) 「사회기반시설에 대한 민간투자법」 제2조제4호에도 불구하고 건설청장은 행정중심복합도시 건설에 관하여 관계 법령에 따라 해당 사회기반시설사업의 업무를 관장하는 행정기관의 장으로 본다.

[전문개정 2014.6.11.]

제63조의4(「국가를 당사자로 하는 계약에 관한 법률」에 관한 특례) 국가 및 사업시행자는 주된 영업소의 소재지로 경쟁 참가자의 자격을 제한하는 경우 「국가를 당사자로 하는 계약에 관한 법률」 제7조제1항 단서에도 불구하고 제17조에 따른 행정중심복합도시 광역계획권역 해당 광역지방자치단체에 주된 영업소 소재지를 두고 있는 자도 행정중심복합도시건설사업에 참여할 수 있도록 하여야 한다.

[전문개정 2014.6.11.]

제63조의5(건설공사 현장 등의 점검에 관한 특례) 예정지역에서 시행되는 건설공사와 제63조에 따른 광역교통개선대책 사업에 대해서는 「건설기술 진흥법」 제54조에도 불구하고 건설청장이 건설공사현장 등의 점검업무를 수행한다.

[전문개정 2014.6.11.]

제63조의6(외국교육기관의 설립·운영 등) ① 외국학교법인(외국에서 외국법령에 따라 유아·초등·중등 및 고등 교육기관을 설립·운영하고 있는 국가·지방자치단체 또는 영리를 목적으로 하지 아니하는 법인을 말한다. 이하 같다)은 「사립학교법」 제3조에도 불구하고 교육부장관의 승인을 받아 예정지역에 외국교육기관을 설립할 수 있다.

② 제1항에 따라 외국학교법인이 예정지역에 「경제자유구역의 지정 및 운영에 관한 특별법」 제2조제5호에 따른 외국교육기관(「초·중등교육법」 제2조에 따른 학교는 제외한다)을 설립·운영하는 경우에는 같은 법 제22조제1항부터 제6항까지의 규정을 준용한다. 이 경우 "경제자유구역"은 "예정지역"으로, "경제자유구역위원회"는 "위원회"로 본다.

[전문개정 2014.6.11.]

제63조의7(지식산업센터의 설립 및 지원 등) ① 건설청장은 예정지역에 「산업집적활성화 및 공장설립에 관한 법률」에 따른 지식산업센터를 설립하여 분양 또는 임대할 수 있다.

② 건설청장은 예정지역에 지식산업센터를 설립한 자(설립승인을 받은 자를 포함한다)에게 예산의 범위에서 설립에 필요한 자금을 지원

할 수 있다.

③ 지식산업센터에 대해서는 이 법에서 규정한 것 외에는 「산업집적활성화 및 공장설립에 관한 법률」 제4장의2를 준용한다.

[전문개정 2014.6.11.]

제63조의8(연구기관, 국제기구, 종합병원 및 대학에 대한 지원) ① 국가는 도시기능 활성화를 위하여 필요하다고 인정하는 경우에는 예정지역에 입주하는 국내외 연구기관, 국제기구, 종합병원 및 「국가과학기술 경쟁력 강화를 위한 이공계지원 특별법」 제2조제2호의 대학에 부지의 매입 및 시설의 건축에 필요한 비용을 지원할 수 있다.

② 제1항에 따라 비용을 지원하는 경우 구체적인 지원 기준, 절차 및 방법 등에 관하여 필요한 사항은 대통령령으로 정한다.

[전문개정 2014.6.11.]

제63조의9(공동캠퍼스 조성 및 운영 등) ① 건설청장은 산학연 협력 활성화를 통한 자족기능 확충을 위하여 대통령령으로 정하는 바에 따라 사업시행자로 하여금 다음 각 호의 자가 입주할 수 있는 교사(校舍), 연구시설 등과 그 부지(이하 "공동캠퍼스"라 한다)를 조성하게 할 수 있다.

1. 「국가과학기술 경쟁력 강화를 위한 이공계지원 특별법」 제2조제2호에 따른 대학
2. 「경제자유구역의 지정 및 운영에 관한 특별법」 제2조제5호에 따른 외국교육기관
3. 그 밖에 대통령령으로 정하는 국내외 연구기관

② 사업시행자가 제1항에 따라 공동캠퍼스를 조성한 경우에는 그 일부를 제5항에 따른 공익법인에 기부 또는 출연할 수 있다.

③ 공동캠퍼스에 입주하려는 자는 위원회의 심의를 거쳐 건설청장의 승인을 받아야 한다. 이 경우 공동캠퍼스 입주를 신청할 때 제출하여야 하는 서류, 입주절차 및 입주승인기준에 관한 사항은 대통령령으로 정한다.

④ 공동캠퍼스에 입주하려는 대학의 설립 및 설치에 관한 기준은 「고등교육법」에도 불구하고 교육부장관이 별도로 정할 수 있으며, 외국교육기관의 설립과 운영 등에 관한 사항은 「경제자유구역 및 제주국제자유도시의 외국교육기관 설립·운영에 관한 특별법」을 준용한다.

⑤ 건설청장은 공동캠퍼스를 효율적으로 운영·관리하고, 학문 및 과학기술의 연구·조사·개발·보급 등 지원을 위하여 「공익법인의 설립·운영에 관한 법률」 제2조에 따른 공익법인(이하 "공익법인"이라 한다)을 공동캠퍼스에 둘 수 있다. 이 경우 공익법인의 설립 등기와 정관 및 사업의 내용, 그 밖에 필요한 사항은 대통령령으로 정한다.

⑥ 건설청장은 제3항에 따라 입주한 자(이하 "입주기관"이라 한다) 및 공익법인에 대하여 공동캠퍼스 입주승인기준 이행 또는 운영·관리에 관한 자료의 제출을 명하거나 소속 공무원으로 하여금 공동캠퍼스 운영 및 관리에 관한 업무를 검사하게 할 수 있다.

⑦ 건설청장은 입주기관이 다음 각 호의 어느 하나에 해당하는 경우에는 6개월의 범위에서 기간을 정하여 시정을 명할 수 있다.

1. 입주승인기준 또는 승인내용을 위반한 경우
2. 제6항에 따른 명령이나 검사에 불응한 경우

⑧ 건설청장은 입주기관이 다음 각 호의 어느 하나에 해당하는 경우에는 대통령령으로 정하는 바에 따라 제3항에 따른 입주승인을 취소할 수 있다. 다만, 제1호에 해당하는 경우에는 입주승인을 취소하여야 한다.

1. 거짓 또는 그 밖의 부정한 방법으로 입주승인을 받은 경우
2. 제7항에 따른 시정명령을 이행하지 아니한 경우

[본조신설 2017.10.24.]

[시행일 : 2018.4.25.] 제63조의9

제63조의10(청문) 건설청장은 제63조의9제8항에 따른 입주승인 취소 처분을 하려는 경우에는 청문을 하여야 한다.

[본조신설 2017.10.24.]

[시행일 : 2018.4.25.] 제63조의10

제64조(보고 및 검사 등) ① 국토교통부장관 또는 건설청장은 이 법 시행을 위하여 필요할 때에는 사업시행자에 대하여 행정중심복합도시건설사업에 관한 보고 또는 자료의 제출을 명하거나 소속 공무원으로 하여금 행정중심복합도시건설사업에 관한 업무를 검사하게 할 수 있으며, 관계 기관의 장에게 필요한 자료의 제공을 요청할 수 있다. 이 경우 자료 제공을 요청받은 자는 특별한 사유가 없으면 그 요청에 따라야 한다.

② 제1항에 따라 행정중심복합도시건설사업에 관한 업무를 검사하는 공무원은 그 권한

을 표시하는 증표를 지니고 이를 관계인에게 보여주어야 한다.
③ 제2항에 따른 증표에 관하여 필요한 사항은 대통령령으로 정한다.
[전문개정 2014.6.11.]

제65조(공공시설 등의 귀속) ① 사업시행자가 행정중심복합도시건설사업의 시행으로 「국토의 계획 및 이용에 관한 법률」 제2조제13호에 따른 공공시설(주차장·운동장은 제외한다. 이하 이 조에서 같다)을 새로 설치하거나 기존의 공공시설에 대체되는 시설을 설치한 경우 그 귀속에 대해서는 같은 법 제65조를 준용한다. 이 경우 "행정청"은 "사업시행자"로 본다.
② 제1항에 따른 공공시설과 재산을 등기할 때에는 실시계획승인서와 준공검사서로 「부동산등기법」에 따른 등기원인을 증명하는 서면을 갈음할 수 있다.
③ 제1항에 따라 「국토의 계획 및 이용에 관한 법률」을 준용하는 경우 관리청이 분명하지 아니한 재산에 대해서는 다음 각 호의 구분에 따른 자를 관리청으로 본다.
1. 도로·하천·구거(溝渠) 등: 국토교통부장관
2. 그 밖의 재산: 기획재정부장관
[전문개정 2014.6.11.]

제66조(공공시설의 관리) 행정중심복합도시건설사업으로 설치된 공공시설은 준공 후 그 공공시설의 관리청에 귀속될 때까지 다른 법률에 특별한 규정이 있는 경우 외에는 사업시행자가 관리한다.
[전문개정 2014.6.11.]

제67조(벌칙 적용 시의 공무원 의제) 다음 각 호의 사람 중 공무원이 아닌 사람은 위원회의 업무와 관련하여 「형법」 제129조부터 제132조까지의 규정을 적용할 때에는 공무원으로 본다.
1. 위원회의 위원, 자문위원회의 자문위원 및 위원회의 직원과 그 직에 있었던 사람
2. 위원회에 파견되어 위원회의 업무를 수행하고 있거나 수행하였던 사람
[전문개정 2014.6.11.]

제68조(권한의 위임·위탁) 국토교통부장관 또는 건설청장은 이 법에 따른 권한 또는 업무의 일부를 대통령령으로 정하는 바에 따라 관계 중앙행정기관의 장, 시·도지사, 사업시행자, 공공기관의 장 또는 정부출연기관의 장에게 위임하거나 위탁할 수 있다.
[전문개정 2014.6.11.]

제8장 벌칙

제69조(업무상 비밀 누설죄) 제36조를 위반하여 업무 처리 중 알게 된 비밀을 누설한 사람은 5년 이하의 징역 또는 5천만원 이하의 벌금에 처한다.
[전문개정 2014.6.11.]

제70조(벌칙) 다음 각 호의 어느 하나에 해당하는 자는 3년 이하의 징역 또는 3천만원 이하의 벌금에 처한다.
1. 제14조제1항을 위반하여 허가 또는 변경허가를 받지 아니하거나 거짓이나 그 밖에 부정한 방법으로 허가 또는 변경허가를 받아 같은 항 각 호에 따른 행위를 한 자
2. 제14조제2항에 따라 준용되는 「국토의 계획 및 이용에 관한 법률」 제81조제2항을 위반하여 허가 또는 변경허가를 받지 아니하거나 거짓이나 그 밖에 부정한 방법으로 허가 또는 변경허가를 받아 같은 항 각 호에 따른 행위를 한 자
[전문개정 2014.6.11.]

제71조(양벌규정) 법인의 대표자나 법인 또는 개인의 대리인, 사용인, 그 밖의 종업원이 그 법인 또는 개인의 업무에 관하여 제70조의 위반행위를 하면 그 행위자를 벌하는 외에 그 법인 또는 개인에게도 해당 조문의 벌금형을 과(科)한다. 다만, 법인 또는 개인이 그 위반행위를 방지하기 위하여 해당 업무에 관하여 상당한 주의와 감독을 게을리하지 아니한 경우에는 그러하지 아니하다.
[전문개정 2012.1.17.]

부칙

<제14948호, 2017.10.24.>

제1조(시행일) 이 법은 공포 후 3개월이 경과한 날부터 시행한다. 다만, 제40조 후

단의 개정규정은 공포한 날부터 시행하고, 제63조의9 및 제63조의10의 개정규정은 공포 후 6개월이 경과한 날부터 시행하며, 제28조제2항, 제39조제10호, 제61조 및 제62조의 개정규정은 공포 후 1년 3개월이 경과한 날부터 시행한다.

제2조(건설청장의 업무 조정에 관한 경과조치) ① 이 법 시행 당시 종전의 제60조의2 제1항제2호·제6호·제10호·제14호에 따라 세종특별자치시의 관할구역에서 건설청장이 행한 처분과 그 밖의 행위는 세종특별자치시장이나 그 소속 기관의 장이 행한 처분과 그 밖의 행위로 본다.

② 제39조제10호, 제61조 및 제62조의 개정규정 시행 당시 종전의 제39조제10호, 제61조 및 제62조에 따라 세종특별자치시의 관할구역에서 건설청장이 행한 처분과 그 밖의 행위는 세종특별자치시장이나 그 소속 기관의 장이 행한 처분과 그 밖의 행위로 본다.

③ 이 법 시행 당시 종전의 제60조의2제1항제2호·제6호·제10호·제14호에 따라 건설청장에 대하여 행한 처분의 신청·신고 및 그 밖의 행위는 세종특별자치시장이나 그 소속 기관의 장에 대하여 행한 처분의 신청·신고와 그 밖의 행위로 본다. 이 경우 세종특별자치시장이나 그 소속 기관의 장이 이 법 시행 후 처분의 신청·신고와 그 밖의 행위에 대하여 처분 등을 하는 때에 종전의 제60조의2제3항에 따른 건설청장의 고시와 세종특별자치시의 조례가 서로 다른 경우에는 해당 처분 등에 한정하여 종전의 제60조의2제3항에 따른 건설청장의 고시를 적용한다.

④ 제39조제10호, 제61조 및 제62조의 개정규정 시행 당시 종전의 제39조제10호, 제61조 및 제62조에 따라 건설청장에 대하여 행한 처분의 신청·신고 및 그 밖의 행위는 세종특별자치시장이나 그 소속 기관의 장에 대하여 행한 처분의 신청·신고와 그 밖의 행위로 본다. 이 경우 세종특별자치시장이나 그 소속 기관의 장이 같은 개정규정 시행 후 처분의 신청·신고와 그 밖의 행위에 대하여 처분 등을 하는 때에 종전의 제60조의2제3항에 따른 건설청장의 고시와 세종특별자치시의 조례가 서로 다른 경우에는 해당 처분 등에 한정하여 종전의 제60조의2제3항에 따른 건설청장의 고시를 적용한다.

⑤ 제61조 및 제62조의 개정규정 시행 전에 건설청장에게 신청한 「건축법」 제11조의 건축허가 신청 또는 「주택법」 제15조의 사업계획승인의 신청의 경우에는 제4항 전단에도 불구하고 종전의 제61조 및 제62조에 따라 건설청장이 허가 또는 승인 처분 관련 업무를 수행한다.

제3조(다른 법률의 개정) 세종특별자치시 설치 등에 관한 특별법 일부를 다음과 같이 개정한다.

법률 제12206호 세종특별자치시 설치 등에 관한 특별법 전부개정법률 부칙 제7조 제2항을 삭제한다.

한국토지주택공사법

[시행 2017.1.1.]
[법률 제13693호, 2015.12.29., 일부개정]

제1조(목적) 이 법은 한국토지주택공사를 설립하여 토지의 취득·개발·비축·공급, 도시의 개발·정비, 주택의 건설·공급·관리 업무를 수행하게 함으로써 국민주거생활의 향상과 국토의 효율적인 이용을 도모하여 국민경제의 발전에 이바지함을 목적으로 한다. <개정 2012.12.18.>

제2조(법인격) 한국토지주택공사(이하 "공사"라 한다)는 법인으로 한다.

제3조(사무소) ① 공사의 주된 사무소의 소재지는 정관으로 정한다.
② 공사는 그 업무수행을 위하여 필요하면 이사회의 의결을 거쳐 지사 또는 사무소를 둘 수 있다. <개정 2012.12.18.>

제4조(자본금) 공사의 자본금은 35조원으로 하고, 그 전액을 정부가 출자한다. <개정 2015.12.29.>

제5조(등기) ① 공사는 주된 사무소의 소재지에서 설립등기를 함으로써 성립한다.
② 제1항에 따른 설립등기와 지사 또는 사무소의 설치등기, 이전등기, 변경등기와 그 밖에 공사의 등기에 필요한 사항은 대통령령으로 정한다. <개정 2012.12.18.>
③ 공사는 등기를 필요로 하는 사항에 관하여는 그 등기 후가 아니면 제3자에게 대항하지 못한다.

제6조 삭제 <2012.12.18.>

제7조(대리인의 선임) 공사의 사장이 정관으로 정하는 바에 따라 선임하는 직원은 공사의 업무수행에 필요한 재판상 또는 재판 외의 모든 행위를 할 수 있다.

제8조(사업) ① 공사는 다음 각 호의 사업을 한다. <개정 2012.12.18., 2014.1.7., 2014.1.14., 2014.6.3., 2015.8.28.>
1. 토지의 취득 등에 관한 다음 각 목의 사업
   가. 토지의 취득·개발·비축·관리·공급 및 임대
   나. 「공공토지의 비축에 관한 법률」에 따른 토지은행사업
   다. 「공공기관 지방이전에 따른 혁신도시 건설 및 지원에 관한 특별법」에 따른 토지 및 건축물의 매입
2. 토지 및 도시의 개발에 관한 다음 각 목의 사업
   가. 주택건설용지·산업시설용지 및 대통령령으로 정하는 공공시설용지의 개발사업
   나. 도시개발사업과 도시 및 주거환경정비사업
   다. 주거·산업·교육·연구·문화·관광·휴양·행정·정보통신·복지·유통 등(이하 이 목에서 "주거등"이라 한다)의 기능을 가지는 단지 또는 주거등의 기능의 단지 및 기반시설 등을 종합적으로 계획·개발하는 복합단지의 개발사업
   라. 간척 및 매립사업
   마. 남북경제협력사업
   바. 토지임대부 분양주택 사업
   사. 집단에너지 공급사업
3. 주택(복리시설을 포함한다)의 건설·개량·매입·비축·공급·임대 및 관리
4. 주택 또는 공용·공공용건축물의 건설·개량·공급 및 관리의 수탁
5. 저소득 취약계층을 위한 주거복지사업
6. 토지의 매매·관리의 수탁
7. 「공공토지의 비축에 관한 법률」, 「도시개발법」, 「공공주택 특별법」, 「산업입지 및 개발에 관한 법률」, 「주택법」, 「지역 개발 및 지원에 관한 법률」, 「택지개발촉진법」, 그 밖에 다른 법률에 따라 공사가 시행할 수 있는 사업
8. 제1호부터 제5호까지 및 제7호의 사업에 따른 대통령령으로 정하는 공공복리시설의 건설·공급
9. 제1호부터 제8호까지의 사업에 관련된 조사·연구·시험·기술개발·자재개발·설계·감리, 정보화사업과 그 용역의 제공
10. 국가, 지방자치단체 또는 「국가균형발전 특별법」 제2조제9호에 따른 공공기관으로부터

위탁받은 제1호부터 제3호까지, 제5호, 제7호부터 제9호까지에 해당하는 사업
11. 제1호부터 제10호까지의 사업에 딸린 업무
② 공사는 이사회의 의결을 거쳐 제1항 각 호에 해당하는 사업 또는 이와 유사한 사업을 행하는 법인에 대하여 출자 또는 출연할 수 있다.
③ 공사는 국외에서 제1항에 따른 사업을 수행할 수 있다.

제9조(자금의 조달) ① 공사는 그 운영과 사업에 필요한 자금을 다음 각 호의 재원으로 조달한다. <개정 2012.1.17., 2012.12.18., 2015.1.6.>
1. 자본금과 적립금
2. 정부 또는 금융기관으로부터의 차입금. 다만, 「주택도시기금법」에 따른 주택도시기금 등 정부로부터의 차입에 따른 공사의 채무는 그 변제의 순위를 공사가 업무상 부담하는 다른 채무에 대하여 후순위로 한다.
3. 제10조의 공사채의 발행으로 조성되는 자금
4. 「자산유동화에 관한 법률」에 따른 자산유동화, 그 밖에 대통령령으로 정하는 부동산 금융의 방법으로 조성한 자금
5. 자산운용수익금
6. 외국으로부터의 차입금
7. 그 밖의 수입금
② 정부는 공사가 외국으로부터 차입을 하는 경우에는 그 원리금의 상환을 보증할 수 있다.

제10조(공사채의 발행) ① 공사는 이사회의 의결을 거쳐 자본금과 적립금 합계액의 5배를 초과하지 아니하는 범위에서 공사채(토지상환채권을 포함한다. 이하 같다)를 발행할 수 있다. <개정 2015.12.29.>
② 정부는 공사가 발행하는 사채의 원리금의 상환을 보증할 수 있다. <개정 2012.12.18.>
③ 공사채의 소멸시효는 원금은 5년, 이자는 3년이 지나면 완성한다. <개정 2012.12.18.>
④ 토지상환채권의 소지인에 대하여는 상환일에 채권에 기재된 바에 따라 토지 또는 건축물로써 상환한다. 다만, 그 채권의 약관에 다른 정함이 있는 경우에는 소지인의 청구에 따라 원금과 대통령령으로 정하는 이율에 따른 이자를 지급할 수 있다.
⑤ 공사채의 발행조건·발행방법·이율 및 상환기간 등에 관하여 필요한 사항은 대통령령으로 정한다.
⑥ 공사가 제1항에 따라 공사채를 발행하기 위하여는 대통령령으로 정하는 바에 따라 매년 공사채발행계획을 수립하여 이사회의 의결을 거쳐 국토교통부장관의 승인을 받아야 한다. 승인받은 계획을 변경하려는 경우에도 또한 같다. <신설 2012.12.18., 2013.3.23.>

제11조(손익금의 처리) ① 공사는 매 사업연도의 결산결과 이익이 생긴 때에는 다음 각 호의 순으로 이를 처리한다. <개정 2012.12.18.>
1. 이월손실금의 보전
2. 자본금의 2분의 1에 달할 때까지 이익금의 10분의 2 이상을 이익준비금으로 적립
3. 자본금과 동일한 액에 달할 때까지 이익금의 10분의 2 이상을 사업확장적립금으로 적립
4. 자본금과 동일한 액에 달할 때까지 이익금의 10분의 4 이상을 토지은행적립금으로 적립
5. 국고에 납입
② 공사는 매 사업연도의 결산결과 손실이 생긴 때에는 제1항제3호에 따른 사업확장적립금으로 보전하고, 그 적립금으로도 부족할 때에는 같은 항 제2호에 따른 이익준비금으로 보전하되, 그 미달액은 정부가 보전한다. 다만, 손실보전은 「공공주택 특별법」에 따른 공공주택사업, 「산업입지 및 개발에 관한 법률」에 따른 산업단지개발사업 등 대통령령으로 정하는 공익사업에서 발생한 손실에 한한다. <개정 2010.12.29., 2014.1.14., 2015.8.28.>
③ 제1항제2호부터 제4호까지에 따른 이익준비금, 사업확장적립금 및 토지은행적립금은 대통령령으로 정하는 바에 따라 자본금으로 전입할 수 있다. <개정 2012.12.18., 2015.12.29.>

제11조의2(공익사업 등의 회계구분) ① 공사는 제11조제2항 단서에 따른 손실보전 대상 공익사업에 대하여 각각 구분하여 회계처리를 하여야 한다.
② 공사는 「공공주택 특별법」 제2조제1호가목에 따른 공공임대주택 관련 사업에 대하여 그 밖의 사업과 구분하여 회계처리를 하여야 한다.
[본조신설 2015.12.29.]

제12조(매입대상토지) ① 공사가 매입할 수 있는 토지의 규모는 대통령령으로 정한다.
② 공사가 토지를 매입하는 경우 그 토지에 정착물이 있는 때에는 이를 함께 매입할 수 있다. <개정 2012.12.18.>
③ 공사가 토지를 매입할 때에는 공공시설용지·주택건설용지 또는 산업시설용지로 매각할 수 있거나 개발할 수 있는 토지를 우선적으로 매입하여야 한다. <개정 2012.12.18.>
④ 금융기관으로부터 대출 또는 지급보증을 받은 기업의 부채를 상환하게 하기 위하여 그 기업이 보유하고 있는 토지를 공사가 매입하여 줄 것을 기획재정부장관이 국토교통부장관에게 요청한 때에는 국토교통부장관은 공사로 하여금 이를 우선적으로 매입하게 할 수 있다. <개정 2013.3.23.>
⑤ 공사는 토지를 매입할 경우 해당 토지가 법령에 따라 그 처분이나 이용이 제한되는 등의 사유로 매입 후 매각이나 개발이 어려울 것으로 예상될 때에는 이를 매입하여서는 아니 된다. <개정 2012.12.18.>
⑥ 제8조제1항제1호다목 또는 같은 항 제7호에 따른 토지의 매입에 관하여는 제1항·제3항 및 제5항을 적용하지 아니한다. <개정 2012.12.18.>

제13조(토지매입대금의 지급) 공사가 매입하는 토지의 매입대금은 그 전액을 현금으로 지급함을 원칙으로 하되, 매도인이 원하거나 대통령령으로 정하는 일정규모 이상의 토지에 대하여는 그 전부 또는 일부를 협의에 의하여 공사채로 지급할 수 있다.

제14조(매입한 토지의 관리) ① 공사는 매입한 토지의 매각을 촉진하기 위하여 필요한 경우에는 다음 각 호의 어느 하나에 해당하는 조치를 할 수 있다. <개정 2012.12.18.>
1. 용지의 조성
2. 지목의 변경
3. 토지의 분할 또는 합병
4. 그 밖에 토지의 이용가치를 보전하거나 증대하기 위하여 필요한 조치
② 공사는 매입한 토지를 매각할 때까지 이를 임대할 수 있다.

제15조(토지의 매매 등의 수탁) ① 공사는 국가·지방자치단체·공공기관·기업 또는 개인이 토지를 매매·관리하고자 하는 경우 그 매매·관리를 수탁할 수 있다.
② 제1항에 따른 수탁의 기준과 수탁수수료의 요율은 대통령령으로 정한다.

제15조의2(토지 등 자산의 매각위탁 등) 공사는 재무구조 개선 및 경영정상화 등을 위하여 「금융회사부실자산 등의 효율적 처리 및 한국자산관리공사의 설립에 관한 법률」에 따라 설립된 한국자산관리공사에 공사의 토지 등 자산의 매각을 위탁하거나 자산을 매각할 수 있다. 이 경우 위탁가격 및 위탁수수료의 요율 또는 매각가격은 한국자산관리공사와 합의하여 정한다.
[본조신설 2012.1.17.]

제16조(토지의 공급) ① 공사는 토지를 그 용도에 따라 공급하여야 하며, 제8조제1항제2호 및 제7호의 사업(이하 "개발사업"이라 한다)으로 조성된 토지를 제외하고는 다음 각 호의 어느 하나에 해당하는 용도로 사용하려는 자에게 우선적으로 공급하여야 한다. <개정 2012.12.18.>
1. 「공익사업을 위한 토지 등의 취득 및 보상에 관한 법률」 제4조에 따른 공익사업의 용지
2. 주택건설용지
3. 산업시설용지
4. 그 밖에 대통령령으로 정하는 용도
② 공사는 다른 법령에 특별한 규정이 있는 경우를 제외하고는 다음 각 호의 사항이 포함된 토지의 공급에 관한 기준(이하 "공급기준"이라 한다)을 정하여 시행하여야 한다.
1. 공급규모
2. 공급용도
3. 공급가격결정방법
4. 그 밖에 필요한 사항
③ 공사가 제2항에 따라 공급기준을 정하거나 그 공급기준을 변경하는 경우에는 미리 국토교통부장관의 승인을 받아야 한다. <개정 2012.12.18., 2013.3.23.>

제17조(토지공급대금의 분할상환) 공사는 토지의 공급대금을 대통령령으로 정하는 바에 따라 일정한 기간에 걸쳐 분할하여 상환하게 할 수 있다.

제18조(공급토지를 담보로 하는 보증) ① 공사는 개발사업으로 조성된 토지를 공급한 경우 사업준공에 따른 등기절차의 이행이 가능할 때까지 그 토지 및 정착물을 담보로 하여 이를 공급받은 자가 대통령령으로 정하는 금융기관에 대하여 부담하는 채무의 이행을 보증할 수 있다.

② 제1항의 경우 보증조건·방법·절차, 그 밖에 필요한 사항은 대통령령으로 정한다.

제19조(공사의 국가 또는 지방자치단체 의제 등) ① 공사가 수행하는 제8조제1항제2호 및 제7호의 사업 중 「공익사업을 위한 토지 등의 취득 및 보상에 관한 법률」 제4조 각 호의 어느 하나의 공익사업에 해당하는 경우 같은 법 제9조제1항 및 제2항, 같은 법 제51조제1항제1호와 「부동산등기법 제98조를 적용할 때에는 "국가 또는 지방자치단체"를 "공사"로, "관계 중앙행정기관의 장"을 "공사 사장"으로 본다. <개정 2012.12.18.>

② 공사가 시행하는 사업에 있어서 「국토의 계획 및 이용에 관한 법률」 제134조 후단 및 「도시개발법」 제77조 단서에 따른 행정심판에서 공사의 처분에 대한 감독행정기관은 국토교통부장관으로 하며, 「국토의 계획 및 이용에 관한 법률」 제65조 및 제99조를 적용하는 경우에는 공사를 행정청인 시행자로 본다. <개정 2013.3.23.>

③ 국토교통부장관 또는 지방자치단체의 장은 공사가 행하는 사업에 관한 다음 각 호의 권한을 대통령령으로 정하는 바에 따라 공사에 위탁할 수 있다. <개정 2012.12.18., 2013.3.23., 2014.1.14., 2015.8.28., 2016.1.19.>

1. 「주택법」 제49조제1항에 따른 사용검사
2. 「공공주택 특별법」 제31조제1항에 따른 준공검사
3. 「택지개발촉진법」 제16조제1항에 따른 준공검사
4. 「국토의 계획 및 이용에 관한 법률」 제98조제2항에 따른 준공검사
5. 「도시개발법」 제50조제2항에 따른 준공검사
6. 「도시 및 주거환경정비법」 제52조제2항에 따른 준공인가
7. 「건축법」 제22조제2항에 따른 사용승인
8. 「공익사업을 위한 토지 등의 취득 및 보상에 관한 법률」 제89조제1항에 따른 대집행

제19조(공사의 국가 또는 지방자치단체 의제 등) ① 공사가 수행하는 제8조제1항제2호 및 제7호의 사업 중 「공익사업을 위한 토지 등의 취득 및 보상에 관한 법률」 제4조 각 호의 어느 하나의 공익사업에 해당하는 경우 같은 법 제9조제1항 및 제2항, 같은 법 제51조제1항제1호와 「부동산등기법」 제98조를 적용할 때에는 "국가 또는 지방자치단체"를 "공사"로, "관계 중앙행정기관의 장"을 "공사 사장"으로 본다. <개정 2012.12.18.>

② 공사가 시행하는 사업에 있어서 「국토의 계획 및 이용에 관한 법률」 제134조 후단 및 「도시개발법」 제77조 단서에 따른 행정심판에서 공사의 처분에 대한 감독행정기관은 국토교통부장관으로 하며, 「국토의 계획 및 이용에 관한 법률」 제65조 및 제99조를 적용하는 경우에는 공사를 행정청인 시행자로 본다. <개정 2013.3.23.>

③ 국토교통부장관 또는 지방자치단체의 장은 공사가 행하는 사업에 관한 다음 각 호의 권한을 대통령령으로 정하는 바에 따라 공사에 위탁할 수 있다. <개정 2012.12.18., 2013.3.23., 2014.1.14., 2015.8.28., 2016.1.19., 2017.2.8.>

1. 「주택법」 제49조제1항에 따른 사용검사
2. 「공공주택 특별법」 제31조제1항에 따른 준공검사
3. 「택지개발촉진법」 제16조제1항에 따른 준공검사
4. 「국토의 계획 및 이용에 관한 법률」 제98조제2항에 따른 준공검사
5. 「도시개발법」 제50조제2항에 따른 준공검사
6. 「도시 및 주거환경정비법」 제83조제2항 및 「빈집 및 소규모주택 정비에 관한 특례법」 제39조제2항에 따른 준공인가
7. 「건축법」 제22조제2항에 따른 사용승인
8. 「공익사업을 위한 토지 등의 취득 및 보상에 관한 법률」 제89조제1항에 따른 대집행

[시행일 : 2018.2.9.] 제19조

제20조(「도시개발법」의 준용) 공사가 개발사업을 시행함에 있어서 환지의 필요가 있는 때에는 그 환지에 관하여는 「도시개발법」의 환지에 관한 규정을 준용한다.

제21조(유사명칭의 사용금지) 이 법에 따른 공

사가 아닌 자는 한국토지주택공사, 대한주택공사, 한국토지공사 또는 이와 유사한 명칭을 사용하지 못한다. <개정 2012.12.18.>

제22조(비밀누설금지 등) 공사의 임원 또는 직원이나 그 직에 있었던 자는 그 직무상 알게 된 비밀을 누설하거나 도용하여서는 아니 된다.

제23조(감독) 국토교통부장관은 공사의 업무 중 다음 각 호의 어느 하나에 해당하는 사항에 대하여 지도·감독한다. <개정 2012.12.18., 2013.3.23.>

1. 사업실적 및 결산에 관한 사항
2. 제8조제1항에 따른 사업의 적정한 수행에 관한 사항
3. 이 법에 따라 국토교통부장관이 공사에 위탁한 사업에 관한 사항
4. 그 밖에 관계 법령 및 정관으로 정하는 사항

제24조(자료제공의 요청 등) ① 공사는 업무상 필요하다고 인정되는 때에는 등기소, 그 밖의 관계 행정기관 또는 관계인에게 자료의 열람·등사나 그 등본 또는 사본의 교부를 요청할 수 있다.
② 제1항에 따라 자료의 교부 등을 요청받은 자는 특별한 사유가 없는 한 그 요청에 응하여야 한다.

제25조(벌칙 적용에서의 공무원 의제) 「공공기관의 운영에 관한 법률」 제53조에 해당하는 임직원과 임원추천위원회위원으로서 공무원이 아닌 사람은 「형법」 제129조부터 제132조까지의 규정의 적용에서는 공무원으로 본다.

제26조(미공개정보 이용행위의 금지) ① 공사의 임원 및 직원은 일반인에게 공개되지 아니한 업무와 관련된 정보를 이용하여 공사가 공급하는 주택이나 토지 등을 자기 또는 제3자가 공급받게 하여서는 아니 된다.
② 공사는 제1항을 위반한 임원 및 직원에 대하여는 정관 또는 내부규정으로 정하는 바에 따라 징계처분을 행하여야 한다. <개정 2012.12.18.>

제27조(다른 법률과의 관계) 이 법에 규정하지 아니한 공사의 조직 및 경영 등에 관한 사항은 「공공기관의 운영에 관한 법률」에 따른다.

제28조(벌칙) ① 제22조를 위반한 자는 2년 이하의 징역 또는 1천만원 이하의 벌금에 처한다.
② 제26조제1항을 위반한 자는 5년 이하의 징역 또는 3천만원 이하의 벌금에 처한다. 이 경우 징역과 벌금을 병과(倂科)할 수 있다.

제29조(과태료) ① 제21조를 위반한 자에게는 500만원 이하의 과태료를 부과한다.
② 제1항에 따른 과태료는 대통령령으로 정하는 바에 따라 국토교통부장관이 부과·징수한다. <개정 2013.3.23.>

부칙

<제13805호, 2016.1.19.>
(주택법)

제1조(시행일) 이 법은 2016년 8월 12일부터 시행한다.

제2조부터 제20조까지 생략

제21조(다른 법률의 개정) ①부터 <84>까지 생략
<85> 한국토지주택공사법 일부를 다음과 같이 개정한다.
제19조제3항제1호 중 "「주택법」 제29조"를 "「주택법」 제49조"로 한다.
<86> 생략

제22조 생략

산업입지 및 개발에 관한 법률

(약칭: 산업입지법)

[시행 2018.1.18.]

[법률 제14532호, 2017.1.17., 타법개정]

제1장 총칙

<개정 2011.8.4.>

제1조(목적) 이 법은 산업입지의 원활한 공급과 산업의 합리적 배치를 통하여 균형 있는 국토개발과 지속적인 산업발전을 촉진함으로써 국민경제의 건전한 발전에 이바지함을 목적으로 한다.

[전문개정 2011.8.4.]

제2조(정의) 이 법에서 사용하는 용어의 뜻은 다음과 같다. <개정 2012.6.1., 2014.1.14., 2016.12.20.>

1. "공장"이란 「산업집적활성화 및 공장설립에 관한 법률」 제2조제1호에 따른 공장을 말한다.
2. "지식산업"이란 컴퓨터소프트웨어개발업·연구개발업·엔지니어링서비스업 등 전문 분야의 지식을 기반으로 하여 창의적 정신활동에 의하여 고부가가치의 지식서비스를 창출하는 데에 이바지할 수 있는 산업을 말한다.
3. "문화산업"이란 「문화산업진흥 기본법」 제2조제1호에 따른 문화산업을 말한다.
4. "정보통신산업"이란 「정보통신산업 진흥법」 제2조제2호에 따른 정보통신산업을 말한다.
5. "재활용산업"이란 「자원의 절약과 재활용촉진에 관한 법률」 제2조제11호에 따른 재활용산업을 말한다.
6. "자원비축시설"이란 석탄, 석유, 원자력, 천연가스 등 에너지자원의 비축·저장·공급 등을 위한 시설과 이에 관련된 시설을 말한다.
7. "물류시설"이란 「물류시설의 개발 및 운영에 관한 법률」 제2조제1호에 따른 시설(물류단지는 제외한다)을 말한다.

7의2. "산업시설용지"란 공장, 지식산업 관련 시설, 문화산업 관련 시설, 정보통신산업 관련 시설, 재활용산업 관련 시설, 자원비축시설, 물류시설, 교육·연구시설 및 그 밖에 대통령령으로 정하는 시설의 용지를 말한다.

7의3. "복합용지"란 제7호의2와 제9호나목부터 자목까지의 시설을 하나의 용지에 일부 또는 전부를 설치하기 위한 용지를 말한다.

8. "산업단지"란 제7호의2에 따른 시설과 이와 관련된 교육·연구·업무·지원·정보처리·유통 시설 및 이들 시설의 기능 향상을 위하여 주거·문화·환경·공원녹지·의료·관광·체육·복지 시설 등을 집단적으로 설치하기 위하여 포괄적 계획에 따라 지정·개발되는 일단(一團)의 토지로서 다음 각 목의 것을 말한다.
   가. 국가산업단지: 국가기간산업, 첨단과학기술산업 등을 육성하거나 개발 촉진이 필요한 낙후지역이나 둘 이상의 특별시·광역시·특별자치시 또는 도에 걸쳐 있는 지역을 산업단지로 개발하기 위하여 제6조에 따라 지정된 산업단지
   나. 일반산업단지: 산업의 적정한 지방 분산을 촉진하고 지역경제의 활성화를 위하여 제7조에 따라 지정된 산업단지
   다. 도시첨단산업단지: 지식산업·문화산업·정보통신산업, 그 밖의 첨단산업의 육성과 개발 촉진을 위하여 「국토의 계획 및 이용에 관한 법률」에 따른 도시지역에 제7조의2에 따라 지정된 산업단지
   라. 농공단지(農工團地): 대통령령으로 정하는 농어촌지역에 농어민의 소득 증대를 위한 산업을 유치·육성하기 위하여 제8조에 따라 지정된 산업단지
9. "산업단지개발사업"이란 산업단지를 조성하기 위하여 시행하는 다음 각 목의 사업을 말한다.
   가. 제7호의2에 따른 시설의 용지조성사업 및 건축사업
   나. 첨단과학기술산업의 발전을 위한 교육·연구시설용지 조성사업 및 건축사업
   다. 산업단지의 효율 증진을 위한 업무시설·정보처리시설·지원시설·전시시설·유통시설 등의 용지조성사업 및 건축사업
   라. 산업단지의 기능 향상을 위한 주거시설·문화시설·의료복지시설·체육시설·교육시설·관광휴양시설 등의 용지조성사업 및 건축사업과 공원조성사업

마. 공업용수와 생활용수의 공급시설사업
바. 도로·철도·항만·궤도·운하·유수지(溜水池) 및 저수지 건설사업
사. 전기·통신·가스·유류·증기 및 원료 등의 수급시설사업
아. 하수도·폐기물처리시설, 그 밖의 환경오염방지시설 사업
자. 그 밖에 가목부터 아목까지의 사업에 부대되는 사업

10. "산업단지 재생사업지구"(이하 "재생사업지구"라 한다)란 제39조의2 및 제39조의3에 따라 산업기능의 활성화를 위하여 산업단지 또는 공업지역(「국토의 계획 및 이용에 관한 법률」 제36조제1항제1호다목에 해당하는 공업지역을 말한다. 이하 같다) 및 산업단지 또는 공업지역의 주변 지역에 지정·고시되는 지구를 말한다.
11. "산업단지 재생사업"(이하 "재생사업"이라 한다)이란 재생사업지구에서 산업입지기능을 발전시키고 기반시설과 지원시설 및 편의시설을 확충·개량하기 위한 사업을 말한다.
12. "준산업단지"란 도시 또는 도시 주변의 특정 지역에 입지하는 개별 공장들의 밀집도가 다른 지역에 비하여 높아 포괄적 계획에 따라 계획적 관리가 필요하여 제8조의3에 따라 지정된 일단의 토지 및 시설물을 말한다.

[전문개정 2011.8.4.]

제3조(산업입지정책심의회) ① 산업입지정책에 관한 중요 사항을 심의하기 위하여 국토교통부에 산업입지정책심의회(이하 "심의회"라 한다)를 둔다. <개정 2013.3.23.>
② 심의회의 기능·구성·운영 등에 필요한 사항은 대통령령으로 정한다.
③ 산업단지의 지정·개발에 관하여 특별시장·광역시장·특별자치시장·도지사 및 특별자치도지사(이하 "시·도지사"라 한다)와 시장·군수·구청장(자치구의 구청장을 말한다. 이하 같다)의 자문에 응답하게 하기 위하여 특별시·광역시·특별자치시·도 및 특별자치도(이하 "시·도"라 한다)와 시·군·자치구에 지방산업입지심의회를 둘 수 있다. <개정 2016.12.20.>
④ 지방산업입지심의회의 기능·구성·운영 등에 필요한 사항은 해당 지방자치단체의 조례로 정한다.
[전문개정 2011.8.4.]

제2장 산업입지개발지침

<개정 2011.8.4.>

제4조(기초조사) ① 국토교통부장관 또는 시·도지사 및 시장·군수·구청장은 다음 각 호의 어느 하나의 사항을 위하여 필요한 기초조사를 5년 단위로 실시할 수 있다. <개정 2013.3.23.>
1. 제5조에 따른 산업입지개발지침의 작성
2. 제5조의2에 따른 산업입지수급계획 수립지침의 작성 및 산업입지수급계획의 수립
3. 제6조, 제7조 및 제7조의2에 따른 산업단지개발계획의 수립

② 제1항에도 불구하고 국토교통부장관은 제5조의2제2항제3호에 따른 시·도별 및 산업입지 유형별 수급전망의 작성을 위하여 필요한 기초조사는 5년 단위로 실시하여야 하며, 5년이 경과하지 아니한 경우에도 산업입지 수요추세와 공급실적 등을 감안하여 수정·보완할 수 있다. 이 경우 국토교통부장관은 해당 기초조사 결과를 대통령령으로 정하는 바에 따라 고시하여야 한다. <신설 2015.8.11.>
③ 국토교통부장관 또는 시·도지사 및 시장·군수·구청장은 제1항 및 제2항에 따른 기초조사를 하기 위하여 필요한 경우 관계 중앙행정기관·지방자치단체·공기업(「공공기관의 운영에 관한 법률」 제5조에 따른 공기업을 말한다. 이하 같다)·정부출연기관의 장이나 그 밖의 관련 기관의 장에게 자료 제출을 요청할 수 있다. 이 경우 자료 제출을 요청받은 기관의 장은 특별한 사유가 없으면 요청에 따라야 한다. <개정 2013.3.23., 2015.8.11.>
④ 제1항 및 제2항에 따른 기초조사에 필요한 사항은 국토교통부령으로 정한다. <개정 2013.3.23., 2015.8.11.>
[전문개정 2011.8.4.]

제5조(산업입지개발지침) ① 국토교통부장관은 산업입지개발에 관한 기본지침(이하 "산업입지개발지침"이라 한다)을 작성하여 관보에 고시하여야 한다. 다만, 농공단지에 대하여는 대통령령으로 정하는 바에 따른다. <개정 2013.3.23.>
② 산업입지개발지침에는 다음 각 호의 사항이 포함되어야 한다.

1. 산업입지의 계획적·체계적 개발에 관한 사항
2. 산업단지의 지정(지정 요건 및 기준에 관한 사항을 포함한다)·개발·지원에 관한 사항
3. 환경영향평가를 포함하는 환경보전에 관한 사항
4. 그 밖에 대통령령으로 정하는 사항

③ 국토교통부장관은 산업입지개발지침을 수립하려면 시·도지사 및 대도시(「지방자치법」 제175조에 따른 대도시를 말한다)의 시장(이하 "대도시시장"이라 한다)의 의견을 듣고 산업통상자원부장관 및 관계 중앙행정기관의 장과 협의한 후 심의회의 심의를 거쳐야 한다. 산업입지개발지침을 변경할 때에도 또한 같다. 다만, 대통령령으로 정하는 경미한 사항의 변경은 그러하지 아니하다. <개정 2013.3.23., 2016.12.20.>

④ 산업입지개발지침의 작성 등에 필요한 사항은 대통령령으로 정한다.

[전문개정 2011.8.4.]

제5조의2(산업입지수급계획 등) ① 국토교통부장관은 산업입지정책의 수립 및 산업입지의 원활한 공급을 위하여 산업입지수급계획 수립지침을 작성하여 시·도지사에게 통보하여야 한다. <개정 2013.3.23.>

② 제1항에 따른 산업입지수급계획 수립지침에는 다음 각 호의 사항이 포함되어야 한다.
1. 산업입지정책의 기본방향
2. 산업입지 공급 규모의 산정방법
3. 시·도별 및 산업입지 유형별 수급전망
4. 산업용지의 원활한 공급을 위한 각종 지원에 관한 사항
5. 그 밖에 산업입지수급계획을 수립하는 데에 필요한 사항

③ 제1항에 따른 산업입지수급계획 수립지침은 「산업집적활성화 및 공장설립에 관한 법률」 제3조에 따른 산업집적활성화 기본계획과 조화를 이루도록 하여야 한다.

④ 제1항에 따른 산업입지수급계획 수립지침의 작성에 관하여는 제5조제3항을 준용한다.

⑤ 시·도지사는 산업입지수급계획 수립지침에 따라 산업입지수급계획을 수립하여 제3조에 따른 산업입지정책심의회의 심의를 거쳐 해당 지방자치단체의 공보에 고시하여야 하며, 고시한 즉시 그 내용을 국토교통부장관에게 통보하여야 한다. <개정 2013.3.23., 2014.1.14.>

⑥ 제5항에 따른 산업입지수급계획에는 다음 각 호의 사항이 포함되어야 한다.
1. 산업입지정책의 기본방향
2. 지역별 및 산업입지 유형별 산업용지의 공급에 관한 사항
3. 산업단지 종류별 공급에 관한 사항
4. 산업용지의 원활한 공급을 위한 각종 지원에 관한 사항
5. 그 밖에 대통령령으로 정하는 사항

⑦ 제1항에 따른 산업입지수급계획 수립지침의 작성 및 제5항에 따른 산업입지수급계획의 수립에 필요한 사항은 대통령령으로 정한다.

[전문개정 2011.8.4.]

제5조의3(산업입지정보망의 구성·운영) ① 국토교통부장관은 산업정보의 원활한 수급과 산업입지정책에 필요한 정보의 신속한 수집·분석을 위하여 관계 중앙행정기관의 장 또는 시·도지사와 공동으로 산업입지정보망을 구성·운영할 수 있다. <개정 2013.3.23.>

② 제1항에 따른 산업입지정보망을 구성·운영하는 자는 관계 중앙행정기관의 장, 지방자치단체, 공기업·정부출연기관 등 관련 기관의 장에게 산업입지정보망의 구성·운영에 필요한 자료 또는 정보의 제공을 요청할 수 있다. 이 경우 자료 또는 정보의 제공을 요청받은 기관의 장은 특별한 사유가 없으면 요청에 따라야 한다.

③ 제1항에 따른 산업입지정보망을 구성·운영하는 자는 산업입지정보망의 운영을 대통령령으로 정하는 기관 또는 단체에 위탁할 수 있다.

④ 산업입지정보망의 운영에 필요한 사항은 대통령령으로 정한다.

[전문개정 2011.8.4.]

제3장 산업단지의 지정

<개정 2011.8.4.>

제6조(국가산업단지의 지정) ① 국가산업단지는 국토교통부장관이 지정한다. <개정 2013.3.23.>

② 중앙행정기관의 장은 국가산업단지의 지정이 필요하다고 인정하면 대상지역을 정하여 국토교통부장관에게 국가산업단지로의 지정을 요청할 수 있다. <개정 2013.3.23.>

③ 국토교통부장관은 제1항 또는 제2항에 따라 국가산업단지를 지정하려면 산업단지개발계획을 수립하여 관할 시·도지사의 의견을 듣고, 관계 중앙행정기관의 장과 협의하여야 한다. 산업단지개발계획을 변경하려는 경우에도 또한 같다. <개정 2013.3.23.>
④ 국토교통부장관은 제3항에 따라 협의 후 심의회의 심의를 거쳐 국가산업단지를 지정하여야 한다. 대통령령으로 정하는 중요 사항을 변경하려는 경우에도 또한 같다. <개정 2013.3.23.>
⑤ 제3항에 따른 산업단지개발계획에는 다음 각 호의 사항이 포함되어야 한다. 다만, 산업단지개발계획을 수립할 때 부득이한 경우에는 산업단지를 지정한 후에 제3호의 산업단지개발사업의 시행자를 지정하거나 또는 제8호의 사항을 정하여 이를 산업단지개발계획에 포함시킬 수 있다. <개정 2014.1.14., 2015.9.1.>
1. 산업단지의 명칭·위치 및 면적
2. 산업단지의 지정 목적
3. 산업단지개발사업의 시행자(이하 "사업시행자"라 한다)
4. 사업 시행방법
5. 주요 유치업종 또는 제한업종
6. 토지이용계획 및 주요기반시설계획
7. 재원(財源) 조달계획
8. 수용·사용할 토지·건축물 또는 그 밖의 물건이나 권리가 있는 경우에는 그 세부목록
9. 그 밖에 대통령령으로 정하는 사항

⑥ 국토교통부장관은 제5항에도 불구하고 창의적이고 효율적인 산업단지개발을 추진하기 위하여 필요한 경우에는 대통령령으로 정하는 바에 따라 산업단지개발계획안을 공모하여 선정된 안을 산업단지개발계획에 반영할 수 있다. 다만, 산업단지가 지정된 후 공모를 통하여 산업단지개발계획을 변경하려는 경우에는 사업시행자와 공동으로 공모할 수 있다. <신설 2015.9.1.>
⑦ 제6항 본문에 따라 공모를 실시하려는 경우 제5항제3호부터 제9호까지의 사항은 공모 이후 산업단지개발계획에 포함할 수 있다. 이 경우 선정된 산업단지개발계획안의 응모자가 제16조제1항에 따른 자격요건을 갖춘 경우에는 해당 응모자를 사업시행자로 지정하거나 같은 조 제3항에 따라 산업단지개발사업의 일부를 대행하게 할 수 있다(제6항 단서에 따라 공모를 시행한 경우에도 또한 같다). <신설 2015.9.1.>
⑧ 제5항에 따른 산업단지개발계획의 내용 중 산업시설용지의 면적(산업시설의 면적이 100분의 50 이상인 제2조제7호의3의 복합용지를 포함한다)은 산업단지의 종류에 따라 산업단지 유상공급면적의 100분의 40 이상 100분의 70 이하의 범위에서 대통령령으로 정하는 비율 이상이 되도록 하여야 한다. <개정 2014.1.14., 2015.9.1.>
[전문개정 2011.8.4.]

제7조(일반산업단지의 지정) ① 일반산업단지는 시·도지사 또는 대도시시장이 지정한다. 다만, 대통령령으로 정하는 면적 미만의 산업단지의 경우에는 시장·군수 또는 구청장이 지정할 수 있다. <개정 2011.8.4., 2016.12.20.>
② 제1항에 따른 일반산업단지의 지정권자(이하 "일반산업단지지정권자"라 한다)는 일반산업단지를 지정하려면 산업단지개발계획을 수립하여 관할 시장·군수 또는 구청장의 의견을 듣고 국토교통부장관을 비롯한 관계 행정기관의 장(대상지역에 「공유수면 관리 및 매립에 관한 법률」 제2조제1호가목의 바다·바닷가가 포함된 경우에는 해양수산부장관을 포함한다)과 협의하여야 한다. 산업단지개발계획을 변경하려는 경우에도 또한 같다. <개정 2011.8.4., 2013.3.23., 2014.1.14., 2016.12.20.>
③ 삭제 <2008.12.26.>
④ 삭제 <2008.12.26.>
⑤ 일반산업단지지정권자는 일반산업단지의 지정 또는 변경 내용을 국토교통부장관에게 통보하여야 한다. 이 경우 지정권자가 시장·군수 또는 구청장인 경우에는 그 지정 또는 변경 내용을 시·도지사에게도 통보하여야 한다. <개정 2011.8.4., 2013.3.23., 2016.12.20.>
⑥ 제2항에 따른 산업단지개발계획에 관하여는 제6조제5항부터 제8항까지를 준용한다. <개정 2011.8.4., 2015.9.1.>
⑦ 일반산업단지지정권자는 제2항에 따른 관계 행정기관의 장과의 협의 과정에서 관계기관 간의 의견조정을 위하여 필요하다고 인정하는 경우에는 국토교통부장관에게 조정을 요청할 수 있으며, 조정을 요청받은 국토교통부장관은 심의회의 심의를 거쳐 이를 조정할 수 있다. <개정 2011.8.4., 2013.3.23., 2016.12.20.>
[전문개정 2007.4.6.]

▶ 판례 – [1] 수질 및 수생태계 보전에 관한 법률 제48조 제1항에 따라 설치·운영하는 폐수종말처리시설이 구 공익사업을 위한 토지 등의 취득

및 보상에 관한 법률 제78조 제1항, 제4항에 규정된 생활기본시설에 포함되는지 여부(원칙적 소극)
[2] 산업입지 및 개발에 관한 법률에 따라 조성하는 첨단산업단지에 설치된 폐수종말처리시설이 구 공익사업을 위한 토지 등의 취득 및 보상에 관한 법률 제78조 제1항, 제4항에 규정된 생활기본시설에 포함되는지 문제 된 사안에서, 폐수종말처리시설이 실질적으로 하수종말처리의 기능을 하거나 폐수종말처리와 하수종말처리의 기능을 함께 한다면 하수종말처리시설에 해당하는 부분에 관하여는 생활기본시설에 포함된다고 한 사례 [대법원 2016.10.13, 선고, 2014다34812, 판결]

제7조의2(도시첨단산업단지의 지정) ① 도시첨단산업단지는 국토교통부장관, 시·도지사 또는 대도시시장이 지정하며, 시·도지사(특별자치도지사는 제외한다)가 지정하는 경우에는 시장·군수 또는 구청장의 신청을 받아 지정한다. 다만, 대통령령으로 정하는 면적 미만인 경우에는 시장·군수 또는 구청장이 직접 지정할 수 있다. <개정 2014.1.14., 2016.12.20.>
② 인구의 과밀 방지 등을 위하여 서울특별시 등 대통령령으로 정하는 지역에는 도시첨단산업단지를 지정할 수 없다.
③ 시장·군수 또는 구청장은 제1항 본문에 따라 시·도지사에게 도시첨단산업단지의 지정을 신청하려는 경우에는 산업단지개발계획을 작성하여 제출하여야 한다.
④ 제1항에 따른 도시첨단산업단지의 지정권자(이하 "도시첨단산업단지지정권자"라 한다)는 도시첨단산업단지를 지정하려는 경우에는 산업단지개발계획에 대하여 관계 행정기관의 장(대상지역에 「공유수면 관리 및 매립에 관한 법률」 제2조제1호가목의 바다·바닷가가 포함된 경우에는 해양수산부장관을 포함한다)과 협의하여야 한다. 산업단지개발계획을 변경하려는 경우에도 또한 같다. <개정 2014.1.14., 2016.12.20.>
⑤ 국토교통부장관이 도시첨단산업단지를 지정하려는 경우에는 제4항에 따른 협의 후 심의회의 심의를 거쳐 지정하여야 하며, 대통령령으로 정하는 중요 사항을 변경하려는 경우에도 또한 같다. <신설 2015.9.1.>
⑥ 제3항 및 제4항에 따른 산업단지개발계획에 관하여는 제6조제5항부터 제8항까지를 준용하고, 제4항에 따른 관계 행정기관의 장과의 협의에 관하여는 제7조제7항을 준용한다. <개정 2015.9.1.>
⑦ 지방자치단체의 장은 도시첨단산업단지의 지정 또는 변경 내용을 국토교통부장관에게 통보하여야 한다. 이 경우 지정권자가 시장·군수 또는 구청장인 경우에는 그 지정 또는 변경 내용을 시·도지사에게도 통보하여야 한다. <개정 2013.3.23., 2015.9.1.>
[전문개정 2011.8.4.]

제7조의3(도시첨단산업단지의 지정특례) ① 도시첨단산업단지지정권자는 다음 각 호의 어느 하나에 해당하는 사업지역·지구에 조성된 자족기능 확보를 위한 시설용지의 전부 또는 일부를 도시첨단산업단지로 지정할 수 있다. <개정 2015.8.28., 2016.12.20.>
1. 「신행정수도 후속대책을 위한 연기·공주지역 행정중심복합도시 건설을 위한 특별법」 제2조제2호의 예정지역
2. 「공공기관 지방이전에 따른 혁신도시 건설 및 지원에 관한 특별법」 제2조제4호의 혁신도시개발예정지구
3. 「도청이전을 위한 도시건설 및 지원에 관한 특별법」 제2조제4호의 도청이전 신도시 개발예정지구
4. 「공공주택 특별법」 제2조제2호의 공공주택지구
5. 「친수구역 활용에 관한 특별법」 제2조제2호의 친수구역
6. 「택지개발촉진법」 제2조제3호의 택지개발지구
7. 그 밖에 대통령령으로 정하는 지역·지구

② 제1항에 따라 도시첨단산업단지를 지정하려는 경우에는 산업단지개발계획에 대하여 제7조의2제4항에 따른 관계 행정기관의 장과의 협의를 생략할 수 있으며, 제1항 각 호의 어느 하나에 해당하는 사업지역·지구지정에 관한 주민 등의 의견을 들을 때에 도시첨단산업단지의 지정에 관한 사항이 포함된 경우에는 제10조에 따른 주민 등의 의견청취 절차를 생략할 수 있다.
③ 제1항에 따라 지정된 도시첨단산업단지의 개발 및 사업시행자가 개발한 토지·시설 등의 분양·임대·양도에 관하여는 같은 항 각 호의 개별 법률에서 정하는 절차 및 방법에도 불구하고 이 법에 따른다. <신설 2016.12.20.>
④ 도시첨단산업단지에 적용되는 녹지율은 제5조에 따른 산업입지개발지침으로 정하는 녹지율에도 불구하고 100분의 50을 초과하는 범위에서 도시첨단산업단지지정권자가 따로

정할 수 있다. <개정 2016.12.20.>

⑤ 국토교통부장관은 도시첨단산업단지 개발 활성화를 위하여 시·도지사 등의 요청을 받아 다음 각 호의 사업 중 필요한 지원을 관계 행정기관의 장에게 요청할 수 있다. <신설 2015.9.1., 2016.12.20.>

1. 산업기반 및 연구기반 구축에 관한 다음 각 목의 사업
   가. 「산업교육진흥 및 산학연협력촉진에 관한 법률」 제37조의4에 따른 연구시설·장비의 활용 지원 및 같은 법 제39조에 따른 산학연협력 촉진을 위한 지원
   나. 「산업기술혁신 촉진법」 제11조에 따른 산업기술개발사업 및 같은 법 제19조에 따른 산업기술기반조성사업
   다. 「산업집적활성화 및 공장설립에 관한 법률」 제22조의3에 따른 산업집적지경쟁력강화사업 및 같은 법 제22조의4에 따른 산학융합지구의 지정
   라. 「신에너지 및 재생에너지 개발·이용·보급 촉진법 제10조에 따른 신·재생에너지 공급의무화 지원, 신·재생에너지 시범사업 및 보급사업
   마. 「중소기업창업 지원법」 제2조제7호에 따른 창업보육센터
   바. 「중소기업 기술혁신 촉진법」 제9조, 제10조, 제11조, 제12조, 제14조, 제16조, 제17조의3 및 제25조의2에 따른 기술개발사업
2. 도시첨단산업단지 내 정주여건 및 근로자 생활환경 개선에 관한 다음 각 목의 사업
   가. 「공공주택건설 등에 관한 특별법」에 따른 공공주택건설사업
   나. 「국민체육진흥법」 제22조제1항제2호에 따른 국민체육시설 확충을 위한 지원 사업
   다. 「근로복지기본법」 제28조에 따른 근로복지시설 설치 등의 지원
   라. 「문화예술진흥법」 제18조제9호 및 제10호에 따른 공공미술(대중에게 공개된 장소에 미술작품을 설치·전시하는 것을 말한다) 진흥을 위한 사업이나 그 밖에 도서관의 지원·육성 등 문화예술의 진흥을 목적으로 하는 문화시설의 사업이나 활동
   마. 「영유아보육법」 제12조에 따른 국공립어린이집의 설치
   바. 「중소기업 인력지원 특별법」 제24조제2호에 따른 공동숙박시설의 지원 및 같은 법 제30조에 따른 중소기업 장기재직자의 주택 입주 지원
3. 그 밖에 도시첨단산업단지 개발 활성화를 위하여 대통령령으로 정하는 사업

⑥ 제5항에 따라 협조 요청을 받은 행정기관의 장은 우선적으로 필요한 지원을 할 수 있다. <신설 2015.9.1., 2016.12.20.>

⑦ 도시첨단산업단지지정권자는 필요한 경우 제5항 각 호의 사업 중 지원이 확정된 사항을 산업단지개발계획에 반영할 수 있다. <신설 2015.9.1., 2016.12.20.>

[전문개정 2014.1.14.]

제7조의3(도시첨단산업단지의 지정특례) ① 도시첨단산업단지지정권자는 다음 각 호의 어느 하나에 해당하는 사업지역·지구에 조성된 자족기능 확보를 위한 시설용지의 전부 또는 일부를 도시첨단산업단지로 지정할 수 있다. <개정 2015.8.28., 2016.12.20., 2017.12.26.>

1. 「신행정수도 후속대책을 위한 연기·공주지역 행정중심복합도시 건설을 위한 특별법」 제2조제2호의 예정지역
2. 「혁신도시 조성 및 발전에 관한 특별법」 제2조제4호의 혁신도시개발예정지구
3. 「도청이전을 위한 도시건설 및 지원에 관한 특별법」 제2조제4호의 도청이전신도시 개발예정지구
4. 「공공주택 특별법」 제2조제2호의 공공주택지구
5. 「친수구역 활용에 관한 특별법」 제2조제2호의 친수구역
6. 「택지개발촉진법」 제2조제3호의 택지개발지구
7. 그 밖에 대통령령으로 정하는 지역·지구

② 제1항에 따라 도시첨단산업단지를 지정하려는 경우에는 산업단지개발계획에 대하여 제7조의2제4항에 따른 관계 행정기관의 장과의 협의를 생략할 수 있으며, 제1항 각 호의 어느 하나에 해당하는 사업지역·지구지정에 관한 주민 등의 의견을 들을 때에 도시첨단산업단지의 지정에 관한 사항이 포함된 경우에는 제10조에 따른 주민 등의 의견청취 절차를 생략할 수 있다.

③ 제1항에 따라 지정된 도시첨단산업단지의 개발 및 사업시행자가 개발한 토지·시설 등의 분양·임대·양도에 관하여는 같은 항 각 호의 개별 법률에서 정하는 절차 및 방법에도 불구하고 이 법에 따른다. <신설 2016.12.20.>

④ 도시첨단산업단지에 적용되는 녹지율은 제5조에 따른 산업입지개발지침으로 정하는 녹지율에도 불구하고 100분의 50을 초과하는 범위에서 도시첨단산업단지지정권자가 따로 정할 수 있다. <개정 2016.12.20.>

⑤ 국토교통부장관은 도시첨단산업단지 개발 활성화를 위하여 시·도지사 등의 요청을 받아 다음 각 호의 사업 중 필요한 지원을 관계 행정기관의 장에게 요청할 수 있다. <신설 2015.9.1., 2016.12.20.>

1. 산업기반 및 연구기반 구축에 관한 다음 각 목의 사업
   가. 「산업교육진흥 및 산학연협력촉진에 관한 법률」 제37조의4에 따른 연구시설·장비의 활용 지원 및 같은 법 제39조에 따른 산학연협력 촉진을 위한 지원
   나. 「산업기술혁신 촉진법」 제11조에 따른 산업기술개발사업 및 같은 법 제19조에 따른 산업기술기반조성사업
   다. 「산업집적활성화 및 공장설립에 관한 법률」 제22조의3에 따른 산업집적지경쟁력강화사업 및 같은 법 제22조의4에 따른 산학융합지구의 지정
   라. 「신에너지 및 재생에너지 개발·이용·보급 촉진법」 제10조에 따른 신·재생에너지 공급의무화 지원, 신·재생에너지 시범사업 및 보급사업
   마. 「중소기업창업 지원법」 제2조제7호에 따른 창업보육센터
   바. 「중소기업 기술혁신 촉진법」 제9조, 제10조, 제11조, 제12조, 제14조, 제16조, 제17조의3 및 제25조의2에 따른 기술개발사업
2. 도시첨단산업단지 내 정주여건 및 근로자 생활환경 개선에 관한 다음 각 목의 사업
   가. 「공공주택건설 등에 관한 특별법」에 따른 공공주택건설사업
   나. 「국민체육진흥법」 제22조제1항제2호에 따른 국민체육시설 확충을 위한 지원 사업
   다. 「근로복지기본법」 제28조에 따른 근로복지시설 설치 등의 지원
   라. 「문화예술진흥법」 제18조제9호 및 제10호에 따른 공공미술(대중에게 공개된 장소에 미술작품을 설치·전시하는 것을 말한다) 진흥을 위한 사업이나 그 밖에 도서관의 지원·육성 등 문화예술의 진흥을 목적으로 하는 문화시설의 사업이나 활동
   마. 「영유아보육법」 제12조에 따른 국공립어린이집의 설치
   바. 「중소기업 인력지원 특별법」 제24조제2호에 따른 공동숙박시설의 지원 및 같은 법 제30조에 따른 중소기업 장기재직자의 주택 입주 지원
3. 그 밖에 도시첨단산업단지 개발 활성화를 위하여 대통령령으로 정하는 사업

⑥ 제5항에 따라 협조 요청을 받은 행정기관의 장은 우선적으로 필요한 지원을 할 수 있다. <신설 2015.9.1., 2016.12.20.>

⑦ 도시첨단산업단지지정권자는 필요한 경우 제5항 각 호의 사업 중 지원이 확정된 사항을 산업단지개발계획에 반영할 수 있다. <신설 2015.9.1., 2016.12.20.>

[전문개정 2014.1.14.]

[시행일 : 2018.3.27.] 제7조의3

제7조의4(산업단지 지정의 고시 등) ① 산업단지지정권자(제6조, 제7조, 제7조의2, 제7조의3 또는 제8조에 따라 산업단지를 지정할 권한을 가진 국토교통부장관, 시·도지사 또는 시장·군수·구청장을 말한다. 이하 같다)는 산업단지를 지정할 때에는 대통령령으로 정하는 사항을 관보 또는 공보에 고시하여야 하며, 산업단지를 지정하는 국토교통부장관 또는 시·도지사(특별자치도지사는 제외한다)는 관계 서류의 사본을 관할 시장·군수 또는 구청장에게 보내야 한다. <개정 2013.3.23., 2014.1.14., 2016.12.20.>

② 산업단지로 지정되는 지역 안에 수용·사용할 토지·건축물 또는 그 밖의 물건이나 권리가 있는 경우에는 제1항에 따른 고시 내용에 그 토지 등의 세부 목록을 포함하게 하여야 한다. 다만, 산업단지의 지정 후에 그 토지 등의 세부 목록을 산업단지개발계획에 포함하게 하는 경우에는 대통령령으로 정하는 기간 이내에 그 토지 등의 세부 목록을 고시하여야 한다. <개정 2016.12.20.>

③ 제1항에 따라 산업단지를 지정하는 특별자치도지사 또는 제1항에 따라 관계 서류를 받은 시장·군수 또는 구청장은 이를 일반인이 열람할 수 있도록 하여야 한다.

[전문개정 2011.8.4.]

제8조(농공단지의 지정) ① 농공단지는 특별자치도지사 또는 시장·군수·구청장이 지정한다. <개정 2011.8.4.>

② 제1항에 따른 농공단지의 지정권자(대도시 시장은 제외한다)는 농공단지를 지정하려면 대통령령으로 정하는 서류와 도면을 첨부한 산업단지개발계획을 작성하여 시·도지사의 승인을 받아야 한다. 승인받은 사항을 변경하려는 경우에도 또한 같다. 다만, 대통령령으로 정하는 경미한 사항의 변경은 그러하지 아니하다. <개정 2011.8.4., 2014.1.14., 2016.12.20.>
③ 삭제 <2016.12.20.>
④ 제2항에 따른 산업단지개발계획에 관하여는 제6조제5항부터 제8항까지를 준용한다. <신설 2014.1.14., 2015.9.1.>
⑤ 제2항에 따라 승인을 요청받은 시·도지사는 대상지역에 「공유수면 관리 및 매립에 관한 법률」 제2조제1호가목의 바다·바닷가가 포함된 경우에는 해양수산부장관과 협의하여야 한다. <신설 2014.1.14.>
⑥ 농림축산식품부장관 및 산업통상자원부장관은 제2조제8호라목에 따른 대통령령으로 정하는 농어촌지역에 지정된 일반산업단지 또는 도시첨단산업단지를 농공단지와 동일하게 지원할 수 있다. <개정 2011.8.4., 2013.3.23., 2014.1.14.>
[제목개정 2011.8.4.]

제8조의2(산업단지 지정의 제한) ① 산업단지 지정권자는 지정된 산업단지의 면적 또는 미분양 비율이 산업단지의 종류별로 대통령령으로 정하는 면적 또는 미분양 비율에 해당하는 지방자치단체인 경우에는 산업단지를 지정하여서는 아니 된다. 다만, 다음 각 호의 어느 하나에 해당하는 경우에는 그러하지 아니하다. <개정 2013.3.23., 2016.12.20.>
1. 제16조제1항제3호 및 제4호에 해당하는 사업시행자가 산업단지를 개발하는 경우
2. 대통령령으로 정하는 바에 따라 기업의 입주수요가 확인된 산업단지를 개발하는 경우
② 제1항에 따른 지정면적 또는 미분양 비율의 산정방식은 산업입지개발지침으로 정한다.
[전문개정 2011.8.4.]

제8조의3(준산업단지의 지정) ① 준산업단지는 시·도지사(도지사는 제외한다) 또는 시장·군수·구청장이 지정한다. <개정 2016.12.20.>
② 제1항에 따른 준산업단지의 지정권자(이하 "준산업단지지정권자"라 한다)는 제1항에 따른 준산업단지를 지정하려면 미리 공장 소유자들의 의견을 듣고 준산업단지 정비계획을 수립하여 관계 행정기관의 장과 협의한 후 지정하여야 한다. <개정 2016.12.20.>
③ 준산업단지의 지정 기준 및 방법 등에 관하여 필요한 사항은 대통령령으로 정한다.
④ 준산업단지에 관하여는 제5조, 제7조, 제7조의2부터 제7조의4까지, 제10조부터 제13조까지, 제16조, 제18조, 제18조의2, 제19조의2, 제20조, 제20조의2, 제21조부터 제27조까지, 제30조부터 제34조까지, 제36조부터 제38조까지, 제46조, 제47조, 제48조 및 제50조를 준용한다. 다만, 제12조는 준산업단지 지정권자가 개발행위에 대하여 제한이 필요하다고 인정하여 지정·고시한 지역에만 준용한다. <개정 2012.6.1., 2016.12.20.>
⑤ 면적·위치 등 대통령령으로 정하는 요건을 충족하는 준산업단지에 대하여는 제28조 및 제29조에 따라 비용을 보조하거나 시설을 지원할 수 있다.
[전문개정 2011.8.4.]

제9조(공업지역 등의 활용) 시·도지사, 시장·군수 또는 구청장은 「국토의 계획 및 이용에 관한 법률」에 따라 공업지역으로 지정된 지역에 대하여는 특별한 사유가 없으면 산업단지로 우선 지정하여야 한다. 다만, 도시첨단산업단지는 「국토의 계획 및 이용에 관한 법률」에 따라 준주거지역, 상업지역, 공업지역 또는 도시지역 안의 개발진흥지구로 지정된 지역에 대하여 우선 지정하여야 한다.
[전문개정 2011.8.4.]

제10조(주민 등의 의견청취) ① 산업단지지정권자는 제6조, 제7조, 제7조의2, 제7조의3 및 제8조에 따라 산업단지를 지정하거나 대통령령으로 정하는 중요 사항을 변경하려는 경우에는 이를 공고하여 주민 및 관계 전문가 등의 의견을 들어야 하고, 그 의견이 타당하다고 인정할 때에는 이를 반영하여야 한다. 다만, 국방상 기밀을 지켜야 할 필요가 있는 경우에는 의견의 청취를 생략할 수 있다. <개정 2016.12.20.>
② 산업단지지정권자는 제1항 단서에 따라 주민 및 관계 전문가 등의 의견청취를 생략하고 산업단지를 지정하려는 경우에는 미리 관계 행정기관의 장과 협의하여야 한다.
③ 그 밖에 공고 등 주민 및 관계 전문가의 의견청취 등에 필요한 사항은 대통령령

령으로 정한다.
[전문개정 2011.8.4.]

제11조(민간기업 등의 산업단지 지정 요청) ① 국가 또는 지방자치단체 외의 자로서 대통령령으로 정하는 요건에 해당하는 자는 산업단지개발계획을 작성하여 산업단지지정권자에게 산업단지의 지정을 요청할 수 있다. <개정 2016.12.20.>
② 제1항에 따라 국가산업단지의 지정·개발을 요청하려는 경우에는 해당 지역 시·도지사에게 지정 요청 관련 서류를 동시에 제출하여 사전에 검토할 수 있도록 하여야 하며, 시·도지사(특별자치도지사는 제외한다)에게 일반산업단지 또는 도시첨단산업단지의 지정·개발을 요청하려는 경우에는 해당 지역을 관할하는 시장·군수 또는 구청장에게 지정 요청 관련 서류를 동시에 제출하여 사전에 검토할 수 있도록 하여야 한다.
③ 제1항에 따른 요청에 의하여 산업단지가 지정된 경우 그 지정을 요청한 자는 제16조에 따라 사업시행자로 지정받을 수 있다.
④ 제1항에 따라 산업단지의 지정을 요청하는 경우 해당 산업단지의 규모와 그 밖에 산업단지의 지정 요청에 필요한 사항은 대통령령으로 정한다.
[전문개정 2011.8.4.]

제12조(행위 제한 등) ① 제10조제1항에 따라 산업단지의 지정 또는 변경에 관한 주민 등의 의견청취를 위한 공고가 있는 지역 및 산업단지 안에서 건축물의 건축, 공작물의 설치, 토지의 형질변경, 토석의 채취, 토지 분할, 물건을 쌓아놓는 행위 등 대통령령으로 정하는 행위를 하려는 자는 특별시장·광역시장·특별자치시장·특별자치도지사·시장 또는 군수의 허가를 받아야 한다. 허가받은 사항을 변경하려는 경우에도 또한 같다. <개정 2016.12.20.>
② 다음 각 호의 어느 하나에 해당하는 행위는 제1항에도 불구하고 허가를 받지 아니하고 할 수 있다.
1. 재해복구 또는 재난수습에 필요한 응급조치를 위하여 하는 행위
2. 그 밖에 대통령령으로 정하는 행위
③ 제1항에 따라 허가를 받아야 하는 행위로서 제10조제1항에 따른 공고, 산업단지의 지정 및 고시 당시 이미 관계 법령에 따라 행위허가를 받았거나 허가를 받을 필요가 없는 행위에 관하여 그 공사 또는 사업에 착수한 자는 대통령령으로 정하는 바에 따라 특별시장·광역시장·특별자치시장·특별자치도지사·시장 또는 군수에게 신고한 후 이를 계속 시행할 수 있다. <개정 2016.12.20.>
④ 특별시장·광역시장·특별자치시장·특별자치도지사·시장 또는 군수는 제1항을 위반한 자에게 원상회복을 명할 수 있다. 이 경우 명령을 받은 자가 그 의무를 이행하지 아니하면 특별시장·광역시장·특별자치시장·특별자치도지사·시장 또는 군수는 「행정대집행법」에 따라 이를 대집행할 수 있다. <개정 2016.12.20.>
⑤ 제1항에 따른 허가에 관하여 이 법에서 규정한 것을 제외하고는 「국토의 계획 및 이용에 관한 법률」 제57조부터 제60조까지 및 제62조를 준용한다.
⑥ 제1항에 따라 허가를 받은 경우에는 「국토의 계획 및 이용에 관한 법률」 제56조에 따라 허가를 받은 것으로 본다.
[전문개정 2011.8.4.]

제13조(산업단지 지정의 해제) ① 산업단지로 지정·고시된 날부터 대통령령으로 정하는 기간 이내에 그 산업단지의 일부 또는 전부에 대하여 제17조, 제18조, 제18조의2 및 제19조에 따른 산업단지개발실시계획의 승인을 신청하지 아니한 경우에는 그 기간이 지난 다음 날 그 산업단지의 지정이 해제된 것으로 본다.
② 산업단지지정권자는 다음 각 호의 어느 하나에 해당하는 경우에는 대통령령으로 정하는 바에 따라 해당 지역에 대한 산업단지 지정의 전부 또는 일부를 해제할 수 있다. <개정 2016.12.20.>
1. 산업단지의 전부 또는 일부에 대한 개발 전망이 없게 된 경우로서 다음 각 목의 어느 하나에 해당하는 경우
가. 제16조제2항에 따라 산업단지지정권자가 다른 사업시행자를 지정하기 위하여 같은 조 제4항 본문에 따라 경쟁입찰 방식을 통하여 사업시행자를 선정하려고 하였으나 응찰자 또는 낙찰자가 없는 경우
나. 산업단지개발실시계획 승인 후 대통령령으로 정하는 기간 내에 대통령령으로 정하는 비율의 토지를 확보(토지소유권을 취득하거나 토지소유자로부터

해당 토지의 사용에 대한 동의를 받은 것을 말한다)하지 못한 경우
다. 그 밖에 대통령령으로 정하는 경우
2. 개발이 완료된 산업단지가 다음 각 목의 어느 하나에 해당하는 경우
가. 「산업집적활성화 및 공장설립에 관한 법률」 제33조에 따른 산업단지관리기본계획(이하 "산업단지관리기본계획"이라 한다)이 수립된 지역이 아닌 경우로서 도시지역으로 관리하여도 토지이용계획상 문제가 없는 경우
나. 준공(부분 준공을 포함한다)된 지 20년 이상 된 산업단지로서 주변상황과 산업여건이 변화되어 재생사업 및 「산업집적활성화 및 공장설립에 관한 법률」 제2조 제11호에 따른 산업단지구조고도화사업을 통하여도 산업단지 기능 수행이 어려울 것으로 판단되는 경우
③ 산업단지지정권자는 제2항에 따라 산업단지를 해제하려는 경우(국방상 기밀을 지켜야 할 필요가 있는 경우는 제외한다)에는 해제에 관한 내용을 공고하여 주민 및 토지소유자 등의 의견을 들어야 하며, 그 의견이 타당하다고 인정할 때에는 이를 반영하여야 한다. 이 경우 주민 등의 의견청취 방법 및 절차에 관하여는 제10조를 준용한다. <신설 2016.12.20.>
④ 제1항 또는 제2항에 따라 산업단지의 지정이 해제된 경우 해당 산업단지지정권자는 그 사실을 관계 중앙행정기관의 장 및 시·도지사에게 통보하고 이를 고시하여야 하며, 통보를 받은 시·도지사는 지체 없이 시장·군수 또는 구청장으로 하여금 일반인이 열람할 수 있도록 제공하게 하여야 한다(특별자치도지사는 일반인이 열람할 수 있도록 직접 제공하여야 한다). <개정 2016.12.20.>
⑤ 산업단지의 지정으로 「국토의 계획 및 이용에 관한 법률」에 따른 용도지역이 변경·결정된 후 제1항 또는 제2항에 따라 해당 산업단지의 지정이 해제된 경우에는 「국토의 계획 및 이용에 관한 법률」에도 불구하고 그 산업단지에 대한 용도지역은 변경·결정되기 전의 용도지역으로 환원된 것으로 본다. 다만, 개발의 완료로 산업단지의 지정이 해제된 경우에는 그러하지 아니하다. <개정 2016.12.20.>
⑥ 특별자치도지사 또는 시장·군수·구청장은 제5항에 따라 용도지역이 환원된 경우에는 즉시 그 사실을 고시하여야 한다. <개정 2016.12.20.>
[전문개정 2011.8.4.]

제13조의2(산업단지의 전환) ① 산업단지지정권자는 산업단지의 활성화 및 정비를 촉진하기 위하여 준공 후 경과년도나 유치업종 변경면적 등을 고려하여 대통령령으로 정하는 경우에는 「산업집적활성화 및 공장설립에 관한 법률」 제30조에 따른 관리권자(이하 "관리권자"라 한다)와의 협의를 거쳐 산업단지의 전부 또는 일부 지역의 기능을 변경하여 산업단지의 종류를 전환(국가산업단지 및 농공단지로의 전환은 제외한다)할 수 있다. <개정 2016.12.20.>
② 제1항에 따른 산업단지 종류의 전환(이하 "산업단지전환"이라 한다)은 전환된 산업단지와 잔여 산업단지(기존 산업단지의 일부 지역을 산업단지전환하는 경우 남는 산업단지를 말한다)가 각각 대통령령으로 정하는 규모 이상인 경우에만 할 수 있다. <신설 2016.12.20.>
③ 산업단지지정권자는 산업단지전환을 하려는 경우에는 대통령령으로 정하는 바에 따라 개발계획 및 실시계획을 수립하거나 변경하여 종전 산업단지의 산업단지지정권자의 승인을 받거나 종전 산업단지의 산업단지지정권자 또는 관계 행정기관의 장과 협의하여야 한다. <신설 2016.12.20.>
④ 산업단지지정권자는 산업단지전환을 하는 경우에는 대통령령으로 정하는 사항을 관보 또는 공보에 고시하여야 한다. 이 경우 그 고시일에 산업단지가 전환된 것으로 보며, 제3항에 따라 새로 수립된 실시계획은 전환 전의 실시계획을 승계한 것으로 본다. <신설 2016.12.20.>
⑤ 제1항부터 제4항까지에서 규정한 사항 외에 산업단지전환의 절차 등에 관하여 필요한 사항은 대통령령으로 정한다. <개정 2016.12.20.>
[전문개정 2011.8.4.]

제13조의3(산업단지의 통합) ① 산업단지지정권자는 연접한 산업단지의 효율적인 관리를 위하여 둘 이상의 산업단지(종류가 같은 산업단지로 한정한다)를 관리권자와의 협의를 거쳐 하나의 산업단지로 통합할 수 있다. 다만, 통합대상 산업단지의 산업단지지정권자가 따로 있는 경우에는 해당 통합대상 산업단지의 산업단지지정권자가 요청하는 경우로 한정한다.
② 산업단지지정권자는 제1항에 따른 통합(이하 "산업단지통합"이라 한다)을 하려는 경우에는 대통령령으로 정하는 바에 따라 개발계

획을 수립하여 통합대상 산업단지의 산업단지지정권자 또는 관계 행정기관의 장과 협의하여야 한다.

③ 산업단지지정권자는 산업단지통합을 하는 경우에는 대통령령으로 정하는 사항을 관보 또는 공보에 고시하여야 한다. 이 경우 그 고시일에 산업단지가 통합된 것으로 보며, 통합 전의 산업단지에 대한 실시계획은 통합된 산업단지에 대한 실시계획으로 본다.

④ 제1항부터 제3항까지에서 규정한 사항 외에 산업단지통합의 절차 등에 관하여 필요한 사항은 대통령령으로 정한다.

[본조신설 2016.12.20.]

[종전 제13조의3은 제13조의4로 이동 <2016.12.20.>]

제13조의4(준공된 산업단지의 개발행위에 관한 특례) ① 준공된 산업단지에서 개발행위는 다음 각 호의 경우를 제외하고는 산업단지개발계획을 변경하지 아니하고 실시계획을 수립하여 산업단지지정권자의 승인을 받아 할 수 있다. <개정 2014.1.14., 2016.12.20.>

1. 산업단지 지정면적의 변경(실체 측량결과에 의한 정정은 제외한다)
2. 주요 유치업종 변경(토지이용계획이 변경되거나 기반시설의 용량이나 면적이 증가되는 경우에 한한다)
3. 토지이용계획상 각 시설별 면적의 100분의 10 이상의 변경(누적 변경의 합이 100분의 10 이상인 경우를 포함한다)으로서 변경되는 면적이 다음 각 목에 해당하는 면적 이상인 경우
   가. 국가산업단지 및 일반산업단지: 3만 제곱미터
   나. 도시첨단산업단지 및 농공단지: 1만 제곱미터
4. 토지이용계획상 변경되는 면적이 산업단지의 면적 또는 각 시설별 면적의 100분의 50 이상인 경우
5. 너비 15미터 이상인 도로의 신설 또는 폐지
6. 국토교통부장관이 정하는 시설의 규모나 용량의 100분의 50이상의 변경(누적 변경의 합이 100분의 50 이상이 되는 경우를 포함한다)

② 제1항에도 불구하고 주요 유치업종 범위 내에서의 배치계획의 변경 등 대통령령으로 정하는 행위에 대해서는 「산업집적활성화 및 공장설립에 관한 법률」, 「국토의 계획 및 이용에 관한 법률」, 「도로법」 등 관계 법령이 정하는 바에 따라 해당 행위를 할 수 있다. <신설 2014.1.14.>

③ 제1항에 따라 실시계획이 승인된 때에는 산업단지관리기본계획이 승인된 것으로 본다. 이 경우 산업단지지정권자는 미리 「산업집적활성화 및 공장설립에 관한 법률」 제2조제16호에 따른 관리권자와 협의하여야 한다. <개정 2014.1.14.>

④ 제1항 및 제2항에 따른 개발행위 등의 절차 등에 관하여 필요한 사항은 국토교통부령으로 정한다. <개정 2013.3.23., 2014.1.14.>

[전문개정 2011.8.4.]

[제13조의3에서 이동 <2016.12.20.>]

제4장 산업단지의 개발

<개정 2011.8.4.>

제14조 삭제 <1993.8.5.>

제15조 삭제 <1993.8.5.>

제16조(산업단지개발사업의 시행자) ① 산업단지개발사업은 다음 각 호의 자 중에서 산업단지지정권자의 지정에 의하여 산업단지개발계획에서 정하는 자가 이를 시행한다. <개정 2014.1.14., 2015.9.1.>

1. 산업단지를 개발하여 분양 또는 임대하고자 하는 경우로서 다음 각 목에 해당하는 자
   가. 국가 및 지방자치단체
   나. 「공공기관의 운영에 관한 법률」 제4조제1항제1호부터 제4호까지에 따른 공공기관
   다. 「지방공기업법」에 따른 지방공사
   라. 산업단지 개발을 목적으로 설립한 법인으로서 가목부터 다목까지에 해당하는 자가 100분의 50 이상의 지분을 가지고 있거나 100분의 30 이상의 지분을 가지고 임원 임명권한을 행사하는 등 대통령령으로 정하는 기준에 따라 사실상 지배력을 확보하고 있는 법인
2. 「중소기업진흥에 관한 법률」에 따른 중소기업진흥공단, 「산업집적활성화 및 공장설립에 관한 법률」 제45조의9에 따라 설립된 한국산업단지공단 또는 「한국농어촌공사 및 농지관리기금법」에 따른 한국농어촌공사

2의2. 「중소기업협동조합법」에 따른 중소기업협동조합 또는 「상공회의소법」에 따른 상공회의소로서 대통령령으로 정하는 요건에 해당하는 자
3. 해당 산업단지개발계획에 적합한 시설을 설치하여 입주하려는 자 또는 해당 산업단지개발계획에서 적합하게 산업단지를 개발할 능력이 있다고 인정되는 자로서 대통령령으로 정하는 요건에 해당하는 자
4. 제1호가목부터 다목까지, 제2호 또는 제3호에 해당하는 자가 산업단지의 개발을 목적으로 출자에 참여하여 설립한 법인으로서 대통령령으로 정하는 요건에 해당하는 법인(제1항제1호라목에 해당하는 법인은 제외한다)
5. 제3호에 해당하는 사업시행자와 제20조의2에 따라 산업단지개발에 관한 신탁계약을 체결한 부동산신탁업자
6. 산업단지 안의 토지의 소유자 또는 그들이 산업단지개발을 위하여 설립한 조합

② 산업단지지정권자는 사업시행자가 제17조, 제18조, 제18조의2 및 제19조에 따라 실시계획 승인을 받은 후 2년 이내에 산업단지개발사업에 착수하지 아니하거나 실시계획에 정하여진 기간 내에 산업단지개발사업을 완료하지 아니하거나 완료할 가능성이 없는 경우로서 대통령령으로 정하는 경우에는 다른 사업시행자를 지정하여 해당 산업단지개발사업을 시행하게 할 수 있다.

③ 제1항에 따른 사업시행자는 산업단지개발사업을 효율적으로 시행하기 위하여 필요하다고 인정하는 경우에는 산업단지개발사업의 일부를 대통령령으로 정하는 바에 따라 대행하게 할 수 있다. 다만, 제1항제2호부터 제6호까지의 규정에 따른 사업시행자는 해당 산업단지지정권자의 승인을 받아야 한다. <개정 2014.1.14.>

④ 산업단지지정권자는 사업시행자를 경쟁입찰 방식으로 선정할 수 있다. 다만, 제11조제1항에 따라 민간기업 등이 산업단지의 지정을 요청하는 경우에는 그러하지 아니하다. <개정 2014.1.14.>

⑤ 삭제 <2014.1.14.>

[전문개정 2011.8.4.]

[법률 제11020호(2011.8.4.) 부칙 제2조의 규정에 의하여 이 조는 2012년 12월 31까지 유효함]

제16조의2(조합의 설립 등) 제16조제1항제6호에 따른 조합의 설립, 조합원의 자격, 조합원의 경비 부담 등에 관하여는 「도시개발법」 제13조부터 제16조까지의 규정을 준용한다. 다만, 조합설립 인가를 신청하려면 해당 산업단지 구역의 토지면적의 2분의 1 이상에 해당하는 토지 소유자와 그 구역의 토지 소유자 총수의 2분의 1 이상의 동의를 받아야 한다. 이 경우 "도시개발구역"은 "산업단지"로, "지정권자"는 "산업단지지정권자"로 본다. <개정 2014.1.14.>

[전문개정 2011.8.4.]

제17조(국가산업단지개발실시계획의 승인) ① 국가산업단지의 사업시행자는 대통령령으로 정하는 바에 따라 국가산업단지개발실시계획(이하 "국가단지실시계획"이라 한다)을 작성하여 국토교통부장관(공용 또는 공공용으로 사용하기 위한 방파제·호안·안벽·물양장, 그 밖에 이와 기능이 유사한 시설을 설치하는 항만건설사업에 관한 실시계획의 경우에는 해양수산부장관의 승인을 말하며, 이 경우 해양수산부장관은 국토교통부장관과 미리 협의하여야 한다. 이하 같다)의 승인을 받아야 한다. <개정 2013.3.23., 2014.1.14.>

② 국토교통부장관이 국가단지실시계획을 승인하려면 관할 시·도지사의 의견을 듣고, 관계 중앙행정기관의 장(제6조제3항에 따른 산업단지개발계획의 협의 시 실시계획을 승인하기 전에 재협의가 필요하다는 의견을 제시한 기관으로 한정한다)과 협의하여야 한다. <개정 2013.3.23.>

[전문개정 2011.8.4.]

제17조의2(국가산업단지개발실시계획의 변경) 승인을 받은 국가단지실시계획을 변경하거나 폐지하는 경우로서 대통령령으로 정하는 중요 사항을 변경하는 경우에는 제17조제1항 및 제2항을 준용한다. <개정 2014.1.14.>

[전문개정 2011.8.4.]

제18조(일반산업단지개발실시계획의 승인) ① 일반산업단지의 사업시행자는 대통령령으로 정하는 바에 따라 일반산업단지개발실시계획을 작성하여 일반산업단지지정권자의 승인(공용 또는 공공용으로 사용하기 위한 방파제·호안·안벽·물양장, 그 밖에 이와 기능이 유사한 시설을 설치하는 항만건설사업에 관한 실시계획의 경우에는 해양수산부장관의 승인을 말하

며, 이 경우 해양수산부장관은 일반산업단지 지정권자와 미리 협의하여야 한다. 이하 같다)을 받아야 한다. 시·도지사(특별자치도지사는 제외한다)가 승인하는 경우에는 관할 시장·군수 또는 구청장의 의견을 들어야 한다. <개정 2014.1.14., 2016.12.20.>

② 일반산업단지지정권자 또는 해양수산부장관이 제1항에 따른 일반산업단지개발실시계획을 승인하려면 미리 관계 행정기관의 장(제7조제2항에 따른 산업단지개발계획의 협의 시 실시계획을 승인하기 전에 재협의가 필요하다는 의견을 제시한 기관으로 한정한다)과 협의하여야 한다. <개정 2014.1.14., 2016.12.20.>

③ 승인을 받은 일반산업단지개발실시계획을 변경하거나 폐지하는 경우에는 제17조의2를 준용한다.

[전문개정 2011.8.4.]

제18조의2(도시첨단산업단지개발실시계획의 승인) ① 도시첨단산업단지의 사업시행자는 대통령령으로 정하는 바에 따라 도시첨단산업단지개발실시계획을 작성하여 도시첨단산업단지지정권자의 승인(공용 또는 공공용으로 사용하기 위한 방파제·호안·안벽·물양장, 그 밖에 이와 기능이 유사한 시설을 설치하는 항만건설사업에 관한 실시계획의 경우에는 해양수산부장관의 승인을 말하며, 이 경우 해양수산부장관은 도시첨단산업단지지정권자와 미리 협의하여야 한다. 이하 같다)을 받아야 한다. 시·도지사(특별자치도지사는 제외한다)가 승인하는 경우에는 관할 시장·군수 또는 구청장의 의견을 들어야 한다. <개정 2014.1.14., 2016.12.20.>

② 도시첨단산업단지지정권자 또는 해양수산부장관이 제1항에 따라 도시첨단산업단지개발실시계획을 승인하려면 미리 관계 행정기관의 장(제7조의2제4항에 따른 산업단지개발계획의 협의 시 실시계획을 승인하기 전에 재협의가 필요하다는 의견을 제시한 기관으로 한정한다)과 협의하여야 한다. <개정 2014.1.14., 2016.12.20.>

③ 승인을 받은 도시첨단산업단지개발실시계획을 변경하거나 폐지하는 경우에는 제17조의2를 준용한다.

[전문개정 2011.8.4.]

제19조(농공단지개발실시계획의 승인) ① 농공단지의 사업시행자는 대통령령으로 정하는 바에 따라 농공단지개발실시계획(이하 "농공단지실시계획"이라 한다)을 작성하여 제8조제1항에 따른 농공단지 지정권자의 승인을 받아야 한다. <개정 2011.8.4., 2016.12.20.>

② 삭제 <2008.2.29.>

③ 농공단지의 사업시행자는 제1항에 따른 사업시행지역에 「공유수면 관리 및 매립에 관한 법률」 제2조제1호가목의 바다·바닷가가 포함된 농공단지실시계획의 승인을 신청하는 경우에는 미리 해양수산부장관과 협의한 후 그 협의결과를 포함하여 승인신청을 하여야 한다. 다만, 농공단지실시계획이 항만건설사업에 관한 내용을 포함하고 있는 경우에는 해양수산부장관의 승인을 받아야 한다. <신설 2014.1.14., 2016.12.20.>

④ 승인을 받은 농공단지실시계획을 변경하거나 폐지하는 경우에는 제17조의2를 준용한다. <개정 2011.8.4., 2014.1.14.>

[제목개정 2011.8.4.]

제19조의2(실시계획 승인의 고시 등) ① 산업단지지정권자 또는 해양수산부장관은 제17조, 제18조, 제18조의2 또는 제19조에 따라 실시계획을 승인하였을 때에는 대통령령으로 정하는 사항을 관보 또는 공보에 고시하여야 하며, 국토교통부장관, 해양수산부장관 또는 시·도지사(특별자치도지사는 제외한다)가 승인한 경우에는 관계 서류의 사본을 관할 시장·군수 또는 구청장에게 보내야 한다. <개정 2013.3.23., 2014.1.14.>

② 제1항에 따라 실시계획을 승인한 특별자치도지사 또는 제1항에 따라 관계 서류의 사본을 받은 시장·군수 또는 구청장은 이를 일반인이 열람할 수 있도록 하여야 한다.

③ 산업단지지정권자 또는 해양수산부장관은 제1항에 따라 실시계획의 승인을 고시하였을 때에는 「토지이용규제 기본법」 제8조에 따라 지형도면을 작성·고시하여야 한다. 이 경우 사업시행자는 지형도면 고시 등에 필요한 서류를 산업단지지정권자 또는 해양수산부장관에게 제출하여야 한다. <개정 2011.4.14., 2012.6.1., 2016.12.20.>

④ 제19조에 따른 농공단지실시계획 승인의 경우에는 제1항부터 제3항까지의 규정을 준용한다.

[전문개정 2011.8.4.]

제20조(산업단지개발사업의 위탁시행) ① 제16조에 따른 사업시행자는 산업단지개발사업 중 항만, 공업용수시설, 도로, 그 밖에 대통령령으로 정하는 공공시설의 건설과 공유수면의 매립에 관한 사항을 대통령령으로 정하는 바

에 따라 국가·지방자치단체·공기업 또는 그 밖에 대통령령으로 정하는 기관에 위탁하여 시행할 수 있다.

② 사업시행자는 산업단지개발사업을 위한 용지매수 업무와 손실보상 업무 및 이주대책에 관한 업무를 「공익사업을 위한 토지 등의 취득 및 보상에 관한 법률」 제81조제1항 각 호의 기관에 위탁하여 시행할 수 있다. 이 경우 위탁수수료 등에 관하여는 「공익사업을 위한 토지 등의 취득 및 보상에 관한 법률」 제81조제2항을 준용한다.

[전문개정 2011.8.4.]

제20조의2(산업단지의 신탁개발) ① 제16조제1항제3호에 따른 사업시행자는 대통령령으로 정하는 바에 따라 「자본시장과 금융투자업에 관한 법률」에 따라 설립된 부동산신탁업자와 산업단지개발에 관한 신탁계약을 체결하여 산업단지를 개발할 수 있다.

② 제1항에 따라 신탁계약을 체결한 부동산신탁업자는 종전의 사업시행자의 권리·의무를 포괄적으로 승계한다.

[전문개정 2011.8.4.]

제21조(다른 법령에 따른 인·허가등의 의제 등) ① 산업단지지정권자 또는 해양수산부장관(이하 "실시계획승인권자"라 한다)이 제17조, 제17조의2, 제18조, 제18조의2 및 제19조에 따른 실시계획의 승인 또는 변경승인을 할 때 다음 각 호의 허가·결정·인가·면허·협의·동의·승인·해제 또는 처분 등(이하 "인·허가등"이라 한다)에 관하여 제2항에 따라 미리 관계 행정기관의 장과 협의하거나 승인을 받은 사항에 대하여는 해당 인·허가등을 받은 것으로 보며, 제19조의2에 따라 실시계획의 승인이 고시된 때에는 다음 각 호의 관계 법률에 따른 인·허가등의 고시 또는 공고가 된 것으로 본다. <개정 2011.4.14., 2014.1.14., 2014.6.3., 2016.1.27., 2016.12.27., 2017.1.17.>

1. 「국토의 계획 및 이용에 관한 법률」 제30조에 따른 도시·군관리계획의 결정, 같은 법 제56조에 따른 개발행위의 허가, 같은 법 제86조에 따른 도시·군계획시설사업 시행자의 지정, 같은 법 제88조에 따른 실시계획의 인가 및 「도시개발법」 제11조에 따른 사업시행자의 지정, 같은 법 제17조에 따른 실시계획의 인가
2. 「수도법」 제17조 및 제49조에 따른 일반수도사업 및 공업용수도사업의 인가, 같은 법 제52조 및 제54조에 따른 전용상수도 및 전용공업용수도의 설치 인가
3. 「하수도법」 제11조에 따른 공공하수도(분뇨처리시설만 해당한다)의 설치인가, 같은 법 제16조에 따른 공공하수도 공사의 시행허가 및 같은 법 제24조에 따른 공공하수도의 점용허가
4. 「공유수면 관리 및 매립에 관한 법률」 제8조에 따른 공유수면의 점용·사용허가, 같은 법 제17조에 따른 점용·사용 실시계획의 승인 또는 신고, 같은 법 제28조에 따른 공유수면의 매립면허, 같은 법 제33조에 따른 매립면허의 고시, 같은 법 제35조에 따른 국가 등이 시행하는 매립의 협의 또는 승인 및 같은 법 제38조에 따른 공유수면매립실시계획의 승인·고시
5. 「항만법」 제7조에 따른 항만기본계획 변경(승인), 같은 법 제9조제2항에 따른 항만공사 시행의 허가 및 같은 법 제10조제2항에 따른 실시계획의 승인
6. 「하천법」 제6조에 따른 하천관리청과의 협의 또는 승인, 같은 법 제25조 및 제27조에 따른 하천기본계획 및 하천공사시행계획의 변경, 같은 법 제30조에 따른 하천공사시행의 허가와 하천공사실시계획의 인가, 같은 법 제33조에 따른 하천의 점용허가 및 같은 법 제50조에 따른 하천수의 사용허가
7. 「도로법」 제36조에 따른 도로관리청이 아닌 자에 대한 도로공사 시행의 허가, 같은 법 제61조에 따른 도로의 점용 허가 및 같은 법 제107조에 따른 도로관리청과의 협의 또는 승인
8. 「농지법」 제31조에 따른 농업진흥지역 해제, 같은 법 제34조에 따른 농지의 전용허가 또는 협의
9. 「산지관리법」 제14조·제15조에 따른 산지전용허가 및 산지전용신고, 같은 법 제15조의2에 따른 산지일시사용허가·신고, 같은 법 제25조에 따른 토석채취허가와 「산림자원의 조성 및 관리에 관한 법률」 제36조제1항·제4항에 따른 입목벌채등의 허가·신고, 「산림보호법」 제9조제1항 및 제2항제1호·제2호에 따른 산림보호구역(산림유전자원보호구역은 제외한다)에서의 행위의 허가·신고와 같은 법 제11조제1항제1호에 따

른 산림보호구역의 지정해제
10. 「사방사업법」 제14조에 따른 벌채 등의 허가 및 같은 법 제20조에 따른 사방지 지정의 해제
11. 「초지법」 제21조의2에 따른 토지의 형질변경 등의 허가 및 같은 법 제23조에 따른 초지전용허가
12. 「사도법」 제4조에 따른 사도개설 허가
13. 「공간정보의 구축 및 관리 등에 관한 법률」 제15조제3항에 따른 지도등의 간행 심사
14. 「광업법」 제24조에 따른 불허가처분 및 같은 법 제34조에 따른 광구 감소 처분 또는 광업권 취소처분
15. 「장사 등에 관한 법률」 제27조에 따른 연고자가 없는 분묘의 개장(改葬) 허가
16. 「농어촌정비법」 제23조에 따른 농업생산기반시설의 사용허가
17. 「국유재산법」 제30조에 따른 국유재산의 사용허가 및 같은 법 제40조에 따른 행정재산의 용도폐지
18. 「공유재산 및 물품 관리법」 제11조에 따른 행정재산의 용도폐지 및 같은 법 제20조에 따른 사용·수익허가
19. 「소하천정비법」 제5조에 따른 관리청과의 협의, 같은 법 제6조 및 제8조에 따른 소하천정비종합계획 및 소하천정비시행계획의 변경, 같은 법 제10조에 따른 소하천공사의 시행허가 및 같은 법 제14조에 따른 소하천점용의 허가
20. 「에너지이용 합리화법」 제10조에 따른 에너지사용계획의 협의
21. 「전기사업법」 제62조에 따른 자가용전기설비의 공사계획의 인가 또는 신고
22. 「공간정보의 구축 및 관리 등에 관한 법률」 제86조제1항에 따른 사업의 착수·변경 또는 완료의 신고
23. 「폐기물관리법」 제29조에 따른 폐기물처리시설의 설치승인 또는 신고
24. 「건축법」 제11조에 따른 허가, 같은 법 제14조에 따른 신고, 같은 법 제16조에 따른 허가·신고 사항의 변경, 같은 법 제20조에 따른 가설건축물의 허가·신고 및 같은 법 제29조에 따른 건축협의
25. 「골재채취법」 제22조에 따른 골재채취의 허가
26. 「산업집적활성화 및 공장설립에 관한 법률」 제13조에 따른 공장설립등의 승인(제16조제1항제3호에 해당하는 사업시행자가 산업단지개발실시계획 승인 신청 시 사업시행자가 사용하기 위한 공장설립등에 관한 계획을 포함한 경우만 해당한다)
27. 「유통산업발전법」 제8조에 따른 대규모점포의 개설등록
28. 「집단에너지사업법」 제4조에 따른 집단에너지의 공급 타당성에 관한 협의
29. 「체육시설의 설치·이용에 관한 법률」 제12조에 따른 사업계획의 승인
30. 「택지개발촉진법」 제8조에 따른 택지개발계획의 수립 및 같은 법 제9조에 따른 택지개발사업 실시계획의 승인
31. 「물환경보전법」 제49조에 따른 공공폐수처리시설 기본계획의 승인
32. 「임업 및 산촌 진흥촉진에 관한 법률」 제20조에 따른 임업진흥권역의 지정변경 및 해제
33. 「관광진흥법」 제52조에 따른 관광지 및 관광단지의 지정, 같은 법 제54조에 따른 관광지 및 관광단지 조성계획의 수립 및 승인

② 실시계획승인권자가 제17조, 제17조의2, 제18조, 제18조의2 및 제19조에 따라 제1항 각 호의 사항이 포함되어 있는 실시계획을 승인하거나 변경승인하려면 미리 관계 행정기관의 장과 협의하거나 승인을 받아야 한다. 이 경우 관계 행정기관의 장은 실시계획승인권자의 협의 요청을 받은 날부터 15일 이내에 의견을 제출하여야 한다.

③ 제1항에 따라 관계 법률에 따른 인·허가등을 받은 것으로 보는 경우에는 해당 관계 법률에 따라 부과되는 수수료 또는 사용료를 면제한다.

[전문개정 2011.8.4.]

제21조의2 삭제 <2007.4.6.>

제22조(토지수용) ① 사업시행자(제16조제1항제6호에 따른 사업시행자는 제외한다. 이하 이 조에서 같다)는 산업단지개발사업에 필요한 토지·건물 또는 토지에 정착한 물건과 이에 관한 소유권 외의 권리, 광업권, 어업권, 물의 사용에 관한 권리(이하 "토지등"이라 한다)를 수용하거나 사용할 수 있다.

② 제1항을 적용할 때 제7조의4제1항에 따른 산업단지의 지정·고시가 있는 때(제6조제5항 각 호 외의 부분 단서, 제7조제6항, 제7조의2제6항 또는 제8조제4항에 따라 사

업시행자와 수용·사용할 토지등의 세부 목록을 산업단지가 지정된 후에 산업단지개발계획에 포함시키는 경우에는 이의 고시가 있는 때를 말한다)에는 「공익사업을 위한 토지 등의 취득 및 보상에 관한 법률」 제20조제1항 및 같은 법 제22조에 따른 사업인정 및 사업인정의 고시가 있는 것으로 본다. <개정 2015.9.1., 2016.12.20.>

③ 국토교통부장관이 지정한 산업단지의 토지등에 대한 재결(裁決)은 중앙토지수용위원회가 관장하고, 국토교통부장관 외의 자가 지정한 산업단지의 토지등에 대한 재결은 지방토지수용위원회가 관장하되, 재결의 신청은 「공익사업을 위한 토지 등의 취득 및 보상에 관한 법률」 제23조제1항 및 같은 법 제28조제1항에도 불구하고 산업단지개발계획에서 정하는 사업기간 내에 할 수 있다. <개정 2016.12.20.>

④ 제3항에 따른 재결의 신청은 개발구역 토지면적의 100분의 50 이상에 해당하는 토지를 확보(토지소유권을 취득하거나 토지소유자로부터 사용동의를 받은 것을 말한다)한 후에 할 수 있다. 다만, 제16조제1항제1호, 제2호에 해당하는 사업시행자 및 이와 공동으로 개발사업을 시행하는 자의 경우에는 그러하지 아니하다.

⑤ 제1항에 따른 수용 또는 사용에 관하여는 이 법에 특별한 규정이 있는 경우를 제외하고는 「공익사업을 위한 토지 등의 취득 및 보상에 관한 법률」을 준용한다.

[전문개정 2011.8.4.]

제23조(「국토의 계획 및 이용에 관한 법률」 등의 적용특례) ① 제6조, 제7조, 제7조의2부터 제7조의4까지 또는 제8조에 따라 산업단지가 지정·고시된 경우에는 그 범위에서 「공유수면 관리 및 매립에 관한 법률」 제22조 및 제27조에 따른 매립기본계획의 수립 또는 변경, 「국토의 계획 및 이용에 관한 법률」 제51조에 따른 지구단위계획구역의 지정 또는 해제가 있은 것으로 본다.

② 산업단지지정권자는 제6조에 따른 산업단지 개발계획 수립시 다음 각 호의 어느 하나에 해당하는 용지로서 필요한 경우에는 「국토의 계획 및 이용에 관한 법률」 제78조와 관련한 위임 규정에 따라 조례로 정한 용적률 최대한도의 예외를 적용한다. 이 경우 「국토의 계획 및 이용에 관한 법률」 제78조에 따른 용적률의 최대한도를 초과할 수 없다. <신설 2014.1.14., 2015.9.1., 2016.12.20.>

1. 제2조제7호의3에 따른 복합용지(도시첨단산업단지 또는 재생사업지구로 한정한다)
2. 「산업집적활성화 및 공장설립에 관한 법률」 제2조제13호에 따른 지식산업센터 용지
3. 「영유아보육법」 제10조제1호에 따른 국공립어린이집 용지

③ 사업시행자가 제26조에 따른 산업단지 안의 기존 공공시설에 대체되는 시설(실시계획승인권자가 인정하는 임시시설을 포함한다)을 설치한 때에는 「국유재산법」 및 「공유재산 및 물품 관리법」에도 불구하고 기존의 공공시설은 용도폐지된 것으로 본다. <개정 2014.1.14.>

④ 실시계획승인권자는 공장 등 영구시설물의 축조가 불가피하다고 인정할 때에는 「국유재산법」 및 「공유재산 및 물품 관리법」에도 불구하고 산업단지 안의 국유재산 및 공유재산에 대하여 사업시행자 및 제37조제7항 단서에 따라 같은 조 제1항에 따른 준공인가 전에 용지 또는 시설물을 사용할 수 있도록 인정받은 자로 하여금 영구시설물을 축조하게 할 수 있다. <개정 2014.1.14.>

[전문개정 2011.8.4.]

제24조(토지소유자에 대한 환지) ① 사업시행자는 해당 사업이 완료된 후 다음 각 호의 어느 하나에 해당하는 자에게 대통령령으로 정하는 바에 따라 환지(換地)하여 줄 수 있다. <개정 2014.1.14.>

1. 산업단지 안의 토지를 소유하고 있는 자로서 산업단지개발계획에서 정한 내용에 적합한 공장, 지식산업 관련 시설, 문화산업 관련 시설, 정보통신산업 관련 시설, 재활용산업 관련 시설, 자원비축시설, 물류시설 및 그 밖에 대통령령으로 정하는 시설을 설치하려는 자
2. 산업단지 안의 토지를 소유하고 있는 자로서 첨단과학기술산업의 발전을 위한 교육·연구시설을 설치하려는 자
3. 산업단지 안의 토지를 소유하고 있는 자로서 산업단지의 효율 증진을 위한 업무시설·정보처리시설·지원시설·전시시설·유통시설을 설치하려는 자
4. 제16조제1항제6호의 사업시행자가 개발하는 산업단지 안의 토지를 소유하고 있는 자

② 제1항에 따른 환지를 하는 경우에는 대통령령으로 정하는 사항 외에는 「도시개발법」 제28조부터 제49조까지의 규정을 준용

한다.
[전문개정 2011.8.4.]

제25조(타인의 토지에의 출입 등) ① 산업단지지정권자가 산업단지를 지정하거나 사업시행자가 산업단지개발사업을 시행하기 위하여 필요할 때에는 타인의 토지에 출입하거나 일시사용할 수 있으며 나무, 흙, 돌, 그 밖의 장애물을 변경하거나 제거할 수 있다.
② 제1항에 따른 타인의 토지에의 출입 등에 관하여는 「국토의 계획 및 이용에 관한 법률」 제130조 및 제131조를 준용한다.
[전문개정 2011.8.4.]

제26조(공공시설 및 토지등의 귀속) ① 제16조제1항제1호에 따른 사업시행자가 산업단지개발사업의 시행으로 새로 공공시설을 설치하거나 기존의 공공시설에 대체되는 공공시설을 설치한 경우에는 「국유재산법」 및 「공유재산 및 물품 관리법」에도 불구하고 기존의 공공시설은 사업시행자에게 무상으로 귀속되고, 새로 설치된 공공시설은 그 시설을 관리할 국가 또는 지방자치단체에 무상으로 귀속된다.
② 제16조제1항제2호부터 제6호까지의 규정에 따른 사업시행자가 산업단지개발사업의 시행으로 새로 설치한 공공시설은 그 시설을 관리할 국가 또는 지방자치단체에 무상으로 귀속되고, 산업단지개발사업의 시행으로 인하여 용도가 폐지되는 국가 또는 지방자치단체 소유의 재산은 「국유재산법」 및 「공유재산 및 물품 관리법」에도 불구하고 그가 새로 설치한 공공시설의 설치비용에 상당하는 범위에서 그 사업시행자에게 무상으로 양도할 수 있다.
③ 실시계획승인권자가 제1항 및 제2항에 따른 공공시설의 귀속 및 양도에 관한 사항이 포함된 산업단지개발사업의 실시계획을 승인하려는 경우에는 미리 그 관리청의 의견을 들어야 한다. 실시계획을 변경하는 경우에도 또한 같다.
④ 제1항 및 제2항에 따라 관리청에 귀속될 공공시설과 사업시행자에게 귀속 또는 양도될 재산에 관하여 사업시행자는 그 산업단지개발사업의 준공 전에 그 종류와 세부 목록을 관리청에 통지하여야 하며, 해당 공공시설과 재산은 그 사업이 준공되어 관리청에 준공인가 통지를 한 때에 국가 또는 지방자치단체에 귀속되거나 사업시행자에게 귀속 또는 양도된 것으로 본다.
⑤ 제4항에 따른 귀속 또는 양도에 있어서 「국유재산법」 제44조 및 「공유재산 및 물품 관리법」 제30조에도 불구하고 국가 또는 지방자치단체에 귀속될 공공시설의 가액(價額)은 실시계획 승인 당시 해당 공공시설의 설치에 드는 예상 비용으로 하고, 사업시행자에게 귀속 또는 양도될 재산에 대한 가액은 실시계획 승인 당시를 기준으로 「공익사업을 위한 토지 등의 취득 및 보상에 관한 법률」을 준용하여 평가한 금액으로 한다.
⑥ 제1항 및 제2항에 따라 귀속 또는 양도되는 기존의 공공시설에 대하여는 「국유재산법」 제32조 및 제47조와 「공유재산 및 물품 관리법」 제22조 및 제32조에도 불구하고 산업단지개발사업의 시행기간 동안 해당 재산에 대한 사용료 및 대부료를 면제한다.
⑦ 제4항에 따른 공공시설과 재산의 등기를 할 때에는 산업단지개발사업의 실시계획승인서와 산업단지개발사업의 준공인가서로 「부동산등기법」에 따른 등기원인(登記原因)을 증명하는 서면을 갈음할 수 있다.
⑧ 제1항부터 제7항까지에 규정된 공공시설의 범위는 대통령령으로 정한다.
[전문개정 2011.8.4.]

제27조(국유지·공유지의 처분 제한 등) ① 산업단지에 있는 국가 또는 지방자치단체 소유의 토지로서 제2조제9호 각 목의 사업에 필요한 토지는 해당 산업단지개발사업 목적 외의 목적으로 매각하거나 양도할 수 없다.
② 산업단지에 있는 국가 또는 지방자치단체 소유의 재산은 「국유재산법」, 「공유재산 및 물품 관리법」, 그 밖의 다른 법령에도 불구하고 사업시행자(입주업체를 포함한다)에게 수의계약으로 임대 또는 양도할 수 있다. 이 경우 그 재산의 용도폐지(행정재산인 경우로 한정한다. 이하 같다) 및 양도에 관하여는 실시계획승인권자가 미리 관계 행정기관의 장과 협의하여야 한다.
③ 제2항 후단에 따른 협의 요청을 받으면 관계 행정기관의 장은 그 요청을 받은 날부터 30일 이내에 용도폐지 및 양도, 그 밖에 필요한 조치를 하여야 한다.
④ 제2항에 따라 사업시행자에게 임대 또는 양도하려는 재산 중 관리청이 분명하지 아니한 재산은 다른 법령에도 불구하고 기획재정부장관이 관리 또는 처분한다.
⑤ 사업시행자 중 공기업 등 대통령령으로 정하는 자가 산업단지에 있는 국가 소유의 재산을 매입할 때에는 「국유재산법」 제50조

제1항에도 불구하고 대통령령으로 정하는 바에 따라 매입대금을 분할 납부할 수 있다.
[전문개정 2011.8.4.]

제28조(비용의 부담) ① 산업단지개발사업에 필요한 비용은 사업시행자가 부담한다. 다만, 국가 또는 지방자치단체는 대통령령으로 정하는 바에 따라 산업단지개발사업에 필요한 비용의 일부를 보조할 수 있다.
② 제1항 단서에 따라 국가 또는 지방자치단체가 보조할 수 있는 비용의 종목과 비율에 관하여는 대통령령으로 정한다.
[전문개정 2011.8.4.]

제29조(기반시설 지원) ① 산업단지의 원활한 조성을 위하여 필요한 항만·도로·용수시설·철도·통신·전기시설 등 대통령령으로 정하는 기반시설은 국가 또는 지방자치단체 및 해당 시설을 공급하는 자가 우선적으로 지원한다.
② 제1항에 따라 기반시설을 우선적으로 지원할 수 있는 대상은 다음 각 호의 어느 하나에 해당하는 산업단지를 말한다. <신설 2015.12.29.>
1. 면적이 30만제곱미터 이상으로서 낙후지역 개발 및 국가균형발전을 위하여 산업육성이 필요하다고 국토교통부장관이 인정하는 지역에 개발 중인 산업단지
2. 심의회에서 산업입지정책에 따라 지원이 필요하다고 인정하는 산업단지
③ 제1항에 따른 기반시설에 대한 지원 범위는 대통령령으로 정한다. <개정 2015.12.29.>
④ 제1항에 따른 지원 규모, 지원방법 등 기본적인 사항은 심의회의 심의를 거쳐 국토교통부장관이 정한다. <개정 2013.3.23., 2015.12.29.>
[전문개정 2011.8.4.]
[제목개정 2016.12.20.]

제29조의2(기반시설 지원에 대한 타당성 평가) ① 국토교통부장관은 제29조에 따라 기반시설을 지원할 경우 대통령령으로 정하는 기반시설에 대해서는 사전에 사업의 타당성을 평가하여야 한다. 다만, 「국가재정법」 제38조에 따른 예비타당성조사 대상사업은 제외한다.
② 국토교통부장관은 제1항에 따른 타당성 평가를 대통령령으로 정하는 기관 또는 단체를 전문기관으로 지정하여 수행하게 할 수 있다.
③ 제1항에 따른 타당성 평가의 방법 및 기준, 제2항에 따른 전문기관의 지정 및 운영 등에 필요한 사항은 대통령령으로 정한다.
[본조신설 2016.12.20.]
[종전 제29조의2는 제29조의3으로 이동 <2016.12.20.>]

제29조의3(국가산업단지 기반시설의 유지보수비 지원) ① 국가는 국가단지실시계획 또는 제29조에 따라 설치된 국가산업단지 기반시설에 대하여 안전상 필요하다고 인정하는 경우에는 예산의 범위에서 해당 기반시설의 유지·보수 또는 개량에 필요한 비용의 일부를 지원할 수 있다.
② 제1항에 따라 국가가 지원할 수 있는 대상과 범위는 대통령령으로 정한다.
[본조신설 2015.12.29.]
[제29조의2에서 이동 <2016.12.20.>]

제30조(기존 공장의 존치 등) ① 사업시행자는 산업단지에 있는 기존의 공장 또는 건축물이나 그 밖의 공작물을 이전 또는 철거하지 아니하여도 산업단지개발사업에 지장이 없다고 인정할 때에는 이를 존치하게 할 수 있다.
② 사업시행자는 산업단지와 연접하여 있는 기존의 개별입지 공장의 소유자가 산업단지 안에 포함되기를 원할 경우에는 해당 공장을 산업단지개발사업에 포함하여 개발할 수 있으며, 연접 여부에 대한 판단은 대통령령으로 정하는 바에 따른다. 이 경우 산업입지개발지침에 따라 산업단지에 적용되는 녹지·도로율 등에 대한 기준은 기존의 개별입지 공장지역에 대하여 적용하지 아니할 수 있다.
[전문개정 2011.8.4.]

제31조(산업단지 외의 사업에 대한 준용) 산업단지의 인근 지역에서 산업단지개발사업에 직접 관련되는 사업(도로·용수공급시설 사업 등 대통령령으로 정하는 사업으로 한정한다)을 시행하는 경우 해당 사업에 관하여는 제12조, 제17조, 제17조의2, 제18조, 제18조의2, 제19조, 제19조의2, 제20조, 제20조의2, 제21조부터 제29조까지, 제29조의2, 제32조부터 제38조까지, 제47조, 제48조, 제48조의3 및 제49조부터 제52조까지를 준용한다. 이 경우 "산업단지"는 "산업단지 외의 사업에 대한 실시계획승인이 고시된 지역"으로, "산업단지의 지정·고시"는 "산업단지 외의 사업에 대한 실시계획승인의 고시"로, "개발계획"은 "산

업단지 외의 사업에 대한 실시계획"으로 본다.
[전문개정 2016.12.20.]

제32조(선수금) 사업시행자는 그가 조성하는 용지를 분양받거나 시설물을 이용하려는 자로부터 대통령령으로 정하는 바에 따라 대금의 전부 또는 일부를 미리 받을 수 있다.
[전문개정 2011.8.4.]

제33조(시설 부담) ① 실시계획승인권자는 사업시행자에게 도로, 공원, 녹지, 그 밖에 대통령령으로 정하는 공공시설을 설치하게 하거나 녹지를 보존하게 할 수 있다.
② 사업시행자는 제1항에 따라 설치하는 시설(대통령령으로 정하는 시설은 제외한다) 등의 비용에 충당하기 위하여 그 비용의 범위에서 제30조에 따른 존치시설물의 소유자에게 시설부담금을 내게 할 수 있다. <개정 2012.6.1., 2016.12.20.>
③ 제2항에 따른 시설부담금은 다음 산식에 따라 산정한다. <신설 2016.12.20.>

$$\text{시설부담금} = \frac{\text{공공시설 건설비용}}{\text{개발 후 분양하는 총면적 (존치시설물의 총부지 면적 포함)}} \times \text{시설부담금을 부담할 자의 소유부지면적}$$

④ 대통령령으로 정하는 존치시설물의 소유자에 대해서는 대통령령으로 정하는 바에 따라 제2항에 따른 시설부담금을 감면한다. <신설 2016.12.20.>
⑤ 제2항에 따른 시설부담금의 부담기준 및 징수방법, 그 밖에 필요한 사항은 대통령령으로 정한다. <개정 2016.12.20.>
[전문개정 2011.8.4.]

제34조(이의신청 등) ① 제33조에 따라 시설부담금을 부과받은 자가 부과받은 사항에 대하여 이의가 있는 경우에는 부과받은 날부터 60일 이내에 사업시행자에게 이의신청사유 및 증명자료 등을 첨부하여 이의를 신청할 수 있다.
② 사업시행자는 제1항에 따른 이의신청이 있는 때에는 그 신청을 받은 날부터 15일 이내에 그 결과를 신청인에게 서면으로 통보하여야 한다.
③ 제1항에 따라 이의를 신청한 자는 그 이의신청과 관계없이 「행정심판법」에 따른 행정심판 또는 「행정소송법」에 따른 행정소송을 제기할 수 있다.
[본조신설 2012.6.1.]

제35조(시설부담금의 부과·징수 및 납부 등) ① 제33조에 따른 시설부담금의 납부기한은 시설부담금을 부과한 날부터 1개월로 한다. 이 경우 사업시행자는 시설부담금을 부과받은 자에게 시설부담금을 분할하여 납부하게 할 수 있다.
② 사업시행자는 납부의무자가 시설부담금을 납부기한까지 내지 아니하면 납부기한이 지난 후 10일 이내에 독촉장을 발부하여야 한다. 이 경우 납부기한은 독촉장 발부일부터 10일로 한다.
③ 사업시행자는 납부의무자가 납부기한까지 시설부담금을 내지 아니하면 시설부담금의 100분의 3에 해당하는 가산금을 부과할 수 있다.
④ 행정청인 사업시행자는 납부의무자가 독촉장을 받고도 지정된 기한까지 시설부담금과 가산금을 내지 아니하면 국세 또는 지방세 체납처분의 예에 따라 징수할 수 있다.
⑤ 행정청이 아닌 사업시행자는 대통령령이 정하는 바에 따라 시장·군수 또는 구청장에게 제4항에 따른 시설부담금과 가산금의 징수를 위탁할 수 있다. 이 경우 행정청이 아닌 사업시행자는 징수된 금액 중 일부를 대통령령이 정하는 바에 따라 징수비용으로 지급하여야 한다.
[본조신설 2014.1.14.]

제36조(이주대책 등) ① 사업시행자는 「공익사업을 위한 토지 등의 취득 및 보상에 관한 법률」에서 정하는 바에 따라 산업단지의 개발로 인하여 생활의 근거를 상실하게 되는 자(이하 "이주자"라 한다)에 대한 이주대책 등을 수립·시행하여야 한다.
② 산업단지에 입주하는 기업은 특별한 사유가 없으면 이주자 또는 인근 지역의 주민을 우선적으로 고용하여야 한다.
③ 시·도지사, 시장·군수·구청장 또는 사업시행자는 이주자에 대한 직업전환훈련, 소득창출사업지원, 그 밖에 주민의 재정착에 필요한 지원대책 등을 대통령령으로 정하는 바에 따라 수립·시행할 수 있다. <신설 2014.1.14.>
[전문개정 2011.8.4.]

제37조(개발사업의 준공인가) ① 사업시행자가 산업단지개발사업을 완료하였을 때에는 지체 없이 대통령령으로 정하는 바에 따라 실시계획승인권자의 준공인가를 받아야 한다.
② 제1항에 따라 준공인가 신청을 받은 실시

계획승인권자는 지체 없이 준공검사를 하여야 한다. 이 경우 실시계획승인권자는 효율적인 준공검사를 위하여 필요하면 공기업 등 대통령령으로 정하는 기관에 의뢰하여 준공검사를 할 수 있다.

③ 준공인가 신청 내용에 포함된 공공시설을 인수하거나 관리하게 될 국가기관 또는 지방자치단체의 장은 해당 산업단지의 실시계획승인권자에게 준공검사에 참여할 것을 요청할 수 있다. 이 경우 실시계획승인권자는 특별한 사유가 없으면 요청에 따라야 한다.

④ 실시계획승인권자는 제2항에 따른 준공검사 결과 실시계획대로 완료된 경우에는 준공인가를 하고 국토교통부령으로 정하는 바에 따라 이를 공고한 후 사업시행자에게 통지하여야 하며, 실시계획대로 완료되지 아니한 경우에는 지체 없이 보완시공 등 필요한 조치를 명하여야 한다. <개정 2013.3.23.>

⑤ 실시계획승인권자가 제1항에 따른 준공인가를 하였을 때에는 대통령령으로 정하는 바에 따라 공고하고 이를 사업시행자에게 통지하여야 한다.

⑥ 사업시행자가 제1항에 따른 준공인가를 받은 때에는 제21조와 제23조에 따라 실시계획 승인으로 의제되는 인·허가등에 따른 해당 사업의 준공검사 또는 준공인가를 받은 것으로 본다.

⑦ 제1항에 따른 준공인가 전에는 산업단지개발사업으로 조성된 용지나 설치된 시설물을 사용할 수 없다. 다만, 사업시행자(제16조제1항제3호 중 산업단지개발계획에 적합한 시설을 설치하여 입주하려는 자는 제외한다)가 산업단지개발사업에 지장이 없다고 인정하는 경우에는 그러하지 아니하다.

⑧ 제16조제1항제3호 중 해당 산업단지개발계획에 적합한 시설을 설치하여 입주하려는 자의 자격으로 사업시행자 지정을 받은 자가 준공인가 전에 그 시설을 사용할 필요가 있는 경우에는 실시계획 승인권자의 사전 승인을 받아야 한다.

[전문개정 2011.8.4.]

제38조(개발한 토지·시설 등의 처분) ① 사업시행자가 개발한 토지·시설 등 중 산업단지관리기본계획이 수립된 지역 안의 토지·시설 등을 분양·임대·양도(이하 이 조에서 "처분"이라 한다)하려는 경우에는 처분계획을 작성하여 「산업집적활성화 및 공장설립에 관한 법률」 제30조에 따른 관리기관(이하 이 조에서 "관리기관"이라 한다)과 협의하여야 하며, 관리기관은 협의 요청일부터 20일 이내에 의견을 통지하여야 한다.

② 사업시행자는 개발한 토지·시설 등 중에서 제1항의 산업단지관리기본계획에 따른 관리대상지역 외의 지역에 있는 토지·시설 등을 대통령령으로 정하는 바에 따라 처분할 수 있다.

③ 사업시행자는 「산업집적활성화 및 공장설립에 관한 법률」 제31조에 따른 산업단지관리공단이 설립되어 있고 처분 업무의 효율적인 수행을 위하여 필요하다고 판단하는 경우에는 산업단지관리공단과 계약을 체결하여 개발한 토지·시설 등의 분양·임대에 관한 업무를 위탁할 수 있다.

④ 사업시행자는 제1항에 따른 처분계획을 작성하기 전에 관리기관에 대하여 산업단지관리기본계획에서 허용하는 각 구역별 건축물의 범위가 제6조, 제7조 및 제7조의2에 따른 산업단지개발계획과 일치되도록 산업단지관리기본계획을 변경할 것을 요청할 수 있다.

⑤ 사업시행자는 산업단지개발사업에 건축사업이 포함된 경우에는 건축사업으로 발생한 분양수익을 기반시설 설치 등 대통령령으로 정하는 바에 따라 산업시설용지의 가격인하 용도로 사용하여야 한다.

⑥ 산업단지개발사업 중 건축사업을 할 수 있는 사업시행자가 「산업집적활성화 및 공장설립에 관한 법률」 제2조제13호에 따른 지식산업센터를 건설하는 경우에는 100분의 50의 범위에서 대통령령으로 정하는 비율에 따라 일부를 임대용으로 공급하여야 한다. 다만, 2018년 12월 31일까지 지식산업센터를 건설하는 경우에는 그러하지 아니하다. <개정 2017.4.18.>

⑦ 제1항에 따른 처분계획의 내용·처분방법·처분절차·가격기준 등에 관하여 필요한 사항은 대통령령으로 정한다. 이 경우 국가 또는 지방자치단체인 사업시행자가 임대하는 경우의 임대조건·임대방법·임대절차 및 임대료 산정기준 등에 관하여는 「국유재산법」 및 「공유재산 및 물품 관리법」의 관련 규정을 적용하지 아니한다.

⑧ 제1항에 따른 사업시행자가 중소기업에 임대할 목적으로 공장용지를 분양받으려는 자에게 분양할 경우 그 가격기준 및 납부방법 등은 국토교통부령으로 따로 정할 수 있다. <개정 2013.3.23.>

⑨ 제16조제1항제3호의 사업시행자 중 해당

산업단지개발계획에 적합한 시설을 설치하여 입주하고자 하는 자는 직접 개발하여 사용하는 토지·시설 등을 처분하려면 「산업집적활성화 및 공장설립에 관한 법률」 제15조제1항에 따른 공장설립등의 완료신고 전 또는 신고 후 5년 및 같은 조 제2항에 따른 사업개시 신고 전 또는 신고 후 5년이 지나야 한다. 다만, 다음 각 호의 어느 하나에 해당하는 경우에는 사업시행자가 산업단지지정권자의 승인을 받아 직접 처분할 수 있다. <신설 2012.6.1., 2015.9.1.>

1. 상속 또는 법인의 분할·합병으로 소유권을 이전하는 경우
2. 법인에 대한 현물출자로 인한 소유권의 이전으로서 당초의 사업시행자가 법인에 현물출자하여 출자총액 또는 발행주식 총수의 100분의 50 이상을 소유하게 되는 경우
3. 사업시행자가 「산업발전법」 제21조에 따른 구조조정 대상기업으로서 기업구조조정을 위하여 처분하는 경우
4. 그 밖에 대통령령으로 정하는 경우

⑩ 제9항 본문에도 불구하고 공장설립등의 완료신고 전 또는 신고 후 5년 및 사업개시 신고 전 또는 신고 후 5년 이내에 처분하려면 관리기관에 양도하여야 한다. 다만, 관리기관이 토지·시설 등을 매입할 수 없는 경우에는 사업시행자가 산업단지지정권자의 승인을 받아 직접 처분할 수 있다. <신설 2012.6.1., 2015.9.1.>

⑪ 제10항에 따라 관리기관에 양도하는 경우 양도가격에 대하여는 「산업집적활성화 및 공장설립에 관한 법률」 제39조제5항을 준용한다. <신설 2012.6.1.>

[전문개정 2011.8.4.]

제38조의2(원형지의 공급과 개발) ① 사업시행자는 제38조에도 불구하고 현상설계(懸賞設計) 등에 따른 창의적 개발안을 받아들일 필요가 있거나 다양한 용도를 수용하기 위한 복합적 개발이 필요한 경우에는 대통령령으로 정하는 바에 따라 공모를 통하여 선정된 자(제6조제6항에 따라 공모에 당선된 자를 포함한다)에게 원형지(조성하지 아니한 상태의 토지를 말한다)를 공급할 수 있다. 이 경우 원형지로 공급할 수 있는 면적은 해당 산업단지 전체 면적의 3분의 1 이내로 한정한다.

② 제1항에 따른 원형지의 공급절차 등에 관하여는 「도시개발법」 제25조의2제2항부터 제5항까지, 제7항 및 제8항을 준용한다. 이 경우 "시행자"는 "사업시행자"로 본다.

③ 제1항에 따라 원형지를 공급받아 개발하는 자(이하 "원형지개발자"라 한다)는 10년의 범위에서 대통령령으로 정하는 기간 안에는 원형지를 매각할 수 없다. 다만, 이주용 주택이나 공공·문화 시설 등 대통령령으로 정하는 경우로서 미리 지정권자의 승인을 받은 경우에는 예외로 한다.

④ 원형지개발자의 선정기준, 원형지 공급의 절차와 기준 및 공급가격, 시행자와 원형지 개발자의 업무범위 및 계약방법 등에 필요한 사항은 대통령령으로 정한다.

[본조신설 2015.9.1.]

[종전 제38조의2는 제38조의3으로 이동 <2015.9.1.>]

제38조의3(산업단지관리기본계획의 준수) 제16조에 따른 사업시행자는 개발한 토지·시설 등 중 산업단지관리기본계획에 따른 관리대상지역 안의 토지·시설 등을 처분하려는 경우에는 산업단지관리기본계획을 준수하여야 한다.

[전문개정 2011.8.4.]

[제38조의2에서 이동 <2015.9.1.>]

제38조의4(외국인을 위한 산업단지의 지정 등) ① 산업단지지정권자는 외국인의 국내투자를 촉진하기 위하여 필요한 경우 또는 산업통상자원부장관이 요청하는 경우에는 산업단지의 전부 또는 일부에 외국인을 위한 산업단지를 지정할 수 있다. 이 경우 외국인을 위한 산업단지를 「외국인투자 촉진법」 제18조에 따라 외국인투자지역으로 지정할 수 있다. <개정 2013.3.23., 2014.1.14.>

② 국가, 지방자치단체, 공기업 등은 제1항에 따라 지정·개발되는 외국인을 위한 산업단지의 전부 또는 일부를 분양받아 외국인에게 매각하거나 임대할 수 있다. 이 경우 「외국인투자 촉진법」 제13조를 준용한다. <개정 2014.1.14.>

③ 산업단지지정권자는 외국의 실수요 기업이 특수한 산업을 위한 산업단지의 개발을 요청하는 경우에는 우선적으로 산업단지를 지정·개발할 수 있다.

[전문개정 2011.8.4.]

제38조의5(지방이전기업 전용 산업단지) ① 시

·도지사는 「수도권정비계획법」 제2조제1호에 따른 수도권(「접경지역 지원 특별법」 제2조제1호에 따른 접경지역은 제외한다)에 있는 기업의 지방이전을 촉진하기 위하여 필요한 경우 또는 지방이전을 원하는 기업이 요청하는 경우에는 지방이전기업 전용 산업단지(이하 "이전기업전용단지"라 한다)를 지정·개발할 수 있다.
② 이전기업전용단지의 지정기준 및 공급방법에 관하여 필요한 사항은 대통령령으로 정한다.
③ 이전기업전용단지의 지정·개발에 관하여는 제7조, 제7조의2부터 제7조의4까지, 제8조, 제8조의3, 제9조부터 제13조까지, 제13조의2, 제13조의3, 제13조의4, 제16조, 제18조, 제18조의2, 제19조, 제19조의2, 제20조, 제20조의2, 제21조부터 제34조까지, 제36조부터 제38조까지, 제45조, 제46조, 제46조의2부터 제46조의7까지, 제47조부터 제52조까지의 규정을 준용한다. <개정 2012.6.1., 2016.12.20.>
[전문개정 2011.8.4.]

第38조의6(이전기업전용단지의 특례) ① 시·도지사는 이전기업전용단지를 지정하기 위하여 농지 또는 산지 전용 및 전략환경영향평가 등에 대하여 관계 행정기관의 장과 협의하는 경우 관계 행정기관의 장은 이전기업이 원활히 입지할 수 있도록 우선적으로 협조하여야 한다. <개정 2011.7.21.>
② 시·도지사는 제1항에 따른 관계 행정기관의 장과의 협의 과정에서 의견조정을 위하여 필요한 경우 심의회에 조정을 요청할 수 있으며, 시·도지사 및 관계 행정기관의 장은 심의회의 조정 결과를 따라야 한다. <개정 2012.6.1.>
③ 국가 또는 지방자치단체는 이전기업전용단지의 원활한 조성 및 육성을 위하여 제28조에 따른 비용 및 제29조에 따른 시설을 우선적으로 지원하여야 한다.
④ 시·도지사는 이전기업전용단지를 지정할 때 국유지·공유지를 우선적으로 활용하여 지정할 수 있으며, 이에 따른 협의 요청을 받은 국유지·공유지의 관리청은 적극 협조하여야 한다.
⑤ 국가는 이전기업이 산업시설용지의 영구임대를 원하는 경우에는 우선적으로 임대전용산업단지로 지정하여 지원하여야 한다.
⑥ 국가 또는 지방자치단체는 이전기업전용단지에 입주하려는 자에 대하여 토지 또는 건물 등의 분양가나 임대료 등을 감면할 수 있다.
⑦ 제11조에 따라 민간기업 등이 이전기업전용단지 지정을 요청하는 경우에는 실시계획승인 신청을 할 때 함께 요청할 수 있다.
⑧ 이전기업전용단지를 조성하려는 경우 제5조에 따른 산업단지 지정 요건 및 기준에 관한 사항을 적용하지 아니하며, 제8조의2에 따른 산업단지지정의 제한 규정을 적용하지 아니할 수 있다.
⑨ 이전기업전용단지를 조성하려는 경우 제7조제1항 및 제7조의2제1항에도 불구하고 시·도지사가 지정한다.
[전문개정 2011.8.4.]

第38조의7 삭제 <2012.6.1.>

第39조(특수지역개발사업에의 준용) ① 산업과 인구의 합리적 배치나 그 밖에 국가의 특별한 경제적·사회적 목적 달성을 위하여 포괄적인 계획에 따른 체계적인 개발이 필요한 토지개발사업과 기반시설조성사업(이하 "특수지역개발사업"이라 한다)에 관하여는 제6조, 제7조의4, 제10조, 제12조, 제13조, 제13조의4, 제16조제3항, 제17조, 제17조의2, 제19조의2, 제20조, 제20조의2, 제21조부터 제34조까지, 제36조부터 제38조까지, 제39조의2부터 제39조의11까지, 제39조의14부터 제39조의17까지, 제39조의19부터 제39조의21까지, 제46조의2부터 제46조의4까지, 제47조 및 제50조를 준용한다. 다만, 제6조제8항에도 불구하고 산업시설용지 면적은 산업단지 유상공급면적의 100분의 25 이상이 되도록 하여야 한다. <개정 2012.6.1., 2015.8.11., 2015.9.1., 2016.12.20.>
② 특수지역개발사업은 국토교통부장관이 시행한다. 다만, 국토교통부장관이 특수지역개발사업의 효율적 시행을 위하여 특히 필요하다고 인정하는 경우에는 공기업 또는 「지방공기업법」에 따른 지방공기업을 특수지역개발사업의 시행자(이하 "특수사업시행자"라 한다)로 할 수 있다. <개정 2013.3.23., 2015.5.18.>
③ 제1항에 따라 특수지역개발사업이 이루어지는 지역(이하 "특수지역"이라 한다) 중 제6조의 준용에 따른 산업단지개발계획에서 산업단지로 정하여진 구역에 대하여는 제6조의 준용에 따라 특수지역개발사업이 지정 또는 변경된 때 제6조에 따른 국가산업단지의 지

정 또는 변경이 있은 것으로 보며, 제17조 및 제17조의2의 준용에 따라 특수지역개발사업 실시계획의 승인 또는 변경이 있은 때에는 제2항에 따른 특수사업시행자의 지정, 제17조 및 제17조의2에 따른 국가산업단지 개발실시계획의 승인 또는 변경이 있은 것으로 본다. <개정 2015.5.18.>

④ 준공된 특수지역에서 시행되는 개발행위는 제16조제1항에 규정된 자가 시행할 수 있다.

⑤ 제1항에도 불구하고 특수사업시행자는 현상설계(懸賞設計) 등에 따른 창의적 개발안을 받아들일 필요가 있거나 다양한 용도를 수용하기 위한 복합적 개발이 필요한 경우에는 공모를 통하여 선정된 자(이하 "공모당선자"라 한다)에게 토지를 공급할 수 있다. 이 경우 특수사업시행자는 공모당선자에게 원형지(조성하지 아니한 상태의 토지를 말한다. 이하 같다)를 공급하여 개발하게 할 수 있다. <신설 2015.5.18.>

⑥ 제5항에 따른 토지의 공급 방법 및 원형지의 공급과 개발에 관하여는 「도시개발법」 제26조제2항 및 제25조의2를 각각 준용한다. 이 경우 제25조의2 중 "시행자"는 각각 "특수사업시행자"로 보며, 같은 조 제1항 중 "도시개발구역"은 "특수지역"으로, 같은 조 제1항제4호 중 "국가 또는 지방자치단체"는 "특수사업시행자"로 본다. <신설 2015.5.18.>

⑦ 특수지역에 대한 전기공급 및 그 설치비용 등에 관한 사항은 「기업활동 규제완화에 관한 특별조치법」 제24조를 준용한다. 이 경우 "산업단지"는 "특수지역"으로, "산업단지개발사업"은 "특수지역개발사업"으로, "산업단지개발실시계획"은 "특수지역개발실시계획"으로, "산업단지개발사업의 시행자, 입주기업, 지방자치단체 등"은 "특수사업시행자"로 본다. <개정 2015.5.18.>

[전문개정 2011.8.4.]

제5장 산업단지 등의 재생

<신설 2009.12.29.>

제39조의2(재생사업지구의 지정) ① 시·도지사 또는 시장·군수·구청장(이하 "재생사업지구지정권자"라 한다)은 산업구조의 변화, 산업시설의 노후화 및 도시지역의 확산 등으로 산업단지 또는 공업지역의 재생이 필요한 경우에는 해당 산업단지 또는 공업지역을 재생사업지구로 지정할 수 있다. 이 경우 준공(부분준공을 포함하며, 공업지역은 지정을 말한다. 이하 같다)된 후 20년 이상 지난 산업단지 또는 공업지역을 우선하여 지정하여야 한다. <개정 2015.8.11.>

② 재생사업지구지정권자는 효과적인 재생사업을 위하여 필요할 때에는 산업단지 또는 공업지역의 주변 지역을 포함하거나 지리적으로 연접하지 아니한 둘 이상의 지역을 하나의 재생사업지구로 지정할 수 있다. 다만, 재생사업지구에 포함되는 산업단지 또는 공업지역의 주변 지역 면적은 해당 산업단지 또는 공업지역 면적의 100분의 50을 초과할 수 없다. <개정 2014.1.14., 2015.8.11.>

③ 재생사업지구가 둘 이상의 시·도 또는 시·군·구에 걸쳐 있는 경우 재생사업지구의 지정절차는 대통령령으로 정하는 바에 따른다.

④ 재생사업은 대통령령으로 정하는 바에 따라 산업단지 또는 공업지역의 일부에 대하여 시행할 수 있다.

⑤ 재생사업지구지정권자는 제1항 및 제2항에 따라 재생사업지구를 지정하려는 경우에는 산업단지 재생계획(이하 "재생계획"이라 한다)을 수립하여 해당 지역을 관할하는 시장·군수·구청장(특별자치도지사를 제외한 시·도지사의 경우만 해당한다) 및 해당 재생사업지구에 포함된 산업단지 관리권자의 의견을 듣고 국토교통부장관을 비롯한 관계 행정기관의 장과 협의하여야 한다. 대통령령으로 정하는 중요 사항을 변경하려는 경우에도 같다. <개정 2013.3.23., 2015.8.11.>

⑥ 재생계획에는 다음 각 호의 사항이 포함되어야 한다. 다만, 재생사업의 효율적인 추진을 위하여 제3호, 제6호의2, 제7호, 제9호부터 제14호까지의 사항은 제39조의7에 따른 재생시행계획에 포함시킬 수 있다. <개정 2015.8.11.>

1. 재생사업지구의 명칭·위치·면적
2. 재생사업의 기본방향과 목적
3. 재생사업의 시행자
4. 재생사업 시행방법(존치지역에 관한 사항을 포함한다)
5. 재생사업지구 기초조사와 현황조사
6. 산업재배치 또는 업종첨단화 계획 및 이에 대한 수요조사

6의2. 재생사업지구 지정으로 의제하려는 산업단지의 종류

7. 토지이용계획, 교통·물류·환경 등 기반시설(「국토의 계획 및 이용에 관한 법률」 제

2조제6호에 해당하는 기반시설을 말한다. 이하 같다)계획 등
8. 재생사업지구의 입주기업, 토지소유자, 관련 이해당사자의 의견
9. 기반시설의 비용분담계획
10. 기반시설의 민간투자사업에 관한 계획(필요한 경우만 해당한다)
11. 단계적 사업추진에 관한 사항
12. 수용·사용할 토지·건축물 또는 그 밖의 물건이나 권리가 있는 경우에는 그 세부 목록
13. 재원 조달계획
14. 그 밖에 대통령령으로 정하는 사항

⑦ 제1항 및 제2항에 따라 다음 각 호의 산업단지를 재생사업지구로 지정하려는 경우에는 다음 각 호에서 정하는 바에 따른다. 대통령령으로 정하는 중요 사항을 변경하려는 경우에도 같다. <개정 2015.8.11.>
1. 국가산업단지 또는 국토교통부장관이 지정한 도시첨단산업단지
   가. 시·도지사가 지정하려는 경우에는 국토교통부장관의 승인을 받아야 한다.
   나. 시장·군수·구청장이 지정하려는 경우에는 시·도지사와 협의한 후에 국토교통부장관의 승인을 받아야 한다.
2. 시장·군수·구청장이 시·도지사가 지정한 일반산업단지 또는 도시첨단산업단지를 재생사업지구로 지정하려는 경우에는 시·도지사의 승인을 받아야 한다.

⑧ 국토교통부장관은 제7항제1호에 따라 재생사업지구의 지정을 승인하려면 심의회의 심의를 거쳐야 한다. <개정 2013.3.23., 2015.8.11.>

⑨ 재생사업지구지정권자는 재생사업지구의 지정 또는 변경 내용을 국토교통부장관에게 통보(제7항제1호에 따라 국토교통부장관의 승인을 받은 경우는 제외한다)하여야 한다. 이 경우 시장·군수·구청장은 그 지정 또는 변경 내용을 시·도지사에게도 통보(제7항제2호에 따라 시·도지사의 승인을 받은 경우는 제외한다)하여야 한다. <개정 2013.3.23., 2015.8.11.>

[전문개정 2011.8.4.]

제39조의3(재생사업지구 지정의 고시) ① 재생사업지구지정권자는 제39조의2제1항 및 제2항에 따라 재생사업지구를 지정하는 경우에는 대통령령으로 정하는 사항을 공보에 고시하여야 하며, 시·도지사(특별자치도지사는 제외한다)가 재생사업지구를 지정·고시할 때에는 관계 서류의 사본을 관할 시장·군수·구청장에게 보내야 한다. <개정 2015.8.11.>

② 재생사업지구로 지정되는 지역에 재생사업에 필요한 수용·사용할 토지·건축물 또는 그 밖의 물건이나 권리가 있는 경우에는 제1항에 따른 고시 내용에 그 토지 등의 세부 목록을 포함하여야 한다. 다만, 제39조의2제6항 각 호 외의 부분 단서에 따라 재생사업지구의 지정 후에 수용·사용할 토지 등의 세부 목록을 제39조의7에 따른 재생시행계획에 포함하는 경우에는 그 토지 등의 세부 목록을 제39조의7제5항에 따라 고시하여야 한다. <개정 2015.8.11.>

③ 제1항에 따라 재생사업지구의 지정·고시가 있는 때(제39조의2제6항 각 호 외의 부분 단서에 따라 사업시행자, 수용·사용할 토지 등의 세부 목록 등을 재생사업지구가 지정된 후에 재생시행계획에 포함시키는 경우에는 이의 고시가 있는 때를 말한다)에는 「공익사업을 위한 토지 등의 취득 및 보상에 관한 법률」 제20조제1항 및 같은 법 제22조에 따른 사업인정 및 사업인정의 고시가 있는 것으로 본다. <개정 2015.8.11.>

④ 제1항에 따라 재생사업지구의 지정을 고시하거나 관계 서류의 사본을 받은 특별자치도지사 또는 시장·군수·구청장은 이를 일반인이 열람할 수 있도록 하여야 한다.

[전문개정 2011.8.4.]

제39조의4(공장소유자 등의 의견청취) ① 재생사업지구지정권자는 제39조의2에 따라 재생사업지구를 지정하거나 중요 사항을 변경하려는 경우에는 해당 재생사업지구에 속한 주민, 공장소유자 등 이해관계인과 관계 전문가 등의 의견을 들어야 하고, 그 의견이 타당하다고 인정할 때에는 이를 반영하여야 한다.

② 제1항에 따른 의견청취 등에 필요한 사항은 대통령령으로 정한다.

[전문개정 2015.8.11.]

제39조의5(재생사업지구 지정 요청) ① 제11조제1항에 따라 산업단지 지정을 요청할 수 있는 자는 재생계획을 작성하여 재생사업지구지정권자에게 재생사업지구의 지정을 요청할 수 있다.

② 제1항에 따라 시·도지사(특별자치도지사는 제외한다)에게 재생사업지구의 지정을 요청하는 경우에는 해당 지역을 관할하는 시장

·군수·구청장에게 지정 요청 관련 서류를 동시에 제출하여 미리 검토할 수 있도록 하여야 한다.

③ 제1항에 따라 재생사업지구가 지정된 경우 그 지정을 요청한 자는 제16조 및 제39조의10에 따라 재생사업의 시행자로 지정받을 수 있다.

④ 제1항에 따라 재생사업지구의 지정을 요청하는 경우 해당 재생사업지구의 규모와 그 밖에 재생사업지구의 지정 요청에 필요한 사항은 대통령령으로 정한다.

⑤ 중앙행정기관의 장은 재생사업지구지정권자에게 재생사업지구의 지정을 요청할 수 있다. 이 경우 중앙행정기관의 장은 제39조의2제6항제1호, 제2호 및 제4호부터 제6호까지의 사항을 첨부하여야 한다.

[전문개정 2015.8.11.]

제39조의6(재생사업의 시행방식) 재생사업은 다음 각 호의 어느 하나에 해당하는 방식으로 시행하거나 필요한 경우에는 이를 혼용하여 시행할 수 있다.

1. 재정비방식: 재생사업지구지정권자가 재생사업지구의 기반시설 정비와 연계하여 토지이용계획 변경 등의 재생계획 및 재생시행계획을 수립하고 이에 따라 토지소유자, 입주기업 등이 정비하는 방식
2. 수용방식: 사업시행자가 재생사업지구 내 토지 등을 전부 또는 일부 수용하거나 사용하여 사업을 시행하는 방식
3. 환지방식: 사업시행자가 재생사업지구 내 토지소유자 등에게 환지를 통하여 사업을 시행하는 방식

[전문개정 2015.8.11.]

제39조의7(재생시행계획의 승인) ① 재생사업을 시행하려는 자는 재생사업지구 전부 또는 일부에 대하여 대통령령으로 정하는 바에 따라 재생시행계획을 수립하여 재생사업지구지정권자의 승인을 받아야 한다. 승인을 받은 사항(대통령령으로 정하는 경미한 사항은 제외한다)을 변경하려는 경우에도 같다.

② 재생사업지구지정권자는 재생사업을 창의적이고 효율적으로 추진하기 위하여 대통령령으로 정하는 바에 따라 재생시행계획안을 공모하고 이에 따라 선정된 안을 재생시행계획에 반영할 수 있다. 이 경우 선정된 재생시행계획안의 응모자가 제16조제1항에 따른 자격요건을 갖춘 경우에는 해당 응모자를 우선하여 사업시행자로 지정할 수 있다.

③ 재생사업지구 내 토지소유자는 해당 소유 토지를 포함한 주변지역(재생사업지구 내로 한정한다)을 대상으로 재생사업지구지정권자에게 제1항에 따른 재생시행계획의 입안을 제안할 수 있다. 이 경우 재생시행계획의 제안을 위한 주변지역 토지소유자 동의, 제안서의 처리 등에 관하여 필요한 사항은 대통령령으로 정한다.

④ 재생사업지구지정권자가 제1항에 따라 재생시행계획을 승인하려는 경우에는 해당 재생사업지구에 포함된 산업단지 관리권자의 의견을 듣고 국토교통부장관을 비롯한 관계 행정기관의 장과 협의하여야 한다.

⑤ 재생사업지구지정권자는 제1항에 따라 재생시행계획을 승인하였을 때에는 대통령령으로 정하는 사항을 공보에 고시하여야 하며, 시·도지사(특별자치도지사는 제외한다)가 승인한 경우에는 관계 서류의 사본을 관할 시장·군수·구청장에게 보내야 한다.

⑥ 특별자치도지사 또는 시장·군수·구청장은 제5항에 따라 재생시행계획의 승인을 고시하거나 관계 서류의 사본을 받은 경우에 도시·군관리계획 결정 사항이 포함되어 있을 때에는 「국토의 계획 및 이용에 관한 법률」 제32조에 따라 지형도면의 승인 신청 등 필요한 절차를 밟아야 한다. 이 경우 사업시행자는 지형도면 고시 등에 필요한 서류를 특별자치도지사 또는 시장·군수·구청장에게 제출하여야 한다.

⑦ 제5항에 따라 재생시행계획의 승인을 고시하거나 관계 서류의 사본을 받은 특별자치도지사 또는 시장·군수·구청장은 이를 일반인이 열람할 수 있도록 하여야 한다.

[전문개정 2015.8.11.]

제39조의8(토지소유자 등의 동의) ① 재생사업지구지정권자는 사업시행자가 제39조의6제2호 및 제3호에 따라 수용, 사용 또는 환지방식으로 재생사업을 시행하고자 하는 경우에는 해당 방식으로 시행되는 토지면적의 2분의 1 이상에 해당하는 토지소유자의 동의와 토지소유자 총수(그 지상권자를 포함하며, 1필지의 토지를 여러 명이 공유하는 경우 그 여러 명은 1인으로 본다. 이하 같다) 및 건축물 소유자 총수(집합건물의 경우 각 구분소유자 각자를 1인의 소유자로 본다. 이하 같다) 각 2분의 1 이상의 동의를 받은 후 재생시행계획을 승인·고시하

여야 한다.
② 제1항에 따른 동의자 수의 산정방법과 그 밖에 필요한 사항은 대통령령으로 정한다.
[전문개정 2015.8.11.]

제39조의9(순환개발방식의 개발사업) ① 사업시행자는 재생사업을 원활하게 시행하기 위하여 필요한 경우 제39조의14제1항에 따른 입주기업 지원대책을 재생시행계획에 포함할 수 있으며, 인근 지역에 입주기업을 위한 임시 조업시설을 제공할 수 있다.
② 제1항에 따라 임시 조업시설을 제공받은 자가 재생사업이 완료된 이후에도 임시 조업시설을 계속 사용하고자 하는 경우에는 이를 분양하거나 계속 임대할 수 있으며, 이 경우 임시 조업시설의 사용자가 환지 대상자이거나 이주대책 대상자인 경우에는 대통령령으로 정하는 바에 따라 환지 대상에서 제외하거나 이주대책을 수립한 것으로 본다.
[전문개정 2015.8.11.]

제39조의10(재생사업에의 준용) ① 재생사업에 관하여는 제5조, 제12조(재생사업지구지정권자가 재생사업을 원활하게 시행하기 위하여 필요하다고 인정하는 지역의 경우에만 준용한다), 제13조, 제16조, 제16조의2, 제20조, 제20조의2, 제21조, 제22조(제2항은 제외한다), 제23조부터 제34조까지, 제36조부터 제38조까지, 제45조, 제46조 및 제46조의2를 준용한다. 이 경우 "산업단지"는 "재생사업지구"로, "산업단지개발계획"은 "재생계획"으로 보고, "산업단지지정권자" 및 "실시계획승인권자"는 각각 "재생사업지구지정권자"로 보며, "산업단지개발실시계획"은 "재생시행계획"으로 보고, 제23조 제1항 중 "제6조, 제7조, 제7조의2부터 제7조의4까지 또는 제8조"는 "제39조의2 및 제39조의3"으로 본다. <개정 2012.6.1., 2015.8.11.>
② 제1항에 따라 제16조를 준용하는 경우 같은 조 제1항제6호 중 "산업단지 안의 토지의 소유자"는 건축물의 소유자와 그 지상권자를 포함하는 것으로 본다.
③ 재생사업지구지정권자는 재생사업의 촉진을 위하여 필요하다고 인정하는 경우에는 재생계획 및 제39조의7에 따른 재생시행계획을 통합한 재생사업지구계획을 수립 및 승인·고시할 수 있다. 이 경우 「산업단지 인·허가 절차 간소화를 위한 특례법」 제7조부터 제16조까지 및 제21조부터 제27조까지의 규정을 준용할 수 있다. <개정 2015.8.11.>
[전문개정 2011.8.4.]

제39조의11(재생사업지구 지정에 따른 산업단지 지정 의제 등) ① 제39조의2 및 제39조의3에 따라 재생사업지구가 지정·고시된 때에는 제6조, 제7조, 제7조의2부터 제7조의4까지 및 제8조에 따라 산업단지가 지정·고시된 것으로 본다. 다만, 재생사업지구에 공업지역이나 주변지역이 포함된 경우에는 제39조의7에 따른 재생시행계획이 승인·고시된 때에 산업단지가 지정·고시된 것으로 본다. <개정 2015.8.11.>
② 제39조의7에 따라 재생시행계획이 승인·고시된 때에는 제17조, 제17조의2, 제18조, 제18조의2, 제19조 및 제19조의2에 따라 산업단지개발실시계획이 승인·고시된 것으로 본다. <개정 2015.8.11.>
[본조신설 2009.12.29.]

제39조의12(재생사업 활성화구역의 지정) ① 재생사업지구지정권자는 재생사업의 효율적인 추진과 복합적인 토지이용을 촉진하기 위하여 재생사업 활성화구역(이하 "활성화구역"이라 한다)을 지정할 수 있다. 이 경우 활성화구역은 해당 재생사업지구 전체면적의 100분의 30을 초과할 수 없다.
② 재생사업지구지정권자는 제1항에 따라 활성화구역을 지정하려면 재생사업 활성화계획(이하 "활성화계획"이라 한다)을 수립하여 관할 시장·군수·구청장의 의견을 듣고 관계 행정기관의 장과 협의한 후에 국토교통부장관의 승인을 받아야 한다. 활성화계획을 변경하려는 경우에도 또한 같다.
③ 활성화계획에는 다음 각 호의 사항이 포함되어야 한다.
1. 활성화계획의 목적
2. 활성화계획의 내용 및 효과
3. 기반시설의 설치·정비에 관한 계획
4. 재원조달계획 및 예산집행계획
5. 그 밖에 대통령령으로 정하는 사항
④ 재생사업지구지정권자는 제1항 및 제2항에 따라 활성화구역을 지정·변경하거나 활성화계획을 수립·변경하였을 때에는 그 내용을 고시하여야 하며 고시 및 열람에 대해서는 제39조의7을 준용한다. 활성화계획이 승인·고시된 때에는 제39조의7에 따른 재생시행계획이 수립·변경된 것으로 본다.

⑤ 활성화구역에서 재생사업 시행을 위한 사업시행자 범위, 사업 시행방식 등 그 세부사항에 대하여는 대통령령으로 정하는 바에 따른다.
[전문개정 2015.8.11.]

제39조의13(활성화구역에 대한 특례) ① 재생사업지구지정권자는 활성화계획 수립 시 필요한 경우 시·도의 조례에도 불구하고 「국토의 계획 및 이용에 관한 법률」 제77조 및 제78조에 따른 용도지역별 최대한도 범위에서 건폐율 및 용적률을 완화하여 계획할 수 있다.
② 활성화구역 사업시행자에 대해서는 제39조의15에 따른 개발이익 재투자를 적용하지 아니한다.
③ 국가 또는 지방자치단체는 활성화구역에 대하여 기반시설 설치비용 등을 우선 지원할 수 있다.
④ 활성화구역에 대하여는 다음 각 호의 법률 규정을 적용하지 아니할 수 있다. <개정 2016.1.19.>
1. 「주택법」 제35조에 따른 주택의 배치, 부대시설·복리시설의 설치기준 및 대지조성기준
2. 「주차장법」 제19조에 따른 부설주차장의 설치
3. 「도시공원 및 녹지 등에 관한 법률」 제14조에 따른 도시공원 및 녹지의 확보
4. 「문화예술진흥법」 제9조에 따른 건축물에 대한 미술작품의 설치

[본조신설 2015.8.11.]
[종전 제39조의13은 제39조의15로 이동 <2015.8.11.>]

제39조의14(입주기업 지원대책) ① 사업시행자는 제39조의7에 따른 재생시행계획을 수립할 때에는 대통령령으로 정하는 바에 따라 재생사업지구의 입주기업에 대한 조업실태조사를 실시하고 대체산업단지 및 임시조업시설 등의 대책을 마련하여야 한다.
② 국가 및 지방자치단체는 입주기업에 대한 보호대책을 수립·시행하는 사업시행자에게 임시 부지의 무상제공 등의 지원을 할 수 있다.
[본조신설 2015.8.11.]
[종전 제39조의14는 제39조의16으로 이동 <2015.8.11.>]

제39조의15(개발이익의 재투자) 사업시행자는 재생사업으로 인하여 발생하는 이익을 대통령령으로 정하는 바에 따라 재생사업지구의 산업시설용지 분양가격 인하와 기반시설·공공시설 설치 등의 용도로 사용하여야 한다.
[본조신설 2009.12.29.]
[제39조의13에서 이동, 종전 제39조의15는 삭제]

제39조의16(토지거래 계약에 관한 허가구역의 지정) 제39조의2 및 제39조의3에 따라 재생사업지구로 지정·고시된 때에는 해당 재생사업지구에 대하여 「부동산 거래신고 등에 관한 법률」 제10조에 따른 토지거래계약에 관한 허가구역으로 지정된 것으로 본다. <개정 2016.1.19.>
[본조신설 2009.12.29.]
[제39조의14에서 이동, 종전 제39조의16은 삭제]

제39조의17(재생사업 지원을 위한 특례) ① 재생계획 수립권자는 시·도 교육감과 협의하여 「초·중등교육법」에 따른 학교시설기준을 교육에 지장이 없는 범위에서 완화하는 내용으로 재생계획을 수립할 수 있다. 이 경우 구체적인 적용 범위 등에 관하여 필요한 사항은 대통령령으로 정한다.
② 재생사업지구에 적용되는 녹지율 및 도로율 등에 대한 기준은 재생사업지구에 포함되는 산업단지 및 공업지역의 준공 연도 및 주변 여건 등을 고려하여 산업입지개발지침으로 정하는 녹지율 및 도로율 등의 100분의 50을 초과하는 범위에서 해당 시·도의 조례로 따로 정할 수 있다.
③ 제2항에도 불구하고 제39조의6제1호에 따른 재정비방식으로 시행되는 재생사업지구에는 산업입지개발지침으로 정하는 녹지율 및 도로율을 적용하지 아니할 수 있다.
④ 재생사업의 시행자는 제2조제9호에도 불구하고 같은 호 가목, 다목 및 라목에서 규정한 건축사업 중 대통령령으로 정하는 건축사업을 포함하여 재생사업을 시행할 수 있다.
⑤ 제39조의2에 해당하는 재생사업지구에 대한 산업시설용지의 면적은 제6조제8항에도 불구하고 산업단지 전체 면적 중 제26조에 따른 공공시설을 제외한 면적의 100분의 40 이상이 되도록 하여야 한다. <개정 2015.9.1.>
[전문개정 2015.8.11.]

제39조의18(재생사업의 총괄관리) ① 재생사업지구지정권자는 재생사업을 효율적으로 추진하기 위하여 재생계획 수립단계에서부터 다음 각 호에 해당하는 자를 총괄사업관리자로 지정할 수 있다. 다만, 시·도지사가 총괄사업관리자를 지정하는 경우에는 관할 시장·군수·구청장과 협의하여야 한다.
1. 「한국토지주택공사법」에 따라 설립된 한국토지주택공사
2. 「지방공기업법」에 따라 주택사업을 수행하기 위하여 설립된 지방공사(이하 "지방공사"라 한다)

② 제1항에 따라 지정된 총괄사업관리자는 지방자치단체의 장을 대행하여 다음 각 호의 업무를 수행한다.
1. 재생사업지구에서의 모든 재생사업의 총괄관리
2. 도로 등 기반시설의 설치
3. 기반시설 비용 지원금의 관리
4. 재생계획 수립 시 기반시설 설치계획 등의 자문에 대한 조언
5. 그 밖에 이 법에서 규정하는 업무 및 대통령령으로 정하는 업무

[본조신설 2015.8.11.]

제39조의19(산업단지재생특별회계의 설치 및 운영) ① 재생사업지구지정권자는 재생사업의 활성화 지원을 위하여 대통령령으로 정하는 바에 따라 산업단지재생특별회계를 설치·운용할 수 있다.

② 산업단지재생특별회계의 세입은 다음 각 호와 같다.
1. 「지방세법」 제112조(제1항제1호는 제외한다)에 따라 부과·징수되는 재산세 중 대통령령으로 정하는 일정 비율 이상의 금액
2. 「재건축초과이익 환수에 관한 법률」에 따른 재건축부담금 중 지방자치단체 귀속분
3. 「수도권정비계획법」에 따라 시·도에 귀속되는 과밀부담금 중 해당 시·도의 조례로 정하는 비율의 금액
4. 일반회계로부터의 전입금
5. 차입금
6. 제39조의15에 따른 개발이익재투자를 위한 환수금
7. 해당 산업단지재생특별회계 자금의 융자회수금, 이자수익금 및 그 밖의 수익금
8. 그 밖에 시·도 조례가 정하는 재원

③ 산업단지재생특별회계의 세출은 다음 각 호와 같다.
1. 재생사업을 위한 조사·연구비
2. 재생계획 및 재생시행계획의 수립 비용
3. 기반시설 정비 비용
4. 재생시행계획에 따른 재생사업을 위한 자금 지원
5. 산업단지재생특별회계의 조성·운용 및 관리를 위한 경비
6. 그 밖에 필요한 사항으로 해당 지방자치단체의 조례로 정하는 사항

④ 산업단지재생사업을 제39조의6제3호에 따른 환지 방식으로 시행하는 경우에는 회계의 구분을 위하여 사업별로 특별회계를 설치하여야 한다.

[본조신설 2015.8.11.]

제39조의20(산업단지재생추진협의회 설립) ① 재생사업을 신속하게 추진하거나 창의적인 개발을 도모하기 위하여 입주기업으로부터 제안 또는 자문을 듣거나, 중요 사항에 대한 협의 또는 갈등을 조정하기 위하여 산업단지재생추진협의회(이하 "추진협의회"라 한다)를 둘 수 있다.

② 추진협의회는 재생사업지구지정권자의 승인을 받아 설치할 수 있으며, 해당 재생사업지구의 사업시행자, 입주기업, 토지소유자 및 지역주민, 해당 지방자치단체 소속 공무원 및 관계 전문가 등으로 구성한다.

③ 추진협의회는 다음 각 호의 사항을 협의 또는 조정할 수 있다.
1. 재생시행계획 수립 시 주민의견 수렴에 관한 사항
2. 재생시행계획의 내용에 관한 사항
3. 재생사업과 관련하여 재생사업지구지정권자, 사업시행자, 토지소유자, 입주기업, 지역주민 등 이해관계자 사이의 의견 조정에 관한 사항

④ 추진협의회의 구성·운영 등에 필요한 사항은 대통령령으로 정한다.

[본조신설 2015.8.11.]

제39조의21(이의신청 등) ① 사업시행자가 제39조의15에 따른 개발이익의 재투자에 대하여 이의가 있는 경우에는 준공인가일부터 60일 이내에 재생사업지구지정권자에게 이의신청사유 및 증명자료 등을 첨

부하여 이의를 신청할 수 있다.
② 재생사업지구지정권자는 제1항에 따른 이의신청이 있는 때에는 그 신청을 받은 날부터 15일 이내에 그 결과를 신청인에게 서면으로 통보하여야 한다.
③ 제1항에 따라 이의를 신청한 자는 그 이의신청과 관계없이 「행정심판법」에 따른 행정심판 또는 「행정소송법」에 따른 행정소송을 제기할 수 있다.
[본조신설 2015.8.11.]

제39조의22(재생사업과 도시재생사업의 연계) ① 특별시장·광역시장·특별자치시장·특별자치도지사·시장 또는 군수(광역시 관할구역에 있는 군의 군수는 제외한다)는 재생사업의 효과를 제고하고 도시의 경제적·사회적·물리적 활성화를 위하여 필요한 경우 재생사업지구 또는 재생사업지구와 그 주변지역을 「도시재생 활성화 및 지원에 관한 특별법」에 따른 도시재생활성화지역으로 우선 지정하고, 그 지역에 대하여 도시재생활성화계획을 수립할 수 있다. 이 경우 도시재생활성화지역 지정 및 도시재생활성화계획의 수립에 관하여는 「도시재생 활성화 및 지원에 관한 특별법」에 따른다.
② 국가 및 지방자치단체는 제1항에 따른 도시재생활성화지역에 대하여 「도시재생 활성화 및 지원에 관한 특별법」 제27조제1항 각 호의 사항에 필요한 비용의 전부 또는 일부를 우선적으로 보조하거나 융자할 수 있다.
[본조신설 2015.9.1.]

제6장 산업단지 외 지역의 공장입지

<개정 2009.12.29.>

제40조(입지지정 및 개발에 관한 기준) ① 국토교통부장관은 산업단지 외의 지역에서의 공장설립을 위한 입지 지정과 지정 승인된 입지의 개발에 관한 기준을 작성·고시할 수 있다. <개정 2013.3.23.>
② 제1항에 따른 기준을 작성하려면 산업통상자원부장관 및 관계 중앙행정기관의 장과 협의한 후 심의회의 심의를 거쳐야 한다. 다만, 대통령령으로 정하는 경미한 사항의 변경은 그러하지 아니하다. <개정 2013.3.23.>
③ 제1항에 따른 기준을 작성하기 위하여 필요한 사항은 대통령령으로 정한다.
[전문개정 2011.8.4.]

제40조의2(공장입지 유도지구의 지정) ① 시·도지사(도지사는 제외한다) 또는 시장·군수·구청장은 「국토의 계획 및 이용에 관한 법률」 제36조제1항제2호다목에 따른 계획관리지역에 3만제곱미터 이상 50만제곱미터 미만의 범위에서 해당 지방자치단체에 두는 도시계획위원회의 심의를 거친 후 공장입지 유도지구를 지정할 수 있다. <개정 2016.12.20.>
② 제1항에 따른 공장입지 유도지구(이하 "공장입지 유도지구"라 한다)의 지정권자(이하 "공장입지유도지구지정권자"라 한다)는 공장입지 유도지구를 지정하려면 「환경영향평가법」에 따른 전략환경영향평가(「환경영향평가법」 제9조에 따른 전략환경영향평가 대상계획으로 본다), 「자연재해대책법」에 따른 사전재해영향성검토 및 「농지법」에 따른 농지에 대하여 관계 행정기관과 협의를 거쳐야 한다. <개정 2011.7.21., 2016.12.20.>
③ 공장입지유도지구지정권자는 공장입지 유도지구를 지정하거나 변경한 경우에는 대통령령으로 정하는 사항을 고시하여야 한다. <신설 2016.12.20.>
④ 공장입지유도지구지정권자는 제3항에 따른 고시를 하였을 때에는 「토지이용규제 기본법」 제8조에 따라 지형도면을 작성·고시하여야 한다. <신설 2016.12.20.>
⑤ 공장입지 유도지구에 관하여는 제7조의4, 제12조, 제21조, 제47조, 제48조 및 제50조를 준용한다. <개정 2016.12.20.>
⑥ 공장입지 유도지구의 지정 기준 및 방법에 관하여 필요한 사항은 대통령령으로 정한다. <개정 2016.12.20.>
[전문개정 2011.8.4.]

제40조의2(공장입지 유도지구의 지정) ① 시·도지사(도지사는 제외한다) 또는 시장·군수·구청장은 「국토의 계획 및 이용에 관한 법률」 제36조제1항제2호다목에 따른 계획관리지역에 3만제곱미터 이상 50만제곱미터 미만의 범위에서 해당 지방자치단체에 두는 도시계획위원회의 심의를 거친 후 공장입지 유도지구를 지정할 수 있다. <개정 2016.12.20.>
② 제1항에 따른 공장입지 유도지구(이하 "공장입지 유도지구"라 한다)의 지정권자(이하 "공장입지유도지구지정권자"라 한다)는 공장입지 유

도지구를 지정하려면 「환경영향평가법」 에 따른 전략환경영향평가(「환경영향평가법」 제9조에 따른 전략환경영향평가 대상계획으로 본다), 「자연재해대책법」 에 따른 재해영향평가등 및 「농지법」 에 따른 농지에 대하여 관계 행정기관과 협의를 거쳐야 한다. <개정 2011.7.21., 2016.12.20., 2017.10.24.>

③ 공장입지유도지구지정권자는 공장입지 유도지구를 지정하거나 변경한 경우에는 대통령령으로 정하는 사항을 고시하여야 한다. <신설 2016.12.20.>

④ 공장입지유도지구지정권자는 제3항에 따른 고시를 하였을 때에는 「토지이용규제 기본법」 제8조에 따라 지형도면을 작성 · 고시하여야 한다. <신설 2016.12.20.>

⑤ 공장입지 유도지구에 관하여는 제7조의4, 제12조, 제21조, 제47조, 제48조 및 제50조를 준용한다. <개정 2016.12.20.>

⑥ 공장입지 유도지구의 지정 기준 및 방법에 관하여 필요한 사항은 대통령령으로 정한다. <개정 2016.12.20.>

[전문개정 2011.8.4.]

[시행일 : 2018.10.25.] 제40조의2

제40조의3(공장입지 유도지구의 특례) ① 「산업집적활성화 및 공장설립에 관한 법률」 제13조제1항에 따른 공장설립등의 승인권자(이하 "공장설립승인권자"라 한다)는 공장입지 유도지구에서의 공장설립을 승인하려는 경우에는 「국토의 계획 및 이용에 관한 법률」 에 따른 도시계획위원회의 심의, 「환경영향평가법」 에 따른 전략환경영향평가 및 「자연재해대책법」 에 따른 사전재해영향성검토를 거치지 아니하고 승인할 수 있다. <개정 2011.7.21., 2016.12.20.>

② 공장입지 유도지구에 대한 지구단위계획구역 및 지구단위계획은 「국토의 계획 및 이용에 관한 법률」 제30조에도 불구하고 공장입지유도지구지정권자가 결정하며, 지구단위계획에 대하여 필요한 사항은 같은 법 제52조에도 불구하고 국토교통부장관이 별도로 정할 수 있다. <개정 2013.3.23., 2016.12.20.>

③ 공장설립승인권자는 「국토의 계획 및 이용에 관한 법률」 제76조에도 불구하고 대통령령으로 정하는 기준에 적합한 공동 오 · 폐수처리시설이 설치되고, 「물환경보전법」 제2조제8호에 따른 특정수질유해물질이 같은 법 제32조에 따른 배출허용기준 이하로 배출되는 경우에는 공장설립을 승인할 수 있다. <개정 2016.12.20., 2017.1.17.>

④ 공장입지 유도지구 중 대통령령으로 정하는 요건에 해당되는 지구에 대하여는 제28조 및 제29조에 따른 비용의 보조나 시설 지원을 할 수 있다. 이 경우 제29조에 따른 기반시설 지원에 관하여는 제29조의2를 준용한다. <개정 2016.12.20.>

[전문개정 2011.8.4.]

제40조의3(공장입지 유도지구의 특례) ① 「산업집적활성화 및 공장설립에 관한 법률」 제13조제1항에 따른 공장설립등의 승인권자(이하 "공장설립승인권자"라 한다)는 공장입지 유도지구에서의 공장설립을 승인하려는 경우에는 「국토의 계획 및 이용에 관한 법률」 에 따른 도시계획위원회의 심의, 「환경영향평가법」 에 따른 전략환경영향평가 및 「자연재해대책법」 에 따른 사전재해영향성검토를 거치지 아니하고 승인할 수 있다. <개정 2011.7.21., 2016.12.20.>

② 공장입지 유도지구에 대한 지구단위계획구역 및 지구단위계획은 「국토의 계획 및 이용에 관한 법률」 제30조에도 불구하고 공장입지유도지구지정권자가 결정하며, 지구단위계획에 대하여 필요한 사항은 같은 법 제52조에도 불구하고 국토교통부장관이 별도로 정할 수 있다. <개정 2013.3.23., 2016.12.20.>

③ 공장설립승인권자는 「국토의 계획 및 이용에 관한 법률 제76조에도 불구하고 대통령령으로 정하는 기준에 적합한 공동 오 · 폐수처리시설이 설치되고, 「물환경보전법」 제2조제8호에 따른 특정수질유해물질이 같은 법 제32조에 따른 배출허용기준 이하로 배출되는 경우에는 공장설립을 승인할 수 있다. <개정 2016.12.20., 2017.1.17.>

④ 공장입지 유도지구 중 대통령령으로 정하는 요건에 해당되는 지구에 대하여는 제28조 및 제29조에 따른 비용의 보조나 시설 지원을 할 수 있다. 이 경우 제29조에 따른 기반시설 지원에 관하여는 제29조의2를 준용한다. <개정 2016.12.20.>

[전문개정 2011.8.4.]

제41조 삭제 <2007.4.6.>

제42조 삭제 <1993.8.5.>

제43조(공장설립민원실의 활용) 시 · 도지사, 시장 · 군수 또는 구청장은 산업입지 및 공장

설립과 관련한 인가·허가 사항을 「산업집적활성화 및 공장설립에 관한 법률」 제19조에 따라 시·도 및 시·군·구에 설치된 공장설립민원실에서 종합처리하도록 하여야 한다.
[전문개정 2011.8.4.]

제44조(유치지역 지정에 따른 산업단지개발) ① 국토교통부장관은 「산업집적활성화 및 공장설립에 관한 법률」 제23조에 따라 산업통상자원부장관으로부터 유치지역 지정계획안에 대한 협의를 요청받았을 때에는 대상지역의 적정성, 개발방법 등에 대한 대안을 제시하여야 한다. <개정 2013.3.23.>
② 산업단지지정권자는 「산업집적활성화 및 공장설립에 관한 법률」 제23조에 따라 고시된 유치지역을 우선적으로 산업단지로 지정·개발하여야 한다.
③ 제1항에 따른 대안에 포함될 내용 등 필요한 사항은 대통령령으로 정한다.
[전문개정 2011.8.4.]

제7장 보칙
<개정 2011.8.4.>

제45조(조세 및 부담금의 감면) ① 국가 또는 지방자치단체는 산업단지의 원활한 조성 및 육성, 중소기업용 산업용지 임대사업(제46조의6에 따른 임대전용산업단지를 포함한다)의 육성을 위하여 「조세특례제한법」·「관세법」·「지방세특례제한법」에서 정하는 바에 따라 법인세·소득세·관세·취득세·등록면허세·농어촌특별세·재산세·교육세 및 종합부동산세 등의 조세를 감면할 수 있다.
② 국가 및 지방자치단체는 산업단지개발사업을 원활히 시행하기 위하여 필요한 경우에는 「개발이익환수에 관한 법률」, 「농지법」, 「초지법」 및 「산지관리법」에서 정하는 바에 따라 부담금을 감면할 수 있다.
[전문개정 2011.8.4.]

제46조(자금 지원) 국가 또는 지방자치단체는 산업단지의 원활한 조성, 단지 내 입주업체의 유치 및 중소기업용 산업용지 임대사업의 육성과 중소기업을 위한 지식산업센터의 건축을 위하여 자금 지원에 대한 필요한 조치를 할 수 있다. <개정 2012.6.1.>
[전문개정 2011.8.4.]

제46조의2(지원단지의 조성 등의 특례) ① 사업시행자는 산업단지 내 또는 산업단지 인근지역에 입주기업 종사자 등을 위한 주거·문화·복지·교육시설 등을 위한 지원단지를 조성할 수 있다.
② 제1항에 따른 지원단지의 조성은 산업단지개발사업으로 할 수 있다.
③ 입주기업 종사자 등의 주거마련을 위하여 필요한 경우 제1항에 따라 조성되는 지원단지에서 건설·공급되는 주택에 대하여 「주택법」 제54조에도 불구하고 대통령령으로 정하는 바에 따라 주택공급의 기준을 따로 정할 수 있다. <개정 2016.1.19.>
[전문개정 2014.1.14.]

제46조의3(사립학교의 설립에 관한 특례) ① 사업시행자가 산업단지의 특성에 맞는 인력 양성과 교육 여건의 개선을 위하여 학교를 설립하려는 경우에는 산업단지개발계획과 실시계획에 학교설립 계획을 포함하여 작성하여야 한다.
② 산업단지지정권자는 제1항에 따른 학교설립 계획이 포함되어 있는 산업단지개발계획 또는 실시계획을 승인하려는 경우에는 미리 교육부장관 또는 교육감과 협의하여야 한다. <개정 2013.3.23.>
③ 교육감은 사업시행자가 제2항에 따른 협의를 거쳐 승인된 산업단지개발계획과 실시계획에 포함된 학교시설사업을 시행하기 위하여 「학교시설사업 촉진법」 제4조에 따라 학교시설사업 시행계획의 승인신청을 한 경우에는 이를 검토하여 승인하여야 한다.
④ 사업시행자가 제1항부터 제3항까지의 절차를 거친 후 「초·중등교육법」 제4조제2항 및 「고등교육법」 제4조에 따라 학교에 대한 설립인가를 신청하려는 경우에는 「사립학교법」 제3조에 따른 학교법인을 설립한 후 학교법인이 설립인가를 신청하여야 한다.
[전문개정 2011.8.4.]

제46조의4(학교 및 교육과정 운영의 특례) ① 산업단지에서 산업단지의 특성에 맞는 인력 양성과 교육 여건의 개선을 위하여 「초·중등교육법」 제61조에 따른 특례의 적용을 받는 학교 또는 교육과정을 운영하려는 학교의 장은

특별자치도지사 또는 시장·군수·구청장의 추천으로 관할 교육감의 지정을 받아야 한다.
② 제1항에 따른 특례를 적용받는 학교의 추천기준은 대통령령으로 정한다.
③ 제1항에 따라 운영되는 학교 또는 교육과정에 참여하는 교원 및 학생 등은 이로 인하여 불이익을 받지 아니한다.
[전문개정 2011.8.4.]

제46조의5(북한지역의 공장입지의 개발 및 지원) 정부는 북한지역에 있는 남한기업 및 북한기업을 육성하기 위하여 공장입지의 개발을 지원할 수 있다.
[전문개정 2011.8.4.]

제46조의6(임대전용산업단지) ① 국가 또는 지방자치단체는 지역경제 활성화 및 저렴한 산업용지 공급을 위하여 제16조제1항제1호 및 제2호에 해당하는 기관으로 하여금 산업단지의 일부를 임대전용산업단지로 지정·운영하게 할 수 있다.
② 제1항에 따라 국가 또는 지방자치단체는 임대전용산업단지로 지정된 토지를 매입하거나 임대전용산업단지 사업시행자에게 국고지원을 할 수 있다.
③ 국토교통부장관·지방자치단체의 장 및 「국유재산법」 제29조제1항에 따라 관리위탁을 받은 자는 제2항에 따라 매입한 토지를 「국유재산법」 및 「공유재산 및 물품 관리법」에도 불구하고 수의계약으로 기업 또는 개인에게 사용·수익 또는 대부(이하 "임대등"이라 한다)할 수 있다. <개정 2013.3.23.>
④ 제1항에 따라 지정하는 산업단지의 임대기간 등의 기준과 운영·관리에 필요한 사항은 대통령령으로 정하며, 제2항에 따라 국가 또는 지방자치단체가 매입한 토지의 관리 및 운영방법에 대하여는 「국유재산법」 및 「공유재산 및 물품 관리법」에도 불구하고 대통령령으로 따로 정할 수 있다.
[전문개정 2011.8.4.]

제46조의7(임대전용산업단지의 적용특례) ① 제46조의6에 따라 국가 또는 지방자치단체가 소유하는 토지를 임대등을 하는 경우 그 임대기간은 「국유재산법」 제35조제1항·제46조제1항 및 「공유재산 및 물품 관리법」 제21조제1항·제31조제1항에도 불구하고 50년의 범위 내로 할 수 있다.
② 제46조의6에 따라 국가 또는 지방자치단체가 소유하는 토지를 임대등을 하는 경우에는 「국유재산법」 제18조 및 「공유재산 및 물품 관리법」 제13조에도 불구하고 그 토지 위에 공장이나 그 밖의 영구시설물을 축조하게 할 수 있다. 이 경우 임대계약이 종료될 때에 원상으로 회복하여 반환하는 조건으로 토지를 임대등을 할 수 있다.
③ 제46조의6에 따라 임대등을 하는 토지의 연간 임대료는 「국유재산법」 제32조제1항·제47조 및 「공유재산 및 물품 관리법」 제22조제1항·제32조에도 불구하고 토지매입가격의 1퍼센트 이상으로 한다.
④ 국가가 매입한 토지의 관리위탁기간은 「국유재산법」 제29조제3항에도 불구하고 5년 이상으로 할 수 있다.
[전문개정 2011.8.4.]

제47조(보고 및 검사 등) ① 국토교통부장관, 시·도지사, 시장·군수 또는 구청장은 산업단지개발사업에 관하여 추진공정 및 산업단지개발계획(실시계획을 포함한다)의 승인조건 이행 여부 등 확인이 필요한 경우와 제48조제1항 각 호의 어느 하나에 해당한다고 판단하는 경우에는 사업시행자로 하여금 필요한 보고를 하게 하거나 자료의 제출을 명할 수 있으며, 소속 공무원으로 하여금 산업단지개발사업에 관한 업무를 검사하게 할 수 있다. <개정 2013.3.23.>
② 제1항에 따라 산업단지개발사업에 관한 업무를 검사하는 공무원은 긴급한 경우나 사전통지할 경우 증거인멸 등으로 조사 목적을 달성할 수 없다고 인정하는 경우를 제외하고는 검사 7일 전까지 검사 일시, 검사 이유 및 검사 내용 등에 대한 검사계획을 사전에 통지하여야 하며, 검사를 할 때에는 그 권한을 나타내는 증표를 지니고 이를 관계인에게 보여주어야 한다.
③ 제2항에 따른 사전통지 및 증표에 관하여 필요한 사항은 국토교통부령으로 정한다. <개정 2013.3.23.>
[전문개정 2011.8.4.]

제48조(감독) ① 국토교통부장관, 해양수산부장관, 시·도지사, 시장·군수 또는 구청장은 사업시행자가 다음 각 호의 어느 하나에 해당하는 경우에는 이 법에 따른 인가·승인 또는 지정을 취소하거나 공사의 중지, 공작물의 개축(改築)·이전, 그 밖에 필요

한 조치를 할 수 있다. <개정 2013.3.23., 2014.1.14., 2015.8.11., 2015.9.1.>

1. 다음 각 목의 어느 하나에 해당하는 경우(다목에서 자목까지의 경우에는 제39조제1항 본문에서 준용하는 경우를 각각 포함한다)
   가. 제8조의3, 제16조, 제17조, 제17조의2, 제18조, 제18조의2, 제19조, 제39조, 제39조의2 및 제39조의7에 따른 지정 또는 승인 시 부과된 조건을 지키지 아니하거나 산업단지개발계획·실시계획 또는 시행계획대로 산업단지개발사업을 시행하지 아니한 경우
   나. 제26조제4항에 따른 통지를 하지 아니한 경우
   다. 제27조제2항에 따른 국유재산 및 공유재산의 임대 또는 양도 시 부과된 조건을 지키지 아니한 경우
   라. 제32조를 위반하여 선수금을 지급받은 경우
   마. 제33조제1항에 따른 실시계획승인권자의 명령을 위반한 경우
   바. 제36조에 따른 이주대책 등을 수립하지 아니하거나 수립된 대책을 시행하지 아니한 경우
   사. 제37조제1항을 위반하여 준공인가를 받지 아니한 경우나 같은 조 제8항을 위반하여 사전 승인을 받지 아니한 경우
   아. 제38조에 따른 처분계획을 작성하지 아니하거나 처분계획과 다르게 토지·시설 등을 처분한 경우
   자. 제38조의3을 위반하여 산업단지관리기본계획을 준수하지 아니한 경우
   차. 제46조의6제4항에 따른 임대전용산업단지의 기준과 운영·관리에 관한 사항을 위반한 경우
2. 거짓이나 그 밖의 부정한 방법으로 이 법에 따른 인가·승인 또는 지정을 받은 경우
3. 사정이 변경되어 산업단지개발사업을 계속 시행할 수 없게 된 경우

② 국토교통부장관, 해양수산부장관, 시·도지사, 시장·군수 또는 구청장은 제1항에 따라 다음 각 호의 어느 하나에 해당하는 처분을 하려면 청문을 하여야 한다. <개정 2013.3.23., 2014.1.14.>

1. 제16조제1항 또는 제2항에 따른 사업시행자 지정의 취소
2. 제17조, 제17조의2, 제18조, 제18조의2, 제19조에 따른 실시계획 승인 또는 변경승인의 취소(제39조제1항 본문에서 준용하는 경우를 포함한다)

③ 국토교통부장관, 해양수산부장관, 시·도지사, 시장·군수 또는 구청장은 제1항에 따른 처분을 하였을 때에는 대통령령으로 정하는 바에 따라 이를 고시하여야 한다. <개정 2013.3.23., 2014.1.14.>

[전문개정 2011.8.4.]

제48조의2 삭제 <2008.2.29.>

제48조의3(항만건설에 관한 관계 기관 간의 협조) 국토교통부장관, 시·도지사 및 시장·군수·구청장은 제6조·제7조·제7조의2 또는 제8조에 따라 공용 또는 공공용으로 사용하기 위한 방파제·호안·안벽·물양장, 그 밖에 이와 기능이 유사한 시설을 설치하는 항만건설사업이 포함되는 개발계획을 수립하는 때에는 해양수산부장관의 의견을 우선 반영하여야 한다.

[본조신설 2014.1.14.]

제49조(권한의 위임) 이 법에 따른 국토교통부장관 또는 해양수산부장관의 권한은 대통령령으로 정하는 바에 따라 그 일부를 시·도지사, 시장·군수·구청장 또는 소속 기관의 장에게 위임할 수 있다. <개정 2013.3.23., 2014.1.14.>

[전문개정 2011.8.4.]

제50조(관계 서류 등의 열람) ① 사업시행자는 산업단지개발사업을 시행할 때 필요한 경우에는 국가 또는 지방자치단체에 필요한 서류의 열람 또는 복사나 그 등본 또는 초본의 발급을 청구할 수 있다.

② 국가 또는 지방자치단체는 제1항에 따라 발급하는 서류에 대하여는 수수료를 부과하지 아니한다.

[전문개정 2011.8.4.]

제8장 벌칙

<신설 2011.8.4.>

제51조(벌칙) ① 제38조제9항을 위반하여 토지·시설 등을 처분한 자는 5년 이하의 징역 또는 5천만원 이하의 벌금에 처한다.

② 다음 각 호의 어느 하나에 해당하는 자는 2년 이하의 징역 또는 2천만원 이하의 벌금에 처한다. <개정 2015.1.6.>

1. 거짓이나 부정한 방법으로 제12조제1항(제8조의3제4항 · 제39조제1항 및 제39조의10제1항에서 준용하는 경우를 포함한다)에 따른 허가 또는 변경허가를 받은 자
2. 제48조제1항제2호(제8조의3제4항에서 준용하는 경우를 포함한다)의 행위를 한 사업시행자
3. 삭제 <2015.1.6.>

③ 다음 각 호의 어느 하나에 해당하는 자는 1년 이하의 징역 또는 1천만원 이하의 벌금에 처한다. <신설 2015.1.6.>

1. 제12조제1항(제8조의3제4항 · 제39조제1항 및 제39조의10제1항에서 준용하는 경우를 포함한다)을 위반하여 같은 항에 따른 허가 또는 변경허가를 받지 아니하고 건축물의 건축 등을 한 자
2. 제16조(제8조의3제4항 및 제39조의10제1항에서 준용하는 경우를 포함한다)에 따라 사업시행자의 지정을 받지 아니하고 산업단지개발사업을 시행한 자

[전문개정 2012.6.1.]

제52조(양벌규정) 법인의 대표자나 법인 또는 개인의 대리인, 사용인, 그 밖의 종업원이 그 법인 또는 개인의 업무에 관하여 제51조의 위반행위를 하면 그 행위자를 벌하는 외에 그 법인 또는 개인에게도 해당 조문의 벌금형을 과(科)한다. 다만, 법인 또는 개인이 그 위반행위를 방지하기 위하여 해당 업무에 관하여 상당한 주의와 감독을 게을리하지 아니한 경우에는 그러하지 아니하다.
[전문개정 2010.3.22.]

제53조(과징금) ① 산업단지지정권자는 제38조제9항을 위반한 자에게는 해당 토지 · 시설 등의 양도차액에 상당하는 금액의 범위에서 과징금을 부과할 수 있다.

② 제1항에 따른 과징금의 부과절차, 납부기한 등 세부적인 시행기준은 대통령령으로 정한다.

③ 제1항에 따라 과징금 부과처분을 받은 자가 과징금을 기한 내에 납부하지 아니하는 때에는 「지방세외수입금의 징수 등에 관한 법률」에 따라 징수한다. <개정 2013.8.6.>
[본조신설 2012.6.1.]

부칙

<제14797호, 2017.4.18.>

제1조(시행일) 이 법은 공포한 날부터 시행한다.

제2조(의무임대비율 적용 면제에 관한 적용례) 제38조제6항의 개정규정은 이 법 시행 후 최초로 분양계획서를 작성하는 경우부터 적용한다.

산업입지 및 개발에 관한 법률 시행령

(약칭: 산업입지법 시행령)

[시행 2018.1.18.]
[대통령령 제28586호, 2018.1.16., 타법개정]

제1조(목적) 이 영은 「산업입지 및 개발에 관한 법률」에서 위임된 사항과 그 시행에 관하여 필요한 사항을 규정함을 목적으로 한다. <개정 2005.3.25., 2006.4.20.>

제1조의2(산업시설용지) 「산업입지 및 개발에 관한 법률」(이하 "법"이라 한다) 제2조제7호의2에서 "대통령령으로 정하는 시설"이란 다음 각 호의 시설을 말한다. <개정 2013.3.23., 2015.6.15.>
1. 「에너지법」 제2조제6호에 따른 에너지 공급설비
2. 「신에너지 및 재생에너지 개발ㆍ이용ㆍ보급 촉진법」 제2조제3호에 따른 신ㆍ재생에너지 설비
3. 「대학설립ㆍ운영 규정」 제2조의7에 따라 산업단지 안으로 위치를 변경하는 대학시설
4. 지식산업 관련 시설, 문화산업 관련 시설, 정보통신산업 관련 시설, 재활용산업 관련 시설, 자원비축시설 및 물류 시설 등과 유사한 시설로서 국토교통부장관이 인정하여 고시하는 시설

[본조신설 2012.11.20.]

제2조(농어촌지역 등) ①법 제2조제8호라목에서 "대통령령으로 정하는 농어촌지역"이란 「농어촌정비법」 제2조제1호에 따른 농어촌을 말한다. <개정 1996.6.29., 2001.6.30., 2005.3.25., 2006.4.20., 2007.10.4., 2011.11.16., 2012.11.20.>
② 삭제 <2014.7.14.>
[제목개정 2007.10.4.]

제2조의2(산업입지정책심의회의 기능) 법 제3조에 따른 산업입지정책심의회(이하 "심의회"라 한다)는 다음 각 호의 사항을 심의한다. <개정 2001.6.30., 2007.10.4., 2011.11.16., 2012.11.20., 2014.7.14., 2016.11.8.>
1. 산업입지수급계획 수립지침의 작성에 관한 사항
2. 산업입지개발지침의 수립 및 변경에 관한 사항
3. 국가산업단지의 지정ㆍ변경ㆍ개발 및 해제에 관한 사항
4. 도시첨단산업단지(국토교통부장관이 지정권자인 경우만 해당한다)의 지정ㆍ변경ㆍ개발 및 해제에 관한 사항
5. 일반산업단지 및 도시첨단산업단지(국토교통부장관이 지정권자인 경우는 제외한다)의 지정 및 해제를 위한 관계기관간의 의견조정에 관한 사항
6. 삭제 <2007.10.4.>
7. 산업단지기반시설의 지원에 관한 사항
8. 법 제38조의5제1항에 따른 지방이전기업 전용 산업단지(이하 "이전기업전용단지"라 한다) 지정ㆍ개발에 관한 사항
9. 산업단지 재생사업지구(이하 "재생사업지구"라 한다)의 지정승인에 관한 사항
10. 기타 산업입지정책에 관한 중요사항

[본조신설 1996.6.29.]

제2조의3(산업입지정책심의회의 구성) ①심의회는 위원장 및 부위원장 각 1명을 포함하여 30명 이내의 위원으로 구성한다. <개정 2014.12.16.>
②위원장은 국토교통부 제1차관이 되고, 부위원장은 국토교통부 국토도시실장이 된다. <개정 2006.4.20., 2008.2.29., 2013.3.23., 2014.1.14.>
③ 위원은 다음 각 호의 사람이 된다. <개정 2014.1.14., 2014.11.19., 2017.7.26.>
1. 국무조정실ㆍ기획재정부ㆍ과학기술정보통신부ㆍ행정안전부ㆍ문화체육관광부ㆍ농림축산식품부ㆍ산업통상자원부ㆍ보건복지부ㆍ환경부ㆍ고용노동부ㆍ해양수산부ㆍ중소벤처기업부 및 산림청의 3급 공무원 또는 고위공무원단에 속하는 일반직공무원 중에서 소속기관의 장이 지정하는 사람 각 1명
2. 산업입지정책에 관한 전문적 학식과 경험이 풍부한 사람 중에서 국토교통부장관이 위촉하는 사람

④심의회의 사무를 처리하기 위하여 심의회에 간사 1인을 두며, 간사는 국토교통부 소속 공무원중에서 위원장이 임명한다. <개정 2008.2.29., 2013.3.23.>

[본조신설 1996.6.29.]

제2조의4(위원장과 부위원장의 직무) ①위원장은 심의회를 대표하며, 심의회의 업무를 총괄한다.
② 부위원장은 위원장을 보좌하고 위원장이 사고가 있을 때에는 그 직무를 대행하며, 위원장 및 부위원장 모두 사고가 있을 때에는 제2조의3제3항에 정한 위원의 순으로 위원장의 직무를 대행한다.
[본조신설 1996.6.29.]

제2조의5(위원의 제척·기피·회피) ① 심의회 위원(이하 이 조 및 제2조의6에서 "위원"이라 한다)이 다음 각 호의 어느 하나에 해당하는 경우에는 심의회의 심의·의결에서 제척(除斥)된다.
1. 위원 또는 그 배우자나 배우자이었던 사람이 해당 안건의 당사자가 되거나 그 안건의 당사자와 공동권리자 또는 공동의무자인 경우
2. 위원이 해당 안건의 당사자와 친족이거나 친족이었던 경우
3. 위원이 해당 안건에 대하여 자문, 연구, 용역(하도급을 포함한다), 감정 또는 조사를 한 경우
4. 위원이나 위원이 속한 법인·단체 등이 해당 안건의 당사자의 대리인이거나 대리인이었던 경우
5. 위원이 임원 또는 직원으로 재직하고 있거나 최근 3년 내에 재직하였던 기업 등이 해당 안건에 관하여 자문, 연구, 용역(하도급을 포함한다), 감정 또는 조사를 한 경우

② 해당 안건의 당사자는 위원에게 공정한 심의·의결을 기대하기 어려운 사정이 있는 경우에는 심의회에 기피 신청을 할 수 있고, 심의회는 의결로 이를 결정한다. 이 경우 기피 신청의 대상인 위원은 그 의결에 참여하지 못한다.
③ 위원이 제1항 각 호에 따른 제척 사유에 해당하는 경우에는 스스로 해당 안건의 심의·의결에서 회피(回避)하여야 한다.
[본조신설 2012.7.4.]
[종전 제2조의5는 제2조의6으로 이동 <2012.7.4.>]

제2조의6(위원의 해촉) 국토교통부장관은 제2조의3제3항제2호에 따른 심의회의 위원이 다음 각 호의 어느 하나에 해당하는 경우에는 해당 위원을 해촉(解囑)할 수 있다.
1. 심신장애로 인하여 직무를 수행할 수 없게 된 경우
2. 직무와 관련된 비위사실이 있는 경우
3. 직무태만, 품위손상이나 그 밖의 사유로 인하여 위원으로 적합하지 아니하다고 인정되는 경우
4. 제2조의5제1항 각 호의 어느 하나에 해당하는 데에도 불구하고 회피하지 아니한 경우
5. 위원 스스로 직무를 수행하는 것이 곤란하다고 의사를 밝히는 경우

[본조신설 2016.2.11.]
[종전 제2조의6은 제2조의7로 이동 <2016.2.11.>]

제2조의7(회의소집 및 의결정족수) ① 위원장은 심의회의 회의를 소집하며, 그 의장이 된다.
② 위원장이 심의회를 소집하고자 하는 경우에는 회의개최 3일전까지 회의일시·장소 및 심의안건을 각 위원에게 통지하여야 한다. 다만, 긴급을 요하는 경우에는 그러하지 아니하다.
③ 심의회의 회의는 재적위원 과반수의 출석으로 개의하고, 출석위원 과반수의 찬성으로 의결한다.
[본조신설 1996.6.29.]
[제2조의6에서 이동, 종전 제2조의7은 제2조의8로 이동 <2016.2.11.>]

제2조의8(임대전용산업단지 실무위원회) ① 법 제46조의6에 따른 임대전용산업단지에 관한 다음 각 호의 사항을 심의하기 위하여 심의회에 임대전용산업단지 실무위원회(이하 "실무위원회"라 한다)를 둔다.
1. 임대전용산업단지의 수요조사 및 공급계획에 관한 사항
2. 임대전용산업단지 관련 지침의 수립 및 변경에 관한 사항
3. 임대전용산업단지의 지정·변경 및 개발에 관한 사항
4. 임대전용산업단지 지정을 위한 관계 기관 의견 조정에 관한 사항
5. 임대전용산업단지의 지원에 관한 사항
6. 그 밖에 임대전용산업단지와 관련한 주요 정책에 관한 사항

② 실무위원회의 위원장은 국토교통부와 산업

통상자원부의 고위공무원단에 속하는 공무원 중에서 소속기관의 장이 지명하는 자가 공동으로 되며, 실무위원회의 위원은 다음 각 호의 자가 된다. <개정 2013.3.23.>

1. 기획재정부·농림축산식품부·환경부 및 산림청에 속하는 4급 공무원 중에서 소속기관의 장이 지명하는 자 각 1명
2. 산업입지정책과 관련된 분야에 학식과 경험이 풍부한 자 중에서 국토교통부장관이 위촉하는 자

③ 실무위원회의 사무를 처리하기 위하여 실무위원회에 간사 2명을 두며, 간사는 공동위원장이 국토교통부 및 산업통상자원부 소속 공무원 중에서 각각 1명씩 임명한다. <개정 2013.3.23.>

④ 실무위원회의 운영 등에 관하여는 제2조의4부터 제2조의7까지, 제2조의9 및 제2조의10을 준용한다. <개정 2012.7.4., 2016.2.11.>

[본조신설 2008.9.25.]

[제2조의7에서 이동, 종전 제2조의8은 제2조의9로 이동 <2016.2.11.>]

제2조의9(관계기관등의 협조) 심의회는 심의에 필요하다고 인정할 때에는 관계기관에 대하여 필요한 자료의 제출을 요구하거나 관계기관의 공무원으로부터 의견을 들을 수 있다. <개정 2007.10.4.>

[본조신설 1996.6.29.]

[제2조의8에서 이동, 종전 제2조의9는 제2조의10으로 이동 <2016.2.11.>]

제2조의10(운영세칙) 이 영에 규정한 것을 제외하고 심의회의 운영에 관하여 필요한 사항은 심의회의 의결을 거쳐 위원장이 정한다. <개정 2007.10.4.>

[본조신설 1996.6.29.]

[제2조의9에서 이동, 종전 제2조의10은 제2조의11로 이동 <2016.2.11.>]

제2조의11(전문가등의 활용) 국토교통부장관은 산업입지정책의 수립·변경 및 집행을 위하여 필요하다고 인정할 때에는 전문가등에게 자문을 구하거나 조사·연구를 의뢰할 수 있다. <개정 2008.2.29., 2013.3.23.>

[본조신설 1996.6.29.]

[제2조의10에서 이동 <2016.2.11.>]

제2조의12(기초조사 결과 고시) 국토교통부장관은 법 제4조제2항에 따라 실시한 특별시·광역시·특별자치시·도 및 특별자치도(이하 "시·도"라 한다)별 및 산업입지 유형별 기초조사 결과에 대하여 다음 각 호의 사항을 고시한다.

1. 업종 및 입주형태 등 기업 현황
2. 창업 및 기업이전 실태
3. 기업의 신규 공장부지에 대한 수요
4. 그 밖에 산업입지 수급 전망을 파악하기 위하여 필요한 사항

[본조신설 2017.6.20.]

제3조(농공단지개발세부지침등) ① 법 제5조제1항 단서에 따라 국토교통부장관은 농공단지의 지정 및 개발에 관한 기본지침(이하 "농공단지기본지침"이라 한다)을 작성하고, 농림축산식품부장관은 「농어촌정비법」 제77조부터 제80조까지의 규정에 따른 농공단지의 개발을 지원하기 위하여 심의회의 심의를 거쳐 농공단지의 개발에 관한 세부지침(이하 "농공단지개발세부지침"이라 한다)을 작성·고시한다. <개정 1994.12.23., 1996.6.29., 1996.8.8., 2001.6.30., 2005.3.25., 2008.2.29., 2009.6.25., 2009.12.15., 2013.3.23.>

②제1항의 규정에 의한 농공단지개발세부지침에는 다음 각호의 사항이 포함되어야 한다.

1. 농어촌지역의 구분과 차등지원에 관한 사항
2. 농공단지 부지조성비의 재원별 부담과 지원에 관한 사항
3. 농공단지의 부지조성에 따른 조사설계·공사감리 및 그 비용의 지원에 관한 사항
4. 농공단지 부지조성비에 관한 국고보조금의 집행과 정산에 관한 사항
5. 농공단지 취업인력의 훈련비 지원에 관한 사항
6. 현지농어민의 취업촉진에 관한 사항
7. 농산물등 현지부존자원 활용업체의 우선입주에 관한 사항

③ 국토교통부장관과 농림축산식품부장관은 농공단지기본지침과 농공단지개발세부지침을 변경하려면 특별시장·광역시장·특별자치시장·도지사·특별자치도도지사(이하 "시·도지사"라 한다) 및 「지방자치법」 제175조에 따른 대도시의 시장(이하 "대도시시장"이라 한다)의 의견을 듣고 관계 중앙행정기관의 장과 협의한 후 심의회의 심의를 거쳐야 한다. 다만, 제5조에 따른 경미한 사항을 변경하는 경우에는 그러하지 아니하다.

<신설 2009.6.25., 2013.3.23., 2017.6.20.>

제4조(산업입지개발지침에 포함할 사항) 법 제5조제2항제4호에서 "대통령령으로 정하는 사항"이란 다음 각 호의 사항을 말한다. <개정 1996.6.29., 2007.10.4., 2008.9.25., 2009.4.21., 2011.11.16., 2014.4.29., 2014.12.16.>

1. 지역간의 균형발전을 위하여 참작할 사항
2. 문화재의 보존을 위하여 참작할 사항
3. 토지가격의 안정을 위하여 필요한 사항
4. 분양가격의 결정에 관한 사항
5. 도로·철도 등 기반시설의 설치, 녹지조성비율, 임대산업용지 및 공공주택용지 확보비율, 유치업종 배치계획의 작성기준 등 산업단지개발계획 수립을 위하여 필요한 사항

[제목개정 1996.6.29.]

제5조(산업입지개발지침의 경미한 변경) 법 제5조제3항 단서에서 "대통령령으로 정하는 경미한 사항의 변경"이란 산업입지개발지침의 전체 체계를 변경하지 아니하는 범위에서 다음 각 호의 어느 하나에 해당하는 사항을 제외한 변경을 말한다. <개정 1996.6.29., 2011.11.16., 2012.6.29.>

1. 법 제5조제2항제1호부터 제3호까지의 규정에 따른 사항
2. 제4조제1호, 제4호 및 제5호의 사항

[제목개정 1996.6.29.]

제6조(산업입지개발지침의 작성등) ①국토교통부장관은 산업입지개발지침을 작성하기 위하여 필요한 경우에는 관계 중앙행정기관의 장에게 법 제5조제2항 각호에 관한 자료의 제출을 요청할 수 있다. <개정 1994.12.23., 1996.6.29., 2008.2.29., 2013.3.23.>

②산업입지개발지침은 지역간의 균형있는 발전을 위하여 산업입지의 배분이 적정하게 이루어지도록 작성되어야 한다. <개정 1996.6.29.>

[제목개정 1996.6.29.]

제6조의2(산업입지수급계획의 수립 등) ① 국토교통부장관은 법 제5조의2제1항에 따른 산업입지수급계획 수립지침을 작성하려는 경우에는 국토종합계획 및 수도권정비계획 등 관련계획을 고려하여야 한다. <개정 2007.10.4., 2008.2.29., 2011.11.16., 2013.3.23.>

②법 제5조의2에 따른 산업입지수급계획 수립지침의 계획기간은 10년으로 하되 필요한 경우 산업입지의 수요추세와 공급실적을 분석하여 수정·보완할 수 있다. <개정 2001.6.30., 2007.10.4., 2011.11.16.>

③ 법 제5조의2제6항제5호에서 "대통령령으로 정하는 사항"이란 다음 각 호의 사항을 말한다. <개정 2007.10.4., 2009.11.10., 2010.3.26., 2011.11.16.>

1. 산업단지지정계획에 관한 사항
2. 산업용지 수요에 관한 사항
3. 법 제39조의2제5항에 따른 산업단지 재생계획(이하 "재생계획"이라 한다)에 관한 사항
4. 기타 산업입지의 원활한 공급을 위하여 필요한 사항

④ 국토교통부장관은 직접 실시한 산업용지 수요조사 또는 관계기관의 장으로부터 송부받은 산업용지 수요조사의 결과가 있는 때에는 해당 수요조사 결과를 산업입지수급계획에 반영할 수 있도록 시·도지사에게 송부하여야 한다. <신설 2009.11.10., 2011.11.16., 2013.3.23.>

[본조신설 1996.6.29.]

[제목개정 2007.10.4., 2011.11.16.]

제6조의3(산업입지정보망의 수탁사업자 지정) ① 법 제5조의3제3항에서 "대통령령으로 정하는 기관 또는 단체"란 다음 각 호의 어느 하나에 해당하는 기관 또는 단체를 말한다. <개정 1998.6.24., 1999.1.29., 2005.3.25., 2008.2.29., 2009.9.21., 2011.11.16., 2013.3.23.>

1. 「상공회의소법」에 의한 대한상공회의소
2. 「한국토지주택공사법」에 따른 한국토지주택공사
3. 「정부출연연구기관 등의 설립·운영 및 육성에 관한 법률」 제8조의 규정에 의하여 설립된 국토연구원
4. 기타 국토교통부장관이 산업통상자원부장관과 협의하여 정하는 기관 또는 단체

②국토교통부장관은 산업통상자원부장관과 협의하여 제1항의 규정에 의한 기관 또는 단체 중 산업입지정보망의 운영을 위탁받을 기관 또는 단체를 단독 또는 공동으로 지정하여 위탁할 수 있다. <개정 1998.6.24., 2008.2.29., 2013.3.23.>

③제2항의 규정에 의하여 산업입지정보망의 운영에 관한 업무를 위탁받은 기관 또는 단체(이하 "수탁사업자"라 한다)는 당해 산업입지정보망을 이용하는 자에게 그 비용을 부담하게 할

수 있다. <개정 2001.6.30.>
④ 삭제 <2001.6.30.>
[본조신설 1996.6.29.]
[제목개정 2001.6.30.]

제6조의4(수탁사업자의 업무 등) ①수탁사업자는 다음 각호의 업무를 수행한다. <개정 2008.2.29., 2013.3.23.>
1. 산업입지정보망의 설계 및 구성
2. 산업입지정보망에 관한 데이터베이스의 구축·보급 및 운영
3. 산업입지정보망의 구성·운영을 위한 컴퓨터·통신설비 등의 설치 및 관리
4. 산업입지정보망에 관한 수요조사 및 각종 자료조사
5. 산업입지에 관한 정보의 수집 및 관리
6. 그밖에 국토교통부장관이 필요하다고 인정하여 요청하는 업무

②수탁사업자는 매년말까지 국토교통부장관이 정하는 바에 따라 제1항 각호의 사항이 포함된 산업입지정보망사업의 계획 및 추진실적을 작성하여 국토교통부장관에게 제출하여야 한다. 제출한 사업계획을 변경한 때에도 또한 같다. <개정 2008.2.29., 2013.3.23.>
③국토교통부장관은 수탁사업자가 산업입지정보망을 원활히 운영하도록 하기 위하여 필요한 자금·설비·기술 또는 행정지원을 할 수 있다. <개정 2008.2.29., 2013.3.23.>
④국토교통부장관은 산업입지정보망의 관리, 자료의 입·출력 그밖에 산업입지정보망의 운영에 필요한 사항에 대하여 운영지침을 작성할 수 있다. 이 경우 산업통상자원부장관 등 관계 행정기관의 장과 공동으로 산업입지정보망을 구성·운영하는 경우에는 당해 기관의 장과 협의하여 작성하여야 한다. <개정 2008.2.29., 2013.3.23.>
[본조신설 2001.6.30.]

제7조(산업단지개발계획 등) ①법 제6조제4항 후단, 법 제7조의2제5항 및 법 제10조제1항 본문에서 "대통령령으로 정하는 중요 사항"이란 각각 다음 각 호의 사항을 말한다. <개정 1994.12.23., 1996.6.29., 2001.6.30., 2007.10.4., 2008.2.29., 2009.6.25., 2011.11.16., 2013.3.23., 2014.1.14., 2016.2.11., 2016.11.8.>
1. 산업단지면적의 100분의 10이상의 면적 변경
2. 주요 유치업종의 변경(도로를 제외한 기반시설의 용량이나 면적의 증가가 수반되는 경우로 한정한다)
3. 국토교통부장관이 정하는 토지이용계획 및 주요기반시설계획의 변경

②법 제6조제5항제9호에서 "대통령령으로 정하는 사항"이란 다음 각 호의 사항을 말한다. <개정 1996.6.29., 1998.6.24., 2007.10.4., 2008.2.29., 2008.9.25., 2011.11.16., 2012.6.29., 2014.12.16., 2016.2.11., 2016.11.8.>
1. 산업단지개발사업의 시행기간
2. 산업단지의 개발을 위한 주요시설의 지원계획
3. 유치업종의 배치계획 또는 유치업종별 공급면적(제9조제1항에 따른 산업단지지정권자와 산업단지 입주희망 기업이 입주협약을 체결한 경우에는 그 기업의 배치계획 또는 그 기업이 사용하려는 면적을 포함한다. 이하 같다)
4. 입주수요에 관한 자료
5. 법 제38조의2에 따라 원형지로 공급될 토지와 그 개발방향
6. 제40조제3항에 따라 건축하는 시설에 관한 사항

③ 국토교통부장관은 산업단지를 지정한 후에 법 제6조제6항에 따라 산업단지개발계획안을 공모하는 경우에는 다음 각 호의 사항을 전국 또는 해당 지역을 주된 보급지역으로 하는 일간신문과 관보에 1회 이상 공고하여야 한다. 이 경우 응모기간은 90일 이상으로 하여야 한다. <신설 2016.2.11.>
1. 산업단지개발사업의 개요
2. 공모 참가자격 및 일정
3. 산업단지개발계획안의 평가·심사 계획
4. 산업단지개발사업 시행자 지정 절차
5. 산업단지개발계획안 작성지침
6. 그 밖에 산업단지개발계획안의 공모에 필요한 사항

④ 국토교통부장관은 심의회에 공모심사위원회를 두어 제3항에 따라 응모한 산업단지개발계획안을 심사할 수 있다. 이 경우 공모심사위원회의 구성 및 운영 등에 필요한 사항은 국토교통부장관이 정한다. <신설 2016.2.11.>
⑤ 법 제6조제8항에서 "대통령령으로 정하는 비율"이란 다음 각 호의 구분에 따른 비율을 말한다. 다만, 산업시설의 면적이 100분의 50 이상인 복합용지를 포함하는 경우 해당 복합용지의 면적은 다음 각 호의 비율 이상으로 실제 조성되는 산업시설용지 면적의 2분의 1을 초과할 수 없다. <신설 2007.10.4., 2011.11.16.,

2012.10.29., 2014.7.14., 2016.2.11., 2016.3.29.>
1. 국가산업단지 및 일반산업단지: 100분의 50
2. 도시첨단산업단지: 100분의 40
3. 농공단지: 100분의 60
[전문개정 1993.11.6.]
[제목개정 2007.10.4.]

제8조(일반산업단지의 지정) 법 제7조제1항 단서에서 "대통령령으로 정하는 면적"이란 30만제곱미터를 말한다.
[전문개정 2017.6.20.]

제8조의2(산업단지의 지정에 관한 협의) ① 법 제6조, 법 제7조 및 법 제7조의2의 규정에 의한 산업단지개발계획 등의 협의요청을 받은 관계행정기관의 장은 그 날부터 20일이내에 이에 대한 의견을 회신하여야 한다. 다만, 산업단지의 조성과 관련하여 다른 법령에 협의할 사항에 관한 특별한 규정이 있는 경우에는 그러하지 아니하다. <개정 2001.6.30.>
②제1항의 규정에 의한 협의요청을 받은 관계행정기관의 장은 그 협의기간내에 의견회신이 곤란한 경우에는 그 사유 및 회신기한을 명시하여 이를 통보하고 그 통보한 기한내에 의견회신을 하여야 한다.
[본조신설 1998.6.24.]

제8조의3(도시첨단산업단지의 지정 등) ① 법 제7조의2제1항 단서에서 "대통령령으로 정하는 면적"이란 10만제곱미터를 말한다. <개정 2011.11.16.>
② 법 제7조의2제2항에서 "서울특별시 등 대통령령으로 정하는 지역"이란 서울특별시를 말한다. <개정 2011.11.16.>
[전문개정 2007.10.4.]

제8조의4(도시첨단산업단지의 지정특례) 법 제7조의3제1항제7호에서 "대통령령으로 정하는 지역·지구"란 「민간임대주택에 관한 특별법」 제2조제12호에 따른 기업형임대주택 공급촉진지구를 말한다.
[본조신설 2016.11.8.]

제9조(산업단지지정 또는 개발계획의 고시등) ①국토교통부장관, 시·도지사 또는 시장·군수·자치구의 구청장(이하 "산업단지지정권자"라 한다)은 법 제7조의4제1항에 따라 산업단지를 지정하거나 지정변경한 경우에는 다음 각 호의 사항(변경의 경우에는 그 변경된 사항에 한한다)을 고시하여야 한다. 다만, 제3호 및 제8호의 사항은 산업단지의 지정시 확정되지 아니한 경우에는 그 내용이 확정된 후에 이를 고시할 수 있다. <개정 1994.12.23., 1996.6.29., 2001.6.30., 2003.1.14., 2005.3.25., 2007.10.4., 2008.2.29., 2013.3.23., 2014.12.16.>
1. 산업단지의 명칭·위치 및 면적
2. 산업단지의 지정목적
3. 산업단지개발사업의 시행자
4. 산업단지의 개발기간 및 방법
5. 주요 유치업종
5의2. 유치업종의 배치계획 또는 유치업종별 공급면적
6. 토지이용계획 및 주요기반시설계획
7. 산업단지의 개발을 위한 주요시설지원계획
8. 수용·사용할 토지·건축물 기타 물건이나 권리가 있는 경우 그 세목과 그 소유자 및 「공익사업을 위한 토지 등의 취득 및 보상에 관한 법률」 제2조제5호의 규정에 의한 관계인의 성명·주소
9. 삭제 <1996.6.29.>
10. 관련도서의 열람방법
②산업단지지정권자는 법 제6조제3항, 법 제7조제2항 또는 법 제7조의2제4항에 따른 산업단지개발계획을 변경한 경우에는 제1항제1호 내지 제4호와 그 변경된 사항을 고시하여야 한다. <신설 1996.6.29., 2001.6.30., 2007.10.4.>
③법 제7조의4제1항에 따라 관계서류를 송부받은 시장·군수 또는 자치구의 구청장(이하 "시장·군수"라 한다)은 이를 14일이상 일반에게 열람하게 하여야 한다. <개정 1996.6.29., 2001.6.30., 2007.10.4.>
④법 제7조의4제2항 단서에서 "대통령령으로 정하는 기간"이란 산업단지개발사업의 시행자로 지정된 날부터 1년을 말한다. <신설 2001.6.30., 2007.10.4., 2011.11.16.>
[전문개정 1993.11.6.]
[제목개정 1996.6.29.]

제10조(농공단지의 지정승인 등) ① 시장·군수(대도시시장은 제외한다)는 법 제8조제2항에 따라 농공단지의 지정승인을 받으려는 경우에는 다음 각 호의 사항을 적은 농공단지지정승인신청서를 시·도지사에게 제출하

여야 한다. <개정 2009.6.25., 2017.6.20.>
1. 산업단지의 명칭
2. 산업단지의 지정 목적 및 필요성
3. 지정대상지역의 위치 및 면적
4. 산업단지의 개발기간 및 개발방법
5. 주요 유치업종

②제1항의 규정에 의한 농공단지지정승인신청서에는 다음 각호의 서류 및 도면을 첨부하여야 한다. <개정 2014.12.16.>
1. 위치도
1의2. 입주수요에 관한 자료
1의3. 도로·용수·전기·통신 등 입지여건의 분석에 관한 서류와 기반시설설치계획에 관한 서류
1의4. 농공단지 개발계획에 관한 서류
2. 지정대상지역의 토지이용현황에 관한 서류
3. 국가 또는 지방자치단체의 개발지원에 관한 서류
4. 농공단지 인접지역의 취업가능인력현황에 관한 서류
5. 농공단지의 개발에 따른 농어가의 고용 및 소득증대 기대효과에 관한 서류
6. 농어촌환경 및 문화재의 보존에 미치는 영향에 관한 서류 또는 도면

③ 시·도지사는 법 제8조제2항의 규정에 의하여 농공단지지정승인을 하고자 하는 경우에는 관계 행정기관의 장과 협의하여야 하며, 필요하다고 인정하는 경우에는 「농업·농촌 및 식품산업 기본법」 제15조에 따른 시·도 농업·농촌및식품산업정책심의회 또는 「수산업·어촌발전 기본법」 제8조에 따른 시·도 수산업·어촌정책심의회의 의견을 들을 수 있다. <개정 1996.6.29., 2001.6.30., 2005.3.25., 2008.6.20., 2009.11.26., 2013.3.23., 2015.12.22.>

④법 제8조제2항 단서에서 "대통령령으로 정하는 경미한 사항의 변경"이란 제7조제1항 각호의 사항외의 사항의 변경을 말한다. <신설 1993.11.6., 2011.11.16.>

⑤ 시장·군수가 농공단지를 지정하거나 변경한 때에는 관보 또는 공보에 고시하여야 한다. 이 경우 제9조제1항 및 제2항을 준용한다. <신설 2007.10.4.>

[제목개정 2007.10.4.]

제10조의2(산업단지지정의 제한) ①법 제8조의2제1항 각 호 외의 부분 본문에서 "대통령령으로 정하는 면적 또는 미분양 비율"이란 다음 각 호의 구분에 따른 면적 또는 미분양 비율을 말한다. <개정 2005.3.25., 2007.10.4., 2009.6.25., 2011.11.16., 2014.5.9., 2017.6.20.>
1. 국가산업단지 : 시·도별로 미분양 비율 15퍼센트 이상
2. 일반산업단지 : 시·도별로 미분양 비율 30퍼센트 이상
3. 도시첨단산업단지 : 다음 각 목의 구분에 따른 시·도별 면적 또는 미분양 비율
   가. 면적: 330만제곱미터 이상. 다만, 국토교통부장관이 도시첨단산업단지를 지정하는 경우는 제외한다.
   나. 미분양 비율: 30퍼센트 이상
4. 농공단지 : 시·군·구별로 100만제곱미터부터 200만제곱미터까지의 범위안에서 농공단지개발세부지침이 정하는 면적 이상 또는 미분양 비율 30퍼센트 이상

② 법 제8조의2제1항제2호에서 "대통령령으로 정하는 바에 따라 기업의 입주수요가 확인된 산업단지"란 산업단지지정권자와 산업단지 입주희망 기업이 체결한 입주협약서 등 객관적인 자료에 의하여 기업의 입주수요가 확인된 산업단지를 말한다. <신설 2009.6.25.>

[본조신설 2001.6.30.]

제10조의3(준산업단지의 지정기준 등) ① 법 제8조의3에 따른 준산업단지의 지정은 다음 각 호의 요건을 모두 충족하는 경우로 한정한다. <개정 2008.9.25., 2009.6.25., 2012.6.29., 2014.7.14., 2014.12.16.>
1. 준산업단지로 지정하려는 지역이 「국토의 계획 및 이용에 관한 법률」 상 공업지역, 계획관리지역 또는 개발진흥지구일 것. 다만, 계획관리지역이 준산업단지로 지정하려는 지역의 면적의 100분의 50 이상인 경우에는 생산관리지역, 보전관리지역(다음 각 목의 요건을 모두 충족하는 경우에 한정한다) 또는 농림지역(「농지법」에 따른 농업진흥지역, 「산지관리법」에 따른 보전산지 및 「초지법」에 따른 초지는 제외한다)을 포함하여 준산업단지를 지정할 수 있다.
   가. 전체 준산업단지 면적이 10만제곱미터 이하인 경우: 전체 준산업단지 면적의 100분의 20 이내
   나. 전체 준산업단지 면적이 10만제곱미터를 초과하는 경우: 전체 준산업단지 면적의 100분의 10 이내
2. 준산업단지로 지정하려는 지역의 면적이 3만

제곱미터 이상(「수도권정비계획법」상 자연보전권역인 경우는 3만제곱미터 이상 6만제곱미터 이하)일 것
3. 「건축법」 제11조에 따른 건축허가를 받거나 같은 법 제14조에 따른 건축신고를 한 공장이나 물류시설의 부지 면적이 준산업단지로 지정하려는 지역의 면적의 100분의 40 이상일 것
4. 준산업단지로 지정하려는 지역에 「건축법」 제11조에 따른 건축허가를 받거나 같은 법 제14조에 따른 건축신고를 한 공장이 2개 이상일 것. 이 경우 같은 법인이나 사업자가 여러 개의 공장을 소유하였으면 그 여러 개의 공장은 1개의 공장으로 본다.
5. 준산업단지로 지정하려는 지역의 토지면적의 2분의 1 이상에 해당하는 토지소유자와 공장소유자 총수의 2분의 1 이상의 동의를 얻을 것

② 제1항제1호 각 목 외의 부분 단서에 따라 보전관리지역에 준산업단지를 지정할 때에는 녹지 또는 공원으로 계획하는 등 환경 훼손을 최소화하기 위한 방안을 고려하여야 한다. <신설 2014.12.16.>

③ 법 제8조의3제2항에 따른 정비계획에는 다음 각 호의 사항이 포함되어야 한다. <개정 2014.12.16.>
1. 해당 지역 안의 공장 현황 및 토지이용현황
2. 준산업단지의 위치 및 면적
3. 준산업단지의 지정목적
4. 준산업단지개발사업의 시행자
5. 사업시행방법
6. 주요유치업종
7. 토지이용계획 및 주요기반시설계획
8. 재원조달계획
9. 수용·사용할 토지·건축물 그 밖의 물건이나 권리가 있는 경우에는 그 세목
10. 준산업단지 개발사업의 시행기간
11. 준산업단지 육성을 위한 주요시설의 지원계획

[본조신설 2007.10.4.]

제10조의4(준산업단지의 비용 보조 등) 법 제8조의3제5항에서 "면적·위치 등 대통령령으로 정하는 요건을 충족하는 준산업단지"란 다음 각 호의 요건을 모두 충족하는 준산업단지를 말한다. <개정 2012.6.29., 2012.11.20.>
1. 다음 각 목의 구분에 따른 면적 요건을 충족할 것
   가. 국가가 비용을 보조하거나 시설을 지원하는 경우: 7만제곱미터 이상
   나. 지방자치단체가 비용을 보조하거나 시설을 지원하는 경우: 3만제곱미터 이상
2. 개별 공장들의 밀집도가 높은 지역으로서 난개발이 우려되어 계획적인 관리가 필요한 지역일 것

[본조신설 2009.6.25.]

제11조(주민 등의 의견청취) ① 산업단지지정권자는 법 제10조제1항에 따라 주민 및 관계 전문가등의 의견을 들으려는 경우에는 산업단지개발계획안의 주요 내용을 해당 지역을 주된 보급지역으로 하는 일간신문과 산업단지지정권자 해당 기관의 인터넷 홈페이지에 공고하고 14일 이상 일반에게 열람하게 하여야 한다. <개정 2007.10.4., 2016.2.11.>

② 제1항에도 불구하고 국토교통부장관 또는 시·도지사(특별자치시장과 특별자치도지사는 제외한다. 이하 이 조에서 같다)가 산업단지지정권자인 경우에는 산업단지개발계획안의 내용을 해당 산업단지의 소재지를 관할하는 시장·군수에게 송부하여야 하며, 이를 송부받은 시장·군수는 산업단지개발계획안의 주요내용을 해당 지역을 주된 보급지역으로 하는 일간신문과 해당 기관의 인터넷홈페이지에 공고하고 14일이상 일반에게 열람하게 하여야 한다. <개정 2007.10.4., 2008.2.29., 2013.3.23., 2016.2.11., 2017.6.20.>

③ 제1항 및 제2항에 따라 공고된 산업단지개발계획안의 내용에 대하여 의견이 있는 자는 그 열람기간내에 해당 시장·군수에게 의견서를 제출할 수 있다. <개정 1996.6.29., 2016.2.11.>

④ 제2항에 따라 산업단지개발계획안의 내용을 송부받은 시장·군수는 열람기간이 종료된 때에는 제3항에 따라 제출된 주민 및 관계전문가등의 의견서와 제출된 의견에 대한 검토의견서를 국토교통부장관 또는 시·도지사에게 제출하여야 한다. <개정 1994.12.23., 2007.10.4., 2008.2.29., 2013.3.23., 2016.2.11.>

[제목개정 2017.6.20.]

제12조 삭제 <2011.11.16.>

제13조(민간기업등의 산업단지지정요청등) ① 법 제11조제1항에서 "대통령령으로 정하는 요건에 해당하는 자"란 법 제16조제1항 각

호의 어느 하나에 해당하는 자(같은 항 제1호 중 국가·지방자치단체 및 같은 항 제5호에 해당하는 자는 제외한다)를 말한다. <개정 2014.5.9.>

② 법 제11조제1항에 따라 산업단지의 지정을 요청하려는 자는 제10조제1항 각 호의 사항을 적은 산업단지지정요청서에 다음 각 호의 서류 및 도면을 첨부하여 산업단지지정권자에게 제출하여야 한다. <개정 1998.6.24., 2001.6.30., 2007.10.4., 2009.6.25.>

1. 위치도
2. 도로·용수·전기·통신 등 입지여건의 분석에 관한 자료와 기반시설설치계획에 관한 서류
3. 산업단지개발계획에 관한 서류
4. 입주수요에 관한 자료

③ 제2항에 따른 국가산업단지, 일반산업단지 또는 도시첨단산업단지의 지정요청을 받은 산업단지지정권자는 산업입지개발지침과 다른 산업단지개발계획과의 관계등을 종합적으로 검토하여 그 타당성이 인정되는 경우에 한하여 당해 지역을 각각 국가산업단지, 일반산업단지 또는 도시첨단산업단지로 지정하여야 한다. 이 경우 시·도 및 시·군·구의 관계공무원으로 위원회를 구성하여 산업단지의 지정에 관한 검토를 하게 할 수 있다. <개정 1993.11.6., 1996.6.29., 1998.6.24., 2001.6.30., 2007.10.4.>

④ 제2항에 따라 산업단지지정요청서를 송부받은 시장·군수는 30일 이내에 검토의견을 산업단지지정권자에게 제출하여야 하며, 불가피한 사유로 기한내 제출이 불가능한 경우 제출기한을 명시한 사유서를 제출하여야 한다. 이 경우 시장·군수의 검토의견 제출은 법 제7조의2제1항의 시장·군수·구청장의 신청으로 본다. <개정 2007.10.4.>

⑤ 제2항에 따른 국가산업단지 또는 일반산업단지 및 도시첨단산업단지의 지정요청을 받은 산업단지지정권자는 산업용지의 적정한 공급과 기반시설의 확충·환경영향·고용문제·인력수급 및 배후도시와의 관계를 종합적으로 검토하여 필요하다고 인정하는 경우에는 산업단지의 지정요청을 한 자의 의견을 들어 해당 산업단지의 면적을 축소하거나 확대하여 지정할 수 있다. <개정 1993.11.6., 1996.6.29., 2001.6.30., 2007.10.4.>

⑥ 산업단지지정권자가 제2항에 따라 요청된 지역을 산업단지로 지정함이 적정하지 아니하다고 인정하는 경우에는 그 이유를 요청한 자에게 통지하거나 국가 또는 지방자치단체가 개발중인 다른 산업단지중에서 적절한 대체입지를 선정하여 통지하여야 한다. <개정 1993.11.6., 1996.6.29., 2001.6.30., 2007.10.4.>

⑦ 법 제11조제4항의 규정에 의하여 산업단지의 지정을 요청할 수 있는 산업단지의 규모는 3만제곱미터 이상(도시첨단산업단지의 경우에는 1만제곱미터 이상)으로 한다. <신설 1993.11.6., 1996.6.29., 2001.6.30., 2005.3.25.>

[제목개정 1996.6.29.]

제14조(행위허가의 대상 등) ① 법 제12조제1항에 따라 특별시장·광역시장·특별자치시장·특별자치도지사·시장 또는 군수의 허가를 받아야 하는 행위는 다음 각 호와 같다. <개정 2017.6.20.>

1. 건축물의 건축 등 : 「건축법」 제2조제1항제2호에 따른 건축물(가설건축물을 포함한다)의 건축, 대수선 또는 용도변경
2. 공작물의 설치 : 인공을 가하여 제작한 시설물(「건축법」 제2조제1항제2호에 따른 건축물을 제외한다)의 설치
3. 토지의 형질변경 : 절토·성토·정지·포장 등의 방법으로 토지의 형상을 변경하는 행위, 토지의 굴착 또는 공유수면의 매립
4. 토석의 채취 : 흙·모래·자갈·바위 등의 토석을 채취하는 행위. 다만, 토지의 형질변경을 목적으로 하는 것은 제3호에 따른다.
5. 토지분할
6. 물건을 쌓아놓는 행위 : 이동이 용이하지 아니한 물건을 1월 이상 쌓아놓는 행위
7. 죽목의 벌채 및 식재

② 특별시장·광역시장·특별자치시장·특별자치도지사·시장 또는 군수는 법 제12조제1항에 따라 제1항 각 호의 행위에 대한 허가를 하려는 경우로서 법 제16조에 따라 산업단지개발사업의 시행자(이하 "사업시행자"라 한다)가 지정되어 있는 경우에는 미리 그 사업시행자의 의견을 들어야 한다. 이 경우 사업시행자는 특별시장·광역시장·특별자치시장·특별자치도지사·시장 또는 군수에게 의견 제출을 요청받은 날부터 10일 이내에 의견을 보내야 한다. <개정 2009.6.25., 2017.6.20.>

③ 법 제12조제2항제2호에서 "대통령령으로 정하는 행위"란 다음 각 호의 어느 하나에 해당하는 행위로서 「국토의 계획 및 이용에 관한 법률」 제56조에 따른 개발행위허가의 대

상이 아닌 것을 말한다. <개정 2008.2.29., 2011.11.16., 2013.3.23.>

1. 농림수산물의 생산에 직접 이용되는 것으로서 국토교통부령이 정하는 간이공작물의 설치
2. 경작을 위한 토지의 형질변경
3. 산업단지의 개발에 지장을 주지 아니하고 자연경관을 손상하지 아니하는 범위 안에서의 토석의 채취
4. 산업단지 안에 존치하기로 결정된 대지 안에서 물건을 쌓아놓는 행위
5. 관상용 죽목의 임시식재(경작지에서의 임시식재를 제외한다)

④법 제12조제3항에 따라 신고하여야 하는 자는 법 제10조제1항에 따른 공고일 또는 산업단지가 지정·고시된 날부터 30일 이내에 그 공사 또는 사업의 진행상황과 시행계획을 첨부하여 관할 특별시장·광역시장·특별자치시장·특별자치도지사·시장 또는 군수에게 신고하여야 한다. <개정 2011.11.16., 2017.6.20.>

[전문개정 2006.6.7.]

제15조(산업단지지정의 해제) ①법 제13조제1항에서 "대통령령으로 정하는 기간"이란 다음 각호의 기간을 말한다. <개정 1996.6.29., 2007.10.4., 2011.11.16.>

1. 국가산업단지 : 5년
2. 일반산업단지 및 도시첨단산업단지 : 3년
3. 농공단지 : 2년

② 법 제13조제2항제1호나목에서 "대통령령으로 정하는 기간 내에 대통령령으로 정하는 비율"이란 다음 각 호의 구분에 따른 기간과 비율을 말한다. <개정 2017.6.20.>

1. 3년 이내: 해당 산업단지 지정면적의 100분의 30 이상
2. 5년 이내: 해당 산업단지 지정면적의 100분의 50 이상

③ 법 제13조제2항제1호다목에서 "대통령령으로 정하는 경우"란 산업 여건 등이 변하여 산업시설용지의 수요부족이 예상되는 등의 사유로 산업단지 지정목적을 달성할 수 없거나 달성할 수 없을 것이 예상되는 경우를 말한다. <개정 2017.6.20.>

④산업단지지정권자는 법 제13조제2항에 따라 산업단지의 지정을 해제하려는 경우에는 그 해제사유·내역·「국토의 계획 및 이용에 관한 법률」 제36조에 따른 용도지역의 환원여부에 관한 사항을 명시하여 관계 행정기관의 장과 협의하여야 한다. <개정 1996.6.29., 2003.1.14., 2005.3.25., 2014.7.14., 2017.6.20.>

⑤법 제13조제4항 및 제6항에 따라 산업단지지정해제시 고시하여야 할 사항은 다음 각호와 같다. <개정 1996.6.29., 2003.1.14., 2005.3.25., 2014.7.14., 2017.6.20.>

1. 산업단지의 명칭
2. 해제되는 산업단지의 위치 및 면적
3. 산업단지의 해제사유
4. 「국토의 계획 및 이용에 관한 법률」 제36조의 규정에 의한 용도지역의 환원여부
5. 관계도서의 열람방법

[제목개정 1996.6.29.]

제15조의2(산업단지의 전환요건 등) ① 법 제13조의2제1항에서 "대통령령으로 정하는 경우"란 다음 각 호의 어느 하나에 해당하는 경우를 말한다. <개정 2014.7.14., 2017.6.20.>

1. 준공된 지 10년 이상 경과하고 공장증설 등 산업단지 활성화를 위하여 필요한 경우
2. 산업단지가 준공된 시점을 기준으로 산업시설용지(복합용지 내에 산업시설을 설치하기 위한 용지를 포함한다) 면적의 100분의 30 이상의 면적에서 유치업종 변경이 있는 경우

② 법 제13조의2제2항에서 "대통령령으로 정하는 규모"란 다음 각 호의 구분에 따른 전환된 산업단지 및 잔여 산업단지의 규모를 말한다. <개정 2017.6.20.>

1. 전환된 산업단지의 규모
   가. 일반산업단지로 전환된 경우: 3만 제곱미터
   나. 도시첨단산업단지로 전환된 경우: 1만 제곱미터
2. 잔여 산업단지의 규모
   가. 잔여 산업단지가 국가산업단지, 일반산업단지 또는 농공단지인 경우: 3만 제곱미터
   나. 잔여 산업단지가 도시첨단산업단지인 경우: 1만 제곱미터

③ 산업단지지정권자가 법 제13조의2제1항에 따라 산업단지의 종류를 전환하려는 경우에는 법 제13조의2제3항에 따라 개발계획 및 실시계획을 수립하거나 변경하여 다음 각 호의 구분에 따라 승인을 신청하거나 협의를 요청하여야 한다. <개정 2017.6.20.>

1. 산업단지지정권자와 종전 산업단지의 산업단지지정권자가 같은 경우: 관계 행정기관의 장과의 협의
2. 산업단지지정권자와 종전 산업단지의 산업단지지정권자가 다른 경우
   가. 국가산업단지 또는 도시첨단산업단지(국토교통부장관이 종전 산업단지의 지정권자인 경우만 해당한다)를 전환하려는 경우: 국토교통부장관의 승인
   나. 일반산업단지, 도시첨단산업단지(국토교통부장관이 종전 산업단지의 지정권자인 경우는 제외한다) 또는 농공단지를 전환하려는 경우: 종전 산업단지의 산업단지지정권자와의 협의

④ 종전 산업단지의 지정권자가 제3항제2호에 따른 승인 또는 협의를 하려면 관계 행정기관의 장과의 협의를 거쳐야 한다. <개정 2017.6.20.>

⑤ 법 제13조의2제4항 전단에서 "대통령령으로 정하는 사항"이란 다음 각 호의 사항을 말한다. <개정 2017.6.20.>
1. 기존 산업단지의 명칭·위치 및 면적
2. 전환된 산업단지 및 잔여 산업단지(기존 산업단지를 일부 전환한 경우만 해당한다)의 명칭·위치 및 면적
3. 산업단지의 전환 사유
4. 제9조제1항 각 호(제1호는 제외한다)의 사항

⑥ 삭제 <2017.6.20.>

⑦ 삭제 <2017.6.20.>

⑧ 삭제 <2017.6.20.>

⑨ 법 제11조에 따른 민간기업 등은 산업단지전환을 요청하려는 경우 전환하려는 산업단지의 개발계획을 작성하여 전환하려는 산업단지의 산업단지지정권자에게 산업단지의 전환을 요청하여야 한다. <개정 2017.6.20.>

⑩ 삭제 <2017.6.20.>

[본조신설 2007.10.4.]

제15조의3(산업단지의 통합 절차 등) ① 산업단지지정권자는 법 제13조의3제1항에 따라 산업단지를 통합하려는 경우에는 개발계획을 수립하기 전에 기존 산업단지의 관리권자(산업단지지정권자와 동일한 경우는 제외한다. 이하 이 조에서 같다)와 관계 행정기관의 장의 의견을 들어야 한다.

② 산업단지지정권자는 제1항에 따라 의견을 들은 후에 법 제13조의3제2항에 따라 개발계획을 수립하여 다음 각 호의 구분에 따른 자의 협의를 거쳐야 한다.
1. 산업단지지정권자와 통합대상 산업단지의 지정권자가 같은 경우
   가. 기존 산업단지의 관리권자
   나. 관계 행정기관의 장
2. 산업단지지정권자와 통합대상 산업단지의 지정권자가 다른 경우
   가. 기존 산업단지의 관리권자
   나. 통합대상 산업단지의 지정권자
   다. 통합대상 산업단지의 관리권자
   라. 관계 행정기관의 장

③ 산업단지지정권자는 제2항에 따른 협의를 한 후에 다음 각 호의 구분에 따른 심의를 거쳐야 한다.
1. 산업단지지정권자가 국토교통부장관인 경우: 심의회의 심의
2. 산업단지지정권자가 국토교통부장관이 아닌 경우: 법 제3조제3항에 따른 지방산업입지심의회(이하 "지방산업입지심의회"라 한다)의 심의

④ 법 제13조의3제3항 전단에서 "대통령령으로 정하는 사항"이란 다음 각 호의 사항을 말한다.
1. 기존 산업단지 및 통합대상 산업단지의 명칭·위치 및 면적
2. 통합된 산업단지의 명칭·위치 및 면적
3. 산업단지의 통합 사유
4. 제9조제1항 각 호(제1호는 제외한다)의 사항

[본조신설 2017.6.20.]

[종전 제15조의3은 제15조의4로 이동 <2017.6.20.>]

제15조의4(준공된 산업단지의 개발행위에 관한 특례) 법 제13조의4제2항에서 "주요 유치업종 범위 내에서의 배치계획의 변경 등 대통령령으로 정하는 행위"란 다음 각 호의 어느 하나에 해당하는 행위를 말한다. <개정 2011.11.16., 2012.11.20., 2014.1.14., 2014.7.14., 2014.12.16., 2016.2.11., 2017.6.20.>
1. 삭제 <2014.7.14.>
2. 주요유치업종 범위 내에서의 배치계획 또는 유치업종별 공급면적의 변경(제7조제1항제3호에 따른 변경을 수반하지 아니하는 경우에 한정한다)

2의2. 제7조제1항제3호에 따른 변경을 수반하지 아니하는 주요 유치 업종의 변경

3. 토지이용계획상 각 시설별 및 용도별 면적의 100분의 10 미만의 변경. 다만, 누적 변경의 합이 100분의 10 이상이 되는 경우는 제외한다.
4. 너비 15미터 미만인 도로의 신설·변경 또는 폐지
5. 제27조제1항제1호부터 제5호까지의 규정에 따른 시설의 규모나 용량의 100분의 50 미만의 변경. 다만, 누적 변경의 합이 100분의 50 이상이 되는 경우는 제외한다.

[본조신설 2007.10.4.]
[제15조의3에서 이동 <2017.6.20.>]

第16条 삭제 <1993.11.6.>

第17条 삭제 <1993.11.6.>

第18条 삭제 <1993.11.6.>

第19条(사업시행자) ① 법 제16조제1항제1호라목에서 "임원 임명권한을 행사하는 등 대통령령으로 정하는 기준에 따라 사실상 지배력을 확보하고 있는 법인"이란 다음 각 호의 어느 하나에 해당하는 경우의 법인을 말한다. <신설 2016.2.11.>
1. 법 제16조제1항제1호가목부터 다목까지의 규정에 따른 자가 최대지분을 보유하고 지분의 분산도(分散度)로 보아 주주권 등의 행사에 따른 법인 지배가 가능한 경우
2. 법 제16조제1항제1호가목부터 다목까지의 규정에 따른 자가 법령 또는 정관에 따라 해당 법인의 대표자 또는 이사회 구성원의 과반수의 임명(승인·제청 등을 포함한다)에 관여하는 경우
3. 법 제16조제1항제1호가목부터 다목까지의 규정에 따른 자가 법령 또는 정관에 따라 해당 법인의 예산 또는 사업계획 등을 승인하는 경우

② 법 제16조제1항제2호의2에서 "대통령령으로 정하는 요건"이란 산업단지를 개발하여 산업시설용지(복합용지 내에 산업시설을 설치하기 위한 용지를 포함하며, 이하 이 조에서 같다)의 100분의 30 이상을 소속 조합원 또는 회원에게 공급하려는 경우를 말한다. <신설 2014.7.14., 2016.2.11.>

③법 제16조제1항제3호에서 "대통령령으로 정하는 요건에 해당하는 자"란 다음 각 호의 어느 하나에 해당하는 자를 말한다. <개정 1996.6.29., 1996.12.31., 1998.6.24., 2001.6.30., 2003.6.30., 2005.3.25., 2007.10.4., 2009.11.10., 2010.7.12., 2011.4.6., 2011.11.16., 2012.10.29., 2014.7.14., 2014.12.16., 2016.2.11.>
1. 산업단지개발계획에 적합한 시설을 설치하여 입주하려는 자로서 다음 각 목의 어느 하나에 해당하는 자
   가. 법 제2조제9호 각 목의 시설용지를 직접 개발하고자 하는 경우
   나. 해당 산업단지 내 산업시설용지의 100분의 30 이상을 직접 사용하고, 남는 용지를 입주를 희망하는 자에게 다음의 용도로 공급하려는 경우
      1) 산업시설용지
      2) 법 제2조제9호나목부터 라목까지의 규정에 해당하는 시설용지
2. 산업단지개발계획에 적합하게 산업단지를 개발할 능력이 있다고 인정되는 자로서 다음 각 목의 어느 하나에 해당하는 자
   가. 「건설산업기본법」에 따라 종합공사를 시공하는 업종(토목공사업 또는 토목건축공사업으로 한정한다)등록을 한 자로서 공시된 해당 연도의 시공능력평가액이 산업단지개발계획에서 정한 연평균 사업비(보상비를 제외한다)이상인 자
   나. 「산업집적활성화 및 공장설립에 관한 법률」에 의하여 지식산업센터를 설립할 수 있는 자로서 산업단지안에서 지식산업센터의 설립에 필요한 용지를 직접 개발하고자 하는 자

④법 제16조제1항제4호에서 "대통령령으로 정하는 요건에 해당하는 법인"이란 법 제16조제1항제1호, 제2호 또는 이 조 제3항제2호가목에 해당하는 자의 출자비율의 합이 100분의 20이상인 법인을 말한다. <신설 1996.6.29., 2007.10.4., 2011.11.16., 2016.2.11., 2016.11.8.>

⑤법 제16조제1항의 규정에 의하여 산업단지개발사업을 시행하고자 하는 자는 다음 각호의 사항을 기재한 사업시행자지정신청서를 산업단지지정권자에게 제출하여야 한다. <개정 1996.6.29., 2016.2.11.>
1. 사업을 시행하고자 하는 자의 성명(법인인 경우에는 법인의 명칭 및 대표자의 성명)·주소
2. 사업을 시행하고자 하는 산업단지의 명칭·위치 및 사업시행면적
3. 사업시행계획의 개요

가. 사업의 명칭
나. 사업의 시행목적
다. 사업의 종류 및 개요
라. 사업의 시행기간
마. 사업의 시행방법

⑥제5항에 따른 사업시행자지정신청서에는 다음 각호의 서류 및 도면을 첨부하여야 한다. <개정 1996.6.29., 2016.2.11.>

1. 위치도
2. 사업계획서
3. 자금조달계획서

⑦제1항부터 제6항까지에서 규정한 사항 외에 사업시행자의 지정등에 관하여 필요한 사항은 국토교통부령으로 정한다. <개정 1993.11.6., 1994.12.23., 1996.6.29., 2008.2.29., 2013.3.23., 2016.2.11.>

⑧법 제16조제2항에서 "대통령령으로 정하는 경우"란 다음 각 호의 어느 하나에 해당하는 경우를 말한다. <신설 2007.10.4., 2011.11.16., 2016.2.11.>

1. 실시계획승인을 고시한 날부터 2년이 경과한 날까지 실시계획의 승인을 받은 사업시행토지면적(매립면적은 제외한다)의 100분의 30 이상의 토지에 대한 소유권을 확보하지 못한 경우
2. 최초로 승인된 실시계획에서 정한 사업기간(사업시행자가 부득이한 사유로 토지소유권을 확보하지 못하여 기간 연장을 요청하여 실시계획승인권자가 이를 인정하는 경우에는 6개월의 범위 내에서 1회에 한하여 기간을 연장할 수 있다) 내에 실시계획승인을 받은 사업시행 토지 중 소유권을 확보하지 못한 토지가 있는 경우
3. 제3항제1호의 사업시행자가 최초 승인된 실시계획에서 정한 사업기간을 1회 연장한 경우로서 그 연장된 사업기간내에 사업을 완료하지 아니한 경우

제20조(개발사업의 대행 범위 등) ① 법 제16조제3항 본문 및 단서에 따라 사업시행자가 대행하게 할 수 있는 산업단지개발사업은 다음 각 호의 범위로 한다.

1. 실시설계
2. 용지조성공사
3. 주요 기반시설공사
4. 건축공사

② 제1항에 따라 사업시행자가 대행하게 할 수 있는 면적은 해당 산업단지개발사업 시행면적의 2분의 1을 초과할 수 없다.

③ 법 제16조제3항 본문 및 단서에 따라 사업시행자가 산업단지개발사업을 대행하게 하려는 경우에는 대행할 사업자(이하 "대행개발사업자"라 한다)를 경쟁입찰 방식으로 선정하여야 한다.

④ 제3항에 따라 경쟁입찰 방식으로 대행개발사업자를 선정하는 경우 해당 입찰공고에는 다음 각 호의 사항이 포함되어야 한다.

1. 개발사업의 목적
2. 개발사업의 종류 및 개요
3. 개발사업의 시행기간
4. 대행개발사업자의 자격요건 및 제출서류
5. 대행개발사업자의 선정기준 및 방식

⑤ 산업시설용지(복합용지 내에 산업시설을 설치하기 위한 용지를 포함하며, 이하 이 항에서 같다)를 직접 사용할 자에게 그 산업시설용지의 조성사업을 대행하게 하는 경우에는 사업시행자로 하여금 제2항에도 불구하고 해당 산업단지개발사업 시행면적의 2분의 1을 초과하여 대행하게 할 수 있으며, 제3항에도 불구하고 경쟁입찰 방식에 의하지 아니하고 대행하게 할 수 있다. <개정 2014.12.16.>

⑥ 제5항에 따라 산업단지개발사업을 대행하려는 자는 다음 각 호의 사항을 적은 산업단지개발사업 대행신청서를 사업시행자에게 제출하여야 한다.

1. 개발사업을 대행하려는 자의 성명(법인인 경우에는 법인의 명칭 및 대표자의 성명) 및 주소
2. 개발사업을 대행하려는 산업단지의 명칭·위치 및 대행면적
3. 개발사업의 대행에 관한 시행계획 개요
   가. 사업의 목적
   나. 사업의 종류 및 개요
   다. 사업의 시행기간
   라. 대행사유

⑦ 제6항에 따른 산업단지개발 대행신청서에는 다음 각 호의 자료를 첨부하여 제출하여야 한다.

1. 위치도
2. 사업계획서
3. 자금조달계획서

[전문개정 2014.7.14.]

제20조의2(개발사업 대행승인 신청 등) ① 법 제16조제3항 단서에 따라 산업단지개발사업을 대행하게 하려는 자로서 같은 조 제1항제2호, 제2호의2 및 제3호부터 제6호까지의 규정

에 따른 사업시행자는 다음 각 호의 구분에 따라 산업단지개발사업 대행승인신청서를 해당 산업단지지정권자에게 제출하여 대행에 대한 승인을 신청하여야 한다.

1. 제20조제3항에 따라 대행하게 하려는 경우
   가. 승인 신청 시기: 제20조제4항에 따른 경쟁입찰 방식의 선정을 위한 입찰공고를 실시하기 전
   나. 첨부서류: 제20조제4항에 따른 경쟁입찰 방식의 선정을 위한 입찰공고 내용
2. 제20조제5항에 따라 대행하게 하려는 경우
   가. 승인 신청 시기: 제20조의3제1항에 따른 대행에 관한 계약을 체결하기 전
   나. 첨부서류: 제20조제6항에 따른 산업단지개발사업 대행신청서 및 같은 조 제7항에 따른 각 호의 자료

② 제1항에 따라 승인 신청을 받은 산업단지지정권자는 대행개발의 필요성 등을 검토하여 승인 여부를 결정하여야 하고, 사업시행자는 해당 산업단지지정권자의 승인을 받아 입찰공고를 실시(제1항제1호의 경우만 해당한다)하거나 제20조의3제1항에 따른 대행에 관한 계약을 체결(제1항제2호의 경우만 해당한다)하여야 한다.

[본조신설 2014.7.14.]

제20조의3(개발사업의 대행계약 체결 등) ① 제20조제3항 및 제5항에 따라 산업단지개발사업을 대행하게 하려는 사업시행자는 대행개발사업자와 대행에 관한 계약을 체결하여야 한다.

② 제1항에 따라 대행에 관한 계약을 체결한 사업시행자는 대행개발사업자가 계약에 따라 성실하게 사업을 시행하도록 지도·감독하여야 한다.

③ 법 제16조제1항제1호에 따른 사업시행자가 제1항에 따른 계약을 체결한 경우에는 해당 계약을 체결한 날부터 14일 이내에 해당 계약서의 사본을 첨부하여 해당 산업단지지정권자에게 산업단지개발사업의 대행에 관한 통보를 하여야 한다.

[본조신설 2014.7.14.]

제21조(국가산업단지개발실시계획) ① 국가산업단지의 사업시행자는 법 제17조제1항의 규정에 의한 국가산업단지개발실시계획의 승인을 신청하고자 하는 경우에는 국가산업단지의 사업시행자로 지정된 날부터 2년이내에 다음 각 호의 사항을 기재한 국가산업단지개발실시계획승인신청서를 국토교통부장관에게 제출하여야 한다. <개정 1994.12.23., 1996.6.29., 2007.10.4., 2008.2.29., 2013.3.23., 2014.1.14.>

1. 사업시행자의 성명(법인인 경우에는 법인의 명칭 및 대표자의 성명)·주소
2. 사업의 명칭
3. 사업의 목적
4. 사업을 시행하고자 하는 위치 및 면적
5. 사업의 시행방법 및 시행기간
6. 사업시행지역의 토지이용현황
7. 토지이용계획 및 기반시설계획

② 제1항의 규정에 의한 국가산업단지개발실시계획승인신청서에는 다음 각 호의 서류 및 도면을 첨부하여야 한다. 이 경우 국토교통부장관은 「전자정부법」 제36조제1항에 따른 행정정보의 공동이용을 통하여 지적도를 확인하여야 한다. <개정 1996.6.29., 1999.3.26., 2001.6.30., 2003.1.14., 2007.10.4., 2008.2.29., 2008.12.31., 2010.5.4., 2012.4.10., 2013.3.23.>

1. 위치도
2. 삭제 <2008.12.31.>
3. 계획평면도 및 실시설계도서(공유수면의 매립이 포함되는 경우에는 국토교통부령이 정하는 매립공사설명서를 포함한다)
4. 사업비 및 자금조달계획서(연차별투자계획을 포함한다)
5. 개발되는 토지 또는 시설물의 관리처분에 관한 계획서
6. 사업시행지역안에 존치하고자 하는 기존공장이나 건축물등의 명세서
7. 사업시행지역의 토지·건물 또는 권리등의 매수·보상 및 주민이주대책에 관한 서류
8. 공공시설물 및 토지등의 무상귀속과 대체에 관한 계획서
9. 국가 또는 지방자치단체에 귀속될 공공시설의 설치비용산출내역서 및 사업시행자에게 귀속·양도될 기존 공공시설의 평가서
10. 산업단지개발사업대행계획서(당해 계획이 있는 경우에 한한다)
11. 도시·군관리계획결정(지구단위계획을 포함한다)에 필요한 관계서류 및 도면
12. 종전 토지소유자에 대한 환지계획서(환지계획이 있는 경우에 한한다)
13. 문화재의 보존에 미치는 영향에 관한 서류
14. 피해영향조사서(공유수면매립의 경우에 한한다)

③국토교통부장관은 사업시행자가 부득이한 이유로 인하여 제1항의 규정에 의한 승인

신청기간의 연장을 요청하는 경우에는 6월의 범위안에서 이를 연장할 수 있다. <개정 1994.12.23., 2008.2.29., 2013.3.23.>
④ 삭제 <2008.9.25.>
⑤ 삭제 <1993.11.6.>
[제목개정 2007.10.4.]

제21조의2(중요 사항의 변경) ① 법 제17조의2에서 "대통령령으로 정하는 중요 사항을 변경하는 경우"란 다음 각 호의 어느 하나에 해당하지 아니하는 경우를 말한다. <개정 2014.7.14.>
1. 사업시행자의 주소를 변경하는 경우
2. 법인인 사업시행자의 명칭 또는 대표자를 변경하는 경우
3. 사업시행지역의 변동이 없는 범위에서 착오 등에 따른 사업시행면적을 정정하는 경우
4. 사업시행면적을 초과하지 아니하는 범위에서 사업을 분할하여 시행하기 위하여 그 면적을 변경하는 경우
5. 총사업비 범위에서 연차별 투자계획을 변경하는 경우
6. 토지이용계획의 변경을 수반하지 아니하는 범위에서 존치하려는 기존의 공장이나 건축물 등의 명세를 변경하는 경우

② 사업시행자는 제1항 각 호의 어느 하나에 해당하는 사항을 변경하였으면 국토교통부장관에게 그 변경사실을 알려야 한다. <개정 2013.3.23.>
[본조신설 2008.9.25.]
[제목개정 2014.7.14.]

제22조(일반산업단지개발실시계획) ① 일반산업단지의 사업시행자가 법 제18조제1항에 따라 일반산업단지개발실시계획의 승인을 신청하려는 경우에는 일반산업단지의 사업시행자로 지정된 날부터 2년 이내에 제21조제1항 각 호의 사항을 기재한 일반산업단지개발실시계획승인신청서를 산업단지지정권자에게 제출하여야 한다. <개정 2007.10.4., 2008.2.29., 2014.1.14.>
② 제1항에 따른 일반산업단지개발실시계획승인신청서에는 제21조제2항 각호의 서류 및 도면을 첨부하여야 한다. 이 경우 산업단지지정권자는 「전자정부법」 제36조제1항에 따른 행정정보의 공동이용을 통하여 지적도를 확인하여야 한다. <개정 1996.6.29., 2007.10.4., 2008.12.31., 2010.5.4.>
③ 일반산업단지의 산업단지지정권자는 사업시행자가 부득이한 이유로 인하여 제1항의 규정에 의한 승인신청기간의 연장을 요청하는 경우에는 6월의 범위안에서 이를 연장할 수 있다. <개정 2007.10.4.>
④ 삭제 <2008.9.25.>
⑤ 삭제 <1993.11.6.>
[제목개정 2007.10.4.]

제22조의2(도시첨단산업단지개발실시계획) ① 도시첨단산업단지의 사업시행자가 법 제18조의2제1항에 따라 도시첨단산업단지개발실시계획의 승인을 신청하려는 경우에는 도시첨단산업단지의 사업시행자로 지정된 날부터 2년 이내에 제21조제1항 각 호의 사항을 기재한 도시첨단산업단지개발실시계획승인신청서를 산업단지지정권자에게 제출하여야 한다. <개정 2008.2.29., 2014.1.14.>
② 제1항에 따른 도시첨단산업단지개발실시계획승인신청서에는 제21조제2항 각 호의 서류 및 도면을 첨부하여야 한다. 이 경우 산업단지지정권자는 「전자정부법」 제36조제1항에 따른 행정정보의 공동이용을 통하여 지적도를 확인하여야 한다. <개정 2008.12.31., 2010.5.4.>
③ 도시첨단산업단지의 산업단지지정권자는 사업시행자가 부득이한 이유로 인하여 제1항에 따른 승인신청기간의 연장을 요청하는 경우에는 6개월의 범위 내에서 이를 연장할 수 있다.
④ 삭제 <2008.9.25.>
[본조신설 2007.10.4.]

제23조(농공단지실시계획) ①농공단지의 사업시행자는 법 제19조제1항의 규정에 의한 농공단지개발실시계획(이하 "농공단지실시계획"이라 한다)의 승인을 신청하고자 하는 경우에는 농공단지의 사업시행자로 지정된 날부터 1년이내에 제21조제1항 각호의 사항을 기재한 농공단지개발실시계획승인신청서를 시장·군수에게 제출하여야 한다. <개정 1996.6.29.>
②제1항의 규정에 의한 농공단지개발실시계획승인신청서에는 제21조제2항 각호의 서류 및 도면을 첨부하여야 한다. 이 경우 시장·군수는 「전자정부법」 제36조제1항에 따른 행정정보의 공동이용을 통하여 지적도를 확인하여야 한다. <개정 2008.12.31., 2010.5.4.>
③시장·군수는 사업시행자가 부득이한 이유로 인하여 제1항의 규정에 의한 승인신청기간

의 연장을 요청하는 경우에는 6월의 범위안에 서 이를 연장할 수 있다. <개정 1996.6.29.>
④ 삭제 <1996.6.29.>
⑤ 삭제 <1993.11.6.>

제23조의2(실시계획승인의 고시) 법 제19조의2제1항의 규정에 의하여 고시할 사항은 다음 각호와 같다. <개정 1996.6.29., 2000.7.1., 2003.1.14., 2005.3.25., 2012.4.10.>
1. 사업의 명칭
2. 사업시행자의 성명(법인인 경우에는 법인의 명칭 및 대표자의 성명)
3. 사업의 목적 및 개요
4. 사업시행지역의 위치 및 면적
5. 사업시행기간(착공 및 준공예정일을 포함한다)
6. 도시·군관리계획결정에 대한 「국토의 계획 및 이용에 관한 법률 시행령」 제25조제5항 각호의 사항

[본조신설 1993.11.6.]

제24조(산업단지개발사업의 위탁시행) ① 법 제20조제1항에서 "대통령령으로 정하는 공공시설"이란 상수도·철도·공동구·하수도·공공폐수처리시설·폐기물처리시설(재생처리시설을 포함한다. 이하 같다)·집단에너지공급시설·제방·호안·방조제·하굿둑·공원 및 녹지시설을 말하고, 같은 항에서 "대통령령으로 정하는 기관"이란 「한국농어촌공사 및 농지관리기금법」에 따른 한국농어촌공사를 말한다. <개정 1996.6.29., 2011.11.16., 2014.12.16., 2016.11.8., 2017.1.17.>
② 사업시행자는 법 제20조제1항의 규정에 의하여 산업단지개발사업의 일부를 국가·지방자치단체, 공기업(「공공기관의 운영에 관한 법률」 제5조에 따른 공기업을 말한다) 및 「한국농어촌공사 및 농지관리기금법」에 따른 한국농어촌공사에 위탁하여 시행하고자 하는 경우에는 이를 위탁받아 시행할 자와 다음 각호의 사항에 관하여 협의하여야 한다. <개정 1996.6.29., 2011.11.16.>
1. 위탁사업의 사업지
2. 위탁사업의 종류·규모·금액 기타 공사설계의 기준이 될 사항
3. 위탁사업의 시행기간(착공 및 준공예정일과 공정계획을 포함한다)
4. 위탁사업에 필요한 비용의 지급방법과 그 자금의 관리에 관한 사항
5. 위탁자가 부동산· 기자재 또는 노무자를 제공하는 경우에는 그 관리에 관한 사항
6. 위험부담에 관한 사항
7. 기타 위탁사업의 내용을 명백히 하는데 필요한 사항

③ 삭제 <2007.10.4.>
④제2항에 따라 개발사업을 위탁하여 시행하는 경우의 위탁료율의 기준은 국토교통부령으로 정한다. <개정 1994.12.23., 2007.10.4., 2008.2.29., 2013.3.23.>

[제목개정 1996.6.29.]

제24조의2(산업단지의 신탁개발) ① 사업시행자가 법 제20조의2제1항의 규정에 의하여 부동산신탁업자와 산업단지개발에 관한 신탁계약을 체결하고자 하는 경우 그 계약서에는 다음 각호의 사항이 포함되어야 한다. <개정 2008.7.29.>
1. 위탁자 및 수탁자의 성명(법인인 경우에는 그 명칭 및 대표자의 성명) 및 주소
2. 산업단지의 명칭·위치 및 면적
3. 신탁개발에 관하여 다음 각목의 사항이 포함된 시행계획개요
   가. 사업의 목적
   나. 사업의 종류 및 개요
   다. 사업의 시행기간

② 사업시행자는 제1항의 규정에 의한 신탁계약을 체결한 경우에는 그 계약서 사본에 다음 각호의 서류를 첨부하여 그 계약을 체결한 날부터 14일이내에 산업단지지정권자에게 제출하여야 한다.
1. 위치도
2. 사업계획서
3. 자금조달계획서
4. 처분계획서

③ 제1항의 규정에 의한 신탁계약을 체결한 부동산신탁업자는 그 계약의 내용에 따라 성실히 사업을 수행하여야 한다. <개정 2008.7.29.>

[전문개정 1999.3.26.]

제24조의3(토지소유자에 대한 환지) ① 법 제24조제1항제1호의 규정에 의하여 환지를 받을 수 있는 토지소유자는 산업단지지정고시일 현재 산업단지개발계획에서 정한 최소공급면적이상의 토지를 소유한 자로 한다. <개정 1996.6.29., 2001.6.30.>
② 제1항에 따라 환지를 받고자 하는 자는 환지신청서에 산업시설 등에 관한 설치계획서를 첨부하여 사업시행자에게 제출하여야 한다. <개정 1996.6.29., 2014.5.9.>

③ 제2항의 규정에 의한 환지신청은 사업시행자가 당해 산업단지보상공고에서 정한 협의기간내에 하여야 한다. <개정 1996.6.29.>
④ 사업시행자(법 제16조제1항제6호에 해당하는 사업시행자를 제외한다)는 다음 각호에 정한 기준에 따라 환지의 방법 및 절차등을 산업단지개발실시계획에서 정하여야 한다. <개정 1996.6.29., 2001.6.30., 2014.5.9.>
1. 환지대상이 되는 종전 토지의 가액은 보상공고시 사업시행자가 제시한 협의를 위한 보상금액으로 하고, 환지의 가액은 제40조에 따른 해당 산업단지의 용지별 분양가격을 기준으로 한다.
2. 환지면적은 종전의 토지면적을 기준으로 하되, 지역여건 및 용지별 수급 상황 등을 고려하여 그 면적을 증감할 수 있다.
3. 종전의 토지가액과 환지가액간의 차액은 이를 현금으로 정산하여야 한다.

[본조신설 1993.11.6.]
[제24조의2에서 이동, 종전 제24조의3은 제24조의4로 이동 <1996·6·29>]

제24조의4(공공시설의 범위) 법 제26조의 규정에 의한 공공시설의 범위는 「국토의 계획 및 이용에 관한 법률」 제2조제13호에 따른 공공시설 중 다음 각 호의 시설과 「공간정보의 구축 및 관리 등에 관한 법률」 제67조제1항에 따른 구거로 한다. 다만, 단일기업이 입주한 산업단지의 경우 당해 기업이 전용으로 사용하는 공공시설을 제외한다. <개정 1996.6.29., 2000.7.1., 2003.1.14., 2005.3.25., 2006.4.20., 2007.10.4., 2009.11.10., 2009.12.14., 2015.6.1.>
1. 도로
2. 공원
3. 광장
4. 삭제 <1996.12.31.>
5. 하천
6. 녹지
7. 삭제 <1996.12.31.>
8. 수도(한국수자원공사가 설치하는 수도의 경우에는 관로에 한한다)
9. 하수도
10. 유수지시설
11. 방조설비(防潮設備)

[본조신설 1993.11.6.]
[제24조의3에서 이동 <1996·6·29>]

제25조(용도폐지의 협의등) ①산업단지의 실시계획승인권자가 법 제27조제2항 후단의 규정에 의하여 국가 또는 지방자치단체소유재산의 용도폐지 및 양도에 관하여 관계 행정기관의 장에게 협의요청을 하는 경우에는 다음 각호의 서류를 첨부하여야 한다. <개정 1996.6.29., 2004.3.17., 2005.3.25., 2008.12.31.>
1. 협의대상재산의 명세서
2. 협의내용(용도폐지·양도 및 재산평가방법등)을 기재한 서류
3. 삭제 <2008.12.31.>
4. 삭제 <2008.12.31.>
5. 위치도
6. 미등기확인서(등기가 되어 있지 아니한 재산에 한한다)

② 제1항에 따라 협의요청을 받은 관계 행정기관의 장은 「전자정부법」 제36조제1항에 따른 행정정보의 공동이용을 통하여 다음 각 호의 서류를 확인하여야 한다. <신설 2008.12.31., 2010.5.4.>
1. 토지(임야)대장 등본
2. 등기부 등본
3. 지적도 등본

③기획재정부장관은 법 제27조제4항의 규정에 의하여 관리·처분하는 재산을 「국유재산법」 제42조제1항에 따라 관리·처분사무를 위임받은 자로 하여금 관리·처분하게 할 수 있다. <개정 1994.12.23., 1998.6.24., 2005.3.25., 2008.2.29., 2008.12.31., 2009.7.27.>
④법 제27조제5항에서 "공기업 등 대통령령으로 정하는 자"란 다음 각 호의 어느 하나에 해당하는 자(이하 "공공사업시행자"라 한다)를 말한다. <신설 2001.6.30., 2003.6.30., 2005.3.25., 2008.12.31., 2009.11.10., 2009.11.20., 2010.3.26., 2011.11.16.>
1. 「공공기관의 운영에 관한 법률」 제5조에 따른 공기업
2. 「지방공기업법」에 따른 지방공사 및 지방공단
3. 「중소기업진흥에 관한 법률」에 따른 중소기업진흥공단
4. 「산업집적활성화 및 공장설립에 관한 법률」에 의한 한국산업단지공단
5. 「한국농어촌공사 및 농지관리기금법」에 따른 한국농어촌공사

⑤ 공공사업시행자는 법 제27조제5항의 규정에 의하여 매입대금을 5년 이내의 기간에 걸

쳐 분할납부할 수 있다. 이 경우 매입대금잔액에 대한 이자는 연 6퍼센트로 한다. <신설 2001.6.30., 2007.10.4., 2008.12.31.>

⑥ 공공사업시행자가 제5항에 따라 분할납부하는 경우에는 「국유재산법」 제51조의 규정에 불구하고 매입대금이 완납되기 전에 소유권을 이전할 수 있다. 이 경우 저당권 설정 등 채권의 확보를 위하여 필요한 조치를 취하여야 한다. <신설 2001.6.30., 2005.3.25., 2008.12.31., 2009.7.27.>

제26조(비용의 보조) ① 법 제28조제1항 단서의 규정에 의하여 국가 또는 지방자치단체가 보조할 수 있는 비용의 종목은 다음 각호와 같다. <개정 1996.6.29., 2003.1.14., 2010.7.12., 2017.1.17.>

1. 산업단지안의 간선도로의 건설비
2. 산업단지안의 녹지시설의 건설비
3. 용수공급시설·하수도 및 공공폐수처리시설의 건설비
4. 이주대책사업비
5. 토지 또는 시설등을 임대할 목적으로 조성하는 산업단지의 용지매입비와 공원 및 공동구의 건설비
6. 지식산업센터건설을 위한 용지매입비
7. 농공단지조성을 위한 부지조성비와 진입도로·전력·통신시설등 기반시설비 및 용지매입비
8. 문화재조사비

② 국가 또는 지방자치단체는 제1항 각호의 비용의 50퍼센트 범위안에서 이를 보조할 수 있다. 다만, 제1항제3호의 비용중 하수도 및 공공폐수처리시설의 건설비와 동항 제8호의 비용 및 다음 각호의 어느 하나에 해당하는 경우 제1항 각호의 비용은 미리 심의회의 심의를 거쳐 그 전액을 보조할 수 있다. <개정 1996.6.29., 2003.1.14., 2005.3.25., 2017.1.17.>

1. 낙후지역의 개발을 위하여 특히 필요하다고 인정하는 경우
2. 사업시행자가 미개발·미분양된 산업단지안의 용지를 임대하고자 하는 경우
3. 도시첨단산업단지를 조성하여 임대하고자 하는 경우

③ 제2항 각호외의 부분 단서의 규정을 적용함에 있어서는 제1항제3호의 비용중 하수도 및 공공폐수처리시설의 건설비와 동항제8호의 비용에 해당하는 사항 및 제2항제2호에 관한 사항은 「수도권정비계획법」 제2조제1호의 규정에 의한 수도권(「접경지역지원법」 제2조제1호의 규정에 의한 접경지역을 제외한다)외의 지역에 한하여 적용한다. <신설 2003.1.14., 2005.3.25., 2017.1.17.>

④ 제10조의4제1호가목 및 제45조의3제2항제1호가목에 해당하는 경우에는 국가가 보조하는 비용에 상응하는 비용을 해당 지방자치단체도 부담하여야 한다. <신설 2012.11.20.>

제27조(기반시설의 지원) ① 법 제29조제1항에서 "항만·도로·용수시설·철도·통신·전기시설 등 대통령령으로 정하는 기반시설"이란 다음 각 호의 시설을 말한다. <개정 2011.11.16., 2013.3.23., 2017.1.17.>

1. 항만·도로 및 철도
2. 용수공급시설, 전기시설, 통신시설 및 가스시설
3. 하수도·공공폐수처리시설 및 폐기물처리시설
4. 산업단지의 공동구
5. 집단에너지공급시설
6. 그 밖에 산업단지개발을 위하여 특히 필요한 공공시설로서 국토교통부장관이 정하는 시설

② 삭제 <2016.3.29.>

③ 제10조의4제1호가목 및 제45조의3제2항제1호가목에 해당하는 경우에는 국가가 시설을 지원하는 비용에 상응하는 비용을 해당 지방자치단체도 부담하여야 한다. <신설 2012.11.20.>

[전문개정 2008.9.25.]

제27조의2(산업단지안의 전기시설의 설치) 산업단지의 실시계획에서 도시·군계획시설로 결정된 도로까지의 전기시설은 한국전력공사가 미리 설치한다. <개정 2012.4.10.>

[본조신설 1998.6.24.]

제27조의3(기반시설 지원에 대한 타당성 평가 대상 등) ① 법 제29조의2제1항 본문에서 "대통령령으로 정하는 기반시설"이란 「도로법」 제10조에 따른 도로 중 다음 각 호의 어느 하나에 해당하는 도로를 말한다.

1. 신규 산업단지와 인근의 주요 간선도로를 연결하는 도로
2. 기존 산업단지와 신규 산업단지를 연결하는 도로

② 사업시행자는 제1항에 따른 기반시설에

대하여 국고지원을 받으려는 경우에는 산업단지 실시계획을 수립한 후 해당 예산편성 연도 3월 31일까지 사업의 명칭·개요·사업비 등을 명시한 신청서를 국토교통부장관에게 제출하여야 한다. 이 경우 해당 산업단지 실시계획은 해당 예산편성 연도 6월 30일까지 승인·고시되어야 한다.

③ 국토교통부장관은 법 제29조의2제1항에 따라 사업의 타당성을 평가하는 경우 해당 사업의 규모, 지원 비용 및 지원 효과 등을 종합적으로 검토하여야 한다.

④ 법 제29조의2제2항에서 "대통령령으로 정하는 기관 또는 단체"란 다음 각 호의 어느 하나에 해당하는 기관 또는 단체를 말한다.

1. 「정부출연연구기관 등의 설립·운영 및 육성에 관한 법률」에 따라 설립된 국토연구원
2. 「정부출연연구기관 등의 설립·운영 및 육성에 관한 법률」에 따라 설립된 한국개발연구원
3. 그 밖에 국토교통부장관이 법 제29조의2에 따른 타당성 평가에 관한 전문성이 있다고 인정하는 기관 또는 단체

⑤ 국토교통부장관은 제4항에 따른 기관 또는 단체 중에서 타당성 평가를 수행할 기관(이하 "전문기관"이라 한다)을 지정하여 수행하게 할 수 있다.

⑥ 국토교통부장관은 제5항에 따라 전문기관을 지정한 경우에는 그 지정사실을 고시하여야 한다.

⑦ 국토교통부장관은 제5항에 따라 지정한 전문기관이 그 업무를 수행하는데 필요한 비용을 예산의 범위에서 지원할 수 있다.

⑧ 제1항부터 제7항까지에서 규정한 사항 외에 기반시설 지원에 대한 타당성 평가의 절차 및 세부기준과 전문기관의 지정 및 운영에 관한 사항은 국토교통부장관이 정하여 고시한다.

[본조신설 2017.6.20.]

[종전 제27조의3은 제27조의4로 이동 <2017.6.20.>]

제27조의4(국가산업단지 기반시설의 유지보수비 지원) ① 법 제29조의3제1항에 따라 국가가 유지·보수 또는 개량에 필요한 비용의 일부를 지원할 수 있는 기반시설은 다음 각 호의 요건을 모두 갖추어야 한다. <개정 2017.6.20., 2018.1.16.>

1. 지방자치단체가 유지·관리하는 기반시설(제26조제1항 또는 제27조제1항에 따라 비용이나 시설의 지원을 받을 수 있는 기반시설을 말한다) 중에서 국토교통부장관이 기획재정부장관과 협의하여 고시하는 기반시설에 해당할 것
2. 「시설물의 안전 및 유지관리에 관한 특별법」, 「교통안전법」 등 관계 법령에 따라 안전점검 등을 실시한 결과 보수 또는 보강이 필요한 것으로 진단된 시설로서 국토교통부장관이 지정하는 전문기관의 타당성 평가 결과 지원이 필요한 것으로 인정된 시설일 것

② 법 제29조의3제1항에 따른 국가의 지원 규모, 지원방법 등에 관한 구체적인 사항은 심의회의 심의를 거쳐 국토교통부장관이 정한다. <개정 2017.6.20.>

[본조신설 2016.3.29.]

[제27조의3에서 이동 <2017.6.20.>]

제28조(기존공장 등의 존치) ① 법 제30조에 따라 산업단지안에 존치할 수 있는 기존의 공장이나 건축물 기타 공작물(이하 "기존공장등"이라 한다)의 범위는 다음 각호와 같다.

1. 기존의 이용상태가 양호하여 새로운 개발사업의 시행이 필요하지 아니하다고 인정되는 기존공장등
2. 산업단지개발계획에 의한 토지이용계획에 적합한 용도로 이용되는 기존공장등
3. 산업단지개발실시계획에 의한 개발사업의 시행에 지장이 없는 기존공장등

② 법 제30조제2항에서 "연접"이란 개별입지 공장의 업종이 산업단지개발계획상 유치업종에 해당되는 경우로서 다음 각 호의 요건을 모두 갖춘 경우를 말한다.

1. 산업단지와의 사이에 다른 소유자의 토지 및 시설물(제24조의4에 따른 공공시설은 제외한다)이 없을 것
2. 산업단지와 너비 20미터 이상의 도로·하천·공원 등 지형지물에 의하여 분리되지 아니할 것

[전문개정 2007.10.4.]

제29조(산업단지 외의 사업에 대한 준용) 법 제31조 전단에서 "도로·용수공급시설 사업 등 대통령령으로 정하는 사업"이란 다음 각 호의 사업을 말한다.

1. 항만·도로·철도·용수공급시설·하수도·

공공폐수처리시설·폐기물처리시설·전기시설 또는 통신시설사업
2. 가스·유류의 공급시설사업 및 열공급시설(관로로 한정한다)사업
3. 산업단지의 조성을 위하여 그 산업단지에 연접한 토취장 및 돌산을 개발하는 사업
4. 산업단지의 매립을 위한 준설사업
5. 하천의 정비사업
6. 산업단지의 환경 개선 및 산업단지 입주기업 근로자의 생활 편의 향상을 위하여 산업단지 인근에 설치하는 녹지, 공원 및 공공·문화체육시설(「국토의 계획 및 이용에 관한 법률」 제2조제7호에 따른 도시·군계획시설로 결정된 것을 말한다. 이하 같다) 사업

[전문개정 2017.6.20.]

제30조(선수금) ①법 제32조에 따라 선수금을 받으려는 사업시행 자 중 법 제16조제1항제1호 또는 제2호에 해당하는 자는 해당 산업단지의 실시계획승인을 받아야 하고, 법 제16조제1항제2호의2 및 제3호부터 제6호까지의 어느 하나에 해당하는 자는 해당 산업단지의 실시계획승인을 받은 후 다음 각 호의 구분에 따른 요건을 갖추어야 한다. <개정 1996.6.29., 1999.3.26., 2001.6.30., 2005.3.25., 2006.4.20., 2007.10.4., 2008.9.25., 2014.7.14., 2014.12.16., 2016.2.11., 2017.6.20.>

1. 법 제16조제1항제2호의2 또는 제4호(법 제16조제1항제1호 또는 제2호에 해당하는 자의 출자비율의 합이 100분의 20 이상인 법인만 해당한다)에 해당하는 사업시행자 : 실시계획승인을 받은 사업시행토지면적의 100분의 30이상의 토지에 대한 소유권을 확보하고 산업단지개발사업에 착수할 것
2. 법 제16조제1항제3호·제4호(법 제16조제1항제1호 또는 제2호에 해당하는 자의 출자비율의 합이 100분의 20 미만인 법인에 한한다)·제5호 및 제6호에 해당하는 사업시행자 : 다음 각 목의 요건을 갖출 것
   가. 분양하고자 하는 토지에 대한 소유권을 확보하고 당해 토지에 설정된 저당권을 말소하였을 것. 다만, 부득이한 사유로 토지소유권을 확보하지 못하였거나 저당권을 말소하지 못한 경우에는 사업시행자·토지소유자 및 저당권자는 다음 내용의 공동약정서를 공증하여 법 제21조제2항의 규정에 의한 실시계획승인권자(이하 "실시계획승인권자"라 한다)에게 제출하여야 한다.
      (1) 토지소유자는 제3자에게 당해 토지를 양도하거나 담보로 제공하지 아니할 것
      (2) 선수금을 납부한 자가 준공인가 또는 준공인가전 사용허가를 받아 당해 토지를 사용하게 되는 경우에는 토지소유자 및 저당권자는 지체없이 소유권을 이전하고, 저당권을 말소할 것
   나. 분양하고자 하는 토지에 대한 용지조성공사를 착공하였을 것
   다. 선분양계약의 불이행시 선수금액의 환불을 담보하기 위하여 다음 내용의 보증 또는 보험금액 및 기간등을 기재한 보증서등(「국가를 당사자로 하는 계약에 관한 법률 시행령」 제37조제2항의 규정에 의한 보증서·보험증권·정기예금증서·수익증권등을 말한다. 이하 같다)을 실시계획승인권자에게 제출할 것
      (1) 보증 또는 보험금액은 선수금에 그 금액에 대한 보증 또는 보험기간에 해당하는 약정이자상당액(한국은행 통계월보상의 기업대출금리수준에 따라 산출한 금액을 말한다)을 가산한 금액이상으로 할 것
      (2) 보증 또는 보험기간의 개시일은 선수금을 받는 날 이전이어야 하며 그 종료일은 준공예정일부터 30일이상으로 할 것. 다만, 그 사업기간을 연장하는 경우에는 당초의 보증 또는 보험기간에 그 연장하고자 하는 기간을 가산한 기간을 보증 또는 보험기간으로 하는 보증서등을 제출하여야 한다.
   라. 제39조제1항에 따른 분양계획서를 실시계획승인권자에게 제출할 것

②사업시행자는 제1항의 규정에 의하여 미리 토지를 분양하거나 시설물을 이용하게 한 후에는 당해 토지를 담보로 제공하여서는 아니된다.

③실시계획승인권자는 사업시행자가 선분양계약 내용대로 사업을 이행하지 아니하거나 이행할 능력이 없다고 인정하는 경우에는 당해 산업단지의 준공전에 보증서등을 선수금액의 환불을 위하여 사용할 수 있다. <개정 1996.6.29.>

[전문개정 1994.12.16.]

제31조(시설 부담) ①법 제33조제1항에서 "대통

령령으로 정하는 공공시설"이란 다음 각 호의 시설을 말한다. <개정 1993.11.6., 1996.6.29., 2000.7.1., 2003.1.14., 2005.3.25., 2011.11.16., 2012.4.10., 2014.5.9., 2017.1.17.>

1. 산업단지의 진입도로 및 간선도로
2. 산업단지안에 보존할 녹지 및 공원(「국토의 계획 및 이용에 관한 법률」 제2조제7호의 규정에 의한 도시·군계획시설로 결정된 것을 말한다)
3. 용수공급시설·하수도시설·전기시설·통신시설·공공폐수처리시설 및 폐기물처리시설
4. 법 제26조의 규정에 의하여 국가 또는 지방자치단체에 무상으로 귀속되는 공공시설
5. 산업단지의 환경 개선 및 산업단지 입주기업 근로자의 생활 편의 향상을 위하여 산업단지 인근에 설치하는 녹지, 공원 및 공공·문화체육시설

② 제1항에 따른 공공시설의 건설비용은 해당 공공시설의 건설과 관련하여 제40조제9항의 기준에 따라 산정한 용지비, 용지부담금, 조성비, 직접인건비, 이주대책비, 일반관리비, 자본비용 및 그 밖의 비용을 합산한 금액으로 한다. <개정 2011.4.6.>

③ 법 제33조제2항에서 "대통령령으로 정하는 시설"이란 제1항제5호에 따른 시설을 말한다. <개정 2017.6.20.>

④법 제33조제1항을 적용함에 있어서 사업시행자가 2인 이상인 경우 공공시설의 비용은 당해 산업단지의 총가용면적(기존공장등의 총부지면적을 포함한다)에 사업시행자가 분양받는 개별 가용면적의 비율에 따라 각 사업시행자가 이를 나누어 부담한다. <신설 1993.11.6., 1996.6.29., 2014.5.9.>

⑤제4항의 규정에 불구하고 공공시설이 특정한 사업시행자만의 사용을 위한 용도로 설치되는 경우에는 그 공공시설의 위치, 설치목적, 이용상황 및 지역여건등을 종합적으로 고려하여 공공시설을 사용할 당해 사업시행자에 대하여 그 설치비용의 전부 또는 일부를 부담하게 할 수 있다. <신설 1993.11.6.>

⑥사업시행자는 법 제33조제2항에 따라 시설부담금을 납부하게 하려는 경우에는 이를 부담할자에게 공공시설의 명칭·설치비용의 총액·부담하여야 할 금액·납부방법 및 납부기한 등을 명시하여 부담금의 납부를 서면으로 통지하여야 한다. 다만, 사업시행자가 존치시설물의 소유자에게 시설부담금을 납부하게 하려는 경우에는 미리 해당시설물 소유자의 의견을 들어야 한다. <개정 1993.11.6., 1996.6.29., 2006.4.20., 2014.5.9.>

⑦ 법 제33조제4항에서 "대통령령으로 정하는 존치시설물"이란 「건축법 시행령」 별표 1 각 호에 해당하는 시설물을 말한다. <신설 2017.6.20.>

⑧ 법 제33조제4항에 따른 존치시설물별 시설부담금의 감면비율은 별표 1과 같다. <신설 2017.6.20.>

[제목개정 2014.5.9.]

제32조(시설부담금의 부과·징수 위탁 등) ① 법 제35조제5항 전단에 따라 행정청이 아닌 사업시행자가 시설부담금과 가산금의 징수를 위탁하려는 경우에는 다음 각 호의 사항을 적은 문서를 위탁받을 시장·군수에게 송부하여야 한다.

1. 납부의무자의 성명 및 주소
2. 납부액 및 납부기한
3. 독촉장 발부사실의 유무와 그 발부연월일

② 법 제35조제5항 후단에 따라 행정청이 아닌 사업시행자는 징수된 부담금의 100분의 3에 해당하는 금액을 시설부담금의 부과·징수에 관한 사무의 처리비용으로 시장·군수에게 지급하여야 한다.

[본조신설 2014.7.14.]

제33조 삭제 <2007.10.4.>

제34조 삭제 <2007.10.4.>

제35조(이주대책 등) ①사업시행자는 법 제36조제2항의 규정에 의하여 이주자 또는 인근지역의 주민의 생활안정을 위하여 필요하다고 인정하는 경우에는 취업희망자의 구직표 및 산업단지에 입주하는 기업의 구인표를 각각 작성하여 관할 지방고용노동관서의 장 또는 시장·군수에게 구직·구인을 신청할 수 있다. <개정 1996.6.29., 2010.7.12.>

②제1항의 규정에 의하여 구직·구인신청을 받은 지방고용노동관서의 장 또는 시장·군수는 구인자에게는 구인조건에 적합한 구직자의 목록을, 구직자에게는 구직조건에 적합한 구인자의 목록을 제시하여 적극적으로 알선하여야 한다. <개정 1996.6.29., 2010.7.12.>

③ 법 제36조제3항에 따라 관계 시·도지사, 시장·군수 또는 사업시행자가 수립·시행할 수 있는 이주자에 대한 지원대책에는 다음 각 호의 사항을 포함할 수 있다. <신설 2014.7.14.>

1. 산업단지로 지정된 지역의 주민으로서 직업전환을 희망하는 이주자에 대한 직업전환훈련의 실시
2. 산업단지로 지정된 지역의 주민으로 구성된 법인 또는 단체에 대한 소득창출사업의 지원

④ 제3항제1호에 따른 직업전환훈련의 대상, 훈련 방법 및 지원 등에 필요한 사항과 같은 항 제2호에 따른 소득창출사업의 범위는 시·도지사가 관계 시장·군수와 협의하여 정한다. <신설 2014.7.14.>

[제목개정 2014.7.14.]

제36조(준공인가) ① 사업시행자는 법 제37조제1항의 규정에 의하여 준공인가를 받고자 하는 경우에는 다음 각호의 사항을 기재한 준공인가신청서를 당해 산업단지의 실시계획승인권자에게 제출하여야 한다. <개정 1996.6.29.>

1. 사업시행자의 성명(법인인 경우에는 법인의 명칭 및 대표자의 성명)·주소
2. 사업의 명칭
3. 사업시행지역의 위치 및 면적
4. 사업시행기간
5. 토지이용계획
6. 기반시설계획

②제1항에 따른 준공인가신청서에는 다음 각 호의 서류 및 도면을 첨부하여야 한다. <개정 1996.6.29., 1999.8.6., 2001.6.30., 2005.3.25., 2008.9.25., 2010.10.14., 2016.8.31.>

1. 준공설계도서(준공사진을 포함한다)
2. 시장·군수가 발행하는 지적측량성과도
3. 법 제38조의 규정에 의한 개발된 토지·시설등의 처분계획서
4. 법 제26조에 따른 공공시설 및 토지등의 귀속조서와 도면(법 제16조제1항제2호부터 제6호까지의 규정에 따른 사업시행자인 경우에는 용도폐지된 공공시설 및 토지등에 대한 「감정평가 및 감정평가사에 관한 법률」에 따른 감정평가업자의 평가조서와 새로 설치된 공공시설의 공사비산출내역서를 포함한다. 다만, 실시계획승인권자가 새로 설치된 공공시설의 설치비가 용도폐지된 공공시설 및 토지등에 대한 감정평가액보다 크다고 인정하는 경우에는 그러하지 아니하다)
5. 환지계획서 및 신·구지적대조도(법 제24조의 규정에 의하여 환지를 하는 경우에 한한다)
6. 「공유수면 관리 및 매립에 관한 법률」 제46조·제35조제4항 및 같은 법 시행령 제51조의 규정에 의하여 사업시행자가 취득할 대상토지와 국가 또는 지방자치단체에 귀속될 토지등의 내역서(공유수면을 매립하는 경우에 한한다)

③ 실시계획승인권자가 제1항의 규정에 의한 준공인가신청을 받은 때에는 준공검사일정을 정하여 준공인가신청 내용에 포함된 공공시설을 인수하거나 관리하게 될 국가기관 또는 지방자치단체의 장에게 검사일 5일전까지 통보하여야 하며, 준공검사에 참여하고자 하는 국가기관 또는 지방자치단체의 장은 준공검사일 전일까지 참여를 요청하여야 한다. <신설 1996.6.29.>

④ 제1항의 규정에 의한 준공인가신청을 받은 실시계획승인권자는 준공검사를 하여 당해 산업단지개발사업이 법 제17조 내지 법 제19조의 규정에 의하여 승인된 실시계획대로 완료되었다고 인정하는 경우에는 준공인가필증을 교부하여야 한다. <개정 1996.6.29.>

⑤ 법 제37조제2항 후단에서 "공기업 등 대통령령으로 정하는 기관"이란 다음 각 호의 어느 하나에 해당하는 기관을 말한다. <신설 2011.11.16.>

1. 「공공기관의 운영에 관한 법률」 제5조에 따른 공기업
2. 「지방공기업법」에 따른 지방공사 및 지방공단
3. 「중소기업진흥에 관한 법률」에 따른 중소기업진흥공단
4. 「산업집적활성화 및 공장설립에 관한 법률」에 따른 한국산업단지공단
5. 「한국농어촌공사 및 농지관리기금법」에 따른 한국농어촌공사

⑥법 제37조제5항의 규정에 의하여 공고하여야 할 사항은 다음 각호와 같다. <개정 1993.11.6., 1996.6.29., 2011.11.16.>

1. 사업의 명칭
2. 사업시행자의 성명(법인인 경우에는 법인의 명칭 및 대표자의 성명)·주소
3. 사업시행지역의 위치 및 면적
4. 준공인가연월일
5. 공공시설 및 토지등의 관리처분계획

⑦ 사업시행자는 제4항의 규정에 의한 준공인가를 받은 경우에는 1월이내에 제1항 및 제2항 각호의 내용을 「산업집적활성화 및 공장설립에 관한 법률」 제30조제2항의 규정에 의한 당해 산업단지관리기관에 통보하

여야 한다. <개정 1996.6.29., 2003.6.30., 2005.3.25., 2011.11.16.>

[시행일:2011.12.5.] 기존 제36조제5항은 제36조제6항으로 이동 신설된 제36조제5항은 2011.12.5.부터 시행

제37조(준공인가전 토지등의 사용) ① 산업시설용지(복합용지 내에 산업시설을 설치하기 위한 용지를 포함한다) 등의 분양을 받은 자는 법 제37조제7항 단서의 규정에 의하여 준공인가전에 용지 또는 시설물을 사용하고자 하는 때에는 그 범위를 정하여 국토교통부령이 정하는 바에 따라 준공인가전사용신청서를 사업시행자에게 제출하여야 한다. <개정 2008.2.29., 2013.3.23., 2014.7.14.>

② 법 제37조제8항에 따라 사업시행자 지정을 받은 자가 준공인가 전에 그가 설치한 시설물을 사용하기 위하여 실시계획 승인권자의 사전 승인을 받으려면 제1항에 따른 준공인가전사용신청서를 실시계획승인권자에게 제출하여야 한다. <신설 2008.9.25.>

③ 제1항 및 제2항에 따른 준공인가전 사용신청을 받은 사업시행자 및 실시계획승인권자는 다음 각 호의 어느 하나에 해당하는 경우를 제외하고 지체 없이 그 용지 또는 시설물을 사용할 수 있게 하여야 한다. 이 경우 준공인가전 사용의 대상이 되는 용지 또는 시설물중 국·공유재산이 포함되어 있는 경우에는 해당 재산(법 제26조에 따라 사업시행자에게 무상으로 귀속·양도되는 국·공유재산으로서 무상 귀속·양도에 관하여 미리 관리청과 협의를 완료한 경우는 제외한다)의 소유권을 미리 취득하게 하여야 한다. <개정 2006.4.20., 2008.9.25., 2011.4.6.>

1. 전기·통신 또는 가스 등의 공급업자가 신청인의 입주 또는 공장 등의 가동시기(이하 "입주시점"이라 한다)에 맞추어 전기·통신 또는 가스 등의 공급이 불가능하다고 확인하는 경우
2. 관할 시장·군수가 입주시점까지 도로의 소통 및 상수원공급이 불가능하다고 통보한 경우
3. 공해배출업체가 입주하는 경우로서 하수·폐수 또는 폐기물처리시설의 가동이 입주시점까지 곤란하고 대체처리 계획의 수립이 불가능한 경우
4. 그 밖에 조성된 용지나 설치된 시설물의 사용이 불가능한 특별한 사유가 있는 경우

[전문개정 1999.3.26.]

제38조(개발토지·시설등의 양도) 사업시행자는 개발된 토지 또는 시설등을 법 제38조제1항의 규정에 의하여 양도하고자 하는 경우에는 그 재산의 목록과 가액을 표시한 양도에 관한 조서를 작성하여 이를 양도받을 자에게 송부하여야 한다.

[전문개정 1993.11.6.]

제39조(개발토지·시설등의 분양) ①사업시행자는 개발된 토지 또는 시설등을 법 제38조제1항의 규정에 의하여 당해 산업단지에 입주하여 사업을 영위하고자 하는 자에게 분양하고자 하는 경우에는 분양계획서를 작성하여 그 계획에 따라 분양하여야 한다. <개정 1996.6.29.>

②제1항의 규정에 의한 분양계획서에는 다음 각호의 사항이 포함되어야 한다. <개정 1996.6.29.>

1. 분양하고자 하는 토지 또는 시설등의 명세
2. 분양대상자의 자격요건
3. 분양의 시기·방법 및 조건
4. 분양가격의 결정방법
5. 선수금 및 그 납부에 관한 사항

제40조(분양가격의 결정 등) ① 사업시행자가 개발된 토지 또는 시설등을 법 제38조제1항에 따라 산업시설용지(복합용지 내에 산업시설을 설치하기 위한 용지를 포함하며, 이하 이 조에서 같다)로 분양하는 경우 그 분양가격은 조성원가로 한다. 다만, 조성된 산업시설용지를 분할하여 분양하는 경우로서 분양촉진 등을 위하여 필요한 경우에는 분양하려는 전체 산업시설용지의 총 조성원가의 범위에서 일부 산업시설용지를 조성원가보다 높거나 낮은 가격으로 분양할 수 있다. <개정 2007.10.4., 2011.4.6., 2014.7.14.>

② 사업시행자가 조성원가로 공급하는 용지에 대해서는 조성원가에 적정이윤을 합한 금액으로 분양가격을 정할 수 있다. 이 경우 적정이윤은 조성원가에 100분의 15의 범위에서 다음 각 호의 구분에 따른 이윤율을 곱하여 산정한다. <신설 2007.10.4., 2008.2.29., 2009.6.30., 2014.7.14.>

1. 법 제16조제1항제1호 및 제2호에 해당

하는 사업시행자: 국토교통부장관이 정하여 고시하는 이윤율
2. 법 제16조제1항제2호의2 및 제3호부터 제6호까지에 해당하는 사업시행자: 시·도의 조례로 정하는 이윤율

③ 법 제16조제1항제1호 및 제2호에 해당하는 사업시행자(법 제39조에 따른 특수지역개발사업의 사업시행자는 제외한다)는 제2항제1호에도 불구하고 산업단지지정권자와 협의하여 100분의 15의 범위에서 같은 호에 따른 이윤율보다 높게 적정이윤의 이윤율을 정할 수 있다. 이 경우 이윤율을 높인 만큼 발생하는 이익은 해당 산업단지에서 다음 각 호의 용도로 전부 사용하여야 한다. <신설 2016.11.8.>
1. 창업·기술개발의 지원 등을 위한 기업지원시설 및 근로자 지원시설의 건축
2. 제1호에 따른 시설을 분양하는 경우 분양가격의 인하

④ 사업시행자는 제1항부터 제3항까지의 규정에도 불구하고 다음 각 호의 어느 하나에 해당하는 경우에는 분양가격을 조성원가 이하로 정할 수 있다. <개정 2009.6.25., 2016.11.8.>
1. 기업을 보다 효율적으로 유치하기 위한 경우
2. 「공익사업을 위한 토지 등의 취득 및 보상에 관한 법률」 제4조에 따른 공익사업의 시행으로 이전하는 공장이나 물류시설을 소유하고 있는 자에게 산업시설용지를 원활하게 공급하기 위한 경우
3. 그 밖에 사업시행자가 필요하다고 인정하는 경우

⑤ 사업시행자는 제1항 및 제4항에도 불구하고 준공 후 5년이 경과한 경우에 미분양 토지 중 조성원가 또는 조성원가 이하로 공급되는 토지에 대하여는 당초 분양가격에 준공 후 5년이 경과한 날부터 계약체결일까지 「민법」 제379조에 따른 이자를 가산하여 분양가격을 따로 정할 수 있다. <신설 2007.10.4., 2016.11.8.>

⑥ 제1항의 규정에 의한 산업시설용지 외의 용도로 공급하는 용지의 분양가격은 「감정평가 및 감정평가사에 관한 법률」 제2조제4호에 따른 감정평가업자가 행한 감정평가액으로 한다. 다만, 분양가격을 감정평가액으로 하지 아니할 수 있는 경우와 그 분양가격은 다음 각호와 같다. <개정 2005.3.25., 2007.10.4., 2011.12.8., 2012.11.20., 2016.8.31.>
1. 산업단지에 입주하는 자의 생산활동의 지원에 직접 필요한 용지로서 공용화물터미널용지·집배송단지 등 물류시설용지와 직업훈련시설용지를 공급하는 경우 : 조성원가
2. 학교시설용지·어린이집용지·공공의료시설용지·공공청사용지·공공문화시설용지·공공복지시설용지·국민주택용지(60제곱미터 이하의 용지에 한한다)·임대주택용지 및 연구시설용지를 공급하는 경우 : 조성원가 또는 그 이하의 금액
3. 판매시설용지 등 영리를 목적으로 사용될 용지(「택지개발촉진법 시행령」 제13조의3 제2호에 따른 시설용지인 경우에는 제외한다) : 경쟁입찰 낙찰가격
4. 사업시행자가 필요하다고 인정하는 경우 : 감정평가액 이하의 금액. 다만, 공유재산은 제외한다.

⑦ 다음 각 호의 사업시행자는 해당 산업단지(법 제39조에 따른 특수지역개발사업은 제외한다)에서 산업시설용지 외의 용도로 공급하는 용지의 매각수익 중 100분의 25 이상을 해당 산업시설용지의 분양가격 인하 및 기반시설 재투자 등을 위하여 사용하여야 한다. <신설 2008.9.25., 2011.4.6., 2014.12.16., 2016.2.11.>
1. 법 제16조제1항제1호 및 제2호에 해당하는 사업시행자. 다만, 사업시행자가 다음 각 목의 어느 하나에 해당하는 경우는 제외한다.
   가. 사업시행자가 산업시설용지 면적의 100분의 20 이상을 임대하는 경우
   나. 조성원가보다 높은 가격으로 공급하는 용지의 면적이 산업단지 총 면적의 100분의 10 미만인 경우
2. 법 제16조제1항제3호에 해당하는 사업시행자 중 제19조제3항제1호나목에 해당하는 사업시행자

⑧ 제7항에 따른 산업시설용지 외의 용지의 매각수익은 사업계획에 따른 추정 이익을 기준으로 산정한다. <신설 2008.9.25.>

⑨ 제1항 및 제5항에 따른 조성원가는 별표 2에 따른 기준에 따라 산정한 용지비, 용지부담금, 조성비, 기반시설 설치비, 직접인건비, 이주대책비, 판매비, 일반관리비, 자본비용 및 그 밖의 비용을 합산한 금액으로 한다. <신설 2007.10.4., 2008.9.25., 2011.4.6., 2016.11.8., 2017.6.20.>

⑩ 사업시행자는 제4항 또는 제6항 단서에 따라 산업시설용지 또는 산업시설용지 외의 용지를 조성원가 이하로 분양하는 경우에는 해당 산업단지의 산업시설용지외의 용지의 매각

수익 또는 다른 산업단지의 산업시설용지의 매각수익으로 그 손실을 보전할 수 있다. <개정 1996.6.29., 2007.10.4., 2008.9.25., 2011.4.6., 2016.11.8.>

⑪ 사업시행자는 준공인가전에 산업시설용지를 분양한 경우에는 준공인가후에 해당 산업단지개발사업을 위하여 투입된 총사업비 및 적정이윤을 기준으로 정산하여야 한다. 이 경우 정산금액 및 시기 등에 관한 사항은 국토교통부장관이 정하여 고시한다. <개정 1996.6.29., 2007.10.4., 2008.9.25., 2011.4.6., 2013.3.23.>

⑫ 토지등을 분양받은 자는 제11항에 따라 정산하는 금액이 선수금액보다 100분의 15이상 증액된 경우에는 위약금을 지불하지 아니하고 사업시행자에게 계약의 해지를 요구할 수 있다. 다만, 관련법령의 제정·개정이나 정부정책의 변경으로 분양가격의 상승요인이 발생하여 100분의 15이상 증액되었다고 실시계획승인권자가 인정하는 경우에는 그러하지 아니하다. <개정 2007.10.4., 2008.9.25., 2011.4.6.>

⑬ 삭제 <2011.4.6.>

⑭ 법 제16조제1항제1호 및 제2호의 규정에 의한 사업시행자가 분양하는 산업단지에서 산업시설용지를 분양받은 자는 사업의 부도, 경영상의 애로 기타 국토교통부령이 정하는 사유로 당초의 계약을 유지하는 것이 어려운 불가피한 사유가 있는 때에는 당해 산업단지의 조성공사가 완료되기 전까지는 위약금의 전부를 지불하지 아니하거나(분양면적을 축소하는 경우로서 축소되는 면적이 당초 분양면적의 100분의 30이하인 경우에 한한다) 당초 분양면적의 100분의 30에 해당하는 위약금을 지불하지 아니하고(분양면적을 축소하는 경우로서 축소되는 면적이 당초 분양면적의 100분의 30을 초과하는 경우 및 분양계약을 해지하는 경우에 한한다) 분양면적의 축소 또는 분양계약의 해지를 요구할 수 있다. 다만, 다음 각호의 1에 해당하는 경우에는 그러하지 아니하다. <신설 1998.6.24., 2007.10.4., 2008.2.29., 2008.9.25., 2013.3.23.>

1. 분양면적의 축소 또는 분양계약의 해지로 인하여 축소 또는 해지된 부지를 단독으로 산업시설용지로서 공급하는 것이 곤란한 경우
2. 분양받은 토지에 대하여 준공인가전 사용허가를 받은 경우

⑮ 사업시행자는 제9항에 따른 조성원가의 산정 또는 제11항에 따른 정산 등을 위하여 필요한 항목별 증빙서류를 구비하여야 한다. <신설 2007.10.4., 2008.9.25.>

⑯ 사업시행자가 법 제38조제2항에 따라 산업단지관리기본계획상의 관리대상지역 외의 지역에 있는 토지 또는 시설 등을 처분하는 경우의 처분방법, 처분절차 및 가격기준 등에 관하여는 제1항부터 제15항까지, 제38조, 제39조, 제40조의2, 제40조의3, 제41조, 제42조 및 제42조의3을 준용한다. <신설 2011.11.16.>

[전문개정 1994.12.16.]

[제목개정 1998.6.24.]

제40조의2(미분양용지의 경쟁입찰 등) ① 사업시행자는 산업단지개발사업이 준공된 경우로서 2회 이상 분양을 실시하였는데도 산업시설용지(복합용지 내에 산업시설을 설치하기 위한 용지를 포함하며, 이하 이 조에서 같다)가 분양되지 아니하는 때에는 분양촉진을 위하여 「국가를 당사자로 하는 계약에 관한 법률」의 규정에 의하여 경쟁입찰을 실시할 수 있다. <개정 2005.3.25., 2014.7.14., 2016.2.11.>

② 제1항의 규정에 의한 경쟁입찰은 1회에 한한다. 다만, 사업시행자가 분양촉진을 위하여 필요하다고 인정하는 경우에는 그러하지 아니하다.

③ 지방자치단체는 제1항의 규정에 의한 경쟁입찰의 결과 낙찰금액이 조성원가에 미치지 못하는 경우에는 그 손실액의 일부를 보조할 수 있다.

④ 사업시행자가 원활한 경쟁입찰을 위하여 필요하다고 인정하는 경우에는 한국자산관리공사, 「한국토지주택공사법」에 따른 한국토지주택공사 또는 「산업집적활성화 및 공장설립에 관한 법률」에 의한 한국산업단지공단에 이를 위탁하여 시행할 수 있다. <개정 2000.2.14., 2003.6.30., 2005.3.25., 2009.9.21.>

⑤ 제4항의 규정에 의하여 경쟁입찰을 위탁하는 경우 위탁수수료는 분양가의 100분의 1을 초과할 수 없다.

⑥ 사업시행자는 다음 각 호의 어느 하나에 해당하는 경우에는 해당 산업시설용지를 임대용으로 전환하거나 「부동산중개업법」에 의한 중개업자에게 분양의 중개를 의뢰할 수 있다. <개정 2005.3.25., 2016.2.11.>

1. 제1항에 따른 경쟁입찰에도 불구하고 산업시설용지가 분양되지 아니한 경우
2. 3회 이상 분양을 실시하였는데도 산업시설용지가 분양되지 아니한 경우

[본조신설 1998.6.24.]
[제목개정 2016.2.11.]

제40조의3(건축사업으로 발생한 분양수익의 사용) ① 법 제38조제5항에 따라 건축사업으로 발생한 분양수익(이하 이 조에서 "분양수익"이라 한다)은 사업계획에 따른 추정이익에서 적정이윤을 차감하여 산정한다.
② 제1항에 따른 적정이윤은 건축원가의 100분의 15의 범위에서 시·도의 조례로 정하는 이윤율을 곱하여 산정한다. <개정 2008.2.29., 2013.3.23., 2014.1.14.>
③ 사업시행자는 분양수익의 100분의 50 이상을 다음 각 호의 용도로 사용하여야 한다. <개정 2014.7.14., 2014.12.16.>
1. 산업단지 안에서 제31조제1항 각 호에 따른 공공시설의 건설
2. 산업시설용지(복합용지 내에 산업시설을 설치하기 위한 용지를 포함한다)의 분양가격의 인하
④ 삭제 <2014.12.16.>
[본조신설 2007.10.4.]

제41조(개발토지·시설등의 임대) ①사업시행자는 법 제38조제1항의 규정에 의하여 개발된 토지 또는 시설등을 당해 산업단지에 입주하여 사업을 영위하고자 하는 자에게 직접 임대하고자 하는 경우에는 임대에 관한 사업계획을 작성하여 실시계획승인권자에게 제출하여야 한다. <개정 1996.6.29.>
②제1항의 규정에 의한 임대에 관한 사업계획에는 다음 각호의 사항이 포함되어야 한다. <개정 1996.6.29.>
1. 임대하고자 하는 토지 및 시설등의 명세
2. 임대하고자 하는 시기와 방법 및 대상자의 자격기준
3. 유치하고자 하는 업종 및 규모
4. 임대보증금 및 임대료의 산정기준
5. 사후관리 및 운영계획
③ 삭제 <1996.6.29.>
④ 삭제 <1996.6.29.>
⑤제1항의 규정에 의한 사업계획에 의하여 임대한 토지 및 시설등의 관리에 관하여 필요한 사항은 국토교통부령으로 정한다. <개정 1994.12.23., 2008.2.29., 2013.3.23.>
⑥ 법 제38조제6항에서 "대통령령으로 정하는 비율"이란 다음 각 호의 구분에 따른 비율을 말한다. <신설 2007.10.4.>
1. 수도권지역에 지정된 산업단지 : 100분의 10
2. 수도권지역 외의 지역에 지정된 산업단지 : 100분의 5
[제목개정 1996.6.29.]

제42조(임대료등의 산정기준) ①사업시행자가 개발한 토지·시설등을 제41조의 규정에 의하여 임대하는 경우 그 임대보증금 및 임대료의 산정기준은 다음 각호와 같다. <개정 2003.1.14., 2008.2.29., 2013.3.23.>
1. 임대보증금: 제40조의 규정에 의하여 결정된 분양가격의 100분의 10
2. 임대하고자 하는 토지·시설등의 임대료: 제40조의 규정에 의하여 결정된 분양가격에 국토교통부령이 정하는 임대료율을 곱한 금액
3. 삭제 <2003.1.14.>
②제1항의 규정에 의한 토지·시설등의 임대기간은 10년이내로 하며, 임대기간이 만료된 후 임차인이 재계약을 하고자 하는 때에는 임대인은 특별한 사유가 없는 한 이에 응하여야 한다.
[전문개정 1996.6.29.]

제42조의2(원형지의 공급과 개발 절차 등) ① 사업시행자는 법 제38조의2제1항에 따라 원형지 공급을 받을 자를 공모하는 경우에는 다음 각 호의 사항을 전국 또는 해당 지역을 주된 보급지역으로 하는 일간신문에 1회 이상 공고하여야 한다. 이 경우 응모기간은 90일 이상으로 하여야 한다.
1. 공모 대상 토지 현황
2. 공모 참가자격 및 공모일정
3. 그 밖에 사업시행자가 필요하다고 인정하는 사항
② 사업시행자는 제1항에 따라 응모한 자에 대하여 분야별 전문가로 구성된 선정심사단의 평가를 거쳐 원형지 공급을 받을 자를 선정하여야 한다.
③ 산업단지지정권자는 법 제38조의2제2항에 따라 준용되는 「도시개발법」 제25조의2제2항에 따라 원형지 공급의 승인 신청을 받은 경우 해당 원형지 공급을 위하여 산업단지개발계획의 변경이 필요한 때에는 산업단지개발계획을 변경한 후에 원형지 공급을 승인하여야 한다.
④ 법 제38조의2제1항에 따른 원형지 공급가

격은 산업단지개발계획이 반영된 원형지의 감정평가액(산업시설용지의 경우에는 조성원가로 하며, 복합용지의 경우에는 각 용지별 공급가격을 더한 가격으로 한다)에 사업시행자가 원형지에 설치한 기반시설 등의 공사비를 더한 금액을 기준으로 사업시행자와 원형지개발자가 협의하여 결정한다.

⑤ 법 제38조의2제1항에 따른 사업시행자와 원형지개발자의 업무범위는 원형지 공급계약에서 정하되, 사업시행자는 원형지 조성을 위한 인·허가 등의 신청 등 관계 법령에 따른 업무를 담당한다.

⑥ 법 제38조의2제3항 본문에서 "대통령령으로 정하는 기간"이란 다음 각 호의 구분에 따른 기간을 말한다.

1. 산업시설용지(복합용지를 포함한다): 다음 각 목에 따른 기간
   가. 「산업집적활성화 및 공장설립에 관한 법률」 제15조제1항 또는 제2항에 따른 공장설립등의 완료신고 또는 사업개시신고 대상인 시설의 용지는 그 신고 후 5년
   나. 가목에 따른 신고 대상이 아닌 시설의 용지는 해당 시설의 사용을 위하여 관계 법률에 따라 인가·허가·신고 등을 완료한 후 5년
2. 산업시설용지 외의 용지: 다음 각 목의 기간 중 먼저 끝나는 기간
   가. 원형지에 대한 공사완료 공고일부터 5년
   나. 원형지 공급 계약일부터 10년

⑦ 법 제38조의2제3항 단서에서 "이주용 주택이나 공공·문화시설 등 대통령령으로 정하는 경우"란 다음 각 호의 용지를 말한다.

1. 이주용 주택 용지
2. 공공·문화시설 용지
3. 기반시설 용지
4. 임대주택 용지
5. 그 밖에 원형지개발자가 직접 조성하거나 운영하기 어려운 시설의 설치를 위한 용지

[본조신설 2016.2.11.]

제42조의3(개발토지·시설 등의 공급방법 및 처분절차 등) ① 사업시행자가 개발한 토지·시설등을 분양 또는 임대하고자 하는 때에는 제39조 및 제41조의 규정에 의한 분양계획 및 임대사업계획(이하 이 조에서 "처분계획"이라 한다)에서 정하는 바에 따라 가격기준·자격요건 및 대상자선정방법등 주요내용을 중앙 또는 당해 지방에서 발간되는 일간신문에 공고하여야 한다.

② 제1항의 규정에 의하여 개발토지·시설등을 분양 또는 임대받고자 하는 자는 사업시행자에게 분양·임대신청서를 제출하여야 한다.

③ 사업시행자는 제2항에 따른 신청자 중에서 처분계획에서 정한 자격요건에 따라 분양 또는 임대받을 자를 선정하되, 그 대상자 간에 경쟁이 있는 경우에는 추첨의 방법으로 선정한다. 다만, 산업시설용지(복합용지 내에 산업시설을 설치하기 위한 용지를 포함하며, 이하 이 조에서 같다)의 경우 다음 각 호의 어느 하나에 해당하는 자를 우선적으로 선정할 수 있다. <개정 2003.6.30., 2005.3.25., 2007.9.10., 2008.9.25., 2009.6.25., 2009.11.10., 2009.11.20., 2010.3.26., 2010.7.12., 2012.11.20., 2014.7.14.>

1. 「수도권정비계획법」 제6조의 규정에 의한 과밀억제권역으로부터 이전하고자 하는 자
2. 「산업집적활성화 및 공장설립에 관한 법률」 제2조제13호에 따른 지식산업센터를 설립하고자 하는 자
3. 삭제 <2008.9.25.>
4. 「중소기업진흥에 관한 법률」 제29조에 따라 협동화실천계획의 승인을 얻어 시행하고자 하는 자
5. 재생계획에 의하여 이전이 요구되는 자
6. 관련 법률의 규정에 따라 이전이 요구되는 공장이나 물류시설을 소유하고 있는 자
7. 「재해경감을 위한 기업의 자율활동 지원에 관한 법률」 제2조제6호에 따른 재해경감 우수기업
8. 「국토의 계획 및 이용에 관한 법률 시행령」 제93조제1항 각 호의 어느 하나에 해당하는 사유로 증축이 제한되는 공장 중 시·도지사가 그 관할구역의 산업단지로 이전이 필요하다고 인정하는 공장을 소유하고 있는 자
9. 국외에서 운영하던 사업장을 국내로 이전하려는 자

④ 제3항에도 불구하고 사업시행자는 다음 각 호의 어느 하나에 해당하는 경우에는 산업시설용지를 수의계약으로 공급할 수 있다. <개정 2014.7.14., 2014.12.16., 2016.2.11., 2016.11.8.>

1. 제7조제2항제3호에 따라 산업단지지정권자와 입주협약을 체결한 기업이 산업단지개발계획 중 유치업종의 배치계획에 포함되거나 그 기업이 사용하려는 면적이 유

치업종별 공급면적에 포함된 경우
2. 「외국인투자 촉진법」에 따른 외국인투자기업이 직접 사용할 산업시설용지에 대하여 산업단지지정권자와 협의한 경우
3. 국가산업단지 또는 도시첨단산업단지(국토교통부장관이 지정권자인 경우만 해당한다)에서 다음 각 목의 어느 하나에 해당하는 경우로서 해당 산업단지지정권자의 승인을 받아 시·도지사 또는 사업시행자와 입주협약을 체결한 기업이 산업단지개발계획 중 유치업종의 배치계획에 포함되거나 그 기업이 사용하려는 면적이 유치업종별 공급면적에 포함된 경우
  가. 산업단지 활성화를 위하여 분양 촉진이 필요한 경우
  나. 해당 지역에 특정산업의 집적화가 필요한 경우
  다. 지역경제 활성화를 위하여 필요한 경우
4. 재생사업지구에서 법 제39조의2제1항에 따른 재생사업지구지정권자(이하"재생사업지구지정권자"라 한다)와 협의하여 법 제16조제1항제1호가목부터 다목까지에 해당하는 자가 단독 또는 공동으로 총지분의 100분의 50을 초과하여 출자한 부동산투자회사(「부동산투자회사법」 제2조제1호에 따른 부동산투자회사를 말한다)에 산업시설용지를 공급하려는 경우

⑤ 제3항에도 불구하고 시·도지사는 해당 지역의 산업 여건 등을 고려하여 다음 각 호에서 정하는 비율의 산업시설용지에 대하여 입주 우선순위 등 그 용지를 분양받을 자의 선정방법을 조례로 따로 정할 수 있다. <신설 2008.9.25.>
1. 국가산업단지: 100분의 10
2. 일반산업단지·도시첨단산업단지·농공단지: 100분의 30

⑥ 산업시설용지 외의 용도로 공급하는 용지의 공급방법에 관하여는 「택지개발촉진법 시행령」 제13조의2제1항부터 제7항까지의 규정을 준용한다. <신설 2008.9.25.>

⑦ 사업시행자는 개발한 토지·시설등을 분양 또는 임대한 때에는 그 내용을 15일이내에 당해 산업단지관리권자 및 산업단지지정권자에게 통보하여야 한다. <개정 2007.10.4., 2008.9.25.>

[본조신설 1996.6.29.]
[제목개정 2008.9.25., 2016.11.8.]
[제42조의2에서 이동 <2005.3.25.>]

제43조(개발토지·시설등의 분양·임대업무의 위탁) ① 사업시행자는 법 제38조제3항에 따라 개발토지·시설등의 분양 또는 임대에 관한 업무를 위탁하고자 하는 경우에는 산업단지관리공단과 업무위탁계약을 체결하여야 한다. <개정 2011.11.16.>

② 제1항의 규정에 의한 업무위탁계약서에는 다음 각호의 사항이 포함되어야 한다.
1. 위탁하고자 하는 업무의 범위
2. 위탁업무추진계획
3. 대금납부방법
4. 위탁조건 및 위탁해제에 관한 사항

[전문개정 1996.6.29.]

제43조의2 삭제 <2010.3.26.>

제43조의3(이전기업전용단지의 지정기준 및 공급방법) ① 법 제38조의5제1항에 따라 시·도지사가 이전기업전용단지를 지정하려면 수도권 소재 기업이 이전하여 입주할 면적이 지정하려는 해당 이전기업전용단지 내 산업시설용지(복합용지 내에 산업시설을 설치하기 위한 용지를 포함하며, 이하 이 조에서 같다) 면적의 100분의 60 이상이어야 한다. 다만, 대기업(「중소기업기본법」 제2조에 따른 중소기업이 아닌 기업을 말한다. 이하 같다)이 이전함에 따라 해당 기업의 제품생산과 협력관계에 있는 기업(이하 "협력기업"이라 한다)이 함께 이전할 것으로 예상되는 경우에는 이전하는 대기업이 입주할 면적이 지정하려는 이전기업전용단지 내 산업시설용지 면적의 100분의 50 이상이어야 이전기업전용단지를 지정할 수 있다. <개정 2012.11.20., 2014.7.14.>

② 이전기업전용단지 내 산업시설용지는 산업단지지정권자와 기업이전협약을 체결한 이전기업(이전기업이 대기업인 경우에는 협력기업을 포함한다)에 우선적으로 공급할 수 있다.

③ 제1항에 따른 이전기업이 입주할 면적은 제2항에 따라 체결한 기업이전협약의 협약서 등 객관적 자료를 기준으로 산정하여야 한다.

④ 제1항 및 제2항에 따른 협력기업의 범위는 국토교통부령으로 정한다. <개정 2013.3.23.>

[본조신설 2008.9.25.]

제43조의4 삭제 <2012.11.20.>

제44조(재생사업지구의 지정) ① 법 제39조의2제3항에 따라 재생사업지구가 둘 이상의 시·도 또는 시·군·구에 걸치는 경우에는 관계 시·도지사 또는 시장·군수·구청장이 협의하여 재생사업지구의 지정권자를 정한다. 다만, 관계 시·도지사 또는 시장·군수·구청장이 협의를 하였으나 협의가 성립되지 아니하면 국토교통부장관이 재생사업지구 지정권자를 지정한다. <개정 2013.3.23., 2016.11.8.>

② 법 제39조의2제4항에 따라 다음 각 호의 어느 하나에 해당하는 경우에는 산업단지 또는 공업지역(「국토의 계획 및 이용에 관한 법률」 제36조제1항제1호다목에 해당하는 공업지역을 말한다. 이하 같다)의 일부에 대하여 산업단지 재생사업(이하 "재생사업"이라 한다)을 시행할 수 있다.

1. 재생사업 대상면적이 지정된 산업단지 면적의 100분의 50 미만인 경우
2. 토지이용계획의 변경이 수반되지 아니한 경우로서 지원시설·기반시설 등의 유지·보수·개량 또는 확충이 필요하다고 인정되는 경우

③ 법 제39조의2제5항 후단 및 같은 조 제7항 각 호 외의 부분 후단에서 "대통령령으로 정하는 중요 사항을 변경하려는 경우"란 각각 제7조제1항 각 호의 변경을 하려는 경우를 말한다. 이 경우 "산업단지"는 "재생사업지구"로 본다. <개정 2016.2.11.>

④ 법 제39조의2제6항제14호에서 "대통령령으로 정하는 사항"이란 다음 각 호의 사항을 말한다.

1. 재생사업의 시행기간
2. 재생사업지구의 개발을 위한 주요시설의 지원계획
3. 대체산업단지 조성계획(필요한 경우로 한정한다)
4. 입주수요에 관한 분석 자료

[본조신설 2010.3.26.]

제44조의2(재생사업지구 지정의 고시) ① 재생사업지구지정권자는 법 제39조의3제1항에 따라 재생사업지구를 지정하거나 변경한 경우에는 다음 각 호의 사항(변경의 경우에는 그 변경된 사항에 한정한다)을 고시하여야 한다. 다만, 제3호 및 제5호부터 제9호까지의 사항은 재생사업지구의 지정 시 확정되지 아니한 경우에는 그 내용이 확정된 후에 고시할 수 있다. <개정 2013.3.23., 2016.2.11., 2016.11.8.>

1. 재생사업지구의 명칭·위치 및 면적
2. 재생사업의 기본방향과 목적
3. 재생사업의 시행자
4. 재생사업의 시행기간 및 시행방법
5. 재생사업지구 지정으로 의제하려는 산업단지의 종류(재생사업지구에 공업지역이 포함된 경우에 한정한다)
6. 산업재배치 또는 업종첨단화계획
7. 토지이용계획 및 주요기반시설계획
8. 단계적 사업추진에 관한 사항
9. 수용·사용할 토지·건축물, 그 밖의 물건이나 권리가 있는 경우 그 세목과 그 소유자 및 「공익사업을 위한 토지 등의 취득 및 보상에 관한 법률」 제2조제5호에 따른 관계인의 성명·주소
10. 관련 도서의 열람방법
11. 그 밖에 국토교통부장관이 정하는 사항

② 삭제 <2016.2.11.>

③ 법 제39조의3제4항에 따른 관계 서류의 열람기간은 14일 이상으로 한다.

[본조신설 2010.3.26.]

제44조의3(공장소유자 등의 의견청취) ① 재생사업지구지정권자는 법 제39조의4제1항에 따라 주민, 공장소유자 등의 의견을 청취하려는 경우에는 「신문 등의 진흥에 관한 법률」 제9조제1항에 따라 등록한 전국 또는 해당 지방을 보급지역으로 하는 둘 이상의 일반일간신문과 해당 시·도 또는 시·군·구의 인터넷 홈페이지에 다음 각 호의 사항을 공고하고 14일 이상 일반인에게 공람시켜야 한다. 다만, 재생사업지구의 면적이 10만제곱미터 미만인 경우에는 일반일간신문에 공고하지 아니하고 공보와 해당 시·도 또는 시·군·구의 인터넷 홈페이지에 공고할 수 있다. <개정 2013.3.23., 2016.2.11.>

1. 입안할 재생사업지구의 지정 및 재생계획의 개요
2. 재생사업의 시행자 및 재생사업의 시행방법에 관한 사항
3. 공람기간
4. 그 밖에 국토교통부장관이 정하는 사항

② 제1항에 따라 공고된 내용에 관하여 의견이 있는 자는 제1항제3호의 공람기간에 재생사업지구의 지정에 관한 공고를 한 자에게 의견서를 제출할 수 있다.

③ 재생사업지구지정권자는 제2항에 따라 제

출된 의견을 공고한 내용에 반영할 것인지를 검토하여 그 결과를 공람기간이 끝난 날부터 30일 이내에 그 의견을 제출한 자에게 통보하여야 한다. <개정 2016.2.11.>
[본조신설 2010.3.26.]
[제44조의4에서 이동, 종전 제44조의3은 제44조의8로 이동 <2016.2.11.>]

제44조의4(재생사업지구 지정 요청) 법 제39조의5에 따른 재생사업지구 지정 요청에 관하여는 제13조제2항부터 제7항까지를 준용한다. 이 경우 "산업단지"는 "재생사업지구"로, "산업단지 지정요청서"는 "재생사업지구지정요청서"로, "산업단지지정권자"는 "재생사업지구지정권자"로, "국가산업단지, 일반산업단지 또는 도시첨단산업단지" 및 "국가산업단지 또는 일반산업단지 및 도시첨단산업단지"는 각각 "재생사업지구"로, "다른 산업단지개발계획과의 관계"는 "다른 산업단지개발계획이나 재생계획과의 관계"로 본다. <개정 2016.2.11.>
[본조신설 2010.3.26.]
[제목개정 2016.2.11.]
[제44조의5에서 이동, 종전 제44조의4는 제44조의3으로 이동 <2016.2.11.>]

제44조의5(재생시행계획의 승인) ① 재생사업을 시행하려는 자는 법 제39조의10에 따라 준용되는 법 제16조에 따라 재생사업의 시행자로 지정된 날부터 1년 6개월 이내에 다음 각 호의 사항을 적은 재생시행계획 승인신청서를 재생사업지구 지정권자에게 제출하여야 한다.
1. 재생사업 시행자의 성명(법인인 경우에는 법인의 명칭 및 대표자의 성명)·주소
2. 재생사업의 명칭
3. 재생사업의 목적
4. 재생사업을 시행하려는 위치 및 면적
5. 재생사업의 시행방법 및 시행기간
6. 사업시행지역의 토지이용현황
7. 토지이용계획 및 기반시설계획
8. 대체산업단지의 조성 및 임시조업시설의 설치 계획
9. 재생사업의 시행과정에서 발생하는 폐기물의 처리계획

② 제1항에 따른 재생시행계획 승인신청서에는 다음 각 호의 서류 및 도면을 붙여야 한다. 이 경우 재생사업지구 지정권자는 「전자정부법」 제36조제1항에 따른 행정정보의 공동이용을 통하여 지적도를 확인하여야 한다. <개정 2010.5.4., 2012.4.10., 2013.3.23.>
1. 위치도
2. 계획평면도 및 실시설계도서(공유수면의 매립이 포함되는 경우에는 국토교통부령으로 정하는 매립공사 설명서를 포함한다)
3. 사업비 및 자금조달계획서(연차별 투자계획을 포함한다)
4. 기반시설의 비용분담계획서
5. 개발되는 토지 또는 시설물의 관리처분에 관한 계획서
6. 사업시행지역에 존치하려는 기존 공장이나 건축물 등의 명세서
7. 재생사업의 시행에 지장이 있다고 인정되는 재생사업지구의 건축물 또는 공작물 등의 명세
8. 사업시행지역의 토지·건물 또는 권리 등의 매수·보상 및 주민이주대책에 관한 서류
9. 대체산업단지의 조성 및 임시조업시설의 설치에 관한 계획서
10. 공공시설물 및 토지 등의 무상귀속과 대체에 관한 계획서
11. 국가 또는 지방자치단체에 귀속될 공공시설의 설치비용산출 내역서 및 재생사업 시행자에게 귀속·양도될 기존 공공시설의 평가서
12. 재생사업 대행계획서(해당 계획이 있는 경우에 한정한다)
13. 도시·군관리계획결정(지구단위계획을 포함한다)에 필요한 관계 서류 및 도면
14. 종전 토지소유자에 대한 환지계획서(환지계획이 있는 경우에 한정한다)
15. 재생사업의 시행과정에서 발생하는 폐기물의 처리에 관한 계획서
16. 문화재의 보존에 미치는 영향에 관한 서류
17. 공유수면 등에 대한 피해영향조사서(공유수면매립의 경우에 한정한다)

③ 재생사업지구 지정권자는 재생사업 시행자가 부득이한 이유로 인하여 제1항에 따른 승인신청기간의 연장을 요청하는 경우에는 6개월의 범위에서 연장할 수 있다.
④ 법 제39조의7제1항 후단에서 "대통령령으로 정하는 경미한 사항"이란 제21조의2제1항 각 호의 어느 하나에 해당하는 사항을 말한다. <개정 2016.2.11.>
[본조신설 2010.3.26.]
[제44조의6에서 이동, 종전 제44조의5는 제44조의4로 이동 <2016.2.11.>]

제44조의6(재생시행계획의 공모 및 입안제안) ① 재생사업지구지정권자는 법 제39조의7제2항 전단에 따라 재생시행계획안을 공모하는 경우에는 다음 각 호의 사항을 전국 또는 해당 지역을 주된 보급지역으로 하는 일간신문과 공보에 1회 이상 공고하여야 한다. 이 경우 응모기간은 90일 이상으로 하여야 한다.

1. 재생사업의 개요
2. 공모지역(재생사업지구 전부 또는 일부를 말한다. 이하 같다)의 위치 및 면적
3. 공모 참가자격 및 일정
4. 재생시행계획안의 평가·심사 계획
5. 공모지역의 재생사업 시행자 지정 절차
6. 재생시행계획안 작성지침
7. 그 밖에 재생시행계획안의 공모에 필요한 사항

② 재생사업지구지정권자는 지방산업입지심의회에 공모심사위원회를 두어 제1항에 따라 응모한 재생시행계획안을 심사할 수 있다. 이 경우 공모심사위원회의 구성 및 운영 등에 필요한 사항은 재생사업지구지정권자가 정한다. <개정 2017.6.20.>

③ 법 제39조의7제3항에 따라 재생시행계획의 입안을 제안하려는 자는 법 제39조의8에 따라 토지소유자 등의 동의를 받은 후(재생사업지구 지정 시 토지소유자 등의 동의를 거친 경우는 제외한다) 제안서에 제44조의5제1항제4호부터 제7호까지 및 제9호의 사항을 포함하여 재생사업지구지정권자에게 제출하여야 한다.

④ 재생사업지구지정권자는 제3항에 따라 제안서를 제출받은 경우에는 그 제출일부터 45일 이내에 재생시행계획에의 반영 여부를 제안자에게 통보하여야 한다. 다만, 부득이한 사정이 있는 경우에는 한 차례만 30일의 범위에서 통보 기간을 연장할 수 있다.

⑤ 재생사업지구지정권자는 제3항에 따른 제안을 재생시행계획에 반영할 것인지를 결정하려는 경우에는 법 제3조제3항에 따른 지방산업입지심의회의 자문을 거칠 수 있다.

⑥ 제3항부터 제5항까지에서 규정한 사항 외에 재생시행계획 입안의 제안에 필요한 사항은 국토교통부장관이 정하여 고시한다.

[본조신설 2016.2.11.]

[종전 제44조의6은 제44조의5로 이동 <2016.2.11.>]

제44조의7(재생시행계획승인의 고시) 법 제39조의7제5항에서 "대통령령으로 정하는 사항"이란 제23조의2 각 호의 사항을 말한다. <개정 2016.2.11.>

[본조신설 2010.3.26.]

제44조의8(토지소유자 등의 동의) ① 법 제39조의8제1항에 따른 동의자 수를 산정하는 방법은 다음 각 호와 같다. <개정 2016.2.11.>

1. 1필지의 토지를 여러 명이 공유하는 경우: 다른 공유자의 동의를 받은 대표 공유자 1명만을 해당 토지의 소유자로 본다. 다만, 「집합건물의 소유 및 관리에 관한 법률」 제2조제2호에 따른 구분소유자는 각각을 토지소유자 1명으로 본다.
2. 하나의 건축물을 여러 명이 공유하는 경우: 다른 공유자의 동의를 받은 대표 공유자 1명만을 해당 건축물의 소유자로 본다.
3. 제44조의3제1항에 따른 공람·공고일 후에 「집합건물의 소유 및 관리에 관한 법률」 제2조제2호에 따른 구분소유권을 분할하게 되어 토지소유자 및 건축물 소유자의 수가 증가하게 된 경우: 공람·공고일 전의 소유자의 수를 기준으로 산정하고, 증가된 소유자의 수는 소유자 총수에 추가 산입하지 아니한다.
4. 토지등기부 등본, 건물등기부 등본, 토지대장 및 건축물대장에 소유자로 등재될 당시 주민등록번호의 기재가 없고 기재된 주소가 현재 주소와 상이한 경우로서 소재가 확인되지 아니한 자는 토지소유자, 지상권자, 건축물 소유자의 수에서 제외한다.

② 재생사업지구지정권자는 토지소유자, 지상권자, 건축물 소유자의 동의나 동의철회를 받으려는 경우에는 국토교통부령으로 정하는 동의서 또는 동의철회서를 제출받아야 하며, 공유 토지, 지상권 또는 건축물의 대표 소유자로부터는 함께 대표자지정 동의서를 제출받아야 한다. <개정 2013.3.23., 2016.2.11.>

③ 제1항 및 제2항에서 규정한 사항 외에 동의자 수의 산정 방법 및 절차 등에 관한 세부적인 사항은 국토교통부령으로 정한다. <개정 2013.3.23.>

[본조신설 2010.3.26.]

[제44조의3에서 이동, 종전 제44조의8은 제44조의9로 이동 <2016.2.11.>]

제44조의9(재생사업에의 준용 등) ① 제4조부터 제6조까지, 제14조(법 제39조의10제1항 단서에 따라 법 제12조가 준용되는 경우에 한정한다), 제15조, 제19조, 제20조, 제20조의2, 제20조의3, 제24조, 제24조의2부터 제24조의4까지, 제25조, 제27조, 제27조의2, 제28조부터 제31조까지, 제35조부터 제40조(제40조제7항은 제외한다)까지, 제40조의2, 제40조의3, 제41조, 제42조, 제42조의3, 제43조, 제47조의3 및 제47조의4는 재생사업에 관하여 준용한다. 이 경우 "산업단지"는 "재생사업지구"로, "산업단지개발계획"은 "재생계획"으로, "산업단지지정권자" 및 "실시계획 승인권자"는 각각 "재생사업지구지정권자"로, "산업단지개발실시계획"은 "재생시행계획"으로 본다. <개정 2014.7.14., 2016.2.11.>

② 법 제39조의10제1항 전단에 따라 준용되는 법 제28조에 따라 국가 또는 지방자치단체가 보조할 수 있는 비용의 종목은 다음 각 호와 같다. 이 경우 재생사업에 대한 지원규모, 지원비율에 대해서는 심의회의 심의를 거쳐 국토교통부장관이 따로 정할 수 있다. <개정 2011.4.6., 2011.11.16., 2013.3.23., 2017.1.17.>

1. 재생사업지구의 용지비 등, 재생사업지구 조성을 위한 부지조성비
2. 재생사업지구의 간선도로, 녹지시설, 공원, 주차장 및 공동구의 건설비
3. 용수공급시설·하수도 및 공공폐수처리시설의 건설비
4. 재생사업지구의 진입도로·전력·통신시설 등 기반시설비
5. 이주대책사업비
6. 문화재조사비 및 오염실태조사비

[본조신설 2010.3.26.]

[제44조의8에서 이동, 종전 제44조의9는 제44조의12로 이동 <2016.2.11.>]

제44조의10(활성화구역에서의 사업시행) ① 법 제39조의12제1항에 따른 활성화구역(이하 "활성화구역"이라 한다)의 사업시행자는 법 제16조제1항 각 호의 자 중에서 법 제39조의12제2항에 따른 활성화계획으로 정한다.

② 법 제39조의12제5항에 따른 활성화구역에서의 사업 시행방식은 법 제39조의6에 따른다.

[본조신설 2016.2.11.]

[종전 제44조의10은 제44조의13으로 이동 <2016.2.11.>]

제44조의11(활성화계획의 내용) 법 제39조의12제3항제5호에서 "대통령령으로 정하는 사항"이란 다음 각 호의 사항을 말한다.

1. 활성화구역의 위치 및 면적
2. 사업시행기간(착공 및 준공 예정일을 포함한다)
3. 사업시행자의 명칭 및 대표자의 성명
4. 법 제39조의13제1항에 따른 건폐율 및 용적률의 완화에 관한 사항
5. 법 제39조의13제4항에 따른 다른 법률 규정 적용의 완화·배제에 관한 사항
6. 제44조의5제1항 각 호에 관한 사항(변경하는 경우에는 변경하는 사항으로 한정한다)
7. 그 밖에 활성화구역의 체계적 개발과 관리에 필요한 사항

[본조신설 2016.2.11.]

[종전 제44조의11은 제44조의14로 이동 <2016.2.11.>]

제44조의12(입주기업 지원대책) ① 재생사업지구지정권자는 법 제39조의14제1항에 따라 재생시행계획을 수립하기 전에 다음 각 호의 사항을 포함한 재생사업지구의 입주기업에 대한 조업실태조사를 실시하여야 한다. <개정 2013.3.23., 2016.2.11.>

1. 건축물 수, 입주기업 수 및 근로자 수
2. 입주기업별 매출액 수준 및 업종 형태
3. 입주건축물 가격 및 임대료 수준
4. 그 밖에 국토교통부장관이 정하는 사항

② 재생사업지구지정권자는 입주기업의 재정착을 촉진하기 위하여 다음 각 호의 사항을 포함한 입주수요를 조사하여 재생시행계획에 반영하여야 한다. <개정 2013.3.23., 2016.2.11.>

1. 임대료 수준 등을 포함한 입주건축물 희망수요
2. 인근지역 이전 희망수요
3. 그 밖에 국토교통부장관이 정하는 사항

③ 재생사업지구지정권자는 제1항 및 제2항에 따른 조사결과를 고려하여 필요한 경우 재생시행계획에 대체산업단지 조성계획을 포함하여야 하며, 재생사업을 시행하는 기간 동안 입주기업의 조업안정을 위하여 인근지역에 임시조업시설을 제공하거나 재생사업을 단계적으로 개발하는 순환개발방식을 활용할 수 있다. <개정 2016.2.11.>

[본조신설 2010.3.26.]
[제44조의9에서 이동, 종전 제44조의12는 제44조의15로 이동 <2016.2.11.>]

제44조의13(개발이익의 재투자) 재생사업 시행자는 법 제39조의15에 따라 해당 재생사업지구에서 산업시설용지(복합용지 내에 산업시설을 설치하기 위한 용지를 포함하며, 이하 이 조에서 같다) 외의 용도로 공급하는 용지의 매각수익 중 100분의 25 이상을 해당 재생사업지구의 산업시설용지 분양가격 인하 및 기반시설 재투자 등을 위하여 사용하여야 한다. 다만, 다음 각 호의 어느 하나에 해당하는 경우에는 그러하지 아니하다. <개정 2012.10.29., 2014.7.14., 2014.12.16., 2016.2.11.>

1. 재생사업 시행자가 산업시설용지 면적의 100분의 20 이상을 임대하는 경우
2. 조성원가보다 높은 가격으로 공급하는 용지의 면적이 재생사업지구 총 면적의 100분의 10 미만인 경우

[본조신설 2010.3.26.]
[제44조의10에서 이동, 종전 제44조의13은 제44조의16으로 이동 <2016.2.11.>]

제44조의14(재생사업의 학교시설기준 특례) 법 제39조의17제1항에 따라 재생사업지구에서의 학교시설기준은 교지(校地) 면적에 한정하여 2분의 1의 범위에서 완화할 수 있다. <개정 2016.2.11.>
[본조신설 2010.3.26.]
[제44조의11에서 이동 <2016.2.11.>]

제44조의15(재생사업의 건축사업특례) 법 제39조의17제4항에서 "대통령령으로 정하는 건축사업"이란 법 제2조제9호가목·다목 및 라목에 따른 건축사업을 말한다. <개정 2014.1.14., 2016.2.11.>
[본조신설 2010.3.26.]
[제44조의12에서 이동 <2016.2.11.>]

제44조의16(총괄사업관리자의 지정 등) ① 재생사업지구지정권자는 법 제39조의18제1항에 따른 총괄사업관리자(이하"총괄사업관리자"라 한다)를 지정하려는 경우에는 총괄사업관리자로 지정받으려는 자로부터 총괄사업관리 수행계획 제안서를 제출받아 이를 평가하여야 한다. <개정 2016.2.11.>
② 법 제39조의18제2항제5호에서 "대통령령으로 정하는 업무"란 다음 각 호의 업무를 말한다. <개정 2016.2.11.>

1. 재생계획 수립에 필요한 기술지원
2. 재생사업 추진협의체 구성 및 운영
3. 재생사업 재원의 확보·운영에 관한 계획의 수립 및 집행
4. 재생사업 시행 현황에 관한 자료의 작성·분석 및 관리
5. 재생사업의 효율적 추진을 위하여 필요한 사항으로서 재생계획 수립권자가 요청하는 사항

③ 재생계획 수립권자는 총괄사업관리자의 업무 대행에 필요한 비용의 일부 또는 전부를 지원할 수 있다.
[본조신설 2014.7.14.]
[제44조의13에서 이동 <2016.2.11.>]

제44조의17(산업단지재생특별회계의 운용) ① 재생사업지구지정권자는 법 제39조의19제1항에 따라 소관 재생사업의 활성화를 지원하기 위하여 산업단지재생특별회계를 설치·운용할 수 있다. 다만, 시·도지사는 관할구역에 있는 시장·군수가 시행하는 재생사업의 지원 등을 위하여 필요한 경우에도 산업단지재생특별회계를 설치·운용할 수 있다.
② 법 제39조의19제2항제1호에서 "대통령령으로 정하는 일정비율"이란 100분의 10의 범위에서 해당 지방자치단체의 조례로 정하는 비율을 말한다.
[본조신설 2016.2.11.]

제44조의18(산업단지재생추진협의회 구성 및 운영) ① 법 제39조의20제1항에 따른 산업단지재생추진협의회(이하 "추진협의회"라 한다)는 위원장 1명을 포함하여 30명 이내의 위원으로 구성한다.
② 추진협의회 위원은 법 제39조의20제2항에 따른 사람 중에서 재생사업지구지정권자가 임명하거나 위촉하며, 위원장은 위원 중에서 호선한다.
③ 위원 중 공무원이 아닌 위원의 임기는 3년으로 한다.
④ 추진협의회의 회의는 재적위원 과반수의 출석으로 개의하고, 출석위원 과반수의 찬성으로 의결한다.
⑤ 제1항부터 제4항까지에서 규정한 사항 외에 추진협의회의 구성·운영 등에 필요한 사

항은 지방자치단체의 조례로 정할 수 있다.
[본조신설 2016.2.11.]

제45조(입지지정 및 개발에 관한 기준의 작성) ① 법 제40조제1항의 규정에 의한 입지지정 및 개발에 관한 기준에는 다음 각호의 사항이 포함되어야 한다. <개정 1996.6.29.>
1. 개별공장입지의 선정기준에 관한 사항
2. 산업시설용지의 적정이용기준에 관한 사항
3. 기반시설의 설치 및 정비에 관한 사항
4. 산업의 적정배치와 지역간 균형발전을 위하여 필요한 사항
5. 환경보전 및 문화재보존을 위하여 필요한 사항
6. 토지가격의 안정을 위하여 필요한 사항
7. 기타 다른 계획과의 조화를 위하여 필요한 사항

② 법 제40조제2항 단서에서 "대통령령으로 정하는 경미한 사항의 변경"이란 제1항제4호 내지 제7호의 사항의 변경을 말한다. <개정 2011.11.16.>

제45조의2(공장입지유도지구의 지정 등) ① 법 제40조의2제1항에 따른 공장입지유도지구(이하 "공장입지유도지구"라 한다)는 다음 각 호의 지정기준을 모두 충족하는 지역에 한정하여 지정할 수 있다. <개정 2017.6.20.>
1. 공장입지유도지구를 지정하려는 지역의 토지이용, 교통여건, 자연환경을 종합적으로 고려하여 공장이 있거나, 공장의 입지수요가 있는 경우로서 집단화 유도가 용이할 것
2. 제27조에 따른 기반시설의 이용, 연계처리 또는 설치가 용이할 것
3. 공장건축에 제한이 없을 것

② 법 제40조의2에 따라 공장입지유도지구를 지정하려는 때에는 해당지역 및 주변지역에 대한 현재 토지이용상태 및 미래 이용계획, 다른 법령에 따른 공장입지제한유무, 상습재해지역여부 등을 조사하여야 한다.

③ 법 제40조의2제2항에 따른 공장입지 유도지구의 지정권자(이하"공장입지유도지구지정권자"라 한다)는 제2항에 따른 조사결과에 따라 다음 각 호의 사항이 포함된 공장입지유도지구지정계획(이하"지정계획"이라 한다)을 수립하여야 한다. <개정 2008.2.29., 2009.6.25., 2013.3.23., 2017.6.20.>
1. 지정목적
2. 지정위치 및 면적
3. 토지이용계획
4. 기반시설 이용 및 설치계획
5. 입주가능 업종
6. 그 밖에 국토교통부장관이 정하는 사항

④ 공장입지유도지구지정권자는 지정계획에 대하여 사전공람 등을 통하여 해당 지역의 토지소유자 및 이해관계인을 포함한 지역주민의 의견을 청취하여야 하고, 그 의견이 타당하다고 인정하는 때에는 이를 반영하여야 한다. 지정계획을 변경하려는 때에도 또한 같다. <개정 2009.6.25., 2017.6.20.>

⑤ 법 제40조의2제3항에서 "대통령령으로 정하는 사항"이란 다음 각 호의 사항을 말한다. <개정 2009.6.25., 2017.6.20.>
1. 지정위치 및 면적
2. 지정목적
3. 입주가능 업종
4. 위치도
5. 편입토지조서 및 지적도
6. 공장입지유도지구의 활성화를 위한 주요지원계획

⑥ 공장입지유도지구지정권자는 공장입지유도지구를 지정·고시한 경우에는 고시한 날부터 2년 이내에는 이를 변경하지 못한다. 다만, 관계법령 및 조례의 제·개정이나 해당지역 및 인근지역의 여건변화 등으로 필요한 경우에는 고시지역의 일부 또는 전부를 변경할 수 있다. <개정 2009.6.25., 2017.6.20.>
[본조신설 2007.10.4.]

제45조의3(공장입지유도지구의 지원 등) ① 법 제40조의3제3항에서 "대통령령으로 정하는 기준에 적합한 공동 오·폐수처리시설"이란 「하수도법」 제34조제3항에 따른 개인하수처리시설 및 「물환경보전법」 제35조에 따른 수질오염방지시설을 말한다. <개정 2007.11.30., 2011.11.16., 2018.1.16.>

② 법 제40조의3제4항 전단에서 "대통령령으로 정하는 요건에 해당하는 지구"란 다음 각 호의 요건을 모두 충족하는 지구를 말한다. <개정 2011.11.16., 2012.6.29., 2012.11.20., 2017.6.20.>
1. 다음 각 목의 구분에 따른 면적 요건을 충족할 것
   가. 국가가 비용을 보조하거나 시설을 지원하는 경우: 15만제곱미터 이상
   나. 지방자치단체가 비용을 보조하거나 시

설을 지원하는 경우: 3만제곱미터 이상
2. 다음 각 목의 면적을 합한 면적이 공장입지유도지구의 면적의 100분의 50 이상일 것
가. 「산업집적활성화 및 공장설립에 관한 법률」 제13조에 따라 공장설립 승인을 받은 공장부지면적
나. 「산업집적활성화 및 공장설립에 관한 법률」 제13조에 따라 공장설립 승인을 신청한 공장부지 면적
다. 서면으로 공장설립의 신청을 약정한 경우 해당 공장부지 면적
[본조신설 2007.10.4.]

제46조 삭제 <1999.3.26.>

제47조(유치지역의 개발대안) ① 법 제44조제1항의 규정에 의한 유치지역 지정대상지역의 적정성·개발방법등에 대한 대안에 포함되어야 하는 사항은 다음 각호와 같다. <개정 1996.6.29.>
1. 입지의 적정성분석에 관한 사항
2. 산업단지의 적정유형결정에 관한 사항
3. 개발사업의 주체와 개발방법에 관한 사항
4. 다른 계획과의 관련성여부에 관한 사항
5. 지역간균형발전에 미치는 영향
② 국토교통부장관은 법 제44조제1항의 규정에 의한 유치지역지정계획안을 검토하기 위하여 특히 필요하다고 인정하는 경우에는 법 제4조제1항의 규정에 의한 기초조사를 실시할 수 있다. <개정 1994.12.23., 2008.2.29., 2013.3.23.>

제47조의2 삭제 <1997.12.31.>

제47조의3(융자지원) 국가 또는 지방자치단체는 법 제46조에 따라 임대를 목적으로 개발하는 산업단지의 용지매입비 등을 융자할 수 있다. 이 경우 융자에 관한 세부적인 기준 및 방법 등에 관하여 필요한 사항은 국토교통부장관이 정하여 고시한다. <개정 2008.2.29., 2013.3.23.>
[본조신설 2007.10.4.]

제47조의4(입주기업 종사자 등의 주택공급 특례) ① 법 제46조의2제1항에 따른 지원단지에서 민영주택을 건설하여 공급하는 자는 같은 조 제3항에 따라 입주예정기업 및 교육·연구기관의 종사자 등에게 그 건설량의 100분의 50(「수도권정비계획법」 제6조에 따른 과밀억제권역에 위치한 산업단지의 경우에는 100분의 30)의 범위에서 특별공급할 수 있다. <개정 2014.7.14.>
② 제1항에 따라 특별공급되는 주택의 입주자격 및 선정방법은 국토교통부령에서 정하는 바에 따른다.
[전문개정 2014.1.14.]

제47조의5(특례적용 학교의 추천기준) 시장·군수는 산업단지안에 설립된 고등학교 중 다음 각 호의 기준에 적합한 경우 법 제46조의4 제2항에 따라 「초·중등교육법」 제61조에 의한 특례의 적용을 받는 학교 또는 교육과정을 운영하는 학교로 지정하여 줄 것을 교육감에게 추천할 수 있다.
1. 산업단지안에 고등학교의 교육여건 개선이 필요한 경우로서 사업시행자, 산업단지 관리기관이 요청하는 경우
2. 산업단지안에 고등학교가 2개 이상으로서 교육여건개선이 필요한 경우
[본조신설 2007.10.4.]

제47조의6(임대전용산업단지의 지정) ① 국토교통부장관 또는 지방자치단체의 장은 법 제46조의6제1항에 따라 임대전용산업단지를 지정·운영하려는 경우에는 다음 각 호의 사항이 포함된 지정계획을 수립하여야 한다. <개정 2008.2.29., 2013.3.23.>
1. 임대전용산업단지의 위치 및 지정범위
2. 임대전용산업단지의 조성목적
3. 사업시행자 및 관리기관
4. 입주수요 자료
5. 임대전용산업단지 지정에 따른 비용 및 기대효과
6. 재원조달계획
7. 그 밖에 국토교통부장관이 정하는 사항
② 국토교통부장관 및 지방자치단체의 장이 법 제46조의6제1항에 따라 임대전용산업단지를 지정한 때에는 다음 각 호의 사항을 고시하여야 한다. <개정 2008.2.29., 2013.3.23.>
1. 임대전용산업단지의 명칭 및 위치
2. 사업시행자
3. 필지별 상세내역
③ 국가 또는 지방자치단체는 임대전용산업단

지 조성에 소요되는 비용을 지원할 수 있다.
④ 임대전용산업단지의 지정절차, 지원방식 등에 필요한 세부사항은 국토교통부장관이 정하여 고시한다. <개정 2008.2.29., 2013.3.23.>
[본조신설 2007.10.4.]

제47조의7(임대전용산업단지의 운영·관리) ① 법 제46조의6제1항에 따른 임대전용산업단지의 토지·시설의 임대기간은 50년 이내로 하되, 50년 이내에서 임대기간이 만료된 후 임차인이 재계약을 하려는 때에는 임대인은 특별한 사유가 없는 경우 이에 응하여야 한다.
② 입주기업은 임대계약에서 정하는 목적 외의 용도로 토지를 사용할 수 없으며, 다음 각 호의 행위는 임대산업단지의 임대관리기관으로부터 문서에 의하여 동의를 받아야 한다.
1. 임대토지·시설의 전대 및 양도 등 일체의 권리변동 행위
2. 임대토지의 형질 등을 변경하는 행위
3. 임대토지상의 건축물 등 임대토지상 지상물건의 매각, 대여, 교환 등 일체의 처분행위
③ 이 영에서 규정한 것 외에 임대전용산업단지의 운영·관리에 필요한 세부사항은 국토교통부장관이 정하여 고시한다. <개정 2008.2.29., 2013.3.23.>
[본조신설 2007.10.4.]

제48조(감독처분등에 따른 고시) 법 제48조제3항의 규정에 의하여 고시하여야 할 사항은 다음 각호와 같다. <개정 1993.11.6.>
1. 사업의 명칭
2. 사업시행자의 성명(법인인 경우에는 법인의 명칭 및 대표자의 성명)·주소
3. 사업지역의 위치 및 면적
4. 감독처분의 내용 및 사유

제49조(권한의 위임) ① 국토교통부장관은 법 제49조에 따라 별표 3의 국가산업단지에 관한 다음 각 호의 권한(법 제2조제9호바목의 사업 중 항만건설사업에 관한 권한은 제외한다)을 시·도지사에게 위임한다. <개정 1997.12.31., 1998.6.24., 2001.6.30., 2007.10.4., 2008.2.29., 2009.6.25., 2010.3.26., 2013.3.23., 2014.1.14., 2017.6.20.>
1. 법 제6조제5항에 따른 개발계획의 변경(개발계획상 토지이용계획이 수립되지 아니한 지역에 대하여 토지이용계획을 수립하는 경우와 면적을 변경하는 경우를 제외한다)
2. 법 제7조의4에 따른 산업단지지정등의 고시
3. 법 제16조의 규정에 의한 사업시행자의 지정
4. 법 제17조제1항의 규정에 의한 실시계획의 승인
5. 법 제19조의2제1항의 규정에 의한 실시계획승인의 고시 및 관계서류 사본의 송부
6. 삭제 <1999.3.26.>
7. 법 제21조제2항의 규정에 의한 실시계획승인에 관한 협의등
8. 법 제26조제3항의 규정에 의한 공공시설의 귀속 및 양도에 관한 의견청취
9. 법 제27조제2항의 규정에 의한 국·공유재산의 용도폐지 및 양도에 관한 협의
10. 법 제37조제1항 및 제2항의 규정에 의한 산업단지개발사업의 준공인가·준공검사 및 준공검사의뢰
11. 법 제37조제5항의 규정에 의한 산업단지개발사업의 준공인가공고 및 통지
12. 법 제37조제8항에 따른 국가산업단지개발사업으로 조성된 용지나 설치된 시설물의 준공인가 전 사용승인
13. 법 제47조제1항의 규정에 의한 사업시행자에 대한 보고·자료제출명령 및 검사
14. 법 제48조의 규정에 의한 사업시행자에 대한 감독처분·청문 및 고시

② 국토교통부장관은 법 제49조에 따라 별표 3에 따른 국가산업단지 외의 국가산업단지에 대하여 다음 각 호의 경우를 제외한 사업시행자의 지정에 관한 권한과 그 지정받은 사업시행자가 시행하는 국가산업단지개발사업에 관한 제1항제4호, 제5호 및 제7호부터 제14호까지의 권한을 시·도지사에게 위임한다. <개정 2008.2.29., 2009.6.25., 2013.3.23., 2014.12.16., 2017.6.20.>
1. 법 제2조제9호바목의 사업중 항만건설사업을 시행하는 경우
2. 법 제6조의 규정에 의한 산업단지개발계획 수립시 국토교통부장관이 사업시행자를 지정하는 경우
3. 사업을 시행하고자 하는 자가 법 제16조제1항제1호 및 제2호에 해당하는 경우

③ 국토교통부장관은 법 제49조에 따라 국가산업단지에 대하여 제2항제1호에 따른 항만건설사업에 관한 권한을 다음 각 호의 구분에 따라

위임한다. <개정 2009.6.25., 2010.3.26., 2013.3.23., 2015.1.6., 2017.6.20.>

1. 「항만법」 제3조제2항제1호의 국가관리항 내에 있는 국가산업단지: 다음 각 목의 구분에 따른다.
   가. 별표 3에 따른 국가산업단지: 제1항제1호부터 제5호까지 및 제7호부터 제14호까지의 권한을 해양수산부 지방해양수산청장에게 위임한다.
   나. 별표 3에 따른 국가산업단지 외의 국가산업단지: 제1항제4호, 제5호 및 제7호부터 제14호까지의 권한을 해양수산부 지방해양수산청장에게 위임한다.
2. 「항만법」 제3조제2항제1호의 국가관리항 밖에 있는 국가산업단지: 제1항제1호부터 제5호까지 및 제7호부터 제14호까지의 권한을 시·도지사에게 위임한다.

④ 국토교통부장관은 법 제49조에 따라 별표 3에 따른 국가산업단지 외의 국가산업단지(법 제39조에 따른 특수지역개발사업이 시행되는 지역을 포함한다)에 대하여 제2항제2호 및 제3호에 따른 사업시행자가 시행하는 국가산업단지개발사업(법 제39조에 따른 특수지역개발사업을 포함하며, 같은 항 제1호에 따른 항만건설사업은 제외한다)에 관한 제1항제4호, 제5호 및 제7호부터 제14호까지의 권한을 지방국토관리청장에게 위임한다. <신설 2009.6.25., 2009.11.10., 2013.3.23., 2017.6.20.>

⑤ 국토교통부장관은 법 제49조에 따라 「신행정수도 후속대책을 위한 연기·공주지역 행정중심복합도시 건설을 위한 특별법」 제2조제2호에 따른 예정지역에 지정된 도시첨단산업단지(국토교통부장관이 지정한 도시첨단산업단지로 한정한다)에 관한 다음 각 호의 권한을 행정중심복합도시건설청장에게 위임한다. <신설 2016.11.8.>

1. 제1항제5호, 제7호부터 제11호까지, 제13호 및 제14호의 권한
2. 법 제18조의2제1항에 따른 도시첨단산업단지개발실시계획의 승인
3. 법 제37조제8항에 따른 시설 사용의 사전 승인

[전문개정 1996.6.29.]

제49조의2(규제의 재검토) 국토교통부장관은 다음 각 호의 사항에 대하여 2017년 1월 1일을 기준으로 3년마다(매 3년이 되는 해의 1월 1일 전까지를 말한다) 그 타당성을 검토하여 개선 등의 조치를 하여야 한다. <개정 2017.6.20.>

1. 제7조에 따른 산업단지개발계획 등
2. 제10조의2에 따른 산업단지지정의 제한
3. 제15조제1항 및 제2항에 따른 산업단지지정 해제 요건
4. 제15조의4에 따른 준공된 산업단지의 개발행위에 관한 특례 적용대상 행위
5. 제19조에 따른 사업시행자
6. 제30조에 따른 선수금
7. 제40조제2항에 따른 산업단지개발사업 적정이윤의 범위
8. 제40조의3제2항에 따른 건축사업 적정이윤의 범위
9. 제41조제6항에 따른 지식산업센터를 건설하는 경우 의무임대비율
10. 제44조의13에 따른 개발이익의 재투자

[전문개정 2016.12.30.]

제50조(과징금의 부과 및 납부) ① 산업단지지정권자는 법 제53조에 따라 과징금을 부과할 때에는 위반행위에 대한 부과 기준과 과징금의 금액을 밝혀 과징금을 낼 것을 과징금 부과 대상자에게 서면으로 통지하여야 한다.

② 제1항에 따라 통지를 받은 과징금 부과 대상자는 통지를 받은 날부터 30일 이내에 과징금을 산업단지지정권자가 정하는 수납기관에 내야 한다. 다만, 천재지변이나 그 밖의 부득이한 사유로 그 기간에 과징금을 낼 수 없을 때에는 그 사유가 없어진 날부터 7일 이내에 내야 한다.

③ 제2항에 따라 과징금을 받은 수납기관은 그 납부자에게 영수증을 발급하여야 한다.

④ 수납기관은 제3항에 따라 과징금을 수납하였을 때에는 지체 없이 그 사실을 산업단지지정권자에게 통보하여야 한다.

⑤ 제1항부터 제4항까지에서 규정한 사항 외에 과징금의 부과 및 징수에 필요한 사항은 국토교통부령으로 정한다. <개정 2013.3.23.>

[본조신설 2012.11.20.]

부칙

<제28586호, 2018.1.16.>

(시설물의 안전 및 유지관리에 관한 특별법 시행령)

제1조(시행일) 이 영은 2018년 1월 18일부터 시행한다. <단서 생략>

제2조부터 **제6조**까지 생략

제7조(다른 법령의 개정) ①부터 ⑫까지 생략

⑬ 산업입지 및 개발에 관한 법률 시행령 일부를 다음과 같이 개정한다.

제27조의4제1항제2호 중 "「시설물의 안전관리에 관한 특별법」"을 "「시설물의 안전 및 유지관리에 관한 특별법」"으로 한다.

⑭부터 ㉔까지 생략

제8조 생략

산업단지 인·허가 절차 간소화를 위한 특례법

(약칭: 산단절차간소화법)

[시행 2017.7.26.]

[법률 제14839호, 2017.7.26., 타법개정]

제1장 총칙

제1조(목적) 이 법은 기업의 생산활동에 필요한 산업단지를 적기에 공급하기 위하여 「산업입지 및 개발에 관한 법률」로 정하고 있는 산업단지 개발절차 간소화를 위한 필요 사항을 규정함으로써 국가경제 발전과 국가경쟁력 강화에 이바지하는 것을 목적으로 한다.

제2조(정의) 이 법에서 사용하는 용어의 뜻은 다음과 같다. <개정 2013.3.23., 2014.1.14.>

1. "산업단지개발지원센터"란 입지타당성 검토, 관계 기관 의견협의 등 산업단지 지정 및 개발에 관한 업무를 효율적으로 수행하기 위하여 국토교통부 및 특별시·광역시·특별자치시·도 및 특별자치도(이하 "시·도"라 한다)에 설치되는 지원기관을 말한다.
2. "산업단지계획심의위원회"란 산업단지의 지정 및 개발과 이와 관련한 분야를 통합적으로 심의하기 위하여 국토교통부 및 시·도에 설치되는 심의기관을 말하며, 국토교통부에 설치되는 산업단지계획심의위원회를 중앙산업단지계획심의위원회, 시·도에 설치되는 산업단지계획심의위원회를 지방산업단지계획심의위원회라 한다.
3. "산업단지계획"이란 「산업입지 및 개발에 관한 법률」 제6조에 따른 산업단지개발계획과 같은 법 제17조에 따른 국가산업단지개발실시계획을 통합한 국가산업단지계획, 같은 법 제7조에 따른 산업단지개발계획과 같은 법 제18조에 따른 일반산업단지개발실시계획을 통합한 일반산업단지계획, 같은 법 제7조의2에 따른 산업단지개발계획과 같은 법 제18조의2에 따른 도시첨단산업단지개발실시계획을 통합한 도시첨단산업단지계획, 같은 법 제8조에 따른 산업단지개발계획과 같은 법 제19조에 따른 농공단지개발실시계획을 통합한 농공단지계획을 포괄하여 말한다.
4. "민간기업등"이란 국가 또는 지방자치단체 외의 자로서 「산업입지 및 개발에 관한 법률」에 따라 산업단지 지정을 신청할 수 있는 자를 말한다.

제3조(적용범위) 이 법은 「산업입지 및 개발에 관한 법률」 제2조제8호에 따른 산업단지(같은 법 제39조에 따른 특수지역개발사업을 포함하며, 이하 "산업단지"라 한다)에 적용된다. 다만, 대통령령으로 정하는 규모 이상의 산업단지에 대하여는 그러하지 아니하다. <개정 2011.8.4.>

제4조(다른 법률과의 관계) ① 이 법은 산업단지의 지정 및 개발에 적용되는 규제에 관한 특례에 있어 다른 법률에 우선하여 적용한다. 다만, 다른 법률에서 이 법의 규제에 관한 특례보다 완화되는 규정이 있으면 그 법률로 정하는 바에 따른다.

② 산업단지의 지정 및 개발과 관련하여 이 법으로 정하는 사항 이외의 사항은 「산업입지 및 개발에 관한 법률」에 따른다.

제5조(산업단지개발지원센터) ① 「산업입지 및 개발에 관한 법률」에 따른 국가산업단지 및 국토교통부장관이 지정하는 도시첨단산업단지(이하 "국가산업단지등"이라 한다)의 지정 및 개발에 관한 업무를 수행하기 위하여 국토교통부장관은 국토교통부에, 「산업입지 및 개발에 관한 법률」에 따른 일반산업단지, 도시첨단산업단지(국토교통부장관이 지정하는 경우는 제외한다) 및 농공단지(이하 "일반산업단지등"이라 한다)의 지정 및 개발에 관한 업무를 수행하기 위하여 특별시장·광역시장·특별자치시장·도지사 및 특별자치도지사(이하 "시·도지사"라 한다)는 시·도에 산업단지개발지원센터(이하 "지원센터"라 한다)를 각각 설치하여야 한다. <개정 2013.3.23., 2014.1.14., 2015.8.11.>

② 지원센터의 장은 해당 기관에서 산업단지 개발업무를 총괄하는 부서의 장으로 하고, 구성원은 해당 기관에서 도시계획, 산업입지, 건설, 교통, 환경 분야 등 산업단지 개발업무와 관련된 업무를 담당하는 공무원으로 한다.

③ 지원센터 구성을 위하여 필요한 경우 국토교통부장관은 관계 중앙행정기관의 장에게, 시·도지사는 인근 군부대의 장, 지방환경관리청

장, 지방산림청장, 지방국토관리청장 등 산업단지 지정과 관련된 기관의 장에게 소속 직원의 파견을 요청할 수 있고, 파견요청을 받은 기관의 장은 3일 이내에 그 담당자를 지정하여 통보하여야 한다. 이 경우 국토교통부장관 및 시·도지사(이하 "국토교통부장관등"이라 한다)는 산업단지 지정건수 등을 고려하여 관계 기관의 장과 협의를 거쳐 인력지원의 기간 및 방법 등을 조정할 수 있다. <개정 2013.3.23.>

④ 제3항에 따라 국토교통부장관등으로부터 소속 직원의 파견을 요청받은 기관의 장은 특별한 사유가 없는 한 파견에 필요한 조치를 하여야 한다. <개정 2013.3.23.>

⑤ 국토교통부장관등은 산업단지 지정과 관련된 업무를 보다 합리적으로 수행하기 위하여 지원센터에 도시계획, 산업입지, 건설, 환경분야 등 산업단지 개발에 관하여 학식과 경험이 풍부한 관계 전문가로 자문단을 구성하거나 관계 전문가를 전문위원으로 위촉할 수 있다. <개정 2013.3.23.>

⑥ 지원센터는 다음 각 호의 기능을 수행한다. <개정 2011.7.21., 2011.8.4., 2016.1.19.>

1. 제7조에 따른 투자의향서 접수 및 문화재 지표조사, 농지·산지 현황조사 등 개괄적인 입지타당성의 사전검토 및 조회
2. 제8조에 따른 산업단지계획승인신청서 접수 및 제10조부터 제12조까지의 규정에 따른 관계 기관 협의·조정 지원
3. 제9조에 따른 주민설명회 개최 및 후속조치
4. 「부동산 거래신고 등에 관한 법률」 제10조에 따른 토지거래계약에 관한 허가구역 지정 검토
5. 「환경영향평가법」에 따른 평가 항목·범위의 선정 등 환경영향평가등의 방향 설정에 관한 사항
6. 제13조에 따른 기술검토서의 작성
7. 그 밖에 산업단지 지정 및 개발과 관련하여 필요한 사항

⑦ 국토교통부장관등은 지원센터의 구성원이 산업단지의 지정·개발에 기여한 경우 포상·승진 등과 관련한 인센티브를 제공할 수 있다. 이 경우 국토교통부장관등은 다른 기관으로부터 파견받은 자에게 우선적으로 인센티브를 제공하여야 한다. <개정 2013.3.23.>

⑧ 지원센터의 구성·운영 등에 관하여 필요한 사항은 해당 지방자치단체의 조례로 정한다. 다만, 국토교통부에 설치되는 지원센터의 경우에는 대통령령으로 정한다. <개정 2013.3.23.>

제6조(산업단지계획심의위원회) ① 국가산업단지등 및 일반산업단지등과 관련한 다음 각 호의 사항을 심의하기 위하여 국토교통부와 시·도에 중앙산업단지계획심의위원회와 지방산업단지계획심의위원회를 각각 둔다. <개정 2013.3.23., 2015.8.11.>

1. 제15조에 따른 산업단지계획 승인에 관한 사항
2. 관계 행정기관의 이견 조정에 관한 사항
3. 그 밖에 지정권자(「산업입지 및 개발에 관한 법률」 제6조·제7조·제7조의2 및 제8조에 따라 산업단지를 지정하는 자를 말한다. 이하 같다)가 필요하다고 인정하여 위원회에 부의하는 사항

② 중앙산업단지계획심의위원회의 위원장은 국토교통부장관이, 지방산업단지계획심의위원회의 위원장은 해당 시·도지사가 되고, 위원은 다음 각 호의 사람이 되며, 부위원장은 제2호에 해당하는 사람 중에서 위원장이 임명한다. <개정 2011.8.4., 2013.3.23., 2015.7.24., 2015.8.11., 2016.1.27., 2017.7.26.>

1. 해당 지정권자가 속한 기관의 소속 공무원 중 산업단지개발사업과 관련된 부서의 장으로서 위원장이 임명하는 사람
2. 도시계획, 산업입지, 건축, 교통, 경관, 환경분야 등 산업단지 개발 관련 분야의 전문가로서 산업단지 개발에 관한 학식과 경험이 풍부한 자 중 위원장이 위촉하는 사람
3. 「국토의 계획 및 이용에 관한 법률」에 따라 해당 지방자치단체가 속한 시·도에 설치된 시·도도시계획위원회의 위원 중 도시계획전문가, 설계전문가, 환경전문가 각 1인 이상을 포함하여 해당 시·도도시계획위원회의 위원장이 추천하는 사람
4. 「도시교통정비 촉진법」에 따라 해당 시·도에 설치된 교통영향평가심의위원회의 위원 중 해당 교통영향평가심의위원회의 위원장이 추천하는 사람
5. 「자연재해대책법」에 따라 행정안전부장관이 구성·운영하는 사전재해영향성 검토위원회의 위원 중 해당 사전재해영향성 검토위원회의 위원장이 추천하는 사람
6. 「에너지이용 합리화법」에 따른 에너지사용계획에 대하여 심의권한을 가진 위원회의 위원 중 해당 위원회의 위원장이 추천하는 사람
7. 「국가통합교통체계효율화법」에 따른 국가교통위원회의 위원 중 국가교통위원회의 위원

장이 추천하는 사람
8. 「산지관리법」에 따라 해당 산업단지 예정지역에 속한 산지의 이용계획에 대하여 심의권한을 가진 산지관리위원회의 위원 중 해당 산지관리위원회의 위원장이 추천하는 사람
9. 「경관법」에 따라 해당 시·도에 설치된 경관위원회의 위원 중 해당 경관위원회 위원장이 추천하는 사람

③ 중앙산업단지계획심의위원회 및 지방산업단지계획심의위원회(이하 "심의위원회"라 한다)의 위원장은 제2항제3호부터 제8호까지의 규정에 해당하는 위원을 임명하기 위하여 같은 항 각 호의 위원이 속한 위원회의 위원장에게 위원의 추천을 요청하여야 하며, 위원의 추천을 요청받은 위원장은 그 요청을 받은 날부터 7일 이내에 위원을 추천하여야 한다.

④ 심의위원회는 위원장 및 부위원장을 포함하여 30인 이하의 위원으로 구성한다.

⑤ 심의위원회의 회의는 재적위원 과반수의 출석으로 개의하고, 출석위원 과반수의 찬성으로 의결한다.

⑥ 심의위원회는 회의내용을 녹취하고 회의록을 작성하여야 한다.

⑦ 제2항 각 호에서 정한 위원별 최소 구성인원 등 심의위원회의 구성·운영 등에 관하여 필요한 사항은 대통령령으로 정한다.

제2장 산업단지계획의 승인절차

제7조(투자의향서) ① 민간기업등은 제8조에 따른 산업단지계획 수립에 앞서 다음 각 호의 사항을 기재한 투자의향서를 지정권자에게 제출할 수 있다.
1. 투자자 소개서
2. 사업규모 및 기간
3. 사업예정부지
4. 사업방식 및 주요 업종
5. 입지수요 자료
6. 재원조달계획

② 지정권자는 투자의향서를 제출한 민간기업등에 지원센터를 통하여 다음 각 호의 자료를 제공하는 등 해당 산업단지 개발사업을 위하여 필요한 사항에 관하여 최대한 지원하여야 한다.
1. 산업단지 예정부지에 대한 개략적인 법적 규제현황
2. 산업여건 및 지역별 산업입지정책
3. 환경여건(생태자연도 등)
4. 농지·산지 등 토지이용여건
5. 그 밖의 민간기업등이 요청하는 자료 중 지원센터에서 제공가능한 자료

③ 지정권자 또는 투자의향서를 제출한 자는 제8조에 따른 산업단지계획의 수립 또는 신청 이전에 「문화재보호법」 제91조제1항에 따른 문화재 지표조사를 실시하여야 한다.

제8조(산업단지계획) ① 지정권자는 다음 각 호의 사항이 포함된 산업단지계획을 수립하여야 하며, 산업단지계획이 수립된 경우에 「산업입지 및 개발에 관한 법률」에 따른 개발계획 및 실시계획이 모두 수립된 것으로 본다. <개정 2015.8.11.>
1. 산업단지 명칭
2. 산업단지의 지정목적 및 필요성
3. 지정 대상지역의 위치 및 면적
4. 산업단지의 개발기간 및 개발방법
5. 주요 유치업종 또는 제한업종
6. 사업시행자의 주소 및 성명
7. 사업시행지역의 토지이용현황
8. 토지이용계획 및 기반시설계획
9. 재원조달계획
10. 수용·사용할 토지·건축물, 그 밖의 물건이나 권리가 있는 경우에는 그 세목
11. 에너지사용계획
12. 그 밖에 대통령령으로 정하는 사항

② 민간기업등이 산업단지 지정을 요청하는 경우에는 제1항 각 호의 사항이 포함된 산업단지계획을 수립하여 지정권자에게 승인을 신청하여야 한다.

③ 제2항에 따라 산업단지계획의 승인을 신청하는 경우 환경, 교통 등 산업단지계획 승인과 관련된 분야의 협의 및 심의에 필요한 다음 각 호의 서류를 첨부하여야 한다. 다만, 지정권자는 산업단지의 지정 및 개발을 보다 효율적으로 처리하기 위하여 필요한 경우 제출기한을 정하여 이를 따로 제출하도록 할 수 있다. <개정 2011.4.14., 2011.7.21., 2011.8.4., 2015.7.24., 2015.8.11.>
1. 도시·군기본계획 관련 서류(제15조에 따른 산업단지계획의 수립 또는 승인으로 도시기본계획 변경승인이 의제되는 경우에 한한다)
2. 공유수면매립기본계획 관련 서류(제15조에

따른 산업단지계획의 수립 또는 승인으로 공유수면매립기본계획 변경승인이 의제되는 경우에 한한다)
3. 「환경영향평가법」에 따른 전략환경영향평가서 초안 또는 환경영향평가서 초안 등 관련 서류
4. 「도시교통정비 촉진법」에 따른 교통영향평가서(이하 "교통영향평가서"이라 한다), 「자연재해대책법」에 따른 사전재해영향성 검토협의(이하 "사전재해영향성 검토협의"라 한다) 관련 서류
4의2. 「국가통합교통체계효율화법」에 따른 연계교통체계 구축대책 관련 서류
5. 「문화재보호법」에 따른 문화재 지표조사 결과
6. 「에너지이용 합리화법」에 따른 에너지 사용계획 관련 서류
7. 「경관법」에 따른 사전경관계획 및 경관계획에 대한 경관심의 관련 서류
8. 그 밖에 산업단지계획 승인과 관련 있는 필요 서류

④ 제2항에 따라 산업단지계획의 승인을 신청하는 경우 산업단지계획의 승인에 관하여 필요한 사항은 대통령령으로 정한다.

제9조(주민 등의 의견청취) ① 지정권자는 산업단지계획을 수립하려고 하거나 산업단지계획의 승인신청을 받은 경우에는 해당 지역을 주된 보급지역으로 하는 일간신문 및 해당 기관의 인터넷 홈페이지에 공고하고, 공고일부터 20일 이상 일반인이 열람하도록 하여야 한다. 이 경우 산업단지계획의 승인신청을 받은 때에는 특별한 사유가 없는 한 승인신청을 받은 날부터 3일(근무일 기준) 이내에 공고하여야 한다.
② 지정권자는 제1항에 따른 의견청취와 동시에 「환경영향평가법」에 따른 전략환경영향평가 및 환경영향평가, 교통영향평가서 및 사전재해영향성 검토협의를 위하여 작성한 평가서 등에 관한 의견청취를 하여야 한다. 다만, 제8조제3항 각 호 외의 부분 단서에 따라 지정권자가 산업단지계획과 따로 제출하도록 한 사항에 대하여는 별도로 의견청취를 할 수 있다. <개정 2011.7.21., 2011.8.4., 2015.7.24.>
③ 지정권자는 「환경영향평가법」 제13조 및 제25조에도 불구하고 제8조제1항제6호에 따른 사업시행자(이하 "사업시행자"라 한다)가 제1항에 따른 공고일부터 10일(근무일 기준) 이내에 합동설명회 또는 합동공청회를 개최하여 산업단지계획, 「환경영향평가법」에 따른 전략환경영향평가 및 환경영향평가 관련 사항, 교통영향평가서 관련 사항 및 사전재해영향성평가 검토협의 관련 사항 등에 대하여 설명하도록 할 수 있다. 이 경우 합동설명회 및 합동공청회의 개최방법 및 절차 등에 관하여 필요한 사항은 대통령령으로 정한다. <개정 2011.7.21., 2011.8.4., 2015.7.24.>
④ 제1항에 따라 공고된 산업단지계획안 등에 대하여 의견이 있는 자는 그 열람기간 내에 지정권자 또는 사업시행자에게 의견서를 제출할 수 있다.
⑤ 지정권자는 주민의견을 효율적으로 청취하기 위하여 필요한 경우에는 해당 산업단지의 소재지를 관할하는 시장·군수·구청장(자치구의 구청장을 말한다. 이하 같다)으로 하여금 제1항부터 제4항까지의 규정에 따라 의견청취를 시행하도록 할 수 있다. 이 경우 지정권자는 산업단지계획안, 「환경영향평가법」에 따른 전략환경영향평가 및 환경영향평가, 교통영향평가서 및 사전재해영향성 검토협의 관련 서류를 해당 시장·군수·구청장에게 보내야 하며, 이를 받은 시장·군수·구청장은 의견청취가 종료된 때에 제4항에 따른 의견서 및 이에 대한 검토의견서를 지정권자에게 제출하여야 한다. <개정 2011.7.21., 2011.8.4., 2015.7.24.>

제10조(관계 기관 협의) ① 지정권자는 산업단지계획을 수립 또는 승인하기 위하여 관계 행정기관의 장과 협의하는 경우 산업단지계획 승인에 필요한 관련 분야의 협의절차를 동시에 착수하여야 한다. 다만, 제8조제3항 각 호 외의 부분 단서에 따라 지정권자가 제출기한을 정하여 따로 제출받은 서류에 관하여는 민간기업등으로부터 제출받은 경우 지체 없이 이를 협의하여야 한다.
② 관계 행정기관의 장은 협의를 요청받은 날부터 10일(근무일 기준) 이내에 의견을 회신하여야 한다. 다만, 「군사기지 및 군사시설 보호법」에 따른 협의기간은 15일(근무일 기준) 이내로 한다.
③ 관계 행정기관의 장이 제2항의 기한 내에 의견을 회신하지 아니한 경우 이견 없이 산업단지계획의 신청내용을 협의한 것으로 본다.
④ 관계 행정기관의 장은 지정권자에게 관련 서류의 보완을 1회에 한하여 요청할 수

있으며, 지정권자가 관련 서류를 보완하는 기간은 협의기간에 포함하지 아니한다.

제11조(통합조정회의) ① 지정권자는 제10조에 따른 관계 기관 협의결과 관계 기관간 이견이 있는 경우 이견조정을 위하여 관계 행정기관이 참여하는 통합조정회의를 개최할 수 있다.

② 지정권자는 관계 행정기관의 장에게 회의개최 5일 전까지 회의일시·장소 및 안건을 통지하여야 하며, 통지를 받은 관계 행정기관의 장은 소속 공무원을 통합조정회의에 참석하게 하여야 한다. 이 경우 통지를 받고 회의에 참석하지 아니하거나 의견을 제출하지 아니한 기관에 대하여는 협의가 성립된 것으로 본다.

③ 지정권자는 사업시행자가 통합조정회의에 참석하여 의견을 제시할 수 있도록 하여야 한다.

제12조(관계 중앙행정기관 협의조정) ① 제10조 및 제11조에 따른 절차를 이행한 결과 관계 중앙행정기관과 협의가 완료되지 아니하여 조정이 필요한 경우 국토교통부장관은 지정권자의 신청을 받아 국무총리에게 이견조정을 요청할 수 있다. 다만, 국가산업단지등의 경우에는 국토교통부장관이 직접 이견조정을 요청할 수 있다. <개정 2013.3.23., 2015.8.11.>

② 제1항에 따라 국토교통부장관이 국무총리에게 이견조정을 요청하는 경우 국토교통부장관은 해당 이견사항에 대한 관련 서류 및 검토의견서 등 필요한 자료를 첨부하여야 한다. <개정 2013.3.23.>

③ 제1항에 따라 국무총리가 관계 중앙행정기관과의 이견을 조정하는 경우 사업시행자는 서면으로 의견을 제출할 수 있다.

④ 국무조정실에 제1항에 따른 이견조정 업무 등을 담당하는 기구를 둘 수 있다. <개정 2013.3.23.>

⑤ 제4항에 따라 국무조정실에 두는 기구의 기능 및 운영에 관하여 필요한 사항은 대통령령으로 정한다. <개정 2013.3.23.>

제13조(기술검토서 작성) ① 지정권자는 주민의견 청취, 관계 부서 및 관계 행정기관과의 협의 및 조정을 거친 후 이견이 있는 사항에 대하여 관계 전문가의 기술검토서를 작성하여야 한다.

② 기술검토서 작성을 위하여 필요한 경우 관계 기관에 인력 및 자료지원을 요청할 수 있으며, 지원을 요청받은 기관에서는 특별한 사유가 없는 한 이에 응하여야 한다.

제14조(심의위원회의 심의) ① 제8조에 따른 산업단지계획을 수립 또는 승인하기 위하여 국토교통부장관은 중앙산업단지계획심의위원회, 시·도지사 또는 시장·군수·구청장은 지방산업단지계획심의위원회의 심의를 거쳐야 한다. <개정 2013.3.23.>

② 사업시행자는 심의위원회에 최종의견서를 제출할 수 있으며, 심의위원회는 산업단지계획, 사업시행자의 최종의견서, 제13조에 따른 관계 전문가의 기술검토서 등을 종합적으로 검토하여 승인 여부를 심의한다.

③ 심의위원회의 심의를 거친 경우에는 다음 각 호에서 정한 심의회 및 위원회의 심의를 받거나 거친 것으로 본다. <개정 2011.8.4., 2015.7.24., 2015.8.11.>

1. 「산업입지 및 개발에 관한 법률」에 따른 산업입지정책심의회
2. 「국토의 계획 및 이용에 관한 법률」에 따른 도시계획위원회
3. 「도시교통정비 촉진법」에 따른 교통영향평가심의위원회

3의2. 「자연재해대책법」에 따른 사전재해영향성 검토위원회

4. 「에너지이용 합리화법」에 따른 에너지사용계획에 대하여 심의권한을 가진 위원회
5. 「국가통합교통체계효율화법」에 따른 국가교통위원회
6. 「산지관리법」에 따른 산지관리위원회
7. 「경관법」에 따른 경관위원회

제15조(산업단지계획의 승인 고시 등) ① 지정권자는 심의위원회의 심의를 거쳐 산업단지계획을 수립 또는 승인하고, 그 결과를 관보 또는 공보에 고시하여야 한다. 이 경우 필요한 조건을 붙일 수 있다.

② 제1항에 따른 산업단지계획 승인 고시는 「산업입지 및 개발에 관한 법률」 제7조의4 및 제8조에 따른 산업단지의 지정 고시 및 같은 법 제19조의2에 따른 실시계획 승인의 고시로 본다.

③ 제8조부터 제17조까지, 제20조부터 제27조까지의 규정은 산업단지계획을 변경하고자 하는 경우 이를 준용한다. 다만, 대통령령

령으로 정하는 경미한 사항을 변경하고자 하는 경우에는 제9조에 따른 주민 등의 의견청취를 생략할 수 있고, 제14조에 따른 심의위원회의 심의를 거치지 아니한다. <개정 2015.8.11.>

④ 민간기업등의 요청에 의하여 「산업입지 및 개발에 관한 법률」에 따라 산업단지계획을 변경하려는 경우에는 제3항에도 불구하고 제21조부터 제27조까지(제21조, 제22조 및 제25조부터 제27조까지는 관계 기관의 장과 협의 또는 제14조제3항에 따른 심의위원회의 심의를 거친 경우로 한정한다) 및 제28조제2항부터 제4항까지의 규정을 준용한다. <신설 2011.8.4.>

제16조(산업단지계획 승인기간의 제한) ① 제8조제2항에 따라 민간기업등이 산업단지 지정을 신청한 경우 지정권자는 산업단지계획의 승인신청을 접수한 날부터 6개월 이내에 승인 여부를 결정하여 통지하여야 한다. 다만, 대통령령으로 정하는 정당한 사유가 있는 경우에는 그러하지 아니하다.

② 지정권자는 「환경영향평가법」에 따른 전략환경영향평가 및 환경영향평가 협의를 요청하는 경우 산업단지계획의 승인신청일부터 늦어도 4개월 이내에 협의를 요청하여야 한다. <개정 2011.7.21., 2011.8.4.>

③ 관계 행정기관의 장은 협의기한 준수 등을 통하여 제1항에 따른 승인기간이 준수되도록 적극 협조하여야 한다.

제17조(농공단지에의 적용) ① 이 조는 「산업입지 및 개발에 관한 법률」 제2조제8호라목에 따른 농공단지(이하 "농공단지"라 한다)를 지정·개발하는 경우에 적용된다. <개정 2011.8.4.>

② 제7조제1항에 따라 투자의향서를 제출받은 시장·군수·구청장은 해당 투자의향서에 의한 산업단지 예정부지가 속한 시·도의 지원센터에 해당 산업단지 개발사업의 타당성 검토 등을 요청할 수 있다.

③ 제2항에 따라 시장·군수·구청장으로부터 타당성 검토 등을 요청받은 지원센터는 이를 검토하여 시장·군수·구청장에게 송부하여야 한다.

④ 시장·군수·구청장은 관계 기관 협의 등을 위하여 필요한 경우 해당 산업단지 예정부지가 속한 시·도의 지원센터에 전문가 자문 및 관계 기관간 이견조정 등에 관한 지원을 요청할 수 있다.

⑤ 시장·군수·구청장은 제13조제1항에도 불구하고 해당 산업단지 예정부지가 속한 시·도의 지원센터에 같은 항에 따른 관계 전문가의 기술검토서 작성을 요청할 수 있으며, 이 경우 지원센터는 10일 이내에 기술검토서를 작성하여 시장·군수·구청장에게 송부하여야 한다.

⑥ 시장·군수·구청장은 제14조제1항에 따라 제8조에 따른 산업단지계획을 수립 또는 승인하기 위하여 해당 산업단지 예정부지가 속한 시·도에 설치된 지방산업단지계획심의위원회의 심의를 거쳐야 하며, 지방산업단지계획심의위원회의 심의를 거친 경우에는 「산업입지 및 개발에 관한 법률」 제8조제2항에 따른 시·도지사의 승인을 얻은 것으로 본다.

⑦ 제2항부터 제6항까지의 규정은 「산업입지 및 개발에 관한 법률」 제7조 및 제7조의2에 따라 시장·군수·구청장이 일반산업단지등을 지정·개발하는 경우 이를 준용한다.

제18조(산업단지계획 관련 정보의 관리) ① 지정권자는 제8조제2항에 따라 산업단지계획의 승인신청을 받은 경우 지체 없이 그 내용을 「산업입지 및 개발에 관한 법률」 제5조의3에 따른 산업입지정보망(이하 "산업입지정보망"이라 한다)에 입력하고, 산업단지계획의 승인과 관련한 처리현황 및 결과 등을 실시간으로 입력하여야 한다.

② 산업단지계획과 관련된 협의, 평가 및 검토 등을 요청받은 기관은 요청받은 내용과 처리현황 및 결과 등을 산업입지정보망에 입력하여야 한다.

③ 국무총리 및 국토교통부장관은 산업입지정보망에 입력된 내용으로 보아 해당 산업단지 지정 및 개발 절차가 지연되고 있다고 인정될 경우에는 해당 지정권자에게 개발사업의 구체적인 현황 및 지연사유의 제출을 요청할 수 있으며, 필요한 경우 관계 행정기관 회의를 개최할 수 있다. <개정 2013.3.23.>

제19조(산업단지계획 통합기준) ① 국방부장관, 행정안전부장관, 농림축산식품부장관, 산업통상자원부장관, 환경부장관, 소방청장, 문화재청장, 산림청장 등은 산업단지계획의 수립 및 승인 시 적용되는 산업단지계획의 기준을 수립하여 국토교통부장관에게 제출하여야 한다. <개정 2013.3.23., 2014.11.19.,

2017.7.26.>

② 국토교통부장관은 직접 수립한 산업단지계획의 기준과 제1항에 따라 제출받은 산업단지계획의 기준을 통합하여 시·도지사 및 관계 행정기관의 장과 협의한 후 이를 공고하여야 하며, 협의과정에서 이견이 있는 경우 국무총리에게 조정을 요청할 수 있다. <개정 2013.3.23.>

③ 국토교통부장관 및 관계 행정기관의 장은 제1항 및 제2항에 따라 산업단지계획의 기준을 수립하는 경우 관계 법령에서 규정한 기준보다 강화된 규제를 산업단지계획의 기준에 포함하여서는 아니 된다. <개정 2013.3.23.>

④ 제2항에 따라 공고된 산업단지계획 통합기준은 산업단지계획에 관한 다른 기준에 우선하여 적용되며, 제10조에 따른 관계 행정기관 협의 시 관계 행정기관의 장은 산업단지계획 통합기준에 명시되지 아니한 내용을 근거로 사업시행자에게 불이익을 주는 협의의견을 제시하여서는 아니 된다.

제20조(토지에의 출입과 사용 등) ① 지정권자 및 투자의향서를 제출한 자가 산업단지계획을 수립하기 위한 조사·측량을 하려고 할 때에는 타인의 토지에 출입하거나 타인의 토지를 재료적치장·통로 또는 임시통로로 일시 사용할 수 있으며 죽목·토석, 그 밖의 장애물을 변경하거나 제거할 수 있다.

② 제1항에 따라 타인의 토지에의 출입 등을 하고자 하는 자는 미리 지정권자의 허가를 받아야 한다.

③ 제1항에 따른 타인의 토지에의 출입 등에 관하여는 「국토의 계획 및 이용에 관한 법률」 제130조제2항부터 제9항까지 및 제131조를 준용한다.

제3장 산업단지개발기간 단축을 위한 특례

제21조(「국토의 계획 및 이용에 관한 법률」의 적용 특례) 제15조에 따라 산업단지계획이 수립 또는 승인된 때에는 「국토의 계획 및 이용에 관한 법률」 제18조, 제22조 및 제22조의2에 따라 도시·군기본계획이 수립 또는 변경된 것으로 본다. 다만, 이는 산업단지 예정부지의 면적[본문에 따라 도시·군기본계획의 수립 또는 변경을 의제(擬制)받은 산업단지계획이 있을 경우에는 해당 산업단지의 누적 면적에 지정하려는 산업단지 예정부지의 면적을 합한 면적을 말한다]이 해당 산업단지 예정부지가 속한 시·군 도시·군기본계획의 시가화예정용지 총 면적의 100분의 30 범위 이하인 산업단지계획을 승인하는 경우에 한한다. <개정 2011.4.14., 2011.8.4.>

제22조(「공유수면 관리 및 매립에 관한 법률」의 적용 특례) ① 제15조에 따라 산업단지계획이 수립 또는 승인된 때에는 「공유수면 관리 및 매립에 관한 법률」 제22조 및 제27조에 따라 공유수면매립기본계획이 수립 또는 변경된 것으로 본다. <개정 2010.4.15.>

② 지정권자는 제1항에 따라 공유수면매립기본계획을 수립 또는 변경하는 내용을 포함하는 산업단지계획을 수립하거나 승인하고자 하는 경우에는 해양수산부장관과 협의하여야 한다. 이 경우 해양수산부장관은 20일(근무일 기준) 내에 협의를 완료하여야 한다. <개정 2013.3.23.>

[제목개정 2010.4.15.]

제23조(「환경영향평가법」 등의 적용 특례) ① 「환경영향평가법」의 규정에도 불구하고 다음 각 호의 구분에 따라 지정권자 또는 사업시행자가 해당 산업단지 개발로 인한 환경영향을 검토 또는 평가하여야 한다. <개정 2011.7.21., 2011.8.4.>

1. 산업단지 예정부지의 면적이 15만제곱미터 미만인 경우 : 「환경영향평가법」에 따른 전략환경영향평가
2. 산업단지 예정부지의 면적이 15만제곱미터 이상인 경우 : 「환경영향평가법」에 따른 환경영향평가

② 「환경영향평가법」 제18조제1항에도 불구하고 산업단지 개발사업에 대하여 전략환경영향평가 협의를 요청받은 행정기관의 장은 그 협의요청을 받은 날부터 30일 이내에 지정권자에게 전략환경영향평가 협의에 대한 의견을 통보하여야 한다. 이 경우 협의기관의 장은 대통령령으로 정하는 사유에 해당하는 경우 지정권자 또는 사업시행자에게 관련 서류의 보완을 1회에 한하여 요청할 수 있으며, 지정권자 또는 사업시행자가 관련 서류를 보완하는 기간은 협의기간에 포함하지 아니한다. <개정 2011.7.21.>

③ 「환경영향평가법」 제29조에도 불구하고 산

업단지 개발사업에 대하여 평가서의 협의를 요청받은 행정기관의 장은 평가서를 접수한 날부터 45일 이내에 지정권자에게 평가협의에 대한 의견을 통보하여야 한다. 이 경우 협의기관의 장은 대통령령으로 정하는 사유에 해당하는 경우 지정권자 또는 사업시행자에게 관련 서류의 보완을 1회에 한하여 요청할 수 있으며, 지정권자 또는 사업시행자가 관련 서류를 보완하는 기간은 협의기간에 포함하지 아니한다. <개정 2011.7.21., 2011.8.4.>

④ 지정권자는 「환경영향평가법」에 따른 전략환경영향평가 및 환경영향평가를 실시하는 경우 제5조제6항제5호에 따른 지원센터의 검토내용을 토대로 협의기관의 장과 협의하여 해당 사업으로 인한 환경영향을 연 2회 이하 조사할 수 있다. <개정 2011.7.21., 2011.8.4.>

[제목개정 2011.8.4.]

제24조(「국가통합교통체계효율화법」의 적용 특례) 「국가통합교통체계효율화법」 제38조제1항에도 불구하고 해당 산업단지 개발사업의 사업시행자가 연계교통체계 구축대책을 수립하여 같은 법 제4조에 따른 관계 행정기관의 장에게 제출할 수 있다. <개정 2011.8.4.>

[제목개정 2011.8.4.]

제25조(「산지관리법」의 적용 특례) 제15조에 따라 산업단지계획이 수립 또는 승인된 때에는 「산지관리법」 제6조에 따라 보전산지가 변경·해제된 것으로 본다.

제26조(「수도법」의 적용 특례) 제15조에 따라 산업단지계획이 수립 또는 승인된 때에는 「수도법」 제4조에 따라 수도정비기본계획이 수립 또는 변경되어 국토교통부장관 및 환경부장관의 승인을 받은 것으로 본다. <개정 2013.3.23.>

제27조(「하수도법」의 적용 특례) 제15조에 따라 산업단지계획이 수립 또는 승인된 때에는 「하수도법」 제5조 및 제6조에 따라 하수도정비기본계획이 수립 또는 변경되어 환경부장관의 승인을 얻은 것으로 본다.

제27조의2(「경관법」의 적용 특례) 제15조에 따라 산업단지계획이 수립 또는 승인된 때에는 「경관법」 제7조에 따라 경관계획이 수립 또는 변경된 것으로 본다.

[본조신설 2015.8.11.]

제28조(「산업입지 및 개발에 관한 법률」의 적용 특례) ① 민간기업등이 「산업입지 및 개발에 관한 법률」 제11조에 따라 산업단지의 지정·개발을 요청하거나 지정권자가 단독으로 산업단지를 지정하는 경우에는 제2항부터 제5항까지의 규정에서 정하는 사항을 제외하고는 같은 법에서 정하는 바에 따른다.

② 「산업입지 및 개발에 관한 법률」에 따라 산업단지를 개발하는 경우 같은 법 제6조, 제7조, 제7조의2 및 제8조에 따른 산업단지 지정 또는 같은 법 제17조, 제18조, 제18조의2, 제19조에 따른 실시계획 승인 시 주민 등의 의견청취, 관계 기관 협의 및 고시 등에 관하여는 제9조부터 제13조까지 및 제15조제1항에 따른다.

③ 지정권자는 「산업입지 및 개발에 관한 법률」에 따라 산업단지를 지정하거나 실시계획을 승인하는 경우 해당 산업단지를 효율적으로 지정·개발하기 위하여 필요하다고 인정하는 때에는 제14조에 따라 심의위원회의 심의를 거칠 수 있다.

④ 「산업입지 및 개발에 관한 법률」에 따라 산업단지를 지정·개발하는 경우 산업단지의 지정 또는 실시계획의 승인 기간에 대하여는 제16조에 따르며, 농공단지 또는 「산업입지 및 개발에 관한 법률」 제7조 및 제7조의2에 따른 시장·군수·구청장의 일반산업단지 등의 지정·개발과 관련한 지원, 시·도지사 승인 의제 등에 관하여는 제17조제4항부터 제6항까지의 규정에 따른다.

⑤ 「산업입지 및 개발에 관한 법률」에 따라 산업단지개발계획이나 실시계획을 수립하는 경우 제21조부터 제27조까지(제21조, 제22조 및 제25조부터 제27조까지는 관계 기관의 장과 협의 또는 제14조제3항에 따른 심의위원회의 심의를 거친 경우로 한정한다)의 규정을 준용한다.

⑥ 「산업입지 및 개발에 관한 법률」에 따른 산업단지개발계획이나 실시계획을 변경하려는 경우에는 제1항부터 제5항까지의 규정을 준용한다.

⑦ 제6항에도 불구하고 「산업입지 및 개발에 관한 법률」에 따라 수립된 산업단지개발계획 및 실시계획을 이 법에 따라 변경

할 수 있다.

⑧ 제7항에 따라 산업단지개발계획 및 실시계획을 변경하는 경우 산업단지개발계획 및 실시계획은 이 법에 따라 수립된 산업단지계획으로 보며, 제8조부터 제13조까지, 제15조제1항·제2항, 제16조, 제17조, 제20조부터 제27조까지 및 제28조제3항을 준용한다.

[본조신설 2011.8.4.]

부칙

<제14839호, 2017.7.26.>
(정부조직법)

제1조(시행일) ① 이 법은 공포한 날부터 시행한다. 다만, 부칙 제5조에 따라 개정되는 법률 중 이 법 시행 전에 공포되었으나 시행일이 도래하지 아니한 법률을 개정한 부분은 각각 해당 법률의 시행일부터 시행한다.

제2조부터 제4조까지 생략

제5조(다른 법률의 개정) ①부터 <221>까지 생략

<222> 산업단지 인·허가 절차 간소화를 위한 특례법 일부를 다음과 같이 개정한다.

제6조제2항제5호 중 "국민안전처장관"을 "행정안전부장관"으로 한다.

제19조제1항 중 "행정자치부장관"을 "행정안전부장관"으로, "국민안전처장관"을 "소방청장"으로 한다.

<223>부터 <382>까지 생략

제6조 생략

자연공원법

[시행 2018.3.13.]
[법률 제15198호, 2017.12.12., 일부개정]

제1장 총칙

<개정 2008.12.31.>

제1조(목적) 이 법은 자연공원의 지정·보전 및 관리에 관한 사항을 규정함으로써 자연생태계와 자연 및 문화경관 등을 보전하고 지속 가능한 이용을 도모함을 목적으로 한다.

제2조(정의) 이 법에서 사용하는 용어의 뜻은 다음과 같다. <개정 2011.7.28., 2016.5.29.>
1. "자연공원"이란 국립공원·도립공원·군립공원(郡立公園) 및 지질공원을 말한다.
2. "국립공원"이란 우리나라의 자연생태계나 자연 및 문화경관(이하 "경관"이라 한다)을 대표할 만한 지역으로서 제4조 및 제4조의2에 따라 지정된 공원을 말한다.
3. "도립공원"이란 도 및 특별자치도(이하 "도"라 한다)의 자연생태계나 경관을 대표할 만한 지역으로서 제4조 및 제4조의3에 따라 지정된 공원을 말한다.

3의2. "광역시립공원"이란 특별시·광역시·특별자치시(이하 "광역시"라 한다)의 자연생태계나 경관을 대표할 만한 지역으로서 제4조 및 제4조의3에 따라 지정된 공원을 말한다.

4. "군립공원"이란 군의 자연생태계나 경관을 대표할 만한 지역으로서 제4조 및 제4조의4에 따라 지정된 공원을 말한다.

4의2. "시립공원"이란 시의 자연생태계나 경관을 대표할 만한 지역으로서 제4조 및 제4조의4에 따라 지정된 공원을 말한다.

4의3. "구립공원"이란 자치구의 자연생태계나 경관을 대표할 만한 지역으로서 제4조 및 제4조의4에 따라 지정된 공원을 말한다.

4의4. "지질공원"이란 지구과학적으로 중요하고 경관이 우수한 지역으로서 이를 보전하고 교육·관광 사업 등에 활용하기 위하여 제36조의3에 따라 환경부장관이 인증한 공원을 말한다.

5. "공원구역"이란 자연공원으로 지정된 구역을 말한다.
6. "공원기본계획"이란 자연공원을 보전·이용·관리하기 위하여 장기적인 발전방향을 제시하는 종합계획으로서 공원계획과 공원별 보전·관리계획의 지침이 되는 계획을 말한다.
7. "공원계획"이란 자연공원을 보전·관리하고 알맞게 이용하도록 하기 위한 용도지구의 결정, 공원시설의 설치, 건축물의 철거·이전, 그 밖의 행위 제한 및 토지 이용 등에 관한 계획을 말한다.
8. "공원별 보전·관리계획"이란 동식물 보호, 훼손지 복원, 탐방객 안전관리 및 환경오염 예방 등 공원계획 외의 자연공원을 보전·관리하기 위한 계획을 말한다.
9. "공원사업"이란 공원계획과 공원별 보전·관리계획에 따라 시행하는 사업을 말한다.
10. "공원시설"이란 자연공원을 보전·관리 또는 이용하기 위하여 공원계획에 따라 자연공원에 설치하는 시설(공원계획에 따라 자연공원 밖에 설치하는 진입도로, 주차시설 또는 공원사무소를 포함한다)로서 대통령령으로 정하는 시설을 말한다.

[전문개정 2008.12.31.]

제3조(자연공원보호 등의 의무) ① 다음 각 호의 자는 자연공원을 보호하고 자연의 질서를 유지·회복하는 데에 정성을 다하여야 한다.
1. 국가
2. 지방자치단체
3. 공원사업을 하거나 공원시설을 관리하는 자
4. 자연공원을 점용하거나 사용하는 자
5. 자연공원에 들어가는 자
6. 자연공원에서 거주하는 자

② 국가와 지방자치단체는 자연생태계가 우수하거나 경관이 아름다운 지역을 자연공원으로 지정하여야 하며, 이를 보전·관리하여 지속적으로 이용할 수 있도록 하여야 한다.

[전문개정 2008.12.31.]

제2장 자연공원의 지정 및 공원위원회

제4조(자연공원의 지정 등) ① 국립공원은 환경부장관이 지정·관리하고, 도립공원은 도지사 또는 특별자치도지사가, 광역시립공원은 특별시장·광역시장·특별자치시장이 각각 지정·

관리하며, 군립공원은 군수가, 시립공원은 시장이, 구립공원은 자치구의 구청장이 각각 지정·관리한다. <개정 2011.7.28., 2016.5.29.>
② 제1항에 따라 자연공원을 지정·관리하는 환경부장관, 특별시장·광역시장·특별자치시장·도지사 또는 특별자치도지사 및 시장·군수 또는 자치구의 구청장(이하 "공원관리청"이라 한다)은 자연공원을 지정하려는 경우에는 지정대상 지역의 자연생태계, 생물자원, 경관의 현황·특성, 지형, 토지 이용 상황 등 그 지정에 필요한 사항을 조사하여야 한다. <개정 2016.5.29.>
③ 공원관리청은 과학적이고 전문적인 조사를 하기 위하여 제2항에 따른 조사를 관계 전문기관에 의뢰할 수 있다.
④ 공원관리청은 관계 행정기관의 장 또는 지방자치단체의 장에게 자연공원 지정에 필요한 자료 제출 등의 협조를 요청할 수 있다. 이 경우 관계 행정기관의 장 또는 지방자치단체의 장은 특별한 사유가 없으면 이에 적극 협조하여야 한다.
[전문개정 2008.12.31.]

제4조의2(국립공원의 지정 절차) ① 환경부장관은 국립공원을 지정하려는 경우에는 제4조제2항에 따른 조사 결과 등을 토대로 국립공원 지정에 필요한 서류를 작성하여 다음 각 호의 절차를 차례대로 거쳐야 한다. 국립공원의 지정을 해제하거나 구역 변경 등 대통령령으로 정하는 중요 사항을 변경하는 경우에도 또한 같다. <개정 2016.5.29.>
1. 주민설명회 및 공청회의 개최
2. 관할 특별시장·광역시장·특별자치시장·도지사 또는 특별자치도지사(이하 "시·도지사"라 한다) 및 시장·군수 또는 자치구의 구청장(이하 "군수"라 한다)의 의견 청취
3. 관계 중앙행정기관의 장과의 협의
4. 제9조에 따른 국립공원위원회의 심의
② 제1항에 따라 의견의 제시를 요청받은 시·도지사 및 군수, 협의를 요청받은 관계 중앙행정기관의 장은 특별한 사유가 없으면 그 요청을 받은 날부터 30일 이내에 환경부장관에게 의견을 제시하여야 한다.
③ 제1항에 따른 국립공원의 지정에 필요한 서류는 대통령령으로 정한다.
[전문개정 2008.12.31.]

제4조의3(도립공원·광역시립공원의 지정 절차) ① 시·도지사는 도립공원 또는 광역시립공원(이하 "도립공원"이라 한다)을 지정하려는 경우에는 제4조제2항에 따른 조사 결과 등을 토대로 도립공원 지정에 필요한 서류를 작성하여 다음 각 호의 절차를 차례대로 거쳐야 한다. 도립공원구역을 변경하는 등 대통령령으로 정하는 중요 사항을 변경하는 경우에도 또한 같다. <개정 2016.5.29.>
1. 해당 지역주민과 관할 군수의 의견 청취
2. 관계 중앙행정기관의 장과의 협의
3. 제9조에 따른 도립공원위원회의 심의
② 시·도지사는 도립공원의 지정을 해제하거나 대통령령으로 정하는 규모 이상을 축소하려는 경우에는 제1항의 절차를 거친 후 환경부장관의 승인을 받아야 한다. 다만, 지정을 해제하거나 축소하려는 규모 이상을 도립공원으로 새로 지정하거나 편입하려는 경우에는 환경부장관의 승인을 받지 아니하여도 된다. <개정 2016.5.29.>
③ 제1항에 따라 의견의 제시를 요청받은 군수 및 협의를 요청받은 관계 중앙행정기관의 장은 특별한 사유가 없으면 그 요청을 받은 날부터 30일 이내에 시·도지사에게 의견을 제시하여야 한다.
④ 제1항에 따른 도립공원 지정에 필요한 서류는 대통령령으로 정한다.
[전문개정 2008.12.31.]
[제목개정 2016.5.29.]

제4조의4(군립공원·시립공원·구립공원의 지정 절차) ① 군수는 군립공원·시립공원 또는 구립공원(이하 "군립공원"이라 한다)을 지정하려는 경우에는 제4조제2항에 따른 조사 결과 등을 토대로 군립공원 지정에 필요한 서류를 작성하여 다음 각 호의 절차를 차례대로 거쳐야 한다. 군립공원구역을 변경하는 등 대통령령으로 정하는 중요 사항을 변경하는 경우에도 또한 같다. <개정 2016.5.29.>
1. 해당 지역주민의 의견 청취
2. 관계 행정기관의 장과의 협의
3. 제9조에 따른 군립공원위원회의 심의
② 군수는 군립공원의 지정을 해제하거나 대통령령으로 정하는 규모 이상을 축소하려는 경우에는 제1항의 절차를 거친 후 시·도지사의 승인을 받아야 한다. 다만, 지정을 해제하거나 축소하려는 규모 이상을 군립공원으로 새로 지정하거나 편입하려는 경우에는 환경부장관의 승인을 받지 아니하여도 된다. <개정 2016.5.29.>

③ 제1항에 따라 협의를 요청받은 관계 행정기관의 장은 특별한 사유가 없으면 그 요청을 받은 날부터 30일 이내에 군수에게 의견을 제시하여야 한다.
④ 제1항에 따른 군립공원 지정에 필요한 서류는 대통령령으로 정한다.
[전문개정 2008.12.31.]
[제목개정 2016.5.29.]

제5조(둘 이상의 행정구역에 걸치는 자연공원의 지정 · 관리) ① 제4조와 제4조의3 또는 제4조의4에 따라 도립공원 또는 군립공원으로 지정하려는 지역이 둘 이상의 특별시 · 광역시 · 특별자치시 · 도 및 특별자치도(이하 "시 · 도"라 한다) 또는 시 · 군 및 자치구(이하 "군"이라 한다)의 행정구역에 걸쳐 있는 경우에는 관계 시 · 도지사 또는 군수는 자연공원의 지정, 공원관리청 및 관리방법에 관하여 협의하여야 한다. <개정 2016.5.29.>
② 제1항에 따른 협의가 이루어지지 아니한 경우에는 도립공원에 관하여는 시 · 도지사가 환경부장관에게 재정(裁定)을 신청할 수 있고, 군립공원에 관하여는 관계 군수가 시 · 도지사에게 재정을 신청할 수 있다.
③ 제2항에 따른 신청에 대하여 환경부장관 또는 시 · 도지사의 재정이 있은 때에는 제1항에 따른 협의가 이루어진 것으로 본다.
④ 공원관리청은 제1항 및 제3항에 따른 협의 또는 재정이 있은 때에는 그 내용을 공고하여야 한다.
[전문개정 2008.12.31.]

제6조(자연공원 지정의 고시) 공원관리청은 자연공원을 지정한 때에는 환경부령으로 정하는 바에 따라 자연공원의 명칭, 종류, 구역, 면적, 지정 연월일 및 공원관리청과 그 밖에 필요한 사항을 고시하여야 한다. 이 경우 지형도면 및 지적도를 고시하는 경우 그 작성방법 및 절차 등에 관하여는 「토지이용규제 기본법」 제8조제2항 및 제6항부터 제9항까지의 규정을 준용한다. <개정 2016.5.29.>
[전문개정 2008.12.31.]

제7조(자연공원의 지정기준) 자연공원의 지정기준은 자연생태계, 경관 등을 고려하여 대통령령으로 정한다.

제8조(자연공원의 지정 해제 또는 구역 변경)
① 자연공원은 다음 각 호의 어느 하나에 해당하는 경우를 제외하고는 지정을 해제하거나 그 구역을 축소할 수 없다. <개정 2016.5.29.>
1. 군사상 또는 공익상 불가피한 경우로서 대통령령으로 정하는 경우
2. 천재지변이나 그 밖의 사유로 자연공원으로 사용할 수 없게 된 경우
3. 제15조제2항에 따라 공원구역의 타당성을 검토한 결과 제7조에 따른 자연공원의 지정기준에서 현저히 벗어나서 자연공원으로 존치시킬 필요가 없다고 인정되는 경우

② 공원관리청은 제7조에 따른 자연공원의 지정기준에 맞는 공원 주변지역이 있는 경우에는 그 지역을 자연공원에 편입할 수 있다.
③ 제1항에 따라 자연공원 지정이 해제되는 경우 해당 구역을 관할하는 군수는 그 공원구역에 대한 환경관리계획을 수립하여 자연생태계, 자연경관 및 문화경관이 보전될 수 있도록 노력하여야 한다. <신설 2016.5.29.>
④ 제1항 및 제2항에 따른 자연공원의 지정 해제, 구역 축소 및 편입의 절차에 관하여는 제5조 및 제6조를 준용한다. <개정 2016.5.29.>
⑤ 도립공원으로 지정된 구역을 국립공원으로 지정하거나 군립공원으로 지정된 구역을 도립공원 또는 국립공원으로 지정한 경우에는 그 도립공원 또는 군립공원은 지정 해제된 것으로 본다. <개정 2016.5.29.>
[전문개정 2008.12.31.]
[제목개정 2016.5.29.]

제9조(공원위원회의 설치 및 구성 등) ① 제10조에 따른 사항을 심의하기 위하여 환경부에 국립공원위원회를 두고, 도에 도립공원위원회를, 광역시에 광역시립공원위원회를 각각 두며, 군에 군립공원위원회를, 시에 시립공원위원회를, 자치구에 구립공원위원회를 각각 둔다. <개정 2016.5.29.>
② 제1항에 따른 각 공원위원회의 구성 · 운영과 그 밖에 필요한 사항은 국립공원위원회의 경우 대통령령으로 정하고, 도립공원위원회 또는 광역시립공원위원회(이하 "도립공원위원회"라 한다) 및 군립공원위원회 · 시립공원위원회 또는 구립공원위원회(이하 "군립공원위원회"라 한다)의 경우 대통령령으로 정하는 기준에 따라 그 지방자치단체의 조례로 정한다. <개정 2016.5.29.>

③ 공원관리청은 자연공원으로 지정되는 것을 목적으로 대통령령으로 정하는 기준 이상의 토지를 기증한 자 또는 그 포괄승계인(包括承繼人)을 해당 공원위원회의 위원으로 위촉할 수 있다.
[전문개정 2008.12.31.]

제10조(공원위원회의 심의 사항) 각 공원위원회는 다음 각 호의 사항을 심의한다. <개정 2016.5.29.>
1. 자연공원의 지정·해제 및 구역 변경에 관한 사항
2. 공원기본계획의 수립에 관한 사항(국립공원위원회만 해당한다)
3. 공원계획의 결정·변경에 관한 사항
4. 자연공원의 환경에 중대한 영향을 미치는 사업에 관한 사항
5. 그 밖에 자연공원의 관리에 관한 중요 사항

[전문개정 2008.12.31.]

제10조의2(전문위원) 국립공원위원회의 심의 대상 사업에 관한 중요 사항의 조사·연구 및 전문적인 자문을 위하여 대통령령으로 정하는 바에 따라 국립공원위원회에 전문위원을 둘 수 있다.
[전문개정 2008.12.31.]

제3장 공원기본계획 및 공원계획

제11조(공원기본계획의 수립 등) ① 환경부장관은 10년마다 국립공원위원회의 심의를 거쳐 공원기본계획을 수립하여야 한다.
② 공원기본계획의 내용 및 절차와 그 밖에 필요한 사항은 대통령령으로 정한다.
[전문개정 2008.12.31.]

제12조(국립공원계획의 결정) ① 국립공원에 관한 공원계획은 환경부장관이 결정한다.
② 환경부장관은 제1항에 따라 공원계획을 결정할 때에는 다음 각 호의 절차를 차례대로 거쳐야 한다.
1. 관할 시·도지사의 의견 청취
2. 관계 중앙행정기관의 장과의 협의
3. 국립공원위원회의 심의

③ 환경부장관은 제2항에 따라 의견을 듣거나 협의를 하기 전에 관계 중앙행정기관의 장 및 관할 시·도지사에게 공원계획 요구서를 제출하게 할 수 있다.
[전문개정 2008.12.31.]

제13조(도립공원계획의 결정) ① 도립공원에 관한 공원계획은 시·도지사가 결정한다.
② 시·도지사는 제1항에 따라 공원계획을 결정할 때에는 다음 각 호의 절차를 차례대로 거쳐야 한다.
1. 관할 군수의 의견 청취
2. 관계 행정기관의 장과의 협의
3. 도립공원위원회의 심의

③ 둘 이상의 시·도의 행정구역에 걸치는 도립공원에 관하여는 관계 시·도지사가 협의하여 공동으로 공원계획을 입안(立案)하거나 그 입안할 자를 정하여야 한다.
④ 제3항에 따른 협의가 이루어지지 아니한 경우에는 환경부장관이 입안할 자를 지정하고 고시하여야 한다.
[전문개정 2008.12.31.]

제14조(군립공원계획의 결정) ① 군립공원에 관한 공원계획은 군수가 결정한다.
② 군수는 제1항에 따라 공원계획을 결정할 때에는 관계 행정기관의 장과 협의한 후 군립공원위원회의 심의를 거쳐야 한다.
③ 둘 이상의 군의 행정구역에 걸치는 군립공원에 관하여는 관계 군수가 협의하여 공동으로 공원계획을 입안하거나 그 입안할 자를 정하여야 한다.
④ 제3항에 따른 협의가 이루어지지 아니한 경우에는 시·도지사가 입안할 자를 지정하고 고시하여야 한다.
[전문개정 2008.12.31.]

제15조(공원계획의 변경 등) ① 공원계획의 변경에 관하여는 제12조부터 제14조까지의 규정을 준용한다. 다만, 대통령령으로 정하는 경미한 사항을 변경하는 경우에는 제12조제2항, 제13조제2항 또는 제14조제2항에 따른 절차를 생략할 수 있다.
② 공원관리청은 10년마다 지역주민, 전문가, 그 밖의 이해관계자의 의견을 수렴하여 공원계획의 타당성 유무(공원구역의 타당성 유무를 포함한다)를 검토하고 그 결과를 공원계획의 변경에 반영하여야 한다. 다만, 도

립·군립공원에 대하여는 시·도지사 또는 군수가 필요하다고 인정하는 경우 5년마다 공원계획의 타당성 유무를 검토할 수 있다. <개정 2016.5.29.>

③ 공원계획의 타당성을 검토하기 위한 기준은 공원자원, 관리 여건, 환경영향 등을 고려하여 대통령령으로 정한다.

④ 공원관리청은 공원계획을 변경하려는 경우에는 공원별 보전·관리계획 중 필요한 사항을 반영할 수 있다.

[전문개정 2008.12.31.]

제16조(공원계획의 고시) 공원관리청은 제12조부터 제15조까지의 규정에 따라 공원계획을 결정하거나 변경하였을 때에는 환경부령으로 정하는 바에 따라 이를 고시하여야 한다.

[전문개정 2008.12.31.]

제17조(공원계획의 내용 등) ① 공원계획에는 공원용도지구계획과 공원시설계획이 포함되어야 한다.

② 공원관리청은 공원계획을 결정하거나 공원계획 중 환경부령으로 정하는 중요 사항을 변경하는 경우에는 대통령령으로 정하는 바에 따라 그 계획이 자연환경에 미치는 영향을 미리 평가하여 이를 반영하여야 한다.

[전문개정 2008.12.31.]

제17조의2(미착수 공원시설계획의 실효) 제17조제1항에 따른 공원계획에 포함된 공원시설계획은 해당 공원계획 고시일부터 10년이 되는 날까지 공원시설 설치에 관한 사업을 착수하지 아니하면 그 고시일부터 10년이 되는 날의 다음 날부터 효력을 잃는다.

[본조신설 2016.5.29.]

[종전 제17조의2는 제17조의3으로 이동 <2016.5.29.>]

제17조의3(공원별 보전·관리계획의 수립 등) ① 공원관리청은 제12조부터 제14조까지의 규정에 따라 결정된 공원계획에 연계하여 10년마다 공원별 보전·관리계획을 수립하여야 한다. 다만, 자연환경보전 여건 변화 등으로 인하여 계획을 변경할 필요가 있다고 인정되는 경우에는 그 계획을 5년마다 변경할 수 있다.

② 공원관리청은 공원별 보전·관리계획을 수립하려면 다음 각 호의 사항이 포함된 서류를 작성하여 지역주민, 관계 전문가, 지역단체 등의 의견을 들은 후 관할 군수 및 관계 행정기관의 장과 협의하여야 한다.

1. 자연공원의 명칭 및 면적
2. 용도지구의 종류 및 면적
3. 자연생태계·자연자원·자연경관 등 자연환경 현황
4. 토지 이용 상태 및 공원시설 현황
5. 공원자원 등 공원환경보전·관리계획
6. 용도지구별 보전·관리계획
7. 자연공원의 지속 가능한 이용계획
8. 지역사회 협력계획
9. 그 밖에 공원의 보전·관리를 위하여 공원관리청이 필요하다고 인정하는 사항

③ 공원별 보전·관리계획의 수립기준, 변경 등 공원별 보전·관리계획에 관하여 필요한 사항은 대통령령으로 정한다.

[전문개정 2008.12.31.]

[제17조의2에서 이동, 종전 제17조의3은 제17조의4로 이동 <2016.5.29.>]

제17조의4(전통사찰의 의견수렴) 공원관리청이 「전통사찰의 보존 및 지원에 관한 법률」 제2조제3호에 따른 전통사찰보존지(이하 "전통사찰보존지"라 한다)를 대상으로 제12조부터 제14조까지의 규정에 따른 공원계획의 결정, 제15조에 따른 공원계획의 변경 또는 제17조의3에 따른 공원별 보전·관리계획을 수립하는 경우에는 미리 해당 전통사찰 주지의 의견을 수렴하여야 한다. <개정 2016.5.29.>

[본조신설 2011.4.5.]

[제17조의3에서 이동 <2016.5.29.>]

제18조(용도지구) ① 공원관리청은 자연공원을 효과적으로 보전하고 이용할 수 있도록 하기 위하여 다음 각 호의 용도지구를 공원계획으로 결정한다. <개정 2011.4.5., 2016.5.29.>

1. 공원자연보존지구: 다음 각 목의 어느 하나에 해당하는 곳으로서 특별히 보호할 필요가 있는 지역
   가. 생물다양성이 특히 풍부한 곳
   나. 자연생태계가 원시성을 지니고 있는 곳
   다. 특별히 보호할 가치가 높은 야생 동식물이 살고 있는 곳
   라. 경관이 특히 아름다운 곳
2. 공원자연환경지구: 공원자연보존지구의

완충공간(緩衝空間)으로 보전할 필요가 있는 지역
3. 공원마을지구: 마을이 형성된 지역으로서 주민생활을 유지하는 데에 필요한 지역
4. 삭제 <2011.4.5.>
5. 삭제 <2011.4.5.>
6. 공원문화유산지구: 「문화재보호법」 제2조제2항에 따른 지정문화재를 보유한 사찰(寺刹)과 전통사찰보존지 중 문화재의 보전에 필요하거나 불사(佛事)에 필요한 시설을 설치하고자 하는 지역

② 제1항에 따른 용도지구에서 허용되는 행위의 기준은 다음 각 호와 같다. 다만, 대통령령으로 정하는 해안 및 섬지역에서 허용되는 행위의 기준은 다음 각 호의 행위기준 범위에서 대통령령으로 다르게 정할 수 있다. <개정 2011.4.5., 2016.5.29.>

1. 공원자연보존지구
  가. 학술연구, 자연보호 또는 문화재의 보존·관리를 위하여 필요하다고 인정되는 최소한의 행위
  나. 대통령령으로 정하는 기준에 따른 최소한의 공원시설의 설치 및 공원사업
  다. 해당 지역이 아니면 설치할 수 없다고 인정되는 군사시설·통신시설·항로표지시설·수원(水源)보호시설·산불방지시설 등으로서 대통령령으로 정하는 기준에 따른 최소한의 시설의 설치
  라. 대통령령으로 정하는 고증 절차를 거친 사찰의 복원과 전통사찰보존지에서의 불사(佛事)를 위한 시설 및 그 부대시설의 설치. 다만, 부대시설 중 찻집·매점 등 영업시설의 설치는 사찰 소유의 건조물이 정착되어 있는 토지 및 이에 연결되어 있는 그 부속 토지로 한정한다.
  마. 문화체육관광부장관이 종교법인으로 허가한 종교단체의 시설물 중 자연공원으로 지정되기 전의 기존 건축물에 대한 개축·재축(再築), 대통령령으로 정하는 고증 절차를 거친 시설물의 복원 및 대통령령으로 정하는 규모 이하의 부대시설의 설치
  바. 「사방사업법」에 따른 사방사업으로서 자연 상태로 그냥 두면 자연이 심각하게 훼손될 우려가 있는 경우에 이를 막기 위하여 실시되는 최소한의 사업
  사. 공원자연환경지구에서 공원자연보존지구로 변경된 지역 중 대통령령으로 정하는 대상 지역 및 허용기준에 따라 공원관리청과 주민(공원구역에 거주하는 자로서 주민등록이 되어 있는 자를 말한다) 간에 자발적 협약을 체결하여 하는 임산물의 채취행위
2. 공원자연환경지구
  가. 공원자연보존지구에서 허용되는 행위
  나. 대통령령으로 정하는 기준에 따른 공원시설의 설치 및 공원사업
  다. 대통령령으로 정하는 허용기준 범위에서의 농지 또는 초지(草地) 조성행위 및 그 부대시설의 설치
  라. 농업·축산업 등 1차산업행위 및 대통령령으로 정하는 기준에 따른 국민경제상 필요한 시설의 설치
  마. 임도(林道)의 설치(산불 진화 등 불가피한 경우로 한정한다), 조림(造林), 육림(育林), 벌채, 생태계 복원 및 「사방사업법」에 따른 사방사업
  바. 자연공원으로 지정되기 전의 기존 건축물에 대하여 주위 경관과 조화를 이루도록 하는 범위에서 대통령령으로 정하는 규모 이하의 증축·개축·재축 및 그 부대시설의 설치와 천재지변이나 공원사업으로 이전이 불가피한 건축물의 이축(移築)
  사. 자연공원을 보호하고 자연공원에 들어가는 자의 안전을 지키기 위한 사방(砂防)·호안(護岸)·방화(防火)·방책(防柵) 및 보호시설 등의 설치
  아. 군사훈련 및 농로·제방의 설치 등 대통령령으로 정하는 기준에 따른 국방상·공익상 필요한 최소한의 행위 또는 시설의 설치
  자. 「장사 등에 관한 법률」에 따른 개인묘지의 설치(대통령령으로 정하는 섬지역에 거주하는 주민이 사망한 경우만 해당한다)
  차. 제20조 또는 제23조에 따라 허가받은 사업을 시행하기 위하여 대통령령으로 정하는 기간의 범위에서 사업부지 외의 지역에 물건을 쌓아두거나 가설건축물을 설치하는 행위
  카. 해안 및 섬지역에서 탐방객에게 편의를 제공하기 위하여 대통령령으로 정하는 기간의 범위에서 관리사무소, 진료시설, 탈의시설 등 그 밖의 대통령령으로 정하는 시설을 설치하는 행위
3. 공원마을지구
  가. 공원자연환경지구에서 허용되는 행위
  나. 대통령령으로 정하는 규모 이하의 주

거용 건축물의 설치 및 생활환경 기반 시설의 설치
다. 공원마을지구의 자체 기능상 필요한 시설로서 대통령령으로 정하는 시설의 설치
라. 공원마을지구의 자체 기능상 필요한 행위로서 대통령령으로 정하는 행위
마. 환경오염을 일으키지 아니하는 가내 공업(家內工業)
4. 삭제 <2011.4.5.>
5. 삭제 <2011.4.5.>
6. 공원문화유산지구
가. 공원자연환경지구에서 허용되는 행위
나. 불교의 의식(儀式), 승려의 수행 및 생활과 신도의 교화를 위하여 설치하는 시설 및 그 부대시설의 신축·증축·개축·재축 및 이축 행위
다. 그 밖의 행위로서 사찰의 보전·관리를 위하여 대통령령으로 정하는 행위

③ 삭제 <2011.4.5.>
④ 용도지구의 지정·변경에 관한 공원계획을 결정·고시할 당시 제20조 또는 제23조에 따른 허가를 받은 자는 그 허가 사항이 새로운 용도지구에서 허용되는 행위에 해당되지 아니하는 경우에도 허가에 따른 공사 또는 사업 등을 계속할 수 있다.
⑤ 공원마을지구를 공원자연환경지구 또는 공원자연보존지구로 변경하는 공원계획을 결정·고시할 당시 해당 지역에 설치된 건축물은 대통령령으로 정하는 규모 이하의 증축·개축 및 재축과 자체 기능상 필요한 시설로 용도 변경을 할 수 있다. <개정 2011.4.5.>
[전문개정 2008.12.31.]

제18조의2(다른 법률에 따른 지역·지구 등의 지정 협의) 중앙행정기관의 장 또는 지방자치단체의 장은 국립공원구역을 다른 법률에 따른 지역·지구·구역 또는 구획으로 지정하거나 이를 변경하려면 환경부장관과 협의하여야 한다.
[본조신설 2016.5.29.]

제19조(공원사업의 시행 및 공원시설의 관리) ① 공원사업의 시행 및 공원시설의 관리는 특별한 규정이 있는 경우를 제외하고는 공원관리청이 한다.
② 공원관리청은 공원사업을 하려는 경우에는 환경부령으로 정하는 기준에 따라 공원사업 시행계획을 결정하고 고시하여야 한다.
[전문개정 2008.12.31.]

제20조(공원관리청이 아닌 자의 공원사업의 시행 및 공원시설의 관리) ① 공원관리청이 아닌 자는 공원사업을 하거나 공원관리청이 설치한 공원시설을 관리하려는 경우에는 공원관리청의 허가를 받아야 한다.
② 제1항에 따른 허가를 받은 자는 허가받은 사항을 변경하려는 경우에는 공원관리청의 허가를 받아야 한다. 다만, 환경부령으로 정하는 경미한 사항을 변경하는 경우에는 그러하지 아니하다.
③ 제1항 및 제2항에 따라 공원사업의 허가를 받으려는 자는 공원사업의 대상이 되는 토지에 자기 소유가 아닌 토지가 있는 경우에는 그 토지 소유자의 사용 승낙을 받아야 한다. 다만, 제70조제2항에 따라 공원마을지구에서 환지(換地)를 하려는 경우에는 토지면적과 사업대상 토지 소유자 총수의 각각 3분의 2 이상에 해당하는 소유자의 승낙을 받아야 한다. <개정 2011.4.5.>
④ 공원관리청은 제1항에 따른 공원사업의 시행으로 인한 생태계와 경관의 훼손에 대하여 제1항에 따라 허가를 받은 자와 협력하여 생태계 회복을 위한 사업을 추진할 수 있다. <신설 2016.5.29.>
⑤ 제1항 및 제2항에 따른 허가의 기준과 그 밖에 허가에 필요한 사항은 환경부령으로 정한다. <개정 2016.5.29.>
[전문개정 2008.12.31.]

제20조의2(공원보호협약의 체결) ① 공원관리청은 자연공원의 경관을 효과적으로 보전·관리하기 위하여 토지 소유자, 그 밖에 대통령령으로 정하는 자(이하 "소유자등"이라 한다)와 공원보호협약을 체결하고 이를 이행하기 위한 사업을 추진할 수 있다.
② 공원관리청은 제1항에 따라 공원보호협약을 체결하는 경우 그 협약의 대상구역이 10만제곱미터 이상인 경우에는 제9조에 따른 해당 공원위원회의 심의를 받아야 한다.
③ 공원관리청은 제1항에 따라 공원보호협약을 체결한 경우 그 협약의 상대방에게 공원보호협약의 이행에 필요한 지원을 할 수 있다.
[본조신설 2016.5.29.]

제21조(다른 법률에 따른 허가 등의 의제) 공원관리청이 공원계획을 결정하거나 변경한 경우에는 다음 각 호의 인가·허가·면허·승인 또는 동의를 받거나 협의를 한 것으로 보며, 제23조에 따라 행위허가를 한 경우에는 제12호의 허가를 받은 것으로 본다. <개정 2010.4.15., 2010.5.31., 2011.4.5., 2014.1.14., 2016.12.27.>

1. 「수도법」 제52조 및 제54조에 따른 전용수도의 설치인가
2. 「하천법」 제30조에 따른 하천공사 시행의 허가, 같은 법 제33조에 따른 하천의 점용허가 및 같은 법 제50조에 따른 하천수의 사용허가
3. 「공유수면 관리 및 매립에 관한 법률」 제8조에 따른 공유수면의 점용·사용허가 및 같은 법 제28조에 따른 공유수면의 매립면허
4. 삭제 <2010.4.15.>
5. 「도로법」 제36조에 따른 도로공사의 시행허가 및 같은 법 제61조에 따른 도로의 점용허가
6. 「사도법」 제4조에 따른 사도(私道)의 개설허가
7. 「산지관리법」 제14조 및 제15조에 따른 산지전용허가 및 산지전용신고, 같은 법 제15조의2에 따른 산지일시사용허가·신고
8. 「산림자원의 조성 및 관리에 관한 법률」 제19조제5항, 제36조제1항·제4항에 따른 입목벌채 등의 허가·신고
9. 「사방사업법」 제14조에 따른 사방지안에서의 벌채 등의 허가
10. 「군사기지 및 군사시설 보호법」 제9조제1항제1호에 따른 통제보호구역 등에의 출입허가
11. 「농지법」 제34조제1항에 따른 농지의 전용허가 및 협의
12. 「국토의 계획 및 이용에 관한 법률」 제56조제1항(제4호는 제외한다)에 따른 개발행위허가
13. 「산림보호법」 제9조제2항에 따른 입목·죽의 벌채 등의 허가·신고
14. 「농어촌정비법」 제23조에 따른 농업생산기반시설의 사용허가

[전문개정 2008.12.31.]

제22조(토지 등의 수용) ① 공원관리청은 공원사업을 하기 위하여 필요한 경우에는 공원사업에 포함되는 토지와 그 토지에 정착된 물건에 대한 소유권 또는 그 밖의 권리를 수용하거나 사용할 수 있다.

② 제19조제2항에 따라 공원사업 시행계획을 결정·고시한 때에는 「공익사업을 위한 토지 등의 취득 및 보상에 관한 법률」 제20조제1항 및 제22조에 따른 사업인정 및 사업인정의 고시를 한 것으로 보며, 재결신청은 같은 법 제23조제1항 및 제28조제1항에도 불구하고 공원사업 시행계획에서 정하는 사업기간 내에 할 수 있다.

③ 공원관리청이 제1항에 따라 토지를 수용한 후 대통령령으로 정하는 기간 내에 그 토지에 대하여 공원사업을 하지 아니하는 경우에는 그 토지의 소유자 또는 포괄승계인은 대통령령으로 정하는 바에 따라 공원관리청에 그 토지의 환매를 요구할 수 있다. 이 경우 공원관리청은 특별한 사유가 없으면 이에 따라야 한다.

④ 제1항에 따른 수용 또는 사용에 관하여는 이 법에 특별한 규정이 있는 경우를 제외하고는 「공익사업을 위한 토지 등의 취득 및 보상에 관한 법률」을 준용한다.

[전문개정 2008.12.31.]

제4장 자연공원의 보전

제23조(행위허가) ① 공원구역에서 공원사업 외에 다음 각 호의 어느 하나에 해당하는 행위를 하려는 자는 대통령령으로 정하는 바에 따라 공원관리청의 허가를 받아야 한다. 다만, 대통령령으로 정하는 경미한 행위는 대통령령으로 정하는 바에 따라 공원관리청에 신고하고 하거나 허가 또는 신고 없이 할 수 있다.

1. 건축물이나 그 밖의 공작물을 신축·증축·개축·재축 또는 이축하는 행위
2. 광물을 채굴하거나 흙·돌·모래·자갈을 채취하는 행위
3. 개간이나 그 밖의 토지의 형질 변경(지하 굴착 및 해저의 형질 변경을 포함한다)을 하는 행위
4. 수면을 매립하거나 간척하는 행위
5. 하천 또는 호소(湖沼)의 물높이나 수량(水量)을 늘거나 줄게 하는 행위
6. 야생동물[해중동물(海中動物)을 포함한다. 이하 같다]을 잡는 행위
7. 나무를 베거나 야생식물(해중식물을 포함

한다. 이하 같다)을 채취하는 행위
8. 가축을 놓아먹이는 행위
9. 물건을 쌓아 두거나 묶어 두는 행위
10. 경관을 해치거나 자연공원의 보전·관리에 지장을 줄 우려가 있는 건축물의 용도 변경과 그 밖의 행위로서 대통령령으로 정하는 행위

② 공원관리청은 다음 각 호의 기준에 맞는 경우에만 제1항에 따른 허가를 할 수 있다.
1. 제18조제2항에 따른 용도지구에서 허용되는 행위의 기준에 맞을 것
2. 공원사업의 시행에 지장을 주지 아니할 것
3. 보전이 필요한 자연 상태에 영향을 미치지 아니할 것
4. 일반인의 이용에 현저한 지장을 주지 아니할 것

③ 공원관리청은 제1항에 따른 허가를 하려는 경우에는 대통령령으로 정하는 바에 따라 관계 행정기관의 장과 협의하여야 한다. 이 경우 대통령령으로 정하는 규모 이상의 행위에 대하여는 추가로 해당 공원위원회의 심의를 거쳐야 한다.
[전문개정 2008.12.31.]

제23조의2(생태축 우선의 원칙) 도로·철도·궤도·전기통신설비 및 에너지 공급설비 등 대통령령으로 정하는 시설 또는 구조물은 자연공원 안의 생태축(生態軸) 및 생태통로를 단절하여 통과하지 못한다. 다만, 해당 행정기관의 장이 지역 여건상 설치가 불가피하다고 인정하는 최소한의 시설 또는 구조물에 관하여 그 불가피한 사유 및 증명자료를 공원관리청에 제출한 경우에는 그 생태축 및 생태통로를 단절하여 통과할 수 있다. <개정 2011.4.5.>
[전문개정 2008.12.31.]

제24조(원상회복) ① 자연공원을 점용하거나 사용한 자는 점용 또는 사용의 기간이 끝나거나 점용 또는 사용을 그만 둔 때에는 자연공원을 원상으로 회복시켜야 한다. 다만, 원상회복이 불가능하거나 부적당하여 공원관리청의 승인을 받은 경우에는 그러하지 아니하다.

② 공원관리청은 제1항에 따른 원상회복의 무의 이행을 보증하기 위하여 필요하다고 인정하는 경우에는 대통령령으로 정하는 바에 따라 자연공원을 점용하거나 사용하려는 자에게 원상회복에 필요한 비용을 공원관리청에 미리 예치하게 하는 등 필요한 조치를 하게 할 수 있다. 다만, 다른 법령에 따라 원상회복의무의 이행에 필요한 보증을 한 경우에는 그러하지 아니하다.

③ 제2항에 따라 예치하게 할 수 있는 원상회복에 필요한 비용(이하 이 조에서 "예치금"이라 한다)은 해당 공원관리청이 정하여 고시한다.

④ 공원관리청은 자연공원을 점용하거나 사용한 자가 제1항에 따른 원상회복의무를 이행하지 아니한 경우에는 예치금으로 원상회복을 하는 등 대통령령으로 정하는 바에 따라 원상회복에 필요한 조치를 할 수 있다.
[전문개정 2008.12.31.]

제24조의2(방치된 물건등의 제거) ① 공원관리청은 반복·상습적으로 자연공원을 불법으로 점용하거나 자연공원의 보전·관리에 지장을 줄 것으로 인정되는 경우로서 급하게 실시할 필요가 있고, 「행정대집행법」 제3조제1항 및 제2항에 따른 절차에 따르면 그 목적을 달성하기가 곤란하다고 인정하는 경우에는 그 절차를 거치지 아니하고도 방치되어 있는 폐자재나 그 밖의 물건(이하 이 조에서 "물건등"이라 한다)을 제거하는 등 필요한 조치를 할 수 있다.

② 제1항에 따른 조치는 자연공원의 보전·관리에 필요한 최소한도에 그쳐야 한다.

③ 제1항에 따른 조치로 제거된 물건등의 보관 및 처리에 필요한 사항은 대통령령으로 정한다.
[전문개정 2008.12.31.]

제24조의3(관계인 등에 대한 조사) ① 공원관리청은 자연공원을 효율적으로 보전·관리하기 위하여 필요한 경우로서 다음 각 호의 어느 하나에 해당하는 경우에는 그 소속 직원으로 하여금 자연공원을 점용 또는 사용하는 자의 사업장이나 그 밖의 필요한 장소에 출입하여 관계인 및 관계 문서 등을 조사하게 할 수 있다.
1. 제20조제1항 및 제2항에 따른 공원사업 시행, 공원시설 관리 및 변경허가, 제23조제1항에 따른 행위허가 등 이 법에 따른 인·허가 업무를 수행하기 위하여 필요한 경우
2. 제24조제4항에 따른 원상회복 조치명령, 제30조에 따른 허가의 취소나 사업의 정

지 · 변경, 제31조에 따른 철거 등 필요한 조치명령 및 대집행 등 이 법에 따른 명령이나 처분 등의 이행 실태를 확인하기 위하여 필요한 경우
3. 그 밖에 공원관리청이 자연공원의 훼손 또는 오염을 예방하기 위하여 필요하다고 인정하는 경우

② 제1항의 경우 소속 직원은 그 권한을 증명하는 증표를 지니고 이를 관계인에게 내보여야 한다.
[전문개정 2008.12.31.]

제24조의4(이주대책) ① 공원관리청은 환경오염 예방, 탐방질서유지, 경관 보전 등 자연공원의 보전 · 관리를 위하여 불가피한 경우에는 공원계획으로 공원구역 내 거주민에 대한 이주대책을 수립하거나 이주정착금을 지급한 후 그 거주민의 퇴거 등 필요한 조치를 명할 수 있다.
② 제1항에 따른 이주대책에 따라 공원구역 외에 이주정착지를 조성할 필요가 있는 경우 그 이주정착지를 조성하는 사업은 이 법에 따른 공원사업으로 본다.
③ 제1항에 따른 이주대책의 수립이나 이주정착금의 지급에 대하여는 「공익사업을 위한 토지 등의 취득 및 보상에 관한 법률」 제78조를 준용한다.
[전문개정 2016.5.29.]

제25조 삭제 <2008.12.31.>

제26조(자연공원의 형상 변경에 관한 협의) 공원관리청은 다음 각 호의 어느 하나에 해당하는 대상이 포함된 지역에 대하여 제23조에 따른 허가(자연공원의 형상을 변경하려는 경우만 해당한다)를 하려면 관계 중앙행정기관의 장과 협의하여야 한다. <개정 2010.2.4., 2016.5.29.>
1. 전통사찰보존지
2. 「문화재보호법」 제2조제1항에 따른 문화재(같은 법 제27조에 따른 보호물 및 보호구역을 포함한다. 이하 같다)
3. 「산림자원의 조성 및 관리에 관한 법률」 제19조 · 제43조 또는 제47조에 따른 채종림 · 수형목 · 보안림 · 산림유전자원보호림 · 시험림 · 보호수
4. 「국유림의 경영 및 관리에 관한 법률」에 따른 국유림

[전문개정 2008.12.31.]

제27조(금지행위) ① 누구든지 자연공원에서 다음 각 호의 어느 하나에 해당하는 행위를 하여서는 아니 된다. <개정 2017.12.12.>
1. 자연공원의 형상을 해치거나 공원시설을 훼손하는 행위
2. 나무를 말라죽게 하는 행위
3. 야생동물을 잡기 위하여 화약류 · 덫 · 올무 또는 함정을 설치하거나 유독물 · 농약을 뿌리는 행위
4. 제23조제1항제6호에 따른 야생동물의 포획허가를 받지 아니하고 총 또는 석궁을 휴대하거나 그물을 설치하는 행위
5. 지정된 장소 밖에서의 상행위
6. 지정된 장소 밖에서의 야영행위
7. 지정된 장소 밖에서의 주차행위
8. 지정된 장소 밖에서의 취사행위
9. 지정된 장소 밖에서 흡연행위
10. 대피소 등 대통령령으로 정하는 장소 · 시설에서 음주행위
11. 오물이나 폐기물을 함부로 버리거나 심한 악취가 나게 하는 등 다른 사람에게 혐오감을 일으키게 하는 행위
12. 그 밖에 일반인의 자연공원 이용이나 자연공원의 보전에 현저하게 지장을 주는 행위로서 대통령령으로 정하는 행위

② 공원관리청은 제1항제5호부터 제9호까지의 규정에 따라 행위가 금지되는 장소를 지정한 경우에는 안내판을 설치하는 등의 방법으로 이를 공고하여야 한다. <개정 2017.12.12.>
[전문개정 2008.12.31.]

제28조(출입 금지 등) ① 공원관리청은 다음 각 호의 어느 하나에 해당하는 경우에는 공원구역 중 일정한 지역을 자연공원특별보호구역 또는 임시출입통제구역으로 지정하여 일정 기간 사람의 출입 또는 차량의 통행을 금지 · 제한하거나, 일정한 지역을 탐방예약구간으로 지정하여 탐방객 수를 제한할 수 있다. <개정 2011.4.5., 2017.4.18.>
1. 자연생태계와 자연경관 등 자연공원의 보호를 위한 경우
2. 자연적 또는 인위적인 요인으로 훼손된 자연의 회복을 위한 경우
3. 자연공원에 들어가는 자의 안전을 위한 경우
4. 자연공원의 체계적인 보전관리를 위하여

필요한 경우
5. 그 밖에 공원관리청이 공익상 필요하다고 인정하는 경우
② 공원관리청은 제1항에 따라 지정한 자연공원특별보호구역에서 멸종위기종의 복원, 외래동식물의 제거 등 필요한 조치를 할 수 있다. <신설 2011.4.5.>
③ 공원관리청은 제1항에 따라 사람의 출입 또는 차량의 통행을 금지하거나 탐방객 수를 제한하려는 경우에는 그 내용을 미리 인터넷 홈페이지에 게재하고, 안내판을 설치하는 등의 방법으로 공고하여야 한다. <개정 2011.4.5.>
[전문개정 2008.12.31.]

제29조(영업 등의 제한 등) ① 공원관리청은 공원사업의 시행이나 자연공원의 보전·이용·보안 및 그 밖의 관리를 위하여 필요한 경우에는 대통령령으로 정하는 바에 따라 공원구역에서의 영업과 그 밖의 행위를 제한하거나 금지할 수 있다.
② 공원관리청은 제1항에 따라 영업과 그 밖의 행위를 제한하거나 금지하려는 경우에는 그 내용을 미리 인터넷 홈페이지에 게재하고, 안내판을 설치하는 등의 방법으로 공고하여야 한다.
[전문개정 2008.12.31.]

제30조(법령 위반 등에 대한 처분) ① 공원관리청은 다음 각 호의 어느 하나에 해당하는 경우에는 이 법에 따른 허가를 취소하거나 사업을 정지 또는 변경할 수 있다. <개정 2016.5.29.>
1. 다음 각 목에 따른 허가·신고 또는 협의 내용을 위반한 경우
   가. 제20조제1항 및 제2항에 따른 공원사업 시행, 공원시설 관리 및 변경허가
   나. 제23조제1항에 따른 행위허가 또는 신고
   다. 제37조제3항 후단에 따른 사용료 징수의 허가
   라. 제71조제1항에 따른 허가에 관한 협의
2. 속임수나 그 밖의 부정한 방법으로 제1호 각 목에 따른 허가를 받거나 협의를 하게 한 경우
3. 공원계획의 변경으로 인하여 필요한 경우
4. 「공익사업을 위한 토지 등의 취득 및 보상에 관한 법률」 제4조에 따른 공익사업을 위하여 필요한 경우

② 공원관리청은 다음 각 호의 어느 하나에 해당하는 경우에는 관계 행정기관의 장에게 허가 등을 취소하거나 사업을 정지 또는 변경하는 등의 처분을 하도록 요청할 수 있다. 이 경우 요청을 받은 행정기관의 장은 특별한 사유가 없으면 이에 따라야 한다.
1. 제71조제2항에 따라 협의를 한 사업에 관하여 협의 내용을 위반한 경우
2. 속임수나 그 밖의 부정한 방법으로 제1호에 따른 협의를 하게 한 경우
3. 제1항제3호 또는 제4호에 해당하는 경우
[전문개정 2008.12.31.]

제31조(대집행) ① 공원관리청은 다음 각 호의 어느 하나에 해당하는 경우에는 해당 건축물이나 공작물 등의 소유자 또는 점유자에게 그 철거 등 필요한 조치를 하도록 명할 수 있다.
1. 제20조제1항 및 제2항에 따른 허가를 받지 아니한 경우
2. 제23조제1항에 따른 행위허가를 받지 아니한 경우
3. 제30조에 따라 허가를 취소한 경우
② 제1항에 따라 철거 등 조치명령을 받은 자가 명령에 따르지 아니하는 경우 그대로 두면 공익을 해치거나 자연공원의 관리에 지장을 줄 것으로 인정될 때에는 「행정대집행법」에서 정하는 바에 따라 공원관리청이 대집행하거나 공원관리청의 요청에 따라 시·도지사 또는 군수가 대집행할 수 있다.
[전문개정 2008.12.31.]

제32조(감독처분) 다음 각 호의 어느 하나에 해당하는 경우에는 국립공원 및 도립공원에 관하여는 환경부장관이, 군립공원에 관하여는 시·도지사가 각각 공원관리청이 한 처분을 취소 또는 변경하거나 그 밖의 필요한 조치를 하도록 명할 수 있다.
1. 공원관리청이 한 처분이 법령에 위반되거나 그 자연공원의 공원계획에 맞지 아니하는 경우
2. 공원관리청이 한 처분에 따르면 자연공원이 심각하게 훼손될 우려가 있는 경우
[전문개정 2008.12.31.]

제33조(청문) 공원관리청은 제30조 또는 제32조에 따라 허가를 취소하려면 청문을 실시하여야 한다.

[전문개정 2008.12.31.]

제34조(사법경찰권) 공원관리청에 근무하며 공원관리업무에 종사하는 4급부터 9급까지의 국가공무원 및 지방공무원은 관할 자연공원에서 발생하는 이 법 또는 「경범죄처벌법」에 규정된 범죄의 현행범에 관하여는 「사법경찰관리의 직무를 수행할 자와 그 직무범위에 관한 법률」에서 정하는 바에 따라 사법경찰관리의 직무를 수행한다.
[전문개정 2008.12.31.]

제35조(공원대장) ① 공원관리청은 공원대장(公園臺帳)을 작성하여 보관하여야 한다.
② 공원대장의 작성 및 보관에 필요한 사항은 환경부령으로 정한다.
[전문개정 2008.12.31.]

제36조(자연자원의 조사) ① 공원관리청은 자연공원의 자연자원을 5년마다 조사하여야 한다.
② 공원관리청은 제1항에 따른 조사 결과 특별한 조사 또는 관찰이 필요하다고 판단되는 경우에는 정밀조사를 할 수 있다.
③ 공원관리청은 자연적 또는 인위적 요인에 따른 자연공원의 자연자원 변화 내용을 지속적으로 관찰하여야 한다.
④ 제1항부터 제3항까지에 따른 조사 또는 관찰의 내용·방법과 그 밖에 필요한 사항은 대통령령으로 정한다.
[전문개정 2016.5.29.]

제4장의2 지질공원의 인증·운영

<신설 2011.7.28.>

제36조의2(적용범위 등) ① 지질공원에 적용되는 이 법의 규정은 제1조, 제2조제1호·제4호의4, 제3조, 제36조의2부터 제36조의8까지, 제80조 및 제86조로 한다. 다만, 지질공원과 다른 자연공원이 중복되는 경우에는 이 법의 관련 규정을 모두 적용한다. <개정 2016.5.29.>
② 지질공원은 제1항 단서의 경우를 제외하고는 다른 법률을 적용함에 있어서 자연공원으로 보지 아니한다.
[본조신설 2011.7.28.]

제36조의3(지질공원의 인증 등) ① 시·도지사는 지구과학적으로 중요하고 경관이 우수한 지역에 대하여 지역주민공청회와 관할 군수의 의견청취 절차를 거쳐 환경부장관에게 지질공원 인증을 신청할 수 있다.
② 환경부장관은 시·도지사가 제1항에 따라 지질공원 인증을 신청한 지역이 다음 각 호의 기준에 적합한 경우에는 관계 중앙행정기관의 장과의 협의를 거쳐 인증할 수 있다.
1. 특별한 지구과학적 중요성, 희귀한 자연적 특성 및 우수한 경관적 가치를 가진 지역일 것
2. 지질과 관련된 고고학적·생태적·문화적 요인이 우수하여 보전의 가치가 높을 것
3. 지질유산의 보호와 활용을 통하여 지역경제발전을 도모할 수 있을 것
4. 그 밖에 대통령령으로 정하는 기준에 적합할 것

③ 제2항에 따라 인증된 지질공원은 이 법에서 환경부장관의 업무로 정한 경우를 제외하고는 시·도지사가 해당 지방자치단체의 조례로 정하는 바에 따라 관리·운영한다.
④ 환경부장관은 제2항에 따라 지질공원을 인증한 때에는 환경부령으로 정하는 바에 따라 지질공원의 명칭, 구역, 면적, 인증 연월일 및 공원관리청과 그 밖에 필요한 사항을 고시하여야 한다.
⑤ 시·도지사는 제1항에 따른 지역을 「유네스코 활동에 관한 법률」에 따른 유네스코의 세계지질공원으로 등재하려면 먼저 제2항에 따른 지질공원 인증을 받아야 한다. <신설 2016.5.29.>
[본조신설 2011.7.28.]

제36조의4(지질공원의 인증 취소 등) ① 환경부장관은 제36조의3제2항에 따라 인증된 지질공원에 대하여 4년마다 관리·운영 현황을 조사·점검하여야 한다. 이 경우 환경부장관은 지질공원의 관리·운영에 있어 제36조의3제2항 각 호에 따른 인증기준에 적합하지 아니하게 된 때에는 시·도지사에게 대통령령으로 정하는 기간 내에 시정할 것을 요구할 수 있다.
② 환경부장관은 다음 각 호에 해당하는 경우에는 관계 중앙행정기관의 장과의 협의를 거쳐 인증을 취소할 수 있다. 이 경우 환경

부장관은 환경부령으로 정하는 바에 따라 그 내용을 고시하여야 한다.
1. 제1항에 따른 시정요구에도 불구하고 시·도지사가 그 기간 내에 요구사항을 이행하지 아니하는 경우
2. 인위적 훼손 또는 천재지변 등으로 지질공원이 심각하게 훼손되어 제36조의3제2항에 따른 인증기준에 현저히 적합하지 아니한 경우

[본조신설 2011.7.28.]

제36조의5(지질공원에 대한 지원) 환경부장관은 지질공원의 관리·운영을 효율적으로 지원하기 위하여 다음 각 호의 업무를 수행한다. <개정 2016.5.29.>
1. 지질유산의 조사
2. 지질공원 학술조사 및 연구
3. 지질공원 지식·정보의 보급
4. 지질공원 체험 및 교육 프로그램의 개발·보급
5. 지질공원 관련 국제협력

5의2. 지질공원 네트워크 구성 및 운영

6. 그 밖에 환경부장관이 지질공원의 관리·운영에 필요하다고 인정하는 사항

[본조신설 2011.7.28.]

제36조의6(지질공원해설사) ① 환경부장관은 국민을 대상으로 지질공원에 대한 지식을 체계적으로 전달하고 지질공원해설·홍보·교육·탐방안내 등을 전문적으로 수행할 수 있는 지질공원해설사를 선발하여 활용할 수 있다.

② 제1항에 따른 지질공원해설사의 자격기준 및 그 밖에 필요한 사항은 대통령령으로 정한다.

[본조신설 2011.7.28.]

제36조의7(비용부담) 국가는 지방자치단체 등에 지질공원의 관리·운영에 소요되는 비용의 전부 또는 일부를 예산의 범위에서 보조할 수 있다.

[본조신설 2011.7.28.]

제36조의8(금지행위) 누구든지 지질공원의 시설을 훼손하는 행위를 하여서는 아니 된다.

[본조신설 2011.7.28.]

제5장 비용의 징수 등

<개정 2008.12.31.>

제37조(입장료 및 사용료의 징수) ① 공원관리청은 자연공원에 들어가는 자로부터 입장료를 징수할 수 있으며, 공원관리청이 설치한 공원시설을 사용하는 자로부터 사용료를 징수할 수 있다. 다만, 환경부령으로 정하는 자에 대하여는 입장료의 징수를 면제할 수 있다.

② 제18조제1항제6호에 따른 사찰의 주지는 공원관리청과 협의하여 공원문화유산지구에 입장하는 사람에게 입장료를 징수할 수 있다. 이 경우 입장료를 징수하는 사찰은 「문화재보호법」 제49조에 따른 관람료를 징수할 수 없다. <신설 2011.4.5.>

③ 제20조에 따라 공원사업을 하거나 공원시설을 관리하는 자는 그 시설을 사용하는 자로부터 그 수익의 범위에서 사용료를 징수할 수 있다. 이 경우 환경부령으로 정하는 공원시설에 대하여 사용료를 징수하려면 공원관리청의 허가를 받아야 한다. <개정 2011.4.5.>

④ 제1항부터 제3항까지의 규정에 따른 입장료 및 사용료의 징수에 필요한 사항은 국립공원의 경우 환경부령으로 정하고, 도립공원 및 군립공원의 경우 그 공원관리청이 소속된 지방자치단체의 조례로 정한다. <개정 2011.4.5.>

[전문개정 2008.12.31.]

제38조(점용료 등의 징수) ① 공원관리청은 제20조에 따라 허가를 받아 공원시설을 관리하는 자와 제23조에 따라 허가를 받아 자연공원을 점용하거나 사용하는 자(제71조제2항에 따라 허가를 받은 것으로 보는 자를 포함한다)로부터 점용료 또는 사용료를 징수할 수 있다. 다만, 점용대상 또는 사용대상인 재산에 관한 권리가 공원관리청에 속하지 아니하는 경우에는 그러하지 아니하다.

② 제1항에 따른 점용료 또는 사용료의 기준과 징수에 필요한 사항은 국립공원의 경우 환경부령으로 정하고, 도립공원 및 군립공원의 경우 그 공원관리청이 소속된 지방자치단체의 조례로 정한다.

③ 제20조 또는 제23조에 따른 허가를 받지 아니하고 자연공원을 점용하거나 사용한 자에게는 점용료 및 사용료에 해당하는 금

액을 부당이득금으로 징수할 수 있다. 다만, 점용대상 또는 사용대상인 재산에 관한 권리가 공원관리청에 속하지 아니하는 경우에는 그러하지 아니하다.
[전문개정 2008.12.31.]

제39조(비용부담의 원칙) 자연공원에 관한 비용에 대하여 이 법 또는 다른 법률에 특별한 규정이 있는 경우를 제외하고는 국립공원에 관한 비용은 국가가 부담하고, 도립공원 또는 군립공원에 관한 비용은 해당 지방자치단체가 부담한다. 다만, 제80조제1항에 따라 시·도지사가 국립공원을 관리하는 경우와 같은 조 제2항에 따라 군수가 도립공원을 관리하는 경우에는 그 비용의 전부 또는 일부를 그 지방자치단체가 부담한다.
[전문개정 2008.12.31.]

제40조(비용에 관한 협의 및 재정) ① 둘 이상의 시·도 또는 군의 행정구역에 걸쳐 있는 도립공원 또는 군립공원에 관한 비용에 대하여는 제39조에도 불구하고 관계 시·도지사 및 군수가 협의하여 부담금액 및 부담방법을 따로 정할 수 있다.
② 제1항에 따른 협의에 관하여는 제5조제2항 및 제3항을 준용한다.
[전문개정 2008.12.31.]

제41조(공원관리청이 아닌 자가 시행하는 공원사업 등에 관한 비용) 제20조에 따라 공원관리청이 아닌 자가 공원사업을 하거나 공원관리청이 설치한 공원시설을 관리하는 데에 드는 비용은 그 공원사업을 하는 자 및 공원시설을 관리하는 자가 부담한다.
[전문개정 2008.12.31.]

제42조(입장료 등의 귀속) ① 자연공원에 관한 입장료·사용료와 그 밖에 자연공원에서 생기는 수익은 이를 부과·징수한 공원관리청이 소속된 국가 또는 지방자치단체의 수입으로 한다. 다만, 제37조제2항 또는 제3항에 따라 공원관리청이 아닌 자가 징수한 입장료 또는 사용료는 각각 이를 징수한 자의 수입으로 하고, 「국립공원관리공단법」에 따른 국립공원관리공단(이하 "공단"이라 한다)이 위탁받아 관리하는 자연공원의 입장료·사용료와 그 밖에 자연공원에서 생기는 수익은 공단의 수입으로 한다. <개정 2011.4.5., 2016.5.29.>
② 제1항에 따른 수입은 자연공원의 관리와 자연공원에 있는 문화재의 관리·보수를 위한 비용으로만 사용하여야 한다. 다만, 제37조제2항에 따른 수입은 공원문화유산지구의 유지·관리를 위한 비용으로 사용하여야 한다. <개정 2011.4.5.>
③ 제2항에 따른 문화재의 관리·보수를 위한 비용은 그 해의 입장료 수입액과 입장료 수입에 대한 문화재의 기여 정도에 따라 문화재를 소유한 자에게 지원한다.
[전문개정 2008.12.31.]

제43조(보조) 국가는 예산의 범위에서 다음 각 호의 비용의 전부 또는 일부를 보조할 수 있다. <개정 2011.4.5.>
1. 지방자치단체의 자연공원에 관한 비용
2. 제18조제1항제6호에 따른 사찰의 환경개선에 관한 비용
3. 제20조에 따라 국립공원의 공원사업을 하거나 공원시설을 관리하는 자의 공원사업 및 공원시설 관리에 관한 비용

[전문개정 2008.12.31.]

제6장 삭제
<2016.5.29.>

제44조 삭제 <2016.5.29.>

제45조 삭제 <2016.5.29.>

제46조 삭제 <2016.5.29.>

제47조 삭제 <2008.12.31.>

제48조 삭제 <2016.5.29.>

제49조 삭제 <2016.5.29.>

제50조 삭제 <2016.5.29.>

제51조 삭제 <2008.12.31.>

제52조 삭제 <2008.12.31.>

제53조 삭제 <2008.12.31.>

제54조 삭제 <2016.5.29.>

제55조 삭제 <2016.5.29.>

제56조 삭제 <2008.12.31.>

제57조 삭제 <2008.12.31.>

제58조 삭제 <2016.5.29.>

제59조 삭제 <2016.5.29.>

제60조 삭제 <2016.5.29.>

제61조 삭제 <2008.12.31.>

제62조 삭제 <2016.5.29.>

제63조 삭제 <2008.12.31.>

제64조 삭제 <2016.5.29.>

제65조 삭제 <2016.5.29.>

제66조 삭제 <2016.5.29.>

제67조 삭제 <2016.5.29.>

제68조 삭제 <2016.5.29.>

제69조 삭제 <2016.5.29.>

제7장 보칙

<개정 2008.12.31.>

제70조(다른 법률과의 관계) ① 자연공원에 대하여는 다음 각 호의 규정을 적용하지 아니한다. <개정 2014.1.14.>

1. 「국토의 계획 및 이용에 관한 법률」 제76조제1항(같은 법 제36조제1항제1호에 따른 도시지역으로 한정한다)
2. 「도로법」 제40조에 따른 접도구역(接道區域)에 관한 규정. 다만, 공원사업을 시행하는 경우로 한정한다.

② 공원계획에 따라서 환지(換地)를 할 필요가 있거나 효율적으로 자연공원을 관리하기 위하여 환지를 할 필요가 있는 경우 그 환지에 관하여는 「도시개발법」 제13조부터 제16조까지, 제28조부터 제34조까지, 제40조부터 제43조까지, 제46조, 제47조, 제51조 및 제66조를 준용한다. 이 경우 조합을 설립하려면 제20조제1항 및 제2항에 따라 공원사업의 시행을 허가하는 공원관리청의 인가를 받아야 한다.

[전문개정 2008.12.31.]

제71조(허가에 관한 협의 등) ① 이 법에 따라 공원관리청의 허가를 받아야 하는 사항으로서 국가·지방자치단체 또는 공공기관이 시행하는 사업에 관하여는 관계 중앙행정기관의 장, 지방자치단체의 장 또는 공공기관의 장(이하 이 조에서 "사업시행기관"이라 한다)이 공원관리청과 협의하여야 하며, 협의가 이루어진 경우에는 이 법에 따른 허가를 받은 것으로 본다. 이 경우 사업시행기관은 사업대상지역에 전통사찰보존지가 포함되는 경우에는 공원관리청과 협의에 앞서 해당 전통사찰의 주지와 협의하여야 한다. <개정 2011.4.5., 2016.5.29.>

② 자연공원에서 다음 각 호의 법령에 따라 허가 또는 인가 등을 하려는 행정기관의 장은 대통령령으로 정하는 바에 따라 공원관리청과 협의하여야 하며, 협의가 이루어져 관계 행정기관의 장의 허가 또는 인가 등을 받은 경우에는 이 법에 따라 공원관리청의 허가를 받아야 하는 사항에 관하여 공원관리청의 허가를 받은 것으로 본다. 다만, 「문화재보호법」 제2조제2항에 따른 지정문화재와 그 보호물의 증축·개축·재축·이축과 외부를 칠하는 행위와 제18조제2항제6호가목 및 나목의 행위에 관하여는 공원관리청과의 협의를 필요로 하지 아니하며, 관계 행정기관의 장의 허가를 받은 경우에는 이 법에 따라 공원관리청의 허가를 받은 것으로 본다. 이 경우 제18조제1항제6호에 따른 공원문화유산지구에서 허가 또는 인가 등을 하려는 행정기관의 장은 허가 또는 인가 등에 관한 신청서 사본을 지체 없이 공원관리청에 보내야 하며, 공원관리청은 그 신청내용대로 허가 또는 인가 등을 할 경우 자연공원의 유지·관리에 상당한 지장을 줄 우려가 있다고 판단되는 경우에는 보완의견을 행정기관의 장에게 제시할 수 있다. <개정 2010.2.4., 2010.4.15., 2011.4.5.>

1. 「건축법」
2. 「공유수면 관리 및 매립에 관한 법률
3. 삭제 <2010.4.15.>
4. 「관광진흥법」
5. 「광업법」
6. 「군사기지 및 군사시설 보호법」
7. 「농지법」
8. 「도로법」
9. 「문화재보호법」·「매장문화재 보호 및 조사에 관한 법률」
10. 「사도법」
11. 「사방사업법」
12. 「산림자원의 조성 및 관리에 관한 법률」
13. 「식품위생법」
14. 「초지법」
15. 「하천법」

16. 그 밖의 법령
③ 공원관리청은 제1항 또는 제2항에 따른 협의대상이 대통령령으로 정하는 규모 이상의 행위에 해당되는 경우에는 해당 공원위원회의 심의를 거쳐야 한다.
[전문개정 2008.12.31.]

第72조(토지의 출입과 사용 등) ① 공원관리청이나 공원관리청의 명령·위임 또는 허가를 받은 자는 자연공원에 관한 조사·측량과 그 밖의 공원사업 시행을 위하여 필요한 경우 타인의 토지에 출입하거나 그 토지를 일시 사용할 수 있으며, 부득이한 경우에는 나무나 그 밖의 장애물을 제거하거나 변경할 수 있다.
② 제1항에 따라 타인의 토지에 출입하려는 자는 그 토지의 점유자에게 그 사실을 알려야 하며, 타인의 토지를 일시 사용하거나 장애물을 제거 또는 변경하려는 자는 미리 그 소유자 또는 점유자에게 그 사실을 알려야 한다.
③ 해뜨기 전 또는 해 진 후에는 해당 토지 점유자의 승낙 없이는 택지(宅地)나 담 또는 울타리로 둘러싸인 타인의 토지에 출입할 수 없다.
④ 토지의 소유자·점유자 또는 관리인은 정당한 사유 없이 제1항에 따른 출입 또는 사용 등을 거부·방해 또는 기피하여서는 아니 된다.
⑤ 제1항에 따라 타인의 토지에 출입하거나 이를 일시 사용하려는 자는 그 권한을 나타내는 증표를 지니고 이를 관계인에게 내보여야 한다.
[전문개정 2008.12.31.]

第73조(손실보상) ① 제30조제1항제3호·제4호, 제32조 또는 제72조제1항에 따른 처분으로 손실을 입은 자에게는 처분을 한 공원관리청 등이 그 손실을 보상하여야 한다.
② 제1항의 경우에 그 손실이 제30조제1항제4호의 사유에 따른 처분으로 인하여 생겼을 때에는 공원관리청은 그 공익사업에 관한 비용을 부담하는 자로 하여금 그 손실의 전부 또는 일부를 보상하게 할 수 있다.
③ 제1항 및 제2항에 따른 손실의 보상에 관하여는 공원관리청 등(제2항의 경우에는 그 사업의 비용을 부담하는 자를 말한다. 이하 이 조에서 같다)이 그 손실을 입은 자와 협의하여야 한다.
④ 제3항에 따른 협의가 이루어지지 아니한 경우 공원관리청 등 또는 손실을 입은 자는 대통령령으로 정하는 바에 따라 관할 토지수용위원회에 재결을 신청할 수 있다.
[전문개정 2008.12.31.]

第73조의2(주민지원사업) ① 공원관리청은 공원구역에 거주하는 지역주민의 생활환경 개선 및 복리 증진 등을 위하여 주민지원사업을 시행할 수 있다.
② 공원관리청은 지역주민(공원자연환경지구 및 공원마을지구에 거주하는 주민으로 한정한다)이 제18조제2항제2호 및 제3호에 따라 주거용 주택(단독주택만 해당한다)의 신축·증축·개축 등을 하는 경우에는 대통령령으로 정하는 바에 따라 「수도법」·「하수도법」 및 「가축분뇨의 관리 및 이용에 관한 법률」 등에 따른 상·하수도시설 및 가축분뇨 처리시설 등의 설치 경비의 전부 또는 일부를 지원할 수 있다. <개정 2011.4.5.>
③ 환경부장관은 공원구역에 대하여 환경친화적 농업·임업 및 어업의 육성에 필요한 조치를 하도록 관계 행정기관의 장에게 요청할 수 있다.
④ 제1항에 따른 주민지원사업의 종류·절차·방법 등 필요한 사항은 대통령령으로 정한다.
[전문개정 2008.12.31.]

第73조의3(자연공원체험사업) ① 공원관리청은 국민이 자연공원을 건전하게 이용할 수 있도록 자연공원체험사업을 시행할 수 있다. <개정 2016.5.29.>
② 제1항에 따른 자연공원체험사업은 자연공원의 경관과 생태·문화환경을 훼손하지 아니하는 범위에서 시행하여야 하며, 구체적인 범위·종류 및 비용 징수 등 필요한 사항은 대통령령으로 정한다. <개정 2016.5.29.>
③ 공원관리청은 제1항에 따라 자연공원체험사업을 시행하는 경우에는 그 내용을 인터넷 홈페이지 등에 공개하여야 한다. <개정 2016.5.29.>
④ 공원관리청은 제1항에 따른 자연공원체험사업의 대상지역에 제18조제1항제6호에 따른 공원문화유산지구가 포함되는 경우에는 미리 해당 사찰의 주지와 협의하여야 한다. <신설 2016.5.29.>
[본조신설 2011.4.5.]

[제목개정 2016.5.29.]

제73조의4(자연공원 탐방안내) 공원관리청은 「자연환경보전법」 제59조에 따른 자연환경해설사를 채용·활용하여 탐방객에게 자연공원 및 자연환경보전 등에 관한 이해를 증진시키기 위한 탐방안내를 할 수 있다.
[본조신설 2017.4.18.]

제74조(권리·의무의 승계) 이 법에 따른 허가 또는 신고로 인하여 발생한 권리·의무는 다음 각 호의 자가 승계한다.
1. 양수인
2. 상속인
3. 합병 후 존속하는 법인이나 합병으로 설립된 법인

[전문개정 2008.12.31.]

제75조(처분의 제한) 자연공원에 있는 국유 또는 공유의 토지로서 공원사업의 시행 및 자연공원의 보호 등 자연공원의 효율적 관리를 위하여 필요하다고 공원관리청이 인정하는 토지는 공원사업이나 군사상 또는 공익상 불가피한 경우로서 대통령령이 정하는 경우를 제외하고는 이를 처분할 수 없다.

제76조(협의에 따른 토지 등의 매수 등) ① 공원관리청은 자연공원을 보전·관리하기 위하여 필요한 경우에는 자연공원에 있는 토지 및 그에 정착된 물건을 그 소유자와 협의하여 매수하거나 국유지 또는 공유지와 교환할 수 있다. <개정 2016.5.29.>
② 제1항에 따라 토지 및 그에 정착된 물건을 매수하는 경우 매수가격의 산정 등에 관하여는 「공익사업을 위한 토지 등의 취득 및 보상에 관한 법률」을 준용한다.
③ 제1항에 따른 국유지 또는 공유지와의 교환에 필요한 절차 등에 관하여는 「국유재산법」 또는 「공유재산 및 물품 관리법」의 규정을 준용한다. <신설 2016.5.29.>
[전문개정 2008.12.31.]
[제목개정 2016.5.29.]

제77조(토지매수의 청구) ① 자연공원의 지정으로 인하여 자연공원에 있는 토지를 종전의 용도로 사용할 수 없어 그 효용이 현저히 감소된 토지(이하 "매수대상토지"라 한다)의 소유자로서 다음 각 호의 어느 하나에 해당하는 자는 공원관리청에 그 토지의 매수를 청구할 수 있다.
1. 자연공원의 지정 당시부터 그 토지를 계속 소유한 자
2. 제1호의 자로부터 그 토지를 상속받아 계속 소유한 자

② 공원관리청은 제1항에 따라 매수를 청구받은 토지가 제3항에 따른 기준에 해당될 때에는 이를 매수하여야 한다.
③ 매수대상토지의 구체적인 판정기준은 대통령령으로 정한다.
[전문개정 2008.12.31.]

제78조(매수청구의 절차 등) ① 공원관리청은 토지의 매수를 청구받은 날부터 3개월 이내에 매수대상 여부 및 매수 예상가격 등을 매수 청구인에게 통보하여야 한다.
② 공원관리청은 제1항에 따라 매수대상임을 통보한 경우에는 5년 내에 매수계획을 수립하여 그 매수대상토지를 매수하여야 한다.
③ 매수대상토지를 매수하는 경우 가격 산정의 시기·방법 및 기준 등에 관하여는 「공익사업을 위한 토지 등의 취득 및 보상에 관한 법률」을 준용한다.
④ 제1항 및 제2항에 따라 토지를 매수하는 경우의 매수 절차와 그 밖에 필요한 사항은 대통령령으로 정한다.
[전문개정 2008.12.31.]

제79조(자연공원의 지정에 따른 특례) 이 법에 따라 공원관리청의 허가를 받거나 공원관리청에 신고를 하여야 할 사항으로서 자연공원으로 지정되기 전에 다른 법령에 따라 허가 등을 받거나 신고를 한 사항에 관하여는 공원관리청의 허가를 받거나 공원관리청에 신고를 한 것으로 본다.
[전문개정 2008.12.31.]

제80조(권한의 위임·위탁) ① 이 법에 따른 환경부장관의 권한은 대통령령으로 정하는 바에 따라 그 일부를 소속 기관 또는 시·도지사에게 위임하거나 공단에 위탁할 수 있다.
② 시·도지사는 도립공원의 관리에 관한 공원관리청의 직무를 그 시·도의 조례로 정하는 바에 따라 군수에게 위임하거나 공단에 위탁할 수 있다. <개정 2016.5.29.>
③ 군수는 군립공원의 관리에 관한 공원관리청

의 직무를 그 군의 조례로 정하는 바에 따라 공단에 위탁할 수 있다. <신설 2016.5.29.>
④ 제1항부터 제3항까지의 규정에 따라 위임 또는 위탁을 받아 공단, 시·도지사 또는 군수가 자연공원을 관리하는 경우에는 위임·위탁된 업무의 범위에서 이들을 그 자연공원의 공원관리청으로 본다. <개정 2016.5.29.>
[전문개정 2008.12.31.]

제81조(한국자연공원협회의 설립) ① 자연공원의 보전 및 이용에 관한 홍보·지도, 자원조사 및 그 밖에 환경부령으로 정하는 사업을 하기 위하여 한국자연공원협회(이하 "협회"라 한다)를 둔다. <개정 2011.4.5.>
② 협회는 법인으로 한다.
③ 환경부장관은 제1항에 따라 협회가 수행하는 사업에 대하여 경비의 전부 또는 일부를 지원할 수 있다. <신설 2011.4.5.>
④ 협회에 관하여는 이 법에서 규정한 것을 제외하고는 「민법」 중 사단법인에 관한 규정을 준용한다. <개정 2011.4.5.>
[전문개정 2008.12.31.]

제8장 벌칙

<개정 2008.12.31.>

제82조(벌칙) 다음 각 호의 어느 하나에 해당하는 자는 3년 이하의 징역 또는 3천만원 이하의 벌금에 처한다.
1. 제20조를 위반하여 공원관리청의 허가를 받지 아니하고 공원사업을 시행한 자
2. 제23조제1항제1호부터 제7호까지의 규정을 위반하여 공원관리청의 허가를 받지 아니하고 허가대상 행위를 한 자
3. 제27조제1항제1호를 위반하여 자연공원의 형상을 해치거나 공원시설을 훼손한 자

[전문개정 2008.12.31.]

제83조(벌칙) 다음 각 호의 어느 하나에 해당하는 자는 2년 이하의 징역 또는 2천만원 이하의 벌금에 처한다.
1. 제23조제1항제8호부터 제10호까지의 규정을 위반하여 공원관리청의 허가를 받지 아니하고 허가대상 행위를 한 자
2. 제30조에 따른 사업의 정지처분 또는 변경처분을 받고 이를 이행하지 아니한 자
3. 속임수나 그 밖의 부정한 방법으로 이 법에 따른 허가를 받은 자

[전문개정 2008.12.31.]

제84조(벌칙) 다음 각 호의 어느 하나에 해당하는 자는 1년 이하의 징역 또는 1천만원 이하의 벌금에 처한다. <개정 2016.5.29.>
1. 제23조제1항 단서에 따른 신고를 하지 아니하고 신고대상 행위를 한 자
2. 제27조제1항제2호를 위반하여 나무를 말라죽게 한 자
3. 제27조제1항제3호를 위반하여 야생동물을 잡기 위하여 화약류·덫·올무 또는 함정을 설치하거나 유독물·농약을 뿌린 자
4. 제37조제3항 후단을 위반하여 공원관리청의 허가를 받지 아니하고 사용료를 징수한 자

[전문개정 2008.12.31.]

제85조(양벌규정) 법인의 대표자나 법인 또는 개인의 대리인, 사용인, 그 밖의 종업원이 그 법인 또는 개인의 업무에 관하여 제82조부터 제84조까지의 어느 하나에 해당하는 위반행위를 하면 행위자를 벌하는 외에 그 법인 또는 개인에게도 해당 조문의 벌금형을 과(科)한다. 다만, 법인 또는 개인이 그 위반행위를 방지하기 위하여 해당 업무에 관하여 상당한 주의와 감독을 게을리하지 아니한 경우에는 그러하지 아니하다.
[전문개정 2008.12.31.]

제86조(과태료) ① 다음 각 호의 어느 하나에 해당하는 자에게는 200만원 이하의 과태료를 부과한다. <개정 2011.7.28., 2016.5.29., 2017.12.12.>
1. 제24조의3에 따른 출입 및 조사를 정당한 사유 없이 방해하거나 거부한 자
2. 제24조의4제1항에 따른 퇴거 등 조치명령에 따르지 아니한 자
3. 제27조제1항제4호를 위반하여 총 또는 석궁을 휴대하거나 그물을 설치한 자
4. 제27조제1항제5호를 위반하여 지정된 장소 밖에서 상행위를 한 자
5. 제27조제1항제9호를 위반하여 지정된 장소 밖에서 흡연행위를 한 사람
6. 제29조제1항에 따라 제한 또는 금지된 영업이나 그 밖의 행위를 한 자

6의2. 제36조의8을 위반하여 지질공원의 시

설을 훼손하는 행위를 한 자

② 다음 각 호의 어느 하나에 해당하는 자에게는 50만원 이하의 과태료를 부과한다.

1. 제27조제1항제6호를 위반하여 지정된 장소 밖에서 야영행위를 한 자
2. 제28조제1항에 따라 제한되거나 금지된 지역에 출입하거나 차량 통행을 한 자
3. 제72조제4항을 위반하여 정당한 사유 없이 출입 또는 사용 등을 거부·방해 또는 기피한 자

③ 제27조제1항제7호·제8호 또는 제10호부터 제12호까지의 규정을 위반하여 금지된 행위를 한 자에게는 20만원 이하의 과태료를 부과한다. <개정 2016.12.27., 2017.12.12.>

1. 삭제 <2016.12.27.>
2. 삭제 <2016.12.27.>

④ 제37조제1항에 따른 입장료 또는 사용료를 내지 아니하고 자연공원에 입장하거나 공원시설을 이용한 자에게는 10만원 이하의 과태료를 부과한다. <신설 2016.12.27.>

⑤ 제1항부터 제4항까지의 규정에 따른 과태료는 대통령령으로 정하는 바에 따라 군수가 부과·징수한다. <개정 2016.12.27.>

[전문개정 2008.12.31.]

부칙

<제15198호, 2017.12.12.>

이 법은 공포 후 3개월이 경과한 날부터 시행한다.

자연공원법 시행령

[시행 2018.1.1.]
[대통령령 제28157호, 2017.6.27., 일부개정]

제1조(목적) 이 영은 「자연공원법」에서 위임된 사항과 그 시행에 관하여 필요한 사항을 규정함을 목적으로 한다. <개정 2005.9.30.>

제2조(공원시설) 「자연공원법」(이하 "법"이라 한다) 제2조제10호에서 "대통령령으로 정하는 시설"이란 다음 각 호의 시설을 말한다. <개정 2005.9.30., 2009.11.2., 2010.10.1., 2011.9.30., 2017.5.29.>
1. 공원관리사무소·창고(공원관리 용도로 사용하는 것으로 한정한다)·탐방안내소·매표소·우체국·경찰관파출소·마을회관·경로당·도서관·공설수목장림·환경기초시설 등의 공공시설. 다만, 공설수목장림은 2011년 10월 5일 이전에 공원구역에 설치된 묘지를 이장하거나 공원구역에 거주하는 주민이 사망한 경우에 이용할 수 있도록 하기 위하여 공원관리청이 설치하는 경우로 한정한다.
2. 사방·호안·방화·방책·방재·조경시설 등 공원자원을 보호하고, 탐방자의 안전을 도모하는 보호 및 안전시설

2의2. 공원의 야생생물 보호 및 멸종위기종 등의 증식·복원을 위한 시설

3. 체육시설(골프장, 골프연습장 및 스키장은 제외한다), 유선장(遊船場), 수상레저기구 계류시설, 광장, 야영장, 청소년수련시설, 유어장(遊漁場), 전망대, 야생동물 관찰대, 해중(海中) 관찰대, 휴게소, 대피소, 공중화장실 등의 휴양 및 편의시설
4. 식물원·동물원·수족관·박물관·전시장·공연장·자연학습장 등의 문화시설
5. 도로(탐방로를 포함한다), 주차장, 교량, 궤도, 무궤도열차, 소규모 공항(섬지역인 자연공원에 설치하는 활주로 1,200미터 이하의 공항을 말한다), 수상경비행장 등의 교통·운수시설
6. 기념품 판매점, 약국, 식품접객소(유흥주점은 제외한다), 미용업소, 목욕장 등의 상업시설
7. 호텔·여관 등의 숙박시설
8. 제1호 내지 제7호의 시설의 부대시설

제2조의2(중요 변경사항) 법 제4조의2제1항 각 호 외의 부분 후단에서 "구역 변경 등 대통령령으로 정하는 중요 사항을 변경하는 경우"란 다음 각 호의 어느 하나에 해당하는 변경을 하는 경우를 말한다. <개정 2008.9.18., 2010.10.1.>
1. 국립공원의 공원구역을 1백만 제곱미터 이상 확대
2. 국립공원의 공원구역의 축소

[본조신설 2005.9.30.]

제2조의3(국립공원의 지정에 필요한 서류) ① 법 제4조의2제1항에 따른 국립공원의 지정에 필요한 서류(전자문서를 포함한다)는 다음 각 호와 같다. 다만, 「전자정부법」 제36조제1항에 따른 행정정보의 공동이용을 통하여 첨부서류에 대한 정보를 확인할 수 있는 경우에는 그 확인으로 첨부서류에 갈음할 수 있다. <개정 2008.9.18., 2010.5.4.>
1. 공원의 명칭 및 종류
2. 공원지정의 목적 및 필요성
3. 공원구역 예정지의 도면 및 행정구역별 면적
4. 동·식물의 분포, 지형·지질, 수리·수문(水文), 자연경관, 자연자원 등 자연환경현황
5. 인구, 주거, 문화재 등 인문현황
6. 토지의 이용현황 및 그 현황을 표시한 도면
7. 토지의 소유구분(국유·공유 또는 사유로 구분하고 사유토지 중 사찰 소유의 토지는 따로 표시한다)
8. 공원구역 예정지의 용도지구계획안 및 그 계획을 표시한 도면

② 제1항제3호·제6호 및 제8호에 따른 도면은 「토지이용규제 기본법 시행령」 제7조제1항에 따른 지형도면을 사용하여야 한다. <개정 2010.10.1.>

[본조신설 2005.9.30.]

제2조의4(중요 변경사항) 법 제4조의3제1항 각 호 외의 부분 후단에서 "도립공원구역을 변경하는 등 대통령령으로 정하는 중요 사항을 변경하는 경우"란 다음 각 호의 어느 하나에 해당하는 변경을 하는 경우를 말한다. <개정 2008.9.18., 2010.10.1.>
1. 도립공원의 공원구역의 50만 제곱미터 이상 확대
2. 도립공원의 공원구역의 축소

[본조신설 2005.9.30.]

제2조의5(승인을 받아야 하는 도립공원의 축소 규모) 법 제4조의3제2항 본문에서 "대통령령으로 정하는 규모"란 10만 제곱미터를 말한다. <개정 2008.9.18., 2010.10.1., 2017.5.29.>
[본조신설 2005.9.30.]
[제목개정 2010.10.1.]

제2조의6(도립공원의 지정에 필요한 서류) 법 제4조의3제4항에 따른 도립공원 지정에 필요한 서류는 제2조의3을 준용한다.
[전문개정 2010.10.1.]

제2조의7(중요 변경사항) 법 제4조의4제1항 각 호 외의 부분 후단에서 "군립공원구역을 변경하는 등 대통령령으로 정하는 중요 사항을 변경하는 경우"란 다음 각 호의 어느 하나에 해당하는 변경을 하는 경우를 말한다.

1. 군립공원의 공원구역을 50만제곱미터 이상 확대
2. 군립공원의 공원구역의 축소

[전문개정 2010.10.1.]

제2조의8(승인을 받아야 하는 군립공원의 축소 규모) 법 제4조의4제2항 본문에서 "대통령령으로 정하는 규모"란 5만제곱미터를 말한다. <개정 2017.5.29.>
[본조신설 2010.10.1.]

제2조의9(군립공원의 지정에 필요한 서류) 법 제4조의4제4항에 따른 군립공원 지정에 필요한 서류는 제2조의3을 준용한다.
[본조신설 2010.10.1.]

제3조(지정기준) 법 제7조의 규정에 의한 자연공원의 지정기준은 별표 1과 같다.

제4조(자연공원의 지정 해제 등) 법 제8조제1항제1호에서 "대통령령으로 정하는 경우"란 다음 각 호의 어느 하나에 해당하는 경우를 말한다. <개정 2002.12.18., 2005.9.30., 2010.10.1.>

1. 군작전·군시설 또는 군기밀보호를 위하여 불가피하다고 인정되는 경우
2. 하천·간척·개간·항만(어항을 포함한다)·발전·철도·통신·방송·측후·농업용수 또는 항공에 관한 사업을 위하여 불가피하다고 인정되는 경우
3. 국가경제에 중대한 영향을 미치는 자원의 개발을 위하여 불가피하다고 인정되는 경우
4. 「국토기본법」 제9조의 규정에 의한 국토종합계획, 동법 제16조의 규정에 의한 지역계획 및 동법 제17조의 규정에 의한 부문별계획의 결정이나 변경을 위하여 불가피하다고 인정되는 경우
5. 공원구역의 경계 또는 그 인접에 집단마을이 형성되어 있거나, 화장장·사격장 등 자연공원으로 사용할 수 없는 시설이 설치되어 있어 공원구역으로 존치시킬 필요가 없게 된 경우

[제목개정 2017.5.29.]

제5조(국립공원위원회의 구성) ① 법 제9조제1항에 따른 국립공원위원회(이하 "국립공원위원회"라 한다)는 위원장 및 부위원장 각 1명을 포함한 23명 이내의 위원과 특별위원으로 성별을 고려하여 구성한다. <개정 2010.10.1., 2017.5.29.>
② 위원장은 환경부차관이 되고, 부위원장은 위원중에서 호선한다.
③ 위원은 다음 각 호의 자가 된다. <개정 2006.6.12., 2007.4.12., 2008.2.29., 2011.9.30., 2013.3.23., 2014.11.19., 2017.7.26.>

1. 기획재정부·국방부·행정안전부·문화체육관광부·농림축산식품부·환경부·국토교통부·해양수산부 및 산림청의 고위공무원단에 속하는 공무원중에서 당해 기관의 장이 지명하는 자
2. 국립공원관리공단(이하 "공단"이라 한다) 상임이사 중 이사장이 지명하는 자
3. 대한불교조계종 사회부장
4. 국립공원 안에 거주하는 주민·사업자 등 이해관계인중 환경부장관이 위촉하는 자
5. 자연공원에 관한 학식과 경험이 풍부한 자로서 환경부장관이 위촉하는 자

④다음 각호의 자는 특별위원이 된다. <개정 2010.10.1., 2012.1.26.>

1. 해당 공원구역을 관할하는 특별시·광역시·특별자치시·도 또는 특별자치도(이하 "시·도"라 한다)의 행정부시장 또는 행정부지사(이하 "부지사"라 한다)
2. 그 공원구역면적의 1천분의 1 이상의 토

지를 기증한 자로서 환경부장관이 위촉하는 자

⑤ 특별위원은 그 자연공원에 관한 안건을 심의할 경우에 한하여 위원이 된다. 이 경우 특별위원은 그 의결에 참여하지 못한다. <개정 2005.9.30.>

⑥ 제3항제4호·제5호의 위원 및 제4항제2호의 특별위원의 임기는 2년으로 하며, 1회에 한하여 연임할 수 있다. <개정 2005.9.30.>

⑦ 위원장은 국립공원위원회의 회무를 총괄하며, 국립공원위원회의 의장이 된다. <개정 2010.10.1.>

⑧ 부위원장은 위원장을 보좌하며, 위원장이 부득이한 사유로 직무를 수행할 수 없는 때에는 그 직무를 대행한다.

⑨ 국립공원위원회의 서무를 처리하게 하기 위하여 간사 1인을 두되, 간사는 환경부의 4급 이상 공무원 또는 고위공무원단에 속하는 일반직공무원중에서 환경부장관이 지명하는 자가 된다. <개정 2006.6.12., 2010.10.1.>

제5조의2(국립공원위원회 위원·특별위원의 제척·기피·회피) ① 국립공원위원회의 위원·특별위원이 다음 각 호의 어느 하나에 해당하는 경우에는 국립공원위원회의 심의·의결에서 제척(除斥)된다.

1. 위원·특별위원 또는 그 배우자나 배우자였던 사람이 해당 안건의 당사자(당사자가 법인·단체 등인 경우에는 그 임원을 포함한다. 이하 이 호 및 제2호에서 같다)가 되거나 그 안건의 당사자와 공동권리자 또는 공동의무자인 경우
2. 위원·특별위원이 해당 안건의 당사자와 친족이거나 친족이었던 경우
3. 위원·특별위원이 해당 안건에 대하여 연구, 용역(하도급을 포함한다), 감정(鑑定) 또는 조사를 한 경우
4. 위원·특별위원이나 위원·특별위원이 속한 법인·단체 등이 해당 안건의 당사자의 대리인이거나 대리인이었던 경우

② 당사자는 위원·특별위원에게 공정한 심의·의결을 기대하기 어려운 사정이 있는 경우에는 국립공원위원회에 기피 신청을 할 수 있고, 국립공원위원회는 의결로 이를 결정한다. 이 경우 기피 신청의 대상인 위원·특별위원은 그 의결에 참여할 수 없다.

③ 위원·특별위원이 제1항 각 호에 따른 제척 사유에 해당하는 경우에는 스스로 해당 안건의 심의·의결에서 회피(回避)하여야 한다.

[본조신설 2017.5.29.]

제5조의3(국립공원위원회 위원의 지명철회 및 해촉) ① 제5조제3항제1호 및 제2호에 따라 위원을 지명한 자는 해당 위원이 다음 각 호의 어느 하나에 해당하는 경우에는 그 위원에 대한 지명을 철회할 수 있다.

1. 심신장애로 인하여 직무를 수행할 수 없게 된 경우
2. 직무와 관련된 비위사실이 있는 경우
3. 직무태만, 품위손상이나 그 밖의 사유로 인하여 위원으로 적합하지 아니하다고 인정되는 경우
4. 제5조의2제1항 또는 제2항의 사유에 해당하는 데에도 불구하고 회피하지 아니하는 경우
5. 위원 스스로 직무를 수행하는 것이 곤란하다고 의사를 밝히는 경우

② 환경부장관은 제5조제3항제4호·제5호 및 같은 조 제4항제2호에 따른 위원 및 특별위원이 제1항 각 호의 어느 하나에 해당하는 경우에는 해당 위원 및 특별위원을 해촉(解嘱)할 수 있다.

[본조신설 2017.5.29.]

제6조(국립공원위원회의 운영 등) ① 국립공원위원회의 회의는 위원장과 다음 각 호의 위원으로 구성한다. <신설 2007.4.12., 2010.10.1.>

1. 제5조제3항제1호의 위원 중 심의안건과 관련이 있는 부·처·청의 위원
2. 제5조제3항제2호 내지 제5호의 위원

② 국립공원위원회의 회의는 환경부장관이 필요하다고 인정할 때에 이를 소집한다. <개정 2007.4.12., 2010.10.1.>

③ 국립공원위원회의 회의는 제1항에 따른 구성원 과반수의 출석으로 개의하고, 출석위원 과반수의 찬성으로 의결한다. <개정 2007.4.12., 2010.10.1.>

④ 국립공원위원회의 운영에 관하여 그밖에 필요한 사항은 국립공원위원회의 의결을 거쳐 위원장이 정한다. <개정 2007.4.12., 2010.10.1.>

제7조(도립공원위원회·광역시립공원위원회

의 구성 및 운영) ① 법 제9조제1항에 따른 도립공원위원회 및 광역시립공원위원회(이하 "도립공원위원회등"이라 한다)는 위원장 1명을 포함한 15명 이내의 위원과 특별위원으로 구성한다.

② 위원장은 부지사가 되고, 위원은 다음 각 호의 사람 중에서 특별시장·광역시장·특별자치시장·도지사·특별자치도지사(이하 "시·도지사"라 한다)가 지명 또는 위촉한다.

1. 관계행정기관의 공무원
2. 도립공원 또는 광역시립공원 안에 거주하는 주민·사업자 등 이해관계인
3. 자연공원에 관한 학식과 경험이 풍부한 사람

③ 특별위원은 다음 각 호의 사람이 된다.

1. 해당 공원구역을 관할하는 시·군 또는 자치구(이하 "군"이라 한다)의 부시장·부군수 또는 부구청장(이하 "부군수"라 한다)
2. 해당 공원구역 면적의 1천분의 1 이상의 토지를 기증한 자로서 시·도지사가 위촉하는 사람
3. 해당 공원구역 안에 있는 종교단체 시설물의 관리운영 책임자로서 시·도지사가 위촉하는 사람

④ 특별위원은 해당 자연공원에 관한 안건을 심의하는 경우에만 위원이 된다. 이 경우 특별위원은 그 의결에 참여하지 못한다.

⑤ 제2항제2호·제3호에 해당하는 위원 및 제3항제2호·제3호에 해당하는 특별위원의 임기는 2년으로 하며, 1회에 한정하여 연임할 수 있다.

⑥ 시·도지사는 위원 또는 특별위원이 제5조의3제1항 각 호의 어느 하나에 해당하는 경우에는 해당 위원 또는 특별위원의 지명을 철회하거나 해촉할 수 있다.

⑦ 위원장·부위원장의 직무, 간사, 위원·특별위원의 제척·기피·회피, 도립공원위원회등의 운영 등에 관하여는 제5조제7항부터 제9항까지, 제5조의2 및 제6조를 준용한다. 이 경우 "국립공원위원회"는 "도립공원위원회등"으로, "환경부의 4급 이상 공무원 또는 고위공무원단에 속하는 일반공무원 중에서 환경부장관이 지명하는"은 "해당 시·도의 4급 이상 공무원 중에서 해당 시·도지사가 지명하는"으로, "제5조제3항제1호"는 "제7조제2항제1호"로, "제5조제3항제2호 내지 제5호"는 "제7조제2항제2호 및 제3호"로 "환경부장관이"는 "해당 시·도지사가"로 본다.

[전문개정 2017.5.29.]

제8조(군립공원위원회·시립공원위원회·구립공원위원회의 구성 및 운영) ① 법 제9조제1항에 따른 군립공원위원회, 시립공원위원회 및 구립공원위원회(이하 이 조에서 "군립공원위원회등"이라 한다)는 위원장 1명을 포함한 15명 이내의 위원과 특별위원으로 구성한다.

② 위원장은 부군수가 되고, 위원은 다음 각 호의 사람 중에서 시장·군수 또는 자치구의 구청장(이하 "군수"라 한다)이 지명 또는 위촉한다.

1. 관계행정기관의 공무원
2. 군립공원 안에 거주하는 주민·사업자 등 이해관계인
3. 자연공원에 관한 학식과 경험이 풍부한 사람

③ 특별위원은 다음 각 호의 사람이 된다.

1. 해당 공원구역 면적의 1천분의 1 이상의 토지를 기증한 자로서 군수가 위촉하는 사람
2. 해당 공원구역 안에 있는 종교단체 시설물의 관리운영 책임자로서 군수가 위촉하는 사람

④ 특별위원은 해당 자연공원에 관한 안건을 심의하는 경우에만 위원이 된다. 이 경우 특별위원은 그 의결에 참여하지 못한다.

⑤ 제2항제2호·제3호에 해당하는 위원 및 제3항 각 호에 해당하는 특별위원의 임기는 2년으로 하며, 1회에 한정하여 연임할 수 있다.

⑥ 군수는 위원 또는 특별위원이 제5조의3제1항 각 호의 어느 하나에 해당하는 경우에는 해당 위원 또는 특별위원의 지명을 철회하거나 해촉할 수 있다.

⑦ 위원장·부위원장의 직무, 간사, 위원·특별위원의 제척·기피·회피, 군립공원위원회등의 운영 등에 관하여는 제5조제7항부터 제9항까지, 제5조의2 및 제6조를 준용한다. 이 경우 "국립공원위원회"는 "군립공원위원회등"으로, "환경부의 4급 이상 공무원 또는 고위공무원단에 속하는 일반공무원 중에서 환경부장관이 지명하는"은 "해당 군의 5급 이상 공무원 중에서 해당 군수가 지명하는"으로, "제5조제3항제1호"는 "제8조제2항제1호"로, "제5조제3항제2호 내지 제5호"는 "제8조제2항제2호 및 제3호"로, "환경부장관이"는 "해당 군수가"로 본다.

[전문개정 2017.5.29.]

제8조의2(전문위원의 위촉 등) ① 환경부장관은 법 제10조의2의 규정에 의하여 자연생

태, 자연경관, 역사·문화, 토지이용 등 자연공원의 보전 및 이용에 관한 학식과 경험이 풍부한 자로서 15인 이내의 전문위원을 위촉할 수 있다.

② 전문위원의 임기는 3년으로 하며, 1회에 한하여 연임할 수 있다. <개정 2007.4.12.>

③ 전문위원에게는 예산의 범위안에서 조사·연구 및 자문 등에 필요한 수당, 여비 그 밖의 필요한 경비를 지급할 수 있다.

[본조신설 2005.9.30.]

제9조(공원기본계획의 내용 및 절차 등) ① 법 제11조제2항의 규정에 의한 공원기본계획의 내용에 포함되어야 할 사항은 다음과 같다.

1. 자연공원의 관리목표 설정에 관한 사항
2. 자연공원의 자원보전·이용 등 관리에 관한 사항
3. 그밖에 환경부장관이 자연공원의 관리를 위하여 필요하다고 인정하는 사항

② 법 제11조제2항의 규정에 의하여 환경부장관이 공원기본계획을 수립할 경우에는 관계시·도지사의 의견을 수렴하여야 한다.

제10조(공원계획 요구서) 법 제12조제3항에 따른 공원계획 요구서에는 공원계획에 관한 다음 각호의 사항이 포함되어야 하며, 도면에 표시할 수 있는 경우에는 도면을 함께 제출하여야 한다. 이 경우 도면은 축척 5만분의 1이상의 지형도에 표시하되 법 제17조제1항에 따른 공원시설계획의 경우에는 지적이 표시된 지형도에 공원시설계획사항을 명시한 도면을 함께 제출하여야 한다. <개정 2010.10.1., 2017.5.29.>

1. 종류
2. 목적 및 사유
3. 내용과 규모
4. 사업비의 규모
5. 사업시행기간
6. 효과
7. 원상회복 또는 조경계획
8. 자연생태계에 미치는 영향에 대한 예측, 주요 야생생물의 보호대책 및 환경오염 방지대책

[제목개정 2010.10.1.]

제11조(공원계획의 경미한 변경) ① 법 제15조제1항 단서에 따라 공원위원회의 심의를 생략할 수 있는 경미한 사항의 변경은 다음 각호의 어느 하나에 해당하는 경우를 말한다. <개정 2011.9.30.>

1. 삭제 <2011.9.30.>
2. 삭제 <2011.9.30.>
3. 삭제 <2011.9.30.>
4. 공원마을지구를 공원자연보존지구 또는 공원자연환경지구로 변경하는 경우
5. 삭제 <2011.9.30.>
6. 제2조에 따른 공원시설의 부지면적을 5천제곱미터(공원자연보존지구는 2천제곱미터) 범위에서 변경하는 경우
7. 이미 결정·고시된 공원시설계획을 축소 또는 폐지하거나 그 계획에 의한 공원시설의 부지면적을 100분의 20 이하로 확대하는 경우
8. 동일한 부지에서 건축물을 증축하거나 위치를 변경하는 경우

② 환경부장관, 시·도지사 또는 군수(이하 "공원관리청"이라 한다)는 제1항에 따라 공원위원회의 심의를 생략하는 경우에는 60일(법 제12조제2항제2호, 제13조제2항제2호 및 제14조제2항에 따른 관계 행정기관의 장과의 협의 결과 이행 등 부득이한 사유가 있는 경우에는 90일) 이내에 해당 공원계획에 대한 변경 여부를 결정하여야 한다.

[전문개정 2010.10.1.]

제12조(공원계획에 대한 타당성 검토기준) ① 법 제15조제2항에 따라 공원계획에 대한 타당성을 검토함에 있어서는 이용객의 탐방성향의 변동, 이용수요의 전망, 공원시설계획 등 공원계획의 적정성을 평가하여야 한다. <개정 2007.7.4.>

② 법 제15조제2항의 규정에 의하여 공원구역에 대한 타당성을 검토함에 있어서는 별표 1의 지정기준과 다음 각호의 사항을 고려하여야 한다.

1. 해당 공원구역의 위치·면적 및 이용편의
2. 해당 공원구역의 자연·문화자원 및 지형의 보전적 가치
3. 공원경계지역의 개발상황·환경보전상황 등
4. 도로·하천 등 지형·지세를 고려한 공원경계선의 적정성
5. 공원주변지역의 자연경관이나 자연생태계의 보호 필요성
6. 공원관리의 효율성
7. 공원구역변경이 공원전체에 미치는 영향

제13조(자연환경에 미치는 영향평가) 공원관리청이 공원계획을 결정하거나 변경함에 있어서는 법 제17조제2항에 따라 다음 각호의 사항에 관한 평가를 하여야 한다. 다만, 미리 「환경영향평가법」 제2조제1호 또는 제2호에 따른 전략환경영향평가 또는 환경영향평가를 받은 경우에는 그러하지 아니한다. <개정 2005.9.30., 2008.12.24., 2010.10.1., 2012.7.20.>

1. 환경현황조사
2. 자연생태계 변화분석
3. 대기 및 수질 변화분석
4. 폐기물 배출분석
5. 환경에의 악영향 감소방안

제13조의2(공원별 보전·관리계획의 수립기준 등) ① 법 제17조의3제1항에 따른 공원별 보전·관리계획의 수립기준은 다음 각 호와 같다. <개정 2011.9.30., 2017.5.29.>

1. 자연생태, 지형·지질, 수리·수문(水文), 자연경관, 자연자원, 인문(人文) 등 해당 공원의 특성이 공원별 보전·관리계획에 최대한 반영될 것
2. 공원별 보전·관리계획에 다음 각 목의 사항이 포함될 것
   가. 동·식물, 경관, 문화재 등 공원자원의 조사 및 자연환경의 보전에 관한 사항
   나. 토지매수, 훼손지복원, 오염예방 등 자연환경의 관리에 관한 사항
   다. 탐방자의 안전관리, 탐방자에 대한 편의제공 등 탐방문화의 개선, 출입금지, 자연공원특별보호구역 또는 임시출입통제구역, 탐방예약제, 공원시설의 유지관리 등 공원의 지속가능한 이용에 관한 사항
   라. 주민지원사업 등 지역사회와의 협력에 관한 사항
   마. 소요예산 및 재원확보계획에 관한 사항
   바. 그 밖에 공원관리청이 공원의 보전·관리를 위하여 필요하다고 인정하는 사항

② 법 제17조의3제1항 단서에 따라 공원별 보전·관리계획의 변경이 필요하다고 인정되는 경우는 다음 각 호와 같다. <개정 2017.5.29.>

1. 천재·지변 등으로 인하여 자연환경보전 여건의 변화가 있는 경우
2. 공원기본계획 및 공원계획의 변경에 따라 변경이 필요한 경우
3. 그 밖에 공원의 보전 및 관리 여건의 변화로 인하여 변경이 불가피한 경우

③ 공원관리청은 법 제17조의3제1항 단서에 따라 공원별 보전·관리계획을 변경할 때에는 같은 조 제2항의 절차에 따라야 한다. <개정 2017.5.29.>

[본조신설 2007.7.4.]

제14조(해안 및 섬지역의 범위) 법 제18조제2항 각 호 외의 부분 단서에 따른 해안 및 섬지역과 같은 항 제2호자목에 따른 섬지역의 범위는 다음 각 호와 같다. <개정 2010.10.1.>

1. 해안: 「연안관리법」 제2조제2호에 따른 연안해역의 육지쪽 경계선으로부터 1천 미터까지의 육지지역
2. 섬: 만조 시 4면이 바다로 둘러싸인 지역. 다만, 방파제 또는 교량으로 육지와 연결된 경우는 제외한다.

[전문개정 2008.9.18.]

제14조의2(공원자연보존지구에서의 행위기준) ① 법 제18조제2항제1호가목에 따라 공원자연보존지구에서 허용되는 최소한의 행위는 다음 각 호와 같다. <신설 2011.5.3., 2017.5.29.>

1. 「학술진흥법」 제2조제2호에 따른 대학 또는 같은 조 제3호에 따른 연구기관이 학술연구를 위하여 조사하는 행위
2. 「산림보호법」 제7조제1항제5호에 따른 산림유전자원보호구역에서 산림유전자원의 보호·관리를 위하여 필요한 행위
3. 「문화재보호법」 제44조·제45조 및 제74조제2항에 따른 국가지정문화재, 시·도지정문화재 및 문화재자료의 현상, 관리, 전승(傳乘) 실태, 그 밖의 환경보전상황 등의 조사·재조사 행위
4. 그 밖에 학술연구, 자연보호 또는 문화재의 보존·관리를 위하여 관계 법령에 따라 해당 행정기관의 장이 이 지역이 아니고는 시행할 수 없다고 인정하여 요청하는 행위

② 법 제18조제2항제1호나목에 따라 공원자연보존지구에서 허용되는 최소한의 공원시설 및 공원사업은 별표 1의2와 같다. <개정 2010.10.1., 2011.5.3.>

③ 법 제18조제2항제1호다목에 따라 공원자연보존지구에서 설치가 허용되는 시설은 군사시설·통신시설·항로표지시설·수원보호시설·산불방지시설 등으로 이 지역이 아니고는 설치할 수 없다고 인정하여 해당 행정기관의 장이 요

청하는 최소한의 시설로 한다. 다만, 공원관리청이 재난방지 및 안전사고 예방을 위하여 공원자연보존지구에 통신시설 중 「전기통신사업법」 제2조제2호에 따른 전기통신설비의 설치가 불가피하다고 판단하는 경우에는 소관 행정기관의 장의 요청이 없어도 해당 시설을 설치할 수 있다. <개정 2010.10.1., 2011.5.3., 2017.5.29.>

④ 법 제18조제2항제1호라목에서 "대통령령으로 정하는 고증절차를 거친 사찰"이란 「문화재보호법」 제2조제2항 각 호에 따른 국가지정문화재, 시·도지정문화재 또는 문화재자료로 지정된 사찰을 말한다. <개정 2010.10.1., 2011.5.3.>

⑤ 법 제18조제2항제1호마목에서 "대통령령으로 정하는 고증절차를 거친 시설물"이란 「문화재보호법」 제2조제2항 각 호에 따른 국가지정문화재, 시·도지정문화재 또는 문화재자료로 지정된 시설물을 말한다. <개정 2010.10.1., 2011.5.3.>

⑥ 법 제18조제2항제1호마목에서 "대통령령으로 정하는 규모"란 연면적 60제곱미터를 말한다. <개정 2010.10.1., 2011.5.3.>

⑦ 법 제18조제2항제1호사목에서 "대통령령으로 정하는 대상 지역 및 허용기준"은 별표 1의3과 같다. <개정 2010.10.1., 2011.5.3.>

[전문개정 2008.9.18.]

[제목개정 2010.10.1.]

제14조의3(공원자연환경지구에서의 행위기준)

① 법 제18조제2항제2호나목에 따라 공원자연환경지구에서 허용되는 공원시설의 설치 및 공원사업은 제2조에 따른 공원시설을 설치하는 것으로 한다. 다만, 제2조제5호에 따른 탐방로(국립공원에 설치하는 탐방로만 해당한다)는 환경부장관이 고시하는 입지적정성 여부 등에 대한 평가에서 적정평가를 받은 경우에만 설치할 수 있으며, 같은 조 제7호에 따른 숙박시설은 제14조에 따른 해안 및 섬지역에 환경부장관이 시·도지사와 협의하여 고시하는 입지적정성 여부, 시설규모 등에 관한 평가에서 적정 평가를 받은 경우에만 설치할 수 있다. <개정 2010.10.1., 2017.6.27.>

② 법 제18조제2항제2호다목에 따라 공원자연환경지구에서 허용되는 농지 또는 초지 조성행위 및 그 부대시설의 설치는 다음 각 호와 같다. <개정 2010.10.1.>

1. 「농지법」 제2조제1호가목 본문에 따른 농지를 조성하는 경우
2. 「초지법」 제2조제3호에 따른 미개간지를 같은 법 제2조제1호에 따른 초지로 변경하는 경우
3. 「농지법」 제2조제1호가목 본문에 따른 농지 또는 「초지법」 제2조제1호에 따른 초지에 연면적 100제곱미터 범위에서 부대시설인 창고를 설치하는 경우

③ 법 제18조제2항제2호라목에 따라 공원자연환경지구에서 국민경제상의 필요에 따라 설치가 허용되는 시설은 다음 각 호와 같다. <개정 2010.10.1., 2016.6.21., 2017.5.29.>

1. 부대시설을 포함하여 연면적 1천300제곱미터 이하이고 2층 이하인 육상양식어업시설·육상수산종자생산업시설 또는 종묘생산농림업시설. 다만, 육상양식어업시설 또는 육상수산종자생산업시설인 경우에는 30제곱미터 이하의 관리사를 추가로 설치할 수 있다.
2. 별표 1의4에 규정된 규모의 범위에서의 해상양식어업시설 또는 해상수산종자생산업시설. 다만, 축제식(築堤式)양식어업시설의 신규 설치는 제외한다.
3. 연면적 250제곱미터 이하이고 2층 이하인 축산물(양잠·양봉산물을 포함한다. 이하 같다) 생산시설 및 연면적 100제곱미터 이하의 부대시설
4. 연면적 250제곱미터 이하이고 2층 이하인 작물재배사(作物栽培舍) 및 연면적 100제곱미터 이하의 부대시설
5. 부대시설을 포함하여 연면적 600제곱미터 이하이고 2층 이하인 농산물·임산물·수산물 또는 축산물의 보관시설, 건조·포장 등의 가공시설 또는 판매시설. 다만, 제14조에 따른 해안 및 섬지역에 설치하는 보관시설은 1천3백제곱미터 이하까지로 할 수 있고, 2006년 5월 31일 이전에 법 제23조에 따라 허가를 받아 설치한 기존의 굴 가공시설(굴의 껍질만을 벗기는 시설은 제외한다. 이하 이 호에서 같다)로서 수출을 목적으로 제품의 보관·건조·냉동·포장 등 연속공정을 위하여 굴 보관시설(기존의 굴 보관시설 및 장차 설치할 굴 보관시설을 포함한다)과 통합하여 신축·증축·개축하는 경우에는 기존의 굴 가공시설의 대지가 포함된 부지에서 그 통합시설의 연면적을 1천5백 제곱미터(매각 또는 통합하지 아니하는 기존의 시설이 있는 경우에는 매각 또는 통합하지 아니하는 기존의 시설의 연면적과 그 통합시설의 연면적을 합하여 1천5백

제곱미터) 이하까지로 할 수 있다.
6. 제14조 각 호에 따른 해안 및 섬지역에 설치하는 연면적 100제곱미터 이하의 어구보관창고

④ 법 제18조제2항제2호바목에 따라 공원자연환경지구의 공원지정 전의 기존 건축물에 대한 증축·개축·재축 및 그 부대시설의 설치와 천재·지변이나 공원사업으로 이축이 허용되는 범위는 다음 각 호와 같다. 다만, 공원계획에 따라 정비 또는 철거의 대상으로 확정된 건축물에 대하여는 증축이나 그 부대시설의 설치를 할 수 없다. <개정 2010.10.1.>
1. 기존 건축물의 연면적 범위에서의 개축 및 재축과 다음 각 목의 기준에 따른 증축
  가. 지상층은 기존 지상층의 연면적을 포함하여 200제곱미터 이하이고 기존 층수를 포함하여 2층 이하일 것
  나. 지하층은 기존 지하층의 면적을 포함하여 100제곱미터 이하일 것
2. 주거용 건축물의 부대시설로서 연면적 30제곱미터 이하의 부대시설의 설치
3. 천재·지변이나 공원사업시행으로 인한 기존 건축물의 연면적 범위(기존 건축물의 연면적이 200제곱미터 미만인 경우에는 200제곱미터)에서의 이축

⑤ 법 제18조제2항제2호아목에 따른 국방상·공익상 필요한 최소한의 행위 또는 시설의 설치는 다음 각 호의 어느 하나에 해당하는 행위 또는 시설의 설치로 한다. <개정 2010.10.1., 2017.5.29.>
1. 국방상 필요한 행위 또는 시설의 설치
  가. 자연환경을 훼손하지 아니하는 범위에서 행하는 군사훈련
  나. 군사훈련에 한시적으로 필요한 시설로서 국방부장관이 요청하는 시설의 설치
2. 공익상 필요한 행위 또는 시설의 설치
  가. 상수도, 하수도, 농수로, 배수로, 마을진입로, 농로, 제방, 농업용 또는 생활용수용 지하수 개발시설 등 공원구역의 주민을 위한 기반시설의 설치
  나. 연면적 100제곱미터 이하의 공중화장실의 설치
  다. 야생생물 보호 및 생태계 보호·복원을 위한 시설의 설치
  라. 관할 지방자치단체의 장이 공원자원을 보존하거나 주민피해를 예방하기 위하여 「야생생물 보호 및 관리에 관한 법률」 제2조제5호에 따른 유해야생동물을 포획하는 행위
  마. 그 밖에 공익을 위하여 반드시 필요한 행위 또는 시설의 설치로서 해당 공원자연환경지구가 아니고는 할 수 없는 행위 또는 시설의 설치

⑥ 법 제18조제2항제2호차목에서 "대통령령으로 정하는 기간"이란 허가받은 사업기간에 3개월을 더한 기간을 말한다. <신설 2017.5.29.>

⑦ 법 제18조제2항제2호카목에서 "대통령령으로 정하는 기간"이란 연간 4개월을 말한다. <신설 2017.5.29.>

⑧ 법 제18조제2항제2호카목에서 "대통령령으로 정하는 시설"이란 다음 각 호의 시설을 말한다. <신설 2017.5.29.>
1. 판매시설 및 대여시설
2. 음식점
3. 탈의시설, 샤워시설, 화장실, 식수대, 공중이용통신시설, 차양시설 등 이용객 편의시설(주차장 및 야영장은 제외한다)
4. 인명구조선, 구조보트, 전부표, 유영(遊泳) 가능구역 부표, 조명시설, 감시탑 등 안전시설
5. 관리사무소, 진료시설 등 행정시설
6. 수상레저기구 계류시설(해당 시설이 법 제18조제2항제2호나목에 따른 공원시설로 설치되지 아니한 경우로 한정한다)
7. 공연장(해당 시설이 법 제18조제2항제2호나목에 따른 공원시설로 설치되지 아니한 경우로 한정한다)

[본조신설 2008.9.18.]
[제목개정 2010.10.1.]

제14조의4(공원마을지구에서의 행위기준) ① 법 제18조제2항제3호나목에 따라 공원마을지구에서 허용되는 주거용 건축물의 규모는 다음 각 호와 같다. <개정 2010.10.1., 2011.9.30., 2017.5.29.>
1. 연면적 230제곱미터 이하(부대시설의 면적을 포함한다)이고 건폐율 60퍼센트 이하이며 높이 2층 이하인 단독주택(다중주택 및 다가구주택을 포함한다)
2. 연면적 330제곱미터 이하이고 건폐율 60퍼센트 이하이며 높이 3층 이하인 다세대 주택(개축 또는 재축의 경우에만 해당한다)

② 법 제18조제2항제3호다목에 따라 공원마을지구에서 허용되는 시설은 다음 각 호의 시설로 하되, 제1호부터 제6호까지의 시설 규모는 연면적 300제곱미터 이하이고 건폐율 60퍼센트 이하이며 높이 3층 이하로 한다. <개정 2009.7.16., 2009.12.15., 2010.10.1.,

2011.9.30., 2015.6.15.>
1. 「건축법 시행령」 별표 1 제3호의 제1종 근린생활시설 및 같은 표 제4호의 제2종 근린생활시설 중 총포판매사·단란주점 및 안마시술소를 제외한 시설
2. 「건축법 시행령」 별표 1 제10호가목의 초등학교
3. 「건축법 시행령」 별표 1 제19호라목의 액화가스 판매소
4. 「농어촌정비법」 제2조제16호라목에 따른 농어촌민박사업용 시설
5. 제14조제2호에 따른 섬지역에서 거주민의 장사를 위하여 설치하는 개인묘지·가족묘지 및 납골시설
6. 제14조제2호에 따른 섬지역에 설치하는 화장장·분뇨처리시설 및 쓰레기처리시설
7. 「신에너지 및 재생에너지 개발·이용·보급 촉진법」 제2조제2호가목 또는 나목에 따른 태양에너지 또는 풍력 시설

③ 법 제18조제2항제3호라목에서 "대통령령으로 정하는 행위"란 물건(「폐기물관리법」 제2조제1호에 따른 폐기물은 제외한다)을 쌓아 두거나 묶어 두는 행위를 말한다. <신설 2017.5.29.>
[본조신설 2008.9.18.]
[제목개정 2011.9.30.]

제14조의5(공원문화유산지구에서의 행위기준) 법 제18조제2항제6호다목에서 "대통령령으로 정하는 행위"란 재해의 예방과 복구를 말한다.
[전문개정 2011.9.30.]

제14조의6 삭제 <2011.9.30.>

제14조의7(용도지구 변경에 따른 행위기준) 법 제18조제5항에서 "대통령령으로 정하는 규모 이하의 증축·개축 및 재축"이란 제14조의4제1항 및 제2항에 따른 공원마을지구에서 설치할 수 있는 규모의 증축·개축 및 재축을 말한다. <개정 2010.10.1., 2011.9.30.>
[본조신설 2008.9.18.]

제15조(공원보호협약의 체결) 법 제20조의2 제1항에서 "대통령령으로 정하는 자"란 다음 각 호의 어느 하나에 해당하는 자를 말한다.
1. 공원구역에 있는 토지의 점유자 또는 지상권자
2. 공원구역에 있는 건축물의 소유자, 점유자 또는 지상권자
3. 공원구역에 있는 토지 또는 건축물의 관리인(해당 토지 또는 건축물의 소유자, 점유자 또는 지상권자의 동의를 받은 경우로 한정한다)

[본조신설 2017.5.29.]

제16조(환매권) ① 법 제22조제3항 전단에서 "대통령령으로 정하는 기간 내"란 협의취득일 또는 수용일부터 5년 이내를 말한다. <개정 2010.10.1.>
② 법 제22조제3항의 규정에 의한 환매권은 공원사업시행계획 결정·고시후 협의취득일 또는 수용일부터 6년 이내에 이를 행사하여야 한다.
③ 토지소유자 또는 그 포괄승계인은 토지 및 토지에 관한 소유권 외의 권리에 대하여 지급받은 보상금에 상당하는 금액을 공원관리청에 지급하고 그 토지를 환매할 수 있다.
④ 제1항 내지 제3항에 규정된 것 외에 환매권에 관하여는 「공익사업을 위한 토지 등의 취득 및 보상에 관한 법률」 제91조제3항 내지 제6항 및 제92조의 규정을 준용한다. <개정 2002.12.30., 2005.9.30.>

제17조(행위허가 신청 등) ① 법 제23조제1항의 규정에 의하여 행위의 허가를 받고자 하는 자는 허가신청서(전자문서로 된 신청서를 포함한다)에 다음 각호의 서류(전자문서를 포함한다)를 첨부하여 공원관리청에 제출하여야 한다. <개정 2004.3.17., 2005.9.30., 2006.6.12.>
1. 점용 또는 사업계획서(법 제23조제3항의 규정에 의한 공원위원회의 심의를 거치는 사항에 한한다)
2. 삭제 <2006.6.12.>
3. 위치도·지적·임야도 및 평면도
4. 토지사용승낙서(법 제23조제1항제1호 내지 제3호·제9호 및 이 영 제20조 각호의 1에 해당하는 행위로서 신청인 소유의 토지가 아닌 경우에 한한다)
5. 삭제 <2006.6.12.>

② 제1항에 따라 허가신청을 받은 담당 공무원은 「전자정부법」 제36조제1항에 따른 행정정보의 공동이용을 통하여 다음 각 호의 서류를 확인하여야 한다. 다만, 행정기관이 아닌 공원관리청에 허가를 신청하는 경우에는 이를 첨부하도

록 하여야 한다. <신설 2006.6.12., 2010.5.4., 2010.10.1.>

1. 토지등기부 등본(법 제23조제1항제1호 내지 제3호·제9호 및 이 영 제20조 각 호의 어느 하나에 해당하는 행위에 한한다)
2. 건축물대장 등본(법 제23조제1항제10호의 용도변경의 경우에 한한다)

제18조(신고사항) 법 제23조제1항 각 호 외의 부분 단서에 따라 공원관리청에 신고를 하고 할 수 있는 행위는 다음과 같다. <개정 2005.9.30., 2006.8.4., 2010.10.1., 2011.9.30.>

1. 공원마을지구에서 주거용·농림수산업용 건축물을 기존 연면적을 포함하여 200제곱미터 미만으로 증축하는 행위. 다만, 도로경계선으로부터 10미터 이내에 설치하는 경우에는 허가를 받아야 한다.
2. 「산림자원의 조성 및 관리에 관한 법률」 제13조제1항에 따른 산림경영계획 및 「국유림의 경영 및 관리에 관한 법률」 제8조제1항에 따른 국유림경영계획 수립시 공원관리청과 협의된 벌채·육림·조림행위
3. 공원자연환경지구에서 벌채목적이 아니면서 1헥타르당 50본 미만으로 자생종 나무를 심거나 1헥타르당 100제곱미터 미만의 면적에 풀을 심는 행위
4. 공원마을지구에서 상업시설 또는 숙박시설을 주택으로 용도변경하는 행위
5. 제14조제2호에 따른 섬지역에 거주하는 주민이 사망하여 그 섬지역의 공원구역에 「장사 등에 관한 법률」 제14조제1호에 따른 개인묘지를 설치하는 행위

제19조(신고생략사항) ① 법 제23조제1항 각 호 외의 부분 단서에 따라 신고를 생략하고 할 수 있는 행위는 다음과 같다. <개정 2005.9.30., 2010.10.1., 2011.5.3., 2011.9.30., 2014.7.14., 2017.5.29.>

1. 공원마을지구에서 주거용 또는 농림수산업용 건축물 기타 공작물을 개축·재축 또는 이축하는 행위. 다만, 도로경계선으로부터 10미터 이내인 경우에는 허가를 받아야 한다.
2. 공원자연환경지구·공원마을지구에서 연면적 10제곱미터의 범위 안에서 화장실을 개축하는 행위
3. 공원자연환경지구·공원마을지구에서 농경지(실제로 사용되는 농경지만 해당한다) 정리를 위하여 토지의 형질을 변경하는 행위

3의2. 공원구역에서 「도로법」 제23조에 따른 도로 관리청이 교통안전을 위하여 같은 법 제25조에 따른 도로구역 안에서 토지의 형질을 변경하거나 낙석방지시설 등 안전시설을 설치하는 행위

4. 영림계획이 수립되지 아니한 경우에 공원마을지구에서 자생종 나무 또는 풀을 심는 행위
5. 공원자연환경지구·공원마을지구에서 농림수산 및 생활용수의 인수를 위하여 하천 또는 호수의 수면의 변동이나 수량의 증감을 초래하는 행위. 다만, 지하수를 개발하는 경우에는 허가를 받아야 한다.
6. 공원자연환경지구·공원마을지구에서 꿀벌을 기르거나 공원마을지구에서 1가구 5두 이하(조류는 1가구 20마리 이하)의 가축을 놓아먹이는 행위
7. 공원자연환경지구·공원마을지구에서 농림수산물을 쌓아두거나 농작물수확을 위하여 일시적으로 10제곱미터 미만의 원두막을 설치하는 행위
8. 자연공원 안의 거주민(공원구역 안에 거주하는 자로서 주민등록이 되어 있는 자를 말하며, 거주민이 협의체를 구성하는 경우에는 협의체를 포함한다)이 공원관리청과 자발적 협약을 체결하여 공원자연환경지구·공원마을지구에서 공원자원을 훼손하지 아니하는 범위 안에서 약초·버섯·산나물·해산물 등을 채취하는 행위

8의2. 법 제18조제2항제1호사목에 따라 거주민(공원구역 안에 거주하는 자로서 주민등록이 되어 있는 자를 말한다)이 공원관리청과 자발적 협약을 체결하여 공원자연보존지구에서 행하는 임산물의 채취행위

9. 공원자연보존지구 외의 용도지구에서 농업용 비닐하우스를 설치하는 행위

9의2. 법 제23조제1항 각 호 외의 부분 본문에 따라 공원관리청의 허가를 받은 건축물의 규모를 축소하거나 주거용 건축물을 제14조의3부터 제14조의5까지의 규정에서 정하고 있는 행위기준 내에서 동수나 층수의 변경 없이 한 번만 연면적을 100분의 10 이내로 확대하는 행위

10. 산림청장 또는 지방산림청장이 「산림보호법」 제7조제1항제5호에 따른 산림유전자원보호구역에서 행하는 다음 각 목의 행위. 이 경우 공원관리청에 그 내용을 미리 알려야 한다.

가. 「산림보호법」 제2조제4호 및 제5호에 따른 산림병해충의 예찰·방제를 위한 행위
나. 「산림보호법」 제2조제8호에 따른 산불방지를 위한 행위
다. 「산림보호법」 제9조제2항제1호에 따라 허가를 받은 행위(같은 법 시행령 제3조제2항제7호에 따른 전신주나 이동통신기지국의 설치 행위는 제외한다)
라. 「산림보호법」 제13조제1항에 따른 보호수의 지정·관리를 위한 행위
마. 「산림보호법」 제43조에 따른 산불피해지의 복구 및 산림복원계획의 시행을 위한 행위

11. 제1호부터 제3호까지, 제3호의2, 제4호부터 제8호까지, 제8호의2, 제9호, 제9호의2 및 제10호에서 규정한 행위 외에 자연환경의 훼손이나 공중의 이용에 지장을 초래할 염려가 없다고 공원관리청이 판단한 경미한 행위

② 제1항제8호 및 제8호의2의 규정에 의한 자발적 협약의 내용에는 대상구역, 협의체의 구성(협의체를 구성하는 경우에 한한다), 채취의 시기·대상·방법, 채취량, 채취가 허용되는 자임을 표시하는 증표의 부착, 원상복구 및 협약불이행에 대한 조치 등에 관한 사항을 포함하여야 하며, 자발적 협약의 절차 및 방법은 공원관리청이 정한다. <신설 2005.9.30.>

제20조(자연풍경훼손) 법 제23조제1항제10호에서 "대통령령으로 정하는 행위"란 다음 각 호의 행위를 말한다. <개정 2010.10.1.>

1. 선전이나 광고를 위한 입간판을 설치하는 행위
2. 계곡 등에 좌판대를 설치하는 행위
3. 전신주·철조망 등을 설치하는 행위
4. 비닐하우스 기타 조립식 가설 건조물을 설치하는 행위

제21조(허가에 관한 관계행정기관과의 협의 등) ① 공원관리청이 법 제23조제3항 전단에 따라 관계행정기관과 협의를 할 때에는 제17조의 규정에 의한 허가신청서 사본 및 관련자료를 관계행정기관에 송부하여야 한다. <개정 2010.10.1.>

②법 제23조제3항 후단에 따라 공원관리청이 행위허가를 함에 있어서 공원위원회의 심의를 거쳐야 하는 경우는 다음과 같다. <개정 2005.9.30., 2010.10.1.>

1. 부지면적이 5천제곱미터(공원자연보존지구는 2천제곱미터) 이상인 시설을 설치하는 경우(군사시설의 경우에는 부대의 증설·창설 또는 이전을 위하여 시설을 설치하는 경우에 한한다)
2. 도로·철도·궤도 등의 교통·운수시설을 1킬로미터 이상 신설하거나 1킬로미터 이상 확장 또는 연장하는 경우
3. 광물을 채굴(해저광물채굴을 포함한다)하는 경우 또는 채취면적이 1천제곱미터 이상이거나 채취량이 1만톤 이상인 흙·돌·모래 등을 채취하는 경우
4. 5천제곱미터 이상의 개간·매립·간척 그 밖의 토지형질변경을 하는 경우(군사시설의 경우에는 부대의 증설·창설 또는 이전을 위하여 시설을 설치하는 경우에 한한다)
5. 만수면적이 10만제곱미터 이상이거나 총저수용량이 100만세제곱미터 이상이 되는 댐·하구언·저수지·보 등 수자원개발사업을 하는 경우
6. 삭제 <2010.10.1.>

제21조의2(생태축 우선의 원칙 적용대상 시설 등) 법 제23조의2 본문에서 "도로·철도·궤도·전기통신설비 및 에너지 공급설비 등 대통령령으로 정하는 시설 또는 구조물"이란 도로·철도·궤도·전기통신 설비·에너지 공급설비·댐·저수지·수중보(水中洑)·하구언(河口堰) 및 그 밖에 생태축 또는 생태통로를 단절하여 통과하는 시설·구조물로서 환경부령으로 정하는 것을 말한다. <개정 2010.10.1., 2011.9.30.>
[본조신설 2007.7.4.]

제22조(원상회복비용의 예치 등) ① 공원관리청은 법 제24조제2항의 규정에 의하여 자연공원의 점용 또는 사용허가를 받고자 하는 자에게 원상 회복에 소요되는 비용을 현금 또는 「국가를 당사자로 하는 계약에 관한 법률 시행령」 제37조제2항제1호 및 제3호의 규정에 의한 지급보증서 및 보증보험증권으로 예치하게 할 수 있다. <개정 2005.9.30.>

② 제1항의 경우 현금은 공원관리청이 지정하는 금융기관에 예치하여야 한다.

③ 법 제23조제1항의 규정에 의하여 행위허가를 받은 자의 지위를 승계한 자가 예치한

현금이나 지급보증서 등에 관한 권리를 승계하지 아니한 경우에는 승계인이 제1항의 규정에 의하여 원상회복에 소요되는 비용을 예치하여야 한다.
④ 제1항의 규정에 의하여 원상회복에 소요되는 비용을 예치한 자가 법 제24조제4항의 규정에 의한 원상회복의무를 이행하지 아니하는 경우에는 공원관리청은 법 제31조의 규정에 의하여 대집행하고, 제1항의 규정에 의하여 예치된 현금으로 그 비용을 충당하거나 예치된 지급보증서 등의 종류에 따라 원상회복에 필요한 조치를 하여야 한다.

제22조의2(제거된 물건등의 보관 및 처리) ① 공원관리청은 법 제24조의2제1항에 따라 자연공원 안에 방치되어 있는 폐자재 그 밖의 물건(이하 이 조에서 "물건등"이라 한다)을 제거한 때에는 물건등이 있던 곳에 제거한 취지와 그 물건등의 보관장소 등을 표시하고, 제거된 물건등의 소유자 또는 관리자별로 품명·수량·방치장소·제거일시·보관장소 등을 기록하여야 한다.
② 공원관리청은 법 제24조의2제1항에 따라 물건등을 제거한 때에는 그 소유자 또는 관리자에게 물건등을 제거한 사실 및 공원관리청에게 소유자 또는 관리자가 본인임을 통지할 것과 그 물건등을 찾아갈 것 등에 관한 안내문(이하 "제거사실 및 안내문"이라 한다)을 통보하여야 하고, 제거사실 및 안내문을 인터넷 홈페이지에 게재하며, 공원관리청의 게시판에 1월 이상 게시하는 방법으로 공고하여야 한다.
③ 공원관리청은 제2항에 따른 공고기간이 경과하여도 제거된 물건등을 찾아 가지 아니하거나 소유자 또는 관리자를 알 수 없는 때에는 제거사실 및 안내문을 해당 지역 일간신문에 공고하여야 한다. 다만, 일간신문에 공고할 만한 재산적 가치가 없다고 인정되는 경우에는 그러하지 아니하다.
④ 소유자 또는 관리자가 물건등을 찾으려는 때에는 성명·주소 및 주민등록번호와 정당한 권리자임을 확인할 수 있는 서류를 갖추어 반환신청을 하여야 한다. 이 경우 공원관리청은 물건등의 제거·운반·보관 등에 소요된 비용을 소유자 또는 관리자로부터 징수할 수 있다.
⑤ 제3항에 따른 공고일부터 1개월이 경과하여도 그 물건등을 반환받을 소유자 또는 관리자를 알 수 없거나 반환요구가 없는 때에는 그 물건등을 처분하여 제거 및 그 관련부대비용에 충당할 수 있다.
⑥ 제5항에 따라 충당하고 남은 처분금액이 있는 경우 제3항에 따른 공고일부터 1년 이내에 소유자 또는 관리자의 반환요구가 없는 때에는 공원관리청이 환경부장관이면 국고에, 공원관리청이 지방자치단체의 장이면 해당 공원관리청이 속하는 지방자치단체에 그 공고일부터 1년이 경과하는 날에 각각 귀속한다. 다만, 제3항 단서에 해당되는 물건등의 경우에는 제5항에 따라 충당하고 남는 처분금액이 있는 경우에는 바로 국고 또는 지방자치단체에 귀속한다.
[본조신설 2007.7.4.]

제23조 삭제 <2010.10.1.>

제24조 삭제 <2010.10.1.>

제25조(금지행위) 법 제27조제1항제10호의 규정에 의하여 자연공원에서 금지되는 행위는 공원생태계를 교란시킬 수 있는 외래동물을 놓아주는 행위로 한다.

제26조(영업의 제한 등) 법 제29조제1항에 따라 공원관리청이 공원구역에서 제한하거나 금지할 수 있는 영업 또는 행위는 다음 각 호와 같다. <개정 2010.10.1., 2017.5.29.>
1. 사행행위와 이와 유사한 행위
2. 자연자원을 훼손할 우려가 있는 톱·도끼 등의 도구를 지니고 입장하는 행위
3. 소음을 유발할 수 있는 도구를 지니고 입장하는 행위
4. 공원생태계에 영향을 미칠 수 있는 개[「장애인복지법」 제40조에 따른 장애인 보조견(補助犬)은 제외한다]·고양이 등 동물을 데리고 입장하는 행위
5. 공원관리청이 정하는 지역에서 인화물질을 소지하거나 흡연을 하는 행위
6. 자연생태계를 훼손할 우려가 있는 계곡에서 목욕 또는 세탁을 하는 행위
7. 그 밖에 자연생태계와 자연 및 문화경관 등을 보전·관리하는 데에 현저한 장애가 된다고 인정되는 영업 또는 행위

제27조(자연자원의 조사) ① 법 제36조에 따른 자연자원의 조사 또는 관찰의 내용은 다음 각 호와 같다.

1. 자연공원의 생태계 현황 및 야생생물의 분포·서식 현황
2. 토양, 지형지질 및 경관자원 현황
3. 그 밖에 자연공원의 보전을 위하여 조사할 필요가 있다고 공원관리청이 인정하는 사항

② 제1항에 따른 자연자원의 조사 또는 관찰은 현지 직접조사를 원칙으로 하되, 항공기나 인공위성을 이용한 원격탐사, 관계자에 대한 질문조사, 문헌조사 등의 간접조사 방법을 활용할 수 있다.

③ 공원관리청은 법 제36조에 따른 조사결과를 법 제35조제1항에 따른 공원대장에 기록·정리하여야 한다.

[전문개정 2017.5.29.]

제27조의2(지질공원의 인증신청에 필요한 서류) ① 시·도지사가 법 제36조의3제1항에 따라 지질공원의 인증을 신청하는 경우에는 다음 각 호의 사항을 포함하는 서류(전자문서를 포함한다)를 환경부장관에게 제출하여야 한다.

1. 지질공원의 명칭
2. 지질공원 인증의 목적과 필요성
3. 지질·지형 유산 등 지질공원의 가치를 증명할 수 있는 자료(전문가의 의견을 포함한다)
4. 지질공원의 운영·관리계획
5. 지질공원의 유지·관리를 위한 기구의 운영방안
6. 지질공원 예정지의 도면 및 행정구역별 면적
7. 지질공원 예정지 안의 지질명소에 대한 지목현황 및 그 현황을 표시한 도면

② 제1항제6호 및 제7호에 따른 도면은 「토지이용규제 기본법 시행령」 제7조제1항에 따른 지형도면을 사용하여야 한다.

[본조신설 2012.1.26.]

제27조의3(지질공원의 인증기준) 법 제36조의3제2항제4호에서 "대통령령으로 정하는 기준"이란 다음 각 호의 기준을 말한다.

1. 지질공원 안에 지질명소 또는 역사적 유물이 있으며, 자연경관과 조화되어 보존의 가치가 있을 것
2. 그 밖에 지질공원의 인증을 위하여 환경부장관이 필요하다고 인정하여 고시한 사항에 적합할 것

[본조신설 2012.1.26.]

제27조의4(지질공원위원회) ① 다음 각 호의 사항을 심의하기 위하여 환경부에 지질공원위원회를 둔다.

1. 지질공원의 인증 및 취소에 관한 사항
2. 지질공원 중 유네스코의 프로그램에 따라 세계지질공원으로 등재되기 위하여 필요한 후보지 선정 등에 관한 사항
3. 그 밖에 지질공원의 관리·운영에 관한 중요 사항

② 지질공원위원회는 위원장 및 부위원장 각 1명을 포함한 20명 이내의 위원으로 구성한다.

③ 지질공원위원회의 위원장은 환경부차관이 되고, 부위원장은 위원 중에서 호선한다.

④ 위원은 다음 각 호의 사람이 된다. <개정 2013.3.23., 2014.11.19., 2017.7.26.>

1. 기획재정부·교육부·외교부·행정안전부·문화체육관광부·환경부·국토교통부 및 해양수산부의 고위공무원단에 속하는 공무원 중에서 해당 기관의 장이 지명하는 사람
2. 국립공원관리공단 임원 중 이사장이 지명하는 사람
3. 유네스코 한국위원회 사무총장이 지명하는 사람
4. 지질공원 안에 거주하는 주민, 사업자 등 이해관계인 중에서 환경부장관이 위촉하는 사람
5. 지질공원에 관한 학식과 경험이 풍부한 사람으로서 환경부장관이 위촉하는 사람

⑤ 제4항제4호 및 제5호에 따른 위원의 임기는 2년으로 한다.

⑥ 위원장은 위원회를 대표하며, 위원회의 업무를 총괄한다.

⑦ 지질공원위원회는 매 분기별로 1회 이상 개최함을 원칙으로 하되, 재적위원 과반수의 출석으로 개의하고, 출석위원 과반수의 찬성으로 의결한다.

⑧ 지질공원위원회의 사무를 처리하기 위하여 위원회에 간사 1명을 두며, 간사는 환경부의 4급 이상 공무원 중에서 환경부장관이 지명하는 사람이 된다.

⑨ 지질공원위원회의 운영에 관하여 그 밖에 필요한 사항은 지질공원위원회의 의결을 거쳐 위원장이 정한다.

[본조신설 2012.1.26.]

제27조의5(시정기간) 법 제36조의4제1항 후단에서 "대통령령으로 정하는 기간"이란 시정요구일부터 1년을 말한다.

[본조신설 2012.1.26.]

제27조의6(지질공원해설사의 자격기준 등) ① 환경부장관은 법 제36조의6제2항에 따라 환경부령으로 정하는 지질공원해설사 교육과정을 이수한 사람에게 지질공원해설사의 자격을 부여할 수 있다.
② 시·도지사는 지질공원 해설·교육·홍보 등을 위하여 지질공원해설사를 활용할 수 있다.
③ 환경부장관 또는 시·도지사는 예산의 범위에서 지질공원해설사에게 필요한 경비 등을 지원할 수 있다.
④ 환경부장관은 제1항에 따른 지질공원해설사 교육과정을 위하여 필요한 경우 교육시설을 설치·운영할 수 있다.
[본조신설 2012.1.26.]

제28조 삭제 <2017.5.29.>

제29조 삭제 <2017.5.29.>

제30조 삭제 <2017.5.29.>

제31조 삭제 <2017.5.29.>

제32조 삭제 <2017.5.29.>

제33조 삭제 <2017.5.29.>

제34조 삭제 <2017.5.29.>

제35조 삭제 <2017.5.29.>

제36조 삭제 <2010.10.1.>

제37조 삭제 <2017.5.29.>

제38조 삭제 <2017.5.29.>

제39조 삭제 <2017.5.29.>

제40조(허가에 관한 협의 등) ① 법 제71조제2항 각 호 외의 부분 본문에 따라 소관행정청이 공원관리청과 협의하고자 할 때에는 다음 각 호의 서류에 의견서를 첨부하여 공원관리청에 송부하여야 한다. <개정 2010.10.1., 2012.7.20., 2017.5.29.>
1. 허가 또는 인가 등에 관한 신청서의 사본
2. 「환경영향평가법」 제44조에 따른 소규모 환경영향평가서(같은 법 제43조에 따른 소규모 환경영향평가의 대상인 경우만 해당한다)

② 법 제71조제2항 본문의 규정에 의하여 소관행정청이 허가 또는 인가 등을 한 때에는 그 허가서 또는 인가서의 사본을 지체없이 공원관리청에 송부하여야 한다.
③ 공원관리청이 법 제71조제1항 또는 제2항의 규정에 의한 협의를 함에 있어서 동조 제3항의 규정에 의하여 공원위원회의 심의를 거쳐야 하는 경우는 그 협의대상이 제21조제2항 각호의 1에 해당하는 경우로 한다.

제41조(재결의 신청) 법 제73조제4항의 규정에 의한 재결의 신청은 환경부장관 또는 시·도지사의 처분이나 조치로 인한 것은 중앙토지수용위원회에, 그 밖의 것은 관할 지방토지수용위원회에 신청하여야 한다.

제41조의2(주민지원사업) ① 법 제73조의2제1항의 규정에 의한 주민지원사업의 종류는 다음 각 호와 같다.
1. 생활환경개선사업 : 오수처리시설 등 환경기초시설의 설치에 관한 사업
2. 복리증진사업 : 마을진입로, 교량, 어린이 놀이터, 공중화장실 등 교통·편익시설의 설치에 관한 사업
3. 그 밖에 공원관리청이 지역주민의 생활환경개선 및 복리증진 등을 위하여 필요하다고 인정하는 사업

② 공원관리청은 제1항의 규정에 의한 주민지원사업을 시행하고자 하는 때에는 다음 각 호의 사항이 포함된 주민지원사업계획을 수립하여야 한다.
1. 사업목적
2. 사업개요
3. 지원사업 대상지역의 인구
4. 재원확보계획
5. 사업별 추진계획 및 필요성
6. 그 밖에 주민지원사업의 추진에 필요한 사항

③ 공원관리청은 제2항의 규정에 의한 주민지원사업계획을 수립하는 때에는 공원구역에 거주하는 지역주민의 의견을 들어야 하며, 소요예산, 사업의 필요성 등에 관하여 미리 관계 행정기관의 장과 협의하여야 한다.
[본조신설 2005.9.30.]

제41조의3(상·하수도시설 설치 등에 대한 주민지원) ① 법 제73조의2제2항에 따른 경비지원의 대상은 법 제18조제2항제2호 및

제3호에 따라 주거용 주택(단독주택에 한한다)을 신축·증축·개축 등을 하는 경우에 설치하는 다음 각 호의 시설로 한다. <개정 2007.9.27., 2008.9.18.>
1. 「수도법」 제3조제24호에 따른 급수설비
2. 「하수도법」 제27조제1항에 따라 하수를 공공하수도에 유입시키기 위하여 설치하는 배수설비
3. 「하수도법 시행령」 제24조제2항제1호나목에 따른 정화조

② 공원관리청은 예산의 범위에서 제1항에 따라 설치하는 시설 설치비의 50퍼센트 범위에서 지역주민이 공원자연환경지구 및 공원마을지구에 거주한 기간에 따라 차등하여 경비를 지원할 수 있으며, 구체적인 경비지원의 비율은 공원관리청이 정한다. <개정 2010.10.1., 2011.9.30.>

③ 공원관리청은 제1항의 규정에 의한 주민지원사업을 시행하고자 하는 때에는 사업시행일 60일전까지 지원대상시설의 범위, 경비지원의 규모 및 경비지원의 신청방법 등에 관한 사항을 관보 또는 공원관리청의 인터넷 홈페이지에 공고하여야 한다.

[본조신설 2005.9.30.]

제41조의4(자연공원체험사업의 범위와 종류) ① 법 제73조의3제2항에 따른 자연공원체험사업의 범위와 종류는 별표 2와 같다. <개정 2017.5.29.>

② 제1항에 따른 자연공원체험사업에 소요되는 비용은 운임·숙박비·사업운영비 등을 고려하여 실비의 범위에서 공원관리청이 정한다. 다만, 국립공원의 경우에는 미리 환경부장관의 승인을 받아야 한다. <개정 2017.5.29.>

[본조신설 2011.9.30.]
[제목개정 2017.5.29.]

제42조(처분제한) ① 법 제75조에서 "군사상 또는 공익상 불가피한 경우로서 대통령령이 정하는 경우"라 함은 제4조 각호의 1에 해당하는 경우를 말한다.

② 법 제75조의 규정에 의하여 국유 또는 공유의 토지를 처분하고자 하는 재산관리청은 공원관리청과 협의하여야 한다.

제43조(매수대상토지의 판정기준) 법 제77조제3항에 따른 매수대상토지(이하 "매수대상토지"라 한다)의 판정기준은 토지소유자의 귀책사유가 없이 종래의 용도대로 사용할 수 없어 그 효용이 현저히 감소된 토지로서 매수청구당시 매수대상토지를 자연공원 지정 이전의 지목(매수청구인이 공원구역 지정 이전에 적법하게 지적공부상의 지목과 다르게 이용하고 있었음을 공적 자료로써 증명하는 경우에는 구역지정 이전의 실제용도를 지목으로 본다)대로 사용할 수 없음으로 인하여 매수청구일 현재 당해 토지의 개별공시지가가 그 토지가 소재하고 있는 자연공원 안의 동일한 용도지구에 있는 읍·면·동의 같은 지목의 개별공시지가 평균치의 70퍼센트 미만이어야 한다. <개정 2010.10.1., 2011.9.30.>

제44조(매수절차 등) ① 법 제77조제1항의 규정에 의하여 토지의 매수를 청구하고자 하는 자는 다음 각호의 사항을 기재한 토지매수청구서 등 환경부령이 정하는 서류를 공원관리청에 제출하여야 한다.
1. 토지소유자의 성명(법인인 경우에는 그 명칭 및 대표자의 성명) 및 주소
2. 토지의 지번·지목 및 자연공원 이용현황
3. 당해 토지에 소유권 외의 권리가 설정된 때에는 그 종류·내용과 권리자의 성명(법인의 경우에는 그 명칭 및 대표자의 성명) 및 주소
4. 매수청구사유

② 제1항의 규정에 의하여 매수청구를 받은 공원관리청은 매수대상토지가 제43조의 규정에 의한 기준(이하 "매수기준"이라 한다)에 해당되는지의 여부를 판단하여 매수대상 여부 및 매수예상가격(매수기준에 해당하는 경우에 한한다)을 매수청구인에게 통보하여야 한다.

③ 제2항의 규정에 의한 매수예상가격은 매수청구당시의 개별공시지가로 한다.

④ 공원관리청은 제2항의 규정에 의하여 매수예상가격을 통보한 때에는 감정평가업자에게 대상토지에 대한 감정평가를 의뢰하여 매수가격을 결정하고, 이를 매수청구인에게 통보하여야 한다. 이 경우 공원관리청은 감정평가에 소요되는 비용을 부담하며 감정평가를 의뢰하기 1월 이전까지 매수청구인에게 감정평가의뢰사실을 통보하여야 한다.

제45조(권한의 위임 또는 위탁) ① 환경부장관은 법 제80조제1항에 따라 국립공원의 보호 및 공원시설의 유지·관리에 관한 직무

의 일부를 시·도지사 또는 공단에 위임하거나 위탁하는 경우에는 다음 각호의 사항을 고시하여야 한다. <개정 2010.10.1.>
1. 수임자 또는 수탁자
2. 위임하거나 위탁할 국립공원의 명칭
3. 위임하거나 위탁할 공원구역의 범위
② 법 제80조제1항에 따라 환경부장관이 시·도지사 또는 공단에 위임 또는 위탁하는 국립공원에 대한 권한은 다음 각 호와 같다. 다만, 제13호의 권한은 시·도지사에게만 위임하고, 공단이 제3호의2에 따른 권한을 위탁받아 국립공원에 관한 공원별 보전·관리계획을 수립하거나 변경하였을 때에는 그 사실을 환경부장관에게 보고하여야 한다. <개정 2005.9.30., 2007.7.4., 2008.9.18., 2010.10.1., 2011.9.30., 2017.5.29.>
1. 대기환경 관리, 산림 등 자연자원의 보호
2. 국립공원시설의 유지관리와 공원사업의 시행
3. 탐방객 안전관리대책
3의2. 법 제17조의3에 따른 공원별 보전·관리계획의 수립 등에 관한 사항
3의3. 법 제18조제2항제1호 사목의 규정에 의한 자발적 협약에 관한 사항
4. 법 제20조제1항·제2항에 따른 공원사업의 시행 및 공원시설의 관리에 관한 허가·변경허가에 관한 사항
4의2. 법 제20조제4항에 따른 생태계 회복을 위한 사업의 추진에 관한 사항
4의3. 법 제20조의2에 따른 공원보호협약의 체결 등에 관한 사항
5. 법 제23조의 규정에 의한 행위허가(동조 제3항의 규정에 의한 국립공원위원회의 심의대상에 해당하는 것을 제외한다)
5의2. 법 제23조제1항 단서규정에 의한 신고에 관한 사항
6. 법 제24조의 규정에 의한 자연공원의 원상회복에 관한 사항
6의2. 법 제24조의2에 따른 방치된 물건등의 제거에 관한 사항
6의3. 법 제24조의3에 따른 관계인 및 관계문서 등에 대한 조사에 관한 사항
6의4. 법 제24조의4에 따른 퇴거 등 필요한 조치에 관한 사항
7. 삭제 <2010.10.1.>
8. 법 제27조의 규정에 의한 금지행위의 단속
9. 법 제28조에 따른 자연공원특별보호구역 또는 임시출입통제구역의 지정 등 출입의 금지 또는 제한에 관한 사항
10. 법 제29조의 규정에 의한 영업 기타 행위의 제한 또는 금지에 관한 사항
11. 법 제30조의 규정에 의한 법령위반 등에 대한 처분
12. 법 제31조의 규정에 의한 대집행
13. 법 제34조의 규정에 의한 사법경찰관리의 지명제청
14. 법 제36조의 규정에 의한 자연자원의 조사
15. 법 제37조의 규정에 의한 공원입장료 및 공원시설사용료의 징수와 공원시설 사용료 징수허가
16. 법 제38조의 규정에 의한 공원점용료 등의 징수
16의2. 법 제70조제2항 후단에 따른 조합 설립 인가
17. 법 제71조제1항 및 제2항 본문의 규정에 의한 협의(중앙행정기관의 장이 행하는 처분에 대한 협의와 동조제3항의 규정에 의한 국립공원위원회의 심의대상에 해당하는 것을 제외한다)
18. 법 제72조의 규정에 의한 다른 사람의 토지의 출입과 사용 등에 관한 사항
18의2. 법 제73조의2의 규정에 의한 주민지원사업에 관한 사항
18의3. 법 제73조의3에 따른 자연공원체험사업에 관한 사항
19. 법 제76조 내지 제78조의 규정에 의한 협의매수 및 매수청구대상토지 매수
20. 제5호 또는 제17호의 사항에 관하여 환경부장관이 허가하거나 협의한 사항에 대한 사후관리
21. 제19조제1항제8호의 규정에 의한 자발적 협약에 관한 사항
③ 환경부장관은 법 제80조제1항에 따라 다음 각 호의 권한을 공단에 위탁한다. 다만, 공단이 제1호에 따라 지질공원 관리·운영 현황에 대하여 조사·점검한 경우에는 이를 환경부장관에게 보고하여야 한다. <신설 2012.1.26.>
1. 법 제36조의4제1항 전단에 따른 지질공원 관리·운영 현황에 대한 조사·점검에 관한 사항
2. 법 제36조의5에 따른 지질공원에 대한 지원에 관한 사항
3. 법 제36조의6 및 이 영 제27조의6에 따른 지질공원해설사의 선발·활용 등에 관한 사항

제45조의2(고유식별정보의 처리) 환경부장관(제45조에 따라 환경부장관의 권한을 위임·위탁받은 자를 포함한다), 시·도지사 또는 군수(해

당 권한이 위임·위탁된 경우에는 그 권한을 위임·위탁받은 자를 포함한다)는 다음 각 호의 사무를 수행하기 위하여 불가피한 경우 「개인정보 보호법 시행령」 제19조제1호 또는 제4호에 따른 주민등록번호 또는 외국인등록번호가 포함된 자료를 처리할 수 있다. <개정 2017.5.29.>

1. 법 제9조 및 제10조의2에 따른 공원위원회 위원 및 전문위원 위촉에 관한 사무
2. 법 제18조제2항제1호사목에 따른 주민 간 자발적 협약 체결 및 같은 항 제2호자목에 따른 개인묘지의 설치에 관한 사무
3. 법 제20조제1항 및 제2항에 따른 공원사업 시행 및 공원시설 관리의 허가·변경허가에 관한 사무

3의2. 법 제20조제4항에 따른 생태계 회복을 위한 사업의 추진에 관한 사무

3의3. 법 제20조의2제1항에 따른 공원보호협약의 체결과 해당 협약의 이행을 위한 사업의 추진에 관한 사무

4. 법 제22조에 따른 토지 등의 수용에 관한 사무
5. 법 제23조에 따른 행위허가 및 신고에 관한 사무
6. 법 제24조에 따른 원상회복에 관한 사무
7. 법 제24조의2에 따른 방치된 물건등의 제거에 관한 사무
8. 법 제24조의3에 따른 관계인 등의 조사에 관한 사무
9. 법 제24조의4에 따른 퇴거조치 등에 관한 사무
10. 법 제31조에 따른 대집행에 관한 사무
11. 법 제33조에 따른 청문에 관한 사무
12. 법 제37조제3항에 따른 공원사용료징수 허가에 관한 사무
13. 법 제60조에 따른 국유재산 등의 전대에 관한 사무
14. 법 제71조에 따른 허가에 관한 협의 등에 관한 사무
15. 법 제73조에 따른 손실보상에 관한 사무
16. 법 제73조의2에 따른 주민지원사업에 관한 사무
17. 법 제73조의3에 따른 자연공원체험사업에 관한 사무
18. 법 제76조에 따른 협의에 따른 토지 등의 매수에 관한 사무
19. 법 제77조에 따른 토지매수에 관한 사무

[본조신설 2012.1.6.]

제46조(과태료의 부과·징수) 법 제86조제1항부터 제4항까지의 규정에 따른 과태료의 부과기준은 별표 3과 같다. <개정 2017.6.27.>
[전문개정 2008.9.18.]

제47조(국립공원 등에서의 과태료처분) ①공단의 이사장이나 시·도지사는 그 소속 직원이나 공무원이 국립공원 또는 도립공원 안에서 법 제86조에 따라 과태료가 부과될 위반행위를 적발한 때에는 그 위반행위가 발생한 장소를 관할하는 군수에게 그 인적사항 및 사진·비디오테이프나 그 밖의 영상기록매체 또는 무인단속장비에 의하여 촬영한 사진 등의 자료와 위반장소·위반내용 등을 기재한 서류를 갖추어 이를 통보하여야 한다. <개정 2007.7.4.>
②제1항에 따라 위반행위를 통보받은 군수는 법 제86조에 따라 과태료를 부과·징수하여야 한다. <개정 2008.9.18.>

부칙

<제28211호, 2017.7.26.>
(행정안전부와 그 소속기관 직제)

제1조(시행일) 이 영은 공포한 날부터 시행한다. 다만, 부칙 제8조에 따라 개정되는 대통령령 중 이 영 시행 전에 공포되었으나 시행일이 도래하지 아니한 대통령령을 개정한 부분은 각각 해당 대통령령의 시행일부터 시행한다.

제2조부터 제7조까지 생략

제8조(다른 법령의 개정) ①부터 <251>까지 생략
<252> 자연공원법 시행령 일부를 다음과 같이 개정한다.
제5조제3항제1호 및 제27조의4제4항제1호 중 "행정자치부"를 각각 "행정안전부"로 한다.
<253>부터 <388>까지 생략

개발이익 환수에 관한 법률

(약칭: 개발이익환수법)

[시행 2018.6.27.]

[법률 제15305호, 2017.12.26., 일부개정]

제1장 총칙

제1조(목적) 이 법은 토지에서 발생하는 개발이익을 환수하여 이를 적정하게 배분하여서 토지에 대한 투기를 방지하고 토지의 효율적인 이용을 촉진하여 국민경제의 건전한 발전에 이바지하는 것을 목적으로 한다.

▶ 판례 - [1] 개발부담금에 의한 환수의 대상이 되는 개발이익을 확정하는 기준 시점(=부과종료시점)
[2] 개발사업구역 밖의 진입로 부지의 매수비용이 개발부담금 산정 시 공제되는 개발비용에 해당하는지 여부(소극) [대법원 2017.3.9, 선고, 2015두929, 판결]

제2조(정의) 이 법에서 사용하는 용어의 뜻은 다음과 같다. <개정 2013.3.23., 2016.1.19.>

1. "개발이익"이란 개발사업의 시행이나 토지이용계획의 변경, 그 밖에 사회적·경제적 요인에 따라 정상지가(正常地價)상승분을 초과하여 개발사업을 시행하는 자(이하 "사업시행자"라 한다)나 토지 소유자에게 귀속되는 토지 가액의 증가분을 말한다.
2. "개발사업"이란 국가나 지방자치단체로부터 인가·허가·면허 등(신고를 포함하며, 이하 "인가등"이라 한다)을 받아 시행하는 택지개발사업이나 산업단지개발사업 등 제5조에 따른 사업을 말한다.
3. "정상지가상승분"이란 금융기관의 정기예금 이자율 또는 「부동산 거래신고 등에 관한 법률」 제19조에 따라 국토교통부장관이 조사한 평균지가변동률(그 개발사업 대상 토지가 속하는 해당 시·군·자치구의 평균지가변동률을 말한다) 등을 고려하여 대통령령으로 정하는 기준에 따라 산정한 금액을 말한다.
4. "개발부담금"이란 개발이익 중 이 법에 따라 국가가 부과·징수하는 금액을 말한다.

제3조(개발이익의 환수) 국가는 제5조에 따른 개발부담금 부과 대상 사업이 시행되는 지역에서 발생하는 개발이익을 이 법으로 정하는 바에 따라 개발부담금으로 징수하여야 한다.

제4조(징수금의 배분) ① 제3조에 따라 징수된 개발부담금의 100분의 50에 해당하는 금액은 개발이익이 발생한 토지가 속하는 지방자치단체에 귀속되고, 이를 제외한 나머지 개발부담금은 따로 법률로 정하는 지역발전특별회계(이하 "특별회계"라 한다)에 귀속된다. <개정 2009.4.22., 2014.1.7.>

② 제1항에도 불구하고 제7조제4항에 따라 개발부담금을 경감한 경우에는 제3조에 따라 징수된 개발부담금 중 경감하기 전의 개발부담금의 100분의 50에 해당하는 금액에서 경감한 금액을 뺀 금액은 개발이익이 발생한 토지가 속하는 지방자치단체에 귀속되고, 이를 제외한 나머지 개발부담금은 특별회계에 귀속된다. <신설 2009.3.25.>

③ 제1항 및 제2항에 따른 귀속·양여(讓與) 또는 전입(轉入) 절차 등에 필요한 사항은 대통령령으로 정한다. <개정 2009.3.25.>

제2장 개발부담금

제1절 통칙

제5조(대상 사업) ① 개발부담금의 부과 대상인 개발사업은 다음 각 호의 어느 하나에 해당하는 사업으로 한다. <개정 2014.1.14.>

1. 택지개발사업(주택단지조성사업을 포함한다. 이하 같다)
2. 산업단지개발사업
3. 관광단지조성사업(온천 개발사업을 포함한다. 이하 같다)
4. 도시개발사업, 지역개발사업 및 도시환경정비사업
5. 교통시설 및 물류시설 용지조성사업
6. 체육시설 부지조성사업(골프장 건설사업 및 경륜장·경정장 설치사업을 포함한다)
7. 지목 변경이 수반되는 사업으로서 대통령령으로 정하는 사업
8. 그 밖에 제1호부터 제6호까지의 사업과 유사한 사업으로서 대통령령으로 정하는 사업

② 동일인이 연접(連接)한 토지를 대통령령으로 정하는 기간 이내에 사실상 분할하여 개발사업을 시행한 경우에는 전체의 토지에 하나의 개발사업이 시행되는 것으로 본다.

③ 제1항 및 제2항에 따른 개발사업의 범위·규모 및 동일인의 범위 등에 관하여 필요한 사항은 대통령령으로 정한다.

▶ 판례 – 구 개발이익 환수에 관한 법률 시행령 제4조 제1항 [별표 1] 제1호에 정한 '대지조성사업 또는 주택건설사업'의 의미 및 대지조성공사가 필요 없는 토지에 주택건설사업만을 하는 경우 개발부담금 부과대상 사업에 해당하는지 여부(소극) [대법원 2015.11.26, 선고, 2014두43349, 판결]

제6조(납부 의무자) ① 제5조제1항 각 호의 사업시행자는 이 법으로 정하는 바에 따라 개발부담금을 납부할 의무가 있다. 다만, 다음 각 호의 어느 하나에 해당하면 그에 해당하는 자가 개발부담금을 납부하여야 한다.

1. 개발사업을 위탁하거나 도급한 경우에는 그 위탁이나 도급을 한 자
2. 타인이 소유하는 토지를 임차하여 개발사업을 시행한 경우에는 그 토지의 소유자
3. 개발사업을 완료하기 전에 사업시행자의 지위나 제1호 또는 제2호에 해당하는 자의 지위를 승계하는 경우에는 그 지위를 승계한 자

② 개발부담금을 납부하여야 할 자가 대통령령으로 정하는 조합인 경우로서 다음 각 호의 어느 하나에 해당하면 그 조합원(조합이 해산한 경우에는 해산 당시의 조합원을 말한다)이 분담 비율 등 대통령령으로 정하는 바에 따라 개발부담금을 납부하여야 한다.

1. 조합이 해산한 경우
2. 조합의 재산으로 그 조합에 부과되거나 그 조합이 납부할 개발부담금·가산금 등에 충당하여도 부족한 경우

③ 개발부담금 납부 의무의 승계 및 제2차 납부 의무에 관하여는 「국세기본법」 제23조, 제24조 및 제38조부터 제41조까지의 규정을 준용하고, 개발부담금 연대 납부 의무에 관하여는 「국세기본법」 제25조, 「민법」 제413조부터 제416조까지, 제419조, 제421조, 제423조 및 제425조부터 제427조까지의 규정을 준용한다. <개정 2014.1.14.>

▶ 판례 – [1] 개발이익 환수에 관한 법률 제6조 제1항 본문에서 정한 개발부담금 납부의무자로서 사업시행자의 의미
[2] 토지 소유자인 사업시행자가 부동산신탁회사에 토지를 신탁하고 부동산신탁회사가 수탁자로서 사업시행자의 지위를 승계하여 신탁된 토지 상에서 개발사업을 시행한 경우, 토지가액의 증가로 나타나는 개발이익의 귀속 주체와 개발부담금의 납부의무자(=수탁자)
[3] 개발부담금 납부의무자에 관하여 정한 개발이익 환수에 관한 법률 제6조 제1항 단서 제3호의 규정 취지 [대법원 2014.9.4, 선고, 2012두26166, 판결]

제7조(부과 제외 및 감면) ① 국가가 시행하는 개발사업과 지방자치단체가 공공의 목적을 위하여 시행하는 사업으로서 대통령령으로 정하는 개발사업에는 개발부담금을 부과하지 아니한다.

② 다음 각 호의 어느 하나에 해당하는 개발사업에 대하여는 개발부담금의 100분의 50을 경감한다. 이 경우 각 호의 규정을 중복하여 적용하지 아니한다. <개정 2014.1.14., 2015.8.11., 2015.12.29., 2016.1.19.>

1. 지방자치단체가 시행하는 개발사업으로서 제1항에 해당하지 아니하는 사업
2. 「공공기관의 운영에 관한 법률」에 따른 공공기관, 「지방공기업법」에 따른 지방공기업 및 특별법에 따른 공기업 등 대통령령으로 정하는 공공기관이 시행하는 사업으로서 대통령령으로 정하는 사업
3. 「중소기업기본법」 제2조제1항에 따른 중소기업(이하 "중소기업"이라 한다)이 시행하는 공장용지조성사업, 대통령령으로 정하는 관광단지조성사업과 교통시설 및 물류시설 용지조성사업. 다만, 「수도권정비계획법」 제2조제1호에 따른 수도권(이하 "수도권"이라 한다)에서 시행하는 사업은 제외한다.
4. 「주택법」 제2조제5호나목의 국민주택 중 「주택도시기금법」에 따른 주택도시기금으로부터 자금을 지원받아 국민주택을 건설하기 위하여 시행하는 택지개발사업
5. 「주한미군 공여구역주변지역 등 지원 특별법」 제2조제2호부터 제4호까지에 따른 공여구역주변지역·반환공여구역 또는 반환공여구역주변지역에서 시행하는 개발사업. 다만, 공여구역 또는 반환공여구역이 소재한 읍·면·동(행정동을 말한다. 이하 같다)에 연접

한 읍·면·동 지역의 경우에는 같은 법 제8조에 따라 법률 제13699호 개발이익 환수에 관한 법률 일부개정법률 시행 전에 확정된 공여구역주변지역등발전종합계획에 따라 시행하는 개발사업만 해당한다.
6. 「접경지역 지원 특별법」 제2조제1호에 따른 접경지역 중 비무장지대, 해상의 북방한계선 또는 민간인통제선과 잇닿아 있는 읍·면·동지역에서 시행하는 개발사업

③ 제2항에도 불구하고 다음 각 호의 어느 하나에 해당하는 개발사업에 대하여는 개발부담금을 면제한다. <개정 2009.3.25., 2014.1.14.>
1. 「산업입지 및 개발에 관한 법률」에 따른 산업단지개발사업. 다만, 수도권에 있는 산업단지인 경우를 제외한다.
2. 「중소기업창업 지원법」에 따라 사업계획 승인을 받아 시행하는 공장용지 조성사업
3. 「관광진흥법」에 따른 관광단지 조성사업. 다만, 수도권에 있는 관광단지인 경우는 제외한다.
4. 「물류시설의 개발 및 운영에 관한 법률」에 따른 물류단지개발사업. 다만, 수도권에 있는 물류단지인 경우는 제외한다.

④ 지역에 대한 민간투자의 활성화 등을 위하여 지방자치단체의 장은 지방의회의 승인을 받아 관할 구역에서 시행되는 제5조제1항 각 호의 개발사업에 대한 개발부담금을 제4조제1항에 따라 지방자치단체에 귀속되는 귀속분의 범위에서 경감하여 줄 것을 국토교통부장관에게 요청할 수 있다. 이 경우 경감 요청을 받은 국토교통부장관은 해당 지방자치단체의 지가가 급격히 상승할 우려가 있는 등 대통령령으로 정하는 사유가 없으면 제4조제1항에 따라 지방자치단체에 귀속되는 귀속분의 범위에서 요청대로 경감하여야 한다. <신설 2009.3.25., 2013.3.23.>

⑤ 제4항에 따른 개발부담금의 경감 대상, 경감 기준 및 경감 절차 등에 관하여 필요한 사항은 대통령령으로 정한다. <신설 2009.3.25.>

제7조의2(개발부담금 감면에 대한 임시특례) 제5조제1항제1호부터 제6호까지의 개발부담금 부과 대상 사업으로서 2015년 7월 15일부터 2018년 6월 30일까지 인가등을 받은 개발사업에 대해서는 제7조제2항 및 제3항(제3항제2호는 제외한다)에도 불구하고 다음 각 호의 구분에 따라 개발부담금을 경감하거나 면제한다.
1. 수도권에서 시행하는 개발사업: 개발부담금의 100분의 50 경감
2. 수도권 외의 지역에서 시행하는 개발사업: 개발부담금 면제

[본조신설 2015.8.11.]

제2절 부과 기준 및 부담률

제8조(부과 기준) 개발부담금의 부과 기준은 부과 종료 시점의 부과 대상 토지의 가액(이하 "종료시점지가"라 한다)에서 다음 각 호의 금액을 뺀 금액으로 한다.
1. 부과 개시 시점의 부과 대상 토지의 가액(이하 "개시시점지가"라 한다)
2. 부과 기간의 정상지가상승분
3. 제11조에 따른 개발비용

제9조(기준 시점) ① 부과 개시 시점은 사업시행자가 국가나 지방자치단체로부터 개발사업의 인가등을 받은 날로 한다. 다만, 다음 각 호의 경우에는 그에 해당하는 날을 부과 개시 시점으로 한다.
1. 인가등을 받기 전 5년 이내에 대통령령으로 정하는 토지 이용 계획 등이 변경된 경우로서 그 토지 이용 계획 등이 변경되기 전에 취득한 토지의 경우에는 취득일. 다만, 그 취득일부터 2년 이상이 지난 후 토지 이용 계획 등이 변경된 경우 등 대통령령으로 정하는 경우에는 대통령령으로 정하는 날로 한다.
2. 인가등의 변경으로 부과 대상 토지의 면적이 변경된 경우에는 대통령령으로 정하는 시점

② 제1항에 따른 개발사업의 인가등을 받은 날과 취득일은 대통령령으로 정한다.

③ 부과 종료 시점은 관계 법령에 따라 국가나 지방자치단체로부터 개발사업의 준공인가 등을 받은 날로 한다. 다만, 부과 대상 토지의 전부 또는 일부가 다음 각 호의 어느 하나에 해당하면 해당 토지에 대하여는 다음 각 호의 어느 하나에 해당하게 된 날을 부과 종료 시점으로 한다.
1. 관계 법령에 따라 부과 대상 토지의 일부가 준공된 경우
2. 납부 의무자가 개발사업의 목적 용도로 사용을 시작하거나 타인에게 분양하는 등 처분하

는 경우로서 대통령령으로 정하는 경우
3. 그 밖에 대통령령으로 정하는 경우
④ 제3항 각 호 외의 부분 본문에 따른 개발사업의 준공인가 등을 받은 날은 대통령령으로 정한다.

제10조(지가의 산정) ① 종료시점지가는 부과 종료 시점 당시의 부과 대상 토지와 이용 상황이 가장 비슷한 표준지의 공시지가를 기준으로 「부동산 가격공시에 관한 법률」 제3조제7항에 따른 표준지와 지가산정 대상토지의 지가형성 요인에 관한 표준적인 비교표에 따라 산정한 가액(價額)에 해당 연도 1월 1일부터 부과 종료 시점까지의 정상지가상승분을 합한 가액으로 한다. 이 경우 종료시점지가와 표준지의 공시지가가 균형을 유지하도록 하여야 하며, 개발이익이 발생하지 않을 것이 명백하다고 인정되는 경우 등 대통령령으로 정하는 경우 외에는 종료시점지가의 적정성에 대하여 감정평가업자(「감정평가 및 감정평가사에 관한 법률」 제2조제4호에 따른 감정평가업자를 말한다)의 검증을 받아야 한다. <개정 2014.1.14., 2016.1.19., 2017.12.26.>
② 부과 대상 토지를 분양하는 등 처분할 때에 그 처분 가격에 대하여 국가나 지방자치단체의 인가등을 받는 경우 등 대통령령으로 정하는 경우에는 제1항에도 불구하고 대통령령으로 정하는 바에 따라 그 처분 가격을 종료시점지가로 할 수 있다.
③ 개시시점지가는 부과 개시 시점이 속한 연도의 부과 대상 토지의 개별공시지가(부과 개시 시점으로부터 가장 최근에 공시된 지가를 말한다)에 그 공시지가의 기준일부터 부과 개시 시점까지의 정상지가상승분을 합한 가액으로 한다. 다만, 다음 각 호의 어느 하나에 해당하면 그 실제의 매입 가액이나 취득 가액에 그 매입일이나 취득일부터 부과 개시 시점까지의 정상지가상승분을 더하거나 뺀 가액을 개시시점지가로 할 수 있다. <개정 2013.3.23.>
1. 국가·지방자치단체 또는 국토교통부령으로 정하는 기관으로부터 매입한 경우
2. 경매나 입찰로 매입한 경우
3. 지방자치단체나 제7조제2항제2호에 따른 공공기관이 매입한 경우
4. 「공익사업을 위한 토지 등의 취득 및 보상에 관한 법률」에 따른 협의 또는 수용(收用)에 의하여 취득한 경우
5. 실제로 매입한 가액이 정상적인 거래 가격이라고 객관적으로 인정되는 경우로서 대통령령으로 정하는 경우

④ 제1항 및 제3항에 따라 종료시점지가와 개시시점지가를 산정할 때 부과 대상 토지에 국가나 지방자치단체에 기부하는 토지나 국공유지가 포함되어 있으면 그 부분은 종료시점지가와 개시시점지가의 산정 면적에서 제외한다.
⑤ 제1항 및 제3항에 따라 종료시점지가와 개시시점지가를 산정할 때 해당 토지의 개별공시지가가 없는 경우 등 대통령령으로 정하는 경우에는 국토교통부령으로 정하는 방법으로 산정한다. <개정 2013.3.23.>
⑥ 개시시점지가에 대하여 제3항 각 호 외의 부분 단서를 적용받으려는 납부 의무자는 같은 항 각 호의 어느 하나에 해당한다는 사실을 증명하는 자료를 국토교통부령으로 정하는 기간에 국토교통부장관에게 제출하여야 한다. <개정 2013.3.23.>
⑦ 제1항 후단에 따른 종료시점지가의 검증절차·방법 등에 필요한 사항은 대통령령으로 정하고, 종료시점지가 검증 수수료 지급 기준은 국토교통부장관이 정하여 고시한다. <신설 2017.12.26.>

제11조(개발비용의 산정) ① 개발사업의 시행과 관련하여 지출된 비용(이하 "개발비용"이라 한다)은 다음 각 호의 금액을 합하여 산출한다. <개정 2014.1.14.>
1. 순(純) 공사비, 조사비, 설계비 및 일반관리비
2. 관계 법령이나 해당 개발사업 인가등의 조건에 따른 다음 각 목의 금액
   가. 납부 의무자가 국가나 지방자치단체에 공공시설이나 토지 등을 기부채납(寄附採納)하였을 경우에는 그 가액
   나. 납부 의무자가 부담금을 납부하였을 경우에는 그 금액
3. 해당 토지의 개량비, 제세공과금, 보상비 및 그 밖에 대통령령으로 정하는 금액

② 제1항에도 불구하고 대통령령으로 정하는 일정 면적 이하의 개발사업(토지개발 비용의 지출 없이 용도변경 등으로 완료되는 개발사업은 제외한다)의 경우에는 제1항제1호에 따른 순 공사비, 조사비, 설계비 및 일반관리비의 합계액을 산정할 때 국토교통부장관이 고시하는 단위면적당 표준비용을 적용

할 수 있다. 다만, 제6조에 따른 납부 의무자가 원하지 아니하는 경우에는 그러하지 아니하다. <신설 2011.5.19., 2013.3.23., 2014.1.14.>
③ 제1항 각 호 및 제2항의 산정 방법 등에 필요한 사항은 대통령령으로 정한다. <개정 2011.5.19.>

제12조(양도소득세액 등의 개발비용 인정) ① 부과 개시 시점 후 개발부담금을 부과하기 전에 개발부담금 부과 대상 토지를 양도하여 발생한 소득에 대하여 양도소득세 또는 법인세가 부과된 경우에는 제11조에도 불구하고 해당 세액 중 부과 개시 시점부터 양도시점까지에 상당하는 세액을 같은 조에 따른 개발비용에 계상할 수 있다. <개정 2014.1.14.>
② 제1항에 따라 개발비용으로 계상되는 세액의 범위 등은 대통령령으로 정한다.
③ 국토교통부장관은 제1항에 따른 개발비용의 계상에 필요한 경우 다음 각 호의 사항을 적은 문서로 관할 세무관서의 장에게 같은 항에 따른 양도소득세 또는 법인세의 부과금액 등 「국세기본법」 제81조의13에 따른 과세정보의 제공을 요청할 수 있다. <신설 2016.1.19.>
1. 납세자의 인적 사항
2. 사용 목적
3. 개발부담금 부과 대상 토지의 명세
④ 제3항에 따른 과세정보의 제공 요청 및 그에 따른 과세정보의 제공은 「개인정보 보호법」에 의하여야 한다. <신설 2016.1.19.>

제13조(부담률) 납부 의무자가 납부하여야 할 개발부담금은 제8조에 따라 산정된 개발이익에 다음 각 호의 구분에 따른 부담률을 곱하여 산정한다.
1. 제5조제1항제1호부터 제6호까지의 개발사업: 100분의 20
2. 제5조제1항제7호 및 제8호의 개발사업: 100분의 25. 다만, 「국토의 계획 및 이용에 관한 법률」 제38조에 따른 개발제한구역에서 제5조제1항제7호 및 제8호의 개발사업을 시행하는 경우로서 납부 의무자가 개발제한구역으로 지정될 당시부터 토지 소유자인 경우에는 100분의 20으로 한다.

[전문개정 2014.1.14.]

제3절 부과 · 징수

제14조(부담금의 결정 · 부과) ① 국토교통부장관은 부과 종료 시점부터 5개월 이내에 개발부담금을 결정·부과하여야 한다. 다만, 제9조제3항 각 호 외의 부분 단서에 해당하는 경우로서 해당 사업이 대규모 사업의 일부에 해당되어 제11조에 따른 개발비용의 명세(明細)를 제출할 수 없는 경우에는 대통령령으로 정하는 바에 따라 개발부담금을 결정·부과할 수 있다. <개정 2013.3.23., 2014.1.14.>
② 국토교통부장관은 제1항에 따라 개발부담금을 결정·부과하려면 대통령령으로 정하는 바에 따라 미리 납부 의무자에게 그 부과 기준과 부과 금액을 알려야 한다. <개정 2013.3.23., 2014.1.14.>
③ 제2항에 따라 통지받은 개발부담금에 대하여 이의가 있는 자는 대통령령으로 정하는 바에 따라 심사를 청구할 수 있다.

제14조의2(부담금의 조정 등) ① 국토교통부장관은 개발부담금 결정·부과 후 「학교용지 확보 등에 관한 특례법」에 따른 학교용지부담금을 납부하는 등 대통령령으로 정하는 사유가 발생한 경우에는 이를 다시 산정·조정하여 그 차액을 부과하거나 환급하여야 한다.
② 제1항에 따른 산정·조정 방법 및 부과·환급 절차 등에 필요한 사항은 대통령령으로 정한다.

[본조신설 2017.12.26.]

제15조(납부의 고지) ① 국토교통부장관은 이 법에 따라 개발부담금을 부과하기로 결정하면 납부 의무자에게 대통령령으로 정하는 바에 따라 납부고지서를 발부하여야 한다. <개정 2013.3.23.>
② 개발부담금은 부과 고지할 수 있는 날부터 5년이 지난 후에는 부과할 수 없다. 이 경우 행정심판이나 소송에 의한 재결이나 판결이 확정된 날부터 1년이 지나기 전까지는 개발부담금을 정정하여 부과하거나 그 밖에 필요한 처분을 할 수 있다.
③ 제2항에 따른 개발부담금을 부과 고지할 수 있는 날은 대통령령으로 정한다.

▶ 판례 – [1] 개발부담금의 증액정정처분을 한

경우, 처음 부과결정은 독립된 존재가치를 잃고 효력을 소멸하는지 여부(적극)
[2] 국토해양부장관이 개발부담금을 부과하기로 결정하면 납부의무자에게 납부금액과 산출근거, 납부기한 및 납부장소가 명시된 납부고지서를 발부하도록 규정한 구 개발이익환수에 관한 법률 제15조 제1항과 개발이익환수에 관한 법률 시행령 제19조가 강행규정인지 여부(적극) [대법원 2014.5.16, 선고, 2013두26699, 판결]

제16조(추징) ① 제7조제2항부터 제4항까지의 규정에 따른 개발부담금 감면 대상 사업(다른 법률에서 감면 대상으로 정한 사업을 포함한다)을 시행한 후 특별한 사유 없이 대통령령으로 정하는 기간에 토지를 해당 개발사업의 목적 용도로 이용하지 아니하는 등 대통령령으로 정하는 사유가 있으면 감면한 개발부담금을 징수한다. <개정 2009.3.25.>
② 제1항에 따른 개발부담금의 징수에 필요한 사항은 대통령령으로 정한다.

제17조(시효) ① 개발부담금을 징수할 수 있는 권리와 개발부담금의 과오납금을 환급받을 권리는 행사할 수 있는 시점부터 5년간 행사하지 아니하면 소멸시효가 완성된다.
② 제1항에 따른 개발부담금 징수권의 소멸시효는 다음 각 호의 어느 하나의 사유로 중단된다.
1. 납부 고지
2. 납부 독촉
3. 교부 청구
4. 압류
③ 제2항에 따라 중단된 소멸시효는 다음 각 호의 어느 하나에 해당하는 기간이 지난 시점부터 새로 진행한다.
1. 고지한 납부 기간
2. 독촉으로 재설정된 납부 기간
3. 교부 청구 중의 기간
4. 압류 해제까지의 기간
④ 제1항에 따른 개발부담금 징수권의 소멸시효는 납부의 연기 또는 분할 납부의 기간 중에는 진행하지 아니한다.
⑤ 제1항에 따른 환급청구권의 소멸시효는 환급청구권 행사로 중단된다.
⑥ 소멸시효에 관하여 이 법에 규정되어 있는 것 외에는 「민법」을 준용한다.

제18조(납부) ① 개발부담금의 납부 의무자는 부과일부터 6개월 이내에 개발부담금을 납부하여야 한다.
② 개발부담금은 현금 또는 대통령령으로 정하는 납부대행기관을 통하여 신용카드·직불카드 등(이하 "신용카드등"이라 한다)으로 납부할 수 있다. 다만, 토지(해당 부과 대상 토지 및 그와 유사한 토지를 말한다) 또는 건축물로 하는 납부[이하 "물납(物納)"이라 한다]를 인정할 수 있다. <개정 2017.12.26.>
③ 제2항 본문에 따라 개발부담금을 신용카드등으로 납부하는 경우에는 납부대행기관의 승인일을 납부일로 본다. <개정 2017.12.26.>
④ 납부대행기관은 개발부담금 납부를 대행하는 대가로 납부의무자로부터 수수료를 받을 수 있다. <신설 2017.12.26.>
⑤ 물납의 기준·절차, 납부대행기관의 지정·지정취소, 납부대행 수수료 등에 필요한 사항은 대통령령으로 정한다. <신설 2017.12.26.>

제18조의2(개발부담금의 일부 환급) ① 국토교통부장관은 개발부담금의 납부 의무자가 제18조제1항에서 정한 납부 기한 만료일까지 개발부담금의 납부를 완료한 경우에는 부과일부터 납부일까지 기간 등을 고려하여 대통령령으로 정하는 바에 따라 산정된 금액을 납부의무자에게 환급할 수 있다.
② 제20조제1항에 따른 납부의 연기 및 분할 납부의 경우에는 제1항을 적용하지 아니한다.
[본조신설 2014.1.14.]

제19조(납부 기일 전 징수) ① 국토교통부장관은 납부 의무자가 다음 각 호의 어느 하나에 해당하면 납부 기일 전이라도 이미 부과된 개발부담금을 징수할 수 있다. <개정 2013.3.23.>
1. 국세, 지방세, 그 밖의 공과금에 대하여 체납처분을 받은 경우
2. 강제집행을 받은 경우
3. 파산선고를 받은 경우
4. 경매가 개시된 경우
5. 법인이 해산한 경우
6. 개발부담금을 포탈하려는 행위가 있다고 인정되는 경우
7. 개발부담금에 대한 납부 관리인을 두지 아니하고 국내에 주소나 거소(居所)를 두지 아니하게 된 경우
② 국토교통부장관은 제1항에 따라 납부 기

일 전에 개발부담금을 징수하려면 대통령령으로 정하는 바에 따라 납부 기일을 정하여 납부 의무자에게 그 뜻과 납부 기일 변경 등을 고지하여야 한다. <개정 2013.3.23.>

제20조(납부의 연기 및 분할 납부) ① 국토교통부장관은 개발부담금의 납부 의무자가 다음 각 호의 어느 하나에 해당하여 개발부담금을 납부하기가 곤란하다고 인정되면 대통령령으로 정하는 바에 따라 해당 개발사업의 목적에 따른 이용 상황 등을 고려하여 3년의 범위에서 납부 기일을 연기하거나 5년의 범위에서 분할 납부를 인정할 수 있다. <개정 2013.3.23.>

1. 재해나 도난으로 재산에 심한 손실을 받은 경우
2. 사업에 뚜렷한 손실을 입은 경우
3. 사업이 중대한 위기에 처한 경우
4. 납부 의무자 또는 그 동거 가족의 질병이나 중상해로 장기 치료가 필요한 경우
5. 그 밖에 대통령령으로 정하는 경우

② 납부 의무자가 제1항에 따라 개발부담금의 납부 기일의 연기 및 분할 납부를 인정받으려면 대통령령으로 정하는 바에 따라 국토교통부장관에게 신청하여야 한다. <개정 2013.3.23.>

③ 국토교통부장관은 제1항과 제2항의 경우에 납부를 연기한 기간 또는 분할 납부로 납부가 유예된 기간이 1년 이상일 경우 그 1년을 초과하는 기간에 대하여는 개발부담금에 대통령령으로 정하는 금액을 가산하여 징수하여야 한다. <개정 2014.1.14.>

제21조(납부 독촉 및 가산금) ① 국토교통부장관은 개발부담금의 납부 의무자가 제18조제1항에 따라 지정된 기간에 그 개발부담금을 완납하지 아니하면 납부 기한이 지난 후 10일 이내에 독촉장을 발부하여야 한다. <개정 2013.3.23.>

② 개발부담금 또는 체납된 개발부담금을 납부기한까지 완납하지 아니한 경우에는 「국세징수법」 제21조를 준용한다. <개정 2014.1.14.>

[제목개정 2014.1.14.]

제22조(체납처분 등) ① 국토교통부장관은 개발부담금의 납부 의무자가 독촉장을 받고도 지정된 기한까지 개발부담금과 가산금 등을 완납하지 아니하면 국세 체납처분의 예에 따라 징수할 수 있다. 이 경우 제27조제2항에 따라 권한을 위임 받은 특별자치시장, 특별자치도지사, 시장, 군수 또는 구청장(자치구의 구청장을 말한다)은 국세 체납처분의 예 또는 「지방세외수입금의 징수 등에 관한 법률」에 따라 징수할 수 있다. <개정 2013.3.23., 2017.12.26.>

② 제1항에 따른 개발부담금 및 가산금 등은 국세와 지방세를 제외한 그 밖의 채권에 우선하여 징수한다. 다만, 제15조에 따른 개발부담금 납부 고지일 전에 전세권, 질권 또는 저당권의 설정을 등기하거나 등록한 사실이 증명되는 재산을 매각할 때 그 매각 대금 중에서 개발부담금과 가산금 등을 징수하는 경우 그 전세권, 질권 또는 저당권으로 담보된 채권에 대하여는 그러하지 아니하다.

③ 분할 납부가 인정된 개발부담금을 징수할 때에는 제20조제1항에도 불구하고 1회의 분할 납부가 체납된 경우에는 체납처분할 때에 그 납부 기간 이후 분할 납부하여야 할 개발부담금과 가산금 등의 전액을 일괄하여 징수한다.

제23조(결손처분) ① 국토교통부장관은 체납자에게 다음 각 호의 어느 하나에 해당하는 사유가 있으면 결손처분을 할 수 있다. <개정 2013.3.23.>

1. 체납처분이 끝나고 그 체납액에 충당된 배분 금액이 체납액보다 부족할 때
2. 제17조제1항에 따라 소멸시효가 완성될 때
3. 체납처분의 목적물인 총재산의 추산 가액이 체납 처분비에 충당하고 잔액이 생길 여지가 없는 때
4. 체납자의 행방을 알 수 없거나 재산이 없다는 것이 판명되어 체납액을 징수할 가망이 없는 때

② 국토교통부장관은 제1항에 따라 결손처분을 한 후 압류할 수 있는 다른 재산을 발견하면 지체 없이 그 처분을 취소하고 체납처분을 하여야 한다. 다만, 제1항제2호에 해당하는 경우에는 그러하지 아니하다. <개정 2013.3.23.>

제24조(자료 제출 의무) 납부 의무자는 다음 각 호의 구분에 따라 대통령령으로 정하는 바에 따라 제11조에 따른 개발비용의 산정에 필요한 명세서를 국토교통부장관에게 제출하여야 한다. <개정 2009.3.25., 2013.3.23.>

1. 국가나 지방자치단체로부터 개발사업의 준공인가 등을 받은 경우
2. 제9조제3항 단서의 경우

제25조(자료의 통보) ① 개발부담금의 부과 대상인 개발사업에 관하여 인가등을 한 행정청은 인가등을 한 날부터 15일 이내에 그 사실을 국토교통부장관에게 알려야 한다. <개정 2013.3.23.>
② 국토교통부장관이 개발부담금을 부과한 경우에는 국토교통부령으로 정하는 바에 따라 대상 사업, 납부 의무자, 부과 금액, 사업 기간 및 부과일 등에 관한 사항을 부과일부터 15일 이내에 국세청장에게 통보하여야 한다. <개정 2013.3.23.>

제3장 보칙

제26조(행정심판의 특례) ① 개발부담금 등의 부과·징수에 이의가 있는 자는 「공익사업을 위한 토지 등의 취득 및 보상에 관한 법률」에 따른 중앙토지수용위원회에 행정심판을 청구할 수 있다.
② 제1항에 따른 행정심판청구에 대하여는 「행정심판법」 제6조에도 불구하고 「공익사업을 위한 토지 등의 취득 및 보상에 관한 법률」에 따른 중앙토지수용위원회가 심리·의결하여 재결(裁決)한다. <개정 2010.1.25.>

제27조(권한의 위임) ① 국토교통부장관은 이 법에 따른 권한(개발부담금의 부과와 징수에 관한 권한은 제외한다)의 일부를 대통령령으로 정하는 바에 따라 특별시장·광역시장·특별자치시장·도지사 또는 특별자치도지사에게 위임할 수 있다. <개정 2013.3.23., 2014.1.14.>
② 국토교통부장관은 이 법에 따른 개발부담금의 결정·부과 및 징수에 관한 권한을 대통령령으로 정하는 바에 따라 특별자치시장, 특별자치도지사, 시장, 군수 또는 구청장(자치구의 구청장을 말한다)에게 위임할 수 있다. 이 경우 징수하는 데에 드는 실제 비용의 범위에서 대통령령으로 정하는 바에 따라 해당 지방자치단체에 위임 수수료를 지급할 수 있다. <개정 2013.3.23., 2014.1.14.>

제28조(벌칙) ① 개발부담금을 면탈(免脫)·감경(減輕)할 목적 또는 면탈·감경하게 할 목적으로 거짓으로 계약을 체결한 자는 3년 이하의 징역에 처하거나, 면탈·감경을 하였거나 면탈·감경을 하려고 한 개발부담금의 3배 이하에 해당하는 벌금에 처한다.
② 법인의 대표자나 법인 또는 개인의 대리인, 사용인, 그 밖의 종업원이 그 법인 또는 개인의 업무에 관하여 제1항의 위반행위를 하면 그 행위자를 벌하는 외에 그 법인 또는 개인에게도 해당 조문의 벌금형을 과(科)한다. 다만, 법인 또는 개인이 그 위반행위를 방지하기 위하여 해당 업무에 관하여 상당한 주의와 감독을 게을리하지 아니한 경우에는 그러하지 아니하다. <개정 2009.3.25.>
③ 삭제 <2009.3.25.>

제29조(과태료) ① 제24조에 따른 명세서를 기한까지 제출하지 아니하거나 거짓으로 제출한 자에게는 200만원 이하의 과태료를 부과한다. <개정 2009.3.25.>
② 제1항에 따른 과태료는 대통령령으로 정하는 바에 따라 국토교통부장관이 부과·징수한다. <개정 2013.3.23.>
③ 삭제 <2009.3.25.>
④ 삭제 <2009.3.25.>
⑤ 삭제 <2009.3.25.>

부칙

<법률 제15305호, 2017.12.26.>

제1조(시행일) 이 법은 공포 후 6개월이 경과한 날부터 시행한다. 다만, 제22조제1항의 개정규정은 공포한 날부터 시행한다.

제2조(지가 산정에 관한 적용례) 제10조제1항의 개정규정은 이 법 시행 후 최초로 종료시점지가를 산정하는 경우부터 적용한다.

제3조(부담금의 조정에 관한 적용례) 제14조의2의 개정규정은 이 법 시행 당시 제14조에 따라 개발부담금이 결정·부과되어 5년이 경과하지 않은 경우에도 적용한다.

제4조(개발부담금 신용카드등의 납부에 관한 적용례) 제18조제2항부터 제5항까지의 개정규정은 이 법 시행 당시 개발부담금을 결정·부과받았으나 납부 기한이 지나지 아니한 경우에도 적용한다.

개발이익 환수에 관한 법률 시행령

(약칭: 개발이익환수법 시행령)

[시행 2017.2.4.]

[대통령령 제27830호, 2017.2.3., 타법개정]

제1조(목적) 이 영은 「개발이익 환수에 관한 법률」에서 위임된 사항과 그 시행에 필요한 사항을 정함을 목적으로 한다. <개정 2014.7.14.>

제2조(정상지가상승분) ①「개발이익 환수에 관한 법률」(이하 "법"이라 한다) 제2조제3호에 따른 정상지가상승분은 부과기간 중 각 연도의 정상지가상승분을 합하여 산정하며, 각 연도의 정상지가상승분은 해당 연도 1월 1일 현재의 지가에 해당 연도의 정상지가변동률을 곱하여 산정한다. <개정 2014.7.14.>

② 부과기간이 1년 이내인 경우(연도 중에 부과 개시 시점 또는 부과 종료 시점이 속한 경우를 포함한다)에는 월별 정상지가상승분(각 월의 정상지가상승분은 해당 월 1일 현재의 지가에 그 월의 정상지가변동률을 곱하여 산정한다)을 합하여 산정한 금액을 그 부과기간 중의 정상지가상승분으로 하되, 월 중 일부 기간의 정상지가상승분은 그 월의 정상지가상승분을 일 단위로 나누어 산정한 금액으로 한다.

③ 제1항에 따른 부과기간 중 제2차 연도 이후의 각 연도 1월 1일 현재의 지가는 부과 개시 시점 또는 전년도 1월 1일 현재의 지가에 전년도 부과기간 중의 정상지가상승분을 합한 금액으로 한다.

④ 제1항의 정상지가변동률은「국토의 계획 및 이용에 관한 법률」제125조에 따라 국토교통부장관이 조사한 연도별 또는 월별 평균지가변동률(해당 개발사업 대상 토지가 속하는 시·군 또는 자치구의 평균지가변동률을 말한다. 이하 같다)로 한다. 다만, 제12조제1항제5호가목 또는 법 제8조제2호에 따른 정상지가상승분을 산정하는 경우에는 연도별 평균지가변동률(부과기간이 1년 미만인 경우와 연도 중에 부과 개시 시점 또는 부과 종료 시점이 속한 경우에는 해당 연도 내에 속하는 부과기간의 평균지가변동률을 말한다)과 같은 기간의 정기예금 이자율 중 높은 비율로 한다. <개정 2013.3.23., 2014.7.14.>

⑤ 제4항 단서에 따른 정기예금 이자율은 시중은행의 1년 만기 정기예금 평균 수신금리를 고려하여 국토교통부장관이 매년 결정·고시하는 이자율로 한다. <개정 2014.7.14.>

제3조(징수금의 배분 등) ① 법 제3조에 따라 징수된 개발부담금(이하 "부담금"이라 한다)의 100분의 50이 귀속되는 지방자치단체는 특별자치시·특별자치도·시·군 또는 자치구(이하 "시·군·구"라 한다)로 한다. <개정 2014.7.14.>

②「학교용지확보 등에 관한 특례법」제4조에 따라 특별시·광역시 또는 도가 학교용지의 확보에 소요되는 경비를 부담하는 개발사업의 경우에는 제1항에도 불구하고 법 제4조제1항에 따라 지방자치단체에 귀속되는 부담금의 2분의 1(특별시·광역시 또는 도가 학교용지의 확보를 위하여 부담하는 경비가 지방자치단체에 귀속되는 부담금의 2분의 1에 미달하는 경우에는 특별시·광역시 또는 도가 부담하는 경비에 해당하는 금액을 말한다)은 특별시·광역시 또는 도에, 이를 제외한 나머지 부담금은 시·군 또는 자치구에 귀속된다. <개정 2014.7.14.>

③ 국토교통부장관은 법 제18조제2항에 따라 부담금을 물납(物納)으로 받은 경우 그 물납으로 받은 토지 또는 건축물(이하 "물납부동산"이라 한다)을 시·군·구에 귀속되는 부담금으로 배분할 수 있다. <개정 2013.3.23., 2014.7.14., 2016.7.19.>

④ 시·군·구는 제1항부터 제3항까지의 규정에 따라 귀속되는 개발부담금을 해당 시·군·구의 토지 관리와 지역균형개발사업을 효율적으로 추진하기 위하여 사용하여야 하며, 필요한 경우에는 조례로 정하는 바에 따라 귀속되는 개발부담금을 재원으로 하는 토지관리특별회계를 설치할 수 있다. <개정 2014.7.14.>

제4조(대상 사업) ① 법 제5조에 따라 부담금의 부과 대상이 되는 개발사업의 범위는 별표 1과 같고, 그 규모는 관계 법률에 따라 국가 또는 지방자치단체로부터 인가·허가·면허 등(신고를 포함하며, 이하 "인가등"이라 한다)을 받은 사업 대상 토지의 면적(부과 종료 시점 전에 「공간정보의 구축 및 관리 등에 관한 법률」 제84조에 따라 등록 사항 중 면적을 정정한 경우에는 그 정정된 면적을 말한다)이 다음 각

호에 해당하는 경우로 한다. 이 경우 동일인[법인을 포함하며, 자연인인 경우에는 배우자 및 직계존비속(直系尊卑屬)을 포함한다. 이하 같다]이 연접(連接)한 토지[동일인이 소유한 연속된 일단(一團)의 토지인 경우를 포함한다]에 하나의 개발사업이 끝난 후 5년 이내에 개발사업의 인가등을 받아 사실상 분할하여 시행하는 경우에는 각 사업의 대상 토지 면적을 합한 토지에 하나의 개발사업이 시행되는 것으로 본다. <개정 2009.12.14., 2014.7.14., 2015.6.1.>

1. 특별시·광역시 또는 특별자치시의 지역 중 도시지역인 지역에서 시행하는 사업(제3호의 사업은 제외한다)의 경우 660제곱미터 이상
2. 제1호 외의 도시지역인 지역에서 시행하는 사업(제3호의 사업은 제외한다)의 경우 990제곱미터 이상
3. 도시지역 중 개발제한구역에서 그 구역의 지정 당시부터 토지를 소유한 자가 그 토지에 대하여 시행하는 사업의 경우 1천650제곱미터 이상
4. 도시지역 외의 지역에서 시행하는 사업의 경우 1천650제곱미터 이상

② 개발사업이 제1항 각 호의 지역 중 둘 이상의 지역에 걸쳐 시행되는 경우에는 부과 대상이 되는 토지 면적을 다음 각 호의 기준에 따라 산정한다.

1. 제1항제1호에 해당하는 지역의 1제곱미터는 같은 항 제2호에 해당하는 지역의 1.5제곱미터, 같은 항 제3호 및 제4호에 해당하는 지역의 2.5제곱미터에 해당하는 것으로 본다.
2. 제1항제2호에 해당하는 지역의 1제곱미터는 같은 항 제3호 및 제4호에 해당하는 지역의 3분의 5제곱미터에 해당하는 것으로 본다.

③ 「중소기업진흥에 관한 법률」에 따라 시행하는 협동화사업단지조성사업의 규모를 산정하는 경우에는 제1항에도 불구하고 해당 협동화사업단지조성사업에 참여한 중소기업자별 면적(공동시설부지에 대하여 중소기업자별 지분에 따라 산정한 면적을 포함한다)의 토지에 각각의 개발사업이 시행되는 것으로 본다. <개정 2009.11.20.>

④ 별표 1 제7호에 따른 지목변경이 수반되는 개발사업의 경우 부담금 부과 대상이 되는 규모는 제1항에도 불구하고 국가 또는 지방자치단체로부터 인가등을 받은 토지의 면적 중 사실상 또는 공부상(公簿上) 지목이 변경되는 토지의 면적이 제1항 각 호에 해당하는 경우로 한다. 이 경우 하나의 필지가 사실상 둘 이상의 용도로 이용되고 있는 토지의 지목은 「공간정보의 구축 및 관리 등에 관한 법률 시행령」 제59조에 따른다. <개정 2009.12.14., 2014.7.14., 2015.6.1.>

제4조의2(개발부담금 부과 대상 사업의 토지 면적에 관한 임시특례) 별표 1에 따른 개발사업으로서 2017년 1월 1일부터 2019년 12월 31일까지 인가등을 받은 사업의 개발부담금 부과 대상 토지 면적에 대해서는 제4조제1항제1호부터 제4호까지의 규정에도 불구하고 다음 각 호의 구분에 따른다. 이 경우 토지 면적의 산정에 관하여는 제4조제2항부터 제4항까지의 규정에 따른다.

1. 제4조제1항제1호에 따른 사업: 1천제곱미터 이상
2. 제4조제1항제2호에 따른 사업: 1천500제곱미터 이상
3. 제4조제1항제3호 또는 제4호에 따른 사업: 2천500제곱미터 이상

[본조신설 2016.12.30.]

제5조(조합의 범위 등) ① 법 제6조제2항 각 호 외의 부분에서 "대통령령으로 정하는 조합"이란 다음 각 호의 조합을 말한다. <개정 2016.8.11.>

1. 「주택법」 제11조에 따른 주택조합
2. 「도시개발법」 제11조제1항제6호에 따른 조합
3. 「도시 및 주거환경정비법」 제16조에 따른 도시환경정비사업조합

② 법 제6조제2항에 따라 조합원이 내야 할 부담금은 조합이 내야 할 부담금·가산금을 조합의 규약에 따라 각 조합원에게 배분하는 금액으로 한다.

③ 제2항에 따라 조합원에게 부담금을 부과할 때에는 제19조에 따른 납부고지서를 발부하여야 하며, 납부 기한은 부과 고지를 한 날부터 30일로 한다.

제6조(부과 제외 및 감면) ① 법 제7조제1항에서 "대통령령으로 정하는 개발사업"이란 다음 각 호의 사업을 말한다. <개정 2009.6.25., 2009.7.30., 2014.7.14.>

1. 별표 1 제1호에 따른 택지개발사업(주택단지조성사업을 포함한다)

2. 별표 1 제2호에 따른 산업단지개발사업
3. 별표 1 제3호에 따른 관광단지조성사업(온천 개발사업을 포함한다) 중 같은 호 가목 및 나목에 따른 관광지조성사업 및 관광단지조성사업
4. 별표 1 제4호에 따른 도시개발사업, 지역개발사업 및 도시환경정비사업(같은 호 사목에 따른 지역개발사업은 제외한다)
5. 별표 1 제5호에 따른 교통시설 및 물류시설 용지조성사업 중 같은 호 라목 및 마목에 따른 물류단지개발사업 및 물류터미널사업을 위한 용지조성사업
6. 삭제 <2014.7.14.>

② 법 제7조제2항제2호에 따라 부담금의 100분의 50을 경감받는 공공기관(이하 "감면기관"이라 한다)은 다음 각 호의 기관으로 한다. <개정 2009.6.26., 2009.9.21., 2009.11.20., 2014.3.24., 2014.7.14., 2015.2.23.>

1. 「공공기관의 운영에 관한 법률」에 따른 공공기관 중 다음 각 목의 공공기관
   가. 「한국토지주택공사법」에 따른 한국토지주택공사
   나. 「한국수자원공사법」에 따라 설립된 한국수자원공사
   다. 삭제 <2009.9.21.>
   라. 「한국농어촌공사 및 농지관리기금법」에 따라 설립된 한국농어촌공사
   마. 「한국관광공사법」에 따라 설립된 한국관광공사
   바. 「한국철도공사법」에 따라 설립된 한국철도공사
2. 「지방공기업법」에 따라 설립된 지방공사 및 지방공단 중 제1항에 따른 개발사업을 목적으로 설립된 지방공사 및 지방공단
3. 특별법에 따른 공기업과 조합 중 다음 각 목의 공기업과 조합
   가. 「중소기업진흥에 관한 법률」에 따라 설립된 중소기업진흥공단
   나. 「산업집적활성화 및 공장설립에 관한 법률」에 따라 설립된 한국산업단지공단
   다. 「공무원연금법」에 따라 설립된 공무원연금공단
   라. 「농업협동조합법」에 따라 설립된 조합, 조합공동사업법인 및 중앙회(농협경제지주회사 및 그 자회사를 포함한다)
   마. 「수산업협동조합법」에 따라 설립된 조합 및 중앙회
   바. 「산림조합법」에 따라 설립된 조합, 중앙회 및 조합공동사업법인
   사. 「한국철도시설공단법」에 따라 설립된 한국철도시설공단
   아. 「교통안전공단법」에 따라 설립된 교통안전공단
   자. 「한국공항공사법」에 따라 설립된 한국공항공사
   차. 「한국도로공사법」에 따라 설립된 한국도로공사
   카. 「인천국제공항공사법」에 따라 설립된 인천국제공항공사
   타. 삭제 <2011.8.11.>
   파. 「중소기업협동조합법」에 따라 설립된 중소기업협동조합
   하. 「금융회사부실자산 등의 효율적 처리 및 한국자산관리공사의 설립에 관한 법률」에 따라 설립된 한국자산관리공사
   거. 「항만공사법」에 따라 설립된 항만공사
   너. 「제주특별자치도 설치 및 국제자유도시 조성을 위한 특별법」에 따라 설립된 제주국제자유도시개발센터

③ 법 제7조제2항제2호에 따라 부담금의 100분의 50을 경감받는 개발사업은 다음 각 호의 사업으로 한다. <개정 2014.7.14., 2015.2.23.>

1. 제1항 각 호의 개발사업
2. 「한국철도시설공단법」 제23조에 따라 한국철도시설공단이 시행하는 철도의 역세권 및 철도 부근 지역 개발사업
3. 자동차 관련시설 부지조성사업(「교통안전공단법」에 따라 교통안전공단이 시행하는 경우로 한정한다)
4. 「양곡관리법」 제22조에 따라 농업협동조합 및 중앙회(농협경제지주회사 및 그 자회사를 포함한다)가 시행하는 미곡종합처리장 설치사업
5. 삭제 <2011.8.11.>
6. 「항만공사법」 제8조제1항제1호에 따라 항만공사가 시행하는 항만시설의 신설·개축(改築)·유지·보수·준설(浚渫) 등의 사업
7. 「한국철도공사법」 제9조제1항제5호 및 제6호, 같은 법 제13조에 따라 한국철도공사가 시행하는 역시설 및 역세권 개발사업

④ 법 제7조제2항제3호 본문에서 "대통령령으로 정하는 관광단지조성사업과 교통시설 및 물류시설 용지조성사업"이란 다음 각 호의 어느 하나에 해당하는 사업을 말한다. <개정 2014.7.14.>

1. 별표 1 제3호가목에 따른 관광지조성사업
2. 별표 1 제5호마목에 따른 물류터미널사업을 위한 용지조성사업

3. 별표 1 제8호가목 및 나목에 따른 창고시설의 설치 등을 위한 용지조성사업

제6조의2(경감제외사유) 법 제7조제4항 후단에서 "해당 지방자치단체의 지가가 급격히 상승할 우려가 있는 등 대통령령으로 정하는 사유"란 다음 각 호의 모두에 해당하는 경우를 말한다.

1. 경감요청 직전 월의 지방자치단체 지가상승률이 전국 소비자 물가상승률의 100분의 130보다 높은 경우
2. 직전 월부터 소급하여 지방자치단체의 2개월간의 월평균 지가상승률이 전국지가상승률의 100분의 130보다 높은 경우

[본조신설 2009.6.25.]

제6조의3(경감 대상·기준 및 경감 절차) ① 지방자치단체의 장은 법 제7조제4항에 따라 법 제5조제1항 각 호에 따른 개발사업에 대하여 경감 기준을 정하여 국토교통부장관에게 개발부담금 경감을 요청하여야 한다. 이 경우 지방자치단체의 장은 법 제6조에 따른 개발부담금 납부의무자, 개발사업의 종류 및 개발사업이 시행되는 토지의 용도지역·용도지구 등에 따라 경감률 및 경감기간을 달리 정할 수 있다. <개정 2013.3.23.>

② 지방자치단체의 장이 개발부담금 경감을 요청하려면 제1항에 따라 정한 경감 기준 및 경감 필요 사유를 기재한 서면에 의회의 승인을 받은 것을 증명하는 서류 및 제6조의2에 따른 경감제외사유에 해당하지 않음을 증명하는 서류를 첨부하여 국토교통부장관에게 제출하여야 한다. <개정 2013.3.23.>

③ 국토교통부 장관은 경감을 요청한 지방자치단체에 대하여 제6조의2에 해당하는 사유가 없으면, 해당 지방자치단체의 개발부담금 경감 사업 및 경감 기준을 공고하고, 이를 지방자치단체에 통보하여야 한다. <개정 2013.3.23.>

④ 지방자치단체의 장은 제3항에 따른 개발부담금 경감 사업 및 경감 기준을 일반인이 열람할 수 있도록 하여야 한다.

[본조신설 2009.6.25.]

제7조(토지 이용 계획 등의 변경) ① 법 제9조제1항제1호 본문에서 "대통령령으로 정하는 토지 이용 계획 등이 변경된 경우"란 개발사업이 시행되는 토지가 별표 2의 용도지역·용도지구 등으로 지정 또는 변경되거나 그 토지에 지정된 용도지역·용도지구 등이 해제되는 것을 말한다. 다만, 토지 취득 당시의 용도지역·용도지구 등과 같은 용도지역·지구 등으로 되돌리는 경우는 제외한다.

② 제1항을 적용할 때 토지 이용 계획 등의 변경이 두 번 이상 이루어진 경우에는 인가등을 받기 전 5년 이내에 최초로 이루어진 것을 제1항에 따른 토지 이용 계획 등의 변경으로 본다.

제8조(부과 개시 시점의 예외) ① 법 제9조제1항제1호 단서에서 "대통령령으로 정하는 경우"와 "대통령령으로 정하는 날"이란 다음 각 호와 같다.

1. 토지 취득일부터 2년 이상이 지난 후에 토지 이용 계획 등이 변경된 경우에는 변경된 날의 2년 전에 해당하는 날
2. 「중소기업기본법」 제2조에 따른 중소기업자가 공장부지를 조성하기 위하여 토지를 취득한 후에 토지 이용 계획 등이 변경된 경우에는 토지 이용 계획 등의 변경일

② 법 제9조제1항제2호에 따라 인가등의 변경으로 부과 대상 토지에 새로 편입된 토지에 대한 부과 개시 시점은 다음 각 호에서 정하는 날로 한다.

1. 변경인가 등을 받기 전에 제7조에 따른 토지 이용 계획 등이 변경된 경우로서 토지 이용 계획 등의 변경 전에 취득한 토지인 경우에는 취득일 또는 제1항제1호 및 제2호에 해당되는 날
2. 변경인가 등을 받기 전에 제7조에 따른 토지 이용 계획 등이 변경된 경우로서 토지 이용 계획 등의 변경일부터 변경인가 등을 받기 전의 사이에 토지를 취득한 경우에는 토지를 취득한 날
3. 제1호 또는 제2호 외의 토지인 경우에는 인가등의 변경일

제9조(개발사업의 인가일 등) ① 법 제9조제2항에 따른 개발사업의 인가등을 받은 날과 법 제9조제4항에 따른 준공인가 등을 받은 날은 별표 3과 같다.

② 법 제9조제2항에 따른 취득일에 관하여는 「소득세법 시행령」 제162조를 준용한다.

③ 법 제9조제3항에 따라 부과 종료 시점이 되는 준공인가 등을 받은 날이 관계 법령에 따라 정하여져 있지 아니한 경우에는 다음 각 호의 날을 부과 종료 시점으로 한다. <개

정 2013.3.23.>

1. 납부 의무자가 실제로 개발사업이 끝난 날을 증명할 수 있는 서류를 첨부하여 국토교통부장관에게 이를 신고한 경우에는 개발사업이 끝난 것으로 증명된 날
2. 납부 의무자가 실제로 개발사업이 끝난 날을 신고하지 아니하거나 이를 증명하지 못하는 경우에는 국토교통부장관이 현지를 확인하여 납부 의무자에게 개발사업이 끝난 날로 통지한 날

제10조(개발사업의 준공 전 부과 종료 시점) ① 법 제9조제3항제2호에서 "대통령령으로 정하는 경우"란 다음 각 호의 어느 하나에 해당하는 경우를 말한다.

1. 토지만을 개발하는 개발사업의 경우에는 다음 각 목의 어느 하나에 해당하는 경우
   가. 사실상 개발이 끝난 토지를 타인에게 양도하는 경우
   나. 사실상 개발이 끝난 토지에 건축물을 건축하는 등 토지 사용을 시작하는 경우
2. 주택건설사업 등 토지 개발과 건축물의 건축을 함께 하는 개발사업의 경우에는 관계 행정청의 인가등을 받아 건축물 사용을 시작하는 경우

② 제1항의 경우 개발부담금의 부과 종료 시점은 다음 각 호와 같다. <개정 2014.7.14.>

1. 제1항제1호가목에 따라 토지를 타인에게 양도하는 경우에는 「소득세법 시행령」 제162조에 따른 시기에 해당하는 날
2. 제1항제1호나목에 따라 토지 사용을 시작하는 경우에는 「건축법」 제21조에 따른 착공 신고일
3. 제1항제2호에 따라 건축물 사용을 시작하는 경우에는 「건축법」 제22조에 따른 임시사용 승인일

③ 법 제9조제3항제3호에서 "그 밖에 대통령령으로 정하는 경우"란 개발사업을 시작한 후 다음 각 호의 어느 하나에 해당하는 사유가 발생한 경우를 말한다.

1. 개발사업에 대한 인가등이 해당 법률에서 정하는 바에 따라 취소된 경우
2. 사업시행자의 파산이나 그 밖의 사유로 개발사업의 시행이 중단되어 사업을 끝낼 수 없게 된 경우

④ 제1항의 경우 개발사업의 준공인가 등을 받기 전에 해당 사업이 끝난 것으로 보는 토지의 면적은 국토교통부령으로 정한다. <개정 2013.3.23.>

제11조(지가의 산정) ① 법 제10조제2항에서 "대통령령으로 정하는 경우"란 다음 각 호의 경우를 말한다. <개정 2009.9.21., 2013.3.23., 2014.7.14., 2016.8.11.>

1. 「주택법」 제54조제1항제1호에 따라 특별자치시장·특별자치도지사·시장·군수 또는 구청장(자치구의 구청장을 말한다. 이하 같다)의 승인을 받아 주택의 분양가가 결정된 경우(주택의 분양가를 제3항제1호에 따른 건축비를 적용하여 결정하는 경우로 한정한다)
2. 「주택법」 제15조제1항 및 같은 법 시행령 제27조제6항에 따라 사업주체가 조성한 대지의 공급조건 등에 대하여 국토교통부장관 또는 지방자치단체의 장의 승인을 받은 경우
3. 「택지개발촉진법」 제9조 및 같은 법 시행령 제8조에 따라 택지의 공급가격결정방법 등이 포함된 택지개발사업실시계획에 대하여 국토교통부장관 또는 지방자치단체의 장의 승인을 받은 경우
4. 「산업입지 및 개발에 관한 법률」 제38조 및 같은 법 시행령 제40조에 따라 개발된 토지의 분양가가 결정된 경우
5. 「산업입지 및 개발에 관한 법률」 제39조에 따른 특수지역개발사업으로 개발된 토지의 분양가가 같은 법 시행령 제40조의 분양가격의 결정방법과 같은 방법으로 결정된 경우
6. 「한국토지주택공사법」 제16조에 따라 한국토지주택공사가 매입하여 개발한 토지의 분양가가 결정된 경우
7. 제1호부터 제6호까지의 경우와 비슷한 경우로서 국가 또는 지방자치단체의 인가등을 받아 토지의 분양가격이 결정된 경우

② 법 제10조제2항에 따라 처분 가격을 종료시점지가로 산정하는 경우는 법 제10조제3항 단서에 따라 매입가격으로 개시시점지가를 산정하는 경우로 한정한다.

③ 법 제10조제2항에 따라 처분 가격을 종료시점지가로 할 때 제1항제1호의 경우에는 그 처분 가격을 분양가에서 다음 각 호의 금액을 뺀 가액(價額)으로 한다. 다만, 납부 의무자가 「건설산업기본법」에 따라 등록을 한 건설업자와의 도급계약에 따라 지출한 건축비 명세서를 제출한 경우에는 분양가에서 그 건축비와 제2호의 경비를 뺀 가액으로 할 수 있다.

<개정 2013.3.23.>

1. 국토교통부장관이 정하여 고시하는 건축비
2. 건축과 관련된 부대경비로서 국토교통부령으로 정하는 경비
3. 지하주차장 설치에 들어간 비용
4. 「건축법」 등 관계 법령에 따라 설치하도록 되어 있는 지하층을 초과하여 설치한 경우 그 초과 설치에 들어간 비용

④ 국토교통부장관은 법 제25조에 따라 관계 행정청으로부터 개발사업에 관한 인가등의 통보를 받았을 때에는 지체 없이 부과 대상 토지를 조사하고 개시시점지가를 산정하여야 한다. <개정 2013.3.23.>

⑤ 법 제10조제3항제5호에서 "대통령령으로 정하는 경우"란 다음 각 호의 어느 하나에 해당하는 경우를 말한다. <개정 2010.9.20., 2013.3.23., 2014.7.14.>

1. 부과 개시 시점 이전에 매입한 경우(부과 개시 시점 이전에 매매계약을 체결하여 부과 개시 시점 이후에 그 계약에서 약정한 금액대로 매매대금의 지급이 이루어진 경우로서 국토교통부령으로 정하는 증명서류를 제출한 경우를 포함한다)로서 그 매입가격이 취득세의 과세표준이 된 경우
2. 사업시행자가 「지방세특례제한법」 제21조, 제23조, 제36조, 제37조, 제38조제1항ㆍ제3항, 제40조, 제42조제3항, 제45조, 제47조제1항, 제49조, 제52조제1항, 제53조, 제54조제5항제1호, 제69조 및 제88조제2항에 따른 법인 등인 경우로서 그 매입가격이 법인 등의 장부에 기록된 매입가격인 경우

⑥ 법 제10조제3항 각 호 외의 부분 단서에 따라 실제의 매입가액 또는 취득가액을 개시시점지가로 할 때 납부 의무자가 토지와 그 토지에 정착된 건축물 등을 함께 매입한 경우로서 실제 매입가액 또는 취득가액 중 토지의 가액과 건축물 등의 가액의 구분이 불분명한 경우에는 「부가가치세법 시행령」 제64조에서 정하는 바에 따라 똑같이 나누어 계산한 가액을 그 토지의 매입가액 또는 취득가액으로 한다. <개정 2013.6.28., 2016.7.19.>

⑦ 법 제10조제5항에서 "대통령령으로 정하는 경우"란 다음 각 호의 어느 하나에 해당하는 경우를 말한다.

1. 개시시점지가 및 종료시점지가를 산정할 때 부과 대상 토지의 개별공시지가가 없는 경우
2. 종료시점지가를 산정할 때 법 제10조제3항 단서에 따라 매입가격으로 개시시점지가를 산정한 경우

제12조(개발비용의 산정) ① 법 제11조제1항 각 호에 따른 개발비용의 산정기준은 각각 다음 각 호와 같다. <개정 2010.9.20., 2013.3.23., 2014.7.14., 2016.7.19., 2016.8.31.>

1. 순공사비: 해당 개발사업을 위하여 지출한 재료비ㆍ노무비ㆍ경비의 합계액
2. 조사비: 직접 해당 개발사업의 시행을 위한 다음 각 목의 비용(순공사비에 해당하지 아니하는 비용을 말한다)의 합계액
   가. 해당 개발사업의 시행을 위한 측량비
   나. 관계 법령이나 해당 개발사업의 인가등의 조건에 따라 의무적으로 실시하여야 하는 각종 영향평가에 드는 비용
   다. 「매장문화재 보호 및 조사에 관한 법률」 제6조제1항 및 제11조제3항에 따른 매장문화재의 지표조사 및 발굴에 드는 비용
   라. 개발사업 토지에 대한 지반조사에 드는 비용
3. 설계비: 해당 개발사업의 설계를 위하여 지출한 비용의 합계액
4. 일반관리비: 해당 개발사업과 관련하여 관리활동 부문에서 발생한 모든 비용의 합계액
5. 기부채납액: 납부 의무자가 관계 법령이나 해당 개발사업의 인가등의 조건에 따라 국가 또는 지방자치단체에 기부하는 토지 또는 공공시설 등의 가액으로서 다음 각 목의 구분에 따라 산정한 가액. 다만, 개발사업 목적이 타인에게 분양하는 등 처분하는 것으로서 그 처분가격에 기부하는 토지 또는 공공시설 등의 가액이 포함된 경우에는 제11조제2항에 따라 그 처분가격을 종료시점지가로 산정하는 경우로 한정한다.
   가. 토지의 가액: 개시시점지가에 부과기간의 정상지가상승분을 합한 금액
   나. 공공시설 등의 가액: 토지의 가액에 그 시설의 조성원가를 합산한 금액
6. 부담금 납부액: 관계 법령이나 해당 개발사업의 인가등의 조건에 따라 국가 또는 지방자치단체에 납부한 부담금의 합계액
7. 토지의 개량비: 해당 개발사업의 인가등을 받은 날을 기준으로 그 이전 3년 이내에 부과 대상 토지를 개량하기 위하여 지출한 비용으로서 개시시점지가에 반영

되지 아니한 비용
8. 제세공과금: 해당 개발사업의 시행과 관련하여 국가 또는 지방자치단체에 납부한 제세공과금의 합계액. 다만, 다음 각 목의 어느 하나에 해당하는 금액은 제외한다.
  가. 개발사업 대상 토지의 취득이나 보유로 인하여 납부한 금액. 다만, 지목변경으로 인한 취득세는 제외한다.
  나. 벌금, 과태료, 과징금 또는 가산금 등 각종 법령이나 의무 위반으로 납부한 금액
9. 보상비: 토지의 가액에 포함되지 아니한 개발사업구역의 건축물, 공작물, 입목 및 영업권 등에 대한 보상비. 이 경우 건축물에 대한 보상비를 산정할 때에는 다음 각 목에 따른다.
  가. 개발사업을 시행하기 위하여 매입한 건축물인 경우: 취득세의 과세표준이 된 실제 매입가격
  나. 기존에 소유한 건축물인 경우: 「지방세법」 제4조에 따른 시가표준액(이하 "시가표준액"이라 한다). 다만, 시가표준액이 없거나 납부 의무자가 원하는 경우에는 국토교통부장관이 지정하는 감정평가업자(「감정평가 및 감정평가사에 관한 법률」 제2조제4호에 따른 감정평가업자를 말한다)가 감정평가한 금액으로 한다.

② 제1항에 따른 개발비용은 다음 각 호의 구분에 따라 산정한다. <개정 2014.7.14.>
1. 법 제11조제1항에 따른 개발비용은 납부 의무자가 해당 사업의 시행과 관련하여 지출한 제1항 각 호의 비용의 합계액으로서 산출명세서와 증명서를 갖춘 금액. 다만, 제1항제4호의 일반관리비는 「국가를 당사자로 하는 계약에 관한 법률 시행령」 제9조 및 「지방자치단체를 당사자로 하는 계약에 관한 법률 시행령」 제10조에 따른 예정가격 결정기준과 요율을 적용하여 산정한 금액으로 한다.
2. 법 제11조제2항에 따라 개발비용을 산정하는 경우에는 다음 각 목의 금액의 합계액
  가. 제1항제1호부터 제4호까지의 비용은 부과대상 토지 면적에 국토교통부장관이 고시하는 단위면적당 표준비용을 곱하여 산정한 금액으로서 산출명세서를 갖춘 금액
  나. 제1항제5호부터 제9호까지의 비용의 합계액으로서 산출명세서와 증명서를 갖춘 금액

③ 제2항의 경우 납부 의무자가 제시한 금액 중 제1항제1호부터 제3호까지의 개발비용의 금액이 다음 각 호의 기준에 따라 산출한 금액을 초과하는 경우에는 그 초과하는 금액은 법 제11조제1항에 따른 개발비용으로 보지 아니한다. <개정 2011.1.17., 2014.7.14.>
1. 재료비·노무비·경비는 「국가를 당사자로 하는 계약에 관한 법률 시행령」 제9조 및 「지방자치단체를 당사자로 하는 계약에 관한 법률 시행령」 제10조에 따른 예정가격 결정기준 중 공사원가계산을 위한 재료비·노무비·경비의 산출 방법을 적용하여 산출하되, 정부표준품셈과 단가(정부고시가격이 있는 경우에는 그 금액을 말한다)에 따른 금액
2. 조사비와 설계비는 「엔지니어링산업 진흥법」 제31조에 따른 엔지니어링사업대가의 기준에 따라 산정한 금액

④ 납부 의무자가 제시한 개발비용의 금액이 제3항에 따른 금액을 초과하는 경우로서 다음 각 호의 어느 하나에 해당하는 경우에는 제3항에도 불구하고 그 금액을 법 제11조에 따른 개발비용으로 인정할 수 있다. <개정 2011.1.17., 2013.3.23., 2014.5.22., 2014.7.14., 2016.8.31., 2016.11.29.>
1. 지방자치단체 또는 감면기관이 「지방재정법」, 「지방회계법 또는 「공공기관의 운영에 관한 법률」에 따라 지출한 개발비용
2. 국토교통부장관이 납부 의무자가 제시한 금액에 대하여 국토교통부령으로 정하는 요건을 갖춘 다음 각 목의 어느 하나에 해당하는 회사나 기관(이하 "개발비용산정기관"이라 한다)에 의뢰하여 제3항 각 호의 기준에 적합한 것으로 확인한 경우 그 개발비용
  가. 「건설기술 진흥법」 제26조에 따라 등록된 건설기술용역업자
  나. 「기술사법」 제6조에 따라 등록된 기술사사무소
  다. 「감정평가 및 감정평가사에 관한 법률」 제29조에 따른 감정평가법인
  라. 「엔지니어링산업 진흥법」 제21조에 따라 신고된 엔지니어링사업자
  마. 국가를 당사자로 하는 계약에 관한 법령에 따른 원가계산용역기관
3. 「건설산업기본법」에 따라 등록을 한 건설업자와의 도급계약, 「엔지니어링산업 진흥법」 제21조에 따라 신고한 엔지니어링사업자와의 엔지니어링사업계약 등 명백한 원인에 따라 지출한 비용을 근거로 산정한 개발비용
4. 국토교통부장관이 정하는 제3항에 따른 개발비용의 세부 항목별 산출기준에 적합하다고 인정되는 경우

⑤ 국토교통부장관이 제2항에 따라 납부 의무자가 제시한 금액의 사실 여부를 확인하고 제3항에 따른 금액을 산출할 때, 해당 개발사업의 내용·성질 등이 특수하여 그 확인 또는 금액 산출이 곤란한 경우에는 개발비용산정기관에 그 확인 또는 금액 산출을 의뢰할 수 있다. <개정 2013.3.23.>
⑥ 법 제11조제2항에서 "대통령령으로 정하는 일정 면적"이란 2천700제곱미터를 말한다. <신설 2011.11.11.>

제13조(양도소득세액 등의 개발비용 인정) 법 제12조에 따라 개발비용으로 계상되는 양도소득세 또는 법인세의 세액 범위는 부과 종료 시점 이전에 토지가 양도된 때에는 해당 세액 중 부과 개시 시점부터 양도시까지, 부과 종료 시점 이후에 토지가 양도된 때에는 부과 개시 시점부터 부과 종료 시점까지에 상당하는 세액으로 한다. 이 경우 개발비용으로 계상되는 세액의 산정은 양도소득세 또는 법인세를 일(日) 단위로 똑같이 나누어 산정한다. <개정 2014.7.14.>

제14조(부과 금액의 산정) ① 법 제8조부터 제13조까지의 규정에 따라 부담금을 산정할 때 부과 종료 시점이 월 중에 속하는 경우에는 부과 종료 시점이 속한 월의 전월 정상지가변동률을 적용하여 부담금을 산정한다. 이 경우 부과 종료 시점이 속한 월의 정상지가변동률이 공표된 때에는 지체 없이 그 차액을 산정하여 정산하여야 한다.
② 별표 1 제7호에 따른 지목변경이 수반되는 개발사업의 경우 인가등을 받은 면적 중 그 사업이 종료된 후 사실상 또는 공부상 지목이 변경된 면적에 한하여 개발이익이 발생한 것으로 본다. <개정 2014.7.14.>
③ 제2항에 따른 개발사업에 대한 부담금을 산정할 때 그 개발비용은 총지출비용 중 지목이 변경된 부분에 지출된 비용으로 하되, 지목이 변경된 부분에 지출된 비용을 명확하게 구분할 수 없는 경우에는 면적비율에 따른다.

제15조(부과기준과 부과 금액의 예정 통지) ① 국토교통부장관은 법 제14조에 따라 부담금을 부과하려면 미리 납부 의무자에게 결정될 부과기준 및 부과 금액을 알려야 한다. <개정 2013.3.23., 2014.7.14.>
② 제1항에 따른 통지는 비용명세서가 제출된 날부터 60일 이내에 하여야 한다. <개정 2014.7.14.>
③ 국토교통부장관은 법 제14조제1항 단서에 해당하는 사업에 대하여 부담금을 부과하는 경우에는 전체 개발사업이 끝난 후에 법 제9조제3항 각 호의 어느 하나에 해당하는 토지별로 부담금을 산정하여 부과할 수 있다. <개정 2013.3.23.>
[제목개정 2014.7.14.]

제16조(고지 전 심사) ① 제15조에 따라 통지를 받은 부과기준 및 부과 금액에 대하여 이의가 있는 납부 의무자는 예정 통지를 받은 날부터 30일 이내에 국토교통부장관에게 심사(이하 "고지 전 심사"라 한다)를 청구할 수 있다. <개정 2013.3.23., 2014.7.14.>
② 예정 통지를 받은 납부 의무자가 고지 전 심사를 청구하려면 다음 각 호의 사항을 적은 고지 전 심사청구서를 국토교통부장관에게 제출하여야 한다. 이 경우 관계 증명서류 등이 있으면 이를 고지 전 심사청구서에 첨부하여야 한다. <개정 2013.3.23., 2014.7.14.>
1. 청구인의 성명(법인의 경우에는 명칭 및 대표자의 성명) 및 주소 또는 거소(居所)
2. 부담금 부과 대상 토지의 명세
3. 예정 통지된 부과기준 및 부과 금액
4. 고지 전 심사청구의 이유

③ 제1항에 따라 고지 전 심사청구를 받은 국토교통부장관은 그 청구를 받은 날부터 15일 이내에 이를 심사하여 그 결과를 청구인에게 알려야 한다. <개정 2013.3.23.>
④ 고지 전 심사결과의 통지는 다음 각 호의 사항을 적은 고지 전 심사결정 통지서로 하여야 한다. <개정 2014.7.14.>
1. 청구인의 성명(법인의 경우에는 명칭 및 대표자의 성명)·주소 또는 거소
2. 부담금 부과 대상 토지의 명세
3. 부과기준 및 부과 금액
4. 심사결과

제17조(부담금의 부과 기한) 법 제15조제3항에 따른 부담금을 부과 고지할 수 있는 날은 다음 각 호의 날로 한다. <개정 2014.7.14.>
1. 제15조제3항에 따라 부담금을 부과하게 되는 경우에는 전체 개발사업이 끝난 날부터 5개월이 지난 날
2. 제21조에 따라 부담금을 추징하게 되는 경우에는 추징 사유가 발생한 날부터 5

개월이 지난 날
3. 제1호와 제2호 외의 경우에는 부과 종료 시점부터 5개월이 지난 날

제18조(부담금의 결정) 국토교통부장관은 제15조에 따른 예정 통지에 이의가 없는 경우 또는 제16조에 따른 고지 전 심사청구에 대한 심사결과를 알린 경우에는 그 알린 금액에 따라 부담금을 결정한다. <개정 2013.3.23.>

제19조(납부의 고지) 국토교통부장관이 법 제15조에 따라 납부 의무자에게 납부고지서를 발부할 때에는 다음 각 호의 사항을 명시하여야 한다. <개정 2013.3.23., 2014.7.14.>
1. 부과 대상 개발사업의 명칭
2. 납부 의무자
3. 부과기준 및 산출 근거
4. 납부 금액 및 납부기한
5. 납부방법

제20조(부담금의 정정 등) ① 국토교통부장관은 제18조에 따라 부담금을 결정한 후에 그 결정 내용에 누락 또는 오류가 있는 것을 발견한 경우에는 즉시 그 부담금을 조사하여 정정하여야 한다. <개정 2013.3.23.>
② 납부 의무자가 제12조제1항제5호에 따라 국가 또는 지방자치단체에 기부하기로 한 토지 또는 공공시설 등을 특별한 사유 없이 법 제18조에 따른 납부 기일까지 기부하지 아니하는 경우에는 납부 기일이 지난 날부터 1개월 이내에 그 토지 또는 공공시설 등과 관련하여 개발비용으로 산입한 금액에 해당하는 부담금을 징수한다. 이 경우 부담금의 납부 기한은 부과 고지일부터 30일로 한다. <개정 2014.7.14.>
③ 제1항에 따라 부담금을 정정하는 경우와 법 제26조에 따른 행정심판 등에 따라 이미 납부된 부담금 중에 과오납금이 발생한 경우에는 부담금의 납부일부터 지급결정을 하는 날까지의 기간에 대하여 「국세기본법 시행령」 제43조의3제2항에 따른 이자율에 따라 계산한 금액을 더하여 지급한다. <개정 2014.7.14.>

제21조(부담금의 추징) ① 법 제16조제1항에서 "특별한 사유"란 다음 각 호의 어느 하나에 해당하는 경우를 말한다.
1. 천재지변이나 그 밖에 이와 유사한 사유로 해당 재산에 현저한 손실을 입은 경우
2. 기업의 도산 등으로 개발사업을 계속하는 것이 곤란한 경우
② 법 제16조제1항에서 "대통령령으로 정하는 기간"이란 부과 종료 시점 후 5년 이내를 말한다.
③ 법 제16조제1항에서 "대통령령으로 정하는 사유"란 다음 각 호의 어느 하나에 해당하는 경우를 말한다.
1. 당초 개발사업의 목적용도와 다른 용도로 토지를 이용하는 경우
2. 당초 개발사업의 목적용도 외의 용도로 토지를 이용하려는 자에게 그 토지를 양도하는 경우
④ 국토교통부장관은 법 제7조제2항에 따라 경감한 부담금을 법 제16조제1항에 따라 추징하려면 제3항의 사유가 발생한 날부터 15일 이내에 경감한 부담금에 대한 납부고지서를 납부 의무자에게 보내야 한다. 이 경우 추징하는 부담금에 대한 납부 기한은 고지일부터 30일로 한다. <개정 2013.3.23.>
⑤ 국토교통부장관은 법 제7조제3항에 따라 면제한 부담금을 법 제16조제1항에 따라 추징하려면 제3항의 사유가 발생한 날부터 15일 이내에 납부 의무자에게 추징을 통보하여야 하며, 납부 의무자는 통보를 받은 날부터 30일 이내에 법 제11조에 따른 개발비용 산정에 필요한 명세서를 국토교통부장관에게 제출하여야 한다. <개정 2013.3.23., 2014.7.14.>
⑥ 제5항에 따라 부담금을 추징하는 경우에는 법 제18조와 이 영 제15조·제16조·제18조 및 제19조를 준용한다.

제22조(물납) ① 법 제18조제2항에 따라 물납을 신청하려는 자는 부담금의 금액, 물납부동산의 소재지, 면적, 위치 및 가격 등을 적은 물납신청서를 국토교통부장관에게 제출하여야 한다. <개정 2013.3.23., 2016.7.19.>
② 국토교통부장관은 제1항에 따른 물납신청서를 받은 날부터 30일 이내에 국토교통부령으로 정하는 바에 따라 수납 여부를 결정하여 신청인에게 서면으로 알려야 한다. <개정 2013.3.23., 2014.7.14.>
③ 납부 의무자는 부과 금액과 물납부동산 가액과의 차액을 현금으로 내야 한다. <개정 2014.7.14., 2016.7.19.>
④ 물납부동산의 가액은 다음 각 호의 구분에

따라 산정한다. <개정 2016.7.19.>
1. 토지: 부과 종료 시점 당시의 개별공시지가(물납 토지가 부과 대상 토지인 경우에는 종료시점지가)에 부과 종료 시점부터 제2항에 따라 서면으로 알린 날까지의 정상지가상승분을 합한 금액
2. 건축물(토지와 그 위의 주택을 함께 물납하는 경우에는 토지를 포함한다): 부과 종료 시점 당시의 시가표준액

⑤ 제4항에도 불구하고 개별공시지가 또는 시가표준액이 없는 경우의 물납부동산 가액은 국토교통부장관이 지정하는 감정평가업자(「감정평가 및 감정평가사에 관한 법률」 제2조제4호에 따른 감정평가업자를 말한다)가 감정평가한 금액으로 한다. <신설 2016.7.19., 2016.8.31.>

제22조의2(부담금의 일부 환급) ① 법 제18조의2제1항에 따른 부담금의 일부 환급 금액(이하 "환급액"이라 한다)의 산정방법은 별표 4와 같다. 다만, 산정된 환급액이 10만원 미만인 경우에는 환급액이 없는 것으로 본다.
② 제1항에 따라 산정한 환급액[「국가균형발전 특별법」에 따른 지역발전특별회계(이하 "특별회계"라 한다)에의 귀속분에 해당하는 금액과 해당 지방자치단체에의 귀속분에 해당하는 금액을 합한 금액을 말한다]의 환급방법 등에 필요한 사항은 국토교통부령으로 정한다.
[본조신설 2014.7.14.]

제23조(납부 기일 전 징수) 국토교통부장관은 법 제19조제2항에 따라 납부 기일 전에 부담금을 징수하려는 경우에는 그 납부 기일을 부담금 고지일부터 5일 이상이 지난 날로 하여야 하고, 그 고지서에는 납부 기일 전에 징수한다는 뜻과 납부 기일이 변경된 사실을 적어야 한다. <개정 2013.3.23.>

제24조(납부의 연기 및 분할 납부) ① 법 제20조에 따라 납부 기일을 연기하거나 분할 납부를 신청하려는 자는 납부 기일 연기 또는 분할 납부 사유 등을 적은 납부 기일 연기신청서 또는 분할 납부 신청서를 국토교통부장관에게 제출하여야 한다. <개정 2013.3.23.>
② 국토교통부장관은 제1항에 따른 납부 기일 연기신청서 또는 분할 납부 신청서를 받은 날부터 30일 이내에 신청인에게 납부 기일 연기 또는 분할 납부 여부를 서면으로 알려야 한다. <개정 2013.3.23.>
③ 법 제20조제1항제5호에서 "대통령령으로 정하는 경우"란 부담금 부과 금액이 1천만원을 초과하고, 납부 의무자가 「국세기본법」 제31조에 따른 담보를 제공하는 경우를 말한다. <개정 2014.7.14.>
1. 삭제 <2014.7.14.>
2. 삭제 <2014.7.14.>
3. 삭제 <2014.7.14.>

④ 법 제20조제3항에서 "대통령령으로 정하는 금액"이란 다음의 계산식에 따라 산정한 금액을 말한다. <개정 2014.7.14.>

제25조(결손처분) 국토교통부장관은 법 제23조제1항제4호에 따라 결손처분을 하려면 관할 세무서 등 관계 행정기관 등에 조회하여 그 체납자의 행방 또는 재산의 유무를 조사·확인하여야 한다. 다만, 체납된 부담금이 10만원 미만인 경우에는 그러하지 아니하다. <개정 2013.3.23.>

제25조의2(개발비용 산출명세서) ① 법 제24조에 따라 개발비용의 산정에 필요한 명세서를 제출하려는 자는 다음 각 호에서 정하는 바에 따라 개발비용 산출명세서를 국토교통부장관에게 제출하여야 한다. <개정 2013.3.23.>
1. 국가 또는 지방자치단체로부터 개발사업의 준공인가 등을 받은 경우에는 부과 종료 시점부터 40일 이내에 제출할 것
2. 부과 대상 토지가 법 제9조제3항 단서에 해당되는 경우로서 준공된 개발사업별로 개발비용을 산출하기 곤란한 경우에는 전체 개발사업이 완료된 날부터 40일 이내에 명세서를 제출할 것. 이 경우 부과 종료 시점이 서로 다른 대상 토지는 그 명세서를 별도로 구분하여 작성하여야 한다.

② 제1항에 따른 개발비용 산출명세서에는 설계서 등 개발비용 산출 증명서류를 첨부하여야 한다. 다만, 법 제11조제2항에 따라 국토교통부장관이 고시하는 단위면적당 표준비용을 적용하는 경우에는 제12조제1항제1호부터 제4호까지의 개발비용에 대한 개발비용 산출 증명서류는 첨부하지 아니한다. <개정 2011.11.11., 2013.3.23.>
[본조신설 2009.6.25.]

제26조(개발사업의 조사) 국토교통부장관은 부담금의 부과 대상인 개발사업의 누락을 방지하기 위하여 법 제25조제1항에 따른 관계 행정청의 통보가 없는 경우에는 지방자치단

체별로 진행 중인 개발사업에 대한 현지조사 또는 관계 행정청에 대한 사실조회 등 필요한 조치를 하여야 한다. <개정 2013.3.23.>

제27조(대상 사업의 고지) 국토교통부장관은 법 제25조제1항에 따라 관계 행정청의 통보를 받으면 법 제6조에 따른 납부 의무자에게 국토교통부령으로 정하는 사항을 미리 고지하여야 한다. <개정 2013.3.23.>

제28조(권한의 위임 등) ① 국토교통부장관은 법 제27조제2항에 따라 다음 각 호의 권한을 특별자치시장·특별자치도지사·시장·군수 또는 구청장에게 위임한다. <개정 2013.3.23., 2014.7.14., 2016.7.19.>

1. 법 제10조에 따른 지가의 산정

1의2. 법 제12조제3항에 따른 양도소득세 또는 법인세의 부과 금액 등 「국세기본법」 제81조의13에 따른 과세정보의 제공 요청

2. 법 제14조에 따른 부담금의 결정·부과(이 영 제15조·제16조 및 제20조에 따른 예정 통지, 고지 전 심사, 부담금의 정정 등에 관한 사항을 포함한다)
3. 법 제15조에 따른 납부의 고지
4. 법 제16조에 따른 부담금의 추징
5. 법 제18조제2항에 따른 물납의 인정 및 징수

5의2. 법 제18조의2에 따른 부담금의 일부 환급

6. 법 제19조에 따른 납부 기일 전 징수 및 고지
7. 법 제20조에 따른 납부 기일의 연기 또는 분할 납부의 인정과 징수
8. 법 제21조에 따른 납부 독촉
9. 법 제22조에 따른 체납처분
10. 법 제23조에 따른 결손처분
11. 법 제24조에 따라 제출된 자료의 접수
12. 법 제25조에 따른 자료의 통보 및 접수
13. 법 제29조에 따른 과태료의 부과·징수
14. 제9조제3항제1호에 따른 개발사업 완료에 관한 신고의 접수와 같은 항 제2호에 따른 현지 확인 및 통지
15. 제12조제1항제9호나목 및 제22조제5항에 따른 감정평가업자의 지정
16. 제12조제3항에 따른 개발비용의 산출 및 같은 조 제5항에 따른 개발비용의 확인 또는 금액 산출의 의뢰
17. 제26조에 따른 사실조회 등의 조치
18. 제27조에 따른 대상 사업의 고지

② 특별자치시장·특별자치도지사·시장·군수 또는 구청장은 제1항에 따라 징수한 부담금 중 특별회계에의 귀속분은 「한국은행법」에 따른 한국은행(국고대리점을 포함한다. 이하 같다) 또는 체신관서에 지체 없이 납입하여야 하며, 시장·군수 또는 구청장은 특별시·광역시 또는 도에의 귀속분을 「지방회계법」 제38조에 따라 지정된 특별시·광역시 또는 도의 금고에 지체 없이 납입하여야 한다. <개정 2009.5.29., 2014.3.11., 2014.7.14., 2016.11.29.>

③ 특별자치시장·특별자치도지사·시장·군수 또는 구청장은 제1항에 따라 물납을 받았을 때에는 지체 없이 특별회계귀속분에 해당하는 토지를 특별회계 소속 국유재산으로 하기 위한 등기이전과 그 밖에 필요한 조치를 하여야 한다. <개정 2014.7.14.>

④ 특별자치시장·특별자치도지사·시장·군수 또는 구청장은 제1항에 따라 징수한 분기별 부담금의 부과·징수 실적 및 납입·물납 실적을 다음 분기 첫째 달 10일까지 국토교통부장관에게 작성·제출하여야 한다. <개정 2013.3.23., 2014.7.14.>

⑤ 국토교통부장관은 제4항에 따라 제출된 부담금의 부과·징수 실적 및 납입·물납 실적을 근거로 하여 납입금액(특별자치시장·특별자치도지사·시장·군수 또는 구청장이 제2항에 따라 한국은행 또는 체신관서에 납입한 금액 및 물납받은 토지의 가액을 말하며, 제3조제3항에 따라 정산한 금액은 제외한다)의 100분의 7을 특별자치시장·특별자치도지사·시장·군수 또는 구청장에게 위임수수료로 지급하여야 한다. 이 경우 위임수수료는 분기별로 분기 종료 다음 달에 지급한다. <개정 2013.3.23., 2014.7.14.>

제28조의2(규제의 재검토) 국토교통부장관은 제21조에 따른 부담금의 추징 사유 및 절차 등에 대하여 2017년 1월 1일을 기준으로 3년마다(매 3년이 되는 해의 1월 1일 전까지를 말한다) 그 타당성을 검토하여 개선 등의 조치를 하여야 한다. <개정 2016.12.30.>

1. 삭제 <2016.12.30.>
2. 삭제 <2016.12.30.>

[본조신설 2013.12.30.]

제29조(과태료의 부과기준) 법 제29조에 따

른 과태료의 부과기준은 다음과 같다.

1. 납부의무자가 법 제24조에 따른 개발비용 산출명세서를 제25조의2에서 정한 기한 내에 제출하지 아니한 경우: 100만원
2. 납부의무자가 법 제24조에 따른 개발비용 산출명세서를 부과 종료 시점부터 3개월 이내에 제출하지 아니하거나 거짓으로 제출한 경우: 200만원

[본조신설 2009.6.25.]

부칙

<제27830호, 2017.2.3.>
(교육환경 보호에 관한 법률 시행령)

제1조(시행일) 이 영은 2017년 2월 4일부터 시행한다.

제2조(다른 법령의 개정) ① 개발이익 환수에 관한 법률 시행령 일부를 다음과 같이 개정한다.

별표 2 제8호 중 "「학교보건법」"을 "「교육환경 보호에 관한 법률」"로 한다.

②부터 ⑦까지 생략

제3조 생략

국가공간정보 기본법

(약칭: 공간정보법)

[시행 2015.6.4.]

[법률 제12736호, 2014.6.3., 일부개정]

제1장 총칙

제1조(목적) 이 법은 국가공간정보체계의 효율적인 구축과 종합적 활용 및 관리에 관한 사항을 규정함으로써 국토 및 자원을 합리적으로 이용하여 국민경제의 발전에 이바지함을 목적으로 한다.

제2조(정의) 이 법에서 사용하는 용어의 뜻은 다음과 같다. <개정 2012.12.18., 2013.3.23., 2014.6.3.>

1. "공간정보"란 지상·지하·수상·수중 등 공간상에 존재하는 자연적 또는 인공적인 객체에 대한 위치정보 및 이와 관련된 공간적 인지 및 의사결정에 필요한 정보를 말한다.
2. "공간정보데이터베이스"란 공간정보를 체계적으로 정리하여 사용자가 검색하고 활용할 수 있도록 가공한 정보의 집합체를 말한다.
3. "공간정보체계"란 공간정보를 효과적으로 수집·저장·가공·분석·표현할 수 있도록 서로 유기적으로 연계된 컴퓨터의 하드웨어, 소프트웨어, 데이터베이스 및 인적자원의 결합체를 말한다.
4. "관리기관"이란 공간정보를 생산하거나 관리하는 중앙행정기관, 지방자치단체, 「공공기관의 운영에 관한 법률」 제4조에 따른 공공기관(이하 "공공기관"이라 한다), 그 밖에 대통령령으로 정하는 민간기관을 말한다.
5. "국가공간정보체계"란 관리기관이 구축및 관리하는 공간정보체계를 말한다.
6. "국가공간정보통합체계"란 제19조제3항의 기본공간정보데이터베이스를 기반으로 국가공간정보체계를 통합 또는 연계하여 국토교통부장관이 구축·운용하는 공간정보체계를 말한다.
7. "공간객체등록번호"란 공간정보를 효율적으로 관리 및 활용하기 위하여 자연적 또는 인공적 객체에 부여하는 공간정보의 유일식별번호를 말한다.

제3조(국민의 공간정보복지 증진) ① 국가 및 지방자치단체는 국민이 공간정보에 쉽게 접근하여 활용할 수 있도록 체계적으로 공간정보를 생산 및 관리하고 공개함으로써 국민의 공간정보복지를 증진시킬 수 있도록 노력하여야 한다.

② 국민은 법령에 따라 공개 및 이용이 제한된 경우를 제외하고는 관리기관이 생산한 공간정보를 정당한 절차를 거쳐 활용할 권리를 가진다.

제3조의2(공간정보 취득·관리의 기본원칙) 국가공간정보체계의 효율적인 구축과 종합적 활용을 위하여 다음 각 호의 어느 하나에 해당하는 경우에는 국토의 공간별·지역별 공간정보가 균형있게 포함되도록 하여야 한다. <개정 2014.6.3.>

1. 제6조에 따른 국가공간정보정책 기본계획 또는 기관별 국가공간정보정책 기본계획을 수립하는 경우
2. 제7조에 따른 국가공간정보정책 시행계획 또는 기관별 국가공간정보정책 시행계획을 수립하는 경우
3. 제19조에 따른 기본공간정보를 취득 및 관리하는 경우
4. 제24조에 따라 국가공간정보통합체계를 구축하는 경우

[본조신설 2013.5.22.]

제4조(다른 법률과의 관계) 공간정보의 생산·관리·활용 및 유통 등에 관하여 다른 법률에 특별한 규정이 있는 경우를 제외하고는 이 법에서 정하는 바에 따른다.

제2장 국가공간정보정책의 추진체계

제5조(국가공간정보위원회) ① 국가공간정보정책에 관한 사항을 심의·조정하기 위하여 국토교통부에 국가공간정보위원회(이하 "위원회"라 한다)를 둔다. <개정 2013.3.23.>

② 위원회는 다음 각 호의 사항을 심의한다.

1. 제6조에 따른 국가공간정보정책 기본계획의 수립·변경 및 집행실적의 평가

2. 제7조에 따른 국가공간정보정책 시행계획(제7조에 따른 기관별 국가공간정보정책 시행계획을 포함한다)의 수립·변경 및 집행실적의 평가
3. 공간정보의 유통과 보호에 관한 사항
4. 국가공간정보체계의 중복투자 방지 등 투자 효율화에 관한 사항
5. 국가공간정보체계의 구축·관리 및 활용에 관한 주요 정책의 조정에 관한 사항
6. 그 밖에 국가공간정보정책 및 국가공간정보체계와 관련된 사항으로서 위원장이 부의하는 사항

③ 위원회는 위원장을 포함하여 30인 이내의 위원으로 구성한다.

④ 위원장은 국토교통부장관이 되고, 위원은 다음 각 호의 자가 된다. <개정 2012.12.18., 2013.3.23.>

1. 국가공간정보체계를 관리하는 중앙행정기관의 차관급 공무원으로서 대통령령으로 정하는 자
2. 지방자치단체의 장(특별시·광역시·특별자치시·도·특별자치도의 경우에는 부시장 또는 부지사)으로서 위원장이 위촉하는 자 7인 이상
3. 공간정보체계에 관한 전문지식과 경험이 풍부한 민간전문가로서 위원장이 위촉하는 자 7인 이상

⑤ 제4항제2호 및 제3호에 해당하는 위원의 임기는 2년으로 한다. 다만, 위원의 사임 등으로 새로 위촉된 위원의 임기는 전임 위원의 남은 임기로 한다.

⑥ 위원회는 제2항에 따른 심의 사항을 전문적으로 검토하기 위하여 전문위원회를 둘 수 있다. <개정 2014.6.3.>

⑦ 그 밖에 위원회 및 전문위원회의 구성·운영 등에 관하여 필요한 사항은 대통령령으로 정한다. <개정 2014.6.3.>

제6조(국가공간정보정책 기본계획의 수립) ① 정부는 국가공간정보체계의 구축 및 활용을 촉진하기 위하여 국가공간정보정책 기본계획(이하 "기본계획"이라 한다)을 5년마다 수립하고 시행하여야 한다.

② 기본계획에는 다음 각 호의 사항이 포함되어야 한다. <개정 2014.6.3.>

1. 국가공간정보체계의 구축 및 공간정보의 활용 촉진을 위한 정책의 기본 방향
2. 제19조에 따른 기본공간정보의 취득 및 관리
3. 국가공간정보체계에 관한 연구·개발
4. 공간정보 관련 전문인력의 양성
5. 국가공간정보체계의 활용 및 공간정보의 유통
6. 국가공간정보체계의 구축·관리 및 유통 촉진에 필요한 투자 및 재원조달 계획
7. 국가공간정보체계와 관련한 국가적 표준의 연구·보급 및 기술기준의 관리
8. 「공간정보산업 진흥법」 제2조제1항제2호에 따른 공간정보산업의 육성에 관한 사항
9. 그 밖에 국가공간정보정책에 관한 사항

③ 관계 중앙행정기관의 장은 제2항 각 호의 사항 중 소관 업무에 관한 기관별 국가공간정보정책 기본계획(이하 "기관별 기본계획"이라 한다)을 작성하여 대통령령으로 정하는 바에 따라 국토교통부장관에게 제출하여야 한다. <개정 2013.3.23.>

④ 국토교통부장관은 제3항에 따라 관계 중앙행정기관의 장이 제출한 기관별 기본계획을 종합하여 기본계획을 수립하고 위원회의 심의를 거쳐 이를 확정한다. <개정 2009.5.22., 2013.3.23.>

⑤ 제4항에 따라 확정된 기본계획을 변경하는 경우 그 절차에 관하여는 제4항을 준용한다. 다만, 대통령령으로 정하는 경미한 사항을 변경하는 경우에는 그러하지 아니하다.

제7조(국가공간정보정책 시행계획) ① 관계 중앙행정기관의 장과 특별시장·광역시장·특별자치시장·도지사 및 특별자치도지사(이하 "시·도지사"라 한다)는 매년 기본계획에 따라 소관 업무와 관련된 기관별 국가공간정보정책 시행계획(이하 "기관별 시행계획"이라 한다)을 수립한다. <개정 2012.12.18.>

② 관계 중앙행정기관의 장과 시·도지사는 제1항에 따라 수립한 기관별 시행계획을 대통령령으로 정하는 바에 따라 국토교통부장관에게 제출하여야 하며, 국토교통부장관은 제출된 기관별 시행계획을 통합하여 매년 국가공간정보정책 시행계획(이하 "시행계획"이라 한다)을 수립하고 위원회의 심의를 거쳐 이를 확정한다. <개정 2013.3.23.>

③ 제2항에 따라 확정된 시행계획을 변경하고자 하는 경우에는 제2항을 준용한다. 다만, 대통령령으로 정하는 경미한 사항을 변경하는 경우에는 그러하지 아니하다.

④ 국토교통부장관, 관계 중앙행정기관의 장

및 시·도지사는 제2항 또는 제3항에 따라 확정 또는 변경된 시행계획 및 기관별 시행계획을 시행하고 그 집행실적을 평가하여야 한다. <개정 2013.3.23.>

⑤ 국토교통부장관은 시행계획 또는 기관별 시행계획의 집행에 필요한 예산에 대하여 위원회의 심의를 거쳐 기획재정부장관에게 의견을 제시할 수 있다. <개정 2013.3.23.>

⑥ 시행계획 또는 기관별 시행계획의 수립, 시행 및 집행실적의 평가와 제5항에 따른 국토교통부장관의 의견제시에 관하여 필요한 사항은 대통령령으로 정한다. <개정 2013.3.23.>

제8조(관리기관과의 협의 등) ① 기관별 시행계획을 수립 또는 변경하고자 하는 관계 중앙행정기관의 장과 시·도지사는 관련된 관리기관과 협의하여야 한다. 이 경우 관계 중앙행정기관의 장과 시·도지사는 관련된 관리기관의 장에게 해당 사항에 관한 협의를 요청할 수 있다.

② 제1항에 따라 협의를 요청받은 관리기관의 장은 특별한 사유가 없는 한 30일 이내에 협의를 요청한 관계 중앙행정기관의 장 또는 시·도지사에게 의견을 제시하여야 한다.

제9조(연구·개발 등) ① 관계 중앙행정기관의 장은 공간정보체계의 구축 및 활용에 필요한 기술의 연구와 개발사업을 효율적으로 추진하기 위하여 다음 각 호의 업무를 행할 수 있다.

1. 공간정보체계의 구축·관리·활용 및 공간정보의 유통 등에 관한 기술의 연구·개발, 평가 및 이전과 보급
2. 산업계 또는 학계와의 공동 연구 및개발
3. 전문인력 양성 및 교육
4. 국제 기술협력 및 교류

② 관계 중앙행정기관의 장은 대통령령으로 정하는 바에 따라 제1항 각 호의 업무를 대통령령으로 정하는 공간정보 관련 기관, 단체 또는 법인에 위탁할 수 있다. <개정 2012.12.18.>

제10조(정부의 지원) 정부는 국가공간정보체계의 효율적 구축 및 활용을 촉진하기 위하여 다음 각 호의 어느 하나에 해당하는 업무를 수행하는 자에 대하여 출연 또는 보조금의 지급 등 필요한 지원을 할 수 있다. <개정 2014.6.3.>

1. 공간정보체계와 관련한 기술의 연구·개발
2. 공간정보체계와 관련한 전문인력의 양성
3. 공간정보체계와 관련한 전문지식 및 기술의 지원
4. 공간정보데이터베이스의 구축 및 관리
5. 공간정보의 유통
6. 제30조에 따른 공간정보에 관한 목록정보의 작성

제11조(국가공간정보정책에 관한 연차보고) ① 정부는 국가공간정보정책의 주요시책에 관한 보고서(이하 "연차보고서"라 한다)를 작성하여 매년 정기국회의 개회 전까지 국회에 제출하여야 한다.

② 연차보고서에는 다음 각 호의 내용이 포함되어야 한다.

1. 기본계획 및 시행계획
2. 국가공간정보체계 구축 및 활용에 관하여 추진된 시책과 추진하고자 하는 시책
3. 국가공간정보체계 구축 등 국가공간정보정책 추진 현황
4. 공간정보 관련 표준 및 기술기준 현황
5. 「공간정보산업 진흥법」 제2조제1항제2호에 따른 공간정보산업 육성에 관한 사항
6. 그 밖에 국가공간정보정책에 관한 중요사항

③ 국토교통부장관은 연차보고서의 작성 등을 위하여 중앙행정기관의 장 또는 지방자치단체의 장에게 필요한 자료의 제출을 요청할 수 있다. 이 경우 요청을 받은 중앙행정기관의 장 또는 지방자치단체의 장은 특별한 사유가 없는 한 이에 응하여야 한다. <개정 2013.3.23.>

④ 그 밖에 연차보고서의 작성 절차 및 방법 등에 관하여 필요한 사항은 대통령령으로 정한다.

제3장 한국국토정보공사

<신설 2014.6.3.>

제12조(한국국토정보공사의 설립) ① 공간정보체계의 구축 지원, 공간정보와 지적제도에 관한 연구, 기술 개발 및 지적측량 등을 수행하기 위하여 한국국토정보공사(이하 이 장에서 "공사"라 한다)를 설립한다.

② 공사는 법인으로 한다.

③ 공사는 그 주된 사무소의 소재지에서 설립등기를 함으로써 성립한다.

④ 공사의 설립등기에 필요한 사항은 대통

령령으로 정한다.
[본조신설 2014.6.3.]
[종전 제12조는 제19조로 이동 <2014.6.3.>]

제13조(공사의 정관 등) ① 공사의 정관에는 다음 각 호의 사항이 포함되어야 한다.
1. 목적
2. 명칭
3. 주된 사무소의 소재지
4. 조직 및 기구에 관한 사항
5. 업무 및 그 집행에 관한 사항
6. 이사회에 관한 사항
7. 임직원에 관한 사항
8. 재산 및 회계에 관한 사항
9. 정관의 변경에 관한 사항
10. 공고의 방법에 관한 사항
11. 규정의 제정, 개정 및 폐지에 관한 사항
12. 해산에 관한 사항

② 공사는 정관을 변경하려면 미리 국토교통부장관의 인가를 받아야 한다.
[본조신설 2014.6.3.]
[종전 제13조는 제20조로 이동 <2014.6.3.>]

제14조(공사의 사업) 공사는 다음 각 호의 사업을 한다.
1. 다음 각 목을 제외한 공간정보체계 구축 지원에 관한 사업으로서 대통령령으로 정하는 사업
   가. 「공간정보의 구축 및 관리 등에 관한 법률」에 따른 측량업(지적측량업은 제외한다)의 범위에 해당하는 사업
   나. 「중소기업제품 구매촉진 및 판로지원에 관한 법률」에 따른 중소기업자간 경쟁제품에 해당하는 사업
2. 공간정보·지적제도에 관한 연구, 기술개발, 표준화 및 교육사업
3. 공간정보·지적제도에 관한 외국 기술의 도입, 국제 교류·협력 및 국외 진출 사업
4. 「공간정보의 구축 및 관리 등에 관한 법률」 제23조제1항제1호 및 제3호부터 제5호까지의 어느 하나에 해당하는 사유로 실시하는 지적측량
5. 「지적재조사에 관한 특별법」에 따른 지적재조사사업
6. 다른 법률에 따라 공사가 수행할 수 있는 사업
7. 그 밖에 공사의 설립 목적을 달성하기 위하여 필요한 사업으로서 정관으로 정하는 사업

[본조신설 2014.6.3.]
[종전 제14조는 제21조로 이동 <2014.6.3.>]

제15조(공사의 임원) ① 공사에는 임원으로 사장 1명과 부사장 1명을 포함한 11명 이내의 이사와 감사 1명을 두며, 이사는 정관으로 정하는 바에 따라 상임이사와 비상임이사로 구분한다.
② 사장은 공사를 대표하고 공사의 사무를 총괄한다.
③ 감사는 공사의 회계와 업무를 감사한다.
[본조신설 2014.6.3.]
[종전 제15조는 제22조로 이동 <2014.6.3.>]

제16조(공사에 대한 감독) ① 국토교통부장관은 공사의 사업 중 다음 각 호의 사항에 대하여 지도·감독한다.
1. 사업실적 및 결산에 관한 사항
2. 제14조에 따른 사업의 적절한 수행에 관한 사항
3. 그 밖에 관계 법령에서 정하는 사항

② 국토교통부장관은 제1항에 따른 감독 결과 위법 또는 부당한 사항이 발견된 경우 공사에 그 시정을 명하거나 필요한 조치를 취할 수 있다.
[본조신설 2014.6.3.]
[종전 제16조는 제23조로 이동 <2014.6.3.>]

제17조(유사 명칭의 사용 금지) 공사가 아닌 자는 한국국토정보공사 또는 이와 유사한 명칭을 사용하지 못한다.
[본조신설 2014.6.3.]
[종전 제17조는 제24조로 이동 <2014.6.3.>]

제18조(다른 법률의 준용) 공사에 관하여는 이 법 및 「공공기관의 운영에 관한 법률」에서 규정한 사항을 제외하고는 「민법」 중 재단법인에 관한 규정을 준용한다.
[본조신설 2014.6.3.]
[종전 제18조는 제25조로 이동 <2014.6.3.>]

제4장 국가공간정보기반의 조성
<개정 2014.6.3.>

제19조(기본공간정보의 취득 및 관리) ① 국토교통부장관은 지형·해안선·행정경계·도로 또는 철도의 경계·하천경계·지적, 건물 등 인공구조물의 공간정보, 그 밖에 대통령령으로 정하는 주요 공간정보를 기본공간정보로 선정하여 관계 중앙행정기관의 장과 협의한 후 이를 관보에 고시하여야 한다. <개정 2013.3.23.>
② 관계 중앙행정기관의 장은 제1항에 따라 선정·고시된 기본공간정보(이하 "기본공간정보"라 한다)를 대통령령으로 정하는 바에 따라 데이터베이스로 구축하여 관리하여야 한다.
③ 국토교통부장관은 관리기관이 제2항에 따라 구축·관리하는 데이터베이스(이하 "기본공간정보데이터베이스"라 한다)를 통합하여 하나의 데이터베이스로 관리하여야 한다. <개정 2013.3.23.>
④ 기본공간정보 선정의 기준 및 절차, 기본공간정보데이터베이스의 구축과 관리, 기본공간정보데이터베이스의 통합 관리, 그 밖에 필요한 사항은 대통령령으로 정한다.
[제12조에서 이동, 종전 제19조는 제26조로 이동 <2014.6.3.>]

제20조(공간객체등록번호의 부여) ① 국토교통부장관은 공간정보데이터베이스의 효율적인 구축·관리 및 활용을 위하여 건물·도로·하천·교량 등 공간상의 주요 객체에 대하여 공간객체등록번호를 부여하고 이를 고시할 수 있다. <개정 2012.12.18., 2013.3.23.>
② 관리기관의 장은 제1항에 따라 부여된 공간객체등록번호에 따라 공간정보데이터베이스를 구축하여야 한다. <개정 2012.12.18.>
③ 국토교통부장관은 공간정보를 효율적으로 관리 및 활용하기 위하여 필요한 경우 관리기관의 장과 공동으로 제2항에 따른 공간정보데이터베이스를 구축할 수 있다. <신설 2012.12.18., 2013.3.23.>
④ 공간객체등록번호의 부여방법·대상·유지 및 관리, 그 밖에 필요한 사항은 국토교통부령으로 정한다. <개정 2012.12.18., 2013.3.23.>
[제목개정 2012.12.18.]
[제13조에서 이동, 종전 제20조는 제27조로 이동 <2014.6.3.>]

제21조(공간정보 표준화) ① 공간정보와 관련한 표준의 제정 및 관리에 관하여는 이 법에서 정하는 것을 제외하고는 「국가표준기본법」과 「산업표준화법」에서 정하는 바에 따른다.
② 관리기관의 장은 공간정보의 공유 및 공동 이용을 촉진하기 위하여 공간정보와 관련한 표준에 대한 의견을 산업통상자원부장관에게 제시할 수 있다. <개정 2013.3.23.>
③ 관리기관의 장은 대통령령으로 정하는 바에 따라 공간정보의 구축·관리·활용 및 공간정보의 유통과 관련된 기술기준을 정할 수 있다.
④ 관리기관의 장이 공간정보와 관련한 표준에 대한 의견을 제시하거나 기술기준을 제정하고자 하는 경우에는 국토교통부장관과 미리 협의하여야 한다. <개정 2013.3.23.>
[제14조에서 이동, 종전 제21조는 제28조로 이동 <2014.6.3.>]

제22조(표준의 연구 및 보급) 국토교통부장관은 공간정보와 관련한 표준의 연구 및 보급을 촉진하기 위하여 다음 각 호의 시책을 행할 수 있다. <개정 2013.3.23.>
1. 공간정보체계의 구축·관리·활용 및 공간정보의 유통 등과 관련된 표준의 연구
2. 공간정보에 관한 국제표준의 연구
[제15조에서 이동, 종전 제22조는 제29조로 이동 <2014.6.3.>]

제23조(표준 등의 준수의무) 관리기관의 장은 공간정보체계의 구축·관리·활용 및 공간정보의 유통에 있어 이 법에서 정하는 기술기준과 다른 법률에서 정하는 표준을 따라야 한다.
[제16조에서 이동, 종전 제23조는 제30조로 이동 <2014.6.3.>]

제24조(국가공간정보통합체계의 구축과 운영) ① 국토교통부장관은 관리기관과 공동으로 국가공간정보통합체계를 구축하거나 운영할 수 있다. <개정 2013.3.23.>
② 국토교통부장관은 관리기관의 장에게 국가공간정보통합체계의 구축과 운영에 필요한 자료 또는 정보의 제공을 요청할 수 있다. 이 경우 자료 또는 정보의 제공을 요청받은 관리기관의 장은 특별한 사유가 없는 한 이에 응하여야 한다. <개정 2013.3.23.>
③ 그 밖에 국가공간정보통합체계의 구축 및 운영에 관하여 필요한 사항은 대통령령으로 정한다.

[제17조에서 이동, 종전 제24조는 제31조로 이동 <2014.6.3.>]

제25조(국가공간정보센터의 설치) ① 국토교통부장관은 공간정보를 수집·가공하여 정보이용자에게 제공하기 위하여 국가공간정보센터를 설치하고 운영하여야 한다. <개정 2013.3.23.>
② 제1항에 따른 국가공간정보센터(이하 "국가공간정보센터"라 한다)의 설치와 운영 등에 관하여 필요한 사항은 대통령령으로 정한다.
[제18조에서 이동, 종전 제25조는 제32조로 이동 <2014.6.3.>]

제26조(자료의 제출요구 등) 국토교통부장관은 국가공간정보센터의 운영에 필요한 공간정보를 생산 또는 관리하는 관리기관의 장에게 자료의 제출을 요구할 수 있으며, 자료제출 요청을 받은 관리기관의 장은 특별한 사유가 있는 경우를 제외하고는 자료를 제공하여야 한다. 다만, 관리기관이 공공기관일 경우는 자료를 제출하기 전에 「공공기관의 운영에 관한 법률」 제6조제2항에 따른 주무기관(이하 "주무기관"이라 한다)의 장과 미리 협의하여야 한다. <개정 2013.3.23.>
[제19조에서 이동, 종전 제26조는 제33조로 이동 <2014.6.3.>]

제27조(자료의 가공 등) ① 국토교통부장관은 공간정보의 이용을 촉진하기 위하여 제25조에 따라 수집한 공간정보를 분석 또는 가공하여 정보이용자에게 제공할 수 있다. <개정 2013.3.23., 2014.6.3.>
② 국토교통부장관은 제1항에 따라 가공된 정보의 정확성을 유지하기 위하여 수집한 공간정보 등에 오류가 있다고 판단되는 경우에는 자료를 제공한 관리기관에 대하여 자료의 수정 또는 보완을 요구할 수 있으며, 자료의 수정 또는 보완을 요구받은 관리기관의 장은 그에 따른 조치결과를 국토교통부장관에게 제출하여야 한다. 다만, 관리기관이 공공기관일 경우는 조치결과를 제출하기 전에 주무기관의 장과 미리 협의하여야 한다. <개정 2013.3.23.>
[제20조에서 이동, 종전 제27조는 제34조로 이동 <2014.6.3.>]

제5장 국가공간정보체계의 구축 및 활용
<개정 2014.6.3.>

제28조(공간정보데이터베이스의 구축 및 관리) ① 관리기관의 장은 해당 기관이 생산 또는 관리하는 공간정보가 다른 기관이 생산 또는 관리하는 공간정보와 호환이 가능하도록 제21조에 따른 공간정보와 관련한 표준 또는 기술기준에 따라 공간정보데이터베이스를 구축·관리하여야 한다. <개정 2014.6.3.>
② 관리기관의 장은 해당 기관이 관리하고 있는 공간정보데이터베이스가 최신 정보를 기반으로 유지될 수 있도록 노력하여야 한다.
③ 관리기관의 장은 중앙행정기관 및 지방자치단체로부터 공간정보데이터베이스의 구축·관리 등을 위하여 필요한 공간정보의 열람·복제 등 관련 자료의 제공 요청을 받은 때에는 특별한 사유가 없는 한 이에 응하여야 한다.
④ 관리기관의 장은 중앙행정기관 및 지방자치단체를 제외한 다른 관리기관으로부터 공간정보데이터베이스의 구축·관리 등을 위하여 필요한 공간정보의 열람·복제 등 관련 자료의 제공 요청을 받은 때에는 이에 협조할 수 있다.
⑤ 제3항 및 제4항에 따라 제공받은 공간정보는 제1항에 따른 공간정보데이터베이스의 구축·관리 외의 용도로 이용되어서는 아니 된다.
[제21조에서 이동, 종전 제28조는 제35조로 이동 <2014.6.3.>]

제29조(중복투자의 방지) ① 관리기관의 장은 새로운 공간정보데이터베이스를 구축하고자 하는 경우 기존에 구축된 공간정보체계와 중복투자가 되지 아니하도록 사전에 다음 각 호의 사항을 검토하여야 한다.
1. 구축하고자 하는 공간정보데이터베이스가 해당 기관 또는 다른 관리기관에 이미 구축되었는지 여부
2. 해당 기관 또는 다른 관리기관에 이미 구축된 공간정보데이터베이스의 활용 가능 여부

② 관리기관의 장이 새로운 공간정보데이터베이스를 구축하고자 하는 경우에는 해당 공간정보데이터베이스의 구축 및 관리에 관한 계획을 수립하여 국토교통부장관에게 통보하여야 한다. 다만, 관리기관이 공공기관일 경우는 통보 전에 주무기관의 장과 미리 협의하여야 한다. <개정 2013.3.23.>
③ 국토교통부장관은 제2항에 따라 통보받은

공간정보데이터베이스의 구축 및 관리에 관한 계획이 중복투자에 해당된다고 판단하는 때에는 위원회의 심의를 거쳐 해당 공간정보데이터베이스를 구축하고자 하는 관리기관의 장에게 시정을 요구할 수 있다. <개정 2013.3.23.>
④ 국토교통부장관은 관리기관의 장이 제1항에 따른 검토를 위하여 필요한 자료를 요청하는 경우에는 특별한 사유가 없는 한 이를 제공하여야 한다. <개정 2013.3.23.>
⑤ 제3항에 따른 중복투자 여부의 판단에 필요한 기준은 대통령령으로 정할 수 있다.
[제22조에서 이동, 종전 제29조는 제36조로 이동 <2014.6.3.>]

제30조(공간정보 목록정보의 작성) ① 관리기관의 장은 해당 기관이 구축·관리하고 있는 공간정보에 관한 목록정보(정보의 내용, 특징, 정확도, 다른 정보와의 관계 등 정보의 특성을 설명하는 정보를 말한다. 이하 "목록정보"라 한다)를 제21조에 따른 공간정보와 관련한 표준 또는 기술기준에 따라 작성 또는 관리하도록 노력하여야 한다. <개정 2014.6.3.>
② 관리기관의 장은 해당 기관이 구축·관리하고 있는 목록정보를 특별한 사유가 없는 한 국토교통부장관에게 수시로 제출하여야 한다. 다만, 관리기관이 공공기관일 경우는 제출하기 전에 주무기관의 장과 미리 협의하여야 한다. <개정 2013.3.23.>
③ 그 밖에 목록정보의 작성 또는 관리에 관하여 필요한 사항은 대통령령으로 정한다.
[제23조에서 이동, 종전 제30조는 제37조로 이동 <2014.6.3.>]

제31조(협력체계 구축) 관리기관의 장은 공간정보체계의 구축·관리 및 활용에 있어 관리기관 상호 간 또는 관리기관과 산업계 및 학계 간 협력체계를 구축할 수 있다.
[제24조에서 이동, 종전 제31조는 제38조로 이동 <2014.6.3.>]

제32조(공간정보의 활용 등) ① 관리기관의 장은 소관 업무를 수행함에 있어서 공간정보를 활용하는 시책을 강구하여야 한다.
② 국토교통부장관은 대통령령으로 정하는 국토현황을 조사하고 이를 공간정보로 제작하여 제1항에 따른 업무에 활용할 수 있도록 제공할 수 있다. <개정 2013.3.23.>
③ 관리기관의 장은 특별한 사유가 없는 한 해당 기관이 구축 또는 관리하고 있는 공간정보체계를 다른 관리기관과 공동으로 이용할 수 있도록 협조하여야 한다.
[제25조에서 이동, 종전 제32조는 제39조로 이동 <2014.6.3.>]

제33조(공간정보의 공개) ① 관리기관의 장은 해당 기관이 생산하는 공간정보를 국민이 이용할 수 있도록 공개목록을 작성하여 대통령령으로 정하는 바에 따라 공개하여야 한다. 다만, 「공공기관의 정보공개에 관한 법률」 제9조에 따른 비공개대상정보는 그러하지 아니하다. <개정 2013.5.22.>
② 국토교통부장관은 관리기관의 장과 협의하여 제1항 본문에 따른 공개목록 중 활용도가 높은 공간정보의 목록을 정하고, 국민이 쉽게 이용할 수 있도록 대통령령으로 정하는 바에 따라 공개하여야 한다. <신설 2013.5.22.>
[제26조에서 이동, 종전 제33조는 제40조로 이동 <2014.6.3.>]

제34조(공간정보의 복제 및 판매 등) ① 관리기관의 장은 대통령령으로 정하는 바에 따라 해당 기관이 관리하고 있는 공간정보데이터베이스의 전부 또는 일부를 복제 또는 간행하여 판매 또는 배포하거나 해당 데이터베이스로부터 출력한 자료를 정보이용자에게 제공할 수 있다. 다만, 법령과 제35조의 보안관리규정에 따라 공개 또는 유출이 금지된 정보에 대하여는 그러하지 아니한다. <개정 2014.6.3.>
② 관리기관의 장은 대통령령으로 정하는 바에 따라 공간정보데이터베이스로부터 복제 또는 출력한 자료를 이용하는 자로부터 사용료 또는 수수료를 받을 수 있다.
[제27조에서 이동, 종전 제34조는 제41조로 이동 <2014.6.3.>]

제6장 국가공간정보의 보호
<개정 2014.6.3.>

제35조(보안관리) ① 관리기관의 장은 공간정보 또는 공간정보데이터베이스의 구축·관리 및 활용에 있어서 공개가 제한되는 공간정보에 대한 부당한 접근과 이용 또는 공간정보의 유출을 방지하기 위하여 필요한 보안관리규정을 대통령령으로 정하는 바에 따라 제정

하고 시행하여야 한다.
② 관리기관의 장은 제1항에 따라 보안관리규정을 제정하는 경우에는 국가정보원장과 협의하여야 한다. 보안관리규정을 개정하고자 하는 경우에도 또한 같다.
[제28조에서 이동 <2014.6.3.>]

제36조(공간정보데이터베이스의 안전성 확보) 관리기관의 장은 공간정보데이터베이스의 멸실 또는 훼손에 대비하여 대통령령으로 정하는 바에 따라 이를 별도로 복제하여 관리하여야 한다.
[제29조에서 이동 <2014.6.3.>]

제37조(공간정보 등의 침해 또는 훼손 등의 금지) ① 누구든지 관리기관이 생산 또는 관리하는 공간정보 또는 공간정보데이터베이스를 침해 또는 훼손하거나 법령에 따라 공개가 제한되는 공간정보를 관리기관의 승인 없이 무단으로 열람·복제·유출하여서는 아니 된다.
② 누구든지 공간정보 또는 공간정보데이터베이스를 이용하여 다른 사람의 권리나 사생활을 침해하여서는 아니 된다.
[제30조에서 이동 <2014.6.3.>]

제38조(비밀준수 등의 의무) 관리기관 또는 이 법이나 다른 법령에 따라 위탁을 받은 국가공간정보체계 관련 업무를 수행하는 기관, 법인, 단체에 소속되거나 소속되었던 자(용역계약 등에 따라 해당 업무를 수임한 자 또는 그 사용인을 포함한다)는 국가공간정보체계의 구축·관리 및 활용과 관련한 직무를 수행함에 있어서 알게 된 비밀을 누설하거나 도용하여서는 아니 된다.
[제31조에서 이동 <2014.6.3.>]

제7장 벌칙
<개정 2014.6.3.>

제39조(벌칙) 제37조제1항을 위반하여 공간정보 또는 공간정보데이터베이스를 무단으로 침해하거나 훼손한 자는 2년 이하의 징역 또는 2천만원 이하의 벌금에 처한다. <개정 2014.6.3.>
[제32조에서 이동 <2014.6.3.>]

제40조(벌칙) 다음 각 호의 어느 하나에 해당하는 자는 1년 이하의 징역 또는 1천만원 이하의 벌금에 처한다. <개정 2014.6.3.>
1. 제37조제1항을 위반하여 공간정보 또는 공간정보데이터베이스를 관리기관의 승인 없이 무단으로 열람·복제·유출한 자
2. 제38조를 위반하여 직무상 알게 된 비밀을 누설하거나 도용한 자

[제33조에서 이동 <2014.6.3.>]

제41조(양벌규정) 법인의 대표자나 법인 또는 개인의 대리인, 사용인, 그 밖의 종업원이 그 법인 또는 개인의 업무에 관하여 제39조 또는 제40조의 위반행위를 하면 그 행위자를 벌하는 외에 그 법인 또는 개인에게도 해당 조문의 벌금형을 과(科)한다. 다만, 법인 또는 개인이 그 위반 행위를 방지하기 위하여 해당 업무에 관하여 상당한 주의와 감독을 게을리하지 아니한 경우에는 그러하지 아니하다. <개정 2014.6.3.>
[제34조에서 이동 <2014.6.3.>]

제42조(과태료) ① 제17조를 위반한 자에게는 500만원 이하의 과태료를 부과한다.
② 제1항에 따른 과태료는 대통령령으로 정하는 바에 따라 국토교통부장관이 부과·징수한다.
[본조신설 2014.6.3.]

부칙
<제12736호, 2014.6.3.>

제1조(시행일) 이 법은 공포 후 1년이 경과한 날부터 시행한다.

제2조(대한지적공사에 대한 경과조치) ① 이 법 시행 당시 종전의 「측량·수로조사 및 지적에 관한 법률」 제58조에 따른 대한지적공사는 이 법 시행 후 14일 이내에 제12조제3항의 개정규정에 따른 설립등기를 하여야 한다. 이 경우 대한지적공사는 「민법」 중 법인의 해산 및 청산에 관한 규정에도 불구하고 설립등기를 마친 때에 해산된 것으로 본다.
② 대한지적공사의 모든 소관 업무, 권리·의무 및 재산은 제1항에 따른 설립등기를 마친 때에 제12조의 개정규정에 따른 한국국토정

보공사가 포괄 승계한다. 이 경우 승계할 재산의 가액은 승계하는 날 전 날의 장부 가액으로 한다.

③ 제1항에 따른 설립등기를 마쳤을 당시 대한지적공사의 명의로 된 등기부나 그 밖의 공부에 표시된 명의는 한국국토정보공사의 명의로 본다.

④ 제1항에 따른 설립등기를 마쳤을 당시 대한지적공사가 행한 행위 또는 대한지적공사에 대하여 행하여진 행위는 각각 한국국토정보공사가 행한 행위 또는 한국국토정보공사에 대하여 행하여진 행위로 본다.

⑤ 제1항에 따른 설립등기를 마쳤을 당시 대한지적공사의 임원 및 직원은 각각 한국국토정보공사의 임원 및 직원으로 본다.

제3조(다른 법률의 개정) ① 공간정보산업 진흥법 일부를 다음과 같이 개정한다.

제4조제1항 각 호 외의 부분 중 "「국가공간정보에 관한 법률」 제6조"를 "「국가공간정보 기본법」 제6조"로 하고, 같은 조 제4항 전단 중 "「국가공간정보에 관한 법률」 제5조"를 "「국가공간정보 기본법」 제5조"로 하며, 제6조제1항 본문 중 "「국가공간정보에 관한 법률」 제18조"를 "「국가공간정보 기본법」 제25조"로 한다.

② 국토기본법 일부를 다음과 같이 개정한다.

제25조제1항 중 "「국가공간정보에 관한 법률」 제25조제2항"을 "「국가공간정보 기본법」 제32조제2항"으로 한다.

③ 사회기반시설에 대한 민간투자법 일부를 다음과 같이 개정한다.

제2조제1호도목 중 "「국가공간정보에 관한 법률」 제2조제3호"를 "「국가공간정보 기본법」 제2조제3호"로 한다.

④ 새만금사업 추진 및 지원에 관한 특별법 일부를 다음과 같이 개정한다.

제70조제1항제2호 중 "「국가공간정보에 관한 법률」 제7조"를 "「국가공간정보 기본법」 제7조"로 한다.

⑤ 우주개발 진흥법 일부를 다음과 같이 개정한다.

제17조제1항 후단 중 "「국가공간정보에 관한 법률」"을 "「국가공간정보 기본법」"으로 한다.

⑥ 지적재조사에 관한 특별법 일부를 다음과 같이 개정한다.

제5조제2항 중 "「측량·수로조사 및 지적에 관한 법률」 제58조에 따라 설립된 대한지적공사와 같은 법 제44조"를 "「국가공간정보 기본법」 제12조에 따라 설립된 한국국토정보공사와 「공간정보의 구축 및 관리 등에 관한 법률」 제44조"로 한다.

제4조(다른 법령과의 관계) 이 법 시행 당시 다른 법령에서 종전의 「국가공간정보에 관한 법률」 또는 그 규정을 인용한 경우 이 법 중 그에 해당하는 규정이 있는 때에는 이 법 또는 이 법의 해당 조항을 인용한 것으로 본다.

공간정보의 구축 및 관리 등에 관한 법률

(약칭: 공간정보관리법)

[시행 2017.10.24.]

[법률 제14936호, 2017.10.24., 일부개정]

제1장 총칙

제1조(목적) 이 법은 측량 및 수로조사의 기준 및 절차와 지적공부(地籍公簿)·부동산종합공부(不動産綜合公簿)의 작성 및 관리 등에 관한 사항을 규정함으로써 국토의 효율적 관리와 해상교통의 안전 및 국민의 소유권 보호에 기여함을 목적으로 한다. <개정 2013.7.17.>

제2조(정의) 이 법에서 사용하는 용어의 뜻은 다음과 같다. <개정 2012.12.18., 2013.3.23., 2013.7.17., 2015.7.24.>

1. "측량"이란 공간상에 존재하는 일정한 점들의 위치를 측정하고 그 특성을 조사하여 도면 및 수치로 표현하거나 도면상의 위치를 현지(現地)에 재현하는 것을 말하며, 측량용 사진의 촬영, 지도의 제작 및 각종 건설사업에서 요구하는 도면작성 등을 포함한다.
2. "기본측량"이란 모든 측량의 기초가 되는 공간정보를 제공하기 위하여 국토교통부장관이 실시하는 측량을 말한다.
3. "공공측량"이란 다음 각 목의 측량을 말한다.
   가. 국가, 지방자치단체, 그 밖에 대통령령으로 정하는 기관이 관계 법령에 따른 사업 등을 시행하기 위하여 기본측량을 기초로 실시하는 측량
   나. 가목 외의 자가 시행하는 측량 중 공공의 이해 또는 안전과 밀접한 관련이 있는 측량으로서 대통령령으로 정하는 측량
4. "지적측량"이란 토지를 지적공부에 등록하거나 지적공부에 등록된 경계점을 지상에 복원하기 위하여 제21호에 따른 필지의 경계 또는 좌표와 면적을 정하는 측량을 말하며, 지적확정측량 및 지적재조사측량을 포함한다.

4의2. "지적확정측량"이란 제86조제1항에 따른 사업이 끝나 토지의 표시를 새로 정하기 위하여 실시하는 지적측량을 말한다.

4의3. "지적재조사측량"이란 「지적재조사에 관한 특별법」에 따른 지적재조사사업에 따라 토지의 표시를 새로 정하기 위하여 실시하는 지적측량을 말한다.

5. "수로측량"이란 해양의 수심·지구자기(地球磁氣)·중력·지형·지질의 측량과 해안선 및 이에 딸린 토지의 측량을 말한다.
6. "일반측량"이란 기본측량, 공공측량, 지적측량 및 수로측량 외의 측량을 말한다.
7. "측량기준점"이란 측량의 정확도를 확보하고 효율성을 높이기 위하여 특정 지점을 제6조에 따른 측량기준에 따라 측정하고 좌표 등으로 표시하여 측량 시에 기준으로 사용되는 점을 말한다.
8. "측량성과"란 측량을 통하여 얻은 최종 결과를 말한다.
9. "측량기록"이란 측량성과를 얻을 때까지의 측량에 관한 작업의 기록을 말한다.
10. "지도"란 측량 결과에 따라 공간상의 위치와 지형 및 지명 등 여러 공간정보를 일정한 축척에 따라 기호나 문자 등으로 표시한 것을 말하며, 정보처리시스템을 이용하여 분석, 편집 및 입력·출력할 수 있도록 제작된 수치지형도[항공기나 인공위성 등을 통하여 얻은 영상정보를 이용하여 제작하는 정사영상지도(正射映像地圖)를 포함한다]와 이를 이용하여 특정한 주제에 관하여 제작된 지하시설물도·토지이용현황도 등 대통령령으로 정하는 수치주제도(數値主題圖)를 포함한다.
11. "수로조사"란 해상교통안전, 해양의 보전·이용·개발, 해양관할권의 확보 및 해양재해 예방을 목적으로 하는 수로측량·해양관측·항로조사 및 해양지명조사를 말한다.
12. "수로조사성과"란 수로조사를 통하여 얻은 최종 결과를 말하며, 수로조사 자료를 분석하여 얻은 예측정보를 포함한다.

12의2. "해양관측"이란 해양의 특성 및 그 변화를 과학적인 방법으로 관찰·측정하고 관련 정보를 수집하는 것을 말한다.

12의3. "항로조사"란 선박의 안전항해를 위하여 수로와 수로 주변의 항해목표물, 장애물, 항만시설, 선박편의시설, 항로 특이사항 및 유빙(流氷) 등에 관하여 조사하고, 관련 자료 또는 정보를 수집하는 것을 말한다.

13. "수로도지(水路圖誌)"란 다음 각 목의

도면을 말한다.
가. 항해용으로 사용되는 해도(海圖)
나. 해양영토 관리, 해양경계 획정 등에 필요한 정보를 수록한 영해기점도
다. 연안정보를 수록한 연안특수도
라. 해저지형과 해저지질의 특성을 나타낸 해저지형도
마. 해저지층분포도, 지구자기도, 중력도 등 해양 기본도(基本圖)
바. 조류(潮流)와 해류(海流)의 정보를 수록한 조류도 및 해류도
사. 해양재해를 줄이기 위한 해안침수 예상도
아. 그 밖에 수로조사성과를 수록한 각종 주제도(主題圖)

14. "수로서지(水路書誌)"란 다음 각 목의 서지류(書誌類)를 말한다.
가. 연안 및 주요 항만의 항해안전정보를 수록한 항로지
나. 주요 항만 등에 대한 조석(潮汐) 및 조류 자료를 수록한 조석표
다. 항로표지의 번호, 명칭, 위치, 등질(燈質), 등고(燈高), 광달거리(光達距離) 등을 수록한 등대표
라. 천문항해(天文航海) 시 원양에서 선박의 위치를 결정하는 데에 필요한 정보를 수록한 천측력(天測曆)
마. 해양위기 발생 시 선박의 안전에 관한 신호방법을 수록한 국제신호서
바. 주요 항 사이의 거리를 수록한 해상거리표
사. 그 밖에 수로조사성과를 수록한 각종 서지류

15. "수로도서지"란 해양에 관한 각종 정보와 그 밖에 이와 관련된 사항을 수록한 인쇄물과 수치제작물(해양에 관한 여러 정보를 수치화한 후 정보처리시스템에서 사용할 수 있도록 제작한 것을 말한다. 이하 같다)로서 수로도지와 수로서지를 말한다.

16. "항행통보"란 해양수산부장관이 수로도서지의 수정, 항해에 필요한 경고, 그 밖에 해상교통안전과 관련된 사항을 해양수산부령으로 정하는 바에 따라 항해자 등 관련 정보가 필요한 자에게 제공하는 인쇄물과 수치제작물을 말한다.

17. "해양지명"이란 자연적으로 형성된 해양·해협·만(灣)·포(浦) 및 수로 등의 이름과 초(礁)·퇴(堆)·해저협곡·해저분지·해저산·해저산맥·해령(海嶺)·해구(海溝) 등 해저지형의 이름을 말한다.

18. "지적소관청"이란 지적공부를 관리하는 특별자치시장, 시장(「제주특별자치도 설치 및 국제자유도시 조성을 위한 특별법」 제10조제2항에 따른 행정시의 시장을 포함하며, 「지방자치법」 제3조제3항에 따라 자치구가 아닌 구를 두는 시의 시장은 제외한다)·군수 또는 구청장(자치구가 아닌 구의 구청장을 포함한다)을 말한다.

19. "지적공부"란 토지대장, 임야대장, 공유지연명부, 대지권등록부, 지적도, 임야도 및 경계점좌표등록부 등 지적측량 등을 통하여 조사된 토지의 표시와 해당 토지의 소유자 등을 기록한 대장 및 도면(정보처리시스템을 통하여 기록·저장된 것을 포함한다)을 말한다.

19의2. "연속지적도"란 지적측량을 하지 아니하고 전산화된 지적도 및 임야도 파일을 이용하여, 도면상 경계점들을 연결하여 작성한 도면으로서 측량에 활용할 수 없는 도면을 말한다.

19의3. "부동산종합공부"란 토지의 표시와 소유자에 관한 사항, 건축물의 표시와 소유자에 관한 사항, 토지의 이용 및 규제에 관한 사항, 부동산의 가격에 관한 사항 등 부동산에 관한 종합정보를 정보관리체계를 통하여 기록·저장한 것을 말한다.

20. "토지의 표시"란 지적공부에 토지의 소재·지번(地番)·지목(地目)·면적·경계 또는 좌표를 등록한 것을 말한다.

21. "필지"란 대통령령으로 정하는 바에 따라 구획되는 토지의 등록단위를 말한다.

22. "지번"이란 필지에 부여하여 지적공부에 등록한 번호를 말한다.

23. "지번부여지역"이란 지번을 부여하는 단위지역으로서 동·리 또는 이에 준하는 지역을 말한다.

24. "지목"이란 토지의 주된 용도에 따라 토지의 종류를 구분하여 지적공부에 등록한 것을 말한다.

25. "경계점"이란 필지를 구획하는 선의 굴곡점으로서 지적도나 임야도에 도해(圖解) 형태로 등록하거나 경계점좌표등록부에 좌표 형태로 등록하는 점을 말한다.

26. "경계"란 필지별로 경계점들을 직선으로 연결하여 지적공부에 등록한 선을 말한다.

27. "면적"이란 지적공부에 등록한 필지의 수평면상 넓이를 말한다.

28. "토지의 이동(異動)"이란 토지의 표시를 새로 정하거나 변경 또는 말소하는 것을 말

한다.
29. "신규등록"이란 새로 조성된 토지와 지적공부에 등록되어 있지 아니한 토지를 지적공부에 등록하는 것을 말한다.
30. "등록전환"이란 임야대장 및 임야도에 등록된 토지를 토지대장 및 지적도에 옮겨 등록하는 것을 말한다.
31. "분할"이란 지적공부에 등록된 1필지를 2필지 이상으로 나누어 등록하는 것을 말한다.
32. "합병"이란 지적공부에 등록된 2필지 이상을 1필지로 합하여 등록하는 것을 말한다.
33. "지목변경"이란 지적공부에 등록된 지목을 다른 지목으로 바꾸어 등록하는 것을 말한다.
34. "축척변경"이란 지적도에 등록된 경계점의 정밀도를 높이기 위하여 작은 축척을 큰 축척으로 변경하여 등록하는 것을 말한다.

제3조(다른 법률과의 관계) 측량 및 수로조사와 지적공부·부동산종합공부의 작성 및 관리에 관하여 다른 법률에 특별한 규정이 있는 경우를 제외하고는 이 법에 따른다. <개정 2013.7.17.>

제4조(적용 범위) 다음 각 호의 어느 하나에 해당하는 측량이나 수로조사로서 국토교통부장관 및 해양수산부장관이 고시하는 측량이나 수로조사에 대하여는 이 법을 적용하지 아니한다. <개정 2013.3.23.>
1. 국지적 측량(지적측량은 제외한다)
2. 고도의 정확도가 필요하지 아니한 측량
3. 순수 학술 연구나 군사 활동을 위한 측량 또는 수로조사
4. 「해저광물자원 개발법」에 따른 탐사를 위한 수로조사

제2장 측량 및 수로조사

제1절 통칙

제5조(측량기본계획 및 시행계획) ① 국토교통부장관은 다음 각 호의 사항(수로조사에 관한 사항은 제외한다)이 포함된 측량기본계획을 5년마다 수립하여야 한다. <개정 2013.3.23.>
1. 측량에 관한 기본 구상 및 추진 전략
2. 측량의 국내외 환경 분석 및 기술연구
3. 측량산업 및 기술인력 육성 방안
4. 그 밖에 측량 발전을 위하여 필요한 사항

② 국토교통부장관은 제1항에 따른 측량기본계획에 따라 연도별 시행계획을 수립·시행하여야 한다. <개정 2013.3.23.>

제6조(측량기준) ① 측량의 기준은 다음 각 호와 같다. <개정 2013.3.23.>
1. 위치는 세계측지계(世界測地系)에 따라 측정한 지리학적 경위도와 높이(평균해수면으로부터의 높이를 말한다. 이하 이 항에서 같다)로 표시한다. 다만, 지도 제작 등을 위하여 필요한 경우에는 직각좌표와 높이, 극좌표와 높이, 지구중심 직교좌표 및 그 밖의 다른 좌표로 표시할 수 있다.
2. 측량의 원점은 대한민국 경위도원점(經緯度原點) 및 수준원점(水準原點)으로 한다. 다만, 섬 등 대통령령으로 정하는 지역에 대하여는 국토교통부장관이 따로 정하여 고시하는 원점을 사용할 수 있다.
3. 수로조사에서 간출지(干出地)의 높이와 수심은 기본수준면(일정 기간 조석을 관측하여 분석한 결과 가장 낮은 해수면)을 기준으로 측량한다.
4. 해안선은 해수면이 약최고고조면(略最高高潮面: 일정 기간 조석을 관측하여 분석한 결과 가장 높은 해수면)에 이르렀을 때의 육지와 해수면과의 경계로 표시한다.

② 해양수산부장관은 수로조사와 관련된 평균해수면, 기본수준면 및 약최고고조면에 관한 사항을 정하여 고시하여야 한다. <개정 2013.3.23.>

③ 제1항에 따른 세계측지계, 측량의 원점 값의 결정 및 직각좌표의 기준 등에 필요한 사항은 대통령령으로 정한다.

제7조(측량기준점) ① 측량기준점은 다음 각 호의 구분에 따른다. <개정 2012.12.18., 2013.3.23.>
1. 국가기준점: 측량의 정확도를 확보하고 효율성을 높이기 위하여 국토교통부장관 및 해양수산부장관이 전 국토를 대상으로 주요 지점마다 정한 측량의 기본이 되는 측량기준점
2. 공공기준점: 제17조제2항에 따른 공공측량시행자가 공공측량을 정확하고 효율적으로 시행하기 위하여 국가기준점을 기준으로 하여 따로 정하는 측량기준점
3. 지적기준점: 특별시장·광역시장·특별자치

시장·도지사 또는 특별자치도지사(이하 "시·도지사"라 한다)나 지적소관청이 지적측량을 정확하고 효율적으로 시행하기 위하여 국가기준점을 기준으로 하여 따로 정하는 측량기준점

② 제1항에 따른 측량기준점의 구분에 관한 세부 사항은 대통령령으로 정한다.

제8조(측량기준점표지의 설치 및 관리) ① 측량기준점을 정한 자는 측량기준점표지를 설치하고 관리하여야 한다.

② 제1항에 따라 측량기준점표지[수로측량을 위한 국가기준점표지(이하 "수로기준점표지"라 한다)는 제외한다. 이하 이 항 및 제5항에서 같다]를 설치한 자는 대통령령으로 정하는 바에 따라 그 종류와 설치 장소를 국토교통부장관, 관계 시·도지사, 시장·군수 또는 구청장(자치구의 구청장을 말한다. 이하 같다) 및 측량기준점표지를 설치한 부지의 소유자 또는 점유자에게 통지하여야 한다. 설치한 측량기준점표지를 이전·철거하거나 폐기한 경우에도 같다. <개정 2013.3.23.>

③ 해양수산부장관은 수로기준점표지를 설치한 경우에는 그 사실을 고시하여야 한다. <개정 2013.3.23.>

④ 시·도지사 또는 지적소관청은 지적기준점표지를 설치·이전·복구·철거하거나 폐기한 경우에는 그 사실을 고시하여야 한다. <개정 2013.7.17.>

⑤ 특별자치시장, 특별자치도지사, 시장·군수 또는 구청장은 국토교통부령으로 정하는 바에 따라 매년 관할 구역에 있는 측량기준점표지의 현황을 조사하고 그 결과를 시·도지사를 거쳐(특별자치시장 및 특별자치도지사의 경우는 제외한다) 국토교통부장관에게 보고하여야 한다. 측량기준점표지가 멸실·파손되거나 그 밖에 이상이 있음을 발견한 경우에도 같다. <개정 2012.12.18., 2013.3.23.>

⑥ 제5항에도 불구하고 국토교통부장관 및 해양수산부장관은 필요하다고 인정하는 경우에는 직접 측량기준점표지의 현황을 조사할 수 있다. <개정 2013.3.23.>

⑦ 측량기준점표지의 형상, 규격, 관리방법 등에 필요한 사항은 국토교통부령 또는 해양수산부령으로 정한다. <개정 2013.3.23.>

제9조(측량기준점표지의 보호) ① 누구든지 측량기준점표지를 이전·파손하거나 그 효용을 해치는 행위를 하여서는 아니 된다.

② 측량기준점표지를 파손하거나 그 효용을 해칠 우려가 있는 행위를 하려는 자는 그 측량기준점표지를 설치한 자에게 이전을 신청하여야 한다.

③ 제2항에 따른 신청을 받은 측량기준점표지의 설치자는 측량기준점표지를 이전하지 아니하고 제2항에 따른 신청인의 목적을 달성할 수 있는 경우를 제외하고는 그 측량기준점표지를 이전하여야 하며, 그 측량기준점표지를 이전하지 아니하는 경우에는 그 사유를 제2항에 따른 신청인에게 알려야 한다.

④ 제3항에 따른 측량기준점표지의 이전에 드는 비용은 제2항에 따른 신청인이 부담한다. 다만, 측량기준점표지 중 국가기준점표지(수로기준점표지는 제외한다)의 이전에 드는 비용은 설치자가 부담한다. <개정 2013.7.17.>

제10조(협력체계의 구축) ① 국토교통부장관은 지형에 관한 자료를 활용하여 제15조제1항에 따른 지도등을 유지·관리하기 위하여 필요한 경우에는 관계 행정기관, 지방자치단체, 「고등교육법」에 따른 대학, 「공공기관의 운영에 관한 법률」에 따른 공공기관(이하 "관계기관"이라 한다) 등과 협력체계를 구축할 수 있다. <개정 2013.3.23.>

② 국토교통부장관은 제1항에 따른 협력체계에 참여한 기관에 제15조제1항에 따른 지도등에 관한 자료를 제공할 수 있다. <개정 2013.3.23.>

제10조의2(측량업정보의 종합관리) ① 국토교통부장관은 측량업자의 자본금, 경영실태, 측량용역 수행실적, 측량기술자 및 장비 보유현황 등 측량업정보를 종합적으로 관리하고, 국토교통부령으로 정하는 바에 따라 이를 필요로 하는 측량용역의 발주자, 행정기관 및 관련 단체 등의 장에게 제공할 수 있다.

② 국토교통부장관은 제1항에 따른 측량업정보를 체계적으로 관리하기 위하여 대통령령으로 정하는 바에 따라 측량업정보 종합관리체계를 구축·운영하여야 한다.

③ 국토교통부장관은 제1항의 업무를 수행하기 위하여 측량업자, 행정기관 등의 장에게 관련 자료의 제출을 요청할 수 있다. 이 경우 요청을 받은 자는 특별한 사유가 없으면 이에 따라야 한다.

④ 제3항에 따른 자료 제출의 요청 절차

등에 필요한 사항은 대통령령으로 정한다.
[본조신설 2014.6.3.]

제10조의3(측량용역사업에 대한 사업수행능력의 평가 및 공시) ① 국토교통부장관은 발주자가 적정한 측량업자를 선정할 수 있도록 하기 위하여 측량업자의 신청이 있는 경우 그 측량업자의 측량용역 수행실적, 자본금, 기술인력·장비 보유현황 수준 등에 따라 사업수행능력을 평가하여 공시하여야 한다.
② 제1항에 따른 사업수행능력의 평가 및 공시를 받으려는 측량업자는 전년도 측량용역 수행실적, 기술자 보유현황, 재무상태, 그 밖에 국토교통부령으로 정하는 사항을 국토교통부장관에게 제출하여야 한다.
③ 제1항 및 제2항에 따른 측량업자의 사업수행능력 공시, 사업수행능력 평가 기준 및 실적 등의 신고에 필요한 사항은 대통령령으로 정한다.
[본조신설 2014.6.3.]

제11조(지형·지물의 변동사항 통보 등) ① 특별자치시장, 특별자치도지사, 시장·군수 또는 구청장은 그 관할 구역에서 지형·지물의 변동이 발생한 경우에는 대통령령으로 정하는 바에 따라 국토교통부장관에게 그 지형·지물의 변동사항을 통보하여야 한다. <개정 2012.12.18., 2013.3.23.>
② 제17조제2항에 따른 공공측량시행자는 지형·지물의 변동을 유발할 수 있는 건설공사 중 대통령령으로 정하는 종류 및 규모의 건설공사를 착공할 때에는 그 착공사실을, 완공하였을 때에는 그 지형·지물의 변동사항을 국토교통부장관에게 통보하여야 한다. <개정 2013.3.23.>
③ 국토교통부장관 및 해양수산부장관은 관계 행정기관, 항만시설 관리자 또는 선박의 관리자에게 기본측량이나 수로조사에 관한 자료의 제출을 요구할 수 있다. <개정 2013.3.23.>
④ 제2항에 따른 지형·지물의 변동을 유발하는 건설공사에 대한 통보에 필요한 사항은 국토교통부령으로 정한다. <개정 2013.3.23.>

제2절 기본측량

제12조(기본측량의 실시 등) ① 국토교통부장관은 기본측량을 하려면 미리 측량지역, 측량기간, 그 밖에 필요한 사항을 시·도지사에게 통지하여야 한다. 그 기본측량을 끝낸 경우에도 같다. <개정 2013.3.23.>
② 시·도지사는 제1항에 따른 통지를 받았으면 지체 없이 시장·군수 또는 구청장에게 그 사실을 통지(특별자치시장 및 특별자치도지사의 경우는 제외한다)하고 대통령령으로 정하는 바에 따라 공고하여야 한다. <개정 2012.12.18.>
③ 기본측량의 방법 및 절차 등에 필요한 사항은 국토교통부령으로 정한다. <개정 2013.3.23.>

제13조(기본측량성과의 고시) ① 국토교통부장관은 기본측량을 끝냈으면 대통령령으로 정하는 바에 따라 기본측량성과를 고시하여야 한다. <개정 2013.3.23.>
② 국토교통부장관은 대통령령으로 정하는 측량 관련 전문기관으로 하여금 기본측량성과의 정확도를 검증하도록 할 수 있다. <개정 2013.3.23.>
③ 국토교통부장관은 기본측량성과를 고시한 후 지형·지물의 변동 등이 발생한 경우에는 그 변동 내용에 따라 기본측량성과를 수정하여야 한다. <개정 2013.3.23.>
④ 제1항에 따라 고시된 측량성과에 어긋나는 측량성과를 사용하여서는 아니 된다.

제14조(기본측량성과의 보관 및 열람 등) ① 국토교통부장관은 기본측량성과 및 기본측량기록을 보관하고 일반인이 열람할 수 있도록 하여야 한다. <개정 2013.3.23.>
② 기본측량성과나 기본측량기록을 복제하거나 그 사본을 발급받으려는 자는 국토교통부령으로 정하는 바에 따라 국토교통부장관에게 그 복제 또는 발급을 신청하여야 한다. <개정 2013.3.23.>
③ 국토교통부장관은 제2항에 따른 신청 내용이 다음 각 호의 어느 하나에 해당하는 경우에는 기본측량성과나 기본측량기록을 복제하게 하거나 그 사본을 발급할 수 없다. <개정 2013.3.23.>
1. 국가안보나 그 밖에 국가의 중대한 이익을 해칠 우려가 있다고 인정되는 경우
2. 다른 법령에 따라 비밀로 유지되거나 열람이 제한되는 등 비공개사항으로 규정된 경우

제15조(기본측량성과 등을 사용한 지도등의 간행) ① 국토교통부장관은 기본측량성과 및 기본측량기록을 사용하여 지도나 그 밖에 필요한 간행물(이하 "지도등"이라 한다)을 간행(정보처리시스템을 통한 전자적 기록 방식에 따른 정보 제공을 포함한다. 이하 같다)하여 판매하거나 배포할 수 있다. 다만, 국가안보를 해칠 우려가 있는 사항으로서 대통령령으로 정하는 사항은 지도등에 표시할 수 없다. <개정 2013.3.23.>

② 국토교통부장관은 제1항에 따라 간행한 지도등 중에서 국토교통부령으로 정하는 요건에 적합한 것을 기본도로 지정할 수 있다. <개정 2013.3.23.>

③ 기본측량성과, 기본측량기록 또는 제1항에 따라 간행한 지도등을 활용한 지도등을 간행하여 판매하거나 배포하려는 자(제17조제2항에 따른 공공측량시행자는 제외한다)는 그 지도등에 대하여 국토교통부령으로 정하는 바에 따라 국토교통부장관의 심사를 받아야 한다. <개정 2013.3.23.>

④ 제3항에 따라 지도등을 간행하여 판매하거나 배포하는 자는 국토교통부령으로 정하는 바에 따라 사용한 기본측량성과 또는 그 측량기록을 지도등에 명시하여야 한다. <개정 2013.3.23.>

⑤ 다음 각 호의 어느 하나에 해당하는 자는 제3항에 따른 지도등을 간행하여 판매하거나 배포할 수 없다. <개정 2013.7.17.>

1. 피성년후견인 또는 피한정후견인
2. 이 법이나 「국가보안법」 또는 「형법」 제87조부터 제104조까지의 규정을 위반하여 금고 이상의 실형을 선고받고 그 집행이 끝나거나(집행이 끝난 것으로 보는 경우를 포함한다) 집행이 면제된 날부터 2년이 지나지 아니한 자
3. 이 법이나 「국가보안법」 또는 「형법」 제87조부터 제104조까지의 규정을 위반하여 금고 이상의 형의 집행유예를 선고받고 그 집행유예기간 중에 있는 자

⑥ 제1항에 따라 간행하는 지도등의 판매나 배포에 필요한 사항은 국토교통부령으로 정한다. <개정 2013.3.23.>

제16조(기본측량성과의 국외 반출 금지) ① 누구든지 국토교통부장관의 허가 없이 기본측량성과 중 지도등 또는 측량용 사진을 국외로 반출하여서는 아니 된다. 다만, 외국 정부와 기본측량성과를 서로 교환하는 등 대통령령으로 정하는 경우에는 그러하지 아니하다. <개정 2013.3.23.>

② 누구든지 제14조제3항 각 호의 어느 하나에 해당하는 경우에는 기본측량성과를 국외로 반출하여서는 아니 된다. 다만, 국토교통부장관이 국가안보와 관련된 사항에 대하여 과학기술정보통신부장관, 외교부장관, 통일부장관, 국방부장관, 행정안전부장관, 산업통상자원부장관 및 국가정보원장 등 관계 기관의 장과 협의체를 구성하여 국외로 반출하기로 결정한 경우에는 그러하지 아니하다. <개정 2014.6.3., 2017.7.26.>

③ 제2항 단서에 따른 협의체의 구성 및 운영 등에 필요한 사항은 대통령령으로 정한다. <신설 2014.6.3.>

제16조(기본측량성과의 국외 반출 금지) ① 누구든지 국토교통부장관의 허가 없이 기본측량성과 중 지도등 또는 측량용 사진을 국외로 반출하여서는 아니 된다. 다만, 외국 정부와 기본측량성과를 서로 교환하는 등 대통령령으로 정하는 경우에는 그러하지 아니하다. <개정 2013.3.23.>

② 누구든지 제14조제3항 각 호의 어느 하나에 해당하는 경우에는 기본측량성과를 국외로 반출하여서는 아니 된다. 다만, 국토교통부장관이 국가안보와 관련된 사항에 대하여 과학기술정보통신부장관, 외교부장관, 통일부장관, 국방부장관, 행정안전부장관, 산업통상자원부장관 및 국가정보원장 등 관계 기관의 장과 협의체를 구성하여 국외로 반출하기로 결정한 경우에는 그러하지 아니하다. <개정 2014.6.3., 2017.7.26.>

③ 제2항 단서에 따른 협의체에는 1인 이상의 민간전문가를 포함하여야 한다. <신설 2017.10.24.>

④ 제2항 단서에 따른 협의체의 구성 및 운영과 제3항에 따른 민간전문가의 자격기준 등에 필요한 사항은 대통령령으로 정한다. <개정 2017.10.24.>

⑤ 제3항에 따른 민간전문가는 「형법」 제127조 및 제129조부터 제132조까지의 규정을 적용할 때에는 공무원으로 본다. <신설 2017.10.24.>

[시행일 : 2018.4.25.] 제16조

제3절 공공측량 및 일반측량

제17조(공공측량의 실시 등) ① 공공측량은 기본측량성과나 다른 공공측량성과를 기초로 실시하여야 한다.
② 공공측량의 시행을 하는 자(이하 "공공측량시행자"라 한다)가 공공측량을 하려면 국토교통부령으로 정하는 바에 따라 미리 공공측량 작업계획서를 국토교통부장관에게 제출하여야 한다. 제출한 공공측량 작업계획서를 변경한 경우에는 변경한 작업계획서를 제출하여야 한다. <개정 2013.3.23.>
③ 국토교통부장관은 공공측량의 정확도를 높이거나 측량의 중복을 피하기 위하여 필요하다고 인정하면 공공측량시행자에게 공공측량에 관한 장기 계획서 또는 연간 계획서의 제출을 요구할 수 있다. <개정 2013.3.23.>
④ 국토교통부장관은 제2항 또는 제3항에 따라 제출된 계획서의 타당성을 검토하여 그 결과를 공공측량시행자에게 통지하여야 한다. 이 경우 공공측량시행자는 특별한 사유가 없으면 그 결과에 따라야 한다. <개정 2013.3.23.>
⑤ 공공측량시행자는 공공측량을 하려면 미리 측량지역, 측량기간, 그 밖에 필요한 사항을 시·도지사에게 통지하여야 한다. 그 공공측량을 끝낸 경우에도 또한 같다.
⑥ 시·도지사는 공공측량을 하거나 제5항에 따른 통지를 받았으면 지체 없이 시장·군수 또는 구청장에게 그 사실을 통지하고(특별자치시장 및 특별자치도지사의 경우는 제외한다) 대통령령으로 정하는 바에 따라 공고하여야 한다. <개정 2012.12.18.>

제18조(공공측량성과의 심사) ① 공공측량시행자는 공공측량성과를 얻은 경우에는 지체 없이 그 사본을 국토교통부장관에게 제출하여야 한다. <개정 2013.3.23.>
② 국토교통부장관은 필요하다고 인정하면 공공측량시행자에게 공공측량기록의 사본을 제출하도록 할 수 있다. <개정 2013.3.23.>
③ 국토교통부장관은 제1항에 따라 공공측량성과의 사본을 받았으면 지체 없이 그 내용을 심사하여 그 결과를 해당 공공측량시행자에게 통지하여야 한다. <개정 2013.3.23.>
④ 국토교통부장관은 제3항에 따른 심사 결과 공공측량성과가 적합하다고 인정되면 대통령령으로 정하는 바에 따라 그 측량성과를 고시하여야 한다. <개정 2013.3.23.>
⑤ 공공측량성과의 제출 및 심사에 필요한 사항은 국토교통부령으로 정한다. <개정 2013.3.23.>

제19조(공공측량성과의 보관 및 열람 등) ① 국토교통부장관 및 공공측량시행자는 공공측량성과 및 공공측량기록 또는 그 사본을 보관하고 일반인이 열람할 수 있도록 하여야 한다. 다만, 공공측량시행자가 공공측량성과 및 공공측량기록을 보관할 수 없는 경우에는 그 공공측량성과 및 공공측량기록을 국토교통부장관에게 송부하여 보관하게 함으로써 일반인이 열람할 수 있도록 하여야 한다. <개정 2013.3.23.>
② 공공측량성과 또는 공공측량기록을 복제하거나 그 사본을 발급받으려는 자는 국토교통부령으로 정하는 바에 따라 국토교통부장관이나 공공측량시행자에게 그 복제 또는 발급을 신청하여야 한다. <개정 2013.3.23.>
③ 국토교통부장관이나 공공측량시행자는 제2항에 따른 신청내용이 제14조제3항 각 호의 어느 하나에 해당하는 경우에는 공공측량성과나 공공측량기록을 복제하게 하거나 그 사본을 발급할 수 없다. <개정 2013.3.23.>

제20조(공공측량성과를 사용한 지도등의 간행) 공공측량시행자는 대통령령으로 정하는 바에 따라 공공측량성과를 사용하여 지도등을 간행하여 판매하거나 배포할 수 있다. 다만, 국가안보를 해칠 우려가 있는 사항으로서 대통령령으로 정하는 사항은 지도등에 표시할 수 없다.

제21조(공공측량성과의 국외 반출 금지) ① 누구든지 국토교통부장관의 허가 없이 공공측량성과 중 지도등 또는 측량용 사진을 국외로 반출하여서는 아니 된다. 다만, 외국 정부와 공공측량성과를 서로 교환하는 등 대통령령으로 정하는 경우에는 그러하지 아니하다. <개정 2013.3.23.>
② 누구든지 제14조제3항 각 호의 어느 하나에 해당하는 경우에는 공공측량성과를 국외로 반출하여서는 아니 된다. 다만, 국가안보와 관련된 사항에 대하여 제16조제2항 단서에 따른 협의체에서 국외로 반출하기로 결정한 경우에는 그러하지 아니하다. <개정 2014.6.3.>

제22조(일반측량의 실시 등) ① 일반측량은 기본측량성과 및 그 측량기록, 공공측량성과 및 그 측량기록을 기초로 실시하여야 한다.
② 국토교통부장관은 다음 각 호의 어느 하나에 해당하는 목적을 위하여 필요하다고 인정되는 경우에는 일반측량을 한 자에게 그 측량성과 및 측량기록의 사본을 제출하게 할 수 있다. <개정 2013.3.23.>
1. 측량의 정확도 확보
2. 측량의 중복 배제
3. 측량에 관한 자료의 수집·분석
③ 국토교통부장관은 측량의 정확도 확보 등을 위하여 일반측량에 관한 작업기준을 정할 수 있다. <신설 2013.7.17.>

제4절 지적측량

제23조(지적측량의 실시 등) ① 다음 각 호의 어느 하나에 해당하는 경우에는 지적측량을 하여야 한다. <개정 2013.7.17.>
1. 제7조제1항제3호에 따른 지적기준점을 정하는 경우
2. 제25조에 따라 지적측량성과를 검사하는 경우
3. 다음 각 목의 어느 하나에 해당하는 경우로서 측량을 할 필요가 있는 경우
 가. 제74조에 따라 지적공부를 복구하는 경우
 나. 제77조에 따라 토지를 신규등록하는 경우
 다. 제78조에 따라 토지를 등록전환하는 경우
 라. 제79조에 따라 토지를 분할하는 경우
 마. 제82조에 따라 바다가 된 토지의 등록을 말소하는 경우
 바. 제83조에 따라 축척을 변경하는 경우
 사. 제84조에 따라 지적공부의 등록사항을 정정하는 경우
 아. 제86조에 따른 도시개발사업 등의 시행지역에서 토지의 이동이 있는 경우
 자. 「지적재조사에 관한 특별법」에 따른 지적재조사사업에 따라 토지의 이동이 있는 경우
4. 경계점을 지상에 복원하는 경우
5. 그 밖에 대통령령으로 정하는 경우
② 지적측량의 방법 및 절차 등에 필요한 사항은 국토교통부령으로 정한다. <개정 2013.3.23.>

▶ 판례 - 경계침범 문제로 지적도상 경계를 실지에 복원하기 위하여 하는 경계복원측량의 방법(=등록 당시의 측량방법) / 등록 당시의 측량방법에 따른 기지점을 발견할 수 없는 경우의 경계복원측량 방법 [대법원 2014.11.27, 선고, 2011다96079, 판결]

제24조(지적측량 의뢰 등) ① 토지소유자 등 이해관계인은 제23조제1항제1호 및 제3호(자목은 제외한다)부터 제5호까지의 사유로 지적측량을 할 필요가 있는 경우에는 다음 각 호의 어느 하나에 해당하는 자(이하 "지적측량수행자"라 한다)에게 지적측량을 의뢰하여야 한다. <개정 2013.7.17., 2014.6.3.>
1. 제44조제1항제2호의 지적측량업의 등록을 한 자
2. 「국가공간정보 기본법」 제12조에 따라 설립된 한국국토정보공사(이하 "한국국토정보공사"라 한다)
② 지적측량수행자는 제1항에 따른 지적측량 의뢰를 받으면 지적측량을 하여 그 측량성과를 결정하여야 한다.
③ 제1항 및 제2항에 따른 지적측량 의뢰 및 측량성과 결정 등에 필요한 사항은 국토교통부령으로 정한다. <개정 2013.3.23., 2013.7.17.>

제25조(지적측량성과의 검사) ① 지적측량수행자가 제23조에 따라 지적측량을 하였으면 시·도지사, 대도시 시장(「지방자치법」 제175조에 따라 서울특별시·광역시 및 특별자치시를 제외한 인구 50만 이상의 시의 시장을 말한다. 이하 같다) 또는 지적소관청으로부터 측량성과에 대한 검사를 받아야 한다. 다만, 지적공부를 정리하지 아니하는 측량으로서 국토교통부령으로 정하는 측량의 경우에는 그러하지 아니하다. <개정 2012.12.18., 2013.3.23.>
② 제1항에 따른 지적측량성과의 검사방법 및 검사절차 등에 필요한 사항은 국토교통부령으로 정한다. <개정 2013.3.23.>
[시행일:2012.12.18.] 특별자치시와 특별자치시장에 관한 개정규정

제26조(토지의 이동에 따른 면적 등의 결정방법) ① 합병에 따른 경계·좌표 또는 면적은 따로 지적측량을 하지 아니하고 다음 각 호의 구분에 따라 결정한다.
1. 합병 후 필지의 경계 또는 좌표: 합병 전 각 필지의 경계 또는 좌표 중 합병으로 필요 없게 된 부분을 말소하여 결정
2. 합병 후 필지의 면적: 합병 전 각 필지

의 면적을 합산하여 결정

② 등록전환이나 분할에 따른 면적을 정할 때 오차가 발생하는 경우 그 오차의 허용범위 및 처리방법 등에 필요한 사항은 대통령령으로 정한다.

[제목개정 2013.7.17.]

제27조(지적기준점성과의 보관 및 열람 등) ① 시·도지사나 지적소관청은 지적기준점성과(지적기준점에 의한 측량성과를 말한다. 이하 같다)와 그 측량기록을 보관하고 일반인이 열람할 수 있도록 하여야 한다.

② 지적기준점성과의 등본이나 그 측량기록의 사본을 발급받으려는 자는 국토교통부령으로 정하는 바에 따라 시·도지사나 지적소관청에 그 발급을 신청하여야 한다. <개정 2013.3.23.>

제28조(지적위원회) ① 다음 각 호의 사항을 심의·의결하기 위하여 국토교통부에 중앙지적위원회를 둔다. <개정 2013.7.17.>

1. 지적 관련 정책 개발 및 업무 개선 등에 관한 사항
2. 지적측량기술의 연구·개발 및 보급에 관한 사항
3. 제29조제6항에 따른 지적측량 적부심사(適否審査)에 대한 재심사(再審査)
4. 제39조에 따른 측량기술자 중 지적분야 측량기술자(이하 "지적기술자"라 한다)의 양성에 관한 사항
5. 제42조에 따른 지적기술자의 업무정지 처분 및 징계요구에 관한 사항

② 제29조에 따른 지적측량에 대한 적부심사 청구사항을 심의·의결하기 위하여 특별시·광역시·특별자치시·도 또는 특별자치도(이하 "시·도"라 한다)에 지방지적위원회를 둔다. <신설 2013.7.17.>

③ 중앙지적위원회와 지방지적위원회의 위원 구성 및 운영에 필요한 사항은 대통령령으로 정한다. <개정 2013.7.17., 2017.10.24.>

④ 중앙지적위원회와 지방지적위원회의 위원 중 공무원이 아닌 사람은 「형법」 제127조 및 제129조부터 제132조까지의 규정을 적용할 때에는 공무원으로 본다. <신설 2017.10.24.>

제29조(지적측량의 적부심사 등) ① 토지소유자, 이해관계인 또는 지적측량수행자는 지적측량성과에 대하여 다툼이 있는 경우에는 대통령령으로 정하는 바에 따라 관할 시·도지사를 거쳐 지방지적위원회에 지적측량 적부심사를 청구할 수 있다. <개정 2013.7.17.>

② 제1항에 따른 지적측량 적부심사청구를 받은 시·도지사는 30일 이내에 다음 각 호의 사항을 조사하여 지방지적위원회에 회부하여야 한다.

1. 다툼이 되는 지적측량의 경위 및 그 성과
2. 해당 토지에 대한 토지이동 및 소유권 변동 연혁
3. 해당 토지 주변의 측량기준점, 경계, 주요 구조물 등 현황 실측도

③ 제2항에 따라 지적측량 적부심사청구를 회부받은 지방지적위원회는 그 심사청구를 회부받은 날부터 60일 이내에 심의·의결하여야 한다. 다만, 부득이한 경우에는 그 심의기간을 해당 지적위원회의 의결을 거쳐 30일 이내에서 한 번만 연장할 수 있다.

④ 지방지적위원회는 지적측량 적부심사를 의결하였으면 대통령령으로 정하는 바에 따라 의결서를 작성하여 시·도지사에게 송부하여야 한다.

⑤ 시·도지사는 제4항에 따라 의결서를 받은 날부터 7일 이내에 지적측량 적부심사 청구인 및 이해관계인에게 그 의결서를 통지하여야 한다.

⑥ 제5항에 따라 의결서를 받은 자가 지방지적위원회의 의결에 불복하는 경우에는 그 의결서를 받은 날부터 90일 이내에 국토교통부장관을 거쳐 중앙지적위원회에 재심사를 청구할 수 있다. <개정 2013.3.23., 2013.7.17.>

⑦ 제6항에 따른 재심사청구에 관하여는 제2항부터 제5항까지의 규정을 준용한다. 이 경우 "시·도지사"는 "국토교통부장관"으로, "지방지적위원회"는 "중앙지적위원회"로 본다. <개정 2013.3.23.>

⑧ 제7항에 따라 중앙지적위원회로부터 의결서를 받은 국토교통부장관은 그 의결서를 관할 시·도지사에게 송부하여야 한다. <개정 2013.3.23.>

⑨ 시·도지사는 제4항에 따라 지방지적위원회의 의결서를 받은 후 해당 지적측량 적부심사 청구인 및 이해관계인이 제6항에 따른 기간에 재심사를 청구하지 아니하면 그 의결서 사본을 지적소관청에 보내야 하며, 제8항에 따라 중앙지적위원회의 의결서를 받은 경우에는 그 의결서 사본에 제4항에 따라 받은 지방지적위원회의 의결서 사본을 첨부하여 지적소관청에 보내야 한다.

⑩ 제9항에 따라 지방지적위원회 또는 중앙

지적위원회의 의결서 사본을 받은 지적소관청은 그 내용에 따라 지적공부의 등록사항을 정정하거나 측량성과를 수정하여야 한다.
⑪ 제9항 및 제10항에도 불구하고 특별자치시장은 제4항에 따라 지방지적위원회의 의결서를 받은 후 해당 지적측량 적부심사 청구인 및 이해관계인이 제6항에 따른 기간에 재심사를 청구하지 아니하거나 제8항에 따라 중앙지적위원회의 의결서를 받은 경우에는 직접 그 내용에 따라 지적공부의 등록사항을 정정하거나 측량성과를 수정하여야 한다. <신설 2012.12.18.>
⑫ 지방지적위원회의 의결이 있은 후 제6항에 따른 기간에 재심사를 청구하지 아니하거나 중앙지적위원회의 의결이 있는 경우에는 해당 지적측량성과에 대하여 다시 지적측량 적부심사청구를 할 수 없다. <개정 2012.12.18.>
[시행일:2012.12.18.] 특별자치시와 특별자치시장에 관한 개정규정

제5절 수로조사

제30조(수로조사기본계획) ① 해양수산부장관은 다음 각 호의 사항이 포함된 수로조사기본계획을 5년마다 수립하여야 한다. <개정 2013.3.23.>
1. 수로조사에 관한 기본 구상 및 추진 전략
2. 수로조사에 관한 기술연구
3. 수로도서지의 간행 및 보급에 관한 사항
4. 수로조사의 구역과 내용
5. 수로조사에 관한 장기 투자계획
6. 조사용 선박의 건조(建造), 해양관측시설의 설치·운영 등에 관한 사항
7. 수로조사의 국제협력에 관한 사항
8. 수로조사에 관한 기술교육 및 인력 양성에 관한 사항
9. 그 밖에 수로조사를 위하여 필요한 사항

② 해양수산부장관은 제1항에 따른 수로조사기본계획에 따라 연도별 시행계획을 수립·시행하여야 한다. <개정 2013.3.23.>

제31조(수로조사의 실시 등) ① 해양수산부장관은 제30조제1항 및 제2항에 따른 수로조사기본계획 및 연도별 시행계획에 따라 선박, 부표(浮標), 관측시설, 위성 등을 이용하여 다음 각 호의 수로조사를 하여야 한다. <개정 2013.3.23.>
1. 항해의 안전을 위한 항만, 항로, 어항 등의 수로측량과 항로조사
2. 국가 간 해양경계 획정을 위하여 필요한 수로조사
3. 조석, 조류, 해류, 해양기상 등 해양현상에 관한 자료를 수집하기 위한 관측
4. 관할 해역에 관한 지구물리적 기초자료 수집을 위한 탐사
5. 해양의 보전 및 이용에 관한 조사

② 해양수산부장관이 발행한 수로도서지의 내용을 변경하게 하는 행위로서 다음 각 호의 어느 하나에 해당하는 행위(이하 이 조에서 "공사등"이라 한다)를 하는 자(공사등을 도급받아 수행하는 자를 포함한다)는 그 공사등을 끝내면 수로조사를 하여야 한다. 다만, 대통령령으로 정하는 규모 이하의 공사등의 경우에는 그러하지 아니하다. <개정 2013.3.23.>
1. 항만공사(어항공사를 포함한다) 또는 항로준설(航路浚渫)
2. 해저에서 흙, 모래, 광물 등의 채취
3. 바다에 흙, 모래, 준설토(浚渫土) 등을 버리는 행위
4. 매립, 방파제·인공안벽(人工岸壁)의 설치나 철거 등으로 기존 해안선이 변경되는 공사
5. 해양에서 인공어초(人工魚礁) 등 구조물의 설치 또는 투입
6. 항로상의 교량 및 공중 전선 등의 설치 또는 변경

③ 다음 각 호의 어느 하나에 해당하는 자는 해양수산부령으로 정하는 바에 따라 해양수산부장관에게 신고하여야 한다. <개정 2013.3.23.>
1. 제2항에 따라 수로조사를 하려는 자
2. 해양수산부장관에게 수로도서지의 제작 또는 변경을 요청하기 위하여 수로조사를 하려는 자

④ 선박을 사용하여 수로조사를 하는 자는 수로조사에 사용되는 선박에 해양수산부령으로 정하는 표지를 달아야 한다. <개정 2013.3.23.>
⑤ 해양수산부장관은 수로조사선, 관측시설 등 수로조사에 필요한 장비를 적절하게 유지·관리하여야 한다. <개정 2013.3.23.>
⑥ 해양수산부장관은 수로조사방법의 표준화 등을 위하여 필요하다고 인정하는 경우에는 제3항에 따른 신고를 한 자에게 수로조사방법에 관한 기술지도를 할 수 있다. <개정 2013.3.23.>
⑦ 제6항에 따른 기술지도에 필요한 사항은 해양수산부령으로 정한다. <개정 2013.3.23.>

제32조(수로조사 실시 등의 공고) 해양수산부장관은 다음 각 호의 어느 하나에 해당하는 경우에는 수로조사의 구역·기간·내용을 관보 및 인터넷 홈페이지에 공고하고 항행통보에 게재하여야 한다. <개정 2013.3.23.>

1. 제31조제1항에 따라 수로조사를 하는 경우
2. 제31조제3항에 따른 신고를 받은 경우
3. 제38조제1항에 따른 관계기관으로부터 수로조사계획을 받은 경우
4. 제104조에 따라 위탁받은 수로조사를 하는 경우

제33조(수로조사성과의 제출 및 심사) ① 제31조제3항 각 호에 따른 수로조사를 한 자는 그 수로조사성과를 지체 없이 해양수산부장관에게 제출하여야 한다. <개정 2013.3.23.>

② 해양수산부장관은 제1항에 따라 수로조사성과를 받았으면 지체 없이 그 내용을 심사하여 심사 결과를 제1항에 따른 제출자에게 알려야 한다. <개정 2013.3.23.>

③ 해양수산부장관은 제2항에 따른 심사 결과 수로조사성과가 적합하다고 인정되면 대통령령으로 정하는 바에 따라 그 수로조사성과를 항행통보 및 수로도서지에 게재하여야 한다. <개정 2013.3.23.>

④ 수로조사성과의 제출 및 심사에 필요한 사항은 해양수산부령으로 정한다. <개정 2013.3.23.>

제34조(수로조사성과의 보관 및 열람 등) ① 해양수산부장관은 수로조사성과를 보관하고 일반인이 열람할 수 있도록 하여야 한다. <개정 2013.3.23.>

② 해양수산부장관은 해양수산부령으로 정하는 바에 따라 수로조사성과를 공표하여야 한다. <신설 2012.12.18., 2013.3.23.>

③ 수로조사성과의 사본을 발급받으려는 자는 해양수산부령으로 정하는 바에 따라 해양수산부장관에게 발급을 신청하여야 한다. <개정 2012.12.18., 2013.3.23.>

제35조(수로도서지의 간행 등) ① 해양수산부장관은 수로조사성과를 수록한 수로도서지를 간행(정보처리시스템을 통한 전자적 기록방식에 따른 정보 제공을 포함한다)하여 판매하거나 배포하여야 한다. <개정 2013.3.23.>

② 해양수산부장관은 판매망·기술인력·설비 등 대통령령으로 정하는 요건을 갖춘 자를 수로도서지 판매를 대행하는 자(이하 "판매대행업자"라 한다)로 지정할 수 있다. <개정 2013.3.23.>

③ 해양수산부장관은 다음 각 호의 어느 하나에 해당하는 자는 판매대행업자로 지정할 수 없다. <개정 2013.3.23., 2013.7.17.>

1. 피성년후견인 또는 피한정후견인
2. 이 법이나 「국가보안법」 또는 「형법」 제87조부터 제104조까지의 규정을 위반하여 금고 이상의 실형을 선고받고 그 집행이 끝나거나(집행이 끝난 것으로 보는 경우를 포함한다) 집행이 면제된 날부터 2년이 지나지 아니한 자
3. 이 법이나 「국가보안법」 또는 「형법」 제87조부터 제104조까지의 규정을 위반하여 금고 이상의 형의 집행유예를 선고받고 그 집행유예기간 중에 있는 자
4. 제6항에 따라 판매대행업자의 지정이 취소된 후 2년이 지나지 아니한 자

④ 수로도서지의 판매가격, 판매대행 수수료, 그 밖에 수로도서지의 판매대행에 필요한 사항은 해양수산부장관이 정하여 고시한다. <개정 2013.3.23.>

⑤ 판매대행업자는 수로도서지 판매가격을 준수하고, 최신 항행통보에 따라 수정하여 수로도서지를 보급하여야 한다.

⑥ 해양수산부장관은 판매대행업자가 다음 각 호의 어느 하나에 해당하는 경우에는 그 지정을 취소하거나 1년 이내의 기간을 정하여 영업의 정지를 명할 수 있다. 다만, 제1호의 경우에는 판매대행업자의 지정을 취소하여야 한다. <개정 2013.3.23.>

1. 제2항에 따른 지정 요건에 미달하게 된 경우. 다만, 일시적으로 등록기준에 미달하게 되는 등 대통령령으로 정하는 경우는 제외한다.
2. 제3항에 따른 결격사유에 해당하게 된 경우
3. 제5항을 위반하여 수로도서지 판매가격을 준수하지 아니하거나, 수로도서지를 최신 항행통보에 따라 수정하지 아니하고 보급한 경우
4. 정당한 사유 없이 판매대행업자로 지정받은 날부터 1년 이내에 영업을 시작하지 아니하거나 계속하여 1년 이상 휴업한 경우

⑦ 판매대행업자의 지정기준 및 관리에 관한 사항과 그 밖에 필요한 사항은 해양수산부령으

로 정한다. <개정 2013.3.23.>

제36조(수로도서지의 복제 등) ① 해양수산부장관이 간행한 수로도서지를 복제하거나 변형하여 수로도서지와 비슷한 제작물로 발행하려는 자는 해양수산부장관의 승인을 받아야 한다. <개정 2013.3.23.>

② 제1항에 따른 승인절차 등에 필요한 사항은 대통령령으로 정한다.

제37조(수로정보 관련 사항의 통보) 다음 각 호의 어느 하나에 해당하는 자는 지체 없이 해당 각 호에 규정된 사항을 해양수산부장관에게 통보하여야 한다. <개정 2013.3.23.>

1. 수로조사를 한 자(해양수산부장관은 제외한다): 해당 수로조사성과가 해양수산부장관이 간행한 수로도서지와 다른 사실을 발견한 경우 그 사실에 관한 사항
2. 항만·해안선 또는 항로에 중대한 변경을 가져오는 공사를 하는 자: 해당 공사의 착공 및 준공에 관한 사항
3. 어업의 면허에 관한 업무를 관장하는 기관: 어업의 면허, 면허취소, 면허 변경 및 정치어구(定置漁具)의 위치와 설치기간 등에 관한 사항
4. 수중에서 침몰물(沈沒物) 또는 그 밖에 항해에 장해가 될 우려가 있는 물건을 발견하거나 해양수산부장관이 제작한 수로도서지와 다른 사실을 발견한 자: 그 발견 사실에 관한 사항

제38조(관계기관의 수로조사성과 활용) ① 해양수산부장관은 관계기관이 다음 각 호의 어느 하나에 해당하는 수로조사를 할 때에는 그 수로조사계획이나 수로조사성과를 제출할 것을 요구할 수 있다. <개정 2013.3.23.>

1. 조석·조류·해류의 관측 및 해수의 물리적 특성 조사
2. 해저지형, 해상 지구자기, 해상 중력 및 해저지질의 조사
3. 인공어초 등 해저위험물의 조사

② 해양수산부장관은 제1항에 따라 수로조사계획을 제출한 관계기관과 조사자료의 공동활용, 공동조사 및 기술협력을 위하여 노력하여야 한다. <개정 2013.3.23.>

③ 제1항에 따른 수로조사계획이나 수로조사성과의 제출 등에 필요한 사항은 해양수산부령으로 정한다. <개정 2013.3.23.>

제6절 측량기술자 및 수로기술자

제39조(측량기술자) ① 이 법에서 정하는 측량(수로측량은 제외한다. 이하 이 절에서 같다)은 측량기술자가 아니면 할 수 없다.

② 측량기술자는 다음 각 호의 어느 하나에 해당하는 자로서 대통령령으로 정하는 자격기준에 해당하는 자이어야 하며, 대통령령으로 정하는 바에 따라 그 등급을 나눌 수 있다.

1. 「국가기술자격법」에 따른 측량 및 지형공간정보, 지적, 측량, 지도 제작, 도화(圖畵) 또는 항공사진 분야의 기술자격 취득자
2. 측량, 지형공간정보, 지적, 지도 제작, 도화 또는 항공사진 분야의 일정한 학력 또는 경력을 가진 자

③ 측량기술자는 전문분야를 측량분야와 지적분야로 구분한다. <신설 2013.7.17.>

제40조(측량기술자의 신고 등) ① 측량업무에 종사하는 측량기술자(「건설기술 진흥법」 제2조 제8호에 따른 건설기술자인 측량기술자와 「기술사법」 제2조에 따른 기술사는 제외한다. 이하 이 조에서 같다)는 국토교통부령 또는 해양수산부령으로 정하는 바에 따라 근무처·경력·학력 및 자격 등(이하 "근무처 및 경력등"이라 한다)을 관리하는 데에 필요한 사항을 국토교통부장관 또는 해양수산부장관에게 신고할 수 있다. 신고사항의 변경이 있는 경우에도 같다. <개정 2013.3.23., 2013.5.22.>

② 국토교통부장관 또는 해양수산부장관은 제1항에 따른 신고를 받았으면 측량기술자의 근무처 및 경력등에 관한 기록을 유지·관리하여야 한다. <개정 2013.3.23.>

③ 국토교통부장관 또는 해양수산부장관은 측량기술자가 신청하면 근무처 및 경력등에 관한 증명서(이하 "측량기술경력증"이라 한다)를 발급할 수 있다. <개정 2013.3.23.>

④ 국토교통부장관 또는 해양수산부장관은 제1항에 따라 신고를 받은 내용을 확인하기 위하여 필요한 경우에는 중앙행정기관, 지방자치단체, 「초·중등교육법」 제2조 및 「고등교육법」 제2조의 학교, 신고를 한 측량기술자가 소속된 측량 관련 업체 등 관련 기관의 장에게 관련 자료를 제출하도록 요청할 수 있다. 이 경우 그 요청을 받은 기관의 장은 특별한 사유가 없으면 요청에 따라야 한다. <개정

2013.3.23.>
⑤ 이 법이나 그 밖의 관계 법률에 따른 인가·허가·등록·면허 등을 하려는 행정기관의 장은 측량기술자의 근무처 및 경력등을 확인할 필요가 있는 경우에는 국토교통부장관 또는 해양수산부장관의 확인을 받아야 한다. <개정 2013.3.23.>
⑥ 제1항에 따른 신고가 신고서의 기재사항 및 구비서류에 흠이 없고, 관계 법령 등에 규정된 형식상의 요건을 충족하는 경우에는 신고서가 접수기관에 도달된 때에 신고된 것으로 본다. <신설 2017.10.24.>
⑦ 제1항부터 제6항까지에서 규정한 사항 외에 측량기술자의 신고, 기록의 유지·관리, 측량기술경력증의 발급 등에 필요한 사항은 국토교통부령 또는 해양수산부령으로 정한다. <개정 2013.3.23., 2017.10.24.>

제41조(측량기술자의 의무) ① 측량기술자는 신의와 성실로써 공정하게 측량을 하여야 하며, 정당한 사유 없이 측량을 거부하여서는 아니 된다.
② 측량기술자는 정당한 사유 없이 그 업무상 알게 된 비밀을 누설하여서는 아니 된다.
③ 측량기술자는 둘 이상의 측량업자에게 소속될 수 없다.
④ 측량기술자는 다른 사람에게 측량기술경력증을 빌려 주거나 자기의 성명을 사용하여 측량업무를 수행하게 하여서는 아니 된다.

제42조(측량기술자의 업무정지 등) ① 국토교통부장관 또는 해양수산부장관은 측량기술자(「건설기술 진흥법」 제2조제8호에 따른 건설기술자인 측량기술자는 제외한다)가 다음 각 호의 어느 하나에 해당하는 경우에는 1년(지적기술자의 경우에는 2년) 이내의 기간을 정하여 측량업무의 수행을 정지시킬 수 있다. 이 경우 지적기술자에 대하여는 대통령령으로 정하는 바에 따라 중앙지적위원회의 심의·의결을 거쳐야 한다. <개정 2013.3.23., 2013.5.22., 2013.7.17.>
1. 제40조제1항에 따른 근무처 및 경력등의 신고 또는 변경신고를 거짓으로 한 경우
2. 제41조제4항을 위반하여 다른 사람에게 측량기술경력증을 빌려 주거나 자기의 성명을 사용하여 측량업무를 수행하게 한 경우
3. 지적기술자가 제50조제1항을 위반하여 신의와 성실로써 공정하게 지적측량을 하지 아니하거나 고의 또는 중대한 과실로 지적측량을 잘못하여 다른 사람에게 손해를 입힌 경우
4. 지적기술자가 제50조제1항을 위반하여 정당한 사유 없이 지적측량 신청을 거부한 경우

② 국토교통부장관은 지적기술자가 제1항 각 호의 어느 하나에 해당하는 경우 위반행위의 횟수, 정도, 동기 및 결과 등을 고려하여 지적기술자가 소속된 한국국토정보공사 또는 지적측량업자에게 해임 등 적절한 징계를 할 것을 요청할 수 있다. <신설 2013.7.17., 2014.6.3.>
③ 제1항에 따른 업무정지의 기준과 그 밖에 필요한 사항은 국토교통부령 또는 해양수산부령으로 정한다. <개정 2013.3.23., 2013.7.17.>
[제목개정 2013.7.17.]

제43조(수로기술자) ① 이 법에 따른 수로조사는 수로기술자가 아니면 할 수 없다.
② 수로기술자는 다음 각 호의 어느 하나에 해당하는 자로서 대통령령으로 정하는 자격기준에 해당하는 자이어야 하며, 대통령령으로 정하는 바에 따라 그 등급을 나눌 수 있다.
1. 「국가기술자격법」에 따른 해양, 해양환경, 해양공학, 해양자원개발, 측량 및 지형공간정보 분야의 기술자격 취득자
2. 해양, 해양환경, 해양공학, 해양자원개발, 측량 및 지형공간정보 분야의 일정한 학력 또는 경력을 가진 자
3. 국제수로기구가 인정하는 수로측량사 자격 취득자

③ 수로기술자의 신고, 의무 및 업무정지에 관하여는 제40조부터 제42조까지의 규정을 준용한다. 이 경우 "측량기술자"는 "수로기술자"로, "측량기술경력증"은 "수로기술경력증"으로, "측량업무"는 "수로조사업무"로 본다.

제7절 측량업 및 수로사업

제44조(측량업의 등록) ① 측량업은 다음 각 호의 업종으로 구분한다.
1. 측지측량업
2. 지적측량업
3. 그 밖에 항공촬영, 지도제작 등 대통령령으로 정하는 업종

② 측량업을 하려는 자는 업종별로 대통령령으로

정하는 기술인력·장비 등의 등록기준을 갖추어 국토교통부장관 또는 시·도지사에게 등록하여야 한다. 다만, 한국국토정보공사는 측량업의 등록을 하지 아니하고 제1항제2호의 지적측량업을 할 수 있다. <개정 2013.3.23., 2014.6.3.>

③ 국토교통부장관 또는 시·도지사는 제2항에 따른 측량업의 등록을 한 자(이하 "측량업자"라 한다)에게 측량업등록증 및 측량업등록수첩을 발급하여야 한다. <개정 2013.3.23.>

④ 측량업자는 등록사항이 변경된 경우에는 국토교통부장관 또는 시·도지사에게 신고하여야 한다. <개정 2013.3.23.>

⑤ 측량업의 등록, 등록사항의 변경신고, 측량업등록증 및 측량업등록수첩의 발급절차 등에 필요한 사항은 대통령령으로 정한다.

제45조(지적측량업자의 업무 범위) 제44조제1항제2호에 따른 지적측량업의 등록을 한 자(이하 "지적측량업자"라 한다)는 제23조제1항제1호 및 제3호부터 제5호까지의 규정에 해당하는 사유로 하는 지적측량 중 다음 각 호의 지적측량과 지적전산자료를 활용한 정보화사업을 할 수 있다. <개정 2011.9.16., 2013.7.17.>

1. 제73조에 따른 경계점좌표등록부가 있는 지역에서의 지적측량
2. 「지적재조사에 관한 특별법」에 따른 사업지구에서 실시하는 지적재조사측량
3. 제86조에 따른 도시개발사업 등이 끝남에 따라 하는 지적확정측량

제46조(측량업자의 지위 승계) ① 측량업자가 그 사업을 양도하거나 사망한 경우 또는 법인인 측량업자의 합병이 있는 경우에는 그 사업의 양수인·상속인 또는 합병 후 존속하는 법인이나 합병에 따라 설립된 법인은 종전의 측량업자의 지위를 승계한다.

② 제1항에 따라 측량업자의 지위를 승계한 자는 그 승계 사유가 발생한 날부터 30일 이내에 대통령령으로 정하는 바에 따라 국토교통부장관, 해양수산부장관 또는 시·도지사에게 신고하여야 한다. <개정 2013.3.23.>

제47조(측량업등록의 결격사유) 다음 각 호의 어느 하나에 해당하는 자는 측량업의 등록을 할 수 없다. <개정 2013.7.17., 2015.12.29.>

1. 피성년후견인 또는 피한정후견인
2. 이 법이나 「국가보안법」 또는 「형법」 제87조부터 제104조까지의 규정을 위반하여 금고 이상의 실형을 선고받고 그 집행이 끝나거나(집행이 끝난 것으로 보는 경우를 포함한다) 집행이 면제된 날부터 2년이 지나지 아니한 자
3. 이 법이나 「국가보안법」 또는 「형법」 제87조부터 제104조까지의 규정을 위반하여 금고 이상의 형의 집행유예를 선고받고 그 집행유예기간 중에 있는 자
4. 제52조에 따라 측량업의 등록이 취소(제47조제1호에 해당하여 등록이 취소된 경우는 제외한다)된 후 2년이 지나지 아니한 자
5. 임원 중에 제1호부터 제4호까지의 어느 하나에 해당하는 자가 있는 법인

제48조(측량업의 휴업·폐업 등 신고) 다음 각 호의 어느 하나에 해당하는 자는 국토교통부령 또는 해양수산부령으로 정하는 바에 따라 국토교통부장관, 해양수산부장관 또는 시·도지사에게 해당 각 호의 사실이 발생한 날부터 30일 이내에 그 사실을 신고하여야 한다. <개정 2013.3.23.>

1. 측량업자인 법인이 파산 또는 합병 외의 사유로 해산한 경우: 해당 법인의 청산인
2. 측량업자가 폐업한 경우: 폐업한 측량업자
3. 측량업자가 30일을 넘는 기간 동안 휴업하거나, 휴업 후 업무를 재개한 경우: 해당 측량업자

제49조(측량업등록증의 대여 금지 등) ① 측량업자는 다른 사람에게 자기의 측량업등록증 또는 측량업등록수첩을 빌려 주거나 자기의 성명 또는 상호를 사용하여 측량업무를 하게 하여서는 아니 된다.

② 누구든지 다른 사람의 등록증 또는 등록수첩을 빌려서 사용하거나 다른 사람의 성명 또는 상호를 사용하여 측량업무를 하여서는 아니 된다.

제50조(지적측량수행자의 성실의무 등) ① 지적측량수행자(소속 지적기술자를 포함한다. 이하 이 조에서 같다)는 신의와 성실로써 공정하게 지적측량을 하여야 하며, 정당한 사유 없이 지적측량 신청을 거부하여서는 아니 된다. <개정 2013.7.17.>

② 지적측량수행자는 본인, 배우자 또는 직계 존속·비속이 소유한 토지에 대한 지적측량을 하여서는 아니 된다.

③ 지적측량수행자는 제106조제2항에 따른 지적측량수수료 외에는 어떠한 명목으로도 그 업무와 관련된 대가를 받으면 아니 된다.

제51조(손해배상책임의 보장) ① 지적측량수행자가 타인의 의뢰에 의하여 지적측량을 함에 있어서 고의 또는 과실로 지적측량을 부실하게 함으로써 지적측량의뢰인이나 제3자에게 재산상의 손해를 발생하게 한 때에는 지적측량수행자는 그 손해를 배상할 책임이 있다.
② 지적측량수행자는 제1항에 따른 손해배상책임을 보장하기 위하여 대통령령으로 정하는 바에 따라 보험가입 등 필요한 조치를 하여야 한다.

제52조(측량업의 등록취소 등) ① 국토교통부장관, 해양수산부장관 또는 시·도지사는 측량업자가 다음 각 호의 어느 하나에 해당하는 경우에는 측량업의 등록을 취소하거나 1년 이내의 기간을 정하여 영업의 정지를 명할 수 있다. 다만, 제2호·제4호·제7호·제8호·제11호 또는 제14호에 해당하는 경우에는 측량업의 등록을 취소하여야 한다. <개정 2013.3.23., 2014.6.3.>
1. 고의 또는 과실로 측량을 부정확하게 한 경우
2. 거짓이나 그 밖의 부정한 방법으로 측량업의 등록을 한 경우
3. 정당한 사유 없이 측량업의 등록을 한 날부터 1년 이내에 영업을 시작하지 아니하거나 계속하여 1년 이상 휴업한 경우
4. 제44조제2항에 따른 등록기준에 미달하게 된 경우. 다만, 일시적으로 등록기준에 미달되는 등 대통령령으로 정하는 경우는 제외한다.
5. 제44조제4항을 위반하여 측량업 등록사항의 변경신고를 하지 아니한 경우
6. 지적측량업자가 제45조에 따른 업무 범위를 위반하여 지적측량을 한 경우
7. 제47조 각 호의 어느 하나에 해당하게 된 경우
8. 제49조제1항을 위반하여 다른 사람에게 자기의 측량업등록증 또는 측량업등록수첩을 빌려 주거나 자기의 성명 또는 상호를 사용하여 측량업무를 하게 한 경우
9. 지적측량업자가 제50조를 위반한 경우
10. 제51조를 위반하여 보험가입 등 필요한 조치를 하지 아니한 경우
11. 영업정지기간 중에 계속하여 영업을 한 경우
12. 지적측량업자가 제106조제2항에 따른 지적측량수수료를 같은 조 제3항에 따라 고시한 금액보다 과다 또는 과소하게 받은 경우
13. 다른 행정기관이 관계 법령에 따라 등록취소 또는 영업정지를 요구한 경우
14. 「국가기술자격법」 제15조제2항을 위반하여 측량업자가 측량기술자의 국가기술자격증을 대여 받은 사실이 확인된 경우

② 측량업자의 지위를 승계한 상속인이 제47조에 따른 측량업등록의 결격사유에 해당하는 경우에는 그 결격사유에 해당하게 된 날부터 6개월이 지난 날까지는 제1항제7호를 적용하지 아니한다.
③ 국토교통부장관, 해양수산부장관 또는 시·도지사는 제1항에 따라 측량업등록을 취소하거나 영업정지의 처분을 하였으면 그 사실을 공고하여야 한다. <개정 2013.3.23.>
④ 측량업등록의 취소 및 영업정지 처분에 관한 세부 기준은 국토교통부령 또는 해양수산부령으로 정한다. <개정 2013.3.23.>

제52조의2(측량업자의 행정처분 효과의 승계 등) ① 제48조에 따라 폐업신고한 측량업자가 폐업신고 당시와 동일한 측량업을 다시 등록한 때에는 폐업신고 전의 측량업자의 지위를 승계한다.
② 제1항의 경우 폐업신고 전의 측량업자에 대하여 제52조제1항 및 제111조제1항 각 호의 위반행위로 인한 행정처분의 효과는 그 폐업일부터 6개월 이내에 다시 측량업의 등록을 한 자(이하 이 조에서 "재등록 측량업자"라 한다)에게 승계된다.
③ 제1항의 경우 재등록 측량업자에 대하여 폐업신고 전의 제52조제1항 각 호의 위반행위에 대한 행정처분을 할 수 있다. 다만, 다음 각 호의 어느 하나에 해당하는 경우는 제외한다.
1. 폐업신고를 한 날부터 다시 측량업의 등록을 한 날까지의 기간(이하 이 조에서 "폐업기간"이라 한다)이 2년을 초과한 경우
2. 폐업신고 전의 위반행위에 대한 행정처분이 영업정지에 해당하는 경우로서 폐업기간이 1년을 초과한 경우

④ 제3항에 따라 행정처분을 할 때에는 폐업기간과 폐업의 사유를 고려하여야 한다.
[본조신설 2014.6.3.]

第53조(등록취소 등의 처분 후 측량업자의 업무 수행 등) ① 등록취소 또는 영업정지 처분을 받거나 제48조에 따라 폐업신고를 한 측량업자 및 그 포괄승계인은 그 처분 및 폐업신고 전에 체결한 계약에 따른 측량업무를 계속 수행할 수 있다. 다만, 등록취소 또는 영업정지 처분을 받은 지적측량업자나 그 포괄승계인의 경우에는 그러하지 아니하다. <개정 2014.6.3.>
② 제1항에 따른 측량업자 또는 포괄승계인은 등록취소 또는 영업정지 처분을 받은 사실을 지체 없이 해당 측량의 발주자에게 알려야 한다.
③ 제1항에 따라 측량업무를 계속하는 자는 그 측량이 끝날 때까지 측량업자로 본다.
④ 측량의 발주자는 특별한 사유가 있는 경우를 제외하고는 그 측량업자로부터 제2항에 따른 통지를 받거나 등록취소 또는 영업정지의 처분이 있은 사실을 안 날부터 30일 이내에만 그 측량에 관한 계약을 해지할 수 있다.

第54조(수로사업의 등록) ① 수로조사업 또는 해도제작업, 그 밖에 대통령령으로 정하는 사업(이하 "수로사업"이라 한다)을 하려는 자는 해양수산부장관에게 등록하여야 한다. <개정 2013.3.23.>
② 제1항에 따라 수로사업을 등록하려면 업종별로 대통령령으로 정하는 기술인력·시설·장비 등의 등록기준을 갖추어야 한다.
③ 해양수산부장관은 수로사업의 등록을 한 자(이하 "수로사업자"라 한다)에게 수로사업등록증 및 수로사업등록수첩을 발급하여야 한다. <개정 2013.3.23.>
④ 수로사업자는 등록사항이 변경된 경우에는 해양수산부장관에게 신고하여야 한다. <개정 2013.3.23.>
⑤ 수로사업의 등록, 등록사항의 변경신고, 수로사업등록증 및 수로사업등록수첩의 발급절차 등에 필요한 사항은 대통령령으로 정한다.
⑥ 수로사업자의 지위 승계, 수로사업등록의 결격사유, 수로사업 휴업·폐업 등의 신고, 수로사업등록증의 대여 금지, 수로사업의 등록취소 등, 수로사업의 등록취소 등의 처분 후 수로사업자의 업무 수행 등에 관하여는 제46조부터 제49조까지, 제52조 및 제53조를 준용한다. 이 경우 "측량업"은 "수로사업"으로, "측량업자"는 "수로사업자"로, "측량업등록증"은 "수로사업등록증"으로, "측량"은 "수로사업"으로 본다. <개정 2012.12.18.>

第55조(측량 및 수로조사의 대가) ① 기본측량, 공공측량 및 수로조사에 대한 대가의 기준과 산정방법에 필요한 사항은 대통령령으로 정한다.
② 국토교통부장관 및 해양수산부장관은 제1항에 따른 기준을 정할 때에는 기획재정부장관과 협의하여야 한다. <개정 2013.3.23.>
③ 일반측량의 대가는 제1항에 따른 기준을 준용하여 산정할 수 있다.

제8절 협회

第56조 삭제 <2014.6.3.>

第57조(해양조사협회) ① 수로조사에 관한 기술·기준·제도를 연구·개발하고 해양에 관한 자료를 수집·제공함으로써 해상교통안전 및 해양자원의 개발·이용에 기여하기 위하여 해양조사협회를 설립할 수 있다.
② 해양조사협회는 법인으로 한다.
③ 해양조사협회는 주된 사무소의 소재지에서 설립등기를 함으로써 성립한다.
④ 해양조사협회를 설립하려면 1억원 이상의 재산을 출연하고 정관을 작성한 후 창립총회의 의결을 거쳐 해양수산부장관의 인가를 받아야 한다. <개정 2013.3.23.>
⑤ 해양조사협회의 정관, 설립 인가 및 감독에 관한 사항과 그 밖에 필요한 사항은 대통령령으로 정한다.
⑥ 해양조사협회에 관하여는 이 법에 규정된 사항을 제외하고는 「민법」 중 재단법인에 관한 규정을 준용한다.

제9절 삭제

<2014.6.3.>

第58조 삭제 <2014.6.3.>

第59조 삭제 <2014.6.3.>

第60조 삭제 <2014.6.3.>

第61조 삭제 <2014.6.3.>

第62조 삭제 <2014.6.3.>

제63조 삭제 <2014.6.3.>

제3장 지적(地籍)
제1절 토지의 등록

제64조(토지의 조사·등록 등) ① 국토교통부장관은 모든 토지에 대하여 필지별로 소재·지번·지목·면적·경계 또는 좌표 등을 조사·측량하여 지적공부에 등록하여야 한다. <개정 2013.3.23.>
② 지적공부에 등록하는 지번·지목·면적·경계 또는 좌표는 토지의 이동이 있을 때 토지소유자(법인이 아닌 사단이나 재단의 경우에는 그 대표자나 관리인을 말한다. 이하 같다)의 신청을 받아 지적소관청이 결정한다. 다만, 신청이 없으면 지적소관청이 직권으로 조사·측량하여 결정할 수 있다.
③ 제2항 단서에 따른 조사·측량의 절차 등에 필요한 사항은 국토교통부령으로 정한다. <개정 2013.3.23.>

제65조(지상경계의 구분 등) ① 토지의 지상경계는 둑, 담장이나 그 밖에 구획의 목표가 될 만한 구조물 및 경계점표지 등으로 구분한다.
② 지적소관청은 토지의 이동에 따라 지상경계를 새로 정한 경우에는 다음 각 호의 사항을 등록한 지상경계점등록부를 작성·관리하여야 한다.
1. 토지의 소재
2. 지번
3. 경계점 좌표(경계점좌표등록부 시행지역에 한정한다)
4. 경계점 위치 설명도
5. 그 밖에 국토교통부령으로 정하는 사항

③ 제1항에 따른 지상경계의 결정 기준 등 지상경계의 결정에 필요한 사항은 대통령령으로 정하고, 경계점표지의 규격과 재질 등에 필요한 사항은 국토교통부령으로 정한다.
[본조신설 2013.7.17.]

제66조(지번의 부여 등) ① 지번은 지적소관청이 지번부여지역별로 차례대로 부여한다.
② 지적소관청은 지적공부에 등록된 지번을 변경할 필요가 있다고 인정하면 시·도지사나 대도시 시장의 승인을 받아 지번부여지역의 전부 또는 일부에 대하여 지번을 새로 부여할 수 있다.
③ 제1항과 제2항에 따른 지번의 부여방법 및 부여절차 등에 필요한 사항은 대통령령으로 정한다.

제67조(지목의 종류) ① 지목은 전·답·과수원·목장용지·임야·광천지·염전·대(垈)·공장용지·학교용지·주차장·주유소용지·창고용지·도로·철도용지·제방(堤防)·하천·구거(溝渠)·유지(溜池)·양어장·수도용지·공원·체육용지·유원지·종교용지·사적지·묘지·잡종지로 구분하여 정한다.
② 제1항에 따른 지목의 구분 및 설정방법 등에 필요한 사항은 대통령령으로 정한다.

제68조(면적의 단위 등) ① 면적의 단위는 제곱미터로 한다.
② 면적의 결정방법 등에 필요한 사항은 대통령령으로 정한다.

제2절 지적공부

제69조(지적공부의 보존 등) ① 지적소관청은 해당 청사에 지적서고를 설치하고 그 곳에 지적공부(정보처리시스템을 통하여 기록·저장한 경우는 제외한다. 이하 이 항에서 같다)를 영구히 보존하여야 하며, 다음 각 호의 어느 하나에 해당하는 경우 외에는 해당 청사 밖으로 지적공부를 반출할 수 없다.
1. 천재지변이나 그 밖에 이에 준하는 재난을 피하기 위하여 필요한 경우
2. 관할 시·도지사 또는 대도시 시장의 승인을 받은 경우

② 지적공부를 정보처리시스템을 통하여 기록·저장한 경우 관할 시·도지사, 시장·군수 또는 구청장은 그 지적공부를 지적정보관리체계에 영구히 보존하여야 한다. <개정 2013.7.17.>
③ 국토교통부장관은 제2항에 따라 보존하여야 하는 지적공부가 멸실되거나 훼손될 경우를 대비하여 지적공부를 복제하여 관리하는 정보관리체계를 구축하여야 한다. <개정 2013.3.23., 2013.7.17.>
④ 지적서고의 설치기준, 지적공부의 보관방

법 및 반출승인 절차 등에 필요한 사항은 국토교통부령으로 정한다. <개정 2013.3.23.>

제70조(지적정보 전담 관리기구의 설치) ① 국토교통부장관은 지적공부의 효율적인 관리 및 활용을 위하여 지적정보 전담 관리기구를 설치·운영한다. <개정 2013.3.23.>
② 국토교통부장관은 지적공부를 과세나 부동산정책자료 등으로 활용하기 위하여 주민등록전산자료, 가족관계등록전산자료, 부동산등기전산자료 또는 공시지가전산자료 등을 관리하는 기관에 그 자료를 요청할 수 있으며 요청을 받은 관리기관의 장은 특별한 사정이 없는 한 이에 응하여야 한다. <개정 2013.3.23.>
③ 제1항에 따른 지적정보 전담 관리기구의 설치·운영에 관한 세부사항은 대통령령으로 정한다.

제71조(토지대장 등의 등록사항) ① 토지대장과 임야대장에는 다음 각 호의 사항을 등록하여야 한다. <개정 2011.4.12., 2013.3.23.>
1. 토지의 소재
2. 지번
3. 지목
4. 면적
5. 소유자의 성명 또는 명칭, 주소 및 주민등록번호(국가, 지방자치단체, 법인, 법인 아닌 사단이나 재단 및 외국인의 경우에는 「부동산등기법」 제49조에 따라 부여된 등록번호를 말한다. 이하 같다)
6. 그 밖에 국토교통부령으로 정하는 사항
② 제1항제5호의 소유자가 둘 이상이면 공유지연명부에 다음 각 호의 사항을 등록하여야 한다. <개정 2013.3.23.>
1. 토지의 소재
2. 지번
3. 소유권 지분
4. 소유자의 성명 또는 명칭, 주소 및 주민등록번호
5. 그 밖에 국토교통부령으로 정하는 사항
③ 토지대장이나 임야대장에 등록하는 토지가 「부동산등기법」에 따라 대지권 등기가 되어 있는 경우에는 대지권등록부에 다음 각 호의 사항을 등록하여야 한다. <개정 2013.3.23.>
1. 토지의 소재
2. 지번
3. 대지권 비율
4. 소유자의 성명 또는 명칭, 주소 및 주민등록번호
5. 그 밖에 국토교통부령으로 정하는 사항

제72조(지적도 등의 등록사항) 지적도 및 임야도에는 다음 각 호의 사항을 등록하여야 한다. <개정 2013.3.23.>
1. 토지의 소재
2. 지번
3. 지목
4. 경계
5. 그 밖에 국토교통부령으로 정하는 사항

제73조(경계점좌표등록부의 등록사항) 지적소관청은 제86조에 따른 도시개발사업 등에 따라 새로이 지적공부에 등록하는 토지에 대하여는 다음 각 호의 사항을 등록한 경계점좌표등록부를 작성하고 갖춰 두어야 한다. <개정 2013.3.23.>
1. 토지의 소재
2. 지번
3. 좌표
4. 그 밖에 국토교통부령으로 정하는 사항

제74조(지적공부의 복구) 지적소관청(제69조제2항에 따른 지적공부의 경우에는 시·도지사, 시장·군수 또는 구청장)은 지적공부의 전부 또는 일부가 멸실되거나 훼손된 경우에는 대통령령으로 정하는 바에 따라 지체 없이 이를 복구하여야 한다.

제75조(지적공부의 열람 및 등본 발급) ① 지적공부를 열람하거나 그 등본을 발급받으려는 자는 해당 지적소관청에 그 열람 또는 발급을 신청하여야 한다. 다만, 정보처리시스템을 통하여 기록·저장된 지적공부(지적도 및 임야도는 제외한다)를 열람하거나 그 등본을 발급받으려는 경우에는 특별자치시장, 시장·군수 또는 구청장이나 읍·면·동의 장에게 신청할 수 있다. <개정 2012.12.18.>
② 제1항에 따른 지적공부의 열람 및 등본 발급의 절차 등에 필요한 사항은 국토교통부령으로 정한다. <개정 2013.3.23.>

제76조(지적전산자료의 이용 등) ① 지적공부에 관한 전산자료(연속지적도를 포함하며, 이하 "지적전산자료"라 한다)를 이용하거나

활용하려는 자는 다음 각 호의 구분에 따라 국토교통부장관, 시・도지사 또는 지적소관청에 지적전산자료를 신청하여야 한다. <개정 2013.3.23., 2013.7.17., 2017.10.24.>

1. 전국 단위의 지적전산자료: 국토교통부장관, 시・도지사 또는 지적소관청
2. 시・도 단위의 지적전산자료: 시・도지사 또는 지적소관청
3. 시・군・구(자치구가 아닌 구를 포함한다) 단위의 지적전산자료: 지적소관청

② 제1항에 따라 지적전산자료를 신청하려는 자는 대통령령으로 정하는 바에 따라 지적전산자료의 이용 또는 활용 목적 등에 관하여 미리 관계 중앙행정기관의 심사를 받아야 한다. 다만, 중앙행정기관의 장, 그 소속 기관의 장 또는 지방자치단체의 장이 신청하는 경우에는 그러하지 아니하다. <개정 2017.10.24.>

③ 제2항에도 불구하고 다음 각 호의 어느 하나에 해당하는 경우에는 관계 중앙행정기관의 심사를 받지 아니할 수 있다. <개정 2017.10.24.>

1. 토지소유자가 자기 토지에 대한 지적전산자료를 신청하는 경우
2. 토지소유자가 사망하여 그 상속인이 피상속인의 토지에 대한 지적전산자료를 신청하는 경우
3. 「개인정보 보호법」 제2조제1호에 따른 개인정보를 제외한 지적전산자료를 신청하는 경우

④ 제1항 및 제3항에 따른 지적전산자료의 이용 또는 활용에 필요한 사항은 대통령령으로 정한다. <개정 2013.7.17.>

제76조의2(부동산종합공부의 관리 및 운영) ① 지적소관청은 부동산의 효율적 이용과 부동산과 관련된 정보의 종합적 관리・운영을 위하여 부동산종합공부를 관리・운영한다.

② 지적소관청은 부동산종합공부를 영구히 보존하여야 하며, 부동산종합공부의 멸실 또는 훼손에 대비하여 이를 별도로 복제하여 관리하는 정보관리체계를 구축하여야 한다.

③ 제76조의3 각 호의 등록사항을 관리하는 기관의 장은 지적소관청에 상시적으로 관련 정보를 제공하여야 한다.

④ 지적소관청은 부동산종합공부의 정확한 등록 및 관리를 위하여 필요한 경우에는 제76조의3 각 호의 등록사항을 관리하는 기관의 장에게 관련 자료의 제출을 요구할 수 있다. 이 경우 자료의 제출을 요구받은 기관의 장은 특별한 사유가 없으면 자료를 제공하여야 한다.

[본조신설 2013.7.17.]

제76조의3(부동산종합공부의 등록사항 등) 지적소관청은 부동산종합공부에 다음 각 호의 사항을 등록하여야 한다. <개정 2016.1.19.>

1. 토지의 표시와 소유자에 관한 사항: 이 법에 따른 지적공부의 내용
2. 건축물의 표시와 소유자에 관한 사항(토지에 건축물이 있는 경우만 해당한다): 「건축법」 제38조에 따른 건축물대장의 내용
3. 토지의 이용 및 규제에 관한 사항: 「토지이용규제 기본법」 제10조에 따른 토지이용계획확인서의 내용
4. 부동산의 가격에 관한 사항: 「부동산 가격공시에 관한 법률」 제10조에 따른 개별공시지가, 같은 법 제16조, 제17조 및 제18조에 따른 개별주택가격 및 공동주택가격 공시내용
5. 그 밖에 부동산의 효율적 이용과 부동산과 관련된 정보의 종합적 관리・운영을 위하여 필요한 사항으로서 대통령령으로 정하는 사항

[본조신설 2013.7.17.]

제76조의4(부동산종합공부의 열람 및 증명서 발급) ① 부동산종합공부를 열람하거나 부동산종합공부 기록사항의 전부 또는 일부에 관한 증명서(이하 "부동산종합증명서"라 한다)를 발급받으려는 자는 지적소관청이나 읍・면・동의 장에게 신청할 수 있다.

② 제1항에 따른 부동산종합공부의 열람 및 부동산종합증명서 발급의 절차 등에 관하여 필요한 사항은 국토교통부령으로 정한다.

[본조신설 2013.7.17.]

제76조의5(준용) 부동산종합공부의 등록사항 정정에 관하여는 제84조 를 준용한다.

[본조신설 2013.7.17.]

제3절 토지의 이동 신청 및 지적정리 등

제77조(신규등록 신청) 토지소유자는 신규등록할 토지가 있으면 대통령령으로 정하는 바에 따라 그 사유가 발생한 날부터 60일 이내에 지적소관청에 신규등록을 신청하여야 한다.

제78조(등록전환 신청) 토지소유자는 등록전환할 토지가 있으면 대통령령으로 정하는 바에 따라 그 사유가 발생한 날부터 60일 이내에 지적소관청에 등록전환을 신청하여야 한다.

제79조(분할 신청) ① 토지소유자는 토지를 분할하려면 대통령령으로 정하는 바에 따라 지적소관청에 분할을 신청하여야 한다.
② 토지소유자는 지적공부에 등록된 1필지의 일부가 형질변경 등으로 용도가 변경된 경우에는 대통령령으로 정하는 바에 따라 용도가 변경된 날부터 60일 이내에 지적소관청에 토지의 분할을 신청하여야 한다.

제80조(합병 신청) ① 토지소유자는 토지를 합병하려면 대통령령으로 정하는 바에 따라 지적소관청에 합병을 신청하여야 한다.
② 토지소유자는 「주택법」에 따른 공동주택의 부지, 도로, 제방, 하천, 구거, 유지, 그 밖에 대통령령으로 정하는 토지로서 합병하여야 할 토지가 있으면 그 사유가 발생한 날부터 60일 이내에 지적소관청에 합병을 신청하여야 한다.
③ 다음 각 호의 어느 하나에 해당하는 경우에는 합병 신청을 할 수 없다.
1. 합병하려는 토지의 지번부여지역, 지목 또는 소유자가 서로 다른 경우
2. 합병하려는 토지에 다음 각 목의 등기 외의 등기가 있는 경우
 가. 소유권·지상권·전세권 또는 임차권의 등기
 나. 승역지(承役地)에 대한 지역권의 등기
 다. 합병하려는 토지 전부에 대한 등기원인(登記原因) 및 그 연월일과 접수번호가 같은 저당권의 등기
3. 그 밖에 합병하려는 토지의 지적도 및 임야도의 축척이 서로 다른 경우 등 대통령령으로 정하는 경우

제81조(지목변경 신청) 토지소유자는 지목변경을 할 토지가 있으면 대통령령으로 정하는 바에 따라 그 사유가 발생한 날부터 60일 이내에 지적소관청에 지목변경을 신청하여야 한다.

제82조(바다로 된 토지의 등록말소 신청) ① 지적소관청은 지적공부에 등록된 토지가 지형의 변화 등으로 바다로 된 경우로서 원상(原狀)으로 회복될 수 없거나 다른 지목의 토지로 될 가능성이 없는 경우에는 지적공부에 등록된 토지소유자에게 지적공부의 등록말소 신청을 하도록 통지하여야 한다.
② 지적소관청은 제1항에 따른 토지소유자가 통지를 받은 날부터 90일 이내에 등록말소 신청을 하지 아니하면 대통령령으로 정하는 바에 따라 등록을 말소한다.
③ 지적소관청은 제2항에 따라 말소한 토지가 지형의 변화 등으로 다시 토지가 된 경우에는 대통령령으로 정하는 바에 따라 토지로 회복등록을 할 수 있다.

제83조(축척변경) ① 축척변경에 관한 사항을 심의·의결하기 위하여 지적소관청에 축척변경위원회를 둔다.
② 지적소관청은 지적도가 다음 각 호의 어느 하나에 해당하는 경우에는 토지소유자의 신청 또는 지적소관청의 직권으로 일정한 지역을 정하여 그 지역의 축척을 변경할 수 있다.
1. 잦은 토지의 이동으로 1필지의 규모가 작아서 소축척으로는 지적측량성과의 결정이나 토지의 이동에 따른 정리를 하기가 곤란한 경우
2. 하나의 지번부여지역에 서로 다른 축척의 지적도가 있는 경우
3. 그 밖에 지적공부를 관리하기 위하여 필요하다고 인정되는 경우
③ 지적소관청은 제2항에 따라 축척변경을 하려면 축척변경 시행지역의 토지소유자 3분의 2 이상의 동의를 받아 제1항에 따른 축척변경위원회의 의결을 거친 후 시·도지사 또는 대도시 시장의 승인을 받아야 한다. 다만, 다음 각 호의 어느 하나에 해당하는 경우에는 축척변경위원회의 의결 및 시·도지사 또는 대도시 시장의 승인 없이 축척변경을 할 수 있다.
1. 합병하려는 토지가 축척이 다른 지적도에 각각 등록되어 있어 축척변경을 하는 경우
2. 제86조에 따른 도시개발사업 등의 시행지역에 있는 토지로서 그 사업 시행에서 제외된 토지의 축척변경을 하는 경우

④ 축척변경의 절차, 축척변경으로 인한 면적 증감의 처리, 축척변경 결과에 대한 이의신청 및 축척변경위원회의 구성·운영 등에 필요한 사항은 대통령령으로 정한다.

제84조(등록사항의 정정) ① 토지소유자는 지적공부의 등록사항에 잘못이 있음을 발견하면 지적소관청에 그 정정을 신청할 수 있다.
② 지적소관청은 지적공부의 등록사항에 잘못이 있음을 발견하면 대통령령으로 정하는 바에 따라 직권으로 조사·측량하여 정정할 수 있다.
③ 제1항에 따른 정정으로 인접 토지의 경계가 변경되는 경우에는 다음 각 호의 어느 하나에 해당하는 서류를 지적소관청에 제출하여야 한다.
1. 인접 토지소유자의 승낙서
2. 인접 토지소유자가 승낙하지 아니하는 경우에는 이에 대항할 수 있는 확정판결서 정본(正本)

④ 지적소관청이 제1항 또는 제2항에 따라 등록사항을 정정할 때 그 정정사항이 토지소유자에 관한 사항인 경우에는 등기필증, 등기완료통지서, 등기사항증명서 또는 등기관서에서 제공한 등기전산정보자료에 따라 정정하여야 한다. 다만, 제1항에 따라 미등기 토지에 대하여 토지소유자의 성명 또는 명칭, 주민등록번호, 주소 등에 관한 사항의 정정을 신청한 경우로서 그 등록사항이 명백히 잘못된 경우에는 가족관계 기록사항에 관한 증명서에 따라 정정하여야 한다. <개정 2011.4.12.>

제85조(행정구역의 명칭변경 등) ① 행정구역의 명칭이 변경되었으면 지적공부에 등록된 토지의 소재는 새로운 행정구역의 명칭으로 변경된 것으로 본다.
② 지번부여지역의 일부가 행정구역의 개편으로 다른 지번부여지역에 속하게 되었으면 지적소관청은 새로 속하게 된 지번부여지역의 지번을 부여하여야 한다.

제86조(도시개발사업 등 시행지역의 토지이동 신청에 관한 특례) ① 「도시개발법」에 따른 도시개발사업, 「농어촌정비법」에 따른 농어촌정비사업, 그 밖에 대통령령으로 정하는 토지개발사업의 시행자는 대통령령으로 정하는 바에 따라 그 사업의 착수·변경 및 완료 사실을 지적소관청에 신고하여야 한다.
② 제1항에 따른 사업과 관련하여 토지의 이동이 필요한 경우에는 해당 사업의 시행자가 지적소관청에 토지의 이동을 신청하여야 한다.
③ 제2항에 따른 토지의 이동은 토지의 형질변경 등의 공사가 준공된 때에 이루어진 것으로 본다.
④ 제1항에 따라 사업의 착수 또는 변경의 신고가 된 토지의 소유자가 해당 토지의 이동을 원하는 경우에는 해당 사업의 시행자에게 그 토지의 이동을 신청하도록 요청하여야 하며, 요청을 받은 시행자는 해당 사업에 지장이 없다고 판단되면 지적소관청에 그 이동을 신청하여야 한다.

제87조(신청의 대위) 다음 각 호의 어느 하나에 해당하는 자는 이 법에 따라 토지소유자가 하여야 하는 신청을 대신할 수 있다. 다만, 제84조에 따른 등록사항 정정 대상토지는 제외한다. <개정 2014.6.3.>
1. 공공사업 등에 따라 학교용지·도로·철도용지·제방·하천·구거·유지·수도용지 등의 지목으로 되는 토지인 경우: 해당 사업의 시행자
2. 국가나 지방자치단체가 취득하는 토지인 경우: 해당 토지를 관리하는 행정기관의 장 또는 지방자치단체의 장
3. 「주택법」에 따른 공동주택의 부지인 경우: 「집합건물의 소유 및 관리에 관한 법률」에 따른 관리인(관리인이 없는 경우에는 공유자가 선임한 대표자) 또는 해당 사업의 시행자
4. 「민법」 제404조에 따른 채권자

제88조(토지소유자의 정리) ① 지적공부에 등록된 토지소유자의 변경사항은 등기관서에서 등기한 것을 증명하는 등기필증, 등기완료통지서, 등기사항증명서 또는 등기관서에서 제공한 등기전산정보자료에 따라 정리한다. 다만, 신규등록하는 토지의 소유자는 지적소관청이 직접 조사하여 등록한다. <개정 2011.4.12.>
② 「국유재산법」 제2조제10호에 따른 총괄청이나 같은 조 제11호에 따른 중앙관서의 장이 같은 법 제12조제3항에 따라 소유자 없는 부동산에 대한 소유자 등록을 신청하는 경우 지적소관청은 지적공부에 해당 토지의 소유자가 등록되지 아니한 경우에만 등록할 수 있다. <개정 2011.3.30.>

③ 등기부에 적혀 있는 토지의 표시가 지적공부와 일치하지 아니하면 제1항에 따라 토지소유자를 정리할 수 없다. 이 경우 토지의 표시와 지적공부가 일치하지 아니하다는 사실을 관할 등기관서에 통지하여야 한다.
④ 지적소관청은 필요하다고 인정하는 경우에는 관할 등기관서의 등기부를 열람하여 지적공부와 부동산등기부가 일치하는지 여부를 조사·확인하여야 하며, 일치하지 아니하는 사항을 발견하면 등기사항증명서 또는 등기관서에서 제공한 등기전산정보자료에 따라 지적공부를 직권으로 정리하거나, 토지소유자나 그 밖의 이해관계인에게 그 지적공부와 부동산등기부가 일치하게 하는 데에 필요한 신청 등을 하도록 요구할 수 있다. <개정 2011.4.12.>
⑤ 지적소관청 소속 공무원이 지적공부와 부동산등기부의 부합 여부를 확인하기 위하여 등기부를 열람하거나, 등기사항증명서의 발급을 신청하거나, 등기전산정보자료의 제공을 요청하는 경우 그 수수료는 무료로 한다. <개정 2011.4.12.>

제89조(등기촉탁) ① 지적소관청은 제64조제2항(신규등록은 제외한다), 제66조제2항, 제82조, 제83조제2항, 제84조제2항 또는 제85조제2항에 따른 사유로 토지의 표시 변경에 관한 등기를 할 필요가 있는 경우에는 지체 없이 관할 등기관서에 그 등기를 촉탁하여야 한다. 이 경우 등기촉탁은 국가가 국가를 위하여 하는 등기로 본다.
② 제1항에 따른 등기촉탁에 필요한 사항은 국토교통부령으로 정한다. <개정 2013.3.23.>

제90조(지적정리 등의 통지) 제64조제2항 단서, 제66조제2항, 제74조, 제82조제2항, 제84조제2항, 제85조제2항, 제86조제2항, 제87조 또는 제89조에 따라 지적소관청이 지적공부에 등록하거나 지적공부를 복구 또는 말소하거나 등기촉탁을 하였으면 대통령령으로 정하는 바에 따라 해당 토지소유자에게 통지하여야 한다. 다만, 통지받을 자의 주소나 거소를 알 수 없는 경우에는 국토교통부령으로 정하는 바에 따라 일간신문, 해당 시·군·구의 공보 또는 인터넷홈페이지에 공고하여야 한다. <개정 2013.3.23.>

제4장 보칙

제91조(지명의 결정) ① 지명 및 해양지명의 제정, 변경과 그 밖에 지명 및 해양지명에 관한 중요 사항을 심의·의결하기 위하여 국토교통부에 국가지명위원회를 두고, 시·도에 시·도 지명위원회를 두며, 시·군 또는 구(자치구를 말한다. 이하 같다)에 시·군·구 지명위원회를 둔다. <개정 2013.3.23.>
② 지명은 「지방자치법」이나 그 밖의 다른 법령에서 정한 것 외에는 국가지명위원회의 심의·의결로 결정하고 국토교통부장관 및 해양수산부장관이 그 결정 내용을 고시하여야 한다. <개정 2013.3.23.>
③ 시·군·구의 지명에 관한 사항은 관할 시·군·구 지명위원회가 심의·의결하여 관할 시·도 지명위원회에 보고하고, 관할 시·도 지명위원회는 관할 시·군·구 지명위원회의 보고사항을 심의·의결하여 국가지명위원회에 보고하며, 국가지명위원회는 관할 시·도 지명위원회의 보고사항을 심의·의결하여 결정한다.
④ 제3항에도 불구하고 둘 이상의 시·군·구에 걸치는 지명에 관한 사항은 관할 시·도 지명위원회가 해당 시장·군수 또는 구청장의 의견을 들은 후 심의·의결하여 국가지명위원회에 보고하고, 국가지명위원회는 관할 시·도 지명위원회의 보고사항을 심의·의결하여 결정하여야 하며, 둘 이상의 시·도에 걸치는 지명에 관한 사항은 국가지명위원회가 해당 시·도지사의 의견을 들은 후 심의·의결하여 결정하여야 한다.
⑤ 제3항과 제4항에도 불구하고 해양지명은 국가지명위원회가 심의·의결하여 결정하고, 해양수산부장관이 그 결정 내용을 고시하여야 한다. <개정 2013.3.23.>
⑥ 국가지명위원회의 구성 및 운영 등에 필요한 사항은 대통령령으로 정하고, 시·도 지명위원회와 시·군·구 지명위원회의 구성 및 운영 등에 필요한 사항은 대통령령으로 정하는 기준에 따라 해당 지방자치단체의 조례로 정한다.

제92조(측량기기의 검사) ① 측량업자는 트랜싯, 레벨, 그 밖에 대통령령으로 정하는 측량기기에 대하여 5년의 범위에서 대통령령으로 정하는 기간마다 국토교통부장관이 실시하는 성능검사를 받아야 한다. 다만, 「국가표준기본법」 제14조에 따라 국가교정업무 전담기관

의 교정검사를 받은 측량기기로서 국토교통부장관이 제4항에 따른 성능검사 기준에 적합하다고 인정한 경우에는 성능검사를 받은 것으로 본다. <개정 2013.3.23.>

② 한국국토정보공사는 성능검사를 위한 적합한 시설과 장비를 갖추고 자체적으로 검사를 실시하여야 한다. <개정 2014.6.3.>

③ 제93조에 따라 성능검사대행자로 등록한 자는 제1항에 따른 국토교통부장관의 성능검사업무를 대행할 수 있다. <개정 2013.3.23.>

④ 제1항에 따른 성능검사의 기준, 방법 및 절차 등에 필요한 사항은 국토교통부령으로 정한다. <개정 2013.3.23.>

第93조(성능검사대행자의 등록) ① 제92조제1항에 따른 측량기기의 성능검사업무를 대행하려는 자는 측량기기별로 대통령령으로 정하는 기술능력과 시설 등의 등록기준을 갖추어 시·도지사에게 등록하여야 하며, 등록사항을 변경하려는 경우에는 시·도지사에게 신고하여야 한다.

② 시·도지사는 제1항에 따라 등록신청을 받은 경우 등록기준에 적합하다고 인정되면 신청인에게 측량기기 성능검사대행자 등록증을 발급한 후 그 발급사실을 공고하고 국토교통부장관에게 통지하여야 한다. <개정 2013.3.23.>

③ 제1항에 따라 측량기기의 성능검사업무를 대행하는 자로 등록한 자(이하 "성능검사대행자"라 한다)가 폐업을 한 경우에는 30일 이내에 국토교통부령으로 정하는 바에 따라 시·도지사에게 폐업사실을 신고하여야 한다. <개정 2013.3.23.>

④ 성능검사대행자는 「형법」 제129조부터 제132조까지의 규정을 적용할 때에는 공무원으로 본다.

⑤ 성능검사대행자의 등록, 등록사항의 변경신고, 측량기기 성능검사대행자 등록증의 발급, 검사 수수료 등에 필요한 사항은 국토교통부령으로 정한다. <개정 2013.3.23.>

第94조(성능검사대행자 등록의 결격사유) 다음 각 호의 어느 하나에 해당하는 자는 성능검사대행자의 등록을 할 수 없다. <개정 2013.7.17.>

1. 피성년후견인 또는 피한정후견인
2. 이 법을 위반하여 징역의 실형을 선고받고 그 집행이 종료(집행이 종료된 것으로 보는 경우를 포함한다)되거나 집행이 면제된 날부터 2년이 경과되지 아니한 자
3. 이 법을 위반하여 징역형의 집행유예를 선고받고 그 유예기간 중에 있는 자
4. 제96조제1항에 따라 등록이 취소된 후 2년이 경과되지 아니한 자
5. 임원 중에 제1호부터 제4호까지의 어느 하나에 해당하는 자가 있는 법인

第95조(성능검사대행자 등록증의 대여 금지 등)

① 성능검사대행자는 다른 사람에게 자기의 성능검사대행자 등록증을 빌려 주거나 자기의 성명 또는 상호를 사용하여 성능검사대행업무를 수행하게 하여서는 아니 된다.

② 누구든지 다른 사람의 성능검사대행자 등록증을 빌려서 사용하거나 다른 사람의 성명 또는 상호를 사용하여 성능검사대행업무를 수행하여서는 아니 된다.

第96조(성능검사대행자의 등록취소 등) ① 시·도지사는 성능검사대행자가 다음 각 호의 어느 하나에 해당하는 경우에는 성능검사대행자의 등록을 취소하거나 1년 이내의 기간을 정하여 업무정지 처분을 할 수 있다. 다만, 제1호·제4호·제6호 또는 제7호에 해당하는 경우에는 성능검사대행자의 등록을 취소하여야 한다.

1. 거짓이나 그 밖의 부정한 방법으로 등록을 한 경우
2. 제93조제1항의 등록기준에 미달하게 된 경우. 다만, 일시적으로 등록기준에 미달하는 등 대통령령으로 정하는 경우는 제외한다.
3. 제93조제1항에 따른 등록사항 변경신고를 하지 아니한 경우
4. 제95조를 위반하여 다른 사람에게 자기의 성능검사대행자 등록증을 빌려 주거나 자기의 성명 또는 상호를 사용하여 성능검사대행업무를 수행하게 한 경우
5. 정당한 사유 없이 성능검사를 거부하거나 기피한 경우
6. 거짓이나 부정한 방법으로 성능검사를 한 경우
7. 업무정지기간 중에 계속하여 성능검사대행업무를 한 경우
8. 다른 행정기관이 관계 법령에 따라 등록취소 또는 업무정지를 요구한 경우

② 시·도지사는 제1항에 따라 성능검사대행자의 등록을 취소하였으면 취소 사실을 공고한 후 국토교통부장관에게 통지하여야

한다. <개정 2013.3.23.>
③ 성능검사대행자의 등록취소 및 업무정지 처분에 관한 기준은 국토교통부령으로 정한다. <개정 2013.3.23.>

제97조(연구 · 개발의 추진 등) ① 국토교통부장관 및 해양수산부장관은 측량, 수로조사 및 지적제도의 발전을 위한 시책을 추진하여야 한다. <개정 2013.3.23.>
② 국토교통부장관 및 해양수산부장관은 제1항에 따른 시책에 관한 연구·기술개발 및 교육 등의 업무를 수행하는 연구기관을 설립하거나 대통령령으로 정하는 관련 전문기관에 해당 업무를 수행하게 할 수 있다. <개정 2013.3.23.>
③ 국토교통부장관 및 해양수산부장관은 제2항에 따른 연구기관 또는 관련 전문기관에 예산의 범위에서 제2항에 따른 업무를 수행하는 데에 필요한 비용의 전부 또는 일부를 지원할 수 있다. <개정 2013.3.23.>
④ 국토교통부장관 및 해양수산부장관은 측량, 수로조사 및 지적제도에 관한 정보 생산과 서비스 기술을 향상시키기 위하여 관련 국제기구 및 국가 간 협력 활동을 추진하여야 한다. <개정 2013.3.23.>

제98조(측량 및 수로조사 분야 종사자의 교육훈련) 국토교통부장관 및 해양수산부장관은 측량업무 수행능력의 향상을 위하여 측량기술자, 수로기술자, 그 밖에 측량 또는 수로 분야와 관련된 업무에 종사하는 자에 대하여 교육훈련을 실시할 수 있다. <개정 2013.3.23.>

제99조(보고 및 조사) ① 국토교통부장관, 해양수산부장관, 시·도지사 또는 지적소관청은 다음 각 호의 어느 하나에 해당하는 경우에는 그 사유를 명시하여 해당 각 호의 자에게 필요한 보고를 하게 하거나 소속 공무원으로 하여금 조사를 하게 할 수 있다. <개정 2013.3.23.>
1. 측량업자, 지적측량수행자 또는 수로사업자가 고의나 중대한 과실로 측량 또는 수로조사를 부실하게 하여 민원을 발생하게 한 경우
2. 판매대행업자가 제35조제2항에 따른 지정요건을 갖추지 못하였다고 인정되거나 같은 조 제5항을 위반한 경우
3. 측량업자 또는 수로사업자가 제44조제2항에 따른 측량업의 등록기준 또는 제54조제2항에 따른 수로사업의 등록기준에 미달된다고 인정되는 경우
4. 성능검사대행업자가 성능검사를 부실하게 하거나 등록기준에 미달된다고 인정되는 경우

② 제1항에 따라 조사를 하는 경우에는 조사 3일 전까지 조사 일시·목적·내용 등에 관한 계획을 조사 대상자에게 알려야 한다. 다만, 긴급한 경우나 사전에 조사계획이 알려지면 조사 목적을 달성할 수 없다고 인정하는 경우에는 그러하지 아니하다.
③ 제1항에 따라 조사를 하는 공무원은 그 권한을 표시하는 증표를 지니고 관계인에게 이를 내보여야 한다.
④ 제3항의 증표에 관한 사항은 국토교통부령 또는 해양수산부령으로 정한다. <개정 2013.3.23.>

제100조(청문) 국토교통부장관, 해양수산부장관 또는 시·도지사는 다음 각 호의 어느 하나에 해당하는 처분을 하려는 경우에는 청문을 하여야 한다. <개정 2013.3.23.>
1. 제35조제6항에 따른 판매대행업자의 지정취소
2. 제52조제1항에 따른 측량업의 등록취소
3. 제54조제6항에 따라 준용되는 제52조제1항에 따른 수로사업의 등록취소
4. 제96조제1항에 따른 성능검사대행자의 등록취소

제101조(토지등에의 출입 등) ① 이 법에 따라 측량 또는 수로조사를 하거나, 측량기준점을 설치하거나, 토지의 이동을 조사하는 자는 그 측량 또는 조사 등에 필요한 경우에는 타인의 토지·건물·공유수면 등(이하 "토지등"이라 한다)에 출입하거나 일시 사용할 수 있으며, 특히 필요한 경우에는 나무, 흙, 돌, 그 밖의 장애물(이하 "장애물"이라 한다)을 변경하거나 제거할 수 있다.
② 제1항에 따라 타인의 토지등에 출입하려는 자는 관할 특별자치시장, 특별자치도지사, 시장·군수 또는 구청장의 허가를 받아야 하며, 출입하려는 날의 3일 전까지 해당 토지등의 소유자·점유자 또는 관리인에게 그 일시와 장소를 통지하여야 한다. 다만, 행정청인 자는 허가를 받지 아니하고 타인의 토지등에 출입할 수 있다. <개정 2012.12.18.>
③ 제1항에 따라 타인의 토지등을 일시 사용하거나 장애물을 변경 또는 제거하려는 자는 그 소유자·점유자 또는 관리인의 동의를 받아야

한다. 다만, 소유자·점유자 또는 관리인의 동의를 받을 수 없는 경우 행정청인 자는 관할 특별자치시장, 특별자치도지사, 시장·군수 또는 구청장에게 그 사실을 통지하여야 하며, 행정청이 아닌 자는 미리 관할 특별자치시장, 특별자치도지사, 시장·군수 또는 구청장의 허가를 받아야 한다. <개정 2012.12.18.>
④ 특별자치시장, 특별자치도지사, 시장·군수 또는 구청장은 제3항 단서에 따라 허가를 하려면 미리 그 소유자·점유자 또는 관리인의 의견을 들어야 한다. <개정 2012.12.18.>
⑤ 제3항에 따라 토지등을 일시 사용하거나 장애물을 변경 또는 제거하려는 자는 토지등을 사용하려는 날이나 장애물을 변경 또는 제거하려는 날의 3일 전까지 그 소유자·점유자 또는 관리인에게 통지하여야 한다. 다만, 토지등의 소유자·점유자 또는 관리인이 현장에 없거나 주소 또는 거소가 분명하지 아니할 때에는 관할 특별자치시장, 특별자치도지사, 시장·군수 또는 구청장에게 통지하여야 한다. <개정 2012.12.18.>
⑥ 해 뜨기 전이나 해가 진 후에는 그 토지등의 점유자의 승낙 없이 택지나 담장 또는 울타리로 둘러싸인 타인의 토지에 출입할 수 없다.
⑦ 토지등의 점유자는 정당한 사유 없이 제1항에 따른 행위를 방해하거나 거부하지 못한다.
⑧ 제1항에 따른 행위를 하려는 자는 그 권한을 표시하는 허가증을 지니고 관계인에게 이를 내보여야 한다. <개정 2012.12.18.>
⑨ 제8항에 따른 허가증에 관하여 필요한 사항은 국토교통부령 또는 해양수산부령으로 정한다. <개정 2012.12.18., 2013.3.23.>

제102조(토지등의 출입 등에 따른 손실보상) ① 제101조제1항에 따른 행위로 손실을 받은 자가 있으면 그 행위를 한 자는 그 손실을 보상하여야 한다.
② 제1항에 따른 손실보상에 관하여는 손실을 보상할 자와 손실을 받은 자가 협의하여야 한다.
③ 손실을 보상할 자 또는 손실을 받은 자는 제2항에 따른 협의가 성립되지 아니하거나 협의를 할 수 없는 경우에는 관할 토지수용위원회에 재결(裁決)을 신청할 수 있다.
④ 관할 토지수용위원회의 재결에 관하여는 「공익사업을 위한 토지 등의 취득 및 보상에 관한 법률」 제84조부터 제88조까지의 규정을 준용한다.

제103조(토지의 수용 또는 사용) ① 국토교통부장관 및 해양수산부장관은 기본측량을 실시하기 위하여 필요하다고 인정하는 경우에는 토지, 건물, 나무, 그 밖의 공작물을 수용하거나 사용할 수 있다. <개정 2013.3.23.>
② 제1항에 따른 수용 또는 사용 및 이에 따른 손실보상에 관하여는 「공익사업을 위한 토지 등의 취득 및 보상에 관한 법률」을 적용한다.

제104조(업무의 수탁) 국토교통부장관 및 해양수산부장관은 그 업무 수행에 지장이 없는 범위에서 공익을 위하여 필요하다고 인정되면 국토교통부령 또는 해양수산부령으로 정하는 바에 따라 측량 또는 수로조사의 업무를 위탁받아 수행할 수 있다. <개정 2013.3.23.>

제105조(권한의 위임·위탁 등) ① 이 법에 따른 국토교통부장관 및 해양수산부장관의 권한은 그 일부를 대통령령으로 정하는 바에 따라 소속 기관의 장, 시·도지사 또는 지적소관청에 위임할 수 있다. <개정 2013.3.23.>
② 이 법에 따른 국토교통부장관, 해양수산부장관, 시·도지사 및 지적소관청의 권한 중 다음 각 호의 업무에 관한 권한은 대통령령으로 정하는 바에 따라 한국국토정보공사, 「공간정보산업 진흥법」 제24조에 따른 공간정보산업협회, 해양조사협회 또는 「민법」 제32조에 따라 국토교통부장관 및 해양수산부장관의 허가를 받아 설립된 비영리법인으로서 대통령령으로 정하는 측량 관련 인력과 장비를 갖춘 법인에 위탁할 수 있다. <개정 2013.3.23., 2013.7.17., 2014.6.3.>
1. 제9조제3항에 따른 측량기준점표지(수로기준점표지만 해당한다)의 이전
1의2. 제10조의2에 따른 측량업정보 종합관리체계의 구축·운영
1의3. 제10조의3에 따른 측량업자의 측량용역사업에 대한 사업수행능력 공시 및 실적등의 접수 및 내용의 확인
2. 제15조제3항에 따른 지도등의 간행에 관한 심사
3. 제18조제3항에 따른 공공측량성과의 심사
4. 제31조제6항에 따른 수로조사방법에 관한 기술지도
5. 제31조제1항과 제33조제2항에 따른 수로조사성과의 심사
6. 제31조제5항에 따른 수로조사에 필요한

관측시설의 관리 중 해양수산부령으로 정하는 것
7. 제31조제1항제4호에 따라 실시하는 수로조사 중 해양수산부령으로 정하는 것
8. 제35조제1항에 따른 수로도서지의 인쇄·공급 및 재고관리
9. 제40조에 따른 측량기술자의 신고 접수, 기록의 유지·관리, 측량기술경력증의 발급, 신고받은 내용의 확인을 위한 관련 자료 제출 요청 및 제출 자료의 접수, 측량기술자의 근무처 및 경력등의 확인
10. 제43조제3항에 따른 수로기술자의 신고 접수, 기록의 유지·관리, 수로기술경력증의 발급, 신고받은 내용의 확인을 위한 관련 자료 제출 요청 및 제출 자료의 접수, 수로기술자의 근무처 및 경력등의 확인
11. 제98조에 따른 지적기술자의 교육훈련
12. 제8조제1항에 따른 측량기준점(지적기준점에 한정한다)의 관리
13. 제8조제5항에 따른 측량기준점(지적기준점에 한정한다)표지의 현황조사 보고의 접수

③ 제2항에 따라 국토교통부장관, 해양수산부장관, 시·도지사 및 지적소관청으로부터 위탁받은 업무에 종사하는 한국국토정보공사, 「공간정보산업 진흥법」 제24조에 따른 공간정보산업협회, 해양조사협회 또는 비영리법인의 임직원은 「형법」 제127조 및 제129조부터 제132조까지의 규정을 적용할 때에는 공무원으로 본다. <개정 2013.3.23., 2013.7.17., 2014.6.3.>

제106조(수수료 등) ① 다음 각 호의 어느 하나에 해당하는 신청 등을 하는 자는 국토교통부령 또는 해양수산부령으로 정하는 바에 따라 수수료를 내야 한다. <개정 2013.3.23., 2013.7.17.>
1. 제14조제2항 및 제19조제2항에 따른 측량성과 등의 복제 또는 사본의 발급 신청
2. 제15조에 따른 기본측량성과·기본측량기록 또는 같은 조 제1항에 따라 간행한 지도등의 활용 신청
3. 제15조제3항에 따른 지도등 간행의 심사 신청
4. 제16조 또는 제21조에 따른 측량성과의 국외 반출 허가 신청
5. 제18조에 따른 공공측량성과의 심사 요청
6. 제27조에 따른 지적기준점성과의 열람 또는 그 등본의 발급 신청
7. 제33조에 따른 수로조사성과의 심사 신청
8. 제36조에 따른 수로도서지의 복제 등의 승인 신청
9. 제44조제2항에 따른 측량업의 등록 신청
10. 제44조제3항에 따른 측량업등록증 및 측량업등록수첩의 재발급 신청
11. 제54조제1항에 따른 수로사업의 등록 신청
12. 제54조제3항에 따른 수로사업등록증 및 수로사업등록수첩의 재발급 신청
13. 제75조에 따른 지적공부의 열람 및 등본 발급 신청
14. 제76조에 따른 지적전산자료의 이용 또는 활용 신청

14의2. 제76조의4에 따른 부동산종합공부의 열람 및 부동산종합증명서 발급 신청

15. 제77조에 따른 신규등록 신청, 제78조에 따른 등록전환 신청, 제79조에 따른 분할 신청, 제80조에 따른 합병 신청, 제81조에 따른 지목변경 신청, 제82조에 따른 바다로 된 토지의 등록말소 신청, 제83조에 따른 축척변경 신청, 제84조에 따른 등록사항의 정정 신청 또는 제86조에 따른 도시개발사업 등 시행지역의 토지이동 신청
16. 제92조제1항에 따른 측량기기의 성능검사 신청
17. 제93조제1항에 따른 성능검사대행자의 등록 신청
18. 제93조제2항에 따른 성능검사대행자 등록증의 재발급 신청

② 제24조제1항에 따라 지적측량을 의뢰하는 자는 국토교통부령으로 정하는 바에 따라 지적측량수행자에게 지적측량수수료를 내야 한다. <개정 2013.3.23.>

③ 제2항에 따른 지적측량수수료는 국토교통부장관이 매년 12월 말일까지 고시하여야 한다. <개정 2013.3.23.>

④ 지적소관청이 제64조제2항 단서에 따라 직권으로 조사·측량하여 지적공부를 정리한 경우에는 그 조사·측량에 들어간 비용을 제2항에 준하여 토지소유자로부터 징수한다. 다만, 제82조에 따라 지적공부를 등록말소한 경우에는 그러하지 아니하다.

⑤ 제1항에도 불구하고 다음 각 호의 경우에는 수수료를 면제할 수 있다. 다만, 제3호의 경우에는 협정에서 정하는 바에 따라 면제 또는 경감한다. <개정 2012.12.18., 2013.7.17.>
1. 제1항제1호 또는 제2호의 신청자가 공공측량시행자인 경우
2. 제1항제8호의 신청자가 국가, 지방자치단체, 「초·중등교육법」 및 「고등교육법」에

따른 학교 등에서 비영리적 목적으로 유사한 제작물을 발행하는 경우
3. 제1항제8호의 신청자가 우리나라 정부와 협정을 체결한 외국정부인 경우
4. 제1항제13호의 신청자가 국가, 지방자치단체 또는 지적측량수행자인 경우
5. 제1항제14호의2 및 제15호의 신청자가 국가 또는 지방자치단체인 경우

⑥ 제1항 및 제4항에 따른 수수료를 국토교통부령 또는 해양수산부령으로 정하는 기간 내에 내지 아니하면 국세 또는 지방세 체납처분의 예에 따라 징수한다. <개정 2013.3.23.>

제5장 벌칙

제107조(벌칙) 측량업자나 수로사업자로서 속임수, 위력(威力), 그 밖의 방법으로 측량업 또는 수로사업과 관련된 입찰의 공정성을 해친 자는 3년 이하의 징역 또는 3천만원 이하의 벌금에 처한다.

제108조(벌칙) 다음 각 호의 어느 하나에 해당하는 자는 2년 이하의 징역 또는 2천만원 이하의 벌금에 처한다.
1. 제9조제1항을 위반하여 측량기준점표지를 이전 또는 파손하거나 그 효용을 해치는 행위를 한 자
2. 고의로 측량성과 또는 수로조사성과를 사실과 다르게 한 자
3. 제16조 또는 제21조를 위반하여 측량성과를 국외로 반출한 자
4. 제44조를 위반하여 측량업의 등록을 하지 아니하거나 거짓이나 그 밖의 부정한 방법으로 측량업의 등록을 하고 측량업을 한 자
5. 제54조를 위반하여 수로사업의 등록을 하지 아니하거나 거짓이나 그 밖의 부정한 방법으로 수로사업의 등록을 하고 수로사업을 한 자
6. 제92조제1항에 따른 성능검사를 부정하게 한 성능검사대행자
7. 제93조제1항을 위반하여 성능검사대행자의 등록을 하지 아니하거나 거짓이나 그 밖의 부정한 방법으로 성능검사대행자의 등록을 하고 성능검사업무를 한 자

제109조(벌칙) 다음 각 호의 어느 하나에 해당하는 자는 1년 이하의 징역 또는 1천만원 이하의 벌금에 처한다. <개정 2013.3.23.>
1. 제14조제2항 또는 제19조제2항을 위반하여 무단으로 측량성과 또는 측량기록을 복제한 자
2. 제15조제3항에 따른 심사를 받지 아니하고 지도등을 간행하여 판매하거나 배포한 자
3. 제36조를 위반하여 해양수산부장관의 승인을 받지 아니하고 수로도서지를 복제하거나 이를 변형하여 수로도서지와 비슷한 제작물을 발행한 자
4. 제39조제1항을 위반하여 측량기술자가 아님에도 불구하고 측량을 한 자
5. 제41조제2항(제43조제3항에 따라 준용되는 경우를 포함한다)을 위반하여 업무상 알게 된 비밀을 누설한 측량기술자 또는 수로기술자
6. 제41조제3항(제43조제3항에 따라 준용되는 경우를 포함한다)을 위반하여 둘 이상의 측량업자에게 소속된 측량기술자 또는 수로기술자
7. 제49조제1항을 위반하여 다른 사람에게 측량업등록증 또는 측량업등록수첩을 빌려주거나 자기의 성명 또는 상호를 사용하여 측량업무를 하게 한 자
8. 제49조제2항을 위반하여 다른 사람의 측량업등록증 또는 측량업등록수첩을 빌려서 사용하거나 다른 사람의 성명 또는 상호를 사용하여 측량업무를 한 자
9. 제50조제3항을 위반하여 제106조제2항에 따른 지적측량수수료 외의 대가를 받은 지적측량기술자
10. 거짓으로 다음 각 목의 신청을 한 자
   가. 제77조에 따른 신규등록 신청
   나. 제78조에 따른 등록전환 신청
   다. 제79조에 따른 분할 신청
   라. 제80조에 따른 합병 신청
   마. 제81조에 따른 지목변경 신청
   바. 제82조에 따른 바다로 된 토지의 등록말소 신청
   사. 제83조에 따른 축척변경 신청
   아. 제84조에 따른 등록사항의 정정 신청
   자. 제86조에 따른 도시개발사업 등 시행지역의 토지이동 신청
11. 제95조제1항을 위반하여 다른 사람에게 자기의 성능검사대행자 등록증을 빌려 주거나 자기의 성명 또는 상호를 사용하여 성능검사대행업무를 수행하게 한 자

12. 제95조제2항을 위반하여 다른 사람의 성능검사대행자 등록증을 빌려서 사용하거나 다른 사람의 성명 또는 상호를 사용하여 성능검사대행업무를 수행한 자

제110조(양벌규정) 법인의 대표자나 법인 또는 개인의 대리인, 사용인, 그 밖의 종업원이 그 법인 또는 개인의 업무에 관하여 제107조부터 제109조까지의 어느 하나에 해당하는 위반행위를 하면 그 행위자를 벌하는 외에 그 법인 또는 개인에게도 해당 조문의 벌금형을 과(科)한다. 다만, 법인 또는 개인이 그 위반행위를 방지하기 위하여 해당 업무에 관하여 상당한 주의와 감독을 게을리하지 아니한 경우에는 그러하지 아니하다.

제111조(과태료) ① 다음 각 호의 어느 하나에 해당하는 자에게는 300만원 이하의 과태료를 부과한다. <개정 2013.3.23.>

1. 정당한 사유 없이 측량을 방해한 자
2. 제13조제4항을 위반하여 고시된 측량성과에 어긋나는 측량성과를 사용한 자
3. 제31조제2항을 위반하여 수로조사를 하지 아니한 자
4. 정당한 사유 없이 해양수산부장관이 제32조에 따라 공고한 수로조사를 방해한 자
5. 정당한 사유 없이 제33조제1항을 위반하여 수로조사성과를 제출하지 아니한 자
6. 제35조제5항을 위반하여 판매가격을 준수하지 아니하고 수로도서지를 판매하거나 최신 항행통보에 따라 수정되지 아니한 수로도서지를 보급한 자
7. 제40조제1항(제43조제3항에 따라 준용되는 경우를 포함한다)을 위반하여 거짓으로 측량기술자 또는 수로기술자의 신고를 한 자
8. 제44조제4항을 위반하여 측량업 등록사항의 변경신고를 하지 아니한 자
9. 제46조제2항(제54조제6항에 따라 준용되는 경우를 포함한다)을 위반하여 측량업자 또는 수로사업자의 지위 승계 신고를 하지 아니한 자
10. 제48조(제54조제6항에 따라 준용되는 경우를 포함한다)를 위반하여 측량업 또는 수로사업의 휴업·폐업 등의 신고를 하지 아니하거나 거짓으로 신고한 자
11. 제50조제2항을 위반하여 본인, 배우자 또는 직계 존속·비속이 소유한 토지에 대한 지적측량을 한 자
12. 제54조제4항을 위반하여 수로사업 등록사항의 변경신고를 하지 아니한 자
13. 제92조제1항을 위반하여 측량기기에 대한 성능검사를 받지 아니하거나 부정한 방법으로 성능검사를 받은 자
14. 제93조제1항을 위반하여 성능검사대행자의 등록사항 변경을 신고하지 아니한 자
15. 제93조제3항을 위반하여 성능검사대행업무의 폐업신고를 하지 아니한 자
16. 정당한 사유 없이 제99조제1항에 따른 보고를 하지 아니하거나 거짓으로 보고를 한 자
17. 정당한 사유 없이 제99조제1항에 따른 조사를 거부·방해 또는 기피한 자
18. 정당한 사유 없이 제101조제7항을 위반하여 토지등에의 출입 등을 방해하거나 거부한 자

② 제1항에 따른 과태료는 대통령령으로 정하는 바에 따라 국토교통부장관, 해양수산부장관, 시·도지사 또는 지적소관청이 부과·징수한다. <개정 2013.3.23.>

부칙

<제14936호, 2017.10.24.>

제1조(시행일) 이 법은 공포한 날부터 시행한다. 다만, 제16조의 개정규정은 공포 후 6개월이 경과한 날부터 시행한다.

제2조(측량기술자의 신고에 관한 적용례) 제40조제6항의 개정규정은 이 법 시행 후 최초로 측량기술자의 신고서가 접수기관에 도달한 경우부터 적용한다.

제3조(지적전산자료의 신청에 관한 적용례) 제76조의 개정규정은 이 법 시행 후 최초로 지적전산자료를 신청하는 경우부터 적용한다.

공간정보의 구축 및 관리 등에 관한 법률 시행령

[시행 2018.1.1.]
[대통령령 제28471호, 2017.12.12., 타법개정]

제1장 총칙

제1조(목적) 이 영은 「공간정보의 구축 및 관리 등에 관한 법률」에서 위임된 사항과 그 시행에 필요한 사항을 규정함을 목적으로 한다. <개정 2015.6.1.>

제2조(공공측량시행자) 「공간정보의 구축 및 관리 등에 관한 법률」(이하 "법"이라 한다) 제2조제3호가목에서 "대통령령으로 정하는 기관"이란 다음 각 호의 기관을 말한다. <개정 2010.10.1., 2014.9.24., 2015.6.1.>
1. 「정부출연연구기관 등의 설립·운영 및 육성에 관한 법률」 제8조에 따른 정부출연연구기관 및 「과학기술분야 정부출연연구기관 등의 설립·운영 및 육성에 관한 법률」에 따른 과학기술분야 정부출연연구기관
2. 「공공기관의 운영에 관한 법률」에 따른 공공기관
3. 「지방공기업법」에 따른 지방직영기업, 지방공사 및 지방공단
4. 「지방자치단체 출자·출연 기관의 운영에 관한 법률」 제2조제1항에 따른 출자기관
5. 「사회기반시설에 대한 민간투자법」 제2조제7호의 사업시행자
6. 지하시설물 측량을 수행하는 「도시가스사업법」 제2조제2호의 도시가스사업자와 「전기통신사업법」 제6조의 기간통신사업자

제3조(공공측량) 법 제2조제3호나목에서 "대통령령으로 정하는 측량"이란 다음 각 호의 측량 중 국토교통부장관이 지정하여 고시하는 측량을 말한다. <개정 2013.3.23.>
1. 측량실시지역의 면적이 1제곱킬로미터 이상인 기준점측량, 지형측량 및 평면측량
2. 측량노선의 길이가 10킬로미터 이상인 기준점측량
3. 국토교통부장관이 발행하는 지도의 축척과 같은 축척의 지도 제작
4. 촬영지역의 면적이 1제곱킬로미터 이상인 측량용 사진의 촬영
5. 지하시설물 측량
6. 인공위성 등에서 취득한 영상정보에 좌표를 부여하기 위한 2차원 또는 3차원의 좌표측량
7. 그 밖에 공공의 이해에 특히 관계가 있다고 인정되는 사설철도 부설, 간척 및 매립사업 등에 수반되는 측량

제4조(수치주제도의 종류) 법 제2조제10호에 따른 수치주제도(數値主題圖)의 종류는 별표 1과 같다.

제5조(1필지로 정할 수 있는 기준) ① 법 제2조제21호에 따라 지번부여지역의 토지로서 소유자와 용도가 같고 지반이 연속된 토지는 1필지로 할 수 있다.
② 제1항에도 불구하고 다음 각 호의 어느 하나에 해당하는 토지는 주된 용도의 토지에 편입하여 1필지로 할 수 있다. 다만, 종된 용도의 토지의 지목(地目)이 "대"(垈)인 경우와 종된 용도의 토지 면적이 주된 용도의 토지 면적의 10퍼센트를 초과하거나 330제곱미터를 초과하는 경우에는 그러하지 아니하다.
1. 주된 용도의 토지의 편의를 위하여 설치된 도로·구거(溝渠: 도랑) 등의 부지
2. 주된 용도의 토지에 접속되거나 주된 용도의 토지로 둘러싸인 토지로서 다른 용도로 사용되고 있는 토지

제2장 측량 및 수로조사
제1절 통칙

제6조(원점의 특례) 법 제6조제1항제2호 단서에서 "섬 등 대통령령으로 정하는 지역"이란 다음 각 호의 지역을 말한다. <개정 2013.3.23.>
1. 제주도
2. 울릉도
3. 독도
4. 그 밖에 대한민국 경위도원점 및 수준원점으로부터 원거리에 위치하여 대한민국 경위도원점 및 수준원점을 적용하여 측량하기 곤란하다고 인정되어 국토교통부장관이

고시한 지역

제7조(세계측지계 등) ① 법 제6조제1항에 따른 세계측지계(世界測地系)는 지구를 편평한 회전타원체로 상정하여 실시하는 위치측정의 기준으로서 다음 각 호의 요건을 갖춘 것을 말한다.

1. 회전타원체의 장반경(張半徑) 및 편평률(扁平率)은 다음 각 목과 같을 것
   가. 장반경: 6,378,137미터
   나. 편평률: 298.257222101분의 1
2. 회전타원체의 중심이 지구의 질량중심과 일치할 것
3. 회전타원체의 단축(短軸)이 지구의 자전축과 일치할 것

② 법 제6조제1항에 따른 대한민국 경위도원점(經緯度原點) 및 수준원점(水準原點)의 지점과 그 수치는 다음 각 호와 같다. <개정 2015.6.1., 2017.1.10.>

1. 대한민국 경위도원점
   가. 지점: 경기도 수원시 영통구 월드컵로 92(국토지리정보원에 있는 대한민국 경위도원점 금속표의 십자선 교점)
   나. 수치
      1) 경도: 동경 127도 03분 14.8913초
      2) 위도: 북위 37도 16분 33.3659초
      3) 원방위각: 165도 03분 44.538초(원점으로부터 진북을 기준으로 오른쪽 방향으로 측정한 우주측지관측센터에 있는 위성기준점 안테나 참조점 중앙)
2. 대한민국 수준원점
   가. 지점: 인천광역시 남구 인하로 100(인하공업전문대학에 있는 원점표석 수정판의 영 눈금선 중앙점)
   나. 수치: 인천만 평균해수면상의 높이로부터 26.6871미터 높이

③ 법 제6조제1항에 따른 직각좌표의 기준은 별표 2와 같다.

제8조(측량기준점의 구분) ① 법 제7조제1항에 따른 측량기준점은 다음 각 호의 구분에 따른다. <개정 2015.6.1.>

1. 국가기준점
   가. 우주측지기준점: 국가측지기준계를 정립하기 위하여 전 세계 초장거리간섭계와 연결하여 정한 기준점
   나. 위성기준점: 지리학적 경위도, 직각좌표 및 지구중심 직교좌표의 측정 기준으로 사용하기 위하여 대한민국 경위도원점을 기초로 정한 기준점
   다. 수준점: 높이 측정의 기준으로 사용하기 위하여 대한민국 수준원점을 기초로 정한 기준점
   라. 중력점: 중력 측정의 기준으로 사용하기 위하여 정한 기준점
   마. 통합기준점: 지리학적 경위도, 직각좌표, 지구중심 직교좌표, 높이 및 중력 측정의 기준으로 사용하기 위하여 위성기준점, 수준점 및 중력점을 기초로 정한 기준점
   바. 삼각점: 지리학적 경위도, 직각좌표 및 지구중심 직교좌표 측정의 기준으로 사용하기 위하여 위성기준점 및 통합기준점을 기초로 정한 기준점
   사. 지자기점(地磁氣點): 지구자기 측정의 기준으로 사용하기 위하여 정한 기준점
   아. 수로기준점: 수로조사 시 해양에서의 수평위치와 높이, 수심 측정 및 해안선 결정 기준으로 사용하기 위하여 위성기준점과 법 제6조제1항제3호의 기본수준면을 기초로 정한 기준점으로서 수로측량기준점, 기본수준점, 해안선기준점으로 구분한다.
   자. 영해기준점: 우리나라의 영해를 획정(劃定)하기 위하여 정한 기준점
2. 공공기준점
   가. 공공삼각점: 공공측량 시 수평위치의 기준으로 사용하기 위하여 국가기준점을 기초로 하여 정한 기준점
   나. 공공수준점: 공공측량 시 높이의 기준으로 사용하기 위하여 국가기준점을 기초로 하여 정한 기준점
3. 지적기준점
   가. 지적삼각점(地籍三角點): 지적측량 시 수평위치 측량의 기준으로 사용하기 위하여 국가기준점을 기준으로 하여 정한 기준점
   나. 지적삼각보조점: 지적측량 시 수평위치 측량의 기준으로 사용하기 위하여 국가기준점과 지적삼각점을 기준으로 하여 정한 기준점
   다. 지적도근점(地籍圖根點): 지적측량 시 필지에 대한 수평위치 측량 기준으로 사용하기 위하여 국가기준점, 지적삼각점, 지적삼각보조점 및 다른 지적도근점을 기초로 하여 정한 기준점

② 제1항에 따른 각 기준점은 필요에 따라 등급을 구분할 수 있다.

제9조(측량기준점표지 설치의 통지) ① 법 제8조제2항에 따라 측량기준점표지의 설치자가 측량기준점표지의 설치 사실을 통지할 때에는 그 측량성과[평면직각좌표 및 표고(標高)의 성과가 있는 경우 그 좌표 및 표고를 포함한다]를 함께 통지하여야 한다.

② 제1항에 따른 측량기준점표지 설치의 통지를 위하여 필요한 사항은 국토교통부령으로 정한다. <개정 2013.3.23.>

제10조(측량기준점표지 설치 등의 고시) 법 제8조제3항에 따른 수로기준점표지의 설치에 대한 고시는 다음 각 호의 사항을 관보에 게재하는 방법으로 하고, 법 제8조제4항에 따른 지적기준점표지의 설치(이전·복구·철거 또는 폐기를 포함한다. 이하 이 조에서 같다)에 대한 고시는 다음 각 호의 사항을 공보 또는 인터넷 홈페이지에 게재하는 방법으로 한다.

1. 기준점의 명칭 및 번호
2. 직각좌표계의 원점명(지적기준점에 한정한다)
3. 좌표 및 표고
4. 경도와 위도
5. 설치일, 소재지 및 표지의 재질
6. 측량성과 보관 장소

[제목개정 2014.1.17.]

제10조의2(측량업정보 종합관리체계의 구축·운영) ① 법 제10조의2제2항에 따른 측량업정보 종합관리체계(이하 "측량업정보 종합관리체계"라 한다)를 통하여 관리하여야 하는 측량업정보는 다음 각 호와 같다.

1. 측량업자의 자본금, 경영실태, 측량용역 수행실적, 측량기술자 및 장비 보유현황
2. 법 제10조의3에 따른 측량용역사업에 대한 사업수행능력의 평가 및 공시에 관한 사항
3. 법 제40조에 따른 측량기술자의 신고 등에 관한 사항
4. 법 제42조에 따른 측량기술자의 업무정지 등에 관한 사항
5. 법 제44조에 따른 측량업의 업종별 등록(변경신고를 포함한다)에 관한 사항
6. 법 제46조에 따른 측량업자의 지위 승계에 관한 사항
7. 법 제48조에 따른 측량업의 휴업·폐업 등 신고에 관한 사항
8. 법 제52조에 따른 측량업의 등록취소 등에 관한 사항
9. 그 밖에 측량업정보 관리에 필요한 사항

② 국토교통부장관은 측량업정보 종합관리체계의 구축·운영을 위하여 다음 각 호의 업무를 수행할 수 있다.

1. 측량업정보 종합관리체계의 구축·운영에 관한 각종 연구개발 및 기술지원
2. 측량업정보 종합관리체계의 표준화
3. 측량업정보 종합관리체계를 이용한 정보의 공동 활용 촉진
4. 그 밖에 측량업정보 종합관리체계의 구축·운영을 위하여 필요한 사항

③ 국토교통부장관은 측량업정보 종합관리체계의 효율적인 구축·운영을 위하여 「공간정보산업 진흥법」 제24조에 따른 공간정보산업협회(이하 "공간정보산업협회"라 한다) 등과 협의체를 구성·운영할 수 있다.

④ 제1항부터 제3항까지에서 규정한 사항 외에 측량업정보의 입력기준, 보관방법 등 측량업정보 종합관리체계의 구축·운영에 필요한 사항은 국토교통부장관이 정하여 고시한다.

[본조신설 2015.6.1.]

제10조의3(측량업정보의 종합관리를 위한 자료제출의 요청절차) 국토교통부장관은 법 제10조의2제3항에 따라 자료의 제출을 요청하는 경우에는 제출기한 15일 전까지 다음 각 호의 사항을 서면으로 통보하여야 한다.

1. 제출요청 사유
2. 제출기한
3. 제출자료의 구체적인 사항
4. 자료제출의 방식 및 형태
5. 제출자료의 활용방법

[본조신설 2015.6.1.]

제10조의4(측량용역사업에 대한 사업수행능력 평가를 위한 신고) ① 법 제10조의3제1항에 따른 측량용역사업에 대한 사업수행능력 평가(이하 "사업수행능력평가"라 한다)를 받으려는 측량업자는 같은 조 제2항에 규정된 사항에 관한 자료를 매년 2월 15일(재무상태에 관한 자료의 경우 법인은 4월 15일, 개인은 6월 15일)까지 국토교통부장관에게 제출하여야 한다.

② 제1항에도 불구하고 다음 각 호의 어느 하나에 해당하는 경우에는 매년 7월 31일까지 제출할 수 있다.

1. 법 제46조제1항에 따라 측량업자의 지

위를 승계한 경우
2. 2월 15일이 지나서 법 제44조제2항에 따라 측량업을 등록한 경우
[본조신설 2015.6.1.]

제10조의5(사업수행능력평가의 기준) 법 제10조의3제3항에 따른 사업수행능력평가의 기준은 별표 2의2와 같다.
[본조신설 2015.6.1.]

제10조의6(사업수행능력의 공시) ① 국토교통부장관은 법 제10조의3에 따라 사업수행능력평가를 한 경우에는 다음 각 호의 사항을 공시하여야 한다.
1. 상호 및 성명(법인인 경우에는 대표자의 성명)
2. 주된 영업소의 소재지 및 연락처
3. 측량용역 수행실적
4. 기술인력 및 장비 보유현황
5. 측량업 등록현황
6. 자본금 및 매출액순이익률 등 재무상태 현황
7. 신용정보회사가 실시한 신용평가를 받은 경우에는 그 신용평가 내용
8. 사업수행능력평가 항목별 점수 및 종합평가점수

② 제1항에 따른 공시는 국토교통부령으로 정하는 공시방법에 따라 매년 8월 31일까지 하여야 한다.
[본조신설 2015.6.1.]

제11조(지형 · 지물의 변동사항 통보 등) ① 법 제11조제1항에 따른 지형 · 지물의 변동사항 통보는 국토교통부령 또는 해양수산부령으로 정하는 바에 따라 매월 말일까지 하여야 한다. <개정 2013.3.23., 2014.1.17.>
② 국토교통부장관 또는 해양수산부장관은 제1항에 따른 통보의 내용을 확인하기 위하여 필요하면 소속 공무원으로 하여금 현지를 조사하게 하거나 특별자치시장 · 특별자치도지사 · 시장 · 군수 또는 구청장(자치구의 구청장을 말한다. 이하 같다)으로 하여금 다시 조사하여 통보하게 할 수 있다. <개정 2013.3.23., 2013.6.11.>
③ 법 제11조제2항에 따라 공공측량시행자가 통보하여야 하는 건설공사의 종류 및 규모는 별표 3과 같다.

제2절 기본측량

제12조(측량의 실시공고) ① 법 제12조제2항에 따른 기본측량의 실시공고와 법 제17조제6항에 따른 공공측량의 실시공고는 전국을 보급지역으로 하는 일간신문에 1회 이상 게재하거나 해당 특별시 · 광역시 · 특별자치시 · 도 또는 특별자치도(이하 "시 · 도"라 한다)의 게시판 및 인터넷 홈페이지에 7일 이상 게시하는 방법으로 하여야 한다. <개정 2013.6.11.>
② 제1항에 따른 공고에는 다음 각 호의 사항이 포함되어야 한다.
1. 측량의 종류
2. 측량의 목적
3. 측량의 실시기간
4. 측량의 실시지역
5. 그 밖에 측량의 실시에 관하여 필요한 사항

제13조(측량성과의 고시) ① 법 제13조제1항에 따른 기본측량성과의 고시와 법 제18조제4항에 따른 공공측량성과의 고시는 최종성과를 얻은 날부터 30일 이내에 하여야 한다. 다만, 기본측량성과의 고시에 포함된 국가기준점 성과가 다른 국가기준점 성과와 연결하여 계산될 필요가 있는 경우에는 그 계산이 완료된 날부터 30일 이내에 기본측량성과를 고시할 수 있다. <개정 2014.1.17.>
② 제1항에 따른 측량성과의 고시에는 다음 각 호의 사항이 포함되어야 한다.
1. 측량의 종류
2. 측량의 정확도
3. 설치한 측량기준점의 수
4. 측량의 규모(면적 또는 지도의 장수)
5. 측량실시의 시기 및 지역
6. 측량성과의 보관 장소
7. 그 밖에 필요한 사항

제14조(기본측량성과 검증기관의 지정) ① 법 제13조제2항에서 "대통령령으로 정하는 측량 관련 전문기관"이란 다음 각 호의 기관 중 별표 4의 기준을 갖춘 기관으로서 측량 관련 인력과 장비 보유 현황 등을 종합적으로 검토하여 국토교통부장관이 지정하는 기관(이하 "기본측량성과 검증기관"이라 한다)을 말한다. <개정 2013.3.23.>
1. 「정부출연연구기관 등의 설립 · 운영 및 육

성에 관한 법률」 및 「과학기술분야 정부출연연구기관 등의 설립·운영 및 육성에 관한 법률」에 따른 정부출연연구기관
2. 「민법」 제32조에 따라 국토교통부장관의 허가를 받아 설립된 측량 관련 비영리법인
3. 「고등교육법」 제2조에 따라 설립된 학교의 부설연구소
4. 법 제105조제2항제3호에 따라 공공측량성과의 심사에 관한 업무를 위탁받은 기관

② 제1항에 따른 기본측량성과 검증기관으로 지정받으려는 자는 국토교통부령으로 정하는 서류를 갖추어 국토교통부장관에게 신청하여야 한다. <개정 2013.3.23.>

③ 국토교통부장관은 제1항에 따라 기본측량성과 검증기관을 지정한 경우 이를 신청인에게 서면으로 통지하고 지체 없이 공고하여야 한다. <개정 2013.3.23.>

④ 기본측량성과 검증기관의 지정절차 및 정확도 검증 등에 필요한 사항은 국토교통부령으로 정한다. <개정 2013.3.23.>

제15조(지도등의 표시 금지사항) 법 제15조제1항 단서 및 제20조 단서에서 "대통령령으로 정하는 사항"이란 다음 각 호의 사항을 말한다.
1. 「군사기지 및 군사시설 보호법」 제2조제1호 및 제2호의 군사기지 및 군사시설에 관한 사항
2. 다른 법령에 따라 비밀로 유지되거나 열람이 제한되는 등의 비공개사항

제16조(기본측량성과 및 공공측량성과의 국외 반출) ①법 제16조제1항 단서에서 "외국 정부와 기본측량성과를 서로 교환하는 등 대통령령으로 정하는 경우"란 다음 각 호의 경우를 말한다. <개정 2013.3.23., 2014.1.17.>
1. 대한민국 정부와 외국 정부 간에 체결된 협정 또는 합의에 따라 기본측량성과를 상호 교환하는 경우
2. 정부를 대표하여 외국 정부와 교섭하거나 국제회의 또는 국제기구에 참석하는 자가 자료로 사용하기 위하여 지도나 그 밖에 필요한 간행물(이하 "지도등"이라 한다) 또는 측량용 사진을 반출하는 경우
3. 관광객 유치와 관광시설 홍보를 목적으로 지도등 또는 측량용사진을 제작하여 반출하는 경우
4. 축척 5만분의 1 미만인 소축척의 지도(수치지형도는 제외한다. 이하 이 조에서 같다)나 그 밖에 필요한 간행물을 국외로 반출하는 경우
5. 축척 2만5천분의 1 또는 5만분의 1 지도로서 「국가공간정보에 관한 법률 시행령」 제24조제3항에 따라 국가정보원장의 지원을 받아 보안성 검토를 거친 경우(등고선, 발전소, 가스관 등 국토교통부장관이 정하여 고시하는 시설 등이 표시되지 아니한 경우로 한정한다)
6. 축척 2만5천분의 1인 영문판 수치지형도로서 「국가공간정보에 관한 법률 시행령」 제24조제3항에 따른 보안성 검토를 거친 경우

② 법 제21조제1항 단서에서 "외국정부와 공공측량성과를 서로 교환하는 등 대통령령으로 정하는 경우"란 다음 각 호의 경우를 말한다. <신설 2014.1.17.>
1. 대한민국 정부와 외국 정부 간에 체결된 협정 또는 합의에 따라 공공측량성과를 상호 교환하는 경우
2. 정부를 대표하여 외국 정부와 교섭하거나 국제회의 또는 국제기구에 참석하는 자가 자료로 사용하기 위하여 지도등 또는 측량용 사진을 반출하는 경우
3. 관광객 유치와 관광시설 홍보를 목적으로 지도등 또는 측량용사진을 제작하여 반출하는 경우
4. 축척 5만분의 1 미만인 소축척의 지도나 그 밖에 필요한 간행물을 국외로 반출하는 경우
5. 축척 2만5천분의 1 또는 5만분의 1 지도로서 「국가공간정보에 관한 법률 시행령」 제24조제3항에 따라 국가정보원장의 지원을 받아 보안성 검토를 거친 경우

[제목개정 2014.1.17.]

제16조의2(국외반출 협의체의 구성 및 운영) ① 법 제16조제2항 단서에 따른 협의체(이하 "협의체"라 한다)는 다음 각 호의 기관의 장이 지명하는 4급 이상 공무원(이에 상당하는 특정직공무원을 포함한다)으로 구성한다. <개정 2017.1.10., 2017.7.26.>
1. 과학기술정보통신부
2. 외교부
3. 통일부
4. 국방부
5. 행정안전부
6. 산업통상자원부

7. 국가정보원

② 국토교통부장관은 법 제16조제2항 단서 및 법 제21조제2항 단서에 따라 기본측량성과 또는 공공측량성과의 국외반출에 관한 결정이 필요하다고 인정하는 경우 협의체의 회의를 소집한다.

③ 국토교통부장관은 제2항에 따라 협의체의 회의를 소집할 때에는 회의의 일시·장소 및 협의안건을 회의 개최 7일 전까지 제1항 각 호의 기관의 장에게 통지하여야 한다.

④ 국토교통부장관은 협의체의 회의 결과에 따라 결정한 사항을 제1항 각 호의 기관의 장에게 통보하여야 한다.

⑤ 제1항부터 제4항까지에서 규정한 사항 외에 협의체의 구성 및 운영에 필요한 사항은 국토교통부장관이 정한다.

[본조신설 2014.12.3.]

제3절 공공측량 및 일반측량

제17조(지도등의 간행) ① 법 제20조에 따라 공공측량시행자가 공공측량성과를 사용하여 간행·판매 또는 배포할 수 있는 지도등은 다음 각 호와 같다. <개정 2013.3.23.>

1. 공공측량시행자가 국토교통부와 공동으로 제작한 지형도를 이용하여 간행하는 지도등
2. 법 제18조에 따른 심사를 거쳐 고시된 측량성과를 사용하여 지하시설물도(地下施設物圖), 도로망도 등 특정 목적에 사용하기 위하여 간행하는 지도등

② 제1항의 지도등을 판매하려는 공공측량시행자는 국토교통부령으로 정하는 바에 따라 지도의 축척 및 판매가격 등을 정하여 국토교통부장관에게 통보하여야 한다. <개정 2013.3.23.>

제4절 지적측량

제18조(지적현황측량) 법 제23조제1항제5호에서 "대통령령으로 정하는 경우"란 지상건축물 등의 현황을 지적도 및 임야도에 등록된 경계와 대비하여 표시하는 데에 필요한 경우를 말한다.

제19조(등록전환이나 분할에 따른 면적 오차의 허용범위 및 배분 등) ① 법 제26조제2항에 따른 등록전환이나 분할을 위하여 면적을 정할 때에 발생하는 오차의 허용범위 및 처리방법은 다음 각 호와 같다.

1. 등록전환을 하는 경우
   가. 임야대장의 면적과 등록전환될 면적의 오차 허용범위는 다음의 계산식에 따른다. 이 경우 오차의 허용범위를 계산할 때 축척이 3천분의 1인 지역의 축척분모는 6천으로 한다.

$$A = 0.026^2 M \sqrt{F}$$

(A는 오차 허용면적, M은 임야도 축척분모, F는 등록전환될 면적)

   나. 임야대장의 면적과 등록전환될 면적의 차이가 가목의 계산식에 따른 허용범위 이내인 경우에는 등록전환될 면적을 등록전환 면적으로 결정하고, 허용범위를 초과하는 경우에는 임야대장의 면적 또는 임야도의 경계를 지적소관청이 직권으로 정정하여야 한다.
2. 토지를 분할하는 경우
   가. 분할 후의 각 필지의 면적의 합계와 분할 전 면적과의 오차의 허용범위는 제1호가목의 계산식에 따른다. 이 경우 A는 오차 허용면적, M은 축척분모, F는 원면적으로 하되, 축척이 3천분의 1인 지역의 축척분모는 6천으로 한다.
   나. 분할 전후 면적의 차이가 가목의 계산식에 따른 허용범위 이내인 경우에는 그 오차를 분할 후의 각 필지의 면적에 따라 나누고, 허용범위를 초과하는 경우에는 지적공부(地籍公簿)상의 면적 또는 경계를 정정하여야 한다.
   다. 분할 전후 면적의 차이를 배분한 산출면적은 다음의 계산식에 따라 필요한 자리까지 계산하고, 결정면적은 원면적과 일치하도록 산출면적의 구하려는 끝자리의 다음 숫자가 큰 것부터 순차로 올려서 정하되, 구하려는 끝자리의 다음 숫자가 서로 같을 때에는 산출면적이 큰 것을 올려서 정한다.

$$r = \frac{F}{A} \times a$$

(r은 각 필지의 산출면적, F는 원면적, A는 측정면적 합계 또는 보정면적 합계, a는 각 필지의 측정면적 또는 보정면적)

② 경계점좌표등록부가 있는 지역의 토지분할을 위하여 면적을 정할 때에는 제1항제2호나목에도 불구하고 다음 각 호의 기준에 따른다.
1. 분할 후 각 필지의 면적합계가 분할 전 면적보다 많은 경우에는 구하려는 끝자리의 다음 숫자가 작은 것부터 순차적으로 버려서 정하되, 분할 전 면적에 증감이 없도록 할 것
2. 분할 후 각 필지의 면적합계가 분할 전 면적보다 적은 경우에는 구하려는 끝자리의 다음 숫자가 큰 것부터 순차적으로 올려서 정하되, 분할 전 면적에 증감이 없도록 할 것

제20조(중앙지적위원회의 구성 등) ① 법 제28조제1항에 따른 중앙지적위원회(이하 "중앙지적위원회"라 한다)는 위원장 1명과 부위원장 1명을 포함하여 5명 이상 10명 이하의 위원으로 구성한다. <개정 2012.7.4.>
② 위원장은 국토교통부의 지적업무 담당 국장이, 부위원장은 국토교통부의 지적업무 담당 과장이 된다. <개정 2013.3.23.>
③ 위원은 지적에 관한 학식과 경험이 풍부한 사람 중에서 국토교통부장관이 임명하거나 위촉한다. <개정 2013.3.23.>
④ 위원장 및 부위원장을 제외한 위원의 임기는 2년으로 한다.
⑤ 중앙지적위원회의 간사는 국토교통부의 지적업무 담당 공무원 중에서 국토교통부장관이 임명하며, 회의 준비, 회의록 작성 및 회의 결과에 따른 업무 등 중앙지적위원회의 서무를 담당한다. <개정 2013.3.23.>
⑥ 중앙지적위원회의 위원에게는 예산의 범위에서 출석수당과 여비, 그 밖의 실비를 지급할 수 있다. 다만, 공무원인 위원이 그 소관 업무와 직접적으로 관련되어 출석하는 경우에는 그러하지 아니하다.

제20조의2(위원의 제척·기피·회피) ① 중앙지적위원회의 위원이 다음 각 호의 어느 하나에 해당하는 경우에는 중앙지적위원회의 심의·의결에서 제척(除斥)된다.
1. 위원 또는 그 배우자나 배우자이었던 사람이 해당 안건의 당사자가 되거나 그 안건의 당사자와 공동권리자 또는 공동의무자인 경우
2. 위원이 해당 안건의 당사자와 친족이거나 친족이었던 경우
3. 위원이 해당 안건에 대하여 증언, 진술 또는 감정을 한 경우
4. 위원이나 위원이 속한 법인·단체 등이 해당 안건의 당사자의 대리인이거나 대리인이었던 경우
5. 위원이 해당 안건의 원인이 된 처분 또는 부작위에 관여한 경우
② 해당 안건의 당사자는 위원에게 공정한 심의·의결을 기대하기 어려운 사정이 있는 경우에는 중앙지적위원회에 기피 신청을 할 수 있고, 중앙지적위원회는 의결로 이를 결정한다. 이 경우 기피 신청의 대상인 위원은 그 의결에 참여하지 못한다.
③ 위원이 제1항 각 호에 따른 제척 사유에 해당하는 경우에는 스스로 해당 안건의 심의·의결에서 회피(回避)하여야 한다.
[본조신설 2012.7.4.]

제20조의3(위원의 해임·해촉) 국토교통부장관은 중앙지적위원회의 위원이 다음 각 호의 어느 하나에 해당하는 경우에는 해당 위원을 해임하거나 해촉(解囑)할 수 있다. <개정 2013.3.23.>
1. 심신장애로 인하여 직무를 수행할 수 없게 된 경우
2. 직무태만, 품위손상이나 그 밖의 사유로 인하여 위원으로 적합하지 아니하다고 인정되는 경우
3. 제20조의2제1항 각 호의 어느 하나에 해당하는 데에도 불구하고 회피하지 아니한 경우

[본조신설 2012.7.4.]

제21조(중앙지적위원회의 회의 등) ① 중앙지적위원회 위원장은 회의를 소집하고 그 의장이 된다.
② 위원장이 부득이한 사유로 직무를 수행할 수 없을 때에는 부위원장이 그 직무를 대행하고, 위원장 및 부위원장이 모두 부득이한 사유로 직무를 수행할 수 없을 때에는 위원장이 미리 지명한 위원이 그 직무를 대행한다.
③ 중앙지적위원회의 회의는 재적위원 과반수의 출석으로 개의(開議)하고, 출석위원 과반수의 찬성으로 의결한다.
④ 중앙지적위원회는 관계인을 출석하게 하여 의견을 들을 수 있으며, 필요하면 현지조사를 할 수 있다.

⑤ 위원장이 중앙지적위원회의 회의를 소집할 때에는 회의 일시·장소 및 심의 안건을 회의 5일 전까지 각 위원에게 서면으로 통지하여야 한다.

⑥ 위원이 법 제29조제6항에 따른 재심사 시 그 측량 사안에 관하여 관련이 있는 경우에는 그 안건의 심의 또는 의결에 참석할 수 없다.

제22조(현지조사자의 지정) 제21조제4항에 따라 중앙지적위원회가 현지조사를 하려는 경우에는 관계 공무원을 지정하여 지적측량 및 자료조사 등 현지조사를 하고 그 결과를 보고하게 할 수 있으며, 필요할 때에는 법 제24조제1항 각 호의 어느 하나에 해당하는 자(이하 "지적측량수행자"라 한다)에게 그 소속 측량기술자 중 지적분야 측량기술자(이하 "지적기술자"라 한다)를 참여시키도록 요청할 수 있다. <개정 2014.1.17.>

제23조(지방지적위원회의 구성 등) 법 제28조제2항에 따른 지방지적위원회의 구성 및 회의 등에 관하여는 제20조, 제20조의2, 제20조의3, 제21조 및 제22조를 준용한다. 이 경우 제20조, 제20조의2, 제20조의3, 제21조 및 제22조 중 "중앙지적위원회"는 "지방지적위원회"로, "국토교통부"는 "시·도"로, "국토교통부장관"은 "특별시장·광역시장·특별자치시장·도지사 또는 특별자치도지사"로, "법 제29조제6항에 따른 재심사"는 "법 제29조제1항에 따른 지적측량 적부심사"로 본다. <개정 2012.7.4., 2013.3.23., 2013.6.11., 2014.1.17.>

제24조(지적측량의 적부심사 청구 등) ① 법 제29조제1항에 따라 지적측량 적부심사(適否審査)를 청구하려는 자는 심사청구서에 다음 각 호의 구분에 따른 서류를 첨부하여 특별시장·광역시장·특별자치시장·도지사 또는 특별자치도지사(이하 "시·도지사"라 한다)를 거쳐 지방지적위원회에 제출하여야 한다. <개정 2014.1.17.>

1. 토지소유자 또는 이해관계인: 지적측량을 의뢰하여 발급받은 지적측량성과
2. 지적측량수행자(지적측량수행자 소속 지적기술자가 청구하는 경우만 해당한다): 직접 실시한 지적측량성과

② 시·도지사는 법 제29조제2항제3호에 따른 현황 실측도를 작성하기 위하여 필요한 경우에는 관계 공무원을 지정하여 지적측량을 하게 할 수 있으며, 필요하면 지적측량수행자에게 그 소속 지적기술자를 참여시키도록 요청할 수 있다. <개정 2015.6.1.>

제25조(지적측량의 적부심사 의결 등) ① 지방지적위원회는 법 제29조제4항에 따라 지적측량 적부심사를 의결하였으면 위원장과 참석위원 전원이 서명 및 날인한 지적측량 적부심사 의결서를 지체 없이 시·도지사에게 송부하여야 한다.

② 시·도지사가 법 제29조제5항에 따라 지적측량 적부심사 의결서를 지적측량 적부심사 청구인 및 이해관계인에게 통지할 때에는 법 제29조제6항에 따른 재심사를 청구할 수 있음을 서면으로 알려야 한다.

제26조(지적측량의 적부심사에 관한 재심사 청구 등) ① 법 제29조제6항에 따른 지적측량 적부심사의 재심사 청구를 하려는 자는 재심사청구서에 지방지적위원회의 지적측량 적부심사 의결서 사본을 첨부하여 국토교통부장관을 거쳐 중앙지적위원회에 제출하여야 한다. <개정 2013.3.23., 2014.1.17.>

1. 삭제 <2014.1.17.>
2. 삭제 <2014.1.17.>

② 법 제29조제7항에 따라 중앙지적위원회가 재심사를 의결하였을 때에는 위원장과 참석위원 전원이 서명 및 날인한 의결서를 지체 없이 국토교통부장관에게 송부하여야 한다. <개정 2013.3.23.>

제5절 수로조사

제27조(수로조사의 실시) ① 법 제31조제2항 각 호 외의 부분 단서에서 "대통령령으로 정하는 규모 이하의 공사등"이란 다음 각 호의 어느 하나에 해당하는 것을 말한다. <개정 2010.4.20., 2013.3.23.>

1. 해양수산부령으로 정하는 수심(水深) 30미터 미만의 해역에서 흙, 모래, 광물 등을 채취하거나 준설토(浚渫土) 등을 버리거나 인공어초 등 구조물을 설치 또는 투입하는 행위(그 결과 수심 변화가 100분의 1 이하인 경우로 한정한다)
2. 해양수산부령으로 정하는 수심 30미터 이상의 해역에서 흙, 모래, 광물 등을 채취

하거나 준설토 등을 버리거나 인공어초 등 구조물을 설치 또는 투입하는 행위(그 결과 수심 변화가 100분의 3 이하인 경우로 한정한다)
3. 일반선박의 항해에 이용되지 아니하는 해역에서 인공어초 등 구조물을 설치하거나 투입하는 행위(그 결과 수심 변화가 100분의 20 이하인 경우로 한정한다)
4. 「수산업법」 제8조제1항제6호에 따른 마을어업의 면허를 받은 어장이 위치한 해역에서 인공어초를 설치하는 행위
5. 「해양환경관리법」 제23조제1항에 따른 폐기물 배출
6. 「항만법」 제2조제4호에 따른 항만구역, 「신항만건설촉진법」 제2조제1호에 따른 신항만 또는 「어촌·어항법」 제2조제3호가목 및 나목에 따른 국가어항 및 지방어항(이하 "항만구역등"이라 한다)에서 하는 항만공사 또는 해안선의 변경을 수반하는 공사(그 공사 결과 해안선의 길이가 50미터 미만으로 변경되는 것으로 한정하되, 그 공사 결과 선박의 항해에 장애가 되는 돌출물 또는 장애물이 나타나는 경우는 제외한다)
7. 항만구역등 외의 해역에서 하는 항만공사 또는 해안선의 변경을 수반하는 공사(그 공사 결과 해안선의 길이가 100미터 미만으로 변경되는 경우로 한정하되, 그 공사 결과 선박의 항해에 장애가 되는 돌출물 또는 장애물이 나타나는 경우는 제외한다)
8. 항만구역등에서 하는 매립면적 2천500제곱미터 미만의 공유수면 매립
9. 항만구역등 외의 해역에서 하는 매립면적 1만제곱미터 미만의 공유수면 매립
10. 해면 또는 수중(水中)에 시설물 또는 해양조사 장비를 임시적으로 설치하는 행위(항해에 위해가 되지 않도록 필요한 조치를 한 경우로 한정한다)

② 법 제31조제2항 각 호에 따른 공사등에 대한 수로조사의 종류별 조사 항목은 해양수산부령으로 정한다. <개정 2013.3.23.>

제28조(수로조사성과의 게재 등) ① 해양수산부장관이 법 제33조제3항에 따라 수로조사성과를 항행통보 및 수로도서지에 게재할 때에는 수로조사성과 심사가 완료된 후 지체없이 하여야 한다. <개정 2013.3.23.>
② 제1항에 따라 항행통보 및 수로도서지에 게재하는 내용에는 다음 각 호의 사항이 포함되어야 한다.
1. 해도(海圖)의 번호 및 해도명
2. 경도 및 위도로 표시한 수로도서지 변경 위치
3. 수로조사성과를 표시한 보정 도면

제29조(수로도서지를 판매하는 대행업자의 지정요건) ① 법 제35조제2항에 따라 수로도서지 중 서지류(書誌類) 형태의 수로도서지를 판매하는 대행업자는 수로도서지의 제작업무에 2년 이상 종사한 사람 2명 이상을 보유하여야 한다. <개정 2014.12.9.>
② 법 제35조제2항에 따라 수로도서지 중 수치제작물을 판매하는 대행업자는 다음 각 호의 요건을 모두 갖추어야 한다.
1. 수로업무와 관련된 국제기구에서 정한 표준에 따라 국립해양조사원이 제작한 수치제작물을 운용할 수 있는 전자시스템과 인터넷을 이용한 판매 방식을 갖출 것
2. 수로도서지의 제작업무에 2년 이상 종사한 사람 1명 이상을 보유할 것

③ 법 제35조제2항에 따라 수로도서지 중 서지류 형태의 수로도서지와 수치제작물을 함께 판매하는 대행업자는 제1항 및 제2항제1호의 지정요건을 모두 갖추어야 한다. <개정 2014.12.9.>
④ 법 제35조제6항제1호 단서에서 "대통령령으로 정하는 경우"란 지정 요건에 미달되는 기간이 6개월 이내인 경우를 말한다.

제30조(수로도서지의 복제 등의 승인 기준 및 절차) 법 제36조제1항에 따라 수로도서지를 복제하거나 유사제작물을 발행하려는 자는 해양수산부령으로 정하는 신청서에 다음 각 호의 서류를 첨부하여 해양수산부장관에게 제출하여야 한다. <개정 2013.3.23.>
1. 복제 또는 유사제작물 발행에 관한 계획서
2. 유사제작물의 견본과 그 인쇄예본(印刷例本) 또는 설명서(유사제작물을 발행하는 경우만 해당한다)
3. 원본자료의 사용량을 증명할 수 있는 자료(유사제작물을 발행하는 경우만 해당한다)

제6절 측량기술자 및 수로기술자

제31조(측량도서의 실명화) 측량기술자는 그가 작성한 측량도서에 서명 및 날인하여야 한다.

제32조(측량기술자의 자격기준 등) 법 제39조제2항에 따른 측량기술자의 자격기준과 등급은 별표 5와 같다.

제32조의2(지적기술자의 업무정지 절차) ① 국토교통부장관은 다음 각 호의 어느 하나에 해당하는 경우 법 제42조제1항 각 호 외의 부분 후단에 따라 중앙지적위원회에 지적기술자의 업무정지 처분에 관한 심의를 요청하여야 한다. <개정 2015.6.1.>

1. 국토교통부장관이 법 제42조제1항 각 호의 어느 하나에 해당하는 사항을 발견(지적소관청으로부터 통보받은 경우를 포함한다)한 경우
2. 시ㆍ도지사가 법 제42조제1항 각 호의 위반 사실을 발견(지적소관청으로부터 통보받은 경우를 포함한다)하여 국토교통부장관에게 통보한 경우
   가. 삭제 <2015.6.1.>
   나. 삭제 <2015.6.1.>

② 중앙지적위원회는 제1항에 따른 심의 요청이 있는 경우 지적기술자의 업무정지에 관하여 심의ㆍ의결하고, 그 결과를 지체 없이 국토교통부장관에게 보내야 한다.

③ 국토교통부장관은 제2항에 따른 심의ㆍ의결 결과를 받은 경우 지체 없이 처분하고, 그 사실을 시ㆍ도지사에게 통지하여야 한다.

[본조신설 2014.1.17.]

제33조(수로기술자의 자격기준 등) 법 제43조제2항에 따른 수로기술자의 자격기준과 등급은 별표 6과 같다.

제7절 측량업 및 수로사업

제34조(측량업의 종류) ① 법 제44조제1항제3호에 따른 "항공촬영, 지도제작 등 대통령령으로 정하는 업종"이란 다음 각 호와 같다.

1. 공공측량업
2. 일반측량업
3. 연안조사측량업
4. 항공촬영업
5. 공간영상도화업
6. 영상처리업
7. 수치지도제작업
8. 지도제작업
9. 지하시설물측량업

② 측량업의 종류별 업무 내용은 별표 7과 같다.

제35조(측량업의 등록 등) ① 법 제44조제1항제1호의 측지측량업과 이 영 제34조제1항제3호부터 제9호까지의 측량업은 국토교통부장관에게 등록하고, 법 제44조제1항제2호의 지적측량업과 이 영 제34조제1항제1호 및 제2호의 측량업은 특별시장ㆍ광역시장ㆍ특별자치시장 또는 도지사에게 등록하여야 한다. 다만, 특별자치도의 경우에는 법 제44조제1항제1호 및 제2호와 이 영 제34조제1항 각 호의 측량업을 특별자치도지사에게 등록하여야 한다. <개정 2013.3.23., 2013.6.11.>

② 제1항에 따라 측량업의 등록을 하려는 자는 국토교통부령으로 정하는 신청서(전자문서로 된 신청서를 포함한다)에 다음 각 호의 서류(전자문서를 포함한다)를 첨부하여 국토교통부장관 또는 시ㆍ도지사에게 제출하여야 한다. <개정 2013.3.23., 2014.1.17., 2017.1.10.>

1. 별표 8에 따른 기술인력을 갖춘 사실을 증명하기 위한 다음 각 목의 서류
   가. 보유하고 있는 측량기술자의 명단
   나. 가목의 인력에 대한 측량기술 경력증명서
2. 별표 8에 따른 장비를 갖춘 사실을 증명하기 위한 다음 각 목의 서류
   가. 보유하고 있는 장비의 명세서
   나. 가목의 장비의 성능검사서 사본
   다. 소유권 또는 사용권을 보유한 사실을 증명할 수 있는 서류

③ 제1항에 따른 등록신청을 받은 국토교통부장관 또는 시ㆍ도지사는 「전자정부법」 제36조제1항에 따른 행정정보의 공동이용을 통하여 다음 각 호의 행정정보를 확인하여야 한다. 다만, 사업자등록증 및 제2호의 서류에 대해서는 신청인으로부터 확인에 대한 동의를 받고, 신청인이 확인에 동의하지 아니하는 경우에는 해당 서류의 사본을 첨부하도록 하여야 한다. <개정 2010.5.4., 2013.3.23.>

1. 사업자등록증 또는 법인등기부 등본(법

인인 경우만 해당한다)
2. 「국가기술자격법」에 따른 국가기술자격(정보처리기사의 경우만 해당한다)
④ 제2항에 따른 측량업의 등록신청을 받은 국토교통부장관 또는 시·도지사는 신청받은 날부터 10일 이내에 법 제44조에 따른 등록기준에 적합한지와 법 제47조 각 호의 결격사유가 없는지를 심사한 후 적합하다고 인정할 때에는 측량업등록부에 기록하고, 측량업등록증과 측량업등록수첩을 발급하여야 한다. <개정 2013.3.23., 2017.1.10.>
⑤ 국토교통부장관 또는 시·도지사는 제2항에 따른 측량업의 등록신청이 등록기준에 적합하지 아니하다고 인정할 때에는 신청인에게 그 뜻을 통지하여야 한다. <개정 2013.3.23.>
⑥ 국토교통부장관 또는 시·도지사는 법 제44조제2항에 따라 등록을 하였을 때에는 이를 해당 기관의 게시판이나 인터넷 홈페이지에 10일 이상 공고하여야 한다. <개정 2013.3.23., 2014.1.17.>

제36조(측량업의 등록기준) ① 측량업의 등록기준은 별표 8과 같다.
② 항공촬영업의 등록을 하려는 자는 별표 8의 등록기준을 갖추는 외에 「항공사업법」에 따른 항공기사용사업의 등록을 하여야 한다. <개정 2017.3.29.>

제37조(등록사항의 변경) ① 측량업의 등록을 한 자는 등록사항 중 다음 각 호의 어느 하나에 해당하는 사항을 변경하였을 때에는 법 제44조제4항에 따라 변경된 날부터 30일 이내에 국토교통부령으로 정하는 바에 따라 변경신고를 하여야 한다. 다만, 제4호에 해당하는 사항을 변경한 때에는 그 변경이 있은 날부터 90일 이내에 변경신고를 하여야 한다. <개정 2012.6.25., 2014.1.17.>
1. 주된 영업소 또는 지점의 소재지
2. 상호
3. 대표자
4. 기술인력 및 장비
② 둘 이상의 측량업에 등록한 자가 제1항제1호부터 제3호까지의 등록사항을 변경한 경우로서 제35조제1항에 따라 등록한 기관이 같은 경우에는 이를 한꺼번에 신고할 수 있다.

제38조(등록증 등의 재발급) 측량업자는 측량업등록증 또는 측량업등록수첩을 잃어버리거나 헐어서 못 쓰게 되었을 때에는 국토교통부장관 또는 시·도지사에게 재발급을 신청할 수 있다. <개정 2013.3.23., 2015.6.1.>

제39조(지적전산자료를 활용한 정보화사업 등) 법 제45조에 따른 지적전산자료를 활용한 정보화사업에는 다음 각 호의 사업을 포함한다.
1. 지적도·임야도, 연속지적도, 도시개발사업 등의 계획을 위한 지적도 등의 정보처리시스템을 통한 기록·저장 업무
2. 토지대장, 임야대장의 전산화 업무

제40조(측량업자의 지위승계) ① 법 제46조제2항에 따른 측량업자의 지위승계 신고는 제35조제1항에 따라 등록한 기관에 하여야 한다.
② 제1항에 따른 신고 절차는 국토교통부령으로 정한다. <개정 2013.3.23.>

제41조(손해배상책임의 보장) ① 지적측량수행자는 법 제51조제2항에 따라 손해배상책임을 보장하기 위하여 다음 각 호의 구분에 따라 보증보험에 가입하거나 공간정보산업협회가 운영하는 보증 또는 공제에 가입하는 방법으로 보증설정(이하 "보증설정"이라 한다)을 하여야 한다. <개정 2017.1.10.>
1. 지적측량업자: 보장기간 10년 이상 및 보증금액 1억원 이상
2. 「국가공간정보 기본법」 제12조에 따라 설립된 한국국토정보공사(이하 "한국국토정보공사"라 한다): 보증금액 20억원 이상
② 지적측량업자는 지적측량업 등록증을 발급받은 날부터 10일 이내에 제1항제1호의 기준에 따라 보증설정을 하여야 하며, 보증설정을 하였을 때에는 이를 증명하는 서류를 제35조제1항에 따라 등록한 시·도지사에게 제출하여야 한다. <개정 2014.1.17., 2017.1.10.>

제42조(보증설정의 변경) ① 법 제51조에 따라 보증설정을 한 지적측량수행자는 그 보증설정을 다른 보증설정으로 변경하려는 경우에는 해당 보증설정의 효력이 있는 기간 중에 다른 보증설정을 하고 그 사실을 증명하는 서류를 제35조제1항에 따라 등록한 시·도지사

에게 제출하여야 한다.
② 보증설정을 한 지적측량수행자는 보증기간의 만료로 인하여 다시 보증설정을 하려는 경우에는 그 보증기간 만료일까지 다시 보증설정을 하고 그 사실을 증명하는 서류를 제35조제1항에 따라 등록한 시・도지사에게 제출하여야 한다.
[전문개정 2017.1.10.]

제43조(보험금 등의 지급 등) ① 지적측량의뢰인은 법 제51조제1항에 따른 손해배상으로 보험금・보증금 또는 공제금을 지급받으려면 다음 각 호의 어느 하나에 해당하는 서류를 첨부하여 보험회사 또는 공간정보산업협회에 손해배상금 지급을 청구하여야 한다. <개정 2017.1.10.>
1. 지적측량의뢰인과 지적측량수행자 간의 손해배상합의서 또는 화해조서
2. 확정된 법원의 판결문 사본
3. 제1호 또는 제2호에 준하는 효력이 있는 서류

② 지적측량수행자는 보험금・보증금 또는 공제금으로 손해배상을 하였을 때에는 지체 없이 다시 보증설정을 하고 그 사실을 증명하는 서류를 제35조제1항에 따라 등록한 시・도지사에게 제출하여야 한다. <개정 2017.1.10.>
③ 지적소관청은 제1항에 따라 지적측량수행자가 지급하는 손해배상금의 일부를 지적소관청의 지적측량성과 검사 과실로 인하여 지급하여야 하는 경우에 대비하여 공제에 가입할 수 있다. <신설 2014.1.17.>
[제목개정 2014.1.17., 2017.1.10.]

제44조(일시적인 등록기준 미달) 법 제52조제1항제4호 단서에서 "일시적으로 등록기준에 미달되는 등 대통령령으로 정하는 경우"란 별표 8에 따른 기술인력에 해당하는 사람의 사망・실종 또는 퇴직으로 인하여 등록기준에 미달되는 기간이 90일 이내인 경우를 말한다. <개정 2012.6.25., 2014.1.17.>

제45조(수로사업의 종류) ① 법 제54조제1항에서 "대통령령으로 정하는 사업"이란 다음 각 호의 수로사업을 말한다.
1. 수로측량업
2. 해양관측업

② 수로사업의 종류별 업무 내용은 별표 9와 같다.

제46조(수로사업의 등록) ① 법 제54조제1항에 따른 수로사업의 등록을 하려는 자는 해양수산부령으로 정하는 신청서(전자문서로 된 신청서를 포함한다)에 다음 각 호의 서류(전자문서를 포함한다)를 첨부하여 해양수산부장관에게 제출하여야 한다. <개정 2013.3.23., 2014.1.17.>
1. 별표 10에 따른 기술인력을 갖춘 사실을 증명하기 위한 다음 각 목의 서류
   가. 보유하고 있는 수로기술자의 명단
   나. 가목의 인력에 대한 수로기술경력증 사본
2. 별표 10에 따른 장비를 갖춘 사실을 증명하기 위한 다음 각 목의 서류
   가. 보유하고 있는 장비의 명세서
   나. 가목의 장비의 성능검사서 사본

② 해양수산부장관은 제1항에 따른 등록신청을 받은 경우 「전자정부법」 제36조제1항에 따른 행정정보의 공동이용을 통하여 사업자등록증 또는 법인 등기사항증명서(법인인 경우로 한정한다)를 확인하여야 한다. 다만, 사업자등록증에 대해서는 신청인으로부터 확인에 대한 동의를 받고, 신청인이 확인에 동의하지 아니하는 경우에는 해당 서류의 사본을 첨부하도록 하여야 한다. <개정 2010.5.4., 2010.11.2., 2013.3.23.>
③ 해양수산부장관은 제1항에 따른 등록신청이 다음 각 호의 어느 하나에 해당하는 경우를 제외하고는 등록을 해주어야 한다. <개정 2011.11.30., 2013.3.23.>
1. 등록을 신청한 자가 법 제47조 각 호의 어느 하나에 해당하는 경우
2. 별표 10에 따른 수로사업의 등록기준을 갖추지 못한 경우
3. 그 밖에 법, 이 영 또는 다른 법령에 따른 제한에 위반되는 경우

④ 해양수산부장관은 제3항에 따라 등록을 한 경우에는 수로사업등록증과 수로사업등록수첩을 발급하여야 한다. <신설 2011.11.30., 2013.3.23.>
⑤ 해양수산부장관은 제1항에 따른 수로사업의 등록신청이 제3항 각 호의 등록기준에 적합하지 아니하다고 인정할 때에는 신청인에게 그 뜻을 통지하여야 한다. <개정 2011.11.30., 2013.3.23.>
⑥ 해양수산부장관은 법 제54조제1항에 따라 등록을 하였을 때에는 이를 공고하여야 한다. <개정 2011.11.30., 2013.3.23.>
⑦ 수로사업의 등록사항의 변경, 수로사업등록증 등의 재발급, 수로사업자의 지위승계 등에

관하여는 제37조·제38조 및 제40조를 준용한다. 이 경우 "측량업"은 "수로사업"으로, "측량업자"는 "수로사업자"로, "측량업등록증"은 "수로사업등록증"으로, "측량업등록수첩"은 "수로사업등록수첩"으로, "국토교통부장관 또는 시·도지사"는 "해양수산부장관"으로 본다. <개정 2011.11.30., 2013.3.23.>

제47조(수로사업의 등록기준) 법 제54조제2항에 따른 수로사업의 등록기준은 별표 10과 같다.

제48조(측량 및 수로조사의 대가 기준 등) ① 법 제55조제1항에 따른 대가의 기준은 국토교통부장관 또는 해양수산부장관이 정한다. <개정 2013.3.23.>
② 법 제55조제1항에 따른 대가는 직접비 및 간접비로 구분하여 산정한다.
③ 국토교통부장관 또는 해양수산부장관은 제1항에 따라 대가의 기준을 정하였을 때에는 관보에 고시하여야 한다. <개정 2013.3.23.>

제8절 협회

제49조 삭제 <2015.6.1.>

제50조(해양조사협회의 정관 기재사항) 법 제57조제5항에 따라 해양조사협회의 정관에 기재하여야 하는 사항은 다음 각 호와 같다.
1. 목적
2. 명칭
3. 사무소의 소재지
4. 임원 및 직원에 관한 사항
5. 이사회에 관한 사항
6. 사업에 관한 사항
7. 조직 및 운영에 관한 사항
8. 예산 및 회계에 관한 사항
9. 정관의 변경에 관한 사항
10. 그 밖에 필요한 사항

제51조(협회 설립 인가의 공고) 해양수산부장관은 법 제57조제4항에 따라 해양조사협회의 설립을 인가하였을 때에는 그 주요 내용을 관보·일간신문 또는 인터넷 홈페이지에 공고하여야 한다. <개정 2013.3.23., 2014.1.17., 2015.6.1.>

제52조(협회의 지도·감독) ① 해양수산부장관은 해양조사협회의 업무 수행을 지도·감독한다. <개정 2013.3.23., 2014.1.17., 2015.6.1.>
② 해양수산부장관은 제1항에 따른 지도·감독을 위하여 필요하면 소속 직원으로 하여금 현지 확인을 하게 하거나, 해양조사협회에 자료 제출을 요구할 수 있다. <개정 2013.3.23., 2014.1.17., 2015.6.1.>

제9절 삭제
<2015.6.1.>

제53조 삭제 <2015.6.1.>

제3장 지적(地籍)
제1절 토지의 등록

제54조 삭제 <2014.1.17.>

제55조(지상 경계의 결정기준 등) ① 법 제65조제1항에 따른 지상 경계의 결정기준은 다음 각 호의 구분에 따른다. <개정 2014.1.17.>
1. 연접되는 토지 간에 높낮이 차이가 없는 경우: 그 구조물 등의 중앙
2. 연접되는 토지 간에 높낮이 차이가 있는 경우: 그 구조물 등의 하단부
3. 도로·구거 등의 토지에 절토(切土)된 부분이 있는 경우: 그 경사면의 상단부
4. 토지가 해면 또는 수면에 접하는 경우: 최대만조위 또는 최대만수위가 되는 선
5. 공유수면매립지의 토지 중 제방 등을 토지에 편입하여 등록하는 경우: 바깥쪽 어깨부분

② 지상 경계의 구획을 형성하는 구조물 등의 소유자가 다른 경우에는 제1항제1호부터 제3호까지의 규정에도 불구하고 그 소유권에 따라 지상 경계를 결정한다.
③ 다음 각 호의 어느 하나에 해당하는 경우에는 지상 경계점에 법 제65조제1항에 따른 경계점표지를 설치하여 측량할 수 있다.

<개정 2012.4.10., 2014.1.17.>
1. 법 제86조제1항에 따른 도시개발사업 등의 사업시행자가 사업지구의 경계를 결정하기 위하여 토지를 분할하려는 경우
2. 법 제87조제1호 및 제2호에 따른 사업시행자와 행정기관의 장 또는 지방자치단체의 장이 토지를 취득하기 위하여 분할하려는 경우
3. 「국토의 계획 및 이용에 관한 법률」 제30조제6항에 따른 도시·군관리계획 결정고시와 같은 법 제32조제4항에 따른 지형도면 고시가 된 지역의 도시·군관리계획선에 따라 토지를 분할하려는 경우
4. 제65조제1항에 따라 토지를 분할하려는 경우
5. 관계 법령에 따라 인가·허가 등을 받아 토지를 분할하려는 경우

④ 분할에 따른 지상 경계는 지상건축물을 걸리게 결정해서는 아니 된다. 다만, 다음 각 호의 어느 하나에 해당하는 경우에는 그러하지 아니하다.
1. 법원의 확정판결이 있는 경우
2. 법 제87조제1호에 해당하는 토지를 분할하는 경우
3. 제3항제1호 또는 제3호에 따라 토지를 분할하는 경우

⑤ 지적확정측량의 경계는 공사가 완료된 현황대로 결정하되, 공사가 완료된 현황이 사업계획도와 다를 때에는 미리 사업시행자에게 그 사실을 통지하여야 한다. <개정 2014.1.17.>
[제목개정 2014.1.17.]

제56조(지번의 구성 및 부여방법 등) ① 지번(地番)은 아라비아숫자로 표기하되, 임야대장 및 임야도에 등록하는 토지의 지번은 숫자 앞에 "산"자를 붙인다.
② 지번은 본번(本番)과 부번(副番)으로 구성하되, 본번과 부번 사이에 "－" 표시로 연결한다. 이 경우 "－" 표시는 "의"라고 읽는다.
③ 법 제66조에 따른 지번의 부여방법은 다음 각 호와 같다. <개정 2014.1.17.>
1. 지번은 북서에서 남동으로 순차적으로 부여할 것
2. 신규등록 및 등록전환의 경우에는 그 지번부여지역에서 인접토지의 본번에 부번을 붙여서 지번을 부여할 것. 다만, 다음 각 목의 어느 하나에 해당하는 경우에는 그 지번부여지역의 최종 본번의 다음 순번부터 본번으로 하여 순차적으로 지번을 부여할 수 있다.
   가. 대상토지가 그 지번부여지역의 최종 지번의 토지에 인접하여 있는 경우
   나. 대상토지가 이미 등록된 토지와 멀리 떨어져 있어서 등록된 토지의 본번에 부번을 부여하는 것이 불합리한 경우
   다. 대상토지가 여러 필지로 되어 있는 경우
3. 분할의 경우에는 분할 후의 필지 중 1필지의 지번은 분할 전의 지번으로 하고, 나머지 필지의 지번은 본번의 최종 부번 다음 순번으로 부번을 부여할 것. 이 경우 주거·사무실 등의 건축물이 있는 필지에 대해서는 분할 전의 지번을 우선하여 부여하여야 한다.
4. 합병의 경우에는 합병 대상 지번 중 선순위의 지번을 그 지번으로 하되, 본번으로 된 지번이 있을 때에는 본번 중 선순위의 지번을 합병 후의 지번으로 할 것. 이 경우 토지소유자가 합병 전의 필지에 주거·사무실 등의 건축물이 있어서 그 건축물이 위치한 지번을 합병 후의 지번으로 신청할 때에는 그 지번을 합병 후의 지번으로 부여하여야 한다.
5. 지적확정측량을 실시한 지역의 각 필지에 지번을 새로 부여하는 경우에는 다음 각 목의 지번을 제외한 본번으로 부여할 것. 다만, 부여할 수 있는 종전 지번의 수가 새로 부여할 지번의 수보다 적을 때에는 블록 단위로 하나의 본번을 부여한 후 필지별로 부번을 부여하거나, 그 지번부여지역의 최종 본번 다음 순번부터 본번으로 하여 차례로 지번을 부여할 수 있다.
   가. 지적확정측량을 실시한 지역의 종전의 지번과 지적확정측량을 실시한 지역 밖에 있는 본번이 같은 지번이 있을 때에는 그 지번
   나. 지적확정측량을 실시한 지역의 경계에 걸쳐 있는 지번
6. 다음 각 목의 어느 하나에 해당할 때에는 제5호를 준용하여 지번을 부여할 것
   가. 법 제66조제2항에 따라 지번부여지역의 지번을 변경할 때
   나. 법 제85조제2항에 따른 행정구역 개편에 따라 새로 지번을 부여할 때
   다. 제72조제1항에 따라 축척변경 시행지역의 필지에 지번을 부여할 때

④ 법 제86조에 따른 도시개발사업 등이 준공되기 전에 사업시행자가 지번부여 신청을

하면 국토교통부령으로 정하는 바에 따라 지번을 부여할 수 있다. <개정 2013.3.23.>

제57조(지번변경 승인신청 등) ① 지적소관청은 법 제66조제2항에 따라 지번을 변경하려면 지번변경 사유를 적은 승인신청서에 지번변경 대상지역의 지번·지목·면적·소유자에 대한 상세한 내용(이하 "지번등 명세"라 한다)을 기재하여 시·도지사 또는 대도시 시장(법 제25조제1항의 대도시 시장을 말한다. 이하 같다)에게 제출하여야 한다. 이 경우 시·도지사 또는 대도시 시장은 「전자정부법」 제36조제1항에 따른 행정정보의 공동이용을 통하여 지번변경 대상지역의 지적도 및 임야도를 확인하여야 한다. <개정 2010.11.2.>

② 제1항에 따라 신청을 받은 시·도지사 또는 대도시 시장은 지번변경 사유 등을 심사한 후 그 결과를 지적소관청에 통지하여야 한다.

제58조(지목의 구분) 법 제67조제1항에 따른 지목의 구분은 다음 각 호의 기준에 따른다.

1. 전
물을 상시적으로 이용하지 않고 곡물·원예작물(과수류는 제외한다)·약초·뽕나무·닥나무·묘목·관상수 등의 식물을 주로 재배하는 토지와 식용(食用)으로 죽순을 재배하는 토지

2. 답
물을 상시적으로 직접 이용하여 벼·연(蓮)·미나리·왕골 등의 식물을 주로 재배하는 토지

3. 과수원
사과·배·밤·호두·귤나무 등 과수류를 집단적으로 재배하는 토지와 이에 접속된 저장고 등 부속시설물의 부지. 다만, 주거용 건축물의 부지는 "대"로 한다.

4. 목장용지
다음 각 목의 토지. 다만, 주거용 건축물의 부지는 "대"로 한다.
   가. 축산업 및 낙농업을 하기 위하여 초지를 조성한 토지
   나. 「축산법」 제2조제1호에 따른 가축을 사육하는 축사 등의 부지
   다. 가목 및 나목의 토지와 접속된 부속시설물의 부지

5. 임야
산림 및 원야(原野)를 이루고 있는 수림지(樹林地)·죽림지·암석지·자갈땅·모래땅·습지·황무지 등의 토지

6. 광천지
지하에서 온수·약수·석유류 등이 용출되는 용출구(湧出口)와 그 유지(維持)에 사용되는 부지. 다만, 온수·약수·석유류 등을 일정한 장소로 운송하는 송수관·송유관 및 저장시설의 부지는 제외한다.

7. 염전
바닷물을 끌어들여 소금을 채취하기 위하여 조성된 토지와 이에 접속된 제염장(製鹽場) 등 부속시설물의 부지. 다만, 천일제염 방식으로 하지 아니하고 동력으로 바닷물을 끌어들여 소금을 제조하는 공장시설물의 부지는 제외한다.

8. 대
   가. 영구적 건축물 중 주거·사무실·점포와 박물관·극장·미술관 등 문화시설과 이에 접속된 정원 및 부속시설물의 부지
   나. 「국토의 계획 및 이용에 관한 법률」 등 관계 법령에 따른 택지조성공사가 준공된 토지

9. 공장용지
   가. 제조업을 하고 있는 공장시설물의 부지
   나. 「산업집적활성화 및 공장설립에 관한 법률」 등 관계 법령에 따른 공장부지 조성공사가 준공된 토지
   다. 가목 및 나목의 토지와 같은 구역에 있는 의료시설 등 부속시설물의 부지

10. 학교용지
학교의 교사(校舍)와 이에 접속된 체육장 등 부속시설물의 부지

11. 주차장
자동차 등의 주차에 필요한 독립적인 시설을 갖춘 부지와 주차전용 건축물 및 이에 접속된 부속시설물의 부지. 다만, 다음 각 목의 어느 하나에 해당하는 시설의 부지는 제외한다.
   가. 「주차장법」 제2조제1호가목 및 다목에 따른 노상주차장 및 부설주차장(「주차장법」 제19조제4항에 따라 시설물의 부지 인근에 설치된 부설주차장은 제외한다)
   나. 자동차 등의 판매 목적으로 설치된 물류장 및 야외전시장

12. 주유소용지
다음 각 목의 토지. 다만, 자동차·선박·기차 등의 제작 또는 정비공장 안에 설치된 급유·송유시설 등의 부지는 제외한다.
   가. 석유·석유제품 또는 액화석유가스 등

의 판매를 위하여 일정한 설비를 갖춘 시설물의 부지
나. 저유소(貯油所) 및 원유저장소의 부지와 이에 접속된 부속시설물의 부지
13. 창고용지
물건 등을 보관하거나 저장하기 위하여 독립적으로 설치된 보관시설물의 부지와 이에 접속된 부속시설물의 부지
14. 도로
다음 각 목의 토지. 다만, 아파트·공장 등 단일 용도의 일정한 단지 안에 설치된 통로 등은 제외한다.
가. 일반 공중(公衆)의 교통 운수를 위하여 보행이나 차량운행에 필요한 일정한 설비 또는 형태를 갖추어 이용되는 토지
나. 「도로법」 등 관계 법령에 따라 도로로 개설된 토지
다. 고속도로의 휴게소 부지
라. 2필지 이상에 진입하는 통로로 이용되는 토지
15. 철도용지
교통 운수를 위하여 일정한 궤도 등의 설비와 형태를 갖추어 이용되는 토지와 이에 접속된 역사(驛舍)·차고·발전시설 및 공작창(工作廠) 등 부속시설물의 부지
16. 제방
조수·자연유수(自然流水)·모래·바람 등을 막기 위하여 설치된 방조제·방수제·방사제·방파제 등의 부지
17. 하천
자연의 유수(流水)가 있거나 있을 것으로 예상되는 토지
18. 구거
용수(用水) 또는 배수(排水)를 위하여 일정한 형태를 갖춘 인공적인 수로·둑 및 그 부속시설물의 부지와 자연의 유수(流水)가 있거나 있을 것으로 예상되는 소규모 수로부지
19. 유지(溜池)
물이 고이거나 상시적으로 물을 저장하고 있는 댐·저수지·소류지(沼溜地)·호수·연못 등의 토지와 연·왕골 등이 자생하는 배수가 잘 되지 아니하는 토지
20. 양어장
육상에 인공으로 조성된 수산생물의 번식 또는 양식을 위한 시설을 갖춘 부지와 이에 접속된 부속시설물의 부지
21. 수도용지
물을 정수하여 공급하기 위한 취수·저수·도수(導水)·정수·송수 및 배수 시설의 부지 및 이에 접속된 부속시설물의 부지
22. 공원
일반 공중의 보건·휴양 및 정서생활에 이용하기 위한 시설을 갖춘 토지로서 「국토의 계획 및 이용에 관한 법률」에 따라 공원 또는 녹지로 결정·고시된 토지
23. 체육용지
국민의 건강증진 등을 위한 체육활동에 적합한 시설과 형태를 갖춘 종합운동장·실내체육관·야구장·골프장·스키장·승마장·경륜장 등 체육시설의 토지와 이에 접속된 부속시설물의 부지. 다만, 체육시설로서의 영속성과 독립성이 미흡한 정구장·골프연습장·실내수영장 및 체육도장, 유수(流水)를 이용한 요트장 및 카누장, 산림 안의 야영장 등의 토지는 제외한다.
24. 유원지
일반 공중의 위락·휴양 등에 적합한 시설물을 종합적으로 갖춘 수영장·유선장(遊船場)·낚시터·어린이놀이터·동물원·식물원·민속촌·경마장 등의 토지와 이에 접속된 부속시설물의 부지. 다만, 이들 시설과의 거리 등으로 보아 독립적인 것으로 인정되는 숙식시설 및 유기장(遊技場)의 부지와 하천·구거 또는 유지[공유(公有)인 것으로 한정한다]로 분류되는 것은 제외한다.
25. 종교용지
일반 공중의 종교의식을 위하여 예배·법요·설교·제사 등을 하기 위한 교회·사찰·향교 등 건축물의 부지와 이에 접속된 부속시설물의 부지
26. 사적지
문화재로 지정된 역사적인 유적·고적·기념물 등을 보존하기 위하여 구획된 토지. 다만, 학교용지·공원·종교용지 등 다른 지목으로 된 토지에 있는 유적·고적·기념물 등을 보호하기 위하여 구획된 토지는 제외한다.
27. 묘지
사람의 시체나 유골이 매장된 토지, 「도시공원 및 녹지 등에 관한 법률」에 따른 묘지공원으로 결정·고시된 토지 및 「장사 등에 관한 법률」 제2조제9호에 따른 봉안시설과 이에 접속된 부속시설물의 부지. 다만, 묘지의 관리를 위한 건축물의 부지는 "대"로 한다.
28. 잡종지
다음 각 목의 토지. 다만, 원상회복을 조건으로 돌을 캐내는 곳 또는 흙을 파내는 곳으로 허가된 토지는 제외한다.
가. 갈대밭, 실외에 물건을 쌓아두는 곳,

돌을 캐내는 곳, 흙을 파내는 곳, 야외시장, 비행장, 공동우물
나. 영구적 건축물 중 변전소, 송신소, 수신소, 송유시설, 도축장, 자동차운전학원, 쓰레기 및 오물처리장 등의 부지
다. 다른 지목에 속하지 않는 토지

제59조(지목의 설정방법 등) ① 법 제67조제1항에 따른 지목의 설정은 다음 각 호의 방법에 따른다.
1. 필지마다 하나의 지목을 설정할 것
2. 1필지가 둘 이상의 용도로 활용되는 경우에는 주된 용도에 따라 지목을 설정할 것

② 토지가 일시적 또는 임시적인 용도로 사용될 때에는 지목을 변경하지 아니한다.

제60조(면적의 결정 및 측량계산의 끝수처리) ① 면적의 결정은 다음 각 호의 방법에 따른다.
1. 토지의 면적에 1제곱미터 미만의 끝수가 있는 경우 0.5제곱미터 미만일 때에는 버리고 0.5제곱미터를 초과하는 때에는 올리며, 0.5제곱미터일 때에는 구하려는 끝자리의 숫자가 0 또는 짝수이면 버리고 홀수이면 올린다. 다만, 1필지의 면적이 1제곱미터 미만일 때에는 1제곱미터로 한다.
2. 지적도의 축척이 600분의 1인 지역과 경계점좌표등록부에 등록하는 지역의 토지 면적은 제1호에도 불구하고 제곱미터 이하 한 자리 단위로 하되, 0.1제곱미터 미만의 끝수가 있는 경우 0.05제곱미터 미만일 때에는 버리고 0.05제곱미터를 초과할 때에는 올리며, 0.05제곱미터일 때에는 구하려는 끝자리의 숫자가 0 또는 짝수이면 버리고 홀수이면 올린다. 다만, 1필지의 면적이 0.1제곱미터 미만일 때에는 0.1제곱미터로 한다.

② 방위각의 각치(角値), 종횡선의 수치 또는 거리를 계산하는 경우 구하려는 끝자리의 다음 숫자가 5 미만일 때에는 버리고 5를 초과할 때에는 올리며, 5일 때에는 구하려는 끝자리의 숫자가 0 또는 짝수이면 버리고 홀수이면 올린다. 다만, 전자계산조직을 이용하여 연산할 때에는 최종수치에만 이를 적용한다.

제2절 지적공부

제61조(지적공부의 복구) ① 지적소관청이 법 제74조에 따라 지적공부를 복구할 때에는 멸실·훼손 당시의 지적공부와 가장 부합된다고 인정되는 관계 자료에 따라 토지의 표시에 관한 사항을 복구하여야 한다. 다만, 소유자에 관한 사항은 부동산등기부나 법원의 확정판결에 따라 복구하여야 한다.

② 제1항에 따른 지적공부의 복구에 관한 관계 자료 및 복구절차 등에 관하여 필요한 사항은 국토교통부령으로 정한다. <개정 2013.3.23.>

제62조(지적전산자료의 이용 등) ① 법 제76조제1항에 따라 지적공부에 관한 전산자료(이하 "지적전산자료"라 한다)를 이용하거나 활용하려는 자는 같은 조 제2항에 따라 다음 각 호의 사항을 적은 신청서를 관계 중앙행정기관의 장에게 제출하여 심사를 신청하여야 한다.
1. 자료의 이용 또는 활용 목적 및 근거
2. 자료의 범위 및 내용
3. 자료의 제공 방식, 보관 기관 및 안전관리대책 등

② 제1항에 따른 심사 신청을 받은 관계 중앙행정기관의 장은 다음 각 호의 사항을 심사한 후 그 결과를 신청인에게 통지하여야 한다.
1. 신청 내용의 타당성, 적합성 및 공익성
2. 개인의 사생활 침해 여부
3. 자료의 목적 외 사용 방지 및 안전관리대책

③ 법 제76조제1항에 따라 지적전산자료의 이용 또는 활용에 관한 승인을 받으려는 자는 승인신청을 할 때에 제2항에 따른 심사 결과를 제출하여야 한다. 다만, 중앙행정기관의 장이 승인을 신청하는 경우에는 제2항에 따른 심사 결과를 제출하지 아니할 수 있다.

④ 제3항에 따른 승인신청을 받은 국토교통부장관, 시·도지사 또는 지적소관청은 다음 각 호의 사항을 심사하여야 한다. <개정 2013.3.23.>
1. 제2항 각 호의 사항
2. 신청한 사항의 처리가 전산정보처리조직으로 가능한지 여부
3. 신청한 사항의 처리가 지적업무수행에 지장을 주지 않는지 여부

⑤ 국토교통부장관, 시·도지사 또는 지적소관청은 제4항에 따른 심사를 거쳐 지적

전산자료의 이용 또는 활용을 승인하였을 때에는 지적전산자료 이용·활용 승인대장에 그 내용을 기록·관리하고 승인한 자료를 제공하여야 한다. <개정 2013.3.23.>
⑥ 제5항에 따라 지적전산자료의 이용 또는 활용에 관한 승인을 받은 자는 국토교통부령으로 정하는 사용료를 내야 한다. 다만, 국가 나 지방자치단체에 대해서는 사용료를 면제한다. <개정 2013.3.23.>

제62조의2(부동산종합공부의 등록사항) 법 제76조의3제5호에서 "대통령령으로 정하는 사항"이란 「부동산등기법」 제48조에 따른 부동산의 권리에 관한 사항을 말한다.
[본조신설 2014.1.17.]

제62조의3(부동산종합공부의 등록사항 정정 등)
① 지적소관청은 법 제76조의5에 따라 준용되는 법 제84조에 따른 부동산종합공부의 등록사항 정정을 위하여 법 제76조의3 각 호의 등록사항 상호 간에 일치하지 아니하는 사항(이하 이 조에서 "불일치 등록사항"이라 한다)을 확인 및 관리하여야 한다.
② 지적소관청은 제1항에 따른 불일치 등록사항에 대해서는 법 제76조의3 각 호의 등록사항을 관리하는 기관의 장에게 그 내용을 통지하여 등록사항 정정을 요청할 수 있다.
③ 제1항 및 제2항에 따른 부동산종합공부의 등록사항 정정 절차 등에 관하여 필요한 사항은 국토교통부장관이 따로 정한다.
[본조신설 2014.1.17.]

제3절 토지의 이동 신청 및 지적정리 등

제63조(신규등록 신청) 토지소유자는 법 제77조에 따라 신규등록을 신청할 때에는 신규등록 사유를 적은 신청서에 국토교통부령으로 정하는 서류를 첨부하여 지적소관청에 제출하여야 한다. <개정 2013.3.23.>

제64조(등록전환 신청) ① 법 제78조에 따라 등록전환을 신청할 수 있는 토지는 「산지관리법」, 「건축법」 등 관계 법령에 따른 토지의 형질변경 또는 건축물의 사용승인 등으로 인하여 지목을 변경하여야 할 토지로 한다.
② 다음 각 호의 어느 하나에 해당하는 경우에는 제1항에도 불구하고 지목변경 없이 등록전환을 신청할 수 있다. <개정 2012.4.10.>
1. 대부분의 토지가 등록전환되어 나머지 토지를 임야도에 계속 존치하는 것이 불합리한 경우
2. 임야도에 등록된 토지가 사실상 형질변경되었으나 지목변경을 할 수 없는 경우
3. 도시·군관리계획선에 따라 토지를 분할하는 경우

③ 토지소유자는 법 제78조에 따라 등록전환을 신청할 때에는 등록전환 사유를 적은 신청서에 국토교통부령으로 정하는 서류를 첨부하여 지적소관청에 제출하여야 한다. <개정 2013.3.23.>

제65조(분할 신청) ① 법 제79조제1항에 따라 분할을 신청할 수 있는 경우는 다음 각 호와 같다. <개정 2014.1.17.>
1. 소유권이전, 매매 등을 위하여 필요한 경우
2. 토지이용상 불합리한 지상 경계를 시정하기 위한 경우
3. 관계 법령에 따라 토지분할이 포함된 개발행위허가 등을 받은 경우

② 토지소유자는 법 제79조에 따라 토지의 분할을 신청할 때에는 분할 사유를 적은 신청서에 국토교통부령으로 정하는 서류를 첨부하여 지적소관청에 제출하여야 한다. 이 경우 법 제79조제2항에 따라 1필지의 일부가 형질변경 등으로 용도가 변경되어 분할을 신청할 때에는 제67조제2항에 따른 지목변경 신청서를 함께 제출하여야 한다. <개정 2013.3.23.>

제66조(합병 신청) ① 토지소유자는 법 제80조제1항 및 제2항에 따라 토지의 합병을 신청할 때에는 합병 사유를 적은 신청서를 지적소관청에 제출하여야 한다.
② 법 제80조제2항에서 "대통령령으로 정하는 토지"란 공장용지·학교용지·철도용지·수도용지·공원·체육용지 등 다른 지목의 토지를 말한다.
③ 법 제80조제3항제3호에서 "합병하려는 토지의 지적도 및 임야도의 축척이 서로 다른 경우 등 대통령령으로 정하는 경우"란 다음 각 호의 경우를 말한다.

1. 합병하려는 토지의 지적도 및 임야도의 축척이 서로 다른 경우
2. 합병하려는 각 필지의 지반이 연속되지 아니한 경우
3. 합병하려는 토지가 등기된 토지와 등기되지 아니한 토지인 경우
4. 합병하려는 각 필지의 지목은 같으나 일부 토지의 용도가 다르게 되어 법 제79조제2항에 따른 분할대상 토지인 경우. 다만, 합병 신청과 동시에 토지의 용도에 따라 분할 신청을 하는 경우는 제외한다.
5. 합병하려는 토지의 소유자별 공유지분이 다르거나 소유자의 주소가 서로 다른 경우
6. 합병하려는 토지가 구획정리, 경지정리 또는 축척변경을 시행하고 있는 지역의 토지와 그 지역 밖의 토지인 경우

제67조(지목변경 신청) ① 법 제81조에 따라 지목변경을 신청할 수 있는 경우는 다음 각 호와 같다.
1. 「국토의 계획 및 이용에 관한 법률」 등 관계 법령에 따른 토지의 형질변경 등의 공사가 준공된 경우
2. 토지나 건축물의 용도가 변경된 경우
3. 법 제86조에 따른 도시개발사업 등의 원활한 추진을 위하여 사업시행자가 공사 준공 전에 토지의 합병을 신청하는 경우

② 토지소유자는 법 제81조에 따라 지목변경을 신청할 때에는 지목변경 사유를 적은 신청서에 국토교통부령으로 정하는 서류를 첨부하여 지적소관청에 제출하여야 한다. <개정 2013.3.23.>

제68조(바다로 된 토지의 등록말소 및 회복) ① 법 제82조제2항에 따라 토지소유자가 등록말소 신청을 하지 아니하면 지적소관청이 직권으로 그 지적공부의 등록사항을 말소하여야 한다.

② 지적소관청은 법 제82조제3항에 따라 회복등록을 하려면 그 지적측량성과 및 등록말소 당시의 지적공부 등 관계 자료에 따라야 한다.

③ 제1항 및 제2항에 따라 지적공부의 등록사항을 말소하거나 회복등록하였을 때에는 그 정리 결과를 토지소유자 및 해당 공유수면의 관리청에 통지하여야 한다.

제69조(축척변경 신청) 법 제83조제2항에 따라 축척변경을 신청하는 토지소유자는 축척변경 사유를 적은 신청서에 국토교통부령으로 정하는 서류를 첨부하여 지적소관청에 제출하여야 한다. <개정 2013.3.23.>

제70조(축척변경 승인신청) ① 지적소관청은 법 제83조제2항에 따라 축척변경을 할 때에는 축척변경 사유를 적은 승인신청서에 다음 각 호의 서류를 첨부하여 시·도지사 또는 대도시 시장에게 제출하여야 한다. 이 경우 시·도지사 또는 대도시 시장은 「전자정부법」 제36조제1항에 따른 행정정보의 공동이용을 통하여 축척변경 대상지역의 지적도를 확인하여야 한다. <개정 2010.11.2.>
1. 축척변경의 사유
2. 삭제 <2010.11.2.>
3. 지번등 명세
4. 법 제83조제3항에 따른 토지소유자의 동의서
5. 법 제83조제1항에 따른 축척변경위원회(이하 "축척변경위원회"라 한다)의 의결서 사본
6. 그 밖에 축척변경 승인을 위하여 시·도지사 또는 대도시 시장이 필요하다고 인정하는 서류

② 제1항에 따른 신청을 받은 시·도지사 또는 대도시 시장은 축척변경 사유 등을 심사한 후 그 승인 여부를 지적소관청에 통지하여야 한다.

제71조(축척변경 시행공고 등) ① 지적소관청은 법 제83조제3항에 따라 시·도지사 또는 대도시 시장으로부터 축척변경 승인을 받았을 때에는 지체 없이 다음 각 호의 사항을 20일 이상 공고하여야 한다.
1. 축척변경의 목적, 시행지역 및 시행기간
2. 축척변경의 시행에 관한 세부계획
3. 축척변경의 시행에 따른 청산방법
4. 축척변경의 시행에 따른 토지소유자 등의 협조에 관한 사항

② 제1항에 따른 시행공고는 시·군·구(자치구가 아닌 구를 포함한다) 및 축척변경 시행지역 동·리의 게시판에 주민이 볼 수 있도록 게시하여야 한다.

③ 축척변경 시행지역의 토지소유자 또는 점유자는 시행공고가 된 날(이하 "시행공고일"이라 한다)부터 30일 이내에 시행공고일 현재 점유하고 있는 경계에 국토교통부령으로 정하는 경계점표지를 설치하여야 한다. <개정 2013.3.23.>

제72조(토지의 표시 등) ① 지적소관청은 축척변경 시행지역의 각 필지별 지번·지목·면적·경계 또는 좌표를 새로 정하여야 한다.
② 지적소관청이 축척변경을 위한 측량을 할 때에는 제71조제3항에 따라 토지소유자 또는 점유자가 설치한 경계점표지를 기준으로 새로운 축척에 따라 면적·경계 또는 좌표를 정하여야 한다.
③ 법 제83조제3항 단서에 따라 축척을 변경할 때에는 제1항에도 불구하고 각 필지별 지번·지목 및 경계는 종전의 지적공부에 따르고 면적만 새로 정하여야 한다.
④ 제3항에 따른 축척변경절차 및 면적결정방법 등에 관하여 필요한 사항은 국토교통부령으로 정한다. <개정 2013.3.23.>

제73조(축척변경 지번별 조서의 작성) 지적소관청은 제72조제2항에 따라 축척변경에 관한 측량을 완료하였을 때에는 시행공고일 현재의 지적공부상의 면적과 측량 후의 면적을 비교하여 그 변동사항을 표시한 축척변경 지번별 조서를 작성하여야 한다.

제74조(지적공부정리 등의 정지) 지적소관청은 축척변경 시행기간 중에는 축척변경 시행지역의 지적공부정리와 경계복원측량(제71조제3항에 따른 경계점표지의 설치를 위한 경계복원측량은 제외한다)을 제78조에 따른 축척변경 확정공고일까지 정지하여야 한다. 다만, 축척변경위원회의 의결이 있는 경우에는 그러하지 아니하다.

제75조(청산금의 산정) ① 지적소관청은 축척변경에 관한 측량을 한 결과 측량 전에 비하여 면적의 증감이 있는 경우에는 그 증감면적에 대하여 청산을 하여야 한다. 다만, 다음 각 호의 어느 하나에 해당하는 경우에는 그러하지 아니하다.
1. 필지별 증감면적이 제19조제1항제2호가목에 따른 허용범위 이내인 경우. 다만, 축척변경위원회의 의결이 있는 경우는 제외한다.
2. 토지소유자 전원이 청산하지 아니하기로 합의하여 서면으로 제출한 경우
② 제1항 본문에 따라 청산을 할 때에는 축척변경위원회의 의결을 거쳐 지번별로 제곱미터당 금액(이하 "지번별 제곱미터당 금액"이라 한다)을 정하여야 한다. 이 경우 지적소관청은 시행공고일 현재를 기준으로 그 축척변경 시행지역의 토지에 대하여 지번별 제곱미터당 금액을 미리 조사하여 축척변경위원회에 제출하여야 한다.
③ 청산금은 제73조에 따라 작성된 축척변경 지번별 조서의 필지별 증감면적에 제2항에 따라 결정된 지번별 제곱미터당 금액을 곱하여 산정한다.
④ 지적소관청은 청산금을 산정하였을 때에는 청산금 조서(축척변경 지번별 조서에 필지별 청산금 명세를 적은 것을 말한다)를 작성하고, 청산금이 결정되었다는 뜻을 제71조제2항의 방법에 따라 15일 이상 공고하여 일반인이 열람할 수 있게 하여야 한다.
⑤ 제3항에 따라 청산금을 산정한 결과 증가된 면적에 대한 청산금의 합계와 감소된 면적에 대한 청산금의 합계에 차액이 생긴 경우 초과액은 그 지방자치단체(「제주특별자치도 설치 및 국제자유도시 조성을 위한 특별법」 제10조제2항에 따른 행정시의 경우에는 해당 행정시가 속한 특별자치도를 말하고, 「지방자치법」 제3조제3항에 따른 자치구가 아닌 구의 경우에는 해당 구가 속한 시를 말한다. 이하 이 항에서 같다)의 수입으로 하고, 부족액은 그 지방자치단체가 부담한다. <개정 2016.1.22.>

제76조(청산금의 납부고지 등) ① 지적소관청은 제75조제4항에 따라 청산금의 결정을 공고한 날부터 20일 이내에 토지소유자에게 청산금의 납부고지 또는 수령통지를 하여야 한다.
② 제1항에 따른 납부고지를 받은 자는 그 고지를 받은 날부터 6개월 이내에 청산금을 지적소관청에 내야 한다. <개정 2017.1.10.>
③ 지적소관청은 제1항에 따른 수령통지를 한 날부터 6개월 이내에 청산금을 지급하여야 한다.
④ 지적소관청은 청산금을 지급받을 자가 행방불명 등으로 받을 수 없거나 받기를 거부할 때에는 그 청산금을 공탁할 수 있다.
⑤ 지적소관청은 청산금을 내야 하는 자가 제77조제1항에 따른 기간 내에 청산금에 관한 이의신청을 하지 아니하고 제2항에 따른 기간 내에 청산금을 내지 아니하면 지방세 체납처분의 예에 따라 징수할 수 있다.

제77조(청산금에 관한 이의신청) ① 제76조제1항에 따라 납부고지되거나 수령통지된 청산금에 관하여 이의가 있는 자는 납부고지 또는

수령통지를 받은 날부터 1개월 이내에 지적소관청에 이의신청을 할 수 있다.

② 제1항에 따른 이의신청을 받은 지적소관청은 1개월 이내에 축척변경위원회의 심의·의결을 거쳐 그 인용(認容) 여부를 결정한 후 지체 없이 그 내용을 이의신청인에게 통지하여야 한다.

第78조(축척변경의 확정공고) ① 청산금의 납부 및 지급이 완료되었을 때에는 지적소관청은 지체 없이 축척변경의 확정공고를 하여야 한다.

② 지적소관청은 제1항에 따른 확정공고를 하였을 때에는 지체 없이 축척변경에 따라 확정된 사항을 지적공부에 등록하여야 한다.

③ 축척변경 시행지역의 토지는 제1항에 따른 확정공고일에 토지의 이동이 있는 것으로 본다.

第79조(축척변경위원회의 구성 등) ① 축척변경위원회는 5명 이상 10명 이하의 위원으로 구성하되, 위원의 2분의 1 이상을 토지소유자로 하여야 한다. 이 경우 그 축척변경 시행지역의 토지소유자가 5명 이하일 때에는 토지소유자 전원을 위원으로 위촉하여야 한다.

② 위원장은 위원 중에서 지적소관청이 지명한다.

③ 위원은 다음 각 호의 사람 중에서 지적소관청이 위촉한다.

1. 해당 축척변경 시행지역의 토지소유자로서 지역 사정에 정통한 사람
2. 지적에 관하여 전문지식을 가진 사람

④ 축척변경위원회의 위원에게는 예산의 범위에서 출석수당과 여비, 그 밖의 실비를 지급할 수 있다. 다만, 공무원인 위원이 그 소관 업무와 직접적으로 관련되어 출석하는 경우에는 그러하지 아니하다.

第80조(축척변경위원회의 기능) 축척변경위원회는 지적소관청이 회부하는 다음 각 호의 사항을 심의·의결한다.

1. 축척변경 시행계획에 관한 사항
2. 지번별 제곱미터당 금액의 결정과 청산금의 산정에 관한 사항
3. 청산금의 이의신청에 관한 사항
4. 그 밖에 축척변경과 관련하여 지적소관청이 회의에 부치는 사항

第81조(축척변경위원회의 회의) ① 축척변경위원회의 회의는 지적소관청이 제80조 각 호의 어느 하나에 해당하는 사항을 축척변경위원회에 회부하거나 위원장이 필요하다고 인정할 때에 위원장이 소집한다.

② 축척변경위원회의 회의는 위원장을 포함한 재적위원 과반수의 출석으로 개의(開議)하고, 출석위원 과반수의 찬성으로 의결한다.

③ 위원장은 축척변경위원회의 회의를 소집할 때에는 회의일시·장소 및 심의안건을 회의 개최 5일 전까지 각 위원에게 서면으로 통지하여야 한다.

第82조(등록사항의 직권정정 등) ① 지적소관청이 법 제84조제2항에 따라 지적공부의 등록사항에 잘못이 있는지를 직권으로 조사·측량하여 정정할 수 있는 경우는 다음 각 호와 같다. <개정 2015.6.1., 2017.1.10.>

1. 제84조제2항에 따른 토지이동정리 결의서의 내용과 다르게 정리된 경우
2. 지적도 및 임야도에 등록된 필지가 면적의 증감 없이 경계의 위치만 잘못된 경우
3. 1필지가 각각 다른 지적도나 임야도에 등록되어 있는 경우로서 지적공부에 등록된 면적과 측량한 실제면적은 일치하지만 지적도나 임야도에 등록된 경계가 서로 접합되지 않아 지적도나 임야도에 등록된 경계를 지상의 경계에 맞추어 정정하여야 하는 토지가 발견된 경우
4. 지적공부의 작성 또는 재작성 당시 잘못 정리된 경우
5. 지적측량성과와 다르게 정리된 경우
6. 법 제29조제10항에 따라 지적공부의 등록사항을 정정하여야 하는 경우
7. 지적공부의 등록사항이 잘못 입력된 경우
8. 「부동산등기법」 제37조제2항에 따른 통지가 있는 경우(지적소관청의 착오로 잘못 합병한 경우만 해당한다)
9. 법률 제2801호 지적법개정법률 부칙 제3조에 따른 면적 환산이 잘못된 경우

② 지적소관청은 제1항 각 호의 어느 하나에 해당하는 토지가 있을 때에는 지체 없이 관계 서류에 따라 지적공부의 등록사항을 정정하여야 한다.

③ 지적공부의 등록사항 중 경계나 면적 등 측량을 수반하는 토지의 표시가 잘못된 경우에는 지적소관청은 그 정정이 완료될 때까지 지적측량을 정지시킬 수 있다. 다만, 잘못 표시된 사항의 정정을 위한 지적측량은 그러하지 아니하다.

제83조(토지개발사업 등의 범위 및 신고) ① 법 제86조제1항에서 "대통령령으로 정하는 토지개발사업"이란 다음 각 호의 사업을 말한다. <개정 2010.10.14., 2013.3.23., 2014.1.17., 2014.4.29., 2014.12.30., 2015.12.28.>
1. 「주택법」에 따른 주택건설사업
2. 「택지개발촉진법」에 따른 택지개발사업
3. 「산업입지 및 개발에 관한 법률」에 따른 산업단지개발사업
4. 「도시 및 주거환경정비법」에 따른 정비사업
5. 「지역 개발 및 지원에 관한 법률」에 따른 지역개발사업
6. 「체육시설의 설치·이용에 관한 법률」에 따른 체육시설 설치를 위한 토지개발사업
7. 「관광진흥법」에 따른 관광단지 개발사업
8. 「공유수면 관리 및 매립에 관한 법률」에 따른 매립사업
9. 「항만법」 및 「신항만건설촉진법」에 따른 항만개발사업
10. 「공공주택 특별법」에 따른 공공주택지구조성사업
11. 「물류시설의 개발 및 운영에 관한 법률」 및 「경제자유구역의 지정 및 운영에 관한 특별법」에 따른 개발사업
12. 「철도건설법」에 따른 고속철도, 일반철도 및 광역철도 건설사업
13. 「도로법」에 따른 고속국도 및 일반국도 건설사업
14. 그 밖에 제1호부터 제13호까지의 사업과 유사한 경우로서 국토교통부장관이 고시하는 요건에 해당하는 토지개발사업

② 법 제86조제1항에 따른 도시개발사업 등의 착수·변경 또는 완료 사실의 신고는 그 사유가 발생한 날부터 15일 이내에 하여야 한다.

③ 법 제86조제2항에 따른 토지의 이동 신청은 그 신청대상지역이 환지(換地)를 수반하는 경우에는 법 제86조제1항에 따른 사업완료 신고로써 이를 갈음할 수 있다. 이 경우 사업완료 신고서에 법 제86조제2항에 따른 토지의 이동 신청을 갈음한다는 뜻을 적어야 한다.

④ 「주택법」에 따른 주택건설사업의 시행자가 파산 등의 이유로 토지의 이동 신청을 할 수 없을 때에는 그 주택의 시공을 보증한 자 또는 입주예정자 등이 신청할 수 있다.

제84조(지적공부의 정리 등) ① 지적소관청은 지적공부가 다음 각 호의 어느 하나에 해당하는 경우에는 지적공부를 정리하여야 한다. 이 경우 이미 작성된 지적공부에 정리할 수 없을 때에는 새로 작성하여야 한다.
1. 법 제66조제2항에 따라 지번을 변경하는 경우
2. 법 제74조에 따라 지적공부를 복구하는 경우
3. 법 제77조부터 제86조까지의 규정에 따른 신규등록·등록전환·분할·합병·지목변경 등 토지의 이동이 있는 경우

② 지적소관청은 제1항에 따른 토지의 이동이 있는 경우에는 토지이동정리 결의서를 작성하여야 하고, 토지소유자의 변동 등에 따라 지적공부를 정리하려는 경우에는 소유자정리 결의서를 작성하여야 한다.

③ 제1항 및 제2항에 따른 지적공부의 정리방법, 토지이동정리 결의서 및 소유자정리 결의서 작성방법 등에 관하여 필요한 사항은 국토교통부령으로 정한다. <개정 2013.3.23.>

제85조(지적정리 등의 통지) 지적소관청이 법 제90조에 따라 토지소유자에게 지적정리 등을 통지하여야 하는 시기는 다음 각 호의 구분에 따른다.
1. 토지의 표시에 관한 변경등기가 필요한 경우: 그 등기완료의 통지서를 접수한 날부터 15일 이내
2. 토지의 표시에 관한 변경등기가 필요하지 아니한 경우: 지적공부에 등록한 날부터 7일 이내

제4장 보칙

제86조(지명과 해양지명의 고시) 법 제91조제2항에 따른 지명의 고시와 같은 조 제5항에 따른 해양지명의 고시에는 다음 각 호의 사항이 포함되어야 한다.
1. 제정되거나 변경된 지명 또는 해양지명
2. 소재지(행정구역으로 표시한다)
3. 위치(경도 및 위도로 표시한다) 또는 범위

제87조(국가지명위원회의 구성) ① 법 제91조에 따른 국가지명위원회는 위원장 1명과 부위원장 2명을 포함한 30명 이내의 위원으로 구성한다.

② 국가지명위원회의 위원장은 제3항에 따

라 위촉된 위원 중 공무원이 아닌 위원 중에서 호선(互選)하고, 부위원장은 국토지리정보원장 및 국립해양조사원장이 된다.

③ 위원장 및 부위원장을 제외한 위원은 다음 각 호의 어느 하나에 해당하는 사람으로서 국토교통부장관 또는 해양수산부장관이 위촉하는 사람이 된다. <개정 2013.3.23., 2014.11.19.>

1. 국토교통부 또는 해양수산부의 4급 이상 공무원으로서 측량·지적 또는 수로에 관한 사무를 담당하는 사람 3명
2. 외교부, 국방부 및 행정자치부의 4급 이상 공무원으로서 소속 장관이 추천하는 사람 각 1명
3. 교육부의 교과용 도서 편찬에 관한 사무를 담당하는 4급 이상 공무원 또는 장학관으로서 교육부장관이 추천하는 사람 1명
4. 문화체육관광부의 문화재 관리 또는 국어정책에 관한 사무를 담당하는 4급 이상 공무원으로서 문화체육관광부장관이 추천하는 사람 1명
5. 국사편찬위원회의 교육연구관 중 국사편찬위원회 위원장이 추천하는 사람 1명
6. 지명에 관한 학식과 경험이 풍부한 사람 중에서 국토교통부장관 또는 해양수산부장관이 임명하거나 위촉하는 다음 각 목의 어느 하나에 해당하는 사람 18명 이내
   가. 5년 이상 지리, 해양, 국문학 등 지명 관련 분야에 근무한 경력이 있는 사람으로서 「고등교육법」 제2조에 따른 학교의 부교수 이상인 사람
   나. 지리, 해양, 국문학 등 지명 관련 연구기관에서 5년 이상 근무한 경력이 있는 연구원
   다. 그 밖에 지리, 해양, 국문학 등 지명 관련 분야에 관한 연구 실적 또는 경력 등이 가목 및 나목의 기준에 상당하다고 인정되는 사람으로서 「비영리민간단체 지원법」 제2조의 비영리민간단체로부터 추천을 받은 사람

④ 제3항제6호의 위원의 임기는 3년으로 하며, 보궐위원의 임기는 전임자 임기의 남은 기간으로 한다.

⑤ 위원장은 국가지명위원회의 원활한 운영을 위하여 필요한 경우 소위원회를 구성·운영할 수 있다.

제87조의2(위원의 해촉) 국토교통부장관 또는 해양수산부장관은 제87조제3항제6호에 따른 위원이 다음 각 호의 어느 하나에 해당하는 경우에는 해당 위원을 해촉(解囑)할 수 있다.

1. 심신장애로 인하여 직무를 수행할 수 없게 된 경우
2. 직무와 관련된 비위사실이 있는 경우
3. 직무태만, 품위손상이나 그 밖의 사유로 인하여 위원으로 적합하지 아니하다고 인정되는 경우
4. 위원 스스로 직무를 수행하는 것이 곤란하다고 의사를 밝히는 경우

[본조신설 2015.12.31.]

제88조(지방지명위원회의 구성) ① 법 제91조제1항에 따른 시·도 지명위원회는 위원장 1명과 부위원장 1명을 포함한 10명 이내의 위원으로 구성하고, 시·군·구 지명위원회는 위원장 1명과 부위원장 1명을 포함한 7명 이내의 위원으로 구성한다.

② 시·도 지명위원회의 위원장은 행정부지사(특별시, 광역시 및 특별자치시의 경우에는 행정부시장을 말한다)가 되고, 위원은 관계 공무원 및 지명에 관한 학식과 경험이 풍부한 사람 중에서 시·도지사가 임명하거나 위촉한다. <개정 2013.6.11.>

③ 시·군·구 지명위원회의 위원장은 시장·군수 또는 구청장이 되고, 위원은 관계 공무원 및 지명에 관한 학식과 경험이 풍부한 사람 중에서 시장·군수 또는 구청장이 임명하거나 위촉한다.

④ 공무원이 아닌 위원의 수는 시·도 지명위원회에서는 5명 이상으로 하고, 시·군·구 지명위원회에서는 3명 이상으로 한다.

⑤ 시·도 지명위원회의 위원 또는 시·군·구 지명위원회의 위원이 제87조의2 각 호의 어느 하나에 해당하는 경우에는 시·도 지명위원회의 위원은 시·도지사가, 시·군·구 지명위원회의 위원은 시장·군수 또는 구청장이 각각 해당 위원을 해임하거나 해촉할 수 있다. <신설 2015.12.31.>

제89조(위원장의 직무 등) ① 국가지명위원회, 시·도 지명위원회 및 시·군·구 지명위원회(이하 "지명위원회"라 한다)의 위원장은 해당 지명위원회를 대표하며, 그 업무를 총괄한다.

② 부위원장은 위원장을 보좌하며, 위원장이 부득이한 사유로 직무를 수행할 수 없을 때에는 그 직무를 대행한다.

③ 지명위원회의 위원장 및 부위원장이 모

두 부득이한 사유로 직무를 수행할 수 없을 때에는 위원장이 미리 지명한 위원이 그 직무를 대행한다.

제90조(회의) ① 위원장은 지명위원회의 회의를 소집하며, 그 의장이 된다.
② 지명위원회의 회의는 재적위원 과반수의 출석과 출석위원 과반수의 찬성으로 의결한다.

제91조(간사) ① 지명위원회의 서무를 처리하게 하기 위하여 국가지명위원회에는 간사 2명을 두고, 시·도 지명위원회 및 시·군·구 지명위원회에는 각각 간사 1명을 둔다.
② 국가지명위원회의 간사는 국토지리정보원 및 국립해양조사원의 지명업무 및 해양지명업무를 담당하는 과장이 되며, 시·도 지명위원회 및 시·군·구 지명위원회의 간사는 해당 시·도 또는 시·군·자치구 소속 공무원 중에서 위원장이 각각 위촉한다.

제92조(수당 등) ① 국가지명위원회에 출석한 위원이나 제93조에 따라 출석한 전문가에게는 예산의 범위에서 수당과 여비를 지급할 수 있다. 다만, 공무원인 위원이 소관 업무와 직접 관련되어 출석한 경우에는 그러하지 아니하다.
② 시·도 지명위원회 및 시·군·구 지명위원회의 위원에게는 예산의 범위에서 그 시·도 또는 시·군·자치구의 조례로 정하는 바에 따라 수당과 여비를 지급할 수 있다.

제93조(현장조사 등) 지명위원회의 위원장은 지명이나 해양지명의 제정, 변경 또는 그 밖의 중요 사항을 심의·결정하기 위하여 필요하면 관련 기관 또는 지방자치단체의 장에게 자료나 정보를 요청할 수 있으며, 현장조사를 하거나 관계 공무원 또는 전문가를 회의에 출석하게 하여 그 의견을 들을 수 있다.

제94조(회의록) 지명위원회의 간사는 회의록을 작성·보관하여야 한다.

제95조(보고) 법 제91조제3항에 따른 보고는 국토교통부령 또는 해양수산부령으로 정하는 바에 따라 심의·결정한 날부터 15일 이내에 하여야 한다. <개정 2013.3.23.>

제96조(운영세칙) 지명위원회의 운영에 관하여 이 영에서 정한 사항을 제외하고는 지명위원회의 의결을 거쳐 위원장이 정한다.

제97조(성능검사의 대상 및 주기 등) ① 법 제92조제1항에 따라 성능검사를 받아야 하는 측량기기와 검사주기는 다음 각 호와 같다.
1. 트랜싯(데오드라이트): 3년
2. 레벨: 3년
3. 거리측정기: 3년
4. 토털 스테이션: 3년
5. 지피에스(GPS) 수신기: 3년
6. 금속관로 탐지기: 3년
② 법 제92조제1항에 따른 성능검사(신규 성능검사는 제외한다)는 제1항에 따른 성능검사 유효기간 만료일 2개월 전부터 유효기간 만료일까지의 기간에 받아야 한다. <개정 2015.6.1.>
③ 법 제92조제1항에 따른 성능검사의 유효기간은 종전 유효기간 만료일의 다음 날부터 기산(起算)한다. 다만, 제2항에 따른 기간 외의 기간에 성능검사를 받은 경우에는 그 검사를 받은 날의 다음 날부터 기산한다. <신설 2015.6.1.>

제98조(성능검사대행자의 등록기준) 법 제93조제1항에 따른 성능검사대행자의 등록기준은 별표 11과 같다.

제99조(일시적인 등록기준 미달) 법 제96조제1항제2호 단서에서 "일시적으로 등록기준에 미달하는 등 대통령령으로 정하는 경우"란 별표 11에 따른 기술인력에 해당하는 사람의 사망·실종 또는 퇴직으로 인하여 등록기준에 미달하는 기간이 90일 이내인 경우를 말한다. <개정 2012.6.25., 2014.1.17.>

제100조(제도 발전을 위한 시책) 국토교통부장관 또는 해양수산부장관은 법 제97조제1항에 따라 다음 각 호의 시책을 추진하여야 한다. <개정 2013.3.23.>
1. 수치지형, 지적 및 수로정보에 관한 정보화와 표준화
2. 정밀측량기기와 조사장비의 개발 또는 검사·교정
3. 지도제작기술의 개발 및 자동화

4. 우주 측지(測地) 기술의 도입 및 활용
5. 해양환경과 해저지형의 변화에 관한 조사 및 연구
6. 그 밖에 측량, 수로조사 및 지적제도의 발전을 위하여 필요한 사항으로서 국토교통부장관 또는 해양수산부장관이 정하여 고시하는 사항

제101조(연구기관) 법 제97조제2항에서 "대통령령으로 정하는 관련 전문기관"이란 다음 각 호의 기관 등을 말한다. <개정 2014.1.17., 2015.6.1.>
1. 「정부출연연구기관 등의 설립·운영 및 육성에 관한 법률」 제8조에 따른 정부출연연구기관및 「과학기술분야 정부출연연구기관 등의 설립·운영 및 육성에 관한 법률」 제8조에 따른 과학기술분야 정부출연연구기관
2. 「고등교육법」 에 따라 설립된 대학의 부설연구소
3. 공간정보산업협회
4. 법 제57조에 따라 설립된 해양조사협회
5. 한국국토정보공사

제102조(손실보상) ① 법 제102조제1항에 따른 손실보상은 토지, 건물, 나무, 그 밖의 공작물 등의 임대료·거래가격·수익성 등을 고려한 적정가격으로 하여야 한다.
② 법 제102조제3항에 따라 재결을 신청하려는 자는 국토교통부령으로 정하는 바에 따라 다음 각 호의 사항을 적은 재결신청서를 관할 토지수용위원회에 제출하여야 한다. <개정 2013.3.23.>
1. 재결의 신청자와 상대방의 성명 및 주소
2. 측량의 종류
3. 손실 발생 사실
4. 보상받으려는 손실액과 그 명세
5. 협의의 내용
③ 제2항에 따른 재결에 불복하는 자는 재결서 정본(正本)을 송달받은 날부터 30일 이내에 중앙토지수용위원회에 이의를 신청할 수 있다. 이 경우 그 이의신청은 해당 지방토지수용위원회를 거쳐야 한다.

제103조(권한의 위임) ① 국토교통부장관은 법 제105조제1항에 따라 다음 각 호의 권한을 국토지리정보원장에게 위임한다. <개정 2013.3.23., 2014.12.3., 2015.6.1., 2017.1.10.>
1. 법 제4조에 따른 측량의 고시
2. 법 제5조제2항에 따른 연도별 시행계획의 수립
3. 법 제6조제1항제2호 단서에 따른 원점의 고시
4. 법 제8조제1항에 따른 국가기준점표지(수로기준점표지는 제외한다)의 설치·관리
5. 법 제8조제2항에 따른 국가기준점표지의 종류와 설치 장소 통지의 접수
6. 법 제8조제5항에 따른 측량기준점표지의 현황 조사 보고의 접수
7. 법 제8조제6항에 따른 측량기준점표지(수로기준점표지 및 영해기준점표지는 제외한다)의 현황 조사
8. 법 제10조제2항에 따른 지도등에 관한 자료 제공
9. 법 제11조제1항에 따른 지형·지물의 변동사항 통보의 접수와 같은 조 제2항에 따른 건설공사 착공사실, 지형·지물 변동사항 통보의 접수 및 같은 조 제3항에 따른 기본측량자료의 제출 요구
10. 법 제12조에 따른 기본측량 실시 및 통지
11. 법 제13조제1항에 따른 기본측량성과 고시
12. 법 제13조제2항에 따른 기본측량성과의 정확도 검증 의뢰
13. 법 제13조제3항에 따른 기본측량성과 수정
14. 법 제14조제1항에 따른 기본측량성과 및 기본측량기록 보관
15. 법 제14조제2항에 따른 기본측량성과 또는 기본측량기록의 복제 또는 사본 발급 신청의 접수 및 발급
16. 법 제15조제1항에 따른 지도등의 간행·판매 및 배포
17. 법 제15조제2항에 따른 기본도 지정
18. 법 제16조제1항에 따른 기본측량성과의 국외 반출 허가
19. 법 제17조제2항에 따른 공공측량 작업계획서의 접수
20. 법 제17조제3항에 따른 장기 계획서 또는 연간 계획서의 제출요구
21. 법 제17조제4항에 따른 계획서의 타당성 검토 및 그 결과의 통지
22. 법 제18조제2항에 따른 공공측량기록의 사본 제출 요구
23. 법 제18조제4항에 따른 공공측량성과 고시
24. 법 제19조제1항에 따른 공공측량성과 또는 공공측량기록 사본의 보관 및 열람
25. 법 제19조제2항에 따른 공공측량성과 또는 공공측량기록의 복제 또는 사본 발급

신청의 접수 및 발급
26. 법 제21조제1항에 따른 공공측량성과의 국외 반출 허가
27. 법 제22조제2항에 따른 일반측량성과 및 일반측량기록 사본의 제출 요구
27의2. 법 제22조제3항에 따른 일반측량에 관한 작업기준 설정
28. 법 제42조제1항에 따른 측량기술자(지적기술자는 제외한다)의 업무정지
29. 법 제44조제2항에 따른 측량업의 등록
30. 법 제44조제3항에 따른 측량업등록증 및 측량업등록수첩의 발급
31. 법 제44조제4항에 따른 등록사항 변경신고의 수리
32. 법 제46조제2항에 따른 측량업자의 지위 승계 신고의 수리
33. 법 제48조에 따른 측량업의 휴업·폐업 등의 신고 수리
34. 법 제52조제1항에 따른 측량업의 등록취소 및 영업정지와 같은 조 제3항에 따른 등록취소 및 영업정지 사실의 공고
35. 법 제55조제2항에 따른 기본측량, 공공측량 대가 기준 산정 및 기획재정부장관과의 협의
36. 법 제91조제2항에 따른 지명의 고시
37. 법 제92조제1항에 따른 성능검사의 실시
38. 법 제93조제2항에 따른 성능검사대행자 등록증 발급사실 통지의 접수
39. 법 제96조제2항에 따른 성능검사대행자 등록 취소사실 통지의 접수
40. 법 제97조에 따른 측량제도 발전을 위한 시책의 추진과 국제기구 및 국가 간 협력 활동의 추진
41. 법 제98조에 따른 측량업무 종사자에 대한 교육훈련
42. 법 제99조에 따른 측량업자(지적측량업자는 제외한다)에 대한 보고 접수 및 조사
43. 법 제100조에 따른 측량업자(지적측량업자는 제외한다)의 등록취소에 대한 청문
44. 법 제103조제1항에 따른 기본측량 실시를 위한 토지, 건물, 나무, 그 밖의 공작물의 수용 또는 사용
45. 법 제104조에 따라 위탁받은 측량 업무의 수행
46. 법 제111조제1항(제3호부터 제6호까지 및 제12호·제14호·제15호는 제외한다)에 따른 과태료의 부과·징수
47. 제3조에 따른 공공측량의 지정·고시
48. 제4조 및 별표 1 제22호에 따른 수치주제도의 지정·고시
49. 제6조제4호에 따른 원점의 특례지역 지정·고시
50. 제11조제2항에 따른 현지조사 실시 또는 재조사 요구
51. 제14조에 따른 기본측량성과 검증기관의 지정에 따른 신청접수, 지정 및 공고
52. 제16조제5호에 따른 시설의 고시
52의2. 제16조의2에 따른 협의체의 구성 및 운영
53. 제17조제1항제1호에 따른 공공측량시행자와의 지형도 공동제작
54. 제17조제2항에 따른 지도의 축척 및 판매가격 등 통보의 접수
55. 제35조제6항에 따른 측량업등록의 공고
56. 제38조에 따른 측량업등록증 또는 측량업등록수첩의 재발급
57. 제48조제3항에 따른 측량의 대가 기준의 고시
58. 삭제 <2015.6.1.>
59. 제104조제1항부터 제4항까지의 규정에 따른 측량성과 심사수탁기관 지정에 따른 신청 접수, 지정 및 공고
60. 제104조제6항에 따른 심사 결과 보고의 접수와 같은 조 제7항에 따른 자료의 제공

② 해양수산부장관은 법 제105조제1항에 따라 다음 각 호의 권한을 국립해양조사원장에게 위임한다. <개정 2013.3.23., 2013.6.11.>
1. 법 제4조에 따른 수로조사의 고시
2. 법 제6조제2항에 따른 평균해수면, 기본수준면 및 약최고고조면의 결정·고시
3. 법 제8조제1항에 따른 수로기준점표지의 설치·관리
4. 법 제8조제3항에 따른 수로기준점표지의 설치 고시
5. 법 제8조제6항에 따른 수로기준점표지의 현황 조사
6. 법 제11조제3항에 따른 수로조사에 관한 자료의 제출 요구
7. 법 제30조제1항에 따른 수로조사기본계획의 수립
8. 법 제31조제1항에 따른 수로조사
9. 법 제31조제3항에 따른 수로조사의 신고 접수
10. 법 제31조제6항에 따른 수로조사방법에 관한 기술지도
11. 법 제32조에 따른 수로조사 실시의 공고 및 항행통보 게재
12. 법 제33조제2항에 따른 수로조사성과의 접수 및 심사 결과의 통지

13. 법 제33조제3항에 따른 수로조사성과의 항행통보 및 수로도서지 게재
14. 법 제34조제1항에 따른 수로조사성과의 보관 및 열람 제공
15. 법 제34조제2항에 따른 수로조사성과의 공표
16. 법 제34조제3항에 따른 수로조사성과의 사본 발급 신청 접수
17. 법 제35조제1항에 따른 수로도서지의 간행·판매 또는 배포
18. 법 제35조제2항에 따른 수로도서지 판매대행업자 지정
19. 법 제35조제4항에 따른 수로도서지의 판매가격, 판매대행 수수료, 그 밖에 수로도서지의 판매대행에 필요한 사항의 결정·고시
20. 법 제35조제6항에 따른 판매대행업자의 지정취소나 영업정지
21. 법 제36조제1항에 따른 수로도서지의 복제 등 승인
22. 법 제37조에 따른 수로정보 관련 사항의 통보 접수
23. 법 제38조제1항에 따른 관계기관의 수로조사계획이나 수로조사성과의 제출 요구
24. 법 제38조제2항에 따른 관계기관과의 수로조사자료 공동활용, 공동조사 및 기술협력을 위한 노력
25. 법 제43조제3항에 따라 준용되는 법 제42조에 따른 수로기술자의 업무정지
26. 법 제54조제1항에 따른 수로사업의 등록 접수
27. 법 제54조제3항에 따른 수로사업등록증 및 수로사업등록수첩 발급
28. 법 제54조제4항에 따른 수로사업자의 등록사항 변경신고 접수
29. 법 제54조제6항에 따라 준용되는 법 제46조에 따른 수로사업자의 지위 승계 신고의 수리
30. 법 제54조제6항에 따라 준용되는 법 제48조에 따른 수로사업의 휴업·폐업 등 신고의 수리
31. 법 제54조제6항에 따라 준용되는 법 제52조에 따른 수로사업의 등록취소 또는 영업정지 및 그 사실의 공고
32. 법 제55조제2항에 따른 수로조사의 대가기준 산정 및 기획재정부장관과의 협의
33. 법 제91조제5항에 따른 해양지명의 고시
34. 법 제97조에 따른 수로조사제도의 발전을 위한 시책의 추진과 국제기구 및 국가 간 협력 활동의 추진(국제기구와 체결하는 협정에 관한 사항은 제외한다)
35. 법 제98조에 따른 수로조사 분야 종사자에 대한 교육훈련
36. 법 제99조에 따라 실시되는 수로조사에 대한 보고 접수 및 조사
37. 법 제100조제3호에 따른 수로사업의 등록취소에 대한 청문
38. 법 제104조에 따라 위탁받은 수로조사 업무의 수행
39. 법 제111조제1항(제1호·제2호·제8호·제11호 및 제13호부터 제15호까지의 규정은 제외한다)에 따른 과태료 부과·징수
40. 제48조제3항에 따른 수로조사의 대가기준의 고시
41. 제52조제1항에 따른 해양조사협회에 대한 지도·감독

제104조(권한의 위탁 등) ① 법 제105조제2항에 따라 국토교통부장관은 다음 각 호의 권한을 한국국토정보공사, 공간정보산업협회 또는 「민법」 제32조에 따라 국토교통부장관의 허가를 받아 설립된 비영리법인 중 별표 12의 인력과 장비를 갖춘 기관(이하 "측량성과 심사수탁기관"이라 한다)을 지정하여 위탁한다. <개정 2013.3.23., 2014.1.17., 2015.6.1.>
1. 법 제15조제3항에 따른 지도등의 간행에 대한 심사
2. 법 제18조제3항에 따른 공공측량성과의 심사

② 제1항에 따른 측량성과 심사수탁기관으로 지정받으려는 자는 국토교통부령으로 정하는 서류를 갖추어 국토교통부장관에게 신청하여야 한다. <개정 2013.3.23.>
③ 국토교통부장관은 제2항에 따른 신청을 받았을 때에는 측량 관련 인력과 장비의 보유 현황 등을 종합적으로 검토하여 측량성과 심사수탁기관으로 지정하여야 한다. <개정 2013.3.23.>
④ 국토교통부장관은 제3항에 따라 측량성과 심사수탁기관을 지정한 경우에는 신청인에게 서면으로 통지하고 지체 없이 공고하여야 한다. <개정 2013.3.23.>
⑤ 측량성과 심사수탁기관의 지정절차 등에 관하여 필요한 세부사항은 국토교통부령으로 정한다. <개정 2013.3.23.>
⑥ 제1항에 따라 심사 권한을 위탁받은 측량성과 심사수탁기관의 장은 심사가 완료되면 그

결과를 국토교통부장관에게 보고하여야 한다. <개정 2013.3.23.>

⑦ 국토교통부장관은 측량성과 심사수탁기관의 요청을 받으면 제1항에 따른 심사에 필요한 자료를 측량성과 심사수탁기관에 제공할 수 있다. <개정 2013.3.23.>

⑧ 국토교통부장관은 법 제105조제2항에 따라 다음 각 호의 업무를 공간정보산업협회에 위탁한다. <개정 2015.6.1.>

1. 법 제10조의2에 따른 측량업정보 종합관리체계의 구축·운영
2. 법 제10조의3에 따른 측량업자의 측량용역사업에 대한 사업수행능력 공시 및 실적 등의 접수 및 내용의 확인
3. 법 제40조에 따른 측량기술자 신고 접수, 기록의 유지·관리, 측량기술경력증의 발급, 신고받은 내용의 확인을 위한 관련 자료 제출 요청 및 제출 자료의 접수, 측량기술자의 근무처 및 경력등의 확인

⑨ 해양수산부장관은 법 제105조제2항에 따라 다음 각 호의 업무를 해양조사협회에 위탁한다. <개정 2013.3.23.>

1. 법 제9조제3항에 따른 수로기준점표지의 이전
2. 법 제31조제1항제4호에 따라 실시하는 수로조사 중 해양수산부령으로 정하는 것
3. 법 제31조제5항에 따른 수로조사에 필요한 관측시설의 관리 중 해양수산부령으로 정하는 것
4. 법 제31조제6항에 따른 수로조사방법에 관한 기술지도 중 해양수산부장관이 정하여 고시한 현장 지도
5. 법 제31조제1항과 제33조제2항에 따른 수로조사성과의 심사
6. 법 제35조제1항에 따른 수로도서지의 인쇄·공급 및 재고관리
7. 법 제43조제3항에 따른 수로기술자 신고의 접수 및 기록의 유지·관리, 수로기술경력증의 발급, 신고받은 내용의 확인을 위한 관련 자료 제출 요청 및 제출 자료의 접수, 수로기술자의 근무처 및 경력등의 확인

⑩ 해양수산부장관은 제9항제1호(영해기준점표지의 유지·보수 및 관리 업무로 한정한다)·제3호·제4호 및 제6호에 따라 해양조사협회에 업무를 위탁하는 경우 사업의 수행에 필요한 경비를 예산의 범위에서 보조할 수 있다. <개정 2013.3.23.>

⑪ 시·도지사 및 지적소관청은 법 제105조제2항에 따라 법 제8조제1항에 따른 측량기준점(지적기준점으로 한정한다)의 관리 업무를 한국국토정보공사에 위탁한다. <신설 2015.6.1.>

제104조의2(고유식별정보의 처리) 국토교통부장관, 해양수산부장관(법 제105조에 따라 국토교통부장관 또는 해양수산부장관의 권한을 위임·위탁받은 자를 포함한다), 시·도지사, 지적소관청 또는 한국국토정보공사는 다음 각 호의 사무를 수행하기 위하여 불가피한 경우 「개인정보 보호법 시행령」 제19조에 따른 주민등록번호 또는 외국인등록번호가 포함된 자료를 처리할 수 있다. <개정 2013.3.23., 2014.8.6., 2015.6.1., 2017.1.10., 2017.3.27.>

1. 법 제10조의2에 따른 측량업정보의 종합관리에 관한 사무

1의2. 법 제10조의3에 따른 측량용역사업에 대한 사업수행능력의 평가 및 공시에 관한 사무

1의3. 법 제15조에 따른 기본측량성과 등을 사용한 지도등의 간행에 관한 사무

1의4. 법 제24조에 따른 지적측량 의뢰에 관한 사무

2. 법 제40조(법 제43조제3항에 따라 준용되는 경우를 포함한다)에 따른 측량기술자 또는 수로기술자의 신고 등에 관한 사무
3. 법 제42조(법 제43조제3항에 따라 준용되는 경우를 포함한다)에 따른 측량기술자 또는 수로기술자의 업무정지에 관한 사무
4. 법 제44조에 따른 측량업의 등록 또는 법 제54조에 따른 수로사업의 등록에 관한 사무
5. 법 제46조(법 제54조제6항에 따라 준용되는 경우를 포함한다)에 따른 측량업자 또는 수로사업자의 지위 승계에 관한 사무
6. 법 제48조(법 제54조제6항에 따라 준용되는 경우를 포함한다)에 따른 측량업 또는 수로사업의 휴업·폐업 등 신고에 관한 사무
7. 법 제52조(법 제54조제6항에 따라 준용되는 경우를 포함한다)에 따른 측량업 또는 수로사업의 등록취소 등에 관한 사무
8. 법 제70조제2항에 따른 지적정보의 활용에 관한 사무
9. 법 제77조에 따른 신규등록 신청에 관한 사무
10. 법 제78조에 따른 등록전환 신청에 관한 사무
11. 법 제79조에 따른 분할 신청에 관한 사무
12. 법 제80조에 따른 합병 신청에 관한 사무
13. 법 제81조에 따른 지목변경 신청에 관한 사무

14. 법 제82조에 따른 바다로 된 토지의 등록말소 신청에 관한 사무
15. 법 제83조에 따른 축척변경 신청에 관한 사무
16. 법 제84조에 따른 등록사항의 정정 신청에 관한 사무
17. 법 제88조에 따른 토지소유자의 정리에 관한 사무
18. 법 제93조에 따른 성능검사대행자의 등록에 관한 사무
19. 법 제96조에 따른 성능검사대행자의 등록취소 등에 관한 사무

[본조신설 2013.1.16.]

제104조의3(규제의 재검토) ① 국토교통부장관은 다음 각 호의 사항에 대하여 다음 각 호의 기준일을 기준으로 3년마다(매 3년이 되는 해의 기준일과 같은 날 전까지를 말한다) 그 타당성을 검토하여 개선 등의 조치를 하여야 한다. <개정 2014.12.9., 2016.12.30.>

1. 제35조에 따른 측량업의 등록 등: 2014년 1월 1일
2. 삭제 <2017.12.12.>
3. 제41조에 따른 손해배상책임의 보장: 2014년 1월 1일
4. 삭제 <2016.12.30.>
5. 제83조에 따른 토지개발사업 등의 범위 및 신고: 2014년 1월 1일

② 해양수산부장관은 제105조 및 별표 13에 따른 과태료의 부과기준에 대하여 2017년 1월 1일을 기준으로 3년마다(매 3년이 되는 해의 1월 1일 전까지를 말한다) 그 타당성을 검토하여 개선 등의 조치를 하여야 한다. <신설 2016.12.30.>

[본조신설 2013.12.30.]

제5장 벌칙

제105조(과태료의 부과기준) 법 제111조제1항에 따른 과태료의 부과기준은 별표 13과 같다.

부칙

<제28471호, 2017.12.12.>
(규제 재검토기한 설정 등을 위한 가맹사업거래의 공정화에 관한 법률 시행령 등 33개 대통령령 일부개정령)

제1조(시행일) 이 영은 2018년 1월 1일부터 시행한다.

제2조 생략

제4편 도 로

도로법

[시행 2018.5.29.]
[법률 제15115호, 2017.11.28., 일부개정]

제1장 총칙

제1조(목적) 이 법은 도로망의 계획수립, 도로노선의 지정, 도로공사의 시행과 도로의 시설 기준, 도로의 관리·보전 및 비용 부담 등에 관한 사항을 규정하여 국민이 안전하고 편리하게 이용할 수 있는 도로의 건설과 공공복리의 향상에 이바지함을 목적으로 한다.

제2조(정의) 이 법에서 사용하는 용어의 뜻은 다음과 같다.

1. "도로"란 차도, 보도(步道), 자전거도로, 측도(側道), 터널, 교량, 육교 등 대통령령으로 정하는 시설로 구성된 것으로서 제10조에 열거된 것을 말하며, 도로의 부속물을 포함한다.
2. "도로의 부속물"이란 도로관리청이 도로의 편리한 이용과 안전 및 원활한 도로교통의 확보, 그 밖에 도로의 관리를 위하여 설치하는 다음 각 목의 어느 하나에 해당하는 시설 또는 공작물을 말한다.
   가. 주차장, 버스정류시설, 휴게시설 등 도로이용 지원시설
   나. 시선유도표지, 중앙분리대, 과속방지시설 등 도로안전시설
   다. 통행료 징수시설, 도로관제시설, 도로관리사업소 등 도로관리시설
   라. 도로표지 및 교통량 측정시설 등 교통관리시설
   마. 낙석방지시설, 제설시설, 식수대 등 도로에서의 재해 예방 및 구조 활동, 도로환경의 개선·유지 등을 위한 도로부대시설
   바. 그 밖에 도로의 기능 유지 등을 위한 시설로서 대통령령으로 정하는 시설
3. "국가도로망"이란 제10조 각 호에 따른 고속국도와 일반국도, 지방도 등이 상호 유기적인 기능을 발휘할 수 있도록 체계적으로 구성한 도로망을 말한다.
4. "국가간선도로망"이란 전국적인 도로망의 근간이 되는 노선으로서 제10조제1호에 따른 고속국도와 같은 조 제2호에 따른 일반국도를 말한다.
5. "도로관리청"이란 도로에 관한 계획, 건설, 관리의 주체가 되는 기관으로서 도로의 구분에 따라 제23조에서 규정하는 다음 각 목의 어느 하나에 해당하는 기관을 말한다.
   가. 국토교통부장관
   나. 특별시장·광역시장·특별자치시장·도지사·특별자치도지사·시장·군수 또는 자치구의 구청장(이하 "행정청"이라 한다)
6. "도로구역"이란 도로를 구성하는 일단의 토지로서 제25조에 따라 결정된 구역을 말한다.
7. "도로공사"란 도로의 신설, 확장, 개량 및 보수(補修) 등을 하는 공사를 말한다.
8. "도로의 유지·관리"란 도로의 기능을 유지하기 위하여 필요한 일반적인 도로관리(경미한 도로의 보수 공사 등을 포함한다) 활동을 말한다.
9. "타공작물"이란 도로와 그 효용을 함께 발휘하는 둑, 호안(護岸), 철도 또는 궤도용의 교량, 횡단도로, 가로수, 그 밖에 대통령령으로 정하는 공작물을 말한다.

제3조(국가 등의 책무) ① 국가는 도로망의 건설, 관리 및 안전 등에 대한 종합적인 계획을 수립하고 필요한 시책을 마련하여 추진하여야 한다.
② 도로관리청은 도로에 관한 계획을 수립하거나 도로를 건설 또는 관리할 때에 다음 각 호의 사항을 고려하여야 한다.
1. 사회적 갈등을 예방하기 위하여 주민, 관계 전문가, 이해관계인 등의 의견을 충분히 반영할 것
2. 환경에 미치는 영향을 최소화 할 것
3. 도로의 상태가 적정하게 유지되도록 할 것
4. 도로 기능과 주변지역의 토지 이용이 조화를 이루도록 하여 도로의 지속가능성을 확보할 것
5. 지역공동체를 최대한 보전하도록 할 것
6. 안전하고 편리한 도로 이용을 위한 도로교통정보체계를 구축할 것

제4조(사권의 제한) 도로를 구성하는 부지, 옹벽, 그 밖의 시설물에 대해서는 사권(私權)을 행사할 수 없다. 다만, 소유권을 이전하거

나 저당권을 설정하는 경우에는 사권을 행사할 수 있다.

제2장 도로에 관한 계획의 수립 등

제5조(국가도로망종합계획의 수립) ① 국토교통부장관은 도로망의 건설 및 효율적인 관리 등을 위하여 10년마다 국가도로망종합계획(이하 "종합계획"이라 한다)을 수립하여야 한다.

② 종합계획은 「국토기본법」 제6조제2항제1호에 따른 국토종합계획, 「국가통합교통체계효율화법」 제4조제1항에 따른 국가기간교통망계획과 연계되어야 한다.

③ 종합계획에는 다음 각 호의 사항을 포함하여야 한다.

1. 도로의 현황 및 도로교통 여건 변화 전망에 관한 사항
2. 도로 정책의 기본 목표 및 추진 방향
3. 도로의 환경친화적 건설 및 지속가능성 확보에 관한 사항
4. 사회적 갈등의 발생을 예방하기 위한 주민 참여에 관한 사항
5. 도로 자산의 효율적 활용을 통한 도로의 가치 제고에 관한 사항
6. 도로 관련 연구 및 기술개발에 관한 사항
7. 국가간선도로망의 구성 및 건설에 관한 사항
8. 국가간선도로망의 건설 및 관리에 필요한 재원 확보의 기본방향과 투자의 개략적인 우선순위에 관한 사항
9. 국가간선도로망의 국제적 연계에 관한 사항
10. 그 밖에 국가간선도로망의 건설·관리·이용에 관한 사항으로서 대통령령으로 정하는 사항

④ 국토교통부장관은 제1항에 따라 종합계획을 수립하려는 때에는 미리 관계 중앙행정기관의 장과 협의하고, 특별시장·광역시장·특별자치시장·도지사·특별자치도지사(이하 "시·도지사"라 한다) 및 시장·군수·구청장(자치구의 구청장을 말한다. 이하 같다)의 의견을 들은 후 제9조에 따른 도로정책심의위원회의 심의를 거쳐야 한다.

⑤ 국토교통부장관은 제1항에 따라 종합계획을 수립한 때에는 지체 없이 그 주요 내용을 관보에 고시하고, 관계 중앙행정기관의 장과 시·도지사 및 시장·군수·구청장에게 종합계획을 보내야 한다.

⑥ 국토교통부장관은 종합계획이 수립된 날부터 5년마다 그 타당성을 검토할 수 있고, 필요하면 종합계획을 변경하여야 한다.

⑦ 이미 수립된 종합계획을 변경하는 경우에는 제4항 및 제5항의 규정을 준용한다. 다만, 대통령령으로 정하는 경미한 사항을 변경하는 경우에는 그러하지 아니하다.

제6조(도로건설·관리계획의 수립 등) ① 도로관리청은 도로의 원활한 건설 및 도로의 유지·관리를 위하여 5년마다 제23조의 구분에 따른 소관 도로(제13조에 따른 고속국도 또는 일반국도의 지선을 포함한다. 이하 이 조에서 같다)에 대하여 도로건설·관리계획(이하 "건설·관리계획"이라 한다)을 수립하여야 한다. 다만, 제15조제2항에 따른 국가지원지방도에 대해서는 국토교통부장관이 건설·관리계획을 수립한다.

② 건설·관리계획은 종합계획에 부합하여야 한다.

③ 건설·관리계획에는 다음 각 호의 사항을 포함하여야 한다.

1. 도로 건설·관리의 목표 및 방향
2. 개별 도로 건설사업의 개요, 사업기간 및 우선 순위
3. 도로의 관리, 도로 및 도로 자산의 활용·운용에 관한 사항
4. 도로의 건설·관리 등에 필요한 비용과 그 재원의 확보에 관한 사항
5. 도로 주변 환경의 보전·관리에 관한 사항 및 지역공동체 보전에 관한 사항
6. 도로의 경관(景觀) 제고에 관한 사항
7. 도로교통정보체계의 구축·운영에 관한 사항
8. 그 밖에 도로관리청이 도로의 체계적인 건설·관리를 위하여 필요하다고 인정하는 사항

④ 도로관리청은 건설·관리계획을 수립하려는 때에는 도로 건설과 관련된 사항에 대해서는 미리 관계 행정기관의 장의 의견을 들어야 하며, 필요한 경우 관할 지방자치단체의 장에게 자료의 제출을 요구할 수 있다.

⑤ 국토교통부장관이 제1항에 따라 건설·관리계획을 수립하는 경우 제9조에 따른 도로정책심의위원회의 심의를 거쳐야 하고, 시·도지사가 건설·관리계획을 수립하는 경우에는 국토교통부장관과 협의하여야 하며, 시장·군수·구청장이 건설·관리계획을 수립하는 경우에는 특별시장·광역시장 또는 도지사와 협의하여야 한다.

⑥ 도로관리청은 국토교통부령으로 정하는 바에 따라 도로의 재산적 가치를 조사·평가하여 이를 건설·관리계획에 반영하여야 하고, 관련 자료를 체계적으로 관리하여야 한다. 이 경우 도로의 재산적 가치에 대한 조사·평가는 「국가회계법」 제11조에 따른 국가회계기준에 적합하여야 한다.
⑦ 도로관리청은 건설·관리계획을 수립한 경우에는 국토교통부령으로 정하는 바에 따라 고시하여야 한다.
⑧ 이미 수립된 건설·관리계획을 변경하는 경우에는 제5항 및 제7항의 규정을 준용한다. 다만, 대통령령으로 정하는 경미한 사항을 변경하는 경우에는 그러하지 아니하다.

제7조(건설·관리계획의 조정) ① 국토교통부장관은 제6조에 따라 행정청이 수립한 건설·관리계획[시도(市道)·군도(郡道) 및 구도(區道)에 대한 건설·관리계획은 제외한다]에 대하여 행정청 간에 다른 의견이 있을 경우에는 관련 행정청의 신청을 받거나 직권으로 조정(調整)할 수 있다.
② 제1항에 따라 국토교통부장관이 조정을 하는 경우에는 해당 행정청의 의견을 들은 후 제9조에 따른 도로정책심의위원회의 심의를 거쳐야 한다.
③ 국토교통부장관은 제1항에 따라 직권으로 건설·관리계획에 대한 조정을 할 경우에는 미리 그 사실을 해당 행정청에 알려야 한다.
④ 행정청은 제1항에 따른 조정을 거쳐 건설·관리계획이 변경된 경우에는 그 변경 내용 등을 고시하여야 한다.
⑤ 제1항부터 제4항까지에서 규정한 사항 외에 건설·관리계획의 조정에 필요한 사항은 대통령령으로 정한다.

제8조(대도시권 교통혼잡도로 개선) ① 국토교통부장관은 시·도지사 또는 시장·군수·구청장이 도로관리청인 도로 중 대도시권의 주요 간선도로로서 교통 혼잡의 해소, 물류의 원활한 흐름을 위하여 개선사업의 시행이 필요한 구간의 도로(이하 "대도시권 교통혼잡도로"라 한다)에 대하여 5년마다 권역별로 대도시권 교통혼잡도로 개선사업계획(이하 이 조에서 "사업계획"이라 한다)을 수립하여야 한다.
② 사업계획에는 다음 각 호의 내용이 포함되어야 한다.
1. 대도시권 교통혼잡도로 개선사업(이하 이 조에서 "개선사업"이라 한다)의 목표
2. 개선사업 대상 도로
3. 연차별 개선사업 계획
4. 개선사업의 시행을 위한 총투자 규모
5. 개선사업의 시행에 필요한 재원의 조달 방안
6. 그 밖에 대통령령으로 정하는 사항

③ 국토교통부장관은 사업계획을 수립할 때에는 관계 중앙행정기관의 장 및 시·도지사나 시장·군수·구청장과 협의하고, 제9조에 따른 도로정책심의위원회 심의를 거쳐야 한다.
④ 행정청은 사업계획에 따라 매년 대도시권 교통혼잡도로의 개선을 위한 세부 사업계획을 수립하고 시행하여야 한다.
⑤ 대도시권 교통혼잡도로의 선정 기준, 관리 방법 등에 관하여 필요한 사항은 대통령령으로 정한다.
⑥ 이미 수립된 사업계획을 변경하는 경우에는 제3항의 규정을 준용한다. 다만, 대통령령으로 정하는 경미한 사항을 변경하는 경우에는 그러하지 아니하다.
⑦ 국토교통부장관은 「지방자치법」 제175조에 따른 인구 50만명 이상 대도시의 주요 간선도로에 대하여 5년마다 교통혼잡 실태 등을 조사할 수 있다. <신설 2017.1.17.>

제9조(도로정책심의위원회의 설치 및 구성) ① 도로정책에 관한 다음 각 호의 사항을 심의하기 위하여 국토교통부장관 소속으로 도로정책심의위원회(이하 "위원회"라 한다)를 둔다.
1. 종합계획의 수립 및 변경에 관한 사항
2. 국토교통부장관이 수립하는 건설·관리계획의 수립 및 변경에 관한 사항
3. 건설·관리계획의 조정에 관한 사항
4. 대도시권 교통혼잡도로 개선사업계획의 수립 및 변경에 관한 사항
5. 국토교통부장관이 지정·고시하는 도로의 노선 지정에 관한 사항
6. 국가가 관리하는 유료도로의 통행료 조정에 관한 사항
7. 장기간 지연되고 있는 도로와 관련된 사업 중 대통령령으로 정하는 요건에 해당하는 도로에 관련된 사업의 재평가에 관한 사항
8. 그 밖에 도로정책에 관한 중요한 사항으로서 국토교통부장관이 심의를 요청하는 사항

② 위원회는 위원장 1명과 부위원장을 포함한 25명 이내의 위원으로 구성한다.

③ 위원장과 부위원장은 국토교통부장관이 지명한다.

④ 위원회의 위원은 다음 각 호의 어느 하나에 해당하는 사람 중에서 국토교통부장관이 지명 또는 위촉한다.

1. 고위공무원단에 속하는 일반직 공무원 또는 3급 이상의 중앙행정기관 소속 공무원
2. 도로에 관한 학식과 경험이 풍부한 사람 중에서 국토교통부장관이 필요하다고 인정한 사람

⑤ 위원 중 공무원이 아닌 위원의 임기는 2년으로 하되, 연임할 수 있으며 보궐위원의 임기는 전임자의 남은 기간으로 한다.

⑥ 위원회의 구성·운영과 그 밖에 필요한 사항은 대통령령으로 정한다.

제3장 도로의 종류 및 도로관리청

제10조(도로의 종류와 등급) 도로의 종류는 다음 각 호와 같고, 그 등급은 다음 각 호에 열거한 순서와 같다.

1. 고속국도(고속국도의 지선 포함)
2. 일반국도(일반국도의 지선 포함)
3. 특별시도(特別市道)·광역시도(廣域市道)
4. 지방도
5. 시도
6. 군도
7. 구도

▶ 판례 – [1] 도로 관리청이 갖는 도로관리권의 범위 및 구 도로법 제45조에 규정된 금지행위를 하고 있는 위반자에 대하여 도로관리권에 기하여 제지하는 행위가 정당한 직무집행에 속하는지 여부(원칙적 적극)
[2] 피고인이 甲 시청 옆 도로의 보도에서 철야농성을 위해 천막을 설치하던 중 이를 제지하는 甲 시청 소속 공무원들에게 폭행을 가한 사안에서, 도로관리권에 근거한 공무집행을 하는 공무원에 대하여 폭행을 가한 피고인의 행위는 공무집행방해죄를 구성한다고 한 사례

[1] 도로 관리청은 도로를 설치하고 존립을 유지하여 이를 일반교통에 제공함으로써 도로로서 본래의 기능이 발휘될 수 있도록 하기 위한 포괄적 관리권을 가지고, 이러한 도로관리권에는 도로 시설물 등을 기능에 적합하도록 유지·관리하는 것뿐 아니라, 도로 관리를 위한 직무집행 행위로서 합리적 상당성이 인정되는 범위 내에서 도로의 기능 발휘에 장애가 되는 행위를 금지하거나 제지하는 등의 사실행위를 할 권한도 포함된다. 그런데 구 도로법(2010. 3. 22. 법률 제10156호로 개정되기 전의 것)에 의하면, 누구든지 정당한 사유 없이 도로를 손궤하는 행위, 도로에 장애물을 쌓아놓는 행위, 그 밖에 도로의 구조나 교통에 지장을 끼치는 행위를 하여서는 아니 되므로(제45조), 위와 같은 금지행위를 하고 있는 위반자에 대하여 도로관리권에 기하여 이를 제지하는 것은 특별한 사정이 없는 한 정당한 직무집행 행위에 속한다고 보아야 한다.

[2] 피고인이 甲 시청 옆 일반국도인 도로의 보도에서 철야농성을 위해 천막을 설치하던 중 이를 제지하는 甲 시청 소속 공무원들에게 폭행을 가한 사안에서, 정당한 사유 없이 보도에 천막을 설치하여 교통에 지장을 끼치는 등 도로법 제45조에 규정된 금지행위를 하는 데 대하여 도로 관리청 소속 공무원이 도로 관리의 목적으로 이를 제지하고 시설물의 설치를 완성하지 못하도록 막는 등의 행위는 도로의 본래 목적을 달성하도록 하기 위한 합리적 상당성이 있는 조치로서 포괄적인 도로관리권의 행사 범주에 속하므로, 도로관리권에 근거한 공무집행을 하는 공무원에 대하여 폭행 등을 가한 피고인의 행위는 공무집행방해죄를 구성한다고 한 사례. [대법원 2014.2.13, 선고, 2011도10625, 판결]

제11조(고속국도의 지정·고시) 국토교통부장관은 도로교통망의 중요한 축(軸)을 이루며 주요 도시를 연결하는 도로로서 자동차(「자동차관리법」 제2조제1호에 따른 자동차와 「건설기계관리법」 제2조제1항제1호에 따른 건설기계 중 대통령령으로 정하는 것을 말한다. 이하 제47조, 제113조 및 제115조제1호에서 같다) 전용의 고속교통에 사용되는 도로 노선을 정하여 고속국도를 지정·고시한다.

제12조(일반국도의 지정·고시) ① 국토교통부장관은 주요 도시, 지정항만(「항만법」 제3조에 따라 해양수산부장관이 지정한 항만을 말한다), 주요 공항, 국가산업단지 또는 관광지 등을 연결하여 고속국도와 함께 국가간선도로망을 이루는 도로 노선을 정하여 일반국도를 지정·고시한다.

② 국토교통부장관은 제1항에 따라 일반국도의 노선을 지정·고시하는 경우에 특별자치시·특별자치도 또는 시(市)의 관할구

역을 통과하는 기존의 일반국도를 대체하기 위하여 필요한 경우에는 기존의 일반국도를 우회하는 구간을 일반국도로서 일반국도대체우회도로(이하 "우회국도"라 한다)로 지정·고시할 수 있다.

③ 국토교통부장관은 일반국도의 국가간선도로망으로서의 기능을 유지하기 위하여 필요한 경우에는 특별시·광역시·특별자치시·특별자치도 또는 시 지역(읍·면 지역을 제외한다)의 일반국도 중 일부 구간을 정하여 일반국도지정도로(이하 "지정국도"라 한다)로 지정·고시할 수 있다. 이 경우 지정국도의 지정 기준·절차 및 관리 기준 등은 대통령령으로 정한다.

④ 국토교통부장관은 제3항에 따라 지정국도를 지정(변경 및 해제를 포함한다)하려면 지정국도의 대상이 되는 구간을 관할하는 특별시장·광역시장·특별자치시장·특별자치도지사 또는 시장의 의견을 들어야 한다.

제13조(고속국도 또는 일반국도의 지선) ① 국토교통부장관은 다음 각 호의 어느 하나에 해당하는 도로를 고속국도 또는 일반국도의 지선(이하 "지선"이라 한다)으로 지정·고시할 수 있다.

1. 고속국도 또는 일반국도와 인근의 도시·항만·공항·산업단지·물류시설 등을 연결하는 도로
2. 고속국도 또는 일반국도의 기능을 보완하기 위하여 해당 고속국도 또는 일반국도를 우회하거나 고속국도 또는 일반국도를 서로 연결하는 도로

② 제1항에서 정한 것 외에 지선의 지정 기준에 관하여 필요한 사항은 대통령령으로 정한다.

③ 지선은 연결되는 주된 도로의 종류에 따라 각각 고속국도 또는 일반국도로 본다. 이 경우 지선이 연결되는 주된 도로의 범위는 국토교통부장관이 정한다.

▶ 판례 - [1] 공무집행방해죄에서 공무집행의 적법성을 판단하는 기준
[2] 도로관리청이 갖는 도로관리권의 범위에 도로의 기능 발휘에 장애가 되는 시설물의 설치행위 등 구 도로법 제45조에 규정된 금지행위를 제지하는 사실행위를 할 권한이 포함되는지 여부 [대법원 2014.2.27, 선고, 2013도9990, 판결]

제14조(특별시도·광역시도의 지정·고시) 특별시장 또는 광역시장은 해당 특별시 또는 광역시의 관할구역에 있는 도로 중 다음 각 호의 어느 하나에 해당하는 도로 노선을 정하여 특별시도·광역시도를 지정·고시한다.

1. 해당 특별시·광역시의 주요 도로망을 형성하는 도로
2. 특별시·광역시의 주요 지역과 인근 도시·항만·산업단지·물류시설 등을 연결하는 도로
3. 제1호 및 제2호에 따른 도로 외에 특별시 또는 광역시의 기능을 유지하기 위하여 특히 중요한 도로

제15조(지방도의 지정·고시) ① 도지사 또는 특별자치도지사는 도(道) 또는 특별자치도의 관할구역에 있는 도로 중 해당 지역의 간선도로망을 이루는 다음 각 호의 어느 하나에 해당하는 도로 노선을 정하여 지방도를 지정·고시한다.

1. 도청 소재지에서 시청 또는 군청 소재지에 이르는 도로
2. 시청 또는 군청 소재지를 연결하는 도로
3. 도 또는 특별자치도에 있거나 해당 도 또는 특별자치도와 밀접한 관계에 있는 공항·항만·역을 연결하는 도로
4. 도 또는 특별자치도에 있는 공항·항만 또는 역에서 해당 도 또는 특별자치도와 밀접한 관계가 있는 고속국도·일반국도 또는 지방도를 연결하는 도로
5. 제1호부터 제4호까지의 규정에 따른 도로 외의 도로로서 도 또는 특별자치도의 개발을 위하여 특히 중요한 도로

② 국토교통부장관은 주요 도시, 공항, 항만, 산업단지, 주요 도서(島嶼), 관광지 등 주요 교통유발시설을 연결하고 국가간선도로망을 보조하기 위하여 필요한 경우에는 지방도 중에서 도로 노선을 정하여 국가지원지방도를 지정·고시할 수 있다. 이 경우 국토교통부장관은 교통 연결의 일관성을 유지하기 위하여 필요한 경우에는 특별시도·광역시도, 시도, 군도 또는 노선이 지정되지 아니한 신설 도로의 구간을 포함하여 국가지원지방도를 지정·고시할 수 있다.

제16조(시도의 지정·고시) 특별자치시장 또는 시장(행정시의 경우에는 특별자치도지사를 말한다)은 특별자치시, 시 또는 행정시의 관할구역에 있는 도로 노선을 정하여 시도를 지정·고시한다.

제17조(군도의 지정·고시) 군수는 해당 군(광역시의 관할 구역에 있는 군을 포함한다. 이하 이 조에서 같다)의 관할구역에 있는 도로 중 다음 각 호의 어느 하나에 해당하는 도로 노선을 정하여 군도를 지정·고시한다.

1. 군청 소재지에서 읍사무소 또는 면사무소 소재지에 이르는 도로
2. 읍사무소 또는 면사무소 소재지를 연결하는 도로
3. 제1호 및 제2호에 따른 도로 외의 도로로서 군의 개발을 위하여 특히 중요한 도로

제18조(구도의 지정·고시) 구청장은 관할구역에 있는 특별시도 또는 광역시도가 아닌 도로 중 동(洞) 사이를 연결하는 도로 노선을 정하여 구도를 지정·고시한다.

제19조(도로 노선의 지정·고시 방법 등) ① 제11조부터 제13조까지 및 제15조제2항에 따른 고속국도, 일반국도, 지선 및 국가지원지방도의 노선 지정·고시는 관보에 하고, 제14조, 제15조제1항 및 제16조부터 제18조까지의 규정에 따른 특별시도·광역시도, 지방도, 시도, 군도 및 구도의 노선 지정·고시는 해당 지방자치단체의 공보에 하여야 한다.

② 제1항에 따른 도로 노선의 지정·고시에는 다음 각 호의 사항을 포함하여야 한다.

1. 노선번호
2. 노선명
3. 기점, 종점
4. 주요 통과지
5. 그 밖에 필요한 사항

③ 제1항 중 국토교통부장관이 노선의 지정·고시를 하는 경우에는 관계 중앙행정기관의 장과 협의하고 위원회의 심의를 거쳐야 한다.

④ 도로관리청은 제36조에 따라 도로관리청이 아닌 자의 도로공사로 도로 노선을 지정·고시할 필요가 있게 된 때에는 해당 도로공사의 준공확인을 한 뒤에 제1항부터 제3항까지의 규정에 따라 해당 도로 노선을 지정·고시할 수 있다.

제20조(관할구역 밖의 도로 노선 지정) ① 행정청은 특히 필요하다고 인정하면 제14조부터 제18조까지의 규정에도 불구하고 대통령령으로 정하는 바에 따라 관계 행정청과 협의하여 그 관할구역 밖에 있는 도로를 각각 특별시도·광역시도, 지방도, 시도, 군도 또는 구도로 노선을 지정할 수 있다.

② 제1항에 따른 협의가 성립되지 아니하면 시·도지사는 국토교통부장관에게, 시장·군수 또는 구청장은 특별시장·광역시장 또는 도지사에게 각각 재정(裁定)을 신청할 수 있다.

③ 제2항에 따른 재정이 있으면 제1항에 따른 협의가 성립된 것으로 본다.

④ 제1항에 따른 협의 또는 제2항에 따른 재정이 있으면 도로 노선을 지정한 행정청은 해당 지방자치단체의 공보에 그 사실을 고시하여야 한다.

제21조(도로 노선의 변경과 폐지) ① 국토교통부장관 또는 행정청은 제11조부터 제18조까지 및 제20조에 따라 지정한 도로 노선을 변경하거나 그 노선의 전부 또는 일부를 폐지할 수 있다.

② 행정청이 도로 노선을 지정·변경 또는 폐지하려면 국토교통부령으로 정하는 바에 따라 특별시도·광역시도, 지방도, 시도(특별자치시장이 노선을 지정한 것으로 한정한다)에 관하여는 국토교통부장관, 시도(특별자치시장이 노선을 지정한 것은 제외한다)·군도 또는 구도에 관하여는 특별시장·광역시장 또는 도지사의 승인을 받아야 한다.

③ 국토교통부장관 또는 행정청은 제1항에 따라 노선을 변경하거나 폐지하려면 국토교통부령으로 정하는 바에 따라 그 사실을 고시하여야 한다.

제22조(도로 노선의 중복) ① 서로 다른 종류의 도로 노선이 중복되는 도로의 구간에 대해서는 상급도로(제10조 각 호에 따른 도로의 순위를 기준으로 해당 도로보다 높은 순위의 도로를 말한다. 이하 같다)에 관한 규정을 적용한다.

② 국토교통부장관 또는 행정청은 다른 도로 노선과 중복되게 도로 노선을 지정·변경하려는 경우나 다른 도로 노선과 중복된 도로 노선을 변경·폐지하려는 경우에는 그 다른 도로 노선을 지정한 행정청 또는 국토교통부장관(해당 도로 노선을 지정한 행정청 또는 국토교통부장관이 해당 도로의 도로관리청이 아닌 경우에는 도로관리청을 포함한다)에게 그 사실을

알려야 한다.

제23조(도로관리청) ① 도로관리청은 다음 각 호의 구분에 따른다.
1. 제11조 및 제12조에 따른 고속국도와 일반국도: 국토교통부장관
2. 제15조제2항에 따른 국가지원지방도(이하 "국가지원지방도"라 한다): 도지사·특별자치도지사(특별시, 광역시 또는 특별자치시 관할구역에 있는 구간은 해당 특별시장, 광역시장 또는 특별자치시장)
3. 그 밖의 도로: 해당 도로 노선을 지정한 행정청

② 제1항에도 불구하고 특별시·광역시·특별자치시·특별자치도 또는 시의 관할구역에 있는 일반국도(우회국도 및 지정국도는 제외한다. 이하 이 조에서 같다)와 지방도는 각각 다음 각 호의 구분에 따라 해당 시·도지사 또는 시장이 도로관리청이 된다.
1. 특별시·광역시·특별자치시·특별자치도 관할구역의 동(洞) 지역에 있는 일반국도: 해당 특별시장·광역시장·특별자치시장·특별자치도지사
2. 특별자치시 관할구역의 동 지역에 있는 지방도: 해당 특별자치시장
3. 시 관할구역의 동 지역에 있는 일반국도 및 지방도: 해당 시장

제24조(도로 관리의 협의 및 재정) ① 제23조에도 불구하고 행정구역의 경계에 있는 도로는 관계 행정청이 협의하여 도로관리청과 관리방법을 따로 정할 수 있다.

② 제1항에 따른 협의가 성립되지 아니하면 관계 행정청은 특별시·광역시·특별자치시·도 또는 특별자치도(이하 "시·도"라 한다)의 경계에 있는 도로에 관하여는 국토교통부장관에게 재정을 신청하고, 그 밖의 도로에 관하여는 특별시장·광역시장 또는 도지사에게 각각 재정을 신청할 수 있다.

③ 제2항에 따른 재정이 있으면 제1항에 따른 협의가 있은 것으로 본다.

④ 관계 행정청은 제1항에 따른 협의나 제2항에 따른 재정이 있으면 그 내용을 고시하여야 한다.

제4장 도로구역 및 도로와 관련된 사업의 시행

제25조(도로구역의 결정) ① 도로관리청은 도로 노선의 지정·변경 또는 폐지의 고시가 있으면 지체 없이 해당 도로의 도로구역을 결정·변경 또는 폐지하여야 한다.

② 상급도로의 도로관리청(이하 "상급도로관리청"이라 한다)은 제1항에도 불구하고 해당 상급도로에 접속되거나 연결되는 하급도로(제10조 각 호에 따른 도로의 순위를 기준으로 해당 도로보다 낮은 순위의 도로를 말한다. 이하 같다)의 접속구간 또는 연결구간의 도로구역을 결정·변경 또는 폐지할 수 있다. 이 경우 상급도로관리청은 미리 하급도로의 도로관리청(이하 "하급도로관리청"이라 한다)의 동의를 받아야 한다.

③ 도로관리청은 제1항이나 제2항에 따라 도로구역을 결정·변경 또는 폐지하면 그 사유, 위치, 면적 등 대통령령으로 정하는 사항을 구체적으로 밝혀 국토교통부령으로 정하는 바에 따라 고시하고, 그 도면을 일반인이 열람할 수 있도록 하여야 한다.

▶ 판례 - 구 도로법 제24조에 의한 구체적인 도로구역을 결정할 때 행정주체가 가지는 재량의 정도

구 도로법(2014. 1. 14. 법률 제12248호로 전부 개정되기 전의 것, 이하 같다) 제24조에 의한 도로구역의 결정은 행정에 관한 전문적·기술적 판단을 기초로 도로망의 정비를 통한 교통의 발달과 공공복리의 향상이라는 행정목표를 달성하기 위한 행정작용으로서, 구 도로법과 하위법령에는 추상적인 행정목표와 절차만이 규정되어 있을 뿐 도로구역을 결정하는 기준이나 요건에 관하여는 별다른 규정을 두고 있지 않아 행정주체는 해당 노선을 이루는 구체적인 도로구역을 결정함에 있어서 비교적 광범위한 형성의 자유를 가진다. [대법원 2015.6.11, 선고, 2015두35215, 판결]

제26조(주민 등의 의견청취) ① 도로관리청은 제25조에 따라 도로구역을 결정·변경 또는 폐지하려는 경우에는 미리 해당 도로구역에 대한 주소, 도면, 면적 등 대통령령으로 정하는 사항을 공고하여 주민 및 관계 전문가 등의 의견을 들어야 한다. 다만, 대통령령으로 정하는 경미한 사항을 변경하는 경우에는 그러하지 아니하다.

② 제1항에 따른 공고, 주민 및 관계 전문

가 등의 의견청취에 필요한 사항은 대통령령으로 정한다.

제27조(행위제한 등) ① 도로구역 및 제26조제1항에 따라 공고를 한 도로구역 결정·변경 또는 폐지 예정지(이하 "도로구역 예정지"라 한다)에서 건축물의 건축, 공작물의 설치, 토지의 형질변경, 토석(土石)의 채취, 토지의 분할, 물건을 쌓아놓는 행위, 그 밖에 대통령령으로 정하는 행위를 하려는 자는 특별자치시장, 특별자치도지사, 시장·군수 또는 구청장(이하 이 조에서 "허가권자"라 한다)의 허가를 받아야 한다. 허가받은 사항을 변경하려는 경우에도 또한 같다.

② 다음 각 호의 어느 하나에 해당하는 행위는 도로구역 및 도로구역 예정지에서 제1항에도 불구하고 허가를 받지 아니하고 할 수 있다.

1. 재해 복구 또는 재난 수습에 필요한 응급조치를 위하여 하는 행위
2. 그 밖에 대통령령으로 정하는 행위

③ 제1항에 따라 허가를 받아야 하는 자가 제26조제1항에 따른 공고 전에 다음 각 호의 어느 하나에 해당하는 경우에는 대통령령으로 정하는 바에 따라 허가권자에게 신고를 하고 해당 행위를 계속할 수 있다.

1. 해당 행위가 관계 법령에 따라 허가·인가·면허·승인·해제·결정·동의 또는 협의 등(이하 "인·허가등"이라 한다)을 받아야 하는 행위인 경우 관계 법령에 따라 인·허가등을 받고 이미 그 공사 또는 사업에 착수한 자
2. 해당 행위가 관계 법령에 따라 신고를 하여야 하는 행위인 경우 관계 법령에 따라 신고를 하고 이미 그 공사 또는 사업에 착수한 자
3. 해당 행위가 관계 법령에 따라 인·허가등을 받거나 신고를 할 필요가 없는 행위인 경우 이미 그 공사 또는 사업에 착수한 자

④ 허가권자는 허가를 받지 아니하고 제1항에 따른 행위를 한 자에 대하여 원상회복을 명할 수 있다. 이 경우 명령을 받은 자가 원상회복을 이행하지 아니하는 경우 허가권자는 「행정대집행법」에 따라 대집행할 수 있다.

⑤ 제1항에 따라 허가를 받은 경우에는 「국토의 계획 및 이용에 관한 법률」 제56조에 따라 허가를 받은 것으로 본다. 이 경우 제1항에 따른 허가에 관하여 이 법에서 규정한 것을 제외하고는 「국토의 계획 및 이용에 관한 법률」 제57조부터 제60조까지 및 제62조를 준용한다.

⑥ 제1항에도 불구하고 제26조제1항에 따른 공고가 있은 날부터 5년 이내에 해당 도로구역 예정지에 대하여 제25조제3항에 따른 도로구역의 결정·변경 고시가 이루어지지 아니하면 제1항에 따른 허가를 받지 아니하고 제1항에 따른 행위를 할 수 있다.

제28조(입체적 도로구역) ① 도로관리청은 제25조에 따라 도로구역을 결정하거나 변경하는 경우 그 도로가 있는 지역의 토지를 적절하고 합리적으로 이용하기 위하여 필요하다고 인정하면 지상이나 지하 공간 등 도로의 상하의 범위를 정하여 도로구역으로 지정할 수 있다.

② 도로관리청은 제1항에 따른 도로구역(이하 "입체적 도로구역"이라 한다)을 지정할 때에는 토지·건물 또는 토지에 정착한 물건의 소유권이나 그 밖의 권리를 가진 자와 구분지상권(區分地上權)의 설정이나 이전을 위한 협의를 하여야 하며, 지상의 공간에 대한 협의가 이루어지지 아니하면 입체적 도로구역으로 지정할 수 없다. 이 경우 협의의 목적이 되는 소유권이나 그 밖의 권리, 구분지상권의 범위 등 협의의 내용에 포함되어야 할 사항은 대통령령으로 정한다.

③ 도로관리청은 제2항에 따라 토지의 지상 부분이나 지하 부분의 사용에 대하여 협의가 성립하면 구분지상권을 설정하거나 이전한다. 이 경우 구분지상권의 존속기간은 「민법」 제280조 및 제281조에도 불구하고 도로가 존속하는 때까지로 한다.

④ 도로관리청은 입체적 도로구역의 지하 부분에 대하여 「공익사업을 위한 토지 등의 취득 및 보상에 관한 법률」에 따라 구분지상권의 설정이나 이전을 내용으로 하는 관할 토지수용위원회(「공익사업을 위한 토지 등의 취득 및 보상에 관한 법률」 제51조에 따른 관할 토지수용위원회를 말한다. 이하 같다)의 수용재결이나 사용재결을 받으면 「부동산등기법」 제99조에 따라 단독으로 그 구분지상권의 설정등기나 이전등기를 신청할 수 있다.

⑤ 토지의 사용에 관한 구분지상권의 등기절차에 관하여 필요한 사항은 대법원규칙으로 정한다.

제29조(다른 법률에 따른 인·허가등의 의제) ① 도로관리청이 제25조에 따라 도로구역을 결정하거나 변경하면 다음 각 호의 인·허가등에 관하여 제2항에 따라 관계 행정기관의 장과 협의한 사항은 해당 인·허가등을 받은 것으로 보며, 도로구역의 결정·변경을 고시하면 해당 인·허가등을 고시하거나 공고한 것으로 본다. <개정 2015.7.24.>

1. 「공유수면 관리 및 매립에 관한 법률」 제8조에 따른 공유수면의 점용·사용허가, 같은 법 제17조에 따른 점용·사용 실시계획의 승인 또는 신고 및 같은 법 제28조에 따른 공유수면의 매립면허
2. 「광업법」 제24조에 따른 광업권 설정의 불허가, 같은 법 제34조에 따른 광업권의 취소처분 또는 광구(鑛區)의 감소처분
3. 「군사기지 및 군사시설 보호법」 제13조에 따른 행정기관의 허가 등에 관한 협의
4. 「국토의 계획 및 이용에 관한 법률」 제30조에 따른 도시·군관리계획의 결정(이 법 제10조에 따른 도로 및 이와 관련하여 완충 목적으로 설치하는 도시·군계획시설인 녹지와 교통광장만 해당한다), 같은 법 제56조에 따른 개발행위의 허가, 같은 법 제81조제2항에 따른 시가화조정구역(市街化調整區域)에서의 행위에 대한 허가, 같은 법 제88조에 따른 실시계획의 인가
5. 「농어촌도로 정비법」 제5조에 따른 도로정비 허가
6. 「농지법」 제34조에 따른 농지전용(農地轉用)의 허가 및 협의
7. 「도시공원 및 녹지 등에 관한 법률」 제24조제1항 및 제27조제1항 단서에 따른 도시공원의 점용허가 및 도시자연공원구역에서의 행위 허가
8. 「매장문화재 보호 및 조사에 관한 법률」 제8조에 따른 협의
9. 「사방사업법」 제14조에 따른 입목·죽(竹)의 벌채 등의 허가, 같은 법 제20조에 따른 사방지(砂防地) 지정의 해제
10. 「산림자원의 조성 및 관리에 관한 법률」 제36조제1항·제4항에 따른 입목벌채등의 허가 및 신고, 「산림보호법」 제9조제1항 및 제2항제1호·제2호에 따른 산림보호구역(산림유전자원보호구역은 제외한다)에서의 행위의 허가·신고와 같은 법 제11조제1항제1호에 따른 산림보호구역의 지정 해제
11. 「산업입지 및 개발에 관한 법률」 제12조에 따른 산업단지에서의 토지의 형질변경 등의 허가
12. 「산지관리법」 제8조에 따른 산지에서의 구역 등의 지정, 같은 법 제14조·제15조에 따른 산지전용허가 및 산지전용신고, 같은 법 제15조의2에 따른 산지일시사용허가·신고, 같은 법 제25조에 따른 토석[토사(土砂)로 한정한다]채취허가
13. 「소하천정비법」 제10조에 따른 소하천(小河川)공사 시행의 허가, 같은 법 제14조에 따른 소하천의 점용 등 허가
14. 「자연공원법」 제23조에 따른 공원구역에서의 행위허가
15. 「장사 등에 관한 법률」 제27조제1항에 따른 분묘의 개장(改葬) 허가
16. 「제주특별자치도 설치 및 국제자유도시 조성을 위한 특별법」 제355조제3항 단서, 제356조제2항 단서, 제358조제2항제3호에 따른 도로 신설 등의 허가
17. 「초지법」 제23조에 따른 초지전용의 허가
18. 「하천법」 제30조에 따른 하천공사 또는 하천의 유지·보수 허가 및 같은 법 제33조에 따른 하천의 점용허가

② 도로관리청은 제25조에 따라 도로구역을 결정하거나 변경하는 경우 제1항 각 호의 어느 하나에 해당하는 사항이 있으면 미리 관계 행정기관의 장과 협의하여야 하며, 협의를 요청받은 관계 행정기관의 장은 요청받은 날부터 20일 이내에 의견을 제출하여야 한다. 이 경우 그 기간 이내에 관계 행정기관의 장이 의견을 제출하지 아니하면 의견이 없는 것으로 본다.

③ 제2항에 따라 협의를 요청받은 관계 행정기관의 장은 제1항 각 호의 법률에 규정된 인·허가등의 기준에 따라 협의 시 의견을 제출하고 도로관리청과 협의하여야 한다.

④ 제1항 각 호의 어느 하나에 해당하는 사항을 관장하는 관계 행정기관의 장은 그 처리기준(처리 기준을 변경한 경우를 포함한다)을 국토교통부장관에게 통보하여야 하고, 국토교통부장관은 그 처리 기준을 통합하여 고시하여야 한다.

⑤ 도로관리청이 제39조제1항에 따라 도로의 사용 개시를 공고하면 제1항 각 호의 인·허가등에 따른 공사 또는 사업 등의 준공검사 또는 준공인가 등을 받은 것으로 본다.

第30條(도로구역 내 시설의 설치) 도로관리청은 도로의 효용을 훼손하지 않는 범위에서 도로 이용자의 편의를 증진하기 위해 도로구역에 도로의 부속물과 공공목적의 다음 각 호의 시설을 설치·운영할 수 있다.
1. 「도시공원 및 녹지 등에 관한 법률」 제2조제4호에 따른 공원시설
2. 「자원의 절약과 재활용촉진에 관한 법률」 제2조제10호에 따른 재활용시설
3. 「체육시설의 설치·이용에 관한 법률」 제6조에 따른 생활체육시설
4. 그 밖에 도로의 효용 증진과 공공목적을 위하여 필요한 시설로서 대통령령으로 정하는 시설

第31條(도로공사와 도로의 유지·관리 등) ① 도로공사와 도로의 유지·관리는 이 법이나 다른 법률에 특별한 규정이 있는 경우를 제외하고는 해당 도로의 도로관리청이 수행한다.
② 제1항에도 불구하고 국토교통부장관은 일반국도의 일부 구간에 대한 도로공사와 도로의 유지·관리에 관한 업무를 대통령령으로 정하는 바에 따라 도지사 또는 특별자치도지사가 수행하도록 할 수 있다. 이 경우 국토교통부장관은 미리 도지사 또는 특별자치도지사와 협의하여야 한다.
③ 국가지원지방도에 대한 도로공사에 필요한 조사·설계는 국토교통부장관이 실시한다. 다만, 특별시 또는 광역시 안의 국가지원지방도 구간에 대한 조사·설계는 특별시장 또는 광역시장이 실시하되, 국가지원지방도의 설계에 관하여는 국토교통부장관의 승인을 받아야 한다.
④ 국가지원지방도의 도로관리청은 제6조제1항 단서에 따라 국토교통부장관이 수립한 건설·관리계획과 제3항에 따른 조사·설계에 따라 국가지원지방도의 도로공사를 시행하여야 한다.
⑤ 제4항에도 불구하고 국가지원지방도의 도로관리청이 스스로 국가지원지방도의 건설비용을 부담하는 경우에는 국토교통부장관이 수립한 도로건설·관리계획에 따르지 아니하고 도로공사를 할 수 있다.

第32條(상급도로관리청의 도로공사 대행) ① 국토교통부장관은 필요하다고 인정하면 대통령령으로 정하는 바에 따라 관계 행정청이 하여야 하는 도로공사를 스스로 시행할 수 있다. 다만, 시도·군도 및 구도에 대한 도로공사는 제외한다.
② 특별시장·광역시장 또는 도지사는 필요하다고 인정하면 대통령령으로 정하는 바에 따라 관할구역의 시장·군수 또는 구청장이 하여야 하는 도로공사를 스스로 시행할 수 있다.
③ 국토교통부장관, 특별시장·광역시장 또는 도지사는 제1항 및 제2항에 따라 도로공사를 시행하는 경우 대통령령으로 정하는 바에 따라 해당 도로관리청의 권한을 대행할 수 있다.

第33條(타공작물의 공사시행) ① 도로관리청은 도로가 타공작물의 효용을 함께 갖추고 있거나 타공작물이 도로의 효용을 함께 갖추고 있는 경우 대통령령으로 정하는 바에 따라 타공작물의 관리자에게 도로공사를 시행하게 하거나 도로의 유지·관리를 하게 할 수 있으며, 도로관리청이 직접 타공작물에 관한 공사를 시행하거나 타공작물에 대한 유지·관리를 할 수 있다.
② 도로관리청이 제1항에 따라 타공작물에 관한 공사를 시행하거나 타공작물에 대한 관리를 할 경우 이를 도로공사 또는 도로의 유지·관리로 본다.
③ 도로관리청이 제1항에 따라 타공작물의 관리자에게 도로공사를 시행하게 하는 경우 해당 타공작물의 관리자는 도로공사를 마친 후 대통령령으로 정하는 바에 따라 도로관리청의 준공검사를 받아야 한다.
④ 도로관리청이 제1항에 따라 직접 타공작물에 관한 공사(타공작물의 관리는 제외한다. 이하 이 조에서 같다)를 시행하는 경우에는 타공작물의 관리자에게 대통령령으로 정하는 바에 따라 공사를 시행하기 전에 미리 통지하여야 하며, 공사를 준공하였을 때에는 해당 공사의 준공 사실을 통지하여야 한다. 다만, 타공작물의 관리자가 중앙 행정기관의 장, 시·도지사 또는 시장·군수·구청장인 경우에는 미리 협의하여야 한다.

第34條(부대공사의 시행) ① 도로관리청은 도로공사 외의 공사로서 다음 각 호의 어느 하나에 해당하는 공사(이하 "부대공사"라 한다)를 도로공사와 함께 시행할 수 있다. 이 경우 부대공사는 도로공사로 본다.
1. 도로공사를 시행하기 위하여 필요하게 된 공사
2. 도로공사로 인하여 필요하게 된 공사

② 도로관리청이 부대공사를 시행하는 경우에는 제33조제4항을 준용한다. 이 경우 "타공작물에 관한 공사"는 "부대공사"로, "타공작물"은 "관련 시설"로 본다.

제35조(공사 원인자 등에 대한 공사시행 명령 등) ① 도로관리청은 도로공사 외의 공사(이하 "타공사"라 한다) 또는 도로공사 외의 행위(이하 "타행위"라 한다)로 인하여 도로공사가 필요하게 되면 그 타공사의 시행자나 타행위를 한 자에게 그 도로공사를 시행하게 하거나 그 타공사의 시행자나 타행위를 한 자의 부담으로 직접 도로공사를 시행할 수 있다.
② 제1항에 따라 도로관리청이 타공사의 시행자나 타행위를 한 자에게 도로공사를 시행하게 한 경우에는 제33조제3항을 준용한다. 이 경우 "타공작물의 관리자"는 "타공사의 시행자나 타행위를 한 자"로 본다.
③ 제1항에 따라 도로관리청이 타공사의 시행자나 타행위를 한 자의 부담으로 직접 도로공사를 시행하는 경우에는 해당 타공사의 시행자나 타행위를 한 자에게 대통령령으로 정하는 바에 따라 공사를 시행하기 전에 미리 통지하여야 하고, 공사를 준공하였을 때에는 준공 사실을 통지하여야 한다.

제36조(도로관리청이 아닌 자의 도로공사 등) ① 도로관리청이 아닌 자는 도로공사를 시행하거나 도로의 유지·관리를 할 때에는 미리 대통령령으로 정하는 바에 따라 도로관리청의 허가를 받아야 한다. 다만, 다음 각 호의 어느 하나에 해당하는 경우 도로관리청이 아닌 자는 도로관리청의 허가를 받지 아니하고 도로공사를 시행하거나 도로의 유지·관리를 할 수 있다.

1. 제33조제1항에 따라 타공작물의 관리자가 도로공사를 시행하는 경우 또는 제35조제1항에 따라 타공사의 시행자나 타행위를 한 자가 도로공사를 시행하는 경우
2. 상급도로관리청이 상급도로의 공사를 시행할 때 상급도로와 접속되거나 연결되는 하급도로의 접속구간 또는 연결구간의 도로공사를 시행하는 경우. 이 경우 상급도로관리청은 대통령령으로 정하는 바에 따라 미리 해당 하급도로관리청과 협의하여야 한다.
3. 대통령령으로 정하는 경미한 도로의 유지·관리인 경우

② 제1항에 따라 도로관리청의 허가를 받은 자는 대통령령으로 정하는 바에 따라 공사착수 사실을 도로관리청에 신고하여야 하고, 공사를 준공하였을 때에는 도로관리청의 준공검사를 받아야 한다.
③ 제1항제2호에 따라 상급도로관리청이 하급도로의 도로공사를 시행하는 경우에는 공사를 준공하였을 때 대통령령으로 정하는 바에 따라 해당 하급도로관리청에 통지하여야 한다.

제37조(공공단체 또는 사인의 도로공사 등) 도로관리청은 도로에 관하여 직접적인 이해관계가 있는 공공단체 또는 사인(私人)에게 대통령령으로 정하는 경미한 도로공사나 도로의 유지·관리를 하게 할 수 있다.

제38조(공공시설의 귀속) ① 도로관리청이 도로공사로 새로 공공시설(「국토의 계획 및 이용에 관한 법률」 제2조제13호에 따른 공공시설을 말한다. 이하 같다)을 설치하거나 기존의 공공시설에 대체되는 시설을 설치한 경우에는 「국유재산법」과 「공유재산 및 물품 관리법」에도 불구하고 새로 설치된 공공시설은 그 시설을 관리할 관리청에 무상으로 귀속되고, 종래의 공공시설은 도로관리청에게 무상으로 귀속된다.
② 도로관리청은 제1항에 따른 공공시설의 귀속에 관한 사항이 포함된 도로공사를 하려면 미리 해당 공공시설이 속한 관리청의 의견을 들어야 한다. 다만, 관리청이 지정되지 아니한 경우에는 관리청이 지정된 후 준공되기 전에 관리청의 의견을 들어야 하며, 관리청이 불분명한 경우에는 도로·하천 등에 대하여는 국토교통부장관을 관리청으로 보고, 그 외의 재산에 대하여는 기획재정부장관을 관리청으로 본다.
③ 도로관리청이 제2항에 따라 관리청의 의견을 듣고 도로공사를 한 경우 도로관리청은 그 허가에 포함된 공공시설의 점용 및 사용에 관하여 관계 법률에 따른 승인·허가를 받은 것으로 보아 도로공사를 할 수 있다. 이 경우 해당 공공시설의 점용 또는 사용에 따른 점용료 또는 사용료는 면제된 것으로 본다.
④ 도로관리청은 도로공사가 끝나 제39조제1항에 따라 사용을 개시한 때에는 해당 시설의 관리청에 공공시설의 종류와 토지의 세목(細目)을 통지하여야 한다. 이 경우 공공시설은 그 통지한 날에 해당 시설을 관리할 관리청과 도로관리청에게 각각 귀속된 것으로 본다.

⑤ 제1항, 제2항 및 제4항에 따른 공공시설을 등기할 때에 「부동산등기법」에 따른 등기원인을 증명하는 서면은 제39조 제1항에 따른 사용을 개시함을 증명하는 서면으로 갈음한다.

▶ 판례 – 도로법 제38조에 규정된 '도로의 점용'의 의미 및 지하연결통로를 설치·사용하는 행위가 도로의 점용인지 판단하는 기준 [대법원 2014.5.29, 선고, 2012두27749, 판결]

제5장 도로의 사용 및 관리

제39조(도로의 사용 개시 및 폐지) ① 도로관리청은 도로 구간의 전부 또는 일부의 사용을 개시하거나 폐지하려면 국토교통부령으로 정하는 바에 따라 이를 공고하고 그 도면을 일반인이 열람할 수 있게 하여야 한다. 다만, 기존 도로와 중복하여 노선을 지정하였거나 변경하였을 경우 그 중복되는 구간의 도로에 대해서는 그러하지 아니하다.
② 새로 건설된 일반국도의 사용을 개시하는 경우 해당 도로관리청은 새로 건설된 일반국도가 대체하는 기존 일반국도 구간에 대해서는 제1항에 따라 일반국도의 사용을 폐지하여야 한다. 다만, 기존 일반국도 구간을 일반국도로 계속 사용할 필요가 있는 경우에는 그러하지 아니하다.
③ 제2항에 따라 폐지되는 일반국도 구간의 도로관리청은 그 구간이 속하는 지역의 관할 도지사 또는 특별자치도지사에게 일반국도의 사용 폐지사실을 통보하여야 한다. 이 경우 통보를 받은 도지사 또는 특별자치도지사는 폐지되는 일반국도 구간에 대하여 지체 없이 지방도로 새로운 노선을 지정하고 도로관리청으로서 이를 관리하여야 한다.
④ 도지사 또는 특별도지사는 제3항에 따라 지방도로 노선을 지정하는 것이 곤란할 때에는 지체 없이 그 사실을 폐지되는 일반국도의 구간이 속하는 지역의 관할 시장이나 군수에게 통보하여야 한다. 이 경우 통보를 받은 시장이나 군수는 폐지되는 일반국도 구간에 대하여 지체 없이 시도 또는 군도로 새로운 노선을 지정하고 도로관리청으로서 이를 관리하여야 한다.
⑤ 도지사 또는 특별도지사가 새로 건설된 지방도의 사용을 개시하면서 기존 지방도 구간에 대하여 지방도의 사용을 폐지하는 경우에 제2항 및 제3항을 준용한다. 이 경우 "일반국도"는 각각 "지방도"로, "도지사"는 각각 "시장 또는 군수"로, "지방도"는 "시도 또는 군도"로 본다.

제40조(접도구역의 지정 및 관리) ① 도로관리청은 도로 구조의 파손 방지, 미관(美觀)의 훼손 또는 교통에 대한 위험 방지를 위하여 필요하면 소관 도로의 경계선에서 20미터(고속국도의 경우 50미터)를 초과하지 아니하는 범위에서 대통령령으로 정하는 바에 따라 접도구역(接道區域)을 지정할 수 있다.
② 도로관리청은 제1항에 따라 접도구역을 지정하면 지체 없이 이를 고시하고, 국토교통부령으로 정하는 바에 따라 그 접도구역을 관리하여야 한다.
③ 누구든지 접도구역에서는 다음 각 호의 행위를 하여서는 아니 된다. 다만, 도로 구조의 파손, 미관의 훼손 또는 교통에 대한 위험을 가져오지 아니하는 범위에서 하는 행위로서 대통령령으로 정하는 행위는 그러하지 아니하다.
1. 토지의 형질을 변경하는 행위
2. 건축물, 그 밖의 공작물을 신축·개축 또는 증축하는 행위

④ 도로관리청은 도로 구조나 교통안전에 대한 위험을 예방하기 위하여 필요하면 접도구역에 있는 토지, 나무, 시설, 건축물, 그 밖의 공작물(이하 "시설등"이라 한다)의 소유자나 점유자에게 상당한 기간을 정하여 다음 각 호의 조치를 하게 할 수 있다.
1. 시설등이 시야에 장애를 주는 경우에는 그 장애물을 제거할 것
2. 시설등이 붕괴하여 도로에 위해(危害)를 끼치거나 끼칠 우려가 있으면 그 위해를 제거하거나 위해 방지시설을 설치할 것
3. 도로에 토사 등이 쌓이거나 쌓일 우려가 있으면 그 토사 등을 제거하거나 토사가 쌓이는 것을 방지할 수 있는 시설을 설치할 것
4. 시설등으로 인하여 도로의 배수시설에 장애가 발생하거나 발생할 우려가 있으면 그 장애를 제거하거나 장애의 발생을 방지할 수 있는 시설을 설치할 것

제41조(접도구역에 있는 토지의 매수청구) ① 접도구역에 있는 토지가 다음 각 호의 어느 하나에 해당하는 경우 해당 토지의 소유자

는 도로관리청에 해당 토지의 매수를 청구할 수 있다.

1. 접도구역에 있는 토지를 종래의 용도대로 사용할 수 없어 그 효용이 현저하게 감소한 경우
2. 접도구역의 지정으로 해당 토지의 사용 및 수익이 사실상 불가능한 경우

② 제1항 각 호의 어느 하나에 해당하는 토지(이하 "매수대상토지"라 한다)의 매수를 청구할 수 있는 소유자는 다음 각 호의 어느 하나에 해당하는 자이어야 한다.

1. 접도구역이 지정될 당시부터 해당 토지를 계속 소유한 자
2. 토지의 사용·수익이 불가능하게 되기 전에 해당 토지를 취득하여 계속 소유한 자
3. 제1호 또는 제2호에 해당하는 자로부터 해당 토지를 상속받아 계속 소유한 자

③ 상급도로의 접도구역과 하급도로의 접도구역이 중첩된 경우 매수대상토지의 소유자는 상급도로관리청에 제1항에 따른 매수청구를 하여야 한다.

④ 도로관리청은 제1항에 따라 매수청구를 받은 경우 해당 토지가 효용의 감소 등 대통령령으로 정한 기준에 해당되면 이를 매수하여야 한다.

제42조(매수청구의 절차 등) ① 도로관리청은 제41조제1항에 따라 매수청구를 받은 날부터 2개월 이내에 해당 토지가 매수대상토지인지 여부 및 매수 예상가격 등을 매수청구인에게 알려야 한다.

② 도로관리청은 제1항에 따라 매수대상토지로 통보한 토지에 대해서는 매수계획을 수립하여 5년의 범위에서 대통령령으로 정하는 기간에 해당 매수대상토지를 매수하여야 한다.

③ 매수대상토지의 매수가격(이하 "매수가격"이라 한다)은 매수청구 당시의 「부동산 가격공시에 관한 법률」에 따른 공시지가를 기준으로 그 공시기준일부터 매수청구인에게 대금을 지급하려는 날까지의 기간 동안 대통령령으로 정하는 지가변동률, 생산자물가상승률, 해당 토지의 위치·형상·환경 및 이용 상황 등을 고려하여 평가한 금액으로 한다. <개정 2016.1.19.>

④ 제1항부터 제3항까지의 규정에 따라 도로관리청이 매수한 토지는 해당 도로관리청이 국토교통부장관인 경우에는 국가에 귀속되고, 해당 도로관리청이 국토교통부장관이 아닌 경우에는 해당 도로관리청이 속한 지방자치단체에 귀속된다.

⑤ 제1항부터 제3항까지의 규정에 따라 매수대상토지를 매수하는 경우 매수가격의 산정 방법, 매수 절차, 그 밖에 필요한 사항은 대통령령으로 정한다.

제43조(감정평가 비용의 부담) ① 제42조제3항에 따른 매수가격의 산정을 위한 감정평가 등에 드는 비용은 도로관리청이 부담한다.

② 제1항에도 불구하고 도로관리청은 매수가격의 산정을 위한 감정평가 절차가 시작된 후에 매수청구인이 정당한 사유 없이 매수청구를 철회하면 대통령령으로 정하는 바에 따라 감정평가에 드는 비용의 전부 또는 일부를 매수청구인에게 부담시킬 수 있다. 다만, 매수예상가격에 비하여 매수가격이 대통령령으로 정하는 비율 이상으로 떨어진 경우에는 그러하지 아니하다.

③ 매수청구인이 제2항 본문에 따라 부담하여야 하는 비용을 내지 아니하면 국세 또는 지방세 체납처분의 예에 따라 징수한다.

④ 제2항에 따라 감정평가 절차를 진행할 경우 도로관리청은 매수청구인에게 감정평가가 시작됨을 사전에 알려주어야 한다.

제44조(협의에 의한 토지의 매수) ① 도로관리청은 접도구역을 지정한 목적을 달성하기 위하여 필요하면 접도구역에 있는 토지 및 그 정착물의 소유자와 협의하여 해당 토지 및 그 정착물을 매수할 수 있다. 이 경우 매수한 토지 및 그 정착물의 귀속에 관하여는 제42조제4항을 준용한다.

② 제1항에 따라 접도구역의 토지 및 그 정착물을 협의 매수하는 경우에 그 매수가격의 산정시기·방법 및 기준 등에 관하여는 「공익사업을 위한 토지 등의 취득 및 보상에 관한 법률」 제67조제1항, 제70조, 제71조, 제74조, 제75조, 제75조의2, 제76조, 제77조 및 제78조제5항부터 제9항까지의 규정을 준용한다.

제45조(도로보전입체구역) ① 도로관리청은 입체적 도로구역을 지정한 경우 그 도로의 구조를 보전하거나 교통의 위험을 방지하기 위하여 필요하면 그 도로에 상하의 범위를 정하여 도로를 보호하기 위한 구역(이하 "도로보전입체구역"이라 한다)을 지정할 수 있다.

② 도로보전입체구역은 해당 도로의 구조를 보전하거나 교통의 위험을 방지하기 위하여 필

요한 최소한도의 범위로 지정하여야 한다.
③ 도로관리청은 도로보전입체구역을 지정하려면 국토교통부령으로 정하는 바에 따라 미리 그 사실을 고시하고, 그 도면을 일반인이 열람할 수 있도록 하여야 한다. 그 지정을 변경하거나 해제하려는 경우에도 같다.

제46조(도로보전입체구역에서의 행위제한 등) ① 도로보전입체구역에 있는 시설등의 소유자나 점유자는 그 시설등으로 인하여 발생하는 도로구조나 교통안전에 대한 위험을 방지하기 위하여 필요한 조치를 하여야 한다.
② 도로보전입체구역에 있는 시설등의 소유자나 점유자에 대한 조치는 제40조제4항을 준용한다.
③ 도로보전입체구역에서는 고가도로의 교각 주변이나 지반면(地盤面) 아래에 위치하는 도로의 상하에 있는 토석을 채취하는 행위, 그 밖에 대통령령으로 정하는 행위를 하여 도로구조나 교통안전에 위험을 끼쳐서는 아니 된다.

제47조(고속국도 통행 방법 등) ① 고속국도에서는 자동차만을 사용해서 통행하거나 출입하여야 한다.
② 국토교통부장관은 고속국도의 입구나 그 밖에 필요한 장소에 제1항의 내용과 고속국도의 통행을 금지하거나 제한하는 대상 등을 구체적으로 밝힌 도로표지를 설치하여야 한다.

제47조의2(고속국도 휴게시설 등에의 도로안전시설 설치 및 관리) ① 국토교통부장관은 고속국도에 연결된 휴게시설, 주차장 등 대통령령으로 정하는 시설을 이용하는 보행자의 안전과 차량의 원활한 통행을 위하여 과속방지시설 등 도로안전시설을 설치하고 관리하여야 한다.
② 제1항에 따른 도로안전시설의 설치 및 관리에 필요한 사항은 국토교통부령으로 정한다.
[본조신설 2015.1.6.]

제48조(자동차전용도로의 지정) ① 도로관리청은 다음 각 호의 어느 하나에 해당하는 경우에는 대통령령으로 정하는 바에 따라 자동차전용도로 또는 전용구역(이하 "자동차전용도로"라 한다)을 지정할 수 있다. 이 경우 자동차전용도로로 지정하려는 도로에 둘 이상의 도로관리청이 있으면 관계되는 도로관리청이 공동으로 자동차전용도로를 지정하여야 한다.
1. 도로의 교통량이 현저히 증가하여 차량(「자동차관리법」 제2조제1호에 따른 자동차와 「건설기계관리법」 제2조제1항제1호에 따른 건설기계를 말한다. 이하 같다)의 능률적인 운행에 지장이 있는 경우
2. 도로의 일정한 구간에서 원활한 교통소통을 위하여 필요한 경우
② 도로관리청이 제1항에 따라 자동차전용도로를 지정할 때에는 해당 구간을 연결하는 일반 교통용의 다른 도로가 있어야 한다.
③ 제1항에 따라 자동차전용도로를 지정하는 도로관리청은 다음 각 호의 구분에 따라 경찰청장 등의 의견을 들어야 한다.
1. 도로관리청이 국토교통부장관인 경우: 경찰청장
2. 도로관리청이 특별시장·광역시장·도지사 또는 특별자치도지사인 경우: 관할 지방경찰청장
3. 도로관리청이 특별자치시장, 시장·군수 또는 구청장인 경우: 관할 경찰서장
④ 도로관리청은 제1항에 따라 자동차전용도로를 지정할 때에는 대통령령으로 정하는 바에 따라 이를 공고하여야 한다. 그 지정을 변경하거나 해제할 때에도 같다.
⑤ 자동차전용도로의 구조 및 시설기준 등 자동차전용도로의 지정에 필요한 사항은 국토교통부령으로 정한다.

제49조(자동차전용도로의 통행 방법 등) ① 자동차전용도로에서는 차량만을 사용해서 통행하거나 출입하여야 한다.
② 도로관리청은 자동차전용도로의 입구나 그 밖에 필요한 장소에 제1항의 내용과 자동차전용도로의 통행을 금지하거나 제한하는 대상 등을 구체적으로 밝힌 도로표지를 설치하여야 한다.

제50조(도로의 구조·시설 기준 등) 도로의 구조 및 시설, 도로의 안전점검, 보수 및 유지·관리의 기준은 국토교통부령으로 정하되, 도로공사에 따르는 자연생태계의 훼손 및 인근 주민 등의 환경피해를 최소화하고 도로구조나 교통의 안전을 확보할 수 있도록 정하여야 한다. <개정 2016.12.2.>

제51조(도로와 다른 시설의 교차 방법) 고속국도, 자동차전용도로 또는 대통령령으로 정하는 도로와 다른 도로, 철도, 궤도, 교통용으로 사용하는 통로나 그 밖의 시설을 교차

시키려는 경우에는 특별한 사유가 없으면 입체교차시설로 하여야 한다.

제52조(도로와 다른 시설의 연결) ① 도로관리청이 아닌 자는 고속국도, 자동차전용도로, 그 밖에 대통령령으로 정하는 도로에 다른 도로나 통로, 그 밖의 시설을 연결시키려는 경우에는 미리 도로관리청의 허가를 받아야 하며, 허가받은 사항을 변경하려는 경우에도 또한 같다. 이 경우 고속국도나 자동차전용도로에는 도로, 「국토의 계획 및 이용에 관한 법률」 제60조제1항 각 호에 따른 개발행위로 설치하는 시설 또는 해당 시설을 연결하는 통로 외에는 연결시키지 못한다.

② 제1항에 따라 도로에 다른 도로, 통로나 그 밖의 시설을 연결시키려는 자는 도로에 연결시키려는 해당 시설을 소유하거나 임대하는 등의 방법으로 해당 시설을 사용할 수 있는 권원을 확보하여야 한다.

③ 제1항에 따른 허가(이하 "연결허가"라 한다)의 기준·절차 등 필요한 사항은 고속국도 및 일반국도(제23조제2항에 따라 시·도지사 또는 시장·군수·구청장이 도로관리청이 되는 일반국도는 제외한다)에 관하여는 국토교통부령으로 정하고, 그 밖의 도로에 관하여는 해당 도로관리청이 속해 있는 지방자치단체의 조례로 정한다.

④ 도로관리청은 연결허가를 할 때 도로와 다른 도로, 통로나 그 밖의 시설을 연결하면 대량의 교통수요가 발생할 우려가 있거나 교통체계상 다른 시설의 설치가 필요하다고 인정하는 경우에는 그 연결허가를 받는 자에게 원활한 교통 소통을 위한 시설의 설치·관리 등 필요한 조치를 하도록 할 수 있다.

⑤ 연결허가를 받아 도로에 연결하는 시설에 대하여는 제61조에 따른 도로점용허가를 받은 것으로 본다.

제53조(진출입로 등의 사용 등) ① 연결허가를 받은 시설 중 도로와 연결되는 시설이 다른 도로나 통로 등 일반인의 통행에 이용하는 시설(이하 "진출입로"라 한다)인 경우 해당 연결허가를 받은 자는 일반인의 통행을 제한하여서는 아니 된다.

② 연결허가를 받은 자가 아닌 자가 새로운 연결허가를 받기 위하여 필요한 경우에는 다른 자가 먼저 연결허가를 받은 진출입로를 공동으로 사용할 수 있다. 이 경우 먼저 연결허가를 받은 자는 진출입로의 공동사용 동의 등 새로운 연결허가를 받으려는 자가 연결허가를 받는데 필요한 협력을 하여야 한다.

③ 제2항에 따라 먼저 연결허가를 받은 자는 새로운 연결허가를 받기 위하여 진출입로를 공동 사용하려는 자에게 공동사용 부분에 대한 비용의 분담을 요구할 수 있다.

④ 제3항에 따른 비용의 분담 금액은 진출입로의 사용면적을 기준으로 결정하되 구체적인 분담 금액의 결정 방법은 국토교통부령으로 정한다. 다만, 공동사용 부분에 대한 비용의 분담에 대해 다른 법령에서 달리 정하고 있는 경우에는 그에 따른다.

⑤ 제2항에 따라 새로운 연결허가를 받으려는 자는 먼저 연결허가를 받은 자가 정당한 이유 없이 진출입로의 공동사용에 응하지 아니하는 경우 제4항에 따라 산정한 비용을 공탁(供託)하고 도로관리청에 연결허가를 신청할 수 있다. 이 경우 연결허가 신청을 받은 도로관리청은 공탁이 적정한지 여부를 검토하고 새로운 연결허가를 할 수 있다.

제54조(보도의 설치 및 관리) ① 도로관리청은 보행자의 안전과 차량의 원활한 통행을 위하여 필요하다고 인정되면 도로에 보도를 설치하고 관리할 수 있다.

② 보도의 설치 기준, 구조 등에 관하여 필요한 사항은 국토교통부령으로 정한다.

제55조(도로표지) ① 도로관리청은 도로의 구조를 보전하고 교통을 원활하게 하기 위하여 필요한 장소에 도로표지를 설치하고 관리하여야 한다.

② 제1항에 따른 도로표지의 종류·서식과 그 밖에 도로표지에 필요한 사항은 국토교통부령으로 정한다.

제56조(도로대장) ① 도로관리청은 소관 도로에 대한 도로대장을 작성하여 보관하여야 한다.

② 제1항에 따른 도로대장의 작성, 기재사항, 보관, 그 밖에 필요한 사항은 국토교통부령으로 정한다.

제57조(도로관리원) ① 도로관리청은 효율적으로 도로를 관리하기 위하여 필요하면 소속 공무원 중에서 도로관리원을 임명할 수 있다.

② 도로관리원은 다음 각 호에 해당되는 자에게 공사의 중지, 도로구역 또는 접도구역에 있는 공작물이나 그 밖의 물건에 대한 개축·이전·제거를 명할 수 있으며, 그 공작물이나 물건 때문에 생길 수 있는 위해를 예방하기 위하여 그 소유자 또는 점유자에게 필요한 조치를 하도록 할 수 있다.
1. 제36조, 제40조제3항, 제46조제1항·제3항, 제47조제1항, 제49조제1항, 제61조제1항, 제73조 또는 제75조를 위반한 자
2. 제40조제4항, 제46조제2항, 제76조제1항 또는 제77조에 따른 처분을 위반한 자

③ 제2항에 따라 공사를 중지하도록 명하거나 도로의 안전 등을 위한 조치를 하려는 도로관리원은 그 권한을 표시하는 증표를 지니고 이를 관계인에게 보여 주어야 한다.
④ 제3항에 따른 증표에 관하여는 국토교통부령으로 정한다.

제58조(도로와 관련한 연구·개발 사업 등) ① 국토교통부장관은 도로의 체계적인 계획, 건설, 보수, 유지·관리 등에 관한 연구·개발 사업을 추진할 수 있다.
② 국토교통부장관은 제1항에 따른 연구·개발 성과의 이용 및 보급을 위하여 필요하면 대통령령으로 정하는 바에 따라 시범사업을 실시할 수 있다.

제59조(도로 계획 등의 정보화) ① 국토교통부장관은 도로의 계획, 건설, 보수, 유지·관리 등과 관련하여 다음 각 호의 업무에 관한 정보시스템을 개발하거나 기존 정보시스템을 지정하여 일반에게 보급할 수 있다.
1. 도로의 계획·건설에 관한 업무
2. 도로포장, 도로 비탈면, 교량 및 터널 등 도로시설물의 보수, 유지·관리에 관한 업무
3. 그 밖에 도로의 계획, 건설, 보수, 유지·관리에 대한 사항으로서 국토교통부장관이 필요하다고 인정하는 업무

② 국토교통부장관은 제1항에 따라 정보시스템을 개발하거나 기존의 정보시스템을 지정하는 경우에는 관련 행정청의 의견을 들어야 한다.

제60조(도로교통정보체계의 구축·운영 등) ① 도로관리청은 도로의 이용 및 관리 업무를 효율적으로 추진하기 위하여 도로교통정보체계를 구축·운영할 수 있다.
② 도로관리청은 도로교통정보체계를 통하여 다음 각 호의 도로정보를 수집·가공하여 일반 국민에게 제공할 수 있다.
1. 도로의 소통 정보
2. 도로에서의 사고 정보
3. 그 밖에 대통령령으로 정하는 사항

③ 도로교통정보체계를 통하여 관리되는 정보의 내용과 도로교통정보체계의 구축·운영 또는 이를 활용한 정보의 제공 및 그 업무 처리에 필요한 사항은 대통령령으로 정한다.

제6장 도로의 점용

제61조(도로의 점용 허가) ① 공작물·물건, 그 밖의 시설을 신설·개축·변경 또는 제거하거나 그 밖의 사유로 도로(도로구역을 포함한다. 이하 이 장에서 같다)를 점용하려는 자는 도로관리청의 허가를 받아야 한다. 허가받은 기간을 연장하거나 허가받은 사항을 변경(허가받은 사항 외에 도로 구조나 교통안전에 위험이 되는 물건을 새로 설치하는 행위를 포함한다)하려는 때에도 같다.
② 제1항에 따라 허가를 받아 도로를 점용할 수 있는 공작물·물건, 그 밖의 시설의 종류와 허가의 기준 등에 관하여 필요한 사항은 대통령령으로 정한다.
③ 도로관리청은 같은 도로(토지를 점용하는 경우로 한정하며, 입체적 도로구역을 포함한다)에 제1항에 따른 허가를 신청한 자가 둘 이상인 경우에는 일반경쟁에 부치는 방식으로 도로의 점용 허가를 받을 자를 선정할 수 있다.
④ 제3항에 따라 일반경쟁에 부치는 방식으로 도로점용허가를 받을 자를 선정할 수 있는 경우의 기준, 도로의 점용 허가를 받을 자의 선정 절차 등에 관하여 필요한 사항은 대통령령으로 정한다.

제62조(도로점용에 따른 안전관리 등) ① 대통령령으로 정하는 공작물이나 물건, 그 밖의 시설(차량의 진출입로를 포함한다)을 신설·개축·변경 또는 제거하거나 그 밖의 목적으로 도로를 점용하기 위하여 제61조제1항에 따른 허가(이하 "도로점용허가"라 한다)를 받은 자는 대통령령으로 정하는 바에 따라 안전시설 또는 안전표지를 설치하는 등

보행자 안전사고를 방지하기 위한 대책을 마련하여야 한다. <개정 2017.11.28.>

② 도로의 굴착이나 그 밖에 토지의 형질변경이 수반되는 공사를 목적으로 도로점용허가를 받은 자는 해당 공사를 마치면 국토교통부령으로 정하는 바에 따라 도로관리청의 준공확인을 받아야 한다. 이 경우 대통령령으로 정하는 주요 지하 매설물(이하 "주요지하매설물"이라 한다)을 설치하는 공사를 마친 경우에는 그 준공도면을 도로관리청에 제출하여야 하며, 도로관리청은 국토교통부령으로 정하는 바에 따라 이를 보관·관리하여야 한다.

③ 다른 법률에 따라 인가·허가 등을 받으면 주요지하매설물 설치에 관한 공사의 준공확인을 받은 것으로 보는 경우 다른 법률에 따라 인가·허가 등의 신청을 받은 소관 행정기관의 장은 해당 인가·허가 등을 하기 전에 미리 도로관리청과 협의할 때에 주요지하매설물에 관한 준공도면의 사본을 도로관리청에 보내야 한다.

④ 도로관리청은 주요지하매설물이 설치된 도로에 대하여 굴착공사가 따르는 도로점용허가를 하면 그 주요지하매설물의 관리자에게 이를 알려야 한다.

⑤ 도로점용허가를 받은 자가 주요지하매설물이 있는 도로에서 굴착공사를 하려면 그 주요지하매설물의 관리자를 참여시켜야 한다.

⑥ 도로관리청은 주요지하매설물의 현황을 조사하기 위하여 도로점용허가(다른 법률에 따라 도로점용허가를 받은 것으로 보는 경우를 포함한다)를 받은 자 또는 도로공사의 준공확인을 받은 자에게 국토교통부령으로 정하는 바에 따라 필요한 자료 제출을 요구할 수 있으며, 자료 제출 요구를 받은 자는 정당한 사유가 없으면 이에 따라야 한다.

第63조(도로점용허가의 취소) ① 도로관리청은 도로점용허가를 받은 자가 다음 각 호의 어느 하나에 해당하면 그 도로점용허가를 취소할 수 있다. <개정 2017.11.28.>

1. 도로점용허가 목적과 다른 목적으로 도로를 점용한 경우
2. 도로점용허가를 받은 날부터 1년 이내에 해당 도로점용허가의 목적이 된 공사에 착수하지 아니한 경우. 다만, 정당한 사유가 있는 경우에는 1년의 범위에서 공사의 착수기간을 연장할 수 있다.

2의2. 제62조제1항에 따른 안전사고 방지대책을 이행하지 아니한 경우

3. 제66조에 따른 점용료를 납부하지 아니하는 경우
4. 도로점용허가를 받은 자가 스스로 도로점용허가의 취소를 신청하는 경우

② 제1항에 따른 도로점용허가의 취소 절차, 방법 등은 국토교통부령으로 정한다.

第64조(공익사업을 위한 도로의 점용) 도로관리청은 다른 법률의 규정에 따라 토지를 수용하거나 사용할 수 있는 공익사업을 위한 도로점용허가를 거부할 수 없다. 다만, 다음 각 호의 어느 하나에 해당하는 경우에는 그러하지 아니하다.

1. 교통량이 현저히 증가하는 경우
2. 특별히 너비가 좁은 도로로서 교통을 위하여 부득이한 경우
3. 그 밖에 정당한 사유가 있는 경우

▶ 판례 – '도로와 다른 도로 등과의 연결에 관한 규칙' 제6조 제7호에서 정한 '측도' 로 인하여 일반국도에 다른 도로 등의 연결허가가 금지되는 구간에 해당하는지 여부를 판단하는 기준

도로법 제64조에 따라 도로에 다른 도로, 통로, 그 밖의 시설을 연결시키려는 경우의 허가기준, 허가절차, 설치기준 등에 관하여 규정하고 있는 '도로와 다른 도로 등과의 연결에 관한 규칙' 은 제6조 제7호에서 일반국도 중 다른 도로 등의 연결을 허가해서는 안 되는 구간으로 '버스 정차대, 측도(側道) 등 주민편의시설이 설치되어 이를 옮겨 설치할 수 없거나 옮겨 설치하는 경우 주민 통행에 위험이 발생될 우려가 있는 구간' 을 규정하고 있는바, 국도 옆에 측도를 설치하는 목적은 본래 마을주민의 통행의 편의와 국도 인근 토지에서 국도로 곧바로 진입하지 못하도록 하여 국도 본선의 편의성 및 안전성을 높이는 데 있으므로, 측도로 인하여 연결허가가 금지되는 구간에 해당하는지 여부를 판단할 때에는 도로연결로 인하여 그와 같은 측도의 기능이 저해될 가능성이 있는지를 기준으로 해야 한다. [대법원 2014.5.29, 선고, 2012두11140, 판결]

第65조(도로 점용공사의 대행) ① 도로관리청은 도로구조의 보전을 위하여 필요하다고 인정하면 도로점용허가의 목적이 된 공사를 대행할 수 있다. 이 경우 해당 공사는 도로공사로 본다.

② 제1항의 경우에 도로관리청은 해당 공사의 내용과 시기를 도로점용허가를 받은 자에게 미리 알려야 한다.

제66조(점용료의 징수 등) ① 도로관리청은 도로점용허가를 받아 도로를 점용하는 자로부터 점용료를 징수할 수 있다.

② 도로관리청은 다음 각 호의 어느 하나에 해당하는 경우에는 이미 징수한 점용료 중 도로점용허가 취소 등의 사유로 도로를 점용하지 아니하게 된 기간분의 점용료를 반환하여야 한다.

1. 제63조에 따라 도로점용허가를 취소한 경우
2. 제96조에 따라 도로점용허가를 취소한 경우
3. 그 밖에 도로점용허가 기간이 종료하기 전에 도로점용을 종료한 경우 등 대통령령으로 정하는 경우

③ 도로관리청은 제1항에 따른 점용료(이하 "점용료"라 한다) 징수를 위하여 필요하면 「부동산등기법」 제109조에 따른 등기정보자료 및 「건축법」 제32조에 따른 전자정보처리 시스템을 이용할 수 있다.

④ 점용료의 산정기준, 제2항에 따른 점용료의 반환 방법 등 점용료의 징수 및 반환 등에 필요한 사항은 고속국도 및 일반국도(제23조제2항에 따라 시·도지사 또는 시장·군수·구청장이 도로관리청이 되는 일반국도는 제외한다)에 관하여는 대통령령으로 정하고, 그 밖의 도로에 관하여는 대통령령으로 정하는 범위에서 해당 도로관리청이 속하는 지방자치단체의 조례로 정한다.

⑤ 제4항에도 불구하고 제61조제3항에 따라 일반경쟁에 부치는 방식으로 도로점용허가를 받은 자에 대해서는 해당 일반경쟁에 부친 때 도로점용허가를 받은 자가 제시한 금액을 점용료로 부과한다. 다만, 그 점용료는 제4항에 따라 산정된 점용료의 3배를 초과할 수 없다.

▶ 판례 – 도로가 용도폐지로 일반재산이 된 경우, 용도폐지되기 전에 의제된 점용허가의 효력이 소멸되는지 여부(적극) 및 그때부터 관리청은 구 도로법 제43조를 근거로 점용료를 부과할 수 없는지 여부(적극) [대법원 2015.11.12, 선고, 2014두5903, 판결]

제67조(점용료의 납부 방법) ① 도로점용허가를 받은 자는 점용료를 대통령령으로 정하는 납부대행기관을 통하여 신용카드, 직불카드 등(이하 "신용카드등"이라 한다)으로 낼 수 있다. 이 경우 납부대행기관은 도로점용허가를 받은 자로부터 대통령령으로 정하는 바에 따라 납부대행수수료를 받을 수 있다.

② 제1항에 따라 점용료를 신용카드등으로 내는 경우 납부대행기관의 승인일을 점용료의 납부일로 본다.

③ 납부대행기관의 지정, 지정취소, 운영 및 납부대행수수료 등에 관하여 필요한 사항은 대통령령으로 정한다.

▶ 판례 – 구 국토의 계획 및 이용에 관한 법률 제68조, 제69조가 구 도로법 등 개별 법률 규정이나 위 법 제86조 제1항, 제101조가 예정하고 있는 기반시설의 비용에 관한 국고 또는 지방자치단체 부담의 원칙에 대한 예외로서 '법률에 특별한 규정이 있는 경우' 에 해당하는지 여부(적극) / 행정청이 기반시설부담 구역 안에서 기반시설부담계획을 수립하여 기반시설부담개발행위를 하는 자에게 기반시설을 설치하거나 그에 필요한 용지를 확보하도록 하거나 이에 소요되는 기반시설부담비용을 부담시킬 수 있는지 여부(적극) [대법원 2014.2.27, 선고, 2011두7793, 판결]

제68조(점용료 징수의 제한) 도로관리청은 도로점용허가의 목적이 다음 각 호의 어느 하나에 해당하면 대통령령으로 정하는 바에 따라 점용료를 감면할 수 있다. <개정 2014.5.21., 2015.1.28., 2015.8.11., 2016.1.19., 2017.1.17., 2017.11.28.>

1. 공용 또는 공익을 목적으로 하는 비영리사업을 위한 경우
2. 재해, 그 밖의 특별한 사정으로 본래의 도로 점용 목적을 달성할 수 없는 경우
3. 국민경제에 중대한 영향을 미치는 공익사업으로서 대통령령으로 정하는 사업을 위한 경우
4. 「주택법」 제2조제1호에 따른 주택에 출입하기 위하여 통행로로 사용하는 경우

4의2. 「주택법」 제2조제4호에 따른 준주택(주거의 형태에 한정한다)에 출입하기 위하여 통행로로 사용하는 경우

5. 「소상공인 보호 및 지원에 관한 법률」 제2조에 따른 소상공인의 영업소에 출입하기 위하여 통행로로 사용하는 경우
6. 통행자 안전과 가로환경 개선 등을 위하여 지상에 설치된 시설물을 지하로 이동 설치하는 경우

7. 「장애인·노인·임산부 등의 편의증진 보장에 관한 법률」 제8조제1항에 따른 편의시설 중 출입구에 이르는 접근로 또는 출입구와의 높이 차이를 제거하는 시설을 설치하는 경우
8. 사유지의 전부 또는 일부를 국가 또는 지방자치단체에 기부채납한 자가 그 부지를 제61조제1항에 따라 점용허가받은 경우
9. 「영유아보육법」 제2조제3호에 따른 어린이집 또는 「유아교육법」 제2조제2호에 따른 유치원에 출입하기 위하여 통행로로 사용하는 경우

제69조(점용료의 강제징수) ① 도로관리청은 점용료를 내야 할 자가 점용료를 내지 아니하면 납부기간을 정하여 독촉하여야 한다.
② 제1항에 따라 점용료의 납부가 연체되는 경우에 도로관리청은 가산금을 징수할 수 있다.
③ 제2항에 따른 가산금에 관하여는 「국세징수법」 제21조를 준용한다. 이 경우 "국세"는 "점용료"로 본다.
④ 도로관리청은 점용료를 내야 하는 자가 그 납부기한까지 점용료를 내지 아니하면 국세 또는 지방세 체납처분의 예에 따라 징수할 수 있다.

제70조(과오납 점용료의 반환) 도로관리청은 과오납(過誤納)된 점용료가 있으면 과오납된 날의 다음 날부터 반환하는 날까지의 기간에 대하여 대통령령으로 정하는 이자를 가산하여 과오납된 점용료를 반환하여야 한다.

제71조(이의신청) ① 점용료를 부과 받은 자가 부과 받은 점용료에 대하여 이의가 있는 경우 점용료를 부과 받은 날부터 60일 이내에 도로관리청에 이를 증명할 수 있는 자료를 첨부하여 이의를 신청할 수 있다.
② 도로관리청은 제1항에 따른 이의신청이 있는 때에는 이의신청의 적부를 심사하고, 이의신청을 받은 날부터 21일 이내에 그 결과를 이의신청인에게 서면으로 통보하여야 한다.
③ 도로관리청은 이의신청을 각하 또는 기각하는 결정을 한 때에는 이의신청인에게 행정심판 또는 행정소송을 제기할 수 있다는 취지를 제2항에 따른 결과 통보와 함께 통보하여야 한다.
④ 이의신청인은 제1항부터 제3항까지의 규정에 따른 이의신청절차를 거치지 아니하고 행정심판을 청구할 수 있다.

제72조(변상금의 징수) ① 도로관리청은 도로점용허가를 받지 아니하고 도로를 점용하였거나 도로점용허가의 내용을 초과하여 도로를 점용(이하 이 조에서 "초과점용등"이라 한다)한 자에 대하여는 초과점용등을 한 기간에 대하여 점용료의 100분의 120에 상당하는 금액을 변상금으로 징수할 수 있다.
② 제1항에도 불구하고 초과점용등이 측량기관 등의 오류로 인한 것이거나 그 밖에 도로점용자의 고의·과실로 인한 것이 아닌 경우에는 변상금을 징수하지 아니한다. 이 경우 도로관리청은 초과점용등의 사실을 해당 도로 점용자에게 통보하고, 그 통보 후 1개월이 경과한 날부터 점용료 상당액을 징수한다.
③ 도로관리청은 제2항에 해당하는 도로 점용자가 그 사실을 통보 받은 날부터 3개월 내에 적법한 도로점용허가를 받지 아니하면 도로관리청이 초과점용등의 사실을 해당 도로 점용자에게 통보한 날부터 변상금을 산정하여 징수할 수 있다. 도로점용허가 요건을 충족할 수 없어 허가를 받지 못한 경우에도 또한 같다.
④ 제67조, 제69조부터 제71조까지의 규정은 제1항 및 제3항에 따른 변상금의 징수, 과오납 변상금의 반환 및 이의신청에 대하여 준용한다. 이 경우 "도로점용허가를 받은 자"는 각각 "변상금을 납부하여야 하는 자"로, "점용료"는 각각 "변상금"으로 본다.

제73조(원상회복) ① 도로점용허가를 받아 도로를 점용한 자는 도로점용허가 기간이 끝났거나 제63조 또는 제96조에 따라 도로점용허가가 취소되면 도로를 원상회복하여야 한다. 다만, 원상회복할 수 없거나 원상회복하는 것이 부적당한 경우에는 그러하지 아니하다.
② 도로관리청은 도로점용허가를 받지 아니하고 도로를 점용한 자에게 상당한 기간을 정하여 도로의 원상회복을 명할 수 있다.
③ 제1항 및 제2항에 따른 도로의 원상회복에 관하여는 제62조제2항을 준용한다. 이 경우 "도로점용허가를 받은 자"는 "원상회복을 하여야 하는 자"로 본다.
④ 도로관리청은 도로를 점용한 자가 제1항 본문 및 제2항에 따른 원상회복 의무를 이행하지 아니하면 「행정대집행법」에 따른 대집행을 통하여 원상회복할 수 있다.

제74조(행정대집행의 적용 특례) ① 도로관리청은 다음 각 호의 어느 하나에 해당하는 경우로서 「행정대집행법」 제3조제1항 및 제2항에 따른 절차에 따르면 그 목적을 달성하기 곤란한 경우에는 해당 절차를 거치지 아니하고 도로에 있는 적치물 등을 제거하거나 그 밖에 필요한 조치를 할 수 있다.

1. 반복적, 상습적으로 도로점용허가를 받지 아니하고 도로를 점용하는 경우
2. 도로의 통행 및 안전을 확보하기 위하여 신속하게 필요한 조치를 실시할 필요가 있는 경우

② 제1항에 따른 적치물 등의 제거나 그 밖에 필요한 조치는 도로관리를 위하여 필요한 최소한도에 그쳐야 한다.

③ 제1항과 제2항에 따라 제거된 적치물 등의 보관 및 처리에 필요한 사항, 반환되지 아니한 적치물 등의 귀속 등에 필요한 사항은 대통령령으로 정한다.

제7장 도로의 보전 및 공용부담

제75조(도로에 관한 금지행위) 누구든지 정당한 사유 없이 도로에 대하여 다음 각 호의 행위를 하여서는 아니 된다.

1. 도로를 파손하는 행위
2. 도로에 토석, 입목·죽(竹) 등 장애물을 쌓아놓는 행위
3. 그 밖에 도로의 구조나 교통에 지장을 주는 행위

제76조(통행의 금지·제한 등) ① 도로관리청, 제112조에 따라 고속국도에 관한 도로관리청의 업무를 대행하는 「한국도로공사법」에 따른 한국도로공사(이하 "한국도로공사"라 한다) 또는 「사회기반시설에 대한 민간투자법」 제2조제7호에 따른 사업시행자로서 「유료도로법」 제14조에 따라 도로(「사회기반시설에 대한 민간투자법」 제2조제5호에 따른 민간투자사업으로 건설된 도로의 경우로 한정한다)에 관한 도로관리청의 관리·운영 업무를 대행하는 자(이하 "민자도로 관리자"라 한다)는 다음 각 호의 어느 하나에 해당하는 경우에는 구간을 정하여 도로의 통행을 금지하거나 제한할 수 있다.

1. 도로에 관련된 공사로 인하여 부득이한 경우
2. 도로가 파손되거나 그 밖의 사유로 통행이 위험하다고 인정되는 경우
3. 지진, 홍수, 폭설, 태풍 등 천재지변이나 이에 준하는 재해가 발생하였거나 발생할 우려가 있어 도로에서 통행이 위험하거나 교통이 장시간 마비될 우려가 있는 경우

② 도로관리청, 한국도로공사 또는 민자도로 관리자가 제1항에 따라 도로의 통행을 금지하거나 제한하려면 통행금지 또는 제한의 대상, 구간, 기간 및 이유를 구체적으로 밝힌 표지를 적당한 곳에 설치하고, 대통령령으로 정하는 바에 따라 미리 공고하여야 한다. 다만, 재해 발생 등이 급박하여 미리 통행의 금지 또는 제한을 공고할 시간적 여유가 없을 경우에는 미리 공고하지 아니할 수 있다.

③ 도로관리청, 한국도로공사 또는 민자도로 관리자가 제1항에 따라 도로의 통행을 금지하거나 제한하는 경우 해당 업무를 수행하는 소속 공무원 또는 직원은 그 신분을 표시하는 증표를 지니고 이를 관계인에게 보여 주어야 한다.

④ 도로관리청, 한국도로공사 또는 민자도로 관리자가 제1항에 따라 도로의 통행을 금지하거나 제한하는 경우에는 지체 없이 관할 경찰관서의 장에게 그 사실을 통보하고 협조를 요청하여야 한다. 이 경우 협조 요청을 받은 경찰관서의 장은 특별한 사유가 없으면 이에 따라야 한다.

⑤ 도로관리청이 제1항에 따라 도로의 통행을 금지하거나 제한하는 경우에는 해당 도로에서의 위해(危害) 제거 및 원활한 교통소통을 위하여 필요한 조치를 하여야 하고, 한국도로공사 및 민자도로 관리자가 도로 통행의 금지 또는 제한을 실시한 경우에는 그 사실을 즉시 도로관리청에 보고한 후 필요한 조치를 하여야 한다.

⑥ 도로관리청, 한국도로공사 또는 민자도로 관리자는 다음 각 호에 모두 해당하는 경우 차량의 도로 진입이나 도로에 진행 중인 차량의 통행을 일시적으로 금지 또는 제한(이하 "긴급 통행제한"이라 한다)할 수 있다.

1. 천재지변이나 이에 준하는 재해 발생 등이 급박하고, 미리 통행의 금지 또는 제한을 공고할 시간적 여유가 없을 것
2. 도로의 구조를 보전하고 도로 운행의 위험을 방지하기 위하여 특히 차량의 도로 진입 또는 진행을 금지 또는 제한할 필요가 있을 것

⑦ 긴급 통행제한에 관하여는 제3항부터 제5항까지의 규정을 준용한다.
⑧ 긴급 통행제한의 구체적 기준 및 절차 등에 관하여 필요한 사항은 대통령령으로 정한다.

제77조(차량의 운행 제한 및 운행 허가) ① 도로관리청은 도로 구조를 보전하고 도로에서의 차량 운행으로 인한 위험을 방지하기 위하여 필요하면 대통령령으로 정하는 바에 따라 도로에서의 차량 운행을 제한할 수 있다. 다만, 차량의 구조나 적재화물의 특수성으로 인하여 도로관리청의 허가를 받아 운행하는 차량의 경우에는 그러하지 아니하다.
② 차량 임대차계약의 임차인(「건설산업기본법」에 따른 건설공사에 사용되는 차량의 경우 수급인·하수급인 또는 시공 참여자를 말한다. 이하 같다)으로서 차량의 화물적재를 사실상 관리하는 자는 임차한 화물적재 차량이 제1항에 따른 운행제한을 위반하여 운행되지 아니하도록 관리하여야 한다.
③ 화주(貨主), 화물자동차 운송사업자, 화물자동차 운송주선업자 등 차량의 운행에 대하여 지시·명령을 하거나 감독 등의 권한을 갖는 자는 제1항에 따른 차량의 운행 제한을 위반하여 차량을 운행하도록 차량의 운전자에게 지시하거나 요구해서는 아니 된다.
④ 도로관리청은 제1항에 따른 운행제한에 대한 위반 여부를 확인하기 위해서 관계 공무원 또는 운행제한단속원(도로관리청, 한국도로공사 또는 민자도로 관리자가 고용하거나 위탁한 업체의 직원 중에서 차량 운행제한 업무를 담당하는 공무원이 아닌 사람을 말한다. 이하 같다)으로 하여금 차량에 승차하거나 차량의 운전자에게 관계 서류의 제출을 요구하는 등의 방법으로 차량의 적재량을 측정하게 할 수 있다. 이 경우 차량의 운전자는 정당한 사유가 없으면 이에 따라야 한다. <개정 2016.1.19.>
⑤ 도로관리청은 제1항 단서에 따라 차량의 운행허가를 하려면 미리 출발지를 관할하는 경찰서장과 협의한 후 차량의 조건과 운행하려는 도로의 여건을 고려하여 대통령령으로 정하는 절차에 따라 운행허가를 하여야 하며, 운행허가를 할 때에는 운행노선, 운행시간, 운행방법 및 도로 구조물의 보수·보강에 필요한 비용부담 등에 관한 조건을 붙일 수 있다. 이 경우 운행허가를 받은 자는 「도로교통법」 제14조제3항의 단서 또는 제39조제1항의 단서에 따른 허가를 받은 것으로 본다. <개정 2014.5.21.>
⑥ 국토교통부장관은 제1항 및 제5항에 따른 차량의 운행제한 및 운행허가를 신속하고 효율적으로 하기 위하여 차량운행허가시스템을 구축·운영할 수 있다.
⑦ 제1항에 따른 차량의 운행제한에 관하여는 제76조제2항 본문을 준용한다.
⑧ 운행제한단속원의 자격, 직무범위 등 필요한 사항은 국토교통부령으로 정한다. <신설 2016.1.19.>

제78조(적재량 측정 방해 행위의 금지 등) ① 차량의 운전자는 차량의 장치를 조작하는 등 대통령령으로 정하는 방법으로 차량의 적재량 측정을 방해하는 행위를 해서는 아니 된다.
② 도로관리청은 차량의 운전자가 제1항을 위반하였다고 판단하면 재측정을 요구할 수 있다. 이 경우 차량의 운전자는 정당한 사유가 없으면 그 요구에 따라야 한다.
③ 도로를 운행하는 화물자동차는 적재량 측정을 위하여 적재량 측정장비가 설치된 차로나 장소를 경유하여야 한다. 이 경우 적재량 측정을 위한 화물자동차의 규모, 고속국도의 진출입로 등 대상 도로와 그 밖의 측정 방법 및 절차 등에 필요한 사항은 대통령령으로 정한다. <신설 2015.8.11.>

제79조(차량의 운행제한 및 운행허가를 위한 도로의 성능조사 및 보강) 국토교통부장관은 차량의 운행을 제한하는 주요 노선을 선정하여 행정청에 해당 도로의 성능조사 및 보강 등을 요청할 수 있으며, 행정청은 특별한 사유가 없으면 이에 따라야 한다.

제80조(차량의 회차 등) 도로관리청은 차량의 운전자가 제77조에 따른 운행제한을 위반하였을 경우 차량의 운전자에게 다음 각 호의 어느 하나에 해당하는 행위를 명할 수 있으며, 차량의 운전자는 정당한 사유가 없으면 이에 따라야 한다.
1. 차량의 회차(回車)
2. 적재물의 분리 운송
3. 차량의 운행중지

제81조(토지의 출입과 사용 등) ① 도로관리청 또는 도로관리청으로부터 명령이나 위임을 받은 자는 도로공사, 도로에 대한 조사·측량 또

는 도로의 유지·관리를 위하여 필요하면 타인의 토지에 출입하거나 타인의 토지를 재료적치장, 통로 또는 임시도로로 일시 사용할 수 있고, 특히 필요하면 입목·죽이나 그 밖의 장애물을 변경 또는 제거할 수 있다.
② 제1항에 따라 타인의 토지에 출입하려는 자는 출입하려는 날의 3일 전까지 그 토지의 소유자와 점유자에게 그 사실을 알려야 하며, 타인의 토지를 일시 사용하거나 장애물을 변경·제거하려는 자는 토지를 사용하려는 날이나 장애물을 변경·제거하려는 날의 3일 전까지 그 소유자와 점유자에게 그 사실을 알리고 의견을 들어야 한다. 다만, 소유자와 점유자의 주소 또는 거소가 불분명하여 토지 출입 또는 장애물의 변경·제거 사실을 알릴 수 없거나, 그 밖에 부득이한 사유가 있으면 그러하지 아니하다.
③ 해가 뜨기 전이나 해가 진 뒤에는 해당 토지 점유자의 승낙 없이 그 주거(住居)나 경계표·담 등으로 둘러싸인 토지에 출입할 수 없다.
④ 토지의 소유자 및 점유자는 정당한 사유 없이 제1항에 따른 행위를 방해하거나 거부하지 못한다.
⑤ 제1항에 따라 타인의 토지에 출입하려는 자는 그 신분을 표시하는 증표를 지니고 이를 관계인에게 보여 주어야 한다.
⑥ 제5항에 따른 증표에 관하여 필요한 사항은 국토교통부령으로 정한다.

第82조(토지 등의 수용 및 사용) ① 도로관리청은 도로공사의 시행을 위하여 필요하면 도로구역에 있는 토지·건축물 또는 그 토지에 정착된 물건의 소유권이나 그 토지·건축물 또는 물건에 관한 소유권 외의 권리를 수용하거나 사용할 수 있다.
② 제1항에 따른 수용 또는 사용에 관하여는 「공익사업을 위한 토지 등의 취득 및 보상에 관한 법률」을 준용한다. 이 경우 제25조에 따른 도로구역의 결정 또는 변경과 도로구역의 결정 고시 또는 변경 고시는 「공익사업을 위한 토지 등의 취득 및 보상에 관한 법률」 제20조제1항 및 제22조에 따른 사업인정 및 사업인정고시로 보며, 도로관리청은 같은 법 제23조제1항 및 제28조제1항에도 불구하고 도로공사의 시행기간에 재결을 신청할 수 있다.

第83조(재해 발생 시 토지 등의 일시 사용 등) ① 도로관리청은 재해로 인한 도로구조나 교통에 대한 위험을 방지하기 위하여 특히 필요하다고 인정하면 다음 각 호의 행위를 할 수 있다.
1. 재해 현장에서 구호, 복구 활동을 위하여 필요한 토지, 가옥, 그 밖의 공작물을 일시 사용하는 행위
2. 장애물을 변경 또는 제거하거나 토석·입목·죽·운반기구, 그 밖의 물건(공작물은 제외한다)을 사용하거나 수용하는 행위
3. 도로 인근에 거주하는 사람에게 노무(勞務)의 제공을 요청하는 행위

② 제1항에 따른 도로관리청의 행위로 인하여 발생하는 손실의 보상에 관하여는 제99조를 준용한다.

제8장 도로에 관한 비용과 수익

第84조(비용과 수익의 범위) 도로에 관한 비용과 도로에서 생기는 수익의 범위는 대통령령으로 정한다.

第85조(비용부담의 원칙) ① 도로에 관한 비용은 이 법 또는 다른 법률에 특별한 규정이 있는 경우 외에는 도로관리청이 국토교통부장관인 도로에 관한 것은 국가가 부담하고, 그 밖의 도로에 관한 것은 해당 도로의 도로관리청이 속해 있는 지방자치단체가 부담한다. 이 경우 제31조제2항에 따라 국토교통부장관이 도지사 또는 특별자치도지사에게 일반국도의 일부 구간에 대한 도로공사와 도로의 유지·관리에 관한 업무를 수행하게 한 경우에 그 비용은 국가가 부담한다.
② 제1항에도 불구하고 제20조에 따라 노선이 지정된 도로나 행정구역의 경계에 있는 도로에 관한 비용은 관계 지방자치단체가 협의하여 부담 금액과 분담 방법을 정할 수 있다.
③ 제2항에 따른 비용의 부담에 관한 협의가 성립하지 아니할 때에는 제24조제2항 및 제3항을 준용한다.

第86조(비용의 지원 등) ① 우회국도 및 일반국도의 지선 건설에 필요한 비용은 제85조제1항에도 불구하고 대통령령으로 정하는 바에 따라 그 일부를 그 도로가 위치한 구역을 관할하는 지방자치단체에 부담시킬 수 있다.

② 국가지원지방도의 건설 및 보수, 유지·관리에 필요한 비용 및 제8조제4항에 따라 대도시권 교통혼잡도로의 개선을 위한 세부 사업계획을 시행하는데 드는 비용은 제85조제1항에도 불구하고 대통령령으로 정하는 바에 따라 그 일부를 국가가 보조하여야 한다. 다만, 국가지원지방도의 도로관리청이 제31조제5항에 따라 스스로 비용을 부담하여 국가지원지방도의 건설공사를 하는 경우 그 건설비용은 국가가 보조하지 아니할 수 있다.
③ 제2항에 따라 건설되는 국가지원지방도와 대도시권 교통혼잡도로의 도로관리청은 사업이 원활하게 추진될 수 있도록 예산을 확보하여야 한다.
④ 제85조제1항에도 불구하고 국토교통부장관은 도로망의 정비 등을 위하여 특히 필요하다고 인정하면 대통령령으로 정하는 바에 따라 일반국도 외의 도로에 관한 비용의 일부나 제23조제2항에 따라 특별시장·광역시장·특별자치시장·특별자치도지사 또는 시장이 도로관리청이 되는 일반국도에 관한 비용의 일부를 보조할 수 있다.
⑤ 국토교통부장관은 제110조제3항에 따라 업무를 위탁받은 도로와 관련된 기관 또는 단체가 위탁받은 업무를 수행하는 데 필요한 비용에 대하여 보조 등 재정적 지원을 할 수 있다.

제87조(행정청의 비용 부담) ① 국토교통부장관은 제85조제1항에 따라 국가가 부담하는 도로에 관한 비용의 일부를 대통령령으로 정하는 바에 따라 그 도로가 있는 특별자치시·도 또는 특별자치도나 그 도로로 인하여 이익을 얻는 시·도에 부담시킬 수 있다.
② 제85조, 제86조제1항, 제88조 및 이 조 제1항에 따라 특별시·광역시 또는 도가 부담하여야 할 비용은 대통령령으로 정하는 바에 따라 이익을 얻는 시·군 또는 구(자치구를 말한다. 이하 같다)에 그 일부를 부담시킬 수 있다.

제88조(도로공사의 대행 비용 등) ① 국토교통부장관이 제32조제1항에 따라 도로공사를 시행하는 경우에 필요한 비용은 국가가 부담하며, 특별시장·광역시장 또는 도지사가 제32조제2항에 따라 도로공사를 시행하는 경우에 필요한 비용은 해당 특별시·광역시 또는 도가 부담한다.
② 국토교통부장관, 특별시장·광역시장 또는 도지사는 제1항에 따른 비용의 일부를 대통령령으로 정하는 바에 따라 해당 도로의 도로관리청이 속해 있는 지방자치단체에 부담시킬 수 있다.

제89조(타공작물의 공사비용) ① 제33조제1항에 따라 도로관리청이 타공작물의 관리자에게 도로공사를 시행하도록 하거나 도로의 유지·관리를 하게 한 경우 그 비용은 이 법에 따라 해당 도로에 관한 비용을 부담하여야 할 자가 부담한다.
② 도로관리청은 제1항에도 불구하고 제33조제1항에 따른 도로공사의 시행 또는 도로의 유지·관리로 타공작물의 관리자가 이익을 얻을 때에는 해당 타공작물의 관리자에게 그가 얻는 이익의 범위에서 제1항에 따른 비용의 일부를 부담시킬 수 있다.
③ 제33조제1항에 따라 도로관리청이 직접 시행하는 타공작물에 관한 공사나 타공작물에 대한 관리에 필요한 비용은 해당 타공작물의 관리자가 부담한다. 다만, 도로관리청이 속해 있는 지방자치단체가 해당 타공작물에 관한 공사나 타공작물에 대한 관리로 이익을 얻으면 그 수익의 범위에서 비용의 일부를 그 지방자치단체가 부담할 수 있다.

제90조(부대공사의 비용) ① 부대공사의 비용은 부대공사를 실시하기 위한 도로에 대한 도로점용허가(국가 또는 지방자치단체가 제107조에 따라 도로관리청과 협의하거나 도로관리청의 승인을 받고 도로점용을 하는 경우를 포함한다)에 특별한 조건이 있는 경우 외에는 그 부대공사를 필요로 하게 한 범위에서 이 법에 따라 도로에 관한 비용을 부담하여야 할 자가 그 전부 또는 일부를 부담한다.
② 제1항에도 불구하고 제68조제3호에 따라 점용료를 감면받은 자는 도로관리청(제112조에 따라 고속국도에 대한 국토교통부장관의 권한을 대행하는 한국도로공사와 민자도로 관리자를 포함한다)이 도로공사를 시행하는 경우 해당 도로 점용으로 인하여 필요하게 된 타공사의 비용 전부를 부담하여야 한다.
③ 부대공사가 타공사 또는 타행위로 인하여 필요하게 된 경우 그 비용에 관하여는 제91조제1항 및 제2항을 준용한다.

제91조(원인자의 비용 부담 등) ① 도로관리청은 타공사나 타행위로 인하여 도로공사를 시

행하게 된 경우 타공사나 타행위의 비용을 부담하여야 할 자에게 그 도로공사의 비용의 전부 또는 일부를 부담시킬 수 있다.

② 제1항에 따른 비용의 징수 등에 필요한 사항은 국토교통부령 또는 도로관리청이 속한 지방자치단체의 조례로 정한다.

③ 공공단체 또는 사인이 제37조에 따라 도로공사를 하거나 도로의 유지·관리를 하는 경우 그 비용은 그 공공단체 또는 사인의 부담으로 한다.

④ 도로관리청은 제3항에 따른 비용 중 일부를 대통령령으로 정하는 바에 따라 도로에 관한 비용을 부담하여야 할 자에게 부담시킬 수 있다.

제92조(도로관리청이 아닌 자가 시행하는 도로공사 등의 비용) ① 제36조에 따라 도로관리청이 아닌 자가 도로공사를 시행하거나 도로의 유지·관리를 하는 경우 그 비용은 해당 도로공사의 시행자나 도로의 유지·관리 행위자가 부담한다.

② 국가는 제1항에 따른 도로공사 또는 도로의 유지·관리에 필요한 비용 중 일반국도에 관한 비용의 일부를 보조할 수 있고, 지방자치단체는 그 밖의 도로에 관한 도로공사 또는 도로의 유지·관리에 필요한 비용의 일부를 보조할 수 있다.

제93조(의무이행에 필요한 비용) 이 법이나 이 법에 따른 명령·조례 또는 이에 따른 처분으로 인하여 발생하는 의무를 이행하기 위하여 필요한 비용은 이 법에 특별한 규정이 있는 경우 외에는 그 의무를 지는 자가 부담한다.

제94조(비용의 징수 방법 등) 제89조부터 제93조까지의 규정에 따라 국가 또는 지방자치단체가 아닌 자가 부담하는 비용의 징수, 과오납된 비용의 반환 및 이의신청에 관하여 제69조부터 제71조까지의 규정을 준용한다. 이 경우 "점용료"는 각각 "비용을 부담하여야 할 자가 부담하는 비용"으로 본다.

제95조(점용료 등의 귀속) ① 도로의 점용료와 도로에서 나오는 그 밖의 수익은 국토교통부장관이 도로관리청인 도로에서 생긴 것은 국가의 수입으로 하고, 국토교통부장관 외의 도로관리청이 관리하는 도로에서 생긴 것은 해당 도로관리청이 속해 있는 지방자치단체의 수입으로 한다.

② 이 법에 따라 도로관리청이 아닌 자가 부담하는 비용은 다음 각 호의 구분에 따라 수입으로 귀속한다.

1. 국토교통부장관이 부담시킨 비용: 국가
2. 행정청이 부담시킨 비용: 해당 행정청이 속해 있는 지방자치단체
3. 제89조제3항 단서에 따라 지방자치단체가 부담하는 비용: 해당 타공작물의 관리자
4. 제91조제4항에 따라 비용을 부담하여야 할 자가 부담하는 비용: 해당 공공단체나 사인
5. 제112조에 따라 국토교통부장관의 권한을 대행하는 한국도로공사가 부담시킨 비용: 한국도로공사

제9장 보칙

제96조(법령 위반자 등에 대한 처분) 도로관리청은 다음 각 호의 어느 하나에 해당하는 자에게 이 법에 따른 허가나 승인의 취소, 그 효력의 정지, 조건의 변경, 공사의 중지, 공작물의 개축, 물건의 이전, 통행의 금지·제한 등 필요한 처분을 하거나 조치를 명할 수 있다.

1. 제36조·제40조제3항·제46조·제47조·제49조·제51조·제52조·제61조·제73조·제75조·제76조·제77조·제106조제2항 또는 제107조를 위반한 자
2. 거짓이나 그 밖의 부정한 방법으로 제36조·제52조·제61조·제77조 또는 제107조에 따른 허가나 승인을 받은 자

제97조(공익을 위한 처분) ① 도로관리청은 다음 각 호의 어느 하나에 해당하는 경우 이 법에 따른 허가나 승인을 받은 자에게 제96조에 따른 처분을 하거나 조치를 명할 수 있다.

1. 도로 상황의 변경으로 인하여 필요한 경우
2. 도로공사나 그 밖의 도로에 관한 공사를 위하여 필요한 경우
3. 도로의 구조나 교통의 안전에 대한 위해를 제거하거나 줄이기 위하여 필요한 경우
4. 「공익사업을 위한 토지 등의 취득 및 보상에 관한 법률」 제4조에 따른 공익사업 등 공공의 이익이 될 사업을 위하여 특히 필요한 경우

② 제1항에 따른 도로관리청의 처분으로 생긴 손실의 보상에 관하여는 제99조를 준용한다.

제98조(도로관리청에 대한 명령) ① 다음 각 호의 어느 하나에 해당하면 일반국도, 특별시도·광역시도, 지방도 및 시도(특별자치시장이 도로관리청이 되는 시도로 한정한다)에 관하여는 국토교통부장관이, 시도(특별자치시장이 도로관리청이 되는 시도는 제외한다)·군도 또는 구도에 관하여는 특별시장·광역시장 또는 도지사가 도로관리청에게 처분의 취소, 변경, 공사의 중지, 그 밖에 필요한 처분이나 조치를 할 것을 명할 수 있다.

1. 도로관리청이 한 처분이나 공사가 도로에 관한 법령이나 국토교통부장관이나 특별시장·광역시장 또는 도지사(이하 이 조에서 "감독관청"이라 한다)의 처분을 위반한 경우
2. 도로의 구조를 보전하거나 교통의 위험을 방지하기 위하여 특히 필요하다고 인정되는 경우
3. 「공익사업을 위한 토지 등의 취득 및 보상에 관한 법률」 제4조에 따른 공익사업 등 공공의 이익이 될 사업을 위하여 특히 필요하다고 인정되는 경우

② 제1항에 따른 감독관청의 명령으로 도로관리청이 그의 처분을 취소 또는 변경하여 발생하는 손실의 보상에 관하여는 제99조를 준용한다.

③ 제1항에 따른 감독관청의 명령이 제1항제3호에 해당하는 사유로 인한 것인 경우에는 그로 인한 손실에 대하여 도로관리청은 그 사업에 관한 비용을 부담하는 자에게 손실의 전부 또는 일부를 보상하도록 할 수 있다.

제99조(공용부담으로 인한 손실보상) ① 이 법에 따른 처분이나 제한으로 손실을 입은 자가 있으면 국토교통부장관이 행한 처분이나 제한으로 인한 손실은 국가가 보상하고, 행정청이 한 처분이나 제한으로 인한 손실은 그 행정청이 속해 있는 지방자치단체가 보상하여야 한다.

② 제1항에 따른 손실의 보상에 관하여는 국토교통부장관 또는 행정청이 그 손실을 입은 자와 협의하여야 한다.

③ 국토교통부장관 또는 행정청은 제2항에 따른 협의가 성립되지 아니하거나 협의를 할 수 없는 경우에는 대통령령으로 정하는 바에 따라 관할 토지수용위원회에 재결을 신청할 수 있다.

④ 제1항부터 제3항까지의 규정에서 정한 것 외에 공용부담으로 인한 손실보상에 관하여는 「공익사업을 위한 토지 등의 취득 및 보상에 관한 법률」을 준용한다.

제100조(이행강제금) ① 도로관리청은 제40조제4항에 따른 조치명령이나 제73조제1항·제2항에 따른 원상회복 명령을 받은 자가 조치명령이나 원상회복 명령에서 정한 시정기간 내에 그 명령을 이행하지 아니하면 1천만원 이하의 이행강제금을 부과한다.

② 도로관리청은 제1항에 따라 이행강제금을 부과하기 전에 상당한 이행기한을 정하여 그 기한까지 조치명령이나 원상회복 명령이 이행되지 아니할 때에는 이행강제금을 부과·징수한다는 뜻을 문서로 계고(戒告)하여야 한다.

③ 제2항에 따른 문서에는 이행강제금의 금액, 부과 사유, 납부기한, 수납기관 및 불복방법 등이 포함되어야 한다.

④ 도로관리청은 최초의 조치명령 또는 원상회복 명령을 한 날을 기준으로 1년에 2회의 범위에서 그 조치명령 또는 원상회복 명령이 이행될 때까지 반복하여 제1항에 따른 이행강제금을 부과·징수할 수 있다.

⑤ 도로관리청은 조치명령 또는 원상회복 명령을 받은 자가 그 명령을 이행하거나 「행정대집행법」에 따른 대집행을 받으면 새로운 이행강제금의 부과를 즉시 중지하되, 이미 부과된 이행강제금은 징수하여야 한다.

⑥ 이행강제금의 납부 방법에 관하여는 제67조를 준용한다. 이 경우 "도로점용허가를 받은 자"는 "이행강제금을 납부하여야 하는 자"로, "점용료"는 "이행강제금"으로 본다.

⑦ 도로관리청은 제1항에 따라 이행강제금 부과처분을 받은 자가 납부기한까지 이행강제금을 내지 아니하면 국세 또는 지방세 체납처분의 예에 따라 징수한다.

⑧ 제1항에 따른 이행강제금의 부과기준과 그 밖에 필요한 사항은 대통령령으로 정한다.

제101조(청문) 도로관리청은 다음 각 호의 어느 하나에 해당하는 처분을 하려면 청문을 하여야 한다.

1. 제36조에 따라 도로관리청이 아닌 자에게 한 공사시행 허가에 대한 제96조 또는 제97조에 따른 취소
2. 제63조제1항(제4호는 제외한다)에 따른

도로점용허가의 취소

제102조(도로에 관한 조사) 도로관리청은 도로와 관련된 계획의 효율적인 수립과 도로의 보수, 도로의 유지·관리 등을 위하여 필요하면 구간별 교통량, 도로의 구조, 그 밖에 도로에 관한 사항을 조사할 수 있다.

제103조(수수료의 징수) ① 다음 각 호의 어느 하나에 해당하는 자는 국토교통부령 또는 해당 행정청이 속해 있는 지방자치단체의 조례로 정하는 수수료를 내야 한다.

1. 제36조에 따른 도로공사의 허가를 신청하는 자
2. 제61조에 따른 도로점용허가의 신청, 도로점용허가의 기간 연장 허가 또는 변경허가를 신청하는 자
3. 제77조제1항 단서에 따라 도로 운행의 허가를 신청하는 자

② 제1항에 따른 수수료의 감면에 관하여는 제68조를 준용한다. 이 경우 "점용료"는 "수수료"로 본다.

③ 제1항에도 불구하고 제110조제3항에 따라 국토교통부장관의 업무를 위탁받은 기관 또는 단체는 위탁받은 업무에 대한 수수료의 기준을 따로 정할 수 있다.

④ 제110조제3항에 따라 국토교통부장관의 업무를 위탁받은 기관 또는 단체가 제3항에 따라 수수료 기준을 정하려는 경우에는 미리 국토교통부장관의 승인을 받아야 한다. 승인받은 사항을 변경하려는 경우에도 같다.

제104조(국제협력의 촉진) ① 국토교통부장관은 도로의 건설, 보수, 유지·관리에 관한 국제적 동향을 파악하고 도로 분야 국제협력을 촉진하기 위하여 필요한 시책을 마련하고 추진하여야 한다.

② 국토교통부장관은 제1항에 따른 국제협력을 위하여 다음 각 호의 사업을 할 수 있다.

1. 도로 분야 국제협력을 위한 조사·연구
2. 도로 분야 인력·정보의 국제교류
3. 도로 분야 국제 규제·기준에 관한 정보의 수집·분석·보급
4. 아시안 하이웨이 등 국제도로망에 관한 조사
5. 그 밖에 국토교통부장관이 도로 분야 국제협력을 촉진하기 위하여 필요하다고 인정하는 사업

제105조(도로협회) ① 도로와 관련된 사업을 경영하는 자 또는 이와 관련된 업무에 종사하는 자는 제4항 각 호의 사업을 추진하기 위하여 도로협회(이하 "협회"라 한다)를 설립할 수 있다.

② 협회는 법인으로 한다.

③ 협회는 국토교통부장관의 인가를 받아 주된 사무소의 소재지에서 설립등기를 함으로써 성립한다.

④ 협회는 다음 각 호의 사업을 한다.

1. 도로 분야 기술의 개발·보급을 촉진하기 위한 조사·연구
2. 도로에 관한 인식 및 전문성 향상을 위한 홍보·교육
3. 도로에 관한 국내외 기술동향 조사
4. 도로에 관한 연구·개발 및 사업관리
5. 국제 도로 관련 단체와의 협력
6. 제1호부터 제5호까지의 사업과 관련하여 국가 또는 지방자치단체가 대통령령으로 정하는 바에 따라 협회에 위탁하는 사업
7. 그 밖에 정관으로 정하는 사업

⑤ 국가 및 지방자치단체는 제4항제6호에 따라 협회에 위탁한 업무의 처리에 필요한 비용의 전부 또는 일부를 예산의 범위에서 지원할 수 있다.

⑥ 협회의 정관의 기재사항과 협회의 감독에 필요한 사항 등은 대통령령으로 정한다.

⑦ 협회에 관하여 이 법에 규정된 사항을 제외하고는 「민법」 중 사단법인에 관한 규정을 준용한다.

제106조(권리·의무의 승계 등) ① 이 법에 따른 허가 또는 승인을 받은 자의 사망, 그 지위의 양도, 합병이나 분할 등의 사유가 있으면 이 법에 따른 허가 또는 승인으로 인하여 발생한 권리·의무는 다음 각 호의 구분에 따른 자가 승계한다.

1. 이 법에 따른 허가 또는 승인으로 발생한 권리나 의무를 가진 사람이 사망한 경우: 상속인
2. 이 법에 따른 허가 또는 승인으로 발생한 권리나 의무를 가진 자가 그 지위를 양도한 경우: 양수인
3. 이 법에 따른 허가 또는 승인으로 발생한 권리나 의무를 가진 법인이 분할·합병한 경우: 분할·합병 후 존속하는 법인이나 합병에 따라 새로 설립되는 법인

② 제1항에 따라 권리나 의무를 승계한 자

는 1개월 내에 국토교통부령으로 정하는 바에 따라 도로관리청에 신고하여야 한다.

③ 도로점용허가를 받은 자가 점용의 목적이 되는 토지나 건물의 소유권을 타인에게 양도하는 경우에는 해당 도로점용허가에 따른 권리·의무도 함께 양도한 것으로 본다.

제107조(다른 사업 시행에 따른 협의 또는 승인) 국가 또는 지방자치단체가 이 법에 따라 도로관리청의 허가를 받아야 할 사항이 포함된 사업에 대해서는 해당 사업을 시행하는 중앙행정기관의 장 또는 지방자치단체의 장이 미리 도로관리청과 협의하거나 승인을 받아야 한다.

제108조(도시·군계획시설 도로 등에 대한 준용) 제10조 각 호에 열거된 도로 외에 「국토의 계획 및 이용에 관한 법률」 제2조제10호에 따른 도시·군계획시설사업으로 설치된 도로 등 대통령령으로 정하는 도로는 제2조제2호·제9호, 제4조, 제31조제1항, 제32조부터 제37조까지, 제54조, 제55조, 제61조부터 제66조까지, 제67조(제72조제4항에 따라 준용되는 경우를 포함한다), 제68조, 제69조(제72조제4항, 제94조에 따라 준용되는 경우를 포함한다), 제70조(제72조제4항, 제94조에 따라 준용되는 경우를 포함한다), 제72조, 제73조, 제75조부터 제77조까지, 제81조, 제83조부터 제85조까지, 제89조, 제90조부터 제93조까지, 제95조부터 제99조까지, 제101조부터 제103조까지, 제106조, 제107조, 제111조, 제113조제1항제2호, 제114조부터 제116조까지의 규정을 준용한다. <개정 2017.1.17.>

제109조(벌칙 적용에서 공무원 의제) 다음 각 호의 어느 하나에 해당하는 사람은 「형법」 제129조부터 제132조까지의 규정을 적용할 때에는 공무원으로 본다.

1. 제77조제4항에 따른 운행제한단속원
2. 제110조제3항에 따라 도로와 관련된 기관 또는 단체가 위탁받은 업무에 종사하는 해당 기관 또는 단체의 임직원

[전문개정 2016.1.19.]

제110조(권한의 위임·위탁) ① 이 법에 따른 국토교통부장관의 권한은 대통령령으로 정하는 바에 따라 그 일부를 시·도지사 또는 국토교통부 소속기관의 장에게 위임할 수 있다.

② 특별시장·광역시장·도지사·특별자치도지사 또는 국토교통부 소속기관의 장은 제1항에 따라 국토교통부장관으로부터 위임받은 권한의 일부를 시장(행정시의 시장을 포함한다. 이하 이 항에서 같다)·군수·구청장 또는 일반국도의 건설과 관리에 관한 업무를 수행하는 행정기관의 장에게 재위임할 수 있다. 이 경우 특별시장·광역시장·도지사 또는 특별자치도지사가 시장·군수·구청장에게 재위임하는 경우에는 국토교통부장관의 승인을 받아야 한다.

③ 국토교통부장관은 다음 각 호의 업무에 관한 도로관리청으로서의 업무를 대통령령으로 정하는 바에 따라 도로와 관련된 기관 또는 단체에 위탁할 수 있다.

1. 제55조에 따른 도로표지의 설치 및 관리 업무
2. 제60조에 따른 도로교통정보체계의 구축·운영 등 업무
3. 제102조에 따른 도로에 관한 조사 업무
4. 그 밖에 도로의 계획, 건설, 보수, 유지·관리에 관한 사항으로서 대통령령으로 정하는 사항

④ 국토교통부장관은 제1항부터 제3항까지의 규정에 따라 권한을 위임(제31조제2항에 따라 국토교통부장관이 도지사 또는 특별자치도지사에게 업무를 수행하게 하는 경우를 포함한다. 이하 이 항에서 같다) 또는 재위임 받거나 업무를 위탁받은 자에 대하여 그 권한 또는 업무 수행의 적절성 여부 등을 확인하기 위해서 필요하면 국토교통부령으로 정하는 바에 따라 자료 요구, 현장조사 또는 시정명령 등 필요한 조치를 할 수 있다. 이 경우 권한을 위임 또는 재위임 받거나 업무를 위탁받은 자는 특별한 사유가 없으면 이에 따라야 한다.

제111조(토지매수 업무 등의 위임) ① 국토교통부장관은 도로건설을 위한 토지매수 업무나 손실보상 업무를 대통령령으로 정하는 바에 따라 관할 시·도지사 또는 시장·군수·구청장에게 위임할 수 있다.

② 제1항에 따라 토지매수업무나 손실보상업무를 위임하는 경우에는 그 토지매수금액이나 손실보상금액의 100분의 2의 범위에서 대통령령으로 정하는 요율(料率)의 위임수수료를

그 업무를 위임받은 시·도지사 또는 시장·군수·구청장에게 지급하여야 한다.

제112조(고속국도에 관한 도로관리청의 업무 대행) ① 국토교통부장관은 이 법과 그 밖에 도로에 관한 법률에 규정된 고속국도에 관한 권한의 일부를 대통령령으로 정하는 바에 따라 한국도로공사로 하여금 대행하게 할 수 있다.
② 한국도로공사는 제1항에 따라 고속국도에 관한 국토교통부장관의 권한을 대행하는 경우에 그 대행하는 범위에서 이 법과 그 밖에 도로에 관한 법률을 적용할 때에는 해당 고속국도의 도로관리청으로 본다.
③ 국토교통부장관은 제1항에 따라 한국도로공사로 하여금 업무를 대행하게 하는 경우에는 대통령령으로 정하는 바에 따라 업무대행수수료를 지급할 수 있다.

제10장 벌칙

제113조(벌칙) ① 다음 각 호의 어느 하나에 해당하는 자는 10년 이하의 징역이나 1억원 이하의 벌금에 처한다. <개정 2017.1.17.>
1. 고속국도를 파손하여 교통을 방해하거나 교통에 위험을 발생하게 한 자
2. 고속국도가 아닌 도로를 파손하여 교통을 방해하거나 교통에 위험을 발생하게 한 자

② 삭제 <2017.1.17.>
③ 고속국도에서 사람이 현존하는 자동차를 전복(顚覆)시키거나 파괴한 자는 무기 또는 3년 이상의 징역에 처한다.
④ 제3항의 죄를 범하여 사람을 상해에 이르게 한 자는 무기 또는 3년 이상의 징역에 처하고, 사망에 이르게 한 자는 무기 또는 5년 이상의 징역에 처한다.
⑤ 과실(過失)로 제1항제1호의 죄를 범한 자는 1천만원 이하의 벌금에 처한다. 다만, 고속국도의 관리에 종사하는 자는 3년 이하의 징역 또는 3천만원 이하의 벌금에 처한다. <개정 2017.1.17.>
⑥ 업무상 과실 또는 중과실(重過失)로 제1항제1호의 죄를 범한 자는 3년 이하의 징역 또는 3천만원 이하의 벌금에 처한다. <개정 2017.1.17.>
⑦ 제1항 및 제3항의 미수범은 처벌한다. <개정 2017.1.17.>

제114조(벌칙) 다음 각 호의 어느 하나에 해당하는 자는 2년 이하의 징역이나 2천만원 이하의 벌금에 처한다.
1. 제27조제1항에 따른 허가 또는 변경허가를 받지 아니하고 같은 항에 규정된 행위를 한 자
2. 제36조제1항을 위반하여 허가 없이 도로공사를 시행한 자
3. 제40조제3항을 위반하여 접도구역에서 토지의 형질을 변경하는 등의 행위를 한 자
4. 제46조제3항을 위반하여 도로보전입체구역에서 토석을 채취하는 등의 행위를 한 자
5. 제52조제1항에 따른 허가 또는 변경허가 없이 도로에 다른 도로·통로, 그 밖의 시설을 연결한 자
6. 제61조제1항을 위반하여 도로점용허가 없이 도로를 점용한 자(물건 등을 도로에 일시 적치한 자는 제외한다)
7. 제75조를 위반한 자
8. 제80조에 따른 도로관리청의 회차, 분리운송, 운행중지의 명령에 따르지 아니한 자
9. 정당한 사유 없이 제83조제1항에 따른 도로관리청의 처분에 항거하거나 처분을 방해한 자
10. 정당한 사유 없이 도로의 부속물을 이전하거나 파손한 자
11. 부정한 방법으로 이 법 또는 이 법에 따른 명령에 의한 허가를 받은 자

제115조(벌칙) 다음 각 호의 어느 하나에 해당하는 자는 1년 이하의 징역이나 1천만원 이하의 벌금에 처한다. <개정 2015.8.11.>
1. 제47조제1항을 위반하여 자동차를 사용하지 아니하고 고속국도를 통행하거나 출입한 자
2. 제49조제1항을 위반하여 차량을 사용하지 아니하고 자동차전용도로를 통행하거나 출입한 자
3. 제76조제1항에 따른 통행의 금지·제한을 위반하여 도로를 통행한 자
4. 정당한 사유 없이 제77조제4항에 따른 도로관리청의 요구에 따르지 아니한 자
5. 제78조제1항 및 제3항을 위반하여 차량의 적재량 측정을 방해한 자
6. 정당한 사유 없이 제78조제2항에 따른 도로관리청의 적재량 재측정 요구에 따르지 아니한 자

7. 정당한 사유 없이 제81조에 따른 도로관리청의 처분 또는 행위에 항거하거나 이를 방해한 자

제116조(양벌규정) 법인의 대표자, 법인 또는 개인의 대리인, 사용인, 그 밖의 종업원이 그 법인 또는 개인의 업무에 관하여 제113조제1항·제7항, 제114조, 제115조의 어느 하나에 해당하는 위반행위를 하면 그 행위자를 벌하는 외에 그 법인 또는 개인에게도 해당 조문의 벌금형을 과(科)하고, 제113조제3항에 해당하는 위반행위를 하면 그 행위자를 벌하는 외에 그 법인 또는 개인을 5천만원 이하의 벌금에 처한다. 다만, 법인 또는 개인이 그 위반행위를 방지하기 위하여 해당 업무에 관하여 상당한 주의와 감독을 게을리 하지 아니한 경우에는 그러하지 아니하다. <개정 2017.1.17.>

제117조(과태료) ① 다음 각 호의 어느 하나에 해당하는 자에게는 500만원 이하의 과태료를 부과한다.

1. 제77조제1항에 따른 운행 제한을 위반한 차량의 운전자
2. 제77조제2항에 따른 관리를 하지 아니한 자(임차한 화물적재 차량이 제77조제1항에 따른 운행 제한을 위반하여 운행하는 경우로 한정한다)
3. 제77조제3항에 따른 운행 제한 위반의 지시·요구 금지를 위반한 자

② 다음 각 호의 어느 하나에 해당하는 자에게는 300만원 이하의 과태료를 부과한다. 이 경우 제1호 및 제2호에 대한 과태료는 대통령령으로 정하는 기준에 따라 도로관리청이 속하는 지방자치단체의 조례로 정할 수 있다.

1. 제61조제1항에 따른 도로점용허가 면적을 초과하여 점용한 자
2. 제61조제1항에 따른 도로점용허가를 받지 아니하고 물건 등을 도로에 일시 적치한 자
3. 제62조제1항을 위반하여 안전사고 방지대책을 마련하지 아니한 자
4. 제62조제2항 후단에 따른 준공도면을 제출하지 아니하거나 실제와 다른 도면을 제출한 자
5. 제62조제5항에 따른 주요지하매설물 관리자의 참여 없이 굴착공사를 시행한 자
6. 제76조제6항에 따른 긴급 통행제한을 위반한 자
7. 제96조나 제97조에 따른 도로관리청의 명령을 위반한 자

③ 다음 각 호의 어느 하나에 해당하는 자에게는 50만원 이하의 과태료를 부과한다.

1. 제62조제2항 전단에 따른 준공확인을 받지 아니한 자
2. 제73조제3항에 따른 도로의 원상회복에 따른 준공검사를 받지 아니한 자
3. 제106조제2항에 따른 신고를 하지 아니한 자

④ 이 법에서 규정한 사항 외에 제1항부터 제3항까지의 규정에 따른 과태료는 대통령령으로 정하는 바에 따라 해당 도로관리청이 부과·징수한다.

⑤ 제77조제1항에 따른 운행 제한을 위반한 차량의 운전자가 다음 각 호의 어느 하나에 해당하는 경우 그 차량의 운전자에 대하여는 제1항제1호를 적용하지 아니한다.

1. 차량의 운전자가 차량의 임대차 계약의 임차인이 제77조제2항을 위반한 사실을 신고하여 제1항제2호에 따라 차량의 임차인에게 과태료를 부과하는 경우
2. 차량의 운전자가 화주, 화물자동차 운송사업자, 화물자동차 운송주선사업자 등의 지시나 요구에 따라 제77조제1항을 위반한 사실을 신고하여 제1항제3호에 따라 화주, 화물자동차 운송사업자, 화물자동차 운송주선사업자 등에게 과태료를 부과하는 경우

⑥ 과태료의 납부방법에 관하여는 제67조를 준용한다. 이 경우 "도로점용허가를 받은 자"는 각각 "과태료를 납부하여야 하는 자"로, "점용료"는 각각 "과태료"로 본다.

제118조(권한의 대행) 제32조제3항에 따라 도로관리청의 권한을 대행하는 자는 이 장(章)의 규정을 적용할 때 도로관리청으로 본다.

부칙

<제15115호, 2017.11.28.>

제1조(시행일) 이 법은 공포 후 6개월이 경과한 날부터 시행한다. 다만, 제68조제7호의 개정규정은 공포한 날부터 시행한다.

제2조(안전사고 방지대책에 관한 적용례)

제62조제1항의 개정규정은 이 법 시행 후 최초로 도로점용허가를 받은 경우부터 적용한다.

제3조(점용료 감면에 관한 적용례) 제68조제7호의 개정규정은 같은 개정규정 시행 후의 기간에 대하여 점용료를 징수하는 경우부터 적용하고, 해당 기간의 점용료를 이미 징수한 경우에는 제70조에 따라 반환한다.

도로법 시행령

[시행 2018.1.18.]
[대통령령 제28586호, 2018.1.16., 타법개정]

제1장 총칙

제1조(목적) 이 영은 「도로법」에서 위임된 사항과 그 시행에 필요한 사항을 규정함을 목적으로 한다.

제2조(도로) 「도로법」(이하 "법"이라 한다) 제2조제1호에서 "차도, 보도(步道), 자전거도로, 측도(側道), 터널, 교량, 육교 등 대통령령으로 정하는 시설"이란 다음 각 호의 시설이나 공작물을 말한다.
1. 차도・보도・자전거도로 및 측도
2. 터널・교량・지하도 및 육교(해당 시설에 설치된 엘리베이터를 포함한다)
3. 궤도
4. 옹벽・배수로・길도랑・지하통로 및 무넘기시설
5. 도선장 및 도선의 교통을 위하여 수면에 설치하는 시설

제3조(도로의 부속물) 법 제2조제2호바목에서 "대통령령으로 정하는 시설"이란 법 제23조에 따른 도로관리청(이하 "도로관리청"이라 한다)이 설치한 다음 각 호의 시설을 말한다. <개정 2018.1.16.>
1. 주유소, 충전소, 교통・관광안내소, 졸음쉼터 및 대기소
2. 환승시설 및 환승센터
3. 장애물 표적표지, 시선유도봉 등 운전자의 시선을 유도하기 위한 시설
4. 방호울타리, 충격흡수시설, 가로등, 교통섬, 도로반사경, 미끄럼방지시설, 긴급제동시설 및 도로의 유지・관리용 재료적치장
5. 화물 적재량 측정을 위한 과적차량 검문소 등의 차량단속시설
6. 도로에 관한 정보 수집 및 제공 장치, 기상 관측 장치, 긴급 연락 및 도로의 유지・관리를 위한 통신시설
7. 도로 상의 방파시설(防波施設), 방설시설(防雪施設), 방풍시설(防風施設) 또는 방음시설(방음림을 포함한다)
8. 도로에의 토사유출을 방지하기 위한 시설 및 비점오염저감시설(「물환경보전법」 제2조제13호에 따른 비점오염저감시설을 말한다)
9. 도로원표(道路元標), 수선 담당 구역표 및 도로경계표
10. 공동구
11. 도로 관련 기술개발 및 품질 향상을 위하여 도로에 연접(連接)하여 설치한 연구시설

제2장 도로에 관한 계획의 수립 등

제4조(국가도로망종합계획의 경미한 변경) 법 제5조제7항 단서에서 "대통령령으로 정하는 경미한 사항을 변경하는 경우"란 다음 각 호의 어느 하나에 해당하는 경우를 말한다.
1. 법 제5조제1항에 따른 국가도로망종합계획(이하 "종합계획"이라 한다)의 총투자소요액을 100분의 10 이내의 범위에서 변경하는 경우
2. 다른 법령 또는 법령상 계획의 변경에 따라 종합계획을 변경하는 경우로서 도로정책의 기본 목표 및 추진 방향에 영향을 미치지 아니하는 사항을 변경하는 경우

제5조(도로건설・관리계획의 경미한 변경) 법 제6조제8항 단서에서 "대통령령으로 정하는 경미한 사항을 변경하는 경우"란 다음 각 호의 어느 하나에 해당되는 경우를 말한다.
1. 법 제6조제1항에 따른 도로건설・관리계획(이하 "건설・관리계획"이라 한다)의 총투자소요액을 100분의 10 이내의 범위에서 변경하는 경우
2. 다른 법령 또는 법령상 계획의 변경에 따라 건설・관리계획을 변경하는 경우로서 도로건설・관리의 목표 및 방향에 영향을 미치지 아니하는 사항을 변경하는 경우

제6조(대도시권 교통혼잡도로 개선사업계획의 수립 등) ① 법 제8조제2항제6호에서 "대통령령으로 정하는 사항"이란 다음 각 호의 사항을 말한다.
1. 법 제8조제1항에 따른 대도시권 교통혼잡

도로(이하 "대도시권 교통혼잡도로"라 한다) 개선사업 간 우선순위
2. 대도시권 교통혼잡도로 개선사업의 시행 주체
② 대도시권 교통혼잡도로의 선정 기준은 고속국도 및 일반국도를 제외한 광역시의 동(洞) 지역에 있는 도로 중 다음 각 호에 해당되는 도로로 한다.
1. 고속국도 및 자동차전용도로(법 제48조에 따라 도로관리청이 지정하는 자동차전용도로 또는 전용구역을 말한다. 이하 같다)와 연결하는 도로
2. 혼잡구간을 우회하는 도로
3. 조성이 완료된 주요 항만, 공항, 산업단지, 물류단지 등을 연결하는 도로 중 국가지원 등이 계획되지 아니한 도로
③ 대도시권 교통혼잡도로의 도로관리청은 해당 도로의 간선 기능(국가도로망의 근간을 이루면서 지역 간 이동을 담당하는 기능을 말한다. 이하 같다)이 발휘될 수 있도록 유지·관리하여야 한다.
④ 법 제8조제6항 단서에서 "대통령령으로 정하는 경미한 사항을 변경하는 경우"란 다음 각 호의 어느 하나에 해당하는 경우를 말한다.
1. 대도시권 교통혼잡도로 개선사업의 시행을 위한 총투자소요액을 100분의 30 이내의 범위에서 변경하는 경우
2. 대도시권 교통혼잡도로의 규모를 100분의 20 이내의 범위에서 변경하는 경우
3. 대도시권 교통혼잡도로의 연차별 개선사업계획에 따른 사업기간을 1년의 범위에서 변경하는 경우

제7조(도로 관련 사업의 재평가) 법 제9조제1항제7호에서 "대통령령으로 정하는 요건에 해당하는 도로에 관련된 사업"이란 「국가재정법」 제50조제4항에 따라 기획재정부장관이 통보한 총사업비 관리에 관한 지침에 따라 수요예측 재조사를 실시한 결과 경제성이 없는 사업 중 국토교통부장관이 도로 전후구간의 연결성, 국가도로망의 완결성 및 도로의 안전성 확보 등을 위하여 사업 추진이 필요하다고 판단하는 사업을 말한다.

제8조(위원장의 직무 등) ① 법 제9조제1항에 따른 도로정책심의위원회(이하 "위원회"라 한다)의 위원장은 위원회를 대표하고, 위원회의 업무를 총괄한다.
② 위원회의 부위원장은 위원장을 보좌하고, 위원장이 부득이한 사유로 직무를 수행할 수 없을 때에는 그 직무를 대행한다.
③ 위원회의 위원장과 부위원장이 모두 부득이한 사유로 직무를 수행할 수 없을 때에는 위원장이 미리 정한 위원이 그 직무를 대행한다.

제9조(위원의 제척·기피·회피) ① 위원회의 위원이 다음 각 호의 어느 하나에 해당하는 경우에는 위원회의 심의·의결에서 제척(除斥)된다.
1. 위원 또는 그 배우자나 배우자였던 사람이 해당 안건의 당사자(당사자가 법인·단체 등인 경우에는 그 임원을 포함한다. 이하 이 호 및 제2호에서 같다)가 되거나 그 안건의 당사자와 공동권리권자 또는 공동의무자인 경우
2. 위원이 해당 안건의 당사자와 친족이거나 친족이었던 경우
3. 위원이 해당 안건에 대하여 자문, 연구, 용역(하도급을 포함한다), 감정(鑑定) 또는 조사를 한 경우
4. 위원이나 위원이 속한 법인·단체 등이 해당 안건의 당사자의 대리인이거나 대리인이었던 경우
5. 위원이 임원 또는 직원으로 재직하고 있거나 최근 3년 내에 재직하였던 기업 등이 해당 안건에 관하여 자문, 연구, 용역(하도급을 포함한다), 감정 또는 조사를 한 경우
② 해당 안건의 당사자는 위원에게 공정한 심의·의결을 기대하기 어려운 사정이 있는 경우에는 위원회에 기피(忌避) 신청을 할 수 있고, 위원회는 의결로 이를 결정한다. 이 경우 기피 신청의 대상인 위원은 그 의결에 참여하지 못한다.
③ 위원이 제1항 각 호에 따른 제척 사유에 해당하는 경우에는 스스로 해당 안건의 심의·의결에서 회피(回避)하여야 한다.

제10조(위원의 해임·해촉) 국토교통부장관은 위원이 다음 각 호의 어느 하나에 해당하는 경우에는 해당 위원을 해임하거나 해촉(解嘱)할 수 있다.
1. 심신장애로 인하여 직무를 수행할 수 없게 된 경우
2. 직무태만, 품위손상이나 그 밖의 사유로

인하여 위원으로 적합하지 아니하다고 인정되는 경우
3. 제9조제1항 각 호의 어느 하나에 해당하는 데에도 불구하고 회피신청을 하지 아니하여 심의의 공정성을 해친 경우

제11조(회의) ① 위원회의 위원장은 위원회의 회의를 소집하며, 그 의장이 된다.
② 위원회의 회의는 국토교통부장관의 요구가 있거나 위원회의 위원장이 필요하다고 인정하는 경우에 소집한다.
③ 위원회의 위원장이 회의를 소집하는 경우에는 회의 개최 5일 전까지 회의의 일시·장소 및 안건을 각 위원에게 통지하여야 한다. 다만, 긴급하거나 부득이한 사유가 있는 경우에는 그러하지 아니하다.
④ 위원회의 회의는 재적위원 과반수의 출석으로 개의(開議)하고, 출석위원 과반수의 찬성으로 의결한다.
⑤ 위원회의 위원장은 심의나 그 밖에 위원회의 업무 수행에 필요하다고 인정할 때에는 관계 기관에 자료의 제출을 요청하거나 관계자 또는 전문가를 위원회의 회의에 출석하게 하여 그 의견을 들을 수 있다.

제12조(간사) ① 위원회에 위원회의 사무를 처리할 간사 1명을 둔다.
② 위원회의 간사는 국토교통부 소속 공무원 중에서 위원회의 위원장이 지명한다.

제13조(회의록) ① 위원회의 간사는 위원회의 회의록을 작성·관리하여야 한다.
② 제1항에 따른 회의록에는 회의의 일시, 장소 및 회의 내용과 그 밖의 사항을 적어야 한다.

제14조(수당 등) 위원회의 회의에 출석하는 위원 및 관계 전문가 등에게는 예산의 범위에서 수당과 여비 등 필요한 경비를 지급할 수 있다. 다만, 공무원이 그 소관 업무와 직접 관련되어 출석하는 경우에는 그러하지 아니하다.

제15조(운영세칙) 제8조부터 제14조까지에서 규정한 사항 외에 위원회의 운영에 필요한 사항은 위원회의 의결을 거쳐 위원장이 정한다.

제3장 도로의 종류 및 도로관리청

제16조(건설기계의 범위) 법 제11조에서 "대통령령으로 정하는 것"이란 다음 각 호의 건설기계를 말한다.
1. 덤프트럭
2. 기중기(트럭적재식인 것으로 한정한다)
3. 노상안정기
4. 콘크리트믹서트럭
5. 콘크리트펌프(트럭적재식인 것으로 한정한다)
6. 아스팔트살포기
7. 천공기(트럭적재식인 것으로 한정한다)
8. 그 밖에 다음 각 목의 요건을 모두 갖춘 건설기계
  가. 최고속도(「자동차관리법」 제29조제3항에 따라 국토교통부령으로 정하는 자동차의 최고속도 측정방법에 따른다)가 시속 70킬로미터 이상일 것
  나. 트럭(트럭적재식인 경우를 포함한다) 형식일 것

제17조(지정국도의 지정 기준 등) ① 법 제12조제3항에 따라 국토교통부장관이 지정하는 일반국도지정도로(이하 "지정국도"라 한다)는 다음 각 호의 구분에 따른 요건을 갖추어야 한다.
1. 일반국도(제2호에 해당하는 경우는 제외한다): 다음 각 목의 요건을 모두 갖출 것
  가. 간선 기능을 수행하는 일반국도로서 교통량 증가 등에 따른 교통혼잡으로 간선 기능 수행에 어려움이 있을 것
  나. 도로 주변 지역 여건상 우회도로 개설이 곤란할 것
2. 일반국도로서 법 제48조제1항 각 호 외의 부분 후단에 따라 둘 이상의 도로관리청이 공동으로 지정한 자동차전용도로: 간선 기능을 수행할 것
② 지정국도의 구간은 통행흐름의 형태 및 국가간선도로망 체계 등을 고려하여 특별시·광역시·특별자치시·특별자치도 또는 시 지역(읍·면 지역은 제외한다)의 경계부터 주요 간선도로와의 교차점까지로 정한다.
③ 국토교통부장관은 지정국도를 지정한 이후 다음 각 호의 어느 하나에 해당하는 사유가 발생한 경우에는 지정국도의 지정을 해제할 수 있다.
1. 다수의 인접지역 개발 등에 따라 간선 기

능을 유지하기가 곤란한 경우
2. 별도의 도로가 인접하여 신설·확장 또는 개량되어 간선 기능을 대체할 수 있는 경우
④ 지정국도의 관리 기준은 일반국도의 관리 기준에 따른다.

제18조(지선의 지정기준) ① 법 제13조제1항제1호에 따른 고속국도 또는 일반국도의 지선(이하 "지선"이라 한다)은 다음 각 호의 요건을 모두 갖추어야 한다.
1. 고속국도 또는 일반국도의 본선(이하 이 조에서 "본선"이라 한다)과 그 인근의 도시·항만·공항·산업단지·물류시설 등(이하 이 조에서 "도시등"이라 한다)을 직접 연결하여 도시등의 접근성을 향상시키거나 교통물류를 개선하는 효과가 있을 것
2. 도시등은 「국가통합교통체계효율화법」 제37조제1항에 따라 지정된 제1종 및 제2종 교통물류거점에 해당하거나 이를 포함하는 도시등에 해당할 것
3. 다른 법령에 따라 본선과 그 인근의 도시등을 연결하는 도로의 건설비를 지원하고 있거나 지원할 수 있는 경우 등 중복투자 가능성이 없을 것
4. 도로의 기능 향상 및 체계적인 도로망 형성 등을 위하여 지선의 지정이 필요할 것
② 법 제13조제1항제2호에 따른 지선은 다음 각 호의 요건을 모두 갖추어야 한다.
1. 해당 도로를 통하여 통행시간 및 거리를 단축시키는 효과가 있을 것
2. 도로의 기능 향상 및 체계적인 도로망 형성 등을 위하여 지선의 지정이 필요할 것

제19조(지방도의 지정·고시를 위한 협의 등) ① 도지사는 법 제15조에 따라 도로 노선을 정하여 지방도를 지정·고시하려는 경우 이와 연결하여야 할 다른 지방도의 지정·고시가 필요할 때에는 관계 도지사와 협의하여야 한다. 이를 변경하거나 폐지하려는 경우에도 또한 같다.
② 제1항에 따른 협의에 관하여는 법 제20조제2항 및 제3항을 준용한다.

제20조(관할구역 밖의 도로 노선 지정) ① 특별시장·광역시장·특별자치시장·도지사·특별자치도지사·시장·군수 또는 자치구의 구청장(이하 "행정청"이라 한다)이 법 제20조제1항에 따라 관할구역 밖에 걸치는 도로의 노선을 지정하려는 경우에는 도로의 종류·기점·종점과 주요 통과지 및 그 밖에 노선의 지정에 필요한 사항을 관계 행정청과 협의하여야 한다.
② 행정청이 법 제20조제1항에 따라 관할구역 밖에 있는 도로의 노선을 지정하였을 때에는 지체 없이 관계 행정청에 통지하여야 한다.

제21조(관할구역 밖의 도로 노선 지정에 관한 재정의 신청) 법 제20조제2항에 따라 국토교통부장관 또는 특별시장·광역시장·도지사에게 재정(裁定)을 신청하려는 자는 재정신청서에 협의경과서를 첨부하여 제출하여야 한다.

제22조(도로 노선 지정 등에 대한 승인의 특례) 해상의 도선장을 포함한 도로 노선의 지정·변경 또는 폐지에 대하여 광역시장 또는 도지사가 법 제21조제2항에 따른 승인을 하려는 경우에는 미리 지방해양수산청장의 동의를 받아야 한다. <개정 2015.1.6.>

제23조(도로 관리방법에 관한 재정의 신청) 법 제24조제2항에 따라 국토교통부장관 또는 특별시장·광역시장·도지사에게 재정을 신청하려는 자는 재정 신청서에 협의경과서를 첨부하여 제출하여야 한다.

제4장 도로구역 및 도로와 관련된 사업의 시행

제24조(도로구역의 결정 등) ① 도로관리청은 법 제25조제1항에 따라 도로구역을 결정 또는 변경할 때에는 다음 각 호의 사항이 포함된 도로공사 세부계획을 작성하여야 한다.
1. 도로구역의 위치도 및 도로계획평면도
2. 수용 또는 사용할 토지 또는 건물의 조서·지번 및 지목과 소유권 및 그 밖의 권리의 명세서
② 법 제25조제3항에서 "사유, 위치, 면적 등 대통령령으로 정하는 사항"이란 다음 각 호의 사항을 말한다.
1. 도로구역의 결정·변경 또는 폐지 사유
2. 결정·변경 또는 폐지하는 도로구역의

위치 및 면적
3. 도로의 종류, 노선번호, 노선명, 기점·종점, 주요 통과지 및 총연장
4. 해당 도로공사의 사업 시행 기간(도로구역을 폐지하는 경우는 제외한다)
5. 수용 또는 사용할 토지의 세목(도로구역을 폐지하는 경우는 제외한다)
6. 도면의 열람기간 및 열람장소

제25조(주민 등의 의견 청취) ① 도로관리청은 법 제26조제1항 본문에 따라 도로구역의 결정·변경 또는 폐지에 관하여 주민 및 관계 전문가 등의 의견을 들으려는 경우에는 다음 각 호의 사항을 전국 또는 해당 지역을 보급지역으로 하는 둘 이상의 일간신문, 그 도로관리청의 게시판 및 인터넷 홈페이지에 공고하고, 공고한 날부터 14일 이상 일반인이 관계 서류를 열람하게 하여야 한다.
1. 도로구역을 결정·변경 또는 폐지하려는 사유
2. 결정·변경 또는 폐지하려는 도로의 명칭, 도로구역의 위치 및 면적
3. 해당 도로공사의 사업 시행 기간(도로구역을 폐지하는 경우는 제외한다)
4. 도로구역 예정지의 위치도 및 도로계획평면도
5. 관계 서류의 열람기간 및 열람장소

② 제1항에도 불구하고 국토교통부장관 또는 특별시장·광역시장·도지사가 도로관리청인 경우에는 관계 서류의 사본을 해당 도로의 소재지를 관할하는 특별자치시장·특별자치도지사·시장·군수 또는 자치구의 구청장(이하 이 조에서 "시장등"이라 한다)에게 보내야 하며, 이를 받은 시장등은 제1항 각 호의 사항을 전국 또는 해당 지역을 보급지역으로 하는 둘 이상의 일간신문, 해당 지방자치단체의 게시판 및 인터넷 홈페이지에 공고하고, 공고한 날부터 14일 이상 일반인이 그 서류를 열람하게 하여야 한다. 다만, 다음 각 호의 어느 하나에 해당하는 경우에는 제1항에 따라 도로관리청이 직접 주민 및 관계 전문가 등의 의견을 들을 수 있다.
1. 도로구역이 둘 이상의 특별자치시·시·군 또는 자치구에 걸치는 경우
2. 관계 서류를 받은 시장등이 제1항 각 호의 사항을 공고하지 아니하는 경우

③ 도로구역의 결정·변경 또는 폐지에 대하여 의견이 있는 자는 제1항 및 제2항에 따른 열람기간 동안 다음 각 호의 구분에 따른 기관에 의견서를 제출할 수 있다.
1. 제1항 및 제2항 각 호 외의 부분 단서: 도로관리청
2. 제2항 각 호 외의 부분 본문: 시장등

④ 시장등은 제3항제2호에 따라 의견을 받은 경우에는 제출된 의견을 종합하여 도로관리청에 제출하여야 하며, 제출된 의견이 없는 경우에도 그 사실을 도로관리청에 통보하여야 한다.

⑤ 법 제26조제1항 단서에서 "대통령령으로 정하는 경미한 사항을 변경하는 경우"란 다음 각 호의 어느 하나에 해당하는 경우를 말한다.
1. 도로구역 면적을 축소하는 경우
2. 도로구역 면적을 100분의 10 이내의 범위에서 확대하는 경우
3. 측량 결과에 따라 착오 또는 누락된 면적을 정정하는 경우

제26조(행위허가의 대상 등) ① 법 제27조제1항 전단에서 "건축물의 건축, 공작물의 설치, 토지의 형질변경, 토석(土石)의 채취, 토지의 분할, 물건을 쌓아놓는 행위, 그 밖에 대통령령으로 정하는 행위"란 다음 각 호의 행위를 말한다. <개정 2015.8.11.>
1. 건축물의 건축: 「건축법」 제2조제1항제2호에 따른 건축물(가설건축물을 포함한다)의 건축, 대수선 또는 용도변경
2. 공작물의 설치: 인공 시설물(「건축법」 제2조제1항제2호에 따른 건축물은 제외한다)의 설치
3. 토지의 형질변경: 절토(切土), 성토(盛土), 정지(整地), 포장(鋪裝) 등의 방법으로 토지의 형상을 변경하는 행위, 토지의 굴착 또는 공유수면의 매립
4. 토석의 채취: 흙, 모래, 자갈, 바위 등의 토석을 채취하는 행위. 다만, 토지의 형질변경을 목적으로 하는 것은 제3호에 따른다.
5. 토지의 분할·합병
6. 물건을 쌓아놓는 행위: 물건을 1개월 이상 쌓아놓는 행위
7. 입목·죽(竹)을 심는 행위

② 특별자치시장·특별자치도지사·시장·군수 또는 자치구의 구청장(이하 이 조에서 "허가권자"라 한다)은 법 제27조제1항에 따라 제1항 각 호의 행위를 허가하려면 미리 도로관리청의 의견을 들어야 한다. 다만, 허가권자가

해당 도로관리청인 경우는 그러하지 아니하다.

③ 법 제27조제2항제2호에서 "대통령령으로 정하는 행위"란 다음 각 호의 어느 하나에 해당하는 행위 중 도로공사 및 도로의 유지·관리에 지장을 주지 아니하는 행위로서 「국토의 계획 및 이용에 관한 법률」 제56조에 따른 개발행위허가의 대상이 아닌 행위를 말한다.

1. 농림수산물의 생산에 직접 이용되는 비닐하우스 등 간이 공작물(도로관리청이 정하여 고시하거나 공고한 것만 해당한다)의 설치
2. 경작을 위한 토지의 형질변경
3. 자연경관을 해치지 아니하는 범위에서의 토석의 채취
4. 관상용 입목·죽을 임시로 심는 행위(경작지에서 임시로 심는 경우는 제외한다)

④ 법 제27조제3항에 따라 신고하여야 하는 자는 다음 각 호의 기간 이내에 해당 공사 또는 사업의 진행 상황 등을 국토교통부령으로 정하는 바에 따라 허가권자에게 신고하여야 한다. 이 경우 허가권자가 도로관리청이 아니면 허가권자는 해당 도로관리청에 그 사실을 통보하여야 한다.

1. 법 제26조제1항 본문에 따라 공고를 한 경우: 공고일부터 30일 이내
2. 법 제26조제1항 단서에 따라 공고를 하지 아니한 경우: 법 제25조제3항에 따른 고시일부터 30일 이내

제27조(입체적 도로구역을 지정할 때의 협의사항) ① 법 제28조제2항에 따른 협의에 포함되어야 하는 사항은 다음 각 호와 같다. <개정 2016.5.10.>

1. 협의의 목적이 되는 소유권이나 그 밖의 권리
2. 구분지상권(區分地上權)의 범위
3. 구분지상권의 설정에 대한 보상의 금액, 지급시기 및 방법
4. 구분지상권의 유효기간
5. 도로의 사용으로 인하여 토지·건물 또는 토지에 정착한 물건의 소유권이나 그 밖의 권리에 손해가 발생한 경우의 조치사항
6. 그 밖에 도로관리청 및 토지소유자 등이 필요하다고 인정하는 사항

② 도로관리청은 제1항제2호에 따라 지하 부분에 대한 구분지상권의 범위를 협의하는 경우에는 다음 각 호에 따른 범위 이상으로 구분지상권의 범위를 정하여야 한다. <신설 2016.5.10.>

1. 평면적 범위: 지하시설물 폭에 양측으로 각각 0.5미터를 더한 폭과 해당 시설물의 연장에 수직으로 대응하는 면적
2. 입체적 범위: 제1호에 따른 평면적 범위로부터 지하시설물의 상단 높이 및 하단 깊이에 다음 각 목의 구분에 따른 보호층을 각각 포함한 높이 및 깊이
   가. 굴진(掘進)방식으로 시공하는 경우
      1) 차로가 2개 이하인 경우: 6미터
      2) 차로가 3개인 경우: 6.5미터
      3) 차로가 4개인 경우: 7미터
   나. 개착(開鑿)방식으로 시공하는 경우: 0.5미터

제28조(도로구역 내 시설의 설치) 법 제30조제4호에서 "대통령령으로 정하는 시설"이란 다음 각 호의 시설을 말한다. <개정 2015.8.11.>

1. 「물류시설의 개발 및 운영에 관한 법률」 제2조제1호에 따른 물류시설
2. 「신에너지 및 재생에너지 개발·이용·보급 촉진법」 제2조제3호에 따른 신·재생에너지 설비
3. 「자연재해대책법」 제2조제6호에 따른 우수유출저감시설

제29조(도로공사와 도로의 유지·관리에 관한 업무의 수행 등) ① 법 제31조제2항 전단에 따라 도지사 또는 특별자치도지사가 도로공사와 도로의 유지·관리에 관한 업무를 수행하는 일반국도(이하 "위임국도"라 한다)는 간선 기능이 약한 별표 1에 따른 일반국도 구간으로 한다. 다만, 자동차전용도로 또는 「시설물의 안전 및 유지관리에 관한 특별법」 제7조제1호에 따른 1종시설물이나 이에 준하는 주요 교량, 터널 등으로서 국토교통부령으로 정하는 시설이 있는 구간은 제외한다. <개정 2018.1.16.>

② 제1항에 따라 위임국도에 관한 업무를 수행하는 도지사 또는 특별자치도지사는 해당 위임국도의 도로공사와 도로의 유지·관리에 관한 업무 수행 결과를 국토교통부령으로 정하는 바에 따라 국토교통부장관에게 보고하여야 한다.

③ 국토교통부장관은 천재지변이나 이에 준하는 재해 발생 등 비상 시에 위임국도 외의 일반국도 구간에 대하여 도로의 보수(補修) 및 유지·관리에 관한 업무를 도지사 또는 특별자치도지사가 수행하도록 할 수 있다. 이 경

우 국토교통부장관은 다음 각 호의 사항을 관보에 공고하여야 한다.
1. 도로의 노선명
2. 도로 구간
3. 도로의 보수 및 유지·관리 업무의 내용
4. 업무 수행 기간
5. 비용의 부담방법
6. 그 밖에 도로의 보수 및 유지·관리에 필요한 사항

제30조(상급도로관리청의 도로공사 대행) ① 국토교통부장관, 특별시장·광역시장 또는 도지사가 법 제32조제1항 및 제2항에 따라 도로공사를 시행하려는 경우에는 국토교통부령으로 정하는 바에 따라 미리 해당 도로관리청에 통지하고 공고하여야 한다.
② 국토교통부장관, 특별시장·광역시장 또는 도지사가 제1항에 따른 도로공사를 준공하였을 때에는 국토교통부령으로 정하는 바에 따라 지체 없이 해당 도로관리청에 통지하고 공고하여야 한다.

제31조(상급도로관리청의 권한대행) 법 제32조제3항에 따라 국토교통부장관, 특별시장·광역시장 또는 도지사가 대행할 수 있는 권한은 다음 각 호와 같다.
1. 법 제25조에 따른 도로구역의 결정
2. 법 제33조부터 제36조까지, 제81조제1항, 제82조 및 제83조에 따른 처분 또는 조치
3. 법 제89조제2항, 제89조제3항 단서 및 제91조제1항·제2항(법 제90조제3항에서 준용하는 경우를 포함한다)에 따른 비용 부담에 관한 처분

제32조(타공작물의 관리자 등에 대한 도로공사의 시행명령 등) ① 도로관리청은 법 제33조제1항, 제35조제1항 또는 제37조에 따라 도로공사를 시행하게 하는 경우에는 국토교통부령으로 정하는 도로공사 시행 명령서에 설계도서를 첨부하여야 한다.
② 제1항에 따른 도로공사가 준공되었을 때에는 타공작물의 관리자, 도로공사 외의 공사(이하 "타공사"라 한다)의 시행자나 도로공사 외의 행위(이하 "타행위"라 한다)를 한 자 또는 공공단체나 사인(私人)은 국토교통부령으로 정하는 바에 따라 지체 없이 준공조서·설계도서와 비용정산서를 갖추어 도로관리청의 준공검사를 받아야 한다. 다만, 타공작물의 관리자, 타공사의 시행자나 타행위를 한 자가 행정청인 경우에는 미리 도로관리청과 협의하여야 한다.
③ 도로관리청은 법 제33조제1항 또는 제37조에 따라 타공작물의 관리자, 공공단체 또는 사인에게 도로의 유지·관리를 하게 하는 경우에는 국토교통부령으로 정하는 도로의 유지·관리 명령서에 유지·관리 방법에 관한 설명서와 비용예산서를 첨부하여야 한다.

제33조(타공작물에 관한 공사의 시행 등) ① 도로관리청은 법 제33조제1항(법 제34조제2항에서 준용하는 경우를 포함한다)에 따라 타공작물에 관한 공사를 시행하는 경우와 법 제35조제1항에 따라 타공사의 시행자나 타행위를 한 자의 부담으로 직접 도로공사를 시행하는 경우에는 공사를 시행하기 전에 국토교통부령으로 정하는 바에 따라 설계도서와 비용예산서를 첨부하여 타공작물의 관리자 또는 타공사의 시행자나 타행위를 한 자에게 미리 통지하여야 한다.
② 도로관리청은 제1항에 따른 공사를 준공하였을 때에는 국토교통부령으로 정하는 바에 따라 지체 없이 준공조서·설계도서와 비용정산서를 첨부하여 타공작물의 관리자 또는 타공사의 시행자나 타행위를 한 자에게 통지하여야 한다.
③ 도로관리청은 법 제33조제1항에 따라 타공작물의 유지·관리를 하려는 경우에는 국토교통부령으로 정하는 바에 따라 유지·관리 방법에 관한 설명서와 비용예산서를 첨부하여 타공작물의 관리자에게 통지하여야 한다.

제34조(도로관리청이 아닌 자의 도로공사 시행 등의 허가신청 등) ① 도로관리청이 아닌 자는 법 제36조제1항 각 호 외의 부분 본문에 따른 도로공사의 시행 허가를 받으려는 경우 국토교통부령으로 정하는 도로공사 시행 허가신청서에 사업계획서 및 설계도서를 첨부하여 도로관리청에 제출하여야 한다.
② 도로관리청은 제1항에 따른 신청에 대하여 허가를 하였을 때에는 국토교통부령으로 정하는 바에 따라 그 허가 내용을 공고하여야 한다.
③ 법 제36조제2항에 따라 허가를 받은 자는 해당 도로공사에 착수하였을 때에는 국토교통부령으로 정하는 바에 따라 5일 이내에 도로관리청에 신고하여야 하며, 해당 도로공사를 준공하였을 때에는 지체 없이 준공조서·

설계도서와 비용정산서를 첨부하여 도로관리청의 준공검사를 받아야 한다.

④ 도로관리청이 아닌 자는 법 제36조제1항 각 호 외의 부분 본문에 따른 도로의 유지·관리 허가를 받으려는 경우 국토교통부령으로 정하는 도로의 유지·관리 허가신청서에 유지·관리 방법에 관한 설명서, 비용예산서 및 도로계획평면도를 첨부하여 도로관리청에 제출하여야 한다.

제35조(도로관리청이 아닌 자의 도로공사 시행 허가기준) 도로관리청은 다음 각 호의 요건을 모두 충족하는 경우, 법 제36조제1항 각 호 외의 부분 본문에 따라 도로관리청이 아닌 자의 도로공사 시행을 허가할 수 있다.

1. 법 제50조에 따른 도로의 구조·시설 등의 기준에 맞고 교통소통이 원활하게 이루어지는 구조일 것
2. 공사를 시행하려는 도로의 설계속도, 곡선반경 등 설계기준이 그 도로공사가 시행되거나 연결되는 기존의 도로와 같거나 그 이상일 것
3. 공사를 시행하려는 도로의 폭, 포장단면, 포장의 재질 등 시설구조가 그 도로공사가 시행되거나 연결되는 기존의 도로와 같거나 그 이상일 것
4. 신호등, 도로표지, 가드레일 등을 설치하여 차량(「자동차관리법」 제2조제1호에 따른 자동차와 「건설기계관리법」 제2조제1항제1호에 따른 건설기계를 말한다. 이하 같다) 주행 시 교통안전이 확보되도록 할 것
5. 배수시설 및 비탈면 보호시설 등을 적정하게 설치하여 도로의 유지·관리에 문제가 없도록 할 것
6. 그 밖에 도로관리청이 도로공사의 시행에 필요하다고 판단하여 정하는 사항

제36조(상급도로관리청의 하급도로 도로공사의 시행) ① 상급도로(법 제10조 각 호에 따른 도로의 순위를 기준으로 해당 도로보다 높은 순위의 도로를 말한다. 이하 같다)의 도로관리청(이하 "상급도로관리청"이라 한다)이 법 제36조제1항제2호에 따라 상급도로와 접속되거나 연결되는 하급도로(법 제10조 각 호에 따른 도로의 순위를 기준으로 해당 도로보다 낮은 순위의 도로를 말한다. 이하 같다)의 접속구간 또는 연결구간의 도로공사를 시행하려면 다음 각 호의 사항을 적은 도로공사 계획서에 설계도서를 첨부하여 해당 하급도로의 관리청(이하 "하급도로관리청"이라 한다)과 협의하여야 한다.

1. 해당 상급도로 및 하급도로의 종류·노선번호 및 노선명
2. 도로공사의 구간 또는 시행장소
3. 도로공사의 목적과 사유
4. 도로공사의 시행기간
5. 도로공사의 착수 및 준공 예정연월일

② 상급도로관리청이 제1항에 따라 협의한 하급도로의 도로공사를 준공하였을 때에는 법 제36조제3항에 따라 지체 없이 준공조서·설계도서와 비용정산서를 첨부하여 해당 하급도로관리청에 통지하여야 한다.

제37조(경미한 도로의 유지·관리) 법 제36조제1항제3호에서 "대통령령으로 정하는 경미한 도로의 유지·관리"란 도로의 손상을 방지하기 위하여 필요한 자갈·모래 또는 흙의 부분적인 보충이나 그 밖에 도로의 구조에 영향을 주지 아니하는 도로의 유지·관리를 말한다.

제38조(공공단체 등의 도로공사 시행 등) 법 제37조에서 "대통령령으로 정하는 경미한 도로공사나 도로의 유지·관리"란 기존 도로의 구조·시설 및 교통소통·안전에 영향을 주지 아니하는 범위에서 도로관리청이 공공단체 또는 사인의 도로이용의 편의 및 도로상의 안전 확보를 위하여 필요하다고 인정하는 도로공사 또는 도로의 유지·관리를 말한다.

제5장 도로의 사용 및 관리

제39조(접도구역의 지정 등) ① 도로관리청이 법 제40조제1항에 따라 접도구역(接道區域)을 지정할 때에는 소관 도로의 경계선에서 5미터(고속국도의 경우는 30미터)를 초과하지 아니하는 범위에서 지정하여야 한다. 다만, 다음 각 호의 어느 하나에 해당하는 지역에 대해서는 접도구역을 지정하지 아니할 수 있다. <개정 2014.11.24.>

1. 「국토의 계획 및 이용에 관한 법률」 제51조제3항에 따른 지구단위계획구역

2. 그 밖에 접도구역의 지정이 필요하지 아니하다고 인정되는 지역으로서 국토교통부령으로 정하는 지역

② 도로관리청은 제1항에 따라 접도구역을 지정하였을 때에는 지체 없이 다음 각 호의 사항을 고시하여야 한다.

1. 도로의 종류·노선번호 및 노선명
2. 접도구역의 지정구간 및 범위
3. 그 밖에 필요한 사항

③ 법 제40조제3항 각 호 외의 부분 단서에서 "대통령령으로 정하는 행위"란 다음 각 호의 어느 하나에 해당하는 행위를 말한다. <개정 2014.11.24., 2015.8.11.>

1. 다음 각 목의 어느 하나에 해당하는 건축물의 신축
   가. 연면적 10제곱미터 이하의 화장실
   나. 연면적 30제곱미터 이하의 축사
   다. 연면적 30제곱미터 이하의 농·어업용 창고
   라. 연면적 50제곱미터 이하의 퇴비사
2. 증축되는 부분의 바닥면적의 합계가 30제곱미터 이하인 건축물의 증축
3. 건축물의 개축·재축·이전(접도구역 밖에서 접도구역 안으로 이전하는 경우는 제외한다) 또는 대수선
4. 도로의 이용 증진을 위하여 필요한 주차장의 설치
5. 도로 또는 교통용 통로의 설치
6. 도로와 잇닿아 있지 아니하는 용수로·배수로의 설치
7. 「산업입지 및 개발에 관한 법률」 제2조제9호에 따른 산업단지개발사업, 「국토의 계획 및 이용에 관한 법률」 제51조제3항에 따른 지구단위계획구역에서의 개발사업 또는 「농어촌정비법」 제2조제5호에 따른 농업생산기반 정비사업
8. 「문화재보호법」 제2조제1항에 따른 문화재의 수리
9. 건축물이 아닌 것으로서 국방의 목적으로 필요한 시설의 설치
10. 철도의 관리를 위하여 필요한 운전보안시설 또는 공작물의 설치
11. 토지의 형질변경으로서 경작지의 조성, 도로 노면의 수평연장선으로부터 1.4미터 미만의 성토 또는 접도구역 안의 지면으로부터 깊이 1미터 미만의 굴착·절토
12. 울타리·철조망의 설치로서 운전자의 시계(視界)를 방해하지 아니하는 경미한 행위

12의2. 재해 복구 또는 재난 수습에 필요한 응급조치를 위하여 하는 행위

13. 그 밖에 국토교통부령으로 정하는 행위

제40조(매수대상토지의 판정기준) 법 제41조제1항에 따른 매수대상토지(이하 "매수대상토지"라 한다)의 판정기준은 다음 각 호와 같다. 이 경우 매수대상토지의 효용감소, 사용·수익의 불가능에 대하여 매수청구인의 귀책사유가 없어야 한다. <개정 2016.8.31.>

1. 법 제41조제1항제1호에 해당하는 토지: 매수청구 당시 매수대상토지를 접도구역 지정 이전의 지목(매수청구인이 접도구역 지정 이전에 적법하게 지적공부상의 지목과 다르게 사용하고 있었음을 공적자료로써 증명하는 경우에는 접도구역 지정 이전의 실제 용도를 지목으로 본다)대로 사용할 수 없음으로 인하여 매수청구일 현재 해당 토지의 개별공시지가(「부동산 가격공시에 관한 법률」 제10조에 따른 개별공시지가를 말한다. 이하 같다)가 그 토지가 소재하는 읍·면·동에 지정된 접도구역의 동일한 지목의 개별공시지가(매수대상토지의 개별공시지가는 제외한다) 평균치의 100분의 50 미만일 것
2. 법 제41조제1항제2호에 해당하는 토지: 법 제40조제3항에 따른 행위제한으로 인하여 해당 토지의 사용·수익이 사실상 불가능할 것

제41조(매수기한) 법 제42조제2항에서 "대통령령으로 정하는 기간"이란 매수청구인에게 매수대상토지로 통보한 날부터 3년 이내를 말한다.

제42조(매수가격의 산정 방법 등) ① 법 제42조제3항에서 "대통령령으로 정하는 지가변동률, 생산자물가상승률"이란 「국토의 계획 및 이용에 관한 법률」 제125조에 따라 국토교통부장관이 조사한 지가변동률 및 「한국은행법」 제86조에 따라 한국은행이 조사·발표하는 생산자물가지수에 따라 산정된 생산자물가상승률을 말한다.

② 법 제42조제3항에 따른 매수대상토지의 매수가격(이하 "매수가격"이라 한다)은 「부동산 가격공시에 관한 법률」 제3조에 따른

표준지공시지가를 기준으로「감정평가 및 감정평가사에 관한 법률」제2조제4호에 따른 감정평가업자(이하 "감정평가업자"라 한다) 2인 이상이 각각 법 제42조제3항에 따라 평가한 금액의 산술평균치로 한다. <개정 2016.8.31.>

제43조(매수절차) ① 법 제41조제1항에 따라 토지의 매수를 청구하려는 자는 국토교통부령으로 정하는 토지매수청구서에 다음 각 호의 사항을 적어 도로관리청에 제출하여야 한다. 이 경우 도로관리청은「전자정부법」제36조제1항에 따른 행정정보의 공동이용을 통하여 해당 토지의 토지이용계획확인서, 토지(임야)대장 및 토지 등기사항증명서를 확인하여야 한다.

1. 해당 토지소유자의 성명(법인의 경우에는 명칭 및 대표자의 성명) 및 주소
2. 해당 토지의 지번·지목 및 이용현황
3. 해당 토지에 소유권 외의 권리가 설정된 경우에는 그 종류·내용과 권리자의 성명(법인의 경우에는 명칭 및 대표자의 성명) 및 주소

② 제1항에 따른 매수청구를 받은 도로관리청은 법 제42조제1항에 따라 해당 토지가 매수대상토지인지 여부 및 매수 예상가격 등을 매수청구인에게 알리는 경우에는 제40조에 따른 판정기준에 따라 판단하여야 한다.
③ 제2항에 따른 매수 예상가격은 매수청구 당시의 해당 토지의 개별공시지가로 한다.
④ 도로관리청은 법 제42조제1항에 따라 매수 예상가격을 통보한 경우에는 감정평가업자에게 대상토지에 대한 감정평가를 의뢰하여 매수가격을 결정하여야 한다. 이 경우 결정한 매수가격을 매수청구인에게 알려야 한다.

제44조(감정평가 비용의 납부고지 등) ① 도로관리청은 제43조제4항 전단에 따른 감정평가를 의뢰한 후 매수청구인이 정당한 사유 없이 매수청구의 철회를 통보하는 경우에는 해당 토지에 대한 감정평가비용의 전부를 매수청구인이 부담하도록 하여야 한다.
② 도로관리청은 제1항에 따라 매수청구의 철회를 통보받은 경우 그 통보일부터 7일 이내에 국토교통부령으로 정하는 감정평가 비용의 납부고지서에 감정평가 비용의 산출내역서를 첨부하여 매수청구인에게 보내야 한다.
③ 제2항에 따라 감정평가 비용의 납부고지를 받은 매수청구인은 납부기한 내에 고지된 감정평가 비용을 도로관리청에 납부하여야 한다.
④ 법 제43조제2항 단서에서 "대통령령으로 정하는 비율"이란 100분의 30을 말한다.
⑤ 도로관리청은 법 제43조제4항에 따라 이 영 제43조제4항 전단에 따른 감정평가를 의뢰하기 1개월 전까지 감정평가를 의뢰한다는 사실을 매수청구인에게 알려야 한다.

제45조(도로보전입체구역에서의 행위제한) 법 제46조제3항에서 "대통령령으로 정하는 행위"란 다음 각 호의 행위를 말한다.

1. 도로의 굴착 등 도로의 상하에 있는 토지의 형질변경 행위
2. 횡단 등의 방법으로 공작물을 설치하는 행위
3. 고가도로의 노면 밑에 유류·가스 등의 인화성물질을 취급하는 사무소·점포·창고 등의 시설을 설치하는 행위

제45조의2(도로안전시설 설치 및 관리 대상) 법 제47조의2제1항에서 "고속국도에 연결된 휴게시설, 주차장 등 대통령령으로 정하는 시설"이란 고속국도에 연결된 다음 각 호의 시설을 말한다.

1. 휴게시설
2. 「화물자동차 운수사업법」제2조제10호에 따른 화물자동차 휴게소
3. 주차장
4. 졸음쉼터
5. 버스정류시설

[본조신설 2015.6.22.]

제46조(자동차전용도로의 지정) 법 제48조제1항에 따라 도로관리청이 자동차전용도로를 지정하려는 경우에는 자동차전용도로의 연장을 5킬로미터 이상이 되도록 하여야 한다. 다만, 도로관리청은 현지 교통여건 등을 고려하여 필요하다고 인정하는 경우 자동차전용도로의 연장을 2킬로미터 이상으로 할 수 있다.

제47조(자동차전용도로의 지정 공고 등) 도로관리청은 자동차전용도로를 지정·변경 또는 해제할 때에는 법 제48조제4항에 따라 다음

각 호의 사항을 공고하고, 지체 없이 국토교통부장관에게 보고하여야 한다.
1. 도로의 종류·노선번호 및 노선명
2. 도로 구간
3. 통행의 방법(해제의 경우는 제외한다)
4. 지정·변경 또는 해제의 이유
5. 해당 구간에 있는 일반 교통용의 다른 도로 현황(해제의 경우는 제외한다)
6. 그 밖에 필요한 사항

제48조(도로와 다른 시설의 교차) 법 제51조에서 "대통령령으로 정하는 도로"란 다음 각 호의 도로를 말한다.
1. 일반국도
2. 지방도
3. 4차로 이상으로 도로구역이 결정된 도로

제49조(도로와 다른 시설의 연결) 법 제52조제1항 전단에서 "대통령령으로 정하는 도로"란 다음 각 호의 도로를 말한다.
1. 일반국도
2. 지방도
3. 4차로 이상으로 도로구역이 결정된 도로

제50조(도로원표) ① 도로원표는 특별시·광역시·특별자치시·시(「제주특별자치도 설치 및 국제자유도시 조성을 위한 특별법」 제10조에 따른 행정시를 포함한다. 이하 이 조에서 같다) 및 군에 각 1개를 설치하여야 한다. <개정 2016.1.22.>
② 서울특별시의 도로원표는 서울특별시장이 설치·관리하며, 그 위치는 광화문광장의 중앙으로 한다.
③ 광역시·특별자치시·시 또는 군의 도로원표는 광역시장·특별자치시장·시장(행정시의 경우에는 특별자치도지사를 말한다) 또는 군수가 설치·관리하되, 그 위치는 광역시장·특별자치시장·도지사 또는 특별자치도지사가 정한다.
④ 도로원표의 크기·표기방법 및 설치기준 등은 국토교통부령으로 정한다.
⑤ 관할 광역시장·특별자치시장·도지사 또는 특별자치도지사가 제3항에 따라 도로원표의 위치를 정한 경우에는 지체 없이 국토교통부장관에게 보고하여야 한다.

제51조(시범사업의 실시) ① 국토교통부장관은 법 제58조제2항에 따른 시범사업(이하 이 조에서 "시범사업"이라 한다)을 실시하려면 위원회의 심의를 거쳐 다음 각 호의 사항이 포함된 시범사업계획을 수립하여야 한다.
1. 시범사업의 목표·전략 및 추진체계에 관한 사항
2. 시범사업에 적용될 연구·개발 성과에 관한 사항
3. 시범사업의 시행에 필요한 재원 조달에 관한 사항
4. 그 밖에 시범사업의 원활한 시행을 위하여 필요한 사항
② 국토교통부장관은 직접 또는 도로관리청의 요청에 따라 시범사업을 실시할 대상 사업 및 지역(이하 "시범대상 사업등"이라 한다)을 지정할 수 있다.
③ 시범대상 사업등은 다음 각 호의 기준을 모두 갖추어야 한다.
1. 시범사업의 목적 달성에 적합할 것
2. 시범사업의 재원조달계획이 적정하고 실현 가능할 것
3. 시범사업의 원활한 시행이 가능할 것
④ 도로관리청은 제2항에 따라 시범대상 사업등의 지정을 요청하려면 다음 각 호의 서류를 국토교통부장관에게 제출하여야 한다.
1. 제3항에 따른 지정기준에 적합함을 증명하는 서류
2. 도로관리청이 시범대상 사업등에 대하여 지원할 수 있는 예산·인력 등에 관한 서류

제52조(도로교통정보의 제공) 법 제60조제2항제3호에서 "대통령령으로 정하는 사항"이란 다음 각 호의 사항을 말한다.
1. 폐쇄회로 텔레비전(CCTV) 영상정보
2. 교통통제 및 도로공사에 관한 정보
3. 환승시설, 버스정류장 등 도로를 운행하는 대중교통의 이용에 관한 정보
4. 주차장 현황 등 도로이용의 편의를 위한 정보
5. 그 밖에 도로의 효율적인 이용 및 관리를 위하여 도로관리청이 필요하다고 인정하는 정보

제53조(도로교통정보체계의 구축·운영 등) 도로관리청은 법 제60조제3항에 따른 도로교통정보체계의 구축·운영 및 이를 활용한 정보의 제공을 위하여 다음 각 호의 업무를 수행할 수 있다.

1. 도로정보의 수집과 데이터베이스 구축 및 관리
2. 도로정보에 관한 자료, 정보 및 도로교통정보체계의 표준화
3. 도로교통정보체계에 관한 연구개발
4. 도로교통정보체계를 활용한 정보의 공동활용 촉진
5. 도로교통정보체계 관련 기관 또는 단체와의 연계·협력
6. 그 밖에 도로교통정보체계의 구축·운영 및 이를 활용한 정보의 제공을 위하여 필요한 사항

제6장 도로의 점용

제54조(도로의 점용 허가 신청 등) ① 법 제61조제1항에 따른 도로(도로구역을 포함한다. 이하 이 장에서 같다)의 점용 허가(이하 "도로점용허가"라 한다)를 받으려는 자는 국토교통부령으로 정하는 바에 따라 다음의 각 호의 사항을 적은 신청서를 도로관리청에 제출(「정보통신망 이용촉진 및 정보보호 등에 관한 법률」 제2조제1항제1호에 따른 정보통신망을 통한 제출을 포함한다)하여야 한다. 이 경우 신청서에는 설계도면(전자도면으로 한정한다)을 첨부하여야 한다.
1. 점용의 목적
2. 점용의 장소와 면적
3. 점용의 기간
4. 점용물의 구조
5. 공사의 방법
6. 공사의 시기
7. 도로의 복구방법

② 도로의 점용이 도로의 굴착을 수반하는 경우에는 제1항에 따른 신청서에 다음 각 호의 서류를 첨부하여야 한다. 다만, 제56조제1항에 따라 제출한 사업계획서대로 도로점용에 관한 사업을 할 수 있다는 제56조제3항에 따른 통보를 받은 경우에는 제56조제1항에 따른 사업계획서 제출 시 첨부한 설계도면 및 주요지하매설물(법 제62조제2항 후단에 따른 주요 지하 매설물을 말한다. 이하 같다) 관리자의 의견서의 첨부를 생략할 수 있다.
1. 주요지하매설물 관리자의 의견서
2. 주요지하매설물의 사후관리계획(신청인이 주요지하매설물의 관리자인 경우로 한정한다)
3. 제62조에 따른 도로관리심의회의 심의·조정 결과를 반영한 안전대책 등에 관한 서류

③ 도로관리청이 제1항에 따른 신청에 대하여 허가를 하였을 때에는 국토교통부령으로 정하는 바에 따라 신청인에게 허가증서를 발급하고, 허가내용을 공고하여야 하며, 허가대장을 작성·관리하여야 한다. 다만, 도로의 점용이 도로의 굴착을 수반하지 아니하는 경우에는 허가내용의 공고를 생략할 수 있다.

④ 도로굴착공사를 수반하는 도로점용허가를 받은 자는 국토교통부령으로 정하는 바에 따라 공사기간 중에 사람들이 보기 쉬운 장소에 그 허가내용을 내걸어야 한다.

⑤ 법 제61조제1항에 따른 도로점용허가의 기준은 별표 2와 같다.

제55조(점용허가를 받을 수 있는 공작물 등) 법 제61조제2항에 따라 도로점용허가(법 제107조에 따라 국가 또는 지방자치단체가 시행하는 사업에 관계되는 점용인 경우에는 협의 또는 승인을 말한다)를 받아 도로를 점용할 수 있는 공작물·물건, 그 밖의 시설의 종류는 다음 각 호와 같다. <개정 2014.11.24., 2015.8.11., 2017.12.5.>
1. 전주·전선, 공중선, 가로등, 변압탑, 지중배전용기기함, 무선전화기지국, 종합유선방송용단자함, 발신전용휴대전화기지국, 교통량검지기, 주차측정기, 전기자동차 충전시설, 태양광발전시설, 태양열발전시설, 풍력발전시설, 우체통, 소화전, 모래함, 제설용구함, 공중전화, 송전탑, 그 밖에 이와 유사한 것
2. 수도관·하수도관·가스관·송유관·전기관·전기통신관·송열관·농업용수관·작업구(맨홀)·전력구·통신구·공동구·배수시설·수질자동측정시설·지중정착장치(어스앵커)·암거, 그 밖에 이와 유사한 것
3. 주유소·수소자동차 충전시설·주차장·여객자동차터미널·화물터미널·자동차수리소·승강대·화물적치장·휴게소, 그 밖에 이와 유사한 것과 이를 위한 진입로 및 출입로
4. 철도·궤도, 그 밖에 이와 유사한 것
5. 지하상가·지하실(「건축법」 제2조제1항제2호에 따른 건축물로서 「국토의 계획 및 이용에 관한 법률 시행령」 제61조제1

호에 따라 설치하는 경우만 해당한다)·통로·육교, 그 밖에 이와 유사한 것
6. 간판(돌출간판을 포함한다), 표지, 깃대, 현수막, 현수막 게시시설 및 아치. 다만, 현수막 게시시설은 국가 또는 지방자치단체가 설치·관리하는 경우만 해당한다.
7. 버스표판매대·구두수선대·노점·자동판매기·현금자동입출금기·상품진열대, 그 밖에 이와 유사한 것
8. 공사용 판자벽·발판·대기소 등의 공사용 시설 및 자재
9. 고가도로의 노면 밑에 설치하는 사무소·점포·창고·자동차주차장·광장·공원, 체육시설, 그 밖에 이와 유사한 시설(유류·가스 등 인화성 물질을 취급하는 사무소·점포·창고 등은 제외한다)
10. 「장애인·노인·임산부 등의 편의증진 보장에 관한 법률」 제2조제2호에 따른 편의시설 중 높이차이 제거시설 또는 주출입구 접근로, 그 밖에 이와 유사한 것
11. 제1호부터 제10호까지의 규정에 따른 공작물·물건 및 시설의 설치를 위하여 일시적으로 설치하는 공사장, 그 밖에 이와 유사한 것과 이를 위한 진입로 및 출입로
12. 제1호부터 제11호까지에서 규정한 것 외에 도로관리청이 도로구조의 안전과 교통에 지장이 없다고 인정한 공작물·물건(식물을 포함한다) 및 시설로서 국토교통부령 또는 해당 도로관리청이 속해 있는 지방자치단체의 조례로 정한 것

제56조(도로굴착을 수반하는 점용에 관한 사업계획서 등) ① 도로를 굴착하여 공작물·물건, 그 밖의 시설(지하매설물로 한정한다)을 신설·개축·변경 또는 제거하려는 자(이하 "굴착공사시행자"라 한다)는 그 점용에 관한 공사가 제6항 각 호에 따른 허가대상에 해당하는지를 미리 해당 도로관리청에 확인한 후 그 점용에 관한 사업계획서에 다음 각 호의 사항에 관한 서류를 첨부하여 매년 1월·4월·7월 및 10월 중에 도로관리청에 제출하여야 한다. 다만, 천재지변이나 돌발적인 사고로 인한 긴급복구공사나 도로의 굴착부분의 길이가 10미터(차량의 진행방향과 평행하게 굴착하는 경우에는 30미터) 이하이고 너비가 3미터 이하인 굴착공사를 할 필요가 있어 도로를 굴착하려는 경우에는 사업계획서 및 첨부서류를 제출하지 아니할 수 있으며, 도로공사 중에 그 도로공사로 말미암아 굴착공사를 할 필요가 생긴 경우에는 굴착공사시행자는 사업계획서를 제출할 때에 다음 각 호의 사항 중 제2호 및 제5호에 관한 서류의 첨부를 생략할 수 있다. <개정 2014.11.24., 2016.11.15.>
1. 설계도면(전자도면으로 한정한다)
2. 교통소통대책
3. 먼지발생방지대책
4. 안전사고방지대책
5. 도로시설유지대책
6. 주요지하매설물 관리자의 의견서(주요지하매설물이 있는 경우로 한정한다)
7. 주요지하매설물에 대한 안전대책(주요지하매설물이 있는 경우로 한정한다)

② 굴착공사시행자는 제1항에 따라 점용에 관한 사업계획을 수립하려는 경우에는 도로의 점용위치·점용구간 및 면적과 도로굴착공사의 시행범위 등을 표시한 도면을 첨부하여 주요지하매설물의 관리자의 의견을 들어야 한다. 이 경우 의견을 요청받은 주요지하매설물의 관리자는 주요지하매설물의 설치일·설치위치·규격·매설깊이, 그 밖의 특이한 사항 등 주요지하매설물의 안전대책수립에 필요한 의견을 20일 이내에 통보하여야 한다.
③ 도로관리청은 제1항 본문 및 단서(도로공사로 말미암아 굴착공사를 할 필요가 생긴 경우만 해당한다)에 따른 사업계획서 등을 제출받은 경우에는 제62조에 따른 도로관리심의회의 심의를 거쳐 그 점용기간·점용장소·점용공사, 교통소통대책 등을 조정하여 사업계획서를 제출한 자와 주요지하매설물의 관리자에게 통보하여야 한다. <개정 2014.11.24.>
④ 제3항에 따른 통보는 제1항에 따라 사업계획서를 제출할 수 있는 달의 마지막 날의 다음 날부터 30일 이내에 하여야 한다. 다만, 부득이한 사유로 그 기간 내에 통보가 곤란한 경우에는 15일의 범위에서 한차례만 그 처리기간을 연장할 수 있으며, 이 경우 지체 없이 처리기간의 연장사유와 처리 예정기한을 사업계획서를 제출한 자에게 통보하여야 한다.
⑤ 제54조에 따라 도로점용허가를 신청할 때에는 제3항에 따라 통보된 내용에 따라야 한다.
⑥ 신설·확장 또는 개량한 도로로서 포장된 도로의 노면에 대해서는 그 신설·확장 또는 개량한 날부터 3년(보도인 경우에는 2년) 이내에는 도로굴착을 수반하는 도로점용허가를 할 수 없다. 다만, 다음 각 호의 어느 하나에 해당하는 경우에는 그러하지 아니하다.

<개정 2014.11.24.>
1. 천재지변으로 인하여 긴급복구공사를 하여야 할 경우
2. 전기 또는 전기통신의 불통으로 인한 긴급소통의 공사를 할 경우
3. 상하수도관·가스관 등의 파열 또는 누출 등으로 인한 긴급복구공사를 할 경우
4. 군사상 필요한 경우
5. 농어촌 새마을사업의 지원을 위한 전기공급시설·전기통신설비·가스공급시설 및 수도시설의 설치를 위한 공사를 할 경우
6. 송유, 수도물의 공급, 하수의 배출이나 가스 또는 열의 공급을 위하여 주배관시설(가스관의 경우 본관 및 공급관을 말하고, 열수송관의 경우 주배관 및 분배관을 말한다)을 설치하는 공사, 154,000볼트 이상의 송전선로 공사로서 해당 지역의 여건과 그 밖의 부득이한 사유로 도로구역 밖에서는 해당 시설을 설치할 수 없는 경우
7. 기존 주택지역 또는 「도시 및 주거환경정비법」 제2조제1호에 따른 정비구역에서 건축물의 신축·증축·개축·재축·이전과 관련되어 시행하는 전기·전기통신·상하수도·가스 및 열의 공급을 위한 굴착공사로서 그 굴착부분이 길이 10미터 이하, 너비 3미터 이하의 소규모 굴착공사 또는 너비 3미터 이하의 소규모 횡단굴착공사인 경우
8. 「교통약자의 이동편의 증진법」 제2조제7호에 따른 장애인용 승강기를 설치하는 공사로서 도로구역 밖에서는 해당 시설을 설치할 수 없는 경우

⑦ 도로관리청은 도로굴착이 수반되는 도로점용허가 업무를 체계적·효율적으로 수행하기 위하여 필요하다고 인정하는 경우에는 다음 각 호에 해당하는 자에게 매년 5년 단위의 장기굴착계획의 제출을 요청할 수 있다.
1. 「도시가스사업법」 제2조제2호에 따른 도시가스사업자
2. 「송유관 안전관리법」 제2조제3호에 따른 송유관설치자
3. 「수도법」 제3조제22호에 따른 일반수도사업자
4. 「전기사업법」 제2조제6호에 따른 송전사업자
5. 「전기통신사업법」 제6조에 따른 기간통신사업자
6. 「하수도법」 제18조에 따른 공공하수도관리청

第57조(일반경쟁에 부치는 도로점용) ① 법 제61조제3항에 따라 일반경쟁에 부치는 방식으로 도로의 점용 허가를 받을 자를 선정할 수 있는 경우는 고가도로 또는 교량의 하부에 대한 도로점용 등 점용수요가 많은 장소로서 도로관리청이 일반경쟁에 부치는 것이 타당하다고 판단하는 경우로 한다. 다만, 신청자의 도로점용 목적이 법 제68조 각 호의 어느 하나에 해당하는 경우에는 제외한다.

② 법 제61조제3항에 따라 도로관리청이 일반경쟁에 부쳐 도로의 점용 허가를 받을 자를 선정하려는 경우 일반경쟁에 부친다는 뜻을 도로점용허가 신청자에게 통보하고, 「전자조달의 이용 및 촉진에 관한 법률」 제2조제4호에 따른 국가종합전자조달시스템을 이용하여 입찰공고 및 개찰·낙찰 선언을 하여야 한다. 이 경우 도로관리청은 필요할 때에는 입찰공고를 일간신문 등에 게재하는 방법을 병행할 수 있다.

第58조(도로의 점용허가에 따른 안전사고 방지대책 등) ① 법 제62조제1항에서 "대통령령으로 정하는 공작물이나 물건, 그 밖의 시설"이란 제55조제2호부터 제5호까지, 제10호 및 제11호(같은 조 제2호부터 제5호까지 및 제10호에 따른 공작물이나 물건 및 시설의 설치를 위한 경우로 한정한다)에 따른 공작물이나 물건, 그 밖의 시설을 말한다.

② 도로점용허가를 받은 자는 법 제62조제1항에 따라 보행자 안전사고를 방지하기 위하여 다음 각 호의 사항을 준수하여야 한다.
1. 공사를 할 때에는 공사 중임을 관할 경찰관서에 통지하고 다음 각 목에 따라 보행자 안전사고가 발생하지 아니하도록 할 것
   가. 안전펜스, 안내표지판 및 주의표지판 등 안전표지를 설치할 것
   나. 교통사고를 방지하고 도로의 통행에 지장이 없도록 공사구간 양측에 신호원(信號員)을 배치하거나 신호장치를 설치할 것
2. 공사용 자재, 장비 및 토사 등은 허가된 점용부지 외에 방치하거나 야적해서는 아니 되고, 사업부지 및 점용공사 구간 내의 공사용 이물질 등이 도로에 묻어나거나 먼지가 발생하지 아니하도록 할 것
3. 공사로 인하여 도로점용지에 있는 다음 각 목의 어느 하나에 해당하는 시설에 대하여 이전 등의 조치를 하여야 하는 경우에는 사전에 도로관리청과 협의하고, 그 협의

내용을 이행할 것
가. 가로수, 전주 등 지장물(支障物)
나. 통신관로, 상수도 등 지하매설물
다. 가드레일, 안전표지 등 안전시설물(이미 설치된 것만 해당한다)

第59조(주요지하매설물) 법 제62조제2항 후단에서 "대통령령으로 정하는 주요 지하 매설물"이란 다음 각 호의 시설을 말한다. <개정 2014.12.9.>
1. 「도시가스사업법」 제2조제5호에 따른 가스공급시설
2. 「송유관 안전관리법」 제2조제2호에 따른 송유관
3. 「수도법」 제3조제7호에 따른 광역상수도와 같은 조 제8호 및 제10호에 따른 지방상수도 및 공업용수도 중 관로시설
4. 「전기사업법」 제2조제16호에 따른 전기설비 중 발전소 상호 간, 변전소 상호 간 또는 변전소와 발전소 간의 154,000볼트 이상의 송전시설
5. 「전기통신기본법」 제2조제3호에 따른 전기통신회선설비 중 외접관경이 3미터 이상인 전기통신관에 수용되는 전송·선로설비
6. 「고압가스 안전관리법」 제2조에 따른 고압가스를 수송하는 배관
7. 「위험물안전관리법」 제2조제1항제1호에 따른 위험물을 수송하는 배관
8. 「화학물질관리법」 제2조제2호에 따른 유독물질을 수송하는 배관
9. 「도시철도법」 제2조제2호에 따른 도시철도 중 지하에 설치한 시설
10. 「집단에너지사업법」 제2조제6호에 따른 공급시설 중 열수송관(열원시설 및 같은 법 제2조제7호에 따른 사용시설 안의 배관은 제외한다)

第60조(굴착공사의 시행) ① 굴착공사시행자는 법 제62조제2항에 따른 굴착공사를 착공하기 전에 그 공사를 시행하는 지점 또는 그 인근에 주요지하매설물이 설치되어 있는지를 미리 확인하여야 한다.
② 도로관리청은 도로구조의 보호와 주요지하매설물의 안전을 위하여 굴착공사시행자가 주요지하매설물의 안전대책을 이행하고 있는지를 점검하여야 한다.

第61조(준공도면의 제출) ① 법 제62조제2항 후단에 따른 준공도면에는 주요지하매설물의 위치·종류·규격·재질 등 도로의 유지·관리에 필요한 사항을 명시하여야 한다.
② 도로관리청은 도로의 유지·관리 및 주요지하매설물의 안전관리를 위하여 주요지하매설물 외의 송전시설 등 국토교통부령으로 정하는 시설(실수요자용 공급시설은 제외한다. 이하 "일반매설물"이라 한다)에 대해서도 준공도면을 제출하게 하여야 한다.

第62조(도로관리심의회의 설치 등) ① 도로굴착에 관한 사항을 심의·조정하기 위하여 도로관리청(도로관리청이 도로점용허가에 관한 권한을 위임하거나 대행시킨 경우에는 그 수임자 또는 대행자를 말한다. 이하 제63조에서 같다)에 도로관리심의회(이하 "관리심의회"라 한다)를 둔다.
② 관리심의회는 다음 각 호의 사항을 심의·조정한다.
1. 도로굴착이 수반되는 사업에 관한 계획의 수립·조정
2. 도로점용에 관한 사업계획과 교통소통 및 먼지발생방지 등의 대책
3. 도로굴착 관련 시설의 유지·관리
4. 주요지하매설물의 안전대책
5. 도로굴착공사의 시행에 따른 도로시설의 안전대책
6. 제1호부터 제5호까지에서 규정한 사항 외에 도로굴착과 관련된 사항

第63조(관리심의회의 구성) ① 관리심의회는 위원장 및 부위원장 각 1명을 포함하여 30명 이내의 위원으로 구성한다.
② 관리심의회의 위원장은 법 제10조에 따른 도로의 구분에 따라 다음 각 호의 사람이 되고, 부위원장은 위원 중에서 도로관리청의 장이 임명 또는 위촉하는 사람이 된다.
1. 고속국도: 「한국도로공사법」에 따라 설립된 한국도로공사(이하 "한국도로공사"라 한다)의 상임이사 중 한국도로공사의 사장이 지명하는 사람
2. 일반국도: 지방국토관리청장
3. 특별시도·광역시도·지방도: 해당 특별시·광역시·도 또는 특별자치도의 도로업무를 담당하는 4급 이상의 공무원으로서 해당 특별시장·광역시장·도지사 또는 특별자치도지사가 임명하는 사람
4. 시도·군도·구도: 해당 특별자치시·시

·군 또는 자치구의 부시장·부군수 또는 부구청장

③ 관리심의회의 위원은 다음 각 호의 어느 하나에 해당하는 사람 중에서 도로관리청의 장이 임명 또는 위촉하되, 제3호부터 제5호까지의 사람이 2명 이상 포함되어야 한다.

1. 도로굴착 관련 행정기관(군부대를 포함한다)의 공무원
2. 주요지하매설물의 관리자의 소속 직원
3. 토목·도시계획·교통 또는 환경 분야에 관한 학식과 경험이 풍부한 사람
4. 도로굴착 관련 행정기관(군부대를 포함한다)의 장이 추천한 지역주민
5. 시민단체에서 추천한 사람

④ 관리심의회의 위원 중 공무원이 아닌 위원의 임기는 2년으로 하되, 보궐위원의 임기는 전임자 임기의 남은 기간으로 한다. 이 경우 도로점용허가에 관한 권한을 대행하는 기관의 소속 직원인 관리심의회의 위원은 공무원인 위원으로 본다.

제64조(도로정책심의위원회의 준용) ① 관리심의회의 위원장·부위원장의 직무 및 직무대행에 관하여는 제8조를 준용한다.

② 관리심의회 위원의 제척·기피·회피에 관하여는 제9조를 준용한다.

③ 관리심의회 위원의 해임·해촉에 관하여는 제10조를 준용한다.

④ 관리심의회 위원에게 지급되는 수당 등에 관하여는 제14조를 준용한다.

⑤ 제1항부터 제4항까지의 경우 "위원회"는 각각 "관리심의회"로, "심의·의결"은 각각 "심의·조정"으로, "국토교통부장관"은 "도로관리청"으로 본다.

제65조(관리심의회의 회의) ① 위원장은 관리심의회의 회의를 소집하고, 그 회의의 의장이 된다.

② 관리심의회는 재적위원 과반수의 출석으로 개의하고, 출석위원 과반수의 찬성으로 의결한다.

③ 관리심의회가 제62조제2항제4호에 따른 주요지하매설물의 안전대책을 심의·조정하려는 경우에는 특별한 사정이 없으면 굴착공사시행자 및 해당 주요지하매설물의 관리자의 설명을 들어야 한다.

제66조(소심의회) ① 관리심의회는 주요지하매설물에 대한 안전대책 등을 심의·조정할 안전대책소심의회와 도로의 중복굴착을 방지하기 위하여 사업시기 등을 심의·조정할 중복굴착소심의회(이하 "소심의회"라 한다. 이하 같다)를 둘 수 있다.

② 소심의회의 위원장은 관리심의회의 위원장이 겸하고, 소심의회의 위원은 관리심의회의 위원 중 10명 이상 20명 이내의 위원으로 구성한다. 이 경우 소심의회에는 제63조제3항제3호부터 제5호까지의 규정에 해당하는 위원이 2명 이상 포함되어야 한다.

③ 소심의회의 회의는 재적위원 과반수의 출석으로 개의하고, 출석위원 과반수의 찬성으로 의결한다.

④ 관리심의회가 위임한 사항 중 소심의회의 심의·조정을 거친 사항은 관리심의회의 심의·조정을 거친 것으로 본다.

제67조(관리심의회 등의 운영세칙) 제62조부터 제66조까지에서 규정한 사항 외에 관리심의회 및 소심의회의 운영에 필요한 사항은 관리심의회의 의결을 거쳐 관리심의회의 위원장이 정한다.

제68조(도로 점용공사의 대행에 관한 통지 등) ① 도로관리청은 법 제65조제2항에 따라 도로점용허가의 목적이 된 공사의 대행을 통지하려는 경우에는 국토교통부령으로 정하는 도로점용공사 대행통지서에 예산서 및 설계도서를 첨부하여야 한다.

② 법 제65조제1항에 따라 도로관리청이 대행하는 도로 점용공사 시행에 관하여는 제33조제1항 및 제2항을 준용한다.

제69조(점용료의 산정기준 및 조정) ① 고속국도 및 일반국도(법 제23조제2항에 따라 특별시장·광역시장·특별자치시장·특별자치도지사 또는 시장이 도로관리청이 되는 일반국도는 제외한다. 이하 이 조 및 제71조제7항에서 같다)에서 징수하는 법 제66조제1항에 따른 점용료(이하 "점용료"라 한다)는 별표 3의 점용료 산정기준에 따른다.

② 제1항에 따른 고속국도 및 일반국도 외의 도로에서 징수하는 점용료는 별표 3의 점용료 산정기준에서 규정한 범위에서 해당 지방자치단체의 조례로 정한다.

③ 도로를 계속하여 2개 연도 이상 점용하는 경우로서 제1항 및 법 제68조에 따라 산정한

연간 점용료가 전년도에 납부한 연간 점용료보다 100분의 10 이상 증가하게 되는 경우에는 전년도에 납부한 연간 점용료보다 100분의 10이 증가된 금액으로 한다. <개정 2015.12.22., 2016.11.15.>

제70조(점용료의 반환 사유) 법 제66조제2항 제3호에서 "도로점용허가 기간이 종료하기 전에 도로점용을 종료한 경우 등 대통령령으로 정하는 경우"란 다음 각 호의 어느 하나에 해당하는 경우를 말한다.
1. 도로점용허가 기간이 종료하기 전에 천재지변이나 이에 준하는 재해, 그 밖의 특별한 사정으로 인하여 도로점용허가의 목적이 상실되어 도로점용을 종료한 경우
2. 법 제61조제1항 후단에 따라 도로점용 변경허가를 받아 점용기간을 단축하게 된 경우
3. 법 제97조에 따라 도로점용허가를 취소한 경우

제71조(점용료의 부과·징수 및 반환) ① 도로관리청은 법 제66조제1항에 따라 점용료를 부과·징수하려는 경우에는 점용료 납부 의무자에게 납입고지서를 발급하여야 한다. 다만, 도로점용의 목적이 되는 토지나 건물의 소유자가 2인 이상인 경우로서 해당 토지나 건물의 관리인 또는 전체 소유자의 위임을 받은 대리인이 있는 경우 도로관리청은 그 관리인 또는 대리인에게 납입고지서를 발급할 수 있다.
② 제1항에 따라 점용료를 부과할 때 점용기간이 1년 미만인 경우에는 도로점용허가를 할 때에 점용료의 전액을 부과·징수하고, 점용기간이 1년 이상인 경우에는 매 회계연도 단위로 부과하되, 해당 연도분은 도로점용허가를 할 때에, 그 이후의 연도분은 매 회계연도 시작 후 3개월 이내에 부과·징수한다. 다만, 연간 점용료가 50만원을 초과하는 경우에 한정하여 연 4회 이내에서 분할하여 부과·징수할 수 있으며, 이 경우 남은 금액에 대해서는 「국유재산법 시행령」 제30조제3항 후단에 따라 산출한 이자를 붙여야 한다.
③ 도로관리청은 점용료 납부 의무자가 원하는 경우 점용기간 전체 또는 남은 점용기간에 대한 점용료를 일시에 부과·징수할 수 있다.
④ 제2항에 따른 점용료의 금액이 1만원 미만인 경우에는 점용료를 부과하지 아니한다. <개정 2017.12.5.>
⑤ 도로점용허가를 받은 자는 법 제66조제2항에 따라 점용료 반환 사유가 발생한 날부터 60일 이내에 점용료 반환사유를 입증할 수 있는 서류를 첨부하여 도로관리청에 점용료 반환 신청을 할 수 있다.
⑥ 도로관리청은 제5항에 따라 점용료 반환 신청을 받으면 법 제73조제1항에 따른 원상회복 여부를 검토·확인한 후 30일 이내에 점용료 반환 여부를 신청인에게 알려야 한다.
⑦ 법 제66조제4항에 따른 고속국도 및 일반국도 외의 도로에 관한 점용료의 반환 절차·방법 등 점용료 반환에 필요한 사항은 제5항 및 제6항의 범위에서 해당 지방자치단체의 조례로 정한다.

제72조(신용카드등에 의한 점용료의 납부) ① 법 제67조제1항 전단에서 "대통령령으로 정하는 납부대행기관"이란 정보통신망을 이용하여 신용카드, 직불카드 등(이하 "신용카드등"이라 한다)에 의한 결제를 수행하는 기관으로서 다음 각 호의 어느 하나에 해당하는 기관을 말한다.
1. 「민법」 제32조에 따라 금융위원회의 허가를 받아 설립된 금융결제원
2. 시설, 업무수행능력, 자본금 규모 등을 고려하여 도로관리청이 납부대행기관으로 지정하여 고시한 기관

② 도로관리청은 제1항제2호에 따른 납부대행기관이 다음 각 호의 어느 하나에 해당하는 경우 납부대행기관의 지정을 취소할 수 있다.
1. 제1항제2호에 따른 시설 축소, 자본금 규모 감소 등으로 인하여 점용료 납부 업무를 정상적으로 수행하기 어렵다고 인정되는 경우
2. 신용카드등에 의한 점용료 납부 업무를 정상적으로 운영하지 못하는 등 업무수행능력에 문제가 있다고 판단되는 경우

③ 법 제66조제1항에 따른 점용료(제71조제2항 단서의 분할 납부에 따른 이자 및 법 제69조제2항에 따른 가산금을 포함한다) 중 신용카드등으로 납부할 수 있는 금액은 1천만원 이하로 한다.
④ 법 제67조제1항 후단에 따른 납부대행수수료는 도로관리청이 납부대행기관의 운영경비 등을 종합적으로 고려하여 승인한다. 이 경우 납부대행수수료는 납부금액의 1천분의 10을 초과할 수 없다.
⑤ 도로관리청은 신용카드등에 의한 점용료의 납부에 필요한 사항을 제3항 및 제4항의 범위

에서 별도로 정할 수 있다.

제73조(점용료의 감면) ① 법 제68조제1호에 따른 공용 또는 공익을 목적으로 하는 비영리사업은 국가, 지방자치단체 및 공공목적을 수행하기 위하여 설립된 법인으로서 국토교통부령으로 정하는 법인이 시행하는 비영리사업으로 한다.

② 법 제68조제3호에서 "대통령령으로 정하는 사업"이란 전기공급시설·전기통신시설·송유관·가스공급시설·열수송시설·전기자동차 충전시설·수소자동차 충전시설, 그 밖에 이와 유사한 시설로서 국토교통부령으로 정하는 시설을 설치하는 사업을 말한다. 이 경우 해당 시설을 필요로 하는 자 등이 그 시설을 설치하여야 하는 자와 협의하여 직접 해당 시설을 설치하는 사업을 포함한다. <개정 2016.11.15., 2017.12.5.>

③ 법 제68조에 따른 점용료의 감면은 다음 각 호에서 정하는 바에 따른다. <개정 2015.12.22., 2017.3.29.>

1. 법 제68조제1호, 제4호 및 제7호부터 제9호까지의 규정에 해당하는 경우
   가. 법 제68조제1호, 제7호 및 제9호에 해당하는 경우: 전액 면제
   나. 법 제68조제4호에 해당하는 경우: 전액 면제. 다만, 주택과 주택 외의 시설을 동일 건축물로 건축하는 경우에는 건축물의 연면적 중 주택면적이 차지하는 비율에 해당하는 점용면적에 대하여 전액 면제한다.
   다. 법 제68조제8호에 해당하는 경우: 전액 면제. 다만, 10년 이내의 범위에서 점용료 총액이 기부채납한 토지의 가액이 될 때까지 면제하되, 기부채납으로 용적률이 상향된 경우에는 감면대상에서 제외한다.
2. 법 제68조제2호에 해당하는 경우: 재해나 그 밖의 특별한 사정의 정도에 따라서 국토교통부령으로 정하는 바에 따라 감면
3. 법 제68조제3호, 제4호의2 및 제6호에 해당하는 경우: 점용료의 2분의 1 감액. 다만, 주거용으로 사용하는 준주택과 준주택 외의 시설을 동일 건축물로 건축하는 경우에는 건축물의 연면적 중 주거용으로 사용하는 준주택면적이 차지하는 비율에 해당하는 점용면적에 대하여 2분의 1을 감액한다.
4. 법 제68조제5호에 해당하는 경우: 점용료의 10분의 1 감액

제74조(과오납된 점용료의 이자) 법 제70조에서 "대통령령으로 정하는 이자"란 「국유재산법 시행령」 제73조에 따른 이자를 말한다.

제75조(적치물 등의 보관 및 처리 등) ① 도로관리청은 법 제74조제1항 및 제2항에 따라 적치물 등을 제거한 경우에는 국토교통부령으로 정하는 바에 따라 해당 적치물 등의 소유자 또는 관리인이 쉽게 그 적치물 등의 보관 장소 등을 알 수 있도록 하여야 한다.

② 도로관리청은 법 제74조제1항 및 제2항에 따라 제거한 적치물 등을 보관한 경우에는 국토교통부령으로 정하는 바에 따라 해당 도로관리청의 게시판에 그 사실을 일정 기간 공고하여야 하며, 적치물 등의 보관대장을 작성·비치하여 관계자가 열람할 수 있도록 하여야 한다.

③ 도로관리청은 제2항에 따른 공고기간이 지나도 적치물 등의 소유자 또는 관리자를 알 수 없을 때에는 일간신문에 공고하여야 한다. 다만, 일간신문에 공고할 만한 재산적 가치가 없다고 인정되는 경우에는 그러하지 아니하다.

④ 도로관리청은 제1항에 따른 적치물 등을 버려두는 경우 닳아 없어지거나 변질 또는 파괴 등의 염려가 있을 때에는 그 적치물 등을 매각하여 대금을 보관할 수 있다. 이 경우 대금 보관의 공고에 관하여는 제2항 및 제3항을 준용한다.

⑤ 제4항에 따라 적치물 등을 매각하는 경우에는 다음 각 호의 어느 하나에 해당하는 경우를 제외하고는 「국가를 당사자로 하는 계약에 관한 법률」 및 「지방자치단체를 당사자로 하는 계약에 관한 법률」에 따라 경쟁입찰을 하여야 한다.

1. 경쟁입찰에 부쳐도 응찰자가 없을 것으로 인정되는 경우
2. 재산적 가치가 희소한 경우 등 경쟁입찰이 부적당하다고 인정되는 경우

제76조(적치물 등의 반환과 귀속) ① 도로관리청이 보관하고 있는 적치물 등(매각대금을 포함한다. 이하 같다)을 소유자 또는 관리인에게 반환하려는 경우에는 반환받는 자의 성명·주소 및 생년월일과 정당한 권리자인지를 확인하여야 한다.

② 도로관리청이 제1항에 따라 적치물 등을

반환할 때에는 적치물 등의 제거·운반·보관 또는 매각 등에 든 비용을 소유자 또는 관리인에게 징수할 수 있다.

③ 제75조제3항(제75조제4항에서 준용하는 경우를 포함한다)에 따른 공고일부터 1개월이 지나도 적치물 등을 반환받을 소유자 또는 관리인을 알 수 없거나 반환 요구가 없을 때에는 그 적치물 등은 도로관리청이 국토교통부장관인 경우에는 국고에 귀속하고, 도로관리청이 행정청인 경우에는 해당 도로관리청이 속하는 지방자치단체에 귀속한다.

제7장 도로의 보전 및 공용부담

제77조(통행의 금지·제한 공고) 도로관리청, 법 제112조에 따라 고속국도에 관한 도로관리청의 업무를 대행하는 한국도로공사 또는 「사회기반시설에 대한 민간투자법」 제2조제7호에 따른 사업시행자로서 「유료도로법」 제14조에 따라 도로(「사회기반시설에 대한 민간투자법」 제2조제5호에 따른 민간투자사업으로 건설된 도로의 경우로 한정한다)에 관한 도로관리청의 관리·운영 업무를 대행하는 자(이하 "민자도로 관리자"라 한다)는 법 제76조제1항에 따라 도로의 통행을 금지하거나 제한하려는 경우에는 다음 각 호의 사항을 적은 표지를 통행이 금지되거나 제한되는 구간의 양측과 다른 도로로 우회하는 곳에 설치하고, 그 내용을 관보 또는 공보와 인터넷 홈페이지 등에 공고하여야 한다.

1. 해당 도로의 종류 및 노선명
2. 통행이 금지되거나 제한되는 구간 및 기간
3. 통행이 금지되거나 제한되는 대상
4. 통행을 금지하거나 제한하는 사유
5. 그 밖에 통행의 금지 또는 제한에 필요한 사항

제78조(긴급 통행제한의 기준 및 절차) ① 법 제76조제6항에 따라 차량의 도로 진입이나 도로에 진행 중인 차량의 통행을 일시적으로 금지 또는 제한(이하 "긴급 통행제한"이라 한다)할 수 있는 기준은 다음 각 호와 같다. <개정 2015.10.29.>

1. 해당 구간에 노면 적설량이 10센티미터 이상인 경우
2. 해당 구간에 시간당 평균 적설량이 3센티미터 이상인 상태가 6시간 이상 지속되는 경우
3. 교량에서의 10분간 평균 풍속이 초당 25미터 이상인 경우(복층형 교량의 경우에는 상부교량에서의 10분간 평균 풍속이 초당 20미터 이상인 경우를 포함한다)
4. 안개 등으로 인하여 시계(視界)가 10미터 이하인 경우
5. 그 밖에 천재지변 또는 차량의 다중추돌, 위험물 누출을 동반한 대형교통사고 등으로 인하여 특정 지점의 교통이 마비되어 교통의 혼잡이나 정체가 현저하게 증가하거나 차량 통행의 위험이 현저하게 증가하는 경우

② 도로관리청, 한국도로공사 또는 민자도로 관리자가 법 제76조제6항에 따라 긴급 통행제한을 실시하는 경우에는 지체 없이 다음 각 호의 사항을 적은 표지를 통행이 금지되거나 제한되는 구간의 양측과 그 밖에 필요한 장소에 설치하여야 한다.

1. 해당 도로의 종류·노선번호 및 노선명
2. 긴급 통행제한 구간 및 기간
3. 긴급 통행제한의 대상
4. 긴급 통행제한의 사유
5. 그 밖에 긴급 통행제한에 필요한 사항

③ 법 제76조제6항에 따라 긴급 통행제한을 실시하는 경우 도로관리청, 한국도로공사 또는 민자도로 관리자는 관할 경찰관서의 장에게 제2항 각 호의 사항과 긴급 통행제한 원인의 발생 지점 및 시점, 교통통제 상황 등을 통보하여야 한다.

제79조(차량의 운행 제한 등) ① 도로관리청이 법 제77조제1항에 따라 차량의 운행을 제한하려는 경우에는 다음 각 호의 사항을 적은 표지를 그 운행을 제한하는 구간의 양측과 그 밖에 필요한 장소에 설치하여야 한다.

1. 해당 도로의 종류·노선번호 및 노선명
2. 차량 운행이 제한되는 구간 및 기간
3. 운행이 제한되는 차량
4. 차량 운행을 제한하는 사유
5. 그 밖에 차량 운행의 제한에 필요한 사항

② 도로관리청이 법 제77조제1항에 따라 운행을 제한할 수 있는 차량은 다음 각 호와 같다.

1. 축하중(軸荷重)이 10톤을 초과하거나 총중량이 40톤을 초과하는 차량
2. 차량의 폭이 2.5미터, 높이가 4.0미터(도로 구조의 보전과 통행의 안전에 지장이 없다고 도로관리청이 인정하여 고

시한 도로의 경우에는 4.2미터), 길이가 16.7미터를 초과하는 차량
3. 도로관리청이 특히 도로 구조의 보전과 통행의 안전에 지장이 있다고 인정하는 차량

③ 도로관리청은 천재지변이나 그 밖의 비상사태 시에 도로 구조의 보전과 통행의 위험을 방지하기 위하여 필요한 경우에는 제2항 외의 차량에 대해서도 운행을 제한할 수 있다.

④ 법 제77조제1항 단서에 따른 허가를 받으려는 자는 국토교통부령으로 정하는 제한차량 운행허가 신청서에 다음 각 호의 사항을 적고, 구조물 통과 하중 계산서를 첨부하여 도로관리청에 제출하여야 한다. 다만, 제2항에 따른 제한기준을 초과하는 정도가 경미하거나 구조물의 보강이 필요하지 아니하다고 도로관리청이 인정하는 경우에는 구조물 통과 하중 계산서의 제출을 생략할 수 있다.

1. 운행하려는 도로의 종류 및 노선명
2. 운행구간 및 그 총 연장
3. 차량의 제원(諸元)
4. 운행기간
5. 운행목적
6. 운행방법

제80조(적재량 측정 방해 행위) 법 제78조제1항에 따른 차량의 적재량 측정을 방해하는 행위는 다음 각 호와 같다.

1. 차량의 승강조작장치 또는 압력조절장치를 이용하여 차축을 조작하는 행위
2. 차량 바퀴의 공기압을 조절하는 행위
3. 차량의 축간 거리 또는 차축 높이를 조절하는 행위
4. 단속장비의 정해진 위치를 벗어나 차량을 운행하는 행위
5. 단속장비를 통과하면서 차량을 정해진 속도로 운행하지 아니하거나 감속 또는 가속하는 행위
6. 그 밖에 적재량 측정방법과 관련하여 도로관리청의 요구에 따르지 아니하는 행위

제80조의2(화물자동차의 적재량 측정) ① 법 제78조제3항에 따라 최대 적재량이 4.5톤 이상인 화물자동차의 운전자는 고속국도 진입 요금소를 통과할 때에는 적재량 측정장비가 설치된 차로로 통행하여야 한다. 이 경우 통행의 속도는 시속 10킬로미터 이하이어야 한다.

② 제1항에도 불구하고 측정장비의 고장 등 특별한 사유가 있는 경우에는 도로관리청의 지시에 따라 통행하여야 한다.

[본조신설 2015.10.29.]

제81조(주요 노선의 선정 등) ① 국토교통부장관은 법 제79조에 따라 다음 각 호의 도로 중에서 차량의 운행을 제한하는 주요 노선을 선정할 수 있다. <개정 2017.3.29.>

1. 「국가통합교통체계효율화법」 제37조제1항에 따라 제1종 및 제2종 교통물류거점으로 지정된 산업단지 또는 물류단지 내의 도로
2. 「공항시설법」 제2조제3호에 따른 공항 또는 「항만법」 제2조제4호에 따른 항만구역에서 「국가통합교통체계효율화법」 제37조제1항에 따라 제1종 및 제2종 교통물류거점으로 지정된 산업단지 또는 물류단지를 연결하는 도로
3. 그 밖에 도로관리청이 수출입 물동량의 원활한 수송 등을 위하여 주요 노선으로 선정할 필요가 있다고 판단하여 요청하는 도로

② 국토교통부장관은 제1항에 따른 주요 노선을 선정하는 경우 해당 노선을 관할하는 도로관리청의 의견을 들어야 하고, 주요노선 선정의 적정성 등을 검토하기 위하여 해당 도로관리청에 자료제출, 현장조사 등의 필요한 조치를 요구할 수 있다. 이 경우 해당 도로관리청은 특별한 사유가 없으면 이에 따라야 한다.

③ 국토교통부장관은 제1항에 따라 선정된 주요 노선에 대하여 필요하다고 인정하는 경우 관할 행정청에 해당 도로의 성능조사 및 보강 등을 요청할 수 있으며, 관할 행정청은 성능조사 및 보강 등의 조치 결과를 국토교통부장관에게 보고하여야 한다.

④ 국토교통부장관은 제3항에 따라 관할 행정청이 성능조사 및 보강 등의 조치를 한 결과 제79조제2항에 따른 차량의 운행 제한기준을 완화하는데 문제가 없다고 판단되는 경우에는 다음 각 호의 사항을 관보에 고시하여야 한다.

1. 해당 도로의 종류·노선번호 및 노선명
2. 운행 구간 및 그 총 연장
3. 운행 제한기준 완화 사유
4. 제79조제2항에 따른 차량의 운행 제한기준의 완화 내용
5. 그 밖에 국토교통부장관이 필요하다고 인정하는 사항

제8장 도로에 관한 비용과 수익

제82조(비용과 수익의 범위) ① 법 제84조에 따른 도로에 관한 비용의 범위는 다음 각 호와 같다.

1. 도로에 관한 공사의 조사나 설계에 필요한 비용
2. 도로에 관한 공사에 필요한 비용
3. 도로의 유지·관리에 필요한 비용
4. 도로에 관한 용지의 매수나 보상에 필요한 비용
5. 도로에 관하여 필요한 공작물, 그 밖에 지상물건의 매수 이전이나 보상에 필요한 비용
6. 법 제97조부터 제99조까지의 규정에 따른 손실보상에 필요한 비용
7. 법에 따른 의무의 대집행(代執行)에 필요한 비용
8. 제1호부터 제7호까지에서 규정한 사항 외에 도로의 관리에 필요한 비용
9. 도로에 관한 부담금 징수에 필요한 비용
10. 도로에 관한 체납처분에 필요한 비용
11. 그 밖에 도로에 관한 비용으로서 국토교통부장관이 정하여 고시한 것

② 법 제84조에 따른 도로에서 생기는 수익의 범위는 다음 각 호와 같다.

1. 「행정대집행법」 제2조에 따라 징수하는 비용
2. 불용물건. 다만, 국토교통부장관이 정하여 고시한 것은 제외한다.
3. 그 밖에 도로에서 생기는 수익으로서 국토교통부장관이 정하여 고시한 것

제83조(비용부담에 관한 재정의 신청) 법 제85조제3항에 따라 국토교통부장관 또는 특별시장·광역시장·도지사에게 재정을 신청하려는 자는 재정 신청서에 설계서 또는 유지·관리 방법에 관한 설명서와 협의경과서를 첨부하여 제출하여야 한다.

제84조(우회국도 및 일반국도의 지선 건설에 필요한 비용 부담 등) ① 법 제86조제1항에 따른 우회국도(법 제12조제2항에 따른 일반국도 대체우회도로를 말한다. 이하 "우회국도"라 한다) 및 일반국도의 지선 건설에 필요한 비용은 다음 각 호의 공사비와 보상비로 한다.

1. 공사비: 해당 도로를 건설하는 데에 드는 전체 사업비 중에서 보상비와 조사·설계에 드는 비용을 제외한 비용
2. 보상비: 토지매입비, 건물 및 입목에 대한 보상비, 영업권·어업권·광업권 등 소유권 외의 권리에 대한 보상비, 이주대책비, 그 밖의 간접보상비 등 해당 도로부지를 확보하는 데에 드는 모든 비용

② 법 제86조제1항에 따라 우회국도[동(洞) 지역으로 한정한다]의 건설에 필요한 비용 중 보상비는 우회국도가 위치한 구역을 관할하는 지방자치단체에 부담시킬 수 있다.

③ 제2항에도 불구하고 우회국도가 위치한 지방자치단체 구역[동(洞) 지역으로 한정한다]에 개설되는 구간의 우회국도 건설에 드는 비용 중 보상비가 100분의 30을 초과하는 경우에는 예산의 범위에서 초과하는 비용의 일부를 국고에서 보조할 수 있다.

④ 법 제86조제1항에 따라 일반국도의 지선(읍·면 지역으로 한정한다)의 건설에 필요한 비용은 해당 도로의 건설로 도로가 위치하는 지역의 발전에 현저한 효과가 있음이 인정되는 경우에 도로가 위치한 구역을 관할하는 광역시·특별자치시·도 또는 특별자치도에 비용의 일부를 부담시킬 수 있다.

제85조(국가지원지방도 및 대도시권 교통혼잡도로에 대한 비용의 지원) ① 법 제86조제2항에 따른 국가지원지방도(법 제15조제2항에 따라 지정·고시한 국가지원지방도를 말한다. 이하 "국가지원지방도"라 한다)의 건설에 필요한 비용은 제84조제1항 각 호에 해당하는 공사비와 보상비로 한다.

② 법 제86조제2항에 따른 국가지원지방도의 보수, 유지·관리에 필요한 비용은 해당 도로를 보수, 유지·관리하는 데에 드는 비용 중에서 다음 각 호의 비용을 제외한 비용으로 한다.

1. 부가차선 설치비
2. 횡단입체시설 설치비
3. 선형개량비
4. 그 밖에 제1호부터 제3호까지의 비용과 유사한 시설의 설치비

③ 국가지원지방도의 건설에 필요한 비용 중 공사비는 법 제86조제2항에 따라 국고에서 보조하며, 국가지원지방도의 건설에 필요한 비용 중 보상비가 100분의 30을 초과하는 경우에는 예산의 범위에서 초과하는 비용의 일부를 국고에서 보조할 수 있다.

④ 도로관리청이 속하는 지방자치단체의 재정형편이 곤란하여 국가의 지원으로 건설된 구간의 보수, 유지·관리에 지장이 있다고 인정되는 경우에는 예산의 범위에서 국가지원지방도의 보수, 유지·관리에 필요한 비용의 일부

를 국고에서 보조할 수 있다.

⑤ 법 제31조제3항 단서에 따라 특별시장 또는 광역시장이 국가지원지방도의 조사·설계를 실시하는 경우 그 조사·설계에 관한 비용은 국고에서 부담한다.

⑥ 법 제86조제2항에 따라 대도시권 교통혼잡도로의 개선을 위한 세부 사업계획을 시행하는 데에 드는 비용의 일부를 지원할 때에는 예산의 범위에서 제84조제1항제1호에 따른 공사비(조사·설계에 드는 비용을 포함한다)를 지원할 수 있다.

제86조(보조금의 예산 계상 신청) ① 도로관리청은 법 제86조제2항에 따라 보조금을 지원받아 국가지원지방도의 건설에 관한 사업을 하려는 경우에는 「보조금 관리에 관한 법률」 제4조에 따라 보조금의 예산 계상(計上) 신청을 하여야 한다.

② 제1항에 따른 보조금의 예산 계상 신청은 해당 도로사업에 관한 실시설계가 완료된 사업을 대상으로 하여야 한다. 다만, 도로의 안전을 위하여 시급히 사업을 시행할 필요가 있는 경우나 그 밖에 국토교통부령으로 정하는 경우에는 실시설계가 완료되지 아니한 사업에 대해서도 보조금의 예산 계상 신청을 할 수 있다.

제87조(국가지원지방도 등의 건설에 관한 보고) ① 도로관리청은 국가지원지방도 및 대도시권 교통혼잡도로의 건설에 관한 다음 각 호의 사항을 국토교통부령으로 정하는 바에 따라 국토교통부장관 및 행정안전부장관에게 보고하여야 한다. <개정 2014.11.19., 2017.7.26.>

1. 공사착공보고
2. 분기별 공정보고

② 도로관리청은 다음 각 호의 경우에는 국토교통부령으로 정하는 바에 따라 국가지원지방도 및 대도시권 교통혼잡도로의 건설에 관한 사업실적보고서를 작성하여 국토교통부장관 및 행정안전부장관에게 제출하여야 한다. <개정 2014.11.19., 2017.7.26.>

1. 회계연도가 종료된 경우
2. 국가지원지방도 또는 대도시권 교통혼잡도로의 건설이 완료된 경우

제88조(행정청에 대한 비용 부담의 명령) ① 국토교통부장관이 법 제87조제1항 및 제88조제2항에 따라 해당 행정청에 도로에 관한 비용의 일부를 부담시키려는 경우에는 국토교통부령으로 정하는 비용 부담 명령서에 설계도서를 첨부하여야 한다.

② 특별시장·광역시장 또는 도지사가 법 제87조제2항 및 제88조제2항에 따라 해당 시·군 또는 자치구에 도로에 관한 비용의 일부를 부담시키려는 경우에는 국토교통부령으로 정하는 비용 부담 명령서에 설계도서를 첨부하여야 한다.

제89조(타공작물의 관리자 등에 대한 비용 부담의 명령) ① 도로관리청이 법 제89조제2항에 따라 해당 타공작물의 관리자에게 도로에 관한 비용의 일부를 부담시키려는 경우에는 국토교통부령으로 정하는 비용 부담 명령서에 설계도서 또는 유지·관리 방법에 관한 설명서를 첨부하여야 한다.

② 도로관리청이 법 제89조제3항 본문에 따라 해당 타공작물의 관리자에게 타공작물에 관한 공사나 타공작물에 대한 관리에 필요한 비용의 전부 또는 일부를 부담시키려는 경우에는 국토교통부령으로 정하는 비용 부담 명령서에 설계도서 또는 유지·관리 방법에 관한 설명서를 첨부하여야 한다. 다만, 해당 타공작물의 관리자가 국가인 경우에는 미리 해당 도로의 점용자와 협의하여야 한다.

제90조(부대공사에 관한 비용 부담의 명령) 도로관리청은 법 제90조제3항에 따라 해당 타공사나 타행위의 비용을 부담하여야 할 자에게 부대공사의 비용의 전부 또는 일부를 부담시키려는 경우에는 국토교통부령으로 정하는 비용 부담 명령서에 설계도서 또는 유지·관리 방법에 관한 설명서를 첨부하여야 한다.

제91조(원인자에 대한 비용 부담의 명령) 도로관리청은 법 제91조제1항에 따라 해당 타공사나 타행위의 비용을 부담하여야 할 자에게 도로공사의 비용의 전부 또는 일부를 부담시키려는 경우에는 국토교통부령으로 정하는 비용 부담 명령서에 설계도서 또는 유지·관리 방법에 관한 설명서를 첨부하여야 한다.

제9장 보칙

제92조(재결의 신청) ① 법 제99조제3항에 따라 국토교통부장관 또는 특별시장·광역시장

·특별자치시장·도지사·특별자치도지사(이하 "시·도지사"라 한다)의 처분이나 제한으로 인하여 재결(裁決)을 신청할 때에는 「공익사업을 위한 토지 등의 취득 및 보상에 관한 법률」 제49조에 따른 중앙토지수용위원회에 신청하고, 시장·군수 또는 자치구의 구청장의 처분이나 제한으로 인하여 재결을 신청할 때에는 같은 법 제49조에 따른 지방토지수용위원회에 신청하여야 한다.
② 제1항에 따른 재결을 신청하려는 자는 국토교통부령으로 정하는 재결신청서에 다음 각 호의 사항을 적어 관할 토지수용위원회에 제출하여야 한다.
1. 재결신청자와 상대방의 주소 및 성명
2. 손실발생의 사실
3. 국토교통부장관 또는 행정청이 결정한 손실보상액과 신청자가 제출한 손실액의 내역
4. 협의의 경과

제93조(이행강제금의 부과) ① 법 제100조제1항에 따른 이행강제금의 부과기준은 별표 5와 같다.
② 법 제100조제2항에 따른 계고(戒告)는 3개월 이내의 이행기한을 정하여 문서로 하여야 한다.

제94조(협회 설립 인가의 공고) 국토교통부장관은 법 제105조제1항에 따른 도로협회(이하 "협회"라 한다)의 설립을 인가하였을 때에는 그 사실을 공고하여야 한다.

제95조(협회 위탁사업) 국토교통부장관은 법 제105조제4항제6호에 따라 법 제104조제2항제2호의 사업을 협회에 위탁한다.

제96조(정관의 기재사항) 협회의 정관에는 다음 각 호의 사항이 포함되어야 한다.
1. 목적 및 명칭
2. 주된 사무소의 소재지
3. 협회의 업무 및 그 집행에 관한 사항
4. 임원에 관한 사항
5. 총회 및 이사회에 관한 사항
6. 회원의 자격, 가입과 탈퇴, 권리·의무에 관한 사항
7. 재정 및 회계에 관한 사항
8. 정관의 변경에 관한 사항
9. 해산 및 잔여재산의 처리에 관한 사항
10. 그 밖에 협회의 운영 등에 필요한 사항

제97조(협회의 감독) ① 국토교통부장관은 협회의 업무를 감독하여야 한다.
② 국토교통부장관은 협회에 대하여 감독에 필요한 경우에는 그 업무에 관한 사항을 보고하게 하거나 자료의 제출, 그 밖에 필요한 사항을 명할 수 있다.

제98조(허가 신청에 관한 규정의 준용) 법 제107조에 따라 해당 사업을 시행하는 중앙행정기관의 장 또는 지방자치단체의 장이 도로관리청과 협의하거나 승인을 받으려는 경우에는 이 영 중 허가의 신청에 관한 규정을 준용한다.

제99조(도시·군계획시설 도로 등) ① 법 제108조에서 "「국토의 계획 및 이용에 관한 법률」 제2조제10호에 따른 도시·군계획시설사업으로 설치된 도로 등 대통령령으로 정하는 도로"란 다음 각 호의 어느 하나에 해당하는 도로를 말한다.
1. 「국토의 계획 및 이용에 관한 법률」 제2조제10호에 따른 도시·군계획시설사업으로 설치된 도로
2. 제1호 및 법 제10조 각 호의 도로 외의 도로 중 해당 도로의 소재지를 관할하는 시·도지사나 시장·군수 또는 자치구의 구청장이 국토교통부령으로 정하는 바에 따라 공고한 도로
② 제1항 각 호의 구분에 따른 도로의 도로관리청은 다음 각 호의 구분에 따른다.
1. 제1항제1호에 따른 도로: 해당 도로의 소재지를 관할하는 특별시장·광역시장·특별자치시장·특별자치도지사·시장·군수 또는 자치구의 구청장
2. 제1항제2호에 따른 도로: 공고를 한 시·도지사나 시장·군수 또는 자치구의 구청장

제100조(권한의 위임) ① 국토교통부장관은 법 제110조제1항에 따라 일반국도에 관한 권한을 다음 각 호의 구분에 따라 시·도지사에게 위임한다.
1. 일반국도(제2호에 따른 위임국도는 제외한다)에 대해서는 다음 각 목의 권한
가. 법 제40조제2항에 따른 접도구역의 관리에 관한 사항

나. 법 제40조제3항을 위반한 자에 대한 법 제96조에 따른 처분 또는 조치
2. 위임국도에 대해서는 제1호 각 목 및 제2항 각 호(제3호는 제외한다)에 따른 권한

② 국토교통부장관은 법 제110조제1항에 따라 제1항제2호의 구간을 제외한 일반국도에 관한 다음 각 호의 권한을 지방국토관리청장에게 위임한다.

1. 법 제25조에 따른 도로구역의 결정·변경·폐지 및 고시
2. 법 제30조에 따른 도로구역 내 시설의 설치·운영
3. 법 제31조제1항에 따른 도로공사와 도로의 유지·관리
4. 법 제32조제1항 및 제3항에 따른 도로공사 및 권한의 대행에 관한 사항
5. 법 제33조제1항 및 제3항에 따른 타공작물의 관리자에 대한 도로공사의 시행명령, 도로의 유지·관리 명령 및 준공검사
6. 법 제33조제1항 및 제4항에 따른 타공작물에 관한 공사의 직접 시행과 공사시행 및 준공 사실의 통지
7. 법 제34조에 따른 부대공사의 시행
8. 법 제35조에 따른 공사 원인자 등에 대한 공사시행 명령 등
9. 법 제36조에 따른 도로관리청이 아닌 자의 도로공사 등
10. 법 제37조에 따른 공공단체 또는 사인에 대한 경미한 도로공사나 도로의 유지·관리 명령
11. 법 제38조에 따른 공공시설의 귀속 및 등기
12. 법 제39조제1항에 따른 도로의 사용 개시 및 폐지
13. 법 제40조제1항·제2항 및 제4항에 따른 접도구역의 지정·고시 및 시설 등의 소유자나 점유자에 대한 조치명령
14. 법 제48조에 따른 자동차전용도로의 지정
15. 법 제52조제1항에 따른 자동차전용도로 등에 대한 다른 시설의 연결허가
16. 법 제53조제5항에 따른 진출입로 연결허가
17. 법 제54조에 따른 보도의 설치 및 관리
18. 법 제55조에 따른 도로표지의 설치·관리
19. 법 제56조에 따른 도로대장의 작성·보관
20. 법 제57조에 따른 도로관리원의 임명
21. 법 제60조에 따른 도로교통정보체계의 구축·운영 및 도로정보의 수집·가공·제공
22. 법 제61조 및 제62조에 따른 도로의 점용 허가 및 안전관리
23. 법 제65조에 따른 도로 점용공사의 대행
24. 법 제66조에 따른 점용료의 부과·징수
25. 법 제69조에 따른 점용료의 강제징수 및 법 제70조에 따른 과오납 점용료의 반환
26. 법 제71조에 따른 이의신청에 대한 심사 및 통보
27. 법 제72조에 따른 변상금의 징수
28. 법 제73조에 따른 원상회복의 명령
29. 법 제76조에 따른 도로의 통행 금지·제한 명령
30. 법 제77조에 따른 차량의 운행 제한과 차량운행의 허가
31. 법 제80조에 따른 운행제한 위반 차량 운전자에 대한 명령
32. 법 제82조에 따른 도로공사의 시행을 위한 토지 등의 수용 또는 사용
33. 법 제83조에 따른 재해 발생 시 토지 등의 일시 사용 또는 수용 등
34. 법 제89조제2항에 따른 타공작물의 관리자에 대한 도로공사 및 도로의 유지·관리 비용의 부과·징수, 같은 조 제3항에 따른 타공작물에 관한 공사 및 관리에 필요한 비용의 부과·징수
35. 법 제90조에 따른 부대공사 비용의 부과·징수
36. 법 제91조제1항·제3항 및 제4항에 따른 원인자 및 공공단체 또는 사인 등에 대한 비용의 부과·징수
37. 법 제96조에 따른 법령 위반자 등에 대한 처분 또는 조치(제1항제1호나목에 따라 시·도지사에게 위임되는 권한은 제외한다)
38. 법 제97조에 따른 공익을 위한 처분
39. 법 제100조에 따른 이행강제금의 부과·징수
40. 법 제103조에 따른 수수료의 징수
41. 법 제106조에 따른 권리·의무 승계신고의 접수
42. 법 제117조에 따른 과태료의 부과·징수

③ 국토교통부장관은 법 제110조제1항에 따라 국가지원지방도 및 대도시권 교통혼잡도로에 관한 다음 각 호의 권한을 지방국토관리청장에게 위임한다.

1. 제87조제1항에 따른 공사착공보고 및 분기별 공정보고의 접수
2. 제87조제2항에 따른 사업실적보고의 접수

④ 지방국토관리청장은 제3항 각 호에 따른

공사착공보고 및 분기별 공정보고와 사업실적 보고를 받은 경우에는 국토교통부령으로 정하는 바에 따라 국토교통부장관에게 보고하여야 한다.

⑤ 국토교통부장관은 법 제110조제1항에 따라 고속국도에 관한 법 제117조에 따른 과태료의 부과·징수 권한을 지방국토관리청장에게 위임한다.

제101조(업무의 위탁) ① 법 제110조제3항제4호에서 "대통령령으로 정하는 사항"이란 다음 각 호의 업무에 관한 사항을 말한다.

1. 법 제59조제1항제2호에 따른 정보시스템의 관리 업무
2. 제2조제2호에 따른 교량 중 특수교(特殊橋)의 관리 업무

② 국토교통부장관은 법 제110조제3항에 따라 업무를 위탁하려는 경우에는 다음 각 호의 어느 하나에 해당하는 기관으로서 위탁 업무를 수행할 수 있는 인력과 장비를 갖추고 있다고 인정하는 기관에 위탁하여야 한다.

1. 「정부출연연구기관 등의 설립·운영 및 육성에 관한 법률」 또는 「과학기술분야 정부출연연구기관 등의 설립·운영 및 육성에 관한 법률」에 따라 설립된 정부출연연구기관
2. 「민법」 제32조에 따라 국토교통부장관의 허가를 받아 설립된 비영리법인
3. 「공공기관의 운영에 관한 법률」 제4조에 따른 공공기관

③ 국토교통부장관은 제2항에 따라 업무를 위탁하는 경우에는 위탁받을 기관의 명칭·주소·대표자와 위탁하는 업무의 내용 및 처리방법, 그 밖에 필요한 사항을 고시하여야 한다.

제102조(토지매수 업무 등의 위임) ① 국토교통부장관은 법 제111조제1항에 따라 토지매수 업무 및 손실보상 업무를 위임하는 경우에는 매수할 토지 및 위임 조건을 명확히 하여야 한다.

② 법 제111조제2항에서 "대통령령으로 정하는 요율(料率)"이란 별표 6에 따른 범위에서 국토교통부장관과 시·도지사 또는 시장·군수·구청장이 협의하여 정한다.

③ 국토교통부장관은 법 제111조제1항에 따라 토지매수 업무 및 손실보상 업무를 위임하는 경우에는 법 제111조제2항에 따른 위임수수료 외에 감정수수료 및 등기수수료 등 토지를 매입하거나 손실보상을 위하여 지출되는 비용을 함께 지급하여야 한다.

④ 국토교통부장관과 법 제111조제1항에 따라 위임을 받은 시·도지사 또는 시장·군수·구청장은 토지매수 완료일부터 30일 이내에 토지매수 업무 및 손실보상 업무에 든 비용을 정산한다.

제103조(고속국도에 관한 업무 대행) ① 국토교통부장관은 법 제112조제1항에 따라 한국도로공사에게 법 제31조제1항, 제33조부터 제36조까지, 제40조부터 제44조까지, 제47조제2항, 제47조의2, 제49조, 제55조부터 제57조까지, 제61조부터 제74조까지, 제76조부터 제78조까지, 제80조부터 제83조까지, 제89조, 제90조, 제91조제1항·제2항·제4항, 제95조부터 제97조까지, 제98조제2항·제3항, 제99조, 제100조, 제102조, 제103조, 제106조제2항, 제111조와 이 영 제43조 및 제44조제1항부터 제3항까지에 규정된 고속국도에 관한 권한을 대행하게 할 수 있다. <개정 2015.6.22.>

② 국토교통부장관은 제1항에 따라 한국도로공사에게 권한을 대행하게 하려는 경우에는 미리 해당 고속국도의 노선명, 구간과 대행하게 하는 권한의 내용 및 그 기간을 공고하여야 한다.

③ 국토교통부장관은 법 제112조제3항에 따라 한국도로공사에게 법 제41조부터 제44조까지의 규정에 따른 접도구역에 있는 토지의 매수업무를 대행하게 한 경우에는 업무대행수수료로 매입대금의 1천분의 5를 지급하여야 한다.

④ 국토교통부장관은 법 제112조제3항에 따라 한국도로공사에게 법 제41조부터 제44조까지의 규정에 따른 접도구역에 있는 토지의 매수업무를 대행하게 한 경우에는 제3항에 따른 업무대행수수료 외에 감정수수료·등기수수료 등 토지를 매입하기 위하여 지출되는 비용을 함께 지급하여야 한다.

제103조의2(고유식별정보의 처리) 도로관리청(제100조에 따라 국토교통부장관의 권한을 위임받은 자를 포함한다)은 다음 각 호의 사무를 수행하기 위하여 불가피한 경우 「개인정보 보호법 시행령」 제19조제1호 또는 제4호에 따른 주민등록번호 또는 외국인등록번호가 포함된 자료를 처리할 수 있다.

1. 법 제52조제1항에 따른 연결허가 신청의 접수 및 신청내용의 확인에 관한 사무
2. 법 제61조에 따른 도로점용허가(법 제108조에 따라 준용되는 경우를 포함한다) 신청의 접수 및 신청내용의 확인에 관한 사무
3. 법 제66조에 따른 점용료의 부과·징수 및 반환(법 제108조에 따라 준용되는 경우를 포함한다)에 관한 사무
4. 법 제70조에 따른 과오납 점용료의 반환(법 제108조에 따라 준용되는 경우를 포함한다)에 관한 사무
5. 법 제72조에 따른 변상금의 징수(법 제108조에 따라 준용되는 경우를 포함한다)에 관한 사무
6. 법 제106조에 따른 권리·의무 승계신고(법 제108조에 따라 준용되는 경우를 포함한다)의 접수 및 신고내용의 확인에 관한 사무

[본조신설 2016.11.15.]

제104조(규제의 재검토) 국토교통부장관은 다음 각 호의 사항에 대하여 2017년 1월 1일을 기준으로 3년마다(매 3년이 되는 해의 1월 1일 전까지를 말한다) 그 타당성을 검토하여 개선 등의 조치를 하여야 한다.

1. 제26조제1항에 따른 행위허가의 대상
2. 제54조제1항에 따른 도로의 점용허가 신청에 관한 사항
3. 제54조제5항 및 별표 2 제1호아목에 따른 사설안내표지판에 대한 도로점용허가의 기준
4. 제55조제9호에 따른 고가도로의 노면 밑에 설치하는 점용허가 대상
5. 제56조제6항에 따른 신설·확장 또는 개량한 도로로서 포장된 도로의 노면에 대한 점용허가 제한의 예외 사유
6. 제61조에 따른 준공도면의 제출
7. 제69조제1항 및 별표 3 제10호에 따른 일시적으로 설치하는 공사장 등에 대한 점용료 산정기준
8. 제69조제3항에 따른 점용료 조정

[전문개정 2016.12.30.]

제105조(과태료의 부과기준) 법 제117조제1항부터 제3항까지의 규정에 따른 과태료의 부과기준은 별표 7과 같다. 다만, 행정청이 도로관리청인 도로의 경우에는 별표 7 제2호가목·나목 및 제3호에 따른 과태료 부과기준의 범위에서 해당 지방자치단체의 조례로 과태료 부과기준을 따로 정할 수 있다.

부칙

<제28586호, 2018.1.16.>
(시설물의 안전 및 유지관리에 관한 특별법 시행령)

제1조(시행일) 이 영은 2018년 1월 18일부터 시행한다. <단서 생략>

제2조부터 **제6조**까지 생략

제7조(다른 법령의 개정) ①부터 ⑧까지 생략

⑨ 도로법 시행령 일부를 다음과 같이 개정한다.

제29조제1항 단서 중 "「시설물의 안전관리에 관한 특별법」 제2조제2호"를 "「시설물의 안전 및 유지관리에 관한 특별법」 제7조제1호"로 한다.

⑩부터 ㉔까지 생략

제8조 생략

한국도로공사법

[시행 2015.12.29.]
[법률 제13690호, 2015.12.29., 일부개정]

제1조(목적) 이 법은 한국도로공사를 설립하여 도로의 설치·관리와 그 밖에 이에 관련된 사업을 하게 함으로써 도로의 정비를 촉진하고 도로교통의 발달에 이바지함을 목적으로 한다.
[전문개정 2009.1.30.]

제2조(법인격) 한국도로공사(이하 "공사"라 한다)는 법인으로 한다.
[전문개정 2009.1.30.]

제3조(사무소) ① 공사의 주된 사무소의 소재지는 정관으로 정한다.
② 공사는 업무를 수행하기 위하여 필요하면 이사회의 의결을 거쳐 필요한 곳에 지사 또는 사무소를 둘 수 있다.
[전문개정 2009.1.30.]

제4조(자본금) ① 공사의 자본금은 35조원으로 한다. <개정 2011.9.16., 2015.12.29.>
② 제1항에 따른 자본금은 국가, 지방자치단체 또는 「한국산업은행법」에 따른 한국산업은행이 출자하되, 필요한 경우에는 정관으로 정하는 바에 따라 자본금의 2분의 1을 초과하지 아니하는 범위에서 주주를 모집할 수 있다. <개정 2009.4.1., 2014.5.21.>
③ 공사의 자본은 주식으로 분할하여야 한다.
[전문개정 2009.1.30.]

제5조(주식의 발행 등) 공사가 발행하는 주식의 종류, 1주(株)의 금액, 주식 발행의 시기, 발행 주식의 총수, 주금(株金)의 납입액, 납입 시기 및 방법은 대통령령으로 정한다. 다만, 정부가 자본금을 출자하는 경우 주금의 납입 시기 및 방법은 기획재정부장관이 정한다.
[전문개정 2009.1.30.]

제6조(유료도로관리권의 출자) ① 국가는 유료도로관리권을 공사에 출자할 수 있다.
② 제1항에 따라 유료도로관리권을 공사에 출자하는 경우에는 「국유재산법」 제61조를 준용하며, 그 출자가액(出資價額)은 국가가 해당 유료도로의 신설 또는 개축에 투자한 가액으로 한다. <개정 2009.1.30.>
[전문개정 2009.1.30.]

제7조(등기) ① 공사는 주된 사무소의 소재지에서 설립등기를 함으로써 성립한다.
② 제1항에 따른 설립등기와 지사 또는 사무소의 설치등기, 이전등기, 변경등기, 그 밖의 공사의 등기에 필요한 사항은 대통령령으로 정한다.
③ 공사는 등기를 필요로 하는 사항에 관하여는 등기를 한 후가 아니면 제3자에게 대항하지 못한다.
[전문개정 2009.1.30.]

제8조(유사명칭의 사용 금지) 이 법에 따른 공사가 아닌 자는 한국도로공사 또는 이와 유사한 명칭을 사용하지 못한다.
[전문개정 2009.1.30.]

제9조(비밀 누설 금지 등) 공사의 임직원이나 임직원이었던 사람은 직무상 알게 된 비밀을 누설하거나 도용하여서는 아니 된다.
[전문개정 2009.1.30.]

제10조 삭제 <2009.1.30.>

제11조(대리인의 선임) 사장은 정관으로 정하는 바에 따라 직원 중에서 공사의 업무에 관한 재판상 또는 재판 외의 모든 행위를 할 수 있는 권한을 가진 대리인을 선임할 수 있다.
[전문개정 2009.1.30.]

제12조(업무) ① 공사는 제1조의 목적을 달성하기 위하여 다음 각 호의 업무를 수행한다. <개정 2011.9.16., 2013.7.30.>
1. 유료도로의 신설·개축·유지 및 수선에 관한 공사(工事)의 시행과 관리
2. 유료도로의 이용증진을 위하여 특히 필요한 도로(유료도로에 연결되는 통로를 포함

한다)의 신설·개축·유지 및 수선에 관한 공사의 시행과 관리
3. 유료도로화할 대상으로 결정된 고속국도의 신설·개축·유지 및 수선에 관한 공사의 시행과 관리
4. 유료 자동차주차장의 설치와 관리
5. 유료도로에 따른 휴게소 및 주유소의 설치와 관리
6. 도로사업에 필요한 부동산의 취득 및 관리
7. 국가·지방자치단체 또는 타인의 위탁에 의한 도로의 신설·개축·유지 및 수선에 관한 공사의 시행과 그 공사를 위한 조사·측량·설계·시험 및 연구
8. 해외에서의 도로공사·유지관리·조사설계 및 시공감리
9. 국가·지방자치단체 또는 타인의 위탁에 의한 유료도로, 유료 자동차주차장, 그 밖에 이에 관련된 시설의 관리
9의2. 제1호부터 제6호까지 및 제9호에 따라 공사가 관리하는 부지 및 시설을 활용한 「신에너지 및 재생에너지 개발·이용·보급 촉진법」 제2조제3호에 따른 신·재생에너지 설비의 설치, 운영 및 관리
10. 유료도로의 효용 증진을 위한 도로의 부지 및 시설 이용사업
11. 유료도로 연접지역에의 화물유통·보관시설의 설치 등 유료도로의 효용 증진과 이용자의 편익 증진을 위한 개발사업
12. 유료도로에 관한 연구 및 기술개발
13. 공사(公社)의 업무와 관련되는 사업에 대한 투자 및 출연
14. 제1호부터 제9호까지, 제9호의2 및 제10호부터 제13호까지의 업무에 딸린 업무
15. 다른 법률에 따라 공사가 할 수 있는 업무

② 공사는 제1항제11호에 따른 도로 연접지역의 개발사업을 하려면 국토교통부장관의 승인을 받아야 한다. <개정 2013.3.23.>

③ 제1항제9호의2, 제10호부터 제13호까지의 규정에 따라 공사가 수행할 수 있는 업무의 구체적 범위, 유료도로 연접지역의 범위 등은 대통령령으로 정한다. <개정 2011.9.16.>

[전문개정 2009.1.30.]

제12조의2(업무의 위탁) ① 공사는 제12조제1항 각 호에 따른 업무의 일부를 국토교통부장관의 승인을 받아 공사가 투자하거나 출연한 자에게 위탁할 수 있다. <개정 2013.3.23.>

② 공사는 제1항에 따라 업무를 위탁한 경우에는 대통령령으로 정하는 바에 따라 그 업무를 수행하는 자에게 필요한 수수료를 지급할 수 있다.

[전문개정 2009.1.30.]

제13조(「도로법」 등에 대한 특례) ① 국토교통부장관은 「도로법」 제31조제1항에도 불구하고 대통령령으로 정하는 바에 따라 공사로 하여금 그 부담으로 유료도로화할 대상으로 결정된 도로의 신설·개축·유지 및 수선에 관한 공사(工事)의 시행과 관리를 하게 할 수 있다. <개정 2013.3.23., 2014.1.14.>

② 제1항에 따라 공사가 그 공사(工事)의 시행과 관리를 한 도로가 유료도로로 된 후 통행료를 징수하는 경우 「유료도로법」 제16조제3항을 적용할 때에는 공사가 부담한 유료도로 공사의 시행과 관리에 든 비용을 그 유료도로의 건설유지비총액(유료도로관리청이 손실보전을 위하여 대통령령으로 정하는 국가예산 또는 「유료도로법」 제24조제1항에 따라 지방자치단체의 특별회계에 계상(計上)된 손실보전준비금을 포함한다)으로 본다.

③ 국토교통부장관은 공사가 제1항에 따라 공사(工事)의 시행과 관리를 하는 경우에는 대통령령으로 정하는 바에 따라 「도로법」에 따른 도로관리청의 권한을 대행하게 할 수 있다. <개정 2013.3.23., 2014.1.14.>

[전문개정 2009.1.30.]

제13조의2(대집행 권한 등의 위탁) 중앙행정기관의 장이나 지방자치단체의 장은 공사가 유료도로의 건설·관리에 관한 사업을 할 때 대통령령으로 정하는 바에 따라 다음 각 호의 권한을 공사에 위탁할 수 있다. <개정 2009.1.30., 2011.9.16.>

1. 「공익사업을 위한 토지 등의 취득 및 보상에 관한 법률」 제89조에 따른 대집행(代執行)
2. 「국유재산법」 제74조에 따른 불법시설물의 철거

[전문개정 2009.1.30.]

제13조의3(벌칙 적용 시의 공무원 의제) 제12조의2제1항에 따라 위탁받은 업무에 종사하는 자는 「형법」 제129조부터 제132조까지의 규정을 적용할 때에는 공무원으로 본다.

[전문개정 2009.1.30.]

제14조(손익금의 처리) ① 공사는 매 사업연도의 결산 결과 이익이 생기면 다음 각 호의 순서대로 처리한다. <개정 2011.9.16.>
1. 이월손실금의 보전(補塡)
2. 자본금의 2분의 1이 될 때까지 이익금의 10분의 2 이상을 이익준비금으로 적립
3. 주주에 대한 배당
4. 사업확장 적립금으로 적립

② 공사는 매 사업연도의 결산 결과 손실이 생기면 제1항제4호에 따른 사업확장 적립금으로 보전하고, 그 적립금으로도 부족하면 같은 항 제2호에 따른 이익준비금으로 보전하되, 보전한 후에도 남는 손실액은 다음 사업연도로 이월한다. <개정 2011.9.16.>

③ 제1항제2호에 따른 이익준비금은 자본금으로 전입(轉入)할 수 있으며, 그 전입에 관한 사항과 제2항의 경우 외에 제1항제4호에 따른 사업확장 적립금의 사용에 관한 사항은 대통령령으로 정한다. <개정 2011.9.16.>

[전문개정 2009.1.30.]

제15조(사채의 발행 등) ① 공사는 이사회의 의결을 거쳐 자본금과 적립금 합계액의 4배를 초과하지 아니하는 범위에서 사채(社債)를 발행하거나 차관(借款)을 할 수 있다.

② 제1항에 따라 공사가 사채를 발행하거나 차관을 하는 경우 정부는 사채 및 차관의 원리금 상환을 보증할 수 있다.

③ 공사는 「공공기관의 운영에 관한 법률」 제40조제3항에 따라 예산이 확정된 때에는 2개월 이내에 해당 연도의 사채발행 및 차관의 목적·규모·용도 등이 포함된 사채발행 및 차관 운용계획을 수립하여 이사회의 의결을 거쳐 국토교통부장관의 승인을 받아야 한다. 승인받은 운용계획을 변경하려는 경우에도 또한 같다. <개정 2013.3.23.>

[전문개정 2009.1.30.]

제16조(보조금 등) ① 국가는 예산의 범위에서 대통령령으로 정하는 바에 따라 공사의 업무에 필요한 비용의 일부를 보조하거나 재정자금을 융자하며, 사채를 인수할 수 있다.

② 국가는 「도로법」 제112조제1항에 따라 통행료를 징수하지 아니하는 고속국도의 관리에 관한 국토교통부장관의 권한의 일부를 공사로 하여금 대행하게 한 경우에는 그 고속국도의 개축·수선 및 유지·관리에 드는 비용을 대통령령으로 정하는 바에 따라 공사에 지급하여야 한다. <개정 2013.3.23., 2014.1.14.>

[전문개정 2009.1.30.]

제16조의2(공익서비스비용의 부담) ① 공사의 공익서비스 제공으로 발생하는 비용(이하 "공익서비스비용"이라 한다)은 대통령령으로 정하는 바에 따라 국가 또는 해당 공익서비스를 직접 요구한 자(이하 "원인제공자"라 한다)에게 전부 또는 일부를 부담하게 할 수 있다.

② 제1항에서 "공익서비스"란 공사가 영리 목적의 영업활동과 관계없이 국가정책이나 공공목적 등을 위하여 제공하는 통행요금 감면 등을 말한다.

③ 원인제공자가 부담하는 공익서비스비용의 범위는 다음 각 호와 같다.
1. 공사가 다른 법령에 따르거나 국가정책 또는 공공목적을 위하여 고속국도 통행요금을 감면할 경우 그 감면액
2. 공사가 국가의 특수목적사업을 수행함으로써 발생되는 비용

[본조신설 2009.4.22.]

제16조의3(공익서비스 제공에 따른 보상계약의 체결) ① 원인제공자는 제16조의2제1항에 따라 공익서비스비용을 부담하는 경우 공사와 공익서비스비용의 보상에 관한 계약(이하 "보상계약"이라 한다)을 체결하여야 한다.

② 보상계약에는 다음 각 호의 사항이 포함되어야 한다.
1. 공사가 제공하는 공익서비스의 기준과 내용에 관한 사항
2. 공익서비스 제공과 관련하여 원인제공자가 부담하여야 하는 보상내용 및 보상방법 등에 관한 사항
3. 계약기간 및 계약기간의 수정·갱신과 계약의 해지에 관한 사항
4. 그 밖에 원인제공자와 공사가 필요하다고 합의하는 사항

③ 원인제공자는 공사와 보상계약을 체결하기 전에 계약내용에 관하여 국토교통부장관 및 기획재정부장관과 미리 협의하여야 한다. <개정 2013.3.23.>

④ 국토교통부장관은 공익서비스비용의 객관성과 공정성을 확보하기 위하여 필요한 때에는 공익서비스비용의 산정 및 평가 등의 업무를 담당하는 전문기관을 지정할 수 있다. 이 경우 전문기관의 지정에 필요한 사항은 국토교통부령으로 정한다. <개정 2013.3.23.>

⑤ 보상계약체결에 관하여 원인제공자와 공사의 협의가 성립되지 아니하는 때에는 원인제공자 또는 공사의 신청에 따라 대통령령으로 정하는 심의기구를 두어 이를 조정할 수 있다.
[본조신설 2009.4.22.]

제16조의4(공익서비스의 제한 등의 승인) ① 공사는 다음 각 호의 어느 하나에 해당하는 경우에 국토교통부장관의 승인을 받아 공익서비스의 제한 또는 중지 등 필요한 조치를 취할 수 있다. <개정 2013.3.23.>
1. 제16조의3에 따른 보상계약체결에도 불구하고 공익서비스비용에 대한 적정한 보상이 이루어지지 아니한 경우
2. 원인제공자가 공익서비스비용을 부담하지 아니한 경우
3. 원인제공자가 제16조의3제5항에 따른 심의기구의 조정에 따르지 아니한 경우

② 공사는 다음 각 호의 사항이 포함된 승인신청서를 국토교통부장관에게 제출하여야 한다. <개정 2013.3.23.>
1. 제한·중지하고자 하는 공익서비스의 내용
2. 공익서비스를 계속 제공하여야 할 경우 원인제공자의 비용부담 등에 관한 사항
3. 그 밖에 공익서비스의 제한·중지 등과 관련된 사항

③ 국토교통부장관은 제2항에 따라 승인신청서가 제출된 경우 원인제공자 및 관계 행정기관의 장과 협의한 후 제16조의3제5항에 따른 심의기구의 심의를 거쳐 승인 여부를 결정하고 그 결과를 공사에 통보하여야 한다. 이 경우 승인하기로 결정된 때에는 그 사실을 관보에 공고하여야 한다. <개정 2013.3.23.>
[본조신설 2009.4.22.]

제16조의5(승인의 제한 등) ① 국토교통부장관은 제16조의4제1항 각 호의 어느 하나에 해당하는 경우에도 같은 조에 따른 공익서비스 제한 등의 조치가 공익을 현저하게 저해한다고 인정하는 경우에는 같은 조 제3항에 따른 승인을 하지 아니할 수 있다. <개정 2013.3.23.>
② 국토교통부장관은 제1항에 따라 승인을 하지 아니하여 공사가 경영상 중대한 영업손실을 받은 경우에는 그 손실을 보상할 수 있다. <개정 2013.3.23.>
[본조신설 2009.4.22.]

제17조(감독) 국토교통부장관은 공사의 업무 중 다음 각 호의 사항에 대하여 지도·감독한다. <개정 2013.3.23.>
1. 사업실적 및 결산에 관한 사항
2. 제12조에 따른 업무의 적절한 수행에 관한 사항
3. 이 법에 따라 국토교통부장관이 공사에 위탁한 사업에 관한 사항
4. 그 밖에 관계 법령에서 정하는 사항

[전문개정 2009.1.30.]

제18조(자료제공의 요청) ①공사는 업무상 필요하다고 인정되는 자료를 관계 행정기관이나 그 밖의 관계인에게 요청할 수 있다. <개정 2014.5.21.>
② 제1항에 따라 자료의 제공을 요청받은 자는 특별한 사유가 없으면 그 요청에 따라야 한다. <신설 2014.5.21.>
[전문개정 2009.1.30.]

제19조(다른 법률과의 관계) 공사에 관하여 이 법과 「공공기관의 운영에 관한 법률」에 규정된 것 외에는 「상법」 중 주식회사에 관한 규정을 준용한다. 다만, 「상법」 제292조는 준용하지 아니한다.
[전문개정 2009.1.30.]

제20조(벌칙) 제9조를 위반한 자는 2년 이하의 징역 또는 2천만원 이하의 벌금에 처한다. <개정 2014.5.21.>
[전문개정 2009.1.30.]

제21조(과태료) ① 제8조를 위반한 자에게는 500만원 이하의 과태료를 부과한다. <개정 2014.5.21.>
② 제1항에 따른 과태료는 국토교통부장관이 부과·징수한다. <개정 2013.3.23.>
[전문개정 2009.1.30.]

부칙

<제13690호, 2015.12.29.>

이 법은 공포한 날부터 시행한다.

유료도로법

[시행 2019.1.17.]
[법률 제15357호, 2018.1.16., 일부개정]

제1장 총칙

제1조(목적) 이 법은 유료도로의 신설·개축(改築)·유지 및 관리 등에 관한 사항을 정함으로써 교통의 편의를 증진하고 국민경제의 발전에 이바지함을 목적으로 한다.
[전문개정 2012.12.18.]

제2조(정의) 이 법에서 사용하는 용어의 뜻은 다음과 같다. <개정 2013.3.23., 2014.1.14., 2018.1.16.>
1. "도로"란 「도로법」 제2조제1호에 따른 도로를 말한다.
2. "유료도로"란 다음 각 목의 도로를 말한다.
   가. 이 법에 따라 통행료 또는 사용료를 받는 도로
   나. 「사회기반시설에 대한 민간투자법」 제26조에 따라 통행료 또는 사용료를 받는 도로(이하 "민자도로"라 한다)
3. "도로관리청"이란 「도로법」 제23조 및 제24조에 따른 도로의 관리청을 말한다.
4. "지방도로관리청"이란 지방자치단체인 도로관리청을 말한다.
5. "유료도로관리청"이란 제4조에 따라 도로관리청이 유료도로를 신설 또는 개축하는 경우에는 해당 도로관리청을 말하고, 제5조에 따라 국토교통부장관이 유료도로를 신설 또는 개축하는 경우에는 국토교통부장관을 말하며, 제6조에 따라 도로관리청이 아닌 자가 유료도로를 신설 또는 개축하는 경우에는 허가권자인 도로관리청을 말한다.
6. "차량"이란 「자동차관리법」 제2조제1호에 따른 자동차와 「건설기계관리법」 제2조제1항제1호에 따른 건설기계 중 도로를 운행할 수 있는 것으로서 대통령령으로 정하는 것을 말한다.

[전문개정 2012.12.18.]

제3조(다른 법률과의 관계) 유료도로의 신설·개축·유지·수선 또는 그 밖의 관리에 관하여 이 법에 규정되지 아니한 사항은 「도로법」에 따른다. <개정 2014.1.14.>
[전문개정 2012.12.18.]

제2장 유료도로의 신설 또는 개축

제4조(도로관리청의 유료도로 신설 또는 개축) ① 도로관리청은 다음 각 호의 사항 모두에 해당하는 도로를 신설 또는 개축하여 그 도로를 통행하는 자로부터 통행료를 받을 수 있다.
1. 해당 도로를 통행하는 자가 그 도로의 통행으로 인하여 현저히 이익을 얻는 도로
2. 그 부근에 통행할 다른 도로(유료도로는 제외한다)가 있어 신설 또는 개축할 그 도로로 통행하지 아니하여도 되는 도로

② 다음 각 호의 어느 하나에 해당하는 도로를 유료도로로 신설 또는 개축하는 경우에는 제1항 각 호의 요건을 필요로 하지 아니한다.
1. 고속국도
2. 관광을 목적으로 하는 도로
3. 육지와 섬 사이 또는 섬과 섬 사이를 연결하는 도로

③ 제1항 및 제2항에도 불구하고 제16조제4항에 따라 산정한 통행료의 수납기간에 납부될 것으로 예상되는 통행료 총액이 해당 유료도로의 신설·개축·유지·수선 또는 그 밖의 관리에 필요한 비용의 원리금 총액(이하 "건설유지비 총액"이라 한다)에 미치지 못하는 경우에는 그 도로를 유료도로로 신설 또는 개축할 수 없다. 다만, 국가나 지방자치단체가 그 도로를 신설 또는 개축하는 것이 사회적·경제적 타당성이 있고 그로 인하여 공공교통의 편익이 현저하게 증가한다고 인정하여 그 도로의 건설에 대통령령으로 정하는 비율 이상의 재정지원(출자·출연 및 보조 등을 말한다. 이하 같다)을 하는 경우에는 그러하지 아니하다.
[전문개정 2012.12.18.]

제5조(국토교통부장관의 유료도로 신설 또는 개축 등) ① 국토교통부장관은 지방도로관리청의 관리에 속하는 도로로서 국토의 개발, 관광사업의 진흥 및 지역주민의 편의 등

과 특히 밀접한 관계가 있고, 그 도로가 제4조의 요건에 해당하는 경우에는 대통령령으로 정하는 바에 따라 스스로의 부담으로 그 도로를 신설 또는 개축하여 통행료를 받을 수 있다. <개정 2013.3.23.>

② 국토교통부장관은 제1항에 따라 유료도로를 신설 또는 개축하려는 경우에는 미리 해당 지방도로관리청의 동의를 받아야 한다. 이 경우 지방도로관리청은 동의 여부에 관하여 지방의회의 의결을 거쳐야 한다. <개정 2013.3.23.>

③ 제1항에 따라 국토교통부장관이 지방도로관리청의 관리에 속하는 도로를 신설 또는 개축하여 통행료를 받는 경우에는 제7조제2항에 따라 공고된 공사완료일의 다음 날부터 또는 제19조에 따라 공고로 지정한 날부터 통행료의 수납기간이 끝나는 날까지의 그 도로의 유지·수선 또는 그 밖의 관리에 필요한 의무와 비용은 국토교통부장관이 부담한다. <개정 2013.3.23.>

④ 국토교통부장관은 제1항에 따라 유료도로를 신설 또는 개축하거나 제3항에 따라 도로의 유지·수선 또는 그 밖의 관리에 필요한 의무와 비용을 부담하는 경우에는 그 기간 동안 대통령령으로 정하는 바에 따라 해당 지방도로관리청의 권한을 대행한다. <개정 2013.3.23.>

[전문개정 2012.12.18.]
[제목개정 2013.3.23.]

제6조(비도로관리청의 유료도로 신설 또는 개축) 도로관리청이 아닌 자(이하 "비도로관리청"이라 한다)는 대통령령으로 정하는 바에 따라 해당 도로관리청의 허가를 받아 스스로의 부담으로 제4조제1항 또는 제2항의 요건에 해당하는 도로를 신설 또는 개축하여 통행료를 받을 수 있다.

[전문개정 2012.12.18.]

제7조(유료도로 공사의 공고) ① 유료도로관리청은 제4조부터 제6조까지의 규정에 따른 유료도로의 신설 또는 개축에 관한 공사를 시행할 때에는 대통령령으로 정하는 바에 따라 미리 그 도로의 종류, 노선명(路線名) 및 공사의 구간·종류·시작일 등을 공고하여야 한다. 공고한 사항을 변경하려는 경우에도 또한 같다.

② 유료도로관리청은 제1항에 따른 공사의 전부 또는 일부를 완료하거나 공사를 폐지할 때에는 제1항에 준하여 미리 그 취지를 공고하여야 한다.

[전문개정 2012.12.18.]

제8조(유료도로와 다른 도로와의 연결 등) ① 국토교통부장관 또는 지방도로관리청은 다른 지방도로관리청이 관리하는 유료도로에 자기가 관리하는 도로를 연결하려는 경우에는 미리 해당 지방도로관리청과 협의하여야 한다. <개정 2013.3.23.>

② 지방도로관리청은 국토교통부장관이 관리하는 유료도로에 자기가 관리하는 도로를 연결하려는 경우에는 국토교통부장관의 승인을 받아야 한다. <개정 2013.3.23.>

③ 유료도로관리청은 교통의 연계성 및 효율성 증진을 위하여 필요한 경우에는 해당 유료도로와 직접 연결되는 도로의 도로관리청에 그 도로의 개축·수선 등을 요구할 수 있다.

④ 유료도로관리청이 제1항부터 제3항까지의 규정에 따른 협의·승인 또는 요구를 하는 경우로서 해당 유료도로에 제10조에 따른 유료도로관리권이 설정되어 있는 경우에는 미리 유료도로관리권자의 의견을 들어야 한다.

[전문개정 2012.12.18.]

제9조(지방자치단체의 비용 분담) 유료도로의 신설·개축·유지·수선 또는 그 밖의 관리로 인하여 특별한 이익을 얻는 지방자치단체는 그에 관한 비용의 전부 또는 일부를 분담할 수 있다.

[전문개정 2012.12.18.]

제3장 유료도로관리권

제10조(유료도로관리권의 설정 등) ① 유료도로관리청은 유료도로를 유지·관리하고 그 유료도로를 통행하거나 이용하는 자로부터 통행료·점용료 등을 받을 수 있는 권리(이하 "유료도로관리권"이라 한다)를 설정할 수 있다.

② 제1항에 따라 유료도로관리권을 설정받은 자(이하 "유료도로관리권자"라 한다)는 해당 유료도로관리청에 등록하여야 한다.

[전문개정 2012.12.18.]

제11조(유료도로관리권의 성질) 유료도로관리권은 물권(物權)으로 보며, 이 법에 특별한 규정이 있는 경우를 제외하고는 「민법」 중 부동산에 관한 규정을 준용한다.

[전문개정 2012.12.18.]

제12조(저당권의 처분에 관한 특례) 저당권이 설정된 유료도로관리권은 그 저당권자의 동의가 없으면 처분할 수 없다.
[전문개정 2012.12.18.]

제13조(권리의 변동) ① 유료도로관리권 또는 유료도로관리권을 목적으로 하는 저당권의 설정·변경·소멸 및 처분의 제한은 해당 유료도로관리청에 갖추어 둔 유료도로관리권 등록부에 등록함으로써 그 효력이 발생한다.
② 제1항에 따른 등록에 필요한 사항은 대통령령으로 정한다.
[전문개정 2012.12.18.]

제14조(유료도로관리권자의 업무 대행) 유료도로관리청은 대통령령으로 정하는 바에 따라 「도로법」에 따른 해당 유료도로관리청의 업무를 유료도로관리권자가 대행하게 할 수 있다. <개정 2014.1.14.>
[전문개정 2012.12.18.]

제4장 통행료

제15조(통행료 납부의 대상 등) ① 유료도로관리청 또는 유료도로관리권자는 해당 유료도로를 통행하는 차량에 대하여 그 구조·중량 등을 고려하여 국토교통부령으로 정하는 차량의 종류별로 통행료를 받는다. <개정 2013.3.23.>
② 제1항에 따른 차량 중 군작전용 차량, 구급 및 구호 차량, 소방활동에 종사하는 차량, 그 밖에 대통령령으로 정하는 차량에 대하여는 본래의 목적을 위하여 운행되는 경우에만 대통령령으로 정하는 바에 따라 통행료를 감면할 수 있다.
③ 유료도로관리청 또는 유료도로관리권자는 설날·추석 등 대통령령으로 정하는 날에는 대통령령으로 정하는 바에 따라 고속국도를 이용하는 차량의 통행료를 감면할 수 있다. <신설 2018.1.16.>
④ 국가는 제2항 및 제3항에 따른 통행료 감면으로 인하여 발생하는 비용의 전부 또는 일부를 대통령령으로 정하는 바에 따라 지원할 수 있다. <신설 2018.1.16.>
[전문개정 2012.12.18.]

제16조(유료도로관리청에 의한 통행료의 결정 및 기준) ① 유료도로관리청은 해당 유료도로의 통행으로 인하여 시간과 비용 면에서 통상적으로 얻는 이익의 범위에서 유료도로(고속국도는 제외한다)의 통행료를 정하여야 한다.
② 국토교통부장관은 물가 수준, 다른 교통수단의 운임, 그 밖의 공공요금 등과 비교하여 공정하고 상당하다고 인정하는 범위에서 유료도로인 고속국도의 통행료를 정하여야 한다. <개정 2013.3.23.>
③ 통행료의 총액은 해당 유료도로의 건설유지비 총액[유료도로관리청이 손실을 보전(補塡)하기 위하여 대통령령으로 정하는 국가예산 또는 제24조제1항에 따라 지방자치단체의 특별회계에 계상(計上)된 손실보전 준비금을 포함한다]을 초과할 수 없다.
④ 해당 유료도로의 통행료, 그 수납기간, 통행료 총액 및 건설유지비 총액 산정의 기준·방법 및 절차 등에 관하여 필요한 사항은 대통령령으로 정한다.
[전문개정 2012.12.18.]

제17조(비도로관리청에 의한 통행료의 결정 및 기준) ① 비도로관리청(유료도로관리청으로부터 유료도로관리권을 매입한 자를 포함한다. 이하 같다)은 해당 유료도로의 건설유지비 총액, 통행료 외에 그 유료도로에 관한 수익, 통행료 수납기간 및 수익률 등을 고려하여 통행료를 정한다.
② 비도로관리청은 통행료를 수납하려는 경우에는 국토교통부령으로 정하는 바에 따라 해당 유료도로관리청의 승인을 받아야 한다. 승인을 받은 통행료를 변경하려는 경우에도 또한 같다. <개정 2013.3.23.>
③ 제2항 후단에 따라 통행료를 변경하거나 「사회기반시설에 대한 민간투자법」에 따라 민자도로의 통행료를 조정하려는 경우 그 인상률은 기존의 통행료가 변경되거나 조정된 날이 포함된 연도부터 통행료를 변경하거나 조정하려는 날의 전년도까지의 누적된 연간 소비자 물가상승률을 초과하지 아니하는 범위에서 정하여야 한다. <신설 2018.1.16.>
[전문개정 2012.12.18.]

제18조(통합채산제) ①유료도로관리청 또는 유

료도로관리권자는 둘 이상의 유료도로가 다음 각 호의 요건에 모두 해당하는 경우 해당 유료도로를 하나의 유료도로로 하여 통행료를 받을 수 있다. 이 경우 유료도로관리권자가 통합채산제에 신규 유료도로를 포함시키거나 기승인 내용을 변경할 경우에는 제19조에 따른 통행료 및 수납기간 등의 공고 이전에 유료도로관리청의 승인을 받아야 한다. <개정 2014.1.14.>

1. 유료도로에 대한 유료도로관리청 또는 유료도로관리권자가 동일할 것
2. 유료도로가 교통상 관련을 가지고 있을 것
3. 유료도로에 대하여 통행료를 통합하여 받는 것이 적당하다고 인정되는 특별한 사유가 있을 것

② 제1항에 따른 통합채산제의 승인 방법 및 절차 등에 필요한 사항은 대통령령으로 정한다. <신설 2014.1.14.>

[전문개정 2012.12.18.]

제18조의2(통행료의 일괄 수납) 서로 다른 유료도로관리청 또는 유료도로관리권자가 관리하는 유료도로를 연속하여 통과하는 차량에 대해서는 하나의 유료도로관리청 또는 유료도로관리권자가 통행료를 일괄하여 받을 수 있다. 이 경우 일괄 수납 사실과 각각의 유료도로 통행료를 이용자가 알 수 있도록 하여야 한다.

[본조신설 2016.2.3.]

제19조(통행료 및 수납기간 등의 공고) 유료도로관리청 또는 유료도로관리권자는 통행료를 받으려는 경우 대통령령으로 정하는 바에 따라 미리 통행료, 그 수납기간 및 수납방법, 그 밖에 필요한 사항을 관보 또는 공보에 공고하고, 도로상의 일반인이 보기 쉬운 장소에 그 내용을 적은 표지(標識)를 설치하여야 한다. 통행료, 그 수납기간 및 수납방법 등을 변경하려는 경우에도 또한 같다.

[전문개정 2012.12.18.]

제20조(부가통행료의 부과 · 수납) ① 유료도로관리청 또는 유료도로관리권자는 해당 유료도로를 통행한 자가 거짓이나 그 밖의 부정한 방법으로 통행료를 내지 아니하였거나 감면받았을 때에는 그 통행료 외에 내지 아니하거나 감면받은 통행료의 10배의 범위에서 대통령령으로 정하는 부가통행료(附加通行料)를 부과 · 수납할 수 있다. <개정 2017.3.21.>

② 제1항의 경우 유료도로로 진입한 장소가 분명하지 아니할 때에는 통행료를 낼 장소에서 가장 먼 거리를 통행한 것으로 추정한다.

[전문개정 2012.12.18.]

제21조(통행료 등의 수납 위탁 및 강제징수) ① 유료도로관리청은 통행료와 부가통행료를 낼 의무가 있는 자가 이를 내지 아니하면 국세 체납처분의 예 또는 「지방세외수입금의 징수 등에 관한 법률」에 따라 징수할 수 있다. <개정 2018.1.16.>

② 유료도로관리권자는 통행료와 부가통행료를 낼 의무가 있는 자가 이를 내지 아니하면 대통령령으로 정하는 바에 따라 국토교통부장관 또는 해당 지역을 관할하는 특별자치시장, 특별자치도지사 또는 시장 · 군수 · 구청장(자치구의 구청장을 말한다. 이하 같다)에게 그 수납을 위탁할 수 있다. <개정 2018.1.16.>

③ 특별자치시장, 특별자치도지사 또는 시장 · 군수 · 구청장이 제2항에 따라 통행료와 부가통행료의 수납을 위탁받았을 때에는 지방세 체납처분의 예에 따라 징수할 수 있다. 이 경우 유료도로관리권자는 특별자치시장, 특별자치도지사 또는 시장 · 군수 · 구청장이 징수한 금액의 100분의 10에 해당하는 금액을 해당 특별자치시, 특별자치도 또는 시 · 군 · 구(자치구를 말한다)에 교부하여야 한다.

④ 「한국도로공사법」에 따른 한국도로공사가 유료도로관리권자로 설정되어 있는 유료도로(고속국도만 해당한다)의 경우 그 통행료와 부가통행료를 낼 의무가 있는 자가 이를 내지 아니하면 한국도로공사는 대통령령으로 정하는 바에 따라 국토교통부장관의 승인을 받아 국세 체납처분의 예 또는 「지방세외수입금의 징수 등에 관한 법률」에 따라 징수할 수 있다. <개정 2013.3.23., 2015.1.6., 2018.1.16.>

⑤ 국토교통부장관은 제2항에 따라 위탁받은 통행료와 부가통행료의 수납 업무를 제23조의7에 따른 민자도로 관리지원센터에 위탁할 수 있다. <신설 2018.1.16.>

⑥ 민자도로 관리지원센터가 제5항에 따라 통행료와 부가통행료의 수납을 위탁받았을 때에는 대통령령으로 정하는 바에 따라 국토교통부장관의 승인을 받아 국세 체납처분의 예 또는 「지방세외수입금의 징수 등에 관한 법률」

에 따라 통행료와 부가통행료를 징수할 수 있다. 이 경우 유료도로관리권자는 민자도로 관리지원센터가 징수한 금액의 100분의 10에 해당하는 금액을 민자도로 관리지원센터에 내야 한다. <신설 2018.1.16.>
[전문개정 2012.12.18.]
[제목개정 2018.1.16.]

제21조의2(차량영상인식시스템의 구축ㆍ운영) ① 유료도로관리청 또는 유료도로관리권자는 통행료 및 부가통행료의 부과ㆍ수납을 위하여 해당 유료도로를 통과하는 차량의 영상정보를 수집ㆍ관리하는 시스템(이하 "차량영상인식시스템"이라 한다)을 구축ㆍ운영할 수 있다.
② 제18조의2에 따라 통행료를 일괄하여 받는 해당 유료도로의 유료도로관리청 또는 유료도로관리권자는 차량영상인식시스템으로 처리된 정보(이하 "차량영상정보"라 한다)를 공동으로 이용할 수 있다.
③ 제1항 및 제2항에 따른 차량영상인식시스템의 구축ㆍ운영과 차량영상정보의 공동 이용은 「개인정보 보호법」 및 「위치정보의 보호 및 이용 등에 관한 법률」에 따라야 한다.
④ 제1항 및 제2항에서 규정한 사항 외에 차량영상인식시스템의 구축ㆍ운영 및 차량영상정보의 공동 이용에 필요한 사항은 대통령령으로 정한다.
[본조신설 2016.2.3.]

제21조의3(통행료 부과 등을 위한 정보의 요청) ① 유료도로관리청, 유료도로관리권자 또는 민자도로 관리지원센터는 다음 각 호의 업무를 수행하기 위하여 불가피한 경우에는 관계 중앙행정기관의 장 또는 지방자치단체의 장에게 필요한 정보를 제공하여 줄 것을 요청할 수 있다. 이 경우 요청을 받은 자는 특별한 사유가 없으면 해당 정보를 제공하여야 한다. <개정 2018.1.16.>
1. 통행료의 감면
2. 내지 아니한 통행료(내야 하는 통행료를 감면받은 경우에는 감면받은 통행료는 제외한다. 이하 같다)의 부과ㆍ수납ㆍ강제징수
3. 부가통행료의 부과ㆍ수납ㆍ강제징수

② 유료도로관리청, 유료도로관리권자 또는 민자도로 관리지원센터가 제1항에 따라 요청할 수 있는 정보는 제1항 각 호에 따른 감면, 부과, 수납 또는 강제징수의 대상자(내지 아니한 통행료 및 부가통행료의 경우 유료도로를 통행한 자를 알 수 없는 경우에는 해당 차량의 소유자를 말한다)에 대한 다음 각 호의 정보로 한다. 다만, 제4호에 따른 정보는 유료도로관리청, 「한국도로공사법」에 따른 한국도로공사 및 민자도로 관리지원센터만 요청할 수 있다. <개정 2018.1.16.>
1. 이름(법인인 경우 법인 명칭) 및 주소
2. 차량의 색상 및 차명
3. 자동차등록번호ㆍ건설기계등록번호와 차량등록의 변경ㆍ이전ㆍ말소에 관한 정보
4. 주민등록번호, 법인등록번호, 외국인등록번호 및 차량의 압류사항에 관한 정보
5. 제15조제2항에 따른 통행료 감면 대상의 확인을 위하여 필요한 정보로서 대통령령으로 정하는 정보

③ 유료도로관리청, 유료도로관리권자 또는 민자도로 관리지원센터는 제1항에 따라 제공받은 정보를 「개인정보 보호법」에 따라 안전하게 관리하고, 제공받은 목적을 달성하였을 때에는 지체 없이 그 정보를 파기하여야 한다. <개정 2018.1.16.>
[본조신설 2017.3.21.]

제22조(통행료 등의 귀속) 이 법에 따라 수납하는 유료도로의 통행료와 부가통행료는 국토교통부장관이 수납하는 경우에는 국고의 수입으로 하고, 지방도로관리청이 수납하는 경우에는 해당 지방자치단체의 수입으로 한다. 다만, 유료도로관리권이 설정된 유료도로의 경우에는 유료도로관리권자의 수입으로 한다. <개정 2013.3.23.>
[전문개정 2012.12.18.]

제23조(수납한 통행료 등의 사용제한) 제22조에 따라 국고 또는 지방자치단체에 귀속된 유료도로의 통행료와 부가통행료는 다음 각 호의 어느 하나에 해당하는 목적 외의 용도로 사용하여서는 아니 된다.
1. 유료도로의 신설 또는 개축에 관한 비용의 원리금 상환
2. 도로(유료도로 및 유료도로와 연결되는 통로를 포함한다)의 신설ㆍ개축ㆍ유지ㆍ수선 또는 그 밖의 관리에 필요한 비용

[전문개정 2012.12.18.]

제4장의2 민자도로의 감독ㆍ관리 등

<신설 2018.1.16.>

제23조의2(정부 등의 책무) ① 국토교통부장관은 민자도로의 유료도로관리권자(이하 "민자도로사업자"라 한다)가 민자도로를 안전하고 효율적으로 유지·관리할 수 있는 환경을 조성하기 위하여 노력하여야 한다.

② 국토교통부장관은 제1항에 따른 환경 조성을 위하여 민자도로의 유지·관리 및 운영에 관한 기준을 정하여 고시하여야 한다.

③ 유료도로관리청은 제2항에 따른 민자도로의 유지·관리 및 운영에 관한 기준에 따라 매년 소관 민자도로에 대하여 운영평가를 실시하여야 한다.

④ 유료도로관리청은 제3항에 따른 운영평가 결과에 따라 민자도로에 관한 공사의 시행, 민자도로의 유지·관리체계 개선 등 필요한 조치를 명할 수 있다.

⑤ 제3항에 따른 운영평가의 절차, 방법 및 그 밖에 필요한 사항은 국토교통부령으로 정한다.

[본조신설 2018.1.16.]

제23조의3(민자도로사업자의 의무) ① 민자도로사업자는 민자도로의 안전하고 효율적인 관리와 이용자의 편의를 도모하기 위하여 노력하여야 한다.

② 민자도로사업자는 제23조의2제2항에 따른 민자도로의 유지·관리 및 운영에 관한 기준을 준수하여야 한다.

③ 민자도로사업자는 제23조의2제4항에 따른 명령을 이행하고 그 결과를 유료도로관리청에 보고하여야 한다.

[본조신설 2018.1.16.]

제23조의4(국회에 대한 보고 등) ① 국토교통부장관은 「사회기반시설에 대한 민간투자법」 제53조에 따라 국가가 재정을 지원한 민자도로의 건설 및 유지·관리 현황에 관한 보고서를 작성하여 매년 5월 31일까지 국회 소관 상임위원회에 제출하여야 한다.

② 국토교통부장관은 제1항에 따른 보고서를 작성하기 위하여 민자도로사업자에게 필요한 자료의 제출을 요구할 수 있다.

[본조신설 2018.1.16.]

제23조의5(사정변경 등에 따른 실시협약의 변경 요구 등) ① 유료도로관리청은 중대한 사정변경 또는 민자도로사업자의 위법한 행위 등 다음 각 호의 어느 하나에 해당하는 사유가 발생한 경우 민자도로사업자에게 그 사유를 소명하거나 해소 대책을 수립할 것을 요구할 수 있다.

1. 연속하여 3년 동안 연간 실제 교통량이 「사회기반시설에 대한 민간투자법」 제2조제6호에 따른 실시협약(이하 "실시협약"이라 한다)에서 정한 교통량의 100분의 70에 미달하는 경우
2. 연속하여 3년 동안 연간 실제 통행료 수입이 실시협약에서 정한 통행료 수입의 100분의 70에 미달하는 경우
3. 민자도로사업자가 실시협약에서 정한 자기자본의 비율을 대통령령으로 정하는 기준 미만으로 변경한 경우. 다만, 「사회기반시설에 대한 민간투자법」 제2조제4호에 따른 주무관청의 승인을 받아 변경한 경우는 제외한다.
4. 민자도로사업자가 주주로부터 대통령령으로 정하는 기준을 초과한 이자율로 자금을 차입한 경우
5. 도로의 종류 또는 등급이 변경되는 경우
6. 교통여건이 현저히 변화되어 실시협약의 변경이 필요하다고 인정되는 사유로서 대통령령으로 정하는 경우

② 제1항에 따른 요구를 받은 민자도로사업자는 유료도로관리청이 요구한 날부터 30일 이내에 그 사유를 소명하거나 해소 대책을 수립하여야 한다.

③ 유료도로관리청은 다음 각 호의 어느 하나에 해당하는 경우 제23조의7에 따른 민자도로 관리지원센터의 자문을 거쳐 실시협약의 변경 등을 요구할 수 있다.

1. 민자도로사업자가 제2항에 따른 소명을 하지 아니하거나 그 소명이 충분하지 아니한 경우
2. 민자도로사업자가 제2항에 따른 해소 대책을 수립하지 아니한 경우
3. 제2항에 따른 해소 대책으로는 제1항에 따른 사유를 해소할 수 없거나 해소하기 곤란하다고 판단되는 경우

④ 유료도로관리청은 민자도로사업자가 제3항에 따른 요구 조치에 따르지 아니하는 경우 실시협약에 따른 보조금 및 재정지원금의 전부 또는 일부를 지급하지 아니할 수 있다.

[본조신설 2018.1.16.]

제23조의6(민자도로사업자에 대한 지원) 유료도로관리청은 정책의 변경 또는 법령의 개정 등으로 인하여 민자도로사업자가 부담하여야 하는 비용이 추가로 발생하는 경우 그 비용의 전부 또는 일부를 지원할 수 있다.
[본조신설 2018.1.16.]

제23조의7(민자도로 관리지원센터의 지정 등) ① 국토교통부장관은 민자도로에 대한 감독 업무를 효율적으로 수행하기 위하여 대통령령으로 정하는 기간 내에서 다음 각 호의 어느 하나에 해당하는 기관을 민자도로 관리지원센터(이하 "관리지원센터"라 한다)로 지정할 수 있다.
1. 「정부출연연구기관 등의 설립·운영 및 육성에 관한 법률」에 따른 정부출연연구기관
2. 「공공기관의 운영에 관한 법률」에 따른 공공기관

② 관리지원센터는 다음 각 호의 업무를 수행한다.
1. 실시협약과 관련한 자문 및 지원
2. 민자도로의 교통수요 예측, 적정 통행료 및 운영비 산출과 관련한 자문 및 지원
3. 제23조의2제2항에 따른 민자도로의 유지·관리 및 운영에 관한 기준 및 제23조의2제3항에 따른 운영평가와 관련한 자문 및 지원
4. 제21조제5항에 따라 위탁받은 통행료와 부가통행료의 수납 및 같은 조 제6항에 따른 통행료와 부가통행료의 징수
5. 제6항에 따라 국토교통부장관 또는 유료도로관리청이 위탁하는 업무
6. 그 밖에 민자도로 감독 지원을 위하여 국토교통부령으로 정하는 업무

③ 국토교통부장관이 제1항에 따라 관리지원센터를 지정할 때에는 민자도로에 대한 해당 기관의 전문성을 고려하여야 한다.
④ 국토교통부장관은 관리지원센터가 업무를 수행하는 데에 필요한 비용을 예산의 범위에서 지원할 수 있다.
⑤ 국토교통부장관은 관리지원센터가 다음 각 호의 어느 하나에 해당하는 경우에는 지정을 취소할 수 있다. 다만, 제1호에 해당하는 경우에는 지정을 취소하여야 한다.
1. 거짓이나 그 밖의 부정한 방법으로 지정을 받은 경우
2. 지정받은 사항을 위반하여 업무를 수행한 경우

⑥ 국토교통부장관 또는 유료도로관리청은 민자도로와 관련하여 이 법과 「사회기반시설에 대한 민간투자법」에 따른 업무로서 국토교통부령으로 정하는 업무를 관리지원센터에 위탁할 수 있다.
[본조신설 2018.1.16.]

제23조의8(민간 사용기간이 종료된 민자도로의 관리방법 등) ① 「사회기반시설에 대한 민간투자법」 제25조제1항에 따라 사업시행자가 무상으로 사용·수익할 수 있는 기간이 종료된 민자도로는 다음 각 호의 어느 하나에 해당하는 방법으로 관리한다.
1. 「도로법」 제10조에 따른 도로(고속국도는 제외한다)로서 관리
2. 「한국도로공사법」에 따른 한국도로공사 또는 「지방공기업법」에 따라 설립된 법인에 위탁하여 관리
3. 해당 도로를 증설 또는 개량한 후 「사회기반시설에 대한 민간투자법」 제4조제1호 또는 제2호에 해당하는 방식으로 관리

② 유료도로관리청 또는 비도로관리청은 제16조 및 제17조제1항에도 불구하고 제1항 제2호 또는 제3호에 따라 관리되는 도로의 경우 해당 도로의 효율적인 유지·관리를 위하여 필요한 범위에서 통행료를 정할 수 있다.
③ 제2항에 따른 통행료의 산정 기준·방법 및 절차 등에 필요한 사항은 국토교통부령으로 정한다.
[본조신설 2018.1.16.]

제5장 보칙

제24조(특별회계 등) ① 국가나 지방자치단체는 유료도로에 관한 특별회계를 설치하여 그 수입 및 지출을 관리하여야 한다.
② 유료도로관리권자는 매 회계연도가 끝난 후 90일 이내에 해당 유료도로의 건설유지비 총액, 수납한 통행료의 총액 등에 관한 회계보고서를 작성하여 해당 유료도로관리청에 제출하고, 관련 장부와 근거 자료를 비치하여야 한다. 이 경우 「주식회사 등의 외부감사에 관한 법률」 제4조에 따른 외부감사의 대상일 때에는 감사인(監査人)에게 회계감사를 받은 회계보고서를 제출하여야 한다. <개정 2017.10.31., 2018.1.16.>
③ 제2항에 따라 유료도로관리권자가 작성

하는 회계보고서의 작성기준 등에 관하여 필요한 사항은 대통령령으로 정한다.
[전문개정 2012.12.18.]

제25조(감독) ① 국토교통부장관은 필요하다고 인정하면 지방도로관리청에 유료도로에 관한 공사의 시행, 점용허가의 제한, 접도구역의 지정 또는 변경, 그 밖에 유료도로의 관리에 필요한 처분이나 조치를 명할 수 있다. <개정 2013.3.23.>
② 유료도로관리청은 비도로관리청(민자도로사업자를 포함한다)이 이 법 또는 이 법에 따른 허가조건을 위반하였을 때에는 허가의 취소, 공사의 중지, 행정대집행 또는 그 밖에 필요한 처분을 하거나 조치를 명할 수 있다. <개정 2018.1.16.>
[전문개정 2012.12.18.]

제25조의2(과징금) ① 유료도로관리청은 비도로관리청이 다음 각 호의 어느 하나에 해당하는 위반행위를 한 경우에는 대통령령으로 정하는 통행료 수입에 100분의 3을 곱한 금액 이하의 과징금을 부과할 수 있다.
1. 제23조의3제2항을 위반하여 민자도로의 유지·관리 및 운영에 관한 기준을 준수하지 아니한 경우
2. 제23조의3제3항을 위반하여 명령을 이행하지 아니하거나 그 결과를 보고하지 아니한 경우
3. 제25조에 따른 처분이나 명령을 위반한 경우

② 제1항에 따른 과징금을 부과하는 위반행위의 종류, 과징금의 금액 및 징수방법 등에 필요한 사항은 대통령령으로 정한다.
③ 유료도로관리청은 제1항에 따른 과징금을 내야 할 자가 납부기한까지 내지 아니하면 국세 체납처분의 예 또는 「지방세외수입금의 징수 등에 관한 법률」에 따라 징수한다.
④ 제1항에 따른 과징금 중 국토교통부장관이 부과·징수한 과징금은 「교통시설특별회계법」에 따른 교통시설특별회계 도로계정의 수입으로 한다.
[본조신설 2018.1.16.]

제6장 벌칙

제26조(벌칙) ① 거짓이나 그 밖의 부정한 방법으로 제6조에 따른 허가를 받거나 허가 없이 유료도로를 신설 또는 개축한 자는 2년 이하의 징역 또는 2천만원 이하의 벌금에 처한다.
② 제17조제2항에 따른 승인 또는 변경승인을 받은 자가 그 승인조건을 위반하여 통행료를 수납하였을 때에는 1년 이하의 징역 또는 1천만원 이하의 벌금에 처한다.
[전문개정 2012.12.18.]

제27조(양벌규정) 법인의 대표자나 법인 또는 개인의 대리인, 사용인, 그 밖의 종업원이 그 법인 또는 개인의 업무에 관하여 제26조제1항 또는 제2항의 위반행위를 하면 그 행위자를 벌하는 외에 그 법인 또는 개인에게도 해당 조문의 벌금형을 과(科)한다. 다만, 법인 또는 개인이 그 위반행위를 방지하기 위하여 해당 업무에 관하여 상당한 주의와 감독을 게을리하지 아니한 경우에는 그러하지 아니하다.
[본조신설 2012.12.18.]

제28조(과태료) ① 다음 각 호의 어느 하나에 해당하는 자에게는 1천만원 이하의 과태료를 부과한다.
1. 제18조제1항에 따른 승인을 받지 아니하고 통합채산제를 시행한 자
2. 제23조의2제2항에 따른 민자도로의 유지·관리 및 운영에 관한 기준을 위반한 자
3. 제23조의4제2항에 따른 자료 제출을 거부하거나 거짓으로 자료를 제출한 자

② 제1항에 따른 과태료는 대통령령으로 정하는 바에 따라 유료도로관리청이 부과·징수한다.
[전문개정 2018.1.16.]

제29조(과태료에 관한 규정 적용의 특례) 제28조의 과태료에 관한 규정을 적용할 때 제25조의2에 따라 과징금을 부과한 행위에 대해서는 과태료를 부과할 수 없다.
[본조신설 2018.1.16.]

부칙

<제15357호, 2018.1.16.>

제1조(시행일) 이 법은 공포 후 1년이 경과한 날부터 시행한다.

제2조(과징금에 대한 적용례) 제25조의2의 개정규정은 이 법 시행 후 최초로 발생하는 위반행위부터 적용한다.

사도법

[시행 2015.10.25.]
[법률 제13434호, 2015.7.24., 일부개정]

제1조(목적) 이 법은 사도(私道)의 설치, 관리, 사용 및 구조 등에 관하여 필요한 사항을 규정함으로써 교통 발전에 이바지함을 목적으로 한다.
[전문개정 2012.12.18.]

제2조(정의) 이 법에서 "사도"란 다음 각 호의 도로가 아닌 것으로서 그 도로에 연결되는 길을 말한다. 다만, 제3호 및 제4호의 도로는 「도로법」 제50조에 따라 시도(市道) 또는 군도(郡道) 이상에 적용되는 도로 구조를 갖춘 도로에 한정한다. <개정 2014.1.14.>
1. 「도로법」 제2조제1호에 따른 도로
2. 「도로법」 의 준용을 받는 도로
3. 「농어촌도로 정비법」 제2조제1항에 따른 농어촌도로
4. 「농어촌정비법」 에 따라 설치된 도로

[전문개정 2012.12.18.]

▶ 판례 - [1] 공익사업에 필요한 토지를 취득할 때, 공익사업을 위한 토지 등의 취득 및 보상에 관한 법률 시행규칙 제26조 제1항 제2호에 규정된 '사실상의 사도의 부지' 로 보고 인근토지 평가액의 3분의 1 이내로 보상액을 평가하기 위한 요건 및 이 경우 반드시 도로가 불특정 다수인의 통행에 제공되어야 하는지 여부(소극)
[2] 공익사업을 위한 토지 등의 취득 및 보상에 관한 법률 시행규칙 제26조 제2항 제1호에서 규정한 '도로개설 당시의 토지소유자가 자기 토지의 편익을 위하여 스스로 설치한 도로' 에 해당하는지 판단하는 기준 [대법원 2014.6.26, 선고, 2013두21687, 판결]

제3조(적용 제외) 이 법은 다음 각 호의 도로에는 적용하지 아니한다.
1. 다른 법률에 따라 설치하는 도로
2. 공원, 광구(鑛區), 공장, 주택단지, 그 밖에 동일한 시설 안에 설치하는 도로

[전문개정 2012.12.18.]

제4조(개설허가 등) ① 사도를 개설·개축(改築)·증축(增築) 또는 변경하려는 자는 특별자치시장, 특별자치도지사 또는 시장·군수·구청장(구청장은 자치구의 구청장을 말하며, 이하 "시장·군수·구청장"이라 한다)의 허가를 받아야 한다.
② 제1항에 따른 허가를 받으려는 자는 허가신청서에 국토교통부령으로 정하는 서류를 첨부하여 시장·군수·구청장에게 제출하여야 한다. <개정 2013.3.23.>
③ 시장·군수·구청장은 다음 각 호의 어느 하나에 해당하는 경우를 제외하고는 제1항에 따른 허가를 하여야 한다.
1. 개설하려는 사도가 제5조에 따른 기준에 맞지 아니한 경우
2. 허가를 신청한 자에게 해당 토지의 소유 또는 사용에 관한 권리가 없는 경우
3. 이 법 또는 다른 법령에 따른 제한에 위배되는 경우
4. 해당 사도의 개설·개축·증축 또는 변경으로 인하여 주변에 거주하는 주민의 사생활 등 주거환경을 심각하게 침해하거나 사람의 통행에 위험을 가져올 것으로 인정되는 경우

④ 시장·군수·구청장은 제1항에 따른 허가를 하였을 때에는 지체 없이 그 내용을 공보에 고시하고, 국토교통부령으로 정하는 바에 따라 사도 관리대장에 그 내용을 기록하고 보관하여야 한다. <개정 2013.3.23.>
⑤ 제1항부터 제4항까지에서 규정한 사항 외에 허가에 필요한 사항은 대통령령으로 정한다.
[전문개정 2012.12.18.]

제4조의2[제4조의2는 제8조로 이동 <2012.12.18.>]

제5조(사도의 폭 등 기준) 사도의 구조는 「농어촌도로 정비법」 에 따른 면도(面道) 또는 이도(里道)의 기준에 따른다. 다만, 통행에 지장을 주지 아니하는 범위에서 국토교통부령으로 정하는 바에 따라 그 기준을 완화할 수 있다. <개정 2013.3.23., 2015.7.24.>
[본조신설 2012.12.18.]
[제목개정 2015.7.24.]
[종전 제5조는 제7조로 이동<2012.12.18.>]

제6조(사용검사) ① 제4조에 따라 허가를 받은 자는 그 공사를 마치면 국토교통부령으로 정

하는 바에 따라 시장·군수·구청장으로부터 사용검사를 받아야 한다. <개정 2013.3.23.>
② 사도를 개설한 자(이하 "사도개설자"라 한다)는 제1항에 따른 사용검사를 받기 전에는 사도를 사용할 수 없다. 다만, 사도를 개축·증축 또는 변경하는 경우로서 대통령령으로 정하는 경우에는 사용검사를 받기 전이라도 그 사도를 사용할 수 있다.
[본조신설 2012.12.18.]
[종전 제6조는 제9조로 이동<2012.12.18.>]

제7조(사도의 관리) 사도는 사도개설자가 관리한다.
[전문개정 2012.12.18.]
[제5조에서 이동, 종전 제7조는 삭제]

제7조의2[제7조의2는 제14조로 이동 <2012.12.18.>]

제8조(접속구간의 개수 요구) ① 사도개설자는 사도의 효용을 높이기 위하여 필요한 경우에는 시장·군수·구청장에게 해당 사도와 공도(公道)가 연결되는 접속구간을 개수(改修)하여 줄 것을 요구할 수 있다.
② 시장·군수·구청장은 제1항의 요구가 타당하다고 인정하면 그 접속구간을 개수할 수 있다. 이 경우 필요하다고 인정하면 사도의 너비와 전체 길이를 초과하여 접속구간을 개수할 수 있다.
[전문개정 2012.12.18.]
[제4조의2에서 이동, 종전 제8조는 제15조로 이동 <2012.12.18.>]

제9조(통행의 제한 또는 금지) ① 사도개설자는 그 사도에서 일반인의 통행을 제한하거나 금지할 수 없다. 다만, 다음 각 호의 어느 하나에 해당하는 경우로서 대통령령으로 정하는 바에 따라 시장·군수·구청장의 허가를 받은 경우는 그러하지 아니하다.
1. 해당 사도를 보전(保全)하기 위한 경우
2. 통행상의 위험을 방지하기 위한 경우
3. 그 밖에 대통령령으로 정하는 사유에 해당하는 경우
② 사도개설자는 제1항 단서에 따라 일반인의 통행을 제한하거나 금지하려면 해당 사도의 입구에 그 기간과 이유를 분명하게 밝힌 표지를 설치하여야 한다.
[전문개정 2012.12.18.]
[제6조에서 이동, 종전 제9조는 제16조로 이동 <2012.12.18.>]

제10조(사용료 징수) 사도개설자는 그 사도를 이용하는 자로부터 사용료를 받을 수 있다. 이 경우 대통령령으로 정하는 바에 따라 미리 시장·군수·구청장의 허가를 받아야 한다.
[본조신설 2012.12.18.]
[종전 제10조는 삭제]

제11조(권리·의무의 승계 등) ① 다음 각 호의 어느 하나에 해당하는 자는 종전 사도개설자의 권리·의무를 승계한다.
1. 사도개설자가 지위를 양도한 경우: 양수인
2. 사도개설자가 사망한 경우: 상속인
3. 법인인 사도개설자가 다른 법인과 합병한 경우: 합병 후 존속하는 법인이나 합병으로 설립되는 법인
② 제1항에 따라 권리·의무를 승계한 자는 국토교통부령으로 정하는 바에 따라 시장·군수·구청장에게 그 사실을 신고하여야 한다. <개정 2013.3.23.>
[본조신설 2012.12.18.]

제12조(사도의 보수·보완 명령 등) ① 시장·군수·구청장은 사도가 제5조에 따른 기준에 맞지 아니하는 경우에는 사도개설자에게 보수 또는 보완을 명할 수 있다. 이 경우 통행상의 위험 방지 등을 위하여 필요하면 통행제한, 통행금지, 그 밖에 필요한 조치를 함께 명할 수 있다.
② 사도개설자가 제1항 후단의 명령에 따라 통행제한, 통행금지 등의 조치를 하는 경우에는 해당 사도의 입구에 그 기간과 이유를 분명하게 밝힌 표지를 설치하여야 한다.
③ 제1항에 따른 명령에 필요한 사항은 대통령령으로 정한다.
[본조신설 2012.12.18.]

제13조(허가의 취소) ① 시장·군수·구청장은 다음 각 호의 어느 하나에 해당하는 경우에는 제4조에 따른 허가를 취소할 수 있다. 다만, 제1호에 해당하는 경우에는 그 허가를 취소하여야 한다.
1. 거짓이나 그 밖의 부정한 방법으로 제4

조에 따른 허가를 받은 경우
2. 제12조에 따른 명령에도 불구하고 해당 사도가 제5조에 따른 기준에 맞지 아니한 경우로서 통행상의 위험이 큰 경우
3. 사도개설자가 허가의 취소를 신청하는 경우
4. 사도개설자에게 해당 토지의 소유 또는 사용에 관한 권리가 없게 된 경우

② 시장·군수·구청장은 제1항에 따라 허가를 취소하는 경우에는 대통령령으로 정하는 바에 따라 공사의 중지, 해당 사도의 폐쇄 또는 원상회복을 명할 수 있다.

③ 시장·군수·구청장은 제1항에 따라 허가를 취소하려는 경우에는 대통령령으로 정하는 바에 따라 이해관계인의 의견을 들어야 하고, 청문을 실시하여야 한다.

④ 시장·군수·구청장은 제1항에 따라 허가를 취소한 경우에는 지체 없이 그 내용을 공보에 고시하여야 한다.

[본조신설 2012.12.18.]

제14조(보조금) 시장·군수·구청장은 사도가 사도로서의 효용을 넘어 공공교통에 크게 도움이 된다고 인정하면 예산의 범위에서 설치비와 관리비의 전부 또는 일부를 보조할 수 있다.

[전문개정 2012.12.18.]
[제7조의2에서 이동 <2012.12.18.>]

제15조(보전을 위한 금지행위) 누구든지 정당한 사유 없이 사도에 관하여 다음 각 호의 행위를 하여서는 아니 된다.
1. 사도를 파손하는 행위
2. 사도에 토석(土石), 입목(立木)·죽(竹), 그 밖의 장애물을 쌓아 놓는 행위
3. 그 밖에 사도의 구조나 교통에 지장을 주는 행위

[전문개정 2012.12.18.]
[제8조에서 이동 <2012.12.18.>]

제16조(벌칙) 다음 각 호의 어느 하나에 해당하는 자는 700만원 이하의 벌금에 처한다.
1. 제4조를 위반하여 허가를 받지 아니하고 사도를 개설·개축·증축 또는 변경한 자
2. 제9조를 위반하여 사도에서 일반인의 통행을 제한하거나 금지한 자
3. 제10조를 위반하여 허가를 받지 아니하고 사용료를 징수한 자

[전문개정 2012.12.18.]
[제9조에서 이동 <2012.12.18.>]

제17조(과태료) ① 다음 각 호의 어느 하나에 해당하는 자에게는 300만원 이하의 과태료를 부과한다.
1. 제6조제2항을 위반하여 사용검사를 받기 전에 사도를 사용한 자
2. 제11조제2항을 위반하여 권리·의무를 승계한 자가 시장·군수·구청장에게 그 사실을 신고하지 아니한 자
3. 제12조에 따른 사도의 보수·보완 명령을 이행하지 아니한 자
4. 제13조제2항에 따른 공사의 중지, 사도의 폐쇄 또는 원상회복 명령을 이행하지 아니한 자
5. 정당한 사유 없이 제15조 각 호를 위반하여 사도의 파손 행위, 사도에 토석, 입목·죽, 그 밖의 장애물을 쌓아 놓는 행위와 사도의 구조나 교통에 지장을 주는 행위를 한 자

② 제1항에 따른 과태료는 대통령령으로 정하는 바에 따라 시장·군수·구청장이 부과·징수한다.

[본조신설 2012.12.18.]

부칙

<제13434호, 2015.7.24.>

이 법은 공포 후 3개월이 경과한 날부터 시행한다.

하천법

[시행 2017.9.22.]
[법률 제14722호, 2017.3.21., 일부개정]

제1장 총칙

제1조(목적) 이 법은 하천사용의 이익을 증진하고 하천을 자연친화적으로 정비·보전하며 하천의 유수(流水)로 인한 피해를 예방하기 위하여 하천의 지정·관리·사용 및 보전 등에 관한 사항을 규정함으로써 하천을 적정하게 관리하고 공공복리의 증진에 이바지함을 목적으로 한다.

제2조(정의) 이 법에서 사용하는 용어의 정의는 다음과 같다. <개정 2009.4.1., 2012.1.17., 2013.3.23.>

1. "하천"이라 함은 지표면에 내린 빗물 등이 모여 흐르는 물길로서 공공의 이해에 밀접한 관계가 있어 제7조제2항 및 제3항에 따라 국가하천 또는 지방하천으로 지정된 것을 말하며, 하천구역과 하천시설을 포함한다.
2. "하천구역"이라 함은 제10조제1항에 따라 결정된 토지의 구역을 말한다.
3. "하천시설"이라 함은 하천의 기능을 보전하고 효용을 증진하며 홍수피해를 줄이기 위하여 설치하는 다음 각 목의 시설을 말한다. 다만, 하천관리청이 아닌 자가 설치한 시설에 관하여는 하천관리청이 해당 시설을 하천시설로 관리하기 위하여 그 시설을 설치한 자의 동의를 얻은 것에 한한다.
   가. 제방·호안(護岸)·수제(水制) 등 물길의 안정을 위한 시설
   나. 댐·하구둑(「방조제관리법」에 따라 설치한 방조제를 포함한다)·홍수조절지·저류지·지하하천·방수로·배수펌프장(「농어촌정비법」에 따른 농업생산기반시설인 배수장과 「하수도법」에 따른 하수를 배제(排除)하기 위하여 설치한 펌프장을 제외한다)·수문(水門) 등 하천수위의 조절을 위한 시설
   다. 운하·안벽(岸壁)·물양장(物揚場)·선착장·갑문 등 선박의 운항과 관련된 시설
   라. 그 밖에 대통령령으로 정하는 시설
4. "하천관리청"이라 함은 하천에 관한 계획의 수립과 하천의 지정·사용 및 보전 등을 하는 국토교통부장관, 특별시장·광역시장·특별자치시장·도지사·특별자치도지사(이하 "시·도지사"라 한다)를 말한다.
5. "하천공사"라 함은 하천의 기능을 높이기 위하여 하천의 신설·증설·개량 및 보수 등을 하는 공사를 말한다.
6. "유지·보수"라 함은 하천의 기능이 정상적으로 유지될 수 있도록 실시하는 점검·정비 등의 활동을 말한다.
7. 삭제 <2017.1.17.>
8. "하천수"라 함은 하천의 지표면에 흐르거나 하천 바닥에 스며들어 흐르는 물 또는 하천에 저장되어 있는 물을 말한다.

제3조(국가 등의 책무) ① 국가는 하천에 대한 효율적인 보전·관리를 위하여 하천에 관한 종합적인 계획을 수립하고 합리적인 시책을 마련할 책무를 진다.
② 지방자치단체는 국가의 시책에 따라 필요한 조치를 하고 그 관할구역의 특성에 맞는 계획을 수립·시행하여야 한다.
③ 국민은 국가 및 지방자치단체의 하천관리 시책에 적극 협력하고 하천의 보전과 오염방지를 위하여 노력하여야 한다.

제4조(하천관리의 원칙) ① 하천 및 하천수는 공적 자원으로서 국가는 공공이익의 증진에 적합한 방향으로 적절히 관리하여야 한다.
② 하천을 구성하는 토지와 그 밖의 하천시설에 대하여는 사권(私權)을 행사할 수 없다. 다만, 다음 각 호의 어느 하나에 해당하는 경우에는 그러하지 아니하다.
1. 소유권을 이전하는 경우
2. 저당권을 설정하는 경우
3. 제33조에 따른 하천점용허가(소유권자 외의 자는 소유권자의 동의를 얻은 경우에 한한다)를 받아 그 허가받은 목적대로 사용하는 경우

제5조(권리·의무의 승계 등) ① 이 법에 따른 허가 또는 승인으로 발생한 권리·의무를 가진 자가 사망하거나 그 권리·의무를 양도한 때 또는 그 권리·의무를 가진 법인의 합병이 있는 때에는 그 상속인, 권리·의무를 양수한 자 또는 합병 후 존속하는 법인이나 합병에 의하여 설립되는 법인이 그 지위를 승계한다.
② 제1항에 따라 권리·의무를 승계한 자는

국토교통부령으로 정하는 바에 따라 하천관리청에 신고하여야 한다. <개정 2009.4.1., 2013.3.23.>

제6조(다른 국가사업 등과의 관계) ① 국가 또는 지방자치단체가 이 법에 따라 하천관리청의 허가를 받아야 할 사항에 관한 사업을 하려는 경우 그 사업을 시행하는 행정청은 대통령령으로 정하는 바에 따라 미리 하천관리청과 협의하거나 그 승인을 얻어야 한다.

② 행정기관의 장이 다른 법률에 따라 하천구역 안에서 권리를 설정하거나 그 밖의 처분을 하려는 때에는 미리 하천관리청과 협의하거나 그 승인을 얻어야 한다.

제2장 하천의 지정 등

제7조(하천의 구분 및 지정) ① 하천은 국가하천과 지방하천으로 구분한다.

② 국가하천은 국토보전상 또는 국민경제상 중요한 하천으로서 다음 각 호의 어느 하나에 해당하여 국토교통부장관이 그 명칭과 구간을 지정하는 하천을 말한다. <개정 2009.4.1., 2013.3.23.>

1. 유역면적 합계가 200제곱킬로미터 이상인 하천
2. 다목적댐의 하류 및 댐 저수지로 인한 배수영향이 미치는 상류의 하천
3. 유역면적 합계가 50제곱킬로미터 이상이면서 200제곱킬로미터 미만인 하천으로서 다음 각 목의 어느 하나에 해당하는 하천
   가. 인구 20만명 이상의 도시를 관류(貫流)하거나 범람구역 안의 인구가 1만명 이상인 지역을 지나는 하천
   나. 다목적댐, 하구둑 등 저수량 500만세제곱미터 이상의 저류지를 갖추고 국가적 물 이용이 이루어지는 하천
   다. 상수원보호구역, 국립공원, 유네스코생물권보전지역, 문화재보호구역, 생태·습지보호지역을 관류하는 하천
   라. 그 밖에 범람으로 피해가 일어나는 지역으로서 대통령령으로 정하는 하천

③ 지방하천은 지방의 공공이해와 밀접한 관계가 있는 하천으로서 시·도지사가 그 명칭과 구간을 지정하는 하천을 말한다.

④ 국토교통부장관은 제2항에 따라 국가하천을 지정하려는 경우에는 관계 중앙행정기관의 장과 협의한 후 「수자원의 조사·계획 및 관리에 관한 법률」 제29조에 따른 국가수자원관리위원회(이하"국가수자원관리위원회"라 한다)의 심의를, 시·도지사가 제3항에 따라 지방하천을 지정하려는 경우에는 같은 법 제32조에 따른 지역수자원관리위원회(이하 "지역수자원관리위원회"라 한다)의 심의를 거쳐야 한다. 지정을 변경하거나 해제하는 경우에도 또한 같다. <개정 2009.4.1., 2013.3.23., 2017.1.17.>

⑤ 국토교통부장관이 지방하천을 국가하천으로 지정한 때에는 지방하천의 지정은 그 효력을 잃는다. <개정 2009.4.1., 2013.3.23.>

⑥ 국토교통부장관 또는 시·도지사가 제2항 또는 제3항에 따라 국가하천 또는 지방하천으로 지정하거나 지정을 변경 또는 해제하는 경우에는 국토교통부령으로 정하는 바에 따라 이를 고시하고, 관계 서류를 관계 시장·군수 또는 구청장(자치구의 구청장을 말한다. 이하 같다)에게 보내야 하며, 시장·군수 또는 구청장은 관계 서류를 일반인이 볼 수 있도록 하여야 한다. <개정 2009.4.1., 2013.3.23.>

⑦ 2 이상의 하천이 합류되거나 분기되는 지점에서의 하천 구간의 경계는 하천관리청이 정하되, 하천관리청이 서로 다른 경우에는 관계 하천관리청이 협의하여 정한다.

제8조(하천관리청) ① 국가하천은 국토교통부장관이 관리한다. <개정 2009.4.1., 2013.3.23.>

② 지방하천은 그 관할 구역의 시·도지사가 관리한다.

▶ 판례 – 국가하천의 관리상 하자로 인한 손해에 관하여, 국가는 사무의 귀속주체 및 보조금 지급을 통한 실질적 비용부담자로서, 해당 시·도는 구 하천법 제59조 단서에 따른 법령상 비용부담자로서 각각 책임을 중첩적으로 지는 경우, 국가와 해당 시·도 모두가 국가배상법 제6조 제2항에서 정한 '손해를 배상할 책임이 있는 자'에 해당하는지 여부(적극) [대법원 2015.4.23, 선고, 2013다211834, 판결]

제9조(경계하천의 관리) ① 지방하천으로서 특별시·광역시·특별자치시·도·특별자치도(이하 "시·도"라 한다)의 경계에 위치한 하천은 관계 시·도지사의 협의에 따라 그 하천의 관리청 및 관리방법을 따로 정하여야 한다. <개정

2012.1.17.>
② 제1항에 따른 협의가 성립되지 아니한 때에는 국토교통부장관은 관계 시·도지사의 의견을 들어 국가수자원관리위원회의 심의를 거쳐 관계 시·도지사에게 하천의 관리청 및 관리방법을 정하여 통보할 수 있다. <개정 2009.4.1., 2013.3.23., 2017.1.17.>
③ 관계 시·도지사는 제1항에 따라 협의가 성립된 경우에는 협의내용을, 제2항에 따라 국토교통부장관으로부터 통보를 받은 경우에는 통보된 내용을 고시하여야 한다. 이를 변경한 때에도 또한 같다. <개정 2009.4.1., 2013.3.23.>
④ 관계 시·도지사는 제3항에 따른 고시내용을 국토교통부장관에게 통지하여야 한다. <개정 2009.4.1., 2013.3.23.>

제10조(하천구역의 결정 등) ① 하천관리청은 제7조제6항에 따라 하천의 명칭 및 구간의 지정 또는 지정의 변경·해제의 고시가 있는 때에는 다음 각 호의 어느 하나에 해당하는 지역을 하천구역으로 결정 또는 변경하거나 하천구역을 폐지하여야 한다.
1. 제25조에 따른 하천기본계획(이하 "하천기본계획"이라 한다)에 완성제방(하천시설의 설치계획을 수립함에 있어서 기준이 되는 홍수량만큼의 물이 소통하는데 필요한 단면을 가지고 있어서 구조적 안정성이 이미 확보된 제방을 말한다)이 있는 곳은 그 완성제방의 부지 및 그 완성제방으로부터 하심측(河心側)의 토지
2. 하천기본계획에 계획제방(제방을 보강하거나 새로이 축조하도록 계획된 제방을 말한다)이 있는 곳은 그 계획제방의 부지 및 그 계획제방으로부터 하심측의 토지
3. 하천기본계획에 제방의 설치계획이 없는 구간에서는 계획하폭(하천시설의 설치계획을 수립함에 있어서 기준이 되는 홍수량만큼의 물이 소통하는데 필요한 양안 사이의 폭을 말한다)에 해당하는 토지
4. 댐·하구둑·홍수조절지·저류지의 계획홍수위(하천시설의 설치계획을 수립함에 있어서 기준이 되는 홍수량만큼의 물이 소통하는 경우 그 수위를 말한다. 이하 같다) 아래에 해당하는 토지
5. 철도·도로 등 선형 공작물이 제방의 역할을 하는 곳에 있어서는 선형 공작물의 하천측 비탈머리를 제방의 비탈머리로 보아 그로부터 하심측에 해당하는 토지
6. 하천기본계획이 수립되지 아니한 하천에 있어서는 하천에 물이 계속하여 흐르고 있는 토지 및 지형, 그 토지 주변에서 풀과 나무가 자라는 지형의 상황, 홍수흔적, 그 밖의 상황을 기초로 대통령령으로 정하는 방법에 따라 평균하여 매년 1회 이상 물이 흐를 것으로 판단되는 수면 아래에 있는 토지

② 하천관리청이 제1항에 따라 하천구역을 결정하려는 때에는 국가수자원관리위원회 또는 지역수자원관리위원회(이하 "수자원관리위원회"라 한다)의 심의를 거쳐야 한다. 하천구역을 변경 또는 폐지하려는 때에도 또한 같다. <개정 2017.1.17.>
③ 제7조제6항은 제1항에 따른 하천구역의 결정·변경 및 폐지에 관하여 준용한다.
④ 하천관리청은 제3항에 따라 하천구역의 결정·변경 또는 폐지의 고시를 하는 때에는 국토교통부령으로 정하는 바에 따라 지형도면을 작성하여 함께 고시하여야 한다. <개정 2009.4.1., 2013.3.23.>
⑤ 하천구역의 결정·변경 또는 폐지는 제3항에 따른 고시가 있는 날부터 그 효력이 발생한다.
⑥ 국가 및 지방자치단체는 제1항에 따라 하천구역으로 된 때에는 국가하천인 경우 「국유재산법」에 따른 국유재산으로, 지방하천인 경우 「공유재산 및 물품 관리법」에 따른 공유재산으로 확보되도록 노력하여야 한다.

제11조 삭제 <2015.8.11.>

제12조(홍수관리구역) ① 하천관리청은 하천을 보전하고 홍수로 인한 피해를 예방하기 위하여 필요하다고 인정되는 경우에는 다음 각 호의 어느 하나에 해당하는 지역을 홍수관리구역으로 지정할 수 있다.
1. 하천기본계획이 수립된 하천에 있어서는 계획홍수위 아래에 있는 토지로서 하천관리청이 하천구역으로 결정한 토지(제10조제1항제1호부터 제3호까지의 어느 하나에 해당하는 지역을 하천구역으로 결정한 토지를 말한다)를 제외한 지역
2. 하천기본계획이 수립되지 아니한 하천에서 홍수범람의 우려가 있는 지역 중 하천관리청이 제10조제1항제6호에 해당하는 지역을 하천구역으로 결정한 하천구역의 경계선부터 대통령령으로 정하는 일정한

범위 안의 지역
② 하천관리청이 제1항에 따라 홍수관리구역을 지정하려는 때에는 수자원관리위원회의 심의를 거쳐야 한다. 이를 변경 또는 폐지하려는 때에도 또한 같다. <개정 2017.1.17.>
③ 제7조제6항 및 제10조제4항은 홍수관리구역의 지정·변경 또는 폐지에 관하여 준용한다.

제13조(하천의 구조·시설 및 유지·보수 등의 기준) ① 하천의 구조·시설과 하천의 유지·보수 및 안전점검은 국토교통부령으로 정하는 기준에 따른다. <개정 2009.4.1., 2013.3.23.>
② 국토교통부장관이 제1항에 따른 기준을 정하려는 때에는 하천공사로 생태계가 훼손되는 것을 최소화하고 하천의 구조·수위·유량·지형 및 지질, 그 밖의 하천상황과 자중(自重)·수압 외에 예상된 하중을 고려하여 안전을 확보할 수 있도록 하여야 한다. <개정 2009.4.1., 2013.3.23.>

제14조(하천시설의 관리규정) ①하천시설 중 댐·보·수문 등 대통령령으로 정하는 하천시설을 설치한 자는 국토교통부령으로 정하는 바에 따라 하천시설의 관리규정을 정하여야 한다. <개정 2009.4.1., 2013.3.23.>
②하천관리청이 아닌 자가 제1항에 따라 하천시설의 관리규정을 정하는 때에는 하천관리청의 승인을 얻어야 한다. 이를 변경하는 때에도 또한 같다.
③하천관리청이 제1항에 따라 관리규정을 정하거나 이를 변경하려는 경우 또는 제2항에 따른 승인 또는 변경승인을 하려는 경우에는 국가하천에 있어서는 관계 시·도지사, 지방하천에 있어서는 관계 시장·군수·구청장의 의견을 들어야 한다.
④국토교통부장관은 홍수로 인한 재해의 방지와 수자원의 효율적인 운영을 위하여 필요한 경우에는 2 이상의 하천시설 간의 유기적인 연계운영에 관한 관리규정을 정할 수 있다. <개정 2009.4.1., 2013.3.23.>
⑤국토교통부장관은 제4항에 따른 관리규정에 근거하여 홍수방지 등을 위하여 필요한 조치를 명할 수 있다. 이 경우 하천시설 관리자는 이에 따라야 한다. <개정 2009.4.1., 2013.3.23.>

제15조(하천시설에 대한 관리대장 등) ① 하천관리청은 그가 관리하는 하천시설에 대한 관리대장을 작성하여 보관하여야 한다.
② 제1항에 따른 관리대장의 작성 및 보관 등에 필요한 사항은 국토교통부령으로 정한다. <개정 2017.1.17.>
③ 삭제 <2017.1.17.>

제3장 정보화 및 계획 수립
<개정 2017.1.17.>

제16조 삭제 <2017.1.17.>

제17조 삭제 <2017.1.17.>

제18조 삭제 <2017.1.17.>

제19조 삭제 <2017.1.17.>

제20조 삭제 <2017.1.17.>

제21조 삭제 <2017.1.17.>

제21조의2(하상변동조사의 실시) ① 하천관리청은 하상(河床)의 세굴(洗掘) 및 퇴적 등이 하천의 소통능력, 하천시설의 안전이나 고유기능에 미치는 영향을 파악하기 위하여 하상변동조사를 정기적으로 실시하여야 한다.
② 다음 각 호의 어느 하나에 해당하는 사항은 대통령령으로 정한다.
1. 하상변동조사의 방법
2. 하상변동조사의 실시 시기 및 주기
3. 하상변동조사 자료의 처리 및 활용
4. 하상변동조사 실시를 위한 종사자에 대한 교육 및 훈련
5. 그 밖에 하상변동조사와 관련한 사항

[본조신설 2016.1.19.]

제22조(하천관리 자료의 정보화) ① 국토교통부장관은 하천관리에 필요한 자료의 효율적인 활용을 위하여 하천관리 정보체계를 구축·운영하여야 한다. <개정 2017.1.17.>
② 국토교통부장관은 제1항에 따른 하천관리 정보체계의 구축을 위하여 중앙행정기관·지방자치단체·정부투자기관 또는 정부출연기관 등 관계 기관의 장에게 필요한 자료의 제출을 요청할 수 있다. 이 경우 자료 제출의 요청을 받은 관계 기관의 장은 특별한 사유가 없는

한 이에 응하여야 한다. <개정 2009.4.1., 2013.3.23., 2017.1.17.>
③ 제1항에 따른 하천관리 정보체계의 구축 범위 및 운영절차 그 밖에 필요한 사항은 대통령령으로 정한다. <개정 2017.1.17.>
[제목개정 2017.1.17.]

제23조 삭제 <2017.1.17.>

제24조 삭제 <2017.1.17.>

제25조(하천기본계획) ① 하천관리청은 그가 관리하는 하천에 대하여 대통령령으로 정하는 바에 따라 하천의 이용 및 자연친화적 관리에 필요한 기본적인 사항 등을 내용으로 하는 10년 단위의 하천기본계획을 수립하여야 한다.
② 제1항에도 불구하고 국토교통부장관은 「수자원의 조사·계획 및 관리에 관한 법률」 제18조에 따른 하천유역수자원관리계획 등과의 연계가 필요하다고 인정되는 경우에는 시·도지사가 하천관리청인 하천에 대하여 하천기본계획을 수립할 수 있다. 이 경우 미리 관계 하천관리청과 협의하여야 한다. <개정 2009.4.1., 2013.3.23., 2017.1.17.>
③ 하천관리청은 하천기본계획이 수립된 날부터 5년마다 그 타당성 여부를 검토하여 필요한 경우에는 그 계획을 변경하여야 한다.
④ 하천기본계획에 포함되어야 하는 사항은 대통령령으로 정한다.
⑤ 국토교통부장관 또는 하천관리청은 하천기본계획을 수립하거나 변경하려는 때에는 미리 관계 행정기관의 장과 협의한 후 수자원관리위원회의 심의를 거쳐야 한다. 다만, 대통령령으로 정하는 경미한 사항을 변경하려는 때에는 그러하지 아니하다. <개정 2009.4.1., 2013.3.23., 2017.1.17.>
⑥ 제9조는 2 이상의 시·도에 걸치는 지방하천에 대하여 시·도지사가 하천기본계획을 수립하는 경우에 준용한다.
⑦ 제7조제6항은 하천기본계획의 수립 및 변경에 관하여 준용한다.
⑧ 하천기본계획의 수립 기준·절차·방법 등에 필요한 사항은 대통령령으로 정한다. <신설 2016.1.19.>

제26조(하천시설의 비상대처계획) ① 댐 등 대통령령으로 정하는 하천시설을 설치하는 자는 하천시설의 붕괴 등의 비상상황으로 발생할 수 있는 국민의 생명·재산상 피해를 예방하거나 줄이기 위한 비상대처계획을 수립하여야 한다. 다만, 다른 법률에 따라 비상대처계획을 수립하는 경우에는 그러하지 아니하다.
② 제1항에 따라 비상대처계획을 수립하려는 때에는 미리 관계 행정기관의 장과 협의하여야 하며, 비상대처계획을 수립한 때에는 지체 없이 관계 행정기관의 장에게 수립된 비상대처계획을 통지하여야 한다. 이 경우 그 통지를 받은 관계 행정기관의 장은 비상대처계획에 따른 대처에 필요한 조치를 하여야 한다.
③ 제2항은 수립된 비상대처계획의 변경에 관하여 준용한다.
④ 비상대처계획에 포함되어야 하는 사항, 그 밖에 비상대처계획의 수립에 관한 세부적인 사항은 대통령령으로 정한다.

제4장 하천공사 등의 시행

제27조(하천관리청의 하천공사 및 유지·보수) ① 하천관리청(제28조제1항에 따라 국토교통부장관이 하천공사를 대행하는 경우 국토교통부장관을 포함한다. 이하 이 조에서 같다)이 하천공사를 시행하려는 때에는 대통령령으로 정하는 바에 따라 하천공사의 시행에 관한 계획(이하 "하천공사시행계획"이라 한다)을 수립하여야 한다. 다만, 대통령령으로 정하는 경미한 하천공사를 시행하려는 때에는 그러하지 아니하다. <개정 2009.4.1., 2013.3.23.>
② 하천공사시행계획은 하천기본계획의 범위 안에서 수립되어야 한다.
③ 하천관리청은 하천공사시행계획을 수립하거나 변경한 때에는 대통령령으로 정하는 바에 따라 이를 고시하여야 한다.
④ 국가하천을 관리하는 하천관리청이 국가하천에서 하천공사를 시행하면서 지방하천과 연결되는 구간에서 지방하천에 속하는 하천공사를 시행하게 되는 경우에는 제30조에 불구하고 하천관리청이 아닌 자의 하천공사로 보지 아니한다.
⑤ 하천공사와 하천의 유지·보수는 이 법에 특별한 규정이 있는 경우를 제외하고는 하천관리청이 시행한다. 다만, 국가하천의 유지·보수는 홍수로 인한 재해의 방지와 수자원의 효율적인 운영을 위하여 다음 각 호의 어느 하나에 해당하는 경우로서 국토교통부장관이 고시하는 국가하천의 시설 및 구간을 제외하고 시·도지사가 시행한다. <개정 2012.1.17., 2013.3.23.>

1. 제방(호안 및 배수시설을 포함한다)
2. 저수로
3. 보
4. 그 밖에 제1호부터 제3호까지의 시설과 연계하여 관리할 필요가 있는 시설로서 대통령령으로 정하는 시설

⑥ 하천관리청은 다음 각 호의 어느 하나에 해당하는 경우에는 대통령령으로 정하는 바에 따라 하천공사나 하천의 유지·보수를 할 수 있다.

1. 하천시설의 효용을 겸하는 다른 공작물의 공사 및 유지·보수
2. 하천공사로 필요하게 된 다른 공사 또는 하천공사를 시행하기 위하여 필요하게 된 다른 공사를 하천공사와 함께 시행하는 경우

⑦ 하천관리청은 제5항 및 제6항에 따른 공사를 준공한 때에는 대통령령으로 정하는 바에 따라 그 내용을 고시하여야 한다.

⑧ 제7항에 따라 하천공사를 준공고시한 하천시설에 대하여는 고시한 다음날부터 제5항에 따라 이를 유지·보수하여야 한다.

⑨ 제9조는 제5항 단서의 경우에 준용한다.

⑩ 국토교통부장관은 제5항에 따라 국가하천의 유지·보수를 시행하고자 하는 때에는 미리 해당 시·도지사의 의견을 들어야 한다. <신설 2012.1.17., 2013.3.23.>

▶ 판례 – 甲 등이 '4대강 살리기 사업' 중 한강 부분에 관한 각 하천공사시행계획 및 각 실시계획승인처분에 보의 설치와 준설 등에 대한 구 국가재정법 제38조 등에서 정한 예비타당성조사를 하지 않은 절차상 하자가 있다는 이유로 각 처분의 취소를 구한 사안에서, 예산이 각 처분 등으로써 이루어지는 '4대강 살리기 사업' 중 한강 부분을 위한 재정 지출을 내용으로 하고 있고 예산의 편성에 절차상 하자가 있다는 사정만으로 곧바로 각 처분에 취소사유에 이를 정도의 하자가 존재한다고 보기 어렵다고 한 사례

甲 등이 국토해양부, 환경부, 문화체육관광부, 농림수산식품부가 합동으로 2009. 6. 8. 발표한 '4대강 살리기 마스터플랜'에 따른 '4대강 살리기 사업' 중 한강 부분에 관한 각 하천공사시행계획 및 각 실시계획승인처분(이하 '각 처분'이라 한다)에 보의 설치와 준설 등에 대한 구 국가재정법(2010. 5. 17. 법률 제10288호로 개정되기 전의 것, 이하 같다) 제38조 및 구 국가재정법 시행령(2011. 12. 30. 대통령령 제23433호로 개정되기 전의 것, 이하 같다) 제13조에서 정한 예비타당성조사를 하지 않은 절차상 하자가 있다는 이유로 각 처분의 취소를 구한 사안에서, 구 하천법(2012. 1. 17. 법률 제11194호로 개정되기 전의 것) 제27조 제1항, 제3항, 구 국가재정법 제38조 및 구 국가재정법 시행령 제13조의 내용과 형식, 입법 취지와 아울러, 예산은 1회계연도에 대한 국가의 향후 재원 마련 및 지출예정 내역에 관하여 정한 계획으로 매년 국회의 심의·의결을 거쳐 확정되는 것으로서, 각 처분과 비교할 때 수립절차, 효과, 목적이 서로 다른 점 등을 종합하면, 구 국가재정법 제38조 및 구 국가재정법 시행령 제13조에 규정된 예비타당성조사는 각 처분과 형식상 전혀 별개의 행정계획인 예산의 편성을 위한 절차일 뿐 각 처분에 앞서 거쳐야 하거나 근거 법규 자체에서 규정한 절차가 아니므로, 예비타당성조사를 실시하지 아니한 하자는 원칙적으로 예산 자체의 하자일 뿐, 그로써 곧바로 각 처분의 하자가 된다고 할 수 없어, 예산이 각 처분 등으로써 이루어지는 '4대강 살리기 사업' 중 한강 부분을 위한 재정 지출을 내용으로 하고 있고 예산의 편성에 절차상 하자가 있다는 사정만으로 각 처분에 취소사유에 이를 정도의 하자가 존재한다고 보기 어렵다고 한 사례. [대법원 2015.12.10, 선고, 2011두32515, 판결]

제28조(하천공사의 대행) ①국토교통부장관은 필요하다고 인정하는 때에는 시·도지사가 시행할 하천공사를 대행할 수 있다. <개정 2009.4.1., 2013.3.23.>

②국토교통부장관은 필요하다고 인정하는 때에는 시·도지사 또는 대통령령으로 정하는 정부투자기관으로 하여금 국토교통부장관이 시행할 하천공사를 대행하게 할 수 있다. 이 경우 제1항에 따라 대행하는 하천공사를 대통령령으로 정하는 정부투자기관으로 하여금 대행하게 하는 때에는 미리 해당 시·도지사와 협의하여야 한다. <개정 2009.4.1., 2013.3.23.>

③제1항 및 제2항에 따른 공사대행의 범위 등에 필요한 사항은 대통령령으로 정한다.

④제1항부터 제3항까지에 따른 공사를 준공한 자는 대통령령으로 정하는 바에 따라 그 내용을 고시하여야 한다.

⑤제4항에 따라 하천공사를 준공고시한 하천시설에 대하여는 고시한 다음날부터 제27조 제5항에 따라 이를 유지·보수하여야 한다.

▶ 판례 – 구 하천법 제28조 제1항에 따라 국토해양부장관이 하천공사를 대행하던 중 지방하

천의 관리상 하자로 손해가 발생한 경우, 하천관리청이 속한 지방자치단체가 국가배상법 제5조 제1항에 따라 지방하천의 관리자로서 손해배상책임을 부담하는지 여부(적극)

구 하천법(2012. 1. 17. 법률 제11194호로 개정되기 전의 것) 제28조 제1항에 따라 국토해양부장관이 하천공사를 대행하더라도 이는 국토해양부장관이 하천관리에 관한 일부 권한을 일시적으로 행사하는 것으로 볼 수 있을 뿐 하천관리청이 국토해양부장관으로 변경되는 것은 아니므로, 국토해양부장관이 하천공사를 대행하던 중 지방하천의 관리상 하자로 인하여 손해가 발생하였다면 하천관리청이 속한 지방자치단체는 국가와 함께 국가배상법 제5조 제1항에 따라 지방하천의 관리자로서 손해배상책임을 부담한다. [대법원 2014.6.26, 선고, 2011다85413, 판결]

제29조(공사원인자의 공사 시행) ① 하천관리청은 다음 각 호의 어느 하나에 해당하는 공사 또는 행위로 필요하게 된 하천공사 또는 하천의 유지·보수(이하 이 조에서 "하천공사등"이라 한다)를 하천공사 외의 공사의 시행자 또는 하천을 훼손하거나 하천의 현상을 변경시키는 행위를 한 자에게 그의 비용부담으로 하천공사등을 시행하게 할 수 있다.

1. 하천공사 외의 공사
2. 하천을 훼손하거나 하천의 현상을 변경시키는 행위

② 하천관리청은 제1항에도 불구하고 하천공사등의 원인행위를 제공한 자가 따로 있는 경우에는 그에게 하천공사등의 비용의 전부 또는 일부를 부담하게 할 수 있다.

제30조(하천관리청이 아닌 자의 하천공사) ① 하천관리청이 아닌 자는 제6조·제9조 및 제28조에 따른 경우를 제외하고는 대통령령으로 정하는 바에 따라 하천관리청의 허가를 받아 하천공사나 하천의 유지·보수를 할 수 있다. 다만, 대통령령으로 정하는 경미한 사항에 대하여는 허가를 요하지 아니한다.

② 하천관리청은 제1항에 따른 허가를 하려는 때에는 그 허가사항이 하천기본계획에 적합한지 여부를 검토하여야 한다. 이 경우 하천관리청은 미리 관계 행정기관의 장과 협의하여야 한다.

③ 국토교통부장관은 제1항에 따른 허가를 한 때에는 지체 없이 그 지역을 관할하는 시·도지사에게 통지하여야 한다. <개정 2009.4.1., 2013.3.23.>

④ 하천관리청은 제1항에 따른 허가를 함에 있어서 특히 필요하다고 인정되는 때에는 대통령령으로 정하는 바에 따라 필요한 공사비의 전부 또는 일부를 예치하게 할 수 있다.

⑤ 제1항에 따라 허가를 받은 자는 대통령령으로 정하는 바에 따라 하천공사실시계획을 작성하여 하천관리청의 인가를 받아야 한다. 인가받은 내용 중 대통령령으로 정하는 사항을 변경하는 때에도 또한 같다.

⑥ 하천관리청은 제5항에 따른 인가를 한 때에는 국토교통부령으로 정하는 바에 따라 그 내용을 고시하여야 한다. <개정 2009.4.1., 2013.3.23.>

⑦ 하천관리청이 아닌 자는 하천에 관한 공사를 완료한 때에는 지체 없이 하천관리청에 공사준공보고서를 제출하고 준공인가를 받아야 한다. 이 경우 준공인가 신청을 받은 하천관리청은 관계 중앙행정기관, 지방자치단체 또는 대통령령으로 정하는 정부투자기관의 장에게 준공인가에 필요한 검사를 의뢰할 수 있다.

⑧ 하천관리청은 제7항에 따른 준공인가의 신청을 받은 경우 그 공사가 제5항에 따라 인가받은 하천공사실시계획의 내용대로 시행되었다고 인정되는 때에는 준공인가를 하여야 한다.

⑨ 제8항에 따라 준공인가된 하천시설에 대하여는 준공인가 다음날부터 제27조제5항에 따라 이를 유지·보수하여야 한다.

⑩ 제1항에 따른 허가사항이 제33조제1항 또는 제50조제1항에 따른 허가사항과 2 이상 서로 중복되거나 관련되는 경우에는 허가권자와 그 밖의 허가절차 등에 필요한 사항은 대통령령으로 정한다.

제31조 삭제 <2017.1.17.>

제32조(다른 법률에 따른 인·허가등의 의제) ① 하천관리청이 제27조에 따라 하천공사시행계획을 수립·고시한 경우 또는 하천관리청이 아닌 자가 제30조제5항에 따라 하천공사실시계획의 인가를 받은 경우에 다음 각 호의 허가·인가·면허·승인·결정·해제·심의·신고·협의 또는 처분 등(이하 이 조에서 "인·허가등"이라 한다)에 관하여 제3항에 따라 국토교통부장관 또는 하천관리청이 관계 행정기관의 장과 협의한 사항에 대해서는 그 인·허가등을 받은 것으로 보며, 하천공사시행계획의 고시 또는 하천관리청이 아닌 자의 하천공사실시계획 인가의 고시를 한 때에는 다음

각 호의 관계 법률에 따른 인·허가등의 고시 또는 공고를 한 것으로 본다. <개정 2007.12.21., 2007.12.27., 2008.3.21., 2008.12.31., 2009.4.1., 2009.6.9., 2010.4.15., 2010.5.31., 2011.4.14., 2013.3.23., 2014.1.14., 2017.1.17.>

1. 「건축법」 제4조에 따른 건축위원회의 심의, 같은 법 제11조에 따른 건축허가, 같은 법 제14조에 따른 건축신고, 같은 법 제20조 제1항에 따른 가설건축물의 건축허가 및 같은 법 제29조에 따른 건축협의
2. 「골재채취법」 제22조에 따른 골재채취허가
3. 「공유수면 관리 및 매립에 관한 법률」 제8조에 따른 공유수면의 점용·사용허가, 같은 법 제10조에 따른 협의 또는 승인, 같은 법 제17조에 따른 점용·사용 실시계획의 승인, 같은 법 제28조에 따른 공유수면의 매립면허, 같은 법 제35조에 따른 국가등이 시행하는 매립의 협의 또는 승인 및 같은 법 제38조에 따른 공유수면매립실시계획의 승인
4. 삭제 <2010.4.15.>
5. 「국토의 계획 및 이용에 관한 법률」 제30조에 따른 도시·군관리계획의 결정(같은 법 제2조제6호의 기반시설에 한한다), 같은 법 제56조에 따른 개발행위의 허가, 같은 법 제86조에 따른 도시·군계획시설사업의 시행자의 지정 및 같은 법 제88조에 따른 실시계획의 인가
6. 「군사기지 및 군사시설 보호법」 제9조제1항제1호에 따른 통제보호구역 등에의 출입허가 및 같은 법 제13조에 따른 행정기관의 허가등에 관한 협의
7. 「농어촌정비법」 제111조에 따른 토지의 형질변경 등의 허가
8. 「농지법」 제34조에 따른 농지전용의 허가 또는 협의 및 같은 법 제36조에 따른 농지의 일시사용허가
9. 「도로법」 제25조에 따른 도로구역의 결정, 같은 법 제36조에 따른 도로관리청이 아닌 자에 대한 도로공사 시행의 허가, 같은 법 제61조에 따른 도로의 점용 허가 및 같은 법 제107조에 따른 도로관리청과의 협의 또는 승인
10. 「도시공원 및 녹지 등에 관한 법률」 제24조에 따른 도시공원의 점용허가, 같은 법 제27조에 따른 도시자연공원구역에서의 행위허가 및 같은 법 제38조에 따른 녹지의 점용허가
11. 「문화재보호법」 제50조에 따른 등록문화재의 현상변경신고
12. 「사도법」 제4조에 따른 사도개설허가
13. 「사방사업법」 제14조에 따른 벌채 등의 허가 및 같은 법 제20조에 따른 사방지 지정의 해제
14. 「산림자원의 조성 및 관리에 관한 법률」 제36조제1항·제4항에 따른 입목벌채등의 허가·신고 및 「산림보호법」 제9조제1항 및 제2항제1호·제2호에 따른 산림보호구역(산림유전자원보호구역은 제외한다)에서의 행위의 허가·신고와 같은 법 제11조제1항제1호에 따른 산림보호구역의 지정해제
15. 「산지관리법」 제14조·제15조에 따른 산지전용허가·산지전용신고, 같은 법 제15조의2에 따른 산지일시사용허가·신고 및 같은 법 제25조에 따른 토석채취허가(석재에 한한다)
16. 「수도법」 제52조에 따른 전용상수도인가 및 같은 법 제54조에 따른 전용공업용수도의 인가
17. 「자연공원법」 제23조제1항에 따른 공원구역에서의 행위허가
18. 「장사 등에 관한 법률」 제23조제1항에 따른 분묘의 개장허가
19. 「지하수법」 제7조에 따른 개발·이용의 허가
20. 「초지법」 제23조에 따른 초지의 전용허가·신고 또는 협의
21. 「하수도법」 제16조에 따른 공공하수도공사시행의 허가 및 같은 법 제24조에 따른 공공하수도의 점용허가

② 하천관리청이 아닌 자는 제1항에 따라 인·허가등의 의제를 받고자 하는 경우에는 제30조제5항에 따른 하천공사실시계획의 인가를 신청하는 때에 그 법률이 정하는 관련 서류를 함께 제출하여야 한다.

③ 국토교통부장관 또는 하천관리청은 제27조제1항에 따라 하천공사시행계획을 수립하려는 경우 또는 제30조제5항에 따라 하천관리청이 아닌 자의 하천공사실시계획을 인가하려는 경우에 제1항 각 호의 사항이 포함되어 있을 때에는 미리 관계 행정기관의 장과 협의하여야 한다. <개정 2017.1.17.>

④ 다음 각 호의 어느 하나에 해당하는 때에는 국토교통부장관 또는 하천관리청이 제1항에 따라 의제되는 인·허가등에 따른 준공검사·준공인가 등에 관하여 제6항에 따라 관계 행정기관의 장과 협의한 사항에 대하여는 그 준공검사·준공인가와 그에 따른 고시가 있은 것으로 본다. <개정 2009.4.1., 2013.3.23.>

1. 제27조제7항 및 제28조제4항에 따라 하천공사의 준공을 고시한 때
2. 제30조제8항에 따라 하천공사의 준공을 인가한 때
3. 삭제 <2017.1.17.>

⑤ 하천관리청이 아닌 자는 제4항에 따른 준공검사·준공인가 등의 의제를 받고자 하는 경우에는 제30조제7항에 따라 준공인가를 신청하는 때에 그 법률이 정하는 관련 서류를 함께 제출하여야 한다.

⑥ 국토교통부장관 또는 하천관리청은 제27조제7항·제28조제4항·제30조제8항에 따른 준공 또는 준공인가를 함에 있어서 그 내용에 제1항에 따라 의제되는 인·허가등에 따른 준공검사·준공인가 등에 해당하는 사항이 있는 때에는 미리 관계 행정기관의 장과 협의하여야 한다. <개정 2009.4.1., 2013.3.23., 2017.1.17.>

제5장 하천의 점용 등

제33조(하천의 점용허가 등) ① 하천구역 안에서 다음 각 호의 어느 하나에 해당하는 행위를 하려는 자는 대통령령으로 정하는 바에 따라 하천관리청의 허가를 받아야 한다. 허가받은 사항 중 대통령령으로 정하는 중요한 사항을 변경하려는 경우에도 또한 같다.

1. 토지의 점용
2. 하천시설의 점용
3. 공작물의 신축·개축·변경
4. 토지의 굴착·성토·절토, 그 밖의 토지의 형질변경
5. 토석·모래·자갈의 채취
6. 그 밖에 하천의 보전·관리에 장애가 될 수 있는 행위로서 대통령령으로 정하는 행위

② 제1항에 따른 허가(이하 "하천점용허가"라 한다)에는 하천의 오염으로 인한 공해, 그 밖의 보건위생상 위해를 방지함에 필요한 부관을 붙일 수 있다.

③ 하천관리청이 하천점용허가를 하고자 할 경우에는 다음 각 호의 사항을 고려하여야 한다. <개정 2017.1.17.>

1. 제13조에 따른 하천의 구조·시설 기준에의 적합 여부
2. 하천기본계획에의 적합 여부
3. 공작물의 설치로 인근 지대에 침수가 발생하지 아니하도록 하는 배수시설의 설치 여부
4. 하천수 사용 및 공작물 설치 등으로 하천시설에 미치는 영향

④ 하천관리청은 하천점용허가를 함에 있어서 다음 각 호의 어느 하나에 해당하는 행위를 하기 위한 경우에는 이를 허가하여서는 아니 된다.

1. 대통령령으로 정하는 농약 또는 비료를 사용하여 농작물을 경작하는 행위
2. 대통령령으로 정하는 골재채취 등 하천 및 하천시설을 훼손하거나 훼손할 우려가 있는 행위
3. 가축을 방목하거나 사육하는 행위
4. 콘크리트 등의 재료를 사용하여 고정구조물을 설치하는 행위. 다만, 하천의 관리에 지장을 주지 아니하는 경우로서 대통령령으로 정하는 행위는 그러하지 아니하다.
5. 그 밖에 하천의 보전 및 관리에 지장을 주는 행위로서 대통령령으로 정하는 행위

⑤ 제30조제9항은 제1항에 따른 허가사항이 제30조제1항 또는 제50조제1항에 따른 허가사항과 중복되거나 관련되는 경우에 준용한다.

⑥ 하천관리청은 하천점용허가를 한 때에는 대통령령으로 정하는 바에 따라 이를 고시하여야 한다.

⑦ 하천점용허가의 유효기간 및 세부적인 기준 등에 필요한 사항은 국토교통부령으로 정한다. <개정 2009.4.1., 2013.3.23.>

⑧ 제30조제3항은 하천점용허가에 관하여 준용하고, 제30조제5항부터 제8항까지의 규정은 제1항제3호(하천관리에 영향을 미치지 아니하는 경우로서 국토교통부령으로 정하는 경우는 제외한다) 또는 제4호에 따른 점용허가에 관하여 준용한다. <개정 2016.1.19., 2017.3.21.>

제34조(기득하천사용자의 보호) ① 하천관리청은 하천점용허가를 할 때 이미 하천점용허가를 받은 자 등 대통령령으로 정하는 하천에 관한 권리를 가진 자[이하 "기득하천사용자(既得河川使用者)"라 한다]가 그 허가로 인하여 진출입 제한, 환경 피해 등이 야기되어 기존의 하천에 관한 권리행사가 현저히 곤란해지는 등 손실을 받게 됨이 명백한 경우에는 해당 신청인으로 하여금 기득하천사용자의 동의를 얻도록 하여야 한다. 다만, 다음 각 호의 어느 하나에 해당하는 경우에는 그러하지 아니하다. <개정 2017.3.21.>

1. 그 하천점용에 관한 사업이 기득하천사용

자의 하천사용에 관한 사업에 비하여 공익성이 뚜렷하게 큰 경우
2. 손실을 방지하기 위한 시설을 설치하여 기득하천사용자의 하천사용에 관한 사업의 시행에 지장이 없다고 인정되는 경우
② 제1항에 따른 기득하천사용자의 동의를 받아야 하는 경우와 동의 방법 및 절차 등에 대하여는 대통령령으로 정한다. <신설 2017.3.21.>

제35조(하천점용에 대한 손실보상의 협의 등) ① 하천점용허가로 손실을 받은 기득하천사용자가 있는 때에는 그 하천점용허가를 받은 자가 그 손실을 보상하여야 한다.
② 제1항에 따른 손실의 보상에 관하여는 하천점용허가를 받은 자와 기득하천사용자가 협의하여야 한다.
③ 제2항에 따른 협의가 성립되지 아니하거나 협의를 할 수 없는 때에는 당사자는 대통령령으로 정하는 바에 따라 관할 토지수용위원회에 재결을 신청할 수 있다.
④ 제1항부터 제3항까지에 따라 손실보상을 함에 있어서 이 법에 규정한 것을 제외하고는 「공익사업을 위한 토지 등의 취득 및 보상에 관한 법률」을 준용한다.

제36조(하천점용공사의 대행) ① 하천관리청은 하천의 보전을 위하여 특히 필요하다고 인정되는 경우에는 제30조 또는 제33조에 따른 허가를 받은 자의 신청에 따라 하천점용에 관한 공사를 대행할 수 있다.
② 하천관리청이 제1항에 따라 공사를 시행하려는 때에는 하천의 점용자에게 미리 공사시행의 기간을 통지하여야 한다.
③ 제1항 및 제2항에 따라 하천관리청이 시행하는 하천점용에 관한 공사는 하천공사로 본다.

제37조(점용료등의 징수 및 감면) ①하천관리청은 하천점용허가를 받은 자로부터 토지의 점용료, 그 밖의 하천사용료(이하 "점용료등"이라 한다)를 징수할 수 있다. 다만, 사유(私有)로 되어 있는 하천구역 안에서 제33조제1항제1호·제3호부터 제6호까지의 하천점용행위를 하는 경우에는 그러하지 아니하다.
②제1항에 따른 점용료등의 징수에 있어서 국가하천의 경우 제27조제5항 단서에 따라 시·도지사가 그 하천을 유지·보수하는 때에는 해당 시·도지사를 그 국가하천의 하천관리청으로 본다.
③하천관리청은 하천점용허가를 받지 아니하고 하천을 점용 또는 사용한 자에 대하여는 그 점용료등의 100분의 120에 상당하는 금액을 변상금으로 징수할 수 있다.
④제1항부터 제3항까지에 따른 점용료등과 변상금의 금액 및 징수방법 등은 대통령령으로 정하는 범위 안에서 그 하천관리청이 속하는 시·도의 조례로 정한다.
⑤하천관리청은 하천점용허가를 하는 때에 제33조제1항 각 호에 따른 점용 또는 사용이 다음 각 호의 어느 하나에 해당하는 경우에는 대통령령으로 정하는 바에 따라 점용료등을 감면할 수 있다.
1. 공용·공공용 그 밖의 공익을 목적으로 하는 비영리사업인 경우
2. 국민경제에 중대한 영향을 미치는 공익사업으로서 대통령령으로 정하는 사업인 경우
3. 재해나 그 밖의 특별한 사정으로 본래의 하천점용 목적을 달성할 수 없는 경우

제38조(홍수관리구역 안에서의 행위제한) ① 제12조제3항에 따라 고시된 홍수관리구역 안에서 다음 각 호의 행위를 하려는 자는 대통령령으로 정하는 바에 따라 하천관리청의 허가를 받아야 한다. 다만, 대통령령으로 정하는 경미한 행위에 대하여는 그러하지 아니하다. <개정 2015.8.11.>
1. 공작물의 신축 또는 개축
2. 토지의 굴착·성토·절토, 그 밖에 토지의 형질변경
3. 죽목의 재식
② 제12조제3항에 따라 고시된 홍수관리구역 안(제12조제1항제1호에 해당하는 구역에 한한다)에서는 제1항 각 호의 어느 하나에 해당하는 행위를 하려는 경우에는 하천기본계획상 계획홍수위보다 높게 하여 이를 행할 수 있다. <개정 2013.7.16.>
③ 제1항에 따른 허가의 부관·제한 및 세부적인 기준 등에 관하여는 제33조제2항부터 제7항까지의 규정을 준용한다.
④ 제30조제5항부터 제8항까지의 규정은 제1항제1호의 경우에 준용한다.
[제목개정 2015.8.11.]

제39조(댐등 설치자의 재해방지시설의 설치 등) ① 다음 각 호의 어느 하나에 해당하는 댐 또

는 하구둑 등(이하 "댐등"이라 한다)의 설치자는 대통령령으로 정하는 바에 따라 그 댐등으로 인한 재해발생을 방지하거나 줄이는 데 필요한 시설을 설치하고 그 밖에 필요한 조치를 하여야 한다.

1. 하천의 유수를 저류(貯溜)하거나 취수(取水)하기 위하여 설치한 댐으로서 기초지반부터 댐마루까지의 높이가 15미터 이상이거나 총 저수용량이 2천만세제곱미터 이상인 댐. 다만, 높이가 15미터 이상인 농업용댐 중 유역면적이 25제곱킬로미터 미만이거나 총 저수용량이 5백만세제곱미터 미만인 댐을 제외한다.
2. 하구둑
3. 하구 부근의 해면에서 하천의 유수를 저류하는 공작물
4. 운하

② 댐등의 설치자는 그 댐등의 적정한 관리를 위하여 국토교통부령으로 정하는 자격을 가진 관리기술자를 두어야 한다. <개정 2009.4.1., 2013.3.23.>

③ 댐등의 설치자는 국토교통부령으로 정하는 바에 따라 댐등의 관리 및 수문에 관한 기록을 작성하여 비치하고, 하천관리청의 요구가 있는 때에는 지체 없이 이를 제출하여야 한다. <개정 2009.4.1., 2013.3.23.>

제40조 삭제 <2017.1.17.>

제41조(홍수조절을 위한 조치) ① 댐등의 설치자는 홍수에 대비하여 댐의 저수를 방류하려는 때에는 대통령령으로 정하는 바에 따라 국토교통부장관의 승인을 얻어야 한다. <개정 2009.4.1., 2013.3.23.>

② 하천관리청은 홍수로 인한 재해의 발생을 방지하거나 줄이기 위하여 긴급한 조치가 필요한 때에는 그 수계에 관한 하천의 상황을 종합적으로 고려하여 댐등의 설치자에 대하여 필요한 조치를 명할 수 있다. 다만, 국토교통부장관은 미리 하천관리청인 시·도지사와 협의한 경우에는 시·도지사가 할 조치명령을 직접 할 수 있다. <개정 2009.4.1., 2013.3.23.>

③ 국토교통부장관 또는 하천관리청은 제2항에 따른 조치명령을 한 때에는 그 내용을 「재난 및 안전 관리기본법」에 따른 중앙재난안전대책본부장에게 통지하여야 한다. <개정 2009.4.1., 2013.3.23.>

제42조 삭제 <2017.1.17.>

제6장 하천환경의 보전·관리

제43조(자연친화적인 공법의 사용 등) ① 하천관리청 또는 하천관리청이 아닌 자는 제27조부터 제30조까지에 따른 하천공사 등을 시행하는 경우에는 자연친화적인 공법을 사용하여야 한다.

② 국토교통부장관은 제1항에 따른 자연친화적인 공법에 관하여 필요한 기법을 관계 중앙행정기관의 장과 협의하여 개발·보급하여야 한다. <개정 2009.4.1., 2013.3.23.>

제44조(자연친화적 하천조성을 위한 보전지구 등의 지정) ① 하천관리청은 하천기본계획을 수립하는 경우에 하천구역 안에서 하천환경 등의 보전 또는 복원이나 하천공간의 활용 등을 위하여 필요한 경우에는 보전지구·복원지구 및 친수지구를 지정할 수 있다.

② 제1항에 따른 보전지구·복원지구 및 친수지구의 지정기준 및 절차 등에 필요한 사항은 대통령령으로 정한다.

제45조(보전지구 등의 관리) 하천관리청은 제44조제1항에 따라 지정된 보전지구와 복원지구 안에서는 국토교통부령으로 정하는 바에 따라 하천환경 등을 보전하거나 복원하는 사업을 시행할 수 있다. <개정 2009.4.1., 2013.3.23.>

제46조(하천 안에서의 금지행위) 누구든지 정당한 사유 없이 하천에서 다음 각 호의 어느 하나에 해당하는 행위를 하여서는 아니 된다.

1. 하천의 유수를 가두어 두거나 그 방향을 변경하는 행위
2. 하천시설을 망가뜨리거나 망가뜨릴 우려가 있는 행위
3. 토석 또는 벌목된 나무토막 등을 버리는 행위
4. 하천의 흐름에 영향을 미치는 부유물이나 장애물을 버리는 행위
5. 하천을 복개하는 행위. 다만, 하천기본계획에서 정하는 경우로서 도로의 교량을 설치하는 경우를 제외한다.

6. 하천의 이용목적 및 수질상황 등을 고려하여 대통령령으로 정하는 바에 따라 시·도지사가 지정·고시하는 지역에서 행하는 다음 각 목의 어느 하나에 해당하는 행위
   가. 야영행위 또는 취사행위
   나. 떡밥·어분 등 미끼를 사용하여 하천을 오염시키는 낚시행위
7. 그 밖에 하천의 흐름에 지장을 주거나 하천을 오염시키는 행위로서 대통령령으로 정하는 행위

제47조(하천의 사용금지 등) ① 하천관리청은 하천공사, 하천의 보전 및 하천환경 등을 고려하여 필요하다고 인정되는 때에는 대통령령으로 정하는 바에 따라 구간을 정하여 하천의 사용을 금지하거나 제한할 수 있다.
② 하천관리청이 제1항에 따라 하천의 사용을 금지하거나 제한하려는 때에는 그 대상·구간·기간 및 이유를 명시한 표지를 설치하고 이를 공고하여야 한다. 이를 변경 또는 취소하려는 때에도 또한 같다.

제48조(원상회복의무) ① 제30조 또는 제33조에 따라 하천을 점용 또는 사용하는 자 및 제50조에 따라 하천수를 사용하는 자는 그 허가가 실효되거나 점용 또는 사용을 폐지한 때에는 하천을 원상으로 회복시켜야 한다. 다만, 하천관리청은 원상회복을 할 수 없거나 원상회복의 필요가 없다고 인정되는 때에는 허가를 받은 자의 신청에 따라 또는 직권으로 원상회복의무를 면제할 수 있다.
② 하천관리청은 제1항 단서에 따라 허가를 받은 자의 신청이 있는 경우 신청을 받은 날부터 15일 이내에 면제 여부를 통지하여야 한다.
③ 하천관리청은 제1항 단서에 따라 원상회복의무를 면제한 때에는 그 공작물 또는 그 밖의 물건을 무상으로 국유화 또는 공유화할 수 있다.
④ 하천관리청은 제1항에 따른 원상회복의 의무이행을 보증하기 위하여 필요하다고 인정되는 때에는 대통령령으로 정하는 바에 따라 원상회복에 드는 비용에 상당하는 금액을 하천관리청에 예치하게 할 수 있다.

제7장 하천수의 사용 및 분쟁조정

제49조(하천수 사용 및 배분의 원칙) ①하천수는 타인의 권리와 공공의 이익을 침해하지 아니하고 물 관리에 지장이 없는 범위 안에서 사용되어야 하며, 모든 국민이 그 혜택을 고루 향유할 수 있도록 배분되어야 한다.
②제53조제1항제2호에 해당하는 때의 용수배분의 우선순위는 대통령령으로 정한다.

제50조(하천수의 사용허가 등) ① 생활·공업·농업·환경개선·발전·주운(舟運) 등의 용도로 하천수를 사용하려는 자는 대통령령으로 정하는 바에 따라 국토교통부장관의 허가를 받아야 한다. 허가받은 사항 중 대통령령으로 정하는 중요한 사항을 변경하려는 경우에도 또한 같다. <개정 2009.4.1., 2013.3.23.>
② 국토교통부장관은 제1항에 따라 허가를 한 때에는 그 내용을 관할 시·도지사에게 통보하여야 한다. <개정 2009.4.1., 2013.3.23.>
③ 국토교통부장관은 다음 각 호의 어느 하나에 해당되는 경우에는 제1항에 따른 허가를 하지 아니하거나 취수량을 제한할 수 있다. <개정 2009.4.1., 2011.4.14., 2013.3.23.>
1. 하천수를 오염시키거나 유량감소를 유발하여 자연생태계를 해칠 우려가 있는 경우
2. 하천수의 적정관리 또는 도시·군관리계획, 그 밖에 공공사업에 지장을 주는 등 다른 공익을 해할 우려가 있는 경우
3. 하천수의 취수로 인근 지역의 시설물의 안전을 해칠 우려가 있는 경우
4. 그 밖에 하천수의 보전을 위하여 필요하다고 인정되는 경우로서 대통령령으로 정하는 경우

④ 제1항에 따른 허가의 유효기간 및 세부적인 기준 등에 필요한 사항은 국토교통부령으로 정한다. <개정 2009.4.1., 2013.3.23.>
⑤ 시·도지사는 제1항에 따라 하천수 사용허가를 받은 자에게 사용료를 징수할 수 있다.
⑥ 하천의 인근에서 지하수를 채취할 경우 「지하수법」 제7조에 따른 지하수영향조사 결과 하천의 수량에 영향을 미치는 것으로 인정되는 때에는 하천관리청은 그 지하수를 채취하는 자로부터 제5항에 따른 하천수 사용료를 징수할 수 있다.
⑦ 제30조제9항은 제1항에 따른 허가사항이 제30조제1항 또는 제33조제1항에 따른

허가사항과 중복되거나 관련되는 경우에 준용한다.
⑧ 기득하천사용자의 보호 및 손실보상에 관하여는 제34조 및 제35조를 준용한다.
⑨ 제5항 및 제6항에 따른 하천수 사용료의 징수 및 감면에 관하여는 제37조제3항부터 제5항까지의 규정을 준용한다.

제50조의2(일시적 하천수의 사용신고 등) ① 제50조의 하천수 사용허가 대상 중 소방·청소·비산먼지 제거·가뭄 시 농업용수 공급 등의 일시적 작업용도로 하천수를 사용하려는 자는 대통령령으로 정하는 바에 따라 미리 국토교통부장관에게 신고하고 하천수를 사용할 수 있다. 신고한 사항 중 제50조제1항의 대통령령으로 정한 중요한 사항을 변경하려는 경우에도 또한 같다.
② 국토교통부장관은 제50조제3항 각 호의 어느 하나에 해당하는 경우에 취수량과 기간 제한, 취수지점의 조정, 사용중지 등 필요한 조치를 할 수 있다.
③ 제1항에 따라 신고한 사항에 관하여는 제50조제2항, 하천수사용료의 징수와 감면에 관하여는 제50조제5항 및 제9항, 기득하천사용자의 보호 및 손실보상에 관하여는 제50조제8항을 준용한다.
[본조신설 2015.12.29.]

제51조(하천유지유량) ① 국토교통부장관은 제50조제1항에 따른 생활·공업·농업·환경개선·발전·주운 등의 하천수 사용을 고려하여 하천의 정상적인 기능 및 상태를 유지하기 위하여 필요한 최소한의 유량(이하 "하천유지유량"이라 한다)을 정하여 국가수자원관리위원회의 심의를 거쳐 이를 고시하여야 한다. <개정 2009.4.1., 2013.3.23., 2017.1.17.>
② 국토교통부장관은 하천유수의 상황을 대표할 수 있는 주요 지점(이하 "기준지점"이라 한다)을 하천별로 선정하여 기준지점별로 하천유지유량을 정하여야 한다. <개정 2009.4.1., 2013.3.23.>
③ 하천관리청은 하천유지유량의 확보를 위하여 노력하여야 한다.
④ 제2항에 따른 기준지점의 선정 및 하천유지유량의 산정방법 등에 필요한 사항은 대통령령으로 정한다.

제52조(하천수의 사용 및 관리) ① 대통령령으로 정하는 하천수 사용자는 그 사용량을 확인할 수 있는 계측시설을 설치하고 국토교통부령으로 정하는 사항을 기록하여 보관하여야 한다. <개정 2009.4.1., 2013.3.23.>
② 국토교통부장관은 하천관리에 필요한 경우 「하수도법」 제19조제1항에 따라 공공하수도를 운영·관리하는 자에게 하천으로 방류하는 방류수량에 관한 자료의 제출을 요청할 수 있다. <개정 2009.4.1., 2013.3.23.>
③ 제1항에 따른 하천수 사용자는 그 사용계획 및 사용실적을 국토교통부장관에게 통보하여야 한다. <개정 2009.4.1., 2013.3.23.>
④ 제1항에 따른 계측시설의 설치, 제2항에 따른 하천에 방류하는 방류수량 자료의 제출, 제3항에 따른 하천수의 사용계획 및 사용실적의 통보 등에 필요한 사항은 국토교통부령으로 정한다. <개정 2009.4.1., 2013.3.23.>
⑤ 국토교통부장관은 제3항의 사용실적을 평가하여 제53조에 따른 하천수 사용조정에 활용하여야 한다. <개정 2009.4.1., 2013.3.23.>

제53조(하천수 사용의 조정) ① 국토교통부장관은 하천수의 상태가 다음 각 호의 어느 하나에 해당하여 하천수의 적정관리에 지장을 줄 경우에는 하천수 사용자의 사용을 제한하거나 제50조에 따른 허가수량을 조정하는 등 필요한 조치를 할 수 있다. <개정 2009.4.1., 2013.3.23.>
1. 기준지점에서의 하천유지유량 확보가 곤란한 경우
2. 가뭄의 장기화 등으로 하천수 사용 허가수량을 조정하지 아니하면 공공의 이익에 해를 끼칠 우려가 있는 경우
3. 하천수의 사용자가 유효기간 안에 이를 사용하지 아니하거나 허가수량보다 국토교통부령으로 정하는 비율 이하로 사용한 경우
4. 그 밖에 허가된 하천수의 사용이 곤란하게 된 경우

② 국토교통부장관은 제1항에 따라 허가수량을 조정하려는 경우(제1항제3호에 해당하는 경우는 제외한다)에는 국가수자원관리위원회의 심의를 거쳐야 한다. <개정 2009.4.1., 2013.3.23., 2017.1.17., 2017.3.21.>
③ 국토교통부장관은 제1항에 따라 허가수량을 조정하기 전에 지역주민 등의 의견을 반영하기 위하여 대통령령으로 정하는 바에 따라 하천수조정협의회를 구성·운영할 수 있다. <개정 2009.4.1., 2013.3.23.>
④ 국토교통부장관은 제1항에 따라 허가수량

을 조정한 경우에는 하천수 사용허가를 받은 자 및 댐등의 설치자에게 이를 통보하여야 한다. <개정 2009.4.1., 2013.3.23.>

제54조(하천수 분쟁조정의 신청 등) ① 다음 각 호의 어느 하나에 해당하는 자는 하천수의 사용에 관한 분쟁이 있는 경우 대통령령으로 정하는 바에 따라 국가수자원관리위원회에 조정을 신청할 수 있다. <개정 2017.1.17.>

1. 제39조에 따른 댐등의 설치자
2. 제50조에 따라 하천수의 사용허가를 받은 자
3. 기득하천사용자
4. 하천수의 사용에 이해관계가 있는 지방자치단체

② 제1항에도 불구하고 제53조에 따라 국토교통부장관이 국가수자원관리위원회의 심의를 거쳐 하천수 사용을 조정한 경우에는 하천수 분쟁조정의 신청을 할 수 없다. <개정 2009.4.1., 2013.3.23., 2017.1.17.>

③ 국가수자원관리위원회는 제1항에 따라 조정신청을 받은 때에는 지체 없이 그 신청내용을 상대방에게 통지하여야 한다. <개정 2017.1.17.>

④ 제3항에 따라 통지를 받은 상대방은 특별한 사정이 없는 한 국가수자원관리위원회의 회의에 참석하여야 한다. 다만, 부득이한 사정으로 참석할 수 없는 경우에는 서면으로 의견을 제출할 수 있다. <개정 2017.1.17.>

⑤ 국가수자원관리위원회는 조정신청을 받은 날부터 90일 이내에 이를 심사하여 조정안을 작성하여야 한다. 다만, 부득이한 사정이 있는 경우에는 국가수자원관리위원회의 의결로써 60일의 범위 내에서 그 기간을 연장할 수 있다. <개정 2017.1.17.>

⑥ 국가수자원관리위원회는 제5항 단서에 따라 기간을 연장한 때에는 기간연장의 내용 및 사유 등을 당사자에게 통지하여야 한다. <개정 2017.1.17.>

⑦ 국가수자원관리위원회는 분쟁조정에 필요하다고 인정되는 때에는 국토교통부 소속 공무원으로 하여금 관계 서류를 열람하게 하거나 관계 사업장에 출입하여 조사하게 할 수 있으며 당사자 또는 관계 전문가로 하여금 국가수자원관리위원회의 회의에 출석하게 하여 그 의견을 진술하게 할 수 있다. <개정 2009.4.1., 2013.3.23., 2017.1.17.>

⑧ 제7항에 따라 열람 또는 조사를 하는 공무원은 그 권한을 표시하는 증표를 지니고 이를 관계인에게 내보여야 한다.

⑨ 제7항에 따른 관계 서류의 열람 및 관계 사업장에의 출입 조사에 필요한 사항은 국토교통부령으로 정한다. <개정 2009.4.1., 2013.3.23.>

제55조(하천수 분쟁조정의 거부 및 중지) ① 국가수자원관리위원회는 분쟁의 성질상 국가수자원관리위원회에서 조정하는 것이 적합하지 아니하다고 인정되거나 부정한 목적으로 조정을 신청한 것으로 인정되는 때에는 조정을 하지 아니할 수 있다. 이 경우 조정을 하지 아니하는 사유 등을 신청인에게 통지하여야 한다. <개정 2017.1.17.>

② 국가수자원관리위원회는 분쟁 당사자 중 어느 한쪽이 조정을 거부한 때에는 조정경위 및 조정거부 이유 등을 상대방에게 서면으로 통지하여야 한다. <개정 2017.1.17.>

③ 분쟁조정 중에 어느 한쪽의 당사자가 소를 제기한 경우 그 당사자는 국가수자원관리위원회에 분쟁조정의 중지를 요청할 수 있다. 이 경우 국가수자원관리위원회는 지체 없이 분쟁조정을 중지하여야 한다. <개정 2017.1.17.>

제56조(하천수 분쟁조정의 효력 등) ① 국가수자원관리위원회는 조정안을 작성한 때에는 지체 없이 각 당사자에게 이를 제시하여야 한다. <개정 2017.1.17.>

② 제1항에 따라 조정안을 제시받은 당사자는 제시받은 날부터 15일 이내에 그 수락 여부를 국가수자원관리위원회에 통지하여야 한다. <개정 2017.1.17.>

③ 각 당사자가 조정안을 수락한 때에는 국가수자원관리위원회는 즉시 조정조서를 작성하여야 하며, 국가수자원관리위원회의 위원장 및 각 당사자는 이에 기명날인하여야 한다. <개정 2017.1.17.>

④ 각 당사자가 조정안을 수락한 때에는 당사자 간에 조정조서와 동일한 내용의 합의가 성립된 것으로 본다.

제57조(하천수 분쟁조정비용의 부담) ① 분쟁조정을 위한 조사·용역 등에 든 비용은 신청인이 부담한다. 다만, 조정이 성립된 경우로서 특약이 없는 때에는 당사자가 균등하게 부담한다.

② 국가수자원관리위원회는 필요하다고 인정되는 경우에는 당사자로 하여금 제1항에 따른 비용을 대통령령으로 정하는 바에 따라 예치하게 할 수 있다. <개정 2017.1.17.>

제8장 하천에 관한 비용과 수익

제58조(비용과 수익의 범위) 이 법에 따른 하천공사 및 하천의 유지·보수 등에 관한 비용과 하천으로부터 생기는 수익의 범위는 대통령령으로 정한다.

제59조(비용부담의 원칙) 하천에 관한 비용은 이 법 또는 다른 법률에 특별한 규정이 있는 경우를 제외하고는 국가하천에 관한 것은 국고의 부담으로 하고, 지방하천에 관한 것은 해당 시·도의 부담으로 한다. 다만, 제27조제5항 단서에 따라 시·도지사가 국가하천의 유지·보수를 하는 경우에 필요한 비용은 해당 시·도의 부담으로 한다.

제60조(대행공사 등의 비용) ① 국토교통부장관이 제28조에 따라 하천공사를 대행하는 경우와 시·도지사 또는 정부투자기관으로 하여금 하천공사를 대행하게 하는 경우 이에 드는 비용은 국고의 부담으로 한다. <개정 2009.4.1., 2013.3.23.>

② 제9조제1항(제27조제9항에 따라 준용되는 경우를 포함한다)에 따라 하천관리청 및 관리방법을 따로 정한 경우에는 부담대상 및 부담비율 등은 국토교통부령으로 정한다. 제9조제2항은 부담대상 및 부담비율 등을 정하는 경우에 준용한다. <개정 2009.4.1., 2013.3.23.>

③ 제36조제1항에 따라 하천관리청이 시행하는 하천점용에 관한 공사에 필요한 비용은 그 하천을 점용하는 자의 부담으로 한다.

제61조(지방자치단체의 비용부담) ①국토교통부장관은 국가가 부담하여야 하는 하천에 관한 비용의 일부를 대통령령으로 정하는 바에 따라 해당 하천공사나 하천의 유지·보수로 이익을 받는 시·도에 부담시킬 수 있다. <개정 2009.4.1., 2013.3.23.>

②국토교통부장관은 시·도지사가 시행하는 하천공사나 하천의 유지·보수로 다른 시·도가 이익을 받는 경우에는 대통령령으로 정하는 바에 따라 해당 하천공사 또는 하천의 유지·보수에 필요한 비용의 일부를 그 이익을 받는 다른 시·도에 부담시킬 수 있다. <개정 2009.4.1., 2013.3.23.>

③제1항 및 제2항에 따라 부담명령을 받은 시·도지사는 해당 하천공사나 하천의 유지·보수로 특히 이익을 받는 시·군·구(자치구를 말한다. 이하 같다)가 있는 때에는 그 부담금의 전부 또는 일부를 해당 시·군·구에 부담시킬 수 있다.

제62조(겸용 공작물에 대한 하천관리청의 부담) 하천관리청이 아닌 자가 시행하는 하천시설의 효용을 겸한 다른 공작물에 관한 공사 또는 그 유지·보수에 필요한 비용의 일부는 제59조에 따른 구분에 따라 비용을 부담하는 국고 또는 시·도가 그 이익을 받는 범위 안에서 부담할 수 있다.

제63조(의무이행에 필요한 비용) 이 법 또는 이 법에 따라 발하는 명령이나 조례 또는 이에 따른 처분으로 생기는 의무의 이행에 필요한 비용은 이 법에 특별한 규정이 있는 경우를 제외하고는 그 의무자의 부담으로 한다.

제64조(비용보조) 국토교통부장관은 다음 각 호의 어느 하나에 해당하는 경우에는 그 비용의 일부를 시·도에 보조할 수 있다. <개정 2009.4.1., 2013.3.23.>

1. 국가하천의 유지·보수
2. 대통령령으로 정하는 하천공사
3. 그 밖에 대통령령으로 정하는 사항

제65조(부담금의 귀속) ① 하천에 관한 비용의 부담금은 국토교통부장관이 부담하게 한 경우에는 국고의 수입으로 하고, 시·도지사가 부담하게 한 경우에는 해당 시·도의 수입으로 한다. 다만, 제61조제2항 및 제3항에 따른 부담금은 해당 하천공사나 하천의 유지·보수를 한 시·도의 수입으로 하고, 제62조에 따른 부담금은 해당 다른 공작물의 관리자의 수입으로 한다. <개정 2009.4.1., 2013.3.23.>

② 제37조 및 제50조제5항에 따라 징수하는 점용료·사용료 등은 해당 시·도의 수입으로 하고, 그 밖에 하천에서 생기는 수입은 국가하천에 관한 것은 국고의 수입으로, 지방하천에 관한 것은 시·도의 수입으로 한다.

제66조(수입금의 사용제한) 지방자치단체는 하천에서 생기는 부담금·점용료·사용료 및 변

상금, 제85조에 따라 양여받은 폐천부지 등으로 인한 수입금과 그 밖의 수입을 대통령령으로 정하는 기준에 따라 하천의 유지·보수에 관한 비용에 사용하여야 한다.

제67조(부담금 등의 강제징수) ① 이 법 또는 이 법에 따라 발하는 명령이나 조례 또는 이에 따른 처분으로 생기는 부담금·점용료·사용료 및 변상금, 그 밖의 납부금을 납부하여야 하는 자가 이를 납부하지 아니하는 때에는 가산금을 징수한다.

② 「국세징수법」 제21조 및 제22조는 제1항에 따른 가산금에 관하여 준용한다.

③ 부담금·점용료·사용료 및 변상금, 그 밖의 납부금을 납부하여야 하는 자가 그 납부기한까지 납부하지 아니한 때에는 국세 또는 지방세 체납처분의 예에 따라 징수한다.

제68조(잘못 납부된 부담금 등의 반환) 하천관리청은 잘못 납부된 부담금·점용료·사용료 및 변상금 그 밖의 납부금을 반환할 경우 잘못 납부된 날(분할 납부시에는 최종 납부한 날을 말한다)의 다음날부터 반환하는 날까지의 기간에 대하여 대통령령으로 정하는 이자를 가산하여 반환하여야 한다.

제9장 감독

제69조(법령위반자 등에 대한 처분 등) ① 하천관리청(제46조제6호에 따른 금지행위 위반에 관한 처분 등의 경우에는 시·도지사를 말한다. 이하 제95조제10호에서 같다)은 다음 각 호의 어느 하나에 해당하는 경우에는 이 법에 따른 허가 또는 승인의 취소·변경, 그 효력의 정지, 공사 및 그 밖의 행위의 중지, 공작물 또는 물건의 개축·변경·이전·제거의 조치를 명하거나 그 밖에 필요한 처분을 할 수 있다. <개정 2016.1.19.>

1. 제6조·제14조·제30조·제33조·제38조·제43조·제46조부터 제48조까지·제50조·제52조·제53조 또는 같은 조에 따른 명령이나 이에 따른 처분을 위반한 경우
2. 거짓이나 그 밖의 부정한 방법으로 이 법에 따른 허가를 받거나 승인을 얻은 경우
3. 이 법에 따른 허가 또는 승인에 따라 사업을 영위하기 위하여 다른 법령에 따라 받아야 하는 관계 행정기관의 허가·인가, 그 밖의 처분을 받지 못하거나 이를 받은 후 취소 또는 실효된 경우
4. 허가 또는 승인에 관계되는 공사, 그 밖의 행위 또는 이와 관계되는 사업의 전부나 일부가 폐지된 경우

② 국토교통부장관은 제1항에 따른 처분 등을 한 때에는 지체 없이 그 지역을 관할하는 시·도지사에게 통지하여야 한다. <개정 2009.4.1., 2013.3.23.>

제70조(공익을 위한 처분 등) ① 하천관리청은 다음 각 호의 어느 하나에 해당하는 경우에는 이 법에 따른 허가를 받거나 승인을 얻은 자에 대하여 제69조제1항에 따른 처분을 하거나 조치를 명할 수 있다.

1. 하천수량의 부족 또는 하천상황의 변경으로 부득이한 경우
2. 공익에 대한 피해를 없애거나 줄이기 위하여 필요한 경우
3. 하천공사를 하기 위하여 필요한 경우
4. 공익사업을 위하여 필요한 경우

② 국토교통부장관은 제1항에 따른 처분 등을 한 때에는 지체 없이 그 지역을 관할하는 시·도지사에게 통지하여야 한다. <개정 2009.4.1., 2013.3.23.>

제71조(하천관리청에 대한 감독 등) ① 국토교통부장관은 다음 각 호의 어느 하나에 해당하는 경우에는 하천관리청이 행한 처분의 취소·변경, 공사의 시행중지·변경 또는 하천의 유지·보수 및 관리를 위하여 필요한 조치를 명할 수 있다. <개정 2009.4.1., 2013.3.23.>

1. 하천관리청이 행한 처분이나 공사가 이 법 또는 이 법에 따른 명령이나 이에 따른 감독관청의 처분을 위반한 경우
2. 하천의 보전, 공해의 제거 또는 예방을 위하여 필요하다고 인정되는 경우

② 국토교통부장관은 이 법에 따른 업무의 효율적인 수행을 위하여 필요하다고 인정되는 때에는 하천관리청에 대하여 필요한 사항을 보고하게 하거나 자료 등의 제출을 요청할 수 있다. <개정 2009.4.1., 2013.3.23.>

제72조(하천관리원) ① 시·도지사는 하천의 효율적인 관리 및 하천의 감시, 하천의 안전을 위하여 필요한 때에는 그 소속 공무원 중에서 하천관리원을 임명할 수 있다.

② 하천관리원은 다음 각 호에 해당되는 자에 대하여 공사의 중지를 명하거나, 공작물이나 그 밖의 물건의 개축·이전·제거 또는 그 공작물이나 물건으로 생길 위해를 예방하기 위하여 필요한 조치를 하게 할 수 있다.

1. 제30조·제33조·제38조·제46조부터 제48조까지 및 제50조를 위반한 자
2. 제69조 및 제70조에 따른 처분을 위반한 자

③ 제2항에 따라 공사의 중지를 명하거나 하천의 감시, 하천의 안전 등을 위한 조치를 하려는 자는 그 권한을 표시하는 증표를 지니고 이를 관계인에게 내보여야 한다.

④ 제3항에 따른 증표에 필요한 사항은 국토교통부령으로 정한다. <개정 2009.4.1., 2013.3.23.>

⑤ 제2항에도 불구하고 하천관리원이 제2항에 따른 조치를 게을리 하는 경우 국토교통부장관은 시·도지사에게 기간을 정하여 그 조치를 철저히 할 것을 명령할 수 있고, 해당 명령이 기간 내에 이행되지 아니한 때에는 국토교통부장관이 직접 필요한 조치를 할 수 있다. <신설 2017.3.21.>

제73조(행정대집행의 적용 특례) ① 하천관리청은 수해방지 등을 위하여 긴급한 실시가 필요한 경우로서 「행정대집행법」 제3조제1항 및 제2항에 따른 절차에 따르면 그 목적을 달성하기가 곤란한 경우에는 해당 절차를 거치지 아니하고 점용물등의 제거, 그 밖에 필요한 조치를 할 수 있다.

② 제1항에 따른 점용물 등의 제거, 그 밖의 필요한 조치는 하천관리를 위하여 필요한 최소한도에 그쳐야 한다.

③ 제1항 및 제2항에 따른 대집행으로 제거된 점용물 등의 보관 및 처리에 필요한 사항은 대통령령으로 정한다.

제74조(하천관리상황의 점검 등) ① 하천관리청은 하천시설의 관리상황과 하천의 점용상황 등에 대한 점검을 실시하여 하천시설의 유지·보수 또는 불법행위에 대한 시정 등을 위하여 필요한 조치를 하여야 한다.

② 제1항에 따른 점검의 내용·방법 및 점검사항에 대한 조치결과의 통지 등에 필요한 사항은 대통령령으로 정한다.

제10장 보칙

제75조(타인의 토지에의 출입 등) ① 국토교통부장관, 하천관리청, 국토교통부장관·하천관리청으로부터 명령이나 위임·위탁을 받은 자 또는 국토교통부장관·하천관리청의 하천공사를 대행하는 자는 하천공사, 하천에 관한 조사·측량, 그 밖에 하천관리를 위하여 필요한 경우에는 타인의 토지에 출입하거나 특별한 용도로 이용되지 아니하고 있는 타인의 토지를 재료적치장·통로 또는 임시도로로 일시 사용할 수 있으며 부득이한 경우에는 죽목·토석, 그 밖의 장애물을 변경하거나 제거할 수 있다. <개정 2009.4.1., 2013.3.23., 2017.1.17.>

②제1항에 따라 타인의 토지에 출입하려는 자 는 출입할 날의 3일 전까지 그 토지의 소유자 또는 점유자나 관리인에게 그 일시와 장소를 통지하여야 한다.

③ 타인의 토지를 재료적치장·통로 또는 임시도로로 일시 사용하거나 죽목·토석, 그 밖의 장애물을 변경 또는 제거하려는 자는 미리 그 소유자 또는 점유자나 관리인의 동의를 얻어야 한다. 다만, 그 소유자 또는 점유자나 관리인의 주소 또는 거소를 알 수 없거나 동의를 얻을 수 없는 때에는 관할 시장·군수·구청장의 허가를 받아야 한다.

④ 일출 전·일몰 후에는 그 토지의 점유자의 승낙 없이 택지 또는 울타리나 담장으로 둘러싸인 타인의 토지에 출입하여서는 아니된다.

⑤ 제1항에 따라 타인의 토지에 출입하려는 자는 그 권한을 나타내는 증표를 지니고 이를 관계인에게 내보여야 한다.

⑥ 제5항에 따른 증표에 필요한 사항은 국토교통부령으로 정한다. <개정 2009.4.1., 2013.3.23.>

제76조(공용부담 등으로 인한 손실보상) ① 제75조에 따른 처분이나 제한으로 손실을 입은 자가 있거나 하천관리청이 시행하는 하천공사로 손실을 입은 자가 있는 때에는 국토교통부장관이 행한 처분이나 공사로 인한 것은 국고에서, 시·도지사가 행한 처분이나 공사로 인한 것은 해당 시·도에서 그 손실을 보상하여야 한다. <개정 2009.4.1., 2013.3.23., 2015.8.11., 2017.1.17.>

② 국토교통부장관 또는 시·도지사는 제1항에 따른 손실을 보상함에 있어서는 손실을 입은 자와 협의하여야 한다. <개정 2009.4.1., 2013.3.23.>
③ 제2항에 따른 협의가 성립되지 아니하거나 협의를 할 수 없는 때에는 대통령령으로 정하는 바에 따라 관할 토지수용위원회에 재결을 신청할 수 있다.
④ 제1항부터 제3항까지에 따라 손실보상을 함에 있어서 이 법에 규정된 것을 제외하고는 「공익사업을 위한 토지 등의 취득 및 보상에 관한 법률」을 준용한다.

제77조(감독처분으로 인한 손실보상) ① 제76조는 제70조에 따른 하천관리청의 처분으로 생긴 손실과 제71조에 따른 국토교통부장관의 처분으로 생긴 손실 또는 국토교통부장관의 명령에 따라 하천관리청이 그 처분을 취소 또는 변경함으로 생긴 손실의 보상에 관하여 준용한다. <개정 2009.4.1., 2013.3.23.>
② 제1항의 경우 해당 손실이 제70조제1항 제2호 및 제4호에 따른 처분으로 생긴 것인 때에는 하천관리청은 그 공사 또는 사업에 관한 비용을 부담하는 자에 대하여 그 손실의 전부 또는 일부를 보상하게 할 수 있다.

제78조(토지 등의 수용·사용) ① 다음 각 호의 어느 하나에 해당하는 자는 하천공사에 필요한 때에는 「공익사업을 위한 토지 등의 취득 및 보상에 관한 법률」 제3조에 따른 토지·물건 또는 권리를 수용 또는 사용할 수 있다. <개정 2009.4.1., 2013.3.23., 2016.1.19., 2017.1.17.>
1. 제27조에 따라 하천공사를 하는 하천관리청
2. 제28조에 따라 하천공사를 대행하는 자
3. 제30조에 따라 하천공사허가를 받은 하천관리청이 아닌 자(행정기관·정부투자기관 또는 지방공기업에 한한다)
4. 삭제 <2017.1.17.>

② 제1항에 따라 토지·물건 또는 권리를 수용 또는 사용하는 경우에는 이 법에 특별한 규정이 있는 경우를 제외하고는 「공익사업을 위한 토지 등의 취득 및 보상에 관한 법률」을 준용한다. <개정 2016.1.19.>
③ 제2항에 따라 「공익사업을 위한 토지 등의 취득 및 보상에 관한 법률」을 준용함에 있어서 다음 각 호의 어느 하나에 해당하는 경우에는 「공익사업을 위한 토지 등의 취득 및 보상에 관한 법률」 제20조제1항 및 제22조에 따른 사업인정과 사업인정의 고시가 있는 것으로 보며, 재결신청은 같은 법 제23조제1항 및 제28조제1항에도 불구하고 해당 하천공사의 사업기간 내에 하여야 한다. <개정 2017.1.17.>
1. 제27조에 따라 하천공사시행계획을 수립·고시한 경우
2. 제30조에 따라 하천공사실시계획을 수립·고시한 경우
3. 삭제 <2017.1.17.>

[제목개정 2016.1.19.]

제79조(토지등의 매수청구) ① 하천구역(지방하천의 하천구역을 제외한다)의 결정 또는 변경으로 그 구역 안의 토지, 건축물, 그 밖에 그 토지에 정착된 물건(이하 "토지등"이라 한다)을 종래의 용도로 사용할 수 없어 그 효용이 현저하게 감소한 토지등 또는 그 토지등의 사용 및 수익이 사실상 불가능한 토지등(이하 "매수대상토지등"이라 한다)의 소유자로서 다음 각 호의 어느 하나에 해당하는 자는 하천관리청에 그 토지등의 매수를 청구할 수 있다. <개정 2016.1.19.>
1. 하천구역의 결정 당시(법률 제5893호 하천법개정법률 제2조제1항제2호가목부터 다목까지의 규정에 따른 하천구역을 이 법에 따른 하천구역으로 결정하는 경우에는 2008년 4월 7일을 말한다) 또는 변경 당시부터 해당 토지등을 계속 소유한 자
2. 토지등의 사용·수익이 불가능하게 되기 전에 그 토지등을 취득하여 계속 소유한 자
3. 삭제 <2016.1.19.>
4. 제1호 또는 제2호의 자로부터 그 토지등을 상속받아 계속 소유한 자

② 하천관리청은 제1항에 따라 매수청구를 받은 토지등이 제3항에 따른 기준에 해당하면 그 토지등을 매수하여야 한다. <신설 2016.1.19.>
③ 제1항에서 종래의 용도로 사용할 수 없어 그 효용이 현저하게 감소한 토지등 또는 그 토지등의 사용 및 수익이 사실상 불가능한 토지등의 구체적인 판정기준은 대통령령으로 정한다. <개정 2016.1.19.>
[제목개정 2016.1.19.]

제80조(매수청구의 절차 등) ① 하천관리청은 제79조제1항에 따라 토지등의 매수청구를 받은 날부터 6개월 이내에 매수대상 여부 및 매수예상가격 등을 매수청구인에게 통보하여야

한다. <개정 2016.1.19.>
② 하천관리청은 제1항에 따라 매수대상토지등으로 통보를 한 토지등에 대해서는 5년의 범위에서 대통령령으로 정하는 기간 이내에 매수계획을 수립하여 그 매수대상토지등을 매수하여야 한다. <개정 2016.1.19.>
③ 매수대상토지등을 매수하려는 경우 매수대상토지등의 매수가격(이하 "매수가격"이라 한다)의 산정 기준, 방법 및 시기 등에 관하여는 「공익사업을 위한 토지 등의 취득 및 보상에 관한 법률」을 준용한다. <개정 2016.1.19.>
④ 제1항부터 제3항까지의 규정에 따라 매수한 토지등은 국가에 귀속된다. <개정 2016.1.19.>
⑤ 제1항부터 제3항까지의 규정에 따라 토지등을 매수하는 경우의 매수절차와 그 밖에 필요한 사항은 대통령령으로 정한다. <개정 2016.1.19.>

第81條(매수청구토지등에 관한 비용) ① 하천관리청은 매수가격의 산정을 위한 감정평가 등에 드는 비용을 부담한다. <개정 2016.1.19.>
② 하천관리청은 제1항에도 불구하고 매수청구인이 정당한 사유 없이 매수청구를 철회하는 경우에는 대통령령으로 정하는 바에 따라 감정평가에 따르는 비용의 전부 또는 일부를 매수청구인에게 부담하게 할 수 있다. 다만, 다음 각 호의 어느 하나에 해당하는 경우에는 그러하지 아니하다. <개정 2016.1.19.>
1. 매수예상 가격에 비하여 매수가격이 대통령령으로 정하는 비율 이상 떨어진 경우
2. 법령의 개정·폐지 등으로 인하여 매수청구의 사유가 소멸된 경우
③ 매수청구인이 제2항 본문에 따라 부담하여야 하는 비용을 납부하지 아니한 경우에는 국세 체납처분의 예에 따라 징수한다.
[제목개정 2016.1.19.]

第82條(손실보상업무 등의 위임 또는 위탁) ① 국토교통부장관은 하천공사로 인한 손실보상업무와 토지등의 매수청구업무를 대통령령으로 정하는 바에 따라 관할 지방자치단체의 장에게 위임하거나 대통령령으로 정하는 정부투자기관의 장에게 위탁할 수 있다. <개정 2009.4.1., 2013.3.23., 2016.1.19., 2017.1.17.>
② 국토교통부장관은 제1항에 따라 손실보상업무 및 매수청구업무를 위임 또는 위탁하는 경우에는 손실보상금액 및 매수금액의 100분의 2의 범위 안에서 대통령령으로 정하는 요율의 수수료를 그 업무를 위임 또는 위탁받은 지방자치단체의 장 또는 정부투자기관의 장에게 지급하여야 한다. <개정 2009.4.1., 2013.3.23.>

第83條(하천표지) ① 하천관리청은 하천 구조의 보전 등을 위하여 필요한 장소에 하천표지를 설치·관리하여야 한다.
② 제1항에 따른 하천표지의 종류·표시방법, 그 밖에 필요한 사항은 국토교통부령으로 정한다. <개정 2009.4.1., 2013.3.23.>

第84條(폐천부지등의 관리) ① 하천관리청은 하천공사 또는 홍수, 그 밖의 자연현상으로 하천의 유로가 변경되어 하천구역에서 제외된 토지(국유 또는 공유인 토지에 한하며, 이하 "폐천부지등"이라 한다)가 발생한 경우에는 국토교통부령으로 정하는 바에 따라 폐천부지등의 발생일부터 3년 이내에 이를 고시하여야 한다. <개정 2009.4.1., 2013.3.23.>
② 제1항에 따라 발생한 폐천부지등은 치수 및 하천환경보전 등의 목적에 우선적으로 활용하여야 한다.

第85條(폐천부지등의 교환·양여) ① 하천관리청은 폐천부지등이 다음 각 호의 요건에 해당하는 경우에는 그 폐천부지등을 대통령령으로 정하는 순위 및 기준에 따라 새로이 하천구역으로 된 타인의 토지 또는 하천구역에 이미 편입된 타인의 토지와 교환하거나, 하천으로 편입되기 전의 당초의 소유자, 제28조에 따라 하천공사를 대행한 자, 제30조제1항에 따라 하천공사를 시행한 하천관리청이 아닌 자 또는 관할 시·도지사에게 양여할 수 있다.
1. 치수 및 하천환경보전 등의 목적으로 활용할 필요가 없을 것
2. 국유재산 또는 공유재산으로 둘 필요가 없을 것
② 제1항에 따라 폐천부지등을 양여받은 시·도지사는 「공유재산 및 물품 관리법」 제10조 및 제28조에도 불구하고 이를 처분할 수 있다.

第86條(폐천부지등에 관한 비용 등) 폐천부지등의 교환·양여에 필요한 비용 또는 그로부터의 수입은 국토교통부장관이 행하는 경우에는 국고의, 시·도지사가 행하는 경우에는 해당 시·도의 부담 또는 수입으로 한다. <개정 2009.4.1., 2013.3.23.>

제87조 삭제 <2017.1.17.>

제88조(협회의 설립) ① 하천 관련 학계·연구기관·시공업체 및 용역업체 등에 종사하는 자, 그 밖에 대통령령으로 정하는 자는 하천 및 하천환경에 관한 조사연구·기술개발·교육·홍보, 그 밖에 하천의 활용 및 보존을 위하여 협회를 설립할 수 있다.
② 제1항에 따른 협회(이하 "협회"라 한다)는 법인으로 한다.
③ 협회는 국토교통부장관의 인가를 받아 주된 사무소의 소재지에서 설립등기를 함으로써 성립한다. <개정 2009.4.1., 2013.3.23.>
④ 협회의 회원자격에 관한 사항은 정관으로 정한다.
⑤ 협회의 정관의 기재사항과 협회의 감독에 필요한 사항 등은 대통령령으로 정한다.
⑥ 국가 또는 지방자치단체가 그 업무를 협회에 위탁하는 경우에는 위탁업무의 수행에 드는 경비의 전부 또는 일부를 예산의 범위 안에서 지원할 수 있다.
⑦ 협회에 관하여 이 법에 규정된 사항을 제외하고는 「민법」 중 사단법인에 관한 규정을 준용한다.

제89조 삭제 <2016.1.19.>

제90조(보고 및 출입 등) ① 하천관리청은 이 법에 따라 허가를 받거나 승인을 얻은 자에게 하천관리에 필요한 보고를 하게 하거나 이 법에 따른 권한을 행사하기 위하여 필요한 범위 안에서 소속 공무원으로 하여금 그 허가를 받거나 승인을 얻은 자의 사무실·사업장 그 밖에 필요한 장소에 출입하여 공사상황, 공작물·설계도서, 그 밖에 필요한 물건 및 서류를 검사하게 할 수 있다.
② 제72조제3항 및 제4항은 제1항에 따라 출입·검사를 하는 공무원에게 준용한다.

제91조(청문) 하천관리청은 제69조 및 제70조에 따라 이 법에 따른 허가 또는 승인을 취소하는 경우에는 청문을 실시하여야 한다.

제92조(권한의 위임·위탁 등) ① 이 법에 따른 국토교통부장관의 권한은 그 일부를 대통령령으로 정하는 바에 따라 시·도지사 또는 소속 기관의 장에게 위임할 수 있다. <개정 2009.4.1., 2013.3.23.>
② 시·도지사는 제1항에 따라 위임받은 권한의 일부를 국토교통부장관의 승인을 얻어 시장·군수·구청장에게 재위임할 수 있다. <개정 2009.4.1., 2013.3.23.>
③ 이 법에 따른 국토교통부장관의 업무 중 다음 각 호의 업무는 대통령령으로 정하는 바에 따라 하천과 관련된 기관 또는 단체에 위탁할 수 있다. <개정 2009.4.1., 2012.1.17., 2013.3.23., 2017.1.17.>
1. 삭제 <2017.1.17.>
2. 삭제 <2017.1.17.>
3. 삭제 <2017.1.17.>
4. 삭제 <2017.1.17.>
5. 삭제 <2017.1.17.>
6. 제22조에 따른 하천관리 자료의 정보화 업무
6의2. 제27조제5항에 따라 국토교통부장관이 시행하는 국가하천 시설 및 구간의 유지·보수 업무
7. 삭제 <2017.1.17.>
④ 삭제 <2016.1.19.>

제92조의2(벌칙 적용에서 공무원 의제) 제82조제1항 또는 제92조제3항에 따라 위탁업무를 수행하는 기관 또는 단체의 임직원은 「형법」 제129조부터 제132조까지의 규정을 적용할 때에는 공무원으로 본다.
[본조신설 2016.1.19.]

제11장 벌칙

제93조(벌칙) 정당한 사유 없이 하천시설을 이전 또는 손괴하여 공공의 피해를 발생시키거나 치수에 장해를 일으킨 자는 10년 이하의 징역 또는 1억원 이하의 벌금에 처한다. <개정 2015.1.6.>

제94조(벌칙) 다음 각 호의 어느 하나에 해당하는 자는 5년 이하의 징역 또는 5천만원 이하의 벌금에 처한다. <개정 2009.4.1., 2013.3.23., 2015.1.6.>
1. 제14조제5항에 따른 국토교통부장관의 조치명령을 이행하지 아니한 자

2. 제33조제1항제5호를 위반하여 토석·모래·자갈을 채취하게 하거나 채취한 자
3. 제39조제1항에 따른 시설을 설치하지 아니한 자

제95조(벌칙) 다음 각 호의 어느 하나에 해당하는 자는 2년 이하의 징역 또는 2천만원 이하의 벌금에 처한다. <개정 2015.1.6.>
1. 제14조제2항에 따른 관리규정의 승인을 얻지 아니하고 하천시설의 운영을 개시한 자
2. 삭제 <2017.1.17.>
3. 제30조제1항 본문을 위반하여 허가를 받지 아니하고 하천공사를 하거나 하천의 유지·보수를 한 자
4. 거짓이나 그 밖의 부정한 방법으로 제30조제1항 본문, 제33조제1항 또는 제50조제1항에 따른 허가를 받은 자
5. 제33조제1항(제5호를 제외한다)을 위반하여 허가를 받지 아니하고 하천을 점용한 자
6. 제39조제2항에 따른 관리기술자를 두지 아니한 자
7. 삭제 <2017.1.17.>
8. 제46조(제6호 및 제7호를 제외한다)를 위반하여 하천에 관한 금지행위를 한 자
9. 제50조제1항을 위반하여 허가를 받지 아니하고 하천수를 사용한 자
10. 제69조 또는 제70조에 따른 하천관리청의 명령을 위반한 자

제96조(벌칙) 다음 각 호의 어느 하나에 해당하는 자는 1년 이하의 징역 또는 1천만원 이하의 벌금에 처한다. <개정 2009.4.1., 2013.3.23., 2015.1.6.>
1. 제38조제1항 본문에 따른 허가를 받지 아니하고 같은 항 각 호의 어느 하나를 행한 자
2. 거짓이나 그 밖의 부정한 방법으로 제38조제1항 또는 제75조제3항 단서에 따른 허가를 받은 자
3. 제41조제2항에 따른 국토교통부장관 또는 하천관리청의 명령을 위반한 자
4. 제47조제1항에 따른 하천의 사용금지 또는 사용제한을 위반하여 하천을 사용한 자
5. 제72조제2항에 따른 하천관리원의 명령을 위반한 자
6. 삭제 <2009.4.1.>
7. 관할 시장·군수 또는 구청장의 허가를 받지 아니하고 제75조제3항 본문에 따른 행위를 한 자

제97조(양벌규정) 법인의 대표자나 법인 또는 개인의 대리인·사용인 그 밖의 종업원이 그 법인 또는 개인의 업무에 관하여 제93조부터 제96조까지의 위반행위를 한 때에는 행위자를 벌하는 외에 그 법인 또는 개인에 대하여도 각 해당 조의 벌금형을 과(科)한다. 다만, 법인 또는 개인이 그 위반행위를 방지하기 위하여 그 업무에 관하여 상당한 주의와 감독을 게을리하지 아니한 때에는 그러하지 아니하다.

제98조(과태료) ① 제75조제2항을 위반하여 통지를 하지 아니하고 타인의 토지에 출입한 자에게는 500만원 이하의 과태료를 부과한다.
② 제46조제6호 및 제7호를 위반하여 하천에 관한 금지행위를 한 자에게는 300만원 이하의 과태료를 부과한다.
③ 다음 각 호의 어느 하나에 해당하는 자에게는 100만원 이하의 과태료를 부과한다.
1. 제5조제2항을 위반하여 신고를 하지 아니한 자
2. 삭제 <2017.1.17.>
3. 제39조제3항을 위반하여 댐등의 관리 및 수문에 관한 기록을 작성·비치하지 아니하거나 그 기록의 제출을 거부한 자 또는 거짓 기록을 제출한 자
4. 삭제 <2017.1.17.>
5. 제52조제1항을 위반하여 하천수의 사용량을 기록·보관하지 아니하거나, 같은 조 제2항에 따른 방류수량에 관한 자료의 제출을 거부하거나 거짓 자료를 제공하거나, 같은 조 제3항을 위반하여 하천수의 사용계획 또는 사용실적을 통보하지 아니하거나 거짓 자료를 통보한 자
6. 정당한 사유 없이 제75조제1항에 따른 토지의 출입·일시사용 또는 죽목·토석, 그 밖의 장애물의 변경이나 제거를 거부하거나 방해한 자
7. 제90조제1항에 따른 보고를 하지 아니하거나 거짓 보고를 한 자 또는 검사를 방해 또는 기피한 자

④ 제1항부터 제3항까지의 규정에 따른 과태료는 대통령령으로 정하는 바에 따라 국토교통부장관 또는 하천관리청(제2항 중 제46조제6호에 따른 금지행위 위반에 관한 과태료를 부과·징수하는 경우에는 시·도지사를 말한다)이 부과

· 징수한다. <개정 2013.3.23., 2016.1.19.>
[전문개정 2009.4.1.]

부칙

<제14722호, 2017.3.21.>

제1조(시행일) 이 법은 공포한 날부터 시행한다. 다만, 제33조제8항 및 제34조의 개정규정은 공포 후 6개월이 경과한 날부터 시행한다.

제2조(소규모 공작물 설치를 위한 점용허가에 관한 적용례) 제33조제8항의 개정규정은 같은 개정규정 시행 후 최초로 공작물 설치를 위한 점용허가를 신청하는 경우부터 적용한다.

하천편입토지 보상 등에 관한 특별조치법

(약칭: 하천편입토지보상법)

[시행 2009.6.26.]
[법률 제9543호, 2009.3.25., 제정]

제1조(목적) 이 법은 보상청구권의 소멸시효 만료로 인하여 보상을 받지 못한 하천편입토지 소유자에 대한 보상과 공익사업을 시행하는 경우의 보상 특례 등에 필요한 사항을 규정함을 목적으로 한다.

제2조(적용대상) 다음 각 호의 어느 하나에 해당하는 경우 중 「하천구역편입토지 보상에 관한 특별조치법」 제3조에 따른 소멸시효의 만료로 보상청구권이 소멸되어 보상을 받지 못한 때에는 특별시장·광역시장 또는 도지사(이하 "시·도지사"라 한다)가 그 손실을 보상하여야 한다.

1. 법률 제2292호 하천법개정법률의 시행일 전에 토지가 같은 법 제2조제1항제2호가목에 해당되어 하천구역으로 된 경우
2. 법률 제2292호 하천법개정법률의 시행일부터 법률 제3782호 하천법중개정법률의 시행일 전에 토지가 법률 제3782호 하천법중개정법률 제2조제1항제2호가목에 해당되어 하천구역으로 된 경우
3. 법률 제2292호 하천법개정법률의 시행으로 제방으로부터 하천 측에 있던 토지가 국유로 된 경우
4. 법률 제892호 하천법의 시행일부터 법률 제2292호 하천법개정법률의 시행일 전에 제방으로부터 하천 측에 있던 토지 또는 제방부지가 국유로 된 경우

제3조(보상청구권의 소멸시효) 제2조에 따른 보상청구권의 소멸시효는 2013년 12월 31일에 만료된다.

제4조(보상재원) 제2조에 따른 보상금은 국가하천의 경우 국고에서, 지방하천(법률 제8338호 하천법 전부개정법률 시행일 전의 지방1급하천을 말한다. 이하 같다)의 경우 특별시·광역시·도가 부담한다.

제5조(통지) 시·도지사는 이 법 시행일부터 3개월 이내에 하천별로 작성된 편입토지조서에 등재된 토지소유자 및 이해관계인에 대하여 대통령령으로 정하는 바에 따라 보상청구절차를 문서로 통지하여야 한다. 다만, 통지받을 자가 분명하지 아니하거나 통지받을 자의 주소·거소, 그 밖에 통지할 장소를 알 수 없는 때에는 주요 일간신문에 이를 공고하여야 한다.

제6조(보상액평가의 기준 등) ① 제2조에 따른 보상에 대한 평가는 제5조에 따라 보상청구절차를 통지 또는 공고한 날의 가격을 기준으로 하되, 편입당시의 지목 및 토지이용상황, 해당 토지에 대한 공법상의 제한, 현재의 토지이용상황 및 유사한 인근 토지의 정상가격 등을 고려하여야 한다.

② 제2조에 따른 보상의 청구절차·산정방법, 그 밖에 필요한 사항은 대통령령으로 정한다.

제7조(공익사업 구간에 위치한 토지 등에 대한 보상의 특례) ① 다음 각 호에 해당하는 사업시행자는 자기의 부담으로 제2조에 따른 대상토지를 보상하고 「공익사업을 위한 토지 등의 취득 및 보상에 관한 법률」 제4조에 따른 하천공사 등 공익사업을 시행할 수 있다.

1. 국가 및 지방자치단체
2. 「공공기관의 운영에 관한 법률」에 따른 공공기관
3. 「지방공기업법」에 따른 지방공기업

② 제1항의 경우 제5조·제6조·제8조 및 제9조를 적용하며, 이 경우 "시·도지사"는 "사업시행자"로 본다.

제8조(보상금의 공탁) ① 시·도지사는 다음 각 호의 어느 하나에 해당하는 때에는 제2조에 따른 토지 등의 소재지 공탁소에 보상금을 공탁할 수 있다.

1. 보상금을 받을 자가 그 수령을 거부하거나 보상금을 수령할 수 없는 때
2. 시·도지사의 과실 없이 보상금을 받을 자를 알 수 없는 때
3. 압류 또는 가압류에 의하여 보상금의 지급이 금지된 때

제9조(등기 등) ① 시·도지사는 제2조에 따른 보상금을 지불하거나 제8조에 따른 공탁을 한 날에 관계 법령에 따라 지체 없이 등기신청을 하여야 하며, 그 토지나 물건에 관한 다른 권리는 이와 동시에 소멸한다.

② 제1항에 따른 등기는 다음 각 호의 방법으로 한다.

1. 국가하천은 그 권리자의 명의를 국가로 하되, 소관 중앙관서의 명칭을 함께 적을 것
2. 지방하천은 그 권리자의 명의를 해당 지방자치단체로 할 것

부칙

<제9543호, 2009.3.25.>

제1조(시행일) 이 법은 공포 후 3개월이 경과한 날부터 시행한다.

제2조(다른 법률의 폐지) 하천구역편입토지보상에관한특별조치법은 이를 폐지한다.

제3조(일반적 경과조치) 이 법 시행 전의 「하천구역편입토지 보상에 관한 특별조치법」에 따른 처분 등에 관하여는 종전의 「하천구역편입토지 보상에 관한 특별조치법」에 따른다.

제4조(보상대상토지에 관한 경과조치) 이 법 시행 당시 제2조에 따른 토지와 관련된 보상금 청구소송이 법원에 계속(계속) 중이거나 이미 보상대상이 아니라는 확정판결을 받은 하천편입토지에 대하여도 제2조에 따른 보상대상토지로 본다.

지하수법

[시행 2017.7.26.]
[법률 제14839호, 2017.7.26., 타법개정]

제1장 총칙

<개정 2011.5.30.>

제1조(목적) 이 법은 지하수의 적절한 개발·이용과 효율적인 보전·관리에 관한 사항을 정함으로써 적정한 지하수개발·이용을 도모하고 지하수오염을 예방하여 공공의 복리증진과 국민경제의 발전에 이바지함을 목적으로 한다.
[전문개정 2011.5.30.]

제2조(정의) 이 법에서 사용하는 용어의 뜻은 다음과 같다.

1. "지하수"란 지하의 지층(地層)이나 암석 사이의 빈틈을 채우고 있거나 흐르는 물을 말한다.
2. "지하수영향조사"란 지하수의 개발·이용이 주변지역에 미치는 영향을 분석·예측하는 조사를 말한다.
3. "지하수보전구역"이란 지하수의 수량(水量)이나 수질을 보전하기 위하여 필요한 구역으로서 제12조에 따라 지정된 구역을 말한다.
4. "지하수개발·이용시공업"이란 지하수개발·이용을 위한 시설(이하 "지하수개발·이용시설"이라 한다)을 시공하는 사업을 말한다.
5. "지하수정화업"이란 지하수에 함유된 오염물질을 제거·분해 또는 희석하여 지하수의 수질을 개선하는 사업을 말한다.
6. "원상복구"란 원상복구 대상인 시설 또는 토지에 오염물질의 유입을 막고 사람의 보건 및 안전에 위험을 주지 아니하도록 해당 시설을 해체하거나 해당 토지를 적절하게 되메우는 것을 말한다.

[전문개정 2011.5.30.]

제3조(국가 등의 책무) ① 국가는 공적 자원인 지하수를 효율적으로 보전·관리함으로써 모든 국민이 양질의 지하수를 이용할 수 있도록 지하수에 관한 종합적인 계획을 수립하고 합리적인 시책을 마련할 책무를 진다.
② 국민은 국가의 지하수 보전·관리시책에 협력하고, 지하수 보전과 오염 방지를 위하여 노력하여야 한다.
[전문개정 2011.5.30.]

제4조(다른 법률과의 관계) 지하수의 조사, 개발·이용 및 보전·관리에 관하여 다른 법률에 특별한 규정이 있는 경우에는 그 법률에서 정하는 바에 따른다. 다만, 제14조부터 제16조까지의 규정은 그러하지 아니하다.
[전문개정 2011.5.30.]

제2장 지하수의 조사 및 개발·이용

<개정 2011.5.30.>

제5조(지하수의 조사) ① 국토교통부장관은 대통령령으로 정하는 바에 따라 전국의 지하수에 대하여 부존(賦存) 특성 및 개발 가능량 등에 관한 기초적인 조사를 하여야 한다. <개정 2013.3.23.>
② 국토교통부장관은 대통령령으로 정하는 바에 따라 제1항에 따른 기초적인 조사를 완료한 지역에 대한 보완조사를 주기적으로 실시하여야 한다. <신설 2012.1.17., 2013.3.23.>
③ 관계 중앙행정기관의 장이나 특별시장·광역시장·특별자치시장·도지사 또는 특별자치도지사(이하 "시·도지사"라 한다) 및 시장·군수·구청장(자치구의 구청장을 말한다. 이하 같다)은 지하수와 관련된 소관 업무의 수행을 위하여 필요할 때에는 지하수의 개발·이용 및 보전·관리를 위한 조사를 할 수 있다. <개정 2012.1.17., 2013.5.22.>
④ 관계 중앙행정기관의 장, 시·도지사, 시장·군수·구청장은 제3항의 조사를 하려면 대통령령으로 정하는 바에 따라 미리 국토교통부장관과 협의하거나 국토교통부장관에게 통보하여야 하며, 조사를 마쳤을 때에는 그 결과를 국토교통부장관에게 통보하여야 한다. 다만, 대통령령으로 정하는 긴급한 사유가 있는 경우에는 그러하지 아니하다. <개정 2012.1.17., 2013.3.23.>
⑤ 국토교통부장관, 관계 중앙행정기관의 장, 시·도지사, 시장·군수·구청장은 대통령령으로 정하는 바에 따라 제1항부터 제3항까지의 조사업무를 지하수 관련 조사전문기관(이하 "지하수조사전문기관"이라 한다)이 대행하게 할 수 있다. <개정 2012.1.17., 2013.3.23.>
⑥ 국토교통부장관, 관계 중앙행정기관의 장,

시·도지사, 시장·군수·구청장은 지하수와 관련된 소관 업무의 수행을 위하여 필요하다고 인정할 때에는 대통령령으로 정하는 바에 따라 관계 기관에 제1항부터 제3항까지 및 제5항의 조사자료를 요구하거나 협조를 요청할 수 있다. <개정 2012.1.17., 2013.3.23.>

⑦ 국토교통부장관은 대통령령으로 정하는 바에 따라 제1항부터 제3항까지 및 제5항의 조사자료를 종합관리하고, 관계 기관 또는 지하수를 개발·이용하는 자가 활용할 수 있도록 하여야 한다. <개정 2012.1.17., 2013.3.23.>

⑧ 시장·군수·구청장은 제4항에 따른 협의를 하려면 미리 시·도지사와의 협의를 거쳐야 한다. <개정 2012.1.17.>

[전문개정 2011.5.30.]

제5조의2(지하수보전·관리의 정보화) ① 국토교통부장관, 시·도지사 및 시장·군수·구청장은 제5조에 따른 지하수 조사자료와 그 밖에 지하수보전·관리에 필요한 자료를 효율적으로 활용하기 위하여 지하수정보체계를 구축·운영할 수 있다. <개정 2013.3.23., 2013.5.22.>

② 국토교통부장관은 제1항에 따라 지하수정보체계를 구축하려면 미리 환경부장관과 협의하여야 한다. <개정 2013.3.23.>

③ 시·도지사 및 시장·군수·구청장이 지하수정보체계를 구축하려면 미리 국토교통부장관 및 환경부장관과 협의하여야 한다. <신설 2013.5.22.>

④ 제1항에 따른 지하수정보체계의 구축 범위, 운영절차 등에 관하여 필요한 사항은 대통령령으로 정한다. <개정 2013.5.22.>

⑤ 국토교통부장관, 시·도지사 및 시장·군수·구청장은 제1항에 따른 지하수정보체계의 구축·운영에 관한 업무를 지하수조사전문기관이 대행하게 할 수 있다. <개정 2013.3.23., 2013.5.22.>

[전문개정 2011.5.30.]

제6조(지하수관리기본계획의 수립) ① 국토교통부장관은 지하수의 체계적인 개발·이용 및 효율적인 보전·관리를 위하여 다음 각 호의 사항이 포함된 10년 단위의 지하수관리기본계획(이하 "기본계획"이라 한다)을 수립하여야 한다. <개정 2013.3.23.>

1. 지하수의 부존 특성 및 개발 가능량
2. 지하수의 이용실태
3. 지하수의 이용계획
4. 지하수의 보전계획
5. 지하수의 수질관리 및 정화계획
6. 그 밖에 지하수의 관리에 관한 사항

② 국토교통부장관은 기본계획이 수립된 날부터 5년마다 그 타당성을 검토하여 필요한 경우에는 이를 변경하여야 한다. <개정 2013.3.23.>

③ 제1항제5호에 따른 지하수의 수질관리 및 정화계획은 환경부장관이 수립하여 국토교통부장관에게 통보하여야 한다. <개정 2013.3.23.>

④ 기본계획에는 「온천법」에 따른 온천수, 「농어촌정비법」에 따른 농어촌용수(지하수만 해당한다), 「먹는물관리법」에 따른 먹는샘물·먹는염지하수 및 「제주특별자치도 설치 및 국제자유도시 조성을 위한 특별법」에 따른 제주특별자치도지역 지하수에 관한 사항이 포함되어야 한다. 이 경우 행정안전부장관·농림축산식품부장관 및 환경부장관은 각각 관계 법률에 따른 지하수 관리의 실태 및 계획 등을 미리 국토교통부장관에게 통보하여야 한다. <개정 2013.3.23., 2014.11.19., 2017.7.26.>

⑤ 국토교통부장관은 제1항에 따라 기본계획을 수립하려면 미리 시·도지사의 의견을 듣고 관계 중앙행정기관의 장과 협의하여야 한다. 수립한 기본계획을 변경하려는 경우에도 또한 같다. 다만, 대통령령으로 정하는 경미한 사항을 변경하려는 경우에는 그러하지 아니하다. <개정 2013.3.23.>

⑥ 국토교통부장관은 기본계획을 수립하였을 때에는 대통령령으로 정하는 바에 따라 지체 없이 이를 공고하고 관계 기관에 통보하여야 한다. 수립한 기본계획을 변경(제5항 단서에 따른 경미한 사항의 변경은 제외한다)하는 경우에도 또한 같다. <개정 2013.3.23.>

⑦ 관계 중앙행정기관의 장은 관계 법률에 따라 지하수의 개발·이용 및 보전·관리를 할 때 기본계획에 적합하도록 하여야 한다.

⑧ 기본계획의 수립절차 등에 관하여 필요한 사항은 대통령령으로 정한다.

[전문개정 2011.5.30.]

제6조의2(지역지하수관리계획의 수립·시행) ① 시·도지사는 기본계획에 따라 관할구역의 지역지하수관리계획(이하 "지역관리계획"이라 한다)을 수립하여 국토교통부장관의 승인을 받아야 한다. 수립한 지역관리계획을 변경하려는 경우에도 또한 같다. 다만, 대통령령으로 정하는 경미한 사항을 변경하려는 경우에는 그러

하지 아니하다. <개정 2013.3.23.>
② 시장·군수·구청장은 관할구역에서 지하수의 수위저하(水位低下), 수질오염 등 대통령령으로 정하는 지하수 장해가 발생하는 경우 시·도지사와 협의한 후 지역관리계획을 수립하여 국토교통부장관에게 승인을 요청할 수 있다. <개정 2013.3.23.>
③ 국토교통부장관은 제1항 또는 제2항에 따른 지역관리계획을 승인하려면 미리 환경부장관과 협의하여야 한다. <개정 2013.3.23.>
④ 시·도지사 또는 시장·군수·구청장은 제1항 또는 제2항에 따라 지역관리계획의 승인을 받았을 때에는 대통령령으로 정하는 바에 따라 지체 없이 이를 공고하고 시·도지사는 관계 행정기관의 장 및 시장·군수·구청장에게, 시장·군수·구청장은 시·도지사에게 이를 통보하여야 한다. 수립된 지역관리계획을 변경(제1항 단서에 따른 경미한 사항의 변경은 제외한다)하는 경우에도 또한 같다.
⑤ 지역관리계획에는 제6조제1항 각 호의 사항과 관할지역 지하수의 수량관리를 위한 사항이 포함되어야 한다.
⑥ 지역관리계획의 수립절차 등에 관하여 필요한 사항은 대통령령으로 정한다.
⑦ 시·도지사 또는 시장·군수·구청장은 지역관리계획의 수립에 관한 업무를 지하수조사전문기관이 대행하게 할 수 있다.
[전문개정 2011.5.30.]

제7조(지하수개발·이용의 허가) ① 지하수를 개발·이용하려는 자는 대통령령으로 정하는 바에 따라 미리 시장(특별자치시장을 포함한다. 이하 같다)·군수·구청장의 허가를 받아야 한다. 다만, 다음 각 호의 어느 하나에 해당하는 경우에는 그러하지 아니하다. <개정 2011.5.30., 2013.5.22.>
1. 자연히 흘러나오는 지하수 또는 다른 법률에 따른 허가·인가 등을 받거나 신고를 하고 시행하는 사업 등으로 인하여 부수적으로 발생하는 지하수를 이용하는 경우
2. 동력장치를 사용하지 아니하고 가정용 우물 또는 공동우물을 개발·이용하는 경우
3. 제13조제1항제1호에 따른 허가를 받은 경우

② 제1항에 따른 허가를 신청하려는 자는 제27조에 따른 지하수영향조사기관이 실시하는 지하수영향조사를 받은 후 지하수영향조사기관이 작성한 지하수영향조사서를 제출하여야 하며, 시장·군수·구청장은 대통령령으로 정하는 바에 따라 지하수영향조사서를 심사하여 그 결과를 허가 내용에 반영하여야 한다. 이 경우 시장·군수·구청장은 기본계획 및 지역관리계획을 고려하여 심사하여야 한다. <개정 2011.5.30.>
③ 시장·군수·구청장은 다음 각 호의 어느 하나의 경우에는 제1항에 따른 허가를 하지 아니하거나 취수량을 제한할 수 있다. <개정 2011.4.14., 2011.5.30.>
1. 지하수 채취로 인하여 인근 지역의 수원(水源)의 고갈 또는 지반의 침하를 가져올 우려가 있거나 주변 시설물의 안전을 해칠 우려가 있는 경우
2. 지하수를 오염시키거나 자연생태계를 해칠 우려가 있는 경우
3. 지하수의 적정 관리 또는 「국토의 계획 및 이용에 관한 법률」에 따른 도시·군관리계획, 그 밖에 공공사업에 지장을 줄 우려가 있는 경우
4. 그 밖에 지하수를 보전하기 위하여 필요하다고 인정되는 경우로서 대통령령으로 정하는 경우

④ 시장·군수·구청장은 제3항에 따라 허가를 하지 아니하는 경우에는 신청인에게 그 사유를 서면으로 알려야 한다. <개정 2011.5.30.>
⑤ 삭제 <2011.5.30.>
⑥ 허가받은 사항 중 대통령령으로 정하는 사항을 변경하려는 경우에는 제1항부터 제4항까지의 규정을 준용한다. 다만, 허가받은 사항의 변경으로 인하여 해당 지하수개발·이용이 제8조제1항제2호 또는 제5호에 해당하는 경우에는 제8조제1항에 따라 시장·군수·구청장에게 신고하고 지하수를 계속 이용할 수 있다. <개정 2011.5.30.>
⑦ 삭제 <2013.5.22.>
⑧ 제2항에 따른 지하수영향조사의 항목·조사방법·평가기준, 지하수영향조사서의 작성지침·작성내용, 그 밖에 필요한 사항은 대통령령으로 정한다. <개정 2011.5.30.>
[제목개정 2011.5.30.]

제7조의2(하천 인근에서의 지하수개발·이용허가) ① 시장·군수·구청장은 제7조제1항에 따른 허가를 할 때 「하천법」 제2조제2호에 따른 하천구역의 경계로부터 대통령령으로 정하는 범위 내의 지역에서 지하수를 개발·이용하는 경우에는 제7조제2항에 따라 지하수영향조사서를 첨부하여 국토교통부장관과 미리 협의하

여야 한다. <개정 2013.3.23.>
② 국토교통부장관은 제1항에 따른 지하수개발·이용이 하천의 수량에 영향을 미친다고 인정하는 경우에는 취수량·취수기간의 제한 및 취수 금지 등을 요청할 수 있으며, 시장·군수·구청장은 특별한 사유가 없으면 요청에 따라야 한다. 이 경우 국토교통부장관은 해당 허가로 인하여 「하천법」 제34조에 따른 기득하천사용자(旣得河川使用者)가 손실을 받을 것이 명백한 경우에는 허가를 신청한 자가 기득하천사용자로부터 동의를 받도록 하여야 한다. <개정 2013.3.23.>
[전문개정 2011.5.30.]

제7조의3(지하수개발·이용허가의 유효기간) ① 제7조제1항에 따른 지하수개발·이용허가의 유효기간은 5년으로 한다.
② 시장·군수·구청장은 지하수개발·이용허가를 받은 자가 신청하면 유효기간의 연장을 허가할 수 있다. 이 경우 그 연장기간은 5년으로 한다.
③ 제2항에 따른 유효기간의 연장신청절차 등에 관하여 필요한 사항은 대통령령으로 정한다.
[전문개정 2011.5.30.]

제8조(지하수개발·이용의 신고) ① 다음 각 호의 어느 하나에 해당하는 경우에는 제7조에도 불구하고 대통령령으로 정하는 바에 따라 미리 시장·군수·구청장에게 신고하고 지하수를 개발·이용할 수 있다. <개정 2015.6.22.>
1. 「국방·군사시설 사업에 관한 법률」 제2조에 따른 국방·군사시설사업에 의하여 설치된 시설에서 지하수를 개발·이용하는 경우
2. 「농업·농촌 및 식품산업 기본법」 제3조제1호에 따른 농업과 「수산업·어촌 발전 기본법」 제3조제1호가목에 따른 어업을 영위할 목적으로 대통령령으로 정하는 규모 이하로 지하수를 개발·이용하는 경우
3. 재해나 그 밖의 천재지변으로 인하여 긴급히 지하수를 개발·이용할 필요가 있다고 시장·군수·구청장이 인정하는 경우
4. 전쟁이나 그 밖의 비상사태 발생에 대비하여 국가 또는 지방자치단체가 비상급수용(非常給水用)으로 지하수를 개발·이용하는 경우
5. 제1호부터 제4호까지의 규정 외의 경우로서 대통령령으로 정하는 규모 이하로 지하수를 개발·이용하는 경우

② 제1항에 따라 신고한 사항 중 대통령령으로 정하는 중요한 사항을 변경할 때에는 시장·군수·구청장에게 신고하여야 한다. 다만, 신고한 사항의 변경으로 인하여 해당 지하수개발·이용이 제1항 각 호의 어느 하나에 해당되지 아니하는 경우에는 제7조에 따라 시장·군수·구청장의 허가를 받아야 한다.
③ 시장·군수·구청장은 제1항에 따른 지하수개발·이용이 제7조제3항 각 호의 어느 하나에 해당되는 경우에는 제27조에 따른 지하수영향조사기관이 실시한 지하수영향조사를 받아 그 결과를 토대로 취수량 및 취수기간을 제한할 수 있고, 대통령령으로 정하는 바에 따라 시정명령·이용중지명령 또는 공동이용명령 등 필요한 조치를 할 수 있으며, 정당한 사유 없이 이를 이행하지 아니한 자에게는 해당 개발·이용시설의 폐쇄를 명할 수 있다.
[전문개정 2011.5.30.]

제8조의2(신고의 효력 상실) 제8조에 따른 지하수개발·이용의 신고는 다음 각 호의 어느 하나에 해당하는 경우에 그 효력을 잃는다. 이 경우 시장·군수·구청장은 신고인에게 신고의 효력 상실에 관한 사항을 지체 없이 알려야 한다.
1. 신고한 자가 지하수를 개발·이용할 의사가 없음을 시장·군수·구청장에게 알리거나 시장·군수·구청장이 이를 확인한 경우
2. 신고한 날부터 3개월 이내에 정당한 사유 없이 공사를 시작하지 아니하거나 공사 시작 후 계속하여 3개월 이상 공사를 중지한 경우

[전문개정 2011.5.30.]

제9조(준공신고) ① 제7조에 따라 허가를 받거나 제8조에 따라 신고한 자가 그 공사를 준공하였을 때에는 대통령령으로 정하는 바에 따라 시장·군수·구청장에게 신고하여야 한다.
② 시장·군수·구청장은 제1항에 따라 신고한 내용 중 지하수개발·이용시설의 위치 등 대통령령으로 정하는 사항이 제7조에 따라 허가를 받거나 제8조에 따라 신고한 내용과 다르게 준공된 경우에는 대통령령으로 정하는 바에 따라 그 시정을 명하거나 필요한 조치를 할 수 있으며, 정당한 사유 없이 이를 이행하

지 아니하는 자에게는 해당 개발·이용시설의 폐쇄를 명할 수 있다.
[전문개정 2011.5.30.]

제9조의2(유출지하수의 이용 등) ① 지하철·터널 등의 지하시설물을 설치하려는 자 또는 국토교통부령으로 정하는 규모 이상의 건축물이나 그 밖의 시설물을 설치하려는 자는 이로 인하여 국토교통부령으로 정하는 기준 이상으로 지하수가 유출되는 경우 이를 감소시킬 수 있는 대책을 수립하여 국토교통부령으로 정하는 바에 따라 시장·군수·구청장에게 신고하고, 그 대책을 시행하여야 한다. <개정 2013.3.23., 2013.5.22.>
② 제1항에 따른 대책에도 불구하고 해당 시설 또는 건축물 등의 준공 후 국토교통부령으로 정하는 기준 이상으로 지하수가 유출되는 경우에는 국토교통부령으로 정하는 바에 따라 이를 대통령령으로 정하는 용도로 이용할 수 있도록 이용계획을 수립하여 시장·군수·구청장에게 신고하여야 한다. <개정 2013.3.23., 2013.5.22.>
③ 시장·군수·구청장은 제1항에 따른 지하수의 유출감소대책을 시행하지 아니하는 자 또는 제2항에 따른 유출지하수의 이용계획을 시행하지 아니하거나 이용률이 현저히 낮다고 인정되는 자에게는 국토교통부령으로 정하는 바에 따라 기간을 정하여 그 개선을 명하여야 한다. <개정 2013.3.23.>
[전문개정 2011.5.30.]

제9조의3(지하수개발·이용의 종료신고) 이 법 또는 다른 법률에 따른 허가·인가 등을 받거나 신고를 하고 지하수를 개발·이용하는 자는 제15조제1항제3호부터 제5호까지의 어느 하나에 해당되는 경우에는 국토교통부령으로 정하는 바에 따라 이에 관한 사항을 시장·군수·구청장에게 신고하여야 한다. <개정 2013.3.23.>
[전문개정 2011.5.30.]

제9조의4(지하수에 영향을 미치는 굴착행위의 신고 등) ① 다음 각 호의 어느 하나에 해당하는 행위를 하기 위하여 토지를 굴착하려는 자는 국토교통부령으로 정하는 바에 따라 그 내용을 미리 시장·군수·구청장에게 신고하여야 한다. 신고한 사항 중 대통령령으로 정하는 중요한 사항을 변경하려 하거나 해당 행위를 종료한 경우에도 또한 같다. <개정 2013.3.23.>
1. 제5조에 따른 지하수의 조사
2. 제7조제2항에 따른 지하수영향조사
3. 제16조의2제1항에 따른 수질측정
4. 그 밖에 지하수의 수량 또는 수질에 영향을 미치는 행위로서 대통령령으로 정하는 행위

② 시장·군수·구청장은 제1항에 따라 신고를 한 자에게 토지의 굴착에 따른 지질·수량, 그 밖에 지하수 관리에 필요한 자료를 요청할 수 있으며, 그 요청을 받은 자는 특별한 사유가 없으면 요청에 따라야 한다.
③ 시장·군수·구청장은 제1항에 따른 굴착행위로 인하여 대통령령으로 정하는 정도로 지하수의 수량 또는 수질에 영향을 미치거나 미칠 우려가 있는 경우에는 시설의 개선을 명하거나 필요한 조치를 할 수 있다.
④ 제1항에 따른 토지의 굴착신고, 제2항에 따른 지하수 관리에 필요한 자료의 제공절차 등에 관하여 필요한 사항은 국토교통부령으로 정한다. <개정 2013.3.23.>
[전문개정 2011.5.30.]

제9조의5(지하수개발·이용시설의 사후관리 등) ① 이 법 또는 다른 법률에 따른 허가·인가 등을 받거나 신고를 하고 지하수를 개발·이용하는 자(이하 "지하수개발·이용자"라 한다)는 지하수 수질보전 등을 위하여 지하수개발·이용시설의 정비 등 사후관리를 하여야 한다. <개정 2013.5.22.>
② 지하수개발·이용자가 제1항에 따른 사후관리를 이행하려는 때에는 국토교통부령으로 정하는 바에 따라 시장·군수·구청장에게 신고하여야 한다. 해당 행위를 종료한 때에도 또한 같다. <개정 2013.3.23.>
③ 시장·군수·구청장은 사후관리를 이행하지 아니하거나 거짓으로 신고한 자에게는 대통령령으로 정하는 바에 따라 시정명령 또는 이용중지 등 필요한 조치를 할 수 있다.
④ 제1항에 따른 사후관리 대상 시설, 용도, 검사주기, 그 밖에 필요한 사항은 대통령령으로 정한다.
[전문개정 2011.5.30.]

제9조의6(지하수자원확보시설의 설치 등) ① 국토교통부장관 및 지방자치단체의 장은 안정적인 수자원의 확보와 가뭄 등에 대비하여 다음 각 호의 어느 하나에 해당하는 지

역에 지하수자원확보시설(국가 또는 지방자치단체가 지하수자원을 확보하기 위하여 설치·관리하는 지하수댐, 지하수 함양시설 등을 말한다)을 설치 및 관리할 수 있다. <개정 2013.3.23.>

1. 안정적인 수자원의 확보가 어려운 도서·해안 지역
2. 가뭄 등에 취약하여 비상시에 대비한 수자원의 확보가 필요한 지역
3. 그 밖에 지하수 수위가 불안정하거나 대체수원을 필요로 하는 등 지하수자원의 확보를 위하여 대통령령으로 정하는 지역

② 제1항의 지하수자원확보시설의 설치는 국토교통부장관의 경우 기본계획, 지방자치단체의 장의 경우 지역관리계획의 범위에서 하여야 한다. <개정 2013.3.23.>

③ 제1항에 따른 지하수자원확보시설의 설치·관리에 관한 기준 등에 관하여는 국토교통부령으로 정한다. <개정 2013.3.23.>

④ 국토교통부장관 또는 지방자치단체의 장은 제1항에 따른 지하수자원확보시설의 설치·관리에 관한 업무를 대통령령으로 정하는 기관에 대행하게 할 수 있다. <개정 2013.3.23.>

[본조신설 2012.1.17.]

제9조의7(지하수의 냉난방에너지원으로 이용 등) ① 국토교통부장관은 지하수를 냉난방에너지원으로 이용하는 데 필요한 지하수의 적정한 개발·이용 및 보전·관리를 위한 시책을 강구하여야 한다. <개정 2013.3.23.>

② 국토교통부장관은 제1항에 따른 시책을 이행하기 위하여 필요한 경우 시장·군수·구청장에 대하여 기술적·재정적 지원을 할 수 있다. <개정 2013.3.23.>

③ 국토교통부장관은 지하수를 냉난방에너지원으로 이용하기 위한 시설에 대한 설치기준을 국토교통부령으로 정한다. <개정 2013.3.23.>

[본조신설 2012.1.17.]

제10조(허가의 취소 등) ① 시장·군수·구청장은 제7조에 따라 허가를 받은 자가 다음 각 호의 어느 하나에 해당하는 경우에는 그 허가를 취소할 수 있다. 다만, 제1호·제7호·제8호 및 제8호의2에 해당하는 경우에는 허가를 취소하여야 한다. <개정 2012.1.17., 2013.3.23.>

1. 부정한 방법으로 지하수개발·이용의 허가를 받은 경우
2. 제7조제3항 각 호의 어느 하나에 해당하는 경우
3. 제9조제1항에 따른 준공신고를 하지 아니하거나 거짓으로 신고한 경우
4. 허가를 받은 날부터 3개월 이내에 정당한 사유 없이 공사를 시작하지 아니하거나 공사 시작 후 계속하여 3개월 이상 공사를 중지한 경우
5. 지하수의 개발·이용을 위하여 굴착한 장소에서 지하수가 채취되지 아니한 경우
6. 수질불량으로 지하수를 개발·이용할 수 없는 경우
7. 허가를 받은 목적에 따른 개발·이용이 불가능하게 된 경우
8. 지하수의 개발·이용을 종료한 경우

8의2. 제17조제1항 또는 제2항에 따른 수위변동 실태조사 결과 지하수의 수위가 지속적으로 낮아지는 지역으로서 국토교통부장관이 대통령령으로 정하는 바에 따라 정밀조사한 결과 지하수의 개발·이용을 제한할 필요가 있어 시장·군수·구청장에게 허가의 취소를 요청한 경우

9. 제20조제2항에 따른 지하수의 이용중지 또는 수질개선 등의 조치명령을 위반한 경우

② 제1항제6호에 따른 수질불량의 정도에 관하여는 대통령령으로 정한다.

③ 시장·군수·구청장은 제1항에 따라 허가를 취소하기 전에 대통령령으로 정하는 바에 따라 기간을 정하여 그 시정을 명하거나 필요한 조치를 할 수 있다. 다만, 제1항제1호·제7호·제8호 및 제8호의2의 경우에는 그러하지 아니하다. <개정 2012.1.17.>

④ 시장·군수·구청장은 제1항에 따라 허가를 취소하는 경우에는 허가를 받은 자에게 그 사유를 서면으로 알려야 한다.

[전문개정 2011.5.30.]

제11조(권리·의무의 승계 등) ① 지하수개발·이용자가 지하수개발·이용시설을 양도하거나 사망한 경우 또는 법인의 합병이 있는 경우에는 그 양수인·상속인 또는 합병 후 존속하는 법인이나 합병으로 설립된 법인이 허가·변경허가·신고 또는 변경신고에 따른 지하수개발·이용자의 권리·의무를 승계한다.

② 다음 각 호의 어느 하나에 해당하는 절차에 따라 지하수개발·이용자의 지하수개발·이용시설을 인수한 자는 허가·변경허가·신고 또는 변경신고에 따른 지하수개발·이용자의 권

리·의무를 승계한다. <개정 2016.12.27.>
1. 「민사집행법」에 따른 경매
2. 「채무자 회생 및 파산에 관한 법률」에 따른 환가(換價)
3. 「국세징수법」, 「관세법」 또는 「지방세징수법」에 따른 압류재산의 매각
4. 그 밖에 제1호부터 제3호까지의 규정에 준하는 절차

③ 제1항 및 제2항에 따라 권리·의무를 승계한 경우에는 승계일부터 1개월 이내에 국토교통부령으로 정하는 바에 따라 시장·군수·구청장에게 신고하여야 한다.
[본조신설 2013.5.22.]

제3장 지하수의 보전·관리
<개정 2011.5.30.>

제12조(지하수보전구역의 지정) ① 시·도지사는 지하수의 보전·관리를 위하여 필요한 경우에는 다음 각 호의 어느 하나에 해당하는 지역을 지하수보전구역으로 지정할 수 있다.
1. 지하수를 이용하는 하류지역과 수리적으로 연결된 지하수의 공급원이 되는 상류지역
2. 주된 용수공급원이 되는 지하수가 상당히 부존된 지층이 있는 지역
3. 대통령령으로 정하는 공공급수용 지하수개발·이용시설의 중심에서 대통령령으로 정하는 반지름 이내에 제13조제1항제2호에 따른 시설이 설치되어 수질의 저하가 우려되는 지역
4. 지하수개발·이용량이 기본계획 또는 지역관리계획에서 정한 지하수개발 가능량에 비하여 현저하게 높다고 판단되는 지역
5. 지하수의 지나친 개발·이용으로 인하여 지하수의 고갈현상, 지반침하 또는 하천이 마르는 현상이 발생하거나 발생할 우려가 있는 지역
6. 지하수의 개발·이용으로 인하여 주변 생태계에 심각한 악영향을 미치거나 미칠 우려가 있는 지역
7. 그 밖에 지하수의 수량이나 수질을 보전하기 위하여 필요한 지역으로서 대통령령으로 정하는 지역

② 시·도지사는 제1항에 따라 지하수보전구역을 지정하거나 그 지정을 변경하려면 관계 행정기관의 장과 협의하여야 한다. 다만, 대통령령으로 정하는 경미한 사항을 변경하려는 경우에는 그러하지 아니하다.

③ 둘 이상의 특별시·광역시·특별자치시 또는 도의 행정구역에 걸쳐 지하수보전구역을 지정할 필요가 있는 경우에는 관계 시·도지사는 협의하여 이를 공동으로 지정하거나 지정할 자를 정한다. <개정 2013.5.22.>

④ 국토교통부장관은 제3항에 따른 협의가 성립되지 아니한 경우에는 관계 중앙행정기관의 장과 협의하여 지정할 자를 지정하고, 이를 고시하여야 한다. <개정 2013.3.23.>

⑤ 시·도지사는 제1항에 따라 지하수보전구역을 지정하거나 그 지정을 변경하였을 때에는 지체 없이 이를 고시하고, 국토교통부장관에게 보고하여야 하며, 시장(특별자치시장은 제외한다)·군수·구청장에게 알려야 한다. <개정 2013.3.23., 2013.5.22.>

⑥ 시장·군수·구청장은 지하수보전구역의 지정 또는 지정 변경 사실 및 그 내용을 일반인이 열람할 수 있도록 하여야 한다. <신설 2013.5.22.>

⑦ 국토교통부장관은 제1항 각 호의 어느 하나에 해당하는 지역이 다음 각 호의 어느 하나에 해당하는 경우에는 시·도지사에게 지하수보전구역의 지정을 명할 수 있다. <개정 2013.3.23., 2013.5.22.>
1. 지하수의 보전·관리를 위하여 지하수보전구역을 지정할 필요가 있는데도 지정을 하지 아니하여 지하수의 보전·관리에 지장을 초래할 우려가 있다고 판단되는 지역
2. 수질보전을 위하여 환경부장관이 요청한 지역
3. 그 밖에 지하수의 보전·관리에 필요하다고 인정되는 경우로서 대통령령으로 정하는 지역

⑧ 시·도지사는 지하수보전구역이 지정된 경우에는 그 지역의 지하수를 보전·관리하기 위한 대책을 수립·시행하여야 한다. <개정 2013.5.22.>

⑨ 국토교통부장관은 제1항 각 호에 해당하는 경우 그 지역의 안정적인 지하수자원 확보를 위하여 필요하다고 인정하는 경우에는 미리 시·도지사의 의견을 듣고 지하수를 보전·관리하기 위한 대책을 수립·시행할 수 있다. <신설 2013.5.22.>

⑩ 지하수보전구역의 지정 범위, 절차, 그 밖에 필요한 사항은 대통령령으로 정한다. <개정 2013.5.22.>
[전문개정 2011.5.30.]

제12조의2(주민의 의견 청취) ① 시·도지사

는 제12조에 따라 지하수보전구역을 지정하거나 그 지정을 변경하려면 주민의 의견을 들어야 하며, 그 의견이 타당하다고 인정할 때에는 이를 반영하여야 한다. 다만, 국방상 또는 국가안전보장상 기밀을 요하는 사항(관계 중앙행정기관의 장이 요청하는 것으로 한정한다)이거나 대통령령으로 정하는 경미한 사항인 경우에는 그러하지 아니하다.

② 제1항에 따른 주민의 의견 청취에 필요한 사항은 대통령령으로 정하는 기준에 따라 해당 특별시·광역시·특별자치시·도 또는 특별자치도의 조례로 정한다. <개정 2013.5.22.>

[전문개정 2011.5.30.]

제13조(지하수보전구역에서의 행위 제한) ① 지하수보전구역에서 다음 각 호의 어느 하나에 해당하는 행위를 하려는 자는 시장·군수·구청장의 허가를 받아야 한다. 다만, 관계 법률에 따라 승인을 받거나 허가를 받아 제2호의 시설을 설치한 경우에는 허가를 받은 것으로 본다. <개정 2013.6.4., 2017.1.17.>

1. 제8조제1항제5호에 따라 신고하도록 되어 있는 규모의 범위에서 대통령령으로 정하는 규모 이상의 지하수를 개발·이용하는 행위
2. 다음 각 목의 어느 하나에 해당하는 물질을 배출·제조 또는 저장하는 시설로서 대통령령으로 정하는 시설의 설치
   가. 「물환경보전법」 제2조제8호에 따른 특정수질유해물질
   나. 「폐기물관리법」 제2조제1호에 따른 폐기물
   다. 「하수도법」 제2조제1호·제2호에 따른 오수·분뇨 및 「가축분뇨의 관리 및 이용에 관한 법률」 제2조제2호에 따른 가축분뇨
   라. 「화학물질관리법」 제2조제7호에 따른 유해화학물질
   마. 「토양환경보전법」 제2조제2호에 따른 토양오염물질
3. 지하수의 수위저하·수질오염 또는 지반침하 등 명백한 위험을 가져오는 행위로서 대통령령으로 정하는 행위

② 시장·군수·구청장은 대통령령으로 정하는 바에 따라 지하수보전구역에서 새로운 지하수의 개발·이용을 금지할 수 있다.

③ 제1항에 따른 허가에 관하여는 제7조, 제9조, 제9조의2부터 제9조의7까지, 제10조 및 제11조를 준용한다. <개정 2013.5.22.>

[전문개정 2011.5.30.]

제14조(이행보증금의 예치) ① 이 법 또는 다른 법률에 따른 허가·인가 등을 받거나 신고를 하고 지하수를 개발·이용하는 자 또는 제9조의4에 따라 굴착행위 신고를 하고 토지를 굴착하는 자는 원상복구의 이행을 담보하기 위하여 이행보증금을 예치하여야 한다. 다만, 다음 각 호의 어느 하나에 해당하는 경우에는 그러하지 아니하다.

1. 국가·지방자치단체 또는 「공공기관의 운영에 관한 법률」에 따른 공공기관이 지하수를 개발·이용하는 경우 또는 제9조의4에 따라 굴착행위신고를 하고 토지를 굴착하는 경우
2. 그 밖에 원상복구가 확실시되는 경우로서 대통령령으로 정하는 경우

② 제1항에 따른 이행보증금의 금액, 예치의 시기·방법·절차 및 이행보증금의 반환 등에 관하여 필요한 사항은 대통령령으로 정한다.

[전문개정 2011.5.30.]

제15조(원상복구 등) ① 이 법 또는 다른 법률에 따른 허가·인가 등을 받거나 신고를 하고 지하수를 개발·이용하는 자(제13조에 따른 허가를 받고 같은 조 제1항 각 호의 어느 하나에 해당하는 행위를 하는 자를 포함한다)가 다음 각 호의 어느 하나에 해당하는 경우에는 해당 시설 및 토지를 원상복구하여야 한다. 다만, 원상복구할 필요가 없는 경우로서 대통령령으로 정하는 경우에는 그러하지 아니하다.

1. 이 법 또는 다른 법률에 따른 허가·인가 등이 취소된 경우
2. 이 법 또는 다른 법률에 따른 허가·인가 등에 의한 개발·이용기간이 끝난 경우
3. 지하수의 개발·이용을 위하여 굴착한 장소에서 지하수가 채취되지 아니한 경우
4. 수질불량으로 지하수를 개발·이용할 수 없는 경우
5. 지하수의 개발·이용을 종료한 경우
6. 제8조의2에 따라 신고의 효력이 상실된 경우
7. 제9조의4에 따라 신고를 하고 토지를 굴착한 경우로서 같은 조 제1항 각 호의 어느 하나에 해당하는 행위를 종료한 경우
8. 그 밖에 원상복구가 필요한 경우로서 대통령령으로 정하는 경우

② 시장·군수·구청장은 제1항에 따라 원상복구를 하여야 하는 자가 정당한 사유 없이 그 의무를 이행하지 아니하는 경우에는 일정

한 기간을 정하여 원상복구를 명하여야 한다.

③ 시장·군수·구청장은 다음 각 호의 어느 하나에 해당하는 자에게 일정한 기간을 정하여 원상복구를 명하여야 한다.

1. 이 법 또는 다른 법률에 따라 지하수의 개발·이용에 관한 허가·인가 등을 받아야 하는 경우 그 허가·인가 등을 받지 아니하고 지하수를 개발·이용하는 자
2. 이 법 또는 다른 법률에 따라 지하수의 개발·이용에 관한 신고를 하여야 하는 경우 그 신고를 하지 아니하거나 거짓으로 신고하고 지하수를 개발·이용하는 자. 다만, 원상복구명령을 하기 전에 계속하여 지하수를 이용하기 위하여 이 법에 따라 신고한 자는 제외한다.

④ 시장·군수·구청장은 다음 각 호의 어느 하나에 해당되는 경우에는 대통령령으로 정하는 바에 따라 원상복구 의무자를 대신하여 직접 해당 시설 및 토지를 원상복구하여야 한다. 이 경우 제1호에 따른 원상복구를 위하여 제14조에 따른 이행보증금을 사용할 수 있다.

1. 원상복구 의무자가 제2항에 따른 원상복구명령을 이행하지 아니하여 시급한 원상복구가 요청되는 경우
2. 원상복구 의무자가 불분명하여 지하수개발·이용시설 또는 토지의 굴착시설 등이 방치된 경우

⑤ 제1항부터 제4항까지의 규정에 따른 원상복구의 기준·방법·기간 등에 필요한 사항은 대통령령으로 정한다.

[전문개정 2011.5.30.]

제16조(지하수 오염방지명령 등) ① 이 법 또는 다른 법률에 따라 허가·인가 등을 받거나 신고를 하고 지하수를 개발·이용하는 자(제13조에 따른 허가를 받고 같은 조 제1항 각 호의 어느 하나에 해당하는 행위를 하는 자를 포함한다)는 대통령령으로 정하는 바에 따라 지하수 오염방지를 위한 시설의 설치 등 필요한 조치를 하여야 한다.

② 환경부장관 또는 시장·군수·구청장은 지하수 오염방지를 위하여 특히 필요하다고 인정할 때에는 대통령령으로 정하는 바에 따라 지하수를 오염시키거나 현저하게 오염시킬 우려가 있는 시설의 설치자 또는 관리자에게 지하수 오염방지를 위한 조치를 하도록 명할 수 있다.

[전문개정 2011.5.30.]

제16조의2(지하수오염유발시설의 오염방지 등) ① 지하수를 오염시키거나 현저하게 오염시킬 우려가 있는 시설로서 다음 각 호의 어느 하나에 해당하는 시설(이하 "지하수오염유발시설"이라 한다)의 설치자 또는 관리자(이하 "지하수오염유발시설관리자"라 한다)는 대통령령으로 정하는 바에 따라 지하수 오염방지를 위한 조치를 하고, 지하수 오염 관측정(觀測井)을 설치하여 수질측정을 하여야 하며, 그 측정 결과를 시장·군수·구청장에게 보고하여야 한다.

1. 지하수보전구역에 설치된 환경부령으로 정하는 시설
2. 지하수의 오염방지를 위하여 오염 여부에 대한 지속적인 관측이 필요하다고 인정되는 시설로서 환경부령으로 정하는 시설

② 지하수오염유발시설관리자는 해당 시설을 운영하는 과정에서 대통령령으로 정하는 지하수오염이 우려되거나 지하수오염이 발생하였을 때에는 지체 없이 적절한 조치를 하고 이를 시장·군수·구청장에게 신고하여야 한다. 이 경우 시장·군수·구청장은 신고 내용을 조사·확인하여 오염방지 등 적절한 대책을 마련하여야 한다.

[전문개정 2011.5.30.]

제16조의3(지하수오염유발시설관리자에 대한 조치) ① 환경부장관 또는 시장·군수·구청장은 제16조의2제1항에 따른 수질측정 결과 지하수의 수질이 환경부령으로 정한 기준에 적합하지 아니하게 된 경우에는 대통령령으로 정하는 바에 따라 그 오염의 원인을 제공한 지하수오염유발시설관리자에게 지하수의 수질을 복원할 수 있는 정화작업과 그 밖에 필요한 조치를 하도록 명하여야 한다.

② 환경부장관 또는 시장·군수·구청장은 지하수오염유발시설관리자가 제1항에 따른 명령을 이행하지 아니하거나 이행 후 해당 부지와 그 주변지역의 지하수오염 정도가 환경부령으로 정하는 오염지하수 정화기준 이내로 감소되지 아니할 경우에는 해당 지하수오염유발시설의 운영 및 사용을 중지하게 하거나 지하수오염유발시설의 폐쇄·철거 또는 이전을 명할 수 있다.

③ 제1항에 따른 지하수오염유발시설관리자에 대한 명령절차 등에 관하여 필요한 사항은 대통령령으로 정한다.

④ 시장·군수·구청장은 지하수 오염의 원인을 제공한 지하수오염유발시설관리자가 불분

명하거나 지하수 오염의 원인을 제공한 지하수오염유발시설관리자에 의한 정화작업이 곤란하다고 인정하는 경우에는 직접 해당 정화작업을 할 수 있다.
[전문개정 2011.5.30.]

제16조의4(오염지하수 정화계획의 승인 등) ① 지하수오염유발시설관리자는 제16조의2제2항에 따라 오염된 지하수를 정화하거나 제16조의3제1항에 따른 정화명령을 받았을 때에는 환경부령으로 정하는 오염지하수 정화기준에 맞도록 하여야 하며, 대통령령으로 정하는 바에 따라 오염지하수 정화계획을 작성한 후 시장·군수·구청장에게 제출하여 승인을 받아야 한다. 승인을 받은 사항 중 환경부령으로 정하는 중요한 사항을 변경하려는 경우에도 또한 같다.
② 시장·군수·구청장이 제1항에 따라 승인을 하는 경우에는 정화사업의 시행기간을 명시하여야 한다.
[전문개정 2011.5.30.]

제17조(지하수의 관측 및 조사 등) ① 국토교통부장관은 전국적인 지하수관측시설(이하 "국가관측망"이라 한다)을 설치하여 대통령령으로 정하는 바에 따라 지하수의 수위변동실태를 조사하여야 한다. <개정 2013.3.23.>
② 시장·군수·구청장은 관할구역의 지하수 수위 등의 변동실태를 파악·분석하기 위하여 국가관측망을 보완하는 지역 지하수관측시설(이하 "보조관측망"이라 한다)을 설치하고 대통령령으로 정하는 바에 따라 지하수 수위 등의 변동실태를 조사하여 그 결과를 국토교통부장관에게 보고하여야 한다. <개정 2013.3.23.>
③ 시장·군수·구청장이 제2항에 따라 보조관측망을 설치하려면 관측망의 위치, 구조도, 측정 장비 등이 포함된 보조관측망 설치계획을 수립하여 국토교통부장관 및 시·도지사에게 통보하여야 한다. 다만, 특별자치시장이 보조관측망을 설치할 때에는 국토교통부장관에게만 통보하여야 한다. <개정 2013.3.23., 2013.5.22.>
④ 국토교통부장관 및 시장·군수·구청장은 제1항 및 제2항에 따른 관측망의 위치 및 구조도, 측정 항목 등을 명시한 관측망 설치계획을 결정하여 고시(기본계획에 관측망 설치계획을 포함하여 공고한 경우에는 관측망 설치계획을 고시한 것으로 본다)하고, 일반인이 이를 열람할 수 있게 하여야 한다. 관측망 설치계획을 변경하려는 경우에도 또한 같다. <개정 2013.3.23.>
⑤ 제1항 및 제2항에 따른 관측망의 설치구역이 제18조에 따른 수질측정망과 같은 구역인 경우에는 상호 연계하여 운영되도록 하여야 한다.
⑥ 시장·군수·구청장은 대통령령으로 정하는 바에 따라 관할구역의 지하수의 수량·수질 등 이용실태를 조사하여 국토교통부장관 및 관계 시·도지사에게 보고하여야 한다. 다만, 특별자치시장이 지하수의 이용실태를 조사한 때에는 국토교통부장관에게만 보고하여야 한다. <개정 2013.3.23., 2013.5.22.>
⑦ 국토교통부장관은 제6항에 따라 보고받은 내용을 환경부장관에게 통보하여야 한다. <신설 2013.5.22.>
⑧ 관계 중앙행정기관의 장 또는 지방자치단체의 장이 관계 법률에 따라 지하수개발·이용을 허가 또는 인가하거나 신고를 받았을 때에는 제6항에 따른 지하수의 이용실태 조사를 위하여 국토교통부령으로 정하는 바에 따라 관계 시장·군수·구청장에게 이를 통보하여야 한다. <개정 2013.3.23., 2013.5.22.>
⑨ 국토교통부장관 및 시장·군수·구청장은 제1항 및 제2항에 따른 지하수의 수위변동 실태조사 결과 지하수의 수위가 지속적으로 낮아지는 것으로 판단되는 경우에는 지하수보전구역으로 지정하여 줄 것을 요청하는 등 대통령령으로 정하는 바에 따라 필요한 조치를 하여야 한다. <개정 2013.3.23., 2013.5.22.>
⑩ 국토교통부장관 및 시장·군수·구청장은 제1항 및 제2항에 따른 지하수의 관측 및 지하수 수위 등의 변동실태 조사에 관한 업무를 지하수조사전문기관에 대행하게 할 수 있다. <신설 2017.4.18.>
⑪ 제1항부터 제3항까지의 규정에 따른 관측망의 설치기준, 관측망의 수, 관측방법 등에 관하여 필요한 사항은 대통령령으로 정한다. <개정 2013.5.22., 2017.4.18.>
[전문개정 2011.5.30.]

제18조(수질오염의 측정) ① 환경부장관은 지하수의 수질보전을 위하여 지하수 수질측정시설(이하 "수질측정망"이라 한다)을 설치하여 전국의 지하수에 대한 수질오염실태를 측정하여야 하며, 측정을 완료하였을 때에는 그 결과를 국토교통부장관에게 통보하여야 한다.

<개정 2013.3.23.>
② 수질측정망의 설치기준·설치구역 등에 관하여 필요한 사항은 환경부령으로 정한다.
[전문개정 2011.5.30.]

제18조의2(토지 등의 수용 및 사용) ① 국토교통부장관, 환경부장관 또는 시장·군수·구청장은 제17조 및 제18조에 따른 지하수관측시설 및 수질측정망의 설치를 위하여 필요한 경우에는 해당 지역의 토지 또는 그 토지에 정착된 물건을 수용하거나 사용할 수 있다. <개정 2013.3.23.>
② 제1항에 따른 수용 또는 사용의 절차와 손실보상 등에 관하여는 「공익사업을 위한 토지 등의 취득 및 보상에 관한 법률」에서 정하는 바에 따른다.
[전문개정 2011.5.30.]

제19조 삭제 <2001.1.16.>

제20조(수질검사 등) ① 제7조 또는 제13조에 따라 허가를 받거나 제8조에 따라 신고하고 지하수를 개발·이용하는 자로서 대통령령으로 정하는 자는 정기적으로 지하수 관련 검사전문기관의 수질검사를 받아야 한다.
② 환경부장관 또는 시장·군수·구청장은 제1항에 따른 수질검사 결과 그 수질이 환경부령으로 정하는 수질기준에 적합하지 아니한 경우에는 대통령령으로 정하는 바에 따라 지하수의 이용중지 또는 수질개선 등 필요한 조치를 명할 수 있다.
③ 수질검사의 항목·기준·절차 및 검사전문기관 등에 관하여 필요한 사항은 대통령령으로 정한다.
④ 제1항에 따라 수질검사를 받은 자는 검사결과서를 갖추어 두어야 한다.
[전문개정 2011.5.30.]

제21조(출입조사 등) ① 시장·군수·구청장은 제7조 또는 제13조에 따라 허가를 받거나 제8조에 따라 신고하고 지하수를 개발·이용하는 자와 지하수오염유발시설관리자로 하여금 1개월 이내의 기간을 정하여 제20조에 따른 수질검사 이행 여부, 수질검사결과서, 지하수개발·이용상황 또는 제16조의2에 따른 지하수 오염방지 조치상황 등에 대한 자료를 제출하게 하거나 보고하게 할 수 있다.
② 제1항에 따른 제출 자료 및 보고 내용을 검토한 결과 조사 목적을 달성하기 어려운 경우에는 관계 공무원이 해당 사업장 등에 출입하여 해당 사항을 조사하게 할 수 있다.
③ 제2항에 따른 조사를 하는 경우에는 조사 7일 전까지 조사 일시, 조사 이유 및 조사 내용 등에 대한 조사계획을 조사대상자에게 알려야 한다. 다만, 긴급한 경우이거나 사전에 알리면 증거인멸 등으로 조사 목적을 달성할 수 없다고 인정하는 경우에는 그러하지 아니할 수 있다.
④ 제2항에 따라 검사를 하는 공무원은 그 신분을 나타내는 증표를 관계인에게 보여주어야 하며, 출입 시 성명, 출입시간, 출입목적 등이 표시된 문서를 관계인에게 발급하여야 한다.
[전문개정 2011.5.30.]

제4장 지하수개발·이용시공업(施工業)

<개정 2011.5.30.>

제22조(지하수개발·이용시공업의 등록 등) ① 지하수개발·이용시공업을 하려는 자는 대통령령으로 정하는 자본금, 기술능력, 시설 등을 갖추어 주된 사무소의 소재지를 관할하는 시장·군수·구청장에게 등록하여야 한다. 등록한 사항 중 상호 또는 명칭 등 대통령령으로 정하는 사항을 변경하려는 경우에도 또한 같다.
② 지하수개발·이용시공업자가 아니면 지하수개발·이용시설의 공사 및 제9조의5에 따른 사후관리를 할 수 없다. 다만, 다음 각 호의 공사의 경우에는 그러하지 아니하다.
1. 제7조제1항제2호에 해당하는 공사
2. 그 밖에 대통령령으로 정하는 경미한 공사
③ 지하수개발·이용시공업자는 이 법 또는 다른 법률에 따라 허가·인가 등을 받지 아니하였거나 신고하지 아니한 지하수개발·이용시설의 공사를 하여서는 아니 된다.
[전문개정 2011.5.30.]

제23조(결격사유) 다음 각 호의 어느 하나에 해당하는 자는 지하수개발·이용시공업의 등록을 할 수 없다. <개정 2017.4.18.>
1. 피성년후견인 및 피한정후견인
2. 파산선고를 받고 복권되지 아니한 자
3. 이 법을 위반하여 징역 이상의 실형을 선고

받고 그 집행이 끝나거나(집행이 끝난 것으로 보는 경우를 포함한다) 집행이 면제된 날부터 2년이 지나지 아니한 사람
4. 이 법을 위반하여 금고 이상의 형의 집행유예를 선고받고 그 유예기간 중에 있는 사람
5. 제25조제1항에 따라 지하수개발·이용시공업의 등록이 취소(제1호 또는 제2호에 해당하여 등록이 취소된 경우는 제외한다)된 후 2년이 지나지 아니한 자
6. 임원 중에 제1호부터 제5호까지의 어느 하나에 해당하는 사람이 있는 법인

[전문개정 2011.5.30.]

제24조(지하수개발·이용시공업의 양도·양수) ① 지하수개발·이용시공업자가 지하수개발·이용시공업을 양도·양수하거나 합병한 경우에는 양도일·양수일 또는 합병일부터 1개월 이내에 대통령령으로 정하는 바에 따라 시장·군수·구청장에게 신고하여야 한다. <개정 2013.5.22.>

② 제1항에 따라 신고한 양수인 및 합병에 따라 설립되거나 합병 후 존속하는 법인은 양도인 및 합병 전의 법인의 지하수개발·이용시공업자로서의 지위를 각각 승계한다.

③ 지하수개발·이용시공업자가 사망하여 그 상속인이 지하수개발·이용시공업자의 지위를 승계한 경우에는 승계일부터 3개월 이내에 대통령령으로 정하는 바에 따라 시장·군수·구청장에게 신고하여야 한다. <개정 2013.5.22.>

④ 제1항 및 제3항에 따른 신고에 관하여는 제23조를 준용한다.

[전문개정 2011.5.30.]

제25조(등록의 취소 등) ① 시장·군수·구청장은 지하수개발·이용시공업자가 다음 각 호의 어느 하나에 해당하는 경우에는 지하수개발·이용시공업의 등록을 취소할 수 있다. 다만, 제1호·제4호·제5호 및 제7호에 해당하는 경우에는 등록을 취소하여야 한다. <개정 2016.12.27.>
1. 부정한 방법으로 제22조제1항에 따른 등록을 한 경우
2. 제22조제1항에 따른 등록기준에 미치지 못하게 된 경우
3. 제22조제1항에 따른 변경등록을 하지 아니하거나 부정한 방법으로 변경등록을 한 경우
4. 제23조 각 호의 어느 하나에 해당하게 된 경우. 다만, 법인의 임원 중에 제23조제1호부터 제5호까지의 어느 하나에 해당하는 자가 있는 경우 3개월 이내에 해당 임원을 교체 임명하였을 때에는 그러하지 아니하다.
5. 제26조를 위반하여 다른 자에게 자기의 상호 또는 명칭을 사용하여 지하수개발·이용시공업을 하게 하거나 등록증을 대여한 경우
6. 계속하여 2년 이상 영업을 하지 아니한 경우
7. 고의 또는 중대한 과실로 지하수개발·이용시설의 공사를 부실하게 한 경우
8. 「국세징수법」, 「지방세징수법」 등 관계 법률에 따라 국가 또는 지방자치단체가 요구하는 경우

② 제1항에 따라 등록의 취소처분을 받은 지하수개발·이용시공업자는 그 처분이 있기 전에 시작한 공사에 대하여는 대통령령으로 정하는 바에 따라 시공을 계속할 수 있다.

③ 제1항에 따른 등록취소의 절차 등에 관하여 필요한 사항은 대통령령으로 정한다.

[전문개정 2011.5.30.]

제26조(명의 대여의 금지 등) 지하수개발·이용시공업자는 다른 자에게 자기의 상호 또는 명칭을 사용하여 지하수개발·이용시공업을 하게 하거나 그 등록증을 대여하여서는 아니 된다.

[전문개정 2011.5.30.]

제26조의2(사업자단체의 설립) ① 지하수개발·이용 등과 관련한 업체 및 관련 전문가 등은 지하수개발·이용과 관련한 기술의 개발, 제도의 개선, 그 밖에 업계의 건전한 발전을 위하여 단체(이하 "협회"라 한다)를 설립할 수 있다.

② 협회는 법인으로 한다.

③ 협회를 설립하려면 지하수개발·이용 등과 관련한 업계 및 관련 전문가 10인 이상이 발기하고 창립총회에서 정관을 작성한 후 국토교통부장관에게 인가를 신청하여야 한다. <개정 2013.3.23.>

④ 국토교통부장관은 제3항에 따른 신청을 인가하였을 때에는 이를 공고하여야 한다. <개정 2013.3.23.>

⑤ 협회는 다음의 각 호의 업무를 수행한다. <개정 2013.3.23.>
1. 지하수개발·이용에 관한 조사 및 연구
2. 지하수개발·이용 및 수질 보전에 관한 기술개발 및 교육
3. 지하수개발·이용에 관한 각종 간행물

의 발간
4. 국토교통부장관으로부터 위탁받은 업무
5. 지하수의 보전·관리 및 환경의식의 고취를 위한 대국민 홍보
6. 그 밖에 협회의 설립 목적을 달성하기 위하여 필요한 사업

⑥ 협회의 정관 또는 지도·감독 등에 필요한 사항은 국토교통부령으로 정한다. <개정 2013.3.23.>

⑦ 협회에 관하여 이 법에서 정한 내용을 제외하고는 「민법」 중 사단법인에 관한 규정을 준용한다.

[전문개정 2011.5.30.]

제5장 지하수영향조사기관

<개정 2011.5.30.>

제27조(지하수영향조사기관의 등록) ① 제7조 또는 제13조에 따른 허가의 신청에 필요한 지하수영향조사업무를 하려는 자는 대통령령으로 정하는 바에 따라 주된 사무소의 소재지를 관할하는 시장·군수·구청장에게 등록하여야 한다. 등록한 사항 중 상호 또는 명칭 등 대통령령으로 정하는 사항을 변경하려는 경우에도 또한 같다.

② 제1항에 따른 등록의 기준 및 절차 등에 관하여 필요한 사항은 대통령령으로 정한다.

[전문개정 2011.5.30.]

제28조(지하수영향조사기관의 결격사유) 다음 각 호의 어느 하나에 해당하는 자는 제27조제1항에 따른 등록을 신청할 수 없다. <개정 2017.4.18.>
1. 제23조제1호부터 제4호까지의 어느 하나에 해당하는 자
2. 제29조제1항에 따라 지하수영향조사기관의 등록이 취소(제23조제1호 또는 제2호에 해당하여 등록이 취소된 경우는 제외한다)된 후 2년이 지나지 아니한 자
3. 임원 중에 제1호 또는 제2호의 어느 하나에 해당하는 사람이 있는 법인

[전문개정 2011.5.30.]

제29조(지하수영향조사기관의 등록취소 등) ① 시장·군수·구청장은 제27조제1항에 따른 등록을 한 자(이하 "지하수영향조사기관"이라 한다)가 다음 각 호의 어느 하나에 해당하는 경우에는 그 등록을 취소할 수 있다. 다만, 제1호·제4호·제5호 또는 제7호에 해당하는 경우에는 그 등록을 취소하여야 한다.
1. 부정한 방법으로 등록을 한 경우
2. 제27조제1항에 따른 변경등록을 하지 아니하거나 부정한 방법으로 변경등록을 한 경우
3. 제27조제2항에 따른 등록기준을 충족하지 못하게 된 경우
4. 제28조 각 호의 어느 하나에 해당하는 경우. 다만, 법인의 임원 중에 제28조제1호 또는 제2호의 어느 하나에 해당하는 사람이 있는 경우 3개월 이내에 해당 임원을 교체 임명하였을 때에는 그러하지 아니하다.
5. 제30조를 위반하여 다른 자에게 자기의 상호 또는 명칭을 사용하여 지하수영향조사를 하게 하거나 등록증을 대여한 경우
6. 지하수영향조사업무의 전부를 하도급한 경우
7. 고의 또는 중대한 과실로 지하수영향조사를 부실하게 한 경우

② 제1항에 따른 등록취소의 절차 등에 관하여 필요한 사항은 대통령령으로 정한다.

[전문개정 2011.5.30.]

제29조의2(지하수정화업의 등록) ① 지하수정화업을 하려는 자는 대통령령으로 정하는 자본금, 기술능력, 시설 등을 갖추어 주된 사무소의 소재지를 관할하는 시장·군수·구청장에게 등록하여야 한다. 등록한 사항 중 상호 또는 명칭 등 대통령령으로 정하는 사항을 변경하려는 경우에도 또한 같다.

② 지하수정화업의 등록을 한 자가 아니면 지하수정화업무를 할 수 없다. 다만, 대통령령으로 정하는 경미한 정화작업의 경우에는 그러하지 아니하다.

③ 지하수정화업에 관하여는 제23조부터 제26조까지의 규정을 준용한다. 이 경우 "지하수개발·이용시공업"은 "지하수정화업"으로, "지하수개발·이용시공업자"는 "지하수정화업자"로 본다.

[전문개정 2011.5.30.]

제30조(명의 대여의 금지 등) 지하수영향조사기관은 다른 사람에게 자기의 상호 또는 명칭을 사용하여 지하수영향조사를 하게 하거나 그 등록증을 대여하여서는 아니 된다.

[전문개정 2011.5.30.]

제5장의2 재원의 확보 및 관리

<신설 2005.5.31.>

제30조의2(지하수관리특별회계의 설치 등) ① 시(특별자치시를 포함한다. 이하 같다)·군 또는 자치구는 관할구역 지하수의 적정한 개발·이용과 보전·관리에 필요한 사업비 등을 조달하기 위하여 지하수관리특별회계(이하 "특별회계"라 한다)를 설치할 수 있다. <개정 2013.5.22.>

② 특별회계는 다음 각 호의 재원(財源)으로 조성한다.

1. 특별시·광역시 또는 도의 보조금
2. 제30조의3에 따른 지하수이용부담금
3. 일반회계 및 다른 특별회계로부터의 전입금
4. 차입금
5. 제1호부터 제4호까지의 자금을 운용하여 발생되는 수익금
6. 제3항에 따른 이행보증금 예탁금
7. 제39조 및 제40조에 따른 과태료

③ 제14조에 따라 예치된 이행보증금이 현금인 경우에는 특별회계에 예탁한다.

④ 특별회계는 다음 각 호의 용도로 사용한다.

1. 제5조에 따른 지하수의 조사
2. 지역관리계획의 수립 및 시행
3. 지하수보전구역의 운영
4. 제15조에 따른 원상복구
5. 제16조의3에 따른 오염지하수의 정화작업
6. 제17조에 따른 보조관측망의 설치·운영 및 지하수 이용실태 조사
7. 제2항제4호에 따른 차입금의 상환
8. 제3항에 따른 이행보증금 예탁금의 상환
9. 제33조제2항에 따른 수질검사 수수료의 보전
10. 그 밖에 지하수의 보전·관리를 위하여 필요한 사업으로서 대통령령으로 정하는 용도

⑤ 특별회계의 예산편성·결산 및 운용에 필요한 사항은 시·군 또는 자치구의 조례로 정한다.

⑥ 시장·군수·구청장은 매년 특별회계 운용계획을 수립하거나 수립한 특별회계 운용계획을 변경(대통령령으로 정하는 경미한 사항의 변경은 제외한다)한 경우에는 대통령령으로 정하는 바에 따라 국토교통부장관 및 시·도지사에게 보고하여야 한다. 다만, 특별자치시장은 국토교통부장관에게만 보고하여야 한다. <개정 2013.5.22.>

[전문개정 2011.5.30.]

제30조의3(지하수이용부담금의 부과·징수) ① 시장·군수·구청장은 지하수의 적정한 개발·이용과 보전·관리에 필요한 재원을 조성하기 위하여 제7조에 따라 허가를 받거나 제8조에 따라 신고하고 지하수를 개발·이용하는 자에게 지하수이용부담금을 부과·징수할 수 있다. 다만, 다음 각 호의 어느 하나에 해당되는 경우에는 그러하지 아니하다. <개정 2015.6.22.>

1. 제8조제1항제1호·제3호 및 제4호에 해당되는 경우
2. 「농업·농촌 및 식품산업 기본법」 제3조제1호에 따른 농업과 「수산업·어촌 발전 기본법」 제3조제1호가목에 따른 어업을 영위할 목적으로 지하수를 개발·이용하는 경우
3. 「수도법」 제3조제19호에 따른 일반수도사업을 할 목적으로 지하수를 개발·이용하는 경우
4. 「하천법」 제50조제6항에 따라 하천수 사용료가 부과된 경우
5. 제1호부터 제4호까지의 규정 외의 경우로서 대통령령으로 정하는 용도와 규모로 지하수를 개발·이용하는 경우

② 제1항에 따른 지하수이용부담금은 「한강수계 상수원수질개선 및 주민지원 등에 관한 법률」 제19조에 따른 물이용부담금 상당액의 100분의 50의 범위에서 지하수 취수량, 용도 등을 고려하여 시·군 또는 자치구의 조례로 정한다. <개정 2013.5.22.>

③ 제1항 및 제2항에 따른 지하수이용부담금의 세부적인 산정방법, 부과·징수 방법 및 납입절차 등에 관하여 필요한 사항은 시·군 또는 자치구의 조례로 정한다.

④ 시장·군수·구청장은 제1항에 따라 지하수이용부담금을 내야 할 자가 납부기한까지 지하수이용부담금을 내지 아니하면 가산금을 징수한다. 이 경우 가산금에 관하여는 「지방세징수법」 제14조 및 제30조를 준용한다. <신설 2013.5.22., 2016.12.27.>

⑤ 시장·군수·구청장은 제1항에 따른 지하수이용부담금이나 제4항에 따른 가산금을 내야 할 자가 납부기한까지 내지 아니하면 「지방세외수입금의 징수 등에 관한 법률」에 따라 징수한다. <개정 2013.5.22., 2013.8.6.>

[전문개정 2011.5.30.]

제6장 보칙
<개정 2011.5.30.>

第31조(타인 토지에의 출입 등) ① 관계 행정기관의 장, 지하수조사전문기관, 지하수영향조사기관 또는 지하수정화업자는 제5조·제7조(제13조제3항에 따라 준용하는 경우를 포함한다)·제16조의4·제17조 또는 제18조에 따른 조사·정화·관측 또는 측정을 위하여 필요할 때에는 타인의 토지에 출입하거나 타인의 토지를 일시 사용할 수 있으며, 특히 필요한 경우에는 죽목(竹木)·토석(土石) 또는 그 밖의 장애물을 변경하거나 제거할 수 있다.
② 지하수조사전문기관, 지하수영향조사기관 또는 지하수정화업자는 제1항에 따라 타인의 토지에 출입하려면 시장·군수·구청장의 허가를 받아 출입하려는 날의 3일 전까지 해당 토지의 소유자·점유자 또는 관리인에게 그 일시와 장소를 알려야 한다.
③ 관계 행정기관의 장, 지하수조사전문기관, 지하수영향조사기관 또는 지하수정화업자가 제1항에 따라 타인의 토지를 일시 사용하려는 경우나 죽목·토석 또는 그 밖의 장애물을 변경하거나 제거하려는 경우에는 토지의 소유자 또는 점유자나 관리인의 동의를 받아야 한다. 다만, 토지 또는 장애물의 소유자 또는 점유자나 관리인이 현장에 없거나 주소 또는 거소(居所)가 분명하지 아니하여 동의를 받을 수 없을 때에는 시장·군수·구청장의 허가를 받아 타인의 토지를 일시 사용할 수 있으며 장애물을 변경하거나 제거할 수 있다.
④ 해 뜨기 전이나 해가 진 후에는 토지 점유자의 승낙 없이 담장이나 울타리로 둘러싸인 타인의 토지에 출입할 수 없다.
⑤ 제1항에 따른 행위를 하려는 자는 그 권한을 표시하는 증표 또는 허가증을 관계인에게 보여 주어야 한다.
[전문개정 2011.5.30.]

第32조(손실보상) ① 제31조제1항에 따른 행위를 한 자는 토지에의 출입, 토지의 일시 사용 또는 장애물의 변경·제거로 인하여 타인에게 손실을 입혔을 때에는 정당한 보상을 하여야 한다.
② 제1항에 따른 손실보상에 관하여는 그 손실을 보상할 자와 손실을 받은 자가 협의하여야 한다.
③ 제2항에 따른 협의가 성립되지 아니하거나 협의를 할 수 없을 경우에는 관할 토지수용위원회에 재결(裁決)을 신청할 수 있다.
[전문개정 2011.5.30.]

第33조(수수료) ① 다음 각 호의 어느 하나에 해당하는 허가·검사·등록을 신청하려는 자는 제1호·제2호·제4호 또는 제5호의 경우에는 국토교통부령으로, 제3호 또는 제6호의 경우에는 환경부령으로 정하는 바에 따라 수수료를 시장·군수·구청장(제3호의 경우 제20조제1항에 따른 지하수 관련 검사전문기관)에게 내야 한다. <개정 2013.3.23.>
1. 제7조제1항 또는 제6항에 따른 지하수개발·이용의 허가 또는 변경허가
2. 제13조제1항제1호에 따른 지하수개발·이용행위의 허가
3. 제20조제1항에 따른 수질검사
4. 제22조제1항에 따른 지하수개발·이용시공업의 등록 또는 변경등록
5. 제27조제1항에 따른 지하수영향조사기관의 등록 또는 변경등록
6. 제29조의2에 따른 지하수정화업의 등록 또는 변경등록

② 제1항에도 불구하고 다음 각 호의 어느 하나에 해당하는 경우에는 같은 항에 따른 수수료를 감면할 수 있다. 다만, 제1항제3호의 수수료는 지방자치단체의 조례로 정하는 바에 따라 감면할 수 있되, 해당 지방자치단체는 제30조의2에 따른 지하수관리특별회계를 활용하여 수수료 감면에 따른 수질검사 비용의 차액을 지하수 관련 검사전문기관에게 보전하여야 한다.
1. 제1항 각 호의 허가·검사·등록을 신청하고자 하는 자가 국가 또는 지방자치단체인 경우
2. 제1항제3호의 검사를 신청하고자 하는 자가 상수도 미보급지역에서 가정용 등 일상생활에 음용수로 사용하는 경우

[전문개정 2011.5.30.]

第34조(보고·조사 등) ① 시장·군수·구청장은 등록요건 및 법령 위반 여부의 확인이 필요하거나 민원 등이 발생한 경우에는 지하수개발·이용시공업자, 지하수영향조사기관 또는 지하수정화업자로 하여금 1개월 이내의 기간을 정하여 필요한 자료를 제출하게 하거나 보고하

게 할 수 있다.
② 제1항에 따른 제출 자료 및 보고 내용을 검토한 결과 조사 목적을 달성하기 어려운 경우에는 관계 공무원이 해당 사업장 등에 출입하여 해당 사항을 조사하게 할 수 있다.
③ 제2항에 따른 조사를 하는 경우에는 조사 7일 전까지 조사 일시, 조사 이유 및 조사 내용 등에 대한 조사계획을 조사대상자에게 알려야 한다. 다만, 긴급한 경우나 사전에 알리면 증거인멸 등으로 조사 목적을 달성할 수 없다고 인정하는 경우에는 그러하지 아니할 수 있다.
④ 제2항에 따라 검사를 하는 공무원은 그 신분을 나타내는 증표를 관계인에게 보여주어야 하며, 출입 시 성명, 출입 시간, 출입 목적 등이 표시된 문서를 관계인에게 발급하여야 한다.
[전문개정 2011.5.30.]

제34조의2(교육 등) ① 국토교통부장관은 지하수개발·이용 관련 기술인력의 효율적 활용과 기술능력 향상을 위하여 필요한 경우 기술자의 교육훈련 등에 관한 시책을 수립하여 추진할 수 있다. <개정 2013.3.23.>
② 지하수개발·이용 관련 업계 종사자 및 기술인력은 국토교통부장관이 실시하는 교육훈련을 받아야 하며, 교육 대상과 내용 및 교육기관 등에 관하여 필요한 사항은 대통령령으로 정한다. <개정 2013.3.23.>
③ 국토교통부장관은 제1항 및 제2항에 따른 교육훈련업무를 대통령령으로 정하는 기관 또는 단체에 위탁할 수 있다. <개정 2013.3.23.>
[전문개정 2011.5.30.]

제35조(청문) 시장·군수·구청장은 다음 각 호의 어느 하나에 해당하는 처분을 하려면 청문을 하여야 한다.
1. 제10조제1항(제13조제3항에 따라 준용하는 경우를 포함한다)에 따른 지하수개발·이용허가의 취소
2. 제25조제1항(제29조의2제3항에 따라 준용하는 경우를 포함한다)에 따른 지하수개발·이용시공업의 등록취소
3. 제29조제1항에 따른 지하수영향조사기관의 등록취소

[전문개정 2011.5.30.]

제36조(권한의 위임) ① 이 법에 따른 국토교통부장관 또는 환경부장관의 권한은 그 일부를 대통령령으로 정하는 바에 따라 소속 기관의 장 또는 시·도지사에게 위임할 수 있다. <개정 2013.3.23.>
② 이 법에 따른 시·도지사의 권한은 그 일부를 시장·군수·구청장에게 위임할 수 있다.
[전문개정 2011.5.30.]

제36조의2(대집행) 환경부장관 또는 시장·군수·구청장은 제8조제3항 및 제9조제2항(제13조제3항에 따라 준용하는 경우를 포함한다)에 따른 시설의 폐쇄명령, 제15조제3항에 따른 원상복구명령, 제16조의3제1항 및 제2항에 따른 정화작업 등의 명령을 받은 자가 그 명령을 이행하지 아니하는 경우에는 「행정대집행법」에서 정하는 바에 따라 대집행(代執行)을 하고, 그 비용을 명령 위반자로부터 징수할 수 있다.
[전문개정 2011.5.30.]

제7장 벌칙

<개정 2011.5.30.>

제37조(벌칙) 다음 각 호의 어느 하나에 해당하는 자는 3년 이하의 징역 또는 3천만원 이하의 벌금에 처한다. <개정 2015.1.6.>
1. 제7조제1항에 따른 허가를 받지 아니하거나 부정한 방법으로 허가를 받아 지하수를 개발·이용하는 자
2. 제13조제1항에 따른 허가를 받지 아니하거나 부정한 방법으로 허가를 받아 같은 항 각 호의 어느 하나에 해당하는 행위를 하는 자
3. 제16조제2항에 따른 지하수 오염방지명령을 위반한 자
4. 제16조의3제1항 또는 제2항에 따른 지하수오염물질의 정화, 지하수오염유발시설의 운영 및 사용의 중지, 지하수오염유발시설의 폐쇄·철거 또는 이전의 명령을 이행하지 아니한 자
5. 제22조제1항·제27조제1항 또는 제29조의2제1항에 따른 등록을 하지 아니하거나 부정한 방법으로 등록을 하고 지하수개발·이용시공업, 지하수영향조사업무 또는 지하수정화업을 한 자
6. 제22조제3항을 위반하여 허가·인가 등을 받지 아니하고 지하수개발·이용시설의 공

사를 한 지하수개발·이용시공업자
[전문개정 2011.5.30.]

제37조의2(벌칙) 다음 각 호의 어느 하나에 해당하는 자는 2년 이하의 징역 또는 2천만원 이하의 벌금에 처한다. <개정 2015.1.6.>
1. 제7조제2항에 따른 지하수영향조사서를 거짓으로 작성한 지하수영향조사기관
2. 제16조제1항에 따른 지하수 오염방지조치를 하지 아니한 자
3. 제16조의2제1항에 따른 오염방지조치 또는 관측정의 설치를 하지 아니하거나 수질측정을 하지 아니한 자
4. 제16조의2제2항에 따른 오염발생 신고를 하지 아니하거나 오염방지조치를 하지 아니한 자

[전문개정 2011.5.30.]

제37조의3(벌칙) 다음 각 호의 어느 하나에 해당하는 자는 1년 이하의 징역 또는 1천만원 이하의 벌금에 처한다. <개정 2015.1.6.>
1. 제7조제3항에 따른 취수량의 제한을 준수하지 아니한 자
2. 제7조제6항(제13조제3항에 따라 준용되는 경우를 포함한다)에 따른 변경허가를 받지 아니하거나 부정한 방법으로 변경허가를 받아 지하수를 개발·이용하는 자
3. 제8조제3항에 따른 취수량 및 취수기간의 제한을 준수하지 아니하거나 시정명령·이용중지명령·공동이용명령 또는 폐쇄명령을 이행하지 아니한 자
4. 제9조제2항(제13조제3항에 따라 준용하는 경우를 포함한다)에 따른 폐쇄명령을 이행하지 아니한 자
5. 제9조의2제1항 또는 제2항에 따른 유출지하수 저감대책(低減對策) 또는 이용계획을 수립·시행하지 아니하거나 같은 조 제3항에 따른 개선명령을 이행하지 아니한 자
6. 제9조의4제3항에 따른 시설개선명령 또는 필요한 조치를 이행하지 아니한 자
7. 제16조의4제1항에 따른 정화계획의 승인 또는 변경승인을 받지 아니하고 정화를 실시한 자
8. 제22조제1항·제27조제1항 또는 제29조의2제1항에 따른 변경등록을 하지 아니하거나 부정한 방법으로 변경등록을 하고 지하수개발·이용시공업, 지하수영향조사업무 또는 지하수정화업을 한 자
9. 제26조(제29조의2제3항에 따라 준용하는 경우를 포함한다) 또는 제30조를 위반한 지하수개발·이용시공업자, 지하수영향조사기관 또는 지하수정화업자와 명의 대여 또는 등록증 대여의 상대방

[전문개정 2011.5.30.]

제38조(양벌규정) 법인의 대표자나 법인 또는 개인의 대리인, 사용인, 그 밖의 종업원이 그 법인 또는 개인의 업무에 관하여 제37조, 제37조의2 또는 제37조의3의 위반행위를 하면 그 행위자를 벌하는 외에 그 법인 또는 개인에게도 해당 조문의 벌금형을 과(科)한다. 다만, 법인 또는 개인이 그 위반행위를 방지하기 위하여 해당 업무에 관하여 상당한 주의와 감독을 게을리하지 아니한 경우에는 그러하지 아니하다.
[전문개정 2011.5.30.]

제38조의2 삭제 <2001.1.16.>

제39조(과태료) 다음 각 호의 어느 하나에 해당하는 자에게는 500만원 이하의 과태료를 부과한다. <개정 2013.5.22.>
1. 제8조제1항에 따른 신고를 하지 아니하거나 거짓으로 신고한 자

1의2. 제9조의2제1항에 따른 지하수 유출감소대책의 신고를 하지 아니한 자

2. 제9조의2제2항에 따른 이용계획의 신고를 하지 아니한 자
3. 제9조의3에 따른 지하수개발·이용의 종료신고(제15조제1항제3호부터 제5호까지의 사유로 인한 경우를 말한다)를 하지 아니한 자
4. 제9조의4제1항에 따른 굴착신고를 하지 아니하고 토지를 굴착한 자
5. 제9조의4제1항에 따른 종료신고를 하지 아니한 자
6. 제9조의5제2항에 따른 사후관리 이행종료신고를 거짓으로 하거나 같은 조 제3항에 따른 시장·군수·구청장의 시정명령 또는 이용중지 등 필요한 조치를 이행하지 아니한 자
7. 제14조에 따른 이행보증금을 예치하지 아니한 자
8. 제15조에 따른 원상복구를 하지 아니하거나 원상복구명령을 이행하지 아니한 자
9. 제16조의2제1항에 따른 수질측정 결과보

고를 하지 아니하거나 거짓으로 보고한 자
10. 제20조제1항에 따른 수질검사를 받지 아니한 자
11. 제20조제2항에 따른 지하수의 이용중지 및 수질개선 등의 조치명령을 이행하지 아니한 자
12. 제21조제2항 또는 제34조제2항에 따른 조사를 거부·방해 또는 기피한 자
13. 제22조제3항을 위반하여 신고하지 아니하고 지하수개발·이용시설의 공사를 한 지하수개발·이용시공업자
14. 제31조제1항에 따른 출입 등을 거부·방해 또는 기피한 자

[전문개정 2011.5.30.]

제40조(과태료) 다음 각 호의 어느 하나에 해당하는 자에게는 300만원 이하의 과태료를 부과한다. <개정 2013.5.22.>
1. 삭제 <2013.5.22.>
2. 제8조제2항에 따른 변경신고를 하지 아니하거나 거짓으로 변경신고한 자
3. 제9조제1항(제13조제3항에 따라 준용하는 경우를 포함한다)에 따른 준공신고를 하지 아니한 자

3의2. 제11조제3항에 따른 승계사실을 신고하지 아니하거나 거짓으로 신고한 자

4. 제20조제4항에 따른 수질검사결과서를 갖추어 두지 아니한 자
5. 제21조제1항 또는 제34조제1항에 따른 보고 또는 자료 제출을 하지 아니하거나 거짓으로 보고하거나 거짓 자료를 제출한 자
6. 제24조제1항 또는 제3항(제29조의2제3항에 따라 준용하는 경우를 포함한다)에 따른 지하수개발·이용시공업 또는 지하수정화업의 양도·양수 등의 신고를 하지 아니하거나 거짓으로 신고한 자
7. 제31조제2항 또는 제3항에 따른 허가를 받지 아니하거나 동의를 받지 아니하거나 알리지 아니하고 같은 조 제1항에 따른 행위를 한 자

[전문개정 2011.5.30.]

제41조(과태료의 부과·징수절차) 제39조 및 제40조에 따른 과태료는 대통령령으로 정하는 바에 따라 시장·군수·구청장이 부과·징수한다.

[전문개정 2011.5.30.]

부칙

<제14839호, 2017.7.26.>
(정부조직법)

제1조(시행일) ① 이 법은 공포한 날부터 시행한다. 다만, 부칙 제5조에 따라 개정되는 법률 중 이 법 시행 전에 공포되었으나 시행일이 도래하지 아니한 법률을 개정한 부분은 각각 해당 법률의 시행일부터 시행한다.

제2조부터 제4조까지 생략

제5조(다른 법률의 개정) ①부터 <228>까지 생략

<229> 지하수법 일부를 다음과 같이 개정한다.

제6조제4항 후단 중 "행정자치부장관"을 "행정안전부장관"으로 한다.

<230>부터 <382>까지 생략

제6조 생략

댐건설 및 주변지역지원 등에 관한 법률

(약칭: 댐건설법)

[시행 2018.1.18.]

[법률 제14532호, 2017.1.17., 타법개정]

제1장 총칙

<개정 2011.5.30.>

제1조(목적) 이 법은 댐의 건설·관리, 댐건설 비용의 회전활용, 댐건설에 따른 환경대책, 지역주민에 대한 지원 등을 규정함으로써 수자원을 합리적으로 개발·이용하여 국민경제의 발전을 도모함을 목적으로 한다.

[전문개정 2011.5.30.]

제2조(정의) 이 법에서 사용하는 용어의 뜻은 다음과 같다. <개정 2013.3.23.>

1. "댐"이란 하천의 흐름을 막아 그 저수(貯水)를 생활용수, 공업용수, 농업용수, 환경개선용수, 발전(發電), 홍수 조절, 주운(舟運), 그 밖의 용도(이하 "특정용도"라 한다)로 이용하기 위한 높이 15미터 이상의 공작물을 말하며, 여수로(餘水路)·보조댐과 그 밖에 해당 댐과 일체가 되어 그 효용을 다하게 하는 시설이나 공작물을 포함한다.
2. "다목적댐"이란 국토교통부장관이 건설하는 댐으로서 특정용도 중 둘 이상의 용도로 이용하는 것[특정용도에 전용(專用)되는 시설이나 공작물은 제외한다]을 말한다.
3. "댐사용권"이란 다목적댐에 의한 일정량의 저수를 일정한 지역에 확보하고 특정용도에 사용할 수 있는 권리를 말한다.
4. "수몰이주민"이란 댐건설사업의 시행으로 생활의 근거를 상실하게 되는 사람으로 「공익사업을 위한 토지 등의 취득 및 보상에 관한 법률」 제78조제1항에 따른 이주대책 대상자를 말한다.

[전문개정 2011.5.30.]

제3조(적용범위) 이 법은 다목적댐과 다음 각 호의 어느 하나에 해당하는 자가 생활용수·공업용수 또는 환경개선용수의 공급이나 홍수 조절을 위하여 건설하는 댐에 적용한다. 다만, 제4조는 모든 댐에 적용한다. <개정 2013.3.23., 2016.12.2.>

1. 국토교통부장관
2. 특별시장·광역시장·특별자치시장·도지사 또는 특별자치도지사(이하 "시·도지사"라 한다)
3. 시장·군수
4. 그 밖에 대통령령으로 정하는 자

[전문개정 2011.5.30.]

제2장 댐의 건설과 관리

제1절 댐의 건설

<개정 2011.5.30.>

제4조(댐건설장기계획) ① 국토교통부장관은 수자원을 효율적이고 환경친화적으로 개발하기 위하여 10년마다 다음 각 호의 사항이 포함된 댐건설장기계획을 수립하여야 한다. <개정 2013.3.23.>

1. 댐건설의 기본방침
2. 각종 용수의 수급(需給) 전망
3. 수계별 댐건설계획(농업용수댐은 저수량이 1천만톤 이상인 것으로 한정한다)
4. 재원조달계획
5. 입지선정기준
6. 댐건설이 환경에 미치는 영향을 최소화하기 위한 방안
7. 그 밖에 대통령령으로 정하는 사항

② 국토교통부장관은 제1항에 따른 댐건설장기계획을 수립하려는 경우에는 미리 관계 중앙행정기관의 장으로 하여금 소관별로 댐건설에 관한 장기계획을 수립하여 제출하게 하여야 한다. <개정 2013.3.23.>

③ 국토교통부장관은 제1항에 따라 댐건설장기계획을 수립하려는 경우에는 댐건설의 적정성을 미리 검토하고, 해당 지역에 댐건설이 예정되는 등 댐건설과 이해관계가 있다고 인정되는 지역주민의 의견을 수렴하여야 한다. <신설 2016.12.2.>

④ 국토교통부장관은 제3항에 따른 지역주민의 의견 수렴 결과와 댐건설장기계획에의 반영 여부를 대통령령으로 정하는 바에 따라 공개하여야 한다. <신설 2016.12.2.>

⑤ 국토교통부장관은 제3항에 따라 댐건설의 적정성을 검토하기 위하여 다음 각 호의 사항을 검토하는 사전검토협의회를 설치할 수 있다. <신설 2016.12.2.>

1. 댐 사업의 목적 및 필요성

2. 댐 이외의 대안 및 그 실행가능성
3. 댐 사업에 대한 해당 지역의 수용가능성
4. 그 밖에 댐 사업의 추진 여부 결정에 있어서 필요하다고 인정되는 사항

⑥ 제3항에 따른 적정성 검토의 방법·절차, 제5항에 따른 협의회의 구성·운영 및 그 밖에 필요한 사항은 대통령령으로 정한다. <신설 2016.12.2.>

⑦ 국토교통부장관은 제3항에 따른 적정성 검토 및 의견 수렴 후 제1항에 따라 댐건설장기계획을 수립하려는 경우에는 관할 시·도지사의 의견을 듣고 관계 중앙행정기관의 장과 협의한 후 「수자원의 조사·계획 및 관리에 관한 법률」 제29조에 따른 국가수자원관리위원회의 심의를 거쳐야 한다. 이 경우 「전원개발촉진법」 제4조에 따른 전원개발사업추진위원회의 심의를 거친 댐에 관한 사항은 심의사항에서 제외한다. <개정 2013.3.23., 2016.12.2., 2017.1.17.>

⑧ 국토교통부장관은 댐건설장기계획에 대한 타당성을 5년마다 검토하여 그 결과를 댐건설장기계획에 반영하여야 한다. <개정 2013.3.23., 2016.12.2.>

⑨ 댐건설장기계획을 변경하는 경우에는 제3항, 제4항 및 제7항을 준용한다. 다만, 대통령령으로 정하는 경미한 사항을 변경하는 경우에는 제3항, 제4항 및 제7항을 준용하지 아니한다. <개정 2016.12.2.>

⑩ 국토교통부장관은 제1항과 제9항에 따라 댐건설장기계획을 수립하거나 변경하였을 때에는 지체 없이 이를 국회에 제출하고 관계 중앙행정기관의 장과 관할 시·도지사에게 통보하여야 한다. <개정 2013.3.23., 2016.12.2.>

[전문개정 2011.5.30.]

제5조 삭제 <2005.12.7.>

제6조 삭제 <2005.12.7.>

제7조(기본계획) ① 댐을 건설하려는 자(이하 "댐건설사업시행자"라 한다)는 다음 각 호의 사항이 포함된 댐건설기본계획(이하 "기본계획"이라 한다)을 수립하여야 한다. 다만, 제12호의 사항은 제41조제1항에 따라 대통령령으로 정하는 기준 이상의 댐의 경우에만 포함한다. <개정 2016.12.2.>

1. 건설의 목적
2. 사업의 명칭과 사업시행지의 위치·면적
3. 규모와 형식
4. 저수량과 저수의 용도별 배분에 관한 사항
5. 댐사용권을 설정받기로 예정된 자(이하 "댐사용권설정예정자"라 한다)의 성명 또는 명칭과 댐사용권의 내용
6. 댐건설비용(제42조에 따라 댐건설사업시행자가 부담하는 댐주변지역정비사업비를 포함한다)과 그 부담에 관한 사항
7. 댐건설사업시행자
8. 사업기간
9. 수용·사용할 토지·건물과 그 밖에 물건이나 권리가 있는 경우 그 세목(細目)
10. 댐건설에 따라 예상되는 환경피해 및 이의 감소방안과 댐의 수질보전에 관한 사항
11. 댐 주변지역의 사회·문화 발전과 경제발전에 이바지할 수 있는 사업으로서 댐의 효용증진을 위한 사업에 관한 사항
12. 제9조제1항에 따라 개발촉진지구로 지정되는 것으로 보는 지역의 위치 및 면적(제41조제4항에 따른 댐 주변지역의 범위 내로 한정한다)
13. 그 밖에 댐건설에 관한 기본적인 사항

② 국토교통부장관 또는 시·도지사가 아닌 댐건설사업시행자는 제1항에 따라 기본계획을 수립하려는 경우에는 미리 국토교통부장관(시장·군수가 기본계획을 수립하는 경우에는 시·도지사를 말한다)의 승인을 받아야 한다. <개정 2013.3.23.>

③ 국토교통부장관이나 시·도지사는 제1항 또는 제2항에 따라 기본계획을 수립하거나 승인하려는 경우에는 미리 관계 행정기관의 장과 협의하여야 하며, 댐사용권설정예정자의 의견을 들어야 한다. <개정 2013.3.23.>

④ 국토교통부장관이나 시·도지사는 기본계획을 수립하거나 승인하였을 때에는 대통령령으로 정하는 바에 따라 고시하여야 한다. <개정 2013.3.23.>

⑤ 기본계획을 변경(대통령령으로 정하는 경미한 사항의 변경은 제외한다)하거나 폐지하는 경우에는 제1항부터 제4항까지의 규정을 준용한다.

[전문개정 2011.5.30.]

제8조(실시계획) ① 댐건설사업시행자는 기본계획을 수립한 후 대통령령으로 정하는 바에 따라 댐건설에 관한 실시계획(이하 "실시계획"이라 한다)을 수립하여야 한다.

② 국토교통부장관 또는 시·도지사가 아닌 댐건설사업시행자는 실시계획을 수립하려는 경우

에는 미리 국토교통부장관(시장·군수가 실시계획을 수립하는 경우에는 시·도지사를 말한다)의 승인을 받아야 한다. <개정 2013.3.23.>

③ 국토교통부장관이나 시·도지사는 제1항 또는 제2항에 따라 실시계획을 수립하거나 승인한 때에는 지체 없이 그 내용을 고시하고 관계 행정기관의 장과 댐사용권설정예정자에게 통지하여야 한다. <개정 2013.3.23.>

④ 실시계획을 변경(대통령령으로 정하는 경미한 사항의 변경은 제외한다)하거나 폐지하는 경우에는 제1항부터 제3항까지의 규정을 준용한다.

[전문개정 2011.5.30.]

제9조(다른 법률에 따른 인·허가등의 의제)

① 국토교통부장관이나 시·도지사가 제7조제1항, 제2항 및 제5항에 따라 기본계획을 수립·변경하거나 승인한 때에는 같은 조 제1항제12호의 지역은 「지역균형개발 및 지방중소기업 육성에 관한 법률」 제9조제1항에 따라 개발촉진지구로 지정된 것으로 보며, 제7조제4항에 따라 기본계획이 고시된 때에는 개발촉진지구 지정이 고시된 것으로 본다. 이 경우 개발촉진지구에 관하여는 이 법에 특별한 규정이 있는 경우를 제외하고는 「지역균형개발 및 지방중소기업 육성에 관한 법률」에서 정하는 바에 따른다. <개정 2013.3.23.>

② 국토교통부장관이나 시·도지사가 제8조제1항, 제2항 및 제4항에 따라 실시계획을 수립·변경하거나 승인한 때에는 다음 각 호의 허가·신고·해제·협의·승인·인가·지정 등(이하 "인·허가등"이라 한다)이 있은 것으로 보며, 같은 조 제3항에 따라 실시계획이 고시된 때에는 다음 각 호의 인·허가등의 고시나 공고가 있은 것으로 본다. <개정 2013.3.23., 2014.1.14., 2016.12.2., 2016.12.27.>

1. 「공유수면 관리 및 매립에 관한 법률」 제8조에 따른 공유수면의 점용·사용허가, 같은 법 제28조에 따른 공유수면의 매립면허 및 같은 법 제38조에 따른 공유수면매립실시계획의 승인
2. 「국토의 계획 및 이용에 관한 법률」 제30조에 따른 도시관리계획의 결정(「국토의 계획 및 이용에 관한 법률」 제2조제6호의 시설만 해당한다), 같은 법 제56조에 따른 개발행위의 허가, 같은 법 제86조에 따른 도시계획시설사업의 시행자 지정 및 같은 법 제88조에 따른 실시계획의 인가
3. 「군사기지 및 군사시설 보호법」 제13조에 따른 행정기관의 허가등에 관한 협의

3의2. 「농어촌도로 정비법」 제5조에 따른 도로의 정비허가, 같은 법 제18조에 따른 도로의 점용허가

4. 「농어촌정비법」 제23조에 따른 농업생산기반시설의 사용허가
5. 「농지법」 제34조에 따른 농지전용의 허가나 협의
6. 「도로법」 제36조에 따른 도로공사의 시행허가, 같은 법 제61조에 따른 도로점용의 허가
7. 「사도법」 제4조에 따른 사도개설의 허가
8. 「사방사업법」 제14조에 따른 벌채 등의 허가, 같은 법 제20조에 따른 사방지(砂防地) 지정의 해제
9. 「산지관리법」 제14조·제15조에 따른 산지전용허가 및 산지전용신고, 같은 법 제15조의2에 따른 산지일시사용허가·신고, 같은 법 제25조에 따른 토석채취허가(석재만 해당한다) 및 「산림자원의 조성 및 관리에 관한 법률」 제36조제1항·제4항에 따른 입목벌채등의 허가·신고 및 「산림보호법」 제9조제1항 및 제2항제1호·제2호에 따른 산림보호구역(산림유전자원보호구역은 제외한다)에서의 행위의 허가·신고
10. 「소하천정비법」 제14조에 따른 점용허가
11. 「자연공원법」 제23조에 따른 행위허가
12. 「장사 등에 관한 법률」 제27조제1항에 따른 분묘의 개장허가
13. 「초지법」 제5조에 따른 초지조성의 허가, 같은 법 제23조에 따른 초지전용허가
14. 「폐기물관리법」 제29조에 따른 폐기물처리시설의 설치승인 및 신고
15. 「하수도법」 제11조에 따른 공공하수도(분뇨처리시설만 해당한다)의 설치인가, 같은 법 제16조에 따른 공공하수도공사 시행허가 및 같은 법 제24조에 따른 점용허가
16. 「하천법」 제6조에 따른 하천관리청의 허가사항에 관한 협의나 승인, 같은 법 제30조에 따른 하천공사 시행의 허가, 같은 법 제33조에 따른 하천의 점용허가 및 같은 법 제50조에 따른 하천수의 사용허가

③ 국토교통부장관이나 시·도지사는 제7조제1항제12호에 관한 내용이 포함되어 있는 기본계획 또는 제2항 각 호의 어느 하나에 해당하는 내용이 포함되어 있는 실시계획을 수립·변경하거나 승인하려는 경우에는 미리 관계 행정

기관의 장과 협의하여야 한다. 이 경우 실시계획에 관하여 협의를 요청받은 관계 행정기관의 장은 요청받은 날부터 20일 이내에 의견을 제출하여야 하며, 그 기간 내에 의견을 제출하지 아니하는 경우에는 협의가 이루어진 것으로 본다. <개정 2012.1.17., 2013.3.23.>
[전문개정 2011.5.30.]

제9조의2(인·허가등 의제를 위한 일괄협의회) ① 국토교통부장관 또는 시·도지사는 제9조제3항에 따라 관계 행정기관의 장과 인·허가등 의제를 협의하기 위하여 대통령령으로 정하는 바에 따라 해당 관계 행정기관 모두로 구성된 일괄협의회를 개최할 수 있다. <개정 2013.3.23.>
② 제9조제3항에 따른 관계 행정기관의 장은 소속 공무원을 제1항에 따른 일괄협의회에 참석하게 하여야 한다.
[본조신설 2012.1.17.]

제10조(토지의 출입 등) ① 댐건설사업시행자는 댐건설에 관한 조사·측량이나 댐건설을 위하여 필요한 때에는 타인의 토지에 출입하거나 타인의 토지를 일시사용할 수 있으며, 특히 필요한 때에는 나무, 토석(土石) 또는 그 밖의 장애물을 변경하거나 제거할 수 있다.
② 댐건설사업시행자는 제1항에 따라 타인의 토지에 출입하려는 경우에는 출입하려는 날의 7일 전까지 해당 토지의 소유자·점유자 또는 관리인에게 그 일시와 장소를 통지하여야 한다. 다만, 그 토지의 소유자·점유자 또는 관리인의 주소나 거소를 알 수 없는 경우에는 그 내용을 시장(특별자치시의 경우에는 특별자치시장을, 특별자치도의 경우에는 특별자치도지사를 말한다. 이하 같다)·군수 또는 구청장(이하 "시장·군수 또는 구청장"이라 한다)에게 통지하여야 한다. <개정 2012.1.17., 2016.12.2.>
③ 행정청이 아닌 댐건설사업시행자는 제1항에 따라 타인의 토지에 출입하려는 경우에는 미리 시장·군수 또는 구청장의 허가를 받아야 한다. <신설 2012.1.17.>
④ 댐건설사업시행자는 제1항에 따라 나무, 토석과 그 밖의 장애물을 변경하거나 제거하려는 경우에는 미리 해당 장애물의 소유자·점유자 또는 관리인의 동의를 받아야 한다. <개정 2012.1.17.>
⑤ 댐건설사업시행자는 장애물의 소유자·점유자 또는 관리인의 주소나 거소가 분명하지 아니하여 제4항에 따른 동의를 받을 수 없을 때에는 그 내용을 시장·군수 또는 구청장에게 통지하고 장애물을 변경하거나 제거할 수 있다. 다만, 댐건설사업시행자가 행정청이 아닌 경우에는 미리 시장·군수 또는 구청장의 허가를 받아야 한다. <개정 2012.1.17.>
⑥ 제4항에 따라 장애물을 변경하거나 제거하려는 자는 장애물을 변경하거나 제거하려는 날의 3일 전까지 그 장애물의 소유자·점유자 또는 관리인에게 통지하여야 한다. 다만, 제5항의 경우에는 그러하지 아니하다. <개정 2012.1.17.>
⑦ 해가 뜨기 전이나 해가 진 후에는 토지점유자의 승낙 없이는 택지나 담장 또는 울타리로 둘러싸인 타인의 토지에 출입할 수 없다. <개정 2012.1.17.>
⑧ 토지의 점유자는 정당한 이유 없이 제1항에 규정된 댐건설사업시행자의 행위를 방해하거나 거부하지 못한다. <개정 2012.1.17.>
⑨ 제1항에 따른 행위를 하려는 자는 국토교통부령으로 정하는 바에 따라 그 신분을 표시하는 증표를 지니고 이를 관계인에게 보여주어야 한다. <개정 2012.1.17., 2013.3.23.>
⑩ 제1항에 따른 행위로 손실을 입은 자가 있을 때에는 댐건설사업시행자는 그 손실을 보상하여야 한다. <개정 2012.1.17.>
⑪ 제10항에 따른 손실보상에 관하여는 댐건설사업시행자와 손실을 입은 자가 협의하여야 한다. <개정 2012.1.17.>
⑫ 댐건설사업시행자나 손실을 입은 자는 제11항에 따른 협의가 성립되지 아니하거나 협의할 수 없는 경우에는 관할 토지수용위원회에 재결(裁決)을 신청할 수 있다. <개정 2012.1.17.>
[전문개정 2011.5.30.]

제11조(토지등의 수용과 사용) ① 댐건설사업시행자는 댐의 건설에 필요한 토지, 건물, 그 밖에 토지에 정착한 물건과 이에 관한 소유권 외의 권리, 광업권, 어업권 및 물의 사용에 관한 권리(이하 "토지등"이라 한다)를 수용하거나 사용할 수 있다.
② 제1항을 적용하는 경우 제7조제4항에 따른 기본계획의 고시가 있은 때에는 「공익사업을 위한 토지 등의 취득 및 보상에 관한 법률」 제20조제1항 및 제22조에 따른 사업인정 및

사업인정의 고시가 있은 것으로 보며, 재결의 신청은 같은 법 제23조제1항 및 제28조제1항에도 불구하고 기본계획에서 정하는 사업기간에 하여야 한다.
③ 제1항에 따른 토지등의 수용이나 사용에 관하여는 이 법에 특별한 규정이 있는 경우를 제외하고는 「공익사업을 위한 토지 등의 취득 및 보상에 관한 법률」을 준용한다.
[전문개정 2011.5.30.]

제12조(댐건설 완료의 고시) ① 국토교통부장관이나 시·도지사는 댐건설을 완료하였을 때에는 지체 없이 다음 각 호의 사항을 고시하여야 한다. <개정 2013.3.23.>
1. 댐건설을 완료하였다는 뜻
2. 댐건설지역 중 「하천법」 제2조제2호에 따른 하천구역
3. 해당 댐이 「하천법」 제2조제3호에 따른 하천시설이라는 뜻

② 국토교통부장관 또는 시·도지사가 아닌 댐건설사업시행자는 댐건설을 완료하였을 때에는 지체 없이 대통령령으로 정하는 바에 따라 국토교통부장관(시장·군수가 댐건설사업시행자인 경우에는 시·도지사를 말한다. 이하 이 조에서 같다)에게 준공인가를 신청하여야 하며, 국토교통부장관은 댐이 실시계획대로 건설되었다고 인정하는 때에는 준공인가 증명서를 발급하고 제1항 각 호의 사항을 고시하여야 한다. <개정 2013.3.23.>
③ 제1항 또는 제2항에 따른 고시가 있은 때에는 「하천법」 제2조제3호 각 목 외의 부분 단서에 따른 동의를 받은 것으로 보며, 같은 법 제10조제3항에 따른 하천구역의 결정·고시가 있은 것으로 본다.
④ 제1항 또는 제2항에 따른 고시가 있은 때에는 제9조제2항에 따라 의제되는 인·허가등에 따른 해당 공사 또는 사업의 준공검사, 준공인가와 그에 따른 고시가 있은 것으로 본다.
[전문개정 2011.5.30.]

제12조의2(댐건설 완료의 고시 전 댐의 사용) ① 댐건설사업시행자는 댐건설 완료의 고시가 이루어진 후가 아니면 댐을 사용할 수 없다.
② 댐건설사업시행자는 제1항에도 불구하고 긴급한 용수 공급, 홍수 조절 등이 필요하다고 인정하는 경우에는 댐건설 완료의 고시 전이라도 해당 댐을 사용할 수 있다. 다만, 국토교통부장관 또는 시·도지사가 아닌 댐건설사업시행자는 국토교통부장관(시장·군수가 댐건설사업시행자인 경우에는 시·도지사를 말한다)의 승인을 받은 경우로 한정한다.
[본조신설 2016.12.2.]

제13조(공공시설 등의 귀속) ① 댐건설사업시행자가 댐건설사업으로 새로 공공시설을 설치하거나 기존의 공공시설을 대체하는 공공시설을 설치한 경우에는 「국유재산법」과 「공유재산 및 물품 관리법」에도 불구하고 종래의 공공시설은 댐건설사업시행자에게 무상(無償)으로 귀속되고, 새로 설치된 공공시설은 그 시설을 관리할 국가나 지방자치단체에 무상으로 귀속된다.
② 국토교통부장관이나 시·도지사는 제1항에 따른 공공시설의 귀속에 관한 사항이 포함된 실시계획을 수립·변경하거나 승인하려는 경우에는 미리 그 공공시설의 관리청의 의견을 들어야 한다. 다만, 관리청이 지정되지 아니한 경우에는 관리청이 지정된 후 준공인가를 받기 전에 관리청의 의견을 들어야 한다. <개정 2013.3.23.>
③ 댐건설사업시행자는 그에게 귀속되거나 국가나 지방자치단체에 귀속될 공공시설은 댐건설을 완료하기 전에 그 종류와 세목을 해당 관리청에 통지하여야 하며, 해당 공공시설은 제12조에 따른 댐건설 완료 고시가 있은 날에 제1항에 규정된 자에게 각각 귀속된다.
④ 제1항부터 제3항까지의 규정에 따른 공공시설과 토지를 등기할 때에는 제8조에 따른 실시계획 고시와 제12조에 따른 댐건설 완료 고시로 「부동산등기법」에 따른 등기원인을 증명하는 서면을 갈음한다.
⑤ 제1항부터 제4항까지에 규정된 공공시설의 범위는 대통령령으로 정한다.
[전문개정 2011.5.30.]

제14조(국유·공유 재산의 처분) ① 사업시행지에 있는 국가나 지방자치단체 소유의 재산은 「국유재산법」이나 「공유재산 및 물품 관리법」에도 불구하고 댐건설사업시행자에게 수의계약으로 대부하거나 양도할 수 있다.
② 국토교통부장관이나 시·도지사는 제1항에 따른 국유·공유 재산을 처분하는 사항을 포함하는 실시계획을 수립·변경하거나 승인하려는 경우에는 미리 해당 재산의 관리청과 협의하여야 한다. <개정 2013.3.23.>

③ 제1항에 따라 댐건설사업시행자에게 대부하거나 양도하려는 국유재산 중 관리청이 분명하지 아니한 재산에 대하여는 기획재정부장관을 그 관리청으로 본다.
[전문개정 2011.5.30.]

제2절 댐의 관리

<개정 2011.5.30.>

제15조(댐관리청과 댐수탁관리자) ① 댐은 국토교통부장관이 관리한다. 다만, 시ㆍ도지사 또는 시장ㆍ군수가 건설한 댐은 해당 시ㆍ도지사 또는 시장ㆍ군수가 관리한다. <개정 2013.3.23.>
② 제1항에 따라 댐을 관리하는 국토교통부장관, 시ㆍ도지사 또는 시장ㆍ군수(이하 "댐관리청"이라 한다)는 댐의 관리를 위하여 필요한 때에는 댐사용권을 설정받은 자(이하 "댐사용권자"라 한다) 또는 댐의 설치ㆍ운영에 관한 업무를 수행하는 「공공기관의 운영에 관한 법률」에 따른 공공기관에 댐의 관리를 위탁할 수 있다. <개정 2013.3.23.>
③ 제2항에 따른 댐관리의 위탁에 필요한 사항은 대통령령으로 정한다.
[전문개정 2011.5.30.]

제16조(댐관리의 기본원칙) 댐의 관리는 댐의 저수로 인한 공익의 증진, 피해의 제거 또는 경감에 유의하고 댐사용권을 침해하지 아니하도록 적정하게 하여야 한다.
[전문개정 2011.5.30.]

제17조(댐관리규정) ① 댐관리청은 제16조에 따른 댐관리의 기본원칙에 따라 대통령령으로 정하는 바에 따라 댐관리규정을 정하여야 한다.
② 제15조제2항에 따라 댐의 관리를 위탁받은 자(이하 "댐수탁관리자"라 한다)는 댐관리규정을 작성하여 댐관리청의 승인을 받아야 한다. 댐관리규정을 변경하려는 경우에도 또한 같다.
③ 댐관리청은 제1항이나 제2항에 따라 댐관리규정을 정하거나 승인하려는 경우에는 미리 관계 중앙행정기관의 장과 협의하여야 하며, 댐사용권설정예정자나 댐사용권자의 의견을 들어야 한다. 댐관리규정을 변경하려는 경우에도 또한 같다.
④ 댐관리청은 수자원의 효율적 관리를 위하여 필요한 경우에는 댐수탁관리자에게 제2항에 따른 댐관리규정을 변경하도록 명할 수 있으며, 댐의 관리에 관하여 필요한 보고를 하게 하거나 지시를 할 수 있다.
[전문개정 2011.5.30.]

제18조(위해방지를 위한 조치) 댐관리청이나 댐수탁관리자는 댐의 저수를 방류(放流)함으로써 하류에 현저한 변화를 가져올 것이라고 인정하는 경우에는 이로 인한 위해(危害)를 방지하기 위하여 대통령령으로 정하는 바에 따라 미리 관계 시ㆍ도지사에게 통지하여야 하며, 일반에게 알리기 위하여 필요한 조치를 하여야 한다.
[전문개정 2011.5.30.]

제18조의2(댐의 관리를 위한 사업) 댐관리청이나 댐수탁관리자는 댐을 적정하게 관리하기 위하여 필요한 경우에는 대통령령으로 정하는 바에 따라 다음 각 호의 사업을 시행할 수 있다.
1. 댐으로 인하여 발생하는 침수피해, 교통불편 등을 제거하거나 경감하기 위한 사업
2. 휴식공간의 조성, 체육시설의 설치 등 댐의 효용증진을 위한 사업

[전문개정 2011.5.30.]

제18조의3(댐의 평가) ① 국토교통부장관은 댐의 활용도를 높이고 수자원을 효율적으로 관리하기 위하여 댐관리청으로 하여금 댐의 용수 공급능력, 홍수 조절능력 등을 주기적으로 평가하게 하고 그 결과를 댐건설장기계획 등 수자원 관련 계획의 수립에 활용할 수 있다.
② 제1항에 따른 평가 및 그 밖에 필요한 사항은 대통령령으로 정한다.
[본조신설 2016.12.2.]

제3절 다목적댐의 건설과 관리에 관한 특례

<개정 2011.5.30.>

제19조(댐사용권설정예정자) ① 댐사용권설정예정자는 댐사용권의 설정을 신청한 자로서 제25조의 요건을 갖춘 자이어야 한다.

② 상속인, 합병으로 설립된 법인 또는 그 밖에 댐사용권설정예정자의 포괄승계인은 댐사용권설정예정자가 가지는 이 법에 따른 지위를 승계한다.
[전문개정 2011.5.30.]

제20조(다목적댐건설비용의 부담) ① 댐사용권설정예정자는 다목적댐의 건설비용 중 대통령령으로 정하는 바에 따라 산출한 비용을 부담하여야 한다.
② 제1항에 따른 부담금은 다음 각 호의 금액을 고려하여 산출하여야 한다.
1. 댐사용권을 설정하려는 용도에 다목적댐의 저수를 사용하여 얻어지는 효용에서 산정되는 추정투자액
2. 댐사용권을 설정하려는 용도에 전용되는 공작물로 그 효용과 같은 수준의 효용을 가지는 공작물의 설치에 필요한 추정비용액
③ 다목적댐의 건설비용에서 제1항에 따른 부담금을 뺀 금액은 국고의 부담으로 한다.
④ 국가는 댐사용권설정예정자가 댐사용권을 설정받지 못하면 제1항에 따라 납부한 부담금을 댐사용권설정예정자에게 반환하여야 한다. 다만, 기본계획을 폐지하는 경우를 제외하고는 새로운 댐사용권설정예정자가 정하여질 때까지 부담금의 반환을 정지할 수 있다.
⑤ 국가는 제4항 단서에 따라 부담금의 반환을 정지하는 경우에는 그 정지기간 동안 대통령령으로 정하는 바에 따라 이자를 지급하여야 한다.
⑥ 다목적댐의 건설에 필요한 비용의 범위, 부담금의 납부방법 및 납부기한, 부담금의 반환 등에 필요한 사항은 대통령령으로 정한다.
[전문개정 2011.5.30.]

제21조(국가에 의한 선행투자) 국토교통부장관은 홍수 조절이나 그 밖에 특별한 필요가 있을 때에는 댐사용권설정예정자를 정하지 아니하고 다목적댐을 건설할 수 있다. 이 경우 댐사용권설정예정자나 댐사용권자에 관한 규정은 댐사용권설정예정자나 댐사용권자가 정하여지는 때부터 적용한다. <개정 2013.3.23.>
[전문개정 2011.5.30.]

제22조(지방자치단체의 비용부담) 국토교통부장관은 다목적댐의 건설에 필요한 비용 중 제20조제3항에 따라 국고로 부담하여야 하는 비용의 일부를 대통령령으로 정하는 바에 따라 해당 댐의 건설로 현저한 이익을 받는 지방자치단체(댐건설지역을 관할하는 지방자치단체는 제외한다)에 부담하게 할 수 있다. <개정 2013.3.23.>
[전문개정 2011.5.30.]

제23조(수익자부담금 등) ① 국토교통부장관은 제12조제1항에 따른 댐건설 완료의 고시 당시 해당 다목적댐이 건설될 하천의 유수(流水)를 이용하여 발전사업(「전기사업법」 제2조제3호에 따른 발전사업을 말한다)을 하려는 자에게 해당 다목적댐의 건설로 인하여 증가되는 각 발전사업자의 예상 수익(댐건설 완료 후 댐건설기간에 상응하는 기간 동안의 예상 증가수익을 말한다. 이하 이 조 및 제23조의2에서 같다)의 범위에서 납부기한을 정하여 해당 다목적댐의 건설에 필요한 비용의 일부를 수익자부담금으로 결정·부과할 수 있다.
② 국토교통부장관은 제1항에 따라 수익자부담금을 납부하여야 하는 자가 납부기한을 지키지 아니하였을 때에는 그 납부기한이 지난 날부터 체납된 수익자부담금의 100분의 3에 상당하는 가산금을 징수한다.
③ 제1항 및 제2항에서 규정한 사항 외에 수익자부담금 또는 가산금의 산출방법과 징수방법 등에 관하여는 대통령령으로 정한다.
[전문개정 2016.12.2.]

제23조의2(수익자부담금 등 결정·부과의 취소·변경 및 반환) ① 국토교통부장관은 제23조에 따라 수익자부담금 또는 가산금(이하 이 조에서 "수익자부담금등"이라 한다)이 결정·부과된 후 다음 각 호의 어느 하나의 사유가 발생하였을 때에는 그 결정·부과를 취소하여야 한다.
1. 기본계획이 폐지되었을 때
2. 기본계획이 변경되어 수익자부담금등을 부담할 자가 해당 다목적댐의 건설로 인한 이익을 받을 수 없게 되었을 때
3. 댐건설 완료의 고시 당시 해당 수익자가 그 사업에 관한 허가 또는 인가 등이 취소되거나 변경되어 해당 다목적댐의 건설로 인한 이익을 받을 수 없게 되었을 때
② 국토교통부장관은 기본계획의 변경으로 인하여 제23조에 따라 수익자부담금등을 부담할 자의 예상 수익이 변경된 경우에는 수익자부담금등의 결정·부과를 변경하여야 한다.
③ 국토교통부장관은 다음 각 호의 어느 하나

에 해당하는 경우에는 수익자부담금등을 낸 자에게 그에 상당하는 수익자부담금등과 대통령령으로 정하는 이자를 가산하여 반환하여야 한다.
1. 과오납(過誤納)된 수익자부담금등이 있는 경우
2. 제1항에 따라 수익자부담금등의 결정·부과가 취소된 경우
3. 제2항에 따라 수익자부담금등의 결정·부과가 변경되어 수익자부담금등이 감소한 경우
[본조신설 2016.12.2.]
[종전 제23조의2는 제23조의3으로 이동 <2016.12.2.>]

제23조의3(이의신청) ① 제23조에 따른 수익자부담금을 부담하는 자가 부과받은 사항에 대하여 이의가 있는 경우에는 부과받은 날부터 60일 이내에 이의를 신청할 수 있다. <개정 2016.12.2.>
② 국토교통부장관은 제1항에 따른 이의신청이 있는 때에는 그 신청을 받은 날부터 30일 이내에 결정하여 그 결과를 신청인에게 지체 없이 서면으로 통지하여야 한다. <개정 2013.3.23.>
③ 제23조에 따른 수익자부담금을 부담하는 자가 부과받은 사항에 대하여 이의가 있는 경우에는 제1항에 따른 이의신청 여부와 관계없이 「행정심판법」에 따른 심판청구 또는 「행정소송법」에 따른 행정소송을 제기할 수 있다. <개정 2016.12.2.>
[본조신설 2011.5.30.]
[제23조의2에서 이동 <2016.12.2.>]

제24조(댐사용권의 설정) ① 댐사용권은 다목적댐의 저수를 특정용도에 사용하려는 자의 신청을 받아 국토교통부장관이 설정한다. <개정 2013.3.23.>
② 국토교통부장관은 제1항에 따라 댐사용권을 설정할 때에는 다음 각 호의 사항을 명백히 하여야 한다. <개정 2013.3.23.>
1. 설정목적
2. 댐사용권에 따라 확보될 저수의 최고·최저 수위(水位)와 저수량
③ 제2항제2호의 사항은 해당 댐의 효용이 제대로 발휘될 수 있도록 정하여야 한다.
④ 국토교통부장관은 제12조에 따라 댐건설 완료 고시를 하였을 때에는 지체 없이 해당 댐사용권설정예정자에게 댐사용권을 설정하여 주어야 한다. <개정 2013.3.23.>
⑤ 댐사용권설정예정자는 제1항에 따라 댐사용권을 설정받기 전이라도 국토교통부장관의 허가를 받아 다목적댐의 저수를 특정용도에 사용할 수 있다. <개정 2013.3.23.>
[전문개정 2011.5.30.]

제25조(댐사용권의 설정요건) 국토교통부장관은 신청인이 다음 각 호의 요건을 갖춘 경우에만 댐사용권을 설정하여야 한다. <개정 2013.3.23.>
1. 댐사용권을 설정하려는 용도에 다목적댐의 저수를 사용하는 것이 기본계획에 적합한 경우
2. 다목적댐의 저수를 이용하려는 사업을 하는 데에 필요한 허가·인가 등을 받은 경우
[전문개정 2011.5.30.]

제26조(특정용도를 위한 하천점용의 제한) 다목적댐의 저수를 특정용도에 사용하려는 자는 「하천법」 제33조에 따른 하천의 점용허가와 같은 법 제50조에 따른 하천수의 사용허가를 받고 제24조에 따른 댐사용권을 설정받아야 한다.
[전문개정 2011.5.30.]

제27조(댐사용권설정의 거부) ① 국토교통부장관은 기본계획에 댐사용권설정예정자로 정하여진 자가 아닌 자에 대하여는 댐사용권의 설정을 거부할 수 있다. <개정 2013.3.23.>
② 국토교통부장관은 다음 각 호의 어느 하나에 해당하는 경우에는 댐사용권설정예정자에 대한 댐사용권설정을 거부하여야 한다. <개정 2013.3.23.>
1. 댐사용권설정예정자가 제25조의 요건에 적합하지 아니한 경우
2. 제20조제1항에 따른 부담금을 납부하지 아니한 경우
[전문개정 2011.5.30.]

제28조(저수가 확보될 지역) 댐사용권에 따라 저수가 확보될 지역은 제24조제2항제2호에 따른 저수의 최고수위면이 토지에 접속되는 선으로 둘러싸인 지역으로 한다.
[전문개정 2011.5.30.]

제29조(댐사용권의 성질) 댐사용권은 물권(物權)으로 보며, 이 법에 특별한 규정이 있는 경우를 제외하고는 부동산에 관한 규정을 준용

한다.
[전문개정 2011.5.30.]

제30조(댐사용권의 처분제한) ① 댐사용권은 상속, 법인의 합병 또는 그 밖의 포괄승계, 양도, 체납처분, 강제집행 및 저당권의 목적이 되는 외에 다른 권리의 목적으로 할 수 없다.
② 저당권설정등록이 된 댐사용권은 그 저당권자의 동의가 없으면 분할·병합 또는 포기하거나 그 설정목적을 변경할 수 없다.
[전문개정 2011.5.30.]

제31조(댐사용권에 대한 취소 등) ① 국토교통부장관은 댐사용권자에 대하여 「하천법」 제33조에 따른 하천의 점용허가와 같은 법 제50조에 따른 하천수의 사용허가의 전부 또는 일부를 취소하는 경우에 해당 댐사용권자 외의 자에 대하여는 종전과 같은 하천수 사용을 인정할 수 없을 때에는 댐사용권자에 대한 점용허가 등의 취소에 상응하여 그 댐사용권을 취소하거나 변경하도록 하여야 한다. <개정 2013.3.23.>
② 국토교통부장관은 댐사용권자에 대하여 「하천법」 제33조에 따른 하천의 점용허가와 같은 법 제50조에 따른 하천수의 사용허가의 전부 또는 일부를 취소하는 경우에 해당 댐사용권자 외의 자에 대하여 새로 하천수 사용을 인정할 필요가 있을 때에는 해당 댐사용권자에게 적절한 기간을 정하여 댐사용권의 전부 또는 일부를 다른 자에게 양도하도록 명할 수 있다. <개정 2013.3.23.>
③ 국토교통부장관은 제2항에 따른 기간에 댐사용권자가 그 댐사용권을 양도하지 아니할 때에는 해당 댐사용권자 외의 자가 댐사용권자에 대한 하천수의 사용허가와 같은 내용의 하천수의 사용허가를 받을 수 있는 경우에만 해당 댐사용권의 전부 또는 일부를 취소할 수 있다. <개정 2013.3.23.>
④ 국토교통부장관은 다음 각 호의 어느 하나에 해당하는 경우로 댐사용권을 그대로 유지하는 것이 곤란한 경우에는 댐사용권에 대한 취소 또는 변경의 처분을 할 수 있다. 이 경우 미리 댐사용권자의 의견을 들어야 한다. <개정 2013.3.23.>
1. 댐의 증축·개축 등으로 저수용량이 변경된 경우
2. 댐의 저수 이용상황 등이 변경된 경우
⑤ 국토교통부장관은 제4항에 따라 댐사용권에 대한 취소나 변경의 처분을 하는 경우에는 제7조제4항에 따라 고시된 기본계획 중 저수의 용도별 배분에 관한 사항을 변경하여 고시하여야 한다. <개정 2013.3.23.>
[전문개정 2011.5.30.]

제32조(등록) ① 댐사용권과 댐사용권을 목적으로 하는 저당권의 설정·변경·이전·소멸과 처분의 제한은 국토교통부에 갖추어 두는 댐사용권등록부에 등록하지 아니하면 그 효력이 없다. <개정 2013.3.23.>
② 제1항에서 규정한 사항 외에 댐사용권과 댐사용권을 목적으로 하는 저당권의 등록에 필요한 사항은 대통령령으로 정한다.
[전문개정 2011.5.30.]

제33조(납부금) 댐사용권자는 제24조제4항에 따라 댐사용권을 설정받은 경우를 제외하고는 대통령령으로 정하는 바에 따라 산출한 금액의 납부금을 국고에 납부하여야 한다. 이 경우 납부금을 산출할 때에는 제20조제2항제1호에 따라 산정한 추정투자액을 고려하여야 한다.
[전문개정 2011.5.30.]

제34조(부담금 등의 반환) ① 국가는 제31조에 따라 댐사용권에 대하여 취소 또는 변경의 처분을 하였을 때에는 제20조제1항에 따라 납부된 부담금이나 제33조에 따라 납부된 납부금의 일부를 반환하여야 한다.
② 제1항에 따라 반환할 금액은 해당 부담금이나 납부금의 산출방법과 동일한 방법으로 산출하되, 제24조제4항에 따라 댐사용권을 설정받은 자에게 반환할 금액은 제20조제1항에 따른 부담금에서 대통령령으로 정하는 바에 따라 산정한 상각액을 뺀 금액을 초과하여서는 아니 된다.
③ 국가는 제31조에 따른 취소나 변경의 처분으로 소멸한 댐사용권에 저당권설정등록이 되어 있을 때에는 그 저당권자가 승낙한 경우를 제외하고는 제1항에 따른 반환금을 공탁하여야 한다. 이 경우 댐사용권에 대한 저당권자는 공탁된 반환금에 대하여 권리를 행사할 수 있다.
[전문개정 2011.5.30.]

제35조(사용료의 수납 등) ① 댐사용권자나 댐사용권설정예정자는 해당 댐의 저수를 사용하는 자로부터 사용료를 받을 수 있다. 다

만, 댐건설 이전에 「하천법」 제50조에 따른 하천수의 사용허가를 받아 하천의 물을 사용하는 경우에는 사용료를 받지 아니한다.
② 제1항에 따른 사용료는 댐사용권자나 댐사용권설정예정자가 제20조제1항에 따라 부담한 금액이나 제33조에 따라 납부한 금액의 범위에서 댐의 저수를 사용하는 자가 사용하는 수량 등을 고려하여 정하여야 한다.
③ 댐사용권자나 댐사용권설정예정자는 제1항에 따라 사용료를 받으려는 경우에는 그 산출방법과 수납방법 및 수납기한 등을 정하여 미리 국토교통부장관의 승인을 받아야 한다. <개정 2013.3.23.>
[전문개정 2011.5.30.]

제36조(다목적댐관리비용의 부담) ① 다목적댐의 유지, 수리 또는 그 밖의 관리에 필요한 비용은 국고·댐사용권자 또는 댐수탁관리자의 부담으로 한다. 이 경우 댐수탁관리자가 부담하는 비용은 해당 댐의 수탁관리에 따른 수입의 범위이어야 한다.
② 제1항에 따른 비용의 부담에 필요한 사항은 대통령령으로 정한다.
[전문개정 2011.5.30.]

제37조(부담금 등의 강제징수) ① 국토교통부장관은 다음 각 호의 어느 하나에 해당하는 부담금·가산금 또는 납부금을 납부하지 아니한 자가 있을 때에는 납부기한을 정하여 서면으로 독촉하여야 한다. <개정 2013.3.23., 2016.12.2.>
1. 제20조제1항에 따른 부담금
2. 제23조에 따른 수익자부담금 또는 가산금
3. 제33조에 따른 납부금
4. 제36조에 따른 댐사용권자의 부담금
② 국토교통부장관은 제1항에 따른 독촉을 받은 자가 그 납부기한까지 부담금·가산금 및 납부금을 납부하지 아니할 때에는 국세체납처분의 예에 따라 징수할 수 있다. <개정 2013.3.23., 2016.12.2.>
③ 제1항에 따른 부담금·가산금과 납부금을 징수할 권리는 5년간 행사하지 아니하면 시효로 소멸한다. <개정 2016.12.2.>
[전문개정 2011.5.30.]

제38조(다목적댐의 인정 등) ① 국토교통부장관은 국토교통부장관 외의 자가 건설한 댐으로 다목적댐으로서의 효용이 큰 댐에 대하여는 해당 댐을 건설한 자와 협의하여 정당한 보상을 하고 해당 댐을 이 법에 따른 다목적댐으로 할 수 있다. 이 경우 국토교통부장관은 대통령령으로 정하는 바에 따라 해당 댐을 건설한 자에게 댐사용권을 설정하여 줄 수 있다. <개정 2013.3.23.>
② 국토교통부장관은 제1항에 따라 다목적댐이 아닌 댐을 다목적댐으로 한 경우에는 대통령령으로 정하는 바에 따라 지체 없이 다음 각 호의 사항을 고시하여야 한다. <개정 2013.3.23.>
1. 다목적댐 인정 사유
2. 제7조제1항제2호부터 제4호까지의 사항
3. 해당 댐을 건설한 자에 대한 보상에 관한 사항
③ 국가는 국토교통부장관 외의 자가 건설하는 댐으로 다목적댐으로서의 효용이 큰 댐에 대하여는 해당 댐을 건설하는 자에게 건설에 필요한 비용의 일부를 보조하거나 대출을 알선할 수 있다. <개정 2013.3.23.>
④ 국토교통부장관은 제3항에 따라 보조를 하거나 대출을 알선하였을 때에는 그 보조나 대출을 받은 자에게 해당 댐건설에 관한 지시를 하거나 건설의 목적인 해당 댐의 시설을 검사하거나 보고하게 할 수 있다. <개정 2013.3.23.>
[전문개정 2011.5.30.]

제3장 댐건설 지역주민에 대한 지원
<개정 2011.5.30.>

제39조(이주정착지 미이주자 등에 대한 지원) 댐건설사업시행자는 수몰이주민 중 이주정착지에 이주하지 아니하는 자와 그 밖에 대통령령으로 정하는 자에게 댐건설로 인한 실향 및 생활기반 상실 등을 감안하여 대통령령으로 정하는 바에 따라 지원을 할 수 있다.
[전문개정 2011.5.30.]

제40조(수몰이주민에 대한 지원) ① 국토교통부장관은 수몰이주민이 원활하게 이주하여 정착할 수 있도록 주택의 신축 등 생활기반을 조성하기 위하여 필요한 경우 「주택도시기금법」에 따른 주택도시기금을 우선하여 지원할 수 있다. <개정 2013.3.23., 2015.1.6.>
② 댐건설사업시행자는 수몰이주민의 생활기반 조성을 위하여 필요한 때에는 국토교통부장관에게 「주택도시기금법」에 따른 주택도시기

금의 우선지원을 요청할 수 있다. <개정 2013.3.23., 2015.1.6.>
③ 댐건설지역을 관할하거나 댐건설에 따라 용수(用水)의 혜택을 받는 지역을 관할하는 지방자치단체의 장과 댐수탁관리예정자는 대통령령으로 정하는 바에 따라 직업훈련의 실시 등 수몰이주민의 생계지원을 위하여 필요한 조치를 할 수 있다.
[전문개정 2011.5.30.]

제41조(댐주변지역정비사업) ① 대통령령으로 정하는 기준 이상의 댐의 주변지역을 관할하는 시장·군수 또는 구청장은 해당 댐의 건설로 여건이 변할 것을 고려하여 해당 댐 주변지역의 경제를 진흥하고 생활환경을 개선하기 위하여 댐건설기간에 정비사업(이하 "댐주변지역정비사업"이라 한다)을 시행하여야 한다.
② 제1항의 기준에 해당하는 댐의 기본계획이 고시된 경우에는 댐의 본체가 있는 지역을 관할하는 시·도지사는 지체 없이 댐주변지역정비사업에 관한 계획을 수립하여 국토교통부장관의 승인을 받아야 한다. 다만, 시·도지사 또는 시장·군수가 건설하는 댐인 경우에는 국토교통부장관의 승인을 필요로 하지 아니한다. <개정 2013.3.23.>
③ 시·도지사는 제2항에 따라 댐주변지역정비사업에 관한 계획을 수립하려는 경우에는 미리 댐건설사업시행자 및 관할 시장·군수 또는 구청장과 협의하여야 한다.
④ 제1항에 따른 댐 주변지역의 범위와 댐주변지역정비사업의 구체적인 내용에 관한 사항은 대통령령으로 정한다.
[전문개정 2011.5.30.]

제42조(댐주변지역정비사업의 재원) ① 댐주변지역정비사업은 다음 각 호의 총저수용량에 따른 기초금액과 저수면적, 총저수용량, 수몰세대와 지역특성에 따른 개발수요 등을 고려하여 대통령령으로 정하는 방법에 따라 산정한 추가금액을 합한 기준금액의 범위에서 시행한다. <개정 2012.1.17.>
1. 20백만세제곱미터 이상 150백만세제곱미터 미만: 300억원
2. 150백만세제곱미터 이상: 400억원
② 댐주변지역정비사업에 드는 재원은 댐건설사업시행자와 관할 시장·군수 또는 구청장이 부담한다.
③ 제2항에 따른 댐주변지역정비사업의 재원의 구체적인 부담기준과 관리에 관한 사항은 대통령령으로 정한다.
[전문개정 2011.5.30.]

제43조(댐주변지역지원사업) ① 댐관리청이나 댐수탁관리자는 댐건설이 완료된 후 대통령령으로 정하는 댐 주변지역의 주민소득 증대와 복지 증진 등을 도모하기 위하여 매년 대통령령으로 정하는 바에 따라 댐 주변지역의 지원사업(이하 "댐주변지역지원사업"이라 한다)에 관한 계획을 수립하여야 한다.
② 댐관리청이나 댐수탁관리자는 제1항에 따라 댐주변지역지원사업에 관한 계획을 수립하려는 경우에는 미리 댐 주변지역을 관할하는 시장·군수 또는 구청장과 협의하여야 한다.
③ 댐수탁관리자는 제1항에 따라 댐주변지역지원사업에 관한 계획을 수립하였을 때에는 이를 댐관리청에 제출하여야 한다.
④ 댐주변지역지원사업은 대통령령으로 정하는 바에 따라 다음 각 호의 어느 하나에 해당하는 자가 시행한다.
1. 댐관리청 또는 댐수탁관리자
2. 댐 주변지역을 관할하는 시장·군수 또는 구청장
⑤ 제1항에 따른 댐주변지역지원사업에 관한 계획을 수립하여야 하는 지역의 범위는 대통령령으로 정한다.
[전문개정 2011.5.30.]

제44조(댐주변지역지원사업의 재원) ① 댐주변지역지원사업에 필요한 재원은 다음 각 호의 자금으로 조성한다. 다만, 제1호와 제2호의 출연금은 제43조에 따른 댐주변지역지원사업의 대상 댐으로 한정한다.
1. 댐관리청이나 댐사용권자의 출연금
2. 생활용수댐·공업용수댐의 수도사업자의 출연금
3. 차입금
4. 조성된 자금의 운용으로 생기는 수익금
② 댐관리청, 댐사용권자나 생활용수댐·공업용수댐의 수도사업자는 다음 각 호에 해당하는 비율의 금액을 제1항제1호와 제2호의 출연금으로 출연하여야 한다.
1. 전전년도 발전판매(發電販賣) 수입금의 100분의 6 이내
2. 전전년도 생활용수·공업용수 판매량에 전전년도 「한국수자원공사법」에 따른 한국수자원공사의 댐용수요금 단가를 곱한 금

액의 100분의 20 이내

③ 제1항에 따라 조성된 댐주변지역지원사업의 재원은 댐관리청이나 댐수탁관리자가 운영한다. 이 경우 댐관리청이나 댐수탁관리자는 제1항에 따른 댐주변지역지원사업의 재원을 별도의 회계로 구분하여 관리하여야 한다.

[전문개정 2011.5.30.]

제44조의2(댐 주변지역의 친환경공간 조성) ① 제41조와 제43조에 따른 다목적댐 주변지역을 관할하는 시장·군수 또는 구청장은 댐 주변지역의 발전을 도모하기 위하여 「물환경보전법」 등 관계 법률에 따른 오염총량관리에 지장이 없는 범위에서 대통령령으로 정하는 바에 따라 댐의 호수·늪 및 주변경관을 활용한 자연학습장, 생태공원, 수상체육시설 등 휴양·문화·여가활동 등을 위한 공간(이하 "친환경공간"이라 한다)을 조성하기 위한 사업을 시행할 수 있다. <개정 2017.1.17.>

② 시장·군수 또는 구청장은 제1항에 따른 댐 주변지역의 친환경공간 조성을 위한 사업을 시행하려는 경우에는 미리 댐관리청과 협의하여야 한다.

[전문개정 2011.5.30.]

제44조의3(공공시설 등의 우선설치) 중앙행정기관의 장 및 관할 시장·군수 또는 구청장은 댐 주변지역의 경제 진흥 및 생활환경 개선을 위하여 도로, 다리, 수도 등 공공시설의 설치 및 그 밖에 대통령령으로 정하는 사업을 우선적으로 시행할 수 있다.

[전문개정 2011.5.30.]

제44조의4(공공하수도의 설치) ① 댐건설사업시행자는 「환경영향평가법」 제27조부터 제31조까지의 규정에 따른 협의내용(「환경영향평가법」 제21조에 따라 재협의된 내용과 같은 법 제33조에 따른 환경보전방안을 포함한다)을 이행하기 위하여 필요한 경우에는 「하수도법」 제74조제3항에 따라 공공하수도관리청으로부터 댐건설기간 중에 공공하수도의 설치를 위탁받아 설치할 수 있다. <개정 2011.7.21.>

② 다음 각 호의 어느 하나에 해당하는 자는 제1항에 따른 공공하수도의 설치에 드는 비용 중 지방비 부담분의 전부 또는 일부를 부담할 수 있다.

1. 다목적댐의 경우에는 댐의 저수를 생활용수와 공업용수로 이용할 댐사용권설정예정자
2. 생활용수댐·공업용수댐의 경우에는 수도사업자

[전문개정 2011.5.30.]

제4장 보칙

<개정 2011.5.30.>

제45조(국토교통부장관 등의 권한) ① 국토교통부장관은 댐건설에 관한 기본계획이 고시된 경우에는 「하천법」과 「골재채취법」에도 불구하고 사업시행지와 제12조제1항 및 제2항에 따라 고시된 하천구역에서의 다음 각 호의 처분 등을 한다. 다만, 시·도지사 또는 시장·군수가 건설하는 댐의 경우에는 해당 시·도지사 또는 시장·군수가 다음 각 호의 처분 등을 하며, 제15조제2항에 따라 댐의 관리를 위탁한 경우 그 위탁의 범위에 속하는 처분 등은 대통령령으로 정하는 바에 따라 댐수탁관리자가 한다. <개정 2013.3.23.>

1. 「하천법」 제30조에 따른 하천공사 시행의 허가, 같은 법 제33조에 따른 하천의 점용허가 및 같은 법 제50조에 따른 하천수의 사용허가
2. 제1호의 허가를 받은 자에 대한 「하천법」 제5조제2항에 따른 권리·의무 승계 신고의 수리
3. 「하천법」 제46조제6호에 따른 야영, 취사와 떡밥·어분(魚粉) 등 미끼를 사용하여 하천을 오염시키는 낚시행위를 금지하는 지역의 지정
4. 「골재채취법」 제22조에 따른 골재채취의 허가
5. 제1호부터 제4호까지의 처분 등과 관련한 다음 각 목의 처분
   가. 「하천법」 제69조 또는 제70조에 따른 허가의 취소, 공사의 중지 등의 처분
   나. 「골재채취법」 제31조에 따른 골재채취허가의 취소 또는 골재채취의 중지와 같은 법 제33조에 따른 원상복구 등의 명령

② 국토교통부장관, 시·도지사, 시장·군수 또는 댐수탁관리자는 제1항에 따른 처분 등을 하려는 경우에는 미리 관계 행정기관의 장과 협의하여야 한다. <개정 2013.3.23.>

③ 국토교통부장관, 시·도지사 또는 시장·군수는 제1항에 따른 처분 등을 하려는 경우에는 미리 댐수탁관리자의 의견을 들어야 한다. <개정 2013.3.23.>

④ 댐수탁관리자는 「하천법」 제37조제1항부터 제4항까지의 규정에도 불구하고 제1항제1호 및 제4호에 따라 허가를 받은 자로부터 점용료나 사용료를 징수하여 댐의 관리비용으로 사용할 수 있다.
[전문개정 2011.5.30.]
[제목개정 2013.3.23.]

제46조(「하천법」과의 관계) 이 법에서 정한 사항 외에 댐의 건설과 관리에 필요한 사항은 「하천법」을 적용한다.
[전문개정 2011.5.30.]

제47조(청문) 댐관리청은 다음 각 호의 어느 하나에 해당하는 처분을 할 때에는 미리 청문을 하여야 한다.
1. 제31조제2항에 따른 댐사용권의 양도명령
2. 제45조제1항제5호에 따른 허가의 취소
[전문개정 2011.5.30.]

제48조(권한의 위임 등) ① 이 법에 따른 국토교통부장관의 권한은 대통령령으로 정하는 바에 따라 그 일부를 소속 기관의 장 또는 시·도지사에게 위임할 수 있다. <개정 2013.3.23.>
② 국토교통부장관, 시·도지사 또는 시장·군수는 이 법에 따른 조사·연구 및 댐건설 등의 업무의 일부를 대통령령으로 정하는 바에 따라 댐 관련 법인·단체 또는 기관에 위탁 또는 대행하게 할 수 있다. <개정 2013.3.23.>
[전문개정 2011.5.30.]

제48조의2(댐건설비용의 지원) 국가나 시·도지사는 예산의 범위에서 지방자치단체인 댐건설사업시행자에게 댐건설사업에 필요한 비용의 전부 또는 일부를 보조할 수 있다.
[본조신설 2011.5.30.]

제5장 벌칙
<개정 2011.5.30.>

제49조(벌칙) 제18조를 위반하여 공공의 피해를 발생시키거나 치수(治水)에 장해를 일으킨 댐수탁관리자의 임직원은 5년 이하의 징역 또는 3천만원 이하의 벌금에 처한다.
[전문개정 2011.5.30.]

제50조 삭제 <2005.12.7.>

제51조(벌칙) 행정청이 아닌 자로서 제10조제3항부터 제5항까지의 규정에 따른 허가나 동의를 받지 아니하고 같은 조 제1항에 따른 행위를 한 자는 6개월 이하의 징역 또는 300만원 이하의 벌금에 처한다. <개정 2012.1.17.>
[전문개정 2011.5.30.]

제52조(양벌규정) 법인의 대표자나 법인 또는 개인의 대리인, 사용인, 그 밖의 종업원이 그 법인 또는 개인의 업무에 관하여 제49조 또는 제51조의 위반행위를 하면 그 행위자를 벌하는 외에 그 법인 또는 개인에게도 해당 조문의 벌금형을 과(科)한다. 다만, 법인 또는 개인이 그 위반행위를 방지하기 위하여 해당 업무에 관하여 상당한 주의와 감독을 게을리하지 아니한 경우에는 그러하지 아니하다.
[전문개정 2009.4.1.]

제53조(과태료) ① 정당한 사유 없이 제10조제1항에 따른 행위를 방해하거나 거부한 자에게는 300만원 이하의 과태료를 부과한다.
② 제1항에 따른 과태료는 대통령령으로 정하는 바에 따라 국토교통부장관이나 시·도지사(시·도지사가 건설하는 댐과 관련한 위반행위에 대한 과태료만 해당한다)가 부과·징수한다. <개정 2012.1.17., 2013.3.23.>
[전문개정 2011.5.30.]

부칙
<제14544호, 2017.1.17.>
(수자원의 조사·계획 및 관리에 관한 법률)

제1조(시행일) 이 법은 공포 후 6개월이 경과한 날부터 시행한다.

제2조부터 **제10조**까지 생략

제11조(다른 법률의 개정) ① 법률 제14337호 댐건설 및 주변지역지원 등에 관한 법률 일부개정법률 일부를 다음과 같이 개정한다.
제4조제7항 전단 중 "「하천법」 제87조에

따른 중앙하천관리위원회"를 "「수자원의 조사·계획 및 관리에 관한 법률」 제29조에 따른 국가수자원관리위원회"로 한다.
② 및 ③ 생략

제12조 생략

한국수자원공사법

[시행 2017.7.26.]
[법률 제14839호, 2017.7.26., 타법개정]

제1조(목적) 이 법은 한국수자원공사를 설립하여 수자원을 종합적으로 개발·관리하여 생활용수 등의 공급을 원활하게 하고 수질을 개선함으로써 국민생활의 향상과 공공복리의 증진에 이바지함을 목적으로 한다.
[전문개정 2009.3.25.]

제2조(법인격) 한국수자원공사(이하 "공사"라 한다)는 법인으로 한다.
[전문개정 2009.3.25.]

제3조(사무소) ① 공사의 주된 사무소의 소재지는 정관으로 정한다.
② 공사는 업무를 수행하기 위하여 필요하면 이사회의 의결을 거쳐 지사 또는 사무소를 둘 수 있다.
[전문개정 2009.3.25.]

제4조(자본금 및 출자) ① 공사의 자본금은 10조원으로 한다.
② 제1항에 따른 자본금은 국가, 지방자치단체 또는 「한국산업은행법」에 따른 한국산업은행이 출자하되, 국가가 100분의 50 이상을 출자하여야 한다. <개정 2009.4.1., 2014.5.21.>
③ 국가, 지방자치단체 또는 「한국산업은행법」에 따른 한국산업은행은 공사의 사업에 필요한 동산(動産) 또는 부동산을 공사에 현물로 출자할 수 있다. <개정 2009.4.1., 2014.5.21.>
④ 국가는 「댐건설 및 주변지역지원 등에 관한 법률」 제2조제3호에 따른 댐사용권과 「수도법」 제3조제26호에 따른 수도시설관리권(이하 "수도시설관리권"이라 한다) 및 하수종말처리시설관리권을 공사에 출자할 수 있고, 지방자치단체는 수도시설관리권을 공사에 출자할 수 있다.
⑤ 제4항에서 "하수종말처리시설관리권"이란 「하수도법」 제2조제5호에 따른 하수종말처리시설(하수를 하수종말처리시설로 유도하는 시설을 포함한다. 이하 "하수종말처리시설"이라 한다)을 유지·관리하고, 같은 법 제2조제4호에 따른 하수처리구역(이하 "하수처리구역"이라 한다)으로부터 배출되는 하수의 양 및 오염도에 따라 사용자에게 사용료를 징수하는 권리를 말한다.
⑥ 제3항에 따라 지방자치단체나 「한국산업은행법」 에 따른 한국산업은행이 동산 또는 부동산을 현물로 출자하는 경우에는 「국유재산의 현물출자에 관한 법률」 제4조를 준용한다. <개정 2009.4.1., 2014.5.21.>
⑦ 제4항에 따라 국가 및 지방자치단체가 댐사용권, 수도시설관리권 및 하수종말처리시설관리권을 공사에 출자하는 경우 그 출자가액(出資價額)의 산정방법에 관하여는 대통령령으로 정한다.
⑧ 제3항에 따라 국가가 「댐건설 및 주변지역지원 등에 관한 법률」 제2조제2호의 다목적댐의 용도 중 어느 하나의 용도에 전용(專用)되는 다목적댐의 시설 또는 공작물을 현물로 출자하는 경우 그 출자가액의 산정방법은 대통령령으로 정한다.
[전문개정 2009.3.25.]

제5조(등기) ① 공사는 주된 사무소의 소재지에서 설립등기를 함으로써 성립한다.
② 제1항에 따른 설립등기와 지사 또는 사무소의 설치등기, 이전등기, 변경등기, 그 밖에 공사의 등기에 필요한 사항은 대통령령으로 정한다.
③ 공사는 등기가 필요한 사항에 관하여는 등기를 한 후가 아니면 제3자에게 대항하지 못한다.
[전문개정 2009.3.25.]

제5조의2(유사명칭의 사용금지) 이 법에 따른 공사가 아닌 자는 한국수자원공사 또는 이와 유사한 명칭을 사용하지 못한다.
[본조신설 2007.1.19.]

제6조(비밀 누설 등의 금지) 공사의 임직원이거나 임직원이었던 사람은 직무상 알게 된 비밀을 누설하거나 도용(盜用)하여서는 아니 된다.
[전문개정 2009.3.25.]

제7조 삭제 <2009.3.25.>

제8조(대리인의 선임) 사장은 정관으로 정하는 바에 따라 직원 중에서 공사의 업무에 관한 재판상 또는 재판 외의 모든 행위를 할 수 있는 권한을 가진 대리인을 선임할 수 있다.

[전문개정 2009.3.25.]

제9조(사업) ① 공사는 다음 각 호의 사업을 한다. <개정 2015.12.29.>
1. 수자원의 종합적인 이용·개발을 위한 다음 각 목의 시설(이하 "수자원개발시설"이라 한다)의 건설 및 운영·관리
   가. 다목적댐 및 생활용수 등의 공급을 위한 댐(수력발전시설을 포함한다). 다만, 농업용수만을 공급하는 댐은 제외한다.
   나. 하구둑 및 다목적용수로
   다. 내륙주운(內陸舟運) 및 운하시설
   라. 그 밖에 수자원의 종합개발과 그 이용을 위한 시설
2. 수도시설(일반수도 중 지방상수도 및 마을상수도는 제외한다)의 개발과 이용에 관한 다음 각 목의 사업
   가. 수도시설의 건설
   나. 수도시설의 사용 및 유지·관리
   다. 수도시설의 사용 및 유지·관리 등을 위한 시설의 정비
3. 제1호가목의 댐의 수질조사
4. 둘 이상의 지방자치단체에 공급되는 상수원(이하 "광역상수원"이라 한다)의 수질에 직접 영향을 미치는 지역의 하수처리를 위한 하수종말처리시설의 건설 및 운영·관리(국가 또는 공사가 전액 투자하거나 제4항에 따른 지방자치단체나 그 밖의 자로부터 위탁받은 경우로 한정한다)
5. 산업단지 및 특수지역의 개발. 다만, 공사가 시행하였거나 시행 중인 산업단지 및 특수지역의 개발과 관련된 구역에서의 개발로 한정한다.

5의2. 공사가 제1호·제2호·제4호 및 제5호에 따른 사업의 시행으로 개발·관리하는 수자원개발시설 및 수도시설과 부지 등을 활용한 「신에너지 및 재생에너지 개발·이용·보급 촉진법」에 따른 신·재생에너지 설비의 설치 및 운영·관리

6. 다음 각 목의 요금 또는 사용료의 징수
   가. 수자원개발시설 또는 수도시설에 의하여 공급되는 물 또는 전기의 요금
   나. 수자원개발시설 및 그 수면(水面)의 사용료
   다. 하수종말처리시설의 사용료
7. 제1호부터 제5호까지의 사업에 따르는 이주단지 등의 조성 및 공유수면의 매립
8. 제1호부터 제5호까지, 제5호의2, 제6호, 제7호 및 제12호의 사업에 관한 조사·측량·설계·시공감리·시험·연구·기술개발 및 기술진단
9. 수자원의 효율적 개발·이용 및 관리를 위한 기초조사 및 정보관리
10. 수자원개발시설 분야, 상수도 분야, 그 밖의 수자원 분야에 관한 기술지원 및 교육
11. 제1호부터 제5호까지, 제5호의2 및 제6호부터 제9호까지의 사업에 딸린 사업
12. 다른 법령에 따라 공사가 시행할 수 있는 사업

② 공사는 제1항 각 호의 사업을 국외에서 시행할 수 있다.

③ 공사는 제1항 각 호 및 제2항에 해당하는 사업이나 이와 유사한 사업을 시행하는 법인에 자본금의 전부 또는 일부를 출자할 수 있다.

④ 공사는 국가 또는 지방자치단체나 그 밖의 자로부터 제1항 각 호의 어느 하나에 해당하는 사업을 위탁받아 시행할 수 있다.

⑤ 제1항제4호에 따른 광역상수원의 수질에 직접 영향을 미치는 지역의 범위에 관하여는 대통령령으로 정한다.

⑥ 환경부장관은 제1항제4호에 따른 하수종말처리시설의 건설지역에 대하여 미리 행정안전부장관 및 해당 지방자치단체의 장과 협의를 하여야 한다. <개정 2013.3.23., 2014.11.19., 2017.7.26.>

[전문개정 2009.3.25.]

제10조(사업 실시계획의 승인) ① 공사는 다음 각 호의 사업을 하려면 대통령령으로 정하는 바에 따라 사업의 실시계획(이하 "실시계획"이라 한다)을 수립하여 제1호의 경우에는 국토교통부장관의 승인을, 제2호의 경우에는 환경부장관의 승인을 받아야 한다. 다만, 다른 법률에 따라 실시계획과 같은 내용의 사업계획에 대한 관계 행정기관의 장(권한이 위임된 경우 그 위임을 받은 자를 포함한다)의 승인·인가·허가 또는 면허 등을 받고 그 내용을 국토교통부장관 또는 환경부장관에게 보고한 경우에는 그러하지 아니하다. <개정 2013.3.23.>
1. 제9조제1항제1호·제2호, 제5호 및 제5호의2에 따른 건설 또는 개발사업 및 그 사업과 관련된 같은 항 제7호·제8호 및 제11호의 사업
2. 제9조제1항제4호에 따른 건설사업 및 그 사업과 관련된 같은 항 제7호·제8호 및 제11호의 사업

② 공사가 제1항에 따라 하수종말처리시설의 건설에 관한 실시계획을 수립할 때에는 「하수도법」 제6조에 따른 하수도정비기본계획에 따라야 한다.
③ 국토교통부장관 또는 환경부장관은 제1항에 따라 실시계획을 승인하려면 미리 관계 중앙행정기관의 장 및 지방자치단체의 장과 협의하여야 한다. <개정 2013.3.23.>
④ 국토교통부장관 또는 환경부장관은 제1항에 따라 실시계획을 승인하였으면 관보에 고시하여야 한다. <개정 2013.3.23.>
⑤ 공사가 제1항에 따라 승인을 받은 실시계획을 변경하려면 국토교통부장관 또는 환경부장관의 승인을 받아야 한다. 다만, 대통령령으로 정하는 경미한 사항인 경우에는 국토교통부장관 또는 환경부장관에게 보고하고 변경할 수 있다. <개정 2013.3.23.>
⑥ 제5항에 따른 실시계획변경의 승인에 관하여는 제1항부터 제4항까지의 규정을 준용한다.
[전문개정 2009.3.25.]

제11조(사업의 준공인가) ① 공사는 제10조에 따른 실시계획의 승인을 받은 사업을 완료하였으면 지체 없이 대통령령으로 정하는 바에 따라 국토교통부장관 또는 환경부장관의 준공인가를 받아야 한다. <개정 2013.3.23.>
② 국토교통부장관 또는 환경부장관은 제1항에 따른 준공인가 신청을 받은 경우 준공검사를 하여 해당 사업이 제10조에 따른 실시계획대로 완료되었다고 인정되면 준공인가증명서를 공사에 발급하고 이를 관보에 공고하여야 한다. <개정 2013.3.23.>
③ 공사가 제1항에 따른 준공인가를 받은 경우에는 제18조에 따라 의제(擬制)되는 허가·인가 등에 따른 해당 사업의 준공검사 또는 준공인가를 받은 것으로 본다.
④ 제1항에 따른 준공인가 전에는 조성 또는 설치된 용지·수자원개발시설·수도시설 또는 하수종말처리시설을 사용할 수 없다. 다만, 국토교통부장관 또는 환경부장관의 승인을 받은 경우에는 이를 사용할 수 있다. <개정 2013.3.23.>
[전문개정 2009.3.25.]

제12조(손익금의 처리) ① 공사는 매 회계연도의 결산 결과 이익이 생기면 다음 각 호의 순서대로 처리한다.
1. 이월손실금의 보전(補塡)
2. 자본금의 2분의 1이 될 때까지 이익금의 10분의 2 이상을 이익준비금으로 적립
3. 자본금과 동일한 금액이 될 때까지 이익금의 10분의 2 이상을 사업확장 적립금으로 적립
4. 이익의 배당

② 공사는 매 사업연도의 결산 결과 손실이 생기면 제1항제3호에 따른 사업확장 적립금으로 보전하고, 그 적립금으로도 부족하면 같은 항 제2호에 따른 이익준비금으로 보전하되, 보전한 후에도 남는 손실액은 다음 사업연도로 이월(移越)한다.
③ 제1항제2호에 따른 이익준비금과 같은 항 제3호에 따른 사업확장 적립금은 대통령령으로 정하는 바에 따라 자본금으로 전입(轉入)할 수 있다.
[전문개정 2009.3.25.]

제13조(사채의 발행 등) ① 공사는 이사회의 의결을 거쳐 자본금과 적립금의 합계액의 2배를 초과하지 아니하는 범위에서 사채(社債)를 발행할 수 있다.
② 제1항에 따라 공사가 사채를 발행하는 경우 국가는 사채의 원리금 상환을 보증할 수 있다.
③ 공사는 제1항에 따라 사채를 발행하기 위하여는 대통령령으로 정하는 바에 따라 매년 사채발행계획을 수립하여 이사회의 의결을 거쳐 국토교통부장관의 승인을 받아야 한다. 승인받은 사채발행계획을 변경하려는 경우에도 또한 같다. <신설 2012.12.18., 2013.3.23.>
[전문개정 2009.3.25.]

제14조(차입금) 공사는 사업에 필요한 자금을 차입(외국으로부터의 차관을 포함한다)할 수 있다.
[전문개정 2009.3.25.]

제15조(사용계약) ① 공사가 관리하는 수자원개발시설이나 수도시설에 의하여 공급되는 물·수자원개발시설 또는 그 수면을 사용하려는 자는 공사와 사용계약을 체결하여야 한다.
② 특별시장·광역시장·특별자치도지사·시장·군수 또는 구청장(자치구의 구청장을 말한다. 이하 같다)은 하수처리구역에서 공사가 관리하는 하수종말처리시설을 사용하려는 경우에는 공사와 사용계약을 체결하여야 한다.

③ 제1항 또는 제2항에 따른 계약을 체결하지 아니하고 물·수자원개발시설이나 그 수면 또는 하수종말처리시설을 사용한 자에 대하여는 대통령령으로 정하는 바에 따라 부당이득금 및 가산금을 징수할 수 있다.
④ 공사는 제1항 또는 제2항에 따른 물·수자원개발시설이나 그 수면 또는 하수종말처리시설의 사용에 관한 현황을 파악하기 위하여 필요하면 그 사용자에게 협조를 요청하거나 공사의 직원으로 하여금 그 사업장이나 그 밖의 장소에 출입하게 하여 사업현황을 파악하게 할 수 있다.
[전문개정 2009.3.25.]

제16조(요금 등의 징수) ① 공사는 수자원개발시설이나 수도시설에 의하여 공급되는 물·수자원개발시설이나 그 수면 또는 하수종말처리시설을 사용하는 자로부터 해당 시설의 건설 및 운영·관리에 필요한 비용을 고려하여 사용자가 사용하는 물의 양 또는 시설이나 그 수면의 사용 정도와 배출된 하수의 양과 오염도에 따라 요금 또는 사용료를 징수할 수 있다.
② 공사는 제1항에 따른 요금 또는 사용료의 산출방법·징수절차 등에 관한 규정을 정하여 수자원개발시설 및 수도시설의 경우에는 국토교통부장관의 승인을, 하수종말처리시설의 경우에는 환경부장관의 승인을 미리 받아야 한다. 다만, 해당 요금 또는 사용료의 산출방법·징수절차 등에 관하여 다른 법률에 따라 관계 행정기관의 장의 승인을 받은 경우에는 그러하지 아니하다. <개정 2013.3.23.>
[전문개정 2009.3.25.]

제16조의2(비용부담) 공사는 제9조제1항제10호에 따라 기술을 지원하거나 교육을 실시하는 경우에는 대통령령으로 정하는 바에 따라 그 소요비용의 전부 또는 일부를 그 기술지원 또는 교육을 받는 자나 그 소속 기관 또는 관련 사업자 등에게 부담하게 할 수 있다.
[전문개정 2009.3.25.]

제17조(사업 등의 위탁) 공사가 시행하는 사업(사업의 시행에 따른 손실보상 및 이주대책 업무 등을 포함한다)의 일부를 대통령령으로 정하는 바에 따라 국가, 지방자치단체 또는 「공공기관의 운영에 관한 법률」 제5조제3항제1호에 따른 공기업이나 그 밖의 자에게 위탁하여 시행할 수 있다.
[전문개정 2009.3.25.]

제17조의2(벌칙 적용 시의 공무원 의제) 공사가 국가 또는 지방자치단체로부터 위탁받은 사업을 미리 국토교통부장관 또는 지방자치단체의 장의 승인을 받아 제9조제3항에 따라 공사가 출자한 법인에 위탁한 경우에는 그 업무에 종사하는 출자법인의 임직원은 「형법」 제129조부터 제132조까지의 규정을 적용할 때에는 공무원으로 본다. <개정 2013.3.23.>
[전문개정 2009.3.25.]

제17조의3(미공개정보 이용행위의 금지) ① 공사의 임직원은 일반인에게 공개되지 아니한 업무 관련 정보를 이용하여 공사가 공급하는 토지 등을 자기 또는 제3자가 공급받게 하여서는 아니 된다.
② 공사는 제1항을 위반한 임직원에 대하여는 정관 등 내부규정으로 정하는 바에 따라 징계처분을 하여야 한다.
[전문개정 2009.3.25.]

제18조(다른 법률에 따른 허가·인가 등의 의제) ① 공사가 시행하는 사업에 관하여 제10조에 따른 실시계획의 승인을 받은 경우 다음 각 호의 허가·인가·지정·협의·해제 또는 승인 등(이하 "인·허가등"이라 한다)에 관하여 제2항에 따라 국토교통부장관 또는 환경부장관이 관계 행정기관의 장과 협의한 사항에 대하여는 해당 인·허가등을 받은 것으로 보며, 국토교통부장관 또는 환경부장관이 실시계획의 승인을 고시한 경우에는 다음 각 호의 법률에 따른 인·허가등의 고시 또는 공고가 있은 것으로 본다. <개정 2009.6.9., 2010.4.15., 2010.5.31., 2013.3.23., 2014.1.14., 2015.12.29.>
1. 「국토의 계획 및 이용에 관한 법률」 제56조에 따른 개발행위의 허가, 같은 법 제86조에 따른 도시계획시설사업의 시행자의 지정, 같은 법 제88조에 따른 실시계획의 인가
2. 「골재채취법」 제22조에 따른 골재채취허가
3. 「공유수면 관리 및 매립에 관한 법률」 제8조에 따른 공유수면의 점용·사용허가, 같은 법 제17조에 따른 점용·사용 실시계획의 승인 또는 신고, 같은 법 제35조에 따른 국가 등이 시행하는 매립의 협의 또는 승인 및 같은 법 제38조에 따른 공유수면매립실시계획의 승인

4. 삭제 <2010.4.15.>
5. 「공유재산 및 물품 관리법」 제20조제1항에 따른 사용·수익의 허가
6. 「국유재산법」 제30조에 따른 사용허가
7. 「농어촌정비법」 제23조에 따른 농업생산기반시설의 목적 외 사용 승인과 같은 법 제111조에 따른 토지형질변경 등의 허가
8. 「농지법」 제34조에 따른 농지전용의 허가
9. 「도로법」 제36조에 따른 도로공사 시행의 허가와 같은 법 제61조에 따른 도로점용의 허가
10. 「사방사업법」 제14조에 따른 벌채 등의 허가와 같은 법 제20조에 따른 사방지(砂防地) 지정의 해제
11. 「산지관리법」 제14조 및 제15조에 따른 산지전용허가 및 산지전용신고, 같은 법 제15조의2에 따른 산지일시사용허가·신고, 같은 법 제25조에 따른 토석채취허가(석재만 해당한다), 「산림자원의 조성 및 관리에 관한 법률」 제36조제1항·제4항에 따른 입목벌채등의 허가·신고 및 「산림보호법」 제9조제1항 및 제2항제1호·제2호에 따른 산림보호구역(산림유전자원보호구역은 제외한다)에서의 행위의 허가·신고와 같은 법 제11조제1항제1호에 따른 산림보호구역의 지정해제
12. 「수도법」 제17조에 따른 일반수도사업의 인가와 같은 법 제49조에 따른 공업용수도사업의 인가
13. 「자연공원법」 제71조제1항에 따른 공원관리청과의 협의
14. 「장사 등에 관한 법률」 제27조에 따른 연고자가 없는 분묘(墳墓)의 개장(改葬) 허가
15. 「지하수법」 제7조 및 제8조에 따른 지하수의 개발·이용의 허가 및 신고
16. 「초지법」 제21조의2에 따른 토지의 형질변경 등의 허가와 같은 법 제23조에 따른 초지전용(草地轉用)의 허가
17. 「하수도법」 제16조에 따른 공공하수도에 관한 공사의 허가
18. 「하천법」 제30조에 따른 하천공사 시행의 허가 및 하천공사실시계획의 인가, 같은 법 제33조에 따른 하천의 점용허가와 같은 법 제50조에 따른 하천수의 사용허가

② 국토교통부장관 또는 환경부장관은 제1항 각 호의 어느 하나에 해당하는 내용이 포함되어 있는 실시계획을 승인하려면 미리 관계 행정기관의 장과 협의하여야 한다. <개정 2013.3.23.>
[전문개정 2009.3.25.]

제19조(시설관리권의 설정) ① 국토교통부장관은 수도시설(공사가 건설한 수도시설을 포함한다. 이하 이 조에서 같다)의 관리권을 공사에 대하여 설정할 수 있고, 환경부장관은 하수종말처리시설(공사가 건설한 하수종말처리시설을 포함한다. 이하 이 조에서 같다)의 관리권을 공사에 대하여 설정할 수 있다. <개정 2013.3.23.>
② 공사는 제1항에 따른 수도시설의 관리권 및 하수종말처리시설의 관리권(이하 "시설관리권"이라 한다)의 설정을 받으면 대통령령으로 정하는 바에 따라 국토교통부장관 또는 환경부장관에게 등록하여야 한다. <개정 2013.3.23.>
[전문개정 2009.3.25.]

제20조(시설관리권의 성질 등) ① 시설관리권은 물권(物權)으로 보며, 이 법에 특별한 규정이 있는 경우 외에는 「민법」 중 부동산에 관한 규정을 준용한다.
② 시설관리권은 양도·출자 및 저당권을 목적으로 하는 경우 외에는 처분하지 못한다.
③ 시설관리권을 분할 또는 합병하거나 제2항에 따른 처분을 하려면 국토교통부장관 또는 환경부장관의 승인을 받아야 한다. <개정 2013.3.23.>
[전문개정 2009.3.25.]

제21조(인가의 특례) 공사가 제4조제4항에 따라 시설관리권을 출자받은 경우에는 「수도법」 제17조, 제49조 및 제50조에 따른 수도사업인가 및 「하수도법」 제6조에 따른 하수종말처리시설의 설치인가를 받은 것으로 본다.
[전문개정 2009.3.25.]

제21조의2(「하수도법」의 적용) 공사가 제9조제1항제4호의 사업을 시행하는 경우에는 공사를 「하수도법」 제18조에 따른 공공하수도 관리청으로 본다.
[전문개정 2009.3.25.]

제22조(저당권의 특례) 저당권이 설정된 시설관리권은 그 저당권자의 동의가 없으면 처분할 수 없다.
[전문개정 2009.3.25.]

제23조(권리의 변동 등) ① 시설관리권 또는 시

설관리권을 목적으로 하는 저당권의 설정·변경·소멸은 국토교통부 또는 환경부에 갖추어 두는 시설관리권등록부에 등록함으로써 그 효력이 생긴다. <개정 2013.3.23.>
② 제1항에 따른 시설관리권의 등록에 필요한 사항은 대통령령으로 정한다.
[전문개정 2009.3.25.]

제24조(토지등의 수용·사용) ① 공사(제17조에 따라 공사로부터 사업을 위탁받은 자를 포함한다)는 사업을 수행하기 위하여 필요한 경우에는「공익사업을 위한 토지 등의 취득 및 보상에 관한 법률」제3조에 따른 토지·물건 또는 권리 등(이하 "토지등"이라 한다)을 수용 또는 사용할 수 있다.
② 제10조에 따른 실시계획의 승인 및 고시가 있으면「공익사업을 위한 토지 등의 취득 및 보상에 관한 법률」제20조제1항 및 같은 법 제22조에 따른 사업인정 및 사업인정의 고시가 있은 것으로 본다. 이 경우 재결신청(裁決申請)은 같은 법 제23조제1항 및 같은 법 제28조제1항에도 불구하고 실시계획을 승인할 때 정한 사업의 시행기간 내에 하여야 한다.
③ 제1항에 따른 수용 또는 사용에 관한 재결(裁決)은 중앙토지수용위원회가 관장한다.
④ 지방자치단체의 장은 공사가 시행하는 제9조제1항제1호·제2호·제4호 및 제5호의 사업에 관하여「공익사업을 위한 토지 등의 취득 및 보상에 관한 법률」제89조제2항에 따른 대집행(代執行)에 관한 권한을 공사에 위탁할 수 있다.
⑤ 공사는 제4항에 따라 위탁받은 대집행에 관한 권한을 행사하려면 그 내용을 미리 관계 지방자치단체의 장에게 통보하여야 하며, 대집행을 끝냈으면 지체 없이 그 결과를 관계 지방자치단체의 장에게 통보하여야 한다. 이 경우 지방자치단체의 장은 필요하다고 인정하면 공사에 대하여 대집행에 필요한 사항을 지시하거나 필요한 조치를 하도록 명할 수 있다.
⑥ 제4항에 따른 대집행 권한의 위탁에 필요한 사항은 대통령령으로 정한다.
⑦ 제1항에 따른 수용 또는 사용에 관하여 이 법에 특별한 규정이 있는 경우 외에는「공익사업을 위한 토지 등의 취득 및 보상에 관한 법률」을 적용한다.
[전문개정 2009.3.25.]

제24조의2(등기촉탁의 대위) 공사의 사업과 관련하여「부동산등기법」제98조에 따라 국가 또는 지방자치단체가 취득한 부동산에 관한 권리를 등기하여야 하는 경우 공사는 국가 또는 지방자치단체를 대위(代位)하여 등기를 촉탁(囑託)할 수 있다. <개정 2011.4.12.>
[전문개정 2009.3.25.]

제25조(「도시개발법」의 준용) 공사가 사업을 시행하면서 환지(換地)할 필요가 있는 경우 그 환지에 관하여는「도시개발법」의 환지에 관한 규정을 준용한다.
[전문개정 2009.3.25.]

제26조(「하천법」의 준용) ① 공사는「하천법」제8조 및 같은 법 제27조제5항에도 불구하고 제10조에 따른 실시계획의 승인을 받은 범위에서 하천관리와 하천공사를 할 수 있다.
② 공사는 제1항에 따라 하천관리와 하천공사를 할 때에는「하천법」제27조제6항 및 같은 법 제75조에 따른 하천관리청의 권한을 행사한다.
[전문개정 2009.3.25.]

제26조의2(수질오염도의 측정 등) 공사는 제9조제1항제3호에 따른 댐의 수질조사를 위하여 측정망을 설치하려면 측정망의 설치 및 운영·관리계획을 작성하여 환경부장관의 승인을 받아야 한다. 이를 변경하려는 경우에도 또한 같다.
[전문개정 2009.3.25.]

제27조(댐 등의 사용권 설정) ① 국토교통부장관은 제9조에 따라 공사가 건설한 하구둑 및 댐에 대하여「댐건설 및 주변지역지원 등에 관한 법률」제24조제4항을 준용하여 공사에 그 사용권을 설정할 수 있다. <개정 2013.3.23.>
② 제1항에 따라 공사에 사용권이 설정된 경우에는「댐건설 및 주변지역지원 등에 관한 법률」제15조부터 제18조까지, 제24조제2항·제3항, 제28조부터 제32조까지, 제35조, 제36조, 제38조 및 제45조를 준용한다.
[전문개정 2009.3.25.]

제28조 삭제 <2003.12.31.>

제29조(강제징수) ① 공사는 제15조 및 제16

조에 따른 부당이득금·가산금·요금 및 사용료(이하 "사용료등"이라 한다)를 내야 할 의무가 있는 자가 기한까지 그 사용료등을 내지 아니하면 대통령령으로 정하는 바에 따라 해당 지역을 관할하는 시장·군수 또는 구청장에게 그 사용료등의 징수를 위탁할 수 있다.
② 시장·군수 또는 구청장은 제1항에 따라 징수를 위탁받으면 지방세 체납처분의 예에 따라 사용료등을 징수할 수 있다. 이 경우 공사는 시장·군수 또는 구청장이 징수한 금액의 100분의 10에 해당하는 금액을 그 시(특별시·광역시를 포함한다)·군 또는 구에 지급하여야 한다.
[전문개정 2009.3.25.]

제30조 삭제 <2003.12.31.>

제31조(자료제공 등의 요청) 공사는 제9조제1항 각 호의 사업을 시행할 때 필요한 경우에는 관계 행정기관이나 그 밖의 자에게 서류의 열람·복사 또는 자료의 제공 등 필요한 협조를 요청할 수 있다.
[전문개정 2009.3.25.]

제32조(공공시설 등의 귀속) ① 공사가 제9조에 따른 사업시행으로 새로 공공시설을 설치하거나 기존의 공공시설에 대체되는 공공시설을 설치한 경우에는「국유재산법」및「공유재산 및 물품 관리법」에도 불구하고 종래의 공공시설은 사업시행자에게 무상(無償)으로 귀속되고, 새로 설치된 공공시설은 그 시설을 관리할 국가 또는 지방자치단체에 무상으로 귀속된다.
② 국토교통부장관 또는 환경부장관은 제1항에 따른 공공시설의 귀속에 관한 사항이 포함된 실시계획을 승인하려면 미리 관리청의 의견을 들어야 한다. 실시계획변경을 승인하려는 경우에도 또한 같다. <개정 2013.3.23.>
③ 공사는 제1항에 따라 관리청에 귀속될 공공시설 및 공사에 귀속될 재산의 종류 및 세부 목록을 작성하여 해당 공사(工事)가 준공되기 전에 이를 관리청에 통지하여야 한다.
④ 제1항에 따라 관리청에 귀속될 공공시설과 공사에 귀속될 재산은 제11조제2항에 따른 사업 준공인가가 공고된 날에 관리청 또는 공사에 각각 귀속된 것으로 본다.
⑤ 제3항에 따른 공공시설과 재산의 등기에서는 제11조제2항에 따른 준공인가증명서로「부동산등기법」에 따른 등기원인을 증명하는 서면을 갈음할 수 있다.
[전문개정 2009.3.25.]

제33조(국·공유재산의 양도 등) ① 제10조에 따른 실시계획에 포함된 사업구역에 있는 국가 또는 지방자치단체 소유의 재산은「국유재산법」또는「공유재산 및 물품 관리법」에도 불구하고 공사에 수의계약(隨意契約)으로 대부(貸付) 또는 양도할 수 있다. 이 경우 그 재산의 대부 또는 양도(행정재산의 용도폐지를 포함한다)에 관하여는 국토교통부장관 또는 환경부장관이 미리 관계 중앙행정기관의 장과 협의하여야 한다. <개정 2013.3.23.>
② 제1항 후단에 따른 협의가 있을 때에는 해당 재산의 관리청(공유재산의 경우에는 해당 지방자치단체의 장을 말한다)은「국유재산법」제12조 또는「공유재산 및 물품 관리법」제10조에 따른 관리계획에도 불구하고 해당 국·공유재산을 대부 또는 양도할 수 있다.
③ 제1항에 따라 공사에 대부 또는 양도하려는 국유재산 중 관리청이 불분명한 재산에 대하여는 기획재정부장관을 그 관리청으로 본다.
[전문개정 2009.3.25.]

제34조(타인의 토지 출입 등) ① 공사는 사업의 준비나 시행에 관한 측량 또는 조사 등을 위하여 필요한 경우에는 타인의 토지에 출입하거나 이를 일시사용할 수 있으며, 타인의 식물·토석이나 그 밖의 장애물을 변경하거나 제거할 수 있다.
② 제1항에 따른 타인의 토지에 출입하는 경우 등에 관하여는「공익사업을 위한 토지 등의 취득 및 보상에 관한 법률」제9조부터 제13조까지의 규정을 준용한다. 이 경우 같은 법 제9조제2항을 적용할 때에는 "국가"를 "공사"로, "관계 중앙행정기관의 장"을 "공사의 사장"으로 본다. <개정 2015.12.29.>
[전문개정 2009.3.25.]

제35조 삭제 <1996.12.30.>

제36조(교부금) 국가는 수자원개발시설의 신축·개축 비용, 그 밖에 수자원개발시설의 관

리에 필요한 비용 중 홍수조절에 관한 비용 및 그 밖에 대통령령으로 정하는 비용을 공사에 지급할 수 있다.
[전문개정 2009.3.25.]

제37조(국고보조) 국가는 대통령령으로 정하는 바에 따라 공사의 사업에 필요한 비용의 전부 또는 일부를 공사에 보조할 수 있다.
[전문개정 2009.3.25.]

제38조(감독) 국토교통부장관은 공사의 업무 중 다음 각 호의 사항에 대하여 감독한다. <개정 2013.3.23.>
1. 연도별 사업계획, 사업실적 및 결산에 관한 사항
2. 제9조에 따른 사업의 적절한 수행에 관한 사항
3. 이 법에 따라 국토교통부장관이 공사에 위탁한 사업에 관한 사항
4. 그 밖에 다른 법령에서 정하는 사항

[전문개정 2009.3.25.]

제39조 삭제 <2009.3.25.>

제40조(벌칙) ① 제17조의3제1항을 위반한 자는 5년 이하의 징역 또는 3천만원 이하의 벌금에 처한다. 이 경우 징역과 벌금을 병과(倂科)할 수 있다.
② 제6조를 위반한 자는 2년 이하의 징역 또는 2천만원 이하의 벌금에 처한다. <개정 2017.1.17.>
[전문개정 2008.3.28.]

제41조(과태료) ① 제5조의2를 위반한 자에게는 100만원 이하의 과태료를 부과한다.
② 제1항에 따른 과태료는 국토교통부장관이 부과·징수한다. <개정 2013.3.23.>
[전문개정 2009.3.25.]

부칙

<제14839호, 2017.7.26.>
(정부조직법)

제1조(시행일) ① 이 법은 공포한 날부터 시행한다. 다만, 부칙 제5조에 따라 개정되는 법률 중 이 법 시행 전에 공포되었으나 시행일이 도래하지 아니한 법률을 개정한 부분은 각각 해당 법률의 시행일부터 시행한다.

제2조부터 제4조까지 생략

제5조(다른 법률의 개정) ①부터 <234>까지 생략
<235> 한국수자원공사법 일부를 다음과 같이 개정한다.
제9조제6항 중 "행정자치부장관"을 "행정안전부장관"으로 한다.
<236>부터 <382>까지 생략

제6조 생략

공유수면 관리 및 매립에 관한 법률

(약칭: 공유수면법)

[시행 2017.9.22.]

[법률 제14726호, 2017.3.21., 일부개정]

제1장 총칙

제1조(목적) 이 법은 공유수면(公有水面)을 지속적으로 이용할 수 있도록 보전·관리하고, 환경친화적인 매립을 통하여 매립지를 효율적으로 이용하게 함으로써 공공의 이익을 증진하고 국민 생활의 향상에 이바지함을 목적으로 한다.

제2조(정의) 이 법에서 사용하는 용어의 뜻은 다음과 같다. <개정 2014.6.3., 2017.3.21.>

1. "공유수면"이란 다음 각 목의 것을 말한다.
   가. 바다: 「공간정보의 구축 및 관리 등에 관한 법률」 제6조제1항제4호에 따른 해안선으로부터 「배타적 경제수역 및 대륙붕에 관한 법률」에 따른 배타적 경제수역 외측 한계까지의 사이
   나. 바닷가: 「공간정보의 구축 및 관리 등에 관한 법률」 제6조제1항제4호에 따른 해안선으로부터 지적공부(地籍公簿)에 등록된 지역까지의 사이
   다. 하천·호소(湖沼)·구거(溝渠), 그 밖에 공공용으로 사용되는 수면 또는 수류(水流)로서 국유인 것
2. "포락지"란 지적공부에 등록된 토지가 물에 침식되어 수면 밑으로 잠긴 토지를 말한다.
3. "간석지"란 만조수위선(滿潮水位線)과 간조수위선(干潮水位線) 사이를 말한다.
4. "공유수면매립"이란 공유수면에 흙, 모래, 돌, 그 밖의 물건을 인위적으로 채워 넣어 토지를 조성하는 것(간척을 포함한다)을 말한다.

제3조(적용배제 등) ① 다음 각 호의 어느 하나에 해당하는 경우에는 공유수면의 관리 및 점용·사용에 관한 이 법의 규정을 적용하지 아니한다. <개정 2017.3.21.>

1. 「하천법」이 적용되거나 준용되는 공유수면
2. 「소하천정비법」이 적용되거나 준용되는 공유수면
3. 「농어촌정비법」 제2조제6호에 따른 농업생산기반시설 안의 공유수면
4. 「항만법」 제2조제5호에 따른 항만시설에 해당하는 공유수면
5. 「어촌·어항법」 제2조제5호에 따른 어항시설에 해당하는 공유수면

② 다음 각 호의 어느 하나에 해당하는 경우에는 공유수면매립에 관한 이 법의 규정을 적용하지 아니한다.

1. 다른 법령에 따라 구거 또는 저수지를 변경하기 위한 매립
2. 제8조제1항제4호에 따른 공유수면의 매립

③ 다음 각 호의 어느 하나에 해당하는 경우에는 공유수면매립에 관한 이 법의 규정을 준용한다.

1. 수산물양식장의 축조
2. 조선시설(造船施設)의 설치
3. 조력(潮力)을 이용하는 시설물의 축조
4. 공유수면의 일부를 구획한 영구적인 설비의 축조

제2장 공유수면의 관리 등

제1절 공유수면의 관리

제4조(공유수면의 관리) ① 공유수면을 관리하는 국가나 지방자치단체는 공유수면을 보전하고 지속적으로 이용할 수 있도록 환경친화적으로 관리하여야 한다.

② 다음 각 호의 어느 하나에 해당하는 공유수면은 해양수산부장관이 관리하고, 그 밖의 공유수면은 특별자치시장·특별자치도지사·시장·군수·구청장(자치구의 구청장을 말한다. 이하 같다)이 관리한다. <개정 2013.3.23., 2017.3.21.>

1. 「배타적 경제수역 및 대륙붕에 관한 법률」 제2조에 따른 배타적 경제수역
2. 그 밖에 대통령령으로 정하는 공유수면

제5조(금지행위) 누구든지 공유수면에서 정당한 사유 없이 다음 각 호의 어느 하나에 해당하는 행위를 하여서는 아니 된다. <개정 2013.3.23.>

1. 폐기물, 폐유, 폐수, 오수, 분뇨, 가축분뇨,

오염토양, 유독물, 동물의 사체, 그 밖에 해양수산부령으로 정하는 오염물질을 버리거나 흘러가게 하는 행위
2. 수문(水門) 또는 그 밖에 공유수면의 관리를 위한 시설물을 개폐(開閉)하거나 훼손하는 행위
3. 선박을 버리거나 방치하는 행위

제6조(방치된 선박 등의 제거) ① 해양수산부장관, 특별자치시장·특별자치도지사·시장·군수·구청장(이하 "공유수면관리청"이라 한다)은 전복·침몰·방치 또는 계류된 선박, 방치된 폐자재, 그 밖의 물건(이하 "방치선박등"이라 한다)이 다음 각 호의 어느 하나에 해당하는 경우에는 해양수산부령으로 정하는 바에 따라 그 소유자 또는 점유자에게 제거를 명할 수 있다. <개정 2013.3.23., 2017.3.21.>
1. 공유수면의 효율적 이용을 저해하는 것으로 인정되는 경우
2. 수질오염을 발생시킬 우려가 있다고 인정되는 경우

② 공유수면관리청은 제1항에 따라 제거를 명하려는 경우에는 해양수산부장관이 정하는 바에 따라 미리 방치선박등이 제1항 각 호의 어느 하나에 해당하는지를 확인하기 위한 조사를 하고, 해당 방치선박등의 상태 및 발견장소, 해당 방치선박등으로 인한 해양사고 및 수질오염의 발생 가능성, 공유수면 관리·이용의 지장 여부 등 여러 상황을 종합적으로 고려하여야 한다. <개정 2013.3.23.>

③ 공유수면관리청은 다음 각 호의 어느 하나에 해당하는 경우에는 대통령령으로 정하는 바에 따라 방치선박등을 제거할 수 있다.
1. 방치선박등의 소유자 또는 점유자가 제1항에 따른 제거명령을 이행하지 아니한 경우. 다만, 제거명령을 받은 선박의 이해관계인 [「선박등기법」에 따라 선박등기부에 기재된 자 및 「자동차 등 특정동산 저당법」에 따라 선박원부(船舶原簿) 등에 기재된 자로 한정한다. 이하 이 조에서 같다]으로부터 제거에 대한 승낙 또는 동의를 받지 못한 경우는 제외한다.
2. 방치선박등의 소유자 또는 점유자를 알 수 없는 경우

④ 공유수면관리청은 대통령령으로 정하는 바에 따라 제3항제1호 단서의 이해관계인에게 해당 선박의 제거와 관련하여 해당 선박에 대한 권리의 주장 등이 포함된 의견을 제출하게 할 수 있다.

⑤ 공유수면관리청은 제4항에 따라 의견을 제출받은 경우에는 대통령령으로 정하는 바에 따라 그 의견 내용의 타당성(그 권리의 주장이 정당한지 여부를 포함한다)을 확인하기 위한 재조사를 하여야 한다.

⑥ 공유수면관리청은 제3항제1호 단서에도 불구하고 다음 각 호의 어느 하나에 해당하는 경우에는 대통령령으로 정하는 바에 따라 해당 선박을 제거할 수 있다. <개정 2011.6.15., 2015.2.3.>
1. 이해관계인이 제4항에 따른 공유수면관리청의 의견 제출 요청을 받고도 의견을 제출하지 아니하거나 선박등기부에 기재된 권리를 포기한다는 의사표시를 한 경우
2. 제5항에 따라 재조사한 결과 다음 각 목의 어느 하나에 해당하는 경우
가. 제1항에 따른 선박이 외국과 체결한 조약·협약, 「선박의 입항 및 출항 등에 관한 법률」 또는 「해사안전법」을 위반하여 다른 선박의 안전운항 및 해상교통질서에 지장을 줄 위험이 있다고 인정되는 경우
나. 제1항에 따른 선박으로부터 「해양환경관리법」 제2조제4호·제5호·제7호부터 제10호까지·제15호·제18호에 따른 물질이 배출(같은 법 제2조제3호의 배출을 말한다)될 우려가 있는 경우
다. 제1항에 따른 선박의 떠다님으로 「어촌·어항법」 제2조제5호에 따른 어항시설, 「항만법」 제2조제5호에 따른 항만시설, 항구·포구의 시설물 및 다른 선박 등과 충돌할 위험이 있는 경우
라. 그 밖에 제1항에 따른 선박이 공유수면의 이용에 지장을 주는 경우로서 그 선박의 잔존(殘存) 가치가 제거에 쓰일 비용보다 적은 경우

⑦ 공유수면관리청이 제3항과 제6항에 따라 방치선박등을 제거하는 데 든 비용은 방치선박등의 소유자 또는 점유자가 부담하되, 그 소유자 또는 점유자를 알 수 없는 경우에는 대통령령으로 정하는 바에 따라 해당 방치선박등을 처분하여 그 비용으로 충당할 수 있다.

제7조(사업비 지원) 해양수산부장관은 공유수면을 관리·운영하는 지방자치단체에 예산의 범위에서 필요한 사업비를 지원할 수 있다. <개정 2013.3.23.>

제2절 공유수면의 점용·사용허가

제8조(공유수면의 점용·사용허가) ① 다음 각 호의 어느 하나에 해당하는 행위를 하려는 자는 대통령령으로 정하는 바에 따라 공유수면관리청으로부터 공유수면의 점용 또는 사용(이하 "점용·사용"이라 한다)의 허가(이하 "점용·사용허가"라 한다)를 받아야 한다. 다만, 「수상에서의 수색·구조 등에 관한 법률」 제19조에 따른 조난된 선박등의 구난작업, 「재난 및 안전관리 기본법」 제37조에 따른 응급조치를 위하여 공유수면을 점용·사용하려는 경우 또는 제28조에 따라 매립면허를 받은 자가 매립면허를 받은 목적의 범위에서 해당 공유수면을 점용·사용하려는 경우에는 그러하지 아니하다. <개정 2013.3.23., 2016.12.27., 2017.3.21.>

1. 공유수면에 부두, 방파제, 교량, 수문, 신·재생에너지 설비(「신에너지 및 재생에너지 개발·이용·보급 촉진법」 제2조제3호에 따른 신·재생에너지 설비를 말한다. 이하 이 장에서 같다), 건축물(「건축법」 제2조제1항제2호에 따른 건축물로서 공유수면에 토지를 조성하지 아니하고 설치한 건축물을 말한다. 이하 이 장에서 같다), 그 밖의 인공구조물을 신축·개축·증축 또는 변경하거나 제거하는 행위
2. 공유수면에 접한 토지를 공유수면 이하로 굴착(掘鑿)하는 행위
3. 공유수면의 바닥을 준설(浚渫)하거나 굴착하는 행위
4. 대통령령으로 정하는 포락지 또는 개인의 소유권이 인정되는 간석지를 토지로 조성하는 행위
5. 공유수면으로부터 물을 끌어들이거나 공유수면으로 물을 내보내는 행위. 다만, 해양수산부령으로 정하는 행위는 제외한다.
6. 공유수면에서 흙이나 모래 또는 돌을 채취하는 행위
7. 공유수면에서 식물을 재배하거나 베어내는 행위
8. 공유수면에 흙 또는 돌을 버리는 등 공유수면의 수심(水深)에 영향을 미치는 행위
9. 점용·사용허가를 받아 설치된 시설물로서 국가나 지방자치단체가 소유하는 시설물을 점용·사용하는 행위
10. 공유수면에서 「광업법」 제3조제1호에 따른 광물을 채취하는 행위
11. 제1호부터 제10호까지에서 규정한 사항 외에 공유수면을 점용·사용하는 행위

② 공유수면관리청은 제1항제1호에 따른 건축물의 신축·개축 및 증축을 위한 허가를 할 때에는 대통령령으로 정하는 건축물에 대하여만 허가하여야 한다.

③ 공유수면관리청은 점용·사용허가를 하려는 경우에는 대통령령으로 정하는 바에 따라 관계 행정기관의 장과 미리 협의하여야 한다.

④ 점용·사용허가를 받은 자가 그 허가사항 중 점용·사용 기간 및 목적 등 대통령령으로 정하는 사항을 변경하려는 경우에는 공유수면관리청의 변경허가를 받아야 한다.

⑤ 제4항에 따른 변경허가에 관하여는 제3항을 준용한다.

⑥ 공유수면관리청은 점용·사용허가 또는 제4항에 따른 변경허가를 하였을 때에는 대통령령으로 정하는 바에 따라 그 내용을 고시하여야 한다.

⑦ 공유수면관리청은 점용·사용허가를 하는 경우 해양환경·생태계·수산자원 및 자연경관의 보호, 그 밖에 어업피해의 예방 또는 공유수면의 관리·운영을 위하여 필요하다고 인정하는 경우에는 점용·사용의 방법 및 관리 등에 관한 부관(附款)을 붙일 수 있다.

⑧ 점용·사용허가를 받은 자는 그 허가받은 공유수면을 다른 사람이 점용·사용하게 하여서는 아니 된다. 다만, 국방 또는 자연재해 예방 등 공익을 위하여 필요한 경우로서 공유수면관리청의 승인을 받은 경우에는 그러하지 아니하다.

⑨ 공유수면관리청이 아닌 행정기관의 장은 다른 법률에 따라 점용·사용허가 또는 제4항에 따른 변경허가를 받은 것으로 보는 행정처분을 하였을 때에는 즉시 그 사실을 공유수면관리청에 통보하여야 한다. <신설 2017.3.21.>

제9조(점용·사용허가 사항의 변경신고) 점용·사용허가를 받은 자는 점용·사용허가 내용 중 다음 각 호의 어느 하나에 해당하는 사항이 변경된 경우에는 그 사실을 해양수산부령으로 정하는 바에 따라 공유수면관리청에 신고하여야 한다. <개정 2013.3.23., 2017.3.21.>

1. 법인의 명칭
2. 법인의 대표자
3. 주소(법인인 경우에는 주된 사무소의 소재지를 말한다)

제10조(공유수면의 점용·사용 협의 또는 승인) ① 제8조에도 불구하고 국가나 지방자치단체는 공유수면을 공용·공공용 또는 비영리사업의 목적으로 직접 점용·사용하려는 경우에는 공유수면관리청과 협의하거나 공유수면관리청의 승인을 받아야 한다.
② 제1항에 따라 협의하거나 승인을 받은 국가나 지방자치단체는 협의하거나 승인받은 내용 중 점용·사용 기간 및 목적 등 대통령령으로 정하는 사항을 변경하려는 경우에는 공유수면관리청과 협의하거나 공유수면관리청의 승인을 받아야 한다.
③ 제1항과 제2항에 따른 협의 또는 승인에 관하여는 제8조제6항, 제7항 및 제9항을 준용한다. <개정 2017.3.21.>

제11조(점용·사용허가의 기간 등) 공유수면관리청은 다음 각 호의 구분에 따른 기간 이내로 대통령령으로 정하는 바에 따라 점용·사용허가를 하여야 한다. <개정 2017.3.21.>
1. 부두, 방파제, 교량, 수문, 신·재생에너지 설비, 건축물 또는 이와 유사한 견고한 인공구조물: 30년
2. 제1호 외의 인공구조물: 15년
3. 제8조제1항제2호·제3호 및 제5호부터 제11호까지의 규정에 따른 점용·사용: 5년. 다만, 다음 각 목의 어느 하나에 해당하는 경우에는 다음 각 목의 구분에 따른 기간 이내로 한다.
   가. 제8조제1항제5호에 따른 점용·사용이 「전기사업법」 제2조제2호에 따른 전기사업자가 전원설비(電源設備)를 설치·운영하기 위한 경우: 30년
   나. 제8조제1항제5호에 따른 점용·사용이 「수산업법」 제41조에 따라 어업허가를 받은 자가 육상해수양식어업을 영위하거나 「수산종자산업육성법」 제21조에 따라 수산종자생산업의 허가를 받은 자가 수산종자생산업을 영위하기 위한 경우: 15년

제12조(점용·사용허가 등의 기준) 공유수면관리청은 제8조와 제10조에 따라 점용·사용허가를 하거나 점용·사용 협의 또는 승인을 할 때에 그 허가나 협의 또는 승인으로 피해가 예상되는 권리로서 대통령령으로 정하는 권리를 가진 자(이하 "공유수면 점용·사용 관련 권리자"라 한다)가 있으면 그 허가나 협의 또는 승인을 하여서는 아니 된다. 다만, 다음 각 호의 어느 하나에 해당하는 경우에는 그러하지 아니하다.
1. 공유수면 점용·사용 관련 권리자가 해당 공유수면의 점용·사용에 동의한 경우
2. 국가나 지방자치단체가 국방 또는 자연재해 예방 등 대통령령으로 정하는 공익사업을 위하여 점용·사용하려는 경우

▶ 판례 – [1] 공유수면 관리 및 매립에 관한 법률에 따른 공유수면의 점용·사용허가 처분 여부 및 내용의 결정이 행정청의 재량에 속하는지 여부(적극)
[2] 공유수면 관리 및 매립에 관한 법률 제8조 제1항 본문, 공유수면 관리 및 매립에 관한 법률 시행령 제4조, 구 공유수면 관리 및 매립에 관한 법률 시행규칙 제4조 제2항 제2호에서 공유수면에 대한 점용·사용허가를 신청할 때에 설계도서 등을 제출하도록 한 취지 및 공유수면에 대한 점용·사용허가를 신청하는 자가 위 설계도서 등을 첨부하지 아니한 채 허가신청서를 제출한 경우, 공유수면관리청이 허가요건을 충족하지 못한 것으로 보아 거부처분을 할 수 있는지 여부(원칙적 적극)

[1] 공유수면 관리 및 매립에 관한 법률에 따른 공유수면의 점용·사용허가는 특정인에게 공유수면 이용권이라는 독점적 권리를 설정하여 주는 처분으로서 처분 여부 및 내용의 결정은 원칙적으로 행정청의 재량에 속하고, 이와 같은 재량처분에 있어서는 재량권 행사의 기초가 되는 사실인정에 오류가 있거나 그에 대한 법령적용에 잘못이 없는 한 처분이 위법하다고 할 수 없다.
[2] 공유수면 관리 및 매립에 관한 법률 제8조 제1항 본문, 제7항, 제11조, 제12조, 제19조 제1항 제3호, 제21조 제1항 제3호, 공유수면 관리 및 매립에 관한 법률 시행령 제4조, 구 공유수면 관리 및 매립에 관한 법률 시행규칙(2017. 1. 5. 해양수산부령 제219호로 개정되기 전의 것) 제4조 제2항 제2호의 내용에 비추어 보면, 공유수면에 대한 점용·사용허가를 신청할 때에 설계도서 등을 제출하도록 한 취지는 공유수면관리청으로 하여금 해당 공유수면에 설치할 인공구조물 등의 정확한 구조와 크기, 위치, 형상 등을 정확하게 파악함으로써 (1) 허가 등으로 인하여 피해가 예상되는 일정한 권리를 가진 자가 있는지 여부, (2) 해양환경·생태계·수산자원 및 자연경관의 보호 등을 위해 점용·사용의 방법이나 관리 등에 관하여 부관(附款)을 붙일 필요가 있

는지 여부 및 (3) 점용·사용허가 기간을 얼마로 정할 것인지 등을 심사할 수 있도록 하고, 나아가 (4) 점용·사용허가를 받은 자가 위 부관을 제대로 이행하였는지 또는 (5) 점용·사용 기간이 끝난 후 해당 공유수면을 원상으로 회복시켰는지 여부를 판단할 수 있도록 하기 위한 것이라고 해석된다. 따라서 공유수면에 대한 점용·사용허가를 신청하는 자가 위 설계도서 등을 첨부하지 아니한 채 허가신청서를 제출하였다면 공유수면관리청으로서는 특별한 사정이 없는 한 허가요건을 충족하지 못한 것으로 보아 거부처분을 할 수 있다. [대법원 2017.4.28, 선고, 2017두30139, 판결]

제13조(공유수면 점용료·사용료의 징수) ① 공유수면관리청은 점용·사용허가나 공유수면의 점용·사용 협의 또는 승인을 받은 자(제38조제1항에 따라 공유수면매립실시계획의 승인을 받은 자, 다른 법률에 따라 공유수면매립실시계획의 승인을 받은 것으로 보는 자 및 다른 법률에 따라 공유수면 점용·사용허가 또는 공유수면의 점용·사용 협의 또는 승인을 받은 것으로 보는 자를 포함한다)로부터 대통령령으로 정하는 바에 따라 매년 공유수면 점용료 또는 사용료(이하 "점용료·사용료"라 한다)를 징수하여야 한다. 다만, 다음 각 호의 어느 하나에 해당하는 경우에는 대통령령으로 정하는 바에 따라 점용료·사용료를 감면할 수 있다. <개정 2011.8.4., 2013.3.23., 2015.6.22., 2015.7.24., 2017.3.21.>

1. 국가·지방자치단체, 그 밖에 대통령령으로 정하는 자가 공익목적의 비영리사업을 위하여 공유수면을 직접 점용·사용하는 경우
2. 제8조제1항제4호에 해당하는 행위를 위하여 점용·사용하는 경우
3. 제8조제1항 각 호에 해당하는 행위 또는 다른 법률에 따라 공유수면에서 시행하는 공사 등으로 발생하는 오염물질의 확산을 방지할 목적으로 오탁(汚濁)방지막을 설치하기 위하여 점용·사용하는 경우
4. 「경제자유구역의 지정 및 운영에 관한 특별법」 제2조제1호에 따른 경제자유구역에서 개발사업시행자가 개발사업을 시행하기 위하여 점용·사용하는 경우
5. 「사회기반시설에 대한 민간투자법」 제2조제5호에 따른 민간투자사업을 시행하기 위하여 점용·사용하는 경우
6. 「산업입지 및 개발에 관한 법률」 제2조제9호에 따른 산업단지개발사업의 시행자가 해당 산업단지개발사업을 위하여 공유수면을 매립하는 경우로서 그 매립공사에 따르는 흙·돌의 채취 및 준설 등을 위하여 점용·사용하는 경우
7. 「수산업법」에 따른 면허·허가 또는 신고어업을 위하여 해당 어업구역에서 점용·사용하는 경우[같은 법 제41조제3항제2호에 따른 육상해수양식어업을 하려는 자가 제8조제1항제5호의 행위를 위하여 해당 어업구역 밖에 인수관(引水管)이나 배수관(排水管)을 설치하는 경우를 포함한다]
8. 「제주특별자치도 설치 및 국제자유도시 조성을 위한 특별법」 제162조제1항에 따라 지정된 제주투자진흥지구에서 같은 법 제147조에 따른 개발사업을 시행하기 위하여 점용·사용하는 경우
9. 「항로표지법」 제5조제4항에 따라 사설항로표지의 설치 및 관리를 위하여 점용·사용하는 경우
10. 「해양환경관리법」 제2조제4호·제5호·제7호부터 제10호까지·제15호·제18호에 따른 물질의 확산 방지를 목적으로 해양수산부령으로 정하는 방제장비(防除裝備) 또는 자재를 설치하기 위하여 점용·사용하는 경우
11. 「마리나항만의 조성 및 관리 등에 관한 법률」 제10조에 따라 지정·고시한 마리나항만구역 내에서 같은 법 제2조제2호 및 제4호에 따른 마리나항만시설 또는 마리나산업단지의 조성 및 운영 등을 위하여 점용·사용하는 경우
12. 신·재생에너지 설비의 설치·운영을 위하여 점용·사용하는 경우
13. 「수산종자산업육성법」에 따른 수산종자생산업을 위하여 점용·사용하는 경우

② 해양수산부장관의 점용·사용허가에 따라 징수하는 점용료·사용료는 국가의 수입으로 하고, 특별자치시장·특별자치도지사 또는 시장·군수·구청장의 점용·사용허가에 따라 징수하는 점용료·사용료는 해당 지방자치단체의 수입으로 한다. <개정 2013.3.23., 2017.3.21.>

③ 제2항에도 불구하고 「배타적 경제수역 및 대륙붕에 관한 법률」 제2조에 따른 배타적 경제수역에서의 다음 각 호의 어느 하나에 해당하는 행위에 대하여 점용료·사용료를 징수하는 경우에는 그 점용료·사용료의 100분의 50에 해당하는 금액을 해당 허가구역에서 가장 가까운 광역시·도·특별자치도의 수입으로 한다. <개정 2017.3.21.>

1. 「골재채취법」 제2조제1항제1호에 따른 골재의 채취
2. 「광업법」 제3조제1호에 따른 광물의 채취

④ 광역시장·도지사는 제3항에 따른 수입금을 수산자원 조성 및 수산업 발전에 사용할 수 있도록 해당 배타적 경제수역 인근의 3개 이내 시·군·구(자치구를 말한다. 이하 같다)에 균등하게 교부하여야 한다. <개정 2017.3.21.>

⑤ 특별자치시장·특별자치도지사 또는 시장·군수·구청장은 「골재채취법」에 따른 골재의 채취 또는 「광업법」에 따른 광물의 채취에 대한 점용·사용허가에 따라 징수하는 점용료·사용료 수입의 100분의 50 이상을 「수산자원관리법」 제41조제1항 각 호에 따른 수산자원 조성사업에 사용하여야 한다. 다만, 해양수산부장관은 공유수면관리청별 특성과 점용료·사용료 수입금액 등을 고려하여 수산자원조성사업에 사용하여야 하는 비율을 100분의 50 미만으로 따로 정할 수 있다. <개정 2013.3.23., 2017.3.21.>

⑥ 공유수면관리청은 점용료·사용료를 대통령령으로 정하는 바에 따라 분할납부하게 할 수 있다. 이 경우 연간 점용료·사용료가 대통령령으로 정하는 금액 이상인 경우에는 점용·사용허가(허가기간을 연장하는 변경허가를 포함한다)를 할 때에 점용·사용허가를 받는 자에게 대통령령으로 정하는 금액의 범위에서 보증금을 예치하게 하거나 이행보증의 조치를 하도록 하여야 한다.

⑦ 공유수면관리청은 점용료·사용료를 내야 하는 자가 점용료·사용료를 납부기한까지 내지 아니하면 내야 할 점용료·사용료의 100분의 3의 범위에서 대통령령으로 정하는 바에 따라 가산금을 징수할 수 있다. <신설 2017.3.21.>

⑧ 공유수면관리청은 점용료·사용료 또는 가산금을 납부하지 아니하는 자에 대하여는 국세 또는 지방세 체납처분의 예에 따라 징수할 수 있다. <개정 2017.3.21.>

▶ 판례 – 甲 시가 국유재산인 토지 상에 근로자 종합복지관 등을 건축하여 점유·사용하고 있다는 이유로 해당 국유지의 관리청인 乙 시가 사용료 부과처분을 한 사안에서, 乙 시가 甲 시에 국유재산에 대한 사용료 또는 점용료를 부과하기 위해서는, 乙 시가 甲 시에 국유재산의 점용·사용을 허가하였거나 그에 관한 협의 또는 승인이 있었던 경우라야 한다고 한 사례

甲 시가 국유재산인 토지 상에 근로자 종합복지관 등을 건축하여 점유·사용하고 있다는 이유로 해당 국유지의 관리청인 乙 시가 사용료 부과처분을 한 사안에서, 구 국유재산법(2016. 3. 2. 법률 제14041호로 개정되기 전의 것) 제32조 제1항에 의하면 행정재산을 사용허가한 때에는 대통령령으로 정하는 요율과 산출방법에 따라 매년 사용료를 징수하고, 공유수면 관리 및 매립에 관한 법률 제13조 제1항에 의하면 공유수면관리청은 점용·사용허가나 공유수면의 점용·사용협의 또는 승인을 받은 자로부터 대통령령으로 정하는 바에 따라 매년 공유수면 점용료 또는 사용료를 징수하여야 하므로, 乙 시가 甲 시에 국유재산에 대한 사용료 또는 점용료를 부과하기 위해서는 乙 시가 甲 시에 국유재산의 점용·사용을 허가하였거나 그에 관한 협의 또는 승인이 있었던 경우라야 함에도, 점용·사용허가 등이 있었는지에 관하여 심리하지 아니한 채 오히려 甲 시가 국유재산에 관한 점용·사용허가를 받지 않고 이를 점유·사용하고 있다고 보면서도 사용료 부과처분이 적법하다고 본 원심의 판단에 법리를 오해하여 필요한 심리를 다하지 아니한 잘못이 있다고 한 사례. [대법원 2017.4.27, 선고, 2017두31248, 판결]

제14조(점용료·사용료의 조정) 공유수면관리청은 동일인(제16조에 따라 권리·의무를 이전받거나 상속받은 자를 포함한다)이 같은 공유수면을 2년 이상 계속하여 점용·사용하는 경우로서 해당 연도의 연간 점용료·사용료가 전년도보다 100분의 10 이상 증가한 경우에는 대통령령으로 정하는 계산식에 따라 조정한 금액을 해당 연도의 점용료·사용료로 징수할 수 있다.

제15조(변상금의 징수) ① 공유수면관리청은 점용·사용허가를 받지 아니하고 점용·사용하거나 제8조제4항에 따라 점용·사용 기간의 변경허가를 받지 아니하고 그 허가받은 기간을 초과하여 점용·사용하는 자에게는 대통령령으로 정하는 바에 따라 점용료·사용료에 해당하는 금액의 100분의 120에 해당하는 변상금을 징수하여야 한다. 이 경우 변상금을 내야 하는 자가 변상금을 기한까지 내지 아니하면 체납된 변상금의 100분의 3 이내에서 대통령령으로 정하는 바에 따라 가산금을 징수할 수 있다.

② 제1항에 따른 변상금과 가산금의 분할납부 및 징수에 관하여는 제13조제6항 전단 및 제8항을 준용한다. <개정 2017.3.21.>

제16조(권리·의무의 이전 등) ① 점용·사용허

가로 발생한 권리·의무는 대통령령으로 정하는 바에 따라 이전하거나 상속할 수 있다.
② 제1항에 따라 권리·의무를 이전받거나 상속받은 자는 해양수산부령으로 정하는 바에 따라 권리·의무의 이전 또는 상속 내용을 공유수면관리청에 신고하여야 한다. <개정 2013.3.23.>
③ 제1항과 제2항에 따라 권리·의무의 이전 또는 상속을 신고한 자는 이 법에 따른 점용·사용허가를 받은 자로 본다.

제3절 점용·사용 실시계획

제17조(점용·사용 실시계획의 승인 등) ① 제8조제1항제1호부터 제4호까지의 행위로서 인공구조물의 규모 및 총공사비 등 대통령령으로 정하는 요건에 해당하는 행위를 하기 위하여 점용·사용허가를 받은 자는 관련 공사에 착수하기 전에 미리 공유수면관리청으로부터 공유수면 점용·사용 실시계획(이하 "점용·사용 실시계획"이라 한다)의 승인을 받아야 한다. 승인받은 사항 중 대통령령으로 정하는 사항을 변경하려는 경우에도 또한 같다.
② 제8조제1항 각 호의 행위(제1항 전단에 따라 점용·사용 실시계획의 승인을 받아야 하는 행위는 제외한다)를 하기 위하여 점용·사용허가를 받은 자 또는 제10조에 따라 공유수면의 점용·사용 협의 또는 승인을 받은 자는 관련 공사에 착수하기 전에 미리 공유수면관리청에 점용·사용 실시계획을 신고하여야 한다. 이 경우 신고한 사항 중 대통령령으로 정하는 사항을 변경하려는 경우에도 또한 같다.
③ 제1항에 따라 점용·사용 실시계획의 승인을 받으려는 자는 점용·사용허가를 받은 날부터 1년 이내에 공유수면관리청의 승인을 받아야 하고, 제2항에 따라 점용·사용 실시계획을 신고하려는 자는 점용·사용허가를 받거나 점용·사용 협의 또는 승인을 받은 날부터 6개월 이내에 공유수면관리청에 신고하여야 한다.
④ 제3항에도 불구하고 공유수면관리청은 천재지변 등 부득이한 사정이 있으면 대통령령으로 정하는 바에 따라 제3항에 따른 기간을 1년(신고의 경우에는 6개월을 말한다)의 범위에서 한 번만 연장할 수 있다.
⑤ 공유수면관리청은 제1항과 제2항에 따라 점용·사용 실시계획을 승인하거나 신고를 받은 경우에는 대통령령으로 정하는 바에 따라 그 내용을 고시하여야 한다.
⑥ 제1항과 제2항에 따른 점용·사용 실시계획의 승인 및 신고에 필요한 사항은 해양수산부령으로 정한다. <개정 2013.3.23.>

제18조(준공검사 등) ① 제17조제1항에 따라 점용·사용 실시계획의 승인을 받은 자는 해당 공사를 완료하면 지체 없이 대통령령으로 정하는 바에 따라 공유수면관리청에 준공검사를 신청하여야 한다. 다만, 필요한 경우 해당 공사를 전부 완료하기 전이라도 공사를 완료한 일부에 대하여 해양수산부령으로 정하는 바에 따라 준공검사를 신청할 수 있다. <개정 2017.3.21.>
② 제17조제2항에 따라 점용·사용 실시계획의 신고를 한 자는 해당 공사를 완료하면 지체 없이 대통령령으로 정하는 바에 따라 공유수면관리청에 공사 완료를 신고하여야 한다.
③ 공유수면관리청은 대통령령으로 정하는 바에 따라 제1항에 따른 준공검사를 한 결과 그 공사가 제17조제1항에 따라 승인받은 점용·사용 실시계획의 내용대로 시행되었다고 인정할 때에는 해양수산부령으로 정하는 준공검사확인증을 내주어야 한다. <개정 2013.3.23.>
④ 공유수면관리청은 제2항과 제3항에 따라 공사 완료 신고를 받거나 준공검사를 하였으면 대통령령으로 정하는 바에 따라 그 사실을 고시하여야 한다.

제4절 점용·사용 관련 처분 등

제19조(점용·사용허가 등의 취소 등) ① 공유수면관리청은 제8조와 제10조에 따라 점용·사용허가를 받은 자나 공유수면의 점용·사용 협의 또는 승인을 받은 자가 다음 각 호의 어느 하나에 해당하는 경우에는 그 허가나 협의 또는 승인을 취소하거나 점용·사용의 정지, 인공구조물, 시설물, 흙·돌 또는 그 밖의 물건의 개축·이전 등 필요한 조치를 명할 수 있다. 다만, 제1호에 해당하는 경우에는 점용·사용허가를 취소하여야 한다. <개정 2017.3.21.>
1. 거짓이나 그 밖의 부정한 방법으로 점용·사용허가를 받은 경우
2. 점용·사용허가를 받은 자가 허가사항을 위반한 경우

3. 정당한 사유 없이 제8조제7항에 따른 부관을 이행하지 아니한 경우
4. 점용료·사용료를 내지 아니한 경우
5. 제17조제1항 및 제2항에 따른 점용·사용 실시계획의 승인을 받지 아니하거나 점용·사용 실시계획의 신고를 하지 아니한 경우
6. 제55조에 따른 관계인·관계 문서 등의 조사, 토지등에의 출입, 토지등의 일시 사용 또는 장애물의 변경·제거를 거부·방해하거나 기피하는 경우
7. 점용·사용허가나 공유수면의 점용·사용 협의 또는 승인과 관계있는 사업의 전부 또는 일부가 폐지된 경우

② 공유수면관리청은 제1항에 따른 점용·사용허가나 점용·사용 협의 또는 승인을 취소하는 경우와 점용·사용의 정지 또는 인공구조물, 시설물, 흙·돌, 그 밖의 물건의 개축·이전 등 필요한 조치를 명한 경우에는 그 사실을 고시하고, 해양수산부령으로 정하는 표지를 해당 공유수면 또는 인공구조물 등이 잘 보이는 곳에 설치하여야 한다. <개정 2013.3.23.>

③ 누구든지 제2항에 따른 표지의 설치를 거부 또는 방해하거나 설치된 표지를 훼손하여서는 아니 된다.

제20조(공익을 위한 처분) 공유수면관리청은 다음 각 호의 어느 하나에 해당하는 경우에는 점용·사용허가의 취소, 점용·사용의 정지 또는 인공구조물·시설물 및 그 밖의 물건의 개축·이전을 명할 수 있다.

1. 관련 산업의 발전, 국가 또는 지방자치단체의 관련 계획의 변경 등 공유수면과 직접 관련된 상황의 변경으로 필요한 경우
2. 공유수면의 보전 및 재해 예방 등 공공의 피해를 제거하거나 줄이기 위하여 필요한 경우
3. 수문이나 그 밖에 공유수면의 관리를 위한 시설물을 유지·보호하기 위하여 필요한 경우
4. 「공익사업을 위한 토지 등의 취득 및 보상에 관한 법률」 제4조에 따른 공익사업을 위하여 필요한 경우

제21조(원상회복 등) ① 다음 각 호의 어느 하나에 해당하는 자(이하 이 조에서 "원상회복의무자"라 한다)는 해당 공유수면에 설치한 인공구조물, 시설물, 흙·돌, 그 밖의 물건을 제거하고 해당 공유수면을 원상으로 회복시켜야 한다. 다만, 제8조제1항제4호의 행위를 하기 위하여 점용·사용허가를 받은 경우에는 그러하지 아니하다.

1. 점용·사용허가를 받지 아니하거나 공유수면의 점용·사용 협의 또는 승인을 받지 아니하고 점용·사용한 자
2. 점용·사용허가를 받거나 공유수면의 점용·사용 협의 또는 승인을 받은 면적을 초과하여 점용·사용한 자
3. 점용·사용 기간이 끝난 자
4. 점용·사용허가 또는 공유수면의 점용·사용 협의 또는 승인과 관계있는 사업이 폐지된 자
5. 점용·사용허가가 취소된 자
6. 공유수면의 점용·사용 협의 또는 승인이 취소된 자

② 공유수면관리청은 원상회복 의무자가 제1항에 따른 원상회복에 필요한 조치 등을 하지 아니하는 경우에는 기간을 정하여 공유수면의 원상회복을 명할 수 있다.

③ 공유수면관리청은 제2항에 따른 원상회복 명령을 받은 자가 이를 이행하지 아니할 때에는 「행정대집행법」에 따라 원상회복에 필요한 조치를 할 수 있다.

④ 공유수면관리청은 제1항에도 불구하고 원상회복이 불가능하거나 그 밖에 대통령령으로 정하는 사유가 있으면 원상회복 의무자의 신청에 의하여 또는 직권으로 원상회복 의무를 면제할 수 있다.

⑤ 공유수면관리청은 제4항에 따라 면제신청을 받은 경우에는 해양수산부령으로 정하는 바에 따라 그 신청을 받은 날부터 20일 이내에 신청인에게 면제 여부를 알려야 한다. <개정 2013.3.23.>

⑥ 공유수면관리청은 다음 각 호의 어느 하나에 해당하는 경우에는 대통령령으로 정하는 바에 따라 해당 공유수면에 있는 인공구조물, 시설물, 흙·돌, 그 밖의 물건을 무상으로 국가나 지방자치단체에 귀속시킬 수 있다.

1. 점용·사용허가를 받지 아니하고 공유수면을 점용·사용한 자가 제2항에 따른 원상회복 명령을 이행하지 아니한 경우
2. 제4항에 따라 원상회복 의무가 면제된 경우

⑦ 공유수면관리청은 제1항에 따른 원상회복 의무와 제2항에 따른 원상회복 명령의 이행을 담보하기 위하여 필요한 경우에는 제17조제1항에 따라 점용·사용 실시계획을 승인할 때 또는 같은 조 제2항에 따른

신고를 받을 때에 대통령령으로 정하는 바에 따라 그 원상회복에 필요한 비용에 해당하는 금액을 예치하게 할 수 있다.

제3장 공유수면의 매립

제1절 공유수면매립 기본계획

제22조(공유수면매립 기본계획의 수립) ① 해양수산부장관은 국토의 전체적인 기능 및 용도에 맞고 환경과 조화되도록 공유수면을 매립·관리하기 위하여 10년마다 「연안관리법」 제30조에 따른 중앙연안관리심의회(이하 "심의회"라 한다)의 심의를 거쳐 공유수면매립 기본계획(이하 "매립기본계획"이라 한다)을 수립하여야 한다. <개정 2013.3.23.>

② 제1항에 따른 매립기본계획은 「연안관리법」에 따른 연안통합관리계획, 「국토기본법」에 따른 국토종합계획 및 「국토의 계획 및 이용에 관한 법률」에 따른 도시·군관리계획에 적합하게 수립하여야 한다. <개정 2011.4.14.>

③ 해양수산부장관은 제1항에 따라 매립기본계획을 수립할 때에는 미리 관계 중앙행정기관의 장과 협의하고 관계 특별시장·광역시장·도지사(이하 "시·도지사"라 한다) 및 특별자치시장의 의견을 들어야 한다. <개정 2013.3.23., 2017.3.21.>

④ 제3항에 따른 시·도지사의 의견에는 매립기본계획과 관련된 시장·군수·구청장의 의견 및 해당 시·군·구에 설치된 지방의회의 의견이 포함되어야 한다. <개정 2017.3.21.>

⑤ 해양수산부장관은 매립기본계획을 수립할 때에는 관계 전문가에게 자문할 수 있다. <개정 2013.3.23.>

제23조(매립기본계획에의 반영 요청 등) ① 중앙행정기관의 장, 지방자치단체의 장 또는 공유수면을 매립하려는 자는 매립기본계획에 포함되지 아니한 공유수면 중 매립할 필요가 있는 공유수면이 있으면 그 공유수면이 매립기본계획에 반영되도록 해양수산부장관에게 요청할 수 있다. <개정 2013.3.23.>

② 해양수산부장관은 제1항에 따라 매립기본계획에의 반영을 요청받은 경우에는 해당 공유수면의 해양환경, 생태계현황, 매립 타당성 및 토지이용계획, 그 밖에 대통령령으로 정하는 사항을 해양수산부령으로 정하는 바에 따라 조사하거나 측량하여야 한다. <개정 2013.3.23.>

③ 해양수산부장관은 관계 행정기관의 장에게 제2항에 따른 조사 또는 측량에 필요한 자료의 제출을 요청할 수 있다. 이 경우 요청을 받은 관계 행정기관의 장은 특별한 사유가 없으면 해당 자료를 제출하여야 한다. <개정 2013.3.23.>

④ 해양수산부장관은 효율적인 조사 또는 측량을 위하여 필요한 경우에는 제2항에 따른 조사 또는 측량을 전문기관에 의뢰할 수 있다. 이 경우 해양수산부장관은 제1항에 따라 매립기본계획에의 반영을 요청한 자(이하 "매립기본계획 반영요청자"라 한다)에게 조사 또는 측량에 드는 비용의 전부 또는 일부를 대통령령으로 정하는 바에 따라 부담시킬 수 있다. <개정 2013.3.23.>

⑤ 해양수산부장관은 제2항에 따라 조사·측량을 하였을 때에는 그 결과를 매립기본계획 반영요청자에게 즉시 알려야 한다. <개정 2013.3.23.>

⑥ 해양수산부장관은 같은 공유수면에 매립기본계획 반영요청자가 여럿인 경우에는 대통령령으로 정하는 우선순위에 따라 매립기본계획에 반영할 수 있다. <개정 2013.3.23.>

제24조(매립기본계획의 내용) ① 매립기본계획에는 매립 예정인 공유수면(이하 "매립예정지"라 한다)별로 다음 각 호의 사항을 내용으로 하는 매립예정지별 매립계획이 포함되어야 한다.

1. 매립예정지의 위치와 규모
2. 매립목적
3. 매립예정지의 토지이용계획
4. 매립의 필요성과 매립방법에 관한 사항
5. 매립으로 인한 환경 및 생태계의 변화 중 대통령령으로 정하는 사항과 그 대책에 관한 사항
6. 매립예정지의 토지이용계획과 관련한 매립 전후의 경제성 비교에 관한 사항

② 제1항에 따른 매립예정지별 매립계획은 매립기본계획에 따라 5년 단위로 작성하여야 한다.

제25조(매립예정지별 매립계획의 해제 등) ① 매립면허를 받으려는 자는 제24조와 제26조에 따라 수립·고시된 매립예정지별 매립계획에 따라 5년 이내에 제28조에 따른 매립면허를 받아야 한다.

② 제1항에 따른 기간 내에 매립면허를 받지

아니한 경우에는 그 기간이 지난 다음 날부터 해당 매립예정지별 매립계획이 해제된 것으로 본다.
③ 해양수산부장관은 제2항에 따라 매립예정지별 매립계획이 해제된 경우에는 해제된 날부터 14일 이내에 그 사실을 매립예정지별로 매립기본계획 반영요청자에게 알려야 하고, 해양수산부령으로 정하는 바에 따라 고시하여야 한다. <개정 2013.3.23.>

第26條(매립기본계획의 고시 등) ① 해양수산부장관은 매립기본계획을 수립하였을 때에는 지체 없이 그 내용을 고시하고 관계 중앙행정기관의 장과 관계 시·도지사 또는 특별자치시장에게 알려야 한다. <개정 2013.3.23., 2017.3.21.>
② 제1항에 따라 통보를 받은 시·도지사는 시장·군수·구청장으로 하여금 매립기본계획을 14일 이상 일반인이 열람할 수 있게 하여야 하며, 특별자치시장은 직접 매립기본계획을 14일 이상 일반인이 열람할 수 있게 하여야 한다. <개정 2017.3.21.>
③ 매립기본계획은 매립예정지로 된 공유수면의 이용을 위하여 이미 설정된 권리를 제한하지 아니한다.
④ 관계 행정기관의 장은 매립예정지에서 대통령령으로 정하는 경우를 제외하고는 새로운 권리를 설정할 수 없다.

第27條(매립기본계획의 변경 등) ① 해양수산부장관은 제22조와 제26조에 따라 수립·고시된 매립기본계획의 타당성을 5년마다 검토하고, 검토 결과 다음 각 호의 어느 하나에 해당하는 사유가 있으면 매립기본계획의 변경 등 필요한 조치를 하여야 한다. <개정 2013.3.23.>
1. 매립예정지별 매립계획의 추가 또는 해제
2. 매립예정지 면적의 확대
3. 매립목적의 변경
② 제1항에도 불구하고 해양수산부장관은 공유수면의 매립과 관련한 산업의 발전, 법령에 따라 수립된 계획의 변경, 그 밖에 주변여건의 변화 등으로 인하여 필요한 경우에는 직권으로 또는 요청을 받아 매립기본계획을 변경할 수 있다. 이 경우 변경을 요청하는 자는 제23조제2항에 따른 조사 및 측량을 미리 하여야 한다. <개정 2013.3.23.>
③ 제1항과 제2항에 따른 매립기본계획의 변경에 관하여는 제22조부터 제26조까지의 규정을 준용한다.

제2절 공유수면 매립면허 등

第28條(매립면허) ① 공유수면을 매립하려는 자는 대통령령으로 정하는 바에 따라 매립목적을 구체적으로 밝혀 다음 각 호의 구분에 따라 해양수산부장관, 시·도지사, 특별자치시장 또는 특별자치도지사(이하 "매립면허관청"이라 한다)로부터 공유수면 매립면허(이하 "매립면허"라 한다)를 받아야 한다. <개정 2013.3.23., 2017.3.21.>
1. 「항만법」 제3조제1항 각 호에 따른 항만구역의 공유수면 매립: 해양수산부장관
2. 면적이 10만 제곱미터 이상인 공유수면 매립: 해양수산부장관
3. 제1호 및 제2호에 따른 공유수면을 제외한 공유수면 매립: 시·도지사, 특별자치시장 또는 특별자치도지사
② 매립예정지가 제1항제1호에 따른 공유수면과 같은 항 제3호에 따른 공유수면에 걸쳐 있으면 해양수산부장관의 매립면허를 받아야 한다. <개정 2013.3.23.>
③ 제1항제3호에 따른 공유수면의 매립으로서 매립예정지가 둘 이상의 특별시·광역시·특별자치시·도·특별자치도의 관할 지역에 걸쳐 있으면 관계 시·도지사, 특별자치시장 또는 특별자치도지사의 협의에 의하여 결정되는 시·도지사, 특별자치시장 또는 특별자치도지사의 면허를 받아야 한다. 다만, 협의가 성립되지 아니할 때에는 해양수산부장관이 지정하는 시·도지사, 특별자치시장 또는 특별자치도지사의 매립면허를 받아야 한다. <개정 2013.3.23., 2017.3.21.>
④ 매립면허관청은 제1항에 따라 매립면허를 하려는 경우에는 미리 관계 중앙행정기관의 장 및 시·도지사, 특별자치시장 또는 특별자치도지사와 협의하여야 한다. <개정 2017.3.21.>
⑤ 매립면허관청은 매립기본계획의 내용에 적합한 범위에서 매립면허를 하여야 한다.
⑥ 매립면허관청은 매립기본계획에 반영된 매립예정지를 분할하여 면허할 수 없다. 다만, 국가·지방자치단체 또는 「한국토지주택공사법」에 따른 한국토지주택공사가 매립하는 경우에는 그러하지 아니하다.
⑦ 「항만법」 제3조제1항 각 호에 따른 항만구역의 공유수면 및 「어촌·어항법」 제2조제

3호가목에 따른 국가어항 구역의 공유수면은 국가나 지방자치단체만 매립할 수 있다. 다만, 매립 목적·규모 또는 입지 여건 등을 고려하여 대통령령으로 정하는 경우에는 그러하지 아니하다.
⑧ 매립면허관청은 동일한 위치의 공유수면에 대하여 면허의 신청이 경합된 경우에는 대통령령으로 정하는 우선순위에 따라 면허를 할 수 있다.
⑨ 매립면허관청이 아닌 행정기관의 장은 다른 법률에 따라 제1항에 따른 공유수면 매립면허를 받은 것으로 보는 행정처분을 하였을 때에는 즉시 그 사실을 매립면허관청에 통보하여야 한다. <신설 2017.3.21.>

第29조(매립면허의 부관) 매립면허관청은 매립면허를 할 때에 제31조 각 호에 해당하는 자의 보호 또는 공익을 위하여 필요한 사항과 그 밖에 대통령령으로 정하는 사항에 대하여 부관을 붙일 수 있다.

第30조(매립면허의 기준) ① 매립면허관청은 매립예정지 공유수면 및 매립으로 피해가 예상되는 매립예정지 인근의 구역에 관하여 권리를 가진 자(이하 "공유수면매립 관련 권리자"라 한다)가 있으면 다음 각 호의 어느 하나에 해당하는 경우를 제외하고는 매립면허를 할 수 없다.
1. 공유수면매립 관련 권리자가 매립에 동의하고, 매립이 환경과 생태계의 변화를 충분히 고려한 것으로 인정되는 경우
2. 매립으로 생기는 이익이 그 손실을 현저히 초과하는 경우
3. 법령에 따라 토지를 수용하거나 사용할 수 있는 사업을 위하여 매립이 필요한 경우
4. 그 밖에 국방 또는 재해예방 등 공익을 위하여 필요한 경우로서 대통령령으로 정하는 경우

② 제1항에 따른 매립으로 피해가 예상되는 매립예정지 인근 구역의 범위는 대통령령으로 정한다.

第31조(공유수면매립 관련 권리자의 범위) 제30조제1항에 따른 공유수면매립 관련 권리자란 다음 각 호의 어느 하나에 해당하는 자를 말한다. <개정 2015.6.22.>
1. 제8조에 따라 점용·사용허가를 받거나 제10조에 따라 공유수면의 점용·사용 협의 또는 승인을 받은 자
2. 「수산업법」 제2조제11호에 따른 입어자(入漁者)
3. 「수산업법」 제8조에 따른 어업면허를 받은 자
4. 「수산업법」 제41조제3항제1호 및 제2호에 따른 구획어업, 육상해수양식어업의 허가를 받은 자 또는 「수산종자산업육성법」 제21조에 따른 수산종자생산업의 허가를 받은 자
5. 다른 법령의 규정에 따라 허가를 받거나 관습에 따라 공유수면에서 물을 끌어들이거나 공유수면으로 배출하는 자

第32조(매립으로 인한 손실방지와 보상 등) ① 제28조에 따라 매립면허를 받은 자(이하 "매립면허취득자"라 한다)는 대통령령으로 정하는 바에 따라 공유수면매립 관련 권리자의 손실을 보상하거나 그 손실을 방지하는 시설을 설치하여야 한다.
② 매립면허취득자는 제1항에 따른 보상에 관하여 공유수면매립 관련 권리자와 협의하여야 한다.
③ 매립면허취득자는 제2항에 따른 협의가 성립되지 아니하거나 협의할 수 없는 경우에는 대통령령으로 정하는 바에 따라 관할 토지수용위원회에 재결(裁決)을 신청할 수 있다.
④ 제3항에 따른 관할 토지수용위원회의 재결에 대한 이의신청 등에 관하여는 「공익사업을 위한 토지 등의 취득 및 보상에 관한 법률」 제83조부터 제86조까지의 규정을 준용한다.
⑤ 제3항과 제4항에 따른 재결과 관련된 수수료 등 비용에 관하여는 「공익사업을 위한 토지 등의 취득 및 보상에 관한 법률」 제20조제2항, 제28조제2항 및 제58조제3항을 준용한다.
⑥ 제33조에 따른 매립면허의 고시일 이후에 제31조 각 호의 어느 하나에 해당하게 된 자 또는 그가 설치한 시설 등에 대하여는 제1항을 적용하지 아니한다.

第33조(매립면허의 고시) 매립면허관청은 매립면허를 하였을 때에는 대통령령으로 정하는 바에 따라 그 사실을 고시하여야 한다.

第34조(매립면허 수수료) 매립면허관청은 매립면허를 할 때에는 대통령령으로 정하는 바에 따라 매립면허취득자로부터 매립면허 수수료를 징수할 수 있다. 다만, 다음 각 호의 어느

하나에 해당하는 경우에는 매립면허 수수료를 면제할 수 있다.
1. 대통령령으로 정하는 공익 목적의 법인 또는 공공단체가 시행하는 매립
2. 제3조제3항제1호에 따른 수산물양식장의 축조

제35조(국가 등이 시행하는 매립) ① 제28조에도 불구하고 국가나 지방자치단체가 공유수면을 매립하려는 경우 또는 「한국토지주택공사법」에 따른 한국토지주택공사가 「산업입지 및 개발에 관한 법률」에 따라 산업단지개발사업을 위하여 공유수면을 매립하려는 경우에는 미리 매립면허관청과 협의하거나 매립면허관청의 승인을 받아야 한다.
② 제1항에 따라 협의하거나 승인을 받은 자는 제3항에 따른 준공검사를 받기 전에는 매립에 관한 권리를 양도할 수 없다. 다만, 국가나 지방자치단체에 매립에 관한 권리를 양도하는 경우에는 해양수산부령으로 정하는 바에 따라 매립면허관청에 신고한 후 양도할 수 있으며, 매립면허관청(해양수산부장관은 제외한다)은 그 신고를 수리(受理)하기 전에 해양수산부장관과 미리 협의하여야 한다. <개정 2013.3.23.>
③ 제1항에 따라 협의하거나 승인을 받은 자가 해당 매립공사를 준공하였을 때에는 지체 없이 「공간정보의 구축 및 관리 등에 관한 법률」 제67조에 따른 지목(地目)을 정하여 매립면허관청에 준공검사를 신청하여야 한다. <개정 2014.6.3.>
④ 제1항에 따라 협의하거나 승인을 받은 자는 제3항에 따른 준공검사를 받은 날에 제46조제1항제3호 및 제4호에 해당하는 매립지의 소유권을 취득한다. <개정 2017.3.21.>
⑤ 제1항에 따라 협의하거나 승인을 받은 자가 시행하는 공유수면의 매립에 관하여는 제28조제1항부터 제5항까지, 제9항, 제29조부터 제33조까지, 제38조, 제39조, 제39조의2, 제40조부터 제42조까지, 제44조부터 제46조(같은 조 제1항제3호 및 제4호는 제외한다)까지, 제48조, 제49조제1항·제3항·제5항·제6항, 제51조부터 제54조(같은 조 제9항은 제외한다)까지 및 제56조부터 제58조까지의 규정을 준용한다. <개정 2017.3.21.>

제36조(국가 등이 시행하는 소규모매립) ① 국가나 지방자치단체가 대통령령으로 정하는 공용 또는 공공용으로 사용하기 위하여 1천제곱미터 이하로 공유수면을 매립(이하 "소규모매립"이라 한다)하려는 경우에는 매립기본계획에 관계없이 제35조(같은 조 제5항에 따라 준용되는 제28조제4항 및 제5항은 제외한다)에 따라 매립을 할 수 있다.
② 매립면허관청은 제1항에 따라 소규모매립에 관하여 협의 또는 승인을 할 때에는 미리 관계 행정기관의 장과 협의하여야 한다.

제37조(매립지의 이관) 해양수산부장관은 정부사업으로 실시하는 매립공사를 준공하였을 때에는 매립지를 대통령령으로 정하는 바에 따라 지체 없이 그 매립지의 매립목적에 따라 관계 중앙행정기관의 장에게 이관(移管)하여야 한다. 이 경우 농업을 주목적으로 하는 매립공사에서 방수 또는 방조제 시설공사를 준공하였을 때에는 이를 지체 없이 농림축산식품부장관에게 이관하여야 한다. <개정 2013.3.23.>

제3절 매립공사

제38조(공유수면매립실시계획의 승인) ① 매립면허취득자는 대통령령으로 정하는 바에 따라 공유수면매립실시계획(이하 "매립실시계획"이라 한다)을 수립하여 매립면허관청의 승인을 받아야 한다. 승인받은 내용을 변경하려는 경우에도 또한 같다.
② 매립면허취득자는 매립예정지를 둘 이상의 공구(工區)로 구분하여 매립실시계획을 수립하고 매립면허관청의 승인을 신청할 수 있다. <신설 2017.3.21.>
③ 매립면허취득자는 매립면허를 받은 날부터 1년 이내에 매립실시계획의 승인을 받아야 한다. 다만, 천재지변 등 대통령령으로 정하는 부득이한 사유가 있으면 매립면허관청으로부터 1년의 범위에서 한 번만 그 기간을 연장받아 승인을 받을 수 있다. <개정 2017.3.21.>
④ 매립면허취득자는 공유수면매립 관련 권리자로부터 공사 착수에 관한 동의를 받거나 제32조에 따른 보상 또는 시설 설치를 한 후에 매립실시계획의 승인을 신청하여야 한다. <개정 2017.3.21.>
⑤ 매립면허관청은 제1항에 따라 매립실시계획을 승인하거나 변경승인하였을 때에는

대통령령으로 정하는 바에 따라 그 사실을 고시하여야 한다. <개정 2017.3.21.>

제39조(인가·허가등의 의제) ① 매립면허취득자가 매립실시계획의 승인을 받은 경우에는 다음 각 호의 인가·허가·승인·해제·협의·신고 등(이하 "인가·허가등"이라 한다)을 받은 것으로 보며, 제38조제5항에 따른 매립실시계획의 승인 고시가 있는 때에는 관련 법률에 따른 인가·허가등의 고시·공고가 있는 것으로 본다. <개정 2010.5.31., 2011.4.14., 2014.1.14., 2016.12.27., 2017.3.21.>

1. 「골재채취법」 제22조에 따른 골재채취의 허가 및 같은 법 제34조제1항에 따른 골재채취단지에서의 골재채취허가
2. 「국토의 계획 및 이용에 관한 법률」 제30조에 따른 도시·군관리계획의 결정, 같은 법 제56조제1항제2호·제4호에 따른 토지의 형질변경·분할 허가, 같은 법 제86조에 따른 도시·군계획시설사업의 시행자 지정 및 같은 법 제88조에 따른 도시·군계획시설사업 실시계획의 인가
3. 「농어촌정비법」 제23조에 따른 농업생산기반시설의 사용허가
4. 「농지법」 제34조에 따른 농지의 전용허가 또는 협의
5. 「도로법」 제107조에 따른 도로관리청과의 협의 또는 승인(같은 법 제36조에 따른 도로관리청이 아닌 자에 대한 도로공사 시행의 허가 및 같은 법 제61조에 따른 도로의 점용 허가에 관한 것만 해당한다)
6. 「사도법」 제4조에 따른 사도의 개설허가
7. 「사방사업법」 제14조에 따른 사방지 안에서의 벌채 등의 허가 및 같은 법 제20조에 따른 사방지의 지정해제
8. 「산림자원의 조성 및 관리에 관한 법률」 제36조제1항·제4항에 따른 입목벌채등의 허가·신고, 「산림보호법」 제9조제1항·제2항에 따른 산림보호구역(산림유전자원보호구역은 제외한다)에서의 행위의 허가·신고 및 같은 법 제11조제1항제1호에 따른 산림보호구역의 지정해제
9. 「산지관리법」 제14조에 따른 산지전용허가 및 같은 법 제15조에 따른 산지전용신고, 같은 법 제15조의2에 따른 산지일시사용허가·신고
10. 「소하천정비법」 제10조제1항에 따른 소하천공사의 시행허가 및 같은 법 제14조에 따른 소하천의 점용허가
11. 「수산자원관리법」 제47조제2항에 따른 보호수면 안에서의 공사시행 승인
12. 「신항만건설촉진법」 제8조제1항에 따른 신항만건설사업실시계획의 승인
13. 「자연공원법」 제23조에 따른 공원구역에서의 행위허가 및 같은 법 제71조에 따른 공원관리청과의 협의
14. 「장사 등에 관한 법률」 제27조제1항에 따른 개장허가
15. 「전기사업법」 제62조에 따른 자가용전기설비 공사계획의 인가 또는 신고
16. 「초지법」 제21조의2에 따른 토지의 형질변경 등의 허가 및 같은 법 제23조에 따른 초지의 전용 허가·신고 또는 협의
17. 「하수도법」 제24조에 따른 공공하수도의 점용허가
18. 「하천법」 제6조에 따른 하천관리청과의 협의 또는 승인, 같은 법 제30조에 따른 하천공사의 시행허가 및 같은 법 제33조에 따른 하천의 점용허가
19. 「항로표지법」 제8조제2항에 따른 항로표지의 설치허가
20. 「항만법」 제9조제2항에 따른 항만공사의 시행허가 및 같은 법 제10조제2항에 따른 항만공사실시계획의 승인

② 매립면허취득자가 매립실시계획의 승인을 받은 경우에는 제8조에 따른 점용·사용허가, 제10조에 따른 공유수면의 점용·사용 협의 또는 승인 및 제17조에 따른 점용·사용 실시계획의 신고 또는 승인을 받은 것으로 보며, 제38조제5항에 따른 매립실시계획 승인 고시가 있는 때에는 제17조제5항에 따른 고시가 있는 것으로 본다. <개정 2017.3.21.>

③ 매립면허관청은 매립실시계획을 승인할 때 그 내용에 제1항 각 호의 어느 하나 또는 제2항에 해당하는 사항이 포함되어 있으면 매립면허취득자가 제출한 관계 서류를 갖추어 관계 행정기관의 장과 미리 협의하여야 한다. 이 경우 관계 행정기관의 장은 협의요청을 받은 날부터 20일 이내에 의견을 제출하여야 한다.

④ 제1항 각 호에 따른 인가·허가등의 권한을 가진 관계 행정기관의 장은 그 처리 기준 및 절차 등을 정하거나 변경하였을 때에는 그 내용을 지체 없이 해양수산부장관에게 알려야 한다. <개정 2013.3.23.>

⑤ 해양수산부장관은 제4항에 따라 처리 기준 및 절차 등을 통보받은 때에는 이를 통합

하여 고시하여야 한다. 고시한 사항을 변경한 경우에도 또한 같다. <개정 2013.3.23.>

제39조의2(인가·허가등 의제를 위한 일괄협의회) ① 매립면허관청은 제39조제3항에 따라 관계 행정기관의 장과 협의하기 위하여 대통령령으로 정하는 바에 따라 인가·허가등 의제를 위한 일괄협의회를 개최할 수 있다.
② 제39조제3항에 따라 매립면허관청의 협의요청을 받은 관계 행정기관의 장은 소속 공무원을 제1항에 따른 일괄협의회에 참석하게 하여야 한다.
[본조신설 2017.3.21.]

제40조(매립공사) 매립면허취득자는 승인받은 매립실시계획의 내용대로 매립공사를 시행하여야 한다.

제41조(토지 등에의 출입 등) ① 매립면허를 받으려는 자 또는 매립면허취득자는 매립에 관한 조사·측량 또는 매립공사 등을 위하여 다음 각 호의 어느 하나에 해당하는 행위를 하려는 경우에는 미리 그 소유자·점유자 또는 관리인 등의 동의를 받아야 한다. 다만, 그 소유자·점유자 또는 관리인 등을 알 수 없는 경우에는 그러하지 아니하다.
1. 타인의 토지나 공유수면의 출입
2. 타인의 토지나 공유수면에 있는 나무, 흙·돌, 그 밖의 장애물의 변경
3. 타인의 토지나 공유수면을 재료적치장이나 임시도로로의 일시 사용

② 매립면허를 받으려는 자 또는 매립면허취득자는 제1항에 따른 토지 등에의 출입 또는 사용 등으로 생긴 손실을 보상하여야 한다.

제42조(불용 국유지·공유지의 양여 등) ① 국유 또는 공유에 속하는 도로·제방 등 대통령령으로 정하는 공공시설은 매립공사의 시행으로 그 용도가 폐지되는 경우에는 「국유재산법」과 「공유재산 및 물품 관리법」에도 불구하고 다음 각 호의 구분에 따라 매립면허취득자에게 양여하거나 매각할 수 있다.
1. 양여: 용도가 폐지되는 공공시설을 갈음하여 제46조제1항제1호에 따라 국가나 지방자치단체의 소유로 되는 공공시설을 새로 설치하는 경우
2. 매각: 제1호의 경우를 제외한 경우

② 제1항에 따른 공공시설은 국유의 수면 및 수류를 포함한다.
③ 국가는 매립공사의 시행으로 새로 설치되는 공용시설 또는 공공시설의 용지로 바닷가가 사용되는 경우에는 「국유재산법」에도 불구하고 그 바닷가를 해당 공용시설 또는 공공시설을 관리할 관리청에 양여할 수 있다.

제43조(공유수면매립 권리·의무의 양도 등) ① 매립면허로 인하여 발생한 권리·의무는 대통령령으로 정하는 바에 따라 이전하거나 상속할 수 있다.
② 제1항에 따라 권리·의무를 이전받거나 상속받은 자는 해양수산부령으로 정하는 바에 따라 권리·의무의 이전 또는 상속 내용을 매립면허관청에 신고하여야 한다. <개정 2013.3.23.>
③ 제1항 및 제2항에 따른 면허에 관한 권리·의무를 이전하거나 승계하는 경우 그 권리·의무를 분할하여서는 아니 된다.
④ 제2항에 따라 권리·의무의 이전 또는 상속을 신고한 자는 이 법에 따른 매립면허취득자로 본다.

제44조(매립지의 사용) ① 매립면허취득자는 제45조에 따른 준공검사 전까지는 매립지에 건축물·시설물, 그 밖의 인공구조물을 설치하는 등 매립지를 사용할 수 없다. 다만, 매립면허관청으로부터 매립목적 달성에 지장을 주지 아니하는 범위에서 해양수산부령으로 정하는 바에 따라 준공검사 전 사용허가를 받은 경우에는 그러하지 아니하다. <개정 2013.3.23.>
② 매립면허관청은 제1항 단서에 따른 준공검사 전 사용허가를 할 때에는 제24조제1항제2호에 따른 매립목적 및 같은 항 제3호에 따른 토지이용계획에 적합한 경우에만 허가하여야 한다.
③ 준공검사 전에 매립지를 사용하려는 자가 제1항 단서에 따른 허가를 받은 경우에는 다음 각 호의 인가·신고·허가 또는 검사(이하 "인가등"이라 한다)를 받은 것으로 본다.
1. 「건축법」 제20조제1항·제2항에 따른 가설건축물의 건축허가 또는 신고
2. 「전기사업법」 제62조에 따른 자가용전기설비 공사계획의 인가 또는 신고
3. 「정보통신공사업법」 제36조에 따른 사용전검사

④ 매립면허관청은 제1항 단서에 따라 허가를 할 때 그 내용에 제3항 각 호의 어느 하나에 해당하는 사항이 포함되어 있으면 준공검사 전 사용허가를 받으려는 자가 제출한 관계 서류를 갖추어 관계 행정기관의 장과 미리 협의하여야 한다. 이 경우 관계 행정기관의 장은 협의요청을 받은 날부터 20일 이내에 의견을 제출하여야 한다.

제45조(준공검사) ① 매립면허취득자는 매립공사를 완료하였을 때에는 대통령령으로 정하는 바에 따라 매립지의 위치와 지목(「공간정보의 구축 및 관리 등에 관한 법률」 제67조에 따른 지목을 말한다)을 정하여 매립면허관청에 준공검사를 신청하여야 한다. 이 경우 매립면허취득자가 제38조제2항에 따라 공구를 구분하여 매립실시계획의 승인을 받은 경우에는 공구별로 준공검사를 신청할 수 있다. <개정 2014.6.3., 2017.3.21.>

② 제1항에 따라 준공검사를 신청받은 매립면허관청은 대통령령으로 정하는 바에 따라 준공검사를 한 후 그 공사가 매립실시계획의 승인된 내용대로 시행되었다고 인정하면 해양수산부령으로 정하는 준공검사확인증을 내주고 그 사실을 고시하여야 하며, 매립실시계획의 승인된 내용대로 시행되지 아니한 경우에는 지체 없이 보완공사 등 필요한 조치를 명하여야 한다. <개정 2013.3.23.>

③ 제1항에 따라 준공검사를 신청한 자가 제2항에 따른 준공검사확인증을 받은 경우에는 제39조제1항 각 호 및 같은 조 제2항의 인가·허가등에 따른 해당 사업의 준공검사 또는 준공인가를 받은 것으로 본다. 이 경우 매립면허관청은 그 준공검사에 관하여 미리 관계 행정기관의 장과 협의하여야 한다. <개정 2017.3.21.>

④ 제3항에 따라 준공검사·준공인가의 의제를 받으려는 자는 제1항에 따라 준공검사를 신청할 때 해당 법률에서 정하는 관련 서류를 함께 제출하여야 한다.

제4절 매립지의 소유권 취득 등

제46조(매립지의 소유권 취득 등) ① 매립면허취득자가 제45조제2항에 따른 준공검사확인증을 받은 경우 국가, 지방자치단체 또는 매립면허취득자는 다음 각 호의 구분에 따라 매립지의 소유권을 취득한다.

1. 대통령령으로 정하는 공용 또는 공공용으로 사용하기 위하여 필요한 매립지: 국가 또는 지방자치단체
2. 매립된 바닷가에 상당하는 면적(매립된 바닷가 중 매립공사로 새로 설치된 공용시설 또는 공공시설 용지에 포함된 바닷가의 면적은 제외한다)의 매립지: 국가. 이 경우 국가가 소유권을 취득하는 매립지의 위치는 매립면허취득자가 정한 매립지가 아닌 곳으로 한다.
3. 제1호와 제2호에 따라 국가나 지방자치단체가 소유권을 취득한 매립지를 제외한 매립지 중 해당 매립공사에 든 총사업비(조사비, 설계비, 순공사비, 보상비 등 대통령령으로 정하는 비용을 합산한 금액으로 한다)에 상당하는 매립지: 매립면허취득자
4. 제1호부터 제3호까지의 규정에 따라 국가, 지방자치단체 또는 매립면허취득자가 소유권을 취득한 매립지를 제외한 매립지(이하 "잔여매립지"라 한다): 국가

② 제1항제3호 및 제4호에 해당하는 매립지의 소유권을 취득한 자는 그 매립지의 소유권보존등기를 신청할 때 그 신청서에 소유권행사의 제한에 관한 대통령령으로 정하는 사항(이하 "소유권행사 제한사항"이라 한다)을 적어야 하며, 등기관은 소유권보존등기를 할 때 직권으로 소유권행사 제한사항을 부기(附記)하여야 한다.

③ 제1항제3호 및 제4호에 해당하는 매립지의 소유권을 취득한 자는 제48조제1항 본문에 따른 매립목적 변경 제한기간이 지나면 제2항에 따라 소유권보존등기에 부기된 소유권행사 제한사항의 말소등기를 관할 등기소에 신청할 수 있다.

④ 매립면허관청은 국가, 지방자치단체 또는 매립면허취득자가 제1항에 따라 소유권을 취득한 경우 대통령령으로 정하는 바에 따라 관할 세무서·등기소 등 관계 행정기관에 매립지의 소유권 취득에 관한 사항을 알려야 한다.

제47조(잔여매립지의 매수청구 등) ① 매립면허취득자는 준공검사를 받은 날부터 1년 이내에 제46조제1항에 따라 국가가 취득한 잔여매립지의 매수를 청구할 수 있으며, 국가는 공용 또는 공공용으로 사용할 경우를 제외하고는 그 청구를 거절하지 못한다. 이 경우 매수청구자

가 「산업입지 및 개발에 관한 법률」에 따른 산업단지개발사업의 시행자일 때에는 「국유재산법」 제44조에도 불구하고 해당 잔여매립지의 매각 가격은 대통령령으로 정할 수 있다.

② 국가는 제46조제1항제2호에 따라 소유권을 취득한 매립지와 같은 항 제4호에 따라 소유권을 취득한 잔여매립지를 그 매립목적에 따라 다음 각 호의 어느 하나에 해당하는 시설의 용지로 임대하는 경우에는 「국유재산법」에도 불구하고 영구시설물을 설치하게 할 수 있다. 다만, 제1항에 따른 매수청구기간이 지나지 아니한 잔여매립지에 대하여는 매립면허취득자의 동의를 받아야 한다. <개정 2011.8.4., 2017.3.21.>

1. 「산업집적활성화 및 공장설립에 관한 법률」 제2조제1호에 따른 공장
2. 「산업입지 및 개발에 관한 법률」 제2조제2호에 따른 지식산업을 위한 시설
3. 「산업입지 및 개발에 관한 법률」 제2조제4호 및 제6호에 따른 정보통신산업 관련 시설 및 자원비축시설
4. 「관광진흥법」 제3조제1항제2호에 따른 관광숙박업을 위한 시설과 같은 항 제3호에 따른 관광객 이용시설업을 위한 시설 중 대통령령으로 정하는 시설

③ 국가는 제2항에 따라 매립지와 잔여매립지를 임대하는 경우에는 「국유재산법」 제43조·제46조 및 제47조에도 불구하고 매립지와 잔여매립지의 임대방법, 임대기간 및 임대료를 대통령령으로 정할 수 있다.

제48조(매립목적 변경의 제한) ① 매립면허취득자, 매립지의 소유권을 취득한 자와 그 승계인은 면허를 받은 매립예정지와 매립지 또는 준공검사를 받은 매립지에 대하여 준공검사 전이나 준공검사일부터 10년 이내에는 매립목적을 변경하여 사용할 수 없다. 다만, 대통령령으로 정하는 매립목적의 경미한 변경인 경우에는 그러하지 아니하다.

② 제1항 단서에 따라 매립목적의 경미한 변경을 하려는 자는 대통령령으로 정하는 바에 따라 미리 매립면허관청의 확인을 받아야 한다.

③ 매립면허관청은 제2항에 따라 확인을 하였을 때에는 그 내용을 대통령령으로 정하는 바에 따라 고시하여야 한다.

제49조(매립목적 변경제한의 예외) ① 매립면허취득자, 매립지의 소유권을 취득한 자와 그 승계인은 제48조제1항 본문에도 불구하고 면허를 받은 매립예정지와 매립지 또는 준공검사를 받은 매립지가 다음 각 호의 어느 하나에 해당하는 경우에는 대통령령으로 정하는 바에 따라 매립면허관청의 승인을 받아 매립목적을 변경할 수 있다.

1. 매립지의 일부를 공용 또는 공공용으로 변경함으로써 나머지 매립지를 매립목적에 맞게 사용할 수 없게 된 경우
2. 관련 법령에 따른 국가계획이 변경되어 매립지를 매립목적에 맞게 사용할 수 없게 된 경우
3. 산업의 발전, 그 밖에 주변여건의 변화 등으로 매립목적을 변경할 수밖에 없는 경우

② 매립면허관청은 매립지의 소유권을 취득한 자와 그 승계인이 제1항에 따라 매립목적을 변경하려는 경우에 변경할 매립목적을 기준으로 매립지를 재평가하여 재평가한 매립지 가액의 증가분에서 대통령령으로 정하는 필요경비(제세공과금, 감정평가비, 준공인가 시의 매립지 취득가액에 소비자물가지수를 곱한 자본비와 그 밖의 비용을 합산한 금액으로 한다)를 빼고 남은 가액에 상당하는 재평가된 매립지(이하 "재평가매립지"라 한다)를 국가에 귀속시키기 위하여 신청하는 경우에만 제1항에 따른 승인을 할 수 있다.

③ 매립면허관청은 제1항에 따라 매립목적의 변경승인을 하려는 경우에는 관계 중앙행정기관의 장, 시·도지사, 특별자치시장 및 특별자치도지사와 협의한 후 심의회의 심의를 거쳐야 한다. <개정 2017.3.21.>

④ 제2항에 따른 매립지의 재평가방법 등에 관하여 필요한 사항은 대통령령으로 정한다.

⑤ 매립면허관청은 제1항과 제2항에 따라 매립목적 변경을 승인하였을 때에는 대통령령으로 정하는 바에 따라 그 사실을 고시하여야 한다.

⑥ 제1항에 따라 매립목적의 변경승인을 받은 자는 매립목적 변경승인서를 첨부하여 관할 등기소에 변경등기를 신청할 수 있다.

제50조(재평가매립지의 소유권 취득) ① 국가는 제49조제1항에 따라 매립면허관청이 매립목적의 변경을 승인한 날에 재평가매립지의 소유권을 취득한다.

② 매립면허관청은 제1항에 따라 국가가 취득한 재평가매립지의 소유권에 관하여 지체 없이 등기·등록 및 그 밖에 권리 보전에 필요한 조치를 하여야 한다.

③ 제49조제1항에 따라 매립목적의 변경승인을 받은 자는 변경승인을 받은 날부터 1년 이내에 국가가 소유권을 취득한 재평가매립지의 매수를 청구할 수 있으며, 국가는 공용 또는 공공용으로 사용할 경우를 제외하고는 그 청구를 거절하지 못한다.
④ 제1항에 따른 재평가매립지 소유권 취득의 통보에 관하여는 제46조제4항을 준용한다.
⑤ 제3항에 따라 재평가매립지를 매수한 자의 소유권 변경등기 신청에 관하여는 제49조제6항을 준용한다.

제51조(매립지 사용의 확인) 매립면허관청은 제46조제1항제3호에 따라 매립지의 소유권을 취득한 자와 그 승계인이 제45조에 따른 준공검사 당시의 매립목적에 맞게 매립지를 사용하는지를 대통령령으로 정하는 바에 따라 확인할 수 있다.

제5절 공유수면매립 관련 처분 등

제52조(매립면허의 취소 등) ① 매립면허관청은 다음 각 호의 어느 하나에 해당하는 경우에는 매립면허 또는 매립실시계획의 승인을 취소하거나, 공유수면에 설치한 건축물·시설물 등의 소유자·점유자 또는 그 업무를 위탁받은 자에게 공사의 정지를 명하거나 1년 이내의 기간을 정하여 건축물·시설물 등의 개축·제거·수선·사용금지·사용제한·원상회복이나 그 밖에 필요한 조치를 명할 수 있다. 다만, 제1호에 해당하는 경우에는 매립면허를 취소하여야 한다. <개정 2017.3.21.>
1. 거짓이나 그 밖의 부정한 방법으로 매립면허를 받은 경우
2. 매립면허취득자의 귀책사유로 매립 공정이 대통령령으로 정하는 수준에 이르지 못한 경우
3. 제29조에 따른 매립면허의 부관을 정당한 사유 없이 이행하지 아니한 경우
4. 정당한 사유 없이 제34조에 따른 매립면허 수수료를 내지 아니한 경우
5. 매립실시계획의 승인을 받지 아니하고 공사를 시행한 경우
6. 제44조제1항 단서에 따른 준공검사 전 사용허가를 받지 아니하고 매립지에 건축물, 시설물, 그 밖의 인공구조물을 설치하는 등 매립지를 사용한 경우
7. 거짓이나 그 밖의 부정한 방법으로 제48조제2항에 따른 확인을 받은 경우
8. 관련 산업의 발전, 국가 또는 지방자치단체의 관련 계획 변경 등 공유수면과 직접 관련된 상황의 변경으로 인하여 필요한 경우
9. 그 밖에 법령에 따라 토지를 수용하거나 사용할 수 있는 사업을 위하여 필요한 경우

② 매립면허관청은 제1항에 따른 매립면허의 취소 등을 한 경우에는 그 사실을 고시하고, 해양수산부령으로 정하는 표지를 해당 공유수면이나 건축물, 시설물 및 그 밖의 인공구조물이 잘 보이는 곳에 설치하여야 한다. <개정 2013.3.23.>
③ 누구든지 제2항에 따른 표지의 설치를 거부 또는 방해하거나 설치된 표지를 훼손하여서는 아니 된다.

제53조(매립면허의 효력 상실 등) ① 다음 각 호의 어느 하나에 해당하는 경우에 매립면허는 그 효력을 상실한다. <개정 2017.3.21.>
1. 제38조제3항에 따른 기간 내에 매립실시계획의 승인을 받지 아니한 경우
2. 매립실시계획에서 정한 공사착공일에 매립공사를 착수하지 아니한 경우
3. 매립실시계획에서 정한 기간 내에 매립공사를 준공하지 아니한 경우

② 제1항제2호 또는 제3호에도 불구하고 제38조제2항에 따라 공구를 구분하여 매립실시계획의 승인을 받고 해당 공구에 대하여 매립공사를 준공한 경우에는 그 준공한 공구에 대한 매립면허는 효력을 상실하지 아니한다. <신설 2017.3.21.>
③ 매립면허관청은 매립면허취득자의 귀책사유가 아닌 천재지변이나 불가항력 등으로 제1항 각 호의 어느 하나에 해당하게 된 경우에는 같은 항에 따라 효력이 상실된 매립면허를 효력이 상실된 날부터 3개월 이내에 소급하여 회복시킬 수 있다. <개정 2017.3.21.>
④ 매립면허관청은 제1항제3호에 해당되어 매립면허의 효력이 상실된 자가 대통령령으로 정하는 공정 이상 매립공사를 시행한 경우에는 같은 항에 따라 효력이 상실된 매립면허를 효력이 상실된 날부터 1년 이내에 소급하여 회복시킬 수 있다. <개정 2017.3.21.>
⑤ 매립면허관청은 제3항과 제4항에 따라 매

립면허의 효력을 회복시키려는 경우에는 종전 매립면허의 부관을 변경하거나 새로운 부관을 붙일 수 있다. <개정 2017.3.21.>

제54조(원상회복) ① 다음 각 호의 어느 하나에 해당하는 자(이하 이 조에서 "원상회복 의무자"라 한다)는 해당 공유수면을 원상으로 회복하여야 한다.

1. 매립면허를 받지 아니하고 공유수면을 매립한 자
2. 자기의 귀책사유로 매립면허가 실효(失效)·소멸되거나 취소된 자
3. 매립면허 면적을 초과하여 공유수면을 매립한 자

② 매립면허관청은 원상회복 의무자가 제1항에 따른 원상회복에 필요한 조치 등을 하지 아니하는 경우에는 기간을 정하여 원상회복을 명할 수 있다.

③ 매립면허관청은 제2항에 따른 원상회복 명령을 받은 자가 이를 이행하지 아니할 때에는「행정대집행법」에 따라 원상회복에 필요한 조치를 할 수 있다.

④ 매립면허관청은 제1항에도 불구하고 원상회복이 불가능하거나 그 밖에 대통령령으로 정하는 사유가 있으면 원상회복 의무자의 신청에 의하여 또는 직권으로 원상회복 의무를 면제할 수 있다.

⑤ 매립면허관청은 제4항에 따라 면제신청을 받은 경우에는 해양수산부령으로 정하는 바에 따라 그 신청을 받은 날부터 20일 이내에 신청인에게 면제 여부를 알려야 한다. <개정 2013.3.23.>

⑥ 제4항에 따라 원상회복 의무가 면제된 자가 해당 매립공사구역 안에 설치한 매립지, 건축물, 시설물, 그 밖의 인공구조물은 무상으로 국가에 귀속시킬 수 있다.

⑦ 국가는 제6항에 따라 귀속된 건축물, 시설물, 그 밖의 인공구조물을 국가의 소유로 할 필요가 없다고 인정하는 경우에는「국유재산법」에 따라 매각하거나 임대할 수 있다.

⑧ 원상회복 의무자가 원상회복 명령을 받은 날부터 1년 이내에 원상회복 명령을 따르지 아니하거나 제4항에 따른 원상회복 의무 면제를 신청하지 아니한 경우에는 제6항과 제7항을 준용한다.

⑨ 매립면허관청은 제1항에 따른 원상회복 의무의 이행을 보증하기 위하여 원상회복에 드는 비용에 상당하는 금액을 대통령령으로 정하는 바에 따라 원상회복 의무자에게 예치하게 할 수 있다. 다만, 원상회복 의무자가 국가, 지방자치단체, 그 밖에 대통령령으로 정하는 자인 경우에는 그러하지 아니하다.

⑩ 제9항 본문에 따른 원상회복 의무 이행을 보증하기 위한 금액 및 예치 등에 필요한 사항은 대통령령으로 정한다.

제4장 보칙

제55조(공유수면 관리 및 점용·사용 관련 조사 등) ① 공유수면관리청은 공유수면을 효율적으로 관리하기 위하여 필요하면 점용·사용허가를 받은 자에게 공유수면의 관리 상황 및 점용·사용 실태 등에 대하여 보고를 하게 하거나, 관계 공무원으로 하여금 공유수면을 점용·사용하는 자의 사업장이나 그 밖에 필요한 장소에 출입하여 관계인이나 관계 문서 등을 조사하게 할 수 있다.

② 공유수면관리청은 공유수면의 재해 예방 및 침식 방지 등을 위한 공사와 공유수면의 조사·측량을 위하여 필요한 경우에는 다음 각 호의 어느 하나에 해당하는 행위를 할 수 있다.

1. 타인이 점유하는 토지 또는 공유수면(이하 이 조에서 "토지등"이라 한다)에 출입하는 행위
2. 토지등을 재료적치장, 임시통로 또는 임시도로로 일시 사용하는 행위
3. 그 밖에 특히 필요한 경우 토지등에 있는 나무, 흙, 돌, 그 밖의 장애물을 변경하거나 제거하는 행위

③ 공유수면관리청은 제1항에 따른 조사 및 제2항에 따른 조사·측량을 위하여 공유수면을 점용·사용하는 자의 사업장이나 토지등에 출입할 때에는 공유수면의 점용자·사용자 또는 점유자(제2항의 경우에는 토지등의 소유자·점유자 또는 관리인을 말한다)에게 조사 또는 측량을 하기 7일 전까지 관계 공무원의 성명, 출입일시, 출입장소, 조사 또는 측량목적을 서면으로 알려야 한다.

④ 제2항에 따라 토지등에 출입하려는 자는 해 뜨기 전이나 해가 진 후에는 그 토지등의 소유자·점유자 또는 관리인의 승낙 없이 택지 또는 담장이나 울타리로 둘러싸인 토지등에 출입하여서는 아니 된다.

⑤ 공유수면관리청은 제2항에 따라 토지등에 출입하거나 토지등을 재료적치장·임시통로 또

는 임시도로로 일시 사용하거나 장애물을 변경 또는 제거하려는 경우에는 미리 그 소유자·점유자 또는 관리인의 동의를 받아야 한다. 다만, 그 소유자·점유자 또는 관리인을 알 수 없거나 그 밖의 부득이한 사유가 있으면 그러하지 아니하다.

⑥ 공유수면관리청은 제1항과 제2항에 따른 조사 등을 한 결과 점용·사용허가를 받지 아니하고 공유수면을 점용·사용하거나 점용·사용허가를 받은 내용과 다르게 점용·사용하는 경우 또는 점용·사용허가가 끝나거나 폐지된 것으로 확인된 경우에는 대통령령으로 정하는 바에 따라 그 결과를 관계인에게 알려야 한다.

⑦ 제1항과 제2항에 따른 행위를 하려는 자는 해양수산부령으로 정하는 바에 따라 그 권한을 표시하는 증표를 지니고 이를 관계인에게 내보여야 한다. <개정 2013.3.23.>

제56조(공유수면매립 관련 보고 및 검사 등) ① 매립면허관청은 다음 각 호의 어느 하나에 해당하는 경우에는 매립면허취득자에게 대통령령으로 정하는 바에 따라 필요한 자료의 제출 또는 보고를 하게 할 수 있으며, 관계 공무원으로 하여금 매립면허취득자의 사무실·사업장·매립예정지·매립지, 그 밖의 필요한 장소에 출입하여 장부·서류나 그 밖의 물건을 검사하게 하거나 관계인에게 질문하게 할 수 있다. <개정 2017.3.21.>

1. 매립면허 내용의 이행 여부 확인을 위하여 필요한 경우
2. 매립실시계획의 이행 여부 확인을 위하여 필요한 경우
3. 제44조에 따른 매립지의 사용과 관련하여 확인이 필요한 경우

② 매립면허관청은 제1항에 따른 질문 또는 검사를 위하여 매립면허취득자의 사무실·사업장 등에 출입하려는 경우에는 매립면허취득자에게 검사하기 7일 전까지 관계 공무원의 성명, 출입일시, 출입장소 또는 검사목적을 서면으로 알려야 한다.

③ 제1항에 따라 출입·검사를 하는 자의 증표 등에 관하여는 제55조제7항을 준용한다.

제57조(공익처분 등에 따른 손실보상) ① 공유수면의 점용·사용 또는 공유수면의 매립과 관련한 행위나 처분으로 손실이 발생한 경우에는 다음 각 호의 구분에 따른 자가 그 손실을 보상하여야 한다.

1. 제12조제2호에 해당하는 사업의 시행으로 점용·사용 관련 권리자가 손실을 입은 경우: 해당 사업을 시행하는 자
2. 제20조에 따라 공익을 위한 처분으로 손실을 입은 경우: 공유수면관리청 또는 같은 조 제4호에 따른 해당 사업의 시행자
3. 제52조제1항제8호 및 제9호에 따른 처분으로 손실을 입은 경우: 매립면허관청 또는 해당 사업의 시행자
4. 제55조제2항에 따른 조사·측량 등으로 손실을 입은 경우: 공유수면관리청

② 공유수면관리청, 매립면허관청 또는 사업시행자는 제1항에 따른 손실보상에 관하여 손실을 입은 자와 협의하여야 한다.

③ 제2항에 따른 협의가 성립되지 아니하거나 협의할 수 없는 경우에는 대통령령으로 정하는 바에 따라 관할 토지수용위원회에 재결을 신청할 수 있다.

④ 손실보상에 관하여 이 법에 규정된 것을 제외하고는 「공익사업을 위한 토지 등의 취득 및 보상에 관한 법률」을 준용한다.

제58조(청문) 공유수면관리청이 제19조제1항에 따라 점용·사용허가를 취소하려는 경우 또는 매립면허관청이 제52조부터 제54조까지의 규정에 따른 처분을 하려는 경우에는 청문을 하여야 한다.

제59조(공유수면의 관리 및 매립에 관한 정보체계의 구축·운영) ① 해양수산부장관은 공유수면의 관리 및 매립에 관한 정책을 효과적으로 뒷받침하고 민원사무 처리 등에 필요한 정보를 제공하기 위하여 공유수면의 관리 및 매립 등에 필요한 정보체계(이하 "공유수면관리 정보체계"라 한다)를 구축·운영할 수 있다.

② 공유수면관리 정보체계의 관리·운영자와 이용자가 대통령령으로 정하는 바에 따라 공유수면관리 정보체계를 이용하여 이 법에 따른 허가·면허·승인·신고·검사·발급·통지 등의 민원사무를 처리한 경우에는 이 법에 따라 처리된 것으로 본다.

③ 공유수면관리 정보체계의 구축·운영 및 이용 등에 필요한 사항은 해양수산부령으로 정한다. <개정 2013.3.23.>

④ 해양수산부장관은 공유수면관리 정보체계의 구축을 위하여 관계 행정기관의 장 등

해양수산부령으로 정하는 자에게 필요한 자료의 제출을 요청할 수 있다. 이 경우 자료 제출을 요청받은 자는 특별한 사유가 없으면 이에 따라야 한다. <개정 2013.3.23.>

제60조(권한의 위임) ① 이 법에 따른 공유수면의 관리에 관한 해양수산부장관의 권한은 그 일부를 대통령령으로 정하는 바에 따라 시·도지사, 특별자치시장, 특별자치도지사, 시장·군수·구청장 또는 소속 기관의 장에게 위임할 수 있다. 이 경우 권한을 위임받은 해양수산부 소속 기관의 장은 위임받은 권한의 일부를 해양수산부장관의 승인을 받아 해당 소속 기관에 소속된 기관의 장에게 재위임할 수 있다. <개정 2013.3.23., 2017.3.21.>

② 이 법에 따른 공유수면매립에 관한 해양수산부장관의 권한은 그 일부를 대통령령으로 정하는 바에 따라 시·도지사, 특별자치시장, 특별자치도지사 또는 소속 기관의 장에게 위임할 수 있다. 이 경우 시·도지사는 위임받은 권한의 일부를 해양수산부장관의 승인을 받아 시장·군수·구청장에게 재위임할 수 있다. <개정 2013.3.23., 2017.3.21.>

제61조(규제의 재검토) ① 정부는 공유수면 점용·사용허가 또는 협의·승인으로 피해가 발생 또는 예상되는 권리를 가진 자가 있는 경우 그 권리를 가진 자의 동의를 받도록 한 제12조제1호에 대하여 이 법 시행일부터 매 4년이 되는 시점까지 그 타당성을 검토하여 폐지, 완화 또는 유지 등의 여부를 결정하여야 한다.

② 정부는 공유수면매립으로 피해가 발생 또는 예상되는 권리를 가진 자가 있는 경우 그 권리를 가진 자의 동의를 받도록 한 제30조제1항제1호에 대하여 이 법 시행일부터 매 4년이 되는 시점까지 그 타당성을 다시 검토하여 폐지, 완화 또는 유지 등의 여부를 결정하여야 한다.

③ 정부는 공유수면매립으로 피해가 발생 또는 예상되는 권리를 가진 자가 있는 경우 그 권리를 가진 자로부터 매립공사의 착수에 관한 동의를 받거나 보상 또는 시설을 한 후가 아니면 매립실시계획의 승인을 신청할 수 없도록 한 제38조제4항에 대하여 이 법 시행일부터 매 4년이 되는 시점까지 그 타당성을 검토하여 폐지, 완화 또는 유지 등의 여부를 결정하여야 한다. <개정 2017.3.21.>

제5장 벌칙

제62조(벌칙) 다음 각 호의 어느 하나에 해당하는 자는 3년 이하의 징역 또는 3천만 원 이하의 벌금에 처한다.

1. 제5조를 위반하여 금지된 행위를 한 자
2. 제8조제1항에 따른 점용·사용허가를 받지 아니하고 공유수면을 점용·사용한 자
3. 제8조제1항에 따른 점용·사용허가를 거짓이나 그 밖의 부정한 방법으로 받은 자
4. 제28조에 따른 매립면허를 받지 아니하고 공유수면을 매립하거나 매립공사를 한 자
5. 제28조에 따른 매립면허를 거짓이나 그 밖의 부정한 방법으로 받은 자
6. 제48조제1항 본문을 위반하여 매립목적을 변경하여 사용한 자

제63조(벌칙) 다음 각 호의 어느 하나에 해당하는 자는 2년 이하의 징역 또는 2천만 원 이하의 벌금에 처한다.

1. 제38조에 따른 매립실시계획의 승인(변경승인을 포함한다)을 받지 아니하고 매립공사를 착수한 자
2. 제44조제1항 단서에 따른 준공검사 전 사용허가를 받지 아니하고 매립지에 건축물·시설물, 그 밖의 인공구조물을 설치하는 등 매립지를 사용한 자
3. 제45조에 따른 준공검사를 받지 아니하고 매립지를 사용하거나 보완공사 등 필요한 조치를 따르지 아니하고 매립지를 사용한 자
4. 제49조에 따른 매립목적 변경승인을 받지 아니하고 매립목적을 변경하여 매립지나 매립예정지를 사용한 자
5. 제54조제2항에 따른 원상회복 명령을 따르지 아니한 자

제64조(벌칙) 다음 각 호의 어느 하나에 해당하는 자는 1년 이하의 징역 또는 1천만원 이하의 벌금에 처한다. <개정 2014.3.18., 2017.3.21.>

1. 제6조제1항, 제19조제1항 및 제20조에 따른 공유수면관리청의 명령을 따르지 아니한 자

1의2. 제8조제4항에 따른 변경허가를 받지 아니하고 공유수면을 점용·사용한 자

2. 제8조제8항 본문을 위반하여 허가받은 공유수면을 다른 사람에게 점용·사용하게 한 자
3. 제21조제2항에 따른 원상회복 명령을 따르지 아니한 자
4. 제52조제1항에 따른 매립면허관청의 명령을 따르지 아니한 자

제65조(양벌규정) 법인의 대표자나 법인 또는 개인의 대리인, 사용인, 그 밖의 종업원이 그 법인 또는 개인의 업무에 관하여 제62조부터 제64조까지의 어느 하나에 해당하는 위반행위를 하면 그 행위자를 벌하는 외에 그 법인 또는 개인에게도 해당 조문의 벌금형을 과(科)한다. 다만, 법인 또는 개인이 그 위반행위를 방지하기 위하여 해당 업무에 관하여 상당한 주의와 감독을 게을리하지 아니한 경우에는 그러하지 아니하다.

제66조(과태료) ① 다음 각 호의 어느 하나에 해당하는 자에게는 500만원 이하의 과태료를 부과한다.
1. 제9조(같은 조 제3호는 제외한다)를 위반하여 공유수면 점용·사용허가 사항의 변경신고를 하지 아니한 자
2. 제16조제2항을 위반하여 권리·의무의 이전 등을 신고하지 아니한 자
3. 제18조제1항을 위반하여 준공검사를 받지 아니한 자
4. 제18조제2항을 위반하여 공사 완료 신고를 하지 아니한 자
5. 제19조제3항을 위반하여 표지의 설치를 거부 또는 방해하거나 설치된 표지를 훼손한 자
6. 제43조제2항을 위반하여 권리·의무의 이전 등을 신고하지 아니한 자
7. 제48조제2항에 따른 매립목적 변경의 확인을 받지 아니하고 매립지 또는 매립예정지를 사용한 자
8. 제52조제3항을 위반하여 표지의 설치를 거부 또는 방해하거나 설치된 표지를 훼손한 자
9. 제55조제1항에 따른 보고를 하지 아니하거나 거짓으로 보고한 자 또는 출입·조사를 거부·방해 또는 기피한 자
10. 제55조제2항에 따른 출입·일시사용 또는 장애물의 변경·제거를 거부·방해 또는 기피한 자
11. 제56조제1항에 따른 자료의 제출 또는 보고를 하지 아니하거나 거짓으로 자료 제출 또는 보고를 한 자 또는 출입·검사를 거부·방해하거나 기피한 자

② 제1항에 따른 과태료는 대통령령으로 정하는 바에 따라 공유수면관리청 또는 매립면허관청이 부과·징수한다.

부칙

<제14726호, 2017.3.21.>

제1조(시행일) 이 법은 공포 후 6개월이 경과한 날부터 시행한다. 다만, 제3조제1항, 제4조제2항, 제6조제1항, 제8조제1항제1호, 제11조제1호·제3호, 제13조제1항제12호, 같은 조 제2항부터 제5항까지, 제22조제3항·제4항, 제26조제1항·제2항, 제28조제1항·제3항·제4항, 제49조제3항, 제60조 및 법률 제10272호 공유수면 관리 및 매립에 관한 법률 부칙 제6조의 개정규정은 공포한 날부터 시행한다.

제2조(점용료·사용료 징수에 관한 적용례) 제13조제1항 각 호 외의 부분 본문의 개정규정은 이 법 시행 이후 공유수면매립실시계획의 승인을 받거나 다른 법률에 따라 공유수면매립실시계획의 승인을 받은 것으로 보는 경우부터 적용한다.

제3조(점용료·사용료에 대한 가산금 징수에 관한 적용례) 제13조제7항의 개정규정은 이 법 시행 이후 납부를 고지하는 점용료·사용료부터 적용한다.

제4조(인가·허가 등 의제를 위한 일괄협의회에 대한 적용례) 제39조의2의 개정규정은 이 법 시행 이후 매립면허취득자가 매립실시계획의 승인을 신청하는 경우부터 적용한다.

제5조(매립예정지의 공구 분할 및 공구별 분할 준공 등에 관한 적용례) 제45조제1항 후단 및 제53조제2항의 개정규정은 이 법 시행 전에 매립실시계획의 승인을 받은 경우에도 적용한다.

제6조(점용·사용허가 취소 등에 관한 경과조치) 이 법 시행 당시 거짓이나 그 밖의 부정한 방법으로 점용·사용허가 또는 매립면허를 받은 자에 대해서는 제19조제1항 각 호 외의 부분 단서 및 제52조제1항 각

호 외의 부분 단서의 개정규정에도 불구하고 종전의 규정에 따른다.

제7조(건축물·시설물 등의 개축 등 조치명령에 관한 경과조치) 이 법 시행 전에 매립면허관청이 공유수면에 설치한 건축물·시설물 등의 소유자·점유자 또는 그 업무를 위탁받은 자에게 기간을 정하여 건축물·시설물 등의 개축·제거·수선·사용금지·사용제한·원상회복이나 그 밖에 필요한 조치를 명한 경우에는 제52조제1항 각 호 외의 부분 본문의 개정규정에도 불구하고 종전의 규정에 따른다.

소하천정비법

[시행 2017.7.26.]
[법률 제14839호, 2017.7.26., 타법개정]

제1장 총칙

<개정 2010.3.31.>

제1조(목적) 이 법은 소하천(小河川)의 정비·이용·관리 및 보전에 관한 사항을 규정함으로써 재해를 예방하고 생활환경을 개선하는 데에 이바지함을 목적으로 한다.
[전문개정 2010.3.31.]

제2조(정의) 이 법에서 사용하는 용어의 뜻은 다음과 같다. <개정 2016.1.27.>
1. "소하천"이란 「하천법」의 적용 또는 준용을 받지 아니하는 하천으로서 제3조에 따라 그 명칭과 구간이 지정·고시된 하천을 말한다.
2. "소하천구역"이란 제3조의3에 따라 결정·고시된 구역을 말한다.
3. "소하천시설"이란 소하천의 이용·관리를 위하여 설치하는 다음 각 목의 시설을 말한다.
 가. 제방(堤防), 호안(護岸) 등 물길의 안정을 위한 시설
 나. 보(洑), 수문(水門), 배수펌프장[제방에 수문 등이 설치되어 소하천과 일체(一體)로 관리할 필요가 있는 시설만을 말한다], 저수지, 저류지 등 소하천 수위의 조절을 위한 시설
 다. 그 밖에 대통령령으로 정하는 시설
4. "소하천등 정비"란 다음 각 목의 어느 하나에 해당하는 것의 신설·개축 또는 준설(浚渫)·보수 등에 관한 공사를 말한다.
 가. 소하천
 나. 소하천구역
 다. 소하천시설
 라. 제4조에 따라 지정·고시된 소하천 예정지(이하 "소하천 예정지"라 한다)
[전문개정 2010.3.31.]

제3조(소하천의 지정 및관리청) ① 소하천(소하천시설을 포함한다. 이하 이 조에서 같다)은 특별자치시장·특별자치도지사·시장·군수 또는 구청장(자치구의 구청장을 말한다. 이하 같다)이 지정하거나 그 지정을 변경 또는 폐지한다. <개정 2016.1.27.>
② 특별자치시장·특별자치도지사·시장·군수 또는 구청장은 제1항에 따라 소하천을 지정하거나 그 지정을 변경 또는 폐지하려는 경우에는 관계 특별시장·광역시장·도지사(이하 "시·도지사"라 한다)와 협의한 후 제26조제1항에 따른 기초소하천관리위원회 또는 광역소하천관리위원회의 심의를 거쳐야 한다. <신설 2016.1.27.>
③ 특별자치시장·특별자치도지사·시장·군수 또는 구청장은 제3조의2제1항에 따른 경계소하천을 지정하거나 그 지정을 변경 또는 폐지하려는 경우에는 제2항에 따른 관계 시·도지사와의 협의 외에 관계 특별자치시장·특별자치도지사·시장·군수 또는 구청장과도 협의하여야 한다. <신설 2016.1.27.>
④ 특별자치시장·특별자치도지사·시장·군수 또는 구청장은 제1항부터 제3항까지의 규정에 따라 소하천을 지정하거나 그 지정을 변경 또는 폐지하려는 경우에는 행정안전부령으로 정하는 바에 따라 그 명칭과 구간을 고시하고, 일반인이 관계 서류를 열람할 수 있도록 하여야 한다. <개정 2016.1.27., 2017.7.26.>
⑤ 제1항부터 제4항까지의 규정에 따라 지정·고시된 소하천에 대하여 시·도지사 또는 특별자치시장·특별자치도지사가 「하천법」 제7조에 따라 지방하천으로 지정하면 그 소하천의 지정은 효력을 잃는다. <개정 2016.1.27.>
⑥ 소하천등 정비와 그 유지관리는 이 법 또는 다른 법률에 특별한 규정이 있는 경우를 제외하고는 소하천을 지정한 특별자치시장·특별자치도지사·시장·군수 또는 구청장(이하 "관리청"이라 한다)이 관장한다. <개정 2016.1.27.>
[전문개정 2010.3.31.]

제3조의2(경계소하천의 관리) ① 소하천, 소하천구역, 소하천시설 및 소하천 예정지(이하 "소하천등"이라 한다) 중 특별자치시·특별자치도·시·군 또는 자치구의 경계에 위치한 소하천등(이하 "경계소하천"이라 한다)은 관계 관리청이 협의하여 관리방법을 따로 정하여야 한다. <개정 2016.1.27.>
② 제1항에 따른 협의가 성립되지 아니한 경우에는 관계 시·도지사가 관리방법을 정하여 관계 관리청에 통보할 수 있다. <개정 2016.1.27.>
③ 관계 관리청은 제1항에 따라 협의가 성립

된 경우에는 협의된 내용을, 제2항에 따라 시·도지사로부터 통보를 받은 경우에는 통보된 내용을 고시하여야 한다. 그 내용을 변경하는 경우에도 또한 같다.
④ 관계 관리청은 제3항에 따른 고시내용을 시·도지사에게 통지하여야 한다.
[본조신설 2012.3.21.]

제3조의3(소하천구역의 결정) ① 관리청은 제3조제4항에 따른 소하천(소하천시설을 포함한다)의 지정·변경 또는 폐지의 고시가 있는 때에는 다음 각 호의 어느 하나에 해당하는 구역을 소하천구역으로 결정하거나 소하천구역을 변경 또는 폐지하여야 한다.
1. 소하천의 형상과 기능을 유지하고 있는 토지의 구역
2. 소하천시설이 설치된 토지의 구역
3. 제방이 있는 곳은 그 제방으로부터 물이 흐르는 쪽의 토지의 구역

② 관리청이 제1항에 따라 소하천구역을 결정·변경 또는 폐지하려는 경우에는 관계 관리청과 협의한 후 제26조제1항에 따른 기초소하천관리위원회 또는 광역소하천관리위원회의 심의를 거쳐야 한다.
③ 관리청은 제1항에 따라 소하천구역을 결정·변경 또는 폐지하려는 경우에는 행정안전부령으로 정하는 바에 따라 그 내용을 고시하고, 일반인이 관계 서류를 열람할 수 있도록 하여야 한다. <개정 2017.7.26.>
④ 관리청이 제3항에 따라 소하천구역의 결정·변경 또는 폐지의 고시를 할 때에는 행정안전부령으로 정하는 바에 따라 지형도면을 작성하여 함께 고시하여야 한다. <개정 2017.7.26.>
[본조신설 2016.1.27.]

제4조(소하천 예정지의 고시) ① 관리청은 제6조부터 제8조까지의 규정에 따른 소하천등 정비에 관한 계획이나 다른 법률에 따른 각종 공사계획 등으로 인하여 새로 소하천구역으로 편입될 토지가 있을 때에는 그 토지를 소하천 예정지로 지정할 수 있다. <개정 2015.1.20., 2016.1.27.>
② 관리청은 제1항에 따라 소하천 예정지로 지정된 토지가 제6조부터 제8조까지의 규정에 따른 소하천등 정비에 관한 계획이나 다른 법률에 따른 각종 공사계획 등으로 인하여 변경되거나 그 계획에서 제외된 경우에는 그 소하천 예정지를 변경하거나 폐지할 수 있다. <개정 2016.1.27.>
③ 소하천 예정지의 지정이나 변경 또는 폐지에 관한 협의·고시 등에 관하여는 제3조의3제2항부터 제4항까지의 규정을 준용한다. <신설 2016.1.27.>
④ 제1항 및 제2항에 따라 지정·고시된 소하천 예정지는 지정·고시된 날부터 3년 이내에 그 소하천에 관한 사업이 착수되지 아니하는 경우에는 그 지정의 효력을 잃는다. <신설 2012.3.21., 2016.1.27.>
⑤ 관리청은 제1항 및 제2항에 따라 소하천 예정지로 지정·고시된 토지에 대하여 소하천등 정비가 완료된 경우에는 제3조의3에 따라 소하천구역으로 결정·고시하여야 한다. <신설 2012.3.21., 2016.1.27.>
[전문개정 2010.3.31.]

제4조의2(권리·의무의 승계 등) ① 제10조에 따른 소하천등 정비 허가나 제14조에 따른 점용·사용 허가로 인하여 발생한 권리·의무는 다음 각 호의 자가 승계한다. <개정 2016.1.27.>
1. 상속인
2. 양수인
3. 합병 후 존속하는 법인이나 합병으로 설립되는 법인

② 제1항에 따라 권리·의무를 승계한 자는 행정안전부령으로 정하는 바에 따라 관리청에 신고하여야 한다. <개정 2013.3.23., 2014.11.19., 2017.7.26.>
[전문개정 2010.3.31.]

제4조의3(소하천의 구조·시설 및 유지·보수 등의 기준) ① 소하천의 구조·시설과 소하천의 유지·보수 및 안전점검은 행정안전부령으로 정하는 기준(이하 이 조에서 "소하천 관리기준"이라 한다)에 따른다. <개정 2017.7.26.>
② 행정안전부장관은 제1항에 따른 소하천 관리기준을 정하거나 이를 변경하는 때에는 특별시장·광역시장·특별자치시장·도지사 또는 특별자치도지사의 의견을 들어야 한다. <개정 2017.7.26.>
③ 행정안전부장관이 제1항에 따른 소하천 관리기준을 정하려는 때에는 소하천등 정비로 생태계가 훼손되는 것을 최소화하고 소하천의 구조·수위·유량·지형 및 지질 등을 고려하여 안전을 확보할 수 있도록 하여야 한다. <개정 2017.7.26.>
[본조신설 2016.1.27.]

제5조(다른 법률과의 관계 등) ① 다른 법률에 따라 소하천구역에서 권리를 설정하거나 그 밖의 처분을 하려는 때에는 해당 처분청은 미리 관리청과 협의하여야 한다.
② 국가나 지방자치단체가 이 법에 따라 관리청의 허가를 받아야 하는 행위를 수반하는 사업을 시행하려는 때에는 미리 관리청과 협의하여야 한다.
[전문개정 2010.3.31.]

제2장 소하천등 정비

<개정 2016.1.27.>

제6조(소하천정비종합계획의 수립) ① 관리청은 행정안전부령으로 정하는 바에 따라 소하천등 정비 방향의 지침이 될 소하천정비종합계획(이하 "종합계획"이라 한다)을 10년마다 수립하여 시·도지사의 승인을 받아야 한다. <개정 2012.3.21., 2013.3.23., 2014.11.19., 2016.1.27., 2017.7.26.>
② 종합계획에는 다음 각 호의 사항이 포함되어야 한다. <개정 2016.1.27.>
1. 소하천등 정비에 관한 기본 방침
2. 수계별(水系別) 소하천망(小河川網)의 구성
3. 재해 예방 및 환경 개선과 수질 보전에 관한 사항
4. 소하천등의 다목적 이용과 주민의 소득 증대에 관한 사항
5. 그 밖에 대통령령으로 정하는 사항

③ 관리청은 종합계획이 수립된 연도부터 5년마다 그 타당성을 검토하여 필요한 경우에는 종합계획을 변경하여 시·도지사의 승인을 받아야 한다. 다만, 대통령령으로 정하는 경미한 사항을 변경하는 경우에는 그러하지 아니하다. <신설 2012.3.21.>
④ 관리청이 종합계획을 수립하려는 때에는 미리 대통령령으로 정하는 지방환경관서의 장 등 관계 행정기관의 장과 협의하여야 한다. <개정 2016.1.27.>
⑤ 시·도지사는 종합계획을 승인(변경승인을 포함한다)하려는 경우에는 다른 법률에 따라 수립된 그 지역에 관한 개발계획과의 관련성 등을 검토한 후 제26조제1항에 따른 광역소하천관리위원회의 심의를 거쳐야 한다. <개정 2016.1.27.>
[전문개정 2010.3.31.]

제7조(소하천정비중기계획의 수립) ① 관리청은 행정안전부령으로 정하는 바에 따라 5년마다 종합계획에 따른 소하천정비중기계획(이하 "중기계획"이라 한다)을 수립하여야 한다. <개정 2013.3.23., 2014.11.19., 2017.7.26.>
② 중기계획에는 연도별 소하천등 정비에 관한 사항 등 대통령령으로 정하는 사항이 포함되어야 한다. <개정 2016.1.27.>
[전문개정 2010.3.31.]

제8조(소하천정비시행계획의 수립) ① 관리청은 중기계획에 따라 소하천등 정비를 시행하려면 소하천정비시행계획(이하 "시행계획"이라 한다)을 수립하여야 한다. 다만, 대통령령으로 정하는 경미한 소하천등 정비를 시행하려는 경우에는 그러하지 아니하다. <개정 2016.1.27.>
② 관리청은 시행계획을 수립한 때에는 행정안전부령으로 정하는 바에 따라 이를 공고하여야 한다. <개정 2013.3.23., 2014.11.19., 2017.7.26.>
③ 관리청이 시행계획을 수립하려는 때에는 미리 지방환경관서의 장 등 관계 행정기관의 장과 협의하여야 한다. <개정 2016.1.27.>
④ 시행계획의 변경에 관하여는 제1항과 제2항을 준용한다.
⑤ 관리청은 시행계획에 따라 소하천등 정비를 완료한 경우에는 대통령령으로 정하는 바에 따라 그 내용을 고시하여야 한다. <신설 2016.1.27.>
[전문개정 2010.3.31.]

제9조(소하천대장) ① 관리청은 제3조에 따라 소하천을 지정한 때에는 소하천대장(小河川臺帳)을 작성하여야 한다. 제4조에 따라 소하천 예정지를 고시한 때에도 또한 같다.
② 소하천대장의 작성·관리 등에 필요한 사항은 행정안전부령으로 정한다. <개정 2013.3.23., 2014.11.19., 2017.7.26.>
[전문개정 2010.3.31.]

제10조(관리청이 아닌 자의 소하천등 정비) ① 관리청이 아닌 자(국가와 지방자치단체는 제외한다)는 관리청의 허가를 받아 소하천등 정비를 할 수 있다. 다만, 대통령령으로 정하는 경미한 소하천등 정비의 경우에는 허가를 받을 필요가 없다. <개정 2016.1.27.>
② 관리청은 제1항에 따른 허가를 하려는 때

에는 다음 각 호의 사항을 검토하여야 한다.
1. 해당 공사가 종합계획·중기계획 및 시행계획에 지장을 주는지 여부
2. 제14조에 따른 허가를 받은 자(이하 "권리자"라 한다)에게 손실이 발생하는 경우에는 권리자가 해당 공사의 시행에 동의하였는지 여부
3. 공사비와 공사기간이 적정한지 여부
4. 소하천에 설치하려는 인공구조물이 관계 설계기준에 적합한지 여부

③ 관리청은 제1항에 따라 소하천등 정비 허가를 한 경우에는 대통령령으로 정하는 바에 따라 그 내용을 고시하여야 한다. <신설 2016.1.27.>

④ 제1항에 따라 소하천등 정비를 하는 자는 그 정비가 완료되면 지체 없이 관리청의 준공검사를 받아야 한다. <개정 2016.1.27.>

⑤ 관리청은 제4항에 따른 준공검사가 완료된 경우에는 대통령령으로 정하는 바에 따라 그 내용을 고시하여야 한다. <신설 2016.1.27.>

⑥ 관리청은 제1항에 따른 허가를 할 때에 특히 필요하다고 인정하면 허가를 신청한 자로 하여금 공사비의 전부 또는 일부를 예치(豫置)하게 할 수 있다. <개정 2016.1.27.>

⑦ 제6항에 따라 공사비를 예치하게 할 수 있는 공사의 범위, 예치금의 기준과 예치 시기, 그 밖에 필요한 사항은 대통령령으로 정한다. <개정 2016.1.27.>

[전문개정 2010.3.31.]
[제목개정 2016.1.27.]

제10조의2(다른 법률에 따른 인가·허가 등의 의제) ① 관리청이 제8조제2항 또는 제4항에 따라 시행계획을 수립 또는 변경하여 공고하거나 관리청이 아닌 자가 제10조제1항 및 제2항에 따라 소하천등 정비 허가를 받았을 때에는 다음 각 호의 허가·인가·면허·승인·신고·결정·협의 또는 지정 등(이하 이 조에서 "인·허가등"이라 한다)에 관하여 관리청이 제3항에 따라 관계 행정기관의 장과 협의한 사항에 대해서는 그 인·허가등을 받은 것으로 보며, 제8조제2항 또는 제4항에 따라 시행계획을 공고하거나 제10조제3항에 따라 소하천등 정비 허가를 고시하였을 때에는 해당 인·허가등의 고시·공고를 한 것으로 본다. <개정 2010.4.15., 2010.5.31., 2014.1.14., 2016.1.27.>
1. 「국토의 계획 및 이용에 관한 법률」 제30조에 따른 도시관리계획의 결정, 같은 법 제56조에 따른 개발행위의 허가, 같은 법 제86조에 따른 도시계획시설사업의 시행자 지정 및 같은 법 제88조에 따른 실시계획의 작성 및 인가
2. 「농지법」 제34조에 따른 농지전용의 허가 또는 협의, 같은 법 제35조에 따른 농지의 전용신고 및 같은 법 제36조에 따른 농지의 일시사용허가
3. 「초지법」 제23조에 따른 초지의 전용허가·신고 또는 협의
4. 「농어촌정비법」 제111조에 따른 토지의 형질변경 등의 허가
5. 「산지관리법」 제14조에 따른 산지전용허가 및 같은 법 제15조에 따른 산지전용신고, 같은 법 제15조의2에 따른 산지일시사용허가·신고와 「산림자원의 조성 및 관리에 관한 법률」 제36조제1항 및 제4항에 따른 입목벌채등의 허가·신고
6. 「산림보호법」 제9조제2항제1호에 따른 행위의 허가, 같은 항 제2호에 따른 산림보호구역(산림유전자원 보호구역은 제외한다)에서의 행위의 신고
7. 「사방사업법」 제14조에 따른 벌채 등의 허가
8. 「수도법」 제52조에 따른 전용상수도의 인가 및 같은 법 제54조에 따른 전용공업용수도의 인가
9. 「하수도법」 제16조에 따른 공공하수도공사 시행의 허가 및 같은 법 제24조에 따른 공공하수도의 점용허가
10. 「지하수법」 제7조에 따른 지하수 개발·이용의 허가
11. 「자연공원법」 제23조에 따른 공원구역에서의 행위허가
12. 「장사 등에 관한 법률」 제27조에 따른 분묘개장허가
13. 「도로법」 제25조에 따른 도로구역의 결정, 같은 법 제36조에 따른 도로관리청이 아닌 자에 대한 도로공사 시행의 허가, 같은 법 제61조에 따른 도로의 점용허가 및 같은 법 제107조에 따른 도로관리청과의 협의 또는 승인
14. 「사도법」 제4조에 따른 사도 개설허가
15. 「골재채취법」 제22조에 따른 골재채취의 허가
16. 「공유수면 관리 및 매립에 관한 법률」 제8조에 따른 공유수면의 점용·사용허가, 같은 법 제17조에 따른 점용·사용 실시

계획의 승인, 같은 법 제22조에 따른 매립기본계획의 수립, 같은 법 제27조에 따른 매립기본계획의 변경, 같은 법 제28조에 따른 공유수면의 매립면허, 같은 법 제35조에 따른 국가 등이 시행하는 매립의 협의 또는 승인 및 같은 법 제38조에 따른 공유수면매립실시계획의 승인

17. 삭제 <2010.4.15.>

② 관리청이 아닌 자는 제1항에 따라 인·허가등의 의제를 받으려는 경우에는 제10조에 따른 소하천등 정비 허가를 신청할 때에 해당 법률에서 정하는 관련 서류를 함께 제출하여야 한다. <신설 2016.1.27.>

③ 관리청은 제8조에 따라 시행계획을 수립·변경하거나, 제10조에 따라 관리청이 아닌 자의 소하천등 정비 허가를 하려는 경우 제1항 각 호의 어느 하나에 해당하는 사항이 포함되어 있으면 미리 관계 행정기관의 장과 협의하여야 한다. <개정 2016.1.27.>

[전문개정 2010.3.31.]

제10조의3(소하천등 정비 준공검사·준공인가 등의 의제) ① 다음 각 호의 어느 하나에 해당하는 경우에는 관리청이 제10조의2제1항에 따라 의제되는 인·허가등에 따른 준공검사·준공인가 등에 관하여 제3항에 따라 관계 행정기관의 장과 협의한 사항은 해당 준공검사·준공인가와 그에 따른 고시를 한 것으로 본다.

1. 제8조제5항에 따라 소하천등 정비를 완료하였음을 고시한 경우
2. 제10조제5항에 따라 준공검사가 완료되었음을 고시한 경우

② 관리청이 아닌 자는 제1항에 따라 준공검사·준공인가 등의 의제를 받으려는 경우에는 제10조제4항에 따른 준공검사를 신청할 때에 해당 법률에서 정하는 관련 서류를 함께 제출하여야 한다.

③ 관리청은 제8조제5항에 따라 소하천등 정비를 완료하거나 제10조제4항에 따라 준공검사를 하는 경우로서 그 내용에 제10조의2제1항에 따라 의제되는 인·허가등에 따른 준공검사·준공인가 등에 해당하는 사항이 있는 경우에는 미리 관계 행정기관의 장과 협의하여야 한다.

[본조신설 2016.1.27.]

제11조(주민 의견의 청취 등) 관리청은 제3조에 따른 소하천(소하천시설을 포함한다)의 지정이나 소하천등 정비 등에 관하여 대통령령으로 정하는 사항에 관하여는 미리 관계 전문가 및 해당 지역 주민의 의견을 들어야 한다. <개정 2016.1.27.>

[전문개정 2010.3.31.]

제12조(토지 등의 수용) ① 관리청은 시행계획에 따라 소하천등 정비를 시행하기 위하여 필요하면 그 시행계획이 실시되는 구역에 있는 토지·건축물 또는 그 토지에 정착(定着)된 물건의 소유권이나 그 토지·건축물 또는 물건에 관한 소유권 외의 권리를 수용(收用)하거나 사용할 수 있다. <개정 2016.1.27.>

② 제8조제2항에 따라 시행계획이 공고되면 「공익사업을 위한 토지 등의 취득 및 보상에 관한 법률」 제20조제1항 및 제22조에 따른 사업인정 및 고시가 있는 것으로 보며, 재결(裁決)의 신청은 같은 법 제23조제1항 및 제28조제1항에도 불구하고 그 시행계획의 사업기간 내에 할 수 있다. <개정 2016.1.27.>

③ 제1항에 따른 수용 또는 사용에 관하여는 이 법에 특별한 규정이 있는 경우를 제외하고는 「공익사업을 위한 토지 등의 취득 및 보상에 관한 법률」을 준용한다.

[전문개정 2010.3.31.]

제13조(비용 보조) 관계 중앙행정기관의 장과 시·도지사는 소하천등 정비 등에 드는 비용의 일부를 관리청에 보조할 수 있다. <개정 2016.1.27.>

[전문개정 2010.3.31.]

제3장 소하천의 보전

<개정 2010.3.31.>

제14조(소하천등의 점용 등) ① 소하천등(소하천 예정지는 제외한다. 이하 이 조에서 같다)에서 다음 각 호의 어느 하나에 해당하는 행위를 하려는 자는 행정안전부령으로 정하는 바에 따라 관리청의 허가를 받아야 한다. 다만, 대통령령으로 정하는 경우에는 그러하지 아니하다. <개정 2013.3.23., 2014.11.19., 2015.1.20., 2016.1.27., 2017.7.26.>

1. 유수(流水)의 점용
2. 토지의 점용

3. 소하천시설의 점용·신축·개축·변경 또는 제거
4. 그 밖의 인공구조물의 신축·개축 또는 변경
5. 토지의 굴착·성토(盛土) 또는 절토(切土), 그 밖에 토지의 형상 변경
6. 토석(土石)·모래·자갈·죽목(竹木), 그 밖의 소하천등 산출물의 채취
7. 그 밖에 소하천등의 형상과 기능에 지장을 줄 수 있는 행위

② 관리청은 제1항에 따른 허가를 하려는 때에는 제10조제2항 각 호의 사항을 검토하여야 한다.

③ 관리청은 「하천법」에 따른 국가하천 또는 지방하천으로 유입되는 소하천등에 대하여 제1항에 따른 허가를 한 때에는 그 내용을 「하천법」 제8조에 따른 관할 하천관리청에 통보하여야 한다. 이 경우 제1항제1호의 허가는 국토교통부장관에게도 통보하여야 한다. <개정 2013.3.23., 2016.1.27.>

④ 제5조제1항 또는 제2항에 따라 관리청과 미리 협의한 경우에는 그 협의된 범위에서 제1항을 적용하지 아니하고, 제10조에 따라 소하천등 정비 허가를 받은 경우에는 그 허가받은 범위에서 제1항을 적용하지 아니한다. <개정 2016.1.27.>

⑤ 제3조의3에 따른 소하천구역의 결정·고시 당시 그 소하천구역에서 소하천시설이나 그 밖의 인공구조물을 설치하였거나 점용하고 있는 자는 그 소하천구역의 결정·고시가 있었던 날부터 1년 이내에 관리청에 신고하여야 하며, 신고한 자는 제1항에 따른 허가를 받은 것으로 본다. <개정 2016.1.27.>

⑥ 관리청은 제1항에 따른 허가신청을 받은 날부터 20일 이내에 허가 여부 또는 허가 처리 지연 사유를 통지하여야 한다. 이 경우 그 기한 내에 허가 여부 또는 허가 처리 지연 사유를 통지하지 아니한 경우에는 그 기한이 지난 날의 다음 날에 허가한 것으로 본다. <신설 2011.5.30.>

⑦ 관리청이 제6항에 따라 허가 처리 지연 사유를 통지하는 경우에는 제6항의 허가 처리 기간을 10일 이내에서 연장할 수 있다. <신설 2011.5.30.>

[전문개정 2010.3.31.]

[제목개정 2016.1.27.]

제15조(허가의 제한) 관리청은 재해 발생의 위험이 있거나 소하천등 정비 및 보전을 위하여 특히 필요하다고 인정하면 제14조제1항에 따른 허가를 하여서는 아니 되며, 제4조제3항에 따라 고시된 소하천 예정지에서는 인공구조물의 설치를 제한할 수 있다. <개정 2016.1.27.>

[전문개정 2010.3.31.]

제16조(원상회복 의무) ① 제10조에 따라 소하천등 정비 허가를 받거나 제14조에 따라 점용·사용 허가를 받은 자는 그 허가가 실효(失效)되거나 점용 또는 사용을 폐지한 경우에는 그 소하천등을 원상으로 회복시켜야 한다. 다만, 관리청은 원상회복을 할 수 없거나 원상회복을 할 필요가 없다고 인정하면 허가를 받은 자의 신청이나 관리청의 직권(職權)에 의하여 원상회복 의무를 면제할 수 있다. <개정 2016.1.27.>

② 제1항 단서에 따라 원상회복 의무가 면제된 경우에 그 인공구조물이나 그 밖의 물건은 해당 지방자치단체에 무상(無償)으로 귀속된다.

[전문개정 2010.3.31.]

제17조(법령 위반자 등에 대한 처분) 관리청은 다음 각 호의 어느 하나에 해당하는 경우에는 제10조에 따른 소하천등 정비 허가 또는 제14조에 따른 점용·사용 허가를 취소하거나, 해당 인공구조물 또는 그 밖의 물건의 이전·제거나 그 밖에 필요한 조치를 명할 수 있다. <개정 2016.1.27.>

1. 거짓이나 그 밖의 부정한 방법으로 제10조에 따른 소하천등 정비 허가나 제14조에 따른 점용·사용 허가를 받은 경우
2. 제10조제1항을 위반하여 허가를 받지 아니하고 소하천등 정비를 한 경우
3. 제10조제4항을 위반하여 준공검사를 받지 아니한 경우
4. 제14조제1항을 위반하여 허가를 받지 아니하고 유수의 점용 등을 한 경우
5. 제14조제5항을 위반하여 점용 등의 신고를 하지 아니한 경우
6. 제15조에 따른 소하천 예정지에서의 인공구조물 설치 제한을 위반한 경우
7. 제16조제1항 본문을 위반하여 원상회복 의무를 이행하지 아니한 경우
8. 다른 법령에 따라 관계 행정청의 허가·인가 또는 그 밖의 처분을 받아야 할 경우에 이를 받지 못하거나 이를 받은 후 취소되었거나 그 효력이 실효되어 이 법

에 따른 허가가 필요 없게 된 경우
9. 허가에 관계되는 공사나 그 밖의 행위 또는 이와 관계되는 사업의 전부 또는 일부가 폐지된 경우
[전문개정 2010.3.31.]

제18조(공익을 위한 처분) 관리청은 다음 각 호의 어느 하나에 해당하는 경우에는 제10조에 따른 소하천등 정비 허가 또는 제14조에 따른 점용·사용 허가를 받은 자에 대하여 제17조에 따른 처분을 하거나 필요한 조치를 명할 수 있다. <개정 2016.1.27.>
1. 소하천등 정비를 위하여 필요한 경우
2. 소하천의 보전 및 재해 예방 등 공익(公益)상의 피해를 제거하거나 줄이기 위하여 필요한 경우
3. 「공익사업을 위한 토지 등의 취득 및 보상에 관한 법률」 제4조에 따른 공익사업을 위하여 필요한 경우

[전문개정 2010.3.31.]

제18조의2(청문) 관리청은 제17조나 제18조에 따라 허가를 취소하려면 청문을 하여야 한다.
[전문개정 2010.3.31.]

제19조(관리청에 대한 감독) ① 시·도지사는 소하천등 정비·보전과 관련하여 관리청을 지도·감독할 수 있다. <개정 2016.1.27.>
② 시·도지사는 소하천의 보전과 재해의 예방, 공해의 예방 또는 제거를 위하여 필요하다고 인정하면 관리청이 한 처분이나 시행하는 공사에 대하여 취소 또는 변경이나 그 밖에 필요한 조치를 명할 수 있다.
[전문개정 2010.3.31.]

제20조(허가의 실효) 관리청이 제10조에 따른 소하천등 정비 허가 또는 제14조에 따른 점용·사용 허가를 하면서 공사착수기한이나 준공기한을 정한 경우에, 그 지정된 날까지 공사를 착수하지 아니하거나 준공을 하지 아니하였을 때에는 그 허가는 효력을 상실한다. 다만, 관리청은 효력이 상실된 날부터 3개월 이내에 효력의 회복을 신청받은 경우 허가를 받은 자가 천재지변이나 불가항력 등 부득이한 사유로 공사착수기한이나 준공기한을 지키지 못하였다고 인정되는 경우에는 그 효력을 소급하여 회복시킬 수 있다. <개정 2016.1.27.>
[전문개정 2010.3.31.]

제4장 보칙
<개정 2010.3.31.>

제21조(수익과 비용의 범위 등) 소하천등으로부터 생기는 수익 및 소하천등 정비 등에 관한 비용의 범위와 수익금의 사용기준은 대통령령으로 정한다. <개정 2016.1.27.>
[전문개정 2010.3.31.]

제22조(점용료 등의 징수) ① 관리청은 제14조에 따른 소하천등(소하천 예정지는 제외한다. 이하 이 조에서 같다)의 점용·사용 허가를 받은 자로부터 유수 및 토지의 점용료, 토석·모래·자갈 등 소하천등 산출물의 채취료 등(이하 "점용료등"이라 한다)을 징수할 수 있다. 다만, 점용 또는 사용 대상인 재산에 관한 권리가 국가나 지방자치단체에 속하지 아니하는 경우에는 그러하지 아니하다. <개정 2016.1.27.>
② 관리청은 제14조를 위반하여 허가를 받지 아니하고 소하천을 점용하거나 사용한 자로부터 그 점용료등에 상당하는 금액을 변상금으로 징수할 수 있다. 다만, 점용 또는 사용 대상인 재산에 관한 권리가 국가나 지방자치단체에 속하지 아니하는 경우에는 그러하지 아니하다.
③ 제10조에 따른 소하천등 정비 허가 또는 제14조에 따른 점용·사용 허가를 받으려는 자는 수수료를 내야 한다. <개정 2016.1.27.>
④ 관리청은 제10조에 따른 소하천등 정비 허가 또는 제14조에 따른 점용·사용 허가를 하는 경우로서 다음 각 호의 어느 하나에 해당하는 경우에는 점용료등 또는 수수료를 감면할 수 있다. <개정 2016.1.27.>
1. 공용·공공용 사업 또는 그 밖의 공익을 목적으로 하는 비영리사업인 경우
2. 국민경제에 중대한 영향을 미치는 공익사업으로서 대통령령으로 정하는 사업인 경우
3. 재해나 그 밖의 특별한 사정으로 본래의 점용 목적을 달성할 수 없는 경우

⑤ 제1항부터 제3항까지의 규정에 따른 점용료등, 변상금 및 수수료는 해당 지방자치단체의 수입으로 하며, 그 금액과 징수방법

및 제4항에 따른 점용료등과 수수료의 감면 비율 등은 해당 지방자치단체의 조례로 정한다.
[전문개정 2010.3.31.]

제23조(점용료등의 강제징수) 관리청은 제22조 제1항에 따른 점용료등 및 같은 조 제2항에 따른 변상금을 내지 아니한 자가 있으면 지방세 체납처분의 예에 따라 징수한다.
[전문개정 2010.3.31.]

제24조(공용부담 등으로 인한 손실보상) ① 관리청은 시행계획에 따른 소하천등 정비, 제18조에 따른 관리청의 처분 또는 명령, 제19조제2항에 따른 시·도지사의 처분 또는 명령으로 인하여 손실을 입은 자가 있으면 그 손실을 보상하여야 한다. <개정 2016.1.27.>
② 관리청은 제1항에 따라 손실을 보상하려는 경우에는 손실을 입은 자와 협의하여야 한다.
③ 관리청은 제2항에 따른 협의가 성립되지 아니하거나 협의를 할 수 없는 경우에는 대통령령으로 정하는 바에 따라 관할 토지수용위원회에 재결(裁決)을 신청할 수 있다.
④ 제1항부터 제3항까지의 규정에 따른 손실보상에 관하여는 이 법에 규정된 것을 제외하고는 「공익사업을 위한 토지 등의 취득 및 보상에 관한 법률」을 준용한다.
⑤ 관리청은 제1항의 손실이 제18조제3호의 사유로 발생한 것이면 그 사업을 시행하는 자로 하여금 그 손실의 전부 또는 일부를 보상하게 할 수 있다.
[전문개정 2010.3.31.]

제24조의2(폐천부지등의 관리) ① 관리청은 소하천등 정비, 홍수 또는 그 밖의 자연현상으로 소하천의 유로가 변경되어 소하천구역에서 제외된 토지(국유 또는 공유인 토지만 해당하며, 이하 "폐천부지등"이라 한다)가 발생한 경우에는 행정안전부령으로 정하는 바에 따라 폐천부지등의 발생일부터 3년 이내에 이를 고시하여야 한다. <개정 2013.3.23., 2014.11.19., 2016.1.27., 2017.7.26.>
② 제1항에 따라 발생한 폐천부지등은 치수·이수·친수 및 소하천환경보전의 목적에 우선적으로 활용하여야 한다.
[본조신설 2012.3.21.]

제25조(폐천부지등의 교환·유상양여) 관리청은 폐천부지등이 다음 각 호의 요건에 모두 해당하는 경우에는 그 폐천부지등을 대통령령으로 정하는 순위 및 기준에 따라 새로이 소하천구역으로 된 타인의 토지 또는 소하천구역에 이미 편입된 타인의 토지와 교환하거나 소하천등으로 편입되기 전의 원래의 소유자 또는 제10조제1항에 따라 소하천등 정비를 시행한 관리청이 아닌 자에게 유상으로 양여할 수 있다. <개정 2016.1.27.>
1. 치수·이수·친수 및 소하천환경보전의 목적으로 활용할 필요가 없을 것
2. 국유재산 또는 공유재산으로 둘 필요가 없을 것
[전문개정 2012.3.21.]

제26조(소하천관리위원회의 설치 등) ① 소하천등 정비사업 및 유지·관리 등에 관한 사항을 심의하기 위하여 시·도지사 소속으로 광역소하천관리위원회를, 관리청 소속으로 기초소하천관리위원회를 둔다. 다만, 특별자치시장 및 특별자치도지사의 경우에는 광역소하천관리위원회를 두되, 광역소하천관리위원회에서 기초소하천관리위원회의 심의사항도 함께 심의한다. <개정 2016.1.27.>
② 광역소하천관리위원회는 다음 각 호의 사항을 심의한다. <개정 2016.1.27.>
1. 종합계획 승인에 관한 사항
2. 소하천등 정비사업 대상 선정에 관한 사항
3. 경계소하천의 관리방법에 관한 사항
4. 소하천정비사업 추진 및 점검 결과 등에 관한 사항
5. 그 밖에 소하천 관리에 관한 사항으로 대통령령으로 정하는 사항
③ 기초소하천관리위원회는 다음 각 호의 사항을 심의한다. <개정 2016.1.27.>
1. 종합계획 및 중기계획에 관한 사항
2. 관리청이 아닌 자의 소하천등 정비 허가 및 준공에 관한 사항
3. 소하천(소하천시설을 포함한다)의 지정·변경 및 폐지에 관한 사항
4. 폐천부지등의 교환·양여에 관한 사항
5. 그 밖에 소하천등의 관리에 관한 사항으로 대통령령으로 정하는 사항
④ 제1항부터 제3항까지에서 규정한 사항 외에 광역소하천관리위원회 및 기초소하천관리위원회의 구성 및 운영에 필요한 사항은 대통령령으로 정한다.

[본조신설 2012.3.21.]

제26조의2(소하천 관리실태 점검 등) ① 관리청은 소하천시설의 관리상황과 하천의 점용상황 등에 대한 점검을 실시하여 하천시설의 유지·보수 또는 불법행위에 대한 시정 등을 위하여 필요한 조치를 하고, 조치결과를 행정안전부장관에게 통지하여야 한다. <개정 2014.11.19., 2017.7.26.>

② 제1항에 따른 점검의 내용·방법 및 점검사항에 대한 조치결과의 통지 등에 필요한 사항은 대통령령으로 정한다.

[본조신설 2012.3.21.]

제26조의3(소하천 재해경감 등을 위한 연구개발사업의 육성) ① 행정안전부장관, 시·도지사 및 관리청은 소하천등에서 발생하는 재해를 경감하기 위하여 연구개발사업 및 관련 사업을 육성하여야 한다. <개정 2014.11.19., 2016.1.27., 2017.7.26.>

② 행정안전부장관, 시·도지사 및 관리청은 연구개발사업 및 관련 사업을 육성하기 위하여 필요한 지원을 할 수 있다. <개정 2014.11.19., 2017.7.26.>

③ 제2항에 따른 지원에 필요한 세부적인 사항은 대통령령으로 정한다.

[본조신설 2012.3.21.]

제26조의4(소하천 정보체계의 구축) ① 행정안전부장관은 소하천등을 효율적으로 관리하기 위하여 소하천 정보체계를 구축·운영하여야 한다. <개정 2017.7.26.>

② 행정안전부장관은 제1항에 따른 소하천 정보체계 구축을 위하여 중앙행정기관, 지방자치단체 및 「공공기관의 운영에 관한 법률」 제4조에 따른 공공기관의 장(이하 이 조에서 "관계기관의 장"이라 한다)에게 필요한 자료의 제출을 요청할 수 있다. 이 경우 자료 제출의 요청을 받은 관계기관의 장은 특별한 사유가 없으면 이에 따라야 한다. <개정 2017.7.26.>

③ 제1항에 따른 소하천 정보체계의 구축 범위 및 운영절차, 그 밖에 필요한 사항은 대통령령으로 정한다.

[본조신설 2016.1.27.]

제5장 벌칙

<개정 2010.3.31.>

제27조(벌칙) 다음 각 호의 어느 하나에 해당하는 자는 6개월 이하의 징역 또는 500만원 이하의 벌금에 처한다. <개정 2016.1.27.>

1. 정당한 사유 없이 소하천시설을 이전하거나 파손하여 공공의 피해를 발생하게 하거나 유수에 지장을 초래하게 한 자
2. 제10조를 위반하여 허가를 받지 아니하고 소하천등 정비를 한 자
3. 제14조를 위반하여 허가를 받지 아니하고 유수의 점용 등을 한 자
4. 제17조 또는 제18조에 따른 관리청의 명령을 위반한 자

[전문개정 2010.3.31.]

제28조(양벌규정) 법인의 대표자나 법인 또는 개인의 대리인, 사용인, 그 밖의 종업원이 그 법인 또는 개인의 업무에 관하여 제27조의 위반행위를 하면 그 행위자를 벌하는 외에 그 법인 또는 개인에게도 해당 조문의 벌금형을 과(科)한다. 다만, 법인 또는 개인이 그 위반행위를 방지하기 위하여 해당 업무에 관하여 상당한 주의와 감독을 게을리하지 아니한 경우에는 그러하지 아니하다.

[전문개정 2008.12.26.]

부칙

<제14839호, 2017.7.26.>
(정부조직법)

제1조(시행일) ① 이 법은 공포한 날부터 시행한다. 다만, 부칙 제5조에 따라 개정되는 법률 중 이 법 시행 전에 공포되었으나 시행일이 도래하지 아니한 법률을 개정한 부분은 각각 해당 법률의 시행일부터 시행한다.

제2조부터 제4조까지 생략

제5조(다른 법률의 개정) ①부터 <265>까지 생략

<266> 소하천정비법 일부를 다음과 같이 개정한다.

제3조제4항, 제3조의3제3항·제4항, 제4조의2제2항, 제4조의3제1항, 제6조제1항, 제7조제1항, 제8조제2항, 제9조제2항, 제14조제1항 각 호 외의 부분 본문 및 제24조의2제1항 중 "총리령"을 각각 "행정안전부

령"으로 한다.

제4조의3제2항 · 제3항, 제26조의2제1항, 제26조의3제1항 · 제2항, 제26조의4제1항 및 같은 조 제2항 전단 중 "국민안전처장관"을 각각 "행정안전부장관"으로 한다.

<267>부터 <382>까지 생략

제6조 생략

부 록

공동계약운용요령

[시행 2016.12.30.]
[기획재정부계약예규 제323호, 2016.12.30, 일부개정]

제1조(목적) 이 예규는 「국가를 당사자로 하는 계약에 관한 법률 시행령」 (이하 "시행령"이라 한다) 제72조에 의한 공동계약의 체결방법과 기타 필요한 사항을 정함을 목적으로 한다.

제2조(정의) 이 예규에서 사용하는 용어의 정의는 다음과 같다.

1. "공동계약" 이라 함은 공사·제조·기타의 계약에 있어서 발주기관과 공동수급체가 체결하는 계약을 말한다.
2. "공동수급체" 라 함은 구성원을 2인 이상으로 하여 수급인이 해당계약을 공동으로 수행하기 위하여 잠정적으로 결성한 실체를 말한다.
3. "공동수급체 대표자" 라 함은 공동수급체의 구성원 중에서 대표자로 선정된 자를 말한다.
4. "공동수급협정서" 라 함은 공동계약에 있어서 공동수급체구성원 상호간의 권리·의무 등 공동계약의 수행에 관한 중요사항을 규정한 계약서를 말한다.
5. "주계약자" 라 함은 주계약자관리방식의 공동계약에서 공동수급체 구성원 중 전체 건설공사의 이행에 관하여 종합적인 계획·관리·조정을 하는 자를 말한다. <신설 2009.4.8.>

제2조의2(공동계약의 유형) 공동계약은 공동수급체가 도급받아 이행하는 방식에 따라 다음 각 호와 같이 구분한다.

1. "공동이행방식" 이라 함은 공동수급체 구성원이 일정 출자비율에 따라 연대하여 공동으로 계약을 이행하는 공동계약을 말한다.
2. "분담이행방식" 이라 함은 공동수급체 구성원이 일정 분담내용에 따라 나누어 공동으로 계약을 이행하는 공동계약을 말한다.
3. "주계약자관리방식" 이라 함은 「건설산업기본법」 에 따른 건설공사를 시행하기 위한 공동수급체의 구성원중 주계약자를 선정하고, 주계약자가 전체 건설공사 계약의 수행에 관하여 종합적인 계획·관리 및 조정을 하는 공동계약을 말한다. 이 경우에 종합건설업자(종합공사를 시공하는 업종의 등록을 한 건설업자를 말한다. 이하 같다)와 전문건설업자(전문공사를 시공하는 업종을 등록한 건설업자를 말한다. 이하 같다)가 공동으로 도급받은 경우에는 종합건설업자가 주계약자가 된다.

[본조신설 2009.4.8.]

제2조의3(주계약자관리방식에 의한 공동계약) ① 계약담당공무원은 종합심사 낙찰제 대상 공사중 추정가격 300억원 이상 공사에 한해 주계약자관리방식에 의한 공동계약에 의할 수 있다. <신설 2009.4.8, 개정·단서삭제 2014.1.10, 개정 2016.1.1.>

② 계약담당공무원은 주계약자관리방식에 의한 공동계약으로 발주하고자 하는 경우에 부계약자로 참여할 수 있는 전문건설업자의 수가 충분한지 여부를 고려하여야 한다. <신설 2012.4.2.>

제3조(권리행사 및 의무의 이행) 계약담당공무원(각 중앙관서의 장이 계약에 관한 사무를 그 소속공무원에게 위임하지 아니하고 직접 처리하는 경우에는 이를 계약담당공무원으로 본다. 이하 같다)은 공동수급체의 구성원으로 하여금 이 예규 및 공동수급협정서에서 정하는 바에 따라 신의와 성실의 원칙에 입각하여 이를 이행하게 하여야 한다.

제4조(공동수급체 대표자의 선임) ① 계약담당공무원은 공동수급체의 구성원으로 하여금 상호협의하여 공동수급체 대표자를 선임하게 하되, 시행령 제36조에 의한 입찰공고 등에서 요구한 자격을 갖춘 업체를 우선적으로 선임하게 하여야 한다. 다만, 주계약자관리방식에 의한 공동계약의 경우에는 주계약자가 공동수급체의 대표자가 된다. <개정 2009.4.8.>

② 제1항에 의하여 선임된 공동수급체 대표자는 발주기관 및 제3자에 대하여 공동수급체를 대표한다.

③ 계약담당공무원은 주계약자관리방식에서 대표자로 하여금 공사시방서·설계도면·계약서·예정공정표·품질보증계획 또는 품질시험계획·안전 및 환경관리계획·산출내역서 등에 의하여 품질 및 시공을 확인하게 하고 적정하지 못하다고 인정되는 경우에는 재시공지시 등 필요한 조

치를 하게 하여야 한다. <신설 2009.4.8.>

④ 계약담당공무원은 주계약자관리방식에서 대표자로 하여금 공사 진행의 경제성 및 효율성 등을 감안하여 공동수급체 구성원과의 협의를 거쳐 자재 및 장비 등의 조달을 일원화하여 관리하게 하여야 한다. <신설 2009.4.8.>

⑤ 계약담당공무원은 시행령 제42조제4항에 의한 종합심사 낙찰제 대상공사 입찰의 경우에 공동수급체 대표자의 출자비율 또는 분담내용이 100분의 50이상이 되도록 하여야 한다. 다만, 주계약자관리방식에 의한 공동계약의 경우에는 공사의 내용 및 특성에 따라 분담내용을 정한다. <개정 2009.4.8., 2016.1.1.>

제5조(공동수급협정서의 작성 및 제출) ① 계약담당공무원은 공동수급체 구성원으로 하여금 제8조에 의하여 입찰공고 내용에 명시된 공동계약의 이행방식에 따라 별첨 1(공동이행방식) 또는 별첨 2(분담이행방식) 또는 별첨 3(주계약자관리방식)의 공동수급표준협정서를 참고하여 공동수급협정서를 작성하게 하여야 한다. <개정 2009.4.8.>

② 계약담당공무원은 공동수급체 대표자로 하여금 제1항에 의하여 작성한 공동수급협정서를「국가를 당사자로 하는 계약에 관한 법률 시행규칙」제40조에 의한 입찰참가 신청서류 제출시 함께 제출토록 하여 이를 보관하여야 한다.

제6조(계약의 체결) 계약담당공무원은 공동계약 체결시 공동수급체구성원 전원이 계약서에 연명으로 기명날인 또는 서명토록 하여야 한다. <개정 2009.9.21.>

제7조(책임) ① 계약담당공무원은 공동수급체 구성원으로 하여금 발주자에 대한 계약상의 시공, 제조, 용역의무이행에 대하여 다음 각호에 따라 책임을 지도록 하여야 한다. <개정 2009.4.8, 2014.1.10.>

1. 공동이행방식에 의한 경우에 구성원은 연대하여 책임을 지도록 하여야 한다. 다만, 공사이행보증서가 제출된 공사로서 계약이행요건을 충족하지 못하는 업체는 출자비율에 따라 책임을 지도록 하여야 한다. <신설 2014.1.10.>
2. 분담이행방식에 의한 경우에 구성원은 분담내용에 따라 각자 책임을 지도록 하여야 한다. <신설 2014.1.10.>
3. 주계약자관리방식에 의한 경우에 구성원은 각자 자신이 분담한 부분에 대해서만 책임을 지되, 불이행시 그 구성원의 보증기관이 책임을 지며, 주계약자는 최종적으로 전체계약에 대하여 책임을 지되, 불이행시 주계약자의 보증기관이 책임을 진다. 다만, 주계약자가 탈퇴한 후에 주계약자의 계약이행의무 대행이 이루어지지 않은 경우에는 주계약자 이외의 구성원은 자신의 분담부분에 대하여 계약이행이 이루어지지 아니한 것으로 본다. <신설 2009.4.8.>

② 시행령 제76조제1항은 입찰참가자격의 제한사유를 야기시킨 자에 대하여 적용하며, 출자비율 또는 분담내용과 다르게 시공한 경우에는 해당 구성원에 대하여 적용한다.

제8조(입찰공고) ① 계약담당공무원은 입찰공고시 시행령 제72조제2항에 의하여 동일현장에 2인이상의 수급인을 투입하기 곤란하거나 긴급한 이행이 필요한 경우등 계약의 목적·성질상 공동계약에 의함이 곤란하다고 인정되는 경우를 제외하고는 가능한 한 공동계약이 가능하다는 뜻을 명시하여야 한다.

② 계약담당공무원은 시행령 제72조제1항 또는 제3항에 의한 공동계약의 이행방식과 공동수급체 구성원의 자격제한 사항을 입찰공고에 명시하여야 한다.

제8조의2(설비공사의 공동계약) ① 계약담당공무원은「건설산업기본법시행령」제7조에 의한 설비공사를 발주할 경우에는 설비제조업체와 시공업체간 분담이행방식에 의한 공동계약방법으로 입찰에 참가하게 할 수 있다. 다만, 단일 설비제조업체의 설비부분이 전체 추정가격의 50%이상일 경우에 한한다.

② 계약담당공무원은 제1항의 공사를 시행령 제78조에 의하여 일괄입찰방식으로 발주할 경우에 설비제조업체, 시공업체 및 기술용역등록업체간 분담이행방식에 의한 공동계약방법으로 입찰에 참가하게 할 수 있다.

제9조(공동수급체의 구성) ① 계약담당공무원은 공동수급체 구성원으로 하여금 해당계약을 이행하는데 필요한 면허·허가·등록 등의 자격요건을 갖추게 하여야 하며, 계약이행에 필요한 자격요건은 다음 각 호에 따라 구비되어야 한다. <개정 2009.4.8.>

1. 분담이행방식의 경우 : 구성원 공동
2. 공동이행방식의 경우 : 구성원 각각
3. 주계약자관리방식의 경우
   가. 주계약자 : 전체공사를 이행하는데 필요한 자격요건
   나. 구성원 : 분담공사를 이행하는데 필요한 자격요건

② 계약담당공무원은 시행령 제21조제1항에 의한 시공능력, 공사실적, 기술보유상황 등은 「건설산업기본법」 등 관련법령에서 규정하고 있는 면허와 동일한 경우에는 공동수급체 구성원 모두의 것을 합산하여 적용한다. <개정 2016.12.30.>

③ 공동계약에 의하여 이행된 실적의 인정범위는 다음 각 호에 따라 배분한다.
1. 분담이행방식에 의한 경우 : 공동수급체의 구성원별 분담부분
2. 공동이행방식에 의한 경우
   가. 금액 : 공동수급체의 구성원별 출자비율에 해당되는 금액
   나. 규모 또는 양 : 실적증명 발급기관에서 공사의 성질상 공동수급체의 구성원별 실제 시공부분을 분리하여 구분할 수 있는 경우에는 실제 시공한 부분. 다만, 분리·구분할 수 없는 경우에는 출자비율에 따라 배분
3. 주계약자관리방식에 의한 경우 <신설 2009.4.8.>
   가. 구성원 : 분담부분
   나. 주계약자 : 건설산업기본법 시행규칙 제23조 제6항에 의함

④ 계약담당공무원은 공동수급체구성원이 동일 입찰건에 대하여 공동수급체를 중복적으로 결성하여 입찰에 참가하게 하거나, 시행령 제72조제3항에 의한 공동계약의 경우와 주계약자관리방식에 의한 공동계약의 경우 「독점규제 및 공정거래에 관한 법률」에 의한 상호출자제한기업집단소속 계열회사간에 공동수급체를 구성하게 하여서는 아니된다. <개정 2009.4.8, 2014.1.10.>

⑤ 계약담당공무원은 공동계약의 유형별 구성원 수와 구성원별 계약참여 최소지분율을 다음 각 호에 따라 처리한다. 다만, 공사의 특성 및 규모를 고려하여 계약담당공무원이 필요하다고 인정할 경우에는 공동계약의 유형별 구성원 수와 구성원별 계약참여 최소지분율을 각각 20% 범위내에서 가감할 수 있다. <개정 2008.11.1, 2009.4.8, 단서신설 2014.1.10.>
   가. 분담이행방식에 의한 경우 : 5인 이하
   나. 공동이행방식에 의한 경우 : 5인 이하, 10% 이상(단, 시행령 제6장 및 제8장에 따른 공사중 추정가격이 1,000억원 이상인 공사의 경우에는 10인 이하, 5% 이상) <개정 2009.4.8, 2012.10.26.>
   다. 주계약자관리방식에 의한 경우 : 10인 이하, 5% 이상

⑥ 제5항에도 불구하고 계약담당공무원은 시행령 제72조제3항에 따른 공동계약의 경우에 공사의 특성 등을 고려하여 지역업체의 최소지분율을 다음 각 호에 따라 정할 수 있으며, 이를 입찰공고에 명시하여야 한다.
1. 시행령 제72조제3항제1호에 따른 공동계약 : 30% 이상
2. 시행령 제72조제3항제2호에 따른 공동계약 : 40% 이상(다만, 시행령 제6장에 따른 공사의 경우에는 20% 이상)

⑦ 제6항제2호에 따른 공동수급체의 구성원이 되는 지역업체는 입찰공고일 현재 90일 이상 해당 공사현장을 관할하는 특별시·광역시 및 도에 주된 영업소가 소재한 업체이어야 한다.

제10조(보증금의 납부) 공동수급체 구성원은 각종 보증금 납부시 공동수급협정서에서 정한 구성원의 출자비율 또는 분담내용에 따라 분할 납부하여야 한다. 다만, 공동이행방식 또는 주계약자관리방식에 의한 공동계약일 경우에는 공동수급체대표자 또는 공동수급체구성원 중 1인으로 하여금 일괄 납부하게 할 수 있다. <개정 2009.4.8.>

제11조(대가지급) ① 계약담당공무원은 선금·대가 등을 지급함에 있어서는 공동수급체 구성원별로 구분 기재된 신청서를 공동수급체 대표자가 제출하도록 하여야 한다. 다만, 공동수급체 대표자가 부도, 파산 등의 부득이한 사유로 신청서를 제출할 수 없는 경우에는 공동수급체의 다른 모든 구성원의 연명으로 이를 제출하게 할 수 있다.

② 계약담당공무원은 제1항에 의한 신청이 있을 경우에 신청된 금액을 공동수급체구성원 각자에게 지급하여야 한다. 다만, 선금은 주계약자관리방식에 의한 공동계약일 경우에는 제1항 단서의 경우를 제외하고는 공동수급체 대표자에게 지급하여야 한다. <개정 2009.4.8, 2010.1.4.>

③ 기성대가는 공동수급체의 대표자 및 각 구성원의 이행내용에 따라 지급하여야 한다. 이

경우에 준공대가 지급시에는 구성원별 총 지급금액이 준공당시 공동수급체구성원의 출자비율 또는 분담내용과 일치하여야 한다.

제12조(공동도급내용의 변경) ① 계약담당공무원은 공동계약을 체결한 후 공동수급체구성원의 출자비율 또는 분담내용을 변경하게 할 수 없다. 다만, 시행령 제64조내지 제66조에 의한 계약내용의 변경이나 파산, 해산, 부도, 법정관리, 워크아웃(기업구조조정촉진법에 따라 채권단이 구조조정 대상으로 결정하여 구조조정중인 업체), 중도탈퇴의 사유로 인하여 당초 협정서의 내용대로 계약이행이 곤란한 구성원이 발생하여 공동수급체구성원 연명으로 출자비율 또는 분담내용의 변경을 요청한 경우와 제12조제4항의 경우에는 그러하지 아니하다. <개정 2014.1.10.>

② 계약담당공무원은 제1항 단서에 의하여 공동수급체 구성원의 출자비율 또는 분담내용의 변경을 승인함에 있어 구성원 각각의 출자지분 또는 분담내용 전부를 다른 구성원에게 이전하게 하여서는 아니된다. 다만, 주계약자관리방식에서 공동수급체 구성원중 일부가 파산, 해산, 부도 등으로 계약을 이행할 수 없는 사유 등으로 공동수급체 구성원의 출자비율 또는 분담내용의 변경을 승인하는 경우에는 그러하지 아니하다. <단서신설 2014.4.1.>

③ 계약담당공무원은 공동수급체 구성원을 추가하게 할 수 없다. 다만, 계약내용의 변경이나 공동수급체 구성원의 파산, 해산, 부도, 법정관리, 워크아웃(기업구조조정촉진법에 따라 채권단이 구조조정 대상으로 결정하여 구조조정중인 업체), 중도탈퇴의 사유로 인하여 잔존구성원만으로는 면허, 시공능력 및 실적 등 계약이행에 필요한 요건을 갖추지 못할 경우로서 공동수급체구성원 연명으로 구성원의 추가를 요청한 경우에는 그러하지 아니한다. <개정 2010.9.8, 2014.1.10, 2015.1.1.>

④ 주계약자관리방식에서 주계약자는 구성원이 정당한 사유없이 계약을 이행하지 아니하거나 지체하여 이행하는 경우 또는 주계약자의 계획·관리 및 조정 등에 협조하지 않아 계약이행이 곤란하다고 판단되는 경우에는 구성원의 출자비율 또는 분담내용, 해당 구성원을 변경할 수 있다. 이 경우에 주계약자는 변경사유와 변경내용 등을 계약담당공무원에게 통보하여야 하며, 계약담당공무원은 주계약자의 변경내용이 계약의 원활한 이행을 저해하지 않는 한 승인해야 한다. <신설 2009.4.8.>

제13조(공동수급체 구성원의 제재) ① 계약담당공무원은 공사 착공시까지 공동수급체 구성원별 출자비율 또는 분담내용에 따른 다음 각 호의 내용이 포함된 공동계약이행계획서(이하 "계약이행계획서" 라 한다)를 제출하게 하여 승인을 받도록 하여야 한다.

1. 구성원별 이행부분 및 내역서(이행부분을 구분하지 아니하는 경우에는 제외)
2. 구성원별 투입 인원·장비 등 목록 및 투입시기
3. 그 밖의 발주기관이 요구하는 사항

② 계약담당공무원은 공동수급체구성원이 연명으로 출자비율 또는 분담내용을 준수하는 범위내에서 제1항에 의한 계약이행계획서의 변경에 대한 승인을 요청하는 때에는 공사의 적정한 이행을 위하여 필요하다고 인정되는 경우에 한하여 이를 승인할 수 있다.

③ 계약담당공무원은 주계약자관리방식에 의한 공동계약의 경우에 주계약자 이외의 공동수급체의 구성원 자신이 분담한 부분을 직접 시공하게 하여야 한다. 다만, 공동수급체 구성원이 종합건설업자인 경우에는 다른 법령이나 시공품질의 향상 및 현장사정 등 불가피한 사유가 있는 경우에는 주계약자와 합의하여 하도급을 승인할 수 있다. <신설 2009.4.8.>

④ 주계약자관리방식에 의한 경우로서 주계약자는 직접시공에는 참여하지 않더라도 시공관리, 품질관리, 하자관리, 공정관리, 안전관리, 환경관리 등 시공의 종합적인 계획·관리 및 조정에만 참여하는 경우에도 이를 계약이행으로 본다. <신설 2009.4.8.>

⑤ 각 중앙관서의 장은 공동수급체 구성원 중 정당한 이유없이 계약이행계획서에 따라 실제 계약이행에 참여하지 아니하는 구성원(단순히 자본참여만을 한 경우 등을 포함) 또는 출자비율 또는 분담내용과 다르게 시공하는 구성원 또는 주계약자관리방식에서 주계약자이외의 구성원이 발주기관의 사전서면 승인없이 직접 시공하지 않고 하도급한 경우에 시행령 제76조제1항제6호 또는 제2호에 의한 입찰참가자격 제한조치를 하여야 한다. <개정 2009.4.8.>

제14조(재검토기한) 「훈령·예규 등의 발령 및 관리에 관한 규정」에 따라 이 예규에 대하여 2016년 1월 1일 기준으로 매3년이 되는 시점(매 3년째의 12월 31일까지를 말한다)마다 그 타당성을 검토하여 개선 등의 조치

를 하여야 한다. <개정 2015.9.21.>

부칙

<제323호, 2016.12.30.>

제1조(시행일) 이 계약예규는 2016년 12월30일부터 시행한다.

공사계약일반조건

[시행 2016.12.30.]
[기획재정부계약예규 제324호, 2016.12.30, 일부개정]

제1조(총칙) 계약담당공무원과 계약상대자는 공사도급표준계약서(이하 "계약서"라 한다)에 기재한 공사의 도급계약에 관하여 제3조에 의한 계약문서에서 정하는 바에 따라 신의와 성실의 원칙에 입각하여 이를 이행한다.

제2조(정의) 이 조건에서 사용하는 용어의 정의는 다음과 같다.

1. "계약담당공무원"이라 함은「국가를 당사자로 하는 계약에 관한 법률 시행규칙」(이하 "시행규칙"이라 한다) 제2조에 의한 공무원을 말한다. 이 경우에 각 중앙관서의 장이 계약에 관한 사무를 그 소속공무원에게 위임하지 아니하고 직접 처리하는 경우에는 이를 계약담당공무원으로 본다.
2. "계약상대자"라 함은 정부와 공사계약을 체결한 자연인 또는 법인을 말한다.
3. "공사감독관"이라 함은 제16조에 규정된 임무를 수행하기 위하여 정부가 임명한 기술담당공무원 또는 그의 대리인을 말한다. 다만,「건설기술 진흥법」제39조제2항 또는「전력기술관리법」제12조 및 그 밖에 공사 관련 법령에 의하여 건설사업관리 또는 감리를 하는 공사에 있어서는 해당공사의 감리를 수행하는 건설산업관리기술자 또는 감리원을 말한다. <개정 2014.4.1., 2016.1.1. 2016.12.30.>
4. "설계서"라 함은 공사시방서, 설계도면, 현장설명서 및 공종별 목적물 물량내역서(가설물의 설치에 소요되는 물량 포함하며, 이하 "물량내역서"라 한다)를 말하며, 다음 각 목의 내역서는 설계서에 포함하지 아니한다.
   가. <삭제 2010.9.8.>
   나. 시행령 제78조에 따라 일괄입찰을 실시하여 체결된 공사와 대안입찰을 실시하여 체결된 공사(대안이 채택된 부분에 한함)의 산출내역서
   다. 시행령 제98조에 따라 실시설계 기술제안 입찰을 실시하여 체결된 공사와 기본설계 기술제안입찰을 실시하여 체결된 공사의 산출내역서 <개정 2010.9.8.>
   라. 수의계약으로 체결된 공사의 산출내역서. 다만, 시행령 제30조제2항 본문에 따라 체결된 수의계약 공사의 물량내역서는 제외
5. "공사시방서"라 함은 공사에 쓰이는 재료, 설비, 시공체계, 시공기준 및 시공기술에 대한 기술설명서와 이에 적용되는 행정명세서로서, 설계도면에 대한 설명 또는 설계도면에 기재하기 어려운 기술적인 사항을 표시해 놓은 도서를 말한다.
6. "설계도면"이라 함은 시공될 공사의 성격과 범위를 표시하고 설계자의 의사를 일정한 약속에 근거하여 그림으로 표현한 도서로서 공사목적물의 내용을 구체적인 그림으로 표시해 놓은 도서를 말한다.
7. "현장설명서"라 함은 시행령 제14조의2에 의한 현장설명 시 교부하는 도서로서 시공에 필요한 현장상태 등에 관한 정보 또는 단가에 관한 설명서 등을 포함한 입찰가격 결정에 필요한 사항을 제공하는 도서를 말한다.
8. "물량내역서"라 함은 공종별 목적물을 구성하는 품목 또는 비목과 동 품목 또는 비목의 규격·수량·단위 등이 표시된 다음 각 목의 내역서를 말한다.
   가. 시행령 제14조제1항에 따라 계약담당공무원 또는 입찰에 참가하려는 자가 작성한 내역서 <개정 2010.9.8.>
   나. 시행령 제30조제2항 및 계약예규「정부 입찰·계약 집행기준」제10조제3항에 따라 견적서제출 안내공고 후 견적서를 제출하려는 자에게 교부된 내역서
9. "산출내역서"라 함은 입찰금액 또는 계약금액을 구성하는 물량, 규격, 단위, 단가 등을 기재한 다음 각 목의 내역서를 말한다.
   가. 시행령 제14조제6항과 제7항에 따라 제출한 내역서
   나. 시행령 제85조제2항과 제3항에 따라 제출한 내역서
   다. 시행령 제103조제1항과 제105조제3항에 따라 제출한 내역서
   라. 수의계약으로 체결된 공사의 경우에는 착공신고서 제출 시까지 제출한 내역서
10. 이 조건에서 따로 정하는 경우를 제외하고는「국가를 당사자로 하는 계약에 관한 법률 시행령」,「특정조달을 위한 국가를 당사자로 하는 계약에 관한 법률 시행령

특례규정」(이하 각각 "시행령", "특례규정"이라 한다), 시행규칙 및 계약예규 공사입찰유의서(이하 "유의서"라 한다)에 정하는 바에 의한다.

제3조(계약문서) ① 계약문서는 계약서, 설계서, 유의서, 공사계약일반조건, 공사계약특수조건 및 산출내역서로 구성되며 상호보완의 효력을 가진다. 다만, 산출내역서는 이 조건에서 규정하는 계약금액의 조정 및 기성부분에 대한 대가의 지급시에 적용할 기준으로서 계약문서의 효력을 가진다. <개정 2008.12.29.>

② <신설 2011.5.13., 삭제 2016.1.1.>

③ 계약담당공무원은 「국가를 당사자로 하는 계약에 관한 법령」, 공사관계 법령 및 이 조건에 정한 계약일반사항 외에 해당 계약의 적정한 이행을 위하여 필요한 경우 공사계약특수조건을 정하여 계약을 체결할 수 있다.

④ 제3항에 의하여 정한 공사계약특수조건에 「국가를 당사자로 하는 계약에 관한 법령」, 공사 관계법령 및 이 조건에 의한 계약상대자의 계약상 이익을 제한하는 내용이 있는 경우에 특수조건의 해당 내용은 효력이 인정되지 아니한다.

⑤ 이 조건이 정하는 바에 의하여 계약당사자간에 행한 통지문서등은 계약문서로서의 효력을 가진다.

제4조(사용언어) ① 계약을 이행함에 있어서 사용하는 언어는 한국어로 함을 원칙으로 한다.

② 계약담당공무원은 계약체결시 제1항에도 불구하고 필요하다고 인정하는 경우에는 계약이행과 관련하여 계약상대자가 외국어를 사용하거나 외국어와 한국어를 병행하여 사용할 수 있도록 필요한 조치를 할 수 있다.

③ 제2항에 의하여 외국어와 한국어를 병행하여 사용한 경우에 외국어로 기재된 사항이 한국어와 상이할 때에는 한국어로 기재한 사항이 우선한다.

제5조(통지 등) ① 구두에 의한 통지·신청·청구·요구·회신·승인 또는 지시(이하 "통지 등"이라 한다)는 문서로 보완되어야 효력이 있다.

② 통지 등의 장소는 계약서에 기재된 주소로 하며, 주소를 변경하는 경우에는 이를 즉시 계약당사자에게 통지하여야 한다.

③ 통지 등의 효력은 계약문서에서 따로 정하는 경우를 제외하고는 계약당사자에게 도달한 날부터 발생한다. 이 경우 도달일이 공휴일인 경우에는 그 익일부터 효력이 발생한다.

④ 계약당사자는 계약이행중 이 조건 및 관계법령 등에서 정한 바에 따라 서면으로 정당한 요구를 받은 경우에는 이를 성실히 검토하여 회신하여야 한다.

제6조(채권양도) ① 계약상대자는 이 계약에 의하여 발생한 채권(공사대금 청구권)을 제3자(공동수급체 구성원 포함)에게 양도할 수 있다.

② 계약담당공무원은 제1항에 의한 채권양도와 관련하여 적정한 공사이행목적 등 필요한 경우에는 채권양도를 제한하는 특약을 정하여 운용할 수 있다.

제7조(계약보증금) ① 계약상대자는 이 조건에 의하여 계약금액이 증액된 경우에는 이에 상응하는 금액의 계약보증금을 시행령 제50조 및 제52조에 정한 바에 따라 추가로 납부하여야 하며 계약담당공무원은 계약금액이 감액된 경우에는 이에 상응하는 금액의 계약보증금을 반환해야 한다. <개정 2009.6.29.>

② 계약담당공무원은 시행령 제52조제1항 본문에 의하여 계약이행을 보증한 경우로서 계약상대자가 계약이행보증방법의 변경을 요청하는 경우에는 1회에 한하여 변경하게 할 수 있다. <개정 2010.9.8.>

1. <삭제 2010.9.8.>
2. <삭제 2010.9.8.>
3. <삭제 2010.9.8.>

③ 계약담당공무원은 시행령 제37조제2항제2호에 의한 유가증권이나 현금으로 납부된 계약보증금을 계약상대자가 특별한 사유로 시행령 제37조제2항제1호 내지 제5호에 규정된 보증서 등으로 대체납부할 것을 요청한 때에는 동가치 상당액 이상으로 대체 납부하게 할 수 있다.

제8조(계약보증금의 처리) ①계약담당공무원은 계약상대자가 정당한 이유없이 계약상의 의무를 이행하지 아니할 때에는 계약보증금을 국고에 귀속한다.

② 시행령 제69조에 의한 장기계속공사계약

에 있어서 계약상대자가 2차 이후의 공사계약을 체결하지 아니한 경우에는 제1항을 준용한다.

③ 시행령 제50조제10항에 의하여 계약보증금 지급각서를 제출한 경우로서 계약보증금의 국고귀속사유가 발생하여 계약담당공무원의 납입요청이 있을 때에는 계약상대자는 해당 계약보증금을 지체없이 현금으로 납부하여야 한다.

④ 제1항 및 제2항에 의하여 계약보증금을 국고에 귀속함에 있어서 그 계약보증금은 이를 기성부분에 대한 미지급액과 상계 처리할 수 없다. 다만, 계약보증금의 전부 또는 일부를 면제받은 자의 경우에는 국고에 귀속되는 계약보증금과 기성부분에 대한 미지급액을 상계 처리할 수 있다.

⑤ 계약담당공무원은 계약상대자가 납부한 계약보증금을 계약이 이행된 후에 계약상대자에게 지체없이 반환한다.

제9조(보증이행업체의 자격) ① 시행령 제52조에 의한 보증이행업체는 다음 각호에 해당하는 자격을 갖추고 있어야 하며, 계약담당공무원은 보증이행업체의 적격여부를 심사하기 위하여 계약상대자에게 관련자료의 제출을 요구할 수 있다. <개정 2010.9.8.>

1. 「독점규제 및 공정거래에 관한 법률」에 의한 계열회사가 아닌 자
2. 시행령 제76조에 의한 입찰참가자격제한을 받고 그 제한기간 중에 있지 아니한 자
3. 시행령 제36조에 의한 입찰공고 등에서 정한 입찰참가자격과 동등이상의 자격을 갖춘 자
4. 시행령 제13조에 의한 입찰의 경우에는 입찰참가자격사전심사기준에 따른 입찰참가에 필요한 종합평점 이상이 되는 자

② 계약담당공무원은 제1항에 의하여 보증이행업체로된 자가 부적격하다고 인정되는 때에는 계약상대자에게 보증이행업체의 변경을 요구할 수 있다. <개정 2010.9.8.>

③ 시행령 제52조제1항제3호에 의한 공사이행보증서의 제출 등에 대하여는 제1항 및 제2항외에 계약예규 「정부 입찰·계약 집행기준」 제11장(공사의 이행보증제도 운용)에 정한 바에 의한다.

제10조(손해보험) ① 계약상대자는 해당 계약의 목적물 등에 대하여 손해보험(「건설산업기본법」 제56조제1항제5호에 따른 손해공제를 포함한다. 이하 이 조에서 같다)에 가입할 수 있으며, 시행령 제78조, 제97조 및 추정가격이 200억원이상인 공사로서 계약예규 「입찰참가자격사전심사요령」 제6조제5항제1호에 규정된 공사에 대하여는 특별한 사유가 없는 한 계약목적물 및 제3자 배상책임을 담보할 수 있는 손해보험에 가입하여야 한다. <개정 2010.9.8, 2014.1.10.>

② 계약상대자는 제1항에 의한 보험가입시에 발주기관, 계약상대자, 하수급인 및 해당공사의 이해관계인을 피보험자로 하여야 하며, 보험사고 발생으로 발주기관이외의 자가 보험금을 수령하게 될 경우에는 발주기관의 장의 사전 동의를 받아야 한다.

③ 계약목적물에 대한 보험가입금액은 공사의 보험가입 대상부분의 순계약금액(계약금액에서 부가가치세와 손해보험료를 제외한 금액을 말하며, 관급자재가 있을 경우에는 이를 포함한다. 이하 같다)을 기준으로 한다.

④ 계약상대자는 제1항에 의한 보험가입을 공사착공일(손해보험가입 비대상공사가 포함된 공사의 경우에는 손해보험가입대상공사 착공일을 말함) 이전까지 하고 그 증서를 착공신고서 제출시(손해보험가입 비대상공사가 포함된 공사의 경우에는 손해보험가입대상공사 착공시) 발주기관에 제출하여야 하며, 보험기간은 해당공사 착공시부터 발주기관의 인수시(시운전이 필요한 공사인 경우에는 시운전 시기까지 포함한다)까지로 하여야 한다.

⑤ 계약상대자는 손해보험가입시 제48조에 의하여 보증기관이 시공하게 될 경우에 계약상대자의 보험계약상의 권리와 의무가 보증기관에 승계되도록 하는 것을 포함하여야 하며, 제44조 내지 제46조에 의하여 계약이 해제 또는 해지된 후에 새로운 계약상대자가 선정될 경우에도 계약상대자의 보험계약상의 권리와 의무가 새로운 계약상대자에게 승계되는 내용이 포함되도록 하여야 한다. <개정 2010.9.8.>

⑥ 계약상대자는 발주기관이 작성한 예정가격조서상의 보험료 또는 계약상대자가 제출한 입찰금액 산출내역서상의 보험료와 계약상대자가 손해보험회사에 실제 납입한 보험료간의 차액발생을 이유로 보험가입을 거절하거나 동 차액의 정산을 요구하여서는 아니된다.

⑦ 계약상대자는 보험가입 목적물의 보험사고로 보험금이 지급되는 경우에는 동 보험금을 해당공사의 복구에 우선 사용하여야 하며, 보험금 지급이 지연되거나 부족하게 지급되는 경우에도 이를 이유로 피해복구를 지연하거

나 거절하여서는 아니된다.
⑧ 제1항 내지 제7항의 사항이외에 손해보험과 관련된 기타 계약조건은 계약예규「정부입찰·계약 집행기준」제12장(공사의 손해보험가입 업무집행)에 정한 바에 의한다.

제11조(공사용지의 확보) ① 발주기관은 계약문서에 따로 정한 경우를 제외하고는 계약상대자가 공사의 수행에 필요로 하는 날까지 공사용지를 확보하여 계약상대자에게 인도하여야 한다.
② 계약상대자는 현장에 인력, 장비 또는 자재를 투입하기 전에 공사용지의 확보여부를 계약담당공무원으로부터 확인을 받아야 한다.

제12조(공사자재의 검사) ① 공사에 사용할 자재는 신품이어야 하며 품질·규격 등은 반드시 설계서와 일치되어야 한다. 다만, 설계서에 명확히 규정되지 아니한 자재는 표준품 이상으로서 계약의 목적을 달성하는 데에 가장 적합한 것이어야 한다.
② 계약상대자는 공사자재를 사용하기 전에 공사감독관의 검사를 받아야 하며, 불합격된 자재는 즉시 대체하여 다시 검사를 받아야 한다.
③ 제2항에 의한 검사에 이의가 있을 경우에 계약상대자는 계약담당공무원에 대하여 재검사를 요청할 수 있으며, 재검사가 필요하다고 인정되는 경우에 계약담당공무원은 지체없이 재검사하도록 조치하여야 한다.
④ 계약담당공무원은 계약상대자로부터 공사에 사용할 자재의 검사를 요청받거나 제3항에 의한 재검사의 요청을 받은 때에는 정당한 이유없이 검사를 지체할 수 없다.
⑤ 계약상대자가 불합격된 자재를 즉시 이송하지 않거나 대체하지 아니하는 경우에는 계약담당공무원이 일방적으로 불합격 자재를 제거하거나 대체시킬 수 있다.
⑥ 계약상대자는 시험 또는 조합이 필요한 자재가 있는 경우 공사감독관의 참여하에 그 시험 또는 조합을 하여야 한다.
⑦ 수중 또는 지하에 매몰하는 공작물 기타 준공후 외부로부터 검사할 수 없는 공작물의 공사는 공사감독관의 참여하에 시공하여야 한다.
⑧ 계약상대자가 제1항 내지 제7항이 정한 조건에 위배하거나 또는 설계서에 합치되지 않는 시공을 하였을 때에는 계약담당공무원은 공작물의 대체 또는 개조를 명할 수 있다.
⑨ 제2항 내지 제8항의 경우에 계약금액을 증감하거나 계약기간을 연장할 수 없다. 다만, 제3항에 의하여 재검사 결과에서 적합한 자재인 것으로 판명될 경우에는 재검사에 소요된 기간에 대하여는 계약기간을 연장할 수 있다.

제13조(관급자재 및 대여품) ① 발주기관은 공사의 수행에 필요한 특정자재 또는 기계·기구 등을 계약상대자에게 공급하거나 대여할 수 있으며, 이 경우에 관급자재 등(관급자재 및 대여품을 말한다. 이하 같다)은 설계서에 명시되어 있어야 한다.
② 관급자재 등은 제17조제1항제2호의 공사공정예정표에 따라 적기에 공급되어야 하며, 인도일시 및 장소는 계약당사자간에 협의하여 결정한다.
③ 관급자재 등의 소유권은 발주기관에 있으며, 잉여분이 있을 경우에는 계약상대자는 이를 발주기관에 통지하여 계약담당공무원의 지시에 따라 이를 반환하여야 한다.
④ 제2항에 의한 인도후의 관급자재 등에 대한 관리상의 책임은 계약상대자에게 있으며, 계약상대자가 이를 멸실 또는 훼손하였을 경우에는 발주기관에 변상하여야 한다.
⑤ 계약상대자는 관급자재 등을 계약의 수행외의 목적으로 사용할 수 없으며, 공사감독관의 서면승인 없이는 현장외부로 반출하여서는 아니된다.
⑥ 계약상대자는 관급자재 등을 인수할 때에는 이를 검수하여야 하며 그 품질 또는 규격이 시공에 적당하지 아니하다고 인정될 경우에는 즉시 계약담당공무원에게 이를 통지하여 대체를 요구하여야 한다.
⑦ 계약담당공무원은 필요하다고 인정할 경우에는 관급자재 등의 수량·품질·규격·인도시기·인도장소 등을 변경할 수 있다. 이 경우에는 제20조 및 제23조를 적용한다.

제14조(공사현장대리인) ①계약상대자는 계약된 공사에 적격한 공사현장대리인(건설산업기본법시행령 제35조 [별표5] 등 공사관련 법령에 따른 기술자 배치기준에 적합한 자를 말한다. 이하 같다)을 지명하여 계약담당공무원에게 통지하여야 한다. <개정 2012.7.4.>
② 공사현장대리인은 공사현장에 상주하여 계약문서와 공사감독관의 지시에 따라 공사현

장의 관리 및 공사에 관한 모든 사항을 처리하여야 한다. 다만, 공사가 일정기간 중단된 경우로서 발주기관의 승인을 얻은 경우에는 그러하지 아니한다. <단서신설 2012.7.4.>

제15조(공사현장 근로자) ① 계약상대자는 해당계약의 시공 또는 관리에 필요한 기술과 경험을 가진 근로자를 채용하여야 하며 근로자의 행위에 대하여 모든 책임을 져야 한다.
② 계약상대자는 계약담당공무원이 계약상대자가 채용한 근로자에 대하여 해당계약의 시공 또는 관리상 적당하지 아니하다고 인정하여 이의 교체를 요구한 때에는 즉시 교체하여야 하며 계약담당공무원의 승인없이는 교체된 근로자를 해당계약의 시공 또는 관리를 위하여 다시 채용할 수 없다.

제16조(공사감독관) ① 공사감독관은 계약된 공사의 수행과 품질의 확보 및 향상을 위하여 「건설기술 진흥법」 제39조제6항 및 동법 시행령 제59조, 「전력기술관리법」 제12조, 그 밖에 공사관련법령에 따른 건설사업관리기술자 또는 감리원의 업무범위에서 정한 내용 및 이 조건에서 규정한 업무를 수행한다. <개정 2016.1.1. 2016.12.30.>
② 공사감독관은 계약담당공무원의 승인없이 계약상대자의 의무와 책임을 면제시키거나 증감시킬 수 없다.
③ 계약상대자는 공사감독관의 지시 또는 결정이 이 조건에서 정한 사항에 위반되거나 계약의 이행에 적합하지 아니하다고 인정될 경우에는 즉시 계약담당공무원에게 이의 시정을 요구하여야 한다.
④ 계약담당공무원은 제3항에 의한 시정요구를 받은 날부터 7일이내에 필요한 조치를 하여야 한다.
⑤ 계약상대자는 발주기관에 제출하는 모든 문서에 대하여 그 사본을 공사감독관에게 제출하여야 한다.
⑥ 공사감독관은 계약상대자로부터 제43조의2 제1항에 따른 통보를 받은 경우에는 하수급인 및 계약상대자와 직접 계약을 체결한 건설공사용부품제작납품업자, 건설기계대여업자(이하 "하수급인 및 자재 · 장비업자"라 한다)로부터 대금 수령내역 및 증빙서류를 제출받아 대금지급내역 및 수령내역의 일치 여부를 확인하여야 한다. <신설 2010.9.8.>

제17조(착공 및 공정보고) ① 계약상대자는 계약문서에서 정하는 바에 따라 공사를 착공하여야 하며 착공시에는 다음 각호의 서류가 포함된 착공신고서를 발주기관에 제출하여야 한다.
1. 「건설기술 진흥법령」 등 관련법령에 의한 현장기술자지정신고서 <개정 2016.1.1.>
2. 공사공정예정표
3. 안전 · 환경 및 품질관리계획서
4. 공정별 인력 및 장비투입계획서
5. 착공전 현장사진
6. 기타 계약담당공무원이 지정한 사항

② 계약상대자는 계약의 이행중에 설계변경 또는 기타 계약내용의 변경으로 인하여 제1항에 의하여 제출한 서류의 변경이 필요한 때에는 관련서류를 변경하여 제출하여야 한다.
③ 계약담당공무원은 제1항 및 제2항에 의하여 제출된 서류의 내용을 조정할 필요가 있다고 인정하는 경우에는 계약상대자에게 이의 조정을 요구할 수 있다.
④ 계약담당공무원은 계약상대자로 하여금 월별로 수행한 공사에 대하여 다음 각호의 사항을 명백히 하여 익월 14일까지 발주기관에 제출하게 할 수 있으며, 이 경우 계약상대자는 이에 응하여야 한다.
1. 월별 공정율 및 수행공사금액
2. 인력 · 장비 및 자재현황
3. 계약사항의 변경 및 계약금액의 조정내용
4. 공정상황을 나타내는 현장사진

⑤ 계약담당공무원은 공정이 지체되어 소정기한내에 공사가 준공될 수 없다고 인정할 경우에는 제4항에 의한 월별 현황과는 별도로 주간공정현황의 제출 등 공사추진에 필요한 조치를 계약상대자에게 지시할 수 있다.

제18조(휴일 및 야간작업) ① 계약상대자는 계약담당공무원의 공기단축지시 및 발주기관의 부득이한 사유로 인하여 휴일 또는 야간작업을 지시받았을 때에는 계약담당공무원에게 추가비용을 청구할 수 있다. <개정 2009.6.29.>
② 제1항의 경우에는 제23조를 준용한다. <개정 2009.6.29.>

제19조(설계변경 등) ① 설계변경은 다음 각호의 어느 하나에 해당하는 경우에 한다.
1. 설계서의 내용이 불분명하거나 누락 · 오류 또는 상호 모순되는 점이 있을 경우
2. 지질, 용수등 공사현장의 상태가 설계서와 다를 경우

3. 새로운 기술 · 공법사용으로 공사비의 절감 및 시공기간의 단축 등의 효과가 현저할 경우
4. 기타 발주기관이 설계서를 변경할 필요가 있다고 인정할 경우 등

② <삭제 2007.10.10.>

③ 제1항에 의한 설계변경은 그 설계변경이 필요한 부분의 시공전에 완료하여야 한다. 다만, 계약담당공무원은 공정이행의 지연으로 품질저하가 우려되는 등 긴급하게 공사를 수행할 필요가 있는 때에는 계약상대자와 협의하여 설계변경의 시기 등을 명확히 정하고, 설계변경을 완료하기 전에 우선시공을 하게 할 수 있다.

제19조의2(설계서의 불분명 · 누락 · 오류 및 설계서간의 상호모순 등에 의한 설계변경) ① 계약상대자는 공사계약의 이행중에 설계서의 내용이 불분명하거나 설계서에 누락 · 오류 및 설계서간에 상호모순 등이 있는 사실을 발견하였을 때에는 설계변경이 필요한 부분의 이행전에 해당사항을 분명히 한 서류를 작성하여 계약담당공무원과 공사감독관에게 동시에 이를 통지하여야 한다.

② 계약담당공무원은 제1항에 의한 통지를 받은 즉시 공사가 적절히 이행될 수 있도록 다음 각호의 어느 하나의 방법으로 설계변경 등 필요한 조치를 하여야 한다.

1. 설계서의 내용이 불분명한 경우(설계서만으로는 시공방법, 투입자재 등을 확정할 수 없는 경우)에는 설계자의 의견 및 발주기관이 작성한 단가산출서 또는 수량산출서 등의 검토를 통하여 당초 설계서에 의한 시공방법 · 투입자재 등을 확인한 후에 확인된 사항대로 시공하여야 하는 경우에는 설계서를 보완하되 제20조에 의한 계약금액조정은 하지 아니하며, 확인된 사항과 다르게 시공하여야 하는 경우에는 설계서를 보완하고 제20조에 의하여 계약금액을 조정하여야 함
2. 설계서에 누락 · 오류가 있는 경우에는 그 사실을 조사 확인하고 계약목적물의 기능 및 안전을 확보할 수 있도록 설계서를 보완
3. 설계도면과 공사시방서는 서로 일치하나 물량내역서와 상이한 경우에는 설계도면 및 공사시방서에 물량내역서를 일치
4. 설계도면과 공사시방서가 상이한 경우로서 물량내역서가 설계도면과 상이하거나 공사시방서와 상이한 경우에는 설계도면과 공사시방서중 최선의 공사시공을 위하여 우선되어야 할 내용으로 설계도면 또는 공사시방서를 확정한 후 그 확정된 내용에 따라 물량내역서를 일치

③ 제2항제3호 및 제4호는 제2조제4호에서 정한 공사의 경우에는 적용되지 아니한다. 다만, 제2조제4호에서 정한 공사의 경우로서 설계도면과 공사시방서가 상호 모순되는 경우에는 관련 법령 및 입찰에 관한 서류 등에 정한 내용에 따라 우선 여부를 결정하여야 한다. <개정 2008.12.29.>

제19조의3(현장상태와 설계서의 상이로 인한 설계변경) ① 계약상대자는 공사의 이행 중에 지질, 용수, 지하매설물 등 공사현장의 상태가 설계서와 다른 사실을 발견하였을 때에는 지체없이 설계서에 명시된 현장상태와 상이하게 나타난 현장상태를 기재한 서류를 작성하여 계약담당공무원과 공사감독관에게 동시에 이를 통지하여야 한다.

② 계약담당공무원은 제1항에 의한 통지를 받은 즉시 현장을 확인하고 현장상태에 따라 설계서를 변경하여야 한다.

제19조의4(신기술 및 신공법에 의한 설계변경) ① 계약상대자는 새로운 기술 · 공법(발주기관의 설계와 동등이상의 기능 · 효과를 가진 기술 · 공법 및 기자재 등을 포함한다. 이하 같다)을 사용함으로써 공사비의 절감 및 시공기간의 단축 등에 효과가 현저할 것으로 인정하는 경우에는 다음 각호의 서류를 첨부하여 공사감독관을 경유하여 계약담당공무원에게 서면으로 설계변경을 요청할 수 있다.

1. 제안사항에 대한 구체적인 설명서
2. 제안사항에 대한 산출내역서
3. 제17조제1항제2호에 대한 수정공정예정표
4. 공사비의 절감 및 시공기간의 단축효과
5. 기타 참고사항

② 계약담당공무원은 제1항에 의하여 설계변경을 요청받은 경우에는 이를 검토하여 그 결과를 계약상대자에게 통지하여야 한다. 이 경우에 계약담당공무원은 설계변경 요청에 대하여 이의가 있을 때에는 「건설기술 진흥법 시행령」 제19조에 따른 기술자문위원회(이하 "기술자문위원회" 라 한다)에 청구하여 심의를 받아야 한다. 다만, 기술자문위원회가 설치되어 있지 아니한 경우에는 「건설기술 진흥법」 제5

조에 의한 건설기술심의위원회의 심의를 받아야 한다. <개정 2009.9.21, 2016.1.1.>

③ 계약상대자는 제1항에 의한 요청이 승인되었을 경우에는 지체없이 새로운 기술·공법으로 수행할 공사에 대한 시공상세도면을 공사감독관을 경유하여 계약담당공무원에게 제출하여야 한다.

④ 계약상대자는 제2항에 의한 심의를 거친 계약담당공무원의 결정에 대하여 이의를 제기할 수 없으며, 또한 새로운 기술·공법의 개발에 소요된 비용 및 새로운 기술·공법에 의한 설계변경 후에 해당 기술·공법에 의한 시공이 불가능한 것으로 판명된 경우에는 시공에 소요된 비용을 발주기관에 청구할 수 없다. <개정 2009.9.21.>

제19조의5(발주기관의 필요에 의한 설계변경) ①계약담당공무원은 다음 각호의 어느 하나의 사유로 인하여 설계서를 변경할 필요가 있다고 인정할 경우에는 계약상대자에게 이를 서면으로 통보할 수 있다.

1. 해당공사의 일부변경이 수반되는 추가공사의 발생
2. 특정공종의 삭제
3. 공정계획의 변경
4. 시공방법의 변경
5. 기타 공사의 적정한 이행을 위한 변경

② 계약담당공무원은 제1항에 의한 설계변경을 통보할 경우에는 다음 각호의 서류를 첨부하여야 한다. 다만, 발주기관이 설계서를 변경 작성할 수 없을 때에는 설계변경 개요서만을 첨부하여 설계변경을 통보할 수 있다.

1. 설계변경개요서
2. 수정설계도면 및 공사시방서
3. 기타 필요한 서류

③ 계약상대자는 제1항에 의한 통보를 받은 즉시 공사이행상황 및 자재수급 상황 등을 검토하여 설계변경 통보내용의 이행가능 여부(이행이 불가능하다고 판단될 경우에는 그 사유와 근거자료를 첨부)를 계약담당공무원과 공사감독관에게 동시에 이를 서면으로 통지하여야 한다.

제19조의6(소요자재의 수급방법 변경) ① 계약담당공무원은 발주기관의 사정으로 인하여 당초 관급자재로 정한 품목을 계약상대자와 협의하여 계약상대자가 직접 구입하여 투입하는 자재(이하 "사급자재"라 한다)로 변경하고자 하는 경우 또는 관급자재 등의 공급지체로 공사가 상당기간 지연될 것이 예상되어 계약상대자가 대체사용 승인을 신청한 경우로서 이를 승인한 경우에는 이를 서면으로 계약상대자에게 통보하여야 한다. 이때 계약담당공무원은 계약상대자와 협의하여 변경된 방법으로 일괄하여 자재를 구입할 수 없는 경우에는 분할하여 구입하게 할 수 있으며, 분할 구입하게 할 경우에는 구입시기별로 이를 서면으로 계약상대자에게 통보하여야 한다.

② 계약담당공무원은 공사의 이행 중에 설계변경 등으로 인하여 당초 관급자재의 수량이 증가되는 경우로서 증가되는 수량을 적기에 지급할 수 없어 공사의 이행이 지연될 것으로 예상되는 등 필요하다고 인정되는 때에는 계약상대자와 협의한 후에 증가되는 수량을 계약상대자가 직접 구입하여 투입하도록 서면으로 계약상대자에게 통보할 수 있다.

③ 제1항에 의하여 자재의 수급방법을 변경한 경우에는 계약담당공무원은 통보당시의 가격에 의하여 그 대가(기성부분에 실제 투입된 자재에 대한 대가)를 제39조 내지 제40조에 의한 기성대가 또는 준공대가에 합산하여 지급하여야 한다. 다만, 계약상대자의 대체사용 승인신청에 따라 자재가 대체사용된 경우에는 계약상대자와 합의된 장소 및 일시에 현품으로 반환할 수도 있다.

④ 계약담당공무원은 당초계약시의 사급자재를 관급자재로 변경할 수 없다. 다만, 원자재의 수급 불균형에 따른 원자재가격 급등 등 사급자재를 관급자재로 변경하지 않으면 계약목적을 이행할 수 없다고 인정될 때에는 계약당사자간의 협의에 의하여 변경할 수 있다.

⑤ 제2항 및 제4항에 의하여 추가되는 관급자재를 사급자재로 변경하거나 사급자재를 관급자재로 변경한 경우에는 제20조에 정한 바에 따라 계약금액을 조정하여야 하며, 제3항 본문에 의하여 대가를 지급하는 경우에는 제20조제5항을 준용한다.

제19조의7(설계변경에 따른 추가조치 등) ① 계약담당공무원은 제19조제1항에 의하여 설계변경을 하는 경우에 그 변경사항이 목적물의 구조변경 등으로 인하여 안전과 관련이 있는 때에는 하자발생시 책임한계를 명확하게 하기 위하여 당초 설계자의 의견을 들어야 한다.

② 계약담당공무원은 제19조의2, 제19조의3 및 제19조의5에 의하여 설계변경을 하는 경우에 계약상대자로 하여금 다음 각호

의 사항을 계약담당공무원과 공사감독관에게 동시에 제출하게 할 수 있으며, 계약상대자는 이에 응하여야 한다.

1. 해당공종의 수정공정예정표
2. 해당공종의 수정도면 및 수정상세도면
3. 조정이 요구되는 계약금액 및 기간
4. 여타의 공정에 미치는 영향

③ 계약담당공무원은 제2항제2호에 의하여 당초의 설계도면 및 시공상세도면을 계약상대자가 수정하여 제출하는 경우에는 그 수정에 소요된 비용을 제23조에 의하여 계약상대자에게 지급하여야 한다.

제20조(설계변경으로 인한 계약금액의 조정) ① 계약담당공무원은 설계변경으로 시공방법의 변경, 투입자재의 변경 등 공사량의 증감이 발생하는 경우에는 다음 각호의 어느 하나의 기준에 의하여 계약금액을 조정하여야 한다.

1. 증감된 공사량의 단가는 계약단가로 한다. 다만 계약단가가 예정가격단가보다 높은 경우로서 물량이 증가하게 되는 때에는 그 증가된 물량에 대한 적용단가는 예정가격단가로 한다.
2. 산출내역서에 없는 품목 또는 비목(동일한 품목이라도 성능, 규격 등이 다른 경우를 포함한다. 이하 "신규비목"이라 한다)의 단가는 설계변경당시(설계도면의 변경을 요하는 경우에는 변경도면을 발주기관이 확정한 때, 설계도면의 변경을 요하지 않는 경우에는 계약당사자간에 설계변경을 문서에 의하여 합의한 때, 제19조제3항에 의하여 우선시공을 한 경우에는 그 우선시공을 하게 한 때를 말한다. 이하 같다)를 기준으로 산정한 단가에 낙찰율(예정가격에 대한 낙찰금액 또는 계약금액의 비율을 말한다. 이하 같다)을 곱한 금액으로 한다.

② 발주기관이 설계변경을 요구한 경우(계약상대자의 책임없는 사유로 인한 경우를 포함한다. 이하 같다)에는 제1항에도 불구하고 증가된 물량 또는 신규비목의 단가는 설계변경당시를 기준으로 하여 산정한 단가와 동 단가에 낙찰율을 곱한 금액의 범위안에서 발주기관과 계약상대자가 서로 주장하는 각각의 단가기준에 대한 근거자료 제시 등을 통하여 성실히 협의(이하 "협의"라 한다) 하여 결정한다. 다만, 계약당사자간에 협의가 이루어지지 아니하는 경우에는 설계변경당시를 기준으로 하여 산정한 단가와 동 단가에 낙찰율을 곱한 금액을 합한 금액의 100분의 50으로 한다.

③ 제2항에도 불구하고 표준시장단가가 적용된 공사의 경우에는 다음 각호의 어느 하나의 기준에 의하여 계약금액을 조정하여야 한다. <신설 2012.7.4, 개정 2014.1.10, 2015.3.1.>

1. 증가된 공사량의 단가는 예정가격 산정시 표준시장단가가 적용된 경우에 설계변경 당시를 기준으로 하여 산정한 표준시장단가로 한다.
2. 신규비목의 단가는 표준시장단가를 기준으로 산정하고자 하는 경우에 설계변경 당시를 기준으로 산정한 표준시장단가로 한다.

④ 제19조의4에 의한 설계변경의 경우에는 해당 절감액의 100분의 30에 해당하는 금액을 감액한다. <제3항에서 이동 2012.7.4.>

⑤ 제1항 및 제2항에 의한 계약금액의 증감분에 대한 간접노무비, 산재보험료 및 산업안전보건관리비 등의 승율비용과 일반관리비 및 이윤은 산출내역서상의 간접노무비율, 산재보험료율 및 산업안전보건관리비율 등의 승율비용과 일반관리비율 및 이윤율에 의하되 설계변경당시의 관계법령 및 기획재정부장관 등이 정한 율을 초과할 수 없다. <개정 2008.12.29, 제4항에서 이동 2012.7.4>

⑥ 계약담당공무원은 예정가격의 100분의 86미만으로 낙찰된 공사계약의 계약금액을 제1항에 따라 증액조정하고자 하는 경우로서 해당 증액조정금액(2차 이후의 계약금액 조정에 있어서는 그 전에 설계변경으로 인하여 감액 또는 증액조정된 금액과 증액조정하려는 금액을 모두 합한 금액을 말한다)이 당초 계약서의 계약금액(장기계속공사의 경우에는 시행령 제69조제2항에 따라 부기된 총공사금액)의 100분의 10 이상인 경우에는 시행령 제94조에 따른 계약심의회, 「국가재정법 시행령」 제49조에 따른 예산집행심의회 또는 「건설기술 진흥법 시행령」 제19조에 따른 기술자문위원회의 심의를 거쳐 소속중앙관서의 장의 승인을 얻어야 한다. <제5항에서 이동 2012.7.4, 개정 2016.1.1.>

⑦ 일부 공종의 단가가 세부공종별로 분류되어 작성되지 아니하고 총계방식으로 작성(이하 "1식단가"라 한다)되어 있는 경우에도 설계도면 또는 공사시방서가 변경되어 1식단가의 구성내용이 변경되는 때에는 제1항 내지 제5항에 의하여 계약금액을 조정하여야 한다. <제6항에서 이동 2012.7.4.>

⑧ 발주기관은 제1항 내지 제7항에 의하여 계약금액을 조정하는 경우에는 계약상대자의 계

약금액조정 청구를 받은 날부터 30일이내에 계약금액을 조정하여야 한다. 이 경우에 예산배정의 지연 등 불가피한 경우에는 계약상대자와 협의하여 그 조정기한을 연장할 수 있으며, 계약금액을 조정할 수 있는 예산이 없는 때에는 공사량 등을 조정하여 그 대가를 지급할 수 있다. <제7항에서 이동 2012.7.4.>

⑨ 계약담당공무원은 제8항에 의한 계약상대자의 계약금액조정 청구 내용이 부당함을 발견한 때에는 지체없이 필요한 보완요구 등의 조치를 하여야 한다. 이 경우 계약상대자가 보완요구 등의 조치를 통보받은 날부터 발주기관이 그 보완을 완료한 사실을 통지받은 날까지의 기간은 제8항에 의한 기간에 산입하지 아니한다. <제8항에서 이동 2012.7.4.>

⑩ 제8항 전단에 의한 계약상대자의 계약금액조정 청구는 제40조에 의한 준공대가(장기계속계약의 경우에는 각 차수별 준공대가) 수령전까지 조정신청을 하여야 한다. <제9항에서 이동 2012.7.4.>

제21조(설계변경으로 인한 계약금액조정의 제한 등) ① 다음 각 호의 어느 하나의 방법으로 체결된 공사계약에 있어서는 설계변경으로 계약내용을 변경하는 경우에도 정부에 책임있는 사유 또는 천재·지변 등 불가항력의 사유로 인한 경우를 제외하고는 그 계약금액을 증액할 수 없다.

1. <신설 2011.5.13, 삭제 2016.1.1.>
2. 시행령 제78조에 따른 일괄입찰 및 대안입찰(대안이 채택된 부분에 한함)을 실시하여 체결된 공사계약
3. 시행령 제98조에 따른 기본설계 기술제안입찰 및 실시설계 기술제안입찰(기술제안이 채택된 부분에 한함)을 실시하여 체결된 공사계약 <개정 2010.9.8.>

② 계약담당공무원은 시행령 제14조제1항 각 호외의 부분 단서에 따라 물량내역서를 작성하는 경우에는 물량내역서의 누락사항이나 오류 등으로 설계를 변경하는 경우에도 그 계약금액을 변경할 수 없다. 다만, 입찰참가자가 교부받은 물량내역서의 물량을 수정하고 단가를 적은 산출내역서를 제출하는 경우에는 입찰참가자의 물량수정이 허용되지 않은 공종에 대하여는 그러하지 아니하다. <신설 2010.9.8. 개정 2016.1.1.>

③ 각 중앙관서의 장 또는 계약담당공무원은 시행령 제78조에 따른 일괄입찰과 제98조에 따른 기본설계 기술제안입찰의 경우 계약체결 이전에 실시설계적격자에게 책임이 없는 다음 각 호의 어느 하나에 해당하는 사유로 실시설계를 변경한 경우에는 계약체결 이후에 즉시 설계변경에 의한 계약금액 조정을 하여야 한다. <개정 2010.9.8.>

1. 민원이나 환경·교통영향평가 또는 관련 법령에 따른 인허가 조건 등과 관련하여 실시설계의 변경이 필요한 경우
2. 발주기관이 제시한 기본계획서·입찰안내서 또는 기본설계서에 명시 또는 반영되어 있지 아니한 사항에 대하여 해당 발주기관이 변경을 요구한 경우
3. 중앙건설기술심의위원회 또는 기술자문위원회가 실시설계 심의과정에서 변경을 요구한 경우 <개정 2016.1.1.>

④ 제1항 또는 제3항의 경우에서 계약금액을 조정하고자 할 때에는 다음 각호의 기준에 의한다. <제3항에서 이동 2010.9.8.>

1. 실시설계 기술제안입찰은 시행령 제65조 제3항에 의한다. <개정 2008.12.29, 2010.9.8.>
2. 제1항제2호의 경우와 기본설계 기술제안입찰은 시행령 제91조 제3항에 의한다. <개정 2008.12.29, 2010.9.8.>

⑤ 제1항에 정한 정부의 책임있는 사유 또는 불가항력의 사유란 다음 각호의 어느 하나의 경우를 말한다. 다만, 설계시 공사관련법령 등에 정한 바에 따라 설계서가 작성된 경우에 한한다. <제4항에서 이동 2010.9.8.>

1. 사업계획 변경 등 발주기관의 필요에 의한 경우
2. 발주기관 외에 해당공사와 관련된 인허가기관 등의 요구가 있어 이를 발주기관이 수용하는 경우
3. 공사관련법령(표준시방서, 전문시방서, 설계기준 및 지침 등 포함)의 제·개정으로 인한 경우
4. 공사관련법령에 정한 바에 따라 시공하였음에도 불구하고 발생되는 민원에 의한 경우
5. 발주기관 또는 공사 관련기관이 교부한 지하매설 지장물 도면과 현장 상태가 상이하거나 계약이후 신규로 매설된 지장물에 의한 경우
6. 토지·건물소유자의 반대, 지장물의 존치, 관련기관의 인허가 불허 등으로 지질조사가 불가능했던 부분의 경우
7. 제32조에 정한 사항 등 계약당사자 누구의 책임에도 속하지 않는 사유에 의한 경우

⑥ 제4항에 따라 계약금액을 증감조정하고자

하는 경우에 증감되는 공사물량은 수정전의 설계도면과 수정후의 설계도면을 비교하여 산출한다. <개정 2010.9.8.>

⑦ 제3항 각호의 사유 및 제5항 각호의 사유에 해당되지 않는 경우로서 현장상태와 설계서의 상이 등으로 인하여 설계변경을 하는 경우에는 전체공사에 대하여 증·감되는 금액을 합산하여 계약금액을 조정하되, 계약금액을 증액할 수는 없다. <개정 2010.9.8. 2016.12.30.>

⑧ 계약담당공무원은 제7항에 따른 계약금액 조정과 관련하여 연차계약별로 준공되는 장기계속공사의 경우에는 계약체결시 전체공사에 대한 증·감 금액의 합산처리 방법, 합산잔액의 다음 연차계약으로의 이월 등 필요한 사항을 정하여 운영하여야 한다. <개정 2010.9.8.>

⑨ 제1항 내지 제8항에 따른 계약금액조정의 경우에는 제20조제5항 및 제8항 내지 제10항을 준용한다. <개정 2010.9.8.>

제22조(물가변동으로 인한 계약금액의 조정) ① 물가변동으로 인한 계약금액의 조정은 시행령 제64조 및 시행규칙 제74조에 정한 바에 의한다.

② 계약담당공무원이 동일한 계약에 대한 계약금액을 조정할 때에는 품목조정율 및 지수조정율을 동시에 적용하여서는 아니되며, 계약을 체결할 때에 계약상대자가 지수조정율 방법을 원하는 경우외에는 품목조정율 방법으로 계약금액을 조정하도록 계약서에 명시하여야 한다. 이 경우 계약이행중 계약서에 명시된 계약금액 조정방법을 임의로 변경하여서는 아니된다. 다만, 시행령 제64조제6항에 따라 특정규격의 자재별 가격변동으로 계약금액을 조정할 경우에는 본문에도 불구하고 품목조정율에 의한다.

③ 제1항에 의하여 계약금액을 증액하는 경우에는 계약상대자의 청구에 의하여야 하고, 계약상대자는 제40조에 의한 준공대가(장기계속계약의 경우에는 각 차수별 준공대가) 수령전까지 조정신청을 하여야 조정금액을 지급받을 수 있으며, 조정된 계약금액은 직전의 물가변동으로 인한 계약금액조정기준일부터 90일이내에 이를 다시 조정할 수 없다. 다만, 천재·지변 또는 원자재의 가격급등으로 해당 기간내에 계약금액을 조정하지 아니하고는 계약이행이 곤란하다고 인정되는 경우에는 계약을 체결한 날 또는 직전 조정기준일로부터 90일이내에도 계약금액을 조정할 수 있다.

④ 계약상대자는 제3항에 의하여 계약금액의 증액을 청구하는 경우에 계약금액조정 내역서를 첨부하여야 한다.

⑤ 발주기관은 제1항 내지 제4항에 의하여 계약금액을 증액하는 경우에는 계약상대자의 청구를 받은 날부터 30일 이내에 계약금액을 조정하여야 한다. 이 때 예산배정의 지연 등 불가피한 경우에는 계약상대자와 협의하여 그 조정기한을 연장할 수 있으며, 계약금액을 증액할 수 있는 예산이 없는 때에는 공사량 등을 조정하여 그 대가를 지급할 수 있다.

⑥ 계약담당공무원은 제4항 및 제5항에 의한 계약상대자의 계약금액조정 청구 내용이 일부 미비하거나 분명하지 아니한 경우에는 지체없이 필요한 보완요구를 하여야 하며, 이 경우 계약상대자가 보완요구를 통보받은 날부터 발주기관이 그 보완을 완료한 사실을 통지받은 날까지의 기간은 제5항에 의한 기간에 산입하지 아니한다. 다만, 계약상대자의 계약금액조정 청구내용이 계약금액 조정요건을 충족하지 않았거나 관련 증빙서류가 첨부되지 아니한 경우에는 그 사유를 명시하여 계약상대자에게 해당 청구서를 반송하여야 하며, 이 경우에 계약상대자는 그 반송사유를 충족하여 계약금액조정을 다시 청구하여야 한다.

⑦ 시행령 제64조제6항에 따른 계약금액 조정요건을 충족하였으나 계약상대자가 계약금액조정신청을 하지 않을 경우에 하수급인은 이러한 사실을 계약담당공무원에게 통보할 수 있으며, 통보받은 계약담당공무원은 이를 확인한 후에 계약상대자에게 계약금액 조정신청과 관련된 필요한 조치 등을 하도록 하여야 한다.

제23조(기타 계약내용의 변경으로 인한 계약금액의 조정) ① 계약담당공무원은 공사계약에 있어서 제20조 및 제22조에 의한 경우 외에 공사기간·운반거리의 변경 등 계약내용의 변경으로 계약금액을 조정하여야 할 필요가 있는 경우에는 그 변경된 내용에 따라 실비를 초과하지 아니하는 범위안에서 이를 조정하며, 계약예규「정부입찰·계약 집행기준」제14장(실비의 산정)을 적용한다. <개정 2014.1.10.>

② 제1항에 의한 계약내용의 변경은 변경되는 부분의 이행에 착수하기 전에 완료하여야 한다. 다만, 계약담당공무원은 계약이행의 지연으로 품질저하가 우려되는 등 긴급하게 계약을 이행하게 할 필요가 있는 때에

는 계약상대자와 협의하여 계약내용 변경의 시기 등을 명확히 정하고, 계약내용을 변경하기 전에 계약을 이행하게 할 수 있다.
③ 제1항의 경우에는 제20조제5항을 준용한다.
④ 제1항에 의하여 계약금액이 증액될 때에는 계약상대자의 신청에 따라 조정하여야 한다.
⑤ 제1항 내지 제4항에 의한 계약금액조정의 경우에는 제20조제8항 내지 제10항을 준용한다.

제23조의2(설계변경 등에 따른 통보) 제20조 내지 제23조에 따라 계약금액을 조정한 경우에는 계약담당공무원은 건설산업기본법 관련 규정에 따라 계약금액의 조정사유와 내용을 하수급인에게 통보하여야 한다.
[본조 신설 2008.12.29.]

제23조의3(건설폐기물량의 초과발생에 따른 계약금액의 조정) 시행령 제78조에 따라 체결된 계약에 있어서 「건설폐기물의 재활용 촉진에 관한 법률」 제15조에 따라 건설공사와 건설폐기물처리용역을 분리발주한 경우로서 공사수행과정에서 건설폐기물이 계약상대자가 설계시 산출한 물량을 초과하여 발생한 때에는 해당 초과물량에 대하여 발주기관이 실제 폐기물처리업체에 지급한 처리비용만큼 계약금액에서 감액조정한다.
[본조 신설 2010.11.30.]

제24조(응급조치) ① 계약상대자는 시공기간중 재해방지를 위하여 필요하다고 인정할 때에는 미리 공사감독관의 의견을 들어 필요한 조치를 취하여야 한다.
② 공사감독관은 재해방지 기타 시공상 부득이할 때에는 계약상대자에게 필요한 응급조치를 취할 것을 구두 또는 서면으로 요구할 수 있다. 이 경우에 구두로 응급조치를 요구한 때에는 추후 서면으로 보완하여야 한다.
③ 계약상대자는 제2항에 의한 요구를 받은 때에는 즉시 이에 응하여야 한다. 다만 계약상대자가 요구에 응하지 아니할 때에는 계약담당공무원은 일방적으로 계약상대자 부담으로 제3자로 하여금 응급조치하게 할 수 있다.
④ 제1항 내지 제3항의 조치에 소요된 경비중에서 계약상대자가 계약금액의 범위내에서 부담하는 것이 부당하다고 인정되는 때에는 제23조에 의하여 실비의 범위안에서 계약금액을 조정할 수 있다.

제25조(지체상금) ① 계약상대자는 계약서에 정한 준공기한(계약서상 준공신고서 제출기일을 말한다. 이하 같다)내에 공사를 완성하지 아니한 때에는 매 지체일수마다 계약서에 정한 지체상금율을 계약금액(장기계속공사계약의 경우에는 연차별 계약금액)에 곱하여 산출한 금액(이하 "지체상금"이라 한다)을 현금으로 납부하여야 한다.
② 계약담당공무원은 제1항의 경우에 제29조에 의하여 기성부분에 대하여 검사를 거쳐 이를 인수(인수하지 아니하고 관리·사용하고 있는 경우를 포함한다. 이하 이 조에서 같다)한 때에는 그 부분에 상당하는 금액을 계약금액에서 공제한다. 이 경우에 기성부분의 인수는 그 성질상 분할할 수 있는 공사에 대한 완성부분으로 인수하는 것에 한한다.
③ 계약담당공무원은 다음 각호의 어느 하나에 해당되어 공사가 지체되었다고 인정할 때에는 그 해당일수를 제1항의 지체일수에 산입하지 아니한다.
1. 제32조에서 규정한 불가항력의 사유에 의한 경우
2. 계약상대자가 대체 사용할 수 없는 중요 관급자재 등의 공급이 지연되어 공사의 진행이 불가능하였을 경우
3. 발주기관의 책임으로 착공이 지연되거나 시공이 중단되었을 경우
4. <삭제 2010.9.8.>
5. 계약상대자의 부도 등으로 보증기관이 보증이행업체를 지정하여 보증시공할 경우
6. 제19조에 의한 설계변경(계약상대자의 책임없는 사유인 경우에 한한다)으로 인하여 준공기한내에 계약을 이행할 수 없을 경우 <개정 2015.9.21.>
7. 원자재의 수급 불균형으로 인하여 해당 관급자재의 조달지연 또는 사급자재(관급자재에서 전환된 사급자재를 포함한다)의 구입곤란 등 기타 계약상대자의 책임에 속하지 아니하는 사유로 인하여 지체된 경우

④ <삭제 2014.1.10>
⑤ 제3항제5호에 의하여 지체일수에 산입하지 아니하는 기간은 발주기관으로부터 보증채무 이행청구서를 접수한 날부터 보증이행개시일 전일까지(단, 30일 이내에 한한다)로 한다.
⑥ 계약담당공무원은 제1항에 의한 지체일수를 다음 각호에 따라 산정하여야 한다.

1. 준공기한내에 준공신고서를 제출한 때에는 제27조에 의한 준공검사에 소요된 기간은 지체일수에 산입하지 아니한다. 다만, 준공기한 이후에 제27조제3항에 의한 시정조치를 한 때에는 시정조치를 한 날부터 최종 준공검사에 합격한 날까지의 기간(검사기간이 제27조에 정한 기간을 초과한 경우에는 동조에 정한 기간에 한한다. 이하 같다)을 지체일수에 산입한다.
2. 준공기한을 경과하여 준공신고서를 제출한 때에는 준공기한 익일부터 준공검사(시정조치를 한 때에는 최종 준공검사)에 합격한 날까지의 기간을 지체일수에 산입한다.
3. 준공기한의 말일이 공휴일(관련 법령에 의하여 발주기관의 휴무일인 경우를 포함한다)인 경우에 지체일수는 공휴일의 익일 다음날부터 기산한다.

⑦ 계약담당공무원은 제1항 내지 제3항에 의한 지체상금은 계약상대자에게 지급될 대가, 대가지급지연에 대한 이자 또는 기타 예치금 등과 상계할 수 있다.

제26조(계약기간의 연장) ① 계약상대자는 제25조제3항 각호의 어느 하나의 사유가 계약기간내에 발생한 경우에는 계약기간 종료전에 지체없이 제17조제1항제2호의 수정공정표를 첨부하여 계약담당공무원과 공사감독관에게 서면으로 계약기간의 연장신청을 하여야 한다. 다만, 연장사유가 계약기간내에 발생하여 계약기간 경과후 종료된 경우에는 동사유가 종료된 후 즉시 계약기간의 연장신청을 하여야 한다. <개정 2010.11.30.>

② 계약담당공무원은 제1항에 의한 계약기간 연장 신청이 접수된 때에는 즉시 그 사실을 조사 확인하고 공사가 적절히 이행될 수 있도록 계약기간의 연장 등 필요한 조치를 하여야 한다.

③ 계약담당공무원은 제1항에 의한 연장청구를 승인하였을 경우에는 동 연장기간에 대하여는 제25조에 의한 지체상금을 부과하여서는 아니된다.

④ 제2항에 의하여 계약기간을 연장한 경우에는 제23조에 의하여 그 변경된 내용에 따라 실비를 초과하지 아니하는 범위안에서 계약금액을 조정한다. 다만, 제25조제3항제1호 및 제5호의 사유에 의한 경우에는 그러하지 아니하다. <개정 2016.12.30.>

⑤ 계약상대자는 제40조에 의한 준공대가(장기계속계약의 경우에는 각 차수별 준공대가) 수령전까지 제4항에 의한 계약금액 조정신청을 하여야 한다. <개정 2010.11.30.>

⑥ 계약담당공무원은 제1항 내지 제5항에도 불구하고 계약상대자의 의무불이행으로 인하여 발생한 지체상금이 시행령 제50조제1항에 의한 계약보증금상당액에 달한 경우로서 계약목적물이 국가정책사업 대상이거나 계약의 이행이 노사분규 등 불가피한 사유로 인하여 지연된 때에는 계약기간을 연장할 수 있다.

⑦ 제6항에 의한 계약기간의 연장은 지체상금이 계약보증금상당액에 달한 때에 하여야 하며, 연장된 계약기간에 대하여는 제25조에도 불구하고 지체상금을 부과하여서는 아니된다.

제27조(검사) ① 계약상대자는 공사를 완성하였을 때에는 그 사실을 준공신고서 등 서면으로 계약담당공무원(「건설기술 진흥법」 제39조제2항에 의하여 건설사업관리 또는 감리를 하는 공사에 있어서는 건설기술용역업자를 말한다. 이하 이조 제2항, 제3항 및 제6항에서 같다)에게 통지하고 필요한 검사를 받아야 한다. <개정 2016.1.1.>

② 계약담당공무원은 제1항의 통지를 받은 날로부터 14일 이내에 계약서, 설계서, 준공신고서 기타 관계 서류에 의하여 계약상대자의 입회하에 그 이행을 확인하기 위한 검사를 하여야 한다. 다만, 천재·지변 등 불가항력적인 사유로 인하여 검사를 완료하지 못한 경우에는 해당사유가 존속되는 기간과 해당사유가 소멸된 날로부터 3일까지는 이를 연장할 수 있으며, 공사계약금액(관급자재가 있는 경우에는 관급자재 대가를 포함한다)이 100억원이상이거나 기술적 특수성 등으로 인하여 14일이내에 검사를 완료할 수 없는 특별한 사유가 있는 경우에는 7일 범위내에서 검사기간을 연장할 수 있다.

③ 계약담당공무원은 제2항의 검사에서 계약상대자의 계약이행내용의 전부 또는 일부가 계약에 위반되거나 부당함을 발견한 때에는 계약상대자에게 필요한 시정조치를 요구하여야 한다. 이 경우에는 계약상대자로부터 그 시정을 완료한 사실을 통지받은 날로부터 제2항의 기간을 계산한다.

④ 제3항에 의하여 계약이행기간이 연장될 때에는 계약담당공무원은 제25조에 의한 지체상금을 부과하여야 한다.

⑤ 계약상대자는 제2항에 의한 검사에 입회·

협력하여야 한다. 계약상대자가 입회를 거부하거나 검사에 협력하지 아니함으로써 발생하는 지체에 대하여는 제3항 및 제4항을 준용한다.
⑥ 계약담당공무원은 검사를 완료한 때에는 그 결과를 지체없이 계약상대자에게 통지하여야 한다. 이 경우에 계약상대자는 검사에 대한 이의가 있을 때에는 재검사를 요청할 수 있으며, 계약담당공무원은 필요한 조치를 하여야 한다.
⑦ 계약상대자는 제6항에 의한 검사완료통지를 받은 때에는 모든 공사시설, 잉여자재, 폐기물 및 가설물을 공사장으로부터 즉시 철거반출하여야 하며 공사장을 정돈하여야 한다.
⑧ 제39조에 의한 기성대가지급시의 기성검사는 공사감독관이 작성한 감독조서의 확인으로 갈음할 수 있다. 다만, 기성 검사 3회마다 1회는 제1항에 의한 검사를 실시하여야 한다.
⑨ 제8항에 의한 기성검사 시에 검사에 합격된 자재라도 단순히 공사현장에 반입된 것만으로는 기성부분으로 인정되지 아니한다. 다만, 계약상대자가 직접 또는 제3자에게 위탁하여 가공·조립 또는 제작된 자재인 때에는 해당 자재의 특성, 용도 및 시장거래상황 등을 고려하여 반입(해당 자재를 계약목적물에 투입하는 과정의 특수성으로 인하여 가공·조립 또는 제작하는 공장에서 기성검사를 실시, 동 검사에 합격한 경우를 포함)된 자재의 100분의 50 범위내에서 기성부분으로 인정될 수 있다.

제28조(인수) ① 계약담당공무원은 제27조제6항에 의하여 검사완료통지를 한 후에 계약상대자가 서면으로 인수를 요청하였을 때에는 즉시 현장인수증명서를 발급하고 해당 공사목적물을 인수하여야 한다.
② 계약담당공무원은 제1항에 의하여 인수를 요청받은 경우에 공사규모 등을 고려하여 필요하다고 인정할 때에는 계약상대자로 하여금 다음 각호의 사항이 첨부된 준공명세서를 제출하게 하여야 한다.
1. 완성된 공사목적물의 전면·후면·측면사진(10"×15") 각 5매 및 사진원본파일
2. 제27조의 주요검사과정을 촬영한 동영상물(CD 등) 5본
3. 착공에서 준공까지의 행정처리과정, 참여기술자, 관련참여업체 등의 내용을 포함하는 「건설기술 진흥법 시행령」 제78조에 의한 준공보고서 <개정 2016.1.1.>

③ 계약담당공무원은 계약상대자가 검사완료통지를 받은 날부터 7일이내에 제1항에 의한 인수요청을 아니할 때에는 계약상대자에게 현장인수증명서를 발급하고 해당 공사목적물을 인수할 수 있다. 이 경우 계약상대자는 지체없이 제2항에 의한 준공명세서를 제출하여야 한다.
④ 계약담당공무원은 공사목적물을 인수한 때에는 다음 사항을 기재한 표찰을 부착하여 공시하여야 한다.
1. 공사명 및 발주기관(관리청)
2. 착공 및 준공년월일
3. 공사금액
4. 계약상대자
5. 공사감독관 및 검사관
6. 하자발생시 신고처
7. 기타 필요한 사항
⑤ 발주관서는 제3항에 의하여 인수된 공사목적물을 계약상대자에게 유지관리를 요구하는 경우에는 이에 필요한 비용을 지급하여야 한다.

제29조(기성부분의 인수) ① 계약담당공무원은 전체 공사목적물이 아닌 기성부분(성질상 분할할 수 있는 공사에 대한 완성부분에 한한다)에 대하여 이를 인수할 수 있다.
② 제1항의 경우에는 제28조를 준용한다.

제30조(부분사용 및 부가공사) ① 발주기관은 계약목적물의 인수전에 기성부분이나 미완성부분을 사용할 수 있으며, 이 경우에 사용부분에 대해서는 해당 구조물 안전에 지장을 주지 아니하는 부가공사를 할 수 있다.
② 제1항의 경우 계약상대자와 부가공사에 대한 계약상대자는 계약담당공무원의 지시에 따라 공사를 진행하여야 한다.
③ 계약담당공무원은 제1항에 의한 부분사용 또는 부가공사로 인하여 계약상대자에게 손해가 발생한 경우 또는 추가공사비가 필요한 경우로서 계약상대자의 청구가 있는 때에는 제23조에 의하여 실비의 범위안에서 보상하거나 계약금액을 조정하여야 한다.

제31조(일반적 손해) ① 계약상대자는 계약의 이행중 공사목적물, 관급자재, 대여품 및 제3자에 대한 손해를 부담하여야 한다. 다만, 계약상대자의 책임없는 사유로 인하여 발생한 손해는 발주기관의 부담으로 한다.
② 제10조에 의하여 손해보험에 가입한 공사계약의 경우에는 제1항에 의한 계약상대

자 및 발주기관의 부담은 보험에 의하여 보전되는 금액을 초과하는 부분으로 한다.
③ 제28조 및 제29조에 의하여 인수한 공사목적물에 대한 손해는 발주기관이 부담하여야 한다.

제32조(불가항력) ① 불가항력이라 함은 태풍·홍수 기타 악천후, 전쟁 또는 사변, 지진, 화재, 전염병, 폭동 기타 계약당사자의 통제범위를 벗어난 사태의 발생 등의 사유(이하 "불가항력의 사유"라 한다)로 인하여 계약당사자 누구의 책임에도 속하지 아니하는 경우를 말한다. 다만, 이는 대한민국 국내에서 발생하여 공사이행에 직접적인 영향을 미친 경우에 한한다.
② 불가항력의 사유로 인하여 다음 각호에 발생한 손해는 발주기관이 부담하여야 한다.
1. 제27조에 의하여 검사를 필한 기성부분
2. 검사를 필하지 아니한 부분중 객관적인 자료(감독일지, 사진 또는 동영상 등)에 의하여 이미 수행되었음이 판명된 부분
3. 제31조제1항 단서 및 동조제3항에 의한 손해

③ 계약상대자는 계약이행 기간 중에 제2항의 손해가 발생하였을 때에는 지체없이 그 사실을 계약담당공무원에게 통지하여야 하며, 계약담당공무원은 통지를 받았을 때에는 즉시 그 사실을 조사하고 그 손해의 상황을 확인한 후에 그 결과를 계약상대자에게 통지하여야 한다. 이 경우에 공사감독관의 의견을 고려할 수 있다.
④ 계약담당공무원은 제3항에 의하여 손해의 상황을 확인하였을 때에는 별도의 약정이 없는 한 공사금액의 변경 또는 손해액의 부담 등 필요한 조치에 대하여 계약상대자와 협의하여 이를 결정한다. 다만, 협의가 성립되지 않을 때에는 제51조에 의해서 처리한다.

제33조(하자보수) ① 계약상대자는 전체목적물을 인수한 날과 준공검사를 완료한 날 중에서 먼저 도래한 날부터 시행령 제60조에 의하여 계약서에 정한 기간(이하 "하자담보책임기간"이라 한다)동안에 공사목적물의 하자(계약상대자의 시공상의 잘못으로 인하여 발생한 하자에 한함)에 대한 보수책임이 있다.
② 하자담보책임기간은 시행규칙 제70조에 정해진 바에 따라 공종을 구분(하자책임을 구분할 수 없는 복합공사의 경우에는 주된 공종)하여 설정하여야 한다. <개정 2016.12.30.>
③ 제2항에도 불구하고 하자담보책임기간을 공종 구분없이 일률적으로 정하였거나 시행규칙 제70조에 의한 별표 1에 정해진 기간과 다르게 정하여 계약이행중인 경우에는 시행규칙에서 정한 대로 계약서상 하자담보책임기간을 조정하여야 한다.
④ 계약상대자는 하자보수통지를 받은 때에는 즉시 보수작업을 하여야 하며 해당 하자의 발생원인 및 기타 조치사항을 명시하여 발주기관에 제출하여야 한다.

제34조(하자보수보증금) ① 계약상대자는 공사의 하자보수를 보증하기 위하여 계약서에서 정한 하자보수보증금율을 계약금액(당초 계약금액이 조정된 경우에는 조정된 계약금액을 말한다)에 곱하여 산출한 금액(이하 "하자보수보증금"이라 한다)을 시행령 제62조 및 시행규칙 제72조에서 정한 바에 따라 납부하여야 한다.
② 계약상대자가 제33조제1항에 의한 하자담보책임기간중 계약담당공무원으로부터 하자보수요구를 받고 이에 불응한 경우에 계약담당공무원은 제1항에 의한 하자보수보증금을 국고에 귀속한다.
③ 계약담당공무원은 제35조제2항에 의한 하자보수완료확인서의 발급일까지 하자보수보증금을 계약상대자에게 반환하여야 한다. 다만, 하자담보책임기간이 서로 다른 공종이 복합된 건설공사에 있어서는 시행규칙 제70조에 의한 공종별 하자담보책임기간이 만료되어 보증목적이 달성된 공종의 하자보수보증금은 계약상대자의 요청이 있을 경우 즉시 반환하여야 한다.

제35조(하자검사) ① 계약담당공무원은 제33조제1항의 하자담보책임기간중 연2회이상 정기적으로 하자발생 여부를 검사하여야 한다.
② 계약담당공무원은 하자담보책임기간의 만료일부터 14일이내에 따로 최종검사를 하여야 하며, 최종검사를 완료하였을 때에는 즉시 하자보수완료확인서를 계약상대자에게 발급하여야 한다. 이 경우에 최종검사에서 발견되는 하자사항은 하자보수완료확인서가 발급되기 전까지 계약상대자가 자신의 부담으로 보수하여야 한다.
③ 계약상대자는 제1항 및 제2항의 검사에 입회하여야 한다. 다만, 계약상대자가 입회를 거부하는 경우에 계약담당공무원은 일방적으로 검사를 할 수 있으며 검사결과에 대하여 계약상대자가 동의한 것으로 간주

한다.

④계약상대자의 책임과 의무는 제2항에 의한 하자보수완료확인서의 발급일부터 소멸한다.

제36조(특별책임) 계약담당공무원은 제35조제2항에 의한 하자보수완료확인서의 발급에도 불구하고 해당공사의 특성 및 관련법령에서 정한 바에 따라 필요하다고 인정하는 경우에 제27조 및 제35조에 의한 검사과정에서 발견되지 아니한 시공상의 하자에 대하여는 계약상대자의 책임으로 하는 특약을 정할 수 있다.

제37조(특허권 등의 사용) 공사의 이행에 특허권 기타 제3자의 권리의 대상으로 되어 있는 시공방법을 사용할 때에는 계약상대자는 그 사용에 관한 일체의 책임을 져야 한다. 그러나 발주기관이 제3조의 계약문서에 시공방법을 지정하지 아니하고 그 시공을 요구할 때에는 계약상대자에 대하여 제반편의를 제공·알선하거나 소요된 비용을 지급할 수 있다.

제38조(발굴물의 처리) ① 공사현장에서 발견한 모든 가치있는 화석·금전·보물 기타 지질학 및 고고학상의 유물 또는 물품은 관계법규에서 정하는 바에 의하여 처리한다.

② 계약상대자는 제1항의 물품이나 유물을 발견하였을 때에는 즉시 계약담당공무원에게 통지하고 그 지시에 따라야 하며 이를 취급할 때에는 파손이 없도록 적절한 예방조치를 하여야 한다.

제39조(기성대가의 지급) ① 계약상대자는 최소한 30일마다 제27조제8항에 의한 검사를 완료하는 날까지 기성부분에 대한 대가지급청구서[(하수급인 및 자재·장비업자에 대한 대금지급 계획과 하수급인과 직접계약을 체결한 자재·장비업자(이하 '하수급인의 자재·장비업자'라 한다)에 대한 대금지급계획을 첨부하여야 한다)]를 계약담당공무원과 공사감독관에게 동시에 제출할 수 있다. <개정 2010.9.8, 2012.7.4.>

② 계약담당공무원은 검사완료일부터 5일이내에 검사된 내용에 따라 기성대가를 확정하여 계약상대자에게 지급하여야 한다. 다만, 계약상대자가 검사완료일후에 대가의 지급을 청구한 때에는 그 청구를 받은 날부터 5일이내에 지급하여야 한다. <개정 2009.7.3.>

③ 계약담당공무원은 제2항에 따른 기성대가 지급시에 제1항의 대금 지급 계획상의 하수급인, 자재·장비업자 및 하수급인의 자재·장비업자에게 기성대가지급 사실을 통보하고, 이들로 하여금 대금 수령내역(수령자, 수령액, 수령일 등) 및 증빙서류를 제출(「전자서명법」 제2조에 따른 전자문서에 의한 제출을 포함한다. 이하 제40조제3항 및 제43조의2제1항에 따른 제출 및 통보에 있어 같다)하게 하여야 한다. <신설 2010.9.8, 2012.7.4.>

④ 계약담당공무원은 제27조제9항 단서에 의한 자재에 대하여 기성대가를 지급하는 경우에는 계약상대자로 하여금 그 지급대가에 상당하는 보증서(시행령 제37조제2항에 규정된 증권 또는 보증서 등을 말한다)를 제출하게 하여야 한다. <제3항에서 이동 2010.9.8.>

⑤ 계약담당공무원은 제1항에 의한 청구서의 기재사항이 검사된 내용과 일치하지 아니할 때에는 그 사유를 명시하여 계약상대자에게 이의 시정을 요구하여야 한다. 이 경우에 시정에 소요되는 기간은 제2항에서 규정한 기간에 산입하지 아니한다. <제4항에서 이동 2010.9.8.>

⑥ 기성대가는 계약단가에 의하여 산정·지급한다. 다만, 계약단가가 없을 경우에는 제20조 제1항제2호 및 동조 제2항에 의하여 산정된 단가에 의한다. <제5항에서 이동 2010.9.8.>

⑦ 기성대가 지급의 경우에는 제40조제5항을 준용한다. <제6항에서 이동 2010.9.8.>

제39조의2(계약금액조정전의 기성대가지급) ① 계약담당공무원은 물가변동, 설계변경 및 기타계약내용의 변경으로 인하여 계약금액이 당초 계약금액보다 증감될 것이 예상되는 경우로서 기성대가를 지급하고자 하는 경우에는 「국고금관리법 시행규칙」 제72조에 의하여 당초 산출내역서를 기준으로 산출한 기성대가를 개산급으로 지급할 수 있다. 다만, 감액이 예상되는 경우에는 예상되는 감액금액을 제외하고 지급하여야 한다.

② 계약상대자는 제1항에 의하여 기성대가를 개산급으로 지급받고자 하는 경우에는 기성대가신청시 개산급신청사유를 서면으로 작성하여 첨부하여야 한다.

제40조(준공대가의 지급) ① 계약상대자는 공사를 완성한 후 제27조에 의한 검사에 합격한 때에는 대가지급청구서(하수급인, 자

재 · 장비업자 및 하수급인의 자재 · 장비업자에 대한 대금지급계획을 첨부하여야 한다)를 제출하는 등 소정절차에 따라 대가지급을 청구할 수 있다. <개정 2010.9.8, 2012.7.4.>

② 계약담당공무원은 제1항의 청구를 받은 때에는 그 청구를 받은 날로부터 5일(공휴일 및 토요일은 제외한다. 이하 이조에서 같다)이내에 그 대가를 지급하여야 하며, 동 대가지급기한에도 불구하고 자금사정 등 불가피한 사유가 없는 한 최대한 신속히 대가를 지급하여야 한다. 다만, 계약당사자와의 합의에 의하여 5일을 초과하지 아니하는 범위안에서 대가의 지급기간을 연장할 수 있는 특약을 정할 수 있다. <개정 2009.7.3.>

③ 계약담당공무원은 제2항에 따른 대가지급시에 제1항의 대금 지급 계획상의 하수급인, 자재 · 장비업자 및 하수급인의 자재 · 장비업자에게 대가지급 사실을 통보하고, 이들로 하여금 대금 수령내역(수령자 ,수령액, 수령일 등) 및 증빙서류를 제출하게 하여야 한다. <신설 2010.9.8, 2012.7.4.>

④ 천재 · 지변 등 불가항력의 사유로 인하여 대가를 지급할 수 없게 된 경우에는 계약담당공무원은 해당사유가 존속되는 기간과 해당사유가 소멸된 날로부터 3일까지는 대가의 지급을 연장할 수 있다. <제3항에서 이동 2010.9.8.>

⑤ 계약담당공무원은 제1항의 청구를 받은 후 그 청구내용의 전부 또는 일부가 부당함을 발견한 때에는 그 사유를 명시하여 계약상대자에게 해당 청구서를 반송할 수 있다. 이 경우에는 반송한 날로부터 재청구를 받은 날까지의 기간은 제2항의 지급기간에 산입하지 아니한다. <제4항에서 이동 2010.9.8.>

제40조의2(국민건강보험료, 노인장기요양보험료 및 국민연금보험료의 사후정산) 계약담당공무원은 「정부 입찰 · 계약 집행기준」 제93조에 의하여 국민건강보험료, 노인장기요양보험료 및 국민연금보험료를 사후정산 하기로 한 계약에 대하여는 제39조 및 제40조에 의한 대가지급시 계약예규 「정부 입찰 · 계약 집행기준」 제94조에 정한 바에 따라 정산하여야 한다. <개정 2016.12.30.>

제41조(대가지급지연에 대한 이자) ① 계약담당공무원은 대가지급청구를 받은 경우에 제39조 및 제40조에 의한 대가지급기한(국고채무부담행위에 의한 계약의 경우에는 다음 회계년도 개시후 「국가재정법」 에 의하여 해당 예산이 배정된 날부터 20일)까지 대가를 지급하지 못하는 경우에는 지급기한의 다음날부터 지급하는 날까지의 일수(이하 "대가지급 지연일수"라 한다)에 해당 미지급금액에 대하여 지연발생 시점의 금융기관 대출평균금리(한국은행 통계월보상의 금융기관 대출평균금리를 말한다)를 곱하여 산출한 금액을 이자로 지급하여야 한다.

② 불가항력의 사유로 인하여 검사 또는 대가지급이 지연된 경우에 제27조제2항 단서 및 제40조제4항에 의한 연장기간은 대가지급 지연일수에 산입하지 아니한다.

제42조(하도급의 승인 등) ① 계약상대자가 계약된 공사의 일부를 제3자에게 하도급 하고자 하는 경우에는 「건설산업기본법」 등 관련 법령에 정한 바에 의하여야 한다.

② 계약담당공무원은 제1항에 의하여 계약상대자로부터 하도급계약을 통보받은 때에는 국토교통부장관이 고시한 건설공사하도급심사기준에 정한 바에 따라 하도급금액의 적정성을 심사하여야 한다. <개정 2015.9.21.>

제43조(하도급대가의 직접지급 등) ① 계약담당공무원은 계약상대자가 다음 각호의 어느 하나에 해당하는 경우에 「건설산업기본법」 등 관련 법령에 의하여 체결한 하도급계약중 하수급인이 시공한 부분에 상당하는 금액에 대하여는 계약상대자가 하수급인에게 제39조 및 제40조에 의한 대가지급을 의뢰한 것으로 보아 해당 하수급인에게 직접 지급하여야 한다.

1. 하수급인이 계약상대자를 상대로 하여 받은 판결로서 그가 시공한 분에 대한 하도급대금지급을 명하는 확정판결이 있는 경우
2. 계약상대자가 파산, 부도, 영업정지 및 면허취소 등으로 하도급대금을 하수급인에게 지급할 수 없게 된 경우
3. 「하도급거래 공정화에 관한 법률」 또는 「건설산업기본법」 에 규정한 내용에 따라 계약상대자가 하수급인에 대한 하도급대금 지급보증서를 제출하여야 할 대상 중 그 지급보증서를 제출하지 아니한 경우

② 계약담당공무원은 제1항에도 불구하고 하수급인이 해당 하도급계약과 관련하여 노임, 중기사용료, 자재대 등을 체불한 사실을

계약상대자가 객관적으로 입증할 수 있는 서류를 첨부하여 해당 하도급대가의 직접지급 중지를 요청한 때에는 해당 하도급대가를 직접 지급하지 아니할 수 있다.

③ 계약상대자는 제27조제1항에 의한 준공신고 또는 제39조에 의한 기성대가의 지급청구를 위한 검사를 신청하고자 할 경우에는 하수급인이 시공한 부분에 대한 내역을 구분하여 신청하여야 하며, 제39조 및 제40조에 의하여 제1항의 하도급대가가 포함된 대가지급을 청구할 때에는 해당 하도급대가를 분리하여 청구하여야 한다.

제43조의2(하도급대금 등 지급 확인) ① 계약상대자는 제39조 및 제40조에 의한 대가를 지급받은 경우에 15일 이내에 하수급인 및 자재·장비업자가 시공·제작·대여한 분에 상당한 금액(이하 "하도급대금 등"이라 한다)을 하수급인 및 자재·장비업자에게 현금으로 지급하여야 하며, 하도급대금 등의 지급 내역(수령자, 지급액, 지급일 등)을 5일(공휴일 및 토요일은 제외한다) 이내에 발주기관 및 공사감독관에게 통보하여야 한다. <신설 2010.9.8.>

② 계약상대자는 제1항에 따라 하수급인에게 하도급대금 등을 지급한 경우에 하수급인으로 하여금 제1항을 준용하여 하수급인의 자재·장비업자가 제작·대여한 분에 상당한 금액을 하수급인의 자재·장비업자에게 지급하고, 이들로 하여금 그 내역(수령자, 지급액, 지급일 등)을 발주기관 및 공사감독관에게 통보하도록 하여야 한다. <신설 2010.9.8, 개정 2012.7.4.>

③ 계약담당공무원은 제1항 및 제2항에 의한 대금 지급내역을 제39조제3항 또는 제40조제3항에 따라 하수급인, 자재·장비업자 및 하수급인의 자재·장비업자로부터 제출받은 대금 수령내역과 비교·확인하여야 하며, 하수급인이 하수급인의 자재·장비업자에게 대금을 지급하지 않은 경우에는 계약상대자에게 즉시 통보하여야 한다. <신설 2012.7.4.>

제43조의3(노무비의 구분관리 및 지급확인)

① 계약상대자는 발주기관과 협의하여 정한 노무비 지급기일에 맞추어 매월 모든 근로자(직접노무비 대상에 한하며, 하수급인이 고용한 근로자를 포함)의 노무비 청구내역(근로자 개인별 성명, 임금 및 연락처 등)을 제출하여야 한다.

② 계약담당공무원은 현장인 명부 등을 통해 제1항에 따른 노무비 청구내역을 확인하고 청구를 받은 날부터 5일 이내에 계약상대자의 노무비 전용계좌로 해당 노무비를 지급하여야 한다.

③ 계약상대자는 제2항에 따라 노무비를 지급받은 날부터 2일(공휴일 및 토요일은 제외한다) 이내에 노무비 전용계좌에서 이체하는 방식으로 근로자에게 노무비를 지급하여야 하며, 동일한 방식으로 하수급인의 노무비 전용계좌로 노무비를 지급하여야 한다. 다만, 근로자가 계좌를 개설할 수 없거나 다른 방식으로 지급을 원하는 경우 또는 계약상대자(하수급인 포함)가 근로자에게 노무비를 미리 지급하는 경우에는 그에 대한 발주기관의 승인을 받아 그러하지 아니할 수 있다.

④ 계약상대자는 제1항에 따라 노무비 지급을 청구할 때에 전월 노무비 지급내역(계약상대자 및 하수급인의 노무비 전용계좌 이체내역 등 증빙서류)을 제출하여야 하며, 계약담당공무원은 동 지급내역과 계약상대자가 이미 제출한 같은 달의 청구내역을 비교하여 임금 미지급이 확인된 경우에는 해당 사실을 지방고용노동(지)청에 통보하여야 한다.

[본조신설 2012.1.1.]

제44조(계약상대자의 책임있는 사유로 인한 계약의 해제 및 해지) ① 계약담당공무원은 계약상대자가 다음 각호의 어느 하나에 해당하는 경우에는 해당 계약의 전부 또는 일부를 해제 또는 해지할 수 있다. 다만, 제3호의 경우에 계약상대자의 계약이행 가능성이 있고 계약을 유지할 필요가 있다고 인정되는 경우로서 계약상대자가 계약이행이 완료되지 아니한 부분에 상당하는 계약보증금을 추가납부하는 때에는 계약을 유지한다. <개정 2010.9.8, 2014.1.10.>

1. 정당한 이유없이 약정한 착공시일을 경과하고도 공사에 착수하지 아니할 경우
2. 계약상대자의 책임있는 사유로 인하여 준공기한까지 공사를 완공하지 못하거나 완성할 가능성이 없다고 인정될 경우
3. 제25조제1항에 의한 지체상금이 시행령 제50조제1항에 의한 해당 계약(장기계속공사 계약인 경우에는 차수별 계약)의 계약보증금상당액에 달한 경우
4. 장기계속공사의 계약에 있어서 제2차공사 이후의 계약을 체결하지 아니하는 경우
5. 계약의 수행중 뇌물수수 또는 정상적인 계약관리를 방해하는 불법·부정행위가 있는 경우

6. 제47조의3에 따른 시공계획서를 제출 또는 보완하지 않거나 정당한 이유 없이 계획서대로 이행하지 않을 경우 <신설 2012.4.2.>
7. 입찰에 관한 서류 등을 허위 또는 부정한 방법으로 제출하여 계약이 체결된 경우 <신설 2014.1.10.>
8. 기타 계약조건을 위반하고 그 위반으로 인하여 계약의 목적을 달성할 수 없다고 인정될 경우

② 계약담당공무원은 제1항에 의하여 계약을 해제 또는 해지한 때에는 그 사실을 계약상대자 및 제42조에 의한 하수급자에게 통지하여야 한다.

③ 제2항에 의한 통지를 받은 계약상대자는 다음 각호의 사항을 준수하여야 한다.

1. 해당 공사를 즉시 중지하고 모든 공사자재 및 기구 등을 공사장으로부터 철거하여야 한다.
2. 제13조에 의한 대여품이 있을 때에는 지체없이 발주기관에 반환하여야 한다. 이 경우에 해당 대여품이 계약상대자의 고의 또는 과실로 인하여 멸실 또는 파손되었을 때에는 원상회복 또는 그 손해를 배상하여야 한다.
3. 제13조에 의한 관급재료중 공사의 기성부분으로서 인수된 부분에 사용한 것을 제외한 잔여재료는 발주기관에 반환하여야 한다. 이 경우에 해당 재료가 계약상대자의 고의 또는 과실로 인하여 멸실 또는 파손되었을 때, 또는 공사의 기성부분으로서 인수되지 아니하는 부분에 사용된 때에는 원상회복 하거나 그 손해를 배상하여야 한다.
4. 발주기관이 요구하는 공사장의 모든 재료, 정보 및 편의를 발주기관에 제공하여야 한다.

④ 계약담당공무원은 제1항에 의하여 계약을 해제 또는 해지한 경우 및 제48조에 의하여 보증기관이 보증이행을 하는 경우에 기성부분을 검사하여 인수한 때에는 해당부분에 상당하는 대가를 계약상대자에게 지급하여야 한다. <개정 2010.9.8.>

⑤ 제1항에 의하여 계약이 해제 또는 해지된 경우에 계약상대자는 지급받은 선금에 대하여 미정산잔액이 있는 경우에는 그 잔액에 대한 약정이자상당액[사유발생 시점의 금융기관 대출평균금리(한국은행 통계월보상의 대출평균금리를 말한다)에 의하여 산출한 금액을 가산하여 발주기관에 상환하여야 한다.

⑥ 제5항의 경우에 계약담당공무원은 선금잔액과 기성부분에 대한 미지급액을 상계하여야 한다. 다만, 「건설산업기본법」 및 「하도급 거래 공정화에 관한 법률」 에 의하여 하도급대금 지급보증이 되어 있지 않은 경우로서 제43조제1항에 의하여 하도급대가를 직접 지급하여야 하는 때에는 우선적으로 하도급대가를 지급한 후에 기성부분에 대한 미지급액의 잔액이 있으면 선금잔액과 상계할 수 있다.

제45조(사정변경에 의한 계약의 해제 또는 해지) ① 발주기관은 제44조제1항 각호의 경우외에 객관적으로 명백한 발주기관의 불가피한 사정이 발생한 때에는 계약을 해제 또는 해지할 수 있다.

② 제1항에 의하여 계약을 해제 또는 해지하는 경우에는 제44조제2항 본문 및 제3항을 준용한다.

③ 발주기관은 제1항에 의하여 계약을 해제 또는 해지하는 경우에는 다음 각호에 해당하는 금액을 제44조제3항 각호의 수행을 완료한 날부터 14일이내에 계약상대자에게 지급하여야 한다. 이 경우에 제7조에 의한 계약보증금을 동시에 반환하여야 한다.

1. 제32조제2항제1호 및 제2호에 해당하는 시공부분의 대가중 지급하지 아니한 금액
2. 전체공사의 완성을 위하여 계약의 해제 또는 해지일 이전에 투입된 계약상대자의 인력·자재 및 장비의 철수비용

④ 계약상대자는 선금에 대한 미정산잔액이 있는 경우에는 이를 발주기관에 상환하여야 한다. 이 경우에 미정산잔액에 대한 이자는 가산하지 아니한다.

제46조(계약상대자에 의한 계약해제 또는 해지) ① 계약상대자는 다음 각호의 어느 하나에 해당하는 사유가 발생한 경우에는 해당계약을 해제 또는 해지할 수 있다.

1. 제19조에 의하여 공사내용을 변경함으로써 계약금액이 100분의 40이상 감소되었을 때
2. 제47조에 의한 공사정지기간이 공기의 100분의 50을 초과하였을 경우

② 제1항에 의하여 계약이 해제 또는 해지되었을 경우에는 제45조제2항 내지 제4항을 준용한다.

제47조(공사의 일시정지) ① 공사감독관은 다음 각호의 경우에는 공사의 전부 또는 일부의 이

행을 정지시킬 수 있다. 이 경우에 계약상대자는 정지기간중 선량한 관리자의 주의의무를 게을리 하여서는 아니된다.

1. 공사의 이행이 계약내용과 일치하지 아니하는 경우
2. 공사의 전부 또는 일부의 안전을 위하여 공사의 정지가 필요한 경우
3. 제24조에 의한 응급조치의 경우
4. 기타 발주기관의 필요에 의하여 계약담당공무원이 지시한 경우

② 공사감독관은 제1항에 의하여 공사를 정지시킨 경우에는 지체없이 계약상대자 및 계약담당공무원에게 정지사유 및 정지기간을 통지하여야 한다.

③ 제1항에 의하여 공사가 정지된 경우에 계약상대자는 계약기간의 연장 또는 추가금액을 청구할 수 없다. 다만, 계약상대자의 책임있는 사유로 인한 정지가 아닌 때에는 그러하지 아니한다.

④ 발주기관의 책임있는 사유에 의한 공사정지기간(각각의 사유로 인한 정지기간을 합산하며, 장기계속계약의 경우에는 해당 차수내의 정지기간을 말함)이 60일을 초과한 경우에 발주기관은 그 초과된 기간에 대하여 잔여계약금액(공사중지기간이 60일을 초과하는 날 현재의 잔여계약금액을 말하며, 장기계속공사계약의 경우에는 차수별 계약금액을 기준으로 함)에 초과일수 매 1일마다 지연발생 시점의 금융기관 대출평균금리(한국은행 통계월보상의 금융기관 대출평균금리를 말한다)를 곱하여 산출한 금액을 준공대가 지급시 계약상대자에게 지급하여야 한다.

제47조의2(계약상대자의 공사정지 등) ① 계약상대자는 발주기관이 「국가를 당사자로 하는 계약에 관한 법률」과 계약문서 등에서 정하고 있는 계약상의 의무를 이행하지 아니하는 때에는 발주기관에 계약상의 의무이행을 서면으로 요청할 수 있다.

② 계약담당공무원은 계약상대자로부터 제1항에 의한 요청을 받은 날부터 14일이내에 이행계획을 서면으로 계약상대자에게 통지하여야 한다.

③ 계약상대자는 계약담당공무원이 제2항에 규정한 기한내에 통지를 하지 아니하거나 계약상의 의무이행을 거부하는 때에는 해당 기간이 경과한 날 또는 의무이행을 거부한 날부터 공사의 전부 또는 일부의 시공을 정지할 수 있다.

④ 계약담당공무원은 제3항에 의하여 정지된 기간에 대하여는 제26조에 의하여 공사기간을 연장하여야 한다.

제47조의3(공정지연에 대한 관리) ① 계약상대자는 자신의 책임 있는 사유로 다음 각호의 사례가 발생한 경우에는 즉시 이를 해소하기 위한 시공계획서를 제출하여야 한다.

1. 실행공정률이 계획공정률에 비해 10%p 이상 지연된 경우
2. 골조공사 등 주된 공사의 시공이 1개월 이상 중단된 경우

② 발주기관과 계약상대자는 상호 협의하여 공사의 규모나 종류·특성 등에 따라 제1항 각호의 내용을 조정하거나 새로운 내용을 추가할 수 있다.

③ 계약담당공무원은 제1항에 따라 계약상대방이 제출한 계획서를 검토하고 필요한 경우에 보완을 요구할 수 있다.

[본조신설 2012.4.2.]

제48조(공사계약의 이행보증) ① 계약담당공무원은 계약상대자가 제44조제1항 각호의 어느 하나에 해당하는 경우로서 시행령 제52조제1항 제3호에 의한 공사이행보증서가 제출되어 있는 경우에는 계약을 해제 또는 해지하지 아니하고 제9조에 의한 보증기관에 대하여 공사를 완성할 것을 청구하여야 한다. <개정 2010.9.8.>

② 제1항의 청구가 있을 때에는 보증기관은 지체없이 그 보증의무를 이행하여야 한다. 이 경우에 보증의무를 이행한 보증기관은 계속공사에 있어서 계약상대자가 가지는 계약체결상의 이익을 가진다. 다만, 보증기관은 보증이행업체를 지정하여 보증의무를 이행하는 대신 공사이행보증서에 정한 금액을 현금으로 발주기관에 납부함으로써 보증의무이행에 갈음할 수 있다. <개정 2010.9.8.>

③ 제2항에 의하여 해당 계약을 이행하는 보증기관은 계약금액중 보증이행부분에 상당하는 금액을 발주기관에 직접 청구할 수 있는 권리를 가지며 계약상대자는 보증기관의 보증이행부분에 상당하는 금액을 청구할 수 있는 권리를 상실한다. <개정 2010.9.8.>

④ <삭제 2010.9.8.>

⑤ 보증기관은 공사진행 상황 및 계약상대자의 이행능력 등을 조사할 수 있으며, 제44조제1항 각호의 사유가 발생하는 경우

계약담당공무원에게 보증이행의 청구를 건의할 수 있다. <신설 2012.4.2.>
⑥ 제1항 내지 제3항 외에 공사이행보증서 제출에 따른 보증의무이행에 대하여는 계약예규 「정부 입찰·계약 집행기준」 제11장(공사의 이행보증제도 운용)에 정한 바에 의한다.

제49조(부정당업자의 입찰참가자격 제한) ① 계약상대자가 시행령 제76조에 해당하는 경우에는 1월 이상 2년 이하의 범위내에서 입찰참가자격 제한조치를 받게 된다. <개정 2010.9.8.>
② <삭제 2014.1.10.>

제50조(기술지식의 이용 및 비밀엄수의무) ① 발주기관은 계약서상의 규정에 의하여 계약상대자가 제출하는 각종 보고서, 정보 기타 자료 및 이에 의하여 얻은 기술지식의 전부 또는 일부를 계약상대자의 승인을 얻어 발주기관의 이익을 위하여 복사·이용 또는 공개할 수 있다.
② 계약상대자는 해당 계약을 통하여 얻은 정보 또는 국가의 비밀사항을 계약이행의 전후를 막론하고 외부에 누설할 수 없다.

제51조(분쟁의 해결) ① 계약의 수행중 계약당사자간에 발생하는 분쟁은 협의에 의하여 해결한다.
② 제1항에 의한 협의가 이루어지지 아니할 때에는 법원의 판결 또는 「중재법」에 의한 중재에 의하여 해결한다. 다만 「국가를 당사자로 하는 계약에 관한 법률」 제28조에서 정한 이의신청 대상에 해당하는 경우 국가계약분쟁조정위원회 조정결정에 따라 분쟁을 해결할 수 있다. <개정 2015.9.21.>
③ 계약상대자는 제1항 및 제2항에 의한 분쟁처리절차 수행기간중 공사의 수행을 중지하여서는 아니된다.

제52조(공사관련자료의 제출) 계약담당공무원은 필요하다고 인정할 경우에 계약상대자에게 산출내역서의 기초가 되는 단가산출서 또는 일위대가표의 제출을 요구할 수 있으며 이 경우에 계약상대자는 이에 응하여야 한다.

제53조(적격·PQ심사·종합심사낙찰제 관련사항 이행) ① 계약상대자는 계약예규 「입찰참가자격사전심사요령」, 「적격심사기준」 및 「종합심사낙찰제 심사기준」 별표의 심사항목에 규정된 사항에 대하여 심사당시 제출한 내용대로 철저하게 이행하여야 한다. <개정 2012.1.1, 2016.1.1.>
② 계약담당공무원(「조달사업에 관한 법률」 제3조에 따라 조달청에 의뢰하여 계약한 공사로서 수요기관이 공사관리를 하는 경우에는 수요기관)은 제1항에 규정한 이행상황을 수시로 확인하여야 하며, 제출된 내용대로 이행이 되지 않고 있을 때에는 즉시 시정토록 조치하여야 한다. <개정 2008.12.29, 2015.9.21.>
③ 계약상대자는 제40조에 따른 대가지급을 청구할 때에 계약예규 「입찰참가자격사전심사요령」 제4조에 따른 표준계약서 사용계획의 이행결과로서 하도급 및 건설기계임대차 계약서를 제출하여야 한다. <신설 2012.1.1.>
④ 계약상대자가 제3항에 따른 계약서를 제출하지 않거나 하수급인 등의 계약상 이익을 제한하는 내용으로 표준계약서의 일부를 수정·삭제한 경우 또는 이면계약을 체결한 경우에는 표준계약서를 사용하지 않은 것으로 본다. <신설 2012.1.1.>
⑤ 계약담당공무원은 계약상대자가 표준계약서를 사용하지 않은 경우에 해당 업체명, 부여한 가점과 그에 따른 감점, 표준계약서 사용계획 대비 미사용 비율(계약금액 기준)을 전자조달시스템에 게재하고 동 사실을 계약상대자에게 통보하여야 한다. <신설 2012.1.1.>

제54조(재검토기한) 「훈령·예규 등의 발령 및 관리에 관한 규정」에 따라 이 예규에 대하여 2016년 1월 1일 기준으로 매3년이 되는 시점(매 3년째의 12월 31일까지를 말한다) 마다 그 타당성을 검토하여 개선 등의 조치를 하여야 한다. <개정 2015.9.21.>

부칙

<제324호, 2016.12.30.>

제1조(시행일) 이 계약예규는 2016년 12월30일부터 시행한다.

제2조(적용례) 제26조의 개정규정은 이 계약예규 시행일 이후 최초로 입찰공고하는 분부터 적용한다.

국가를 당사자로 하는 계약에 관한 법률

(약칭: 국가계약법)

[시행 2018.3.20.]

[법률 제15219호, 2017.12.19., 일부개정]

제1조(목적) 이 법은 국가를 당사자로 하는 계약에 관한 기본적인 사항을 정함으로써 계약업무를 원활하게 수행할 수 있도록 함을 목적으로 한다.
[전문개정 2012.12.18.]

제2조(적용 범위) 이 법은 국제입찰에 따른 정부조달계약과 국가가 대한민국 국민을 계약상대자로 하여 체결하는 계약[세입(歲入)의 원인이 되는 계약을 포함한다] 등 국가를 당사자로 하는 계약에 대하여 적용한다.
[전문개정 2012.12.18.]

제3조(다른 법률과의 관계) 국가를 당사자로 하는 계약에 관하여는 다른 법률에 특별한 규정이 있는 경우를 제외하고는 이 법에서 정하는 바에 따른다.
[전문개정 2012.12.18.]

제4조(국제입찰에 따른 정부조달계약의 범위) ① 국제입찰에 따른 정부조달계약의 범위는 정부기관이 체결하는 물품·공사(工事) 및 용역의 계약으로서 정부조달협정과 이에 근거한 국제규범에 따라 기획재정부장관이 정하여 고시하는 금액 이상의 계약으로 한다. 다만, 다음 각 호의 어느 하나에 해당하는 경우에는 국제입찰에 따른 정부조달계약의 대상에서 제외한다.

1. 재판매(再販賣)나 판매를 위한 생산에 필요한 물품이나 용역을 조달하는 경우
2. 「중소기업제품 구매촉진 및 판로지원에 관한 법률」에 따라 중소기업제품을 제조·구매하는 경우
3. 「양곡관리법」, 「농수산물 유통 및 가격안정에 관한 법률」 및 「축산법」에 따른 농·수·축산물을 구매하는 경우
4. 그 밖에 정부조달협정에 규정된 내용으로서 대통령령으로 정한 경우

② 제1항 각 호 외의 부분 본문에 따른 정부기관과 물품·공사 및 용역의 범위는 정부조달협정의 내용에 따라 대통령령으로 정한다.
③ 「국가재정법」 제6조에 따른 중앙관서의 장(이하 "각 중앙관서의 장"이라 한다) 또는 제6조에 따라 위임·위탁 등을 받아 계약사무를 담당하는 공무원(이하 "계약담당공무원"이라 한다)은 계약의 목적과 성질 등을 고려하여 필요하다고 인정하면 제1항에 해당하지 아니하는 경우에도 대통령령으로 정하는 바에 따라 국제입찰에 의하여 조달할 수 있다.
[전문개정 2012.12.18.]

제5조(계약의 원칙) ① 계약은 서로 대등한 입장에서 당사자의 합의에 따라 체결되어야 하며, 당사자는 계약의 내용을 신의성실의 원칙에 따라 이행하여야 한다.
② 각 중앙관서의 장 또는 계약담당공무원은 제4조제1항에 따른 국제입찰의 경우에는 호혜(互惠)의 원칙에 따라 정부조달협정 가입국(加入國)의 국민과 이들 국가에서 생산되는 물품 또는 용역에 대하여 대한민국의 국민과 대한민국에서 생산되는 물품 또는 용역과 차별되는 특약(特約)이나 조건을 정하여서는 아니 된다.
[전문개정 2012.12.18.]

제5조의2(청렴계약) ① 각 중앙관서의 장 또는 계약담당공무원은 국가를 당사자로 하는 계약에 있어서 투명성 및 공정성을 높이기 위하여 입찰자 또는 계약상대자로 하여금 입찰·낙찰, 계약체결 또는 계약이행 등의 과정(준공·납품 이후를 포함한다)에서 직접적·간접적으로 금품·향응 등을 주거나 받지 아니할 것을 약정하게 하고 이를 지키지 아니한 경우에는 해당 입찰·낙찰을 취소하거나 계약을 해제·해지할 수 있다는 조건의 계약(이하 "청렴계약"이라 한다)을 체결하여야 한다.
② 청렴계약의 구체적 내용과 체결 절차 등 세부적인 사항은 대통령령으로 정한다.
[본조신설 2012.12.18.]

제5조의3(청렴계약 위반에 따른 계약의 해제·해지 등) 각 중앙관서의 장 또는 계약담당공무원은 청렴계약을 지키지 아니한 경우 해당 입찰·낙찰을 취소하거나 계약을 해제·해지하여야 한다. 다만, 금품·향응 제공 등 부정행위의 경중, 해당 계약의 이행 정

도, 계약이행 중단으로 인한 국가의 손실 규모 등 제반사정을 고려하여 공익을 현저히 해(害)한다고 인정되는 경우에는 대통령령으로 정하는 바에 따라 각 중앙관서의 장의 승인을 받아 해당 계약을 계속하여 이행하게 할 수 있다.
[본조신설 2012.12.18.]

제6조(계약사무의 위임·위탁) ① 각 중앙관서의 장은 그 소관에 속하는 계약사무를 처리하기 위하여 필요하다고 인정하면 그 소속 공무원 중에서 계약에 관한 사무를 담당하는 공무원(이하 "계약관"이라 한다)을 임명하여 그 사무를 위임할 수 있으며, 그 소속 공무원에게 계약관의 사무를 대리(代理)하게 하거나 그 사무의 일부를 분장(分掌)하게 할 수 있다.
② 각 중앙관서의 장은 대통령령으로 정하는 바에 따라 다른 중앙관서 소속 공무원에게 계약관의 사무를 위탁할 수 있다.
③ 각 중앙관서의 장은 대통령령으로 정하는 바에 따라 그 소관의 계약에 관한 사무를 다른 관서에 위탁할 수 있다.
④ 제1항과 제2항에 따른 계약관의 사무의 위임·위탁, 대리 및 일부 분장은 각 중앙관서 소속 기관에 설치된 관직을 지정함으로써 갈음할 수 있다.
⑤ 계약관은 대통령령으로 정하는 재정보증이 없으면 그 직무를 담당할 수 없다.
[전문개정 2012.12.18.]

제7조(계약의 방법) ① 각 중앙관서의 장 또는 계약담당공무원은 계약을 체결하려면 일반경쟁에 부쳐야 한다. 다만, 계약의 목적, 성질, 규모 등을 고려하여 필요하다고 인정되면 대통령령으로 정하는 바에 따라 참가자의 자격을 제한하거나 참가자를 지명(指名)하여 경쟁에 부치거나 수의계약(隨意契約)을 할 수 있다.
② 제1항 본문에 따라 경쟁입찰에 부치는 경우 계약이행의 난이도, 이행실적, 기술능력, 재무상태, 사회적 신인도 및 계약이행의 성실도 등 계약수행능력평가에 필요한 사전심사기준, 사전심사절차, 그 밖에 대통령령으로 정하는 바에 따라 입찰 참가자격을 사전심사하고 적격자만을 입찰에 참가하게 할 수 있다.
③ 제1항에 따라 계약을 체결하는 과정에서 다른 법률에 따른 우선구매 대상이 경합하는 경우에는 계약의 목적이나 규모, 사회적 약자에 대한 배려 수준 등을 고려하여 계약상대자를 결정하여야 한다. <신설 2017.12.19.>
[전문개정 2012.12.18.]

제8조(입찰 공고 등) ① 각 중앙관서의 장 또는 계약담당공무원은 경쟁입찰을 하는 경우에는 입찰에 관한 사항을 공고하거나 통지하여야 한다.
② 제1항에 따른 입찰 공고 또는 통지의 방법, 내용, 시기, 그 밖에 필요한 사항은 대통령령으로 정한다.
[전문개정 2012.12.18.]

제9조(입찰보증금) ① 각 중앙관서의 장 또는 계약담당공무원은 경쟁입찰에 참가하려는 자에게 입찰보증금을 내도록 하여야 한다. 다만, 대통령령으로 정하는 경우에는 입찰보증금의 전부 또는 일부의 납부를 면제할 수 있다.
② 제1항에 따른 입찰보증금의 금액, 납부방법, 그 밖에 필요한 사항은 대통령령으로 정한다.
③ 각 중앙관서의 장 또는 계약담당공무원은 낙찰자가 계약을 체결하지 아니하였을 때에는 해당 입찰보증금을 국고에 귀속시켜야 한다. 이 경우 제1항 단서에 따라 입찰보증금의 전부 또는 일부의 납부를 면제하였을 때에는 대통령령으로 정하는 바에 따라 입찰보증금에 해당하는 금액을 국고에 귀속시켜야 한다.
[전문개정 2012.12.18.]

제10조(경쟁입찰에서의 낙찰자 결정) ① 세입의 원인이 되는 경쟁입찰에서는 최고가격의 입찰자를 낙찰자로 한다. 다만, 계약의 목적, 입찰가격과 수량 등을 고려하여 대통령령으로 기준을 정한 경우에는 그러하지 아니하다.
② 국고의 부담이 되는 경쟁입찰에서는 다음 각 호의 어느 하나의 기준에 해당하는 입찰자를 낙찰자로 한다.
1. 충분한 계약이행 능력이 있다고 인정되는 자로서 최저가격으로 입찰한 자
2. 입찰공고나 입찰설명서에 명기된 평가기준에 따라 국가에 가장 유리하게 입찰한 자
3. 그 밖에 계약의 성질, 규모 등을 고려하여 대통령령으로 특별히 기준을 정한 경우에는 그 기준에 가장 적합하게 입찰한 자

[전문개정 2012.12.18.]

제11조(계약서의 작성 및 계약의 성립) ① 각 중앙관서의 장 또는 계약담당공무원은 계약을 체결할 때에는 다음 각 호의 사항을 명백하게 기재한 계약서를 작성하여야 한다. 다만, 대통령령으로 정하는 경우에는 계약서의 작성을 생략할 수 있다.

1. 계약의 목적
2. 계약금액
3. 이행기간
4. 계약보증금
5. 위험부담
6. 지체상금(遲滯償金)
7. 그 밖에 필요한 사항

② 제1항에 따라 계약서를 작성하는 경우에는 그 담당 공무원과 계약상대자가 계약서에 기명하고 날인하거나 서명함으로써 계약이 확정된다.

[전문개정 2012.12.18.]

제12조(계약보증금) ① 각 중앙관서의 장 또는 계약담당공무원은 국가와 계약을 체결하려는 자에게 계약보증금을 내도록 하여야 한다. 다만, 대통령령으로 정하는 경우에는 계약보증금의 전부 또는 일부의 납부를 면제할 수 있다.

② 제1항에 따른 계약보증금의 금액, 납부방법, 그 밖에 필요한 사항은 대통령령으로 정한다.

③ 각 중앙관서의 장 또는 계약담당공무원은 계약상대자가 계약상의 의무를 이행하지 아니하였을 때에는 해당 계약보증금을 국고에 귀속시켜야 한다. 이 경우 제1항 단서에 따라 계약보증금의 전부 또는 일부의 납부를 면제하였을 때에는 대통령령으로 정하는 바에 따라 계약보증금에 해당하는 금액을 국고에 귀속시켜야 한다.

[전문개정 2012.12.18.]

제13조(감독) ① 각 중앙관서의 장 또는 계약담당공무원은 공사, 제조, 용역 등의 계약을 체결한 경우에 그 계약을 적절하게 이행하도록 하기 위하여 필요하다고 인정하면 계약서, 설계서, 그 밖의 관계 서류에 의하여 직접 감독하거나 소속 공무원에게 그 사무를 위임하여 필요한 감독을 하게 하여야 한다. 다만, 대통령령으로 정하는 계약의 경우에는 전문기관을 따로 지정하여 필요한 감독을 하게 할 수 있다.

② 제1항에 따라 감독하는 자는 감독조서(監督調書)를 작성하여야 한다.

[전문개정 2012.12.18.]

제14조(검사) ① 각 중앙관서의 장 또는 계약담당공무원은 계약상대자가 계약의 전부 또는 일부를 이행하면 이를 확인하기 위하여 계약서, 설계서, 그 밖의 관계 서류에 의하여 검사하거나 소속 공무원에게 그 사무를 위임하여 필요한 검사를 하게 하여야 한다. 다만, 대통령령으로 정하는 계약의 경우에는 전문기관을 따로 지정하여 필요한 검사를 하게 할 수 있다.

② 제1항에 따라 검사하는 자는 검사조서(檢査調書)를 작성하여야 한다. 다만, 대통령령으로 정하는 경우에는 검사조서의 작성을 생략할 수 있다.

③ 각 중앙관서의 장 또는 계약담당공무원은 제1항에도 불구하고 다른 법령에 따른 품질인증을 받은 물품 또는 품질관리능력을 인증받은 자가 제조한 물품 등 대통령령으로 정하는 물품에 대하여는 같은 항에 따른 검사를 하지 아니할 수 있다.

④ 물품구매계약 또는 물품제조계약의 경우 물품의 특성상 필요한 시험 등의 검사에 드는 비용과 검사로 인하여 생기는 변형, 파손 등의 손상은 계약상대자가 부담한다.

[전문개정 2012.12.18.]

제15조(대가의 지급) ① 각 중앙관서의 장 또는 계약담당공무원은 공사, 제조, 구매, 용역, 그 밖에 국고의 부담이 되는 계약의 경우 검사를 하거나 검사조서를 작성한 후에 그 대가(代價)를 지급하여야 한다. 다만, 국제관례 등 부득이한 사유가 있다고 인정되는 경우에는 그러하지 아니하다.

② 제1항에 따른 대가는 계약상대자로부터 대가 지급의 청구를 받은 날부터 대통령령으로 정하는 기한까지 지급하여야 하며, 그 기한까지 대가를 지급할 수 없는 경우에는 대통령령으로 정하는 바에 따라 그 지연일수(遲延日數)에 따른 이자를 지급하여야 한다.

③ 동일한 계약에서 제2항에 따른 이자와 제26조에 따른 지체상금은 상계(相計)할 수 있다.

[전문개정 2012.12.18.]

제16조(대가의 선납) 각 중앙관서의 장 또는 계약담당공무원은 재산의 매각·대부, 용역의 제공, 그 밖에 세입의 원인이 되는 계약에서는

다른 법령에 특별한 규정이 없으면 계약상대자에게 그 대가를 미리 내도록 하여야 한다.
[전문개정 2012.12.18.]

第17條(공사계약의 담보책임) 각 중앙관서의 장 또는 계약담당공무원은 공사의 도급계약을 체결할 때에는 그 담보책임의 존속기간을 정하여야 한다. 이 경우 그 담보책임의 존속기간은 「민법」 제671조에서 규정한 기간을 초과할 수 없다.
[전문개정 2012.12.18.]

第18條(하자보수보증금) ① 각 중앙관서의 장 또는 계약담당공무원은 공사의 도급계약의 경우 계약상대자로 하여금 그 공사의 하자보수(瑕疵補修) 보증을 위하여 하자보수보증금을 내도록 하여야 한다. 다만, 대통령령으로 정하는 경우에는 하자보수보증금의 전부 또는 일부의 납부를 면제할 수 있다.
② 제1항에 따른 하자보수보증금의 금액, 납부시기, 납부방법, 예치기간, 그 밖에 필요한 사항은 대통령령으로 정한다.
③ 하자보수보증금의 국고 귀속에 관하여는 제12조제3항을 준용한다. 다만, 그 하자의 보수를 위한 예산이 없거나 부족한 경우에는 그 하자보수보증금을 그 하자의 보수를 위하여 직접 사용할 수 있다.
④ 제3항 단서의 경우에 사용하고 남은 금액은 국고에 납입하여야 한다.
[전문개정 2012.12.18.]

第19條(물가변동 등에 따른 계약금액 조정) 각 중앙관서의 장 또는 계약담당공무원은 공사계약·제조계약·용역계약 또는 그 밖에 국고의 부담이 되는 계약을 체결한 다음 물가변동, 설계변경, 그 밖에 계약내용의 변경으로 인하여 계약금액을 조정(調整)할 필요가 있을 때에는 대통령령으로 정하는 바에 따라 그 계약금액을 조정한다.
[전문개정 2012.12.18.]

第20條(회계연도 시작 전의 계약체결) 각 중앙관서의 장 또는 계약담당공무원은 임차계약·운송계약·보관계약 등 그 성질상 중단할 수 없는 계약의 경우 대통령령으로 정하는 바에 따라 「국고금 관리법」 제20조에도 불구하고 회계연도 시작 전에 해당 연도의 확정된 예산의 범위에서 미리 계약을 체결할 수 있다.
[전문개정 2012.12.18.]

第21條(계속비 및 장기계속계약) ① 각 중앙관서의 장 또는 계약담당공무원은 「국가재정법」 제23조에 따른 계속비사업에 대하여는 총액과 연부액을 명백히 하여 계속비계약을 체결하여야 한다.
② 각 중앙관서의 장 또는 계약담당공무원은 임차, 운송, 보관, 전기·가스·수도의 공급, 그 밖에 그 성질상 수년간 계속하여 존속할 필요가 있거나 이행에 수년을 요하는 계약에 있어서는 대통령령으로 정하는 바에 따라 장기계속계약을 체결할 수 있다. 이 경우 각 회계연도 예산의 범위에서 해당 계약을 이행하게 하여야 한다.
[전문개정 2012.3.21.]

第22條(단가계약) 각 중앙관서의 장 또는 계약담당공무원은 일정 기간 계속하여 제조, 수리, 가공, 매매, 공급, 사용 등의 계약을 할 필요가 있을 때에는 해당 연도 예산의 범위에서 단가(單價)에 대하여 계약을 체결할 수 있다.
[전문개정 2012.12.18.]

第23條(개산계약) ① 각 중앙관서의 장 또는 계약담당공무원은 다음 각 호의 어느 하나에 해당하는 계약으로서 미리 가격을 정할 수 없을 때에는 대통령령으로 정하는 바에 따라 개산계약(概算契約)을 체결할 수 있다.
1. 개발시제품(開發試製品)의 제조계약
2. 시험·조사·연구 용역계약
3. 「공공기관의 운영에 관한 법률」에 따른 공공기관과의 관계 법령에 따른 위탁 또는 대행 계약
4. 시간적 여유가 없는 긴급한 재해복구를 위한 계약

② 제1항에 따른 개산계약의 사후정산의 절차·기준 등에 관하여 필요한 사항은 대통령령으로 정한다.
③ 각 중앙관서의 장 또는 계약담당공무원은 제1항에 따라 개산계약을 체결하는 경우 제2항에 따른 사후정산의 절차·기준 등에 대하여 입찰공고 등을 통하여 입찰참가자에게 미리 알려주어야 한다.
[전문개정 2012.12.18.]

제24조(종합계약) ① 각 중앙관서의 장 또는 계약담당공무원은 같은 장소에서 다른 관서, 지방자치단체 또는 「공공기관의 운영에 관한 법률」에 따른 공기업 및 준정부기관이 관련되는 공사 등에 대하여 관련 기관과 공동으로 발주하는 계약(이하 "종합계약"이라 한다)을 체결할 수 있다.
② 종합계약을 체결하는 데에 관련되는 기관의 장은 그 계약체결에 필요한 사항에 대하여 협조하여야 한다.
[전문개정 2012.12.18.]

제25조(공동계약) ① 각 중앙관서의 장 또는 계약담당공무원은 공사계약·제조계약 또는 그 밖의 계약에서 필요하다고 인정하면 계약상대자를 둘 이상으로 하는 공동계약을 체결할 수 있다.
② 제1항에 따라 계약서를 작성하는 경우에는 그 담당 공무원과 계약상대자 모두가 계약서에 기명하고 날인하거나 서명함으로써 계약이 확정된다.
[전문개정 2012.12.18.]

제26조(지체상금) ① 각 중앙관서의 장 또는 계약담당공무원은 정당한 이유 없이 계약의 이행을 지체한 계약상대자로 하여금 지체상금을 내도록 하여야 한다.
② 제1항에 따른 지체상금의 금액, 납부방법, 그 밖에 필요한 사항은 대통령령으로 정한다.
③ 제1항의 지체상금에 관하여는 제18조제3항 단서를 준용한다.
[전문개정 2012.12.18.]

제27조(부정당업자의 입찰 참가자격 제한 등) ① 각 중앙관서의 장은 다음 각 호의 어느 하나에 해당하는 자(이하 "부정당업자"라 한다)에게는 2년 이내의 범위에서 대통령령으로 정하는 바에 따라 입찰 참가자격을 제한하여야 하며, 그 제한사실을 즉시 다른 중앙관서의 장에게 통보하여야 한다. 이 경우 통보를 받은 다른 중앙관서의 장은 대통령령으로 정하는 바에 따라 해당 부정당업자의 입찰 참가자격을 제한하여야 한다. <개정 2012.12.18., 2016.3.2., 2017.7.26.>

1. 계약을 이행함에 있어서 부실·조잡 또는 부당하게 하거나 부정한 행위를 한 자
2. 경쟁입찰, 계약 체결 또는 이행 과정에서 입찰자 또는 계약상대자 간에 서로 상의하여 미리 입찰가격, 수주 물량 또는 계약의 내용 등을 협정하였거나 특정인의 낙찰 또는 납품대상자 선정을 위하여 담합한 자
3. 「건설산업기본법」, 「전기공사업법」, 「정보통신공사업법」, 「소프트웨어산업 진흥법」 및 그 밖의 다른 법률에 따른 하도급에 관한 제한규정을 위반(하도급통지의무위반의 경우는 제외한다)하여 하도급한 자 및 발주관서의 승인 없이 하도급을 하거나 발주관서의 승인을 얻은 하도급조건을 변경한 자
4. 사기, 그 밖의 부정한 행위로 입찰·낙찰 또는 계약의 체결·이행 과정에서 국가에 손해를 끼친 자
5. 「독점규제 및 공정거래에 관한 법률」 또는 「하도급거래 공정화에 관한 법률」을 위반하여 공정거래위원회로부터 입찰참가자격 제한의 요청이 있는 자
6. 「대·중소기업 상생협력 촉진에 관한 법률」 제27조제5항에 따라 중소벤처기업부장관으로부터 입찰참가자격 제한의 요청이 있는 자
7. 입찰·낙찰 또는 계약의 체결·이행과 관련하여 관계 공무원(제27조의3제1항에 따른 과징금부과심의위원회, 제29조제1항에 따른 국가계약분쟁조정위원회, 「건설기술 진흥법」에 따른 중앙건설기술심의위원회·특별건설기술심의위원회 및 기술자문위원회, 그 밖에 대통령령으로 정하는 위원회의 위원을 포함한다)에게 뇌물을 준 자
8. 그 밖에 다음 각 목의 어느 하나에 해당하는 자로서 대통령령으로 정하는 자
   가. 입찰·계약 관련 서류를 위조 또는 변조하거나 입찰·계약을 방해하는 등 경쟁의 공정한 집행을 저해할 염려가 있는 자
   나. 정당한 이유 없이 계약의 체결 또는 이행 관련 행위를 하지 아니하거나 방해하는 등 계약의 적정한 이행을 해칠 염려가 있는 자
   다. 다른 법령을 위반하는 등 입찰에 참가시키는 것이 적합하지 아니하다고 인정되는 자

② 삭제 <1997.12.13.>
③ 각 중앙관서의 장 또는 계약담당공무원은 제1항에 따라 입찰 참가자격을 제한받은 자와 수의계약을 체결하여서는 아니 된다. 다만, 제1항에 따라 입찰 참가자격을 제한받은 자 외에는 적합한 시공자, 제조자가 존재하지 아니하는 등 부득이한 사유가 있는 경우에는 그러하

지 아니하다. <개정 2012.12.18.>

④ 제1항에도 불구하고 각 중앙관서의 장은 제1항 각 호의 행위가 종료된 때(제5호 및 제6호의 경우에는 중소벤처기업부장관 또는 공정거래위원회로부터 요청이 있었던 때)부터 5년이 경과한 경우에는 입찰 참가자격을 제한할 수 없다. 다만, 제2호 및 제7호의 행위에 대하여는 위반행위 종료일부터 7년으로 한다. <신설 2016.3.2., 2017.7.26.>

⑤ 각 중앙관서의 장은 제1항에 따라 입찰참가자격을 제한할 경우, 그 제한내용을 대통령령으로 정하는 바에 따라 공개하여야 한다. <신설 2016.3.2.>

[제목개정 2012.12.18., 2016.3.2.]

제27조의2(과징금) ① 각 중앙관서의 장은 제27조제1항에 따라 부정당업자에게 입찰 참가자격을 제한하여야 하는 경우로서 다음 각 호의 어느 하나에 해당하는 경우에는 입찰 참가자격 제한을 갈음하여 다음 각 호의 구분에 따른 금액 이하의 과징금을 부과할 수 있다.

1. 부정당업자의 위반행위가 예견할 수 없음이 명백한 경제여건 변화에 기인하는 등 부정당업자의 책임이 경미한 경우로서 대통령령으로 정하는 경우: 위반행위와 관련된 계약의 계약금액(계약을 체결하지 아니한 경우에는 추정가격을 말한다)의 100분의 10에 해당하는 금액
2. 입찰 참가자격 제한으로 유효한 경쟁입찰이 명백히 성립되지 아니하는 경우로서 대통령령으로 정하는 경우: 위반행위와 관련된 계약의 계약금액(계약을 체결하지 아니한 경우에는 추정가격을 말한다)의 100분의 30에 해당하는 금액

② 각 중앙관서의 장은 제1항에 따른 과징금 부과를 하려면 대통령령으로 정하는 바에 따라 제27조의3에 따른 과징금부과심의위원회의 심의를 거쳐야 한다.

③ 제1항에 따른 과징금의 금액과 그 밖에 필요한 사항은 대통령령으로 정한다.

④ 각 중앙관서의 장은 제1항에 따라 과징금을 부과받은 자가 납부기한까지 내지 아니하면 국세 체납처분의 예에 따라 징수한다.

[본조신설 2012.12.18.]

제27조의3(과징금부과심의위원회) ① 제27조의2에 따른 과징금 부과 여부 및 과징금 금액의 적정성을 심의하기 위하여 기획재정부에 과징금부과심의위원회를 둔다.

② 제1항에 따른 과징금부과심의위원회의 구성과 운영 등에 필요한 사항은 대통령령으로 정한다.

[본조신설 2012.12.18.]

제27조의4(하도급대금 직불조건부 입찰참가) ① 각 중앙관서의 장은 계약상대자가 「건설산업기본법」 제34조제1항 또는 「하도급거래 공정화에 관한 법률」 제13조제1항이나 제3항을 위반한 사실을 확인한 때에는 해당 계약상대자 및 위반행위를 다른 중앙관서의 장에게 지체 없이 통보하여야 한다.

② 제1항의 통보가 있는 때에는 각 중앙관서의 장 또는 계약담당공무원은 같은 항의 계약상대자가 통보일부터 1년 이내에 입찰공고일이 도래하는 입찰에 참가하고자 하는 경우 계약상대자가 제15조제1항에 따른 대가 지급 시 하도급대금은 발주기관이 하수급인에게 직접 지급하는 것에 합의한다는 내용의 확약서를 제출하는 경우에 한정하여 입찰참가를 허용하여야 한다.

[본조신설 2012.12.18.]

제27조의5(조세포탈 등을 한 자의 입찰 참가자격 제한) ① 각 중앙관서의 장은 대통령령으로 정하는 조세포탈 등을 한 자로서 유죄판결이 확정된 날부터 2년이 지나지 아니한 자에 대하여 입찰 참가자격을 제한하여야 한다.

② 제1항에 따라 입찰 참가자격을 제한받은 자와의 수의계약 체결에 관하여는 제27조제3항을 준용한다.

[본조신설 2013.8.13.]

제28조(이의신청) ① 대통령령으로 정하는 금액(국제입찰의 경우 제4조에 따른다) 이상의 정부조달계약 과정에서 해당 중앙관서의 장 또는 계약담당공무원의 다음 각 호의 어느 하나에 해당하는 행위로 불이익을 받은 자는 그 행위를 취소하거나 시정(是正)하기 위한 이의신청을 할 수 있다.

1. 제4조제1항의 국제입찰에 따른 정부조달계약의 범위와 관련된 사항
2. 제7조에 따른 입찰 참가자격과 관련된 사항
3. 제8조에 따른 입찰 공고 등과 관련된 사항
4. 제10조제2항에 따른 낙찰자 결정과 관련된 사항
5. 그 밖에 대통령령으로 정하는 사항

② 이의신청은 이의신청의 원인이 되는 행위가 있었던 날부터 15일 이내 또는 그 행위가 있음을 안 날부터 10일 이내에 해당 중앙관서의 장에게 하여야 한다.
③ 해당 중앙관서의 장은 이의신청을 받은 날부터 10일 이내에 심사하여 시정 등 필요한 조치를 하고 그 결과를 신청인에게 통지하여야 한다.
④ 제3항에 따른 조치에 이의가 있는 자는 통지를 받은 날부터 15일 이내에 제29조에 따른 국가계약분쟁조정위원회에 조정(調停)을 위한 재심(再審)을 청구할 수 있다.
[전문개정 2012.12.18.]

제28조의2(분쟁해결방법의 합의) ① 각 중앙관서의 장 또는 계약담당공무원은 국가를 당사자로 하는 계약에서 발생하는 분쟁을 효율적으로 해결하기 위하여 계약을 체결하는 때에 계약당사자 간 분쟁의 해결방법을 정할 수 있다.
② 제1항에 따른 분쟁의 해결방법은 다음 각 호의 어느 하나 중 계약당사자 간 합의로 정한다.
1. 제29조에 따른 국가계약분쟁조정위원회의 조정
2. 「중재법」에 따른 중재
[본조신설 2017.12.19.]

제29조(국가계약분쟁조정위원회) ① 제28조제4항에 따른 재심청구를 심사·조정하게 하기 위하여 기획재정부에 국가계약분쟁조정위원회(이하 "위원회"라 한다)를 둔다.
② 위원회는 위원장 1명을 포함하여 15명 이내의 위원으로 구성한다. <개정 2016.3.2.>
③ 위원회의 위원장은 기획재정부장관이 지명하는 고위공무원단에 속하는 공무원이 되고, 위원은 대통령령으로 정하는 중앙행정기관 소속 공무원으로서 해당 기관의 장이 지명하는 사람과 다음 각 호의 어느 하나에 해당하는 사람 중 성별을 고려하여 기획재정부장관이 위촉하는 사람이 된다. <신설 2016.3.2.>
1. 「고등교육법」에 따른 대학에서 법학·재정학·무역학 또는 회계학의 부교수 이상의 직에 5년 이상 근무한 경력이 있는 사람
2. 변호사의 자격을 가진 사람으로서 그 자격과 관련된 업무에 5년 이상 재직 중이거나 재직한 사람
3. 정부의 회계 및 조달계약 업무에 관한 학식과 경험이 풍부한 사람으로서 제1호 또는 제2호의 기준에 상당하다고 인정되는 사람
④ 제3항 각 호의 위촉위원의 임기는 2년으로 하되, 연임할 수 있다. <신설 2016.3.2.>
⑤ 제3항 각 호의 위촉위원의 사임 등으로 인하여 새로 위촉된 위원의 임기는 전임위원 임기의 남은 기간으로 한다. <신설 2016.3.2.>
⑥ 제3항 각 호의 위촉위원은 금고 이상의 형의 선고를 받거나 장기간의 심신쇠약으로 직무를 수행할 수 없게 된 때를 제외하고는 임기 중 그 의사에 반하여 해촉되지 아니한다. <신설 2016.3.2.>
⑦ 위원회의 위원은 그 위원과 직접 이해관계가 있는 안건의 심사·조정에 참여할 수 없다. <신설 2016.3.2.>
⑧ 제2항부터 제7항까지에서 규정한 사항 외에 위원회의 운영 및 심사·조정 절차와 그 밖에 필요한 사항은 대통령령으로 정한다. <신설 2016.3.2.>
[전문개정 2012.12.18.]
[제목개정 2016.3.2.]

제29조(국가계약분쟁조정위원회) ① 국가를 당사자로 하는 계약에서 발생하는 분쟁을 심사·조정하게 하기 위하여 기획재정부에 국가계약분쟁조정위원회(이하 "위원회"라 한다)를 둔다. <개정 2017.12.19.>
② 위원회는 위원장 1명을 포함하여 15명 이내의 위원으로 구성한다. <개정 2016.3.2.>
③ 위원회의 위원장은 기획재정부장관이 지명하는 고위공무원단에 속하는 공무원이 되고, 위원은 대통령령으로 정하는 중앙행정기관 소속 공무원으로서 해당 기관의 장이 지명하는 사람과 다음 각 호의 어느 하나에 해당하는 사람 중 성별을 고려하여 기획재정부장관이 위촉하는 사람이 된다. <신설 2016.3.2.>
1. 「고등교육법」에 따른 대학에서 법학·재정학·무역학 또는 회계학의 부교수 이상의 직에 5년 이상 근무한 경력이 있는 사람
2. 변호사의 자격을 가진 사람으로서 그 자격과 관련된 업무에 5년 이상 재직 중이거나 재직한 사람
3. 정부의 회계 및 조달계약 업무에 관한 학식과 경험이 풍부한 사람으로서 제1호 또는 제2호의 기준에 상당하다고 인정되는 사람
④ 제3항 각 호의 위촉위원의 임기는 2년으로 하되, 연임할 수 있다. <신설 2016.3.2.>
⑤ 제3항 각 호의 위촉위원의 사임 등으로 인

하여 새로 위촉된 위원의 임기는 전임위원 임기의 남은 기간으로 한다. <신설 2016.3.2.>
⑥ 제3항 각 호의 위촉위원은 금고 이상의 형의 선고를 받거나 장기간의 심신쇠약으로 직무를 수행할 수 없게 된 때를 제외하고는 임기 중 그 의사에 반하여 해촉되지 아니한다. <신설 2016.3.2.>
⑦ 위원회의 위원은 그 위원과 직접 이해관계가 있는 안건의 심사·조정에 참여할 수 없다. <신설 2016.3.2.>
⑧ 제2항부터 제7항까지에서 규정한 사항 외에 위원회의 운영 및 심사·조정 절차와 그 밖에 필요한 사항은 대통령령으로 정한다. <신설 2016.3.2.>
[전문개정 2012.12.18.]
[제목개정 2016.3.2.]
[시행일 : 2018.3.20.] 제29조

제30조(계약절차의 중지) ① 위원회는 심사·조정에 착수하는 경우 청구인과 해당 중앙관서의 장에게 그 사실을 통지하여야 한다.
② 위원회는 해당 중앙관서의 장의 의견을 고려하여 필요하다고 인정하면 조정이 완료될 때까지 해당 입찰 절차를 연기하거나 계약체결을 중지할 것을 명할 수 있다.
[전문개정 2012.12.18.]

제31조(심사·조정) ① 위원회는 특별한 사유가 없으면 재심청구를 받은 날부터 50일 이내에 심사·조정하여야 한다.
② 제1항에 따른 조정은 청구인과 해당 중앙관서의 장이 조정이 완료된 후 15일 이내에 이의를 제기하지 아니한 경우에는 재판상 화해(和解)와 같은 효력을 갖는다.
[전문개정 2012.12.18.]

제31조(심사·조정) ① 위원회는 특별한 사유가 없으면 심사·조정청구를 받은 날부터 50일 이내에 심사·조정하여야 한다. <개정 2017.12.19.>
② 제1항에 따른 조정은 청구인과 해당 중앙관서의 장이 조정이 완료된 후 15일 이내에 이의를 제기하지 아니한 경우에는 재판상 화해(和解)와 같은 효력을 갖는다.
[전문개정 2012.12.18.]
[시행일 : 2018.3.20.] 제31조

제32조(계약담당공무원의 교육) 정부는 계약담당공무원의 자질향상을 위하여 교육을 할 수 있다.
[전문개정 2012.12.18.]

제33조(계약실적보고서의 제출) 각 중앙관서의 장은 대통령령으로 정하는 바에 따라 계약실적보고서를 기획재정부장관에게 제출하여야 한다.
[전문개정 2012.12.18.]

제34조(계약에 관한 법령의 협의) 각 중앙관서의 장은 계약에 관한 법령을 입안할 때에는 기획재정부장관과 미리 협의하여야 한다.
[전문개정 2012.12.18.]

제35조(벌칙 적용에서의 공무원 의제) 다음 각 호의 위원회의 위원 중 공무원이 아닌 위원은 「형법」 제129조부터 제132조까지의 규정을 적용할 때에는 공무원으로 본다.
1. 제27조의3에 따른 과징금부과심의위원회
2. 제29조에 따른 국가계약분쟁조정위원회
3. 입찰·낙찰 또는 계약의 체결·이행에 관한 사전심사 및 자문 업무를 수행하는 대통령령으로 정하는 위원회

[본조신설 2014.12.30.]

부칙

<제15219호, 2017.12.19.>

이 법은 공포 후 3개월이 경과한 날부터 시행한다. 다만, 제7조제3항의 개정규정은 공포한 날부터 시행한다.

용역계약일반조건

[시행 2017.12.28.]
[기획재정부계약예규 제351호, 2017.12.28, 일부개정]

제1장 총칙

제1조(목적) 이 예규는 계약당사자간에 이행하여야 할 용역에 관한 계약조건을 정함을 목적으로 하며, 계약당사자는 이 예규에 정한 계약문서에 따라 신의와 성실의 원칙에 입각하여 계약을 이행하여야 한다.

제2조(적용방법) ① 계약담당공무원은 계약체결시 제1장 총칙과 제2장에 정한 일반용역계약조건에 제3장 이하의 세부용역별 계약조건 중 해당 용역조건을 조합하여 계약서에 첨부하여야 한다. 이 경우 일반용역계약조건과 세부용역별 계약조건 중 상충되는 사항이 있는 때에는 세부용역별 계약조건을 우선적으로 적용한다.
② 각 장에 정하지 아니한 용역의 경우에는 각 장의 용역중 유사한 용역의 계약조건을 준용할 수 있으며, 해당 용역의 특성상 다르게 정할 필요가 있는 경우에는 기획재정부장관과 협의하여 해당 용역의 이행을 위한 계약조건을 따로 정할 수 있다.

제2장 일반용역계약조건(공통)

제3조(정의) 이 장에서 사용하는 용어의 정의는 다음과 같다.
1. “계약담당공무원” 이라 함은「국가를 당사자로 하는 계약에 관한 법률 시행규칙」(이하 “시행규칙” 이라 한다) 제2조에 의한 공무원을 말한다. 이 경우 각 중앙관서의 장이 계약에 관한 사무를 그 소속공무원에게 위임하지 아니하고 직접 처리하는 경우에는 이를 계약담당공무원으로 본다.
2. "계약상대자"라 함은 정부(이하 "발주기관"이라 한다)와 용역계약을 체결한 자연인 또는 법인을 말한다.
3. “기본업무” 라 함은 계약상대자가 수행하여야 하는 업무로서 과업내용서에 기재된 업무를 말한다.
4. “추가업무” 라 함은 계약목적의 달성을 위해 기본업무 외에 계약담당공무원이 추가하여 지시 또는 승인한 업무를 말한다.
5. “특별업무” 라 함은 계약목적외의 목적을 위해 계약특수조건 등에 특별업무항목으로 기재되거나 계약담당공무원이 그 수행을 지시 또는 승인한 용역항목으로서 제3호 및 제4호에 속하지 아니하는 업무를 말한다.
6. 이 조건에서 따로 정하는 용어를 제외하고는 「국가를 당사자로 하는 계약에 관한 법률 시행령」,「특정조달을 위한 국가를 당사자로 하는 계약에 관한 법률 시행령 특례규정」(이하 각각 “시행령” 및 “특례규정” 이라 한다), 「시행규칙」,계약예규「용역입찰유의서」(이하 “유의서” 라 한다)에 정하는 바에 의한다.

제4조(계약문서) ① 계약문서는 계약서, 유의서, 일반조건, 용역계약특수조건, 과업내용서 및 산출내역서로 구성되며 상호보완의 효력을 가진다. 다만, 이 경우 산출내역서는 이 조건에서 규정하는 계약금액의 조정 및 기성부분에 대한 대가의 지급시에 적용할 기준으로서 계약문서로서의 효력을 갖는다.
② 계약담당공무원은「국가를 당사자로 하는 계약에 관한 법률」(이하 “법률” 이라 한다.), 시행령, 시행규칙, 특례규정, 관계법령 및 이 조건에 정한 계약일반사항외에 해당 계약의 적정한 이행을 위하여 필요한 경우 용역계약특수조건을 정하여 계약을 체결할 수 있다.
③ 제2항에 의하여 정한 용역계약특수조건에 법률, 시행령, 시행규칙, 특례규정, 관계법령 및 이 조건에 의한 계약상대자의 계약상 이익을 제한하는 특수조건의 해당내용은 효력이 인정되지 아니한다.
④ 이 조건에서 정하는 바에 의하여 계약당사자간에 행한 통지문서등은 계약문서로서의 효력을 가진다.

제5조(사용언어) ① 계약을 이행함에 있어서 사용하는 언어는 한국어를 원칙으로 한다.
② 계약담당공무원은 계약체결시 제1항에도 불구하고 필요하다고 인정하는 경우에는 계약이행과 관련하여 계약상대자가 외국어를 사용하거나 외국어와 한국어를 병행하여 사용할 수 있도록 필요한 조치를 할 수 있다.
③ 제2항에 의하여 외국어와 한국어를 병행하

여 사용한 경우에 외국어로 기재된 사항이 한국어와 상이한 경우에는 한국어로 기재한 사항이 우선한다.

제6조(통지 등) ① 구두에 의한 통지·신청·청구·요구·회신·승인 또는 지시 등(이하 "통지 등"이라 한다)은 문서로 보완되어야 효력이 있다.
② 통지 등의 장소는 계약서에 기재된 주소로 하며, 주소를 변경하는 경우에는 이를 즉시 계약당사자에게 통지하여야 한다.
③ 통지 등의 효력은 계약문서에서 따로 정하는 경우를 제외하고는 계약당사자에게 도달한 날부터 발생한다. 이 경우 도달일이 공휴일인 경우에는 그 익일부터 효력이 발생한다.
④ 계약당사자는 계약이행중 이 조건 및 관계법령 등에서 정한 바에 따라 서면으로 정당한 요구를 받은 경우에는 이를 성실히 검토하여 회신하여야 한다.

제7조(채권양도) ① 계약상대자는 이 계약에 의하여 발생한 채권(대금 청구권)을 제3자에게 양도할 수 있다.
② 계약담당공무원은 제1항에 의한 채권양도와 관련하여 적정한 용역이행목적 등 필요한 경우에는 채권양도를 제한하는 특약을 정하여 운용할 수 있다.

제8조(계약보증금) ① 계약을 체결하고자 하는 자는 계약체결일까지 시행령 제50조에 정한 바에 따라 시행령 제37조제2항에 규정된 현금 또는 보증서 등으로 계약보증금을 납부하여야 한다.
② 계약을 체결하려고 하는 자가 계약보증금의 전부 또는 일부의 납부를 면제받은 경우에는 제9조제1항에 의하여 국고귀속사유가 발생할 때에 계약보증금에 해당하는 금액을 현금으로 납입할 것을 보장하기 위하여 그 지급을 확약하는 내용의 문서(이하 "계약보증금지급각서"라 한다)를 제출하여야 한다.
③ 계약상대자는 이 조건에 의하여 계약금액이 증액된 경우에는 이에 상응하는 금액의 계약보증금을 제1항에 따라 추가로 납부하여야 하며, 계약담당공무원은 계약금액이 감액된 경우에는 이에 상응하는 금액의 계약보증금을 반환해야 한다. <개정 2009.6.29.>
④ 계약담당공무원은 시행령 제37조제2항제2호에 의한 유가증권이나 현금으로 납부된 계약보증금을 계약상대자가 특별한 사유로 시행령 제37조제2항제1호 내지 제5호에 규정된 보증서 등으로 대체납부할 것을 요청한 때에는 동가치 상당액 이상으로 대체 납부하게 할 수 있다.

제9조(계약보증금의 처리) ① 계약담당공무원은 계약상대자가 정당한 이유없이 계약상의 의무를 이행하지 아니한 때에는 계약보증금을 국고에 귀속한다.
② 시행령 제69조에 의한 장기계속용역계약에 있어서 계약상대자가 2차 이후의 용역계약을 체결하지 아니한 경우에는 제1항을 준용한다.
③ 제8조제2항에 의하여 계약보증금지급각서를 제출한 경우로서 계약보증금의 국고귀속사유가 발생하여 계약담당공무원의 납입요청이 있을 때에는 계약상대자는 해당 계약보증금을 지체없이 현금으로 납부하여야 한다.
④ 제1항 및 제2항에 의하여 계약보증금을 국고에 귀속함에 있어서 그 계약보증금은 이를 기성부분에 대한 미지급액과 상계 처리할 수 없다. 다만, 계약보증금의 전부 또는 일부를 면제받은 자의 경우에는 국고에 귀속되는 계약보증금과 기성부분에 대한 미지급액을 상계 처리할 수 있다.
⑤ 계약상대자가 납부한 계약보증금은 계약이 이행된 후에 계약상대자에게 지체없이 반환한다.

제10조(용역계약에 있어서의 이행보증) ① 계약담당공무원이 시행령 제52조제4항에 의하여 계약이행보증을 요구한 경우 계약상대자는 계약체결시 다음 각호의 방법 중 하나를 선택하여 계약의 이행을 보증하여야 한다.
1. <삭제 2010.9.8.>
2. 계약보증금을 계약금액의 100분의 15이상으로 납부하는 방법 <개정 2010.9.8.>
3. 시행령 제50조제1항 내지 제3항에 의한 계약보증금을 납부하지 아니하고 용역이행보증서(해당 계약상의 의무를 이행할 것을 보증한 기관이 계약상대자를 대신하여 계약상의 의무를 이행하지 아니하는 경우에는 계약금액의 100분의 40이상을 납부할 것을 보증하는 것이어야 한다)를 제출하는 방법

② 계약담당공무원은 제1항에 따라 계약이행을 보증한 경우로서 계약상대자가 계약이행보증방법의 변경을 요청하는 때에는 1회에 한하여 계

약이행 보증방법을 변경하게 할 수 있다. <개정 2010.9.8.>
1. <삭제 2010.9.8.>
2. <삭제 2010.9.8.>
3. <삭제 2010.9.8.>
③ <삭제 2010.9.8.>
1. <삭제 2010.9.8.>
2. <삭제 2010.9.8.>
3. <삭제 2010.9.8.>
4. <삭제 2010.9.8.>
④ <삭제 2010.9.8.>
⑤ 제1항에 의한 용역이행보증서의 제출에 따른 보증이행 등에 대하여는 계약예규「정부입찰·계약 집행기준」제10장(공사의 이행보증제도 운용)을 준용한다.

제11조(계약상대자의 근로자) ① 계약상대자는 해당 계약의 수행에 필요한 기술과 경험을 가진 근로자를 채용하여야 하며 근로자의 행위에 대하여 모든 책임을 져야 한다.
② 계약상대자는 계약담당공무원이 계약상대자가 채용한 근로자에 대하여 해당 계약의 수행상 적당하지 아니하다고 인정하여 이의 교체를 요구할 때에는 즉시 교체하여야 하며 계약담당공무원의 승인없이는 교체된 근로자를 해당 계약의 수행을 위하여 다시 채용할 수 없다.
③ 계약상대자는 해당 계약의 이행을 위하여 채용한 근로자에 대하여「최저임금법」제6조 제1항 및 제2항과「근로기준법」제43조를 준수하여야 한다.

제12조(계약이행상황의 감독) ① 계약담당공무원은 해당 계약의 적정한 이행을 확보하기 위하여 필요하다고 인정할 때에는 계약문서에 의하여 스스로 감독하거나 소속공무원에게 그 사무를 위임하여 감독을 하여야 한다. 다만, 시행령 제54조 제1항 제2호의 전문적인 지식 또는 기술을 필요로 하거나 기타 부득이한 사유로 인하여 감독을 할 수 없는 경우에는 전문기관을 따로 지정하여 필요한 감독을 할 수 있다.
② 제1항 단서에 의하여 전문기관이 감독을 하도록 할 경우에는 시행규칙 제67조, 제69조에 의하여 감독조서의 작성 및 그 결과를 문서로써 제출하도록 하여야 한다.

제13조(용역의 착수 및 보고) ① 계약상대자는 계약문서에서 정하는 바에 따라 용역을 착수하여야 하며, 발주기관이 관련법령에서 정한 서류 및 다음 각 호의 사항이 포함된 착수신고서의 제출을 요구하는 경우에는 이를 제출하여야 한다.
1. 용역공정예정표
2. 인력 및 장비투입계획서
3. 기타 계약담당공무원이 지정한 사항
② 계약상대자는 계약의 이행중에 과업내용의 변경 등으로 인하여 제1항에 의하여 제출한 서류의 변경이 필요한 때에는 관련서류를 변경하여 제출하여야 한다.
③ 계약담당공무원은 제1항 및 제2항에 의하여 제출된 서류의 내용을 조정할 필요가 있다고 인정될 경우에는 계약상대자에게 이의 조정을 요구할 수 있다.
④ 계약담당공무원은 용역의 전부 또는 일부의 진행이 지연되어 소정의 기간내에 수행이 불가능하다고 인정되는 경우에는 주간공정현황을 제출토록 하는 등 계약상대자에게 필요한 조치를 할 수 있다.

제14조(휴일 및 야간작업) ① 계약상대자는 계약담당공무원의 계약기간 단축지시 및 발주기관의 부득이한 사유로 인하여 휴일 또는 야간작업을 지시하였을 때에는 추가비용을 청구할 수 있다. <개정 2009.6.29.>
② 제1항의 경우는 제17조를 준용한다. <개정 2009.6.29.>

제15조(물가변동으로 인한 계약금액의 조정) ① 물가변동으로 인한 계약금액의 조정은 시행령 제64조 및 시행규칙 제74조에서 정한 바에 의한다.
② 동일한 계약에 대한 계약금액의 조정시 품목조정율 및 지수조정율을 동시에 적용하여서는 아니되며, 계약을 체결할 때에 계약상대자가 지수조정율 방법을 원하는 경우 외에는 품목조정율 방법으로 계약금액을 조정하도록 계약서에 명시하여야 한다. 이 경우 계약이행중 계약서에 명시된 계약금액 조정방법을 임의로 변경하여서는 아니된다.
③ 제1항에 의하여 계약금액을 증액하는 경우에는 계약상대자의 청구에 의하여야 하고, 계약상대자는 제27조에 의한 완료대가(장기계속계약의 경우에는 각 차수별 완료대가) 수령전까지 조정신청을 하여야 하며, 조정된 계약금액은 직전의 물가변동으로 인한 계약금액조정 기준일부터 90일이내에 다시 조정할 수 없다. 다만, 천재·지변 또는 원자재의 가격급등으로

해당 기간내에 계약금액을 조정하지 아니하고는 계약이행이 곤란하다고 인정되는 경우에는 계약을 체결한 날 또는 직전 조정기준일로부터 90일 이내에도 계약금액을 조정할 수 있다.

④ 계약상대자는 제3항에 의하여 계약금액의 증액을 청구하는 경우에는 계약금액조정내역서를 첨부하여야 한다.

⑤ 계약담당공무원은 제1항 내지 제4항에 의하여 계약금액을 증액하는 경우에는 계약상대자의 청구를 받은 날부터 20일 이내에 계약금액을 조정하여야 한다. 이 때 예산배정의 지연 등 불가피한 경우에는 계약상대자와 협의하여 그 조정기한을 연장할 수 있으며, 계약금액을 증액할 수 있는 예산이 없는 때에는 업무량 등을 조정하여 그 대가를 지급할 수 있다. <개정 2011.5.13.>

⑥ 계약담당공무원은 제4항 및 제5항에 의한 계약상대자의 계약금액조정 청구내용이 일부 미비하거나 분명하지 아니한 경우에는 지체없이 필요한 보완요구를 하여야 하며, 이 경우 계약상대자가 보완요구를 통보받은 날부터 발주기관이 그 보완을 완료한 사실을 통지받은 날까지의 기간은 제5항에 의한 기간에 산입하지 아니한다. 다만, 계약상대자의 계약금액조정 청구내용이 계약금액 조정요건을 충족하지 않았거나 관련 증빙서류가 첨부되지 아니한 경우에는 그 사유를 명시하여 계약상대자에게 해당 청구서를 반송하여야 하며, 이 경우 계약상대자는 그 반송사유를 충족하여 계약금액조정을 다시 청구하여야 한다.

제16조(과업내용의 변경) ① 계약담당공무원은 계약의 목적상 필요하다고 인정될 경우에는 다음 각호의 과업내용을 계약상대자에게 지시할 수 있다. 다만, 계약담당공무원은 과업내용을 추가할 경우에는 계약상대자와 사전에 협의하여야 한다. <단서신설 2015.1.1.>

1. 추가업무 및 특별업무의 수행
2. 용역공정계획의 변경
3. 특정용역항목의 삭제 또는 감소

② 제1항에 의한 과업내용의 변경은 그 변경이 필요한 부분의 이행 전에 완료하여야 한다. 다만, 계약담당공무원은 계약이행의 지연으로 품질저하가 우려되는 등 긴급하게 용역을 수행하여야 할 필요가 있는 때에는 계약상대자와 협의하여 그 변경시기 등을 명확히 정하고, 과업내용의 변경을 완료하기 전에 우선 과업내용을 이행하게 할 수 있다.

③ 계약상대자는 계약의 기본방침에 대한 변동없이 과업내용서상의 용역항목을 변경하는 것이 발주기관에 유리하다고 판단될 경우에는 제1항 각호에 해당하는 제안을 할 수 있다. 이 경우 계약담당공무원은 제안요청을 받은 날부터 14일이내에 그에 대한 승인여부를 계약상대자에게 통지하여야 한다.

④ 제1항 및 제3항에 의하여 과업내용의 변경을 지시하거나 승인한 경우에 계약금액조정은 시행령 제65조제1항 내지 제6항을 준용한다. 다만, 계약담당공무원은 과업내용에 없는 과업을 추가 요구할 경우에는 정당한 대가를 지급하여야 한다. <단서신설 2015.1.1.>

⑤ 계약담당공무원은 제1항 내지 제4항에 의하여 계약금액을 조정하는 경우에는 계약상대자의 계약금액조정 청구를 받은 날부터 30일이내에 계약금액을 조정하여야 한다. 이 경우 예산배정의 지연 등 불가피한 경우에는 계약상대자와 협의하여 그 조정기한을 연장할 수 있으며, 계약금액을 조정할 수 있는 예산이 없는 때에는 업무량 등을 조정하여 그 대가를 지급할 수 있다.

⑥ 계약담당공무원은 제5항에 의한 계약상대자의 계약금액조정 청구내용이 부당함을 발견한 때에는 지체없이 보완요구 등의 필요한 조치를 하여야 한다. 이 경우 계약상대자가 보완요구 등의 조치를 통보받은 날부터 발주기관이 그 보완을 완료한 사실을 통지받은 날까지의 기간은 제5항의 기간에 산입하지 아니한다.

⑦ 제5항에 의한 계약상대자의 계약금액조정 청구는 제27조에 의한 완료대가(장기계속계약의 경우에는 각 차수별 완료대가) 수령전까지 하여야 한다.

제17조(기타 계약내용의 변경으로 인한 계약금액의 조정) ① 계약담당공무원은 용역계약에 있어서 제15조 및 제16조에 의한 경우 이외에 다음 각 호의 어느 하나의 사유로 인하여 계약금액을 조정할 필요가 있는 경우에는 그 변경된 내용에 따라 실비를 초과하지 아니하는 범위 내에서 이를 조정한다. <개정 2014.4.1.>

1. 최저임금법에 따른 최저임금을 시간당 노무비 단가로 정한 경우에 최저임금이 변경된 경우 <신설 2014.4.1.>
2. 기타 계약내용이 변경된 경우 <신설 2014.4.1.>

② 제1항의 경우에는 시행령 제65조제6항을 준용한다.

③ 제1항 및 제2항에 의한 계약금액조정의 경우에는 제16조제5항 내지 제7항을 준용

한다.

제18조(지체상금) ① 계약상대자는 계약서에서 정한 용역수행기한내에 용역을 완성하지 아니한 때에는 매 지체일수마다 계약서에서 정한 지체상금율을 계약금액(장기계속용역계약의 경우에는 연차별 계약금액)에 곱하여 산출한 금액(이하 "지체상금" 이라 한다.)을 현금으로 납부하여야 한다.

② 계약담당공무원은 제1항의 경우에 제22조에 의하여 기성부분에 대한 검사를 거쳐 이를 인수(인수하지 아니하고 관리·사용하고 있는 경우를 포함한다. 이하 이조에서 같다)한 때에는 그 부분에 상당하는 금액을 계약금액에서 공제한다. 이 경우 기성부분의 인수는 그 성질상 분할할 수 있는 용역에 대한 완성부분으로 인수하는 것에 한한다.

③ 계약담당공무원은 다음 각호의 어느 하나에 해당되어 용역수행이 지체되었다고 인정할 때에는 그 해당일수(제5호에 해당하는 경우에는 해당 일수의 1/2)를 제1항의 지체일수에 산입하지 아니한다. <개정 2011.5.13.>

1. 제24조에서 규정하는 불가항력의 사유에 의한 경우
2. 발주기관의 책임으로 용역착수가 지연되거나 용역수행이 중단되었을 경우
3. 계약상대자의 부도 등으로 연대보증인이 보증이행을 할 경우
4. 계약상대자의 부도 등으로 보증기관이 보증이행업체를 지정하여 보증이행할 경우
5. 제49조에 따른 소프트웨어사업으로서 구현하고자 하는 기능의 범위에 대해 계약이행기간 내에 발주기관과 계약상대자간의 이견이 발생하여 과업내용을 조정함으로 인한 경우 <신설 2011.5.13.>
6. 기타 계약상대자의 책임에 속하지 않는 사유로 인하여 지체된 경우

④ 제3항제3호에 의하여 지체일수에 산입하지 아니하는 기간은 부도 등이 확정된 날(부도, 파산, 해산 등의 사유로 사실상 용역이행을 할 수 없었던 날)부터 보증이행을 지시한 날까지로 한다. 다만, 공동계약에 있어 공동이행방식에 의하는 경우는 공동수급체 구성원 중 마지막으로 남은 구성원의 부도 등이 확정된 날을 기준으로 하고, 분담이행방식에 의하는 경우는 분담구성원의 부도 등이 확정된 날을 기준으로 한다.

⑤ 제3항제4호에 의하여 지체일수에 산입하지 아니하는 기간은 발주기관으로부터 보증채무이행청구서를 접수한 날부터 보증이행개시일 전일까지(단, 30일이내에 한한다)로 한다.

⑥ 제3항제5호에 따라 과업내용을 조정하고자 하는 경우에는 그에 따른 소요기간을 산정하고, 동 기간을 초과하는 일수에 대해서는 지체일수에 모두 산입한다. <신설 2011.5.13.>

⑦ 계약담당공무원은 제1항에 의한 지체일수를 다음 각호에 따라 산정하여야 한다.

1. 용역수행기한내에 용역목적물 또는 용역완료보고서를 제출한 때에는 제20조에 의한 검사에 소요된 기간은 지체일수에 산입하지 아니한다. 다만, 용역수행기한 이후에 제20조제3항에 의한 시정조치를 한 때에는 시정조치를 한 날부터 최종 검사에 합격한 날까지의 기간(검사기간이 제20조에 정한 기간을 초과한 경우에는 동조에 정한 기간에 한한다. 이하 같다)을 지체일수에 산입한다.
2. 용역수행기한을 경과하여 용역목적물 또는 용역완료보고서를 제출한 때에는 용역수행기한 익일부터 검사(시정조치를 한 때에는 최종 검사)에 합격한 날까지의 기간을 지체일수에 산입한다.
3. 용역수행기한의 말일이 공휴일(관련 법령에 의하여 발주기관의 휴무일인 경우를 포함한다)인 경우 지체일수는 공휴일의 익일 다음날부터 기산한다.

⑧ 계약담당공무원은 제1항 내지 제5항에 의하여 산출된 지체상금을 계약상대자에게 지급될 대가, 대가지급지연에 대한 이자 또는 기타 예치금 등과 상계할 수 있다.

제19조(계약기간의 연장) ① 계약상대자는 제18조제3항 각호의 사유(제5호 제외)가 계약기간내에 발생한 경우에는 계약기간 종료전에 지체없이 계약담당공무원에게 서면으로 계약기간의 연장신청과 동 연장으로 인하여 추가비용이 발생하는 경우에는 제4항에 의한 계약금액 조정신청을 함께 하여야 한다. 다만, 연장사유가 계약기간내에 발생하여 계약기간 경과후 종료된 경우에는 동 사유가 종료된 후 즉시 계약기간의 연장신청과 제4항에 의한 계약금액 조정신청을 함께 하여야 한다.

② 계약담당공무원은 제1항에 의한 계약기간 연장 신청이 접수된 때에는 즉시 그 사실을

조사 확인하고 해당 용역이 적절히 이행될 수 있도록 계약기간의 연장 등 필요한 조치를 하여야 한다.
③ 계약담당공무원은 제1항의 연장청구를 승인하였을 경우 동 연장기간에 대하여는 제18조에 의한 지체상금을 부과하여서는 아니된다.
④ 제2항에 의하여 계약기간을 연장한 경우에는 제17조에 의하여 그 변경된 내용에 따라 실비를 초과하지 아니하는 범위안에서 계약금액을 조정한다. 다만, 제18조제3항제1호, 제3호 및 제4호의 사유에 의한 경우에는 그러하지 아니하다. <개정 2016.12.30.>
⑤ 계약담당공무원은 제1항 내지 제4항에도 불구하고 계약상대자의 의무불이행으로 인하여 발생한 지체상금이 시행령 제50조제1항에 의한 계약보증금상당액에 달한 경우라고 하더라도 계약목적물이 국가정책사업 대상이거나 계약의 이행이 노사분규 등 불가피한 사유로 인하여 지연된 때에는 계약기간을 연장할 수 있다.
⑥ 제5항에 의한 계약기간의 연장은 지체상금이 계약보증금상당액에 달한 때에 하여야 하며, 연장된 계약기간에 대하여는 제18조에도 불구하고 지체상금을 부과하여서는 아니된다.
⑦ 제2항 및 제5항에 따라 계약기간을 연장하는 경우 계약상대자는 계약기간 연장계약 체결전까지 계약기간 연장이 표시된 보증서 등을 발주기관에 제출하여야 한다. 다만, 보증서 등의 보증기간이 해당 계약의 실제 완료일 까지 유효한 것으로 약정된 경우에는 그러하지 아니한다.

제20조(검사) ① 계약상대자는 용역을 완성하였을 때에는 그 사실을 계약담당공무원에게 서면으로 통지하고 필요한 검사를 받아야 한다. 기성부분에 대하여 완성 전에 대가의 전부 또는 일부를 지급받고자 할 때에도 또한 같다.
② 계약담당공무원은 제1항의 통지를 받은 때에는 계약서 기타 관계서류에 의하여 통지를 받은 날부터 14일 이내에 그 이행을 확인하기 위한 검사(관련법령 또는 특수조건으로 정한 경우 및 필요하다고 인정하여 미리 서면으로 요청한 경우에는 계약상대자의 입회하에 실시한다)를 하여야 한다. 다만, 천재·지변 등 불가항력적인 사유로 인하여 검사를 완료하지 못한 경우에는 해당 사유가 존속되는 기간과 소멸된 날로부터 3일까지는 이를 연장할 수 있다.
③ 계약담당공무원은 제2항의 검사에 있어서 계약상대자의 계약이행내용의 전부 또는 일부가 계약에 위반되거나 부당함을 발견한 때에는 필요한 시정조치를 하여야 한다. 이 경우에는 계약상대자로부터 그 시정을 완료한 사실을 통지받은 날로부터 제2항의 기간을 계산한다.
④ 제3항에 의해 계약이행기간이 연장될 때에는 계약담당공무원은 제18조에 의한 지체상금을 부과하여야 한다.
⑤ 계약상대자는 제2항에 의하여 검사에 입회하여야 하는 경우에는 이에 따라야 한다. 계약상대자가 입회를 거부하거나 검사에 협력하지 아니함으로써 발생하는 지체에 대하여는 제3항 및 제4항을 준용한다.
⑥ 계약담당공무원은 검사를 완료한 때에는 그 결과를 계약상대자에게 서면으로 통지하여야 한다. 이 경우 계약상대자는 검사에 대한 이의가 있을 때에는 재검사를 요청할 수 있으며 계약담당공무원은 필요한 조치를 하여야 한다.

제21조(인수) ① 계약담당공무원은 해당 용역의 특성상 계약목적물의 인수가 필요한 경우에는 계약상대자가 서면으로 인수를 요청하였을 때에는 제20조에 의한 검사를 실시하여 용역의 완성을 확인하고, 계약상대자가 서면으로 인수를 요청하였을 때에는 즉시 해당 용역목적물을 인수하여야 한다.
② 계약담당공무원은 계약상대자가 제1항의 요청을 아니한 때에는 용역대가의 지급과 동시에 해당 용역목적물의 인도를 요구할 수 있다. 이 경우에 계약상대자는 지체없이 해당 목적물을 인도하여야 한다.

제22조(기성부분의 인수) ① 계약담당공무원은 전체 계약목적물이 아닌 기성부분(성질상 분할할 수 있는 용역의 완성부분에 한한다)에 대하여 이를 인수할 수 있다.
② 제1항의 경우에는 제21조를 준용한다.

제23조(일반적 손해) ① 계약상대자는 계약의 수행 중 용역목적물 및 제3자에 대한 손해를 부담하여야 한다. 다만, 그 손해가 계약상대자의 책임없는 사유로 인하여 발생한 경우에는 발주기

관의 부담으로 한다.
② 제21조 및 제22조에 의하여 인수한 계약목적물에 대한 손해는 발주기관이 부담하여야 한다.

제24조(불가항력) ① 불가항력이라 함은 태풍·홍수 기타 악천후, 전쟁 또는 사변, 지진, 화재, 전염병, 폭동 기타 계약당사자의 통제범위를 벗어나는 사태(이하 "불가항력의 사유"라 한다)가 발생한 경우를 말한다. 다만, 이는 대한민국내에서 발생하여 용역수행에 직접적인 영향을 미친 경우에 한한다.
② 제1항의 불가항력의 사유로 인하여 다음 각호에 발생한 손해는 발주기관이 부담하여야 한다.
1. 제20조에 의한 검사를 완료한 기성부분
2. 검사를 완료하지 아니한 부분 중 객관적인 자료(감독일지, 사진 또는 비디오테잎 등)에 의하여 이미 수행되었음이 판명된 부분
3. 제23조제1항 단서 및 동조제2항에 의한 손해

③ 계약상대자는 제1항 및 제2항의 사유가 발생하였을 경우에는 지체없이 그 사실을 계약담당공무원에게 통지하여야 하며, 계약담당공무원은 즉시 그 사실을 조사하고 그 손해의 상황을 확인한 후 그 결과를 계약상대자에게 통지하여야 한다.
④ 계약담당공무원은 제3항에 의하여 손해의 상황을 확인하였을 때에는 별도의 약정이 없는 한 용역금액의 변경 또는 손해액의 부담 등에 대하여 계약상대자와 협의하여야 한다. 다만, 협의가 성립되지 않을 때에는 제36조에 따라 처리한다.

제25조(특허권 등의 사용) 용역을 수행함에 있어 제3자의 권리의 대상으로 되어 있는 특허권 등을 사용할 때에는 계약상대자는 그 사용에 관한 일체의 책임을 져야 한다. 그러나 발주기관이 계약문서에 수행방법을 지정하지 아니하고 그 수행 또는 적용을 요구할 때에는 계약상대자에게 제반편의를 제공·알선하거나 소요된 비용을 지급할 수 있다.

제26조(기성대가의 지급) ① 계약상대자는 최소한 30일마다 검사를 완료하는 날까지 기성부분에 대한 대가지급청구서(하수급인에 대한 대금지급 계획을 첨부하여야 한다)를 발주기관에 제출할 수 있다. <개정 2011.5.13.>
② 계약담당공무원은 검사완료일부터 5일이내에 검사된 내용에 따라 기성대가를 확정하여 계약상대자에게 지급하여야 한다. 다만, 계약상대자가 검사완료일후에 대가의 지급을 청구한 때에는 그 청구를 받은 날부터 5일이내에 지급하여야 한다. <개정 2009.7.3.>
③ 계약담당공무원은 제2항에 따른 기성대가지급시 제1항의 대금지급 계획상의 하수급인에게 기성대가지급 사실을 통보하고 대금 수령내역(수령자, 수령액, 수령일 등) 및 증빙서류를 제출(「전자서명법」 제2조에 따른 전자문서에 의한 제출을 포함한다)하게 하여야 한다. <신설 2011.5.13.>
④ 계약담당공무원은 제1항에 의한 청구서의 기재사항이 검사된 내용과 일치하지 아니할 때에는 그 사유를 명시하여 계약상대자에게 이의 시정을 요구하여야 한다. 이 경우 시정에 소요되는 기간은 제2항에서 규정한 기간에 산입하지 아니한다.
⑤ 기성대가는 계약단가에 의하여 산정·지급한다.
⑥ 기성대가 지급의 경우에는 제27조제4항을 준용한다.

제27조(대가의 지급) ① 계약상대자는 용역을 완성한 후 제20조에 의한 검사에 합격한 때에는 대가지급청구서(하수급인에 대한 대금지급 계획을 첨부하여야 한다)를 제출하는 등 소정의 절차에 따라 대가지급을 청구할 수 있다. <개정 2011.5.13.>
② 계약담당공무원은 제1항의 청구를 받은 때에는 그 청구를 받은 날로부터 5일(공휴일 및 토요일은 제외한다. 이하 이조에서 같다) 이내에 그 대가를 지급하여야 하며, 동 대가지급기한에도 불구하고 자금사정 등 불가피한 사유가 없는 한 최대한 신속히 대가를 지급하여야 한다. 다만, 계약상대자와의 합의에 의하여 5일을 초과하지 아니하는 범위내에서 대가의 지급기간을 연장할 수 있는 특약을 정할 수 있다. <개정 2009.7.3.>
③ 계약담당공무원은 제2항에 따른 대가지급시 제1항의 대금지급 계획상의 하수급인에게 대가지급 사실을 통보하고 대금 수령내역(수령자, 수령액, 수령일 등) 및 증빙서류를 제출하게 하여야 한다. <신설 2011.5.13.>
④ 천재·지변 등 불가항력의 사유로 인하여 대가를 지급할 수 없게 된 경우에는 해당

사유가 존속되는 기간과 해당 사유가 소멸된 날로부터 3일까지는 대가의 지급을 연장할 수 있다.
⑤ 계약담당공무원은 제1항의 청구를 받은 후 그 청구내용의 전부 또는 일부가 부당함을 발견한 때에는 그 사유를 명시하여 계약상대자에게 해당 청구서를 반송할 수 있다. 이 경우에는 반송한 날로부터 재청구를 받은 날까지의 기간은 제2항의 지급기간에 이를 산입하지 아니한다.
⑥ 제3항에 따라 통보 및 제출하는 경우에는 제26조제3항을 준용한다.

제27조의2(하도급대금 지급 확인) ① 계약상대자는 제26조 및 제27조에 따른 대가를 지급받은 경우 15일 이내에 하도급대금을 하수급인에게 현금으로 지급하여야 하며, 하도급대금의 지급 내역(수령자, 지급액, 지급일 등)을 5일(공휴일 및 토요일은 제외한다) 이내에 계약담당공무원에게 통보하여야 한다.
② 계약담당공무원은 제1항에 따른 대금지급내역을 제26조제3항 또는 제27조제3항에 따라 하수급인으로부터 제출받은 대금수령내역과 비교·확인하여야 한다.
③ 하도급거래 공정화에 관한 법률 제2조에 따라 동법의 적용을 받지 않는 하도급계약에 대해서는 제1항 및 제2항을 적용하지 아니한다.(제26조제3항 및 제27조제3항의 경우에도 같다)
④ 제1항에 따라 통보하는 경우에는 제26조제3항을 준용한다. <신설 2014.1.10.>
[동조신설 2011.5.13.]

제27조의3(국민건강보험료 등의 사후정산) 계약담당공무원은「정부입찰·계약집행기준」제93조에 의하여 국민건강보험료 등을 사후정산하기로 한 계약에 대하여는 제26조 및 제27조에 따른 대가 지급시 계약예규「정부 입찰·계약 집행기준」제94조에 따라 정산하여야 한다.
[본조신설 2012.1.1.]

제27조의4(노무비의 구분관리 및 지급확인) ① 시행규칙 제23조의3 각호의 용역계약의 경우 계약상대자는 발주기관과 협의하여 정한 노무비 지급기일에 맞추어 매월 모든 근로자(직접노무비 대상에 한하며, 하수급인이 고용한 근로자를 포함)의 노무비 청구내역(근로자 개인별 성명, 임금 및 연락처 등)을 제출하여야 한다.
② 계약담당공무원은 제1항에 따른 노무비 청구내역을 확인하고 청구를 받은 날부터 5일 이내에 계약상대자의 노무비 전용계좌로 해당 노무비를 지급하여야 한다.
③ 계약상대자는 제2항에 따라 노무비를 지급받은 날부터 2일(공휴일 및 토요일은 제외한다) 이내에 노무비 전용계좌에서 이체하는 방식으로 근로자에게 노무비를 지급하여야 하며, 동일한 방식으로 하수급인의 노무비 전용계좌로 노무비를 지급하여야 한다. 다만, 근로자가 계좌를 개설할 수 없거나 다른 방식으로 지급을 원하는 경우 또는 계약상대자(하수급인 포함)가 근로자에게 노무비를 미리 지급하는 경우에는 그에 대한 발주기관의 승인을 받아 그러하지 아니할 수 있다.
④ 계약상대자는 제1항에 따라 노무비 지급을 청구할 때에 전월 노무비 지급내역(계약상대자 및 하수급인의 노무비 전용계좌 이체내역 등 증빙서류)을 제출하여야 하며, 계약담당공무원은 동 지급내역과 계약상대자가 이미 제출한 같은 달의 청구내역을 비교하여 임금 미지급이 확인된 경우에는 해당 사실을 지방 고용노동(지)청에 통보하여야 한다.
[본조신설 2017.12.28.]

제28조(대가지급지연에 대한 이자) ① 계약담당공무원은 대가지급청구를 받은 경우에 제26조 및 제27조에 따른 대가지급기한(국고채무부담행위에 의한 계약의 경우에는 다음 회계연도 개시 후에「국가재정법」에 의하여 해당 예산이 배정된 날부터 20일)까지 대가를 지급하지 못하는 경우에는 지급기한의 다음날부터 지급하는 날까지의 일수(이하 "대가지급지연일수"라 한다)에 해당 미지급금액에 지연발생 시점의 금융기관 대출평균금리(한국은행 통계월보상의 금융기관 대출평균금리를 말한다)를 곱하여 산출한 금액을 이자로 지급하여야 한다.
② 천재·지변 등 불가항력의 사유로 인하여 검사 또는 대가지급이 지연된 경우에는 제20조제2항 단서 및 제27조제4항에 의한 연장기간은 제1항의 대가지급지연일수에 산입하지 아니한다.

제29조(계약상대자의 책임있는 사유로 인한 계약의 해제 또는 해지) ① 계약담당공무원은 계약상대자가 다음 각호의 어느 하나에 해당하

는 경우에는 해당 계약의 전부 또는 일부를 해제 또는 해지할 수 있다. 다만, 제3호의 경우에는 계약상대자의 계약이행 가능성이 있고 계약을 유지할 필요가 있다고 인정되는 경우로서 계약상대자가 계약이행이 완료되지 아니한 부분에 상당하는 계약보증금을 추가납부하는 때에는 계약을 유지한다. <개정 2009.6.29, 2010.9.8.>

1. 정당한 이유없이 약정한 착수기일을 경과하고도 용역수행에 착수하지 아니할 경우
2. 계약상대자의 귀책사유로 인하여 용역수행기한까지 해당 용역을 완료하지 못하거나 완료할 가능성이 없다고 인정될 경우
3. 제18조제1항에 의한 지체상금이 시행령 제50조제1항에 의한 해당 계약(장기계속용역계약인 경우에는 차수별 계약)의 계약보증금상당액에 달한 경우
4. 장기계속용역의 계약에 있어서 제2차 용역이후의 계약을 체결하지 아니하는 경우
5. 계약의 수행중 뇌물수수 또는 정상적인 계약관리를 방해하는 불법·부정행위가 있는 경우
6. 해당 계약이행과 관련하여 계약상대자가 「최저임금법」 제6조제1항 및 제2항 또는 「근로기준법」 제43조를 위반하여 「최저임금법」 제28조 또는 「근로기준법」 제109조에 따라 처벌을 받은 경우(다만, 지체없이 시정된 경우에는 그러하지 아니한다)
7. 입찰에 관한 서류 등을 허위 또는 부정한 방법으로 제출하여 계약이 체결된 경우
8. 기타 계약조건을 위반하고 그 위반으로 인하여 계약의 목적을 달성할 수 없다고 인정될 경우

② 계약담당공무원은 제1항에 의하여 계약을 해제 또는 해지한 때에는 그 사실을 즉시 계약상대자에게 통지하여야 한다.

③ 계약담당공무원은 제1항에 의하여 계약을 해제 또는 해지한 경우 및 제33조에 의하여 연대보증인 또는 보증기관이 보증이행을 하는 경우에 기성부분을 검사하여 인수하는 때에는 인수한 날로부터 14일 이내에 해당 부분에 상당하는 대가를 계약상대자에게 지급하여야 한다.

④ 계약상대자는 제1항에 의하여 계약이 해제 또는 해지되는 경우에는 지급받은 선금에 대하여 미정산잔액이 있는 경우에는 그 잔액에 대한 약정이자상당액[사유발생 시점의 금융기관 대출평균금리(한국은행 통계월보상의 금융기관 대출평균금리를 말한다)에 의하여 산출한 금액]을 가산하여 발주기관에 상환하여야 한다. 이 경우 계약담당공무원은 상환할 금액과 기성부분의 대가를 상계할 수 있다.

제30조(사정변경에 의한 계약의 해제 또는 해지) ① 계약담당공무원은 제29조제1항 각호의 경우 외에 객관적으로 명백한 발주기관의 불가피한 사정이 발생한 때에는 계약을 해제 또는 해지할 수 있다.

② 제1항에 의하여 계약을 해제 또는 해지한 경우에는 제29조제2항을 준용한다.

③ 계약담당공무원은 제1항에 의하여 계약을 해제 또는 해지할 경우에는 다음 각호에 해당하는 금액을 해제 또는 해지한 날부터 14일 이내에 계약상대자에게 지급하여야 한다. 이 경우 제8조에 의한 계약보증금을 동시에 반환하여야 한다.

1. 제24조제2항제1호 및 제2호에 해당하는 부분 중 대가를 지급하지 아니한 금액
2. 전체용역의 완성을 위하여 계약의 해제 또는 해지일 이전에 투입된 계약상대자의 인력·자재 및 장비의 철수비용

④ 계약상대자는 선금에 대한 미정산잔액이 있는 경우에는 이를 발주기관에 상환하여야 한다. 이 경우에는 미정산잔액에 대한 이자는 가산하지 아니한다.

제31조(계약상대자에 의한 계약의 해제 또는 해지) ① 계약상대자는 다음 각호의 어느 하나에 해당하는 사유가 발생한 경우에는 해당 계약을 해제 또는 해지할 수 있다.

1. 제16조에 의한 계약내용의 변경으로 계약금액이 100분의 40이상 감소되었을 때
2. 제32조에 의한 용역수행정지기간이 계약기간의 100분의 50을 초과하였을 경우

② 제1항에 의하여 계약이 해제 또는 해지되었을 경우에는 제30조제3항 및 4항을 준용한다.

제32조(용역의 일시정지) ① 계약담당공무원은 다음 각호의 경우에는 용역의 전부 또는 일부의 수행을 정지시킬 수 있다. 이 경우 계약상대자는 정지기간중 선량한 관리자의 주의의무를 해태하여서는 아니된다. <개정 2015.9.21.>

1. 용역의 수행이 계약내용과 일치하지 아니하는 경우
2. 안전을 위해 용역의 전부 또는 일부의 정지가 필요한 경우

3. 기타 발주기관의 필요에 의하여 계약담당공무원이 지시한 경우
② 계약담당공무원은 제1항에 의하여 용역을 정시시킨 경우에는 계약상대자에게 정지사유 및 정지기간을 지체없이 통지하여야 한다.
③ 제1항에 의하여 용역이 정지된 경우에는 계약상대자는 계약기간의 연장 또는 추가금액을 청구할 수 없다. 다만, 계약상대자의 책임있는 사유로 인한 정지가 아닌 때에는 그러하지 아니한다.
④ 발주기관의 책임있는 사유에 의한 용역정지기간(각각의 사유로 인한 정지기간을 합산하며, 장기계속계약의 경우에는 해당 차수내의 정지기간을 말함)이 60일을 초과한 경우 계약담당공무원은 그 초과된 기간에 대하여 잔여계약금액(용역중지기간이 60일을 초과하는 날 현재의 잔여계약금액을 말하며, 장기계속계약의 경우에는 차수별 계약금액을 기준으로 함)에 초과일수 매 1일마다 지연발생시점의 금융기관 대출평균금리(한국은행 통계월보상의 금융기관 대출평균금리를 말한다)를 곱하여 산출한 금액을 준공대가 지급시 계약상대자에게 지급하여야 한다.

제32조의2(계약상대자의 용역정지 등) ① 계약상대자는 발주기관이 「국가를 당사자로 하는 계약에 관한 법령」과 계약문서 등에서 정하고 있는 계약상의 의무를 이행하지 아니하는 때에는 발주기관에 계약상의 의무이행을 서면으로 요청할 수 있다.
② 계약담당공무원은 제1항에 의하여 계약상대자의 통지를 받은 날로부터 14일이내에 이행계획을 계약상대자에게 서면으로 통지하여야 한다.
③ 계약상대자는 계약담당공무원이 제2항에 의한 기간내에 통지를 하지 않거나 계약상의 의무이행을 거부하는 때에는 해당 기간이 경과한 날 또는 의무이행을 거부한 날부터 용역의 전부 또는 일부의 이행을 정지할 수 있다.
④ 계약담당공무원은 제3항에 의하여 정지된 기간에 대하여는 제19조에 따라 계약기간을 연장하여야 한다.

제33조(용역계약에 있어서의 이행보증) ① 계약담당공무원은 계약상대자가 제10조제1항 또는 제5항에 의하여 계약이행보증을 한 경우로서 계약상대자가 제29조제1항 각호의 어느 하나에 해당하는 때에는 계약을 해제 또는 해지하지 아니하고 제10조에 의한 보증기관에게 해당 용역을 이행할 것을 청구하여야 한다. <개정 2010.9.8.>
② 제1항의 청구가 있을 때에는 보증기관은 지체없이 그 보증의무를 이행하여야 한다. 다만, 보증기관은 보증이행업체를 지정하여 보증의무를 이행하는 대신 용역이행보증서에 정한 금액을 현금으로 발주기관에 납부함으로써 보증의무이행에 갈음할 수 있다. <개정 2010.9.8.>
③ 제2항에 의하여 해당 계약을 이행하는 보증기관은 계약금액 중 보증이행부분에 상당하는 금액을 계약담당공무원에게 직접 청구할 수 있으며, 계약상대자는 보증기관의 보증이행부분에 상당하는 금액을 청구할 수 없다. <개정 2010.9.8.>
④ <삭제 2010.9.8.>
⑤ 제1항 내지 제3항 외에 용역이행보증서 제출에 따른 보증의무이행에 대하여는 계약예규 「정부 입찰·계약 집행기준」 제11장(공사의 이행보증제도 운용)을 준용한다. <개정 2015.9.21.>

제34조(부정당업자의 입찰참가자격제한) ① 계약상대자가 시행령 제76조에 해당하는 경우에는 일정기간 동안 입찰참가자격 제한 조치를 받게 된다.
② <삭제 2014.1.10.>

제35조(기술지식의 이용 및 비밀엄수 의무) ① 계약담당공무원은 계약서에 의하여 계약상대자가 제출하는 각종 보고서, 정보, 기타 자료 및 이에 의하여 얻은 기술지식의 전부 또는 일부를 계약상대자의 동의를 얻어 복사, 이용 또는 공개할 수 있다.
② 계약상대자는 해당 계약을 통하여 얻은 정보 또는 국가의 기밀사항을 계약이행의 전후를 막론하고 외부에 누설할 수 없다.
③ 계약상대자는 용역을 수행함에 있어 발생한 제반 문제점 및 개선방안 등을 문서로 작성·비치하고, 발주기관의 제출요구가 있을 경우에는 이에 따라야 한다.

제35조의2(계약목적물의 지식재산권 귀속 등) ① 해당 계약에 따른 계약목적물에 대한 지식재산권은 발주기관과 계약상대자가 공동으로 소유한다.
② 지식재산권과 관련한 기타사항은 제56조를 준용한다.
[본조신설 2014.1.10.]

제35조의3(계약목적물의 특허권 등의 귀속 등에 대한 특례) ① 해당 계약에 따른 계약목적물에 대한 지식재산권 중 특허권, 실용신안권, 디자인권(이하 "특허권 등" 이라 한다. 특허권 등을 받을 수 있는 권리를 포함한다. 이하 같다)은 계약의 목적, 개발의 기여도(발주기관과 계약상대자의 공동 개발 등), 기술개발 결과물의 활용 및 사업화를 고려하여 계약당사자간 협의를 통해 특허권 등에 대한 귀속주체, 지분 등을 정할 수 있다. 다만, 계약의 특수성(국가안전보장, 국방, 외교관계, 정보보안, 계약상대자의 소재지 등)을 고려하여 계약당사자간의 협의를 통해 발주기관 단독으로 소유할 수 있다.

② 제1항에 의하여 특허권 등을 계약상대자가 단독으로 소유하거나 발주기관과 계약상대자가 공동으로 소유하고 계약상대자가 공동수급체인 경우에는 해당 특허권 등에 대한 소유권, 지분 등은 공동수급체 구성원간의 협의를 통해 지분 등을 정할 수 있다.

③ 제1항에 의하여 계약상대자가 특허권 등을 소유하는 경우에는 다음 각 호의 조치를 하여야 한다.

1. 국내 또는 국외에서 출원하거나 등록하는 특허권 등의 경우에는 특허권 등 출원서 또는 등록신청서와 그 사실을 증명할 수 있는 서류를 출원 또는 등록 후 6개월 이내에 발주기관에 제출할 것
2. 국내 또는 국외에서 등록된 특허권 등의 포기로 권리가 소멸되는 경우에는 그 권리 소멸일 전에 그 사실을 발주기관에 통보할 것

④ 특허권 등과 관련한 기타사항은 제56조를 준용한다.

[본조신설 2015.1.1.]

제35조의4(계약목적물의 직무발명에 대한 권리의 승계) 계약상대자는 해당 계약체결 후에 그 계약에 따른 직무발명에 대한 권리를 계약상대자의 임직원으로부터 계약상대자에게 귀속시키고 정당한 보상을 실시한다는 취지의 근무규정 또는 직무발명계약(이하 '직무발명규정 등' 이라 한다)을 신속히 정하여 발주기관에 제출하여야 한다. 다만, 계약상대자가 이미 그 직무발명규정 등이 있는 경우에는 그 내용을 발주기관에 제출하여야 한다.

[본조신설 2015.1.1.]

제36조(분쟁의 해결) ① 계약의 수행중 계약당사자간에 발생하는 분쟁은 협의에 의하여 해결한다.

② 제1항에 의한 협의가 이루어지지 아니할 때에는 법원의 판결 또는「중재법」에 의한 중재에 의하여 해결한다. 다만「국가를 당사자로 하는 계약에 관한 법률」제28조에서 정한 이의신청 대상에 해당하는 경우 국가계약분쟁조정위원회 조정결정에 따라 분쟁을 해결할 수 있다. <개정 2015.9.21.>

③ 계약상대자는 제1항 및 제2항에 의한 분쟁기간중 용역의 수행을 중지하여서는 아니된다.

제37조(용역관련자료의 제출 등) 계약담당공무원은 필요하다고 인정하는 경우 계약상대자에게 산출내역서의 기초가 되는 단가산출서 등의 제출을 요구할 수 있으며 이 경우 계약상대자는 이에 따라야 한다.

제38조(적격심사관련사항 이행) ① 계약상대자는 시행령 제42조제1항에 따라 낙찰된 용역을 수행함에 있어 계약예규「적격심사기준」(발주기관의 장이 직접 적격심사기준을 작성한 경우에는 동 심사기준) 별표의 심사항목에 규정된 사항에 대하여 적격심사시 제출한 내용대로 이행하여야 한다.

② 계약담당공무원은 제1항에 따른 이행사항의 준수여부를 수시로 확인하여야 하며, 제출된 내용대로 이행이 되지 않고 있을 때에는 즉시 시정토록 조치하여야 한다.

③ 계약상대자는 계약예규「적격심사기준」제5조제3항 및「협상에 의한 계약체결기준」제7조제1항에 따른 외주근로자 근로조건의 이행여부 확인에 필요한 임금지급 명세서, 보험료 납입증명서 등 관련 서류를 매 분기별로 제출하여야 한다. <신설 2012.4.2.>

④ 계약담당공무원은 계약상대자가 정당한 사유없이 제3항의 서류를 제출하지 않거나 외주근로자 근로조건을 이행하지 않은 경우에는 계약상대자를 전자조달시스템에 게재하고 동 사실을 계약상대자에게 통보하여야 한다. 다만, 계약담당공무원이 시정을 요구한 날로부터 10일 이내에 해당 근로조건을 이행하고 관련 서류를 제출한 경우에는 그러하지 아니하다. <신설 2012.4.2.>

제3장 시공 단계의 건설사업관리용역 계약조건

제39조(정의) 이 장에서 사용하는 용어의 정의는 다음과 같다.

1. "시공 단계의 건설사업관리용역"이라 함은 「건설기술 진흥법」 제39조제2항에 의한 건설사업관리 또는 감리용역을 말한다. <개정 2016.1.1.>
2. "감독 권한대행 등 건설사업관리" 라 함은 「건설기술 진흥법」 제2조제5호에 의한 발주기관이 발주하는 일정한 건설공사에 대하여 「건설기술 진흥법」 제26조에 의한 건설사업관리용역업자가 해당 공사의 설계도서, 기타 관계서류의 내용대로 시공되는지의 여부를 확인하고 품질관리, 시공관리, 공정관리, 안전 및 환경관리 등에 대한 기술지도를 하며, 발주기관의 위탁에 의하여 관계법령에 따라 발주기관의 감독 권한을 대행하는 것을 말하며, 감독 권한대행 등 건설사업관리는 총공사비가 200억원 이상인 건설사업관리 대상공사 전부에 대하여 시행하는 감독 권한대행 등 건설사업관리 외에 계약단위별 건설공사중 교량, 터널, 배수문 등 건설공사 중 부분적으로 감독 권한대행 업무를 포함하는 건설사업관리로 구분한다. <개정 2016.1.1.>
3. "건설사업관리용역업자" 라 함은 「건설기술 진흥법 시행령」 [별표5]에 따른 건설사업관리를 업으로 하고자 「건설기술 진흥법」 제26조에 따라 건설공사에 대한 특별시장 · 광역시장 · 특별자치시장 · 도지사 또는 특별자치도지사에게 건설기술용역업자로 등록한 자를 말한다. <개정 2016.1.1.>
4. "건설사업관리기술자" 라 함은 일정한 자격을 갖추고 「건설기술 진흥법」 제26조에 따른 건설사업관리용역업자에 소속되어 건설사업관리 업무를 수행하는 자를 말한다. <개정 2016.1.1.>
5. "책임건설사업관리기술자" 라 함은 발주기관과 체결된 건설사업관리 용역계약에 의하여 건설사업관리용역업자를 대표하며 해당공사의 현장에 상주하면서 해당공사의 건설사업관리업무를 총괄하는 자를 말한다. <개정 2016.1.1.>
6. "분야별 건설사업관리기술자" 라 함은 소관 분야별로 책임건설사업관리기술자를 보좌하여 건설사업관리 업무를 수행하는 자로서, 담당 건설사업관리업무에 대하여 책임건설사업관리기술자와 연대하여 책임지는 자를 말한다. <개정 2016.1.1.>
7. "상주 건설사업관리기술자" 라 함은 「건설기술 진흥법 시행규칙」 제34조제1항에 규정된 바에 따라 현장에 상주하면서 건설사업관리업무를 수행하는 자를 말한다. <개정 2016.1.1.>
8. "기술지원 건설사업관리기술자" 이라 함은 「건설기술 진흥법 시행규칙」 제34조제1항에 규정된 바에 따라 상주 건설사업관리기술자의 업무를 지원하는 자를 말한다. <개정 2016.1.1.>
9. "공사감독자"이라 함은 기획재정부 계약예규 「공사계약일반조건」 제16조의 업무를 수행하기 위하여 발주기관이 임명한 기술직원 또는 그의 대리인으로 해당 공사 전반에 관한 감독업무를 수행하고 건설사업관리업무를 총괄하는 사람을 말한다. <개정 2016.1.1.>
10. "공사관리관" 이라 함은 감독 권한대행 등 건설사업관리를 시행하는 건설공사에 대하여 「건설기술 진흥법 시행령」 제56조제1항제1호부터 제4호까지의 업무를 수행하는 발주기관의 소속 직원을 말한다. <개정 2016.1.1.>
11. "설계자" 라 함은 설계용역계약의 계약상대자를 말한다.
12. "시공자" 라 함은 공사계약의 계약상대자를 말한다.
13. "건설사업관리 업무수행지침" 이라 함은 「건설기술 진흥법 시행령」 제59조제제1항 각 호의 건설사업관리 업무범위 중 계약으로 정한 업무범위에 해당하는 단계의 업무내용을 효율적으로 수행하게 하기 위하여 국토교통부장관이 정하여 고시한 「건설공사 사업관리방식 검토기준 및 업무수행지침」 제3장 '건설사업관리 업무' 를 말한다. <개정 2016.1.1.>
14. 이 장에 따로 정하는 경우를 제외하고는 「건설기술 진흥법」 및 「건설사업관리 업무수행지침」 에 정하는 바에 의한다. <개정 2016.1.1.>

제40조(계약문서) ① 시공 단계의 건설사업관리용역계약에 있어서는 제4조에 의한 계약문서외에 「건설사업관리 업무지침」 이 계약문서에 포함되며 다른 계약문서와 상호보완의 효력을 가진다. <개정 2016.1.1.>

② 시공 단계의 건설사업관리용역계약의 대상이 되는 공사의 계약문서는 제1항의 계약문서와 보완적인 효력을 가진다. 계약담당공무원은 계약예규「공사계약일반조건」제3조에 정한 공사계약문서 일체를 계약상대자에게 제공하여야 한다. <개정 2016.1.1.>

제41조(계약상대자의 손해배상책임) ① 계약상대자는 이 조건에서 규정하는 책임과 의무의 위반, 법령의 위반, 부주위한 행위 또는 과실로 인하여 발주기관, 시공자, 제3자 등에게 손해를 끼친 경우에는 그 손해를 배상하여야 한다.
② 계약상대자는 제1항에 규정된 배상책임을 담보할 수 있는 손해보험 또는 공제에 가입하여야 한다. 이 경우 보험료는 발주기관이 부담하되, 시중의 일반적인 요율을 초과하는 금액에 대하여는 계약상대자가 부담하여야 한다.
③ 제2항의 보험에는 발주기관과 계약상대자를 공동피보험자로 기명하여야 한다.
④ 보험가입기간 및 가입금액은「건설기술진흥법시행령」제50조에 정한 바에 따라야 한다. <개정 2015.9.21.>
⑤ 제1항에 의한 계약상대자의 배상책임은 제4항에서 규정한 보험가입금액을 상한으로 한다.

제42조(계약담당공무원 및 감리원의 기본임무)
① 계약담당공무원은 시공 단계의 건설사업관리용역 수행과 관련하여 다음 각호의 기본임무를 수행하여야 한다. <개정 2016.1.1.>
1. 계약담당공무원은 건설공사의 계획·설계·발주·건설사업관리·시공·사후평가 전반을 총괄하고, 건설사업관리 및 시공계약 이행에 필요한 다음 각호의 사항을 지원, 협력하여야 하며 시공 단계의 건설사업관리용역 계약에 규정된 바에 따라 건설사업관리가 성실히 수행되고 있는지에 대한 지도·점검을 실시하여야 한다. <개정 2016.1.1.>
  가. 건설사업관리 및 시공에 필요한 설계도면, 문서, 참고자료와 건설사업관리 용역계약문서에 명기한 자재·장비·비품·설비의 제공 <개정 2016.1.1.>
  나. 건설공사 시행에 따른 업무연락, 문제점 파악 및 민원해결
  다. 건설공사 시행에 필요한 용지 및 지장물 보상과 국가, 지방자치단체, 기타 공공기관의 허가·인가 등의 처분을 얻을 수 있도록 조치 또는 협력
  라. 건설사업관리기술자가 시공 단계의 건설사업관리계약 이행에 필요한 시공자의 문서, 도면, 자재, 장비, 설비, 직원 등에 대한 자료제출 및 조사의 보장 <개정 2016.1.1.>
  마. 건설사업관리기술자가 보고한 설계변경, 준공기한 연기요청, 그 밖에 현장 실정 보고 등에 대하여 건설사업관리업무 수행에 지장이 없도록 의사를 결정하여 통보 <개정 2016.1.1.>
  바. 특수공법 등 주요공종에 대해 외부 전문가의 자문·건설사업관리가 필요하다고 인정되는 경우에는 별도 조치 <개정 2016.1.1.>
  사. 기타 건설사업관리용역업자와 계약으로 정한 사항 등 시공 단계의 건설사업관리용역 발주자로서의 감독업무 <개정 2016.1.1.>
2. 계약담당공무원은 관계법령에서 별도로 정하는 사항 및 제1호에서 정하는 사항 외에는 정당한 사유 없이 건설사업관리기술자의 업무에 개입 또는 간섭하거나 건설사업관리기술자의 권한을 침해할 수 없다. <개정 2016.1.1.>
3. 계약담당공무원은 특별한 사유가 없는 한 건설공사를 착공하기 전에 설계도서 검토 등의 건설사업관리업무를 수행하기 위하여 필요한 기간을 확보하여야 하며, 공사 준공처리, 사후관리 등을 위하여 공사준공 후 일정기간 건설사업관리업무를 수행하게 하여야 한다. <개정 2016.1.1.>

② 건설사업관리기술자는 다음 각 호의 기본임무를 수행하여야 한다.
1.「건설기술 진흥법 시행령」제59조의 업무와「건설기술 진흥법 시행규칙」제34조에 의한 건설사업관리기술자의 업무를 성실히 수행하여야 한다. <개정 2016.1.1.>
2. 발주기관과 건설사업관리용역업자간에 체결된 시공 단계의 건설사업관리용역 계약의 내용에 따라 건설사업관리기술자는 해당 공사가 설계도서 및 기타 관계서류의 내용대로 시공되는지의 여부를 확인하고 품질관리, 시공관리, 공정관리, 안전 및 환경관리 등에 대한 기술지도를 하며, 발주기관의 위탁에 의하여 관계법령에 따라 발주기관의 감독 권한을 대행하여야 한다. <개정 2016.1.1.>
3. 검측업무를 수행하는 건설사업관리기술자는 감리원의 지시에 따라 해당 공사의 특성, 공사의 규모 및 현장조건을 감안하여 현장별로 수립한 검측체크리스트에 따라 관련법령,

설계도서 및 계약서 등의 내용대로 시공되는지 시설물의 각 공종마다 육안검사·측량·입회·승인·시험 등의 방법으로 검측업무를 수행하여야 한다. <개정 2016.1.1.>
4. 시공자가 검측업무를 요청할 경우에는 즉시 검측업무를 수행하고 그 결과를 시공자에게 통보하여야 한다.
5. 계약예규 「공동계약운용요령」 제13조제1항에 따라 제출된 계약이행계획서에 따라 공동수급체 구성원이 실제 계약이행에 참여하고 있는지를 확인·감독하여야 한다.
6. 하도급대금, 건설기계대여금, 건설공사용부품 대금이 「건설산업기본법」 제34조제1항 등에 따라 적정하게 지급 되는지를 확인·감독하여야 한다. <신설 2010.9.8.>
7. 건설사업관리기술자는 해당 공사의 규모와 현장조건을 해당 공사의 규모와 현장조건을 감안한 『검측업무지침』을 현장별로 작성·수립하여 발주청의 승인을 득한 후 이를 근거로 검측업무를 수행하여야 하며. 다만, 「검측업무지침」은 검측하여야 할 세부공종, 검측절차, 검측시기 또는 검측빈도, 검측체크리스트 등의 내용을 포함하여야 한다. <신설 2016.1.1.>

제43조(건설사업관리기술자의 근무수칙) ① 건설사업관리업무에 종사하는 자는 다음 각 호의 업무를 성실히 수행하고, 건설공사의 품질향상을 위해 노력하며, 건설사업관리기술자로서의 품위를 유지하여야 한다. <개정 2016.1.1.>
1. 건설사업관리기술자는 관계법령과 이에 따른 명령 및 공공복리에 어긋나는 어떠한 행위도 하지 않으며 용역계약문서에서 정하는 바에 따라 신의와 성실로서 업무를 수행하여야 하며, 품위를 손상하는 행위를 하여서는 안된다. <개정 2016.1.1.>
2. 건설사업관리기술자는 담당업무와 관련하여 제3자로부터 금품, 이권 또는 향응을 받아서는 아니된다. <개정 2016.1.1.>
3. 건설사업관리기술자는 건설공사의 품질향상을 위하여 기술개발 및 활용·보급에 전력을 다하여야 한다. <개정 2016.1.1.>
4. 건설사업관리기술자는 건설사업관리업무를 수행함에 있어서 해당 설계용역계약문서, 공사계약문서, 건설사업관리과업내용서, 그 밖의 관계규정 등의 내용을 숙지하고 해당 공사의 특수성을 파악한 후 건설사업관리업무를 수행하여야 한다. <개정 2016.1.1.>
5. 건설사업관리기술자는 설계자 및 시공자의 의무와 책임을 면제시킬 수 없으며, 임의로 설계를 변경시키거나, 기일연장 등 설계용역계약조건 및 공사계약조건과 다른 지시나 결정을 하여서는 안된다. <개정 2016.1.1.>
6. 건설사업관리기술자는 문제점이 발생되거나 설계 또는 시공에 관련한 중요한 변경 및 예산과 관련되는 사항에 대하여는 수시로 발주기관에 보고하고 지시를 받아 업무를 수행하여야 한다. 다만, 인명손실이나 시설물의 안전에 위험이 예상되는 사태가 발생할 시에는 먼저 적절한 조치를 취한 후 즉시 발주기관에 보고하여야 한다. <개정 2016.1.1.>
7. 건설사업관리용역업자 및 건설사업관리기술자는 해당 용역시행 중은 물론 용역이 종료된 후라도 감사기관의 수감요구 및 문제발생으로 인한 발주기관의 출석요구가 있으면 이에 응하여야 하며, 건설사업관리업무 수행과 관련하여 발생된 사고 또는 피해로 피해자가 소송제기시 국가지정 소송업무에 적극 협력하여야 한다. <개정 2016.1.1.>

제44조(계약담당공무원의 지도감독) ① 계약담당공무원은 시공 단계의 건설사업관리용역계약문서에 규정된 바에 따라 다음 각호의 사항에 대하여 건설사업관리기술자를 지도·감독하며 모든 지시는 건설사업관리용역업자 또는 책임건설사업관리기술자를 통하여 하도록 한다. <개정 2016.1.1.>
1. 건설사업관리기술자의 적정자격 보유 여부 및 상주 이행상태 <개정 2016. 1.1.>
2. 품위손상 여부 및 근무자세
3. 발주기관 지시사항의 이행상태 <개정 2016.1.1.>
4. 행정서류 및 비치서류 처리상태
5. 각종 보고서의 처리상태

②계약담당공무원은 건설사업관리기술자가 계약담당공무원의 지시에 위반된다고 판단되는 업무를 수행할 경우 이에 대하여 해명토록 하거나 시정하도록 서면으로 지시할 수 있다. <개정 2016.1.1.>

제45조(건설사업관리용역의 착수 및 보고) ① 건설사업관리용역업자는 계약체결 즉시 상주 및 기술지원 기술자 투입 등 건설사업관리업무 수행준비에 대하여 발주기관과 협의하여야 하며, 계약서상 착수일에 건설사업관리용역을 착수하여야 한다. 다만, 건설사업관리 대상 건설공사의 전부 또는 일부의 용지매수 지연 등

으로 계약서상 착수일에 건설사업관리용역을 착수할 수 없는 경우에는 발주기관은 실제 착수 시점 및 상주기술자 투입시기 등을 조정, 통보하여야 한다. <개정 2016.1.1.>

② 건설사업관리용역업자는 건설사업관리용역 착수 시 다음 각 호의 서류를 첨부한 착수신고서를 제출하여 발주기관의 승인을 받아야 한다. <개정 2016.1.1.>

1. 건설사업관리업무수행계획서 <개정 2016.1.1.>
2. 건설사업관리비 산출내역서 <개정 2016.1.1.>
3. 상주, 기술지원 기술자 지정신고서(총괄책임자 선임계를 포함한다)와 건설사업관리기술자 경력확인서 <개정 2016.1.1.>
4. 건설사업관리기술자 조직 구성내용과 건설사업관리기술자별 투입기간 및 담당업무 <개정 2016.1.1.>

③ 입찰참가자격사전심사에 의해 건설사업관리용역업자로 선정된 경우에 있어 제2항제4호의 건설사업관리기술자는 입찰참가제안서에 명시된 자로 하여야 한다. 다만, 부득이한 사유로 교체가 필요한 경우에는 기술자격, 학·경력 등을 종합적으로 검토하여 건설사업관리업무수행 능력이 저하되지 않는 범위 내에서 발주기관의 사전승인을 받아야 한다. <개정 2016.1.1.>

④ 발주기관은 제2항제3호 및 제4호의 내용을 검토하여 건설사업관리기술자 또는 건설사업관리조직 구성내용이 해당 공사현장의 공종 및 공사 성격에 적합하지 않다고 인정할 때에는 그 사유를 명시하여 서면으로 건설사업관리용역업자에 변경을 요구할 수 있으며, 변경요구를 받은 건설사업관리용역업자는 특별한 사유가 없으면 요구에 따라야 한다. <개정 2016.1.1.>

⑤ 건설사업관리기술자는 공사시공과 관련된 각종 인·허가 사항을 포함한 제반법규 등을 시공자로 하여금 준수토록 지도·감독하여야 하며, 발주기관이 득하여야 하는 인·허가 사항은 발주기관에 협조·요청하여야 한다. <개정 2016.1.1.>

⑥ 승인된 건설사업관리기술자는 업무의 연속성, 효율성 등을 고려하여 특별한 사유가 없으면 건설사업관리용역 완료시 까지 근무토록 하여야 하며 교체가 필요한 경우에는 시행규칙 제35조제5항에 따라 교체인정 사유를 명시하여 발주기관의 사전승인을 받아야 한다. <개정 2015.9.21, 2016.1.1.>

⑦ 건설사업관리기술자의 구성은 계약문서에 기술된 과업내용에 따라 관련분야 기술자격 또는 학력·경력을 갖춘자로 구성되어야 한다. <개정 2016.1.1.>

⑧ 건설사업관리단의 조직은 공사담당, 품질담당 및 안전담당 등으로 현장여건에 따라 구성토록 함으로서 건설사업관리업무를 효율적으로 수행할 수 있도록 하여야 한다. 또한 공사의 원활한 추진을 위하여 필요한 경우 발주기관의 승인을 받아 한시적으로 검측을 담당하도록 건설사업관리기술자를 투입할 수 있다. <개정 2016.1.1.>

⑨ 책임건설사업관리기술자는 분야별 건설사업관리기술자의 개인별 업무를 분담하고 그 분담 내용에 따라 업무수행계획을 수립하여 과업을 수행토록 하여야 한다. <개정 2016.1.1.>

⑩ 건설사업관리기술자는 현장에 부임하는 즉시 사무소, 숙소, 사고발생 및 복구시 응급대처 할 수 있는 비상연락체계, 전화번호 및 FAX 등을 발주기관에 보고하여 업무연락에 차질이 없도록 하여야 하며 변경 되었을 경우에도 보고하여야 한다. <개정 2016.1.1.>

제46조(휴일 및 야간작업) 상주 건설사업관리기술자는 시공자가 발주기관의 승인을 얻어 휴일 또는 야간작업을 하는 경우에는 휴일 또는 야간작업을 하여야 한다. 이 경우 제17조를 준용한다. <개정 2016.1.1.>

제47조(지체상금) 시공 단계의 건설사업관리용역계약에 있어서는 제18조제3항 각호에 정한 사유외에도 시공사의 책임으로 시공 단계의 건설사업관리용역의 착수 또는 완성이 지연되었거나 시공 단계의 건설사업관리용역 수행이 중단되었을 경우 그 해당일수를 지체일수에 산입하지 아니한다. <개정 2016.1.1.>

제48조(감리용역의 일시정지) 계약담당공무원은 제32조제1항 각호에 정한 사유외에도 공사계약이 해제 또는 해지되거나 공사의 수행이 일시 정지된 경우 시공 단계의 건설사업관리용역의 전부 또는 일부의 수행을 정지시킬 수 있다. <개정 2016.1.1.>

제4장 소프트웨어용역 계약조건

제49조(정의) 이 장에서 사용하는 용어의 정의는 다음과 같다.

1. "소프트웨어사업"이라 함은 「소프트웨어산업진흥법」 제2조제3호에 의한 소프트웨어의 개발 · 제작 · 생산 · 유통 등과 이에 관련된 서비스, 「국가정보화기본법」 제3조제2호에 의한 정보화에 관한 사업 및 「전자정부법」 제2조제13호에 의한 정보시스템에 관한 사업과 관련된 경제활동을 말한다.
2. "계약목적물"이라 함은 제1호의 소프트웨어사업 수행을 통해 산출되는 소프트웨어, 정보시스템 및 이와 관련된 서비스, 기타 부수하는 조작 설명서 등으로 계약에 의하여 발주기관이 최종적으로 인수하는 계약의 목적물을 말한다.
3. "과업내용서" 란 발주기관과 계약상대자가 최종적으로 합의한 소프트웨어사업의 범위를 구체적으로 기재한 문서로서, 계약당사자의 업무범위를 설정하고, 과업내용 변경의 기준서로서의 역할을 한다.
4. "하자보수"라 함은 하자보수기간 중에 발견한 소프트웨어 또는 정보시스템 등의 결함 등을 수정하는 것을 말한다.
5. 이 장에서 따로 정하는 경우를 제외하고는 제1호에 정한 소프트웨어사업 관련법령에 정하는 바에 따른다.

제50조(계약이행의 관리 · 감독 및 사업의 품질확보) ① 계약담당공무원은 해당 계약의 적정한 수행여부와 산출물 등의 품질을 확보하기 위하여 「소프트웨어산업진흥법」 제20조제5항에 의하여 사업의 수행과정이나 계약이행상황을 관리 · 감독하여야 한다. 다만, 시행령 제54조 제1항 제2호의 전문적인 지식 또는 기술을 필요로 하거나 기타 부득이한 사유로 인하여 감독을 할 수 없는 경우에는 전문기관을 따로 지정하여 필요한 감독을 하게 할 수 있다.
② 계약담당공무원은 해당 계약의 원활한 이행과 사업 완료 후의 원활한 유지보수를 위하여 부품 · 기기에 대한 공급과 기술지원 확약에 관한 서류의 제출을 요구할 수 있으며, 계약상대자는 특별한 사유가 없는 한 이에 따라야 한다.
③ 제1항 단서에 의하여 전문기관이 감독을 하도록 할 경우에는 시행규칙 제67조 및 제69조에 의하여 감독조서의 작성 및 그 결과를 문서로서 제출하도록 하여야 한다.

제51조(소프트웨어 용역의 착수 및 보고) ① 계약상대자는 계약문서에서 정하는 바에 따라 소프트웨어사업을 착수하여야 하며, 발주기관이 관련법령에서 정한 서류 및 다음 각 호의 사항이 포함된 착수신고서의 제출을 요구하는 경우에는 이를 제출하여야 한다.
1. 사업수행계획서(사업범위, 사업추진일정계획, 인력 및 장비 투입계획, 표준화 및 보안대책 등)
2. 사업품질보증계획서
3. 역할 분담에 따른 발주기관 협조사항

② 과업내용의 변경 등에 따른 조치는 제13조제2항 내지 제4항에 정한 바에 의한다.

제52조(작업장소 등) ① 계약당사자는 소프트웨어사업수행을 위하여 필요한 장소 및 설비 기타 작업환경(이하 "작업장소 등" 이라고 한다)을 상호 협의하여 정한다. 다만, 핵심 개발인력이 아닌 지원인력의 근무장소는 보안 등 특별한 사유가 있는 경우를 제외하고는 계약상대자가 달리 정할 수 있다. <개정 2010.10.22, 단서신설 2014.1.10.>
② 발주기관이 작업장소 등에 관한 비용을 사업예산 또는 예정가격에 계상하지 아니한 경우에는 발주기관이 작업장소 등을 제공한다. <신설 2010.10.22.>
③ 계약상대자는 해당 계약의 이행을 위하여 필요한 경우 그 사유 및 기간 등을 정하여 계약담당공무원의 승인을 얻은 후 해당 사업에 투입되는 인력을 제1항의 작업장소 이외에서도 근무하게 할 수 있다. <제2항에서 이동 2010.10.22.>

제53조(과업내용의 변경) 소프트웨어사업의 경우에 과업내용의 변경 및 계약금액조정은 제16조에 정한 바에 의하되 계약당사자는 다음 각 호의 사항을 준수하여야 한다.
1. 제16조제1항 및 제3항에 의한 과업내용의 변경지시 및 변경제안시 에는 별지 제1호서식 「과업내용변경요청서」에 의하여야 한다.
2. 계약담당공무원은 제1호에 따른 과업내용 변경의 적정성 여부를 심의하기 위하여 계약당사자 및 외부 전문가가 참여하는 과업변경심의위원회(이하 "위원회" 라 한다)를 설치할 수 있다. 다만, 과업내용 변경에 따른 계약금액의 조정액이 당초 계약금액의 100분의 10 이상으로 추정될 경우에는 위원회를 설치하여 과업변경 심의를 하여야 한다.
3. 계약담당공무원은 과업내용 변경에 따라 계약금액을 조정하는 경우 그 결과를 별

지 제2호서식「과업내용변경관리내역서」를 작성하여 관리하여야 한다.
4. 계약금액의 조정은「소프트웨어사업대가의 기준」을 준용하여 산정한다.

제54조(인력투입의 종료) 용역을 완성(계약기간 내에 용역을 완성한 경우를 포함한다)한 후 제20조에 따른 검사가 완료된 때에는 인력의 투입도 종료된다.

제55조(지체상금율) 제18조에 따른 지체상금을 부과할 때에는 소프트웨어 사업에 적용하는 지체상금율은 다음 각 호와 같다. <개정 2015.1.1.>
1. 시행령 제16조제3항에 의하여 소프트웨어 사업시 물품과 용역을 일괄하여 입찰에 부치는 경우: 물품계약의 성질에 따라 다음 각목을 적용한다.
   가. 계약 이후 물품에 대한 설계와 제조가 일괄하여 이루어지고, 그 설계에 대하여 발주한 중앙관서의 장의 승인이 필요한 경우: 1000분의 1
   나. 그 외의 경우: 1000분의 1.5
2. 제1호 이외의 경우 : 1000분의 2.5

제56조(계약목적물의 지식재산권 귀속 등) ① 해당 계약에 따른 계약목적물에 대한 지식재산권은 발주기관과 계약상대자가 공동으로 소유하며, 별도의 정함이 없는 한 지분은 균등한 것으로 한다. 다만, 개발의 기여도 및 계약목적물의 특수성(국가안전보장, 국방, 외교관계 등)을 고려하여 계약당사자간의 협의를 통해 지식재산권 귀속주체 등에 대해 공동소유와 달리 정할 수 있다. <개정 2009.9.21.>
② 제1항에 따라 지식재산권을 공동으로 소유하는 경우에는 국가안전보장, 국가의 방위계획 및 정보활동, 외교관계 등의 사유에 의해 지식재산권의 상업적 활용을 제한할 수 있는 경우를 당사자간에 별도로 협의하여 정하지 않는 한 공유자 일방은 지식재산권의 복제, 배포, 개작, 전송 등의 사용·수익을 할 수 있다. <신설 2009.9.21.>
③ 제2항에 의한 지식재산권의 사용·수익 등에 따른 이익은 별도의 정함이 없는 한 지식재산권을 행사한 당사자에게 귀속하는 것으로 한다. <신설 2009.9.21.>
④ 제1항 및 제2항에도 불구하고, 발주기관이 개발된 소프트웨어를 타기관과 공동으로 활용하는 경우에 계약담당공무원은 그 대상기관의 범위 등을 입찰 공고에 명시하고 이를 계약서에 반영하여야 한다. <신설 2009.9.21, 개정 2012.1.1.>
⑤ 공유자 일방이 지분을 제3자에게 양도하는 등 지식재산권을 처분·배포하고자 하는 경우에는 반드시 타공유자의 동의를 받아야 한다. <신설 2009.9.21, 개정 2015.1.1.>
⑥ 제1항에 의하여 지식재산권이 발주기관에 귀속된 경우 발주기관은 국가안전보장, 국가의 방위계획 및 정보활동, 외교관계 그 밖에 이에 준하는 경우로서 국가기관의 행위를 비밀리에 할 필요가 있을 경우 등 특별한 사유가 없는 한 계약상대자에게 계약목적물을 개작할 수 있는 권리를 부여하여야 하며, 계약상대자는 이를 상업적으로 활용할 수 있다. 이 경우 개작권을 부여받은 계약상대자는 발주기관의 승인을 받아 제3자에게 개작권을 양도할 수 있다.
⑦ 제1항에 의하여 지식재산권이 계약상대자에게 귀속된 경우라 하더라도 계약상대자는 발주기관이 계약목적과 관련되어 해당 계약목적물을 사용(기능개선, 재개발, 유지보수를 포함한다. 이하 "계약목적물의 사용“이라 한다)함에 있어서는 어떠한 제한을 하여서도 아니된다.

제56조의2(계약목적물의 특허권 등의 귀속 등에 대한 특례) 해당 계약에 따른 계약목적물에 대한 특허권 등에 대해서는 제35조의3을 준용한다.
[본조신설 2015.1.1.]

제56조의3(계약목적물의 직무발명에 대한 권리의 승계) 해당 계약에 따른 직무발명에 대해서는 제35조의4를 준용한다.
[본조신설 2015.1.1.]

제57조(계약목적물의 기술자료 임치 등) ① 계약상대자는 제56조제3항에 따른 계약목적물의 사용을 보장하고, 지식재산권을 보호하기 위해서 계약상대자의 사업수행에 따른 계약목적물의 “기술자료”를 제3의 기관(이하 “임치기관”이라 한다)에 임치하여야 한다. 이 경우 발주기관은 계약상대자에게 기술자료의 제출을 요구할 수 없다. <개정 2012.1.1.>
② 제1항에서 “기술자료”라 함은 아래의 각호

의 것을 의미하고, 계약상대자는 계약목적물의 기능수행에 있어 중요한 변경사항이 발생한 경우 발생일로부터 30일 이내에 추가 임치하여야 하고 임치기관은 이를 발주기관에게 즉시 통보하여야 한다.
1. 소스코드 및 오브젝트 코드의 복제물
2. 기술정보(매뉴얼, 설계서, 사양서, 플로우차트, 유지보수자료 등)
③ 임치기관은 「저작권법시행령」 제39조의2 및 「대중소기업 상생협력 촉진에 관한 법률 시행령」 제15조의2에 의한 기관 중에서 계약상대자가 선정하며, 임치수수료는 계약상대자가 부담한다. <개정 2010.1.4.>
④ 계약담당공무원은 계약목적물의 사용을 위하여 필요한 경우 그 사유를 명시하여 계약상대자에게 통지한 후 임치기관에 기술자료의 교부를 요청할 수 있다. 다만, 다음 각 호의 경우에는 계약상대자에게 통지없이 기술자료의 교부를 요청할 수 있다.
1. 계약상대자가 파산선고를 받거나 해산결의를 하여 그 권리가 민법 또는 기타 다른 법률에 의하여 소멸된 경우
2. 그 밖에 계약당사자가 협의하여 정한 경우
⑤ 제4항과 관련하여 계약당사자간 다르게 정한 사항이 있는 경우에는 그에 따른다.

제58조(하자보수 등) ① 계약상대자는 계약담당공무원이 제20조의 검사에 의하여사업의 완성을 확인한 후 1년간(별도의 관련 법률에서 따로 정하고 있는 경우는 제외) 계약목적물의 하자에 대한 보수책임이 있다.
② 제1항에서 정한 기간내에 하자가 발생하여 계약담당공무원이 하자보수를 요청한 경우 계약상대자는 요청을 받은 즉시 그 하자를 보수하여야 하며 해당 하자의 발생원인 및 기타 조치사항을 명시하여 계약담당공무원에게 제출하여야 한다. 다만, 다음 각 호의 경우는 유상 유지보수 또는 재개발로 본다. <개정 2014.1.10.>
1. 장애 및 하자보수 기간 경과 후 발생된 하자에 대한 복구 및 지원
2. 이미 구매한 물품 또는 이와 연동된 제품을 기초로 추가되는 개발 · 구축(사용방법 및 환경개선을 위한 요구사항 추가를 포함한다)
3. 계약서에 명시되지 않은 예방을 위한 현장방문, 상시 근무에 소요되는 인력투입 등
4. 계약서에 명시되지 않은 사용자에 대한 교육 및 기술지원 <신설 2014.1.10.>
③ 계약상대자는 다음 각호의 어느 하나의 사유로 인하여 발생한 하자에 대해서는 제1항에도 불구하고 하자보수책임이 없다. 다만, 계약상대자가 그 물품 또는 지시의 부적당함을 알고 발주기관에게 고지하지 아니한 경우에는 그러하지 아니하다.
1. 발주기관의 유지 · 관리소홀이나 사용상 부주의로 인한 경우
2. 발주기관이 제공한 시스템, 장비, 프로그램 등의 하자로 인한 경우
3. 발주기관이 임의로 산출물 등을 변경한 경우
4. 발주기관의 지시에 따라 구축한 경우
5. 천재지변 등 불가항력에 의한 경우
④ 제2항 각호에 해당하는 유상 유지보수 또는 재개발에 대해서는 발주기관이 계약목적물을 인수한 직후부터 계약을 체결하여 시행하여야 한다. 다만, 당초 소프트웨어사업 내용에 유지보수 또는 재개발이 이미 포함된 경우에는 그러하지 아니한다. <신설 2012.7.4.>

제59조(하자보수보증금) ① 계약상대자는 제58조의 하자보수를 보증하기 위하여 계약서에서 정한 하자보수보증금율(100분의 2, 별도의 관련 법률에서 따로 정하고 있는 경우는 제외)과 계약금액(당초 계약금액이 조정된 경우에는 조정된 계약금액을 말한다)을 곱하여 산출한 금액(이하 "하자보수보증금" 이라 한다)을 시행령 제37조제2항에 따른 보증서 또는 증권 등으로 발주기관에 납부하여야 한다.
② 계약담당공무원은 계약상대자가 제58조제1항에 의한 하자담보책임기간중 발주기관으로부터 하자보수요구를 받고 이에 불응한 경우에는 제1항에 의한 하자보수보증금을 국고에 귀속하여야 한다.
③ 계약담당공무원은 하자담보책임기간이 만료된 경우 하자보수보증금을 지체없이 계약상대자에게 반환하여야 한다.

제60조(하도급 관리 등) ① 계약상대자는 해당 소프트웨어사업의 일부를 제3자에게 하도급하거나, 승인을 받은 하도급 조건을 변경하고자 하는 경우에는 「하도급거래 공정화에 관한 법률」 제3조의2에 의한 소프트웨어사업표준하도급계약서 등 관련 자료를 첨부하여 계약담

당공무원에게 사전승인을 요청하여야 한다.
② 제1항의 요청을 받은 계약담당공무원은 계약의 품질확보 등 적정성 여부를 판단하여 14일이내에 그 승인 여부를 계약상대자에게 통지하여야 한다. 다만, 계약담당공무원은 정당한 사유에 의하여 통지기간을 연장하고자 할 경우에는 그 연장사유와 통지예정기한을 지체없이 계약상대자에게 통지하여야 한다.
③ 계약담당공무원이 계약당사자에게 제2항의 하도급 승인여부를 기간내에 통지하지 아니하거나 통지기간연장을 통지하지 아니한 경우에는 제1항의 하도급을 승인한 것으로 본다.
④ 계약상대자는 하도급계약과 관련「하도급거래 공정화에 관한 법률」을 준수하여야 하며, 계약담당공무원의 요청이 있는 경우에는 하도급계약의 준수실태 등을 확인할 수 있도록 표준하도급계약서상의 주요내용을 계약담당공무원에게 보고하여야 한다.
⑤ 계약담당공무원은 제2항에 따른 하도급 승인시 제4항에 따른 하도급계약의 준수여부에 대한 보고주기를 정할 수 있다.

제61조(소프트웨어사업의 계약정보 공개) ① 계약담당공무원은 소프트웨어사업의 경우에 다음 각 호의 사항을 발주기관의 인터넷 홈페이지에 공개하여야 한다.
1. 발주계획(사업명, 발주물량 또는 그 규모, 예산액을 포함한다)
2. 입찰공고(국가를 당사자로 하는 계약에 관한 법률 시행령 제30조제2항에 따라 2인 이상으로부터 견적서를 제출받은 수의계약의 공고를 포함한다)
3. 개찰의 결과
4. 계약체결의 현황(하도급 현황을 포함한다)
5. 과업내용 등 계약내용의 변경(입찰공고와 다른 조건으로 계약이 체결된 경우를 포함한다)에 관한 사항
6. 감리 · 감독 · 검사의 현황
7. 대가의 지급현황

② 제1항에 따른 계약정보의 공개는 계약이행 완료일로부터 5년 이상 하여야 한다.
[본조신설 2014.4.1.]

제5장 보칙

제62조(재검토기한) 「훈령 · 예규 등의 발령 및 관리에 관한 규정」에 따라 이 예규에 대하여 2016년 1월 1일 기준으로 매3년이 되는 시점(매 3년째의 12월 31일까지를 말한다)마다 그 타당성을 검토하여 개선 등의 조치를 하여야 한다. <개정 2015.9.21.>

부칙

<제351호, 2017.12.28.>

제1조(시행일) 이 계약예규는 2017년 12월 28일부터 시행한다.

제2조(적용례) 이 예규 시행후 최초로 입찰공고를 하거나, 수의계약을 체결한 계약분부터 적용한다.

일괄입찰 등의 공사계약특수조건

[시행 2016.4.1.]
[조달청지침 제2615호, 2016.3.22, 일부개정]

제1조(목적) 이 일괄입찰 등의 공사계약특수조건은 일괄입찰, 대안입찰(대안이 채택된 공종에 한한다), 실시설계 기술제안입찰 또는 기본설계 기술제안입찰로 집행하여 계약담당공무원과 계약상대자가 체결하는 공사도급계약의 내용을 규정함을 목적으로 한다.

제2조(정의) ① 이 일괄 등 계약조건에서 사용하는 용어의 정의는 다음과 같으며, 이 일괄입찰 등의 공사 계약특수조건에서 달리 정하는 경우를 제외하고는 계약예규「공사계약일반조건」(이하 "일반조건" 이라 한다) 제2조에 정한 바에 따른다.

1. "발주기관" 이라 함은 일괄입찰, 대안입찰, 실시설계 기술제안입찰 또는 기본설계 기술제안입찰 대상공사의 도급계약을 체결하는 기관을 말한다. 다만, 설계도서 심의 및 그 관련 업무와 공사의 착공 · 감독 · 하도급관리 · 대가의 지급 · 검사 · 재해 방지조치 · 인수 · 하자관리 등 당해 공사를 이행하는 기관이 다른 경우에는 달리 규정하지 아니한 경우 해당기관을 발주기관이라 한다.
2. "계약담당공무원" 이라 함은 일괄입찰, 대안입찰, 실시설계 기술제안입찰 또는 기본설계 기술제안입찰 공사를 계약하는 중앙관서의 장(그 위임을 받은 공무원을 포함한다. 이하 같다)을 말한다. 다만, 설계도서 심의 및 그 관련업무와 공사의 착공 · 감독 · 하도급관리 · 대가의 지급 · 검사 · 재해 방지조치 · 인수 · 하자관리 등 공사현장에서 계약이행과 관련된 사항에 대해서는 달리 규정한 경우를 제외하고는 수요기관의 장(그 위임을 받은 공무원을 포함한다. 이하 같다)을 계약담당공무원으로 본다. 여기서 수요기관이라 함「조달사업에 관한 법률」제2조 제4호에서 정한 기관을 말한다.
3. "입찰안내서" 라 함은「국가를 당사자로 하는 계약에 관한 법률 시행령」(이하 "시행령"이라 한다) 제79조제1항제7호에 규정된 문서로서 "입찰안내서" 라는 명칭으로 제공하는 문서를 말하며, 그 내용에 대한 질의답변 등 계약담당공무원이 추가 또는 변경의 필요성이 있어 통보한 문서를 포함한다.
4. "현장설명서" 라 함은 공사 현장상황 및 입찰안내서에 표기하기 어려운 사항 등 입찰참가자에게 설계 · 입찰가격의 결정 및 계약의 이행에 필요한 정보를 입찰 전에 제공하거나 설명하기 위하여 현장설명시 제공한 문서를 말한다.
5. "산출내역서" 라 함은 시행령 제85조제2항 내지 제3항의 규정에 의거 입찰자 또는 계약상대자가 물량과 단가를 기재하여 제출한 내역서를 말한다. 다만, 시행령 제85조제7항에 의거 설계심의 결과 보완을 요구한 경우에는 보완을 완료한 후 제출한 내역서를 말한다.
6. "공사목적물" 이라 함은 계약상대자가 계약문서에 따라 계약을 이행하여 발주기관에 인도하는 목적물을 말한다.
7. "공사용지" 라 함은 공사목적물이 시공되는 장소 및 계약문서로서 공사의 수행에 부수적으로 필요하다고 명시한 장소로서 발주기관이 계약상대자에게 제공하는 일단의 토지 및 장소를 말한다.
8. "공사현장대리인" 이라 함은 계약상대자로부터 계약의 이행과 관련한 권한과 책임을 위임받은 자를 말한다.
9. "목적물별 완공기한" 이라 함은 후속공사 시행에 지장이 없도록 하기 위하여 발주기관이 입찰시 지정하였거나 계약문서에 별도로 정한 공사목적물의 부분 또는 공종별 공사완료일을 말한다.
10. "시공도서" 란 계약상대자가 공사시공을 위하여 작성하여 제출하는 도면 및 계산서, 시공상세도면, 견본, 사양, 모형, 작업 및 유지보수 지침서 및 기타 기술 자료로서 공사감독관의 승인을 받은 것을 말한다.
11. 이 조건에서 따로 정하는 경우를 제외하고는 시행령,「특정조달을 위한 국가를 당사자로 하는 계약에 관한 법률 시행령 특례규정」(이하 "특례규정"이라 한다),「국가를 당사자로 하는 계약에 관한 법률 시행규칙」(이하 "시행규칙"이라 한다) 및 계약예규「공사입찰유의서」(이하 "유의서" 라 한다),「공사계약 일반조건」(이하 "일반조건" 이라 한다)에서 정하는 바에 의한다.

제3조(계약문서) ① 계약문서는 계약서, 설계서, 입찰안내서(공사의 기본계획 및 지침을 포함한다), 일괄입찰 등 공사계약특수조건, 일반조건, 산출내역서로 구성된다. 다만, 산출내역서는 계약금액의 조정 및 기성부분에 대한 대가의 지급시에 적용할 기준으로서 계약문서의 효력을 가진다.
② 일반조건 제3조에서 규정하는 계약당사자 간의 통지문서 등은 계약문서로서의 효력을 갖는다.
③ 계약문서는 상호보완의 효력을 갖지만 해석의 우선 순위는 다음 각호의 순서에 의한다.
1. 계약서
2. 입찰안내서
3. 공사시방서 및 설계도면
4. 일괄입찰 등 공사계약특수조건
5. 일반조건

제4조(계약기간) ① 계약기간은 계약담당공무원과 계약상대자가 계약서에 기명날인(서명을 포함한다. 이하 같다)한 날로부터 계약서에 명시된 준공일까지의 기간을 말한다.
② 계약상대자는 제1항의 준공일과 별도로 목적물별 완공기한을 정하여 계약체결한 경우에는 목적물별 완공기한 내에 해당부분의 공사를 완료하여야 한다.

제5조(사용언어) ① 일반조건 제4조제2항의 규정에 따라 외국어를 사용하거나 외국어와 한국어를 병행하여 사용한 경우, 계약의 이행과 관련하여 외국어를 한국어로 또는 한국어를 외국어로 번역·통역하는데 소요되는 비용은 계약상대자가 부담한다. 다만, 발주기관의 필요에 의하여 외국어로 번역·통역하는데 소요되는 비용은 발주기관이 부담한다.
② 제1항에서 규정하는 번역 또는 통역을 함에 있어 착오 또는 오류로 인하여 발생하는 각종 손실·손해 등에 대한 책임은 계약상대자가 부담하며 번역에 소요되는 기간은 공사기간에 포함된 것으로 본다.
③ 계약상대자는 통역 등 외국어와 한국어를 병행 사용함에 따른 공사지연을 이유로 공사기간의 연장을 요청할 수 없다.

제6조(통지 등) ① 계약당사자간의 통지는 서면으로 하여야 한다. 다만, 계약문서에 별도로 정한 경우에는 그에 따른다.
② 통지는 계약상대자 또는 그 위임을 받은 대리인에게 할 수 있으며, 통지 장소는 서면으로 달리 정한 경우를 제외하고는 계약서에 기재된 주소로 한다.
③ 계약담당공무원·공사감독관 및 그 위임을 받은 대리인의 구두 지시를 서면으로 확인할 필요가 있다고 판단되는 경우에는 계약상대자는 그 구두지시가 있은 날로부터 3일 이내에 서면으로 확인요청을 하여야 하며, 계약담당공무원·공사감독관 및 그 위임을 받은 대리인은 그 요청을 받은 날부터 3일 이내에 사유 및 내용을 첨부하여 서면으로 통지하여야 한다.

제7조(수입인지 및 국·공채의 매입) ① 계약상대자는 「인지세법」, 「주택도시기금법」, 「도시철도법」 및 당해 지방자치단체의 조례 등에서 규정한 바에 따라 수입인지 및 국·공채를 매입하고 매입필증 등을 계약담당공무원에게 제출하여야 한다.
②수입인지, 국·공채의 매입과 원금상환 등 제반절차는 매입당시의 관련법령 및 조례 등에서 정한 바에 따른다.

제8조(공사손해보험의 가입) ① 계약상대자는 계약예규 「정부 입찰·계약 집행기준」(이하 "집행기준" 이라 한다) 및 일반조건 제10조에서 정하는 바에 따라 공사손해보험 계약목적물의 착공일 이전에 공사손해보험 또는 조립보험(이하 "보험" 이라 한다)에 가입하여야 한다.
② 집행기준 제57조에서 정한 손해의 담보에 대한 계약상대자의 자기부담금은 매 건당 각각 1억원 이하로 한다. 다만, 공사의 특성 및 여건에 따라 자기부담금의 최고한도액을 1억원을 초과하지 않는 범위 내에서 조정할 수 있다.
③ 계약상대자는 보험에 가입함에 있어 설계결함으로 인한 사고발생시 계약목적물자체 이외에 정상적으로 시공된 부대 목적물 등에 입은 손해에 대하여도 설계결함담보특별약관에 가입하여야 한다.
④ 보험약관은 특별히 정한 경우를 제외하고는 도심지내의 공사는 영국식 약관, 기타공사는 독일식 보통약관으로 한다.
⑤ 계약상대자는 공사보험 계약일로부터 6개월 이내에 보험회사로부터 위험도조사보고서(Risk Survey Report)를 징구하여 수요기관에 제출하여야 한다. 다만, 공사의 특성 및

여건에 따라 불가피한 경우 발주기관의 장과 협의하여 제출기한을 연장할 수 있다.
⑥ 계약상대자는 보험회사가 제출한 위험도 조사보고서에 따른 적절한 위험방지 조치를 취하여야 하며, 공정율 50%의 시점에서 이미 제출한 위험도조사보고서의 내용을 보완토록 하여 다시 제출하여야 한다.
⑦ 공사계약금액이 증감된 경우 보험가입금액의 증감은 집행기준 제57조 제4항에 의하며, 계약상대자는 계약금액 변경 일로부터 14일 이내에 보험계약을 변경하여야 한다.
⑧ 계약상대자는 집행기준 제62조 제2호에 따라 계약금액의 변경, 설계변경, 공사중단 등 보험과 관련한 고지 또는 통지의무를 이행하여야 한다.
⑨ 계약상대자는 보험사 선정시 당해 보험사의 재정상태·담보능력 등을 감안하여 건실한 보험사를 선정하여야 하며 부실보험사 선정으로 보상 또는 배상을 받지 못할 경우에는 계약상대자 부담으로 한다.
⑩ 계약상대자는 보험계약서류, 위험도 조사보고서, 보험사고 발생 및 처리현황, 보험계약 종결보고서를 발주기관의 장에게 제출하여야 한다.
⑪ 보험가입 지연으로 발생하는 보험사고의 보상·배상은 계약상대자의 부담으로 하며 보험가입 이전에는 기성대가의 지급을 유보할 수 있다.
⑫ 일반조건 제10조제1항에 규정한 특별한 사유란 발주기관이 보험에 가입한 경우를 말하며, 계약상대자가 보험에 가입하지 아니한 경우 계약담당공무원이 계약상대자를 대신하여 보험에 가입하고 이에 소요되는 비용을 공사대금에서 감액할 수 있다.
⑬ 계약상대자가 보험약관에 부과된 조건을 준수하지 못함으로써 발생하는 모든 손실은 계약상대자가 부담한다.
⑭ 제1항 내지 제13항에서 규정한 사항 이외에 공사손해보험과 관련된 기타 계약조건은 일반조건 제10조 및 집행기준에서 정한 바에 의한다.

제9조(공사용지의 확보) ① 발주기관은 다음 각 호의 사항을 이행하고 공사용지를 확보하여 계약상대자가 공사의 수행에 필요로 하는 날까지 계약상대자에게 인도하여야 한다.
1. 공사용지의 토지 및 건물 보상, 거주자의 이주
2. 공사용지에 있는 지상 또는 지하지장물의 철거·이전. 다만, 계약상대자가 철거·이전하도록 계약문서에 명시되어 있거나 발주기관이 계약상대자로 하여금 철거·이전하도록 한 경우에는 그에 따른다.

② 제1항에서 규정하는 '계약상대자가 공사의 수행에 필요로 하는 날' 이란 계약담당공무원이 계약상대자와 협의하여 공사용지 인도의 순서 및 시기를 결정하고 계약상대자에게 공사용지를 인도하기로 한 날을 말한다.
③ 계약상대자는 제2항에서 규정한 공사용지 인도 일정을 준수하여 공정추진계획을 수립하여야 하며, 공사용지 인도기일 이전에 당해 공사에 대한 착공계획을 수립할 수 없다. 계약상대자가 이를 이행하지 않아 발생되는 손해와 계약상대자가 발주기관의 사전승인 없이 공사용지를 변경함으로써 발생한 손해는 계약상대자가 부담한다.
④ 계약상대자의 책임 없는 사유로 공사용지의 인도가 지연되어 공사 수행에 직접적인 영향이 있는 경우 계약상대자는 계약금액의 조정 및 계약기간의 연장을 요청할 수 있다.

제10조(공사현장 대리인) ① 공사현장대리인은 일반조건 제14조 제2항에 규정한 사항의 처리와 공사이행을 위하여 선량한 관리자로서의 주의의무를 다하여야 하며, 공사현장에 있지 않게 되는 때에는 다음 각호에 따라 공사감독관에게 통지하여야 한다.
1. 업무시간 중에 부재가 예상될 경우 공사감독관에게 통지하여 사전 승인을 받아야 한다.
2. 2일 이상 부재가 예상될 경우 대리인을 지명하여 공사감독관에게 통지하고 사전 승인을 받아야 한다.

② 공사현장대리인이 제1항에서 규정하는 사항을 이행하지 않음으로써 발생하는 공사의 지연 또는 기타 손실에 대하여는 계약상대자가 책임을 진다.

제11조(공사감독관) ① 계약담당공무원은 공사감독관을 지정 또는 변경한 경우 이를 계약상대자에게 지체없이 통지하여야 한다.
② 공사감독관은 계약상대자로부터 통지 등을 받은 사항 중 계약담당공무원의 승인이 필요하지 않은 사항에 대하여는 계약상대자가 통지내용을 이행하는데 지장이 없도록 신속하게 처리하여야 한다. 공사감독관이 이를 지체하여 공사가 지연된 경우 계약상대자는 공사기간의

연장을 요구할 권리를 갖는다.

③ 공사감독관은 계약담당공무원의 승인없이는 계약상대자의 의무와 책임을 면제시키거나 증감시킬 수 없다

제12조(공사수행계획서 및 세부계획서 제출) ① 계약상대자는 착공신고서 제출시 다음 각호의 내용이 포함된 전체 공사에 대한 공사수행계획서를 제출하여 공사감독관의 승인을 받아야 한다.

1. 일반조건 제17조 제1항에서 규정한 서류
2. 연부액 또는 연차별 공사 수행계획
3. 설계도서 관리 계획
4. 공사 수행을 위한 각종 인·허가 이행계획
5. 계약이행에 필요한 조직표
6. 공사용지 확보 계획에 따른 공사 수행계획서

② 계약상대자는 제1항에서 규정한 공사수행계획서를 기본으로 다음 각호의 내용이 포함된 구간별 또는 공종별 공사수행세부계획서를 당해 공사 착수 30일 전까지 제출하여 공사감독관의 승인을 받아야 한다.

1. 공사공정예정표
2. 안전관리계획
3. 환경관리계획
4. 품질시험계획 또는 품질관리계획
5. 인력 및 장비, 자재 투입계획
6. 교통처리계획
7. 계약도서 검토결과(계약도서간의 불일치여부, 현장과의 일치여부 등)
8. 시공도서
9. 지장물 처리계획
10. 공사장 주변 건물 조사현황
11. 계약도서의 변경시 설계변경 사유
12. 공사시행 단계별 관리계획
13. 기타 공사에 필요하여 발주기관과 공사감독관이 요구하는 자료

③ 공사감독관은 공사수행계획서(공사수행세부계획서를 포함한다. 이하 같다)의 보완이 필요한 경우 이를 요구할 수 있으며 계약상대자는 이를 보완하여 승인을 받아야 한다.

④ 계약상대자는 공사수행계획서에 대한 공사감독관의 승인을 받지 아니하고는 공사에 착공할 수 없다. 다만, 공사감독관이 공사의 시급성 등을 고려하여 우선 착공하게 한 경우에는 그에 따른다.

⑤ 공사수행계획서 제출의 지체 또는 보완으로 인하여 공사이행이 지체되는 경우에 대한 책임은 계약상대자에게 있다.

제13조(시공도서의 작성) ① 계약상대자는 당해 공정 공사를 착수하기 전에 시공도서를 제출하여 공사감독관의 승인을 받아야 한다.

② 공사감독관이 시공도서가 부적합하다고 인정하여 보완을 요구하거나 추가서류의 제출을 요구한 경우에는 계약상대자의 비용으로 보완하여야 한다.

③ 공사감독관은 계약상대자가 제출한 시공도서의 결함을 발견한 경우 공사 전·후 또는 준공여부와 관계없이 언제라도 보완을 요구할 수 있으며 계약상대자는 이에 응하여야 한다.

제14조(품질관리 및 관리자 배치 등) ① 계약상대자는 공사 품질을 확보할 수 있도록 건설기술진흥법령에 따른 품질관리계획 또는 품질시험계획을 수립하고 이를 성실히 이행하여야 한다.

② 계약상대자는 계약된 공사에 적합한 품질관리자(「건설기술진흥법」 등 관계법령에 의하여 품질관리원으로 인정하고 있는 자를 말한다. 이하 같다)를 지명하여 계약담당공무원에게 통지하여야 한다.

③ 품질관리자는 공사현장에 상주하면서 현장대리인을 보좌하여 공사감독관의 지시에 따라 품질관리계획 또는 품질시험계획에 따라 품질관리업무를 처리하여야 한다.

④ 계약상대자는 제12조 제2항에 따라 승인받은 품질시험계획 또는 품질관리계획을 현장에 비치하고, 이 계획에 따른 이행실적을 기록 유지하여야 하며, 계약담당공무원이 계획 및 이행실적의 제출을 요구할 때에는 그에 따라야 한다.

⑤ 발주기관은 계약상대자가 시행하는 공사에 대하여 제1항에 따라 수립한 계획에 따라 품질관리를 적정하게 실시하는지의 여부를 확인하고 그 결과에 따라 필요한 조치를 할 수 있으며, 계약상대자는 확인에 적극 협조하여야 한다.

제15조(안전관리 및 재해예방) ① 계약상대자는 공사안전 관련법규 및 발주기관의 안전관리지침 등에 따라 안전관리에 철저를 기하여야 하며, 공사수행 중 발생하는 화재·도난·유실·손상과 계약상대자 및 하도급자의 종업원 또는 고용원의 안전에 대한 책임을 진다.

② 계약상대자는 공사의 안전관리를 위하여 「건설기술진흥법 시행령」 제98조의 규정에

따라 안전관리조직, 안전관리대책, 안전점검계획 등이 포함된 안전관리계획을 수립하여 계약담당공무원의 승인을 받아야 한다.
③ 계약상대자는 안전관리와 재해예방을 위하여 「건설기술진흥법 시행령」 제100조의 규정에 따라 정기안전점검을 받아야 하며, 점검결과에 따라 안전관리계획에 의한 필요한 조치를 하여야 한다.

제16조(산업안전보건관리비 등의 목적 외 사용금지 및 기술지도계약) ① 계약상대자가 계약금액에 포함된 산업안전보건관리비, 품질관리비, 환경보전비 및 건설근로자퇴직공제부금 등(이하 "산업안전보건관리비 등"이라 한다)을 산업안전보건법령, 건설기술진흥법령, 건설산업기본법령 등에서 정한 목적에 사용하지 아니하거나 다른 목적에 사용한 경우에는 그 금액을 감액조치 한다.
② 계약상대자는 제1항에서 규정한 산업안전보건관리비 등을 목적 외에 사용하지 않았음을 이유로 안전관리, 품질관리 및 환경관리를 소홀히 하여서는 아니 된다.
③ 계약상대자는 「산업안전보건법 시행규칙」 제32조 제3항에 규정된 "노동부령이 정하는 자" 에 해당하는 규모의 건설공사는 기술지도계약을 공사착공 후 14일 이내에 체결하고 기술지도계약서를 수요기관의 장에게 제출하여야 한다. 다만, 동 조항 단서 각호의 1에 해당하는 공사인 경우에는 그러하지 아니하다.
④ 계약상대자가 「산업안전보건법령」 등에 의하여 제3항에 규정한 기술지도계약대상공사에 대하여 기술지도계약을 체결하지 아니한 경우에는 「산업안전보건법」 제30조 제1항의 규정에 의하여 계상한 산업안전보건관리비의 20%에 해당하는 금액을 감액하며, 기술지도계약 체결을 지연하여 수수료가 조정된 경우에는 조정된 금액만큼 감액한다.

제17조(환경오염 방지 등) ①계약상대자는 대기오염, 수질오염, 소음, 진동, 악취 등으로 인한 환경피해 및 인근주민이나 통행인에게 불편이 없도록 다음 각호의 법령 및 설계서에 의거 발생 오염물질의 종류와 예상량, 처리방법, 처리 시행자 등이 포함된 환경오염 방지계획을 수립하여 이행하여야 한다.
1. 「대기환경보전법」
2. 「수질 및 수생태계 보전에 관한 법률」
3. 「소음 · 진동규제법」
4. 「폐기물관리법」
5. 「하수도법」 등
② 계약담당공무원은 오염방지시설 및 대책 등 환경오염 방지를 위한 조치가 적절하지 못하다고 판단되는 경우 해당자재 및 공법의 사용을 제한하거나 대체방법을 요구할 수 있다.
③ 계약상대자는 환경오염방지계획서를 현장에 비치하고 오염방지 이행실적을 기록 유지하여야 하며, 계약담당공무원이 환경오염방지계획 및 이행실적의 제출을 요구하는 경우 이에 따라야 한다.
④ 제1항 내지 제3항에 규정한 바에 따라 환경오염방지에 소요되는 제반절차 및 그 이행과 제3자에 대한 피해 및 민원해결에 대한 책임은 계약상대자에게 있고 그 비용은 계약상대자가 부담한다. 다만, 관련법령 및 설계서의 규정을 준수하여 공사를 이행한 경우에는 그러하지 아니한다.

제18조(인접공사 또는 관련공사 계약자와의 협조) ① 계약상대자는 계약담당공무원의 요구가 있을 경우 공사현장내 또는 인접 공사현장(이하 "인접공사" 라 한다)에서 다음 각호의 자가 그 공사이행에 필요한 적절한 편의를 제공하여야 한다.
1. 발주기관과 계약된 다른 계약자 및 그들의 고용인
2. 인접 공사현장의 시공자
② 이 계약을 이행함에 있어 공사의 전체 또는 일부분이 인접공사 계약자에 의한 공사의 적절한 시행 또는 그 결과에 의존할 때에는, 계약상대자는 이 계약의 이행에 지장을 초래하는 인접공사 계약자의 명백한 위반 사항 또는 시공상 결함을 조사하여 즉시 서면으로 공사감독관에게 통보하여야 한다. 계약상대자가 이를 통보하지 아니한 경우, 계약상대자는 인접공사 계약자에 의한 상기 작업이 이 공사를 진행하는데 적합함을 인정하는 것으로 본다.

제19조(휴일 및 야간작업) ① 일반조건 제18조 제2항의 규정에 따라 휴일 및 야간 작업이 이루어지는 경우에도 공사감독관의 감독하에 공사를 시행하여야 한다.
② 휴일 및 야간 작업으로 발생하는 발주기관 또는 공사감독관의 추가비용은 계약상대자의 부담으로 한다. 다만, 발주기관의 책임있는 사유로 인한 경우에는 그러하지 아니한다.
③ 계약담당공무원은 제2항의 규정에 따라

계약상대자가 부담할 금액을 기성 또는 준공금액에서 감액할 수 있다.

제20조(설계서에 대한 책임) ① 계약상대자는 설계서에 오류·누락 및 불일치 등의 하자가 있거나, 공사의 기본계획·입찰안내서의 내용 또는 기본설계 내용에 비추어 미비하거나 그 내용이 분명하지 아니하여 보완을 요구받은 경우 이를 이행하여야 한다.

② 계약상대자는 설계의 잘못으로 인하여 발주기관 또는 제3자 등이 입은 손해에 대하여 배상책임을 진다.

③ 계약상대자가 계약체결 이전에 제출한 설계서에 대하여 설계심의 결과 적격판정을 받은 경우에도 계약상대자의 설계서에 대한 책임이 면제되지는 아니한다.

④ 계약상대자가 시공도서에 대하여 공사감독관의 승인을 받은 경우에도 제1항에서 규정하는 설계서 하자 등이 발견된 경우에는 설계서에 대한 책임이 면제되지 아니한다.

⑤ 제1항 내지 제2항에서 규정한 설계서의 보완 및 그에 따른 비용과 손해배상책임은 계약상대자가 부담한다. 다만, 설계서의 하자나 미비 사항 등이 다음 각호의 1의 사유로 인한 경우에는 그러하지 아니한다.

1. 발주기관이 제시한 공사의 기본계획·입찰안내서의 내용에 모순이나 상이 등이 있는 경우
2. 발주기관이 측량 또는 지질·지반조사 등을 실시하여 해당자료를 제공하고 그 자료를 기준으로 설계를 하도록 한 공사에서 그 제공받은 자료에 모순이나 상이 등이 있는 경우

⑥ 계약상대자는 설계 전에 공사의 기본계획·입찰안내서의 내용과 발주기관으로부터 제공받은 자료를 면밀히 검토하여야 하며, 이를 소홀히 하여 설계서에 하자나 미비 등이 발생한 경우에는 제5항 단서의 규정에도 불구하고 계약상대자가 책임을 진다.

제21조(설계서의 수정·보완) ① 계약상대자는 계약담당공무원으로부터 공사의 수정·보완을 요구받은 경우에는 이에 따라 실시설계서를 수정·보완하여야 하며, 수정·보완한 설계서 및 지적사항에 대한 조치결과를 해당공사의 착공이전까지 제출하여야 한다.

② 계약상대자는 부득이한 사유로 해당공사 착공일까지 제1항에서 규정한 수정·보완을 완료하지 못한 때에는 기간을 정하여 계약담당공무원의 승인을 받아야 한다.

③ 계약상대자는 제1항에 따라 수정·보완한 내용이 공사현장의 제반조건과 일치하는지 여부 등 공사시공과 관련된 사항에 대하여 검토한 후 그 결과를 계약담당공무원에게 통보하여야 하며, 계약담당공무원의 요구에 따라 필요한 조치를 하여야 한다.

제22조(설계변경 등) ① 설계변경을 하는 경우에도 일반조건 제21조제5항에 규정된 사유로 인한 경우와 다음 각호의 1의 사유로 인한 경우를 제외하고는 계약금액을 증액할 수 없다.

1. 제20조제5항 각호의 1의 사유로 인한 경우. 다만, 동조 제6항에 해당하는 경우는 제외한다.
2. 발주기관이 기본설계 및 실시설계 심의시 공사의 기본계획·입찰안내서의 내용 또는 입찰자가 기본 설계입찰시 제시한 사항 이외에 대하여 시공을 요구하고, 계약체결 후 계약금액을 조정하겠다는 의사를 서면으로 합의한 경우

② 일반조건 제21조제5항 각호는 다음과 같이 적용한다.

1. "발주기관 또는 공사 관련기관이 교부한 지하매설 지장물도면과 현장 상태가 상이하거나 계약이후 신규로 매설된 지장물에 의한 경우" 란 다음과 같다.
   가. 입찰 전 발주기관 또는 공사 관련기관이 제공한 지장물 도면과 계약상대자가 설계(기본 설계 및 실시설계를 포함한다) 전에 현장조사를 통하여 작성한 지장물 도면 모두에 표시되지 않았고, 예측할 수 없었던 지하매설물이 시공중 발견된 경우. 다만, 지하매설물을 계약상대자 책임하에 조사하도록 한 경우는 제외한다.
   나. 계약체결 이후 계약상대자가 발주기관에 사전보고 없이 신규로 매설한 지하매설물의 경우는 제외
2. "토지·건물소유주의 반대, 지장물의 존치, 관련기관의 인·허가 불허 등으로 지질조사가 불가능했던 부분의 경우" 란 다음 각호를 충족한 경우에 한한다.
   가. 입찰자가 토지·건물소유주 및 인·허가기관 등 관련자와 최소 1회 이상 문서로 협의하여 발주기관이 인정한 경우
   나. 조사가 불가능하였던 부분에 대하여 그 내용을 관련 증빙자료를 첨부하여

입찰시 설계서와 함께 제출한 경우

제23조(대안입찰 설계변경 등) 대안입찰로 집행하여 계약체결한 공사로서 원안입찰에 의한 계약은 일반조건 제19조, 제19조의2, 제19조의3, 제19조의4, 제19조의6, 제19조의7, 제20조, 제23조를 적용한다.

제24조(설계변경 절차) ① 이 계약의 이행에 필요한 설계변경은 계약담당공무원의 승인 및 통지에 의하여야 한다.
② 계약상대자는 설계변경과 관련하여 계약담당공무원의 승인이 필요한 사안이 발생한 때에는, 사안이 발생한 날 또는 그 사안의 발생을 안 날로부터 14일 이내에 공사감독관과 계약담당공무원에게 동시에 통지하여야 한다. 다만, 천재지변 등 불가피한 사유로 14일이내에 통지할 수 없는 경우에는 당해 사유가 소멸된 날로부터 14일 이내에 통지하여야 한다.
③ 계약담당공무원은 제2항에서 규정하는 통지를 접수한 날로부터 21일 이내에 설계변경 등의 승인여부를 계약상대자에게 통지하여야 한다. 다만, 해당 기일 내에 승인여부를 결정하기가 곤란하다고 판단되는 경우 14일을 초과하지 않는 범위내에서 통지기한을 연장할 수 있다. 이때 계약담당공무원은 연장하는 사유와 기한을 계약상대자에게 통지하여야 한다
④ 제3항에 의한 계약상대자의 계약금액조정 청구는 공사계약일반조건 제40조의 규정에 의한 준공대가(장기계속계약의 경우에는 각 차수별 준공대가) 수령 전까지 하여야 조정금액을 지급받을 수 있다.<개정 2014.8.19>
⑤ 계약상대자는 제3항에서 규정하는 계약담당공무원의 설계변경 승인 통지 이전에 시행한 공사에 대해서는 설계변경이 된 이후라도 계약금액의 조정 및 계약기간의 연장을 요구할 수 없다.
⑥ 계약담당공무원은 제5항에 규정한 바와 같이 계약상대자가 사전승인을 받지 않고 시공한 경우 계약상대자의 부담으로 원상 복구할 것을 요구할 수 있으며 계약상대자는 지체없이 이에 따라야 한다. 다만, 계약상대자가 원상복구 요구에 따르지 않을 경우 계약담당공무원은 원상 복구를 제3자에게 대행하도록 할 수 있으며 이에 소요된 비용은 대가지급시 공제할 수 있다.

제25조(발주기관의 필요에 의한 설계변경) 계약담당공무원이 일반조건 제21조제5항제1호 또는 일반조건 제19조의5의 규정에 의거 설계변경을 요구한 경우에는 계약상대자는 14일 이내에 설계변경의 이행가능 여부를 공사감독관과 계약담당공무원에게 동시에 통지하여야 한다. 이 경우 계약담당공무원은 계약상대자가 준비서류 작성 등을 위하여 기간 연장을 요청하는 때에는 이를 승인할 수 있다.

제26조(설계변경으로 인한 계약금액의 조정) 설계변경으로 삭제 또는 변경되었던 공종 또는 품목 등을 다시 당초 설계대로 변경하는 경우에는 당초 감액조정한 단가를 적용한다. 다만, 추가되는 수량에 대하여는 일반조건 제21조제4항제2호를 적용한다.

제26조의2(실시설계 기술제안입찰 등의 기술제안 인정범위) 「기술제안입찰 등에 의한 낙찰자결정 세부기준」 제5조제3호에 따라 입찰자가 제출하는 산출내역서는 기술제안이 채택된 부분에 한하여 기술제안한 것으로 본다.<개정 2014.8.19.>

제27조(기타 계약내용의 변경으로 인한 계약금액 조정 절차) ① 계약상대자는 일반조건 제23조에 규정된 계약내용의 변경으로 계약금액을 조정 받고자 하는 경우, 해당 계약내용 변경일로부터 30일 이내에 증빙서류를 첨부하여 공사감독관을 경유 계약담당공무원에게 계약금액의 조정을 요청하여야 한다. 다만, 천재지변 등 불가피한 사유로 기한내에 신청할 수 없는 경우에는 당해 사유가 소멸된 날로부터 14일 이내에 신청하여야 한다.
② 일반조건 제23조에 규정된 사유로 계약내용을 변경하고자 하는 경우 제24조 제1항 내지 제3항을 준용한다.

제28조(물가변동으로 인한 계약금액의 조정) 물가변동으로 인한 계약금액의 조정은 일반조건 제22조에 정한 바에 의한다.

제29조(검사) ① 계약담당공무원이 관련법령에 따라 검사를 실시하여 시설물의 재해 및 재난예방과 안전성 확보 등을 위하여 정밀안전진단이 필요하다고 판단한 경우 정밀안전진단의 시행을 「시설물의 안전관리에 관한 특별법령」

에서 규정하는 전문기관에 의뢰할 수 있다.
② 계약담당공무원은 제1항의 규정에 따라 정밀진단을 실시하는 경우 그 사유를 계약상대자에게 통보하여야 한다.
③ 계약담당공무원은 정밀안전진단 결과 안전상 문제가 있다고 판명된 경우 즉시 계약상대자에게 시정조치를 취하도록 하여야 한다. 이때 그러한 안전상 문제가 계약상대자의 귀책사유로 인한 경우에는 안전진단에 소요된 비용 및 보수비용을 계약상대자가 부담하여야 한다.
④ 제1항에서 규정하는 정밀안전진단 결과 안전상 문제가 계약상대자의 귀책사유로 판명된 사항을 계약상대자가 시정하지 않을 경우 계약담당공무원은 제3자로 하여금 대행하도록 할 수 있으며, 이에 소요되는 비용은 계약상대자가 부담한다.
⑤ 계약담당공무원은 준공검사결과 공사목적물의 사용에 지장이 없을 정도의 경미한 사항에 대하여는 계약상대자가 검사완료 통지를 접수한 후에 시정하도록 조치할 수 있다. 다만, 계약담당공무원은 검사완료 통지를 하기 전에 계약상대자로 하여금 시정계획을 서면으로 제출하도록 하여야 한다.
⑥ 계약상대자는 「시설물의 안전관리에 관한 특별법령」에 의거 설계서 등 관련서류를 준공검사요청서 제출시 첨부하여야 하며, 관련서류의 준비에 소요되는 비용은 계약금액에 포함된 것으로 본다.
⑦ 계약상대자는 건설기술진흥법령의 규정에 따라 준공 1개월 전까지 예비준공검사를 받아야 하며, 예비준공검사에서 지적된 사항은 일반조건 제27조에서 규정하는 준공검사를 받기 전에 시정하여야 한다.

제30조(공사폐기물의 처리) ① 계약상대자는 설계 및 입찰시 예측이 불가능하였던 폐기물을 발견한 때에는 3일 이내에 공사감독관을 경유하여 계약담당공무원에게 통지하여야 한다.
② 계약상대자는 발주기관으로부터 폐기물관리법령의 규정에 따라 폐기물을 처리하기 위하여 폐기물 반출 및 이동통로의 제공을 요청받는 경우 이에 응하여야 한다. 다만, 폐기물처리를 포함하여 계약한 경우에는 폐기물관리법령의 규정에 따라 폐기물을 처리하여야 한다.
③ 제1항에서 규정하는 폐기물을 계약상대자가 처리하는 경우 그에 소요되는 비용은 발주기관이 부담하며, 계약상대자는 그 처리에 소요되는 기간에 대하여 계약기간의 연장을 요구할 수 있다.
④ 계약담당공무원은 계약상대자가 제1항의 통지를 불이행하고 임의로 공사를 수행한 경우 원상복구를 지시할 수 있으며 계약상대자는 이에 응하여야 한다.
⑤ 제2항 단서에 해당하는 경우로서 계약상대자가 폐기물관리법령에 위반하여 폐기물을 처리한 경우, 공사감독관은 폐기물처리업체에게 당해 업무를 대행시킬 수 있으며 이에 소요되는 비용을 계약상대자의 계약금액에서 감액할 수 있다.
⑥ 계약상대자는 제2항 단서에 해당하는 경우로서 폐기물처리를 폐기물처리 업체에게 위탁하여 처리하는 경우에도 성실한 감독자로서의 책임을 다하여야 한다.

제31조(피해보상 및 복구) ① 계약상대자는 공사 중 민원을 방지하기 위하여 노력하여야 하며 공사 진행과정에서 발생한 제3자에 대한 대인·대물 피해에 대하여 책임을 진다. 다만, 발주기관의 귀책사유로 인한 경우에는 그러하지 아니하다.
② 계약상대자는 공사완료 이후라도 공사로 인한 주변침하, 균열발생 등 의 피해에 대하여 일반조건 제33조에 규정된 하자보수보증기간 동안은 그 보상 및 복구 책임을 진다. 다만, 발주기관의 귀책사유로 인한 경우에는 그러하지 아니하다.

제32조(공사현장 인계에 따른 책임한계) 계약상대자는 착공일로부터 일반조건 제28조제1항에 의한 현장인수증명서 발급시까지 공사현장에서 발생하는 사고책임 등 현장관리와 관련한 책임을 진다.

제33조(불가항력) ① 계약상대자는 일반조건 제32조제1항에서 규정하는 불가항력 사태의 발생을 대비하여 적절한 예방조치를 취하여야 하며, 불가항력의 사태가 발생한 경우에도 피해를 최소화하기 위하여 선량한 관리자로서의 의무를 다 하여야 한다.
② 계약상대자가 다음 각호에 해당하는 사항을 고의 또는 중대한 과실로 이행하지 않은 경우에는 불가항력으로 인정하지 아니한다.
1. 계약상대자가 통제 가능한 경우
2. 계약상대자가 미리 예측하여 적절히 대비할 수 있는 경우

3. 계약상대자가 사태발생 후 적절히 대피하거나 극복할 수 있는 경우
4. 기타 계약상대자의 귀책사유에 기인한 경우

③ 제1항 내지 제2항을 적용함에 있어 적절한 예방조치 또는 미리 예측하여 적절히 대피할 수 있는 경우 등이란 공사현장에 10년 주기의 강우·홍수 및 범람에 대비한 예방조치를 말한다.

④ 계약담당공무원이 계약상대자로 하여금 태풍·홍수 및 기타 악천후 등에 대비한 손해보험에 가입하도록 한 경우, 보험에 의하여 보전되는 금액 이내의 손해는 발주기관이 부담하지 아니한다.

제34조(하자검사 및 하자보수) ① 일반조건 제35조의 규정에 부가하여 계약담당공무원(「시설물의 안전관리에 관한 특별법령」에 의한 관리주체를 포함한다. 이하 제2항 및 제3항에서 같다)은「국가를 당사자로 하는 계약에 관한 법령」에 의한 하자검사가 전문적인 지식 또는 기술을 필요로 할 경우에는 전문기관에 의뢰하여 필요한 검사를 할 수 있다.

② 계약담당공무원은「시설물의 안전관리에 관한 특별법령」의 규정에 의하여 하자담보책임기간 만료일전 6개월 이내에 정밀안전진단을 실시하고, 정밀안전진단결과 안전에 지장이 없다고 판정된 때에 한하여 최종검사를 시행하여 이상이 없을 경우 하자보수 완료 확인서를 계약상대자에게 발급한다.

③ 계약담당공무원은 제2항에서 규정하는 정밀안전진단을 실시한 때에는 하자담보책임기간이 만료되기 전에 그 결과를 계약상대자에게 통지하여야 한다.

④ 제2항의 규정에 의하여 정밀안전진단결과 구조상 주요부분에 시공상의 잘못으로 인하여 중대한 하자가 발견된 때에는 관계법령 및 일반조건의 규정에도 불구하고 중대한 하자에 대한 시정이 완료될 때까지 하자담보책임기간이 연장되며, 하자 보수 공사를 실시할 경우 하자담보책임기간 중 공사감독에 소요되는 비용은 계약상대자가 부담한다.

⑤ 하자담보책임기간 내에 계약상대자의 귀책사유로 인하여 정밀안전진단을 실시해야 하는 경우 이에 소요되는 비용은 계약상대자가 부담한다.

⑥ 계약상대자는 일반조건 제33조에 의한 하자보수통지가 불합리하다고 인정하는 경우 계약상대자의 원인에 의한 결함이 아니라는 증빙자료(시험 등의 결과)를 첨부하여 계약담당공무원 또는 시설물관리주체에 이의를 제기할 수 있다.

⑦ 계약담당공무원은 하자내용이 중대하여 장기간 방치할 수 없을 경우 우선 응급보수를 지시할 수 있으며 계약상대자는 이에 따라야 한다. 이 경우 당해 하자가 계약상대자의 책임이 아닌 것으로 인정되면 하자보수에 소요되는 비용은 발주기관이 부담한다.

제35조(하자보수 책임승계 등) 다른 계약상대자가 이행한 공사를 계속하여 시공하는 계약상대자는 그 자신의 귀책사유로 인하여 하자가 발생하지 아니하였다는 것을 증명하지 못하는 한, 전 계약상대자에 의하여 이행된 부분에 대하여도 보수의 책임을 진다. 다만, 하자책임 구분이 분명한 경우는 그러하지 아니하다.

제36조(하자담보) ① 일반조건 제33조에서 정한 하자담보책임기간은 준공검사를 완료한 날로부터 계약서에 정한 바에 따른다. 다만, 공종별 하자담보책임기간은 시행규칙 제70조에서 정한 바에 따르며, 장기계속공사에 있어서 하자담보책임기간은 시행령 제60조 제2항에 정한 바에 따른다.

② 일반조건 제34조에서 정한 하자보수보증금은 계약서에 정한 바에 따른다. 다만, 공종별 하자보수보증금율은 시행규칙 제72조에서 정한 바에 따라 장기계속공사에 있어서 하자보수보증금은 시행령 제62조 제3항에 의하여 납부하여야 한다.

제37조(발굴물의 처리) ① 일반조건 제38조의 규정에 따라 조치하는 경우 계약상대자는 발굴물의 처리기간 동안 공사의 수행이 불가능한 경우 또는 작업이 수행되는 경우라도 작업효율이 저하되는 경우 이로 인한 계약기간의 연장 및 계약금액의 조정을 요청할 수 있다.

② 계약담당공무원은 제1항의 규정에 의하여 계약상대자로부터 발굴물 처리로 인한 계약금액의 조정 또는 계약기간의 연장을 요청 받은 경우 제27조의 규정을 준용하여 처리한다.

제38조(대가의 지급 등) ① 다른 규정이 없는 한 선금의 지급은 계약예규 선금지급요령에 의한다.

② 기성대가의 지급은 일반조건 제39조에 의한다.

③ 계약금액조정전의 기성대가의 지급은 일반조건 제39조의 2에 의한다.
④ 준공대가의 지급은 일반조건 제40조에 의한다.
⑤ 지급통화는 대한민국 원화로 한다.

제38조의2(하도급의 승인 등) ① 계약상대자가 계약된 공사의 일부를 제3자에게 하도급 하고자 할 때에는 건설산업기본법 등 관련법령에 정한 바에 의하여야 한다.
② 계약상대자는 제1항의 규정에 의하여 하도급한 경우에도 이 계약상의 책임과 의무가 면제되지는 아니하며, 공사 시공과 관련하여 하수급인 · 하수급인의 대리인 · 근로자의 행위에 대하여 책임을 져야 한다.

제38조의3(하도급대가의 직접지급) ① 계약상대자가 하도급대가지급 2회 이상 지체, 하도급부분에 대한 계약갱신미반영, 하도급불신고로 인하여 계약담당공무원으로부터 지적받은 공사의 하도급대금의 지급은 계약상대자가 계약담당공무원에게 의뢰한 것으로 보아 계약담당공무원이 하수급인에게 직접 지급한다.
② 제1항의 경우 계약상대자에 대한 대금지급 채무는 하수급인에게 지급한 한도 안에서 소멸한 것으로 본다.

제38조의4(하도급관리시스템의 이용) ① 계약상대자는 입찰참가시 하도급계약을 나라장터하도급관리시스템(이하 '하도급지킴이' 이라한다)을 이용하기로 확약한 경우에는 착공계 제출 시 수요기관에 '하도급지킴이 이용확약서' 를 제출하여야 한다.
② 제1항에 따라 하도급관리를 '하도급지킴이 '를 통하여 처리하기로 확약한 경우 계약상대자는 '하도급지킴이' 를 통하여 하도급 계약을 체결하여야 하고, 하도급대금, 노무비, 장비 · 자재대금 지급 등을 '하도급지킴이' 를 통하여 전자적으로 처리 하여야 한다.
③ 하도급 대금, 노무비 지급 등의 지급방법(인출제한, 지급확인)에 대해서는 계약담당공무원과 협의한 방법에 따른다.
④ 계약담당공무원은 '하도급지킴이이용확약서' 를 제출한 계약상대자가 확약서의 내용대로 이행하는지를 수시로 확인하여야 하고, 미 이행시 시정조치를 하여야 한다.

제39조(노임지급) 계약담당공무원이 원활한 계약이행을 위하여 필요하다고 인정하는 경우에는 공사현장에 종사하는 근로자의 노임지급과 관련하여 필요한 지시를 할 수 있으며, 계약상대자가 이를 이행하지 아니할 경우 당해 공사대금에서 노임을 공제하여 근로자에게 직접 지불할 수 있다. 다만, 현장근로자의 노임을 계약담당공무원이 직접 지불해서는 아니되는 정당한 사유가 있음을 계약상대자가 증명하는 경우에는 그러하지 아니한다.

제40조(대가지급지연에 대한 이자) 대가지급지연이자에 대해서는 일반조건 제41조에 의거 지연 발생시점의 금융기관 대출평균금리(한국은행 통계 월보 상의 금융기관 대출평균금리를 말한다)를 적용한다. 단, 계산결과 소수점이하의 숫자가 있는 경우 소수점 둘째자리에서 반올림한다.

제41조(관련 법령등의 준수) ① 계약상대자는 당해 공사의 이행과 관련된 각종 법령 · 조례 · 규칙 또는 공공기관에 의하여 요구되는 사항(이하 "법령 등" 이라 한다)을 준수하여야 하며, 계약내용과 법령 등 이 상호 일치하지 않거나 모순되어 해석상 의문이 있는 경우 지체없이 계약담당공무원에게 이를 서면으로 확인하여야 한다.
② 법령 등은 별도의 약정이 없는 한 입찰일 당시 대한민국에서 적용되는 법령 등에 의한다.
③ 계약상대자는 본인, 그 고용인 및 하수급인이 법령 등을 위반하여 발생된 피해 및 민원 등에 대하여 책임을 진다. 이때, 법령 등의 위반으로 계약상대자가 처벌을 받은 경우라도 계약상 의무가 면제되거나 완화되지는 아니한다.

제42조(계약상대자의 책임있는 사유로 인한 계약의 해제 또는 해지) <삭제>

제42조의2(불공정행위 금지 등) ① 입찰자 또는 계약상대자는 입찰 · 낙찰, 계약체결 또는 계약이행 등의 과정에서 입찰 및 계약의 공정한 질서를 저해하는 다음 각 호의 어느 하나에 해당하는 행위를 하여서는 아니 된다.
1. 금품 · 향응 등의 공여 · 약속 또는 공여의 의사를 표시하는 행위
2. 입찰가격의 사전 협의 또는 특정인의 낙

찰을 위한 담합 등 공정한 경쟁을 방해하는 행위

3. 공정한 직무수행을 방해하는 알선·청탁을 통하여 입찰 또는 계약과 관련된 특정 정보의 제공을 요구하는 행위
4. 하수급인 또는 자재·장비업자의 계약상 이익을 부당하게 제한하는 행위
5. 그 밖에 입찰 및 계약 등 과정에서 공정한 경쟁을 저해하는 행위

② 입찰자 또는 계약상대자는 제1항 각 호에 따른 행위가 「국가를 당사자로 하는 계약에 관한 법률」 제5조의3 등 관계 법령에 위반되는 경우 해당 입찰·낙찰이 취소되거나 계약이 해지·해제될 수 있고, 입찰참가자격 제한대상에 해당되는 경우 「국가를 당사자로 하는 계약에 관한 법률」 제27조 등 관계 법령에 따라 부정당업자로 입찰참가자격 제한처분을 받을 수 있다.

③ 계약담당공무원은 제1항 각 호의 위반행위를 확인하기 위하여 입찰자 또는 계약상대자에게 관련 자료제출을 요청할 수 있으며, 입찰자 또는 계약상대자는 특별한 사정이 없는 한 적극 협조하여야 한다.

④ 입찰자 또는 계약상대자는 계약담당공무원이 제1항제2호 위반행위의 확인을 위하여 제3항에 따른 자료제출을 요청함에도 불구하고 협조를 하지 않는 경우 "부당한 공동행위 고발요청 기준" 에 따라 불이익을 받을 수 있다.

제43조(부도 등으로 인한 보증시공 청구) ① 일반조건 제44조 제1항 각호의 사유로 인하여 계약을 해지·해제할 수 있는 경우에는 공사이행보증회사에게 보증시공을 청구하거나 공동수급체 구성원에게 잔여공사를 완성하게 할 수 있다.

② 계약상대자의 파산, 해산, 부도, 법정관리, 워크아웃(기업구조조정촉진법에 따라 채권단이 구조조정대상으로 결정하여 구조조정중인 업체), 중도탈퇴(이하 "부도 등" 이라 한다)로 인하여 준공기한까지 공사를 완성할 가능성이 없다고 인정될 경우에는 계약상대자의 동의여부에 불구하고 제1항에 규정하는 조치를 할 수 있다. <개정 2014.1.13>

③ 공동수급체 구성원 중 부도 등이 발생한 자에 대하여는 부도 등의 발생일로부터 1개월 이내에 당해 구성원의 잔여 출자비율을 임의조정 하거나 공사이행보증회사에 보증시공을 청구 할 수 있으며, 정당한 이유 없이 당초 협정서의 내용대로 공사를 이행하지 않는 경우 발주기관의 장 및 잔여구성원 전원의 탈퇴요청이 있으면 당해 구성원의 동의여부에 불구하고 탈퇴조치하고 제1항에 정한 조치를 할 수 있다.

④ 공동수급체 구성원중 부도 등으로 출자비율을 변경하여 잔여공사지분이 없는 구성원이 있는 경우에는 대가지급신청·계약내용변경 및 장기계속공사의 다음 차수 계약 등은 잔여공사지분이 있는 구성원만의 서명 날인에 의할 수 있다.

제44조(분쟁의 해결) ① 일반조건 제51조제1항에서 규정하는 협의는 문서로 하여야 한다.

② 계약상대자는 당해 계약의 이행과 관련하여 분쟁의 사유가 되는 사안이 발생한 날 또는 지시나 통지를 접수한 날로부터 30일 이내에 공사감독관을 경유하여 계약담당공무원에게 협의를 요청하여야 한다.

③ 계약담당공무원은 제2항에서 규정하는 협의요청을 받은 날로부터 60일 이내에 계약상대자의 요구사항에 대한 수용 여부를 결정하여 계약상대자에게 통지하여야 한다. 다만, 부득이한 사유가 있는 경우 30일의 범위 내에서 결정기한을 연장할 수 있으며 연장하는 사유와 기한을 계약상대자에게 통지하여야 한다.

④ 계약상대자는 제3항에서 규정하는 통지를 받은 날로부터 30일 이내에 통지내용에 대한 수용여부를 계약담당공무원에게 통보하여야 하며, 이 기간 내에 통보하지 않은 경우에는 이를 거절한 것으로 본다.

⑤ 일반조건 제51조제2항에서 규정하는 중재법에 의한 중재로써 분쟁을 해결하고자 하는 경우에는 사전에 계약당사자간에 중재로서 분쟁을 해결한다는 별도의 서면합의가 있어야 한다.

제45조(시공평가) 발주기관은 계약상대자가 시행한 공사에 대하여 「건설기술진흥법」 제50조, 동법시행령 제82조 및 동법시행규칙 제44조에 의한 시공상태를 평가하고 그 결과에 따라 필요한 조치를 할 수 있으며, 계약상대자는 평가에 적극 협조하여야 한다.

제46조(문서 등의 제출 지연에 대한 책임) 이 일괄입찰 등 공사계약특수조건 및 일반조건

과 기타 계약문서에서 요구하는 서류를 소정의 기한 내에 제출하지 않아 공사가 지연된 경우 그로 인하여 발생한 손해는 계약상대자가 부담한다.

제47조(공사관리) ① 계약담당공무원은 계약관리를 위하여 필요하다고 인정할 경우에는 공사현장에 대하여 다음 각호의 사항을 조사·점검하거나 계약상대자에게 자료를 요구할 수 있다.

1. 시공상태
2. 안전관리 상태
3. 설계변경 등 계약내용 변경에 관한 사항
4. 공사현장 관리상태
5. 하도급에 관한 사항
6. 기타 계약조건 이행사항

② 계약담당공무원은 제1항에 의한 조사·점검결과 계약상대자가 계약조건 및 설계서 등의 내용과 다르게 시공한 사항에 대하여는 시정토록 조치할 수 있다.
③ 계약담당공무원은 제1항 또는 제2항의 결과에 대하여 시행령 제13조 및 제42조의 규정에 의한 심사에 반영할 수 있다.
④ 계약담당공무원 및 발주기관의 장의 위임을 받은 공무원은 공사관리를 위하여 필요한 경우 제1항 각호의 사항을 조사·점검하거나 자료의 제출을 요구할 수 있다.

제48조(발주기관의 협조) 계약담당공무원은 계약상대자가 공사이행과 관련한 각종 인·허가 등의 취득과 관련법령에서 요구하는 사항을 이행함에 있어 발주기관의 협력이 필요한 사항에 대하여 협조요청 하는 경우 성실히 응하여야 한다.

제49조(설계·시공병행 공사의 계약) ① 계약상대자는 공사의 일부(우선 시공분)에 대하여 실시설계 적격 통지를 받아 계약체결 한 후 총공사에 대한 최종 실시설계 적격 통지를 받은 경우에는 총공사에 대한 산출내역서를 당초 계약서의 산출내역서와 대체하여야 하며 계약금액은 원칙적으로 변경할 수 없다.
② 계약상대자는 실시설계 적격통지를 받은 우선 시공분 공사의 이행 중 사정이 변경된 경우 계약담당공무원과 협의하여 조치하여야 한다.
③ 계약담당공무원은 실시설계 심의결과 적격으로 통지한 우선 시공분 공사 이외의 부분에 대하여 실시설계 심의결과 최종 부적격 처리된 경우에는 실시설계 적격통지를 받은 공사 중 인수 가능한 부분에 한하여 타절 준공하고 계약을 해지할 수 있다.
④ 계약상대자는 계약이 해지된 경우 발주기관에서 인수가 곤란한 부분에 대한 공사현장의 원상복구, 인수, 인계 등에 대하여는 발주기관과 상호 협의하여 계약상대자의 책임하에 조치하여야 한다.
⑤ 계약상대자는 제3항에서 규정한 바에 따라 계약이 해지된 경우 타절 준공된 부분을 제외하고는 실시설계비용 등을 청구할 수 없으며, 즉시 일반조건 제44조제3항에 규정된 조치를 하여야 한다.

제50조(장기계속계약의 잔여공사 계약) 장기계속계약의 경우 제2차이후 공사계약은 부기한 총공사 부기금액에서 이미 계약된 금액을 공제한 잔여금액의 범위 안에서 계약을 체결하여야 한다.

제51조(적격심사 관련사항의 준수의무)
<삭제>

제52조(채권양도) 계약상대자는 이 계약에 의하여 발생한 채권(공사대금 청구권)을 제3자에게 양도하고자 하는 경우에는 미리 공사이행보증서 발급기관의 동의를 얻어 계약담당공무원의 서면 승인을 받아야 한다.

제53조(보칙) ① 이 일괄입찰 등 공사계약특수조건에서 따로 정하지 않은 사항은 일반조건에 따른다.
② 계약예규 「공동계약 운용요령」에 의거 공동수급체가 제출한 공동수급협정서는 계약담당공무원의 사전승인 없이는 변경할 수 없다.
③ 계약이행과 관련한 기간의 계산은 특별한 규정이 없는 한 민법에서 정한 바에 따른다.
④ 일반조건 제22조에 따라 물가변동에 의한 계약금액을 조정할 경우는(품목조정율/지수조정율)을 적용한다.
⑤ 계약상대자는 계약서에 명시된 주소가 변경되었을 때에는 14일 이내에 계약담당공무원, 공사시행기관의 장 및 공사감독관에게 서면으로 주소변경 신고를 하여야 하며, 주소변경 신고를 하지 아니함으로써 발생하는 불이익은 계약상대자에게 귀속된다.
⑥ 계약상대자의 전화·팩스번호 등 의사전달

수단의 변경시에도 제5항을 준용한다.

제54조(재검토기한) 「훈령·예규 등의 발령 및 관리에 관한 규정」에 따라 이 지침에 대하여 2016년 7월 1일 기준으로 매3년이 되는 시점(매 3년째의 6월 30일까지를 말한다)마다 그 타당성을 검토하여 개선 등의 조치를 하여야 한다.

부칙

<제2615호, 2016.3.22.>

이 지침은 2016년 4월 1일 입찰공고하는 공사부터 적용한다.

적격심사기준

[시행 2018.4.1.]
[기획재정부계약예규 제353호, 2017.12.28., 일부개정]

제1조(목적) 이 예규는 「국가를 당사자로 하는 계약에 관한 법률 시행령」(이하 "시행령"이라 한다) 제42조제1항에 의한 낙찰자 결정시의 계약이행능력 심사(이하 "적격심사"라 한다) 방법·항목·배점한도액 기타 필요한 사항을 정함을 목적으로 한다.

제2조(낙찰자결정방법 등의 공고) 계약담당공무원(각 중앙관서의 장이 계약에 관한 사무를 그 소속공무원에게 위임하지 아니하고 직접 처리하는 경우에는 이를 계약담당공무원으로 본다. 이하 같다)은 시행령 제42조제1항에 의한 공사, 물품 및 용역을 집행하고자 할 때에는 시행령 제36조제6호 및 제16호에 의하여 낙찰자 결정방법, 적격심사기준 열람에 관한 사항, 심사에 필요한 서류, 제출기한 및 낙찰자통보 예정일 등을 입찰공고시 함께 공고하여야 한다.

제3조(세부심사기준 등의 열람) ① 계약담당공무원은 입찰에 참가하고자 하는 자가 열람할 수 있도록 다음 각호의 서류를 비치하여야 하며, 입찰에 참가하고자 하는 자의 요구가 있을 경우에는 「국가를 당사자로 하는 계약에 관한 법률 시행규칙」(이하 "시행규칙"이라 한다) 제41조에서 정한 입찰관련서류와 함께 교부하여야 한다.

1. 세부심사기준
2. 심사에 필요한 증빙서류의 작성요령 및 제출방법
3. 기타 심사에 필요하다고 인정되는 사항

② 제1항에 의한 열람·교부기간은 입찰공고일부터 입찰등록마감일까지로 한다. <개정 2010.9.8.>

③ 계약담당공무원은 필요하다고 인정되는 때에는 전자조달시스템에 제1항 각호의 서류를 게재함으로써 입찰에 참가하고자 하는 자에 대한 교부에 갈음할 수 있다. 다만, 입찰에 참가하고자 하는 자가 문서로 요구하는 경우에는 제1항 각 호의 서류를 교부하여야 한다.

제4조(심사자료요구) ① 계약담당공무원은 입찰을 집행한 후 예정가격 이하로서 최저가입찰자에게 적격심사에 필요한 서류를 제출하도록 요구하되, 그 제출기한을 분명히 하여야 하며 제출기한은 통보를 받은 날로부터 5일 이상으로 하여야 한다. <개정 2010.4.15.>

② 계약담당공무원은 제1항에 의하여 제출된 적격심사서류 중 첨부목록에 있는 서류가 첨부되어 있지 않거나 제출된 서류가 불명확하여 인지할 수 없는 경우에는 기한을 정하여 보완을 요구할 수 있으며, 보완기간은 통보를 받은 날로부터 3일 이상으로 하여야 한다. <개정 2010.4.15.>

③ 계약담당공무원은 제2항에 따라 보완요구한 서류가 기한까지 제출되지 아니한 경우에는 당초 제출된 서류만으로 심사하되, 당초 제출된 서류가 불명확하여 심사하기가 곤란한 경우에는 심사에서 제외한다.

제5조(심사항목 및 배점한도) ① 시행령 제42조제5항 본문중 공사에 대한 적격심사의 항목 및 배점한도는 별표와 같고, 물품 및 용역에 대한 적격심사의 항목 및 배점한도는 각 중앙관서의 장이 직접 별표에 정한 공사에 대한 적격심사 항목 및 배점한도를 준용하여 기획재정부장관의 협의를 거쳐 정한다. <개정 2008.12.29.>

② 각 중앙관서의 장은 제1항에도 불구하고 시행령 제42조제5항 단서에 의하여 기획재정부장관과 협의하여 직접 공사, 물품 및 용역 등에 대한 적격심사기준을 정할 수 있다. <개정 2008.12.29.>

③ 각 중앙관서의 장은 제1항 및 제2항에 따른 심사기준을 정함에 있어 다음 각호의 사항을 심사항목으로 포함하여야 한다. <개정 2010.9.8., 2017.12.28.>

1. 물품 제조·구매, 용역계약: 「사회적기업 육성법」 제2조제1호에 따른 사회적기업, 「협동조합 기본법」 제2조제3호에 따른 사회적협동조합, 「국민기초생활보장법」 제18조에 따른 자활기업, 「도시재생 활성화 및 지원에 관한 특별법」 제2조제1항제9호에 따른 마을기업에 대한 신인도 평가시 가점 <신설 2017.12.28.>
2. 시행규칙 제23조의3 각 호의 어느 하나에 해당하는 용역: 시행령 제42조제5항에 따른 외주근로자 근로조건 이행계획에 관한 사항 <신설 2017.12.28.>

④ 각 중앙관서의 장은 「용역계약일반조건」 제38조제4항에 따라 전자조달시스템에 게재된 업체에 대해 게재일로부터 1년간 신인도 평가 시 감점할 수 있으며, 입찰공고일 기준으로 과거 1년 이내에 미이행 횟수가 2건 이상인 경우에는 추가로 감점할 수 있다. <신설 2012.4.2.>
⑤ 제1항 및 제2항에 의한 심사항목별 심사기준일은 입찰공고일로 한다.

제6조(세부심사기준) ① 계약담당공무원은 시행령 제42조제5항에 의한 세부심사기준(이하 "세부심사기준"이라 한다)을 정할 때에는 이 예규에 규정된 바에 따라 적격업체가 선정될 수 있도록 작성하여야 한다.
②공사의 경우에는 제1항을 적용함에 있어서 교량, 터널, 지하철, 전기, 정보통신 등 각 공사종류별로 그 공사의 특성·목적 및 내용 등을 종합 고려하여 별표의 분야별 배점한도(입찰가격은 제외한다)를 20% 범위내에서 가·감 조정할 수 있으며, 항목별(신인도 제외) 세부사항을 추가하거나 제외할 수 있다.

제7조(심사방법) ① 계약담당공무원은 제5조 및 제6조에 따라 예정가격 이하로서 최저가로 입찰한 자 순으로 심사하여야 한다.
② 계약담당공무원은 제1항에 의한 심사를 하는 때에는 제4조에 의하여 제출된 서류를 그 제출마감일 또는 보완일부터 7일이내에 심사하여야 한다. 다만, 불가피한 경우에는 3일의 범위내에서 그 기간을 연장할 수 있다.
③ 공동계약의 경우에는 공동수급체에 대한 심사는 제5조 별표의 분야별·항목별로 다음 각호와 같이 실시하되, 공동수급체 구성원간의 시공능력공시액, 실적, 기술보유상황 등의 보완을 위하여 공동계약을 하는 경우에는 세부심사기준 작성시 이를 우대할 수 있다.

1. 시공경험·기술능력 : 공동수급체 구성원별로 각각 시공경험 및 기술능력에 공사참여지분율(이하 "시공비율"이라 한다)을 곱하여 산정한 후 이를 합산하여 산정
2. 경영상태·신인도 : 공동수급체 구성원별로 각각 산출한 점수에 시공비율을 곱하여 이를 합산

④ 계약담당공무원은 시행령 제22조에 따라 입찰참가자격을 제한하는 경우에는 제3항제1호에도 불구하고 공동수급체 구성원에 대한 해당 공사수행능력 심사방법을 세부심사기준에 따로 정할 수 있다.

제8조(낙찰자 결정) ① 계약담당공무원은 제7조 제1항에 의한 심사의 경우에는 종합평점이 92점이상이면 이를 낙찰자로 결정하여야 한다. 다만, 추정가격이 100억원미만인 공사의 경우에는 종합평점이 95점이상이어야 낙찰자로 결정한다.
② 제1항에 의한 심사에서 최저가 입찰자의 종합평점이 낙찰자로 결정될 수 있는 점수미만일 때에는 차순위 최저가 입찰자 순으로 심사하여 제1항의 낙찰자 결정에 필요한 점수이상이 되면 낙찰자로 결정한다.
③ 물품 및 용역의 경우에는 낙찰자 결정방법을 제1항 및 제2항에도 불구하고 각 중앙관서의 장이 별도로 정할 수 있다.
④ 계약담당공무원은 제1항 내지 제3항에 의한 낙찰자 결정결과를 해당자에게 지체없이 통보하여야 한다.

제9조(재심사) ① 계약담당공무원은 제8조에 의하여 부적격 통보를 받은 자가 통보일부터 3일이내에 심사결과에 대한 재심사를 요청하였을 때에는 특별한 사유가 없는 한 재심사요청서 접수일부터 3일이내에 재심사하여야 한다.
② 재심사결과를 통보하는 경우에는 제8조제4항의 규정을 준용한다. <개정 2008.12.29.>
③ 계약담당공무원은 제1항의 재심사요청서를 접수할 때에는 적격심사에 필요한 추가서류를 접수할 수 없다.

제9조의2(적격심사의 결격 및 재심사) 계약담당공무원은 시행령 제72조의 규정에 따라 공동계약을 허용한 경우로서, 공동수급체 일부구성원이 입찰서제출마감일 이후 낙찰자결정 이전에 부도, 부정당업자제재, 영업정지, 입찰무효 등의 결격사유가 발생한 경우에는 해당 구성원을 제외하고 잔존구성원의 출자비율 또는 분담내용을 변경하게 하여 재심사 하여야 한다. 다만, 공동수급체 대표자가 부도, 부정당업자제재, 영업정지, 입찰무효 등의 결격사유가 발생한 경우에는 공동수급체를 낙찰자 결정대상에서 제외하여야 한다.
[본조신설 2014.1.10.]

제10조(부정한 방법으로 심사서류를 제출한 자 및 미제출자의 처리) ① 계약담당공무원은 제4조에 따라 제출된 서류가 부정 또는 허위로 작성된 것으로 판명된 때에는 다음 각호에 따라 처리하여야 한다.

1. 계약체결 이전인 경우에는 적격낙찰자 결정대상에서 제외 또는 결정통보를 취소한다.
2. 계약체결 이후인 경우에는 해당 계약을 해제 또는 해지할 수 있다.

② 각 중앙관서의 장은 제1항에 해당하는 자, 정당한 사유없이 심사서류의 전부 또는 일부를 제출하지 아니한 자 및 심사서류 제출 후 낙찰자 결정전에 정당한 사유없이 심사를 포기한 자에 대하여는 시행령 제76조에 의한 입찰참가자격제한조치를 하여야 한다.

제11조(기타사항) 계약담당공무원은 적격심사를 함에 있어 이 예규에 규정되지 아니한 사항과 이 예규시행에 필요한 세부사항을 작성하여 집행할 수 있다.

제12조(재검토기한) 「훈령 · 예규 등의 발령 및 관리에 관한 규정」에 따라 이 예규에 대하여 2016년 1월 1일 기준으로 매3년이 되는 시점(매 3년째의 12월 31일까지를 말한다)마다 그 타당성을 검토하여 개선 등의 조치를 하여야 한다. <개정 2015.9.21.>

부칙

<제353호, 2017.12.28.>

제1조(시행일) 이 계약예규는 2018년 4월1일부터 시행한다.

제2조(적용례) 제5조의 개정규정은 이 예규 시행 후 최초로 입찰공고를 하는 경우부터 적용한다.

■ 편 저 ■

□ 대한건축건설법령연구회

판례와 같이보는
토지 · 건축 · 건설 관련 법규 총서

정가 48,000원

2019년 6월 1일 2판 인쇄
2019년 6월 5일 2판 발행

편 저 : 대한건축건설법령연구회
발 행 인 : 김 현 호
발 행 처 : 법문 북스
공 급 처 : 법률미디어

서울 구로구 경인로 54길4 (우편번호 : 08278)
TEL : 2636-2911~2, FAX : 2636-3012
등록 : 1979년 8월 27일 제5-22호
Home : www.lawb.co.kr

▌ISBN 978-89-7535-665-0 (13360)
▌이 도서의 국립중앙도서관 출판예정도서목록(CIP)은 서지정보유통지원시스템 홈페이지(http://seoji.nl.go.kr)와 국가자료공동목록시스템(http://www.nl.go.kr/kolisnet)에서 이용하실 수 있습니다. (CIP제어번호 : CIP2018016019)
▌파본은 교환해 드립니다.